DICIONÁRIO DE TEOLOGIA FUNDAMENTAL

Dados Internacionais de Catalogação na Publicação (CIP)
(Câmara Brasileira do Livro, SP, Brasil)

Dicionário de teologia fundamental / dirigido por René
Latourelle e Rino Fisichella; tradução de Luiz João Baraúna.
2ª edição, 2017 – Petrópolis, RJ: Vozes.

ISBN 978-85-326-5319-2

1. Apologética – Dicionários I. Latourelle, René II. Fisichella,
Rino.

93-1333 CDD-239.03

Índices para catálogo sistemático:

1. Teologia fundamental: Cristianismo: Dicionários 239.03

Dicionário de Teologia Fundamental

TRADUÇÃO DE
Luiz João Baraúna

EDITORA VOZES
Petrópolis

Título do original em italiano: *Dizionario di Teologia Fondamentale*

Direitos de publicação em língua portuguesa – Brasil:
2017, Editora Vozes Ltda.
Rua Frei Luís, 100
25689-900 Petrópolis, RJ
www.vozes.com.br
Brasil

Diagramação: Mania de Criar
Revisão gráfica: Fernando Sergio Olivetti da Rocha / Nilton Braz da Rocha / Nivaldo S. Menezes
Capa: Sandra Bretz
Ilustração: *A mão de Deus*. Afresco românico em Sant Climent de Taüll nos Pirineus Catalães. Artista desconhecido, cerca de 1123. Localização atual: Museu de Arte Nacional da Catalunha, Espanha.

ISBN 978-85-326-5319-2 (Brasil)
ISBN 88-308-0459-2 (Itália)

Editado conforme o novo acordo ortográfico.

Este livro foi composto e impresso pela Editora Vozes Ltda.

Prefácio à edição brasileira

Toda ciência tem seus pressupostos, isto é, pontos a partir dos quais ela se constitui. Como pontos de partida, a respectiva ciência não questiona a sua existência; eles são tomados como dados. Mesmo sendo tomados como dados, estes pressupostos são explicados, apresentados, historiados, observados sob pontos de vista diferentes.

A Teologia – como ciência – da tradição cristã também tem seus pressupostos. Esta ciência tem como base a fé do ser humano no Deus que se revela. Com isso, o binômio revelação-fé é o ponto de partida da Teologia, ou seja, a Teologia só é feita por pressupor que existe revelação e fé. Dentro da ciência da Teologia, o estudo específico de seus pressupostos é chamado de Teologia Fundamental. Esta disciplina na Teologia trata justamente de conhecer, entender, explicar e investigar isto que é pressuposto para a própria ciência teológica: a revelação e a fé.

O *Dicionário de Teologia Fundamental* tem por base o binômio revelação-fé. Em torno deste eixo giram 223 verbetes que o compõem. Alguns elementos fazem esta obra ser de uma riqueza especial. Seus organizadores, René Latourelle e Rino Fisichella, reuniram pesquisadores de todas as partes do mundo, de modo que os pressupostos da Teologia expostos no *Dicionário* representam pontos de vista e tradições culturais e teológicas diversificadas. Outro destaque a ser feito é que cada verbete constitui uma espécie de tratado compacto do assunto em questão. Tendo sido os verbetes escritos por diferentes autores, um não depende do outro, nem se remetem mutuamente. Desta forma, cada verbete é independente, o que traz ao leitor a grande vantagem de não precisar saltar de um lado ao outro para fazer um bom uso do dicionário. Ao mesmo tempo, em cada verbete, onde ocorrer um conceito ou autor explicitado na obra, há uma indicação facilitando ao leitor a busca de outros elementos que giram em torno do tema em questão.

O fato de a obra acolher autores bastante diversos, tanto de correntes teológicas diferentes como de diferentes culturas, compõe a sua grande força e riqueza. A composição do texto é, assim, aberta e ampla. Estamos, sem dúvida, diante de um trabalho monumental. Mesmo tendo sido composto há algumas décadas, permanece muitíssimo atual, justamente pela forma abrangente utilizada em sua organização. Sendo um dicionário, não contém tratados teológicos sistemáticos, mas cada temática é apresentada com uma grande abrangência. Além disso, ao final de cada verbete há indicações bibliográficas para aprofundamento.

A Editora Vozes, ao disponibilizar o *Dicionário de Teologia Fundamental* para o público de língua portuguesa, em edição devidamente revisada segundo o novo acordo ortográfico, presta um grande serviço, tanto aos profissionais da área (teólogos e cientistas da religião) como às instituições de ensino, pesquisa e atuação nesta área do conhecimento. A ele irão recorrer de especialistas a estudantes na arte da teologia.

Agosto de 2017.

Prof.-Dr. Volney J. Berkenbrock
Departamento de Ciência da Religião (UFJF, MG)
Instituto Teológico Franciscano (Petrópolis, RJ)

INTRODUÇÃO

Se é tarefa difícil conceber um dicionário, qualquer que seja, torna-se quase temerário projetar um *Dicionário de Teologia Fundamental.* Com efeito, ao mudar de nome, a apologética de ontem mudou também de estatuto. Por sua condição peculiar de disciplina fronteiriça, em relação às ciências sagradas e humanas, está continuamente sujeita a mudanças que podem facilmente ser consideradas revolucionárias.

Embora o *Dictionnaire apologétique de la foi catholique*, de D'Alès, iniciado há cerca de um século, tenha prestado serviços imensos, num período de relativa estabilidade teológica, as mudanças a que tem sido submetida a teologia, de alguns decênios para cá, em nível de métodos, de análises exegéticas, históricas e literárias, de relações Igreja-ciência-mundo contemporâneo e, sobretudo, de mentalidade, obrigaram a repensar desde a base o projeto da apologética clássica.

A essência e os conteúdos permanecem, mas as abordagens, as apresentações e os modos de tratar mudaram radicalmente. Além disso, muitas problemáticas adquiriram enorme amplitude de reflexão, apenas identificável na apologética anterior. Numa palavra, professores, peritos na matéria e estudantes encontram-se diante de um vazio a ser preenchido e de um futuro a ser construído. Nesta perspectiva, a presente obra foi concebida com espírito de serviço eclesial.

Pode ser útil ao leitor conhecer as diversas etapas propedêuticas à composição do *Dicionário.*

* * *

Na primeira fase do trabalho editorial foi preciso, antes de tudo, definir as grandes linhas do *Dicionário* e, em seguida, determinar os verbetes a serem tratados, levando-se em conta uma série de critérios que podemos sintetizar assim:

1. as mudanças ocorridas em teologia, a partir do período pós-guerra, considerando, de modo particular, o momento conciliar e o que lhe sucedeu;

2. a própria noção de Teologia Fundamental, que dispensa atenção aos elementos que constituem consenso geral, mas também às divergências, devidas às várias tradições culturais;

3. o destinatário do *Dicionário*, cuja presença condiciona mais diretamente a Teologia Fundamental, já que seu discurso e estilo se dirigem a leitores de confissões religiosas e de culturas bem diferentes;

4. a necessidade de formar uma equipe que fosse verdadeiramente internacional;

5. a extensão de cada verbete, considerando sua peculiaridade para nossa disciplina;

6. a importância de um enfoque que fosse ao mesmo tempo diacrônico e sincrônico.

7. a opção intencional de fazer com que cada verbete, individualmente, fosse completo. Nesta perspectiva, uma eventual repetição de dados representa mais uma qualidade positiva do que um limite, pois favorece uma visão global da temática abordada e permite situar melhor o conteúdo de cada verbete.

* * *

A estrutura do *Dicionário* foi pensada de modo a propor, a quem o desejar, um estudo sistemático de todos os temas da Teologia Fundamental: os princípios básicos e suas implicações.

Esta estrutura articula-se da seguinte maneira:

I. *A revelação cristã e sua singularidade*: 1. Preparação histórica; 2. Cumprimento e plenitude em Jesus Cristo; 3. Transmissão: Escritura, Tradição, Inspiração, Depósito da fé, Magistério; 4. Missão, evangelização, inculturação;

II. *A credibilidade da revelação*: 1. Natureza e objeto; 2. Perspectiva dogmática e apologética: integração das duas abordagens; 3. Estudo dos sinais; 4. Destinatários;

III. *A fé: resposta do homem à revelação*: 1. Natureza; 2. Conteúdo; 3. Sujeito; 4. Expressão; 5. Obstáculos;

IV. *As implicações da singularidade da revelação cristã*: 1. Problema do saber relativo à fé: a teologia; 2. Relação com a história; 3. Relação com as filosofias que rejeitam a encarnação: Iluminismo, teologia bultmanniana; 4. Relação com as demais igrejas: ecumenismo; 5. Relação com as demais religiões; 6. Relação com a cultura, a linguagem, as ciências;

V. *A perspectiva histórica*: 1. a tríplice demonstratio: *religiosa, Christiana, catholica*; 2. A reconstrução histórico-temática; 3. Os autores mais significativos.

Dentre os 223 verbetes estudados, consideramos mais importantes 34 deles, por constituírem a estrutura que sustenta o *Dicionário*; por esta razão, foram tratados mais extensamente e gozam de um destaque gráfico peculiar na “Lista dos verbetes”, às páginas 23-31. São os seguintes: Antropologia, apologética, ateísmo, credibilidade, cristologia, *Dei Verbum*, depósito da fé, Deus, evangelho, evangelização, fé, hermenêutica, história, Igreja, inculturação, inspiração, justiça, linguagem, magistério, martírio, messianismo, método, milagre, mistério pascal, profecia, religião, revelação, semiologia, sentido, sinais dos tempos, teologia, Teologia Fundamental, teologias, testemunho, tradição.

Um bom número de temas tratados no *Dicionário* tem grande atualidade; com efeito, muitas vezes estes verbetes não aparecem em nenhum outro dicionário ou são apenas tratados perfunctoriamente; por exemplo: comunicação, feminismo, cristologia filosófica, imaginação, literatura e teologia, problemas de linguagem, apologistas leigos, realismo, silêncio, solidão, seitas cristãs, teologia contextual.

Naturalmente, não podíamos silenciar os “grandes” da apologética clássica e da Fundamental contemporânea. Mas como fazer a escolha, e com base em que critérios? Acabamos optando por aqueles autores que, ainda hoje, têm um impacto incisivo sobre o contemporâneo. Recordamos, entre outros, os seguintes: os apologetas dos primeiros séculos, Orígenes, os apologistas leigos dos séculos XVIII-XIX, Agostinho, Anselmo, Von Balthasar, Barth, Blondel, Drey, Guardini, Irineu, Newman, Pascal, Rahner, Rosmini, Teilhard de Chardin, Zubiri...

* * *

Nas páginas 19-22 da presente obra, o leitor encontrará a lista de todos os colaboradores, com a indicação da função que exercem e do centro universitário em que trabalham habitualmente. São uma centena e provêm de mais de vinte centros acadêmicos, dispersos pelo mundo inteiro; constituem uma autêntica equipe internacional. Concretamente estão representados 15 países: Alemanha, Austrália, Áustria, Bélgica, Brasil, Canadá, Espanha, Estados Unidos, França, Grã-Bretanha, Holanda, Índia, Itália, Iugoslávia, Malta.

Pareceram-nos oportunos dois índices: o primeiro, *sistemático*, para favorecer uma leitura de conjunto, que visualize a estrutura orgânica de nosso modo de conceber a Teologia Fundamental; o segundo, *analítico*, para permitir reevocar não somente as problemáticas que constituem o objeto dos artigos fundamentais, mas também os temas espalhados em várias partes do *Dicionário*.

* * *

No momento em que a Teologia Fundamental se apresenta como uma disciplina provida de uma identidade melhor definida e de metodologias e técnicas de pesquisa renovadas, esperamos que este *Dicionário* possa corresponder, com renovado empenho, ao senso de responsabilidade da fé cristã que desafia, segundo as palavras de 1Pd 3,15: estai "sempre prontos a responder a todo aquele que vos pedir razão da esperança que está em vós".

Concluindo, exprimimos nossa profunda gratidão às instituições que tornaram possível a realização desta obra: a Pontifícia Universidade Gregoriana, o Pontifício Instituto Bíblico e a Pro Civitate Christiana de Assis.

Os coordenadores

Roma, 17 de setembro de 1990

Índice sistemático

No presente índice, os títulos em itálico indicam parte ou aspectos importantes de uma temática que não tem um tratamento próprio.

No índice analítico, que figura no fim do *Dicionário*, indicamos as páginas em que são tratados estes verbetes em itálico.

1. A REVELAÇÃO

1.4. Transmissão

Apócrifos
Apóstolo
Comunidade primitiva
Depósito da fé
Dogma
Escatologia
Espírito Santo
Evangelho
Evangelização
Igreja: Jesus-Igreja intérprete da escritura
Inspiração
Magistério
Ortodoxia
Ortopráxis
Profecia
Reino de Deus
Sensus fidei
Símbolo da fé
Testamento Antigo e Novo
Testemunho
Tradição

1.5. Inspiração

Analogia
Cânon
Carisma
Certeza
Espírito Santo
Exegese integral
Inculturação do Evangelho
Inspiração
Linguagem
Magistério
Testamento Antigo e Novo
Tradição
Verdade

1.6. Modalidade de realização

Aparições
Catequese
Comunicação
Diálogo
Escrituras sagradas
Evangelho
Evangelização
Experiência
História
Imaginação
Inculturação
Linguagem
Literatura
Magistério
Missão
Parênese
Profecia
Querigma
Realismo cristão
Regula fidei
Revelação
Revelações privadas
Silêncio
Simbolismo
Símbolo
Sinal
Tempo/temporalidade
Teologia
Testamento Antigo e Novo
Testemunho
Tradição

2. CREDIBILIDADE

2.1. Natureza e objeto

Amor
Cristologia: títulos
Deus
Escritura
Evangelho
Fé
História da salvação
Igreja
Jesus da história, Cristo da fé
Messianismo
Mistério
Mistério pascal
Palavra de Deus
Revelação
Salvação
Sentido
Sinal
Tradição
Verdade

2.2. Estruturação

A. Reflexão Dogmática

Analogia
Cânon
Carisma
Cristocentrismo
Depósito da fé
Evangelho
Dogma
Fé
História
Linguagem
Magistério
Método
Mistério
Revelação
Sensus fidei
Teologia
Testamento Antigo e Novo
Testemunho
Tradição
Verdade

B. Reflexão Apologética

Analysis fidei
Conhecimento de Jesus
Evangelho
Experiência
Filosofia cristã
Hermenêutica
História
Imanência
Jesus histórico
Linguagem
Literatura
Método
Preambula fidei
Realismo cristão
Religião
Semiologia
Sentido
Teologia
Testemunho

2.3. Sinais

Amor
Credibilidade
Cristo
Evangelização
Igreja
Inculturação
Justiça
Lugares teológicos
Martírio
Milagre

Missão
Profecia
Reino de Deus
Semiologia
Silêncio
Sinais dos tempos
Sofrimento
Testemunho

2.4. Destinatário

Agnosticismo
Antropologia
Ateísmo
Budismo
Ceticismo
Deísmo
Ecumenismo
Fundamentalismo
Hinduísmo
Humanismo
Idealismo
Iluminismo
Indiferença
Islamismo
Marxismo
Modernidade
Modernismo
New Age
Niilismo
Positivismo
Racionalismo
Relativismo
Religião
Secularização
Seitas cristãs

3. FÉ

3.1. Natureza

Amor
Comunicação
Conversão
Escatologia
Experiência
Mistério
Potentia oboedientialis
Querigma
Razão-fé
Sobrenatural

3.2. Conteúdo

Amor
Conhecimento de Jesus
Credibilidade
Cristologia
Depósito da fé
Deus
Dogma
Espírito Santo
Evangelho
Igreja
Jesus da história, Cristo da fé
Messianismo
Mistério
Mistério pascal
Querigma
Revelação
Símbolo da fé
Testamento Antigo e Novo
Tradição
Trindade
Verdade

3.3. Sujeito

Antropologia
Destinatário
História
Igreja
Imanência
Linguagem
Mal
Morte
Potentia oboedientialis
Sentido: busca e dom
Silêncio
Sobrenatural
Sofrimento
Solidão
Teologia: eclesialidade

3.4. Expressões

Analogia
Apologia
Carisma
Catequese
Depósito da fé
Experiência
Justiça
Linguagem
Literatura
Magistério
Martírio
Milagre
Ortodoxia
Ortopráxis
Parênese
Profecia
Provas da existência de Deus
Querigma
Razão-fé
Regula fidei
Sensus fidei
Sentido
Silêncio
Símbolo da fé
Sinais dos tempos
Teologia
Testemunho

3.5. Impedimentos

Agnosticismo
Ateísmo
Ceticismo
Crítica da religião
Fideísmo
Gnôsis
Humanismo ateu
Ideologia
Indiferença
Marxismo
Positivismo
Racionalismo
Relativismo
Tradicionalismo

4. EPISTEMOLOGIA

Análise estruturalista
Analogia
Certeza
Credibilidade
Cristocentrismo
Dogma
Exegese integral
Experiência
Fé
Filosofia cristã
Hermenêutica
Hierarquia das verdades
História
Imanência

Lugares teológicos
Magistério
Método
Ortodoxia
Ortopráxis
Pluralismo
Religião
Revelação
Semiologia
Sensus fidei
Simbolismo
Tempo-temporalidade
Teologia: epistemologia
Teólogo
Testamento Antigo e Novo
Tradição
Verdade

5. HISTÓRIA

5.1. Demonstratio religiosa

Agnosticismo
Antropologia
Ateísmo
Ceticismo
Crítica da religião
Escrituras sagradas
Experiência
Humanismo ateu
Indiferença
Marxismo
Mistério
Positivismo histórico
Racionalismo
Relativismo
Religião

5.2. Demonstratio Christiana

Budismo
Conhecimento de Jesus
Credibilidade
Cristocentrismo
Cristologia
Deísmo
Escatologia
Evangelho
Hinduísmo
Iluminismo
Islamismo
Jesus
Judaísmo
Messianismo
Milagre
Mistério pascal
Profecia
Querigma
Religiões tradicionais
Testamento Antigo e Novo

5.3. Demonstratio Catholica

Anglicanismo
Apóstolo
Calvinismo
Carisma
Comunidade primitiva
Conselho Mundial de Igrejas
Depositum fidei
Diálogo inter-religioso
Ecumenismo
Espírito Santo
Igreja: notae
Igreja ortodoxa
Igrejas orientais
Luteranismo
Ortodoxia
Profecia
Reino de Deus

5.4. Reconstrução histórico-temática

Apologética: história
Dei Filius
Dei Verbum
Ecclesiam Suam
Fundamental: história
Lugares teológicos
Pastor Aeternus
Qui Pluribus
Redemptor Hominis
Trento
Vaticano I
Vaticano II

5.5. Autores

Agostinho
Anselmo
Apologetas
Apologistas leigos
Balthasar
Barth
Blondel
Bultmann
De Lubac
Drey
Gardeil
Gregório de Nissa
Guardini
Hegel
Irineu
Newman
Orígenes
Pascal
Rahner
Rosmini
Scheeben
Teilhard
Teólogo
Tillich
Zubiri

COLABORADORES

1. Pontifícia Universidade Gregoriana

ADNÈS, Pierre, professor de Teologia Dogmática

AZEVEDO, Marcelo de C, professor convidado de Antropologia

BOSETTI, Elena, professora encarregada de Exegese NT

CABA, José, professor de Exegese NT

CARRIER, Hervé, professor de Sociologia

CHAPPIN, Marcel, professor de História da Igreja

CONROY, Charles, professor de Exegese AT

CROUZEL, Henri, professor convidado de Patrística

DE FINANCE, Joseph, professor de Ética Geral

DHAVAMONY, Mariasusai, professor de Fenomenologia e Teologia das Religiões

DUPUIS, Jacques, professor de Teologia Dogmática

FISICHELLA, Rino, professor de Teologia Fundamental

FUČEK, Ivan, professor de Teologia Moral

FUELLENBACH, John, professor encarregado de Teologia Dogmática

FUSS, Michael, professor encarregado de Budismo

GALOT, Jean, professor de Teologia Dogmática

GILBERT, Paul, professor de Metafísica

GROTH, Bernd, professor de Teologia Fundamental

HAMEL, Édouard, professor de Teologia Moral

HENN, William, professor de Teologia Dogmática

LADARIA, Luis F., professor de Teologia Dogmática

LAFONT, Ghislain, professor convidado de Metodologia

LAMBIASI, Francesco, professor convidado de Teologia Dogmática

LATOURELLE, René, professor de Teologia Fundamental

McDERMOTT, John M., professor de Teologia Dogmática

O'COLLINS, Gerald, professor de Teologia Fundamental

O'DONNELL, John, professor de Teologia Dogmática

ORBE, Antonio, professor de Patrística

PASTOR, Félix-Alejandro, professor de Teologia Dogmática

PELLAND, Gilles, professor de Teologia Dogmática

ROEST CROLLIUS, Arij A., professor de Espiritualidade Missionária e Islamismo

ROSATO, Philip J., professor de Teologia Dogmática

SCARVAGLIERI, Giuseppe, professor de Sociologia Religiosa

SULLIVAN, Francis A., professor de Teologia Dogmática

TILLIETTE, Xavier, professor convidado de História da Filosofia

VERCRUYSSE, Jos E., professor de História Eclesiástica e Teologia Ecumênica

WICKS, Jared, professor de Teologia Fundamental e Ecumênica

2. Outros Centros Universitários

AMATO, Angelo, professor de Teologia Dogmática na Universidade Pontifícia Salesiana, em Roma

BEAUDE, Pierre-Marie, professor de Teologia Católica na Universidade de Metz

BERGERON, Richard, do Centre d'information sur les nouvelles religions, em Montreal

BLOESCH, Donald G., professor de Teologia Sistemática na Universidade de Dubuque, EUA

BUCKLEY, Michael J., adido junto ao National Council of Catholic Bishops, em Washington

CANÉVET, Mariette, professora de Patrística na Universidade de Strasbourg

CARNICELLA, M. Cristina, professora de Teologia Fundamental no Istituto di Scienze Religiose de Pescara

CARR, Anne E., professora de Teologia Sistemática na Divinity School da Universidade de Chicago

CHARRON, André, professor de Teologia Fundamental na Universidade de Montreal

CIPRIANI, Nello, professor de Patrística no Instituto Patrístico "Augustinianum", em Roma

COFFELE, Gianfranco, professor de Teologia Fundamental na Universidade Pontifícia Salesiana, em Roma

CUCINOTTA, Filippo Santi, professor de Teologia Fundamental na Facoltà di Teologia della Sicilia, em Palermo

DE LA POTTERIE, Ignace, professor de Exegese NT no Pontifício Instituto Bíblico, em Roma

DES PLACES, Édouard, professor de História da Religião e de Filosofia Grega no Pontifício Instituto Bíblico, em Roma

DULLES, Avery, professor de Teologia Fundamental na Universidade de Fordham, em Nova York

FARRUGIA, Mario, professor de Teologia na Faculdade Teológica "San Luigi", em Nápoles

GENEST, Olivette, professora de Sagrada Escritura na Universidade de Montreal

GILBERT, Maurice, professor de Exegese AT no Pontifício Instituto Bíblico, em Roma

GODIN, André, professor de Psicologia das Religiões no Centro "Lumen Vitae", em Bruxelas

GRACIA, Diego, professor de História da Medicina na Universidade Complutense, em Madri

GRECH, Prosper, professor de Hermenêutica no Pontifício Instituto Bíblico, em Roma

JOSEPH, Howard, rabino e professor no Departamento de Religiões da Universidade Concórdia, em Montreal

KAJEDAN, Ian J., diretor do Órgão do Governo Canadense para as Relações com a Comunidade Hebraica

KERN, Walter, professor de Teologia Fundamental na Universidade de Innsbruck

KUSTERMANN, Abraham Peter, diretor da Academia da Diocese de Rottenburg-Stuttgart

LANE, Gilles, professor de Filosofia na Universidade de Montreal

LANGEVIN, Gilles, professor de Teologia Dogmática na Universidade Lavai, em Quebec

LANGEVIN, Paul-Émile, professor de Exegese NT na Universidade Lavai, em Quebec

LEFEBVRE, Solange, professora de Teologia Pastoral na Universidade de Montreal

LINDBECK, Georg, professor de Teologia Ecumênica na Divinity School da Yale University

LÖSER, Werner, professor de Teologia Dogmática na Hochschule "Sankt Georgen", em Frankfurt

MAESSCHALCK, Marc, professor de Filosofia na Universidade Civil do Haiti

MANSINI, Guy F., professor de Teologia Dogmática na St. Meinrad Archabbey, em St. Meinrad, EUA

McMORROW, Kevin, Diretor do Centro Ecumênico "Atonement", em Roma

MURPHY, Anne, professora de Teologia Histórica no Heythrop College da Universidade de Londres

NAUD, Julien, professor de Filosofia na Universidade de Quebec, em Trois-Rivières

NEUFELD, Karl H., professor de Teologia Fundamental na Universidade de Innsbruck

PERKINS, Pheme, professor de Teologia no Departament of Theology do Boston College, em Boston

PIÉ-NINOT, Salvador, professor de Teologia Fundamental na Faculdade Teológica da Cataluña, em Barcelona

POTTMEYER, Hermann J., professor de Teologia Fundamental na Universidade de Bochum

POZZO, Guido, professor de Teologia Dogmática no Instituto "Cayman", em Roma

PROVENCHER, Normand, professor de Teologia Fundamental na Universidade "Saint Paul", em Ottawa

ROCCHETTA, Carlo, professor de Teologia Dogmática no Instituto Teológico Florentino, em Firenze

ROCHAIS, Gerard, professor no Departamento de Ciências Religiosas na Universidade de Quebec, em Montreal

ROOT, Howard E., diretor do Centro Anglicano, em Roma

SABOURIN, Leopold, publicista em Sagrada Escritura

SCHLITT, Dale M., professor de Filosofia da Religião e Teologia na Universidade "Saint Paul", em Ottawa

SECKLER, Max, professor de Teologia Fundamental na Universidade de Tübingen

SHANNON FARRELL, Elizabeth, professora de Literatura Profética e Sapiencial da Bíblia na Universidade Laval, em Quebec

SKA, Jean Louis, professor de Exegese AT no Pontifício Instituto Bíblico, em Roma

SPERA, Salvatore, professor de Filosofia da Religião na Universidade "La Sapienza", em Roma

STAGLIANÒ, Antonio, professor de Teologia Fundamental no Pontifício Seminário "Pio X", em Catanzaro

SULLIVAN, Francis P., professor de Teologia Fundamental no Department of Theology do Boston College, em Boston

VANHOYE, Albert, professor de Exegese NT no Pontifício Instituto Bíblico, em Roma

VERWEYEN, Hansjürgen, professor de Teologia Fundamental na Universidade de Friburgo i.B.

VISCA, Danila, professora de História das Religiões na Universidade "La Sapienza", em Roma

WEGER, Karl Heinz, professor de Filosofia no Berchmanskolleg, em Munique

LISTA DOS VERBETES

ABBA/ PAI – *José Caba*

AGNOSTICISMO – *Bernd Groth*

AGOSTINHO – *Nello Cipriani*

AMOR – *Gerald O'Collins*

ANÁLISE ESTRUTURALISTA E EXEGESE BÍBLICA – *Olivette Genest*

ANALOGIA – *Ghislain Lafont*

ANGLICANISMO – *Howard E. Root*

ANSELMO DE CANTUÁRIA – *Paul Gilbert*

ANTROPOLOGIA *

I. Bíblica – *Elizabeth Shannon Farrell*

II. Cristã – *Luis F. Ladaria*

APARIÇÕES – *René Latourelle*

APÓCRIFOS – *René Latourelle*

APOLOGETAS – *Gilles Pelland*

APOLOGÉTICA

I. História – *Avery Dulles*

II. Natureza e objetivo – *René Latourelle*

APOLOGIA – *Elena Bosetti*

APOLOGISTAS LEIGOS – *Filippo Santi Cucinotta*

APÓSTOLO – *René Latourelle*

ATEÍSMO

I. Origens – *Michael J. Buckley*

II. Contemporâneo – *Bernd Groth*

BALTHASAR – *Rino Fisichella*

BARTH – *Philip J. Rosato*

---

* Em negrito figuram os verbetes básicos do *Dicionário*.

TRENTO (Concílio de) – *Jared Wicks*

TRINDADE E REVELAÇÃO – *John O'Donnell*

UNICIDADE E UNIVERSALIDADE – *Jacques Dupuis*

UNIVERSALE CONCRETUM – *Werner Loser*

VATICANO I – *Marcel Chappin*

VATICANO II – *René Latourelle*

VERDADE – *Ignace de la Potterie*

ZUBIRI – *Diego Gracia*

ABREVIAÇÕES

Livros da Sagrada Escritura

Ab	Abdias
Ag	Ageu
Am	Amós
Ap	Apocalipse
At	Atos dos Apóstolos
Br	Baruc
Cl	Epístola aos Colossenses
1Cor	1ª Epístola aos Coríntios
2Cor	2ª Epístola aos Coríntios
1Cr	1º Crônicas
2Cr	2º Crônicas
Ct	Cântico dos Cânticos
Dn	Daniel
Dt	Deuteronômio
Ecl	Eclesiastes (Qohélet)
Eclo	Eclesiástico (Sirácida)
Ef	Epístola aos Efésios
Esd	Esdras
Est	Ester
Ex	Êxodo
Ez	Ezequiel
Fl	Epístola aos Filipenses
Fm	Epístola a Filemon
Gl	Epístola aos Gálatas
Gn	Gênesis
Hab	Habacuc
Hb	Epístola aos Hebreus
Is	Isaías
Jd	Epístola de Judas
Jl	Joel
Jn	Jonas
Jó	Jó
Jo	Evangelho de João
Jo	1ª Epístola de João
2Jo	2ª Epístola de João
3Jo	3ª Epístola de João
Jr	Jeremias
Js	Josué
Jt	Judite
Jz	Juízes
Lc	Evangelho de Lucas
Lm	Lamentações de Jeremias
Lv	Levítico
Mc	Evangelho de Marcos
1Mc	1º Macabeus
2Mc	2º Macabeus
Ml	Malaquias
Mq	Miqueias
Mt	Evangelho de Mateus
Na	Naum
Ne	Neemias
Nm	Números
Os	Oseias
1Pd	1ª Epístola de Pedro
2Pd	2ª Epístola de Pedro
Pr	Provérbios
Rm	Epístola aos Romanos
1Rs	1º Reis
2Rs	2º Reis
Rt	Rute
Sb	Sabedoria
Sf	Sofonias
Sl	Salmos
1Sm	1º Samuel
2Sm	2º Samuel
Tb	Tobias
Tg	Tiago
1Tm	1ª Epístola a Timóteo
2Tm	2ª Epístola a Timóteo
1Ts	1ª Epístola aos Tessalonicenses
2Ts	2ª Epístola aos Tessalonicenses
Tt	Epístola a Tito
Zc	Zacarias

Documentos do Concílio Vaticano II

AG	Ad Gentes	LG	Lumen Gentium
AA	Apostolicam Actuositatem	NA	Nostra Aetate
CD	Christus Dominus	OT	Optatam Totius
DV	Dei Verbum	OE	Orientalium Ecclesiarum
DH	Dignitatis Humanae	PC	Perfectae Caritatis
GS	Gaudium et Spes	PO	Presbyterorum Ordinis
GE	Gravissimum Educationis	SC	Sacrosanctum Concilium
IM	Inter Mirifica	UR	Unitatis Redintegratio

Outros documentos do Magistério

CT	Catechesi Tradendae	RH	Redemptor Hominis
DM	Dives in Misericordia	RM	Redemptoris Mater
ES	Ecclesiam Suam		

Obras

BThW	*Bibeltheologisches Wörterbuch*, J. Bauer (ed.), Graz 1976.
Cath	*Catholicisme*, G. Jacquemet (ed.), Paris 1948s.
CChrCM	*Corpus Christianorum. Continuado Mediaevalis*, Brepols, Turnholt 1966.
CChrSG	*Corpus Christianorum. Series Graeca*, Brepols, Turnholt-Louvain 1977.
CChrSL	*Corpus Christianorum. Series Latina*, Brepols, Turnholt 1953.
CG	Tomás de Aquino, *Summa Contra Gentiles.*
CSCO	*Corpus Scriptorum Christianorum Orientalium*, Roma 1903.
CSEL	*Corpus Scriptorum Ecclesiasticorum Latinorum*, Academia de Viena (ed.), Wien 1866.
DAFC	*Dictionnaire Apologétique de la foi catholique*, ed. D'Alès, Paris 1909-1931.
DBS	*Supplément au Dictionnaire de la Bible*, Paris 1928.
DSp	*Dictionnaire de Spiritualité*, M. Viller (ed.), Paris 1937.
DThC	*Dictionnaire de théologie catholique*, E. Vacant (ed.), Paris 1937.
DTI	*Dizionario Teológico Inter disciplinare*, Turim 1977-1978.
EB	*Enchiridion Biblicum. Documenta Ecclesiastica Sacram Scripturam Spectantia*, Nápoles-Roma 1961.
EC	*Enciclopedia Cattolica*, Città del Vaticano 1945-1954.
EF	*Enciclopedia Filosófica*, Novara 1979.
EKL	*Evangelisches Kirchenlexikon*, H. Brunotte-O. Weber (ed.), Göttingen 1956-1961.
EO	*Enchiridion Oecumenicum*, S.J. Voicu-G. Ceretti (ed.), Bolonha 1986-1988.
ER	*Encyclopedia of Religions (The)*, M. Eliade (ed.), Nova York-Londres 1987.
ETF	*Enciclopedia di Teologia Fondamentale.* Storia. Progetto. Autori. Catégorie, G. Ruggieri (ed.), Turim 1987.
EV	*Enchiridion Vaticanum*, Bolonha 1966.
GDR	*Grande Dizionario delle Religioni*, P. Poupard (ed.), Assis 1988.
GLNT	*Grande Lessico dei Nuovo Testamento*, trad. it. de TWNT, coord, por F. Montagnini, Brescia 1965-1990.
HDG	*Handbuch der Dogmengeschichte*, Friburgo 1956.
HFTh	*Handbuch der Fundamentaltheologie*, W. Kern-H. J. Pottmeyer-M. Seckler (ed.), Friburgo 1985-1988.
HKG	*Handbuch der Kirchengeschichte*, H. Jedin (ed.), Friburgo 1962.
HWP	*Historisches Wörterbuch der Philosophie*, R. Eisler (ed.), Basel 1971.

LThK	*Lexikon für Theologie und Kirche*, J. Hofer-K. Rahner (ed.), Friburgo/Br 1956-1965.
MystSal	*Mysterium Salutis*, J. Feiner-M. Löhrer (ed.), Petrópolis 1971-1985.
NCE	*New Catholic Encyclopedia*, Nova York 1967-1974.
NDL	*Nuovo Dizionario di Liturgia*, D. Sartore-A.M. Triacca (ed.), Roma 1984.
NDM	*Nuovo Dizionario di Mariologia*, S. De Fiores-S. Meo (ed.), Roma 1985.
NDS	*Nuovo Dizionario di Spiritualità*, S. De Fiores-T. Goffi (ed.), Roma 1985.
NDT	*Nuovo Dizionario di Teologia*, G. Barbaglio-S. Dianich (ed.), Roma 1977.
NDTB	*Nuovo Dizionario di Teologia Bíblica*, P. Rossano-G. Ravasi-A. Girlanda (ed.), Roma 1989.
NHThG	*Neues Handbuch theologischer Grundbegriffe*, P. Eicher (ed.), Munique 1984s.
PG	*Patrologiae Cursus Completus. Series Graeca*, J.P. Migne (ed.), Paris 1857-1945.
PhW	*Philosophisches Wörterbuch*, W. Brugger (ed.), Friburgo 1953.
PL	*Patrologiae Cursus Completus. Series Latina*, J.P. Migne (ed.), Paris 1844-1974.
PO	*Patrologia Orientalis*, R. Graffin (ed.), Paris-Turnhout 1907.
RGG 1-3	*Die Religion in Geschichte und Gegenwart.* Handwörterbuch für Theologie und Religionswissenschaft, K. Galling (ed.), Tübingen 1957-1965.
SChr	*Sources Chrétiennes*, Paris 1941.
SM	*Sacramentum Mundi*, K. Rahner (ed.), Brescia 1974-1977.
STh	Tomás de Aquino, *Summa Theologica.*
TRE	*Theologische Realenzyklopädie*, G. Krause-G. Müller (ed.), Berlim-Nova York 1977.
TWAT	*Theologisches Wörterbuch zum Alten Testament*, G. Botterwerck-H. Ringgren (ed.), Stuttgart 1973.
TWNT	*Theologisches Wörterbuch zum Neuen Testament*, G. Kittel-G. Friedrich (ed.), Stuttgart 1933-1973.
WA	Weimarer Ausgabe. M. Luther, *Werke. Kritische Gesamtausgabe.*
WKL	*Weltkirchenlexikon. Handbuch der Ökumene*, F.H. Littell-H.H. Walz (ed.), Stuttgart 1960.

Revistas

AAS	Acta Apostolicae Sedis
AHC	Annuarium Historiae Conciliorum
ArchFil	Archivio di Filosofía
ARG	Archiv für Reformationsgeschichte
ArPh	Archives de Philosophie
ASSR	Archives de Sciences Sociales des Religions
ATh	Année Théologique
Aug	Augustinianum
Bibl	Biblica
BJRL	Bulletin of the John Rylands Library
BThBull	Biblical Theological Bulletin
BZ	Biblische Zeitschrift
CBQ	Catholic Biblical Quarterly
CivCatt	La Civiltà Cattolica
Comm	Communio
Conc	Concilium
EstBibl	Estudios Bíblicos
EsVie	Esprit et Vie

Et	Études
EThL	Ephemerides Theologicae Lovanienses
ETR	Études Théologiques et Religieuses
EvQ	Evangelical Quarterly
EvTh	Evangelische Theologie
FrSA	Franciscan Studies Annual
FZPhTh	Freiburger Zeitschrift für Philosophie und Theologie
Greg	Gregorianum
HeJ	Heythrop Journal
IBS	Irish Biblical Studies
IKZ	Internationale Kirchliche Zeitschrift
IPhQ	International Philosophical Quarterly
Ir	Irénikon
IThQ	Irish Theological Quarterly
JAAR	Journal of the American Academy of Religion
JThS	Journal of Theological Studies
KuD	Kerygma und Dogma
Lat	Lateranum
LKD	Literatur des katholischen Deutschlands
MSR	Mélanges de Science Religieuse
MThZ	Münchener theologische Zeitschrift
NRTh	Nouvelle Revue Théologique
NT	Novum Testamentum
NZSTh	Neue Zeitschrift für Systematische Theologie
PhJ	Philosophisches Jahrbuch der Görres-Gesellschaft
RAMy	Revue d'Ascétique et de Mystique
RB	Revue Biblique
RBén	Revue Bénédictine
RCT	Revista catalana de Teología
RdT	Rassegna di Teologia
REB	Revista Eclesiástica Brasileira
RET	Revista Española de Teologia
RFNS	Rivista di Filosofia Neo-Scolastica
RGG	Religion in Geschichte und Gegenwart
RHPhR	Revue d'Histoire et de Philosophie Religieuses
RSLR	Rivista di Storia e Letteratura Religiosa
RSPhTh	Revue des Sciences Philosophiques et Théologiques
RSR	Recherches de Science Religieuse
RThom	Revue Thomiste
RThPh	Revue de Théologie et Philosophie
RTL	Revue Théologique de Louvain
RUnOtt	Revue de l'Université d'Ottawa
Sal	Salesianum
ScCatt	La Scuola Cattolica

ScE	Science et Esprit
SNT	Schriften des Neuen Testaments
StCatt	Studi Cattolici
StTh	Studia Theologica
Stz	Stimmen der Zeit
Teol	Teologia
Theol	Theology
ThD	Theology Digest
ThG	Theologie und Glaube
Thom	The Thomist
ThPh	Theologie und Philosophie
ThPQ	Theologisch-praktische Quartalschrift
ThQ	Theologische Quartalschrift
ThR	Theologische Rundschau
ThS	Theological Studies
VD	Verbum Domini
ZAW	Zeitschrift für die alttestamentliche Wissenschaft
ZKTh	Zeitschrift für die katholische Theologie
ZNW	Zeitschrift für die neutestamentliche Wissenschaft
ZThK	Zeitschrift für Theologie und Kirche

INDICAÇÕES PRÁTICAS

1. Transliterações e sinais diacríticos

Para o *grego*, seguimos o princípio gráfico-fonético. Em particular: *a.* as vogais longas (e/o) são transliteradas como ē/ō; se, além disto, forem acentuadas, tornam-se ē/ō; *b.* o acento "normal" é expresso pelo acento agudo (ex., é/á), a não ser que se trate de e/o longos, como no caso *a.* (ver acima); *c.* os ditongos pronunciam-se como são escritos, segundo a lógica do alfabeto português, exceção feita do ou, que se pronuncia como u.

Para o *hebraico*, valem, em linha geral, os princípios dos valores consonânticos e fonéticos. Em particular: *a. o* acento circunflexo (^) assinala uma vogal longa; *b.* o acento longo (-), uma vogal média; *c.* a ausência de acento indica uma vogal breve; *d.* o acento breve (˘), uma semivogal.

No que concerne aos *sinais diacríticos de outros idiomas* (p. ex., árabe ou sânscrito), seguimos o sistema usado pelos autores dos respectivos artigos.

2. Várias

Tanto no índice sistemático quanto no analítico figuram em *itálico* os verbetes que, embora tenham uma certa importância, não têm um tratamento próprio (p. ex., *Antropomorfismo*), mas fazem parte de outros verbetes maiores. No índice analítico, que se encontra no fim do volume, estes verbetes são seguidos da indicação das páginas em que aparecem.

A *flecha* (→), no corpo dos artigos, remete o leitor aos verbetes indicados, para uma visão mais completa do assunto.

A

ABBA/PAI

Os evangelhos apresentam-nos a figura de Jesus com a clara qualificação de filho de Deus. Estabelecem uma cristologia explícita, de forma programática. Assim, o Evangelho de Marcos, já em seu primeiro versículo, esboça o tema que será desenvolvido no decurso de sua obra: "Jesus Cristo, Filho de Deus" (1,1). João formula a mesma tese, em sua conclusão, apresentando-a como a finalidade que visou ao escrever seu Evangelho: "A fim de que acrediteis que Jesus é o Cristo, o Filho de Deus" (20,31). Para chegar a esta formulação aberta, os evangelistas partem de uma cristologia implícita, contida na conduta de Jesus, em suas palavras e em sua pregação, na realização de sua obra. Um ponto básico, que permite chegar a esta fé em Jesus como filho de Deus, tem sua raiz no uso que o próprio Jesus fez do termo *'abbā'*, pai, para exprimir sua relação com Deus. Para compreender a dimensão que este termo adquire nos lábios de Jesus, é necessário confrontá-lo com os usos anteriores do mundo judaico, em que estava inserida a vida de Jesus.

1. Na História das Religiões, chamar a divindade de pai é um patrimônio comum. Também no *Antigo Testamento*, dentre muitas outras qualificações, Deus é apresentado pelo termo (*'ab*) pai. Mas a religiosidade hebraica reveste o termo de características especiais. Deus é pai, não pelo fato de ser progenitor, mas por ser criador (Dt 32,6; Ml 2,10). O povo de Israel fez a experiência de Deus pai e sentiu-se primogênito de Deus, através de uma história de salvação que teve seu início significativo na saída e na libertação do Egito (Ex 4,22; Is 63,16; Jr 31,9). A partir daquele momento, nasce o povo criado por Deus. Ao longo desta história, Deus mostrou ao povo um amor de pai (Os 11,1-4.8). A paternidade de Deus é limitada, deste modo excepcional, a Israel. De qualquer forma, nota-se uma grande reserva no uso do nome "pai", em relação a Deus, talvez pelo perigo de a palavra ser mal-entendida, em sentido mitológico. Somente quinze vezes Deus recebe esta denominação no AT (Dt 32,6; 2Sm 7,14; 1Cr 17,13; 22,10; 28,6; Sl 68,6; 89,27; Is 63,16 [bis]; 64,7; Jr 3,4.19; 31,9; Ml 1,6; 2,10).

No seio do povo, é o rei que conserva uma relação especial de filiação com Deus, que mantém, em relação ao rei, uma atitude particular de pai (2Sm 7,14). Para exprimir uma adoção de predileção, afirma-se do rei que Deus o gera no dia de sua entronização, proclamando: "Tu és meu filho" (Sl 2,7); assim, o rei do salmo chega a ter um caráter messiânico, prenunciando desta forma uma figura escatológica.

Somente em poucos textos, e aliás na literatura mais recente do AT, aborda-se o tema de Deus pai em relação pessoal com o indivíduo (Eclo 23,1.4; Sb 14,3). Nestes textos do judaísmo helenístico, surgidos no ambiente grego, não somente se encontra a qualificação de Deus como pai, mas também a invocação de Deus como "Senhor pai e senhor da minha vida" (Eclo 23,1), "Senhor pai e Deus de minha vida" (Eclo 23,4); se bem que permaneça sempre a dúvida se, de início, o significado não seja tanto a invocação pessoal de Deus como pai, mas, antes, de Deus "Senhor de *meu* pai", em harmonia com o canto dos filhos de Israel (Ex 15,2) e com a expressão do próprio Sirácida (Eclo 51,10). E o livro da Sabedoria que, no AT, oferece a primeira e única invocação de Deus como pai, πάτερ (*páter*), quando, ao falar do que a sabedoria constrói, se dirige a Deus e diz: "E tua previdência, ó Pai, que o dirige" (Sb 14,3). Trata-se de uma excelente preparação do caminho que será aberto por Jesus.

2. Passando do Antigo ao *Novo Testamento*, deparamos um panorama diferente, embora se continue numa linha já começada. Antes de tudo, no uso do termo "pai"; aplicado a Deus, é usado quase 250 vezes. A mudança é radical também na projeção da paternidade de Deus, já que esta não é circunscrita exclusivamente a Israel, mas diz respeito a todos os homens. A novidade fundamental tem sua raiz sobretudo no significado excepcional e único que emerge quando se constata a relação existente entre Jesus, como Filho, e Deus, como Pai; esta novidade de significado encontra sua aplicação nos homens quando se insiste em que estes, à semelhança de Jesus, não só devem chamar a Deus de Pai, mas também invocá-lo com o mesmo nome.

a. A *frequência* do uso do termo "pai" no NT pode ter seu fundamento no uso que dele fez o próprio Jesus, para referir-se a Deus. Na realidade, os evangelhos colocam com surpreendente frequência, nos lábios de Jesus, a expressão "pai" aludindo a Deus, não menos de 170 vezes; Marcos usa-a 4 vezes, Lucas aproximadamente 15, Mateus 42 e João 109. Pode-se observar um uso crescente com o avançar da tradição, como evidencia o salto enorme entre o uso de Marcos e o de João. Isto permite entrever o fato de que muitos textos, nos quais Jesus chama a Deus de pai, constituem fruto redacional do evangelista.

b. A *qualificação de Deus como pai* remonta, sem dúvida, ao próprio Jesus. Entrevê-se o uso que Jesus faz do termo "pai" para qualificar a Deus, visto que ele se encontra nos extratos mais primitivos da tradição, como Marcos e a fonte comum a Mateus e Lucas; e isto não só quando chama a Deus de "pai" de maneira absoluta (Mc 13,32; Lc 11,13), ou com o acréscimo do possessivo "vosso" (Mc 11,25; Mt 5,48 [par. Lc 6,36]; 6,32 [par. Lc 12,30]), mas também, e sobretudo, com o possessivo "meu", como nos textos comuns a Mateus (11,27) e a Lucas (10,22), incluindo talvez o Evangelho de Marcos (8,38). Esta expressão de Jesus para qualificar a Deus como "meu Pai" dificilmente tem paralelos nos textos precedentes do AT e na literatura rabínica; este fato dá maior garantia de que tal denominação de Deus, pelo que contém de originalidade e de inovação, provém de Jesus mesmo.

c. A *invocação de Deus como pai*, da parte de Jesus, é mais garantida. Existe uniformidade entre todos os extratos da tradição dos evangelhos, ao apresentar a invocação pessoal que Jesus dirige a Deus como pai; uma invocação deste tipo é transmitida por Marcos (14,36 [par. Mt 26,39; Lc 22,42]), por Mateus num texto que lhe é exclusivo (26,42), por Lucas em duas ocasiões (23,34.46) e por João nove vezes (11,41; 12,27.28; 17,1.5.11.21.24.25). A soma de todos estes textos leva a concluir que todas as orações de Jesus começam com a invocação de Deus como pai, exceção feita da oração na cruz (Mc 15,34 [par. Mt 27,46]), na qual são citadas as palavras do salmo: "Meu Deus, meu Deus, por que me abandonaste?" (Sl 22,2). Além disso, porém, estamos em condições de saber qual era a forma concreta de Jesus invocar a Deus; é transmitida exclusivamente por Marcos, que conserva, na oração do Getsêmani, a palavra aramaica em sua transliteração grega 'αββᾶ (*abbá*), seguida do correspondente termo grego ὁ πατήρ (*ho patêr*) [Mc 14,36]. A aproximação da invocação em aramaico e em grego pode permitir entrever que, nas demais orações de Jesus, a forma de invocação está substituindo a palavra habitual, com que nos dirigimos a Deus: *'abbā'*. O enraizamento desta invocação de Jesus é confirmado por São Paulo, que fala do grito que se levantava entre os fiéis de sua comunidade, que, movida pelo Espírito, invocava a Deus, também ela, como *'abbā'* (Gl 4,6); a mesma coisa ocorria numa outra comunidade, não fundada por Paulo (Rm 8,15).

d. A *maior garantia da invocação* de Deus como pai, da parte de Jesus, é-nos dada pelo próprio termo *'abbā'*; temos condições de saber que este foi verdadeiramente usado por Ele. A palavra *'abbā'* originariamente reflete a linguagem infantil, usada pela criança para dirigir-se ao pai, ainda que, posteriormente, tenha sido usada também por pessoas adultas para falar com pessoas idosas. Se, em algum momento, no âmbito do judaísmo helenístico, se invocou a Deus com o termo πάτερ (*páter*) [cf. Sb 14,3], o termo *'abbā'*, em qualquer ambiente judaico, era absolutamente impensável, por denotar falta de respeito, se usado como meio de comunicação com Deus. Este sentido de descontinuidade, em relação ao uso à época do Evangelho, oferece um critério seguro de historicidade do emprego que dele fez Jesus (→ Evangelho: historicidade).

e. A *relação de intimidade filial* que se estabelece entre Jesus e o Pai pode ser entrevista no termo *'abbā'*. O conteúdo desta relação foi plasmado no hino de júbilo que Jesus pronuncia, invocando a Deus "pai", evocação do aramaico *'abbā'*; com uma dupla invocação ao pai, Jesus lhe agradece por sua ação reveladora em relação aos simples (Mt 11,25-26 [par Lc 10,21]). Em seguida, estabelece-se a relação que une Jesus, Filho, com Deus, seu Pai. Afirma Jesus: "Tudo me foi dado por meu Pai" (Mt 11,27a; Lc 10,22a). Tendo presente o agradecimento anterior de Jesus, também a revelação plena e total faz parte do que o Pai deu ao Filho; enquanto para os escribas e fariseus a fonte de informação eram as tradições dos antigos (cf. Mc 7,3.9), para Jesus, ao contrário, a fonte de seu conhecimento é o que recebeu de Deus, seu Pai. O conhecimento entre Jesus e o Pai é recíproco, visto que "ninguém conhece o Filho senão o Pai, e ninguém conhece o Pai senão o Filho" (Mt 11,27b.c. [par. Lc 10,22b.c.]). Neste mútuo conhecimento, que não exclui o aspecto noético, inclui-se tudo o que contém o conceito bíblico de conhecimento: está envolvida nele também a vontade de uma comunhão de vida. Supõe-se o amor de predileção que o Pai tem pelo Filho, o Filho amado (Mt 11,17; Mc 1,11), e o amor do Filho, que o leva à atitude de submissão e de obediência ao Pai (Lc 2,49; Mt 26,39; Mc 14,6). Uma vez que Jesus é quem conhece o Pai, é também quem o pode revelar; o Pai, em sua benevolência, revela-se aos simples (Mt 11,25-26 par.); o Filho revela o Pai a quem quer (Mt 11,27d. par.). Esta cristologia, já iniciada pelos sinóticos, atingirá seu desenvolvimento pleno e total na cristologia do quarto evangelho: "Deus Unigênito, que está no seio do Pai, Ele o deu a conhecer" (Jo 1,18). Tanto João como os sinóticos, partindo da qualificação e da invocação de Deus como Pai, da parte de Jesus, e da submissão e obediência que Jesus manifesta, chegarão à formulação clara e explícita de Jesus como filho de Deus (Mc 1,1; Jo 20,31).

f. Qualificarmos e invocarmos a Deus como pai deriva da exortação de Jesus (Mt 6,9; Lc 11,2); pela ação do Espírito Santo, dirigimo-nos a Ele também como *'abbā'* (Rm 8,15; Gl 4,6). De qualquer forma, permanecerá sempre a diferença incalculável que Jesus mesmo estabelece ao não se incluir a si mesmo na nossa invocação "Pai nosso", ou, então, separando "seu Pai" de "nosso Pai"; "subo a meu Pai e vosso Pai" (Jo 20,17). Sem dúvida, tanto Jesus como nós estamos envolvidos no mesmo amor do Pai, segundo o pedido que Jesus lhe dirige em favor de seus discípulos: "para que o amor com o qual tu me amaste esteja neles" (Jo 17,26).

Bibl.- G. Dalman, *Die Worte Jesu. Mit Berücksichtigung des nachkanonischen jüdischen Schrifitums und der aramäischen Sprache*, I, Darmstadt 1930², 1965, 150-159; G. Kittel, 'ἀββᾶ, em GLNT I, 15-18; G. Schrenk, πατήρ, em GLNT IX, 1111-1306; J. Jeremias, "Kennzeichen der ipsissima vox Jesu", em *Synoptische Studien*, Münster 1958, 86-93; Id., *Abba.* Studien zur neutestamentlichen Theologie und Zeitgeschichte, Göttingen 1966, 15-80; Id., *Neutestamentliche Theologie* I: Die Verkündigung Jesu, Gütersloh 1971, 45.67-73; W. Marchel, *Abba, Père! La prière Du Christ et des chrétiens.* Etude exégétique sur les origines et la signification de l'invocation à la divinité comme Père, avant et dans le Nouveau Testament, Roma 1963; J. Caba, *El Jesús de los evangelios*, Madri 1977, 281-284.300-313; O. Michel, *Patêr*, em H. Balz e outros (ed.), *Exegetisches Wörterbuch zum NT*, III, Stuttgart 1982, 125-135; S. Sabugal, *Abba!... La oración del Señor*, Madri 1985, 366-424.

JOSÉ CABA

AGNOSTICISMO

1. EXPLICAÇÃO TERMINOLÓGICA – Pelo termo *agnosticismo* (do grego: *ágnōstos*, incognoscível) entende-se comumente a concepção (filosófica) da incognoscibilidade de toda entidade transempírica, ou seja, transcendente. Na linha desta concepção, as afirmações que fazem referência ao transcendente são consideradas cientificamente indetermináveis; consequentemente, a Metafísica (ciência do transempírico, do imutável, do espiritual) é privada do *status* de cientificidade.

Concretamente, o termo foi cunhado por Th.H. Huxley (1825-1895), biólogo e filósofo inglês, como antônimo de certeza cognoscitiva *gnóstica*, e introduzido na Filosofia a partir de 1896. Com este conceito, Huxley quer indicar uma atitude que, partindo da incognoscibilidade de Deus e, igualmente, da finitude e limitação do saber humano, renuncia a afirmações pessoais e definitivas em matéria de fé e assim julga outras com ceticismo (cf. Huxley, 237-240).

Por isto, o agnosticismo coloca-se em contraste crítico também com o ateísmo, que sustenta, como é sabido, um conhecimento definitivo da não existência de Deus. Contrariamente, o agnosticismo confina as proposições sobre a existência ou não existência de Deus ao campo das afirmações cognitivamente não determináveis. Portanto, uma contestação da existência de Deus deve ser tratada do mesmo modo que uma afirmação de sua existência.

Correntes e atitudes de pensamento agnóstico estão há muito presentes no pensamento ocidental, ainda que nem sempre se tornem objeto de reflexão filosófica ou teológica. Na assim chamada "teologia negativa", que parte do conceito segundo o qual, no que tange a Deus, só se pode conhecer o que Ele não é, e não o que é, encontra-se uma forma de agnosticismo orientado em sentido religioso.

2. O AGNOSTICISMO MODERNO – O criticismo (Hume, Kant) e o neopositivismo (Círculo de Viena, Filosofia analítica) tiveram a função de precursores do agnosticismo moderno. Existe uma relação de estreito parentesco com o ceticismo moderno.

Segundo a suposição de Kant (1724-1804), relativa à dialética transcendental, contida na "Crítica da razão pura", as afirmações críticas são possíveis somente dentro de um contexto limitado ao espaçotemporal. As referentes ao mundo como totalidade geram apenas contradições, em sua opinião. Os conhecimentos da ciência, que precisam ser confiáveis, são atingíveis somente no campo da fenomenologia finita e contextual. Afirmações para além deste campo ultrapassam o limite da confiabilidade e, por isto, devem ser rejeitadas.

Segundo o ponto de vista do positivismo moderno, as pesquisas lógicas da filosofia analítica demonstram a contraditoriedade das afirmações religiosas. Por exemplo, como pode Deus ser ao mesmo tempo infinito e pessoa?

Atualmente, o agnosticismo deve importantes impulsos a pensadores como B. Russell, E. Topitsch e outros. O espanhol T. Galván (1918-1986), filósofo do direito, tentou dar um fundamento ao agnosticismo (cf. bibliografia). Em sua concepção, o agnosticismo está em contraste tanto com o ateísmo quanto com a fé religiosa. Do mesmo modo que Huxley, Galván rejeita a certeza gnóstica do saber relativo à existência ou não existência de Deus. Seu pensamento gira em torno do conceito de "finitude". O agnóstico é o homem que se coloca consciente e retamente frente à finitude de seu ser e busca viver positivamente neste estado. Ao contrário, a vida do crente é dilacerada por uma dupla finalidade: de um lado, o fim intramundano, e, do outro, o relativo ao além. T. Galván vê uma fundamental contradição entre os dois objetivos vitais e, por isto, fala também de uma "tragédia teológica" da vida do crente. Por este motivo, quer restituir ao homem o senso da finitude e, portanto, a unitariedade da sua existência, que perdeu por causa da religião. O agnosticismo é também um humanismo: quer superar a solidão e o isolamento do homem e fundar uma comunidade sem violentar ou anular o indivíduo. A salvação não apresenta nenhum valor transcendente, significa, antes, identificar-se com o sentido deste mundo, que consiste na finitude. Mas como se possa viver esta finitude num mundo como o nosso permanece, em última análise, uma questão aberta e sem resposta. O apelo moral para viver a finitude de modo humano é de per si insuficiente.

3. AVALIAÇÃO TEOLÓGICA – O espírito do nosso tempo aproxima-se mais do agnosticismo do que do ateísmo, de modo que a teologia contemporânea considera o agnosticismo (*indiferença*) como seu real antagonista (cf. K. Rahner, H.R. Schlette).

No passado, a Igreja Católica condenou o agnosticismo moderno mais de uma vez.

O → Vaticano I (1870) afirma, na constituição dogmática *Dei Filius* (DS 3000-3045), a segura cognoscibilidade de Deus com a ajuda da razão humana (cf. DS 3004) e declara o anátema contra todos os que negam isto (cf. DS 3026), entre os quais se deve incluir também o agnosticismo.

Pio X coloca-se abertamente contra o agnostismo, em sua encíclica *Pascendi dominici gregis*, de 8 de setembro de 1907 (cf. DS 3475-3500). Do ponto de vista do papa, o agnosticismo é o erro fundamental do modernismo.

Contra uma condenação apressada do agnosticismo, manifestam-se duas convicções teológicas características do próprio cristianismo: 1. todo saber humano é "uma obra imperfeita" (cf. 1Cor 13,9), limitada e falível; similarmente, 2. o ensinamento tradicional a propósito da "incognoscibilidade de Deus" (cf. Jo 1,18a; Hb 11,27; Rm 1,20; Cl 1,15; 1Tm 1,17 etc.), que se baseia no ensinamento bíblico do "Deus escondido" (cf. Is 45,15), sustentado sobretudo pelos Padres capadócios (Basílio, Gregório de Nissa, em polêmica com o ariano Eunômio). Naturalmente não se trata de duas coisas completamente diversas, pois ambos os problemas são intimamente conexos. O conhecimento e o saber humano referem-se por natureza ao que é terreno, pois eles mesmos são parte integrante da realidade terrena. Por isto, estão sujeitos à contingência típica de tudo o que é terreno. O saber referente a Deus não pode representar nenhuma exceção. Efetivamente, Deus, por causa de sua natureza, não pode ser objeto do conhecimento humano; fundamentalmente, Ele permanece incognoscível.

A contingência de princípio, a limitação e a falibilidade do conhecimento humano certamente não constituem uma descoberta moderna, em razão da qual a teologia deva ser eventualmente devedora ao *falibilismo* moderno (K. Popper, H. Albert e outros). Prescindindo da supramencionada e difundida convicção basilar, no tocante ao caráter incompleto do conhecimento humano, no campo da filosofia e da teologia cristã, N. Cusano (1401-1464) foi o primeiro a tematizar, no final da Idade Média, o caráter *conjec-*

tural deste conhecimento ("in coniecturis ambulantes in omnibus nos errare comperimus", *Docta Ignorantia* II, 11).

A aparente contradição entre a incognoscibilidade de Deus, tradicionalmente ensinada, e sua cognoscibilidade, afirmada pelo Concílio Vaticano I, resulta de uma leitura superficial do texto. E que comumente se negligencia a cláusula condicional "e creatis" (a partir das coisas criadas). O concílio afirma um conhecimento de Deus condicionado "a partir das coisas criadas". Não é Deus em pessoa o objeto de conhecimento, mas sim o mundo, como criação de Deus. Portanto, o que se afirma é a cognoscibilidade do caráter de criaturalidade do mundo e seu ser referência a algo e/ou alguém que é radicalmente diferente dela. A criaturalidade do mundo exprime, antes de tudo, só o fato de que o mundo não pode subsistir sem aquele algo que a religião, em sua linguagem, chama "Deus". "Deus" aparece como aquele sem o qual nada existe. Esta reflexão teológica corresponde integralmente ao dado bíblico, inclui a concepção de base própria da teologia negativa, e deveria também ser capaz de fornecer fundamento para um diálogo com o agnosticismo moderno.

Bibl. – L. Stephen, *An Agnóstic's Apology*, 1876; H. Huxley, "Agnosticism", em *Collected Essays*, vol. V, Londres 1902; M.F. Sciacca, "Agnosticismo", in *Enciclopedia filosófica*, vol. I, Venezia-Roma 1957, 74-78; I. Kant, "Dialética Transcendental", em *Crítica da Razão Pura e outros textos filosóficos*, São Paulo 1974; Ch. Seidel, "Agnostizismus", em HWPh, vol. I, Basel-Stuttgart 1971, 110-112; W. Hepburn, "Agnosticism", em *The Encyclopedia of Philosophy*, vol. I, Nova York-Londres 1972, 56-59; A.V. Ström-H. Günther-B. Gustafsson, "Agnostizismus" I-III, em TRE, vol. II, Berlim-Nova York 1978, 91-100; H.R. Schlette (ed.), *Der moderne Agnostizismus*, Dusseldorf 1979; K. Rahner, "Glaubensbegründung in einer agnostischen Welt", em *Schriften zur Theologie* XV, Zürich-Einsiedeln-Koln 1983,133-138; E. Tierno Galvan, *Qué es ser agnóstico!*, Madri 1986[4].

BERND GROTH

AGOSTINHO

O tema da revelação, embora nunca tratado de modo unitário e sistemático, sempre esteve no centro da atenção de Agostinho, do início de sua conversão até o fim, ainda que sob diversos aspectos e com preocupações diferentes. Sem fazer nítidas divisões cronológicas, podemos dizer que, de início, prevalece claramente o interesse apologético, no sentido de que, em face do racionalismo maniqueu, mais ostentado que verdadeiro, e em face das críticas pagãs ao reclamado caráter divino da religião cristã, no neoconvertido prevalece a obsessão de defender a racionalidade da fé e a credibilidade da revelação cristã. Mais tarde, a atenção desloca-se para os aspectos mais propriamente teológicos e antropológicos da revelação (como salvaguardar a simplicidade e a imutabilidade de Deus, a dimensão trinitária, a natureza e a economia da revelação). Finalmente, o interesse pelos aspectos hermenêuticos e exegéticos das fontes da revelação, já vivo na polêmica antimaniqueia, cresce e desenvolve-se junto com a maturação da especulação teológica e o empenho antidonatista e antipelagiano. Este será, pois, o esquema que seguiremos nesta exposição do pensamento agostiniano sobre o tema da revelação.

1. ASPECTO APOLOGÉTICO – A conversão de Agostinho, como é sabido, coincidiu com a superação do racionalismo cético e das objeções maniqueias à fé católica. Ele havia-se lançado nos braços dos maniqueus, porque denunciavam a *terribilis auctoritas* da fé, exigida pela Igreja antes de qualquer demonstração da verdade, ao passo que estes, os maniqueus, prometiam conduzir a Deus e à verdade "com a pura e simples razão" (*Ut. cred.* I,2). Só depois de nove anos percebeu que o maniqueísmo, "com a temerária promessa da ciência, ridicularizava a fé e ainda impunha a crença numa infinidade de fábulas absolutamente absurdas e indemonstráveis" (*Conf.* VI,5,7). A experiência maniqueia obrigou-o a encontrar no plano racional uma justificação para o ato de fé em geral, e para a submissão da mente à autoridade cristã (Cristo, Escritura, Igreja) em particular.

O eco desta preocupação na dupla frente do paganismo e do maniqueísmo é perceptível, tanto nos escritos imediatamente subsequentes à conversão quanto nos da plena maturidade.

a. *Racionalidade da fé* – Para enfrentar as críticas maniqueias à fé católica, foram suficientes para Agostinho as considerações dos inúmeros fatos em que acreditava, sem tê-los visto e sem ter assistido a seu desenrolar, como os tantos acontecimentos históricos do passado, as notícias sobre localidades e cidades nunca visitadas, as tantas coisas, absolutamente necessárias para agir, em que se acredita, com base no testemunho dos amigos, dos médicos e de tantas outras pessoas; nem mesmo a identidade dos pais seria verificável se não se desse fé ao que se ouviu falar (*Conf.* VI,5,7).

Considerações do mesmo gênero são desenvolvidas nos primeiros dois capítulos do *De fide rerum quae non videntur* e, ainda antes, no *De utilitate credendi*, onde, à guisa de conclusão, se afirma que, na realidade, na vida concreta, quase não é possível imaginar um homem que não acredite em algo (*Conf.* XI,25) e que, "se decidíssemos não crer em nada que não somos capazes de compreender com evidência, na sociedade humana não restaria nada de inabalável" (XII,26). A força de argumentações deste gênero está no reconhecimento do valor cognoscitivo da fé. Esta certamente não dá uma compreensão racional, mas tampouco pode ser equiparada a uma simples crença, ou, pior ainda, à credulidade. Se compreender (*intelligere*) *é* "possuir algo de modo certo com a razão", e a opinião é uma convicção leviana de saber o que se ignora, a fé é o conhecimento de verdades que ainda não se compreendem, mas garantidas pela autoridade da testemunha (*Ut. cred.* XI,25). Enfim, para Agostinho, a fé é sempre um degrau do conhecimento (*Disc.* 126,1,1). Juntamente com a razão, ela é uma fonte do conhecimento e, além disso, o caráter próprio do aprendizado humano é começar justamente com a fé na autoridade para depois chegar ao conhecimento racional (*Ord.* II,9,26). A autoridade exige a fé, mas a fé prepara para a razão e a razão conduz ao conhecimento intelectual (*De vera rel.* XXIV,45). Crer, portanto, não é em si um ato contrário à razão: pode sê-lo, se o conteúdo da fé for absolutamente absurdo ou se se crê com facilidade, sem a devida ponderação da autoridade. Considerações deste gênero, conclui Agostinho, têm por objetivo apenas demonstrar que a fé "nas realidades que ainda não compreendemos" não pode ser assemelhada à temeridade de quem faz conjecturas. Vai uma grande diferença entre o achar que se conhece e o crer, com base no testemunho digno de fé, naquilo que ainda se ignora (*Ut. cred.* XI,25). Se o que ficou dito até aqui é verdade para a fé no plano das verdade humanas, sê-lo-á igualmente para a fé nas verdades divinas? A resposta de Agostinho situa-se em dois níveis. Da existência e da Providência de Deus não se pode ter um conhecimento certo, como para os objetos sensíveis ou para os atos interiores, vistos pela mente (*Ep.* 147,3), mas tampouco se crê em Deus pelo testemunho de alguém. A fé em Deus nasce no coração de quem sabe escutar o grito que sobe de todas as coisas criadas: "não somos nós o teu Deus; procura acima de nós" (*Conf.* X,6,9; *Vera rel.* XXIX,52; XLII,79). Para quem já crê em Deus, a resposta à pergunta sobre a racionalidade da fé nas verdades divinas é mais complexa. Se nos afazeres ordinários da vida (comércio, casamento, educação dos filhos) ninguém duvida de que é melhor evitar erros do que cometê-los, este princípio deve "ser considerado tanto mais válido em matéria religiosa; efetivamente, é mais fácil conhecer as coisas humanas do que as divinas e o erro destas últimas seria muito mais grave e perigoso" (*Ut. cred.* XII,27). As dificuldades que o homem depara no conhecimento das verdade divinas não dependem somente da absoluta transcendência de Deus, mas também de sua condição de pecado (*Mor. Eccl. Cat.* I,7,11-12): "já que os homens são por demais fracos para encontrar a verdade somente com a razão, têm necessidade de uma autoridade divina" (*Conf.* VI,5,8); "já que estamos em busca da verdadeira religião, a esta ingente dificuldade só Deus pode remediar" (*Ut. cred.* XIII,29). Naturalmente, não existe nenhuma necessidade em Deus.

Já no *Contra Acadêmicos* (III,19,42) falava-se de uma *populari quadam clementia*; no *De vera religione* (XXIV,45) fala-se explicitamente de uma "inefável beneficiência da Divina Providência... Uma vez que havíamos caído nas coisas temporais e o amor a elas nos mantinha longe das coisas eternas, um certo remédio temporal nos chama à salvação, não por meio do conhecimento racional, mas por meio da fé".

Objeto desta revelação são "aquelas verdades que não é útil ignorar e que não somos capazes de conhecer sozinhos" (*Civ. Dei* XI,3); "são verdades que pertencem à doutrina da salvação e que ainda não somos capazes de compreender com a razão, mas que um dia seremos capazes de conhecer" (*Ep.* 120,1,3). Entre razão e fé, não existe, portanto, incompatibilidade nem exclusão, mas antes complementaridade e ajuda recíproca. Tal otimismo repousa na convicção de que "Deus não pode ter ódio àquela faculdade (a razão), em virtude da qual nos criou superiores aos outros animais". É, pois, impensável "que a fé nos impeça de encontrar ou de procurar a explicação racional de quanto cremos, já que não poderíamos nem crer se não tivéssemos almas racionais" (*Ep.* 120,1,3). A compreensão racional da fé é sempre desejável; quem não a deseja, contentando-se com a simples fé, não entendeu sequer para que serve a fé (*Ep.* 120,2,8). Em conclusão, nenhuma renúncia da parte da razão, mas apenas reconhecimento dos limites próprios. Sobretudo "quando se trata de verdades supremas que não se podem compreender, é bem razoável que a fé preceda a razão: esta, na verdade, purifica o coração e torna-o capaz de acolher e sustentar a luz da razão" (*Ep.* 120,1,3). Além desta função purificadora, como já indicamos, a fé tem uma função cognoscitiva: "a certeza da fé é de alguma forma o início do conhecimento" (*De Trin.* XI, 1,1); ela dá "as sementes da verdade" (*Ut. cred.* XIV,31).

b. *A credibilidade da auctoritas cristã* – Se é razoável que a fé preceda a razão, pelo menos cronologicamente, é igualmente verdade que a razão deve preceder a fé na consideração dos motivos de credibilidade, pelos quais se deve crer em certas pessoas ou livros (*De vera rel.* XXIV,45). Só depois de haver pesado escrupulosamente a confiabilidade de certos testemunhos é lícito dar o assentimento da fé (*Ep.* 147,16,39).

Nesta investigação, Agostinho geralmente tem diante dos olhos a única *saluberrima auctoritas*, constituída por Deus para a salvação de todos os homens (*Ut. cred.* XVI,34), que engloba Cristo, a Escritura e a Igreja. Todavia, na polêmica antipagã, não é difícil observar uma maior atenção apologética à autoridade de Cristo, enquanto que, na polêmica antimaniqueia, prevalece o interesse pela autoridade da Igreja.

A cultura pagã, já desde Aristóteles, havia considerado os oráculos como uma prova válida nas demonstrações retóricas (Aristóteles, *Retórica*, I,15,35) (1376a). Cícero, entre os *testimonia divina*, além dos oráculos, tinha cunhado as diversas formas de adivinhação (*Tópica*, XX,77), seguindo também nisto os estoicos, que haviam recorrido às previsões divinatórias, para provar a providência divina (Cícero, *Nat. deorum* II,65,166-167). Com os neoplatônicos, como Porfírio, os oráculos se tornam fonte da própria filosofia, ao passo que as práticas teúrgicas são o caminho de purificação para as massas. Contra tal cultura, Agostinho empenhou-se, desde os primeiros escritos até o *De civitate Dei*, com o intuito de desmascarar a falsidade dos *testimonia divina* dos pagãos e exaltar a divina *auctoritas* de Cristo. Ele é o próprio Intelecto divino, que assumiu um corpo humano para chamar os homens de volta ao divino (C. *Acad.* III,19,42). A verdadeira autoridade divina é a que não só transcende, nos sinais sensíveis, a toda faculdade do homem (coisa possível também aos demônios), mas assumiu o próprio homem e com os fatos realizados por ele torna manifesto seu poder, com o ensinamento a sua natureza, com a humildade a misericórdia (*Ord.* II,9,27). No *De utilitate credendi* a autoridade divina de Cristo é confirmada pelos milagres e pela multidão dos seguidores: "Com os milagres adquiriu para si a autoridade, com a autoridade mereceu a fé, com a fé congregou uma multidão, com a multidão obteve a antiguidade, com a antiguidade reforçou a religião" (*Ut. cred.* XV,33). Uma atenção peculiar é dispensada ao milagre, para distinguir os verdadeiros dos falsos.

Agostinho não nega que também na religião pagã tenham acontecido e continuem ainda a acontecer fatos extraordinários (*mira*) e previsões do futuro, que superam toda capacidade humana, mas sustenta que são obra não da divindade, mas dos demônios, que querem enganar os homens e apossar-se deles, para torná-los escravos seus (*Ord.* II,9,27; *Civ. Dei* X,16,1-2).

Os milagres realizados por Cristo são prova de sua autoridade divina, porque além da admiração suscitam a gratidão e o amor: "alguns eram um claro benefício para o corpo dos doentes, outros eram sinais dirigidos à mente e todos ofereciam um testemunho da majestade divina". Eram, portanto, milagres oportunos para reunir e multiplicar a multidão dos crentes e para que a autoridade de Cristo se tornasse útil à renovação dos costumes (*Ut. cred.* XVI,34).

Observa-se um ulterior desenvolvivento da apologética agostiniana no *De fide rerum quae non videntur.* A fé em Cristo é justificada por alguns sinais (*indicia*) de sua divindade: "Enganam-se redondamente os que pensam que nós cremos em Cristo sem nenhuma prova" (*De fide rerum*, IV). Uma prova é o caráter prodigioso do nascimento e do crescimento da Igreja no mundo. O fato de todos os homens invocarem um só Deus e ter acabado a idolatria, acaso "não é um prodígio tão grande que induza a crer que de repente brilhou para o gênero humano a luz divina"? Sobretudo quando se pensa que tudo aconteceu por obra de um homem crucificado e de discípulos pobres e ignorantes. Extraordinária é também a renovação moral do mundo, a conversão de homens de toda condição, dispostos a suportar as perseguições e a dar a vida pela verdade, pela difusão universal da Igreja, que cresce, não obstante, todas as contrariedades externas e internas (*De fide rerum*, VII,10).

Um outro sinal da divindade de Cristo reside no pleno cumprimento das profecias do AT. Com muita antecipação, os antigos profetas de Israel anunciaram não somente sua vinda, mas também o nascimento virginal, a paixão, ressurreição e ascensão (*De fide rerum*, IV,7). Ao anúncio de Cristo, os antigos profetas associaram a difusão universal da Igreja: coisa que se realizou exatamente (*De fide rerum*, III,5-6).

Ligada à autoridade divina de Cristo está a autoridade das Escrituras. Elas ocupam o vértice mais alto e celeste da autoridade, a ponto de deverem ser lidas com a absoluta certeza de sua veracidade e inerrância (*Ep.* 82,2,5).

A razão desta divina autoridade das Escrituras reside no fato de conterem a palavra do próprio Cristo, que falou primeiro por meio dos profetas, em seguida pessoalmente e, por fim, através dos apóstolos. Os autores dos livros sagrados são testemunhas dignas de fé, porque aprenderam as verdades reveladas por inspiração do Espírito Santo (*Civ. Dei* XI,3-4,1). As provas desta autoridade divina são múltiplas. Recorrendo às categorias da retórica, Agostinho indica, entre as provas extrínsecas, a difusão e o consenso com que as Escrituras foram acolhidas em todo o mundo, já há tantos séculos: se não fossem dignas de fé as Escrituras cristãs que gozam de títulos semelhantes, dever-se-ia negar a credibilidade a qualquer outra história (*Mor. Eccl. Cat.* I,60-61). Em comparação com as Escrituras cristãs, as dos maniqueus são destituídas de autoridade, justamente por serem recentes, desconhecidas, acolhidas por poucas pessoas e, além disso, destituídas de credibilidade (*Ut.cred.* XIV,31). Além do mais, a autoridade das Escrituras cristãs é reconhecida em todo o mundo e entre todos os povos, por conterem tantas profecias perfeitamente cumpridas, entre as quais a referente à futura fé dos povos (*Civ. Dei* XII,9,2). Finalmente, Deus não teria concedido uma autoridade tão eminente às Escrituras se não tivesse querido que o homem, por meio delas, cresse nele e o procurasse (*Conf.* VI,5,7-8).

Também a autoridade da Igreja está intimamente ligada à de Cristo, já que "seu ensinamento brota do próprio Cristo e, através dos apóstolos, chegou até nós e de nós passará para os pósteros" (*Ut. cred.* VIII,20). A Igreja atingiu o mais alto grau da autoridade "desde a sé apostólica, através da sucessão dos bispos, até a confissão de todo o gênero humano" (*Ut. cred.* XVII,35). O testemunho da fé da Igreja é hoje indispensável para crer em Cristo: "Não vejo que eu tenha acreditado em outros a não ser na sólida opinião e na fama, em todas as partes difundida entre os povos que em qualquer lugar abraçaram os mistérios da Igreja Católica... acreditei, repito, na fama que tira sua força da difusão, do consenso e da Antiguidade" (*Ut. cred.* XIV,31; *C. ep. fund.* IV-V). Também aqui, como se pode constatar, as categorias e os termos usados são os típicos da retórica (*opinio, fama, celebritas, consensus, vetustas*), se bem que seja nova a ideia de tradição apostólica, que está na base de toda a argumentação.

No *De fide rerum quae non videntur* e no *De civitate Dei*, como acenamos, dá-se grande relevo ao valor apologético das profecias veterotestamentárias: juntamente com o anúncio de Cristo, os profetas haviam prenunciado também a Igreja e seu desenvolvimento entre os povos pagãos (*De fide rerum* III,5-6). Esta prova não pode ser enfraquecida pela suspeita de que as profecias seriam obra dos cristãos: elas se leem também nos códigos dos judeus, inimigos dos cristãos, que com sua incredulidade, também prevista e anunciada, constituem uma prova ulterior da autoridade cristã (*De fide rerum* VI,9). Para finalizar: a autoridade da Igreja, além de ser a guardiã do autêntico ensinamento de Cristo, garante a verdadeira interpretação das Escrituras (*Ut. cred.* VI,13) e lhes estabelece o cânon (*C. ep. fund.*, V).

2. ASPECTO TEOLÓGICO – a. *Sujeito e conteúdo da revelação* – O princípio, que fundamenta toda a reflexão agostiniana sobre a ação reveladora de Deus, é o enunciado na carta a Nebrídio: "Esta Trindade é pela fé católica apresentada e crida tão inseparável... que qualquer coisa que for por ela realizada se deve considerar realizada conjuntamente pelo Pai, pelo Filho e pelo Espírito Santo. E nada faz o Pai que não seja feito também pelo Filho e pelo Espírito Santo" (*Ep.* 11,2). Portanto, "quando Deus fala e ensina, toda a Trindade fala e ensina" (*Jo. Ev.* 77,2). Como a encarnação é obra de toda a Trindade, embora somente o Filho é que se une à natureza humana (*De Trin.* II,10,18), assim também toda a revelação deve ser atribuída a toda a Trindade, ainda que possa ser atribuída, com propriedade e sob diversos aspectos, a

cada pessoa divina, individualmente. Em concordância com estes princípios, Agostinho atribui a revelação ora simplesmente a Deus, ora ao Pai, ora ao Filho, ora ao Espírito Santo. Instruído pelo Evangelho, sabe que "Deus não disse nada que não o tenha dito no Filho" (*Jo. Ev.* 21,4) e que "tudo o que o Pai diz aos homens, di-lo por meio do Verbo" (*Jo. Ev.*, 22,14); é "por meio de seu Verbo e de sua Sabedoria que Deus revela aos anjos o passado e o futuro" (*De Trin.* IV, 17,22). Por outro lado, quando fala Deus, é o Espírito Santo que fala (*Jo. Ep.* 2,9) e quando no salmo fala Cristo, é também o Espírito Santo que fala (10,8). E à ação do Espírito que se atribuem a inspiração e a iluminação dos profetas (*Quaest. ad Simpl.*, II,2). É ele propriamente o Espírito profético (*Disc.* 243,1), que iluminou os autores sagrados (*Jo. Ev.* I,6-7) e os assistiu (122,8).

Contudo, como observa com acerto R. Latourelle, "o centro de cristalização" do pensamento agostiniano sobre a divina revelação "é o Cristo, caminho e mediador" (*Teologia della Rivelazione*, 147). Com efeito, Ele é a "Sabedoria gerada pelo Pai", que manifesta "os segredos do Pai" (*De fide et symb.* 3,3). E sempre Cristo que fala, no AT como no Evangelho, por ser o Verbo de Deus (*C. Adim.* XIII.3). Foi Ele que inspirou os profetas e Ele mesmo foi profeta (*Jo. Ev.* 24,7); "Ele é o verdadeiro mestre celeste, tanto dos homens quanto dos anjos" (12,6); é o mestre interior que ensina a todo aquele que pede (20,3). Enquanto Verbo de Deus, "Cristo dirige e guia toda criatura espiritual e corporal do modo mais condizente com os tempos e os lugares" (*Ep.* 102,11). Justamente por ser Cristo o Verbo de Deus, "toda ação dele é para nós uma palavra: seus milagres, para quem os entende, têm uma linguagem que lhes é própria (*Jo. Ev.* 24,2); todas as suas obras são um sinal, prenhe de mensagem (49,2)".

Quanto ao conteúdo da revelação divina, não pode ser outro senão o próprio Verbo de Deus. Sendo Cristo o Verbo do Pai, veio dizer-nos não uma palavra sua, mas a Palavra do Pai (*Jo. Ev.* 14,7). Com mais precisão: é "por meio de seu próprio Filho que Deus revela o Filho e revela a si mesmo por meio do Filho" (23,4). Mais ainda, é toda a Trindade que foi revelada (97,1). Deus é absolutamente inefável (*Doct. Ch.* I,6,6) e incompreensível ao homem (*Ep.* 147,8,21). Todavia, "o poder de Deus é tal que não pode permanecer totalmente escondido à criatura racional que usa a razão. Exceção feita de poucos, nos quais a natureza humana se corrompeu demais, todo o gênero humano reconhece em Deus o criador do mundo Mas, como Pai de Cristo, por meio de quem tira os pecados do mundo, este seu nome, antes desconhecido de todos, o próprio Cristo o manifestou àqueles que o Pai lhe deu (*Jo. Ev.* 106,4). Deus mandou seu Verbo, que é seu único Filho, para que os homens conhecessem, a partir de sua paixão e morte, quanto os estima, para que fossem purificados por seu sacrifício e, enriquecidos pelo amor difundido pelo Espírito Santo, alcançassem a vida eterna" (*Civ. Dei* VII,31). Este inefável projeto divino de abrir uma via universal de salvação era absolutamente impenetrável à mente do homem, se não fosse revelado pelo próprio Deus, antes, nos tempos antigos, a poucas pessoas, pertencentes sobretudo ao povo hebraico e, em seguida, pelo próprio mediador, presente na carne (*Civ. Dei* X,32,2).

b. *A economia da revelação* – Um ponto firme no ensinamento agostiniano é que Deus nunca deixou de revelar-se de algum modo aos homens, de maneira que pudessem salvar-se. E isto "desde o início do gênero humano", "não somente entre o povo de Israel, mas também entre os demais povos antes da encarnação". Variaram, porém, as "modalidades desta revelação", "ora de um modo mais oculto, ora mais evidente, conforme a divina Providência considera oportuno nas várias épocas" (*Ep.* 102,15). Aos pagãos que com Porfírio objetam: "Por que tão tarde e qual foi o destino dos homens antes de Cristo?" Agostinho responde: "já que reconhecem que os tempos não fluem ao acaso, mas segundo uma ordem determinada pela divina Providência, o que pode ser conveniente e oportuno a cada época é coisa que ultrapassa a inteligência humana" (*Ep.* 13). Agostinho distingue cinco épocas desta economia da salvação, "que contêm a profecia destinada a todas as gentes", desde Adão até João Batista; a sexta é a era de Cristo, que vê a realização das profecias (*Jo. Ev.* 9,6; *Trin.* IV,4,7). Assim, toda a história humana divide-se em dois grandes períodos: o anterior a Cristo, o tempo da profecia ou do sinal, e o tempo de Cristo, o tempo da realidade e da plena revelação. "A profecia, efetivamente, desde os tempos antigos, desde os primórdios do gênero humano, falou sempre de Cristo: Ele estava presente, mas oculto" (*Jo. Ev.* 9,4). Justamente por esta sua presença os homens de cada época tinham a possibilidade de crer nele, de conhecê-lo de algum modo e levar uma vida pia e justa, conforme seus preceitos, e salvar-se. "Assim como cremos nele, não só vivendo com o Pai, mas também já encarnado, da mesma forma os antigos criam nele vivendo com o Pai e futuro na carne" (*Ep.* 120,12). A sua vinda em carne era prefigurada com sinais (*sacramenta*) apropriados (*Ep.* 11), mediante os quais os antigos podiam obter a salvação, embora lhes permanecesse escondido o que se teria revelado em Cristo: "No AT há um véu que será retirado, quando cada um passar a Cristo" (*Ep.* 140,10,26). Contra a rejeição total do AT pelos maniqueus, Agostinho sempre se empenhou em destacar a unidade e a harmonia dos dois testamentos, defendendo a santidade e a autoridade divina de ambos.

Na polêmica contra os pelagianos, em contrapartida, para exaltar a novidade da graça de Cristo, excessivamente subvalorizada, Agostinho pretende assinalar as diferenças. A aliança antiga é marcada pela carnalidade: as promessas são as de um reino terreno; ao contrário, a nova aliança é marcada pela espiritualidade; o reino prometido é o dos céus (*Vera rel.* XXVII, 50). A promessa diferente correspondia a um critério pedagógico de Deus, que, "querendo mostrar como também a felicidade terrena e temporal é um dom seu, houve por bem colocar nas primeiras idades do mundo a antiga aliança, adequada ao homem antigo, por onde esta vida necessariamente começa..."

Estes bens terrenos prometidos e concedidos prenunciavam alegoricamente os da nova aliança na medida em que podiam compreender os poucos que recebiam a graça do dom profético. Quando finalmente Deus enviou o próprio Filho ao mundo, então "foi revelada no NT a graça que está escondida sob os véus do Antigo, ou seja, o poder de tornar-nos filhos de Deus, concedido aos que creem em Cristo" (*Ep.* 140,2,5-3,9).

c. *Natureza e modalidades da revelação* – A despeito dos raros acenos explícitos, parece inegável que, para Agostinho, se deva falar de uma revelação privada, destinada aos homens individualmente, e de uma pública, destinada a todos (*De vera rel.* XXV,46; *Civ. Dei* XVII,3,2). Mas as distinções mais frequentes são as feitas para salvaguardar a simplicidade e imutabilidade de Deus, ou, então, as feitas em relação ao homem e às suas faculdades cognoscitivas. Contra as interpretações materialistas das teofanias veterotestamentárias, dadas pelos maniqueus, Agostinho distingue uma ação imediata de Deus (*per seipsum* ou *per suam substantiam*) e uma outra, mediata (*per creaturam*) (*Trin.* III,11,22; *Gen. litt.* X,25,43). Da parte do homem, dada sua dupla dimensão interior e exterior, a revelação será, também ela, interior (os efeitos na alma humana) e exterior (as modalidades históricas, objetivas, com as quais Deus se revela) (W. Wieland, *Offenbarung bei Augustinus*, 27). Uma outra distinção baseia-se na concepção estoico-porfiriana das faculdades cognoscitivas: *sensus, spiritus, intellectus*, às quais corresponde uma tríplice visão cognitiva: corporal, espiritual e intelectual (*Ep.* 120,11). Pode-se, assim, ter uma revelação *per speciem corporalem*, através dos sentidos do corpo; uma revelação *per speciem spiritualem*, através do *spiritus*, "a parte ou a faculdade da alma em que se formam as imagens" (*Gen. litt.* XII,9,20); e uma revelação *per illuminationem*, diretamente na mente (*Gen. litt.* VIII,27,49). As duas primeiras formas de revelação são produzidas por Deus, através da obra dos anjos, nas visões, nos sonhos e no êxtase, mas poderiam também ser produzidas pelos demônios, durante a vigília ou o sono (*De Trin.* IV,11,14). Para que haja uma revelação verdadeira e própria, deve ocorrer a iluminação da mente, que julga e interpreta as demais formas de visões (*C. Adim.* XXVIII,2). Esta ideia de revelação é especular em relação à de inspiração profética. Também a verdadeira profecia, o carisma de que falava Paulo (1Cor 13,2) e de que gozavam os antigos profetas, como Isaías, Jeremias e similares, ocorria *per informationem spiritus*, isto é, por via de imagens e por obra dos anjos, acompanhada pela *intelligentia* das imagens percebidas (*Quaest. ad Simpl.* II,1). Neste ponto surge um problema difícil. Para usar as palavras de Wieland: "Em que relação estão, segundo Agostinho, revelação e inspiração? Explica ele a primeira de acordo com o modelo da inspiração profética ou mediante a ideia de uma iluminação carismática geral? Devem-se distinguir os livros proféticos dos históricos, no tocante à inspiração bíblica? Como responde Agostinho à difícil questão sobre a colaboração de Deus e do homem, na elaboração dos escritos bíblicos?" (Wieland, 119).

O autor que acabamos de citar não tem dúvidas: para os autores bíblicos, vale o mesmo conceito de inspiração profética e, já que esta acontece sempre por via de imagens, por obra dos anjos, é através da mesma via que os hagiógrafos recebem a revelação divina (cf. p. 123-124,133-134). Entre as provas aduzidas em abono de tal conclusão há um texto, no qual Agostinho afirma, baseado nos At 7,53, que a lei foi dada por Deus, por intermédio dos anjos (*Civ. Dei* X,15), e isto valeria não somente para a lei de Moisés, mas para toda a Escritura (*Civ. Dei* X,7). A uma conclusão oposta chegara R.A. Markus, partindo do conceito de profecia como se deduz do *De Civ. Dei* XVII,38: "Um evangelista ou um autor de um dos livros históricos do AT pode ser considerado um profeta em sentido amplo, não no sentido de que tenha recebido de Deus uma especial revelação por meio de visões, mas no sentido de que sua mente foi iluminada por um especial dom para interpretar um episódio da história nacional dos hebreus ou da biografia de Jesus" (R.A. Markus, "Saint Augustine on History, Prophecy and Inspiration", em *Augustinus* XII [1967] 278). A mim me parece que esta concepção é confirmada por outros textos. No *De Trinitate*, tratando do conhecimento dos eventos futuros, ao lado da revelação angélica, que os profetas tiveram, coloca-se uma outra revelação, "não por meio dos anjos, mas tida diretamente (*per seipsos*) de outros homens, enquanto suas mentes foram elevadas pelo Espírito Santo de modo a apreenderem as causas dos eventos futuros, como já presentes no supremo princípio das coisas" (*De Trin.* I,17,22). Alhures, Agostinho distingue uma revelação *per fidem rei creditae* de uma revelação *per visionem rei conspectae*, como as que teve Paulo, quando foi arrebatado ao terceiro céu, ou Moisés (*Ep.* 147,12.30). Foi com a revelação *per fidem* que o salmista, transcendendo todas as criaturas *acie mentis forti et valida et praefidenti* e, ainda, *acie fidei*, chegou a ver o que viu o evangelista, inspirado por Deus, quando disse: "In principio erat Verbum..." (*En. ps.* 61,18). Da mesma forma, o autor do Gênesis pôde dizer que Deus, no princípio, criou o céu e a terra (*Civ. Dei* XI,4). As afirmações sobre o trabalho dos evangelistas parecem confirmar esta interpretação. O Evangelho é Palavra de Deus, dispensada por meio dos homens (*Cons. Ev.* II,12,28): estes escrevem o que lhes é inspirado, todavia não acrescentam uma colaboração supérflua (*Cons. Ev.* I,35,54). Escrevem recordando o que ouviram ou viram, não do mesmo modo ou com as mesmas palavras. Desde que respeitada a verdade, "podem mudar a ordem das palavras ou também trocá-las por outras do mesmo valor, podem esquecer alguma coisa ou não conseguir, apesar dos esforços, relatar à perfeição, de memória, o que ouviram" (II,12,28-29).

Não é fácil entender tais expressões no sentido de uma inspiração feita por meio dos anjos. Ainda que, como se deve reconhecer, o que se diz sobre os *evangelistas* pareça contradizer o que Agostinho diz sobre a inspiração verbal dos Setenta (*Civ. Dei* XVIII,42). Concluindo: para Agostinho, a revelação é sempre uma iluminação da mente, que Deus opera diretamente ou pela mediação dos anjos, que agem sobre o *spiritus*, para que o homem conheça as realidades divinas. É preciso acrescentar que esta revelação interior é sempre acompanhada pela inspiração do amor, motivo pelo qual a revelação é também atração (*Jo. Ev.* 26,5).

d. *Fontes da revelação e cânon bíblico* – De quanto ficou dito sobre a autoridade da Igreja já se torna claro que, para Agostinho, é justamente a Igreja a depositária do ensinamento de Cristo (*Ut. cred.* XIV,31). Certamente os evangelistas escreveram o que Cristo lhes mostrou e disse (*Cons. Ev.* I,35,54). Também é verdade que os apóstolos viram o próprio Senhor e nos anunciaram o que ouviram de sua boca (*Jo. Ep.* 1,3).

Contudo, "há muitas outras coisas, conservadas pela Igreja inteira, que não estão escritas, para que acreditemos que tenham sido ordenadas pelos apóstolos" (*De bapt.* V,23,31). Também em outros lugares fala-se de prescrições não escritas, mas custodiadas e conservadas por todas as igrejas, por tradição, porque são consideradas estabelecidas e recomendadas pela autoridade dos apóstolos ou pelos concílios plenários (*Ep.* 54,1,1). A autoridade da Igreja oferece a regra para a interpretação da Escritura (*Doct. Ch.* III,2,2) e para a determinação do cânon escriturístico. Em tempos em que, no Oriente e no Ocidente, ainda reinavam dúvidas e incertezas, Agostinho compôs a lista dos livros canônicos, tal como será acolhida no Concílio de → Trento (*Doct. Ch.* II,8,13), com a indicação dos critérios seguidos por ele. O mais geral: devem considerar-se canônicas as Escrituras reconhecidas como tais pela maior parte das igrejas católicas, se entre estas se contarem as igrejas que mereceram ter sés ou receber cartas dos apóstolos.

De modo mais particular: as Escrituras acolhidas por todas as igrejas devem ser preferidas às acolhidas só por algumas; entre as não acolhidas por todas, devem preferir-se as acolhidas pela maior parte e de maior autoridade; quando um livro tem a seu favor o critério do número e outro tem o da autoridade, devem considerar-se como tendo autoridade igual (*Doct. Ch.* II,8,12).

Quanto aos livros apócrifos, podem conter também alguma verdade, ter a marca da antiguidade ou também ser atribuídos a escritores de autoridade, considerados profetas pelas escrituras canônicas, como Enoque, e, no entanto, permanecer excluídos do cânon, tanto do hebraico quanto do cristão. Provavelmente, observa Agostinho, isto se deveu à dificuldade de se terem provas seguras sobre sua autenticidade (*Civ. Dei* XVIII.38).

3. ASPECTO HERMENÊUTICO – O problema da interpretação da Escritura sempre esteve no centro da atenção de Agostinho. Se, no início, abraçou com entusiasmo a interpretação espiritual de Ambrósio, porque lhe permitia superar as objeções dos maniqueus ao AT, bem cedo procurou enfrentar o problema de modo mais crítico, pedindo informações aos melhores exegetas católicos. Uma relação dos primeiros resultados destas pesquisas temo-la *no De genesi ad litteram liber imperfectus*, onde explana os quatro modos de explicar as Escrituras (II,5).

De Lubac nega que Agostinho seja o fundador da teoria dos quatro sentidos da Escritura, tal como se firmará na Idade Média; Agostinho teria falado dos quatro modos de interpretação para textos diversos e não para o mesmo texto (H. de Lubac, *L'Exégèse médiévale. Lies quatre sens de l'Écriture*, I,1, Paris 1959, 180-182).

Seja como for, os esforços de Agostinho para chegar a uma teoria hermenêutica mais satisfatória culminaram no *De doctrina Christiana*, definida por alguém como "o manifesto da hermenêutica teológica de Agostinho" (G. Ripanti, *Agostino teórico dell'interpretazione*, 13). A obra enfrenta o problema da *Tractatio Scripturarum*, no duplo momento da *inventio* e da *elocutio*, com base numa precisa teoria da linguagem, em que é fundamental a distinção entre *signum* e *res*. *Signum* é o que se usa para indicar alguma outra coisa; *res* é o que tem valor por si e não é usado para indicar outra coisa (*Doct. Ch.* I,2,2). À luz de tal distinção, as sagradas Escrituras são "*signa divinitus data*", sinais dados por Deus, para revelar aos homens as *res* necessárias para a salvação (II,22,3), que são: Deus uno e trino, a encarnação de Cristo, a Igreja, a ressurreição dos corpos, o amor a Deus e ao próximo. A Escritura não quer ensinar outra coisa senão esta fé católica (II,10,15). Por isto, o intérprete deve ater-se à *regula fidei* em sua interpretação (III,2,2), sem ultrapassar os limites da fé (*Gen. litt. l. imp.* I,1,1).

Fica claro o círculo hermenêutico: "as verdades de fé e de moral, que se buscam no texto, são decifradas pela confissão da Igreja como interpretação autorizada, razão pela qual só se compreende o conteúdo da Escritura se já se crê nele" (Ripanti, 82). A pré-compreensão teológica abre o horizonte dentro do qual há que buscar o sentido, mas não anula o trabalho da interpretação. Para fundar os princípios exegéticos verdadeiros e próprios, Agostinho recorre novamente à teoria da linguagem. Após a distinção entre *signum* e *res*, adianta uma outra, de importância não menor, entre os *signa propria* e os *signa translata*. Os sinais próprios são "os que são usados para significar as coisas para as quais foram instituídos"; os sinais translates são "as próprias coisas que, indicadas com as palavras próprias, passam a significar alguma outra coisa" (*Doct. Ch.* III,15,23). Nesta dupla definição funda-se a distinção entre sentido literal e sentido figurado ou alegórico. Já que a Escritura foi dada por Deus por intermédio dos homens, se, por um lado, a mediação humana corresponde a profundas exigências antropológicas e teológicas, como bem ressalta o prólogo (4-9), por outro, estende como que um véu sobre a mensagem revelada. A imagem da nuvem exprime bem este esconder, produzido pela palavra humana: "As Escrituras dos profetas e dos apóstolos... é justo chamá-las de nuvens, porque as palavras que ressoam e passam através do ar, carregando-se também com a obscuridade das alegorias, como se sobreviesse a escuridão, tornam-se, por assim dizer, nuvens" (*Doct. Ch.* II,4,5). As consequências deste esconder não são sempre totalmente negativas: com efeito, a divina Providência dispõe sempre destas obscuridades, para domar a soberba e despertar o interesse da busca, que a facilidade poderia tornar tediosa (II,2,7). Os perigos de interpretações errôneas, ligados à obscuridade das alegorias, são todavia notáveis e justificam todo o esforço, no sentido de estabelecer claros princípios exegéticos. Para Agostinho, a legitimidade da interpretação alegórica está fora de discussão e foi praticada pelo próprio apóstolo. Mas a pergunta que ele se coloca é outra: "em relação à narração dos fatos, deve-se entender tudo em sentido figurado ou deve-se sustentar também a verdade histórica (*fides*) dos fatos?" (*Gen. litt. l. imp.* I,1,1). A resposta é dada no livro III do *De doctrina Christiana:* "todos ou quase todos os fatos contados no AT podem ser entendidos não somente no sentido próprio (literal), mas também no figurado" (III,22,32; *Civ. Dei* XVII,3,2). A tarefa mais urgente do intérprete é, pois, a de estabelecer se a locução, que está procurando entender, tem um sentido próprio ou figurado (*Civ. Dei* III,24,34). Para isto é preciso antes de tudo evitar entender literalmente o que é dito em sentido figurado, para não incidir em interpretações prosaicas: "seria uma miserável escravidão trocar os sinais pela realidade significada" (III,5,9).

Em segundo lugar, não se deve tomar em sentido figurado o que é dito em sentido próprio, porque, sob o pretexto de interpretações alegóricas, pode-se acabar justificando todo tipo de comportamento moral e de opiniões heréticas (III,10,14-15). Seguem-se, depois, outros princípios não menos relevantes: tudo aquilo que, na Palavra de Deus, entendida em sentido próprio, não se pode conciliar com a honestidade dos costumes nem com a verdade da fé, há que se entender em sentido figurado (III,10,14); nas locuções alegóricas, impõe-se considerar com muita atenção o que se lê, até chegar-se ao reino da caridade. Se a caridade já está presente no sentido próprio, não há necessidade de pensar numa locução figurada (III,15,23).

A esta altura, coloca-se o problema da pluralidade dos sentidos da mesma locução figurada. Certamente o sentido a ser investigado permanece sempre o visado pelo autor sagrado: "Quem perscruta a Palavra divina deve esforçar-se por chegar à *voluntas* (intenção) do autor por meio de quem o Espírito Santo nos deu aquela Escritura. Somente no caso em que, partindo das próprias palavras da Escritura, se chegasse não a um, mas a dois ou mais sentidos, e desde que se possa demonstrar, por outras passagens escriturísticas, que estes sentidos se harmonizam perfeitamente com a verdade, pode-se admitir uma pluralidade de sentidos, mesmo ignorando-se o sentido visado pelo autor sagrado" (III,27,38). Agostinho não quer abrir nenhuma porta para o arbítrio: a pluralidade dos sentidos alegóricos só é admitida sob condições bem precisas e fortemente limitativas. Ele adianta a hipótese de uma interpretação baseada na razão, mas adverte: "Este é um método perigoso; caminha-se com muito mais segurança através das próprias Escrituras divinas" (III,28,39). A possibilidade de encontrar mais sentidos nas alegorias é considerada um fato providencial, previsto e desejado pelo Espírito Santo, para o bem do leitor ou do ouvinte (*Conf.* XII,18,27).

Um exame crítico peculiar é reservado às regras de Ticônio: elas podem ser de grande utilidade para a compreensão das Escrituras, mas, como demonstra a exegese do próprio Ticônio, não são suficientes para resolver todas as obscuridades (III,30,42).

A insistência nos princípios hermenêuticos não deve levar a pensar que Agostinho tenha negligenciado os aspectos mais propriamente filosóficos. A compreensão dos *signa propria* e dos *signa translata ignota* dedicou todo o livro II e uma parte do III do *De doctrina Christiana.* Exige-se do intérprete da Escritura profundo conhecimento conceptual e linguístico da Escritura (II,9,14), domínio dos idiomas, antes de tudo do hebraico e do grego, para poder verificar a fidelidade das versões latinas (II,11,16; 15,22). O intérprete deve efetuar a *collatio* dos diversos códices e das diversas versões (II,12,17-15,22), a *emendatio* do texto (III,2,2-3,7) e conhecer todas as ciências, desde as ciências naturais até a história e a filosofia (II,16,24-40,60). É uma bagagem vastíssima de conhecimentos, que o próprio Agostinho teria desejado possuir.

Bibl. – R. Latourelle, *Teologia della Rivelazione*, Assis 1967,147-153; R.P. Hardy, *Actualité de la Revélation divine.* Une étude des Tractatus in Iohannis Evangelium" de S. Augustin, Paris 1974; W. Wieland, *Offenbarung bei Augustinus*, Mainz 1978; G. Ripanti, *Agostino teórico dell'interpretazione*, Brescia 1980.

NELLO CIPRIANI

AMOR

É tarefa específica da Teologia Fundamental entender e interpretar a credibilidade da autorrevelação de Deus, ocorrida definitivamente em Jesus Cristo. Esta autocomunicação divina na história do homem atingiu seu ápice no mistério pascal e no envio do Espírito Santo, que é espírito de amor.

Sem dúvida, os teólogos fundamentais devem dedicar-se também a outros problemas. Não obstante isto, os dois maiores problemas centrais que conferem a sua doutrina seu caráter fundamental são a revelação e a ressurreição, as duas entendidas não só dogmaticamente, mas também do ponto de vista apologético. De modo particular, a natureza e a credibilidade da autorrevelação de Deus e a ressurreição de Cristo dentre os mortos são iluminadas pelo tema do amor.

1. REVELAÇÃO – Deus manifestou-se no universo criado e por meio deste. O ato da criação pode ser visto exatamente como o primeiro sinal revelador da divina benevolência. O amor é aceitação que significa querer o bem dos outros e trabalhar por ele. O Deus revelado no ato da criação é um Deus que reconhece bons os seres humanos e seu mundo e, com poder divino, diz: "Eu quero que vocês existam".

O AT, embora reconhecendo a revelação de Deus mediada através das obras e dos sinais da natureza (cf. Gn 9,12-17; Jó 38–39; Sl 19,1-6; Sb 13,1-9), dá precedência à autorrevelação divina na história humana. Deus, que interveio de modo especial para escolher um povo, guia-o para fora da escravidão e guia sua história, de modo a revelar sempre mais claramente o amor divino para com este povo. Uma das profissões de fé mais antigas, que proclama os poderosos gestos do Senhor, apresentados na experiência do Êxodo e na conquista de Canaã (Dt 26,5-10), não fala explicitamente do amor de Deus, mas apresenta de maneira clara um Deus que, com fiel solicitude, abençoou repetidamente o povo.

A vida de Oseias traduz de modo dramático o amor misericordioso e redentor de Deus para com Israel. O profeta é testemunha de um amor intensamente pessoal do Senhor, como um marido que não quer abandonar o seu povo-prostituta (Os 1,2–3,5). No Dêutero-Isaías, Deus é descrito como "uma mulher que grita de dores de parto" (Is 42,14) ou como uma mulher que deu à luz e ampara Israel (Is 46,3-4; 49,15). Os profetas, e também outros com eles, sentem-se obrigados a descrever Deus como mãe, pai e esposo (cf. Dt 32,6). E não podem fazer outra coisa, a partir do momento em que experimentaram a Deus que os ama, os salva e lhes está ternamente afeiçoado.

O Vaticano II inspira-se tanto no AT como no NT ao descrever a revelação de Deus, que, "no seu grande amor", nos fala como a amigos e nos admite à comunhão com Ele (DV 2). Esta autocomunicação de Deus (DV 6) não é atividade centrada sobre si mesma, mas tende a nossa salvação, através de uma estrutura sacramental de palavras e acontecimentos (DV 2). As palavras iluminam e comunicam o valor relevante e salvífico dos eventos que, de outra forma, permaneceriam apenas episódios anônimos e destituídos de significado.

O auge da autocomunicação divina veio com Jesus Cristo e com os eventos de sua vida, morte e ressurreição. Na encíclica *Redemptor Hominis*, de 1979, que, como a de 1980 (*Dives in Misericordia*), tem muito a ensinar sobre a revelação, João Paulo II escreve que a "revelação do amor" de Deus é também "descrita como misericórdia". E acrescenta: "Na história humana, esta revelação do amor e da misericórdia assumiu uma forma e um nome, o de Jesus Cristo" (RH 9). O cerne desta comunicação divina revelada em Cristo foi formulado de modo clássico na expressão "Deus é amor" (1Jo 4,8.16).

Isto não quer dizer que a revelação do amor de Deus estivesse ausente no AT. Vimos anteriormente como os profetas, entre outros, dão testemunho do amor fortemente pessoal de Deus para com Israel. Tal evidência demonstra quão falso é o dito: "Deus revelou sua justiça no AT e seu amor no NT".

Todavia, o que Cristo traz é antes de tudo a presença visível, tangível e crível do "Emanuel, Deus conosco" (Mt 1,23). Além disso, Deus é agora revelado como tripessoal. O Pai é conhecido como a fonte última da vida e do amor divinos; o Filho é a presença perceptível deste amor; o Espírito Santo é experimentado como dom de amor (Rm 5,5), que conduz à plena realização escatológica.

Os sinóticos falam pouco de "amor" ao apresentarem o ministério de Jesus. Lucas, por exemplo, não usa a linguagem do amor, nem mesmo naquela descrição tão forte do amor misericordioso de Deus para com o perdido e o pecador: a Parábola do Filho Pródigo. O que os sinóticos descrevem é uma autorrevelação do amor muito implícita, mas extremamente real nas palavras e nos fatos. Jesus obedeceu ao Pai, serviu aos outros e sofreu por eles, curou-os, deu-se a si mesmo com ilimitada generosidade e no fim morreu na cruz entre dois ímpios, aos quais deu a compaixão e a misericórdia divinas. Jesus foi o amor personificado. Sua crucifixão deixou, porém, aberta a pergunta: Tal amor obediente é, em conclusão, autodestrutivo e condenado a um miserável fracasso? (Fl 2,8).

2. RESSURREIÇÃO – A ressurreição de Jesus crucificado revelou que "o amor do Pai é mais forte que a morte" (DM 8). O diálogo de amor entre Jesus e o Pai, interrompido (pelo menos nos limites da humanidade de Jesus) pelo silêncio da morte, é agora retomado de modo pleno e definitivo. Para usar a recorrente imagem do NT, Jesus ascende ao céu e está sentado à direita do Pai (p. ex., At 2,33; Rm 8,34; Cl 3,1).

O → mistério pascal pode ser estudado e interpretado de vários modos; por exemplo, como o ápice da redenção humana, como o fundamento da fé cristã e como a base de todas as nossas esperanças. De qualquer forma, nenhum tipo de abordagem poderá jamais exprimir adequadamente o mistério. Provavelmente, porém, a chave mais apropriada para interpretar a ressurreição de Jesus crucificado será a real e definitiva revelação do amor de Deus.

Não é por acaso que, a partir do capítulo 11 do Evangelho de João, enquanto se aproxima sempre mais o mistério pascal, a linguagem do amor passa a prevalecer sempre mais. A Última Ceia e os discursos de despedida de Jesus começam (Jo 13,1) e terminam (Jo 17,26) com esta linguagem. De fato, a oração final de Jesus, que interpreta o centro e o objetivo da sua morte e ressurreição iminentes, encerra-se com o pedido ao Pai em favor dos discípulos: "Para que o amor com o qual me amaste esteja neles e eu neles" (Jo 17,26).

Ressurgindo dos mortos, Jesus funda finalmente sua comunidade de amor, a Igreja, que será descrita com a imagem da esposa (Ef 5,21-33; Ap 21,2-9). Durante sua existência terrena, Jesus foi o sinal visível e a imagem viva do Pai, um tema expresso de modo clássico pelas palavras de Jesus a Filipe: "Quem viu a mim, viu o Pai" (Jo 14,9). Após sua morte e ressurreição, Jesus mesmo não é mais visível direta e imediatamente. Sua comunidade tende a ser progressivamente sinal visível e vivo de seu desejo de salvar e levar à casa do Pai todos os homens e mulheres de todos os tempos e lugares. Apesar de suas faltas culpáveis, os cristãos são fortificados pelo Espírito Santo para serem o sinal especial, para o mundo inteiro, da presença e do poder do Senhor ressuscitado.

Concluindo: a amorosa automanifestação de Deus atingiu o ápice com a ressurreição de Jesus crucificado. Pode-se também dizer que a ressurreição revelou a Igreja, a nova comunidade do amor de Deus, que vive na expectativa do aparecimento final de nosso salvador (Tt 2,13), quando sua glória divina será plenamente revelada (1Pd 4,13).

Bibl. – H.U. von Balthasar, *Solo l'amore è credibile*, Turim 1965; R. Fisichella, *H.U. von Balthasar. Amore e credibilità cristiana*, Roma 1981.

GERALD O'COLLINS

ANÁLISE ESTRUTURALISTA E EXEGESE BÍBLICA

A partir dos anos de 1970, o horizonte dos estudos bíblicos enriqueceu-se com um método novo, chamado exegese estruturalista e/ou semiótica. Uma rápida recensão dos dicionários especializados pertinentes, das introduções à Bíblia, das iniciações às ciências teológicas, das revistas científicas ou de divulgação atesta o reconhecimento deste dado adquirido: todas estas publicações recentes comportam artigos, capítulos e números temáticos sobre o assunto. Sublinham, assim, a integração da exegese na evolução prodigiosa das ciências da linguagem e do texto. Mas também introduzem um vocabulário que se torna necessário esclarecer brevemente antes de tentar uma apresentação destas evoluções da exegese.

Um tácito consenso distingue *análise estrutural* e *análise estruturalista*. A primeira, baseada sobretudo no fenômeno literário do paralelismo, indica um conjunto de procedimentos analíticos conexos com a observação das recorrências de certos elementos do texto, de suas justaposições e oposições, e com o exame das proposições e de suas ligações gramaticais e estilísticas. Numa leitura sincrônica, isto é, sem ocupar-se com a gênese redacional diacrônica de seu objeto, visa esclarecer a composição literária e fazer emergir, através da coerência instaurada por esta última, sua parte de manifestação do sentido (cf. a propósito os trabalhos de A. Vanhoye, P. Aufret e M. Girard). Também a prática da crítica retórica coloca-se neste nível das estruturas estilísticas (cf. sua definição e sua situação em relação à retórica clássica em J. Muilenburg e seus discípulos, nos Estados Unidos).

A segunda análise, por sua vez, manifesta a abordagem estruturalista. Enfrenta o texto como estrutura e sistema de estruturas, em cada um dos seus níveis de superfície e de profundidade. Postula a primazia da estrutura em relação a cada elemento semântico, já que estes elementos recebem um significado particular de sua inserção numa determinada rede significante. Busca fazer emergir a organização do discurso, que subjaz à organização literária e reguladora última. Consolidando-se pouco a pouco como um verdadeiro método, tomou, na acepção que nos interessa, o nome de *análise semiótica* (cf., para um confronto, as análises estruturalistas das tradições indo-europeias de Dumézil e dos mitos gregos de Vernant e Détienne). Podemos esquematizar a sua evolução nos períodos formalista, estruturalista, pós-estruturalista, desconstrutivista, reconstrutivista e pós-modernista. A despeito de qualquer clareza, esta terminologia infelizmente não exprime as mesmas realidades na Europa e nos Estados Unidos.

O uso dos termos semiologia, semiótica, semióticas, "semiotics" e análise semiótica comporta alguma confusão e divergência entre autores e leitores. De maneira muito genérica, *semiologia*, palavra que remonta a Saussure, indica o estudo dos sistemas de sinais linguísticos e não linguísticos e conota para muitos uma visão globalizante de ordem ideológica. *Semiótica*, termo que devemos a Hjelmslev, é com frequência atribuído à aplicação da semiologia a um sistema de sinais peculiares (semiótica do espaço, da música, dos ritos, da literatura etc.) ou à análise das comunicações linguísticas. Este termo induz a pensar num projeto científico determinado. E empregado na tradição anglo-saxônica e na corrente pós-Hjelmslev na França. Greimas e sua escola entendem-no no sentido estrito de teoria da significação, conjugada a uma linguagem formal crítica e operativa. Uma vez que a exegese se baseou sobretudo na escola de Greimas, o presente artigo se referirá, por convenção, a seu significado de semiótica e tratará os seguintes pontos: I. A semiótica estruturalista; II. A exegese bíblica e a semiótica estruturalista; III. A exege semiótica estruturalista no campo dos estudos bíblicos.

1. SEMIÓTICA ESTRUTURALISTA – a. *História* – Vamos escolher, como ponto de partida da semiologia, sua redescoberta na França, redescoberta a que chegou a epistemologia estruturalista por volta de 1960. O que se tornaria a semiótica atual nasce da colocação em comum de trabalhos desenvolvidos no âmbito de diversas disciplinas. Na origem da metodologia semiótica encontra-se o estudo dos mitos, de Dumézil (1945) e de Lévi-Strauss (1964-1971). A antropologia e a fenomenologia, somadas à atenção prestada aos relatos populares pelo formalista-folclorista Propp, forneceram o quadro conceptual e as hipóteses de base. No campo linguístico, o ensinamento de Saussure (1857-1913), continuado por Hjelmslev (1959, 1966 e 1968), Bröndal (1943), Jakobson (1963 e 1973), Benveniste (1966 e 1974) e por um conjunto numeroso de escolas (Praga, Frankfurt, Varsóvia, Constança etc.), permitiu, por outra parte, transformar estas fases separadas em projeto coerente. A partir dos anos de 1960-1970, emergem os cabeças (Barthes, Eco, Greimas, Mounin), que concretizam finalmente a possibilidade da análise do discurso, do ingresso nos âmbitos inter e transfrásticos. Seria preciso mencionar também aqueles (Genette, Kristeva, Todorov etc.) que operam na periferia de posições tornadas clássicas; sua lista seria exaustiva e pecaria por omissões graves.

No mesmo período, desenvolvia-se nos Estados Unidos um novo interesse pelas teorias linguísticas dos filósofos americanos Ch. Sanders Peirce (1839-1914) e Ch. Morris (1901-), havendo também um desenvolvimento autônomo da antropologia, que havia superado o europeu. Desta efervescência nascera um estruturalismo americano, que tinha sabido inspirar-se, na ocasião, em grandes europeus exilados em decorrência da Segunda Guerra Mundial, como Roman Jakobson e Claude Lévi-Strauss. As duas linhas paralelas, irredutíveis e não homologáveis uma à outra, iam-se cristalizando no que agora se chama "as duas semióticas": a de Peirce e a de Saussure-Hjelmslev. Vamos concentrar-nos nesta última, realizada sobretudo na França, na esteira do estruturalismo e, mais diretamente, de A.J. Greimas.

b. *Características* – Dizer "escola de Greimas" ou "escola francesa de semiótica" ou "escola de Paris" remete a um grupo de pesquisadores, nascido em decorrência da teoria de Greimas, antigo titular da cátedra de semântica estrutural, na Escola Superior de Ciências Sociais de Paris. Funciona sob o nome de "grupo de pesquisas semiolinguísticas", publica desde 1979 a revista *Actes sémiotiques*, que compreende duas séries de números: *Bulletins* e *Documents*, e goza de uma vasta difusão internacional. Se é verdade que o modelo de Greimas une os membros do grupo, estes divergem, porém, tanto em sua epistemologia semiótica quanto na aplicação da teoria que lhes é comum. Convergências e divergências imprimem um crescimento vigoroso ao jovem método, que realizou pesquisas importantes em etnossemiótica, sociossemiótica, psicossemiótica, semiótica visual, musical, espacial, em semiótica do discurso literário, poético, religioso, científico, didático, derivando de seu confronto com campos diversificados um aperfeiçoamento de seu instrumental conceptual.

Em 1966, surge a elaboração da "teoria-padrão" que, durante os anos de 1970, é considerada um dado adquirido. Encontramo-la nas publicações de Greimas de 1966, 1970, 1979 e 1983. Courtès (1976) e Hénault (1979) dela fornecem uma rápida visão de conjunto. Enquanto o *Dictionnaire* (1979), da autoria de Greimas e de Courtès, expõe em detalhe a essência da teoria da escola de Greimas, seu segundo tomo (1986) reúne artigos, da autoria de uns quarenta colaboradores, sobre os temas "novidade", "complementos", "debate", "proposta"; conclui, portanto, o conjunto não com um fecho dogmático, mas com um convite a prosseguir a investigação e a discussão.

A mencionada "teoria-padrão", introduzida na exegese, trouxe-lhe um modo novo de ver e tratar o texto bíblico; por isto, é preciso considerar mais de perto algumas de suas opções fundamentais, as mesmas que veremos atuar nos exegetas que seguem um método semiótico. Oriundo da linha de Saussure, Greimas distingue-se dele por considerar a linguagem como um sistema de significação, não como um sistema de sinais. Para ele e para sua escola, a semiótica não é uma teoria geral dos sinais, mas, antes, uma teoria geral dos sistemas de significação. Esta distinção leva a um deslocamento considerável do objeto de pesquisa da semiótica, do sistema de sinais para o sentido, concebido como rede de relações que está na base do sistema de sinais. Hjelmslev já tinha acrescentado à noção estática de significação, própria de Saussure, a noção dinâmica de relação como produção de sentido, confiando ao estudioso de semiótica a teorização do emergir do sentido. Greimas elabora, a partir desta "visão incoativa", uma metateoria coerente, a partir de sua concepção transpositiva do sentido; com ele, então, a semiótica torna-se a disciplina que elabora as técnicas de transposição, considerando a transposição do sentido como a condição do sentido como tal (cf. Parret, 1989).

A transposição efetuada pela atividade semiótica de Greimas é descrição – ela mesma produção semiótica – nunca terminada, aberta e, enquanto tal, reconstrutiva, pois procede à formação de um objeto. Como interpretação, opõe-se à tradução e à explicação.

Greimas distingue-se também dos estudiosos de semiótica que fazem referência às ciências da comunicação. Estes últimos aderem, num ponto ou noutro, ou no conjunto, ao célebre esquema de R. Jakobson (1963): emissor, mensagem – que, para ser compreendida, precisa ser esclarecida pelo contexto – destinatário, código e contato. Em código e comunicação encontram-se palavras-chave da semiologia de Umberto Eco, que, aliás, tende a apresentar uma teoria eclética de diversas correntes semiológicas. Para Greimas, a comunicação não regula a significação e a produção de sentido, mas, pelo contrário, o enunciado produzido é comunicável enquanto é, antes de tudo, significante (cf. Delorme, 1982). Significa que o querer-dizer do texto, sua intencionalidade, procede de seu poder-dizer, governado pelas estruturas imanentes da significação. Este poder-dizer condiciona o poder-ler do leitor, e não o inverso.

A prioridade de enunciado ou enunciação, o lugar e o valor do referente, no sinal e nos sistemas de significação, vão além dos simples debates das diversas escolas. Deve-se notar que, de um lado, a preferência pelo enunciado criou técnicas de identificação da instância de enunciação no texto nunca antes existentes na história da crítica literária; por outro lado, se os anos de 1960 foram marcados pela atenção ao enunciado, os anos de 1970 viram aparecer, sempre no interior da orientação de Greimas, uma semiótica da enunciação, em confronto com a pragmática ou operacionalidade do texto. Esta enriqueceu-se com uma quantidade de resultados inteiramente originais: gramática narrativa e conceito de narratividade; semióticas modal, deôntica, volitiva, epistêmica; teoria da ação, das paixões, da busca dos valores e da *ésthēsis*. Isto sem esquecer a conquista progressiva do estatuto de método aprovado, que a levou a gerar sua constante autocrítica e a produção de uma multidão de instrumentos de análise extremamente rica e adaptável aos mais diversos setores.

c. *Perspectivas* – Nas fronteiras do modelo de base, uma intensa busca objetiva constantemente alargar o horizonte de Greimas. Trabalha-se aí para consolidar uma semântica fundamental, com a ajuda da homologação à psicanálise, à matemática e à filosofia transcendental, inspirada em Husserl e em Kant. Procura-se reabrir sobretudo os parênteses traçados em torno do sujeito com a orientação estruturalista da aventura semiótica. A teorização da natureza, do estatuto e da função da subjetividade vale-se da teoria do tímico; a da intersubjetividade vale-se da categoria da tensividade. Já que o sujeito constitui a interseção das posições espaçotemporais que ocupa, tenta-se a reformulação do tempo e do espaço, mas não em termos de gramática narrativa ou discursiva, mas em termos de semântica fundamental (cf. Parret, 1989).

A gramática discursiva tira proveito também de um esforço de clarificação rigorosa na vertente da concepção enunciativa do sentido, da percepção da retórica como manifestação da racionalidade profunda, da teoria da argumentação e da lógica informal. Finalmente, manifesta-se fortemente a necessidade de formular regras de correspondência entre diferentes subsistemas desta gramática discursiva.

2. EXEGESE BÍBLICA E SEMIÓTICA ESTRUTURALISTA – a. *História* – Não existem literaturas que fossem objeto de interesse por parte de uma multidão tão grande de especialistas como acontece com a Bíblia, ou que tenham gerado tal quantidade de comentários, monografias e estudos, ou que tenham levantado tantas bibliotecas em torno de si. Enquanto aparecia, por parte de alguns pioneiros, uma exegese que ainda não se ousa qualificar como estruturalista, e menos ainda como semiótica, tinha o campo dos estudos bíblicos necessidade desta novidade?

No fim dos anos de 1960, é a abordagem histórica que predomina sobre a exegese científica, solidamente escorada por uma base científica impressionante, produto da parte melhor da cultura humanística, da filosofia e das disciplinas auxiliares da história: arqueologia, numismática, epigrafia, paleografia etc. A partir do início do século XX, ela atravessou com proveito e sucesso uma etapa crítica radical. Em 1906, A. Schweitzer fazia o balanço das escolas que, a partir de Reimarus (1694-1768), exprimiam sua atividade sob a forma de *Leben-Jesu-Forschung.* São conhecidas suas frases célebres, muitas vezes citadas, mas sempre capazes de impressionar: “A pesquisa sobre a vida de Jesus teve um destino singular; pôs-se a caminho para encontrar o Jesus histórico e pensou que podia fazê-lo entrar, tal como é, mestre e salvador, em nosso tempo. Cortou os laços que o ligavam, há séculos, à rocha do ensinamento da Igreja e alegrou-se quando a forma adquiriu movimento e vida e quando viu vir-lhe ao encontro o homem Jesus histórico. Mas Ele não ficou, passou ao largo de nosso tempo e voltou ao seu” (*Geschichte der Leben-Jesu-Forschung*).

Precedidas pela *Religionsgeschichtliche Schule*, atravessadas pela hipótese das Duas Fontes, interrompidas pelas duas guerras mundiais, sucediam-se as escolas da *Form-, Redaktions-, Ueberlieferungs-* ou *Traditionsgeschichte* (→ Evangelho). Todavia, passando de uma à outra, a abordagem histórica que caracterizava estes métodos deslizava sobre a abordagem literária, sem trazer-lhe instrumentos pertinentes, salvo técnicas às quais faltavam ligações eficazes e a verificação crítica das teorias elaboradas como ciências da literatura e da linguística.

Se a história ilustra um texto, não lhe resolve o problema do sentido. Entende-se por que alguns exegetas franceses, imersos na reviravolta da crítica literária na França e na evolução fulgurante das ciências da linguagem, procuraram um diálogo com os colegas que se ocupavam, como eles, com leitura e interpretação. Estes forneceram aos estudiosos de semiótica um *corpus* excepcional e uma série de questões comuns; encontraram aí uma focalização de seus múltiplos recursos numa teoria e numa problemática literária geral. Além disso, levantavam de maneira nova, no interior das disciplinas teológicas, a questão do sentido e da perspectiva hermenêutica (Delorme, *Sémiotique. L'École de Paris*, 1982). Com eles a exegese se encaminhava para uma linha sincrônica, passagem que pouco a pouco todas as ciências humanas estavam efetuando.

Em 1967, ocorreu a formação de grupos mistos de trabalho de exegetas e estudiosos de semiótica. O encontro com Greimas ocorreu no ano seguinte, em seu seminário de Versailles, e Roland Barthes participava do congresso bíblico de Chantilly, em 1969. As primeiras publicações indicativas vieram da parte dos estudiosos de semiótica, com *Sémiotique de la Passion. Topiques et figures* (Paris 1971) de Louis Marin, e *Le récit évangélique* (Paris 1974) de C. Chabrol, L. Marin e colaboradores. Entrementes, os exegetas adquiriam pouco a pouco uma formação sobre aspectos teóricos e práticos da semiótica, no Seminário de Estudos Superiores e no centro de Eco, em Urbino. Nasciam grupos de pesquisa, entre os quais o Astruc [A(nalyse) structurale)]; mas é preciso recordar também o médico de Luís XV (que esteve na origem da crítica das fontes do Pentateuco), em Paris, e o grupo de Entrevernes, em Lião, em 1971, que mais tarde se tornará o Cadir (Centre pour l'analyse du discours religieux), em 1976. Ali tiveram origem inúmeras sessões de formação, na França e nos países vizinhos, prolongadas pela criação de grupos de leitura bíblica que difundiram uma outra vulgarização da semiótica. Isto é abundantemente atestado pela revista *Sémiotique et Bible*, surgida em 1976. Também o Cadir difundia sua influência no exterior, até Madagascar e Coreia; suscitaram filiações, com numerosos discípulos, na Dinamarca, o grupo Semanet, na Holanda, e o Aster (Ateliers de sémiotique du texte religieux), em Quebec-Ontário. D. Patte desempenhará funções de ligação entre os Estados Unidos, onde promove a pesquisa de semiótica religiosa, na Vanderbilt University, em Nashville, e edita o boletim *Structuralist Research Information.* A riqueza de trabalhos sobre o texto bíblico resulta também das revistas *Linguistica biblica*, alemã, *Semeia*, americana, *Sémiotique et Bible, Cahiers bibliques, Foi et vie*, francesas, *Theolinguistica*, belga.

b. *Características* – 1. *Orientação segundo as teorias de Greimas.* A maior parte das obras de exegese semiótica inspiram-se nas teorias de Greimas e inserem-se numa teoria dos sistemas de significação, mais do que numa teoria dos sistemas de sinais. Interessam-se pela especificidade dos textos, *deste* texto a analisar, procurando, sob as frases, a organização do discurso. Caminham das condições externas da significação para suas condições internas, até as da linguagem. O fato de elas não serem linguísticas talvez proteja, ou torne menos vulnerável, a maior parte dos exegetas que praticam a análise semiótica, da tentação de explicar o texto através das estruturas da língua.

Na esteira de Greimas, estas obras privilegiam o enunciado em relação a seu ambiente de comunicação, a pesquisa de seu poder significante em relação ao de sua transmissão. As consequências deste postulado para o tratamento do texto bíblico são enormes e distinguem radicalmente a exegese semiótica da exegese histórico-crítica clássica. O pressuposto metodológico conduz a primeira a colocar entre parênteses as fontes externas do escrito, seu autor e suas coordenadas históricas, as tradições eclesiais em sua origem, as comunidades e sociedades de produção e de recepção primitivas, enfim tudo o que esta chama de transcendência ao ou do texto. Não lhe nega a existência nem o interesse, mas leva-o em conta somente na medida de seus vestígios inscritos na matéria textual, vestígios estes mais uma vez surpreendentemente numerosos e ricos de informação, à luz de refinadas técnicas de análise. Não considera a história interna do texto em sua gênese literária, mas fixa-se no último nível da redação, como no-lo restituem as edições críticas oficiais da Bíblia, lá onde as fontes remanejadas se fundem numa coerência própria e diversificada.

A leitura sincrônica está em relação com a diacrônica como a imanência em relação com a transcendência (que não se deve confundir com a de uma divindade superior); a leitura diacrônica estende-se de um extremo a outro, do pré-texto ao pós-texto, com métodos inspirados na história. Ao contrário, o estudioso de semiótica considera os textos como discursos homogêneos, a que aplica instrumentos correspondentes a sua natureza de discursos, isto é, de tipo linguístico. Não se deveria confundir, de modo reducionista ou simplista, com uma comparação entre fechado e aberto, o fechamento em relação à abertura interdisciplinar. O estudioso de semiótica, mais que tudo, delimita desta forma seu percurso epistêmico. Na prática, constrói seu objeto segundo critérios experimentais. Na origem, não existe um *a priori* sobre a delimitação do texto e sim a hipótese de partida da identificação de campos de coerência, a serem sempre verificados através da análise e, em decorrência, da possibilidade de delimitar eficazmente um âmbito de estudo. Com modelos bastante amplos, os sistemas de representação da humanidade e do mundo, iluminados pela análise do componente discursivo, revelarão logo ligações com os da comunidade, grupos associados no plano linguístico e áreas culturais inteiras, atingidas através de seus testemunhos escritos. Procurando que as metodologias não ultrapassem limites, a abordagem histórica inserir-se-á facilmente nestas fronteiras abertas, e vice-versa, já que, na construção do referente histórico, o historiador do Oriente Próximo antigo baseou-se amplamente nos textos bíblicos, antes de fixá-lo como o assim chamado "real" histórico.

A questão do sentido do texto induzia também a não levantar suspeitas sobre os notáveis trabalhos diacrônicos dos últimos séculos. Mas o significado de um escrito se constitui na sincronia de todos os seus componentes linguísticos e literários. A semiótica de Greimas fornece os instrumentos adequados para explorar e trazer à luz este significado, em suas condições de produção, e não mais fixando-o, sob o microscópio do analista, em seções, trechos e unidades individuais isoladas do sistema que os contém e os anima. A observação da composição literária e da ligação dos temas, praticada na explicação clássica do texto, não é mais suficiente para explicar a unidade de um livro, desde que as ciências do texto descobriram a existência das redes de relações, sintáticas e semânticas, dos níveis diversos, cada um com suas estruturas peculiares, de uma matriz estrutural profunda que os articula e os integra.

A semiótica bíblica procura descrever este conjunto de estruturas de significado. Ocupa-se com a organização dos conteúdos, qualificados por sua inserção numa hierarquia de estruturas, articuladas, também elas, num sistema global. Segue aí, passo a passo, o(s) sentido(s), e reproduz em sua descrição-transposição a(s) sua(s) condição(ões) de produção.

2. *Conquistas.* O pequeno grupo de exegetas que adotou a análise semiótica aplicou o seu instrumental a breves relatos tirados dos evangelhos, depois passou às unidades intermediárias e, indo da micro à macro-organização, foi então capaz de alinhar algumas conclusões sobre a organização narrativa dos próprios evangelhos (Panier, 1979). Paralelamente ao desenvolvimento do método pela vertente do figurativo, recorreu à sua dimensão cognitiva e viu aparecer um jogo complexo sobre o saber, sobre o crer e sobre a operação de verificação, que inclui o leitor e a homologação aparente, mas fragmentada por um discurso pluri-isótopo, que chega a uma recategorização dos valores semânticos culturais e linguísticos. Tendo partido de unidades que a análise histórico-crítica e os usos litúrgicos levaram a considerar como independentes e coligadas, num segundo tempo, por um trabalho redacional ou hermenêutico, descobriu que "o significado está ligado a relações subjacentes às formas discursivas de expressão e de comunicação social" (Delorme, *Sémiotique. L'école de Paris*, 1982). Um fato que, para os exegetas de formação clássica, questiona profundamente os critérios anteriores de identificação das formas literárias e a própria problemática dos gêneros e das formas literárias na Bíblia. Um conjunto considerável de estudos seguiu, portanto, o processo das unidades menores para as maiores, mas ainda não se fez o movimento inverso, isto é, do conjunto de um Evangelho inteiro para suas unidades mínimas. Nem sequer se enfrentou a questão do *corpus* evangélico como texto com mais variantes.

Quase todos, senão todos os livros bíblicos, têm-se beneficiado de incursões semióticas de orientação diferente. Já se pode tirar alguma conclusão sobre as características dos discursos profético e apocalíptico, das literaturas epistolar e sálmica; os textos poéticos permanecem na categoria de parente pobre. No âmbito do discurso religioso extrabíblico têm-se feito sondagens para os discursos teológico, místico e litúrgico. Em geral, a jovem – na verdade muito jovem – exegese semiótica tem produzido publicações extraordinariamente numerosas sobre textos individuais, publicações que cobrem uma vasta área, mas poucos estudos sobre um vasto *corpus*. Esta observação vale também, por outro lado, para os demais espaços da semiótica e da semiologia, onde os trabalhos de grande fôlego dizem respeito quase exclusivamente ao desenvolvimento teórico.

Entrementes, alonga-se uma lista de conquistas seguras que, com certeza, logo amadurecerão em sínteses preciosas, na medida em que nos distanciarmos do período de implantação que tem absorvido tantas energias. Assinalemos, entre outros, modelos de integração elaborados a partir da análise dos textos, modelos dos relatos de milagres, da linguagem parabólica e da literatura do comentário bíblico. Desde os primeiros encontros entre semiótica e exegese, a atenção aos relatos da paixão suscitou uma série de resultados, que só falta serem formalizados. Finalmente, conhece-se o funcionamento semântico dos evangelhos, para concluir que estes se distinguem, na tipologia do discurso, do discurso mítico, dos relatos e lendas e são considerados entre os discursos inovadores, cuja peculiaridade consiste em articular categorias incompatíveis, "não para dissolver sua antinomia, mas para preparar a passagem que permita fundar uma nova dêixis axiológica" (Greimas, *Signes et paraboles*, Paris 1977).

c. *Perspectivas* – Fazendo um balanço das conquistas, emergem algumas perspectivas abertas, sobre as quais há que se deter ou solicitar a pesquisa, conforme o ângulo de visão de cada um. Alinham-se, através de análises de textos individuais, problemáticas entre as pesquisas em curso. Recordemos as da paratextualidade, da intertextualidade e da citação, das quais a Bíblia fornece tantos indícios implícitos e explícitos no seu conjunto, como inserções de *midrashim*, de um testamento no outro, de um evangelho no outro, na integração de formas discursivas entre si e em sua relação com as relações subjacentes, que lhe conferem o verdadeiro significado; na mesma linha, as do comentário propriamente bíblico até o funcionamento do "Kommentar" moderno; a jusante do texto, as que manifestam a abertura ao fenômeno da leitura, à existência do leitor, à "Scriptura" no sentido literal latino de escrituras sempre a serem escritas e proferidas; a montante, as que procedem das particularidades da enunciação bíblica, cuja constituição em cânon, que fixa um *corpus* numa identidade conferida por uma instância externa, que cria assim um mundo significante, o coloca na atemporalidade (no sentido de contemporaneidade a todas as gerações) com seus valores próprios a fazer emergir não segundo as línguas usadas, mas através dos contextos que os modalizam e recategorizam, e que o reveste de autoridade e de normatividade; as que têm por objeto a comunidade de leitores-usuários e seus pressupostos de interpretação, a operacionalização de um sistema enunciativo para o sistema significante delimitado, a avaliação das diferenças entre este sistema e as estruturas literárias do *corpus*, entre a interpretação do sistema e a de uma leitura externa; finalmente, as alusões a uma retomada *ab origine* da questão dos sentidos da Escritura (literal, espiritual, histórico, pleno) herdada dos Padres, da teoria dos gêneros literários que fora lançada pela exegese crítica quando foi adotada, mas que hoje é necessário redimensionar, como também a definição pouco precisa de "gênero literário evangelho".

Em suma, o promissor "já e ainda não" da exegese semiótica mostra as melhores garantias para desembocar em seguras sínteses parciais e em sua teorização. Nada deverá mais detê-la no caminho da investigação levada a *corpus* mais amplos. Na Europa e no Canadá, a década de 1970 serviu sobretudo para familiarizar-se com as proposições de Greimas e para manifestar seu valor. Os anos de 1980 denunciam uma volta à prioridade do texto sobre a metodologia, entendida como instrumento a seu serviço.

Nos Estados Unidos, onde domina, na vanguarda, a "reader--oriented critique" ou "post-structural reader-response", os exegetas que praticam a análise semiótico-estruturalista segundo Peirce, Greimas ou Lévi-Strauss localizam-se diferentemente no mapa metodológico de sua disciplina. Alguns conservam uma prática filosófico-histórica por solidariedade com o grupo que os formou e que constitui seu ambiente e suporte acadêmico; estes últimos qualificam sua orientação como "formalism-structuralism" ou "formalist criticism". Outros, que passaram ao pós-estruturalismo americano, portanto a uma perspectiva de desconstrução do objeto de estudo, professam não renunciar, com isto, à utilidade de uma análise de tipo positivista, empírico e lógico. Outros abandonam o procedimento heurístico e adotam um ponto de vista hermenêutico, sem preâmbulos positivistas, "objetivos", postulados pelo estudo dos escritos antigos.

A hesitação em atravessar os diversos limiares de passagem traduz bem a incômoda precariedade dos novos inícios. Mas, nos dois continentes, o período dos pioneiros e da aquisição do direito de cidadania está cumprido e consolidado.

3. EXEGESE SEMIÓTICA ESTRUTURALISTA E ESTUDOS BÍBLICOS – O ingresso da semiótica na exegese assinalou uma ruptura de isotopia. *Traditions-, Forma-* e *Redaktionsgeschichte* derivam logicamente uma da outra, no interior do mesmo paradigma. O método semiótico pertence a um horizonte epistemológico totalmente estranho e introduz no campo dos estudos bíblicos uma atitude diferente em relação ao texto, bem como um instrumental sem ligação com o histórico-crítico. Viu-se, na semiótica, por vezes, um corte precipitado, o arquivamento dos resultados de uma monumental atividade científica, conquistada a duras penas no território de ideologias religiosas assumidas de modo acrítico. Felizmente, depois dos primeiros choques, começa-se a tirar proveito das recaídas positivas, mais que considerar os custos e golpes dolorosos a serem impedidos.

Estas recaídas positivas aparecem sobretudo em salutares ajustamentos metodológicos. É-se obrigado a levantar de novo, no campo exegético, as questões fundamentais da concepção da história, do sentido, do texto e da língua; a exegese não pode isolar-se dos debates que a colocam no centro da atenção, fora da especialização bíblica. Como poderão métodos fundados na abordagem histórica, por exemplo, efetivar o reconhecimento, como ciências históricas, da índole literária do discurso histórico e, por outro lado, do discurso científico em geral, de seu valor conotativo mais que denotativo? Com certeza, não se esperou a onda estruturalista para preocupar-se com a linguagem em exegese e em teologia; prova disso são todos os tratados *De divinis nominibus* (→ Cristologia: títulos), redigidos no decorrer dos séculos. E na exata direção desta tradição que a semiótica introduz um instrumento inestimável.

Outra recaída positiva, a renovação da reflexão sobre o sentido e os sentidos da Bíblia, sobre o sentido e os sentidos dos discursos produzidos a partir da Bíblia e sobre um melhor conhecimento de seu funcionamento, que estamos habilitados, agora e só há pouco tempo na história da crítica literária, a descrever cientificamente. Enquanto método formal, a semiótica permite aos enunciadores de tais discursos a vantagem da distância de seus enunciados, do espaço necessário para avaliar sua relação com os textos inspiradores. A observação vale para todos os discursos que têm na Bíblia o ponto de partida: comentários, paráfrases, literatura patrística, teologia, catequese, homilia, liturgias da palavra escrita ou oral, leituras expressas pelo magistério, pelas comunidades, pelos indivíduos, orientações doutrinais e pastorais. Cabe como missão própria à exegese construir o discurso do texto tal como é dado em seu nível de manifestação nas edições críticas, tal como chega através da organização de seus conteúdos semânticos. Disciplina rude, que pede a adaptação de um instrumental experimentado e suficientemente evoluído; em seu rigor, deve ela mesma deixar lugar às surpresas do texto e sintonizar sua metodologia com os textos atuantes em sua produção de sentido.

A exegese superou o estágio em que acreditava possuir o método, isto é, o histórico-crítico. Perdura ainda, em certos ensinamentos, a tentação de recuperação, diante da proliferação de obras coletivas que estudam uma mesma perícope segundo diversos enfoques ou chaves de leitura. Uma falsa noção de complementaridade reconduz logo as leituras divergentes ao esquema clássico, ou então à prática de uma hierarquização com subordinação. Portanto, a exegese semiótica, como as demais abordagens, se estas atingem o estatuto de método, não vem preencher um vazio nos estágios de aplicação do método histórico-crítico e receber deste o seu quadro conceptual. Não pode solucionar problemas de ordem histórica ou iluminar o acontecimento que está por trás do relato, assim como a história, ou o referente histórico, não pode dar conta do discurso do texto, de sua maneira de significar e dos sentidos produzidos. A complementaridade exerce-se de outro modo, isto é, numa real solicitação recíproca. Diacronia e sincronia, fase histórica e sistêmica compõem-se também num sistema. Explica-se-lhes melhor a simbiose se não forem confundidas no plano metodológico.

Ajustamentos, renovação e também ocasião de recomeço são a sadia consequência de um confronto de publicações diversas. A despeito da quantidade de publicações exegéticas, do número sempre crescente de estudiosos, do aumento de interesse por sua produção, em todos os níveis, os estudos bíblicos estão passando por uma fase de latência. Continua-se a responder, e muitas vezes de modo brilhante, a perguntas já superadas. De onde nascerão as novas questões que permitirão progredir? Do próximo ingresso da exegese semiótica no debate sobre argumentos bíblicos fundamentais? Há boas razões para esperar que isto aconteça. Podemos esperar, sobretudo, novas iniciativas no interior de cada um dos métodos, reativados por suas inter-relações.

Para além e para aquém de sua utilidade em pontos particulares, de seu valor original lá onde as teorias literárias atingem a história, a exegese semiótica, em si mesma, abre uma via privilegiada de acesso a um melhor conhecimento da Bíblia como texto. Introduz o que há de melhor no progresso espetacular ocorrido nas ciências da linguagem e do objeto literário, no século XX. Nunca será excessivo o número de instrumentos conceptuais adequados à pesquisa do sentido; na verdade, todos são insubstituíveis em sua função específica e no máximo de seu rendimento, quando reconhecidos e respeitados em sua peculiar identidade e fecundidade. Ela está, sobretudo, na raiz do projeto semiótico e ao longo de todo seu desenvolvimento; é sempre uma escola de leitura, e tudo, no fim, é resolvido aqui, diante das Escrituras.

Bibl. – A.J. Greimas, *Sémantique structurale*, Paris 1966; Id., *Du sens I* e *II*, Paris 1970 e 1983; J. Courtés, *Introduction à la sémiotique narrative et discursive*, Paris 1976; L. Panier, *Récits et commentaires. Tentation de Jésus au désert.* Approches sémiotiques du discours interprétatif, Lyon 1976; Id., "Sémiotique du discours religieux et sémiotique générale", em *Actes sémiotiques*, Bulletin 8 (1979) 5-17; D. Patte, *What is structural exegesis?* Filadélfia 1976; Groupe d'Entrevernes, *Signes et paraboles*, Paris 1977; Id., *Analyse sémiotique des textes. Introduction. Théorie. Pratique*, Lyon 1979; Y. Almeida, *L'opérativité sémantique des récits-paraboles*, Louvain-Paris 1978; A.J. Greimas-J. Courtes, *Sémiotique. Dictionnaire raisonné de la théorie du langage*, vol. I-II, Paris 1979 e 1986; A. Hénault, *Les enjeux de la sémiotique*, Paris 1979; J. Calloud-F. Genuyt, *La première épître de Pierre*, Paris 1982; J.-Cl. Coquet e outros, *Sémiotique. L'école de Paris*, Paris 1982; J. Delorme, "Incidence des sciences du langage sur l'exégèse et La théologie", em B. Lauret-F. Refoulé (eds.), *Initiation à la pratique de la théologie*, Paris 1982, I, 299-311; Id. (ed.), *Parole. Figure. Parabole*, Lyon 1987; H. Parret, "La Sémiotique: tendances actuelles et perspectives", em A. Jacob (ed.), *Encyclopédie philosophique universelle*, Paris 1989, I, 1.361-1.368.

OLIVETTE GENEST

ANALOGIA

Pode-se dizer, sem receio de exagerar, que a palavra *analogia* é um termo essencial na Teologia Fundamental católica. Indica um modo de empregar certos termos, de maneira que estes, em determinadas condições, possam exprimir efetivamente, embora de modo muito longínquo, a realidade de Deus. Em outras palavras, a analogia abre uma via média entre dois extremos: um negativo (*apofático*), segundo o qual nenhum nome atribuído a Deus é capaz de significá-lo de maneira *própria*: os nomes divinos são metáforas, imagens, termos indicativos, cujo alcance é prático, em particular, litúrgico: mais que o modo de ser de Deus, sugerem um comportamento para o homem, se este crê em Deus; ou então fornecem instrumentos para celebrar a Deus, mas em nenhum caso oferecem sobre Deus um *saber* propriamente dito, por mais limitado que possa ser.

O outro extremo é o da univocidade; com as necessárias precauções no uso, para evitar o antropomorfismo, admite-se que as palavras possam exprimir Deus como exprimem o homem, sua essência e sua história.

Por detrás destas duas posições, há duas ideias de Deus: o Deus para além de tudo, que não se pode confundir com nada de humano, seja porque humano, seja porque pecador, razão pela qual não se pode ter de Deus nem conceito nem nome; ou então, ao contrário, o Deus que está a tal ponto conosco, que não podemos concebê-lo e exprimi-lo a não ser nesta comunicação com o homem, ao nível da essência e da história do próprio homem.

Notemos finalmente que, justamente por serem extremas, estas duas posições de certo modo se tocam: se de Deus só se pode falar enquanto *Deus conosco*, usando para isto nossas palavras (tomadas univocamente), neste caso, o que eventualmente estivesse nele mesmo e fora de nós não seria acessível a nossas palavras. Se se aceita levar em consideração esta perspectiva, recai-se no apofatismo puro. Ao contrário, se de Deus não se pode dizer nada de próprio, e já que é preciso falar dele (também a Bíblia o faz!), corre-se o risco de hipostatizar de fato os termos "indicativos" de que nos servimos, de modo a cair furtivamente na univocidade acrítica. De Plotino a Heidegger, de um lado, e de Eunômio a Hegel de outro, têm sido largamente percorridos os dois caminhos pelos quais andaram também muitos pensadores cristãos.

A via régia da analogia é difícil de traçar com exatidão, como tudo o que é "médio", "moderado", e não é simples perseverar nesta via. Seu fundamento filosófico-teológico é o tema da *criação*: se Deus é o criador do homem, este é, então, por natureza, levado a buscar o conhecimento de seu Princípio e tem uma inteligência capaz desta busca; portanto, algumas palavras humanas que ele usa devem poder exprimir de algum modo a realidade de Deus; nenhuma perturbação na vida humana, por maior que seja, pode eliminar totalmente o poder das palavras, pois não se pode anular a obra criadora de Deus e perverter totalmente a inteligência. Mas, por outro lado, se Deus é criador, não é homem e, portanto, não poderia ser designado, assim como o homem se designa a si mesmo e aos objetos de seu mundo; os nomes que se referem a Deus são os nomes do Princípio.

Precisemos um pouco este ponto, que é importante: dizer que os nomes de Deus são os nomes do Princípio não quer dizer que estes significam Deus somente enquanto *nosso* Princípio, porque, neste caso, não estaríamos designando Deus em si mesmo, mas Deus em sua relação conosco, designação funcional e não própria. Tampouco se pode dizer que exprimem a Deus totalmente fora de sua realidade de Princípio, pois não temos outro acesso a Ele senão o reconhecimento desta qualidade criadora essencial. Diremos então que, entre o Princípio e nós, há alguma *participação*: o Princípio torna-nos participantes, ainda que em parte mínima, daquilo que ele é em si mesmo: uma análise sutil do que, no homem ou no mundo, não traz necessariamente o sinal da finitude e, portanto, pode ser atribuído a Deus é preliminar a toda atribuição analógica. Entra então em jogo o processo, extremamente delicado de se estabelecer, que consiste em usar a palavra e o conceito, despojando-os simultaneamente de sua finitude. Chega-se assim a uma atribuição que significa propriamente Deus, mas segundo a analogia, ligada à proximidade e à distância entre o Criador e a criatura. E a propósito da palavra *ser* que a analogia desempenha sua função máxima, porque aqui se trata da categoria ao mesmo tempo mais pregnante e menos específica do vocabulário humano. Dizer que Deus é "aquele que é" não significa somente: "Deus é a causa (totalmente desconhecida e inominável) do nosso ser", nem, ao contrário, "Deus é Deus, como nós somos homens". Significa, sim: o ser de Deus coloca-se na altura em que pode estar Aquele que produz, na criatura, não só este ou aquele aspecto, mas pura e simplesmente o ser. E evidente que esta "maneira de ser" de Deus pode efetivamente ser dita, mas este dizer não é uma manipulação de Deus por parte de nossa compreensão sobre Deus, "já que entre o Criador e a criatura não é possível apontar uma semelhança tal que a dissemelhança entre os dois não seja ainda maior" (Concílio Lateranense IV, DS 806).

A palavra *ser*, pronunciada segundo a analogia na consciência desta misteriosa proximidade/distância, fornece então uma chave para a interpretação dos outros nomes divinos, quer se refiram à criação ou à aliança, quer provenham da revelação ou da atividade da razão humana. Todas as riquezas da inteligência, da sensibilidade e da experiência humanas, quando se trata por exemplo do nome do Pai, podem ser postas em ação para conhecer a paternidade divina, em relação a Cristo e em relação a nós, mas respeitando a extraordinária transcendência do nível de ser, segundo o qual Deus é Pai e, portanto, Filho e Espírito.

As imagens da divindade, sem as quais nossa religião correria o risco de ser pobre e árida, são canalizadas e de certo modo elevadas através da consciência viva do ser único da própria divindade. E, se passarmos dos nomes certamente próprios de Deus, relativos a sua essência invisível ou a sua história com os homens, como Pai ou Senhor, a palavras impregnadas de sensibilidade cósmica ou humana, estas devem ser consideradas metáforas que recebem uma tônica de profundidade única, confrontadas que são com o mistério do ser.

Na verdade, toda a teologia poderia ser concebida como uma avaliação harmônica e orgânica dos nomes divinos, cujo significado e alcance deveriam, em todo caso, ser precisados, quanto possível. Para além de qualquer antropomorfismo mais ou menos idolátrico e de todo soberbo apofatismo, a analogia torna-se, então, instrumento privilegiado de contemplação.

Bibl. Vários autores, *Analogie et Dialectique*, Genève 1983; Vários autores, *Metafore dell'invisibile. Ricerche sull'analogia*, Brescia 1984; Vários autores, *Origini e sviluppi dell'analogia.* Da Parmenide a San Tommaso, Vallombrosa 1987.

GHISLAIN LAFONT

ANGLICANISMO

A *comunhão anglicana* tem suas raízes na igreja da Inglaterra que, no século XVI, se separou da Igreja Católica de Roma. Pode ser considerada como uma comunhão de igrejas, unidas por um referencial comum, o arcebispo de Cantuária, na Inglaterra, como bispo "ancião" e chefe titular, e, além disso, por uma geral aceitação das doutrinas e da praxe litúrgica contida no *Book of Common Prayer*, texto publicado pela primeira vez em 1549 (e depois radicalmente modificado, em 1552, com sucessivas modificações em 1559, 1604 e 1662).

A partir do tempo da Reforma, a atividade missionária, comercial e colonial dos ingleses levou esta sua fé e praxe aos países recém-descobertos e às ricas regiões das Américas. Este fato contribuiu para a criação e fundação de novas igrejas, que assumiram progressivamente uma identidade local, diferente da originária igreja da Inglaterra.

É preciso chegar até o ano de 1867, com a primeira *Lambeth Conference*, proposta pela igreja do Canadá, para verificar a ideia de uma originária *comunhão anglicana.*

Desde o início, a *Lambeth Conference* surgiu e qualificou-se como um dos fatores aglutinantes principais para a comunhão anglicana. Nesta conferência são expressas as diversas opiniões das igrejas que dizem respeito a várias problemáticas, desde as mais diretamente teológicas e sociais até as políticas. De qualquer forma, não tendo a *Anglican Communion* uma estrutura com um governo central, as decisões adotadas pela Conferência não têm de *per si* força legal em relação às igrejas individuais, senão que devem posteriormente ser aprovadas e adaptadas, de acordo com as constituições próprias, a cada Igreja. Normalmente, a *Lambeth Conference* reúne-se a cada dez anos, presidida pelo arcebispo de Cantuária, *primus inter pares.*

O diálogo da comunhão anglicana com outras igrejas cristãs dá-se com base nos princípios que constituem o assim chamado *Lambeth Quadrilateral*. Este é formado pelas quatro colunas fundamentais que constituem a base da fé anglicana: 1. a aceitação da Sagrada Escritura como regra de fé; 2. o símbolo dos apóstolos e a profissão de fé niceno-constantinopolitana; 3. os sacramentos do batismo e da ceia do Senhor; 4. o episcopado. Estes quatro princípios foram emanados num primeiro momento, em Chicago, em 1886, pela General Convention of the Protestant Episcopal Church, e, em seguida, emendados e adotados pela *Lambeth Conference*, em 1888, para toda a comunhão anglicana.

A liturgia anglicana reconhece-se geralmente no *Book of Common Prayer*, que constitui o testemunho de como a *lex credendi* e a *lex orandi* se conjugam e exprimem a fé, a teologia e o testemunho da vida cristã. A redescoberta dos Padres da Igreja, que com muita frequência constituem o coração do apelo à tradição antiga, e o dedicar-se, desde o século XVI, à aplicação dos escritos em língua vernácula, são explicitações ulteriores da tradição anglicana.

Particularmente no século atual, a *Anglican Communion* tem estado na vanguarda do movimento e diálogo ecumênico. Um marco miliar nas relações com a Igreja Católica é constituído pelo encontro que o Papa João Paulo II e o arcebispo de Cantuária, R. Runcie, tiveram, em 1982, quando foram debatidas as perspectivas mais concretas para a reconciliação. Este encontro foi a evolução natural que havia sido preparada por outros dois anteriores, nos quais Paulo VI se encontrou com M. Ramsey, em 1966, e com D. Coggan, em 1977.

RINO FISICHELLA

* * *

"Teologia Fundamental é a expressão hoje usada para indicar o que antigamente se chamava apologética" (H. Fries, "Teologia Fondamentale", em SM VIII, 254-266). É uma definição apropriada e concisa, capaz de servir de ponto de partida para uma abordagem anglicana da Teologia Fundamental. Não haveria nenhum problema se o discurso versasse *somente* sobre o termo apologética.

De qualquer forma, Teologia Fundamental não é uma expressão muito usada pelos teólogos anglicanos. E isto se deve em grande parte a uma diversidade de terminologia. Como, ao que parece, o termo apareceu no uso católico-romano no início do século XIX, não faz parte daquela herança ocidental comum, compartilhada por anglicanos e católicos. O termo apologética, sim, era partilhado neste sentido. Todavia, pode haver uma sutil diferença de abordagem, mascarada pela diferença de terminologia.

Têm-se utilizado muitos termos e expressões, frequentemente intercambiáveis: apologética, teologia natural, filosofia da religião, teologia filosófica.

1. APOLOGÉTICA – Tem-se dito que a matéria de que ela trata divide-se em três partes: *a.* demonstrar que é mais razoável ter uma religião do que não tê-la; *b.* demonstrar que o cristianismo oferece fundamentos de racionalidade superiores a qualquer outra religião; *c.* demonstrar que é mais racional professar o cristianismo ortodoxo do que qualquer outra forma ("Apologetics", em *Oxford Dictionary of the Christian Church*). Geralmente nunca se sustentou que a apologética cristã possa demonstrar de modo irrefutável a verdade do cristianismo com os métodos da ciência. Tem-se afirmado que o cristianismo é conforme à razão de tal modo e em tal grau que nenhuma outra religião ou crença pode reivindicar para si. A apologética cristã tem sido também considerada num sentido mais amplo, para indicar a difusão e a defesa de determinadas doutrinas cristãs. A reflexão do século XX traz em si também aspectos que concordam com o dito de → K. Barth, de que a "apologética" *de per si* é o "grande inimigo" da autêntica teologia cristã (estão nesta linha E. Hoskyns e D.M. Mackinnon). Isto significa que uma apologética agressiva e defensiva pode colocar-se contra o pensamento e a expressão própria da teologia cristã. É importante dar-se conta da crescente distinção feita entre apologética, teologia e filosofia da religião cristã. Mais ou menos nos últimos vinte e cinco anos, tem-se sentido o desejo de estudar mais a fundo "a filosofia da teologia", como pesquisa a ser relacionada com as questões de Teologia Fundamental, mas que não deve de modo algum ser confundida com tais questões. D.M. Mackinnon é um exemplo autorizado desta linha.

2. TEOLOGIA NATURAL – Segundo o *Oxford Dictionary of the Christian Church*, é "o conjunto dos conhecimentos referentes a Deus que podem ser atingidos com a simples razão humana, sem a ajuda da revelação e, portanto, em antítese à 'teologia revelada'". As origens desta descrição e distinção são claramente de tipo medieval e escolástico. A ideia da possibilidade e da oportunidade de tal teologia natural difundiu-se no fim do século XVII e no decurso do século XVIII, em um contexto – ironia da história – distante do medieval. Durante muitos anos, os apologistas anglicanos estiveram empenhados na controvérsia com os deístas: sobretudo Lord Herbert of Cherbury (*De Veritate*, 1624); J. Locke (*The Reasonableness of Christianity*, 1695); J. Toland (*Christianity not Mysterious*, 1696) e J. Clarke (*Demonstration of the Being and Attributes of God*, 1704-1706). A influência do deísmo (já em si mesmo um termo de intensidade variável) foi provavelmente menor – e consequentemente menor para os anglicanos – do que, por exemplo, na França, e, portanto, para os católico-romanos. O mais prestigiado e original pensador anglicano da época foi o Bispo J. Butler (1692-1752). Sua obra *Analogy of Religión* (1736) foi extremamente importante, não somente na luta contra o deísmo, mas também na promoção de uma típica abordagem e estilo anglicano em relação ao que hoje muitos chamam de Teologia Fundamental. Na realidade, porém, a temática da teologia natural acabou sendo considerada mais naturalmente como parte da filosofia do que da teologia.

3. FILOSOFIA DA RELIGIÃO – Nos últimos anos, a expressão teologia natural tem cedido o lugar à de filosofia da religião.

Mas é importante ter em mente que não deve ser entendida no sentido da *Religionsphilosophie* alemã, que muitas vezes teve um contexto ideológico peculiarmente seu. Tanto na Inglaterra quanto nos países de forte influência anglicana, nas universidades e nas escolas superiores, os conteúdos da filosofia da religião incluíam tradicionalmente temas de apologética. No século atual, contudo, a filosofia da religião tem-se voltado, em medida crescente, para o estudo crítico dos conceitos religiosos e da linguagem, mais em sentido analítico do que apologético, embora nem sempre os dois aspectos estivessem separados. Esta acentuação é sem dúvida devida à forte influência da análise linguística e do empirismo lógico no mundo anglo-saxão. Por exemplo, nos anos de 1930 a 1970, e ainda mais tarde, em Oxford e Cambridge, predominava a obra de filósofos diferentes, desde Russell até Wittgenstein. Em Oxford a matéria especial de estudo da "Final Honours School" da Faculdade Teológica, era chamada filosofia da religião, e sua finalidade refletia estes movimentos de pensamento.

4. TEOLOGIA FILOSÓFICA – É interessante que, em tempos modernos, a expressão teologia filosófica, em Cambridge, tenha sido preferida à de filosofia da religião. É possível que este uso seja o reflexo de alguma hesitação sobre as implicações evocadas pelo termo *Religionsphilosophie.* Reflete seguramente a incidência da obra de F.R. Tennant (*Philosophical Theology*, vol. 2, 1928), que sem dúvida pode ser considerado o mais prestigiado escritor anglicano neste campo, depois do Bispo J. Butler. Em Cambridge, o título formal da II e III parte do "*Theological Tripos*" é teologia filosófica, ao invés de filosofia da religião. Oxford e Cambridge não devem ser consideradas normativas para a teologia anglicana. Historicamente, porém, têm sido os centros mais renomados do pensamento e do ensino teológico anglicano. Hoje, existem outras faculdades teológicas anglicanas de prestígio, mas isto não impede que, até recentemente, Oxford e Cambridge tenham sido de fato viveiros do anglicanismo.

Para compreender os aspectos típicos do pensamento anglicano sobre a apologética, a teologia filosófica, a Teologia Fundamental, ou como quer que se chame, é necessário levar em conta a história anglicana. Até a separação da sé de Cantuária da de Roma, quando a Cristandade europeia era unida, não teria sido fácil distinguir algum estilo teológico peculiar que caracterizasse, digamos, as antigas universidades da Inglaterra em relação às do continente europeu. Mas, depois disto, manifestaram-se duas diferenças importantes.

Em primeiro lugar, a Inglaterra nunca conheceu a assim chamada Contrarreforma. A importância deste fato é muitas vezes subestimada. Em segundo lugar, os recursos dos teólogos anglicanos foram em grande parte desperdiçados na introdução de uma identidade eclesiástica na série de controvérsias destinadas a afirmar a *via media* anglicana entre Roma e Genebra. Durante todo o período "clássico" do anglicanismo no século XVII (o período dos *Caroline Divines*), os temas teológicos e filosóficos de que estamos falando despertavam pouco interesse. Constitui uma exceção notável, neste ponto, o Arcebispo J. Bramhall (1594-1663). Foi ele um eminente adversário contemporâneo de T. Hobbes e, portanto, do materialismo filosófico. (Na sua *Replication*, de 1656, exprimia também a viva esperança de poder ver a reconstituição da unidade cristã.)

O século XVIII registrou um particular desenvolvimento do anglicanismo. Conforme já mencionamos, havia a controvérsia com os deístas (de diferentes tipos) e também com certos filósofos, como Hobbes. Totalmente peculiar foi o caso de D. Hume. Sua primeira obra, *Essays Moral and Political* (1741-1742), tinha sido acolhida com entusiasmo pelo Bispo J. Butler. Embora exprimisse um tipo de empirismo tipicamente britânico, aquela tradição apresentava aspectos diversos e seria simplismo falar de Locke, Berkeley e Hume como se fossem iguais. O ceticismo de Hume, acentuado de modo especial em seu *Essay on Miracles*, nunca cessou de levantar sérios problemas. Uma das respostas mais interessantes que provocou, da parte anglicana, foi a de A.E. Taylor, *David Hume and the Miraculous*, 1927. Em sua época, Taylor foi um escritor que exerceu uma ampla influência, salientada de modo especial, por exemplo, por T.S. Eliot. D.M. Mackinnon havia sido assistente de Taylor em Edimburgo.

Em época mais recente, W. Temple, que depois se tornou arcebispo de Cantuária (cf. *Nature, Man and God*, 1934), e W.R. Matthews, depois decano na St. Paul Cathedral (cf. *God in Christian Thought and Experience*, 1930), continuaram a tradição de uma apologética científica. Muitos são os nomes a recordar, no que tange a estes últimos quarenta anos. Talvez o teólogo anglicano mais original ou brilhante do século XX tenha sido A.M. Farrer, cuja obra *Finite and Infinite* (1943) tornou-se um clássico moderno em teologia filosófica. E.L. Mascall foi um escritor prolífico e arguto na linha tomista. C.C.J. Webbe foi convincente em temas filosóficos e teológicos. Leigo, era "Nolloth Professor" de filosofia da religião cristã no Oriel College, Oxford. Seu sucessor naquela cátedra foi L.W. Grensted, que deu uma notável contribuição à psicologia da religião e da fé. Seu sucessor foi I.T. Ramsey (em seguida feito bispo de Durham), que, em Oxford, foi um grande pensador na época em que predominava a filosofia linguística (anos de 1950). J. Macquarrie introduziu em Oxford vivo interesse pela filosofia existencialista e escreveu uma série de obras muito lidas. Autores como estes mantiveram um estilo mais anglicano ao tratar questões específicas.

Bibl. – Além dos textos já citados: F.R. Tennant, *Philosophical Theology*, vol. I-II, Cambridge 1928-1930; A.M. Farrer, *Finite and Infinite*, Westminster 1959; J. Macquarrie, *Principles of Christian Theology*, Nova York 1977.

HOWARD E. ROOT

ANSELMO DE CANTUÁRIA

Depois de uma breve referência à biografia de Anselmo (n. 1) e após recordarmos a tese de K. Barth sobre sua teologia (n. 2), comentaremos os textos metodológicos de Anselmo (n. 3).

1. BIOGRAFIA – Anselmo, nascido em Aosta, em 1033, deixa o seu país (Itália) por volta do ano 1050; procura na França um mestre intelectual; em 1058, entra na escola de Lanfranco, prior da recém-criada (1040) Abadia do Bec; ingressa na comunidade e torna-se seu prior, em 1062; tal encargo comporta o ensino e, por isto, elabora um texto escolástico, o *Monologion* (1076), cujos temas são posteriormente retomados no *Proslogion* (1077-1078). Em 1078 é eleito abade. De 1080 a 1085 redige um texto de dialética pura, *o De grammatico*, seguido de três "estudos sobre a Sagrada Escritura", o *De veritate*, o *De libertate arbitrii* e o *De casu diaboli*. Em torno de 1092, para defender-se de Roscelino, escreve a *Epistola de incarnatione Verbi*, que retomará de modo mais amplo em 1094. Em 1093, é chamado à sé episcopal de Cantuária, onde Lanfranco acabava de falecer. Em 1098, publica o *Cur Deus homo*. Em seguida, publica tratados que respondem a questões teológicas precisas: *De conceptu virginali* (1100), *De processione Spiritus sancti* (1102, sobre o *filioque* e o Concílio de Bari), *Epistola de ázimo et fermento* e *Epistola de sacramentis Ecclesiae* (1106-1107); estes vários textos foram compostos em concomitância com os dois exílios, impostos pelo trono da Inglaterra a Anselmo, que rejeitava a tese do rei sobre as "investiduras". Em 1108, Anselmo escreve o *De concordia praescientiae et praedestinationis et gratiae Dei cum libero arbitrio*; morre em 1109, depois de ter composto muitas orações e uma vasta correspondência, extremamente vigorosa.

2. O DESAFIO – A fim de manter o dom da graça em toda a sua pureza, alguns teólogos recusam compreendê-lo segundo as condições da inteligência humana; Pedro Damião (1007-1072), contemporâneo de Anselmo, segue de fato esta inspiração; a teologia de então não faz nenhuma concessão à reflexão simplesmente humana. Mas também a atitude oposta é tradicional; Anselmo a abraça: mas isto não significa que o dom seja reduzido aos limites do homem.

a. *A interpretação de K. Barth* – Segundo Karl Barth, a fórmula anselmiana *id quod maius cogitari nequit* é "teológica"; a negação nela contida (*nequit*) exprime, com efeito, a proibição do decálogo: "Não terás outros deuses diante de mim" (Ex 20,3). Tal proibição emana simplesmente da Palavra de Deus. O homem não pode falar de Deus se este não lhe conceder livremente o próprio Verbo; efetivamente, a inteligência humana, que se relaciona com o mundo, se não for iluminada de outro modo, apreende a Deus como uma "coisa"; por outro lado, é por isto que o *Proslogion* se desenvolve no interior de uma oração. "O verdadeiro conhecimento é determinado pela graça preveniente e agente de Deus. Tal verdade de ordem geral, unida ao fato de que devemos sempre de novo rezar para obter esta graça, já é suficiente para indicar que o poder de atingir o 'conhecimento da fé' (*intellectus fidei*) não coincide, em última instância, com a espontaneidade da razão humana" (p. 36-37).

Por isto, "a teologia é uma meditação sobre a fé da Igreja, tal como se exprime e se impõe a nós na Sagrada Escritura, nos Símbolos, nas definições conciliares, nos escritos dos Padres" (H. Bouillard, t. I,145). Esta doutrina de Barth é tradicional: todavia, segundo ele, a teologia "não procura fundar o próprio objeto, senão compreendê-lo, justamente em sua incompreensibilidade" (t. I); efetivamente, segundo o *Monologion*, à reflexão pode bastar o fato de compreender com uma consideração racional que o mistério divino é incompreensível (cf. 75,11 – citamos a edição de Schmitt, página e linha).

Contudo, a inacessibilidade de Deus não torna inútil o trabalho da inteligência; a fé, de fato, busca compreender, "fides quaerens intellectum". A tarefa da inteligência não deriva do desejo de saber, mas do desejo da fé. Por isto, a inteligência teológica não reduz o conteúdo da fé ao objeto de um juízo "científico"; o caminho que trilha é um caminho interno à fé. Mas, para que tal seja possível, o conteúdo da fé deve ser inteligível ou, pelo menos, ter um significado: por exemplo, dizer que Deus não existe é sensato, se a palavra "Deus" tiver um significado para quem a pronuncia.

É a verdade deste significado preliminar que o teólogo busca, isto é, o fundamento da coerência. A verdade à qual aspira uma fé que busque a compreensão não é ontológica, mas lógica; a compreensão aperfeiçoa a adesão da fé, demonstrando que suas proposições são logicamente verdadeiras. A teologia projeta luz sobre a unidade sistemática do dogma, em que resplandece a simplicidade de Deus. Tal aperfeiçoamento da fé acrescenta à fé "nua" algo de novo, que consiste na passagem de um significado aceito espontaneamente para o conhecimento da verdade ou da recíproca necessidade dos artigos do Credo. "Os elementos desconhecidos a, b, c, d... são tais que, partindo deles, se demonstra que a incógnita x... é 'racional' e 'necessária'", diz Barth (p. 55), a propósito do *Cur Deus homo*. Não se demonstra a inteligibilidade de um artigo do Credo, fingindo que tenha um significado e procurando-lhe, portanto, alguma validade racional qualquer; é na fé que se vai da adesão ao significado do Credo, até o conhecimento de sua verdade lógica, fundada *a priori* em sua totalidade sistemática.

Antes de verificar nos textos de Anselmo esta tese de Barth, façamos uma descrição rápida da situação cultural do século XI.

b. *O contexto cultural* – O termo "filosofia" ocorre só duas vezes na obra de Anselmo. Para o *De grammatico* "os filósofos que trataram do problema (do parônimo) confessam que 'gramático' é uma qualidade" (146,1-2); segundo o *Cur Deus homo*, "uma vez que não existem homens que não morram, a noção de mortalidade foi incluída pelos filósofos na definição do homem" (109,17). O filósofo é, portanto, um especialista da linguagem.

Na Idade Média, a filosofia é prática ou existencial; Pedro Damião, criador da expressão "filosofia serva da teologia", chama de "filósofo de Cristo" o destinatário do seu tratado sobre *O desprezo do mundo*. Todavia, ao lado desta filosofia monástica, desenvolve-se uma filosofia dialética. O esforço teológico do século XII nasce das "teorias dos gramáticos" (Chenu, p. 92), os "filósofos" de Anselmo. A formação escolástica escolar da época não era mais rigorosamente a do *trivium* (gramática, dialética e retórica); com efeito, a gramática abrangia a leitura e a escrita, a poesia, a metodologia e a história; a retórica não se distinguia muito da gramática; o texto básico era a gramática de Prisciano e, em grau menor, a de Donato. Ademais, Anselmo interessa-se pela futura questão da *suppositio*.

No tempo de Anselmo, é essencial o problema do "significado": a disputa sobre a Eucaristia é um exemplo evidente disto. Quando Anselmo chega à abadia do Bec, em 1058, Berengário e Lanfranco (então abade do Bec) "disputavam" sobre a Eucaristia. Berengário fala da Eucaristia em termos de "sinal sagrado"; o discurso romano é realista ou até carnal: "verum corpus et sanguinem Domini Jesu Christi esse, et sensualiter, non solum sacramento: sed in veritate manibus sacerdotum tractari, frangi et fidelium dentibus atteri" (citado por J. de Montclos, 171-172), assim se obriga Berengário a recitar numa profissão de fé imposta a ele em 1059. Mas, imediatamente após ter pronunciado este Credo, Berengário levanta-se contra a concepção imposta. Seu argumento é dialético. A fórmula romana opõe sacramento e verdade, sinal e realidade. Mas se a "verdade" é a realidade empírica, a formulação imposta é incoerente; com efeito, ou o pão é pão e não corpo, ou é corpo e não pão; consequentemente, se se diz que o pão é "corpo", diz-se isto enquanto sinal. Não existe identidade ontológica entre o que se crê como sinal e o que se diz literalmente. Acresce que para Berengário não é possível atingir a verdade sem recorrer às autoridades humanas, isto é, segundo uma compreensão literal de Agostinho (cf. *De vera religione* XXV, 47), sem os Padres.

Ora, Anselmo, discípulo de Lanfranco, escreve o seu *Monologion* no estilo de Berengário, sem "procurar persuadir através da autoridade da Sagrada Escritura" (7,7-8). Manda uma primeira versão de seu texto a Lanfranco, naquele momento bispo de Cantuária; Lanfranco pede a seu ex-discípulo, sem mais, que introduza fundamentos tradicionais; mas Anselmo não considera necessária esta mudança: "relendo-me mais vezes, não encontrei nada que não concordasse com os escritos dos Padres católicos, sobretudo do beato Agostinho" (8,8-9), e isto significa que os argumentos necessários e "a necessidade da razão" (7,10) podem ser considerados capazes de recriar as afirmações tradicionais.

Esta segurança de Anselmo é ainda mais evidente se compararmos o "Prólogo" com o primeiro parágrafo do *Monologion*; estes textos metodológicos são construídos com idêntica estrutura. O primeiro parágrafo tinha a função de prólogo, no texto mandado a Lanfranco, ao passo que o "Prólogo" atual foi acrescentado depois da reação de Lanfranco (cf. F.S. Schmitt, *Les corrections*, 203-204). A última frase do primeiro parágrafo afirma: "no caso em que o afirmado não estivesse coberto por uma autoridade maior, quero que seja assim recebido: mesmo que as razões que se me apresentarem fossem quase necessariamente concludentes, nem por isto digo que devam ser absolutamente necessárias, mas que podem parecer tais só a título provisório" (14,1-4); o termo "provisório" desaparece do "Prólogo" definitivo. Anselmo afirmava assim sua convicção; a reflexão sobre Deus e sobre a criação pode verdadeiramente substituir a tradição.

Tal acento "racionalista" decorre certamente do fato de Anselmo levar em conta a presença de quem objeta. Mesmo sendo a forma literária meditativa, acolhe "as objeções, ainda que simplistas e um tanto insensatas, que me ocorram" (7,11-12). Quem objeta segue processos racionais estranhos à linguagem espiritual. Anselmo sabe disto.

A meditação anselmiana versa sobre o conteúdo da fé. O *Monologion* é definido como "exemplo de meditação" (7,4-5 e 94,6-7) sobre a "essência divina e sobre alguns outros pontos ligados a esta meditação" (7,3-4). Quanto ao *Proslogion*, medita sobre a "razão da fé" (94,7) e sobre seus conteúdos: "Deus é verdadeiramente... é o bem soberano... e tudo o que cremos da substância divina" (93,7-10). A expressão "razão da fé" não diz respeito às razões objetivas, aos princípios da fé reunidos no Credo, pois Anselmo fala deles sem tomá-los como base da reflexão; com efeito, o *Proslogion* parte de uma ignorância do estulto; também o *Monologion* parte de uma ignorância do crente, ainda que simulada, que quer purificar a própria compreensão dos mistérios (cf. 93,3-4). A reflexão substitui as "razões" objetivas da fé; segue daí que a argumentação por via de autoridade é excluída e a razão não se deixa imediatamente nutrir pela revelação.

O significado e a verdade dos artigos do Credo são iluminados pela meditação, que atinge os princípios da fé "raciocinando" (*ratiocinando* 93,4). Enfraquecendo a função dos Padres em benefício do raciocínio, a verdade da fé *a priori* é reencontrada através da reflexão. A percepção do sentido racional das proposições de fé conduz a afirmar sua verdade necessária "in se", *a priori*, construída "para nós" através da busca intelectual. A estrutura global da argumentação é, pois, a do argumento ontológico, que passa da ideia para a realidade, do significado para a verdade, seguindo assim um caminho que, em princípio, pode ser seguido por quem levanta objeções.

3. OS TEXTOS METODOLÓGICOS – *a. Monologion*, § 1 (13,5-14,1): o significado das palavras da fé.

O *Monologion* define assim o próprio objeto: o "que cremos necessariamente" (13,9); a que se refere o "necessariamente"? A fé é o que é por causa de seu "objeto" (fé objetiva) e do crente (fé subjetiva); tudo o que é crido deve ter um significado inteligível: *necessário* indica o significado imanente aos enunciados do Credo, que não é acessível à inteligência daquele que crê.

A investigação é confiada "somente à razão" (13,11), que acompanha aquele que "ignora" (13,10) a existência das proposições de fé ou seu significado. De fato, pode-se ignorar aquilo de que fala a fé, "seja porque nunca se ouviu falar disso, seja porque não se crê nisso" (13,9: *aut non audiendo, aut non credendo*). Por isto, parece inadequado afirmar que se aceita, no início da reflexão, que as proposições sejam conhecidas (*audiendo*) ou que seu significado seja aceito (*credendo*).

O *Monologion* parte da experiência humana universal do desejo (13,2-14,1). "Todos desejam ardentemente gozar somente do que consideram bom" (13,13). Demonstra-se que tal desejo tem uma direção, um sentido, e que este sentido é racional; a retidão do desejo é iluminada fundamentando racionalmente a sua orientação. Tal fundamento é o fruto de uma pesquisa reflexiva: "o olho do espírito" dirige-se para o "vestígio daquilo pelo qual são boas as coisas que só deseja ardentemente se as julga boas" (13,14-15). O *Monologion* esclarece aquilo graças a que o desejo é sensato, isto é, originado e finalizado.

A reflexão segue as categorias da causalidade formal. É eficaz se apresentar a estrutura da criação em sua explicação. A secularização da fé, ou a compreensão da criação em termos de desejo, faz com que se caminhe *ratione ducente et illo prosequente* (13,15-16), onde o *Mo* é "aquele de quem todas estas coisas derivam bondade" (13,14-15): portanto, a razão segue o testemunho da experiência interior, tendida para o bem originário, que lhe dá o movimento e o ser; ela percebe-se, então, interna à bondade do criado, como uma expressão privilegiada do desejo, como o Verbo no Espírito.

b. O "Prólogo" do Monologion (7,2-12) – Lá onde, no parágrafo 1 do *Monologion*, se lia *solaratione*, agora, na mesma passagem paralela, lê-se: "*quatenus auctoritate scripturae penitus nihil in eapersuaderetur*" (7,7-8). Esta mudança de um texto para o outro demonstra que, no primeiro opúsculo, Anselmo substitui pela razão a autoridade da Escritura. As modalidades do argumento são lógicas, "através do argumento corrente e da simples discussão" (7,9-10). Sobre a conclusão, adere-se a ela "compelido pela necessidade da razão e pela evidente clareza da verdade" (7,10-11). A razão "necessária" não é a "objetiva", isto é, o enunciado do Credo; ela tira sua força da argumentação que chega à conclusão mediante as premissas e aquilo que as une e não por força da coerência *a priori* do Credo; não obstante isto, na conclusão o crente descobre o esplendor do Credo. Quanto à "clareza da verdade", esta põe de lado a meditação escriturística, substituindo-a pela reflexão sobre as estruturas universais do desejo: alguns autores veem nesta verdade o eco de Jo 14,6: se assim fosse, Anselmo teria racionalizado a Escritura até o extremo.

c. O Proslogion (93,2-94,7): a verdade das palavras da fé – No *Proslogion*, a fé procura compreender(-se) *sub persona conantis erigere mentem suam ad contemplandum deum et quaerentis intelligere quod credit* (93,21-94,2). O objeto da fé é, portanto, recebido no início da reflexão: o saber não avança mais na linha da investigação, mas ao ritmo da "elevação" do espírito. Todavia, o *Proslogion* reserva um lugar ao *insipiens*, para quem o ponto de partida da fé não é verdadeiro, embora tenha um significado; o tolo obriga, portanto, a ir além do significado, para chegar à verdade das proposições de fé. O capítulo 2 introduz no estudo dos enunciados da fé aquilo que a contesta; trata-se de uma contestação interna à própria Escritura (Sl 14,1); existe uma obscuridade que está dentro da própria fé. A fé do *Proslogion*, desde o momento inicial até o final, não possui a intuição de seu "objeto"; é também uma não fé. Então, afirmando que o opúsculo tem por horizonte a verdade da fé, quer-se dizer que a fé, inicialmente incompleta, busca um suplemento, isto é, a compreensão de sua obscuridade e do que, apesar de tudo, a ilumina, e não a evidência da realidade "objetiva" do que é proclamado pelo Credo.

Dizendo que não é verdade que Deus exista (negação), o tolo coloca uma afirmação (posição) sensata. O *Proslogion* parte desta inadequação entre uma verdade negativa e um significado positivo. O *Proslogion*, contrariamente ao *Monologion*, parte do conhecimento do significado dos termos da fé; o tolo ouviu falar de Deus, que ele pré-compreende, em princípio, segundo o *maius* que o *Monologion* preparou. Nesta tensão entre a negação da verdade e o conhecimento positivo do seu significado, discerne-se uma modalidade da estrutura racional da criação, desenvolvida pela reflexão a partir da experiência de si mesma. Efetivamente, ao descrever o objeto de seu opúsculo, Anselmo escolhe termos próximos ao *Monologion*, onde é indicada a relação de criação:

Monologion § 1	*Proslogion*
unam naturam,	*Deus vere est...*
summam	*summum*
omnium...	*bonum...*
solam sibi	*nullo alio*
suffticientem	*indigens...*
Omnibus rebus...	*omnia indigent*
sunt...	*ut sint*
bene sunt.	*et ut bene sint.*

Mas a reflexão encaminhada no *Monologion* é desenvolvida de maneira nova no *Proslogion*; este último mostra a verdade das proposições da fé que tem significado para o primeiro; o *Proslogion* lê a um segundo nível, o da verdade necessária para o espírito, de cujo dinamismo o *Monologion* mostrou o significado; a reflexão sobre a vida do espírito ritma a argumentação que procura tornar o pensamento adequado à amplidão da sua abertura. As categorias trinitárias agostinianas, que no *Monologion* articularam a relação de criação, são substituídas por *unum argumentum* (93,6) que assinala as etapas do pensamento em direção àquilo que o supera e que ele nunca atinge, o *id quo maius cogitari nequit* dos capítulos 2-4, que passou a *quiddam maius quam cogitari possit*, no capítulo 15. O *Proslogion* compreende o poder do desejo, integrando-lhe um momento negativo, a obscuridade da fé, enquanto que o *Monologion* o interpreta com as estruturas positivas do homem, imagem de Deus.

d. O Cur Deus homo (42,6-43,3) – O primeiro livro do *Cur Deus homo* quer provar, sem recorrer à figura de Cristo, e com razões necessárias, como é impossível ser salvo sem Ele (cf. 42,12-13); o segundo livro procede da mesma forma, "com razão manifesta e em verdade" (42,14-15). Para Barth, o termo "razão" significa, aqui, razão objetiva, coerência sistemática dos artigos do Credo, a partir das quais se conclui que o Filho de Deus deve encarnar-se. O sistema axiomático de partida comportaria, portanto, estas proposições: 1. Deus existe, 2. criou o homem, 3. criou-o para que seja feliz, 4. o homem está destinado à felicidade eterna, 5. o homem é pecador. Mas, de fato, todos estes artigos, excluído o último, foram progressivamente postos nos opúsculos precedentes, a partir de uma reflexão sobre a contingência e o ato do espírito. Contudo, na *Commendatio*, que introduz o texto, e na qual se explica o intuito deste, Anselmo usa muitas vezes o termo *ratio* (39,5; 40,2.7.14), com a significação de princípio de argumentação. Isto significa que os resultados dos opúsculos precedentes são recebidos como bens da fé.

No final da investigação, obtemos uma compreensão mais profunda do mistério *inter fidem et speciem* (40,10). Segundo Barth, a compreensão entre a fé e a visão não surge da fé; com efeito, a compreensão da fé não é capaz de se processar se não receber aquilo sobre o que irá pensar; se o objeto é gracioso, seu ato deve ser interno ao ato da graça. Todavia, a interioridade da inteligência, com respeito à fé, ao menos se esta for simplesmente afirmativa, não pode considerar cogente a negação dos infiéis (50,16). Importa, pois, aprofundar a relação entre o trabalho do intelecto e o ato da fé. Esquematizemos assim o progresso da compreensão da fé:

fé (enunciação dos artigos do Credo)

– razão da fé (capacidade de apreender sua coerência *a priori*)

– intelecto (reconstrução desta coerência em função de uma negação) *species*.

A *species* é uma visão direta, evidente, não de Deus, que é sempre "maior", mas da coerência da fé nele; o intelecto participa desta coerência (cf. 40,11-12). De fato, se a contemplação da *species* faz ver o princípio formal da coerência da fé e se a fé tende ao *intellectus*, aproximando-se do seu princípio inteligível, o trabalho do intelecto consiste em simplificar e unificar os enunciados da fé, guiados por aquilo que os unifica *a priori*, a *species*. A reflexão teológica exerce, assim, no hoje, a contemplação prometida para o fim dos tempos.

e. A carta *De incarnatione Verbi: o sentido, o significado e a verdade* – Temos agora que falar de um último texto de Anselmo, em que as disposições metodológicas parecem bastante diversas do que vimos até aqui. A composição do *Cur Deus homo* foi preparada por duas edições sucessivas de uma carta em que Anselmo se posicionava contra Roscelino (1050-1120), cuja doutrina trinitária segue as mesmas exigências da de Berengário. A razão desta carta é uma alusão de Roscelino a Anselmo. Roscelino teria declarado que, também para Anselmo, se pode pensar que, se o Filho se encarnou, a Trindade inteira se encarnou; efetivamente, a Trindade, que é una, não é senão uma única substância; mas a pessoa trinitária é também "substância": por isto, a encarnação de uma substância impõe a encarnação de todas as "pessoas".

De fato, no *Monologion*, essência, substância e natureza identificam-se reciprocamente (cf. 16,27; 44,10; 45,14; 86,12); conotam uma "coisa" individual; entre pessoa e substância existe apenas uma nuança: "pessoa se diz somente da natureza racional individual e substância principalmente dos indivíduos que se mantêm o mais das vezes numa pluralidade" (86,7-8); a substância, assim entendida como sujeito de pluralidade acidental, não convém a Deus: a "substância" é, portanto, fundamentalmente a "pessoa". Na *Carta*, Anselmo volta ao vocabulário latino; já que substância, essência e natureza são sempre idênticas (cf. 23,3), o Pai e o Filho, isto é, pessoas distintas, são explicitamente uma só substância e não duas (23,14.15).

Esta nova disposição vem depois de uma decisão sobre os termos comuns da fé. Na *Epístola* 136, Anselmo refere-se a uma posição de Roscelino: "é com a razão que se defende a fé contra os ímpios" (34-35). Se é possível uma discussão com o não crente, com o infiel ou com o ímpio, não é possível com o herético. O *Proslogion* acolhe o não crente e o *Cur Deus homo* o infiel; mas o herege não aceita que os termos da fé possam ter um sentido; por isto, na *Epístola* 136, Anselmo recusa-se a discutir com ele. O herege rompe a ligação entre a fé e a inteligência; Roscelino não mantém a profissão que lhe é imposta, porque para ele estas palavras são destituídas de sentido; se o sentido dos termos não for regido por uma abertura espiritual, ulteriormente exercida pelo ato de fé em sua proclamação, neste caso nem a fé encontra as palavras ditas, nem as palavras pronunciadas encontram a fé; de qualquer forma, a fé não pode nunca buscar a compreensão; um abismo separa as duas; isto, para Anselmo, torna intolerável a posição do herege.

Contudo, é preciso responder ao heresiarca. Se ele investiga dialeticamente os mistérios, é com a dialética que se deverá responder-lhe. Mas qual dialética? Roscelino é filho da dialética *in voce*. Para passar do sentido à verdade e pensar verdadeiramente o Credo, é preciso, ao contrário, uma lógica da referência, da intencionalidade, uma dialética *in re*. Anselmo procura articular exatamente estes dois tipos de dialética já no *Proslogion*, onde disserta sobre o ser *in intellectu et in re: o maius* precede e conduz a inteligência àquilo que a supera, passando assim do *in intellectu* ao *in re*. O *De grammatico* e o *De Veritate* aparecem então como obras essenciais. Frente a Roscelino, argumentar sobre o significado dos termos não é suficiente; no capítulo 2 da *Carta*, Anselmo lembra a prioridade da fé em relação a sua compreensão; a fé de que fala aqui é ética: ela acolhe *a priori* o sentido e a verdade das proposições, fazendo experiência de Deus, purificando o coração para abri-lo ao Criador; unido ao criador, o homem espiritual pode julgar tudo, até os mistérios de Deus, pois vive uma vida nova (cf. 2Cor 2,14-15). Neste sentido, "aquele que não crê não experimenta; quem não experimentou não pode conhecer" (9,5-6); a fé ética suporta a negação, abrindo-se a um além que acolhe e se prepara para adorar.

Consoante a dialética *in voce*, não há "nada" para se compreender. A reflexão é apenas formal. A norma do significado reduz-se à coerência formal do sistema da língua em que o significado se esgota. A dialética determina o campo do cognoscível, em razão da possibilidade que os significados têm de produzir por si mesmos o significado, sem referência ao real, presente de modo normativo. Anselmo fala neste ponto dos "heréticos da dialética" (9,21-22).

Antes de exercer a dialética, é preciso que a alma esteja disposta em relação a Deus, ainda que confusamente e através da negação; sem humilde contemplação, sem adesão ou pelo menos sem uma possível abertura ao sentido de Deus, ela não poderá jamais ter acesso ao significado dos termos do Credo e menos ainda a sua verdade.

Bibl. – S. Anselmi Cantuariensis Archiepiscopi, *Opera omnia*, F.S. Schmitt (ed.), Edinburgh 1946-1961.

OBRAS COLETIVAS: *Analecta Anselmiana*, vol. I-VI, Frankfurt/Main, 1969s; *Sola ratione*. Anselm-Studien für Pater Dr. h.c. Franciscus Salesius Schmitt OSB zum 75. Geburtstag am 29. Dezember 1969, Stuttgart 1970; *Spicilegium Beccense*, I, Congrès international du DC centenaire de l'arrivée d'Anselme au Bec, Paris 1959; *Spicilegium Beccense*, II, Les mutations socioculturelles au tournant des XI-XII siècles. Actes du colloque international du CNRS. Études anselmiennes. *W* session, Le Bec, 11-16 juillet 1982, Paris 1984: *Anselm Studies*, I, Londres 1983.

ESTUDOS CITADOS OU OBRAS RECENTES IMPORTANTES (uma bibliografia até 1984 encontra-se no livro abaixo citado, de S. Vanni Rovighi): K. Barth, *Fides quaerens intellectum. Anselms Beweis der Existenz Gottes*, Munique 1931 (ed. cit. Zürich 1981); F.S. Schmitt, "Les corrections de saint Anselme à son *Monologion*", em RBen 48 (1938) 194-205; H. Bouillard, *Karl Barth*, I. Genèse et évolution de La théologie dialectique; III. Parole de Dieu et existence humaine, 2me partie, Paris 1957; M.-D. Chenu, *La théologie au douzième siècle*, Paris 1957; H.U. von Balthasar, "La Concordantia libertatis chez saint Anselme", em Vários autores, *L'homme devant Dieu*, II, Paris 1964, 29-45; R.W. Southern, *Saint Anselm and His Biographer.* A Study of Monastic Life and Thought, 1059-c. 1130, Cambridge 1966; D.P. Henry, *The Logic of Saint Anselm*, Oxford 1967; J. de Montclos, *Lanfranc et Bérenger. La controverse eucharistique du XI siècle*, Louvain 1971; H. Kohlenberger, *Similitudo und ratio.* Überlegungen zur Methode bei Anselm von Canterbury, Bonn 1972; H. de Lubac, "'Seigneur, je cherche ton visage'. Sur le chapitre XIV du Proslogion de saint Anselme", em ArPh 39 (1976) 201-225, 407-425; G.R. Evans, *Anselm and Talking Abount God*, Oxford 1978; M. Corbin, "L'événement de vérité", em *L'inouï de Dieu*, Paris 1981, 59-107; J. Jolivet, "Éléments pour une étude du rapport entre La grammaire et l'ontologie au moyen âge", em J.P. Beckmann-L. Honnenfelder (ed.), *Sprache und Erkenntnis im Mittelalter*, Berlim 1981, 135-164; Kl. Kienzier, *Glauben und Denken bei Anselm von Canterbury*, Friburgo 1981; P. Gilbert, *Dire l'ineffable.* Lecture Du Monologion de saint Anselme, Paris e Namur 1984; Id., *Le Proslogion de S. Anselme.* Silence de Dieu et joie de l'homme, Roma 1990; J. Gollnick, *Flesh as Transformation Symbol in the Theology of Anselm of Canterbury*, Lewiston Queenston 1985: Y. Cattin, *La preuve de Dieu.* Introduction à la lecture du Proslogion d'Anselme de Canterbury, Paris 1986: S. Vanni Rovighi, *Introduzione ad Anselmo d'Aosta*, Bari 1987; S. Tonnini, "La Scrittura nelle opere sistematiche di S. Anselmo. Concetto, posizione, significato", em *Analecta Anselmiana*, II, 57-116.

PAUL GILBERT

ANTROPOLOGIA

I. BÍBLICA: *O diálogo entre ciências bíblicas e ciências humanas – Partes da Bíblia ou a Bíblia inteira? – O uso de imagens na Bíblia – Antropologia e antropomorfismo – Evolução da antropologia bíblica – Uma antropologia de transformação – Antropologia e Teologia – A limitação humana – A antropologia bíblica como solução* (E.S. Farrell) – II. CRISTÃ: *O conceito – O homem criado à imagem de Deus – O homem chamado a ser filho de Deus – A unidade do homem na dualidade de corpo e alma – O homem, ser pessoal aberto à transcendência* (L.F. Ladaria).

I. Bíblica

Vários autores já apresentaram a história das pesquisas realizadas no campo da antropologia bíblica. A este propósito o leitor pode recorrer à bibliografia (cf. sobretudo Hahn, Osiek e Rogerson). Antes que apresentar novamente uma resenha do conjunto das pesquisas feitas, em nossos dias, em antropologia bíblica, refletiremos sobre certas questões levantadas por esta ciência.

1. O DIÁLOGO ENTRE CIÊNCIAS BÍBLICAS E CIÊNCIAS HUMANAS – Se, em Cristo, Deus se fez verdadeiramente homem, seguramente o fez respeitando a natureza humana. Não se deve, portanto, ter medo de submeter os dados da fé cristã ao exame das ciências antropológicas, como a filologia, a sociologia ou a psicologia. → H.U. von Balthasar, um dos maiores teólogos do século XX, desenvolve esta visão das coisas numa conferência feita em 1958 e intitulada "Dieu a parlé un langage d'homme". Também estamos longe do tempo em que muitos autores católicos temiam a pesquisa científica: pensavam que esta corria o risco de pôr em perigo certos aspectos da fé cristã.

Mas o diálogo entre ciências bíblicas e ciências humanas, a despeito do muito que tem progredido, ainda deixa muito a desejar. Uma grande distância continua a separar a visão bíblica do ser humano das visões propostas pelas ciências modernas. Lendo-se muito dos estudos sobre a matéria, parece que o estudioso ainda deve fazer uma escolha fundamental: submeter a Bíblia a um ou a outro dos sistemas de pensamento, propostos pela ciência moderna (poder-se-ia pensar em N.K. Gottwald, *The Tribes of Yahveh*, 1979, que se serve de uma hipótese marxista), ou então submeter o seu pensamento às exigências de uma visão de fé; constrói então uma "antropologia teológica" (muitas *Introduções à Bíblia* procedem desta maneira). Não se deveria antes procurar conciliar as justas exigências das ciências bíblicas com as das ciências humanas?

2. PARTES DA BÍBLIA OU A BÍBLIA INTEIRA? – As pesquisas inspiradas pelo método antropológico levantam uma outra dificuldade, de que raramente falam os que se ocupam da questão em antropologia bíblica: parece que o enfoque antropológico da Bíblia limita o estudioso ao exame de certas "passagens escolhidas", as que tratam de modo direto de um ou de outro aspecto da vida humana. Quer se trate dos "mitos" da criação, das "sagas" das famílias patriarcais ou das "leis" que regulam a vida social, fica-se limitado nas escolhas dos textos a estudar, sob o prisma antropológico. Julga-se então que uma grande parte da Bíblia não interesse a uma pesquisa deste tipo.

Mas, se é verdade que a Bíblia é a Palavra de Deus transmitida por pessoas humanas e se ela culmina no Verbo encarnado – no qual a divindade e a humanidade se unem de modo perfeito –, parece então que o livro, em sua totalidade, e não somente uma parte de seus textos, teria que desenvolver uma certa visão antropológica.

Uma forma de levar avante uma investigação sobre o conjunto da Bíblia consiste em estudar o vocabulário bíblico, como fez H.W. Wolff (*Anthropologie des Alten Testaments*, Munique 1973) e, mais recentemente, S. Fernández-Ardanaz (RCatT 12, 1987, 263-311). Além disso, certos grandes métodos exegéticos, usados para estudar o conjunto da Escritura (como o método histórico-crítico e o método estrutural), não ignoram completamente o aspecto antropológico dos textos. Afinal, o primeiro método percorre novamente as etapas históricas (e, portanto, humanas) conhecidas pelo texto, enquanto que o outro busca descobrir no texto bíblico estruturas universais do pensamento humano.

3. O USO DE IMAGENS NA BÍBLIA – O livro de Wolff mostra que as Escrituras hebraicas, ao falarem da vida humana exterior e visível, dão a conhecer a vida interior ou escondida do ser humano. A este propósito pode-se observar o uso que a Bíblia faz da palavra "coração": a palavra não indica somente um órgão do corpo humano, mas sobretudo movimentos interiores e pessoais, como o sentimento, o desejo, a razão e a decisão (*Gefühl, Wunsch, Vernunft, Willenentschluss*). A Bíblia serve-se, portanto, da palavra "coração", coisa concreta e sensível, para evocar algumas realidades íntimas da vida humana.

A relação que as Escrituras estabelecem entre o órgão do coração e os fenômenos mencionados não é arbitrária. O coração está colocado no interior do corpo, exatamente como o sentimento, o desejo e a razão estão situados no interior da pessoa. O coração é o centro da energia corpórea, assim como a "decisão" é a fonte de energia do comportamento. Por vezes o órgão do coração e os movimentos da "alma" estão intimamente unidos também em nível da experiência, por exemplo, num estado de excitação, quando o coração começa a bater com mais velocidade; portanto, ao representar "com imagens" alguns aspectos pessoais e subjetivos da vida humana, a Escritura os torna objetivos e compartilháveis.

Mas, atenção! O que é importante para a antropologia bíblica não é o fato de "oferecer imagens"; o que importa é o *modo* de "oferecer imagens": para tornar visíveis e concretos certos aspectos invisíveis da vida humana, a Escritura se serve primeiro e antes de tudo de um instrumento bem específico. E também o que todos os seres humanos melhor conhecem. Com efeito, para exprimir o invisível, a Escritura recorre sobretudo à realidade concreta, visível e tangível, constituída pelo *corpo humano*. E existe algo mais claramente antropológico do que o corpo humano?

4. ANTROPOLOGIA E ANTROPOMORFISMO – Descrevendo realidades humanas prevalentemente espirituais, com a ajuda de termos corporais, aproximamo-nos do antropomorfismo bíblico, isto é, do modo como as Escrituras utilizam as imagens antropológicas para falar de Deus. Dizer que Deus *fala* já é exprimir-se de modo antropológico. O Deus da Bíblia fala com Moisés "boca a boca" (Nm 12,8). Este mesmo Deus é cantado como um guerreiro, cuja "destra" esmaga o inimigo (Ex 15,6). Se é verdade que tradições diferentes da javista hesitam em servir-se de uma linguagem tão visual para descrever a Deus, não obstante continuam a aplicar-lhe termos antropopáticos, isto é, tomados de experiências que todo ser humano pode conhecer. O Deuteronômio fala do Deus "ciumento" (Dt 4,24); os Salmos louvam a fidelidade e a bondade de Deus (Sl 106,1). Nos profetas, Deus mesmo descreve suas emoções: "Meu coração comove-se dentro de mim, meu íntimo freme de compaixão" (Os 11,8).

Os hebreus não eram o único povo do antigo Oriente Médio que descreviam seu Deus em termos antropomórficos. Tanto que são pouquíssimos os antropomorfismos bíblicos que não têm nenhum paralelo na literatura não bíblica do antigo Oriente Médio. Mas aqui seria bom fazer alguma distinção. Segundo Michaeli, que publicou um estudo clássico sobre o assunto (*Dieu à l'image de l'homme*, 1950), seria preciso distinguir entre um antropomorfismo moral e um antropomorfismo mais grosseiro, ao se confrontarem a religião de Jhwh e certas religiões não bíblicas. Enquanto certas religiões atribuem a seus deuses comportamentos que inspiram pouco respeito, a Bíblia apresenta um Deus que possui um caráter moral e que é fonte de obrigações morais.

Dever-se-ia dizer, portanto, que na Bíblia há uma estreita relação entre o antropomorfismo *da Bíblia* e a antropologia. Michaeli sugere isto quando faz as seguintes perguntas: "A função do antropomorfismo é, porventura, só a de trazer-nos um conhecimento *teológico*, ou não tem, acaso, também um conhecimento *moral* a transmitir aos seres humanos? Se Deus cria, fala, age, não será Ele, porventura, também aquele que chama o homem a ser, a falar e a agir?" (op. cit., 161).

5. EVOLUÇÃO DA ANTROPOLOGIA BÍBLICA – Não gostaríamos de levar a crer que a antropologia revele o sentido último da Bíblia! Trata-se antes de ver como e por que o ser humano permanece importante do início ao fim da Escritura. A antropologia bíblica certamente conheceu um desenvolvimento a partir das origens do povo hebraico até o tempo da primeira comunidade cristã. Mas o que é preciso notar antes de tudo é a antiguidade da perspectiva antropológica.

Antes da visão da história humana apresentada no começo do livro do Gênesis, antes do universalismo da salvação de que fala Isaías, a tradição bíblica utilizava uma linguagem que remetia à experiência de todo ser humano. Esta linguagem, da qual os antropomorfismos são apenas um elemento, desenvolveu-se graças às diversas experiências históricas conhecidas pelo povo hebraico. Esta linguagem progrediu também graças ao encontro e à integração de certos mitos e de certas filosofias.

Por isto, dever-se-ia falar de uma evolução da linguagem bíblica, que se enriqueceu, haurindo não somente a experiência humana física, emocional e moral, mas também, em certa medida, a experiência humana metafísica, a que o pensamento grego conheceu descobrindo o ser. Pode-se, portanto, percorrer novamente a evolução da antropologia bíblica não só nos livros hebraicos da

Bíblia, mas também em seus livros gregos. Tal crescimento continuou por um período que abrange mais de dez séculos de história e de relações interculturais.

6. UMA ANTROPOLOGIA DE TRANSFORMAÇÃO – Se tivéssemos que descrever com uma única palavra a antropologia da Bíblia, seria preciso falar de *transformação.* Com efeito, a antropologia desenvolvida pela Escritura chegará a transformar todo o ser humano. A busca deste objetivo já se evidencia no modo como a Bíblia utiliza o que assume das demais literaturas.

Quer se fale do antropomorfismo, da criação dos seres humanos ou da imortalidade da alma, não basta encontrar nas tradições não bíblicas certos paralelos aos textos bíblicos. Importa, sobretudo, ver de que maneira a Bíblia se serve destes elementos: na maior parte dos casos, modifica-os progressivamente. Faz o mesmo quando se inspira no pensamento "primitivo", do qual certos antropólogos gostam de identificar no texto bíblico algum elemento.

Qual é a força motriz que determina esta adaptação? A esta altura da discussão há que se reconhecer um elemento próprio da antropologia bíblica. Trata-se de uma presença de Deus que o pensamento bíblico discerne, primeiro, na história de um povo e, mais tarde, na vida de todo ser humano.

7. ANTROPOLOGIA E TEOLOGIA – A antropologia da Bíblia está, portanto, necessariamente ligada à sua teologia. *Deus*, e não o homem, está no centro da antropologia bíblica. Uma tal visão das coisas não nos é muito natural. Exige uma purificação semelhante à vivida por Jó, que, depois de ter encontrado a Deus, faz esta confissão: "Compreendo que tudo podes e que nada é impossível para ti... Expus, portanto, sem discernimento, coisas por demais superiores a mim, que eu não compreendo... Eu te conhecia por ter ouvido falar, mas agora meus olhos te veem. Por isto eu me retrato e faço penitência, no pó e na cinza" (Jó 42,2.3b.5-6).

Esse texto de Jó, como outros do mesmo gênero, pode iluminar-nos sobre um aspecto importantíssimo e muito difícil da antropologia bíblica. Trata-se do doloroso problema do pecado. Com efeito, parece que somente encontrando Deus é que Jó toma consciência de seu pecado; até o capítulo 42 do livro, ele insiste, antes, em sua inocência. Encontrando Deus, Jó dá-se conta de que o ser humano não é o centro do tempo e do espaço. Seu pecado é o de não havê-lo entendido antes.

Para Alonso-Díaz, o livro de Jó traz à Bíblia uma "desantropomorfização" da ideia bíblica de Deus (EstBib 27 [1968] 333-346). Enquanto em muitas partes da Bíblia Deus é apresentado de modo antropomórfico, o Deus de Jó é um Deus que está separado do ser humano por um abismo intransponível. Sobretudo nesse livro, damo-nos conta de que entre Deus e a humanidade existe uma diferença de *natureza.* O Deus da Escritura vive pela eternidade afora; o ser humano vive apenas setenta anos. Qohélet o dirá de modo eloquente: "Nenhum homem é dono de seu sopro vital para poder segurá-lo, nem ninguém tem poder sobre o dia de sua morte, nem há como fugir desta luta" (Ecl 8,8).

8. A LIMITAÇÃO HUMANA – Esta é a condição humana. Toda cultura, religião, povo ou indivíduo que chega à existência tem que, mais cedo ou mais tarde, enfrentar a limitação da vida humana. O livro de S.G.F. Brandon, *Man and His Destiny in the Great Religions* (1962), examina o modo como cada uma das grandes religiões enfrentou esta realidade antropológica.

Estudando os textos bíblicos, recolocados, na medida do possível, em sua ordem cronológica de redação, vê-se emergir lentamente uma resposta ao problema da limitação humana. Paradoxalmente, encontra-se uma primeira centelha desta resposta em Jó. Embora desesperado, faz esta profissão de esperança: "Compreendo que podes tudo e que nada é impossível para ti". Lemos estas palavras que Jó dirige a Deus, num livro bíblico que a maior parte dos exegetas situa nos meados do século V aC. Embora se apresente como a reflexão de um indivíduo sobre a própria sorte, o livro de Jó é o fruto de sofrimentos nacionais, os do exílio e dos tempos pós-exílicos.

Trezentos anos mais tarde, e como fruto de outros sofrimentos nacionais, ligados a uma perseguição religiosa, aparece o relato de uma mulher que dá a seus filhos coragem para o martírio, falando assim: "Não sei como aparecestes no meu seio; não fui eu que vos dei o espírito e a vida, nem fui eu que dei forma aos membros de cada um de vós. Sem dúvida o criador do mundo, que plasmou na origem o homem e proveu à geração de todos, pela sua misericórdia vos restituirá de novo o espírito e a vida, pois agora, por amor às suas leis, fazeis pouco caso de vós mesmos" (2Mc 7,22-23).

Estas declarações de Jó e da mulher do livro dos Macabeus são profissões de fé: estas pessoas são vítimas de situações que as ultrapassam; encontram-se indefesas; como que contra sua vontade, são levadas a entregar-se à Providência num ato de fé. Suas declarações constituem o desafio mais sério lançado aos antropólogos que se interessam pela Escritura.

Efetivamente, que lugar pode encontrar na ciência humana um "para além da razão"? Em Jung e seus companheiros, este "além" talvez possa identificar-se com o inconsciente. Esta é uma solução acessível ao estudioso que não conhece a existência de um Outro: permanece ao nível "do homem em si" ou, quiçá, "do homem em relação com outras pessoas humanas". Não pode colocar o ser humano (limitado) em relação com um Ser ilimitado.

9. A ANTROPOLOGIA BÍBLICA COMO SOLUÇÃO – A antropologia bíblica é uma antropologia de *superação.* Propõe uma transformação do ser humano que o leva para além de si mesmo. A nós, que vivemos setenta anos, oferece a vida eterna. É uma transformação inimaginável, que vai além deste mundo que passa. Inimaginável, mas não impossível. O "supremo antropomorfismo" dos evangelhos, que indica um modo de ser e não só um modo de exprimir-se, aí está para prová-lo: "E o Verbo fez-se carne e veio habitar em nosso meio" (Jo 1,14).

Esta transformação, anunciada pela antropologia bíblica, respeita a natureza humana. Assim, o Verbo encarnado (Homem-

-Deus) conheceu até a experiência do sofrimento e da morte. Mas, desta vez, a história humana não acaba aí. O Homem-Deus que havia morrido ressuscitará e dirá: "Olhai minhas mãos e meus pés: sou eu mesmo! Tocai-me e olhai; um fantasma não tem carne e ossos como vedes que eu tenho" (Lc 24,38-39). Ainda que o Jesus ressuscitado seja reconhecido com a ajuda das feridas da crucifixão, no decurso de suas aparições se descobre que sua humanidade assumiu uma vida nova, uma vida eterna.

A partir daquele momento, falar-se-á de uma transformação do ser humano, operada pelo dom do "Espírito de Jesus" ou pelo "Espírito Santo". E, longe de violar a liberdade do indivíduo, tal antropologia aumenta a liberdade humana: "Visto que a lei do Espírito que dá vida em Cristo te libertou da lei do pecado e da morte" (Rm 8,2).

10. CONCLUSÃO – Como o leitor já terá constatado, fica difícil, ou melhor, impossível, descobrir todas as riquezas da antropologia bíblica se recorremos unicamente a teorias elaboradas pelas ciências humanas. Mas dever-se-ia igualmente considerar o benefício que os estudos bíblicos auferiram do diálogo travado com estas ciências. Nosso artigo recordou um bom número de contribuições que as ciências humanas trouxeram ao estudo da antropologia bíblica.

Um diálogo implica uma troca recíproca entre duas partes. Efetivamente, as *Introduções* à ciência humana constituída pela antropologia observam muitas vezes como a Bíblia teve uma função importante no nascimento e no crescimento desta ciência moderna. Temos o direito de esperar que os estudos bíblicos continuem a desempenhar uma função fundamental semelhante no desenvolvimento da antropologia. Por exemplo, a antropologia bíblica convida a pesquisar se tradições culturais diferentes da bíblica propõem, também elas, uma transformação do ser humano. A antropologia da Escritura convida também a perguntar em que medida o ideal humano proposto por estas outras tradições poderia ser compreendido e também vivido por todos. Finalmente, a antropologia bíblica recorda aos estudiosos modernos que muitas tradições culturais talvez estejam centradas em realidades diferentes da simples pessoa humana.

Bibl. – J. Pedersen, *Israel, its Life and Culture*, vol. I-IV, Londres 1926; F. Michaeli, *Dieu à l'image de l'homme*, Neuchâtel 1950; S.G.F. Brandon, *Man and His Destiny in the Great Religions*, Manchester 1962; H.F. Hahn, *The Old Testament in Modern Research*, Filadélfia 1966; J. Alonso-Díaz, "Proceso antropomorfizante y desantropomorfizante en la formación del concept" bíblico de Dios", em EstBib 27 (1968) 333-346; M. Jousse, *L'anthropologie du geste*, Paris 1969; H.U. von Balthasar, "Dio parla come uomo", em *Verbum Caro*, Brescia 1970, 80-104 (orig. 1958); H.W. Wolff, *Anthropologie des Alten Testaments*, Munique 1973; C. Westermann, *Génesis* (*Kapitel I-II*), Neukirchen-Vluyn 1974; G. Cusson, *Notes d'anthropologie biblique*, Roma 1977; N.K. Gottwald, *As tribos de Iahweh: uma sociologia da religião de Israel liberto 1250-1050*, São Paulo 1986; C.G. Jung, *Psicologia e religião*, Petrópolis [3]1987; G. De Gennaro, *L'antropologia biblica*, Nápoles 1981; W.G. Rollins, *Jung and the Bible*, Atlanta 1983; R. Lang (ed.), *Anthropological Approaches to the Old Testament*, Londres 1985; S. Fernández-Ardanaz, "Evolución en el pensamiento hebreo sobre el hombre: estúdio diacrónico de los principales conceptos antropológicos", em RCT 12 (1987) 263-311; J. Barr, "La foi biblique et la théologie naturelle", em ETR 64 (1989) 355-368; C. Osiek, "The New Handmaid: The Bible and the Social Sciences", ThS 50 (1989) 260-278.

ELIZABETH SHANNON FARRELL

II. Cristã

1. O CONCEITO – Na concepção cristã mais genuína do termo, a revelação não tem outro objeto senão o próprio Deus, que se dá a conhecer por intermédio de Cristo, Verbo encarnado, para que os homens, no Espírito Santo, através do próprio Cristo, tenham acesso ao Pai (cf. DV 2). O homem, numa primeira abordagem, é o destinatário da revelação e da salvação que esta anuncia e realiza, mas não é seu objeto direto. Por outro lado, porém, o conhecimento de Deus e da salvação oferecida em Cristo descobre a definitiva vocação do ser humano, o projeto de Deus em relação a ele, com uma profundidade que, de outro modo, nunca seria possível. Neste sentido, o homem, justamente como destinatário da revelação divina, se transforma também em seu objeto. Somente à luz da salvação trazida por Cristo descobrimos a que somos chamados e, consequentemente, quem somos: "Cristo, que é o novo Adão, justamente revelando o mistério do Pai e de seu amor, também desvenda plenamente o homem ao homem e lhe dá a conhecer sua altíssima vocação" (GS 22). A revelação cristã pressupõe o homem e, por isto, uma certa ideia que ele terá de si; por outro lado, porém, a novidade da encarnação do Filho não pode senão enriquecer e iluminar esta visão. Portanto, a partir da revelação, o cristianismo pode, e até deve, reivindicar para si uma noção própria do homem, que em muitos aspectos coincidirá com a que oferecem a filosofia e as ciências humanas (→ Teologia e filosofia) e que deverá enriquecer-se com suas contribuições, mas que terá uma originalidade própria, à qual não pode renunciar. Neste sentido falamos de "antropologia cristã".

2. O HOMEM CRIADO À IMAGEM DE DEUS – De fato, embora esteja claro que a Sagrada Escritura não queira oferecer uma antropologia sistemática, é igualmente óbvio que fala do homem em muitíssimas páginas, começando pelas primeiras. O relato já visto da criação e da queda (Gn 2–3) já apresenta o homem como centro da obra criadora de Deus: ele é formado por suas mãos e recebe a vida do próprio sopro divino (Gn 2,7). Para o homem Deus planta o jardim do Éden e o encarrega de dar nome aos animais (Gn 2,9.19-20); e, no final, dá-lhe um adjutório adequado, porque não é bom que o homem esteja só (Gn 2,9.20-24). Temos aqui o núcleo de uma profunda antropologia: o homem é chamado a servir-se da criação e é um ser eminentemente social, feito para estar em comunhão com os outros. Mas viverá somente se conservar a relação com Deus, que o criou e lhe comunicou sua própria vida, e se for fiel a seus mandamentos (Gn 2,16). Isto quer

dizer que a relação com Deus é essencial ao homem e é a partir desta dimensão totalizante que se articulam todas as demais.

O relato sacerdotal de Gn 1,1–2,4a também assinala o primado do homem sobre o resto da criação. Introduz-se aqui, pela primeira vez, a ideia da criação do homem à imagem e semelhança de Deus (Gn 1,26-27); esta é a característica do ser humano, que o Concílio Vaticano II (GS 12) coloca em primeiro lugar, quando busca explicar a resposta da Igreja à interrogação sobre o homem, sobre o qual, no decorrer da história, se expressaram e ainda se expressam opiniões tão diversas e até contraditórias. Portanto, vale a pena ver, brevemente, o sentido destas expressões e a maneira como foram interpretadas na Bíblia e na tradição da Igreja, até o momento atual.

O primado do homem sobre as criaturas é um elemento que encontramos também no documento sacerdotal e deriva certamente do fato de o homem ter sido criado à imagem e semelhança de Deus (Gn 1,26-27); também o caráter social do homem é colocado em relevo nestes versículos; o homem, feito à imagem de Deus, ainda que com a diferença radical entre Criador e criatura, é o que aparece como determinante. O simples dado de que Deus cria "à sua imagem e semelhança" qualifica, em primeiro lugar, a obra divina, e isto, por sua vez, determina o fato de que o homem seja distinto do resto das criaturas. O ser humano foi criado para existir em relação com Deus, para viver em comunhão com Ele. Estes mesmos elementos encontram-se em Gn 5,1-3, onde, entre outras coisas, se estabelece uma certa analogia entre a criação do homem por parte de Deus, que o plasma a sua imagem, e a geração de Set, segundo a semelhança e a imagem de seu pai Adão. A condição de imagem de Deus faz com que a vida humana seja sagrada (cf. Gn 9,6). O primado sobre o resto das criaturas e o chamado por parte de Deus a participar de sua vida imortal são os pontos colocados em evidência em relação à criação do homem à imagem e semelhança divinas nos outros textos do AT, nos quais reaparece este motivo (cf. Eclo 17,3; Sb 2,23; cf. tb. Sl 8,5-9).

No NT, afirma-se que a imagem de Deus é Cristo (cf. 2Cor 4,4; Cl 1,15; também Hb 1,2; Fl 2,6). Isto não significa que se esqueça a condição do homem criado à imagem e semelhança de Deus; pelo contrário, afirma-se que o homem é chamado a converter-se em imagem de Jesus, se aceitar na fé a revelação de Cristo e a salvação que Ele lhe oferece (2Cor 3,18); o Pai nos predestinou a conformar-nos segundo a imagem de seu Filho, para que este seja primogênito entre muitos irmãos (Rm 8,29); e, assim como trouxemos impressa a imagem do primeiro Adão, o terrestre, feito alma vivente, da mesma forma haveremos de levar impressa também a imagem do Adão celeste, Cristo ressuscitado, na participação de seu corpo espiritual (1Cor 15,45-49). Consequentemente, o destino do homem é passar de ser imagem do primeiro Adão para ser a do segundo; tudo isto não é algo de marginal ou acessório a sua "essência"; ao contrário, esta vocação à conformação com Cristo e a revestir sua imagem constitui o aspecto mais profundo de seu ser. Ao lado desta reinterpretação cristológica do tema da imagem, notamos no NT uma forte orientação escatológica deste motivo (cf. tb. 1Jo 3,2). Em razão de tudo isto, não é ousadia afirmar que, se o homem está orientado para Cristo, como meta final da sua existência, este "ser orientado para" deve existir, de um modo ou de outro, desde o início. É convicção geral do NT que a ordem da criação e a da salvação estão numa relação profunda uma com a outra: tudo foi feito por intermédio de Cristo e tudo caminha para Ele (1Cor 8,6; Cl 1,15-20; Ef 1,3.10; Jo 1,3.10; Hb 1,3); Jesus é o Alfa e o Ômega, princípio e fim de tudo (Ap 1,8; 21,6; 22,13).

A reinterpretação cristológica do motivo da imagem prossegue na teologia patrística. Já em relação ao momento da criação, e não só ao da consumação final, salienta-se a exemplaridade do Verbo. Com efeito, só o Filho é a imagem de Deus. O homem não é, em sentido estrito, "imagem", se bem que fosse feito "segundo a imagem". Mas, embora isto seja reconhecido em geral por todos, as escolas da antiga Igreja diferem, quando se trata de precisar o significado da imagem de Deus, que é o Filho; este fato terá imediatamente consequências antropológicas. De um lado, os alexandrinos (Clemente, Orígenes, que serão substancialmente seguidos por Agostinho) consideram o Verbo preexistente como imagem de Deus: o homem foi criado consoante esta imagem. Para eles, a imagem de Deus no ser humano faz referência somente a seu elemento espiritual, a alma. Ao invés disto, outros Padres (Irineu, Tertuliano) consideram como imagem de Deus Pai o Filho encarnado, que, desta forma, nos leva a conhecer o Deus invisível. O homem foi criado desde o primeiro instante segundo a imagem do Filho que se encarnaria e ressuscitaria gloriosamente em sua humanidade. Quando Deus modelava o primeiro Adão no barro, já pensava em seu Filho que se faria homem para ser, assim, o Adão definitivo. Segundo esta linha de pensamento, o homem foi criado à imagem de Deus em tudo o que ele é, em sua alma e em seu corpo, insistindo especialmente neste último. Nenhum aspecto do ser humano permanece excluído desta condição de imagem, uma vez que tudo nele foi chamado a participar da ressurreição de Cristo. A despeito destas notáveis diferenças, encontramos novamente unida a teologia dos primeiros séculos na distinção entre a imagem e a semelhança divinas: enquanto a primeira já é dada com a criação, a segunda se refere à perfeição escatológica, à consumação final. Ainda que esta distinção não encontre um apoio literal na Escritura, esta não lhe é totalmente estranha (cf. 1Jo 3,2) e, por outro lado, dá bastante relevo a um aspecto presente de modo marcante no NT, a saber, o caráter de caminho da existência humana, a constante necessidade de progresso na união e no seguimento de Jesus.

Do modo geral, esta distinção não foi mantida nos períodos subsequentes, como também, por outro lado, tornou-se menos explícito, na teologia e na consciência cristã, o significado cristológico da criação do homem à imagem e semelhança divina. Por isto mesmo, é tanto mais digna de elogio a contribuição do Concílio Vaticano II na GS, quando, conforme já observamos, colocou o fato da criação do homem à imagem e semelhança de Deus no início e na base da resposta cristã à questão do mistério do ser humano. Segundo o n. 12 da constituição pastoral, esta condição significa antes de tudo que o homem é capaz de conhecer e amar seu Criador, isto é, é capaz de entrar numa relação pessoal com Deus. A isto soma-se tanto sua posição de primado sobre as criaturas terrenas, das quais deve servir-se para a glória de Deus, quanto a condição social do ser humano, chamado a existir numa comunhão interpessoal. Como se vê, voltamos a encontrar aqui grande parte das intuições presentes em nosso rápido excurso escriturístico, sobretudo do AT. Todavia, este n. 12 deve ser lido juntamente com o n. 22, que citamos no início deste nosso artigo: "Na realidade, somente no mistério do Verbo encarnado encontra verdadeira luz o mistério do homem. Com efeito, Adão, o primeiro homem, era figura do futuro (Rm 5,14), isto é, de Cristo Senhor. Cristo é que é o novo Adão... Não há por que admirar-se, portanto, de que todas as verdades acima expostas encontrem nele sua fonte e toquem em seu ápice. Ele é a 'imagem do Deus invisível' (Cl 1,15), Ele é o homem perfeito, que restituiu aos filhos de Adão a semelhança com Deus, já deformada, desde o início, por causa do pecado..." Portanto, a orientação cristológica da antropologia cristã foi fortemente sublinhada pelo concílio (como também no magistério de João Paulo II; cf., p. ex., RH 8,2; 13,1-3; 28,1).

Naturalmente o magistério da Igreja não explicou detalhadamente as relações entre cristologia e antropologia. Elas não são entendidas de modo completamente idêntico pela teologia contemporânea. Ultrapassaria os limites deste artigo expor, ainda que sumariamente, as diversas posições e modelos de explicação. Para todos é claro, porém, que, acolhendo a revelação de Cristo, o homem encontra resposta as suas mais profundas interrogações. Consequentemente, seguir a Cristo não é algo que provenha ao homem somente de fora e que não tenha relação alguma com seu ser. Muito pelo contrário. Somente em Jesus a essência do homem atinge sua determinação definitiva, visto que desde o primeiro instante da criação Deus lhe imprimiu esta orientação. Por isto, o Vaticano II, na GS 41, pode afirmar que quem segue a Cristo, o homem perfeito, se torna, também ele, mais homem. Dois dos pontos (só aparentemente contraditórios) que a teologia cristã e especialmente a antropologia terão que ter sempre presentes são: a novidade indedutível da encarnação do Filho de Deus, resultante exclusivamente do liberalíssimo projeto de salvação do Pai, e a orientação do mundo e do homem para Cristo, de modo tal que este constitui a perfeição à qual eles tendem, nesta concreta ordem da criação.

A fé cristã diz-nos que o homem não foi fiel a este desígnio divino e que desde o início o pecado foi uma realidade que dificultou a relação com Deus. Mas Deus, em sua fidelidade, manteve sempre seu amor e, em Cristo, a semelhança divina deformada foi restaurada (GS 22). De resto, a natureza humana, sem dúvida atingida profundamente pelo pecado, não foi completamente corrompida nas raízes.

3. O HOMEM CHAMADO A SER FILHO DE DEUS EM CRISTO – A antropologia cristã afirma que só existe uma perfeição no homem: a plena conformação com Jesus, que é o homem perfeito. Isto significa a participação em sua filiação divina, na relação irrepetível que Cristo, Filho unigênito de Deus, tem com o Pai. Já nos evangelhos lemos que Jesus, que se dirige sempre a Deus com o vocativo "Abba, Pai", ensina seus discípulos a fazerem o mesmo, mas sem colocar-se no mesmo plano que eles (cf. Mc 11,25; Mt 5,48; 6,9; 6,32; Lc 6,36; 11,2 etc.). Paulo dirá que isto só é possível com o dom do Espírito Santo, enviado a nossos corações e que exclama em nós "Abba, Pai" (Gl 4,6; cf. Rm 8,15), em virtude do que podemos levar uma vida autenticamente filial em relação a Deus e fraterna em relação aos homens. Assim, o Filho unigênito de Deus faz-se o primogênito entre muitos irmãos (Rm 8,29; Hb 2,11-12.17; talvez Jo 20,17). A antropologia cristã, portanto, considera o homem chamado a participar da própria vida de Deus trino: num mesmo Espírito temos todos acesso ao Pai, através de Cristo (Ef 2,18); a própria união entre os discípulos de Cristo, a que são chamados todos os homens, é um reflexo da união das pessoas divinas (Jo 17,21-23).

Nosso breve recurso a alguns pontos da antropologia cristã não pode deixar de recordar a categoria da "graça", essencial à visão cristã do homem. Fizemos referência à indedutível novidade da encarnação de Jesus. Deus autocomunica-se livremente em seu Filho e em seu Espírito e a incorporação pessoal à salvação (= justificação mediante a fé) é também um dom de Deus e nunca mérito do homem. A visão cristã do homem não pode esquecer este elemento: a plenitude do homem é recebida como dom gratuito e não é redutível ao dom da criação, assim como a encarnação de Jesus não é dedutível da criação. Consequentemente, constitui um novo elemento irrenunciável da visão cristã do homem o fato de este receber sua plenitude como um dom imerecido, o qual, porém, por sua vez, não exclui que deva aceitá-lo livremente e cooperar com Deus, que lho outorga em sua infinita bondade.

4. A UNIDADE DO HOMEM NA DUALIDADE DE CORPO E ALMA – A doutrina bíblica da criação do homem à imagem e semelhança de Deus revela a íntima relação das ordens da criação e da salvação. Através dos séculos a fé cristã preocupou-se não só em expor o significado da salvação, mas também em insistir na configuração criatural do homem, em sua "natureza", apta a receber, como sua perfeição intrínseca, esta salvação gratuita de Cristo. Ponto essencial desta preocupação tem sido, sem dúvida, a unidade do ser humano na pluralidade das suas dimensões. Já o NT, seguindo as pegadas do AT, ao mesmo tempo em que insiste na unidade original do ser humano, conhece diversos aspectos do mesmo: o homem é "corpo" por causa de sua dimensão material, que faz dele um ser cósmico, inserido neste mundo, solidário com os demais, com uma identidade definida nos diversos estágios de sua existência (1Cor 15,44-49); esta condição corpórea do homem é associada, às vezes, à condição "carnal", que frequentemente adquire um significado negativo por indicar a fraqueza do homem (Mc 14,38; Mt 26,41), ou também, especialmente em Paulo, sua existência sob o domínio do pecado (Rm 6,19; 8,3-9; Gl 5,13.16-17). O homem é também "*psychê*", vida, alma; é sujeito de sentimentos (Mc 3,4; 8,35; Mt 20,28; 26,38; Cl 3,23). Finalmente, o homem possui também a "capacidade do divino", está em relação com Deus; tudo isto é expresso pelo termo "es-

pírito", que indica tanto a vida de Deus comunicada ao homem, e princípio de vida para ele, quanto o próprio homem, enquanto movido pelo Espírito Santo, é frequentemente contraposto à "carne", enquanto fraca ou submetida ao pecado (Mc 14,38; Jo 3,6; Rm 8,2-4.6.10.15-16; Gl 5,16-18.22-25). Ainda que não se tenha pretendido fazer uma reflexão sistemática sobre a questão, não há dúvida de que o NT, em seu conjunto, mostra o homem como ser ao mesmo tempo mundano e transcendente a este mundo, capaz de relação com Deus.

É isto que tem sido expresso, através da história, já a partir dos primeiros séculos cristãos, com a ideia do homem formado de alma e corpo. O cristianismo assimilou estas noções da antropologia grega, depois de tê-las transformado. Os esquemas cristológicos e soteriológicos (encarnação, ressurreição) fizeram com que alguns Padres centrassem sua antropologia justamente no corpo. E embora bem cedo, devido ao predomínio dos esquemas platônicos, se passe à ideia de que a alma teria um primado sobre o corpo (e por vezes se chegue a afirmar que, a rigor, a alma é o homem), nunca, na teologia cristã, o corpo em si mesmo foi considerado mau; também o corpo foi criado por Deus e é chamado à transformação final na ressurreição. Santo Tomás sublinha a unidade dos dois componentes do homem em sua renomada fórmula *anima forma corporis*. Existe uma unidade substancial originária do homem, que abraça estes dois aspectos, de modo tal que nenhum dos dois, separado do outro, seria homem ou pessoa. Consequentemente, não existe alma sem corpo e também não há corpo sem alma (prescindindo da sobrevivência da alma depois da morte). A unidade substancial entre alma e corpo é sublinhada também pelo Concílio de Viena, no ano 1312 (DS 900; 902); o Concílio Lateranense V, do ano 1513, define que a alma não é comum a todos os homens, mas que é individual e imortal (DS 1440). Do corpo e da alma em sua unidade fala também a GS 14.

A antropologia moderna prefere falar não tanto do fato de que o homem *tem* uma alma e um corpo, mas, antes, que *é* alma e corpo. E às vezes se sublinha que tanto a alma como o corpo são *do* homem; a linguagem exprime bem a unidade que somos e experimentamos. Nosso psiquismo e nossa corporeidade se condicionam reciprocamente. Uma vez que somos corpo, estamos sujeitos ao espaço-temporalidade, estamos unidos aos outros homens, somos finitos e mortais; uma vez que somos alma, transcendemos o mundo e somos chamados à imortalidade. Uma imortalidade que, do ponto de vista cristão, não tem significado se não for na comunhão com Deus e que, por outro lado, garante a continuidade do sujeito em nossa vida atual e na plenitude da ressurreição, na configuração plena com Cristo ressuscitado.

5. O HOMEM, SER PESSOAL ABERTO À TRANSCENDÊNCIA – A constituição psicossomática do homem, em virtude da qual, sendo um ser cósmico, transcende este mundo, está em íntima relação com seu ser "pessoal". O ser humano não é um objeto a mais no mundo; é um sujeito irrepetível. O pensamento cristão desenvolveu a noção de "pessoa" para exprimir esta característica do homem, que o torna radicalmente distinto de todos os seres que o rodeiam e que lhe confere uma dignidade e um valor em si mesmo, não em função do que faz ou da utilidade que traz aos outros. O Concílio Vaticano II, em GS 24, assinala que o homem é a única criatura terrestre que Deus amou por si mesma. Não é menos significativo observar que o desenvolvimento antropológico desta noção foi posterior, no tempo, a seu uso na teologia trinitária e na cristologia. O senso do valor e a dignidade da pessoa, amplamente reconhecidos em nossos dias (não obstante as numerosas contradições que não se podem desconhecer), também fora do âmbito cristão, adquire, a partir da visão cristã do homem, seu último fundamento: o homem tem um valor absoluto para o homem porque o tem para Deus, que o ama em seu Filho Jesus e o chama à comunhão com Ele. À condição do homem pessoa e sujeito irrepetível vai associada necessariamente sua liberdade. Isto não significa somente – embora inclua necessariamente este aspecto – a possibilidade de optar entre diversos bens ou possibilidades concretas, mas é, antes de tudo, a capacidade de autoconfigurar-se de acordo com as opções próprias. Por isto, tem-se afirmado que o homem não tem liberdade, mas *é* liberdade, porque, a despeito dos evidentes condicionamentos a que está sujeito, possui uma autêntica capacidade de autodeterminar-se. No exercício de sua liberdade, o homem opta primariamente em relação a si mesmo. Portanto, não se deve falar somente de liberdade *dos* obstáculos, internos ou externos, mas da liberdade *para o* projeto humano que deve ser operacionalizado. A liberdade não tem nada a ver com o capricho. Daí deriva o fato de ela atingir sua plenitude somente na opção pelo bem; falando cristãmente, isto significa deixar-se libertar pelo Espírito, romper as amarras do pecado e do egoísmo, para viver na liberdade dos filhos de Deus, que é a de Jesus, que se entrega até a morte por amor. É importante notar que a liberdade do homem existe também em relação a Deus e a sua Palavra. Em sua revelação, Deus quer estabelecer um diálogo conosco e chama à união de vida com Ele. Tudo isto seria impossível na hipótese de Deus forçar a aceitá-lo. Quando insistimos na liberdade humana, afirmamos ao mesmo tempo que também diante de Deus e para Deus somos e permanecemos sempre um autêntico sujeito, um verdadeiro tu.

O homem, como ser pessoal e livre, está necessariamente aberto ao mundo e aos outros. Frente a estes, exerce sua liberdade e neste mesmo exercício pode exprimir sua transcendência. O homem tem necessidade do mundo que o rodeia, para sua própria subsistência. Esta é uma experiência fundamental e totalmente fora de dúvida. Nesta mesma relação de dependência em face do mundo, abre-se o sentido de sua transcendência em face dele: efetivamente, com o homem, e com sua capacidade de transformar a realidade que o rodeia, produz-se nesta última uma novidade; em razão do esforço humano, existem na natureza possibilidades novas, que de outra forma não se conseguiriam. Portanto, o trabalho do homem é um fenômeno novo no âmbito cósmico; por isto, o homem pode ser qualificado como "criador". Estas possibilidades da natureza, por sua vez, transformam-se em possibilidades novas para o próprio homem, para sua liberdade. Inserido no mundo, com sua própria ação em relação a este, o ser humano mostra que o transcende, que não é uma simples peça de um mecanismo. Além disso, experimenta a perpétua insatisfação em face dos sucessos alcançados, entre o que tem e aquilo a que aspira. Portanto, é difícil que o mundo possa dar ao homem o sentido último de sua vida.

A comunhão entre as pessoas é um fenômeno novo no tocante à relação homem-mundo. Somente no outro ser humano o homem encontra o "adjutório adequado", segundo a velha sabedoria bíblica. Somente o homem é digno do homem. Somente no exercício de suas dimensões sociais, e em particular com a comunhão e a doação interpessoal, o homem pode ser ele mesmo. A noção de pessoa, já em suas profundas raízes teológicas às quais aludimos, traz consigo esta dimensão. No encontro com o outro, enquanto pessoa, encontramo-nos diante de um valor absoluto que não fomos nós que criamos. Mas nem o outro ou a sociedade em si são o fundamento deste valor absoluto que encontramos diante de nós, pois também nosso próprio ser pessoal é valor absoluto em face dos outros. Portanto, a relação interpessoal abre também o mistério da transcendência do homem em relação àquilo que o circunda.

A limitação e a indigência humanas que se manifestam sobretudo na morte, a sensação de cortes nítidos, que de modo quase inevitável se prova quando se reflete sobre ela, também nos põem diante da questão do significado da existência humana e da dificuldade de encontrá-lo, se quisermos permanecer dentro dos limites daquilo que vemos (→ Sentido). A esperança cristã, sobretudo se se manifesta na vida dos crentes, é capaz de oferecer uma resposta plausível a estas interrogações humanas.

A revelação cristã oferece-nos, como vimos, uma imagem do homem centrada sobretudo em Jesus, o homem perfeito, no qual somos filhos de Deus. Se esta é nossa última vocação, a teologia cristã não pode deixar de interessar-se por aqueles aspectos da constituição e do ser criatural do homem, que o tornam apto a este chamado divino. Nestes, o homem já descobre os vestígios do projeto de Deus que nos quer para si. Deste modo, o ser humano aparece aberto à comunicação do próprio Deus na revelação cristã. Ela nos abre algumas perspectivas que jamais teríamos podido imaginar: é pura graça e dom da benevolência divina e, ao mesmo tempo, responde às nossas íntimas aspirações e desejos: a íntima comunhão com Deus, a que Cristo nos dá acesso, e a plena comunhão com os irmãos, com os quais vivemos na Igreja, "instrumento da íntima união com Deus e da unidade de todo o gênero humano" (LG1), congregada pela unidade do Pai, do Filho e do Espírito Santo (LG 4).

Bibl. – H. Crouzel, *Theologie de l'image de Dieu chez Origène*, Paris 1954; A. Orbe, *Antropología de san Ireneo*, Madri 1969; L. Scheffczyk (ed.), *Der Mensch als Bild Gottes*, Darmstadt 1969; M. Flick-Z. Alszeghy, *Fondamenti di una antropolgia teologica*, Florence 1970; W. Pannenberg, "Fundamentação cristológica de uma antropologia cristã", em *Cone* 86 (1973/6) 732-748; Id., *Anthropologie in theologischer Perspektive*, Göttingen 1983; A. Ganoczy, *Der schöpferische Mensch und die Schöpfung Gottes*, Mainz 1976; K. Rahner, *Curso fundamental da fé*, São Paulo 1989; H.U. von Balthasar, *Teodrammatica*, vol. II: L'uomo in Dio, Milão 1982 (or. 1978); R. Latourelle, *L'uomo e i suoi problemi olla luce di Cristo*, Assis 1982; W. Kasper, "Christologie und Anthropologie", em ThQ 162 (1982) 202-221; L.F. Ladaria, *Antropología teológica*, Madri-Roma 1983; G. Gozzellino, *Vocazione e destino dell'uomo in Cristo*, Turim 1985; J.I. González Faus, *Proyecto de hermano. Visión cristiana del hombre*, Santander 1987; J. Alfaro, *De la cuestión del hombre a la cuestión de Dios*, Salamanca 1988; J.L. Ruiz de la Peña, *Imagen de Dios. Antropología teológica fundamental*, Santander 1988; G. Colzani, *Antropologia teológica. L'uomo: paradosso e mistero*, Bolonha 1988.

LUIS F. LADARIA

APARIÇÕES

O tema das aparições é frequente na Teologia Fundamental. Articula-se nos mais variados termos, usados sem muito rigor. Os relatos bíblicos, contudo, descrevem realidades diversas e pertencem a gêneros literários com traços suficientemente constantes para autorizar uma classificação. Podemos distinguir:

1. As *teofanias*, presentes sobretudo no AT e caracterizadas como manifestação de Deus a um indivíduo, que opera como mediador e através de quem Ele se comunica com seu povo; assim, no Sinai, Moisés recebe as palavras do Senhor para transmiti-las ao povo (Dt 19). Na literatura profética, as teofanias estão ligadas às visões inaugurais em que o profeta recebe a missão de ir ao encontro de Israel, em nome de Deus (Is 1; Jr 1; Ez 1). O cenário é frequentemente o da montanha, da nuvem, da tempestade, do fogo. No NT, as teofanias são raras, já que o próprio Jesus é Presença de Deus entre nós (Jo 1,18; Hb 1,1-3). Mas há alguns momentos fortes desta teofania: por exemplo, no batismo (Mc 1,9-11; Mt 3,13-17; Lc 3,21-22) e no momento da transfiguração (Lc 9,28-36; Mt 17,1-8; Mc 9,2-8). Neste último relato, deparamos os temas da montanha, da presença de Deus na nuvem. Pedro, Tiago e João são as testemunhas privilegiadas da glória de Jesus, a quem deverão anunciar, depois da paixão, morte e ressurreição.

2. As *cristofanias* ou aparições de Jesus após a ressurreição, em que se encontram estas constantes: autoapresentação de Jesus para vencer a resistência de seus interlocutores, tarefa confiada com autoridade pelo Ressuscitado e que tem valor de fundamento para o futuro (Lc 24,18-19; Mc 16,15-16; Mt 28,18-20); a tal tarefa é associada a assistência de Deus para cumprir a missão confiada a eles. Cristo glorificado e manifestado é exatamente o mesmo Crucificado de ontem, mas com um modo de existência totalmente inédito: está em contato com o mundo terreno e, no entanto, não lhe pertence mais.

3. As *epifanias* referem-se ao Jesus terreno pré-pascal, com corpo humano. A epifania é a manifestação de um atributo divino da pessoa de Jesus, sobretudo de seu poder. Dois casos típicos destas epifanias são o caminhar de Jesus sobre as águas e a tempestade aplacada. A epifania faz surgir o problema da autoridade e da identidade de Jesus: "Quem é este homem?"

RENÉ LATOURELLE

APÓCRIFOS

A Igreja e sua fé no Senhor vivem e professam a forte convicção de que através dos → evangelhos se atinge a Jesus de Nazaré, sua vida e sua mensagem.

Esta convicção é tal que permite à Igreja tomar posição em relação aos apócrifos. Estamos falando sobretudo dos *evangelhos* apócrifos, isto é: *a.* os evangelhos judeu-cristãos, conhecidos sob quatro nomes: evangelho dos Hebreus, evangelho dos Nazarenos, evangelho dos Ebionitas, evangelho dos Doze apóstolos; *b.* o evangelho de Pedro; *c.* o protoevangelho de Tiago; *d.* o evangelho de Tomé.

Estes evangelhos contêm alguns traços positivos, hauridos na maior parte dos evangelhos canônicos. O conjunto é de uma mediocridade desoladora. Cedendo ao gosto popular pelo maravilhoso e lendário, os apócrifos caem na tentação de "completar" os evangelhos canônicos, tanto para preencher as lacunas de uma informação, que consideram insuficiente, sobre alguns períodos da vida de Jesus (em particular o que precede ao ministério público), quanto para enriquecer o relato da ressurreição com detalhes adequados a estabelecer sua realidade de maneira irrefutável, em face da incredulidade. Esta tentativa já é o desejo de escrever uma vida de Jesus que seja uma reconstituição completa do passado, para atender às exigências da curiosidade popular ou às de certa apologética que procura explicar a discordância ou o silêncio dos relatos evangélicos, ou fundamentar melhor a realidade dos eventos principais da vida de Jesus.

Esta tentativa dos apócrifos trai duplamente os evangelhos. Por um lado, sacrifica-se à curiosidade popular, buscando, antes de tudo, nos evangelhos, uma fonte de informações; por outro lado, tende a separar o evento de seu significado para dar-lhe um "mais-valor", tratando-o em si próprio, como que um "em-si-mesmo".

Desde a metade do século II, nossos quatro evangelhos são considerados como um conjunto compacto, como um *numeras clausus*: são quatro, nem mais nem menos. Todos os demais textos, que reivindicam o título de evangelhos, são rejeitados como apócrifos. Estes quatro evangelhos são considerados as quatro formas da única boa notícia da salvação. Esta convicção está inscrita nas expressões de Irineu, que fala "de evangelho quadriforme"; de Tertuliano, que fala "de argumento evangélico" (como um único argumento que se pode invocar contra os hereges); de Eusébio, que fala da *quadriga sacra* dos evangelhos. Estas fórmulas, que levam em consideração os evangelhos como um bloco de quatro faces, são a expressão de uma posse pacífica e adquirida há muito tempo.

RENÉ LATOURELLE

APOLOGETAS

Sob esta denominação, indicam-se os autores dos séculos II e III que se propuseram a responder aos principais problemas levantados contra a fé cristã em seu ambiente cultural. O documento grego mais antigo que conhecemos é um fragmento da *Apologia* endereçada por Quadrato ao Imperador Adriano (117-138). Sabe-se também que um filósofo ateniense, Aristides, apresentou uma outra *Apologia* a Adriano ou a Antonino Pio (138-161). Também neste caso o que nos resta é apenas um pequeno fragmento. O autor mais importante é Justino, nascido na Palestina, mas que se estabeleceu em Roma, onde ensinou e morreu mártir, entre 163 e 167. Dele temos o *Diálogo com Trifão* e duas *Apologias* (as quais, na origem, pelo ano de 153, deviam constituir uma só). Há que recordar também Taciano (*Discurso aos gregos*), Atenágoras (*Súplica pelos cristãos*) e Teófilo de Antioquia (*A Antólico*). No mundo latino, Tertuliano ocupa, sob este aspecto e sob tantos outros, um lugar de relevo (*As nações*, o *Apologético*, *O testemunho da alma*, *Ad Scapulan* etc.). Assinalemos também Minúcio Félix, Cipriano, Arnóbio e Lactâncio (estes dois últimos pertencem, em todo caso, ao fim do século III ou ao começo do IV). Será proveitoso consultar as *Patrologias* ou os mais importantes dicionários no que concerne à vida e às obras de cada um destes autores. Limitamo-nos aqui aos dois pontos mais importantes que interessam à *Teologia Fundamental.*

1. A POLÊMICA PAGÃ. CRISTIANISMO E FILOSOFIA NO SÉCULO II – Os cristãos são obrigados antes de tudo a defender-se da credulidade popular e dos boatos infamantes que se espalhavam a seu respeito. Encontram-se ecos destes boatos em autores como Luciano de Samósata (*A Vida de Peregrino*), mas também em Tácito ("quos per flagitia invisos vulgus Christianos appellabat... exitiabilis superstitio... odio humani generis convicti sunt... sontes et novissima exempla méritos..." [*Ann.* 15,44]), Suetônio ("genus hominum superstitionis novae ac maleficae"... "[*Vita Neronis* 16,21]) e Plínio, o Moço (... similis amentiae... superstitionem pravam immodicam..." [*Epist.* 10,96]). Num contexto semelhante, a *Epístola a Diogneto* tem quase o tom de uma provocação. Quem são os cristãos? – pergunta-se o autor. "Amam todos os homens e todos os perseguem... São mortos e, desta maneira, alcançam a vida. São pobres e tornam ricas muitas pessoas. Estão privados de tudo e, no entanto, estão na abundância. São desprezados e nisto encontram sua glória... O que a alma é para o corpo, os cristãos são para o mundo... A alma está encerrada no corpo, mas é ela que mantém o corpo. Os cristãos são detidos na prisão do mundo: e no entanto são eles que mantêm o mundo..." (A *Diogn.* 5,11-6,7: S. *Chr.* 33,65-67. Para a análise deste texto, consulte-se a análise de H.I. Marrou, em *S. Chr.* 33, 119-176, com aquilo que, apesar de tudo, se pode haurir da crítica dura de R. Joly, em *Christianisme et philosophie. Êtudes sur Justin et lês Apologistes grecs du 2e siècle*, Bruxelas, 1973, 210-220).

Os cristãos tornam-se também alvo de ataques sistemáticos, como o de Celso e, mais tarde, de Porfírio. Em seu processo ao cristianismo, este segundo tipo de opositores baseia-se muitas vezes nos valores tradicionais do helenismo (cf. as preciosas análises de M. Borret em *S. Chr.* 227). Alguns apologetas, como Taciano e Tertuliano, rejeitaram em bloco a cultura pagã: "que poderia haver em comum entre Atenas e Jerusalém, a Academia e a Igreja?" (Tert., *De Praescr.* 7). Mas não foi esta atendência mais comum, bem representada, ao invés, por Justino, para quem tudo o que o paganismo comportava de bom pertence também aos cristãos, já que toda verdade, de certo modo, está em relação com o Verbo. O que efetivamente os pagãos possuíram só em parte ou de maneira "seminal", nós o recebemos amplamente na revelação (cf. *II Apol.* 10,1-8; 13,2-6). Os cristãos possuem, assim, perfeitamente em Cristo a verdade de toda filosofia, de vez que esta não é outra coisa senão uma participação do *Lógos.* Estas fórmulas, inspiradas no Pórtico, correspondiam a um tema da tradição platônica, em relação à qual, por outro lado, Justino não escondia sua simpatia (*Dial.* 2). Deram lugar a diversas interpretações. Pôde-se ver nelas um sinal de "helenização" sempre mais acentuada do pensamento cristão do século II, de que a gnose representaria a forma extrema, mas pela qual Orígenes teria sido um dos grandes responsáveis (cf. as teses "clássicas" de Harnack, Miura-Stange, E. de Faye, H. Koch, H. Jonas etc.). H. Crouzel mostrou validamente o que esta apresentação tinha de caricatural, a propósito de Orígenes (*Origène et la philosophie*, Paris, 1962). Ela levanta também a questão muito mais ampla do "platonismo dos Padres" (→ Platonismo cristão). Na realidade, as relações complexas entre o cristianismo e o helenismo prestam-se tanto mais facilmente às simplificações quanto menos atento se estiver em criticar uma erudição filosófica, excessivamente inclinada a isolar e adicionar elementos que considera como princípios ou fontes. Os trabalhos, entre outros, de J.H. Waszink, H. Dörrie, E.P. Meijering. A.M. Ritter, C. de Vogel e G. Madec (para falarmos apenas dos mais recentes) trouxeram a esta matéria importantes nuanças que não se poderiam mais negligenciar. Pagãos e cristãos não podiam deixar de compartilhar, independentemente do que os separava também de forma radical, uma *koinê cultural*, em que a tradição platônica (mais que o platonismo em sentido estrito) ocupava de fato um lugar preponderante. A teologia encontrou muitos temas que lhe pareceram vizinhos ou "concordantes com os seus", por exemplo, a imortalidade da alma. Serviu-se deles muito de bom grado na medida em que estava persuadida de que o cristianismo era a verdade integral, justamente porque o Verbo é o princípio último e único de todo conhecimento e os gregos haviam de fato roubado à Sabedoria da Escritura o que de melhor possuíam! A assimilação do platonismo, da parte do cristianismo, permaneceu um fenômeno mais limitado do que se tem afirmado. Em muitos casos, esta reduz-se sobretudo ao uso de metáforas ou de fórmulas adaptadas a fins apologéticos. Como escreve G. Madec, "A justificação da teoria e da prática filosófica dos pensadores cristãos deve ser buscada na coerência própria de suas doutrinas" ("La christianisation de l'hellénisme. Thème de Phistoire de la philosophie patristique", em *Humanisme et foi chrétienne*, Paris, 1976, 402). Eles procuraram "formular, em termos geralmente 'gregos', a irredutível distinção entre o Deus incriado e a criatura (ao passo que a distinção pagã era entre o inteligível e o sensível), e o insolúvel paradoxo de um Deus ao mesmo tempo *absconditus* e *revelatus*, de um Deus transcendente e imanente (ainda que transcendência platônica e imanência estoica fossem excludentes uma da outra). Mas há mais... Se os Padres elaboraram de modo às vezes bem aprofundado o conteúdo de cada um destes dois termos, sempre pensaram que o estarem juntos pertencia à ordem do mistério e dependia do conhecimento de fé" (M.-J. RONDEAU, "Transcendence 'grecque' et transcenden ce chrétienne", em *Les Quatre fleuves* 1 [1974], p. 55-56).

2. A POLÊMICA JUDAICA – Em sua defesa da fé cristã, os apologetas tiveram que enfrentar não somente as dificuldades provenientes do mundo pagão, mas também os problemas levantados pelos judeus. A questão central era a da hermenêutica das Escrituras ou, mais exatamente, de seu alcance profético.

Israel já está voltado "para a frente" rumo a um *télos*; está no aguardo. Cada etapa de sua história corresponde, em definitivo, à assunção da promessa depositada nas figuras do passado. É essencial à *Tôrāh* remeter, para além *das* leis, àquilo que lhes confere seu valor inestimável. Da mesma forma, a realidade não somente sucederá às figuras, em todas as formas de "sedimentação" que estas puderam assumir, ao ritmo dos "agoras" sucessivos da fé de Israel; ela virá cumpri-las. "Acontece-nos encontrar Abraão carnal em suas aspirações a uma terra fértil! Significa esquecer que o que ele sustentava era, por um lado, a Palavra, com vigor (= a Promessa), e, por outro, a falta de terra, com paciência. A fraqueza carnal da representação passou então para a parte do leitor, que muitas vezes detém com muita força a terra e com menos força a Palavra. Aquilo a que Abraão aspirava era uma terra que fosse a verdade inteira desta Palavra" (P. Beauchamp, *Le récit, la lettre et Le corps*, Paris 1982, 49. É oportuno consultar também outros dois estudos do mesmo autor: "L'interprétation figurative et ses présupposés", RSR 63 [1975], 299-312; *L'un et l'autre Testament*, Paris 1976). Esta é a teologia que o NT apresenta, por sua vez, em cada página, transfigurando-a. O querigma não se limitou a anunciar *fatos*; atribuía-lhes também *um sentido.* "Deus, porém, cumpriu assim o que havia anunciado pela boca de todos os profetas" (At 3,18). Num célebre estudo, C.H. Dodd mostrou bem o método dos apóstolos. Consistia em selecionar algumas passagens das Escrituras (especialmente dos profetas), considerando-as num contexto ampliado. "Este *corpus* – as passagens do AT e sua aplicação aos acontecimentos do Evangelho – é comum ao conjunto do NT; em particular, constituiu o ponto de partida das construções teológicas de Paulo, da Epístola aos Hebreus e do quarto evangelho. Representa a infraestrutura de toda a teologia cristã e já contém seus principais temas reguladores". Tratava-se de bem outra coisa que estabelecer uma correspondência totalmente material entre a pregação e o evento. Os autores do NT interpretam e aplicam as profecias do AT baseando-se numa certa compreensão da história, que é, em essência, a dos próprios profetas (C.H. Dodd, *Segundo as Escrituras*, São Paulo, 1979, 125-129). A história desenvolve-se consoante a "economia" dos projetos de Deus, dos quais o AT já traçava as grandes linhas, mas cuja compreensão plena só seria dada "na plenitude dos tempos". Assim, Cristo não é apenas o exegeta das Escrituras, mas é, propriamente falando, sua exegese (Jo 5,39; Lc 24,27).

Por conseguinte, os apologetas não trazem nenhuma inovação, ao explicarem sistematicamente o AT com o Novo, e vice-versa. A este propósito, o *Diálogo com Trifão* oferece também uma ideia válida do tipo de polêmica que opunha judeus e cristãos, no século II. Reflete muito bem a exegese das escolas rabínicas e alguns argumentos que estas tiravam daí; antes de tudo, a natureza sagrada e imutável da Lei, mas também o caráter humano do messias, por mais glorioso que ele devesse ser. Entende-se que a conclusão de Trifão podia parecer-lhes decisiva: "Se abandonares a Deus, para recolocar tua esperança no homem, que salvação te restará?" (n. 8).

Lembrávamos que Justino não condena em bloco a cultura pagã: também esteve bem atento para não opor o Deus do AT ao Deus do Novo, como estava por fazer Marcião. Da mesma forma, evita uma atitude negativa em relação ao judaísmo, como a da *Carta de Barnabé.* Outros depois dele, no mesmo espírito, falarão da "sinfonia dos dois Testamentos" (cf. Irineu e Orígenes). Sem dúvida, restará muito trabalho a ser feito depois dos apologetas, para aperfeiçoar os métodos de análise e definir melhor a novidade transcendente do cristianismo. Orígenes, em particular, assinalará uma etapa decisiva na exegese, salientando as relações entre a história e o Espírito, no âmbito dos múltiplos sentidos da Escritura (cf. H. de Lubac, *Histoire et Esprit*, Paris 1950). Mas influenciará também a teologia, de modo decisivo, situando numa admirável relação Palavra e Mistério (cf. H.U. von Balthasar, *Parole et Mystère chez Origène*, Paris 1957). Ainda não estamos na metade do século II, mas alguns caminhos já estão traçados.

Bibl. – Para os TEXTOS, consultem-se: C. Otto, *Corpus Apologetarum*, vol. I-IX, Jena 1847; J. Geffcken, *Zwei griechische Apologeten*, Berlim 1907; E.J. Goodspeed, *Die ältesten Apologeten*, Göttingen 1914; G. Krüger, *Die Apologeten*, Friburgo i. Br., reimpr. 1968.

ESTUDOS PRINCIPAIS (além das Patrologias e dos Dicionários): C. Andresen, "Justin un der mittlere Platonismus", em ZNTW 44 (1952-1953) 157-195; J.H. Waszink, "Der Platonismus und die altchristliche Gedankenwelt", em *Entretiens sur l'antiquité classique* 3 (1955) 137-174; J. Daniélou, *Message évangélique et culture hellénistique*, Tournai 1961; J.H. Waszink, "Bemerkungen zu Justins Lehre vom Logos spermatikos", em*Mullus. Festschrift Theodor Klauser*, Münster 1964, 380-390; P. Prigent, *Justin et l'Ancien Testament*, Paris 1964; C.H. Dodd, *Segundo as Escrituras: Estrutura fundamental do NT*, São Paulo 1979; J.C.M. Van Winden, "Le Christianisme et la philosophie. Le commencement du dialogue entre la foi et la raison", em *Kyriakon. Festschrift Johannes Quasten*, Münster 1970,1, 205-213; M.-J. Rondeau, "Transcendance grecque et transcendance chrétienne", em *Les Quatre fleuves* 1 (1974) 41-56; G. Madec, "La christianisation de l'hellénisme. Thème de l'histoire de la philosophie patristique", em *Humanisme et foi chrétienne. Mélanges scientifiques du Centenaire de l'Institut Catholique de Paris*, Paris 1976, 399-406; art. "Platonisme des Pères", em *Catholicisme:* col. 491-507; D. Bourgeois, *La sagesse des anciens dans le mystère du Verbe.* Évangile et philosophie chez Saint Justin, philosophe et martyr, Paris 1981; H. Dörrie, "Die andere Theologie", em ThPh 56 (1981) 1-46.

GILLES PELLAND

APOLOGÉTICA

I. HISTÓRIA: 1. *Novo Testamento* – 2. *Era patrística* – 3. *Idade Média* – 4. *Do século XVI ao século XVIII* – 5. *Século XIX* – 6. *Século XX* (A. Dulles) – II. NATUREZA E OBJETIVO: 1. *Definição pela via da negação* – 2. *Natureza da apologética* – 3. *O método da apologética* (R. Latourelle).

I. História

1. NOVO TESTAMENTO – Os livros bíblicos, inclusive o NT, são escritos de caráter pastoral, dirigidos a comunidades de fé. Nenhum deles, tal como se apresentam, é primariamente apologético. Ainda que o NT ofereça abundantes indícios de como os primeiros cristãos, em diálogo com judeus e pagãos, faziam uma "defesa" (o significado originário de → *apologia*) racional da esperança que havia neles (1Pd 3,15). A primeira pregação cristã, como resulta dos Atos, procura demonstrar aos potenciais fiéis que Jesus, enquanto messias prometido, morreu e ressuscitou segundo as Escrituras. Os apóstolos, tais como são apresentados no NT, sublinham o valor probatório das aparições de Cristo ressuscitado e indicam, nos dons da profecia e dos milagres, a prova de que Cristo ressuscitado, para cumprir as profecias bíblicas, enviou seu Espírito à comunidade dos cristãos (At 2,16-21; 1Cor 14,25). Em situação de perseguição, Estêvão, Paulo e outros expõem os sólidos fundamentos da fé a seus perseguidores, dando assim um exemplo que, depois, deverão seguir outros confessores e mártires.

Lucas inicia seu Evangelho manifestando a intenção de tranquilizar Teófilo sobre a certeza dos ensinamentos que recebeu (Lc 1,4). Todos os quatro evangelhos contam a história de Jesus, de modo a suscitar a fé nele, como messias. A descendência davídica, a concepção miraculosa, a própria cidade natal, a fuga para o Egito, a pregação e os milagres, como também os detalhes da paixão e da ressurreição, são todos ligados a textos do AT, interpretados profeticamente. A autoridade com que Jesus falou e as obras maravilhosas que realizou são apresentadas como razões para acreditar nele.

Entre as epístolas do NT, a dirigida aos hebreus é digna de nota, pela elaborada argumentação segundo a qual Cristo realizou muito mais do que haviam operado – e por isto são venerados – Moisés, Aarão, outros sacerdotes e profetas e até os anjos. A epístola é apologética na medida em que se propõe impedir os convertidos cristãos de recaírem no judaísmo. Semelhante intenção está subentendida na segunda Epístola de Pedro, que contrapõe a boa notícia às "fábulas habilmente concebidas" (2Pd 1,16).

Pode-se, portanto, afirmar que o NT contém numerosos ecos dos primeiros escritos apologéticos cristãos. Fornece aos cristãos material que os coloca em condição de justificar sua fé e de defendê-la contra os adversários. Em certo sentido, o NT é entendido de modo a dar aos cristãos a segurança de que sua fé tem fundamentos sólidos.

2. ERA PATRÍSTICA – No século II, com os assim chamados → apologetas, os escritos apologéticos tornaram-se a forma principal de literatura cristã. Parte desta literatura destinava-se a

imperadores e autoridades civis, para obter deles a tolerância para com os cristãos. Outra parte dirigia-se aos judeus ou aos pagãos, na esperança de que abandonassem seus erros, e uma outra era destinada aos cristãos, para que não vacilassem frente às objeções e professassem corajosamente sua fé. As duas apologias de Justino, *a Legatio pro christianis* de Atenágoras e a anônima *Carta a Diogneto* são escritos em que se sustenta que os cristãos não são desleais em relação ao Estado e não fizeram nada que mereça a morte. Em seu *Diálogo com o judeu Trifão*, Justino oferece um modelo de franco debate sobre como a profecia bíblica se cumpre no cristianismo. No final do século já estavam fixadas muitas das formas-padrão da apologética cristã.

No século III, Tertuliano realizou a tarefa de apologeta, com brilhante retórica. Na *Apologia* e em *Ad Scapulam* defende eloquentemente a causa da liberdade religiosa e protesta contra as acusações falsas e absurdas, feitas aos cristãos. Escreveu também apologias *Contra os judeus* e *Aos pagãos*. Em Alexandria, Clemente compôs uma esplêndida exortação à conversão, o *Protrepticus*, onde o cristianismo é apresentado como a verdadeira filosofia. Orígenes, que substituiu a Clemente como cabeça da escola catequética de Alexandria, com seu *Contra Celsum* forneceu ao eclético platônico Celso, que tinha levantado uma questão contra os cristãos, uma resposta erudita, bem argumentada e absolutamente completa. Com Clemente e Orígenes, os escritos apologéticos atingiram o nível do refinamento filosófico.

No século IV, Arnóbio e Lactâncio, continuando a tradição inaugurada por Minúcio Félix, no século III, compuseram apologias para a fé, dirigidas aos romanos cultos que pudessem pensar na conversão. No Oriente, Eusébio de Cesareia, na *Preparação para o Evangelho*, responde de modo educado e erudito ao neoplatônico Porfírio. Em sua *Prova do evangelho*, promove uma leitura cristológica das escrituras hebraicas. Tanto ele quanto Atanásio, embora divirjam em sua posição frente aos arianos, partilham o júbilo comum pela derrota do paganismo no império.

No século V, o antioqueno Teodoreto de Ciro elaborou uma respeitável *summa* dos argumentos-padrão contra o paganismo, em sua obra *Graecorum affectionum curatio*, onde são destacadas as concordâncias entre a filosofia platônica e a revelação bíblica. No Ocidente, os escritos apologéticos alcançaram um nível ulterior de clareza com → Agostinho de Hipona (354-430). Em seus primeiros diálogos, Agostinho refuta o ceticismo num terreno puramente filosófico. Produziu depois diversos escritos breves contra os maniqueus, incluídas as páginas *De vera religione* e *De utilitate credendi.* Mais tarde, compôs sua obra monumental, *De civitate Dei*, respondendo às acusações que alegavam ser o cristianismo o responsável pela queda do Império Romano. Além de denunciar a fragilidade da religião pagã, como haviam feito também outros, Agostinho, com este trabalho, lança os fundamentos de uma teologia global da história. Por seu acume filosófico, sua força literária e seu excepcional conhecimento do dinamismo do espírito humano, Agostinho figura entre os maiores apologetas de todos os tempos. Seu trabalho foi, em certo sentido, continuado pelos discípulos Orósio e Salviano e, no século VI, pelos papas Leão I e Gregório I.

3. IDADE MÉDIA – A partir do século VII, à apologética foi confiada também a tarefa de responder aos muçulmanos. João Damasceno e seu discípulo Abu Qurrach escreveram diálogos que contêm debates religiosos entre cristãos e muçulmanos. No Ocidente latino foram compostos diálogos fictícios entre cristãos e judeus (em alguns casos referindo-se a debates reais), por Isidoro de Sevilha (séc. VII), Pedro Damião (séc. XI), Gilberto Crispino (séc. XI), Ruperto de Deutz (séc. XII) e muitos outros. Pedro, o Venerável (séc. XII), escreveu um tratado polêmico, *Contra a inveterada obstinação dos judeus*, e um outro *Contra a seita ou a heresia dos sarracenos.* Contrastando com estes escritos, de índole bastante violenta, Abelardo escreveu um *Diálogo entre um filósofo, um judeu e um cristão*, que é verdadeiramente aberto e isento de polêmica.

No século XIII, Tomás de Aquino deu uma importante contribuição ao desenvolvimento da apologética, com sua *Summa contra gentiles*, conhecida também como *Sobre a verdade da fé cristã contra os erros dos não crentes*, trabalho talvez concebido, ao menos em parte, para uso dos missionários cristãos na Espanha. Tomás assinala uma clara linha de demarcação entre as verdades religiosas acessíveis à razão, na base da experiência ordinária, como a existência de Deus e a imortalidade da alma, e outras verdades, como a Trindade e a encarnação, que não podem ser conhecidas sem a revelação. Sustenta que a fé nestas verdades não demonstráveis é garantida racionalmente pelo testemunho de autorizados mestres, cuja credibilidade é autenticada pelas profecias e pelos milagres.

Depois do Aquinate, no século XIII, ocupam-se com escritos apologéticos contra os sarracenos e os judeus o dominicano Raimundo Martini e, na virada do século, Raimundo Lulo e Ricoldo de Monte Croce. Lulo compôs diversos diálogos interessantes entre cristãos, judeus e sarracenos. Dão continuidade à tradição, no século XV, Georgios de Trapezon, Juan de Torquemada e Dionísio, o Cartuxo, que escreveram todos contra os muçulmanos. O Cardeal Nicolau Cusano, logo depois da queda de Constantinopla, escreveu um diálogo singularmente irônico *De pace seu concordantia fidei* (1454), em que é mínimo o elemento apologético.

Desde o início do século XIV, os seguidores de Escoto e de Ockham sustentaram que era possível chegar a um assentimento de fé (*fides acquisita*) sólido e plenamente garantido apenas com base na razão. Henrique Totting de Oyta e Henrique de Langenstein, seguindo Escoto, enumeraram com cuidado os sinais extrínsecos que, segundo eles, credenciam o cristianismo.

No período da Renascença, Marsílio Ficino (1433-1499), fundador da Academia Platônica de Florença, elaborou uma atraente síntese da filosofia platônica e da fé cristã. Na obra *Sobre a religião cristã*, exalta esta religião, que afirma ser a mais perfeita, e defende a imortalidade da alma e a divindade de Cristo. Girolamo Savonarola, contemporâneo de Ficino, em seu tratado apologético *O triunfo da cruz*, descreve de modo esplêndido a beleza da paixão de Cristo e aquela paz interior que vem de uma inabalável fidelidade à confissão de Cristo.

4. DO SÉCULO XVI AO SÉCULO XVIII – Os reformadores protestantes tinham atitudes diferentes em relação aos escritos apologéticos. Lutero fala com frequência como se a razão fosse um guia destituído de competência em questões espirituais e gerasse apenas dúvidas se não se submetesse à guisa da revelação. Acreditava que esta devesse ser aceita somente na base da fé. Não obstante isto, Felipe Melanchton, seu íntimo companheiro, pelo menos nos últimos escritos, faz uso da razão como preparação à fé. A partir da edição de 1536 dos *Loci communes*, expõe os argumentos tradicionais, extraindo-os da antiguidade da revelação bíblica, da excelência da doutrina cristã, da perenidade da Igreja e do testemunho dos milagres. João Calvino, em sua *Instituição da religião cristã* (edição final, 1559), defende o caráter revelado da Sagrada Escritura à base de argumentos semelhantes aos utilizados por Escoto e pelos nominalistas do século XIV.

Os católicos do século XVI, ainda que empenhados em disputas polêmicas com os protestantes, continuam a produzir escritos apologéticos, como *Sobre a verdade da fé cristã*, do humanista espanhol Juan Luis Vives (obra póstuma, 1543). Este trabalho, que deve muito a Agostinho, a Tomás de Aquino e à tradição subsequente, coloca em evidência a necessidade da religião e as razões pelas quais se deve aceitar a religião cristã como o caminho indicado por Deus para atingir a salvação. Numa seção conclusiva, Vives trata, em forma de diálogo, das relações que interessam aos judeus e aos muçulmanos.

O huguenote Philippe du Plessis-Mornay, em seu tratado *Sobre a verdade da religião calvinista* (1581), fixa o esquema de fundo da apologética calvinista. Esse trabalho, em sua estrutura geral, assemelha-se muito a tratados católicos como o de Vives. Hugo Grotius, eminente apologeta calvinista holandês, elaborou um manual claro e sistemático, A *verdade da religião cristã* (1621, revisão de 1627). Moisés Amyraut, que escreve na França alguns anos depois de Grotius, trata em particular o problema da indiferença religiosa. Um outro pastor huguenote, Jacques Abbadie, no seu *Defesa da verdade da religião cristã* (1684; tradução inglesa 1694), ocupa-se com os novos problemas levantados pela crítica bíblica de Spinoza e com as novas teorias paleontológicas de La Peyrère.

Os católicos do século XVII tendiam a acusar os protestantes de darem importância demais à razão e ao julgamento pessoal. Pierre Charron, em resposta a uma obra polêmica de Du Plessis-Mornay, sugere um tríplice modo de enfrentar o problema, defendendo uma depois da outra a validade da religião, a do cristianismo em particular e finalmente a do catolicismo enquanto autêntica forma de cristianismo (*Les trois vérités...*, 1596). Pierre Charron procurava, desta forma, desmascarar a excessiva autossegurança manifestada pelos ateus, pelos não cristãos e pelos protestantes, que acusa de afirmarem saber mais do que na realidade sabem sobre Deus e a religião. Blaise Pascal (1623-1662), nos seus *Pensamentos*, ridiculariza as provas metafísicas da existência de Deus e prefere ater-se àquilo que chama as razões do coração. Falava da fé como de uma aposta, em que se corre o risco calculado de a mensagem ser verdadeira. É racional, assim argumentava, obedecer à inclinação de crer, se o nosso coração estiver inclinado nesta direção.

Alguns apologetas católicos do século XVII, influenciados pelo clima de racionalismo, demonstraram audácia em suas apologias. O jesuíta espanhol Miguel de Elizalde (1616-1678) e seu discípulo, Thyrsus González, esforçaram-se por dar uma demonstração quase matemática ao "fato da revelação". O autorizado pregador da corte Jacques Bénigne Bossuet (1627-1704), embora não sendo racionalista, parecia estar singularmente isento de dúvidas. Em seu *Discurso sobre a história universal* (1681) explica amplamente como a verdadeira Igreja, sempre atacada e nunca vencida, é "um perene milagre e um esplêndido testemunho da imutabilidade dos planos divinos".

Como antídoto ao ceticismo, o diplomata inglês Edward Herbert de Cherbury (1583-1648) idealizou o sistema conhecido como deísmo. Nele, a razão é considerada competente para provar toda verdade religiosa e tudo o que se afirma ser revelado deve ser convalidado por sua conformidade com a razão. John Locke, na obra *A racionalidade do cristianismo como é apresentado nas Escrituras* (1695), sustenta que o cristianismo pode ser qualificado como religião revelada, enquanto confirmado pelos milagres e pelas profecias e não contenha nada que seja contrário à razão. Dois de seus discípulos, John Toland e Matthew Tindal, indo além do mestre, negaram que a religião revelada possa ser algo mais do que uma reedição da religião natural.

Um bom número de apologetas anglicanos tomaram a defesa da religião revelada. Samuel Clarke (1675-1729), defendendo valorosamente os direitos da teologia natural, sustentou que o NT está de pleno acordo com a razão. Joseph Butler, de mentalidade mais empírica, preferiu evitar temas tirados da metafísica e do argumento *ex auctoritate*. Na obra *A analogia da religião, natural e revelada* (1736) sustenta que a missão de Cristo e a do Espírito Santo, ultrapassando as verdades da religião natural, são essenciais ao cristianismo e plenamente críveis. Butler admitia que os argumentos a favor do cristianismo eram apenas prováveis se tomados singularmente, mas "provas prováveis, quando se juntam uma à outra, não só aumentam a evidência, senão que a multiplicam". Afirmava ainda que, em quase todas as decisões práticas da vida, nos deixamos guiar por pressupostos e probabilidades. E por que não na religião?

Pelo final do século XVIII, William Paley reassume de forma clara e sistemática os principais argumentos da escola probativa. Sua famosa obra *Um panorama das evidências do cristianismo* (1794) recolhe os argumentos típicos contra o ceticismo filosófico que põe em discussão a cognoscibilidade de Deus, contra o deísmo que nega a revelação, e contra o ceticismo histórico que não põe fé nas afirmações da revelação bíblica. Paley é hoje lembrado principalmente por seu argumento tirado da técnica, no qual, como, aliás, haviam feito outros antes dele, comparava Deus a um relojoeiro.

No continente europeu, o ateísmo tornou-se ainda mais virulento com Pierre Bayle (1647-1706). Num discurso que serve de prefácio a sua *Teodiceia* (1710), Gottfried Wilhelm Leibniz (1646-1716) objeta a Bayle, sustentando que a fé concorda com a razão e que o fenômeno do mal não pode ser uma objeção contra a existência de Deus, que criou o melhor dos mundos possíveis. Em estilo mais escolástico, o jesuíta Vitus Pichler sustenta, na *Theologia polemica* (1713), que se podem provar, com a razão, a possibilidade e a necessidade da revelação. Outros apologetas alemães, tanto protestantes como católicos, tomaram parte no debate iniciado pelo deísta Hermann Samuel Reimarus (1694-1768), que atacava a historicidade dos evangelhos (→ Evangelho: historicidade).

Na França, o oratoriano Alexandre Houtteville procurou demonstrar, com seu *A religião cristã provada pelos fatos* (1722), que os relatos evangélicos dos milagres são dignos de fé, se aceitas as normas gerais da evidência histórica. O abade Nicolas Bergier, em numerosas respostas a Rousseau e a outros deístas, defendeu a historicidade dos relatos dos milagres contidos no NT, na mesma linha de Houtteville. Voltaire teve contra si numerosos críticos católicos, entre eles Claude Nonnotte e Antoine Guénée.

Luke Joseph Hooke, professor na Sorbonne, une o modo um tanto racionalista de enfrentar o problema, próprio de Clarke e de Pichler, ao modo mais histórico de Houtteville. Seu *Religionis naturalis et revelatae principia* (1752-1754) usa o método da abordagem gradual, defendendo primeiro as verdades da teologia natural, depois a possibilidade e a necessidade da revelação, e finalmente o fato da revelação. Este modo geral de enfrentar o problema, que é desenvolvido em muitas obras clássicas deste período (p. ex., as de Benedikt Stattler, Ignaz Neubauer e Engelbert Klüpfel), foi adotado de modo extremamente elaborado pelo dominicano italiano Pietro Maria Gazzaniga, em sua obra em nove volumes *Praelectiones theologicae* (1788-1793). Para mostrar a necessidade da revelação, Gazzaniga sublinha a fraqueza da razão humana, que, todavia, considera competente para estabelecer critérios de discernimento da autêntica revelação. Para Gazzaniga, o milagre supremo é a ressurreição de Cristo.

5. SÉCULO XIX – No fim do século XVIII, verificou-se uma reação contra o árido racionalismo do Iluminismo. Na Alemanha, Friedrich Schleiermacher (1768-1834) introduziu um estilo apologético novo que procurava não defender os dogmas da ortodoxia tradicional, mas encontrar um desaguadouro para o instinto religioso que dá origem à fé. Em suas lições *Sobre a religião* (1799) Schleiermacher atacou a paixão pelo cálculo e a dedução, que tendiam a enfraquecer o senso e o gosto do infinito. Em sua síntese dogmática, *A fé cristã* (1821-1822), defendeu o cristianismo como a forma mais elevada de monoteísmo e o monoteísmo como a forma mais elevada de religião. Sustentava que o poder de Deus de remir em Cristo é em si mesmo probante para todos os que fazem experiência disto.

No catolicismo francês, o "revival" romântico é caracterizado, entre outras coisas, pela apologética de François René de Chateaubriand (1768-1848). *O gênio do cristianismo, ou seja, as belezas da religião cristã* (Paris, 1802) conquistou de um golpe o mundo literário. No início do século XIX, tradicionalistas franceses, como Joseph de Maistre e Louis de Bonald, defenderam a Igreja Católica como o canal pelo qual é melhor transmitida a tradição divina. Acreditaram que o papado fosse essencial para defender-se da anarquia religiosa, como a monarquia o era para impedir a desintegração civil. Félicité de Lamennais escreveu uma obra em quatro volumes, *Tratado da indiferença em questões religiosas* (1817-1823), em que sustenta que é verdadeira religião a que repousa na mais alta autoridade, isto é, a autoridade infalível do papa. O Padre Louis Bautain, que tinha ligação com os tradicionalistas, sustentava que a única via eficaz para a fé passa por uma fase em que, baseado na palavra de testemunhos humanos, se aceita hipoteticamente a verdade da revelação. Só com esta atitude de aceitação se consegue ter a luz necessária para discernir, com a fé, a verdade da mensagem cristã (*A filosofia do cristianismo*, 1835).

Por volta de meados do século XIX, a Espanha produziu dois diferentes apologetas católicos. Jaime Balmes sustentou que a submissão à autoridade religiosa é condição necessária para a liberdade e o progresso social. Juan Donoso Cortés, por sua parte, afirmou que, deificando o princípio da autoridade, a Igreja Católica condenou as forças da soberba e da rebelião.

A restauração católica na Alemanha teve em Bruno Liebermann (1759-1844) um hábil campeão; sua obra em cinco volumes, *Institutiones Theologicae* (1819-1827), continuava a apologética antideísta de seus mestres escolásticos. Mais realista foi o modo como Georg Hermes (1775-1831) enfrentou o problema. Influenciado por Kant, sustentou que, com a razão prática, se pode estabelecer a essencialidade da aceitação da fé cristã pela observância do óbvio imperativo moral de respeitar a dignidade de toda pessoa humana. Depois de sua morte, alguns dos livros de Hermes foram colocados no "Index" por não serem conformes à doutrina romana sobre a fé. Johann Sebastian → Drey (1777-1853), fundador da escola católica de Tubinga, escreveu uma obra em três volumes, *A apologética como demonstração científica da divindade do cristianismo* (1847). Influenciado por Schleiermacher e por Schelling, Drey colocou a tônica no caráter histórico e social da revelação.

A escola romana, guiada por Giovanni Perrone (1794-1876), transmitiu aquele estilo geral de apologética que se encontra em Liebermann. Em seu *Praelectiones dogmaticae*, Perrone, omitindo o tratado-modelo sobre a importância da religião em geral, focalizou em particular a religião revelada. Perrone movimenta-se de modo lógico da possibilidade da revelação para sua necessidade, para os critérios e finalmente para a realidade da revelação. Em outros trabalhos, responde aos críticos racionalistas dos evangelhos, como H.E.G. Paulus, D.F. Strauss e E. Renan.

Na Inglaterra, o principal apologeta católico foi o convertido → John Henry Newman (1801-1890). Fundando-se no trabalho de Joseph Butler, investigou a fundo as probabilidades e suposições que precedem e acompanham o itinerário pessoal em direção à fé. Em sua *Gramática do assentimento*, concluía que o cristianismo é a única religião do mundo que consegue responder "às aspirações, às necessidades, e aos primeiros fulgores da fé e da devoção naturais". No capítulo conclusivo desse trabalho e na *Apologia pro vita sua*, Newman produz um impressionante argumento histórico a favor da verdade do cristianismo, que se funda numa vasta convergência de probabilidades.

Nos Estados Unidos, dois eminentes convertidos do protestantismo, Orestes Brownson (1803-1876) e Isaac Hecker (1819-1888), deram nova vida à apologética. Brownson contou como foi conduzido à Igreja pelos escritos dos socialistas utópicos franceses. Hecker, mais conscientemente americano, elogiou o cristianismo católico, enquanto religião que se harmoniza melhor com o respeito nacional à razão, à liberdade, à dignidade humana, à igualdade e ao progresso. Pouco depois, o Cardeal James Gibbons escreveu o popularíssimo livro *A fé dos nossos pais*, que, à hábil resposta às objeções protestantes comuns, unia o apoio entusiástico à ideia de separação entre Igreja e Estado. Os escritos do Arcebispo John Ireland (1838-1918) revelam progressismo otimista e fé no destino da América.

Em reação ao tipo de apologética contida nos manuais para os estudos seminarísticos, o belga Victor Dechamps (1810-1883), que mais tarde se tornará cardeal, sustentou o assim chamado "método da Providência", que insistia na correlação de dois fatos: o fato interior da necessidade da luz divina e o fato exterior da Igreja enquanto "milagre vivo". Dechamps sustentava que a correspondência entre os dois fatos permite reconhecer na Cristandade católica um instrumento providencial de graça e de salvação.

O Concílio → Vaticano I, na constituição dogmática sobre a fé católica (1870), ensina que o assentimento à revelação cristã tem uma garantia racional, que se funda em argumentos extrínsecos. O concílio dá a impressão de sustentar dois estilos diferentes de apologética: um bíblico e histórico, na linha de Perrone, e outro empírico e eclesial, na linha de Dechamps. Na última parte do século XIX, teólogos como Franz Hettinger (1813-1890) continuam com a apologética manualística, colocando uma forte ênfase nos sinais extrínsecos de credibilidade e na autoridade. Na França, Paul de Broglie (1834-1895) sustentou a transcendência do cristianismo em relação às demais religiões. Na Alemanha, Albert Maria Weiss (1844-1925) defendeu o catolicismo enquanto religião de progresso social.

A apologética protestante, após Schleiermacher, desenvolveu-se com elementos diversos. Pietistas como August Tholuck (1799-1877) basearam-se na experiência gloriosa da regeneração em Cristo e na clareza da nova vida conferida pelo Espírito Santo. Georg F.W. Hegel (1770-1831) e seus seguidores ortodoxos procuraram mostrar a conformidade do dogma cristão com a dialética histórica da evolução do mundo. Na Dinamarca, Sören Kierkegaard (1813-1855) atacou o hegelianismo enquanto distorção do cristianismo. Negando que o cristianismo possa tornar-se racionalmente plausível, sustentava que o paradoxo da encarnação, que exige um absoluto ato de fé, sacia a sublime paixão da razão de submeter-se a um objeto totalmente transcendente. Neokantianos como Albrecht Ritschl (1822-1899), Wilhelm Herrmann (1846-1922) e Julius Kaftan (1848-1926) esforçaram-se no sentido de mostrar os benefícios práticos da fé cristã. Adolf von Harnack (1851-1930) recorreu a um estudo crítico dos evangelhos, para demonstrar que a pregação originária de Jesus estava centrada na "mais alta virtude" do amor, uma doutrina que se recomenda por si mesma, pela sua simplicidade e seu espírito elevado.

Na Inglaterra, Samuel Taylor Coleridge (1772-1834) e seu amigo Frederick Denison Maurice (1805-1872), rejeitando o método de Paley e dos evidencialistas, propunham um tipo de apologética mais pessoal e emocional. Quando, depois, a crítica bíblica e o evolucionismo biológico passaram a ser mais amplamente reconhecidos, os apologetas protestantes de língua inglesa dividiram-se em duas escolas principais. Os conservadores, como Benjamin B. Warfield (1851-1921), do Seminário Teológico de Princeton, rejeitaram as novas tendências, enquanto que os liberais, como o bispo anglicano Charles Gore (1853-1932), sustentaram que a Igreja deveria ter acolhido favoravelmente os progressos da ciência.

6. SÉCULO XX – No final do século XIX, o leigo católico → Maurice Blondel (1861-1949) procurou reconstruir a metafísica a partir de um estudo do dinamismo da vontade humana (*Action*, 1893). Blondel sustentava que este dinamismo pode ser satisfeito somente por um dom sobrenatural de comunhão com Deus. Por isto, a apologética deve demonstrar que o cristianismo satisfaz ao desejo do sobrenatural, inerente à natureza, assim como esta existe concretamente. Em vários artigos, Blondel propôs um "método de imanência" (→ Imanência) que, de algum modo, era formulado sobre a análise do "fato interior" de Dechamps. A Encíclica *Pascendi* (1907), dirigida contra o modernismo católico, pareceu condenar o método da imanência e tornou difícil a Blondel e a seus discípulos continuarem a propugnar suas ideias.

A teoria da apologética foi debatida, nos círculos escolásticos, por teólogos franceses, como os dominicanos Ambroise Gardeil (1859-1931) e Réginald Garrigou-Lagrange e os jesuítas J.F. Bainvel e H. Pinard de la Boullaye. O jesuíta Léonce de Grandmaison escreveu uma obra em três volumes, *Jesus Cristo: sua pessoa, sua mensagem e suas credenciais* (1928), que serviu, durante diversos decênios, como típica resposta à crítica bíblica radical. Na Alemanha, Karl Adam escreveu a favor do cristianismo católico obras apologéticas que, à fenomenologia moderna, unem um forte senso de solidariedade comunitária. Adam desenvolveu deliberadamente sua apologética a partir de uma posição interna ao empenho de fé.

Os anos de 1930 e 1940 viram um grande número de histórias de conversões de cunho apologético, das quais *A montanha dos sete patamares* (1948), de Thomas Merton, é provavelmente a mais conhecida. Os filósofos tomistas franceses Jacques Maritain e Etienne Gilson divulgaram o conceito de uma → filosofia cristã que opera num contexto de fé. O jesuíta paleontólogo → Teilhard de Chardin (1881-1955), fazendo sua uma visão evolucionista do mundo, procurou chegar a uma síntese entre ciência e fé. A fé, para ele, promove o progresso humano. Maritain e Gilson, entre outros, denunciaram o pensamento de Teilhard como um novo agnosticismo.

Na mais recente teologia calvinista do século XX, pode-se ver uma tendência conservadora em continuidade a Benjamin Warfield e à Escola de Princeton, que é muito questionadora em relação à moderna crítica bíblica. Carl F.H. Henry, Gordon H. Clark, Bernard Ramm e outros, pertencentes a esta escola, insistem fortemente nos preâmbulos racionais da fé. Nos círculos neo-ortodoxos, → Karl Barth (1886-1968) e → Rudolf Bultmann (1884-1976) repudiaram a apologética, enquanto capitulação da fé frente à razão humana, ao passo que Emil Brunner (1889-1966) defendeu-a afirmando que ela tem condição de desmascarar a compreensão que a razão tem de si. → Paul Tillich (1886-1965), em resposta a Barth, sustentou que a apologética é uma característica onipresente da teologia sistemática, que tem por tarefa apresentar a mensagem cristã como resposta satisfatória às questões existenciais dos homens.

O anglicanismo produziu um grupo de hábeis apologetas leigos, como C.S. Lewis (1898-1963), que colocaram seus talentos literários a serviço da fé cristã. Outros anglicanos, como Alan Richardson, desenvolveram um método histórico de leitura da Bíblia, sensível às modernas descobertas críticas e à complexidade do método histórico.

No período subsequente à Segunda Guerra Mundial, houve um movimento, especialmente nos círculos protestantes, rumo a uma teologia da secularização. Dietrich Bonhoeffer (1906-1945), em alguns escritos póstumos, Friedrich Gogarten (1887-1967) e outros sustentaram que o monoteísmo bíblico, dessacralizando o mundo, havia promovido o processo de secularização e estava, assim, em harmonia com a civilização moderna. Outros protestantes de língua alemã, como Gerhard Ebeling e os assim chamados pós-bultmannianos, renovaram de forma ligeiramente diversa o esforço dos liberais protestantes de encontrar no Jesus da história a norma da fé cristã. Wolfhart Pannenberg e seu círculo insistem, como haviam feito alguns hegelianos do século XIX, em que a verdade do cristianismo deve estar de acordo com as exigências da razão humana universal. Existem, porém, fideístas protestantes e católicos que consideram a fé como uma decisão totalmente privada, dependente de sentimentos interiores, atribuídos ao Espírito Santo. Assim, o estado da apologética está intimamente ligado ao modo como, num determinado sistema, são entendidas as relações entre fé e razão.

Na teologia católica, após 1940, houve um renascimento da apologética interior, característica de Blondel, da obra de Henri Bouillard e da de → Karl Rahner (1904-1984). O apelo de Rahner ao "existencial sobrenatural" e sua hipótese de "cristianismo anônimo" (→ cristãos anônimos) têm uma certa afinidade com o método da imanência, adotado por Blondel, embora Rahner não compartilhe o voluntarismo de Blondel. → Hans Urs von Balthasar (1905-1988) opõe-se à teologia transcendental de Rahner, enquanto excessivamente antropocêntrica. Em diálogo com Barth, esforçou-se por construir uma "teologia estética", que conservasse a objetividade e a transcedência do dado revelado. Edward Schillebeeckx (1914-2009) e Johann Baptist Metz (1928-) desenvolveram uma contrapartida católica da teologia protestante da secularização.

Embora a apologética tenha sido praticada desde as origens do cristianismo, e mesmo antes, no judaísmo, continua a ter em certos ambientes uma reputação dúbia. O juízo negativo depende não só dos excessos do fideísmo, mas, em boa parte, dos limites da apologética dominante desde o século XIV até a metade do século XX. Mesmo que pensadores eminentes como Pascal, Kierkegaard, Newman e Blondel tenham oposto resistência ao racionalismo apologético, muitos apologetas têm supervalorizado a capacidade da simples razão na demonstração do fato da revelação cristã. Na teologia contemporânea, a apologética é sempre mais considerada como uma articulação da inteligibilidade, que é inerente à fé, e por isto inseparável de uma boa teologia. A inteligibilidade em questão não é a da pura razão dedutiva, mas a de homens e mulheres reais, inclinados ao pecado, porém impulsionados pela graça e atraídos para aquele Deus que é vagamente percebido no desejo que imprime no coração humano.

Bibl. – K. Werner, *Geschichte der apologetischen und polemischen Literatur der christlichen Théologie*, vol. I-V, Schaffhausen 1861-1867; O. Zöckler, *Geschichte der Apologie des Christentums*, Gütersloh 1907; R. Aigrin, "Histoire de l'apologétique", em M. Brillant e M. Nédoncelle (ed.), *Apologétique* (primeira ed., Paris 1937) 950-1029; A. Dulles, *A History of Apologetics*, Londres-Filadélfia-Nova York 1971; F.I. Niemann, *Jesus als Glaubensgrund in der Fundamentaltheologie der Neuzeit*, Innsbruck 1983; G. Heinz, *Divinam christianae religionis originem probare*, Mainz 1984; G. Ruggieri (ed.), *Enciclopédia di Teologia Fondamentale*, I, Gênova 1987.

AVERY DULLES

II. Natureza e objetivo

A apologética clássica, tradicional, que prevaleceu nos três últimos séculos, só responde a uma parte da Teologia Fundamental atual, que assume, embora ampliando-o, o projeto da apologética clássica. Ela representa aquela parte da Teologia Fundamental (TF) que estuda o fato da revelação e o conjunto dos sinais que permitem afirmar sua existência.

A apologética clássica não estudava a revelação como mistério, acreditando que esta reflexão fosse de competência da dogmática. Tomava emprestado desta última as próprias noções de base (revelação, tradição, mistério, milagre etc.) e se atinha ao evento, ao fato. Este aspecto apologético não perdeu nada de sua validade, mas já vem integrado numa visão mais ampla, isto é, a da revelação em sua totalidade de mistério, de evento, de categoria teológica.

No presente artigo, estudaremos a apologética como foi entendida e praticada, até 1950, por seus melhores representantes, antes de tornar-se a TF, sancionada pelo documento *Sapientia Christiana*, de 29 de abril de 1979.

1. DEFINIÇÃO PELA VIA DA NEGAÇÃO – Antes de explicarmos o projeto e a natureza da apologética, não será inútil caracterizá-la pela via da negação.

a. A apologética *não é uma arte da conversão* – Grande parte das ambiguidades que recaem sobre a apologética derivam da persuasão, mais ou menos confessada, de que o seu objetivo é o de "converter". Ora, uma vez que milhares de pessoas leram e fecharam novamente obras de apologética sem converter-se, tem-se bom motivo para acusar esta ciência de infidelidade a sua tarefa.

Por isto, é importante distinguir a apologética como *arte* e a apologética como *ciência.* Existe uma *pastoral* da conversão. Esta pastoral, que é praticada pelos missionários e pelos centros que se dedicam aos problemas da conversão, consiste em apresentar, a um indivíduo ou a um grupo, o conjunto da doutrina cristã e em convidá-los à fé. Esta pastoral assume formas extremamente diversificadas, tão diversas, na verdade, quanto o são os próprios indivíduos. Na Igreja, é necessária uma pastoral da conversão; ela é também suscetível de uma certa organização em forma científica, mas não é de modo algum isto que chamamos de teologia apologética. Esta é uma ciência em sentido próprio, dotada de um objeto próprio, de uma finalidade própria, de um método próprio. A demonstração apologética desenvolve um procedimento racional e chega a uma certeza de ordem racional. Como tal, ela não tende à fé. Enquanto a apologética é uma ciência, a fé é um ato religioso e salvífico, uma adesão pessoal e total a Deus e sua palavra. Enquanto o juízo apologético é de ordem especulativa e científica, o assentimento de fé está na ordem existencial e é o fruto conjugado da liberdade e da graça. No caminho da conversão é possível que a manifestação do cristianismo como *valor* – como pode revelar-se no encontro com uma santidade autêntica – exerça mais atração do que a demonstração exaustiva e erudita da apologética mais rigorosa.

b. A apologética *não é um sistema de defesa contra os adversários*, ainda que suas origens possam fazer supor o contrário (luta contra os judeus e os gnósticos). Durante séculos, a apologética despendeu suas melhores forças na organização das cruzadas. Para máxima felicidade, ela perdeu este tom polêmico e cortante que a tem desacreditado. A apologética é antes de tudo uma *ciência positiva*, que teria que existir mesmo que não houvesse nenhum adversário a combater. Por outro lado, os estudantes atuais, que vivem num clima de ecumenismo, não conseguem mais suportar um tipo de apologética eriçada de pontas e ajaezada de ferros. É sem dúvida significativo da mudança que se operou nas mentes o fato de que estudantes ortodoxos, protestantes e muçulmanos possam assistir aos cursos de apologética, ministrados nas universidades católicas, sem lhes sentir nenhum tédio.

c. A apologética não é *um simples tratado filosófico-histórico*, como acreditavam alguns, por exemplo Dieckmann. Pelo fato de servir-se da história e da filosofia, não se segue que se afaste da teologia. A apologética é uma autêntica teologia que permanece no âmbito da fé; representa, ainda, para o crente, a busca de compreensão do dado revelado por parte da inteligência do homem. Que neste estudo – por motivo do objetivo que se propõe – tenhamos que servir-nos dos dados da história, da filologia e da filosofia, nada tira de seu *propósito essencial*, que é o de compreender o dado revelado: como fato histórico, na apologética; como mistério, ao invés, na dogmática. Por uma concepção errônea do trabalho teológico, tem-se acentuado de modo excessivo a distinção entre apologética e dogmática, que, ao invés, são feitas para se completarem e se vivificarem, já que a realidade que estudam é, simultaneamente, evento e mistério.

d. A apologética *não é filosofia da religião* – O propósito essencial da filosofia da religião (→ Religião: filosofia) é o do filósofo, e não o do crente. Ela não se interessa pelo mistério como objeto de fé (dogmática), nem como digno de fé (apologética), mas estuda a religião enquanto atividade do homem e enquanto atividade consciente. Estuda os fenômenos que desencadeiam o fato religioso, as categorias que a religião coloca em jogo. Para a filosofia da religião, a revelação é apenas um critério negativo. A apologética, ao contrário, opera sempre sob a direção da Igreja e sob o estímulo da fé que busca compreender-se a si mesma. Como diz Y. Congar, a filosofia da religião estuda o ato religioso, a fé cristã, mas *a partir de baixo*: "O seu âmbito operativo e o seu método a impedem de fazer uma avaliação definitiva sobre o conjunto, tanto das condições existenciais da fé quanto de seu objeto. Esta avaliação cabe à teologia" (Y. Congar, *La foi et la théologie*, Bruges-Paris 1962, 190).

2. NATUREZA DA APOLOGÉTICA – Depois desta análise de ordem negativa, digamos o que positivamente se entende por apologética.

a. Os teólogos reconhecem, geralmente, que a apologética é uma *verdadeira teologia.* Do *habitus* teológico, mantém a tensão para a compreensão do dado revelado. Empenha-se na compreensão deste dado, enquanto *revelado* e, consequentemente, enquanto *digno de fé.* Ou seja, em outras palavras, busca demonstrar a correção humana da opção de fé que está na base de toda a teologia cristã. Com efeito, se a fé é um ato livre e racional, a razão deve poder mostrar que não nos empenhamos sem motivo. Trata-se de um estudo de tipo introdutório, que, em teologia, é análogo àquilo que em filosofia são a ontologia e a crítica.

b. Para indicar o objetivo primário da apologética, os autores utilizam fórmulas diversas, mas substancialmente idênticas. Se considerarmos a apologética do ponto de vista da *revelação*, dir-se-á que é a ciência da credibilidade da revelação. Ela procura estabelecer: de modo *metódico* (de conformidade com as exigências da ciência), com um discurso válido *especulativamente* (que responde não somente às exigências da vida prática, mas também às do senso crítico), válido *universalmente* (devido ao valor objetivo dos argumentos e não somente por causa da autoridade de quem fala, ou da docilidade de quem escuta), que a religião cristã merece ser crida, por ser de origem divina. Em outros termos, ela é a exposição científica dos sinais que atestam o fato da revelação e que, portanto, confirmam a credibilidade da religião cristã. Se considerarmos a apologética do ponto de vista da *fé*, dir-se-á que se aplica a "expor, com um discurso válido aos olhos do não crente, o que o crente considera como os fundamentos da decisão de fé" (H. Bouillard).

c. A apologética deve preocupar-se não somente com o *objeto* a ser estudado (testemunho de Cristo, sinais de sua missão, projeto eclesial), mas também com o *sujeito humano* a quem se destinam a revelação e os sinais da revelação (→ Teologia Fundamental II). Por *sujeito humano* entendemos o homem com suas aspirações, inclinações e profundas indigências, assim como as descreveram, por exemplo, → Pascal e → Blondel. Se a apologética negligenciasse o sujeito humano, cairia bem depressa num extrinsecismo árido. Se, por outro lado, ignorasse a intervenção divina e pretendesse limitar-se ao sujeito, não faria outra coisa senão dissolver-se em uma linguagem destituída de sentido. Por conseguinte, a apologética objetiva e subjetiva não são dois expedientes diversos, feitos para provocar a conversão, nem dois métodos que se sucedam no tempo, mas dois aspectos de uma apologética integral. Nesta perspectiva, a atenção dispensada à subjetividade não é simplesmente paralela à demonstração, mas, antes, coextensiva à demonstração global, intervindo na estrutura de cada um dos argumentos. Ela é particularmente importante em dois momentos privilegiados: no início e no decurso da exposição. No início, para demonstrar que o homem – se prestar atenção às exigências de seu mundo interior – não se pode recusar a abrir-se pelo menos à hipótese de uma complementação, que lhe pode vir de Deus como dom, e estudar as condições para o acolhimento de uma eventual Palavra de Deus que lhe indicasse o sentido deste dom e desta complementação. No decurso da exposição dos sinais da revelação, a consideração do sujeito intervém ainda para demonstrar que a decifração concreta dos sinais (→ Semiologia: sinal) não poderia ocorrer sem um certo número de disposições, sem as quais os sinais permaneceriam enigmas, fenômenos não somente aberrantes, mas até irritantes. Desta forma, a apologética verdadeira está a meio caminho entre uma pura apologética do objeto e uma apologética pastoral, cuja preocupação imediata é a conversão.

d. A reflexão apologética sobre o *fato* da revelação é uma função *eclesial*: trata-se da função pela qual a Igreja toma consciência, para si mesma e para quantos a interrogam, da correção humana do empenho de fé. Se a Igreja deixasse de refletir sobre a intervenção de Deus na história e sobre os sinais desta intervenção, no final estaria exposta ao perigo do fideísmo: comprometida na aventura da fé, não saberia mais por que, nem de que maneira se empenhou nela. Esta reflexão serve antes de tudo para os próprios filhos, que ela deseja confirmar na fé, como fez Lucas, quando escreveu a Teófilo para tranquilizá-lo acerca da solidez dos ensinamentos recebidos (Lc 1,1-4). Sobretudo em nossos tempos, a Igreja deve ajudar o cristão a tomar posição em face do ateísmo, das religiões não cristãs e das seitas que constantemente se multiplicam. Esta reflexão pertence também à função *missionária* da Igreja, porque a todos os que acedem à fé ela deve, normalmente, poder apresentar não somente o ensinamento de Cristo, mas também os sinais que fazem reconhecê-lo como messias e filho do Pai. Ela deve poder enfrentar o não crente e apresentar-lhe um discurso que seja válido também aos olhos dele. Coisa tanto mais urgente, porque muitas vezes a ignorância dos próprios cristãos é enorme.

e. A demonstração apologética chega a um grau de certeza bastante elevado, do mesmo nível das certezas alcançadas pelas ciências humanas; esta certeza, porém, permanece no horizonte de uma certeza *moral*. Com efeito, a demonstração apologética baseia-se em *sinais*, vale dizer, realidades singulares e contingentes, que ela apreende só por meio de um *testemunho humano*, através de documentos, cuja avaliação crítica permanece difícil. A este caráter *mediato* de uma demonstração feita por meio de sinais e de documentos históricos, acrescenta-se o de uma conclusão obtida por meio de *convergência*: a convergência dos indícios da intervenção de Deus na história humana. Existe uma certeza própria da matemática, da metafísica, da psicologia, da percepção sensível em suas esferas próprias. Quando se trata de sinais e de testemunhos históricos, movemo-nos no plano da história, da psicologia, do sensível concreto. As certezas que obtemos são, portanto, morais.

f. A ciência apologética, em sua *globalidade*, é algo que a Igreja *possui de maneira coletiva*, enquanto corpo social. Exatamente como um médico não tem condição de adquirir sozinho a ciência médica em sua totalidade, assim nenhum cristão, nenhum teólogo seria capaz de sozinho exaurir a inteligibilidade de todos e de cada um dos sinais da revelação cristã. Com efeito, a ciência apologética supõe, entre outras coisas, o conhecimento aprofundado da Escritura, da Tradição, da história de Israel, da história das religiões, das ciências da linguagem etc. Como acontece para as ciências humanas, a posse da ciência apologética é um fato *eclesial*. E os fiéis, em graus diversos, segundo a inteligência, a cultura e a graça de cada um, participam da ciência da Igreja. Esta participação na ciência e na certeza coletiva é importante, sobretudo quando se trata de sinais ricos de conteúdo (p. ex., os sinais tirados do cumprimento das promessas messiânicas), mas muito complexos e, portanto, de difícil interpretação. Muitos são, porém, os cristãos que podem obter um conhecimento dos títulos do cristianismo à credibilidade que constitui um discurso coerente e válido também para o não crente.

3. O MÉTODO DA APOLOGÉTICA – A reflexão apologética tem por objetivo os fatos primários e fundamentais do cristianismo, vale dizer, o fato da revelação e o do projeto eclesial de Jesus. Não poderia, portanto, apoiar-se, em sua demonstração, nem no caráter inspirado da Escritura, nem no caráter divino da Igreja, já que são precisamente estas qualificações que estão em questão. Ela renuncia a fazer uso de qualquer afirmação de fé na trama de sua argumentação e faz de tudo para elaborar um discurso que tenha sentido e valor também aos olhos do não crente. Os textos da Igreja são por ela considerados como documentos históricos, cujo valor é estabelecido à base das exigências da crítica histórica e dos critérios reconhecidos por esta. Assim, também os argumentos que ela extrai da filosofia devem impor-se à luz da razão crítica, à base do seu valor intrínseco, não por causa da autoridade

da Igreja. Seu discurso de caráter histórico ou filosófico deve ter em si mesmo a própria justificação racional. Não se trata, para o teólogo, de suspender a própria fé, mas de adaptar seu procedimento ao fim que se propõe, isto é, estabelecer criticamente que Deus, em Jesus Cristo, interveio na história, e mostrar que existem sinais historicamente válidos desta irrupção. Uma vez que esta reflexão crítica é a de um teólogo que crê, ela nasce da provocação da fé, que tenta compreender esta novidade revolucionária.

Bibl. – O elenco das publicações, deliberadamente breve, limita-se estritamente à disciplina teológica que era designada, até 1950, com o termo "apologética". Depois, a Teologia Fundamental assumiu o lugar da antiga apologética, com uma concepção mais vasta. Reservamos aos artigos que tratam especificamente de Teologia Fundamental a bibliografia referente à apologética "em vias de renovação".

J.H. Crehan, "Apologetics", em A *Catholic Dictionary of Theology*, I, 113-122; A. Lais, "Apologetik", em LThK, 723-731; X.-M. Le Bachelet, "Apologétique", em DAFC I, 189-251; L. Maisonneuve, "Apologétique", em DThC I,2 (1923) 1511-1580; H. de Lubac, "Apologétique et théologie", em NRTh 57 (1930) 361-378; J.B. Metz, "Apologetik", em SM, 266-276; H. Straubinger, "Die Apologetik als theologische Disziplin", em ThQ 121 (1940) 14-25; D.J. Saunders, "A Definition of Scientific Apologetics", em ThS 5 (1944) 159-183; A. de Bovis, *Bulletin d'Apologétique* 43 (1955) 599-624; A. Gardeil, "Crédibilité", em DThC III/2, 2201-2310; N. Dunas, "Les problèmes et le statut de l'Apologétique", em RSPhTh 43 (1959) 643-680; H. Bouillard, "Le sens de l'apologétique", em *Bulletin du Comité des études*, n. 35, Paris (1961) 311-327; P.J. Cahill, "Apologetics", em NCE 669-674; A. Dulles, *Apologetics and the Biblical Christ*, Woodstock 1964; R. Latourelle, "Apologétique et Fondamentale. Problèmes de nature et de méthode", em *Salesianum* 28 (1965) 256-273; K Gossmann, *Was ist Théologie*, Munique 1966, 25-52.

RENÉ LATOURELLE

APOLOGIA

1. SEMÂNTICA GERAL – O termo (o mais das vezes transliterado nas modernas línguas europeias) é encontrado já na grecidade pré-socrática. Como as demais palavras ligadas ao lexema *apolog-*, ele indica uma relação fundamental com o dizer (*legō*) e com a causa (*apó*) em razão da qual a palavra é proferida. Geralmente, trata-se de um falar diante de alguém, com o intento de justificar a conduta própria ou de outrem ou, então, em defesa de convicções filosóficas e religiosas. Com efeito, dois são os contextos em que a palavra ocorre com prevalência: o filosófico (cf. Platão, *Pol.* 286a) e o forense. Neste último, *apologia* tem valor de termo técnico ("acusação/defesa"). Mas encontra-se também um sentido mais amplo, indicando simplesmente uma resposta de explicação.

2. EXAME DAS OCORRÊNCIAS BÍBLICAS – Do lexema *apolog-* a Escritura apresenta três derivações: *apologéomai* (3 vezes no AT e 10 no NT), *apologia* (uma vez no AT e 8 no NT) e *apológēma* (uma só vez em Jr 20,12). Os números indicam um notável incremento do léxico no NT; efetivamente, a soma total das frequências está na proporção de 5 para 18.

Por outro lado, observa-se – e não sem surpresa – que o verbete *apologia* está ausente nos mais conhecidos dicionários bíblicos e teológicos do nosso século (BL, BThW, GLNT, TBLNT...). Existirá, talvez, nesta omissão, alguma relação com a crise de uma teologia apologética por demais preocupada em defender a fé dos ataques dos adversários? (→ *Apologética*). Em todo caso, tal silêncio torna ainda mais necessário pesquisar o significado bíblico da terminologia em questão.

Para se saber o que a Escritura entende pelas palavras *apologéomai* e *apologia*, é preciso examinar antes de tudo os contextos, porque um é o sentido em âmbito forense, outro em diatribe e outro ainda em contexto de perseguição.

No AT, o verbo está presente pela primeira vez em Jr 12,1, onde traduz o hebraico *rîb*, termo clássico na *contenda*, judiciária ou não. Mas aqui o profeta o emprega para descrever sua relação com Deus, seu "disputar" (*'arîb / apologêsomai*) com ele, sua interrogação sobre o modo de agir de Deus. Traduz o hebraico *rîb* também o substantivo *apológēma*, presente em Jr 20,12. O profeta, perseguido por seus inimigos, sustenta haver confiado a própria defesa ao Senhor. Assim, o uso forense é claramente transportado para o plano religioso, em que se deposita plena confiança na justiça divina. O verbo possui, porém, significado político em 2Mc 13,26, onde relata a autodefesa de Lísias diante dos cidadãos de Ptolemaida.

É significativo que a única ocorrência veterotestamentária de *apologia* esteja presente em um contexto sapiencial (Sb 6,10). Trata-se de uma admoestação dirigida aos poderosos da terra, para que aprendam a sabedoria e se comportem corretamente (Sb 6,1-11). Efetivamente, um juízo severo espera os que estão em cima. Mas quem se deixar ensinar pela sabedoria e guardar "as coisas santas" encontrará nelas a própria *defesa.* À sabedoria se atribui, portanto, uma função apologética, no sentido de reconhecê-la capaz de defender seus devotos.

No NT, a palavra está presente quase exclusivamente em Paulo e em Lucas (única exceção 1Pd 3,15), razão pela qual se tem falado de influência helenística. Quanto ao uso, pode-se colhê-lo em dois âmbitos fundamentais: na situação de conflito (social ou religioso) e no contexto missionário. No primeiro caso, a linguagem exprime o confronto/choque do jovem cristianismo com o ambiente pagão, por um lado, e com a sinagoga, por outro (cf. Lc 12,11; 21,14; 19,33; referido a Paulo: At 22,1; 24,10; 25,8; 26,1.2.24; 2Tm 4,16).

No segundo caso, o léxico apologético é funcional para o movimento missionário e ressente-se da influência da propaganda judeu-helenística (1Cor 9,3; 2Cor 7,11; 12,19; Fl 1,7.16).

3. RELEVÂNCIA EM 1Pd 3,15 – De particular interesse para a Teologia Fundamental é o significado de *apología* em 1Pd 3,15. O escrito dirige-se aos cristãos que vivem em situação de diáspo-

ra, nas províncias romanas da Ásia Menor. A carta inteira – e em particular o trecho a que pertence a passagem (3,13-17) – deixa intuir um clima tenso, se não propriamente de perseguição, certamente de hostilidade e de violência. Em tal contexto, o autor intervém com uma argumentação extremamente positiva. Ele tem confiança na lógica da reciprocidade, que regula a vida civil. Geralmente, o bem é reconhecido e apreciado. Considera por isto que a oposição do ambiente possa resolver-se se, de sua parte, os cristãos forem decididos obreiros do bem: "Quem vos fará mal se vos tornardes zelosos do bem?" (1Pd 3,13). A pergunta, claramente retórica, prevê de per si uma resposta consoladora (ninguém!). Mas não exclui que as coisas ocorram de outra forma. Com efeito, Pedro sabe, por experiência – como testemunha dos sofrimentos de Cristo (5,1) – que o bem pode às vezes ser retribuído com a rejeição e a inimizade.

A possibilidade do sofrimento injusto, já prevista na exortação aos domésticos na fé (cf. 2,19-20), está realisticamente diante de todo cristão e remete para a bem-aventurança evangélica: "E se tiverdes que sofrer por causa da justiça, sois bem-aventurados (*makárioi*)" (3,14; cf. Mt 5,10). Mas o autor não prevê que tal aconteça ordinariamente e, de sua parte, pretende consolidar a ideia de que a força do bem vence; os cristãos devem dar prova disto. Esta convicção volta na conclusão do trecho: é sempre melhor sofrer – se Deus o quiser – por ter feito o bem (*agathopoiéō*), antes que o mal (v. 17), como atesta o exemplo de Cristo, que foi exaltado por Deus (3,18-22; cf. 2,21-25).

O sentido de "apologia" encontra-se na perspectiva deste argumentar típico. Os crentes são exortados a não se deixar paralisar pelo temor, incutido pelos adversários, a não sucumbir a suas críticas e hostilidades, mas antes a sustentar o confronto positivamente e com discrição. Com uma expressão ousada, são convidados a "santificar" o Cristo nos seus corações, reconhecendo-o como Kyrios, Senhor escatológico. Será esta cordial relação com o Cristo que os tornará disponíveis (*étoimoi*) a todo tempo (*aéi*), a dar "explicação" (*apologia*) a todos os que perguntam pelo motivo de sua esperança (v. 15). Não, certamente, com arrogância, mas com mansidão, respeito e "boa consciência" (v. 16a).

Para Pedro, a finalidade de tal apologia é desacreditar as calúnias com os fatos. Quem fala mal dos cristãos deve mudar de opinião observando seu comportamento honesto (3,16b; cf. 2,12).

Qual é, portanto, o sentido de *apologia*, neste contexto? Parece dever-se excluir uma defesa de caráter público e legal, como de praxe nos tribunais. Com efeito, embora a locução *aitéin tína lógon perí tinós* (pedir a alguém razão de alguma coisa) e a palavra *apologia* possam ter sentido jurídico, não parece ser este seu valor em nosso trecho. O autor, que já falou de submissão à autoridade civil (cf. 2,13-17), não menciona neste caso nenhuma categoria específica. O pedido de explicação pode vir de qualquer pessoa (*pantí*), por isto subentende-se um interrogatório informal, ligado à vida de cada dia. E no cotidiano, exposto à observação curiosa e tendenciosa, que os cristãos devem sempre estar prontos para a apologia.

Em tal contexto, parece inadequado também o sentido de apologia como *defesa racional da fé*. Não é por acaso que o objeto, sobre o qual versa a pergunta, não é primariamente a fé, mas a esperança (*elpís*), um tema central no escrito de Pedro (1,3.21; 3,15). Com este termo, mais que a adesão a uma doutrina, pretende-se explicitar o novo modo de vida, a regeneração, obtida pela ressurreição de Jesus Cristo dos mortos (1,3).

A própria pergunta emerge da práxis, porque os cristãos, devido à esperança que habita neles (*en hymín*: em cada um e na comunidade), já vivem de outra forma. O comportamento atípico em relação ao de tempos atrás dá origem à interrogação sobre o sentido complexo da nova orientação de vida, sobre a *esperança*, para a qual os cristãos são assim radicalmente orientados.

Ora, a uma pergunta relativa ao sentido de vida geralmente não se responde com a "defesa" ou com a "a autojustificação", mas procurando explicar as razões profundas que mudaram o curso do modo próprio de viver.

Por outro lado, não se trata sequer de garantir que os cristãos sejam obedientes à ordem constituída, submissos à autoridade e às leis da convivência social. Esta hipótese foi aventada por Balch, com base nos discursos apologéticos de Filão (*Hypoth.*, 7.14) e de Flávio Josefo (*Contra Apionem*, II, 147,178,181). Mas a perspectiva de 1Pd é diferente da de Filão e de Flávio. Nela o termo *apología* é utilizado em sentido amplo; supera o horizonte puramente defensivo e se desdobra para a dimensão missionária. A disponibilidade para deixar-se interrogar e, sobretudo, o "estar diante" dos adversários com dignidade e mansidão, tem o valor de uma apologética positiva e missionária.

Em conclusão, o uso petrino de *apología* leva os leitores para além da estreiteza dos ditos de perseguição, no terreno social da convivência cotidiana, onde tem lugar a provocação da esperança, em que ainda hoje se baseia o crente.

Bibl. – L. Goppelt, *Der I Petrusbrief*, Göttingen 1978; R. Fabris, "L'apologia nel Nuovo Testamento", em ETF I, 3-14; M. Seckler, "Fundamentaltheologie: Aufgaben und Aufbau, Begriff und Namen", em HFTh IV, 455-467; D. Balch, *Let Wives be Submissive*. The Domestic Code in I Peter, Chico 1981, sobretudo p. 90-93.

ELENA BOSETTI

APOLOGISTAS LEIGOS

O assumir crítico da apologética elaborada por leigos, para sua reflexão crítica, postula uma duplicidade de instâncias que interessam tanto aos estatutos de sujeito (o leigo teólogo) e de objeto (a apologética) quanto à vivência histórica como fragmento de memória eclesial.

1. AS COORDENADAS – *a.* A questão relativa à presença de apologistas leigos pode ser tratada a partir de duas perspectivas diferentes. Se por leigo se entende o *não clérigo*, então, de Aristides em diante, a fila é numerosa, rica e variegada. Mas se

nos referimos à emergência de uma nova consciência de identidade, primeiramente cultural e depois eclesial, que aprofunda suas matrizes no humanismo e encontra na época moderna seu desenvolvimento complexo e trabalhoso, neste caso tal fila reduz-se a ponto de, em certos momentos, quase desaparecer. Considerando mais rica de elementos críticos e de questões metodológicas esta segunda perspectiva, assumimo-la para a nossa abordagem, mas conscientes de que uma pesquisa sobre os leigos que se empenharam na reflexão cristã pode ser conduzida somente através da superação de alguns recentes modelos de estatuto epistemológico do *fazer teologia*, a fim de compreender ali a visão de uma reflexão sobre a vivência cristã elaborada, por direito ineliminável, por cada crente que refletir seriamente sobre sua própria fé.

b. A impossibilidade de produzir hipóteses interpretativas, como tentativa de colocação histórico-eclesial da trajetória apologética – assinalada que é por profundas fraturas culturais e teológicas – leva a preferir metodologicamente uma recondução de síntese fenomenológica relativa às figuras consideradas mais significativas, a fim de recolher as estruturas essenciais da dimensão laica da apologética moderna. O horizonte analisado cobre geograficamente a Europa, confessionalmente a católica e historicamente os séculos XVIII e XIX. Período em que o continente católico e teocrático se encontrou diante do novo espírito filosófico e científico que modificou seus fundamentos culturais e deslocou os centros de gravidade da civilização para o norte protestante. Pela primeira vez, o cristianismo em geral e o catolicismo em particular compreendem-se como elementos, entre os outros, num novo contexto histórico-sócio-cultural, para eles caracterizado pelo desmoronamento da fé e pela tentação de realização de uma república de ateus. A reação católica verá, como protagonistas, quase unicamente figuras de leigos, empenhados em combater a *negação filosófica* e em dar um fundamento à própria religiosidade. Mas sua limitação principal se aninhará no assumir o mesmo equívoco presente no conceito de *razão* iluminística, centrado somente na dimensão racional do homem, antes que na afirmação de suficiência do senso comum como norma constitutiva de verdade. Também no plano social, a perspectiva aparecerá fortemente reducionista, defendendo uma sociedade organizada hierarquicamente, fundada no privilégio, ainda que religiosamente unida na fé católica, considerada como único fundamento do Estado e dos direitos políticos e civis em todo caso subordinados a ela.

2. AS FIGURAS – *a.* Enquanto a apologética está em pleno florescimento no norte da Europa, na *Itália* apresenta-se decepcionante, perdendo-se em estéreis polêmicas contra o protestantismo, o jansenismo, o febronianismo, justificando, assim, o severo juízo de Lamennais: “Se me fosse permitido julgar os romanos pelos livros que nos chegam de seu país, estaria um tanto propenso a crer que estão um pouco atrasados em relação à sociedade. Ao lê-los, dir-se-ia que nada mudou no mundo, de meio século para cá” (Carta de 2 de janeiro de 1821). Entre as figuras de leigos apologistas, recordamos *Monaldo Leopardi* (1776-1847), que defende uma sociedade católica organizada de modo fortemente hierárquico, como baluarte contra os danos que seriam causados por outras formas de modelos sociopolíticos, considerados aproximativos e insuficientes.

b. Na Prússia, encontramos *Johann Joseph von Görres* (1776-1848) e *Franz Xavier Benedict von Baader* (1765-1841). O pensamento de Görres, por suas exigências enciclopédicas, procede da análise das elaborações filosóficas da história, chegando à redescoberta de um fundamento religioso da individualidade, a ser defendida contra toda forma de *jacobinismo*, seja este revolucionário ou reacionário. O que caracteriza seu itinerário filosófico e estrutura seu pensamento apologético é ter procurado no catolicismo aquele fundamento que havia encontrado nos princípios da revolução e que a restauração política subsequente de fato tinha negado, sobretudo em relação a suas esperanças patrióticas. Seus interesses religiosos principais dirigiram-se para o estudo do *primitivo* e do *mito*, bem como para a reavalização da Idade Média e, nesta, da Igreja. A mesma coerência conceptual e intelectual esteve presente em sua intensa atividade política no partido católico, de que foi um organizador forte e tenaz.

O projeto de instituir uma Academia para as ciências religiosas, em Petersburgo, coloca sob uma luz extremamente interessante a figura de Von Baader. A Academia, com o apoio de outros leigos russos, teria como objetivo primário a promoção e difusão do verdadeiro sentido da religião, e isto em posição alternativa, tanto em relação ao difundido pelos jesuítas quanto ao do enciclopedismo. Para Von Baader, a religião devia ser como que uma filosofia, para a qual a fé católica se tornava participação no conhecimento divino, isto é, uma *con-scientia*, em que a consciência das coisas coincidisse com o reconhecimento de sua pertença a um saber superior. Com efeito, é no ato de fé que o homem chega não somente ao reto uso da razão, mas, sobretudo, a seu pleno desenvolvimento. Procedendo do plano filosófico para o sociopolítico e do individual para o coletivo, deduz-se daí que a própria sociedade deve fundar-se na consciência de que a comunhão em Deus está na base da comunhão entre os indivíduos. Como para os outros apologistas leigos, também em Von Baader a rigorosa coerência de seu pensamento e de sua vida com este tornaram-no objeto de grande respeito e matriz de profunda influência intelectual, particularmente para os filósofos russos V.S. Soloviev e N. Berdiaev, para os quais Von Baader pemaneceu sempre uma eminente figura do pensamento cristão.

c. Deslocando-nos para a *Espanha*, encontramos *Juan Donoso Cortés* (1809-1853), que coloca na base do seu pensamento uma reflexão sobre o mal, causa de destruição da humanidade, impedida tão somente pelo sacrifício da cruz. Seu pensamento parte da reconhecida insuficiência da inteligência, que, embora possuindo a capacidade de individuar e distinguir o mal do bem, não tem a força para opor-se validamente a este último. Por via de consequência, temos a condenação da filosofia, que inspiraria uma falsa confiança no homem sobre suas possibilidades de compreender a verdade, entregando-se a seu livre-juízo. Ao invés, somente o cristianismo poderá transformar o homem a partir do fundo de si mesmo. Interessante notar que Donoso Cortés não quis nunca ser definido como *apologista*, por causa de sua sensibilidade e caridade, que o afastavam, naturalmente, de uma atitude muito rudemente ofensiva dos vários *inimigos*.

d. Será a França que oferecerá a mais rica e significativa série de pensadores leigos, que verdadeiramente deixaram uma marca indelével na apologética moderna e que, bem ou mal, contribuíram para o nascimento da apologética contemporânea a nós. Homens que nunca teriam podido conceber um regime diferente do monárquico, ou que, de alguma forma, não fosse sufragado pelo grande livro da história, isto é, por aquele passado que eles projetaram no futuro e de que foram profetas intransigentes, para sua restauração no presente. Restaurar o uno, o verdadeiro, o bom e o belo: esta foi, no fundo, sua vocação e seu propósito, com o fim de religar a história dos homens à de Deus, depois da fratura iluminístico-revolucionária, numa Igreja visível e dirigida pelo grande código de perfeição política, ética e estética.

Joseph de Maistre (1753-1821) parte do dado eclesiológico. Deus edificou uma só Igreja e cabe aos homens defendê-la contra todos os que, no curso do devir histórico, queiram minar sua unidade, compacidade e firmeza. Por isto, o protestantismo será visto como o próprio princípio do mal, de que deriva toda desordem e rebelião: desde as diversificações confessionais até a própria Revolução Francesa. Para ele, o herege estava para o revolucionário como a Igreja está para o Estado. A desordem doutrinal tornar-se-ia mais cedo ou mais tarde desordem sociopolítica, e vice-versa; por isto, a Inquisição tinha que golpear com a mesma força tanto o herético como também o revolucionário. Sua sólida certeza de estar com a *verdade* não lhe foi, porém, fonte de satisfação pessoal ou de reconhecimento público, nem mesmo por parte de seus primeiros e naturais beneficiários: tanto o papa como o rei lhe temiam a tenaz obstinação como possíveis fontes de excessivas reações e incidentes diplomáticos. Sua obra mais famosa, *O papa* (1819), foi escrita durante sua estada diplomática em Petersburgo, com o intento de tranquilizar o czar sobre a obra de proselitismo dos jesuítas; articula-se em quatro livros, partindo de uma afirmação de princípio, para, depois, desenvolver-se ao longo de toda uma série de demonstrações, derivadas do próprio significado da história: a prioridade da *Palavra* sobre a *Escritura*. Efetivamente, ao passo que a Palavra é luz incontaminada, a Escritura é texto corrigível, susceptível de infinitas e perigosas correções, acréscimos, interpretações. A Palavra é a imagem de Deus, a Escritura é seu texto e a expressão humana de uma verdade condicionável por motivos terrenos e práticos.

François-René de Chateaubriand (1768-1848) tinha compreendido que, para cicatrizar as feridas da revolução, era necessária a religião. Em sua obra que o tornou célebre, *O gênio do cristianismo* (1802), expôs as belezas da religião à qual havia dramaticamente retornado: um cristianismo sublime pela antiguidade de suas recordações, inefável por seus mistérios, adorável por seus sacramentos, interessante por sua história, celestial por sua moral, fascinante por suas cerimônias, rico e sugestivo pelos profundos traços que havia deixado no coração do homem. Se, por um lado, a obra foi considerada um documento fundamental para a redescoberta do cristianismo, em suas belezas e valores sociais, capaz também de estimular outras obras e pesquisas culturais – e isto nos mais distintos e diversificados setores, não somente teológicos – por outro lado, não lhe faltaram críticas da parte dos que a viram antes como um tratado histórico-literário, por vezes também desordenado, alvo fácil para a ironia, sobretudo em algumas descrições julgadas pomposas e teatrais, mas, de modo especial, porque regida por uma metafísica simplista. De um ponto de vista estritamente apologético, a obra foi definida mais como uma propedêutica subjetivo-afetiva do que como uma demonstração apologética, entendida em sentido estrito. As características essenciais de sua metodologia apologética parecem ser o predomínio do coração sobre a razão, com a glorificação de todas as faculdades afetivas e a exaltação do mundo moderno sobre o antigo, isto é, do cristianismo sobre o paganismo. Confessou ter-se tornado cristão não porque se tivesse rendido a grandes luzes intelectuais, mas em decorrência de uma vocação, brotada do coração: havia chorado e, a partir daí, passou a crer. Revelou seu sentir apologético, afirmando que as apologias contra os hereges não tinham mais atualidade, tendo exaurido sua tarefa e mostrando-se inúteis para o presente. Não se tratava mais de defender um dogma específico, mas antes do fato de que se rejeitavam por completo as próprias bases da fé. Agora era preciso passar do efeito à causa, provando que o cristianismo vem de Deus, justamente por ser sublime, e não que seja sublime por vir de Deus. Por isto, era preciso apresentar a religião sob uma luz puramente humana e responder aos novos erros da grande Babel cientista e racionalista (a Enciclopédia), provando que dentre todas as religiões a cristã é a mais poética, humana, favorável à liberdade, à arte e às letras que o mundo jamais conheceu e que lhe era devedor sob todos os aspectos.

Diversamente de Maistre, que colocava na autoridade e na tradição o critério de verdade e a garantia de salvação, *Louis Gabriel Ambroise de Bonald* (1754-1840) dirige-se à tradição, de que o poder político é a expressão e Deus o fundamento. Ao fazer isto, tende a transcrever a mesma intuição numa entonação mais historicista (sob este ponto de vista, podemos aproximá-lo de Lamennais). Nele a atitude tradicionalista coincide com a mútua defesa da religião católica e da instituição monárquica. Reivindicando para Deus a origem da sociedade e da religião, parte da ideia do homem primitivo mudo, enxertando, assim, sua teoria da linguagem como divinamente revelada e inspirada. Será, em seguida, a tradição que garantirá a ciência e os princípios dos conhecimentos humanos, bem como a própria razão, a única que se constitui como critério discernente entre verdade e erro. O grave limite desta concepção filosófico-teológica está em haver destituído a razão individual da função cognoscitiva, reduzindo-a a puro instrumento de interpretação da razão universal, isto é, da autoridade da comunidade, privando, assim, efetivamente, a fé de sua primária e fundamental condição de racionalidade. Como inevitável corolário, teremos a confusão, no plano teológico, entre natural e sobrenatural, revivendo, assim, as problemáticas jansenísticas, ainda não adormecidas.

3. A HERMENÊUTICA – É inegável o fato de que não existe uma apologética leiga; o que existe são, antes, leigos que fizeram

apologética, mas com toda a densidade e a originalidade de seu mundo intelectual e experiencial. E, se é verdade que a qualidade de suas produções, excetuadas fragmentárias intuições prepositivas, se enquadra na mesma avaliação que caracteriza o vasto e complexo período examinado, são outras, ao invés, as verdadeiras contribuições originais, encontráveis em tal literatura. Com efeito, se, de um lado, ela é tão – ou talvez até mais – agressiva, por outro lado, porém, é capaz de assumir, dentro de si, âmbitos e abordagens quase totalmente desconhecidos à do clero – a filosofia da história, do fato político ou estético – e de dar os primeiros passos na linguística e no mundo do mito. São todas tentativas de projetualidade apologética, que profeticamente antecipam tanto as abordagens interdisciplinares, de um ponto de vista metodológico, quanto, e sobretudo, as de uma globalidade antropológica, própria das atuais orientações sistemáticas. Mas o que talvez confira um caráter peculiar a tais produções é a íntima coerência testemunhal entre pensamento e existência. São leigos que souberam exprimir um testemunho pessoal, do qual os clérigos foram muitas vezes incapazes, testemunho fundado numa fé a que chegam geralmente em decorrência de autênticas conversões. Por isto, reenglobando toda a história da apologética, do ponto de vista da perspectiva e produção leigas, podemos relê-la à luz de um novo parâmetro crítico que, de metodológico, se torna antropológico: não são as apologias que convertem, mas os convertidos que as escrevem, como expressões últimas de uma fundamental intuição experimentada: *unum, bonum, verum et pulchrum quaerunt intellectum.*

Bibl. – L.G.A. de Bonald, *Théorie du pouvoir politique et religieux dans la société civile, démontrée par le raisonnement et l'histoire*, Constança 1796; Id., *Essai analytique sur les lois naturelles de l'ordre social*, Paris 1860; J. de Maistre, *Les soirées de Saint-Pétersbourg*, Paris 1806; Id., *Du Pape*, Lyon 1819; F.X.B. von Baader, *Beiträge zur dynamischen Philosophie*, Berlim 1809; M. Leopardi, *Le illusioni della pubblica carità*, Lugano 1838; J. Donoso Cortês, *Ensayo sobre el catolicismo, el liberalismo y el socialismo*, Barcelona 1851.

FILIPPO SANTI CUCINOTTA

APÓSTOLO

Segundo o substrato semítico, o termo significa delegado, embaixador, que exerce uma missão de plenipotenciário, em nome de alguém que tem autoridade e que, de algum modo, se torna presente através do delegado. O apóstolo representa aquele que lhe deu o mandato: "Em verdade, em verdade vos digo: um servo não é maior que seu senhor, nem um enviado é maior do que aquele que o enviou" (Jo 13,16). Ainda que o termo não tenha um sentido absolutamente unívoco, encontra-se em todos os escritos do NT, exceção feita da segunda Epístola aos Tessalonicenses, da Epístola de Tiago e das de João. Usado sozinho ou associado a outros, o termo é característico da era apostólica (do ano 50 ao ano 80).

1. *Apóstolos* é um termo privilegiado nas epístolas de Paulo. A este propósito é importante o testemunho da primeira Epístola aos Tessalonicenses, não só pela antiguidade do documento (do ano 51), mas também porque aqui o termo está ainda isento de qualquer intenção polêmica. Paulo apresenta-se como apóstolo de Cristo (1Ts 2,7), encarregado de anunciar o Evangelho (1Ts 4,4; 2,9). Através dele é Deus mesmo que se dirige aos Coríntios: "Somos embaixadores em nome de Cristo e, de fato, é Deus mesmo que por meio de nós vos dirige um apelo" (2Cor 5,20). O apóstolo é um embaixador de Cristo, a quem este deu o mandato. Paulo recebeu sua missão de apóstolo de Cristo ressuscitado e não dos homens (Gl 1,1). Esta missão é, antes de tudo, uma missão de evangelização. A tradicional trilogia "apóstolos, doutores e profetas", que voltamos a encontrar na Epístola aos Coríntios e na Epístola aos Efésios (Ef 4,11-12), diz respeito ainda ao caráter missionário que Paulo parece ter recebido de Antioquia.

2. Em Lucas, o conceito de apóstolo está intimamente ligado ao de *testemunha.* Os apóstolos são homens escolhidos por Jesus, durante sua vida pública, e foram encarregados, antes da ascensão, de uma missão decisiva: portanto, tornaram-se as testemunhas de seu ensinamento, de suas obras, de sua paixão e de sua ressurreição. Em Lucas, delegação de poder e função de testemunha são uma única coisa, assim como aparece no relato da vocação de Mateus. Para Lucas, os apóstolos não são apenas os embaixadores de Cristo, mas são, sobretudo, homens que assumem funções reservadas aos Doze, em particular a de testemunhas qualificadas da vida e da ressurreição de Jesus.

A esta altura, podemos perguntar se Jesus, durante sua vida pública, deu o título de apóstolo a seus discípulos (Lc 6,13). A questão é controversa. Não paira dúvida de que Jesus chamou um certo número de homens a segui-lo e a se tornarem seus discípulos. Também não há dúvida de que, durante sua vida pública, Jesus escolheu um certo número de discípulos "para estarem com Ele" na missão de proclamar o Reino, de expulsar os demônios e de curar os doentes. A constituição de um grupo de "Doze" faz parte da mais antiga tradição (Mc 3,14; Lc 9,1). Mas não podemos afirmar o mesmo quanto ao termo "apóstolo" e quanto à expressão "os doze apóstolos". A crítica atual crê que *apóstolos* seja termo originário de Antioquia e que designe missionários itinerantes: a este título, é aplicado a Pedro e a Paulo. A expressão "os doze apóstolos" parece resultar da fusão de duas expressões em uso na Igreja primitiva: os "Doze" e os "apóstolos".

O essencial é conhecer o sentido que a Igreja primitiva deu a este termo, como também a atitude que se revela em relação a Jesus. O apóstolo, seja ele considerado como embaixador e representante de Cristo (concepção de Paulo) ou como testemunha da vida de Jesus (concepção de Lucas), na linguagem e na mentalidade da Igreja primitiva mantém uma relação de fidelidade em relação àquele que o delega para representá-lo, e de quem é testemunha.

Bibl. – K.H. Rengstorf, "Apóstolos", em GLNT I, 1105-1190; A. Médebielle, "Apôtre", DBSuppl 1, 533-588; X. Léon-Dufour,

"Apóstolos", em *Vocabulário de teologia bíblica*, Petrópolis [4]1987, 70-74; M.L. Held, "Apostle", em NCE, 678-680; A. Lemaire, *Les ministères aux origines de l'Église*, Paris 1971, 179-180; A. Descamps, "Aux origines du ministère. La pensée de Jésus", em RTL 2 (1971) 19-24; R. Latourelle, A *Gesù attraverso i vangeli*, Assis 1979, 213-215; J. Guillet, *Entre Jésus et l'Eglise*, Paris 1985.

RENÉ LATOURELLE

ATEÍSMO

I. ORIGENS: 1. *Um ponto de partida* – 2. *Questão filosófica e epochê religiosa* – 3. *Sistemas cartesiano e newtoniano* – 4. *O Iluminismo: síntese e corretivos* – 5. *Uma lição para a Teologia Fundamental* (M.J. Buckley) – II. CONTEMPORÂNEO: 1. *Explicação conceptual* – 2. *O ateísmo moderno* – 3. A *disputa teológica com o ateísmo* – 4. *O ateísmo moderno e o problema da teodiceia* (B. Groth).

I. Origens

1. UM PONTO DE PARTIDA – O moderno aparecimento do ateísmo no mundo ocidental apresenta-se à Teologia Fundamental com ambiguidades quase insuperáveis. O significado de "ateísmo" é inevitavelmente dialético, sua compreensão baseia-se no termo "teísmo", de que é a negação. Esta dependência semântica aumenta, quando se reconhece que "ateísmo" foi aplicado a formas muito diferentes de convicções ocultas ou de pensamento sistemático. "Ateísmo" teve a função tanto de insulto atirado contra os próprios adversários quanto de afirmação pessoal, para identificar uma posição assumida e discutida em público.

As análises e as histórias do ateísmo muitas vezes concentram-se nas implicações conhecidas ou ocultas de pensamento, que levaram a distinguir entre ateísmo, → agnosticismo e antiteísmo, indiferença (→ indiferença religiosa) e postulado, ateísmos práticos e teóricos. Estas análises tendem a agrupar, sob cada categoria, uma gama específica de figuras, pensando que uma certa linha de pensamento inclua necessariamente tal negação, sem levar em conta a declaração do contrário. Esta leitura do pensamento de outros, através da imposição dos próprios conceitos e estruturas, pode atingir os mais insatisfatórios índices. Sócrates e os primeiros cristãos, Epicuro e Hobbes, Descartes e Spinoza, La Place, Hegel e Heidegger acabaram todos sendo presas deste modo de fazer a história do pensamento.

Um passo bem pequeno separa um estudo enfocado desta maneira, da invectiva e do terror desconfiado que encontramos nos inícios da era moderna. Walter, conde de Essex, morto em 1577, constatando nada mais que ruína religiosa para toda a Inglaterra, assim escrevia: "Não existe outra coisa senão infidelidade, infidelidade, infidelidade, ateísmo, ateísmo, ateísmo, nenhuma religião, nenhuma religião", enquanto que Th. Nashe, cerca de vinte anos mais tarde, advertia que "nenhuma seita estava tão difundida na Inglaterra quanto o ateísmo". Ainda poucos decênios mais tarde, Padre Mersenne encontrará cinquenta mil ateus somente em Paris (Buckley, *Origins*, 10-58). A atribuição de ateísmo aos próprios adversários, tanto como crítica disciplinada quanto como acusação, parece ser no mínimo um procedimento bem equívoco.

Um ponto de partida mais encorajador, ainda que não isento de ambiguidade, seria considerar não o que foi dito pelos maiores pensadores, mas o que postularam e disseram sobre si mesmos. Isto seria tomar a sério o significado que davam aos termos por eles usados, aos argumentos preparados por eles e às conclusões que daí tiraram. Desta maneira, as listas diminuem consideravelmente, mas a história torna-se mais paradoxal.

De fato, o ateísmo moderno foi gerado não simplesmente por forças socioeconômicas, consequências lógicas das liberdades políticas e da autonomia moderna, nem muito menos pelo desenvolvimento da ciência. Todas estas realidades estiveram realmente presentes e, às vezes, foram operantes, como fatores críticos, no surgimento deste fenômeno sem precedentes, que é o ateísmo moderno. As ideias não surgem nem continuam a existir sem uma matriz orgânica e social que lhes forneça contexto e sustentação. A presença e a influência de tal matriz tem sido repetidamente registrada nas vicissitudes da era moderna, no Ocidente. Os limites de um simples artigo permitem apenas um sumário destes acontecimentos.

Mas o ateísmo é também uma ideia, um argumento, uma convicção que possui uma integridade intelectual própria. Como tal, exige uma atenção especial da Teologia Fundamental. Que tem a teologia a aprender de uma argumentação secular que deu origem e sustentação à negação do que há de mais fundamental na religião? As origens ideais do ateísmo moderno são mais claramente compreendidas se considerarmos que o ateísmo foi gerado justamente pelas forças organizadas para combatê-lo, se considerarmos dialéticos não somente o significado de seus termos, mas também sua forma e existência.

O ateísmo, como sujeito signatário, apareceu no mundo ocidental na época do Iluminismo; surgiu no círculo que rodeava o Barão Paul d'Holbach e Denis Diderot, na metade do século XVIII. O fato de terem sido precedidos por figuras menores, mas significativas, como o Padre J. Meslier, não anula o orgulho que sentem em colocar-se como os iniciadores e os defensores de um discurso ateu explícito e público. Eles introduziram a negação da realidade de "deus" na tradição intelectual do século XIX com tal energia, que garantiu sua presença para sempre.

De início, seu número era limitado. Numa célebre conversa, D. Hume disse ao Barão d'Holbach não acreditar que existissem verdadeiros ateus. D'Holbach lembrou que o círculo que eles frequentavam abrangia quinze pessoas (*Origins*, 256). O ateísmo iria reivindicar progressivamente seu direito de presença nos movimentos intelectuais e sociais que se formariam, em sua maioria, no século subsequente. Mas a sombra incumbente que Nietzsche e Newman veriam mais tarde abater-se sobre a fé da Europa teve sua origem e seus contornos naqueles últimos anos do Iluminismo francês. Foi o próprio Hegel que escreveu: "Não deveríamos encarar a acusação de ateísmo com leviandade; efetivamente, é muito comum uma pessoa qualquer, cujas ideias sobre Deus divirjam das dos outros, ser acusada de falta de religião ou até de ateísmo. Mas é justamente este o caso em que tal filosofia desembocou no ateísmo e definiu a substância, a natureza etc., como o que deve ser tido como o último, o ativo e o eficiente" (*Lectures on History of Philosophy*, III, 387).

Mas nem D. Diderot nem P. d'Holbach deram origem àquilo que fizeram nascer. Foram apenas o fim do começo. Aqui há uma lição crítica para a Teologia Fundamental. Com efeito, exatamente como o significado de "ateísmo" é dialeticamente parasitário de "teísmo", da mesma forma o são suas origens.

Diderot e d'Holbach não contam nem J. Toland (*Christianity not Mysterious* e as *Letters to Serena*) nem A. Collins entre seus predecessores. Tampouco basearam-se em Th. Hobbes e B. Spinoza, embora estes últimos tenham sido considerados por Clarke e Bayle como instigadores de um ateísmo crescente. Diderot e d'Holbach consideraram como parte de sua herança os maiores defensores da fé cristã. D'Holbach toma de S. Clarke a estrutura de um capítulo inteiro e demonstra que ele pode ser preenchido com a ideia de uma matéria dinâmica. A física de I. Newton ocupa um lugar central tanto para Diderot como para d'Holbach, um lugar que nenhum outro empreendimento científico teria atingido, mas estes admiradores franceses estavam decididos a salvar sua física, substituindo a *dominatio* do Deus de Newton por uma matéria dinâmica que tudo abraça. Efetivamente, o problema de Deus no auge do Iluminismo tornara-se um problema de filosofia e de física.

2. QUESTÃO FILOSÓFICA E EPOCHÊ RELIGIOSA – Como já dissemos, nos séculos XVI e XVII – da mesma forma que no caso das bruxas – enxergavam-se ateus em toda parte. Em 1572, por exemplo, até Lord Burleigh afirmava que a Inglaterra inteira estava "dividida em três partidos: os papistas, os ateus e os protestantes. E todos os três eram igualmente favorecidos. Os dois primeiros porque, sendo numerosos, não podemos contrariá-los, e os outros porque, sendo nós religiosos, temos receio de ofender a Deus neles" (*Origins*, 9). Contra eles foram escritos libelos e sermões por Checke, Rastell, Hutchinson e Latimer. Entre os mais sistemáticos e sintomáticos, nesta grande quantidade de livros, figurava o de um teólogo flamengo, L. Lessius, *De providentia numinis et animi immortalitate*, 1613, traduzido para o inglês, em 1631, como *Rawleigh: His Ghost.*

No violento ataque de Lessius há passagens significativas "contra os ateus e os políticos de nossos tempos". Lessius podia indicar os políticos pelo nome. Figuravam entre eles Machiavelli e todos os que haviam tomado o *Príncipe* como guia de sua vida. Mas quem eram os ateus? Lessius não podia dar os nomes dos contemporâneos. Tinha que referir-se às listas da antiguidade clássica, feitas por Cícero, Sexto Empírico e Cláudio Eliano. Destas listas, Lessius escolheu os que considerava os mais indiscutíveis: Diágoras de Meios e Protágoras, Teodoreto de Cirene, Bion de Borístenes e Luciano. A este grupo Lessius acrescentou os atomistas que negavam toda providência efetiva de Deus: Demócrito, Epicuro e Lucrécio. Os contemporâneos – também aqui, como no caso das bruxas – "não eram muito conhecidos do mundo, porque o medo das leis impõe o silêncio a este tipo de gente que só secretamente, entre seus conhecidos, vomita o seu ateísmo" (*Origins*, 46).

O segundo fator é o tratamento reservado ao ateísmo. Os ateus clássicos são antigos filósofos – atomistas, sofistas e céticos. Por isso, o problema do ateísmo será tratado como se fora uma questão filosófica, antes que uma questão religiosa e teológica. Lessius escreve como se estivesse fazendo, no século XVII, uma recuperação do *De natura deorum*, de Cícero, e como se dezesseis séculos de cristianismo tivessem sido irrelevantes. Até mesmo os milagres e a tradição profética são aceitos, não como sinais religiosos, mas entre as clássicas categorias estoicas, e transformados numa ulterior instância do desígnio da natureza, através de uma intervenção tão espetacular que dá testemunho da existência de Deus.

Um motivo posterior provavelmente favorece este deslocamento do problema para o puro campo filosófico. As igrejas que se digladiavam eram vistas por alguns como se fornecessem o terreno para o ateísmo. Francis Bacon escreveu: "As causas do ateísmo são as divisões entre as religiões, se forem muitas" (Ensaios *On Atheism*). E, de fato, havia muitas, e até sanguinárias. A filosofia abria um campo comum a todos – permitindo até que fosse traduzido para o chinês o *De providentia numinis*, em razão das preocupações sobre as posições ateias no Reino do Meio.

Há que registrar mais uma influência, a de uma determinada leitura da *Summa Theologiae*, de Tomás de Aquino. Lessius havia introduzido em Lovaina a prática de comentar a *Summa* em vez das *Sentenças* de Pedro Lombardo. O problema da existência de Deus, com que começa a *Summa*, era lido de modo a resolver este problema com uma argumentação que, embora colocada num âmbito teológico, era essencialmente filosófica, na evidência e no método. Lessius não foi nem o primeiro nem o último tomista a sustentar que é este o método segundo o qual se deve enfrentar este problema. E. Gilson, por exemplo, ao tratar esta seção da *Summa*, escreveu recentemente, isto é, em 1959, o seguinte: "É natural que seu (de Tomás de Aquino) primeiro problema fosse a existência de Deus. Ora, sobre este problema um teólogo não pode fazer muito mais do que dirigir-se aos filósofos, para uma informação filosófica. A existência de Deus é um problema filosófico" (*Elements of Christian Philosophy*, 43,209). Lessius sustentou, com muito vigor, o mesmo, séculos antes. Mas tinha ido além. Havia removido todo o problema de sua colocação teológica, havia ordenado uma série de argumentações filosóficas e havia eliminado, como não pertinente, todo e qualquer elemento essencialmente envolvido na relação pessoal e religiosa entre Deus e os homens. O passo decisivo, neste ponto, não era a introdução da filosofia ou da filosofia natural ou da teologia natural; o passo crucial era a *epochê* religiosa, isto é, agrupar todos os fenômenos ou as "informações" essencialmente religiosos, já que sem lógica persuasiva, fora de uma fé confessional. As experiências e os usos da religião não tinham nada a dizer sobre sua asserção fundacional.

O terceiro fator que se deveria destacar é a união entre ciência e religião. O saber convencional fala de antigos e insolúveis conflitos entre ciência e religião. Como dado factual, a realidade era quase oposta. Excetuada a tragédia de Galileu e de suas consequências, a ciência, definida como "filosofia natural", até o tempo de Newton, não só não era oposta à religião; frequentemente se acreditava que pudesse fornecer as bases para a fé religiosa, melhor do que a religião.

O grande teólogo e erudito M. Mersenne, dos frades menores, seguiria uma linha semelhante. Em seu volumoso comentário ao Gênesis, de 1623, aproximadamente 1.900 colunas "in folio", e em seu livro mais direto, do ano seguinte, *Uimpiété des Déistes, Athées, et Libertins de ce temps*, Mersenne lançou seus ataques contra o suposto ateísmo de seu tempo. Quase todos os que, para seu pensamento, eram perigosos, foram colocados nesta categoria, mas três nomes se destacam em relação aos demais: P. Charron, G. Cardano e Giordano Bruno – um fideísta cético que quis tornar-se cartuxo, um neoaverroísta que levou a Escola de Pádua para Paris e um decidido racionalista – cada um dos quais teria rejeitado com horror esta definição. Para silenciar estes e inúmeros outros ateus, com os quais Mersenne havia enchido Paris, elabora argumentos que unem as descobertas da física epicureia com a ontologia platônica. Foi eliminado todo espaço deixado por Lessius para os milagres e as profecias. Tudo o que for especificamente religioso – tanto na experiência quanto no testemunho, na tradição ou na prática – é colocado de lado, a fim de lhe fornecer um fundamento.

Esta *epochê* religiosa ocupou na Europa uma grande parte da estratégia apologética. A existência de Deus tornou-se primariamente um problema filosófico. Os maiores metafísicos e filósofos naturais daquele período não somente aceitaram esta acusação, mas abraçaram-na.

3. SISTEMAS CARTESIANO E NEWTONIANO – Aos teólogos da Faculdade de Teologia de Paris, Descartes dedicou sua maior obra, *Meditationes de Prima Philosophia*, mas na dedicatória distinguiu sua tarefa da deles: "Sempre considerei que as duas questões sobre Deus e a alma são as principais entre as que devem ser demonstradas por argumentações filosóficas, antes que teológicas".

Newton escreveu a R. Bentley, no tocante aos *Principia*: "Quando escrevi meu tratado sobre nosso sistema (do mundo) fixava o olhar em Princípios tais que, com homens de pensamento, pudessem funcionar para a fé numa divindade, e nada é capaz de tornar-me mais feliz do que achá-lo útil para tal objetivo" (*Origins*, 102). No final da segunda e terceira edição dos *Principia* e nos Quesitos, no fim do seu *Opticks*, Newton elaborou uma longa defesa da existência de Deus: "No que concerne a Deus, falar daquele que, da maneira como se apresentam as coisas, pertence certamente à filosofia natural" (*Principia* III, "General Scholium").

Mas Newton vai mais longe: "A tarefa principal da filosofia natural é arguir a partir dos fenômenos, sem simular hipóteses, e deduzir causas de efeitos, até chegarmos à verdadeira Causa primeira, que certamente não é mecânica!" (*Opticks*, Questão 28). Isto, por sua vez, fornecerá as bases para aquilo que, na 31ª Questão do *Opticks*, ele definiu como filosofia moral e o que seu manuscrito inédito "Short Scheme of the True Religión" identificará com a religião fundamental: "Nosso dever em relação a Deus e nosso dever em relação ao homem, piedade e justiça, que eu aqui definirei como Religiosidade e Humanidade".

Nestes movimentos contra um suposto ateísmo confluíram dois importantes fatores, um da parte de Descartes e outro de Newton. Descartes havia distinguido diversos gêneros de filosofia: Deus deveria ser tratado na primeira filosofia, ao passo que a mecânica seria explicada unicamente graças a princípios mecânicos, aos argumentos e às leis de movimento, inicialmente dadas por Deus. Newton, em vigoroso contraste, eliminou a metafísica e fez da mecânica uma ciência universal. A Mecânica Universal oferecia os fundamentos não somente à geometria, mas também à teologia, já que postulava um princípio que, em última análise, não era mecânico. Os teólogos não somente haviam preparado o caminho para estas revoluções no estado das afirmações sobre a realidade de Deus, mas as haviam abraçado e as tinham seguido, cada um a seu modo. Descartes gerou seu Malebranche, e Newton seu Samuel Clarke. Ambos constituíram sistemas completos de pensamento fundacional em teologia, na base das estruturas conceptuais preparadas por seus mestres: neste campo, cada um dos dois era provavelmente o pensador mais influente em seu respectivo país.

O newtonismo acabou por dominar também no continente, no século XVIII; passaram a florescer as físico-teologias e a existência de Deus encontrou suas bases mais sólidas na *physique experiméntale*.

4. O ILUMINISMO: SÍNTESE E CORRETIVOS – Pode-se descobrir a inversão deste sistema, através da sua desintegração, nas obras de D. Diderot. Em seu primeiro *Pensées philosophiques* (1746), Diderot construiu uma apologética que deslocou o argumento do plano de Newton para uma linguagem aforística. No seu *Lettres sur les aveugles* (1749), que se seguiu, o problema do mal, personificado na cegueira do Dr. Saunderson, chegou a destruir a prova do argumento baseada num plano (divino), e Diderot introduziu uma teoria da matéria dinâmica que poderia explicar tanto o bem como o mal. Deus era, no máximo, um *Deus otiosus*. Do agnosticismo da *Lettre* derivou o ateísmo aberto do *Entretien entre d'Alembert et Diderot*, de *Le revê de d'Alembert* e de *Suite de l'Entretien* (1769). Um ano depois, apareceu, sob pseudônimo, o *Système de la Nature*, do prolífero Barão d'Holbach, que dava a Diderot método e sustentação e complementava suas obras precedentes, *Christianisme dévoilé* e *Contagión sacrée.* Os escritos de ambos expunham um ateísmo que colheria adesões e força. O século XIX acolheu seus argumentos, transferindo a área da evidência de um plano existente na natureza para as implicações da natureza humana como fundacionais para toda afirmação ou negação da realidade divina.

O que aconteceu no Iluminismo e o que está nas origens do primitivo ateísmo, discutido e articulado nos tempos modernos, era fundamentalmente muito simples. Diderot e d'Holbach juntaram duas ideias. De Newton aceitaram a universalidade da mecânica, isto é, o método mecânico era capaz de enfrentar toda a realidade; o que rejeitaram de Newton foi sua pretensão – já aceita por Aristóteles, antes dele, e que seria aceita por Whitehead, depois – de que o estudo dos fenômenos naturais conduza necessariamente a um princípio que está acima da natureza. De Descartes aceitaram a autonomia da mecânica – isto é, que toda realidade física ou natural deve ser explicada nos termos dos princípios mecânicos, ou seja, nos termos de matéria e de leis do movimento; o que rejeitaram de Descartes foi toda filosofia apriorística antes de ela ter podido demonstrar a existência de Deus. De muitas maneiras Diderot e d'Holbach foram os iniciadores do ateísmo moderno, sintetizando linhas de pensamento das duas maiores inteligências do século XVII, dois filósofos exaltados pelos teólogos como guardiães dos fundamentos da religião. A síntese era uma mecânica universal, baseada unicamente em princípios mecânicos.

Esta síntese foi realizada graças a uma mudança decisiva. Tanto Descartes como Newton consideravam a matéria inerte, sem movimento nem mobilidade intrínsecos. Descartes tinha identificado a matéria à elaboração que torna possível a geometria. Newton tinha identificado a matéria à massa e descobrira que a matéria só conceptualmente diferia da resistência inerte à mudança. Ora, Diderot e d'Holbach revolucionaram a filosofia natural e eliminaram o que fora tomado como fundamento da religião – tornando a matéria não mais inerte, mas dinâmica. Tornaram o movimento parte da própria existência da matéria, um atributo intrínseco da matéria. A esta altura, não havia mais necessidade de Deus para imprimir o primeiro movimento à matéria e qualquer plano que a matéria tivesse alcançado seria o efeito necessário do movimento e da matéria. A matéria, com seu movimento intrínseco, torna-se a fonte, em evolução criativa e dinâmica, de toda realidade física. Não deve despertar grande admiração que Diderot tenha sido o escritor favorito de Karl Marx.

Na origem do ateísmo, como acontece em toda grande revolução social e ideológica, atuaram também muitos outros fatores que foram elencados nas análises dos movimentos sociais, culturais e econômicos. Mas o que foi negligenciado nestas histórias das origens foi a evolução do argumento que deu a estes desenvolvimentos compreensão e justificações. As origens do ateísmo derivaram diretamente de uma mudança decisiva na física. Mas a física de modo algum afirmava que não existe Deus, da mesma forma como não o fizera La Place, na sua célebre conversa com Napoleão, em 1802. La Place sustentava simplesmente que a cadeia das causas naturais teria explicado a construção e a conservação dos céus siderais. A física da matéria dinâmica sustentava unicamente que não era necessário um Deus para ordenar e equilibrar o sistema. Só os que consideravam a física e a filosofia natural como fundamentos para demonstrar a existência de Deus ficaram com uma argumentação destituída de fundamento.

Por isso, a pergunta é: Quem havia garantido que a existência de Deus se baseia, em primeiro lugar, na filosofia ou na filosofia natural? Quem havia colocado entre parênteses a religião, a fim de demonstrar a afirmação religiosa central de que Deus existe? Foram os teólogos, que, séculos antes, haviam aceito a *epochê* religiosa como uma estratégia essencial, reduzindo o problema, a evidência e a argumentação a temas essencialmente filosóficos, prescindindo da natureza profundamente religiosa do problema, abstraindo dos aspectos tipicamente religiosos da vida humana que devem funcionar como avalistas e prescindindo dos procedimentos a partir dos quais se poderiam compreender os problemas religiosos e evidenciar e verificar suas implicações. Quanto mais se insistia em que a existência de Deus era essencial e unicamente um problema filosófico, tanto mais se aceitava implicitamente o vazio cognoscitivo interno da religião, para sustentar com toda força a própria afirmação fundacional. Quanto mais se insistia na filosofia natural, tanto mais seu inevitável desenvolvimento se tornava não só um evento positivo até na física, mas também uma indicação negativa no pensamento religioso. As origens do ateísmo moderno, portanto, são profundamente dialéticas: o ateísmo era, em parte, gerado justamente pelos esforços para combatê-lo.

Além disso, como demonstrou recentemente o professor A. Kors, também aqueles filósofos que construíram uma argumentação metafísica, antes que sobre a base da crescente filosofia natural, deram uma contribuição análoga. O que os cartesianos construíram, os aristotélicos derrubaram. O que os aristotélicos indicavam como evidente para a existência de Deus, os cartesianos achavam insuficiente, incerto e não demonstrativo. Quando, afinal, irrompe um ateísmo estruturado, poucas décadas antes dos celebrados e conhecidos Diderot e d'Holbach, provinha de J. Meslier, um supreendente pároco francês, que deixou a sua atônita paróquia obras póstumas em que demonstrava que toda religião era uma farsa. E de onde saíam seus argumentos e os do pequeno grupo de ateus que rodeavam ou seguiam as pegadas de d'Holbach? Das polêmicas dos crentes. Não há necessidade de supor uma história secreta do livre-pensamento, que acabou sendo descoberta. Não somente o dinamismo que se encontra nas origens do ateísmo, mas também seus argumentos derivaram das polêmicas e da apologética dos ortodoxos.

5. UMA LIÇÃO PARA A TEOLOGIA FUNDAMENTAL – Será que semelhante leitura da história desta ideia implica que a especulação metafísica ou as implicações da filosofia natural sejam antirreligiosas, quando se abalançam a tratar ou a sugerir a realidade de Deus, ou que tal pensamento seja secretamente ateu? Em absoluto. Isto não foi verdade para a grande tradição de sabedoria desde Platão e Aristóteles até Pierce e Whitehead. Sartre sublinhou com desapontamento que todos os grandes filósofos até seu tempo, de um modo ou de outro, tinham sido crentes, que uma filosofia ateia realmente grande era algo que faltava à filosofia, e para ela teria dirigido seus esforços (Simone de Beauvoir, *Adieux*, 436). A filosofia não trai o gênio da religião; a religião só pode trair-se a si mesma.

Efetivamente, um tal evento, na evolução de uma ideia, indica que a *epochê* religiosa no fundo é autodestrutiva; que a reflexão fundacional não pode excluir os dados e a experiência do sentido religioso com o objetivo de colaborar na existência de Deus. A religião, como a reflexão sobre ela, deve possuir em si mesma os princípios e as experiências capazes de revelar a existência do divino. Se não existir alguma força persuasiva na fenomenologia da experiência religiosa, ou não se puder descobrir nada no testemunho de histórias pessoais de santidade, oração, profundo respeito e dedicação religiosa; se não tiver nenhuma força aquela exigência propulsora de absoluto, já presente na necessidade de verdade, de fidelidade, de bondade e de beleza; se não diz nada o senso intuitivo do "existir" de Deus, ou a consciência de um horizonte infinito que se revela diante da busca e do desejo – naquele despertar em que a pessoa se encontra jogada a uma consciência mais aguda, em decorrência de experiências-limite, como a morte e a alegria, a solidão e o anseio profundo; se não se encontrar nenhuma força persuasiva na longa história e sabedoria das instituições e das práticas religiosas, nem em todas as dimensões da vida que acertadamente são denominadas "religiosas"; mas sobretudo – para todo aquele que tomar a sério o problema religioso – se não disser nada o chamado da vida e do significado de Jesus de Nazaré: neste caso é definitivamente contraproducente voltar-se para fora da esfera religiosa, para uma outra disciplina, ciência ou arte para basear a pretensão fundacional da religião, ou para demonstrar que "existe um amigo atrás do fenômeno".

O termo "deus", através das multiformes experiências das implicações religiosas, adquiriu profundidade ou densidade demais para ser determinado ou simplesmente e fundacionalmente esgotado, por via de dedução. Poucos acreditarão por muito tempo em um Deus pessoal com o qual não existe comunicação individual. O valor de uma dedução metafísica ou também de um argumento teológico não está em estabelecer a existência de Deus do qual não tenhamos experiência, mas em indicar que aquilo que já está na profundidade da experiência humana é a misteriosa presença de Deus, que se experimenta já no desejo, na alegria, na busca e em todas as tendências do espírito humano rumo a sua realização. E, concomitantes com tal abertura dedutiva do que já está presente, devem ser as encarnações concretas e pessoais deste sagrado absoluto nas vidas dos santos e dos profetas, na obscura tendência dos seres humanos para uma verdade a que é atribuído um reconhecimento absoluto e em comunidades em que são perdoados pecados inexcusáveis e o sagrado se tornou sacramental.

No vocabulário rahneriano, a lição a se aprender deste momento, sobre as origens do ateísmo, é que a teologia católica deve explorar conjuntamente tanto a revelação transcendental de Deus quanto a categórica. Entre os elementos que o Barão Von Hügel entendeu como parte da essência de uma sadia religião, uma reflexão fundacional deve incluir os três fatores basilares: o racional e o especulativo; o afetivo, o místico e o ativo; o institucional e o tradicional. Entre eles existe uma unidade necessária e orgânica. Elimine-se um só deles e a teologia fundacional escreverá uma história não diferente da que apareceu no nascimento do Ocidente moderno. Com efeito, limitar o religioso em sua plenitude e tentar alguma outra coisa, ou abstrair um único fator como fundacional ou como substitutivo, como fizeram os teólogos católicos naquele tempo, é encarminhar-se para um processo de contradições internas, cuja solução final só pode ser o ateísmo.

Bibl. – A.B. Drachmann, *Atheism in Pagán Antiquity*, Londres 1922; E. Cassirer, *Die Philosophie der Aufklärung*, Tübingen 1932; Id., *The Philosophy of the Enlightenment*, Princeton 1951; R.R. Palmer, *Catholics and Unbelievers in Eighteenth Century France*, Princeton 1939; P. Hazard, *La pensée européenne au XVIIe siècle de Montesquieu à Lessing*, Paris 1946; A. Vartanian, *Diderot and Descartes:* A Study of Scientific Naturalism in the Enlightenment, Princeton 1953; J. Collins, *God in Modern Philosophy*, Chicago 1959; L. Febvre, *Le Probleme de l'incroyance au XVIe siècle: La religion de Rabelais*, Paris 1962; G.T. Buckley, *Atheism in the English Renaissance*, Nova York 1965; P. Gay, *The Enlightenment: an Interpretation*, vol. I. The Rise of Modern Paganism, Nova York 1966; H. Blumenberg, *Die Legitimität der Neuzeit*, Frankfurt a. M. 1966; C. Fabro, *Introduzione all'ateismo moderno*, Brescia 1964; Id., *God in Exile*, trad, de A. Gibson, Westminster Md., 1968; A. Kors, *d'Holbach's Coterie: an Enlightenment in Paris*, Princeton 1976; Id., The first Being of Whom we Have no Proof: The Preamble of Atheism in Early-Modern France", em Kors-Korshin (ed.), *Anticipations of the Enlightenment in England, France and Germany*, Filadélfia 1986; M.J. Buckley, *At the Origins of Modern Atheism*, Yale 1987; Id., "The Newtonian Settlement and the Rise of Atheism", em Russell-Stoeger-Coyne (ed.), *Physics, Philosophy and Theology*, Vatican Observatory 1988.

MICHAEL J. BUCKLEY

II. Contemporâneo

1. EXPLICAÇÃO CONCEPTUAL – Como conceito oposto a "teísmo", o termo ateísmo (do grego *theós* = Deus; *átheos* = sem Deus, sem conhecimento de Deus; cf. Ef 2,12) compreende a concepção (filosófica) ou a orientação que nega a existência de um ou mais deuses ou de seres de uma forma ou outra transcendentes.

O agnosticismo distingue-se do ateísmo por causa da negação da possibilidade de um conhecimento certo, no tocante à existência de Deus (→ Agnosticismo).

2. O ATEÍSMO MODERNO – O ateísmo moderno surge no interior do processo de secularização que interessa às sociedades do ocidente industrializado. Parte originariamente do *Princípio do ateísmo metódico*, que deveria exprimir o fundamento de um direito natural, independente de toda problemática religiosa, universalmente válido e, portanto, em condições de vincular também Deus (H. Grotius: "Etsi Deus non daretur"). O ateísmo como *teoria* representa a consciente *legitimação* da secularização da sociedade e de qualquer setor dela.

Comumente, distingue-se um ateísmo *teorético*, um *prático* e um *postulatório*. Esta divisão pode ser satisfatória como primeiro esboço. Mas os sistemas ateísticos modernos são mais bem divididos à luz de sua função. Consequentemente, pode-se falar de ateísmo: *a.* como nova abordagem secular da realidade; *b.* como hermenêutica secular da religião; *c.* como nova forma secularizada de vida, correspondente à modernidade, e, enfim, *d.* pode-se falar de transformações do ateísmo.

a. O ateísmo moderno apresenta-se, antes de tudo, como uma nova abordagem, isto é, uma *abordagem secular da realidade*, com respeito a todas as formas religiosas. Este aspecto resulta essencialmente das obras de d'Holbach e Comte. Segundo d'Holbach, o ateísmo é a redescoberta da natureza e de uma ética conforme à natureza humana. Nas primeiras obras de Comte, o ateísmo (na forma de seu positivismo), é simplesmente o degrau mais maduro do desenvolvimento humano.

b. Como *hermenêutica secular da religião*, o ateísmo moderno entra em sua fase de desenvolvimento provavelmente mais interessante. Neste campo, uma influência persistente é a exercida pelo trabalho filosófico de L. Feuerbach (1804-1872). Segundo ele, o conteúdo da fé religiosa é uma projeção dos desejos e das necessidades humanas. Deus aparece-lhe como a essência do homem (a infinitude de sua própria consciência), que o homem coloca como pedra de toque num além fantástico. Embora Feuerbach não queira ser um materialista (no sentido dado a esta palavra no século XVIII), contribuiu de modo permanente, através de sua ativa crítica à religião, para a articulação e a consolidação do materialismo. Seria difícil supervalorizar sua influência sobre as sucessivas gerações de críticos da religião. – Karl Marx liga-se à filosofia da religião de Feuerbach, dando-lhe, porém, um redirecionamento social: a religião é ao mesmo tempo expressão e protesto em relação à miséria, em que os homens são obrigados a viver num "mundo conturbado". A tese feuerbachiana da projeção adquire, assim, uma explicação social. – Engels, amigo e colaborador de Marx, formula a definição marxista da religião. Segundo esta definição, "toda religião não é outra coisa senão o fantástico reflexo, na mente humana, daqueles poderes externos que dominam sua existência cotidiana, reflexo em que as potências terrenas assumem a forma de poderes supraterrenos" (MEOC 25, 304). Nas obras da maturidade, Engels tenta aplicar sua concepção da religião às origens do cristianismo. Em três escritos (*Bruno Bauer und das Urchristentum*, 1882; *Das Buch der Offenbarung*, 1883; *Zur Geschichte des Urchristentums*, 1895), ocupa-se com problemas de datação dos escritos neotestamentários e das questões relativas ao nascimento do cristianismo primitivo. Justamente nestas obras, mostra-se seguidor de B. Bauer, representante radical da "escola mitológica". – Freud, fundador da psicanálise, desenvolve de outro modo o impulso feuerbachiano. Ocupa-se continuamente com os problemas da busca religiosa, mas não chega a formular uma teoria unitária sobre ela. Existem, definitivamente, numerosos indícios. Freud vê na religião uma neurose obsessiva universal; acredita identificar a origem da religião num parricídio pré-histórico; finalmente, considera a consciência religiosa como uma manutenção da consciência infantil, isto é, como uma recusa a tornar-se adulto.

c. O ateísmo como nova *forma secularizada de vida*, que corresponde às condições e às exigências da Modernidade, afirma-se em toda parte. Particularmente relevantes seriam, neste âmbito, Lenin e o sistema de educação ateística nos países do socialismo real. Lenin depende de Engels, no que toca à concepção da religião. Sua importância reside na formulação da relação entre luta revolucionária e luta contra a religião. A luta contra a religião deve ser subordinada à luta revolucionária global; ela não tem, portanto, um valor autônomo. Na luta contra a religião não se deveriam ferir os sentimentos dos crentes. Coube a Lenin a instauração de um sistema de educação para o ateísmo. Tal educação significa a aquisição de uma visão científico-materialista do mundo.

d. Atualmente, o ateísmo explícito vai-se transformando em outras formas de atitude espiritual de princípio. Consequentemente, pode-se falar sensatamente, e com razão, de *transformações* do ateísmo. Estas transformações podem ser o cientismo, o humanismo (ateístico), o niilismo, o racionalismo e, sobretudo, o agnosticismo.

3. A DISPUTA TEOLÓGICA COM O ATEÍSMO – Desde os inícios do ateísmo moderno, também a teologia se confronta criticamente com ele. Neste debate, uma nova impostação é apresentada pelas últimas obras teológicas de D. Bonhoeffer. Sobretudo suas cartas do cárcere, nas quais convida a reconhecer a secularidade do mundo e seu crescimento. Somente sob esta ótica seria possível anunciar o Evangelho em conformidade com as condições dos novos tempos. Os cristãos deveriam viver no mundo "etsi Deus non daretur". Além disso, o autor enfrenta uma interpretação "não religiosa" de conceitos bíblicos, sem desenvolvê-la inteiramente em cada um dos diversos aspectos e sem explicar de que forma poderia ser factível.

Na esteira de Bonhoeffer, podem-se identificar tentativas bem diversificadas de enfrentar a disputa com o ateísmo moderno. A tentativa mais radical é certamente representada pela assim chamada "teologia da morte de Deus", que se anula por si mesma enquanto teologia. Os representantes da teologia da "secularização" tentam considerar com rigor teológico a secularidade do mundo e traçar-lhe as respectivas consequências.

Algumas concepções teológicas verdadeiras e próprias são fundamentalmente compreensíveis como contestação do ateísmo moderno, sem que haja uma disputa com um autor ateísta concreto. Sob certo ponto de vista, devem ser avaliadas como tentativas autônomas de travar um debate também concepções tão diferentes como a demitização de → Bultmann, ou como a teologia radical da Palavra de Deus, de → Barth. Do lado católico, esta diferença repete-se sob certos aspectos na leitura antropológica da teologia de → K. Rahner e na estética teológica de → H.U. von Balthasar.

O *problema central* que divide o ateísmo moderno e a fé cristã tradicional é a questão relativa à *realidade de Deus.* Todas as formas de ateísmo moderno são concordes em considerar Deus como uma ilusão do homem religioso. Para enfrentar esta objeção de ilusoriedade, a teologia precisa novamente refletir sobre os pressupostos *ontológicos* da questão de → Deus. Não se trata, no caso, de deduzir Deus a partir do mundo, mas do fato de que, sem assumir um Deus, o próprio mundo não pode ser descrito de modo isento de contradições (o que é necessário para poder agir nele). Efetivamente, na descrição de aspectos fundamentais do mundo (como, p. ex., mudanças ou evoluções) surge um *problema de contradição* de tal natureza que os aspectos problemáticos não podem realmente ser descritos sem contradições. Assim, por exemplo, a mudança tem que ser descrita como uma copresença contemporânea de identidade e não identidade. Para distinguir as contradições *aparentes* das *de fato*, há necessidade de ulteriores reflexões sobre o princípio da não contradição e, fundamentalmente, de sua validade *ontológica* (e não meramente lógica). Somente considerando que o efetivo conteúdo de uma problemática das contradições, em sua inteireza, remete constantemente a algo distinto, de que é, ao mesmo tempo, completamente diferente, pode-se resolver o problema e ao mesmo tempo iluminar a "criaturalidade" do mundo: justamente com uma referência a algo diferente, de que é completamente diversa. Este Outro, em termos religiosos, é denominado "Deus". O mundo não é pensável sem este outro, porque foi criado, ao passo que este outro, Deus, é aquilo sem o que nada pode existir.

A objeção segundo a qual a cosmologia moderna tornaria impossível falar de Deus em sentido tradicional (cf. H. Albert, *Per un razionalismo critico*, Bolonha, 1973, cap. V: Fé e Saber) tem sua justificação no fato de que é impossível falar de Deus neutramente em relação a uma visão do mundo. Mas a afirmação, segundo a qual a ideia de Deus estaria exclusivamente ligada à visão sociomorfa do mundo da Antiguidade e da Idade Média, é refutável à luz das reflexões anteriormente expressas.

4. O ATEÍSMO MODERNO E O PROBLEMA DA TEODICEIA – A disputa teológica com o ateísmo não pode negligenciar o problema da teodiceia, considerada geralmente como o argumento *amargo* do ateísmo moderno. No quadro das reflexões feitas até aqui, também este problema pode ser colocado de maneira nova.

A formulação clássica da questão, de como se pode conciliar a existência de um Deus onipotente e infinitamente bom com o mal presente no mundo, não permite nenhuma solução satisfatória. A única alternativa admitida é que o mal existe ou porque Deus é onipotente, mas não infinitamente bom, ou porque é realmente infinitamente bom, mas não onipotente. Tentativas de distinguir entre um mal físico e um mal moral podem esclarecer alguns aspectos, mas não representam uma verdadeira solução; o mesmo vale também para a explicação do mal como "privatio boni". Ulteriores reflexões estão presentes nas obras de P. Knauer (1986) e P. Henrici (1988).

Segundo Knauer, o problema relativo à teodiceia parte de uma premissa errônea, como se existisse um conceito que englobasse Deus e mundo, no interior do qual, partindo de Deus, se poderia deduzir o mundo. Deus (como criador) é compreendido como aquele sem o qual nada existe. Um conceito de Deus adquirido desta forma não pode, subsequentemente, ser utilizado contra a realidade do mundo. O problema é antes de tudo prático: como é possível para o homem viver no mundo sem divinizá-lo na felicidade e sem desesperar-se na má sorte? A palavra "Deus" não dá nenhuma resposta a esta pergunta. Em conformidade com a experiência do mundo, tem valor, antes, só o fato de que Deus "faz surgir seu sol sobre os maus e sobre os bons e faz chover sobre os justos e sobre os injustos" (Mt 5,45). Esta experiência do mundo torna-se boa notícia somente através da revelação cristã, que é o evento de amor de Deus pelos homens. No interior da fé cristã, o homem vive da experiência da comunhão com um Deus (misericordioso), que é poderoso em tudo e por este motivo vence a dor e a morte.

Segundo Henrici, o problema relativo à teodiceia brota de uma mistura de duas problemáticas complexas, originariamente diversificadas: *a.* da busca, por parte da cultura grega, de um ordenamento racional do mundo; *b.* do problema cristão relativo ao Criador onipotente. Da mistura da visão grega do mundo com o conceito cristão de Deus brota a "insensata" problemática da teodiceia (i. é, a questão de uma "justificação de Deus", à luz do mal presente no mundo). A racionalidade do mundo é questionada pela onipotência de Deus, que, por sua vez, é comensurada com base na racionalidade do mundo. Ocorre que, a partir destas premissas, toda tentativa está fadada ao fracasso. Não existe nenhuma solução intelectual. A pergunta humana permanece sem solução frente à evidência da dor. O problema coloca-se em nível da realidade concreta, perguntando-se por que a dor é um fato que não se pode eliminar com palavras. Em nível racional a dor permanece algo de irracional, que não pode ser integrado num sistema racional. Por esta razão, não pode existir, por princípio, nenhuma solução no tocante ao problema da teodiceia: o homem tem que confrontar-se com o mal (com a dor), sem poder refugiar-se em especulações racionais, em face desta realidade. O problema da onipotência de Deus obtém uma resposta prática através da autorrevelação de Deus na história: *a.* no livro de Jó, a dor é explicada como momento de provação permitido por Deus e, à luz disso, adquire sentido; *b.* a literatura bíblica do exílio (Jeremias e o Dêutero-Isaías) invoca o caráter redentor da dor: em sendo suportada, ela é superada; o NT demonstra que o próprio Deus sofreu a dor em Jesus Cristo. A resposta do NT não é que a dor deva ter um sentido, se Deus a sofre, mas o fato de Deus sofrer confere a toda dor um sentido. E isto significa não a justificação de Deus em face da dor, nem uma simples justificação da dor através de Deus, mas uma justificação, com base na dor que Deus mesmo, livremente, assumiu sobre si (como dado histórico de fato). "Por este motivo, uma verdadeira teodiceia não pode prescindir da Encarnação nem da Paixão" (Henrici).

Em sentido bíblico, portanto, a dor pode transformar-se em lugar do encontro com Deus, na medida em que o homem se confronta com ela e não a remove, usando suas faculdades de argumentação e raciocínio.

Bibl. – F. Billicsich, *Das Problem des Übels in der Philosophie des Abendlandes*, vol. I-III, Wien 1955-1959; W. Dantine, Die *Gerechtmachung des Gottlosen*, Munique 1959; Faculdade Filosófica da Pontifícia Universidade Salesiana, *L'Ateismo contemporâneo*, vol. I-IV, Turim 1970; R. Caporale-A. Grumelli,

Religione e ateismo nelle società secolarizzate, Bolonha 1972; H.-M. Barth, *Atheismus.* Geschichte und Begriff, Munique 1973; A. Grumelli (ed.), *Ateismo, secolarizzazione e dialogo*, Roma 1974; K.-H. Weger (ed.), *Religionskritik. Beiträge zur atheistischen Religionskritik der Gegenwart*, Munique 1976; J. Figl, *Atheismus als theologisches Problem*, Mainz 1977; M. Neusch, *Aux sources de l'athéisme contemporain*, Paris 1977; J.L. Mackie, *The Miracle of Theism.* Arguments for and against the Existence of God, Londres 1982; H. Zirker, *Religionskritik*, Düsseldorf 1982; B. Groth, *Sowjetischer Atheismus und Theologie im Gespräch*, Frankfurt a.M. 1986; P. Knauer, *Unseren Glauben verstehen*, Würzburg 1986, 150-159; M.J. Buckley, *At the Origins of Modern Atheism*, New Haven/Londres 1987; Convegno Biblico Italiano Francescano, *Ateismo e Bibbia*, Assis 1988; P. Henrici, "Von der Ungereimtheit, Gott zu rechtfertigen", *ArchFil* 56 (1988) 675-681.

BERND GROTH

B

BALTHASAR, Hans Urs von

Com a realização da trilogia: estética, dramática e lógica teológica, Von Balthasar soube reconstruir aquele anel que faltava à tradição teológica, capaz de ler o evento da revelação à luz dos três transcendentais. Balthasar (12.8.1905 – 26.6.1988) não escreveu "ex professo" uma teologia fundamental.

Em sua grande produção teológica, porém, deparamos com diversas temáticas, que constituem peculiar objeto da Teologia Fundamental e que, repetidas vezes e explicitamente, o próprio autor quis tratar como argumento teológico fundamental.

A reconstrução de um "projeto" de Teologia Fundamental deste autor poderia ser esquematizado como se segue:

1. PRINCÍPIOS EPISTEMOLÓGICOS – A primeira característica que emerge da impostação teológica de Von Balthasar, quanto à Teologia Fundamental, é sua conotação nitidamente teológica.

Deixando para trás os conteúdos e a metodologia da manualística (→ Teologia manualística), que versava principalmente sobre as *demonstrationes*, conduzidas com estrito rigor filosófico-escolástico, e que fazia dos *preambula fidei* o próprio cavalo de batalha, a Teologia Fundamental aparece aqui em sua específica e peculiar reflexão de fé, que determina o conteúdo e o método já em chave teológica.

Uma simples expressão, que se encontra desde as primeiras páginas de *Herrlichkeit*, qual seja: "teologia fundamental e teologia dogmática são inseparáveis", já por si tem uma consequência metodológica e cria um pressuposto epistemológico de amplo alcance. Com efeito, a reflexão típica da Fundamental já é colocada sob o denominador comum de "teologia", que em Von Balthasar nunca deixa dúvidas sobre sua constituição de uma reflexão realizada à luz da fé. Portanto, a pesquisa teológico-fundamental não se deve considerar nem como uma introdução, nem como prolegômenos à dogmática, muito menos como uma simples "função" para a teologia inteira. Fazer Teologia Fundamental equivale, para nosso autor, a realizar aquela reflexão e aquela investigação que já estão inseridas na dinâmica da *fides quaerens intellectum*: "a apologética já está carregada de toda a dogmática, quando empreende a tentativa de tornar plausível e de aproximar, daquele que ainda não crê, a imagem da revelação divina" (G. I, 111).

Por conseguinte, não estamos nem em regime de subordinação da filosofia à teologia, nem em regime de uma dependência desta última em relação aos vários sistemas filosóficos. A teologia terá, ao invés, como sua base epistemológica, aquele saber que lhe provém da fé e, por força e na base desta, poderá recuperar o saber filosófico.

A esta primeira observação pode seguir uma segunda característica, que permite avaliar a originalidade do "projeto" apologético de Von Balthasar. Estamos diante da pré-compreensão de uma recuperação da unidade dos transcendentais como uma primeira transposição, no âmbito teológico, de uma leitura da revelação.

Dever-se-á notar e sublinhar que estamos sempre na presença de um projeto global que não pode ser reduzido exclusivamente à leitura da estética. Para Balthasar, a revelação é teologicamente explicada na recíproca relação dinâmica dos três transcendentais com as respectivas leituras de "estética", "dramática" e "lógica". Toda leitura que quisesse limitar-se, ainda que só para a parte de Teologia Fundamental, à simples estética, estaria de certo modo comprometida e, em todo caso, seria redutora. A estética é a primeira parte, o ponto de partida e a intuição original, que depois se desenvolve numa "dramática" e numa "lógica", já que só assim a *Gestalt* é percebida em sua plenitude.

A utilização do *pulchrum*, como ponto inicial para a compreensão da revelação, coloca em ação alguns princípios que podem ser assim sintetizados:

a. Em nível epistemológico, o *pulchrum* reclama, como sua forma de conhecimento correspondente, a da *percepção* (Wahrnehmung). O que "aparece" (Erscheinung) é, ao mesmo tempo, o que constitui a verdade de si. A autoapresentação do ser como *pulchrum* é o que permite ver atuada a identidade do fenômeno e a realidade em si. Em outras palavras, o que "aparece" é a própria realidade em si, tal como se apresenta ao sujeito histórico. Por isso, não existe distinção entre o ser e o que é constituído pela aparição do *pulchrum*. O que aparece "fenomenologicamente" é o que "ontologicamente" é.

Há, em suma, uma "indissolubilidade" entre a figura da aparição e o que esta é em si mesma. Isto permite concluir que a verdade da figura não é recondutível às várias interpretações do sujeito que percebe; pelo contrário, ela a leva consigo, sem reservas, em sua própria autoapresentação. *Sic et simpliciter*, somos remetidos ao ser em sua transparência.

b. A forma de conhecimento dada pela percepção do *pulchrum* cria, consequentemente, relações entre sujeito e objeto. Fiel a sua ontologia tomista, em sua interpretação mais original, Von Balthasar vê realizada aqui uma peculiar modalidade, que é a recepção que se realiza no sujeito.

Não é o sujeito que põe em ato o ser; ao contrário, ele se encontra sempre e constantemente numa condição de pura passividade diante do ser. Em nada o sujeito pode julgar a beleza da *Gestalt*; em todo caso, efetivamente, esta se coloca diante dele como pura alteridade e como aquilo que foge a toda possível operação tendente a uma completa racionalização ou a uma exaustiva definição.

c. Não há, pois, nenhuma possibilidade de uma objetivação da *Gestalt* por parte do sujeito, sob pena de se perder o conhecimento real e coerente da própria realidade. Ela permanece como um "todo", que é acolhido como tal, sem poder ser despedaçado na fragmentariedade, na medida em que, como "todo", traz em si as condições de possibilidade de existência e de credibilidade.

É só neste momento que começa o "arrebatamento" (Entrückung), a contemplação estética da *Gestalt*. O que se vem a criar é, na realidade, um remeter, um "reenvio" não para uma realidade externa, mas para o próprio fundamento do ser, que se dá na *Gestalt* e que nela se exprime: "a aparição, como revelação da profundidade, é, indissoluvelmente e ao mesmo tempo, presença real da profundidade, do todo, e 'reenvio' real para além de si mesma, a esta profundidade... nós discernimos a *Gestalt*, mas quando a discernimos realmente, como profundidade que se manifesta nela, então a vemos como esplendor e glória do ser. Olhando para esta profundidade, somos 'encantados' por ela e 'arrebatados' nela" (G. I, 104).

O conceito-chave que é preciso extrair desta compreensão estética, além dos de "Erscheinung" e "Wahrnehmung", é o de *Gestalt*, que funda e condiciona toda a compreensão teológico-fundamental subsequente.

Gestalt é o que exprime o absoluto, que o revela partindo de si, mas permanecendo em si e remetendo à profundidade que exprime. *Gestalt* "compreende uma totalidade de partes e de elementos que repousa em si mesma e que, todavia, por sua consistência, tem necessidade não só de um ambiente (Umwelt), mas do ser em sua totalidade e, nesta sua necessidade, é, como diz Cusano, 'uma representação contraída' do absoluto, enquanto também esta, em seu próprio campo, transcende, dominando, as partes em que se articula" (G. IV, 34).

Com esta categoria, somos colocados em face de uma relação que é determinante para a compreensão teológica da revelação. Efetivamente, *Gestalt* é simultaneamente imanência, mas como garantia para a expressividade da transcendência, e transcendência que se abre na diferença ontológica, permitindo assim a identificação da unicidade e singularidade da própria *Gestalt*.

Erscheinung, Wahrnehmung e *Gestalt* condensam-se na *Erblickungslehre*, que constitui e apresenta a Teologia Fundamental como disciplina que tem por objeto a percepção: "a doutrina da percepção ou Teologia Fundamental. Estética (no sentido kantiano), como doutrina da percepção da *Gestalt* de Deus que se revela" (G. I, 110).

2. INDIVIDUAÇÃO DAS TEMÁTICAS – A percepção impele o sujeito a entrar em sintonia com o que é percebido, para que se possa ter a forma mais elevada de conhecimento. À capacidade de poder colher o verdadeiro (*Wahrnehmung*) deve, portanto, corresponder a "simplicidade do olhar".

Para que o caráter *teológico* desta compreensão possa emergir em sua originalidade e especificidade, é preciso que ao *pulchrum* e à *Gestalt* se deem seus nomes próprios. O que *pulchrum* lembra à mente do filósofo é superado teológica e biblicamente com as imagens de *kābôd, dóxa*, isto é, autoapresentação da glória de Deus, de sua beleza teológica. *Gestalt* é Jesus de Nazaré no desenrolar dos seus 33 anos, expressão última e definitiva do amor do Pai.

Ele é revelador e revelação do mistério trinitário; o decisivo é que, em sua *Gestalt*-esplendor, não se separa nem se distingue o que Ele é como homem do que é como Deus. Nele, uma vez por todas (*ephápax*), realiza-se, na história, aquele *unicum* irrepetível, que permite constatar a irradiação da glória de Deus na natureza de um homem, e isto só e porque essencial e trinitariamente igual a Deus.

A dialética, anteriormente descrita, adquire todavia seu pleno valor significativo quando o reenvio da *Gestalt* a seu fundamento evidencia e permite a percepção da natureza divina: total e completo reenvio ao outro, completa alteridade para uma perfeita identidade. Pura gratuidade como forma do puro desinteresse; numa palavra, unicidade e singularidade de Jesus Cristo, determinada por seu relacionar-se como Filho no interior da vida trinitária.

Mas também esta pespectiva condiciona as reflexões teológicas subsequentes. Jesus Cristo, como centro da *Gestalt* da revelação, não é medido em sua forma por nada e por nenhum outro senão Ele mesmo. Ele se dá e deve ser acolhido assim, sem nenhuma condição e sem nenhum pressuposto, do ponto de vista subjetivo. Acolher esta evidência objetiva implica, portanto, acolher aquela evidência que emanou e que se impõe a partir do próprio fenômeno.

O que mais importa à visão teológica de Von Balthasar, nesta perspectiva, é a absoluta liberdade e gratuidade de Deus, para que em tudo se salvaguardem a transcendência e o significado trinitário de seu amor, como absoluta e total doação por força da maior liberdade. A pré-compreensão do sujeito em nenhum caso pode determinar, condicionar ou, no limite, acrescentar algo à evidência objetiva. Ela autoapresenta-se e impõe-se na *Gestalt* histórica de Jesus de Nazaré, que já com o "próprio fato de sua presença e com a manifestação de si mesmo, com as palavras e com as obras, com os sinais e com os milagres, especialmente com sua morte e sua ressurreição dentre os mortos, e finalmente com o envio do Espírito de verdade, realiza e completa a revelação e a corrobora com o testemunho divino" (DV 4).

Consequentemente, é o fato de Deus optar por tornar-se homem que permite reencontrar um "acordo" (Stimmung) perfeito entre seu exprimir-se como Deus e as formas universais de sua comunicação humana. Com efeito, a linguagem de Jesus de Nazaré pode colocar-se como "normativa" de toda linguagem tendente a comunicar e a revelar Deus, porque Deus mesmo opta por exprimir-se na estrutura da comunicação interpessoal.

Tudo, na criatura e no criado, está em função desta comunicação da vida trinitária que se torna visível na historicidade do Filho; a ponto de se poder afirmar que "como em Jesus não há nada de humano que não seja linguagem e expressão do divino, da mesma forma também não existe nele nada de divino que não deva ser-nos comunicado e revelado através da linguagem de sua humanidade" (VC 80-104). Em sua liberdade de comunicação, portanto, Deus escolhe o Filho, Jesus de Nazaré, como seu alfabeto e linguagem pessoal; mas isto significa colocar a historicidade desta linguagem como arquétipo e condição de possibilidade de toda forma cultural ou linguística que queira exprimir a Deus.

A unicidade de Cristo, além de fazer dele a chave interpretativa de si mesmo, é também o que o constitui protótipo universal e normativo para todo homem e para todo o tempo (→ *universale concretum*). O único critério de interpretação que é dado à teologia, portanto, é só e exclusivamente Jesus de Nazaré no testemunho de seu remeter ao fundamento de sua missão que constitui toda sua existência: a revelação da vida trinitária de Deus.

É a partir de Jesus Cristo, permanecendo nele e retornando a Ele, que é possível ver realizado o desenrolar-se da *Gestalt* de sua missão reveladora. Embora possa parecer paradoxal e criar a suspeita de que esta centralidade constitua uma imobilidade, ao contrário, é justamente aqui que se resume a *dinâmica* do amor trinitário, verdadeiro centro da teologia balthasariana.

Em Jesus de Nazaré, a revelação de Deus se realiza *sub contrario*; isto significa que, uma vez percebida a *Gestalt*, ela permanece ainda mais escondida e, assim, o paradoxo humano toca o ápice da dupla experiência: de que Deus é sempre *id quo maius cogitari nequit* e de que o crente se coloca diante dele no ato do *rationabiliter comprehendit incomprehensibile esse.* O caminho a seguir, para a reflexão teológica, será o traçado por → Anselmo, percorrido pelo próprio Balthasar: a *delectatio* e a *adoratio.*

A esta altura, inicia-se uma outra temática essencial da Teologia Fundamental: a credibilidade da *Gestalt* da revelação.

Jesus de Nazaré, que não tem outra medida e forma de mensuração afora Ele mesmo, enquanto luz e profundidade da revelação, é também o único sinal de credibilidade de sua pessoa e de sua mensagem. Ser sinal, para Ele, equivale a remeter a nenhuma outra pessoa senão ao mistério de sua própria existência. A unicidade de seu ser impede de encontrar formas alternativas para Ele, em condições de poder explicar sua identidade. E embora isto possa parecer um impedimento à liberdade criada, revela-se, ao invés, como o índice real de uma absoluta liberdade que não "faz violência", mas apresenta-se naquela forma última e expressiva de amor em condições de "convencer", isto é, de dar um testemunho que vá além, que supere toda objeção possível, envolvendo o sujeito na mesma e única dinâmica de amor.

O amor torna-se hermenêutica de toda a trilogia, porque, no final, é a última palavra expressa por Deus trino no mistério de sua revelação. Um amor, porém, que definitivamente se tornou visível no mistério pascal, lá onde o único irreptível se dá na morte, tornando-se expressão concreta de como ama um Deus, cuja natureza consiste na doação total de si até o extremo (cf. TD III-IV).

A partir da encarnação, passando por todo o desenrolar da vida terrena de Jesus, para chegar até o mistério do "sábado santo", o crente é colocado diante da revelação de um amor como pura reciprocidade, na pura e total doação. Somente em Jesus de Nazaré se pode afirmar que se torna visível a "teoria e a práxis do amor de Deus". O mistério pascal, como mistério de obediência que chega até a morte, e morte na cruz, e mais, até o silêncio da experiência sepulcral do sábado santo, para poder, então, ressurgir na glória do Pai, é o que confere visibilidade e concretude à *Gestalt* reveladora, como uma renúncia ao dispor de si para deixar que o Outro, o Pai, disponha dele. Jogo de amor que, se de um lado revela a transcendência deste amor sobre toda concretização humana possível, a ponto de só poder ser revelado por seu Filho, por outro lado se impõe "evidentemente" como normativo para todo amor que queira autenticamente ser tal, portanto, amor definitivo e eterno.

A morte do inocente, como a última palavra que, em linguagem humana, Deus quer pronunciar para o conhecimento de seu ser-essência, permanece na história da humanidade como o último estímulo à decisão e à escolha do seguimento.

À percepção da *Gestalt* da revelação, em sua evidência objetiva, deve corresponder a *evidência subjetiva*, que se exprime na fé do crente.

A uma totalidade de doação deve-se responder com um comportamento global, mediante o qual o homem se encontra em correspondência, em virtude da graça, com a interpelação da revelação divina. No entanto, também aqui, onde a resposta humana pretenderia mediar por si mesma a forma e a medida de correspondência, Von Balthasar apresenta a *Gestalt Jesu* como arquétipo e norma de toda resposta de fé: "é a partir do testemunho trinitário que deve ser mostrada e justificada a fé humana" (G. I, 127; 280).

É no interior da evidência objetiva, que se faz perceber pelo sujeito como a primeira reação do "assombro"e da "maravilha", que já se encontra a força que impulsiona o homem a reconhecê-la como bela e, portanto, boa e verdadeira e, por isso, cheia de sentido para poder ser amada e seguida. É a *fides Christi* que se coloca diante de cada um como a resposta exemplar mais fiel que é dada ao Pai. Mas naquela fé, por ser ela pronunciada e realizada numa relação interpessoal-trinitária e, portanto, "transpessoal" (G. I, 176), cada qual se sente inserido e iluminado. Numa palavra, a simplicidade do ato de fé é a própria simplicidade do amor, por ser o fruto da "sedução", operada pelo aparecimento da *Gestalt*. Não um amor humano, mas o amor de Cristo, o único que pode manter em perfeita harmonia o que é humanamente inconcebível: o amor a um ente com o amor ao ser.

A fé, resposta completa e total a Deus que se revela (cf. DV 5), é, pois, o ato mais simples que o homem possa realizar, porque consiste em deixar-se amar para reconhecer o amor e responder-lhe naquela atitude reconhecida, pela tradição místico-espiritual, como "Gelassenheit" total.

3. PERSPECTIVAS – A obra de Von Balthasar nunca permite, por sua própria constituição, uma única conclusão ou um simples juízo de mérito. Permaneceríamos sempre com a dúvida da contingência de nosso saber e com o limite de toda sistematização. Parece-nos, todavia, que este "projeto" de Teologia Fundamental é marcado por três características que abrem para um inevitável novo horizonte de pesquisa para esta disciplina.

a. O primeiro dado que surge é o de uma nítida tomada de posição contra qualquer forma de *subjetivismo* na apresentação da revelação. Nem a "redução cosmológica", que assinalou o período antigo, nem a "antropológica", que determinou o período moderno-contemporâneo, souberam evitar este escolho. A primeira porque, partindo do contingente, o levou a tornar-se expressão do universal; a segunda porque, colocando no centro o homem, o tornou unidade de medida de todo saber.

A Teologia Fundamental de Von Balthasar, ao contrário, como toda sua teologia, é caracterizada pela *objetividade* da *Gestalt*, que é a pessoa de Jesus de Nazaré. Não são as diversas formulações teológicas que poderão ter condições de explicitar este mistério, mas somente uma teologia que saiba colocar-se como simples "hermenêutica" do que é a autoexpressão e a autoexplicação que provêm da *Gestalt* de Cristo.

É o "todo" da *Gestalt* de Cristo que constitui o critério interpretativo da revelação. Um "todo" que encontra as motivações de credibilidade só no interior de si mesmo, porque em seu próprio fundamento, e só aí, o ser se revela em sua liberdade, transcendência e amor.

b. Um segundo dado é a caracterização trinitária da revelação. Na *Gestalt* de Cristo é toda a Trindade que nos vem ao encontro. A evidência com que se percebe é a típica evidência do mistério que, dialeticamente, revela e esconde, até atingir o ápice na morte na cruz, lá onde o amor trinitário de Deus exprime sua última e extrema forma de liberdade, justamente quando esta parece falhar. A cristologia abre-se, portanto, à *Teo-logia*, como última forma e conteúdo de todo saber cristão.

O tema da → *analogia*, que corta transversalmente toda a obra de Von Balthasar, constitui a única forma possível para poder falar de Deus através daquela linguagem que não prive tanto o mistério de sua natureza, quanto o crente de sua possibilidade de definir o real. Na teologia de nosso autor, a analogia permanecerá como o critério e o método teológico mais apropriado, de que não podemos afastar-nos, senão traindo a própria missão teológica.

c. A teologia fundamental de Von Balthasar constitui uma das formas mais expressivas do saber teológico que se apresenta ao contemporâneo, quando ele se propõe autenticamente o problema do sentido de sua existência. A originalidade deste projeto consiste justamente no equilíbrio que possuem as diversas partes.

Deus não é sacrificado pelo gosto de fazer emergir o homem e o mundo; e estes não são superexaltados pelo desejo de dar-lhes uma salvação apenas imanente e, portanto, uma pura ilusão. À liberdade de Deus corresponde a plena consciência do criado que sabe não poder dar-se uma plenitude autônoma. É neste respeito às funções que a cada qual é revelado o verdadeiro sentido de si e, portanto, aberta a via para o gesto antropologicamente mais significativo: a liberdade de decisão de querer acolher uma liberdade maior como plenitude de sentido.

Tornar crível e aceitável a mensagem cristã ao mundo é o que o apologeta vê como sua tarefa específica, por força da ordem petrina de "sempre saber dar a razão da esperança que habita em nós" (1Pd 3,15). É esta esperança que impulsiona a crer que o mistério da encarnação é um fato do hoje e que o amor de Deus é significativo para a atual condição humana. Esta esperança Von Balthasar a infundiu em seus escritos, dando aos crentes a coragem para progredir incansavelmente no caminho de compreensão da fé e, ao "outro" de nossa fé, a força para poder identificar a luz que provém da pessoa de Jesus de Nazaré, verdadeiro Deus e verdadeiro Homem.

A Von Balthasar cabe o mérito de ter projetado um modelo de Fundamental que, embora isolado no contexto teológico contemporâneo, é denso de recursos. Com efeito, somente uma teologia "bela" terá condições de incidir na história dos homens, porque terá em si a carga necessária para poder transformar e abrir para o novo.

Bibl. – H.U. von Balthasar, *Verbum Caro.* Saggi teologici, vol. I, Brescia 1970; *Gloria. Un'estetica teológica*, vol. I-VII, Milão 1975-1980 (orig. 1961-1969); *Teodrammatica*, vol. I-V, Milão 1980-1986 (orig. 1973-1983); *Theologik*, vol. I: "Wahrheit der Welt", Einsiedeln 1985; vol. II: "Wahrheit Gottes", Einsiedeln 1985; vol. III: "Der Geist der Wahrheit", Einsiedeln 1986; R. Fisichella, *Hans Urs von Balthasar. Amore e credibilità cristiana*, Roma 1981; Id., "Fundamental theologisches bei Hans Urs von Balthasar", em K. Lehmann-W. Kasper (ed.), *Hans Urs von Balthasar. Gestalt und Werk*, Köln 1989, 298-311; Id., "Rileggendo H.U. von Balthasar", em *Greg* 71 (1990) 511-546; B. Körner, "Fundamentaltheologie bei Hans Urs von Balthasar", em ZKTh 109 (1987) 129-152; E. Brito, "La beauté de Dieu", em RTL 20 (1989) 141-161.

RINO FISICHELLA

BARTH, Karl

Karl Barth (1886-1968), o célebre teólogo suíço da igreja reformada, é universalmente reconhecido como um enérgico e prolífico defensor da interpretação cristocêntrica da revelação e da fé. Mas, para uma adequada compreensão das obras que Barth escreveu no clímax de sua carreira acadêmica, é necessário conhecer mais de perto as etapas de sua evolução intelectual. Só gradualmente Barth chegou a afirmar que: 1. Deus não pode ser conhecido de nenhum modo senão através do único e livre gesto de autorrevelação em Israel e em Jesus Cristo, como atesta a Bíblia; 2. esta visão cristocêntrica foi seriamente distorcida pela escolástica católica; 3. foi redescoberta de maneira autêntica no tempo da reforma protestante; 4. foi novamente distorcida pelo protestantismo liberal. Num primeiro tempo, Barth foi um ardente defensor da teologia centrada antropologicamente, aprendida por ele de seus professores alemães, A. von Harnack e W. Hermann; em seguida, tornou-se estrênuo defensor tanto do existencialismo cristão de S. Kierkegaard quanto do socialismo escatológico de Ch. Blumhardt; depois, acabou revelando-se como incasável porta-voz dos fundamentos dogmáticos e éticos, fundados na Bíblia, de M. Lutero e J. Calvino. Estas fases da evolução de Barth como teólogo fornecem o pano de fundo sobre o qual podemos compreender seu ensinamento maduro sobre a revelação e a fé.

Quando era jovem pastor, a pregação de Barth refletia as ideias de F. Schleiermacher – o fundador do protestantismo liberal – que considerava Jesus Cristo como a concretização histórica e o símbolo insuperado das universais aspirações religiosas da humanidade. Assim também, a atividade pastoral de Barth, baseada no Evangelho e nos princípios socialistas, procurava melhorar as condições de vida dos seus paroquianos pertencentes à classe operária, que afetuosamente o chamavam de "companheiro pastor"; sua oposição contra a conduta injusta dos empresários cristãos radicava-se na convicção cristão-socialista, segundo a qual o Evangelho é melhor assimilado se entendido como expressão particularmente persuasiva da afirmação, evidente por si mesma, de que Deus está do lado da justiça econômica e da promoção humana. Razão pela qual, neste primeiro período, Barth acreditava que a revelação cristã era uma formulação autêntica, claramente expressa por Jesus de Nazaré, do conhecimento inato da relação libertadora e cheia de amor que Deus estabelece com a humanidade e, portanto, não se diferencia, em termos absolutos, dos variados e análogos ensinamentos presentes nas tradições de outras religiões; a fé cristã, como todas as formas de crença no ser transcendente, é o senso de absoluta dependência da providência de Deus, embora acolhendo as visões religiosas e os valores morais de Jesus Cristo; a igreja cristã é a organização dos crentes, cujo espírito corporativo assume e oferece aos outros a profunda compreensão e a ética libertadora do fundador.

Quando os professores liberais alemães de Barth deram seu apoio às instâncias militaristas de sua nação, ao eclodir a Primeira Guerra Mundial, ele sentiu-se decepcionado, seja por sua própria formação teológica, excessivamente racionalista, seja por sua própria adesão aos predominantes princípios políticos do socialismo cristão. Pôs-se então a estudar com grande empenho os escritos de São Paulo, para poder redescobrir a originalidade da revelação cristã, da fé e da moral. Em seguida, publicou duas edições consecutivas da *Epístola aos Romanos*, que anunciavam publicamente sua rejeição total aos fundamentos antropológicos do protestantismo liberal e do socialismo cristão. Na edição de 1919, a interpretação paulina de Barth representou uma reação evangélica e existencial contra o racionalismo de seus professores e, portanto, apresentava a revelação cristã às pessoas humanas como a incompreensível oferta de sentido e de redenção, da parte de Deus, através de Jesus Cristo; os homens, por sua vez, podem acolher esta oferta somente colocando de lado os princípios da razão e entregando-se à sabedoria do Espírito Santo. Em 1922, todavia, Barth repudiou o existencialismo cristão, com sua insustentável ênfase sobre a busca humana de Deus, para, ao invés disso, adotar a originária posição protestante, segundo a qual é Deus que vai ao encontro da humanidade e espera-a em um único lugar de encontro: a pessoa de Jesus Cristo. É por esta razão que a humanidade pode conhecer e amar a Deus somente naquele ponto preciso em que a tangente divina toca o círculo da humanidade: a encarnação do Verbo eterno.

A consternação e o interesse criados em decorrência do aparecimento das primeiras publicações de maior porte de Barth proporcionaram-lhe o convite para ensinar teologia sistemática na Alemanha. Mas, durante a preparação de suas aulas, Barth modificou mais uma vez as próprias ideias sobre a revelação e a fé, não considerando mais a encarnação como um evento enigmático que esconde Deus, mais do que o revela. Pelo contrário, o Verbo encarnado é a imediata automanifestação de Deus, em forma e em palavras humanas, de sorte que quantos creem em Jesus crucificado e ressuscitado podem possuir, como dom verdadeiro e próprio, a verdade revelada sobre Deus e podem, em virtude do Espírito Santo, praticar gratuitamente o amor sobrenatural a Deus e ao próximo. Barth sustentava, além disso, que, em sua forma objetiva, a revelação só pode ser encontrada nas modalidades escritas e orais com que a Igreja confessa a divindade da pessoa de Jesus Cristo e o caráter definitivo de tudo o que nele se cumpriu; analogamente, em sua forma subjetiva, a revelação pode ser exercida somente na comunidade evangélica da igreja, que é plenificada e guiada pela força do Espírito Santo. Barth foi induzido a estas distinções na época em que redigia *Fides quaerens intellectum*, que é uma análise do pensamento de → Anselmo de Cantuária. O Verbo de Deus encarnado, Jesus Cristo, representa a expressão ôntica da divina revelação, razão pela qual constitui a única comunicação do conhecimento que Deus tem de si, conhecimento que põe em crise a razão humana; o amor de Deus derramado, o Espírito Santo, constitui a expressão noética da divina revelação e, portanto, é a singular e pessoal apropriação da autoaniquilação de Deus, que subverte critérios humanos de moralidade.

Com o surgimento do nacional-socialismo na Alemanha, o discutido retorno de Barth à ortodoxia protestante foi posto à prova e robustecido de diversas maneiras. Considerava o nazismo como uma descarada idolatria e um suicídio coletivo, motivo pelo qual acusava seus defensores cristãos de colocarem a autorrevelação divina no mesmo plano de um sistema político iníquo. Barth começou a catalogar como "teologia natural"não somente os compromissos assumidos pelos cristãos alemães com o Terceiro Reich, mas também qualquer outra tendência culturalmente motivada para atenuar as verdades religiosas e as instâncias éticas da Escritura. Por isso, no cáustico opúsculo intitulado simplesmente *Não!*, Barth criticou asperamente seu colega protestante E. Brunner, por ter defendido a inerente capacidade da pessoa humana de ter uma certa pré-percepção da verdade e do amor de Deus, que facilita a ação com que o Espírito Santo conduz o homem à fé em Jesus Cristo. Para Barth, este era o erro que estava na raiz da adulteração da revelação divina, sistematicamente perpetrada pelo catolocismo medieval e ainda hoje defendida pelo conceito da *analogia entis*, por parte de seus porta-vozes contemporâneos, como E. Przywara. Barth considerava absolutamente necessário, para fiéis seguidores de Lutero e Calvino, que se negasse a existência de qualquer analogia do ser entre a humanidade e Deus; se há uma semelhança entre estas duas realidades completamente diversas, encontra-se somente na manifestação histórica do Verbo e é subsequentemente refletida somente nos crentes investidos pelo Espírito Santo, motivo pelo qual se realiza em continuação uma *analogia fidei* entre a Palavra e os ouvintes da Palavra.

Embora o cristocentrismo de Barth fosse discutível, por afirmar precipitadamente que qualquer outra pretensão de conhecer e amar a Deus, prescindindo do judaísmo e do cristianismo, era falsa, desobedeceria à ordem divina de ouvir e acolher a Palavra feita carne, o fato é que esta posição foi determinante em sua corajosa defesa dos judeus durante o Terceiro Reich. Quando um de seus colegas protestantes tentou atenuar o sentido literal da frase "a salvação vem dos judeus" (Jo 4,22), Barth respondeu que, como o próprio Jesus era judeu e morreu pelos gentios e pelos judeus, nenhum cristão que tivesse ideias antissemíticas ou praticasse o antissemitismo teria podido considerar-se seu discípulo. Baseando-se no ensinamento paulino, segundo o qual a salvação dos crentes em Jesus caminha de mãos dadas com a dos judeus, Barth, por um lado, consolidou sua rejeição global à validade de todas as religiões não bíblicas e, por outro, tornou-se um dos poucos teólogos cristãos a opor-se à mentalidade que provocara o Holocausto que estava ocorrendo. Segundo Barth, F. Gogarten e os demais simpatizantes do movimento cristão germânico tornavam inaudível a Palavra de Deus por serem eco da voz de um estranho, a do nacional-socialismo. Por isto, durante a Segunda Guerra Mundial, Barth inseriu reiteradamente, no texto de sua obra maior, *Dogmática eclesial*, a convicção de que a genuína reflexão sobre a fé cristã é um ato eclesial responsável e não uma livre-investigação filosófica. O verdadeiro teólogo cristão é obrigado a explicar humildemente as três formas da divina revelação, diversas, mas coligadas entre si: a Palavra encarnada, a Palavra escrita e a Palavra pregada.

Até o final de sua vida, Barth repetiu esta instância evidentemente cristomonística, que seus críticos católicos, ortodoxos e protestantes julgavam excessivamente pouco nuançada e por demais intolerante. Mas ele continuava a repetir que não se pode dizer que revelação e fé possam existir em grau mais ou menos acentuado fora do judaísmo e do cristianismo, a menos que se queira negar a decisão soberana de Deus de revelar-se a si mesmo em Jesus Cristo e de garantir-se a resposta da humanidade através da ação do Espírito Santo na Igreja. Por isso, em obras subsequentes, como *Teologia protestante*, Barth advertia aos protestantes que, se substituíssem a reflexão sobre a Palavra de Deus pela descrição da experiência da pessoa humana em geral, ou do cristão em particular, não seriam fiéis à objeção fundamental dos reformadores, que denunciavam este mesmo defeito no catolicismo. Em *Ad Limina Apostolorum* – relato de sua viagem a Roma e da audiência que teve com Paulo VI, em 1968 – Barth alegrou-se com o prevalecimento da teologia bíblica nos documentos do Vaticano II; mas, na lista das perguntas que fizera a seus interlocutores católicos, mostrou não entender bem se o catolicismo – com a ênfase na mediação da Virgem Maria, na infalibilidade do papa e dos bispos e na eficácia dos ritos sacramentais da Igreja – não estava ainda substituindo a reflexão sobre a soberana Palavra de Deus pela formulação da experiência eclesial dos crentes.

A concepção de Karl Barth relativa à revelação, à fé e à teologia cristã exerceu enorme influência na promoção do diálogo ecumênico entre católicos e protestantes, no decurso do século XX, pelo fato de ter posto em relevo, de maneira aguda, tanto os pontos de acordo quanto as diferenças existentes entre eles. Barth convidou os protestantes a imitarem a seriedade com que a teologia católica atribui lugar central à Escritura e à Tradição, em sua atual tentativa de renovação; também estimulou os católicos a afirmarem de maneira sempre mais clara a prioridade da Palavra de Deus para além de qualquer outra mediação secundária, de que gratuitamente se servem na e pela vida da Igreja. Contudo, demonstrou-se que o conhecido cristocentrismo de Barth é contraditado pelos seus próprios esforços escrupulosos de equilibrá-lo continuamente com referências pneumatocêntricas. Como observou uma vez Barth, a revelação e a fé cristã são, na realidade, elípticas: o ponto focal teocêntrico é Jesus Cristo e o ponto focal antropocêntrico é o crente, ambos mantidos em relação de harmonia dinâmica, através da ação do Espírito de Jesus Cristo na Igreja. Uma vez que alguns católicos, como → K. Rahner, têm reconhecido os esforços dos protestantes em valorizar a sugestão escondida pelo Espírito Santo no íntimo da pessoa humana, antes de esta emitir o ato de fé em Jesus Cristo, e uma vez que protestantes como J. Moltmann elogiam alguns católicos por seus esforços tendentes a dar novamente ênfase à pneumatologia como elemento primário da eclesiologia, os dois pontos focais da teologia barthiana da revelação e da fé continuam ainda a atuar como provocação à autenticidade das igrejas e a seu intercâmbio, o que ele desejara acima de tudo.

Bibl. – P. Monsma, *Karl Barth's Idea of Revelation*, Sommerville 1937; H. Bouillard, *Karl Barth*, vol. I-III, Paris 1957; H.M. Rumscheidt, *Revelation and Theology: An Analysis of the Barth--Harnack Correspondence of 1923*, Cambridge 1972; P. Rosato, *The Spirit as Lord: The Pneumatology of Karl Barth*, Edinburgh 1981; A. Dulles, *Models of Revelation*, Garden City 1983; H.U. von Balthasar, *La teologia di Karl Barth*, Milão 1985 (orig. 1951).

PHILIP J. ROSATO

BELEZA

A Beleza é o ponto de partida para a contemplação do ser. Constitui a última palavra que o intelecto consegue pronunciar antes de ceder a vez, racionalmente, ao saber do incompreensível.

Toda pessoa sabe o que é beleza, porque ela se dá por si, simplesmente, naquela evidência que deixa intuir, num todo único, a presença da bondade e da verdade do próprio ser.

Já faz muito tempo que o homem contemporâneo perdeu sua relação com o Belo. Incapaz de poder apreendê-lo racionalmente e de fazer com que ele se torne "número" calculável, preferiu banalizá-lo. Nunca, talvez, como em nossos dias, que têm assistido a um crescimento do senso estético, se reduziu tanto o impacto com a obra estética. O assombro e a admiração, unidos à experiência da alegria, que se experimentavam diante do *pulchrum*, cederam lugar ao desinteresse e ao barulho. A Beleza parece ter desaparecido de nossa vida. Os museus, para parafrasear a célebre expressão de Nietzsche, tornaram-se as sepulturas do *pulchrum*.

A experiência e a produção estéticas foram, se não negligenciadas ou até negadas, em todo caso relegadas a privilégio de poucos.

No entanto, uma perda de relação com a Beleza faz perder, em consequência, o senso da bondade e da verdade do viver. O sujeito torna-se cada vez mais incapaz de relacionar-se com os valores essenciais universais e a existência desemboca em formas cada vez menos humanas.

Também a história da Teologia pode fazer-nos assistir a um movimento parabólico no relacionar-se com o *pulchrum*.

Para a Bíblia, enquanto palavra de revelação, a Beleza estende-se de Deus a todo o criado. Beleza e bondade são sinônimos, porque ambas deixam perceber tanto a ação criadora de Jhwh quanto seu fazer-se conhecer como o verdadeiro Deus. Jhwh, que liberta da escravidão e da morte (Ex 3,8; 18,9), manifesta a Beleza e a bondade de seu amor; Jhwh, que introduz no "belo" país onde corre leite e mel (Dt 8,7-10), é aquele que revela sua fidelidade à palavra dada.

Mas este Deus era o mesmo que, criando o céu e a terra e tudo o que neles havia sido colocado, contemplava a obra de suas mãos como "bela": "e Deus viu que era coisa bela-boa" (Gn 1,3). A terminologia hebraica, na indeterminação da palavra *tôb*, traduzida indiferentemente por *kalós* [belo] e *agathós* [bom], especifica, porém, ulteriormente, o sentido e o conteúdo da beleza de Deus, recorrendo ao termo *kābôd*.

Kābôd é a glória da irradiação do revelar-se de Deus à humanidade. É o que permite perceber o esplendor de sua beleza. Beleza impossível de ser descrita e vista diretamente (Ex 33,18-23), mas dada somente para poder ser contemplada e, além disso, em sua manifestação reflexa (Ex 34,30-35).

Esta mesma glória é hoje a beleza que os crentes veem refletida no rosto do Crucificado, "o mais belo entre os filhos do homem" (Sl 44,2).

Através de todo o período patrístico e medieval, a teologia não viu nem a exigência nem a necessidade de produzir uma teoria estética específica. A relação com a beleza do criado e, nele, do homem e da mulher, era a tal ponto conatural a seu modo de conceber a realidade que, intuitivamente, eram levados a ver nela uma epifania da irrupção do divino.

Irineu, com sua feliz intuição do "gloria Dei vivens homo", abre o caminho para uma teologia que consegue fazer perceber a beleza, embora sem precisar pronunciá-la. Depois dele, Agostinho, Dionísio, Anselmo, Francisco de Assis, Tomás e Boaventura... continuam a descrever, ainda que com estilos diferentes, a revelação de Deus em Jesus Cristo, à luz da glória bíblica e da beleza.

Tal teologia foi tão rica e provocadora que incidiu na poesia e na arte: Dante e o gótico das catedrais medievais são a expressão culminante e tangível desta relação.

Contudo, depois de Tomás de Aquino, quase ininterruptamente até os nossos dias, a teologia, querendo percorrer outros caminhos que pareciam conduzir a certezas mais sólidas, distanciou-se sempre mais de sua relação originária com o *pulchrum*, transformando-se ora em *Sententia*, ora em *Commentarium*.

Foi tão somente a obra solitária de alguns não teólogos de profissão que permitiu manter inalterada a ligação com as fontes: Petrarca, Nicolau Cusano, Erasmo, João da Cruz, Teresa de Ávila, Pascal, Hamann, Dostoievsky, Tolstoi, Hopkins, Péguy... são apenas alguns nomes que evocam à mente a grande produção estética que sustentou a teologia destes séculos.

Em nossa época, o único teólogo que reabriu os grandes tesouros da estética à luz da tradição teológica, patrística e medieval, juntamente com a produção literária supramencionada, foi → Hans Urs von Balthasar.

RINO FISICHELLA

BLONDEL, Maurice

Na ordem de filiação, Blondel liga-se a → Pascal. Na "aposta" já se encontra, em germe, a teoria de *L'Action.* Em qualquer hipótese, é preciso apostar, pois estamos "embarcados". Queira ou não queira o homem, a questão do significado se lhe coloca. Para Blondel, a vida é uma práxis. O homem age e não pode deixar de agir: Mas por quê? Que é que se esconde em sua ação, quem a estimula, a despeito dela própria e a despeito dele? A análise das exigências internas da ação levanta inelutavelmente o problema de uma complementação necessária que o homem é incapaz de dar-se sozinho. Em nossos atos, está presente uma incompletude não só de fato, mas de direito, vale dizer, uma incompletude natural e insanável. A dialética posta em ação por Blondel evidencia, em nós, uma "rachadura aberta" que só pode ser preenchida por Alguém diferente de nós. Para poder dar um sentido à própria vida, o homem precisa manter-se aberto à possibilidade de um dom divino que, para o crente, é obviamente a revelação cristã: ela é a resposta esperada.

Se, no presente artigo, nos concentramos em *L'Action*, é sobretudo porque esta obra, que continua sendo a obra-prima de Blondel, coloca de modo direto o problema da Teologia Fundamental, vale dizer, o problema do → sentido da vida, do agir humano, em vista das instâncias do homem e das promessas do cristianismo. Em relação a isto, *L'Action* não envelheceu.

1. A DIALÉTICA DE *L'ACTION* – Desde as primeiras linhas de sua obra, Blondel coloca o problema da ação em termos que recordam Pascal: "A vida humana tem ou não um sentido? E o homem tem um destino? Eu ajo, mas sem sequer saber o que é a ação, sem ter desejado viver, sem saber exatamente quem sou e, até, se existo" (A 7. A sigla indica a edição fotostática de *L'Action*, de 1893). E, por outro lado, ouço dizer que meus atos trazem em si mesmos uma responsabilidade que empenha a vida ou a morte. E não posso nem sequer refugiar-me no nada. Se existe algo a compreender, quero compreendê-lo. Quero saber se este mistério que sou para mim mesmo tem alguma consistência. "Eu

com certeza descobrirei o que se esconde em meus atos, neste extremo fundo no qual, sem mim e a contragosto, eu experimento o ser e a ele me agarro" (A VII).

Portanto, para compreender o sentido da condição humana é preciso enfrentar o problema da ação humana, isto é, estudar a dialética da vida real, perceber o que é inevitável e necessário no desenrolar da ação humana, entendida em sua totalidade. "Eu – diz Blondel – me coloquei, por assim dizer, no interior da ação humana, para descobrir suas exigências e medir-lhe toda a irresistível expansão" (A 20). Para que o itinerário seja rigoroso, é preciso não pressupor nada, nem descartar nada. Os homens excogitaram uma porção de atitudes para fugir às exigências da ação. Precisamos examiná-las todas, para ver se trazem em si a própria justificação ou a própria condenação. "Na raiz das negações mais impertinentes ou das extravagâncias mais loucas da vontade, é preciso, portanto, procurar se não existe um movimento inicial sempre presente, que se ama e que se quer, mesmo quando se nega ou dele se abusa. É em cada um que se deve encontrar o princípio do juízo a fazer sobre cada um" (A XX). O problema da ação não é *uma* questão particular, uma questão como uma outra que se nos oferece. Trata-se *da* questão, sem a qual não existem outras (A XXI-XXII).

Em todas as atitudes com as quais o homem tenta fugir às exigências da ação, Blondel mostra que existe sempre uma "desproporção" (A XXIII), uma "discordância" (A XXIV) entre o que se acredita querer e o que se quer profundamente, entre o objeto querido e o movimento "espontâneo" do querer, entre a vontade *querente* e a vontade *querida*. Por vontade "*querente*" deve-se entender o dinamismo espiritual que anima o homem inteiro, incluída sua inteligência: trata-se do dinamismo do ser. Após termos percorrido toda a série dos itinerários humanos e após termos observado em toda parte esta desproporção, esta discordância sempre emergente entre o querido concreto e o dinamismo espontâneo do homem, conseguimos medir a amplidão deste dinamismo e somos induzidos a entender que o homem não pode atingir a realização própria, senão abrindo-se a uma *ação diferente* da dele. Parece, assim, que, no fundo, na raiz, o querer humano – sempre "inquieto", sempre insatisfeito – é expectativa e desejo de um "algo mais". O cristianismo parece ser a resposta apropriada a este reclamo e a esta exigência. Este é o modo de proceder de *L'Action.* A mola do método de Blondel é a dialética da vontade *querida* e da vontade *querente*, do movimento reflexo e do movimento espontâneo do querer. Ela representa uma tematização reflexa do vivido da ação.

L'Action compõe-se de cinco partes: as três primeiras podem intitular-se: *O homem no mundo*, e levam à conclusão da insuficiência da ordem natural. A quarta parte, intitulada *O ser necessário da ação*, chega à conclusão da necessidade de abrir-se à ação divina. A quinta parte, intitulada *Consumação da ação*, conclui com a necessidade de levar a sério a ideia da revelação e da ordem sobrenatural, tal como esta é entendida pelo cristianismo. As duas últimas partes interessam-nos de modo particular.

Primeira parte: Existe um problema da ação? – Para ser fiel a seu método, que consiste em não pressupor nem excluir nada, Blondel começa perguntando-se se esta questão tem um sentido, se há motivo para colocá-la. E, antes de tudo, defronta-se com a atitude do diletante e do esteta. O diletante elimina o problema, fazendo coexistirem nele, por assim dizer, diversas vidas contrárias entre si: trata-se do "diletantismo na ação" (A 8). Pretende ele degustar o prazer relativo de tudo, mas sem nunca empenhar-se a fundo. Mas, de fato, sua atitude revela uma contradição, pois pretender degustar de tudo sem querer nada, sem nunca comprometer-se, significa querer a si mesmo.

A análise da atitude do diletante manifesta duas coisas: 1. No próprio esforço que faz para não se comprometer com nada esconde-se a decisão sutil e positiva de não querer como objeto outra coisa senão *a si mesmo* (A 19-20). 2. Se pretende continuar a não querer nada, deveria, para ser lógico, aniquilar-se a si mesmo. Mas, na realidade – observa Blondel – "Ele só cuspiu na vida para embriagar-se dela e de si mesmo. Ama-se o bastante para sacrificar tudo ao próprio egoísmo; ama-se suficientemente mal para dissipar-se, sacrificar-se e perder-se em todo o resto" (A 20).

Segunda parte: A solução do problema da ação será talvez negativa? – Diante do problema, ineludível, do destino humano, existe uma solução: a que pretende fazer do nada a conclusão da experiência humana, o fim da ciência e o objetivo da ambição humana. Aos jogos do diletante os defensores desta solução preferem uma solução radical. Uma negação pura e brutal é preferível a todas as hipocrisias do pensamento.

Ademais, todos os que passaram pela experiência da vida em suas formas mais diversas (fortuna, ambição, sucesso) sabem disto: daí só se leva desgosto e nada. Não se deve esperar nada da vida, porque ela nada pode dar. A ciência chega à mesma conclusão: conhecer é inútil, porque o conhecimento coloca em evidência a vaidade do ser humano. Ela não faz outra coisa senão ampliar a zona do mistério.

A esta solução negativa do problema da ação, por parte do pessimismo e do niilismo, Blondel responde: não se pode conceber, nem querer o nada absoluto. Só podemos ter ideia do nada mediante a afirmação de uma outra coisa. Se se afirma o nada, isto vem do fato de que se tem necessidade de uma realidade mais sólida que aquela da qual se tenta fugir. Com efeito, a vontade do nada provém de um amor absoluto ao ser, induzido em erro pela incompletude, do fenômeno, do aparente (A 38-39). Na realidade, o que se quer é que *exista algo*, mas que este algo *baste* verdadeiramente *a si mesmo.* Quer-se que exista algo de *consistente.* "Estas palavras – *existe algo* – traduzem o movimento instintivo da vida que se enamora de si mesma e de tudo o que a sustenta, sem saber o que ela seja. Em meus atos, no mundo, em mim, fora de mim, não sei onde, nem o que, algo existe" (A 40-41). "A maior parte das pessoas vive nesta convicção: é a via larga e longa em que caminha a maior parte da humanidade" (A 41). "Deste dado admitido, brotará – continua Blondel – por via de um impulso oculto, toda a ordem científica, moral e social... E, seguindo até o fundo o impulso do querer, saber-se-á se a ação do homem pode ser definida e limitada neste campo natural" (A 41). Trata-se de saber se a vontade declarada (a vontade de superfície, querida) de limitar o homem ao campo da ação natural está de acordo com sua vontade mais profunda (a vontade querente), de que procede toda atividade espiritual. Assim, Blondel chega à terceira parte de sua obra.

Terceira parte: o fenômeno da ação – Esta parte, bastante desenvolvida (A 43-323), corresponde à que poderíamos chamar de primeira etapa na gênese do sobrenatural, segundo Blondel. Ela é análoga à que, em Pascal, é a análise da condição humana, e em → Teilhard de Chardin, a análise do fenômeno humano. Blondel expõe aí, sucessivamente, as diversas esferas da atividade humana, prestando atenção, ao mesmo tempo, às teorias ou às atitudes que gostariam de limitar ou reduzir o destino do homem a este ou àquele outro setor da atividade humana. Por exemplo, a atividade científica, inspirada pelo positivismo; a atividade pessoal e individual; a atividade social, que gera a família, a pátria, a sociedade humana em seu conjunto; a atividade moral, em contínua busca de um absoluto; a tendência a criar ídolos (ciência, nação) e a atribuir-lhes um valor absoluto que não possuem, mas de que a pessoa procura apoderar-se para poder servir-se deles.

Depois de haver estudado todas as esferas da atividade humana, Blondel conclui que nenhuma delas, em sua totalidade, tem condições de atender plenamente ao querer profundo do homem. A conclusão impõe-se: "É impossível não reconhecer a inadequação de toda a ordem natural e não perceber alguma necessidade ulterior; é impossível encontrar em si mesmo o modo de satisfazer a esta necessidade religiosa. *É necessário e não é possível*: eis aí, nua e crua, a conclusão do determinismo da ação humana" (A 319). Blondel faz uso ainda de uma linguagem indeterminada. Conclui simplesmente que a condição *necessária* da realização plena da ação humana lhe é *inacessível.* "O homem, com sua ação voluntária, supera os fenômenos; não consegue atender plenamente às próprias exigências; existe nele mais do que possa fazer sozinho; ele não consegue, com as próprias forças, colocar em sua ação querida tudo o que está contido no princípio de sua ação voluntária" (A 321). Em que inextricável dificuldade a vontade humana imergiu-se e forçou-se a si mesma?

Quarta parte: o ser necessário da ação – Esta parte corresponde à segunda etapa na gênese do sobrenatural em Blondel. No início, Blondel sintetiza tudo o que foi exposto na parte precedente, em seguida repropõe o problema da ação, mas a partir do homem que se pergunta sobre si mesmo.

O fato, já provado, de que o homem pretende encontrar a própria suficiência na ordem natural, sem consegui-lo, constitui para ele uma crise. Esta crise não se manifesta somente no centro de seus projetos particulares; ela é imanente à sua própria condição humana. De fato gostaríamos de bastar-nos a nós mesmos, mas não o podemos. E, por outro lado, em tudo o que quer, o homem encontra em toda parte a insuficiência e o sofrimento; naquilo que faz, infiltram-se fraquezas e erros, cujas consequência não consegue remediar; no fim, a morte vem coroar todos os seus fracassos (A 324-332).

E, no entanto, sublinha Blondel, este *aparente fracasso* da ação querida (A 325) evidencia a indestrutibilidade do dinamismo da atividade querente, já que eu não teria consciência de tal fracasso, se em mim não operasse uma vontade superior a todas as contradições da vida. A presença, em nós, daquilo que não é querido (erro, insucesso) coloca em evidência, em toda sua clareza, a vontade *querente.* Esta é a condição do homem. "Dividido entre o que eu faço sem querê-lo, e o que quero sem fazê-lo, encontro-me sempre como que separado de mim mesmo. Como igualar o sujeito ao próprio sujeito? Para querer-me a mim mesmo plenamente, devo querer mais do que aquilo que já consegui encontrar... Entre mim e mim há um abismo que não consigo preencher" (A 337-338). Se considero o caminho percorrido sob o prisma de um determinismo inflexível, sou obrigado a concluir: não consigo nem parar, nem voltar atrás, nem, sozinho, ir em frente (A 339). "Em minha ação, existe algo que ainda não consegui entender nem igualar; algo que impede de recair no nada e que é algo somente porque não é nada do que eu quis até agora. E este conflito – continua Blondel – que explica a presença obrigatória, na consciência, de um postulado novo; e é a realidade desta presença necessária que torna possível em nós a consciência deste mesmo conflito. Existe um *único necessário*" (A 339). E nada de todo o resto é necessário.

Mas a dialética ainda continua. Embora não tendo outro objeto finito para querer, a vontade não pode, porém, deixar de querer. Uma vez esgotado o inventário de tudo o que pode ser querido, permanece sempre um hiato, uma inadequação entre o voluntário e o querido. Daí resulta que a ação voluntária, que passou de um fracasso a outro, encontra-se obrigada a voltar a si mesma: encontra-se, assim, reconduzida ao centro do sujeito, lá onde o movimento da vontade teve seu início e isto "em vista de um suplemento de inventário".

É a esta altura que Blondel introduz as provas da existência de Deus: provas que ele retoma de modo novo e não isoladamente, mas juntando, por convergência, os argumentos clássicos indicados como: cosmológico, teleológico, ontológico. Não se trata de três vias diferentes, à guisa das cinco vias de Santo Tomás, mas, antes, de três formas diferentes de um só e idêntico processo. Trata-se de um *único caminho que muda de nome três vezes.* Além disso, insiste Blondel, não se trata "de uma estéril satisfação do espírito", de "um argumento puramente lógico" (A 340-341). Trata-se, sim, de reconhecer uma "presença" em nós (A 340), que emerge pouco a pouco. O espírito avança rumo a um *encontro.*

Somente no final desta dialética Blondel introduz o nome de Deus. "No final, rapidamente atingido, daquilo que acabou – diz ele – ...eis-nos, portanto, na presença daquilo que o fenômeno e o nada escondem e igualmente manifestam, frente àquele de quem não se pode nunca falar como de um estranho ou de um ausente: Deus" (A 350).

Mas a originalidade de Blondel consiste em conseguir entender que a prova convida a ir muito mais longe. Não podemos continuar a encontrar-nos na presença deste Absoluto pessoal, Deus, sem sermos ao mesmo tempo induzidos a posicionar-nos, a optar pela vida ou pela morte da ação.

O *conflito* que observamos no homem – isto é, eu não sou capaz de dar-me o ser necessário e, no entanto, não posso renunciar à vontade de querê-lo – só se resolve em uma alternativa inevitável (A 353). "Quererá ou não o homem viver até morrer disto – se assim se pode dizer – consentindo em ser suplantado por Deus? Ou então pretenderá bastar-se a si mesmo sem Ele, socorrer-se de sua presença necessária, sem torná-la voluntária, haurir dele a força de dispensá-lo e querer ao infinito sem querer o infinito? Querer e não poder, poder e não querer: esta é a opção precisa que se apresenta à liberdade... Se a ideia de que a vida serve para alguma coisa se apresenta a todos, é o suficiente para que também as pessoas mais incultas sejam chamadas a resolver o problema mais importante, o único necessário" (A 354-355).

A esta altura, Blondel examina os termos da alternativa, no intuito de projetar luz sobre as consequências inevitáveis de cada uma das duas opções possíveis.

Primeiramente, analisa a atitude da *recusa*, ou seja, a opção negativa. Se o homem pretende conseguir sozinho aquilo de que tem necessidade, priva-se do próprio princípio de sua vida e se condena. Recolocando o sentido da própria vida lá onde não há nada que possa preenchê-la, o homem se condena à morte eterna. Se o homem escolher a segunda opção, de que maneira se pode *livremente* colocar Deus no coração da ação humana? Como abrir-se à ação de Deus? Como dispor-se para uma revelação – se existir – mais clara do destino humano (A 375)? A esta pergunta Blondel responde com três pontos que definem as disposições de uma vontade sincera que quer ser coerente consigo mesma. A estas disposições interiores ele, como Pascal, atribui uma importância extrema: 1. – Que o homem faça tudo o que considere bom, tudo o que acredita conforme à sua consciência. 2. – Se o desapego estiver na base da ação boa, não surpreende que a vida moral venha acompanhada pelo sacrifício e pela renúncia. A medida do coração do homem é dada pela capacidade de acolher o sofrimento. 3 – Agir com abnegação ou aceitar o sofrimento não é suficiente. "Depois de haver feito tudo, sem nada esperar de Deus, é ainda necessário esperar tudo de Deus, como se, por nós mesmos, não tivéssemos feito nada" (A 385).

A conclusão desta quarta parte pode ser formulada assim: o que Blondel vê nascer do determinismo da ação humana é a ideia genérica de um Absoluto, que todo homem, mesmo sem conhecer o cristianismo, obscuramente quer, mas que não se conquista *à guisa de uma coisa*. Em outros termos, trata-se da ideia do único necessário, que não se obtém senão abandonando-se a ele; trata-se da ideia da ação divina à qual devemos abrir-nos, qualquer que seja a forma sob a qual ela se apresente.

Quinta parte: a consumação da ação – Esta parte corresponde à terceira etapa na gênese do conceito de sobrenatural segundo Blondel. O sobrenatural que Blondel leva em consideração é, já, aquilo que *de fora* é proposto pelos dogmas. Blondel pergunta-se se o cristianismo histórico, com seus dogmas e suas práticas, não representaria a determinação e a identificação procurada na relação do homem com o Absoluto.

A todos os que quereriam descartar, sem examiná-lo, o sobrenatural cristão, Blondel responde que se trata de uma atitude não conforme ao verdadeiro espírito filosófico. Efetivamente, o processo de reflexão sobre o agir humano levou "à consciência de uma irremediável desproporção entre o elã da vontade e o termo humano da ação" (A 390). *Viu-se* que o homem não pode realizar-se a não ser abrindo-se a uma ação diferente da sua (A 401). Seria, portanto, irracional subtrair-se à noção cristã de sobrenatural *revelado*. Consciente, ao mesmo tempo, de sua importância e de suas exigências, a razão precisa perguntar-se se o revelado cristão não será *conforme* ao dinamismo profundo e originário da vontade humana.

Não se trata de reconstruir racionalmente o dado cristão; do contrário, o cristianismo não seria *revelação*. Efetivamente, a revelação, em seu conteúdo essencial, não é outra coisa senão a vida íntima do Deus-Trindade, comunicada ao homem por graça (A 407). Mas se não é permitido descobrir mistérios e dogmas cristãos por outra via que não seja a revelação, também é legítimo considerar estes dogmas não antes de tudo como revelados, mas como *reveladores*, isto é, confrontá-los com as exigências profundas da vontade e descobrir neles, se nos for dado encontrá-la, a imagem de nossas necessidades reais e a resposta esperada. Aceitá-los a título de hipótese é legítimo, como fazem os geômetras, que supõem resolvido um problema e lhe verificam a resposta fictícia mediante a análise (A 391 e 401).

Trata-se, pois, de considerar a revelação cristã como uma hipótese que possibilita ver com clareza as exigências do querer. Se a tentativa tiver êxito, não teremos afirmado por isto mesmo a realidade histórica da revelação cristã; nem teremos estabelecido sua possibilidade intrínseca (A 406), porque seu conteúdo, como também sua existência, fogem à razão entregue a si mesma. Mas teremos feito entrever que "algo de análogo ao que propõem os dogmas" parece necessário para explicar a discordância entre vontade querente e vontade querida; também teremos estabelecido a obrigação prática de *acolher* o sobrenatural anunciado pela pregação cristã, desde que a revelação cristã se manifeste como uma realidade histórica e efetivamente acontecida.

Blondel quer, pois, demonstrar que a expectativa do querer humano está voltada para algo de análogo à ordem sobrenatural cristã. Desta maneira, o sobrenatural permanece a um só tempo *inacessível* (gratuito, como a iniciativa divina) e, todavia, *necessário* (de uma necessidade prática: é preciso aceitá-lo, se de fato ocorreu).

A religião "hipotética" deverá ter dogmas e impor uma prática. Que esta religião seja o cristianismo, e que este permita à vontade querer-se plenamente e à ação encontrar sua realização plena, somente a experiência religiosa integralmente vivida pode testemunhá-lo. Mas, no fim de sua obra, Blondel quis oferecer um testemunho *pessoal*, sublinhando mais uma vez que ele vai além da filosofia. "Compete à filosofia mostrar a necessidade de colocar a alternativa: *É assim, ou não é assim?* Compete-lhe, ainda, examinar as consequências de uma ou da outra solução e medir a enorme diferença entre as duas: ela não pode ir além disso, nem pode dizer, somente em nome próprio, que seja assim ou não seja assim. Todavia, se for permitido acrescentar uma palavra, uma palavra apenas, que supera o campo da ciência humana e a competência da filosofia, a única palavra capaz, diante do cristianismo, de exprimir esta parte, a melhor, da certeza que não pode ser comunicada a outros, já que ela só vem da intimidade da ação personalíssima, uma palavra que seja ela mesma uma ação, esta palavra precisa ser dita: *É assim*" (A 492).

2. ETAPAS DA GÊNESE DO SOBRENATURAL – Retomemos o exame, em síntese, das três etapas da gênese do conceito de sobrenatural em *L'Action*, sublinhando a recíproca relação entre elas.

Blondel estabelece, antes de tudo, a insuficiência da atividade humana. Demonstra que a condição *indispensável* à consumação da ação humana é *inacessível* a esta ação. Esta dialética do indispensável-inacessível, ou seja, do necessário-impossível, comanda e ritma todo o procedimento ulterior. Trata-se sempre de demonstrar que a *exigência* da vontade supera seu *poder.* É daqui que brota o conceito de sobrenatural, em dois tempos. Num primeiro tempo, a necessidade é *absoluta*, mas o sobrenatural permanece *indeterminado.* Num segundo tempo, a necessidade é a de uma *hipótese*, mas esta hipótese é a ordem sobrenatural cristã. O que num primeiro tempo aparece é a necessidade absoluta de abrir-se à ação de Deus, qualquer que ela seja. Ao contrário, o que aparece num segundo tempo é a necessidade de acolher a revelação positiva, se constar que esta revelação ocorreu de fato.

A etapa decisiva não é a última, mas aquela em que a ideia de Deus (na quarta parte), surgida do *conflito interior* da vontade, coloca a consciência diante de uma alternativa e lhe impõe optar *pró* ou *contra* a abertura à ação divina, ainda indeterminada. Tanto é verdade que, no manuscrito depositado na Sorbonne, para a permissão de impressão de sua tese, Blondel havia escrito: "Quarta parte: parte decisiva". Na conclusão da obra, Blondel escreve: "A *questão inteira* reside toda neste conflito necessário que surge no coração da vontade humana e lhe impõe optar praticamente entre os termos de uma alternativa inevitável, de uma alternativa pela qual o homem procura ficar senhor de si mesmo e conservar-se íntegro, ou se abandona à vontade divina, mais ou menos obscuramente revelada a sua consciência" (A 487). Obviamente Blondel não limita seu interesse a este sobrenatural indeterminado: ele mira mais além, mas sabe que, como filósofo, só pode abordar a revelação cristã com este tipo de enfoque.

A fenomenologia de *L'Action* é uma *lógica* da ação. O que constitui a força da dialética de Blondel é que ela não constrói um ideal que possa funcionar como termo da ação humana: exprime simplesmente o conteúdo inelutável da atividade humana. A tensão ao infinito do querer não é o ponto de partida de sua busca, mas seu ponto de chegada. Blondel não confronta as diversas etapas da ação com a amplidão, dada por suposta, do querer; ao contrário, é o desenrolar inexorável da ação humana que revela de modo progressivo *a amplidão do dinamismo espiritual* que anima secretamente o querer desde a origem. Toda vez revela-se uma inadequação, uma discordância entre a vontade querente e a vontade querida.

No processo do pensamento que acompanha o homem, desde a análise do dinamismo voluntário até o conflito interior que obriga este homem à *opção decisiva*, pela qual se centra em si mesmo ou se abre a Deus e à ordem divina obscuramente percebida, existe um discurso válido ainda hoje. Com efeito, hoje como ontem, não se fez nada enquanto não se chegar a demonstrar que o homem deve, no mínimo, *abrir-se* a uma eventual Palavra de Deus, dirigida ao homem na história. O que → Rahner tentou fazer, partindo do dinamismo da consciência humana (*Hörer des Wortes*), Blondel o tentou, partindo da realidade do homem radicalmente tendido à ação.

A filosofia de Blondel não é uma simples apologia do cristianismo, nem uma simples filosofia da religião: é, na verdade, uma "apologética filosófica". Mas, justamente por ser filosófica, esta apologética pode ser entendida por todos os homens de boa vontade. Ela preserva os crentes do fideísmo. Por outro lado, mostra, às pessoas sinceras, que o salto para o sobrenatural não é menos racional nem menos necessário que as verdades da vida ordinária.

Bibl. – H. Duméry, *La philosophie de L'Action.* Essai sur l'intellectualisme blondélien, Paris 1948; J. Palliard, *Maurice Blondel ou le dépassement chrétien*, Paris 1950; A. Cartier, *Existence et vérité:philosophie blondélienne de l'action et problématique existentielle*, Paris 1955; H. Bouillard, *Blondel et le christianisme*, Paris 1961; J. Lacroix, *Maurice Blondel*, Paris 1963; R. Saint-Jean, *Genèse de L'Action 1882-1893*, Bruges-Bruxellas-Paris 1965; Id., *L'apologétique philosophi que. Blondel 1893-1913*, Paris 1966; F. Lefevre, *L'itinéraire philosophique de Maurice Blondel*, Paris 1966[2]; R. Latourelle, *L'uomo e i suoi problemi alla luce di Cristo*, Assis 1982, 202-242.

RENÉ LATOURELLE

BUDISMO

1. O budismo é a mais antiga das grandes religiões mundiais. Nascido da experiência perturbadora da iluminação de Siddharta Gautama, no século VI aC, na Índia do Norte, sua dinâmica missionária, depois da expansão na Ásia inteira, está hoje penetrando até no Ocidente. A partir do século II aC, após um período de escolasticismo, desenvolvem-se duas correntes distintas: o *Theravāda* ("Escola dos anciãos"), denominado, em sentido depreciativo, também *Hīnayāna* ("Pequeno Veículo"), difundido sobretudo na Ásia meridional, com o centro no Sri Lanka; o *Mahāyāna* ("Grande Veículo"), inculturado em várias formas no Tibete, na China, na Coreia, no Japão. Enquanto a primeira corrente é considerada como a forma original e ortodoxa, orientada para o ascetismo da vida monástica, o Mahāyāna sublinha para os leigos, antes, os princípios altruísticos, em vista de uma redenção universal.

Mantendo um silêncio apofático sobre Deus, a via de salvação no budismo visa a profunda experiência mística e guia o homem da consciência da vaidade do mundo para uma serenidade transcendente. Longe do puro interesse especulativo, Buda proclama sua doutrina como "jangada útil para atravessar o rio, mas não para ser conservada". Oferecendo, com a "reta visão" (*Sn* 231) do mundo fenomênico, uma chave hermenêutica, mais do que um sistema dogmático, o budismo se apresenta como complementar às culturas e religiões pela sabedoria intuitiva e confere a redenção não por graça, mas de modo passivo, como fruto do indispensável esforço de um despertar espiritual. O mistério fundamental é a iluminação como abertura do pequeno ego, prisioneiro do doloroso ciclo de nascimento e morte, para uma existência radicada no nirvana. Depois de ser o primeiro a percorrer este caminho de libertação, Buda torna-se modelo e amigo espiritual (*kalyanamitra*) da humanidade.

Tudo o que foi enunciado por Buda – desde a noite da iluminação até a noite de sua extinção – é considerado palavra sagrada. As fontes canônicas dividem-se em três cestos (*Tripitaka*), recolhidos pela comunidade monástica depois da morte de Buda, segundo a qualidade dos textos: o *Vinaya-pitaka* contém as regras monásticas, o *Sūtra-pitaka* os discursos doutrinais e o *Abhidharma-pitaka* os textos escolásticos da incipiente reflexão filosófica. Das várias coletâneas canônicas foi conservado integralmente só o *Tripitaka* dos Theravādin do Sri Lanka (codificado em torno do ano 80 aC), em língua páli, idioma antigo da Índia Setentrional. Não obstante o hábito de Buda de usar a língua corrente, muitos outros textos foram compostos em sânscrito. O problema de um cânon original é hoje enfrentado com a aplicação do método histórico-crítico. Com o início do Mahāyāna foram acrescentadas ao cânon outras obras compostas, obviamente, a partir do século I aC, mas consideradas revelações posteriores de doutrinas secretas de Buda. Entre estas, figuram os textos da *Prajñāpāramitā* (Suprema Sabedoria), do *Avatamsaka Sūtra* e do *Sūtra do Lotus*, que desenvolvem novas doutrinas e formam em si um cânon autônomo (*vaipulya*). As grandes coleções encontram-se em chinês e tibetano e abrangem 2.184 obras na última e mais autorizada edição do *Taishō Tripitaka*, impressa no Japão, em 55 volumes (1924-1929). Os tibetanos distinguem em seu cânon, codificado por Buston (1290-1364), entre "palavra do Buda" (*bKa'gyur*; 1.055 textos) e obras escolásticas (*bs Tan'gyur*; 3.962 textos).

Da simples fórmula "eu me refugio em Buda, eu me refugio no Dharma, eu me refugio no Sangha", que, desde os tempos antigos, constitui a expressão mais clara e o símbolo de fé, brotam os valores principais (*triratna*, três joias) da salvação, isto é, a pessoa do "guia dos homens e dos deuses" (Buda), o corpo das doutrinas (*Dharma*) e a comunidade (*Sangha*), dividida em monges e leigos.

2. A biografia de Buda constitui, no conjunto de elementos lendários e dados históricos, um relato salvífico. Segundo a mitologia, Sākyamuni insere-se numa gigantesca economia de salvadores, dos quais se manifesta um para cada era do mundo (*kalpa*, ciclo de geração, existência e destruição do cosmos). Precedido por inúmeros outros Budas e seguido por seu sucessor, Maitreya, no ciclo cósmico seguinte, Sākyamuni preparou-se como bodhisattva (destinado à budidade) em muitas existências anteriores, com o acúmulo de imensos méritos para salvar a presente humanidade, e predestinou todas as condições de sua vida histórica. Em tal soberania absoluta torna-se homem, para cumprir sua firme decisão de guiar os homens para fora da escravidão da morte e dos renascimentos.

Sākyamuni Gautama (o sábio da tribo dos Sākya, da família Gautama) nasceu em torno de 566 aC, em Lumbini, perto de Kapilavastu, no Nepal de hoje, da família do príncipe Suddhodana e de Māyā. Recebeu o nome de Siddhārta. Consoante uma profecia, teria sido destinado a tornar-se um imperador do mundo ou um importante personagem religioso. Crescido na vida serena da corte, com 16 anos casou-se com Yasodharā, da qual teve um filho, Rahula (o vínculo). Não podendo encontrar satisfação na despreocupada vida do luxo, Sākyamuni sentiu-se perturbado pelos problemas existenciais, como a velhice, a doença e a morte, e buscou a imortalidade para além do ciclo doloroso do nascimento e da decomposição do mundo (*samsāra*). Com 29 anos (537 aC), deixou ocultamente o palácio para iniciar a vida de asceta itinerante (*sramana*) e frequentou durante 6 anos, como tantos coetâneos, vários mestres do ioga. Finalmente, compreendeu que os esforços sobre-humanos não levam a um progresso espiritual e decidiu seguir a "via média", evitando os extremos do laxismo e do ascetismo exagerado. Meditando sozinho, debaixo de uma árvore, em Bodh-Gaya, recebeu a iluminação e tornou-se o Buda (o Desperto). Este título honorífico indica seu nirvana, isto é, a extinção dos aspectos subjugantes na absoluta tranquilidade espiritual. No decurso daquela noite sagrada (531 aC), Sākyamuni chegou ao conhecimento de suas existências anteriores, à certeza sobre o eterno ciclo de nascimento e morte dos seres e à eliminação da ignorância e do desejo. Chegou finalmente à intuição da lei fundamental da origem, condicionada por todos os fenômenos da vida (*pratitya-samutpāda*). Segundo uma cadeia de doze causas, analisou a interdependência dos elementos psicofísicos, no ciclo da formação e decomposição de cada objeto, realizando por si mesmo o rompimento desta concatenação, isto é, a libertação no nirvana. A inefável alegria desta experiência o impulsiona à pregação, por compaixão com os homens ignorantes. Iniciando no parque dos Daini, em Benares, diante de cinco ascetas, antigos companheiros seus, com o "Sutra sobre a movimentação da Lei" (*Dharma-cakrapravartanasūtra*), Buda circulou, por bem quarenta e cinco anos, pelas regiões da Índia Setentrional, pregando e recebendo discípulos em sua ordem (*Sangha*), semelhante a tantos outros mestres. Com a idade de 80 anos (486 aC), morreu em Kusinagara, atingindo, com a dissolução dos elementos psicofísicos (*skandha*), o nirvana completo, "como uma chama que se apaga sem resíduo". Depois de realizar sua mediação salvífica com a indicação do "caminho médio", remete os discípulos à suprema autoridade do *dharma* como guia futuro.

3. O núcleo da doutrina (*dharma*) é uma minuciosa análise da condição do mundo, que é enunciada, no primeiro discurso do

Mestre, em Benares, nas Quatro Verdades Nobres: I. No mundo, tudo é *duhkha*; II. *duhkha* é causado pelo desejo (*trishnā*); III. esta causa pode ser eliminada no nirvana; IV. O remédio encontra-se na Óctupla Vereda. O significado de *duhkha* costuma ser traduzido com "sofrimento", em suas várias formas psicofísicas; na realidade, ele exprime, mais genericamente, a dimensão existencial do homem, no sentido de "passividade" (cf. latim: *pati* = sofrer). *Duhkha* é experimentado como privação da incondicionada atividade do homem e exprime sua contingência. O termo oposto seria *sukha*, absoluta felicidade, que não se realiza nunca na condição humana, a não ser na iluminação. Todo ser é composto de cinco elementos (*skandha*): corporeidade, sensação, percepção, volição e conhecimento; estes constituem fenômenos efêmeros, em contínua mudança (*samsāra*), não permanentes (*anitya*) e destituídos de um núcleo de individualidade (*anattā*, "não si"). Em contraste com o bramanismo, Buda baseia sua doutrina na teoria da não substancialidade, comparando o conceito convencional da personalidade humana com a etiqueta, posta de maneira puramente funcional nas várias peças que, juntas, formam um carro. No momento da morte, não resta uma alma pessoal que possa transmigrar, mas apenas uma série de elementos que renascem continuamente em novas constelações. "O mundo é vazio (*sunya*) de um si e de tudo o que pertence a um si" (S IV, 54).

Em todo caso, a origem dos fenômenos deve-se ao desejo, à sede de vida, causada pela ação passional. A corrente de existências segue a eterna lei da produção condicionada (*pratitya-samutpāda*), segundo a qual um conjunto de fatores dá origem a um fenômeno, muitas vezes ilustrado pela analogia da simultaneidade de fogo e fumaça. À paixão, composta de ignorância, desejo e egoísmo, segue-se, de modo cíclico, a ação (*karman*), que leva à produção de elementos constitutivos da futura geração. Já que o homem herda o fruto de suas ações, sem nunca ser dono de suas atividades, todo o interesse de Buda visa um elevado comportamento ético e, finalmente, a fim de pôr termo ao ciclo do *samsāra*, a eliminação de toda ação. Na medida em que *duhkha* constitui o horizonte existencial da realidade, sua abolição (*nirvāna* = extinção de toda produção) induz a um estado de inefável tranquilidade, que ultrapassa as categorias do mundo presente. A interpretação negativa do nirvana é limitada ao nível epistemológico, ao passo que de alguns textos (*It* 37) resulta uma concepção positiva do caráter da Última Realidade não causada. Mais do que um lugar, o nirvana é um estado espiritual que emerge com a cessação da cobiça e da dor e induz a uma superação do ilusório e do contingente. A quarta Verdade Nobre apresenta Óctupla Vereda espiritual para a supressão de *duhkha* na prática da reta moralidade, concentração e sabedoria. Enquanto a moralidade visa a educação da conduta social, a concentração meditativa induz à serenidade da mente e coloca o homem em condição de efundir benevolência, compaixão, alegria simpatética e equanimidade sobre todos os seres. A sabedoria é a profunda penetração intuitiva da essência dos fenômenos, isto é, a consciência de sua não substancialidade e da lei da produção condicionada. Esta última atuação evoca a iluminação libertadora.

Em círculos concêntricos, formados por monges, monjas e leigos, o *Sangha* une a comunidade mediante a atitude da recíproca doação dos bens materiais e espirituais. Já que o budismo não é organizado de modo hierárquico, a tradição doutrinal e social é garantida pelo *Sangha*. A ordem monástica conserva, desde sua fundação, uma estrutura democrática, a regular confissão pública e o retiro anual. Com a ajuda de cinco preceitos, os leigos são obrigados a libertarem-se espiritualmente do mundo e a acumularem méritos salvíficos. Sua ética peculiar e forma de culto prepararam a emergência do Mahāyāna.

4. A inovação do Mahāyāna é mais uma reelaboração de ideias germinais do Theravāda do que uma evolução independente. A necessidade popular de um objeto de culto é preenchida por uma progressiva divinização do Buda, até dos novos sutras. Sākyamuni é considerado manifestação histórica dos Budas transcendentes, como Amitābha (Amida), os quais, fulgentes e misericordiosos, guiam os homens, com a energia divina, para o paraíso. A doutrina dos "três corpos" (*Trikāya*) explica a absoluta transcendência da Última Realidade como budidade não gerada e impessoal (*Dharmakāya*), perceptível somente por um Buda, da qual se irradia um "corpo da recompensa" (*Sambhogakāya*), manifestada aos bodhisattva mediante a visão mística. O último aspecto do único Buda é o histórico Sākyamuni, que apareceu no "corpo da transformação" (*Nirmanakāya*) para salvar todos os seres. O ideal da dinâmica redentora é figurado nos santos bodhisattva como Manjusri e Avalokitesvara (o Senhor do olhar benigno; em japonês: Kwannon), cuja assunção ao nirvana é adiada para exercitar melhor sua "grande compaixão simpatética" (*mahākarunā*). Na veneração e imitação de tais figuras altruístas, exprime-se no Japão o "Budismo da fé" (*Jōdo Shin-shū*) a partir do século XII.

Semelhante à lua, cuja imagem se reflete no vasto oceano assim como em uma gota d'água, o *Dharmakāya* está presente em forma germinal no "regaço búdico" (*Tathāgatagarbha*) dos indivíduos, como também no princípio do cosmos. Sua natureza é *sūnyatā* (vacuidade): tudo existe somente enquanto se comunica com tudo. A interdependência existencial de todo fenômeno pressupõe a vacuidade da existência inerente e segue a "lei da produção condicionada". A absoluta identidade de vacuidade e forma, intuída na meditação, muda radicalmente a consciência do homem e o impulsiona à solidariedade universal, no exercício da compaixão (*karunā*). Não substancialidade ôntica e altruísmo ético complementam-se na unidade dinâmica da Última Vacuidade; o bodhisattva, na sua pró-existência, é seu símbolo mais elevado.

5. O Concílio Vaticano II abre novas perspectivas de diálogo, com o reconhecimento de uma presença de valores salvíficos no budismo (NA 2). Esta avaliação sobre as várias correntes budistas não é senão o clímax de uma longa história de diversos encontros, iniciados desde os tempos de Clemente de Alexandria (*Strom.* I,15) e esporadicamente intensificados nos tempos dos nestorianos (cf. a estela de Xi'an Fu de 781), dos missionários franciscanos na China (séc. XIII-XIV) e de Francisco Xavier. Enquanto estes primeiros encontros encontram um rico testemunho literário nos paralelismos dos evangelhos apócrifos e no curioso fato da

lenda de Buda, cristianizada nos santos Barlaão e Josafá (PG 96, 857; no martirológio romano, dia 27 de novembro), os encontros de hoje têm por mira o empenho pela paz e justiça no mundo (WCRP = Conferência Mundial das Religiões pela Paz, fundada em 1970, com decidida participação dos budistas e cristãos), a experiência mística e a prática da meditação e os intercâmbios de vida monástica. O diálogo doutrinal aprecia no budismo a profundidade existencial do caminho salvífico. Buda e Cristo têm sido comparados porque ambos foram fundadores de movimentos revolucionários no contexto de sua tradição religiosa. Enquanto Cristo anuncia a salvação como graça do Pai, no reino universal de Deus, Buda parece remeter o homem à conquista da libertação, apoiando-se nos próprios esforços. Considerando, porém, a doutrina do não si (*anattā*), também no budismo a salvação se efetua com a radical renúncia de si mesmo.

Meditação e prática da compaixão acompanham o homem, com extremos esforços de nobilitação pessoal, ao limiar da espontânea concessão da libertação. A extrema *kénōsis* da entrega, tanto na fé cristã (Lc 1,38) quanto na santidade budista (*arhant; bodhisattva*), constitui um fundamental ponto de contato. O ápice da experiência mística, escondida no silêncio budista ou então proclamada na teo-logia cristã, torna-se desafio recíproco para um diálogo. A atenção desloca-se, hoje, para a analogia entre Maria e Buda, levando-se em conta a natureza humana dos dois, diferentemente da unicidade da natureza divino-humana de Cristo. Proximidade e diversidade das duas religiões exprimem-se nestas figuras, na medida em que ambas, em sua mais humilde disponibilidade, concebem o Verbum; enquanto o Logos se encarna definitivamente em Maria, na sagrada palavra de Buda permanece *Dharma.* A divina veneração a Buda refere-se a sua mediação salvífica, nunca a sua natureza, em contraste com a de Cristo. De qualquer forma, todo diálogo deve partir da fundamental qualificação das sagradas Escrituras e não pode prescindir da dimensão mística e mistagógica.

Bibl. – FONTES: *Cânone buddhista*, vol I-II, Turim 1967-1968; E. Conze (ed.), *Scritture buddhiste*, Roma 1973; E. Frola (trad.), *L'orma delia disciplina* (*Dhammapada*), Turim 1979; A. Passi (trad.), *Asvaghosa*, *Le Gesta del Buddha*, Milão 1987.

ESTUDOS: H. Oldenberg, *Buddha. La vita, la dottrina, la comunità*, Milão 1952; E. Lamotte, *Histoire du Bouddhisme indien*, Louvam 1958; B.L. Suzuki, *Il buddismo Mahāyana*, Florence 1960; Nyanaponika Thera, *Il cuore della meditazione buddhista*, Roma 1978; A. Pezzali, *Storia del Buddhismo*, Bolonha 1983; H.C. Puech (ed.), *Storia dei Buddismo*, Bari 1984; W. Rahula, *L'insegnamento del Buddha*, Roma 1984; E. Conze, *Breve storia dei Buddismo*, Milão 1985; H. Schumann, *Il Buddha storico*, Roma 1986; M. Zago, *La spiritualità buddhista*, Roma 1986; D. Gira, *Budismo: História e doutrina*, Petrópolis 1992.

DIÁLOGO: W.L. King, *Buddhism and Christianity*, Londres 1963; H. Waldenfels, *Absolutes Nichts*, Friburgo 1976; C. Geffré-M. Dhavamony (ed.), "Budismo e Cristianismo", em *Cone* 6/1978; H. De Lubac, *Aspetti dei Buddhismo*, Milão 1980; H. Dumoulin, *Buddhismo*, Brescia 1981; M. Zago, *Buddhismo e Cristianesimo in dialogo*, Roma 1985; M. Fuss, *Buddhavacana and Dei Verbum*, Leiden 1989.

MICHAEL FUSS

BULTMANN, Rudolf

O artigo dedicado aos métodos de → análise dos evangelhos descreve a contribuição positiva e incontestável de Bultmann, em nível literário. Os trabalhos da História das Formas (FG) (→ Evangelho II), de que Bultmann é um importante protagonista, deram um poderoso impulso à exegese, dotando-a de um instrumento de análise extremamente preciso para conhecer melhor os evangelhos e os contextos de vida (*Sitz im Leben*) em que nasceram. Mas esta conquista metodológica vai aliada a uma carência doutrinal que não pode ser silenciada.

Rudolf Bultmann (1884-1976) é o principal responsável por esta deficiência. Professor de NT em Marburgo (1921), publicou trabalhos de exegese, de história das religiões e de dogmática. Sua interpretação do NT, em particular dos evangelhos, de Jesus, de sua identidade, de sua mensagem, de sua missão, da ressurreição e da salvação, levanta muitas interrogações. Se a Teologia Fundamental se interessa por ele, é pela influência que exerceu e, sobretudo, para ilustrar como opções filosóficas e teológicas podem influenciar uma pesquisa originariamente excelente em sua finalidade.

Em Bultmann, não há como separar historiografia, hermenêutica e teologia. No tocante aos evangelhos, ele é o herdeiro de Strauss, de Kähler e de Wrede, cujas posições radicalizou. Sua hermenêutica e seu projeto de "demitização" do NT derivam da análise existencial de Heidegger. Sua teologia depende do paradoxo luterano e kierkegaardiano da fé, entendida como renúncia a qualquer segurança e como "salto" irracional para Deus que salva.

1. EMPREENDIMENTO UTÓPICO DA HISTÓRIA CONCERNENTE A JESUS – Para Bultmann, o cristianismo começou com o *Cristo anunciado*, isto é, com o querigma da Igreja primitiva. Tal querigma supõe indubitavelmente a existência histórica de Jesus, mas não demonstra muito interesse pela crônica de sua vida. O que importa é o *próprio fato* (o *Dass*, o *thatness*) da existência de Jesus, como lugar da resposta eficaz de Deus à pergunta do homem sobre o sentido da própria existência. Que Jesus nasceu, que viveu, que foi crucificado e morreu: não há necessidade de outra coisa para a fé cristã; a "factualidade" é o único substrato histórico necessário ao evento da fé e da salvação. O *was*, isto é, a personalidade moral de Jesus, e o *wie*, isto é, seu ensinamento, sua mensagem e sua ação, não apresentam um interesse teológico. "O que aconteceu no coração de Jesus, diz Bultmann, não sei nem quero saber" (*Glauben und Verstehen*, I, Tübingen 1933, 101; 251).

Certamente Bultmann não nega uma continuidade material e cronológica entre Jesus de Nazaré e o Cristo do querigma, porém denuncia uma ruptura, uma descontinuidade teológica essencial entre Jesus e o Cristo da fé. Ele vê os sinais desta ruptura nos fatos seguintes: *a.* ao invés de Jesus, o querigma propõe a figura mítica do Filho de Deus; *b.* enquanto Jesus proclama a vinda iminente do reino, a Igreja primitiva prega Cristo, morto por nossos pecados, e ressuscitado; o anunciador passa a ser o anunciado; *c.* enquanto Jesus fala da obediência incondicional ao Pai, o querigma fala da obediência à Igreja.

Para Bultmann, Jesus ainda pertence ao judaísmo. Que ligação existe, então, entre Jesus e a Igreja? Bultmann sustenta que o querigma não nasceu da vida de Jesus e nem sequer busca um fundamento em tal vida. Os sinóticos não procuram legitimar o querigma mediante a história, mas, ao contrário, buscam legitimar a história através do querigma: é este último que esclarece tudo e lhe dá sentido. A fé cristã inicia com o querigma, que abstrai do Jesus da história. Ela começa quando aquele que pregava é anunciado como a ação escatológica de Deus. Acaso São Paulo não construiu sua teologia sem referir-se concretamente à história de Jesus? No fracasso do profeta de Nazaré o querigma vê a resposta de Deus à interrogação do homem: no crucificado, Deus pronuncia um juízo de condenação sobre a autossuficiência do homem e proclama a própria vontade de perdão e de vida autêntica para todo aquele que aceite morrer para si mesmo.

Esquematizando, podemos dizer que o discurso de Bultmann sobre Jesus articula-se em dois tempos: primeiramente, numa crítica radical, que declara que uma investigação historiográfica sobre Jesus é um empreendimento muito difícil, se não impossível; em seguida, um momento que se quer positivo e criativo, em que procura substituir a historiografia por uma teologia e uma hermenêutica do querigma.

Para Bultmann, é utópico querer escrever uma vida de Jesus: não somente porque Jesus não escreveu nada, mas sobretudo porque os evangelhos são, antes de tudo, confissões de fé. Mais ainda: a imagem de Jesus que eles propõem é em boa parte "mitizada" pela comunidade primitiva. Bultmann exprimiu este seu ceticismo em 1926, em *Jesus* (trad. francesa, Paris 1968). Que Jesus existiu está fora de dúvida: Ele exerceu o ministério de rabino e morreu sob Pôncio Pilatos. Mas os evangelhos misturam de modo tão inextricável elementos históricos e elementos míticos, que se torna impossível encontrar um núcleo consistente de verdade histórica e uma fiel sequência dos acontecimentos. Os sinóticos apresentam Cristo como filho de Deus através da imagem da divindade grega. "Penso, diz Bultmann, que não podemos saber praticamente nada da vida e da personalidade de Jesus, pois as fontes cristãs que possuímos, muito fragmentárias e contaminadas pela lenda, não demonstraram nenhum interesse sobre este ponto" (trad. franc. p. 35).

E mais adiante: "Se só sabemos poucas coisas sobre a vida e a personalidade de Jesus, estamos, porém, suficientemente informados sobre sua pregação para fazer-nos dela uma imagem coerente. Todavia, também aqui o caráter das nossas fontes obriga-nos à máxima prudência. As fontes oferecem-nos, antes de tudo, a pregação da comunidade; esta última atribui, com segurança, a maior parte de tal pregação a Jesus. Naturalmente isto não significa que todas as palavras que ela coloca na boca de Jesus tenham sido verdadeiramente pronunciadas por Ele. Em muitos casos, podemos seguramente provar que remontam apenas à comunidade; em outros casos, que esta última as reelaborou" (p. 37). A possibilidade de conhecer a pregação de Jesus é, portanto, maior, mas "com um coeficiente de segurança bastante relativo" (p. 38). Os evangelhos nasceram da fé e têm um sentido para ela. São um querigma e não uma crônica.

2. UMA TEOLOGIA DO QUERIGMA E DA FÉ – Para Bultmann, a fé não tem outra justificação que a própria fé. O importante é o sentido da existência de Jesus, que o querigma ressalta – isto é, que o homem é salvo graças a sua total entrega a Deus, mediante a fé. Importa pouco o que está por trás ou antes do querigma. Por isso, Bultmann declara-se pessoalmente convicto de que Jesus não tinha consciência de ser o messias. Mas acrescenta logo que, para o intuito que persegue, o problema carece de relevância, pois o reconhecimento de Jesus, como aquele em que a Palavra de Deus se realiza de modo decisivo, é um puro ato de fé, independente da resposta à interrogação histórica sobre a consciência de Jesus de ser o messias. Somente o historiador pode responder a esta pergunta, na medida em que for possível uma resposta; a fé, enquanto decisão pessoal, não pode depender do trabalho do historiador. A fé, como comprometimento da pessoa inteira, deve libertar-se da precariedade da pesquisa histórica.

Em Bultmann, portanto, o historiador e o teólogo parecem coexistir e ignorar-se. Efetivamente, por um lado, em *Jesus* e em *Geschichte der synoptischen Tradition* Bultmann estuda a pregação de Jesus e esforça-se por reconstruí-la; por outro lado, o teólogo parece abstrair de suas pesquisas históricas. Como explicar este espaço de dualismo metodológico? A crítica histórica não teria, então, outro objetivo senão demonstrar a impossibilidade de fundar historicamente o querigma e, assim, de libertar a fé de todo apoio humano?

A posição de Bultmann em relação à história de Jesus pode atribuir-se, ao que parece, mais ainda a sua teologia da fé do que a seu ceticismo histórico. Efetivamente, o interesse histórico pelo Jesus pré-pascal não é em si condenável. Prova disso é o fato de que o próprio Bultmann obedeceu a esta motivação. Mas tal interesse deve permanecer estritamente em seu âmbito, isto é, no âmbito *histórico.* A partir do momento em que a pesquisa se mistura com um interesse teológico, isto é, com o desejo de legitimar o querigma e a fé através de procedimentos historiográficos, ela se torna imediatamente suspeita. Uma tal preocupação de legitimar a fé anula-a. Toda pesquisa histórica para além do querigma, toda investigação sobre o Jesus do passado, do momento em que se inspire numa preocupação apologética, só pode ser estéril e atrair sobre si a censura do crente, pois nos induz à tentação de apoiar-nos nela. A fé autêntica não sabe o que fazer com nossos conhecimentos históricos, sejam eles certos ou prováveis. O querigma traz em si mesmo sua credibilidade: basta que ele nos seja dirigido para que esteja garantida a possibilidade da fé. É, pois, principalmente em nome do querigma e da fé que Bultmann nega o interesse pelo Jesus histórico. A salvação não vem do saber objetivante, científico, como se fora possível apropriar-se de Deus, mas da *fé exclusivamente.* A teologia de Bultmann define-se, portanto, como uma teologia do querigma e da fé. Todo evento da revelação concentra-se no querigma e na decisão de fé em relação a Deus que nos interpela.

3. "DEMITIZAÇÃO" NECESSÁRIA – Antes de tudo, o querigma. Mas é preciso logo acrescentar: desde que ele mesmo seja submetido a um rigoroso processo de interpretação, pois o mundo do NT e sua linguagem, embora pudessem ser válidos para o homem do século I, são incapazes de conter a decisão de fé do homem contemporâneo. Portanto, há que operar a *demitização* do NT, ou seja, transpor a mensagem de Cristo para um sistema filosófico inteligível ao homem contemporâneo. A *demitização* coloca o problema da linguagem do NT em relação ao querigma que se exprime através destes dados, enquanto o problema do Jesus histórico é o problema dos dados históricos concernentes a Jesus em relação com o Cristo confessado, na fé, como evento escatológico da salvação.

O *mito*, como é entendido por Bultmann, fala do mundo sobrenatural, divino e transcendente, nos termos de nosso mundo espacial e temporal; descreve a ação de Deus em termos de causalidade histórica, cosmológica e psicológica. Bultmann especifica que entende o mito no sentido que este tem na história das religiões: é mito toda representação em que o não cósmico aparece cósmico, o divino aparece humano e o próprio Deus aparece como uma realidade espacial longínqua. Esta noção de mito evidentemente não deve ser confundida com o moderno sentido de pura ideologia.

Para Bultmann é evidente que o NT é um universo mítico, povoado de personagens divinos ou demoníacos, percorrido por forças misteriosas, dividido em setores espaciais e temporais. Descreve Cristo como um ser preexistente, como filho de Deus, encarnado no seio da Virgem Maria. Quando o NT fala dos milagres de Jesus, recorre à linguagem "mítica". Tal modo de falar, explica Bultmann, origina-se de uma influência helenística, do gnosticismo, da tradição apocalíptica hebraica. Temos que eliminar este modo de falar, como fizeram os racionalistas; mas, sobretudo, precisamos reinterpretar os relatos evangélicos nos termos adequados ao homem moderno, por exemplo, em chave existencialista, segundo o modelo da filosofia de Heidegger. Sob este ponto de vista, o que é importante no querigma são os elementos que têm uma relação com nossa existência e com nossa relação interpessoal com Deus.

Jesus constitui, sobretudo, um valor *indicativo* da salvação que nos vem da fé. Ele é um grande profeta, mas não é o Salvador: é antes o lugar escolhido por Deus para dar-nos a conhecer a salvação. Por conseguinte, o relato da ressurreição não nos remete ao acontecimento histórico de uma verdadeira ressurreição do corpo, mas declara o *sentido* do evento histórico da cruz. A cruz de Jesus deve ser lida como um evento histórico (*historisch*) e significativo (*geschichtlich*), pois só nele o homem sente o peso do seu pecado e o juízo salvífico de Deus. A ressurreição, ao contrário, é puro mito. A cruz exprime o juízo, a condenação do mundo, ao passo que a ressurreição significa a possibilidade de uma vida autêntica, outorgada ao homem por meio da obediência da fé. A ressurreição, portanto, faz parte do querigma, não a título de evento histórico realmente acontecido, como a cruz, mas como anúncio da nossa salvação escatológica. "Falar da ressurreição de Cristo", observa Bultmann, "pode, acaso, indicar algo que não seja o significado da cruz? Ela não diz outra coisa senão isto: não precisamos ter diante dos olhos a morte de Jesus na cruz como simples morte humana; ela é juízo de Deus sobre o mundo... A cruz e a ressurreição constituem uma coisa só; efetivamente, constituem juntas um único evento cósmico, através do qual o mundo foi julgado e a nós foi dada a possibilidade de uma vida autêntica... A ressurreição de Jesus não pode ser um milagre que sirva de garantia e a partir do qual os que buscam poderiam crer, com toda a segurança, em Cristo" ("Nouveau Testament et mythologie", em O. Lafibucrière, ed., *R. Bultmann, L'interprétation du NT*, Paris 1955, 177-178).

O ato salvífico não passa, portanto, pela liberdade de Jesus. Deus serve-se da triste aventura de Jesus de Nazaré e de sua morte na cruz para fazer delas o símbolo eficaz da salvação: a intenção de Jesus não entra em questão. A salvação cumpre-se somente graças a um evento vertical que se inclina sobre nossas vidas. Tal evento absoluto foi-nos dado a conhecer, uma vez por todas, no evento histórico de Jesus de Nazaré, começando pela pregação de Jesus, para depois assumir sua forma definitiva somente no querigma apostólico. Tal querigma permanece atual mercê da pregação da Igreja. O querigma anuncia o mistério de Deus que, na cruz, abre os olhos sobre a nossa condição de pecado, mas, ao mesmo tempo, revela sua graça que perdoa e oferece a possibilidade de viver dele e nele. Portanto, Jesus é o instrumento de Deus, ainda que, talvez, a contragosto. Tirante o sentido que o querigma lhe confere, a vida e a existência terrena de Jesus não apresentam interesse algum.

Em suma, o credo de Bultmann se reduz aos seguintes artigos: Jesus é apenas um homem, o último dos profetas do AT. Há um hiato tão grande entre querigma e história que não sabemos praticamente nada da vida e da personalidade de Jesus. Se a Igreja primitiva lhe atribui os títulos de filhos de Deus, Salvador e Senhor é por motivos de *marketing*, isto é, para permitir-lhe competir com as divindades gregas. Quando o NT fala dos milagres e da ressurreição de Jesus, utiliza uma linguagem mítica, sob a influência do helenismo, do gnosticismo, da apocalíptica hebraica; com efeito, a mentalidade moderna não poderia admitir a ideia de milagre nem de ressurreição dos mortos. Finalmente, Jesus não é em absoluto Salvador da humanidade, Redentor dos homens, no sentido admitido pela atual Igreja Católica, mas é simplesmente o lugar histórico, escolhido por Deus, para tornar conhecida dos homens a salvação mediante a fé.

Bibl. – OBRAS de: R. Bultmann, *La théologie du Nouveau Testament*, Paris 1953; *Das Verhältnis der urchristlichen Christusbotschaft zum historischen Jesus*, Heidelberg 1960; *Il cristianesimo primitivo nel quadro delle religioni antiche*, Milão 1964;

Jésus, mythologie et démythologisation, Paris 1968; *Il dibattito sulla demitizzazione*, Bolonha 1960; *Cristianesimo primitivo nel quadro delle religioni antiche*, Cosenza s.d.; *Glauben und Verstehen*, Tübingen 1933; *Gestt*, Brescia s.d.

ESTUDOS: L. Malevez, *Le message chrétien et le mythe*, Bruxelles-Bruges-Paris 1954; R. Marlé, *Bultmann et l'interprétation du Nouveau Testament*, Paris 1956; A. Malet, *Mythos et Logos. La pensée de Rudolf Bultmann*, Genève 1962; R. Palmer, *Hermeneutics*, Evanston 1969; R. Randellini, "L'ermeneutica esistenziale di R. Bultmann", em *Esegesi di ermeneutica*, Atti di A.B., Brescia 1972, 35-69; R. Latourelle, *A Gesù attraverso i Vangeli*, Assis 1979; P. Grech, "Ermeneutica", em NDTB, Milão 1988, 464-489.

RENÉ LATOURELLE

C

CALVINISMO

O calvinismo pode ser descrito como um conjunto de reflexões teológicas sistemáticas sobre a Palavra de Deus (Sagrada Escritura), tais como foram interpretadas e propostas por João Calvino. Seria preciso estudar todas as obras teológicas de Calvino para captar a precisão e os matizes de seu pensamento; contudo, a fonte clássica em que se encontra exposta sua teologia é o texto *Instituição da religião cristã*, uma obra constantemente revisada por Calvino, entre a primeira edição de 1536 e a edição final de 1551.

João Calvino nasceu perto de Noyon, na França, a 10 de julho de 1509. Seu pai, Gerard Cauvin, era tabelião e foi consultor jurídico do capítulo da Catedral de Noyon. Sobre sua mãe, Jeanne Le Franc, sabe-se bem pouco; morreu quando João tinha cerca de três anos. O pai de Calvino desejava que seu filho recebesse uma educação universitária; e assim João, com a idade de quatorze anos, foi matriculado na Universidade de Paris, no Collège de la Marche. Ali foi acompanhado por Mathurin Cordier, sacerdote conhecido por seu interesse pelo latim e pelas pesquisas humanísticas. Bem cedo o jovem Calvino transferiu-se para o Collège de Montaigu a fim de iniciar os estudos teológicos, que fez sob a orientação de um certo John Major, conhecido como advogado de formação nominalística. Nesse período, sofreu a influência do pensamento reformista do primo Pierre-Robert Olivetan. Ainda neste Collège, Calvino começou a estudar as obras de Santo Agostinho e de outros antigos Padres da Igreja.

Em 1528 recebeu o grau de "Magister Artium" e o pai o direcionou para o estudo do Direito, na Universidade de Orléans. Nesta cidade, entrou em contato com o professor luterano Melchior Wolmar e estabeleceu com ele uma amizade duradoura. Depois da morte do pai, em 1531, Calvino voltou a Paris; ali continuou os estudos de grego, latim e hebraico. Pelo fim de 1533 ou no início de 1534, experienciou o que ele mesmo chamou de conversão repentina, que o conduziu a separar-se da Igreja Católica. Infelizmente, para os pósteros, Calvino não deixou nenhuma descrição detalhada dos fatores internos e externos que o levaram a abraçar os princípios fundamentais da teologia evangélica. Com muita probabilidade, sua familiaridade com a doutrina de Lutero, os cruéis tratamentos infligidos (prisão e morte) a contemporâneos, que aspiravam à reforma da Igreja Católica, as práticas supersticiosas que abundavam na Igreja e a vida mundana do papa e dos bispos: tudo isto o impulsionou a buscar alhures uma expressão mais pura do Evangelho.

DOUTRINA CALVINISTA – *Doutrina sobre Deus* – No livro I, cap. 13 de sua *Instituição*, Calvino expõe a doutrina tradicional sobre Deus uno e trino, explicando de maneira ortodoxa a distinção das pessoas divinas na Trindade. O Deus bíblico é eterno, misericordioso e justo, onipotente etc., mas o atributo divino sobre o qual ele insiste de modo especial é a Vontade de Deus. Esta é absolutamente soberana e fundamenta tudo o que existe: "Porque a vontade dele é e deveria justamente ser a causa de tudo o que existe... Por isto, quando nos perguntamos por que Deus fez assim, devemos responder: porque assim quis" (*Inst.* 3.23.2).

Embora a criação e a Sagrada Escritura digam que Deus é o criador, só a Sagrada Escritura atesta com certeza que é redentor (cf. *Instit.* 1.10.1; 2.9.1). Embora Deus seja indubitavelmente transcendente e excelso (um Deus escondido), é também aquele que, ao eleito, se revela como misericordioso e o reveste com a justiça e os dons salvíficos de Cristo (cf. *Instit.* 1.17.2; 3.24.5).

Cristologia – Calvino ensina que Jesus Cristo é verdadeiro Deus e verdadeiro homem, encarnado unicamente para nossa redenção. Acentua de modo particular a função de Cristo como mediador. Com isto, ensina que Cristo, enquanto mediador, deve ser perfeito Deus e perfeito homem: "Em suma, já que, se fosse só divino, não teria sofrido a morte, e, se fosse só homem, não teria podido vencê-la, Ele uniu a natureza humana à divina, de modo que, para expiar o pecado, pudesse submeter a fraqueza de uma à morte; enquanto, lutando contra a morte, com o poder da outra, conseguisse a vitória para nós" (*Instit.* 2.12.3). A conciliação do homem com Deus realiza-se através da morte e da ressurreição de Cristo: "Em sua morte, temos a consumação perfeita da salvação, porque, através dela, somos reconciliados com Deus, seu justo juízo é satisfeito, a maldição é removida e a pena é completamente expiada. Todavia, de nós se diz que 'fomos regenerados... para uma viva esperança' não mediante sua morte, mas 'mediante sua ressurreição' (1Pd 1,3). Com efeito, como, ressuscitando, Ele saiu vitorioso da morte, assim a vitória de nossa fé sobre a morte está somente em sua ressurreição" (*Instit.* 2.16.13).

Pneumatologia – Calvino cita muitas passagens do NT que afirmam a divindade do Espírito Santo. Defende também a divindade do Espírito Santo com base em sua função na criação: "É, com efeito, o Espírito que, difundido em toda parte, sustenta todas as coisas, fá-las crescer e as vivifica no céu e na terra. Não sendo obstado por nenhum limite, não se enquadra na categoria das criaturas; ao invés, com o transfundir a própria energia em todas as coisas e com o participar-lhes o ser, a vida e o movimento, demonstra claramente sua natureza divina" (*Instit.* 1.13.14).

Além da ação que desenvolve na criação e na providência, o Espírito Santo garante também a inspiração da Palavra de Deus, fá-la frutificar no coração do crente e para ele opera os benefícios da ação salvífica de Cristo.

Sagrada Escritura – Segundo Calvino, tanto o Antigo como o Novo Testamento são inspirados pelo Espírito Santo e têm a pessoa de Cristo como centro focal: "As Escrituras deveriam ser lidas com a ideia de descobrir Cristo nelas" (*Comentário sobre São João*, 5, 38, 39). Enquanto Palavra de Deus, portanto, as Escrituras comunicam ao crente o próprio Jesus e seu dom de salvação. Apropriamo-nos deste último através do dom da fé, conferido pelo Espírito Santo, dom que abre o coração do crente à verdade salvífica da Escritura: "Porque, da mesma forma que somente Deus dá idôneo testemunho de si mesmo, com sua Palavra, assim também a Palavra não pode ser acolhida no coração do homem sem o selo do testemunho interior do Espírito" (*Instit.* 1.7.4). Para Calvino, a Palavra de Deus, a fé do crente e a ação do Espírito Santo são mantidas indissoluvelmente unidas.

Igreja e Sacramentos – Para Calvino, a verdadeira Igreja universal é constituída por todos os crentes de todo tempo e lugar e esta Igreja é invisível. Seus membros são os eleitos que só Deus conhece. Esta única Igreja tem também um aspecto visível e "designa a multidão dos homens dispersos em toda a terra, que professam adorar o único Deus e o único Cristo" (*Instit.* 4.1.7). Nesta comunidade, há santos e pecadores. Em harmonia com Lutero, Calvino afirma que esta Igreja de Deus pode ser reconhecida ou se torna presente: (1) lá onde a Palavra de Deus é pregada e ouvida com pureza, e (2) lá onde os sacramentos são administrados segundo a instituição de Cristo (cf. *Instit.* 4.1.9).

Os sacramentos a que Calvino se refere são o Batismo e a Eucaristia, instituídos por Cristo segundo o que afirma o NT. São instrumentos do Espírito Santo e servem para tornar mais atual e visível a autêntica Palavra de Deus: "Razão pela qual é preciso reter, como princípio seguro, que os sacramentos têm a mesma função que a Palavra de Deus: oferecer-nos e exprimir-nos Cristo e, nele, os tesouros da graça celeste. Mas não trazem nenhuma ajuda e proveito se não forem recebidos na fé" (*Instit.* 4.14.17). Portanto, através do batismo, a pessoa de fé tem a certeza de que seus pecados são perdoados, no sentido de que sua condição de pecado não lhe será imputada; além disso, recebe confirmação do fato de que vive como um renascido em Cristo (cf. *Instit.* 4.15.6). Na Ceia do Senhor, Cristo é dado ao crente nos sinais do pão e do vinho que, embora permanecendo o que são, produzem eficazmente em quem os recebe dignamente "...redenção, justiça, santificação e vida eterna, junto com todos os demais benefícios que Cristo nos dá" (*Instit.* 4.17.11).

Doutrina sobre o homem – Antes de receber o dom da fé, a pessoa humana pertence à *massa damnata* e, sob o peso do pecado original, encontra-se diante de Deus julgada e condenada (cf. *Instit.* 2.1.8). O pecado original corrompe todas as partes do homem e produz ulteriores frutos de pecado, que Calvino, seguindo São Paulo, denomina "obras da carne" (Gl 5,19). Nesta condição, o homem é incapaz de empreender qualquer iniciativa capaz de restabelecê-lo na amizade com Deus. Enquanto a pessoa ainda não regenerada se encontra infinitamente distante de Deus, Calvino admite que ela, mediante o uso da razão, exerça um certo poder sobre as "coisas terrenas" e contribua, portanto, para o bom governo, para o progresso da ciência e das artes liberais (cf. *Instit.* 2.2.13).

A fé em Cristo – O homem é libertado de sua condição de pecado mediante o dom da fé. Só a fé justifica e tem por objeto próprio o amplexo de Cristo "encerrado em suas promessas" (*Instit.* 2.9.3). Assim explana Calvino: "Dizemos que a fé justifica, não porque nos obtenha, por mérito seu, a justiça, mas porque é um instrumento com que conseguimos gratuitamente a justiça de Cristo" (*Instit.* 3.18.8). Esta fé justificante não faz com que o homem seja sem pecado, mas estabelece uma nova relação entre Deus e o crente. Nesta nova relação, Deus, enquanto juiz, não imputa ao homem seu pecado, mas, antes, atribui-lhe ou credita na sua conta a justiça de Cristo.

A justificação vem acompanhada pela santificação, de que Calvino fala com muita clareza nos seguintes termos: "Por que, pois, somos justificados pela fé? Porque, através da fé, nos apropriamos da justiça de Cristo, única que nos permite reconciliar-nos com Deus. Mas não poderemos fazer nossa a justiça sem apropriar-nos também da santidade. Porque Ele nos foi dado 'como sabedoria, justiça, santificação e redenção' (1Cor 1,30). Por isso, Cristo não justifica ninguém sem santificá-lo ao mesmo tempo" (*Instit.* 3.16.1). Esta santificação deve exprimir-se tanto na vida pessoal do crente quanto na sociedade mais ampla, de tal modo que toda a vida do homem se torne um incessante hino à glória de Deus.

Predestinação – Já que a vontade de Deus é causa de todas as coisas, é também causa de salvação e de reprovação. "Chamamos predestinação o eterno decreto de Deus, com que estabeleceu consigo mesmo o que todo homem devia tornar-se. Com efeito, não são todos criados em condição igual; enquanto para alguns foi preordenada a vida eterna, para outros foi preordenada a condenação eterna" (*Instit.* 3.21.5). Com sua doutrina da dupla predestinação, Calvino entende salvar a soberania de Deus e a total incapacidade do homem de dar-se a própria salvação. Esta assenta-se somente na decisão (vontade) de Deus e não decorre nem das obras boas, nem do assim chamado mérito, adquirido mediante as obras boas. No fundo, a predestinação permanece um mistério. Com a fé, diz Calvino, devemos considerar o decreto de reprovação como justo e como manifestação de sua glória (cf. *Instit.* 3.21.7).

As posições doutrinais de Calvino, acima indicadas em linhas gerais, estavam destinadas a sofrer variações e modificações, quando se defrontaram com sucessivos fatores de ordem intelectual, cultural e histórica. Este ou aquele ensinamento do mestre de Genebra – quer se trate da inspiração da Bíblia ou da predestinação etc. – sofreria modificações no impacto com movimentos como a ortodoxia protestante, o pietismo, o racionalismo iluminista, o surgimento da teologia do protestantismo liberal etc. Nos últimos decênios, a influência de Karl Barth e o diálogo ecumênico conseguiram reavivar o interesse pelas posições teológicas de Calvino quanto à soberania e à glória de Deus e à centralidade da Palavra de Deus na impostação da teologia e da vida cristã.

Bibl. – João Calvino, *Institutes of the Christian Religion*, J.T. McNeill (ed.), vol. I-II, Filadélfia 1960; J.K.S. Reid (ed.), *Calvin: Theological Treatises*, Filadélfia 1954; J.T. McNeill, *The History and Character of Calvinism*, Michigan 1973; T.H.L. Parker, *John Calvin: A Biography*, Londres 1975; B.A. Gerrisch, *The Old Protestantism and the New.* Essays on the Reformation Heritage, Chicago 1982; W.J. Bouwsma, *John Calvin: A Sixteenth Century Portrait*, Nova York 1988.

KEVIN McMORROW

CÂNON BÍBLICO

Em Gl 6,14-16 Paulo escreveu com letras garrafais sobre o cânon, a norma (*kanôn*, em grego) que governa todos os que vivem na paz e misericórdia de Deus: a cruz, a liberdade em relação à lei da circuncisão e ser uma nova criatura em Cristo. Por isto, "cânon" abrange o que é normativo e de criteriológica importância para o falar e para o agir cristão. Todavia, na evolução ulterior do vocabulário cristão, no período patrístico, o termo "cânon" passou a servir para indicar a lista oficial dos livros da Escritura que davam testemunho autorizado da revelação de Deus.

1. EXPLANAÇÃO DA NOÇÃO – No seu significado original, o termo grego *kanôn* indica um bastãozinho rígido ou uma régua usada pelo carpinteiro ou por um canteiro, para assegurar-se de que dispôs certos materiais de construção no mesmo nível ou de maneira reta. Em sentido translato, um cânon é um critério ou uma norma através dos quais se julga correto e justo um pensamento ou uma doutrina. No que concerne à arte e à literatura, alguns estudiosos da era helenística compilaram catálogos das obras antigas que possuíam forma e estilo linguístico exemplar, às quais se reconhecia o *status* canônico de modelos.

No vocabulário patrístico, o núcleo central da doutrina apostólica transmitida era o "cânon da verdade" (→ Regula fidei); ele representou um critério normativo para a especulação teológica (Clemente de Alexandria, Orígenes) e serviu como norma crítica com base na qual se demonstrava que os ensinamentos de Marcião e dos gnósticos eram errôneos e, portanto, deviam ser excluídos (Tertuliano, Irineu). A partir do ano 300 dC, as providências tomadas a nível doutrinal e disciplinar, pelos sínodos dos bispos, constituíam os "cânones" que regulavam o ensinamento e a vida da Igreja.

A aplicação do termo "cânon" às Escrituras da Igreja é, na realidade, um uso linguístico em que um termo transmite dois significados sobrepostos. Santo Atanásio escreve, em 351, que *O Pastor* de Hermas "não está no cânon" (PG 25, 448). A *Carta festal* do mesmo autor, do ano 367, traz uma relação dos livros do Antigo e do Novo Testamento, incluídos no cânon, que acabava então de ser completado e encerrado (*ta kanonizoména*), em oposição aos livros apócrifos não incluídos nele (CSCO 151,34-37). Por isto, o cânon é a lista completa ou o índice dos livros sagrados que constituem a Bíblia da Igreja.

Contudo, aparece uma nuança diferente de seu significado, quando os cristãos se referem às "Escrituras canônicas". Santo Tomás afirma que a teologia se serve das Escrituras canônicas como segura e genuína fonte de dados e de evidência probante. O motivo deve-se ao fato de que "a nossa fé funda-se na revelação feita aos apóstolos e aos profetas, que compuseram as Escrituras canônicas" (STh I, 1,8). Por isto, os livros compreendidos no cânon são normativos e autorizados de maneira única. Santo Agostinho venerava estes livros, agora denominados "canônicos", até o ponto de crer firmemente que nenhum dos seus autores jamais se havia minimamente desviado da verdade (*Ep.* 82,3; CSEL 34/2, 354). No livro segundo do *De Doctrina Christiana* (428), Agostinho enumerou as Escrituras canônicas das igrejas, acrescentando que forneciam guia e alimento suficiente para toda a vida cristã de fé, esperança e caridade ("In his enim quae aperte in scripturis posita sunt, inveniuntur illa omnia quae continent fidem moresque vivendi, spem scilicet atque caritatem" – CSEL 80, 42).

O cânon cristão das Escrituras é primeiramente a enumeração completa dos livros que a Igreja oficialmente acolhe como fazendo parte de sua fundação como comunidade de fé. Mas, enquanto canônicos, tais livros servem em seguida como norma profética e apostólica do que é próprio e legítimo na transmissão da verdade revelada e na estruturação da vida cristã.

Canonicidade, porém, não é puramente idêntica a → *inspiração*. A fé reconhece os livros canônicos como inspirados, mas de per si o cânon não exclui que outros escritos, atualmente não reconhecidos como canônicos, possam ter sido compostos com a assistência e a guia carismática do Espírito Santo. Além disso, a inclusão no cânon não determina a *autenticidade* literária, que diz respeito à redação de uma obra por parte de um determinado autor. A canonicidade de um texto bíblico é de todo compatível com o fato de ser uma obra *pseudônima*. Por exemplo, a Epístola a Timóteo e a Tito, enquanto obras incluídas no cânon do NT, são, por isto mesmo, reconhecidas capazes de transmitir normativamente tradições apostólicas sobre a doutrina e a disciplina da Igreja. Mas o fato de serem canônicas não exclui que tais Epístolas tenham sido escritas não pelo Apóstolo Paulo, mas por um outro autor que reformulou a tradição paulina para a situação das igrejas um quarto de século após a morte de Paulo.

2. O CÂNON CRISTÃO DO ANTIGO TESTAMENTO – No judaísmo, até mais ou menos o ano 100 aC, existia um sólido conjunto de livros autorizados e normativos, divididos em Tôrãh, profecias e "outros escritos" (Prólogo do Sirácida). As duas primeiras partes foram recolhidas já encerradas, no tempo de Jesus, ao passo que o número dos livros da terceira parte das Escrituras hebraicas parece ter sido avaliado de maneira diferente, conforme os diversos grupos (saduceus, fariseus, essênios, samaritanos, diáspora judaica).

Mas, depois dos dramáticos acontecimentos de 70 dC, com a destruição do templo, no judaísmo reconstituído passou a prevalecer a concepção dos fariseus sobre a inspiração e o cânon. Considerava-se já encerrado, no século V aC, o carisma profético da inspiração e atribuía-se uma autoridade absoluta, para o culto e a doutrina da sinagoga, a um cânon fechado, de vinte e dois livros. Estes abrangiam os cinco livros fundamentais de Moisés, doze livros de profecias (tanto a história profética, que vai de Josué a Jó e Esdras-Neemias, quanto os livros proféticos de Isaías, Jeremias e Lamentações, Ezequiel, Daniel e o livro que contém os doze profetas menores), e outros cinco escritos (Ester, Salmos, Provérbios, Qohélet, Cântico dos Cânticos).

A complexa história da recepção cristã das Escrituras de Israel foi estudada, sob vários pontos de vista, por A.C. Sundberg, H. von Campenhausen, R.A. Greer, R. Beckwith e numerosos outros autores. Em nossa exposição, deixamos de lado a visão de Jesus sobre as Escrituras de Israel e sua extraordinariamente fecunda releitura por parte das igrejas apostólicas, à luz do evento-Cristo e de sua missão universal.

O fechamento definitivo do cânon judaico não teve uma influência imediata sobre os cristãos dos séculos II e III. Todavia, a ampla reação da Igreja à contestação de Marcião, segundo o qual as Escrituras de Israel não tinham nenhuma importância para os cristãos, teve consequências de vasta relevância. O mártir Justino, bem como Irineu, Orígenes e outros, fizeram uma grande campanha didática em defesa do AT, considerado necessário para os cristãos por causa de sua riqueza de ensinamento sobre a economia da salvação, concebida e levada a seu cumprimento na história pelo único Deus, que é ao mesmo tempo Senhor de Israel e Pai de Jesus Cristo.

Finalmente, a discussão sobre a extensão material do AT cristão emerge especificamente sob a forma de discussão sobre a condição de certos livros não compreendidos no cânon judaico: Tobias, Judite, 1-2 Macabeus, Sabedoria, Sirácida, Baruc e partes de Daniel (3,25-90; cap. 13-14). No uso católico, estes livros são chamados *deuterocanônicos*, ao passo que a maior parte dos protestantes os catalogam entre os *apócrifos* ou livros não canônicos.

Alguns escritores eclesiásticos orientais sustentaram que o AT cristão devia ser restringido exclusivamente aos livros usados por seus contemporâneos judeus. Orígenes sabia que algumas igrejas cristãs faziam uso de Tobias para a catequese e Santo Atanásio considerava os livros deuterocanônicos instrutivos para a vida espiritual; mas para estes padres, e para São Cirilo de Jerusalém, o cânon cristão não contém estes livros. São Jerônimo, após ter-se transferido para a Palestina, tornou-se um defensor convicto do cânon restrito dos livros escritos originariamente em hebraico; traduziu Tobias para a Vulgata latina somente por ordem dos bispos. Ao contrário, no Ocidente, Santo Agostinho foi um eficiente defensor do cânon mais amplo, invocando o uso dos livros deuterocanônicos na liturgia, por parte de numerosas igrejas, e argumentando de maneira particularizada a favor de sua preciosa contribuição, tanto para a doutrina como para a vida de fé. Os cânones da Escritura emanados dos concílios de Hipona (393 dC) e de Cartago (397) sancionaram oficialmente o cânon ampliado, confirmado pelo Papa Inocêncio I, em 405 (DS 213).

A autoridade de Santo Agostinho, juntamente com a da Igreja de Roma, garantiu a inclusão dos livros deuterocanônicos no AT cristão da Antiguidade tardia e da Idade Média. Mas a reforma protestante alterou esta situação de posse pacífica. Na Disputa de Leipzig, em 1519, contra João Eck, Lutero levantou dúvidas sobre o uso teológico de l-2 Macabeus para justificar a oração, as ofertas e as indulgências em favor das almas do purgatório. A autoridade de Jerônimo assumiu uma posição eminente, numa argumentação protestante mais ampla contra os sete livros deuterocanônicos, e adquiriu uma forma mais sistemática por obra do colega de Lutero, Andreas Karlstadt, no seu *De canonicis scripturis libellus* (1521).

Em suas bíblias em língua vernácula, tanto Lutero como Zwínglio imprimiram os referidos livros contestados em apêndice, enquanto as edições calvinistas eliminaram de todo estes livros da Bíblia.

Escritores católicos polemistas, como J. Cochlaeus e J. Dietenberger, reagiram a favor da canonicidade dos livros em questão, baseando-se no número e na autoridade de seus antigos defensores e na tradição de seu uso na Igreja. Quando o Concílio de → Trento iniciou seus trabalhos, em dezembro de 1545, as primeiras discussões evidenciaram que a maioria dos bispos queria simplesmente acolher e promulgar solenemente o cânon já apresentado um século antes, pelo Concílio de Florença, em suas tentativas de reunião com os cristãos jacobitas ou coptos da Etiópia (DS 1334-1335). Jerônimo Seripando, superior geral agostiniano, falou a favor da tese que admitia, no interior do AT, uma certa diferenciação, por exemplo entre os livros canônicos fundamentais para o conteúdo de fé e outros, pertencentes a um *canon morum*; uma enorme maioria opôs-se até à discussão do conteúdo do cânon. Por isto, em sua quarta sessão (8 de abril de 1546), o Concílio de Trento promulgou o *Decretum de libris sacris et traditionibus recipiendis*, que acolhe de modo claro e solene os livros deuterocanônicos, como livros inspirados e normativos do AT (DS 1502).

3. O CÂNON DO NOVO TESTAMENTO – O cânon dos escritos cristãos da era apostólica foi formulado ao longo do tempo, através de uma gradual seleção e separação de alguns livros tomados de um *corpus* mais vasto da primitiva literatura cristã. Numerosos processos desta seleção das obras normativas permanecem historicamente obscuros, como também muitas normas e razões, adotadas nas decisões relativas a livros específicos. De qualquer forma, pelo ano 200 dC o processo estava bem avançado, se bem que tenha sido necessário ainda um século e meio para o cânon do NT ter a forma real que conhecemos hoje.

As comunidades cristãs de fundação apostólica possuíam, desde o começo, um conjunto de livros canônicos, assumidos do judaísmo, embora não tenha havido consenso inicial sobre os limites externos de tal coletânea. Além disso, tais comunidades possuíam as palavras e os feitos autorizados de Jesus, transmitidos oralmente, considerados como uma tradição superior às escrituras de Israel, e normativos para sua interpretação. Antes de estas tradições provindas de Jesus serem escritas, certas comunidades tinham em grande consideração algumas epístolas apostólicas de conteúdo pastoral, que serviam tanto para recordar à mente o evangelho original pregado quanto para explicar suas implicações para o culto e para a vida cotidiana.

A segunda carta de Pedro, escrita por volta do ano 100 dC, testemunha que existia, numa parte da Igreja, um *corpus Paulinum*, que ocupava o mesmo lugar hierárquico "das outras escrituras" (3,15-16). Embora a literatura dos anos 100-150 dC esteja repleta de ecos dos escritos incluídos finalmente no cânon do NT, a maior parte dos escritores deste período parece recorrer mais à transmissão oral dos ditos de Jesus e das instruções dos apóstolos. Em meados do século, Taciano usou os quatro evangelhos como fonte de que tirou material para sua harmonia escrita, o *Diatéssaron*, usado amplamente, durante dois séculos, nas igrejas da Síria. Taciano mostra que os quatro evangelhos gozavam de grande estima pelo ano de 150 dC, mas indica também que sua forma compositiva não gozava ainda, nas igrejas, de um *status* canônico.

No século II, dois fatores contribuíram para a formulação de um cânon do NT. Marcião, sendo defensor de um paulinismo radical no tocante à gratuidade da salvação em Cristo, compôs um pequeno cânon de autêntica doutrina cristã, constituído de dez cartas de Paulo e de uma versão do Evangelho de Lucas depurada de todas as referências ao Deus de Moisés.

Ao invés disto, o gnosticismo do século II tomou direção oposta à de Marcião. Seus mestres, que muitas vezes reivindicavam a posse de instruções transmitidas a eles por encontros secretos com Cristo ressuscitado, eram prolíficos na produção de novos evangelhos e cartas, que afirmavam serem de origem do Senhor e dos apóstolos. Um grupo de representantes das grandes igrejas, entre os quais se destaca S. Irineu de Lião, submeteu a dura crítica as doutrinas de Marcião e dos gnósticos, estabelecendo, portanto, as condições segundo as quais se devia articular um cânon cristão. Devia compreender uma série de livros apostólicos, mais completa que a admitida por Marcião, ao passo que devia rejeitar e tachar de espúrios os livros de proveniência gnóstica.

Um notável documento da formação do cânon cristão, no século II, é fornecido pelo Fragmento Muratoriano, cujo texto latino se encontra no *Enchiridion Biblicum* (Roma, 1961), 1-3, com uma boa tradução italiana em *Apocrifi del NT*, coordenada por L. Moraldi (Turim, 1971), I, 15-17. Considerado geralmente como reflexo de convicções sustentadas em Roma por volta do ano 200 dC, o Fragmento sustenta o caráter normativo de apenas quatro evangelhos, dos Atos dos Apóstolos, de treze epístolas paulinas e de outras três cartas apostólicas. O Apocalipse de João é canônico, mas a seu lado existe também um Apocalipe de Pedro, que, porém, alguns consideraram não adequado para leitura na Igreja. É de se estranhar que o livro da Sabedoria de Salomão seja aceito como cristão, enquanto não se faz referência à Epístola aos Hebreus, a 1-2 Pedro, à carta de Tiago e à terceira de João. O Fragmento exprime fortes convicções favoráveis à exclusão, do uso cristão, tanto de duas cartas contagiadas pelas ideias marcionitas quanto de algumas obras não mencionadas de mestres gnósticos. O autor do Fragmento recomenda uma leitura privada do *Pastor* de Hermas, negando-lhe, porém, um lugar nas leituras litúrgicas. Portanto, pelo ano 200 dC, a forte consciência de se possuir um patrimônio apostólico normativo existia pelo menos em uma Igreja, onde se usavam critérios bem determinados para demonstrar a canonicidade de livros tidos como fundamentais para a vida da Igreja inteira.

A partir dos centros, como o que produziu o "cânon" Muratoriano, irradiou-se para numerosas outras igrejas nova clareza sobre a série de livros apostólicos, que eram absolutamente essenciais para a Cristandade. Um século mais tarde, em todo caso, Eusébio refere que ainda existiam discrepâncias entre as listas oficiais dos livros do NT usados nas várias igrejas. Algumas negam a canonicidade de Tiago, de 2 Pedro, de Judas, e de 2-3 João, enquanto também o Apocalipse de João é objeto de discussão (*História Eclesiástica* III,25; CGS, IX/1, 250-253). Continua obscura a via pela qual a canonicidade das epístolas apostólicas e do Apocalipse chegou a ser amplamente reconhecida. O mais antigo cânon existente do NT, conforme o uso geral posterior, encontra-se na *Carta festal* de Santo Atanásio, de 367; ele procurou impor uma firme uniformidade aos lecionários das igrejas do Egito e eliminar o uso de evangelhos e de apocalipses gnósticos. Os cânones ocidentais de Hipona (393), de Cartago (397) e do Papa Inocêncio (405) concordavam com Atanásio quanto à lista de vinte e sete livros que, conjuntamente e com exclusividade, constituem o NT das igrejas cristãs.

4. SENTIDO TEOLÓGICO DO CÂNON – O cânon das Escrituras serve aos crentes para identificar e delimitar um conjunto de obras consideradas e lidas como "Palavra de Deus", vale dizer, como sendo a transmissão em forma escrita, de uma confiável soma de experiências, feitas por mediadores selecionados, da autorrevelação de Deus na história e nos ensinamentos pessoais. A Escritura desenvolveu-se a partir do que Moisés escreveu no Sinai (Ex 34,28), do que os profetas de Jhwh proclamaram (Am 7,15; Is 6,8s) e do que os discípulos de Jesus ouviram, viram, recordaram e relataram sobre a Palavra de vida (1Jo 1,1-3). A reflexão teológica sobre um cânon concluído e normativo desenvolve-se em duas áreas gerais: 1. na fundamental relação entre cânon e Igreja e 2. na pertinência hermenêutica do cânon.

a. Sociologicamente, a formação do cânon representa um passo à frente rumo à padronização da doutrina e à estabilização de normas comunitárias. O cânon delimita uma linha precisa em torno de um conjunto de livros que exprimem, de maneira singular, a identidade de uma determinada comunidade, proveniente de sua fundação. Mas tal efeito restritivo mostra apenas um aspecto da formação do cânon. Na verdade, o cânon serve também para identificar os livros que se acredita serem plenamente verazes e instrutivos, dotados do poder de instilar vitalidade e estilo de vida conformes à autêntica visão que a comunidade tem de si mesma (cf. 2Tm 3,16s). Por isto, as Escrituras canônicas são um meio indispensável através do qual "a Igreja, em sua doutrina, vida e culto, perpetua e transmite a todas as gerações o que ela é, tudo em que ela crê" (DV 8,1).

Um argumento iluminista, um tanto sofístico, pretende ver um círculo vicioso na afirmação da Igreja, segundo a qual, por um lado, ela tem origem nos profetas e nos apóstolos, assim como estes são conhecidos através de seus escritos, e, por outro lado, arroga-se a legitimação das Escrituras, mediante a promulgação de seu cânon. Mas isto equivale a entender erroneamente a natureza do cânon cristão. No início, os cristãos da era apostólica estavam simplesmente de posse das Escrituras de Israel, cuja releitura demonstrou ser capaz de dizer muito sobre Jesus (cf. Lc 24,44). No século II, a coletânea dos quatro evangelhos impôs-se rapidamente por si mesma, não obstante as superposições e as discrepâncias existentes entre os diversos evangelhos. No mesmo período, a coletânea das cartas de São Paulo foi simplesmente reconhecida como autorizada, sem objeção nem discussão, como aconteceu também com a carta central de instrução apostólica, que é a 1Jo. Em suma, a igreja não conferiu o *status* canônico a suas Escrituras.

As sucessivas etapas que levaram ao cânon definitivo exigiram posteriormente a intervenção de numerosos homens de igreja: de pastores, que escolheram leituras litúrgicas; de teólogos, que criticaram obras destituídas de genuinidade, e de bispos, que, individualmente ou por meio de sínodos, promulgaram cânones. Mas tudo isto não *constitui* a autoridade dos livros declarados canônicos desta maneira.

Uma compreensão teológica do cânon pode ser mais bem ressaltada, se sublinharmos sua afinidade com o "depósito" (→ Depósito da fé), como resultado, nas primeiras igrejas, do poliédrico ministério apostólico de pregação, instrução e organização, que fazia amplo uso de Moisés, Profetas e Salmos. As últimas epístolas do NT testemunham o fato de que os resultados deste ministério formam um todo bem identificável, e já completo na época. O cânon do NT reconhece que o mesmo é verdade no tocante àquelas obras escritas que exprimem fielmente "a fé entregue aos santos de uma vez por todas" (Jd 3). Os homens de igreja articularam com crescente precisão os limites desta transmissão apostólica quando assinalaram o momento histórico em que terminou a comunicação, privilegiada e realmente fundante, dos apóstolos com as igrejas. O cânon cristão do AT formou-se com um processo análogo de identificação daquelas obras que se inseriam harmoniosamente na vida, no ensinamento e no culto, provindas de Jesus Cristo e de seus apóstolos.

Já é lugar-comum elencar três fatores que constituem os critérios centrais da formação do cânon bíblico cristão, da parte da Igreja. São eles: a ortodoxa "regra da fé" (→ Regula fidei), a apostolicidade e o uso continuado no culto. Há muito mais do que um mínimo de evidência para um cálculo deste gênero, mas a evidência, todavia, está dispersa, aqui e acolá, e é incompleta.

Irineu e o Fragmento Muratoriano argumentam a partir da tradição, isto é, da fé transmitida pela Igreja, em sua recusa de reconhecer um valor cristão na literatura marcionita e gnóstica. As obras que eles atacam minam a fé "em Deus Pai onipotente, criador do céu e da terra" e difundem dúvidas sobre a presença encarnada do Filho de Deus numa vida e morte plenamente humanas.

Por outro lado, contudo, os próprios escritos fundamentais do NT contribuíram não pouco para a consolidação destes princípios do "cânon de verdade" da Igreja. Seria errôneo pensar que a norma de fé foi aplicada a partir de fora aos livros canônicos. Com efeito, Tradição e Escritura foram desde o início coinerentes uma à outra.

A proveniência apostólica foi determinante para a definitiva inclusão, no cânon, das Epístolas católicas que conhecemos hoje. Mas, em seguida, muitas vezes a prova exegética nos obriga a reconhecer que estas cartas contêm uma tradição de origem apostólica, antes que expressões diretas dos apóstolos. O critério da apostolicidade parece, na verdade, guardar ciosamente o reconhecimento, por parte da Igreja, do extraordinário e restrito espaço de tempo em que sua fundação foi levada a termo pelo ministério de ensinamento dos apóstolos e de seus íntimos colaboradores.

O uso na liturgia forneceu a Agostinho argumentações persuasivas a favor dos livros deuterocanônicos do AT. Mas também é verdade que alguns livros, hoje não incluídos no cânon, tiveram um limitado emprego no uso litúrgico, como, por exemplo, a *Primeira Carta de Clemente*, o *Diatéssaron* e o *Pastor* de Hermas, que o Fragmento Muratoriano e Atanásio tudo fizeram para excluir do cânon.

O uso litúrgico era uma prévia condição necessária para a inclusão, mas ele sozinho não foi suficiente para resolver casos controvertidos. Em todo progresso crítico rumo ao cânon completo, os problemas foram resolvidos por um singular conjunto de considerações e de normas, sendo que só parcial e aproximadamente podemos redescobrir o modo segundo o qual elas foram recolhidas e colocadas juntas.

O que salta aos olhos é o fato de que a comunidade eclesial da primeira era patrística sabia muito bem de onde provinham sua fé e sua vida. Por isto, procurou, com todas as forças, permanecer em contato, por meio dos documentos que lhe foram transmitidos, com os eventos, os ensinamentos e os personagens que fundaram o cristianismo. Tais documentos permanecem normativos para toda a Igreja de todos os tempos, pois servem para tornar "apostólica" a Igreja, como o Credo declara que ela é e permanecerá. Hoje, da canonicidade destes documentos deriva que "toda a pregação eclesiástica, como a própria religião cristã, devem ser nutridas e reguladas pela Sagrada Escritura" (DV 21).

b. O cânon dá aos cristãos a lista precisa dos livros que eles devem sempre ler e interpretar, para crescer em sua autenticidade evangélica e para aplicar a Palavra de Deus às mutáveis circunstâncias de sua vida. Surgem, porém, problemas sobre a contribuição própria do cânon para o desenvolvimento, sempre progressivo, da interpretação bíblica, seja esta homilética, científica ou doutrinal.

1. O cânon cristão tem uma configuração peculiar ao fazer a conexão entre os livros da primeira aliança de Deus com Israel e os livros diretamente ligados a Jesus. Tal estrutura canônica parece profundamente normativa para todo pensamento cristão, como está bem definido no sugestivo título de D.L. Baker, *Two Testaments, One Bible* e nos recentes escritos de L. Sabourin, P. Grelot, P.M. Beaude e H. Simian Yofre.

A cruz e a ressurreição do Cristo de Israel, juntamente com a missão universal abraçada por seus seguidores, contribuem para colocar as experiências reveladoras de Israel em um novo contexto de cumprimento e de ampliação. Mas o novo esquema de compreensão e a nova inclusividade não separam, todavia, a fé e a vida dos cristãos de suas raízes plantadas em Israel.

Uma integral reflexão cristã e, em particular, uma teologia bíblica digna deste nome devem necessariamente haurir o precioso patrimônio recebido por Israel. A pregação e o ensinamento cristão têm uma peculiar dinâmica de movimento que vai da promessa ao cumprimento (→ Testamento antigo e novo, I); eles foram repetidamente fecundados pela redescoberta de temas da primeira aliança, que haviam sido postos de lado, como, por exemplo, o plano amoroso de Deus para com todas as criaturas (Gn 9,8-17) e a identidade da Igreja, pré-formada no antigo povo eleito, sempre a caminho, na liberdade dada por Deus, entre as vicissitudes da vida neste mundo (LG 9).

É muito importante para a interpretação a bipartição do cânon cristão; ao invés, qualquer forma de renascente marcionismo ameaça mortalmente a teologia e a pregação cristã.

2. Uma aluvião de obras, publicadas na América do Norte, em particular por B. Childs e J.A. Sanders, pedem que alguns princípios da "crítica canônica" se tornem normativas na interpretação bíblica.

Os critérios canônicos afirmam, antes de tudo, que a interpretação deve focalizar a forma final e canônica da Bíblia, e de cada livro bíblico. A exegese histórico-crítica com excessiva frequência tem apresentado hipotéticas reconstruções de todos os estratos de tradição e de influências redacionais sobre a gênese do texto bíblico, anteriores ao texto canônico. Alguns exegetas muitas vezes deleitam-se em isolar acréscimos, reformulações e reordenamentos que mudam ou até fazem entender erroneamente o bloco original do relato ou do ensinamento. O perigo, aqui, consiste em assumir como normativo um elemento pré-canônico, ao passo que sucessivos acréscimos, que ora fazem parte do texto canônico, são desvalorizados como acréscimos secundários. A crítica canônica insiste em que a exegese procure sobretudo entender e explicar a forma definitiva dos textos bíblicos. Cabe, depois, à interpretação procurar recuperar o que foi comunicado à comunidade de fé pelo redator último dos textos, como os possuímos hoje.

Quando, depois, os estratos mais antigos do texto bíblico definitivo são identificados, a crítica canônica insiste em que sejam entendidos e ilustrados não somente de um ponto de vista histórico, mas justamente como um discurso canônico. Isto significa ver as tradições particulares em relação às situações das quais elas falam de maneira normativa.

As tradições que sobreviveram a ponto de serem incluídas no texto definitivo já deram prova de si, em sua canonicidade, vale dizer, em sua experimentada normatividade religiosa em relação àqueles que as haviam expressado e acolhido. E tarefa da interpretação esclarecer de que modo estes trechos ofereceram guia e inspiração, na situação em que foram formulados.

No nível de nossos dois testamentos, tomados na respectiva globalidade, a interpretação orientada canonicamente ocupa-se com as relações, no interior da Bíblia, entre obras, muitas vezes completamente diversas, mas agora compreendidas no cânon. Pensemos, por exemplo, nas tendências opostas de livros como Isaías e Qohélet, ou Gálatas e 1 Timóteo. O cânon reuniu tais obras na mesma Bíblia, numa clara abertura, tanto à diversidade que manifesta a riqueza da revelação quanto à dinâmica da retificação mútua, em oposição ao predomínio de uma linha única de ensinamento.

Numerosos fautores de outros métodos de exegese fizeram uma recensão negativa dos livros em que os críticos canônicos exprimem o seu programa. No entanto, seu trabalho não é destituído de importância teológica, por sua ênfase no texto definitivo, que é, sem dúvida, o texto inspirado, mas também pela ênfase no valor que todas as partes da Escritura demonstraram ter, para a prática religiosa, ao longo do itinerário que os levou a ser incluídos no cânon. A mentalidade contemporânea, com muito acerto, quer empenhar-se no esclarecimento, em termos de evolução genética; com a Bíblia, porém, é justo pedir constante atenção à atualidade religiosa dos textos que se demonstraram normativos ou canônicos em contextos especiais.

c. Um grupo de teólogos europeus, que caminha em direção contrária à dos críticos canônicos, sustenta a necessidade de estabelecer um "cânon dentro do cânon", útil sob o aspecto religioso e doutrinalmente necessário.

Nesta proposta, desenvolvida pelos escritores W. Marxsen, E. Käsemann e I. Lönning, sente-se uma certa influência da hermenêutica luterana, mas sua motivação principal deriva da moderna percepção da notável diversidade de visões doutrinais e eclesiológicas dos diferentes autores do NT. Tal pluralismo, em que os referidos autores constatam alguns elementos contrários incompatíveis, obriga o exegeta a descobrir o elemento normativo, por meio do qual se possa, em seguida, distinguir no NT o que é normativo e obrigatório daquilo que não o é, devido a sua divergência com o autêntico núcleo canônico de nossa coletânea de escritos cristãos do século I. A escatologia de Paulo difere da dos Atos de Lucas e as palavras de Jesus sobre o necessário cumprimento de todo "jota" da lei (Mt 5,18) chocam-se com a afirmação programática de Paulo, de que Cristo é "o fim da lei" (Rm 10,4). Uma leitura atenta do NT impõe que se saiba reencontrar nele um núcleo central de doutrina, marginalizando em seguida as partes da coletânea que não estejam em harmonia com o centro verdadeiramente canônico.

Uma forte oposição ao "cânon dentro do cânon" veio não somente de católicos, que entendem o desenvolvimento eclesial neotestamentário na direção da forma assumida por ele nos mais antigos documentos "católicos", como Lucas e os Atos e as cartas pastorais. Também estudiosos protestantes, como K. Stendahl, E. Best e B. Metzger, insistem na rica fecundidade encontrada na própria diversidade do ensinamento neotestamentário. A coletânea dos textos canônicos é pluralista no conteúdo, mas, consequentemente, as igrejas receberam uma abundância de textos e de doutrinas que se demonstra importante para as necessidades e as problemáticas das várias culturas, enormemente diversas entre si.

Os opositores de "um cânon dentro do cânon" acreditam que as tensões presentes no NT foram causadas pelas situações diversas em que Jesus e seus apóstolos difundiram a mensagem de salvação, o que devia influenciar a vida dos crentes, que, no primeiro século depois de Cristo, viviam em situações muito diferentes. A escolha de um centro normativo não é necessariamente arbitrária e subjetiva, mas, de tanto concentrar a atenção numa mensagem peculiar, hoje de grande atualidade, corre-se o risco de que ela um dia se torne antiquada. O cânon preserva os crentes dos extremos na busca da pertinência e, ao mesmo tempo, determina os limites do que é aceitável. Ele é indispensável no plano ecumênico, pois impede as igrejas de questionarem com excessiva facilidade a legitimidade cristã das outras comunidades. Finalmente, o cânon do NT representa o primeiro exemplo do ideal ecumênico de unidade, numa diversidade reconciliada.

No entanto, parece inevitável um conjunto de prioridades pessoais e confessionais, no interior da coletânea canônica. Efetivamente, também Jesus resumiu toda a Tôrāh em apenas dois mandamentos e Paulo afirmou que a promessa feita a Abraão em Gn 12,3 é superior à Lei dada no Sinai (Gl 3,7-22). Pode-se também admitir que indivíduos e comunidades tenham algo parecido a uma "hierarchia librorum" semelhante à "hierarchia veritatum", de UR 11; mas a chave para um modo de pensar e de viver em pleno acordo com as Escrituras é e permanecerá sempre a escuta pronta e atenta da Palavra de Deus, mesmo quando ressoe, com sua força de choque misteriosa, nas passagens da Escritura que, durante certo tempo, alguém pode ter considerado como a periferia da coletânea canônica.

Bibl. – P.G. Dunker, "The Canon of the Old Testament at the Council of Trent", em CBQ 15 (1953) 277-299; A.C. Sundberg, *The Old Testament of the Early Church*, Cambridge, Mass. 1964; H. von Campenhausen, *Die Entstehung der christlichen Bibel*, Tübingen 1968; E. Käsemann, *Das Neue Testament als Kanon*, Göttingen 1970; Id., *Saggiesegetici*, Casale Monferrato 1985; W. Marxsen, *Il nuovo Testamento come libro delia Chiesa*, Roma-Brescia 1971; I. Limiting, *Kanon im Kanon*, Oslo 1972; D.L. Baker, *Two Testaments, One Bible*, Leicester 1976; E. Best, "Scripture, Tradition, and the Canon of the New Testament", em BJRL 61 (1979) 258-289; T. Citrini, "Il problema del cânone biblico: un capitolo di teologia fondamentale", em *ScCatt* 10 (1979) 549-590; B. Childs, *Introduction to the Old Testament as Scripture*, Filadélfia-Londres 1979; Id., *The New Testament as Canon, an Introduction*, Filadélfia-Londres 1985; Id., *Teologia dell'Antico Testamento in un contesto canônico*, Cinisello Balsamo 1989; L. Sabourin, *The Bible and Christ. The Unity of the Two Testaments*, Paris 1980; P.-E. Beaude, *L'accomplissement des Écritures*, Paris 1980; P. Grelot, "Rapporto fra Antico e Nuovo Testamento in Gesú Cristo", em R. Latourelle-G. O'Collins (ed.), *Problemi e prospettive di Teologia fondamentale*, Brescia 1980, 235-257; J.-D. Kaestli-O. Wermelinger (ed.), *Le canon de l'Ancien Testament, sa formation et son histoire*, Geneve 1984; J.A. Sanders, *Canon and Community: a Guide to Canonical Criticism*, Filadélfia 1984; K. Stendahl, "One Canon is Enough", em *Meanings: The Bible as Document and Guide*, Filadélfia 1984, 55-68; R. Beckwith, *The Old Testament Canon of the New Testament Church*, Londres 1985; H. Gamble, *The New Testament Canon: Its Making and Meaning*, Filadélfia 1985; R.A. Greer, "The Christian Transformation of the Hebrew Scriptures", em J.L. Kugel (ed.), *Early Biblical Interpretation*, Filadélfia 1986; H. Simian Yofre, "Antico e Nuovo Testamento: Partecipazione e analogia", em R. Latourelle (ed.), *Vaticano II, Bilancio e Prospettive*, Assis 1987, I, 243-269; B. Metzger, *The Canon of the New Testament. Its Origin*, Development, and Significance, Oxford 1987.

JARED WICKS

CARISMA

Já que o termo "carisma" provém do vocabulário do Novo Testamento, é preciso iniciar o estudo pelo exame dos textos neotestamentários que o contêm, para, em seguida, podermos expor a problemática teológica dos carismas.

1. *Chárisma* é um substantivo grego, derivado do verbo *charízesthai*, cujo sentido é "mostrar-se agradável", "fazer um favor". O sufixo *-ma* indica o efeito da ação (p. ex., *ktísma*, "criatura", efeito de *ktízein*, "criar"). O sentido de *chárisma* é, pois, "dom generoso", "presente". O termo não se encontra no grego clássico, ocorre pouco nos papiros gregos; encontra-se em duas variantes do Sirácida (7,33 Sinaiticus; 38,30 Vaticanus) e em duas passagens de Filão, com o sentido de "dom". No NT, ao invés, encontra-se com mais frequência: 16 vezes nas epístolas paulinas (Rm 6 vezes; 1Cor 7 vezes; uma vez em 2Cor, 1Tm e 2Tm) e uma vez em 1Pd 4,10.

2. Um primeiro problema diz respeito a um possível sentido técnico de *chárisma* nestes textos. Observa-se uma certa especialização: o termo encontra-se sempre em contexto teológico; não designa nunca uma doação feita por um homem a outro, mas sempre um dom divino. Mais vezes *chárisma* é colocado em relação com a graça (*cháris*) de Deus: Rm 5,15-16; 12,6; 1Cor 1,4-7; 1Pd 4,10. Neste âmbito, porém, *chárisma* conserva em vários textos seu sentido geral e não pode ser traduzido por "carisma" – palavra neolatina, cujo sentido é técnico –, mas deve ser traduzido por "dom generoso". Assim em Rm 5,15-16, onde qualifica a redenção; em Rm 6,23, onde é aplicado à vida eterna, "dom generoso de Deus". Em 2Cor 1,11 *chárisma* refere-se a um favor ocasional de Deus, a libertação de um perigo de morte, obtido graças às orações da comunidade. O sentido, portanto, não corresponde àquilo que entendemos por "carisma".

Em outros textos, todavia, o termo é aplicado a uma realidade mais específica, isto é, a certos dons de graça, que não fazem parte das graças fundamentais, necessárias a todos, mas que são distribuídas segundo o beneplácito de Deus. "Estamos de posse de *dons* (*charísmata*) diferentes" (Rm 12,6). "Cada um tem seu próprio *dom* (*chárismá*) de Deus, um de um modo, outro de outro" (1Cor 7,7). Pedro fala, a propósito, de uma "*multiforme* graça de Deus" (1Pd 4,10).

Alguns textos apresentam uma lista de tais "dons", sem nunca pretenderem que seja completa. Na lista de 1Cor 12,8-10, Paulo coloca no início alguns dons na verdade modestos ("uma palavra de sabedoria", "uma palavra de conhecimento"), em seguida passa aos dons mais impressionantes ("dons de cura", "atuações poderosas") e termina com os dons sensacionais da "profecia" e com "todo tipo de línguas", que geravam confusão nas reuniões da comunidade (cf. 14,26). A distribuição de todos estes dons é atribuída ao "único e mesmo Espírito" (12,11). Num parágrafo subsequente (12,28) Paulo não fala mais do Espírito, mas atribui tudo a Deus e apresenta uma lista diferente, que inicia com uma hierarquia de posições ("uns, Deus os colocou na Igreja em primeiro lugar como apóstolos, em segundo lugar como profetas, em terceiro lugar como os que ensinam"), e prossegue com diversos dons ("em seguida milagres, em seguida dons de cura, assistências, governo, tipos de línguas"). Ainda numa outra lista (Rm 12,6-8), Paulo omite qualquer referência ao falar línguas, às curas e outros milagres; coloca, no início, a profecia e, depois, menciona somente atividades ordinárias, úteis à vida eclesial: serviço ou ministério, ensinamento, exortação, atividades de caridade, de direção, de misericórdia. Mais esquemático, Pedro indica só duas grandes categorias, a do serviço e a da palavra (1Pd 4,10). Dois textos das cartas pastorais falam de *chárisma* a propósito do ministério pastoral e definem que se trata de um dom recebido por meio de imposição das mãos (1Tm 4,14; 2Tm 1,6).

As divergências que se observam entre estes textos mostram que o termo *chárisma* ainda não tinha, no NT, o sentido técnico que é dado a "carisma" na teologia posterior. Mais ainda: o *Patristic Greek Lexicón*, de G.W.H. Lampe, mostra-nos que nem mesmo na Patrologia grega o termo se havia especializado; efetivamente, suas aplicações são as mais variadas: o Espírito Santo é chamado *chárisma*, assim como o Batismo, a Eucaristia, o sacerdócio, a remissão dos pecados, a castidade e, naturalmente, a profecia, os milagres etc.

3. Apesar disto, permanece possível buscar em alguns textos do NT o fundamento do conceito teológico de "carisma". Na verdade, na teologia latina, o conceito foi elaborado partindo de certos textos e não da palavra *chárisma*, pela simples razão de que a Bíblia latina não continha esta palavra, exceção feita de uma passagem, não muito significativa (1Cor 12,31: "Aemulamini charísmata meliora"). Nas outras passagens, a Vulgata não traduz *chárisma* de modo uniforme, mas com três termos diferentes: "gratia" (11 vezes), "donum" (3 vezes), "donatio" (2 vezes). Por isto, a teologia latina medieval não usava o termo "carisma", mas, inspirando-se sobretudo em 1Cor 12,4-11, falava de "graças" peculiares. Fazia-se uma distinção entre a "gratia gratum faciens" que, santificando a alma, a torna agradável a Deus, e as "gratiae grátis datae", dons sobrenaturais que de per si não têm este efeito interior (*STh* I-II, 3,1). Tomás de Aquino vê em 1Cor 12,8-10, não sem forçar, uma lista completa e sistemática destas graças *grátis datae* (I-II, 3,4). Trata delas amplamente, na II-II, 171-178, onde distingue os dons que dizem respeito ao saber (profecia, fé, sabedoria, discernimento dos espíritos, ciência), ao falar (dom das línguas e "gratia sermonis") e ao agir (dom dos milagres).

Para definir o objetivo das graças *grátis datae*, Santo Tomás invoca a afirmação de 1Cor 12,7: "A cada um é dada a manifestação do Espírito *para a utilidade*", completando-a, porém, no sentido da utilidade *alheia:* "ad utilitatem, *scil. aliorum*". A graça *gratis data* é uma graça "mediante a qual um homem ajuda o outro a voltar a Deus" (I-II, 3,1, "Respondeo"; art 4, "Respondeo"). Esta opinião tornou-se tradicional e os tradutores introduzem-na no texto de 1Cor 12,7, onde falam de utilidade "comum". Mas Paulo não escreveu "comum" e o modo como ele em seguida se exprime, a propósito da glossolalia, demonstra que a utilidade de certos dons pode muito bem não ser comum, mas apenas pessoal: "Quem fala em línguas edifica a si mesmo... se venho a vós falando em línguas, em que vos serei útil?" (1Cor 14,4-6). Paulo manifesta grande estima pelo dom da glossolalia (14,5.18), mas não a considera de utilidade comum; por isto, não admite sua manifestação nas assembleias cristãs, a não ser no caso em que haja um intérprete capaz de revelar-lhe o sentido (14,27-28). Para ser fiel ao ensinamento paulino tem-se, pois, que renunciar à determinação restritiva que limita à utilidade alheia o alcance das graças *gratis datae* ou dos carismas. Com efeito, são frequentes os carismas úteis, por exemplo, para a oração pessoal ou para o progresso pessoal nas virtudes.

Dito isto, há que reconhecer que a maior parte dos dons listados por Paulo têm uma utilidade comum e que Pedro convida cada um dos fiéis a colocar a serviço dos outros o dom de graça que tiver recebido (1Pd 4,10). Por outro lado, é possível que uma graça *gratis data* não seja de modo algum útil a quem a tenha recebido, mas unicamente a outras pessoas. Mas isto não corresponde à intenção divina; acontece por culpa do indivíduo. Palavras severíssimas de Jesus no Evangelho de Mateus são dirigidas a certos grandes "carismáticos", que realizarão grandes prodígios e até expulsarão demônios em nome dele, mas não serão pessoalmente dóceis a Deus; serão rejeitados pelo Senhor, como "operadores de iniquidade" (Mt 7,21-23). Paulo insere-se numa perspectiva análoga, quando observa que, sem a caridade, os carismas mais impressionantes não têm a mínima utilidade para quem os exerce (1Cor 13,1-3). Por si só uma atividade carismática não garante de modo algum uma relação autêntica com Cristo e com Deus.

4. Nos tempos modernos, o termo *chárisma* entrou no vocabulário teológico da Igreja latina. O Concílio Vaticano II empregou-o 14 vezes em seus textos oficiais. Por outro lado, a questão dos dons carismáticos adquiriu uma nova atualidade com o aparecimento dos movimentos pentecostais e carismáticos. O movimento pentecostal, caracterizado antes de tudo por fenômenos de glossolalia, teve início numa igreja metodista do Kansas, no dia 1º de janeiro de 1901, e estendeu-se depois aos Estados Unidos e à Europa (países escandinavos, Grã-Bretanha, Alemanha). Seus excessos provocaram uma forte oposição (cf. *Die Berliner Erklärung* de 1909), que, porém, não conseguiu fazê-lo parar. O movimento estendeu-se à Igreja Católica após o concílio, a partir de 1967; a primeira manifestação carismática católica ocorreu nos Estados Unidos, em Pittsburgh. A propagação foi muito rápida. Em 1975 um congresso internacional reunia em Roma 10.000 participantes, vindos de mais de 60 países.

5. Durante o concílio, um debate muito intenso opusera dois conceitos de carisma: o carisma como dom extraordinário, miraculoso, concedido por Deus de modo excepcional, e o carisma como dom de graça também ordinário, concedido por Deus para a edificação da comunidade eclesial. O Cardeal Ruffini defendia o primeiro conceito, considerado "tradicional", ao passo que o Cardeal Suenens sustentava o segundo (cf. *Acta Synodalia... Vaticani II*, Città del Vaticano 1972, II-III, 175-178). Ao final, a posição do Cardeal Suenens prevaleceu e um texto sobre os carismas foi adotado pelo concílio, no parágrafo que trata do múnus "profético"

do povo de Deus (LG 12). Ali, os carismas são definidos como "graças especiais" que o Espírito Santo "dispensa aos cristãos de toda ordem", e "com as quais os torna aptos e prontos para assumir várias obras e ofícios, úteis à renovação e à mais ampla edificação da Igreja". O concílio especifica que os carismas podem ser muito vistosos, ou então mais simples e muito difundidos ("Quae charismata, sive claríssima, sive etiam simpliciora et latius diffusa"). Com esta especificação, o concílio recusa-se a restringir o conceito de carisma aos dons extraordinários e milagrosos, aplicando-o também a dons mais modestos e menos raros, como os listados em Rm 12,6-8. Em seu discurso, o Cardeal Suenens falava de pessoas "dotadas pelo Espírito Santo de vários carismas, no campo da catequese, da evangelização, da ação apostólica por diversos modos, nas obras sociais e na atividade caritativa". Poder-se-iam acrescentar ainda outros exemplos.

6. Inspirando-se na distinção teológica entre "gratia gratum faciens" e "gratiae grátis datae", o concílio apresenta os carismas como dons funcionais, que tornam os fiéis de toda ordem "aptos e prontos a assumir várias obras e ofícios", pelo bem da Igreja (LG 12). Estas expressões aludem à relação entre carismas e ministérios, que permanece uma questão controvertida. No final do século XIX, A. Harnack propunha a distinção entre duas espécies de ministérios na Igreja primitiva, os carismáticos e os administrativos (*Die Lehre der zwölf Aposteln*, Leipzig 1884, 96s; *Das Wesen des Christentums*, Leipzig 1900, 129). Dava preferência aos ministérios carismáticos. Outros, mais radicais, afirmavam que a Igreja, no início, era somente carismática e perdeu em seguida sua natureza autêntica, tornando-se uma instituição jurídica. A discussão prossegue. Em seu artigo "Amt und Gemeinde", E. Käsemann afirma que Paulo "opôs sua doutrina dos carismas à ideia de ofício institucionalmente garantido" (em *Exegetische Versuche und Besinnungen*, Göttingen 1960, I, 126). Inspirando-se neste artigo, H. Küng descreve a comunidade de Corinto como um claro exemplo de "organização carismática", expressão da "constituição paulina da Igreja". A este exemplo ele se refere para fundamentar sua tese da "estrutura carismática da Igreja" (*Conc* 4 [1965] 31-45); *L'Église*, Paris 1968, 248-264, 556-558.

Na realidade, esta tese é inconsistente. Demonstra-o a própria atitude de Paulo, quando se dirige aos carismáticos de Corinto. Com efeito, o apóstolo não admite a livre-expansão dos carismas individuais, mas impõe aos inspirados de Corinto regras precisas e estritas (1Cor 14,27-29). Longe de exprimir um contraste entre inspiração e instituição, Paulo declara na mesma frase que Deus estabeleceu na Igreja uma hierarquia de posições e uma multiplicidade de dons (1Cor 12,28). Por isto, o artigo *chárisma*, do GLNT, conclui com razão que "a célebre distinção entre os carismáticos e as autoridades na Igreja não procede" (vol. IX, 396); e, no Supl. ao DB, E. Cothenet observa que "opor carisma e hierarquia significa sair das categorias paulinas" (VIII, 1302).

É certamente possível distinguir nas realidades eclesiais aspectos institucionais e aspectos carismáticos, mas não é possível separar por completo estes diversos aspectos e, menos ainda, pretender que sejam incompatíveis. A Igreja é corpo de Cristo e, enquanto tal, templo do Espírito Santo. O aspecto institucional do corpo, "bem coordenado e unido, mediante a colaboração de cada vínculo" (Ef 4,16; cf. 2,20-21), é condição concreta da autêntica comunhão "no Espírito" (Ef 2,22). A Igreja tem, pois, uma estrutura carismático-institucional, formada por meio dos sacramentos, nos quais instituição e graça estão estreitamente unidas, em virtude do mistério da encarnação.

Os carismas dos fiéis leigos têm sua fonte no batismo e na confirmação, ainda que não sejam efeitos necessários destes sacramentos, dependendo, antes, da livre-iniciativa do Espírito, recebido por seu intermédio. Os carismas pastorais têm sua fonte na ordenação presbiteral ou episcopal, como atestam duas passagens das cartas pastorais (1Tm 4,14; 2Tm 1,6). Quando o concílio declara que "o Espírito instrui e dirige a Igreja com diversos dons hierárquicos e carismáticos" (LG 4), convém evitar o erro de uma interpretação que separe as duas categorias. Efetivamente, os dons hierárquicos são normalmente acompanhados de diversos dons carismáticos, que tornam os pastores "aptos e prontos a assumir", de maneira espiritualmente personalizada, suas responsabilidades eclesiais. Os fiéis leigos recebem outros carismas, que os tornam aptos e prontos para outros serviços na Igreja e no mundo.

O concílio naturalmente absteve-se de dizer que um determinado carisma dá direito a um ministério correspondente. A adoção de tal tese, basilar para o conceito de "estrutura carismática", geraria a mais completa confusão no corpo da Igreja, deixando o campo aberto a todos os ambiciosos e iluminados, em detrimento dos autênticos fiéis. Pois bem, como diz Paulo, "Deus não é um Deus de confusão, mas de paz" (1Cor 14,33). Dito isto, a práxis da Igreja, estimulada pelo concílio, consiste em "acolher com gratidão e consolação" os diversos carismas (LG 12) e em levá-los muito em conta para a admissão à ordenação e para a atribuição dos ministérios.

7. O ensinamento e a práxis de Paulo demonstram que o fato de haver recebido algum carisma não dispensa em absoluto do dever de submissão aos pastores da Igreja. O autêntico carismático não se enclausura obstinadamente na convicção subjetiva da inspiração própria, mas se mantém aberto às demais manifestações do projeto de Deus a seu respeito. Em particular, acolhe como graça a expressão da vontade do Senhor, que lhe vem por meio da autoridade da Igreja (cf. 1Cor 14,37). A propósito dos carismas "extraordinários", o concílio declara que "o juízo sobre sua autenticidade e sobre seu uso ordenado compete às autoridades da Igreja, que tem a especial responsabilidade de não extinguir o Espírito, mas de examinar tudo e guardar o que é bom (cf. 1Ts 5,12.19-21)" (LG 12).

Uma aplicação relativamente frequente desta norma diz respeito ao carisma dos visionários, que se dizem favorecidos por revelações especiais (→ Revelações privadas). Uma outra diz respeito ao carisma dos fundadores e fundadoras de novos institutos de vida consagrada.

Um traço peculiar deste último tipo de carisma, obviamente não atestado do NT, é sua influência estendida a numerosas pessoas, através de longos períodos de tempo. Com efeito, a orientação espiritual e apostólica, adquirida pelo fundador, comunica-se aos membros do instituto fundado. Para a renovação da vida religiosa, o concílio deu como norma "o contínuo retorno... à inspiração primitiva dos institutos" e a fidelidade de cada família religiosa ao "espírito dos fundadores" (PC 2). A estas diversas espiritualidades o concílio aplica as expressões paulinas que contêm o termo *chárisma* e servem de fundamento à teologia dos carismas (Rm 12,5-8 e 1Cor 12,4 citados em PC 8). O conceito de carisma passa, assim, de um sentido individual (cf. 1Cor 12,7-10: "a um... a outro, ao invés... a outro... etc.") para um sentido comunitário e adquire a possibilidade de uma duração indefinida, ligada a uma instituição. Fiel ao ensinamento do concílio, o novo direito canônico, promulgado em 1983, aplica semelhantemente aos institutos de vida consagrada a expressão de Rm 12,6 sobre a diversidade dos carismas e exige dos membros de cada instituto a fidelidade ao espírito do fundador (CIC, cân. 577-578). Atinge-se, assim, um acordo fundamental entre normas jurídicas e inspiração carismática, o que corresponde à estrutura carismático-institucional da Igreja.

Um acordo fundamental não significa, todavia, ausência de problemas concretos, por vezes bem agudos. E inevitável que se manifeste com frequência na Igreja uma tensão entre os aspectos institucionais, mais ou menos enrijecidos, e os impulsos carismáticos, mais ou menos autênticos. Trata-se, porém, de uma tensão necessária à vida da Igreja. A solução dos problemas demanda atento discernimento e sincero esforço de mútuo acolhimento, na docilidade à revelação de Cristo e ao dinamismo do Espírito.

Bibl. – E. Käsemann, "Amt und Gemeinde im Neuen Testament", em *Exegetische Versuche und Besinnungen* I, Göttingen 1960, 109-134; H. Küng, "A estrutura carismática da Igreja", em *Conc* 4 (1965) 31-45; Id., *Die Kirche.* Oekumenische Forschungen, Friburgo 1967; M.-A. Chevalier, *Esprit de Dieu, paroles d'hommes.* Le rôle de l'Esprit dans les ministères de la parole selon l'apôtre Paul, Neuchâtel-Paris 1966; U. Brockhaus, *Charisma und Amt.* Die paulinische Charismenlehre auf dem Hintergrund frühchristlichen Gemeindefunktionen, Wuppertal 1972; G. Hasenhüttl, *Carisma, principio fondamentale della Chiesa*, Bolonha 1973 (orig. 1969); H. Conzelmann, "Charisma", em GLNT XV (1988) 606-616; D. Grasso, *Il carisma della profezia*, Roma 1978; Id., *I carismi nella Chiesa*, Brescia 1982; S. Lyonnet, "Agapè et charismes selon 1Cor 12,31", em L. De Lorenzi (ed.), *Paul de Tarse*, Roma 1979, 509-527; J. Sanchez Bosch, "Le corps du Christ et les charismes dans l'épître aux Romains", em L. De Lorenzi (ed.). *Dimensions de la vie chrétienne* (*Rm 12–13*), Roma 1979, 51-72; Id., "La primera lista de carismas (1Cor 12,8-10)", em *El mistério de la Palabra*, em honra de Alonso-Schökel, Madri 1983, 327-350; V. Scippa, *La glossolalia nel Nuovo Testamento*, Nápoles 1982; F.A. Sullivan, *Carismi e rinnovamento carismático*, Milão 1983 (orig. 1982); Vários autores, *Carisma e Istituzione.* Lo Spirito interroga i religiosi, Roma 1983; L. De Lorenzi (ed.), *Charisma und Ágape* (*1Ko 12-14*), Roma 1983; O. Knoch, "Charisma und Amt: Ordnungselemente der Kirche Christi", em SNTU 8 (1983) 124-161; N. Baumert, "Charisma und Amt bei Paulus", em A. Vanhoye (ed.), *L'apôtre Paul*, Louvain 1986, 203-228; Id., "Zur Semantik von charisma bei den frühen Vätern", em ThPh 63 (1988) 60-78; A. Vanhoye, "Il problema biblico dei carismi dopo il Vaticano II", em R. Latourelle (ed.), *Vaticano II. Bilancio e prospettive*, Assis 1987, 389-413; W.E. Mills (ed.), *Speaking in Tongues.* A Guide to Research on Glossolalia, Grand Rapids 1986.

ALBERT VANHOYE

CERTEZA

Uma reflexão sobre nossas experiências de conhecimento e de certeza pode sugerir as seguintes distinções:

A certeza é uma *convicção* concernente à "verdade" deste ou daquele conhecimento, isto é, o fato de que o conteúdo de nossas percepções, de nossas representações ou compreensões das coisas está em conformidade com as próprias coisas. Podemos notar que, a partir dos tempos modernos, a principal questão do conhecimento não é tanto o alcance das próprias coisas, mas, antes, a ausência de todo erro ou ilusão no interior de nossas *certezas.* Admitimos que dúvidas mais ou menos inquietantes possam acompanhar nossas convicções, mas ao mesmo tempo reconhecemos que não poderá haver certeza senão na ausência de qualquer dúvida "séria", excessivamente monopolizadora ou inquietante.

A certeza opõe-se, portanto, à simples *opinião.* Esta ainda é um modo de perceber, de representar e de compreender as coisas, mas é somente provável ou plausível, mais do que verdadeira; caso devesse haver uma certeza, esta bem poderia conter um erro ou uma ilusão. Em outros termos, a opinião pode sempre estar acompanhada de dúvidas. Ela é, no máximo, uma conjectura que sabe ser tal, em oposição à certeza consciente.

Para muitos contemporâneos, *somente* um conhecimento acompanhado de certeza consciente, e até de uma certeza fundada em razões totalmente indiscutíveis (uma certeza "objetiva"), tem o direito de ser considerado um conhecimento (ou um saber) autêntico.

Lá onde existisse uma certeza irresistível ou fortíssima – com consequente ausência factual de toda dúvida –, mas de modo algum fundada em razões conscientes e cogentes (uma certeza puramente "subjetiva"), não haveria *conhecimento*, mas simples *crença* "irracional", isto é, uma opinião de cuja natureza ilusória a pessoa não teria consciência, razão pela qual a convicção a ela unida seria ilusória e, portanto, esta crença-opinião não seria um *conhecimento.*

Embora exigindo que o conhecimento "autêntico" esteja unido a uma certeza fundada em razões, muitos contemporâneos se contentam, na falta de razões totalmente cogentes com razões pelo menos "suficientes", isto é, capazes de "justificar" o fato de que uma convicção demonstrada seja isenta de erros ou de ilusões. Todavia, não se deveria perguntar se a certeza, que diz respeito à própria suficiência das razões percebidas, ao final, como "suficientemente" convincentes, não seria, por sua vez, uma *crença* injustificada, "irracional", e que, segundo a exigência em questão, não conteria nenhum conhecimento autêntico?

Poder-se-ia pensar que esta exigência de uma certeza gerada por *razões* cogentes, ou verdadeiramente suficientes, seja de fato irrealizável e que venha impor limites por demais rigorosos, tanto às possibilidades do conhecimento quanto ao âmbito do cognoscível. Com efeito, é possível distinguir o conhecimento atual e imediato (por "intuição" ou "sentimento") e o conhecimento por "representação" (alcance cognitivo da própria realidade, mas através de mediação). Mas, segundo esta exigência, existiria *conhecimento* por representação somente *se se soubesse* que a representação atual é efetivamente conforme, ou pelo menos equivalente, às coisas ou aos fatos de que ela seria uma representação. Ora, isto é impossível. Nesta conformidade, ou neste ou naquele grau "suficiente" de conformidade, poder-se-ia ver, no máximo, apenas uma *crença*, mesmo que isto fosse ignorado – como pode acontecer quando se experimenta uma certeza sem sequer imaginar pô-la em dúvida.

Dever-se-ia, além disso, notar que, na maioria das vezes, em qualquer âmbito, se acaba por *crer*, também inconscientemente, mas com certeza, na "equivalência cognitiva" de numerosas representações sensíveis ou conceptuais, até da parte de cientistas ou de pensadores muito preocupados com certezas fundadas nas razões mais sólidas. Pode suceder que tal crença seja reforçada por uma vontade muito consciente, sobretudo se se trata de uma crença que, por motivos particulares, é preferida a uma outra. Pode-se também notar que são de fato enormemente mais numerosos os conhecimentos por representação, e, portanto, as crenças – também nas ciências – do que o são os conhecimentos imediatos e sem crenças, isto é, impostos por evidentes intuições ou por "sentimentos" absolutamente cogentes.

A certeza de todo conhecimento por representação ou por crença poderia ser apenas totalmente ilusória, de fato, se este tipo de conhecimento nunca fosse ao mesmo tempo o conhecimento *imediato* de realidades não percebidas. Mas acontece muitas vezes que assim seja. Efetivamente, quando se procura representar para si mesmo alguma coisa, não se tem nenhuma apreensão atual do que seja exatamente aquela realidade, nem de seus componentes concretos. Sabe-se, todavia, que *existe* aqui algo que precisamos representar-nos ou pelo menos representar-nos melhor. Tem-se já conhecimento do fato de que uma certa realidade existe e é esta realidade que se gostaria de atingir e conhecer melhor. Mas se se sabe também que a constituição e as modalidades concretas desta realidade não serão nunca conhecidas *imediatamente* e que, portanto, não se poderá nunca adquirir a certeza (fundada) de que as representações que se têm dela sejam suficientemente conformes para não serem ilusórias, será então preciso rever a concepção que temos sobre o papel das nossas "representações". Com efeito, é evidente que, em muitos casos, não esperamos verdadeiramente que nossas "representações" tenham função de *descrição* do que *poderíamos conhecer* sobre a constituição interna desta realidade.

Podemos, por outro lado, notar que nossas "representações" – nossas imagens, nossos conceitos – embora não sendo uma descrição de coisas atualmente percebidas, constituem muitas vezes uma *ajuda* para a aquisição de um conhecimento imediato mais consciente e vivo das realidades já apreendidas, como também para a instauração ou a manutenção de relações mais estreitas entre quem conhece e certos tipos de realidades conhecidas deste modo. A certeza de conhecer verdadeiramente e de atingir a realidade acaba sendo ao mesmo tempo mais bem fundada e reforçada. Se ainda existe *crença*, não é porque não exista conhecimento (imediato) da própria realidade, mas porque se está consciente do fato de que a natureza concreta das realidades assim conhecidas foge, de algum modo, à apreensão clara e total. E quando a consciência destas imperfeições faz surgir a inquietação e a dúvida sobre a natureza concreta ou sobre a própria existência da realidade em questão, acontece com frequência que um sobressalto de crença seja suficiente para restabelecer a certeza e, portanto, para provocar a retomada e uma melhora do alcance cognitivo.

Um primeiro exemplo poderá ilustrar o que dissemos. Segundo os teóricos da física – os que não buscam outra coisa senão um melhor *conhecimento* do mundo – a teoria das partículas subatômicas não é (e não pode ser) uma representação *conforme* à realidade não percebida. Mas esta "representação" permite-lhes, de qualquer modo, manter e reafirmar o alcance *cognitivo* de um âmbito da realidade que não veem, mas do qual aprenderam a conhecer melhor certas manifestações sensíveis. Se o pesquisador às vezes admite não poder fazer outra coisa senão *crer* na existência deste âmbito da realidade que não vê, isto não significa que ele pense não *conhecer* a existência (e não conhecer nada de sua própria realidade); sabe, antes, perfeitamente, que suas "representações" não são descrições mais ou menos próximas do real em questão, do qual, de fato, não compreende nem a constituição particular e individual nem as modalidades concretas de existência (ou de atividade). Em outros termos, esta "crença" não nega o fato de que exista um alcance *cognitivo* do próprio real.

Passemos a um segundo exemplo, desta vez tirado de experiências mais comuns. Acontece às vezes estar alguém totalmente consciente do fato de que uma outra pessoa lhe está manifestando, naquele momento, uma atitude que ele definiria "benévola" e que, a despeito de todos os evidentes determinismos, não se trata, por isto, de um simples robô. Uma vez que ele não *vê* no outro esta atitude, nem o elemento concreto, que seria o que dirige tal atitude para ele, poderia dizer que ele simplesmente *crê* na existência atual daquela atitude ou no fato de que há alguma outra coisa e não um simples robô. É verdade que certas "representações", mais ou menos imaginárias e coerentes, acompanham a certeza que ele tem de não enganar-se; mas poderia dar-se conta de que, mesmo que não sejam descrições das realidades apreendidas com seu conhecimento, constituem, de qualquer forma, ajudas mais ou menos indispensáveis – mas às vezes também distrações prejudiciais! – para um melhor alcance *cognitivo* deste concreto real.

Podemos finalmente notar que em certos campos – por exemplo o das relações humanas, ou o da fé religiosa – acontece que o conhecimento, unido a "representações" e a crenças, imponha opções pessoais e livres. Com efeito, sucede dever-se escolher entre duas crenças: uma que, segundo se pensa, ajudaria a manter ou a melhorar o alcance cognitivo de uma realidade conhecida imperfeitamente; a outra, ao invés, favoreceria a interrupção deste mesmo alcance. Quando isto diz respeito à própria pessoa do outro ou à existência de Deus, compreende-se que a escolha comporta um significado mais peculiar. Quer-se ou não interessar-se *pessoalmente* pelos outros? Quer-se *pessoalmente* crer – com a esperança de conhecer e atingir melhor o outro – ou prefere-se parar esta crença, a fim de romper todo contato pessoal com *este* tipo de realidade?

O problema da certeza e dos diversos conhecimentos e crenças a que ela está unida pode surgir tanto no âmbito das convicções profanas – comuns ou científicas – quanto no da fé religiosa. Com efeito, em *ambos* os casos existem realidades apreendidas e conhecidas, mas imperfeitamente. Como dizia São Paulo (1Cor 13,12), nós conhecemos estas realidades, mas as vemos "como que em espelho, de maneira confusa".

GILLES LANE

CETICISMO

1. EXPLICAÇÃO DOS CONCEITOS – O conceito de "ceticismo" remonta diretamente à palavra francesa "sceptique" (cético), em que se esconde, todavia, também o radical do verbo grego "sképtomai" (observar examinando). Com o termo filosófico, designa-se habitualmente aquela orientação especulativa ou aquela atitude espiritual que se abstém de avaliar, já que não seria possível julgar com adequada segurança a verdade ou a falsidade das afirmações.

Um ceticismo *radical* contradiz-se a si mesmo, pois a afirmação "deve-se duvidar de tudo" contradiz a pretensão de verdade que a própria afirmação contém. Um ceticismo *relativo* ou *limitado* pode ocorrer com referência a campos específicos (religião, ética, estética ou outros). De Descartes para cá, fala-se de um ceticismo "de método". Tudo está certamente sujeito a dúvida, exceto o eu pensante daquele que duvida. Quem duvida de tudo não pode evidentemente duvidar do fato de que ele mesmo é quem duvida. Desta maneira, Descartes esperava superar o ceticismo.

2. O CETICISMO NA HISTÓRIA DA FILOSOFIA OCIDENTAL – Do ponto de vista histórico, o ceticismo mostra um aspecto bifrontal: por um lado, é o *sintoma da decadência* das civilizações em crise, por outro, é o *instrumento* do pensamento iluminista.

No pensamento filosófico ocidental, o ceticismo aparece como escola de filosofia na Grécia antiga, sobretudo entre os anos 300 e 200 aC. Distinguem-se três fases de evolução: o ceticismo antigo (Pirro, Timão), o do meio ou acadêmico (Arcesilau, Carnéades) e o recente ou novo ceticismo (Enesidemo, Sexto Empírico). O ceticismo grego antigo tem em comum com outras escolas (p. ex. a estoica ou a epicureia) a propensão para a felicidade. Também ele identifica seu fundamento na serenidade de espírito (ataraxia). Diversamente das outras escolas, que tentam alcançar a felicidade através do conhecimento do mundo, o ceticismo renuncia integralmente a tal conhecimento. O cético, destituído de conhecimento, não deveria ser tocado pelo mundo externo e, com isto, conseguiria a serenidade de espírito, que seria o pressuposto da verdadeira felicidade. A renúncia ao conhecimento é motivada pela impossibilidade de conhecer a verdade, ou seja, o mundo. A filosofia antiga elabora um peculiar conceito de "sképsis": a análise crítica do pensamento não conduz a um juízo equilibrado, mas desemboca na aporia. O cético não chega a formular nem uma afirmação positiva nem uma negativa, mas para, abstendo-se diante de qualquer avaliação (epochê), como o célebre asno (transplantado para o campo filosófico) que, diante de dois feixes de feno, idênticos e equidistantes, morre de fome por não saber, evidentemente, decidir-se por um ou por outro.

Bem cedo o cristianismo coloca-se em contraste com o ceticismo. O ponto de partida está no perguntar-se se existe uma passagem da dúvida, relativa ao pensamento, para a certeza da fé, ou também uma justificada justaposição dos dois aspectos. Um ceticismo de princípio é, em todo caso, excluído desde o início. Em Tertuliano, "Atenas" e "Jerusalém" opõem-se inconciliavelmente. A fé cristã exclui a dúvida e a busca. Não tem sentido um diálogo entre fé e ceticismo. Também → Agostinho (no *Contra Acadêmicos*) opõe à dúvida a certeza da fé, mas tenta refutar o ceticismo em bases filosóficas.

Na escolástica medieval não se conhecem correntes céticas. Somente em Duns Scotus e Ockham voltam a aparecer os primeiros indícios. O "cogito-ergo-sum" de Descartes intenta superar, por princípio, todo ceticismo. A sképsis de Hume em relação à ética racional e ao princípio de causalidade, como fonte de conhecimento, tem efeitos determinantes sobre a evolução subsequente do pensamento filosófico. Para Hegel, a sképsis é um momento na verdade do todo. O ceticismo de Nietzsche desemboca no niilismo.

Atualmente, o ceticismo é mais um aspecto de fundo da atividade filosófica moderna do que uma orientação precisa na filosofia. Como tal, defende a liberdade do espírito em relação a uma busca da verdade, isenta de reservas, contra qualquer tentativa de dogmatização do pensamento.

3. AVALIAÇÃO TEOLÓGICA – O ceticismo nunca foi expressamente condenado por um documento eclesiástico. De qualquer forma, tudo o que foi dito em relação ao → agnosticismo poderia ser pertinente também para este caso.

Não obstante isto, um ceticismo limitado ou metódico, no sentido de uma "busca radical", pode ser bastante legítimo e demonstrar a ambivalência de muitos campos, onde ele enfrenta criticamente e investiga o que aparentemente é óbvio. A justificação de tal ceticismo está na contingência do conhecimento humano.

A relação entre fé e dúvida (no sentido da busca e da pergunta) é o problema teológico central. Com efeito, a fé, em última análise, não constitui, na verdade, uma posse isenta de dúvidas. A fé cristã está absolutamente consciente de uma coexistência entre fé e dúvida, rica de tensões (cf. Mc 9,24). Paulo convida o crente a uma verificação crítica da própria fé (cf. 2Cor 13,5).

A certeza da fé pode consistir em deixá-la enfrentar serenamente todo questionamento.

O ceticismo torna-se teologicamente relevante também lá onde a atividade cognoscitiva humana procura fazer derivar uma pretensão de absoluto da relação com a revelação da fé cristã. A própria fé permanece substancialmente cética em relação às promessas salvíficas do conhecimento científico. Também a teologia como ciência (→ Teologia, IV) está sujeita às limitações do conhecimento humano e, por isto, um ceticismo limitado encontra também nela um vasto campo de aplicação.

W. Weischedel (1905-1975) ocupou-se, com muita profundidade, com a relação entre pensamento cético e questão de Deus. Por sképsis entende uma "investigação radical" que, como tal, constitui o traço fundamental da filosofia moderna. À diferença de Descartes, descobre no próprio *processo* da busca e da pergunta radicais o dado indubitável, a "primeira certeza". Para chegar à questão de Deus, o pensamento cético deve, por sua parte, ser atingido por uma realidade que, em si mesma, não pode mais ser posta em dúvida e "que, pelo contrário, na busca radical, se afirma e tem consistência como realidade" (Weischedel, p. 20). Então, a realidade problemática aparece, por si, como *mistério*, na problematicidade. Problematicidade fundamental e mistério condicionam-se reciprocamente. Weischedel cita, a propósito, três exemplos: 1. na *contingência* de todo o existente alguma coisa existe de fato; 2. a *experiência da morte* e da *caducidade*; 3. o mundo *como totalidade*. O caráter misterioso da realidade não é inventado ou provocado, mas já existe, e é ela que se impõe abertamente ao pensamento cético, que inevitavelmente se nos depara. A busca radical não seria possível, se, antes, não existisse o mistério que proporciona a ocasião da busca. Assim, o mistério é pressuposto e possibilidade de atuação da busca. Todavia, Weischedel gostaria de identificar, não sem ulteriores desenvolvimentos, o mistério, como realidade resistente a toda pergunta, com o Deus cristão. Segundo ele, porém, a fé cristã considera, em última análise, o que, do ponto de vista filosófico, se apresenta como mistério. Fé e filosofia falam, portanto, da mesma coisa em línguas diferentes: a fé, em termos figurados; a filosofia, de maneira direta.

Bibl. – R. Richter, *Der Skeptizismus in der Philosophie und seine Überwindung*, vol. I-II, Leipzig 1904-1905; G. Schnurr, *Skeptizismus als theologisches Problem*, Göttingen 1964; R.H. Popkin, "Skepticism", em *The Encyclopedia of Philosophy*, vol. VII, Nova York 1967, 449-461; W. Post, "Skeptizismus", em SM VII, 393-397; H.R. Schlette, *Skeptische Religionsphilosophie. Zur Kritik der Pietät*, Friburgo 1972; W. Weischedel, *Die Frage nach Gott im skeptischen Denken*, Berlim-Nova York 1976.

BERND GROTH

COMUNICAÇÃO

1. CIÊNCIA EM RELAÇÃO À TEOLOGIA FUNDAMENTAL – Falar da comunicação significa focalizar imediatamente a atenção sobre o homem, na medida em que se reconhece universalmente o fato de que comunicar-se é uma realidade intrínseca e determinante na natureza humana. O homem não pode passar sem se comunicar, assim como não pode passar sem sua relacionalidade. Para realizar-se enquanto homem, para crescer em todos os sentidos, precisa objetivar de alguma forma os próprios pensamentos e as próprias decisões, colocar-se junto e verificar com os outros a validade das próprias intuições. Não fora possível a comunicação, não seria possível o próprio progresso e cada homem permaneceria bloqueado em si mesmo e na própria imobilidade. Podemos, sem mais, definir a comunicação como uma espécie de instinto conexo com o da socialização: instinto que leva o homem à busca de uma vida comunitária como dimensão existencial. Mas, ao mesmo tempo, precisamos dizer que se trata também de uma exigência de tipo psicológico, que o leva à manifestação dos sentimentos próprios, de modo a provocar uma resposta à expressão de sua profunda necessidade de ser amado e que o leva a pedir ajuda a seus semelhantes, no momento em que se dá conta de estar em dificuldades. Além disso, graças à comunicação é possível a aquisição daquela experiência não vivida na primeira pessoa e por isto é possível a conexão com o passado, em vista da criação para o futuro.

Por isso, a comunicação esteve sempre presente na história a partir do próprio momento em que o homem aparece, como condição de possibilidade de realização da própria história e, portanto, possibilidade de melhora e desenvolvimento. Todavia, até mais ou menos o ano 1500 dC, a despeito da variedade dos meios e das formas de comunicação, ela era extremamente limitada em suas possibilidades, devido à lentidão da difusão. Uma virada determinante ocorreu com a invenção da imprensa, que tornou mais precisa e mais rápida a transmissão das mensagens e lhe multiplicou a possibilidade de difusão. Mas, sobretudo nos últimos anos, o ritmo de desenvolvimento dos meios de comunicação tornou-se vertiginoso e as distâncias já deixaram de constituir um problema para o homem. O mundo de hoje é profundamente permeado pela consciência da comunicação e os avanços sempre mais rápidos no âmbito comunicativo não são mais apenas em função do progresso científico-tecnológico, mas são ditados por exigências sempre maiores de evolução que têm origem na ordem social, cultural, psicológica e espiritual, na medida em que se abraça não somente o campo específico da palavra ou da imagem, mas todo o campo do agir humano e das realidades relacionais que o determinam.

E é exatamente por isto que a → teologia não pode ignorar o fenômeno comunicação. Com efeito, Teologia, na sua definição clássica, indica "o estudo sobre Deus", mas não sobre Deus considerado em si mesmo e separado daquilo que é o destino do mundo e do homem, mas em íntima relação com o ser vivo e com seu existir no mundo. Por isto, ela se interessa pelo homem enquanto ser social, que se põe a caminho rumo a um progresso e a uma promoção que sejam imagens manifestas do advento do Reino, em que a fé e a caridade não sejam dimensões vagas, mas realidades concretas e visíveis. Neste sentido, a teologia não pode deixar de ocupar-se também com disciplinas como a sociologia, as ciências políticas, as ciências econômicas e a própria → história. Enquanto se interessa pelo homem como ser espiritual, dotado de uma dimensão interior própria, que cresce e se realiza na práxis evangélica e na oração, a teologia, em sua pesquisa, apoia-se em ciências como a psicologia, a antropologia, a filosofia...

A teologia é uma ciência que se dirige ao homem e que, por isto, deve colocar-se e estruturar-se a sua medida e refletir sobre as problemáticas que mais o conturbam, oferecer-lhe propostas e alternativas válidas e, sobretudo, estruturar seu pensamento dentro daquelas categorias que o homem moderno costuma usar. Caso contrário, o discurso teológico seria vazio. Mas a teologia não é apenas mero interesse intelectual em que o estudioso exerce sua reflexão; é, ao mesmo tempo, propensão à prática e íntima conexão com o discurso salvífico, de que se nota a urgência evangélica de transmissão e de difusão à humanidade. E é neste sentido que a teologia presume e implica um discurso sobre a comunicação e faz referência à ciência que se define como "ciência da comunicação". E isto emergiu de modo mais claro e definido depois daquele grande momento de reflexão sobre as problemáticas do homem de hoje, que se desenvolveu no contexto do Concílio Vaticano II.

Hoje em dia, o → teólogo não pode ignorar a conexão com tal ciência, pois está sempre mais consciente da importância do fato de que, no discurso cristão, existe uma estrutura de base comunicativa. Efetivamente, se por comunicação entendemos, em linha geral, o processo por meio do qual uma informação é mandada por um emissor, com uma certa intenção (mais ou menos consciente), a um receptor que a acolhe e recebe, teremos, desde um primeiro exame, pontos de contato estruturais bem precisos entre as duas disciplinas. Com efeito, tanto na ciência da comunicação quanto na teologia, podemos falar de emissores (Deus, apóstolos, fiéis...) que produzem mensagens codificadas, por meio das quais transmitem informações que têm por objetivo convencer, mudar alguma coisa na realidade pessoal de quem as recebe. Tanto numa como noutra disciplina, estão presentes receptores, que, uma vez executada a operação de decodificação e de compreensão, têm uma reação de *feedback*. Em ambas as disciplinas determina-se uma atitude que define e qualifica a relação entre emissor e receptor na criação de ligações, mesmo que em níveis mínimos. E é também inegável o fato de que a teologia, enquanto ciência, se empenha a si mesma em um processo de comunicação na transmissão da possibilidade da experiência de Deus aos outros homens de modo a abri-los à dimensão comunitária, na estruturação dos conteúdos de fé com vistas à difusão da mensagem salvífica no tempo e na apresentação dos resultados da própria reflexão.

E se a teologia em geral não pode ignorar a relação com a ciência da comunicação, com maior razão não pode fazê-lo a → Teologia Fundamental, enquanto se caracteriza como disciplina de fronteira e, portanto, como abertura àqueles aspectos culturais que, embora não tendo uma matriz teológica específica, na realidade têm uma notável influência no campo teológico. Além disso, a Teologia Fundamental tem como objeto de estudo a → revelação, não só como fala de Deus ao homem e, portanto, conhecimento da comunicação das vontades divinas, mas também como necessidade humana de transmitir aos outros homens e com eles compartilhar o próprio ser, enquanto em diálogo com o divino, e as consequências que esta experiência produz na própria vida. E a revelação não é fim em si mesma, mas quer sua transmissão a todos os homens de todos os tempos e, se quiser que tal "comunicação" efetivamente aconteça, não pode prescindir de levar em conta as exigências do homem, enquanto ser comunicativo, especialmente hoje, quando tais exigências são tão numerosas e complexas. E estamos ainda num contexto comunicativo no momento em que vamos falar de resposta de → fé e de → testemunho. Efetivamente, a fé é adesão silenciosa e pessoal, no âmbito das opções da própria consciência, mas a fé tem também necessidade de nutrir-se de uma expressiva dimensão externa de abertura, testemunho e partilha com o próximo.

Por isto, torna-se importante, nesta perspectiva, a análise, por exemplo, da linguagem religiosa em geral e da linguagem cristã em particular, à luz dos progressos desenvolvidos pela ciência da comunicação, ou a análise das várias possibilidades de transmissão da mensagem evangélica através da mídia, das categorias lógico-linguístico-visuais usadas pela mídia e do grau de incidência que ela tem sobre nosso modo de pensar e de falar, das modificações que seu uso, sempre mais difundido, introduz na cultura moderna, em nível de formação e de expressão. Com efeito, deve-se levar em conta o fato de que o Evangelho nasceu num ambiente culturalmente estranho a nós e, portanto, deve-se tentar, na medida do possível, uma constante redefinição de sua relação com a realidade e a tradução dos conteúdos evangélicos naquelas formas linguísticas e expressões artísticas mais consonantes com a compreensão por parte do homem do século XX. Ao mesmo tempo, é preciso examinar atentamente a possibilidade de uma utilização da mídia para a transmissão da mensagem cristã e a possibilidade de um uso novo dos tradicionais meios de comunicação, de modo a tornar a mensagem plenamente compreensível no âmbito de nosso tempo, levando em conta o fato de que as novas técnicas de comunicação acarretam continuamente o surgimento de novos símbolos, criam novos modos de fruição das imagens e dos sons e, ao mesmo tempo, fazem surgir novas formas de estruturas políticas e econômicas e, nestas, novas formas de manipulação, poder e exploração do homem. Formas contra as quais, no âmbito do seguimento evangélico, o cristão é chamado a lutar.

A Teologia Fundamental não pode permanecer passiva frente a toda esta fermentação e não pode deixar de confrontar-se com a problemática de como exprimir hoje, em tal contexto, a verdade divina, e com a modalidade de transmissão da revelação, de que a Igreja é herdeira e guardiã. Tem, antes, a tarefa bem precisa de enfrentar o problema da comunicação e o da influência que as mudanças em tal setor geram no homem; de perguntar-se até que ponto os vários sistemas de informação podem incidir sobre as crenças individuais; de que modo se pode propor ao homem de hoje a analogia da comunicação trinitária como modelo ideal de comunicação, a que podem fazer referência as comunicações, e Cristo "comunicador perfeito", como modelo para todo homem, no processo pelo qual se estabelecem relações com o próximo.

Neste sentido, dizemos que hoje é necessário que a Teologia Fundamental se abra ao diálogo e à colaboração com a ciência da comunicação. Já se deram muitos passos nesta direção, mas estamos apenas no início de uma caminhada um tanto longa e difícil, ainda que ao mesmo tempo rica de provocações e possibilidades para a pesquisa teológica.

2. COMUNICAÇÃO COMO RELAÇÃO DE REVELAÇÃO ENTRE DEUS E O HOMEM – Revelação é comunicação entre Deus, que sai do seu mistério, e o homem, que, no diálogo de amor, é salvo e transformado. Mas trata-se de um processo de comunicação tão complexo e tão articulado que não por acaso o Concílio Vaticano II, para defini-lo, usou o termo "economia".

No momento em que se fala de comunicação, dever-se-ia dizer que, do ponto de vista técnico, não seria possível uma comunicação entre Deus e o homem, na medida em que estamos diante de dois níveis não só completamente distintos, mas também infinitamente distantes um do outro. Não obstante isto, Deus supera esta dificuldade *a priori* e não somente se dirige ao homem, mas fá-lo empregando todas as formas possíveis, oferecidas pelas estratégias de comunicação humanas e, já desde o período veterotestamentário, emerge claramente que a revelação se realiza em determinadas estruturas de comunicação que não surgem por vontade humana, mas respondem a uma intenção divina precisa. Com efeito, é Deus que se torna presente na história, com uma infinidade de meios, e se oferece contemporaneamente como objeto de pensamento, linguagem e experiência. Os hebreus exprimiram incisivamente este papel de emissor de Deus na fórmula de autoapresentação, e deram-se perfeitamente conta de que não se tratava de uma comunicação que acontecia em níveis impessoais e abstratos, mas de um Deus que "falava" com os homens, pondo-os a par de seus planos, definindo com eles suas modalidades operativas, fazendo promessas, ameaças, anunciando alegria ou castigo.

Trata-se de um Deus que usava um único código, capaz de assumir a multiformidade expressiva de uma infinidade de ressonâncias. Efetivamente, falamos de "Palavra de Deus", mas em sentido analógico. Ela é diferente de todas as palavras humanas. Apresenta-se como palavra plurissensorial, que se dirige aos sentidos físicos do homem, mas também aos interiores; uma palavra que consegue também manifestar-se sob a forma de elementos físicos: trovão, raio, vento, fogo... uma palavra que revela, mas que, ao mesmo tempo, esconde e não pode ser absolutamente reduzida a simples significados de comunicação verbal, enquanto palavra "geradora", não somente de significados, mas também de coisas e de eventos, e que, ao mesmo tempo, é imagem, visão, sentimento, encontro... ação que irrompe na história e forja o seu curso de modo irrevogável, definindo, assim, a vontade do emissor e as coordenadas que o receptor deve adotar para poder entrar em sintonia com Ele. E isto aparece claramente no momento em que palavras e atos se fundem reciprocamente no manifestar-se de todo este conjunto semiótico, que determina o dinamismo de evolução do projeto salvífico divino e, em particular, daqueles sinais que marcam suas etapas fundamentais e iluminam, em seguida, revestindo-os de significado novo, os momentos da vida cotidiana.

Mas, para que esta comunicação possa efetivamente estabelecer-se, o código precisa ser interpretado corretamente e cabe ao homem realizar este trabalho de decodificação. E não se trata de um trabalho simples, na medida em que a mensagem divina é única em seu gênero, e o código em que é expressa não tem parâmetros de comparação.

Além disso, o verdadeiro objetivo da comunicação não é somente o de transmitir informações, mas o de pedir ao homem uma adesão total à vontade divina, razão pela qual, inserido no processo de comunicação, o homem se torna capaz não só de compreender as intenções segundo as quais se movimenta o projeto divino, mas também de inverter a direção vetorial do processo e tornar-se, por sua vez, o emissor no diálogo com Deus, numa relação de fidelidade que vai além das situações humanas, e ser, assim, protagonista efetivo da própria história pessoal e da história do mundo.

Aquele que, no AT, era o Deus que se comunicava na imperscrutabilidade de seu mistério, no NT se torna o Deus que, encarnado, encontra o homem "face a face", superando, assim, o desnível da diferença de natureza numa comunicação que não quer deixar espaço a incertezas: efetivamente, agora, emissor e receptor estão nas mesmas coordenadas espaçotemporais. Por isto, podemos dizer que Cristo é o Comunicador Perfeito, na medida em que nele encontramos concentrada e realizada a imagem da possibilidade de operacionalização da comunicação ideal, aquele ideal em que se inspira toda comunicação humana: o dom ao outro não somente na expressão das próprias ideias e sentimentos, mas da própria totalidade, numa compenetração de amor tal que não deixa equívocos. Nesta dinâmica, Cristo não é só o que traz a mensagem de Deus, como no caso dos profetas; é a própria mensagem que se torna concretamente visível, revestindo-se de carne e assumindo as feições humanas. Por isto, dizemos que estamos diante de uma comunicação única e irrepetível, na medida em que os elementos que constituem o processo comunicativo, em vez de se dispersarem na diversidade das funções, aumentando, assim, os riscos das possibilidades de perturbação no processo, como ocorre no caso de comunicações entre homens, convergem e se condensam num único ato, em que ressoa perfeitamente o ritmo triádico da vontade trinitária, mas na perfeita sincronia de vontades e intentos.

A palavra humana, ontologicamente, coloca-se como dinamismo. Trata-se de um dinamismo que se desdobra em vários níveis: em primeiro lugar, enquanto tomada de consciência do próprio ser e do próprio colocar-se com uma funcionalidade e direcionalidade determinadas; em segundo lugar, enquanto dinamismo de produção, já que esta é um produto humano, mas, ao mesmo tempo, tende, por sua vez, à produção de alguma outra coisa; e, em terceiro lugar, enquanto dinamismo de transformação, já que, oferecendo-se a uma realidade, quer modificar-lhe os aspectos, se não a realidade inteira. Cristo, imagem e palavra do Deus invisível, recolhe em si mesmo o dinamismo da imagem e da palavra e os reforça em sua autoafirmação de Deus e de homem que, incidindo na realidade humana, a altera em sua estrutura básica, transformando-a de uma humanidade decaída numa humanidade salva. Assim como a palavra humana não se limita simplesmente a colocar os homens em relação entre si, mas também a consolidar e a aprofundar tais relações em relações de aliança e de união, da mesma forma a Palavra de Deus une em si toda a humanidade e a recapitula ao Pai, no vínculo de filiação.

Os meios pelos quais a comunicação se realiza são os mesmos que os homens utilizam em suas comunicações cotidianas. Jesus serve-se dos gestos, das expressões, dos modos de fazer, da linguagem humana... mas usando-os de maneira diferente de todos os outros homens, utilizando-os com autoridade, com eficácia e poder, como veículos de verdade. Uma verdade que, embora sendo historicamente condicionada, não pode deixar de remeter incessantemente à Verdade eterna, em que tem a sua origem e de que se substancia. Neste sentido, pode-se dizer que, através desta variedade de meios, são transmitidos sinais altamente polivalentes, tanto que, superada a barreira da realidade exterior, podem tornar-se as chaves de acesso ao transcendente e criar a possibilidade da transcodificação da linguagem divina em categorias humanas, particularmente as das palavras e das ações.

Cristo, com e em sua vida terrena, não fez outra coisa senão falar do amor do Pai aos homens. Todavia, não apresentou nenhuma doutrina filosófica, nem nenhuma especulação sobre o tema, mas sua mensagem se torna, nele, incessante realização prática, manifestação concreta e visível de misericórdia e de compaixão para com o homem, não somente através dos milagres, mas na aceitação consciente e sofrida da morte, em seu querer permanecer presente entre os homens também depois de sua ascensão, com a instituição da Eucaristia, no não abandonar seus discípulos, enviando-lhes o Espírito consolador, e sobretudo na fundação da Igreja (→ Igreja: Jesus e a Igreja), por meio da qual será possível a difusão de seu Evangelho ao mundo inteiro.

Trata-se de palavras e ações que encontram sua coesão interna na própria pessoa de Cristo, sendo Ele Verbo, e Verbo que age; mas, ao mesmo tempo, elas não perdem nunca sua especificidade, nem se confundem entre si. Palavras e ações mantêm em Cristo uma configuração autônoma própria, até o momento da morte na cruz, em que tal tensão de relacionalidade atinge o seu ápice e chega ao ponto de "não retorno", isto é, à superação de toda possibilidade, ao ponto de implosão de todas as palavras e de todas as ações, no sacrifício supremo. O amor total de Cristo-Deus, que não tinha absolutamente necessidade nem do sofrimento nem da morte, torna-se o ponto em que se anula toda a relacionalidade e toda relação é reabsorvida, na totalidade da doação, na morte do Deus imortal.

Trata-se de um processo que atinge outro momento culminante na ressurreição. Assim como Cristo, com sua entrada na história, afirma sua divindade e seu ser-filho do Pai, e coloca a possibilidade da relação comunicativa entre dois níveis diferentes, descendo ao nível humano, da mesma forma, com a ressurreição, sanciona a verdade de tais afirmações e recapitula esta experiência histórica do divino na absorção em si de toda a humanidade, transpondo a possibilidade comunicativa do nível humano para o nível divino. Nela, o ser-homem de Cristo se torna o veículo através do qual se tem a plena expressão e manifestação de seu ser-Deus, na medida em que à natureza corpórea é conferido o seu autêntico destino de glória e toda a humanidade é associada num processo de solidariedade. Com o evento "ressurreição", Cristo se sanciona definitivamente como código e, ao mesmo tempo, como chave interpretativa do código que permite penetrar a mensagem divina, de modo a não existirem possibilidades de equívocos: Deus falou com o homem e a este cabe a tarefa de responder.

O confronto com Cristo põe a nu a verdadeira realidade humana e coloca todo homem, enquanto receptor, frente à própria realidade. Cristo diz: "Eu sou a verdade", mas, com esta afirmação, coloca-se como critério de verdade. Mas quem se confronta com a verdade e a procura em si mesmo reencontra-se na própria dimensão de egoísmo e de mesquinhez. A reação a isto pode ser a recusa pura e simples da verdade ou a aceitação da limitação própria, como ponto de partida para uma mudança interior. Aceitar a verdade significa inserir-se em um contexto de libertação. Todavia, embora sendo Cristo o "comunicador perfeito", a comunicação com o homem ainda não é perfeita. Existe o que, em termos técnicos, se chama "ruído" (perturbação da comunicação). O ruído provém do homem e é o medo do risco, o egoísmo, a incapacidade de recolocar tudo em discussão, a busca do prazer, do dinheiro, do sucesso... a necessidade de querer sempre sinais para crer e o não querer crer, nem mesmo diante destes.

A comunicação perfeita entre Deus e o homem só poderá realizar-se em contexto escatológico. A economia de revelação na história não teria sentido se Deus não se propusesse comunicar-se com o homem, na plenitude escatológica. Com efeito, compete a sua natureza o senso da perfeição, motivo pelo qual não é possível pensar em um processo parcial e fragmentário. Uma vez iniciada a comunicação com o homem, Deus a leva adiante até a realização final. Em tal contexto, a Palavra de Deus se fará presença e haverá o reconhecimento definitivo na visão "in totum". Isto não significa conhecimento total de Deus, mas encontro e reconhecimento do mistério enquanto tal e, ao mesmo tempo, enquanto fonte contínua de novidade. E será esta possibilidade de uma descoberta sempre nova, no diálogo divino, a condição de possibilidade da comunicação perfeita. Efetivamente, se se esgotassem os conteúdos da comunicação, esta não teria mais sentido. Seria pura e mecânica repetição de algo já assimilado. Cessaria toda possibilidade de produtividade e de progresso na relação recíproca. A comunicação escatológica, ao invés, será fonte de progresso inesgotável rumo à descoberta incessante de Deus, de sua imensidade e de seu amor.

Em tal contexto, a comunicação com Deus coincidirá plenamente com a visão de Deus e toda distância entre Deus e o homem será anulada na globalidade do ato, segundo uma incessante estrutura dialogal que conduzirá, sempre em mais profundidade, à glória divina e ao conhecimento sempre mais claro do mistério de Deus, do mundo e do homem. A relação homem-Deus será forjada segundo as mesmas modalidades que caracterizam o diálogo entre as pessoas da Trindade: um diálogo que gera dinamismo e comunhão de amor e do qual o homem é chamado a participar. Aquela potencialidade de relação, aquela necessidade lacerante que guiava todo homem em busca do outro na comunicação, em contexto escatológico, será plena e total e encontrará sua realização na relação com Deus, com o mundo e com os demais homens.

A capacidade intelectiva humana, em perfeita sincronia com a esfera emocional-sensitiva, poderá haurir diretamente a verdade da visão e renovar eternamente sua adesão de fé a Deus. E este momento não será só o momento do realizar-se da comunicação perfeita com Deus, mas também o do realizar-se da comunicação perfeita entre todos os homens. Cada homem poderá ter diante de si a essência do outro homem e conseguirá ler nela, reconhecendo, assim, o reflexo do mistério divino que anima o outro, compreendendo que se trata do mesmo movimento de busca de completude que tinha animado sua vida terrena, mas agora já sem nada que possa ser impedimento para o encontro. Assim, na comunicação escatológica, todo homem se realizará plenamente: não pode querer outra coisa, não pode desejar outra coisa e não carece de outra coisa senão de nutrir-se desta comunicação de amor infinito e sem limites.

Bibl. – E. Baragli, *Comunicazione, comunione e Chiesa*, Roma 1967; Id., *Inter Mirifica*, Roma 1969; J.L.L. Aranguren, *La comunicación humana*, Madri 1967; F. Cacucci, *Teologia dell'immagine*, Roma 1971; A.M. Thibault-Laulan, *Le langage de l'image*, Paris 1971; M. Flick-Z. Alszeghy, "L'evangelizzazione come comunicazione", em M. Dhavamony (ed.), *Evangelization*, Roma 1975; W. Bartholomäus, "Comunicação na Igreja – Aspectos de um tema teológico", em *Conc* 131 (1978/1) 114-130; G. Gaird, *The Language and Imagery of the Bible*, Londres 1980; A. Dulles, "The Symbolic Structure of Revelation", em ThS 41 (1980) 51-73; E. Robinson, "Loneliness and Communication", em *Theol* 83 (1980) 196-203; J.O. Millis, *Mac Bride and the Kingdom*, Roma 1981; N. Copray, *Kommunikation und Offenbarung*. Philosophische und theologische Auseinandersetzungen auf dem Weg zu einer Fundamentaltheorie der menschlichen Kommunikation, Düsseldorf 1983.

M. CRISTINA CARNICELLA

CONSELHO ECUMÊNICO DAS IGREJAS

1. "O Conselho Ecumênico das Igrejas é uma fraternidade de igrejas que confessam o Senhor Jesus Cristo como Deus e Salvador, segundo as Escrituras, e por isto buscam cumprir juntas sua vocação comum, para a glória do único Deus, Pai, Filho e Espírito Santo" (*Constituição do CEI, I*). Esta base, aceita pela Assembleia Geral de Nova Delhi, em 1961, em substituição à mais breve, de 1948, não é pensada como um credo, nem como expressão perfeita da fé cristã. O que se quer exprimir é isto: o que mantém unidos os membros do CEI, qual é o ponto de partida de seu diálogo e qual o fundamento para sua colaboração.

A função e o objetivo principal do Conselho são: "chamar as igrejas à meta de uma unidade visível numa fé e numa fraternidade eucarística, expressa no culto e na vida comum em Cristo, e caminhar para a unidade, de modo que o mundo possa crer". Seguem outros objetivos, como a ajuda para o testemunho comum, o apoio às igrejas em suas universais tarefas missionárias e evangélicas, a preocupação comum com o serviço às necessidades humanas e à promoção de unidade, justiça e paz entre os povos, a promoção da renovação das igrejas e a manutenção das relações entre os vários organismos ecumênicos (*Constituição do CEI, III*).

Na assembleia geral de Vancouver (1983), o CEI descreve-se como "uma expressão preliminar desta unidade, que é a vontade e o dom de Deus, pela qual os cristãos rezam e agem. O CEI *oferece uma tribuna em que os cristãos possam* encontrar-se e intercambiar intensamente suas experiências, suas convicções teológicas e suas descobertas espirituais. Constitui, além disto, um contexto ecumênico em que as igrejas-membros podem colaborar sempre mais amplamente no testemunho e serviço comum para o mundo" (Promover a unidade com atos concretos, par. 29, em *Il Regno*. Documenti 28, 1983, 554). O CEI não é, portanto, meramente um instrumento para se poder atingir a unidade. Ele já realiza, de modo provisório, a unidade e a solidariedade crescente entre as igrejas.

A importância eclesiológica do CEI foi definida em 1950 pela assim chamada declaração de Toronto: "A Igreja, as Igrejas e o Conselho Ecumênico das Igrejas" (C. Boyer-D. Bellucci, *Unità Cristiana*... vol. I, 218-225). Oficialmente, esta declaração permanece ainda hoje a última palavra sobre a matéria.

2. A decisão de constituir o CEI foi tomada em 1938, por dois movimentos principais, que haviam trabalhado durante quase dois decênios para reunir várias igrejas e tradições de igrejas: o Movimento de Fé e Constituição (*Faith and Order Movement*) e o Movimento para o Cristianismo Prático (Life and Work) (→ Ecumenismo). A ideia sobreviveu à Segunda Guerra Mundial (1939-1945).

A fundação ocorreu na primeira assembleia geral de Amsterdã, em 1948. Os eventos mais relevantes foram as assembleias gerais realizadas subsequentemente, em Evanston (Estados Unidos, 1954), Nova Delhi (1961), Upsala (1968), Nairobi (1975) e Vancouver (1983). A sétima assembleia foi programada para 1991, em Canberra (Austrália). Um evento significativo foi a integração do Conselho Missionário Internacional (*International Missionary Council*) no CEI, na assembleia de Nova Delhi (1961). O IMC teve suas origens na Conferência Missionária Internacional, realizada em 1910, em Edimburgo. Por esta integração tornou-se claro, mais uma vez, até que ponto a unidade e a missão estão intimamente relacionadas. Com o ingresso da igreja russa e das igrejas ortodoxas dos outros países socialistas, praticamente todas as igrejas ortodoxas aderiram ao Conselho. O CEI, com sede em Genebra, conta atualmente com 314 igrejas-membros, representantes de todas as confissões cristãs. As três unidades que compõem o CEI, isto é, Fé e testemunho, Justiça e serviço e Educação e renovação, demonstram a amplidão dos compromissos do Conselho.

Entre as igrejas ausentes está a Igreja Católica. Depois de um período em que se manteve completamente à parte, a Igreja Católica estabeleceu contatos regulares com o CEI, a partir do Concílio Vaticano II. Estes contatos formalizaram-se desde 1965 no grupo misto de trabalho. Este grupo consultivo propõe-se a tornar a Igreja Católica e o CEI capazes de avaliar juntos o desenvolvimento do movimento ecumênico e tornar-se, assim, um estímulo para os organismos que o promovem, propondo novos passos e programas, bem como favorecer a colaboração entre si. A questão da participação já foi decidida, de modo negativo, em 1969, como ainda não amadurecida; a relação atual é vista em termos de "solidariedade fraterna" (Paulo VI, em sua carta à 5ª Assembleia do CEI, de 1975, *Breaking Barriers*, Genève, 1975, 154). Um dos pontos mais significativos de colaboração está na participação oficial de 12 teólogos católicos nos trabalhos da comissão de fé e constituição. Sodepax, ao invés, foi uma experiência na verdade frustrante. Após um começo brilhante, em 1968, este organismo, comum ao CEI e à Igreja Católica para o desenvolvimento de uma maior consciência em relação às questões da sociedade, do desenvolvimento e da paz, era limitado sempre mais, em suas possibilidades, pelo grupo dos mantenedores, durante os mandatos sucessivos, até sua supressão, em 1980.

3. Com referência à palavra "Ecumenismo", citamos aqui algumas conferências, programas e declarações do CEI, que têm uma relevância especial para o estudo da Teologia Fundamental numa perspectiva ecumênica.

A própria existência do CEI levanta problemas teológicos fundamentais. O nexo íntimo entre a unidade e a missão, que preside a toda a organização do conselho e que permanece institucionalmente presente na comissão para a missão e a evangelização, favoreceu uma reflexão teológica sobre a missão, sobre o testemunho e o sentido da salvação, sobre o caráter absoluto da fé cristã e sobre o diálogo com pessoas de outras fés e, por último, mas não menos importante, sobre o papel das igrejas na sociedade e sobre sua responsabilidade pela justiça, a paz e a integridade da criação. Na década de 1970 havia-se estabelecido um programa para estudar a interação entre *A Unidade da humanidade e a Unidade da Igreja*, que, como tal, fora abandonado e subsequentemente retomado sob o título *A Unidade da Igreja e a renovação da comunidade humana.*

As questões principais estão ligadas aos modelos da unidade cristã. Ainda que o CEI, segundo a declaração de Toronto, não quisesse apresentar uma eclesiologia própria, a experiência de vida comum levou o Conselho a esclarecer alguns pontos teológicos e eclesiológicos. Foi em Nova Delhi (1961) que o Conselho apresentou pela primeira vez uma fórmula de unidade, em que se indicava o objetivo da unidade, sublinhando em particular sua dimensão local. Em Upsala (1968), foi sublinhada a universalidade da Igreja. A Assembleia de Nairobi (1975) descreveu a unidade como Comunidade conciliar (→ Ecumenismo), modelo que havia sido descrito em Vancouver (1983), em termos fortemente eucarísticos, como uma *visão eucarística* que "compreende, em sua globalidade, a vida e o testemunho cristãos e tende, se nos tornarmos verdadeiramente conscientes disto, a fazer-nos ver, sob uma luz nova, que a unidade cristã diz respeito ao conjunto do povo cristão, em sua riqueza e grande diversidade" (1968) (Promover a unidade com atos concretos, par. 4, em *Il Regno.* Documenti 28, 1983, 552).

Após este problema geral, outros problemas mais particulares da Teologia Fundamental têm sido enfrentados pelo CEI. "Escritura e Tradição" foi discutido explicitamente na Conferência Mundial de Fé e constituição, em Montreal (1963), e levou a vários outros documentos, concernentes a problemas hermenêuticos, ao significado dos concílios e à autoridade da Igreja. A apostolicidade foi entendida num conceito mais amplo, que coloca a apostolicidade da doutrina e do trabalho pastoral junto com a sucessão apostólica no ministério. Importante sob este aspecto foi o estudo sobre a "Catolicidade e apostolicidade" (1968) (*Enchiridion oecumenicum*, I,395-432). A unidade pressupõe uma unidade de fé e alguma forma de comum confissão da fé. Como podem os cristãos confessar a mesma fé apostólica, expressa nas Sagradas Escrituras e resumida emblematicamente nos vários "credos" da Igreja primitiva? Esta questão foi enfrentada pelo CEI numa pesquisa que leva o título "Rumo a uma expressão comum da fé apostólica hoje". Muitos destes problemas fundamentais têm sido levantados com nova urgência, à luz das respostas oficiais ao documento de Lima, sobre Batismo, Eucaristia e sacerdócio.

Bibl. – R. Rouse-S. Ch. Neill, *Storia del movimento ecumênico*, I: Dalla Riforma agli inizi del'Ottocento, Bolonha 1973 – II: Dagli inizi dell'Ottocento alla Conferenza di Edimburgo (1910), Bolonha 1973 – III: Dalla Conferenza di Edimburgo all'Assemblea ecumênica di Amsterdam (1948), Bolonha 1982 – IV: H.E. Fey (ed.), L'avanzata ecumênica (1948-1968), Bolonha 1982; C. Boyer-D. Bellucci, *Unità Cristiana e movimento ecumênico*, vol. I, Roma 1963; C. Boyer-S. Virgulin, vol. II, Roma 1975 (Testi e documenti 2,10); S.J. Voicu-G. Cereti (ed.), *Enchiridion oecumenicum.* Documenti del dialogo teológico interconfessionale I. Dialoghi internazionali 1931-1984, Bolonha 1986.

What in the world is the World Council of Churches, Genève 1978; M. Cassese (ed.), *Il Consiglio Ecumênico delle Chiese. Perche?*, Como 1983; A.J. van der Bent (ed.), *Handbook Member Churches World Council of Churches*, Genève 1985; Id., *Vital Ecumenical Concerns*, Genève 1986; Revistas do CEI: *Ecumenical Review, International Review of Mission* e *One World.*

JOS E. VERCRUYSSE

CONVERSÃO

No uso teológico, "conversão" costumeiramente significa um movimento espiritual para Deus, que se comunica em Cristo e no → Espírito Santo.

1. DADOS BÍBLICOS – O conceito neotestamentário não se radica principalmente na noção filosófica grega de conversão, que é prevalentemente intelectual, mas, antes, no conceito de *shûb* (voltar-se para, afastar-se de, voltar), próprio do AT. Os profetas olham para Israel, que virou as costas a Jhwh e precisa converter-se a Ele para fugir à punição coletiva (Os 7,10-12; Am 4,6 e 11). Segundo Is 6,10, na interpretação dos LXX e do Novo Testamento, os israelitas se curariam, se fossem capazes de ver, ouvir e converter-se: sua cegueira e surdez são uma punição para seu pecado. Jeremias e Ezequiel sublinham a dimensão interior e pessoal da conversão, enquanto aceitação do pacto de Deus gravado no coração (Jr 31,33; 32,37-41; Ez 11,19; 18,19-32).

João Batista e Jesus fazem da conversão individual (*metánoia*) o tema fundamental de sua pregação. João chama à penitência e às boas obras em vista do iminente juízo de Deus (Mt 3,1-2; Mc 1,1-8; Lc 3,1-20). Jesus acrescenta à mensagem de João a boa-nova de que Deus já está realizando seu reino através do amor e do perdão. Para Jesus, a conversão é condição para a fé, para o discipulado e a salvação.

Os termos *epistrophê* e *metánoia* são frequentes em Lucas e nos Atos, que ligam a conversão ao perdão (Lc 10,47; 24,47; At 3,19), à fé (At 2,38; 10,43), ao batismo (At 2,38; 10,47), à paz e à alegria interior (Lc 7,50; 15,32; 17,6), ao dom do Espírito Santo (At 2,38; 10,45; 11,15-18), à vida (At 11,18) e à salvação (Lc 8,12; 19,9). Paulo e Barnabé exortam os pagãos a voltarem-se dos ídolos para o Deus vivo (At 14,15). A conversão de Paulo, descrita três vezes nos Atos, comporta tanto a luz pessoal quanto a vocação ao apostolado (At 9,1-19; 22,3-16; 26,9-18).

Paulo usa esporadicamente termos como *metánoia* (Rm 2,4; 2Cor 7,9-10; cf. 12,21) e *epistrophê* (1Ts 1,9; cf. 2Cor 3,16), com mais frequência transmite a ideia de conversão mediante certas metáforas, como a de morrer e nascer de novo e a da consecução de uma nova vida (Rm 6,4; 1Cor 6,11); fala de transformação progressiva em novos graus de glória (2Cor 3,18). Para João, exatamente como para Paulo, o acesso à fé compreende a ideia de conversão: é uma passagem da morte para a vida, da obscuridade para a luz. No Apocalipse, a conversão é considerada uma condição para obter o perdão (Ap 2,16.22; 3,3). É questão de abrir o próprio coração a Jesus, que bate à porta e deseja entrar (3,19). A centralidade da conversão na primeira catequese é indicada em Hb 6,1, num contexto que põe em relevo a necessidade da perseverança (Hb 6,4-6).

2. HISTÓRIA DA IGREJA – A rápida expansão do cristianismo, durante os primeiros séculos, foi possível principalmente graças às conversões. O sucesso que teve o cristianismo em atrair os convertidos deve-se a sua expressividade sacramental, que entrava em concorrência com o atrativo das religiões mistéricas; à sua respeitabilidade, como filosofia que superava as escolas gregas; aos vínculos comuns de amor e de fraternidade e à integridade moral de seus seguidores. A história das conversões de Justino, Clemente de Alexandria e Agostinho mostram como estavam interligadas as motivações filosóficas, religiosas e morais.

As concepções modernas de conversão são fortemente influenciadas pelos escritos de revivalistas americanos (J. Edwards), metodistas ingleses (J. Wesley), santos católicos (Inácio de Loyola) e líderes espirituais que se uniram à Igreja em idade adulta (J.H. Newman, T. Merton, D. Day).

3. ENSINAMENTO E LITURGIA OFICIAIS DA IGREJA – Vários concílios, no Ocidente, deram forma decisiva ao ensinamento católico sobre a conversão. O segundo Concílio de Orange (529), fazendo suas algumas das posições de Agostinho contra Pelágio, ensina a absoluta necessidade da graça e da luz do Espírito Santo, para tornar possível o assentimento à pregação do Evangelho, mas também o desejo da fé e do batismo (DS 373-377).

O Concílio de → Trento, em seu decreto sobre a justificação (1547), afirma tanto a liberdade da conversão quanto o primado da graça divina (com citações de Zc 1,3 e Lm 5,21; cf. DS 1525). Na descrição dos atos com que alguém se dispõe à justificação, o Concílio de Trento acena à fé, ao temor da justiça divina, à esperança na misericórdia de Deus, ao amor inicial, ao horror pelo pecado e à penitência, todas elas coisas que conduzem ao desejo do batismo e à decisão de obedecer aos mandamentos de Deus (DS 1526). O Concílio de Trento esclarece também que a conversão continua por toda a vida, enquanto a pessoa progride na fé, na esperança e na caridade, realizando boas obras (DS 1535).

O Concílio Vaticano I (1869-1870) afirma que, enquanto a Igreja, "como estandarte elevado entre as nações", convida para si todos os que ainda não creem, o Senhor sacode e ajuda com sua graça os que buscam a luz da verdade, conduzindo-os à verdadeira fé católica (DS 3014). A fé cristã e católica, embora sendo sempre um dom de Deus, não obstante é um assentimento racional e não uma adesão cega (DS 3009-3110).

Para o Concílio → Vaticano II, a conversão começa quando cada um, "afastando-se do pecado, é introduzido no mistério do amor de Deus, que o chama a estreitar no Cristo uma relação pessoal com Ele" (AG 13). A conversão deve ser livre, tanto moral quanto fisicamente, devendo-se evitar táticas indignas de proselitismo. É preciso que as motivações dos convertidos sejam bem examinadas e, se necessário, retificadas (AG 13; cf. DH 11). O concílio utiliza o termo "conversão" ao falar da atividade missionária dirigida aos não cristãos; dos cristãos que aderem à Igreja Católica, fala antes de "obra de preparação e de reconciliação daquelas pessoas que individualmente desejam a plena comunhão católica" (UR 4).

Com o intuito de facilitar a plena conversão de quem entra na Igreja, o Vaticano II decreta que seja reintroduzido o catecumenato dos adultos (SC 64-66; AG). O novo rito pós-conciliar da iniciação cristã dos adultos, com sua sucessão de graus, é pensado para assegurar uma renúncia sincera ao mal e uma participação comprometida na morte e na ressurreição de Cristo, como também uma efetiva socialização na Igreja, enquanto comunidade de fé e de culto.

4. TEOLOGIA – Na teologia clássica (Agostinho, Tomás de Aquino), a conversão é o processo pelo qual um indivíduo se volta

para Deus e se une mais intimamente a Ele. Este processo é uma livre-resposta a Deus que se doa a si mesmo em Cristo e no Espírito Santo. A conversão verifica-se normalmente de modo gradual, às vezes manifesta-se através de intensas experiências-limite e com uma mudança radical dos próprios horizontes mentais e emocionais.

No tocante aos objetivos que a pessoa se propõe, podem-se distinguir vários tipos de conversão: *teística*, conversão a Deus enquanto realidade transcendente; *cristã*, conversão a Jesus, manifestação suprema de Deus; *eclesial*, conversão à Igreja como comunidade de fé; *pessoal*, conversão a um tipo de vida em que o compromisso pessoal é plenamente vivido. Estes tipos de conversão às vezes sobrepõem-se ou mesmo coincidem, como, por exemplo, quando a pessoa encontra a Deus e a Cristo na aceitação de um novo modo de viver dentro da Igreja.

Para B. Lonergan, a conversão religiosa é um estado dinâmico de amor espiritual, em resposta ao amor que Deus derrama em nossos corações, por intermédio do Espírito Santo (cf. Rm 5,5). A conversão religiosa determina novos graus de autotranscendência perceptiva, moral e afetiva. Alguns teólogos da escola de Lonergan, servindo-se da psicologia evolutiva, distinguem as fases da conversão em correspondência aos graus da apropriação pessoal da fé e da libertação do egocentrismo.

No uso corrente, o termo “conversão” refere-se de modo especial aos progressos repentinos e inesperados que envolvem muitas vezes uma transição da alienação à reconciliação. Movimentos para Deus que sejam fracos, graduais e contínuos são denominados com termos diferentes. A adoção explícita da fé cristã pode ser chamada com propriedade conversão, desde que a pessoa consinta em colocar-se em relação com Deus de modo radicalmente novo, agradecendo-lhe e entregando-se a Ele por quanto fez por nós, em Cristo. Por isto, o processo da conversão não deve ser separado da transmissão do Evangelho.

5. TEOLOGIA FUNDAMENTAL – De um certo ponto de vista, a Teologia Fundamental pode ser entendida como uma reflexão sistemática sobre as estruturas da conversão e, mais particularmente, sobre a conversão à fé cristã. A gênese da fé não pode ser compreendida adequadamente se não se levar em conta a obra da graça tal como é conhecida através da revelação. A Teologia Fundamental também explicaria o juízo racional pelo qual o Evangelho se diferencia de sistemas que são incoerentes, supersticiosos ou fraudulentos. As reivindicações do cristianismo sustentam-se em função de sua capacidade de iluminar questões de fundamental significado e de oferecer riqueza, objetivo e orientação à vida humana. As palavras, as ações e a vida nova dos crentes comprometidos são fatores cruciais para a → credibilidade do Evangelho. A teologia da conversão deve levar em conta a conexão orgânica entre a decisão de crer e a tendência a aderir a uma comunidade de fé específica.

Bibl. – B. Lonergan, *Method in Theology*, Nova York-Londres 1972; W.E. Conn (ed.), *Conversion: Perspectives on Personal and Social Transformation*, Staten Island, NY, 1978; Id., *Christian Conversion: A Developmental Interpretation of Autonomy and Surrender*, Nova York 1986; A. Dulles, “Fundamental Theology and the Dynamics of Conversion”, em *Thom* 45 (1981) 175-193; R. Duggan (ed.), *Conversion and the Catechumenate*, Nova York 1984.

AVERY DULLES

CREDIBILIDADE

1. *À guisa de premissa* – 2. *Linhas emergentes (Agostinho, Tomás, Vaticano I, Analysis fidei, Vaticano II)* – 3. *Ambroise Gardeil (1859-1931)* – 4. *Pierre Rousselot (1878-1915)* – 5. *Proposta sistemática (explicatio terminorum; concentração cristológica e soteriológica)* (R. Fisichella).

1. À GUISA DE PREMISSA – “Isto foi escrito para que creiais que Jesus é o Cristo, o filho de Deus, e, crendo, tenhais a vida em seu nome” (Jo 20,31).

Esse texto, que assinala a conclusão do Evangelho de João, constitui também o início de nossa história de crentes. Pensando nos que haveriam de crer no mestre, “embora sem tê-lo visto” (1Pd 1,8), o evangelista apresenta Jesus de Nazaré na indivisível unidade de seu exprimir-se mediante sinais e palavras, como o significado supremo e insuperável da existência humana.

Aos que já creem, João manifesta, deste modo, sua profissão de fé no Senhor; Ele é o cumprimento das promessas antigas e a própria revelação de Deus, por ser seu filho. Sobre este fundamento, a fé de cada um pode agora, mais conscientemente, crescer e justificar-se e, destarte, atingir a vida.

Mas também os que ainda não creem estão presentes para o evangelista; a estes João apresenta Jesus de Nazaré e sua mensagem salvífica como o momento favorável para realizar a passagem das “trevas” para a luz da vida (Jo 1,9; 3,17-19).

O mencionado texto pode igualmente ser escolhido como o cenário mais significativo sobre o qual se vão embasar as reflexões sobre o tema da credibilidade da revelação cristã que vamos desenvolver.

Dois princípios, que nos parecem emergir desta perícope, podem orientar-nos para uma nova compreensão teológica do tema da credibilidade.

a. Antes de tudo, a *concentração cristológica*. Jesus de Nazaré, revelador do Pai, é o verdadeiro centro formal da fé cristã. “O que foi escrito” não é outra coisa senão a releitura, na fé pascal, de um evento histórico, que transformou a vida de João e dos discípulos. Crer que Jesus seja o cumprimento da promessa antiga equivale a professar a fé em sua filiação divina; mas sem poder prescindir de seu falar e agir histórico.

A historicidade de Jesus é o fundamento do refletir teológico de João; como um *leitmotiv*, isto pode ser encontrado através de todo o seu Evangelho. Com efeito, o Jesus que nos vem ao encontro é essencialmente um homem que tem a consciência plena de ter recebido uma missão que quer firmemente levar até o fim. Ele é o revelador de uma mensagem definitiva e, surpreendentemente, diz ser o único em condições de imergir-nos no conhecimento do mistério da vida trinitária de Deus. Ele é o "enviado" e o "esposo", depois dele não se pode esperar por nenhum outro; o "caminho" que conduz ao Pai identifica-se com sua pessoa e, portanto, ninguém poderá chegar a Deus sem Ele (Jo 14,4-11).

Uma primeira consequência que deriva daí para o tratamento do tema da credibilidade, será a necessária referência ao cristocentrismo da fé.

b. Um segundo princípio, que emerge do texto, é a *finalização* para a qual é orientada a profissão de fé: a "vida em seu nome". A cristologia joaneica, portanto, e com ela toda a teologia neotestamentária, permanece incompreensível sem seu referencial soteriológico.

O ato de crer e de professar a fé "em seu nome", isto é, em toda a sua pessoa, não é fim em si mesmo; portanto, não se crê por crer, mas para que, crendo, se possa obter a salvação.

Reconhecer o amor do Pai na vida do Filho e, particularmente, em sua morte de cruz (Jo 3,16; 12,31) equivale, para os crentes, a romper as cadeias da escravidão e a libertar o mundo do pecado. Jesus é o "salvador do mundo" (Jo 4,42) e sua morte torna-se "vida para o mundo" (Jo 3,17).

Todavia, o que mais impressiona em João é o valor *universal* atribuído à salvação. A diferença de Paulo, João não se detém nas considerações sobre a salvação dos judeus primeiro, e, em seguida, dos pagãos (Rm 1,16); para ele, ao contrário, toda a humanidade, indiferentemente, é colocada diante do Filho do Homem. Nele, o juízo de salvação se cumpriu definitivamente (Jo 3,17; 19,30) e nada e ninguém jamais poderão destruí-lo.

Para o tema da credibilidade, segue daí que se deverá recuperar o horizonte soteriológico como elemento constitutivo, enquanto finaliza o ato de crer.

2. LINHAS EMERGENTES DE UMA HISTÓRIA DO PROBLEMA – Repercorrer historicamente as etapas do tema da credibilidade equivaleria a entrar num estudo que abraça aproximadamente dois mil anos de história do cristianismo e de teologia.

Efetivamente, numa categoria como esta, é fácil recolocar todos os textos que foram escritos, em matéria de fé, desde os padres → apologetas, através de toda a Idade Média, até nossos dias. A ordem de 1Pd 3,15 (→ apologia), a que constantemente se faz referência, é o fio condutor que mantém unidas as mais díspares ideias e teorias a respeito. Foi a responsabilidade de apresentar as razões da fé que levou a dirigir-se (→ Teologia Fundamental, II) aos homens, seus contemporâneos, nas diversas épocas históricas, buscando e criando categorias de pensamento aptas para a comunicação.

As soluções, ao longo dos séculos, devem atribuir-se a nomes entre os mais significativos e a outros menos conhecidos. Todos, porém, trouxeram uma contribuição determinante para a compreensão do ato de fé.

Entre os primeiros, há que recordar a *tradição agostiniana*, que, com um texto fortemente expressivo, quase retomando literalmente a terminologia joaneica, reconduz o ato de fé a uma tripla condição: *credere Deo, credere Deum, credere in Deum.* Com a primeira, sublinha-se a aceitação do próprio fato de que é Deus quem se revela; com a segunda, acolhe-se o conteúdo de sua revelação; com a terceira (apoiando-se na construção latina *in+acusativo*), delineia-se um movimento interpessoal, que é dinâmica constante até o pleno atingimento escatológico. O autor anônimo do *Sermo de Symbolo*, atribuído a Agostinho, assim se exprime: "Aliud enim est credere *illi*, aliud credere *illum*, aliud credere *in illum.* Credere illi est credere vera esse quae loquitur; credere illum, credere quia ipse est Deus; credere in illum, diligere illum" (PL 40, 1190-1191; cf. tb. 35, 1631.1778; 38, 788; 40, 235; 36, 988; 37, 1704).

Um ulterior exemplo é fornecido por *Tomás.* A *Summa Theologiae* dedica ao tema da fé as primeiras 16 *quaestiones* da II-II: expõe-se o conteúdo da fé (q. I), o ato (q. II), e a fé como virtude (q. IV). Para Tomás, a dimensão primária do ato tem que ser buscada na realidade pessoal: "actus specificatur ab obiecto"; uma vez que é Deus que se revela e deve ser crido, o ato de fé deverá ser essencialmente um ato pessoal. Como tal, tende para uma relação de comunhão: "actus autem credendi non terminatur ad enuntiabile, sed ad rem" (STh II-II, 1,2 ad 2). A fé, portanto, não é outra coisa senão uma reflexão sobre o homem; criado por Deus, o crente está numa incessante e sempre nova caminhada de retorno para o criador, através do exercício das virtudes teologais.

Depois dos autores citados, o *Concílio de → Trento*, devendo equilibrar a posição de Lutero, que evidenciava o caráter fiducial da fé, relegando para segundo plano seus dados objetivos, afirma expressamente a necessidade dos conteúdos objetivo da revelação, como primeiro momento para a justificação: "Disponuntur autem ad ipsam iustitiam, dum excitati divina gratia et adiuti, fidem 'ex auditu' concipientes, libere moventur in Deum, credentes, vera esse, quae divinitus revelata et promissa sunt" (DS 1526).

Os nomes de *Suarez* e *De Lugo* figuram entre os mais significativos para a compreensão da teologia da fé, a partir deste momento.

Mas será o → *Vaticano I* que, sintetizando todo o tesouro patrístico-medieval e citando textualmente o tridentino, canonizará definitivamente a fé como livre-resposta do homem à revelação de Deus, depois da intervenção da graça, que ilumina a inteligência e a dispõe à aceitação do conteúdo revelado. No capítulo terceiro do *De Fide* exprime-se assim: "Ecclesia catholica profitetur, virtutem esse supernaturalem, qua, Dei aspirante et adiuvante gratia, ab eo revelata vera esse credimus, non propter intrinsecam rerum veritatem naturali rationis lumine perspectam, sed propter auctoritatem ipsius Dei revelantis, qui nec falli nec fallere potest" (DS 3008) ["A Igreja Católica professa existir uma virtude sobrenatural mediante a qual, pela graça de Deus que inspira e ajuda, cremos serem verdadeiras as coisas reveladas por Deus, não por causa da verdade intrínseca das coisas, enxergada com a luz natural da razão, mas por causa da autoridade do próprio Deus revelante, que não pode enganar-se nem enganar"].

Condenando os dois extremos, o do → racionalismo e o do → fideísmo-pietismo (DS 3009-3010; 3031-3036), o concílio insere a temática dos sinais da revelação como aquela forma que permite ao ato de fé corresponder às exigências da razão. Milagres e profecias são considerados "signa certíssima et omnium intelligentiae accomodata" (DS 3009). Por obra sobretudo do Cardeal Dechamps, a Igreja será descrita como *signum levatum in nationes*, portanto, capaz de representar para cada um a forma mais adequada de credibilidade de si mesma e da mensagem que transmite (DS 3013-3014) (→ Igreja: motivo de credibilidade).

Longe de querer forçar ao ato de crer ou de querer demonstrar o *fato* da revelação, estes sinais são apresentados pelo concílio como elementos que podem garantir a *credibilidade* do que é exposto: são, portanto, dados como conteúdos que, por serem conhecidos pela razão, segundo suas próprias leis, são também idôneos para serem cridos e acolhidos mediante um ato de vontade.

A teologia que fez eco a esta impostação, particularmente após a publicação da *Aeterni Patris*, de Leão XIII, em 1879, procurou desenvolver, com o método neoescolástico, uma apologética do ato de fé que compreendia essencialmente o *motivum fidei* e o *motivum credibilitatis*. Uma teologia que sublinhara o conteúdo objetivo da revelação era agora substituída pela que destacava mais as condições necessárias ao sujeito para que pudesse aderir à fé. A reflexão, a partir daí, começa a levar em consideração dois elementos que caracterizam o ato: o momento suprarracional e a contribuição da razão humana.

A manualística procurava, pois, produzir um esquema de teologia do ato de fé que é possível esquematizar com algumas palavras-chave:

a. *Praembula fidei* – Trata-se daquelas verdades religiosas e morais que podem ser conhecidas à luz da razão humana. Com os *praembula* a decisão de crer sai da esfera da arbitrariedade, porque se justifica como um ato livre ante as exigências da razão.

b. *Motivum fidei* – É o motivo pelo qual se crê; essencialmente, é dado pela autoridade de Deus, em seu revelar-se de maneira verdadeira e infalível (DS 3008).

c. *Motivum credibilitatis* – Constitui o momento da análise dos motivos pelos quais é *possível* crer. Peculiares deste momento são os "sinais" da revelação, em particular a Igreja, os milagres e as profecias; são argumentos que atestam à razão a origem divina da revelação. Já que a análise dos sinais permite atingir a certeza do fato revelado, daí deriva consequentemente que o conteúdo da revelação é crível.

d. *Motivum credenditatis* – É o motivo pelo qual se *deve* crer e, portanto, prestar o assentimento à revelação. Já que Deus mostra evidente o caminho da salvação, cabe ao sujeito ver o nexo entre o ato da fé e a salvação que lhe é dada.

Para além das diversas terminologias, também a manualística tentava deste modo responder à problemática de sempre: Como conciliar ao mesmo tempo a presença da graça e a liberdade do homem?

Sob o nome de *analysis fidei* podem-se agrupar todas aquelas tentativas que procuraram ver a doutrina teológica sobre a compreensão do ato de crer como um ato tipicamente humano, e a graça que é dada ao sujeito para realizar um ato que, de *per si*, exige uma intervenção divina, que o eleva ao conhecimento do mistério transcendente de Deus.

Em outras palavras, é o problema clássico: Como pode a autoridade de Deus, que se faz fiador da verdade do conteúdo de fé (DS 3008), ser o último motivo a que a razão humana chega, para ter certeza da verdade do próprio ato como ato tipicamente humano? Como se relacionam, portanto, numa palavra, revelação divina e conhecimento humano?

Como se vê, o problema não era, e não é, de fácil solução e demanda ser mantido num forte equilíbrio. Se se tivesse que acentuar o papel da presença divina, o ato de fé receberia o assentimento do crente, porque a evidência seria tal que não admitiria de outra forma; mas este ato já não seria plenamente humano, porque não livre, enquanto forçado pela evidência da revelação. A consequência seria cair no fideísmo.

Ao contrário, se se tivesse que acentuar a componente intelectiva do crente, que em seu especular atinge a clareza para a decisão, o ato seria certamente livre, mas destituído da certeza, porque não mais referido à evidência. Esta segunda via teria como consequência cair no racionalismo.

O ato de fé parece, portanto, destinado a permanecer numa dialética que inexoravelmente está em tensão entre: compreensão do fato e seu escondimento num mistério maior, onde a graça desempenha um papel determinante.

Por um lado, portanto, temos o fato da *sobrenaturalidade*; isto significa que, para o ato de fé, se exige absolutamente a presença da graça, que permite ao sujeito entregar-se a Deus que se dá a conhecer; por outro lado, a *vontade* do crente, que deve ser plenamente livre em seu movimento para Deus, tanto que garanta que a salvação oferecida é verdadeiramente escolhida e não se dá obrigatoriamente. Enfim, a *inteligência* humana, que deve garantir estar na presença de um ato certo, seguro, porque a ele se chega como conclusão de um procedimento lógico.

A história do problema conheceu soluções que giravam em torno dos três polos que constituem o ato de fé (graça, inteligência e vontade), às vezes privilegiando um e sacrificando os outros; mas é no conjunto desta história dos efeitos que se poderá encontrar, no futuro, uma solução mais conforme à sensibilidade contemporânea.

A este respeito, a história é testemunha de um grande campo de batalha; não é por acaso que o problema se tornou a *crux theologorum*. Entre Cila e Caribde, representados pelo fideísmo e pelo racionalismo, o teólogo deve poder e saber movimentar-se com circunspecção, sem cair num injustificado pelagianismo ou num exasperado sobrenaturalismo.

Em que ponto estava a Teologia da Fé, entre os dois últimos concílios, é fácil vê-lo num expressivo texto de Mouroux: "Uma teologia da fé pode construir-se sobre dois pontos de vista diferentes. O primeiro é analítico e abstrato: trata-se da gênese ou da estrutura da fé; costumeiramente estudam-se sobretudo elementos como: fatores subjetivos (inteligência, vontade, graça) ou dados objetivos (credibilidade, objeto natural, motivo formal). Este é o ponto de vista habitual dos teólogos. O segundo é sintético e concreto: estuda-se a fé sobretudo como uma *totalidade concreta*, e tenta-se explicar a natureza existencial. É o ponto de vista habitual da Escritura e dos Padres. Neste nível, parece-nos que a fé se explica como um *conjunto orgânico de relações pessoais*. Consideramos útil para a teologia colocar em evidência este ponto de vista" (J. Mouroux, *Je crois en toi*, Paris 1949, 8).

O *Vaticano II*, em sua peculiar perspectiva pastoral, assinala, antes de tudo, com respeito a esta temática, a recuperação das pré-compreensões *bíblicas*, que determinam um conceito renovado de πίστις (*pístis*) como de um ato que é, conjuntamente, confiança, conhecimento e ação. Além disto, a problemática orienta-se para assumir soluções que encontrem seus referenciais filosóficos no personalismo inspirado em E. Mounier, G. Marcel e J. Mouroux, mas que já haviam sido antecipados pelos estudos de → J.H. Newman e → M. Blondel e, particularmente, embora com as devidas exceções e distinções, pela perspectiva teológica de P. Rousselot.

Como um dado que emerge da teologia do Vaticano II, deve-se notar o retorno ao conteúdo da fé. Querendo esquecer o extrinsecismo da manualística, o concílio trouxe novamente para o centro da reflexão teológica o evento da → revelação. Portanto, o eixo de prospecção modificou-se novamente: a revelação, com seu conteúdo objetivo, é recuperada no horizonte histórico-salvífico como dado primário; a fé, consequentemente, é vista como "obediência" do "homem que se entrega a Deus" completamente, com tudo o que é (DV 5), portanto, como referencial dependente do evento revelador.

A fim de caracterizar o momento teológico, no tocante à compreensão da credibilidade do ato de fé, alguns autores merecem uma particular menção. J. Alfaro, E. Biser, W. Kasper, J. Ratzinger, M. Seckler, da parte católica, tiveram o mérito de repropor à reflexão teológica o conceito mais bíblico e patrístico da fé; tentando, em seguida, compreender o ato de crer, à luz dos novos referenciais filosóficos, ressaltaram melhor o valor da liberdade do crente em seu ato de responder com a fé à revelação de Deus.

Sem tirar nada do valor objetivo que tais estudos apresentam, são todavia dois os autores que principalmente constituíram os polos de atração das pesquisas contemporâneas em campo católico: → *Rahner* e → *Von Balthasar.* Ao primeiro, devemos o destaque da estrutura transcendental do sujeito e a inserção do filão existencialista na problemática do ato de fé; ao segundo, ao contrário, a marcante ênfase na evidência objetiva da revelação e sua alteridade em relação ao sujeito crente.

A magistral obra de R. Aubert, *Le problème de l'acte de foi*, respondeu de modo completo às exigências de uma reconstrução histórica desta problemática. A obra, que vai até 1945, portanto antes da renovação operada pelo Vaticano II, pode igualmente ser considerada plenamente atual. Com efeito, se a teologia da fé, no imediato pós-concílio, soube atualizar o seu conteúdo, registrou depois um momento de parada. Enquanto as perspectivas bíblicas já se tornaram patrimônio comum, a dimensão mais de caráter subjetivo, portanto do que responde ao chamado feito pela revelação, ainda não produziu resultados significativos que permitam ver superado o esquematismo operado pela manualística.

Para a economia do presente artigo, enquanto diretamente referido à temática apologética, resta-nos apresentar mais direta, ainda que esquematicamente, as duas tentativas que assinalaram e determinaram o cenário teológico até o Vaticano II: → A. Gardeil e P. Rousselot.

3. AMBROISE GARDEIL (1859-1931) – O autor de *La crédibilité et l'apologétique* (a primeira edição, datada de 1908, é como que um conjunto de artigos, publicados anteriormente na *Revue Thomiste*; foi posteriormente reelaborada, acolhendo as críticas de alguns autores, entre os quais M. Bainvel e Sertillanges, e publicada numa segunda edição, em 1912, à qual fazemos referência) exerceu uma influência notável no tratamento acadêmico do tema da credibilidade. Os manuais clássicos de Garrigou-Lagrange, Tromp, Calcagno, Parente e Nicolau demonstram isto de modo evidente. A interpretação de Gardeil talvez assinale a tentativa mais bem-sucedida de produzir um estudo sobre a credibilidade que levasse em consideração tanto as fortes pressões por uma renovação, que se vinha impondo com a publicação de *L'Action* de Blondel, quanto a manutenção dos conteúdos clássicos do ensino tradicional. Como quer que se queira julgar esta obra, ela representou, naquele momento, a tentativa mais bem-sucedida de renovação e adaptação da doutrina escolástica a nosso tema.

Para se ter condição de compreender a lógica do proceder de nosso autor, deve-se avaliar, antes de tudo, sua pré-compreensão apologética. A apologética é, para Gardeil, a ciência da credibilidade do dogma. Uma primeira forma de apologética é a "científica", que tem por objeto peculiar a demonstração *racional* da credibilidade (p. 230). Demonstração possível, caso sejam mantidas e respeitadas as regras do saber científico, as que produzem uma submissão intelectual absoluta. É esta concepção que é perseguida em toda a obra de Gardeil e é isto que caracteriza as premissas e as demonstrações sobre a credibilidade do ato de fé.

Dada, pois, a definição de credibilidade como "a aptidão de uma asserção a ser crida" (p. 1), Gardeil inicia sua demonstração através da análise psicológica do ato de fé, com o escopo de indicar o papel preciso que ela desempenha no interior da credibilidade.

Tomando como ponto de partida a análise do ato humano, tal como é descrito por Tomás (cf. STh I-II, 8-21), ele cria um paralelismo entre este e o processo psicológico do ato de fé, mostrando que, uma vez sendo o ato de fé um ato humano, deverá seguir, em seu desenvolvimento, as fases psicológicas dos atos humanos comuns. O paralelismo criado, que, à primeira vista, poderia decepcionar, exprime, com efeito, traços de autêntica originalidade. Existe, antes de tudo, no agir concreto, uma *intentio finis*, mediante a qual cada um pensa projetar-se a si mesmo, dar-se uma finalidade para a qual propender. Pois bem, no ato de fé, isto corresponde à *intentio fidei*, pela qual o homem está disponível para crer em Deus, que se revela.

Todavia, esta correspondência não é suficiente para nosso autor; é necessário, de fato, que intervenha a inteligência, para estabelecer, por força de fatos ou sinais, que se está realmente na presença de uma revelação divina com seus enunciados. O problema de um *juízo de credibilidade* depende, pois, da demonstração da veracidade e da divindade da mensagem que se afirma credenciada por Deus. A credibilidade, portanto, deve ser *racionalmente* provada, porque "nem a intenção da fé, nem o teor da asserção fornecem a evidência deste elemento de fato" (p. 35). Portanto, não se pode parar nas "razões do coração", que, no máximo, podem fazer "desejar" o objeto como verdadeiro. A apologética deve chegar a um juízo de credibilidade que "demonstre que é verdadeiro" (p. 36).

Por conseguinte, a passagem de um sentimento de fé para uma efetiva atestação de fé divina é dada pela análise dos motivos de credibilidade que, como no método tradicional, são reconduzidos aos milagres e às profecias.

Esta credibilidade "racional" é classificada por Gardeil como "credibilidade simples", justamente porque é conhecida através da análise racional dos motivos de credibilidade. Desta, que pode atingir somente o juízo de credibilidade *possível*, distingue-se a "credibilidade necessitante", que constitui a modalidade para a emissão de um juízo de credibilidade, vale dizer, que o objeto de fé não é mais somente possível, mas "exigível"; a conclusão a que se chega é que "se deve crer". Finalmente, a "credibilidade imperativa", que comporta a obrigação moral de crer, depois de haver atingido o juízo de credibilidade; a este nível, só existe o imperativo: "crê!" (cf. "Crédibilité", em DThC III/2, 2206-2210).

Como no caso de todas as obras que se inspiram na escolástica, também a demonstração de Gardeil é clara, precisa, lógica; todavia, embora partisse de uma honesta tentativa de renovação (pense-se tão somente na "certitude probable" ou nas "suppléances subjectives"), permanecia ligada a um esquema metafísico que impedia de ver, coenvolvido no ato de fé, o "real man".

A estrutura apresentada por Gardeil coloca-se ainda em nível de contraposição entre intelecto e vontade; isto explica por que esta última, na psicologia da fé, aparece como o ato que vem em socorro da impotência do intelecto, em seu não poder ir além. A vontade, portanto, reequilibra o *sacrificium intellectus*, imposto à razão falível, diante do mistério de Deus.

Tal projeto, não obstante todos os méritos que manifestava, estava fadado ao insucesso. Nos mesmos anos começava a surgir uma apresentação mais vigorosa e genuína, correspondente às exigências da época, que via uma unidade intrínseca ao sujeito: ela encontrava em Rousselot seu representante mais autorizado.

4. PIERRE ROUSSELOT (1878-1915) – Atento leitor de Newman, admirador de Blondel, dotado de uma grande formação teológica e filosófica, Rousselot era talvez a personalidade mais adequada para causar um impacto novo no estudo do ato de fé. O seu anseio parecia provir de uma atenção dirigida à fé dos simples que, ao mesmo tempo, soubesse levar em conta o "específico" da fé cristã. É por isto que, desde as primeiras páginas de seu projeto, ele se separa do próprio Gardeil e delineia seu ponto essencial de solução, isto é, o modo pelo qual o ato de fé opera no crente individualmente: "O ato de fé não é de modo algum apologético, mas puramente teológico" (p. 32).

Sintomático é seu modo de colocar o problema: "Como encontrar, no pequeno camponês que estuda o catecismo, a fé científica, a demonstração racional, ou, pelo menos, a perfeita certeza da credibilidade, fundada em razões absolutamente válidas? Como encontrá-la no homem de cor, que crê, baseado na palavra do missionário? Não basta em absoluto uma explicação *psicológica*, que esclareça o mecanismo do ato de fé ou da disponibilidade para crer. Tal explicação aplicar-se-ia tanto à fé do muçulmano quanto à do cristão. Se a criança católica tem razão em crer em sua mãe ou no pároco, por acaso a criança protestante está errada em crer em seu pastor ou em sua mãe?" (*Gli occhi delia fede*, Milão, 1974, 41).

Ponto crucial para Rousselot é não esquecer que existe no indivíduo uma "atividade sintética do intelecto", que chega ao real, superando todas as expressões meramente conceptuais. Haurindo sua terminologia de "olhos da fé" de Agostinho ("Habet namque fides oculos suos", colocado como nota à introdução da primeira parte da obra), mas tendo por trás sobretudo Tomás no que concerne à forma de conhecimento, e Blondel no que concerne à concepção da abertura dinâmica do sujeito para a plenitude do ser, Rousselot recupera o conceito bíblico de fé e pensa que há algo a "ver" por meio da fé; mais ainda, a fé outra coisa não é, constitutivamente, senão capacidade de ver o que Deus quer mostrar e que não pode ser visto sem a fé.

Mais diretamente, Deus não se revelou mediante uma experiência interna aos indivíduos, mas através de um testemunho histórico, que foi transmitido até os nossos dias. Para dar razão deste testemunho e garantir sua legitimidade, Deus deu sinais externos, que são objetivamente válidos, endereçados indistintamente a todos. Há, pois, para nosso autor, fatos "externos", mas estes necessitam de "olhos de fé", para serem compreendidos como sinais divinos. Com efeito, o espírito humano não tem, enquanto tal, a capacidade de ver estes sinais; por isto, é preciso receber a "capacidade para ver", tanto para ver os sinais quanto para compreendê-los como fatos de revelação.

A graça, então, não é outra coisa senão a possibilidade oferecida para permitir aos olhos verem, exata e proporcionalmente, seu objeto. Não se dão, portanto, novos objetos de conhecimento para a credibilidade do ato, mas se dá a capacidade para entendê-los de modo tal que indícios, motivos externos e a *lumen gratiae* concorram para dar a certeza do ato que se realiza (cf. p. 47).

Do ponto de vista apologético, segue-se que o juízo de credibilidade e o ato de fé constituem um único e idêntico ato mediante o qual se atesta tanto a afirmação da verdade a crer quanto a percepção dos motivos de credibilidade: "A percepção da credibilidade e a confissão da verdade são o mesmo ato" (p. 50). A graça, portanto, permite a percepção da credibilidade, mas esta, por sua vez, lhe dá uma razão e um sentido. A tese de Rousselot desenvolve-se, em seguida, no tratamento do amor como ato que suscita a faculdade de conhecer e torna o ato de crer um ato livre. Com uma expressão sintética, pode-se, portanto, afirmar que "o ato de fé é racional, porque o indício percebido traz à nova verdade o testemunho da ordem natural. O ato é livre, porque o homem pode recusar, se quiser, o amor do bem sobrenatural" (p. 83-84).

Como se pode notar, estamos diante de uma proposta extremamente sugestiva, na medida em que recupera a unidade essencial do sujeito, para além de todo dualismo; além disso, retoma uma forma de unidade entre o saber e a fé, pois reclama a racionalidade justamente no próprio ato de crer.

A influência desta perspectiva sobre a teologia do Vaticano II já é um dado factual amplamente demonstrado.

5. PROPOSTA SISTEMÁTICA – Estas duas exemplificações são ditadas por duas diferentes sensibilidades filosóficas e teológicas. De maneira diferente, marcaram uma época; a primeira esteve na base de uma manualística que formou gerações de estudantes candidatos ao sacerdócio, a segunda determinou a renovação que se ia impondo na Igreja, em decorrência daquele movimento que conduziu ao Vaticano II.

Pensamos que, de modo mais correspondente ao nosso tempo, marcado certamente por movimentos contraditórios (GS 4-10), mas também por uma profunda e sincera busca de → sentido, que aparece tanto mais evidente quanto mais se assiste ao fracasso das ideologias e dos humanismos que assinalaram o período pós-guerra, o tema da credibilidade pode ser enfrentado à luz de uma nova categoria: a *significatividade.*

a. Explicatio terminorum – Algumas premissas são necessárias para uma compreensão do que se vai seguir.

1. Falando de credibilidade, deve-se observar que estamos frente a uma terminologia que necessita de algumas explicações. Como vimos, a história do tema evidencia que se pode dar diversos conteúdos à credibilidade. Falou-se, nos tempos passados, de uma credibilidade do *cristianismo*, mostrando que, como religião, ele é superior a todas as demais religiões, pelo seu caráter revelatório e pelo seu senso de completude; falou-se também de credibilidade do *ato de → fé*, que evidenciava particularmente a possibilidade, para cada um, de exprimir corretamente sua humanidade, embora entregando-se ao transcendente; falou-se também de credibilidade da *Igreja*, que se fundava mais diretamente na demonstração de suas "notae" e no mistério de seu desenvolvimento histórico (→ Igreja, III). No presente artigo, o objetivo central é a descrição da credibilidade da *revelação*, que é vista à luz da "significatividade".

Falar de credibilidade da revelação significa, antes de tudo, querer focalizar melhor o evento central e qualificante da Teologia Fundamental, a revelação em sua expressão definitiva em Jesus de Nazaré.

Com efeito, isto permite fazer uma leitura mais global do tema da credibilidade e também fornece o cenário mais apropriado para se falar da fé, não de modo independente, como se ela fosse um absoluto, mas como resposta ao evento revelador (DV 5). Tendo como objeto de credibilidade a revelação, pensamos que seja mais favorecida a leitura de uma prioridade da intervenção de Deus na história humana. A revelação, com efeito, dá-se à teologia como livre e gratuito ato de Deus que só por amor sai de seu mistério para comunicar-se a si mesmo à humanidade e, assim, salvá-la.

A credibilidade, portanto, coloca-se já como um ato que não provém da simples subjetividade humana, mas, antes, da objetividade do evento revelador. Credibilidade, neste caso, não equivale, portanto, à conclusão de um procedimento gnoseológico, conduzido sobre a metodologia da lógica ou da psicologia, mas é fonte, início, de uma provocação que chega ao sujeito para poder executar um ato antropologicamente qualificante, o da entrega livre ao outro, espontaneamente.

Credibilidade, nesta perspectiva, significa, antes de tudo, que se apresenta ao sujeito epistêmico uma coerência profunda, única, entre o que é e o que se deixa ver e compreender; isto aparece como digno de consideração, como o que não pode ser omitido, sob pena de não estar completo o próprio conhecer. Este fato impõe-se ao homem enquanto *historicamente* existe como uma evidência de que cada um tem conhecimento.

2. Falamos de significatividade como de um processo que tende a relacionar o evento da revelação e o sujeito individual. A revelação certamente é dada, mas a lógica de seu ser e sua própria natureza são o entrar em comunicação com os homens de todo tempo e de todo lugar, para que compreendam que são chamados a uma comunhão de vida com Deus, mediante a adesão a Cristo que, historicamente, é professada na Igreja. A revelação coloca-se, portanto, como lugar em que as perguntas epocais do sujeito, mas também as mais histórica e culturalmente limitadas, encontram uma possibilidade de resposta.

Mas há uma tensão também por parte do contemporâneo, para provocar a revelação a tomar em consideração sua histórica condição e, portanto, explicar seu presente. Com efeito, somente desta maneira cria-se uma relação permanente, que poderá conduzir cada um a considerar o ato de crer como uma resposta de sentido à questão colocada.

Credibilidade, nesta perspectiva, significa estar em condição de ver realizada, também para o hoje, aquela plenitude de sentido que a revelação representou para os primeiros crentes, que foram capazes, por força da fé nela, de abandonar tudo para seguir o mestre (Mc 10,28). Isto significa que credibilidade equivale a dar aquelas razões pelas quais a vida cristã não é só intelectivamente entendida como resposta à pergunta sobre o sentido, mas ao mesmo tempo é introdução a uma práxis e testemunho de vida que permite ver já realizado o sentido prometido.

Significatividade, portanto, é relação entre revelação e sujeito, em seu ato de compreender-se como pessoa, em vista de uma finalização de si mesmo.

O próprio termo significatividade necessita, de qualquer forma e antes de tudo, de uma ulterior explicitação prévia.

3. Entende-se por significatividade uma categoria teológica que engloba três elementos: sentido, significado, significativo. Através do *sentido*, é-se inserido no horizonte da fundamentação epistemológica; com o *significado*, no conteudístico; com *significativo*, entra-se no horizonte tipicamente antropológico.

A categoria de significatividade dá-se somente na unidade dos três componentes e em seu recíproco relacionar-se. Propõe-se, assim, uma leitura da credibilidade que possa conter-se em um só ato, em que a objetividade do sentido, que funda e sustenta o conteúdo, possa relacionar-se também com o ato do sujeito, que vê aquele sentido e aquele conteúdo como a realidade em condições de finalizar sua vida, porque capaz de fornecer sentido global a toda a existência.

Procuremos agora avançar mais na identificação conteudística das três formulações da significatividade.

Sentido – Não é simples responder à pergunta sobre o que seja o sentido. Disciplinas diferentes fazem referência a ele, como peculiar objeto de estudo; daí deriva, portanto, uma complexidade de relações linguísticas que não permite ter sempre significação clara do próprio conceito.

Do ponto de vista da análise linguística, o sentido, por exemplo, está ligado à lei da verificação; numa leitura filosófica mais ampla, que invoca os princípios teóricos do refletir, colocar-se-á maiormente o problema da sensatez da pergunta sobre o sentido; numa leitura ética, enfim, sentido será identificado com o significado e o fim da vida.

Do ponto de vista teológico, → sentido da revelação indica, antes, o acordo, a coerência que vem criar-se no interior da forma da revelação.

A pessoa de Jesus de Nazaré é o sentido da revelação, porque nela, uma vez por todas, se encontra revelado o mistério trinitário de Deus. Entre esta figura histórica, na globalidade de sua existência, e o que quer ser revelado, existem plena coerência e consonância. O seu *ser* é expresso e tornado manifesto como um remeter para um mistério maior, que, todavia, é dado a conhecer só a partir dele e daquelas expressões que só Ele põe em ato.

Exatamente este *remeter* a um outro, sem poder prescindir nem nunca separar-se de sua pessoa, é o que confere sentido; antes, o que *constitui* sentido. Com efeito, só aqui se dá a última resposta à pergunta sobre o sentido e sobre o que é sentido. Última resposta à pergunta, porque somos remetidos ao mistério de Deus, além do qual não se pode ir; oferta última de sentido, porque nesta figura é dado o conhecimento definitivo do mistério, além do qual não se pode avançar. O sentido, portanto, como coerência entre o que se quer comunicar e o que é atingido, é aqui plena e definitivamente dado. Jesus de Nazaré é o único caminho para o conhecimento da revelação de Deus, mas, ao mesmo tempo, é o definitivo que é oferecido da parte de Deus para o chamado à salvação.

Concentram-se aqui, portanto, as duas expectativas de fundo: a de Deus, que envia o Filho para a salvação da humanidade, e a dos homens que, aderindo a Cristo, chegam ao conhecimento último de Deus. Todo grau intermediário de conhecimento e de ação salvífica poderá ser considerado como propedêutico, mas nunca como completude definitiva, que é dada na história mediante revelação.

Significado – Na linguagem comum, significado é o que é expresso, visibilizado, por um significante, mas que, por definição, nunca pode ser plenamente definido. Pela sua natureza, o significado foge a toda possível expressão categorial que se queira dar. Para o homem, ele constitui o que é intuído, percebido, mas nunca plenamente expresso. O significado, enquanto tal, tem um valor universal; cada um pode apreendê-lo, ainda que seu exprimir-se mediante um significante seja arbitrário e possa variar conforme as diversas expressões linguísticas.

Uma vez realizada a relação, o significante poderá modificar-se, fará o significado adquirir matizes expressivos que antes não eram manifestados, mas por força de uma "inércia coletiva" (De Saussure) o significado não poderá nunca perder seu sentido originário.

Na economia de nosso discurso, o significado é expresso pela globalidade do mistério da encarnação. Tencionamos, portanto, exprimir a globalidade da história da salvação, que vê neste evento o clímax das possibilidades concedidas à humanidade sobre a finalização e o sentido da existência humana e da história.

Efetivamente, a encarnação de Deus constitui a forma definitiva através da qual, na história da humanidade, mas a partir da própria natureza humana, é colocado um significado que orienta e finaliza. A história do povo hebreu está orientada para "aquele que deve vir" (Mt 11,3: ὁ ἐρχόμενος = *ho erchómenos*); a história dos crentes é iluminada por aquele que veio. Na história, deu-se, uma vez por todas (Hb 9,12), uma união entre o divino e o humano, que não é realizada em nível dialético, mas em nível de unidade na inconfundibilidade, da unidade no respeito de duas naturezas, sem que nenhuma delas sofra algo em sua liberdade; unidade que é conferida a um só sujeito, não em forma de representação, mas para que permaneça para sempre na história como o *unicum irrepetibile* (→ *universale concretum*).

Na adesão a este mistério, que envolve e compromete Maria, já que Cristo é filho de sua carne e sangue de seu sangue, é concedido o dom do Espírito Santo, que permite, a Maria e a todos os crentes, exprimirem seu "sim" de entrega a Deus. Na encarnação, como mistério global, a Igreja, portanto, é inserida como primeiro elemento de mediação da permanência do significado da revelação na história dos homens.

No entanto, a revelação permanece um significado nunca totalmente esgotado. Definitivamente dado, mas não exaustivamente realizado. O dom do Espírito é o que habilita a fazer, sim, com que o significado da revelação, que é o permanente chamado de Deus à salvação, permaneça nas diversas épocas e culturas. Não se trata somente de um problema de interpretação da revelação ou de sua compreensão; no decurso dos séculos, com efeito, o significado deve encontrar expressões significantes, fruto de uma constante aplicação do → *sensus fidei*, para que possa emergir em toda aquela dinâmica de verdade que lhe foi conferida no evento histórico fontal (DV 7-8; cf. LG 12).

A ação testemunhante dos crentes não tira nada do sentido originário, mas a fé e a ação do Espírito impõem a atenção para que se crie um referencial que tenha sempre condições de recebê-lo em sua autenticidade.

Significativo – É diretamente o momento em que o sujeito vê relacionado o sentido e o significado com sua vida pessoal. Colocado diante da evidência de um sentido, o sujeito tem, todavia, necessidade de vê-lo em referência a sua esfera pessoal, para que a escolha de aceitação possa ser plenamente livre. A universalidade do sentido e do significado não impede, pelo contrário, favorece a relação pessoal mediante a qual cada um descobre que aquela realidade é para ele. Sem dúvida, é válida para todos e deve permanecer tal, mas ele a vê endereçada a si *pessoalmente* e, justamente por isto, a percebe como *significativa*, na medida em que, no projeto de finalização da própria existência, esta realidade exprime a forma global que lhe pode garantir o atingimento da própria finalidade.

Significativo, portanto, qualifica a liberdade pessoal, porque coloca cada um na condição de ter que escolher. Aqui, de fato, a realidade universal é percebida como qualificando a existência pessoal. Compete, pois, ao sujeito fazer a escolha que revele a plena coerência entre o sentido universal e a compreensão de sua validade para ele. No significativo, o sujeito exprime toda sua força crítica e vontade decisória, porque executa o ato que antropologicamente o qualifica, o da liberdade finita, que opta por entregar-se a uma liberdade maior, percebida e crida como forma que garante a consecução do próprio ser. Só finalizando livremente a existência, o sujeito garantirá a si mesmo escolher livremente nos diferentes momentos e atos históricos subsequentes, mas a finalização exige que o conhecimento do fim assumido remeta para além da contraditoriedade e limitação que cada um experimenta como pessoa.

Teologicamente, o significativo permanece como aquela expressão que qualifica o crente em seu ato de entregar-se à forma da revelação como instância suprema de sua autofinalização. O crente, portanto, enquanto sustentado pela graça que faz compreender a "insondável riqueza" do mistério que depara, vê na figura de Jesus de Nazaré, assim como hoje a Igreja a transmite numa ininterrupta e viva tradição (DV 10), o arquétipo de uma humanidade plenamente livre e finalizada.

Protótipo de toda forma de fé, porque também Ele se entrega totalmente ao Pai e a Ele constantemente remete, para a plena identidade de seu ser, Jesus de Nazaré se torna significativo para a vida pessoal, porque, por um lado, encarna o sentido universal e, por outro, mostra como é possível uma autêntica existência pessoal que seja ao mesmo tempo livre e confiada ao outro, para a sua plenitude.

Escolher e viver a *sequela Christi* é o que dá ao significativo seu valor último. Efetivamente, o seguimento não é subsequente ao ato com que se veem o sentido e o significado da revelação, mas lhe é simultâneo. É um único ato o que o crente executa, no momento em que vê a revelação como plenitude de sentido e *significativa* para ele; é o ato que engloba, num todo inseparável, a inteligibilidade do evento, o entregar-se a ele, porque crível, e o segui-lo, para que a vida seja finalmente completa.

O que foi dito pode encontrar uma primeira confirmação nos seguintes pontos, que procuram dar corpo à proposta e que, como anteriormente mencionamos, se estribam no que se denominou concentração cristológica e dimensão soteriológica.

b. Concentração cristológica e soteriológica – 1. A pessoa de Jesus de Nazaré, vale dizer, o mistério da encarnação de Deus, aparece como a forma universal que se impõe, por força desta característica, como a mais alta expressão de sentido e de significado para a história.

Desde sempre, o pensamento crítico do homem tem andado em busca do universal, para exprimir com ele a norma última que, prescindindo do indivíduo, se tornasse válida para cada um. Os grandes sistemas filosóficos, que permanecem até hoje, estão marcados por esta ânsia de individuação e de identificação. No entanto, o saber crítico permanece constantemente dentro da contradição ou de uma intervenção extrínseca ou de uma injustificada elevação do indivíduo sobre os outros;

Desta condenação à contraditoriedade pode salvar-se somente o saber crítico da fé, que confessa a união ontológica de Deus com o homem num determinado sujeito histórico que se torna, por isto, singular, único e irrepetível.

Esta unidade na unicidade não acontece por uma simples transposição ou assunção de um sujeito histórico individual a um grau ontológico mais elevado (ainda que fosse o último). Ela se coloca como primária decisão de Deus que, em sua liberdade, renuncia a manter "ciosamente para si" a divindade, para participar da humanidade (Fl 2,6-8; cf. Jó 42,2). Teologicamente, portanto, este *unicum irrepetibile* só pode dar-se por *kénōsis*, de maneira tal que seja sempre considerado como um ato da liberdade e gratuidade de Deus, e não uma pretensão da humanidade.

Deus, que se encarna na natureza humana, não cessa de ser Deus; ao mesmo tempo, porém, não se *ergue* orgulhosamente por sobre a natureza humana, pois "em *tudo* se torna semelhante aos seus irmãos" (Hb 2,17), até na tentação, no sofrimento e na morte (Hb 2,18–4,15), que constituem o drama e a contradição última para uma humanidade que quer ir sempre além de toda forma que exprime o limite, a conclusão e a barreira de cada vontade pessoal.

Neste evento, ao invés, verifica-se a elevação do homem, porque nesta união toda a humanidade é salva, na medida em que participa daquela humanidade individual assumida pelo Verbo (Hb 2,10).

Esta unicidade irrepetível, pela qual "um dentre nós", como gostavam de dizer os Padres, mas permanecendo como nós, revela o mistério de Deus, torna-se norma universal para cada um. Isto é determinado pelo fato de que, com Jesus de Nazaré, não estamos mais diante de uma teoria, mas de um sujeito *histórico* concreto. Seu falar e agir (DV 2), embora sendo humanos, não são "confundíveis" com o normal comportamento dos homens, ainda que possam ser conhecidos por todos. O que Ele comunica é seu *ser*, isto é, sua pessoa, que nos vem ao encontro como expressão de revelação, vale dizer, uma autoconsciência que sabe que é Deus e sabe que o revela de forma humana.

Este comportamento carregado de sentido, porque dado por Deus, permite à história receber um golpe orientador, a partir de seu interior, na individuação de seu fim e na possibilidade de atingi-lo. O homem e sua história não são mais, portanto, errantes rumo a um "infinito nada", incapazes de achar uma meta no horizonte. A unicidade irrepetível do homem-Jesus de Nazaré garante a cada um, e à história universal, encontrar uma resposta resolutiva, pois seu ser histórico é assumido pelo divino, já conjugado com Ele. Remeter à vontade do Pai, a seu plano de salvação, a seu tempo e a sua "hora", assim como a suas decisões, é "resposta" dada ao homem no momento em que este pede o sentido para sua existência pessoal.

Este entregar-se é salvação, porque só Deus pode garantir que a contraditoriedade humana seja superada e vencida, a partir do seu interior, mediante um ato de liberdade que habilita ao ingresso no reino e, portanto, à mais alta forma de comunhão.

2. Um conhecimento histórico deve respeitar as leis impressas nele; nem Deus vai contra sua criação. O sujeito histórico quer e necessita de formas de conhecimento que deem confirmação de que, em Jesus de Nazaré, Deus verdadeiramente se exprime a si mesmo; somente assim poderá superar o último obstáculo que impede ver a unicidade e a evidência da presença de Deus em Jesus.

Aqui, é preciso manter firme, mais uma vez, a lógica deste proceder teológico que quer respeitar o primário agir de Deus. A teologia anterior, com efeito, por muito tempo, havia dispersado suas forças na demonstração dos sinais externos que, todavia, não conseguiam focalizar o verdadeiro centro de gravitação. Ao invés disso, a teologia contemporânea sobre os sinais de credibilidade deveria ter condições de evidenciar, antes de tudo, a centralidade do único sinal colocado na história, no interior do qual emergem ou convergem os outros sinais (cf. Jo 5,36-37). São, portanto, os "sinais do Pai" que devem constituir, antes de tudo, objeto da investigação teológica (Jo 14,10).

O sinal colocado por Deus outro não é senão o filho pregado na cruz, morto e ressuscitado. O sinal primário da credibilidade da revelação cristã é, portanto, o → *mistério pascal do crucificado.*

Diante da morte de Jesus, cumpre-se, em linguagem humana, o que Deus tinha a revelar ao mundo quanto a si mesmo, a sua natureza e a sua vida. Deus, que comunica sua vida, exprime-a como forma de amor que vai "até o fim". O dar tudo de si (Jo 3,16 ἔδωκεν = *édōken*) é o que caracteriza a dinâmica intratrinitária de ser Deus.

O Pai é Pai no momento em que dá *tudo* ao Filho, e este é Filho no próprio ato em que escolhe ser *acolhimento total* do *tudo* do Pai. Não guardar nada para si mesmo, mas entregar tudo ao outro e remeter ao outro é o que caracteriza a vida do Pai e do Filho; o Espírito é a terceira pessoa, que dá testemunho da totalidade do dar e do receber.

Na encarnação do Verbo, tudo é dado à humanidade, mas a expressão visível deste "dar tudo" se encontra somente na morte de cruz, onde Deus mesmo acolhe a morte como sinal extremo para que o homem creia na totalidade de seu amor.

A morte do Filho, que o Pai acolhe em si, não é o ponto extremo de distanciamento de seu ser. É, sim, ao mesmo tempo, início e fim de seu doar-se. Se o amor é "dar tudo", isto se torna visível para o homem no momento em que Deus se dá inteiro, isto é, amando até o "extremo" (Jo 13,1) e, portanto, tornando-se por amor o que Ele nunca poderia ser: morte.

Diante desta morte do inocente, ninguém mais pode ter o álibi do não crer, opondo a Deus sua impossibilidade de não conseguir compreender a dor e o sofrimento humanos até a contraditoriedade e o drama da morte, até mesmo do inocente. Jesus de Nazaré, pregado na cruz, que grita ao Pai sua dor, por ter sido por Ele abandonado às mãos da morte (Mc 15,34), é o próprio Deus que compartilha em tudo a dor dos homens e, ainda mais, a dor pelos sofrimentos e a morte do inocente.

Com acerto, Marcos coloca a profissão de fé do centurião, portanto do não crente, diante do grito de abandono e da morte de Jesus: "Então o centurião, tendo-o visto morrer *daquela maneira* (i. é, gritando a Deus seu abandono), disse: 'Na verdade, este homem era filho de Deus'" (Mc 15,39). A verdade sobre Deus e de Deus está impressa no sinal do crucificado para que aqui apareça que a loucura da cruz é o ponto de partida da lógica divina e, portanto, a expressão culminante da verdadeira sabedoria (1Cor 1,23-28).

Mas a centralidade do crucificado não tira nada da plenitude do mistério. Se o crente coloca, como sinal de credibilidade, o amor que se evidencia na morte, isto é só porque sua profissão de fé nasceu da novidade do anúncio pascal. A ressurreição já está presente na morte de cruz, porque é o ato da entrega confiante nas mãos de um Pai que não permite que quem confia nele passe pela corrupção da sepultura (Sl 16,10).

A completude do sinal, que permite radicalizar o Gólgota, é dada pela dialética do "sinal de Jonas" (Mt 12,39-41), razão pela qual só durante três dias é dado ter que permanecer no ventre da terra. Não poderia existir nenhum interesse autêntico na fé pascal, se não houvesse aquela plena identificação entre o que sofreu e foi morto e o ressuscitado. Na morte, vê-se o amor que, em linguagem humana, exprime toda a autodoação e, na ressurreição, ele se torna evidente. A ressurreição não se torna um álibi para fugir ao drama do Gólgota; ao contrário, este é assumido em toda sua verdade, mas superado, sem ser destruído, numa esperança que só a fé sabe exprimir.

3. O mistério do crucificado-ressuscitado permanece no mundo, através do anúncio da Igreja, como o sinal autêntico e definitivo do amor trinitário de Deus, em condições de ser percebido como autêntico amor também pelo sujeito que pede finalizar sua vida de maneira sensata.

A pergunta sobre o amor, que desde sempre se coloca para o sujeito, corre o risco, pelo menos hoje, de ser banalizada. O tema da credibilidade da revelação como significatividade deveria ter condições de proporcionar uma compreensão teológica do amor, capaz de desafiar o sujeito em sua busca de sentido.

Que é o amor? No próprio momento em que a inteligência crítica tivesse encontrado uma definição em condições de responder a esta pergunta, o amor estaria para sempre destruído e banido do nosso mundo. O amor tem sentido e significado enquanto permanecer mistério. No entanto, é necessário que teologicamente se dê uma *caritas quaerens intellectum*, para que o ato da fé possa ser autenticamente humano.

Frente ao radicalmente novo da revelação de Jesus de Nazaré, a primeira expressão que emerge, para uma compreensão do amor, é que este só pode ser dado por revelação. O amor que aqui nos vem ao encontro, com efeito, não é primariamente mediado por uma experiência humana, que, como tal, participaria da finitude e da contraditoriedade, mas é amor único e absoluto, que tira da própria natureza divina a forma que humanamente é colocada em ato.

Teologicamente, isto significa que a credibilidade do amor não pode ser fornecida por elementos externos, mas, antes de tudo, a partir do interior do amor e pelas formas que este progressivamente assume em linguagem humana.

Todavia, o sujeito deve estar em condições de compreender esta forma como a definitiva expressão de amor que o leva para além das contradições que experimenta *naturalmente.* Isto é possível porque, no encontro com esta forma, ele compreende que é amado pelo que é, sem outra condição senão a de um amor desinteressado e gratuito. Com efeito, o amor é percebido pelo sujeito não como uma realidade genérica, mas como dimensão pessoal que se realiza só na medida em que dois sujeitos se relacionam a tal ponto que se dão totalmente um ao outro. Efetivamente, toda vez que alguém ama, torna-se para o outro um sujeito pessoal que não pode mais autocompreender-se fora da relação pessoal com o sujeito amado. É por esta pessoa que se quer ser amado; todavia, para chegar a este momento, cada um precisa estar em condições de cessar de ser ele mesmo para tornar-se o outro, para criar espaço para ele e doar-se a ele totalmente.

Sem esquecer os demais textos neotestamentários, a teologia joaneica parece ainda a mais expressiva neste sentido, e capaz de iluminar estes dados de uma fenomenologia humana do amor.

Vimos anteriormente que a forma última do amor que Deus revela é a que chega até a assunção da morte do Filho. Jo 3,16, neste contexto, parece representar quase um texto-síntese: "Com efeito, Deus amou *assim* (οὕτως = *hoútos*) o mundo, que deu (ἔδωκεν = *édōken*) seu filho unigênito, para que todo aquele que crer nele não morra, mas tenha a vida eterna". O amor, portanto, é o dar tudo, ainda que o outro, como recorda a teologia paulina, seja culpado e não digno de amor (Rm 5,6-8).

A partir daqui, desenvolve-se a concepção joaneica do amor que encontrará o seu clímax em 11,50–13,35. A primeira Epístola de João prossegue esta reflexão acrescentando dados de extraordinária riqueza: "Deus é amor" (1Jo 4,8) torna-se a expressão culminante desta teologia. O reconhecimento deste amor, que consiste no fato de que Jesus "deu sua vida por nós" (1Jo 3,16), não só é vida e salvação (1Jo 1,1-4), mas constitui também a *novidade* cristã; com o amor recíproco entre irmãos, poder-se-á, com efeito, manter vivo este sinal para toda a história vindoura (1Jo 2,3-11).

A afirmação "Deus é amor" indica, porém, o reconhecimento de que Deus *ama.* Ele é realidade pessoal que, na relacionalidade da tripersonalidade, exprime a sua natureza. Deus ama e só Deus é capaz de amar como Deus ama; todavia, este amor, dado uma vez por todas na história da humanidade, permanece como o sinal culminante de todo amor que queira ser verdadeiramente tal.

Qualquer pessoa é capaz de compreendê-lo e entregar-se a ele, pois cada uma compreende a própria realidade pessoal de amor como abnegação total e desinteressada e somente neste horizonte pode estar "segura" de que seja verdadeiro amor.

O sinal do amor que a revelação propõe não tira nada da força da liberdade pessoal. O Jesus que ama até dar tudo de si mesmo é o que, neste ato, exprime também sua autoconsciência de ser uma pessoa plenamente livre: "Eu dou a minha vida para *assim* retomá-la de novo. Ninguém ma tira, mas eu a ofereço por mim mesmo" (Jo 10,17-18). Nesta luz, também o crente vê a plena liberdade de seu próprio ato, porque é a escolha que experimenta como plenamente conforme a seu ser e a seu finalizar-se, isto é, conceber-se somente no horizonte de um amor que é autenticamente *eterno.*

4. Diante deste sinal, de que deriva o significado para todos os demais – a Igreja, os milagres, as profecias, o anúncio do Reino... – cada um é colocado na condição de escolher. Parafraseando uma cena do Evangelho de João, dir-se-ia que se quer crer não porque alguém falou de Jesus, mas porque houve um encontro direto com sua pessoa (Jo 4,42; Jó 42,5).

Portanto, se por um lado a oferta de salvação é dada universalmente, razão pela qual a figura de Cristo, neste nível, se coloca como arquétipo e centro da história, por outro lado é ao mesmo tempo dada a última palavra de juízo sobre toda forma religiosa e sobre o sentido definitivo a dar à existência pessoal (cf. Jo 3,17-18; 5,27-30; 8,15-16; 12,47-48).

A credibilidade, como significatividade, atinge então seu estádio de completude, quando o sujeito, colocado diante da evidência da revelação, a vê como significativa para si. Este procedimento pode ser verificável, se tivermos presentes os seguintes elementos:

– Há uma condição transcendental do sujeito que o habilita à finalização da própria existência, mediante a compreensão de objetos que o orientem para um infinito espaço de conhecimento. Existe, em suma, para cada um, a capacidade de uma percepção do sentido que acontece numa dinâmica constante do viver humano.

O homem concebe-se como um sujeito em tensão entre o finito de sua condição histórica e o infinito de sua reflexão especulativa. Justamente no momento em que, como pessoa, isto é, como sujeito que se autorrealiza mediante escolhas livres, o homem projeta toda sua existência, identifica um ideal de vida que firmemente *crê* ser o último elemento capaz de dar sentido a toda sua existência. Este ideal permanece o mesmo, mas, para o sujeito, adquire, em todo caso, valor histórico e concreto, no momento em que verifica que dinamicamente o está atingindo.

Não o atinge, pois é um ideal e, no entanto, *crê*, isto é, confia em que só aquilo poderá realizá-lo em suas expectativas. Esta condição já permite dizer que cada um, em si, enquanto ser humano, tem uma capacidade própria, tanto de perceber o sentido quanto de poder atingi-lo.

– Quando, porém, o sujeito se coloca diante de um outro sujeito, aí a condição anteriormente descrita assume dimensões peculiares. Não é ele que pode "usar" o fim a seu bel-prazer, este não é mais um valor ou um objeto em suas mãos; é, antes, como ele próprio, uma pessoa, um sujeito livre.

Entram aqui, como que em conflito, duas liberdades que podem ser conciliadas somente na medida em que alguém se sinta a tal ponto amado, que não perceba nenhuma forma de violência no próprio momento em que renuncia a algo de si, para poder aceitar o outro.

Este ato, que é despertado no sujeito por uma experiência originária que permite a percepção de um amor gratuito, desinteressado, é o primeiro que permite uma "focalização" real do outro. Em outras palavras, a capacidade de crer, enquanto possibilidade de entregar-se a si mesmo a um ideal, já está posta na estrutura ontológica do sujeito, na medida em que percebe o sentido e o assume como finalidade; mas, para que possa ver a revelação significativa por si mesmo, é necessário que da revelação parta o primeiro ato (→ Potentia oboedientialis) que desperte no sujeito a capacidade de saber colher toda a evidência daquele evento.

Este ato, antes de ser um ato meramente intelectivo que apreende a *verdade* do fato, é um ato *pessoal*, próprio portanto da unidade do sujeito que, num todo único, atematicamente intui, portanto *sabe* que é amado e vê naquela forma a suprema expressão que lhe garante a plenitude de si mesmo.

Portanto, para conhecer o "verdadeiro Deus", é necessário aquela inteligência (διάνοια = *diánoia*, que a Vulgata traduz como *sensus*) que somente o Filho pode comunicar e que historicamente comunicou com o mistério pascal de sua morte. Mas "inteligência", aqui, deve ser necessariamente entendida no sentido bíblico; ela não é, primariamente, atividade intelectiva; é, antes, adesão total de si ao mistério, o que comporta, ao mesmo tempo, inteligência, vontade, coração e alma.

– Na pessoa histórica de Jesus de Nazaré, portanto, é dado ao homem o testemunho supremo que, ao mesmo tempo, mostra o mistério de Deus e suscita no homem a força para vê-lo como significativo. O que cada um deseja, afinal, é a vida; embora possa parecer paradoxal, também o suicida é aquele que sonha com uma vida diferente e talvez melhor. O crer em sua "palavra" (Jo 17,6) equivale a querer continuar a viver. A teologia de João, mais do que qualquer outra, favorece esta perspectiva soteriológica.

Quem crê não pode permitir-se repetir, como no *Macbeth*: "The life is just a shadow". A vida não é uma sombra nem uma teoria, porque, diante dela, cada um percebe que *res mea agitur*; tudo de mim mesmo entra em jogo. Pois bem: justamente diante do evento da revelação, "a vida tornou-se visível" (1Jo 1,1), descobrimos que não somos projetados para uma teórica vida eterna, para além da morte; estamos, antes, comprometidos a dar significado a esta existência histórica pessoal.

Jesus de Nazaré, com sua existência histórica (DV 2), torna-se "luz da vida" (Jo 8,12) e "luz dos homens" (Jo 1,14), pois se insere naquele processo, que é a própria vida trinitária de Deus (1Jo 5,11-12; Jo 1,3; 2,23; 3,16; 5,26; 6,57). Para a condição humana, que gostaria de contentar-se com soluções parciais, como "a água" (Jo 4,5-20), ou o "pão" (Jo 6,27), abre-se, ao invés, algo de duradouro e permanente, desde agora: "Esta é a vida eterna: que conheçam a ti, o único verdadeiro Deus, e aquele que Tu enviaste, Jesus Cristo" (Jo 17,3). Esta é a oferta revelada a cada um, para que se compreenda a si mesmo e a sua existência. Vida é salvação, e salvação é conhecimento de Deus, mas conhecimento é chamado à comunhão com Ele e à partilha com os irmãos (1Jo 3,11; 4,12; Tg 2,14-19).

A individuação desta promessa de salvação não pode deixar na neutralidade. Cada um é chamado em termos de primeira pessoa a escolher entre permanecer no absurdo ou viver na *sequela Christi*, como filho da luz.

CONCLUSÃO – "Os teus ensinamentos são críveis" (Sl 93,5). Com muita probabilidade é a este salmo que devemos o ingresso da terminologia da credibilidade. Digno de fé, isto é, capaz de fazer realizar o ato antropologicamente mais importante, o de saber confiar e de querer entregar-se ao outro.

Credibilidade, como significatividade, pode manter unidas algumas exigências do hoje teológico. Antes de tudo, a dimensão personalista com a qual o Vaticano II repropôs o tema da revelação. Quem se encontra não é um objeto nem uma teoria, mas uma pessoa. Jesus de Nazaré está em condições de encontrar-se com o homem contemporâneo porque em si, enquanto filho do homem e filho de Deus, pode comunicar o mistério de seu ser.

É na fidelidade a sua pessoa que a Igreja pode ser crível, não obstante suas contradições humanas e evidentes, em seu anúncio permanente aos homens de cada país.

Em Jesus de Nazaré cada um pode descobrir aquele sentido e significado último que a vida pode ter, para além da própria contradição. Isto é possível porque a revelação lhe vem aqui ao encontro na luz do amor. Não é um amor qualquer o que é revelado, mas o amor que, por primeiro, atinge a pessoa no mistério mais profundo e pessoal, por este amor que é o único a merecer tal nome (1Jo 4,10-19).

Nesta perspectiva, mesmo as dificuldades mais sérias sobre uma teoria e práxis da fé podem ser superadas, porque recuperadas naquela unidade fundamental que é o ato pessoal com que se encontra Deus e se está decidido a segui-lo para sempre. No amor, não existe mais medo nem temor (1Jo 4,18), cada um sabe que é profundamente livre, porque inserido numa relação maior que, além das categorias pessoais, insere no chamado à vida trinitária.

Só o amor, portanto, permanece como a última palavra que torna crível a revelação, porque somente aqui o sujeito reencontra, de maneira totalmente evidente, o equilíbrio de seu mistério. Com efeito, só no amor ele reconhece que é amado e só amando tem condição de *saber* e *compreender* que está amando. Só no amor pode ter certeza de sua liberdade no querer doar-se e no oferecer-se a si mesmo, porque somente aqui toda escolha se torna cristalina, enquanto compreendida e vivida como uma realidade que ao mesmo tempo lhe pertence e, todavia, o supera.

Bibl. – A. Gardeil, *La crédibilité et l'apologétique*, Paris 1912; Id., "Crédibilité", em DThC III/2, 2001-2310, Paris 1938; S. Harent, "Foi" em DThC VI/1, 55-521, Paris, 1924; R. Aubert, *Le problème de lacte de foi*, Louvain 1945; Id., "Questioni attuali intorno all'atto di fede", em Vários autores, *Problemi e orientamenti di Teologia Dogmática*, vol. II, 655-708, Milão 1957; E. Hocedez, *Histoire de la théologie au XIXe siècle*, vol. I-III, Paris 1947; J. Mouroux, *Je crois em toi*, Paris 1949; G. Ebeling, *Was heisst glauben?*, Tübingen 1959; R. Guardini, *Wunder und Zeichen*, Würzburg 1959; J. Alfaro, "Fides in terminologia bíblica", em *Greg* 42 (1961) 463-505; Id., *Fides Spes Caritas*, Roma 1968; Id., *Cristologia e Antropologia*, Assis 1973; Id., *Rivelazione Cristiana, fede e teologia*, Brescia 1986; M. Seckler, *Instinkt und Glaubenswille nach Thomas von Aquin*, Mainz 1961; J. Pieper, *Sulla fede*, Brescia 1963 (orig. 1962); N. Dunas, *Connaissance de la foi*, Paris 1963; H. Bouillard, *Logique de la foi*, Paris 1964; G. de Broglie, *Les signes de crédibilité de la révélation chrétienne*, Paris 1964; H.U. von Balthasar, *Solo l'amore è credibile*, Turim 1965 (orig. 1963); Id., *Gloria. Un'estetica teológica*, vol. I: La percezione della forma, Milão 1975 (orig. 1967); Id., *Gloria. Un'estetica teológica*, vol. VII: Nuovo Patto, Milão 1977 (orig. 1969); Id., "Fides Christi", em *Sponsa Verbi.* Saggi teologici II, 41-72, Brescia 1972 (orig. 1961); Id., "Mysterium paschale", em *Myst Sal* III/6, Petrópolis 1974; Id., *Teodrammatica*, vol. III: Le persone dei dramma, Milão 1983 (orig. 1978); Id., *Teodrammatica*, vol. IV: L'azione, Milão 1986 (orig. 1980); R. Latourelle, *Teologia della Rivelazione*, Assis 1967; Id., *Cristo e la Chiesa segni di salvezza*, Assis 1971; Id., *L'uomo e i suoi problemi alla luce di Cristo*, Assis 1982; K. Rahner, *Hörer des Wortes*, Friburgo 1973; Id., *Curso fundamental da fé*, São Paulo 1989; Id., "Il problema umano dei senso di fronte al mistero assoluto di Dio", em *Dio e Rivelazione.* Nuovi Saggi VII, 133-154, Roma 1981; Id., "Che significa oggi credere in Gesü Cristo?", Ibid., 211-230; J. Trütsch, "A fé", em *MystSal* I/4, 5-109, Petrópolis 1972; J. Ratzinger, *Introduzione al cristianesimo*, Brescia 1969 (orig. 1968); Id., *Theologische Prinzipienlehre*, Munique 1982; W. Kern-P. Knauer, "Zur Frage der Glaubwürdigkeit der christlichen Offenbarung", em ZKTh 93 (1971) 418-442; H. Verweyen, *Ontologische Voraussetzungen des Glaubensaktes*, Düsseldorf 1969; W. Kasper, *Introduzione alla fede*, Brescia 1973; P. Rousselot, *Gli occhi della fede*, Milão 1974 (orig. 1910); E. Biser, *Glaubensverständnis*, Friburgo 1975; Id., *Glaubenswende*, Friburgo 1987 (ed. it. 1989); E. Schillebeeckx, *Intelligenza della fede*, Roma 1975; J.B. Metz, *A fé em história e sociedade*, São Paulo 1980; G. Ruggeri, *La compagnia della fede*, Milão 1980; R. Fisichella, *Hans Urs von Balthasar. Amore e credibilità Cristiana*, Roma 1981; Id., *La rivelazione: evento e credibilità*, Bolonha 1985; Id. (ed.), *Gesü Rivelatore*, Casale Monferrato 1988; R. Sánchez-Chamoso, *Ifondamenti della nostra fede*, Assis 1983; H. Fries, *Fundamentaltheologie*, Köln 1985; P. Neuer, "Der Glaube als subjektives Prinzip der theologischen Erkenntnis", em HFTh IV, 51-67, Friburgo 1988; E. Kunz, "Glaubwürdigkeitserkenntnis und Glaube", em HFTh IV, 414-449; U. Casale, *Vavventura della fede*, Turim 1988; Vários autores, *La carita*, Bolonha 1988; S. Pié-Ninot, *Tratado de Teologia Fundamental*, Salamanca 1989.

RINO FISICHELLA

CRISTÃOS ANÔNIMOS

Esta é a expressão usada por → Karl Rahner para indicar os que vivem na graça de Cristo, embora (sem culpa própria) não o conheçam como salvador, não sejam batizados e não pertençam à comunidade cristã (cf. LG 16; GS 22).

A antropologia teológica de Rahner sublinha o horizonte ilimitado do espírito humano, com sua dinâmica de abertura para Deus, cuja vontade salvífica universal (1Tm 2,3-4) indica que a graça necessária para salvar-se é oferecida a todo homem e toda mulher. Mas é preciso esclarecer várias coisas.

Antes de tudo, a graça vem inteiramente através de Cristo (At 4,12; 2Cor 5,15; 1Jo 5,11-12) e orienta necessariamente os seres humanos para Ele e para sua Igreja visível. Em segundo lugar, a graça é universal e ao mesmo tempo → sobrenatural e gratuita. É livre e amorosamente oferecida a todos os seres humanos, com o objetivo da visão final de Deus, que ultrapassa todo poder e direito “natural”. Em terceiro lugar, na presente ordem, a graça não permanece uma simples oferta “externa”, mas é, desde o início, uma comunicação que Deus faz de si, plasmando tangivelmente a condição humana comum. E aqui Rahner fala do sobrenatural existencial que nos é conferido com nossa natureza.

A universalidade da graça comporta uma livre doação de si, da parte de Deus (o *sobrenatural* existencial), que intrinsecamente incide sobre a estrutura profunda da existência humana (o sobrenatural *existencial*) e nos chama todos a nosso fim último.

É óbvio que nem todos os seres humanos estiveram ou estão em condições de responder a esta presença e a este chamado de Deus com um ato explícito de fé em Cristo e em sua Igreja. Há milhões de homens para os quais a ocasião de conhecer a Deus e entrar em relação com Ele foi mediada pelo → budismo, pelo confucionismo, pelo → hinduísmo, pelo → islamismo, pelas religiões tradicionais e por outras crenças. Toda vez e onde quer que seres humanos se abrem a Deus com um ato de fé, Rahner reconhece neles cristãos anônimos, vale dizer, homens que, ao menos implicitamente, aceitam uma vocação sobrenatural e, mesmo sem o saberem, são capacitados pela graça de Cristo a abrir-se ao mistério de Deus. É a → fé que une estes cristãos anônimos a Cristo e implicitamente os orienta para sua Igreja visível.

No → diálogo inter-religioso, este discurso de Rahner sobre os “cristãos anônimos” nem sempre foi bem-acolhido. Com efeito, parece que ele não se preocupa suficientemente com a peculiaridade das fés, das práticas e das experiências das religiões não cristãs. Levou seguidores de outras fés a falar dos cristãos como “hindus anônimos” ou “muçulmanos anônimos”.

Todavia, Rahner propõe um modo válido de enfrentar um problema com que se têm preocupado pensadores cristãos, desde os tempos dos primeiros Padres da Igreja, como Irineu, Justino e Clemente de Alexandria. Uma vez afirmado o princípio da vontade divina de salvar todos em Cristo, como entender e explicar a situação dos que, ao menos implicitamente, creem em Deus e aceitam sua vocação sobrenatural? Alguns críticos sustentam que Rahner, ao fazer isto, elimina as motivações do trabalho missionário. A verdade, porém, é que sua tese sobre os “cristãos anônimos” indica como o Evangelho, chamando-a a uma plena realização, dirige-se a uma realidade de graça oculta, que está presente, ainda que imperfeitamente, em cada vida humana (cf. AG 19; LG 17).

Bibl. – K. Rahner, “I Cristiani anonimi”, *em Nuovi Saggi* I, 759-772; Id., “Anonymous Christianity and the Missionary Task of the Church”, em *Theological Investigations* 12 (1974) 161-178; K.-H. Weger, *Karl Rahner. An Introduction to his Theology*, Nova York 1980, 112-141.

GERALD O’COLLINS

CRISTOLOGIA

I. FUNDAMENTAL (R. Fisichella) – II. FILOSÓFICA (X. Tilliette) – III. TÍTULOS CRISTOLÓGICOS: *Jesus Profeta, Filho de Davi, Filho do Homem, Filho de Deus* (R. Fisichella) – IV. CRISTOLOGIAS: *bíblica, patrística, especulativa, ontológica e funcional, a partir de baixo e a partir de cima, dogmática e existencial, kenótica e da ressurreição, pneumatológica, escatológica e cósmica* (J. Galot) – V. EM PERSPECTIVA (A. Amato).

I. Fundamental

Fundamento e coração de toda teologia é a profissão de fé – “Jesus é Senhor” (Rm 10,9; Fl 2,11). É a partir deste cristocentrismo, como princípio epistemológico do saber crente, que se acelerou a reflexão da comunidade cristã, transmitida ininterruptamente à consciência crítica do crente contemporâneo.

Enquanto reflexão, explicação e comunicação sobre o coração da fé, a cristologia deve ser considerada como o eixo em torno do qual gira toda a pesquisa teológica. Foi assim desde o começo, quando, através das fórmulas homológicas, nominais e verbais, a comunidade exprimia, no querigma e na liturgia, o mistério de Jesus de Nazaré, tanto em sua relação com o Pai e com as promessas antigas (Mt 16,16: “Tu és o Cristo, o filho de Deus”) quanto na explicitação dos eventos significativos da sua vida (Rm 5,9: “enquanto éramos ainda pecadores, Cristo morreu por nós”; Rm 10,9: “Deus o ressuscitou dos mortos”).

A teologia dos padres, sob a influência das diferentes instâncias que a fé deparava, da dimensão filosófica à mais diretamente política, havia chegado às grandes sínteses cristológicas que encontram nas formulações dogmáticas dos vários concílios sua expressão mais elevada e normativa.

Os grandes mestres da Idade Média, além disso, já deixam entrever as relações que se criaram entre a cristologia e o mistério da vida cristã: o pecado do homem (→ Anselmo), os sacramentos (Abelardo), a economia salvífica (→ Tomás). A teologia subsequente vai entrar nos diversos jogos de interpretação, ditados pelas “escolas” de Molina e Suárez, até condensar-se na → teologia manualística, que manteve o produto da reflexão cristológica substancialmente inalterado até o Vaticano II.

O concílio, convidando a teologia a buscar na Escritura o fundamento e a alma de seu investigar (DV 24), identifica também um ulterior princípio hermenêutico que se deve adotar, o da centralidade dos evangelhos, enquanto “constituem o testemunho privilegiado relativo à vida e à doutrina” do Senhor (DV 18).

Com efeito, é justamente o Vaticano II, particularmente com → *Dei Verbum*, que constitui o ponto de partida para a renovação da cristologia. A apresentação da revelação na historicidade de Jesus de Nazaré permitiu redescobrir dados que a ênfase metafísica da manualística fizera esquecer.

Mais diretamente, recolocar a *pessoa* Jesus de Nazaré no desenvolvimento *histórico* de sua existência permite à teologia não somente reconduzir ao centro de sua pesquisa a cristologia (particularmente depois dos decênios de um exasperado eclesiocentrismo), mas também redescobrir aqueles dados bíblicos, patrísticos e do genuíno enfoque tomista, que caracterizaram a vida de fé de pelo menos doze séculos. Numa palavra, a reproposição da centralidade da cristologia permitiu valorizar em cheio aquelas temáticas que propiciam à fé apresentar seu conteúdo como um evento global, significativo para o hoje; entre as tantas perspectivas, a da historicidade de Jesus, juntamente com sua singularidade, seu significado universal e sua ação salvífica.

Uma tal reviravolta, tão visível quanto mais se confrontam os textos de cristologia de hoje com os manuais de cristologia do período pré-conciliar, propôs, todavia, teologicamente, o problema de uma cristologia que, pela variedade de seus instrumentos metodológicos e pela complexidade das temáticas que se abordam, exige uma aproximação interdisciplinar em vista de uma leitura sistemática do conteúdo.

Sem dúvida, pode-se creditar como um dos pontos mais positivos alcançados pela teologia do Vaticano II, o de uma consciência sobre a sistematicidade e interdisciplinaridade para o estudo da cristologia.

Uma sistemática é capaz de organizar em torno da centralidade da pessoa de Jesus de Nazaré, proclamado Cristo, todo o saber crítico, partindo sempre do *a priori* da fé na plenitude do mistério que nele se realiza.

Jesus de Nazaré constitui, portanto, aquele indissolúvel centro unitário que, por um lado, faz a fé reconhecer como presente em sua pessoa a definitividade da Palavra de Deus, dirigida aos homens; por outro lado, faz a teologia compreender quanto é impensável uma separação entre a pesquisa sobre a historicidade do fato Jesus e a peculiar especulação teológica que afirma nele a presença da salvação, isto é, do sentido último da existência (→ Credibilidade).

Enquanto o saber sistemático permite a organização dos dados em vista da unidade do conteúdo, a interdisciplinaridade, ao invés, facilita os momentos diversos em que, com metodologias e horizontes de estudo diferentes, o mesmo conteúdo é analisado e pesquisado através de perspectivas mais específicas.

Embora todas as disciplinas devam fazer referência de maneira normativa à Escritura (e, para nosso caso, privilegiadamente aos evangelhos), para que a pesquisa possa ser dirigida a uma maior compreensão do dado revelado, cada uma delas descobrirá igualmente métodos e finalidades peculiares que permitirão àquele único texto revelar a verdade que já possui em si. Neste caso, estamos diante do respeito a um duplo componente: ao texto, que deve ser normativo, para poder exprimir-se em sua verdade, e ao teólogo-exegeta que, atualizando o dado, desenvolve seu papel criativo em relação ao próprio texto.

A *teologia bíblica* terá diante de si uma perspectiva ligada mormente às exigências de seu escopo exegético e hermenêutico. Através da análise dos diferentes estratos da *Traditionsgeschichte*, buscará estabelecer o nível basilar do texto escrito, até atingir o Jesus de Nazaré. Procurar-se-á, desta forma, produzir resultados que mostrem o genuíno sentido da Escritura, mas que, na globalidade da relevância sincrônica e diacrônica das linguagens, já possam ser vistos como uma exegese feita à luz do *sensus plenior* (DV 12), que – só ele – pode dar a esta exegese a força propulsiva que permita reconhecer o caráter específico do texto-Escritura.

A *teologia dogmática* ampliará seu horizonte de pesquisa, tomando, como especificidade sua, o conteúdo e o papel da Tradição. A figura de Jesus de Nazaré, atingida através da exegese, será estudada na interpretação normativa que a fé da Igreja amadureceu ao longo dos séculos. Os sete concílios "cristológicos", tendo no centro a afirmação de Calcedônia, que permitem ver a unidade da fé eclesial intacta, antes dos diversos cismas, serão, na hermenêutica da dogmática, um conteúdo insubstituível para a apresentação da fé cristológica ao homem contemporâneo.

A *teologia moral*, partindo da pessoa de Cristo que, desde sua existência histórica, chama ao seguimento de si, verá a cristologia como fundamento da própria moral. Esta será expressão de um chamado vocacional que, sendo conjuntamente dom de graça e liberdade de escolha, permite a plena realização da existência pessoal.

A pessoa de Cristo será, pois, estudada à luz da salvação como arquétipo oferecido a cada um e como imagem a que se deve tender, para uma coerente realização de si mesmo na coerência da práxis cotidiana.

Neste horizonte de interdisciplinaridade insere-se também a peculiaridade da pesquisa teológico-fundamental.

Identificamos esta peculiaridade, esquematicamente, no atingimento das cinco finalidades seguintes:

1. A HISTORICIDADE – A história da Teologia Fundamental permite verificar o que significa esquecer a dimensão histórica. O impacto cristológico, que é possível verificar nos manuais, mostra de modo evidente as graves lacunas que se vieram formando nos decênios passados. A cristologia, limitada quase exclusivamente ao tratado *De Legato divino*, evidenciava o *de testimonio Jesu circa seipsum* através de uma metodologia em que as provas da historicidade eram fornecidas por elementos externos e, portanto, faziam cair em formas perigosas de extrinsecismo. Uma leitura vazada num positivismo histórico era o que facilmente emergia da análise apologética.

A recuperação da historicidade implica pelo menos uma abordagem tríplice que comporta:

a. O acesso às fontes. Superada a dupla crítica às fontes neotestamentárias (a de → Bultmann que, vendo nos evangelhos documentos de fé, concluía daí a impossibilidade de fornecer testemunhos históricos consistentes; e a de Kierkegaard, que invocava exclusivamente a radicalidade da fé que suscita obediência e que, portanto, não tem necessidade de história), a Teologia Fundamental, hoje, está em condições de mostrar que o único caminho possível é o que sabe manter juntas fidelidade à história e hermenêutica da fé.

Percorrendo com a exegese os vários estágios da *Traditionsgeschichte* e integrando neles os dados provenientes das fontes extrabíblicas, a Teologia Fundamental chega a apresentar resultados que constituem, de modo inatacável, o núcleo histórico básico de Jesus e que a fé deliberadamente respeitou e manteve como tal. Neste contexto, são analisadas aquelas expressões que, juntamente com "gestis verbisque" (DV 2) constituem a figura histórica de Jesus. Anúncio do → Reino de Deus, utilização das parábolas, radicalidade do chamado, milagres e anúncios proféticos constituem os traços relevantes desta reconstrução.

b. A historicidade aponta também a consciência que Jesus manifestou sobre sua pessoa e sua própria visão do mundo. Eis um dado que muitas vezes é subvalorizado, em razão de uma supervalorização da hermenêutica da fé. Como cada pessoa que reflexivamente se põe diante de si mesma para compreender-se e projetar-se, também Jesus de Nazaré pensou e projetou sua existência histórica. É esta autoconsciência que deve emergir das fontes evangélicas, por serem a primeira forma que testemunha a "personalidade" do próprio Jesus e de sua perspectiva (cf. Comissão Teológica Internacional, "*De Jesu autoconscientia quam scilicet ipse de se ipso et de sua missione habuit*", 1986). Neste contexto, descobre-se que Ele pensou sua existência na perspectiva da *missão*, como uma tarefa recebida de um outro e que Ele sente dever e querer cumprir para ser autenticamente Ele mesmo (Jo 5,19; 10,25; 12,49; 14,31). Toda a sua existência histórica é consciência de um constante "remeter" a Deus, que Ele chama familiarmente de → "abba" (Mc 14,36). Dedica-lhe completamente sua vida, caracterizando-a como uma perene obediência que chega até a aceitação da morte.

Diante deste fato, a autocompreensão de Jesus assume a conotação mais alta, pois aqui as fontes mostram, sem sombra de dúvida, sua lucidez de *saber* de uma morte violenta e *querer* dar-lhe um conteúdo tal, que a finalizasse significativamente. No encontro com a realidade da morte, deparamos uma personalidade lúcida, clara e coerente com sua pregação, e observamos uma confiança no Pai, sobre o qual tem a certeza de que o ressuscitará dentre os mortos, depois de três dias, dando-lhe, assim, o prêmio e a vitória por sua obediência (Jo 2,19; At 2,14-32).

Estes elementos pertencem à historicidade de Jesus de Nazaré; uma cristologia que prescindisse deles, transformar-se-ia inevitavelmente em gnose ou docetismo, porque privada daquela leitura normativa que toda pessoa histórica pode e deve fazer de si, como pessoa.

c. Na fé de pessoas que com o mestre "comeram e beberam" (At 10,41) e deixaram tudo para segui-lo (Mt 19,27), esta autoconsciência e a força de sua palavra foram transmitidas às gerações de hoje. Uma característica da historicidade revela-se, finalmente, em sua abertura ao hoje. O evento Jesus de Nazaré e a fé dos discípulos em sua pessoa deram vida a uma tradição que permite constatar a unidade entre aquele passado fundante e a fé de hoje. O fato de que somente uma pequena parte daquele evento foi escrita (Jo 20,30; 21,25) é o que garante ao crente de hoje fazer reviver, em sua história, a palavra e o gesto significativos do mestre. Esta tradição, que se mantém viva, permite ver crescer cotidianamente a compreensão do evento e seu significado para hoje (DV 8).

Com efeito, é a abertura ao → *sentido* da existência que vem ao encontro de cada um e que permite pensar-se como contemporâneo do próprio Jesus.

2. CENTRALIDADE DO EVENTO PASCAL COMO CLÍMAX DO ATO REVELADOR – Antes de tudo, cabe salientar a unidade do evento: paixão, morte, ressurreição e glorificação constituem o único ato pelo qual o amor trinitário de Deus vem ao encontro da humanidade.

A Teologia Fundamental terá aqui a tarefa de apresentar aqueles elementos que permitem ver o evento pascal seja como historicamente fundado, seja como propulsor para o tema da credibilidade da própria revelação. Mais especificamente, como já salientamos, dever-se-á fazer confluir aqueles dados que favorecem a compreensão de Jesus diante de sua morte e em sua confiança na resposta do Pai.

Contudo, dever-se-á qualificar a pesquisa sob duas perspectivas:

a. Por um lado, mostrar que a morte de Jesus é o ponto culminante em torno do qual gira todo o dado cristológico. *Apologeticamente*, apresentar-se-á a morte de Jesus como o fato que, como tal, em linguagem humana, exprime a totalidade e a insuperabilidade da revelação do amor trinitário de Deus. Imagem significativa a este propósito é dada pelo trecho de Mc 15,39: "o centurião que estava diante dele, vendo-o *morrer daquela maneira*, disse: 'Na verdade este homem era filho de Deus'". O centurião representa o não crente, o "outro" (→ Teologia Fundamental, II), que, todavia, frente à morte do inocente, e àquela morte em particular, atinge um conhecimento de Jesus capaz de lhe suscitar a primeira profissão de fé.

b. Por outro lado, a Teologia Fundamental poderá exprimir a radicalidade da morte, porque crê na ressurreição. Com efeito, é a partir desta última que, retrospectivamente, a morte adquire toda a plenitude de significado, na medida em que revela que a essência do amor trinitário não para na morte, mas *na* morte se torna vida. Nesta perspectiva, além de mostrar os dados tradicionais que permitem aproximar-se da ressurreição com aquela bagagem de "certezas" históricas, dever-se-á mormente insistir na plenitude de sentido que provém do abrir-se à fé na promessa do Pai.

A ressurreição, portanto, nesta apresentação, dever-se-á revestir daquelas características de *unicidade*, que chama para uma correspondente resposta de fé, e de *evento escatológico*, que já deixa entrever a antecipação da nova criação, impulsionada rumo à futura tarefa definitiva. Nesta parte da pesquisa, a imagem em que nos devemos inspirar é a de João, o apóstolo que ama, o qual, uma vez chegado ao sepulcro, não entrou, mas esperou por Pedro, e depois também entrou, e "viu e creu" (Jo 20,8).

3. JESUS DE NAZARÉ E A IGREJA – Um estudo da cristologia em chave fundamental será, em seguida, dedicado à explicitação daqueles dados que informam sobre a relação *Jesus-igreja*

(→ Igreja: Jesus e a Igreja). Certamente, não será aqui o caso de querer forçar os textos para chegar a conclusões que só na dinâmica da fé eclesial adquiriram pleno significado. A Teologia Fundamental, todavia, teologicamente consciente de que a Igreja pertence à revelação como um momento determinante e como uma consequência dela, investigará aquela conexão que fundamenta a origem da Igreja, sua vida e sua missão, na palavra histórica de Jesus de Nazaré; mais especificamente, naquele projeto de Jesus que via em sua pessoa a instauração definitiva do Reino de Deus.

Longe de uma mentalidade jurídico-canônica, que determinara a concepção de "fundação" na apologética clássica, a Teologia Fundamental vê hoje a fundação da Igreja, por parte de Jesus, como um ato global de seu agir messiânico.

4. VALOR UNIVERSAL DA PESSOA DE JESUS – Destes elementos apresentados deriva uma ulterior tarefa para a Teologia Fundamental: evidenciar o caráter *universal* da pessoa de Jesus. Entram aqui, teologicamente, as temáticas que provêm da pretensão da fé cristã de possuir em si, na singularidade de uma pessoa, a palavra definitiva, dada à história e à humanidade de todos os tempos.

O impacto cristológico é conduzido pela Teologia Fundamental num duplo plano: antes de tudo, na perspectiva da universalidade da salvação; além disso, na relação com as outras → religiões. Ao passo que, para a primeira, emerge o caráter de um alcance soteriológico que entra na história dos homens e, portanto, impõe a avaliação da relação → história da salvação – história universal, para a segunda encontramo-nos com a *especificidade* da revelação cristã e sua originalidade em relação a outras religiões que reivindicam, também elas, um caráter salvífico e relativo.

5. CRISTOLOGIA E EPISTEMOLOGIA – Enquanto epistemologia teológica, caberá à Teologia Fundamental uma última tarefa: a *justificação do sentido* da questão cristológica e as razões pelas quais se faz a passagem da *cristo*logia para a *Teo*-logia.

Estabelecer as razões quanto ao sentido da cristologia equivale a fixar as premissas para que se justifique o trabalho teológico, mas significa igualmente considerar a sensatez da própria questão, particularmente quando seu conteúdo se coloca como normativo e universal. Se, portanto, ao dar a resposta, não se quiser cair no duplo perigo de um excesso de metafísica ou de um historicismo, é preciso que o sentido que deriva da fé tenha um relevo para o contexto histórico sobre que se coloca.

Em sua perspectiva apologética, a Teologia Fundamental deverá, portanto, ter condições de estabelecer as bases que favoreçam a pré-compreensão do conteúdo cristológico, no contexto cultural contemporâneo crente e não crente. No mesmo sentido, ela deverá, subsequentemente, sustentar e determinar o anúncio querigmático, para que o sentido originário e o sentido cultural venham a encontrar-se em recíproca situação de comunicabilidade.

Dissemos que a segunda tarefa é a que orienta para a superação da cristologia, em vista da teologia. O princípio do "cristocentrismo" é básico para o surgir e o argumentar teológico, mas o fim último da compreensão crítica da fé deve continuar sendo a plenitude do mistério revelado e este é constituído pelo mistério do amor trinitário de Deus.

Justamente pela fidelidade aos dados encontrados na cristologia fundamental, ela deverá ser coerente ao apresentar as razões de sua própria superação. Já em Jesus de Nazaré pode-se encontrar o comportamento de um "remeter" à vontade do Pai e, portanto, à plenitude da revelação (Jo 14,31).

A cristologia é superada pela teologia para que possa, em definitivo, ter pleno significado, tanto como realidade histórica quanto como revelação do mistério: "É bom para vós que eu me vá, porque, do contrário, não virá a vós o Espírito que explicará todas as coisas" (Jo 16,7).

Portanto, para compreender o que é a cristologia, há que chegar à *Teo*-logia, porque o mistério permanecerá sempre o das três hipóstases, das quais só uma, mediante a encarnação, se torna pronunciável na realidade ultramundana. Realiza-se, portanto, já teologicamente, aquela leitura paulina que vê o dar-se total do Filho ao Pai: "Então, também o Filho se submeterá ao Pai que lhe submeteu tudo, para que Deus seja tudo em todos" (1Cor 15,28).

Como se especifica, então, na interdisciplinaridade, a contribuição da Teologia Fundamental para a cristologia? Pensamos que consiste em dar uma reflexão que não seja simplesmente exegética nem exclusivamente dogmática. Com efeito, a Teologia Fundamental apresenta dados históricos e exegéticos, mas também teologicamente refletidos como elementos que partem da e chegam à globalidade do agir e do exprimir-se de Jesus enquanto revelador do Pai. É esta identidade entre revelador e revelação que a Teologia Fundamental faz emergir, como peculiar do realismo da encarnação. Por esta razão, se apologeticamente apresenta a pessoa de Jesus respeitando-lhe o dado da historicidade e, portanto, de sua autoconsciência, dogmaticamente, todavia, apoia-se exatamente em tal consciência para exprimir a plenitude da revelação e sua unicidade e universalidade.

Em uma palavra, é a *unidade* do dado histórico e da reflexão de fé que é recuperada pela teologia fundamental, porque conforme à sua identidade e a seu método: apologeticamente vinculada à história, mas dogmaticamente coerente com a fé.

Bibl. – K. Rahner, "Problemi della cristologia oggi", em *Saggi di cristologia e mariologia*, Roma 1967,3-91; Id., "La cristologia tra l'segesi e la dogmatica", em *Nuovi Saggi* IV, 253-291; R. Latourelle, *Teologia della Rivelazione*, Assis 1967; Id., A *Gesù attraverso i Vangeli*, Assis 1979; Vários autores, *Il problema cristológico oggi*, Assis 1973; K. Lehmann, "Über das Verhältnis der Exegese als historisch-kritischer Wissenschaft zum dogmatischen Verstehen", em *Jesus und der Menschensohn*, Friburgo i.Br. 1975, 421-434; R. Latourelle-G. O'Collins, *Problemi e prospettive di Teologia Fondamentale*, parte III: Approcci cristologici, Brescia 1980; M. Bordoni, *Gesú di Nazareth Signore e Cristo*, vol. I: Introduzione alla cristologia, Roma 1985; H.J. Verweyen, *Christologische Brennpunkte*, Essen

1985; K.H. Ohlig, *Fundamentalchristologie*. Im Spannungsfeld von Christentum und Kultur, Munique 1986; HFTh IV, cap. VI-XI, 122-265; A. Amato, *Gesa Il Signore*, Bolonha 1988.

RINO FISICHELLA

II. Filosófica

A expressão cristologia filosófica, seguindo o modelo da teologia filosófica, foi introduzida há alguns decênios, para designar de maneira global "o Cristo dos filósofos". Encontra os mesmos consensos, mas também as mesmas reticências, que a → filosofia cristã, sem a qual, aliás, não é concebível. Todavia, enquanto a filosofia cristã deve sobretudo justificar sua qualidade de filosofia, a cristologia filosófica, invertendo o sintagma, tem que demonstrar sua autenticidade cristológica. Para muitos, o Cristo visto pelos filósofos não passa de uma imagem inútil, um "fantasma", como dizia Baader. A dissensão, latente ou ostensiva, entre o cristianismo e as filosofias agrava-se quando se faz intervir Cristo em pessoa: o Cristo da fé é desfigurado no Cristo da filosofia. De resto, neste ponto, a linha de demarcação não se traça entre crentes e não crentes: como no caso da filosofia cristã, nas duas partes deparamos defensores e adversários. Se por cristologia filosófica se entendesse uma doutrina especulativa autônoma, que teria Cristo como autor, então seria preciso dar razão à tendência contrária. Cristo não é um escritor filosófico, segundo lembram Blondel e Nédoncelle, entre outros; ou então, se, ao contrário, se pretendesse entender a cristologia filosófica como um objeto metafísico, na singularidade de seu ser, neste caso haveria um engano total. A filosofia não tem contato direto com a pessoa e com a vida de Jesus e não poderia substituir a oração e a fé. Mas, na verdade, não se trata disto. Interpretar a cristologia filosófica, tanto do lado da doutrina como do lado da existência, como um domínio da filosofia sobre Cristo, significaria violentar as palavras.

1. ACESSO FILOSÓFICO A CRISTO – Todavia, deve haver um acesso filosófico a Jesus Cristo. A filosofia e os filósofos não podem ser excluídos nem dispensados da pergunta de que depende cada vida: E você, que pensa de Cristo? É o que afirma, de maneira comovente, R. Schneider, em um opúsculo publicado imediatamente depois da última guerra, ainda regelado pelo inverno da catástrofe. Ninguém foge à pergunta feita por Jesus em Cesareia: Quem dizeis que eu sou? Ora, contrariamente ao que em geral se imagina, os filósofos não têm sido avaros de respostas. Nenhum grande filósofo da época moderna descartou a questão de Cristo ou eludiu a presença de Cristo. Deveríamos, antes, admirar-nos do fato de que os historiadores e os críticos, exceto nos últimos decênios, tão pouco se tenham apercebido disto ou não tenham considerado oportuno prestar atenção ao fato. No caso clamoroso de Kant, por exemplo, e também no de Hegel, sua abordagem permanece superficial, como se se tratasse de algo acessório. Sob este ponto de vista, o precioso livrinho de H. Gouhier, *Bergson et le Christ des Évangiles*, é um marco. Mas, considerando o lugar que Cristo ocupa no pensamento dos filósofos (a partir de alguns expoentes escolhidos, Bergson, Spinoza, Rousseau), Gouhier não acreditava que se pudessem superar as cristologias filosóficas empíricas; cada vez o filósofo forja sua imagem de Cristo e a cristologia filosófica equivale a esta galeria de retratos.

Contudo, deve-se poder ir além de uma sucessão de monografias, por mais úteis que sejam, e de um estudo comparativo. A própria diversidade das cristologias – mais ou menos desenvolvidas – inerentes aos sistemas, gera o problema da unidade que deriva do modelo, como também da tradição. Da mesma forma, a unidade subjacente à filosofia, em geral, e a toda disciplina filosófica, em particular, deriva da natureza das coisas e da relação vital da filosofia com sua história. Assim, os esboços de cristologia filosófica, oferecidos pela época moderna, estão ligados entre si simplesmente por afinidades filosóficas. Por isto, nota-se uma maior ou menor insistência sobre o → Jesus da história ou sobre o Cristo da fé, de acordo com a incidência mais crítica ou mais sistemática das filosofias em questão. Um ponto de partida crítico ou histórico – como em Kant, Fichte, Bergson – coloca a tônica em Jesus, mestre de moral, revelador, místico... embora não se percam de vista as evoluções dogmáticas, mas estas supõem o ponto firme do aparecimento histórico. Ao contrário, as grandes filosofias especulativas da religião tendem a minimizar – sem eliminá-la – a contingência histórica e a integrar sobretudo o desenvolvimento dogmático. No limite teríamos, de um lado, um Cristo sem cristologia e, do outro, uma cristologia sem Cristo. Pois o problema reemergente de toda cristologia que queira apresentar-se como filosófica não é muito diferente do da teologia, que oscila entre o docetismo e o arianismo; é também a dicotomia que se quis levantar entre o Jesus da história e o Cristo da fé. Mas já que para o filósofo – e, de resto, com razão – o Jesus da história é o Cristo da fé, o contraste se estabelece antes entre o Cristo da história e o Cristo da ideia ou da especulação; daí o duplo ponto de partida do qual falamos.

Trata-se agora, de um lado e do outro, de superar o "grande e terrível fosso" de Lessing, que a fé atravessa de um salto só, entre o testemunho contingente da história e a verdade universal da razão especulativa. Os filósofos não tratam, propriamente falando, do "problema de Jesus", mas têm, também eles, suas preferências por uma cristologia ascendente ou por uma cristologia descendente: Spinoza parte de Jesus "filósofo por excelência", cujo espírito se comunicava diretamente com Deus; Fichte detém-se no gênio religioso, no prodigioso precursor da *Doutrina da ciência*; Bergson, no Supermístico e no orador do Sermão da Montanha; mas Malebranche escuta o verbo interior, razão universal; o jovem Schelling confessa ingenuamente que é importante somente a pessoa "simbólica", e não aquele homem qualquer, mais comum, transparente, o pregador essênio (mais tarde mudará de opinião); Hegel erige uma majestosa estaurologia (i. é, a negatividade como mola universal) na qual o *hic et nunc* indiscutível de Jesus de Nazaré se resolve num nível e num momento histórico... Num sentido como no outro, a dificuldade diz respeito à ligação ou à transição, a menos que se deixe intacta a separação, como fazem, por exemplo, Feuerbach e D.F. Strauss. Kant deixa em aberto a questão da origem divina do modelo, mas não exclui que o Mestre do Evangelho, como aparição fenomênica, seja perfeitamente configurado ao arquétipo noumênico; dizer mais significaria ultrapassar os limites. Fichte mostra um Jesus por demais invadido e possuído pela ideia de ser único, a ponto de identificar o metafísico com o histórico: não é suficiente para a ortodoxia, mas é mais do que diz a *Doutrina da ciência.* Ao contrário, Schelling, em idade avançada, atribui a seu Cristo, rico de metamorfoses, uma história toda dogmática. Hegel recusa dissociar a mais alta especulação e o espírito da comunidade da aparição sensível uma vez por todas (é o "ponto fraco" de toda cristologia especulativa).

Contrariamente ao que se poderia pensar, a maior parte das filosofias, que dão espaço a Cristo e à cristologia em suas construções, são tentativas meritórias, quando se trata de justificar a encarnação e a *kénōsis.* O destaque da *Ideia Cristo* que governa os sistemas de tipo idealista não impede o confronto com a história e a contingência; poderíamos oferecer muitos exemplos disto, desde Hegel até Schelling e seus numerosos epígonos. Mas é verdade que Cristo, enquanto hóspede destes "palácios de ideias", sofre sua influência e é chamado não somente a ocupar aí o seu lugar, mas também a desempenhar uma função; a cristologia filosófica que deriva daí ajuda só marginalmente a compreensão de Cristo e exerce sua função sobretudo para os fins da filosofia. Seu destino é patente na colossal obra de Hegel, em que Cristo é "recrucificado"; é-o de maneira mais sutil na filosofia positiva de Schelling, onde assume as tarefas hercúleas da potência mediana para recair momentaneamente numa misteriosa latência, durante o tempo da Igreja e nas fadigas da extirpação do mal, delegadas paradoxalmente a satanás. Mas filosofias menos abertamente cristológicas confirmam também que Cristo – extrapolando de um termo de Novalis – é a "chave do mundo": assim Spinoza, que atribui a Cristo e a seu Espírito o conhecimento perfeito, insuperável, do qual ele mesmo não tem a total fruição; assim Fichte, para o qual Cristo, reluzente de vida joaneica, realiza de modo insuperável a *Doutrina da ciência*; nele, como nesta, estão a vida e a luz dos homens. Até Bergson, tão discreto, atribui ao Cristo dos evangelhos a inaudita capacidade de orientar o elã vital e, em suma, de lançar uma nova criação, ética e espiritual.

2. TRÍPLICE TIPOLOGIA – Embora elogiando seu intento, não se pode realmente evitar de dirigir às cristologias filosóficas, no seu conjunto, a censura de *policristia*, reservada por J.A. Moehler aos hereges. Todavia, se considerarmos todas estas cristologias segundo o seu objetivo, como aproximações e vias de abordagem, elas delineiam procedimentos constantes e homogêneos e obedecem a uma tipologia que podemos sumariamente reduzir a três tipos.

a. O primeiro é a abertura da filosofia à cristologia, a "preparação evangélica", a filosofia "que leva a Cristo", o *intellectus quaerens fidem.* Este tipo de filosofia cristã, por antecipação e por vocação, é realizado, por exemplo, em J. Lequier, no último Maine de Biran, em muitos fenomenólogos, em M. Scheler, no Bergson das *Duas fontes*, no Blondel do segundo período ("a filosofia aberta" é o título de sua homenagem a Bergson)...

b. Inversamente, na linha da *fides quaerens intellectum* e, consequentemente, fechando o círculo com a tendência precedente, desenha-se a cristologia empenhada na filosofia, como um muro de sustentação. Ela indica o caminho sempre árduo e perigoso que vai da teologia à filosofia. Inseparável da finalidade cristológica da filosofia, a finalidade filosófica da cristologia cria a verdadeira cristologia filosófica, aquela que vai ao encontro da filosofia, para reforçá-la e regenerá-la, com o risco da secularização. Ela manifesta-se no interior da filosofia com esquematismos, representações, símbolos, que não são necessariamente o resultado de uma operação redutora. O exemplo insuperável é o sistema hegeliano, incompreensível sem a *analogia Christi*, mas que não preserva suficientemente a distância e o mistério. O pancristismo de Blondel, em ação sobretudo na quarta e quinta parte de *L'Action*, faz literalmente surgir do nada uma cristologia com temática filosófica. Igualmente a madura reflexão de G. Marcel está profundamente impregnada de reminiscências cristãs e cristológicas que, em ordem dispersa, renascem em filosofemas às vezes insólitos. E manifesto que estas cristologias filosóficas, ainda que simplesmente esboçadas, haurem sua força da plenitude de Cristo, isto é, da importância de seus aspectos, de suas categorias e *epinóiai*, pois todos os aspectos de Cristo são compatíveis. O ponto fraco de uma abordagem como a de M. Légaut é fixar-se, ainda que apaixonadamente, somente no Mestre espiritual. Semelhante cristologia, quando enfrenta a realidade ontológica de Cristo, se é que a enfrenta, chega ali completamente falha e enfraquecida.

c. Existe um terceiro tipo de cristologia filosófica que deriva do segundo, ainda pouco explorado, e que, em todo caso, permaneceu implícito na reflexão cristológica. Para dizer a verdade, trata-se, antes, de uma fenomenologia de Cristo que, munida de intuição simpática, perscruta em toda a medida do possível a *éidos* de suas vivências e de suas categorias, sobretudo as que têm relevância filosófica: a subjetividade, o tempo, a intersubjetividade, a corporeidade, o sofrimento, a morte, o pecado, o mal, o destino. Esta fenomenologia cristológica ajudaria tanto a ciência do homem (no sentido de Maine de Biran) quanto o conhecimento de Cristo. Não existe ainda, mas dela encontram-se elementos esparsos, e muito sugestivos, nos estudos de J. Mouroux sobre a consciência do tempo e, sobretudo, de M. Nédoncelle sobre a intersubjetividade. Ao lado destes pioneiros, exegetas e teólogos produzem muito material precioso: Guardini, Balthasar, Guillet, Guitton... mas já o fizeram K. Adam, L. de Grandmaison e o incomparável Newman.

O livro de O. Cullmann, que leva o título promissor *Cristo e o tempo*, com orientação totalmente diferente, é o exemplo a não ser seguido. Em compensação, oferece um "ponto de ligação": a concepção do tempo cristão, que se liga necessariamente à própria temporalidade de Cristo. Quando Kierkegaard vê nas palavras de Jesus a Judas – "o que tens de fazer, faze-o logo" – a expressão mais dilacerante do Evangelho, indica, através da impaciência do desejo angustiado, uma singular relação qualitativa com o tempo.

Em uma célebre página, Santo Agostinho traçara uma linha de demarcação entre o Logos familiar à filosofia pagã e o Verbo encarnado, que não se acha em Platão e em seus herdeiros. O forte desenvolvimento da filosofia cristã desmentiu, como era previsível, a observação então exata de Agostinho; e nem mesmo a emancipação da filosofia anulou as repercussões da fé cristológica sobre a razão autônoma. A ousada proposição enunciada, antecipando Teilhard de Chardin, não parece aberrante: "O Deus dos filósofos é, enquanto Cristo dos teólogos, o Deus de Abraão, de Isaac e de Jacó". Frase bastante sibilina, mas da qual podemos tirar a conclusão de que Cristo já ocupa o lugar do Deus dos filósofos e de que a cristologia filosófica passa a substituir a teologia filosófica. Mas falta ainda sensibilizar mais os irmãos inimigos, filósofos e teólogos.

Uma observação sobre a cristologia transcendental. Ela é apanágio e título de glória de → K. Rahner. O teólogo de Innsbruck não pretende substituir com ela a cristologia categorial ou positiva, da qual constitui, ao contrário, o pressuposto indispensável. Ele a entende, sob a influência de Kant e de Maréchal, como o exame das condições *a priori* ou do *a priori* hipotético de uma determinada possível experiência (ou realidade). A cristologia transcendental rahneriana versa sobre a possibilidade da encarnação, ou do Homem-Deus, e corresponde, na verdade, a dois problemas que se cruzam: Em que condições reconhecer – subjetivamente – o homem que é Deus, o Deus feito homem? Em que condições um homem pode ser dito Deus, como é possível que um homem seja Deus, capaz de Deus? Em ambos os casos (diversamente de Kant), Rahner prefere o procedimento ascendente hoje em voga.

O segundo problema resolve-se com o recurso à → *potentia oboedientialis*, neste caso, filial, radicalizada; nisto Rahner aproxima-se de Schleiermacher. O primeiro problema, complexo, faz intervir a humanidade histórica; a cristologia está à procura da realidade do Salvador absoluto, que seus esquemas de pré-compreensão (disponibilidade absoluta, perfeito abandono) a fazem pressentir; ainda que este desejo natural fosse melhor atendido no fim da história na escatologia, ele escuta a linguagem da fé que designa Jesus de Nazaré. A cristologia transcendental não poderia suplantar a fé, cuja evidência atesta que Jesus satisfaz às condições. Indiretamente Rahner justifica assim Kant, que não acreditou poder equiparar o Mestre do Evangelho ao Arquétipo transcendente. Ele mesmo, enquanto teólogo, e querendo sê-lo, tem mais liberdade de ação.

O grande projeto de Rahner, do qual damos apenas um resumo bem sucinto, mostra a interação da cristologia e da antropologia, com vantagem para a cristologia. Nada impede de tornar válido, com o mesmo vigor, o caminho inverso, ou seja, com vantagens para a antropologia.

Bibl. – R. Schneider, *Die Heimkehr des deutschen Geistes*. Über das Bild Christi in der deutschen Philosophie des 19. Jahrhunderts, Baden-Baden 1946; H. Gouhier, *Bergson et le Christ des Évangiles*, Paris 1961; J. Mouroux, *Le mystère du temps*. Approche théologique, Paris 1962; H. Bouëssé-J.J. Latour (ed.), *Problèmes actuels de christologie*, Paris 1965; A. Matheron, *Le Christ et le salut des ignorants chez Spinoza*, Paris 1971; M. Légaut, *Introduzione all'intelligenza del Cristianesimo*, Assis 1972; T. Pröpper, *Der Jesus der Philosophen und der Jesus des Glaubens*. Ein theologisches Gespräch, Mainz 1975; K. Rahner, *Curso fundamental da fé*, São Paulo 1989; X. Tilliette, *Cristo dei filosofi*, Brescia 1976; Id., "Spinoza devant le Christ", in *Greg* 58 (1977) 221-237; Id., "È possibile una cristologia filosófica?", em R. Latourelle-G. O'Collins (ed.), *Problemi e prospettive di teologia fondamentale*, Brescia 1980, 173-191; Id., *La christologie idéaliste*, Paris 1986; Id., *Filosofi davanti a Cristo*, Brescia 1989; Vários autores, *Pour une philosophie chrétienne*, Namur-Paris 1983; E. Brito, *La christologie de Hegel*, Paris 1983.

XAVIER TILLIETTE

III. Títulos cristológicos

Colocar-se teologicamente diante da problemática dos "títulos cristológicos" significa levar em conta dois dados. O primeiro é o que permite constatar a irredutibilidade de Jesus de Nazaré às inúmeras classificações que a mente humana, junto com a fé, conseguiu exprimir ao longo dos séculos. Com efeito, sua pessoa se sobreleva sempre mais, indo continuamente além das diferentes qualificações, e mostra a grandeza do mistério diante do limite da pessoa, que pode apreendê-lo sempre e só como um *novum* que lhe é oferecido.

O segundo dado é o que permite atingir resultados que favorecem, seja a percepção da historicidade de Jesus de Nazaré, em seu revelar-se como enviado do Pai, seja a compreensão de fé da comunidade primitiva. Numa palavra, somos colocados frente àquela síntese real entre o dado histórico e a experiência de fé que permite à Teologia Fundamental uma abordagem totalmente peculiar à cristologia (→ cristologia fundamental). A síntese atingida em nada desmerece ou contradiz o componente histórico e o de fé; ao contrário, valoriza ambos. De fato, mostra que a experiência de fé está sempre ligada a um fato histórico, mas isto não é nunca um *factum brutum*; é, ao contrário, sempre relacionado a um sujeito histórico ou a uma cultura que o plasmam, tornando-o significativo para o presente e condição de compreensão do futuro e, por isso, "história".

1. UM OLHAR PARA A HISTÓRIA – Na perspectiva da Teologia Fundamental, o estudo dos títulos cristológicos passou por uma evolução que pode ser percorrida em três etapas.

a. O tratamento dos títulos cristológicos não é coisa nova. Desde os primeiríssimos tempos da literatura cristã, há exemplos significativos: Dionísio escreve em 13 livros o *De Divinis nominibus* (PG 3,586-990); Oriêncio, por volta de 450, fornece um poema *De epithetis Salvatoris nostri* (PL 61,1000-1005), em que são descritos e comentados 54 títulos.

Uma primeira obra "monográfica", que nos é dado conhecer, parece remontar à obra de Luis de León (1528-1591), que em 1583 publica o *De los nombres de Cristo*. O surpreendente é que a obra é escrita com o intento de contornar o grave perigo para o povo, consequente à proibição de publicar a Sagrada Escritura em língua vulgar.

Portanto, para não deixar o povo na ignorância da verdade cristã, com a consequência de um afastamento da prática de fé (p. 4-5), León recolhe em seu escrito dez títulos principais, com o intuito de fornecer aos simples crentes um instrumento catequético: "Na Escritura dão-se a Cristo muitos nomes; mas os principais são dez, em cujo interior é possível reconhecer, em síntese, todos os demais" (p. 12). O desenvolvimento do livro é cativante: três jovens monges agostinianos, Sabino, Marcelo e Juliano, fogem do calor de Salamanca e encontram refúgio no campo. Ali começam a discutir sobre os nomes atribuídos a Jesus: "rebento", "rosto de Deus", "caminho", "pastor", "monte", "rei e príncipe", "esposo", "amado", "Jesus" e "cordeiro". A partir da brevidade do nome, desenvolve-se uma demonstração que tende a ilustrar seu significado e, portanto, a imprimir na mente do leitor a verdade de fé subjacente.

Estamos frente aos títulos cristológicos como a um substituto da leitura da Escritura, de tal modo que, "conhecendo a Cristo, se chegue à verdadeira e própria sabedoria do homem" (p.8).

b. Uma segunda etapa é representada pela → teologia manualística, verdadeira e própria inventora da problemática dos títulos em teologia.

O contexto em que se colocava o estudo era o da polêmica com o Iluminismo e, mais diretamente, com o racionalismo. O *De legato divino*, que encontrava no tratado dogmático *De Verbo incarnato* seu complemento, constituía o impacto apologético para a cristologia.

O objetivo desta metodologia era demonstrar infundadas as teses que sustentavam a contraditoriedade e a contraposição entre a investigação histórica sobre a vida de Jesus e sua imagem dogmática. Com efeito, o que era apresentado estava bem longe de poder ser considerado como uma defesa da historicidade do Jesus de Nazaré. O que os títulos conseguiam, além de uma evidente funcionalidade, externa ao sujeito em questão, que, deste modo, era sempre mais distanciado do seu contexto histórico, era a apresentação de um Cristo que tinha todas as características de *excepcionalidade*, tanto em sua humanidade quanto em sua historicidade.

Por isso, a imagem que se eruía estava bem longe da perspectiva evangélica e da realidade histórica que se queria defender.

Envolvendo-se em relação aos tratados anteriores (pense-se apenas, como exemplo significativo, no primeiro tratado apologético, o de Hook, *Religionis naturalis et revelatae principia*, 1754, Liber II, pars I, art. 1, que, como prova da divindade, aduzia apenas o messianismo de Jesus e sua autoridade em pregar e em realizar milagres), a manualística havia reduzido todo o conteúdo cristológico apenas à demonstração dos títulos.

O material levado em consideração, estranho a qualquer metodologia exegética, era regido pela força do dogma. Desta maneira, porém, a apologética manualística traía toda tentativa sua de apresentação cristológica. Efetivamente, Jesus de Nazaré não era mais considerado em si mesmo, nem como fonte nem como descrito pelos testemunhos evangélicos, mas era, antes, o produto derivado da formulação dogmática. Paradoxalmente, o fosso entre o Jesus histórico e o Cristo da fé, que se queria superar, na verdade aqui acabava sendo aumentado.

c. A teologia fundamental do pós-Vaticano II, no momento em que eventualmente aborda os títulos, não pode prescindir da novidade imprimida à teologia da revelação e à cristologia pelo concílio.

A recuperação da prioridade da Escritura para uma exata compreensão teológica dos dados, o horizonte histórico-salvífico em que é possível inserir os diferentes componentes bíblicos, e a sistematicidade orgânica na ordenação dos dados recuperados são chaves hermenêuticas insubstituíveis para o tratamento dos títulos no horizonte da fundamental.

2. PROPOSTA SISTEMÁTICA – Uma proposta sobre a utilização dos títulos cristológicos, que aqui apresentamos, deseja colocar a exposição como base para um duplo objetivo:

a. No interior de uma leitura global da revelação, os títulos podem ser considerados um veículo, pelo qual é possível atingir a consciência de Jesus, que exprime o mistério de sua existência e o projeto de sua missão salvífica.

b. Mais especificamente, na ordem de uma metodologia hermenêutica, os títulos podem permitir a verificação que mostra a linguagem da fé radicada na linguagem histórica de Jesus de Nazaré. Tem-se, pois, para a teologia, a possibilidade de uma formulação que garante a cientificidade e a sensatez de seu exprimir-se, contra todo reducionismo a que conduziriam algumas formas de análise linguística.

L. Sabourin, em apêndice a sua obra *Les noms et les titres de Jesus*, recolhe uma lista de 187 títulos, já encontrada pelos fins do século VII, títulos que, com significado diverso, estão presentes no Novo Testamento.

De nosso ponto de interesse, pensamos que se podem distinguir três níveis que poderiam constituir como que o contexto ambiental mais significativo para a colocação e a compreensão dos títulos:

1. Títulos que exprimem a consciência popular dos contemporâneos de Jesus. O ponto de referência é particularmente o mundo veterotestamentário. Estes títulos, como "profeta", "filho de Davi", caíram em desuso na comunidade pós-pascal, porque manifestamente não exprimiam mais em plenitude o mistério que fora revelado.

2. Títulos que remontam a Jesus mesmo, que, desta maneira, explicou a compreensão que tinha de si (ex.: "Filho do Homem"). A comunidade não pôde senão manter estas expressões, porque ligadas ao ensinamento mais genuíno do mestre.

3. Títulos que, à luz da Páscoa, a comunidade explicitou e aplicou a Jesus de duas maneiras:

– seja atualizando as imagens veterotestamentárias referidas a Ele (p. ex., "sabedoria"), ou celebrando a liturgia (p. ex., "Senhor");

– seja recordando o próprio ensinamento de Jesus, seus gestos e seu comportamento, em que manifestava que Ele era o "Messias" e "filho de Deus".

Uma rápida panorâmica exemplificativa poderá orientar a perspectiva teológica exposta.

Jesus profeta – O ambiente judaico nos tempos de Jesus é fortemente caracterizado por dois fatores: a definição das Escrituras e a permanente referência a Moisés e à Lei.

O sentido profético, como fora experimentado na época deuteronomista, passou a faltar; a vontade de Jhwh é agora conhecida através da referência à Tôrāh e aos profetas, lidos e interpretados pelos doutores. Embora se pensasse que o espírito profético havia terminado com Ageu, Zacarias e Malaquias, o povo conhecia igualmente formas que mantinham a experiência profética: antes de tudo, o gênero apocalíptico sustenta a expectativa messiânica; em seguida, o carisma profético, que se reconhecia presente no sumo sacerdote por força do seu ofício (cf. Jo 11,5); finalmente, não há que negligenciar a comunidade de Qumran que, com seus textos e seu estilo de vida, era guiada pela autoridade do Mestre de Justiça e pela expectativa constante acerca da vinda do Messias de Aarão.

O surgimento do Batista e sua pregação certamente alimentaram o clima de expectativa que atravessava toda a história de Israel, imprimindo ulteriormente a esta figura uma conotação profética, que despertava sentimentos já conhecidos, mas adormecidos no ânimo do povo.

Neste contexto colocam-se, inicialmente, a pregação e a ação de Jesus de Nazaré. Alguns dados encontrados nos textos neotestamentários mostram sem sombra de dúvida que, a partir dos primeiros discípulos até o povo inteiro, a pessoa de Jesus foi acolhida e interpretada nos moldes do profetismo clássico. O aparecimento de Jesus na cena pública despertou em seus interlocutores a imagem que o Batista já estava, de algum modo, tentando recuperar, a do profeta.

É fácil verificar a opinião comum, entre indivíduos e grupos de pessoas, que se referem a Jesus com o título de profeta: Filipe o comunica a Natanael (Jo 1,45), Simão, o fariseu, pensa-o, mas tem dúvidas (Lc 7,39), o cego de nascimento atesta-o diante dos juízes que o interrogam (Jo 9,17), a samaritana faz dele profissão pública de fé (Jo 4,19), os soldados, ao invés, usam-no como instrumento de zombaria (Mt 26,68), ao passo que, para a multidão, é motivo de alegria e de louvor (Mt 21,11; Lc 7,16).

Estas reações têm uma base histórica tal, que permite concluir que um dos primeiros dados expressos pela cristologia pré-pascal era o que reconhecia e interpretava Jesus de Nazaré como profeta que se inseria na longa série de figuras proféticas de Israel (Mt 21,45; Jo 1,21; 7,40; Lc 24,19).

Como explicar a aplicação deste título a Jesus? Não pensamos que se possa fazê-lo remontar ao próprio Jesus. Os evangelhos apresentam apenas dois textos explícitos (Mt 13,57; Lc 13,33), em que diretamente se faz referência ao profeta, no falar de Jesus. Todavia, o contexto é o da paixão e morte violenta que já se desenham no horizonte de Jesus. Estamos, pois, mais diante de uma *figura explicativa* para exprimir a rejeição por parte do povo e a sorte de uma morte violenta, que era destino comum dos profetas, do que diante de uma identificação com os próprios profetas.

Há, além disto, uma conformidade no estilo de Jesus, que o faz evitar ter que expressar claramente, com títulos, a identidade de sua pessoa e de sua missão. Conforme veremos, com a expressão "Filho do Homem" Jesus parece utilizar sempre fórmulas e imagens que, se de um lado esclarecem o mistério de sua existência, de outro o protegem e o escondem ulteriormente.

Para explicar, então, a reação dos contemporâneos e a consequente aquisição pela cristologia pré-pascal do título "profeta", é necessário buscar uma outra possível solução que mostra, no agir e no exprimir-se de Jesus, uma atitude tal que ao povo lembrava intuitivamente a dos profetas.

Antes de tudo, o costume de Jesus de interpretar as Escrituras para explicar e fazer entender melhor seu presente. Lucas, mais do que os outros evangelistas, sublinha este aspecto, colocando-o quase como arquétipo de toda a pregação pública do mestre (Lc 4,16-30). Além disso, Jesus fez profecias; ou seja, exprimiu-se com imagens e estilos que lembravam os dos profetas. Pensemos nas maldições e nos juízos de desventura (Lc 13,34; Mt 23,34; Mc 13,1-2), ou nos juízos de salvação (Lc 12,32; 10,23), com os vários macarismos (Mt 5,3-12). Nessa perspectiva, não se pode tirar do Jesus histórico a paternidade de Mc 13,1-2, que, para todos os efeitos, deve ser considerado como um texto profético, tanto por seu estilo quanto pelos conteúdos recolhidos. Com efeito, este texto é central e constitui uma explicação necessária para compreender tanto as acusações que serão dirigidas a Jesus durante o processo (Mc 14,58) quanto a zombaria dos que passavam debaixo da cruz (15,29).

Ainda mais: Jesus realizou gestos que se referem claramente aos numerosíssimos atos que os profetas praticavam, como sinais explicativos de revelação; neste sentido, pensemos no valor simbólico de alguns milagres (Jo 6,1-66; 9,41; 11,1-44), porém, mais diretamente, na purificação do templo (Mt 21,12-16), com a consequente expulsão dos comerciantes; no gesto de maldição da figueira, relacionado à incredulidade do povo (Mt 21,18-22), ou no escrever no chão, antes de emitir um juízo de perdão e de salvação para a adúltera (Jo 8,1-11).

Uma outra expressão de atitude profética pode ser identificada nas várias *visões* que Jesus tinha. Seu conteúdo é expresso tanto em referência ao coração dos homens, razão pela qual ninguém conseguia esconder-lhe algo (Mt 12,25; Lc 9,47), quanto em dever constatar "plasticamente" o advento de seu reino de salvação, com o consequente retrocesso do reino de satanás (Lc 18,18).

Finalmente, devem considerar-se como elementos proféticos os diversos anúncios de paixão, com a consequente promessa de glorificação (Mc 8,31; 9,31; 10,33). Ainda que com os diversos graus de historicidade de que as três redações se revestem, estamos, em todo caso, diante de um dado incontestável: a plena consciência de Jesus de ter diante de si o destino de uma morte violenta, típica para os profetas, e a vontade de imprimir a este evento um significado pessoal que desse cumprimento e sentido último a sua missão.

As fontes neotestamentárias permitem, portanto, verificar um dado comum, ainda que com acentuações teológicas diferentes: o do reconhecimento de Jesus como um profeta, em razão de seu comportamento. De qualquer forma, se, com base neste dado histórico, se pode falar de uma *cristologia profética*, é também necessário acrescentar que ela é vista como uma forma primitiva que permite avaliar a imediata reação da multidão em face de Jesus. Já uma dinâmica interna dos textos permite, com efeito, ver que as fontes neotestamentárias não se contentam em referir somente esta dimensão. A pessoa de Jesus evocava reflexões e atitudes que obrigavam a ver nele "alguém que é mais do que" (Mt 12,41; 12,42; 12,16). Portanto, só *analogicamente* se lhe podia atribuir o título de profeta; a autoridade com que se exprimia e a consciência que revelava de sua relação com Deus podiam fazer emergir do título mais a dissemelhança do que a semelhança com a realidade (→ Profecia).

Filho de Davi – Um outro título, ligado diretamente à ideia de messianismo, é o de filho de Davi. A ausência do título nos textos veterotestamentários poderia causar surpresa e, no entanto, é certo que toda a tradição não cessa de pensar no messias que deve vir, na dimensão da profecia de Natã (2Sm 7,13-16). Só a literatura extrabíblica, anterior à cristã, tem um único exemplo, dado pelos Salmos de Salomão 17,21-25; os textos rabínicos, ao invés, mostram um uso já tradicional da expressão "o filho de Davi que vem".

O uso que se encontra na tradição sinótica reflete, com toda a probabilidade, uma mentalidade ainda pré-cristã, que via no título a ligação com a *realeza* do messias e a instauração de seu reino. Estamos, pois, em plena compreensão de um messianismo político-real. Isto faz compreender a reserva que é possível ver na atitude de Jesus quanto ao título. O lógion mais expressivo em que aparece é Mt 22,41-46.

O contexto de disputa mostra que estamos diante da vontade de uma mudança de perspectiva intencional na compreensão do fato. Baseando-se na "antinomia hagádica" (cf. J. Jeremias, *Teologia do NT*, 393), Jesus aceita a verdade que o título exprime, porém corrige a interpretação do mesmo, para que esta seja mais conforme a toda sua pregação, que prefere a figura do servo sofredor à do messias glorioso.

O mesmo caso pode-se verificar na perícope de Mc 10,46-52. Sobre a historicidade deste fato, diferentes fatores podem confluir para chegar a um juízo positivo. Aqui, o cego Bartimeu, invocando Jesus como "filho de Davi" (v. 47), exprime uma fórmula popular de esperança messiânica que, juntamente com a de profeta, estava entre as mais familiares no meio do povo (Deschamps, A., "Le messianisme royal", em *Attente du Messie*, 61).

À luz da Páscoa, este título, que volta a encontrar-se ainda na profissão de fé de Rm 1,3-4, começa a ceder lugar ao título mais expressivo e completo de filho de Deus. Progressivamente, com efeito, a realeza de Cristo foi assumindo para a Igreja um valor universal e a funcionalidade de filho de Davi não fazia emergir plenamente a realidade ontológica que, ao invés, exprimia – este sim! – o título filho de Deus.

Filho do Homem – Filho do Homem, antes ainda de ser um título cristológico, é uma expressão que a comunidade primitiva honrou e amou, porque a reconduzia imediatamente, não só à linguagem do mestre, mas sobretudo àquela imagem que Ele havia criado para exprimir o mistério de sua missão e de sua pessoa.

Filho do Homem tornara-se um título só depois que se havia compreendido a lógica da superação da imagem de Dn 7 e de seu confluir na imagem do *'ĕbed Jhwh*, do Dêutero-Isaías. Somente quando a comunidade compreendeu a impossibilidade de equívocos entre a visão veterotestamentária do juiz glorioso escatológico e sua encarnação sob as vestes do profeta-servo, que sofre e dá sua vida em resgate do povo, foi que ela teve condições de multiplicar o uso daquela expressão e de transformá-la, às vezes, num real título cristológico.

Filho do Homem é uma expressão solidamente baseada exclusivamente nas fontes evangélicas. Excetuados três casos (que, todavia, trazem citações veterotestamentárias, cf. Ap 1,13; 14,15; Hb 2,6), nas demais fontes neotestamentárias ela só se encontra em At 7,55; quanto ao resto, encontramo-la oitenta e duas vezes exclusivamente utilizada por Jesus. Este fato não pode deixar de ter um motivo e reclama explicações.

A tradução grega de ὁ υἱός τοῦ ἀνθρώπου (*ho hyiós toú anthrôpou*) é um aramaísmo; com efeito, o segundo artigo definido é inusitado no grego, pretenderia exprimir mormente o determinativo, razão pela qual se costuma traduzir como Filho *do* Homem.

Esta expressão linguística, que o hebraico exprime com *ben-'ādām* e o aramaico com *bar 'ĕnash*, é muito utilizada nos escritos veterotestamentários. No livro de Ezequiel, no mínimo 53 vezes encontra-se o vocativo *ben 'ādām* para exprimir o chamado do profeta. O significado originário é determinado pela posição do prefixo *ben/bar*; pode indicar a descendência, se unido a um nome próprio, ou a proveniência, se precede um nome geográfico. Neste caso, *ben 'ādām /bar 'ĕnash* indica simplesmente um "homem", alguém pertencente à raça humana.

A partir da literatura apocalíptica, contudo, a expressão permanece condicionada pela imagem presente em Dn 7,13-14. Aqui, o autor sagrado, exprimindo sua concepção fundamental a respeito de uma iminente intervenção de Jhwh, que construiria seu reino messiânico na terra depois de ter destruído os diversos reinos inimigos de Israel (cf. Dn 2,31-45), introduz a figura *simbólica* de "alguém como/semelhante a um filho de homem".

A crítica fartou-se, ao longo de decênios, em busca da identificação desta figura. Com efeito, o texto, na complexidade de seu exprimir-se, deixa entrever que "filho de homem" pode ser entendido ou como um só indivíduo (o rei), ou como uma coletividade (o povo ou os "santos"). A interpretação mais comum apela hoje para a teoria da personalidade coletiva (*corporate personality*), porque melhor do que qualquer outra consegue harmonizar as aparentes contradições do texto. Partindo, portanto, de um sentido individual, é possível reconhecer nele a presença de uma coletividade, e vice-versa. De qualquer forma, para além da interpretação particular, a imagem do Filho do Homem contribui, na economia veterotestamentária concernente ao messianismo, para enriquecer a esperança messiânica, acrescentando-lhe as conotações de glória (v. 14), de poder (v. 15) e de juízo escatológico (v. 27), que até agora faltavam à consciência popular.

A incerteza sobre a determinação do tempo e da identidade do Filho do Homem, que caracteriza a leitura veterotestamentária, parece, ao contrário, faltar no testemunho dos evangelhos.

Os estudos neotestamentários, concernentes à individuação do Filho do Homem, podem ser agrupados no mínimo em três categorias: 1. Sustenta-se que Jesus utilizou o título, mas não o aplicando a si mesmo, senão, antes, a uma outra figura; 2. A comunidade primitiva inventou o título para justificar o anúncio da glorificação do servo sofredor; 3. Jesus criou pessoalmente esta expressão para exprimir sua identidade.

Um exame atento dos textos mostra que esta terceira posição se apresenta como a que mais respeita os dados evangélicos e a que melhor consegue coordenar os diferentes indícios, fazendo--os convergir para uma solução.

O material evangélico sobre o Filho do Homem pode ser subdividido em três grupos que contêm: 1. lógia que dizem respeito à atividade terrestre de Jesus (p. ex., Mc 2,10); 2. lógia com os temas da paixão-morte-ressurreição (p. ex., Mc 8,31); 3. lógia que falam da glória-parusia (Mc 13,26). Já estes poucos textos, que mostram sua dependência da figura de Dn 7, evidenciam ao mesmo tempo fortes diferenças em relação a ela. A primeira, e mais impressionante, que cria plena descontinuidade com o texto veterotestamentário, é a que vê as características do sofrimento, da paixão e da morte como constitutivos do Filho do Homem dos evangelhos.

Esta característica provém, com efeito, de uma outra imagem do Antigo Testamento, que convém introduzir brevemente, a do *'ěbed Jhwh* do Dêutero-Isaías (→ Messianismo). Ainda que o título de "servo" não seja aplicado diretamente a Jesus, sua missão redentora, porém, certamente recorreu a esta figura para poder explicitar-se.

Vimos anteriormente que Jesus foi acolhido e aceito por seus contemporâneos antes de tudo como profeta. Uma série de textos mostra, antes, que a imagem preferida da proclamação profética era a expressa pelo Dêutero-Isaías: relatos como o do batismo (Mc 1,11, que cita Is 47,1), dos anúncios da paixão (Mc 10,33, que cita Is 50,6) e da Última Ceia (Mc 14,27, que cita Is 53,12) referem-se *implicitamente* àquela figura; além disto, existem outros textos que *explicitamente* fazem referência ao servo sofredor (p. ex., Mc 8,17 e Is 53,4; Lc 22,37 e Is 53,12).

Para o mundo judaico contemporâneo a Jesus, a figura do profeta é muitas vezes ligada à imagem descrita nos quatro cantos, contidos no assim chamado "livro da consolação" (1º canto = Is 42,1-4; 2º canto = Is 49,1-6; 3º canto = Is 50,4-9a; 4º canto = Is 52,13–53,12). Nestes textos parte-se da descrição da missão do profeta, evidencia-se sua resposta obediencial a Jhwh e preveem-se os sofrimentos e os lamentos que Ele deverá enfrentar em favor do povo, portanto um sofrimento *vicário*, que lhe é exigido para que se realize o plano salvífico de Deus. Só depois de todas estas injúrias e sofrimentos e da consequente morte, o profeta poderá cantar sua vitória e receber como glória a possessão dos povos.

Estes cantos certamente estiveram presentes a Jesus, particularmente no momento em que se lhe delineava o destino de uma morte violenta, da mesma forma que no caso dos profetas. Com efeito, temos que acreditar que Jesus estivesse plenamente consciente do fato de que, com seu comportamento, suscitara escândalo (Lc 4,28; 5,27-32) e violentas reações nos chefes do povo (Mt 26,4; Mc 12,12); sua solidariedade com os pecadores e sua pretensão messiânica já o haviam levado a tocar a morte com a mão (Lc 4,29) e a ser quase apedrejado (Jo 8,59; 10,31-33; 11,8). Um lúcido realismo diante destes fatos, particularmente depois da morte do Batista e das desordens que havia provocado no templo (Mc 11,15), levaram Jesus a lhes procurar e dar um significado mais profundo, que finalizasse este seu destino.

A figura do Dêutero-Isaías tornava-se, portanto, nesta perspectiva, como que a mais familiar, porque, mais do que qualquer outra, antecipava o que Ele entendia como sua missão específica recebida do Pai, juntamente com sua morte pela salvação do povo. A missão do servo acabava confluindo, portanto, na imagem gloriosa do filho de homem de Daniel. Sem dúvida, criava-se uma gritante contraposição de imagens que confundia a mente do povo, mas seguramente se punha em ação um indício de originalidade pessoal de Jesus, porque esta síntese vinha romper todo esquema anterior e se colocava como inconciliável com toda pré--compreensão messiânica do momento.

Temos que fazer remontar a Jesus mesmo esta originalidade típica dos evangelhos (as fontes extrabíblicas do livro de Henoc e do IV de Esdras são do período judeu-cristão, portanto posteriores). Uma crítica completa, que parte da crítica textual e passa pela histórico-formal, leva a concluir que, em alguns casos (p. ex., Mc 3,28 com Mt 12,31), se transformou *bar-'ěnash* do sentido genérico de "homem" para o de título messiânico, em referência a Daniel. Verifica-se, além disto, que 37 textos, em 51, são dados em forma dupla; uma fonte apresenta o pronome pessoal, ao passo que a outra apresenta Filho do Homem. Daí, deve-se concluir que a forma mais antiga e original é aquela com o pronome; por conseguinte, o evangelista, utilizando Filho do Homem, interpretou-o à luz do título messiânico. Todavia, há 13 casos que não se podem reduzir a outras fontes e que chegaram aos evangelhos como forma originária, arcaica e primitiva (Mc 13,26; 14,62; Mt 24,27; 24,37b; 10,23; 25,31; Lc 17,22.24.26.30; 18,8; 21,36; Jo 1,51). Este caráter arcaico terá que ser levado em consideração, numa avaliação global dos textos. Se a estes dados surgidos se acrescentar um ulterior passo da análise, que versa sobre o critério de explicação necessária, então se pode atingir um ulterior estrato de historicidade. Com efeito, há que responder a algumas interrogações que emergem da perspectiva redacional; entre elas: 1. Como justificar o abundantíssimo uso do título (82 vezes), sempre e exclusivamente nos lábios de Jesus? 2. Por que a comunidade transmite o título, mas não o usa, nem mesmo nos momentos mais importantes de sua vida? 3. Por que a aparente contradição entre a descrição futura da glória e a descrição presente do sofrimento? 4. Por que a ausência de uma distinção entre ressurreição e parusia? 5. Por que João, que usa o título no Evangelho, não o usa mais nas epístolas? A estas perguntas teríamos que acrescentar outros elementos que impedem de pensar a comunidade como criadora do título: pensemos na passagem capital de Lc 12,8-9; aqui, Jesus faz uma espécie de distinção entre Ele e o Filho do Homem futuro. Por que razão a comunidade teria mantido esta distinção, se foi ela que criou o título? E, além disso, por que não existem lógia em que se fale ao mesmo tempo de ressurreição e de parusia, identificação esta que teria sido natural para a comunidade pós-pascal? E por que a comunidade teria deixado de usar o título quase imediatamente, se acabara de inventá-lo? Finalmente, por que a comunidade teria referido a Jesus o título da glória da visão de Daniel, se, depois, devia apresentá-lo no estado de sofrimento?

Todas estas perguntas levam a concluir que Filho do Homem também se tornou um título, mas isto só porque a comunidade primitiva tinha memorizado, com esta expressão, o modo mais usual que o próprio mestre usava para exprimir-se.

Jesus de Nazaré, de acordo com seu estilo, não quis dar uma definição clara e exaustiva de si mesmo. Filho do Homem atendia a esta sua exigência, antes de tudo, por seu caráter ambíguo; com efeito, enquanto podia indicar a característica escatológica do messias, ao mesmo tempo recordava o significado mais genérico de "homem". Se acrescentarmos que à figura de Daniel Jesus imprime a característica do sofrimento, da paixão e morte, entende-se mais facilmente, então, o motivo da dúvida popular diante da utilização desta expressão: "Quem é, pois, este Filho do Homem?" (Jo 12,34).

Em plena sintonia com a dialética da revelação, a expressão era bem adequada para revelar e para esconder o mistério de Jesus. A comunidade primitiva quis que o uso de Filho do Homem fosse baseado só na linguagem do mestre; de fato, não o usará mais, nem na liturgia, nem na catequese, nem mesmo nas comunidades fora da de Jerusalém. Filho do Homem devia manter aquele caráter de sacralidade, porque pertencia às recordações mais genuínas de Jesus.

Filho de Deus – A consciência messiânica de Jesus atingia seu ápice no momento em que instaurava com Jhwh uma relação tão única, que não tinha precedentes na história de Israel: a da filiação.

O título filho de Deus, que se encontra nas fórmulas dos vários livros do Antigo Testamento, empalidece, quanto à plenitude e originalidade que possui, quando o Novo Testamento o aplica a Jesus de Nazaré. Com efeito, aqui a realidade expressa é a de um compartilhar da própria natureza, coisa que o pensamento monoteísta bíblico não só nunca teria podido pronunciar, mas expressamente se recusava até a pensar.

Israel seguramente tinha sofrido a influência do Egito, no tocante à concepção de uma relação filial entre o povo e Jhwh. Êxodo e Deuteronômio percorrem mais vezes esta via, tanto para contrapor a filiação de Israel à das tradições egípcias (Ex 4,22) quanto para elevá-lo acima dos demais povos (Dt 7,6-10; 32,10). A reflexão sapiencial aplicará o título também àqueles indivíduos que se empenham em manter íntegra a fé dos Pais (Eclo 4,10); mas, em diferentes momentos, também o rei, os anjos ou quem tenha uma função peculiar é chamado filho de Deus (Sl 29; Sb 2,12).

A partir de Davi – único caso na história de Israel – ao rei se aplicará a fórmula do Sl 2,7: "Tu és meu filho, eu hoje te gerei"; todavia é evidente o caráter de eletividade e adoção de que esta proclamação se reveste. De qualquer forma, serão os profetas que, repetidas vezes, orientarão para o sentido correto a compreensão da filiação; ela será constituída pela correção que o pai mostra em relação aos erros e às traições dos filhos em relação à lei, mas, em todo caso, uma correção que se realiza e se desenvolve à luz da misericórdia e do perdão.

O NT mostra como progressivamente o título se tornou patrimônio da fé eclesial. Filho de Deus é intercambiável com a expressão absoluta "o filho" ou com a da invocação "Pai". Existe, claramente, uma teologia particular subjacente a cada evangelista, mas para todos a perspectiva é idêntica: Jesus Cristo é filho do Pai de modo único e absoluto.

Esta fé não poderá apoiar-se em expressões explícitas da parte de Jesus; efetivamente, Ele nunca pronunciou o título filho de Deus, aplicando-o a si mesmo; no entanto, a fé eclesial, ao aplicá-lo a Ele, não fez outra coisa senão explicitar o que Jesus mesmo havia dito.

Antes de tudo, pode-se verificar o comportamento global de Jesus, que leva a ver nele a pretensão de uma relação peculiar com Deus: a autoridade com que ensina, a segurança com que se coloca diante dos problemas de seus interlocutores, a inapelabilidade de seu juízo sobre a lei, a radicalidade com que pede ser seguido... tudo isto são fatos que se justificam somente se se aceita esta sua pretensão.

Mais diretamente, a *invocação* com que se dirige a Deus, chamando-o de → "abba", isto é, "papai", na ordem, portanto, de uma geração natural – pois este é o significado do termo – cria uma descontinuidade total com a mentalidade hebraica anterior.

Ao ensinar os discípulos a fazerem o mesmo, quando oram a Deus, Jesus também se distancia deles, porém. Sem dúvida, o pai é único, mas a relação que se exprime entre "meu" Pai (Mt 11,20) e "vosso" Pai (Mt 5,48) é substancialmente distinta: eles são filhos porque Ele é o filho.

A comunidade primitiva, ao apresentar Jesus como o filho de Deus, além disso terá recordado seu ensinamento a propósito;

quando, por exemplo, narrando a parábola dos vinhateiros homicidas (Mc 12,1-12 e par.), os levava a ver sua própria pessoa no personagem que o Pai mandava "por último", "seu filho predileto" que se devia respeitar e que, ao invés, foi morto e jogado fora da vinha.

Com este título, estamos frente a uma *coerência* e *conformidade* plena, tanto no comportamento de Jesus quanto em todo o seu ensinamento. A fé da Igreja, no momento em que experimentava a glória da ressurreição de Cristo, entendia que os títulos anteriores – profeta, servo, filho de Davi, Filho do Homem – não conseguiam mais encerrar o mistério de sua pessoa. Impunha-se, pois, quase com naturalidade, o título filho de Deus, porque, para além de toda funcionalidade, revelava a própria essência de Jesus e explicava sua existência histórica.

CONCLUSÃO – Seguramente, sublinhar excessivamente os títulos cristológicos encerra um grave perigo: o de fazer cair na fragmentariedade a descrição da pessoa de Jesus, privilegiando-lhe a funcionalidade.

Contudo, os vários títulos têm um significado somente se derivados da pessoa de Cristo e se a Ele retornarem. É a exigência de um princípio unificador que se impõe ao estudo teológico, e este é o que privilegia a globalidade do mistério da pessoa, mais do que a parcialidade dos aspectos que se referem a sua missão.

A Teologia Fundamental parte da centralidade de Jesus de Nazaré como revelador e revelação do Pai e daqui faz brotar a riqueza dos diferentes títulos. A tarefa específica da Teologia Fundamental não é a análise dos títulos como tais, mas, antes, o referencial revelador que neles se manifesta. Esta escolha de perspectiva comporta que um estudo teológico-fundamental tenha que privilegiar só alguns títulos, tanto porque mais diretamente envolvidos na especificidade da disciplina quanto porque têm condições de mostrar a profunda unidade entre o Jesus de Nazaré e o Cristo da comunidade primitiva.

Estes títulos cristológicos fornecem a primeira teologia de Jesus de Nazaré. Aqui, está-se diante da autocompreensão do mistério de Deus encarnado, que deve ser privilegiada em relação a qualquer outra análise. Sem dúvida, a ressurreição, ao irromper na vida dos discípulos, criou neles uma consciência nova dos fatos passados, mas não tirou nada daquela forma originária de amor e respeito que os tinha levado a deixar tudo para seguirem o mestre. Portanto, a Páscoa não aboliu o Gólgota.

Foi possível à comunidade cristã proclamar, na fé, que Jesus é o filho de Deus, em razão da inalterada fidelidade em receber e conservar sua palavra como palavra daquele que cumpria as Escrituras e era esperado desde sempre. Ele foi, portanto, primeiro acolhido pelos discípulos como profeta, depois foi crido como Filho do Homem, ainda que na perspectiva que contradizia suas próprias expectativas; finalmente, foi proclamado Cristo e filho de Deus, porque Ele mesmo os havia orientado a isto e porque agora sua certeza já era uma só: qualquer que fosse a fórmula ou expressão que tivessem usado, seria inadequada e insuficiente para descrever a unicidade e singularidade de sua pessoa.

Aos discípulos e à comunidade inteira só restava, pois, comunicar fielmente o que seus olhos tinham visto, suas mãos tocado, e seus ouvidos ouvido (1Jo 1,1-4): o rosto de Deus impresso no rosto irreconhecível do crucificado inocente, que se entregava à morte para exprimir a autenticidade do amor do Pai.

Bibl. – L. de León, *De los nombres de Cristo*, Valencia 1680; O. Cullmann, *Christus und die Zeit*, Zurich 1946; Id., *Die Christologie des Neuen Testaments*, Tübingen 1957; V. Taylor, *The Names of Jesus*, Londres 1954; Id., *The Gospel According to Saint Mark*, Londres 1957; E. Sijöberg, *Der verborgene Menschensohn in den Evangelien*, Lund 1955; F. Gils, *Jésus Prophète d'après les évangiles synoptiques*, Louvain 1957; W. Zimmerli-J. Jeremias, "παῖς", em TWNT V, 653-714 (trad. it. GLNT IX, 275-440); C. Colpe, "υἱός" em GLNT XIV, 274-472; Vários autores, *Attente du messie*, Louvain 1958; R. Bultmann, *Theologie des Neuen Testaments*, Tübingen 1961; J. Coppens-L. Dequeker, *Le Fils de l'homme et les Saints Du Très Haut en Daniel VII, Apocryphes et le Nouveau Testament*, Louvain 1961; L. Sabourin, *Les noms et les titres de Jésus*, Montréal 1963; F. Hahn, *Christologische Hoheitstitel*, Göttingen 1963; E. Dhanis, "De filio hominis in vetere testamento et in judaismo", em *Greg* 45 (1964) 5-59; H. Conzelmann, *Grundriss der Theologie des Neuen Testaments*, Munique 1968; E. Schweizer, *Cristologia neotestamentaria*, Bolonha 1969; R.N. Longenecker, *The Christology of Early Jewish Christianity*, Londres 1970; H. McArthur, *In Search of the Historical Jesus*, Londres 1970; N. Füglister, "Fundamentos veterotestamentários da cristologia neotestamentaria", em *MysSal* HI/1, 93-199, Petrópolis 1973; W. Marchel, *Abba! La prière du Christ et du Chrétien*, Roma 1971; Vários autores, *La venue du Messie*, Paris 1972; C. Duquoc, *Cristologia*, Brescia 1972; Vários autores, *Il problema cristologico oggi*, Assis 1973; F. Schnider, *Jesus der Prophet*, Göttingen 1973; W. Kasper, *Jesus der Christus*, Mainz 1974; R. Pesch-R. Schnackenburg (ed.), *Jesus und der Menschensohn*, Friburgo 1975; M. Hengel, *Der Sohn Gottes*, Tübingen 1975; E. Schillebeeckx, *Gesù la storia di un vivente*, Brescia 1976; J. Jeremias, *Teologia do Novo Testamento*, São Paulo 1977; Id., *Abba*, Brescia 1968; Id., "Die älteste Schichte der Menschensohn Logien", em ZNW 58 (1967) 158-172; F. Lambiasi, *L'autenticità storica dei vangeli*, Bolonha 1976; J. Caba, *El Jesús de los Evangelios*, Madri 1977; C.F.D. Moule, *The Origin of Christology*, Londres 1977; K. Rahner, *Curso fundamental da fé*, São Paulo 1989; H.U. von Balthasar, *Gloria. Un'estetica teológica*, vol. VII: Nuovo Patto, Milão 1977; E. Jüngel, *Paolo e Gesù. Alle origini della cristologia*, Brescia 1978; R. Latourelle, *A Gesù attraverso i Vangeli*, Assis 1979; J. Galot, *Chi sei tu, o Cristo?*, Florence 1979; D. Hill, *New Testament Prophecy*, Atlanta 1979; Vários autores, *Jésus et Jésus-Christ*, Paris 1979; J. Coppens, "Où en est le problème de Jésus Fils de l'homme", em EThL 56 (1980) 283-387; Id., Logia, *Les paroles de Jésus*, Louvain, 1982 (ed. J. Delobel); Id., *Le fils de l'homme vétéro-intratestamentaire*, Louvain 1983; B. Forte, *Jesus de Nazaré: História de Deus, Deus da história*, São Paulo 1985; P. Grelot, *La speranza ebraica al tempo di Gesù*, Città di Castello 1981; Id., *I canti del servo del Signore*, Bolonha 1983;

R. Kearns, *Vorfragen zur Christologie*. III: Religionsgeschichtliche und Traditionsgeschichtliche Studien zur Vorgeschichte eines christologischen Hoheitstitels, Tübingen 1982; M. Bordoni, *Gesù di Nazareth*, vol. II, Perugia 1982; L. Serenthà, *Gesù Cristo ieri, oggi e sempre*, Turim 1982; A. Grillmeier, *Gesù il Cristo nella fede della chiesa*, vol. 1,1: Dall'età apostólica al concilio di Calcedonia, Brescia 1982; X. Léon-Dufour, *Di fronte alla morte, Gesù e Paolo*, Turim 1982; M.E. Boring, *Sayings of the Risen Jesus*, Cambridge 1982; E. Cothenet, "Prophétisme dans le Nouveau Testament", em DBSupl VIII, 1222-1337; L. Scheffczyk, *Problemi fondamentali di cristologia oggi*, Brescia 1983; B. Lindars, *Jesus Son of Man*, Londres 1983; S. Kim, *The Son of Man as Son of God*, Tubingen 1983; R. Fabris, *Gesù di Nazareth. Storia e interpretazione*, Assis 1983; H. Schürmann, *Gesù di fronte alla propria morte*, Brescia 1983; G. Vermes, *Gesú Vebreo*, Città di Castello 1983; D.E. Aune, *Prophecy and Early Christianity*, Grand Rapids 1983; Vários autores, *Prophets, Worship and Theodicy*, Leiden 1984; Vários autores, *Gesú e la sua morte*, Brescia 1984; H. Fries, *Fundamentaltheologie*, Köln 1985; R. Fisichella, *La rivelazione: evento e credibilità*, Bolonha 1985; H. Waldenfels, *Kontextuelle Fundamentaltheologie*, Paderborn 1985; E. Schürer, *Storia dei popolo giudaico al tempo di Gesil Cristo*, vol. I, Brescia 1985; H.J. Verweyen, *Christologische Brennpunkte*, Essen 1985; W. Kern-H.J. Pottmeyer-M. Seckler (ed.), HFTh II: *Traktat Offenbarung*, Friburgo 1985; K.H. Ohlig, *Fundamentalchristologie*, Munique 1986; C.I. Gonzalez, *El es nuestra salvación*. Cristología y Soteriología, Bogotá 1987; A. Amato, *Gesú il Signore*, Bolonha 1988; G. Claudel, *La confession de Pierre*, Paris 1988; J. Dupont, *Jesus aux origines de la christologie*, Louvain 1989 (n. ed.); S. Pié-Ninot, *Tratado de Teologia Fundamental*, Salamanca 1989; CA. Evans, *Life of Jesus Research. An Annotated Bibliography*, Leiden 1989.

RINO FISICHELLA

IV. Cristologias

Acenando a enfoques diversos em cristologia e pesando o valor de cada um, procuraremos esclarecer alguns princípios de método.

1. CRISTOLOGIA BÍBLICA, CRISTOLOGIA PATRÍSTICA, CRISTOLOGIA ESPECULATIVA – A *cristologia bíblica* não se identifica com a exegese. Esta última busca a interpretação de cada texto da Escritura em particular, ao passo que a cristologia bíblica comporta de per si uma certa sistematização doutrinal dos resultados obtidos pela pesquisa exegética. Esta sistematização faz-se em vários níveis: pode, por exemplo, referir-se a um grupo de textos que tratam de um tema específico, como a cristologia da cruz em São Paulo, ou apresentar a doutrina de um autor, a cristologia de Mateus, de Marcos, de Lucas ou de João ou, então, procurar oferecer uma visão mais global da cristologia, tal como transparece no conjunto do NT. Os exegetas sublinham, com razão, que é preciso respeitar as ideias e as orientações próprias de cada autor, e que não se podem misturar interpretações diferentes. Assim, não se pode interpretar João com Paulo, nem Lucas com Mateus. Não obstante isto, existem conexões entre testemunhos diferentes e os confrontos são necessários, por vezes a tal ponto que comportam uma dependência. Além disto, embora conservando as diferenças entre os autores e mostrando este pluralismo que os caracteriza, é bom elaborar uma síntese dos dados bíblicos, com o fim de definir Cristo tal como se revela através da Escritura. Não basta definir o Cristo de Marcos ou de cada um dos evangelistas; existe, afinal, um rosto do Cristo do Evangelho, que precisa ser delineado nos seus traços essenciais.

A *cristologia patrística* estuda a contribuição dos Padres da Igreja, que se funda, também ela, na interpretação da revelação bíblica. Ela tende, antes de tudo, a precisar qual seja a doutrina de cada um dos Padres, mas estuda também a evolução que houve no decurso da história, com as correntes de pensamento que se firmaram com particular destaque.

Assim, a cristologia interessa-se pelas duas escolas que, nos séculos IV e V, dividiram os teólogos: a de Alexandria, que enfatizava a unidade de Cristo e sua divindade, e a de Antioquia, que insistia na dualidade e na integridade de sua natureza humana. A cristologia patrística detém-se particularmente em esclarecer o sentido das definições de fé que emergiram das controvérsias cristológicas: concílios de Niceia (325), de Constantinopla (381), de Éfeso (431), de Calcedônia (451), o segundo Concílio de Constantinopla (553) – cujas declarações têm valor definitivo só na medida em que significam uma simples exclusão do nestorianismo – e o terceiro Concílio de Constantinopla (681).

A *cristologia especulativa* esforça-se, com uma reflexão sobre o dado revelado, por sistematizar a doutrina e organizá-la de modo racional. Enfrenta os problemas colocados à inteligência humana pela encarnação redentora. Procura definir, com a ajuda de conceitos filosóficos, a constituição ontológica de Cristo. Dedica-se a pesquisas sobre a psicologia de Cristo, levando em conta a evolução de sua consciência humana e o exercício de sua liberdade. Procura precisar as propriedades características da santidade humana de Jesus, entender como se verificou nele o desenvolvimento da graça e das virtudes, mostrar como se pode conciliar santidade perfeita e experiência de tentações, impecabilidade e liberdade. Esforça-se por definir o sentido da missão do Salvador, explicar em que consiste o mistério pascal, o valor do sacrifício e o sentido do triunfo glorioso subsequente à paixão e à morte.

Não existem alternativas na elaboração da cristologia bíblica, da cristologia patrística e da especulativa. Com efeito, a cristologia especulativa deve apoiar-se na revelação, tal como está contida na Escritura e se exprime na tradição da Igreja. Convém acrescentar que a especulação cristológica não se alimenta só da Bíblia e da patrística, mas de todo o desenvolvimento doutrinal que se produziu ao longo dos séculos. Ela recolhe as contribuições da teologia escolástica, de modo especial dos grandes pensadores do século XIII, e mais especificamente de Santo Tomás de Aquino. Elabora-se em continuidade a todo o movimento teológico moderno e, naturalmente, à doutrina enunciada pelos concílios. Embora o Concílio Vaticano II não quisesse tratar expressamente do tema da cristologia, oferece neste campo visões e orientações, sobretudo na LG e na GS.

2. CRISTOLOGIA ONTOLÓGICA E CRISTOLOGIA FUNCIONAL – A cristologia ontológica esforça-se por definir em que consiste o ser de Cristo. Em palavras simples, afirma que Jesus Cristo é verdadeiramente Deus e verdadeiramente homem e, mais precisamente, que Ele é o Filho de Deus, pela encarnação tornado homem igual a nós em tudo, exceto no pecado. Embora sendo perfeitamente Deus e perfeitamente homem, Cristo é uno, um único sujeito. Em sua reflexão doutrinal sobre este dado essencial da revelação, a cristologia é iluminada pela profissão de fé do Concílio de Calcedônia, que afirma a união de duas naturezas "em uma só pessoa, em uma só hipóstase" (DS 302). Com o uso do termo "hipóstase", o concílio quis iluminar o caráter ontológico da unidade de pessoa. A cristologia procura precisar o que constitui a realidade da pessoa, sua distinção em relação à natureza.

A cristologia funcional dedica-se a definir e a explicar a função de Jesus. Concentra sua atenção na obra realizada por Cristo e no que a humanidade recebeu e continua a receber dele. O próprio nome de Jesus, "Deus salvador" (cf. Mt 1,21), manifesta nele o Deus que proporciona a salvação aos homens.

Pode-se notar, em nossa época, uma tendência a desenvolver sobretudo a cristologia funcional. É uma reação contra a forma que assumira o tratado sobre a encarnação, que se limitava a examinar os problemas levantados pela unidade da pessoa na dualidade das naturezas. Um certo número de teólogos observou, com acerto, que não é possível separar a encarnação de sua finalidade redentora e que Cristo é essencialmente o Salvador. Portanto, a cristologia ontológica não pode ser elaborada independentemente da cristologia funcional. Toda cristologia deve ter por objetivo fazer entender a missão do Verbo feito carne.

Todavia, é menos aceitável a posição daqueles teólogos que consideram de modo exclusivo a cristologia funcional. Desinteressam-se da ontologia de Cristo e pensam que o único objetivo válido da cristologia resida no que Cristo fez por nós. Às vezes, por trás desta posição encontra-se a convicção de que é mais fácil definir a função de Cristo do que sua ontologia, e de que aquela está menos exposta às controvérsias do que esta.

A este propósito, cumpre lembrar que a cristologia funcional exige necessariamente uma determinação ontológica. A missão realizada por Jesus tem um valor e um efeito que dependem daquilo que Ele é. Se fosse apenas um homem, suas atividades seriam muito mais limitadas; se, ao invés, é Deus, pode comunicar aos homens sua vida divina.

Segundo o relato evangélico, o problema ontológico foi levantado pelo próprio Jesus, na pergunta dirigida ao grupo dos doze: "E vós, quem dizeis que eu sou?" (Mt 16,15). Antes que perguntar o que veio fazer, ou que obra deve realizar, Jesus pede que se lhe diga, num impulso de fé, quem Ele é.

A partir de 1968, primeiro na América Latina e depois em outros países, desenvolveu-se uma forma particular de cristologia funcional, a cristologia da libertação. Esta tende a fazer conhecer qual seja a resposta de Cristo aos problemas dramáticos e dolorosos da injustiça social e política. Com efeito, ela encontra no Evangelho princípios que devem guiar a sociedade rumo a um tipo de regime em que os direitos de todos sejam respeitados com uma preocupação mais autêntica de justiça e uma distribuição mais justa dos bens da terra. O horizonte que esta cristologia adotou fixa também seus limites: com efeito, não se poderia reduzir a libertação que Cristo trouxe à humanidade a um puro e simples regime sociopolítico. O problema do mal no mundo é mais amplo e a salvação de Cristo proporciona aos homens a libertação de toda forma de pecado; Ele traz-lhes uma vida espiritual que transforma e ilumina os corações com um amor do qual a vida social deve recolher os frutos, e pelo qual cada um dos outros aspectos da existência humana deve ser animado com uma orientação de fundo para o além.

3. CRISTOLOGIA A PARTIR DE BAIXO E A PARTIR DE CIMA – As denominações "a partir de baixo" e "a partir de cima" foram aplicadas à cristologia para distinguir dois pontos de partida diferentes. Assim, na teologia protestante de língua alemã, a cristologia de → R. Bultmann e a de K. Barth – embora tão divergentes entre si – são consideradas cristologias de cima, porque se fundam na Palavra de Deus, ao passo que a de W. Pannenberg se apresenta como cristologia de baixo, porque parte do Jesus histórico para demonstrar-lhe a filiação divina.

As duas denominações podem assumir significações diversas. Assim, a cristologia transcendental de → K. Rahner é considerada de baixo, ainda que não tome como ponto de partida o fato histórico de Jesus: fundamenta-se num dado antropológico comum a todos os homens. Em vez de deter-nos nas diversas nuanças e perspectivas destas denominações, limitamo-nos a examinar dois problemas essenciais de método que elas enfatizam.

O primeiro problema diz respeito ao tipo de conhecimento com que a cristologia opera. Vem a cristologia do querigma, das afirmações de fé e da mensagem contida na pregação, ou não deriva, antes, do conhecimento do Jesus histórico? O segundo problema diz respeito mais diretamente ao objeto prioritário do estudo: Deve-se partir da divindade de Cristo para chegar a sua humanidade, ou subir de sua humanidade para sua divindade? Os dois problemas estão interligados: com efeito, toda vez que a cristologia parte do querigma, tende a considerar, antes de tudo, a divindade de Cristo, ao passo que, quando parte do Jesus histórico, está mais propensa a considerar sua humanidade, antes de afirmar a divindade. De qualquer forma, cada um dos dois problemas merece ser tratado à parte.

a. *Cristologia histórica e querigmática* – O ponto de partida é o Cristo da fé ou o Jesus histórico? Alguns teólogos expressaram a diferença distinguindo entre "jesulogia" e "cristologia". Jesus é o homem que viveu historicamente na Palestina; Cristo é aquele que proclamamos em nossa fé.

Na verdade, a resposta a este problema não consiste em optar por um e excluir o outro. Por um lado, há que admitir a prioridade objetiva do Jesus histórico e, neste sentido, deve-se falar de cristologia a partir de baixo; por outro lado, existe uma prioridade subjetiva do conhecimento de fé, devendo-se, portanto, falar de cristologia a partir de cima.

O objeto da cristologia é o Jesus da história. O cristianismo começou com um acontecimento histórico; não nasceu de uma simples ideia, nem de um dogma, nem de uma mensagem. Nasceu da vida, da morte e da ressurreição de Jesus de Nazaré. Por isto, toda cristologia é "jesulogia". Cristo não pode ser senão o Jesus histórico.

O Jesus da história deve, portanto, ser estudado em toda a sua vida terrena, tal como nos é relatada pelos evangelhos. Como ponto de partida da cristologia, não podemos referir-nos simplesmente ao Cristo ressuscitado, como se a revelação se determinasse só com a ressurreição e pudesse suscitar a fé só a partir daquele momento. Na realidade, Jesus revelou sua identidade de filho de Deus em sua vida pública e, muito antes de sua ressurreição, pediu aos discípulos uma profissão de fé. A ressurreição trouxe uma nova luz, que todavia vinha confirmar, na substância, as palavras e os gestos anteriores de Jesus. Cristo manifestou-se como filho de Deus e como Salvador na condição histórica de sua vida terrena, e não somente em seu estado de glória.

Portanto, objetivamente, a cristologia se desenvolve, assim, a partir do Jesus da história, embora com isto não se negue que, subjetivamente, tenha como ponto de partida o Cristo da fé.

Em quem empreende o estudo cristológico existem, normalmente, um conhecimento e uma convicção de fé que servem de base para o esforço intelectual. A fé exige tal esforço para entender melhor o que ela crê e por que crê. Serve-se de todos os recursos e de todos os meios da ciência, exegéticos e históricos, para descobrir a pessoa de Jesus, tal e qual apareceu na história.

Consequentemente, quem faz o esforço de descobrir o Cristo histórico não deve prescindir da própria fé. Respeita as exigências científicas da pesquisa, mas é guiado por uma fé que o orienta para a verdade. Não se trata somente de sua fé individual, mas da fé da Igreja, uma fé transmitida por uma longa tradição e sempre em evolução.

b. *Cristologia ascendente, cristologia descendente* – Deve a cristologia partir da humanidade de Jesus e tomar uma direção ascendente, ou deve partir de sua divindade, em direção descendente? Também aqui, não se trata de optar por uma direção, excluindo a outra, mas de entender como ambas encontram sua justa colocação no estudo cristológico.

A cristologia parte do rosto humano de Jesus, tal como é descrito nos evangelhos. É em sua humanidade que se revela sua divindade. Não se pode pensar em dois níveis de revelação em Jesus, um divino e outro humano. Tudo o que nele é divino manifesta-se através do humano; os relatos evangélicos nunca apresentam atividades puramente divinas, distintas das atividades humanas. Importa, pois, estudar atentamente as palavras e os gestos humanos de Jesus para descobrir nele a pessoa do Filho de Deus. Contudo, isto não quer dizer que o método seja o de estudar, num primeiro momento, exclusivamente o que é humano e, num segundo tempo, a revelação do divino, pois toda a humanidade de Jesus contém a revelação de sua pessoa divina e os dois aspectos não podem ser separados.

A cristologia ascendente tem que ser completada com a cristologia descendente. O fato de Jesus revelar-se como a pessoa do Filho não dispensa de perscrutar as origens de sua presença na terra e de procurar a via pela qual quem é Deus se tornou homem. É o que faz João, no prólogo do seu Evangelho, ao afirmar que o Verbo que existia desde a eternidade se fez carne. Mais particularmente, a cristologia descendente mostra como o ato da encarnação é inicialmente a demonstração definitiva do amor do Pai, que, por meio do Espírito Santo, deu o Filho à humanidade.

É preciso sublinhar que a encarnação consiste essencialmente num movimento descendente: foi o Verbo que se fez homem e não um homem que se fez Verbo. Na origem, está a iniciativa divina. Por isto, não se pode considerar Cristo como um produto da evolução da humanidade. Por outro lado, na missão de Cristo manifesta-se um movimento ascendente que precisa, também Ele, ser reconhecido e estudado. Imagem visível e sinal deste movimento é a última subida a Jerusalém, desenvolvida sistematicamente no relato evangélico de Lucas. Com sua paixão e morte, Jesus chega a seu triunfo glorioso, que se conclui com a ascensão e a elevação à direita do Pai, em vista do envio do Espírito Santo.

4. CRISTOLOGIA DOGMÁTICA E CRISTOLOGIA EXISTENCIAL – A cristologia tem sido às vezes entendida principalmente como dogmática, isto é, fundada nos dogmas definidos pelos concílios dos primeiros séculos, em particular os de Niceia e de Calcedônia. Tal concepção comportava o perigo de se chegar a uma elaboração abstrata, muito sistematicamente conceptual e por demais separada do conjunto da obra da salvação. Como reação, alguns teólogos quiseram promover uma cristologia mais existencial e menos essencial, uma cristologia que apele à experiência, não somente a das origens, mas também a da vida atual da Igreja.

É verdade que a cristologia provém de uma experiência inicial única, na qual Cristo revelou aos discípulos seu próprio mistério. A vinda do Filho de Deus ao mundo constitui por si mesma uma experiência excepcional de uma pessoa divina que vive a vida humana. Uma experiência que não se poderia reduzir à condição da experiência comum dos homens, mas deve ser reconhecida em todo o seu caráter transcendente. Houve a experiência dos discípulos que viveram com Cristo, receberam sua revelação e a transmitiram às gerações subsequentes. Em cada época, a Igreja continua a fazer a experiência da presença de Cristo, experiência de fé definida pela revelação evangélica.

A cristologia da experiência não se opõe de modo algum à cristologia dogmática, se esta última for entendida em seu sentido mais verdadeiro. Os dogmas proclamados pelos concílios são, na realidade, o fruto da experiência da Igreja, a experiência da fé que se desenvolve e procura definir melhor o Cristo a quem adere. As declarações de Niceia e de Calcedônia são profissões de fé, resultado de uma reflexão sempre mais profunda sobre o sentido da revelação (→ Revelação, I). É preciso acrescentar que a experiência da fé cristã não pode conservar a própria autenticidade, senão reconhecendo-se nas profissões de fé da Igreja e apoiando-se nelas.

A cristologia dogmática recebe o próprio dinamismo do fato de ser colocada na perspectiva existencial da obra da revelação e da salvação. A cristologia existencial recebe segurança e assume justa expressão nas afirmações dogmáticas.

5. CRISTOLOGIA KENÓTICA E CRISTOLOGIA DA RESSURREIÇÃO – No século XIX formou-se uma corrente de cristologia kenótica. O ponto de partida é a *kénōsis*, afirmada por Paulo no hino cristológico da carta aos Filipenses (2,7): Cristo Jesus, que subsistia em forma de Deus, despojou-se. Este despojamento, que caracteriza o ato da encarnação, deu azo a diversas interpretações. Alguns entenderam a *kénōsis* de modo radical, como renúncia a propriedades divinas, sendo por vezes estendida até a vida eterna da Trindade. Este radicalismo encontrou uma nova expressão na teologia da morte de Deus, que se desenvolveu sobretudo entre os anos de 1960 e 1970: sugeria a ideia de uma absorção da divindade por parte da humanidade de Jesus, de modo que a encarnação podia significar uma real morte de Deus.

Se não podemos aceitar esta interpretação extrema, por outro lado há que admitir que a *kénōsis* exprime a condição da vida terrestre de Cristo. Na encarnação há uma renúncia à manifestação da glória divina. Jesus mesmo declara que veio para servir (Mc 10,45) e a humildade de seu comportamento implica um despojamento íntimo. Toda cristologia deve encontrar um lugar para a kénōsis, com seu desenvolvimento extremo no sacrifício.

Em direção inversa, elaboram-se cristologias da ressurreição. Um exemplo recente bem significativo encontra-se em Pannenberg, que considera a ressurreição como o acontecimento escatológico decisivo em que Deus se revela pessoalmente. Pannenberg acredita poder assim chegar a uma demonstração histórica da divindade de Cristo. Mais difícil é segui-lo, quando considera a vida terrena de Jesus como simples "prólēpsis" ou preâmbulo.

É útil destacar todo o valor da ressurreição, mas reconhecer também o da *kénōsis*, tanto para a revelação da divindade de Cristo como para sua obra de salvação.

6. CRISTOLOGIA PNEUMATOLÓGICA, ESCATOLÓGICA E CÓSMICA – Algumas cristologias dão destaque a certos aspectos importantes da revelação da pessoa e da obra de Cristo, que anteriormente não haviam recebido a atenção que merecem.

a. *Cristologia pneumatológica* – A atenção dos teólogos deslocou-se recentemente de modo mais insistente e sistemático para a função do Espírito Santo na vida de Cristo. Anteriormente, nas relações entre Cristo e o Espírito Santo, havia-se mostrado sobretudo o envio do Paráclito por parte do Filho. Mas a função do Espírito Santo no desenvolvimento da Igreja, a partir de Pentecostes, deve ser procurada no prolongamento de sua função na vida terrena de Jesus, como mostra o Evangelho de Lucas. Assim, a cristologia esforça-se por precisar em que sentido Cristo foi animado pela vida do Espírito.

b. *Cristologia escatológica* – Cristo veio para que se cumprissem as promessas escatológicas da antiga aliança. Por isto, o aspecto escatológico é essencial para a compreensão do mistério da encarnação redentora. A cristologia é chamada a definir quanto da escatologia prometida se realizou no "agora" ou na "hora" de Cristo e quanto ainda fica por realizar, tanto na vida terrena da Igreja quanto no além. O valor e as consequências de um evento como a ressurreição de Jesus precisam ser estudados mais particularmente sob esta perspectiva.

c. *Cristologia cósmica* – O mistério da encarnação implica a transformação do destino não só da humanidade, mas do universo inteiro. O aspecto cósmico da cristologia foi ressaltado em especial por → Teilhard de Chardin. Ele procurou integrar numa visão científica do mundo o significado da presença de Jesus na terra. Uniu a visão escatológica a uma perspectiva cósmica, fixando no fim da evolução universal um ponto ômega, que se identifica com o Cristo.

Suas ideias chamaram a atenção dos teólogos para a extensão cósmica da vida de Cristo, extensão sugerida ou sublinhada por alguns textos do Novo Testamento.

Bibl. – W. Pannenberg, *Esquisse d'une christologie*, Paris 1971; K. Rahner-W. Thüsing, *Christologie – Systematisch und exegetisch*, Friburgo-Basel-Wien 1972; W. Beinert, *Christus und der Kosmos. Perspektiven zu einer Theologie der Schöpfung*, Friburgo-Basel-Wien 1974; L. Bouyer, *Le Fils éternel. Theologie de la Parole de Dieu et Christologie*, Paris 1974; W. Kasper, *Jesus der Christus*, Mainz 1974; A. Schilson-W. Kasper, *Cristologie oggi* (orig. Brescia 1974); J.D.G. Dunn, *Jesus and the Spirit.* A Study of the Religious and Charismatic Experience of Jesus and the First Christians as Reflected in the New Testament, Londres 1975; C. Porro, *Cristologia in crisi? Prospettive attuali*, Alba 1975; G. Aulen, *Jesus in Contemporary Historical Research*, Filadélfia 1976; M. Breidert, *Die kenotische Christologie des 19. Jahrhunderts*, Gutersloh 1977; J. Caba, *El Jesus de los Evangelios*, Madri 1977; B. Mondin, *Le cristologie moderne*, Alba 1979[3]; J. Galot, *Cristo contestato*, Florence 1979; Id., *Gesa liberatore*, Florence 1982[2]; Id., *Chi sei tu, o Cristo?*, Florence 1984[3]; B. Forte, *Jesus de Nazaré: História de Deus, Deus da história*, São Paulo 1985; E. Schillebeeckx, *Expérience humaine et foi en Jésus-Christ*, Paris 1981; R. Latourelle-G. O'Collins (ed.), *Problemi e prospettive di Teologia Fondamentale*, Brescia 1984; B. Sesboüé, *Jésus-Christ dans la tradition de l'Église. Pour une actualisation de la christologie de Chalcédoine*, Paris 1982; C.E. Gunton, *Yesterday and Today: A Study of Continuities in Christology*, Londres 1983; G. O'Collins, *Interpreting Jesus*, Londres-Ramsey 1983; Commission Biblique Pontificale, *Bible et Christologie*, Paris 1984; J.A. Sayes, *Cristologia fundamental*, Madri 1985; G. Segalla, *La cristologia del Nuovo Testamento.* Un saggio, Brescia 1985; A. Grillmeier, *Jesus der Christus im Glauben der Kirche*, Friburgo-Basel-Wien 1, 1979; 11/1,1986;

M. Serenthà, *Gesù Cristo ieri oggi e sempre*, Turim 1986[2]; R. Latourelle (ed.), *Vaticano II, bilancio e prospettive*, venticinque anni dopo, Assis 1987, especialmente a seção II "La parola di Dio", 125-339 e "Il Cristo rivelatore", 343-360.

JEAN GALOT

V. Cristologia em perspectiva

1. A CONCENTRAÇÃO CRISTOLÓGICA DOS ANOS DE 1980 – Uma tarefa que continua a colocar-se para a → cristologia fundamental é precisar o seu estatuto epistemológico e determinar com mais exatidão seu âmbito de pesquisa, sobretudo em relação à cristologia dogmática ou sistemática. Havendo, porém, um certo acordo sobre sua inegável pericórese, isto é, sobre sua intrínseca conexão e complementaridade, apresentamos aqui algumas reflexões de perspectiva que podem ser substancialmente acolhidas e compartilhadas pelas duas óticas cristológicas.

O núcleo central de todo discurso sobre Jesus Cristo permanece a proclamação convicta do Apóstolo Pedro: "Em nenhum outro existe salvação; efetivamente não existe nenhum outro nome, dado aos homens debaixo do céu, em que esteja garantido que possamos ser salvos" (At 4,12). Isto significa que o anúncio da boa notícia da história continua a resumir-se na afirmação: *Cristo é ainda hoje o salvador único e universal da humanidade inteira.* Veja-se a primeira encíclica do pontificado de João Paulo II, dedicada justamente a Cristo "Redemptor hominis" e "centrum universi et historiae" (RH 1). A tarefa de toda cristologia consiste em dar a razão desta esperança (cf. 1Pd 3,15), isto é, do significado e do valor de cada elemento e implicação desta solene proclamação e pretensão.

À ênfase *eclesiológica* do concílio e à ênfase *antropológica* do pós-concílio seguiu-se, nos anos de 1980, uma inegável concentração *cristológica.* Este deslocamento (*déplacement*) para Cristo não ocorre, porém, com a simples repetição do passado, mas através de linguagens, interrogações e perspectivas novas, articuladas e muitas vezes salutarmente provocatórias. Num contraponto providencial bastante oportuno têm-se registrado algumas respostas autorizadas da consciência de fé católica a aventuras cristológicas metadogmáticas ou totalmente dessacralizadoras. Referimo-nos à publicação das contribuições de estudo por parte da Comissão Teológica Internacional (CTI) e da Pontifícia Comissão Bíblica (PCB).

A CTI publicou, de 1980 a 1986, três documentos de caráter cristológico. No primeiro, "Quaestiones selectae de christologia" (cf. o texto oficial latino em *Greg* 61 [1980], 609-632), analisa-se a abordagem histórica da figura de Cristo, não só como possível e legítima, mas como uma exigência intrínseca da fé cristã. Em seguida, afirma-se a unidade entre o Jesus terreno e o Cristo glorificado e a continuidade do dado bíblico com o dado dogmático e eclesial subsequente. No segundo documento, "Theologia, Christologia, Anthropologia" (cf. o texto oficial latino em *Greg.* 64 [1983], 5-24), revelam-se os nexos intrínsecos existentes entre cristologia, de um lado, e revelação trinitária e antropologia, do outro. O terceiro documento, "De Iesu autoconscientia quam scilicet ipse de se ipso et de sua missione habuit" (o texto oficial latino, com uma tradução italiana, foi publicado pela Libreria Editrice Vaticana, em 1986), enfatiza, entre outras coisas, a consciência filial e messiânica de Jesus. O documento – dada a extrema multiplicidade de opiniões – não enfrentou a questão de como Jesus adquire suas ciências-conhecimentos (para uma hipótese de compreensão do problema, cf. A. Amato, *Gesù il Signore. Saggio di Cristologia*. Bolonha, 1988, 381-397).

O estudo da PCB "De Sacra Scriptura et Christologia" (para o texto oficial latino e francês, cf. Commission Biblique Pontificale, *Bible et Christologie*, Paris 1984; trad. it. Roma 1987) é amplo e articulado. A primeira parte contém um breve inventário das abordagens contemporâneas da figura de Cristo (abordagens teológicas clássicas, especulativas, históricas, religiosas, antropológicas, existenciais, sociais, sistemáticas de um tipo novo), avaliando seus méritos e limites. Na segunda parte, enfrenta-se o testemunho global da Sagrada Escritura, que se resume, mais uma vez, à proclamação de Jesus Senhor e mediador universal de salvação.

Do complexo canteiro cristológico dos anos de 1980 emerge a exigência de uma maior atenção à *analogia fidei* (cf. DV 12). Uma adequada compreensão do evento Cristo não pode ser separada nem do mistério trinitário (sobretudo em sua dimensão pneumatológica) nem de sua intrínseca referência ao mistério do homem (recriado em Cristo à imagem de Deus), a sua existência moral e espiritual e sobretudo a sua vida litúrgica, como suprema concentração de verdade e de vivência cristológica indissoluvelmente unidas.

Também do ponto de vista hermenêutico, vê-se a urgência de recompor uma relação mais harmônica entre exegese bíblica e teologia dogmática em relação a quesitos cruciais da cristologia, como, por exemplo, a correta interpretação e motivação teológica da encarnação, da consciência messiânica de Jesus, da intencionalidade salvífica de sua morte, do fundamento e significado histórico e meta-histórico da ressurreição, da realidade de sua divindade, de sua presença salvífica na Igreja e nos sacramentos e da absoluta decisividade da salvação nele.

Por outro lado, não se pode negligenciar a exigência de uma maior atenção ao diálogo com as ciências humanas. Não somente com as tradicionalmente em contato com a teologia, como a filosofia, a literatura e a história, mas também com as ciências novas – algumas das quais originariamente impostadas em sentido antirreligioso – como por exemplo a psicologia, a sociologia, as ciências da educação, as ciências da comunicação social. O diálogo não pode ser deixado apenas a alguns segmentos da teologia prática, como a catequese e a pastoral, mas deve ser estendido também à cristologia fundamental e à teologia sistemática. Superando a fase da desconfiança recíproca ou de uma utilização apenas parcial e instrumental das outras ciências, a cristologia deveria passar a uma fase de diálogo e de colaboração, com base em opções criteriológicas precisas.

Aqui, acenamos mais difusamente para certas linhas de tendências cristológicas, algumas das quais já se firmaram parcialmente, enquanto outras estão gradualmente aflorando no horizonte teológico desde os anos de 1990.

2. REVALORIZAÇÃO DO JESUS HISTÓRICO E DA CRISTOLOGIA PRÉ-PASCAL – Uma tendência suficientemente compartilhada em cristologia é a redescoberta e a revalorização da importância teológica tanto da história – entendida em sentido pleno de história livre e autenticamente humana, que abriga também o diálogo salvífico entre Deus e a humanidade – como da história de Jesus, entendida como fundamento e motivação última do seu evento salvífico único e irrepetível (cf., entre outros, W. Kasper, *Jesus der Christus*, Mainz 1974; B. Forte, *Jesus de Nazaré: História de Deus, Deus da história*, São Paulo 1985). A história de Jesus não é uma "opção" que o teólogo possa tranquilamente dispensar, como pensava R. Bultmann, por exemplo. É justamente na história concreta de Cristo e na globalidade de sua vida terrena que radica e se motiva o absoluto salvífico de seu apelo existencial (cf. At 2,22-24). Em Cristo, a história atinge sua plenitude máxima, já que sua existência (= gestos, palavras, atitudes, milagres, evento pascal) é ao mesmo tempo salvação definitiva para nós.

Deste ponto de vista, a ênfase no Jesus histórico, por parte da teologia da libertação, é plenamente justificada, desde que se respeite plenamente a continuidade pessoal com o Cristo da fé pós-pascal e do dogma eclesial. Emerge, assim, a possibilidade de uma *cristologia pré-pascal ou implícita*, como base indispensável para a compreensão do Cristo pascal e da cristologia explícita pós-pascal. O Jesus pré-pascal tem um significado cristológico e soteriológico intrínseco e constitui, junto com a Páscoa, um evento salvífico pleno. E a partir de sua extraordinária *exousía* (autoridade) pré-pascal que se pode legitimamente operar a passagem a sua *ousía* (realidade divina) igualmente extraordinária. Fala-se de cristologia implícita, não tanto no sentido de que no Jesus histórico faltem indícios decisivos de reconhecimento cristológico, mas no sentido de que estes não são adequadamente entendidos pelos discípulos. A existência de Jesus, como expressão de sua autoconsciência íntima, está inteiramente orientada em sentido cristológico. Ele apresentou-se sempre como aquele que tem a autoridade absoluta de Deus no campo espiritual. Por isto, pode-se também falar de *cristologia implícita ou aberta*. No sentido de que a cristologia pré-pascal – isto é, a fé incipiente dos discípulos – permanece aberta a seu cumprimento na ressurreição, evento decisivo de iluminação e de compreensão autêntica do evento Cristo na sua totalidade.

Este enraizamento histórico do evento Cristo torna insustentável toda hipótese que tenda a compreender mitologicamente a categoria da encarnação. Vice-versa, a luz da ressurreição oferece a revelação última da originalidade salvífica da figura histórica de Cristo, em descontinuidade absoluta com a interpretação e a apropriação que dele faz, por exemplo, a *Leben-Jesu-Forschung* hebraica de hoje, ao considerar Jesus simplesmente como irmão e como o iluminado mestre e intérprete oficial da lei em Israel (cf., p. ex., S. Ben-Chorin, *Fratello Gesú.* Un punto di vista ebraico sul Nazareno, Bréscia 1985; H. Falk, *Jesus the Paharisee.* A New Look at the Jewishness of Jesus. Nova York 1985).

3. A CRISTOLOGIA "DOS OUTROS" OU "A PARTIR DE FORA" – Na cultura contemporânea, está surgindo uma extraordinária *cristologia dos outros ou cristologia a partir de fora.* Trata-se da compreensão, em geral positiva – embora reducionista – de Jesus Cristo, operada fora do cristianismo pelos ateus, pelos não cristãos, pelos agnósticos; ou então fora das reconhecidas categorias teológicas tradicionais, por exemplo, pelas ciências psicológicas, pela literatura, pela arte. Delineia-se antes de tudo um modelo *humanístico* de Cristo, celebrado como um homem universal, como o mais decisivo dos homens normativos, fonte de radical autenticidade humana, modelo de existência liberada, suporte insuperável de preciosos ideais morais, sem os quais até as sociedades mais bem organizadas, mais ricas e tecnicamente mais aperfeiçoadas permanecem bárbaras. Nesta ótica humanística, reconhece-se em Jesus o mérito de haver atribuído valor absoluto a cada pessoa e de ter substituído a prepotência e a arrogância pelo gesto do dom e da partilha (cf. K. Jaspers, *I grandi filosofi*, Milão 1973, 280-307; L. Kolakowski, *Senso e non-senso della tradizione Cristiana*, Assis 1975, 32-39; M. Machovec, *Gesù pergli atei*, Assis 1974, 40s; L. Lombardo Radice, "Figlio dell'uomo", em I. Fetscher-M. Machovec, *Marxisti di fronte a Cristo*, Brescia 1976, 24s; F. Belo, *Lecture matérialiste de l'Évangile de Marc*, Paris 1974). Também a abordagem psicológica vê nele não só "a masculinidade exemplar", isto é, uma personalidade humana absolutamente equilibrada e destituída de animosidade, hipocrisia, crueldade e formalismo, mas também um insuperável "psicoterapeuta", cuja grande maturidade psicológica se torna para os outros instrumento de transformação criativa e humanizante (cf. H. Wolff, *Gesù. La maschilità esemplare*, Bréscia 1979; Id., *Gesù psicoterapeuta.* L'atteggiamento di Gesù nel confronti degli uomini come modello della moderna psicoterapia. Ibid. 1982).

A leitura humanística abre espaços inéditos de revalorização da riqueza humana da figura de Jesus, como homem justo que, reafirmando a dignidade de cada pessoa, independentemente do seu patrimônio econômico, intelectual, moral, psíquico, físico, se apresenta como paradigma humano de uma modernidade absoluta. Além do mais, o frescor da linguagem tem uma salutar função oxigenante e inovadora em confronto com o árido e muitas vezes repetitivo vocabulário teológico corrente. Não raro, estas interpretações humanísticas, embora provenientes de visões unidimensionais do mundo, materialistas, fechadas por princípio à transcendência, paradoxalmente exprimem a urgência de fugir à força gravitacional dos perversos sistemas anti-humanos. Por isto, o que à primeira vista parece uma história da "desinterpretação" de Jesus, aceito apenas como homem, poderia também ser considerado como uma tentativa extrema de agarrar-nos a Cristo, como autêntico suporte do trabalho de sermos homens.

Além do modelo humanístico, entrevê-se também um *modelo religioso* de Jesus, tal como aparece nas interpretações hebraicas, hindus ou islâmicas de Cristo. Jesus é visto como mestre de vida religiosa autêntica (*guru*), mártir do sacrifício e da fraternidade universal, encarnação plena de Deus para iluminar e salvar o mundo (*avatāra*), profeta do Altíssimo, guia autêntico da moralidade humana, mártir da justiça. O significado humano e religioso do "Jesus dos outros" representa um salutar antídoto para não poucos cristãos perdidos em sua identidade de fé e que duvidam da relevância humana de serem cristãos hoje em dia (cf. G. De Rosa. *Cristianesimo, religioni e sette non cristiane a confronto*, Roma 1989; H. Küng, *Cristianesimo e religioni universali. Introduzione al dialogo con islamismo, induismo e buddhismo*, Milão 1986; J. Vernette, *Jésus dans la nouvelle religiosité*, Paris 1987).

4. PLURALIDADE DE PRÉ-COMPREENSÕES E DE ÓTICAS CRISTOLÓGICAS – Esta assimilação e apropriação de Jesus por parte dos *outros* repropõe aos cristãos a eterna pergunta cristológica: "E vós, quem dizeis que eu sou?" (Mt 16,15), com a consequente exigência de remotivação da resposta de Simão Pedro: "Tu és o Cristo, o Filho do Deus vivo" (Mt 16,16). Para os cristãos, Jesus não é um relativo, isto é, um dos tantos modelos de humanidade e de religiosidade, mas um absoluto salvífico. Ele é o reconciliador universal (Cl 1,20; Ef 1,10), o libertador da escravidão do mal (Rm 6,17-18), o recriador do homem e da natureza (Rm 5,1; Tt 3,5-6), o filho de Deus encarnado (Jo 1,14), profundamente homem embora sendo filho de Deus (Hb 2,17s; 4,15; 5,7s), o mediador único entre Deus e o homem (1Tm 2,5). A compreensão cristã supera e consuma as interpretações não cristãs.

Ainda que permaneça intacto o núcleo central do anúncio cristológico, os cristãos desde o início usaram vários modelos interpretativos do evento Cristo. Se a ótica da cristologia ortodoxa é por tradição a da *glória*, o modelo luterano, ao invés, é o da *teologia da cruz*. A cristologia católica de hoje caracteriza-se fundamentalmente pela ênfase na *humanidade* de Jesus, pelo *apelo existencial-prático* e pelo *diálogo com a cultura contemporânea*. Isto tem dado origem a uma pluralidade de modelos e de abordagens. Temos, por exemplo, a cristologia de baixo ou de cima, a cósmica, a histórica, a transcendental, a estética, a narrativa, a da libertação, a inculturada, a da religiosidade popular (→ Cristologia: Cristologias). A legitimidade teológica destes modelos é dada pela sua disponibilidade de mediar a globalidade do evento Cristo, evitando as ciladas da fragmentação, da redução e da recíproca incomunicabilidade. Em razão de sua notável carga de evolução e de futuro, vamos deter-nos somente em algumas destas abordagens.

5. CRISTOLOGIA E INCULTURAÇÃO – Para o Concílio Vaticano II, a história da evangelização cristã foi e continua a ser um contínuo processo de "adaptação cultural", de "diálogo com as culturas", de "intercâmbio vital com as diversas culturas dos povos" (cf. GS 44, 58): "Verbi revelati 'accomodata praedicatio' lex omnis evangelizationis" (GS 44). A partir do sínodo dos bispos de 1977, o termo → *inculturação* indica uma exigência indeclinável do fazer teologia hoje (cf. CTI, "Fides et inculturatio", em *Greg* 70 [1989], 625-646). Já se delineou uma criteriologia teológica da inculturação. É essencialmente encarnação do mistério de Cristo numa determinada cultura e sua reexpressão na linguagem, nos símbolos culturais, na experiência vital e na "carne" dos vários povos evangelizados (*critério cristológico*). Esta "recriação" da cultura, purificada de seus eventuais desvalores, é realizada pela comunidade eclesial inteira (*critério eclesiológico*) e é um serviço de iluminação e de libertação da pessoa humana evangelizada (*critério antropológico*).

A aguda sensibilidade da originalidade e da identidade própria das várias regiões culturais eclesiais está oferecendo um panorama amplíssimo de cristologias inculturadas ou contextuais. Além da cristologia latino-americana, surgem as novas compreensões asiáticas e africanas da figura de Cristo. Existem, por exemplo, interessantes propostas de cristologia nas Filipinas, na Índia, no Japão, na Coreia e na Nova Guiné. Também a África está elaborando temas cristológicos inculturados, como a consideração de Cristo chefe, antepassado, irmão maior, curador, mestre de iniciação. São nomes e conceitos africanos que poderiam facilitar uma melhor compreensão da figura de Jesus Cristo e de seu mistério salvífico. Entre os títulos mais apropriados, parece emergir o de Jesus como *irmão maior*. Todavia, os autores africanos estão conscientes de que o mistério de Jesus Cristo não pode ser totalmente assimilado e expresso por categorias indígenas, sem perder em originalidade. Em Cristo deve permanecer uma irredutível e intraduzível alteridade.

6. CRISTOLOGIA DA LIBERTAÇÃO – Estamos aqui diante de um exemplo particularmente atual de uma interpretação *inculturada* de Jesus Cristo, surgida no interior da teologia da libertação latino-americana (→ Teologias). Exemplifiquemos, citando apenas as propostas cristológicas de L. Boff e J. Sobrino. Boff parte de dois fatores interpretativos do evento Cristo: a conjuntura histórica e a situação de pobreza da América Latina. Isto significa, "no nível social: opressão coletiva, exclusão e marginalização; no nível humanístico: injustiça e negação da dignidade humana; no nível religioso: pecado social, 'situação contrária ao desígnio do Criador e à honra a Ele devida' (Puebla 28)" (cf. L. e C. Boffi, *Como fazer teologia da libertação*, Petrópolis, [6]1993, 13).

A teologia da libertação surge do encontro do Cristo pobre com os pobres deste mundo: "O Crucificado presente nos crucificados deste mundo chora e grita: 'Tenho fome...'" (Ibid., 15). Jesus Cristo "é Deus em nossa miséria, o Filho eterno que assumiu a forma de um judeu concreto", que "assume as esperanças dos oprimidos e proclama que agora (hoje) estas são atendidas. O Messias é, pois, aquele que realiza a libertação dos infelizes concretos" (Ibid., 77). Cristo é visto como libertador e promotor de uma práxis eclesial libertadora: "A cristologia que proclama Jesus Cristo como libertador quer comprometer-se com a libertação econômica, social e política dos grupos oprimidos e dominados. Pretende perceber a relevância teológica que se acha na libertação histórica das grandes maiorias de nosso continente... Quer articular de tal maneira o conteúdo da cristologia e criar um estilo que ponha em destaque as dimensões libertadoras presentes no caminho histórico de Jesus" (L. Boff, "Jesus Cristo Libertador. Uma visão cristológica a partir da periferia", em REB 37 [1977] 502).

Também J. Sobrino imprime uma finalidade eminentemente prática a sua cristologia: "A hermenêutica não procura somente resolver o problema da verdade das afirmações feitas sobre Cristo, mas também encontrar a maneira de torná-las compreensíveis e operativas, isto é, fazer da tradição existente em torno de Cristo algo que continue a ser vivo e atual" (cf. *Cristologia desde América Latina.* Esbozo a partir del seguimiento del Jesús histórico, México 1977, 299). Por isto, adota dois critérios de fidelidade: o da hermenêutica da práxis, que implica fidelidade à situação concreta; e o do Jesus histórico, que significa fidelidade à práxis concreta do Cristo bíblico.

Tanto Boff como Sobrino, devendo privilegiar não tanto a compreensão e a verdade sobre Cristo quanto seu impulso transformador e libertador da realidade oprimida, selecionam e acentuam aqueles elementos que guardam particular relação com o paradigma da libertação (Reino de Deus, ressurreição como utopia) e com a adequada atitude prática para realizá-la (atividade social de Jesus, exigência do seguimento). É uma escolha que faz emergirem do gesto salvífico de Cristo aquelas instâncias operativas capazes de incidir sobre a realidade e de transformá-la: "Cremos que o Jesus histórico é o princípio hermenêutico, tanto em nível noético quanto em nível prático, para uma abordagem da totalidade de Cristo, em que se cumpre realmente a unidade entre cristologia e soteriologia" (Ibid., 8; para ulteriores informações, cf. J. Sobrino, *Jesus en América Latina. Su significado para la fe y la cristologia*, Santander 1982).

Digamos de imediato que é altamente sugestiva para o mundo contemporâneo a própria palavra *libertação*, que possui um grande impacto emocional e que evoca uma vida humana realizada e livre (cf. a Instrução *Libertatis nuntius*, n. 1). A *opção preferencial pelos pobres* é a opção de fundo da teologia e da cristologia da libertação. Trata-se de um compromisso evangélico que emerge da práxis concreta de Jesus Cristo e que a Igreja Latino-americana fez seu em Puebla, em 1979. Puebla acolhe o tema da libertação como determinante e indispensável para a doutrina e para a missão da Igreja (n. 355, 562, 1.254, 1.270, 1.283, 1.302), dedicando amplo espaço à evangelização, libertação e promoção humana (n. 470-506) e à opção preferencial pelos pobres (n. 1.134-1.165). A instância "libertadora" e "factual" da mensagem cristológica – por causa da forte ênfase dada pela teologia da libertação – é hoje melhor percebida pela comunidade eclesial inteira e se tornou seu *patrimônio precioso e libertador.* As próprias instruções da Congregação para a doutrina da fé, de 1984 e de 1986 (cf. AAS 76 [1984], 876-909; AAS 79 [1987], 554-599), não deixaram de legitimar as expressões e as instâncias libertárias da teologia da libertação (cf. a instructio de 1986: *Libertatis nuntius* I-IV), ainda que prevenindo contra um assumir rígido e acrítico do marxismo como princípio determinante do trabalho teológico (Ibid. n. VII-VIII). A opção pelos pobres é sustentada por um maravilhoso *testemunho concreto*, até o martírio dos nossos irmãos e irmãs latino-americanos que se colocam do lado dos perdedores e dos pobres para reivindicar sua dignidade e liberdade. Pela leitura da eficácia libertadora do evento Cristo *recuperam-se elementos evangélicos* muitas vezes não notados, como as incidências políticas e sociais da mensagem cristológica sobre a realidade latino-americana. Jesus é visto como força libertadora e contestadora, capaz de remover os mecanismos de opressão e de injustiça e de promover no hoje latino-americano o compromisso com a reconstrução de um mundo novo, fraterno, justo e autenticamente evangélico. Finalmente, a cristologia da libertação "representa a primeira teologia da periferia, elaborada a partir das questões suscitadas pela periferia, mas com intencionalidade universal" (L. e C. Boff, *Como fazer teologia da libertação*, 122s). Ela traz em si uma carga de contemporaneidade e de universalidade, porque se interessa pelo pobre, isto é, pelo homem em todo caso mortificado e discriminado (economicamente, socialmente, politicamente, racialmente, sexualmente, culturalmente, religiosamente), a ser resgatado e libertado pelo anúncio do Evangelho de Jesus Cristo. A cristologia da libertação apresenta Jesus Cristo como autêntica fonte de *humanização* do mundo contemporâneo.

A despeito destes méritos indubitáveis, reproduzimos algumas críticas, propostas e acolhidas pelos próprios irmãos Boff (Ibid., 91-92). Eles admitem na teologia da libertação uma certa desvalorização das raízes místicas da realidade cristã; uma exagerada acentuação do aspecto político, em detrimento de outras dimensões mais gratuitas, mais profundamente humanas e evangélicas; uma certa subordinação do discurso da fé ao da sociedade e uma ênfase inadequada no discurso de classe, sem levar em conta a especificidade religiosa e cristã; uma exagerada absolutização da teologia da libertação, com a consequente negligência da validade de outras visões teológicas; uma exasperação unilateral da figura socioeconômica do pobre evangélico, que minimiza a importância de outros aspectos da opressão social, como a racial e a sexual; uma acentuação excessiva das rupturas, antes que da continuidade no que concerne aos comportamentos e à ação pastoral da Igreja; escasso diálogo com os ensinamentos doutrinais e sociais do magistério pontifício e local e escassa atenção para fazer-se entender pelas várias instâncias eclesiásticas; o uso de um método, o da análise marxista, "que não detém mais o monopólio da transformação histórica" (Ibid., 121). A isto pode-se acrescentar que a insistência quase exclusiva na operacionalidade socioestrutural do Evangelho e na respectiva ortopráxis envolve o risco de erigir em critério absoluto de verdade o princípio da exclusividade da eficácia prática do evento Cristo. Se isto fosse verdade, perderia muito de seu significado o mistério central da redenção e da salvação cristã, representado pelo sofrimento, pela cruz e pela ressurreição de Jesus. No que tange, pois, aos conteúdos, a cristologia da libertação sublinha o que, na história do Jesus terreno, pode ser interpretado como paradigma concreto de libertação: sua solidariedade com os pobres, seu anticonformismo frente às estruturas opressivas e sua atitude de conflito em relação aos grupos detentores do poder. A ênfase exclusiva sobre o Jesus histórico corre o risco de negligenciar o Cristo bíblico-eclesial, visto com uma certa desconfiança e sem incidência concreta na práxis de libertação. Desta maneira, cava-se um fosso intransponível entre o Jesus da história e o Cristo da fé eclesial, do dogma, da liturgia, dos sacramentos, que é o autêntico animador da história da práxis de libertação total do homem. O risco é o emergir de uma leitura "profana" de Jesus. Sua figura, desancorada do seu verdadeiro contexto trinitário e pneumatológico, é reduzida quase exclusivamente a sua figura empírico-factual, considerada portadora privilegiada, senão única, de sentido cristológico. Desta maneira, tende-se a minimizar o testemunho evangélico da obediência de Jesus ao Pai, de sua consciência messiânica de libertador do pecado e da morte, de seu sacrifício redentor, de sua morte na cruz. "Estas tentações – podemos concluir com os Boff – serão tanto mais facilmente contornadas quanto mais os teólogos da libertação estiverem imbuídos do senso de Cristo (cf. 1Cor 2,16), vinculados à comunhão eclesial e vitalmente nutridos pela vigorosa seiva mística da religião e da fé popular" (Ibid., 92).

7. CRISTOLOGIA E RELIGIOSIDADE POPULAR – A religiosidade popular, também chamada "devoção popular", "piedade popular", "religiosidade do povo", é uma realidade eclesial universal e complexa. Descrevendo a religiosidade popular latino-americana, Puebla afirma: "por religião do povo, religiosidade popular ou piedade popular, entendemos o conjunto de crenças profundas marcadas por Deus, das atitudes básicas que derivam dessas convicções e as expressões que as manifestam. Trata-se da forma ou da existência cultural que a religião adota num povo determinado. A religião do povo latino-americano, em sua forma cultural mais característica, é expressão da fé católica. É um catolicismo popular" (Puebla 444). A religiosidade popular é rica de elementos positivos. Contém um conjunto de valores que respondem com sabedoria cristã às grandes interrogações da existência. Tem o sentido do sagrado, manifesta uma sede de Deus, exprime um fervor e uma pureza de intenção comoventes, que só os simples e os pobres podem ter (cf. EN 48; CT 54); é disponível em relação à Palavra de Deus, crê na providência e na presença amorosa e constante de Deus Pai, tem um grande senso da oração (cf. EN 48; Puebla 454, 913); é uma sabedoria popular católica que possui uma capacidade de síntese vital, unindo criativamente o divino e o humano, Cristo e Maria, espírito e corpo, comunhão e instituição, pessoa e comunidade, fé e pátria, inteligência e afeto (cf. Puebla 448, 913); celebra Cristo em seu mistério de encarnação (Natal, o Menino Jesus), em sua crucifixão, na Eucaristia e na devoção ao Sagrado Coração (cf. Puebla 454, 912); faz progredir no conhecimento do mistério de Cristo e de sua mensagem, de sua encarnação, de sua cruz redentora, de sua ressurreição, da ação do Espírito em cada cristão, do mistério do além (cf. CT 54); exprime o amor a Maria, venerada como Mãe Imaculada de Deus e dos homens (cf. Puebla 454); torna capazes de generosidade e de sacrifício até o heroísmo, quando se trata de manifestar a fé (cf. EM 48; Puebla 913); tem uma forte consciência do pecado e da necessidade da expiação (cf. Puebla 454); exprime a fé em linguagem total (canto, imagens, gesto, cor, dança), situa-a no tempo (festas) e nos lugares (santuários e templos) e vive-a profundamente nos sacramentos e nos sacramentais da vida pessoal e social (cf. Puebla 454); gera atitudes interiores raramente observadas em outros lugares no mesmo grau: paciência, senso da cruz na vida cotidiana, abertura aos outros, devoções (cf. EN 48), prática das virtudes evangélicas (cf. CT 54), desapego das coisas materiais e solidariedade (cf. Puebla 454, 913); tem respeito filial aos pastores da Igreja e vivo afeto pela pessoa do papa (cf. Puebla 454). Por esta sua profunda sabedoria humana e cristã, a religiosidade popular pode constituir um autêntico "humanismo cristão que afirma radicalmente a dignidade de toda pessoa como filho de Deus, estabelece uma fraternidade fundamental, ensina a encontrar a natureza e a compreender o trabalho e proporciona as razões para a alegria e o humor, mesmo em meio de uma vida muito dura" (Puebla 448).

Mas não se podem subestimar os perigos da religiosidade popular, sobretudo quando é ignorada e negligenciada pela obra de evangelização e de catequese. Os limites de tipo ancestral são: superstição, magia, fatalismo, idolatria do poder, fetichismo e ritualismo (EN 48; Puebla 456). Os limites derivantes da deformação da catequese são: arcaísmo estático, desinformação e ignorância, reinterpretação sincretista, redução da fé a um puro contrato nas relações com Deus; exagerada estima pelo culto dos santos, em detrimento da consciência de Jesus Cristo e de seu mistério (EN 48; Puebla 456, 914). As ameaças à religiosidade popular são: secularismo, difundido pelos meios de comunicação social; consumismo; seitas; religiões orientais e agnósticas; manipulações ideológicas, econômicas, sociais e políticas; messianismos políticos secularizados; desenraizamento e proletarização urbana, por causa da mudança cultural (Puebla 456). Daí a urgência da purificação, da contínua retificação (CT 54), mas sobretudo de uma consideração teológica da religiosidade popular para fazer dela um modelo de anúncio cristão global.

Assinalemos o que se pode denominar o "Cristo religioso-popular" em Puebla. Qualquer que seja o nível de compreensão autêntica ou de degradação de Jesus na religiosidade popular, este permanece sempre um Cristo vivido, escutado, acolhido e amado pelo povo cristão. Embora desfigurado e pobre de um ponto de vista motivacional – talvez com vantagem para a Virgem Maria e alguns santos (Puebla 914) – é Ele quem ilumina e sustenta a existência global do povo, fazendo-se portador e garante dos valores mais nobres e das aspirações mais autênticas do povo. Provam-no a participação na missa, nos sacramentos e sobretudo na Eucaristia; a celebração das grandes festas litúrgicas cristológicas; o uso das devoções cristológicas, como, por exemplo, a do Sagrado Coração; sua presença protetora nas casas, através de imagens, pequenos altares e estátuas (cf. Puebla 912). Os estudiosos do folclore e da religiosidade popular identificaram algumas imagens características de Cristo no âmbito da piedade popular latino-americana. Nela é particularmente viva a devoção ao *Cristo morto* (com o qual o povo se identifica: o célebre "Crucifixo" da Igreja de São Francisco, na Bahia, Brasil, sintetiza a "cristologia popular" latino-americana), ao Menino Jesus (que suscita ternura), a *Cristo rei celeste* (que inspira força e coragem nas dificuldades da vida e na perseguição da fé), a Cristo rei da paz (pregado pelos primeiros evangelizadores do continente). Estas imagens são em geral de proveniência espanhola.

Frente a esta realidade cristológica popular, Puebla pregou uma reevangelização sem reducionismos e escolhas preconcebidas da figura do Cristo bíblico-eclesial, "Verdadeiro Deus e verdadeiro homem" (171); "Cristo, nossa esperança, está no meio de nós, como enviado do Pai, animando com seu Espírito a Igreja e oferecendo sua palavra e sua vida ao homem de hoje para levá-lo à sua libertação integral" (166). "É nosso dever anunciar claramente, sem deixar dúvidas ou equívocos, o mistério da encarnação: tanto a divindade de Jesus Cristo, tal como a professa a fé da Igreja, quanto a realidade e a força de sua dimensão humana e histórica" (175); "Não podemos deformar, parcializar ou ideologizar a pessoa de Jesus Cristo, nem fazendo dele um político, um líder, um revolucionário ou um simples profeta, nem reduzindo ao campo do meramente privado Aquele que é o Senhor da História" (178; cf. tb. 179). É, pois, sobre a base da integridade dogmática do mistério de Cristo que a Igreja Latino-americana fundamenta o anúncio da libertação global, também socioeconômica, dos povos oprimidos: "Solidários com os sofrimentos e as aspirações do nosso povo, sentimos a urgência de lhe dar o que é nosso especificamente: o mistério de Jesus de Nazaré, Filho de Deus. Sentimos que esta é a 'força de Deus' (Rm 1,16), capaz de transformar nossa realidade pessoal e social e de encaminhá-la para a liberdade e a fraternidade, para a manifestação plena do Reino de Deus" (181).

8. CRISTOLOGIA E RELIGIÕES NÃO CRISTÃS – a. *Uma pluralidade de modelos* – Um desafio que, em perspectiva, se apresenta decisivo para a cristologia contemporânea é o lançado ao significado e à universalidade salvífica do evento Cristo, não tanto por parte das religiões não cristãs e das seitas, quanto do próprio interior do cristianismo, através dos autores que elaboram uma teologia das religiões não cristãs, com vistas a justificar a sua mediação salvífica. Assim, ao "mito do Deus encarnado" (cf. J. Hick [ed.], *The Myth of God Incarnate*, Londres 1977) sucedeu, dez anos depois, o "mito da unicidade cristã" (cf. J. Hick-P. Knitter [ed.], *The Myth of Christian Uniqueness.* Toward a Pluralistic Theology of Religions, Maryknoll, N.Y. 1987), com um singular crescendo polêmico, empenhado em problematizar, relativizar e até negar a bimilenária consciência cristã sobre a encarnação do Filho de Deus e sobre a unicidade e o caráter absoluto da salvação da humanidade inteira no único mediador Jesus Cristo.

O contexto articulado deste desafio é dado pela revalorização conciliar do valor salvífico das religiões não cristãs, pelo enfraquecimento do espírito missionário no interior do cristianismo, e pelo despertar contemporâneo das outras religiões, que, depois de séculos de letargia e de subjugação cultural, se redescobrem como fonte e garantia de valores humanos fundamentais, como a identidade e a independência nacional, a paz e a concórdia universal. O → diálogo inter-religioso em pé de igualdade, a emigração, o fim do colonialismo, o proselitismo, a misteriosa nostalgia pelo esoterismo oriental, a oferta de um estilo de vida e de cultura alternativa à existência pós-materialista ocidental, tudo isto são fatores que parecem redimensionar a assim chamada arrogância soteriológica do cristianismo, ao ponto de não poucos teólogos cristãos contestarem abertamente a afirmação de Cristo como salvador único e universal, elaborando ao mesmo tempo um novo quadro de referência salvífica em relação às outras ofertas de salvação disponíveis na cultura planetária.

Esquematizando ao máximo, são cinco os modelos que parecem emergir a propósito do significado soteriológico de Cristo hoje. O modelo *exclusivista* que, por um lado, rejeita as religiões não cristãs como idolátricas e errôneas e, por outro, reafirma o caráter absoluto e incondicional do cristianismo (cf., p. ex., K. Barth). Este modelo opera com um universo eclesiocêntrico e um Cristo mediador *exclusivo* de salvação.

Um segundo modelo, o *inclusivista*, tem uma atitude dialética de aceitação e de crítica: aceita-se a validade parcial das religiões não cristãs com vistas à salvação (cf. LG 16; GS 22); contesta-se sua pretensão de salvação absoluta. A eventual presença de fé, graça e salvação nelas é creditada a Cristo, que é a fonte constitutiva de toda salvação disponível dentro e fora do cristianismo. Este modelo projeta um universo cristocêntrico e um Cristo mediador *constitutivo* de salvação. Esta é a perspectiva conciliar, compartilhada por autores como A. Dulles, K. Rahner, P. Rossano (cf. A. Dulles, *Models of Revelation*, Nova York 1983; K Rahner, "Storia del mondo e storia della salvezza", em *Saggi di antropologia soprannaturale*, Roma 1965, 497-532; Id., *Curso fundamental da fé*, São Paulo 1989; P. Rossano, "Christ's Lordship and Religious Pluralism", em G. Anderson-T. Stransky [ed.], *Christ's Lordship and Religious Pluralism*, Maryknoll 1981, 96-110).

O modelo *normativo* rejeita a perspectiva da unicidade da salvação em Cristo e afirma, ao invés, que todas as religiões têm um intrínseco valor salvífico, independente do fundador do cristianismo. As religiões seriam todas fundamentalmente verdadeiras, embora "normadas" por Cristo. Mais do que mediador constitutivo de salvação, Cristo é, ao invés, o mediador *normativo* que, com a exemplaridade e a plenitude de seu evento, corrige e leva à consumação as outras mediações, que permanecem, porém, intrinsecamente salvíficas. "E já que pode suceder que Deus tenha a dizer e a fazer mais do que foi dito e feito em Cristo, os cristãos dialogam com as demais religiões não somente para ensinar, mas também para aprender, possivelmente, o que nunca aprenderam antes" (P. Knitter, "A teologia católica das religiões numa encruzilhada", em *Cone* 22 1986, 108). Segundo P. Knitter, esta concepção "tornou-se... uma opinião comum entre os teólogos católicos de hoje. De modo diverso, ela é representada por H. Küng, H.R. Schlette, M. Hellwig, W. Bühlmann, A. Camps, P. Schoonenberg" (Ibid., 108s; cf. W. Bühlmann, *God's Chosen Peoples*, Maryknoll 1983; A. Camps, *Partners in Dialogue*, Maryknoll 1983; M. Hellwig, *Jesus the Compassion of God*, Wilmington 1983, 127-155; H. Küng, *Ser cristão*, Rio de Janeiro 1976; Id., *Christentum und Weltreligionen*, Munique 1984; H.R. Schlette, *Le religioni come tema della teologia*, Bréscia 1968; P. Schoonenberg, "The Church and Non-Christian Religions", em D. Flanagan [ed.], *The Evolving Church*, Staten Island 1966, 89-109). Nesta visão de Cristo, salvador normativo, a perspectiva não é nem eclesiocêntrica nem propriamente cristocêntrica, mas teocêntrica.

O quarto modelo, o *pluralístico*, invoca explicitamente o mito de Babel, mais do que o mistério de Pentecostes. Propugna uma multiplicidade e um pluralismo absoluto de mediadores e de mediações salvíficas, todas igualmente válidas. Cristo seria um dos muitos mediadores, pois haveria a impossibilidade objetiva de evidenciar historicamente a unicidade de seu evento salvífico: "Mais concreta e incomodamente, pode ser que o budismo e o hinduísmo sejam tão importantes para a história da salvação quanto o cristianismo, ou então que outros reveladores e salvadores sejam tão importantes quanto Jesus de Nazaré" (Knitter, *La teologia cattolica*, 138s. O mesmo autor havia desenvolvido esta sua posição no livro *No Other Name?* A critical Survey of Christian Attitudes toward the World Religions, Maryknoll 1985). Os autores desta corrente pensam que os diversos fundadores e as diversas religiões do mundo sejam, para os respectivos seguidores, absolutos salvíficos, dotados de uma importância decisiva também para as outras religiões, que podem encontrar nelas complementação e inspiração (cf., p. ex., H. Maurier, "The Christian Theology of Non-Christian Religions", em *Lumen Vitae* 21 [1976], 59-74; R. Panikkar, *The Unknown Christ of Hinduism*, Maryknoll 1981; A. Pieris, "The Place of Non-Christian Religions and Cultures in the Evolution of Third World Theology", em V. Fabella-S. Torres [ed.], *Irruption of the Third World: Challenge to Theology*, Maryknoll 1983, 113-139; Id., "Como falar do Filho de Deus em culturas não cristãs", em *Cone* 18 [1982], 333-341; I. Puthiadam, "Fé e vida cristã num mundo de pluralismo religioso", em *Cone* 16 [1980], 673-686; W.M. Thompson, *The Jesus Debate*, Nova York 1985). A unicidade do cristianismo é considerada um mito a ser superado, com vistas a uma teologia pluralística das religiões (é a tese defendida pelo livro, em colaboração, editado por Hick-Knitter, *The Myth of Christian Uniqueness*; cf. tb. L. Swidler [ed.], *Toward a Universal Theology of Religion*, Maryknoll 1987). Para estes, Jesus Cristo é salvador *relativo* de salvação num universo genericamente sacral.

Há, enfim, um quinto modelo, o *da libertação*, ou *das religiões sem referência a Cristo*. Esta é a última posição de Paul F. Knitter, apresentada em esboço em 1986, e depois detalhada em 1987 (cf. P.F. Knitter, "A teologia católica das religiões numa encruzilhada", em *Cone* 22 [1986], 105-114; Id., "Toward a Liberation Theology of Religions", em Hick-Knitter, *The Myth of Christian Uniqueness*, 178-200). Parte do pressuposto de que os teólogos da libertação e os teólogos das religiões devem colaborar, porque seu objetivo é o mesmo. Mais do que a um diálogo inter-religioso fundado sobre Deus, é preciso visar o homem a libertar através de uma práxis adequada. O lugar teológico de diálogo não é Deus, mas o homem. É preciso deslocar-se de um eclesiocentrismo, cristocentrismo ou teocentrismo superados para um "kingdom-centrism" (reinocentrismo) ou "soteriocentrismo" (cf. Knitter, Toward a Liberation Theology, 187). Segundo ele, o problema não é de que maneira cada religião se refere à Igreja, a Cristo ou a Deus, mas de que maneira está comprometida na obra de promover o bem-estar humano ("*human welfare*") e em levar a libertação aos pobres e às não pessoas. Por isto, os critérios de distinção entre as religiões não são doutrinais, mas práticos: dependem de sua eficácia soteriológica humanizante. Os cristãos não necessitam saber se Jesus Cristo é o único salvador universal, para se comprometerem na promoção da salvação. Ao invés, é a → ortopráxis que constitui o critério último de avaliação religiosa. Neste sentido, Jesus seria um salvador simplesmente *complementar* (Ibid., 194), numa perspectiva antropocêntrica.

b. *Algumas linhas de solução* – O modelo conciliar, o de Cristo mediador constitutivo de salvação, funda-se substancialmente na afirmação da vontade salvífica universal de Deus e da única mediação de Cristo: "(Deus) quer que todos os homens sejam salvos e cheguem ao conhecimento da verdade. Com efeito, Deus é um só, e um só é o mediador entre Deus e os homens, o homem Cristo Jesus, que se deu a si mesmo em resgate por todos" (1Tm 2,4-6). Embora se valorizem positivamente as religiões não cristãs, também elas dom de Deus à humanidade, a distinção absoluta entre cristianismo e religiões não cristãs permanece sendo o evento Cristo, sua autorrevelação na história, sua presença privilegiada na Igreja, seu sacramento de salvação na história da humanidade. Não existe oposição entre religiões não cristãs e cristianismo, mas sim transcendência, aceita por fé, porém por uma fé historicamente motivada. A história – não considerada positivisticamente – está disponível para fornecer aqueles indícios certos de uma eventual encarnação e presença do salvador absoluto. Se a história de fato abriga uma pluralidade de hierofanias, pode oferecer-me também a cristofania. Se a história pode abrigar o mito de Babel, pode também acolher o mistério de Pentecostes, isto é, o evento de todas as gentes salvas em Cristo.

O caráter absoluto do evento Cristo assenta na pretensão do Jesus histórico e na leitura histórico-teológica de seu evento, tal como nos foi transmitido nas fontes neotestamentárias, cuja confiabilidade histórica não é em nada inferior a seu testemunho de fé. Podem-se reduzir a sete os núcleos decisivos de tal pretensão: o anúncio do reino e sua irrupção-identificação com a própria pessoa de Jesus, cumprimento de todas as promessas da criação e da aliança; a consciência filial e messiânica do Jesus pré-pascal; o mistério pascal de sua morte e ressurreição; a revelação do nome de Deus como amor e como comunhão trinitária; a experiência da filiação divina em cada pessoa humana; a experiência de encontro salvífico da humanidade em Cristo, através da comunidade eclesial; a globalidade histórico-meta-histórica da salvação cristã. Do conjunto destes indícios emerge a descontinuidade absoluta de Jesus com os outros mediadores de salvação e, ao mesmo tempo, o cumprimento pleno, nele e em sua Igreja, de todos os anelos de salvação da humanidade e do cosmos.

9. A EXIGÊNCIA DA "VIVÊNCIA CRISTOLÓGICA" – A instância prática da teologia da libertação e a urgência da opção preferencial pelos pobres põem em relevo a necessidade de operar uma ligação maior entre os critérios veritativos do evento Cristo e os critérios existenciais da vivência cristológica. Uma proposta cristológica adequada não deveria garantir só uma plataforma cristológica "ortodoxa". Não deveria limitar-se a enunciar a verdade do evento Cristo, resumida: *a.* pela narração de sua história (polo bíblico); *b.* pelo reconhecimento de sua presença, como sendo o Vivente hoje (polo eclesial); *c.* como o Mediador único e universal; *d.* por uma salvação intrinsecamente relevante para a humanidade e o cosmos. Deveria também apresentar e tematizar uma vivência cristológica em plena correspondência com a verdade enunciada, de maneira que os critérios veritativos sejam também critérios existenciais. Daí que a narração da história

de Jesus deve tornar-se experiência de encontro pessoal com Ele (critério da vivência pessoal); o reconhecimento de sua presença como o Vivente hoje deve tornar-se experiência de encontro no âmbito da comunidade eclesial que celebra a Eucaristia e as outras "mirabilia Dei" (critério da vivência comunitária); a fé em Jesus salvador absoluto e definitivo deve tornar-se experiência de salvação integral, pessoal e comunitária (critério da vivência salvífica); e, finalmente, a afirmação da relevância salvífica de Cristo deve traduzir-se em cultura autenticamente cristã (critério da vivência práxico-cultural). Ter-se-ia aqui o ápice da relevância práxica e cultural da cristologia. Não que a vida em Cristo se esgote e descanse definitivamente em seu cumprimento histórico, mas, antes, no sentido de que a cultura cristã impulsiona a história do homem a transcender continuamente os próprios limites e as próprias imperfeições até a consumação total nele.

Esta perspectiva cristocêntrica global não significa de modo algum cristomonismo, mas, antes, ver em Cristo o revelador e o catalisador de toda existência pessoal e comunitária, o senhor da história e do cosmos, o princípio, o sustentáculo providente, a orientação, a meta e o fim de toda criatura. Este é o mistério do Pai que fazia o Apóstolo Paulo exultar de alegria: "Agradeçamos com alegria ao Pai. Pois foi Ele que nos libertou do poder das trevas e nos transferiu para o reino de seu Filho amado, por obra de quem temos a redenção, a remissão dos pecados. Ele (Cristo) é imagem do Deus invisível. Todas as coisas foram criadas por meio dele e em vista dele. Ele está antes de todas as coisas e todas subsistem nele. Ele é também a cabeça do corpo, isto é, da Igreja. Porque aprouve a Deus fazer habitar nele toda plenitude e por meio dele reconciliar consigo todas as coisas, pacificando com o sangue de sua cruz, isto é, por meio dele, as coisas que estão na terra e as que estão nos céus" (Cl 1,12-20). Atraído por completo pela realidade deste mistério, o apóstolo exclamava: "Para mim, de fato, o viver é Cristo" (Fl 1,21); "Não sou mais eu que vivo, mas Cristo vive em mim" (Gl 2,20). A meta de toda cristologia é a vida em Cristo.

Bibl. – (diz respeito sobretudo aos parágrafos 5-8): Para cristologia e inculturação, cf. uma primeira introdução bibliográfica geral em A. Amato, "Inculturazione, Contestualizzazione, Teologia in contesto. Elementi di bibliografia scelta", em *Sal* 45 (1983) 442-446.

Para a cristologia em contexto filipino, cf. E. Menguito, *Christology in the Philippines* (*Bibliography*), em DIWA 6 (1981) 93-100; N.T. Yatco, *Jesus Christ for Today's Filipino*, Quezon City 1983; B. Beltran, *The Christology of the Inarticulate.* An Inquiry into the Filipino Understanding of Jesus the Christ, Manila 1987.

Para a cristologia na Índia, cf. M.M. Thomas, *The Acknowledged Christ of the Indian Renaissance*, Londres 1969; R. Panikkar, The *Unknown Christ of Hinduism*, Maryknoll 1981; K. Cragg, "Christologies and India", em Id., *The Christ and the Faiths*, Londres 1986, 173-241; M. Vekathanam, *Christology in the Indian Anthropological Context*, Frankfurt-Berna-Nova York 1986.

Para a cristologia japonesa, cf. H.S. Takayanagi, "Christology and Postwar Theologians in Japan", em *Postwar Trends in Japan.* Studies in Commemoration of Rev. Aloysius Milles SJ, Tokyo 1975, 119-167; Id., "La cristologia nell'attuale teologia giapponese", em K. Kitamori, *Teologia del dolore di Dio*, Brescia 1975, 9-27; Y. Kumazawa, "Confessing Christ in the Context of Japanese Culture", in *The North East Asia Journal of Theology* 12 (1979) 1-14; R.J. Sorley, "A Christology for Japan", in *The Japan Christian Quarterly* 50 (1984) 31-40.

Para estudos de cristologia na China, Coreia, Nova Guiné e nas culturas do sul do Pacífico, cf., por ex., J. Sangbae Ri, *Confucius et Jésus-Christ*, Paris 1979; C. Wright-L. Fugui (ed.), *Christ and South Pacific Cultures*, Suva Fiji 1985; R. Covell, *Confucius, the Buddha, and Christ. A History of the Gospel in Chinese*, Maryknoll 1986.

Para a cristologia africana, cf. F. Kabasele-J. Dorè-R. Luneau (ed.), *Cristologia africana*, Cinisello Balsamo 1987. Cf. tb. A. Ngindu Mushete, "A figura de Jesus na teologia africana", em *Cone* 24 (1988) 210-217.

Para a cristologia da libertação: cf. C. Bussmann, *Befreiung durch Jesus?* Die Christologie der lateinamerikanischen Befreiungstheologie, Munique 1980; M. Cook, "Christology from the Other Side of History: Christology in Latin America", em ThS 44 (1983) 258-287; Equipo Seladoc, *Panorama de la teologia latinoamericana*, VI: *Cristologia en América Latina*, Salamanca 1984; J. Mejia, "Cristologia en algunos autores latinoamericanos", em *Medellín* 10 (1984) 176-186; J. van Nieuwenhove, "Jésus-Christ dans la réflexion chrétienne en Amérique Latine. Analyse d'une problématique", em Id., *Jésus et la libération em Amérique Latine*, Paris 1986, 19-52. S. Cajiao, "La cristologia en América Latina", em *Theologica Xaveriana* 36 (1986) 363-404.

Para cristologia e religiosidade popular: cf. J. Dantscher, "Jesus in der Frömmigkeitsgeschichte der Kirche. Der fromme Jesus", em F.J. Schierse (ed.), *Jesus von Nazareth*, Mainz 1972, 174-186; S. Galilea-R. Vidales, *Cristologia y Religiosidad Popular*, Medellín 1977[2]; D.D. Fernandez, "Cristologia y cultura de masas en minimilagros", em *Christus*, México 46 (1981) n. 542, 9-21.

Para cristologia e religiões não cristãs: além da bibliografia citada no texto, cf. também os seguintes estudos de conjunto: R.F. Aldwinckle, *Jesus A savior or the Savior?* Religious Pluralism in Christian Perspective, Macon GA 1982; H. Bürkle, "L'unicita dell'evento di Cristo di fronte alla mentalità asiática", em *Communio* 101 (1988) 59-70; E. Hillmann, *Christ and Other Faiths*, Maryknoll 1988; Id., "Jesus' Unsurpassable Uniqueness: A Theological Note", em *Horizons* 16 (1989) 101-130; P. Mojzes (ed.), "Universality and Uniqueness in the Context of Religious Pluralism", em *Ecumenical Studies* 36 (1989) n. 1,1-216; L. Newbigin, "Religious Pluralism and the Uniqueness of Jesus Christ", em *International Bulletin of Missionary Research* 13 (1989) 30-54; M. Barnes, *Religions in Conversation.* Christian Identity and Religious Pluralism, Londres 1989.

ANGELO AMATO

D

DEI VERBUM

I. HISTÓRIA: 1. *O esquema "De fontibus revelationis"* – 2. *O texto da "Comissão mista"* – 3. *Elaboração do novo texto* (R. Fisichella) – II. COMENTÁRIO: 1. *O Vaticano II e Dei Verbum* – 2. *Mudança de perspectiva* – 3. *A economia da revelação* – 4. *A centralidade de Jesus Cristo revelador* – 5. *A fé, resposta à revelação* (R. Latourelle).

I. História

Não é arriscado dizer que a constituição dogmática *Dei Verbum* seja o documento mais qualificador do Concílio Vaticano II; pelo menos no sentido de que cobre o período inteiro de sua preparação e realização. Com este documento, o concílio percorreu os grandes temas da fé cristã, propondo uma leitura que representa ao mesmo tempo um progresso do ensinamento dogmático e sua nova apresentação ao homem contemporâneo.

De duas maneiras o presente artigo é devedor ao artífice principal da DV, o Padre Umberto Betti. A ele deve-se, com efeito, a primeira publicação de uma série de documentos e textos (que serviram à Comissão Teológica Preparatória e à Comissão Doutrinal do Concílio), que deram a conhecer a gênese e a reconstrução das fases básicas da constituição; seus artigos e textos representam, portanto, a primeira fonte que seguimos aqui, além da consulta dos *Acta et Documenta* e dos *Acta Synodalia.* Além disto, sentimos o dever de exprimir um agradecimento pelo longo, frutuoso e simpático encontro tido com o próprio Padre Betti, durante o qual as recordações pessoais e os detalhes sobre alguns fatos e pessoas constituíram uma outra fonte preciosa para a elaboração deste nosso estudo.

A longa odisseia da DV começa com a consulta pré-conciliar de 1959 e termina com a promulgação do documento, em 18 de novembro de 1965, vinte dias antes da conclusão do concílio. O tempo gasto na elaboração da DV certamente não foi em vão; o conteúdo é de tal modo determinante para a fé que, para a Igreja, tudo depende deste evento central: seu crer e seu operar só têm sentido na medida em que refletem a plena adesão à Palavra de Deus revelada.

O movimento que se havia criado em torno da doutrina sobre a revelação divina pode ser descrito como a fase que tencionava fazê-la passar de seu estado de fermento, que era característico do período pré-conciliar, ao estado de uma plena maturação. O trabalho a ser feito era o de corresponder à exigência de uma harmonização entre os conteúdos de sempre, irrenunciáveis para a fé, com elementos novos e linguagens mais coerentes com a mudada situação histórica da Igreja.

Para os fins do presente artigo, bastará indicar as três fases principais que assinalam as etapas determinantes da composição da DV.

1. O ESQUEMA "*DE FONTIBUS REVELATIONIS*" – João XXIII, depois de haver manifestado, em 25 de janeiro de 1959, a intenção de convocar o concílio, nomeou a 17 de maio do ano seguinte uma comissão antepreparatória, presidida pelo cardeal secretário de Estado Domênico Tardini, com a tarefa de "efetuar os oportunos contatos com o episcopado católico das várias nações para obter conselhos e sugestões; recolher as propostas formuladas pelos sagrados dicastérios da cúria romana; traçar as linhas gerais dos argumentos a serem tratados no concílio, ouvidos também os pareceres das faculdades teológicas e canônicas das universidades católicas" (*Acta et Documenta Concilio Oecumenico Vaticano II apparando*, series I, vol. I, Città del Vaticano 1960, 23). Naquele momento começou realmente uma consulta de caráter universal como nunca se havia verificado anteriormente.

Entre as temáticas principais que foram então propostas para o trabalho conciliar, reservava-se particular atenção ao problema da "natureza da revelação", da "modalidade de transmissão da revelação" e da "relação entre magistério e Palavra de Deus". A comissão teológica preparatória (formada de sete membros: Tromp, Piolanti, Garofalo, Ciappi, Gagnebet, Hürth, Balič, mais dois consultores: Staffa e Philippe; era presidida pelo Cardeal Ottaviani; como secretário fora nomeado o Padre S. Tromp, professor de Apologética na Universidade Gregoriana), apressou-se em providenciar uma certa sistematização da complexa matéria, redigindo um esboço de esquema resumido, à guisa de uma primeira plataforma de trabalho.

Esse texto tinha o expressivo título de *Schema compendiosum Constitutionis de fontibus Revelationis.* Enviado aos membros da comissão teológica, não sofreu grandes retoques. Para dar-lhe o desenvolvimento adequado, em 27 de outubro de 1960 foi constituída uma *subcomissão* interna, presidida por Monsenhor Garofalo, encarregada justamente de elaborar um esquema sobre as fontes de revelação.

Em 23 de junho de 1961 o texto do *Esquema* estava pronto e, após uma revisão por parte da comissão teológica, foi enviado ao exame e à aprovação da comissão central, em 14 de outubro de 1961. Numerosas emendas foram feitas ao texto proposto; o *Esquema* foi então aprovado pela comissão central, a 22 de junho de 1962, e finalmente todo o *Schema Constitutionis dogmaticae de fontibus Revelationis* foi aprovado por João XXIII, a 13 de julho do mesmo ano, e em seguida mandado aos padres conciliares com vistas à discussão no plenário conciliar.

A 14 de novembro de 1962, o *Esquema* sobre as fontes da revelação foi submetido ao plenário da assembleia conciliar. Cumpre observar, a propósito, que os padres já estavam entrando no clima de "*aggiornamento*" que o papa desejara que se instaurasse – desde o discurso inaugural, de 11 de outubro – como o melhor fruto do concílio; e que a discussão do documento sobre renovação da liturgia já estava produzindo os primeiros resultados. Isto faz entender por que era um tanto precário o cenário em que se colocava nosso documento.

A isto há que acrescentar um outro fato: três outros esquemas haviam sido apresentados privadamente aos padres e de *per si* constituíam textos que concorriam com o documento oficial. O primeiro deles fora elaborado pelo secretariado para a unidade dos cristãos, preparado com a contribuição determinante de Stakemeir e Feiner; o segundo, preparado com rapidez incrível, fora redigido por Karl Rahner, sob o patrocínio das conferências episcopais austríaca, belga, francesa, holandesa e alemã e tinha por título *De revelatione Dei et hominis in Jesu Christo facta*; o terceiro era um documento redigido por Y. Congar, com o título *De Traditione et Scriptura.*

Com estes precedentes, era natural que o Cardeal Ottaviani, em sua apresentação oficial do documento, se premunisse com tons fortemente polêmicos na defesa do *Esquema* elaborado pela comissão teológica. A relação foi lida por Monsenhor Garofalo, que procurou apresentar o documento com o intuito de salvar o que ainda se podia salvar; todavia, a questão era justamente esta: Que é que ainda se podia salvar? Os padres falaram livremente um depois do outro; mas o ambiente estava agitado. Alguns, influenciados também pelos textos concorrentes, consideravam o *Esquema* absolutamente inaceitável; outros, para salvar a polidez formal, preferiam evidenciar as lacunas e falavam da necessidade de uma radical transformação do texto.

Os motivos que levavam a rejeitar o *Esquema* giravam particularmente em torno do primeiro capítulo. Observava-se a impropriedade e o caráter equívoco da expressão "dupla fonte", que ocorria com frequência quase obsessiva; mas sobretudo demonstrava-se que esta formulação acarretava consequências doutrinais que viam a Escritura e a Tradição como fontes independentes uma da outra. Numa palavra, contestava-se a linha assumida pela comissão, porque equivalia a uma opção teológica unilateral e de modo algum justificada.

O ataque maciço contra o *Esquema* assemelhou-se muito a uma verdadeira e precisa agressão; as vozes críticas que se haviam levantado na basílica de São Pedro constituíam já por si uma reprovação do texto. De qualquer forma, chegou-se à votação e pediu-se o voto dos padres com uma formulação sibilina um tanto insólita. Perguntava-se textualmente aos padres: "Pergunta-se se a discussão do Esquema de Constituição dogmática sobre as fontes da Revelação deve ser interrompida". Pela pergunta, não se entendia se a suspensão do debate equivalia à rejeição do *Esquema*, ou se, ao invés, apenas se suspendia o debate na aula conciliar à espera de momentos mais oportunos, mas sem rejeitar o esquema proposto.

O resultado da votação, comunicado em 20 de novembro, apresentava o seguinte quadro: de 2.209 votantes, os *placet* eram 1.368, os *non placet* 822, votos nulos 19; faltavam 115 votos para a maioria. Portanto, o *quorum* de dois terços, necessário para rejeitar o esquema, não fora atingido juridicamente; por outro lado, a continuação do debate estava fortemente comprometida. A minoria não poderia mais fazer aprovar um texto que a maioria rejeitava.

Foi a sabedoria de João XXIII que poupou ao concílio dias difíceis. Com sua autoridade, mandou retirar o documento até que fosse radicalmente emendado.

2. O TEXTO DA "COMISSÃO MISTA" – A reformulação radical do *Esquema* foi confiada, por decisão do papa, a uma comissão especial. Faziam parte dela os membros da comissão doutrinal e os do Secretariado para a unidade dos cristãos, com outros consultores e cardeais de nomeação papal. Justamente em razão desta forma de composição a comissão foi chamada de "mista"; foram nomeados presidentes os cardeais Ottaviani e Bea, e secretários o Padre Tromp e Monsenhor Willebrands.

Para agir com mais rapidez, a comissão subdividiu-se em cinco subcomissões, correspondentes aos cinco capítulos do *Esquema* que devia ser refeito. Um primeiro acordo de princípio conseguido pela comissão dizia respeito: *a.* à estrutura fundamental do novo documento: antes de tudo, modificava-se-lhe o título, que passava a ser *De divina revelatione*; *b.* optava-se então pela redação de um "proêmio", com o objetivo de evidenciar a doutrina sobre a revelação; *c.* concordava-se com a mudança do título do primeiro capítulo que, em vez de "De duplici fonte revelationis", passava a ser *De Verbo Dei revelato.*

O primeiro passo à frente que a comissão mista deu foi evitar a questão sobre a maior amplitude objetiva da Tradição, em relação à Escritura; efetivamente, no tocante a este problema, a comissão contava com o beneplácito do próprio papa, que havia intervindo, aprovando uma fórmula composta pelo Cardeal Browne e por Monsenhor Parente. A verdadeira e exata discussão concentrou-se, portanto, em dois pontos: o proêmio e o capítulo primeiro. Quanto ao proêmio, notava-se a pressa da redação e a não coerência com o resto do documento; quanto ao primeiro capítulo, além da espinhosa questão da relação Escritura-Tradição, examinou-se mais diretamente a relação do depósito revelado com a Igreja em geral e com o magistério em particular.

A estrutura do novo *Esquema*, encaminhado à comissão de coordenação, foi aprovada em 27 de março de 1963 e mandada aos padres conciliares para que exprimissem seus pareceres.

De qualquer forma, o texto que se apresentava era mais um ponto de partida do que de chegada; uma leitura, ainda que sumária, mostrava de imediato as malformações congênitas em decorrência dos vários compromissos firmados durante a redação. Este novo texto acabava descontentando a todos e não deixava de gerar um senso de sofrimento até nos mais bem-intencionados. Foi bom, portanto, que não tenha sido submetido aos debates do plenário conciliar na segunda sessão do concílio (29 de setembro – 4 de dezembro de 1963) para evitar dissabores posteriores. Os pareceres dos padres conciliares, que chegavam em grande número, levavam a concluir que o *Esquema* proposto pela comissão mista fosse outra vez refeito e sofresse inovações, ainda que sem apartar-se da estrutura fundamental que já lhe fora dada; em todo caso, estava-se mais diante de uma rejeição do texto do que de sua aprovação. Aflorava no horizonte uma solução radical: a de abandonar definitivamente a constituição sobre a revelação. Esta hipótese, que teria prejudicado muito o concílio, induziu alguns padres do episcopado italiano e francês a pedir que, se a isto se chegasse, os pontos centrais entrassem pelo menos no documento sobre a Igreja. Mas o perigo foi esconjurado.

Com esta finalidade, em 7 de março de 1964 constituiu-se dentro da comissão doutrinal uma *Subcomissão*, composta de 7 padres (Charue, Florit, Barbado, Pelletier, Van Dodewaard, Heuschen, Butler), e 18 peritos (Betti, Castellino, Cerfaux, Colombo – que no mesmo dia era eleito bispo – Congar, Gagnebet, Garofalo, Grillmeier, Kerrigan, Moeller, Prignon, Rahner, Ramirez, Rigaux, Schauf, Semmelroth, Smulders, Turrado; mais tarde acrescentaram-se: Ratzinger e Van den Eynde); a presidência da subcomissão foi confiada a Monsenhor Charue e, como secretário, nomeado o Padre U. Betti.

3. ELABORAÇÃO DO NOVO TEXTO – O peso do trabalho da subcomissão foi suportado em grande parte pelos peritos; estes tinham que cumprir a difícil tarefa de harmonizar as diversas e diferentes observações que haviam chegado, tanto dos diversos padres sinodais quanto das diversas conferências episcopais, para juntá-las num texto que fosse expressão do concílio inteiro.

O documento que daí resultou compreendia agora um proêmio, que tinha o objetivo de dar uma entonação pastoral ao esquema inteiro, e seis capítulos: 1. "De ipsa revelatione", 2. "De divinae revelationis transmissione", 3. "De sacrae Scripturae divina inspiratione et interpretatione", 4. "De vetere testamento", 5. "De novo testamento", 6. "De sacra Scriptura in vita Ecclesiae"; tudo parecia corresponder às expectativas do concílio.

Paulo VI inaugurava o terceiro período do concílio a 14 de setembro de 1964; os padres já se haviam habituado ao debate que, por muitos motivos, era único em seu gênero.

A discussão sobre o nosso documento durou uma semana inteira: da 91ª Congregação geral até à 95ª (30 de setembro a 6 de outubro). Realizou-se em dois tempos, em correspondência às duas partes do *Esquema*: primeiro, o proêmio e os dois primeiros capítulos, em seguida os quatro capítulos restantes. O relator da primeira foi Monsenhor E. Florit, arcebispo de Florença; mas deu-se voz pública também à minoria, através da relação de Monsenhor Franič, Bispo de Split, na Iugoslávia; o relator para a segunda parte foi o bispo de Haarlem, Monsenhor J. van Dodewaard.

O parecer dos padres conciliares foi amplamente positivo: as observações feitas, tanto por escrito como nas intervenções orais em aula conciliar, foram depois atentamente analisadas pelos peritos da subcomissão. O resultado foi um texto cuidadosamente reformado, mas não deformado; seu conteúdo geral e sua forma estrutural permaneceram substancialmente como os do início.

Esse texto *denuo emendatus* foi novamente entregue aos padres conciliares para ser submetido a votação, na quarta sessão do concílio. A esta altura, os padres só podiam exprimir um dos três pareceres: *placet*, *non placet*, *placet iuxta modum*. Por força desta última expressão, os textos recebiam novas correções, mas sem mudar o sentido do texto base. Se se pensar que o número total dos *placet iuxta modum* foi de 1.498, para o documento inteiro, pode-se entender que trabalho coube ao pequeno grupo de peritos para introduzir as últimas observações dos padres conciliares no documento final.

O esquema, agora acuradamente emendado e sabiamente equilibrado, podia enfrentar com toda a segurança o último teste em nível de congregação geral, a 155ª, fixada para 29 de outubro. Estava-se já no último estágio, que consistia em aprovar as emendas introduzidas nas várias partes do texto. Os padres responderam com uma votação quase unânime de aceitação do documento; o resultado foi o seguinte: votantes 2.115, *placet* 2.081, *non placet* 27, nulos 7. O esquema assim aprovado tinha agora todos os requisitos para passar definitivamente na aula conciliar.

A promulgação foi fixada para a sessão pública de 18 de novembro de 1965, a 8ª do concílio.

A votação final teve um resultado quase plebiscitário: votantes 2.350, *placet* 2.344, *non placet* 6.

Com a assinatura do sucessor de Pedro e de todos os padres conciliares presentes, o documento sobre a divina revelação, que tinha passado por vicissitudes tão complexas a ponto de ter sofrido no mínimo seis redações diferentes, e havia percorrido todo o período do concílio, tornava-se agora uma constituição dogmática. Os conteúdos importantes exprimiam-se agora nos próprios títulos dos seus seis capítulos, além do *Proemium:* 1. "De ipsa revelatione", 2. "De divinae revelationis transmissione", 3. "De sacrae Scripturae divina inspiratione et de eius interpretatione", 4. "De Vetere Testamento", 5. "De Novo Testamento", 6. "De sacra Scriptura in vita Ecclesiae".

Um novo documento começava, assim, a fazer parte, para sempre, do patrimônio do ensinamento católico. Suas consequências, não inovadoras, mas em todo caso sempre renovadoras, serão vistas e medidas só com o correr do tempo. O certo é que esta constituição faz parte daquele número de atos do concílio que levaram Paulo VI a dizer, naquele mesmo dia 18 de novembro, que constituía início de muitas coisas novas para a vida da Igreja.

Bibl. – Acta et Documenta Concilio Oecumenico Vaticano II apparando, Città del Vaticano 1960-1971; *Acta Synodalia sacrosancti Concilii oecumenici Vaticani II*, Città del Vaticano 1970-1978; U. Betti, "Cronistoria della costituzione dogmatica sulla divina rivelazione", em Vários autores, *Commento alla costituzione dogmática sulla divina rivelazione*, Milão 1966, 33-67; Id., "Storia della costituzione dogmática Dei Verbum", em Vários autores, *La costituzione dogmatica sulla divina rivelazione*, Turim 1967, 13-68; Id., *La rivelazione divina nella Chiesa*, Roma 1970; Id., *La dottrina del Concilio Vaticano II sulla trasmissione della Rivelazione*, Roma 1985; Vários autores, *La Révélation divine*, Paris 1968; G. Ruiz, "Historia de la constitución Dei Verbum", em Vários autores, *Comentarios a la constitución Dei Verbum*, Barcelona 1969, 3-35.

RINO FISICHELLA

II. Comentário

1. O VATICANO II E *DEI VERBUM* – Depois do período de pânico, de desaceleração e de parada, representado pela crise modernista, a constituição *Dei Verbum* assemelha-se a um grande sopro de ar fresco, vindo de longe para dissipar a neblina. A passagem para uma concepção personalística, histórica e cristocêntrica da → revelação constitui uma espécie de revolução copernicana em relação à concepção extrínseca, atemporal, nocional, que havia prevalecido na teologia até os anos de 1950.

Não que esta passagem tenha sido fácil, pelo contrário. A *Dei Verbum*, embora sendo uma das primeiras constituições apresentadas à discussão dos padres do concílio, foi uma das últimas a ser votada (→ *Dei Verbum*: história). No plano doutrinal, a DV é o documento-fonte da obra conciliar, a chave hermenêutica de todos os demais textos. Do ponto de vista ecumênico, é de importância muito grande. Para efeito do presente artigo, levamos em consideração somente os pontos que dizem respeito à revelação. Análise tanto mais importante, por ser a primeira vez que um concílio estuda de modo sistemático esta realidade primeira e fundamental do cristianismo, em sua natureza e em seus traços específicos. Onipresente na vida cristã e no discurso teológico, a revelação foi, não obstante isto, a última a ser estudada. Acontece o mesmo em filosofia, para as noções de existência, ação e conhecimento. Vivemos estas realidades muito antes de fazer delas objeto de uma reflexão crítica.

Em nossa exposição, o primeiro capítulo da DV nos servirá de quadro geral. Ressaltaremos os pontos emergentes que têm um caráter de novidade em relação aos documentos anteriores.

2. MUDANÇA DE PERSPECTIVA – *a.* Ao contrário do → Vaticano I, que fala primeiro da revelação de Deus por meio da criação e, depois, da revelação histórica, o Vaticano II inverte a perspectiva e começa pela revelação pessoal por parte de Deus e da salvação em Jesus Cristo: trata-se de um *primeiro plano*, isto é, de uma perspectiva sobre o *explicador*, antes que sobre o *explicado.* O concílio, depois de ter afirmado o *fato* da revelação, declara imediatamente que esta é *iniciativa* de Deus, pura graça, como de resto toda a obra da salvação: "A vida eterna que estava junto ao Pai e se manifestou em nós" (DV 1). "Aprouve a Deus revelar-se a si mesmo" (DV 2). "Deus fala aos homens como a amigos e entretém-se com eles" (DV 2). "Com efeito, Deus mandou seu Filho, isto é, o Verbo eterno, que ilumina todos os homens, a fim de que a eles explicasse os segredos de Deus (cf. Jo 1,1-18)" (DV 4). A revelação foge a qualquer exigência e a qualquer coação da parte do homem. Provém de seu imprevisível amor que Deus, invisível e puro espírito, tenha, portanto, decidido revelar-se ao homem em forma de carne e linguagem. Epifania de Deus em Jesus Cristo (DV 5), a revelação é luz vertical sobre o mistério de Deus e sobre o destino do homem (DV 2). O homem não é o parâmetro de Deus nem lhe dita as formas de sua ação, mas a Palavra de Deus é que convida à "obediência da fé" (DV 5). Era importante recordar ao homem contemporâneo que o cristianismo não é uma forma mais nobre de humanismo, mas um *dom de Deus.* Obra de amor, a revelação procede de "sua bondade e sabedoria" (DV 2). O Vaticano II retoma aqui os termos do Vaticano I, mas colocando em primeiro plano a *bondade* de Deus e depois sua sabedoria.

b. Para definir o *objeto* da revelação, o concílio recorre abundantemente às categorias bíblicas, sobretudo às de São Paulo. Em vez de falar, como faz a *Dei Fillius*, dos "decretos" da vontade divina, usa o termo paulino de *mistério* (sacramentum). Deus "revela a si mesmo e dá a conhecer o mistério de sua vontade" (Ef 1,9; DV 2). No n. 6 o concílio diz ainda: "Com a divina revelação Deus quis *manifestar* e *comunicar* a si mesmo". A revelação é ao mesmo tempo automanifestação e autodoação de Deus em pessoa. Deus se doa, revelando-se. O intento evidente do concílio é o de *personalizar* a revelação: Deus manifesta-se a si mesmo antes de dar a conhecer seu projeto de salvação. O projeto de Deus, no sentido do mistério de que fala São Paulo, é que "os homens, por meio de Cristo, Verbo eterno feito carne, no Espírito Santo, têm acesso ao Pai e são feitos participantes da natureza divina" (DV 2). O projeto de Deus, expresso em termos de relações interpessoais, inclui os três mistérios principais do cristianismo: Trindade, encarnação, graça. A revelação é essencialmente revelação de pessoas: do mistério da vida das três pessoas divinas, do mistério da pessoa de Cristo, de nossa vida de filhos adotivos do Pai. A revelação aparece, pois, em sua dimensão trinitária. Esta descrição do objeto da revelação, em seu tríplice caráter personalista, trinitário, cristocêntrico, confere ao texto uma riqueza e uma ressonância que contrastam com a formulação da *Dei Fillius* do Vaticano I, que tinha conseguido falar da revelação sem mencionar Cristo explícita e diretamente, mas somente através de uma referência à Epístola aos Hebreus.

c. Depois de ter afirmado a existência e o objeto da revelação, o concílio lhe detalha a *natureza*: "De fato, com esta revelação, Deus invisível (cf. Cl 1,15; 1Tm 1,17), em seu imenso amor, fala aos homens como a amigos (Ex 33,11; Jo 15,14-15) e se entretém com eles (cf. Br 3,38), para convidá-los e admiti-los à comunhão com Ele" (DV 2). Para definir a revelação, o concílio conserva, portanto, a analogia da *palavra*, onipresente no AT e no NT, na tradição patrística e medieval, até os documentos do magistério. A palavra é aquela forma superior de intercâmbio entre seres inteligentes, com que uma pessoa se dirige a outra para se comunicar: os termos usados (*accessum habere*, *consortes fieri*, *alloqui*, *conversari*, *invitare*, *suscipere*) vão todos na direção de um diálogo com vistas a um encontro; realidade que atinge uma dimensão surpreendente, quando a Palavra de Deus em pessoa assume a carne e a linguagem do homem em Cristo, Verbo de Deus feito homem entre os homens para privar com eles. Através da palavra, a transcendência torna-se proximidade. Estas analogias da palavra e do encontro não são, portanto, tratadas levianamente como simples tentativa humana, entre tantas outras, de traduzir o inefável. Ao contrário, trata-se de analogias reveladas, fundadas na encarnação, assumidas pelos textos inspirados e que, portanto, devem ser perscrutadas no próprio interior da revelação que as veicula. A revelação inaugura um longo e dramático diálogo entre Deus e o homem, que atravessa os séculos e atinge todos os homens. Através da palavra, inaugura-se a nova perspectiva: do ouvir ao crer e depois ao ver.

d. Se Deus se revela é para *convidar* os homens a uma comunhão de vida com Ele e para torná-los "participantes da natureza divina" (DV 2). Esta é a *finalidade* da revelação. Obra de amor, a revelação obedece a um projeto de amor (*abundantia charitatis... tamquam amicos... ut ad societatem secum*). Se Deus entra em comunicação com o homem e o inicia no mistério de sua vida íntima, é visando uma participação e uma comunhão com esta vida. O concílio multiplica as palavras e as sugestões da Escritura para fazer-nos entender que a revelação é manifestação da *agápe* de Deus.

3. A ECONOMIA DA REVELAÇÃO – A analogia palavra-encontro, que serve para representar a revelação, ainda não diz nada sobre a "disposição" concreta, adotada por Deus, de entrar em comunicação pessoal com o homem: de fato, são numerosos os modos de comunicação entre pessoas (gestos, atos, palavras, imagens, símbolos, sinais articulados ou gráficos etc.). Cabe, pois, à compreensão da revelação descrever sua *economia.* Revelando-se ao homem, ser de carne e espírito, inserido no tempo, Deus se comunicou com ele através das vias da história e da encarnação. É a primeira vez que um documento do magistério extraordinário assim descreve a economia da revelação, em seu exercício concreto e naquela fase ativa que a faz existir. Também neste ponto o Vaticano II supera o Vaticano I, que descreve a revelação como uma ação vertical que desemboca numa doutrina, mas que apenas roça a história. O Vaticano II, descrevendo a economia da revelação como se efetuando mediante a ação conjugada "de eventos e de palavras intimamente unidos entre si", distancia-se em relação a duas concepções unilaterais da revelação: a primeira, representada por W. Pannenberg (*Offenbarung als Geschichte*, Göttingen 1961), que reduz a revelação ao opaco tecido dos acontecimentos, sacrificando de fato os seus *verba*, que os interpretam e lhes declaram o sentido autêntico; a segunda, frequente na teologia católica pré-conciliar, que tem uma irresistível tendência a confundir a revelação-palavra com a revelação em discurso articulado, reduzindo, portanto, a revelação a uma gnose superior. O concílio, recorrendo ao binômio *gesta-verba*, exprime o caráter englobante da revelação. Acontecimentos e interpretações, obras e palavras, formam um todo orgânico e indissociável: economia que atinge o ápice em Cristo, *Verbo* feito *carne* que *habita* entre nós.

Observemos logo que o termo *gesta* tem uma ressonância mais personalista do que *facta*; além disto, tem seu equivalente no binômio similar *opera* e *verba*: obras e palavras que emanam sempre de um centro pessoal (DV 2 e 4). Estas ações ou obras de Deus são, por exemplo, no AT, o êxodo, a aliança, a instauração da monarquia, o exílio e o cativeiro, a restauração. No NT são os atos de Cristo, sobretudo a pregação, os milagres, os exemplos, a paixão. As palavras são as palavras de Moisés e dos profetas, que interpretam os *feitos de Deus* na história; são também as palavras de Cristo, que declara, Ele mesmo, o sentido de seus atos; são finalmente as palavras dos apóstolos, testemunhas e intérpretes autorizados da vida de Cristo.

Em seguida, o concílio explica brevemente como obras e palavras dependem entre si e estão a serviço umas das outras. "As obras, realizadas por Deus na história da salvação, manifestam e corroboram a doutrina e as realidades (projeto e atos salvíficos de Deus) expressas pelas palavras". Portanto, a libertação do jugo egípcio manifesta a intervenção de Deus poderoso e salvador, mas ao mesmo tempo confirma a promessa feita por Jhwh a Moisés de salvar seu povo; a cura do paralítico manifesta o poder libertador de Cristo e confirma ao mesmo tempo a palavra do Filho do Homem, que pretende perdoar os pecados; a ressurreição de Cristo manifesta seu império soberano sobre a vida e sobre a morte, mas também confirma a verdade de seu testemunho e a realidade de sua missão como Filho do Pai, vindo para salvar os homens do pecado e da morte. As palavras, por sua vez, "declaram e esclarecem o mistério nelas contido" (DV 2). É verdade que os acontecimentos, os atos, já são ricos de inteligibilidade: assim, a libertação de um povo, uma cura já são "significativos". Mas obras e acontecimentos estão sempre ameaçados pela ambiguidade, por interpretações parciais ou equívocas: são as palavras que têm a tarefa de dissipar esta ambiguidade e de descobrir o sentido autêntico e a misteriosa profundidade desejada por Deus. O sentido do acontecimento amadurece na palavra. Sem a palavra de Moisés, que interpreta em nome de Deus a migração de Israel como uma libertação para a aliança, este acontecimento teria sido diferente de tantas outras migrações, ainda mais maciças, verificadas ao longo dos séculos? Sem Moisés, o acontecimento não teria aquela plenitude de sentido tão pregnante que faz dele o fundamento da religião de Israel. Se é verdade que no NT os gestos de misericórdia de Cristo exprimem admiravelmente seu amor pela humanidade, sua morte permanece, ao contrário, suscetível de interpretações diferentes: é a palavra de Cristo prolongada na dos apóstolos que nos faz descobrir a dimensão inaudita desta morte e que propõe a nossa fé o próprio evento e seu alcance salvífico. Os eventos estão grávidos de uma inteligibilidade religiosa, que as palavras têm a tarefa de proclamar e de esclarecer.

É evidente que esta íntima união de obras e palavras é de tipo estrutural e não cronológico. Por vezes existe simultaneidade entre o evento e a palavra, às vezes o evento antecede a palavra ou vem depois dela. Observamos ainda que a proporção entre obras e palavras pode ser muito variável. Nos livros históricos prevalecem os acontecimentos, ao passo que nos livros sapienciais e no sermão da montanha é a palavra que domina. Insistindo nas palavras e nas obras como elementos constitutivos da revelação, o concílio lhes sublinha o caráter *histórico* e *sacramental.* Deus intervém na história e proclama o sentido de sua intervenção; age e comenta sua ação. Esta estrutura geral da revelação, afirmada cinco vezes pelo concílio (DV 2,4,14,17), é suficiente para distingui-la de toda outra forma de conhecimento: filosófico, mítico, metatemporal ou metaespacial.

Através desta revelação, resplandece a nossos olhos, em Cristo, a verdade profunda sobre Deus e sobre o homem. Em Cristo, de fato, é-nos revelado quem é Deus, isto é, o Pai que nos criou e que nos ama como filhos; Filho e Palavra que nos convidam a uma comunhão de vida com a Trindade; Espírito que vivifica e que santifica. Em Cristo também nos é revelada a verdade sobre o homem, chamado a tornar-se filho adotivo do Pai, em Cristo. Este caráter antropológico da revelação é expresso com destaque ainda maior na constituição *Gaudium et Spes*: "Na realidade, somente no mistério do Verbo encarnado o mistério do homem encontra sua verdadeira luz" (GS 22). É através de Cristo, "mediador e plenitude da revelação", que o homem chega a compreender-se e a superar-se. Cristo é o homem novo (GS 22), o homem perfeito, o único em condições de tornar o homem mais humano (GS 41).

Após ter considerado a revelação em sua estrutura interna, o concílio a considera em seu *desenvolvimento histórico*. Com efeito, DV distingue uma dupla manifestação de Deus: a primeira é aquela com que Deus dá aos homens "um testemunho permanente" de sua existência, inscrito no universo criado por Ele (Rm 1,19-20). Esta manifestação de Deus, o concílio não a define como "revelação" – termo agora técnico que designa a revelação histórica –, mas como "testemunho" dado por Deus sobre si mesmo: sobre sua existência, seu poder, sua majestade, dirigido a todos os homens. Se quisermos conservar a todo custo o termo revelação para designar este testemunho de existência, podemos falar de revelação "cósmica" para distingui-la da revelação "histórica".

Se é verdade que o concílio não detalha a relação existente entre estas duas manifestações de Deus, todavia declara que o mesmo Deus, que se manifestou aos homens com o Verbo criador, é também aquele que, "querendo abrir o caminho da *salvação sobrenatural*, desde o início manifestou-se a si mesmo aos primeiros pais" (DV 3). Ao falar da revelação cósmica como de um *testemunho* de si mesmo e da revelação histórica como caminho de uma *salvação sobrenatural*, o texto nos autoriza a pensar que, no espírito dos padres conciliares, o testemunho de existência de Deus e seu reconhecimento por parte dos homens são, também eles, *caminho de salvação*, ainda que parcial, incompleto, à espera de uma manifestação superior de Deus, de ordem sobrenatural.

A rigor, a revelação em sentido estrito começa com a revelação histórica, cujas etapas o concílio descreve apenas sumariamente. Depois da queda dos nossos primeiros pais, Deus voltou a erguê-los com a esperança de uma salvação futura: este fulgor de salvação evocado pelo Gênesis é o protoevangelho. Com a promessa, cujo alcance salvífico é universal, a história da salvação começa e Deus não deixa ninguém fora desta "salvação celeste"; Ele "dará a cada um segundo suas obras: a vida eterna aos que, perseverando nas obras de bem, procuram glória, honra e incorruptibilidade" (Rm 2,6-7). Alusão ao testemunho interior da consciência, inscrito por Deus nos corações, e que para os pagãos é o equivalente da lei mosaica. Esta graça de salvação dada a todos os homens está à espera daquela mais explícita da revelação histórica. Com efeito, o texto diz: "Suo autem tempore", isto é, no tempo escolhido por Ele, "Deus chamou Abraão para constituir um grande povo" (Gn 2,12). Depois da era patriarcal, Deus instruiu este povo através de Moisés e dos profetas (DV 3; LG 9). Revelou-se a ele "com palavras e atos" (DV 14). Educou-o (*erudivit:* instruir e formar) a reconhecer Deus como Pai que se preocupa com os filhos, como juiz justíssimo, e a esperar pelo salvador prometido (DV 3). A revelação do AT é essencialmente promessa e pedagogia, ao mesmo tempo. Ao longo dos séculos, portanto, Deus formou seu povo e abriu os caminhos para o Evangelho. Israel conheceu Deus não abstratamente, mas na experiência dos caminhos de Deus em sua história.

4. A CENTRALIDADE DE JESUS CRISTO REVELADOR – No n. 4 a constituição volta à afirmação de Cristo, "mediador e plenitude da revelação", mas desta vez o faz numa perspectiva *histórica* (Hb 1,1). Depois de ter sido apenas fragmentos de discurso divino, a Palavra atinge sua completude e perfeição. Se Cristo é o ápice da revelação, é porque é o Filho mandado pelo Pai como Verbo eterno para habitar entre nós e fazer-nos conhecer as profundezas da vida divina (DV 4). A função reveladora de Cristo tem origem em sua qualidade de Filho e de Palavra de Deus dentro da Trindade. "Jesus Cristo, *Verbo* feito carne, fala *as palavras* de Deus e leva à consumação a obra de salvação confiada a Ele pelo Pai" (DV 4). Esta junção da Palavra às palavras pronunciadas através das vias da carne e da linguagem sublinha de modo pregnante o ingresso na história e na humanidade do filho de Deus, que usa sem subterfúgios a condição humana e seus meios de expressão. A Palavra, que é Espírito, torna-se um de nós, homem entre os homens, enviado aos homens para alcançá-los em seu nível: com palavras de homem, que são ao mesmo tempo Palavra de Deus. Portanto, visto que Cristo é Filho do Pai e Palavra eterna, segue-se daí que a revelação atinge nele seu termo, seu cumprimento (*complendo*) e a sua perfeição (*perficit*).

A constituição aplica, então, o que afirmou no n. 2 sobre a estrutura geral da revelação. Cristo exerceu sua função reveladora "com toda sua presença e com a manifestação de si, com as palavras e com as obras, com os sinais e com os milagres, e especialmente com sua morte e a gloriosa ressurreição dentre os mortos e, finalmente, com o envio do Espírito de verdade" (DV 4). Cristo é a epifania de Deus. A revelação em Cristo, Verbo encarnado, põe em ação todos os recursos da expressão humana, o *facere* como o *docere*, para manifestar o Filho de Deus e, nele, o Pai. A encarnação do Filho, se entendida corretamente, é a revelação. Toda a existência humana de Cristo (ação, gestos, atitudes, comportamento, palavras) é uma perfeita atuação que revela o Filho e, nele, o Pai.

A originalidade da DV é a de apresentar Cristo ao mesmo tempo como revelador e como sinal que permite identificá-lo como tal. Os sinais da revelação não são externos a Cristo: são o Cristo mesmo no irradiar de seu poder, de sua santidade, de sua sabedoria. Neste irradiar, percebemos sua glória de Filho; passamos diretamente do reflexo à fonte. Este irradiar do ser e do agir de Cristo constitui todo ele um "testemunho divino". Cristo "completa" a revelação, "consuma-a" e "corrobora-a com o testemunho divino, isto é, de que Deus está conosco para libertar-nos das trevas do pecado e da morte e ressuscitar-nos para a vida eterna" (DV 4).

5. A FÉ, RESPOSTA À REVELAÇÃO – A última frase do parágrafo apresenta-se como uma conclusão de tudo o que foi dito sobre Cristo. Por ser Ele a Palavra eterna de Deus, o Filho

unigênito do Pai enviado aos homens para revelar-lhes a vida íntima de Deus, a epifania do Pai (DV 4), aquele em que "encontra consumação toda a revelação do supremo Deus" (DV 7), segue-se daí que a economia introduzida por Ele não pode ser considerada apenas como transitória: é "definitiva" e "não passará jamais", ou seja, não será nunca suplantada por outra mais perfeita. "Não se deve esperar alguma nova revelação pública antes da manifestação gloriosa de nosso Senhor Jesus Cristo" (DV 4). Uma vez que Deus nos disse sua única Palavra, que teria ainda a acrescentar? Que poderia dar, mais do que seu único Filho? O NT é verdadeiramente *novo e definitivo*. Jesus Cristo é a última palavra da revelação: nele tudo está completo, a salvação e sua manifestação. Isto evidentemente não exclui as → "revelações privadas" com finalidades particulares e dirigidas a determinados destinatários; sobretudo, não exclui uma assimilação sempre mais profunda e uma formulação sempre mais rica e adequada do mistério revelado. Este segundo processo de alcance incomensurável difere, porém, do processo da revelação dada e constitutiva. A este propósito, Cristo é ao mesmo tempo um termo e um início. Que progresso houve, por exemplo, na compreensão da revelação, do Vaticano I para o Vaticano II?

a. Precisamos crer em Deus que revela; esta é a afirmação constante da própria revelação (Rm 16,26; 1,5; 2Cor 10,5-6; Ef 1,13; 1Cor 15,11; Mc 16,15-16) e dos documentos do magistério (DS 2778, 3008, 3542). Revelação e fé são realidades que se confrontam e se correspondem. Ora, a revelação descrita pelo Vaticano II é iniciativa do Deus vivo e manifestação de seu amor pessoal. Deus vem, condescendentemente, em direção ao homem e abre-lhe os segredos de sua vida íntima, para uma reciprocidade de amor. De sua parte, o homem, com a fé, se volta para Deus e se dá a Ele na amizade. O concílio diz explicitamente: "O homem entrega-se todo a Deus livremente, prestando o 'pleno assentimento da inteligência e da vontade a Deus que revela'" (DV 5). O concílio evita, assim, duas noções incompletas da fé: a noção de uma fé-homenagem, praticamente sem conteúdo, e a noção despersonalizada, de uma fé-consentimento numa doutrina. A autêntica fé cristã é ao mesmo tempo dom e consentimento.

b. A resposta do homem à revelação não é resultado de uma simples atividade humana, mas é um dom de Deus. Não basta que ressoe no ouvido o ensinamento do Evangelho: é preciso também que haja uma ação da graça *preveniente*, que move a crer (*ad credendum*) e que faz crer (*in credendo*). É preciso que Deus, com sua graça, nos "torne conaturais" ao mistério em que o Evangelho nos introduz: com efeito, como poderíamos sozinhos abrir-nos a este mundo inaudito do completamente Outro? Esta ação da graça é, portanto, descrita em termos mais bíblicos: trata-se de uma ajuda do Espírito Santo (DS 3009), que tem como efeito tocar o coração do homem e convertê-lo a Deus, iluminar sua inteligência e inclinar suas faculdades de desejo (DS 3010, 377). A Escritura sublinha várias vezes esta ação da graça que abre o espírito do homem à luz que vem do alto (Mt 16,17; 11,25; At 16,14; 2Cor 4,6) e atrai o homem a Cristo (Jo 6,44). Esta ação interior é o "testemunho do Espírito" (1Cor 5,6), que age interiormente para que o homem reconheça e confesse a verdade de Cristo. É ainda ao Espírito e a seus dons que se deve atribuir o aprofundamento da revelação (DV 5). No movimento do homem para a fé, é o Espírito que abre a inteligência ao novo mundo do Evangelho; é ainda o Espírito que, no interior da fé, desenvolve o poder de penetração da inteligência (dom do intelecto) e dispõe o fiel a compreender, mediante as vias do amor (dom da sabedoria), infundindo-lhe uma consonância afetiva que o torna conatural ao Evangelho.

c. O primeiro capítulo da DV, iniciado com uma declaração de fidelidade ao Vaticano I, termina retomando a doutrina e os termos do Vaticano I. Este procedimento de inclusão literária, embora não acrescente quase nada ao que já fora dito, representa antes um compromisso para satisfazer aos expoentes da perspectiva anterior. Já desde os n. 2 e 4 sabíamos que a revelação é manifestação e comunicação, e que seu objeto é Deus mesmo e o projeto de salvação. Todavia, este último parágrafo acrescenta dois detalhes interessantes. Em primeiro lugar, desdobra o *revelar* do Vaticano I em *manifestar e comunicar*, alinhando, assim, o Vaticano I com o Vaticano II. Além disso, sublinha, com uma solenidade justificada pelo contexto do ateísmo contemporâneo, que Deus pode ser conhecido pela luz da razão humana que reflete sobre o mundo; o mundo criado, de fato, fala incansavelmente de seu autor. Por outro lado, se bem que os mistérios propriamente ditos permaneçam objeto privilegiado da revelação, o concílio acrescenta que é preciso também atribuir à revelação o fato de que as verdades religiosas acessíveis à razão podem ser conhecidas facilmente por todos, com uma certeza firme e sem risco de erro (DV 6).

Concluindo, podemos tentar reunir os pontos meritórios da DV: 1. O concílio trata de maneira ordenada de todos os aspectos essenciais da revelação: natureza, objeto, finalidade, economia, progresso, pedagogia; lugar central de Cristo, ápice da história da salvação e da revelação; Deus que revela e Deus revelado, que atesta e identifica a si mesmo; caráter decisivo e definitivo da revelação crística; acolhimento por meio da fé e aprofundamento sob a ação do Espírito. 2. A exposição é serena, profundamente religiosa e exprime-se com categorias bíblicas (32 referências à Escritura, sobretudo a São Paulo e São João); na verdade, estão presentes todos os textos fundamentais. 3. Está onipresente a perspectiva personalista, trinitária, cristológica, embora sem esquecer a dimensão antropológica. 4. Com base na DV, podemos definir a revelação como automanifestação e autodoação de Deus em e através de uma economia histórica que culmina em Jesus Cristo, autor, objeto, centro, mediador, plenitude e sinal da revelação em pessoa. Cristo é a chave de abóbada desta prodigiosa catedral, cujos arcos são os dois Testamentos. É com a fé em Cristo e em seu Evangelho que entramos na vida do Pai, do Filho e do Espírito. A revelação já é, em sua vertente ativa e objetiva, um termo técnico que não se pode usar para qualquer propósito ou despropósito.

Recuperando os dados originais de suas fontes, a constituição DV apresenta-se ao homem contemporâneo como um texto de rara densidade. Para chegar a este esplendor eram necessárias as multiformes provocações do racionalismo. De qualquer forma, tudo já estava contido nos dados da Escritura e da tradição patrística:

justamente porque se havia distanciado das fontes, a teologia da revelação se tinha progressivamente empobrecido e se tornara árida.

Bibl. – Sobre a Constituição *Dei Verbum* do Vaticano II, pode-se encontrar uma bibliografia completa em HDG I, 1b, 193-194.

RENÉ LATOURELLE

DE LUBAC, Henri

Este teólogo francês celebrizou-se em todo o mundo por suas sempre válidas contribuições no tocante ao catolicismo, às questões do ateísmo moderno, da Igreja e da exegese. Sobretudo suas investigações sobre o problema do "Sobrenatural" levaram a discussões e críticas, como também ao fato de que, em 1950, De Lubac foi impedido de continuar a ensinar Teologia Fundamental nas faculdades católicas de Lião. Sua colaboração no Concílio Vaticano II, como teólogo conciliar, e, finalmente, sua nomeação para cardeal, foram como que um reconhecimento oficial de sua pessoa e de seu trabalho. A atenção de De Lubac à Teologia Fundamental remonta a 1929, quando, em Lião, como sucessor de Valensin, ocupou a cátedra de apologética. Isto aconteceu num momento em que a Igreja, com a encíclica *Deus scientiarum Dominus*, não só ordenava externamente de maneira nova a estrutura teológica, mas também se dispunha a favorecer uma nova síntese que resultasse da conexão interna existente na verdade cristã. Em todo caso, desde o início de sua atividade de docente, De Lubac teve logo ideias básicas sobre o estado da apologética; efetivamente, fazia questão de definir melhor sua tarefa de teólogo. Até então, a apologética era muitas vezes considerada como uma pesquisa filosófica e histórica, propedêutica à teologia: uma perspectiva por demais restrita, de que resultava toda uma série de dificuldades. H. de Lubac era de opinião que estas dificuldades podiam ser substancialmente superadas, partindo do pressuposto da fé do teólogo apologeta que, consciente e expressamente, já inseria sua fé na própria pesquisa. Para ele, a teologia fundamental era isto. A suposta vantagem da apologética tradicional, que tinha uma base comum com os opositores, ele demonstrou ser uma ilusão, que explicava também a ineficácia da antiga apologética para aqueles aos quais queria exatamente dirigir-se. De sua parte H. de Lubac levou muito a sério a tarefa apologética; apenas era de opinião que não devesse ser conduzida pela via tradicional e com os pressupostos adotados. Esta visão tornou-se totalmente exemplar para suas ulteriores contribuições, na medida em que em sua atividade se manifestará sempre o esforço de superar distinções falsas, de substituir programas ineficazes por outros melhores e de respeitar relações existentes. Um primeiro campo para aplicar esta orientação foi-lhe oferecido pelo encargo de ensinar ciência das religiões. O confronto com as religiões mundiais e com a missão, tal como era praticada nos anos de 1930, propiciaram-lhe a ocasião, acolhendo observações e solicitações de Teilhard de Chardin e de J. Monchanin, de indagar a natureza e a pretensão do catolicismo de tal modo que daí surgissem ligações e possíveis pontos de contato. O catolicismo oferece espaço para todos os valores autênticos, de sorte que se pode afirmar ser contrária ao Evangelho somente uma concepção alternativa da fé cristã (i. é, aquela segundo a qual o cristianismo tomaria o lugar do que anteriormente constituía a vida de um não cristão e que, numa conversão, teria que ser simplesmente eliminado). Particularmente o → budismo ganhava sempre mais a estima de De Lubac, estima que mais tarde acentuou até publicamente, com pesquisas acuradas. Tratava-se antes de tudo de garantir aos asiáticos que se interessavam pela fé cristã que para se tornarem cristãos não precisavam renegar nenhum de seus valores tradicionais.

Partindo desta concepção, De Lubac, no diálogo com P. Charles, desenvolveu uma nova concepção da missão cristã e de sua fundamentação teológica. Baseava-se numa visão que partia da origem da religião, tanto que a alguns pareceu realmente um novo modo de enfrentar o problema. Nesta perspectiva, o cristianismo se oferecia como alargamento e enriquecimento completo, como realidade católica, no sentido originário da palavra, que superava estreitezas e oposições. Este ponto de vista tinha para De Lubac, de imediato, um efeito sobre a distinção, tão fundamental para a vida religiosa, entre o ser cristão pessoal-individual e o comunitário.

Em 1936 foi um dos primeiros a falar do caráter social do dogma cristão e, assim, chegou a reflexões que, depois, reuniu sob o título de "teologia política", no livro *Théologies d'occasion* (1984).

A conversão e o crescer como cristãos são, assim, compreendidos como expressões de uma comunidade, cuja mensagem não pode existir prescindindo desta comunidade. Consequentemente, a redenção de Cristo diz respeito à humanidade e ao mundo e não a uma alma individual, considerada em forma exclusiva. Que desta maneira recebesse um destaque diferente toda uma série de interpretações tradicionais não pareceu logo tão claramente, mas os leitores de *Catholicisme* (1938), o primeiro livro de De Lubac, que reunia as primeiras tentativas e as reduzia a um denominador comum, puderam logo notar o modo diferente de ver e tratar as coisas. Isto resultava de um aprofundamento teológico daqueles temas que, desde os tempos da Reforma, foram tratados de modo bastante superficial e jurídico e cujo significado teológico fora depois progressivamente esquecido. O programa de aprofundamento teológico devia ter consequências de maneira totalmente especial para a apresentação da Igreja, visto que desta se havia falado quase só como de uma entidade social e jurídica. Mas neste quadro o caráter da Igreja Católica só tinha lugar como expansão numérica e geográfica, portanto, num sentido reduzido em relação aos dados de fato positivos.

Com a investigação histórica *Corpus Mysticum: L'eucharistie et l'église au moyen-âge*, de 1939, De Lubac contribuíra a seu modo para a elaboração de uma imagem teológica da Igreja e, por isso, deverá mais tarde sofrer uma crítica violenta. A despeito disto, com a ligação entre a Igreja e a Eucaristia, tocou no centro teológico da comunidade dos crentes. Ao mesmo tempo, colocava-se assim a raiz que nutre continuamente a vida da Igreja e de que esta recebe suas estruturas internas determinantes. Evidentemente, na época o autor nem sempre teve consciência plena da importância destes trabalhos, do ponto de vista da Teologia

Fundamental; uma série de circunstâncias externas conduziu-o a ocupar-se de temas individuais. Todavia, fê-lo sempre de modo tal que a Teologia Fundamental hauriu daí um ganho, cuja importância não raro só foi possível medir mais tarde. A situação política da Segunda Guerra Mundial colocou imediatamente em primeiro plano outras questões, para De Lubac: do lado francês, tinham uma certa influência as ideias marxistas, ao passo que do lado alemão o nacional-socialismo objetivava similarmente atacar a fé e o cristianismo. A questão do ateísmo colocava-se então de maneira nova, pois amplos estratos foram tocados por este problema, e não somente os intelectuais. Como defesa, serviram algumas contribuições de De Lubac que, posteriormente, publicou no volume *Le drame de l'humanisme athée.* Sob este aspecto, tomou verdadeiramente a sério o impulso humanístico e o centro de uma certa espiritualidade, que acreditava reconhecer nestes ateus. Não se tratava, portanto, de refutar racionalmente pontos de vista teóricos. Isto explica a escolha dos autores, aos quais De Lubac dirigia sua atenção neste contexto. Nietzsche, Comte e Dostoievski não são certamente os nomes que se impõem por primeiro na questão sobre o ateísmo dos tempos novos, modernos. Representam uma corrente que, através de um interesse humanístico, escolhe uma linha espiritual que, justamente por isto, constitui uma provocação que fora completamente ignorada pela apologética cristã clássica.

Por este motivo, De Lubac tinha também consciência de que era preciso conduzir positivamente à realidade de Deus, para fazer frente ao lento enfraquecimento da fé em Deus. Colocar às claras, em toda sua tragicidade, o humanismo ateu constituía apenas uma parte da tarefa a ser cumprida. Aprofundou as *Causes de l'atténuation du sens du sacré* (1942) e, no fim da guerra, publicou sua pesquisa *De la connaissance de Dieu*, de que, em 1956, tirou o livro *Sur les chemins de Dieu*, a ser lido e meditado como contrapartida positiva de *Le drame de l'humanisme athée.* Só este último livro faz entender por que aqui a questão de Deus não é retomada e tratada do modo costumeiro, mas de modo que se torne um guia espiritual-existencial do homem levado a sério, com suas dificuldades específicas. Sem dúvida, também esse livro, como a maior parte das principais obras de De Lubac, é o resultado da reunião de várias publicações; e, todavia, para o leitor aparece de imediato a unidade interna e a organicidade que provêm da natureza do assunto tratado. A coerência interna é tão forte que o leitor se pergunta, admirado, como é possível que estes livros não tenham sido concebidos e escritos todos de um jato. Mas também a concatenação dos temas entre si deixa o leitor surpreendido. Com razão → H.U. von Balthasar falava da "*obra orgânica da vida inteira*" de De Lubac. Todavia, aqui se trata, antes de tudo, de determinar exatamente o centro desta unidade orgânica, para entender o significado de toda a sua obra.

Alguns têm afirmado que, no pensamento de De Lubac, o centro tenha coincidido com suas conhecidas tentativas em torno do *Surnaturel* (1946), que lhe causaram sobretudo as dificuldades acima mencionadas. Certamente, estas investigações e reflexões têm a ver com a determinação da relação real entre Deus e o homem, entre o homem e Deus, cuja visão errônea, segundo De Lubac, é uma das causas principais da possibilidade intelectual do ateísmo moderno. Segundo sua convicção, até o início da era moderna todos os homens sofreram uma influência de algum modo religiosa, tanto que era inconcebível pensar na existência do mundo e do homem sem Deus ou uma divindade. Somente quando na teologia apareceu a ideia de uma "natura pura" e dela se fez um sistema para compreender a relação entre Deus e o homem, à margem se manifestou a possibilidade de uma existência que podia ter todo seu significado em si mesma e não numa relação que remetesse constitucionalmente para fora de si. Esta descoberta explica a luta decidida de De Lubac contra o sistema da "natura pura", para a qual soube também fazer valer suficientes razões internas à teologia. Por este motivo, *Surnaturel* está logicamente ligado aos trabalhos e às publicações sobre o ateísmo moderno e sobre os modos atuais de aproximar-se de Deus. Segundo De Lubac, um dos motivos fundamentais para o desenvolvimento do sistema da "natura pura", no século XVI, reside na separação medieval entre espiritualidade e teologia, entre relação existencial de vida e exposição teórica da reflexão de fé. Tal separação transformou a teologia num sistema conceptual lógico, num todo de uma concepção racional a ser avaliada com base em critérios linguísticos, filosóficos e históricos, para a qual não era decisiva uma referência à vida e à realidade, que fosse além do âmbito racional. Os críticos de De Lubac não perceberam estas conexões e geralmente procuraram ver e julgar suas afirmações a partir de posições totalmente diferentes. Na verdade, do ponto de vista histórico, não se podia dizer quase nada de convincente contra suas pesquisas, por isto se procurou fazê-lo partindo de posições sistemáticas que, segundo De Lubac, eram justamente o resultado do sistema da "natura pura". Ele mesmo não se sentia realmente atingido por estas críticas, mas antes de tudo tinha que contestar o fato de que elas – e este era o intento principal destas críticas – pudessem efetivamente garantir o caráter gratuito da graça. O enorme emprego destas reflexões não levou ao resultado desejado, mas no melhor dos casos a algumas estruturas auxiliares, a que também De Lubac não negava um limitado direito, desde que se aceitassem certos pressupostos, nem sempre certos e seguros.

Pessoalmente, ele considerava praticamente cheia de consequências a separação – que remontava já à Idade Média – da teologia em relação à espiritualidade, ainda que depois não se tivesse chegado ao sistema de uma "natura pura". Por seus estudos de história das religiões, especialmente pelas pesquisas sobre o budismo, sabia quanto a vida espiritual era importante para a convicção religiosa. Por isto, interessava-se atentamente pelos problemas da mística e da experiência espiritual, mas também por seu autêntico testemunho e interpretação. Nisto dava menos valor aos fenômenos extraordinários, com toda a vantagem para as experiências existenciais acessíveis e também íntimas da fé cristã. Com efeito, a partir delas se esclarece o significado preciso de asserções e confissões religiosas, motivo pelo qual a linguagem religiosa não deve ser vista e usada de modo isolado ou funcional. De Lubac também foi obrigado pelas circunstâncias a demonstrar até concretamente estas ideias em seus estudos: *La pensée religieuse du Père Teilhard de Chardin* (1962) e *La prière du P. Teilhard de Chardin* (1964). Com efeito, as asserções religiosas de Teilhard, medidas com base em estreitos esquemas enunciativos, tornaram-se muito controvertidas e foram muitas vezes mal-entendidas. Na mesma linha de tentativas deve-se considerar o estudo *Claudel et Péguy* (1974), pois também aqui se trata de expressões religiosas que, segundo a medida de uma rígida ortodoxia, parecem problemáticas. A relação entre mística e linguagem, como aspectos da Teologia Fundamental hodierna, foi um assunto que talvez lhe fosse, antes, oferecido de fora e com base em circunstâncias não procuradas, e todavia isto lhe permitiu aprofundar pesquisas e reflexões que o vinham ocupando há muito tempo.

É totalmente evidente que seus quatro volumes de *Exégèse Médiévale* (1959-1964) devem ser considerados como o estudo mais extenso de seu trabalho de investigação científica. Se acrescentarmos depois *Histoire et Esprit. L'intelligence de l'Écriture d'après Origène* (1950), demonstra-se logo que o estudo e a interpretação da Sagrada Escritura constituíram o compromisso central da produção de De Lubac, para o qual também fora destes volumes se podem sempre descobrir traços em todo o curso de sua existência. A questão não é colocada e tratada no sentido da teologia dos "Loci", mas como esforço por fazer valer a Escritura enquanto testemunho da revelação, sempre à base de determinados pressupostos espirituais. Na Antiguidade e na Idade Média, que é que os homens tiraram, para sua fé, da leitura e do uso da Sagrada Escritura? Por que a Escritura podia oferecer-lhes tal alimento? O que se segue disso, para o contato que se tem hoje com a Palavra de Deus na Escritura? De maneira significativa o capítulo central de *Catholicisme* já tinha sido dedicado ao tema: "L'interprétation de l'Écriture". A obra inteira de De Lubac tem que ser interpretada a partir daqui. Naturalmente, deve-se também levar em conta a tradição, que, nas numerosas contribuições do pensamento de De Lubac, não é colocada sob este verbete, mas sob o tema "igreja". Isto é importante para a compreensão que ele tem da Escritura. Quanto às tendências para uma compreensão teológica da Igreja, já dissemos algo acima e por isto não é aqui necessário desenvolver mais o tema. Para De Lubac estes interesses centrais de sua pesquisa como teólogo encontraram convergência na colaboração dada ao desenrolar do Concílio Vaticano II e nas constituições dogmáticas *Lumen Gentium*, sobre a Igreja, e *Dei Verbum*, sobre a divina revelação. Antes de tudo, em *La Révélation Divine* comentou e acentuou amplamente a importância do proêmio e do capítulo primeiro da constituição sobre a revelação. H. de Lubac sublinha desde o início o caráter pessoal da Palavra de Deus neste documento e o convergir cristológico do evento, experiência e meditação da revelação. Seus esforços pessoais para a formação de uma Teologia Fundamental que corresponda ao pensamento de hoje e que, com determinados pressupostos, possa abrir um acesso à fé e despertar a compreensão de sua mensagem, são confirmados pelo concílio e apresentados como um desafio. Efetivamente, a tarefa de uma objetiva impostação teológica da verdade do cristianismo coloca-se de maneira nova à luz das perspectivas ampliadas do concílio, já que com elas foram ampliadas e aprofundadas anteriores reduções, limitações e fixações sobre conceitos, ideias e modos rígidos e quase mecânicos de relacionar-se. Neste novo espaço aberto, porém, não se faz mais Teologia Fundamental somente em função dela mesma; ao contrário, esta disciplina está pronta para encontros autênticos e vivos com ideias religiosas e correntes espirituais, cujos valores possam ser, sem mais, acolhidos e tornados fecundos para o cristianismo e a sua missão. Tal trabalho ainda não terminou.

Nestas novas tentativas, H. de Lubac tinha estreitas relações com uma série de pensadores. Sua obra não é concebível sem o diálogo com estes colegas. Mencionamos apenas dois deles, que indiscutivelmente foram os parceiros mais importantes: o filósofo G. Fessard (1897-1978) e o teólogo fundamental H. Bouillard (1908-1981); ambos, junto com De Lubac, orientaram de modo especial sua pesquisa em relação à filosofia de → M. Blondel. No modo de pensar e nos pontos-chave, como também no temperamento, eram pessoas bastante diferentes uma da outra. Contudo, em seus esforços intelectuais, sabiam-se guiados pelos mesmos objetivos, de modo que este intercâmbio se tornou fecundo e foi motivo de enriquecimento sob vários pontos de vista. Eles estavam convencidos de que o pensamento teológico sem uma filosofia não pode ser suficiente: uma posição que Bouillard sustentou com vigor em seu grande debate com Karl Barth. Mas eles estavam também convencidos de que se deve partir do cristianismo para estabelecer como se deve empregar o pensamento filosófico para a reflexão teológica. Pareceu-lhes que o pensamento de M. Blondel oferecia bons pressupostos, especialmente em sua simplicidade e em sua exata consciência e respeito dos próprios limites. No mundo moderno, o método de → imanência de Blondel permitiu esperar uma argumentação mais convincente e ao mesmo tempo também a possibilidade de fazer entrar na reflexão o homem contemporâneo com sua autoconsciência. Desta maneira, delineava-se uma grande chance para uma Teologia Fundamental; ao mesmo tempo a própria verdade oferecia a possibilidade de superar certas posições de dúvida e uma crítica injustificada e criar uma base sobre a qual se pudessem construir os tratados e as disciplinas teológicas. Este serviço necessário foi muitas vezes subestimado e não foi levado a sério, daí que a muitas propostas acabou faltando a fundamentação no terreno das realidades efetivas. As críticas de H. de Lubac diziam respeito, o mais das vezes, a posições que lhe pareciam destituídas de um fundamento sólido na fé da Igreja. Justamente por este motivo desconfiava sempre mais dos grandes lances e projetos teóricos. O paciente trabalho histórico de que havia haurido suas ideias durante toda a vida havia-se tornado para muitos por demais fadigoso e foi descartado ou então praticado só de maneira eclética e arbitrária. Mas justamente a história da fé é também sempre a história do espírito e não apenas uma coletânea casual de particularidades sem valor e de detalhes não essenciais. Se à primeira vista De Lubac trabalha como historiador, não o faz, porém, sem um projeto mental e uma contínua penetração intelectual no contexto do mistério. Neste modo de proceder são plenamente mantidos os modos clássicos do trabalho da apologética, que aqui, porém, são estendidos e utilizados num intercâmbio vivo. Aqui, espiritualidade e pensamento não são mais separados entre si e isolados, mas tomados a sério os dados espirituais do mundo moderno, sem que o cristão se deixe intimidar ou simplesmente deixe que sua perspectiva seja ditada por eles. Este tipo de Teologia Fundamental é caracterizado por uma busca e por um contínuo examinar e distinguir, um processo que não se deixa encerrar numa fórmula teórica de uso fácil. Oferece, todavia, a vantagem de ser bastante flexível, para poder reconhecer e responder aos desafios atuais que surgem vez por vez e, mudando rapidamente as circunstâncias, poder fazer a Palavra de Deus falar sempre de modo correspondente.

Bibl. – Para a obra de H. de Lubac cf. K.H. Neufeld-M. Sales, *Bibliographie Henri de Lubac S.J. 1925-1974*, Einsiedeln 1974[2] e o suplemento: "Bibliographie de Henri de Lubac (Corrections et compléments) 1942-1989", em Henri de Lubac, *Théologie dans l'Histoire* II. Questions disputées et résistance au nazisme, Paris 1990, 408-420; H. de Lubac, *Mémoire sur l'occasion de mes écrits*, Namur 1989.

KARL H. NEUFELD

DEPÓSITO DA FÉ

1. *Introdução* – 2. *Noção bíblica* – 3. *Percepções históricas: Irineu, Vicente Lerinense, J.H. Newman* – 4. *O ensinamento católico moderno entre o Vaticano I e o Vaticano II* – 5. *Perspectivas ecumênicas* – 6. *Problemas ulteriores* (J. Wicks).

1. INTRODUÇÃO – Uma das últimas epístolas da era apostólica estimulava os leitores a continuarem o empenho "pela fé que foi entregue aos santos uma vez por todas" (Jd 3). "Depósito" é o termo que encerra aquela fé e aquela forma de vida deixadas por herança pelos apóstolos e por seus colaboradores às igrejas por eles fundadas com a proclamação da boa-nova de Jesus Cristo. Os apóstolos deixaram por herança uma estrutura coerente de fé, de ensinamentos e de prática de interpretação bíblica, de culto e de estruturas de serviço na comunidade e de vida no mundo, de acordo com a palavra e os exemplos do Senhor Jesus. Fiel ao patrimônio apostólico, expresso de modo especial nos escritos do NT, o povo de Deus de cada época mantém sua fé, esforça-se por viver na santidade e renova a própria percepção da verdade revelada (cf. DV 8). Em decorrência de sua potencialidade inerente ao legado apostólico, assume formas diversas em épocas diversas, porque a Igreja é guiada pelo Espírito a viver de acordo com a norma e a inspiração outorgadas no início. Mas fonte e norma do ensinamento da Igreja é o "depósito" deixado por aqueles que Jesus enviou como seus emissários para transmitirem sua revelação e seus dons divinos.

2. NOÇÃO BÍBLICA – Na Antiguidade, os códigos legais gregos e romanos fixavam as obrigações resultantes para as pessoas que recebiam em depósito objetos ou somas de dinheiro de quem, por exemplo, partira para uma viagem. O depositário era antes de tudo obrigado à custódia fiel, que excluía todo e qualquer uso pessoal do depósito. A pedido do depositante, devia-se fazer a restituição *in specie* ao proprietário. A violação destas normas podia provocar uma incriminação e a ira dos deuses. Os administradores de santuários religiosos eram apreciados como guardiães dos depósitos e este serviço revertia em vantagem para o bom nome da divindade neles venerada. As Doze Tábuas romanas declaravam que um depositário negligente ou de qualquer modo infiel tinha que pagar o dobro do valor do depósito original. Semelhantes obrigações de fidelidade eram impostas ao executor testamentário, sob cuja custódia era deixada a herança, como um verdadeiro depósito, para que fosse fielmente distribuída aos beneficiários designados.

As escrituras de Israel redigem simples leis sobre o depósito que fazem parte das disposições mosaicas do pacto do Sinai (Ex 22,6-12). Quando um depósito é danificado ou perdido, o depositário deve jurar que não se apropriou indevidamente do que lhe havia sido entregue em custódia. O depositário infiel deve ressarcir o dobro, quando for declarado culpado de inadimplência em matéria de depósito. A lei ritual de Israel estabelecia o modo como um depositário infiel, uma vez arrependido, tinha que restituir o roubado ao depositante e oferecer um sacrifício expiatório para obter o perdão do Senhor, que se faz fiador de cada contrato de depósito (Lv 5,26). O próprio templo recebia os depósitos que os pobres confiantemente colocavam sob a proteção do Senhor do mesmo lugar sagrado (cf. 2Mc 3,7-30).

Pelo final do século I dC, Flávio Josefo relata sobre depósitos, na narração que faz das normas que Moisés tinha estabelecido para disciplinar a vida dos israelitas, na terra que estavam por ocupar. O depositário é obrigado por um compromisso solene: "Que o destinatário de um depósito o considere digno de custódia, como um objeto sagrado e divino, e que ninguém se arrisque a defraudar quem lho confiou... nem mesmo se com isto pensasse conseguir para si uma ingente quantidade de ouro" (*Antiguidades judaicas*, IV, 38, 285).

Embasadas na obrigação sagrada que o depositário tem diante de Deus, de uma guarda conscienciosa e de uma transmissão fiel, as epístolas pastorais se referem à tradição paulina como a um depósito (*parathêkē*) que deve ser mantido intacto e custodiado contra toda falsificação (1Tm 6,20; 2Tm 1,12-14). E mais: Timóteo, que tinha sido colaborador de Paulo, deverá, também ele, confiar o que recebeu a pessoas dignas de confiança que poderão, por sua vez, transmitir posteriormente o que no passado lhes foi entregue pelo apóstolo fundador (2Tm 2,2).

A exegese moderna considera as epístolas pastorais como urgentes expressões da validade normativa da tradição paulina, escritas por um autor desconhecido nos últimos anos do século I dC. As epístolas reafirmam e reinterpretam o legado de Paulo às igrejas que estão às voltas com crises que o fundador não havia conhecido. As cartas pastorais adaptam a doutrina, a ética e especialmente os deveres ministeriais dos pastores, para rejeitar a influência subversiva das falsas doutrinas, dos mitos e de um pretenso "conhecimento" (*gnôsis*), que ameaçam destruir a linha de continuidade com Paulo, para quem estas comunidades têm uma identidade própria, como "a casa de Deus que é a Igreja do Deus vivo" (1Tm 3,15).

As epístolas pastorais consideram o "depósito" como o resultado do multiforme ministério paulino de fundação. Elas não fazem um inventário de seu conteúdo, mas, em contrapartida, insistem em sua ininterrupta idoneidade e normatividade para a vida das comunidades, um quarto de século depois da morte de Paulo. Os pastores da Igreja daquele tempo são depositários que têm a incumbência de proteger com firmeza o patrimônio do apóstolo mediante sua fidelidade ao anúncio de seu Evangelho (p. ex., Tt 3,4-7), dando instruções acuradas (passim), ensinando as Escrituras inspiradas e seguras (1Tm 4,3; 2Tm 3,14-17), regulamentando a oração comunitária (1Tm 2,1-6), escolhendo com cuidado os demais ministros (1Tm 3,1-13; 5,15-22; Tt 1,5-9; 2Tm 2,2) e resistindo às doutrinas estranhas e subversivas (1Tm 1,3-4; 4,1-3; 6,2-5.20-21; Tt 3,9-11; 2Tm 2,14). A situação de confusão crescente demandava uma autêntica reformulação de certas doutrinas, por exemplo, o significado da lei (1Tm 1,8-11), a universalidade da redenção em Cristo (1,15; 2,3-7) e o valor do matrimônio e de cada alimento (4,1-5). Ainda de importância fundamental é o exemplo da própria vida de Paulo, tanto como pecador perdoado pela graça divina (1Tm 1,12-16) quanto como pessoa que sofreu por amor do Evangelho (2Tm 1,8-15; 2,3).

Assim, o depósito do NT é, em sua forma ampla e complexa, a tradição apostólica nas comunidades para as quais se torna norma de fé e fonte de vida. A sobrevivência na identidade impressa outrora nestas comunidades depende hoje da fidelidade ao depósito que receberam. Com efeito, o que Paulo transmitiu foi realizado na vida destas comunidades. Assim, as epístolas pastorais insistem na necessidade de uma atenção sempre renovada no sentido de manter intacto o depósito e de transmiti-lo em sua integridade. Para isto não bastam os esforços humanos, daí por que o autor manifesta a confiança que Paulo tem no protetor divino dos depósitos (2Tm 2,12) e na força animadora dada às comunidades e seus pastores: "Guarda o bom depósito com a ajuda do Espírito Santo que mora em nós" (2,14; cf. 1,6-7).

Outros livros tardios do NT compartilham a preocupação de que as igrejas permaneçam enraizadas no solo vital do depósito apostólico e o preservem de toda contaminação. Nos Atos, o último discurso da atividade missionária de Paulo recomenda de modo incisivo seu testamento eclesial ao colégio dos anciãos da Igreja de Éfeso (20,17-35). E enquanto Paulo pensa no fim de seu ministério (20,24), os pastores de Éfeso devem considerar o que ele ensinou sobre o arrependimento e sobre a fé no Senhor Jesus (20,20-21). Dele aprenderam toda a economia de Deus, sob cuja luz devem "vigiar... sobre toda a grei em meio à qual o Espírito Santo os colocou como bispos (*epískopoi*)" (20,27-28). A autêntica doutrina paulina é colocada em perigo por quem procura alterar a verdade (20,29-30), razão pela qual se tornam imperativos uma renovada vigilância e um discernimento atento.

Os evangelhos de Lucas e de Mateus podem ser considerados autênticas formulações do testamento apostólico, nos anos 80 do século I, numa forma que confere a esta herança um perfil definitivo num período extremamente agitado. Analogamente, o que talvez seja o último Escrito neotestamentário investe contra os falsos mestres (2Pd 2), recomendando ao mesmo tempo as Escrituras corretamente interpretadas (1,19-21). Mais incisiva em relação ao depósito, na segunda carta de Pedro, é a insistência sobre a necessidade de recordar sempre de novo o que foi transmitido como ensinamento fundamental, isto é, "as palavras já ditas pelos santos profetas e o preceito do Senhor e salvador, transmitido a vós pelos apóstolos" (3,2).

3. PERCEPÇÕES HISTÓRICAS – O *magnum opus* de Y. Congar sobre a tradição examina as interpretações variadas do depósito apostólico e de seu modo de estar presente na Igreja dos séculos subsequentes. Nossa apresentação será seletiva; falaremos apenas das visões de três autores que escreveram com originalidade sobre o depósito da fé em relação à sua constituição interna e ao peso que este teve na Igreja: Irineu de Lião, Vicente Lerinense e → John Henry Newman.

Por volta do fim do século II, Santo Irineu contestava a legitimidade de uma multiplicidade de elaboradas doutrinas gnósticas, invocando a "regra da verdade" recebida dos apóstolos de Cristo, então acessível na pregação e na profissão batismal das igrejas de fundação apostólica (→ Regula fidei). Enquanto os gnósticos propagam seus mitos confusos sobre a caducidade cósmica e sobre o conhecimento redentor em conventículos secretos, a única tradição proveniente dos apóstolos é preservada, como posse pública, em numerosas igrejas confiadas pelos apóstolos de Cristo a presbíteros e bispos bem-instruídos, para que nelas levem adiante o ministério do ensinamento. Em Roma, por exemplo, na Igreja fundada por Pedro e Paulo, pode-se aprender a economia da salvação em Cristo e compartilhar "a única e mesma fé, fonte de vida, que foi preservada na Igreja pelos apóstolos até hoje em dia e é transmitida na verdade" (*Advserus haereses*, III, 3,3).

Assim, no próprio momento em que a Igreja começava a definir a lista oficial dos autênticos escritos apostólicos (→ Cânon bíblico), Irineu enunciava um princípio correlato, vale dizer, um modelo normativo de fé em Deus criador, no filho de Deus que na carne realizou a obra da salvação e no Espírito Santo outorgado aos crentes como "garantia de incorruptibilidade, poder corroborante da fé e escada de subida a Deus" (III, 24,1). Atendo-se a esta fé, cada um na igreja pode ler todas as Escrituras do AT e do NT com a segurança precisa de entender todo o significado, isto é, a gama completa da economia de que elas dão testemunho. Fora do âmbito da regra da fé apostólica e eclesial, os textos bíblicos não garantem um alimento sólido, já que foram fragmentados pelos eruditos gnósticos e forçados a servir ao propósito estranho de lhes explicar os mitos.

A "regra da fé" de Irineu está presente nas Escrituras e encontra justa expressão na catequese das igrejas e nos diversos modelos de profissão de fé. Mas a regra não é totalmente idêntica para cada Igreja nem é fixada por estas de modo exaustivo. A regra dá origem a expressões diversas em lugares diferentes, mas "a força da tradição (*dýnamis tês paradóseōs*) é uma e a mesma" (I, 10,2). De resto, não é só o verdadeiro significado do ensinamento apostólico que essas igrejas recebem e transmitem; com efeito, elas "reconhecem o mesmo dom do Espírito, esforçam-se por observar os mesmos mandamentos e conservam a mesma forma de constituição eclesiástica, enquanto aguardam o mesmo advento do Senhor, desejando ardentemente a mesma salvação da pessoa inteira, corpo e alma" (V, 20,1; cf. IV, 33,8).

Assim, Irineu pensou em termos de um depósito apostólico completo, mas, diversamente do autor das cartas pastorais, não colocou a tônica nos deveres dos bispos depositários. Ao invés disto, Irineu sublinhou a grande riqueza – resultante para os crentes – da herança dos apóstolos que "como rico depósito deixaram à Igreja de modo copioso tudo o que diz respeito à fé, de sorte que todos os que o desejam possam alcançar esta fonte e dessedentar-se com a água da vida" (III, 4,1). A tradição apostólica da verdade encontra-se na Igreja onde os cristãos creem na plena participação de Deus. "Conservemos e protejamos a fé recebida da Igreja que, como depósito de valor num vaso precioso, age continuamente mediante o Espírito de Deus para renovar-se a si mesma e ao próprio vaso que a contém" (III, 24,1). O depósito apostólico, na visão de Irineu, é uma posse espiritual total e corroborante que se encontra no meio da Igreja como modelo de fé e de estilo de vida.

Vicente de Lérins, que escreveu na Gália meridional, em 434 dC, é com justiça reconhecido por ter formulado os critérios clássicos para verificar se uma doutrina faz parte da verdade revelada: "Na Igreja Católica deve-se usar o máximo cuidado para ater-se àquilo que se creu em toda parte, sempre e da parte de todos (*quod ubique, quod semper, quod ab ómnibus*)" (*Commonitorium*, 2). Inovações doutrinais são excluídas, porque não estão conformes ao que foi transmitido desde o início como parte da tradicional regra de fé. Esta regra é o "senso católico e eclesiástico da Escritura" (*Comm.*, 2), promulgado pelos decretos dos concílios gerais. Não obstante isto, Vicente não faz nenhuma referência ao Concílio de Niceia e a sua norma dogmática para a compreensão dos textos bíblicos sobre a relação entre o Pai e o Filho. Vicente dá grande importância ao desmascaramento de opiniões particulares consideradas errôneas, mostrando que divergem de uma coleção de pontos de vista de mestres católicos autorizados, cujo consenso prova a autenticidade da verdade que estes transmitem (*Comm.*, 27-28).

Vicente não exclui desenvolvimentos progressivos na Igreja, mas isto se verifica no âmbito restrito da tradição antiga. Já que não se pode renunciar a nenhum princípio do dogma católico, o que cresce é a compreensão, o conhecimento e a sabedoria no mesmo ensinamento: "*in eoden scilicet dogmate, eodem sensu eademque sententia*" (*Comm.*, 23). Todavia, se o depósito é considerado como um ensinamento formulado, cabe perguntar-se como se pode aplicar este conceito de progresso no caso de uma nova questão que venha a emergir num tempo e numa cultura bem diversos dos da era apostólica.

Não causa surpresa que Vicente de Lérins ficasse muito impressionado com o mandado confiado a Timóteo, de guardar o depósito apostólico. Esta palavra, que, para Vicente, se aplica em sua época tanto à Igreja universal quanto a todos os seus chefes, deveria instilar uma mentalidade precisa. Com efeito, o depósito "é tudo o que te foi confiado e não o que inventaste; o que recebeste e não o que tu excogitaste; não uma questão de fantasia, mas de doutrina; não uma aquisição privada, mas uma tradição pública; algo que te foi entregue e não foi produzido por ti; uma matéria que não foi criada por ti, mas que deves conservar; não como mestre, mas como discípulo; não como guia, mas como seguidor. Este depósito, diz ele, guarda-o. Preserva inviolado e absolutamente intacto o talento da fé católica" (*Comm.*, 22).

Como bom anglicano, J.H. Newman opõe-se à noção de que a Escritura seja suficiente intérprete de si mesma. Contra a fragmentação doutrinal, que deriva do princípio protestante do juízo privado, Newman invocava a tradição e a regra da fé, tais como provêm dos apóstolos, razão pela qual a Igreja apreende sem erro o "sentido imediato e exato" do ensinamento bíblico revelado.

Escrevendo em 1836 sobre a tradição apostólica, Newman cita a primeira carta a Timóteo, para mostrar que os apóstolos confiaram a seus sucessores um depósito doutrinal a ser ulteriormente transmitido. Newman cita a explicação de *depositum*, dada por Vicente de Lérins (cf. acima), mas acrescenta uma descrição característica que vai além de um conjunto inicial de dogmas. O que foi transmitido pelos apóstolos não pode ser encerrado em documentos. Era "vasto demais, detalhado demais, complicado demais, implícito demais, fecundo demais para poder ser colocado por escrito, muito menos em tempo de perseguição; ademais, era transmitido oralmente e, para salvaguarda contra sua deturpação, estavam o número e a unanimidade das testemunhas". O credo trazia os títulos principais, mas nas igrejas a essência da tradição "era múltipla, vária e independente em suas manifestações locais" (*Essays Critical and Historical*, Londres, 1871,1, 126s). Para Newman, a tradição apostólica provém, mais do que de uma simples doutrinação, do contato vivo que produz aquele rico conjunto de verdades que penetram a Igreja como se fora sua própria atmosfera.

Quando Newman se tornou católico, a amplidão e a fecundidade do depósito apostólico ocuparam uma parte central de suas reflexões. Seus estudos sobre a crise ariana e o Concílio de Calcedônia convenceram-no de que a verdade revelada tinha que desenvolver-se ulteriormente, sob a direção de uma autoridade de ensino não sujeita a erro. Como explicou na obra *An Essay on the Development of Christian Doctrine* (1845), o cristianismo é um fato que atinge o crente de um modo que tem em seguida uma infinidade de repercussões. É dogmático, devoto, social e prático ao mesmo tempo e não existe uma única expressão que seja suficiente para defini-lo. A Escritura permite-nos penetrar num vasto território que, porém, não conseguimos nem circunscrever nem encerrar num só catálogo. Ao tempo da Igreja, a exploração das muitas partes da revelação é um trabalho de investigação, contemplação e resolução de controvérsias. Às vezes é preciso declarar novos dogmas, mas fundamentalmente estes manifestam apenas uma nova consciência, alcançada pela Igreja, sobre o que estava implícito no depósito desde o início.

O que os apóstolos transmitiram tinha uma unidade e uma coesão próprias, de modo que uma intuição leva, com o correr do tempo, a uma outra. Newman observa que as grandes ideias não se entendem de uma vez, mas crescem, para chegar, ao longo do tempo, a sua correta compreensão. As mentes devotas e iluminadas criam espaço de expansão à Palavra de Deus, que gera sempre novo conhecimento de si, em suas diversas partes e em suas multiformes relações com as esferas da vida. A própria Escritura está cheia de questões que os apóstolos não resolveram de modo peremptório. Com efeito, deixaram que muitas decisões amadurecessem com o tempo, como, por exemplo, o cânon bíblico, o batismo dos recém-nascidos e o perdão dos pecados cometidos depois do batismo. Respostas a tais questões vieram progressivamente com o desenvolvimento gradual e homogêneo do depósito. Newman viu que aquele dinamismo do crescimento, que se manifesta com a explicitação do conteúdo, não deve ser interrompido com a declaração de que um certo instante do tempo representa o fim de uma pretensa época clássica. Assim como o Verbo eterno se fez carne, da mesma forma entrou decididamente na história também a palavra reveladora de Deus.

Sem dúvida a mente humana pode desfigurar e deformar a verdade revelada, por exemplo, afirmando incautamente uma só doutrina, em detrimento ou com exclusão de outras verdades de fé. Assim, Newman expôs seus célebres critérios ou testes para separar o grão da palha, vale dizer, para distinguir um desenvolvimento autêntico de uma adulteração do depósito.

Os desenvolvimentos doutrinais autênticos conservam o mesmo tipo de doutrina que se encontra nas formulações mais rudimentares; eles estão conformes a certos princípios duráveis, profundamente impressos na mente dos crentes; assimilam com sucesso outras realidades de valor, como, por exemplo, os sistemas filosóficos; estão em relação lógica com posições anteriores, ainda que o desenvolvimento se tenha verificado de modo espontâneo; levam a cumprimento antecipações fragmentárias anteriores daquilo que vem mais tarde; agem de modo prudente sobre evoluções passadas, ilustrando e ratificando o corpo inteiro de pensamento do qual tiram sua origem; finalmente, manifestam uma força persistente e estável, ao passo que o que é alterado desaparece facilmente do cenário.

Os textos de Newman eram antes de tudo um instrumento apologético tendente a mostrar que o subsequente ensinamento católico estava em continuidade dinâmica com a palavra apostólica original. Ao mesmo tempo eles também levantam a questão conexa de qual é o modo para descobrir o depósito apostólico na grande variedade daquilo que a Igreja transmite nas várias épocas. Como pode o crente encontrar a Tradição em meio a tantas tradições? G. O'Collins propôs um método que supera os limites severos do cânon de inspiração clássica da Antiguidade, da universalidade e do consenso, próprio de Vicente de Lérins, sem com isto chegar ao extremo oposto de identificar simplesmente a tradição apostólica com as palavras de seu intérprete vivo, o magistério. Aqui se dá ao *sensus fidei*, aos escritos do NT e ao próprio Cristo ressuscitado a correta colocação, sem negar as dificuldades de interpretar corretamente estas realidades de espírito, de palavra e de vida.

4. O ENSINAMENTO CATÓLICO MODERNO – Entre os dois concílios vaticanos a Igreja docente manifestou uma forte consciência de ser depositária oficial da herança apostólica da verdade revelada. O que Cristo e os apóstolos lhe confiaram para custodiar e declarar de modo infalível é o *Verbum Dei scriptum vel traditum*, cujo significado se encontra sobretudo nos pronunciamentos dogmáticos da Igreja. Há evoluções, mas o modo preferido de descrever o progresso doutrinal deriva de Vicente de Lérins e não de J.H. Newman (cf. Vaticano I, "Dei Filius", DS 3011, 3018, 3020).

A crise modernista viria posteriormente provocar uma forte corrente de resposta oficial, que acabaria modelando a teologia típica do ensinamento em vigor nos seminários católicos até 1960. Aqui o depósito era visto como a *summa* das verdades contidas na Escritura e na tradição apostólica. Este *corpus* doutrinal objetivo encerra-se com a morte do último apóstolo e é deste fato que se origina o ensinamento da Igreja, à qual foi confiado o encargo de conservar e explicitar o sentido do patrimônio apostólico. Fatores internos e pessoais na vida espiritual dos crentes são secundários com respeito à revelação sobrenatural, como o é qualquer noção de uma evolução histórica do significado autêntico das doutrinas (DS 3420-3422, 3541).

Na encíclica "Humani generis" (1950), Pio XII acentua o papel normativo do magistério hierárquico na formulação daquele conteúdo do depósito que deve ser aceito por crentes e teólogos. Estes últimos devem mergulhar nas fontes apostólicas, mas seu estudo e ensinamento permanecem estritamente subordinados. "Com efeito, cabe-lhes indicar como os ensinamentos do magistério vivo se encontram, explícita ou implicitamente, na sagrada Escritura e na tradição divina" (DS 3886). Assim, o depósito é um território sobre o qual a autoridade do magistério hierárquico tem certos direitos exclusivos. "Com efeito, juntamente com estas fontes sagradas, Deus deu a sua Igreja o magistério vivo, ao qual cabe esclarecer e elaborar as verdades que estão contidas no depósito da fé de modo apenas obscuro e implícito. A tarefa de interpretar autenticamente o depósito não foi confiada por nosso divino Redentor nem a cristãos individualmente nem aos teólogos, mas unicamente ao magistério da Igreja" (DS 3886).

Entre 1959 e 1962, a hostilidade contra o modernismo e uma posição defensiva em relação ao trabalho independente sobre as fontes dominaram a preparação oficial do material do Concílio Vaticano II. Contudo, intervenções decisivas de João XXIII, particularmente o discurso de abertura "Gaudet Mater Ecclesia" (11 de outubro de 1962) imprimiram ao Vaticano II um espírito de frescor e uma orientação criativa. João XXIII declarou com ênfase a responsabilidade do magistério na transmissão de uma doutrina de grande benefício potencial para os homens, em todos os segmentos da vida. A Igreja é depositária de uma mensagem de grande potencial para alimentar a fé em Deus e assegurar orientação e inspiração para a vida nesta terra. É claro que o ensinamento deste concílio estará em continuidade com o corpo doutrinal elaborado pelos concílios anteriores. No entanto, uma comunicação mais eficaz torna-se um imperativo, porque o próprio ensinamento tem poder benéfico, quando afirma a dignidade pessoal e quando contribui para humanizar a vida na terra. Os tempos demandam um esforço novo, com vistas a comunicar o precioso depósito da verdade salvífica e não a preocupação de condenar erros. O Vaticano II abriu-se com um convite autorizado a reafirmar a doutrina fundamental da Igreja, o depósito da fé, de modo que tivesse mais probabilidade de incrementar a vida dos crentes e de todas as pessoas de boa vontade.

A constituição dogmática do Concílio Vaticano II sobre a Igreja fala do depósito da fé antes de tudo em relação com o carisma especial da infalibilidade, que protege essencialmente o depósito contra todo erro ou adulteração das expressões solenes do ensinamento da Igreja (LG 25,3). Todavia, os mestres oficiais, os bispos e o papa, devem estudar atentamente os testemunhos que profetas e apóstolos deram, de uma vez por todas, ao depósito, pois o ensinamento magisterial não cai do céu como uma nova revelação, mas tende, ao invés, a esclarecer e a pôr em ato a revelação definitiva que já foi feita (LG 25,5).

O decreto sobre o ecumenismo afirma que a contínua reforma da Igreja pode às vezes exigir um "aggiornamento" da maneira como se enuncia a doutrina. O depósito da fé permanece definitivo e perene, mas a articulação feita pela Igreja pode exigir uma adaptação com base numa melhor compreensão das inexauríveis fontes originárias ou então dos requisitos de uma comunicação mais eficaz (UR 6). Em 1973, a Congregação para a Doutrina da Fé retomou a problemática sobre a reformulação doutrinal. Tal "aggiornamento" magisterial pode tornar-se necessário, em primeiro lugar por causa da grandeza transcendente dos próprios mistérios da salvação, que não são plenamente comunicados numa única expressão de verdade. Em segundo lugar, dado que a linguagem é uma realidade histórica, até as formulações mais penetrantes podem, com o passar do tempo, perder sua eficácia comunicativa. Podem, assim, necessitar de complementação ou de revisão, para manifestar com mais clareza a benéfica fecundidade da mensagem de Cristo transmitida pelos apóstolos (*Mysterium Ecclesiae*, n. 5; EV 4, 1674-1976).

A constituição pastoral do Vaticano II sobre a Igreja no mundo de hoje trata, num capítulo, do desenvolvimento cultural humano (GS 53-62). Claramente, certas dificuldades têm impedido que haja uma influência plenamente criativa do ensinamento cristão e eclesiástico sobre a cultura moderna. Aqui, a constituição sublinha a necessidade de a teologia contribuir para superar os obstáculos, favorecendo uma maior comunicação entre a Igreja e o mundo moderno. Como assinalou o Papa João XXIII, o depósito e as verdades da fé são uma coisa só, em seu significado e em sua substância, mas o modo como estas são formuladas ainda pode ser desenvolvido para enriquecer os diversos setores da vida humana (GS 62,2).

As declarações mais importantes do Vaticano II sobre o depósito da fé encontram-se no capítulo II da constituição dogmática sobre a revelação divina (DV 7-10). Uma vez que estes ricos parágrafos já encontraram amplo espaço nos comentários de → *Dei Verbum*, aqui nos limitaremos a tocar apenas em três pontos do ensinamento, que tratam de maneira nova do depósito apostólico e de seu modo de estar presente na Igreja.

Primeiramente, o patrimônio apostólico entregue à Igreja é mais do que um *corpus* doutrinal, derivado da revelação. É verdade que Jesus ensinou e que seus apóstolos exerceram um ministério de ensinamento no interior das igrejas fundadas por eles. Mas os apóstolos haviam-se formado também assistindo às obras de Jesus e compartilhando-lhe a vida.

Além disso, nas comunidades dos que aceitavam o Evangelho, os apóstolos transmitiam os dons divinos através daquilo que diziam, de seu modo de viver e das estruturas (ministério, formas de culto) que instituíam (DV 7). Sua multiforme influência criava um *ethos* que é formativo, tanto para a fé quanto para o comportamento: "O que os apóstolos transmitiram abrange tudo o que serve para ajudar o povo de Deus a levar uma vida santa e a crescer na fé". Após a era apostólica, o que é transmitido é uma forma articulada de fé e de vida compartilhada em comunidade: "A Igreja, em sua doutrina, em sua vida, em seu culto, perpetua e transmite a todas as gerações tudo o que ela é, tudo o que ela crê" (DV 8). Desta maneira, a tradição cria um ambiente vital de comunhão com uma multiplicidade de concretizações que objetivam a formação pessoal na sabedoria e na santidade.

Segundo: embora a revelação divina esteja completa com Jesus e com seus apóstolos (DV 4), o que foi dado uma vez por todas está intrinsecamente ordenado ao desenvolvimento e ao progresso. Os próprios apóstolos foram passo a passo conduzidos pelo Espírito Santo àquela compreensão plena da salvação em Cristo que está contida nos escritos do NT (DV 7). A época da Igreja, o sentido do depósito apostólico emerge, também ele, gradualmente, e se exprime de maneira progressiva. Ao longo do tempo, numerosos fatores influenciam o processo de desenvolvimento plenamente histórico; entre eles, a contínua influência do Espírito Santo certamente não é o menor... "A compreensão, tanto das coisas quanto das palavras transmitidas, cresce com a reflexão e o estudo dos crentes, que as meditam em seu coração (cf. Lc 2,19.51), seja com a profunda inteligência que estes experimentam das coisas espirituais, seja através da pregação daqueles que, com a sucessão episcopal, receberam um carisma infalível de verdade" (DV 8).

Todavia, o Vaticano II não se entregou a um otimismo ingênuo a respeito do progresso da Igreja; com efeito, o próprio concílio afirmou também a necessidade de eventuais intervenções para reformar a disciplina e a doutrina da Igreja (UR 6). De maneira clara, Newman deu uma contribuição decisiva e foram aceitas formas históricas de pensamento relativas à presença do depósito apostólico na Igreja. Efetivamente, abandonou-se o classicismo estático de Vicente de Lérins.

Terceiro: a importância atribuída à reflexão sobre a experiência vivida, junto com o *sensus fidei* sobrenatural do povo de Deus inteiro (LG 12), revela uma mudança considerável em relação aos ensinamentos de Pio XII na *Humani Generis*. O concílio declara que o depósito está confiado à Igreja inteira, para servir de base e inspiração de vida, à imagem da comunidade apostólica ideal de At 2,42: "A sagrada tradição e a Sagrada Escritura constituem um único sagrado depósito da Palavra de Deus, confiada à Igreja. Aderindo a ela, todo o povo santo, unido a seus pastores, persevera constantemente no ensinamento dos apóstolos e na comunhão, na fração do pão e nas orações" (DV 10,1).

O magistério hierárquico deve dar uma contribuição essencial, a saber, a de interpretar autenticamente a palavra do depósito; mas o próprio magistério está subordinado a esta palavra, enquanto a escuta, protege e expõe oficialmente. Todo o ensinamento oficial que a Igreja propõe deriva deste depósito da fé, deixado pelos apóstolos (DV 10,2). Assim, o magistério não é um encargo isolado e soberano, nem cria *ex nihilo* o ensinamento da Igreja.

O próprio depósito atinge os crentes de maneiras diversas e permanece acessível através de várias expressões. Mas os perigos de imprecisão que podem surgir da própria abundância do que é transmitido, se necessário, podem ser evitados mediante intervenções esclarecedoras do magistério. Desta forma, o magistério encontra-se a serviço da progressiva contribuição do depósito para a fé e a vida, analisando criticamente as expressões eclesiásticas e teológicas e adaptando o ensinamento da Igreja às situações novas.

Uma referência intuitiva ao depósito foi feita por Paulo VI, no discurso conclusivo do Vaticano II (7 de dezembro de 1965). O concílio oferecia ao mundo uma imagem nova da Igreja e ao mesmo tempo uma apresentação mais clara, precisa e ordenada da verdade da herança recebida de Cristo em depósito. "Sobre isto, o povo tem meditado ao longo dos séculos; isto, por assim dizer, Ele o assimilou na própria carne e sangue; de certo modo, exprimiu-o com um estilo de vida... É um depósito vivo, em virtude da força da verdade e da graça divinas que o constituem, e por isso devemos considerá-lo totalmente capaz de vivificar todo aquele que o receber devotamente para dele haurir alimento para a vida" (EV I, 448).

No ensinamento católico moderno, o depósito apostólico é complexo, mas vivificante, uma realidade de crescimento natural, que se manifesta com expressões novas, um tesouro de família que certamente precisa ser conservado na comunidade, mas – e isto é ainda mais importante – uma fonte abundante a ser comunicada a todos os que necessitam de sua luz e guia.

5. PERSPECTIVAS ECUMÊNICAS – A doutrina *oriental ortodoxa* sobre a revelação está centrada na encarnação do filho de Deus, sua gloriosa ressurreição e a contínua transformação da vida presente através da ação do Espírito Santo. A Igreja é a presença da salvação escatológica, já projetada no tempo e realizada mediante a celebração sacramental. De maneira especial na sinaxe eucarística o mundo renovado, centrado em Cristo e em seus santos, se manifesta aos olhos da fé. Revelação e sacramentos produzem, assim, a deificação do homem e do mundo, no Espírito Santo.

A revelação histórica em Cristo foi confiada pelos apóstolos à Igreja como depósito salvífico, seja por escrito, seja na tradição que reproduz o verdadeiro sentido das Escrituras. Os primeiros concílios expressaram de forma dogmática o mistério central de Cristo, enquanto os padres orientais, até Máximo o confessor, expuseram sinteticamente a mesma revelação e esclareceram a verdade da divinização humana por obra do Espírito de Cristo ressuscitado. Hoje, a tradição está realizada na Igreja e, em certo sentido, é a Igreja enquanto forma da presença de Cristo revelada à fé (Staniloe). A tradição é revelação salvífica completa em si mesma, porém com o tempo abre novos espaços, para que nos apropriemos dela progressivamente na fé, e para que a teologia penetre seu significado essencial.

O pensamento católico ocidental compartilha a convicção ortodoxa de que a revelação é transmitida mediante a Escritura, lida na Igreja à luz da tradição. Mas o catolicismo vê a Igreja imersa profundamente na história humana, onde continua a olhar em frente, com a nostalgia de uma plenitude escatológica da verdade divina ainda não realizada.

O Evangelho apostólico de Cristo é, para os católicos, a única fonte de toda verdade salvífica e guia para a vida (DV 7, onde se reafirma o ensinamento do Concílio de Trento), mas também na era apostólica o Evangelho levou a uma grande abundância de instruções e a formas diversas de fé e de vida no mundo. Este Evangelho e os ensinamentos apostólicos precisam ser ulteriormente explicados e aplicados à vida dos crentes, numa grande variedade de culturas. Assim, para os católicos, o desenvolvimento dogmático continua a oferecer novas expressões do depósito originário, muito tempo depois do fim da idade patrística. Aqui, abre-se um espaço para a progressiva interpretação do depósito, tanto por meio de experiências espirituais e de reflexões eruditas quanto mediante intervenções do magistério episcopal e papal.

O pensamento *protestante* entende a revelação a partir de seu centro, vale dizer, do Evangelho da misericórdia preveniente de Deus e a partir de seu dom gratuito da salvação *propter Christum*. Este Evangelho criou e continua a criar a Igreja, enquanto assembleia dos que por fé aderem à mensagem evangélica. No meio das primeiras igrejas, o Evangelho foi uma vez por todas formulado nas Escrituras do NT. Depois da era apostólica, o ministério eclesial da palavra e dos sacramentos continua a comunicar o Evangelho, ajudando, assim, a suscitar a fé salvífica em Cristo. Pode-se também dizer que a revelação prossegue na Igreja, mas quando isto acontece não tem o valor normativo próprio da Bíblia. Os livros bíblicos mantêm uma autoridade insuperável, enquanto norma de verdade e, mais importante ainda, enquanto fonte, em cada época, da *viva vox* do Evangelho. Sem dúvida, as igrejas continuam a formular e interpretar o Evangelho em símbolos, doutrinas, catecismos e teologias. O Evangelho pode também estar presente de modo autêntico nestas formas pós-apostólicas, mas elas são por si mesmas vulneráveis, isto é, sujeitas a erro. De fato, toda palavra e ação eclesial devem ser verificadas de maneira crítica, para avaliar sua conformidade com a norma bíblica original do evangelho e a real contribuição destas para a promoção da fé nos dons que Deus gratuitamente outorga em Cristo.

Para os protestantes, as Escrituras *são* o depósito apostólico e seu centro luminoso está no Evangelho da salvação não merecida. Isto confere-lhes uma capacidade de autointerpretação que torna supérflua qualquer hermenêutica da tradição ou do magistério. Na autorizada visão de O. Cullmann, a Igreja do século II viu o perigo de perder o Evangelho e reagiu subordinando sua vida inteira, isto é, toda a tradição eclesiástica, à regra clara da tradição apostólica, expressa nos livros do cânon do NT. A partir daí, a Igreja não pode aventurar-se sem temor fora do âmbito rigidamente fixado do depósito apostólico.

Também o ensinamento católico mantém que o Evangelho de Cristo é uma mensagem de eficácia salvífica e concorda quanto ao fato de que o NT possui um valor único, por exprimir a pregação e a fé apostólica. Mas os católicos estão convencidos de que os grandes dons transmitidos pelos apóstolos constituem uma unidade complexa, da qual o Evangelho é apenas uma parte.

O legado apostólico produziu comunidades, vale dizer, centros de vida comum, iluminados pelo ensinamento, inspirados pelo exemplo vivo, estruturados de modo institucional, de gente que observava formas de culto transmitidas. O Evangelho era central, mas produzia desde o início seus frutos, criando coparticipação de vida e testemunho.

Depois da era apostólica, o depósito desenvolve-se através de expressões que lhe aclaram o significado inerente. Guardar o depósito não significa mantê-lo inalterado, mas sim fazer com que possa aplicar-se frutuosamente à fé e à vida de cada época. A transmissão da revelação comporta uma adaptação às novas necessidades e conduz a uma percepção renovada do dom original.

Vários fatores interagem na produção deste desenvolvimento: a meditação e a reflexão sobre a experiência, um estudo sábio do testemunho bíblico, a pregação e a atividade magisterial dos bispos e do papa. Ocasionalmente há definições que elaboram aspectos fundamentais da revelação a ser proposta aos crentes como parte da essência do depósito da fé.

A fé católica olha com otimismo o potencial de um autêntico crescimento na Igreja. Assim, insiste no contexto comunitário do encontro do crente com o patrimônio apostólico. Um grande leque de testemunhos na comunidade faz pressão sobre o cristão que professa a fé, celebra o memorial de Cristo e procura servir à humanidade. Somente nesta rede de interação, segundo a visão católica, vem à luz o significado integral do depósito apostólico original.

Pode-se pensar que, na década de 1990, o diálogo entre ortodoxos e católicos assegure os fundamentos de uma futura reconciliação, com o restabelecimento da comunhão. As diferenças sobre a revelação e o depósito parecem estar abertas à reconciliação e, em última análise, à unidade numa diversidade que se fundamenta no recíproco reconhecimento futuro da realidade eclesial de cada um. O diálogo deve promover ainda uma maior disponibilidade para discernir a substância cristã que caracteriza as duas comunidades, embora sob formas diversas, mas não contraditórias, de pregação, de sacramentos e de ministério.

O ecumenismo entre protestantes e católicos está fracionado em numerosos diálogos bilaterais e a maioria deles ainda não enfrentou o conjunto dos problemas relativos ao depósito apostólico e ao desenvolvimento deste no ensinamento e na vida da Igreja. Deram-se importantes passos à frente, por exemplo, no diálogo entre luteranos e católicos sobre sacramentos, ministério e justificação. O que em tempos passados era considerado um grande obstáculo à unidade constatou-se praticamente inexistente. Mas resta muito a debater na área da eclesiologia, onde o nó crucial continua sendo a "doutrina sobre a doutrina" das respectivas igrejas, pois parece persistirem divergências sérias. A maior parte dos protestantes resiste a ver o poder salvífico do Evangelho comprometido no emaranhado dos pronunciamentos do magistério ou então ofuscado pelos apelos ao *sensus fidelium.* Os católicos, por sua parte, têm a impressão de que a integridade das disposições apostólicas possa ser comprometida por certos apelos reducionistas à simplicidade do Evangelho original. Eles também recusam-se a deixar a interpretação do sentido da revelação divina unicamente nas mãos dos exegetas bíblicos. O patrimônio apostólico inteiro é um tesouro espiritual por demais preciso para ser confiado à pluralidade indisciplinada dos que procuram reconstruí-lo a partir dos livros bíblicos com os instrumentos da crítica histórica e literária. O diálogo precisa continuar.

6. PROBLEMAS ULTERIORES – O ensinamento iluminador sobre o depósito apostólico, deixado por figuras eminentes, como Santo Irineu e o Cardeal Newman, contribuiu para formular os tons novos com que o Vaticano II falou do depósito da fé. A redução do patrimônio apostólico a uma série de doutrinas que antecipam os dogmas futuros foi superada por um relato mais completo de como os apóstolos contribuíram e ainda contribuem para a formação dos cristãos na comunidade. O patrimônio apostólico não é mais visto como uma posse exclusiva da hierarquia, mas como uma influência vital que atua sobre a vida dos crentes, para fazê-los crescer na sabedoria da fé e ajudá-los a caminhar na santidade. Mas há ainda pontos deste depósito da fé e da vida que precisam ser ulteriormente esclarecidos teologicamente. Queremos examinar três deles.

a. Enquanto a Igreja em seu conjunto vive do depósito em seu ensinamento, no culto e na vida, existe também uma presença simultânea de parcelas do depósito apostólico nos livros escritos do NT. As epístolas apostólicas e os evangelhos têm um lugar privilegiado na vida cristã, especialmente na oração pessoal e na liturgia.

Mas as expressões originárias da fé e do ensinamento apostólico são acessíveis também ao estudo analítico de seu significado, com o método da crítica literária e histórica. O uso de tais métodos foi autorizadamente recomendado (Pio XII, *Divino afflante Spiritu;* DV 12,2). Uma análise sábia pode obter o resultado de recuperar a intenção didática específica de Jesus ou de um autor apostólico, por exemplo, num erudito comentário sobre um evangelho ou uma epístola. Um estudo deste tipo das "páginas sagradas" é uma forma de recuperar porções do depósito apostólico.

Mas como conciliar os resultados da crítica exegética com a experiência dos crentes, impulsionados pela graça a viverem das riquezas do depósito? Como se relaciona a interpretação histórica e literária do ensinamento dos autores apostólicos com a tradição doutrinal da Igreja, que resulta das intervenções de quem interpreta o depósito em virtude do próprio múnus pastoral e do "seguro carisma da verdade"? O Vaticano II tinha consciência desta dualidade de métodos interpretativos e, em DV 12, recomenda ambos os métodos. Ocorre que o ensinamento do concílio é mais uma justaposição do que uma consideração de como reconciliar os dois métodos numa unidade coerente. Parece haver necessidade de um ulterior esclarecimento teológico sobre a inter-relação dos modos diversos de perceber hoje o conteúdo da herança apostólica.

b. O depósito da fé, como quer que se atualize, é também um depósito de inspiração vital e de guia para a prática cristã. O ensinamento apostólico dá testemunho tanto de Deus que se comunica na graça quanto de toda uma série de modos pelos quais se responde a sua palavra e a seus dons. Consequentemente, a herança apostólica foi muitas vezes considerada como algo que transmite um ensinamento moral bem-articulado. No NT, encontram-se numerosas indicações tanto de princípios éticos como de diretrizes específicas para a vida dos seguidores de Jesus. A Igreja não hesitou em definir numerosos deveres cristãos em sua catequese e no ensinamento oficial.

Contudo, há problemas: primeiramente, sobre o caráter normativo de diretrizes apostólicas específicas, que deveriam empenhar hoje em dia as consciências cristãs, por exemplo, o ensinamento de Paulo em relação ao matrimônio, em 1Cor 7. Será que tudo o que está contido no testemunho apostólico continua a ser relevante, enquanto norma capaz de plasmar o agir cristão em épocas mais recentes? Segundo: parece haver necessidade de um ulterior esclarecimento do magistério eclesial que desempenha a função de guarda e intérprete do depósito. Com que competência o magistério formula as normas morais destinadas aos crentes? No depósito apostólico estão compreendidas também partes da lei natural? Até onde pode avançar o magistério, tanto no enunciar esses princípios morais, contidos só implicitamente no ensinamento apostólico, quanto no aplicá-lo a casos particulares que surgem nas novas circunstâncias da história?

c. Finalmente, temos a relação entre o depósito apostólico que medeia a comunhão com Deus e a força que este tem de enriquecer a vida dos homens no mundo. Sem dúvida, a relevância social e terrena da mensagem de Jesus não deve colocar na sombra, de modo algum, os dons da vida divina, concedidos pelo Espírito Santo. Os apóstolos deram testemunho do quanto haviam visto e ouvido de Jesus, de modo que os crentes pudessem unir-se a eles e compartilhar a alegria da comunhão com Cristo e com o Pai (cf. 1Jo 1,1-3). Os apóstolos e os mestres cristãos que os seguem dedicam-se em primeiro lugar à tarefa de mostrar o significado transcendente deste dom.

Existe, porém, uma ulterior irradiação da luz desta mensagem religiosa sobre a vida humana em sua totalidade, na família, na sociedade política, nas profissões. O Papa João XXIII, na abertura do Concílio Vaticano II, quis sublinhar as riquezas inerentes ao depósito e capazes de humanizar e enriquecer a vida na terra. A constituição pastoral *Gaudium et Spes* do concílio afirma de maneira explícita a existência desta relação e representa um esforço considerável no sentido de iluminar com a luz de Cristo uma gama de problemas humanos. Em seu relato do dom e do modo de operar a salvação divina, o depósito também aumenta a dignidade humana, sustenta os elos sociais e confere um significado novo e profundo ao trabalho dos homens (GS 40,3).

Destarte, o ensinamento cristão deve tender em todos os níveis a manter o equilíbrio, enquanto se esforça por oferecer uma articulação que compreenda aquela verdade libertadora e dignificante que Jesus introduziu no mundo e que os apóstolos formularam como seu precioso depósito confiado à Igreja.

Bibl. – C. Spicq, *Les Épitres pastorales*, Paris 1947², Excursus XV, "Le bon dépôt", 327-335; Y. Congar, *La tradition et les traditions*, vol. I-II, Paris 1960-1963; G. Biemer, *Überlieferung und Offenbarung.* Die Lehre der Tradition nach John Henry Newman, Friburgo 1961; N. Brox, *Offenbarung*, *Gnosis und gnostischer Mythos bei Irenaus von Lyon*, Salzburg-Munique 1966; J. Ratzinger, "Kommentar zum 2. Kap. von Dei Verbum", em *Das zweite Vatikanische Konzil*, LThK, II, Ergänzungsband, 515-528; O. Cullmann, "La Tradizione, problema esegetico, storico, teológico", em *Studi di Teologia biblica*, Roma 1969, 203-256; J. Schumacher, *Der apostolische Abschluss der Offenbarung Gottes*, Friburgo 1979; G. O'Collins, "Criteri per l'interpretazione delle tradizioni", em R. Latourelle-G. O'Collins (ed.), *Problemi e prospettive di Teologia Fondamentale*, Brescia 1980, 397-412; U. Betti, *La Dottrina del Concilio Vaticano Il sulla trasmissione della rivelazione*, Roma 1985; D. Staniloe, *Il genio dell'Ortodossia*, Milão 1985; R. Fabris, *Le Lettere pastorali*, Brescia 1986; J. Wieks, "Il deposito della fede: un concetto cattolico fondamentale", em R. Fisichella (ed.), *Gesú Rivelatore*, Casale Monferrato 1988, 100-119; M. Wolter, *Die Pastoralbriefe als Paulustradition*, Göttingen 1988.

JARED WICKS

DEUS

I. O DEUS DA REVELAÇÃO: 1. *O problema de Deus* – 2. *O debate hoje* – 3. *Lógica do teísmo cristão* – 4. *O Deus da revelação* – 5. *A fé da Igreja Católica* (F.-A. Pastor). II. PROVAS DA EXISTÊNCIA DE DEUS: 1. *Reflexões preliminares* – 2. *Tipos fundamentais de provas da existência de Deus* (H. Verweyen).

I. O Deus da Revelação

1. O PROBLEMA DE DEUS – *a. A Teologia cristã* – Uma linguagem teológica sobre a afirmação de Deus nasce do encontro entre a cultura filosófica grega e a mensagem religiosa do cristianismo. Com os primeiros → apologetas cristãos surge uma tentativa de receber de modo sistemático o conceito filosófico de Deus.

O cristianismo proclamava que o Deus desconhecido e misterioso, criador do mundo, era o mesmo Deus de Abraão e Pai de Jesus, o único Deus vivo e verdadeiro, revelado na aliança e senhor da história universal, objeto transcendente do sentimento religioso de todos os povos e princípio último de toda realidade (At 17,23s; Rm l,18s). Com a ajuda da filosofia grega, em particular do platonismo e do estoicismo, os primeiros pensadores cristãos puderam descrever a alma como realidade individual, espiritual e imortal; acentuaram o caráter extático da experiência religiosa e assinalaram os atributos determinantes da realidade divina, enquanto única e última, espiritual e transcendente, eterna e providente, opondo-se ao panteísmo materialista dos estoicos e ao deísmo indiferente dos epicureus (*Justino*, *Inácio de Antioquia*, *Clemente de Roma*). O confronto do monoteísmo cristão com o dualismo gnóstico (*Valentim*, *Marcião*, *Celso*) levou à formulação ortodoxa da linguagem do primeiro artigo de fé, afirmando a absoluta singularidade e unidade da "monarquia" divina, através da identificação inequívoca do Deus criador, da velha aliança, com o Deus salvador e Pai de Jesus, da aliança nova (*Irineu*, *Tertuliano*, *Orígenes*).

Na teologia cristã de Alexandria ou da Capadócia, Deus surge como realidade absoluta e infinita, transcendente e superessencial, de que deriva a realidade da multiplicidade criada. Através da ordem natural ou da ordem salvífica, a luz divina ilumina tudo. A presença de Deus preenche o universo e a história. O homem, enquanto criatura, pode unir-se ao Criador não só pela "via catafática" da afirmação dos nomes divinos, mas também e sobretudo pela "via apofática" da teologia negativa e pela "via mística" da união extática (*Clemente de Alexandria*, *Gregório de Nissa*, *Dionísio*). A teologia latina enfatiza não só a transcendência ontológica da realidade divina, mas sobretudo a incompreensibilidade do projeto salvífico da vontade de Deus, absolutamente livre e onipotente. Como amor absoluto, em sua vontade salvífica imperscrutável Deus atrai a si o universo, revelando sua misericórdia infinita e sua graça predestinante, na eleição e na aliança, no esplendor da criação e no mistério da "história salutis". O homem religioso busca e encontra a verdade infinita, não somente contemplando os "vestigia Dei" na criação sensível, mas principalmente pela "via interior", onde a verdade divina se revela de modo iluminador, imediato e incondicionado, como verdade amada, absoluta e certa (*Ambrósio*, *Vitorino*, *Agostinho*). Em seus → símbolos da fé, a Igreja antiga afirmava o Deus único e vivo, não só como realidade absoluta, mas também como realidade pessoal em sua identidade de criador do universo e Senhor da história, benfeitor onipotente e Pai santo (DS 125, 150). Negando um conceito de Deus compreensível e finito (DS 410), a comunidade dos crentes afirmava Deus como essencialmente incompreensível e misterioso, infinito e inefável, fundamento e abismo, Pai não gerado, origem sem origem e "principium sine principio" de toda realidade, criada e incriada, visível e invisível.

Acolhendo o aristotelismo, a teologia escolástica pode elaborar, como alternativa à via contemplativa da "descida" do Infinito ao finito, típica do platonismo agostiniano (*Anselmo*, *Bernardo*, *Boaventura*), uma via "dedutiva" do finito para o Infinito, da criatura para o Criador, através da analogia do ser (*Tomás de Aquino*). Pressupondo uma antropologia da abertura humana à transcendência, no dinamismo da verdade e do bem, e uma ontologia da causalidade, torna-se possível a legitimação lógica da afirmação de Deus, em sua realidade absoluta e em sua realidade pessoal, isto é, nos atributos de seu ser subsistente e nas perfeições de seu viver eterno e espiritual: atualíssimo e oniperfeito em seu ser, eterno e onipresente em seu viver, onisciente e onipotente em seu operar. Sua sabedoria e sua bondade agem concordemente, na ordem da natureza como criação e providência e na ordem da salvação como graça e predestinação. Na perspectiva escolástica unificam-se a concepção do platonismo cristão, de um Deus origem e fim do universo enquanto sumo Bem, e a ontologia da causalidade do aristotelismo, afirmando Deus como primeira causa eficiente e necessária para a universalidade das criaturas e causa final última de seu dinamismo, que encontrará sua perfeição e consumação somente numa participação na beatitude divina. Não somente a teologia, mas também a Igreja medieval mantém vivo em suas declarações dogmáticas o horizonte do mistério, afirmando o Deus uno e único, verdadeiro e santo, eterno e imutável, como "incompreensível, onipotente e inefável"; todavia, a linguagem sobre Deus será possível por causa da participação criatural, já que entre criatura e Criador existem "semelhança e dissemelhança", ainda que a dissemelhança seja "sempre maior" (DS 806; cf. 800) (→ Analogia). Portanto, a teologia e a Igreja falarão sempre de um "Deus semper maior".

b. A razão e a fé – Tanto a via "apofática" e mística do platonismo cristão quanto a via especulativa e "dialética" do aristotelismo cristão precisam confrontar-se com a nova perspectiva metódica da razão autônoma que, na matemática e na ciência do universo, procura a possibilidade de uma nova teologia racional (*Descartes*, *Leibniz*, *Newton*). A nova religião racional contrapõe-se à fé revelada, como instância crítica na esfera teorética; como instância ética na esfera prática, a religião racional polemiza, ao invés, com a intolerância, o fanatismo e a superstição, presentes nas religiões históricas (*Diderot*, *Voltaire*, *Hume*). Como alternativa às religiões históricas e à positividade da revelação cristã, o racionalismo teológico defende a universalidade da religião racional e afirma Deus como artífice do universo, garante das leis matemáticas que o regulam; defende também o primado da razão moral sobre a fé religiosa, que se torna um puro corolário da eticidade (*Shaftesbury*, *Rousseau*). Com o racionalismo, a teologia parecia dissolver-se numa filosofia de caráter panteísta da natureza oniperfeita (*Spinoza*, *Lessing*), ou numa religião da razão como busca popular da honestidade moral (*Kant*). Como alternativa ao racionalismo, o fideísmo cristão (*Lutero*, *Pascal*, *Jacobi*) leva em consideração a dificuldade de afirmar com certeza o Infinito a partir da opacidade da finitude. Deus não se revela como evidente à "luz da razão", mas somente à "luz da fé". A história da salvação é uma teofania do Deus misterioso de Abraão e não do Deus racional dos filósofos. Cabe acrescentar que somente a revelação conhece o mistério do homem, como finitude nostálgica do Infinito e como alienação que necessita da correção e da graça. Já o racionalismo teológico tinha consciência da impossibilidade de afirmar o Deus da fé na sublimidade de sua essência, seguindo a via de uma fé racional pura. O fideísmo teológico está plenamente consciente da originalidade da fé em Deus, em sua imanência e em sua transcendência, em sua personalidade e em seu caráter absoluto.

Tanto no racionalismo como no fideísmo, as afirmações teológicas são fundamentadas a partir da subjetividade humana como inteligência crítica, como vontade ética ou como sentimento de fé. Mas, para a razão autônoma da Modernidade, é sempre problemático tanto o antropomorfismo religioso quanto o personalismo bíblico. A dificuldade de pensar o Absoluto simultaneamente como infinito e como pessoal torna-se mais aguda no idealismo filosófico (*Fichte*, *Hegel*); buscando superar o hiato entre subjetividade e objetividade, entre ideia e realidade, entre o eu e o mundo, o idealismo afirmará a orientação do sujeito finito para o objeto infinito, que posteriormente será reconhecido como Sujeito absoluto (*Schelling*). Na questão da relação entre finito e Infinito, o idealismo não resiste à sedução do princípio de identidade. Dada sua convicção da não objetividade do Infinito e da não conceitualidade do Absoluto, o idealismo teológico parece condenado a um apofatismo total. A única via de mediação consiste na elaboração do sentimento subjetivo de dependência radical em relação à realidade divina, reconhecendo Deus como fundamento absoluto do qual deriva tal dependência (*Schleiermacher*). O risco da teologia idealista, fascinada pelo princípio de identidade, consiste em perder a noção da diferença entre realidade condicionada e fundamento incondicionado, escorregando para uma forma de monismo panteísta.

Como alternativa para o idealismo romântico, surge um pensamento de caráter existencial, que valoriza o homem em sua concretude de corpo e espírito, de sentimento e razão, de instintividade e normatividade, de alienação e angústia, de socialidade e historicidade (*Feuerbach*, *Marx*). Tal movimento, quando entra em competição com a religião e a fé, pode derivar para uma forma de niilismo ou de → ateísmo postulatório, como também para um naturalismo e pessimismo existencial (*Schopenhauer*, *Nietzsche*). Contudo, a ótica existencial pode ajudar a aprofundar o universo da fé, quando se elabora a consciência da diferença qualitativamente infinita entre o homem concreto, em sua finitude e em sua alienação, em seu desespero e em seu pecado, e o Absoluto enquanto Deus pessoal de santidade (*Kierkegaard*). Para superar racionalismo e fideísmo, panteísmo e ateísmo, o cristianismo eclesial proporá uma nova metodologia da dialética entre a razão, contemplativa e crítica, e a fé no Deus da religião e da revelação. O Concílio Vaticano I será obrigado a confrontar-se com tal problemática. Integrando a dupla instância da → razão e da fé, o magistério eclesial reafirmará o "teísmo cristão" em face da dúvida do agnosticismo e do ceticismo religioso, ou em face da negação de Deus como realidade absoluta e como realidade pessoal, nas diversas formas de ateísmo e de panteísmo (DS 3001-3005). Entre Deus e o mundo existe uma diferença qualitativamente infinita, como entre Criador e criatura; mas entre o Deus misterioso da criação e o Deus revelado como Senhor da história da salvação, existe uma identidade profunda, como quer a secular afirmação do primeiro artigo de fé.

2. O DEBATE HOJE – Apofatismo e catafatismo, racionalismo e fideísmo, idealismo e existencialismo continuam a confrontar-se no debate de hoje, confluindo para direções opostas e contrastantes: a das teologias da transcendência e a das teologias da imanência.

a. *Teologias da transcendência* – No campo protestante, a superação da "teologia liberal", com sua redução do cristianismo a um teísmo ético e sua tendência a um racionalismo panteísta, ocorrerá com a "teologia dialética", que revaloriza o momento transcendente da experiência religiosa, o personalismo da revelação bíblica e o cristocentrismo escatológico na fé e na teologia. O conhecimento de Deus só é possível em Cristo, sua palavra divina, que chega a nós através da Escritura e da pregação eclesial. O Deus de Abraão e de Jesus revela-se como o Deus que nos ama na liberdade. O encontro com o Deus da fé não pode realizar-se pela via dialética da "analogia entis", mas somente pela via paradoxal da "analogia fidei", no encontro com a graça divina que justifica o pecador (→ *K. Barth*). O encontro com a palavra divina de salvação no querigma significa também a descoberta da própria existência, quando se aceita vivê-la na autenticidade e na fé. A cruz revela-nos o sentido da autenticidade pessoal. O programa de uma "teologia da palavra" deve integrar-se ao uso de uma hermenêutica existencial e de uma leitura demitizadora (→ *R. Bultmann*).

Se a teologia dialética sublinha a distância abissal entre o "Deus escondido" da religião, que podia conduzir à impiedade, e o "Deus revelado", que conduz à justificação mediante a fé e a graça, o "método de correlação" acentua por sua vez a identidade profunda entre o Deus da experiência da transcendência, na dimensão do absoluto, e o Deus da irrupção do sagrado, na experiência da revelação cristã. Se a revelação escatológica acontece em Cristo, sua relevância religiosa se verifica só na ressonância existencial dos grandes símbolos cristãos, mediante um encontro da experiência pessoal com a própria revelação. A realidade humana está ameaçada onticamente pela morte, eticamente pelo mal moral e espiritualmente pelo absurdo. Características da condição humana são, efetivamente, sua finitude essencial, sua alienação existencial e sua ambiguidade vital. Deus revela-se de modo significativo somente no confronto metódico entre tal condição humana e os símbolos cristãos, como irrupção do sentido incondicionado e último de toda realidade (→ *P. Tillich*). Entre finito e Infinito, entre homem e Deus existem uma tensão máxima e uma correlação profunda: Deus é para o homem fundamento e abismo. Embora ocupando-se fundamentalmente com o Deus da revelação e da fé, a teologia só poderá enfrentar de maneira satisfatória a temática da fé colocando-se na perspectiva do absoluto e do sagrado, que invade o mundo da relatividade e da profanidade, como fundamento do ser e do sentido último da realidade. Somente partindo do "Deus escondido" pode-se afirmar o "Deus revelado", somente a partir do Deus da religião pode-se entender o Deus da fé.

No campo católico, a superação da crise modernista, com sua acentuação do imanentismo religioso, significou a recuperação, juntamente com o momento lógico e mediato, também do momento místico e imediato na experiência religiosa (→ *M. Blondel*, → A. *Gardeil*). A assim chamada *nouvelle théologie* procurou dar vida a um movimento de renovação, orientado em direções diversas: recuperação do momento místico na experiência religiosa, atenção ao Deus vivo na revelação bíblica, contato com a espiritualidade apofática da tradição patrística, atenção à atualização da "historia salutis" na ação litúrgica, acolhimento positivo do anelo religioso das grandes religiões orientais, confronto cultural com o problema religioso no universo da secularidade e do humanismo ateu (→ *H. de Lubac*, *J. Daniélou*, → *H.U. von Balthasar*). A sensibilidade para o Deus da transcendência e da mística não impediu a formação de uma teologia da cultura e da história, do trabalho e das realidades terrestres, da política e do temporal, sublinhando a perspectiva teônoma para o crente imerso no mundo da secularidade e da profanidade (*M.D. Chenu*, *G. Thils*, *J. Maritain*). À busca do Deus vivo, na revelação bíblica e na mística cristã, na doxologia litúrgica e na tradição teológica (*E. Przywara*, → *R. Guardini*, *H. Rahner*, *J.A. Jungmann*), o "método transcendental" (→Método: teologia sistemática) acrescenta uma elaboração teorética da reflexão de fé, na perspectiva da virada antropológica da Modernidade, associando gnoseologia transcendental e ontologia existencial à perene meditação do mistério cristão. Uma análise do caráter transcendental, sobre as condições necessárias *a priori* no próprio sujeito cognoscente, descobre o homem como "espírito do mundo", em sua estrutura de liberdade consciente e em sua situação espaçotemporal, e como "capaz de escutar a palavra", aberto a uma possível revelação divina e imerso no horizonte divino do mistério. O homem, portanto, encontra-se diante de Deus como "mistério santo", descobrindo a si mesmo em sua estrutura criatural e histórica, espiritual e aberta à transcendência, como um ser angustiado em sua finitude, imerso num mundo resistente à graça e convidado pela mesma graça vitoriosa, como objeto e destinatário da autocomunicação divina. Falando desta graça vitoriosa, em que estão envolvidos o mundo e a história humana, como de um autêntico "existencial sobrenatural", afirma-se uma determinação ontológica positiva do homem histórico, enquanto objeto da vontade salvífica universal de Deus (→ *K. Rahner*). O homem aberto ao mistério, destinatário de uma possível autocomunicação divina, que supera e repara o mal na história e recupera a dimensão sobrenatural do projeto divino, recebe na "historia salutis" da revelação e da graça a autocomunicação livre da misericórdia do Pai, que se revela como absoluta verdade no Filho, mediador absoluto, e como bondade santificante no Espírito divino.

b. *Teologias da imanência* – No campo protestante, acentuando a dimensão de imanência na experiência religiosa, a "Teologia da secularização" busca uma linguagem "mundana" sobre Deus para explicar ao homem secular a mensagem cristã. A salvação será anunciada como libertação e Cristo será proclamado como Senhor do mundo, como paradigma do comportamento solidário. Desaparece uma imagem presumidamente "religiosa" de Deus, concebido como mero *deus ex machina* a quem recorrer em situações extremas da existência humana. Os teólogos da secularização propõem a aceitação de Deus a partir da realidade da autonomia do mundo, vivida num horizonte de fé. O crente vive em meio à provocação da secularização, num mundo que parece funcionar perfeitamente "etsi deus non daretur". O Deus da fé revela-se na teologia da cruz, manifestando-se como o Deus "que nos abandona". Na humilhação de Jesus, a revelação proclama não um Deus de poder, que resolve magicamente os problemas humanos, mas um Deus de impotência, afirmado no paradoxo da fé (*D. Bonhoeffer*, *F. Gogarten*). Não conseguindo viver serenamente sua fé da maneira convencional, numerosos crentes passam por uma crise de autenticidade humana e sinceridade religiosa. Como alternativa para o cristianismo convencional, os teólogos da secularização procuram superar toda compreensão antropomórfica da experiência religiosa e da linguagem teológica, aceitando o programa da demitização e a crítica da superstição. Buscam igualmente cobrir a dimensão de profundidade e de ultimidade, onde o homem se abre ao Infinito. Vendo o próximo como "irmão" e como "aquele que faz as vezes" de Jesus, é revalorizada a práxis cristã da responsabilidade e solidariedade recíproca (*J.A.T. Robinson*, *H.E. Cox*, *D. Sölle*). Para os teólogos da "morte de Deus", o eclipse do sagrado na cultura secular só pode ser elaborado teologicamente substituindo-se as categorias da transcendência do platonismo cristão, ou a dialética da contingência do aristotelismo teológico, por um confronto empírico com o fato religioso, englobando-se aí a realidade da irreligiosidade. A crise do teísmo convencional será superada acentuando-se a concentração cristológica na reflexão teológica; deverá igualmente acentuar-se a dimensão da práxis, aceitando-se o compromisso fraterno e a dimensão social e histórica. Eclipsa-se o Deus da transcendência, mas revela-se o Deus da imanência, manifestado em Cristo e na história (*G. Vahanian*, *PM. v. Buren*, *T.J.J. Altizer*, *W. Hamilton*, *H. Braun*). A dimensão da história e do futuro é também revalorizada na "Teologia da esperança" (*J. Moltmann*), acentuando-se a tensão do "ainda não" e a dialética do "novum", como tensão entre possibilidade e evento. A categoria do futuro é fundamental para a existência humana individual e social. O homem vive na dimensão da esperança e a comunidade vive na perspectiva da "utopia". A revelação não deve ser pensada como epifania do eterno presente, mas como manifestação histórica do Deus que vem, isto é, do Deus da esperança e do futuro.

Também no campo católico a teologia sentiu a necessidade de confrontar-se com o desafio da secularização e com a urgência de procurar um novo paradigma teológico frente à secularidade (*E. Schillebeeckx*, *P. Schoonenberg*, *H. Küng*, *L. Dewart*), tentando caminhos novos. Assim, esta "teologia da modernidade" busca integrar as exigências de racionalidade crítica da cultura secular com a tradição de fé da comunidade cristã, propondo viver a experiência de Deus no fundo da consciência do ser, recorrendo a uma "confiança de fundo" como base da afirmação de fé, e superando todo esquema de rivalidade entre liberdade criada e liberdade onipotente, ou procurando no compromisso ético o novo paradigma da transcendência no horizonte do futuro. O processo de "mundanização", ou afirmação do secular em sua autonomia, apresenta-se como forma legítima de libertação de uma heteronomia opressiva. Em sua opacidade mundana e em sua ambiguidade histórica, o mundo manifesta sobretudo os "vestigia hominis". Somente enquanto realidade criatural e numa perspectiva transcendental o mundo pode revelar os "vestigia Dei". A afirmação do secular e do mundano é vista como corolário da experiência cristã, numa consideração do mundo como criação e como aliança, como obra divina e como destinatário da história da salvação (*J.B. Metz*).

No contexto histórico concreto da América Latina, frente à busca de uma emancipação para as classes populares e para as raças e culturas subalternas, a "teologia da libertação" (→ Teologias) descobre a relevância política do Deus da revelação bíblica, como Deus libertador dos oprimidos e como Deus da religião profética, isto é, um Deus de santidade e de justiça, que condena a injustiça social e os pecados contra a fraternidade da mesma forma que os pecados contra a idolatria (*G. Gutiérrez, H. Assmann, J.L. Segundo*). Através da história da salvação, Deus manifesta-se como Senhor da esperança e do futuro e como Deus da libertação dos oprimidos e dos desprezados. Na reflexão teológica sobre o significado da revelação, o pobre torna-se um "lugar epistêmico" privilegiado, enquanto o "paradigma do êxodo" ilumina a reflexão de fé sobre a atualidade histórica (*L. Boff, C. Boff, E. Dussel*). No momento de ler o significado total da mensagem cristã, num continente afligido por uma forma de pobreza infra-humana, o Evangelho do reino divino, como momento de libertação e de esperança para os condenados e os oprimidos da história, torna-se uma espécie de "cânon no cânon", que permite denunciar o contraste entre realidade social conflitual e ideal cristão da fraternidade.

3. LÓGICA DO TEÍSMO CRISTÃO – *a. Possibilidade de uma teoria teológica* – O problema da afirmação de Deus, considerado sobretudo à luz do primeiro artigo da fé cristã, não pode prescindir da questão do melhor "método" para analisar a linguagem religiosa, procurando descobrir o sentido e o significado da linguagem cristã sobre Deus, sua articulação lógica e seu significado teórico e prático. Será, portanto, preciso explicitar alguns pressupostos metodológicos:

1. A linguagem sobre Deus – A → linguagem teológica do teísmo cristão pode ser considerada como uma expressão linguística da afirmação de Deus, na perspectiva do primeiro artigo de fé. Com efeito, a fé em Deus, como criador onipotente e Pai misericordioso, constitui a afirmação fundamental da profissão de fé, não somente para a comunhão católica, mas também para todas as confissões cristãs e, de certo modo, também para as grandes religiões monoteístas. A secularização, denunciando uma compreensão mítica, antropomórfica, ingênua ou supersticiosa da linguagem de fé, provocou a crise da linguagem religiosa convencional. A melhor resposta a tal provocação encontra-se na compreensão do significado exato da linguagem da fé.

2. O método teorético – Importantes conceitos de lógica e de teoria da ciência, de filosofia da linguagem e de teoria da comunicação poderiam ser utilmente aplicados à construção de uma teoria geral da linguagem sobre Deus. Superando uma metodologia puramente empirista e ingenuamente positivista, o método teorético deve propor as hipóteses preliminares e a axiomática geral, as regras linguísticas e os teoremas teológicos que possam exprimir melhor o sentido religioso, o significado teórico e a relevância prática da linguagem cristã sobre Deus.

3. Uma teoria teológica – Enquanto teoria, deverá proceder com método a partir de hipóteses preliminares, subsequentemente submetidas a um processo de verificação e de confirmação. As hipóteses gerais de compreensão da linguagem da fé serão verificadas num confronto com a experiência cristã normativa, objetivada na revelação bíblica. Tais hipóteses poderão ser ulteriormente confirmadas, confrontando-as com as soluções e as fórmulas dogmáticas da linguagem ortodoxa da tradição eclesial. A compreensão do problema deverá preceder em parte a solução teológica do próprio problema, equilibrando utilmente a tensão da inteligência que busca a fé (*intellectus quaerens fidem*) com o impulso da fé para a compreensão da própria lógica (*fides quaerens intellectum*).

4. Querigma e Logos – O discurso teológico não pode prescindir do uso da razão lógica que busca a compreensão da fé, mas tampouco pode esquecer o testemunho da revelação bíblica ou o da tradição ortodoxa. A tensão entre "teologia apologética", ou dialogal, e "teologia querigmática", de obediência à fé, não deve resolver-se numa alternativa reducionista e excludente. Para desempenhar sua diaconia específica, a teologia não pode renunciar ao diálogo com a situação cultural e social; por isto, não deve tampouco renunciar a ouvir o Evangelho da fé e a tradição da própria fé da comunidade eclesial.

b. Hipóteses preliminares sobre o teísmo – Sobre a questão de uma possibilidade da afirmação religiosa e da confissão de fé, como também de uma ulterior elaboração teorética num sistema teológico, são fundamentalmente propostas quatro hipóteses alternativas:

Primeira hipótese: A afirmação de Deus não é possível nem na imanência da história nem na transcendência do espírito. A realidade de Deus não é encontrável, pelo fato de ser inexistente ou incognoscível, seja enquanto realidade absoluta, seja enquanto realidade pessoal. Tal é a resposta do ateísmo e do antiteísmo, do agnosticismo e, pelo menos em parte, do panteísmo.

Segunda hipótese: a afirmação de Deus é possível só na transcendência em relação ao mundo. Tal é a resposta da religião vivida como mística e da teologia contemplativa, que sublinham o caráter transcendente da experiência religiosa, vivida principalmente como encontro com a santidade de Deus e como presença do mistério.

Terceira hipótese: a afirmação de Deus é possível só como compromisso ético na imanência da história. Tal é a resposta da vivência profética da religião e das teologias da práxis, que tendem a enfatizar exclusivamente a dimensão ética da experiência religiosa, vivida como um encontro, individual e social, com a justiça de Deus, que condena o mal, no indivíduo e na sociedade.

Quarta hipótese: a experiência religiosa do cristianismo supõe a síntese dialética de transcendência e imanência da realidade de

Deus na vida do crente. O dilema que propõe de modo exclusivo fé vertical ou fraternidade horizontal, como únicas alternativas da opção religiosa, contribui para reduzir e para empobrecer a complexidade e a riqueza da experiência religiosa cristã, caracterizada pela tensão entre contemplação mística e exigência ética, que encontrará sua síntese e sua superação na experiência da misericórdia de Deus, à luz misteriosa da cruz e da graça.

c. Axiomática geral – Reservaremos a denominação de "axiomas" a alguns postulados de caráter fundamental e geral, atinentes à lógica da afirmação de fé e à estrutura de significado na afirmação religiosa. Entre tais axiomas serão propostos os seguintes:

1. Axioma fundamental: "o Deus revelado é o Deus escondido". Tal axioma resolve, em equivalência, a antinomia fundamental da linguagem teológica cristã, isto é, a tensão existente entre revelação divina e mistério de Deus. Em outras palavras, o Deus que se revela como misericordioso e fiel na *historia salutis* é o mesmo Deus encoberto e escondido, criador do universo, referencial último da realidade contingente, que habita na luz inacessível do mistério. O axioma fundamental formula a equivalência do *deus revelatus* e do *deus absconditus*.

2. Axioma gnoseológico: "o Deus conhecido é o Deus incompreensível". Tal axioma resolve em equivalência, no plano teorético da verdade, a antinomia noética própria da afirmação de Deus, isto é, a tensão entre cognoscibilidade de Deus e incompreensibilidade divina. Pode-se falar da cognoscibilidade de Deus na exata medida em que Ele se afirma como mistério incompreensível. O segundo axioma afirma a equivalência lógica entre o *deus cognoscibilis* e o *deus incomprehensibilis*. Isto significa que Deus infinito é afirmado pelo homem, que transcende, assim, os limites da própria finitude, dando razão ao enunciado *finitum capax infiniti*.

3. Axioma ontológico: "o Deus imanente é o Deus transcendente". Em linguagem retórica, o axioma exprime a tensão entre "proximidade" e "distância" na experiência religiosa. O Deus da aliança e da eleição, da predestinação e da graça, é idêntico ao Deus da criação, metatemporal e metaespacial, transcendendo o mundo. A imanência divina na realidade e na história não nega, antes supõe a transcendência divina. O terceiro axioma enuncia a lógica da equivalência entre imanência e transcendência na linguagem cristã sobre Deus.

4. Axioma da identidade: "Deus é Deus, e só o Senhor é Deus". O quarto axioma enuncia no plano teorético da verdade a absoluta singularidade de Deus em sua identidade. A compreensão da realidade divina sob o princípio de identidade só pode acontecer na forma lógica de uma tautologia; mas, como se observou, trata-se de uma "tautologia significante". *Solus deus est deus*, proclama o monoteísmo exclusivo da religião profética, enunciando a monarquia divina sobre a religião e sobre a história.

5. Axioma da realidade: "Deus deve ser pensado necessariamente como realidade". O quinto axioma formula no plano teorético da realidade a necessidade de Deus como absoluta e incondicionada. Na ontologia do *summum esse* coincidem ideia e ser, potência e ato, existência e essência. A tradução lógica do quinto axioma exige o uso do assim chamado "quantificador existencial", visto que se fala sempre do *ipsum esse per se subsistens*.

6. Axioma ético: "o Deus da confiança é o Deus do temor e vice-versa". A realidade divina não só se revela como absoluta e necessária, transcendente e incondicionada, mas também como pessoal e espiritual, inteligente e livre. O sexto axioma exprime o duplo aspecto do *fascinans* e do *tremendum* da experiência do mistério numinoso, enquanto encontro com o Deus do "temor e tremor" e com o Deus de "fidelidade" e de "esperança". O presente axioma enuncia no plano prático e pragmático a tensão máxima provocada no crente pela polaridade espiritual do *amor Dei* e do *timor Dei*.

7. Axioma da relação: "a linguagem teológica supõe a relação religiosa entre o homem e Deus". O sétimo axioma sublinha o caráter relacional da experiência religiosa, subjacente à linguagem sobre Deus. Na linguagem religiosa, não teria sentido falar do objeto da religião, esquecendo o sujeito religioso; tanto mais que Deus transcende o esquema sujeito-objeto, sendo ele ontologicamente o sujeito absoluto, reconhecido como realidade pessoal. Substituindo a lógica silogística pela lógica bivalente, o presente axioma permite entender, de maneira mais adequada, por exemplo, a linguagem bíblica sobre a justiça e sobre a misericórdia de Deus.

8. Axioma conclusivo: "o Deus santo e eterno revela-se como Senhor da aliança e Pai de fidelidade e de bondade". O oitavo axioma afirma a identificação entre o Deus encontrado na teofania sacral, na experiência da vida sacramental ou no êxtase místico, e o Deus da revelação bíblica, que proclama sua justiça e fidelidade, anunciando a vitória da graça sobre o mal e sobre o pecado. O axioma conclusivo reveste-se de um grande significado ecumênico: o Deus procurado nas religiões históricas ou na espiritualidade pessoal é o mesmo Deus que se revela na religião bíblica e na epifania escatológica, que dá origem ao cristianismo.

d. Regras linguísticas – Proporemos como regras algumas indicações gerais de caráter formal, atinentes à linguagem religiosa, de modo particular na teologia cristã.

1. Regra fundamental: "a linguagem sobre Deus não deve esquecer que seu referencial é sempre o Deus inefável". Esta regra afirma o paradoxo que está na base da linguagem religiosa, lembrando-nos que a teologia procura falar de um Deus que é impossível circunscrever adequadamente num discurso. A linguagem teológica só pode existir conciliando afirmação e mistério. A inefabilidade de Deus é a versão linguística de seu mistério e de sua incompreensibilidade, de sua infinita transcendência e de sua liberdade inapreensível, da santidade de sua justiça e da eternidade de sua fidelidade e bondade.

2. Regra do uso linguístico: "a linguagem cristã sobre Deus não pode reduzir-se a um único tipo de uso linguístico". Por exemplo, a linguagem da "doxologia" no culto será prevalentemente expressiva da esperança cristã; o uso da "analogia" em teologia será tendencialmente informativo; a linguagem de um

"símbolo de fé" ou de uma declaração dogmática manifestará um uso linguístico de preferência normativo.

3. Regra do significado: "a hermenêutica da linguagem sobre Deus deve prestar atenção à múltipla relevância semiótica de tal linguagem". Na linguagem teológica não interessam apenas o estudo do material significante ou a sintaxe lógica do discurso, mas também seu significado teórico e sua significação prática.

4. Regra das funções: "na interpretação do sentido da linguagem religiosa será útil uma consideração das diversas funções linguísticas, presentes em todo processo de comunicação". A linguagem sobre Deus supõe uma comunidade de fé e serve como meio de comunicação de uma mensagem, dentro de um complexo processo de aceitação e recepção da fé. Também na comunicação religiosa, como dialética entre revelação e fé, proclamação e conversão, recepção e transmissão, estão presentes as funções linguísticas fundamentais de todo processo de comunicação: emissão e recepção, mensagem e referencial, código e contato.

5. Regra da analogia: "a existência da linguagem doxológica e da linguagem ortodoxa legitima o uso da analogia no discurso sobre Deus". A linguagem sobre Deus proclama ao crente a realidade suprema, como revelada e misteriosa, afirmável e inefável, singular em sua identidade e inapreensível em sua liberdade, objeto de amor infinito e de temor incondicionado. A linguagem sobre Deus será positiva ou "catafática", enquanto afirma as perfeições de Deus, através dos nomes divinos; será também negativa ou "apofática", enquanto nega em Deus as imperfeições da finitude ou da contradição e enquanto corrige sem cessar o sentido da proposição de fé. A linguagem da analogia, que participa desta dialética de afirmação, negação e correção de sentido, não deve ser pensada como uma via intermediária entre equivocidade e univocidade, mas como uma forma moderada de equivocidade e, portanto, como uma forma moderada de apofatismo.

6. Regra do paradoxo: "a linguagem sobre Deus exprime o caráter paradoxal da afirmação de fé". O paradoxal encontra-se no interior de toda analogia. Na "analogia do ser", a tensão entre criatura e Criador, finito e Infinito, condicionado e incondicionado, deverá necessariamente encontrar uma linguagem em que o incondicionado se exprima através de formas condicionadas e, portanto, numa forma objetivamente paradoxal. Na "analogia da fé" só uma linguagem paradoxal pode exprimir a tensão entre revelação da graça e justificação do pecador, pelo fato de serem ambas totalmente imerecidas e, portanto, logicamente inesperadas. Na "analogia do símbolo", ou da imagem, o próprio cristianismo aparece como religião paradoxal em sua teologia da eleição e da cruz. O Reino de Deus escolhe os humildes para confundir os sábios, e a cruz, do ponto de vista da lógica, é estultície e escândalo. A linguagem cristã sobre Deus limita-se a mostrar o caráter paradoxal do próprio cristianismo.

e. Teoremas teológicos – Diversamente das regras, atinentes ao aspecto formal da linguagem religiosa cristã, os teoremas referem-se ao "conteúdo" da linguagem cristã sobre Deus, na perspectiva do primeiro artigo de fé.

1. Teorema fundamental: "Deus revela-se a todos os homens, embora permanecendo mistério incompreensível, estritamente inefável". O primeiro teorema refere-se à possibilidade real de uma afirmação de Deus, mas também aos limites de tal afirmação. O teorema, que tem como referencial o "Deus revelado", propõe, sob a forma de um enunciado complexo, três questões de gnoseologia teológico-fundamental: a questão da possibilidade real da afirmação de Deus por parte da razão humana, como afirmação necessariamente possível "em si" e universalmente possível *quoad nos*; a questão da incompreensibilidade divina; a questão da inefabilidade de Deus e, portanto, da limitação de toda linguagem teológica possível. Do primeiro teorema extrai-se um corolário prático fundamental: toda linguagem teológica supõe uma experiência religiosa de caráter "numinoso", como encontro pessoal com o Deus da fé, incompreensível e inefável.

2. Teorema da santidade divina: "Deus revela-se como ser infinitamente santo, necessário e oniperfeito, absolutamente singular e único". O segundo teorema refere-se à realidade divina enquanto ser. Sob a forma de um enunciado complexo, o teorema responde a três questões concernentes ao ser divino: sua infinita santidade; sua incondicionada necessidade e oniperfeição; sua absoluta singularidade e unicidade. Do segundo teorema extrai-se um corolário prático, relativo ao momento "sacramental" do ato de fé, enquanto a experiência religiosa significa também o encontro existencial com a santidade de Deus.

3. Teorema da presença divina: "Deus revela-se como vivente eterno, onipresente e imenso; a presença divina manifesta-se como espiritual e pessoal". O terceiro teorema refere-se ao "Deus revelado" enquanto vivente. Sob a forma de um enunciado complexo, o teorema responde a três questões, relativas à vida divina como presença eterna: sua eternidade; sua onipresença; seu caráter espiritual ou pessoal. Também do terceiro teorema pode-se deduzir um corolário prático: no confronto existencial com a presença de Deus, o crente experimenta o momento "místico" de sua viva experiência religiosa.

4. Teorema da justiça divina: "Deus revela-se como onisciente e onipotente, também em sua justiça e em seu juízo de condenação do mal". O quarto teorema enfrenta três questões decisivas, atinentes ao "Deus revelado", não só como realidade absoluta e suprema, senão também como realidade espiritual e pessoal, isto é, inteligente e livre: a questão da infinita inteligência e onisciência de Deus; a questão de sua divina vontade, como absolutamente livre e onipotente; finalmente, a questão de sua justiça, como onisciente e onipotente, também em seu juízo sobre o mal. Do quarto teorema deduz-se igualmente um corolário prático: o crente vive o momento "ético" da experiência religiosa quando se confronta pessoalmente com a justiça de Deus.

5. Teorema da fidelidade divina: "Deus revela-se como criador bom, em sua providência misteriosa e santa; como Senhor fiel, em sua aliança universal de salvação; como o Pai misericordioso, cheio de fidelidade e de bondade". O quinto teorema refere-se à realidade divina enquanto opera na ordem da criação e na da

salvação, aludindo a três questões fundamentais: a ação criadora e providente de Deus; sua vontade salvífica universal e sua predestinação para o bem; e seu comportamento salvífico na história da salvação. Do presente teorema deduz-se o seguinte corolário: no confronto existencial com a fidelidade misericordiosa de Deus, que concede a graça da justificação ao pecador sem mérito algum seu, o crente convertido pode viver o momento "paradoxal" da experiência religiosa cristã.

6. Corolário religioso: nos teoremas anteriores foi implicitamente confirmada a complexa estrutura do ato religioso cristão enquanto confronto do crente com o mistério de Deus, em sua inefável presença de santidade, em sua justiça e fidelidade misericordiosa. No cristianismo, o ato religioso, como dialética de revelação e fé, possui uma grande complexidade e não pode ser reduzido a um único princípio: à irrupção do incondicionado no sagrado, como revelação ou como teofania, responde a adoração mística da presença divina, como expressão do momento fascinante da experiência religiosa; todavia, manifesta-se também a exigência incondicionada da justiça divina, como tensão de infinito temor e como norma moral. Se a experiência da vida mística pode ser considerada sob o princípio de "identidade", enquanto tensão do finito ao Infinito, a experiência da vida ética pode ser considerada somente sob o princípio da "diferença", como expressão da tensão entre a santidade divina e a alienação do pecador. A tensão entre mística e ética, ou a dialética de identidade e diferença, resolvem-se de maneira paradoxal na teologia da graça.

4. O DEUS DA REVELAÇÃO – a. *A fé em Deus* – Examinemos em primeiro lugar as etapas fundamentais do explicitar-se da fé em Deus, na religião bíblica:

1. Henoteísmo arcaico. A religiosidade bíblica primitiva reconhece um Deus misterioso, universal e benévolo (*'El*), senhor da natureza e do mundo (Gn 33,20), e o Deus que se revela a Abraão, Isaac e Jacó, o "Deus dos pais", que protege seus adoradores (Gn 30,43). Tal polaridade resolve-se claramente numa identificação, em tempos históricos, entre o Deus escondido do mundo e o Senhor dos patriarcas, revelado na história. Posteriormente, a teologia do êxodo e da aliança, própria do javismo mosaico, proclama uma monolatria de libertação histórica e fidelidade ética. A fé religiosa do javismo encontra-se na origem da experiência histórica de libertação da escravidão (Ex 3,7). Esta ligação íntima entre transcendência religiosa e imanência salvífica, típica do teísmo bíblico, implica uma concepção pessoal do sagrado, como também uma teologia da esperança e do futuro (Ex 6,7). A teologia da aliança impede uma falsa contraposição entre religião de culto e religião ética (Ex 20,3s). A religião da aliança exprime claramente a validade religiosa da questão ética e sublinha o momento pessoal no encontro com Deus, na dialética existencial da confiança e do temor (Ex 20,18s).

2. A teologia profética. Os profetas transmitem o oráculo divino e a norma ética da religião da aliança. Como expressão da consciência ética e do sentimento de diferença, os profetas proclamam o advento do juízo divino sobre a iniquidade humana (Am 5,18s; Is 5,16). A eventual punição divina nunca adquire um valor demoníaco, ao contrário, é condicionada pela vontade da santidade de Deus de destruir o mal e a injustiça (Am 8,4s). A dialética dos profetas contrapõe um momento ideal na relação religiosa, vista como aliança na história (Os 12,10; Jr 2,7), a um momento real de contradição moral, vista como apostasia (Os 4,2; Jr 3,1s). A polêmica profética não desemboca neste momento negativo, mas convida a uma conversão, ou seja, a um retorno à dimensão do incondicionado, possibilitado pelo paradoxo da fidelidade de Deus (Am 5,15; Is 12,2; Jr 31,31). Com os profetas, a linguagem religiosa afirma um teísmo transcendente e pessoal, vale dizer, um monoteísmo teórico explícito (Is 43,10-11). Contra toda tentação politeísta, o profeta usa a arma da ironia (Is 44,8-9). O Senhor revelado a Israel identifica-se com o Deus único e universal, criador transcendente e Senhor incomparável do futuro, Deus justo e salvador de todas as nações (Is 45,12-13.21-22).

3. Teologia sapiencial e apocalíptica. Para os sábios de Israel, o princípio da sabedoria coincide com o temor de Deus, identificado com um conhecimento prático da vontade divina (Pr 1,7; 2,5). A reflexão sapiencial não negligencia a dimensão contemplativa da experiência religiosa, enquanto admiração da glória de Deus, revelada nas obras da criação (Sr [Eclo] 42,15s) e na história da salvação (Sr [Eclo] 44,1s). A teologia sapiencial medita também sobre o silêncio de Deus, confrontando-se com a questão do mal e com o sofrimento do justo (Jó 42,3.6). O sábio chega a interrogar-se sobre o problema da possibilidade de constatar, a partir da beleza e potência do mundo, como efeito criado, a onipotência e inteligência do Artífice divino, como princípio criador (Sb 13,1-9). O profetismo apocalíptico, por sua vez, mantém vivo o interesse pela relação entre Deus e a história (Dn 10,21; 11,40; 12,1). O Altíssimo guia inelutavelmente o curso da história e julga escatologicamente indivíduos e nações (Dn 10,13-14). A teologia apocalíptica da história é o corolário do monoteísmo: um decreto divino imutável predetermina a história, que é una, como Deus é único (Dn 7,22; 8,13-14).

4. A mensagem de Jesus. O Deus do reino vindouro, anunciado por Jesus, é o mesmo Deus dos pais e Senhor da aliança (Mc 12,26.29). A mensagem religiosa de Jesus anuncia Deus como "Pai" (Mt 6,6.9) (→ Abba), manifestando uma consciência singular de sua relação filial, feita de confiança ilimitada na bondade divina onipotente (Mc 14,36). O Evangelho proclama também o → Reino de Deus, como "Senhor" único e exclusivo (Mt 6,24). O discípulo deve procurar exclusivamente o cumprimento da vontade divina, seguindo o projeto da providência (Mt 6,10.32). Segundo a tradição sinótica, sobre o mundo condicionado pela finitude e pela alienação, dominado pela iniquidade e pelo mal, anuncia-se o advento da monarquia divina como poder salvífico (Mc 1,15), tornado presente no ministério humilde de Jesus, mestre da nova lei e profeta do beneplácito divino, taumaturgo da vida e exorcista do mal (Mc l,21s), justo perseguido injustamente e servo da reconciliação com Deus (Mc 1,11). Jesus ensina os mistérios do projeto divino e a perfeição da observância divina (Mt 11,27; 5,17). A nova práxis do discípulo deverá imitar a per-

feição divina, em particular a misericórdia de Deus, que deverá traduzir-se em bondade fraterna, também em relação aos próprios inimigos (Mt 5,48; Lc 6,36).

5. Teologia do cristianismo primitivo. A comunidade dos primeiros discípulos funda sua esperança numa teologia da ressurreição: colocando a própria confiança no Deus da ressurreição e da vida, Pai onipotente de Jesus (At 2,22-24), a comunidade inteira sente-se agraciada com a nova justiça da fé e espera em sua própria ressurreição (Rm 3,24-25; 1Cor 15,20). A comunidade crente professa um panenteísmo escatológico: o poder divino submeterá à soberania do Pai todas as forças adversas, através do domínio messiânico do Filho (1Cor 15,28). Para a teologia paulina, o Deus desconhecido pode ser reconhecido através da criação e da consciência moral (Rm 1,19-20; 2,14-15), embora os homens inescusavelmente não reconheçam nem adorem seu criador. A palavra da cruz adquire um significado de revelação: Deus Pai revela-se como justo e justificante de todos os que, judeus ou gentios, viviam na impiedade (Rm 3,25). O Evangelho é a proclamação do amor paterno de Deus, revelado na cruz de Jesus, escândalo e estultície para a lógica dos sábios deste mundo (1Cor 1,23). Para a teologia joaneica, por sua vez, o conhecimento verdadeiro de Deus é mediado pela ação reveladora de Jesus, palavra eterna do Pai (Jo 10,14-15; cf. 1,14), e pela ação iluminadora do Espírito, doutor da comunidade e acusador do mundo (Jo 14,16-17; 16,7-8). O conhecimento divino não é fruto de pura reflexão; exige a prática da caridade (1Jo 4,16). Conhecer a Deus é observar seus mandamentos, em particular o mandamento novo do amor (1Jo 2,5). Esta deverá ser a resposta fundamental de quem crê no amor do Pai, revelado no dom de Jesus (Jo 3,16; 17,25-26).

b. *O teísmo bíblico* – Analisaremos a afirmação de Deus na revelação bíblica como tensão entre mistério e teofania, história e transcendência, exclusividade e universalidade, absolutez e pessoalidade.

1. Epifania do mistério. Na religião bíblica, a dialética entre revelação e mistério determina o caráter fascinante e tremendo da viva experiência religiosa (Is 45,15). A experiência teofânica resolve-se numa epifania velada do mistério (2Cor 5,7). A esta tensão religiosa fundamental corresponde a polaridade que está na base da linguagem do teísmo bíblico, como dialética de um Deus que se revela e se esconde: o Deus revelado no henoteísmo primitivo (Ex 6,2-3), no culto monolátrico (Dt 6,4), no monoteísmo profético (Is 6,3) ou na meditação sapiencial (Sb 13,5), manifesta-se através do mundo como criação e através da história como salvação (At 17,24.31). Mas o Deus "desconhecido" (At 17,23) permanece invisível e inacessível (Rm 1,20; Jo 1,18; 1Tm 6,16). Por conseguinte, a linguagem sobre Deus não faz outra coisa senão exprimir uma situação religiosa fundamentalmente inefável.

2. História e transcendência. Característica do teísmo bíblico é sua convicção de uma comunhão com o Deus transcendente, realizada na imanência da história. A instituição da aliança constitui o paradigma deste tipo de relação religiosa (Ex 19,4-6). Esta categoria fundamental domina toda a história da fé de Israel e condiciona teologicamente todas as suas tradições: criação e eleição (Gn 2,16-17; 9,9; 17,4), revelação e libertação (Ex 3,12-14), reino e graça (Is 52,7-9; 54,7-8). A comunidade escatológica da nova aliança vive uma intensa e definitiva experiência de comunhão com Deus (1Jo 1,3); nela radicaliza-se a tensão dialética entre história e transcendência. O Deus único torna-se presente em Jesus (Cl 1,13-15). A santidade e a glória do Pai revelam-se no Filho (Jo 1,8). A graça divina nos vivifica na força do Espírito (Rm 8,26-27; Jo 14,17). Jesus é mediador da revelação definitiva (Hb 1,2) e é também mediador da nova aliança de salvação (Hb 9,15).

3. A identidade de Deus. No teísmo bíblico, a questão fundamental do crente em relação a Deus era sua identidade. O Deus da aliança e da piedade religiosa de Israel identificava-se com o criador do universo e com o rei eterno (Sl 121,2; 47,3; 146,10). Ao contrário do politeísmo ambiental (Gn 24,2), da henolatria primitiva (Gn 15,1), a fé de Israel foi vivida como monolatria exclusiva (Dt 12,2) e como monoteísmo explícito (Is 46,9-10). O monoteísmo salvífico de Israel é ao mesmo tempo nacional e universal, comunitário e pessoal. O horizonte religioso do teísmo bíblico permite-nos compreender a originalidade da mensagem cristã. O Deus do reino vindouro, anunciado por Jesus, é o mesmo Deus dos pais e da aliança (Mt 22,32.37). A mensagem de Jesus anuncia Deus como Pai compassivo e como Senhor exclusivo (Mt 6,6.24). O reino divino, anunciado por Jesus em suas parábolas, é Deus mesmo, em sua santidade e em seu poder, em sua justiça e em sua bondade (Mt 18,23s; Lc 15,11s).

4. Deus como realidade. Através da identidade fundamental do Deus misterioso, criador do mundo, com o Senhor da aliança, revelado na história (Sl 95,3-7), o crente torna-se consciente da realidade divina. Já que o Senhor da história é criador do mundo, pode ser contemplado através da criação. Por isto, considera-se inescusável a idolatria (Sl 10,4; 14,1; cf. 19,2; 33,6). A revelação da realidade de Deus pode ser vivida sob formas distintas: como afirmação da possibilidade de um questionamento religioso sobre a realidade última, como fundante de toda realidade criada (Rm 1,20; Sb 13,4); como maneira religiosa de viver a consciência do dever moral e como imperativo ético absoluto (Sl 51,4; Rm 2,14); como revelação de um poder salvífico absoluto, de libertação e de redenção na história (Ex 3,12); como experiência do divino que, no paradoxo da cruz e da graça, se revela e se esconde (1Cor 1,23; Fl 2,8).

5. Um monoteísmo salvífico. Na religião bíblica, a afirmação de Deus assume a forma de um teísmo exclusivo, transcendente e pessoal, universal e salvífico (Is 45,14.18.22). Deus revela-se como uno e único (Ex 20,3; Dt 6,4), santo e eterno (Is 6,3; Jr 10,10). A realidade divina é absolutamente única e oniperfeita, transcendente e onipresente (Is 40,22; Jr 23,24). Deus é mistério de santidade inacessível (Ex 33,19; Ez 10,18s). Altíssimo em sua majestade e em sua glória (Ez 11,22-23; Is 59,19), transcendendo o espaço e o tempo, a natureza e a história (Sl 90,2; 139,7s), Deus, como vivente eterno, domina a terra e enche o céu com sua onipresença salvífica (Jó 11,7-10; Pr 15,3). O Deus vivo e verdadeiro revela-se sempre não só como realidade absoluta e incondicionada, mas também como realidade pessoal: Deus é o Santo de Israel

e o Senhor da aliança (1Sm 6,20; Ex 20,1s), Redentor da servidão e Libertador da escravidão (Ex 6,5-6), Artífice do universo e Plasmador do mundo (Gn 1,1s; Sb 13,5). Como criador e como aliado, sua presença é um poder pessoal e salvífico, a que se pode recorrer na oração de súplica (Sb 9,1s). Diversamente dos ídolos cegos, surdos, mudos e impotentes, Deus permanece sempre fiel e veraz, firme em seu propósito e imutável em sua identidade, onipotente e onisciente em sua criação e em sua providência, na eleição e na graça (Sl 136,5; 135,6). O Deus vivo, onisciente e onipotente é também o Senhor justo e fiel, compassivo e misericordioso. Deus revela-se como justo, enquanto é fiel a sua aliança de salvação (Is 45,8; 51,7). Deus é justo porque salva, revelando sua justiça na defesa dos pobres e dos perseguidos (Sl 10,17-18; 18,3-4). Deus é o Senhor da esperança e faz justiça ao pobre (Is 33,5; 51,6-7). Deus é cioso do bem e sua ira opõe-se ao mal (Ex 20,5; Dt 4,24). No horizonte religioso da aliança, o comportamento divino é caracterizado pela fidelidade de seu amor e por sua benevolência (Ex 34,6; Dt 7,9). Deus é constante em sua misericórdia e em sua compaixão (Sl 25,10-11; 89,3).

Na comunidade escatológica da nova aliança, Jesus atualiza o imperativo monolátrico (Mc 12,29-30). Jesus ensina também a venerar o nome divino, expressão de sua inacessível santidade (Mt 6,9; cf. 5,33s). Sobretudo, Jesus ensina a confiança na providência divina que não abandona suas criaturas (Mt 6,25s). O “Pai” é o Senhor do céu e da terra (Lc 10,21). O Deus vivo e Pai de Jesus (Mt 16,16) identifica-se com o criador onipotente e onisciente em sua providência salvífica (Mt 6,26; 10,29). Com a revelação escatológica é definitivamente desvendado o plano divino: Deus criou o mundo para salvá-lo em Cristo (Ef 3,8-11; Cl 1,26-27). O Pai de Jesus adota-nos e santifica-nos no Espírito (Gl 4,4-7). Na comunidade dos discípulos, Jesus afirma o projeto divino como absolutamente livre e cheio de amor, orientado para o triunfo divino de sua misericórdia e de seu perdão (Mt 18,14.35). Na cruz de Jesus, revela-se o amor definitivo do Pai (Jo 3,16-17). O monoteísmo bíblico se confirma não somente como um teísmo transcendente e pessoal, mas também como um teísmo de fidelidade e de bondade: afirma-se definitivamente a monarquia compassiva do Pai (1Jo 4,9.19).

5. A FÉ DA IGREJA CATÓLICA – a. *Identidade e diferença* – Em todos os símbolos da Igreja antiga, a primeira proposição de fé a ser afirmada é a fé no único Deus Pai e criador. Assim sucede nas fórmulas mais arcaicas (DS 1-6), no chamado símbolo apostólico (DS 10,40s, 60), como também nos símbolos dos concílios de *Niceia* (DS 125) e de *Constantinopla* (DS 150). Aparece com destaque a declaração antiorigenista, que condena toda negação da infinitude e da incompreensibilidade divina e afirma, portanto, um apofatismo primordial na linguagem sobre Deus (DS 410). Importantes são também as afirmações de uma monarquia divina, coexistente com uma triplicidade hipostática (DS 112-115), e da igualdade interpessoal na única essência divina indivisa (DS 71-76). No início, a linguagem da ortodoxia eclesial professa sua fé no único Deus Pai onipotente, criador da realidade visível e invisível do universo (DS 13-19,25-30), identificando, assim, contra todo dualismo gnóstico, o Deus criador e providente da antiga aliança com o Pai misericordioso da nova. O Deus não gerado e eterno, infinito e incompreensível, criador onipotente, é sempre mais nitidamente identificado com o Pai santo do divino Filho eterno, inspirador ativo do Espírito paráclito e Juiz onisciente da história (DS 139, 441, 451s, 490, 525, 617). O rei dos séculos, imortal e invisível (DS 16,21s, 29), é origem sem origem e princípio sem princípio da vida intradivina e da história da salvação (DS 71, 284, 470, 485, 525s).

No Ocidente latino o magistério eclesial propõe constantemente a doutrina do primeiro artigo de fé, defendendo-a contra toda interpretação herética. Os concílios *Carisíaco* (de Quierzy: DS 623) e *Valentino* (de Valence: DS 626s, 633) rejeitaram diversos erros sobre a presciência e a predestinação de Deus, em relação a uma necessidade teológica do mal. Também o *Concílio Senonense* (de Sens) rejeitou como heréticas algumas proposições de Pedro Abelardo sobre a necessidade do comportamento divino, tanto em relação ao bem, pelo que Deus não teria podido agir no mundo melhor do que fez, quanto em relação ao mal, que o próprio Deus não poderia impedir (DS 726s). O *Concílio Remense* (de Reims: DS 745) criticou a linguagem teológica de Gilberto de Poitiers, porque distinguia, com diferenciação real, a essência divina, enquanto realidade substancial, e a trindade em Deus, enquanto realidade tripessoal.

Os albigenses e os cátaros renovaram a heresia dualista, distinguindo um Deus criador, princípio do mal, e um Deus salvador, princípio do bem, introduzindo uma fratura insanável entre a antiga e a nova aliança. Contra esta afirmação, o *Concílio Lateranense IV* reafirmou a unicidade da monarquia divina, confessando “um só e único Deus verdadeiro, eterno, imenso e imutável, incompreensível, onipotente e inefável” (DS 800). O concílio rejeitou também a doutrina panteísta de Amalrico de Bena, que identificava Deus com o todo universal (DS 808). A teoria analógica do concílio apresenta-se como uma tentativa de mediação entre uma teologia da identidade e uma teologia da diferença: entre Criador e criatura existe uma dialética de semelhança e dissemelhança, onde a dissemelhança é sempre maior, posicionando-se, assim, a doutrina conciliar próxima a uma posição moderadamente apofática (DS 806).

Também o *Concílio II de Lião* reafirmou a doutrina da unidade e unicidade de Deus, contra todo dualismo teológico e contra todo pessimismo cósmico (DS 851). O *Concílio Florentino* confirmou igualmente a doutrina da unidade da monarquia divina (DS 1330-1336). Na constituição “In agro dominico”, João XXII condenou diversas proposições do Mestre Eckhart, que pareciam afirmar a eternidade do mundo, a unicidade pessoal de Deus e a impossibilidade de falar da bondade divina (DS 951s, 973s, 978).

Nos albores da época moderna, o *Concílio Tridentino* proclamou sua fé, partindo da fórmula niceno-constantinopolitana, manifestando sua fidelidade à tradição eclesial (DS 1862). Através destes símbolos de fé, definições teológicas e declarações dogmáticas, o magistério eclesial professava a fé da Igreja Católica, proclamando a convicção de fé de uma profunda *identidade* entre o Deus misterioso, criador e providente, manifestado no AT, e o Deus revelado do NT, como Senhor da história salvífica e Pai de bondade e de misericórdia; simultaneamente, o magistério afirmava a insuperável "diferença" entre Deus e o mundo, entre o Criador e a criação. Durante o primeiro milênio, o perigo para a fé deriva de uma perda da consciência da identidade de Deus, criador e Pai, negando a monarquia divina por causa da admissão de uma diarquia suprema, isto é, de um duplo princípio último, do mal e do bem, da criação da matéria e da salvação da alma, das trevas e da luz, da antiga e da nova aliança. Durante o segundo milênio cristão, o risco de negar o primeiro artigo de fé provém também de uma perda da consciência da "diferença" entre criatura e criador, finito e Infinito, mundo e Deus, como acontece tanto no panteísmo como no ateísmo.

Na Modernidade, além disto, abandonando o modelo de integração profunda entre razão e fé, típico do platonismo cristão, como também o modelo de moderada subordinação da razão à fé, típico do aristotelismo escolástico, desemboca-se em modelos de exagerada subordinação da razão crítica ao modo convencional de viver a fé tradicional, como no fideísmo; ou, no extremo oposto, subordina-se a religiosidade e a fé ao controle da razão crítica, com o risco do racionalismo. Os dois erros são rejeitados pelo magistério, que reafirma a utilidade teológica de uma integração das exigências da fé com o método racional. Durante os pontificados de *Gregório XVI* e de *Pio IX*, foram rejeitados os erros fideístas de L.E. Bautain (DS 2751-2756, 2765-2768) e de A. Bonnety (DS 2811-2814), como também as teses racionalistas de A. Gunther (DS 2828-2829) e de J. Frohschammer (DS 2853-2857). O magistério opõe-se também à tendência ao panteísmo absoluto, essencial ou evolutivo, defendendo a liberdade divina em sua criação e providência, como também a infinita diferença entre o mundo e Deus (DS 2841-2847, 2901-2905).

b. *A afirmação de Deus* – No contexto da crise religiosa da cultura secular, o magistério do *Concílio Vaticano I* adquire um significado relevante, quando rejeita, como erros contra a fé, → ateísmo e panteísmo, → agnosticismo e deísmo, → fideísmo e → racionalismo (DS 3021-3024). A doutrina conciliar reafirmou também a realidade e identidade de Deus e sua diferença essencial do mundo, confirmando a fidelidade à linguagem religiosa da revelação bíblica e da tradição teológica católica (DS 3001-3003). Uma importância especial é atribuída ao ensinamento sobre uma possibilidade real da afirmação de Deus a partir da realidade criada, por meio da "luz natural da razão humana" e também por meio da "luz da fé" a partir da revelação divina (DS 3004-3005; cf. 3026-3027). Diante do desafio moderno da incredulidade e do ateísmo, a doutrina do magistério sobre a afirmação de Deus, à luz do primeiro artigo de fé, propõe a superação do niilismo e da indiferença religiosa, declarando excomungado quem sustente o ateísmo teorético e todo aquele que negue o monoteísmo cristão (DS 3021). A condenação do ateísmo e a proposta de um teísmo legitimável racionalmente não equivale à aceitação de uma forma de racionalismo teológico. O magistério supõe sempre uma noção de Deus como mistério absoluto e santo, transcendente e pessoal, incompreensível e inefável, tanto em sua realidade quanto em sua autocomunicação salvífica. Da mesma forma, a afirmação de um conhecimento natural de Deus, como precondição do ato de fé, supera a tese do fideísmo, mas não significa negar a influência positiva da comunidade de fé com sua tradição de fé e sua cultura da religiosidade. Significa ainda menos negar a relevância do fato religioso ou a utilidade da revelação cristã e também sua necessidade moral, para que as verdades relativas à atitude religiosa e ao comportamento moral do homem possam ser conhecidas e aceitas "universalmente com certeza e sem erro" (DS 3032, 3041).

Também o magistério papal tem afirmado a possibilidade de uma afirmação de Deus. Por ocasião da crise modernista, *Pio X* indicou, na via da causalidade, o itinerário de uma demonstrabilidade da realidade de Deus, superando uma forma de religiosidade reduzida ao imanentismo da subjetividade e ao individualismo da consciência interior (DS 3538; cf. 3420 e 3475-3477). Posteriormente, posicionando-se no debate eclesial sobre a *nouvelle théologie*, também *Pio XII* propõe a tese tradicional de uma possibilidade real da afirmação de Deus mediante a luz da razão, chegando a uma aceitação de sua existência como realidade única e transcendente, absoluta e pessoal (DS 3875; cf. 3892). Por outro lado, a afirmação de uma possível culpabilidade do ateísmo não implica uma exclusão, por parte da misteriosa providência salvífica divina, daqueles que, embora ignorando a Deus sem culpa própria, o buscam a seu modo (DS 3869-3872).

Também para o *Concílio Vaticano II* é determinante a questão teórica e prática da afirmação de Deus. Sobre o problema do ateísmo, aparece uma alusão significativa na constituição pastoral sobre a Igreja no mundo atual, ao se constatar a gravidade do fenômeno enquanto negação explícita de uma possibilidade real da afirmação de Deus. A perda, por parte do homem, de sua consciência da transcendência condena-o a permanecer como um problema não resolvido, ainda que, muitas vezes, mais do que negar o "Deus do Evangelho", o que se deseja é negar uma caricatura falsa e perversa do divino (GS 19). Mais dramática é a situação dos que parecem ter perdido a própria inquietação religiosa, ou dos que atribuem um valor absoluto aos bens terrenos. Outras vezes, a intenção não é tanto a de negar Deus, mas antes a de afirmar o homem em sua autonomia responsável, defendendo uma legítima emancipação de toda forma de opressão, como também de um modo de viver a religião como heteronomia. Não raro a busca de uma libertação histórica é circunscrita ao horizonte terreno, limitando-se simplesmente a um agir na esfera social, econômica e política (GS 20). Por outro lado, a religião não deve constituir um pretexto para alienar-se irresponsavelmente dos problemas da justiça inter-humana. Mas a luta do viver humano em meio à imanência histórica não deve esquecer a dimensão profunda da inquietação religiosa e tampouco a abertura existencial à transcendência e ao Deus da fé (GS 21).

Ainda que a doutrina conciliar aluda a uma possível culpabilidade moral do ateísmo, embora sem aprofundar ulteriormente a questão, não deixa de reconhecer que os crentes têm uma parcela de responsabilidade na incredulidade dos ateus, também por uma influência negativa sua na medida em que são incoerentes em seu modo de viver a religião (GS 19). A questão da possibilidade de um ateísmo não culpável na esfera teórica da consciência reflexa, caso isto acontecesse em coincidência com uma vida eticamente honesta, encontra eco em alguns documentos conciliares. Com efeito, não se pode considerar excluído do Reino de Deus quem vive uma vida correta, embora sem atingir uma afirmação teorética explícita do ato religioso, pois sua honestidade moral não existe sem a graça divina e os elementos de verdade e de justiça, presentes nesta forma de vida, constituem uma verdadeira "preparação ao Evangelho" (LG 16). A doutrina conciliar afirma, outrossim, que Deus, dada sua vontade salvífica universal, pode levar à fé, de modo misterioso, todos os que, sem culpa própria, ignoram o Evangelho (AG 7).

Além disso, é mérito da doutrina conciliar o ter constatado a realidade do conhecimento religioso e a positividade da experiência do sagrado como busca constante do divino, que irá encontrar nas grandes religiões históricas suas formas de expressão mais significativas, seja na experiência religiosa do momento místico na adoração do mistério divino, seja na vivência da revelação profética e da fé abraâmica. Reconhece-se com isto o valor teológico da experiência religiosa de Deus, como Criador providente e Pai misericordioso. Na experiência religiosa os crentes buscam uma resposta aos maiores problemas existenciais, do ser e do viver, do bem e do mal, do sofrimento e da felicidade, do desejo de Deus e do temor religioso (NA 1). O magistério conciliar reconhece a presença de numerosos valores espirituais, morais e culturais nos seguidores das religiões não cristãs, em que podem encontrar um caminho de purificação e um refúgio ético, a suprema iluminação do espírito e um caminho de libertação das paixões humanas e do egoísmo mundano (NA 2). Nas grandes religiões monoteístas, como o → islamismo ou o → judaísmo, adora-se o único Deus vivo e eterno, criador providente do universo, protetor de Abraão e dos crentes, Senhor onipotente e misericordioso de uma aliança de salvação na história, que culminará no acontecimento cristão (NA 3-4).

Particularmente significativa é a doutrina conciliar sobre a → revelação divina, onde se propõe o mistério do Deus da revelação e da fé, que quis revelar-se a si mesmo e manifestar seu projeto de salvação, movido por sua sabedoria e por sua bondade. Desta maneira, afirma-se a fé num Deus invisível e misericordioso, que fala aos homens, convidando-os a uma participação misteriosa em sua vida e em sua beatitude infinita. A manifestação do mistério e do desígnio de Deus acontece nas palavras e nos fatos da história da revelação e da salvação, que culminará em Cristo, mediador e plenitude da mesma revelação salvífica escatológica (DV 1). O Deus da criação, através das obras criadas, oferece um perene testemunho de si mesmo. Aos que perseveram na prática do bem, o Deus da salvação oferece a vida eterna. Através da história da eleição e da aliança com o povo da promessa, o Deus da revelação manifestou-se à humanidade, como único Deus vivo e verdadeiro, criador benévolo do mundo e juiz justo da história universal (DV 2-3). A revelação de Deus culminou na manifestação de seu Filho eterno, palavra divina encarnada para nossa iluminação e salvação, como também na missão do Espírito divino, testemunho da presença da graça, que nos liberta do mal e nos dá a vida eterna, na comunhão consumada como o amor infinito (DV 4). Ao Pai, que se revela em seu Filho Jesus Cristo, o crente, movido pela luz e pela graça do Espírito Santo, deve prestar um assentimento total e livre da inteligência e da vontade (DV 5). Na comunicação de si mesmo e de sua vontade de salvação universal, revela-se o projeto misterioso de Deus. Por isso, a revelação divina oferece ao crente um conhecimento religioso universal e fácil, infalível e certo, sobre Deus mesmo como princípio e fim do universo, fundamento do ser e do sentido da realidade contingente e histórica (DV 6).

Os documentos conciliares manifestam uma continuidade doutrinal com o magistério anterior, reafirmando sua fé no Deus único, revelado e misterioso, salvando a unidade e singularidade da monarquia do Deus vivo e eterno, Pai onipotente, "principium sine principio" (AG 2) e origem sem origem da vida intradivina e da história da salvação, absolutamente diferente e distinto do mundo criado, e que restaura o universo pela ação redentora em seu Filho Jesus Cristo e o santifica definitivamente com o dom escatológico de seu Espírito divino (LG 2-4).

Bibl. – I – G. Aulén, *Das christliche Gottesbild in Vergangenheit und Gegenwart*, Gutersloh 1930; R. Jolivet, *Le Dieu des philosophes et des savants*, Paris 1956; M. Miegge (ed.), *Religione*, Firenze 1965; B. Mondin, *Il problema del linguaggio teológico dalle origini ad oggi*, Brescia 1971; W. Weischedel, *Der Gott der Philosophen*, I.II, Munique 1979[2].

II – P. Tillich, *Systematic Theology* I, Chicago 1951; H. de Lubac, *Sur les chemins de Dieu*, Paris 1956; J. Daniélou, *Dieu et nous*, Paris 1956; E. Schillebeeckx, *Deus e homem*, São Paulo 1969; K. Rahner, *Curso fundamental da fé*, São Paulo 1989.

III – H. Bouillard, *Connaissance de Dieu*, Paris 1967; J.C. Murray, *The Problem of God Yesterday and Today*, New Häven-Londres 1962; F. Ferré, *Linguaggio, Lógica e Dio*, Brescia 1972 (orig. 1961); I.T. Ramsey, *Linguaggio religioso*, Bolonha 1975 (orig. 1967); F.-A. Pastor, *La Lógica de lo Inefable*, Roma 1986.

IV – B. Balscheit, *Alter und Aufkommen des Monotheismus in der israelitischen Religion*, Berlim 1938; W. Eichrodt, *Das Gottesbild des Alten Testaments*, Stuttgart 1956; K. Rahner, "Theos nel NT", em *Saggi Teologici*, Roma 1965, 467-585; J. Jeremias, *Abba*, Brescia 1968; J. Coppens (ed.), *La notion biblique de Dieu*, Gembloux-Louvain 1975.

V – R. Aubert, *Vatican I*, Paris 1964; J. Goetz, "Summi Numinis vel etiam Patris", em *L'Eglise et les missions*, Roma 1966, 51-63; K. Rahner, "Über die Heilsbedeutung der nichtchristlichen Religionen", em *Evangelizzazione e Culture*, Roma 1976, I. 295-303; B. Neunheuser, "'Cum altari adsistitur Semper ad Patrem dirigatur oratio'. Der Canon 21. des Konzils von Hippo 393. Seine Bedeutung und Nachwirkung", em *Aug* 25/1-2 (1985) 105-119; F.-A. Pastor, "L'uomo e La ricerca di Dio", em R. Latourelle (ed.), *Vaticano II: bilancio e prospettive*, Assis 1987, II, 923-938.

FÉLIX-ALEJANDRO PASTOR

II. Provas da existência de Deus

1. REFLEXÕES PRELIMINARES – *a.* Se todo homem é responsável diante de Deus, a razão humana, por força da própria substancial predisposição, deve ter um acesso ao conhecimento de Deus. O objetivo específico das "provas da existência de Deus" é o de desenvolver de modo filosófico-reflexo este "conhecimento natural de Deus". O conceito "provas da existência de Deus" tem sua justificação no fato de que esta predisposição natural não é algo atinente ao mero sentimento, mas à razão e, por isto, deve ser tematizado com rigor racional. A expressão "provas da existência de Deus" tem sua limitação principal no fato de que o conhecimento de Deus só pode realizar-se em liberdade e, neste sentido, não é "demonstrável". Por um lado, pressupõe-se um ato de liberdade humana, com que se pode também recusar a Deus. Por outro, o conhecimento de Deus (como de resto o conhecimento de uma pessoa humana) é possível somente na base de uma liberdade que se me abre, e a operacionalização da "predisposição natural" ao conhecimento de Deus está vinculada a um livre autodoar-se da parte de Deus (→ Anselmo de Cantuária, *Prosl.* 1).

Além desta limitação principal, as provas da existência de Deus estão expostas, sob diversos aspectos, a dificuldades cognoscitivas, historicamente condicionadas.

b. Esboços de provas da existência de Deus podem encontrar-se, remontando no tempo até os albores do filosofar ocidental (e também oriental). Foram desenvolvidos, pela primeira vez, com rigor sistemático, lá onde a teologia reconhece a filosofia como uma disciplina que se lhe defronta como disciplina autônoma, pelo menos sob o aspecto metodológico. No ocidente cristão, isto se verifica desde o início da escolástica (→ Razão e fé). À época do Iluminismo, as provas da existência de Deus servem à tentativa de fundamentar – ao emergirem (de maneira em parte hostil) as religiões que se constituíram de modo histórico-positivo – uma religião racional universal e, portanto, por parte da teologia, deparam com a suspeita de serem um empreendimento aberrante. Como elemento do relançamento da filosofia escolástica por parte do magistério católico, as provas da existência de Deus, além disto, foram sempre mais percebidas como reacionárias em relação ao pensamento moderno e, desde então, não gozam de boa fama sob o aspecto tanto teológico quanto filosófico.

c. Além destas dificuldades, condicionadas tanto do ponto de vista histórico quanto científico, as tentativas em torno das provas da existência de Deus, também por causa da evidência que a cada vez está na sua base, deparam com hostilidade e incompreensão. Numa época em que o homem se sabia protegido num cosmos ordenado pelo próprio Logos divino, as provas da existência de Deus, derivadas da experiência do mundo, podiam contar com uma aceitação importante. Frente a um universo sentido mais como ameaçador, centrado em si mesmo, o homem moderno foi indo sempre mais em busca de vias de conhecimento racional de Deus, em que aquela ordem cósmica não operasse mais como premissa. Contudo, também as vias que partem da experiência pessoal do eu parecem obstruídas, na medida em que o sujeito se torna estranho a si mesmo. A questão sobre o valor das provas da existência de Deus está intimamente interligada às possibilidades que a cada vez emergem (ou que parecem ser excluídas), de uma "filosofia primeira", isto é, de um pensamento que não é percebido somente como fragmentário e até manipulado, mas que pode começar a manifestar-se no horizonte de um vasto projeto significativo.

2. TIPOS FUNDAMENTAIS DE PROVAS DA EXISTÊNCIA DE DEUS – No conciso sumário que se segue, podemos ocupar-nos somente com as provas "clássicas" da existência de Deus, isto é, com aqueles argumentos que, por sua força de persuasão, continuamente têm provocado o pensamento. Pode-se extrair uma primeira subdivisão de seu respectivo ponto de partida, que se coloca, por um lado, na experiência do mundo, e, por outro, na autodescoberta do homem. Esta subdivisão está também na base das reflexões dos dois primeiros capítulos da Epístola aos Romanos (cf. Rm 1,19s; 2,14s).

a. Experiência do mundo como ponto de partida – Kant, em sua subdivisão das provas da existência de Deus, menciona dois tipos de prova que derivam de nossa experiência do mundo sensível, isto é, o argumento "físico-teológico" e o "cosmológico". O primeiro parte de uma "determinada experiência e da natureza peculiar do mundo sensível, conhecida através daquela experiência"; na base do argumento "cosmológico", haveria somente uma "experiência indistinta" (cf. KrV B 618s). Por motivos históricos e sistemáticos, é oportuno seguir esta subdivisão.

1. O argumento teológico ou físico-teológico – Kant considerou o argumento "físico-teológico" como a prova "mais antiga, mais clara e mais conforme à comum razão do homem" (cf. KrV B 651). Efetivamente, no Ocidente pode-se fazer remontar esta prova a Sócrates (cf. HWP 3, 820) e ela é também muito difundida na filosofia hindu (cf. TRE 13, 751). Esta prova, que de uma natureza sensatamente ordenada ("teleológica") deduz uma inteligência divina que a ordena, encontra-se em forma mais simples em Tomás de Aquino (STh I, 2,3 "quinta via"), onde se pressupõe apenas que, no mundo sensível, alguns seres, não dotados de razão, agem sempre, ou pelo menos com frequência, movidos por um objetivo. Durante o Iluminismo, ao invés, muitas vezes se adota como ponto de partida a ordem do mundo como um todo – concebido segundo a analogia do mecanismo de um relógio. Este argumento goza ainda de grande estima no agnóstico Hume e até no interior da principal crítica feita por Kant a todas as provas da existência de Deus por parte da razão que examina teoreticamente; mas perde sua plausibilidade numa concepção evolucionista do mundo.

2. O argumento cosmológico – A prova cosmológica da existência de Deus – transmitida ao Ocidente cristão sobretudo partindo de Aristóteles, através de eruditos muçulmanos e judeus – exerceu uma grande influência, sobretudo por meio de suas formulações nas três primeiras "vias" de Tomás de Aquino. Havendo em sua base (segundo Kant) apenas uma experiência "indistinta" do mundo sensível, tal prova, nesta abstração, não se pode seguir tão facilmente, como no caso do argumento teleológico; mas parece

ser menos impugnável, por causa da base experiencial mais geral. A ideia central é que um ser contingente, para esclarecer suficientemente a própria existência, exige um ser necessário. Sua formulação lógica mais convincente encontra-se na versão que Tomás de Aquino, na "prima via" da *Summa Theologica*, deu à "prova deduzida do movimento": algo que, de um mero ser-possível (potência), chega à atuação desta possibilidade, necessita para isto de um "aporte de energia". Se tal crescimento é comunicado por algo, que somente transmite esta "energia" e não a possui originariamente por si, então também a suposição de uma série infinita de tais meras "mãos passantes" não responde à pergunta inicial sobre a origem do crescimento do ser-real (ato). Uma resposta adequada só se pode conseguir partindo de um "primeiro motor", cujo puro ser-real (ato) não está unido a nenhum ser-possível (potência). Também para a evidência desta prova pressupõe-se um mínimo de orientação significativa do movimento. No contexto de uma observação da natureza, onde as mudanças ainda são concebidas somente como deslocamentos de energia no interior de uma quantidade de energia que permanece constante, é quase impossível fazer entender a força probatória desta argumentação.

Além das dificuldades ilustradas no contexto dos paradigmas hodiernos de explicação da natureza, há que assinalar também os problemas filosóficos de princípio da argumentação teleológica e cosmológica.

3. Problemas fundamentais das provas da existência de Deus, que partem da experiência do mundo – Se os vestígios que partem da experiência do mundo devem reconduzir a Deus, então o mundo, no final das contas, deve ser experienciado como ordenado e não como absurdo. Já a percepção de parciais perturbações sensíveis, que não podem imputar-se a nenhuma liberdade finita (*malum physicum*), levanta o problema da teodiceia, a que não se pode dar uma resposta com os meios da razão teorética. A observação da natureza pode fugir a este problema com o nivelamento da própria perspectiva ao mero quantificável, excluindo a categoria do significado (do "cósmico", na acepção originária). Deste modo, porém, conforme se observou acima, vêm a encontrar-se fora do seu horizonte também as provas "cosmológicas" ou "teleológicas" da existência de Deus. Todavia, mesmo depois do fim de uma metafísica que parte do bom ordenamento do cosmos, ter-se-á ainda assim que remeter sempre ao fenômeno da → beleza natural, que vez por outra nos surpreende como um clarão, fenômeno que dificilmente se insere totalmente na interpretação quantitativa da natureza e pelo menos tem condições de manter viva a *pergunta* sobre Deus.

– Uma carência de princípio, inerente às provas da existência de Deus que partem da experiência do mundo, reside no fato de que estas, o mais das vezes, não levam a refletir sobre o próprio sujeito percipiente. E, portanto, por um lado não se pode saber quanto de sua experiência deve ser efetivamente atribuído a uma realidade que se lhe depara e quanto deve ser efetivamente considerado como investimento de sua própria pré-compreensão.

Por outro lado, o Deus que se tornou acessível permanece, ao menos de momento, no horizonte de um ser concebido como um objeto. A razão que transcende, em direção à sua causa suprema, os objetos com que depara, já é, ela mesma, ultrapassada e superada neste transcender – ou deverá entender-se a si mesma como um algo último que está diante de todo este mundo de objetos, juntamente com sua causa suprema, isto é, em última análise, como a fonte da constituição do "mundo em sentido absoluto"?

b. Autodescoberta como ponto de partida – 1. O argumento ontológico. A colocação da prova da existência de Deus definida por Kant como "ontológica" entre os argumentos lógico-subjetivos necessita ser melhor precisada. Nem todas as formulações desta prova da existência de Deus provêm da subjetividade. Partindo, por exemplo, do conceito de "ente perfeitíssimo" (Descartes) ou "ente realíssimo" (Kant), Deus é, sem mais, entendido de forma objetivo-teórica. Somente a forma mais originária do argumento que encontramos em → Anselmo de Cantuária (*Prosl.* 2-4) pode ser definida como "subjetivo-teórica", na medida em que o conceito "aquilo de que não se pode pensar nada de maior" ("id quo nihil maius cogitari potest") exprime a Deus mesmo através da reflexão sobre as possibilidades extremas da razão humana. O pensamento, na formação deste conceito, não se coloca diante de Deus como diante de um "máximo" (daí por que permanece a tentação de superar toda concreção imaginada deste "máximo" – por exemplo, na série potencialmente infinita dos números naturais, em matemática – mais uma vez mediante um "n + 1"). Antes, visto que a razão (como o doutor Fausto, no pacto com Mefistófeles) saboreia a própria dignidade peculiar do transcender, que não pode parar em nenhum dado objetivo, seu olhar apreende uma transcendência e uma infinitude totalmente diferente, que não se pode situar no âmbito das possibilidades de projeção do pensamento. *Este* conceito de Deus não se obtém projetando (partindo de objetos empíricos ou de suas qualidades) (Feuerbach!), mas pode ser compreendido como causa última da capacidade humana de projeção (cf. mais adiante).

A crítica à "prova ontológica da existência de Deus" é dirigida sobretudo ao fato de que se quer concluir, de um mero conceito, uma existência real: algo que existe seria "maior" do que um algo que é meramente pensado. Portanto o conceito "... quo nihil maius..." incluiria a existência do que nele é pensado. Kant (como já fizera Gaunilão e, posteriormente, Frege, Scholz e Russell) objetou que a afirmação da existência se move num plano totalmente distinto do da predicação conceptual e, portanto, não se pode deduzir em forma conceptual-analítica. A limitação desta crítica está na generalização de uma lógica deduzida de objetos *contingentes* (cf. a indignação de Hegel pelo exemplo kantiano dos "cem táleres"). Anselmo sustenta a lógica rigorosa de sua dedução com o olhar exclusivamente voltado para o conceito de *Deus* – e Kant admite, ao menos para a realização *conceptual* do "Eu penso", a simultânea facticidade deste eu (cf. KrV B 157). Há que reconhecer a Anselmo que a existência de Deus, na retomada do conceito por ele formulado, é *necessariamente pensada* (cf. *Prosl.* 3). Não se compreende, porém, como este pensamento necessitante deva encontrar um correspondente na realidade. Esta carência é superada somente no argumento lógico-transcendental.

2. O argumento lógico-transcendental. Sob o conceito "prova lógico-transcendental da existência de Deus", agrupamos várias formas de argumentação, que têm recebido denominações bem diferentes (p. ex.: prova "noética", "noológica", "ideológica", "antropológica", "transcendental" da existência de Deus). A forma originária do argumento encontra-se em → Agostinho (cf. em particular *De libero arbitrio* II, 3-15).

Agostinho toma como ponto de partida a certeza obtida da dúvida metódica de seu próprio ser consciente ("si fallor, sum" – se me engano, existo). Esta razão, consciente de si mesma, reconhece-se como superior às próprias percepções sensíveis e ao "sentido interno" que as coordena, visto que ela *julga* tudo isto. A pergunta se há ainda algo mais elevado e, diversamente da razão humana, imutável, vai desembocar na pergunta sobre um algo a cujo julgamento também a razão humana está sujeita. Nisto – ou em "algo que se encontra ainda além disto" – dever-se-ia reconhecer Deus, "quo nullus est superior". Tal realidade, imutável e válida para todos, a cujo julgamento a razão está sujeita, Agostinho a vê como existente "no número e na sabedoria". O "número" é para Agostinho o supremo valor indicativo, no âmbito da estética, assim como a "sabedoria" exprime a medida no âmbito da busca da felicidade.

Descartes apresentou uma forma ulteriormente desenvolvida deste tipo de argumentação (*Meditação* III). Partindo igualmente do terreno da evidência, "Eu penso/eu sou", que não pode ser abalada por nenhuma dúvida, Descartes vai em busca de um conteúdo deste pensamento que não pode ser reduzido a outra coisa senão a Deus. Entre todos os conteúdos do pensamento, só a ideia de Deus satisfaz esta condição. Esta ideia não pode ter chegado à razão por vias *a posteriori* e tampouco pode ter sido adquirida mediante negação do finito. Pelo contrário, o conceito de "finito", pressupõe de modo lógico-transcendental o conceito de "infinito", como de resto também a própria dúvida universal – o ponto de partida das "Meditações sobre a filosofia primeira" – tem esta ideia de incondicionado como condição de sua possibilidade.

A fascinação deste tipo de argumentação está no nexo indissolúvel entre conceito de Deus e certeza da existência, que não existe na "prova ontológica da existência de Deus": a razão, mesmo em suas performances aparentemente mais distantes da verdade, reconhece em si mesma a marca de um ser incondicionado.

Mas também neste caso só com limitações se poderá falar de prova da existência de Deus. Efetivamente, o problema da teodiceia, que não se pode evitar partindo da experiência do mundo, é superado só aparentemente mediante a eliminação de todos os fatores empíricos de incerteza da dúvida metódica. Na realidade, a "prova lógico-transcendental da existência de Deus" representa só a formulação mais rigorosa da situação do absurdo (no sentido de A. Camus): a ineludível certeza de "Sísifo", mediante a ideia de um incondicionado que, porém, aparece como irrealizável. Mesmo que esta ideia deva necessariamente levar a "Deus", de qualquer forma seria "melhor para Deus, se não existisse", enquanto Sísifo não for capaz de ver sentido algum em tal "maldição divina". A autodescoberta do homem, que se verificou no argumento lógico-transcendental, mantém, porém, viva, de modo mais intenso do que a experiência com o mundo, a pergunta sobre um possível sentido não obstante a situação do absurdo e, portanto, a pergunta sobre um "algo, acima do qual não se pode pensar nada de maior".

3. A prova moral da existência de Deus. Com o argumento físico-teológico, cosmológico e ontológico, Kant considera esgotada a lista das provas (ainda que não cogentes) da existência de Deus, que a razão teórica deve produzir. Ele não levou em consideração a possibilidade de uma prova lógico-transcendental da existência de Deus, ainda que isto fosse óbvio, com base na pergunta de onde a ideia de Deus deduz, com efeito, seu caráter *regulador* para todo uso da razão (cf. KrV B 380, 384-386). De qualquer forma, com base na razão moral-prática, Kant desenvolveu um argumento autônomo, que ele mesmo define como "prova moral da existência de Deus" (KU § 87). O argumento encontra-se em versões diferentes, sendo que só a mais tardia delas (na *Crítica do juízo* e em *A religião dentro dos limites da pura razão*) convence.

Para reconhecer a necessidade deste "postulado da existência de Deus" é pressuposta antes de tudo a evidência de um dever absoluto – em que a razão se sente obrigada por meio da "pura razão prática" (e não, p. ex., por Deus como legislador externo). O dever absoluto, porém, não exige somente uma disposição conforme a ele, mas também a própria realização no mundo sensível. O objetivo final da pura razão prática é a organização geral do mundo sensível, segundo a lei moral que obriga todos os homens.

Contudo, o mundo sensível obedece à própria lei natural e, portanto, o curso das coisas só raramente se apresenta conforme à razão prática. Consequentemente, para que o dever do homem de promover o objetivo final não tenha que se apresentar insensato – já que a este dever não corresponde, por princípio, nenhum poder – o homem, como garantidor de uma harmonia entre liberdade e lei natural, ainda possível em definitivo, deve admitir Deus como fonte última das duas normativas. Estruturalmente afins à prova moral kantiana da existência de Deus são as modernas tentativas de conceber Deus, partindo da ideia de uma solidariedade universal, como horizonte último desta ideia, em especial a abordagem comunicativo-teórica de H. Peukert.

O fundamento da prova moral da existência de Deus não é uma certeza indubitável, mas antes um fato de liberdade incondicionadamente comprometida. O que o argumento parece perder, assim, em "caráter probante", adquire-o por outro lado com referência à constatação feita no início: que um verdadeiro e próprio conhecimento de Deus só se pode conseguir com um ato de liberdade.

Com base no argumento desenvolvido por Kant, é possível dar uma resposta ao problema da teodiceia: Deus entra, portanto, no horizonte do homem na medida em que este adere, com incondicionada solidariedade, aos outros homens e não foge a este compromisso, mesmo frente ao aparente absurdo da existência, que se manifesta na dor de vítimas inocentes. Esta solidariedade, que resiste ao espetáculo de um extermínio incompreensível, é como que a assinatura num cheque em branco, que só Deus seria capaz de pagar.

Bibl. – Indicações gerais: D. Schlüter, "Gottesbeweis", em HWP III, 818-830; J. Clayton, "Gottesbeweise", II-III, em TRE 13, 724-784.

Mais diretamente referente ao nosso artigo: F. Alquie, *La* décourverte métaphysique de l'homme chez Descartes, Paris 1950; H. Verweyen, *Nach Gott fragen*. Anselms Gottesbegriff als Ableitung, Essen 1978; Id., "Kants Gottespostulat und das Problem sinnlosen Leidens", em ThPh 62 (1987) 580-587; M. Albrecht, *Kants Antinomie der praktischen Vernunft*, Hildesheim-Nova York 1978; H. Peukert, *Wissenschaftstheorie – Handlungstheorie – Fundamentale Theologie*, Frankfurt 1978[2]; H. Huber, "Die Gottesidee bei Immanuel Kant", em ThPh 55 (1980) 1-43; K. Kienzier, *Glauben und Denken bei Anselm von Canterbury*, Friburgo 1981; A. Winter, "Der Gottesbeweis aus praktischer Vernunft. Das Argument Kants und seine Tragfähigkeit vor dem Hintergrund der Vernunftkritik", em K. Kremer (ed.), *Um Möglichkeit oder Unmöglichkeit natürlicher Gotteserkenntnis heute*, Leiden 1985,109-178; W.M. Neumann, *Die Stellung des Gottesbeweises in Augustins de Libero arbitrio*, Hildesheim 1986; H. Seidl (ed.), *Thomas von Aquin, Die Gottesbeweise in der "Summe gegen die Heiden" und der "Summe der Theologie"*, Hamburgo 1986[2]; J. Splett, "Über die Möglichkeit, Gott heute zu denken", em HFTh I, 136-155; J. Röhls, *Theologie und Metaphysik*. Der ontologische Gottesbeweis und seine Kritiker, Gutersloh 1987.

HANS JÜRGEN VERWEYEN

DIÁLOGO INTER-RELIGIOSO

1. O DIÁLOGO NO MAGISTÉRIO DA IGREJA – Ainda que "diálogo inter-religioso" seja uma expressão recente no vocabulário da Igreja, sua realidade não é igualmente nova. Sem querermos voltar à época dos missionários pioneiros, como de Nobili, na Índia, ou M. Ricci, na China, é claro que o diálogo já era uma realidade, durante o período que precedeu o Concílio Vaticano II, nos países em que a Igreja vive diariamente ao lado dos membros de outras tradições religiosas. Isto não elimina o fato de que era praticado apenas esporadicamente e de que muitas vezes corria o risco de degenerar em discussões estéreis. Por outro lado, há que reconhecer que o concílio deu ao diálogo inter-religioso um impulso inédito, fazendo dele um dos pontos básicos da renovação e da abertura da Igreja, promovidas por ele. Ao fazer isto, o concílio seguiu o impulso que lhe infundiu o Papa Paulo VI.

Em 6 de agosto de 1964, entre a segunda e a terceira sessão do Vaticano II, Paulo VI publicou sua encíclica programática → *Ecclesiam Suam*, num momento em que os documentos do Vaticano II, que deviam tratar do diálogo inter-religioso, estavam ainda em fase de elaboração. O Secretariado para os não cristãos fora criado pelo papa menos de três meses antes da publicação da encíclica (19 de maio de 1964). *A Ecclesiam Suam* assinala a entrada do diálogo em geral na nova perspectiva, inerente ao programa de renovação da Igreja e de abertura ao mundo, desejados pelo concílio. O próprio termo "diálogo" aparece aqui pela primeira vez num documento oficial da Igreja.

Segundo as próprias palavras do papa, a encíclica diz respeito "ao problema do diálogo" (*colloquium*) entre a Igreja e o mundo contemporâneo (ES 15). "A Igreja deve entrar em diálogo com o mundo em que vive. A Igreja faz-se palavra; a Igreja faz-se mensagem; a Igreja faz-se colóquio" (67). O diálogo é entendido, no pensamento do papa, como "um modo de realizar a missão apostólica, uma arte de comunicação espiritual" (83). Distinguindo as diversas formas que o "diálogo da salvação" pode assumir, insiste na "suma importância que a pregação cristã mantém... no conjunto do apostolado católico... A pregação é o primeiro apostolado" (94). A Igreja, observa o papa, "deve estar pronta a sustentar o diálogo com todos os homens de boa vontade, dentro e fora do seu âmbito próprio" (97). A encíclica prossegue, delineando uma série de círculos concêntricos "em torno do centro em que a mão de Deus nos colocou" (a Igreja) (100); assim, espera demonstrar como o diálogo da salvação, implícito na missão da Igreja, atinge de modo diferente as diversas categorias de pessoas. O papa distingue quatro círculos concêntricos, começando do mais distante (o conjunto da humanidade e o universo), passando em seguida a um segundo (os fiéis de outras religiões), até um terceiro (os demais cristãos), para encerrar com um círculo mais próximo (o diálogo no interior da própria Igreja).

O segundo círculo compõe-se essencialmente daqueles "que adoram o Deus único e supremo, tal como nós adoramos"; este círculo abrange não somente os hebreus e os muçulmanos, mas também "os seguidores das grandes religiões afro-asiáticas" (111). "Por dever de lealdade" – insiste o papa – "devemos manifestar nossa convicção de que é uma só a verdadeira religião e esta é a cristã, e nutrir a esperança de que seja reconhecida como tal por todos os que buscam e adoram a Deus" (111). Contudo, "não queremos recusar nosso respeitoso reconhecimento aos valores espirituais e morais das várias confissões religiosas" e estamos dispostos a entrar em diálogo e a tomar a iniciativa – diálogo que verse sobre as ideias que temos em comum, no âmbito da promoção e da defesa da liberdade religiosa, da fraternidade humana, da cultura, da beneficência social e da ordem civil (112).

Esta parte da encíclica termina com uma abertura autêntica, mas prudente. A valorização teológica das outras religiões, assim como o campo aberto ao diálogo inter-religioso permanecem limitados. O papel e o lugar deste diálogo na missão da Igreja não são elaborados e especificados mais detalhadamente.

Mas abre-se uma brecha, que o Concílio Vaticano II poderá ampliar. Tal concílio é o primeiro na história conciliar da Igreja a falar positivamente das demais religiões da humanidade. Por um lado, há nos documentos conciliares um desejo de reconhecer "tudo o que de verdade e de graça já se podia encontrar" (AG 9), não só na vida religiosa individual dos fiéis de outras religiões, mas também nos elementos objetivos das próprias tradições religiosas, quer se trate dos seus "ritos e culturas próprias" (LG 17), de "iniciativas também religiosas (*incepta*)" (AG 3), quer se trate de outras riquezas que "Deus, em sua munificência, deu aos povos" (AG 11) e que se encontram em suas "tradições religiosas" (AG 11). Estes elementos são vistos como "um raio daquela Verdade (*illius Veritatis*) que ilumina todos os homens" (NA 2).

Por outro lado, o concílio adquiriu consciência crescente da influência universal exercida pelo Espírito Santo, muito além das fronteiras do cristianismo, atingindo o universo inteiro. O Espírito de Deus – que é também o Espírito de Cristo – enche o universo (GS 11). Os documentos AG e GS – ambos frutos da última sessão do concílio – fazem referências explícitas a esta presença universal do Espírito no espaço e no tempo: "Sem dúvida, o Espírito Santo operava no mundo, já antes de Cristo ser glorificado" (AG 4); ele encontra-se também no mundo contemporâneo, nas aspirações de homens e mulheres de qualquer proveniência que aspirem a uma melhor qualidade de vida (GS 38), a uma ordem social mais digna do homem (GS 26), à fraternidade universal (GS 39). Sua influência constante mantém viva no homem a pergunta sobre seu próprio destino religioso (GS 41), oferecendo-lhe a luz e a força para confrontar-se com ela (GS 10). O homem foi resgatado por Cristo e tornou-se uma criatura nova no Espírito Santo (GS 37). Efetivamente, o Espírito chama agora todos os homens a Cristo, não só através da pregação do Evangelho, mas também já com as "sementes do Verbo" (AG 15); oferece a todos "a possibilidade de entrar em contato, da maneira que Deus conhece, com o mistério pascal" (GS 22). Assim vivificada e reunida no Espírito de Cristo ressuscitado, a humanidade caminha para a consumação da história humana (GS 45) com uma viva esperança, dom do Espírito (GS 93).

Este é o fundamento profundo do diálogo inter-religioso nos documentos do concílio. Os documentos convidam os membros da Igreja a iniciarem-se neste diálogo. Uma simples exortação já se encontra na NA: a Igreja exorta seus filhos a que, "com prudência e caridade, por meio do diálogo e da colaboração (*per colloquia et collaborationem*) com os seguidores das demais religiões, dando testemunho da fé e da vida cristã, reconheçam, conservem e façam progredir os bens espirituais que se encontram neles" (NA 2).

Convites análogos encontram-se em AG e GS. Segundo o próprio exemplo de Jesus, "seus discípulos, profundamente animados pelo Espírito de Cristo, devem conhecer os homens em meio aos quais vivem e organizar as relações com eles na linha de um diálogo sincero e paciente, para que conheçam que riquezas Deus, em sua munificência, deu aos povos; mas, ao mesmo tempo, devem tentar iluminar estas riquezas com a luz do Evangelho, libertá-las e referi-las ao domínio de Deus Salvador" (AG 11). A *carta magna* do diálogo, segundo o Vaticano II, encontra-se em GS 92, onde o concílio resume, na ordem inversa, os quatro círculos concêntricos já apresentados na encíclica *Ecclesiam Suam*. No que concerne aos crentes de outras tradições religiosas, o texto faz votos no sentido de que "um diálogo confiante possa conduzir todos nós a aceitar com fidelidade os impulsos do Espírito e levá-los a cabo com diligência" (GS 92). Mas estas palavras generosas, nunca antes pronunciadas por um concílio ecumênico, não indicam o lugar que o diálogo inter-religioso ocupa na missão da Igreja. Caberá ao período pós-conciliar esclarecer progressivamente este aspecto, até considerar o diálogo inter-religioso como um elemento integrante, uma expressão autêntica da missão evangelizadora da Igreja (→ Evangelização e missão).

2. O OBJETIVO DO DIÁLOGO – O diálogo inter-religioso faz parte, de pleno direito, da missão global da Igreja, não se podendo reduzi-lo a um elemento extrínseco ou considerá-lo simplesmente como um meio útil para a proclamação do Evangelho, na medida em que ajude a uma primeira aproximação em relação aos "não cristãos". Portanto, ele não é simplesmente, com vistas à proclamação, como que um meio em função do fim, mas já é fim em si mesmo, enquanto um bem em si mesmo. Para entender isto – e para ver em que sentido o diálogo permanece aberto à proclamação do Evangelho – é preciso aprofundar seu significado e seu objetivo.

O diálogo inter-religioso é uma forma do "diálogo da salvação" de que falava Paulo VI (cf. supra); a razão disto é a presença universal e ativa do mistério de Cristo, através de seu Espírito, em todos os homens, cristãos e outros. Por isto, o diálogo não para na recíproca compreensão e nas relações amigáveis com outros crentes e nem mesmo na colaboração em projetos de sociedade. Vai além e atinge o nível do espírito, em que se estabelece um intercâmbio, entre cristãos e membros de outras religiões, que consiste num recíproco testemunho de fé. No diálogo, afirma um recente documento publicado pelo Secretariado para os não cristãos (1984), "os cristãos encontram os seguidores de outras tradições religiosas para caminharem juntos rumo à verdade e colaborarem em obras de interesse comum" ("A atitude da Igreja frente aos seguidores de outras religiões – Reflexões e orientações sobre diálogo e missão" 13). No diálogo, os cristãos e os outros são chamados a uma conversão mais profunda a Deus e a um aprofundamento de seu compromisso de fé. Portanto, o diálogo não tem por objetivo, da parte cristã, a conversão dos outros ao cristianismo e o aumento numérico da comunidade cristã, mas, antes, o recíproco enriquecimento e a comunhão no Espírito com os que não compartilham nossa fé.

A proclamação ou o anúncio do Evangelho, por outro lado, visa comunicar aos outros o conhecimento explícito de Jesus Cristo e do que Deus realizou nele pela salvação da humanidade inteira e, portanto, visa convidá-los a se tornarem seus discípulos, entrando na comunidade cristã. Assim, pois, no anúncio querigmático do Evangelho, a Igreja exerce uma função profética: declara Jesus Cristo fonte do mistério da salvação, do qual já comungam os parceiros do diálogo, e convida ao reconhecimento deste mistério os que até agora o compartilham, mas não são capazes de identificar sua origem ou dizer o nome de seu autor.

Diálogo e proclamação representam, portanto, procedimentos distintos na missão evangelizadora da Igreja: o objetivo de ambos é diferente. Todavia, se o diálogo inter-religioso não pode ser entendido como um meio para a proclamação do Evangelho, permanece aberto para esta. Com efeito, a missão evangelizadora da Igreja é um processo dinâmico que – mesmo que isto, na realidade, não se realize sempre – culmina e encontra a sua plenitude na proclamação ou no anúncio de Jesus Cristo.

3. AS EXIGÊNCIAS DO DIÁLOGO – Além das disposições psicológicas de abertura e de escuta, indispensáveis para qualquer diálogo, o inter-religioso tem exigências próprias, internas, sem as quais não pode ser nem verdadeiro nem autêntico. Cada parceiro deve, na medida do possível, entrar na experiência religiosa do outro para entendê-la por dentro. Este esforço de compreensão e de simpatia foi definido "diálogo intrarreligioso" (R. Panikkar); é condição indispensável para o diálogo autêntico.

Isto não significa que se deva e nem sequer se possa – mesmo que provisoriamente – colocar a própria fé "entre parênteses". A honestidade e a sinceridade do diálogo exigem, ao contrário, que os diversos parceiros nele se empenhem, na integridade de sua fé. Toda dúvida metódica ou restrição mental está aqui fora de questão, como também qualquer compromisso sobre o teor da própria fé ou qualquer redução de seu conteúdo. O diálogo autêntico não admite nem sincretismo nem ecletismo; sem querer dissimular as eventuais contradições entre as respectivas fés religiosas, deve, antes, assumi-las, com paciência, onde existirem. Dissimular equivaleria a trapacear e teria como resultado privar o diálogo de seu objeto próprio.

Por outro lado, entrar, quando é possível, na experiência religiosa do outro, embora aderindo com firmeza à própria fé, não significa compartilhar a fé do outro. Efetivamente, parece impossível compartilhar duas fés religiosas diferentes, fazendo própria cada uma das duas e harmonizando-as no interior da vida pessoal. Com efeito, para além dos eventuais contrastes, no interior da pessoa, de aspectos contraditórios das duas fés compartilhadas, toda fé religiosa constitui um todo indivisível e exige um envolvimento total. Parece impossível *a priori* que tal envolvimento absoluto possa ser compartilhado e como que dividido entre duas fés.

Asseguradas todas as necessárias garantias, permanece contudo certo que o diálogo inter-religioso, para ser verdadeiro, exige da parte de cada parceiro o esforço positivo necessário para entrar na experiência religiosa e na visão global do outro. Tal encontro, dentro de cada pessoa, de dois modos de ser, de ver e de pensar, é a preparação crucificatória, mas necessária, para o encontro sincero e para o autêntico intercâmbio entre as pessoas.

4. AS FORMAS DO DIÁLOGO – O diálogo inter-religioso não deve ser entendido em sentido estrito, como se consistisse unicamente no intercâmbio recíproco de experiências religiosas em nível do espírito. O documento do Secretariado para os não cristãos, acima mencionado, distingue quatro formas de diálogo. Trata-se do diálogo da vida, acessível a todos (29-30), do compromisso comum nas obras de justiça e de libertação humana (31-32), do diálogo intelectual dos especialistas (33-34) e do compartilhar experiências religiosas na busca comum do Absoluto (35).

O conteúdo e a própria ordem destas "principais formas típicas" do diálogo (28) pede algumas reflexões. Antes de tudo, é preciso insistir na função primordial do diálogo da vida, acessível a todos, que o documento com razão coloca em primeiro lugar. "Implica atenção, respeito e acolhimento para o outro, a quem se reconhece espaço, por sua identidade pessoal, por suas expressões, por seus valores" (29). "Todo seguidor de Cristo, por força de sua vocação humana e cristã, é chamado a viver" esta forma de diálogo "em sua vida diária" (30).

Muito a propósito, o documento fala também, em segundo lugar, do compromisso comum com a justiça e a libertação humana, dando-lhe prioridade em relação ao discurso teológico. Também tem razão em sublinhar que esta forma de diálogo deve consistir mormente numa ação comum, mais do que em discursos compartilhados: "Um nível ulterior é o diálogo das obras e da colaboração para objetivos de caráter humanitário, social, econômico e político, que tendam à libertação e à promoção do homem" (31). Esta dimensão do diálogo se reveste de uma importância extrema no presente contexto de uma sociedade cultural e religiosamente pluralista, caracterizada ao mesmo tempo pelos problemas universais dos direitos humanos e da justiça, da promoção e da libertação humana. Os membros das diversas tradições religiosas podem e devem empenhar-se juntos, partindo de suas respectivas convicções religiosas, na promoção de um mundo mais humano. O diálogo da vida deve, pois, desembocar no diálogo das obras; ambos formam o substrato humano comum sem o qual o discurso teológico entre especialistas e o intercâmbio de experiências religiosas não teriam nenhum fundamento.

De resto, podemos perguntar-nos pelo verdadeiro fundamento da ordem estabelecida pelo documento do Secretariado, quando chega a estas duas últimas formas de diálogo. Será que a ordem não deveria ser invertida? Será que a experiência religiosa não antecede o discurso teológico? O intercâmbio em nível da experiência não deverá, então, por sua vez, servir de fundamento para o discurso em comum? Sem dúvida, é teoricamente possível o discurso teológico sobre as visões do mundo e sobre as respectivas doutrinas religiosas dos parceiros do diálogo, mesmo que não se fundamente no recíproco intercâmbio em nível da experiência religiosa. Mas a experiência concreta mostra que a recíproca compreensão em nível do discurso teológico permanece precária – supondo-a possível – se esta não for precedida por uma comunhão profunda no Espírito, que só pode ser estabelecida com o mútuo intercâmbio da experiência religiosa. Faltando isto, o discurso corre o risco de tornar-se discussão abstrata, senão de degenerar em desencontro. É em nível do intercâmbio espiritual que o diálogo é ao mesmo tempo mais exigente e mais promissor. Em cima desta troca espiritual profunda, o diálogo teológico pode estabelecer-se do melhor modo para trazer frutos de recíproca compreensão; por outro lado, o intercâmbio e a comunhão exigem normalmente o discurso.

5. O PONTO DE PARTIDA DO DIÁLOGO TEOLÓGICO – Por onde há de começar o diálogo teológico? Qual será o seu programa? Sem dúvida, não podemos fixar-lhe um programa preestabelecido, pois o Espírito sopra onde quer. Contudo, podemos perguntar-nos: Qual pode ser o ponto de partida? Onde encontrar um terreno comum a partir do qual os cristãos e os outros possam conduzir juntos um discurso teológico?

Tem-se sugerido que o "ponto de encontro" é o "mistério crístico" universalmente presente e ativo, embora sua ação atinja os cristãos e os outros de modos diversos (R. Panikkar). O ponto de partida do diálogo teológico não deveria ser procurado em nenhuma doutrina; com efeito, as doutrinas, embora coincidam parcialmente em seu intento profundo, são de qualquer forma profundamente distintas. Ao contrário, o "mistério crístico" é comum a todos.

Todavia, observaremos que a presença universal e ativa do mistério de Jesus Cristo representa o fundamento teológico que torna possível o encontro e o diálogo inter-religioso, mais do que assinalar o ponto de partida concreto do próprio diálogo, em seu aspecto teológico. É claro que o mistério de Cristo, tal como a fé cristã o entende, não pode servir de ponto de partida sobre o qual se realizaria antecipadamente o acordo. Portanto, é preciso procurar alhures.

Um possível ponto de partida é a experiência do mistério divino no Espírito. Dissemos acima que o intercâmbio espiritual e a comunhão no Espírito são condições necessárias do diálogo teológico fecundo; também podem servir-lhe como objeto imediato.

Um ponto de partida, sem dúvida mais humilde, mas não menos válido e mais acessível, reside nas questões fundamentais que todo homem religioso, qualquer que seja a tradição a que pertença, coloca-se pessoalmente: De onde viemos e para onde vamos? Qual é o sentido da existência humana? Do sofrimento e da morte? Qual é a fonte deste movimento, experimentado em nós e compartilhado pelos parceiros do diálogo, que nos obriga a sairmos de nós mesmos, na amizade, na fraternidade, na comunhão com os outros e para além de nós mesmos, para responder a um Absoluto divino que sempre nos precede? Segundo o Concílio Vaticano II, estas questões fundamentais são colocadas hoje por um número crescente de pessoas e são sentidas com uma agudeza nova (GS 10). A Declaração *Nostra Aetate* elenca estes "obscuros enigmas da condição humana que, tanto ontem como hoje, perturbam profundamente o coração do homem" e para os quais "os homens das várias religiões esperam a resposta" (1).

Também a constituição GS formula uma série de questões análogas em relação aos homens de nosso tempo (GS 10). De resto, não é por acaso que o mesmo documento do concílio chama a atenção, por um lado, para as interrogações que hoje afligem todos os homens e, por outro lado, para a presença universal do Espírito neles, tal como se manifesta nas esperanças e nas aspirações, nos projetos e nas tentativas da humanidade contemporânea. Com efeito, o mesmo Espírito inspira os projetos e suscita as questões.

A pergunta sobre o homem leva à pergunta sobre Deus; por isto, constitui um ponto de partida seguro para o diálogo teológico. Quanto ao resto, a agenda deste diálogo deve ficar por conta do Espírito, que vivifica os parceiros. O Espírito, seu principal agente, já é a fonte da comunhão espiritual sobre a qual se deve fundar todo discurso teológico em comum.

6. OS DESAFIOS E OS FRUTOS DO DIÁLOGO – Acabamos de recordar que o Espírito está em ação nos dois lados que participam do diálogo inter-religioso. Por isto, o diálogo não pode ser de mão única. Nele, ao cristão não cabe somente dar, mas também receber. O fato de ter recebido em Jesus Cristo a plenitude da revelação não o dispensa de ouvir; pois ele não tem o monopólio da verdade. Deve, antes, deixar-se possuir por ela. De fato, seu interlocutor no diálogo, embora não tendo ouvido a revelação que Deus fez de si mesmo em Jesus Cristo, pode estar submetido mais profundamente "àquela Verdade" que ainda busca e ao Espírito de Cristo que nele difunde seus raios (cf. NA 2). Podemos sem dúvida dizer que, através do diálogo, os cristãos e os outros "caminham juntos rumo à verdade" (Secretariado, 13).

Em consequência, o cristão tem algo a ganhar do diálogo. Dele resultarão para o cristão duas vantagens. Por um lado, um enriquecimento de sua própria fé: através da experiência e do testemunho do outro, poderá descobrir de modo mais aprofundado alguns aspectos e dimensões do mistério divino, percebidos por ele com menos clareza e talvez menos salientados pela tradição cristã. Por outro lado, uma purificação de sua fé: o choque do encontro obrigá-lo-á muitas vezes a questionar-se, quer se trate de rever algumas afirmações gratuitas, de eliminar preconceitos radicais, quer se trate também de acabar com conceitos ou perspectivas excessivamente estreitos. Ao mesmo tempo, os benefícios do diálogo constituem um desafio para o cristão.

Frutos e desafios do diálogo caminham juntos, portanto. Para além de determinados benefícios, porém, deve-se dizer que o encontro e o intercâmbio têm valor em si mesmos; são fins em si mesmos. Enquanto no começo supunham a abertura ao outro e a Deus, agora operam a abertura de cada um a Deus, através do outro.

Por isso, o diálogo não serve como meio para um fim ulterior. Seu objetivo não é a "conversão" do parceiro à nossa tradição religiosa, mas, antes, uma conversão mais profunda de ambas as partes. De fato, o próprio Deus fala ao coração de cada um dos parceiros e o mesmo Espírito está em ação em todos. Através do testemunho recíproco, o mesmo Deus interpela os parceiros, um por meio do outro. Portanto, tornam-se, por assim dizer, um para o outro e reciprocamente, um sinal que guia para Deus. O fim próprio do diálogo inter-religioso é, em última análise, a comum conversão dos cristãos e dos membros das outras tradições religiosas ao mesmo Deus – o de Jesus Cristo – que os chama a se unirem, interpelando-os uns através dos outros. Esta interpelação recíproca, sinal da vocação de Deus, é evangelização mútua.

Bibl. – H. Le Saux, *La rencontre du christianisme et de l'hindouisme*, Paris 1965; *Segretariato per i non Cristiani*, L'atteggiamento della Chiesa di fronte ai seguaci di altre religioni, Città del Vaticano 1984; K. Cragg, *The Christ and the Faiths*, Londres 1986; H. Küng, *Cristianesimo e religioni universali*, Milão 1986; M. Zago, *Il dialogo interreligioso a 20 anni dal concilio*, Roma 1986; R. Panikkar, *Il dialogo intrareligioso*, Assis 1988.

JACQUES DUPUIS

DOGMA

Costumeiramente, o termo "dogma" refere-se a uma declaração dogmática, a uma proposição que exprime uma parte do conteúdo da revelação divina, proposta como tal pela Igreja e a que se deve prestar assentimento de fé. Tal proposta é feita tanto por meio do magistério ordinário e universal da Igreja quanto por meio do magistério extraordinário e infalível. Deve-se assim reconhecer que os artigos do credo e os cânones dos concílios ecumênicos exprimem dogmas.

1. DECLARAÇÕES DOGMÁTICAS E REVELAÇÃO – a. *A palavra escatológica de Cristo e sobre Cristo* – A exposição do conteúdo da revelação, expresso em proposições, e a função que esta exposição desempenha na tradição da revelação devem ser entendidas como um aspecto da revelação. Esta é a história das palavras e dos gestos salvíficos de Deus, primeiramente para Israel e depois através de Israel, do qual o Verbo encarnado, em sua vida, morte, ressurreição e no envio do Espírito Santo, é a suma e o ápice. Com efeito, tanto a teologia contemporânea como o Concílio Vaticano II (DV 2) estão longe de entender a → revelação só e principalmente como uma coleção de proposições. Todavia, já que as obras da história da salvação e a revelação não são simples fatos, mas os atos pessoais de um Deus pessoal, elas contêm em si mesmas um significado e uma inteligibilidade que normalmente são expressos só em parte nas palavras proféticas que os acompanham e são susceptíveis de ulterior elaboração em agudas reflexões inspiradas. Assim, também em Israel encontra-se pelo menos uma expressão normativa da fé do povo de Deus, ligada à aliança, que recita: "Escuta, Israel: o Senhor é nosso Deus, o Senhor é um só" (Dt 6,4-9; 11,13-21; Nm 15,37-41).

Contudo, as obras de Deus, sua interpretação profética e a reflexão sapiencial sobre elas, feita no interior do AT, não terminaram e constituem apenas uma afirmação incompleta da promessa de Deus. Somente com Cristo é inteiramente proferida a Palavra de Deus e perfeitamente delineada a plenitude de sua promessa (DV 2,4). Ora, a atividade proeminente da vida de Cristo é a de proclamar em palavras e em obras que o → Reino de Deus está próximo; em palavras, como por exemplo: "o tempo se completou e o Reino de Deus está próximo" (Mc 1,15) e, ainda: "Vamos às aldeias próximas, para que eu pregue também lá; pois foi para isto que vim" (Mc 1,38); em obras, como no reunir discípulos que entrem incondicionadamente em seu seguimento, no sentar-se à mesa com os pecadores, no perdão dos pecados, nas curas e nos exorcismos. Não só isto. Esta vida e este ensinamento constituem uma reivindicação, da parte de Jesus, de que a presença de sua pessoa, como dizem as palavras e provam os fatos, constitui suficiente testemunho e demonstração da → credibilidade da verdade da mensagem do reino. Sua palavra tem autoridade: "Tendes ouvido o que foi dito... mas eu vos digo" (Mt 5,21-22; Mc 1,22). Analogamente, suas obras exigem de modo objetivo que haja uma resposta de fé: "Mas se eu expulso os demônios por virtude do Espírito Santo, certamente chegou entre vós o Reino de Deus" (Mt 12,28; Jo 5,36; 9,32-33; 10,38; 14,11). Este testemunho e esta demonstração identificam Jesus como sendo aquele sem o qual a boa notícia do reino e o próprio reino permanecem inacessíveis, no sentido de que sua causa e a do Evangelho são uma coisa só (Mc 8,35; 10,29), e desta maneira o identificam positivamente, ainda que só implicitamente, como o Cristo, o mediador, isto é, aquele que medeia, como Deus enquanto filho de Deus. Este testemunho e esta demonstração, tanto da verdade de sua mensagem quanto da identidade de sua pessoa, são aperfeiçoados e confirmados somente na ressurreição, sinal inconfundível de que o fim do tempo, mediante o ato salvífico de Deus, é realmente antecipado em Jesus, presente no tempo.

A ressurreição *é* uma "palavra": significa que a palavra do crucificado é verdadeira, que a palavra escatológica de Deus, pronunciada no tempo por Jesus foi garantida pelo ato escatológico de Deus na história e que o crucificado é aquele que diz ser o salvador escatológico, que salva por meio de sua morte (Mc 14,24-25). Também a ressurreição deve ser proclamada com a palavra (Mc 16,6-7). A expressão "ressuscitou" é, por isto, considerada como afirmação inicial e completa da revelação (cf. At 2,24), afirmação que não é simples resposta humana à obra de Deus ("confissão", entendida em sentido estrito), mas a mesma Palavra de Deus que cria a expressão humana, pois é palavra autorizada pelo próprio Jesus (Mt 28,10.18-19; Lc 24,46-48) e elemento formal que serve de base à compreensão católica do dogma: a proclamação da ressurreição, também como dogma, é um "ensinamento" que tem um conteúdo, o resultado de uma "decisão", livre *placet* de Deus, que redime a humanidade, e ao mesmo tempo um ensinamento garantido por Deus e deste modo *seu* ensinamento conhecido como tal.

Assim, na origem, a possibilidade de declarações dogmáticas encontra-se: 1. no ensinamento *de* Jesus mesmo, ou seja, na palavra escatológica de Deus, pronunciada nas palavras humanas de Jesus; 2. na reivindicação, ao menos implícita, feita por Jesus sobre sua pessoa e significado, reivindicação que se torna explícita, já no NT, nas afirmações *concernentes* a Jesus; 3. na confirmação que tal ensinamento e tal reivindicação recebem do evento da ressurreição, que é em si mesma uma palavra que precisa ser proferida. Por isso, ser seguidor de Jesus comporta: 1. ter por verdadeiro o que Jesus ensinou ser verdadeiro, ou seja, o Evangelho que anunciou, pois a Ele cabe o título de "Mestre"; 2. ter por verdadeiro sobre Jesus o que a Igreja do NT considerou ser verdadeiro, ou seja, o Evangelho que lhe "diz respeito" (Rm 1,3), a "profissão do Filho" (1Jo 2,23) e o "testemunho" do apóstolo de que o Pai enviou o Filho como salvador do mundo (1Jo 4,14), o que é o "bom depósito" do ensinamento a ser conservado (2Tm 1,14); 3. ter estas verdades como verdades reveladas por Deus.

b. *A palavra escatológica conservada no tempo* – Costuma-se pensar nas declarações dogmáticas como em algo diferente das afirmações da Escritura ou acrescentado a elas. A necessidade de uma ulterior declaração deriva do fato de que toda palavra escatológica foi pronunciada no tempo, este tempo propriamente humano em que existe um controle apenas parcial da sucessão temporal, vale dizer, o tempo do esquecimento e do progresso e, em cada evento, aquela diferença de tempo que ameaça tanto a memória quanto a identidade de significado de uma palavra pronunciada uma vez. Se a Palavra eterna deve permanecer como a palavra escatológica pronunciada no tempo e, portanto, estar presente indefectivelmente na fé de quem a ouve, deve haver algum sistema para que permaneça o que ela é nas palavras e para as palavras pronunciadas pelos homens no tempo. Isto significa que, exatamente como as palavras humanas, assim também o ato humano da interpretação deve ser assumido pelo Verbo de Deus. Com efeito, o significado humano das palavras dos homens nem sempre permanece o que é, em sua igualdade e identidade, senão através da interpretação, que lhe conserva o sentido para além do tempo em que a palavra foi proferida. O produto da interpretação da palavra escatológica de Cristo, pronunciada no momento oportuno, é "dogma".

Como Jesus mesmo interpretou as palavras anteriores da revelação do AT (p. ex. aquelas sobre o divórcio, Mt 19,4-6; ou sobre a ressurreição, Mt 22,31-32; cf. tb. 3.a), assim também faz a Igreja, seu corpo não separado da Cabeça, quando interpreta as palavras de Cristo contidas na Escritura. Ou também se poderia dizer: a palavra escatológica do Evangelho, presente sem interrupção na memória da Igreja (Jo 14,26), continua a interpretar e julgar as várias questões e as várias palavras que os homens trazem como contribuição para o acolhimento do Evangelho. Entre estas formulações não existe diferença, consoante a compreensão católica que reconhece a prioridade e a gratuidade da graça, mas reconhece ao mesmo tempo o fato de que a graça é verdadeiramente outorgada aos homens e que na verdade os transforma.

Que o poder de interpretar autorizadamente a Palavra de Deus feita carne e, portanto, proferida em palavras humanas, seja exercido por e com aqueles que estão unidos a Cristo no Espírito, já está implícito na aceitação do cânon do NT (→ Cânon bíblico). Este acolhimento significa que são normativas as teologias do NT, cujos autores são também os evangelistas e os apóstolos. Se a interpretação daquilo que compõe o NT deve considerar-se necessária à distância do tempo do Senhor, pode-se prever uma necessidade semelhante também para posteriores formulações normativas, para uma atualização do NT com uma linguagem nova e mais humana, de sorte que a palavra do NT e, portanto, a Palavra de Deus possa perdurar no tempo.

2. O EMERGIR DA NOÇÃO DE DOGMA – a. *A noção moderna de dogma* – Costuma-se ver na *Pastor Aeternus*, do Concílio Vaticano I, uma expressão da noção moderna e técnica de dogma: "Deve-se crer com fé divina e católica todas aquelas coisas que estão contidas na Palavra de Deus, escrita ou transmitida, e que a Igreja propõe à fé, enquanto divinamente reveladas mediante declaração solene ou através do magistério ordinário e universal" (DS 3011). O que é formal nesta noção, além do fato de o dogma ser uma doutrina contida na revelação, é que este ensinamento é proposto como tal à fé, pela autoridade docente da Igreja. Entendido assim, o conceito de "dogma" é mais amplo do que o medieval *articulus fidei*, que se referia, em sentido estrito, aos artigos do credo, mas menos amplo do que "doutrina" e também menos amplo do que "dogma", o qual, no uso teológico medieval, não abrangia a característica de ser proposto pelo magistério infalível ordinário ou extraordinário.

Esta noção técnica de dogma surge pela primeira vez com Melquior Cano, *De Locis theologicis* (1563) (→ Lugares teológicos), que, mais do que lhe dar uma definição, usa este termo para designar um ensinamento que é ao mesmo tempo apostólico, transmitido mediante a Escritura ou a Tradição, definido por um papa ou por um concílio e aceito por todos os fiéis. A Ph. Neri Chrismann, *Regula Fidei Catholicae et collectio Dogmatum Credendorum* (1792) é muitas vezes atribuído o mérito de ter formulado a moderna definição de dogma: "Dogma fidei nihil aliud fit, quam doctrina, et veritas divinitus revelata, quae publico Ecclesiae iudicio fide divina credenda ita proponitur, ut contraria ab Ecclesia tamquam haeretica doctrina damnetur". No contexto da formulação, trata-se, por isso, de uma noção que tem duas faces: a primeira, polêmica, contra o protestantismo; a segunda, construtiva, em resposta ao que são os princípios da ciência teológica e a como estes podem definir-se.

Há vantagens e desvantagens na formulação desta noção técnica, assim como acontece em toda objetivação: é útil, para finalidades tanto teológicas quanto controversas (e ecumênicas), ter-se apoderado de maneira acurada e precisa deste objeto. É perigoso, na medida em que esta definição estimula por um lado uma consideração jurídica limitada do dogma, isolado da realidade mais ampla da revelação e da fé, e, por outro, um certo estreitamento do objeto característico da própria fé.

b. *O dogma no Novo Testamento* – Assim como a formulação de cada dogma, por exemplo, sobre a cristologia ou sobre a teologia trinitária, coloca o problema de sua relação com a Escritura ou a tradição e do sentido em que esta pode estar contida nelas, da mesma forma também a formulação da própria noção de dogma levanta o problema de sua relação com a Escritura e a tradição e do sentido em que se pode afirmar que já está contido nelas.

No grego corrente, *dógma* (de *dokéin*, pensar, supor) é uma opinião e, mais em particular: 1. a opinião ou o ensinamento de uma escola filosófica; ou então 2. a resolução ou o decreto de uma assembleia ou de um governante. É esta segunda significação que prevalece no NT. At 17,7 fala do "decreto de César" (cf. 2,1). Fala-se ainda de *dógmata* legais, referindo-se à lei mosaica, abolida por Cristo (Cl 1,14; Ef 2,15; cf. Cl 2,20). Finalmente, registram-se os *dógmata*, as "decisões" dos apóstolos e dos anciãos tomadas em Jerusalém sobre a pureza dos alimentos e da vida sexual (At 16,4; 15,22.25.28). Enquanto o conteúdo preciso destes *dógmata* é disciplinar e ético, deve-se observar que o contexto é mais do que ético; pois, na decisão de não impor a circuncisão aos gentios, se toca numa matéria que é essencial no Evangelho. Será na literatura cristã dos séculos II e III que dogma se torna algo doutrinal e disciplinar ao mesmo tempo, em linha com o conceito de cristianismo, considerado como "verdadeira filosofia".

As principais garantias, fornecidas pelo NT à noção de dogma enquanto doutrina, além do que foi dito acima, encontram-se: 1. no uso de *pístis* e *pistéuein;* fé, no NT, não é só confiança no

Senhor e obediência a Deus, mas também considerar como verdadeiras certas coisas (p. ex., Rm 10,8-9; Jo 6,69); 2. na fórmula do credo ou nas anteriores, especialmente hinos, contidos no NT, às quais Paulo recorre (p. ex., Fl 2,5-11; 1Cor 15,1-3), o que indica que a ideia de uma expressão relativamente fixa da fé não era totalmente estranha ao NT; 3. naquele uso de *homologia* e *homologéin* em que o objeto confessado, reconhecido, aprovado é o querigma de Cristo, por exemplo, "Jesus é o Senhor" (Rm 10,8; cf. 1Tm 6,12; Hb 4,14; 1Jo 4,15); 4. na ênfase que as epístolas pastorais colocam na *didaskalía*, a "doutrina segura" (Tt 1,9; 2,1), à qual Timóteo e Tito são estimulados a ser fiéis, o "bom depósito" que devem conservar (2Tm 1,14), que é a "verdade" (2Tm 2,25; 3,7) e é o mesmo que o "modelo das sãs palavras" que receberam (2Tm 1,13).

c. *Niceia* – No NT e no cristianismo primitivo, portanto, o "dogma" já existe como realidade vivida, mas sem uma grande ênfase na padronização da fórmula verbal; com Cano e Chrismann, temos uma posse reflexa da realidade do dogma, de que podemos encontrar vestígio na *Pastor Aeternus*. Mas entre a realidade vivida, que abrange a possibilidade de uma padronização expressa da fórmula, e a posse reflexa, existe a atualização do dogma enquanto ensinamento expresso e codificado, proposto pela autoridade da Igreja, que pede o assentimento de fé divina para ele. Esta atualização é preparada pelo surgimento dos símbolos catequético e batismal, como também pela crescente consciência da → *regula fidei*, na controvérsia com os gnósticos. Mas isto verifica-se em cheio, pela primeira vez, em Niceia. "Todavia os que dizem: 'Houve um tempo em que Ele não era'; ou então: 'Que foi feito daquilo que não existe ou de uma outra hipóstase ou ousia'... estes são anatematizados pela Igreja" (DS 126). Assim, o que se deve afirmar, para se poder pertencer à comunidade de salvação, é que o Logos é eterno, não criado, e *homooúsios* com o Pai. Dá-se ênfase ao que é afirmado, porque o que dizemos com locuções e proposições, formulando um juízo, é uma reivindicação de possuir, pelo conhecimento, o que existe. Independentemente do que pensamos ou do que os arianos dizem, o Logos é assim como é. Não somente isto, mas que isto pode ser conhecido e o conhecimento é expresso com um juízo autêntico, uma proposição verdadeira, correspondente àquilo que existe. E esta posse da realidade, por parte de uma mente iluminada pela fé, faz parte do que significa salvação.

3. DESENVOLVIMENTO DO DOGMA – a. *Sagrada escritura, tradição e magistério* – Partindo da acepção corrente de Escritura, tradição e magistério e da relação existente entre eles, seu nexo com as declarações dogmáticas permite fazer a seguinte afirmação: se, por Escritura, entendemos o testemunho inspirado, materialmente suficiente, que a comunidade apostólica presta a Cristo, Verbo encarnado de Deus, e, portanto, é a *norma non normata* da fé; se a tradição, cujo princípio é o mesmo Espírito que inspirou as Escrituras e cujo sujeito global é a Igreja, é o contexto formalmente necessário em que se deve ler e interpretar corretamente a Escritura, por conter aquelas mesmas realidades de que fala a Escritura (DV 8), então uma declaração dogmática estará ligada à Escritura e a expressões anteriores da tradição, enquanto interpretação normativa destas; então a função do magistério, na produção de tal interpretação, será simplesmente a de reconhecer infalivelmente, segundo o dom recebido do Espírito Santo, que a interpretação é absolutamente correta (DV 10).

Assim, a produção de uma declaração dogmática pode acertadamente ser considerada em primeiro lugar como uma espécie de exegese, ou melhor, uma "exegese espiritual", isto é, uma leitura da Escritura e um serviço que lhe é prestado, no Espírito de Cristo, que remove do rosto de Moisés o véu, aquela "dureza de coração" que impede de ler o AT como um texto que fala de Cristo (2Cor 3,12-18). Além disto, a garantia desta exegese é o exemplo de Cristo, segundo a compreensão que dele têm Lucas e os Atos. Em Lc 4,16-21 Cristo declara ser Ele mesmo o sentido de Is 61,1-2: com o ensinamento, Ele garante e é na realidade o contexto normativo da interpretação da Escritura. Em Lc 24,27, mais uma vez, Cristo declara ser Ele mesmo o sentido da Escritura ("Moisés e todos os profetas"). Não só isto, mas este exemplo é seguido também por outros, por exemplo em At 8,27-35, onde Filipe declara ao eunuco etíope que é Cristo o significado de Is 53,7-8.

b. *Teorias de desenvolvimento* – Comumente distinguem-se quatro teorias de desenvolvimento dogmático. Para quem continua a admitir a noção de "desenvolvimento", a posição certamente mais comum é a última.

1. Desenvolvimento como expressão nova ou mais clara do que já conceptualmente se possui e se conhece (Bossuet). Com a ideia, já ultrapassada, da tradição como coletânea de ensinamentos não contidos na Escritura e transmitidos oralmente, e com uma atenção maior reservada à história não só da expressão verbal extrínseca, mas também dos conceitos que são patrimônio da tradição cristã, esta noção de desenvolvimento já foi abandonada.

2. Desenvolvimento como atividade lógica para chegar a conclusões baseadas em premissas reveladas (p. ex., F. Marin-Sola). Segundo esta visão deveria ser possível demonstrar com lógica cogente a continuidade entre Escritura e dogma. A dificuldade de tal demonstração levou a abandonar esta hipótese.

3. Desenvolvimento como transformação material das expressões didáticas da fé, segundo os conceitos científicos e filosóficos do tempo (Schleiermacher, modernismo). Esta visão é normalmente criticada pelo fato de que a continuidade do cristianismo é mais do que a continuidade da experiência e da religiosidade e porque inclui também uma continuidade de ensinamento.

4. Desenvolvimento como reflexão propriamente teológica sobre a realidade revelada, feita pela razão necessariamente condicionada pela história e iluminada pela fé (Newman, Moehler, Blondel). O reconhecimento das condições históricas impostas à razão explica aqueles saltos no desenvolvimento que não podem ser ligados logicamente, como se fossem uma passagem de premissas já adquiridas para conclusões anteriormente não formuladas com clareza. Uma delimitação do objeto da reflexão à *realidade* revelada (o Cristo), não negando o papel das proposi-

ções na transmissão da revelação, explica como pode haver mais no desenvolvimento do que aquilo que anteriormente se havia expressado em proposições. Finalmente, o fato de a reflexão ser qualificada como "teológica" e a razão como "iluminada pela fé": 1. transforma o processo efetivo de desenvolvimento num ato de fé que não se pode reduzir totalmente a puras capacidades humanas; 2. transforma num ato de fé também o subsequente reconhecimento de desenvolvimentos autênticos.

c. *A interpretação do dogma* – Em geral as declarações dogmáticas devem ser interpretadas segundo os mesmos cânones da Escritura: a objetividade crítica da história é levada a movimentar-se dentro dos limites da fé e da tradição. Por serem elas mesmas interpretações da Escritura e da tradição, as declarações dogmáticas encontram sua interpretação em relação à norma do que interpretam. Lá onde obrigam o crente a um ato de fé, as declarações dogmáticas devem, por sua natureza, ser interpretadas rigidamente. O fato de as declarações dogmáticas serem "irreformáveis" (DS 3074) não significa que não admitam uma interpretação e até uma reformulação; significa, sim, que, no sentido em que foram entendidas no tempo e no contexto de sua definição, devem ser consideradas como verdadeiras.

4. A NEGAÇÃO DO DOGMA – No NT, heresia e cisma não são distinguidos claramente como negação de parte da revelação, por um lado, e ruptura da comunhão, mas sem separação da regra da fé, por outro. Os "cismas" de Corinto (1Cor 1,10) parecem ser antes facções, em todo caso caracterizadas em parte pela simples adesão a este ou àquele líder (1Cor 1,12). Mas nos Atos a base do "cisma" entre os cidadãos de Icônio (14,4) e no Sinédrio (23,7) é visivelmente uma divergência intelectual. *Háiresis* (de *hairéomai*, escolher, selecionar), que, no grego pré-cristão, quer dizer seita e especialmente escola filosófica, é usado nos Atos de maneira análoga: "a seita dos saduceus" (5,17; 15,5; 24,5; 26,5). Parece ser sobretudo a descrição de um grupelho externo ao grupo (cf. 24,14), feita de modo um tanto hostil. Pelo uso que Paulo faz do termo é difícil distingui-lo do cisma (cf. 1Cor 1,10 e 11,18). É somente em 2Pd 2,1 que se compreende claramente como "a heresia" se funda numa negação da doutrina, e, mais ainda, numa doutrina concernente a Cristo. Que tais diferenças já comportam, no NT, a ruptura da comunhão, é claro a partir de 1Jo 1,18s. A indefectibilidade da fé eclesial pertence à Igreja enquanto comunhão, e não ao indivíduo enquanto tal.

Com a elaboração do dogma, em Niceia, torna-se possível uma noção correlativa exata de heresia enquanto negação de uma declaração dogmática. E isto acontece em continuidade com a noção mais plástica do herege (considerado como alguém que não interpreta a Escritura segundo a regra da fé, como em Inácio), em continuidade com o sentido que heresia tem em 2Pd 2,1. Mas a clareza do dogma, depois de Niceia, muda a natureza da controvérsia doutrinal: ao passo que para Irineu foram necessários quatro livros para demonstrar o fato de que os gnósticos não interpretam a Escritura segundo a regra da fé, os arianos e os semiarianos podem ser facilmente identificados, se forem medidos com base no *homooúsios*.

As questões modernas relativas à noção de heresia não devem ser separadas das relativas à noção de dogma; elas levantam o problema de se um certo conhecimento da verdade expressa em proposições pertence essencialmente aos bens da salvação que se tem hoje e, portanto, seja formalmente necessário para pertencer à comunidade dos salvos.

5. PROBLEMAS E PERSPECTIVAS – a. *Pressupostos antropológicos* – Os problemas modernos relativos à noção de dogma começam com as dificuldades inerentes aos pressupostos antropológicos do próprio dogma. Tais pressupostos, como a possibilidade do próprio dogma, são conhecidos teologicamente só através da realidade da revelação. Assim como antes da revelação não se podia saber que o Verbo de Deus iria expressar-se com palavras humanas, da mesma forma, sempre antes da revelação, não se podia saber que poderíamos ouvi-lo. As condições antropológicas do dogma podem ser formuladas de maneiras diversas. De modo clássico, e com Tomás de Aquino, pode-se dizer que o pressuposto fundamental é que haja um desejo humano natural da visão de Deus. Tal desejo, conhecido, enquanto tal, de modo sobrenatural, sem dúvida depende estritamente do caráter da mente humana, considerada *quodammodo omnia*, e tal que a extensão analógica de nossa linguagem ultrapassa o domínio do ser materialmente condicionado: a mente humana chega verdadeiramente a entender algo de Deus, ou, mais precisamente, algo do que Deus não é, e as palavras humanas podem falar de coisas divinas (→ Analogia). Tais condições naturais do dogma fazem parte de modo rigorosamente implícito da pregação de Jesus sobre o reino; se o homem pode dizer uma palavra escatológica, então seu tempo não é o de uma imersão animal numa pura sucessão de percepções, mas o da percepção das sucessões: neste âmbito, ele domina este tempo ao qual, contudo, está sujeito, e constrói a → história, estando predisposto à escuta da palavra concernente ao fim da história, fim não fixado por ele, mas por Deus. Tal abertura implica que a mente humana se estenda, com o desejo, para além das regiões do ser, bem além de todo o cosmos material e temporal e, portanto, tenha por objeto adequado o ser enquanto tal.

A possibilidade antropológica do dogma é comumente negada de duas maneiras. Primeiramente, se uma filosofia crítica sustenta que o objeto adequado da mente não é o ser enquanto tal, ela fica confinada ao conhecimento dos fenômenos e um discurso análogo sobre Deus cai no equívoco: qualquer discurso religioso é, na melhor das hipóteses, metafórico e, portanto, não existe linguagem apropriada, usada em relação a nós por parte de Deus, recebida e expressada com palavras nossas. Em segundo lugar, se um idealismo pós-crítico sustenta que o ser não somente é objeto adequado, mas também objeto próprio da mente, não existe inteligibilidade que a ultrapasse, toda afirmação analógica de Deus desemboca na univocidade e não existe em absoluto a necessidade de aceitar nenhuma verdade com base na autoridade de Deus revelador.

b. *Problemas modernos* – A própria ideia de dogma induz a uma crise de fé, não somente pelas várias negações da filosofia pós-cristã, mas também pela seriedade com que se encaram as seguintes questões:

1. A primeira é a da Reforma. Será que o direito que a Igreja tem de propor o dogma não está em contradição com a liberdade da consciência cristã e com a liberdade que têm o Evangelho e a Palavra de Deus de dirigir-se à consciência? E será que ela não faz isto inserindo uma autoridade humana entre o cristão e aquele que é mediador entre Deus e o homem, Jesus Cristo? E será que não reduz a fé, única que salva e cujo único fim é Deus, a uma série de "obras" intelectuais, de assentimento a proposições formuladas de modo humano, entendidas de modo humano?

A atenção moderna dispensada à Reforma está normalmente ligada à leitura liberal que os protestantes fazem da história da doutrina, leitura esta para a qual o dogma não é senão a expressão da corrupção intelectualizante grega da religiosidade cristã do NT. Existe além disto uma espécie de pressão exegética da parte dos fautores de uma escatologia coerente, em razão do que o dogma seria a solução que o primeiro catolicismo teria dado ao problema do atraso da parusia. Em geral os protestantes estão propensos a interpretar o dogma em sentido estrito, como "confissão", entendida como resposta humana à palavra da revelação, mas não suficiente para participar da autoridade da própria revelação.

2. A segunda questão é a do Iluminismo. Não está a própria ideia de dogma em contradição com a liberdade do homem? Uma *fides imperata*, como supõe a noção de dogma, é uma *fides servilis*; a fé livre, a única considerada moralmente válida, não exige nenhum outro assentimento além do que se presta aos princípios de moralidade, conexos com a ideia de Deus, assim como são postulados pela razão prática (Kant). O dogma está ainda em contradição com o espírito de livre-investigação (Heidegger) e se opõe à abertura que caracteriza o método científico (J. Dewey, B. Russell). A acusação iluminista do dogma poderia resumir-se assim: um "dogma" é uma opinião que não é e não pode ser conhecida como verdadeira, porque imposta de maneira ilegítima a outros, por uma autoridade humana. A imposição de um dogma é "heteronômica", nega o caráter autônomo do espírito inquisitivo e da ação humana. E se isto fosse feito no interesse de uma classe social, o dogma se tornaria "ideologia" no sentido marxista.

3. Terceiro: Como recompor a unidade cristã, se considerarmos as divisões acarretadas pelo dogma, divisões que não se podem superar com a simples afirmação de uma hierarquia de verdades? (UR 11).

c. *Propostas modernas* – Todas as dificuldades abordadas por estas questões parecem surgir somente numa visão do dogma de tipo cognitivo e relativista: as afirmações dogmáticas dizem-nos algo sobre Deus, sobre Cristo, sobre os modos de agir que Deus tem para com os homens; além disto, as afirmações dogmáticas são verdadeiras na medida em que correspondem à realidade, por exemplo, a afirmação "existem três pessoas em Deus" é verdadeira porque existem três pessoas em Deus. Por isto, podem-se considerar superadas todas as dificuldades, se nos livramos desta noção, ou negando que o dogma, por sua natureza, seja uma expressão capaz de informar, ou libertando-se da correspondente ideia de verdade. Aqui seguem as linhas principais necessárias para uma reformulação.

1. A noção experiencial e expressiva do dogma. Quem propõe esta visão pensa, com Schleiermacher, responder à crítica iluminista, tanto do conhecimento como da religião revelada. Os dogmas são entendidos erroneamente, se pensarmos que nos fornecem informações sobre alguma realidade que transcende nossa experiência ordinária. Os dogmas são, antes, expressões e evocações de um tipo único de experiência, a experiência de "absoluta dependência", nossa "consciência de Deus". Por exemplo, "Jesus é *homooúsios tô patrí*" é uma expressão da consciência de Deus – em sentido amplo da experiência religiosa ou do interesse último – por parte de quem faz a afirmação. Fazer uma afirmação evoca a consciência que tem de Deus aquele que a faz; ela o mantém naquela experiência. É, por assim dizer, uma metáfora que mostra a experiência, ela mesma propriamente indescritível, fora do âmbito daquele tipo de inteligibilidade que nossa língua e nossos conceitos conseguem exprimir com propriedade.

A afirmação é verdadeira em relação à experiência de quem a faz, porque realmente exprime e evoca sua consciência de Deus; é verdadeira em relação a Jesus, pois este teve realmente uma insuperável consciência de Deus.

A afirmação é emendável, desde que a reformulação exprima igualmente a experiência de Deus por parte de quem faz a afirmação, desde que a reformulação assuma um compromisso semelhante em relação à unicidade de Jesus. É desejável que a reformulação da afirmação esteja em sintonia com a linguagem científica e filosófica da época. A continuidade do desenvolvimento dogmático é questão de experiência e não de conteúdo conceptual.

Em conformidade com o que expusemos acima, as doutrinas da Igreja só podem ter uma normatividade temporal e culturalmente relativa. Elas não vinculam nem a liberdade do Evangelho nem a da consciência. Consequentemente, não levantam grandes obstáculos para a unidade dos cristãos.

2. Pragmatismo, modernismo. O sentido de toda afirmação reside na perspectiva de experiência que ela implica e na ação que exige. Assim, "Jesus é *homooúsios tô patrí*" significa que devemos agir em relação a Jesus como se age em relação a Deus e significa também que podemos esperar que Ele aja conosco como o faz Deus. Por exemplo, se Deus é o agente de nossa salvação, podemos esperar que Jesus também o seja. Os significados de duas afirmações são distintos só se implicam experiências diferentes e exigem ações diversas. Assim, se "Jesus é a revelação de Deus" implica as mesmas experiências e exige também as mesmas ações que a doutrina nicena, então é-lhe equivalente em seu significado, pois o significado é a intenção não da realidade, mas de nossa relação com ela.

A verdade da afirmação é uma função de sua coerência com nossa experiência e prática, como também com qualquer outra afirmação com que estamos empenhados; com efeito, uma verdade pode ser verdadeira e ser conhecida como tal só enquanto parte de um todo. O livre-progresso da ciência e da filosofia pode assim exigir uma reformulação do dogma.

O holismo pragmático e o coerentismo, combinados tanto com uma visão historicista (muitas vezes heideggeriana) da relação entre Ser e linguagem quanto com uma escatologia futurista, produzem uma visão das declarações dogmáticas para a qual estas não passam de indicações apenas provisoriamente úteis da Verdade escatológica, que ainda deve ser revelada. Sua verdade não consiste numa correspondência atual com a realidade, mas em manter-nos orientados para uma Verdade que não podemos possuir agora com a linguagem, mas de que nossa linguagem só pode exprimir a esperança.

3. Antifundacionalismo, construtivismo. Uma terceira dupla possibilidade de reformular o sentido do dogma nasce da construção contemporânea do discurso, enquanto coletânea díspar de léxicos e estruturas cultural e historicamente formados, nenhum dos quais é privilegiado em relação ao outro, sendo que de nenhum deles se sabe se pode colocar-nos em relação com o real de maneira melhor do que os outros. Como o pragmatismo, também esta visão é uma função do holismo e do coerentismo hegeliano que, todavia, afirma uma pluralidade de incomensuráveis discursos e léxicos, cada um dos quais é formado histórica e culturalmente para alguma finalidade extracognoscitiva, por exemplo, a unidade de alguma comunidade ou a conservação de alguma prática ética. Podem-se seguir duas linhas: *a.* A linha dos dogmas considerados como declarações feitas dentro de certas estruturas, capazes de verdade somente em seu interior e na pressuposição das mesmas; *b.* A linha dos dogmas enquanto metadeclarações que constituem as próprias estruturas. Na primeira, o problemático é a relação da estrutura com a realidade: se a estrutura não for verdadeira em relação à realidade, nenhuma verdade no interior da estrutura conseguirá fazer-nos ter realmente a posse do real. E isto é uma volta ao pragmatismo.

A segunda linha pode desenvolver-se da forma seguinte: o fundamento de um discurso está no fixar os limites do que é importante discutir, inventando as categorias em que se há de falar dele. As declarações dogmáticas são exemplos de tais delimitações. Como as regras, também elas não são nem verdadeiras nem falsas; antes, determinam um discurso dentro do qual se podem fazer declarações capazes de verdade ou de falsidade. "Jesus é *homooúsios to patrí*" é uma escrita estenográfica para várias regras: *a.* falar sempre de Deus como uno; *b.* falar sempre de Jesus e do Pai como pessoas verdadeiramente distintas; *c.* falar sempre de Jesus com a finalidade de aumentar sua importância. Mantemo-nos dentro do significado do dogma enquanto norma, de acordo com o grau em que as regras são observadas. Se conseguirmos mostrar que a afirmação "Jesus é a suprema revelação de Deus" entra no espaço da formação das declarações fixado pelas regras, então deve-se dizer que ela se enquadra na ortodoxia de Niceia. O próprio dogma é verdadeiro, não no sentido que corresponde, mas se as categorias (unidade divina, distinção real, importância máxima de Jesus) forem adequadas aos objetivos do discurso cristão em sua inteireza, que tenciona ajudar-nos a atingir a relação real com a realidade última. Regras diferentes de adequação categorial não constituem um sério obstáculo para a unidade dos cristãos.

Propostas como estas têm contribuído muito para entender a relação existente entre dogma e experiência e ação (práxis), entre história e cultura, e para avaliá-las como modo especial de fazer um discurso coerente com o discurso da oração e do louvor, que na religião é prioritário. Mas recebem também críticas pelo fato de que: *a.* nenhum concílio, nenhuma autoridade da Igreja, enunciando um dogma, tencionou evocar uma experiência nem fornecer normas de comportamento, nem estabelecer condições de adequação categorial, lá onde cada uma destas coisas é diferente do fato de declarar como estão as coisas; *b.* nenhuma das propostas, nos exemplos, exclui plenamente o arianismo e nem mesmo o adocionismo. Evidentemente, as perguntas às quais elas respondem exigem a demonstração de que, se a compreensão cognitivo-realista do dogma for correta, isto não só não se opõe à liberdade do Evangelho e à do cristão, mas ajuda-os concretamente a manter a presença da palavra evangélica no tempo, e de que a heteronomia do dogma, como da própria revelação, é o instrumento de uma liberdade humana maior do que o homem possa conceber ou atingir com suas forças.

Bibl. – J.H. Newman, *An Essay on the Development of Christian Doctrine*, 1878; M. Blondel, "Histoire et Dogme", em *Les Premiers écrits de Maurice Blondel*, Paris 1956; K. Rahner, *On Heresy* (Quaestiones Disputatae, II), Friburgo-Nova York-Londres-Montreal 1961; Id., "Che cos'è un 'asserto dogmatico'?", em *Saggi Teologici*, Roma 1965, 113-165; W. Kasper, *Il dogma sotto la parola di Dio*, Brescia 1967; J. Walgrave, *Unfolding Revelation: The Nature of Doctrinal Development*, Londres-Filadélfia 1972; B. Lonergan, "The Origins of Christian Realism", em *A Second Collection*, Filadélfia 1974; Id., *The Way to Nicea*, Filadélfia 1976; P. Schrodt, *The Problem of the Beginning of Dogma in Recent Theology*, Frankfurt a.M.-Bern-Las Vegas 1978.

GUY F. MANSINI

DREY, Johann Sebastian

1. DADOS BIOGRÁFICOS – J.S. Drey nasceu em 17 de outubro de 1777, em Killingen (hoje: Ellwangen-Röhlingen), em condições familiares precárias. Depois de um currículo ginasial convencional (1787-1797) e estudos teológicos de segunda ordem (no Colégio São Salvador, dos ex-jesuítas, em Augsburg, de 1787-1797, e no seminário diocesano, de 1799-1801), recebeu a ordenação sacerdotal em 1801. Utilizando os anos passados como vigário para estudos autodidáticos programados, em 1806 foi nomeado professor de Matemática e física no liceu de Rottweil. Com a fundação da Universidade Friedrich, de Ellwangen, que aliás teve vida curta, em 1812, sem preparo específico, foi encarregado de ensinar dogmática e história dos dogmas (além do trabalho para a enciclopédia teológica). Ali, contrariando o plano dos estudos, já em 1814 começava a ministrar de forma criativa aulas de apologética. A transferência do instituto de Ellwangen para a Universidade de Tubinga (1817) como faculdade de teologia católica (ao lado da já existente Faculdade de Teologia Evangélica) veio de encontro a suas aspirações. Mantendo suas

matérias, instituiu em Tubinga a disciplina e o ensino de apologética. Em pouco tempo Drey foi considerado o mais eminente teólogo da faculdade. Além de favorecer inovações na teologia católica (*Revision des gegenwärtigen Zustandes der Theologie*, 1812), tornou-se decidido promotor (depois de 1830, com menor ênfase) da reforma eclesiástica em todos os campos (mais ou menos nos moldes de I.H. von Wessenberg [1774-1860]). De 1822 a 1827 a casa real do Württemberg propõe quatro vezes seguidas sua candidatura a primeiro bispo de Rottenburg, sempre rejeitada por Roma, por motivos de política eclesiástica. O decepcionante curso dos acontecimentos facilitou a Drey retirar-se para uma vida de estudos, exteriormente menos brilhante e menos movimentada, mas interiormente dinâmica e incisiva para a teologia de Tubinga em seu modelo de base (cientificidade, atualidade e eclesialidade da teologia, sob a égide da "reflexão autônoma"). Além da *Kurze Einleitung* (1819) e de sua obra principal *Apologetik I-III* (1838-1847), a revista *Theologische Quartalschrift*, da qual foi cofundador, contém o principal de suas publicações. Não publicou uma obra dogmática mais ampla; de suas aulas de dogmática e de história dos dogmas restam alguns manuscritos. Dois títulos de nobilitação sucessivos (1823, 1846) depõem a favor do alto grau de reconhecimento de sua obra. Professor emérito desde 1846, Drey morreu em 19 de fevereiro de 1853, em Tubinga. Não existe uma biografia completa de sua vida.

2. EFICÁCIA DE SUA OBRA E ESTADO DA PESQUISA – A importância especialística de J.S. Drey resulta do papel de "fundador" ou de "pai da teologia fundamental moderna", que hoje lhe é unanimemente atribuído. Sua insistência em chamá-la de "apologética", como denominação técnica estável (apesar das metáforas "fundamentais" conceptualmente determinantes), é devida, por um lado, principalmente à defesa de terminologias e gêneros católicos antigos e coextensivos, como "dogmática geral" (*Dogmática generalis*), introdução à dogmática (*Introductio* ou, respectivamente, *prolegómena*) etc.; por outro lado, ao positivo interesse pela identidade terminológica com a iniciativa paralela da teologia evangélica (especialmente de F. Schleiermacher, 1768-1834); não significou, portanto, uma afirmação atualizante da tradição apologética.

Contudo, deve-se notar que a atribuição inicial do papel de fundador a J.S. Drey (ocorrida por parte da teologia evangélica, bastante antes que por parte da teologia católica) e ainda mais sua difusão descontínua não dependeram exclusivamente de *um só* de seus escritos relativos ao assunto. Antes que à *Apologetik* (1838s), o mérito cabe à *Kurze Einleitung* (1819) – ainda que as concepções apologéticas/teológico-fundamentais destas duas obras divirjam em parte – e só mais tarde as duas concepções sejam unificadas. Isto é confirmado pelo seguinte dado: o tema "apologética" em Drey abraça não somente uma determinada obra impressa (*Apologetik*), mas também um programa *didático*, *literário* e *teológico* que, desde a fase de projeto até o estágio final, percorreu uma evolução complexa com recíprocas interferências. Cada um dos três aspectos produziu seu efeito específico. A apologética/teologia fundamental de Drey não deve, pois, ser identificada sem mais com sua *Apologetik*. Ela já se ressente do peso de objeções conceptuais (e também de proibições preconceituosas) contra seu projeto doutrinal, sem que de resto se abandone o cerne de sua original abordagem inovadora.

Uma extensa e continuativa "história dos efeitos" (*Wirkungsgeschichte*) da apologética/teologia fundamental de J.S. Drey, que não foi fundador de uma "escola", interrompeu-se já com sua retirada da atividade docente, ou, respectivamente, com a conclusão de sua obra principal. Seu sucessor, J.E. Kuhn (1806-1887), opôs-se por razões teológicas de fundo à autonomia específica desta matéria, como disciplina nitidamente distinta da dogmática do ponto de vista teorético-científico. Com efeito, por motivos totalmente diversos, também o modelo dominante da apologética escolástica da segunda metade do século XIX ia na mesma direção. Se a Teologia Fundamental católica associa à "paternidade" de fundação de Drey algo mais do que um simples título honorífico, isto parece exprimir um momento orientador no complexo processo de sua estruturação teorética.

As etapas do desenvolvimento do projeto de Drey entre 1814 e 1819 (Lição de Ellwangen/*KE*) e de 1847 (*Apol* II^2 e III) ainda não foram definidas no que concerne às fontes. Por isto, o postulado metodológico, que ainda encontra reconhecimento, e tem o intuito de sustentar o tratamento analítico-objetivo e sistemático de sua apologética com pesquisas de apoio histórico-genéticas, é exequível em princípio. Este postulado metodológico universal foi, durante decênios, pouco respeitado nos estudos sobre Drey, iniciados de modo regular somente em 1930, por J.R. Geiselmann. As pesquisas feitas pessoalmente por Geiselmann, que marcaram por muito tempo a hermenêutica em torno da interpretação de Drey, são em parte um exemplo precário disto. Por isto, algumas das proibições preconceituosas acima mencionadas continuaram a agir também depois da benemérita "redescoberta" de J.S. Drey. É sintoma disto o fato de a apologética/Teologia Fundamental de Drey (sobretudo na forma da *Apologetik*) durante muito tempo ter encontrado acolhida somente para algumas temáticas suas, mas nunca, até pouco tempo atrás, foi apresentada em sua gênese, em sua forma original e em sua abordagem sistemática.

3. CONCEPTUALIZAÇÃO INICIAL – A formação de concepções próprias toma corpo em Drey com seu distanciamento dos gêneros como os "Prolegomena" (de caráter ainda dogmático, cf. especialmente E. Klüpfel [1752-1811]), ou a "Introductio" (cf. em especial P.B. Zimmer [1752-1820]). Já de 1812 a 1813 ele considera suas lições introdutórias de dogmática como "exposição filosófica do cristianismo", como exposição da "ideia absoluta do cristianismo": o *Reino de Deus*. Esta ideia, além da simples fundação da dogmática, tende claramente à "fundamentação filosófica da teologia cristã" em seu conjunto. A mudança de denominação das lições (1814: "Apologética") manifesta abertamente a ligação desta ideia com a concepção da "teologia filosófica", de F. Schleiermacher. A sinergia ideal e estrutural com Schleiermacher é amplamente visível em seu primeiro projeto enciclopédico (não levado materialmente a cabo) da Apologética, de 1819 (*KE* par. 221-247): esta é 1. *do ponto de vista do conteúdo*, uma investi-

gação sobre a "essência do cristianismo" (como religião e como Igreja) que demonstre: *a.* sua verdade interior, intelectual e inteligível (ideia do Reino de Deus) à luz da inteligência, mediante uma argumentação intrínseca; *b.* sua origem divina (revelação), mediante uma metodologia histórica extrínseca; 2. *do ponto de vista metodológico*, a "construção filosófica" da essência do cristianismo, que, embora sendo informada historicamente, opera no âmbito da razão essencial e com os princípios que lhe são próprios; 3. *do ponto de vista estrutural*, a parte construtiva da "fundação" da "teologia científica" (enquanto ainda mais ligada à parte sistemática do que à teologia no seu conjunto), todavia não no sentido de um formalismo construtivo, mas como "conhecimento científico" essencial do cristianismo, "válida para defender a convicção do cristianismo... frente a toda razão"; 4. *do ponto de vista funcional*, a disciplina sistemática fundamental da teologia, que (em Drey diversamente de Schleiermacher) transforma os dados históricos do cristianismo em ideias da razão ("saber") ou respectivamente os engloba no *sistema* intrinsecamente coerente e interdependente do saber humano.

Da parte católica, Drey tem em comum sobretudo com M. Dobmayer (1735-1805) a construção apricrística racional do principal conceito-guia (Reino de Deus), como ponto de partida da apologética. A "interpretatio apologética" da obra de Dobmayer (paralelamente a um certo distanciamento de Schleiermacher 1821s) assinala uma fase de novas reflexões (até mais ou menos 1834) em relação à posição autônoma da apologética e de seu critério geral. Neste procedimento, a elaboração definitiva dos verdadeiros motivos teológicos nem sempre se reflete de maneira clara em sua transposição didática nas lições de Drey. Em seu decurso, a apologética assume *a.* seu forte perfil (sobretudo em relação à dogmática) como disciplina da *fundamentação* da fé no horizonte gnoseológico e objetivo e *b.* como seu princípio, no lugar do Reino de Deus entra o conceito-base de *Revelação*, que em seguida guiará constantemente a elaboração sistemática da apologética de Drey.

4. FORMA DE PENSAMENTO E ABORDAGEM INICIAL – Contra o antagonismo que polariza a teologia da época entre naturalismo e racionalismo e entre supernaturalismo e hiper-racionalismo (com a inclusão do misticismo), Drey estabelece, em linha programática, a forma de pensamento do *racionalismo positivo na Igreja.* Parte do cristianismo como dado de fato, como se revela "positivamente" em sua origem e na *traditio* histórica da Igreja até sua forma atual. Como "religião positiva e histórica, o cristianismo pode ser conhecido em primeiro lugar só historicamente" (*Apol* 1-3): na Igreja, como continuação objetiva, ininterrupta, pura e coerente do evento primordial (biblicamente testemunhado). Por isso, a Igreja ("a verdadeira base de todo saber teológico" *KE* par. 54) é a instância de garantia transobjetiva de todo o objeto do mundo teológico. O esclarecimento da *verdade* do direito de legitimidade, afirmado com esta asserção, não pode todavia ser limitado à certificação das fontes (exegese, história da Igreja) ou à exibição da identidade entre a atual consciência da fé e os diversos testemunhos da tradição ou sua interpretação em consonância com esta (dogmática). Ela exige a racionalidade teológica essencial: de transferir para a racionalidade universalmente aceitável os dados positivamente colocados (em teoria e na práxis), mediante a aquisição de sua inteligibilidade interior através de um procedimento crítico-normativo (apologética). O que, segundo sua *origem*, é o conteúdo da revelação, segundo sua *estrutura* deve poder exprimir-se como ideia evidente da razão. A relação recíproca entre revelação e razão é de caráter absoluto: "Tudo *de* Deus – *através* da razão – e *para* ela" (*KE* par. 291). A apologética, em sentido plenamente científico, é aquela disciplina *teológica* (não pré-teológica!) que transforma "a verdade, inicialmente só crida, em verdade compreendida"; que apreende "o conteúdo da revelação" como um "nexo de doutrinas" que "têm em si mesmas sua verdade e necessidade"; uma disciplina que faz deslizar "o mistério na ideia e as verdades reveladas em verdades da razão" (*KE* par. 305s).

Característica essencial do enfoque é seu intrinsecismo apologético de fundo.

5. CÍRCULO HERMENÊUTICO – Um procedimento crítico-normativo de correlação só é possível, todavia, com exame da revelação em si mesma, isto é, pressupondo a existência da revelação, e como processo induzido originariamente por ela mesma. Entre os pressupostos hermenêuticos da apologética de Drey que permaneceram *abertos*, existe o fato de priorizar mentalmente um *a posteriori*, a revelação histórico-positiva, no interesse de sua convalidação interna. A correlação entre transcendentalidade e fenomenalidade da revelação, nela sempre pressuposta como sistema de reflexão, entre conceito ideal-transcendental de revelação e sua evolução histórica, encontra sua verificação global somente na história real. Uma vez que as categorias fundamentais da apologética de Drey são elaboradas *em sentido histórico*, ela implica a compreensão interior de toda a história (da revelação). Por isto, em sua perspectiva de fundo, está incluída também sua filosofia e teologia da história, que permanecem sempre condicionadas pelo modelo gnoseológico do "realismo ideal", criado (em termos idealísticos) por F.W.J. Schelling (1775-1854) e constantemente afirmado por Drey.

6. COMPREENSÃO PESSOAL-PARTICIPATIVA DA REVELAÇÃO – As categorias fundamentais da apologética de Drey são também delineadas *de forma pessoal.* A revelação não é por ele entendida dentro das categorias do adestramento, mas essencialmente como "autorrevelação de Deus" (*Apol* 1-1, 119-121, 124s) no sentido do modelo teorético-participativo de comunicação (M. Seckler) da autocomunicação de Deus para a redenção do homem. Ela tem seu ápice insuperável, quanto à forma e ao conteúdo, na pessoa de Cristo (*Apol* 199-204). A encarnação é, pois, o ponto de partida e o ponto central, para onde converge também o fim, da apologética (*Apol* 26): como doutrina fundamental (*Apol* 124 e passim), como verdade fundamental (*Apol* 3, 15 e passim), como fato fundamental (*Apol* VII e passim) e como realidade fundamental (*Apol* 3 e passim). As finalidades específicas da revelação (sob o aspecto noético: instrução; ético: renovação moral; social: instituição da Igreja) convergem na história em

uma coisa só: a redenção (*Apol* 177 e passim). A revelação cristã é "revelação da salvação" (*Apol* 245).

7. APOLOGÉTICA COMO TEOLOGIA FUNDAMENTAL – A apologética assegura – no âmbito da noção de ciência da época – a possibilidade e a existência da teologia como ciência, pela demonstração de seu princípio (duplo objeto formal) real (revelação) e formal (cientificidade). Deste modo, ela elabora o fundamento para toda a teologia (em sua pluridimensionalidade metódica e material), e isto sob quatro aspectos: a. *objetivamente*, o fato "teologia" e sua qualificação como teologia da revelação, pela demonstração do cristianismo como religião revelada; b. *gnoseologicamente*, na identificação da "ideia fundante" do cristianismo, feita no interior (no modo de conhecimento) e no exterior (no modo de explicação); c. *metodologicamente*, com a elaboração do primeiro e último fundamento do sistema argumentativo teológico e a ordem das *rationes* que comporta; d. *pedagogicamente*, no sentido de uma introdução à realidade da teologia. A partir do enfoque inicial (cf. acima), a apologética, como disciplina-base, liga todas as operações teológicas com sua base comum, a revelação como se apresenta hoje na Igreja. Nesta função fundante da Igreja em relação à teologia, nota-se em Drey a influência bastante evidente da gnoseologia teológica de Dobmayer.

8. ESTRUTURA METODOLÓGICA E *DUCTUS* INTERIOR – Os *tópoi* já tradicionais encontram-se também na apologética de Drey, porém mudados funcionalmente pela estrutura metodológica de base adequada à finalidade intrínseca.

A *ratio philosophica* (*Apol* I: "Filosofia da revelação"), como filosofia teorética da revelação (compreendendo filosofia, teoria e crítica da revelação), fundamenta as normas crítico-reguladoras (princípios entitativos e cognoscitivos da revelação) para a identificação do conceito-base. Nesta perspectiva a revelação aparece como "a base transcendental do que empiricamente é cristão" (*Apol* I 15): como a unidade, do ponto de vista ideal, do que fenomenalmente é multiforme.

A *ratio philosophico-historica* (*Apol* II: "A religião em sua evolução histórica até a sua consumação na revelação de Cristo"), como filosofia aplicada da religião (ao judaísmo e ao paganismo pré-cristão) ou como história filosófico-crítica da religião, examina as manifestações categoriais da revelação (das revelações) do ponto de vista de sua ideia. Em sua base está o postulado de um sistema coerente em toda a história (da revelação), "que se evidencia justamente na série destas manifestações" (*Apol* 132). Ele é identificado na evolução sucessiva do "plano pedagógico de Deus para com os homens" (*Apol* 245).

A *ratio histórica*, em última análise, tem sua função lá onde a facticidade de uma ideia apreendida transcendentalmente não é apodítica, mas pode ser comprovada como fato acontecido pela razão investigativa histórica, com base na congruência entre realidade histórica e ideia, por exemplo na prova histórico-positiva da encarnação. No sistema argumentativo apologético, ela não tem um valor lógico isolado em sentido positivista, mas uma validade lógica controlada em sentido normativo.

Esta estrutura metodológica fundamental aparece nos dois primeiros volumes da *Apologetik*, que dizem respeito à subdivisão clássica dos tratados. Além disto, os tratados sobre a religião e sobre a revelação (*demonstratio religiosa* e *demonstratio Christiana*) por motivos intrínsecos são colocados juntos (interdependência do conceito de religião e de revelação).

O tratado sobre a Igreja (*Apol* III: "A revelação cristã na Igreja Católica") repete com um enfoque autônomo novo a estrutura fundamental já delineada (ideia de Igreja; fundação da Igreja; *via notarum* etc.), mas, no fundo, permanece ancorado mais estritamente na tradição apologética. A elaboração que Drey faz ali do conceito de "tradição viva" (a Igreja como produto da revelação e como portadora da revelação) continuou a ter um valor orientador.

Bibl. – FONTES: J.S. Drey, *Kurze Einleitung in das Studium der Theologie mit Rücksicht auf den wissenchasslichen Standpunkt und das katholische System*, Tübingen 1819 (=*KE*; Reimpressão: Darmstadt 1971); Id., *Die Apologetik als wissenschaftliche Nachweisung der Göttlichkeit des Christentums in seiner Erscheinung*, vol. I-III, Mainz 1838-1847, 1844-1847[2] (=*Apol*; Reimpressão da 1ª ed.: Frankfurt a.M. 1967).

LITERATURA: M. Seckler, "Ein Tübinger Entwurf: Johann Sebastian Drey und die Theologie", em Id., *Im Spannungsfeld von Wissenschaft und Kirche*. Theologie als schöpferische Auslegung der Wirklichkeit, Friburgo i.B. 1980, 178-198; F.-J. Niemann, *Jesus als Glaubensgrund in der Fundamentaltheologie der Neuzeit*. Zur Genealogie eines Traktats, Innsbruck 1983, 301-348; R. Lachner, *Das ekklesiologische Denken Johann Sebastian Dreys*. Ein Beitrag zur Theologiegeschichte des 19. Jahrhunderts, Frankfurt a.M.-Bern-Nova York 1986; E. Tiefensee, *Die religiöse Anlage und ihre Entwicklung*. Der religionsphilosophische Ansatz Johann Sebastian Dreys (1777-1853), Leipzig 1988; A.P. Kustermann, *Die Apologetik Johann Sebastian Dreys* (1777-1853). Kritische, historische und systematische Untersuchungen zu Forschungsgeschichte, Programmentwicklung, Status und Gehalt, Tübingen 1988, com bibliografia e literatura.

ABRAHAM P. KUSTERMANN

E

"ECCLESIAM SUAM"

João XXIII e Paulo VI quiseram fazer a Igreja entrar na história do século XX e fazer dela uma Igreja rica de recursos e em diálogo com o mundo. Sob este prisma, a atitude *dialogal* é, entre todas as mudanças que exprimem a *metánoia* ou → conversão operada pelo próprio concílio (conversão sobretudo para o serviço, para a abertura ao mundo, para o diálogo, para a interioridade, para a busca de sentido, para a atenção ao espírito, antes que à letra), o que operou a revolução mais profunda na vida da Igreja.

Isto ocorria, na verdade, após um período de protesto da parte da Igreja contra o mundo moderno, seguido de um período de isolamento, de silêncio, senão de mutismo. Por ocasião do Vaticano II, a Igreja converteu-se: de desconfiada e hostil tornou-se acessível e acolhedora. Anteriormente, pretendia saber tudo, sem nada aprender. Agora, reconhece o mundo como parceiro de um diálogo aberto. Reconhece as outras culturas, as outras mentalidades e lhes dá crédito. É restabelecido o diálogo, durante longo tempo interrompido, com as ciências e as filosofias do tempo presente. Por isto, a Igreja inicia o diálogo com as comunidades cristãs separadas, com as grandes religiões mundiais (→ Diálogo inter-religioso) e também com o humanismo ateu. Busca formas de colaboração, ou pelo menos de entendimento, com os Estados comunistas.

Nesta tomada de consciência eclesial sobre a urgência de se chegar a uma atitude de diálogo, o ano de 1964 representa um ano de maturidade. Quatro importantes documentos aparecem no espaço de quatro meses, todos centrados na Palavra de Deus e no diálogo:

– o esquema III sobre a revelação contém um parágrafo inteiramente novo, de mais de doze linhas, sobre a revelação entendida como diálogo entre Deus e os homens, com a mediação de Jesus Cristo; publicado em julho de 1964, este texto permaneceu inalterado até a promulgação da DV, em 1965;

– a encíclica *Ecclesiam suam*, que descreve a atitude da Igreja frente ao mundo e em termos de diálogo, foi publicada no dia 6 de agosto de 1964;

– finalmente, a constituição sobre a Igreja e o decreto sobre o ecumenismo foram promulgados em 21 de novembro de 1964.

Tal convergência de textos fundamentais, próximos no tempo e todos centrados no diálogo, não poderia ser fruto do acaso. A consciência eclesial havia amadurecido e atingira-se a atitude dialogal. O interesse pela *Ecclesiam suam* deriva do fato de que a encíclica quis exprimir os fundamentos teológicos desta atitude reencontrada, imergindo no coração da revelação. "A Igreja precisa entrar em diálogo com o mundo com que convive. A Igreja faz-se palavra; a Igreja faz-se mensagem; a Igreja faz-se diálogo" (ES 67). Ora, o protótipo deste diálogo da Igreja com o mundo é o próprio diálogo de Deus com os homens, que definimos como revelação: "A Revelação, isto é, a relação sobrenatural que o próprio Deus tomou a iniciativa de instaurar com a humanidade, pode ser representada como um diálogo, em que o Verbo de Deus se exprime na encarnação e, depois, no Evangelho. O colóquio paterno e santo, interrompido entre Deus e o homem por causa do pecado original, é maravilhosamente retomado no decurso da história. A história da salvação narra justamente este longo e diferenciado diálogo que parte de Deus e que entabula com o homem uma conversação multiforme e admirável. É nesta conversação de Cristo com os homens (Br 3,38) que Deus deixa entender algo sobre Si mesmo, sobre o mistério de sua vida, unicíssima na essência e trinitária nas Pessoas; e diz finalmente como quer ser conhecido: Ele é Amor; e como quer ser honrado e servido por nós: amor é nosso mandamento supremo. O diálogo torna-se pleno e confiante; a criança é convidada a Ele, o místico mergulha exaustivamente nele. É preciso que tenhamos sempre presente esta inefável e realíssima relação dialogal, oferecida e estabelecida conosco por Deus Pai, mediante Cristo, no Espírito Santo, para entendermos que relação nós, isto é, a Igreja, temos que procurar instaurar e promover com a humanidade" (72-73).

É a primeira vez que uma encíclica define com tal relevo a relação dialogal da revelação e que a propõe como protótipo do diálogo Igreja-mundo. Retomando os termos do esquema III sobre a revelação, isto é, os de *diálogo* (*colloquium*: ES, *et homines alloquitur*: DV) e de *conversação* (*Sermocinatio*: ES, *et alloquitur*: DV), tirados do mesmo texto de Br 3,38, a encíclica enfatiza de modo inédito o caráter dinâmico e interpessoal da revelação. O Deus vivo sai de seu mistério por uma iniciativa de amor e entra em comunicação com o homem: dialoga, conversa com ele, a fim de estabelecer uma comunhão de pensamento e de vida. O objeto principal deste diálogo, que é confidência de amor, é o próprio mistério da vida divina. O diálogo da revelação, como faz questão de precisar a ES, ilumina-nos sobre o diálogo da Igreja com a humanidade. Na base de qualquer diálogo existe um profundo respeito pelo outro e uma disponibilidade à escuta, que já constituem um começo de amor. O diálogo, prossegue a ES, implica "um propósito de retidão, de estima, de simpatia, de bondade da parte de quem o instaura" (81). O diálogo perfeito encontra-se lá onde quem fala sabe também ouvir e dispõe à confiança quem deve responder; e, reciprocamente, lá onde quem escuta manifesta uma atenção e uma simpatia tais, que dispõem quem fala a ceder a palavra para ouvir o outro. A grande tentação do diálogo é o monólogo para dominar o outro, ou a recusa do diálogo, para eliminá-lo. O verdadeiro diálogo implica sempre a possibilidade de uma morte, de um holocausto, também por parte da Igreja: por isto, não poderia ser mantido sem a caridade. A ES resume tudo isto, elencando quatro qualidades do diálogo: clareza, mansidão, confiança, prudência, seguindo o exemplo do próprio Jesus (83).

Entre o diálogo de Deus com os homens e o diálogo dos homens entre si existe analogia, mas não identidade. Uma vez sublinhada esta diferença essencial, permanece verdade que o diálogo da salvação pode servir como inspiração para as relações da

Igreja com o mundo e para as relações de cada cristão com os homens, seus irmãos. A ES descreve estes dois tipos de diálogo.

Antes de tudo, a encíclica delineia as propriedades características do diálogo da revelação: *a.* É um diálogo "aberto espontaneamente pela iniciativa divina: *Ele* (*Deus*) *amou-nos primeiro*" (74); *b.* É um diálogo inaugurado pela "caridade, pela bondade divina" (75). *c.* É um diálogo "que não se mensurou pelos méritos daqueles a quem se dirigia e nem pelos resultados que ele teria conseguido ou que deixariam de ocorrer" (76). *d.* Ainda que seja de uma importância inaudita, por causa da salvação que está em jogo, é infinitamente respeitoso da liberdade humana: "O diálogo da salvação não obrigou fisicamente ninguém a acolhê-lo; foi um formidável pedido de amor que, se constituiu uma tremenda responsabilidade para aqueles a quem foi dirigido, os deixou todavia livres de corresponder-lhe ou de recusá-lo" (77). *e.* O diálogo da salvação "foi destinado a todos, sem discriminação alguma" (78). *f.* Finalmente, este diálogo foi obra de uma pedagogia paciente e sábia: "conheceu, normalmente, gradações, evoluções sucessivas, inícios humildes antes do pleno sucesso" (79), respeitando assim a lentidão do amadurecimento humano.

Numa segunda parte, a encíclica descreve os deveres da Igreja em relação à revelação. Por um lado, deve aprofundar a própria consciência de que "o tesouro de verdade e de graça, que nos coube em herança pela tradição cristã, deveremos guardá-lo, ou melhor, deveremos defendê-lo" (66). Contudo, "nem a guarda, nem a defesa esgotam o dever da Igreja em relação aos dons que possui" (66); ela deve também difundir o patrimônio recebido. Consequentemente, deve manifestar em seu ensinamento "a preocupação de atingir o máximo possível a experiência e a compreensão do mundo contemporâneo" (70). Deve "adaptar-se à vida dos homens de um determinado tempo, de um determinado lugar, de uma determinada cultura, de uma determinada situação social" (89). Este tema será amplamente desenvolvido na GS, sobretudo a propósito da cultura (GS 58).

Fidelidade e adaptação: estes são os dois polos da ação da Igreja frente ao Evangelho e em seu diálogo com a humanidade. Ela deve propor aos homens do nosso tempo o Evangelho de Cristo, outorgado uma vez por todas e no entanto sempre presente e atual. A Igreja deve harmonizar em si mesma duas atitudes, nenhuma das quais pode ser exclusiva: tem que precaver-se do conservadorismo temeroso, frio e estéril, como também de uma adaptação excessivamente liberal, que não passaria de "irenismo e sincretismo" (91). Da busca deste equilíbrio entre a preocupação de fidelidade e a de adaptação resulta um diálogo autêntico. Um equilíbrio delicado, mas ligado à própria condição de uma revelação que entra na história para atingir os homens de todos os tempos.

Bibl. – J. Lacroix, "La Filosofia del Dialogo", em *StCatt* 8 (1964) 57-64; R. Latourelle, "La Révélation comme dialogue dans *Ecclesiam suam*", em *Greg* 46 (1965) 834-839; Id., *Teologia della Rivelazione*, Assis 1967, 308-314; Id., *Cristo e la Chiesa segni di salvezza*, Assis 1968, 177s.

RENÉ LATOURELLE

ECUMENISMO

1. TERMINOLOGIA – O termo *ecumenismo* e, em particular, o adjetivo *ecumênico* são atualmente utilizados em dois sentidos diferentes. Em expressões como *patriarca ecumênico* ou *concílio ecumênico*, o termo tem um antigo significado, ligado ao do grego clássico, em que οἰκουμένη (*oikuménē*) indicava o mundo habitado, mais especificamente o mundo da cultura grega ou romana, o império romano bizantino e, mais tarde, o mundo cristão unido ao Império Romano ainda não dividido. E assim referia-se também à doutrina oficial, ortodoxa, comum à Igreja oriental e ocidental. Somente no período de 1920-1930 os termos *ecumenismo/ecumênico* começaram a ser usados correntemente para indicar o movimento em prol da unidade dos cristãos. O termo é às vezes utilizado num sentido ainda mais vasto, isto é, para indicar todo tipo de esforço tendente à unidade entre as religiões ou entre as nações. Utilizamos aqui o termo em seu atual significado mais restrito, para designar os esforços em prol da unidade entre as igrejas cristãs separadas.

2. DEFINIÇÃO – O Concílio Vaticano II, no documento sobre o ecumenismo, *Unitatis Redintegratio*, descreveu o movimento ecumênico da forma seguinte: "Muitíssimas pessoas, em toda parte, têm sido tocadas por esta graça (i. é, pelo arrependimento da divisão e pelo desejo da união), e também entre nossos irmãos separados surgiu, por graça do Espírito Santo, um movimento sempre mais amplo em prol do restabelecimento da unidade de todos os cristãos. Deste movimento em prol da unidade, denominado ecumênico, participam os que invocam a Trindade e professam a fé em Jesus, Senhor e Salvador, e não somente pessoas individualmente, mas também reunidas em comunidades, em que ouviram o Evangelho, e que as pessoas individualmente afirmam ser sua Igreja e de Deus. Quase todos, porém, ainda que de maneira diferente, aspiram à Igreja de Deus una e visível, que seja verdadeiramente universal e enviada ao mundo inteiro, para que o mundo se converta ao Evangelho e assim se salve para a glória de Deus" (UR 1). O decreto indica, portanto, algumas características essenciais do movimento ecumênico, como sua referência à obra do Espírito Santo, seu caráter comunitário e eclesial, sua orientação missionária. O Espírito Santo opera além das fronteiras de cada Igreja e as conduz à unidade para a salvação do mundo. Por causa de suas raízes pneumatológicas e eclesiológicas, a dimensão ecumência faz parte de toda reflexão teológica.

3. PANORAMA HISTÓRICO – Se bem que a história da desunião pese gravemente na história das igrejas cristãs, apesar disso tal estado de coisas nunca foi aceito com a consciência tranquila. Sempre houve tentativas de reconciliação e de restabelecimento da unidade. Recordemos apenas as frustradas tentativas dos concílios de Lião (1274) e de Florença (1439), no tocante às igrejas orientais, e a influência do espírito de D. Erasmo sobre os colóquios religiosos na Alemanha e na França, na época da Reforma protestante. Mas somente no século XX o escândalo da divisão entre os cristãos foi plenamente reconhecido. Muitos motivos históricos contribuíram para o desenvolvimento desta consciência, como, por exemplo, os movimentos filantrópicos internacionais

do século XIX, os movimentos interconfessionais de estudantes e de jovens e a difusão da ideia missionária no mundo protestante. Na verdade, é a Conferência Missionária Mundial, realizada em Edimburgo, em 1910, que geralmente é considerada como ponto de partida do moderno movimento ecumênico. Como consequência desta conferência, foi fundado, em 1921, o *International Missionary Council* (Conselho Missionário Internacional) com o objetivo, em especial, de "promover a solidariedade dos cristãos em escala mundial e a unidade de propósitos e de ação na obra da evangelização" (*Storia del Movimento ecumenico*: II, 303). O *Movimento de Fé e Constituição* (Faith and Order Movement) surgiu para enfrentar os problemas teológicos que haviam sido conscientemente omitidos em Edimburgo, mas que continuavam a pesar sobre todos os contatos subsequentes. O movimento organizou duas importantes conferências mundiais, a primeira em 1927, em Lausanne, e a segunda em Edimburgo, em 1937. Uma terceira corrente de primordial importância, que levou à primeira *Universal Christian Conference on Life and Work* (Conferência Mundial de Cristianismo Prático), realizada em Estocolmo, em 1925, e à segunda, em Oxford, no ano de 1937, originou-se da preocupação do bispo luterano de Upsala, Nathan Söderblom (1866-1931), em favor da paz, durante a Primeira Guerra Mundial de 1914-1918. Este movimento fundava-se na convicção de que se podia servir da melhor forma à unidade através de um interesse e colaboração comuns em prol da paz e da justiça. Junto com estes setores principais, outros grupos trabalhavam em prol de uma reaproximação entre os cristãos. O *Christian Student Movement* (Movimento dos Estudantes Cristãos) deve ser lembrado como o viveiro espiritual de muitos líderes ecumênicos. Foi em 1937 que *Faith and Order* (Fé e Constituição) e *Life and Work* (Cristianismo Prático) decidiram formalmente fundir-se no CEI (Conselho Ecumênico das Igrejas).

O *International Missionary Council* (Conselho Missionário Internacional) decidiu naquele momento não entrar formalmente como membro do Conselho, mas passou a trabalhar em estreito contato com ele. Os três elementos, isto é, doutrina, serviço e missão, que deram vida ao Conselho Ecumêncio das Igrejas, permaneceram atuantes na subsequente evolução do Conselho: continuam a desenvolver seus programas no interior da única estrutura do CEI, convocando, por exemplo, suas conferências mundiais específicas.

É dever de justiça afirmar que, quando a Igreja Católica Romana demonstrou seu interesse pelo movimento ecumênico, nos primeiros anos da década de 1960, com a fundação do *Secretariado para a união dos cristãos*, tendo o Cardeal A. Bea (1881-1969) como seu primeiro presidente, com o envio de observadores oficiais à assembleia geral do Conselho Ecumênico das Igrejas, realizada em Nova Delhi, em 1961, e com o convite feito a observadores não católicos para o Concílio Vaticano II, passou a tomar parte num movimento que já se havia estabelecido plenamente. Durante muitos anos, a Igreja Católica havia-se mantido distante do movimento ecumênico. A encíclica *Mortalium Animos*, de Pio XI, de 6 de janeiro de 1928, foi uma recusa oficial de colaborar. Esta atitude permaneceu fundamentalmente inalterada até 1960, embora a *Instrução de Motione Oecumenica*, do Santo Ofício, de 20 de dezembro de 1949, já tivesse manifestado uma certa abertura. A entrada no movimento já havia sido preparada pelo esforço pessoal de muitos ecumenistas católicos, como Y.M. Congar (1904-1995), P. Couturier (1881-1953), M. Pribilla (1884-1956) e L. Beauduin (1873-1960), fundador do mosteiro beneditino de Amay, posteriormente Chèvetogne. Seria preciso recordar também a *Conferência Católica para as questões Ecumênicas*, da qual J. Willebrands era secretário. A abertura da Igreja Católica foi significativa para todo o movimento ecumênico. Através de um ato conciliar, o Vaticano II deu seu apoio ao esforço ecumênico e fez com que este começasse a fazer parte, como nunca anteriormente, das prioridades oficiais da Igreja Católica, como também de outras igrejas.

O ingresso da Igreja Católica alterou o panorama ecumênico. Se anteriormente o movimento ecumênico podia amplamente identificar-se com as realizações do Conselho Ecumênico das Igrejas, a partir daí o CEI passava a ser uma parte importante de um movimento mais amplo. Neste panorama, os *diálogos bilaterais entre as confissões e as igrejas* passaram a ter uma grande importância. Embora a rede dos diálogos seja mais ampla do que aquela em que está envolvida também a Igreja Católica, é outrossim verdade que esta última lhes tem uma predileção indubitável. Mencionemos alguns dos diálogos mais frutuosos em nível mundial: a Comissão mista internacional para o diálogo teológico entre a Igreja Católica Romana e a Igreja Ortodoxa, a Comissão Internacional Anglicana/Católico-romana (ARCIC), a Comissão Conjunta Católico-romana/Evangélico-luterana e a Comissão Mista de Estudo Católico-romana/reformada. Há também diálogos e encontros com as antigas igrejas orientais, com os batistas, com os discípulos de Cristo, com os pentecostais e com os metodistas. Alguns importantes diálogos em nível local, como o diálogo luterano/católico-romano nos Estados Unidos e a obra do grupo francês *Groupe des Dombes*, têm exercido uma forte influência na formação do consenso ecumênico. O conhecimento dos resultados destes diálogos, disponível através de muitos relatórios e declarações, ora reunidos em diversas coleções, ampliará o horizonte da teologia e favorecerá a recepção de seus resultados. A iniciativa ecumênica não se limita aos contatos oficiais e aos diálogos doutrinais. É algo mais do que um simples compromisso entre tantos outros. Tornou-se uma forma exigente de relação recíproca, de modos diferentes e em vários níveis da vida eclesial, desde as formas oficiais até outras bem informais de se viver juntos na vida cotidiana.

Estas novas relações exprimem-se em orações, leitura da Bíblia e celebrações em comum, no testemunho em comum e no serviço em relação às várias necessidades do mundo, especialmente em favor da paz e da justiça. Na realidade, os cristãos deveriam fazer juntos tudo o que não são obrigados a fazer separadamente. O movimento ecumênico é um modo provisório de se viver juntos como cristãos, nascido do profundo sofrimento pelo escândalo da desunião e do reconhecimento de uma fé comum. O empenho pela unidade e o acolhimento não uniforme do progresso ecumênico há de criar inevitavelmente tensões e fermento nas igrejas e no conjunto do mundo cristão. Embora a experiência da comunhão seja ainda imperfeita, nunca pode ser expressa adequadamente por regras e diretrizes, que necessariamente são codificações de uma realidade do passado. A paciência e prudência, exigidas pela ação ecumênica, lutam contra a urgência da meta a atingir, isto é, a eliminação da separação e a restauração da comunhão rompida.

4. PROBLEMAS TEOLÓGICOS – Não tenho a intenção de oferecer um panorama completo dos problemas teológicos que têm sido levantados nos diálogos ecumênicos. De conformidade com a orientação deste Dicionário, menciono alguns deles, que parecem mais significativos para a Teologia Fundamental.

a. Método da teologia ecumênica – As relações entre as várias confissões têm sido caracterizadas, durante séculos, pela *controvérsia*, querendo cada um defender a posição pessoal e opondo-a com método apologético e polêmico a uma outra Igreja ou comunidade. Muitas vezes, tal modo de discutir levou cada Igreja a exaltar seus próprios pontos de vista, desprezando, ridicularizando e condenando de maneira global os pontos de vista divergentes, como heréticos, para não dizer diabólicos. Por isto, a disputa acabou formando bibliotecas impressionantes e uma quantidade sem número de preconceitos. Desde o nascer do movimento ecumênico, têm-se buscado métodos capazes de melhorar a mútua compreensão. Um dos melhores foi o *método comparado*, "um método neutro e simples de autoexplicação e de comparação sem levantar o problema de quem tem razão e quem não tem" (Pathil 398). Embora o confronto permaneça ainda inevitável, a experiência ecumênica tem levado a olhar a diversidade à luz de uma *hermenêutica de unidade*. Um passo importante foi o assim chamado *método cristológico*, apresentado no relatório final da Terceira Conferência Mundial de Fé e constituição, realizada em Lund, em 1952: "Mais uma vez – afirma o relatório – demonstrou-se verdadeiro que, se procurarmos manter-nos mais unidos a Cristo, nos aproximamos mais uns dos outros" (*A Documentary History*... 85). Embora sem negar as diferenças, procura-se olhar para além delas, reconhecendo uma unidade mais fundamental em Cristo e buscando as origens comuns na Escritura e na tradição que se tem em comum, no ensinamento, no culto e na oração. Todavia, repetidas vezes deparou-se com a grande diversidade e pluralidade de tradições e de teologias, ligadas a peculiares situações existenciais, históricas, socioculturais, políticas e psicológicas. Esta diversidade de contextos é levada em conta no *método contextual*, que procura unir um ao outro, no esforço de exprimir desta forma a unidade na diversidade da Igreja (Pathil 346).

Um instrumento importante para atingir os objetivos destes métodos é o *diálogo*. É uma palavra-chave no moderno movimento ecumênico. Segundo o decreto sobre o Ecumenismo, os encontros e os diálogos, "em que todos se tratam em pé de igualdade", ajudam mais que tudo na discussão de questões teológicas (UR 9). Num documento de trabalho do *Secretariado para a união dos cristãos*, que contém reflexões e sugestões quanto ao diálogo ecumênico (1970), afirma-se: "Considerado em sua generalidade, o diálogo existe, entre pessoas ou entre grupos, quando todo participante ouve e, por sua vez, responde, busca compreender e fazer-se compreender, interroga e deixa interrogar-se, coloca-se à disposição e acolhe os outros, a propósito de uma situação, de uma busca, de uma ação, com a finalidade de se avançar juntos rumo a uma maior comunhão de vida, de visões, de realizações" (EV III, 1615). O Concílio Vaticano II aceitou o diálogo baseado numa metodologia ecumênica bem comprovada. O fundamento teológico pode ser encontrado na eclesiologia de "comunhão". Embora não estejam ainda em plena comunhão, as igrejas consideram-se como igrejas-em-relação, como igrejas-em-diálogo, devido a seu compromisso ecumênico. Todavia, as igrejas hesitam em refletir sobre as implicações e os significados eclesiológicos do contexto mais amplo, em que são *Igreja em relação com outras igrejas e comunidades*. As raízes do diálogo encontram-se antropologicamente na dignidade e na natureza social da pessoa humana e eclesiologicamente no fato de que o Espírito de Deus opera para além das fronteiras de cada comunidade: "Os cristãos têm condições de comunicar uns aos outros as riquezas que o Espírito Santo desenvolve neles. Esta comunhão de bens espirituais é a primeira base sobre a qual se assenta o diálogo ecumênico" (EV III, 1619). O diálogo entre as igrejas cristãs tem adquirido uma extensão e uma profundidade que não se podia prever do Concílio Vaticano II. A comunicação das convicções de fé, próprias de cada igreja, por um lado, e a atenta e paciente escuta das convicções dos parceiros do diálogo, por outro, permanecerão sempre um fatigante requisito para viverem juntas, enquanto igrejas, seja numa comunhão incompleta entre elas, seja numa plena comunhão. Não existe comunhão sem a permanente prontidão para ouvir, compreender e deixar-se transformar no processo (cf. *Ecumenical Findings*, ER 41 [1989] 126). A preferência pela dimensão dialogal às vezes tem sido sentida em contraste com o dever missionário da Igreja.

b. Um dos problemas fundamentais da reflexão ecumênica é, sem dúvida, o da → *credibilidade* da mensagem cristã, pregada pela Igreja. Na origem do problema ecumênico, encontra-se o problema da → missão. A oração de Jesus "que todos sejam uma coisa só ... para que o mundo creia que Tu me enviaste" (Jo 17,21) pervade o movimento ecumênico inteiro. Ela demonstra que a unidade da Igreja não é um objetivo em si mesma, mas tem um intento missionário e deve testemunhar definitivamente que o Reino de Deus transcende tudo. Esta perspectiva implica que o movimento ecumênico deve refletir sobre a função salvífica da fé cristã e da Igreja frente às outras religiões e fiéis e, portanto, sobre o significado específico do absoluto da mensagem cristã. O movimento ecumênico torna-se cada vez mais consciente da urgência teológica de sua responsabilidade pelo mundo e a humanidade, pela justiça, a paz e a integridade da criação. Diante das muitas ameaças que põem em perigo a humanidade e o mundo, o movimento ecumênico tornou-se mais sensível a sua responsabilidade pela criação, cuja sobrevivência está confiada a todos os homens.

c. Modelos de unidade da Igreja – Todas as igrejas professam a unidade da Igreja com as palavras do Credo constantinopolitano.

Em sua natureza mais íntima, a Igreja é una e não pode existir dividida. Onde surge a divisão, deve-se repará-la com o perdão e a reconciliação. "Perdoai-nos o mal que temos cometido, assim como nós perdoamos aqueles que nos fizeram mal" (Mt 6,12) – "Se, portanto, apresentares a tua oferenda sobre o altar e ali, de repente, te lembrares de que teu irmão tem algo contra ti, deixa aí tua oferenda diante do altar e vai primeiro reconciliar-te com teu irmão" (Mt 5,23-24). Na Epístola aos Efésios, Paulo coloca diante de nossos olhos a Cristo, nossa paz, que reconciliou os dois, os gentios e os judeus, num único corpo, com Deus, por meio da cruz, em que destruiu a inimizade. Ele derrubou o muro de separação (Ef 2,11-22). Em situações diversas, estas citações tornam-se a fonte e o germe da reconciliação numa única comunidade de fé.

O movimento ecumênico contemporâneo tem-se esforçado por traçar os caminhos para restaurar a futura unidade. Estes modelos devem levar em conta os elementos essenciais da fé e da ordem da Igreja, como também a pluriformidade das confissões cristãs, dos ritos e das tradições que têm surgido no mundo cristão por diferentes razões culturais, históricas e psicossociológicas. Um dos maiores desafios para a busca da unidade é de que maneira conciliar a necessária unidade com a diversidade admissível e legítima.

Estes modelos são condicionados pelas convicções eclesiológicas peculiares e pelos próprios modos de ver dos diversos parceiros do diálogo.

A *Ortodoxia* sublinha a necessidade de uma volta à fé comum da antiga Igreja indivisa dos sete primeiros concílios ecumênicos. Aquela herança pura, inalterada e comum dos antepassados de todos os cristãos separados, foi conservada por inteiro e intacta somente pela Igreja Ortodoxa. A unidade é vista como uma harmoniosa sinfonia de igrejas nacionais autocéfalas que conservaram ou recuperaram a fé ortodoxa e toda a estrutura episcopal da Igreja (cf. "Declaração dos delegados ortodoxos sobre 'Fé e constituição'", em *A Documentary History* ... 141-143; trad. it.: C. Boyer-D. Bellucci, *Unità cristiana*... vol. I, 240-243 e terceira conferência pan-ortodoxa: "Les relations de l'Église orthodoxe avec l'ensemble du monde chrétien" e "Eglise orthodoxe et mouvement oecuménique", em *Istina* 32 [1987] 391-400).

De conformidade com o artigo 7 da *Confessio Augustana* (1530), a tradição protestante, tanto dos luteranos como dos reformados, ensina que, "para a verdadeira unidade da Igreja cristã, é suficiente que o Evangelho seja pregado unanimemente segundo sua pura compreensão e que os sacramentos sejam administrados em conformidade com a Palavra divina". A uniformidade das cerimônias instituídas pelos homens não é uma necessidade. O que aparece como um princípio um tanto formal, na realidade tem para os reformadores um conteúdo teológico concreto, concernente à justificação exclusivamente pela fé e à instituição divina dos sacramentos. A unidade da Igreja exige a concordância sobre os pontos essenciais da fé e concede grande liberdade de concretizar as formas institucionais da comunidade. A grande diversidade institucional das igrejas históricas existentes não pode destruir a unidade essencial da Igreja, quando existe realmente um acordo sobre a fé e os sacramentos. A busca da unidade visível permanece um frágil empreendimento de seres humanos que esperam encontrar fórmulas tais que ajudem as igrejas históricas a responderem um pouco melhor à unidade que confessam no Credo.

O *Anglicanismo* expressou seu ponto de vista no assim chamado *Lambeth Quadrilateral*. Contém as quatro exigências fundamentais para alcançar a unidade: a aceitação da Sagrada Escritura, do Credo niceno e apostólico, da instituição divina dos sacramentos do batismo e da santa comunhão e, finalmente, do episcopado enquanto provê os meios para um ministério, "do qual cada parte da Igreja reconheça que possui não só a chamada interior do Espírito, mas também o mandato de Cristo e a autoridade sobre o corpo inteiro" (*Conferência de Lambeth 1920*, *Um apelo a todos os cristãos*. C. Boyer-D. Bellucci, *Unità cristiana*... vol. I, 77-79). O anglicanismo crê numa unidade visível, colegiada, abrangente e orgânica, em que as fontes da originária herança da fé e a ordem fundamental da Igreja sejam plenamente conservadas, não obstante a grande diversidade de expressões culturais. A *Comunhão Anglicana* considera-se a si mesma como um modelo provisório de tal comunhão universal.

Dentro do mundo cristão, *a Igreja Católica Romana* ocupa um lugar especial. Como nenhuma outra igreja, possui a consciência de ser universal, espalhada no mundo inteiro e, também em seu aspecto externo, uma igreja verdadeiramente católica. Embora no mundo se mostre amplamente como Igreja *latina*, em suas características culturais, todavia nunca perdeu a consciência de ser, na verdade, uma comunhão de igrejas locais que têm ritos e tradições diversos. Antes do Concílio Vaticano II, a Igreja Católica considerava a restauração da unidade, como se afirmava na encíclica *Mortalium Animos*, do Papa Pio XI (6/1/1928), como um *retorno* à única verdadeira Igreja de Cristo, "à Sé Apostólica, fundada na cidade que Pedro e Paulo... consagraram com seu sangue...". O Vaticano II coloca a ideia de *comunhão* no centro de sua eclesiologia, afirmando, no decreto sobre o Ecumenismo: "Os que creem em Cristo e receberam devidamente o batismo estão constituídos numa certa comunhão, ainda que imperfeita, com a Igreja Católica... E também, justificados no batismo pela fé, são incorporados a Cristo e, por isto, com razão, recebem o nome de cristãos e pelos filhos da Igreja Católica são com razão reconhecidos como irmãos no Senhor" (UR 3). A plena comunhão é reconstituída quando os cristãos, "tendo o Espírito de Cristo, aceitam integralmente a organização da Igreja e todos os meios de salvação nela instituídos e em seu corpo visível são unidos com Cristo, que a dirige mediante o sumo pontífice e os bispos" (LG 14). Desta exposição e da história do diálogo ecumênico fica claro que o problema fundamental é constituído pelo papel do ministério pessoal de unidade da Igreja universal, enquanto presente no bispo de Roma. Com o ingresso da Igreja Católica no diálogo ecumênico, esta questão se tornou um tema inevitável.

Ao lado destes pontos de vista principais, existem comunidades cristãs que têm uma compreensão fraca da futura unidade, enfatizando particularmente a importância eclesiológica da comunidade local e considerando todas as instituições mais amplas como instrumentos úteis, mas totalmente acidentais para a colaboração e o intercâmbio, e destituídos de uma verdadeira relevância eclesiológica.

Do diálogo, do viver real juntos e da experiência em comum no movimento ecumênico têm surgido alguns modelos de futura unidade. Conseguiram-se até uniões de igrejas em nível nacional. Adquiriu-se assim uma maior experiência. Guia para as reflexões subsequentes tem sido a breve descrição dada pela assembleia geral do Conselho Ecumênico das Igrejas, realizada em Nova Delhi, em 1961: "Nós cremos que a unidade, que é ao mesmo tempo vontade de Deus e dom de Deus a sua Igreja, torna-se visível quando todos os que, em cada lugar, são batizados em Jesus Cristo e o confessam como Senhor e Salvador, são conduzidos pelo Espírito Santo a formar uma comunidade totalmente comprometida, mantendo a única fé apostólica, pregando o único Evangelho, partindo o único pão, unindo-se em oração comum e levando uma vida corporativa que se irradia no testemunho e no serviço para todos, enquanto ao mesmo tempo estão unidos de tal forma com a comunidade cristã inteira, em todos os lugares e em todas as épocas, que o ministério e os membros são aceitos por todos e todos podem agir e falar juntos, conforme as circunstâncias o exigirem, para que sejam cumpridas aquelas tarefas às quais Deus chama seu povo" (C. Boyer-D. Bellucci, *Unità cristiana...*, vol. I, 302). A assembleia de Nairóbi (1975) descreveu a unidade como uma "comunidade conciliar": "A Igreja una – foi afirmado, reportando-se também a Nova Delhi – deve ser considerada como uma comunidade conciliar de igrejas locais, elas mesmas autenticamente unidas. Nesta comunidade conciliar, cada igreja local possui, em comunhão com as outras, a plenitude da catolicidade e dá testemunho da mesma fé apostólica; reconhece, portanto, que as demais igrejas fazem parte da mesma Igreja de Cristo e que são guiadas pelo mesmo Espírito. Como indicou a assembleia de Nova Delhi, estão unidas entre si pelo mesmo batismo e pela mesma eucaristia; reconhecem reciprocamente seus membros e seus ministros". A declaração sublinha, em particular, o intercâmbio entre as igrejas e, consequentemente, convida-as a estarem unidas em seu esforço comum de proclamar o Evangelho de Cristo através da pregação e do serviço ao mundo e visa favorecer as relações de amizade com as igrejas irmãs e reforçar as já existentes, manifestando-as em assembleias conciliares toda vez que for necessário, para o cumprimento de sua vocação comum ("As exigências da unidade", § 3, em *Il Regno. Documenti* 21 [1976] 153). Este modelo liga-se à tradição conciliar e sinodal que existe em quase todas as igrejas. Não indica somente o objetivo a atingir, mas diz também algo sobre o caminho que deve ser percorrido já numa forma "conciliar" de crescente confiança e intercâmbio recíproco entre as igrejas.

Alguns, todavia, consideraram que esta descrição não levou suficientemente em conta a diversidade que existe entre as confissões e que desfocalizou a peculiaridade das diferentes tradições. Isto levou a desenvolver o modelo da unidade numa diversidade reconciliada. A *Federação Mundial Luterana* descreveu-a como "uma via para a unidade que não implica automaticamente o abandono das tradições e das identidades confessionais. Esta via rumo à unidade é uma via de encontro vital, de experiência espiritual vivida juntos, de diálogo teológico e de recíproca correção, uma via em que as características distintivas de cada parceiro não se perdem de vista, mas são transformadas e renovadas, tornando-se destarte visíveis e evidentes aos outros parceiros, como formas legítimas de vida cristã e da única fé cristã. As diferenças não são dissimuladas nem são simplesmente salvas e conservadas inalteradas. Pelo contrário, perdem seu caráter de desunião e são reconciliadas umas com as outras" ("Models of Unity", § 15, em *In Christ – A New Community*, Genève, 1977, 174. Cf. tb. "L'Unita davanti a noi", § 33, em *Enchiridion Oecumenicum* 1582).

Têm sido propostas outras descrições e outras expressões, como *Igreja de igrejas* ou *Comunhão de comunhões*. No diálogo com as igrejas ortodoxas, fala-se de *Comunhão de igrejas irmãs*. No diálogo com a comunhão anglicana, *koinōnia* tornou-se um *slogan*. Entretanto, todos os modelos devem levar na devida conta os dois polos, *unidade* e *diversidade*.

Surge então uma questão fundamental: Que diversidade é tolerada pela unidade? "Até que ponto é admissível a diversidade na interpretação, sem que praticamente seja destruída a verdadeira comunidade do acordo?" (*Ecumenical Findings*, ER 41 [1989] 132). Quais são os critérios para definir a diversidade lícita? Não é idônea uma visão que não deixe nenhum espaço às diferenças entre as confissões e variedade de modelos e mundos espirituais no ambiente cristão.

A evolução histórica fez com que diversos modelos de estilos de vida e de pensamento cristãos se tenham encarnado em formas sociais e eclesiásticas. Estes modelos formam mundos espirituais, conjuntos de ideias, valores e costumes diferentes e alimentam a vida do cristão em vista de seu destino espiritual.

O restabelecimento da plena unidade da Igreja será o resultado de um longo e paciente processo de união. Como as feridas precisam de muito tempo para cicatrizar, assim o restabelecimento da unidade é o resultado de um processo amplo e prolongado de aprendizagem, cujo método e fim estão intimamente correlacionados entre si. Somente promovendo a comunhão, caminhando, atingir-se-á, no fim, a comunhão plena. Os conceitos estáticos nunca darão conta da realidade viva da reconciliação que está no centro de toda busca de unidade. A evolução atravessa fases diferentes, enquanto já produz uma real unidade. As relações sempre crescentes entre as igrejas devem levar a um desejo real de passos sucessivos. É tarefa dos responsáveis pelas igrejas examinar com coragem os progressos feitos e adotar iniciativas oficiais. Este gradual progresso rumo à unidade das igrejas foi descrito no documento da Comissão Conjunta Católico-romana/Evangélico-luterana, intitulado *A Unidade diante de nós*, de 1985: "A reconciliação não é possível sem o diálogo e a comunicação constante. É um processo de discernimento dos espíritos e de busca de passos num caminho que só Deus conhece. Portanto, a reconciliação é um processo dinâmico. É-o também lá onde existe ou foi reconquistada a unidade eclesial..." (par. 48, em EO, 1597).

d. A busca da unidade das igrejas faz surgir várias questões específicas, muitas vezes de natureza hermenêutica. São às vezes condicionadas por pressupostos teológicos, antropológicos e eclesiológicos divergentes, que com frequência se foram formando de modo polêmico e controverso um contra o outro. Todavia, estas divergências não devem ser indevidamente exageradas, embora não se possa ignorá-las. Devem integrar-se nos esquemas de unidade. Mais do que serem exclusivas, podem ser de advertência uma para a outra e chamar a atenção para a unilateralidade de toda tentativa de falar daquele que é inefável e se revela no Senhor Jesus Cristo. Fé e unidade fundam-se definitivamente naquele que está *para além e acima* de nossos esforços.

– Um primeiro campo de discussão diz respeito à existência ou não de uma *diferença fundamental* que poria em questão, na própria raiz, a importância dos acordos ecumênicos sobre questões específicas, já conseguidos nos diálogos bilaterais. Isto põe em questão a afirmação de que um *consenso* fundamental ainda existe e de que as igrejas ainda concordam nos elementos mais essenciais da fé cristã, a despeito de algumas diferenças superficiais. Este problema nasceu no contexto do diálogo entre católicos e protestantes. Mas não poderiam surgir problemas análogos nas relações entre as igrejas ocidentais e as orientais? No Ocidente, a questão surgiu desde os primeiros anos do século XIX, em vários livros de controvérsia teológica. De qualquer forma, o diálogo ecumênico fez disto um problema candente. Não cabe dúvida de que muitas diferenças superficiais revelam, na realidade, diferenças mais profundas e até mais radicais. Parece-nos que elas devem ser procuradas no campo da "mediação sacramental", do assim chamado "sinergismo" entre Deus e os homens na história da salvação. Elas manifestam diferenças na descrição da relação entre Deus e o homem. As tensões produzidas pela diferença essencial e absoluta entre Deus e a pessoa humana, entre criador e criatura, foram colocadas em relevo de maneira diferente na tradição católica e na protestante. Esta diferença comporta implicações importantes para a antropologia e a eclesiologia. Por isto, não surpreende de modo algum que os últimos diálogos ecumênicos queiram ocupar-se com problemas como a justificação e a natureza da Igreja. Mas será que estas diversidades devem ser reciprocamente excludentes? Não poderiam ser complementares e chamar a atenção para verdades esquecidas? Não demonstrarão de maneira salutar os limites de nossos esforços para exprimir de modo sistemático os mistérios insondáveis do modo de agir de Deus com a humanidade?

A alusão à → *hierarquia das verdades* em UR 11 é importante para o diálogo ecumênico. O decreto especifica: "Ao confrontar as doutrinas, lembrem-se de que existe uma ordem ou 'hierarquia' nas verdades da doutrina católica, sendo diferente sua conexão com o fundamento da fé cristã". O concílio não quis adotar a distinção entre verdades "essenciais" e "não essenciais". Embora todos os artigos de fé sejam igualmente verdadeiros e vinculantes, não possuem, porém, todos a mesma aderência ao núcleo da fé em Deus e da salvação mediante Cristo. A fé é uma realidade estruturada em que alguns artigos estão mais intimamente relacionados do que outros com o "fundamento". Dar o devido peso a esta perspectiva pode ajudar na catequese missionária e no discernimento do que é necessário e do que é secundário em vista da unidade.

– *A relação entre sagrada Escritura e Tradição* constitui um problema central, em particular no diálogo com as igrejas protestantes. Marcou uma virada o relatório sobre "Escritura, tradição e tradições", examinado na Conferência Mundial de Fé e Constituição, realizada em Montreal, em 1963. A questão não podia mais ser vista apenas nos termos do Concílio de Trento. A relação entre Escritura e Tradição não era mais vista como a justaposição externa de duas fontes, mas, antes, de maneira compreensiva dentro de uma única *parádosis* ou tradição. "Por *Tradição* entendemos o próprio Evangelho, transmitido de geração em geração, na Igreja e pela Igreja, com o próprio Cristo presente na vida da Igreja. Por *Tradição* entendemos o processo da transmissão. O termo *tradições*, no plural, é usado em dois sentidos e indica tanto a diversidade das formas de expressão quanto aquilo que nós chamamos de tradições confessionais..." (C. Boyer-S. Virgulin, *Unità cristiana...* II, 35). A própria sagrada Escritura e as diversas tradições desenvolveram-se sob a guia do Espírito Santo, no interior da tradição viva e englobante. Esta nova perspectiva não elimina todas as acentuações e as diferenças dos vários elementos do processo, mas coloca-as dentro de um processo mais amplo e mais dinâmico. O documento *Batismo, Eucaristia e Ministério* deu um novo impulso à reflexão sobre o significado da tradição, no momento em que fala "da fé da Igreja através dos séculos". De que maneira deve ser entendida esta expressão, num contexto ecumênico? A discussão sobre a tradição faz surgir imediatamente o problema da função das diversas autoridades. A Sagrada Escritura e os documentos autorizados da Igreja são "autoridade" de um modo totalmente diferente do → "magistério" vivo da Igreja, que tem a tarefa de interpretar e de decidir sobre a fé da Igreja, em fiel obediência à instituição divina da Igreja no evento-Cristo e ao testemunho que lhe serve de fundamento. As Escrituras, portanto, são sempre desafios irredutíveis a todos os seus intérpretes subsequentes. As questões relacionadas com a autoridade, com os ministros e com a extensão do encargo de ensinar na Igreja estão entre as mais difíceis do diálogo ecumênico.

– *A apostolicidade da Igreja*, que inclui a *sucessão apostólica* da ordem, em particular do episcopado, está intimamente conexa ao modo de entender a tradição. Esta questão foi agora retomada numa visão mais ampla da apostolicidade, como se pode ver, por exemplo, no documento de estudo preparado pela Comissão Teológica Conjunta sobre "Catolicidade e Apostolicidade" (1968) (EO I, 790-865).

O mais recente documento sobre *Batismo, Eucaristia e Ministério*, de 1982, afirma: "Tradição apostólica na Igreja significa continuidade das características permanentes da Igreja dos apóstolos: testemunho da fé apostólica, proclamação e interpretação sempre renovada do Evangelho, celebração do batismo e da eucaristia, *transmissão das responsabilidades ministeriais*, comunhão na oração, no amor, na alegria e no sofrimento, serviço aos doentes e aos necessitados, unidade entre as Igrejas locais e partilha dos bens que o Senhor dá a cada uma" ("Ministério", par. 34, em EO I, 3154). A sucessão ordenada do ministério ordenado e a sucessão dos bispos são – como confirma o documento – uma expressão da continuidade da fé apostólica. Resta ainda esclarecer quais são a função e a eficácia peculiar da sucessão ministerial dentro da englobante apostolicidade da Igreja. Em que sentido se pode afirmar que a sucessão episcopal é uma "garantia" e um "sinal eficaz" da continuidade da Igreja através dos séculos?

– Ainda que o movimento ecumênico seja essencialmente um movimento de reconciliação do que está separado, ele se ocupa sem dúvida também com a diversidade e o pluralismo do mundo cristão. Estas várias formas de diversidade são o resultado de evoluções bem complexas, devidas a processos culturais e históricos, a cisões e a excomunhões na Igreja, como também à formação de ideologias confessionais e estilos de vida com uma intrincada estrutura de idiossincrasias psicossociais, de preconceitos e de recordações que pesam sobre as mútuas relações entre as igrejas. Eles se fazem sentir na discussão de problemas apenas aparentemente teológicos. Dever-se-ia ter consciência destes elementos, quando exprimimos convicções que consideramos intimamente conexas com a própria fé. Uma hermenêutica da unidade torna-se, portanto, um exercício no relacionar as convicções próprias com a fé dos outros cristãos, acreditando que o Espírito Santo fala de muitos modos imprevisíveis. Efetivamente, é verdade que – como se afirma no documento *Batismo, Eucaristia e Ministério* – "a abertura de uns para com os outros comporta a possibilidade de que o Espírito fale a uma Igreja através dos conhecimentos de uma outra" ("Ministério", par. 54, em EO I, 3178).

5. CONCLUSÃO – A reconstituição da unidade não pode ser reduzida à pesquisa teológica e ao diálogo. Mas sem reflexões teológicas sérias sobre as matérias em questão construir-se-á sobre a areia. Tal intercâmbio tem que ser feito com grande humildade e prontidão para escutar primeiro as interrogações das outras tradições: "Devemos preparar-nos para admitir que a Palavra de Deus pode chegar a nós através de nossos parceiros no diálogo" (*Ecumenical Findings*, ER 41 [1989] 126). Além disto, nenhum ensinamento da Igreja pode simplesmente identificar-se com suas concepções dos séculos passados, quando as igrejas se separaram uma das outras. O tempo curou as feridas. Mas às vezes as áreas de divergência mudaram. Fizeram-se verdadeiros progressos no diálogo interconfessional. Mas o movimento ecumênico deve cultivar sua memória e continuar a construir sobre as convergências e também sobre os acordos já conseguidos.

No entanto, toda a ação ecumênica deve ser sustentada por convicções. A desunião dos cristãos é e continua sendo um escândalo, e até maior, desde que foi reconhecido como tal. O Evangelho contém um urgente e permanente apelo a fazer tudo o que é possível, cada dia de novo "setenta vezes sete" (Mt 18,22), para derrubar os muros, para perdoar e para converter-se um ao outro, a fim de que o testemunho seja unânime e, assim, "o mundo creia" (Jo 17,21). Estes apelos chamam para a conversão do coração, onerado pelo peso de nossa desunião e por suas consequências históricas, para levantarmos o olhar, juntos, para o Senhor crucificado (Jo 19,37). Esta conversão a Deus e de uns aos outros está no centro de todo o trabalho ecumênico.

Bibl. – DOCUMENTOS: *A Documentary History of the Faith and Order Movement*, L. Vischer (ed.), St. Louis (1963); S.J. Voicu-G. Cereti (ed.), *Enchiridion Oecumenicum*: documenti del dialogo teológico interconfessionale: I, Dialoghi internazionali 1931-1984; II, Dialoghi locali 1965-1987, Bolonha 1986, 1988; C. Boyer-D. Bellucci, *Unità Cristiana e movimento ecumenico*, vol. I, Roma 1963; C. Boyer-S. Virgulin, vol. II, Roma 1975 (Testi e documenti 2,10).

R. Rouse-St. Ch. Neill (ed.), *A History of the Ecumenical Movement*, vol. I, 1517-1948, Londres 1945[1], Genève 1963[3]; H.E. Fey (ed.), vol. II, *The Ecumenical Advance*, 1948-1968, Londres 1970[1], 1986[2] (trad. ital. citada: *Storia del Movimento ecuménico dal 1517 al 1948*, Bolonha 1973, 1982; *Storia del movimento ecuménico: L'avanzata ecuménica dal 1948 al 1968*, Bolonha 1982); K. Pathil, *Models in Ecumenical Dialogue*, Bangalore 1981; G. Pattaro, *Corso di Teologia dell Ecumenismo*, Brescia 1985; P. Neuner, *Breve Manuale dell Ecumene*, Brescia 1986; L. Sartori, *Teologia ecuménica. Saggi*, Padova 1987; Id., *L'unità della Chiesa: un dibattito e un progetto*, Brescia 1989.

JOS E. VERCRUYSSE

ELEIÇÃO/ALIANÇA/LEI

Reunimos estes três assuntos sob um mesmo título porque estão intimamente ligados entre si. Toda aliança é precedida por uma eleição divina e, a partir do Sinai, a lei está ligada indissoluvelmente à aliança e é submetida a um processo de progressiva interiorização, como a aliança.

1. A ALIANÇA COM ABRAÃO – A aliança com Abraão é precedida de um chamado, que é uma *eleição* da parte de Deus. Disse Jhwh a Abraão: "Vai embora de teu país, de tua pátria, da casa de teu pai... Farei de ti um grande povo" (Gn 12,1-2). Este chamado separou Abraão de seu povo, de sua terra e da submissão a uma cultura ligada a Babel e a suas consequências (Gn 11). Jhwh escolheu Abraão para formar para si um povo que herdaria as bênçãos e as antigas promessas feitas por Deus no momento da primeira criação (Gn 3,15) e da segunda – a aliança com Noé – (Gn 9,17). Por escolha divina, Abraão tornar-se-ia a raiz de uma geração abençoada que, um dia, acolherá Cristo, seu verdadeiro descendente (Gl 3,16).

Esta aliança com Abraão não é um pacto bilateral, em que se comprometem duas partes, mas uma promessa, um juramento unilateral, com que Jhwh solenemente promete uma herança a Abraão e a seus descendentes. E este juramento bem pode chamar-se aliança, pois cria efetivamente uma nova relação entre Jhwh e Abraão. Apesar disto, trata-se de um "acordo" bem peculiar, do momento em que a iniciativa é exclusivamente de Jhwh, sendo que Abraão se contenta em acolhê-la e prestar homenagem à palavra de Jhwh numa atitude de entrega total (Gn 15,6).

Enquanto ato soberanamente livre e gratuito de Jhwh, a aliança com Abraão não podia ser nem condicionada nem comprometida pelos homens: era indefectível e eterna. Jhwh será para sempre o Deus de Abraão e de sua descendência e as promessas feitas serão infalivelmente mantidas no devido momento.

Mas as promessas não se destinavam a todos os descendentes de Abraão. Comportavam uma escolha da parte de Jhwh e seriam transmitidas através de alguns descendentes, e não através de outros, em virtude do próprio projeto de Deus e não por culpa dos homens (S. Lyonnet). A escolha sublinha a liberdade de Deus que se exprime com a diferenciação dos eleitos e já se manifesta no curioso fenômeno dos "pares de irmãos": efetivamente, há necessidade pelo menos de dois filhos para que haja uma escolha. Será escolhido Isaac e não Ismael. Segundo a lei dos homens é Ismael, o "primogênito", que deveria ter sido o primeiro a receber a promessa da herança de Abraão. Neste caso, ao contrário, trata-se do direito da livre graça de Deus. Toda a história de Isaac só tem um objetivo: manifestar que ele nasceu unicamente por graça do poder de Deus. E ele é o filho da promessa, gerado de Sara, a "mulher livre" (Gl 4,22), ao passo que Ismael, o filho da escrava, não terá nenhuma relação direta com a vocação de Abraão. A verdadeira posteridade de Abraão é Isaac, graças à livre-iniciativa de Deus.

A liberdade de escolha é afirmada ainda mais com os gêmeos Esaú e Jacó, cujos destinos se cruzam de maneira totalmente especial. O Gênesis apresenta Esaú como irmão mais velho (Gn 25,35). Apesar disto, Jhwh escolhe Jacó e o constitui herdeiro das promessas. Em virtude de tal escolha e como sinal de distinção, Jhwh mudará o nome de Jacó para o de Israel. Depois de renovar com Isaac (Gn 26,3-5) a aliança feita com Abraão (Gn 17,19), Jhwh fá-la recair sobre a pessoa de Jacó e sobre seus doze filhos, os antepassados das dozes tribos de Israel, que constituirão as estruturas de base do povo de Deus. "Teu nome é Jacó. Não te chamarás mais Jacó, mas Israel será teu nome... povo e assembleia de povos virão a ti, reis sairão de teus flancos" (Gn 35,9-11). Jacó-Israel é o eleito de Deus e, enquanto tal, tornar-se-á o pai e o fundador do povo eleito, a quem Deus outorgará seus favores, antes que a seus iguais ou a seus rivais. Israel será formado da descendência de Abraão, segundo a linha de Isaac e de Jacó, e não de Esaú, o antepassado dos edomitas, inimigos históricos de Israel, e que certamente não fazem parte do povo eleito (S. Lyonnet). Assim, afirma-se uma vez mais a liberdade do ato de eleição por parte de Jhwh.

Caberá ao NT revelar que o amor paterno de Deus, para além das aparências externas, nunca esqueceu o outro irmão. O tema dos dois irmãos reaparece em duas das parábolas de Jesus: O Filho Pródigo (Lc 15,11-32) e Os Dois Filhos (Mt 21,28-32) (Cardeal Ratzinger).

Também as mulheres têm uma função no mistério da eleição divina. Para a Bíblia, a esterilidade era uma maldição e a fecundidade uma bênção. Mas Sara era estéril, ao passo que Agar era fecunda. Contudo as coisas invertem-se: Agar, a fecunda, tem que lutar contra a ameaça da rejeição e, em última análise, será rejeitada (Gn 21,14), ao passo que Sara se torna a mulher abençoada que vai gerar Isaac, o filho da promessa. A mesma inversão ocorrerá para outros "pares" de mulheres estéreis e fecundas: Raquel e Lia (Gn 29,30), Ana e Fenena (1Sm 1 e 2). No cântico que antecipa o *Magnificat* de Maria, Ana, mãe de Samuel, exalta justamente esta inversão de valores: "A estéril gerou sete vezes e a rica de filhos esgota-se" (1Sm 2,5). Maria, a virgem fecunda, será a réplica mais nobre destas mulheres estéreis que geram com a ajuda de Deus (Lc 1,35).

2. A ALIANÇA DO SINAI – Da montanha, o Senhor chamou Moisés, dizendo: "Eis o que dirás à casa de Jacó...: Vós mesmos vistes o que fiz ao Egito e como vos ergui sobre asas de águia e vos fiz vir até mim. Ora, se quiserdes ouvir a minha voz e guardar a minha aliança, sereis para mim a propriedade entre todos os povos" (Ex 19,3-5).

Nesta "ouverture", que é como que um resumo de toda a aliança mosaica, temos – todos juntos – o êxodo, a eleição, a promessa da aliança e a lei.

É Jhwh mesmo que efetua o *êxodo*, Ele que "ouviu a lamentação deles, lembrou-se de sua aliança com Abraão, com Isaac e com Jacó" e desceu "para libertá-lo da mão do Egito" (Ex 2,24; 3,8). O êxodo é a continuação de uma história única da libertação iniciada com Abraão. Seu escopo é constituir uma aliança que fará de Israel um povo livre, conferindo-lhe uma dignidade própria, uma lei própria e uma missão própria na história.

A eleição – A relação entre Israel e Jhwh funda-se unicamente na livre-vontade de Jhwh, que escolhe Israel. Não há na história das religiões exemplos de alianças entre uma só divindade e um só povo. O caso de Israel é único: "Que grande nação tem a divindade tão perto de si como o Senhor nosso Deus está próximo de nós toda vez que o invocamos?..." (Dt 4,7). "O Senhor ligou-se a vós e vos escolheu, não porque sejais mais numerosos do que todos os demais povos – na verdade, sois o menor de todos os povos – mas, porque o Senhor vos ama e porque quis manter o juramento feito a vossos pais, o Senhor vos fez sair com mão poderosa e vos resgatou, libertando-vos da condição servil" (Dt 7,7-8). Israel é escolhido entre os povos, é abençoado e cumulado de dons por Jhwh. Tudo está pronto para uma relação nova entre Jhwh e Israel.

O oferecimento da aliança – "Se quiserdes ouvir a minha voz e guardardes a minha aliança" (Ex 19,5).

O simples fato de Jhwh pedir ao povo uma resposta livre sublinha o caráter único da aliança mosaica. Mudaram completamente as relações entre a divindade e os homens. Não existe mais concorrência, mas a possibilidade de uma livre colaboração. Ao contrário, nas religiões vizinhas os homens não têm nenhuma escolha, nenhuma liberdade de recusar ou de aceitar. Sem dúvida, Jhwh se apresenta como Senhor poderoso, mas não como ditador: "Deus não é um tirano. Deseja que todos os que o servem o façam livremente e livremente aceitem seu projeto de salvação e que façam o bem não por temor, mas por livre-escolha" (Orígenes). Ao sim de Jhwh a seu povo deve corresponder – como resposta – o sim do povo, que se compromete a cumprir livremente sua vontade. A aliança mosaica é um intercâmbio livre de promessas e de compromissos. Deus escolheu para si um povo que, livremente, aceitou caminhar pela via indicada. Trata-se de uma etapa na história de Israel, que não é a primeira nem a última. É um novo testemunho da fidelidade de Jhwh a suas promessas de salvação e adquire seu significado pleno da aliança com Abraão, da qual esta é continuação. A aliança é precedida pela promessa feita a Abraão e a Isaac, de que ela é a primeira realização. Israel ficará para sempre sob a bênção da aliança abraâmica, que manterá todo o seu valor, mesmo quando Israel tomar o caminho do exílio, por causa de sua infidelidade: "Eu me lembrarei de minha aliança com Jacó, da aliança com Isaac e da aliança com Abraão" (Lv 26,42).

A lei – A aliança do Sinai obteve um duplo resultado: deu vida ao povo de Jhwh e ao mesmo tempo dotou-o de uma lei que tinha por finalidade conformar o agir de Israel às exigências de sua sublime vocação. A aliança com Abraão assume no Sinai sua forma completa para introduzir e fundar a lei, que doravante será inseparável da aliança. Esta lei, precisamente como a aliança, é dom de Deus a seu povo: "Entre todos os povos da terra, Jhwh escolheu Israel e deu-lhe sua lei". "Que grande nação tem leis e normas justas como é toda esta legislação que hoje vos exponho?" (Dt 4,8).

A lei está ligada ao êxodo, à eleição e à bênção de Jhwh para seu povo. Vem do êxodo, exprime-o e o continua. É o meio pelo qual o povo avança em seu caminho de êxodo-libertação, começado, mas ainda não terminado. A lei não existia no início da história do povo eleito. Israel foi escolhido, salvo e libertado sem a lei. Quando a recebeu, Israel já era um povo libertado. A lei não podia ser-lhe dada no Egito, mas só depois da libertação: escravos não têm lei! Jhwh libertador apela à liberdade do povo, para que este permaneça livre e se torne cada dia mais livre. Enraizada na recordação da libertação do Egito, a lei consagra a liberdade. A lei não salva nem dá a vida, por mais que esteja intimamente ligada à salvação e à vida. Dom de Deus a Israel, a lei é inseparável da graça da aliança e, consequentemente, do socorro divino, necessário para observá-la. A lei é o caminho a ser percorrido para manter-se na salvação, concedida e livremente aceita. Nunca é um meio para "conquistar" a relação com Jhwh, e sim o meio para vivê-la. A aliança mosaica foi concedida como pura graça de Deus; todavia, contém exigências religiosas e morais que precisam ser respeitadas, se Israel quiser permanecer na aliança. Assim como com a eleição e a aliança Jhwh tinha manifestado a Israel seu projeto de salvação, com a lei indica-lhe o modo para continuar a ser simplesmente povo (nenhuma comunidade humana pode viver sem lei) e permanecer povo de Deus por vocação especial. Existe continuidade entre o caminho da libertação e o da lei. Vivendo segundo a Lei, Israel caminha ao lado de seu Deus, torna-se ator responsável por seu próprio destino e sempre mais livre interiormente. Ora, um dom divino como a lei deve ser compartilhado por todos. A todo aquele que por sua vez tiver sido libertado da escravidão não é permitido tratar o irmão como uma coisa, dispondo de sua vida, de sua mulher, de sua reputação ou bens (Ex 20,13-17). A lei de Deus nunca deve ser separada nem de Jhwh que a deu (do contrário ela não "falaria" mais, tornar-se-ia uma coisa muda), nem dos outros beneficiários da aliança, com os quais deve ser compartilhada, ou seja, observada.

3. A ALIANÇA COM DAVI (2Sm 7,1-29) – A escolha inesperada de Davi sublinha mais uma vez a gratuidade dos planos de Deus. Encarregado, ainda muito jovem, da guarda do rebanho, não obstante é ele, o mais jovem, que é escolhido, entre os filhos de Jessé, para ser o sucessor do Rei Saul, rejeitado por Jhwh (1Sm 16,10-12).

A realeza da dinastia davídica é descrita nos termos da tradição abraâmica. Na pessoa de Davi as promessas feitas aos patriarcas são cumpridas e renovadas. Enquanto a aliança mosaica era condicionada, a aliança com Davi elimina expressamente toda ideia de ruptura: será uma aliança eterna e sob este aspecto está ligada à de Abraão. O triunfo de Jhwh rei, iniciado com o êxodo (a ideia de reino já estava presente no Sinai, cf. Ex. 19,6), concluir-se-á com o triunfo do rei messias, "filho de Davi". A esperança de Israel assenta na continuidade entre o passado, o presente e o futuro. A fidelidade à palavra dada, demonstrada por Deus no passado (Abraão), é a garantia das promessas no presente e no futuro (Davi e o Messias): é o que Maria anunciará no *Magnificat* (Lc 1,54-55).

A aliança com Davi adquire uma grande importância no momento do exílio, quando, das profundezas de sua miséria, Israel se pergunta se, depois de haver rompido tantas vezes a aliança mosaica, ainda era o povo de Jhwh digno de suas promessas. Os profetas, e sobretudo Jeremias, Ezequiel e Isaías, revelaram então aspectos novos da aliança divina, lembrando que se trata de uma disposição totalmente gratuita, que não se baseia nos méritos do povo, mas unicamente na misericórdia de Jhwh. A aliança não é tanto um pacto, mas, antes, um ato gratuito de Jhwh, que permanece fiel a seu povo. Seu juramento dura para sempre. A infidelidade de Israel não rompe automaticamente a aliança, porque Jhwh é livre para tolerar e perdoar.

Faz-se assim apelo a uma aliança que não é formulada em termos de bênçãos e de maldições e que, portanto, dependeria da maneira como os homens a observam, mas é uma aliança de pura promessa de Deus, válida para além de qualquer fraqueza humana. Vem à mente a promessa incondicionada feita a Davi, que não destrói a aliança do Sinai, mas, antes, a confirma, centrando-a no rei. Doravante, é através da descendência de Davi que Deus estará presente em seu povo.

A partir de Davi, a aliança de Deus com seu povo passa pelo rei. O trono de Israel será o trono de Davi. E é pela mediação de um rei, sucessor de Davi, que Deus salvará seu povo. A esperança de Israel torna-se então dinástica (→ Messianismo).

4. JEREMIAS E EZEQUIEL ANUNCIAM UMA NOVA ALIANÇA – *Jeremias* – A longa história da infidelidade de Israel, punido, nos tempos de Jeremias, com uma catástrofe sem precedentes, sublinha até demais a importância da lei e da aliança que era seu fundamento. O povo estava exilado na Babilônia. Era vã toda esperança humana de recuperação. Tudo parecia acabado. E, no entanto, tudo recomeça. Jhwh revela a Jeremias

o projeto de reunir Israel em torno de si com o vínculo de uma aliança eterna. É assim que Israel permanece fiel às promessas feitas a Abraão. Para além do juízo divino, Jeremias prediz um milagre de Deus. Anuncia uma aliança de tipo novo, que irá além das mediações externas e realizará uma união mais profunda com Jhwh: "Com a casa de Israel e com a casa de Judá farei uma aliança nova... Porei a minha lei em seu espírito, escrevê-la-ei em seu coração" (Jr 31,31-33).

Jeremias descreve a ação curadora e libertadora de Jhwh, que vai diretamente ao "coração" do problema, para curar os desvios do coração humano, onde têm origem as cumplicidades com o mal (Mc 7,21). Com a Nova Aliança, a lei de Deus mudará de *lugar*: não mais será escrita em tábuas de pedra, mas no coração do homem. Mudará de *função*: não será mais condição da promessa, mas seu *objeto*. Tornar-se-á mais *eficaz*: até agora, Israel *devia* observar a Lei, doravante *poderá* observá-la, porque terá plena capacidade para isto.

Ezequiel – Afirmando que "o instinto do coração humano está inclinado ao mal desde a infância" (Gn 8,21), Ezequiel anuncia uma mudança do coração. A novidade não é a da aliança, como em Jeremias, mas, antes, a do coração e do Espírito. Ezequiel descreve bem a ação interna que Deus realiza no coração do homem, a transformação interior profunda do parceiro humano: retirada do coração de pedra, implantação de um coração novo e ação contínua do Espírito Santo, o único capaz de dissolver as obras da carne e de fazer amadurecer as do Espírito (Gl 5,19-22): "Dar-vos-ei um coração novo, porei dentro de vós um espírito novo; retirarei de vós o coração de pedra e vos darei um coração de carne. Porei meu espírito dentro de vós" (Ez 36,26-27).

Ezequiel descreve a nova aliança com as categorias mais personalistas e espirituais de *coração* e de *espírito*, demonstrando, assim, que a lei interior de que falava Jeremias não era somente uma norma, e sim um princípio de ação, porque é somente o Espírito Santo que produz uma transformação profunda do coração humano. O conceito jeremiano de "lei interior" está ligado, em Ezequiel, a uma teologia do Espírito Santo. Em Jeremias, Deus dá uma lei, inscrevendo-a no coração; em Ezequiel, este dom adquire um nome: Espírito Santo, o dom de Deus por excelência. Passa-se da lei esculpida no coração para a "lei do Espírito" (Rm 8,2), viva e ativa no coração.

E é no coração humano de Jesus, no momento da paixão, que se realizaram antes de tudo as profecias de Jeremias e de Ezequiel. A lei de Deus está perfeitamente escrita em seu coração, Jesus tem o coração novo prometido por Ezequiel e Deus colocou nele seu Espírito. Agora, através do sacrifício de Cristo, as mesmas profecias se realizam em nós: é no coração de Jesus que nós, por nossa vez, adquirimos um "coração novo" (A. Vanhoye).

5. UMA HISTÓRIA DE SALVAÇÃO COM A FIGURA DO DEMÔNIO – Se quiséssemos traçar um diagrama da história de Israel, poderíamos representá-la com a figura do *demônio*, formado por dois cones com os vértices contrapostos e cujas pontas se tocam (a imagem é de H. Cooper). Ao longo de toda a antiga aliança, nota-se um processo de estreitamento, constituído por uma sucessão de chamados e de recusas.

Abraão é escolhido entre homens da Mesopotâmia muito mais refinados do que ele. Entre os filhos de Abraão, Ismael é rejeitado e, ao invés, Isaac é escolhido. Dos dois filhos de Isaac, o rejeitado é Esaú, ao passo que Jacó é escolhido. Mesmo sendo o "menos numeroso entre todos os povos", Israel é escolhido para ser o povo de Jhwh, para lhe ser consagrado. Também Davi, o mais jovem, é preferido aos outros filhos de Jessé. O processo de estreitamento acentua-se no momento do exílio babilônico: somente um pequeno resto voltará do exílio. Esta noção de "resto-elite" está ligada às próprias estruturas da fé de Israel: eleição, aliança, juízo, salvação. A severa pregação dos profetas que falam de ruptura e de infidelidade atenua-se com uma referência a um resto santo que será salvo. Mesmo nos momentos piores da história de Israel, sempre houve um pequeno resto fiel, onde a Palavra de Deus encontrou uma resposta plenamente humana, um resto-elite a que Jhwh reservou seus favores e em que se conservava o futuro inteiro do povo. Para além da descontinuidade, existiu sempre uma pequena continuidade. Por causa de seu amor, Jhwh reconstruirá sempre seu povo a partir deste resto "humilde e pobre" (Sf 3,12). *Pars pro toto*: é a parte que conduz o todo a bom fim. Este pequeno resto representa aos olhos de Jhwh a comunidade inteira. A parte fiel subsiste graças à eleição divina, operada no interior do próprio povo. Deus age a seu favor, para proporcionar perdão e salvação a Israel inteiro. É a raiz que transmite a santidade a todo o conjunto, é o núcleo de um novo Israel que finalmente viverá na santidade e na obediência. No final, este pequeno resto reduzir-se-á a alguma família santa – Isabel e Zacarias, Simeão e Ana, Joaquim e Ana – da qual nascerá Maria. Com a "pequena filha de Israel" chega-se à ponta do primeiro cone: o Senhor Deus finalmente poderá visitar seu povo. Partindo deste ponto central, o processo inverte-se e o segundo cone se irá alargando sempre mais. Passa-se da bênção única e excepcional de Maria, cheia de graça, para uma bênção universal que nos diz respeito a todos: no filho predileto do Pai e de Maria todos nós somos escolhidos para a glória da graça com que Deus nos presenteou em seu Filho (Ef 1,1-6).

Maria encontra-se no ponto de interseção dos dois cones, no ponto em que as duas alianças, a antiga e a nova, se encontram. Nela abraçam-se o passado e o futuro. A cadeia das profecias e das promessas da antiga aliança conduzia para o anúncio a Maria. Israel, portador de promessas, encontra sua consumação em Maria, verdadeira filha de seu povo. Sem seu *fiat*, não teria podido realizar-se a mudança de rota. Seu *sim* marca o fim da aliança antiga e o início da nova. Toda a luz da antiga aliança, de Eva até o livro da Sabedoria, resplandece em Maria, porque o "sol de justiça" (Ml 3,20) entrou em seu seio, onde começa a nova aliança, o reino do verdadeiro Davi, cujo domínio não terá fim (Lc 1,33).

Maria é o verdadeiro Israel e nela a antiga e a nova aliança estão indissoluvelmente unidas: existe uma continuidade de fé desde Abraão até Maria. Ela é o povo de Deus que produz frutos, graças ao poder misericordioso do Senhor. Teodoro de Ancira saúda Maria como livro novo da nova aliança, *novus tomus scriptionis novae.*

Não existe fratura entre as alianças, uma vez que há uma única economia de salvação, que tem o Pai como autor, o Filho como salvador e o Espírito Santo como promessa e dom. O Deus de Jesus Cristo é também o Deus da antiga aliança. Toda a história da antiga aliança tem o valor do modelo: indica a esperança do homem que se agarra às promessas de Deus (Abraão, Moisés, Davi) e finalmente encontra sua realização em Cristo. Em vista da vinda de Cristo, todo momento desta história se prolonga para frente, segundo uma dinâmica de continuidade e de superação.

Toda a antiga aliança é uma "parábola": a fé de Abraão já é a substância da fé cristã, ainda que escondida. O Apocalipse coloca as doze tribos de Israel (Ap 21,12) e os doze tronos da nova aliança (Ap 21,14) na mesma fila, diante do trono de Deus. Cristo é a conclusão da aliança antiga, é a soma de todas as promessas: "Nele todas as promessas de Deus se tornaram sim" (2Cor 1,19).

Concentrar-se em Cristo, único descendente, era condição de uma verdadeira universalidade, "a fim de que a bênção de Abraão passasse aos povos" (Gl 3,14). A partir de Cristo, opera-se uma inversão de perspectiva. A inserção sociológica em Israel não é mais necessária para a salvação: basta aderir a Cristo, autêntica descendência de Abraão. Cristo é ao mesmo tempo nossa aliança (Is 42,6), nossa lei (Gl 6,2) e eleito pelo Pai (Is 42,1). Doravante, nele e para Ele somos todos eleitos (Ef 1), a nova aliança conclui-se em favor de todos (Mt 26,28) e o Espírito Santo é oferecido a todos como lei (Rm 8,2).

Bibl. – G.E. Mendenhall, *Law and Covenant in Israel and the Ancient Near East*, Pittsburgh 1955; W. Moran, "De Foederis mosaici Traditione", em VD 40 (1962) 3-17; J. Giblet-P. Grelot, "Aliança", em *Vocabulário de teologia bíblica*, Petrópolis [4]1987, 25-33; P. Grelot, "Lei", Ibid., 513-523; J. Giblet, "Eleição", Ibid., 261-267; E. Hamel, *Les Dix Paroles. Perspectives bibliques*, Paris 1969; Id., "Alleanza e Legge", em RdT 16 (1975) 513-532; L. Monloubou-F.M. Du Buit, "Alliance", em *Dictionnaire biblique universel*, Paris 1985, 22-25; Id., "Élection", Ibid., 198-199; Id., "Loi", Ibid., 428-431.

ÉDOUARD HAMEL

ESCATOLOGIA

Quando se fala de escatologia, do ponto de vista cristão, é preciso ter presentes dois aspectos inseparáveis: por um lado, a plena revelação de Deus, que ocorreu em Jesus, o aparecimento de Deus no mundo, que constitui o evento decisivo que imprime à história sua orientação definitiva; com Cristo irrompeu no mundo "o último"; ainda melhor seria dizer que Ele é "o último". Por outro lado, e sempre em relação a este primeiro aspecto, há que considerar o conteúdo concreto da esperança cristã, não somente "o último", mas também "as últimas coisas", tudo o que espera o homem, seja no fim da história (escatologia coletiva ou final), seja no termo da vida mortal do homem (escatologia pessoal ou "intermediária"). Também este último ponto de vista tem a ver diretamente com Cristo. Efetivamente, a esperança cristã não pode ter outro objeto último que não seja Deus mesmo, que se manifesta a nós em Cristo. Portanto, a escatologia cristã não fala de um futuro intramundano superável, em princípio, por qualquer outro evento, mas do futuro absoluto que é Deus mesmo. Jesus, como evento escatológico, aponta para o sentido das realidades últimas do mundo e do homem. O que nele já aconteceu, ainda que de maneira velada, o que a partir da ressurreição é realidade nele, que é a cabeça, espera pela plena manifestação em todo o seu corpo.

A orientação cristológica da escatologia cristã lhe determina as características fundamentais. Antes de tudo, não podemos pretender uma "descrição" do mundo futuro. Jesus manifesta-nos o Pai, que ninguém viu (cf. Jo 1,18). A revelação de Deus em sua plenitude não somente é muito mais do que o olho viu e o ouvido ouviu, mas também está muito além do que nossa mente é capaz de imaginar (cf. 1Cor 2,9). Por isto, o próprio intento de descrever o que esperamos destruiria a própria esperança cristã; significaria reduzir a nosso horizonte mundano o que por definição o ultrapassa.

Em segundo lugar, a escatologia cristã é uma mensagem de salvação. Anuncia-nos a realização plena da salvação acontecida em Jesus. Se todo o evento-Cristo é salvífico, não pode deixar de sê-lo também sua manifestação definitiva. É verdade que a fé cristã afirma com toda a seriedade a possibilidade da condenação do homem, de sua recusa à graça oferecida a todos (pois só assim se afirma a autêntica liberdade do homem e, portanto, o caráter verdadeiramente humano da adesão a Deus e a seu convite à comunhão de amor); mas é igualmente claro que isto não pode constituir o centro de sua mensagem. A escatologia cristã é um aspecto do anúncio da salvação, é "evangelho" no sentido mais puro do termo. Assim o entenderam os primeiros cristãos, que desejavam ardentemente a plena manifestação de Jesus na glória.

Finalmente, a escatologia cristã está consciente de dever afirmar tanto a realidade já presente do "último" quanto o futuro das "últimas coisas". Por um lado, Jesus já veio, morreu e ressuscitou; mas, por outro, nós ainda não participamos plenamente de sua glória. Todavia, o senhorio de Cristo sobre tudo o que é real, a partir de sua ressurreição (→ Mistério pascal), ainda não se manifestou plenamente. Jesus já venceu o pecado e a morte, ao passo que nós ainda lhe experimentamos o peso: trata-se do paradoxo do presente e do futuro, da continuidade e da ruptura entre este mundo e os novos céus e a nova terra. O futuro absoluto é realmente antecipado em Jesus (do contrário, não poderíamos dizer absolutamente nada a respeito), já é relevante para nós e, em certo sentido, continua a ser a novidade radical que ultrapassa até nossos desejos. Na maioria dos escritos neotestamentários, encontramos esta tensão entre presente e futuro, que naturalmente admite ênfases diferentes de um aspecto ou do outro. Penso que, como norma hermenêutica, possa valer o princípio de afirmar ao mesmo tempo ambos os extremos, sem contrapor um ao outro. A realidade da salvação em Jesus não pode ser minimizada; o batismo significa uma participação em sua morte e em sua ressurreição. Por outro lado, a plena participação em sua glória pressupõe também a participação em sua morte, não apenas sacramentalmente antecipada. Todos nós e também o mundo que nos rodeia precisamos ser submetidos ao juízo da cruz de Cristo.

Os conteúdos concretos da escatologia cristã (em cujos detalhes não nos é possível entrar) também trazem o selo de Jesus, mostram que são o desenvolvimento do evento escatológico que ocorreu no mundo através de sua presença. No credo niceno-constantinopolitano, proclama-se a fé na vinda gloriosa de Cristo para julgar vivos e mortos e acrescenta-se que seu reino não terá fim. A manifestação gloriosa de Jesus foi o objeto da esperança dos primeiros cristãos. Se na ressurreição Jesus foi entronizado como Senhor, este domínio deve manifestar-se plenamente. A parusia do Senhor é, portanto, a consequência da ressurreição, a plena realização da salvação, cujo fundamento esta na vitória que Jesus obteve. Paulo exprimiu o conteúdo teológico deste evento em 1Cor 15,23-28; Cristo é a primícia da ressurreição que será seguida, quando de sua vinda, pela ressurreição de todos (logo voltaremos a este aspecto). A vinda ou parusia de Cristo significa o "fim" e, com este, a destruição de todas as potências inimigas de Deus e do homem, incluída a morte, contemplada aqui, sem dúvida, em sua íntima relação com o pecado (cf. 1Cor 15,54-56). Neste momento final, tudo é submetido a Cristo; seu domínio sobre o mundo torna-se realidade. Então Jesus entrega o → reino ao Pai, através de cuja iniciativa se realizou toda a história da salvação, que se conclui naquele momento. A referência de Jesus ao Pai, constante em todos os momentos de sua vida, encontra também aqui sua expressão. Com seu domínio pleno sobre toda sua criação, Deus será "tudo em todas as coisas".

A plena manifestação do domínio de Deus significa a plena salvação do homem. Na passagem que acabamos de referir, e também em outras (cf. p. ex., Fl 3,21; 1Ts 4,14-18), faz-se notar a conexão entre parusia e ressurreição. Esta última, como plenitude do homem, vem a ser a correlação do aparecimento de Jesus em sua glória. O domínio de Cristo sobre tudo significa nossa salvação plena. Portanto, a ressurreição equivale à plenitude do homem em todas as suas dimensões pessoais, cósmicas e sociais. A configuração com Cristo ressuscitado é a única vocação definitiva do homem. Ele é a primícia, a partir da qual torna-se realidade a ressurreição de todos os que são de Cristo (cf. 1Cor 15,20-23); é também o primogênito entre os mortos (cf. Cl 1,18) e, consequentemente, "da mesma forma que revestimos a imagem do homem terreno revestiremos também a do homem celestial" (1Cor 15,49). A ressurreição do último dia significa também a plenitude do corpo de Cristo, da Igreja celeste. Quando se fala da escatologia, não se pode esquecer a dimensão social da vida cristã, que em outros campos teológicos recebe grande destaque. O cap. VII da constituição LG do Concílio Vaticano II é bastante claro a este propósito.

A perfeita configuração com o Cristo ressuscitado e a participação em sua vida constituem justamente a "vida eterna", o "céu". A salvação do homem só pode ser Deus mesmo, visto que desde o momento da criação fomos feitos para Ele. Somente nele pode o coração humano encontrar descanso (cf. Santo Agostinho, *Confissões* I, 1). Por isto, a tradição da Igreja, com uma clara base bíblica (1Cor 13,12; 1Jo 3,2), falou da visão de Deus, intuitiva e "face a face", como sendo o conteúdo fundamental da recompensa dos justos. Uma visão que não deve ser entendida no sentido puramente intelectual, mas no de comunhão plena de amor com o Deus uno e trino, na realização total de nossa filiação divina. A condição do homem salvo é para muitas outras passagens do NT "estar com Cristo" (cf. Lc 23,43, 1Ts 1,17; Fl 1,2; Jo 17,24 etc.). Através da inserção no corpo glorioso do Senhor, obtemos a plenitude da vida.

Jesus, como presença definitiva da salvação e, neste sentido, como evento escatológico, abre-nos para a esperança das coisas últimas; e estas, em definitivo, concentram-se nele, mediante quem temos acesso ao Pai, no Espírito. Com efeito, não teria sentido que aquele que devia vir nos remetesse a alguém ou a algo diferente de si mesmo.

Bibl. – K. Rahner, "Theologische Prinzipien zur Hermeneutik eschatologicher Aussagen", em *Schriften zur Theologie* P7, Einsiedeln 1960, 401-428; J. Ratzinger, *Escatologia: morte e vita eterna*, Assis 1979; C. Pozo, *Teologia del'aldilà*, Roma 1981; J. L. Ruiz de la Pena, *L'altra dimensione. Escatologia Cristiana*, Roma 1981; H.U. von Balthasar, *Teodrammatica*, vol. IV: Ultimo atto, Milão 1986; M. Kehl, *Eschatologie*, Würzburg 1986; M. Bordoni-N. Ciola, *Gesú nostra speranza.* Saggio di escatologia, Bolonha 1988.

LUIS F. LADARIA

ESCRITURAS SAGRADAS

1. ESCRITURAS SAGRADAS E PALAVRA DE DEUS – O Concílio Vaticano II fez sua a expressão "as sementes do Verbo" (AG 11), que alguns dos primeiros Padres da Igreja usaram em relação às tradições religiosas dos povos aos quais procuravam levar a mensagem cristã. Aqui, a expressão é aplicada diretamente aos livros sagrados das diversas tradições religiosas da humanidade e mais especificamente aos escritos que estas consideram como "Escritura Sagrada". Em algumas destas tradições – entre elas o → hinduísmo – o conceito de "Escritura Sagrada" é mais fluido do que no cristianismo. Um determinado livro sagrado, como, por exemplo, a *Bhagavad Gītā*, pode ser reconhecido como Escritura Sagrada (*śruti*) por alguns ramos do hinduísmo religioso, sem que o mesmo valor lhe seja necessariamente atribuído por outras correntes, segundo as quais ela faz parte da "tradição" (*smrti*), e não da Escritura. Lembremos, porém, que nem mesmo entre os diversos ramos do cristianismo existe acordo completo sobre a "canonicidade" dos livros sagrados (→ Cânon); a própria tradição católica distingue entre livros canônicos e "deuterocanônicos". O problema da canonicidade é o da identificação, feita por uma comunidade religiosa, dos escritos sagrados em que ela reconhece valor de Escritura Sagrada. Mas há uma questão mais fundamental: Que é que faz um livro sagrado ser uma Escritura

Sagrada? Talvez os problemas sejam muitas vezes confusos, de modo a não favorecerem a clareza teológica. Seja como for, a questão que interessa antes de tudo deverá ser enunciada assim: Levando-se em conta o que na teologia cristã constitui a Escritura Sagrada, pode o teólogo reconhecer as "escrituras sagradas" das outras tradições religiosas como tais? E, em caso positivo, em que medida e de que maneira?

Precisamos lembrar as necessárias distinções entre revelação divina, profetismo e Escritura Sagrada, ainda que os diversos termos designem realidades interligadas entre si por múltiplas relações. Para admitir que Deus se revelou pessoalmente na história das nações, de maneira tal que a teologia possa falar de "revelação divina", mesmo que esta revelação seja ainda apenas uma etapa preliminar na história da salvação (→ História, V), orientada para a revelação hebraico-cristã, é suficiente recordar os santos "pagãos" do AT e as alianças divinas com a humanidade e com as nações (Gn 1,3; 9). Por outro lado, hoje se admite cada vez mais que o carisma profético conheceu antecedentes fora de Israel, tanto antes de Cristo como depois. Com efeito, o carisma profético precisa ser bem-entendido. Não consiste, primeiramente, em predizer o futuro, mas antes na interpretação, por parte de um povo, da história sagrada vivida por ele, das intervenções divinas em sua história. Também não podemos opor de modo fictício religião "profética" e religião "mística". De fato, a fonte do carisma profético é justamente uma experiência mística.

O carisma profético não é um privilégio exclusivo de Israel. O próprio AT reconheceu como autêntica profecia, vinda de Deus, quatro oráculos de Balaão, de que fala o livro de Números (Nm 22-24). No que concerne à antiguidade cristã, esta às vezes considerou como proféticos os oráculos sibilinos.

A bem-dizer, o verdadeiro problema não é o da revelação, nem o do profetismo, mas o das Escrituras Sagradas enquanto concernentes à Palavra de Deus, dita aos homens ao longo da história da salvação. Do ponto de vista cristão, a Sagrada Escritura contém a coletânea, a memória, de uma revelação divina de modo tal que Deus seja seu autor. Não que os autores humanos dos livros sagrados ou os compiladores que usaram tradições orais ou escritas sejam privados do pleno exercício de suas faculdades humanas e deixem de ser os autores de suas obras. Há que reconhecer o título de autor, ao mesmo tempo, a Deus e ao homem, se bem que em níveis diferentes. A Escritura Sagrada é "Palavra de Deus em palavras de homens". Uma vez que Deus é seu autor, não é apenas uma palavra humana sobre Deus, é palavra do próprio Deus; uma vez que o homem é seu autor, esta Palavra de Deus dirigida aos homens é verdadeiramente uma palavra humana, a única inteligível para eles. Para esclarecer o mistério "Deus e o homem coautores", tal como se realiza de modo único na Escritura Sagrada, a teologia cristã recorreu ao conceito de → inspiração. Tradicionalmente, por inspiração divina entende-se o fato de Deus, embora respeitando a atividade do autor humano, guiá-la e assumi-la de modo a fazer com que o que é escrito seja, em sua totalidade, Palavra de Deus dirigida ao homem.

Sem dúvida, é uma falha da teologia tradicional da Escritura Sagrada o fato de a função própria do Espírito Santo ter ficado em grande parte em silêncio. O termo "inspiração", usado continuamente, não altera em absoluto esta situação, pois sua origem e seu sentido profundo parecem o mais das vezes cair no esquecimento ou chamar pouca atenção. Não obstante a profissão de fé da Igreja, segundo a qual o Espírito Santo "falou por meio dos profetas" (Constantinopla I), a despeito também do título da encíclica *Divino Afflante Spiritu* e, além disto, da constituição *Dei Verbum*, do Vaticano II (11), a teologia corrente da Sagrada Escritura continua afirmando que Deus é autor de modo bastante indeterminado, que não faz justiça à influência que o Espírito Santo exerce nela pessoalmente. Por "inspiração divina" entende-se uma ação divina *ad extra*, comum às três pessoas, através da qual Deus mesmo é o autor da Escritura. Ela não parece remeter a uma presença ativa do Espírito de Deus que, inspirando os autores sagrados, imprime seu selo pessoal no que é escrito. A teologia da Escritura Sagrada deveria novamente, e mais do que no passado, colocar em evidência a influência pessoal exercida pelo Espírito. Só então teremos uma teologia da Escritura Sagrada que permita uma atitude mais aberta em relação às Escrituras Sagradas das outras tradições religiosas.

Rahner enfatizou o caráter comunitário das Escrituras sagradas: a Bíblia é o livro da Igreja; contém a Palavra de Deus dirigida à comunhão eclesial. Isto significa que, nos livros sagrados que a compõem, e particularmente nos do NT, a Igreja reconheceu a expressão autêntica de sua própria fé e a Palavra de Deus que a fundamenta. Com efeito, a Escritura Sagrada é um elemento constitutivo do mistério da Igreja reunida pela Palavra de Deus. Mas, por outro lado, isto não exige que o autor sagrado esteja consciente de ser movido a escrever pelo Espírito Santo. Sabemos que o carisma de inspiração escriturística se estende muito além do grupo dos autores sagrados a que são atribuídos os diversos livros. Efetivamente, estes "autores" têm muitas vezes função de "redatores" ou de "editores" das tradições orais ou escritas que os precedem. É possível que também os evangelhos apócrifos tenham conservado algumas palavras autênticas de Jesus.

Se assim é, o problema é saber se a teologia cristã pode reconhecer nas outras Escrituras Sagradas uma Palavra de Deus inspirada pelo Espírito Santo e dirigida por Deus a outras comunidades religiosas; e, em caso afirmativo, de que maneira esta palavra é Palavra de Deus. Deve-se reconhecer nelas uma palavra inicial de Deus ao homem, inspirada pelo Espírito Santo, ou, ao invés, ver nelas apenas uma palavra humana sobre Deus, ou também uma palavra do homem a Deus, no aguardo de uma resposta divina? Se se trata realmente de uma palavra inicial de Deus, ainda é preciso perguntar-se: Que ligação existe entre esta palavra inicial, dita por Deus aos homens, tal como está contida nas Escrituras Sagradas das diversas tradições religiosas, e a palavra decisiva que Ele disse aos homens em Jesus Cristo, e de que o NT representa a coletânea oficial?

Devemos afirmar que a experiência religiosa dos sábios das nações é guiada e dirigida pelo Espírito. Sua experiência de Deus é experiência de seu Espírito. Indubitavelmente, há que se admitir também que esta experiência não é destinada só a eles. Em sua providência, Deus, ao qual cabe a iniciativa de todo encontro divino-humano, quis falar às próprias nações através da experiência religiosa de seus profetas. Dirigindo-se pessoalmente a eles, no segredo íntimo de seus corações, Deus quis manifestar-se às nações e revelar-se em seu Espírito. Desta maneira, Ele entrava secretamente na história dos povos e a dirigia para o cumprimento final de seu projeto. Pode-se, portanto, dizer que o caráter social das "Escrituras Sagradas" das nações foi querido por Deus. Estas Escrituras representam o patrimônio sagrado de uma tradição religiosa em vias de realização, não sem a intervenção da Providência Divina. Elas contêm palavras de Deus aos homens nas palavras dos sábios, na medida em que reproduzem palavras secretas, ditas pelo Espírito ao coração dos homens, mas destinadas pela Providência Divina a conduzir outros homens à experiência do mesmo Espírito. Parece-nos que afirmar menos do que isto seria subestimar o realismo da manifestação de Deus às nações.

O que aqui se sugere não equivale a dizer que *todo* o conteúdo das Escrituras Sagradas das nações seja Palavra de Deus em palavras de homens; podem ter sido introduzidos muitos elementos na compilação dos livros sagrados, que representam apenas palavras humanas sobre Deus. Menos ainda se trata de dizer que as palavras de Deus, contidas nas Escrituras Sagradas das nações, representem a palavra decisiva que Deus lhes dirige, como se não tivesse nada mais a dizer, além do que já dissera através da mediação de seus profetas. A afirmação feita acima equivale a dizer que a experiência pessoal do Espírito feita pelos sábios, na medida em que é, segundo a divina providência, uma primeira antecipação pessoal de Deus para as nações e na medida em que foi autenticamente recolhida em suas Escrituras Sagradas, é uma palavra pessoal que Deus lhes dirige através dos intermediários escolhidos por Ele. Num sentido verdadeiro, mas sem dúvida difícil de especificar mais detalhadamente, esta palavra pode ser qualificada como "palavra inspirada por Deus", desde que não se tenha dos conceitos uma acepção por demais restrita e se leve suficientemente em conta a influência cósmica do Espírito Santo.

2. REVELAÇÃO PROGRESSIVA E DIVERSIFICADA – A Epístola aos Hebreus afirma claramente (1,1) que a palavra pronunciada por Deus em Jesus Cristo – no Filho – é sua palavra decisiva e, neste sentido, definitiva. Em que sentido e de que maneira Jesus Cristo é a plenitude da revelação? Onde reside exatamente esta plenitude? Para evitar qualquer confusão, é preciso dizer que a plenitude da revelação não é, falando-se com propriedade, a palavra escrita no NT. Este último é a coletânea oficial, a memória autêntica da revelação. Tradicionalmente tem-se dito que, do ponto de vista cronológico, esta coletânea teve fim com a morte do último apóstolo; é preferível observar que, do ponto de vista textual, ela termina com a composição do último livro incluído no NT. Esta memória autêntica – que faz parte da tradição constitutiva – deve, todavia, ser distinguida do próprio evento Jesus Cristo, de quem dão testemunho as testemunhas autênticas e autorizadas. O que constitui a plenitude da revelação é a própria pessoa de Jesus Cristo, suas obras, suas palavras, sua vida, sua morte e sua ressurreição, em uma palavra, o evento Jesus Cristo. Em Jesus Cristo, Deus disse ao mundo sua palavra decisiva, à qual nada pode ser acrescentado como revelação divina. É isto que pretende afirmar a constituição *Dei Verbum*, do Vaticano II, ao distinguir a revelação plena no evento Jesus Cristo (4) de sua "transmissão" no NT, que faz parte da tradição apostólica (7). A memória autêntica do evento, proporcionada pelo NT, é sem dúvida normativa (*norma normans*) para a fé da Igreja de todos os tempos; nem por isto constitui a plenitude da Palavra de Deus aos homens. O próprio NT testemunha o fato de que esta memória reproduz o evento de maneira incompleta (Jo 21,25).

Por conseguinte, se é imperioso atribuir ao NT um carisma especial e único de inspiração escriturística, é porque ele contém a coletânea oficial da revelação definitiva que, em Jesus Cristo, Deus dirige a todos os homens. Por mais incompleta que possa ser tal coletânea, ela traz, pela inspiração do Espírito Santo, um selo de autenticidade que permite à comunidade eclesial reconhecer aí a expressão oficial de sua própria fé, isto é, o sentido verdadeiro do que Deus fez pelos homens em Jesus Cristo. Para ser entendida corretamente, a especial influência exercida pelo Espírito Santo na composição do NT deve ser vista como parte integrante de sua ação criadora da Igreja.

A Igreja nasceu em Pentecostes da efusão do Espírito de Cristo ressuscitado. A presença do Espírito entre os primeiros crentes e sua contínua *paráclēsis* fazem da Igreja a comunidade escatológica encarregada de dar testemunho do evento revelador de Deus, que aconteceu nos tempos derradeiros. A composição do NT é parte essencial desta criação da Igreja, pois sem isto a comunidade eclesial não poderia dar seu testemunho autêntico. Sob um especial influxo do Espírito Santo, a Igreja primitiva recolheu para si mesma e para as gerações futuras o sentido do evento Jesus Cristo. Por conseguinte, a coletânea de escritos neotestamentários, feita pela Igreja primitiva, não é somente uma palavra que Deus dirige aos homens através da experiência pessoal do Espírito, feita pelos videntes individualmente; é a palavra definitiva de Deus aos homens, escrita sob a direção especial do Espírito Santo, por membros da comunidade escatológica que Ele enche com sua presença. É neste sentido que o NT é elemento constitutivo do mistério da Igreja.

Todavia, uma vez reconhecido o caráter único do evento Jesus Cristo e afirmado sem ambiguidade o lugar único que o registro oficial deste evento, feito pela comunidade escatológica da Igreja, ocupa no mistério da revelação de Deus ao mundo, ainda há espaço para uma teologia aberta da revelação e das Escrituras Sagradas. Tal teologia verá que Deus, antes de dizer a última palavra em Jesus Cristo e antes ainda de falar por meio dos profetas do AT, já havia pronunciado uma palavra inicial aos homens através dos profetas das nações, palavra de que podemos encontrar alguns vestígios nas Escrituras Sagradas das tradições religiosas do mundo. A palavra final não exclui uma primeira palavra, antes, supõe-na. Tampouco podemos dizer que a palavra inicial de Deus seja a que consta no AT, pois o próprio AT testemunha o fato de que Deus falou às nações antes de falar a Israel. As Escrituras Sagradas das nações, o AT e o NT, representam, portanto, as diversas maneiras e as diversas formas pelas quais Deus se dirige aos homens ao longo do contínuo processo da revelação que faz de si mesmo. Na primeira etapa, Deus faz ouvir no coração dos videntes uma palavra secreta da qual as Escrituras Sagradas das tradições religiosas do mundo podem pelo menos conter alguns vestígios. Na segunda etapa, fala oficialmente a Israel pela boca de seus profetas e todo o AT recolhe esta palavra. Nestas duas primeiras etapas, a Palavra de Deus está orientada, ainda que de maneira diferente em cada uma, para a revelação plena que acontecerá em Jesus Cristo. Nesta terceira e última etapa, Deus diz sua palavra decisiva no Filho e é desta que o NT inteiro dá testemunho oficial.

As Escrituras Sagradas das nações podem conter somente palavras de Deus iniciais e veladas; estas palavras não têm o caráter oficial que se reconhece ao AT e muito menos o valor definitivo do NT. Pode-se, porém, designá-las como palavras divinas na medida em que Deus as diz através de seu Espírito. Do ponto de vista teológico, os livros sagrados que as contêm merecem, em certo sentido, a qualificação de Escrituras Sagradas. Em última análise, estamos diante de um problema de terminologia, a saber: Que é que se deve entender por *Palavra de Deus, Escritura sagrada* e *inspiração*?

Pode-se, como tem acontecido tradicionalmente, dar uma definição teológica restrita destes termos. Aí somos obrigados a restringir sua aplicação exclusivamente às Escrituras da tradição hebraico-cristã. Mas podemos também dar-lhes um significado mais amplo, não sem válido fundamento teológico, segundo o qual os termos podem ser aplicados às Escrituras das outras tradições religiosas. Por conseguinte, os termos *Palavra de Deus, Escritura Sagrada, inspiração* não exprimem exatamente a mesma realidade nas diversas etapas da história da revelação e da salvação; mas em cada etapa estes termos representam uma verdadeira realidade e, portanto, podem ser utilizados para cada uma delas, desde que nos lembremos das necessárias distinções. Com efeito, embora seja importante conservar intacto o significado único da Palavra de Deus trazida pela revelação hebraico-cristã, não é menos importante reconhecer plenamente o valor e o sentido das Palavras de Deus contidas na revelação cósmica. *Palavra de Deus, Escritura Sagrada* e *inspiração* constituem, portanto, conceitos análogos que se aplicam de maneira distinta às diversas etapas de uma progressiva revelação "diferenciada" (cf. Cl. Geffré).

A história da salvação e da revelação é uma só; nas suas diversas etapas – cósmica, israelita, cristã – traz de maneira diferente o selo da influência do Espírito Santo. Com isto, pretendemos afirmar que, ao longo das etapas de sua autorrevelação, Deus, em sua providência, dirige pessoalmente a humanidade para o fim que lhe assinalou. O positivo querer divino da revelação cósmica, como revelação pessoal de Deus às nações, compreende suas Escrituras Sagradas, enquanto "preparação evangélica". As "sementes do Verbo" contidas nestas Escrituras são palavras de Deus em germe, em que não está ausente a influência do Espírito. Com efeito, a influência do Espírito é universal; estende-se às palavras ditas por Deus à humanidade em todas as etapas da revelação de si mesmo, que Deus concede gratuitamente à humanidade.

Bibl. – K. Rahner, *Sull'ispirazione della sacra Scrittura*, Brescia 1967 (orig. 1959); K. Rahner-J. Ratzinger, *Rivelazione e Tradizione*, Brescia 1970; M. Dhavamony (ed.), *Révélation dans le christianisme et les autres religions*, Roma 1971; Id., *Founders of Religions*, Roma 1984; I. Vempeny, *Inspiration in the non-Biblical Scriptures*, Bangalore 1973; D.S. Amalorpavadass (ed.), *Research Seminar on non-Biblical Scriptures*, Bangalore 1975; Cl. Geffré, "Le Coran, une parole de Dieu différente?", em *LumVie* 32 (1983) 21-32; GRIC, *Ces Écritures qui nous questionnent: La Bible et le Coran*, Paris 1987.

JACQUES DUPUIS

ESPÍRITO SANTO

Que lugar compete ao Espírito Santo na Teologia Fundamental? Se consultarmos o *Dictionnaire apologétique de la foi catholique* (ed. D'Alès, Paris, 1903-1931), teremos a surpresa de constatar que o verbete "Esprit Saint" está totalmente ausente. Isto não foi um esquecimento, já que, percorrendo o índice analítico do referido dicionário – exemplar significativo da apologética clássica – deparamos não poucas referências ao Espírito Santo, como, por exemplo, nos verbetes: infalibilidade papal, graças etc. De toda a vasta obra do Espírito, tal como nos é atestada pela revelação e pela liturgia, a teologia pré-conciliar se limitava geralmente a sublinhar dois aspectos: o Espírito Santo era apresentado como fiador e conservador fiel, que mantém inalterada a instituição fundada por Cristo (tradicionalismo) e, no tocante aos fiéis, era considerado o "dulcis hospes animae", dando, de resto, a este tema da inabitação um tom devocional e uma inflexão de intimismo.

A reviravolta acontecerá com o → Vaticano II, mas não sem muito trabalho; ainda no primeiro esquema *De Ecclesia* deviam-se registrar três grandes defeitos presentes no texto: triunfalismo, clericalismo e juridicismo. Trata-se de verdadeiros pecados contra o Espírito Santo: o triunfalismo, em sua identificação da Igreja com Cristo e com o Reino de Deus, negligencia o fato de que, enquanto na redenção o Verbo agiu através de uma natureza humana livre do pecado, agora, no tempo da Igreja, opera com seu Espírito através de homens marcados pelo pecado e a ele sujeitos. Também o clericalismo coloca em primeiro plano o homem detentor de um cargo, como protagonista da salvação, e não o Cristo glorioso e presente no Espírito. Finalmente, o juridicismo sublinha de tal maneira a instituição eclesiástica que deixa na sombra a ação interior do Espírito, que pode, somente ele, fazer de um ato praticado pela Igreja um evento de salvação.

Na verdade, o concílio não somente superou estes riscos, mas, graças às amplas perspectivas abertas pela renovação bíblica, patrística e litúrgica, ofereceu interessantes contribuições de notável densidade pneumatológica que, oportunamente valorizadas, acabam incidindo de maneira significativa nos principais núcleos da Teologia Fundamental.

De vez que o traço específico que define esta disciplina é a verificação da → credibilidade da *revelação* de Deus operada em Jesus Cristo e tornada atual pelo Espírito através da *Igreja* no hoje da *história*, parece oportuno estruturar a presente pesquisa em torno de três polos principais: *Espírito e revelação, Espírito e Igreja, Espírito e história.*

1. ESPÍRITO E REVELAÇÃO – A perspectiva histórico-salvífica, privilegiada pelo Vaticano II, levou a uma reconsideração da revelação em chave do evento trinitário, um evento que se desenrola na história e tende à comunhão beatífica. A apologética anterior preferia identificar o sujeito da revelação em "Deus", isto é, na única natureza divina, prescindindo de seu ser Trindade de pessoas ("monoteísmo pré-trinitário"). Nestes termos exprimia-se também o Vaticano I: "Aprouve a sua (de Deus) sabedoria e bondade... revelar-se a si mesmo" (DS 3004). Compare-se esta passagem, de caráter fortemente teocêntrico, com a passagem similar, porém marcadamente triadocêntrica, da *Dei Verbum*: "Aprouve a Deus, em sua bondade e sabedoria, revelar-se a si mesmo e manifestar o mistério de sua vontade (cf. Ef 1,9), mediante o qual os homens, por meio de Jesus Cristo, Verbo feito carne, no Espírito Santo têm acesso ao Pai e são feitos participantes da natureza divina" (DV 2).

A revelação inteira é, pois, uma história de amor que vem "*a* Patre *per* Filium *in* Spiritu Sancto *ad* Patrem". A visão do concílio é claramente cristocêntrica, mas não cristomonista: o Pai revela-se à humanidade e a atrai a si, mediante "as duas mãos" (cf. Ireneu, *Adv. Haer.* V, 6,1), ou seja, mediante a ação conjunta do Verbo e do Espírito: Cristo põe a realidade objetiva de salvação e de revelação e o Espírito a inspira e a interioriza. Este não emite palavras novas, mas torna novas as palavras de Cristo. Segundo João, o Espírito é o outro Paráclito em relação a Cristo, mas não Paráclito outro, isto é diferente, de Cristo (Jo 14,16: *állos*, não *héteros*). Como Espírito de verdade, ele deverá "ensinar e recordar" tudo o que Jesus disse (Jo 14,26), mas "não falará por si", e guiará para a plenitude da verdade, haurindo continuamente da revelação de Jesus (Jo 16,13-14).

Na linha da reflexão patrística e especialmente da agostiniano-tomista, o concílio ajuda a entender a obra reveladora do Espírito mediante as duas categorias da *universalização* e da *interiorização*. "O que o Senhor uma vez (*semel*) pregou ou nele se realizou pela salvação do gênero humano deve ser proclamado e difundido até a extremidade da terra (cf. At 1,8), começando por Jerusalém, de modo que tudo quanto uma vez foi operado para a salvação de todos (*pro omnibus*) produza seu efeito em todos (*in universis*) ao longo dos séculos" (AG 3). Se, portanto, é o Filho que se encarna na história, é o Espírito que abre a história à escatologia, fazendo de Cristo o ser escatológico, o último Adão. Assim, por obra do Espírito, o evento único do Cristo adquire uma atualidade permanente, sua salvação cruza todas as latitudes e se estende a cada hora da história. Mas a "realização" operada pelo Espírito em relação ao Cristo deve ser entendida corretamente; não é um acréscimo vindo de fora, já que à obra de Cristo nada faltou e tudo nele se cumpriu à perfeição (cf. Jo 19,30); o Espírito universaliza a redenção, realizando-a *de dentro*, isto é, interiorizando-a: "Para realizar isto [a difusão universal da salvação até as extremidades da terra e até o fim dos séculos], Cristo enviou da parte do Pai o Espírito Santo, para que realizasse de dentro (*intus*) sua obra de salvação" (AG 4).

Assim, os dois braços de amor do Pai, Cristo e o Espírito, operam de maneira unida, mas não confundindo-se: um exprime, o outro imprime; um é palavra, o outro é sopro que a acompanha e a introduz no coração dos crentes: "Efetivamente, ninguém pode acolher a pregação evangélica sem a iluminação e a inspiração do Espírito Santo que dá a todos doçura em consentir na verdade e em crer nela" (DS 377; 3010; DV 5).

Uma releitura do evento revelador, pneumatologicamente mais atenta, como é feita pelo Vaticano II, comporta a superação dos diversos riscos em que incorrera a apologética pré-conciliar.

a. Antes de tudo, o risco de *intelectualismo.* Para definir a revelação, a apologética clássica tinha privilegiado a categoria da "palavra": a revelação é "locutio Dei attestantis". Esta é a analogia onipresente no Antigo como no Novo Testamento (Hb 1,1), mas, para proteger o conceito de revelação das negações do racionalismo e das contaminações do protestantismo liberal, descrevia-se formalmente a palavra reveladora em termos de ensinamento, reduzido a relações de mestre para aluno. Acabava-se assim insistindo no aspecto conceptual da revelação, tendendo a fazer desta a manifestação de um sistema de ideias, mais do que a comunicação de uma pessoa, o Cristo, a Verdade em pessoa. Em tal concepção privilegiavam-se as palavras em relação aos fatos e estes apareciam apenas como garantia de revelação e não também como meio de revelação.

Entendendo a revelação não somente no contexto do *Logos*, mas também no do *Pneuma*, o concílio recupera a dimensão histórica da autocomunicação trinitária, mostrando como esta acontece *na* história e *por meio* da história: "Esta economia da revelação acontece com eventos e palavras intimamente correlacionados, de modo que as obras, realizadas por Deus na história da salvação, manifestam e reforçam a doutrina e as realidades significadas pelas palavras e as palavras declaram e esclarecem o mistério nelas contido" (DV 2). Sem silenciar o caráter doutrinal da revelação, a DV sublinha que a palavra-história do Deus que se revela nasce do amor e tende ao amor: "Efetivamente, com esta revelação Deus invisível em seu grande amor fala aos homens como a amigos e se entretém com eles, para convidá-los e admiti-los à comunhão consigo" (DV 2). A aliança inclui o ensinamento, mas para chegar à comunhão.

b. Este defeito do intelectualismo refletia-se em particular na concepção da Sagrada Escritura. Ao ataque agressivo do racionalismo, que negava a divindade da Bíblia, pretendendo ressaltar seus múltiplos erros lógicos, a apologética reagia, defendendo a inerrância da Bíblia, mas sempre no plano da verdade lógica, isto é, proposicional (*proposicionalismo*). Partindo da concepção da linguagem, vista como uma série de proposições, tanto a polêmica racionalista quanto a contraofensiva apologética identificavam a Palavra com a proposição; acabava-se assim seccionando a Bíblia em vários milhares de enunciados, cada um dos quais conteria uma verdade objetiva de fé. Como se vê, tomava-se em consideração somente o aspecto cognoscitivo da Escritura e se recorria a esta como a um *lócus argumentorum*. No manual, a Bíblia era citada em função da comprovação das teses e nenhuma destas levava em consideração o valor salvífico da palavra. Por exemplo, do texto clássico de 2Tm 3,16 citava-se somente o aspecto da inspiração (que servia como base para a inerrância), deixando em silêncio o outro – mais sublinhado no texto – da eficácia salvífica da Escritura, "útil para ensinar, convencer, corrigir e formar na justiça". De fato, na Escritura é mais fácil encontrar afirmações sobre o dinamismo salvífico da palavra do que sobre sua verdade: prenhe da energia do Espírito, a palavra inspirada é vista como palavra que opera (*energéitai*: 1Ts 2,13), isto é, não somente ensina, mas produz eficazmente a salvação, fazendo ressoar a voz poderosa do Espírito (DV 21; cf. Rm 1,16; Tg 1,21; 1Cor 1,18; 2Tm 2,9 etc.).

c. A apologética tradicional limitava-se a tratar a messianidade de Cristo, apresentandoo como "legado divino" que veio falar em nome de Deus, e transferia para a dogmática os outros testemunhos de Jesus sobre si mesmo, como Filho do Pai. Tal apresentação, operando uma dicotomia artificial entre legado divino e Filho do Pai, corre o risco de colocar-nos diante de um Jesus amputado (*jesuanismo*), que só em parte combina com o Cristo dos evangelhos.

Ao contrário, uma sadia → cristologia fundamental não pode deixar de desenvolver-se à luz de uma compreensão pneumática do evento Cristo; "Cristo", com efeito, significa "consagrado com o Espírito Santo"; ora, "a vida inteira de Cristo desenrolou-se na presença do Espírito" (Basílio, *De Spir. S.* 16), desde o nascimento ("incarnatus est de Spiritu Sancto": DS 150), ao batismo ("depois do batismo pregado por João... Deus ungiu – *échrisen* – Jesus de Nazaré com Espírito Santo e poder": At 10,38) até a Páscoa ("constituído Filho de Deus com poder, segundo o Espírito de santificação, mediante a ressurreição dos mortos": Rm 1,14).

Por isso, uma cristologia verdadeiramente "fundamental" não é a que se limita a considerar uma parte do Cristo (sua função de enviado divino), pretendendo fundar sobre ela a subsequente construção dogmática; proibindo-se todo conhecimento de Cristo segundo o Espírito, tal cristologia acabaria deslizando mais cedo ou mais tarde para o plano inclinado de uma "jesuologia" mais ou menos disfarçada, ou seja, de um conhecimento de Jesus Cristo "segundo a carne", justamente rejeitado pela revelação (cf. 2Cor 5,16).

d. Consequentemente, uma compreensão adequada da realidade e da obra do Revelador não poderá depender só da lógica e da dialética, armas preferidas pela apologética clássica. Sem dúvida, em termos de fundamentação teológica da fé cristã, válida para crentes e não crentes, não se pode renunciar aos dados da experiência humana e da razão; contudo, não se deverá pedir ao teólogo fundamental que suspenda deliberadamente sua fé ou que ponha em dúvida suas certezas basilares. Tal tipo de "apologética do limiar" cairia inevitavelmente nos escolhos do *racionalismo*, que pretende caminhar para a fé eliminando com a dúvida cartesiana todo gênero de pressuposto, para começar a partir de fundamentos presumidamente neutros. Ao contrário, uma verdadeira Teologia Fundamental renuncia à pretensão artificial de uma neutralidade metodológica, na convicção de que a autêntica objetividade científica não se atinge em teologia na ilusão de que se está partindo sem pressupostos – esta pretensão, na realidade, constituiria o mais colossal dos preconceitos! – mas reconhecendo honestamente estes pressupostos de fé e refletindo criticamente sobre eles.

A apologética não pode nunca decair ao nível de sabedoria humana nem pode assentar sobre "discursos persuasivos de sabedoria, mas sobre a manifestação do Espírito", pois "o homem natural não é capaz de compreender as coisas do Espírito de Deus" (1Cor 2,4.14). Também a Teologia Fundamental é "fides quaerens intellectum" e por isto não se construirá nunca em oposição à dogmática: visto que a revelação – como evento cristológico-pneumático – é conjuntamente mistério de fé e evento da história, seu procedimento será, necessariamente, ao mesmo tempo apologético e dogmático.

2. ESPÍRITO E IGREJA – "Já que o Espírito Santo procede como amor, ele procede como primeiro dom" (STh I, 38,2): primeiro na extraordinária abertura de Deus a nós, o Espírito é também o primeiro a suscitar o acolhimento de adoração e a fé obediente do homem ao dom que vem do alto. Este encontro de amor entre Deus e o homem realiza-se, "por obra do Espírito Santo", de modo hipostático em Jesus, para realizar-se de modo místico em nós: "O Verbo e Filho do Pai, unido à carne, tornou-se carne, homem completo, para que os homens, unidos ao Espírito, se tornassem um só Espírito. Ele é Deus portador da carne (*sarkóphoros*) e nós homens portadores do Espírito" (*pneumatóphoroi:* Atanásio, *De Inc. Ver.* 8). O retorno obediente ao Pai, inaugurado por Jesus, toma "corpo" na Igreja, em que todos os filhos, renascidos da água e do Espírito, revivem a oração do Filho: "Abba, Pai" (Rm 8,15).

Desde o início de sua autorreflexão, a comunidade cristã sempre se entendeu como povo de Deus, corpo de Cristo e, por isto, também como templo do Espírito (1Cor 3,16; 6,19; 2Cor 6,16) e explicitamente ligou sua existência à fé na terceira pessoa da Trindade: demonstra-o também o símbolo constantinopolitano, em que o artigo "Creio do Espírito Santo" segue imediatamente o da Igreja "una, santa, católica, apostólica" (DS 150).

De fato, desde os primeiros passos de sua caminhada na história, a comunidade cristã teve que enfrentar duas tentações: por um lado, a de sonhar com uma Igreja totalmente espiritual, sem mais necessidade de sinais e de estruturas visível (*Espírito sem Igreja*) e, por outro, a de configurar-se como sociedade totalmente centrada na instituição hierárquica (*Igreja sem Espírito*). Tendo-se desenvolvido no clima polêmico antiprotestante e antirracionalista, a apologética clássica estava naturalmente exposta ao risco de uma pesada acentuação do componente jurídico-social da realidade-Igreja e de uma preocupante redução da eclesiologia exclusivamente à dimensão hierárquica. O maciço esquecimento do Espírito radicalizou-se no Iluminismo, que acabou contagiando uma certa manualística deteriorada, segundo a qual a Igreja seria como que uma máquina, acionada no início por Jesus e em seguida entregue, uma vez por todas, às mãos da hierarquia. A renovação teológica da escola de Tubinga, sobretudo por obra de J.A. Möhler († 1838), reagia ao definhamento do racionalismo, enfatizando o primado do Espírito sobre o elemento institucional, e concebia a Igreja como "encarnação continuada" de Cristo. O Vaticano I não encontrou maneira de recolher estes estímulos tão promissores e foi obrigado a limitar a prevista constituição sobre a Igreja exclusivamente à questão do pontífice romano: a *Pastor Aeternus*, de 18.7.1870, definia o primado e a infalibilidade do papa, ao passo que o Espírito Santo era ali mencionado apenas como garantia de assistência ao magistério petrino (DS 3060).

A recuperação do elemento espiritual e carismático, ocorrida por obra da *Mystici Corporis*, de Pio XII (1943) – ainda que estritamente enquadrada na perspectiva da eclesiologia jurídica – desembocou na síntese equilibrada e dinâmica da *Lumen Gentium*: "A sociedade constituída de organismos hierárquicos e o corpo místico de Cristo, a comunidade visível e a espiritual, a Igreja terrena e a Igreja já de posse dos bens celestes não devem ser considerados como duas coisas diferentes, mas formam uma única realidade complexa, resultante de um duplo elemento, humano e divino" (LG 8). Como se vê, o Concílio quer oportunamente evitar os dois erros eclesiológicos mais perigosos: o do *naturalismo*, que vê a Igreja como simples instituição humana, provida de regras disciplinares e de ritos externos; e o oposto do *misticismo*, que sublinha de tal modo sua componente sobrenatural e interior, que a considera como realidade escondida e totalmente invisível. São dois erros que a *Mystici Corporis* (AAS 35, 1943, 220-224) e, já antes, a *Satis Cognitum*, de Leão XIII (AAS 28, 1896, 710), tinham comparado às duas mais graves heresias cristológicas: a do nestorianismo, que considerava em Cristo apenas sua natureza visível, e a do monofisismo, que considerava apenas sua natureza divina invisível. Na realidade, não pode existir nenhuma verdadeira oposição entre a missão invisível do Espírito Santo, que tem como efeito a formação e a animação do Corpo místico, e o encargo jurídico, que os pastores receberam de Cristo, com base no qual a Igreja é uma comunidade hierárquica: "em virtude de uma não fraca analogia, (a Igreja) é comparada ao mistério do Verbo encarnado. Efetivamente, assim como a natureza assumida serve ao Verbo divino como órgão vivo de salvação, indissoluvelmente unido a Ele, de maneira não dissimilar o organismo social da Igreja serve ao Espírito de Cristo que a vivifica, para o crescimento do corpo (cf. Ef 4,16)" (LG 8).

O Vaticano II manteve a essencial referência cristológica, mas, integrando tal referência numa ampla perspectiva pneumatológica, permite focalizar aspectos essenciais da Igreja aos quais nem sempre a teologia latina e em particular certos tratados "De Ecclesia" tinham dedicado a devida atenção.

a. A → Igreja não pode ser considerada como pura reedição da história de Jesus, mas deve ser vista como *evento* de seu Espírito. Em outros termos, a relação entre Jesus e a Igreja não pode ser reduzida à relação entre um fundador e sua instituição (relação de sucessão: primeiro Jesus, depois a Igreja); é antes uma relação de sacramentalidade: primeiro Jesus que prepara a Igreja, depois Jesus no Espírito que vive na Igreja. Sem o dom do Espírito, não se dá o "nós eclesial" (cf. At 15,28). Portanto, não existe Igreja sem Espírito: "Lá onde está a Igreja, ali também está o Espírito de Deus; e lá onde está o Espírito de Deus, ali está a Igreja e toda graça" (Irineu, *Adv. Haer.* III, 24,1).

Consequentemente, a memória de Jesus, ou anamnese, nunca poderá bloquear a Igreja numa volta atrás, mas a colocará em movimento para a epiclese, projetando-a para frente. Eis por que a Igreja é sempre a mesma e sempre nova: idêntica a si mesma, não com a identidade da pedra, mas de um ser vivo. O evento da salvação é graça que não se repete nunca, no tempo e no espaço, tal e qual, mas é sempre sinal da visita livre e imprevisível do Espírito. É verdade que o Espírito não se desmente: mesmo quando sua passagem obedece às leis constantes – que ele mesmo se deu – da história da salvação, mesmo quando se entrega livremente através de sinais pré-constituídos por ele mesmo, como os sacramentos ou a sucessão apostólica, o Espírito é sempre inédito; tanto nas celebrações sacramentais quanto no grande sacramento-Igreja, o evento irrepetível do Cristo é reproposto não só com modalidades novas, ligadas a situações humanas sempre diferentes, mas também com virtualidades crescentes, devidas à fecundidade inexaurível do Espírito.

b. Fruto da dupla missão da segunda e da terceira pessoa da Trindade, a Igreja coloca-se como *sacramento* do Cristo e *lugar* do Espírito. Consoante o ensinamento patrístico, a Igreja é *organum* do Espírito, da mesma forma que, analogamente, a humanidade do Logos é o órgão em que flui a *dynamis*, a *enérgeia* da segunda pessoa divina. Efetivamente, o Espírito, "único e idêntico na cabeça e nos membros, dá ao corpo inteiro vida, unidade e movimento, de modo que os santos Padres puderam comparar sua função com a que exerce o princípio vital, isto é, a alma, no corpo humano" (LG 7). Como se vê, estamos no contexto do modelo "somático" da eclesiologia, muito caro a Santo Agostinho e a Santo Tomás. Mas o concílio matiza a fórmula tradicional do magistério anterior, segundo a qual, no Corpo místico, Cristo é a cabeça, o Espírito Santo é a alma (DS 3328; 3808); a LG coloca-se no plano funcional; com efeito, em nível ontológico, a alma constitui um único ser com o corpo, ao passo que o espírito não constitui um único ser com a Igreja. A união do Espírito com a Igreja também é diferente da união do Verbo com a humanidade em Jesus (união "hipostática"): esta faz com que todos os atos do Homem-Deus tenham o Verbo divino como sujeito e, portanto, estejam cobertos de garantia absoluta. A união do Espírito com a Igreja é, na realidade, uma união "de aliança", que não anula as personalidades dos sujeitos humanos com suas fidelidades e traições. A Igreja é verdadeiro sacramento do Espírito, isto é, sinal indicativo e eficaz de sua presença, mas apenas sacramento: ela mesma não é a realidade em questão.

A perspectiva da Igreja-sacramento permite situar de maneira correta o problema do discernimento da verdadeira Igreja. A apologética tradicional, estruturada à base de um paradigma institucional, e não sacramental, empenhava-se em demonstrar que só a Igreja de Roma era a verdadeira Igreja de Cristo, enquanto as outras eram "sinagogas de satanás" (Ap 2,9) e não podiam chamar-se igrejas. Se é verdade que somente a Trindade é a Igreja absoluta dos Três, nenhuma representação terrestre e histórica pode pretender identificar-se de maneira pura e simples com a Igreja de Cristo. O concílio afirma textualmente: "Esta Igreja... subsiste na [não diz: "é a"] Igreja Católica, governada pelo sucessor de Pedro e pelos bispos em comunhão com ele, ainda que fora de seu organismo se encontrem vários elementos de santificação e de verdade, que, como dons próprios da Igreja de Cristo, impulsionam para a Igreja Católica" (LG 7). Resposta análoga, embora mais complexa e articulada, deve dar-se à questão sobre a relação entre fé cristã e religiões (cf. AG 3; 11; NA 2; LG 16).

c. Vivificada pela "*koinōnia* do Espírito Santo" (2Cor 13,13), a Igreja é muito mais do que uma sociedade definida por relações jurídicas: é um mistério de *comunhão*, de que a Trindade é fonte, forma e meta. Nesta comunhão eclesial, o vínculo pessoal que une os cristãos entre si e com Deus é o Espírito Santo, "o qual para toda a Igreja e para todos os crentes individualmente é princípio da união e da unidade no ensinamento dos apóstolos e na comunhão, na fração do pão e nas orações (cf. At 2,42)" (LG 13; cf. UR 2).

"Batizados em um só Espírito para formar um só corpo" (1Cor 12,13), os crentes são sustentados e vivificados em sua comunhão através da palavra, da Eucaristia – fonte e ápice de todos os sacramentos –, dos ministérios e dos carismas, entre os quais sobressai a caridade.

Numa perspectiva de Teologia Fundamental, dois dons do Espírito precisam ser particularmente focalizados: a santa tradição e o ministério ordenado.

O Espírito, "qui locutus est per prophetas" e que presidiu com sua inspiração a formação da Escritura, preside também sua conservação e interpretação com o dinamismo da tradição: "Para que o Evangelho se conservasse sempre íntegro e vivo na Igreja, os apóstolos deixaram como seus sucessores os bispos, confiando-lhes seu próprio lugar de magistério" (DV 7). Esta tradição, que "progride na Igreja *com a assistência do Espírito Santo*" (DV 8), faz da comunidade cristã o ambiente vital em que se mantém viva e ativa a Palavra de Deus. Com efeito, também fora da Igreja podem-se ter materialmente os livros das Escrituras, mas não se pode ter o Evangelho vivo, ou seja, a verdadeira compreensão das Escrituras. É na Igreja que se tem o Espírito vivo, ou melhor, ela mesma é o Evangelho vivo. À Igreja inteira foi confiado o único depósito da sagrada tradição e da Sagrada Escritura para que toda a Igreja viva delas, mas "o encargo de interpretar autenticamente a Palavra de Deus escrita ou transmitida é confiado somente ao magistério vivo da Igreja, cuja autoridade é exercida em nome de Cristo" (DV 10).

Em torno da Palavra de Deus o Espírito opera a "coinspiração" de todos os fiéis, no incessante crescimento rumo à plenitude da verdade divina: todo batizado recebe do Espírito Santo o *sensus fidei*, isto é, o dom de discernir a verdadeira fé, e a *gratia verbi*, o dom de anunciá-la fielmente (LG 12; 35); assim fazendo, o Espírito não abre para um anarquismo arbitrário, mas faz-se princípio ativo de comunhão, possibilitando a todos "consentir" na verdade: desta maneira, a Igreja, guiada pelo magistério, estimulada pelo estudo e pela reflexão dos crentes, sustentada por seu testemunho de vida, coloca-se sob a Palavra de Deus: o → *sensus fidei* traduz-se em *consensus fidelium*.

3. ESPÍRITO E HISTÓRIA – Empenhada em dar resposta a todos os que pedem razão da esperança que está nos cristãos (cf. 1Pd 3,15), a Teologia Fundamental não pode limitar-se a verificar os traços da intervenção de Deus na história de Jesus de Nazaré, mas, consciente de suas responsabilidades frente ao mundo, assume as interrogações de todos os que pedem para ver sinais da presença do Espírito de Cristo na história de hoje. Este é o tema do discernimento do Espírito.

Se voltarmos à Bíblia, veremos como, desde a criação até a consumação final, o Espírito é como que magnetizado pelo que é corpóreo e histórico: faz viver o cosmos, habita num povo até o ponto de "descansar" num corpo humano concreto, o do Cristo; com o Pentecostes, é efundido "sobre toda carne" (At 2,17) e, no final, será o agente da "redenção do corpo" (Rm 8,23). Ele é verdadeiramente o poder de Deus de fazer história; a seu sopro tudo se transfigura: o corpo dilacerado do crucificado torna-se o corpo glorioso do ressuscitado, a palavra humana "traduz" a Palavra de Deus, o pão torna-se o corpo de Cristo, a Igreja torna-se a antecipação do reino, o mundo torna-se a transparência restaurada da pátria.

Mas, se é verdade que Ele continua a "dirigir o curso dos tempos" (GS 26), cabe perguntar: Quais são os critérios para decifrar sua presença na história? "O povo de Deus, movido pela fé, pela qual crê ser *conduzido pelo Espírito do Senhor*, que enche o universo, busca discernir nos acontecimentos, nas exigências e nas aspirações, dos quais participa juntamente com os homens de nosso tempo, quais são os verdadeiros sinais da presença do desígnio de Deus" (GS 11).

Em analogia parcial com os critérios de autenticidade histórica dos evangelhos, pode-se traçar a seguinte gama de critérios de discernimento da autenticidade da ação do Espírito na história:

a. Um primeiro critério pode-se definir como sendo o da *continuidade*. O Espírito, fiel à nova e eterna aliança, está presente lá onde se é conduzido ao Cristo; com efeito, o Espírito não traz uma revelação nova, mas "recordará" o que Jesus já disse (Jo 14,26; 16,14) e, portanto, não levará além de Cristo e por cima dele. O que o Espírito disse e realizou em Jesus, permanece normativo para sempre: toda novidade que não se integre a este passado não vem do Espírito, mas do antiespírito. Contudo, importa salientar que esta volta à história já realizada não é uma fuga para trás, senão um impulso para a frente, um caminhar rumo ao Pai. Sinal do Espírito, portanto, é o que impulsiona a Igreja para a frente, rumo ao futuro de Deus: toda verdadeira reforma, todo autêntico progresso da humanidade deve estar em continuidade com a perfeição escatológica da Jerusalém celeste. Isto significa para a igreja valorizar a *memoria Jesu* para abrir-se continuamente ao sopro livre e forte do Espírito; somente assim ela conseguirá ser fiel ao Cristo de ontem, de hoje e de sempre; somente assim a "memória" não há de degenerar para a "nostalgia", mas se abrirá para a "escatologia".

b. Um segundo critério pode ser denominado o da *descontinuidade.* Sinal da presença do Espírito é o que não pode ser reduzido à carne e ao mundo: "A carne, com efeito, tem desejos contrários ao Espírito e o Espírito, desejos contrários à carne" (Gl 5,16-25). Em particular, dois serão os sinais anticarnais e, portanto, "espirituais" mais certos: a liberdade e o amor. "Onde está o Espírito do Senhor há *liberdade*" (2Cor 3,17); "A cada um é dada uma manifestação peculiar do Espírito para a utilidade comum... mas o carisma maior é a *caridade*" (1Cor 13,13). O sinal do Espírito dá-se sobretudo na liberdade que se faz caridade, na caridade que floresce na liberdade; esta liberdade-caridade reina somente na anti-Babel, a "Ecclesia ab Abel" que o Espírito vai preparando para si em cada dobra da história.

c. Um terceiro critério pode ser denominado o critério do *paradoxo.* O Espírito está presente lá onde se verificam aquelas sínteses superiores em que um aspecto é não somente equilibrado, mas sustentado pelo oposto; é nestas sínteses paradoxais que se reflete o "específico" do Espírito. Assim como na Trindade ele é a unidade na distinção, da mesma forma na história da salvação sua ação é sempre diversificante e unificante, com um processo em que unidade e distinção não se anulam nem se dissolvem, mas se implicam, uma na outra. O Espírito une, não massifica, funde sem confundir; distingue, mas não separa.

A outra grande antinomia que, na história da salvação, leva sempre a marca do Espírito é a da cruz e da glória, da morte e da vida. Ele, que levou Jesus à obediência total ao Pai na cruz, e da morte o ressuscitou, fazendo-o vivo e vivificante, leva também a igreja e a humanidade a perderem-se para se reencontrarem, por ser Ele em si mesmo a "fraqueza onipotente", o poder do amor infinito que se faz pobre e desarmado para suscitar a resposta do amor finito e assumi-lo na comunhão consigo mesmo. O Espírito sopra lá onde se dá a vida por amor, onde se experimenta a consolação na tribulação, a liberdade na perseguição, o perdão no ódio e no abandono: esta vida nova é o "penhor do Espírito" (2Cor 5,5), o penhor da Igreja celeste, em que todos serão "um no outro, um na Pomba perfeita" (Gregório Nisseno, *Homil. 15 in Cant.*).

Bibl. – Vários autores, "Pneuma", em GLNT X, 767-1107; H. Mühlen, *Una mystica Persona*, Roma 1968; W. Kasper, "Spirito, Cristo, Chiesa", em Vários autores, *L'esperienza dello Spirito*, Brescia 1974; J.D. Zizioulas, "Cristologia, pneumatologia e istituzioni ecclesiali: un punto di vista ortodosso", em G. Alberigo (ed.), *L'ecclesiologia del Vaticano II: dinamismi e prospettive*, Bolonha 1981, 111-127; M. Bordoni, "Cristologia e pneumatologia. L'evento pasquale come atto del Cristo e dello Spirito", em *Lat* 47 (1981) 432-492; Vários autores, *Credo in Spiritum Sanctum*, vol. I-II, Città del Vaticano 1983; L. Bouyer, *Il Consolatore*, Roma 1983; P. Evdokimov, *Lo Spirito Santo nella tradizione ortodossa*, Roma 1983[3]; A. Milano, "Spirito Santo", em NDT, 1533-1558; S. Bulgakov, *Il Paraclito*, Bolonha 1987[2]; F. Lambiasi, *Lo Spirito Santo: mistero e presenza. Per una sintesi di pneumatologia*, Bolonha 1987.

FRANCESCO LAMBIASI

EVANGELHO

I. GÊNERO LITERÁRIO: *Do Evangelho oral ao Evangelho de Marcos – Traços característicos do gênero literário "Evangelho"* – II. MÉTODOS DE ANÁLISE: *Formgeschichte – Redaktionsgeschichte* – III. HISTORICIDADE - *Um verdadeiro problema – As respostas da crítica – Esboço de uma demonstração – Contribuição da crítica externa – A comunidade primitiva – Manutenção de uma vontade de fidelidade a Jesus – Critérios de autenticidade histórica dos evangelhos – Conhecimento de Jesus através dos evangelhos – Fé e História* (R. Latourelle).

I. Gênero literário

O gênero literário "evangelho" é uma criação específica do cristianismo. Os evangelhos são únicos, exatamente como o evento a que se referem.

1. DO EVANGELHO ORAL AO EVANGELHO DE MARCOS – O uso do termo "evangelho" é muito antigo na Igreja. Paulo emprega-o sem sequer sentir necessidade de explicá-lo (1Ts 1,5; 2,4; Gl 2,5.14; 1Cor 4,15; Rm 10,16). Ao que parece, este uso tem origem no AT, onde está ligado à figura do mensageiro, do arauto, que proclama a realeza de Jhwh e que, através de sua palavra eficaz, inaugura a era messiânica. No texto-chave de Is 52,7, "o mensageiro de jubilosos anúncios", o mensageiro de alegria, anuncia que, com a libertação dos prisioneiros da Babilônia, por obra de Ciro, a era da salvação está inaugurada. O Sl 96 faz eco a esta boa notícia: "Anunciai dia por dia sua salvação... Dizei entre os povos: 'O Senhor reina'" (Sl 96,2.10). A entrada de todas as nações na história da salvação introduz-nos já no contexto do NT.

No NT é Jesus que aparece como o mensageiro da boa notícia messiânica (Mt 11,5; cf. Is 35,5-6; 61,1). Nele o tempo da salvação torna-se realidade, assim como os sinais que o acompanham. O conteúdo essencial desta boa notícia é a vinda iminente do reino, cuja necessidade Jesus proclama: "Convertei-vos, porque o Reino dos Céus está próximo" (Mt 4,17). Ou melhor: o reino anunciado começa com Ele: lá onde está Jesus, as forças adversárias cedem, o poder de vida e de salvação anunciado pelos profetas está em ação. Curas e exorcismos demonstram que o reino de satanás é reduzido a pedaços e que o Reino de Deus está em ação (Lc 7,22; Mt 12,28).

A partir deste momento, explica-se a transferência de sentido que observamos na linguagem do NT. Jesus não aparece somente como o mensageiro da boa notícia, mas também como aquele de quem fala a mensagem. Jesus anuncia o reino, mas, em definitivo, este anúncio diz respeito a Jesus mesmo, constituído rei messiânico por sua ressurreição e por sua exaltação à direita do Pai: é Ele quem salva. Na linguagem dos cristãos, que consideram a morte e a ressurreição de Cristo como o coração do Evangelho, esta perspectiva é ainda mais clara.

Evangelho é uma das palavras mais utilizadas por Paulo: sessenta vezes, nas epístolas. Proclamar o Evangelho equivale para Paulo a proclamar Cristo, sobretudo na morte e ressurreição, que constituem o evento da salvação escatológica. Podemos, pois, atribuir a Paulo, se não a introdução do termo "evangelho" no NT, pelo menos sua difusão para designar a pregação ativa da mensagem de salvação por parte da Igreja.

Marcos, ao introduzir o termo da tradição sinótica, não contradiz o uso paulino, mas o comenta e o amplia. Hoje não se poderia falar do gênero literário "evangelho" sem fazer referência imediata a Marcos, pois foi ele que o criou como realidade, ainda que nele o termo ainda não designe o evangelho escrito. Mas ele concebeu sua obra escrita numa relação tão íntima com o evento e com a proclamação da salvação, que fez com que esta última justificasse inteiramente o título de *evangelho.*

Para Marcos, o Evangelho é mais um evento do que uma mensagem. E este evento abarca toda a existência de Cristo, mas em relação com o ponto culminante desta existência, isto é, a paixão e a ressurreição, sendo que o restante representa apenas um início. Daí as palavras que servem de título a sua obra: "Início do Evangelho de Jesus Cristo" (Mc 1,1). É através do ministério de João Batista e do batismo e da pregação de Jesus que a salvação, anunciada pelos profetas, começou a realizar-se. Partindo do momento presente da Igreja, Marcos quer remontar aos inícios (*archê*) de uma história, isto é, às primeiras manifestações da ação decisiva de Deus neste mundo. Em sua concepção do Evangelho, Marcos distingue-se, portanto, de Paulo, que pensa sobretudo na paixão e ressurreição de Cristo. Para Marcos, toda a existência de Jesus, do batismo à ressurreição, é um Evangelho.

Ligando, assim, intimamente sua obra ao evento *total* da existência de Cristo e à boa notícia da salvação, Marcos favoreceu a relação entre evangelho oral e evangelho escrito. Ele foi o catalisador que facilitou a transferência. A obra de Marcos tornou-se o protótipo do Evangelho. Consequentemente, Mateus, Lucas e João adotaram o esquema literário de Marcos, ainda que nunca definam sua obra como "evangelho". É somente ao longo do século II que a palavra "evangelho" serve para designar os atuais escritos canônicos. Justino fala de "Memórias dos apóstolos", que "são denominadas evangelhos" (*I Apologia* 66,3: RJ 129). O cânon de Muratori define o Evangelho de Lucas como *tertius evangelii liber*, e o Evangelho de João como *quartum evangelium* (RJ 268). Os títulos atuais remontam ao século III. Mesmo quando o evangelho escrito acaba prevalecendo, a Igreja tem consciência de que o termo designa antes de tudo o conteúdo da obra, isto é, a proclamação da salvação em Jesus Cristo, e que no fundo não poderia existir senão um só e único Evangelho: por isto, Irineu fala de "evangelho tetramorfo" (*Adv. Haereses*, II, 2,7-8: RJ 215).

2. TRAÇOS CARACTERÍSTICOS DO GÊNERO LITERÁRIO "EVANGELHO" – Não podemos assemelhar os evangelhos a nenhum gênero literário antigo: nem ao modelo da grande história à maneira de Políbio, de Tucídides, de Tito Lívio, nem ao modelo dos biógrafos gregos, ao gênero das "memórias" que Xenofonte escrevia de Sócrates, ao gênero literário da retratística. No NT os evangelhos representam um caso único. Os outros escritos mostram não serem destituídos de informações sobre a vida de Cristo; fundamentalmente, porém, é o evento da cruz e da ressurreição que atrai sua atenção. O resto da atividade de Cristo é apenas mencionado. Só os evangelhos interessam-se tão visivelmente pela atividade terrena de Cristo. Por outro lado, os redatores dos evangelhos não são escritores que trabalham em gabinete, à base de documentos de arquivo e preocupados em escrever a vida de Jesus desde o nascimento até a morte. Com efeito, não encontramos desenvolvidos, nos evangelhos, os temas da origem de Jesus, de sua formação, de seu caráter, de sua personalidade. Não encontramos uma cronologia precisa nem uma topografia: – coordenadas que, todavia, são fundamentais em história. Indicações de lugares e de tempo permanecem vagas, genéricas: "em seguida", "naquele tempo", "depois", "em casa", "no lago", "a caminho", "na montanha". O próprio conjunto da tradição está estruturado numa trama elementar com ligações estereotipadas. Nestas condições, como caracterizar um gênero que se desenvolve claramente no interior da história e que, todavia, se diferencia da história à medida que às vezes desorienta? Podemos apenas descrever cada elemento, para deixar em seguida que se componha a fisionomia que emerge desta descrição.

a. Os evangelhos são a proclamação da notícia absolutamente única e original (a *Ur-Kunde*), já que esta tem por objeto o evento primeiro da história humana, ou seja, a intervenção decisiva de Deus em Jesus Cristo. A manifestação de Cristo entre os homens é o "início" historicamente único, a *archê*, pois nele e por meio dele se realiza a salvação prometida e esperada durante séculos. A plenitude dos tempos é "agora", "hoje". Consequentemente o Evangelho não pode ser uma proclamação neutra: ele se apresenta como um chamado à decisão última. Todos os homens são chamados à conversão. Todo aquele que quiser ler corretamente os evangelhos deve deixar ressoar em si este chamado prodigioso que em Jesus torna conhecida a salvação. Os ouvintes de Pedro, no dia de Pentecostes, experimentaram este arrebatamento e "acolheram a palavra" (At 2,36-41).

b. Os evangelhos *estão ligados a uma tradição* já formada, que realizou, ela mesma, uma *releitura*, no Espírito, do evento Jesus à luz da Páscoa, do AT e da experiência da Igreja nascente. Esta dependência manifesta-se no fato de que eles inserem, no quadro do relato, unidades ou sequências já constituídas. Os evangelhos, antes de serem obras definitivamente compostas, são, portanto, os testemunhos de uma literatura que recolhem, organizam e confirmam. Observamos também que esta tradição viva foi colhida e fixada em diversas etapas de sua evolução, antes de ser finalmente inserida na obra do último redator. Os evangelistas reproduzem uma tradição que sofreu a influência de muitas teologias: teologias que não foram completamente invalidadas pela redação final. Por outro lado, os evangelistas *reescrevem*, por sua vez, seguindo cada um uma perspectiva própria, o que receberam das tradições e das teologias precedentes, já que todos têm consciência de anunciar a boa notícia da salvação aos homens de um certo contexto e de responder a suas necessidades.

c. O cenário dos evangelhos, comum a todos eles, deve sua *estrutura* e seus *temas essenciais* ao querigma primitivo, tal como é possível reconstruir a partir das epístolas de Paulo (1Cor 15,3-5; 11,23-27; Rm 1,1-4) e dos discursos dos Atos (2,22-36; 3,12-26; 4,8-12; 5,29-32; 10,34-43; 13,16-41). Os evangelhos desenvolvem e ampliam este esquema tradicional, cujas características gerais são as seguintes: é chegado o tempo do cumprimento das promessas; Jesus é da estirpe de Davi; depois da pregação do Batista, Jesus começou o ministério na Galileia, curando os doentes e libertando todos os que haviam caído nas mãos de satanás; em seguida, subiu a Jerusalém, onde sofreu e foi crucificado; ressurgiu dos mortos e apareceu a numerosas testemunhas; agora está exaltado; todos os homens são convidados à penitência e à conversão. Marcos atém-se a este cenário, que lhe é imposto, tomando como base a paixão e a ressurreição.

d. O anúncio da salvação assume a forma de uma *narração histórica.* Por tratar-se primeiramente de uma "proclamação" da salvação, não podemos entender os evangelhos como uma vida de Jesus. Por outro lado, esta proclamação assume a forma de uma exposição histórica, já que a salvação é um evento que se liga a uma existência terrena e histórica. Descrever o desenvolvimento desta existência já significa proclamar o evento da salvação. Marcos foi o primeiro a expor assim a boa notícia no quadro esquematizado da existência de Jesus. Fê-lo não por simples amor ao passado, mas por respeito à realidade. Com efeito, não é a um Cristo glorioso qualquer que aderimos com a fé, mas àquele que foi glorificado porque aceitou a *kénōsis* da vida terrena humilde e sofredora. Em Marcos este movimento da existência de Jesus, centrado em sua paixão-ressurreição, é um *perfil* da vida de Jesus, com uma única viagem a Jerusalém antes da paixão e num quadro quadripartido, que conserva somente as grandes articulações da vida de Jesus. Todavia, Marcos não só adota a forma narrativa, descrevendo os eventos no passado ou no presente histórico, mas distingue também nitidamente os níveis temporais. Descreve para a Igreja *presente* a história da salvação em seu início (pregação do Batista, batismo e pregação de Jesus), seu desenvolvimento na Galileia e nas regiões próximas e o trágico fim (relato da paixão com uma sequência cronológica mais rigorosa dos acontecimentos). Além disso, a atividade de Cristo como filho do homem abrange o passado, o presente e o futuro. O filho do homem que foi condenado diante do sinédrio é o que, a partir daquele momento, tem o poder de perdoar os pecados (Mc 2,10) e é também o que virá um dia sobre as nuvens do céu. Passado, presente e futuro correm juntos, mas permanecem distintos.

Em Lucas, esta perspectiva histórica é ainda mais marcante; com efeito, a história de Jesus adquire um prolongamento *para trás*, com os relatos da infância, e *para frente*, com a história dos apóstolos. A história da salvação é caracterizada por uma continuidade historicamente constatável e por um processo de desenvolvimento de que Cristo é o centro. Jesus, como também a Igreja, percorre etapas. Lucas torna-se assim o primeiro historiador do cristianismo, esforçando-se por traçar e fixar os principais períodos da história da salvação.

e. Os evangelhos são ao mesmo tempo *narração* e *confissão*: narração sobre Jesus e testemunho da comunidade que crê nele. Mais ainda: narração e testemunho estão a tal ponto fundidos que o relato é confissão e o testemunho de fé é narração ou recitativo sobre Jesus, exatamente como os "credo" do AT que são os relatos sintéticos dos atos salvíficos de Deus (Dt 26,5-9; 6,20-24; Js 24,2-13). Não encontramos nada de similar na literatura profana. A razão fundamental é que, para o narrador-testemunha, como é o evangelista, o Senhor ressuscitado, sempre vivo e presente, é sempre Jesus de Nazaré, salvador por meio de sua vida e de sua morte. Relatando-o, confessa-se: "Jesus é Senhor". Por isto, os evangelhos, que, portanto, têm por objeto a pessoa histórica de Jesus, Cristo e Senhor, são ao mesmo tempo história e querigma.

f. Se os evangelhos são a proclamação da salvação em Jesus Cristo a grupos humanos geográfica e culturalmente diferentes, apresentam então um caráter de *atualização* e de *diálogo.* Cada Evangelho refere-se a uma comunidade determinada e a uma situação concreta: comunidade de Jerusalém, de Antioquia, comunidades gregas, da Ásia e de Roma. Os evangelhos registram o diálogo da Igreja com os homens e os problemas destas comunidades. Assim, o Evangelho de Mateus, redigido na Síria, nos anos 80, responde às exigências de uma comunidade hebraico-cristã em debate com a sinagoga, que se encontra, ela mesma, em plena reorganização, depois do desastre do ano 70. O evangelista responde a tais exigências apoiando-se numa tradição que tira sua autoridade do próprio Jesus, e sobretudo de sua mensagem. Portanto, o diálogo de Jesus com os judeus de seu tempo prossegue, graças à Igreja, com outros parceiros de outros ambientes, já que os evangelhos são como que as partituras deste diálogo polifônico. Não se pode ler os evangelhos prescindindo deste caráter de atualização.

Se os evangelhos adotam deliberadamente a forma narrativa, própria da história, para descrever a atividade terrena de Jesus de Nazaré, decorre daí que o gênero literário "evangelho" não foge ao condicionamento e ao questionamento da história. Reconhecendo a historicidade como dimensão da salvação em Jesus Cristo, os evangelhos submetem-se aos critérios da pesquisa histórica.

Bibl. – G. Friedrich, "Euaggelízomai, euaggélion", em GLNT III, 1023-1106; L. Vaganay, "Évangile", em *Cath* 4, 767-769; L.F. Hartmann, "Gospel", em NCE 6, 635-636; D. Deels, "The Holy Gospels", em NCE 6, 636-640; J.A. Evan Dodewaard, "Jésus s'est-il servi lui-même du mot Évangile?", em *Bib* 35 (1954) 160-173; B. Blaeser, "Évangile", em H. Fries (ed.), *Enciclopédie de la foi* II Paris 1965, 87-95; J. Lambrecht, "Qu'est-ce qu'un Évangile?", em *Revue du Clergé africain* 22 (1967) 6-14; A. Vögtle, "Formazione e Struttura dei Vangeli", em Vários autores, *Discussione sulla Bibbia*, Brescia 1967², 82-123; F. Mussner,

"Évangile et Centre de l'Évangile", em Vários autores, *Le message de Jésus et l'interprétation moderne*, Paris 1969, 151-176; A. Gaboury, *La structure des Evangiles Synoptiques*. La structure-type à l'origine des Évangiles, Leiden 1970; N. Perrin, "The Literary Gattung Gospel", em *The Expository Times* 82 (1970), 4-7; R. Schnackenburg, "Das Evangelium im Verständnis des ältesten Evangelisten", em K. Hoffmann (ed.), *Orientierung an Jesus*, Friburgo-Basel-Wien 1973, 309-323; R. Latourelle, *A Gesù attraverso i Vangeli*, Assis 1979, 117-132.

RENÉ LATOURELLE

II. Métodos de análise

Nenhuma explicação ainda conseguiu suplantar de modo decisivo a teoria das duas fontes, a propósito das fontes escritas utilizadas pelos evangelistas. Esta teoria faz Mateus e Lucas dependerem de Marcos quanto à parte narrativa e da *Quelle* [Fonte] no que concerne às palavras: fonte, esta última, reconstruída a partir dos *lógia* comuns a Mateus e Lucas. Esta teoria evidentemente não explica todo o conteúdo dos sinóticos; todavia, nenhuma das teorias propostas para resolver o problema conseguiu impor-se. P. Vielhauer pôde escrever, com ou sem razão, que com a teoria das duas fontes a *Quellenkritik* [crítica das fontes] havia terminado seu trabalho. Ela devia ceder o lugar à *Formgeschichte* [história das formas], se não quisesse encontrar-se num beco sem saída.

1. FORMGESCHICHTE – A *Formgeschichte*, isto é, escola das formas (FG), com seus maiores expoentes (K.L. Schmidt, M. Dibelius, R. Bultmann, G. Bertram, A. Albertz), representa o maior esforço da crítica moderna para romper este "círculo fechado" que a tornava prisioneira das fontes escritas e para remontar à tradição até suas origens, isto é, até o Evangelho pregado.

Com efeito, antes de ter sido escrito, o Evangelho foi pregado, atualizado, explicado e aplicado às diversas situações da Igreja. Conheceu toda uma vida e uma tradição de interpretação. O mérito da escola das formas foi precisamente o de estudar esta primeira etapa da história da tradição evangélica. Nascida entre 1919 e 1922, a escola dominou a crítica até os recentes estudos da *Redaktionsgeschichte*, com Conzelmann (em 1954) e Marxsen (em 1956).

A um primeiro olhar, a FG apresenta-se como um empreendimento *literário*. Efetivamente, ela identifica, descreve e classifica as formas literárias em que foram escritos os relatos evangélicos. Mas também lança a ponte entre a forma literária e o contexto de vida que a gerou: pergunta quais são, na comunidade eclesial, as situações precisas em que tal relato pôde nascer, desenvolver-se e transmitir-se ao longo da tradição. Interessa-se pela gênese, pela formulação e pela evolução das tradições orais anteriores a nossos escritos. Pergunta que leis presidiram esta evolução. Em termos mais gerais, diríamos que a FG, depois de ter considerado a dimensão horizontal dos evangelhos – decomposição de unidades literárias – projeta-os em seguida em sua dimensão vertical: chega até os estratos mais profundos e antigos da tradição, para percorrer para trás o itinerário que vai do evangelista à Igreja e desta a Jesus. Definitivamente, seu projeto é de natureza *histórica*. Sua ambição é a de retraçar toda a história da tradição evangélica: do Evangelho oral ao Evangelho escrito. Num primeiro momento, o método é literário, mas o intento último é histórico. O princípio básico da escola é que a comunidade primitiva tenha sido responsável por todo este processo de formação da tradição evangélica.

Resumindo, a FG quer escrever a pré-história dos evangelhos. Ambição expressa no título da obra de R. Bultmann, *Die Geschichte der synoptischen Tradition* (Göttingen, 1957[3]), ou de V. Taylor, *The Formation of the Gospel Tradition* (Londres, 1935). Com acerto, o empreendimento da FG tem sido comparado ao da geologia, que estuda as camadas sucessivas da crosta terrestre, ou ao da linguística morfológica, que busca identificar as formas de uma palavra ao longo dos séculos; ou ainda aos modernos procedimentos de análise que permitem descobrir, num quadro, as sucessivas formas que o artista deu a sua obra, a partir dos primeiríssimos esboços. De maneira análoga, a FG ambiciona reencontrar as formas mais antigas da tradição e os estágios sucessivos que esta conheceu, no decurso dos anos que precederam a redação de nossos evangelhos.

Se o empreendimento conduziu a um certo ceticismo histórico e até, em → Bultmann, a um juízo negativo e radical, sobre a possibilidade de chegar a Jesus mediante os evangelhos, isto se deve debitar, mais do que ao método em si mesmo, aos princípios que inspiraram seus representantes: princípio sociológico da comunidade criadora; princípio do racionalismo fechado diante da hipótese de uma intervenção de Deus na história na forma da encarnação, do milagre, da ressurreição; princípio teológico de uma fé que, para garantir sua própria relação vertical com Deus, rompe suas ligações com a história. Uma retrospectiva de 65 anos (de 1925 a 1990) permitiu-nos, contudo, operar um justo discernimento no interior da contribuição da FG para conservar seus elementos assimiláveis, que se situam antes de tudo em nível literário. Entre estes elementos positivos recordemos os seguintes:

a. Paradoxalmente, a FG revalorizou toda a importância da tradição oral. O Evangelho foi pregação, antes de ser Escritura. Com efeito, por um período que se avalia entre 25 e 30 anos, o conteúdo dos evangelhos na Igreja primitiva foi pregado: ele servia à missão, à catequese, ao culto, à polêmica. Segue daí que este conteúdo foi colorido por toda a vida da Igreja e traz o sinal da atualização e da interpretação teológica da comunidade. O refluir da Tradição no coração dos evangelhos, tal como o entende a FG contra a *Quellenkritik*, constitui um elemento de novidade no horizonte do pensamento protestante.

b. Em todos os tempos e em todas as literaturas, teve-se a percepção mais ou menos confusa da diversidade dos gêneros literários. Uma arenga, um drama, um poema lírico, um texto legal, um capítulo de Tito Lívio exigem comentários diferentes. A originalidade da FG foi a de aplicar o princípio do gênero literário não só aos evangelhos em sua totalidade, mas também às "unidades menores" que os compõem. A ambição da FG foi a de traçar um inventário completo dos gêneros e dos subgêneros literários de nossos evangelhos. Assim, a escola distingue no material narrativo alguns paradigmas (Dibelius) ou apoftegmas (Bultmann), sumários, relatos de milagres, lendas, mitos, o relato da paixão; e, no material doutrinal, alegorias, parábolas, sentenças de tipo sapiencial (polêmica, controvérsias), profético, apocalíptico, normas disciplinares, preceitos de vida, palavras com que Jesus fala de si mesmo (as *Ich-Worte*). Estas unidades comportam por sua vez subdivisões. Daí que o gênero sapiencial pode partir de uma exortação, de uma explicação, de um provérbio ou de um apólogo.

Nesta cascata de gêneros literários, de espécies e de subespécies, o que chama a atenção da FG são mais os elementos "reveladores" de um *contexto de vida* do que os elementos estilísticos que derivam do virtuosismo literário. Em outras palavras, a escola considera mais o cunho imposto ao autor pelo contexto social e religioso do que o cunho literário do próprio autor (aspecto redacional da obra). O que mais importa não é a contribuição pessoal do autor, mas a influência sociorreligiosa da comunidade, que obriga o autor a recorrer a uma forma literária, ao invés de a uma outra. Estamos, pois, diante de um novo tipo de análise literária. A FG observou que nossos evangelhos têm uma estrutura manifestamente molecular: assemelham-se a um mosaico de perícopes que, por sua vez, são moldadas em formas literárias características. O que interessa à FG num Evangelho é, mais do que a existência ou a ausência de fontes, a estrutura literária observada, como também o contexto sociorreligioso em que tal estrutura pôde nascer.

c. Com efeito – e aí está mais um elemento positivo seu – a FG dedica-se a conhecer, mediante a análise das formas, a vida da Igreja primitiva, apresentada como um organismo vivo. Trata-se da convicção, da parte da FG, de que a cada estilo ou a cada forma literária *típica* corresponde um ambiente de vida, um contexto sociorreligioso, um *Sitz im Leben* específico. Pois, se é verdade que na realidade o contexto impõe a forma literária adequada, segue daí que o conhecimento das formas conduz inevitavelmente ao conhecimento do contexto correspondente. Existe interação e contínuo jogo entre texto e contexto.

Os tipos literários revelados pela FG nos remetem aos contextos que podemos brevemente elencar assim: 1. Para os de fora, isto é, os pagãos e os hebreus da diáspora, a Igreja adota o estilo da *pregação missionária* ou querigmática: anúncio global da salvação, centrado no evento da morte e ressurreição de Jesus. 2. Aos convertidos é preciso dirigir, além do essencial da pregação querigmática, formulada nos primeiros símbolos da fé, exortações à perfeição da vida moral: é a *parênese.* Ao contexto *litúrgico*, caracterizado pela fração do pão, unem-se o relato da morte e ressurreição de Cristo e os hinos a Cristo salvador. Neste contexto de convertidos, a *catequese* evoca os ensinamentos e os principais mistérios da vida de Jesus, ao passo que os relatos de controvérsias, em contexto *polêmico*, evocam as respostas de Jesus a seus adversários.

Portanto, em nível de método, a FG desemboca, com a análise das formas literárias, no conhecimento dos contextos de vida, das funções e da atividade da Igreja primeva. Empreendimento perfeitamente justificável, embora não isento de risco; com efeito, fazendo da análise das formas um instrumento de conhecimento histórico, a escola efetua uma passagem delicada da crítica literária para a crítica histórica.

Isto não impede que, em nível literário, a FG represente a contribuição mais importante da exegese moderna. Ela criou e aperfeiçoou um instrumento de análise extremamente preciso e acurado. Mediante as vias da crítica interna, chegou a esclarecer a atividade multiforme da Igreja como comunidade viva, com sua vida interna e suas dificuldades frente ao mundo.

2. REDAKTIONSGESCHICHTE – Absorvidos na análise minuciosa das unidades primárias dos evangelhos, Dibelius e Bultmann falam relativamente pouco da etapa da última redação, que com um termo técnico se define *Redaktionsgeschichte* (RG). A FG reduz ao mínimo a parte dos redatores. Considera-os compiladores (Sammler), de resto bastante ingênuos, que reuniram, com maior ou menor habilidade, os diversos elementos da tradição. Felizmente, o movimento pendular, que caracteriza a história da crítica dos dois últimos séculos, levou esta última a considerar com mais atenção os evangelistas na qualidade de autores. Desde mais de quarenta anos para cá prossegue a pesquisa sobre a contribuição dos evangelistas. Chegou-se também, continuando a sublinhar as preocupações teológicas e a atividade redacional dos evangelistas, a fazer nascer a suspeita sobre sua fidelidade a Jesus. Depois da visão da Igreja primitiva, teríamos ainda a dos evangelistas. A FG não atribuía aos evangelistas nenhuma iniciativa; a RG, ao contrário, está atenta somente a sua iniciativa e liberdade. Indubitavelmente, a RG liga-se à FG em sua investigação sobre a história da tradição evangélica: ela constitui o segundo tempo de um processo do qual a FG foi historicamente a primeira etapa.

Depois da Segunda Guerra Mundial três obras importantes credenciaram a RG como método e etapa na história da exegese: *Die Mitte der Zeit* de H. Conzelmann (Tübingen, 1954); *Der Evangelist Markus* de W. Marxsen (Göttingen, 1956); *Das wahre Israel* de W. Trilling (Munique 1964).

A RG propõe-se estudar a fisionomia própria de cada Evangelho: o enfoque teológico dos autores, a estruturação do material escolhido, o cunho estilístico. A Instrução da Comissão Bíblica de 1964 e em seguida a constituição *Dei Verbum*, do Vaticano II, em 1965 (n. 19), descreveram este trabalho dos evangelistas nas linhas essenciais: os autores fizeram uma *escolha* do material da tradição; fizeram trabalho de *síntese; adaptaram* seu evangelho às necessidades da Igreja.

a. O material não foi criado, mas foi encontrado em forma escrita ou oral. Entre estes materiais os evangelistas *selecionaram*, deixando de lado alguns relatos ou palavras. A existência desta seleção é claramente atestada no Evangelho de João, na primeira como na segunda conclusão (Jo 20,30; 21,25). É igualmente clara no Evangelho de Marcos, principalmente narrativo, que traz apenas dois discursos: as parábolas (cap. 4) e o discurso escatológico (cap. 13). Lucas omite alguns relatos de Marcos: por exemplo, a segunda multiplicação dos pães. O material, assim deixado de lado, não é menos revelador do que o material conservado.

b. O material conservado pelos evangelistas foi estruturado de modo a exprimir seu ponto de vista. A este propósito, é típico o uso feito por Mateus e por Lucas de suas fontes principais (Marcos e a *Quelle*). Mateus estruturou seu Evangelho em cinco grupos de fatos e palavras, de modo a simbolizar o novo Pentateuco do novo Moisés para o novo Israel. O Sermão da Montanha é uma síntese, em parte redacional, de *lógia* pronunciados por Jesus em circunstâncias diversas. O ciclo dos milagres (cap. 8-9) constitui juntamente com este sermão (cap. 5-7) uma síntese que tenciona propor Jesus como o legislador e o taumaturgo dos tempos messiânicos. Este grande conjunto está "incluído" entre dois sumários (Mt 4,23; 9,35) que resumem a dupla atividade de Jesus em obras e palavras. Lucas, por seu turno, respeita a tradicional estrutura quadripartida do ministério de Jesus (pregação do Batista, Galileia, viagem a Jerusalém, Jerusalém), mas há dois incisos, o maior dos quais (Lc 9,51–18,14), inserido na viagem a Jerusalém, significa que Jerusalém é o centro do sacrifício e da vitória de Cristo e, indubitavelmente, também que a vida cristã consiste em seguir a Jesus no sofrimento para entrar com Ele na glória.

c. Finalmente, os evangelistas levaram em conta, em sua redação, as diversas condições e situações de seus leitores. Mateus escreve para judeu-cristãos, ao passo que Lucas se dirige aos gentios. Daí a respectiva orientação de seu Evangelho. Para avaliar a extensão real da atividade redacional dos evangelistas, é necessário destacar detalhadamente os diversos tipos desta atividade. Aqui vão os principais:

1. *Correções estilísticas*: por exemplo, o uso do aoristo em lugar do presente histórico (no relato da tempestade acalmada), subordinação das proposições, ao invés de justaposição. 2. *Esclarecimentos*: para ajudar os leitores, o evangelista às vezes acrescenta um termo ao texto-fonte, que tem valor de esclarecimento. 3. *Omissões*: assim, na narração da cura do leproso, Mateus e Lucas omitem a frase de Mc 1,43: "E, admoestando-o com severidade, imediatamente o expulsou", expressão sem dúvida considerada dura demais para o ouvido dos leitores. 4. *Adaptação de uma metáfora*: na parábola da casa construída sobre a rocha ou sobre a areia, Mt 7,24-27 tem em mente uma casa de tipo palestinense, ao passo que Lucas pensa claramente em uma casa de tipo grego (Lc 6,47-49). 5. *Transposição de perícopes*: Lucas agrupa num só relato (Lc 3,1-20) dois fatos da vida do Batista que, no Evangelho de Marcos, se encontram separados: a pregação (Mc 1,1-8) e a prisão (Mc 6,17-29). 6. *Transposição no interior de uma mesma perícope*: no relato da tríplice tentação de Jesus no deserto, a segunda tentação em Mateus torna-se, no Evangelho de Lucas, a terceira. 7. *Redução de dois momentos da narração a um só*: no relato da ressurreição da filha de Jairo, Mateus não menciona a delegação dos servos, mas limita-se ao anúncio da morte da menina (Mt 9,18; Mc 5,35). 8. *Acréscimo de um lógion "errático"*: assim, o versículo "os últimos serão primeiros e os primeiros, últimos" (Mt 20,16) volta a encontrar-se em Mt 19,30, a propósito do jovem rico; em Mc 10,31, a propósito da recompensa prometida para o desapego; em Lc 13,30, a propósito da porta estreita pela qual se entra no Reino dos Céus. Este *lógion* "errante" serve como chave interpretativa em casos diversos, já que ilustra admiravelmente a mudança de perspectiva e de mentalidade introduzida pelo Evangelho. 9. *Acréscimo de um relato proveniente de uma outra tradição*: por exemplo, Mateus, no relato do processo de Jesus diante de Pilatos (Mt 27,15-26), acrescenta um versículo (27,19) sobre o sonho da mulher de Pilatos, versículo que, com toda a probabilidade, provém de outra fonte. 10. *Abreviação do documento-fonte*: Lucas e Mateus muitas vezes abreviam Marcos nas partes narrativas. Mateus, em particular, mantém só o essencial dos relatos de milagres, a ponto de seu texto ter muitas vezes um caráter linear e hierático. As preocupações de Mateus permanecem de tipo catequético, mesmo quando faz narração. 11. *Uso de palavras de introdução*: este uso frequente na literatura rabínica encontra-se também na tradição evangélica. Assim, em Mt 6,5-13 a expressão "Quando orardes" serve para inserir o Pai-nosso na trama do sermão da montanha. 12. Enquanto Marcos com frequência contenta-se em justapor as perícopes, Lucas e Mateus têm o cuidado de *ligá-las* entre si. Tais ligações na maioria das vezes têm apenas um valor literário, como as expressões: "então", "naquele tempo", "depois". 13. *Os sumários*: são meios de transição, mas também constituem sínteses que definem um aspecto da vida de Jesus. Estes sumários, por serem composições pessoais do evangelista, são de capital importância para conhecer sua teologia. Assim, Mt 4,23 e 9,35 propõem Jesus como o profeta e o taumaturgo dos tempos messiânicos. 14. *Indicações geográficas*: estas indicações têm às vezes caráter biográfico: Nazaré, Cesareia de Filipe, Naim, Emaús, Jericó. Além disso, têm muitas vezes valor teológico. Assim, para Lucas, Jerusalém é o centro ao mesmo tempo geográfico e místico da história da salvação. 15. *Referências ao Antigo Testamento*: os evangelistas veem em Cristo o cumprimento do AT. Esta consciência do "cumprimento", muito viva em Mateus, que se dirige a judeu-cristãos, evidencia-se explicitamente na fórmula que volta como leitmotiv: "assim dizia cumprir-se o oráculo dos profetas" (Mt 1,22; 2,5.15.17; 3,3; 4,14-16; 8,17; 12,7.17; 13,35; 21,4; 27,9). 16. *Interpretação teológica da tradição*: assim, Marcos atribui ao milagre da multiplicação dos pães um sentido cristológico: indica em Jesus o messias, o pastor de seu povo que instrui e alimenta os seus (Mc 6,34). Quando Lucas especifica que devemos carregar nossa cruz a *cada dia* (Lc 9,23; Mc 8,34), quer sem dúvida fazer entender que a abnegação é uma realidade que invade toda a existência cristã.

A FG reduzira os evangelistas ao papel de simples compiladores; a RG os "reabilitou", reconhecendo que, ao contrário, são guiados por critérios pessoais de ordem literária e teológica. Um estudo minucioso dos fenômenos redacionais projetou luz sobre a fisionomia de cada evangelista, como escritor e como teólogo. Por outro lado, se é verdade que a RG contribuiu para "personalizar" o autor, devemos também acrescentar que este "perfil de autor" não deve ser entendido como um estado civil, à guisa de passaporte, mas, antes, como a soma dos elementos redacionais e intencionais que caracterizam um Evangelho.

A RG, como também a FG, assume riscos, a que nem sempre conseguiu fugir. O principal é o de interessar-se somente pelo valor teológico dos evangelhos e de ignorar praticamente sua relação com Jesus. Esta deficiência é atribuída a Conzelmann e a Marxsen. A realidade é mais complexa. O exame dos procedimentos redacionais, praticados pelo evangelista, demonstra que ele está submetido a uma verdadeira e específica tensão entre a fidelidade à tradição e a liberdade de criação. Sua liberdade é relativa. Está ligada antes de tudo à certeza das fontes anteriores: fontes principais, identificadas pela *Quellenkritik*, e materiais de dimensão menor, identificados pela FG. A liberdade do evangelista depende também do peso da tradição sobre seu projeto e da reduzida possibilidade que ele tem de libertar-se de tal tradição e da comunidade de que é o porta-voz. A RG permite-nos medir, "palpar", por assim dizer, o grau de liberdade e de fidelidade dos evangelistas em relação a suas fontes. Sua liberdade de interpretação é real, mas "controlável", "verificável". Aparece discreta, motivada e sempre marcada pela fidelidade.

Já nos é possível, partindo dos critérios literários, remontar o curso da tradição até o estádio mais primitivo, distinguir os estratos mais recentes dos mais antigos; distinguir, por um lado, o que pertence à atividade redacional e à interpretação teológica do evangelista e, por outro, o que evidencia a interpretação atualizadora da Igreja. Todavia, o recurso aos critérios literários não é suficiente. Resta estabelecer que a mensagem veiculada por estas formas literárias primitivas seja verdadeiramente de Jesus. Na realidade, o estudo da FG e da RG conduz necessariamente ao estudo do *conteúdo histórico* das formas literárias identificadas. O literário cede lugar ao histórico. Trata-se de fixar *critérios de historicidade propriamente ditos*, válidos e criticamente provados, que permitam descobrir e isolar o material evangélico que remonta ao próprio Jesus. O estudo da FG e da RG exige, pois, ser completado por uma criteriologia de historicidade.

Bibl. – K. Schmidt, *Der Rahmen der Geschichte Jesu*, Berlim 1919; M. Dibelius, *Die Formgeschichte des Evangeliums*, Tübingen 1919; R. Bultmann, *Die Geschichte der synoptischen Tradition*, Gõttingen 1921; V. Taylor, *The Formation of the Gospel Tradition*, Londres 1933; P. Benoit, "Réfiexions sur la Formgeschichtliche Methode", em RB 53 (1946) 481-512; Id., em *Exegese et théologie*, vol. I, Paris 1961, 25-61; X. Léon-Dufour, "Formgeschichte et Redaktionsgeschichte des Évangiles Synoptiques", em RSR 46 (1958) 237-269; K. Kock, *Was ist Formgeschichte*, Neukirchen 1964; H. Zimmermann, *Neutestamentliche Methodenlehre*, Stuttgart 1967; A. Descamps, "Progrès et continuité dans la critique des Évangiles et des Actes", em RThL 1 (1970) 5-44; N. Perrin, *What is Redaction Criticism*, Londres 1970; B. de Solages, *Critique des Évangiles et méthode historique*, Toulouse 1973; R. Latourelle, *A Gesú attraverso i Vangeli*, Assis 1979; V. Fusco, "Vangeli", em NDTB, 1612-1619.

RENÉ LATOURELLE

III. Historicidade

O primeiro problema da → credibilidade cristã diz respeito à → história e à → hermenêutica. Antes de tudo, a história: por ter sido Jesus verdadeiro homem, cuja existência não se poderia colocar em dúvida, segue que suas palavras e seus gestos, depois de terem sido, durante sua vida, objeto de um conhecimento experimental, tornaram-se, depois de sua morte, objeto de ciência histórica. Em teoria, a pesquisa sobre Ele se coloca, portanto, nos mesmos termos que no caso de qualquer personagem do passado. Na realidade, porém, logo se entendeu que o enfoque histórico, no presente caso, é também ao mesmo tempo um problema hermenêutico. Ora, se entendemos o problema hermenêutico como o dos níveis de realidade aos quais acedemos na leitura de um documento, podemos afirmar que o problema do acesso à realidade de Jesus, por meio dos *evangelhos*, é o primeiro e o mais profundo problema de hermenêutica posto pela revelação cristã.

1. UM VERDADEIRO PROBLEMA – Não conhecemos Jesus diretamente, por seus escritos, mas através do movimento que suscitou no século I de nossa era. A primeira comunidade cristã, e os evangelistas que são seus membros, perseguem uma finalidade religiosa: testemunham o evento da salvação em Jesus Cristo. Não cabe dúvida: os evangelhos não são nem crônicas nem biografias, mas documentos de fé. O único Jesus que atingimos através deles é um Jesus professado, confessado como Cristo e Senhor. Um exame histórico-crítico, no interior da intenção de fé dos evangelhos, permanece portanto o único ponto de partida para conhecer o Jesus terreno.

Se visualizarmos a imagem do Cristo segundo os evangelhos, temos a impressão – em João sobretudo, mas também em Mateus e em Marcos – de uma hieratização considerável em relação ao que foi o Jesus terrestre. O Cristo é tão divino que sua carreira terrena se assemelha a uma espécie de interlúdio entre sua descida entre os homens e sua volta para o mundo celeste. Se assim é, há que concluir que a imagem original de Jesus nos está em certo sentido "escondida", ou que Jesus foi "transfigurado" a tal ponto pelo Cristo da confissão de fé, que os contornos históricos de sua vida e de sua pessoa desapareceram sob a luz fulgurante da Páscoa? É ainda possível ter acesso à realidade de sua mensagem entre os homens?

Sabemos, além disto, que os evangelhos, tais como se apresentam atualmente, são o resultado de um longo processo de reflexão, iniciado pela Igreja no dia seguinte a Pentecostes. Durante vários decênios, a matéria dos evangelhos serviu à catequese, ao culto, à polêmica, à missão e, por consequência, traz a marca da atualização e da interpretação da Igreja primitiva. Finalmente, sabemos que os evangelistas, se aceitaram conscientemente a tradição anterior, não a reproduziram pura e simplesmente, mas a repensaram e a escreveram segundo as perspectivas teológicas próprias a cada um deles (→ Testamento Antigo e Novo).

Surge, pois, a pergunta: É ainda possível descobrir, sob as estratificações múltiplas da atualização primitiva, gestos autênticos, fatos "verdadeiramente acontecidos", e ouvir a mensagem de Jesus em seu frescor original? A diferença, por exemplo, entre a linguagem de Jesus nos sinóticos e a do mesmo Jesus no Evangelho de João é muito grande. A liberdade dos evangelistas assemelha-se a uma espécie de desenvoltura em relação ao real. Nestas condições, haverá ainda esperança de chegar, se não às "ipsissima verba Jesu" (sonho há muito tempo abandonado), pelo menos ao conteúdo essencial de seu ensinamento, àquele núcleo que alimentou a reflexão ulterior e ao bloco granítico de suas ações mais importantes? Poderemos estabelecer critérios que nos deem a certeza de conhecer o rabi itinerante, que perturbou a Palestina e revolucionou a história da humanidade? Em suma, qual é a relação entre história e querigma, entre o texto e o evento?

A Teologia Fundamental (TF) não pode eximir-se de refletir sobre esta relação entre a fé e a história, pois, se Jesus não existiu, ou se foi tal que não pode constituir a base da interpretação que a fé lhe deu, mas uma outra bem diferente, absolutamente diferente, o cristianismo desmorona em sua pretensão originária. A fé cristã comporta um vínculo de continuidade entre o fenômeno Jesus e a interpretação que a Igreja primeva deu dele, porque Deus se manifestou na vida terrena de Jesus e é esta que autoriza a interpretação cristã desta vida como sendo a única autêntica e verdadeira. Se os apóstolos puderam confessar Jesus como Cristo e Senhor, é preciso que Ele tenha realizado ações, adotado um comportamento, atitudes e uma linguagem que autorizem tal interpretação. A TF deve, pois, poder certificar, com os evangelhos, e nos evangelhos, aquilo que justifica a interpretação cristã do fenômeno Jesus em sua condição terrena.

2. AS RESPOSTAS DA CRÍTICA – As respostas da crítica ao problema da possibilidade de um acesso a Jesus através dos evangelhos são múltiplas.

a. Resposta acrítica, e de plena confiança, que dominou a exegese até o século XVIII. Com efeito, por muito tempo o problema da autenticidade histórica dos evangelhos coincidiu com o da autenticidade de seus autores. Baseando-se no testemunho da tradição, o exegeta atribui os evangelhos a apóstolos (Mateus e João) ou a discípulos de apóstolos (Marcos e Lucas). Já que os evangelhos provêm, de maneira imediata ou mediata, de testemunhas oculares, segue que tudo o que estes relatam nos coloca na presença de Jesus mesmo. Os textos são transparentes e a autenticidade histórica não representa um problema.

b. Resposta do ceticismo histórico, iniciada por Reimarus, elaborada por Strauss, Kähler e Wrede, e radicalizada por → Bultmann. Este último reconhece uma sucessão material ou cronológica entre Jesus e a pregação apostólica, mas declara haver ruptura existencial entre Jesus de Nazaré, de quem não se sabe praticamente nada, e o querigma dos evangelhos. Este ceticismo histórico vem acompanhado de um princípio dogmático: a fé não sabe o que fazer com os resultados da história. O encontro da Palavra de Deus na fé é o de duas subjetividades, para além dos dados objetivos. Tal situação pode entristecer o historiador, mas não o crente, nem o teólogo.

c. Resposta mais moderada dos discípulos de Bultmann, em particular de Käsemann, Bornkamm e da "Nova Hermenêutica", com Fuchs, Ebeling e Robinson. Todos julgam exagerado o ceticismo do mestre e se esforçam por reencontrar uma continuidade essencial entre o Jesus da história e o Cristo dos evangelhos. A geração atual dos teólogos protestantes, representada por Pannenberg e Moltmann, afirma, por sua vez, de maneira incisiva, o primado da história. "A fé tem a ver, antes de tudo, com o que foi Jesus. Somente partindo daí reconhecemos o que Ele é para nós hoje e como é possível hoje anunciá-lo" (*Esquisse d'une christologie*, Paris 1972, 22).

d. Finalmente, resposta da exegese católica contemporânea, convencida de que é possível, através do querigma dos evangelhos, atingir Jesus de Nazaré, mas ao mesmo tempo muito mais crítica do que antigamente, porque mais consciente das dificuldades inerentes a esta tarefa. Esta nova posição pode ser formulada nos seguintes termos: sabe-se que, na teologia católica, o Cristo pascal é o mesmo personagem concreto que Jesus de Nazaré. Não poderia haver separação nem oposição entre o Jesus terreno e o Cristo dos evangelhos, mas unidade e continuidade. Trata-se sempre do mesmo Jesus, mas agora já identificado como messias e Senhor, em decorrência da ressurreição. O glorificado atual é o crucificado de ontem; as condições mudaram, mas a pessoa é a mesma. A ressurreição agiu como catalisador ou, se quisermos, como fagulha que permitiu entender e identificar plenamente Jesus de Nazaré. Separar Jesus do querigma significaria cair no gnosticismo; falar somente do Jesus da história significaria renunciar a compreendê-lo, mesmo em sua condição terrena.

O Senhor que a Igreja adora, o filho de Deus, é também, em pessoa, o filho do carpinteiro. O destino desta pessoa é o destino histórico de um homem de seu tempo. Não se trata do evento eterno de um mito, mas de uma história que não se repete; não de uma ideia, de um número, mas de um relato; não de um jogo cultural, mas da seriedade da história; não de uma metafísica, mas de um evento. Por outro lado, recusar o mito de Jesus não significa por isto fechar os olhos a um processo de reflexão e de conscientização progressivas da parte da Igreja. Com efeito, sabemos que a *releitura* do evento-Jesus e de sua existência terrena, a partir da ressurreição, desencadeou todo um processo de interpretação, inscrito no próprio tecido de nossos evangelhos. Entre Jesus e o texto atual existem, portanto, diversos estratos e várias mediações que, sem dúvida, enriquecem nosso conhecimento e nossa compreensão de Jesus, mas ao mesmo tempo aumentam a distância hermenêutica que nos separa dele. A exegese aplica-se a descobrir e a avaliar exatamente esta distância e este processo orgânico. Através da percepção do Cristo glorioso, é ainda possível reencontrar a percepção de Jesus de Nazaré?

3. ESBOÇO DE UMA DEMONSTRAÇÃO – Para levar em conta as pesquisas sobre os evangelhos efetuadas há mais de um século, a crítica histórica tem que efetuar um certo número de verificações inevitáveis:

a. A contribuição da crítica externa, ainda que tenha sido reduzida e "redimensionada".

b. No grupo de Jesus e de seus discípulos, antes da Páscoa, e a Igreja nascente pós-pascal, uma transmissão fiel e ativa das palavras e dos gestos de Jesus é coisa possível, ou até altamente provável?

c. Podemos estabelecer que houve, da parte da Igreja primeva, preocupação de transmissão fiel das palavras e dos gestos de Jesus? Pode-se identificar, na Igreja nascente, uma vontade de fidelidade *continuada* em relação a Jesus?

d. Finalmente, é possível estabelecer a realidade, o próprio fato desta fidelidade a Jesus? É o problema capital dos critérios de autenticidade histórica.

Trata-se, pois, de certificar-se de que existe possibilidade de transmissão fiel, preocupação e vontade de transmissão fiel, realidade de transmissão fiel. Se estas verificações forem feitas, nossa confiança nos evangelhos está historicamente fundada.

4. CONTRIBUIÇÃO DA CRÍTICA EXTERNA – A crítica externa toma em consideração os evangelhos "de fora", para responder a perguntas que dizem respeito ao autor, à data e ao lugar de composição, às fontes e à integridade do texto. No caso dos evangelhos, a crítica externa recorre aos escritos extraevangélicos (Epístolas de Paulo, Atos dos Apóstolos) e sobretudo ao testemunho das igrejas pós-apostólicas (séculos II e III) que falam explicitamente dos evangelhos.

Por muito tempo a crítica externa gozou de uma autoridade quase exclusiva e inconteste, ao passo que a crítica interna era objeto de suspeitas e acusada de subjetivismo. Hoje, as perspectivas inverteram-se: os critérios internos são prestigiados na criteriologia, ao passo que a crítica externa caiu num descrédito quase total. A verdade provavelmente está no meio. Se a pesquisa contemporânea demonstrou que a crítica externa, em razão também das características dos evangelhos e da história de sua formação, já não tem em absoluto a importância que se lhe dava, nem por isto estamos dispensados de interrogá-la. Ainda que sua contribuição seja mínima, ainda tem algo a ensinar-nos: sobre os autores dos evangelhos, sobre a autoridade destes na Igreja dos primeiros séculos, sobre a atitude da Igreja frente às tendências deformadoras dos apócrifos e dos escritos gnósticos.

a. *A noção de autor* – Até o século XIX o problema se coloca em termos bem simples. Atribui-se o Evangelho ao autor apontado por uma tradição que geralmente não remonta além do século II. Este autor, apóstolo ou discípulo de apóstolo, é uma testemunha de primeira mão, além disso gratificado com o carisma da inspiração. A exegese antiga coloca, assim, os evangelhos numa condição privilegiada: o acesso à realidade é direto. Portanto, o leitor pode dispensar a crítica interna.

Em linha geral, pode-se dizer que a tradição tende a "individualizar" os autores e a colocá-los em relação íntima com uma autoridade apostólica. Os textos mais antigos que possuímos (Pápias, o Cânon de Muratori, os prólogos antimarcionitas, Irineu de Lião) consideram Marcos e Lucas *autores*, em sentido próprio. A crítica contemporânea, em seu conjunto, aceita este testemunho e raciocina assim: se a tradição do século II tivesse indicado falsamente Marcos e Lucas como evangelistas, deveria ter proposto antes (gratuidade por gratuidade, falsidade por falsidade) o nome de duas testemunhas oculares, ou seja, dois apóstolos. Se as igrejas do século II mantiveram o nome de Marcos e Lucas como autores, fizeram-no sem dúvida sob a pressão dos fatos.

Observa-se, porém, que a tradição tende a aproximar o máximo possível Marcos e Lucas dos apóstolos, para dar a seu Evangelho todo o prestígio da autoridade apostólica. É o caso de Pápias, que apresenta Marcos não só como companheiro de Paulo – coisa que sabemos de outra parte –, mas também como o intérprete, o porta-voz de Pedro. Mais ainda: Clemente de Alexandria afirma que Marcos escreveu seu Evangelho no tempo de Pedro. Ora, os testemunhos anteriores de Irineu de Lião, de Pápias e dos prólogos antimarcionitas sustentam o contrário. Temos aqui sem dúvida um começo de lenda e um exemplo daquela tendência a reforçar as ligações entre apóstolos e evangelistas. Sem dúvida, propondo Marcos como companheiro de Paulo e porta-voz de Pedro, faz-se dele uma testemunha privilegiada da vida de Jesus. Quanto a Lucas, a tradição limita-se a reconhecer nele um companheiro de Paulo. A tradição teve razão em propor Marcos e Lucas como autores, tanto mais que a crítica interna confirma seu testemunho. Mas a tradição sobrestimou a qualidade de "testemunhas" dos dois. Marcos é muito mais um fiel "relator" da pregação primeva do que um porta-voz de Pedro.

A tradição atribui o primeiro evangelho a Mateus e o quarto a João. Mas sabemos que o primeiro evangelho é um remanejamento substancial da obra aramaica atribuída a Mateus, com o acréscimo de elementos provenientes de outras fontes, em particular de Marcos (de maneira mediata ou imediata). Por outro lado, sabemos que o quarto evangelho, se tem sua fonte no testemunho de João, representa também a influência de uma comunidade de traços específicos, em que a tradição joaneica foi por muito tempo pregada e atingiu sua maturação.

Uma coisa é certa: a Igreja antiga tende a personalizar os autores dos evangelhos e a colocar estes últimos sob a égide de um apóstolo. Assim, fá-los beneficiarem-se da autoridade máxima. Esta noção de autor, que prevaleceu até o século XIX, traz uma grande consequência. Com efeito, se nossos evangelhos tiveram como autores testemunhas oculares ou discípulos de testemunhas oculares, colocam-nos diante dos eventos e do próprio Jesus Cristo. Entre Jesus e os evangelhos a distância é abolida e a crítica interna é supérflua.

b. *A noção de autor submetida à crítica* – Infelizmente, esta noção de autor não resiste aos dados da crítica contemporânea. Se o primeiro e o quarto evangelhos fossem atribuíveis diretamente a Mateus e a João, o caráter de "testemunha ocular" não deixaria de transparecer na redação, de maneira evidente e irrecusável. O mesmo vale para Marcos e Lucas. A exegese duvida também de que sejam testemunhas de segunda mão, no sentido de que teriam recolhido os depoimentos de testemunhas oculares (de Pedro, p. ex.), para em seguida consigná-los por escrito. Seus textos não trazem a marca de "reprodução direta".

Todavia, não se conclua daí que a crítica moderna desemboque somente em resultados negativos. Um certo número de dados antigos são confirmados, ao passo que outros, através de uma nova explicação, são entendidos mais claramente.

A propósito do primeiro evangelho, a crítica reconhece que seu autor, um desconhecido, é um judeu-cristão, de língua grega, muito profundamente iniciado no ambiente judeu e rabínico, que conservou e utilizou, em essência, a obra aramaica atribuída a Mateus. A crítica reconhece também que Lucas é médico, companheiro de Paulo (At 13–28), e que é um cristão vindo do paganismo. Reconhece-se que Marcos foi um companheiro de Paulo e que seu Evangelho influenciou a obra de Lucas e do Mateus canônico. Marcos depende muito mais da tradição primitiva – de que é o fiel "relator" e "transmissor" – do que de Pedro. Ao contrário, a influência de Paulo sobre Marcos é sempre mais reconhecida. A cristologia de Marcos, de modo particular, poderia ter sido inspirada por Paulo e representaria assim uma chave para a interpretação da cristologia dos sinóticos. A personalidade de João perdeu sua precisão como autor imediato do quarto evangelho. Em compensação, conhecemos melhor a história da redação do quarto evangelho, como também as qualidades de escritor e de teólogo de seu autor.

c. *Novo perfil de autor* – Em suma, a crítica interna mostrou-nos que a noção moderna de autor não poderia ser aplicada de maneira unívoca aos autores de nossos evangelhos. Os redatores estão ligados aos acontecimentos do ministério de Jesus através de uma tradição oral e escrita, escalonada em vários decênios. Deve-se, pois, descartar a ideia de uma redação dos evangelhos à base de testemunhos imediatos, provenientes de homens que participaram dos acontecimentos, testemunhos que logo teriam sido consignados por escrito por nossos autores. Entre Jesus e os textos atuais existem várias mediações, cujas contribuições respectivas precisam ser avaliadas. Em decorrência deste fato, Mateus e João adquiriram um perfil de autor, definido pelo conjunto das tendências e dos traços característicos que somente a crítica interna permitiu descobrir. Com as devidas proporções, temos que dizer a mesma coisa de Marcos e Lucas. O estudo das fontes orais e escritas, utilizadas pelos pesquisadores, abriu o caminho para a *Quellenkritik* e para a *Formgeschichte.* Os próprios redatores não são simples relatores da tradição: são também intérpretes e teólogos. Cada um deles tem sua perspectiva e seu procedimento literário. O estudo desta atividade redacional deu origem à *Redaktionsgeschichte.*

Assim, o que os evangelistas perderam como indivíduos, como autores pessoais, recuperaram-no como servidores da tradição e como teólogos. Esta descoberta do novo perfil de autor foi imposta por um exame mais atento dos testemunhos antigos e sobretudo pelo exame do próprio tecido dos evangelhos. A crítica interna tem observado, em nossos textos atuais, divergências e também incoerências que não poderiam ser atribuídas a uma testemunha ocular, ainda que fosse de segunda mão. Para explicá-las, a exegese tem sido obrigada a proceder de maneira diferente; teve que passar da crítica externa à crítica interna, da crítica de autor para o problema das fontes e para o problema de sua formação.

d. A *autoridade dos evangelhos* – A crítica externa fornece um outro dado importante. Através de todos os textos, aflora uma convicção que se exprime com vigor, ou seja, a autoridade inconteste de que gozam os evangelhos na Igreja antiga. Esta autoridade manifesta-se de maneiras distintas:

1. Na conservação fiel do próprio texto dos evangelhos. Assim, a descoberta dos papiros Bodmer (editados nos anos 1956-1958) demonstra que o Evangelho de João, em sua forma atual, já estava em circulação no fim do século II.

2. No fato de que, desde o século II, se lê durante algumas cerimônias litúrgicas o texto dos evangelhos e que esta leitura tem a mesma importância que a dos profetas. Justino escreve a este propósito: "No dia do sol (o domingo), reúnem-se todos os habitantes da cidade e dos campos e se leem as Memórias dos apóstolos ou os escritos dos profetas" (*Apologia I*, 67). Em outro trecho, Justino, que se dirige a pagãos, explica-lhes que estas "Memórias" se chamam "Evangelhos" (*Apologia I*, 66).

3. No fato de que a Igreja, quando entabula a discussão com os hereges, recorre aos evangelhos como a um argumento decisivo. É o caso de Irineu de Lião, quando se dirige aos ebionitas, aos marcionitas, aos docetas e aos valentinianos. Além disto, observa Irineu, cada uma destas seitas, ao romper com a Igreja, conserva sempre uma ligação com um dos quatro evangelhos, ao menos para justificar sua posição doutrinal. Assim, os ebionitas, judeus fanáticos, se estribam em Mateus; Marcião e os marcionitas, hostis aos judeus, recusam o AT, mas se reportam a Lucas. Cerinto e seus discípulos invocam a Igreja de Marcos, enquanto Valentim e os seus fundam suas especulações no Evangelho de João. A seu modo, portanto, os hereges confirmam a autoridade dos evangelhos.

4. Finalmente, todos os testemunhos são unânimes em reconhecer que a autoridade dos evangelhos provém do fato de que, através deles, temos acesso à pessoa de Cristo. Por este motivo, as igrejas locais, embora diferentes na língua, na mentalidade, na cultura, reconhecem nossos quatro evangelhos como normas de fé e de vida. E é também por isto que os → apócrifos são rejeitados.

Evidentemente, estes testemunhos não se exprimem em termos de ciência e não conhecem nossas exigências críticas. Têm até a tendência de exagerar a vinculação que liga os evangelhos aos apóstolos. Contudo, um fato fica de pé: a convicção bem firme, unânime, espontânea, de que através dos evangelhos conhecemos verdadeiramente Jesus e sua mensagem, pois os evangelhos contêm a pregação dos apóstolos sobre Jesus. Dificilmente se pode recusar a importância de tal testemunho, mesmo que este seja acrítico e ingênuo em sua expressão, pois provém de gerações bem próximas ao evento. É tarefa da crítica interna determinar a relação precisa existente entre a mensagem de Jesus e o texto atual de nossos evangelhos. Mas a crítica literária nunca poderá anular a convicção maciça e incoercível das primeiras gerações cristãs: através dos evangelhos atingimos verdadeiramente Jesus de Nazaré: vida e mensagem.

5. A COMUNIDADE PRIMEVA: PRÉ-PASCAL E PÓS-PASCAL – Uma vez completada a contribuição da crítica externa, passa a atuar a crítica *interna.*

A Igreja primeva constitui o ponto de junção entre Jesus e os evangelistas; estes, por sua vez, asseguram a continuidade entre a Igreja primitiva e nós. Mas, se houver ruptura, desde a origem, entre o Jesus pregador e o Cristo anunciado, quem pode garantir-nos que o querigma é ainda o Evangelho de Jesus? A *primeira verificação da crítica interna* consiste, portanto, em estabelecer a relação real existente entre a comunidade pré-pascal, por uma parte, e a comunidade pós-pascal, por outra. É possível que, entre estes dois grupos, exista verdadeira continuidade, não somente de tempo, mas também de "tradição"?

Numa demonstração que ninguém conseguiu derrubar, H. Schürmann (*La Tradizione dei detti di Gesú*, Bréscia, 1966) distingue, na comunidade pré-pascal, um duplo *Sitz im Leben*: um externo, constituído pelas situações e pelas atividades visíveis desta comunidade; o outro, interno, constituído pelas relações interpessoais que unem entre si os membros desta comunidade, na profissão de uma mesma fé e dos mesmos valores.

a. *A comunidade pré-pascal* – Num primeiro tempo, Schürmann estuda o ambiente constituído pela vida íntima de Jesus e de seus discípulos, numa pesquisa que usa as mesmas técnicas que a escola das formas.

Mesmo numa perspectiva reducionista, ninguém poderia negar que Jesus tenha pregado e tenha tido discípulos. A tradição, neste ponto, é inflexível: repetidas vezes Jesus dirige um chamado a homens que identificou e recrutou para que fossem seus companheiros. A estes homens pede que abandonem tudo para unir-se a Ele e compartilhar seu duro trabalho.

Este grupo de Jesus e dos seus forma uma comunidade "à parte", distinta do ambiente geral, exatamente porque os discípulos se decidiram a seguir o mestre e têm fé nele. Esta comunidade não é de tipo ocasional, alimentada por encontros efêmeros, mas apresenta um caráter de *estabilidade.* Toda a tradição apresenta um Jesus nunca separado de seus discípulos. Os discípulos compartilham a vida precária de Jesus; estão sempre com Ele e, consequentemente, tornam-se as testemunhas de sua vida e de seu ensinamento.

Esta presença estável de "discípulos" em torno de Jesus não é um fato espontâneo ou o fruto do acaso: ela postula uma causa. Esta causa, além do chamado de Jesus, é a fé em sua palavra, proposta por Ele como a última palavra de Deus antes do fim dos tempos. Em nível do ensinamento, a autoridade de Jesus impressiona os seus ouvintes: ninguém falou como este homem. Em nível da ação, seu prestígio é sem precedentes: nunca vimos nada de similar. As confirmações sobre o impacto produzido pelo aparecimento de Jesus são de uma historicidade incontestada.

Este é o ambiente em que ecoa o ensinamento de Jesus. Determinados homens, chamados por Ele, uniram-se estreitamente em torno dele, e vivem em intimidade com Ele. São seduzidos por Ele, fascinados por sua palavra. Como imaginar, então, que tenham deixado que esta palavra se volatilizasse ou caísse no esquecimento? A confiança em tal mestre autoriza-nos antes a pensar que tenham conservado o tesouro de sua palavra com um soberano respeito e que fizeram de tudo para conservá-lo inalterado.

Se admitirmos a fé (no sentido de um apego profundo) dos discípulos na palavra de Jesus, estamos de posse de um princípio metodológico importante: isto é, que a palavra de Jesus, enquanto tal, era considerada digna de ser conservada e transmitida e, de fato, *podia* sê-lo, em razão da intimidade de vida entre Jesus e os seus. Ademais, o próprio fato de que alguns *lógia* de Jesus nos foram transmitidos já é um sinal desta estima e deste interesse. O apego a Jesus explica em particular a conservação de *lógia* que dificilmente podiam ser compreendidos enquanto Jesus vivia, pois eram deliberadamente obscuros e proféticos, completamente voltados para o futuro. Pensemos em particular nos *lógia* que dizem respeito ao destino trágico de Jesus. Se criados depois da Páscoa, semelhantes discursos não teriam podido conservar seu caráter enigmático.

A fé dos discípulos na palavra de Jesus explica não somente a "possibilidade" de uma tradição, mas também a fisionomia própria desta tradição. Com efeito, o fato de discípulos se reunirem ao redor de um mestre, ou de um sábio, ou ao redor de um líder, ou de um profeta, ou de uma figura messiânica, não é absolutamente um fenômeno idêntico. A figura que se torna o centro de atração desta comunidade determina logo o tipo de adesão à pessoa e a consistência da tradição que esta gera. Ora, é manifesto que Jesus, para seus discípulos, foi mais do que um rabi ou do que um sábio e que o círculo dos discípulos de Jesus nunca poderia ser assemelhado pura e simplesmente ao círculo dos mestres de Israel. A comunidade pré-pascal é, antes, muito mais afim à dos profetas e de seus discípulos. A analogia deve ser buscada nesta direção. A palavra de Jesus, com efeito, ecoa como a palavra decisiva, que anuncia a hora suprema da vinda iminente do Reino de Deus. E, por outro lado, a personalidade de Jesus impõe-se como a de um profeta, ou melhor, como a do maior dentre os profetas. Jesus comporta-se como um congraçador de homens, como o pastor que guia seu rebanho.

Entende-se então a importância, para os discípulos de Jesus, de conservar, mais ainda que a forma literária, a própria mensagem de Jesus em seu conteúdo original. O caráter de urgência e de unicidade desta mensagem representa uma garantia de fidelidade bem superior à de todas as técnicas rabínicas, sem todavia negar que Jesus tenha recorrido aos meios mnemônicos em uso numa época de tradição oral.

A influência do *Sitz im Leben* interno não torna supérfluo o estudo do *Sitz im Leben* externo. A compreensão da vida íntima da comunidade revela-nos o sentido de sua atividade externa; e esta, por sua vez, revela-nos fatores que garantem ao processo de tradição uma consistência nova. Dois destes fatores são a atividade missionária dos discípulos e as exigências da vida comunitária pré-pascal.

Schürmann sublinha que Jesus pregou e propôs sua mensagem com a intenção de fornecer a seus discípulos um instrumento adequado, em vista da atividade missionária que teriam que exercer, não somente depois da Páscoa, mas também enquanto Ele vivia, na qualidade de embaixadores e de pregadores do reino. Efetivamente, se Jesus dirigiu um chamado peculiar a homens que Ele escolheu como seus companheiros de vida, este chamado significa, sem dúvida alguma, que eles participarão de sua missão religiosa. Ao que parece, uma boa parte dos *lógia* que nos foram transmitidos deriva desta intenção de fornecer aos discípulos um instrumento de evangelização. Sob este aspecto, a *missão* dos apóstolos antes da Páscoa representa um *Sitz im Leben* particularmente importante para compreender a origem e o processo de transmissão da tradição evangélica.

Efetivamente, parece provável que Jesus tenha dado a suas palavras uma "força de choque" peculiar, justamente com o fim de imprimi-las na memória de seus discípulos. O próprio fato de uma ou provavelmente de várias "missões" dos discípulos antes da Páscoa autoriza-nos a pensar que Jesus tenha tido de fato esta preocupação. Se, pois, Jesus se propõe confiar a seus discípulos uma "missão", desde antes da Páscoa, deve prepará-los, tanto mais por se tratar de homens destituídos de cultura e de instrução, ou melhor, de homens que pertencem a um ambiente de cultura oral, em que se memorizam: os salmos, a lei, os profetas. Neste contexto, o único meio, para Jesus, de evitar que sua mensagem de salvação e suas exigências morais não se degradassem e não se "banalizassem" era propor-lhes uma forma mais ou menos estereotipada.

Mateus, Marcos e Lucas referem que Jesus, após um período notável de ministério exercido em meio a seus discípulos, envia-os em missão (Mc 6,7). Neste ponto, autores como Dibelius e Bornkamm estão de acordo com os exegetas católicos em reconhecer que os discípulos participaram da atividade de Jesus, já antes da Páscoa. A intenção de Jesus de mandar os seus em missão está atestada em Mc 3,14-15; 6,7, como também no discurso de missão, cuja parte central (Mt 10,5b-6; Lc 10,8-12) representa um ponto nodal bem antigo. Com efeito, o contexto, o vocabulário e o estilo de pensamento deste discurso refletem uma situação pré-pascal. A colaboração dos discípulos na atividade de Jesus exprime-se com o poder que lhes é conferido: por um lado, de pregar e, por outro lado, de expulsar os demônios e de operar curas: dois poderes e duas atividades igualmente associados no ministério de Jesus. Ao retornarem de sua missão, os apóstolos, reunidos em torno de Jesus, referem-lhe tudo o que fizeram e tudo o que ensinaram (Mc 6,30). Esta primeira pregação dos discípulos tem como temas essenciais o anúncio do reino (Mc 1,15; Mt 10,7) e o convite à penitência (Mc 6,12).

Um segundo fator capaz de explicar a formação e a transmissão de uma tradição é o fato inegável de uma *vida em comum.* Sem dúvida, o grupo dos primeiros discípulos não tem uma regra bem-definida, como a seita de Qumran, mas tem normas de vida destinadas a reforçar os vínculos entre os membros. Os discípulos devem abandonar bens, família e profissão para se unirem a um pregador itinerante e segui-lo em toda parte. Este radicalismo de Jesus explica-se pelo fato de seu chamado ser dirigido a homens que devem dedicar-se por completo ao reino. A esta exigência de vida comunitária e a este radicalismo estão ligados os *lógia* sobre a vocação e sobre o *seguimento de Jesus* (sequela Jesu).

A pesquisa de Schürmann demonstrou assim que a origem e a tradição dos *lógia* de Jesus começaram antes da Páscoa, no próprio círculo restrito dos discípulos de Jesus. O iniciador da tradição é o próprio Jesus, como atestam 1Jo 1,1s.; Lc 1,2; 1,21-22. Uma verdadeira continuidade, não somente temporal e sociológica, mas também de *tradição*, isto é, de adesão, de atividade e de mensagem é possível e altamente provável entre a comunidade pascal e a comunidade pós-pascal.

b. *A comunidade pós-pascal* – Depois da Páscoa, Jesus é mais identificado, mais compreendido. Sua autoridade, longe de diminuir, aumenta ainda mais. A adesão a sua palavra ganha em profundidade. A pregação do reino continua, mas torna-se mais precisa. Entre a comunidade pré-pascal e a comunidade pós-pascal não existe ruptura, mas continuidade e aprofundamento. A descontinuidade dos momentos não pulveriza as recordações e não quebra a continuidade do processo de tradição e de fidelidade a Jesus. A Páscoa não é uma bomba atômica que aniquilou tudo, mas uma chama que iluminou tudo. Os apóstolos, testemunhas de Jesus, estão sempre presentes. A comunidade pré-pascal não vive num *vácuo*, isolada de seus fundadores e imersa na ignorância.

Pelo contrário, os Atos dos Apóstolos descrevem uma comunidade unida em torno de *testemunhas de Jesus*, que são também os cabeças desta comunidade, isto é, os apóstolos, liderados por Pedro. Este tem a iniciativa da eleição de Matias (At 1,15-26). No dia de Pentecostes, é o primeiro a tomar a palavra (At 2,14). Quando Pedro e João são presos, é Pedro quem se dirige ao sinédrio (At 4,8). Os Doze convocam os discípulos e escolhem sete diáconos (At 6,5-6). Os apóstolos mandam Pedro e Tiago à Samaria para "confirmar" os batizados (At 8,14-17). Os apóstolos protestam contra os que semeiam a desordem sem terem recebido o mandato de sua parte (At 15,24). Os apóstolos promulgam e difundem o decreto de Jerusalém (At 15,27-28). De Pedro dizia-se "que visitava a todos" (At 9,32). Ele prega em Lida, Jafa e Cesareia. Dos cristãos, ao contrário, diz-se que "eram assíduos em ouvir o ensinamento dos apóstolos" (At 2,42). E quando estes têm que escolher pessoalmente entre dois ministérios, reservam para si o da palavra (At 6,4).

Acrescentemos que a comunidade pós-pascal não tem nada de uma sociedade anônima. Pelo contrário, é *perfeitamente identificada* num bom número de seus personagens de primeiro plano. Além dos apóstolos, conhecidos de todos, inclui parentes de Jesus (Tiago), discípulos como Matias, Barnabé, Bársabas, Silas, Marcos, Cleófas, Nicodemos, José de Arimateia, alguns diáconos (entre eles Estêvão), Paulo, a mãe de Jesus e o ambiente que a circunda.

A comunidade pós-pascal não é, portanto, uma sociedade amorfa, destituída de uma estrutura. Não está na linha dos moluscos, mas dos vertebrados. Nesta comunidade, os que têm autoridade para dirigi-la são justamente os íntimos e os comensais de Jesus: as testemunhas de sua vida e de seu ministério. Este é o ambiente que alimenta a tradição evangélica: um ambiente de fidelidade a Jesus.

6. MANUTENÇÃO DE UMA VONTADE DE FIDELIDADE A JESUS: LINGUAGEM E ATITUDES – Ao diversificar-se e distanciar-se do evento, a tradição evoluiu e manteve-se sob o signo da fidelidade a Jesus? Esta é a *segunda verificação* que a crítica histórica deve efetuar.

Para realizar esta verificação, que abrange os anos que precederam a redação dos evangelhos, procuraremos penetrar a mentalidade que inspira a Igreja primitiva.

Trata-se de, recorrendo a uma espécie de psicanálise, perceber quais são os reflexos espontâneos e, por assim dizer, viscerais, da comunidade primeva em relação a Jesus e a sua palavra e, consequentemente, a estrutura psicológica e mental desta comunidade. Acreditamos ser possível tal pesquisa através dos caminhos da semântica, partindo dos *termos* cuja frequência é tal, na Igreja nascente, que preenche em certo sentido todo o horizonte da consciência cristã, exprimindo-lhe a orientação profunda. Recorramos aos textos que descrevem diretamente o ambiente eclesial primitivo, em particular as cartas de Paulo e os Atos dos Apóstolos. A referência a Jesus, nesta literatura, menos direta do que nos evangelhos, é mais significativa. Com efeito, sabemos que uma comunidade, exatamente como um indivíduo, denuncia-se em sua linguagem, no emprego de certos termos privilegiados. Esclareçamos que, para serem verdadeiramente reveladores, estes termos não só devem acusar uma alta taxa de recorrência, mas também aparecer em contextos importantes. No presente caso, trata-se de saber se a mentalidade revelada pelo vocabulário de base das cartas de Paulo e dos Atos dos Apóstolos vai na linha da fidelidade a Jesus ou de fabulações criadoras.

Se, com o estudo destes termos privilegiados, conseguirmos descobrir a mentalidade profunda da Igreja primitiva, estamos de posse de um critério importante para avaliar a qualidade do ambiente eclesial no qual se formou e desenvolveu a tradição evangélica. Teremos demonstrado que existe continuidade não somente de Jesus para a Igreja, mas também da Igreja para Jesus, pois a atitude da jovem Igreja, nos anos em que se forma a tradição, permanece radicalmente a da fidelidade.

Entre os termos que manifestam a atitude da Igreja primeva em relação a Jesus, podemos distinguir três grupos que formam em torno de Jesus três zonas concêntricas. O primeiro, genérico, mas muito antigo, está ligado à ideia de tradição: *receber* (paralambánein) e *transmitir* (paradídōmi). O segundo diz respeito aos colaboradores imediatos de Jesus: *testemunha* (mártys), *apóstolo* (apóstolos) e *serviço* (diakonía) da palavra. O terceiro diz respeito à atividade mais ampla que engloba todos os pregadores do Evangelho: *ensinar* (didáskein), *proclamar* (kēryssein), *evangelizar* (euaggelízesthai) e *Evangelho* (euaggélion). No exame destes termos, mais que perseguir uma investigação semântica exaustiva, trata-se de entender como estas palavras-chave e este vocabulário de base da Igreja primitiva nos dão acesso à consciência e à subconsciencia cristã em relação a Jesus.

a. *A parádosis: receber e transmitir nas cartas de Paulo* – As cartas de Paulo, que remontam aos anos 50-60, isto é, antes da redação dos evangelhos, atestam toda a importância desta categoria na consciência cristã. O substantivo *tradição* volta no NT e indica o conteúdo da transmissão. O verbo *transmitir* (paradídōmi) ocorre 120 vezes, com significações diferentes. Relacionado com a → tradição, indica o ato de transmitir: instituições (Mc 7,3.4.5.9) recebidas verbalmente, ou um ensinamento (1Cor 15,3) comunicado, também ele, por outras pessoas.

Paulo foi antes de tudo um fariseu e, como tal, um encarniçado observante da tradição, consignada na Tôrāh escrita ou oral (Gl 1,13-14). Depois, abandonou estas tradições para adotar a de Jesus. Todavia, ao indicar esta tradição, conserva a terminologia que recebeu do judaísmo: *receber* (paralambánein) e *transmitir* (paradídōmi). Tudo o que recebeu tem que transmiti-lo. Na Epístola aos Gálatas, ele, o mais independente dos apóstolos, declara haver submetido seu Evangelho à Igreja de Jerusalém para confirmar-lhe a autenticidade: "Para não me achar em risco de correr ou de ter corrido em vão" (Gl 2,1-6).

Paulo estabelece uma estrita concordância entre *receber* e *transmitir*, particularmente em duas passagens importantes, concernentes à ressurreição (1Cor 15,3) e à Última Ceia (1Cor 11,23). A identidade entre o recebido e o transmitido sublinha a fidelidade de Paulo no cumprimento de sua missão. O conteúdo da tradição nos textos mencionados é constituído pelos mistérios essenciais da salvação e de seu sentido profundo: ceia, paixão, morte e ressurreição. A autoridade da parádosis vem do fato de que Paulo transmite fielmente o que havia recebido como missão de transmitir: "Nós, portanto, operamos como embaixadores em nome de Cristo, como se Deus exortasse por meio de nós" (2Cor 5,20).

Em muitas passagens encontra-se a mesma atitude, quando não os mesmos termos. Assim, convida os Tessalonicenses à fidelidade: "Por isto, irmãos, ficai firmes e mantende as tradições que tendes aprendido, seja por palavras seja por carta" (2Ts 2,15; 3,6). Aos Filipenses escreve: "O que aprendestes, recebestes, ouvistes e vistes de mim é o que deveis fazer" (Fl 4,9). Elogia a fidelidade dos Colossenses: "Caminhai, pois, no Senhor Jesus Cristo, conforme o recebestes, bem enraizados e fundados nele, firmes na fé como vos foi ensinado" (Cl 2,6-7). Ao contrário, censura os que abandonaram o Evangelho que ele pregou: "Se alguém de vós prega um Evangelho diferente do que recebestes, seja anátema" (Gl 1,9). Abandonar a tradição do Evangelho de Paulo é como abandonar o Evangelho de Jesus.

Não é de modo algum casualmente que Paulo retoma a terminologia da parádosis judaica: significa que a ação de *receber* e de *transmitir*, em ambiente cristão, assemelha-se ao modo de transmissão em uso no judaísmo. A segunda carta a Timóteo contém um outro exemplo da influência judaica e rabínica sobre o conceito paulino da parádosis. Toda tradição, que pretenda ser autêntica, deve citar a lista ininterrupta dos que a transmitiram. A carta a Timóteo enumera cinco elos da tradição: Cristo (2Tm 1,10), Paulo, apóstolo e doutor (2Tm 1,11), Timóteo, discípulo de Paulo (2Tm 1,6), em seguida os fiéis e os outros homens (2Tm 2,2). Ao enumerar assim as testemunhas da tradição, sem descontinuidade, Paulo manifesta a fidelidade da mesma e, consequentemente, sua autoridade.

Se agruparmos os dados recolhidos sobre a parádosis nas cartas de Paulo, constatamos que o termo indica às vezes aqueles compêndios de fé cristã que são os primeiros "credos" (1Cor 15,3s). Paulo recebeu estas fórmulas como o cerne de seu Evangelho: transmite-as tais e quais as recebeu, demonstrando assim ser o servidor da palavra. No conceito judaico e rabínico, a categoria do *paralambánein-paradídōmi* indica uma atitude de fidelidade em relação àquilo que é recebido e transmitido. Não se trata de criar, de inovar, de transformar, mas de transmitir. O termo revela uma mentalidade e um ambiente dominados pela preocupação de conservar a palavra recebida, como se fosse um depósito, uma herança. A autenticidade da tradição é garantida pela cadeia qualificada dos "transmissores", que vai de Cristo aos apóstolos, dos apóstolos a seus discípulos e destes aos fiéis. Cabe sublinhar que a tradição de Paulo, como a de Jesus (At 1,1), é constituída de gestos, de exemplos, como também de instruções (Fl 4,9). Uma comunidade que vive assim sob o signo da parádosis, vive sob o signo da fidelidade e não da inovação aventureira.

A Escola de Upsala, com H. Riesenfeld e B. Gerhardsson, estudou os modos de transmissão dos ambientes judaicos e rabínicos. Dois princípios inspiram a pedagogia rabínica: memorizar e conservar inalterado o texto memorizado, com ajuda de técnicas que se encontram todas em nossos evangelhos: uso de resumos ou sumários, sequências ritmadas, paralelismos, antíteses, palavras-chave, inclusões. Depois da morte de Jesus, os apóstolos permaneceram em Jerusalém durante quinze ou vinte anos, isto é, durante o período de formação da tradição evangélica. Neste ambiente de cultura oral, dominado pela presença e pela influência dos Doze, fixou-se a tradição sobre Jesus. Os *lógia* de Jesus foram reunidos segundo tipos diversos de agrupamentos. O mais das vezes o agrupamento se fez em torno de um assunto (parábolas do reino, conselhos aos missionários, relatos de milagres) ou simplesmente com o emprego dos meios mnemônicos em uso num ambiente de cultura oral. Os *lógia* de Jesus circularam de boca em boca, segundo uma pedagogia da qual Jesus mesmo foi o iniciador. De qualquer forma, a tradição cristã tem um traço específico: possui um dinamismo de fidelidade a Jesus, mas ao mesmo tempo um dinamisno de atualização e de aprofundamento ligado ao fato de que os *lógia* de Jesus devem iluminar problemas de vida sempre novos. Efetivamente, a Igreja recebeu a palavra de Jesus não como um tesouro inerte, mas como uma palavra viva, capaz de iluminar situações inéditas. A ação deste dinamismo é visível e controlável, em particular nas parábolas, nas quais a mensagem é conservada, mas ao mesmo tempo atualizada de acordo com as novas condições da Igreja. Este duplo dinamismo de fidelidade e de atualização já está inserido na atitude e na mentalidade da Igreja primitiva.

b. *Testemunha, apóstolo, serviço da Palavra* – 1. *Testemunhar* e *testemunha* pertencem antes de tudo à terminologia dos Atos e à teologia de Lucas. O título de "testemunha" designa essencialmente os apóstolos. Como os profetas, estes foram escolhidos por Deus (At 1,26; 10,41). Viram e ouviram a Cristo (At 4,20; 1Jo 1,1-3), viveram em intimidade com Ele, e, consequentemente, têm uma experiência direta de sua pessoa, de seu ensinamento e de suas obras. Comeram e beberam à mesma mesa com Ele, antes e depois de sua ressurreição (At 10,41). Os outros podem pregar; em sentido estrito, somente os apóstolos podem testemunhar. Receberam de Cristo a missão de dar testemunho (At 10,41). No testemunho apostólico descrito pelos Atos existe uma união indissolúvel entre o evento histórico e seu alcance religioso. O mesmo vale para o querigma de Paulo. Para ele, *Jesus*, perseguido, crucificado, morto, ressuscitado, é *Cristo*. Assim, longe de negar ou de reduzir a realidade histórica, o testemunho apostólico reafirma-a e confirma-a, para descobrir-lhe a dimensão interior. Não confere a historicidade a um evento não acontecido, mas descobre o alcance salvífico do que aconteceu. A categoria do → testemunho exprime não somente referência a Jesus, mas vontade de referência a Jesus. Se Jesus não realizou as obras que fez, o testemunho apostólico não tem mais valor e o Evangelho não existe mais.

2. Embora o termo *apóstolo* não tenha um sentido absolutamente unívoco, ocorre em todos os escritos do NT, exceção feita da segunda Epístola aos Tessalonicenses, da Epístola de Tiago e das de João. Nas cartas de Paulo, *apóstolo* é um termo privilegiado. Paulo é um embaixador de Cristo, encarregado por Ele, para representá-lo como seu delegado. Em Lucas, a noção de apóstolo está estreitamente ligada à de testemunha. Os apóstolos são não apenas os embaixadores de Cristo, mas sobretudo homens que assumem funções reservadas aos Doze, em particular as de testemunhas qualificadas da vida e da ressurreição de Cristo. O essencial é que, na linguagem e na mentalidade da Igreja primitiva, o apóstolo, seja ele apresentado como embaixador e representante de Cristo (conceito de Paulo), ou como testemunha da vida de Jesus (conceito de Lucas), mantenha um vínculo de fidelidade em relação àquele que o delega para representá-lo, e do qual é testemunha.

3. Em Paulo, *diákonos* não é um termo técnico. Foi primeiro aplicado a todos os missionários itinerantes, inclusive aos apóstolos (Rm 16,1; 1Cor 3,5; 2Cor 3,6; Ef 3,7; Cl 1,23.25), depois designou os colaboradores dos apóstolos, em particular de Paulo, como Crescêncio, Tito, Lucas e Marcos, que se deslocam com ele de acordo com as exigências da evangelização (2Tm). Na carta aos Colossenses, Paulo apresenta-se como *diákonos* do Evangelho, *diákonos* da Igreja para realizar a Palavra de Deus (Cl 1,25). Na qualidade de servidor do Evangelho, o apóstolo é *diákonos* de Cristo (2Cor 11,23); mais ainda *doúlos*, escravo de Cristo (Tt 1,1; Rm 1,1), termo que exprime com vigor ainda maior sua pertença a Cristo.

Nos Atos dos Apóstolos, o mais elevado dos serviços cristãos, isto é, a proclamação da boa notícia da salvação em Jesus Cristo, é designado pelo "serviço da palavra" (At 6,4). Esta *diakonía toú lógou* identifica-se com a que Lucas denomina a *didachê* dos apóstolos (At 2,42).

Nos apóstolos, este serviço da palavra concretamente identifica-se com o testemunho que estes devem dar de Jesus (At 1,1). No prólogo de seu Evangelho, Lucas declara que as "testemunhas oculares" se tornaram os "servidores da palavra" (Lc 1,2). Esta Palavra é reconhecida não somente como palavra sobre Deus, mas como Palavra de Deus, com o mesmo direito que a palavra do AT. A mesma atitude de respeito e de serviço devida à Tôrāh torna-se, no NT, respeito à palavra de Jesus, que diz respeito a Jesus. A tradição de Jesus é tradição sobre Jesus. Daí que Paulo define-se tanto como *diákonos* do Evangelho quanto como *diákonos* de Cristo (2Cor 11,23). Tal atitude, naturalmente, é a expressão de uma fidelidade.

c. *Ensinar, pregar, evangelizar* – Estes termos, que pertencem ao vocabulário da evangelização, não são reservados somente aos apóstolos; qualificam também seus colaboradores na difusão da boa notícia. Eles, segundo os Atos, difundem o testemunho dos apóstolos com sua pregação ou querigma.

Se é verdade que estes termos se sobrepõem na atividade concreta dos apóstolos, também é um fato que testemunhar é uma atividade propriamente apostólica, ao passo que *anunciar, proclamar* e *pregar* colocam a ênfase no caráter dinâmico e público deste testemunho e se aplicam tanto aos demais pregadores quanto aos apóstolos (At 15,35; 18,25): Paulo, Barnabé, Silas, Filipe, Timóteo. No sentido de proclamar, temos também *evangelizar.* Assim Pedro e João "evangelizam" muitas aldeias samaritanas (At 8,25). Paulo e Barnabé "evangelizam" a cidade de Derbe (At 14,21). *Evangelizar* e *ensinar* muitas vezes vão juntos. Paulo e Barnabé, em Antioquia, "ensinam e anunciam a Boa Notícia" (At 15,35; 5,42; 18,25; 28,31).

O que os apóstolos anunciam, pregam, proclamam e ensinam é o que os ouvintes são convidados a ouvir e a receber, é "o alegre anúncio de que Jesus é o Cristo" (At 5,42), a "boa notícia de Jesus" (At 8,35), "a boa notícia do Senhor Jesus" (At 11,20), "o que diz respeito a Jesus" (At 18,25), "as coisas concernentes ao Senhor Jesus Cristo" (At 28,31). O termo comum a todos estes textos, e o elemento unificante, é *Jesus*, identificado como Cristo e Senhor.

Em alguns textos, Paulo resume numa palavra o essencial de sua missão. "Nós, com efeito, não pregamos a nós mesmos, mas o Cristo Senhor" (2Cor 4,5). Da mesma forma, a vida nova está em Cristo: "se realmente lhe destes ouvido e nele fostes instruídos, segundo a verdade que está em Jesus" (Ef 4,21). Correlativamente, a fé que responde a esta pregação é "a fé em Jesus" (Rm 3,26), a que confessa que "Jesus é o Senhor" (Rm 10,9; 1Cor 12,3).

O objeto da pregação de Paulo, como do testemunho dos apóstolos e de todos os que evangelizam e ensinam, é sempre *Jesus* de Nazaré, plenamente identificado, por sua ressurreição, como Cristo, Senhor e filho de Deus.

Embora as exigências do presente *Dicionário* impeçam de levar mais longe esta investigação, não obstante, autorizam uma conclusão. Uma comunidade, cujas atitudes fundamentais são as da missão, do testemunho, da tradição e do serviço, é completamente diferente de uma comunidade que se dobra a qualquer vento, destituída de eixo e de pontos de referência, inconsciente de seu próprio passado e despreocupada com seu próprio futuro. Um grupo humano, cuja vontade explícita é transmitir integralmente o que recebeu, atestar o que viu e ouviu, agir como representante e delegado daquele que lhe deu o encargo e privilegiar este serviço em relação a todos os demais, este grupo vive decididamente sob o signo da *fidelidade.* A alma da Igreja primitiva foi como que forjada e plasmada por estes termos básicos. Eliminá-los ou reduzi-los equivaleria a privar uma língua de seu vocabulário fundamental. Enumerá-los significa descrever as reações primárias, as atitudes essenciais da Igreja primitiva: significa definir sua linguagem e sua mentalidade. O que interessa é que este vocabulário de base, em seu uso original, visa uma só coisa, traduz somente uma intenção: *Jesus* e a *fidelidade a Jesus.* Se assim é, temos o direito de afirmar que existe, no ambiente eclesial primitivo, não somente continuidade de tradição entre Jesus e Igreja (como provou H. Schürmann), mas também preocupação e vontade de fidelidade *continuada e sustentada* à Igreja de Jesus. Para completar a demonstração, resta ainda verificar o *fato*, a *realidade* desta fidelidade, recorrendo aos critérios de autenticidade histórica.

7. CRITÉRIOS DE AUTENTICIDADE HISTÓRICA DOS EVANGELHOS – Efetivamente, para estabelecer a autenticidade histórica do conteúdo dos evangelhos não basta demonstrar que, desde as origens, existiu a possibilidade de transmissão ativa e fiel das palavras e dos atos de Jesus: ainda mais que existiu, durante a formação da tradição até a transcrição desta tradição, preocupação e vontade mantida de fidelidade a Jesus; há que provar também que esta fidelidade pertence à *ordem dos fatos* e que é verificável; em outras palavras, que os escritos e a realidade se correspondem. Esta última verificação se faz recorrendo aos critérios de autenticidade histórica, pois a crítica literária a esta altura deixa o lugar à crítica histórica. De fato, a crítica literária, embora atinja as formas mais antigas da tradição, graças às técnicas elaboradas pela FG e pela RG, não está autorizada, como tal, a pronunciar-se sobre a historicidade de um relato ou de um *lógion.*

O estudo dos critérios de historicidade, aplicado aos evangelhos, é obra recente que remonta a Käsemann, em 1954. De lá para cá não cessou de aumentar o interesse pelos problemas de criteriologia. A partir de 1964, começam os primeiros ensaios de sistematização: os autores esforçam-se por definir, agrupar, e até por hierarquizar os critérios. A esta fase da pesquisa pertencem os trabalhos de H.K. McArthur, N. Perrin, I. de la Potterie, L. Cerfaux, M. Lehmann, J. Jeremias, R.S. Barbour, D.G.A. Calvert, J. Caba, N.J. McEleney, D. Lührmann, E. Schillebeeckx, R. Latourelle, F. Lambiasi, F. Lentzen-Deis.

a. *Indícios, critérios e prova* – Antes de passarmos ao estudo dos critérios propriamente ditos é necessário fazer algumas distinções:

1. Antes de tudo, é preciso distinguir entre *indícios* e *critérios*. Um indício pode levar a uma probabilidade, mas não a um juízo certo de autenticidade histórica. Assim, o fato de os evangelistas terem conservado um certo número de detalhes absolutamente "neutros", isto é, que não apresentam nenhuma intenção teológica visível (p. ex.: Jesus que dorme sobre um *travesseiro* durante a tempestade; Mc 4,38), constitui um indício favorável, mas não um critério em sentido próprio. Da mesma forma, o colorido e a vivacidade de certos relatos, em Marcos, não poderiam merecer a qualificação de critério. Fatos similares podem certamente manifestar a fidelidade da tradição ao evento real, mas também podem depender da atividade redacional. O mesmo deve-se dizer no tocante à "impressão de verdade" que os evangelhos produzem. É bem conhecida a reserva e também a desconfiança dos historiadores quanto a este tipo de argumentos.

2. Também é necessário não confundir a *arcaicidade das formas* com a autenticidade histórica de seu *conteúdo*. A FG pode chegar a descobrir as formas mais primitivas da tradição, mas ainda permanece dentro dos limites da crítica literária. Mais exata e mais válida é a abordagem da RG que trabalha para descobrir os elementos atribuíveis ao evangelista. Com efeito, quando a exegese chegou a descobrir, num *lógion* ou num relato, os elementos próprios do evangelista ou da Igreja primitiva e quando se encontra diante da forma mais antiga, podemos presumir que temos um sério indício de historicidade, pois ficaram reduzidas ao máximo as mediações que nos separam de Jesus. Proceder desta maneira significa praticamente remontar até o *Sitz im Leben Jesu*. Contudo, a rigor, não se trata ainda de crítica histórica, mas de crítica literária. Resta então demonstrar a realidade histórica que subjaz ao *lógion* ou ao relato. É então que intervêm os critérios propriamente ditos de autenticidade histórica. Todavia, os resultados da crítica literária, em certos casos, são tão poderosos e tão cogentes que se aproximam do critério de historicidade. Isto prova que o limite entre indício e critério, entre a crítica literária e a crítica histórica, por vezes é tão difícil de ser determinado, que a passagem de um ao outro é imperceptível.

3. Finalmente, deve-se evitar confundir *critério* com *prova*. Os critérios são *normas* que, aplicadas ao material evangélico, permitem provar a consistência histórica dos relatos e emitir um juízo sobre a autenticidade ou a inautenticidade de seu conteúdo. Sua aplicação convergente permite estabelecer a *prova* ou a demonstração de autenticidade histórica.

b. *Critérios primários ou fundamentais* – Por critérios *fundamentais* entendemos critérios que possuem um valor próprio, intrínseco e, portanto, autorizam um juízo certo de autenticidade histórica. Não afirmamos que estes critérios devam ser empregados de maneira exclusiva, mas que possuem um valor intrínseco suficiente para levar a resultados certos e frutuosos. Estes critérios, conhecidos da história universal e reconhecidos pela maioria dos exegetas, são os seguintes: critério de atestação múltipla, critério de descontinuidade, critério de continuidade, critério de explicação necessária ou de razão suficiente.

1. *Critério de atestação múltipla*. É assim enunciado: "Pode-se considerar autêntico um dado evangélico solidamente atestado em todas as fontes (ou na maior parte) dos evangelhos": Marcos, fonte de Mateus e Lucas; a *Quelle*, fonte de Lucas e de Mateus; as fontes especiais de Mateus e de Lucas e, eventualmente, de Marcos; os demais escritos do NT, particularmente os Atos, o Evangelho de João, as cartas de Paulo, de Pedro, de João, a Epístola aos Hebreus. O critério tem peso maior se o fato é encontrável em formas literárias distintas, atestadas, também elas, por fontes múltiplas. Assim, o tema da simpatia e da misericórdia de Jesus em relação aos pecadores aparece em todas as fontes do Evangelho e nas formas literárias mais distintas: parábolas (Lc 15,11-32), controvérsias (Mt 21,28-32), relatos de milagres (Mc 2,1-2), relato de vocações (Mc 2,13-17).

Este critério é de uso corrente na história universal. Um testemunho concordante, proveniente de fontes diversas e não suspeitas de serem intencionalmente ligadas entre si, merece ser reconhecido por todos. No limite oposto, a crítica dirá: *testis unus, testis nullus* [uma só testemunha, nenhuma testemunha]. A certeza estriba-se na convergência e na independência das fontes.

A dificuldade maior que o historiador encontra na aplicação deste critério aos evangelhos diz respeito naturalmente à independência das fontes. Em que medida tal independência pode ser garantida, uma vez que por trás das fontes escritas existe a tradição *oral*, no decurso da qual o material estudado pode ter sido introduzido nas diversas fontes, em razão do papel que desempenhava na Igreja primitiva? Esta dificuldade não deve ser nem subestimada nem minimizada. Por isto, as condições de validade deste critério precisam ser definidas.

É verdade que a tradição oral e a Igreja primitiva são a fonte comum da qual se originou a tradição evangélica, em suas diversas formulações escritas. Mas esta afirmação precisa ser matizada e explicada. Observemos antes de mais nada que *fonte única* não deve ser confundida com *atestação única*. Uma fonte pode representar um número virtualmente alto de testemunhas: tal é o caso de 1Cor 15,3-9, que atesta a ressurreição e as aparições de Jesus. Mas o que interessa mais, no caso dos evangelhos, é a *qualidade do ambiente eclesial*. Por isso, a segunda verificação crítica de nossa demonstração tinha por objeto exatamente o estudo deste ambiente. Desta verificação resulta que a atitude fundamental da Igreja primitiva em relação a Jesus é a da *fidelidade*. Sabemos também que as Igrejas do século II estão convencidas de receber verdadeiramente dos evangelhos o acesso a Jesus, a ponto de os evangelhos constituírem uma norma de fé e de vida até o compromisso do → martírio. Também conhecemos as leis da tradição oral do → judaísmo da época. Sabemos, além disto, que a diversidade e o regionalismo das comunidades eclesiais (diversidade de língua, de mentalidade, de cultura) representam um fator de independência que serve de contrapeso ao perigo de uniformidade. Através da história da redação, podemos finalmente verificar o grau de fidelidade da tradição escrita em relação à tradição oral. A fidelidade da primeira permite-nos pronunciar-nos razoavelmente sobre a fidelidade da segunda.

Sobre este fundo de fidelidade na liberdade e de unidade na diversidade, podemos confiar no critério de atestação múltipla e considerá-lo como um critério fundamental, sobretudo quando se trata de reconhecer as características essenciais da figura, da pregação e da atividade de Jesus: por exemplo, sua tomada de posição em relação à lei, aos pobres, aos pecadores; sua resistência ao messianismo régio e político; sua atividade de taumaturgo e sua pregação por parábolas.

Quando se trata de *lógia* ou de fatos específicos, o critério geralmente terá que ser iluminado por outros critérios. Com efeito, pode suceder que determinado material evangélico tenha sido introduzido antes da formação das fontes. Assim, Mc 8,34, sobre a necessidade, para os discípulos de Jesus, de carregarem sua cruz, explica-se melhor no contexto da pregação pós-pascal do que no da pregação de Jesus. Todavia, a conformidade deste *lógion* com o conjunto da mensagem de Jesus sobre a necessidade de se morrer para si mesmo para entrar no reino, como também com o exemplo de sua vida e de sua morte, permite estabelecer que o *lógion* representa uma interpretação fiel de Jesus. Em outros casos, o critério é suficiente sozinho para fundar um juízo de autenticidade. Assim, o fato da morte de Jesus pela salvação dos homens é atestado em todas as fontes e se difunde por todas as perícopes.

Em suma, podemos concluir que o critério de atestação múltipla é válido, e reconhecido como tal, quando se trata de estabelecer os traços essenciais da figura, da pregação e da atividade de Jesus. Quando se trata de perícopes específicas, o critério é válido quando sustentado por outros critérios ou quando não existe nenhum motivo sério para duvidar da autenticidade do material atestado.

2. *O critério de descontinuidade.* O consenso sobre este critério é praticamente unânime. É formulado assim: "Pode-se considerar autêntico um dado evangélico (especialmente quando se trata das palavras e das atitudes de Jesus) irredutível, seja aos conceitos do judaísmo, seja aos conceitos da Igreja primitiva".

Antes de levar em consideração o caso dos relatos específicos, pode-se dizer que os evangelhos, em seu conjunto, apresentam-se como um caso de *descontinuidade*, no sentido de que constituem algo de único e de original em relação a qualquer outra literatura. O gênero literário "evangelho" está em descontinuidade com a literatura judaica antiga, como também com a literatura cristã subsequente. Os evangelhos não são nem biografias nem apologias, nem especulações doutrinais, mas *testemunhos* sobre o evento único e singular da entrada de Deus na história. Seu conteúdo é a pessoa de Cristo, que não é classificada nem segundo as categorias da história profana nem segundo as da história das religiões. Jesus revela-se ao historiador como um ser absolutamente único.

Os exemplos desta descontinuidade, ao nível das perícopes, são inúmeros e dizem respeito tanto à forma quanto ao conteúdo. Jeremias estudou com particular atenção os casos de descontinuidade que dizem respeito à *forma.* Assim, no uso frequente que faz do paralelismo antitético, Jesus, diversamente do AT, coloca a ênfase na segunda parte do paralelismo, mais do que na primeira (Mt 7,3-5). Da mesma forma, diversamente do AT, que se serve da expressão *Amém* para exprimir o assentimento a uma palavra já dita, Jesus recorre à expressão *Amém* (em verdade, nos sinóticos) ou *Amém, Amém* (em São João, seguida de: "Eu vos digo", "Eu vo-lo digo") para introduzir suas próprias palavras. Análogo ao dos profetas, este modo de falar manifesta a autoridade única daquele que também diz: "Eu sou".

A descontinuidade é ainda mais significativa em nível das atitudes e do conteúdo. Assim, a expressão → *Abba*, usada por Jesus para dirigir-se a Deus, demonstra uma intimidade de relacionamento que é algo de inaudito em relação ao judaísmo antigo. Só Jesus tem o poder de dirigir-se a Deus como a um pai e somente Ele pode autorizar os seus a repetir com Ele: "Pai nosso". Diante da lei, Jesus não tem a atitude dos fariseus, obstinados quanto aos detalhes da observância exterior; sua atenção volta-se imediatamente para o espírito da lei. Sua atitude, por exemplo, no tocante ao sábado e às purificações legais, representa um caso de ruptura com o mundo rabínico. Da mesma forma, sua visão do Reino difere radicalmente da visão do judeu médio. Esta imagem une a grandeza do reino davídico à humildade da pregação aos pobres e a glorificação final do filho do homem ao sofrimento redentor do Servo de Jhwh.

Vejamos agora alguns casos de descontinuidade nos conceitos da Igreja primitiva:

– O batismo de Jesus insere-o entre os pecadores; como então explicar que a Igreja primitiva, que proclama Jesus "Senhor", foi capaz de inventar uma cena em contraste tão violento com sua fé? O mesmo deve-se dizer da tripla tentação, da agonia, da morte na cruz.

– A ordem dada aos apóstolos de não pregarem aos samaritanos e aos gentios não corresponde mais à situação de uma Igreja (pós-pascal) que se abre a todas as nações.

– Todas as passagens do Evangelho em que, a despeito da veneração da Igreja primitiva pelos apóstolos, se sublinham sua incompreensão, seus defeitos e até sua defecção (traição de Judas, negação de Pedro), contrastam com a situação pós-pascal).

– Os evangelhos conservam os enigmas da linguagem de Jesus, quando a Igreja (pós-pascal), já em condições de compreendê-los, podia estar tentada a eliminá-los (Mt 11,11-12; Mc 9,31; 14,58; Lc 13,32; Mc 4,11).

– O fato de os evangelhos manterem expressões como "reino", "filho do homem", representa uma situação já anacrônica em relação à teologia mais elaborada de Paulo.

Para a maior parte dos autores, este critério fundamental é válido, mas deve ser usado associado a outros, particularmente ao critério de conformidade. Um uso por demais exclusivo deste critério tenderia a descartar como inautêntico tudo o que se situasse na linha do judaísmo ou da Igreja primitiva. Raciocinar assim significaria fazer de Cristo um ser atemporal, isolado de seu ambiente e de sua época. Significaria colocá-lo num *vácuo*, sem influência recebida do judaísmo e sem influência exercida sobre a Igreja; ou, então, significaria aceitar o pressuposto de que a Igreja não faz outra coisa senão deformar ou inventar tudo o que diz respeito a Jesus. A verdade é que Cristo é de seu tempo e que teve que assumir o ambiente e a história de seu povo, com suas tradições linguísticas, sociais e religiosas. Por outro lado, os *Atos* nos mostram como a Igreja permaneceu ligada ao judaísmo e quanto trabalho foi preciso para conseguir libertar-se dele, para não ruir juntamente com ele.

O critério de descontinuidade é particularmente válido para conhecer e identificar certas palavras de Jesus, certos acontecimentos de sua existência, certos temas essenciais de sua pregação. Mas seria ilegítimo, na base exclusivamente deste critério, eliminar tudo o que é conforme à tradição judaica ou à tradição eclesial.

3. *O critério de conformidade.* Este critério não é entendido por todos do mesmo modo. Assim, B. Rigaux (RB 68, 1958, 518-520) sublinha muitas vezes a conformidade dos relatos evangélicos com o ambiente palestinense e judaico do tempo de Jesus, tal como o conhecemos através da história, da arqueologia, da literatura. De fato, a descrição que o Evangelho faz do ambiente humano (trabalho, moradia, afazeres), do ambiente linguístico e cultural (esquemas de pensamento, substrato aramaico), do ambiente social, econômico, político e jurídico e sobretudo do ambiente religioso (com suas rivalidades entre fariseus e saduceus, suas preocupações religiosas concernentes ao puro e ao impuro, à lei e ao sábado, aos demônios e aos anjos, aos pobres e aos ricos, ao Reino de Deus e ao fim dos tempos) – esta descrição é notavelmente *fiel* à imagem complexa da Palestina dos tempos de Jesus. Esta conformidade com o momento *único*, representado pelo aparecimento de Jesus em Israel, constitui, aos olhos de Rigaux, um sinal indubitável de autenticidade. Com efeito, não haveria como inventar da própria cabeça um conjunto de dados tão importantes e tão complexos, que os evangelhos apresentam até em seus mínimos detalhes, como um tecido de trama fechada: a razão suficiente desta fidelidade reside na própria realidade.

Bultmann e Perrin consideram autêntico somente o material reconhecido *conforme* ao material obtido com o critério da descontinuidade. Em outros termos, uma vez obtido, através do critério de descontinuidade, o núcleo autêntico das palavras e dos gestos de Jesus (particularmente sua morte na cruz e sua pregação sobre o reino), tudo o que é conforme a estes elementos e à imagem que daí deriva, pertence ao Jesus da história. Assim, a aplicação deste critério permite reconhecer como autênticas as parábolas do reino.

Ampliando e aprofundando este critério, De la Potterie reconhece como autêntico tudo o que é conforme ao ensinamento central de Jesus sobre a vinda iminente do reino. De fato, o tema do Reino de Deus pertence aos estratos mais antigos da tradição evangélica. Além disto, é atestado pelo critério de descontinuidade: onipresente nos sinóticos, tem uma ressonância de urgência escatológica que o distingue tanto do judaísmo antigo quanto da pregação primitiva da Igreja.

A conformidade com o ambiente, como a entende Rigaux, parece-nos um argumento válido para estabelecer a historicidade global dos evangelhos. Efetivamente, quando relatos tão notáveis refletem um ambiente tão fiel, pode-se dizer que há uma sólida presunção de autenticidade. Tanto mais que a descrição evangélica deriva de fontes e não trai o mínimo esforço de reconstituição *post factum*. Notemos, porém, que tal conformidade não leva diretamente ao Jesus histórico, mas ao *ambiente* em que Ele viveu. Sozinha, ela não poderia ser suficiente.

Por isso, propomos a seguinte definição do critério de conformidade, englobando as posições de Rigaux, Perrin e de la Potterie: "Pode-se considerar como autêntico um dito ou um gesto de Jesus que não só está em perfeita conformidade com a época e o ambiente de Jesus (ambiente linguístico, geográfico, social, político, religioso), mas também e sobretudo é intimamente coerente com o ensinamento essencial, o centro da mensagem de Jesus, isto é, o advento e a instauração do reino messiânico". A este respeito, são exemplos típicos: as parábolas, todas centradas no reino e nas condições de seu desenvolvimento; as bem-aventuranças, originariamente proclamação da boa notícia da vinda do reino messiânico; o Pai-nosso, primitiva e essencialmente oração pela instauração do reino; os milagres, intimamente ligados ao tema do Reino de Deus e ao tema da conversão; a tríplice tentação, conforme ao contexto da vida de Jesus e a seu conceito do reino: pedido insistente de um prodígio, por parte dos judeus, e recusa constante de Jesus; expectativa de um messias político e temporal, por parte dos judeus, e pregação de um reino interno, por parte de Jesus; contraposição do Reino de Deus e do reino de satanás.

Os dois critérios de descontinuidade e de conformidade distinguem-se e ao mesmo tempo completam-se. É a conformidade com o ambiente que permite situar Jesus na história e concluir que Ele é verdadeiramente de seu tempo, ao passo que o critério de descontinuidade revela Jesus como um fenômeno único e original. Ele distancia-se de seu tempo e ao mesmo tempo está ligado a ele. É também o critério de descontinuidade que permite estabelecer os traços essenciais de sua personalidade e de seu ensinamento. Sobre esta base ainda limitada, mas sólida, o critério de conformidade alarga, amplifica, como círculos concêntricos, as zonas de autenticidade. O tema do reino, por exemplo, reflete-se nas parábolas, nas bem-aventuranças, nos milagres, na tríplice tentação, no Pai-nosso.

Finalmente, é com o uso dos dois critérios que conseguimos estabelecer o que mais adiante denominaremos o *estilo de Jesus*. Na prática, é preciso precaver-se para não isolar os dois critérios como absolutos. Válidos em si, são destinados a iluminar-se reciprocamente, a prestar-se um mútuo apoio.

4. *O critério de explicação necessária.* Propomos-lhe a seguinte formulação: "Se, diante de um conjunto notável de fatos ou de dados, que exigem uma explicação coerente e suficiente, se dá uma explicação que esclarece e agrupa harmonicamente todos

estes elementos (que, de outra forma, permaneceriam enigmas), podemos concluir que estamos diante de um dado autêntico (fato, gesto, atitude, palavra de Jesus)". Este critério põe em movimento um conjunto de observações que agem por via de convergência e cuja totalidade exige uma solução inteligível, isto é, a realidade de um fato inicial. Este critério é usado habitualmente em história, em matéria de direito e na maior parte das ciências humanas.

No caso dos evangelhos, tem razão a crítica, ao tomar como autêntica uma explicação que soluciona um grande número de problemas, sem fazer surgirem maiores ou sem suscitar nenhum.

Assim, muitos fatos da vida de Jesus (p. ex., sua atitude em relação às prescrições legais, às autoridades judaicas, às Escrituras; as prerrogativas que Ele se atribui; a linguagem que usa; o prestígio que possui e o fascínio que exerce sobre os discípulos e sobre o povo) só têm um sentido se admitirmos, na origem, a existência de uma personalidade única e transcendente. Tal explicação é mais consistente do que a do recurso a uma Igreja criadora do mito de Jesus.

No caso dos milagres, deparamos uma dezena de fatos importantes que a crítica mais severa não pode recusar e que demandam uma explicação suficiente: a exaltação diante do aparecimento de Jesus, a fé dos apóstolos em sua messianidade, o lugar dos milagres na tradição sinótica e joaneica, o ódio dos sumos sacerdotes e dos fariseus por causa dos prodígios operados por Jesus, a ligação constante entre os milagres e a mensagem de Jesus sobre o advento decisivo do reino, o lugar dos milagres no querigma primitivo, a relação íntima entre as pretensões de Jesus como filho do Pai e os milagres como sinal de seu poder. Todos estes fatos exigem uma explicação, uma razão suficiente.

Ainda que o campo de ação privilegiado do critério de explicação necessária seja o dos temas maiores do Evangelho, sublinhemos que ele se aplica igualmente bem às perícopes particulares. Assim, a propósito da multiplicação dos pães, é preciso explicar por que, depois do acontecimento, Jesus foi considerado um grande profeta e, até, o profeta esperado pela nação, e quiseram fazê-lo rei; é preciso explicar a perigosa explosão de messianismo político que o ato de Jesus provocou; é preciso explicar por que Jesus obrigou os discípulos a reembarcarem imediatamente, como se estes se recusassem a abandonar uma coisa a que eles se apegavam exageradamente; é preciso explicar que o episódio, inicialmente não compreendido, foi no entanto para os discípulos um fato decisivo em sua caminhada para a fé na messianidade de Jesus; é preciso explicar por que Marcos ressaltou com tanto vigor o alcance cristológico do acontecimento e seu valor de revelação messiânica; é preciso explicar o fato, único em seu gênero, da importância que o relato assumiu nas etapas subsequentes da tradição, primeiro na catequese litúrgica, depois na composição dos sinóticos e do Evangelho de João e, finalmente, na tradição patrística e na iconografia dos primeiros séculos. Todos estes fatos somados exigem uma explicação que seja verdadeira e válida. Admitindo-se que Jesus realizou verdadeiramente aquele gesto messiânico da multiplicação dos pães, encontra-se neste fato inicial o fundamento e a razão suficiente de todos os fatos que acabamos de mencionar.

c. *Um critério segundo ou derivado: o estilo de Jesus* – Por *estilo* não entendemos aqui tanto o estilo literário, mas antes o estilo *vital, pessoal* de Jesus. O estilo é o modo de pensar que modela a linguagem; é o elã, o movimento do ser que se inscreve não somente na linguagem, mas nas atitudes e no comportamento global. É aquela marca inimitável da pessoa, sobretudo o que ela faz e diz. As componentes deste estilo, todavia, só poderiam ser estabelecidas a partir dos critérios fundamentais de atestação múltipla, de descontinuidade, de conformidade e de explicação necessária. Por isso, falamos de estilo segundo ou derivado. Uma vez reconhecido e definido, o estilo torna-se por sua vez critério de autenticidade.

A propósito da linguagem de Jesus, Schürmann observa que esta se caracteriza por uma autoconsciência de uma majestade singular, sem comparação; por um tom de solenidade, de elevação, de sacralidade; por um tom ao mesmo tempo de autoridade, de simplicidade, de bondade, de urgência escatológica. Jesus inaugura em sua pessoa uma era nova.

No comportamento de Jesus, observa Trilling, pode-se notar "um amor sempre igual pelos pecadores, compaixão por todos os que sofrem ou estão oprimidos, uma dureza impiedosa para com toda forma de suficiência, uma santa cólera contra a mentira e a hipocrisia. E, sobretudo, uma referência radical a Deus, Senhor e Pai" (*Jésus devant l'histoire*, Paris, 1968, 59).

Estes traços encontram-se tanto no agir quanto no ensinamento de Jesus. Há em suas palavras um acento de simplicidade, de doçura e ao mesmo tempo de autoridade soberana. Assim, o mesmo Jesus que se proclama o servo de todos, o bom pastor, o amigo dos pobres e dos pequenos, é também o que declara: "Eu vim... Eu vos digo... Em verdade, eu vos digo... Quem constrói sobre a minha palavra... Vai... vem... segue-me... levanta-te, anda". Sua palavra tem um acento de urgência escatológica: "Até agora vos foi dito... Doravante... O céu e a terra passarão, as minhas palavras não passarão".

Seu agir manifesta os mesmos traços de simplicidade e de autoridade e, sobretudo, de bondade e de compaixão para com os pecadores e todos os que sofrem. Assim, a Parábola de Lucas sobre o Filho Pródigo descreve a incomparável bondade de Deus para com os pecadores, mas justifica ao mesmo tempo a atitude pessoal de Jesus que frequenta a companhia de publicanos e pecadores e come à sua mesa. A mesma atitude encontra-se na parábola da ovelhinha desgarrada. Faz parte do *estilo* de Jesus. O estilo dos milagres é idêntico ao do ensinamento: é feito de simplicidade, de sobriedade e de autoridade.

d. *Critérios mistos* – Às vezes um indício literário compõe-se de um ou vários critérios históricos. Estamos então em face de um critério misto. Proponhamos duas formas particularmente importantes deste critério.

1. *Inteligibilidade interna do relato.* Quando um dado evangélico está perfeitamente inserido em seu contexto imediato ou

mediato e, além disto, é perfeitamente coerente em sua estrutura interna, pode-se pensar que se trata de um dado autêntico. Sozinha, porém, esta constatação da inteligibilidade interna de um relato ou de um conjunto de perícopes não poderia constituir um critério de autenticidade histórica: aí estamos ainda dentro dos limites do indício literário. Para ser válido no plano histórico, o fato da inteligibilidade interna deve ser sustentado por um ou por vários critérios: atestação múltipla, descontinuidade e conformidade. O conjunto constitui um critério misto.

Assim, o fato da sepultura de Jesus é atestado nos sinóticos, em João, na primeira Epístola aos Coríntios (1Cor 15,3) e nos Atos. Além disto, no relato de Marcos, encontramos um conjunto de detalhes, todos eles coerentes entre si. Pilatos admira-se de que Jesus já tenha morrido; por isto, envia o centurião responsável e o interroga. O pedido de enterrar Jesus é feito por um membro do sinédrio, cujo nome é José de Arimateia: um fato verificável por todos. Apressam-se em sepultar Jesus, por ser a vigília do sábado. As mulheres, assustadas, limitam-se a olhar. Deposita-se o corpo de Jesus numa tumba, situada perto do Calvário. E uma tumba é uma coisa que permanece e cuja existência pode ser verificada. Todos estes traços, múltiplos e coerentes, constituem um indício literário que, juntamente com o critério de atestação múltipla, tem valor de critério misto.

2. *Interpretação diferente, concordância de fundo.* De *per si*, a interpretação diferente de um ensinamento ou de um milagre é um fenômeno de competência da atividade redacional. Atesta ao mesmo tempo a liberdade do escritor e o respeito a suas fontes. Reporta-nos a uma tradição mais antiga e, consequentemente, reduz as mediações que nos separam de Jesus, como também as possibilidades de deformação; mas ainda não constitui um critério de historicidade. Assim, o fato de Lucas ter sublinhado a importância social das bem-aventuranças, ao passo que Mateus mostrou seu alcance moral, permite a J. Dupont reconstituir a provável forma literária primitiva das bem-aventuranças na tradição oral.

Mas é com a aplicação dos critérios de descontinuidade e de conformidade que se passa da crítica literária à crítica histórica: eis-nos aqui novamente diante de um critério misto. A concordância de fundo, não obstante a diversidade das interpretações, constitui todavia uma forte presunção de autenticidade histórica.

A propósito da multiplicação dos pães, João sublinha, mais do que Marcos, o simbolismo sacramental do milagre. Marcos, por sua vez, enfatiza mais do que Lucas o alcance cristológico do milagre e apresenta Cristo como o bom pastor, que tem compaixão das ovelhas (Mc 6,34) que estão sem pastor. O Evangelho de João contém muitos detalhes que lhe são próprios: o lugar e a época do milagre, o diálogo com os discípulos, a identificação de Jesus como profeta messiânico por parte do povo, a tentativa de raptá-lo e fazê-lo rei, o discurso sobre o pão da vida, a divisão entre os discípulos frente às exigências de Jesus (Jo 6). Trata-se sempre do mesmo fato, mas interpretado e aprofundado. Este indício literário é sustentado pelo critério da atestação múltipla, porque o fato é atestado pela tradição sinótica e pela tradição joaneica; também pelo de conformidade, porque se apresenta como um sinal do reino messiânico e escatológico; finalmente, pelo de explicação necessária, pois, sem a realidade do acontecimento, muitos fatos ficam sem razão suficiente.

A cura do menino epilético é atestada pelos três sinóticos, mas interpretada de três maneiras diferentes. *Lucas* vê no milagre um gesto de bondade para com o pai desolado (Lc 9,42); *Marcos*, de acordo com a perspectiva geral de seu Evangelho, vê nele antes de tudo uma vitória clamorosa de Jesus sobre satanás (Mc 9,14-17); *Mateus*, finalmente, sublinha a necessidade da fé na missão de Jesus (Mt 17,19); justamente porque esta fé faltou, os discípulos não puderam libertar o endemoninhado. Existe concordância quanto ao fato, mas diversidade de interpretação. Estas interpretações derivam da riqueza do acontecimento, de uma inteligibilidade indefinida.

Uma conclusão se impõe: a prova ou demonstração de autenticidade histórica dos evangelhos baseia-se no *uso convergente* dos critérios. Mesmo que, num determinado caso, um determinado critério não tenha aplicação (p. ex., a atestação múltipla), na maior parte dos episódios existe convergência de vários critérios; no mínimo, um critério, manifestamente válido, é confirmado por um ou por vários outros. Mais ainda: em se tratando dos temas principais do Evangelho, existe aplicação de todos os critérios.

8. CONHECIMENTO DE JESUS ATRAVÉS DOS EVANGELHOS – O estudo dos dados da crítica externa; o estudo do ambiente pré-pascal, de sua composição e coesão, de sua fidelidade a Jesus, numa intimidade cotidiana e num ambiente de cultura oral; a intencional fidelidade a Jesus, mantida na Igreja primitiva, que se exprime com um vocabulário de base nascido sob o signo da fidelidade; o uso dos critérios de historicidade: todas estas vias de abordagem e todos estes argumentos convergentes permitem-nos chegar a conclusões sobre o conhecimento de Jesus. Mesmo adotando a posição da crítica moderada, a meio-caminho entre uma confiança de princípio e a suspeita de princípio, chegamos a resultados extraordinários.

A crítica histórica permite repercorrer a quase totalidade do material evangélico e chegar a um conhecimento de Jesus que funda uma cristologia e uma eclesiologia bem sólidas. Nosso conhecimento diz respeito: *a.* ao ambiente linguístico, humano, social, político, econômico, cultural, jurídico e religioso; *b.* às grandes linhas do ministério de Jesus: os inícios na Galileia, a exaltação do povo e dos apóstolos em face dos prodígios realizados, a incompreensão progressiva, à medida que se revela o messianismo de Jesus, o ministério de Jesus em Jerusalém; o processo político e religioso, a condenação; a paixão e a morte; *c.* aos grandes acontecimentos da vida de Jesus: o batismo, a transfiguração, o ensinamento sobre o advento decisivo do reino, o convite à penitência e à conversão, as parábolas do reino, as bem-aventuranças, o Pai-nosso, os milagres e os exorcismos como sinais do reino, a traição de Judas, a agonia, o processo, a crucifixão, o sepultamento, a ressurreição; *d.* às controvérsias com os escribas e os fariseus sobre as prescrições concernentes ao sábado, à pureza legal, ao divórcio, aos impostos; *e.* à atitude contrastante de simplicidade e de autoridade, de pureza absoluta e de compaixão para com os pecadores, os pobres, os doentes, os oprimidos, a atitude de serviço chegando até a doação da vida; *f.* às fórmulas de uma cristologia obscura, por vezes enigmática: sinal de Jonas, sinal do templo, filho do homem; *g.* aos *lógia* que rebaixam Jesus e o constituem inferior a Deus; *h.* à recusa de um messianismo político e temporal, a pregação de um reino a que se chega através da penitência, da conversão e da fé; *i.* às pretensões extraordinárias manifestadas nas antíteses do sermão da montanha, nas atitudes em relação às prescrições da lei, no uso da designação *Abba* para definir sua relação com Deus, em sua assemelhação ao "filho do homem" de Daniel e nas declarações que acabarão levando-o à morte; *j.* à vocação e à missão dos apóstolos em vista de um projeto comunitário; sua exaltação, em seguida a sua incompreensão, a traição por parte deles e a sua fuga.

Sobre cada um dos temas enumerados podemos invocar o testemunho dos maiores entre uma multidão de exegetas. À medida que as pesquisas continuam, o material reconhecido como autêntico vai aumentando incessantemente até cobrir o Evangelho inteiro.

Depois das etapas da demonstração que percorremos, já não podemos mais dizer, como Bultmann: "De Jesus de Nazaré não se sabe nada, ou quase nada". Uma afirmação deste gênero não se sustenta mais. Representa um mito superado.

Mais ainda: toda a atitude em relação aos evangelhos precisa ser modificada. Durante quase um século, manteve-se, no tocante aos evangelhos, um preconceito sistemático de suspeita, já que o peso da prova recaía sempre sobre os evangelhos. Após os estudos dos últimos decênios não se pode mais sustentar esta atitude dos mestres da suspeita, pois os próprios argumentos da história a contrariam. É preciso inverter as posições e dizer: o peso da prova recai não sobre aqueles que reconhecem Jesus na origem das palavras e dos atos conservados nos evangelhos, mas sobre aqueles que os consideram como criações da Igreja primitiva. O pressuposto de que os evangelhos merecem confiança tem fundamento, e o que não tem fundamento é o preconceito de que os evangelhos não são dignos de confiança. Esta inversão das posições não significa que a crítica se tenha convertido numa atitude de confiança ingênua e acrítica. Apenas constatamos que os evangelhos readquiriram crédito aos olhos da crítica histórica.

9. FÉ E HISTÓRIA – Deve estar claro que o nosso esforço para chegar a Jesus através da pesquisa histórica não constitui uma volta sutil às perspectivas da *Leben-Jesu-Forschung.* Pensar assim significaria não ter compreendido nada de nosso projeto. Não se trata de submeter a fé à pesquisa histórica. Não se trata de reduzir Cristo ao homem Jesus, para propô-lo em seguida como ideal religioso da humanidade. Tampouco se trata de abandonar as interpretações cristológicas do querigma e dos concílios, para conservar apenas um Jesus imunizado contra toda interpretação subsequente. Trata-se, sim, de aceder a Jesus de Nazaré, que foi identificado como Cristo e Senhor, justamente com base no que Ele disse e fez verdadeiramente durante sua passagem terrena entre nós.

É natural que uma investigação histórica e crítica não determina a fé; mas presta-lhe serviços imensos. Ela pode fornecer à fé um conteúdo concreto. Pode mostrar que um acesso ao Jesus autêntico e a sua mensagem autêntica é algo possível e realizável. Pode mostrar que a interpretação eclesial de Jesus é coerente com a vida e com a mensagem histórica de Jesus – contribuição importante, porque em Jesus existe conformidade entre o dizer e o fazer. Definitivamente a fé refere-se a Jesus de Nazaré, em quem Deus se manifestou. A investigação histórica pode, pois, estabelecer que o chamado à decisão de fé pertence à mensagem original de Jesus. Pode também, iluminando-nos sobre esta mensagem, inspirar-nos boas disposições em relação a esta mensagem e manifestar-nos sua credibilidade. Tal investigação não pode, porém, impor a decisão de fé, nem obrigar-nos a reconhecer, naquele que fala, o filho do Deus vivo. A pesquisa histórica não impõe a fé, mas torna-a possível: dá acesso ao autêntico Evangelho do autêntico Jesus. Falta-nos ainda deixar-nos interpelar por Cristo e entregar-nos ao Espírito que fala em nosso interior e nos faz acolher como palavra viva, dirigida a nós pessoalmente, a mensagem viva de Jesus.

Para quem já crê a pesquisa histórica também presta um serviço precioso. Consolida antes de tudo que a confiança plurissecular da Igreja em relação aos evangelhos, como fonte de conhecimento de Jesus, baseia-se em argumentos sólidos, que resistem ao impacto da crítica. E também ensina-lhe a ler corretamente os evangelhos. Pois não se trata, diante dos evangelhos, de perguntar-lhes simplesmente o que nos dizem *hoje*, mas antes de perguntar-lhes que sentido tem para nós *hoje* o que Jesus, lido e compreendido pela Igreja e pelo evangelista, *disse e fez ontem.* Do contrário, o Evangelho corre o risco de ser uma simples doutrina e até uma ideologia, separada de seu autor, uma mensagem sem mensageiro. Risco supremo, no caso presente, já que a mensagem aqui tem por objeto o próprio mensageiro.

Bibl. – V. Taylor, *The Formation of the Gospel Tradition*, Londres 1935; L. Cerfaux, *La voix vivante de l'Évangile au début de l'Église*, Tournai 1946; Id., *Jésus aux origines de la Tradition*, Bruges-Bruxelles-Paris 1968; F. Mussner, "Der historische Jesus und der Christus des Glaubens", em BZ 1 (1957) 224-252; R. Bultmann, *Die Geschichte der synoptischen Tradition*, Göttingen 1957[3]; M. Robinson, *Le kérygme de l'Église et le Jésus de l'histoire*, Genève 1960; B. Gerhardsson, *Memory and Manuscript*, Lund 1961; W. Ristow-K. Matthiae (ed.), *Der historische Jesus und der kerygmatische Christus*, Berlim 1961; J. Jeremias, *Il problema di Gesù storico*, Brescia 1964; Id., A *mensagem central do Novo Testamento*, São Paulo 1977; J. Leal, *Nuestra confianza en los Evangelios*, Madri 1965; I. de la Potterie (ed.), *De Jésus aux Évangiles*, Paris 1967; J.R. Scheifler, *Así nacieron los Evangelios*, Bilbao 1967[2]; W. Trilling, *Jésus devant l'histoire*, Paris 1968; X. Léon-Dufour, *Il vangeli e la storia di Gesù*, Milão 1968; J.-J. Weber, "Les Evangiles méritent-ils notre confiance?", em J.-J. Wéber-S. Schmitt (ed.), *Où en sont les études bibliques?*, Paris 1968, 185-212; P. Grech, "Jesus Christ in History and Dogma", em A *New Catholic Commentary on Holy Scripture*, Londres 1969, 822-837; M. Bouttier, *Du Christ de l'histoire au Jésus des Évangiles*, Paris 1969; I. Berten, "Christologie et recherche historique sur Jésus", em RSPhTh 53 (1969) 233-244; Id., "Le retour de la question historique de Jésus", *Ibid.*, 54 (1970) 128-165; H. Riesenfeld, *The Gospel Tradition*, Oxford 1970; J. Caba, *De los Evangelios al Jesus histórico*, Madri 1970; S. Zedda, *I Vangeli e la critica oggi*, Treviso 1970; Id., *Il Gesù della storia*, Treviso 1970; A. Descamps, "L'approche des Synoptiques comme documents historiques", em EThL 46 (1970) 5-16; Id., "Portée de la recherche historique sur Jésus", em J. Dupont (ed.), *Jésus aux origines de la christologie*, Gembloux 1975, 23-45; J. Delorme, *Des Évangiles à Jésus*, Paris 1972; E. Schillebeeckx, *L'approccio a Gesù di Nazareth*, Brescia 1972; H. Zahrnt, *Cominciò com Gesù di Nazareth*, Brescia 1972 (orig. 1960); F. Lambiasi, *L'autenticità storica dei Vangeli*, Bolonha 1976; R. Latourelle, *A Gesù attraverso i Vangeli*, Assis 1979; L. Vaganay, "Apocryphes du N.T.", em *Catholicisme*, 1, 699-704; R. Brown, "Apocrypha", em *The Jerome Biblical Commentary*, 543-546.

RENÉ LATOURELLE

EVANGELIZAÇÃO

I. EVANGELIZAÇÃO E MISSÃO: *Missão e missões; Objetivo da missão; Para um conceito mais amplo de evangelização; Missão de Jesus e da Igreja; Conclusões teológicas* (J. Dupuis) – II. EVANGELIZAÇÃO DA CULTURA: *Cultura como campo de evangelização; Uma longa experiência de evangelização da cultura; Enfoque renovado da evangelização; Desafio da cultura de massa; Modernidade como cultura* (H. Carrier) – III. NOVA EVANGELIZAÇÃO: *A quem se dirige a nova evangelização?; Como reevangelizar as culturas?; Uma antropologia aberta ao Espírito; Para a redenção das culturas* (H. Carrier).

I. Evangelização e missão

1. MISSÃO E MISSÕES – Desde o início de seu ministério, Jesus "chamou a si os que Ele quis e estes foram a Ele. Dentre eles constituiu Doze para que ficassem com Ele e também para mandá-los a pregar" (Mc 3,13-14; cf. Mt 10,1-42); depois da ressurreição, confiou-lhes a missão de sua Igreja (Mt 28,16-20; Mc 16,14-19; Lc 24,36-49; Jo 20,19-29; At 1,6-11). A → missão é, pois, realmente, um termo bíblico que funda a Igreja. Este termo nunca desapareceu da terminologia teológica. Isto não impede que numa tradição recente – embora secular – se tenha falado mormente de *missões* (no plural) do que de *missão.* Isto remonta sobretudo ao grande movimento missionário da época moderna, a partir do século XVI. Fazia-se na época a distinção entre as "missões" (os países de missão) e os países tradicionalmente cristãos (a Cristandade); estes últimos mandavam missionários para evangelizar os povos "não cristãos". A tarefa missionária foi confiada (*ius commissionis*) às grandes congregações religiosas e aos institutos missionários. A congregação "de Propaganda Fide" que, depois do Concílio Vaticano II, passou a chamar-se "Congregação para a evangelização dos povos", foi fundada em 1622 para organizar e dirigir esta tarefa.

Numa época ainda recente, *a* missão (no singular) voltou a ser usada no vocabulário eclesiológico. Retomou-se consciência de que a Igreja é essencialmente missionária, em todas as circunstâncias e em todos os países do mundo, sejam ou não tradicionalmente cristãos. A recente "descristianização" do mundo cristão paradoxalmente ajudou nesta nova tomada de consciência. Assim, H. Godin pôde publicar, em 1943, em Lião, um livro que, na época, exerceu uma influência profunda, intitulado *La France, pays de mission?*; tratava-se principalmente da descristianização da classe operária, que devia ser novamente evangelizada. A secularização do mundo ocidental contribuía para fazer com que se difundisse novamente a consciência da missão, como tarefa universal da Igreja. Hoje fala-se da missão evangelizadora da Igreja como de sua tarefa essencial; e explicitamente – mas talvez de maneira imprópria, pois a evangelização é um processo que não se completa nunca – da "nova evangelização" (→ Evangelização, III) do mundo ocidental "pós-cristão". A Igreja é missão em toda parte e para sempre.

A eclesiologia recente desenvolveu-se à luz de uma redescoberta da tradição antiga. Recolocou-se em evidência o lugar essencial que a missão ocupa no mistério da Igreja. Isto significava passar de uma eclesiologia estática, isto é, a da "sociedade perfeita", a um conceito dinâmico da Igreja como comunhão, essencialmente missionária, em movimento na história. A Igreja *é* missionária ou não é Igreja. A exortação apostólica *Evangelii Nuntiandi*, de Paulo VI, que se segue ao sínodo dos bispos sobre a evangelização do mundo contemporâneo (1974), faz eco a esta consciência renovada. Falando em termos de evangelização, o papa escreve: "Evangelizar é a graça e a vocação própria da Igreja, sua identidade mais profunda. Ela existe para evangelizar" (EN 14).

O Concílio Vaticano II já tinha falado desta consciência renovada. Não que cesse de falar das "missões" (no plural), no sentido usual; mas coloca-as no contexto mais vasto da "missão" da Igreja, em cujo interior devem ser compreendidas. Caracteristicamente, o documento dedicado a elas se intitula "Decreto sobre a atividade missionária da Igreja" (AG). Ele desenvolve primeiro o amplo contexto da missão universal da Igreja (AG 1-5) para, em seguida, situar as "missões", isto é, a missão da Igreja, tal como se exerce e se desenvolve progressivamente naqueles territórios em que ela ainda não atingiu plenamente a maturidade (AG 6s). A prioridade da missão sobre as missões indica, portanto, que a vocação da Igreja é fundamentalmente a mesma em todas as regiões, ainda que seu grau de desenvolvimento varie de região para região.

2. O OBJETIVO DA MISSÃO – Uma "missiologia" ainda recente tem-se esforçado por definir a finalidade *das* missões (no plural). Enunciava-se em termos de "plantatio ecclesiae". Era preciso que a Igreja estivesse solidamente estabelecida nos países em que ainda tinha apenas raízes recentes. Estabelecê-la solidamente englobava também o desenvolvimento de um clero e de uma hierarquia "indígenas", além do desenvolvimento da comunidade cristã. Uma vez estabelecida solidamente e por completo a Igreja num lugar, a missão teria atingido seu escopo. Esta tese não era destituída de méritos. Comparada com as ideias anteriormente em voga, representava um seguro progresso: não se falava mais simplesmente de salvar as almas, que de outra forma não teriam

nenhum acesso à salvação eterna; tratava-se, antes, de estabelecer, em toda parte do mundo, a Igreja, meio universal desejado por Deus para a salvação dos homens.

Mas esta tese não deixava de ser insuficiente em mais de um ponto. Nela sobrevivia uma visão que, no final das contas, negava a salvação dos "não cristãos": é verdade que se afirmavam a vontade salvífica universal de Deus e a possibilidade da salvação individual para todas as pessoas humanas; mas não se atribuía às religiões "não cristãs" qualquer função positiva neste mistério da salvação. Além disto, esta posição estava indevidamente centrada na própria Igreja, como se esta fora um fim em si mesma. Na verdade o que era preciso era, antes, descentrar a Igreja de si mesma, centrando-a em Jesus Cristo e no Reino de Deus no mundo; entender-se-ia então a Igreja como um sinal que, por um lado, remete a seu Senhor e, por outro, à instauração do reino na história. Finalmente, como inevitável consequência, a tese proposta era caracterizada, de modo unilateral, pela proclamação do Evangelho, pela catequese e pela administração dos sacramentos; reinava nela uma preocupação exagerada com o crescimento numérico da comunidade cristã. Ainda seria preciso observar que a "implantação" da Igreja, que constituía a perspectiva central, aconteceu na maioria dos casos segundo o modelo de um "transplante": transplantava-se para os países de "missão" um determinado modelo de realidade eclesial, tal como se havia desenvolvido no Ocidente, sem preocupar-se muito com adaptação ou com → "inculturação". Dever-se-ia, ao invés, ter seguido a parábola evangélica do semeador (Lc 8,4-15) e, portanto, semear a Palavra de Deus na terra dos povos, para que germinasse e nela se desenvolvesse, transformando-a (cf. AG 22). A imagem da missão é a da semente do Evangelho e não o transplante de modelos estrangeiros de realidade eclesial.

Daí por que, a partir do Concílio Vaticano II, se desenvolveu uma nova teologia da missão, que, aliás, se insere no contexto da evolução – mencionada acima – *das* missões *para a* missão. A missão da Igreja é idêntica em todos os lugares, embora admita graus e formas distintos. Seu objetivo é o de evangelizar, isto é, comunicar a boa notícia, o Evangelho de Jesus Cristo; ou, então, o de tornar o mistério de Jesus Cristo visivelmente presente e operante, com a palavra e os atos. É fácil ver que semelhante concepção permitia superar o eclesiocentrismo unilateral da tese anterior, recentrando a Igreja em Jesus Cristo e no Evangelho, no → Reino de Deus instaurado nele e que cresce através da história. Esta concepção era também mais bíblica, visto que retomava diretamente a imagem da semeadura da boa notícia. Além disto, permitia superar a perspectiva estritamente ocidental, segundo a qual o velho continente – e mais tarde a América do Norte – fundavam "missões externas" no mundo. Esta visão restrita está substituída, hoje, pela teologia das igrejas locais, estabelecidas em toda parte, embora não todas gozando da mesma antiguidade, e pela teologia de uma missão recíproca entre as igrejas irmãs. Esta nova teologia da missão aplicava-se universalmente a todas as igrejas, sem com isto negar as diferenças entre elas.

O Concílio Vaticano II não fez uma opção entre as duas teorias. Preocupado, antes, em atingir a unanimidade dos votos dos padres conciliares, acabou justapondo-as, talvez sem dar-se conta de que se tratava de percepções e de perspectivas divergentes. Eis por que se lê no decreto sobre a atividade missionária da Igreja, quanto às "missões": "As iniciativas especiais com que os anunciadores do Evangelho, enviados pela Igreja, indo ao mundo inteiro, executam a tarefa de pregar o Evangelho e de implantar a própria Igreja em meio aos povos e aos grupos que ainda não creem em Cristo, são comumente chamadas de 'missões'" (AG 6). E, com mais clareza: "O fim próprio desta atividade missionária é a evangelização e a implantação da Igreja nos povos e grupos em que esta ainda não deitou raízes" (AG 6).

Portanto, seria errôneo opor uma tese à outra, como se houvesse contradição entre elas. Não obstante isto, a eclesiologia e a missiologia pós-conciliares optaram sempre mais por uma perspectiva mais bíblica e fundamental da evangelização. A Igreja pós-conciliar ampliou sempre mais o conceito de evangelização, até fazê-la englobar tudo o que tem pertinência com sua missão. Com efeito, chegou-se a identificar os dois termos ou a falar pleonasticamente da missão evangelizadora da Igreja. O texto acima citado, de Paulo VI, na exortação apostólica *Evangelii Nuntiandi*, ia nesta linha: "Evangelizar é a vocação própria da Igreja. Ela existe para evangelizar" (EN 14).

Se o escopo da missão é evangelizar, de qualquer forma cabe perguntar: Que é evangelizar? Que atividades eclesiais abrange, por sua natureza, a missão evangelizadora da Igreja? Trata-se somente de anunciar ou de proclamar o Evangelho e de convidar os outros a se converterem a Jesus Cristo, tornando-se discípulos seus na Igreja? Ou a evangelização tem uma acepção mais ampla, que não se pode reduzir, sob o risco de restringir demais a missão da Igreja?

3. PARA UM CONCEITO MAIS AMPLO DE EVANGELIZAÇÃO – Uma vez definida a missão universal da Igreja em termos de evangelização, este mesmo termo adquiriu na eclesiologia pós-conciliar uma acepção sempre mais vasta. Sem querermos traçar novamente o caminho desta evolução, através dos numerosos congressos e encontros teológicos sobre a missão, que marcaram os anos pós-conciliares, é preciso pelo menos indicar-lhe brevemente o percurso, através de alguns textos oficiais do magistério eclesial. A tendência geral consiste em passar de uma noção restrita de evangelização, em que ela se identifica com o anúncio ou a proclamação do Evangelho, para uma noção mais ampla, segundo a qual a promoção humana e a luta pela → justiça ou também o → diálogo inter-religioso pertencem de pleno direito à missão evangelizadora.

O sínodo dos bispos sobre a evangelização do mundo contemporâneo (1974) representa uma etapa importante desta evolução. Os resultados são retomados de maneira bem pessoal por Paulo VI, na exortação apostólica *Evangelii Nuntiandi* (1975). Depois de estabelecer que a evangelização é "a vocação própria da Igreja" (14), o papa desenvolve uma noção mais ampla da evangelização, observando que "nenhuma definição parcial e fragmentária pode dar conta da realidade rica, complexa e dinâmica, como é a da evangelização, sem correr o risco de empobrecê-la e até de mutilá-la. É impossível entendê-la se não se busca abranger com o olhar todos os elementos essenciais" (17). No que concerne ao sujeito da ação evangelizadora, o papa observa que ela envolve a pessoa inteira: as palavras, os atos, o testemunho (21-22). No tocante ao objeto, este se estende a tudo o que é humano: "Evangelizar, para a Igreja, é levar a boa notícia a todos os estratos da humanidade e, com sua influência, transformar de dentro, fazer nova a própria humanidade" (18). Portanto, trata-se, para a Igreja, de "evangelizar a cultura e as culturas do homem" (20).

Que atividades eclesiais abrange então a evangelização? Paulo VI observa que alguns aspectos da ação evangelizadora da Igreja "são de tal modo importantes que se tende a identificá-los simplesmente com a evangelização. Assim, pôde-se definir a evangelização em termos de anúncio de Cristo àqueles que o ignoram, de pregação, de catequese, de batismo e de outros sacramentos a administrar" (17), opinião que o papa parece de certo modo adotar pessoalmente (cf. 14). Antes que pretender a exclusividade, trata-se, porém, para Paulo VI, de fazer ressaltar o lugar privilegiado e necessário que a proclamação do Evangelho ocupa na missão evangelizadora: "Não existe verdadeira evangelização se não forem proclamados o nome, o ensinamento, a vida, as promessas, o Reino, o mistério de Jesus de Nazaré, Filho de Deus" (22). Esta proclamação não adquire, por sua vez, "toda a sua dimensão, senão quando é ouvida, acolhida, assimilada e quando faz brotar, naquele que a recebeu, uma adesão do coração" (23).

Que lugar ocupam então, na missão evangelizadora, outras atividades eclesiais? Paulo VI detém-se na promoção, no desenvolvimento e na libertação humana. Observa que entre estes e a evangelização há "laços profundos" de ordem antropológica, teológica e evangélica (31). Sem dúvida, a missão não pode ser reduzida "às dimensões de um projeto simplesmente temporal" e o papa não deixa de reafirmar "a finalidade especificamente religiosa da evangelização" (32). Isto não impede que, assim entendido, a Igreja "tenha o dever de anunciar a libertação de milhões de seres humanos, de ajudar esta libertação a nascer, de testemunhar em favor dela, de fazer com que seja total. Tudo isto não é estranho à evangelização" (30). Por mais generosas que sejam estas palavras, não deixam de parecer tímidas, se comparadas com o que afirmava o sínodo dos bispos de 1971, num texto sobre a "justiça no mundo". Os bispos declaravam: "A luta em prol da justiça e da participação na transformação do mundo aparece plenamente como uma dimensão constitutiva da pregação do Evangelho, que é a missão da Igreja em prol da redenção da humanidade e de sua libertação de toda situação opressiva" (6).

No sínodo sobre a evangelização, alguns bispos asiáticos, em particular, tinham recomendado que um conceito mais amplo da missão evangelizadora da Igreja devesse incluir também o diálogo inter-religioso como sua parte integrante. A exortação apostólica *Evangelii Nuntiandi*, porém, não menciona esta opinião. Ao falar das religiões "não cristãs", o papa considera-as como se tivessem, "por assim dizer, seus braços estendidos para o céu", mas incapazes de estabelecer "com Deus uma relação autêntica e viva", tal como somente o cristianismo "instaura efetivamente". Ainda que as outras tradições religiosas contenham "as expressões religiosas naturais mais dignas de estima", somente "a religião de Jesus, que ela [a Igreja] anuncia mediante a evangelização, coloca objetivamente o homem em relação com o plano de Deus, com sua presença viva, com sua ação" (53). Daí segue-se que os "não cristãos" figuram somente como destinatários da proclamação da boa notícia por parte da Igreja, que "mantém vivo seu elã missionário"; de resto, nada se diz sobre o diálogo inter-religioso de cristãos e outros, como pertencente, também ele, à missão evangelizadora (53).

O magistério do Papa João Paulo II sublinhou mais vezes a estreita vinculação existente entre evangelização e promoção da justiça. Já na encíclica → *Redemptor Hominis* (1979) a justiça é vista "como um elemento essencial da missão da Igreja, indissoluvelmente unido a ela" (15). Isto será repetido muitas vezes em seguida, em termos equivalentes. A mesma encíclica aborda o tema das outras religiões com uma grande abertura. O papa vê na "firme crença dos seguidores das religiões não cristãs" um "efeito, também ela, do Espírito de verdade, que opera para além dos limites visíveis do corpo místico". Recomenda toda atividade que tenda "à aproximação com" eles "mediante o diálogo, os contatos, a oração comunitária, a procura dos tesouros da espiritualidade humana, os quais também não faltam nem mesmo aos membros destas religiões" (6). Palmilhando os caminhos de alguns Padres da Igreja, o papa vê nas diversas religiões "como que outros tantos reflexos de uma única verdade como 'sementes do Verbo', que dão testemunho de que, embora por caminhos diferentes, está voltada todavia para uma única direção a mais profunda aspiração do espírito humano, tal como se exprime na busca de Deus e conjuntamente na busca, mediante a propensão para Deus, da plena dimensão da humanidade" (11). "A atitude *missionária* começa sempre com um sentimento de profunda estima em face do que 'existe em todo homem' (Jo 2,25); trata-se do respeito por tudo o que o Espírito, que 'sopra onde quer' (Jo 3,8), operou nele" (12). O papa insiste então no reconhecimento da presença operante do Espírito de Deus nos fiéis das outras religiões e funda aí, teologicamente, o significado do diálogo inter-religioso na missão da Igreja. A mesma doutrina será repetida em seguida; faltava ainda exprimi-la explicitamente em termos de evangelização.

Isto parece ter-se alcançado num documento publicado em 1984 pelo Secretariado para os não crentes, intitulado "A atitude da Igreja em face dos seguidores de outras religiões. Reflexões e orientações sobre diálogo e missão". O documento explica que a missão da Igreja é única, "mas se exerce de maneiras diferentes, segundo as condições em que a missão é exercida" (11). Dedica-se em seguida a reunir "os modos e os aspectos diferentes" (12). Isto é feito num texto que, sem pretender ser exaustivo, enumera cinco "elementos principais" da "realidade unitária, mas complexa e articulada" que é a missão evangelizadora da Igreja. Tais elementos são: a presença e o testemunho; o empenho a serviço dos homens, a ação pela promoção social e pela libertação humana; a vida litúrgica, a oração e a contemplação; o diálogo inter-religioso; o anúncio ou proclamação e a catequese (13). "Tudo isto é abrangido pelo conjunto da missão" (13).

Mas a lista não é completa. Podemos fazer algumas observações. A proclamação do Evangelho mediante o anúncio e a catequese vem no fim, e com razão, pois a missão ou a evangelização devem ser vistas como uma realidade dinâmica ou um processo. Tal processo culmina na proclamação de Jesus Cristo, mediante o anúncio (*kêrygma*) e a catequese (*didachê*). Pelo mesmo motivo, "a vida litúrgica, a oração e a contemplação" poderiam ser inseridas depois da proclamação de Jesus Cristo, a que estão diretamente unidas – exatamente como em At 2,42, referido pelo texto – e da qual constituem a complementação natural. A ordem teria então sido esta: presença, serviço, diálogo, proclamação, sacramentalização, onde os dois últimos elementos correspondem às atividades eclesiais que, numa visão mais restrita, porém tradicional, constituem a evangelização. Na perspectiva mais ampla adotada pelo documento, a "realidade unitária" da evangelização é apresentada ao mesmo tempo como "complexa e articulada": é um processo. Isto significa que, se todos os elementos inerentes ao processo são formas de evangelização, nem todos têm o mesmo valor nem ocupam o mesmo lugar na missão da Igreja. Assim, por exemplo, o diálogo inter-religioso precede à proclamação. O primeiro pode ser seguido ou não pelo segundo, mas o processo de evangelização só se completa quando a proclamação vem depois do diálogo, pois a proclamação e a administração dos sacramentos constituem o ápice da missão evangelizadora da Igreja.

4. MISSÃO DE JESUS E MISSÃO DA IGREJA – Será que o NT oferece um fundamento bíblico para esta noção ampliada da evangelização, tal como a consciência atual da Igreja a entende? À primeira vista pareceria que não. Se nos reportarmos ao envio missionário dos apóstolos, após a ressurreição de Jesus, como é referido nos evangelhos e nos Atos, estaríamos propensos a entender a evangelização segundo a noção restrita que a identifica com o anúncio ou proclamação da boa notícia. Mas as diversas versões contêm matizes distintos. Mateus fala de fazer discípulos em todas as nações, de batizar e de ensinar (28,19-20); Marcos, de proclamar a boa notícia a toda a criação (16,15); Lucas, de proclamar e de dar testemunho (24,47-48); Atos acrescenta que o testemunho deve estender-se "até os confins extremos da terra" (1,8); Jo, finalmente, fala de envio em missão, uma missão que prolonga a de Jesus, a este confiada pelo Pai (20,21). Testemunho, ensinamento, proclamação, batismo: eis os diversos componentes que, porém, entram todos no que definimos como conceito restrito de evangelização.

Observe-se aliás que, para Marcos, a boa notícia (*to euaggélion*) de Deus proclamada por Jesus se refere, em sua forma nominal, à totalidade do evento, incluídos palavras e gestos (1,14), àquele mesmo evento que a Igreja deverá proclamar depois dele (16,15). Em Lucas, que prefere a forma verbal, evangelizar (*euaggelízein*) parece assumir em si o sentido técnico restrito de "proclamação" da boa notícia (4,18; 7,22; 16,16), de anúncio do Evangelho, traduzido alhures pelos verbos *kēryssein* ou *kataggélein* que têm por objeto o Evangelho (*to euaggélion*). Todavia, é verdade que, do ponto de vista linguístico, o verbo *euaggelízein* pode indicar qualquer ação, não só a proclamação que tem por objeto a boa notícia.

Contudo, para além da terminologia, devemos referir-nos à missão de Jesus mesmo, prolongada pela da Igreja, para descobrirmos a amplidão da missão evangelizadora. Descobriremos então que ela não se reduz à proclamação, por mais essencial que esta possa ser, mas que se estende para além desta, na direção que acima indicamos.

A missão de Jesus, que prossegue na da Igreja, seu Evangelho, que esta deve colocar em ação e tornar operante, é o próprio evento Jesus, em toda a sua amplidão. Ele realiza sua missão evangelizadora não só através das palavras, mas também com os gestos e as obras. No final, é Ele mesmo, em sua pessoa, a boa notícia de Deus que opera no mundo. O Evangelho em ação, de que fala Marcos, é um resumo programático da atividade missionária de Jesus (1,14-15), é toda a sua vida de homem que termina com a morte e a ressurreição. O relato global tem por título, no mesmo autor, "a boa notícia de Jesus Cristo" (1,1). Este Evangelho de Jesus abarca tanto as ações como as palavras: antes de tudo, as ações, depois, as palavras; efetivamente, já no AT Deus se revela com atos que explicam as palavras proféticas. É, pois, toda a vida humana de Jesus que constitui o fundamento da missão evangelizadora da Igreja.

As palavras de Jesus são Evangelho em ação. Será suficiente notar isto a propósito do "discurso evangélico" relatado por Mateus (5–7) e por Lucas (6,20-49). Não se trata, antes de tudo, de uma nova lei a ser seguida para ser salvo; menos ainda, de um ideal inatingível que disporia para a salvação exclusivamente mediante a fé. Mais que um código moral, o Sermão da Montanha é "evangelho" (J. Jeremias). Descreve a nova qualidade da vida que se segue ao acolhimento do Reino que Deus instaura no mundo através de seu mensageiro; proclama a vinda de uma nova era, antes que novas exigências morais. Por isto, inicia-se com as "bem-aventuranças" que, na forma de Lucas – que parece mais antiga (6,20-23) –, proclamam a alegria do reino acolhido: bem-aventurados *vós!* Também nas outras partes do discurso coloca-se a ênfase na declaração da vinda do reino, na instauração da boa notícia, antes que em suas exigências morais.

Observações similares impõem-se a propósito das parábolas (Mt 13). Não se trata de exortações morais ilustradas, mas da "defesa da boa notícia" (J. Jeremias). As palavras enunciam a certeza do cumprimento do Reino de Deus, cujo poder já está em ação e não pode ser detido por nada; elas dizem também como o reino cresce. O aspecto de imprevisto, que nelas está presente, indica a novidade do reino, manifesta seu caráter misterioso e convida a acolhê-lo. Assim, pois, todo o discurso evangélico, incluídas as parábolas, ilustra a centralidade e a atualidade do Reino de Deus nas palavras de Jesus.

O mesmo vale para seus gestos e seus atos. Os atos de Jesus são atos proféticos, dos quais é importante perceber o verdadeiro alcance. Isto diz respeito particularmente aos milagres de cura e aos exorcismos. A resposta de Jesus aos emissários de João Batista (Mt 11,4-6) indica bem o sentido dos milagres: estes demonstram que a boa notícia já está operando, através de suas ações. Os milagres são, portanto, evangelho em ação. Não se deve interpretá-los – como com excessiva frequência se tem feito – como simples provas de credibilidade do mensageiro; eles são em si mesmos parte integrante da instauração do reino.

O mesmo vale para os exorcismos. Indicam, como os milagres de cura, a vitória já real do Reino de Deus sobre as potências do mal. Libertam os homens da submissão aos espíritos maus, da condição alienada a que estavam reduzidos. Contêm, como ações simbólicas de Jesus libertador, a boa notícia de que nele as forças do mal estão vencidas, de que o Reino de Deus se instaura não só nas almas, mas também nos corpos dos homens e em seu ambiente físico, de que o mundo está reconciliado com Deus e consigo mesmo. São o reino em prática, conforme indica com muita clareza a resposta de Jesus, na controvérsia com os fariseus a propósito da expulsão dos demônios (Mt 12,26-28).

Para além das palavras e das ações, devemos fazer referência a toda a vida de Jesus para dar conta de sua missão evangelizadora. Seu estilo respira a liberdade, como também é portador de diversidade. Suas atitudes, suas opções, suas orientações distinguem-no e tornam-no singular. Ele toma posição, empenhando-se contra o legalismo dos escribas, contra a autojustificação dos fariseus, o ritualismo dos sacerdotes e dos levitas. Não teme a oposição ao poder injusto, mesmo religioso, de seu povo. Rejeita toda discriminação social e opta preferencialmente pelos pobres, pelos oprimidos e marginalizados. Proclama que é a eles que se dirige a boa notícia antes de tudo. Embora não seja um revolucionário político, sua vida e sua morte têm uma dimensão política na medida em que suas atitudes constituem para a autoridade, tanto religiosa como política, um desafio e uma ameaça. É esta ameaça que o leva ao suplício da cruz.

Esta dimensão humana e política da ação de Jesus não tira nada de sua dimensão transcendente, da relação única com Deus, que Ele chama de → *Abba.* Ele atribui a seu ensinamento uma autoridade única que lhe vem de Deus, reivindica para si mesmo prerrogativas divinas, afirma que nele o Reino de Deus está sendo instaurado no mundo. As duas dimensões de sua pessoa e de sua ação, horizontal e vertical, não podem ser separadas ou dissociadas. O que nele se inaugura é ao mesmo tempo divino e humano, transcendente, mas também social e político. Trata-se de uma libertação integral para os homens, libertação ao mesmo tempo do pecado e das estruturas injustas que dele derivam. O evangelho social faz parte do Reino de Deus.

Esta observação é importante, se quisermos extrair da missão evangelizadora de Jesus algumas conclusões quanto à missão da Igreja. Parece claro que a promoção da justiça e da libertação humana fazem parte da missão eclesial, que portanto não se pode reduzir à proclamação da salvação em Jesus Cristo, isto é, à evangelização entendida em sentido restrito.

Contudo, resta perguntar se a missão de Jesus funda também a pertinência do diálogo inter-religioso da missão evangelizadora. As aparências pareceriam, à primeira vista, contrárias. Com efeito, não declarou Jesus abertamente não ter sido "Enviado a não ser às ovelhas perdidas da casa de Israel?" (Mt 15,24). Além disto, durante seu ministério recomendou explicitamente aos doze apóstolos, que enviava em missão, de não "irem entre os pagãos" ou de não entrarem nas cidades da Samaria; também eles deviam, antes, ir "às ovelhas perdidas da casa de Israel" (Mt 10,5-6).

Isto não impede que o relato evangélico mostre que Jesus manifesta em relação a homens e mulheres não pertencentes ao povo de Israel uma atitude de abertura. Ele admira a disposição do centurião a crer, professando não ter encontrado fé similar em Israel (Mt 8,5-13); realiza milagres de cura para "estrangeiros" (Mc 7,24-30; Mt 15,21-22). Conversa com a samaritana, anunciando-lhe a hora "em que os verdadeiros adoradores adorarão o Pai em espírito e verdade" (Jo 4,23). Para Jesus, o Reino de Deus, que está sendo instaurado no mundo por meio dele, está presente e em ação para além dos limites do povo eleito. Com efeito, anuncia explicitamente o ingresso dos gentios no Reino de Deus (Mt 8,10-11; 11,20-24; 25,31-32), um reino que é histórico e escatológico ao mesmo tempo. Sem querer forçar a evidência, a atitude de Jesus parece tal que se pode fundar nela a disposição da Igreja ao diálogo com os membros de outras tradições religiosas, como fazendo parte integrante de sua missão evangelizadora.

5. CONCLUSÕES TEOLÓGICAS – Esta missão deve, portanto, ser entendida em sentido amplo e na perspectiva abrangente segundo a qual a evangelização não se reduz à proclamação ou ao anúncio do Evangelho, por mais insubstituível que seja o lugar que estes ocupam nela. Podemos, pois, formular as seguintes conclusões teológicas:

a. *É necessário um conceito mais amplo e abrangente de evangelização* – Este conceito significa não somente que a pessoa inteira do evangelizador está aqui implicada – as palavras e as obras, o testemunho de vida – e que a evangelização se estende a tudo o que é humano, tendendo à transformação da cultura (→ Evangelização, II) e das culturas através dos valores evangélicos, mas também que ela abranja todas as várias formas de atividades eclesiais que fazem parte da evangelização. O conceito deve englobar atividades como a promoção da justiça e o diálogo inter-religioso, que não derivam da proclamação de Jesus Cristo e da sacramentalização subsequente. Estas atividades devem ser consideradas como se fossem, de pleno direito, autênticas formas de evangelização. Isto pressupõe que se supere o hábito estabelecido de reduzir a evangelização à proclamação explícita e à sacramentalização, no interior da comunidade eclesial, relegando como acessórias a promoção da justiça e a tarefa de libertação humana e esquecendo o diálogo inter-religioso.

b. *A promoção da justiça e o diálogo inter-religioso são dimensões intrínsecas da evangelização* – O sínodo dos bispos de 1971 afirmou com vigor que a promoção da justiça e a participação na transformação do mundo representam uma "dimensão constitutiva" da missão evangelizadora da Igreja. Deve-se poder afirmar o mesmo quanto ao diálogo inter-religioso. De fato, aqui se trata, mais que de partes diferentes, de elementos ou dimensões diversas, ou, ainda melhor, de formas, modalidades ou expressões distintas da missão, que é "uma realidade unitária, mas complexa e articulada". As formas concretas que a missão evangelizadora assume na prática dependerão largamente das circunstâncias concretas de tempo e de lugar e do contexto humano – social, econômico, político e religioso – em que ela opera. No contexto de uma riquíssima variedade de tradições religiosas, que continuam ainda hoje a ser fonte de inspiração e de valores para milhões de fiéis, o diálogo inter-religioso será, naturalmente, uma forma privilegiada de evangelização. Poderão até ocorrer circunstâncias que farão dele, pelo menos temporariamente, a única via possível da missão.

c. *A evangelização representa a missão global da Igreja* – Desde o momento em que a evangelização é entendida como idêntica à missão, ainda que se exprima numa variedade de formas, ficam aparentemente superadas algumas distinções que se mantiveram por muito tempo. Assim, as distinções entre pré-evangelização e evangelização, entre evangelização direta e indireta, fundadas na identificação da evangelização com a proclamação explícita de Jesus Cristo. O inconveniente de tais distinções era que tudo o que está abrangido no conceito de pré-evangelização ou de evangelização indireta parecia pertencer à ordem dos meios que, em medida maior ou menor, tendiam e conduziam diretamente à proclamação explícita de Jesus Cristo na evangelização como tal. Na verdade não é assim, em absoluto. A promoção da justiça e o diálogo inter-religioso constituem – juntamente com o resto – não apenas meios susceptíveis de conduzir à evangelização, mas de pleno direito formas autênticas desta última.

d. *A evangelização tem por termo a proclamação de Jesus Cristo* – O que acabamos de afirmar não obscurece o fato de que a proclamação de Jesus Cristo representa o ápice e o apogeu da missão evangelizadora da Igreja. O processo da missão tem seu termo na proclamação e na administração dos sacramentos. No que concerne ao diálogo inter-religioso, o momento oportuno em que, de fato, ele desembocará na proclamação deve ser deixado em todo caso a Deus e a sua Providência. As circunstâncias podem, de resto, ser tais que tornem possível a proclamação desde o início do processo de evangelização.

Bibl. – Paulo VI, *Evangelii Nuntiandi*, 1975; Secretariado para os não crentes, *Diálogo com os não crentes*, Petrópolis 1968; cf., além disto, E. Hillmann, *The Church as Mission*, Londres 1966; J. Schütte (ed.), *L'activité missionnaire de l'Église*, Paris 1967; R. Laurentin, *L'evangélisation après le quatrième synode*, Paris 1975; M. Dagras, *Théologie de l'evangélisation*, Tournai 1978; Vários autores, "Evangelização no mundo de hoje", em *Conc* 4 (1978); M. Dhavamony (ed.), *Prospettive di missiologia, oggi*, Roma 1982; D. Senior-C. Stuhlmueller, *The Biblical Foundations for Mission*, Nova York 1983; Vários autores, *La missione negli anni 2000*, Bolonha 1983; H. Teissier, *La mission de l'Église*, Paris 1985; Vários autores, *Missiologia oggi*, Roma 1985; S. Dianich, *Chiesa in missione.* Per una ecclesiologia dinâmica, Milão 1985; L. Legrand, *Le Dieu qui vient.* La mission dans la Bible, Paris 1988.

JACQUES DUPUIS

II. Evangelização da cultura

A expressão "evangelizar as culturas" é relativamente nova na Igreja. Segundo a concepção tradicional, a evangelização dirige-se estritamente às pessoas, já que cada uma é convidada a responder ao anúncio da boa notícia de Cristo. Falando-se com propriedade, somente as pessoas são capazes de converter-se, de receber o batismo, de fazer ato de fé e aderir à Igreja. Embora reconhecendo que os primeiros destinatários da evangelização são antes de tudo as pessoas, a Igreja hoje fala de *evangelizar as culturas*, isto é, as mentalidades, as atitudes coletivas, os modos de viver. Como entender esta extensão do conceito de evangelização? A evolução é explicável por dois motivos principais. Por um lado, verificou-se uma ampliação da noção de cultura, aplicada não somente às pessoas, mas também às comunidades humanas: estas duas acepções, individual e coletiva, da cultura, são bem traduzidas por expressões como "a cultura do espírito", "uma pessoa de cultura", ou "a cultura italiana", "a cultura dos jovens". Por outro lado, a Igreja tem-se empenhado, sob o impulso do Vaticano II, num novo diálogo com o mundo moderno e com suas culturas, entendidas como um problema vital para o futuro religioso do homem.

1. A CULTURA COMO CAMPO DE EVANGELIZAÇÃO – Vamos primeiro deter-nos na noção de cultura. Tradicionalmente, cultura se refere às pessoas, a seu desenvolvimento intelectual, a sua criatividade artística, a suas produções científicas. Neste sentido, fala-se de uma pessoa culta, isto é, erudita, instruída, que desenvolveu seus dons e talentos. Esta acepção ainda permanece válida; mas, ao lado desta cultura, definida "clássica" ou "humanística", foi-se impondo aos contemporâneos um conceito "antropológico" da cultura. Neste sentido, fala-se de identidade cultural, de cultura popular, de mutações culturais, de desenvolvimento cultural, de diálogo das culturas. A cultura designa então os traços característicos de um grupo humano, seus modos típicos de pensar, de comportar-se, de humanizar um determinado ambiente. Toda comunidade humana reconhece-se em sua própria cultura.

Esta realidade cultural, coletiva e histórica, é hoje percebida como *objeto de evangelização.* Não basta mais simplesmente atingir os indivíduos um por um; é importante também atingir a coletividade em sua cultura, para evangelizá-la, como sustentou com vigor Paulo VI: "Para a Igreja não se trata apenas de pregar o Evangelho em faixas geográficas sempre mais vastas ou a populações sempre maiores, mas também de atingir e como que revolucionar, pela força do Evangelho, os critérios de julgamento, os valores determinantes, os pontos de interesse, as linhas de pensamento, as fontes inspiradoras e os modelos de vida da humanidade, que contrastam com a Palavra de Deus e com o projeto da salvação" (EN 19).

Consequentemente, o Evangelho dirige-se ao mesmo tempo à consciência individual e coletiva, buscando regenerar a cultura das pessoas e a cultura dos grupos humanos, isto é, as mentalidades típicas de um determinado ambiente.

Para perceber, para além das fórmulas, o que significa "evangelizar as culturas", cumpre partir de um dado que poderíamos definir socioteológico: o Evangelho é por si mesmo criador de cultura. João Paulo II recordava isto em seu discurso à Unesco (2 de junho de 1980), quando sublinhava: “A ligação fundamental do evangelho, isto é, da mensagem de Cristo e da Igreja, com o homem em sua própria humanidade. Este vínculo é efetivamente criador de cultura em seu próprio fundamento”. Toda a história do cristianismo ilustra o poder civilizador do Evangelho.

2. UMA LONGA EXPERIÊNCIA DE EVANGELIZAÇÃO DA CULTURA – Desde o começo, a Igreja exerceu sua ação sobre a cultura, iluminando-a, purificando e elevando o espírito humano com o anúncio do Evangelho. Grandes pensadores cristãos, como Orígenes e Agostinho, expressaram a mensagem de Cristo em categorias inteligíveis para seus contemporâneos. Mais tarde, alguns teólogos originais, como Tomás de Aquino, enriqueceram o pensamento racional e religioso, elaborando ousadas sínteses entre a filosofia clássica e a doutrina de Cristo. Este aspecto mais intelectual da evangelização da cultura permanece sempre atual e constitui, para cada geração cristã, um desafio vital para a Igreja. Tal desafio estende-se também à criação artística. A história dá testemunho de uma autêntica evangelização do imaginário e do simbólico com criações pictóricas, arquitetônicas, musicais, poéticas, inspiradas pela fé cristã (→ Beleza). Pensemos, por exemplo, na surpreendente profusão das imagens de Cristo e da Virgem Maria, que enriqueceram para sempre a história da arte. Pensemos no Beato Angélico, que criava obras admiráveis, rezando e evangelizando. Recordemos os tesouros da música gregoriana. Podemos, assim, traçar uma ligação bem clara entre o progresso da evangelização e o nascimento de um autêntico humanismo cristão.

A difusão do Evangelho em todo o Império Romano introduzira uma nova pedagogia das inteligências e das consciências. A partir de modestas escolas, centradas antes de tudo no estudo da Escritura, alimento de vida interior e fonte de pregação, a Igreja desenvolveu as primeiras faculdades dedicadas à teologia e às ciências conhecidas na época. Assim, nasceram as universidades que marcaram profundamente a Europa inteira e os países em que teve influência. A cultura foi marcada por um humanismo ao mesmo tempo teológico, literário e científico, que formou a elite intelectual empenhada na construção da Europa e de suas civilizações. Esta cultura do espírito e do coração produziu grandes exploradores e geniais evangelizadores, como M. Ricci, na China, R. de Nobili, na Índia, Las Casas, na América Latina.

Através de uma lenta osmose, a civilização inteira foi então impregnada pelos valores do Evangelho e todos os aspectos da sociedade foram influenciados pelo espírito cristão. Leão XIII recordava este resultado da evangelização numa fórmula incisiva: “Houve uma época em que a filosofia do Evangelho governava os Estados e naquele tempo a força e a influência soberanas do espírito cristão haviam penetrado as leis, as instituições, os costumes dos povos e as organizações do Estado” (*Immortale Dei*, 1º de novembro de 1885, 9).

Estas breves anotações históricas permitem compreender o que significa transformar as culturas com a força do Evangelho. Entrevê-se como o Evangelho age em nível das pessoas, dos costumes, das instituições. Esta ação da Igreja sobre a cultura das pessoas e das comunidades humanas exerceu-se desde as origens do cristianismo, isto é, muito antes que nossos contemporâneos começassem a falar de *evangelizar as culturas*. Precisamos então perguntar-nos como se explica o surpreendente sucesso desta expressão, relativamente recente, e precisamos refletir sobre a novidade que ela conota no enfoque pastoral da Igreja atual.

3. UM ENFOQUE RENOVADO DA EVANGELIZAÇÃO – A novidade está em função de vários fatores. Primeiramente, existe o fato de que todas as culturas estão hoje sujeitas a mudanças profundas e rápidas. Todos os contemporâneos perguntam-se qual será o futuro dos valores culturais que até agora garantiam a estabilidade dos costumes, das atitudes, das instituições, dos comportamentos tradicionais. Projetados na era moderna, todos os grupos humanos interrogam-se sobre sua identidade cultural e sentem a necessidade de tomar nas mãos seu futuro, segundo critérios de escolha cuja importância moral e espiritual é evidente a todos. Isto sensibilizou muito os contemporâneos para as mudanças culturais, para seu significado, para sua orientação. As intuições dos antropólogos e dos sociólogos, que dizem respeito à análise e à ação cultural, são hoje amplamente compartilhadas pela maioria. Em decorrência disto, os governos têm-se empenhado em audazes políticas culturais, criando ministérios da cultura e diversos organismos de promoção cultural.

A Igreja, sobretudo no Vaticano II, acolheu esta visão moderna das culturas como realidades humanas que é preciso compreender, discernir e evangelizar. João Paulo II criou para este fim o Pontifício Conselho da Cultura, a fim de sensibilizar a Igreja inteira para as tarefas concretas da evangelização das culturas e do desenvolvimento cultural. A cultura tornou-se, também para a Igreja, uma categoria dinâmica indispensável para a análise social e para a definição do compromisso cristão no mundo moderno. Nesta perspectiva histórico-antropológica, em que o futuro da sociedade exige doravante a *análise cultural* em vista da *ação cultural*, percebe-se todo o significado que cabe à evangelização das culturas.

A evangelização cultural, que a Igreja em tempos passados realizava com uma lenta ação e uma paciente osmose nos espíritos e nos costumes, deve hoje ser empreendida com um esforço muito mais consciente e metódico.

a. *Ruptura entre fé e cultura* – O fato maciço e dramático da → secularização exige doravante uma abordagem repensada da evangelização dos espíritos e das mentalidades. No mundo moderno, religião e cultura não andam mais de mãos dadas, como nas sociedades do passado. As culturas dessacralizadas e descristianizadas tornaram-se um novo terreno de evangelização. É esta tomada de consciência que motiva e justifica a evangelização da cultura. Paulo VI sublinhava a dramática urgência desta tarefa: “A ruptura entre Evangelho e cultura é sem dúvida o drama da nossa época, como o foi também de outras. Por isto, devem-se fazer todos os esforços em vista de uma generosa evangelização da cultura ou, mais exatamente, das culturas” (EM 20).

Isso exige, antes de tudo, da parte do evangelizador, a *percepção mental* da cultura como campo específico a ser cristianizado. Para tanto é necessária uma formação para a observação, para o discernimento e para a descoberta dos segmentos culturais em que o Evangelho pode penetrar. Vale dizer, o esforço evangelizador deve explicitamente perseguir ao mesmo tempo a conversão das consciências individuais e a conversão da consciência coletiva. Paulo VI descrevia assim os dois aspectos, pessoal e coletivo, da evangelização: "A Igreja evangeliza quando, em virtude exclusivamente do poder divino da mensagem que proclama, procura converter a consciência pessoal e também coletiva dos homens, a atividade em que estão empenhados, a vida e o ambiente concreto que lhes é próprio" (EN 18).

b. *O êthos a evangelizar* – Perceber a cultura como campo de evangelização significa distinguir, num contexto cultural, o que de um lado é contraditório com o Evangelho e o que exige ser purificado, regenerado, elevado. Uma vez que a cultura é construída justamente por modelos de comportamento e por modos típicos de pensar, de julgar e de sentir, é em nível do agir coletivo que se deve fazer penetrar a luz e a força do Evangelho. É preciso atingir o *êthos* de um ambiente, isto é, os códigos de conduta comumente aceitos por um grupo humano. O *êthos* pode muitas vezes estar em contradição com a ética, propondo como "normais" condutas que acabam destruindo o ser humano e sua dignidade: pensemos na prática do aborto, da eutanásia, do racismo; pensemos na permissividade e no individualismo, erigidos em estilo de vida.

Evangelizar as culturas obrigará muitas vezes os cristãos a se mostrarem "contraculturais": terão que criticar e denunciar o que em sua cultura é aceito como algo evidente e que tende a obscurecer as consciências e a enfraquecer o senso moral. A pressão exercida pelas modas, pelos juízos e pelos interesses coletivos age em profundidade sobre as culturas vivas e condiciona os comportamentos comuns. Evangelizar significará discernir tais modelos de comportamento segundo os critérios do ensinamento de Jesus Cristo, vindo para salvar o homem todo em sua dimensão pessoal, social e cultural.

Contudo, a denúncia do mal, do pecado individual e coletivo, exigirá positivamente o anúncio do ideal evangélico que atinge as aspirações mais secretas de cada pessoa e de cada cultura. O Evangelho deverá influenciar os setores-chave do agir coletivo, como a família, o trabalho, a educação, as diversões, os ambientes sociais, econômicos e políticos. Não se trata somente de recordar os princípios de uma moral social, mas de converter as mentalidades e de revolucionar com a força do Evangelho as escalas de valores que caracterizam uma cultura viva, no bem e no mal. É preciso que os efeitos da redenção transformem os modos de pensar e o ideal de comportamento de um ambiente específico. Toda cultura precisa ser interpelada em suas modas, em seus costumes, em suas tradições. Bem concretamente, um determinado ambiente cultural deve descobrir que existe "um modo cristão" de trabalhar, de viver em família, de educar os filhos, de dirigir uma escola, de servir ao bem-comum, de comprometer-se politicamente, de defender os direitos humanos. Esta ação sobre as mentalidades não é fácil; ela se exerce antes de tudo através das pessoas e das famílias. Busca sensibilizar as opiniões e os juízos coletivos em vista de uma conversão real dos comportamentos.

c. *Conversão das consciências e das culturas* – Certamente é indispensável propor uma ética social, mas o ensinamento moral constitui apenas uma primeira etapa da evangelização. Não existe evangelização sem conversão, sem mudança das consciências. A fé deve chegar a transformar uma cultura viva de um ambiente. Certamente, a conversão das culturas deve ser entendida em sentido analógico em relação à conversão individual, mas é preciso sublinhar que também a consciência coletiva tem uma verdadeira necessidade de purificação e de *metánoia*. Existem nas sociedades "estruturas de pecado" ou "culpas sociais" que derivam de múltiplos pecados pessoais, de corresponsabilidades ou cumplicidades mais ou menos admitidas, de omissões, de cobiças, de preconceitos coletivos. A conversão da consciência coletiva exigirá um esforço coletivo e a colaboração de um grande número de pessoas, prontas a reconhecer o fato do pecado socialmente difundido e a necessidade de redenção da cultura. A evangelização das culturas acontece então com a mediação das pessoas que aceitam a mensagem salvífica de Cristo em sua vida individual e em seu ambiente de vida. Produz-se, assim, uma espécie de influência recíproca entre as conversões individuais e as conversões coletivas. A fé deve, pois, atingir ao mesmo tempo as consciências e as culturas. Esta síntese deve ser operada pela evangelização da cultura, como dizia João Paulo II: "A síntese entre cultura e fé não é uma exigência somente da cultura, mas também da fé. Uma fé que não se torna cultura é uma fé não plenamente acolhida, não inteiramente pensada e fielmente vivida" (Carta de fundação do Pontifício Conselho da Cultura, 20 de maio de 1982).

4. O DESAFIO DA CULTURA DE MASSA – Para perceber todo o alcance e também a dificuldade de agir sobre as culturas de hoje é útil observar atentamente a cultura de massa e o impacto da mídia sobre as mentalidades modernas. Hoje, a mídia oferece um meio particularmente eficaz para a ação cultural. Os meios de comunicação de massa tornaram-se poderosos agentes de produção e de transmissão de uma cultura de massa que condiciona os espíritos e as consciências. Todo esforço metódico de evangelizar as culturas deverá dispensar uma atenção especial à mídia e os cristãos deverão aprender a discernir e a criticar eficazmente a cultura produzida por estes meios modernos. É importante sobretudo que os valores cristãos encontrem sua expressão na produção e na difusão dos meios de comunicação de massa. Este é um desafio decisivo para o futuro da cultura e da evangelização. Justamente a irrupção da mídia na vida moderna revolucionou radicalmente os valores e as mentalidades, a ponto de as famílias, as escolas e as igrejas se sentirem ameaçadas em seu modo tradicional de educar as novas gerações.

Se insistimos no significado da mídia na sociedade moderna não é porque a consideramos como a única causa das mudanças culturais, mas antes de tudo porque a mídia representa aos nossos olhos o imenso desafio de toda ação sobre as culturas atuais. A mídia é certamente produtora de cultura, mas é sobretudo reveladora da consciência moderna, com seus valores, seus gostos, suas aspirações típicas. É a este nível que se situa o novo campo de evangelização. É este fato de civilização, enquanto tal, que interpela os cristãos.

5. A MODERNIDADE COMO CULTURA – A questão nova e bem complexa que se coloca à Igreja é a de saber se as prodigiosas criações da civilização moderna servirão para o bem espiritual ou para a ruína das consciências. A própria → Modernidade deve ser entendida como uma cultura a ser evangelizada. A cultura contemporânea está marcada pelo impacto que os fenômenos de urbanização e de industrialização exercem continuamente sobre os modos de pensar e de agir. A cultura moderna anda inegavelmente acompanhada de progressos humanos e de expectativas que o evangelizador deve saber assumir em vista de um desenvolvimento cultural aberto à esperança cristã. Em contrapartida, a cultura moderna deve ser criticada nos seus traços negativos que obstaculam o progresso humano e espiritual das pessoas e das sociedades. A consciência moderna deve agora enfrentar problemas morais que têm uma dimensão planetária, como a construção da paz, a solidariedade no desenvolvimento de todos, a proteção da natureza. Estes problemas superam as capacidades de cada indivíduo, mas ninguém pode sentir-se indiferente em face das responsabilidades comuns. Estas exigências fazem agora parte da cultura emergente no mundo.

O esforço evangelizador deve agora atingir esta vasta dimensão das novas culturas. A vastidão do desafio sugere que a tarefa não poderá ser levada a bom termo sem um esforço mais articulado e metódico de todos os responsáveis pela evangelização. Nenhuma diocese, nenhuma paróquia, nenhum instituto ou movimento religioso conseguirá sozinho assumir a missão de evangelizar as culturas de hoje. Um esforço conjunto em todos os níveis já se demonstra indispensável. Nisto residem a novidade e a promessa da evangelização das culturas. Esta abordagem é hoje objeto de pesquisas e de estudos especiais, centrados no problema conexo da → *inculturação do Evangelho.* Os dois problemas esclarecem-se reciprocamente: a evangelização da cultura e a inculturação do Evangelho devem ser entendidas em suas relações complementares mútuas (→ Evangelização, III).

Em suma, exige-se uma nova sensibilização dos responsáveis pela evangelização. Exige-se deles que percebam a dimensão cultural da ação pastoral e promovam uma abordagem concreta, em nível de toda a comunidade cristã, para que a fé penetre e regenere as culturas vivas. É um dos desafios mais urgentes da evangelização, conforme afirma João Paulo II: "Deveis ajudar a Igreja a responder a estas perguntas fundamentais para as culturas atuais: Como a mensagem da Igreja é acessível às novas culturas, às atuais formas da inteligência e da sensibilidade? Como pode a Igreja de Cristo fazer-se compreender pelo espírito moderno, tão orgulhoso das suas realizações e ao mesmo tempo tão inquieto com o futuro da família humana? *Quem é Jesus Cristo* para os homens e para as mulheres de hoje?" (ao Pontifício Conselho da Cultura, 15 de janeiro de 1985).

Bibl. – H. Carrier, *Vangelo e culture: da Leone XIII a Giovanni Paolo II*, Città del Vaticano, 1987; L.J. Luzbetak, *The Church and Cultures: New Perspectives in Missiological Anthropology*, Maryknoll, NY 1988.

HERVÉ CARRIER

III. Nova Evangelização

O termo "nova evangelização" tornou-se de uso corrente na Igreja e foi difundido sobretudo pelo ensinamento de João Paulo II. Usam-se variantes: segunda evangelização, reevangelização, nova etapa da evangelização. O conceito refere-se às novas condições da evangelização do mundo atual. Efetivamente, a tarefa de evangelizar as consciências e as culturas (→ Evangelização, II) apresenta hoje um novo desafio, pois sucede com frequência que os ambientes a cristianizar foram no passado marcados pela passagem de Cristo, mas a boa notícia foi eliminada na indiferença, ou no agnosticismo prático. A sociedade secular agravou particularmente este clima de fé inibida ou adormecida. Assim, impõe-se à Igreja que empreenda uma *nova evangelização.* Vejamos qual é a diferença entre a primeira e a nova evangelização.

A *primeira evangelização* é a que revela a *novidade* de Cristo redentor aos pobres, para libertá-los, convertê-los, batizá-los e para implantar a Igreja. A evangelização propaga-se nas consciências e nas estruturas basilares que carregam a fé: família, paróquia, escola, organizações cristãs, comunidades de vida. Existe aqui uma verdadeira evangelização da cultura, isto é, uma cristianização das mentalidades, dos corações, dos espíritos, das instituições, das produções humanas. As culturas tradicionais foram assim cristianizadas com um lento efeito de osmose. A conversão das consciências transformou profundamente as instituições. Conhecemos bem os protótipos da primeira evangelização: Paulo, Irineu, Patrício, Cirilo e Metódio, Francisco Xavier.

Vários evangelizadores do passado executaram uma notável obra de → *inculturação*, muito antes que se cunhasse este termo. João Paulo II lembrava que "os santos Cirilo e Metódio souberam antecipar certas conquistas, que foram assumidas plenamente pela Igreja no Concílio Vaticano II, sobre a inculturação da mensagem evangélica nas diversas civilizações, assumindo a língua, os costumes e o espírito da raça em toda a plenitude de seu valor" (discurso em Compostela, 9/11/1982). Observemos que a primeira evangelização do mundo não terminou e com frequência se demonstra muito difícil: na Índia, no Japão, nos ambientes islâmicos, budistas, em diversos setores da sociedade refratários aos valores religiosos.

A *nova evangelização* apresenta-se em condições bem diversas. A segunda ou a nova evangelização dirige-se a populações que foram evangelizadas no passado, mas que agora vivem num clima secularizado, em que o fato religioso está desvalorizado, a religião está relegada à esfera privada, sendo por vezes combatida diretamente ou obstaculada indiretamente com políticas e práticas que marginalizam os crentes e suas comunidades. É uma situação nova que nunca se apresentou com semelhante gravidade na história da Igreja. Demanda um esforço coletivo de reflexão para descobrir os *sujeitos* ou os *destinatários* da evangelização nova, condição indispensável para *reevangelizar as culturas*.

1. A QUEM SE DIRIGE A NOVA EVANGELIZAÇÃO? – Procuremos entender a mentalidade das pessoas que são as destinatárias da evangelização nova.

São os novos ricos. Estas pessoas não se consideram psicologicamente como os "pobres do Evangelho", mas como "ricos", pessoas satisfeitas, concentradas em seus haveres, em sua autonomia, em sua autorrealização. É esta psicologia coletiva que se deve penetrar com simpatia para fazer com que percebam os limites diante do Absoluto de Deus. Poderá desta forma aparecer a "pobreza espiritual", que se esconde muitas vezes por trás de atitudes aparentes de satisfação ou de indiferença.

Uma fé sem raízes. Em muitas pessoas, a fé primária não se desenvolveu por falta de raízes e de aprofundamento. Muitas vezes a primeira evangelização foi insuficiente, superficial e enfraqueceu-se e apagou-se pouco a pouco, por deficiência de interiorização e de motivações solidamente embasadas. A fé não foi reforçada por uma experiência pessoal de Cristo, pelo compartilhar da fé no amor e na alegria, nem foi consolidada pelo apoio de uma comunidade cristã, próxima e viva.

Uma fé rejeitada e reprimida. Muitos cristãos de nome, que vivem numa indiferença prática, rejeitaram uma religião que, em sua psicologia, permaneceu num estágio infantil que faz a religião aparecer-lhes como moralmente repressiva, já que a cultura popular muitas vezes confunde religião e moralismo. Esta religião inspira medo e age sobre as angústias inconscientes. Em nome da liberdade, a religião e a Igreja são portanto rejeitadas como alienantes. É preciso perguntar-nos que deficiências da primeira evangelização puderam provocar esta percepção mental do cristianismo.

Uma fé adormecida. É difícil dizer que, nestas pessoas, toda fé tenha morrido; mas ela está em baixa, é inoperante, está esquecida, está coberta por outros interesses e preocupações: dinheiro, bem-estar, conforto, prazer, que muitas vezes se transformam em verdadeiros ídolos. Num contexto de Cristandade, a pressão da religião habitual podia ser suficiente para manter os crentes numa prática sacramental regular. Essa pressão social não invalida necessariamente o valor da religião popular ou tradicional, que produziu grandes cristãos e grandes cristãs. Mas constatamos que a nova cultura deixa a pessoa espiritualmente sozinha, frente a si mesma e a suas responsabilidades, muitas vezes percebidas na confusão. O desencantamento e a incerteza espiritual tornam o indivíduo frágil, angustiado e exposto à credulidade. O isolamento torna as pessoas sensíveis a uma palavra de acolhimento. As → seitas compreenderam isto e às vezes melhor do que nós. Temos que explorar com cuidado esta abordagem psicológica e espiritual.

Psicologias moralmente desestruturadas. Um fenômeno ainda mais inquietante é uma espécie de "desmoralização" inata, que fez a pessoa perder toda estrutura moral ou espiritual. Torna-se quase impossível crer, quando o indivíduo desconfia de toda ideologia, de toda convicção e de toda grande causa que obrigam a sair de si mesmo. A tendência é agravada pelo fato de o indivíduo refugiar-se numa ilusória autossuficiência moral. A sociedade moderna tende a transformar em sistema esta atitude individualista. O evangelizador mede o temível obstáculo a superar para atingir a consciência destas pessoas. Malgrado todas as dificuldades, temos que nos convencer de que em todos os corações, no fundo, há necessidade de esperança. Nenhum indivíduo rejeita para sempre a luz e a promessa da felicidade.

Uma esperança latente. O homem moderno tem angústias e esperanças características (→ Teologia Fundamental: destinatário). Será que os cristãos entraram no espírito profundo do concílio, que esteve tão atento à mentalidade de nossos contemporâneos? É preciso adivinhar a angústia escondida por trás de tantas atitudes e comportamentos aparentemente tranquilos. Talvez nunca como hoje se revelou tal sede de → sentido e uma busca tão apaixonada de razões de vida. Descobrir esta necessidade latente de esperança é uma primeira etapa importante da evangelização. Para além das angústias, importa sobretudo perceber as aspirações positivas que se exprimem, muitas vezes de modo confuso. Estas aspirações à justiça, à dignidade, à corresponsabilidade e à fraternidade manifestam uma necessidade de humanização e uma sede de Absoluto. O evangelizador saberá ler ali uma primeira abertura à mensagem de Cristo. Estas preocupações sociopastorais encontram-se em todos os documentos do concílio, como um pensamento evangelizador bem concreto. Deve-se reler o Vaticano II nesta perspectiva. Uma esperança latente e uma fome espiritual escondem-se no fundo dos corações. É importante adivinhar os vestígios desta esperança na cultura atual, para levar-lhe a resposta da fé. É uma nova etapa da evangelização.

2. COMO REEVANGELIZAR AS CULTURAS? – *A cultura não é mais uma aliada.* Numa situação de segunda evangelização, o desafio é a *cultura nova.* Não existe mais "uma cultura de sustentação", como no passado. Hoje a Igreja depara uma cultura de oposição (perseguição, opressão), ou uma cultura de indiferença, ou de eliminação tranquila, que relativiza todas as convicções.

Notemos que a *cultura pluralista*, que tem o inconveniente de colocar todas as convicções no mesmo nível, pode por outro lado oferecer ao evangelizador uma nova *chance*, com a possibilidade de fazer valer seu ponto de vista original no concreto das opiniões. Muitas vezes pode até beneficiar-se dos meios modernos de difusão para anunciar a *novidade* de sua mensagem. Já é necessária uma educação especial para viver e agir numa cultura pluralista.

Revelar os obstáculos à nova evangelização. Estes obstáculos podem variar muito de um país para outro ou de uma região para outra. Em vários países de velha cristandade, a Igreja foi como que desfigurada por uma lenta erosão, por um processo de esvaziamento ou de rejeição da fé, por parte de uma cultura progressivamente secularizada. Isto deu origem a uma cultura da → indiferença, obstáculo dos mais temíveis para a *reevangelização*, visto que a religião parece não interessar mais, nem envolver ou interpelar uma massa sempre maior de indivíduos, que espiritualmente estão "em outro lugar" e que vivem num universo "arreligioso".

Notemos que a situação da descrença é muito diferente, conforme os países. Em diversas nações, a reevangelização volta-se para populações cuja memória traz os vestígios das perseguições, das guerras religiosas, das revoluções, das políticas agressivamente ateias. Outras experimentaram a colonização estrangeira, a exploração, ou também a perda da classe operária, no século XIX. O mais importante é perceber bem a psicologia coletiva, marcada pela experiência histórica de cada grupo a ser evangelizado.

Romper o muro da indiferença. Nos países ocidentais, a secularização difundiu um clima de indiferença religiosa, de descrença, de insensibilidade espiritual, de desinteresse pelo fato religioso. O drama é que o Evangelho não é de modo algum ignorado e não é de modo algum novo. Encontramo-nos diante de uma psicologia religiosa ambígua. A fé está como que presente e ausente nos espíritos. O sal evangélico tornou-se insosso, as próprias *palavras* perderam sua intensidade. As palavras evangelho, igreja e fé cristã não são mais novas, estão gastas, banalizadas. A identificação da cultura com o cristianismo tornou-se superficial: olhe-se por exemplo para a sorte reservada às celebrações de Natal, de Páscoa, e sua recuperação comercial e mundanizada. A boa notícia faz parte dos costumes, como as tradições, como o folclore e os traços culturais do ambiente. Os cristãos precisam revalorizar seu tesouro na opinião pública, na mídia, nos comportamentos comuns. É preciso reagir contra uma *culturalização do cristianismo*, reduzido a palavras, a fatos secularizados, a costumes dessacralizados.

Não se deixar marginalizar – Os cristãos não podem resignar-se em tornar-se marginalizados, rejeitados pela cultura dominante. Temos que tomar consciência de que nossos valores centrais estão sendo progressivamente eliminados. Notemos, por exemplo, as palavras que se tornaram tabu no nosso ambiente cultural: virtude, vida interior, renúncia, conversão, caridade, silêncio, adoração, contemplação, cruz, ressurreição, vida no Espírito, imitação de Cristo. Estas expressões típicas da vida espiritual ainda têm um sentido na linguagem corrente? Se nossos contemporâneos não entendem mais as palavras que exprimem nossa esperança, como podemos atraí-los a Jesus Cristo? Sobretudo os jovens são particularmente atingidos pelo espírito do tempo, que desvaloriza radicalmente o fato religioso. Os jovens são as testemunhas e as vítimas da crise religiosa, mas são também e sobretudo os reveladores das aspirações contemporâneas. Com eles poderemos criar verdadeiramente uma nova cultura da esperança.

3. UMA ANTROPOLOGIA ABERTA AO ESPÍRITO – Uma das "novidades" mais importantes da nova evangelização é o fato de que ela visa explicitamente a conversão não só das pessoas, mas também das culturas. E evangelizar as culturas supõe uma nova abordagem antropológica da pastoral. As ciências humanas podem prestar um serviço precioso para operar os discernimentos e as análises indispensáveis. A principal vantagem da antropologia moderna é a de "definir" o homem através da *cultura* e de atingi-lo, assim, no contexto psicossocial em que se desenvolvem sua vida associativa, suas produções, suas esperanças e suas angústias. João Paulo II tem insistido muitas vezes nesta abordagem na evangelização: "o homem torna-se de maneira sempre nova o caminho da Igreja" (*Dominum et Vivificantem* 58). A percepção do homem como um ser dotado de razão e de liberdade enriquece-se muito através da visão cultural da realidade humana, fornecida pela antropologia moderna. João Paulo II expressava isto nos seguintes termos: "Os recentes progressos da antropologia cultural e filosófica demonstram que se pode obter uma definição não menos precisa da realidade humana referindo-se à cultura. Esta caracteriza o homem e o distingue dos outros seres, com clareza não menor do que a razão, a liberdade e a linguagem" (Discurso na Universidade de Coimbra, 15/6/1982).

Atingir o homem histórico no centro das culturas vivas permite ao evangelizador descobrir o drama de tantas existências que sofrem por uma espécie de agonia espiritual, condição cruelmente ressentida por muitos, como nos parece. Se olharmos ainda mais em profundidade, talvez vejamos que esta angústia espiritual muitas vezes prepara para a descoberta da salvação de Jesus Cristo. P. Tillich descrevia assim esta experiência da precariedade humana que pode predispor à fé: "Só os que experimentaram o choque da precariedade da vida, a angústia em que se toma consciência da própria finitude, a ameaça do nada, são capazes de compreender o que significa a noção de Deus. Somente os que têm experimentado as trágicas ambiguidades de nossa existência histórica e que questionaram totalmente o sentido da existência, são capazes de entender o que significa o símbolo do Reino de Deus" (*Systematic Theology*, Chicago, 1951). Saber ler os sinais do desconforto moral, mas também a imensa necessidade de esperança provocada pela cultura secularizada, há de abrir um caminho novo à evangelização.

4. PARA A REDENÇÃO DAS CULTURAS – Finalmente, a evangelização põe as culturas frente ao mistério de Cristo morto e ressuscitado. É inevitável uma ruptura radical, "escândalo para os judeus, loucura para os gentios", dizia Paulo. Exige-se uma → conversão constante. O dinamismo evangelizador realiza-se somente no encontro com Jesus Cristo. Ele é o único mediador através do qual se torna realidade o Reino de Deus. A evangelização das culturas como das pessoas encontra sua única eficácia na força do Espírito, na oração, no testemunho de fé, na participação no mistério da cruz e da redenção. Seria uma tentativa inútil querer mudar as culturas com uma simples intervenção psicossocial ou sociopolítica. A evangelização, sobretudo na noite escura da fé – e na noite espiritual das culturas – supõe uma conversão ao mistério da cruz. Sofrer esta purificação e esperar nos caminhos, misteriosos, mas seguros, do Espírito é uma disposição indispensável para enfrentar o trabalho da reevangelização. Não é confortável viver nas angústias de um mundo novo que toma forma de maneira obscura à volta de nós.

Definitivamente, reevangelizar significa anunciar continuamente a salvação radical em Jesus Cristo, que purifica e eleva toda realidade humana, fazendo-a passar da morte para a ressurreição.

Em certo sentido, toda evangelização é nova, pois proclama a necessidade permanente de conversão. As culturas têm um desejo ardente de esperança e de libertação. Evangelizar torna-se então a forma eminente de elevação das culturas e das consciências, que aspiram à libertação de todos os egoísmos que obstaculam o Reino de Deus. Evangelizar exige este anúncio da salvação definitiva em Jesus Cristo e isto vale tanto para as pessoas quanto para as culturas, conforme lembra João Paulo II: "Visto que a salvação é uma realidade total e integral, ela diz respeito ao homem todo e a todos os homens, atingindo assim a realidade histórica e social, a cultura e as estruturas comunitárias em que estes vivem". A salvação não se reduz exclusivamente às ações terrenas ou exclusivamente às capacidades do homem. "O homem não é o salvador de si mesmo de maneira definitiva: a salvação transcende o que é humano e terreno, é um dom de cima. Não existe autorredenção, pois somente Deus salva o homem em Cristo" (Discurso na Universidade Urbaniana, 8/10/1988).

A nova evangelização dirige-se a todas as pessoas e a todas as culturas. João Paulo II proclamou-lhe a necessidade em todos os continentes. Esta evangelização – disse ele – será nova em seu ardor, nova em seus métodos, nova em sua expressão (Discurso ao Celam, 9 de março de 1983).

Bibl. – H. Carrier, *Vangelo e culture: da Leone XIII a Giovanni Paolo II*, Città del Vaticano 1987; Id., *Évangélisation et développement des Cultures*, Roma 1990.

HERVÉ CARRIER

EXEGESE INTEGRAL

Por exegese entendemos a interpretação, o comentário ou a explicação do texto bíblico. Queremos apresentar aqui unicamente os princípios ou as regras da exegese católica a serem completados com o artigo → hermenêutica, cuja visão é mais ampla. Damos a denominação de texto bíblico à Sagrada Escritura ou bíblia, no sentido católico da palavra, abrangendo o AT – incluídos os livros denominados "deuterocanônicos" – e o NT (→ Cânon). Com a expressão "exegese integral" queremos exprimir, na medida do possível, a totalidade do procedimento exegético. Os princípios fundamentais desta exegese integral foram fortemente sublinhados pela constituição → *Dei Verbum*, do Concílio Vaticano II. Pode-se completar o documento conciliar com alguns discursos de Paulo VI e de João Paulo II.

1. DIMENSÃO CIENTÍFICA – "Visto que Deus na Sagrada Escritura falou por meio de homens de maneira humana, o intérprete da Sagrada Escritura, para ver claramente o que Ele quis comunicar-nos, deve pesquisar com atenção o que os hagiógrafos, na realidade, quiseram significar e o que a Deus aprouve manifestar com as palavras deles" (DV 12,1).

O objetivo último da exegese é de ordem teológica: "ver claramente o que Deus mesmo quis comunicar-nos". A exegese implica a fé na inspiração divina das Escrituras (DV 11,1) e também a fé na intenção realizada por Deus quando seu Espírito inspirava os autores sagrados: "os livros da Escritura ensinam firmemente, com fidelidade e sem erro, a verdade que Deus, para nossa salvação, quis que fosse consignada nas Sagradas Escrituras" (DV 12,1) (→ Verdade). Em suas raízes, portanto, a exegese não é uma ciência puramente profana ou secular, mas faz parte integrante da teologia e o exegeta que a pratica é e deve ser teólogo, da mesma forma que o dogmático ou o moralista. Efetivamente, o objeto – se assim pudermos dizer – de suas pesquisas, a Palavra de Deus, é eminentemente teológico e também teologal. Veremos mais adiante (par. 2) as implicações destas afirmações.

Permanece igualmente verdade que, para realizar seu projeto, Deus "escolheu homens, dos quais se serviu na plena posse de suas faculdades e capacidades" (DV 11,1), e que "falou por meio de homens, à maneira dos homens" (DV 12,1). Por conseguinte, "o intérprete deve... pesquisar com atenção o que os hagiógrafos na realidade quiseram significar e o que a Deus aprouve manifestar com suas palavras" (DV 12,1).

Para fazer isto há que se recorrer a muitas ciências e também a muitos métodos. A este propósito não deve estranhar o recurso ao saber profano, se o instrumento científico ou metodológico for usado com honestidade e sem pressupostos arbitrários. Para esta questão, Paulo VI fez referência a uma página do Padre Lagrange, escrita em 1918 (DC 71 [1974] 326), e João Paulo II voltou ao argumento, em 1989: "É verdade que, mais de uma vez, certos métodos hermenêuticos pareciam constituir um perigo para a fé, por terem sido usados por intérpretes não crentes, na intenção de submeter as afirmações da Escritura a uma crítica destrutiva. Em tal caso, deve-se estabelecer uma nítida distinção entre o próprio método, que poderá contribuir para o enriquecimento dos conhecimentos, se corresponder às exigências autênticas do espírito humano, e, de outro lado, pressupostos contestáveis – de tipo racionalista, idealista ou materialista – que podem influir sobre a interpretação e tirar-lhe a validade. O exegeta iluminado pela fé não pode evidentemente adotar tais pressupostos, mas poderá tirar proveito do método" (DC 86 [1989] 472).

a. Uma primeira tarefa consiste em *estabelecer o texto* através do confronto dos testemunhos manuscritos que o transmitiram. Na maior parte dos casos, o exegeta poderá fazer referência às ótimas publicações dos últimos decênios, seja para o texto hebraico do AT, seja para os textos gregos do NT e dos Setenta. Possuindo, porém, um preparo de base para a crítica textual, deverá recorrer ao aparato crítico das edições clássicas dos textos. Deverá explicar a seus alunos como usar tais aparatos críticos. Deverá, outrossim, levar em conta o fato, hoje cada vez mais reconhecido, de que alguns livros bíblicos nos foram transmitidos sob formas diversas: isto vale sobretudo para o Sirácida, Ester, Tobias e também os Atos, sendo que a Igreja nunca impôs, em seu cânon, uma forma específica. Por vezes a crítica textual leva a perceber diversas etapas no processo de transmissão do texto.

Uma vez estabelecido(s) o texto ou os textos, é preciso *traduzir*. Trata-se de um trabalho notavelmente mais complexo do que pensa o grande público. O fato é que os textos bíblicos foram redigidos dezenove séculos atrás, no caso dos mais recentes, e aproximadamente trinta séculos atrás, no dos mais antigos, e o foram dentro de uma determinada cultura, a do mundo mediterrâneo oriental, semítica, em seguida helenística e em línguas hoje desaparecidas (aramaico) ou fortemente modificadas (hebraico ou grego). A evolução das línguas modernas permite fazer uma ideia da complexidade do problema: assim, o italiano de Dante é mal e malcompreensível para o homem da rua, da Itália de hoje. Neste âmbito, o exegeta poderá socorrer-se do serviço dos orientalistas, especialistas das línguas e das culturas do Oriente Próximo antigo. Os dicionários das línguas bíblicas – hebraico, aramaico e grego – anotam o parentesco das palavras nas diversas línguas do ambiente.

Para fazer-se uma ideia da variedade das soluções possíveis, pode-se comparar a tradução de uma mesma passagem nas diversas bíblias hoje em uso. É desaconselhável servir-se de uma única tradução da Bíblia, é um empobrecimento, um risco. Deve-se assim aprender a ler e confrontar as notas críticas das diversas bíblias. Mas aqui deparamos uma nova dificuldade. É verdade que Tomás de Aquino não conhecia nenhuma língua bíblica, mas no século XX a palavra de Santa Teresinha de Lisieux conserva sua força: "Se eu tivesse sido padre, teria estudado a fundo o hebraico e o grego, para conhecer o pensamento divino, assim como Deus se dignou exprimi-lo em nossa língua humana". Todo programa de estudos teológicos que se respeite inclui um curso de hebraico bíblico e um de grego do NT. O valor da Palavra de Deus para todo aquele que se põe a serviço da Igreja deveria ser um estímulo suficiente para aplicar-se seriamente ao estudo das línguas bíblicas, sobretudo hoje, quando os intercâmbios internacionais obrigam tanta gente a falar mais idiomas. E o Concílio Vaticano II (cf. OT 13), seguindo Pio XII (*Divino afflante Spiritu*, II,1), estimulou este acesso direto aos textos originais da Bíblia.

b. Uma vez estabelecido o texto, suas variantes conhecidas, o sentido preciso das palavras, às vezes com diversas possibilidades para certas passagens, chega-se à difícil etapa de "descobrir a intenção dos hagiógrafos" (DV 12,2). Aqui entram em jogo métodos diversos ("inter alia", DV 12,2). Se o concílio se detém de modo especial na pesquisa do "gênero literário", isto confirma o que escrevia Pio XII na encíclica *Divino afflante Spiritu*, em 1943, e também estende implicitamente esta pesquisa ao NT, como advertia, em 1964, a Instrução *Sancta Mater Ecclesia*, da Pontifícia Comissão Bíblica. Mas DV 12 reconhece também a validade do seguinte princípio geral: "Para compreender exatamente o que o autor sagrado quis afirmar ao escrever, deve-se prestar a devida atenção tanto aos modos habituais e originários de entender, de exprimir-se e de relatar, vigentes nos tempos do hagiógrafo, quanto aos que estavam então em uso aqui e acolá, nas relações humanas". Pio XII já havia reconhecido isto oficialmente.

Tal exigência faz-se sentir já na análise do vocabulário dos autores sagrados, conforme dissemos; nota-se isto também quando se trabalha na análise de uma passagem específica ou de textos mais amplos. Assim, pôde-se exprimir a compreensão da aliança (→ Eleição/aliança/lei), na parte mais antiga do AT, recorrendo-se a certos esquemas fundamentais dos tratados denominados "de vassalagem", utilizados naquela época nas relações internacionais. A sabedoria dos povos antigos do Oriente Próximo é o ambiente em que se desenvolveu a sabedoria bíblica, com mais frequência em diálogo do que no isolamento. Os mitos pagãos das populações semitas permitem perceber onde está a originalidade dos autores bíblicos: poderíamos citar inúmeros exemplos (→ Profetas e → Evangelho). Tal tipo de trabalho exige do exegeta uma cultura que muitas vezes ele não possui, podendo neste caso recorrer às pesquisas dos orientalistas. Paulo VI reconhecia sinceramente isto em 1974: "Assim como é difícil entender a obra de Cristo fora da tradição bíblica que Ele assumiu, da mesma forma, em nome da verdade que deve ser nossa primeira preocupação, parece difícil ler hoje o AT, deixando de lado suas raízes culturais" (*Orientalia* 45 [1976] 6).

A honestidade do método exigirá que não se confunda analogia com semelhança, semelhança com identidade e, sobretudo, semelhança com dependência, chegando assim a não reconhecer mais nada como próprio da mensagem bíblica.

Em todo caso, a possibilidade de determinar um gênero literário supõe a comparação entre diversos textos bíblicos ou extrabíblicos, fazendo a análise das semelhanças de assunto, de temática, de vocabulário e também de estrutura, existentes entre eles. Para evitar aplicar a um texto uma estrutura que é fruto de nossas próprias ideias e de nossa própria cultura – risco que se correu no passado – o exegeta procura descobrir no próprio texto, lido na língua original, todos os dados linguísticos e verbais que lhe delineiam a organização interna: palavras recorrentes, variações nas formas gramaticais etc.; chega-se assim a descobrir *estruturas literárias* para os textos mais diversos. Contudo, para não cair na mania de ver, em toda parte, por exemplo, estruturas concêntricas, será preciso assegurar-se de que foram tomados em consideração todos os indícios presentes no texto. Tal método de leitura garante uma base mais sólida de comparação com outros textos e também permite precisar-lhes o gênero literário. Um bom exemplo disto poderia ser o caso do livro da Sabedoria.

Este método, se supusermos – faz-se isto gratuitamente? – que um texto esteja bem-escrito, permite determinar as glosas e os acréscimos introduzidos no texto. Mais de uma vez isto será confirmado pelas versões antigas.

Todavia, há casos – por exemplo no Pentateuco ou nos profetas – em que tanto a aspereza do texto quanto a análise de sua estrutura literária levam a descobrir que, juntamente com o texto primitivo, ele transmite releituras em que as comunidades subsequentes deixaram traços de suas próprias leituras e interpretações. Neste nível, desenvolve-se toda a história da vida e da transmissão de um texto na comunidade.

O importante, a propósito das glosas, dos acréscimos e das releituras, é não deter-se no culto do *Ur-text* ou texto primitivo, que leve a negar todo valor às complementações subsequentes. Devemos dispensar atenção ao texto bíblico final, tal como nos chegou, pois foi este o texto que a Igreja conservou. Do contrário, acabaríamos opondo-nos ao cânon das Escrituras, tal como a Igreja o entende. A situação do livro do Siracida é um exemplo típico disto.

No fundo, toda esta investigação do gênero literário e da estrutura literária do texto implica a convicção de que estamos diante de conjuntos literários que devem ser tratados como tais. Quando um texto apresenta um relato – e o fará normalmente em prosa – neste caso, de dois ou três decênios para cá, sobretudo na França, recorre-se a um outro método, denominado → *análise estruturalista* ou semiótica. O método inspira-se em teóricos russos, que procuram estudar o funcionamento dos relatos. Constrói-se uma verdadeira e própria gramática do relato. Apesar de um vocabulário muitas vezes sibilino e de uma orientação excessivamente marcada pelos aspectos formais, com o risco de subestimar a mensagem, este método é útil e muitas vezes complementar.

O interesse pelos conjuntos, que tem a grande vantagem de evitar atomizar um texto, leva, outrossim, a considerar um livro, ou um conjunto de livros, como uma totalidade. Aí a atenção se desloca das asperezas do texto, que revelam acréscimos e releituras, para tudo o que unifica um conjunto. Tal tipo de trabalho tem levado, por exemplo, a mostrar a originalidade de cada um dos evangelistas (→ Evangelho: Métodos de análise); e também permitiu falar da história deuteronomista, de Deuteronômio a 2 Reis.

Talvez se possa situar aqui o método que recentemente se vem desenvolvendo nos Estados Unidos da América e que leva o nome de *close reading*: consiste em ler o texto, trecho por trecho, com uma atenção extrema, certificando-se de ter percebido todos os matizes expressos pelo autor; a atenção volta-se também para tudo o que está implícito e também para o não dito que, muitas vezes, justamente por isto, é revelador de um pensamento. Tal método mostra bem a unidade profunda de um texto – um relato, por exemplo – recoloca em discussão teorias que tinham visto num texto diversos estratos redacionais. Por vezes também este método poderá mostrar como tais estratos redacionais foram no final integrados harmoniosamente na unidade textual que chegou até nós.

c. O que dissemos até aqui se refere à crítica literária e não há por que admirar-se destas evoluções da pesquisa, uma vez que o objeto das análises é um texto. Contudo, uma parte notável dos livros bíblicos – pelo menos o Pentateuco e os livros históricos, para o AT, evangelhos e Atos, para o NT – têm como objeto acontecimentos e é importante determinar seu valor histórico. A crítica literária ilumina o caminho da *crítica histórica*, não a suprime. O Concílio Vaticano II – e era oportuno fazê-lo – salientou, ao falar dos gêneros literários, que textos denominados históricos podem sê-lo de maneira diversa (DV 12,2) e afirmou "sem hesitar a historicidade" dos quatro evangelhos (DV 19). Parece que a crítica histórica suscita hoje pouca atenção e que se instaurou um ceticismo talvez excessivo, pelo menos no que tange à historicidade dos fatos anteriores à tomada de Jerusalém por Nabucodonosor, em 586 aC. No que concerne aos evangelhos e aos Atos, a exegese católica parece ter chegado a um consenso que respeita a história.

A crítica histórica, que busca determinar qual é a historicidade dos fatos narrados nos textos, é, portanto, fundamental. Com efeito, assim como a fé não se refere a enunciados, mas à realidade que estes exprimem – segundo a fórmula tomista – da mesma forma, assim parece, a exegese não se refere somente aos textos, mas à realidade de que estes falam. E esta realidade é nossa salvação, operada por Deus na história humana, de modo definitivo, na pessoa de Jesus Cristo. Mas é igualmente claro que não pode haver crítica histórica fora da crítica literária dos textos e não somente à luz dos testemunhos externos ao texto. A arqueologia, protagonista de tais descobertas, de um século a esta parte, e todas as ciências suscitadas por ela – epigrafia, numismática etc. – prestam aqui uma contribuição preciosa.

2. DIMENSÃO TEOLÓGICA – Toda esta pesquisa científica diversificada em crítica textual, filológica, literária e histórica, visa "descobrir o que o autor sagrado quis afirmar por escrito" (DV 12,3). Mas esta é somente uma das faces da tarefa confiada ao exegeta. A outra face será propriamente teológica e levará a exegese a diferenciar-se de uma obra puramente profana. Não se lê Isaías ou Paulo como se faz com Homero ou Virgílio.

"A Sagrada Escritura deve ser lida e interpretada à luz do mesmo Espírito que fez consigná-la por escrito" (DV 12,3). O motivo de tal asserção é que o objeto a ser lido e interpretado é a Sagrada Escritura, e esta é única, embora tenha como autores Deus e também seres humanos escolhidos e inspirados por Ele, seja qual for o modo como se deva explicar esta ação conjunta, que o Concílio Vaticano II não quis determinar de maneira definitiva. Como resultado, temos que "todas as afirmações dos autores inspirados... devem ser consideradas como afirmações do Espírito Santo" (DV 11,2).

Buscando compreender este objeto único, que é a Escritura, o exegeta se põe também à escuta do Espírito, que está na origem de sua composição. Uma vez que o objeto é único, pode-se dizer que toda a investigação científica e crítica do que o hagiógrafo quis afirmar já é, para o exegeta, colocar-se sob a ação do Espírito, como o fez o autor sagrado: as asserções do hagiógrafo são também as do Espírito. Colocar-se nesta disposição é um requisito tradicional na Igreja: remonta pelo menos a Orígenes ou a Jerônimo; proclamado novamente no Concílio Vaticano II, pela Igreja do Oriente, é significativo que DV 12,3 tenha retomado aqui uma proposta do Pontifício Instituto Bíblico, que tanto trabalhou para que adquirisse importância na Igreja a ciência bíblica mais crítica.

a. Do ponto de vista do exegeta, "interpretar à luz do Espírito" significa pelo menos o que Paulo VI, com sua habitual acuidade, especificava, em 1970: se a Palavra de Deus é "viva e eficaz" (Hb 4,12) para conduzir à salvação, "todo aquele que perscrutar a Escritura é, em primeiro lugar, perscrutado por ela, e deve abordá-la neste espírito de disponibilidade humilde, o único que prepara para a compreensão plena da mensagem"; observava ainda o papa "a necessidade de buscar uma certa conaturalidade de interesses, de problemas, com a matéria do texto, para poder abrir-se a sua escuta"... "Mas, sobretudo, é importante destacar... a exigência de uma verdadeira fidelidade à Palavra": "O Cristo é a primeira 'exegese' do Pai, sua 'Palavra', aquela que o manifesta, e toda ulterior palavra sobre Deus e sobre o Cristo se baseia nesta primeira revelação do Pai". Em 1974, Paulo VI acrescentava: "Uma real abertura existencial ao mistério do Deus de amor, sem a qual nossa exegese, por mais culta que seja, permanece necessariamente obscurecida, não pode manter-se em nós sem a luz da graça divina, que precisamos diariamente pedir com humildade".

b. O Concílio Vaticano II limita-se, na verdade, a algumas características fundamentais da Escritura, objeto da exegese. Visto que é preciso lê-la à luz do mesmo Espírito que promoveu sua composição, há que reservar igual atenção ao conteúdo e à unidade da Escritura em sua totalidade (cf. DV 12,3). Ao que parece, nunca a Igreja havia afirmado tão claramente este princípio de hermenêutica bíblica. Indica-se a razão disto: foi o Espírito Santo que determinou a composição da Escritura. Se é verdade que os autores humanos são numerosos e estão dispersos no tempo, também é verdade que o Espírito, pelo fato de tê-los inspirado a todos, deu unidade ao conjunto, isto é, à Escritura. De resto, neste conjunto unificado, o Espírito tinha por objetivo transmitir a verdade em vista de nossa salvação e esta atingiu a plenitude na pessoa de Jesus Cristo, único mediador. A Escritura constitui uma unidade – DV 16 o repetirá – e esta unidade aparece eminentemente em nível de seu conteúdo. Todo aquele que estiver familiarizado com a Escritura percebe esta unidade de conteúdo; se por um lado somos sensíveis à mensagem particular de um autor bíblico, por outro é preciso reconhecer sua sintonia com o conjunto, do qual ele é apenas um elemento. Observe-se que o concílio fala do conteúdo, da mensagem, e não mais da forma literária que a exprime.

c. O concílio ainda vai além na linha dos conjuntos, que caracteriza a atual pesquisa exegética. A atenção ao conteúdo e à unidade da Escritura em sua totalidade deve levar em conta a tradição viva da Igreja inteira e a analogia da fé (cf. DV 12,3). O texto é nuançado: para perceber bem o conteúdo e a unidade da Escritura em sua totalidade, há que se levar em conta a tradição viva da Igreja inteira e a analogia da fé. Para precisar a intenção do concílio é necessário, neste ponto, recorrer à história do texto.

Ao escolher esta formulação, a Comissão teológica do concílio tencionava levar em conta algumas emendas propostas pelos bispos: estes pediam que se falasse da tradição – mais do que das tradições (cf. DV 8-10) –, dos Padres da Igreja, do → *sensus fidei* do povo de Deus e do → magistério.

Hoje, vai-se descobrindo sempre mais a relação entre a Escritura e a Igreja. Se a Igreja recebeu o AT de Jesus e da comunidade cristã primitiva, de que era a única Escritura, o NT foi composto no interior da Igreja e para exprimir o mistério recebido de que ela era portadora. O melhor exegeta é aquele que lê a Escritura em unidade de vida com a Igreja; o Padre Lagrange, já em 1918, com acuidade falara destas exigências.

Com efeito, a Bíblia não é propriedade dos exegetas; estes são apenas servidores do povo de Deus, a que esta se dirige de geração em geração e, através do povo de Deus, à humanidade inteira, chamada à salvação. Dom de Deus confiado à Igreja, para esta e através desta, a Escritura exige uma fé íntegra para ser compreendida por dentro, em relação aos autores sagrados e a Deus, que quer a salvação de todos; exige que se esteja em comunhão com a Igreja de hoje e também com aqueles que, de dois milênios para cá, viveram e vivem dela; a Escritura está sempre construindo a Igreja e não pode tornar-se uma propriedade privada, cujo acesso seria reservado a alguns privilegiados que, com pretensões de cientificidade, se arrogam o direito de colocar em dúvida a fé do povo de Deus em seus aspectos mais enraizados. E este povo – a Igreja – possui em si mesmo, pela vontade de Cristo, seu órgão regulador, o magistério, assistido pelo mesmo Espírito que falou por meio dos profetas e dos apóstolos e que, a partir de Pentecostes, anima toda a vida da Igreja. Cabe ao magistério declarar a autenticidade de qualquer exegese.

d. A tradição viva da Igreja inteira exprime-se também nos Padres da Igreja, orientais e ocidentais, e nos grandes exegetas que os precederam. Hoje, manifesta-se cada vez mais o retorno à exegese antiga e ao mesmo tempo aumenta o conhecimento que dela podemos ter, mediante edições mais aprimoradas e as melhores pesquisas de que hoje dispomos. Isto é verdade para a exegese patrística, mas também para a dos teólogos medievais latinos, sem esquecer a renovação bíblica dos séculos XVI e XVII. Este último período é ainda pouco conhecido, mas os anteriores foram explorados, por exemplo, nos volumes de → H. de Lubac. Nosso conhecimento do Oriente Próximo antigo certamente supera o deles e nossos métodos são considerados mais rigorosos. Todavia, embora contassem com meios e exigências científicas inferiores, eles nos superam por uma inserção mais explícita na comunidade eclesial: sua exegese é realmente teológica, espiritual e pastoral. A nossa precisa renovar estas orientações e enriquecê-las.

A tradição viva da Igreja inteira comporta ainda o *sensus fidei* do povo de Deus. Isto significa que, para interpretar corretamente a mensagem bíblica, o exegeta deve permanecer em contato com o povo de Deus e em comunhão com o que anima sua fé. A exegese não pode ser unicamente uma atividade de biblioteca, uma pesquisa de gabinete. Quanto mais a exegese dialogar com o povo de Deus, tanto mais conseguirá entender que a Escritura é verdadeiro alimento e tanto mais escapará à tentação do puro jogo intelectual sem relevância e sem conteúdo. A pastoral bíblica será para o exegeta o lugar em que verificará o valor de sua compreensão da Bíblia. Tanto ao falar como ao escrever, sentir-se-á conduzido à maior autenticidade e verdade e há de haurir daí um poderoso estímulo a prosseguir, pois terá tocado com a mão o bem real que estas podem trazer. Chegará a perceber que a Escritura é, verdadeiramente, Palavra de Deus para todos nós hoje, e não objeto de museu. Entenderá isto também quando, seguindo uma longa tradição cristã, hoje renovada, se dedicar à *lectio divina*, leitura num clima de escuta do que o Senhor, através da Bíblia, nos diz hoje; *a fortiori*, quando alimentar com a Escritura os exercícios espirituais. Talvez sobretudo nesta ocasião entenda o que significa ler a Escritura com o mesmo Espírito que determinou sua composição.

O *sensus fidei* do povo de Deus manifesta-se principalmente na liturgia. *Lex orandi lex credendi.* Seguindo a tradição, sobretudo latina, DV 21 lembrou que a Igreja se nutre da "única mesa da Palavra de Deus e do Corpo de Cristo". Trata-se de viver intensamente a Liturgia da Palavra tal como nos é proposta hoje, mas também de estudar as liturgias antigas (cf. DV 23). O uso que todas elas fazem da Escritura revela muitas vezes a orientação da interpretação cristã. Não interessará saber, por exemplo, que muitas liturgias, mas não a que traz o nome de Paulo VI, releem Jó em conexão com o mistério pascal?

O *sensus fidei* inclui finalmente as grandes exigências, cuja urgência a Igreja percebe hoje em dia: ecumenismo, diálogo com o judaísmo, abertura às culturas – campos estes dos quais os exegetas não podem estar ausentes. Uma vez que Deus quer a salvação de todos, Jesus Cristo é o único mediador desta salvação e a Escritura a promove eficazmente (Hb 4,12) na unidade do gênero humano; já que a Escritura é a boa notícia proclamada a todos, o exegeta tem o dever de tomar parte em toda busca que permita à mensagem da Escritura ser melhor entendida e transmitida. A Epístola aos Romanos, por exemplo, tem uma importância fundamental no diálogo com as igrejas nascidas da Reforma, mas também pela qualidade da aproximação cristã ao judaísmo. Se a isto acrescentarmos um conhecimento, mais exato e mais respeitoso do que no passado, das tradições cristãs não católicas e da tradição judaica, nosso conhecimento da Escritura muitas vezes ganhará em aprofundamento. Em especial, os testemunhos do judaísmo antigo, contemporâneo do cristianismo nascente, os *Targûmim*, por exemplo, não podem ser ignorados pelos exegetas. Também é importante o diálogo com as religiões não cristãs e com as culturas dentro das quais estas se desenvolveram, particularmente em certas regiões do mundo, e aí se exige uma presença ativa dos exegetas. A própria Bíblia não ignorou este diálogo, como de resto também as gerações cristãs que nos precederam, e isto é uma exigência fundamental, a fim de que a Bíblia não apareça nestas regiões como um produto estrangeiro não assimilável, que se imagina como ocidental – o que de modo algum corresponde à verdade.

Em todas estas ocasiões de diálogo, parece que se devam levar em consideração algumas exigências fundamentais: não somente o respeito ao texto bíblico tal como ele é, a fidelidade integral ao depósito da fé e a comunhão com a Igreja inteira, que significará também o esforço de fazer os exegetas, empenhados em outros campos, participarem das riquezas descobertas e dos problemas que se colocam; mas, além disto, e mais especificamente, aceitar pacificamente que todo método exegético é o produto de uma cultura e que a exegese ocidental do século XX não foge a esta realidade: uma cultura diferente levanta questões diferentes e diferente é sua hermenêutica. Isto já é verdade para a exegese patrística e medieval; poderíamos então estranhá-lo, ao enfrentar a exegese judaica ou ao procurar inculturar, no Brasil, na Índia, no Zaire, o modo de acolher verdadeiramente a Bíblia e sua mensagem?

e. Finalmente, DV assinala que a atenção dispensada ao conteúdo e à unidade da Escritura inteira deve levar em conta também a *analogia da fé.* A expressão vem de Rm 12,6 e parece exprimir o senso da harmonia existente entre todas as afirmações da fé católica. Isto equivale a dizer implicitamente que existe coerência entre o ensinamento da Escritura e o da Igreja. Cumpre recordar que a Escritura é a "regra da fé", a *norma normans* da fé. DV 25, retomando uma expressão de Leão XIII, que a tinha aprendido dos jesuítas, conforme mostrou M.M. Lera em 1984, pede que a Escritura seja "como que a alma da teologia", que esta última como que receba sua vida da Escritura. Dizer isto é pedir que o exegeta seja antes de tudo um teólogo. Dele espera-se que ponha em relevo o alcance teológico dos textos bíblicos e, para levar em conta a analogia da fé, que mostre sua harmonia com o que o dogmático e o moralista – para limitar-nos a seus colegas mais próximos – explicam em nome da Igreja. Além de sua argumentação escriturística, que não pode mais contentar-se com simples citações bíblicas, trata-se, sobretudo, ao que parece, de uma busca em comum, interdisciplinar, sobre os grandes problemas que hoje a humanidade levanta e a teologia procura esclarecer. Subestimar o valor do testemunho bíblico ou silenciá-lo, sob o pretexto de que seria anacrônico, é uma solução pouco conforme à fé católica. Paulo VI, em 1973, havia reclamado a ajuda da exegese para resolver os problemas morais colocados hoje à consciência cristã. Igualmente a cristologia e as outras grandes afirmações dogmáticas devem continuamente ser relidas à luz da Escritura.

De um século a esta parte, a Igreja continua a especificar as regras de sua hermenêutica bíblica, sendo a única comunidade de crentes que o fez. Aberta a todas as exigências científicas, mantém com firmeza a perspectiva fundamental da Escritura, a salvação de todos os homens, e é por isto que sua hermenêutica é teológica. Finalmente, visto que Deus em Cristo proclama e realiza nossa salvação no decurso de nossa história, a Igreja convida a não nos separar dos que foram antes de nós os depositários e os portadores da Palavra de Deus, testemunhas de seu significado.

Bibl. – M.-J. Lagrange, *Le sens du christianisme d'après l'exégèse allemande*, Paris 1918; Id., *La méthode historique.* La critique biblique et l'Église, Paris 1966; H. de Lubac, *Escritura na tradição*, São Paulo 1970; L.A. Schökel, *Il dinamismo della tradizione*, Brescia 1970; E. Hamel, "L'Écriture, âme de la théologie", em *Greg* 52 (1971) 511-535; P. Dreyfus, "Exégèse en Sorbonne, Exégèse en Église", em RB 82 (1975) 321-359; Id., "L'actualisation de l'Écriture", em RB 86 (1979) 5-58, 161-193, 321-384; P. Grelot, "L'exégèse biblique au carrefour", em NRTh 98 (1976) 416-434, 481-511; B. Maggioni, "Esegesi", em DTI, Turim 1977, II, 101-110; Id., "Esegesi biblica", em NDTB (Cinisello Balsamo 1988), 497-507; C. Buzzetti, "Esegesi ed ermeneutica", em DTI, Turim 1977, II, 110-126; M. Gilbert, "Paul VI. In memoriam", em *Bibl* 59 (1978) 453-462; J.M. Lera, "'Sacrae Paginae Studium sit veluti anima Sacrae Theologiae' (Notas sobre el origen y procedencia de esta frase", em A. Vargas Machuca-G. Ruiz (ed.), *Palabra y vida. Homenaje a J. Alonso Díaz*, Madri 1984, 409-422; R. Latourelle (ed.), *Vaticano II: bilancio e prospettive.* Venticinque anni dopo (1962-1987) I, 289-307, Assis 1987.

MAURICE GILBERT

EXPERIÊNCIA

Antes de delinearmos a preciosa função que o conceito de experiência pode desempenhar na Teologia Fundamental contemporânea seria útil dizer algo sobre o ambiente em que nasceu este conceito. Só recentemente a linguagem da experiência foi acolhida pelos teólogos católicos.

1. SITUAÇÃO HISTÓRICA – Até o Concílio Vaticano II, a maior parte dos teólogos católicos – e, em particular, os teólogos fundamentais – evitava empregar o conceito de experiência. O pai do protestantismo liberal, F.D. Schleiermacher (1768-1834), acreditava que a religião se baseava na intuição e no sentimento e, separando-a do dogma, sustentava que sua mais elevada experiência estava no senso de união com o infinito. Definindo, enfim, a religião como o sentimento de absoluta dependência, considerava o cristianismo meramente como a expressão mais completa deste sentimento. No fim do século XIX e no início do XX, outros fatores reforçaram as incertezas católicas no tocante à terminologia da experiência. Alguns modernistas, por exemplo, enfatizaram excessivamente o papel da experiência religiosa individual e reduziram o valor das expressões comuns da fé na vida cristã.

Uma característica antidogmática similar apareceu nas preleções de Gifford, ministradas em 1902 por W. James (1842-1910): *The Varieties of Religious Experience.* Embora não exprimissem sempre seus temores neste sentido, muitos teólogos e bispos católicos evitaram considerar a experiência como incompatível com a doutrina e as instituições da Igreja e mostraram-se propensos a estimular um cristianismo emocional e irracional.

Seja como for, tanto entre os católicos como entre outros cristãos, expressavam-se juízos mais positivos sobre a experiência, que gradualmente influíram sobre a Teologia Fundamental. Numa clássica defesa de sua fé, *Apologia pro Vita Sua* (1864), e em outros escritos, → J.H. Newman (1801-1890) não pensava que seu tão caro "princípio dogmático" fosse ameaçado pelas contínuas referências à experiência, seja coletiva seja individual. O existencialismo de S. Kierkegaard (1813-1855), apesar de seu esforço de fideísmo e excessivo individualismo, conseguiu finalmente encontrar ouvidos nos ambientes católicos. De maneiras diferentes, também os demais filósofos, como W. Dilthey (1833-1911), E. Husserl (1859-1938), A.N. Whitehead (1861-1947), → M. Blondel (1861-1949), M. Scheler (1874-1928), K. Jaspers (1883-1969), G. Marcel (1889-1973), M. Heidegger (1889-1976), M. Merleau-Ponty (1908-1961) e H.G. Gadamer (1900-2002), contribuíram para aumentar o peso da experiência para a Teologia Fundamental católica. O mesmo verificou-se com o debate sobre a compreensão e a interpretação, promovido pela hermenêutica existencial de → R. Bultmann (1884-1976).

Embora muitas vezes mais difíceis de descrever, outras influências bem reais incidiam sobre a apologética ou Teologia Fundamental, como se começou a denominá-la. A obra de R. Otto (1869-1937) sobre o papel do numinoso (*mysterium tremendum et fascinans*) na consciência religiosa, o crescente diálogo com outras religiões, uma maior abertura à psicologia da religião (Religião, VIII), o impacto da sociologia e, em geral, a penetrante influência das ciências experimentais favoreceram a reflexão católica sobre a experiência humana de Deus. Às vezes um → diálogo inter-religioso com outras comunidades cristãs e teologias levantou a questão da experiência religiosa. Assim aconteceu com os movimentos bíblicos e litúrgicos no âmbito do catolicismo. Dificilmente se podia falar da pedagogia operante no AT, do testemunho apostólico de Cristo (1Jo 1,1-3) ou da liturgia como fonte teológica, sem entrar no campo da experiência.

Ainda que certos estudiosos, como J. Mouroux (1901-1973), H. Bouillard (1908-1981), Y. Congar (1904-1995) e, em particular, → K. Rahner (1904-1884), tivessem elaborado abordagens sobre o tema da experiência, em seus 16 documentos o Concílio Vaticano II empregou esta linguagem de modo bastante parcimonioso: o substantivo *experientia* trinta e duas vezes, e o verbo *experior* dezessete vezes. Naturalmente, o uso mais frequente (o substantivo onze vezes e o verbo onze vezes) ocorreu na constituição pastoral sobre a Igreja no mundo contemporâneo (*Gaudium et Spes*), que não somente era o documento mais extenso do concílio, senão também o único a tratar amplamente das experiências e problemas dos homens e das mulheres no mundo de hoje. A constituição sobre a revelação divina (*Dei Verbum*) falava de Israel "que experimentou" os caminhos de Deus (DV 14) e de diversas causas de desenvolvimento das tradições pós-apostólicas, uma das quais seria "a profunda compreensão das coisas espirituais" que experimentam os que creem (DV 8). Esta última afirmação não deixou de ser contestada por alguns bispos, que ouviram ecos de modernismo, que privilegiava uma consciência íntima, erroneamente separada da Igreja e de seus ensinamentos públicos. Todavia, a linguagem da experiência reapresentou-se num documento que tratava da autocomunicação divina (DV 6) na história da salvação (DV 3, 4, 14, 15, 17) e convidava os seres humanos a entregarem-se todos a Deus livremente (DV 5). Hoje parecem ter praticamente desaparecido os persistentes temores de que experiência e autoridade sejam de certo modo opostas ou se excluam reciprocamente. Em seu ensinamento, João Paulo II frequentemente tem utilizado a linguagem da experiência. Em sua segunda encíclica, *Dives in Misericordia* (1980), o substantivo aparece treze vezes e o verbo seis vezes, referindo-se a nossa experiência religiosa, tanto em seus aspectos comunitários quanto nos individuais.

2. CONCEITO E REALIDADE – No que diz respeito à Teologia Fundamental, é relativamente simples ilustrar o papel permanente da experiência. Se os destinatários da Teologia Fundamental são os seres humanos não em abstrato, mas em sua historicidade concreta, onde e de que maneira experimentamos o mistério de Deus? Como sabemos que estamos encontrando a Deus e como podemos interpretar corretamente esta experiência? Que é que, em nossa experiência humana, confere credibilidade à mensagem judeu-cristã que recebemos?

Esta mensagem provém, antes de tudo, das experiências de Deus feitas pelo povo de Deus, profetas e outros, no decurso da história do AT. Em seguida, a Teologia Fundamental estuda a revelação fundante, mediada através da singular experiência de

Deus feita por Jesus, da experiência de Jesus feita pelos discípulos e da experiência da Igreja apostólica, quando sua missão se desenvolveu no poder do → Espírito Santo.

A tradição pós-apostólica pode ser considerada como a memória coletiva daquelas experiências privilegiadas que constituíam a revelação fundante que atingiu seu ápice definitivo e insuperável com Jesus Cristo e com a vinda do Espírito Santo. Em todas as suas formas escritas e não escritas, a → tradição é o transmitir de uma geração à outra a experiência de Deus em Jesus Cristo, que a Igreja faz de maneira coletiva e especificamente cristã.

Se o tema da experiência tem a ver constantemente com as questões centrais da revelação de Deus em Jesus Cristo, com sua → credibilidade e sua transmissão, então a Teologia Fundamental deve examinar acuradamente o que a experiência humana e religiosa comportam. Do contrário, este conceito complexo e esta realidade não se revelarão muito produtivos no desenvolvimento da disciplina.

Há no mínimo sete pontos principais que exigem uma reflexão em qualquer análise da experiência humana. 1. Embora normalmente seja entendida como um processo, a experiência é também a condição que resulta dele. 2. A experiência coloca o sujeito em contato direto com o objeto. 3. Tal imediatez *não* implica que as experiências sejam desprovidas de pressuposto. Fatores sociais, históricos e religiosos de todo tipo condicionam e tornam possível nossa experiência. 4. Em algumas experiências o sujeito é mais ativo (p. ex., em experimentos cientificamente controlados), em outras, mais passivo (p. ex., em momentos de graça intensa). Os elementos ativos e passivos estão inseparavelmente presentes em cada experiência. 5. A evidência e a autoridade da experiência são claras e diretas. Todavia, novas experiências podem modificar e corrigir o que já foi aprendido. 6. As experiências são sempre interpretadas. A obra de interpretação começa justamente na própria circunstância da experiência. 7. Experiência pessoal e tradição (que se podem considerar como o produto das experiências da comunidade ou da sociedade) influem uma sobre a outra, reciprocamente. A tradição ajuda a dar um significado a nossas experiências, que, por sua vez, ajudam a compreender e a modificar a tradição.

Somente algumas experiências humanas são conscientemente religiosas, vale dizer, situações que permitem notar a autocomunicação reveladora e salvífica de Deus e convidam a assumir ou a renovar um compromisso de fé.

A linguagem espacial tem sido muitas vezes empregada para descrever estas experiências, como "situações-limite", "experiências-limite", "experiências de ponta" e "experiências profundas". É também possível reconhecer tais experiências profundamente sentidas em termos de "passar da morte à vida", do absurdo ao sentido e da hostilidade ou solidão ao amor e à comunhão. Uma tal interpretação reconhece um rosto trinitário em todas as experiências religiosas, visto que nos aproximam da plenitude de vida (o Pai), do significado e verdade últimos (o Logos) e da plenitude de amor (o Espírito Santo).

As experiências históricas e categoriais em nível consciente devem ser distinguidas do dinamismo transcendental, *a priori*, que cria a possibilidade para toda experiência religiosa peculiar. O tomismo transcendental, em particular o elaborado por Karl Rahner, mostrou de que maneira, em toda experiência específica, fazemos experiência simultaneamente de nós mesmos e da nossa abertura ao Ser absoluto e ilimitado. Neste sentido, todas as experiências humanas têm uma dimensão última religiosa, que é a forma primordial da autocomunição reveladora e salvífica de Deus.

Em conclusão: a "experiência" não é o único caminho para o desenvolvimento de uma Teologia Fundamental. De qualquer forma, estudos claros e acurados podem fazer com que ela constitua uma abordagem frutuosa desta disciplina. Além disto, esclarecendo o próprio conceito, os teólogos fundamentais se encontram na necessidade de estabelecer critérios de interpretação e avaliação das experiências religiosas.

Bibl.- J. Mouroux, *L'expérience chrétienne*, Paris 1952; H. Bouillard, *Logique de la foi*, Paris 1964; Vários autores, "Revelação e experiência", em *Conc* 14 (1978); G. O'Collins, *Teologia fondamentale*, Brescia 1982; C. Geffré, "La rivelazione e l'esperienza storica degli uomini", em R. Fisichella (ed.), *Gesú Rivelatore*, Casale Monferrato 1988, 164-177.

GERALD O'COLLINS

F

FÉ

1. *A fé, segundo a Escritura* – 2. *A transcendentalidade da fé* – 3. *A teologicidade ou a origem divina da fé* – 4. *A globalidade do ato de fé* – 5. *A unidade da fé (Acolhimento da realidade de Deus e adesão à mensagem da revelação; Homogeneidade do caminho e do conteúdo da fé; Cristo Jesus, mediador e plenitude da revelação)* (G. Langevin).

1. A FÉ, SEGUNDO A ESCRITURA – Para a Bíblia, a fé é a resposta integral do homem a Deus, que se revela como salvador. Ela acolhe as palavras, as promessas e os mandamentos de Deus; é simultaneamente submissão confiante a Deus que fala, e adesão do espírito a uma mensagem de salvação. O AT insiste no aspecto da confiança; o NT salienta mais o assentimento à mensagem. No que tange ao vocabulário fundamental da fé, ele evoca a solidez daquele em quem a fé se apoia, assim como a segurança e a confiança de quem se apoia em Deus.

a. *O Antigo Testamento* – *Crer*, de fato, significa, no AT, *entregar-se a Deus* (Gn 15,6; Ex 14,31; Nm 14,11), entregar-se à palavra salvífica de um Deus que conduz a história e que fez aliança primeiro com os pais e depois com "seu povo", Israel. Assim Abraão confiou sem reservas na promessa de Deus, plenamente persuadido de que esta se cumpriria: "Ele creu no Senhor, que lho creditou como justiça" (Gn 15,6). O povo de Israel nasceu justamente da fé no poder, na preeminência e na solicitude de Jhwh, o Deus da aliança (Ex 19,1). A doutrina monoteísta vai depois traduzir esta experiência de Israel, em que Deus apareceu como único salvador (Is 43,10-13). Em fórmulas mais ou menos elaboradas, esta doutrina solicitará a fé (Dt 6,20-24; 26,5-9; Js 24,2-13; Ne 9,5-25).

b. *O Novo Testamento* – No NT, no qual em Jesus Cristo se opera a fusão da → história da salvação com o Verbo de Deus encarnado, o objeto da fé é definido de maneira mais concisa e a importância do caminho a percorrer se impõe mais explicitamente. A fé, exigência primária de Jesus, é, segundo os sinóticos, a condição suficiente para a salvação. Nos Atos não se exige nada mais para a purificação dos corações e a aceitação da salvação; segundo João, a fé é o caminho do homem inteiro – conhecimento e compromisso – que se dirige à pessoa de Jesus Cristo.

Devido a seu caráter interpessoal, esta fé é naturalmente semelhante à do AT. É respectivamente confiança e entrega a Deus, presente na palavra e na ação de Jesus (sinóticos); obediência que torna o crente semelhante ao crucificado-ressuscitado e que dá o Espírito dos filhos de Deus (Paulo); adesão ao testemunho do Pai e do Filho (João).

Mas, de modo mais intenso aqui do que no AT, a fé é consentimento numa mensagem. Esta, por outro lado, apresenta-se sob aspectos diversos: anúncio do → Reino de Deus e proclamação do amor misericordioso do Pai, nos sinóticos; evangelho da morte e da ressurreição de Jesus, Senhor e único salvador de todos os homens, nas cartas de Paulo e nos Atos dos Apóstolos; em João, é a própria pessoa de Jesus, Verbo feito carne, cheio de graça e de verdade, em quem contemplamos a glória do Pai.

Caminho do homem, a fé encontra todavia sua fonte originária em Deus. Ela é suscitada pelo poder salvífico de Deus, em ação na palavra e na atividade de Jesus (sinóticos). Para Paulo e para o autor dos Atos, a fé deriva desta ação escatológica de Deus, que é a ressurreição de Jesus e a pregação que a anuncia. No Evangelho de João, a fé nasce da atração por obra do Pai, que convida e associa à vida da Trindade.

2. A TRANSCENDENTALIDADE DA FÉ – Sendo uma atividade propriamente nossa, a fé encontra em nós as próprias condições de seu aparecimento. Se assim não fosse, qualquer que fosse o papel que atribuíssemos a Deus, no surgimento da fé, teríamos que afirmar que este fenômeno, falando-se com propriedade, nos é estranho e não nos diz respeito. Podemos também falar dos *preâmbulos* da fé em sentido mais radical do que se fazia antes: é no próprio sujeito, em suas estruturas e não somente no que se oferece à sua consideração como objeto, que se percebem as condições do aparecimento da fé.

Segundo o pensamento cristão, o caminho da fé não é um ato de rendição ou uma capitulação do espírito, mas é o soberano exercício com que o homem faz seu o pensamento de Deus. Acolher a Palavra de Deus não significa renunciar à busca pessoal da verdade, mas aceder ao registro divino da verdade. Por isso, não se entenderia em absoluto o caminho de quem crê, se o considerássemos apenas como uma concessão do espírito ou como o recurso a alguma outra inteligência criada ou finita.

a. *A infinitude do espírito ou a abertura a Deus* – Estas considerações preliminares supõem que o espírito humano esteja marcado pela infinitude e que, portanto, esteja aberto a Deus. Que sentido teria acolher a Palavra de Deus para quem já não estivesse de alguma forma ligado a Ele? Pois bem: com sua abertura ao ser, o homem já está em contato como o infinito. A preocupação que o habita em todo passo que dá, depois do despertar da mente, diz respeito ao ser: O *que é aquilo que é?* A *pergunta*, tão característica da atividade humana, demonstra que a criança já está harmonizada com o ser, que já sabe, sem que se lhe tenha podido ou devido mostrar, o que é o ser; conhecemos o ser *por instinto.* Por outro lado, nossas perguntas não teriam razão de ser e nem sequer as faríamos, se aquilo que se oferece à nossa consideração fosse plenamente ser ou fosse o ser por identidade. Nossas perguntas atestam que o dado da experiência tira seu ser daquilo que não o tira de nenhuma outra coisa.

O espírito experimenta o irreprimível desejo de atingir, em sua essência, este Absoluto que polariza e dá sustentação a todo pensamento. O desejo de atingir cada ser em sua intimidade é igualmente forte em relação àquilo que o espírito sabe ser: a fonte e o ápice do ser. Somos obcecados pela paixão de ver, em sua transcendente singularidade, este Deus que por ora conhecemos apenas por analogia. "Este desejo – escrevia um velho teólogo – apresenta-se como algo de negativo ou como uma realidade, cuja característica é a de deixar-nos em suspenso: pensa-se que tal desejo não possa parar nem saciar-se em nada que pertença a este mundo. Pomo-nos a caminho nesta ignorância, rumo a um além que Deus fará conhecer e atingir, quando der a luz da fé e a ajuda da graça (*ita nesciens, aliquid altius quaerit*)" (Joannes Tinctoris, *Lectura in Primam Sancti Thomae* q. 12, a. 1, fol. 20 r-v). Assim o mistério de Deus é ao mesmo tempo o que não podemos dar-nos nós mesmos e aquilo a que aspiramos com todas as nossas forças.

b. *A palavra, mediação privilegiada da revelação divina* – Se a fé encontra na infinitude do espírito criado as condições fundamentais para emergir, na palavra encontra a mediação mais adequada para exprimir os segredos de Deus. Indubitavelmente, a criação nos ilumina sobre Deus (mostra-o como fonte última e soberano exemplar), mas os elementos da criação fixam-nos antes de tudo em sua própria consistência; eles falam, antes de tudo, de *si mesmos* e é somente num segundo momento que a mente, partindo da criação, eleva-se a Deus. A palavra tem, por sua parte, o privilégio de existir somente em relação a *algo diferente* dela mesma; tem consistência própria só enquanto designa *aquele* que nela se exprime e *aquilo* que, por meio dela, ele significa. A palavra fala somente para extinguir-se, transparência que não fossiliza e não limita nada e que, participando da infinitude do espírito, só pode visar o que se apreende somente por analogia. Na revelação divina, escreve o Vaticano II, "as palavras declaram as obras [de Deus] e iluminam o mistério nelas contido" (DV 2).

c. *As disposições morais de confiança e de entrega* – Na ordem moral, a fé implica o consentimento refletido à condição de criatura; supõe confiança e entrega. Confiança incondicionada numa sabedoria e num amor infinitamente além do que podemos conceber; podemos entregar-nos sem temor Àquele que é verdade e bondade absoluta. A fé supõe ainda a entrega ao poder criador de Deus ou a recusa da autossuficiência. O reconhecimento dos limites próprios dispõe precisamente a não deixar-se aprisionar por eles; embora não se coloque diretamente em condições de superá-los, permite reconhecer que não é alienação submeter-se àquele que não tem limites.

"O reconhecimento do selo do Pai no Cristo, de sua palavra nas palavras do Cristo, da glória de Deus nos sinais, como nos ensina o Evangelho de João, exige algumas disposições de ordem espiritual. A fé, portanto, não revela tanto o poder das inteligências quanto a qualidade do olhar... Aos olhos da fé a humanidade aparece dividida em duas raças espirituais: a dos filhos das trevas e a dos filhos da luz. Uns, estranhos à verdade, não enxergam os sinais realizados em sua presença (6,26; 12,37), a palavra não penetra neles (8,37), a luz os cega (9,39). Para os outros, os que 'operam a verdade' (3,21), tudo é luz, sinal, obra, testemunho, selo do Pai" (D. Mollat, *Études johanniques*. Paris, 1979, p. 84-85).

3. A TEOLOGICIDADE OU A ORIGEM DIVINA DA FÉ – Embora a fé, para ser um ato verdadeiramente nosso, deva encontrar em nós sua raiz ou proceder de nossas faculdades, é em Deus mesmo que tem sua fonte originária. Temos aqui uma afirmação que a tradição hebraico-cristã fez com crescente firmeza e clareza. Anunciando os bens da aliança messiânica, os profetas falam do coração novo e do espírito novo, de seu espírito, que Deus dará aos homens para que o conheçam. Para o NT, como vimos, a fé provém do poder divino de salvação, em ação na palavra e no operar de Jesus; o assentimento à ressurreição de Cristo, coração da fé cristã, resulta da mesma força que provocou a ressurreição; a fé é, enfim, resposta a um chamado interior e gratuito por parte de Deus.

a. *A iniciativa criadora e reestruturadora de Deus* – O acolhimento da Palavra de Deus, para não ser redutivo, exige uma participação naquela inteligência pela qual a referida palavra é iluminada e em que encontra sua própria densidade. Faz-se mister uma nova criação, interna à primeira, para não reduzir a Palavra de Deus ao nível da palavra humana sobre Deus. É óbvio o que comporta tal elevação do espírito criado. Ela implica, de nossa parte, uma adaptação ao horizonte ou ao objeto da intelectualidade divina. Este objeto específico é Deus mesmo, em sua intimidade ou em seu mistério; não, portanto, uma *ideia* sobre Deus, mas a realidade de Deus. Portanto, para que nos seja possível apoiar-nos em Deus como *meio* do nosso conhecimento de fé, é necessário que nos liguemos à visão que é própria de Deus.

Do ponto de vista do crente, a fé implica, pois, a iniciativa criadora e reestruturadora de Deus: é em Deus que o espírito se apoia, como num fundamento primeiro e absoluto. Correlativamente, Deus, quando se entrega para além do trâmite da analogia, só pode contar consigo mesmo, com o fim de reforçar seu próprio testemunho. A verdade absoluta, para impor-se como tal ao espírito criado, só pode depender de si mesma.

b. *O papel e o alcance das razões para crer* – Tal estatuto do Absoluto, que se atesta a si mesmo, obriga a refletir sobre o papel e sobre o alcance das *razões para crer* ou dos *sinais* (→ Semiologia: sinal) que acompanham a revelação divina. De acordo com a Escritura, o profeta tinha que provar a autenticidade de sua missão através dos "sinais", dos prodígios realizados em nome de Deus (Is 7,11; cf. Jo 3,2; 6,29-30; 7,3-31; 9,16-33). Por sua parte, a razão exige, para dar seu assentimento, que existam *razões* para crer. Que sentido teriam a dignidade e a responsabilidade humana numa fé que se oferecesse sem *razões*? Santo Agostinho sustentava que não se tem direito de crer se não se tem razões para crer.

Por outro lado, por mais fortes e numerosas que sejam as razões para crer, não podemos apoiar-nos formalmente nelas quando oferecemos nossa fé a Deus. As razões me deixariam, no final das contas, diante de minha *razão* e não diante de Deus. Embora indispensáveis, elas não são suficientes e, examinando-se bem, pertencem a uma ordem inferior. Tem-se dito com muito acerto que as razões para crer não dispensam de crer.

Qual é, então, a função destes sinais ou razões para crer? Não se deverá afirmar que, na realidade, nos deixam desprovidos diante da decisão de fé? "Por meio dos sinais e de seu conhecimento – escreve J. Alfaro – o homem não examina a credibilidade íntima da Palavra de Deus, mas seu próprio conhecimento sobre o dever de crer e sua própria livre-decisão pela fé... A possibilidade de um conhecimento racional dos sinais da revelação é somente um postulado para a retidão humana da livre-decisão, que o homem realiza em sua fé em Deus... Os sinais da Palavra de Deus colocam-se ao homem não como dados de um problema puramente objetivo, mas como manifestação de um fato divino que atinge a existência humana como tal: em seus sinais, Deus está presente ao homem e se dirige a ele. Neste chamado entra em jogo, além da liberdade do homem, a graça de Deus... A razão torna possível o conhecimento dos sinais de Deus, mas é a graça que neles torna visível o chamado pessoal à fé. A iluminação interior aprofunda o conhecimento racional dos sinais, no saber que 'Deus me chama à fé nele': o *iudicium practicum credibilitatis* inclui assim um momento pessoal, inexprimível e incomunicável, o reflexo do chamado divino da consciência.

A *attractio* interior de Deus cria, assim, no homem um conhecimento "conatural", em que este experimenta vitalmente o convite de Deus a entregar-se confiantemente à palavra divina em sua credibilidade transcendente" (J. Alfaro, "Praeambula fidei", em SM VIII, 440-441).

4. A GLOBALIDADE DO ATO DE FÉ – A fé, que muitas vezes cometeu o erro de identificar-se totalmente com um caminho intelectual, tem um caráter de globalidade que é importante sublinhar. "A Deus que revela – diz o Concílio Vaticano II – é devida *a obediência da fé* (cf. Rm 16,26; ref. Rm 1,5; 2Cor 10,5-6), com que o homem se entrega todo a Deus, prestando livremente 'o pleno obséquio da inteligência e da vontade a Deus que revela' e consentindo voluntariamente na revelação dada por Ele" (DV 5). Como se vê, portanto, o concílio coloca a entrega confiante da pessoa a Deus que fala, antes do assentimento à mensagem. A fé pertence antes de tudo à ordem interpessoal da aliança.

a. A *inteligência, testemunha da origem divina e da radicalidade da fé* – A entrega plena envolve a inteligência, o coração, o comportamento e o gesto: atinge-nos em todas as nossas dimensões. Nossa época, em que se têm redescoberto valores afetivos, tem dificuldade em ver o papel da inteligência na fé. Em que sentido a adesão a uma mensagem ou a uma doutrina teria um valor salvífico? Poder-se-á realmente comparar Deus a um professor de escola, cujo consentimento depende de nossa capacidade de repetir-lhe o que nos ensinou? Por acaso Deus exige algo mais do que a confiança e a entrega do coração?

O assentimento à revelação divina exprime antes de tudo a alteridade absoluta da sabedoria e do amor que nos salvam. Os gestos salvíficos não dependem de nossos recursos de criaturas; não nos pertencem, como nos pertencem, ao contrário, a entrega e a confiança de que acabamos de falar. As palavras e os gestos da revelação procedem do mistério de Deus, e, portanto, do outro, naquilo que tem de mais radical. Ora, temos acesso à alteridade só através da inteligência, faculdade do não eu ou do outro percebido justamente como outro.

De resto, este movimento da inteligência não exprime talvez a radicalidade do dom recíproco de si entre Deus e a criatura? À primeira processão trinitária, a do Verbo, corresponde o primeiro movimento de nosso ser espiritual. Além disto, o papel da inteligência que crê atesta o respeito da parte de Deus pelos seres capazes de lucidez e criados por Ele. Como veremos, a mensagem não faz senão propor à clara consciência o dom que Deus faz de si e a realidade que este suscita em nós.

b. *O amor e a liberdade: o atrativo da comunhão com a vida divina* – Crer em Deus que fala depende também do amor e da liberdade. É justamente a atração do bem proposto pela revelação que faz desencadear em nós o conjunto do comportamento de crente. "Creio porque quero crer". O bem último proposto a minha existência não pertence a minha condição de criatura; está além daquilo a que estou habilitado por natureza: um conhecimento e um amor de Deus que enveredassem pelos caminhos da analogia, uma abordagem *assintótica*, "felicidade em movimento, mas não bem-aventurança", como escrevia Maritain (*Neuf leçons sur les notions premieres de la philosophie morale*, Paris, 1951, 99). É na liberdade plena que aceito deixar-me seduzir pela nova vocação que Deus me propõe: a participação, graças à encarnação, na própria condição do filho de Deus. A decisão do crente não versa somente sobre os meios que o dirigirão para um fim já fixado, mas sobre o próprio fim último.

Por isto a fé é livre não somente porque apela para as disposições de confiança e de obediência em relação a Deus que fala, ou então porque a mensagem da fé foge ao controle da razão raciocinante, sempre tendida para a evidência. A fé é livre, fundamentalmente porque eu aceito ser atraído, para além de tudo o que posso conceber ou querer por mim mesmo, pelo bem representado pelo acesso à rede das relações trinitárias. A graça atinge-nos naquela decisão em que acolhemos um sentido novo para nosso ser em sua globalidade. "Não é através da proclamação exterior da lei e da doutrina – escrevia Agostinho, em sua refutação das teses de Pelágio – mas através de uma poderosa ação interior e secreta, admirável e inefável, que Deus é o autor, no coração dos homens, não somente das verdadeiras revelações, mas também das decisões voluntárias conformes ao bem" (*De gratia Dei et de peccato originali*, XXIV, 25).

c. *O comportamento: a "sequela Christi" [seguimento de Cristo]* – Esta adesão do coração e do espírito tende a realizar-se num comportamento de filho de Deus na *sequela Christi*: a fé comporta um compromisso total. A palavra que o crente acolhe é a Palavra de Deus. Ato, além de verdade; palavra que suscita o que enuncia e que, portanto, quer transformar a existência que a ela se abre. A fé, sem as obras que a realizem, é vã; é "morta", como dirá Tiago (2,14-26; cf. 1,22-25) e também Paulo, que, embora negue às obras "da Lei" a força de merecerem em si mesmas a salvação, sustenta que a verdadeira fé vem acompanhada necessariamente das obras realizadas em nós pelo Espírito (Rm 8,4; Ef 2,8-10).

Se bem que a perda da amizade com Deus por causa do pecado não implique necessariamente no homem o desaparecimento da fé, daí não se segue que a fé possa existir sem a aspiração ao amor de Deus. A fé implica necessariamente o desejo da salvação, da reconciliação e em seguida de uma união plena e definitiva com Deus. "A vida cristã é não uma consequência da fé, mas sim sua realização autêntica no homem; é através da ação que o homem reconhece plenamente a realidade do mistério de Cristo" (J. Alfaro, "A fé como entrega pessoal do homem a Deus e como aceitação da mensagem cristã", em *Conc* 1, 1967, 53).

d. *Os gestos e os ritos: a vida sacramental* – A fé exprime-se e celebra-se, além disto, em gestos, nos quais a condescendência de Deus nos encontra em nossa realidade corporal e comunitária. O batismo é considerado, desde os primeiros séculos cristãos, como o *sacramento da fé*. "Efetivamente, vós todos sois filhos de Deus pela fé em Cristo Jesus, pois todos quantos fostes batizados em Cristo vos revestistes de Cristo" (Gl 3,26-27). "Efetivamente, junto com Ele fostes sepultados no batismo e nele também fostes ressuscitados pela fé no poder de Deus, que o ressuscitou dos mortos" (Cl 2,12). Por outro lado, o Evangelho de João mostra como a fé e a Eucaristia estão unidas num admirável contraponto (cap. 6). Se a fé é necessária para acolher a Eucaristia, o pão de vida aparece como a condensação e o texto supremo da fé.

5. A UNIDADE DA FÉ – A fé, que envolve a totalidade de nossos recursos, também apresenta, em suas próprias estruturas, um caráter de unidade em que se reconhece a simplicidade de Deus e de sua ação. Esta unidade opera em três níveis. Do ponto de vista formal, a fé é indissoluvelmente acolhimento da própria realidade de Deus e adesão à revelação que este faz de si mesmo. No que concerne ao conteúdo desta revelação, é homogêneo à ação de Deus e ao caminho do crente; é expressão do próprio processo com que Deus se dá e com que a humanidade o acolhe. Estes dois pontos de vista – da forma e do conteúdo – são finalmente reunidos na associação do crente para a experiência religiosa de Cristo Jesus, mediador e plenitude da revelação.

a. *Acolhimento da realidade de Deus e adesão à mensagem da revelação* – A adesão vital ao mistério da intimidade tripessoal de Deus e de nossa comunhão com tal mistério implica bem outra coisa do que os elementos comuns de nossas afirmações. Trata-se de muito mais do que o exercício de nossos poderes inatos de intuição, de observação e de dedução. Nem mesmo a fé que possamos depositar em nossos semelhantes dá plenamente conta da realidade.

Acolher a Palavra de Deus sem desnaturá-la, conforme já dissemos, supõe que a verdade divina, meio ou fundamento de nosso saber, seja incorporada ao processo de nossa afirmação e que o espírito do crente tenha sido adaptado ao misterio de Deus como a algo que é conatural, a partir daquele momento. Portanto, não é mais um conceito, por mais elevado que possamos imaginá-lo, que polariza o dinamismo humano, mas sim a realidade única e rigorosamente irrepresentável de Deus.

"Mediante a graça – escreve ainda J. Alfaro – Deus comunica-se e manifesta-se em si mesmo, sem outra mediação que a de sua inefável atração para Ele, enquanto o homem conhece de maneira não conceptual a Deus, vivendo seu chamado. Tal conhecimento não é visão de Deus nem sua experiência imediata, mas tensão viva para o ser transcendente em si mesmo e (nesta tensão) captação não conceptual do seu termo, que é o absoluto que se doa gratuitamente" ("A fé como entrega pessoal do homem...", em *Conc* 1, 1967, 54).

b. *Homogeneidade do caminho e do conteúdo da fé* – A unidade entre o conteúdo proposicional e o caminho da fé emerge ainda de maneira surpreendente. Longe de ser uma coleção de afirmações sem ligações internas com a atividade que as sustenta, o objeto da fé cobre o duplo movimento com que Deus e o homem se doam um ao outro. Com efeito, o que é que está em jogo, na fé, senão *o puro acolhimento*, a partir de Deus, *de uma Palavra envolvida em nossa história e plenamente reveladora de Deus*, palavra que *se tornou nossa em toda a lucidez e liberdade*? Triplo caminho – de acolhimento, de escuta e de apropriação – que nos coloca na presença de um Deus fonte ou Pai, Verbo ou Filho encarnado, Espírito ou amor que se doa a nosso espírito para garantir nossa própria doação. Nosso caminho é, portanto, correlativo com a fecundidade interna de um Deus Pai, Filho e Espírito, com a encarnação do Verbo em nossa espécie e em nossa história, com a comunhão de vida, querida por Deus, entre Ele e a humanidade. As fórmulas do credo cristão não falam senão disto.

Nesta correspondência de caminho e conteúdo, a fé apresenta um aspecto *mistagógico* a que os Padres da Igreja eram muito sensíveis: a fé abre acesso ao mistério que é fonte e objeto da revelação divina. "Aprouve a Deus, em sua bondade e sabedoria, revelar-se a si mesmo e dar a conhecer o mistério de sua vontade, mediante o qual os homens, por meio de Cristo, Verbo feito carne, no Espírito Santo têm acesso ao Pai e são feitos participantes da natureza divina" (DV 2).

c. *Cristo Jesus, mediador e plenitude da revelação* – Finalmente, a fé encontra sua unidade viva na pessoa de Cristo Jesus. Com efeito, em Cristo, dom absoluto de Deus à família humana, a fé encontra seu fundamento, seu objeto e seu fim. A fé funda-se antes de tudo em Cristo, como único mediador da plenitude da revelação. "Tudo foi-me dado pelo meu Pai; ninguém conhece o Filho senão o Pai, e ninguém conhece o Pai senão o Filho e aquele a quem o Filho queira revelá-lo" (Mt 11,27).

"Jesus, como homem, sem o conhecimento imediato da pessoa do Verbo como relação subsistente com o Pai, isto é, sem a visão imediata do Pai, não pode ter consciência de si mesmo" (J. Alfaro, "As funções salvíficas de Cristo como revelador, Senhor e sacerdote", em *Myst Sal* III/3, 119).

Mediador da fé, Cristo lhe é também o objeto pleno. "Também eu, irmãos – assim escreve Paulo –, quando vim ter convosco, não me apresentei anunciando-vos o testemunho de Deus com sublimidade de palavra ou de sabedoria. Com efeito, considerei não saber outra coisa no meio de vós a não ser Jesus Cristo e este crucificado" (1Cor 2,1-2). Em Jesus, Filho de Deus, encontra-se a totalidade do mistério que nos é revelado: Trindade, encarnação redentora, filiação adotiva mediante o dom do Espírito de Jesus.

É Cristo, enfim, que dá impulso à fé para o bem ou para o fim que a fé persegue. "Em nenhum outro existe salvação", proclama

Pedro diante do Sinédrio (At 4,12). "Deus enviou seu Filho... para que recebêssemos a adoção de filhos. E que sois filhos, prova-o o fato de que Deus enviou a nossos corações o Espírito de seu Filho que clama: Abba, Pai!" (Gl 4,4-6). Efetivamente, Deus reconcilia-nos consigo enquanto nos une a seu Filho querido; e a alegria que solicita o crente é participação na condição de Cristo ressuscitado.

Bibl. – H. Bouillard, *La logique de la foi*, Paris 1964; J. Alfaro, "A fé como entrega pessoal do homem a Deus e como aceitação da mensagem cristã", em *Conc* 1 (1967) 48-59; Id., "Foi et existence", em NRTh 90 (1968) 561-580; Id., "Glaube", em SM III, 729-750; Id., *Rivelazione Cristiana, fede e teologia*, Brescia 1986; H.U. von Balthasar, *Gloria. Un'estetica teológica*, vol. I, Milão 1975; J.M. Faux, *La foi du Nouveau Testament*, Bruxelas 1977; K. Rahner, "Osservazione sulla situazione della fede oggi", em R. Latourelle-G. O'Collins (ed.), *Problemi e prospettive di teologia fondamentale*, Brescia 1980, 339-358; Id., *Curso fundamental da fé*, São Paulo 1989; B. Welte, *Che cos'e credere?* Brescia 1984.

GILLES LANGEVIN

FEMINISMO

Feminismo designa os movimentos em prol da emancipação da mulher, movimentos estes que, no século XIX e no XX, apareceram na América do Norte e na Europa, estendendo-se depois para o mundo inteiro. O feminismo faz parte daquela concepção da história que deu origem à ideia segundo a qual as estruturas políticas, sociais e culturais são o produto da criatividade humana e não simplesmente naturais ou estabelecidas por Deus. Os movimentos feministas surgiram, tanto na sociedade quanto nas igrejas, pelo fato de que as mulheres passaram a trabalhar em prol da igualdade de participação nos processos políticos de suas nações e nas instituições da sociedade e na cultura: educação, vida familiar e eclesial, profissões. À medida que os movimentos se foram desenvolvendo, a exigência inicial de igualdade aprofundou-se em exigências de reforma das estruturas da vida política e social e dos sistemas ideológicos que as justificavam. Nos movimentos tanto do século XIX como do XX as mulheres deram-se conta de que as igrejas cristãs, com seu modo tradicional de considerar a mulher, representavam uma das causas de sua subordinação e inferioridade na vida social, política e eclesial.

Assim, como parte do trabalho acadêmico do movimento feminista, a teologia feminista e os estudos sobre as mulheres no campo religioso trouxeram à luz tanto a maciça exclusão das mulheres quanto seu empenho ativo e sua criatividade na Cristandade. Por um lado, as pesquisadoras do feminismo fizeram destacar os três aspectos da ideologia presente nas tradições religiosas ocidentais – incluído o cristianismo – no tocante à mulher: a mulher como corruptora, perigosamente *sexy* ou lasciva; a mulher idealizada de modo romântico, como superior ao homem no campo moral e espiritual, mas infantil e necessitada de proteção na esfera privada (Ruether, 1975). Por outro lado, estudiosas feministas têm demonstrado que, a despeito das ideologias que limitavam severamente sua autonomia e sua participação, as mulheres desempenhavam funções significativas de primeira plana, praticamente em todas as tradições cristãs e em todos os períodos históricos (Ruether e McLaughlin). Numa tradição e numa teologia que as difamou e instrumentalizou sistematicamente, as mulheres têm ocupado uma posição importante. Algumas estudiosas consideram que o cristianismo é intrinsecamente patriarcal e incitam as mulheres a manterem-se distantes deste ambiente opressivo (Daly).

Ao invés disso, muitas mulheres feministas permanecem nas igrejas e consideram que conteúdos como: Deus, Cristo, Espírito, graça e comunidade de remidos são vivificantes, ainda que contestem os pais da tradição teológica e eclesial e exerçam pressão para que a experiência das mulheres seja levada em maior consideração na história, na teologia e na prática da vida cristã (Carr). Estas feministas cristãs e as estudiosas que têm desenvolvido as diversas formas de teologia feminista cristã consideram errônea aquela mentalidade, presente em alguns manuais e em momentos históricos, que apresenta apenas o pensamento e os atos dos homens. Tal mentalidade não reconhece nem o caráter opressivo da religião bíblica, nem o eminente papel ativo das mulheres em sua evolução histórica e teológica. Podemos hoje delinear a teologia feminista cristã segundo estes seus três aspectos: de protesto e crítica, de revisão histórica e de construtivismo teológico.

1. PROTESTO E CRÍTICA – O pensamento feminista cristão põe em relevo a deformação da mulher, que ocorreu muitas vezes na história da Cristandade. Sua crítica ideológica evidencia a idolatria de uma tradição que considera Deus como um macho celeste e na terra coloca o macho acima da mulher. Além disto, este pensamento sustenta que algumas escolas teológicas legitimaram modelos de dominação nas relações entre Deus e a humanidade, entre Cristo e a Igreja, entre homens e mulheres, entre adultos e crianças, entre clero e leigos, entre nações ricas e pobres, entre brancos e gente de outras cores, entre o homem e a terra. O conceito do "Deus patrão", estendido às relações humanas, do ponto de vista das mulheres e de outros grupos oprimidos é uma deformação da mensagem cristã, uma distorção que se encontra com frequência nas expressões históricas da teologia cristã.

Enquanto a reflexão feminista se estende a outras expressões de domínio do cristianismo histórico e da vida contemporânea, o pensamento feminista cristão se esforça por ser autocrítico em seu próprio âmbito e por evitar, por sua vez, modelos de domínio. Há outros problemas com que se defronta, como quando analisa, por exemplo, os mecanismos do racismo, do classismo, do elitismo, do clericalismo. Ao mesmo tempo, o feminismo chama a atenção para o problema pessoal e público das mulheres, que não constituem simplesmente um grupo ao lado de outros, que lutam hoje pela libertação, mas estão presentes em *todos* os grupos mantidos sob dominação e em todas as raças e classes. As mulheres constituem um caso único. Não são nem uma casta, nem uma minoria: constituem, sim, mais da metade da humanidade. Muitas estudiosas do feminismo consideram que a dominação que vitima as mulheres é a forma de opressão originária, análoga às outras formas de opressão da história. Por isso, o feminismo contemporâneo protesta contra o machismo na medida em que ele é uma deformação da relação entre macho e fêmea, que se resolve na violência carnal, na tortura, no sofrimento e na exploração das mulheres e não consegue respeitar a vida e as situações de mulheres concretas. A teologia feminista, por seu turno, tem divulgado ao público os textos e as tradições da Cristandade que denigrem a mulher como fonte de pecado e de mal, como ser humano inferior ou incompleto e incapaz de desempenhar funções diretivas na comunidade cristã.

2. REVISÃO HISTÓRICA – Enquanto a discriminação sexual, como exemplo de poder dominador, opera como incentivo ao protesto e à crítica feminista, também é verdade que as mulheres não somente foram passivas, mas também têm sido ativas em sua vida religiosa; fizeram sentir com vigor sua presença em cada período da história cristã; atingiram as metas mais altas da elevação religiosa e exprimiram suas ideias no campo espiritual e teológico. Como observaram alguns historiadores leigos, a recuperação da história das mulheres, perdida, esquecida ou suprimida, possibilitou a recentíssima redefinição da própria história. Olhar o cenário da história com os olhos das mulheres, a partir da perspectiva da sujeição da mulher ou de sua liberdade, altera as ideias correntes e imprime sentido novo aos períodos históricos. O objetivo de integrar a história da mulher na "história" verdadeira e própria – história dos homens – nasce da consciência de que os referenciais históricos estão eivados de valores patriarcais e de interesses machistas (guerra e política, ao invés da educação dos filhos) e de que somente a elaboração da história da mulher levará a uma autêntica história universal.

Interessantes são as consequências da história da mulher para a história cristã – uma história de serviço pastoral e de teologia que deveria incorporar a atividade e a visão teológica das mulheres – na religião popular, na espiritualidade, no misticismo, na pregação, no ensinamento e na organização e renovação dos grupos religiosos. Por exemplo, historiadores das religiões antigas do Oriente Médio, da Bíblia hebraica, do NT e da Cristandade primitiva têm projetado luz sobre concepções que desmentem o caráter androcêntrico da história. Afirmam eles que a diversidade fundada no sexo é relativamente pouco importante nas culturas politeístas, ao passo que é essencial nas religiões monoteístas da Bíblia (Ochshorn); "vozes contrárias" presentes na Bíblia hebraica contestam seu espírito patriarcal dominante, manifestam a igualdade entre macho e fêmea na criação, nas relações eróticas e mundanas e revelam que a Escritura está impregnada de imagens femininas (Trible). Estes estudiosos demonstram que a antiga representação feminina de Deus foi assumida de modo positivo pelo monoteísmo judaico e cristão (Ruether, 1983); que o movimento liderado por Jesus começou como uma reforma no interior do judaísmo que incorporava uma visão inclusiva do reino, linguagem e mitologia da divindade feminina e um discipulado igual para homens e mulheres (Schüssler-Fiorenza). Os estudiosos demonstram que certas mulheres desempenharam papel de primeira plana, como profetisas e discípulas, nas primevas comunidades cristãs; como mestras e fundadoras, na época patrística e medieval; como ativas organizadoras sociais, em ambientes da contrarreforma; e como reformadoras religiosas e sociais, na Europa do século XIX e na América do Norte (Ruether e McLaughlin). Pesquisas sobre a mística medieval têm chamado a atenção para os símbolos teológicos de "Jesus como mãe" e da "maternidade de Deus" (W. Bynum), enquanto que tradições de cristologia andrógina e espiritual, abrangendo também as mulheres, foram encontradas ao longo de todo o período da história cristã (Ruether, 1983). Estes modelos de *liderança* feminina e de representação e imaginativa positiva feminina constituem uma importante corrente de fundo para a principal corrente androcêntrica da história eclesial e teológica.

3. CONSTRUÇÃO TEOLÓGICA – Para além do protesto, da contestação e da revisão histórica, a teologia feminista começou a falar de Deus e do sentido da relação humana com Deus, em Cristo, do ponto de vista da experiência das mulheres. Um exemplo entre muitos ilustra este trabalho construtivo. A questão é suscitada pela contestação do feminismo radical: Deus é macho?

A despeito de todos os desmentidos teológicos, parece que assim é, dado o persistente uso de pronomes masculinos para Deus e dada a reação negativa de muitos cristãos em face do uso do pronome feminino "ela" em relação a Deus. E no entanto é evidente que o pronome "ela" não somente é tão apropriado para Deus quanto o pronome "ele", mas talvez seja até necessário imprimir uma nova orientação à imaginação cristã e desviá-la de tendências idolátricas do uso de uma linguagem exclusivamente masculina em relação a Deus e do uso predominante e das consequências da imagem paterna na Igreja. Houve quem propusesse o uso da expressão "pai e mãe" ou a designação de Deus como "progenitor-progenitora" (*parent* em inglês), ou o uso equilibrador do feminino para indicar o Espírito. Por outro lado, algumas estudiosas feministas têm solicitado o abandono das representações parentais que induzem a ideia de uma dependência religiosa infantil, ao invés de adulta. Se as imagens parentais exprimem compaixão, acolhimento, guia e disciplina, deixam, porém, de exprimir a reciprocidade, a maturidade, a cooperação, a responsabilidade e o intercâmbio, que são hoje exigidos pela experiência pessoal e política.

As teólogas feministas exigem o uso de metáforas e modelos múltiplos para expressar Deus e as relações divino-humanas, já que nenhuma delas, sozinha, é adequada. Uma primeira sugestão é a de usar para Deus o conceito metafórico inerente ao termo "amizade" (McFague, 1982, 1987). Existe para isto uma base bíblica, quando Jesus fala do dar a vida em prol dos seus amigos (Jo 15,13) e quando diz que o Filho do Homem é amigo dos publicanos e dos pecadores (Mt 11,19). Jesus *é* a parábola da amizade de Deus para com o povo. Esta amizade revela-se nas parábolas da Ovelha Perdida, do Filho Pródigo, do Bom Samaritano e na "parábola em ação" de seu estar à mesa com os pecadores. Os evangelhos retratam Jesus como alguém que contesta os vínculos familiares e cuja presença transforma a vida de seus amigos. A atitude amigável para com o estranho, seja ele um indivíduo, uma nação ou uma cultura, constitui um modelo "para o futuro em nosso sempre menor e angustiado planeta em que, se as pessoas não se tornarem amigas, não conseguirão sobreviver" (McFague, 1982).

A metáfora amigável de Deus corresponde ao ideal feminista de "personalidade coletiva" (*corporate personality*), uma relação entre pessoas e grupos que seja não competitiva e recíproca. A metáfora corresponde ao interesse feminista por aquelas expressões da relação divino-humana que superam as concepções de renúncia a si mesmo que têm formado a experiência das mulheres e produzido modelos interiorizados de menosprezo de si mesmas, de passividade e de irresponsabilidade e encaminham para a busca de ideias de reciprocidade, de autorrealização na comunidade e para a criação de comunidades sempre mais amplas, abertas a outras pessoas e ao mundo (Plaskow). O tema da amizade de Deus está acentuado na vida e na morte de Jesus, que mostra um Deus que sofre pelas pessoas e as convida a uma fraterna solidariedade com o sofrimento dos outros (J. Moltmann). Finalmente, a metáfora da amizade unifica a teologia e a espiritualidade feminista na ênfase que coloca na amizade das mulheres e numa reciprocidade e interdependência não competitivas e não hierárquicas.

Feminismo, teologia e espiritualidade feministas constituem hoje vigorosos movimentos no mundo e nas igrejas, tanto protestante como católico-romana, encarnando a luta que em toda parte as mulheres estão levando avante em prol da libertação de si mesmas e em prol da libertação das estruturas sociais, políticas e eclesiais que representam o contexto de sua vida.

Bibl. – M. Daly, *Beyond God the Father: Toward a Philosophy of Women's Liberation*, Boston 1973; R. Radford Ruether, *New Woman, New Earth: Sexist Ideologies and Human Liberation*, Nova York 1975; Id., *Sexism and God-Talk.* Toward a Feminist Theology, Boston 1983; P. Trible, *God and the Rhetoric of Sexuality*, Filadélfia 1978; R. Radford Ruether-E. McLaughlin (ed.), *Women of Spirit*: Female Leadership in the Jewish and Christian Traditions, Nova York 1979; J. Grant, "Black Theology and the Black Woman", em *Black Theology: A Documentary History 1966-1979*, G. Wilmore-J. Cone (ed.), Nova York 1979, 418-433; Id., "A Black Response to Feminist Theology", em *Womanspirit Bonding*, J. Kalven-M.I. Buckley (ed.), Nova York 1984, 117-124; J. Plaskow, *Sex, Sin and Grace*: Women's Experience and the Theologies of Reinhold Niebuhr and Paul Tillich, Washington DC 1980; M. Katoppo, *Compassionate and Free.* An Asian Woman's Theology, Maryknoll 1980; C. Moraga-G. Anzaldúa (ed.), *This Bridge Called me Back.* Writings by Radical Women of Color, Nova York 1981,1983; J. Ochshorn, *The Female Experience and the Nature of the Divine*, Bloomington 1981; C. Bynum, *Jesus as Mother.* Studies in the Spirituality of the High Middle Ages, Berkeley 1982; S. McFague, *Metaphorical Theology.* Models of God in Religious Language, Filadélfia 1982; id., *Models of God.* Theology for na Ecological, Nuclear Age, Filadélfia 1987; E. Schüssler Fiorenza, *In Memory of Her.* A Feminist Reconstruction of Christian Origins, Londres-Nova York 1983; E. Moltmann-Wendel e J. Moltmann, *Humanity in God*, Nova York 1983; Vários autores, *Donne e chiesa*, Palermo 1985; C. Militello (ed.), *Teologia al femminile*, Palermo 1985; V. Fabella-M.A. Oduyoye (ed.), *With Passion and Compassion.* Third World Women Doing Theology, Maryknoll 1988; A.E. Carr, *Grazia che trasforma.* Tradizione cristiana ed esperienza delle donne, Brescia 1990.

ANNE E. CARR

FIDEÍSMO E TRADICIONALISMO

Os grandes movimentos provocados na França pela *Aufklarung* e pelo criticismo kantiano colocaram em primeiro lugar, durante todo o século XIX, o problema do equilíbrio entre → razão e fé. Em decorrência disto, o Magistério da Igreja interveio várias vezes para esclarecer posições ambíguas.

Tradicionalistas e fideístas reduzem excessivamente as capacidades da razão em matéria religiosa, ao passo que os racionalistas e os semirracionalistas exaltam além da medida o poder da razão. Fideísmo e tradicionalismo devem ser entendidos neste contexto: ou dá-se tudo à razão ou tudo à revelação.

1. FIDEÍSMO E TRADICIONALISMO NOS CATÓLICOS DO SÉCULO XIX – Embora a fé seja livre, isto é, não resulte de uma série de argumentos cogentes, não deixa de ser um *obsequium rationabile*, isto é, uma opção *sensata.* Não é evidente que Cristo seja Deus, mas suas declarações, sua vida, suas obras, sua mensagem e sua ressurreição constituem motivos de → credibilidade da revelação que Ele personifica. A teologia católica distancia-se de duas concepções incompletas da fé: uma fé-homenagem confiante, praticamente sem conteúdo, e uma fé-consentimento numa doutrina, mas despersonalizada. A adesão de fé envolve ao mesmo tempo o conhecimento e o amor.

Na história da teologia católica o *fideísmo* designa um movimento de pensamento que se desenvolveu na França, no início do século XIX, contra o racionalismo do século XVIII. Seus principais representantes são Gerbert, Bautain (1796-1867), A. Gratry (1805-1872), discípulo de Bautain, e Bonnetty, aos quais podemos acrescentar Bonald e De Lamennais, que se definem antes como "tradicionalistas". Todos dedicam-se a humilhar a razão que os enciclopedistas haviam exaltado, sublinhando-lhe as fraquezas, as contradições e as incertezas. Os próprios motivos de credibilidade não lhes parecem capazes de fundar uma opção sólida. Mas que importa isto, se a fé se arranja sozinha e se ela tem em si mesma seu próprio fundamento? Para Bautain a fé é possível somente para os que têm em si mesmos um senso do divino, obra da graça. Somente a graça permite reconhecer a verdade da revelação, mediante uma experiência interior, e não através dos sinais exteriores ou dos motivos de credibilidade da revelação. Bautain retratou-se mais tarde, reconhecendo o valor dos motivos ou sinais que têm por objetivo manifestar a revelação como "crível".

O Magistério da Igreja denunciou repetidas vezes os desvios dos fideístas, sobretudo com Gregório XVI (DS 2751-2756), com Pio IX, na encíclica → *Qui pluribus*, em 1846 (DS 2775-2780), e sobretudo com o Vaticano I (DS 3008-3009), com Leão XIII, na encíclica *Aeterni Patris*, em 1879 (DS 3135-3138), e com Pio XII, na encíclica *Humani Generis*, em 1950 (DS 3875). Estes documentos enfatizam o valor das provas da existência de Deus (→ Deus, II), dos motivos de credibilidade, aliás sem negarem as ajudas interiores do Espírito. O fideísmo desaprova com razão o → racionalismo, o → agnosticismo e o liberalismo, mas cai no excesso contrário, ao fundar a fé sobre si mesma. Se também o Magistério da Igreja advertiu contra o menosprezo exagerado da razão, por parte dos fideístas e dos tradicionalistas, sua primeira preocupação foi a de opor-se às pretensões dos racionalistas e de lembrar o papel preponderante da graça na economia da salvação.

2. FIDEÍSMO EM CONTEXTO PROTESTANTE – No vocabulário protestante, o termo fideísmo tem um sentido completamente diferente: designa a salvação exclusivamente através da fé. Assim Lutero rejeita a filosofia como exaltação da razão e da natureza. Entende a fé como uma pura entrega confiante em Deus que salva e justifica. Mediante a fé, o homem joga-se em Deus independentemente da adesão a um corpo doutrinal. Por isso, os protestantes recomendam, além do conhecimento dos dogmas (→ Dogma) revelados, que admitem, mas que chamam de "fé histórica", um outro tipo de fé: uma confiança total nas promessas divinas em geral e especialmente a convicção absoluta de serem justificados pelos méritos de Cristo. Esta fé-confiança seria a única fé cristã autêntica: por meio dela, independentemente das obras, o homem será salvo. Nesta concepção da fé, o testemunho interior do Espírito Santo ocupa evidentemente todo o espaço. → Karl Barth leva ao extremo esta concepção da fé dos primeiros protestantes. O homem está chafurdado em orgulho e pecado: a única coisa que pode fazer é acolher a obra de Deus nele.

3. FIDEÍSMO INCONSCIENTE E PRÁTICO NO CATOLICISMO CONTEMPORÂNEO – Definimos assim a atitude de muitos católicos que não atribuem nenhuma importância, ou uma importância insuficiente, aos problemas de credibilidade da revelação. Paradoxalmente, tal atitude pertence à época pós-conciliar. Uma vez que o Vaticano II, como também as *Normae Quaedam*, que deviam inspirar a reforma dos estudos eclesiásticos, deixaram de falar da Teologia Fundamental, muitos seminários e faculdades têm cedido à tentação de sacrificar uma disciplina da qual o próprio magistério parecia não fazer questão. Em alguns casos, a Teologia Fundamental foi simplesmente suprimida. Em outros lugares, foi desmembrada e reduzida ao estado de fragmentos, inseridos bem ou mal nas demais disciplinas: historicidade dos evangelhos na exegese; revelação-tradição-inspiração na introdução à teologia.

O tema dos sinais de → credibilidade foi simplesmente deixado de lado ou parcialmente tratado em exegese (p. ex. os milagres de Jesus, que foram mais negados do que tratados). Em outros lugares, finalmente, seguindo a → *Dei Verbum*, a Teologia Fundamental foi reconduzida ao estudo da revelação e de sua transmissão, ficando assim privada da metade de seu conteúdo, sobretudo no campo da credibilidade. Em suma, decompondo a Teologia Fundamental, ligando seus problemas às outras disciplinas, como cacos de uma herança hipotecada, privou-se a Teologia Fundamental de sua tarefa específica (confirmar os irmãos na fé) e ficaram à deriva milhares de fiéis, indefesos frente a interrogações vitais e por demais difíceis para serem enfrentadas sem o apoio dos especialistas.

Mas a realidade é mais forte do que as teorias. A Teologia Fundamental trata de problemas por demais graves, por demais autênticos para que se possa ignorá-los: origens históricas do cristianismo, realidade e identidade de Jesus, realidade histórica de sua mensagem e de suas obras, sobretudo dos milagres, da ressurreição, da vontade e natureza do projeto eclesial, fundado em Pedro e nos apóstolos. Podemos até refugiar-nos durante algum tempo num fideísmo mascarado, mas os problemas subsistem e estão sempre às portas da Igreja. Podemos até recusar-nos a enxergá-los, mas não se poderá aboli-los. Sem dúvida, o tom deve mudar, especialmente no atual clima ecumênico, mas a função da Teologia Fundamental continua de pé. Tanto mais que as questões de que ela trata constituem um conjunto que tem uma unidade própria e que faz com que a Teologia Fundamental seja uma área distinta da teologia.

Bibi. – S. Harent, "Fidéisme", em DThC VI/1, 174-236; G. Rotureau-Y. Congar, "Fidéisme", em *Catholicisme*, IV, 1260-1261; R. Aubert, *Le problème de l'acte de foi*, Louvain 1945, 12-130; H. Bouillard, *Karl Barth*, vol. I-III, Paris 1957, especialmente vol. II; P. Poupard, *L'abbé Louis Bautain: un essai de philosophie chrétienne au XIX siècle*, Paris-Tournai-Nova York-Roma 1961; Id., *L'abbé Louis Bautain.* Introduction et choix de textes, Paris 1964; R. Latourelle, "Desmembramento ou renovação da teologia fundamental?", em *Conc* 6 (1969) 27-36; Id., "Assenza e presenza della fondamentale al Concilio Vaticano II", em R. Latourelle (ed.), *Vaticano II, bilancio e prospettive*: venticinque anni dopo, Assis 1987, 1381-1411.

RENÉ LATOURELLE

FILOSOFIA CRISTÃ

1. NOTA HISTÓRICA – A expressão filosofia cristã não é bíblica. O NT usa uma única vez o termo "filosofia" e o faz para designar uma espécie de gnose ou de pré-gnose, cujas seduções denuncia (Cl 2,8). Os primeiros autores cristãos são muitas vezes bem críticos em relação aos filósofos (Taciano, Hermas, Tertuliano, o qual, contudo, deve ao estoicismo alguns de seus esquemas de pensamento). Em alguns deles, como em Justino, aparece a expressão "a nossa filosofia", ou também "filosofia cristã", mas neste caso significa simplesmente a doutrina ou, mais geralmente, a vida cristã, considerada como a única verdadeira filosofia. Isto confirma a rejeição da filosofia dos filósofos. Este sentido de *fil. cr.* será mantido por muito tempo: encontramo-lo ainda no século XVI, em Erasmo. Alguns, porém, reconhecem, nos grandes filósofos, germes de verdade, que explicam com uma suposta influência dos profetas, senão até com uma espécie de inspiração.

À medida que se aprofunda a reflexão sobre a fé e se esboça a teologia, o pensamento cristão defronta-se com campos já explorados pelos filósofos, aproveita suas descobertas e aprende a usar seu patrimônio conceptual e dialético. A filosofia, por sua vez, recebe deste encontro e desta incorporação um aprofundamento e uma ampliação. Tal é o caso de Agostinho, de Tomás de Aquino e do conjunto dos escolásticos, mas de maneira bastante diferente. Em Tomás o âmbito da teologia é mais distinguido do que o da filosofia e seu uso é mais metódico. Mas, como em Agostinho, a reflexão teológica incorpora uma metafísica e uma filosofia moral. Poder-se-ia falar aqui de *fil. cr.*, mas a expressão aparece pouco nestes autores, pelo menos neste sentido.

A partir do século XIII, mas sobretudo na época moderna, a filosofia é objeto de interesse em razão de seu próprio valor e não simplesmente como instrumento da teologia. Com um movimento inverso ao precedente, ela reivindicará, como seus, setores que pareciam reservados à teologia. Desta maneira delineia-se o conceito de uma *fil. cr.* distinta da teologia e autenticamente filosófica. Com efeito, na época moderna, esta expressão serve geralmente para designar a filosofia comum dos cristãos, o conjunto das doutrinas, racionais de direito, professadas por eles de acordo com a fé e/ou como preâmbulos desta. Por vezes assume um valor polêmico: assim, os discípulos de Descartes e sobretudo os de Malebranche gostavam de definir como "cristã" a sua filosofia, em que reencontravam algo de Santo Agostinho, em oposição à escolástica, ligada ao "pagão" Aristóteles. Mas a expressão já é contestada, aliás, por motivos opostos. O cristianismo não tem nada a ver com a filosofia. Nem a razão com a fé. São até incompatíveis. *Fil. cr.* significaria contaminação e, portanto, abdicação da razão (→ Fideísmo) ou da fé (→ Racionalismo).

No século XIX, *fil. cr.* encontra-se com bastante frequência, sem que haja muita preocupação em precisar seu sentido. Em 1830, fundam-se na França os *Annales de philosophie chrétienne*, que serão publicados até 1913, mas a filosofia proposta por eles é, nos primeiros anos, um tradicionalismo de fundo antifilosófico. Com o renascimento escolástico e tomista, o sentido da expressão tenderá a restringir-se. Em 1879, a encíclica *Aeterni Patris*, que contém a expressão, mas somente no título, aplica-a antes de tudo à doutrina de Santo Tomás.

Já em 1928, e especialmente na década de 1930, a noção de *fil. cr.* torna-se, sobretudo na França, objeto de ardorosas discussões. E. Bréhier, em conferências pronunciadas na Bélgica e numa célebre comunicação à Sociedade Francesa de Filosofia, critica-a, principalmente como não correspondente a nenhuma realidade histórica, ao passo que outros, como o Padre Mandonnet, acusam-na de ser contraditória, pois a filosofia não pode, por definição, aceitar outras regras fora da razão. No lado contrário, defendem a validade desta noção, com argumentos diversos e entendendo-a de modo diverso, E. Gilson, J. Maritain, M. Blondel, G. Marcel, M. Nédoncelle etc. (cf. mais adiante). De lá para cá, praticamente desde 1935, não se registraram outros progressos. A expressão *fil. cr.* é às vezes usada no plural, não somente para dar lugar a outras correntes de pensamento, distintas do tomismo, mas também para designar, em sentido fraco, doutrinas que não se costumava definir como cristãs.

2. CAMPO SEMÂNTICO DA EXPRESSÃO – Deixando de lado o sentido indiferenciado e polêmico de "fé cristã" e "vida cristã" e o sentido já mais determinado de "reflexão sobre a fé cristã", deparamos numerosas linhas de significação para a expressão *fil. cr.*

a. Do ponto de vista histérico-sociológico, a *fil. cr.* é a filosofia dos cristãos. Mas isto só tem interesse: 1. se se tratar de cristãos que pensem como cristãos (e não que apenas figurem como tais em algum registro); 2. se se puder demonstrar a influência do cristianismo sobre o pensamento filosófico e descobrir sua contribuição original. É o que Bréhier contesta e Gilson afirma.

b. Esta influência pode ser de tipo bem diferente. Um pensamento como o de Nietzsche ou de Feuerbach é incompreensível sem o cristianismo, não somente porque é o adversário que dá sentido a seu projeto, mas também porque lhe devem a imensidão de horizonte em que tal projeto se desdobra. Todavia, não falaremos aqui de filosofia cristã, a menos que se force além do permitido o sentido dos termos; reservaremos esta denominação às doutrinas sobre as quais a influência do cristianismo é positiva e nas quais a razão caminha no sentido da fé, acolhendo e reencontrando no "revelado" o que lhe é por direito acessível (o "revelável", segundo a terminologia de Gilson).

c. Com isto, somos levados a um conceito de *fil. cr.* que versa sobre o conteúdo, mais precisamente sobre sua concordância com a fé cristã. Contudo, uma concordância simplesmente negativa, que no máximo nos permitisse ser ao mesmo tempo cristãos e adeptos de uma determinada filosofia, não permitiria falar de *fil. cr.*, sobretudo se tal "concordância" não supuser alguma influência por parte do cristianismo.

d. É diferente no caso de uma filosofia cujas afirmações concordem com as da fé ou, mais exatamente, com os pressupostos da fé (existência e unidade de Deus, criação, providência etc.). Já que tais pressupostos são, segundo o ensinamento da Igreja, o termo a que deve chegar uma razão plenamente fiel a sua luz e a sua essência, podemos dizer que a filosofia é "naturalmente cristã". Na verdade, porém, tal concordância só se encontra plenamente lá onde o pensamento entrou em contato com a revelação cristã. Portanto, os pontos de vista da história e do conteúdo coincidem. Sob este duplo prisma, a filosofia da "era moderna", por seus grandes representantes (Descartes, Malebranche, Leibniz, Locke por fim, mas não Spinoza ou Hume), pode ser qualificada como "cristã" – o que não diremos, pelo menos no mesmo sentido, quanto a Kant, e menos ainda quanto a um filósofo como Aristóteles, cuja doutrina, a despeito dos elementos de verdade que permitiram ao pensamento cristão utilizá-la, foi elaborada independentemente da revelação judaico-cristã.

e. Em particular, poderemos denominar "cristã" uma filosofia que não só permite acolher a mensagem cristã também no que ela tem de não filosófico (de "sobrenatural", de "misterioso"), mas também reconhece na natureza e na atividade do homem uma orientação para um além de todo fim, de todo valor "natural", uma insatisfação radical que faz com que a palavra revelada, sem ser pretendida nem imaginada antecipadamente, seja reconhecida quando se apresenta. Uma filosofia deste tipo evidentemente merece, e em grau máximo, o nome de "cristã" (ou, como prefere Blondel, de "católica"), *sob a condição* de que seja autenticamente filosófica e de maneira alguma faça as afirmações da fé entrarem na cadeia de seus raciocínios e de suas reflexões. Ora, é esta condição que é problemática, como a *fil. cr.* em geral.

3. O PROBLEMA DA FILOSOFIA CRISTÃ – Na realidade, o problema é duplo e já conhecemos seus termos: *a.* A expressão *fil. cr.* não é contraditória? *b.* Na realidade, existe ou existiu uma filosofia que mereça esta denominação e em que sentido?

Comecemos por este último problema. Não nos deteremos muito nele. Os trabalhos de E. Gilson – para citar só este, se bem que não seja o único – estabeleceram, de uma forma que podemos acreditar definitiva, a originalidade cristã da filosofia medieval – começando por Santo Agostinho. Parece impossível ver, por exemplo no tomismo, um simples reberto do aristotelismo que teria também podido desenvolver-se fora da corrente hebraico-cristã. Por acaso não é notável o fato de que os textos em que Tomás de Aquino manifesta sua maior profundidade metafísica se encontrem mais frequentemente em seus escritos teológicos e, também aqui, num contexto e a propósito de questões mais tipicamente teológicas (como para a doutrina da vontade, precisada e aperfeiçoada através da teologia do Espírito Santo)? Além disto, como vimos, é toda a filosofia subsequente que revela uma influência cristã ou que pelo menos aparece, em amplos setores, inexplicável sem esta.

Mas isto é suficiente para que se possa falar, com rigor de termos, de *fil. cr.*? A expressão parece soar mal, tanto quanto "física cristã" ou "matemática cristã". A filosofia opera no plano da razão e não admite outras normas. Qualificá-la de "cristã" significa aplicar-lhe uma determinação de outra ordem e, portanto, puramente extrínseca, exatamente como quando se diz "filosofia italiana" ou "filosofia alemã". Ocorre que estas comparações são falazes. À diferença da física e da matemática, a filosofia trata de problemas humanos existenciais, que envolvem a pessoa e seu destino: por isso, ela está em contato com a religião e com a fé. Por isso também a unidade da fé unifica os pensadores de um modo incomparavelmente mais profundo do que a unidade do idioma. (De resto, "filosofia italiana" e "filosofia alemã" exprimem algo mais do que uma determinação linguística: um certo espírito, uma certa estrutura de pensamento, a atenção peculiar a alguns problemas, exemplos, alusões etc., que fazem reconhecer, ainda que traduzida, a pertença ao autor.)

Mas permanece de pé a dificuldade de fundo. Se *fil. cr.* significa algo mais do que uma filosofia simplesmente aceitável para um cristão, mas implica – interpretada historicamente como "filosofia" que se desenvolveu em ambiente, em clima cristão – uma influência positiva da revelação, como salvaguardar seu caráter estritamente racional? → Razão e fé, filosofia e palavra de Deus são duas essências que nunca poderiam amalgamar-se sem se destruírem.

Podemos distinguir, com Maritain, a *natureza* da filosofia como busca estritamente racional da verdade e seu *estado* concreto no filósofo, em que ela se beneficia, se o filósofo for cristão, de "contribuições objetivas" (as verdades reveladas, que colocam para o pensador novas questões e que o levam, para respondê-las, a aperfeiçoar seus instrumentos conceptuais, exatamente como a experiência e as teorias físicas impulsionam o cientista a aperfeiçoar seus meios matemáticos e a construir mecânicas novas) e "confortos subjetivos": ação da graça, que remedeia a cegueira espiritual devida ao pecado, mas também, no plano puramente psicológico, uma certa finura espiritual, a perseverança na busca, suscitada pelo interesse por questões que o não cristão, o não crente, considera ociosas e enfadonhas.

De resto, cada pensador sofre inevitavelmente a influência de seu ambiente, como também de seu temperamento. Precisa apenas submeter a uma crítica leal o que lhe é assim dado. O dado da fé não faz exceção para ele. Só poderá entrar na construção filosófica o que a razão tiver reconhecido, através deste exame, como algo que entre em seu âmbito.

Outros, contudo, hão de insistir mais do que na distinção formal das disciplinas, na unidade do sujeito, propenso ao conhecimento integral do real. Por que motivo o filósofo deveria privar-se desta fonte de informações, que é a revelação judaico-cristã? Caminham nesta direção, de maneiras aliás bem diferentes, G. Marcel, M. Nédoncelle, Gilson na fase mais recente, talvez já Sertillanges e Edith Stein. À objeção de que a filosofia (cristã) assim entendida se confunde com a teologia pode-se responder: 1. que a teologia exige, em princípio, uma adesão de fé, ao passo que uma reflexão filosófica é possível sem esta adesão (p. ex., sobre os dogmas, considerados como hipóteses); 2. que, em todo caso, o fim intencional permanece diferente, já que a teologia está centrada no mistério de Deus e considera todo o resto em relação a Ele, enquanto a filosofia busca conhecer a realidade em seu conjunto e atinge Deus no final de seus percursos como aquilo que dá à realidade sua plena inteligibilidade.

Apesar de tudo, é lícito pensar que esta noção de *fil. cr.* se distancia demais do uso linguístico, ampliando excessivamente o sentido da palavra "filosofia". Talvez fosse aqui mais exato falar de "sabedoria cristã".

Bibl. – E. Bréhier, "Y a-t-il une philosophie chrétienne?", em *Revue de métaphysique et de morale* (1931) 131-162; J. Maritain, *De la philosophie chrétienne*, Paris, 1933; M. Blondel, *Le problème de la philosophie catholique*, Paris 1933; M. Nédoncelle, *Existe-t-il une philosophie crétienne?*, Paris 1937. Mas sobretudo E. Gilson, *L'esprit de la philosophie médiévale*, Paris 1932, cap. 1 e 2, com as suas preciosíssimas *Notes bibliographiques*; A. Henry, *La querelle de la philosophie chrétienne: histoire et bilan d'un débat*, Paris 1955, 35-68, o qual se inspira em A. Renard, *Querelle sur la possibilité de la philosophie chrétienne.*

JOSEPH DE FINANCE

FUNDAMENTALISMO

No mundo de língua inglesa, a corrente fundamentalista do cristianismo protestante reafirma a absoluta inerrância da Bíblia e sua autoridade suprema para a fé e para a vida. Como movimento do século XX, o fundamentalismo é uma reação crítica à erosão das certezas tradicionais, gerada pelo modernismo em teologia e pela investigação histórico-crítica da Escritura.

Uma série de doze opúsculos, distribuídos em ampla escala, *The Fundamentals: A Testimony to the Truth* (1910-1915), expôs as doutrinas fundamentais sobre as quais a fé tradicional não deve permitir dúvidas ou adaptações: a total inspiração da Escritura como Palavra de Deus; a divindade de Jesus Cristo; sua concepção virginal, seus milagres, sua morte expiadora, sua ressurreição no corpo e sua volta futura; a realidade do pecado e da salvação por fé; o poder da oração e o dever da evangelização. Entre 1920 e 1940, disputas lacerantes dividiram as maiores denominações como os batistas, os metodistas e os presbiterianos, mas em sua forma renascida, na década de 1970 e de 1980, a religiosidade fundamentalista encontra-se de modo mais característico nas congregações independentes e entre os seguidores dos pregadores de TV, como Jerry Falwell e Pat Robertson.

Os fiéis e as comunidades fundamentalistas estão intensamente ligados à palavra bíblica, veem o cristianismo centrado na → conversão e na aceitação de Jesus Cristo, como senhor e salvador pessoal, e se esforçam por seguir um rígido código moral na vida pessoal e familiar. De início, o fundamentalismo repudiava o "evangelho social", mas fundamentalistas mais próximos a nós distinguem-se na sustentação de causas políticas conservadoras, como leis restritivas em matéria de aborto e de homossexualidade. A expansão missionária das comunidades fundamentalistas caracteriza-se pelo apoio dado aos pastores enviados para a América Latina. A interpretação fundamentalista da profecia bíblica com frequência sustenta a ansiosa espera do retorno de Jesus, que há de tirar os fiéis do decadente e condenado mundo, sobre o qual reinará o anticristo até sua definitiva derrota e até o começo do reino milenário dos santos de Deus.

A fé fundamentalista na palavra profética e apostólica não se interessa pelo condicionamento histórico e pelos contextos eclesiais dos mediadores da revelação. A palavra definitiva de Deus está ao alcance imediato nos textos bíblicos, inspirados e infalíveis. Todavia, a hermenêutica fundamentalista não se baseia na teoria de um ditado literal do Espírito Santo, mas, antes, na total coerência e autoridade da Bíblia, que se automanifesta em seu conjunto e em cada uma de suas partes. A pregação fundamentalista afirma de maneira específica a atualidade dos relatos bíblicos, demonstra como uma passagem é sustentada pelos textos probantes de muitos outros livros bíblicos e regularmente mostra o plano divino de oferecer a salvação em Cristo àqueles que, confessando seu próprio pecado e sua impotência, decidem aceitar Jesus e abrem sem reservas sua vida a seu poder e a sua guia, para cumprir a santa vontade de Deus.

Muitos estudiosos veem os cristãos fundamentalistas como os que buscam um refúgio seguro que os salve do caos moral da moderna sociedade ocidental e alguns observadores notam suas analogias com movimentos integralistas similares no islamismo contemporâneo e até no catolicismo romano. O fundamentalismo é estranho e muitas vezes hostil às tradições da Igreja que afirmam o papel da razão e do estudo crítico (p. ex., DV 12, GS 62). Contudo, lembra decididamente que a Escritura constitui um mundo completo de pensamento, dotado de um potencial imenso para enriquecer a vida cotidiana com orientação e motivações novas.

Bibl. – E.R. Sandeen, *The Roots of Fundamentalism.* British and American Millenarianism 1800-1930, Chicago 1970; J. Barr, *Fundamentalism*, Londres 1977; N.T. Ammerman, *Bible Believers.* Fundamentalists in the Modern World, New Brunswick, N.J. 1987; T.F. O'Meara, *Fundamentalism: a Catholic Perspective*, Mahwah, N.J. 1990.

JARED WICKS

G

GARDEIL, Ambroise

Ambroise Gardeil (1859-1931), que ingressou na ordem dos Dominicanos em 1878, recebeu uma sólida formação da fiosofia e da teologia neoescolástica, que o introduziu no conhecimento de Tomás de Aquino, seu mestre durante a vida inteira. Iniciando em 1883, com o opúsculo *De locis theologicis*, continuou com o ensino da apologética e de múltiplos cursos de dogmática e teologia moral. Antes de retirar-se do ensino, depois de 1911, a fim de dedicar-se a escrever, à pregação e à direção espiritual, tinha exercido uma grande influência pessoal sobre seus alunos e contribuiu para a estruturação dos programas do Instituto Le Saulchoir. Embora não tenha escrito um tratado detalhado de apologética, sua interpretação do método teológico, em especial das relações entre → razão e fé, fixou os parâmetros desta ciência.

De fundamental importância, por seu modo inicial de entender a teologia, foi o "realismo conceptual" filosófico. Seguindo Caetano e João de S. Tomás, Gardeil ensinava que a inteligência humana atinge o real e, através deste, o conceito universal. O ser, que é, em última análise, conceptualizável, fornece o fundamento de todo pensamento objetivo. Já que o conceito é recebido na inteligência passiva, por meio da qual a mente assimila a realidade, e daí brota a verdade, a distinção das faculdades espirituais, inteligência e vontade, à base de seus objetos formais, o verdadeiro e o bem, levou-o a entender a vontade como a faculdade ativa, que responde ao bem percebido e que põe o homem em contato com a realidade externa. Conquanto os esforços de vontade possam facilitar a compreensão no sujeito, com a remoção dos obstáculos e a concentração da atenção, a vontade não exerce uma influência direta sobre a inteligência, que capta o real objetivo. Esta percepção do real permite um conhecimento natural de Deus, da lei moral e da imortalidade da alma. A luta que o homem deve travar para viver de modo moralmente reto diante do desafio do pecado o estimula a procurar na história uma salvação que transcenda suas capacidades naturais. É neste ponto que a mensagem cristã o interpela e lhe pede que creia.

A absoluta supremacia e objetividade da compreensão intelectiva significa que as verdades da revelação são oferecidas sob a forma de proposições conceptuais. Sendo sobrenaturais e, da parte de Deus, puramente gratuitas, as proposições reveladas superam qualquer esforço da inteligência natural entregue a si mesma e que queira compreender sua verdade. De que maneira poderá então o homem chegar a aceitar a fé necessária para a salvação? Analisando o processo psicológico que se conclui como ato de fé, Gardeil responde que a vontade, no fundo, é movida pelo fim último do homem, pela infinita bondade de Deus, e deve escolher os meios aptos para a consecução daquele fim. Sem dúvida, a promessa evangélica de redenção atrai a vontade, mas como pode o homem, sem ir contra seu dever moral em relação à verdade, consentir nas proposições da fé, uma vez que sua íntima verdade não pode ser percebida por sua inteligência natural?

A esta altura, Gardeil recorre ao testemunho verídico como a um caminho para estabelecer, de fora, verdades históricas. Se Deus decidiu revelar ao homem verdades sobrenaturais, o homem tem o dever moral de crer tudo o que seu criador diz. Mas o homem tem necessidade da evidência, ou seja, de motivos de → credibilidade, para poder afirmar o fato da revelação. Por isto, a função da apologética consiste em apresentar de maneira racional os argumentos que justificam, com prudência, o caráter absoluto da adesão intelectual da fé. Através da análise dos sinais externos e históricos dados por Deus – especialmente os milagres e o cumprimento das profecias – para confirmação do testemunho de seus enviados, como também para confirmação da veracidade e competência dos testemunhos a seu favor, a apologética é capaz de demonstrar sua confiabilidade. Como Jesus confiou sua mensagem aos discípulos, a apologética, além disto, identificou-os com a Igreja concreta, una, santa, católica e apostólica, que, ao longo dos séculos, conservou sua fidelidade à mensagem e à missão de Cristo.

A apologética chega a um juízo absolutamente seguro de credibilidade, a uma "fé científica" em função do fato da revelação. Embora não se exija que cada indivíduo chegue a este grau de certeza – a fé, enquanto dom divino, nas pessoas individualmente, pode servir-se de um argumento em si mesmo apenas provável – para fundamentar sua fé, a Igreja necessita de testemunhas oculares, que, em seguida, instruam outros. Os apóstolos, como também outras pessoas, viram os milagres de Cristo e ouviram suas palavras. Uma vez estabelecido o fato da revelação, o dever do homem de obedecer a Deus que revela concretiza-se num juízo de "credendidade", que é absoluto na ordem da moralidade natural, mas está sujeito a condições, enquanto subordinado à possibilidade de um ato de fé divina. Para isto, é necessária a graça. Sob a ação da graça, o homem é impulsionado, por um juízo sobrenatural de "credendidade", absolutamente obrigatório ou necessitante, a dar sua adesão às verdades reveladas, que, sendo por si obscuras, deixam espaço para uma resposta livre. Daí brota a escolha, efetuada em primeiro lugar pela vontade, quando as verdades da fé são reconhecidas como boas para serem cridas; em seguida, a vontade emite o imperativo "crê" à inteligência especulativa e a aplica a seu ato normal, o juízo de adesão aos termos expressos, que culminam, então, no ato de fé. Em seguida, o *habitus* da fé e os dons do Espírito Santo poderão desenvolver as verdades reveladas e causar sua compreensão mais profunda, a partir de dentro.

Esta interpretação de razão e fé coloca o fundamento da fé exatamente na autoridade de testemunhos verídicos: Cristo e a Igreja. A teologia especulativa deve aceitar seus princípios basilares sobre a autoridade, antes de poder ordenar e iluminar aqueles dogmas, pondo-os em relação com seu fim último, e descobrir analogias apropriadas entre verdades reveladas e verdades naturais. Assim, a teologia positiva deve, em primeiro lugar, pesquisar e avaliar as fontes – Escritura e tradição – para descobrir quanto faz parte da fé da Igreja. E tal a continuidade – sob a guia do Espírito Santo – entre Cristo e a atual e infalível Igreja, que se pode usar também um "método regressivo". Partindo do ensinamento atual do magistério, os teólogos devem examinar a tradição antiga para encontrar aí a confirmação da fé atual da Igreja. Este método diz respeito não somente à teologia positiva, mas também à apologética, na medida em que a continuidade dos ensinamentos atuais com os de Cristo é pressuposta e provada à base desta suposição.

A evolução do dogma levantava um grande problema para a posição de Gardeil. Com efeito, uma vez que a revelação é oferecida em palavras que exprimem conceitos que fazem abstração de condições de tempo e de espaço, para tornar acessíveis enunciados eternamente válidos e juízos históricos concernentes a realidades que não podem ser diferentes, as verdades reveladas não são sujeitas a revisão. No máximo pode dar-se uma passagem do implícito ao explícito, quando certos artigos da fé eclesial dão ulterior explicação conceptual a quanto é afirmado pelos que os precedem. As formas de expressão e as imagens podem mudar, ao passo que aquilo que é significado – a forma ou o conceito de fundo – permanece invariável. A falta de testemunhos explícitos e históricos, em relação a diversos dogmas sucessivamente definidos, era explicada pressupondo-se que os documentos existentes não representam outra coisa senão vestígios parciais da tradição oral inteira da Igreja.

Ao lado da estrita abordagem conceptualística da apologética e da teologia, outros elementos deixavam espaço à evolução e à flexibilidade. Já na primeira edição de *La crédibilité et l'apologétique* (1908), Gardeil admitia que em casos excepcionais Deus podia, sem sinais externos, levar pessoas à fé – um processo objetivo, na medida em que a Primeira Verdade instrui os homens a partir de dentro – e dedicou muitas páginas aos substitutos subjetivos (*suppléances*) de credibilidade. Em todo caso, não achava que uma apologética imanente (→ Blondel e outros), embora útil subjetivamente, pudesse conciliar-se com uma apologética objetiva e científica. Quatro anos mais tarde, na segunda edição, adotou uma visão realística e dinâmica, em vez da anterior análise abstrata e "ontológica" do ato de fé. Agora Gardeil reconhecia no ato inicial da consciência moral e reflexa o chamado divino a afirmar e escolher seu próprio fim último, que *de facto* é sobrenatural. Esta "intenção de fé" coloca a função da graça no início da gênese da fé, lá onde ela opera implicitamente, até que se desenvolva na fé explícita, após o impacto com a pregação eclesial. Embora conservando a validade e a necessidade da análise abstrata e da credibilidade racional, Gardeil acentuou a continuidade sobrenatural do processo de fé, razão pela qual se exigiria apenas um único juízo sobrenatural de "credendidade", ao passo que o juízo de credibilidade seria apenas distinguível, mediante abstração, do juízo de "credendidade".

A polaridade entre análise abstrata e concreta permitiu a Gardeil sustentar uma rigorosa credibilidade racional e uma fé científica, embora reconhecendo a certeza relativa, ou probabilidade, atingível pelos sinais históricos, que, na maioria dos casos, servem como base racional do absoluto assentimento de fé sob a ação da graça. Consequentemente, a apologética era considerada como um "círculo fechado racional" ou como subordinada à teologia. Analogamente, sem colocar de lado a validade dos conceitos, a intenção de fé incluiria um conhecimento sobrenatural, não conceptual, e um amor de Deus anterior ao explícito ato de fé e de caridade. Esta relação mais unitária entre ordem natural e sobrenatural, como também entre inteligência, vontade e graça, serviu a Gardeil como preparação aos estudos subsequentes sobre o misticismo. Sustentando que a alma deveria possuir habitualmente um conhecimento vago de si mesma, correndo, de outra forma, o risco de ser incapaz de reconhecer-se como sujeito cognoscente, num sucessivo ato de reflexão, concluía que a alma consciente de si mesma tinha condições de reconhecer a presença sobrenatural de Deus em seu próprio íntimo, através de um conhecimento imediato, experiencial e conatural e através do amor. Esta abertura para o conhecimento não conceptual e para a experiência sobrenatural, sem colocar de lado a análise conceptual, ou seja, a apologética objetiva, caracteriza o papel importantíssimo desempenhado por Gardeil na evolução do tomismo de Caetano. Enquanto seu aluno Garrigou-Lagrange se tornou adepto da fase inicial de seus estudos, com seu conceptualismo acentuado, outros alunos, como Chenu, preferiram desenvolver os escritos mais tardios de Gardeil.

Gardeil pode ser considerado como uma figura de transição de uma apologética fundada na objetividade e na conceptualidade para uma moderna apologética da explicitação, de orientação mais subjetiva. Efetivamente, procurou equilibrar as imperativas exigências da verdade objetiva com as necessidades de cada indivíduo e defender a validade dos conceitos, sem absolutizá-los. Esta tensão de polaridade constitui a essência do tomismo e de uma apologética eficaz.

Bibl. – Obras de Ambroise Gardeil: *Les dons du Saint-Esprit dans les saints dominicains*, Paris 1903; "La Réforme de la théologie catholique", em RTh 11 (1903) 5-19, 197-215, 428-457, 633-649; 12 (1904) 407-443; *La Crédibilité et l'apologétique*, Paris 1908 (2. ed. 1912); *Le Donné révélé et la théologie*, Paris 1910; *La Structure de l'âme et l'expérience mystique*, Paris 1927.

LITERATURA: H.-D. Gardeil, *L'oeuvre théologique du Père Ambroise Gardeil*, Etiolles-Le Saulchoir 1956; Id., "Ambroise Gardeil", em DSp VI (1967) 122s; R. Aubert, *Le Problème de l'acte de foi*, Louvain 1950, 393-450. Cf. tb *Bulletin Thomiste* 4 (1931) 69-92, incluída a bibliografia; RSPhTh 40 (1956) 629-669.

JOHN M. McDERMOTT
(colab. de A. Doni)

"GAUDIUM ET SPES"

A sensibilidade para com os problemas do homem e de sua condição, que encontramos nos pensadores recentes (p. ex., → Guardini, F.M. Sciacca, → M. Blondel, → Teilhard de Chardin, → K. Rahner, G. Marcel, → H.U. von Balthasar, M. Légaut, M.

Zundel, A. Soljenitsin) é tão antiga quanto o próprio cristianismo, que é essencialmente religião da salvação do homem em Jesus Cristo. Nunca, porém, esta sensibilidade se exprimiu tão claramente, tão explicitamente como nos documentos da Igreja ao longo dos dois últimos decênios, em particular na constituição pastoral do Vaticano II sobre a situação da Igreja no mundo contemporâneo: *Gaudium et Spes* (7 de dezembro de 1965).

GS é um documento original, porque: *a.* é o documento mais longo de toda a história conciliar da Igreja; *b.* é a primeira vez que um documento do magistério extraordinário se exprime sobre os aspectos diretamente temporais da vida cristã. Nunca antes se havia falado tão diretamente do homem às voltas com os problemas da vida terrena; *c.* o próprio modo de proceder do documento é novo; em vez de partir dos dados da fé, apoia-se numa descrição da condição humana no mundo de hoje. É, portanto, um procedimento empírico e em seguida teológico. Ao longo dos cinco esquemas que marcam a história da constituição, a única linha de continuidade da busca é esta preocupação de atingir o mundo, de ocupar-se com seus problemas, de oferecer-lhe os serviços da Igreja e, mais concretamente, a luz do Evangelho; *d.* o mundo ao qual a constituição se dirige é o homem em sua totalidade: indivíduo e sociedade, matéria e espírito, inserido numa continuidade indefinida. O homem é o indivíduo e a sociedade, mas é o homem "contemporâneo" no mundo "de hoje" em busca do sentido da condição humana. Perspectiva esta que é exatamente a da → Teologia Fundamental renovada.

A exposição preliminar da constituição é precisamente uma descrição do atual estado da coletividade humana (4-10). O fato incontestável é que o homem caminhou para o progresso com passos de gigante. Com isto, a imagem do mundo sofreu imediatamente uma reviravolta (3). O próprio homem foi o primeiro a sofrer o contragolpe desta mudança acelerada. E a constituição enumera, em forma de antíteses, as principais mudanças, com sua contrapartida (4): *a.* Crescimento prodigioso das riquezas e da economia; por outro lado, fome e miséria de uma ampla fatia da humanidade; *b.* Forte sentimento de liberdade e de autonomia; por outro lado, presença multiforme de escravidão social e psicológica (dominação, opressão, tirania da publicidade); *c.* Consciência da interdependência de todos, da solidariedade universal; por outro lado, dilaceração social, racial, política, ideológica, ameaça de guerra mundial; *d.* Difusão universal das ideias por meio da mídia; por outro lado, palavras idênticas escondem sentidos bem diferentes, na esteira das ideologias que os manipulam (liberdade, trabalho, progresso); *e.* Desenvolvimento da organização temporal, mas progresso espiritual em declínio.

Em face de uma mudança tão rápida e tão profunda, que sucede com o homem? Está dividido entre a esperança e a angústia. Tem dificuldade em dissipar as ambiguidades, em discernir os valores constantes. Para que tantos esforços terrenos? Para que a técnica? Para que o progresso? Para que a ascensão da massa humana à cultura, se todos estes esforços não desembocam num estado em que o homem e os valores humanos são salvos? Esta evolução do mundo constitui um desafio a ser enfrentado (5).

A Igreja deve, antes de tudo, tomar consciência da dimensão desta evolução e de seu impacto sobre a coletividade. Tem que ser mais humana, para ser mais cristã. O homem é o lugar de encontro dos homens, das políticas, das religiões. Por isto, a GS começa, deliberadamente, pela condição do homem dos dias de hoje: este é o dado-base do documento. Se a Igreja procura compreender "o mundo em que vivemos, suas expectativas, suas aspirações", é para poder responder "de maneira adequada a cada geração, às interrogações perenes dos homens sobre o sentido da vida presente e futura e sobre suas relações recíprocas" (4).

Esta fenomenologia não é, portanto, um "em si", mas aí está em vista de uma melhoria do serviço ao homem. Se a Igreja perscruta os → sinais dos tempos, é porque se interessa pelo homem mais do que o próprio homem e porque existe unicamente para a salvação do homem. Sua fenomenologia é para uma antropologia e esta é inspirada por uma visão do homem em Jesus Cristo, o homem novo.

A conclusão desta análise das mudanças sociais, psicológicas, políticas, econômicas, morais e religiosas da humanidade é expressa no fim dos n. 9-10, que servem como transição para todo o resto do documento: "Na verdade, os desequilíbrios de que sofre o mundo contemporâneo estão ligados àquele desequilíbrio mais profundo que está enraizado no coração do homem" (10). "Tornam-se cada vez mais numerosos os que, diante da atual evolução do mundo, levantam ou sentem com nova intensidade as questões mais fundamentais: Que é o homem? Qual é o significado da dor, do mal, da morte, que continuam a subsistir, apesar de todo progresso? Que valor têm estas conquistas, pagas a preço tão elevado? Que é que o homem traz à sociedade, e que pode esperar dela? Que haverá depois da vida presente?" (10). "Assim, à luz de Cristo o concílio deseja dirigir-se a todos para ilustrar o mistério do homem e para cooperar na busca de uma solução para os principais problemas de nosso tempo" (10).

No capítulo primeiro da primeira parte, "A Igreja e a vocação do homem", a GS demonstra justamente como a revelação cristã é luz para o mistério do homem. No início, a pergunta fundamental: "Mas que é o homem?... muitas vezes exalta-se, a ponto de fazer de si mesmo uma regra absoluta, ou rebaixa-se até o desespero, acabando assim na dúvida e na angústia. Estas dificuldades, a Igreja sente-as profundamente e pode dar-lhes uma resposta que lhe vem do ensinamento da revelação divina, resposta que descreve a verdadeira condição do homem, indica uma razão de suas misérias, mas em que justamente se pode, ao mesmo tempo, reconhecer sua dignidade e vocação" (12). A GS exprime, assim, em termos que evocam os *Pensamentos* de → Pascal, o paradoxo miséria/grandeza, constitutivo do homem.

Os n. 12 a 18 propõem a seguir as grandes linhas da antropologia cristã. Originariamente, o homem criado à imagem de Deus (12), com a afirmação histórica do pecado (13). Depois, a estrutura fundamental do homem como explicitação da imagem de Deus, fundamento de sua grandeza: sua unidade e interioridade (14), inteligência (15), consciência moral (16), liberdade (17).

O n. 18 prossegue a reflexão sobre um problema particularmente dramático, o da → morte. "Diante da morte, o enigma da condição humana atinge o clímax." Com efeito, a morte é a angústia inscrita no horizonte da consciência contemporânea. Por motivos históricos (campos de extermínio, guerra permanente, ameaça nuclear, morte nas vias terrestre e aérea); por motivos culturais (tema da morte, que invade a narrativa, o teatro, a TV, a imprensa); por motivos filosóficos (definição do ser humano como ser-para-a-morte); e por um motivo eterno, isto é, a angústia animal, humana e espiritual frente à morte; o homem, ao mesmo tempo grandeza e miséria, está às voltas com a morte como que diante de um enigma insolúvel e insuportável. "O instinto do coração fá-lo julgar corretamente quando aborrece e rejeita a ideia de uma ruína total e de um aniquilamento definitivo de sua pessoa. O germe da eternidade que traz dentro de si insurge-se contra a morte" (18). Eis por que o homem se sente ao mesmo tempo feito para morrer e para não morrer, no interior de uma existência fadada à desagregação.

A este abismo só um outro abismo pode trazer resposta: o do mistério cristão. Deus não fez o homem para a morte, mas para a ressurreição; isto significa afirmar a morte, mas ao mesmo tempo superar a morte. A morte é uma passagem que desemboca na "comunhão eterna" com Deus. Cristo atravessou a morte antes de nós para libertar-nos dela. A morte cristã é o ato com o qual a existência humana acaba de morrer e adquire seu sentido definitivo. A morte é a possibilidade de uma "comunhão em Cristo" com todos os que morreram com Ele e nele. Assim, lá onde o homem não consegue dizer nada, a fé naquele que é ressurreição e vida nos ensina que o homem é levado, para além da morte, à vida eterna (18).

Depois de ter falado dos que rejeitam esta relação íntima e vital do homem com Deus (ateísmo), a GS apresenta, num parágrafo mais elaborado (22), o Cristo, *homem novo*, como a verdadeira resposta ao mistério do homem. A frase essencial é a primeira: "Na realidade, somente no mistério do Verbo encarnado o mistério do homem encontra luz verdadeira". Cristo aparece como a chave do enigma humano, o que desvenda o sentido deste enigma, por ser o homem novo, o novo Adão da nova criação e do novo estado da humanidade.

Nos parágrafos subsequentes, Cristo é apresentado: *a.* como a imagem criadora e recriadora do homem, como o que restaurou no homem a semelhança com Deus, alterada pelo pecado (22); *b.* como o redentor que "com seu sangue derramado livremente nos mereceu a vida", de modo que cada um pode dizer: "Ele me amou e sacrificou-se a si mesmo por mim"; *c.* como a salvação dos cristãos interiormente renovados e conformados a Cristo com o dom do Espírito; *d.* como a salvação de todos os homens de boa vontade, também eles associados ao mistério pascal (22).

O capítulo termina assim: "Tal e tão grande é o mistério do homem, este mistério que a revelação cristã faz brilhar aos olhos dos que creem. Através de Cristo e em Cristo é iluminado este enigma da dor e da morte, que, fora de seu Evangelho, nos oprime". Cristo, o Filho, "presenteou-nos com a vida, a fim de que também nós, tornando-nos filhos com o Filho, possamos orar exclamando no Espírito: *Abba*, Pai!" (22). É o mistério de Cristo que, afinal, revela o homem ao homem. A verdade do homem é a de ser filho, chamado a entrar na vida trinitária. A revelação, bem longe de ser estranha ao homem, está ao contrário tão intimamente ligada a seu mistério que o homem não conseguiria identificar-se a si mesmo sem ela. Daí segue também que, se a revelação aparecesse ao homem como uma realidade da história, de que se podem distinguir os vestígios e os sinais, o homem deveria interrogar a história e sobretudo interrogar-se a si mesmo para descobrir se Deus não o interpelou.

RENÉ LATOURELLE

GNÔSIS

No sincretismo religioso do mundo greco-romano, a palavra grega para conhecimento, *gnôsis* (cf. Aristóteles, *Anal. post.* II 99b-100b), foi usada para designar a revelação esotérica que garantia a salvação aos que a recebiam (cf. Irineu, *Adv. haer.* I 6,2). Baseada na revelação e acessível somente a poucos eleitos, que abrem os olhos para a intimidade da natureza divina que os separa do *cosmos* material e perceptível, a *gnôsis* reivindica uma verdade que não pode ser encontrada pela razão humana, nem é encontrável nas tradições religiosas esotéricas da humanidade (cf. *Trac. Tri.*, CG I 5 108,12-114, 30; *Orig. Mundi* CG II 5 97,24-98,10). 1Tm 6,20 refere-se à doutrina dos mestres heréticos como a falsa *gnôsis*. O termo *gnôsis* foi usado também por alguns escritores para referir-se à doutrina cristã (cf. Irineu, *Adv. haer.* IV, 33,8).

A carta de Barnabé emprega o termo *gnôsis* para indicar a compreensão da atividade divina na história da salvação através da exegese do AT, como também para a compreensão dos mandamentos de Deus (*Barn.* 1,5; 2,3; 6,9; 9,8; 13,7). Esta compreensão é um dom do Espírito (l,2s; 9,9). Aperfeiçoando a *gnôsis* dos leitores, o autor lhes aumenta a fé e sustenta seu progresso rumo à salvação. Se é verdade que nem todos têm a *gnôsis*, as intuições dos que a possuem estão destinadas à comunidade cristã inteira. No século II, surge um emprego mais técnico do termo, que atribui a *gnôsis* o sentido de sabedoria para os cristãos de elite, os mais amadurecidos ou iluminados de maneira particular. A afirmação de possuir *a gnôsis*, revelada através de Jesus por um redentor celeste, caracterizou várias seitas de cristãos heréticos. Parece que alguns se chamaram "gnósticos". Outros, aos quais se faz referência com o nome de mestres fundadores, como Valentim, Basilides, Marcos, Simão, ou com traços específicos de seus ensinamentos, tiveram em comum com os que se autodefiniam "gnósticos" uma cosmologia mitológica, tradições exegéticas, imagens similares do redentor celeste e da humanidade decaída, como também formas ascéticas e rituais de rejeição do mundo material (cf. Irineu, *Adv. haer.* I 11,1-5; XXV, 6; Hipólito, *Ref.* V 6,4). No catálogo das divisões sectárias, que faziam parte dos ataques de Celso contra a Cristandade, os que afirmam ser "gnósticos" são distinguidos dos que sustentam que o Deus cristão não é o Deus dos judeus e dos valentinianos, ainda que todos estes três grupos concordem no fato de que o Deus cristão é uma entidade celeste bem diferente do Deus dos judeus, que é um criador malévolo e ignorante (cf. Orígenes, *Contra Celsum*, V, 61).

A resposta de Orígenes ocupa-se em separado dos três grupos. A diferença da refutação que faz das passagens exegéticas do comentário valentiniano de Heráclio, Orígenes, em seu comentário sobre João, não exige neste contexto um conhecimento detalhado da teologia cristã. Em primeiro lugar, afirma que a existência das seitas na Cristandade não é uma prova contra sua verdade, como tampouco o é a existência de várias escolas filosóficas. Contra os que sustentam que o Deus cristão não é o Deus dos judeus, Orígenes sublinha que qualquer um pode comprovar na Escritura que só existe um Deus para os judeus e para os gentios. São Paulo, por exemplo, continuou a adorar o Deus de seus antepassados, depois de fazer-se cristão. A abordagem de Orígenes em relação aos valentinianos concentra-se nas "classes" do ser humano, neste caso a classe "natural" e a "espiritual", como se encontram em seus escritos. Esta dupla divisão pode provir de Celso, já que a mais comum antropologia velentiniana sustenta que a humanidade está dividida entre pessoas materiais, psíquicas e espirituais. Os espirituais são os gnósticos autênticos. Os psíquicos são frequentemente considerados os cristãos tradicionais. Exigem a conversão, a penitência, a recepção material dos sacramentos e atingem um nível inferior de salvação celeste. As pessoas materiais nunca atingem nenhuma *gnôsis* ou discernimento espiritual. Alguns escritos sustentam que tais divisões são "inatas" nos indivíduos. Orígenes insiste em que quem pertence à Igreja não pode aceitar um determinismo fundado no modo em que as pessoas nascem. Finalmente, equipara os gnósticos aos epicureus. Estes últimos não merecem o título de "filósofos", porque rejeitam a providência. Os gnósticos não podem chamar-se cristãos porque introduzem ensinamentos novos que não há como coadunar com as doutrinas tradicionais recebidas de Jesus.

Embora *gnôsis* seja muitas vezes identificada com o emprego que se faz dela nas seitas heréticas, tanto Clemente de Alexandria quanto Orígenes usam *gnôsis* para referir-se ao conhecimento do ensinamento cristão que só é possível para alguns cristãos. Sustentam que, sob um ponto de vista pedagógico, alguns dos ensinamentos devem ser mantidos secretos a quem, por sua fé simples, é incapaz de entender seu significado. A definição que Clemente dá do verdadeiro cristão gnóstico concorda com a tradição que se encontra em *Barnabé*: uma pessoa que conhece certas verdades, que é madura espiritualmente e que leva outros à *gnôsis* (*Strom.* II 10,46). Fundando-se a *gnôsis* na revelação feita pela própria Verdade, é mais certa do que qualquer outra coisa que a razão humana poderia encontrar, usando os instrumentos da filosofia grega (*Strom.* VI 9,78).

Clemente adota uma tradição que tem raízes tanto nos escritos apocalípticos judaicos quanto na filosofia platônica, para a qual a finalidade da *gnôsis* é a ascensão da alma às esferas celestes, para repousar na visão do divino. A alma que atinge esta visão é, ela mesma, semelhante ao divino (*Strom.* VII 10,57).

Clemente fala de *gnôsis* como ensinamento do Senhor aos apóstolos, transmitido de forma oral (*Strom.* VI 7,61). A distinção entre a *gnôsis* falsa e a verdadeira funda-se nas doutrinas da Igreja (*Strom.* VI 97,5; 125,2; 141,3). A falsa *gnôsis* considera o Deus criador do AT como inferior ao Deus dos cristãos, rejeita a criação como obra de um demiurgo mau e ataca expressões legítimas das paixões, como, por exemplo, o temor de Deus e o casamento (*Strom.* III 9,1; 103,1; IV 147,1; 163,1). Os verdadeiros cristãos devem rejeitar também a afirmação pela qual a *gnôsis* se torna patrimônio só dos homens que são naturalmente capazes de recebê-la. Clemente insiste que a *gnôsis*, aperfeiçoamento da fé, pertence a um itinerário de progresso de um estado bom para um melhor, escolhido livremente. Ela depende da livre opção dos indivíduos, do estudo, da disciplina ascética e da graça de Deus (*Strom.* I 16,3; IV 92,2).

Enquanto Clemente entende as tradições e as doutrinas recebidas como regras para avaliar reivindicações do que pertence ou não à *gnôsis* cristã, Orígenes relaciona-a com a interpretação da Escritura. A Escritura tem um sentido tipológico, razão pela qual os acontecimentos do AT prefiguram as realidades da nova aliança. Estes têm também um significado espiritual ou moral, em virtude do qual os cristãos são encaminhados para uma vida virtuosa. Mas seu significado secreto gnóstico não pode ser compartilhado universalmente. Isto diz respeito ao destino da alma, a sua ascensão ao mundo do espírito e a sua origem ou descida daquele mesmo mundo (*Hom. Num.* XXVII 2-4). A *gnôsis* pode encontrar-se somente na tradição daqueles mestres que sabem interpretar a Escritura. Confrontando-se com os comentários heréticos da Escritura, que pretendem refletir seu sentido secreto e esotérico, Orígenes ataca estas interpretações que violam a lógica do que a Escritura revela em outros lugares (p. ex., *Comm. in Jo.* 2,2).

Tanto para Clemente quanto para Orígenes a busca da *gnôsis* é sinal de um cristão espiritualmente maduro. A *gnôsis* coloca a alma em condição de entender sua verdadeira semelhança com Deus, mas não é uma condição necessária para a salvação. Os hereges gnósticos, ao contrário, consideram a *gnôsis* como um despertar espiritual da ignorância e da decepção. Só então a pessoa tem a consciência de sua própria origem divina e de seu próprio destino divino (p. ex., *Ev. Verit.* CG I 3 22,3-20). O *Ev. Phil.* (CG II *3* 76,17-77, 31) baseia a afirmação de que o conhecimento da verdade gnóstica do eu é necessário para a salvação numa interpretação de Jo 3,1-12; 8,34 e 1Cor 8,1, como também nas alusões à maneira de Paulo tratar do batismo em Rm 6. A *gnôsis* garante ao gnóstico a compreensão do verdadeiro significado dos ritos cristãos tradicionais, como o Batismo, a Eucaristia e a Unção.

Sem a *gnôsis*, os ritos sacramentais permanecem sem efeito. Alguns gnósticos opuseram-se à leitura ortodoxa dos sacramentos enquanto canais de salvação (cf. *Adv. haer.* 121,4; *Testim. Tr.* CG IX *3* 69,7-32). Uma vez que as mitologias gnósticas afirmam que as origens do mundo material se devem a uma fuga de "luz" do mundo divino e a seu subsequente aprisionamento na matéria, graças à ação de uma divindade inferior, má e ignorante, nem o judaísmo nem o cristianismo ortodoxo, que adoram aquele Deus, nem a filosofia, à qual falta a revelação divina, podem atingir a verdade. Somente a descida de um redentor do mundo celeste pode trazer *gnôsis* a quem permanece enredado na ignorância deste *kosmos*. Os fragmentos do hino de uma seita gnóstica judeu-cristã celebram Jesus como aquele que traz o conhecimento a este mundo, sem ficar contaminado por sua imundície (cf. *1Apoc. Jas.* CG V *3* 28,7-20; *2Apoc. Jas.* CG V *4* 47,8-20). Os ensinamentos do revelador foram transmitidos aos apóstolos em segredo. Consequentemente, estes ensinamentos não se encontram de modo explícito nas tradições evangélicas que derivam dos círculos dos Doze (cf. *Apoc. Jas.* CG I *2* 1,1-2,39; *1Apoc. Jas.* 42,20-24). Enquanto os textos canônicos apresentam o Senhor ressuscitado que restabelece a comunidade dos discípulos e os encarrrega de proclamar o Evangelho, os escritos gnósticos afirmam muitas vezes que Jesus revelou a *gnôsis* no período situado entre a ressurreição e a ascensão (cf. *Ap. Jn.*, *Ap. Jas.*, *Soph. Jes. Chr.*, *Pist. Soph.*). A autêntica compreensão das palavras do Jesus terreno precisa desta última revelação.

Os mitos gnósticos sobre as origens dos reinos celestes, com seus numerosos seres divinos e o antítipo terreno dos céus, regido por um cego demiurgo que afirma ser o verdadeiro Deus, fazem remontar todas as coisas à revelação do Pai ou pai-mãe divino desconhecido. Mas o mito serve para fixar um rígido dualismo cósmico. Somente a centelha de luz encerrada nas almas dos gnósticos pode ser despertada e subir para unir-se com sua contrapartida celeste. Tudo o que é próprio do mundo material e sensível será removido e definitivamente destruído, quando tudo o que pertence ao divino tiver voltado a sua verdadeira morada (cf. *Orig. Mundi* CG II *5* 124,33-127,17). O Salvador, portador desta revelação, é normalmente identificado como sendo a contrapartida da figura feminina da Sabedoria divina, cuja atividade fez emergir os mundos inferiores a partir dos mundos divinos (cf. *Soph. Jes. Chr.* CG III *4* 112,4-114,25). A figura da Sabedoria divina desempenha um papel revelador no mito cosmológico. Ela censura o arrogante deus-dominador de vangloriar-se de sua superioridade e revela o arquétipo celeste da humanidade. Num apaixonado desejo pela beleza do Adão celeste, o deus-dominador e seus anjos criam os corpos psíquicos e materiais dos seres humanos, que estão sujeitos à ignorância e à morte (cf. *Orig. Mundi* CG II *5* 103,1-116,8). Muitas vezes afirma-se que a verdadeira Eva, "mãe dos viventes", teria despertado Adão com a *gnôsis* da superioridade dos seres humanos sobre as divindades inferiores, lá onde se fala dos acontecimentos que os relatos do Gênesis relacionam com a árvore do conhecimento.

Esta cosmologia mitológica foi claramente desenvolvida nos círculos judaicos em que tiveram um papel importante as especulações sobre a criação de Adão e os relatos da queda dos anjos. Em muitos textos o celeste Set é a fonte da revelação para as almas gnósticas que lhe possuem o sêmen (cf. *Ev. Eg.*). O mito das origens cosmológicas, da queda da alma e de sua redenção por obra de uma figura celeste como a Sabedoria/o imortal Adão/Set, parece ser totalmente independente do mito que se encontra nos gnósticos cristãos. Equiparando o Cristo a um dos seres celestes do mito, os gnósticos puderam afirmar que esta história mítica constitui *a gnôsis* salvífica ensinada por Cristo.

A ênfase colocada no dualismo desta história mítica torna irrelevante tanto o "Jesus histórico" quanto as afirmações sobre o significado redentor de sua morte na cruz. Para os gnósticos, "Jesus" é apenas o veículo necessário, material e psíquico, pelo qual o divino redentor pode entrar no mundo para ter contato com as almas gnósticas que se perderam. Os gnósticos cristãos explicaram a cruz com termos do docetismo. Os soberanos ignorantes e demoníacos do *kósmos* pensaram haver crucificado o salvador. O que na verdade fizeram foi pendurar na cruz um corpo abandonado. O Salvador Imortal nunca esteve sujeito à morte. Os cristãos ortodoxos, que afirmam encontrar salvação na cruz, e não na *gnôsis*, ficaram decepcionados por terem colocado suas esperanças num ser humano morto, ao invés de no salvador vivo (cf. *Apoc. Pet.* CG VII *3* 81,15-84,6). Analogamente, a fé ortodoxa na ressurreição, enquanto futura transformação corporal das pessoas na imagem de Cristo, foi atacada como uma esperança fora de lugar, fundada no apego ao mundo material. O verdadeiro significado da ressurreição deve encontrar-se no despertar da alma para sua natureza divina interior (cf. *De Res.* CG I *4* 45,14-48,2).

Uma outra linha de evolução, evidente na oposição de Plotino aos gnósticos (*Enn.* II, 9), unia o mito da volta da alma à divindade com a especulação platônica sobre a subida da alma para uma visão divinizante de Deus. O trio neoplatônico, vida-mente-existência, é usado nos escritos desta escola para descrever a divindade (cf. *Allogenes, Steles Seth, Marsanes* e *Zostr.*). O dualismo gnóstico e a especulação mitológica são ofensivos para os platônicos ortodoxos, como o são para os cristãos ortodoxos. O dualismo gnóstico rompe as ligações entre o mundo material e os arquétipos celestes. Beleza e ordem, enquanto imagens do divino neste mundo, não permitem mais à alma elevar-se à contemplação racional do divino. A especulação mitológica constitui o fundamento dos batismos rituais ligados à purificação e à ascensão da alma, que se encontram nestes escritos gnósticos, e assim também as considerações sobre os nomes dos anjos e sobre a multiplicação dos seres celestes.

A especulação platônica encontra maior hospitalidade na antropologia tripartida de muitos escritos gnósticos do que na cristandade ortodoxa. Os escritos cristãos protestam com frequência que a divisão dos seres humanos em pessoas espirituais, psíquicas e materiais faz a salvação depender da natureza de cada um, antes que da livre-vontade que responde à graça de Deus (cf. *Exc. Theod.* 45,1; *Adv. haer.* I 4,1; *Trac. Tri.* CG I *5* 62,2-5). Outros escritos gnósticos, menos influenciados pela antropologia filosófica, descrevem os gnósticos como os que pertencem a uma "raça" distinta, a de Set ou Homem Imortal. Ainda que os escritores gnósticos descrevam a abertura à *gnôsis* como resposta ao "chamado" divino e, neste sentido, como uma experiência de graça ou de elevação divina (cf. *Exeg. Animae* CG II *6*, onde é contada a história da volta penitente da alma a Deus), grande parte de sua mitologia especulativa pressupõe de verdade que só poucas pessoas possuem uma natureza capaz de *gnôsis*. Várias escolas diferem no modo de tratar os "psíquicos", que os valentinianos identificam aos cristãos ortodoxos. Alguns sustentam que estes atingem uma certa forma de salvação numa região inferior do céu. Mas o elemento que mais impressiona na antropologia gnóstica é a exaltação do ser humano que está acima do Deus criador e de seus anjos (cf. *Ev. Phil.* CG II *3* 71,35-72,4). A identificação com a própria natureza divina interior não só torna o gnóstico superior às autoridades religiosas e culturais que decidem sobre a vida de grande parte da humanidade, mas torna-o superior também ao criador divino deste mundo.

Este motivo de alienação em relação ao *kósmos*, a seus deuses e a suas autoridades, é fundamental na linguagem simbólica e mítica do gnosticismo. Os gnósticos descrevem-se como membros de uma "raça" sem rei, estranhos ao demiurgo e a seus poderes (cf. *Apoc. Ad.* CG *5* 65,18-19; 69,17-18; 76,5-6). As histórias bíblicas do dilúvio, de Sodoma e Gomorra e da destruição da terra por meio do fogo eram muitas vezes lidas como outras tantas tentativas do demiurgo de destruir a raça gnóstica, que, ao invés, era protegida pelas potências angélicas (cf. *Apoc. Ad.* CG V *5* 75,9-28; 76,8-15; *Ev. Eg.* CG III *2* 63,43-8). Toda vez que aparecia no mundo a revelação, os seus soberanos agitavam-se e procuravam destruir quem era iluminado por ela. Os gnósticos interpretavam a oposição proveniente das autoridades da Igreja como uma ulterior manifestação deste projeto (cf. *Tract. Seth* CG VII *2* 58,14-60,12).

Embora os Padres da Igreja tenham escrito que alguns grupos gnósticos demonstravam sua liberdade no tocante às limitações do mundo com práticas rituais libertinas (cf. Irineu, *Adv. Haer.* I 23,3; Epifânio, *Pan.* 26), os escritos gnósticos que chegaram até nós mostram uma tendência decididamente ascética. As paixões, particularmente as relacionadas com a sexualidade, são estratagemas usados pelas potências demoníacas para submeter a alma e impedir sua reintegração ao mundo celeste. A difundida inclusão das mulheres nas seitas gnósticas parece que se baseava na asserção de que, com as práticas rituais e ascéticas, podiam "tornar-se machos" (cf. *Ev. Thom.* 114). A alma decaída é sempre representada no "feminino", ao mesmo tempo em que busca reunir-se a sua contrapartida celeste, que é "masculina". O rito central dos valentinianos, o quarto nupcial, aparentemente representava esta reunificação (cf. *Ev. Phil.* CG II *3* 86,4-18).

Ascetismo, práticas rituais e o desenvolvimento de modelos interpretativos da Escritura no contexto de uma forma única de especulação mitológica, são todos evidentes nas primeiras formas da tradição gnóstica e se desenvolveram claramente num ambiente de sectarismo judaico apocalíptico. Os mestres gnósticos do século II assimilaram tanto os materiais próprios da especulação platônica média sobre o Deus desconhecido, sobre a emanação do mundo e sobre a divina providência, quanto o material do cristianismo emergente. Este último forneceu o contexto social e religioso para o crescente desenvolvimento das seitas gnósticas. Enquanto os escritores ortodoxos insistiam em que a verdadeira *gnôsis* exigia uma exegese que aprofundasse a fé e fosse coerente com as tradições doutrinais da Igreja, os gnósticos rejeitavam toda interpretação que não tivesse sido formulada para exprimir simbolicamente a história revelada pelas origens celestes da alma, de sua queda no mundo e de sua reintegração através da *gnôsis*. Para os gnósticos, a história da salvação tinha que ser reescrita numa perspectiva mítica. As narrações da história de Israel ou da vida terrena e dos ensinamentos de Jesus não contêm em si mesmas nenhuma força de revelação. O Cristo divino da especulação gnóstica é um ser mítico não tocado por sua descida ao mundo humano.

Rejeitando a *gnôsis* da especulação mitológica e da iluminação individual, os cristãos ortodoxos insistiram na especial natureza revelada das narrações dos evangelhos e dos *Atos*. Contra a história gnóstica da salvação, que consiste numa mítica inversão e numa oposição ao Deus do judaísmo, a linha ortodoxa insiste em que o Pai celeste revelado por Jesus é o mesmo Deus que criou o mundo e que se revelou no AT. O ascetismo e a busca de uma experiência religiosa de união da alma com Deus pertencem à prática religiosa dos cristãos ortodoxos. Mas não lhes é permitido fixar as condições da salvação, de modo que a morte reparadora de Cristo ou os sacramentos percam seu poder de garantir a salvação ao crente. Os termos fundamentais com que os cristãos descrevem a salvação são a fé e a graça, antes que a *gnôsis*. A experiência feita por Agostinho com o maniqueísmo, última grande expressão de *gnôsis* na era patrística, teve um papel importante na formação de sua compreensão do mal e da graça na experiência humana.

Bibl. – Textos: Edições de textos de Nag Hammadi e das respectivas traduções, notas, comentários que aparecem nas coleções: *Nag Hammadi Studies*, Québec-Leiden, e *Bibliothèque Copte de Nag Hammadi*. – Para uma tradução italiana dos vários textos gnósticos: M. Simonetti, *Testi gnostici*, Bari 1970; L. Morandi, *Testi gnostici*, Turim 1982. – Coleções com amplo material tirado de resenhas patrísticas sobre o gnosticismo e seleções de textos gnósticos transmitidos: W. Foerster, *Gnôsis*, vol. I: Patristic Evidence, Oxford 1972; Id., *Gnôsis*, vol. II: Coptic and Mandaic Sources, Oxford 1974; B. Layton, *The Gnostic Scriptures*, Garden City 1987.

FONTES SECUNDÁRIAS: Tratados sobre o gnosticismo no contexto da evolução teológica do pensamento cristão: J. Pelikan, *The Christian Tradition*, vol. I: The Emergence of the Catholic Tradition (100-600), Chicago 1971; J. Daniélou, *A History of Early Christian Doctrine*, vol. II: Gospel Message and Hellenistic Culture, Londres 1973; R.M. Grant, *Gnosticismo e cristianesimo primitivo*, Bolonha 1976; M.J. Edwards, "Gnostics and Valentinians in the Church Fathers", em JTS n.s. 40 (1989) 26-47. – Tratados sobre gnosticismo como fenômeno religioso: K. Rudolph, *Lo gnosticismo*, Turim 1973; H. Jonas, *Lo gnosticismo*, Turim 1975; G. Stroumsa, *Another Seed: Studies in Gnostic Mythology*, Leiden 1984. – Coletâneas por parte de estudiosos eminentes: U. Bianchi, *Le origini dello gnosticismo*, Leiden 1967; B. Layton (ed.), *The Rediscovery of Gnosticism*, vol. I: The School of Valentinus, Leiden 1980; Id. (ed.), *The Rediscovery of Gnosticism*, vol. II: Sethian gnosticism, Leiden 1981; C.W. Hedrick-R.

Hodgson (ed.), *Nag Hammadi, Gnosticism and Early Christianity*, Peabody 1986; G. Filoramo, *L'attesa delta fine. Storia della gnosi*, Bari 1987.

PHEME PERKINS

GREGÓRIO DE NISSA

O mistério de Cristo revela-se progressivamente às nações de modo tal que estas se tornem capazes de acolhê-lo e de compreendê-lo através de suas culturas. Este fenômeno de → inculturação, a que no século XX é particularmente sensível, tocou antes de tudo a cultura greco-latina, em que o cristianismo se difundiu maciçamente. Ora, sob este ponto de vista, o século IV é tanto mais revelador por ser ao mesmo tempo a época em que, a partir de Teodósio, os cristãos têm a sensação de pertencerem verdadeiramente ao império, de caminharem "na direção da história", de poderem abrir-se sem reservas à cultura de que se tornam a joia, mas é também a época em que melhor se manifesta na crise ariana o ponto de ruptura e de incompatibilidade com esta mesma mentalidade greco-latina.

Gregório de Nissa ilustra bem estes dois aspectos. Depois de, ao que parece, haver-se encaminhado para o sacerdócio, deixa-se seduzir pelos últimos focos da cultura pagã, sob o reinado de Juliano, torna-se orador e provavelmente se casa. Compartilha com muitos Padres da Igreja, e até o fim da vida, a ideia de que a cultura profana é útil ao cristão (cf. *Vida de Moisés*, II, 12, SC 1ter, Paris 963, 112-113), sob a condição de que não seja separada do "leite nutritivo da Igreja". Declara que seus mestres, São Paulo e o orador Libânio (cf. *Carta* XII 4-6, GNO 8, 2, 45,15s), mas elogia a irmã Macrina, pelo fato de ignorar a cultura profana e de haurir sua instrução somente das Escrituras (cf. *Vida de Macrina*, 3, SCN 178, Paris 1971, 148-151). Já no tratado sobre a virgindade, escrito em 371, um ano antes de sua eleição para bispo, confessa sua tristeza por não ter compartilhado este ideal da virgindade, "ao qual não se pode mais voltar, uma vez que se colocou o pé na vida do mundo" (*Tratado sobre a virgindade*, SC 119, Paris 1966, 274-275). Pouco a pouco, após ter experimentado os "laços do mundo" e haver-se dedicado aos debates teológicos, Gregório parece ligar-se cada vez mais à espiritualidade monástica, como testemunham os destinatários de suas duas últimas obras: o da *Vida de Moisés* é um monge e o das *Homilias sobre o Cântico dos Cânticos* uma mulher piedosa de Constantinopla.

Entretanto, mais do que em sua vida, de que só sabemos pouca coisa, é em sua obra que aparece como o representante equilibrado do cristianismo de sua época. Pela grande cultura, pela elegância da linguagem, que se distingue pelo esteticismo da Segunda Sofística, reflete a bem-lograda assimilação cultural do cristianismo imperial. Mas seu vigor metafísico e sua profundidade espiritual tornam-no apto a sublinhar, melhor do que outros, os pontos de ruptura com esta mesma cultura. Sob este duplo prisma, vamos examinar a expressão da revelação cristã que se encontra nele.

1. CRISTO E O HOMEM – O primeiro ponto de ruptura entre a filosofia grega e a metafísica de Gregório de Nissa situa-se na concepção do universo e na escala dos seres. Para Eunômio, seu adversário, que ele define com acerto como "tecnólogo", isto é, manipulador de raciocínios humanos, Deus é inteiramente compreensível à inteligência humana e pode ser exatamente contido num conceito humano, o de não gerado. Gregório responde, levando em conta a qualidade transcendente da natureza divina. O abismo intransponível não se situa entre o inteligível e a matéria sensível, mas entre o Incriado e o criado. A natureza inteligível está dividida em duas partes: "Uma é incriada e criadora de todos os seres, é eternamente o que é e permanece sempre semelhante a si mesma, é superior a toda adição ou subtração em sua perfeita suficiência; a outra, que chegou à existência por criação, permanece sempre voltada para a causa primeira dos seres e é sua participação no Bem transcendente que a mantém na existência" (cf. *In Cant.* VI, GNO 6, 174,1-7). A natureza criada está circunscrita nestes seus limites e é finita; uma imensa e insuperável distância separa-a da natureza incriada, que, ao invés, é infinita: é o que determina para nós o caráter incompreensível, inapreensível e indizível da divindade. Um único ser permite transpor este abismo: Cristo, que, na medida em que une em si a humanidade e a divindade, se torna o único e necessário mediador. "Ele tornou-se sombra ao lado de nosso leito, o Bem-amado, Ele que é belo e delicioso. Com efeito, se Ele mesmo não se tivesse obumbrado, escondendo o irradiar de sua divindade em sua forma de servo, quem teria podido suportar sua manifestação? Ninguém verá o rosto de Deus e conseguirá viver. Tu, portanto, Tu, o delicioso, vieste, mas te tornaste o que és para que pudéssemos acolher-te" (*In Cant.* IV, GNO 6, 107,11-108,6). Rompendo com a tradição grega, que acredita poder obter a salvação com o conhecimento, ele concebe uma salvação mediante a fé que une a Cristo e somente assim dá acesso a Deus: "E é assim que para o resto da vida houve a lei da fé, que com a história de Abraão ensina aos que querem aproximar-se de Deus como isto é impossível se a fé não operar como mediadora e se, graças a ela, não unificar o espírito que busca a natureza incompreensível. Abandonando a curiosidade do conhecimento, o apóstolo diz: Abraão creu em Deus e isto lhe foi creditado como justiça" (*Contra Eunômio* II, GNO 1, 253,23-30).

2. AS ESCRITURAS E O PROBLEMA DA LINGUAGEM HUMANA – Não obstante ser Deus transcendente, dá-se a conhecer de duas maneiras: através das maravilhas de suas obras na criação e em Cristo ensinado nas Escrituras e dado nos sacramentos. As maravilhas de Deus são como um perfume, espargido na criação por sua presença. Partindo destes vestígios que podemos perceber, formamo-nos algumas ideias sobre Deus e, a partir destas ideias, dos nomes que nos permitem traduzir o que toda vez colhemos da realidade divina, mas não a realidade divina como é em si mesma: "Por um lado o próprio perfume da divindade, isto é, o que esta é em sua essência, ultrapassa todo nome e todo conceito; por outro lado, as maravilhas que vemos no universo fornecem a matéria para as denominações que damos a Deus e com as quais o definimos sábio, poderoso, bom, santo, bem-aven-

turado, eterno, juiz, salvador..." (*In Cant.* I, GNO 6, 37,12-17). Podemos fazer apenas conjecturas sobre Deus, isto é, tender para Ele, sem jamais possuí-lo. Nossa linguagem, pelo próprio fato de estar limitada ao mundo criado de que fazemos parte, não pode conter a realidade infinita de Deus; ela não nos diz o que Deus é, mas aquilo através do qual nosso pensamento pode tender a Ele. Em Gregório de Nissa a crítica da linguagem é severa e radical.

Que dizer da linguagem das Escrituras em que Cristo se revela? Por condescendência para com a humanidade, Deus revela-se em palavras de homem, forjadas pelo homem e, portanto, deficientes, se encerradas em seus limites naturais da linguagem criada. Por isto, é sempre necessário um esforço para superar a cada vez o sentido excessivamente restrito e por demais humano por nós entendido e deixar que Deus se revele cada vez um pouco maior. Estamos sempre tentados a colocar nossas ideias "baixas e terrenas" no lugar do Deus transcendente que se revela. O Verbo bate à porta de nossa inteligência e nos emite seu conhecimento: "com efeito, é impossível que aquele que se encontra no interior do santuário invisível encontre uma chuva ou uma torrente de conhecimento, mas deve alegrar-se se a verdade impregna seu espírito de pensamentos tênues e confusos, pois a água espiritual é destilada gota a gota pelos santos e pelos inspirados" (*In Cant.* XI, GNO 6, 325,21-326,5). As condições da revelação de Deus nas Escrituras são aqui bem colocadas: é preciso que o Verbo bata à nossa porta, e o faz de maneira eminente nas Escrituras (profetas, evangelistas e apóstolos, que Gregório cita algumas linhas mais abaixo). Mas, para compreendê-lo, é preciso estar no interior do santuário invisível, ou seja, é preciso estar em Cristo e ser guiados pelo Espírito. Através das palavras da Escritura, que são palavras humanas, e graças a uma exegese correta, tendemos a Deus e podemos fazer alguma conjectura sobre Ele. A revelação garante que tendemos realmente para Deus e não para uma ilusão, mediante nossa união com Ele na fé. É grande o perigo, para os pagãos como para os cristãos, de querer encerrar Deus em nossas concepções, ou em nossos conceitos baixos e terrenos ou numa ideia excessivamente pequena dele, já que limitada ao que somos capazes de colher a seu respeito. Também aqui Cristo é o mediador através do qual podemos atingir o verdadeiro Deus.

3. CRISTO E O HOMEM PECADOR – O pecado não destrói de modo fundamental toda relação do homem com Deus. Com efeito, segundo Gn 1,26, versículo que guia toda a antropologia de Gregório, o homem é criado à imagem de Deus, ou seja, está orientado para Ele, chamado a conhecê-lo, pois só o semelhante conhece o semelhante e está destinado a tornar-se uma imagem sempre mais semelhante graças a uma contemplação que o transforme.

O pecado é devido a um erro de critério e de juízo. Em vez de julgar as coisas em Deus, segundo a razão que Deus lhe outorgou à sua imagem, o homem escolhe como critério sua própria sensibilidade. Torna-se "material" (hoje diríamos "materialista") e escolhe o bem das aparências e não o das verdades. Ora, o que alegra os sentidos não é realmente o bem, mas é só o que nos orienta para o Bem supremo, que é Deus. Este erro de orientação comporta uma dupla consequência. Antes de tudo, a imagem de Deus, que se reflete no coração do homem como num espelho, se mancha, uma vez que o espelho, voltando-se para uma outra coisa, reflete uma outra realidade. Ora, o homem tem a temível capacidade de transformar-se naquilo para o que olha: num sapo, se olhar para um sapo; na beleza, se olhar para a Beleza (cf. *In Cant.* IV, GNO 6, 102,4-104,15). Sua ligação com Deus altera-se e, a menos que intervenha um salvador, torna-se nula a possibilidade de tornar a voltar-se para Ele.

Por outro lado, tendo-se condenado por si mesmo a levar uma vida baixa e terrena que não era aquela para a qual Deus o chamava, o homem deverá adaptar-se a ela. Deus confere-lhe, portanto, uma constituição tal, que possa viver o tipo de vida que escolheu livremente, e esta constituição não corresponde à da vida bem-aventurada, a única que Deus quer. É o que Gregório explica, dizendo que o homem, saído do paraíso, se vê revestido de "túnicas de pele": volúpia, cupidez, cólera, mas também de toda uma série de aspectos ligados à vida biológica, em particular a sexualidade e a morte. Estes dois últimos elementos estão intimamente ligados à condição terrena e desaparecerão no além, onde não existe mais nem homem nem mulher e onde a morte será destruída. Vemos aqui transformar-se a noção, tão importante na filosofia grega, de distinção entre o eu e o não eu. Como os filósofos, Gregório diz que as honras, o poder, o dinheiro, a beleza e a saúde não são o eu. Mas os filósofos (Platão, os Estoicos etc.) dizem que o corpo não é o eu. Gregório distingue a túnica celeste, que é nosso corpo ressuscitado, destas túnicas de pele que são apenas adaptações a uma vida temporária. O anúncio da ressurreição dos corpos retoma assim um tema profano, transformando-o.

Assim, arrastado pelo pecado e pela atração da matéria, o homem encontra-se sujeito a uma dupla necessidade. Por um lado, enquanto criatura, é um ser saído do nada e sua natureza permanece determinada por este movimento originário. É perpetuamente chamado a passar do nada ao ser, ou pelo menos de um certo grau de ser para um outro, mais elevado. Se se afastar do ser, seu caráter essencialmente mutável o arrasta novamente para o nada. Por outro lado, o pecado liga o homem à matéria, isto é, ao movimentado cíclico de nosso tempo material. O pecado é diferente deste tempo cíclico: temos fome, comemos e a fome volta. Acontece o mesmo com todas as nossas paixões. Somos como quem gostaria de escalar uma duna, cuja areia cede a cada passo que a pessoa dá (cf. *Vida de Moisés*, II, 144, SC 1ter, p. 274-275). O mal não é ilimitado, já que é inventado pelo homem, cujo poder é justamente limitado pelo fato de ser criatura. Por isto, as formas do mal não são indefinidamente novas. Em compensação, o homem recai indefinidamente nos mesmos pecados. E, segundo a antiga concepção do tempo cíclico, não existe nenhuma razão para esperar num fim. É a intervenção de Cristo na encarnação que rompe o ciclo mau e introduz um movimento linear de contínua progressão para o bem. Unido a Ele, o homem atravessa a zona do mal e entra no Bem, como explica o *Discurso de Natal*: "Compreende, pois, que a noite do pecado, depois de crescer quanto era possível, havia atingido, com a exaustiva invenção dos vícios, o auge de sua grandeza; mas hoje (i. é, Natal, o dia do nascimento de Cristo) é rompida a lei de seu crescimento e já é reabsorvida até o desaparecimento e a aniquilação" (PG 45).

Cristo introduz, portanto, uma ruptura no movimento cíclico do tempo; também quebra o maior efeito do pecado na criação: a divisão. Já que Cristo é uno com o Pai, já que a natureza divina é una e indivisível, a encarnação introduz na humanidade dilacerada um princípio de reunificação. É assim, por exemplo, que Gregório comenta a vitória de Cristo sobre a morte. Esta última não é senão o ponto derradeiro da vitória do mal que opera a divisão do que Deus quis unido: a alma e o corpo. Em Cristo a morte executa sua obra, separando a alma do corpo; mas, no ponto último da separação, choca-se com o que é indivisível e unido, uma vez por todas, à alma e ao corpo: a divindade de Cristo. E é a partir da unicidade indivisível desta divindade que se opera a reunificação do corpo e da alma, isto é, a ressurreição: "A divindade, antes da carne, na carne e depois da paixão, permanece sempre a mesma... Mas na paixão da natureza humana ela efetua para nós a economia. Com efeito, dividiu a seu tempo a alma do corpo, mas sem separar-se de nenhum dos dois elementos aos quais foi unida uma vez por todas; depois reuniu de novo o que estava separado, de modo a dar a toda a natureza humana um ponto de partida e de ligação, com sua ressurreição dos mortos, a fim de que toda a corruptibilidade fosse revestida de incorruptibilidade e todo mortal de imortalidade" (*Refutação da Confissão de fé de Eunômio*, GNO 2, 387,14-23). A morte não é, pois, uma destruição do corpo, como ensina o mundo greco-romano pagão, mas uma destruição do que há de corruptor e de corrupto em nós, por causa da presença do mal: "Acontece então que a parte de nós que não serve mais para nada, por ter acolhido o elemento contrário, se desagrega... Suponhamos que, por malevolência, um vaso de barro tenha sido enchido de chumbo fundido; uma vez derramado no interior, o chumbo se solidificou, tornando-se impossível fazê-lo escorrer para fora do vaso. O proprietário do vaso faz valer os seus direitos e, por ser oleiro, quebra o que forma uma concha ao redor do chumbo, em seguida remodela o vaso em sua forma originária, para poder usá-lo, depois de havê-lo esvaziado da matéria que nele estava misturada. Acontece o mesmo com o artista que modela nosso vaso: já que o mal foi misturado à parte sensível... o Criador, depois de ter desagregado a matéria que continha o mal, modelará de novo, graças à ressurreição, o vaso já purificado do elemento contrário e, regenerando seus elementos, lhe restituirá sua primitiva beleza" (*A catequese* VIII, 7).

Esta reunificação, por obra de Cristo, do que foi dividido em nós, começa já desde o batismo. Por isto, Gregório insiste de maneira particular na necessidade de harmonizar em nós o homem interior com o homem exterior, com a pureza da alma e a retidão das virtudes. Se Cristo é verdadeiramente pedra angular em nós, os dois muros que formam o ângulo devem edificar-se ao mesmo ritmo: "A cabeça do universo torna-se também nossa cabeça, que se adapta aos dois muros de nossa vida, o do corpo e o da alma, erigidos por meio da boa aparência e da pureza, por causa de sua natureza de ângulo com dois lados. De sorte que, se um dos dois muros fica defeituoso, quando a bela aparência não se constrói ao mesmo tempo que a pureza da alma, ou quando a virtude espiritual da alma não aparece no aspecto visível, Cristo possa ser a cabeça desta vida truncada pela metade..." (*De perfectione*, GNO 8, 1, 193,8-17). Quando tudo estiver reunificado em nós, a carne não lutará mais contra o espírito, porque todo o nosso ser será atravessado por um único desejo, orientado em Cristo para Deus (cf. *In Cant.* I).

4. O NOVO NASCIMENTO, MARIA, A IGREJA – Com a encarnação, Cristo inaugura um mundo novo, de que estão excluídos o mal e o pecado. Cristo é o primogênito, não porque seja o primeiro de nossa criação, tal como esta é, a partir de Adão, mas porque nele tem origem um novo tipo de nascimento, o da regeneração batismal, que começa com o batismo do próprio Cristo, e uma nova criação sem morte, a partir de sua ressurreição. A característica deste nascimento, de ordem diversa da simples transmissão da vida biológica, caduca e mortal, é o nascimento virginal. "Trata-se da dupla regeneração operada por meio de duas coisas, o batismo e a ressurreição: Ele tornou-se o iniciador de um e da outra; em sua carne, de resto, tornou-se Primogênito, por ter sido o primeiro e o único a instaurar em sua pessoa um nascimento virginal, desconhecido da natureza, de que ninguém em tantas gerações humanas havia ainda dado exemplo" (*Contra Eunômio* III, 2, GNO 2, 69, 14-19). Importa muito a Gregório sublinhar que este nascimento carnal não é a simples continuação material da humanidade, mas é uma ruptura com a transmissão da morte. Sublinha também neste nascimento a significativa ausência dos sinais transitórios do pecado: "foi concebido sem união, colocado no mundo sem impureza, gerado sem dor... Assim como nos foi dado um filho sem pai, esta criança foi colocada no mundo sem parto... Não deve sua origem ao prazer nem a sua vinda às dores. Isto não é nem ilógico nem inverossímil: já que a mulher, que com o pecado fez a morte entrar em sua natureza, foi condenada a dar à luz nos sofrimentos e nas dores, é absolutamente preciso que para a mãe da vida a concepção tenha origem na alegria e que o parto possa realizar-se na alegria" (*In Cant.* XIII, GNO 6, 388,8-389,9). Este texto é o primeiro vestígio, em nosso poder, da afirmação da virgindade de Maria *no parto.* Compreendemos-lhe a lógica doutrinal: o nascimento de Cristo é, com efeito, a recriação de um mundo novo que será a Igreja, de que está necessariamente excluído todo vestígio de mal. Ao arianismo, que se serve do título de Primogênito para fazer de Cristo uma criatura entre as outras, embora a primeira, Gregório responde, afirmando que Cristo é primogênito não enquanto é o exemplar eminente, mas enquanto é o princípio da nova criação. No nascimento de Cristo em Maria manifestam-se os sinais característicos desta criação. Eles prolongam-se na Igreja: "Efetivamente, a fundação da Igreja é uma criação do mundo; nela, segundo a expressão do profeta, cria-se um céu novo... funda-se uma terra nova... forja-se um outro homem, renovado pelo nascimento de cima à imagem de seu Criador" (Ibid., 384,21-385,6). Portanto, quem olha a Igreja vê Cristo nela: "Quem volta o olhar para este novo mundo da criação da Igreja, vê neste mundo Aquele que é e se torna tudo em todos..." (Ibid., 386,4-7). Este é também nosso nascimento no

batismo, que nos leva "ao estado bem-aventurado, divino, que suprime todo sofrimento" (*A Catequese*, XXXV, 13).

5. O CAMINHO CONCRETO DA SALVAÇÃO – "Eu o afirmo – diz Gregório – o homem não pode ressuscitar sem ter sido regenerado pelo batismo" (Ibid., XXXV, 2). Isto não quer dizer – explica – que os não batizados não ressuscitem; mas não ressuscitam para a mesma vida. A característica da ação de Deus no batismo é fazer o batizado nascer para a vida divina e pura: "Aquele que tiver sido purificado participará do estado de pureza; e a verdadeira pureza é Deus" (Ibid., XXXVI, 2). A mudança operada pelo batismo é dupla: por um lado, traz consigo a purificação de todo o mal que se uniu à natureza humana; por outro, faz o homem sair da condição de simples criatura limitada e o eleva, com a união a Deus em Cristo, para além de seus limites, até uma infinita vida de comunhão com Deus: "De mortal que é, o homem torna-se imortal; de perecedouro, imperecedouro; de efêmero, eterno; em suma, o homem torna-se Deus" (*Sobre as Bem-aventuranças*, Paris 1979, 93). Bem-entendido, este dom da vida divina e da purificação de todo mal não se efetua de maneira automática com a administração do sacramento. Carece ainda da cooperação da liberdade humana que o acolhe, do consentimento da fé e da manifestação da obra da graça com a prática das virtudes: "Se a vida que vem depois da iniciação não for diferente da anterior, posso dizer sem hesitações, mesmo que as minhas palavras sejam audazes, que neste caso a água não passa de água. O dom do Espírito não se manifesta em absoluto no ato realizado, se o homem, não se contentando em insultar a imagem divina que está nele, persistir em conservar os injustos resultados obtidos com o odioso vício da cólera e da paixão da cobiça, com a indecente desordem do espírito, com os acessos de orgulho, de inveja, de desprezo e se a mulher, dada ao adultério, continuar a servir a seus próprios prazeres" (*A Catequese* XL, 3). Lembremos que, para Gregório, lá onde Cristo está em ação, o homem exterior e o homem interior devem formar-se paralelamente, de modo a constituírem uma única pessoa.

Todos os sacramentos têm, segundo Gregório, esta dupla função de curar o homem do pecado e fazê-lo superar os limites que deve a sua condição criatural, para entrar na participação do infinito da divindade. Portanto, reencontramos, a propósito da Eucaristia, o que diz do Batismo. A Eucaristia é antes de tudo o remédio a nós oferecido: "Este corpo glorioso que se mostrou mais forte do que a morte tornou-se para nós fonte da vida" (Ibid., XXXVII, 3). Segundo a divisão do mundo em sensível e inteligível, que Gregório respeita sempre, a Eucaristia já é remédio para a corruptibilidade de nosso corpo e se apresenta sob a forma apropriada de alimento e bebida. Mas estes não alimentam o que no corpo existe de caduco e mortal; contribuem para alimentar a nova vida do corpo recriado. A Eucaristia é também alimentação de progresso espiritual que faz o homem passar do estágio de criança para o de homem perfeito. Provoca no homem o sair de um mundo inferior para um mundo cada vez mais elevado. Quando Cristo entra no homem, provoca um sair de si, que Gregório chama de êxtase: "É para isto que Ele convida, aqui (cf. *In Cant.* V, 1), seus amigos com a palavra, isto de fato se realiza no Evangelho, se é verdade que toda embriaguez produz geralmente um sair de si, por parte do espírito, como efeito do vinho. Aquilo a que o Cântico convida realizou-se, e realiza-se sempre, mediante o alimento e a bebida divina, pois o transporte e o êxtase do mundo inferior para o mundo superior invadem a alma com o alimento e a bebida" (*In Cant.* X, GNO 6, 308,15-309,2).

6. A REVELAÇÃO DE CRISTO ATRAVÉS DOS MEMBROS DA IGREJA – Graças a este sair de si, o cristão cresce incessantemente em Cristo. Mas nem todos crescem com o mesmo ritmo: alguns balbuciam, enquanto outros podem dizer, como Paulo: "não sou mais eu quem vive, mas Cristo vive em mim". O homem assim transformado pode então irradiar para os outros o que ele mesmo já recebeu. Gregório define este processo como "economia da Igreja", graças à qual se difunde o Espírito Santo: "Os que foram os primeiros a serem instruídos pela graça e que se tornaram as testemunhas oculares do Verbo não enclausuraram este bem em si mesmos, mas, por transmissão, geraram a mesma graça naqueles que vieram depois deles" (*In Cant.* I, GNO 6, 40,14-17). Assim, os profetas, os evangelistas, os apóstolos, cada um haurindo "tudo o que era capaz de conter dos tesouros tenebrosos, escondidos e invisíveis, tornaram-se para nós um rio cheio de água" (*In Cant.* XI, GNO, 6, 326,6-9). Esta transmissão não acontece somente no tempo, pois todo membro é para os outros, na medida de suas capacidades de receber a Cristo e de transformar-se nele, "o perfume de Cristo". O Espírito Santo difunde-se assim em todo o corpo e garante-lhe a unidade, já que cada membro é ao mesmo tempo o que plenifica os outros e o que é plenificado pelos outros; rainha e concubina, para retomar a imagem do Cântico. A unidade final deste Corpo é garantida pela unicidade de seu desejo de Deus, inspirado pela presença total de Cristo: "Está na natureza de todos os seres, tendidos para o desejo da felicidade e da excelência. Se, pois, as meninas proclamam bem-aventurada a pomba, certamente desejam, também elas, tornar-se pombas. E que a pomba seja celebrada pelas concubinas e pelas rainhas é prova do fato de que também estão cheias de zelo por aquilo que louvam; até o momento em que, transformados num só todos aqueles cujos desejos estão fixos no mesmo objeto, não havendo mais vestígio de mal em ninguém, Deus será tudo em todos, pois todos são unidos uns aos outros na unidade da comunhão com o Bem" (*In Cant.* XV, GNO 6,458,18-469,8).

Os próprios anjos são chamados a contemplar e a amar a beleza do esposo no Corpo de Cristo, que é a Igreja; assim, é um único amor que restabelece a unidade de toda a criação, que o pecado havia rompido. Um único desejo e amor reunificam portanto a criação inteira em Cristo, mas Cristo permanece mediador, Ele que é Deus e homem, ao passo que a humanidade nunca perde a marca da criatura, isto é, a capacidade sempre limitada, ainda que sempre crescente, de apreender a Deus. Por isto, resta-lhe sempre algo para descobrir e seu desejo é eternamente e ao mesmo tempo satisfeito e voltado para o oceano da infinitude divina.

Bibl. – F. Diekemp, *Die Gotteslehre des heiligen Gregor von Nyssa.* Ein Beitrag zur Dogmengeschichte der patristischen Zeit,

I, Münster 1896; J. Daniélou, *Platonisme et théologie mystique*, Paris 1954[2]; Id., *L'être et le temps chez Grégoire de Nysse*, Leiden 1970; E. Mühlenberg, *Die Unendlichkeit Gottes bei Gregor von Nyssa*, Gottingen 1966; M. Canévet, "Grégoire de Nysse", em DSp, VI, 971-1011, Paris 1967; Id., *Grégoire de Nysse et l'herméneutique biblique.* Etude des rapports entre le langage et la connaissance de Dieu, Paris 1983; R.M. Hübner, *Die Einheit des Leibes Christi bei Gregor von Nyssa.* Untersuchungen zum Ursprung der "physischen" Erlosungslehre, Leiden 1974; H. Dórrie, "Gregor von Nyssa", em *Reallexicon für Antike und Christentum*, fascículo 94 (1983) 863-895; H.U. von Balthasar, *Présence et pensée. Essai sur la philosophie religieuse de Grégoire de Nysse*, Paris 1988[2].

MARIETTE CANÉVET

GUARDINI, Romano

Em 11 de novembro de 1934, Romano Guardini teve ocasião de afirmar que a Escritura era a fonte de quase toda a sua criatividade, juntamente com uma profunda experiência de si mesmo e um intenso encontro com o mundo, o homem e as coisas. Apresentou seu pensamento em forma de aulas e de pregações. Pouco a pouco, construiu um sistema que contém os seguintes quesitos: Quem é Deus? Quem é o homem? Que é o mundo? A pedra angular tinha que ser a encarnação de Cristo. Seu trabalho principal seria a antropologia, onde todo o conhecimento giraria em torno de uma questão: Quem é o homem?

1. HERMENÊUTICA DA EXISTÊNCIA – Juntamente com K. Neundorfer, o jovem Guardini defrontou-se com os problemas filosóficos levantados por Kant e por Hegel: a autonomia do homem e a multiplicidade da existência. Elaboraram uma hermenêutica da existência, *Der Gegensatz. Versuche zu einer Philosophie des Lebendig-Konkreten* (1925). Como se entrevê pelo título, o trabalho parte de uma avaliação da objetividade para em seguida propor um original modelo epistemológico.

Evitando os apriorismos kantianos e toda redução simplicista da objetividade, Guardini procurou salvaguardar o dinamismo fundamental da existência humana com suas características de transcendência, liberdade de escolha e liberdade de atividade. Manteve-se também longe de interpretações românticas da existência e do dualismo radical entre razão e compreensão.

A vida é descrita como um incessante encontro entre subjetividade e objetividade, entre o homem e seu mundo (*Umwelt*). Ao exprimir-se, o homem estabelece um "fora" e um "dentro", que constituem uma interação de polaridades (*Gegensätze*) que formam sua *Gestalt.* O homem pode desenvolver-se segundo uma interioridade mais profunda ou pode transcender-se a si mesmo em direção ao mundo dos objetos e em direção aos outros, acrescentando a tal mundo seu próprio *Umwelt* e fixando novos modelos de relações. Em consequência, todo ser humano tem seu ritmo próprio de mudança qualitativa e quantitativa.

Na obra *Welt und Person*, Guardini desenvolve sua visão do homem enquanto encontro dialogal entre sujeitos. Quando dois sujeitos superam seu isolamento existencial, descerram sua *Gestalt* através da palavra e da comunicação e decidem respeitar a recíproca liberdade, um oferece ao outro, a cada "eu", a ocasião de ser ele mesmo, de exprimir-se livremente e de plasmar cada um seu próprio destino (cf. *Freiheit, Gnade und Schicksal*, 1948). Não só isto; o homem alarga seu próprio *Umwelt* e seu próprio horizonte para chegar a abraçar a totalidade da existência. Assim, encontra a primeira palavra pronunciada por Deus na criação, bem como sua providência que acompanha a criação através da história. É a palavra criadora de Deus que dá início à história. O homem deve responder com uma *Weltanschauung* em consonância com a visão divina (*Blick*) da totalidade do ser.

A hermenêutica de Guardini abraça a existência do homem no quadro de seu encontro com a objetividade, com a história e com Deus. Ultrapassando a → hermenêutica de Schleiermacher e de Dilthey, que se funda em sua visão da compreensão humana, Guardini procurou encontrar a estrutura fundamental da interpretação no interior da existência como tal.

2. O HOMEM E A REVELAÇÃO – *Die Offenbarung* (1940) é a mais importante contribuição de Guardini para a Teologia Fundamental. Num segundo momento, reviu todo seu material, que começou a publicar sob o título *Religion und Offenbarung.* O primeiro volume, que trata da dimensão religiosa da existência humana, saiu em 1958; o segundo, especificamente sobre a revelação, ainda permanece inédito no arquivo Guardini.

A existência do homem é incompleta sem a revelação divina, que reinterpreta e leva à consumação a palavra criadora de Deus

Em linha com sua metodologia do *Gegensatz* (= do oposto), Guardini explora quatro direções em que o homem pode fazer a experiência dos limites (*Grenze*) de seu ser. O homem tem a impressão de ser chamado a um além sem nome e sem forma, a partir do qual espera chegar ao significado da existência. Com seus "dentro" e "fora", Guardini movimenta-se para frente e para trás na história: em direção à origem do homem e em direção ao seu fim e ao objetivo de seu ser.

Guardini define a experiência da finitude e da contingência como a experiência religiosa do homem. Também a queda faz parte desta experiência fundamental, à luz do que contêm várias metodologias. A natureza simbólica da linguagem e de tantas outras coisas na vida também evoca a experiência humana dos limites. Guardini faz amplo uso da teoria da "numinosidade", própria de R. Otto, para exprimir aquilo que acabamos de mencionar, embora guarde a devida distância em relação a dois pontos. As diversas manifestações do "numinoso" não são as expressões diferentes de uma mesma realidade fundamental; segundo Guardini, é a experiência humana do limite que une estas expressões. Além disto, não obstante, o homem fale do "além" como do "outro", não deve considerá-lo nunca como a contrapartida do ser, já que o "além" o abraça por inteiro.

Toda vez que o homem fala deste limite, suas respostas explicam tanto o limite quanto o homem que lhe dá a definição. Expressões como "creio em um espírito no mundo" ou "creio em Deus" indicam tanto o significado que se dá da existência quanto a relação pessoal do sujeito com aquela totalidade. Guardini desenvolve este pensamento na obra *Den Menschen erkennt nur wer von Gott weiss* (1965).

A experiência humana do limite é um encontro dinâmico; a vida do homem é, pois, uma contínua busca, um encontrar e um perder de novo para movimentar-se para um encontro mais profundo. A compreensão humana do limite assume a forma do desejo de significado e leva à compreensão de um certo conteúdo para depois fragmentar o que se entendeu, na busca de uma ulterior verdade. A despeito da natureza simbólica do ser, se bem que cada coisa fale de Deus e conduza a Ele, tudo permanece indeterminado, camuflado e pode até confundir o homem em sua procura do significado. Só a manifestação que Deus faz de si mesmo é capaz de fornecer uma resposta clara à pergunta existencial do homem que procura a verdade.

A revelação é o encontro de Deus com o homem na história: este encontro dialogal torna-se por isto um evento histórico que não pode ser anulado. Assumindo a natureza de uma palavra, a automanifestação de Deus é um exemplo de sua *kénōsis* na história. A palavra de Deus pode passar despercebida, precisa ser decifrada, está sujeita a ser mal-entendida e pode até suscitar escândalo. Por isto, o homem deve ter condições de reconhecer a Palavra de Deus entre as tantas palavras e os tantos eventos da história.

Deus opta por revelar-se com uma palavra proferida a um povo determinado, de modo que a revelação assume a forma da ação de Deus (*Handeln*) em relação àquele povo. É feita de palavras e de eventos inscritos em determinadas condições históricas e espaciais. Não obstante isto, a Palavra de Deus dirige-se a todos os homens e suscita da parte do homem uma resposta pessoal de obediência e de fé, associada a sua participação numa missão universal. A intervenção divina na história não acrescenta uma nova religião às religiões babilônica, cananeia, egípcia etc. Pelo contrário, Deus encontra a totalidade da história humana e entra em diálogo com os homens de todas as raças e de todos os tempos.

A realização perfeita do encontro entre Deus e o homem é a encarnação. Deus entra pessoalmente na história dos homens, de sorte que Jesus se torna a expressão (*Ausdruck*) e a epifania do Deus vivo. Em Jesus Deus manifesta seu "eu" tripessoal e seu próprio pensamento (*Gesinnung*). O Deus feito homem constitui destarte a palavra derradeira de Deus sobre si mesmo e sobre o homem chamado a uma plena comunhão pessoal com Deus. Cristo introduz uma nova criação, uma nova humanidade, que Guardini chama de interioridade cristã.

A relação entre o homem e Cristo é o todo (*das alies*). Cristo é o Deus que fala, que revela tudo, o significado infinito que se autoexplica e, ao mesmo tempo, é verdadeiro homem. Tendo em mente *A essência do cristianismo*, de A. Harnack, Guardini afirma que não existe uma definição abstrata desta essência. Não existe ensinamento, nem sistema fundamental de valores morais, nem atitude religiosa, nem um estilo de vida que sejam separados da pessoa de Cristo. "O conteúdo do cristianismo é Cristo mesmo."

Por isto, Guardini pode insistir no fato de que só a revelação pode explicar-se a si mesma. Vindo do ser divino, a revelação nunca pode perder importância e novidade. Pede ao homem que vá além de sua natureza simbólica, que pode até esconder a automanifestação de Deus, e que penetre mais no próprio ser de Deus.

3. A CONTINUAÇÃO DA ENCARNAÇÃO – A despeito do individualismo de sua época, Guardini apresentou a Igreja como a continuação da única mediação de Cristo no tempo e, na esteira de → Newman, como a realização do Reino de Deus na terra. A Igreja é verdadeiramente o uno e o todo (*Vom Sinn der Kirche*, 1922). O homem não pode em tempo algum dirigir-se a Deus em sua existência isolada; só pode fazê-lo a partir da totalidade compreensiva e aberta da Igreja, a partir de sua tradição viva e de seu "eu" comunitário. Este "eu" não é um "nós" destituído de forma, e sim o encontro de todos os que constituem a comunidade viva e crente (*Vom Leben des Glaubens*, 1935).

O homem responde a Deus na obediência e na fé. Em outros termos, tem que decidir se quer em definitivo conservar ou perder o seu eu (cf. Mt 10,39), não tanto frente a Deus quanto em relação à mediação humana, a Igreja. É aqui que o homem deve tomar sua decisão a favor ou contra a revelação. Não, portanto, numa autonomia de perspectiva kantiana, mas somente na Igreja e através da Igreja o homem pode atingir sua plena liberdade, tal como é expressa em seu ato de fé.

Na Igreja e através da Igreja, Cristo vem habitar no homem e, através de seu Espírito, conduz o homem a um novo nível de existência. A existência remida do homem baseia-se no fato de que o "Tu", que é Deus e que em Cristo se aproxima do homem, atrai o "eu" do homem em si mesmo e ele próprio penetra no "eu", de sorte que se forma uma nova relação polar.

Pela ação do Espírito, a interioridade cristã convida o homem a avançar para alturas e profundezas sempre maiores, longe de toda mediocridade e de toda falsa segurança.

Somente a graça de Deus permite ao homem ser ele mesmo, vale dizer, chegar a ser a verdadeira imagem do próprio Deus. O homem responde na fé e no amor. Fé significa uma contínua abertura à novidade de Deus, na base da aceitação da revelação divina e da obediência ao chamado de Deus. Polemizando com a autonomia kantiana, Guardini crê que a obediência seja o ponto mais crítico da fé do homem: nela o homem entrega seu ser às mãos de Deus e certifica o que lhe foi prometido. Contudo, tal entrega de si exige um ato de fé responsável e inteligente junto com uma vida de amor que pode unir o homem com Deus e os homens entre si. Em tudo isto o homem é conduzido pelas sugestões de seu coração, que, no dizer de → Agostinho e de → Pascal, dirige o homem para a procura da verdade última, Deus mesmo.

Bibl. – Obras de R. Guardini, *Auf dem Wege*, Mainz 1923; *Romano Guardini in Gespräch mit Erich Gorner 1933-1934*, s.d.;

Welt und Person, Munique 1939; *O Senhor – Meditações sobre a vida e a pessoa de Jesus Cristo*, São Paulo 1964; *L'essenza del cristianesimo*, Brescia 1950; *Unterscheidung des Christlichen*, Mainz 1963; "Kirche und Dogma", em M. Galli-M. Plate (ed.), *Kraft und Ohnmacht*, Frankfurt 1963; *Berichte über mein Leben*, Düsseldorf 1984.

H. Engelmann-F. Ferrier, *Romano Guardini.* Le Dieu vivant et l'Existence chrétienne, Paris 1966; A. López Quintas, *Romano Guardini y la dialéctica de lo viviente.* Estudio metodológico, Madri 1966; Vários autores, *Romano Guardini. Der Mensch – Die Wirkung-Begegnung*, Mainz 1979; R. Wucherer-Huldenfeld, *Die Gegensatzphilosophie Romano Guardinis in ihren Grundlagen und Folgerungen*, Wien 1968; A. Babolin, *Romano Guardini. Filosofo dell'Alterità*, vol. I-II, Bolonha 1968-1969; H.U. von Balthasar, *Romano Guardini.* Riforma dalle origini, Milão 1970; H.B. Gerl, *Romano Guardini (1885-1968).* Leben und Werk, Mainz 1985; H. Kleiber, *Glaube und religiöse Erfahrung bei Romano Guardini*, Friburgo 1985; A. Schilson, *Perspektiven theologisher Erneuerung.* Studien zum Werk Romano Guardinis, Düsseldorf 1986.

MARIO FARRUGIA

H

HEGEL, G.W. Friedrich

1. OBRAS SOBRE A RELIGIÃO – Em sua juventude, durante curto espaço de tempo Hegel estudou teologia, antes de voltar-se para a filosofia. Durante toda a sua carreira filosófica, conservou um profundo e constante interesse pela religião em geral, em particular pelas diversas religiões do mundo e especialmente pelo cristianismo.

Os escritos e as aulas de Hegel atestam a paixão e o empenho com que enfrentava a filosofia da religião. Nos inícios do século XX, H. Nohl recolheu as primeiras reflexões de Hegel sobre a religião e sobre o cristianismo, num volume intitulado *Escritos teológicos*. A *Fenomenologia do espírito*, publicada por Hegel em 1807, marcou o início de sua reflexão filosófica mais "madura" ou sistemática. Nesta obra, fascinante, mas complexa, Hegel tratava a religião como o penúltimo estágio do movimento fenomenológico que, da consciência, através da autoconsciência, chega até aquilo que ele denominava "conhecimento absoluto". Hegel publicou as três partes da *Ciência da lógica* entre 1812 e 1816. Descrevia seu projetado movimento de pensamento lógico ou puro em termos religiosos, quando, referindo-se a ele, o indicava como "a apresentação de Deus como Deus é na essência eterna de Deus, antes da criação da natureza e do espírito finito". Hegel publicou três edições, cada vez mais elaboradas, do sumário de seu sistema filosófico, *Enciclopédia das ciências filosóficas em compêndio*. Aqui, uma vez mais, nestas edições de 1817, 1827 e 1830, colocava a religião como a última esfera no movimento de autoevolução do pensamento filosófico. Em 1821, em resposta, ao menos em parte, ao modo como F. Schleiermacher enfrentava o tema religioso em *A fé cristã*, deu início à primeira de suas quatro séries de conferências berlinenses sobre a filosofia da religião. Estas conferências sobre a religião, pronunciadas nos anos de 1821, 1824, 1827 e 1831, nunca foram publicadas por ele; tratava-se, na verdade, de elaborações diversas da filosofia da religião delineada na *Enciclopédia*. Contudo, sua rápida publicação numa primeira edição pouco após sua morte e ainda, numa edição profundamente revisada, alguns anos mais tarde, provocou uma notável discussão sobre quanto tomava a sério a religião, e o cristianismo em particular. Agora, na última parte do século XX, a publicação, por parte de W. Jaeschke, R. Ferrara e P.C. Hodgson, de uma edição crítica do manuscrito de sua filosofia da religião, de 1821, e de várias transcrições, por parte de ouvintes, de conferências posteriores sobre a filosofia da religião, torna efetivamente acessíveis estas conferências, pela primeira vez. Sua publicação coroa um século de renovado e crescente interesse pela filosofia de Hegel e particularmente por seu pensamento sobre a religião e sobre o cristianismo.

2. FILOSOFIA DA RELIGIÃO – Segundo o pensamento "maduro" de Hegel, a religião seria a elevação da consciência humana, ou do espírito finito, para Deus, ou seja, para o infinito. Segundo seu projeto, esta elevação aconteceria na forma de um movimento de pensamento reflexo, ou conceptual. Sustentava, de fato, que o espírito, como tal, inclusive o espírito finito, é um movimento do pensamento. Definia literalmente o divino e o humano em termos de pensamento. Ora, como a religião seria o que há de mais típico no ser humano, seja como indivíduo, seja como comunidade, também ela seria um movimento do pensamento. Hegel tinha muitos motivos para propor-se desenvolver em termos de um movimento dinâmico de pensamento unificador e compreensivo, tanto seu sistema global como movimento do espírito em geral quanto sua construtiva leitura filosófica da religião em particular. Uma razão importante, que particularmente hoje desperta interesse, era sua intenção de filosofar em âmbito público. Estava convencido de que o pensamento reflexivo era acessível ao público e criticamente examinável. Por isto, quis trabalhar com o pensamento reflexivo, antes que, por exemplo, com algo como a intuição ou o sentimento.

Hegel não somente definia a religião como a elevação da consciência religiosa finita para Deus, ou seja, para o infinito, mas também sustentava, coerentemente, que esta elevação pressupunha um movimento mais abrangente do espírito. De 1824 em diante, mas especialmente em 1827, organizou suas conferências de modo sempre mais claro e sistemático para que refletissem a estrutura deste movimento mais abrangente. Sustentava que elevar-se do finito para o infinito era, na realidade, a continuação, por assim dizer, de um movimento logicamente anterior, que ia de um inicial infinito unitário para a diferenciação ou finitude. Com base em semelhante afirmação, Hegel podia desenvolver sua filosofia da religião como um movimento dinâmico e, portanto, dialético e autoafirmativo do espírito. A religião, ou melhor, a filosofia da religião, era para Hegel o movimento dialético do espírito que se faz outro na finitude, para, em seguida, retornar, através da negação desta finitude, a si mesmo de um modo mais pleno. Exprimindo isto de modo mais concreto e em termos por ele explicitados nas conferências de 1827, a filosofia da religião seria o evoluir de Deus como espírito absoluto. Hegel apresentou a filosofia da religião como um movimento que, partindo do conceito de Deus, chegava às várias religiões específicas ou determinadas, distintas do cristianismo. Concluía sua filosofia da religião apresentando a religião perfeita como a negação dos limites e das particularidades destas religiões finitas ou determinadas. Em sua realização histórica, identificava a religião perfeita com o cristianismo e em particular com sua tradição cristã luterana.

Hegel construiu sua filosofia da religião como um movimento do pensamento, na forma deste movimento interior do espírito que se autodesenvolve. Tendo identificado este movimento com o evoluir de Deus, enquanto sujeito divino, interpretava a religião como um movimento da subjetividade divina. Tratar-se-ia de um movimento partindo de Deus como substância, para Deus enquanto diferenciado em seu interior e, portanto, verdadeiro e divino sujeito ou pessoa. Era sem dúvida um momento da divina subjetividade inclusiva, já que Deus foi considerado como [ser] inclusivo de finitude, ou seja, do mundo. Razão pela qual a religião seria, para Hegel, um processo de reconciliação entre o humano e o divino, uma reconciliação que se realiza na forma de uma subjetividade divina inclusiva que se autoafirma.

Em todas as suas conferências de Berlim, Hegel desenvolveu, consequentemente, sua filosofia da religião em três partes. O título da Parte Primeira foi "O conceito de religião". Para descrever este primeiro momento da filosofia da religião, usou o termo lógico de "universalidade". Este primeiro momento era formalmente bem-estruturado. Acabava em nível do implícito. Seria, conforme dizia, a ideia divina ainda "em si". Embora tenha precisado de anos para elaborar uma estrutura adequada para esta primeira parte da filosofia da religião, ao apresentá-la começava sempre insistindo em dizer que a religião não era uma questão só do humano ou só do divino, mas sim dos dois juntos. Começava sempre a apresentação do conceito de religião com a afirmação de uma unidade originária, vale dizer, com a religião como relação entre o humano e o divino. Prosseguia afirmando a distinção entre Deus e a consciência religiosa finita como algo que se desprende imediatamente desta unidade inicial. Falava deste segundo momento, ou seja, do afirmar-se da distinção, em termos de alteridade. Chegou a considerá-lo como um momento daquilo que denominava razão teorética ou, neste caso, razão distinguinte. É justamente este manifestar-se da distinção ou diferença que, para sermos exatos, constitui o momento da religião, pois é aqui, neste segundo momento, que se pode falar propriamente de uma elevação do finito para o infinito. Num terceiro momento, Hegel falava da negação desta distinção por meio do movimento daquilo que ele chamava de razão prática ou, neste caso, integrante. Especialmente nas conferências subsequentes, este último passo foi visto mais claramente como o momento da comunidade e do culto, isto é, da adoração. Para Hegel, a razão prática ou integrante seria o movimento do pensamento sob o aspecto da vontade. Sustentava que estes três passos, ou momentos, do conceito de religião, desenvolvidos de modo mais formal, se concretizariam de modos diversos, em cada uma das religiões finitas do mundo. E encontrar-se-iam concretizados de modo pleno na religião perfeita.

A Parte Segunda de sua filosofia da religião foi por Hegel intitulada "Religião determinada" (ou a "Religião finita"). Falava dela como do momento da particularidade. Em seu modo de falar, tratar-se-ia do aparecimento do conceito de religião ou da ideia divina "por si mesma", ou seja, enquanto realizada, de maneira explícita, na alteridade finita. A "Religião determinada" consistiria numa série de apresentações, dialeticamente justapostas e tipologicamente elaboradas, das diversas religiões do mundo, excetuado o cristianismo. As elaborações sucessivas e, em certos casos, as variações significativas desta Parte Segunda atestam o fato de que Hegel continuou a estudar estas religiões de modo bem sério. No decurso dos anos de suas conferências berlinenses, acrescentava regularmente uma considerável quantidade de novo material na apresentação destas religiões. Houve quem dissesse que, no tocante a estas religiões, ele era o europeu mais bem-informado de seu tempo.

Hegel operou significativas mudanças – de uma série de conferências a outra – na organização interna e na ordem de apresentação de algumas das religiões finitas ou específicas. Mas sempre iniciou esta Parte Segunda com o que hoje se chamaria de "religiões naturais", em particular as da África e da América do Norte. Nestas religiões, fenomenologicamente mais antigas, Deus estava presente mais na forma de substância. Embora situasse estas religiões num estágio mais primitivo da progressão fenomenológica das religiões determinadas, não se permitia rejeitar simplesmente ou não levar em consideração as concepções que tinham sobre Deus. Insistia em que estas concepções de Deus deviam ser consideradas como atualizações mais imediatas de Deus, se bem que este fosse ainda entendido e adorado como uma substância de certo modo interiormente indiferenciada. Deus como substância seria sujeito, espírito e pessoa, mas ainda somente de modo implícito. Hegel continuou em sua apresentação das diversas religiões finitas, que catalogava, genericamente falando, segundo a maneira, cada vez mais explicitamente desenvolvida e complexa, de elas conceberem a Deus e as relações entre o humano e o divino. Ordenou as religiões finitas de acordo com sua localização geográfica, tratando das da China, da Índia, do Oriente Médio, da Grécia e de Roma. Com certa audácia, propôs também que esta sua catalogação fenomenológica e este ordenamento geográfico refletissem o desenvolvimento histórico global das diversas religiões.

A dialética dinâmica de Hegel sobre a atualização do espírito na série das formas finitas da religião, e através delas, é extremamente complexa, mas fascinante. Procurava apresentar este segundo momento, a "religião determinada", ao mesmo tempo como o momento em que o conceito de Deus aumentava de complexidade e o momento em que, no fim, acontecia uma total alienação. Destacava esta total alienação na religião romana, que sempre colocava em último lugar, na série das religiões determinadas. Com sua degradação e devassidão, a religião romana marcou o fundo ou a virada decisiva na fenomenologia e na história da religião. Nela, as concepções de Deus, anteriormente desenvolvidas de modo mais complexo, fragmentaram-se numa religião sempre mais negativa. Segundo Hegel, o cristianismo nasceu dialeticamente da negação desta negatividade.

A Parte Terceira de suas conferências sobre a filosofia da religião foi por Hegel intitulada "A religião completa ou manifesta". Aqui, de modo geralmente constante em todas as quatro séries de conferências, deu uma interpretação filosófica construtiva do cristianismo e de suas doutrinas fundamentais, na linha de sua interpretação global do espírito como movimento dialético do pensamento que se autoafirma. Como havia feito em sua apresentação das várias religiões determinadas, assim também aqui formulou uma espécie de apresentação tipológica do cristianismo. Em sua leitura filosófica, indicava o cristianismo como a religião completa, pois levava à consumação, ou realizava em cheio, a estrutura do que anteriormente, na Parte Primeira, tinha definido como sendo a estrutura e o movimento mais formal da religião. A religião manifesta tinha condições de desempenhar o papel de estrutura do conceito de religião, porque incorporava a realidade que aquele conceito havia atingido nas várias religiões finitas e através delas. Apresentava este terceiro momento, a religião completa, como o momento da individualidade. O que estava inicialmente presente no pensamento ou consciência religiosa "em si mesma" e o que depois era atualizado "*per se*" na alteridade das várias religiões finitas, na religião completa era integrado num momento que Hegel indicava como o aparecimento da ideia divina "em si mesma e por si mesma". Por isto, a religião absoluta é a religião do espírito. É a religião em que Deus é conhecido explicitamente como espírito e em que Deus existe como espírito para o espírito finito. Na religião completa, Deus é um movimento de subjetividade divina inclusiva.

De 1824 em diante, Hegel desenvolve com mais clareza, em três partes, sua apresentação da religião completa. O primeiro elemento ou esfera da religião completa é aquele em que volta à unidade originária de Deus e da consciência religiosa. Mas esta unidade tornou-se, neste ponto, uma esfera mais desenvolvida e internamente diferenciada. Nas conferências de 1831, Hegel falará dela como sendo o Reino do Pai. Nesta esfera, o conceito de Deus, a ideia divina, está presente ao pensamento na forma de Trindade, vale dizer, daquilo que hoje se chamaria de Trindade "imanente". Segundo Hegel, Deus, no cristianismo, é o duplo movimento dialético de seu tornar-se outro e de sua reentrada em si, figurativamente indicado como Pai, Filho e Espírito Santo. Este é um movimento do momentâneo afirmar-se da diferenciação, enquanto momento dialético de negação. O Filho – ou segundo momento – não é a imediatez do primeiro momento. Este segundo momento é, antes, um momento de distinção ou de diferença que logo desaparece. Este desaparecimento da diferença é o Espírito Santo, o superamento da alteridade. Este movimento global do espírito, isto é, de diversidade e de retorno, é caracterizado por Hegel como um movimento de vida e de amor.

Na primeira esfera da religião manifesta, a alteridade é apenas aparente ou implícita. É na passagem para a segunda esfera que ela se torna real e explícita e também fenomenologicamente perceptível. A segunda esfera é a de Deus, ou da ideia divina, que se coloca como mundo finito da natureza e do espírito finito. Pelo menos nas conferências feitas de 1824 em diante, esta segunda esfera é a dupla esfera da diferenciação e da imediata reconciliação. Em 1831, Hegel chama-o o reino do Filho. Na apresentação de suas diversas conferências, Hegel empreende uma longa e impressionante análise das noções cristãs de criação, de inocência original e de pecado original. Dá-lhes uma interpretação filosófica e existencial, enquanto elabora uma leitura dialética da relação entre o bem e o mal. Leva adiante sua análise da alienação, que se manifesta com a distinção entre Deus e o espírito finito, até o ponto em que chega a dizer que a alienação constitui precisamente o núcleo do que significa ser humano. A pessoa humana está aprisionada numa espécie de autosservidão. E, no entanto, ser humano significa ser uma entidade pensante e, portanto, ser espírito. A pessoa humana não é somente autoalienação interior, mas, enquanto ser pensante, significa também, e igualmente por princípio, a superação desta alienação.

Hegel apresenta a pessoa humana como espírito finito e essencialmente como ser pensante. Enquadrando nestes termos o que significa ser homem, isto é, em termos de alienação interior e de possibilidade de superar tal alienação, consegue preparar o que se poderia denominar o contexto transcendental em que se podem realizar, e de fato se realizam, a revelação e a encarnação. Fala com frequência da autorrevelação divina e afirma que, com a encarnação, ocorreu uma total autorrevelação divina, na forma de um ser humano individual: o Cristo. De várias maneiras Hegel insiste em dizer que a autorrevelação divina deve concretizar-se num indivíduo, se tiver que ser acessível a toda a humanidade. Deus revela Deus mesmo numa forma de alteridade que toca o abismo da finitude, vale dizer, a morte de Cristo na cruz. A ressurreição é a passagem a uma presença espiritual pela comunidade e na comunidade dos crentes.

A terceira esfera da religião completa é a da comunidade, ou do culto. Na segunda esfera, Hegel tinha apresentado – pelo menos de 1824 em diante – o duplo momento da diferenciação e da imediata reconciliação numa individualidade divino-humana como a realização do segundo momento do conceito de religião, isto é, o do conhecimento teorético. Agora, apresenta a terceira esfera como a realização do movimento de conhecimento prático. Trata-se de um momento de individualidade inclusiva. É o momento em que a imediata reconciliação se torna acessível e é realizada na comunidade dos espíritos finitos. Mediante uma leitura filosófica da fé, da doutrina, dos sacramentos e do sacrifício, Hegel apresenta a esta altura a progressiva realização, nos membros da comunidade espiritual, daquela reconciliação entre humano e divino, que já se realizou em Cristo. Hegel fala livremente do Espírito Santo como presença divina nos membros da comunidade espiritual. Em todas as diversas conferências, designa esta esfera como o reino do Espírito. Neste reino, isto é, no espírito finito e através dele, Deus se tornou espírito para o espírito. Esta consciência de ser uma só coisa com Deus – o que Hegel denomina a paz de Deus – deve exprimir-se na conduta ética. Mas para ele a reconciliação entre humano e divino – uma reconciliação efetivamente concretizada aqui, na terceira esfera – permanece ligada a uma forma religiosa representativa. Ou seja, a superação da alienação acontece ainda na forma de alteridade identificada ainda como Deus Espírito Santo. Para Hegel, a reconciliação e a paz atingida na comunidade espiritual e na conduta ética encontram sua expressão última e adequada na renovada imediatez do puro pensamento filosófico. Neste pensamento, a mediação é automediação, sem vestígio de alteridade mostrada externamente.

Apesar de Hegel sustentar que cabia à filosofia explicitar a coerência interior do pensamento religioso, também ensinava – particularmente nas conferências pronunciadas de 1824 em diante – que a religião, enquanto penúltima forma do espírito absoluto, constituía o veículo estável de verdade e a adequada representação da reconciliação para a massa do povo. Mostrava constantemente a religião, e em particular a cristã, como uma dinâmica realização fenomenológica do movimento do espírito. A religião seria a esfera ou o nível em que o espírito se manifesta como movimento dialético de diferenciação e de retorno mais rico. Foi aqui, nesta esfera da religião, que Hegel expressou de novo a noção mais geral de Deus na de um movimento de subjetividade divina inclusiva, um movimento do espírito absoluto. Exprimindo-nos em termos menos requintados, Hegel sustentava que Deus era absoluto espírito, porque Deus incluía o mundo. Em termos mais filosóficos, o verdadeiro infinito seria o infinito inclusivo do finito e não simplesmente um pseudoinfinito que se coloca como antítese do finito. Trabalhando com esta nova fórmula da noção de Deus, Hegel conseguiu construir uma singular filosofia da religião, concebida como um movimento de subjetividade divina autoafirmante e inclusiva. Podia, portanto, afirmar que este movimento era um movimento de liberdade divina e humana. De liberdade humana, porque a pessoa humana seria livre, tanto da alienação externa quanto da forma de alienação interior autoescravizadora. De liberdade divina, porque seria um movimento de autodeterminação divina. Deus seria espírito, isto é, Deus estaria perfeitamente à vontade com Deus mesmo no outro.

3. HEGEL E A TEOLOGIA FUNDAMENTAL – Há pelo menos três funções ou tarefas clássicas que a → Teologia Fundamental cristã teve que assumir nas várias épocas: primeiro, a tarefa apologética de exprimir a justificação de base da tradição cristã e sua coerência íntima; segundo, a tarefa fundamental de estabelecer a base sobre a qual e a partir da qual a teologia cristã procede em sua ulterior tarefa analítica, sistemática e construtiva; terceiro, a função de iluminar os temas fundamentais do cristianismo a partir da perspectiva escolhida na elaboração das precedentes tarefas apologéticas e fundantes. Será útil avaliar a filosofia hegeliana da religião na perspectiva de cada uma destas funções ou destas tarefas, tanto para melhor entender a posição geral de Hegel quanto para refletir sobre a relação entre sua filosofia da religião e a Teologia Fundamental cristã.

Sem dúvida, não seria errôneo definir a filosofia de Hegel em si mesma como uma teologia filosófica fundamental. Ele mesmo escrevia que a filosofia encontra em Deus seu início e seu termo. (Certamente, tinha em mente sobretudo seu novo conceito de Deus, que havia elaborado.) Sua interpretação filosófica da religião apresenta impressionantes paralelismos com a Teologia Fundamental. No contexto de seu projeto filosófico global, Hegel propõe-se, com sua filosofia da religião, certas tarefas apologéticas, basilares e explicativas, totalmente análogas às que são típicas da Teologia Fundamental.

Na realidade, todo o projeto sistemático da filosofia de Hegel foi apologético, no sentido de que constantemente se esforçou por expor a justificação fundamental e a íntima coerência de sua filosofia do espírito absoluto. Aparentemente, entrou em discussão com cada uma das posições religiosas ou filosóficas que lhe sucedeu encontrar. São aqui de particular interesse as atitudes críticas que assumiu em relação aos teólogos cristãos de seu tempo, em relação à própria teologia cristã e em relação à religião em geral e às religiões concretas em particular.

Hegel foi fortemente crítico para com os teólogos cristãos, que acusava de terem abandonado sua tarefa fundamental de examinar o íntimo conteúdo racional e a coerência dos maiores dogmas cristãos. Além disto, afirmava que haviam-se limitado a refletir sobre sensações simplesmente subjetivas ou sobre formas menos sérias de estudos históricos. Considerava que a filosofia devia assumir as funções que a Teologia Fundamental e sistemática não havia cumprido.

Hegel insistia em que a religião, incluída a religião cristã em sua forma reflexa de teologia cristã, tornava sem dúvida acessível à humanidade em geral a verdade da reconciliação. Mas precisava sempre este aspecto positivo da religião com uma outra reserva. Dizia que cabe sempre à filosofia identificar a íntima coerência lógica e racional das crenças religiosas. Constatou que até a reflexão teológica cristã muitas vezes havia permanecido por demais ligada a concepções bastante "infantis" ou insuficientemente críticas e, portanto, aparentemente descabidas. E mais: embora reconhecesse à filosofia esta tarefa tão importante de discernir a íntima estrutura lógica da reconciliação religiosa, continuou a pensar que a religião por si mesma, e em particular o cristianismo com sua reflexão teológica, tinham um valor e uma importância duradouros. A seu modo, a religião e a teologia cristã dão uma contribuição crescente que não pode ser simplesmente substituída pelo pensamento filosófico. Com base em perspectivas diversas, Hegel dá uma certa prioridade dialética constante ora à religião, ora à filosofia. Embora no quadro de sua apresentação sistemática e especulativa tenha colocado a religião em penúltima posição, justamente antes do momento final do espírito como pensamento filosófico, não subordinou simplesmente a religião à filosofia. A religião continuava a ser a necessária encarnação histórica da verdade, expressa na filosofia. Contudo, mesmo tendo-se presentes estas especificações no tocante aos papéis respectivos da religião e da filosofia, pode parecer que Hegel concede à filosofia uma função de mediação e de hermenêutica em relação à religião – o que muitos expoentes do pensamento religioso consideram inaceitável.

Em contrapartida, uma interessante instância crítica de Hegel, que muitos pensadores religiosos acham notavelmente mais convincente, é seu critério concreto de avaliação de qualquer religião ou da concepção religiosa do mundo. Para ele, este critério é o problema de saber se e em que medida uma determinada tradição religiosa dá expressão à liberdade. Para Hegel, o problema era saber se e em que medida a religião exprimia de modo adequado a liberdade divina e, consequentemente, liberta a pessoa humana individual e a comunidade da escravidão de tendências desumanizantes e objetivantes de modo unilateral. O tema da liberdade constitui o *leitmotiv* que atravessa toda a filosofia hegeliana da religião. O modo de Hegel trabalhar com este argumento precisa de muito estudo ulterior. É um argumento que se tem apresentado com frequência na reflexão religiosa pós-hegeliana. Muitas vezes pode-se fazer remontar a Hegel este tema da liberdade, enquanto característica constitutiva da verdadeira religião, como também algumas de suas formulações mais específicas do século XX.

A instância apologética de Hegel incluía um interesse constante por uma exposição de âmbito público, por íntima coerência e pela purificação interna da religião. De fato, levou avante esta tarefa mais apologética, centrando a atenção no que se poderia denominar a existência fundante. Ou seja, elaborou uma interpretação fundamental do espírito como movimento de subjetividade inclusiva. Propunha um evoluir dialético do pensamento que, em seu movimento mais fundamental, consistia na afirmação do outro e na superação da alienação incluída na formação desta alteridade. Identificava este duplo movimento do espírito com uma reinterpretação criativa das diversas provas clássicas da existência de Deus (→ Deus: provas da existência). Na prova ontológica, via uma expressão do que chamava o movimento do conceito para a realidade, ou seja, a autodiferenciação de Deus como espírito absoluto. Reformulou de maneira interessante as provas mais cosmológicas e teleológicas da existência de Deus, no sentido de um retorno dialético do espírito, vale dizer, como a elevação do espírito finito para o infinito. Sua concepção fundamental da dinâmica do espírito entendido como diferenciação e retorno dialético, expressa em sentido religioso e teológico nos termos das diversas provas da existência de Deus, forneceu-lhe o paradigma sobre o qual elaborou todo o seu sistema filosófico. As subsequentes reflexões analíticas, sistemáticas e construtivas, desenvolveu-as na base desta concepção do espírito. Será particularmente interessante para a Teologia Fundamental recordar que para Hegel este movimento do espírito encontrava uma expressão religiosa apropriada na doutrina cristã da Trindade.

Hegel serviu-se de sua concepção fundamental do espírito para projetar luz sobre as temáticas de fundo das diversas religiões que submeteu a exame. Seus esforços resultaram particularmente fecundos na construtiva interpretação filosófica do cristianismo. Muito antes do Concílio Vaticano II, falou com vigor da autorrevelação divina. Poder-se-ia até dizer que foi ele quem introduziu o conceito na moderna discussão filosófica e teológica. Sua reconceptualização dialética de Deus e das relações entre Deus e o mundo permitiu-lhe propor um momento de negatividade em Deus. Identificava este como o segundo momento da trindade “imanente”. Referindo-se a este momento em termos de negação, de fato introduzia o aspecto da crucifixão e da morte no divino. Com a afirmação da existência de uma diferenciação em Deus, isto é, de uma identidade que inclui a diversidade, confirmava, de modo surpreendente, o infinito valor e a importância da esfera histórica, que é, por definição, o lugar da diversidade e da mudança.

Seria longo demais querer oferecer uma lista detalhada das intuições de Hegel que entraram na teologia e nas várias tentativas de fundar uma Teologia Fundamental cristã contemporânea. Talvez um caminho para indicar isto fosse o de salientar que Hegel soube integrar uma série de doutrinas religiosas e de temáticas teológicas cristãs, aparentemente desligadas entre si. Por exemplo, juntou os temas da Trindade, da revelação, da graça, do Reino de Deus, da história da salvação como história de Deus, da alienação, do pecado, da reconciliação, da cristologia, da Igreja e da comunidade espiritual, da presença do Espírito Santo e da conduta ética responsável: tudo isto como uma sequência única e global. Conseguiu relacionar entre si estes temas religiosos porque os havia apresentado como aspectos do evoluir dialético de Deus enquanto espírito absoluto e subjetividade divina inclusiva.

A impressionante filosofia hegeliana da religião continua a oferecer estímulos constantes à Teologia Fundamental cristã. No plano apologético, ela provoca a Teologia Fundamental a operar de modo criativo no âmbito público e a ser autocrítica em tudo o que faz. Numa perspectiva fundante, provoca a Teologia Fundamental a refletir sobre as questões religiosas mais básicas, incluída a da estrutura da experiência de Deus como espírito dinâmico. Hegel não permite ao teólogo que se contente com formas somente externas de argumentação. Obriga antes o teólogo a ir até o coração do problema, isto é, até a questão da articulação da íntima relação dinâmica entre finito e infinito, entre humano e divino. Numa perspectiva explicativa, fornece um grande número de intuições e observações concretas sobre temas cristãos. Em certo sentido, sua filosofia é uma mina de ouro para a teologia. Há, contudo, duas maneiras de encarar teologicamente sua filosofia que, em nosso entender, deveriam ser evitadas. Uma é a de colher uma intuição teológica ora aqui, ora acolá, de modo puramente eclético. Disto resultaria obviamente uma teologia eclética. Uma outra é a de assumir o sistema hegeliano sem ulterior reflexão sobre sua coerência íntima. Esta segunda abordagem não faria outra coisa senão transpor para a teologia, com excessiva facilidade, fraquezas que são próprias da filosofia de Hegel.

Com efeito, não é possível, para o estudioso de Teologia Fundamental cristã, permanecer neutro frente à filosofia hegeliana da religião e frente aos desafios que ela coloca. Ou Hegel conseguiu, substancialmente, exprimir a estrutura lógica íntima do cristianismo, ou não conseguiu. No primeiro caso, o teólogo fundamental teria que segui-lo atentamente. Se Hegel não o conseguiu, caberá ao teólogo fundamental encontrar uma posição alternativa, formulada de modo rigoroso e mais satisfatório. Muitos teólogos cristãos do passado tiraram proveito da excepcional perspectiva e riqueza das intuições de Hegel. A maior parte deles, talvez, rejeitou sua posição filosófica global, e isto por vários motivos. Estes motivos poderiam incluir perplexidades sobre se Hegel salvou verdadeiramente a liberdade divina em relação à criação, se explicou adequadamente, seja o caráter radical do mal, seja a permanência da alteridade, ou, o que é mais fundamental, se foi capaz de demonstrar de modo convincente sua própria concepção filosófica. Mas talvez o desafio mais concreto com que se defronta o teólogo fundamental, quando depara a filosofia da religião de Hegel, singular e bastante impressionante, seja a capacidade de reconhecer quanto cada teólogo deve a Hegel, mas sem permitir que esta dívida se torne um peso.

Bibl. – H. Nohl (ed.), *Hegels theologische Jugendschriften*, Tübingen 1907; T.M. Knox (ed.), *Early Theological Writings*, Chicago 1948; A. Negri, “Venti anni di studi hegeliani in Italia (1945-1965)”, em *Cultura e Scuola* 17 (1966); N. Vaccaro-E. Mirri (ed.), *Scritti teologici giovanili*, Nápoles 1972; E. Oberti-G. Borrus (ed.), *Lezioni sulla filosofia della religione*, vol. I-II, Bolonha 1974; K. Steinhauer, *Hegel Bibliography/Bibliographie*, Munique 1980; F. Wagner, “Bibliographie zu Hegels Religionsphilosophie”, em F.W. Graf-F. Wagner (ed.), *Die Flucht in den Begriff. Materialien zu Hegels Religionsphilosophie*, Stuttgart 1982, 309-345; W. Jaeschke (ed.), *Vorlesungen. Ausgewählte Nachschriften und Manuskripte*, vol. III-V: Vorlesungen über die Philosophie der Religion, Hamburgo 1983, 1985, 1984; R. Ferrara (ed.), *Lecciones sobre filosofía de la religión*, vol. I-III, Madri 1984s; C. Hodgson (ed.), *Lectures on the Philosophy of Religion*, vol. I-III, Berkeley 1984, 1985, 1987.

LITERATURA SECUNDÁRIA – Filosofia da Religião: Cl. Bruaire, *Logique et religion chrétienne dans la philosophie de Hegel*, Paris 1964; A. Chapelle, *Hegel et la religion*, vol. I-IV, Paris 1964-1971; F. Biasutti, *Assolutezza e soggettività. L'idea di religione in Hegel*, Trento 1979; W. Jaeschke, *Die Religionsphilosophie Hegels*, Darmstadt 1983; Id., *Die Vernunft in der Religion*, Stuttgart 1986; P.C. Hodgson, "Hegel's Approach to Religion: The Dialectic of Speculation and Phenomenology", em JR 64 (1984) 158-172; D.M. Schlitt, *Hegel's Trinitarian Claim.* A Critical Reflection, Leiden 1984; Id., *Divine Subjectivity. Understanding Hegel's Philosophy of Religion*, Scranton 1989.

Hegel e a teologia: H. Rondet, "Hégélianisme et Christianisme: Réflexions théologiques", em RSR 26 (1936) 257-296, 419-453; G. Rohrmoser, "Die theologische Bedeutung von Hegels Auseinandersetzung mit der Philosophie Kants und dem Prinzip der Subjektivität", em NZSTh 1 (1962) 87-111; W.G. Shepherd, "Hegel as a Theologian", em HThR 61 (1968) 583-602; J. Hyppolite, *Genesi e struttura della "Fenomenologia dello spirito" di Hegel*, M. Dal Pra (ed.), Florença 1972; G. Fessard, "Dialogue théologique avec Hegel", em *Stuttgarter Hegel-Kongress 1970*, 231-248, Bonn 1974; Id., *Hegel et la théologie contemporaine*, Neuchâtel 1977; W. Pannenberg, "Die Bedeutung des Christentums in der Philosophie Hegels", em H.G. Gadamer (ed.), *Stuttgarter Hegel-Tage 1970. Hegel Studien*, Suppl. 11, 175-202, Bonn 1974; W. Kern, "Philosophische Pneumatologie. Zur theologischen Aktualität Hegels", em W. Kasper (ed.), *Gegenwart des Geistes*, 54-90, Friburgo 1979; F.W. Graf-F. Wagner (ed.), "Der Untergang des Individuums. Ein Vorschlag zur historisch-systematischen Rekonstruktion der theologischen Hegel-kritik", em F.W. Graf-F. Wagner (ed.), *Die Flucht in den Begriff.* Materialien zu Hegels Religionsphilosophie, Stuttgart 1982, 274-307; R. Ahlers, "Hegel's Theological Atheism", em HeyJ 25 (1984) 158-177; P. Coda, *Il negativo e la trinità.* Ipotesi su Hegel, Roma 1987.

DALE M. SCHLITT

HELENISMO E CRISTIANISMO

Houve uma "helenização do cristianismo ou uma cristianização do helenismo"?

Este parece ser um exemplo significativo de interpenetração, ou seja, de ação recíproca. Dois mundos, separados sob tantos pontos de vista, juntam-se no decurso dos primeiros séculos subsequentes ao nascimento de Cristo. E o fato de este nascimento ter inaugurado uma nova era, a partir da qual se contam os séculos – "depois de Cristo", "anno Domini..." – não impede a civilização greco-romana de sobreviver e até de penetrar profundamente no mundo antigo, paralelamente ao progresso da religião cristã. Na verdade, a Grécia e em seguida a Macedônia haviam perdido a hegemonia, do século IV ao século II antes da era cristã; mas Atenas não havia cessado de atrair uma elite estrangeira, sobretudo romana, e Alexandria permanecera cidade grega, cuja língua se tornou a da Bíblia, favorecida pela tradução dos Setenta. Este museu de cultura pagã iria constituir, ainda antes de Bizâncio, um verdadeiro centro de teologia cristã.

Os historiadores da religião grega nunca cessaram de insistir nas relações cada vez mais estreitas entre helenismo e cristianismo. Citemos em particular M.P. Nilsson, A.J. Festugière e A.D. Nock, cujas obras principais haviam precedido a "obra-prima polivalente" de E.R. Dodds, *Païens et chrétiens dans un âge d'angoisse.*

Mais de uma característica aproxima os seguidores da religião antiga dos discípulos de Cristo. O "serviço" da existência terrena podia interpretar-se em sentido otimista ou pessimista. Aos sonhos tão relevantes para Hélio Aristides podem comparar-se os do *Diário da prisão*, da mártir Perpétua. O *Peregrinus*, de Luciano, ajuda a entender Pontano. Para competir com o cristianismo, exigia-se dos pagãos uma fé, *pístis*, mas estes não podiam ombrear com o cristianismo na caridade. Dodds sublinhou mais as "diferenças de mentalidade e de sentimentos" do que as "discussões doutrinais".

O livro de Dodds conclui com esta frase: "Os cristãos eram membros uns dos outros e não se tratava de uma simples fórmula. Com efeito, foi esta a causa principal, talvez a única e a mais forte, do progresso do cristianismo". Em nota, Dodds cita a seguinte frase de uma conferência de A.J. Festugière: "Se isto não tivesse acontecido, o mundo ainda seria pagão". Anteriormente, Festugière tinha enfatizado as principais divergências que contrapunham paganismo e cristianismo. Se é verdade que a inquietação religiosa é comum tanto aos pagãos quanto aos cristãos, é-o de maneiras claramente bastante diferentes; se é verdade que o próprio senso da religião não é estranho aos "gregos" do século I – tanto que Paulo, no areópago, os julga "até religiosos demais" –, a atitude em relação ao pecado opõe-nos de modo radical: "os antigos não têm o senso do pecado" como o entendem os cristãos, vale dizer, "como ofensa direta contra Deus".

Acabamos de citar o discurso de Paulo no areópago. Em dez versículos (At 17,22-31) o apóstolo resume a mensagem cristã, e uma análise deste discurso nos permite traçar a "mentalidade religiosa do século I". Vejamos imediatamente o v. 22. *Deisidáimōn*, aqui usado no comparativo, (religiosos) "um pouco demais", em latim se traduziria melhor por *religiosiores* [mais religiosos] do que pelo *superstitiosiores* [mais supersticiosos] dos melhores manuscritos da Vulgata. Este adjetivo implica normalmente o sentido pejorativo de "supersticioso" e, portanto, traduz mal a intenção do orador, preocupado em cativar a benevolência da plateia. Os elementos que compõem o adjetivo grego ("temer", "demônio") não devem ser entendidos como descrição de um sentimento ou de uma entidade censuráveis. Existe um temor de Deus que é bom (na Bíblia ele é até considerado com "o início da sabedoria"), e os demônios gregos, ainda que diferentes dos deuses e inferiores a estes, são, até Platão, mensageiros entre o céu e a terra.

O v. 23 é o único testemunho literário de um culto greco-romano prestado a um "deus desconhecido" (no singular). O altar que Paulo teria visto em Falero (Pausânias I, 1,4) tinha uma inscrição no plural: "deuses desconhecidos", e Jerônimo, no seu *In Titum* (I, 12), denuncia este "último golpe" do apóstolo. O fato é que os pagãos dedicavam altares a "deuses desconhecidos", temendo omissões que alienariam deles a divindade esquecida.

Nos v. 24 e 25 são abundantes os pontos de encontro entre pagãos e cristãos. Um Deus autor do mundo, Senhor do céu e da terra, que não habita em templos construídos pelos homens, e que não tem necessidade das mãos dos homens, como se lhe faltasse o mínimo que fosse: é justamente assim que, na Grécia e em Roma, poetas e filósofos costumavam representar o "Ser supremo". Um seguidor de Platão podia não estar disposto a aceitar a supressão dos templos, mas estava disposto a isto, sem dúvida, o estoico, fiel ao ensinamento de Zenão: "Não se construirão templos; com efeito, nenhuma obra de servente de pedreiro ou de pedreiro é coisa preciosa". Uma parte da tradição patrística estende a proibição às estátuas. Para o Platão do *Timeu* ou das *Leis*, o verdadeiro templo é o mundo e imagem dos deuses são aqueles astros com os quais ele substitui as divindades do Olimpo. No discurso do areópago, a rejeição dos "templos feitos pelas mãos do homem" (v. 25) amplia-se (v. 25a) através de um princípio geral: "Não se serve a Deus com as mãos humanas, como se Ele precisasse de alguma coisa". O "serviço", *therapeia*, é aqui o culto, e o *colitur* [é cultuado] da Vulgata traduz bem o verbo grego. E, se pensarmos encontrar aqui alguma aparência de novidade, a razão aduzida é tradicional, tanto no AT quanto na filosofia greco-romana: cinco séculos depois de Xenófanes (século VI aC), Lucrécio (II, 650) escreveria a propósito da divindade: *Nihil indiget nostri.* O reconhecimento da independência divina levava à rejeição dos sacrifícios, tema preferido da teologia helenística.

A segunda parte do v. 25 fornece a razão da "autarquia" divina: o presente *didoús* opõe a "criação contínua" com que Deus sustenta o mundo ao ato imediato com que o criou: assim explica-se o aoristo *epóiēsen* do início do v. 26. O trio do v. 28 – vida, movimento, ser – ilustra bem a dependência total do homem em relação a Deus, mas também aqui a ideia é de Platão dos últimos diálogos, que, na definição da alma, associa rigorosamente movimento e vida, e talvez mais imediatamente do que o Pórtico. Em abono destas comparações, o próprio Paulo cita o v. 5 dos *Fenômenos*, de Aratos: "Com efeito, nós também somos de sua raça".

O v. 29 exclui os ídolos e acrescenta também a proibição dos templos (v. 24). Até aqui os atenienses que ouviam Paulo podiam sem problema aceitar tudo. Mas pode ser que a referência a sua ignorância (v. 30a = 23b) lhes fosse pouco agradável. Todavia, o que tinha que suscitar neles irritação e desprezo era o convite à penitência do v. 30b e sobretudo o anúncio do juízo final e da ressurreição dos mortos.

Aqui está, na verdade, o grande obstáculo: a alusão à ressurreição punha um fim aos discursos, pois não havia nada que se opusesse mais do que isto às ideias gregas. O Platão do *Fédon* queria provar a imortalidade da alma, porém não tinha nenhuma consideração pelo corpo. O povo comum compartilhava as negações de Ésquilo: "O negro sangue de um ser humano, uma vez derramado no chão, nenhum encantador poderia reconduzi-lo àquelas veias das quais saiu" (*Agamemnon*, 1019-1021); "Uma vez que a poeira bebeu o sangue de um homem, se morreu, para ele não existe mais ressurreição" (*Eumênides*, 647-648). No fim do século IV da nossa era, um convertido do paganismo, que se tornou bispo de Cirene, Sinésio, terá uma dificuldade enorme em aceitar o dogma da ressurreição e seus últimos comentaristas ainda continuam a perguntar-se até que ponto afinal o tinha aceito.

Esta breve exposição certamente é incapaz de dar uma ideia suficiente dos contrastes entre as duas morais. Os "costumes gregos" eram um grave obstáculo para o renascer batismal. Mas Paulo enumera com bastante frequência os "vícios dos pagãos", para que a simples leitura faça emergir as divergências. Talvez fosse necessário insistir mais nas convergências: a este propósito o discurso do areópago parece exemplar.

Bibl. – A.J. Festugière, "Aspects de la religion populaire grecque", em RThPh (1961) I, 31; E.R. Dodds, *Pagan and Christian in an Age of Anxiety*, Cambridge 1965 (trad. franc. de H.D. Saffrey, *Païens et chrétiens dans un âge d'angoisse*, 1979, sobretudo o capítulo IV, 119-154); E. des Places, *La religion grecque*, Paris 1969, 327-361; G. Madec, "Platonisme des Pères", em *Catholicisme* (fasc. 50, 1986) 492.

ÉDOUARD DES PLACES

HERMENÊUTICA

1. *Introdução* – 2. *História da hermenêutica bíblica* – 3. A *hermenêutica moderna* – 4. *A dimensão teológica da hermenêutica moderna* – 5. *Consequências para a Teologia Fundamental* (P. Grech).

1. INTRODUÇÃO – A palavra "hermenêutica", no contexto de um dicionário de Teologia Fundamental, abrange um campo mais vasto do que teria no contexto de teologia bíblica. Nesta última, o termo pode significar simplesmente o método de fazer exegese, isto é, de atingir a intenção original de um escritor bíblico, ou extrair do texto bíblico pensamentos úteis para a vida cristã. Desde o Iluminismo, a hermenêutica engloba também a relação entre → razão e fé na interpretação da Bíblia, a relação entre história e teologia e a relação entre um possível "mito" escriturístico e a precompreensão filosófica contemporânea. Com efeito, entram no âmbito da hermenêutica as várias teologias hodiernas que derivam do contato do texto sagrado com as diferentes escolas filosóficas e ideológicas contemporâneas. Tudo isto é também englobado pela hermenêutica num contexto de Teologia Fudamental, mas, uma vez que após a Reforma a hermenêutica se transformou de método interpretativo em disciplina autônoma que toca, segundo as opiniões dos vários autores, problemas como a arte da compreensão, o valor e a interpretação da tradição humanística, o conhecimento como hermenêutica do ser, a histo-

ricidade da verdade, o papel do sujeito na interpretação, as várias funções da linguagem e a relação entre as filosofias e as ideologias, compreende-se bem que a hermenêutica trate de problemas gnoseológicos, ontológicos, históricos e linguísticos que invadem todo o campo da Teologia Fundamental. Destes problemas dependem decisões radicais sobre a imutabilidade da verdade, a possibilidade de conhecê-la, o valor dos dogmas da Igreja, a demitização e a possibilidade de entendimento entre culturas distintas. Nesta floresta obscura, a tarefa de dar um fundamento racional à compreensão da revelação torna-se cada vez mais difícil, até porque a própria hermenêutica, embora tenha por objetivo esclarecer as coisas, acabou entrando num labirinto do qual, no momento, não vê com clareza uma via de saída. No presente artigo, faremos uma exposição histórica do problema, assinalando finalmente as questões exegéticas, filosóficas e teológicas que dizem respeito à teologia fundamental.

2. HISTÓRIA DA HERMENÊUTICA BÍBLICA – Deixando de lado a hermenêutica demitizante e alegórica que faziam os helenistas dos relatos homéricos, a reinterpretação, tal como confluiu na tradição cristã, tem seus inícios já no AT. O texto hebraico de nossa Bíblia foi fixado pelos rabinos no século I de nossa era; até então era bastante fluido, e os próprios escribas podiam glosá-lo com expressões destinadas a esclarecer o texto ou de alcance teológico (→ Cânon). Mas já antes, no estágio de coleta e redação de textos tradicionais, deparamos uma reinterpretação contínua que adapta procedimentos nomísticos às circunstâncias contemporâneas e relê as profecias à luz dos últimos acontecimentos da história salvífica com método hagádico. A isto soma-se a interpretação semantológica de sonhos e visões. O significado de tudo isto é que, para os judeus, a Tôrāh e os profetas falam sempre à geração que os lê. Contam história, sim, mas não por mero interesse historicístico, mas, antes, história atualizante com uma mensagem para os contemporâneos. O sentido histórico do autor só tem valor na medida em que fale ainda no presente.

A literatura intertestamentária, em grande parte de caráter apocalíptico, também é de natureza hermenêutica. Queria ser uma interpretação de seus tempos à luz da tradição bíblica, com a qual se ligava através de referências, citações implícitas ou reelaborações midráxicas. Na época de Jesus, encontramos verdadeiras escolas exegéticas que vão desde o midraxe dos targumim até o literalismo dos rabinos da tendência farisaica, que querem justificar sua tradição interpretativa oral com meios hermenêuticos literalísticos; desde a exegese sectária de Qumrân até o alegorismo de Filão e dos alexandrinos.

A exegese judaica do século I deixou reflexos no NT. Na releitura do AT, a técnica literária é muito semelhante, mas o conteúdo é completamente distinto, ainda que em linha com a reinterpretação tradicional que encontramos na própria Bíblia, isto é, a de reler os textos com a pré-compreensão oferecida pelos últimos acontecimentos da história da salvação. É óbvio que para Jesus o acontecimento precípuo é a chegada do → Reino de Deus e para os escritores neotestamentários a vinda, a morte e a ressurreição de Cristo, ápice da obra salvífica de Deus. Consequentemente, o evento Cristo ilumina o sentido do texto bíblico, do qual recebe, porém, seu significado. Por conseguinte, o NT oferece certos tipos de hermenêutica que se tornarão paradigmáticos para a exegese patrística: explicação literal, midráxica, midraxe pēsher, alegoria e tipologia, particularmente em passagens como Rm 9–11, Gl 4, 1Cor 10 e Hebreus.

Todavia, o que colocou em crise a hermenêutica do século II era a tese paulina que negava todo valor salvífico à Tôrāh enquanto tal. Esta foi a razão da rejeição de Paulo por parte dos judeu-cristãos ebionitas, que estavam baseados na Lei. Por outro lado, a tese paulina deu ocasião aos gnósticos e a Marcião para atribuir o AT, no todo ou em parte, ao Demiurgo, ou seja, ao "Deus justo". A exegese gnóstica partia do pressuposto dos diversos sistemas, atribuídos aos apóstolos que lhos transmitiram com uma tradição secreta, e no contexto destes sistemas eram interpretadas frases individuais, seja do AT, seja do NT, muitas vezes separadas do contexto e manipuladas para propiciar um sentido gnóstico.

A Grande Igreja não encontra menos dificuldade na hermenêutica veterotestamentária. Já a carta de Barnabé começa uma explicação alegórica, enquanto Justino, fazendo a apologia do cristianismo contra os pagãos e contra os judeus, relê cristologicamente os textos proféticos de um modo que convenceria um cristão crente, mas deixaria muitas dúvidas na mente de um rabino que não aceita o pressuposto cristão. Esta dicotomia na explicação do AT sempre dividiu a exegese cristã da judaica, particularmente se se supuser, como faz Justino e, depois dele, todos os padres pré-nicenos, que o Logos não havia somente criado o mundo, mas era também o autor do AT e iluminava os filósofos gregos.

É Irineu que, tendo que lutar contra os gnósticos, estabelece uma vez por todas certas regras de hermenêutica cristã que subsistem até hoje. À diferença dos gnósticos, as passagens obscuras da Escritura devem ser explicadas pelas mais claras (*Adv. haer.* II, 10), cada frase deve ser entendida em seu contexto imediato (*Adv. haer*, I, 8,1; 1,9,4), mas também no contexto da Bíblia inteira – AT e NT – que tem por autor um só Deus. Mais isto não basta. A Bíblia tem que ser lida no contexto da *regula fidei* (*Adv. haer.* I,10,1), que nos é transmitida não de modo esotérico, mas publicamente, pelos bispos das diversas igrejas (*Adv. haer.* IV, 26,1-4). Estas regras para se encontrar o verdadeiro sentido da Escritura foram elaboradas por Irineu no contexto da controvérsia antignóstica. Mas, quando se explica o AT ao povo fiel, para alimentá-lo espiritualmente, que explicação se deve ministrar da história e das leis dos judeus? O problema é resolvido por Orígenes, por meio da exegese alegórica, já praticada por Filão e pelos helenistas. Isto não quer dizer que Orígenes descure o sentido histórico e literal: a *Hexapla*, organizada por ele com custos ingentes, demonstra isto à saciedade. Mas a história, em nível de simples relato, é boa para os *simpliciores*, o "corpo" da Igreja; os "proficientes" [mais adiantados], a "alma" da comunidade, buscam um sentido moral; ao passo que os espirituais têm necessidade da alegoria, ou seja, do sentido teológico. Há que se estar atento à terminologia de Orígenes, que ele expõe no *De principiis* IV, pois "sentido espiritual" nem sempre se opõe a "sentido literal" e sim, muitas vezes, a "sentido material", que reiteradamente corresponde a nosso sentido redacional.

Contra a alegoria rebelaram-se os antioquenos Diodoro de Tarso, Teodoro de Mopsuéstia e João Crisóstomo, embora eles mesmos dela fizessem uso em suas pregações. Insistiram, porém, no sentido literal, isto é, o sentido do autor, que deve ser procurado através das circunstâncias históricas da composição do livro. Mas, com este tipo de exegese, logo descobriram que alguns textos proféticos, comumente interpretados como messiânicos, não falavam verdadeiramente do messias de modo direto. Por isto, propunham a teoria da *theoria*, ou visão. Com isto supunham que um profeta falava de um acontecimento futuro próximo, que se tornaria tipo para um outro acontecimento a realizar-se num futuro indeterminado: assim, Diodoro, em seu prefácio aos salmos, especialmente ao Sl 118, e Teodoro a respeito de Gl 4,22-31. Os comentários de Crisóstomo parecem áridos em comparação com a riqueza teológica de um Orígenes. O elo de ligação entre antioquenos e alexandrinos é fornecido pelos Padres Capadócios, que, fazendo teologia bíblica, falavam de *skopós* e *akolouthía*, que abrangiam tanto o escopo do autor quanto o acompanhamento salvífico da obra de Deus.

Mas é → Agostinho que, nos livros II e III do *De doctrina Christiana*, codifica princípios hermenêuticos de crítica textual, literária e teológica que dominaram toda a Idade Média latina. O orador de Hipona, distinguindo entre *res* e *signa* e estes em *propria* e *impropria*, fornece as regras para discernir a metáfora da alegoria, enquanto sublinha o sentido literal, que é o verdadeiro sentido tencionado pelo Espírito Santo, embora o AT tenha também um sentido espiritual, se lido com olhos cristãos. O contexto é ou próximo, ou escriturístico, ou da → *regula fidei*. Admite, portanto, um certo *sensus plenior*, que ele, particularmente nos comentários dos salmos, exprime com a ajuda das sete regras hermenêuticas de Ticônio. A Idade Média codifica a exegese agostiniana nos quatro sentidos clássicos: literal, alegórico, moral e anagógico: "Littera gesta docet, quid credas allegoria, moralis quid agas, quo tendas anagogia".

Se quisermos agora resumir a teoria hermenêutica da tradição até aqui examinada, podemos dizer que temos um texto bíblico que tem em si mais possibilidades de explicação do que o que o autor histórico teve em mente. A intenção do autor será sempre o primeiro sentido, mas a comunidade que o lê, seja ela a sinagoga ou a Igreja, extrai dele outros significados, instruída pelo desenrolar da história, de modo que o texto fale continuamente para cada geração sucessiva. Texto e comunidade são, portanto, inseparáveis, enquanto a comunidade se torna o contexto de leitura junto com o momento histórico. As modalidades de exprimir, ou de explicar, esta contínua compreensão são influenciadas pelo ambiente cultural em que se lê, e que por vezes necessita de uma tradução, ou melhor, de translado de uma linguagem cultural para a outra, e, além disto, de um passado para um presente. Tratando-se de um texto inspirado, é o Espírito operante dentro da comunidade que realiza as possibilidades do texto em relação com a *regula fidei* vivida.

3. A HERMENÊUTICA MODERNA – Com Lutero ocorre uma verdadeira revolução na hermenêutica bíblica. Com seus princípios de "sola Scriptura" e "Scriptura sui ipsius interpres", a Reforma separa a interpretação bíblica da tradição, da Igreja e do magistério, fazendo dela um livro que se pode interpretar individualmente com a ajuda do Espírito Santo. Os métodos hermenêuticos dos Padres já não eram suficientes, pois a Escritura, a despeito de sua quase divinização por parte dos reformadores, é reduzida ao nível de qualquer livro da Antiguidade. O modo de lê-la, portanto, abstraindo da piedade e veneração do leitor, era igual ao da leitura de obras clássicas. Por isto, a partir daquele momento a hermenêutica começa a transformar-se, de método para interpretar a Sagrada Escritura, numa disciplina autônoma que tem por objeto obras literárias ou artísticas. Um dos pais desta nova disciplina foi Matias Flácio Ilírico (1520-1575), teólogo luterano que, para sublinhar a autossuficiência da Escritura, propõe o "círculo hermenêutico", com que se explica o todo através das partes e as partes através do todo.

No período do Iluminismo, porém, também o racionalismo entra na teologia, particularmente por obra de Spinoza. O sobrenatural é muitas vezes reduzido aos limites do racional, portanto a hermenêutica "sagrada" torna-se um departamento da hermenêutica filosófica ou literária, com J.H. Ernesti. Mas o escritor que coloca o problema e oferece soluções que ainda estão vivas é sem dúvida F.D.E. Schleiermacher (1768-1834), que, além de viver no espírito protestante e iluminístico, vive também em pleno romanticismo alemão. Esse autor é geralmente conhecido por sua teoria da intuição genial que une leitor e escritor e resolve o problema da distância temporal que separa um do outro. Mas este é apenas um aspecto secundário de Schleiermacher. Sua filosofia hermenêutica é muito mais ampla. Em primeiro lugar, a hermenêutica é a arte da compreensão e não da explicação, objeto da retórica. Não se limita a obras escritas da Antiguidade, mas engloba toda espécie de discurso, também oral. O ato de falar (ou de escrever) é um fato linguístico que se deve considerar, seja no plano histórico do desenvolvimento da língua, seja no do desenvolvimento de quem fala. O estilo é a alma do todo. Há, pois, um aspecto estrutural e um fenomenológico. A análise filológica serve para decifrar o aspecto linguístico, ao passo que o aspecto psicológico é colhido com todos aqueles meios históricos e literários que contribuem para a psicologia individual do autor e fazem nascer a intuição genial. Todavia, compreender um autor não significa objetivizá-lo e desvendar o significado consciente de suas afirmações. Como falar ou escrever é um "ato" que quase prescinde do eu, o círculo da compreensão não se fecha nunca, porque a genialidade do intérprete encontra no texto verdades não tencionadas pelo autor, verdades estas que, no ato da compreensão, se tornam um novo acontecimento histórico e assim por diante, em qualquer outra circunstância de leitura. A subjetividade do intérprete é compreendida no círculo hermenêutico. A transparência do texto não é um fim e sim um meio do novo acontecimento compreensivo, que se torna novamente, por sua parte, seu objeto de compreensão.

Antes de chegarmos a Dilthey, que constitui o próximo marco miliar na história da hermenêutica, cabe dizer uma brevíssima palavra sobre alguns outros autores do século XIX alemão. W. von Humboldt, por exemplo, potencia o papel do sujeito na compreensão não somente no campo da linguagem – só posso compreender se sinto o que eu penso, formulado em palavras por um outro –, mas também na investigação histórica, em que é o pesquisador que deve dar unidade lógica aos fragmentos que resultam dos documentos, uma unidade lógica análoga à do momento em que vive o historiador. Para J.G. Droysen, contribui para a consciência e o conhecimento históricos o fato de que o objeto da nossa busca são acontecimentos de cuja herança vivemos hoje. Contudo, os documentos não têm somente um conteúdo factual, mas revelam também o estado de alma, a psicologia, o *êthos* de quem os compôs, portanto, um outro mundo. Sua compreensão só é possível porque com este mundo temos em comum nossa natureza humana, que serve, como se dirá adiante, como pré-compreensão. A. Boeckh concorda com a ideia histórica de Droysen, enquanto remete ao conhecimento histórico como conhecimento do já conhecido, porque tudo é fruto do espírito humano. Compreender um autor do passado não significa somente explicá-lo, senão compreendê-lo melhor do que ele se compreendeu a si mesmo, na medida em que para uma época posterior se tornam explícitos muitos fatores de influência sobre um escritor, fatores desconhecidos para ele, mas não para nós. A interpretação, porém, tem a ver com a obra em absoluto; a obra considerada em relação com seu ambiente é fruto da crítica.

W. Dilthey (1833-1911), no quadro do "espírito objetivo" hegeliano, distingue entre *Naturwissenschaften* (ciências da natureza) e *Geisteswissenschaften* (ciências humanísticas). Estas últimas regulam-se autonomamente com seu estatuto próprio. Ao passo que para Schleiermacher a compreensão era um fato linguístico, para Dilthey esta se torna uma categoria vital. A experiência da vida de todos os homens, seus sentimentos, sua compreensão de seu próprio mundo social e cultural, externam-se por meio de expressões vitais (*Lebensäusserungen*), ou das cotidianas, ou então por meio das expressões mais elevadas das artes, literatura, instituições etc. Objeto da hermenêutica são exatamente estas manifestações, enquanto exprimem a compreensão do homem a propósito de seu mundo vital. No processo histórico, tais expressões vitais cristalizam-se em exteriorizações que perderam o contato com a fonte da experiência. A hermenêutica, fazendo delas o objeto de seu próprio estudo, tem a tarefa de reconverter estas manifestações humanísticas em experiência vital do homem contemporâneo. A razão humana é o contínuo que as interliga. Com Dilthey, portanto, a compreensão torna-se um princípio existencial, sem cessar de ser um conceito metodológico das ciências humanísticas, mas a distinção entre compreensão e interpretação torna-se cada vez mais obscura.

No último decênio de sua vida, Dilthey havia-se apoiado no método fenomenológico de Husserl. M. Heidegger apoia-se em ambos para levar a hermenêutica a seu ápice existencial. O filósofo de Marburg quer estudar o ser como tal, o que preserva os seres de recaírem no nada. Isto não pode ser feito estudando os seres diretamente sem cair no esquema sujeito-objeto, mas, já que o lugar privilegiado em que o ser se manifesta é o *Dasein*, isto é, o ser humano, é nele que se pode estudar. O homem, como em Dilthey, não é uma essência pré-constituída e absoluta, mas é sua própria possibilidade e ganha sua *ex-sistentia* com suas opções. É uma transcendência finita, cuja estrutura contém relações com o mundo que o rodeia (*in-der-Welt-sein*). Se o *Dasein* se despersonaliza como um ser qualquer, cai na existência inautêntica, e se, ao contrário, realmente aceita ser o lugar em que se manifesta o ser e realiza todas as suas possibilidades, torna-se existência autêntica, o que se faz lutando continuamente para não recair ao nível de objeto (*Verfallenheit*). A ânsia de criar sempre o próprio futuro pode tornar-se terror, particularmente frente à morte. O horizonte em que se desenvolve o ser é o tempo, passado, presente e futuro. O estudo do modo como o homem tiver compreendido e operacionalizado suas possibilidades no passado abre o horizonte às possibilidades presentes para ele projetar-se no futuro e "desdobrar-se" ou autorrealizar-se como homem. Por isto, a filosofia é essencialmente uma hermenêutica e a ontologia é a interpretação do ser. Mas o homem não deve explicar o que lhe é externo, porque constitutivo do ser-no-mundo do *Dasein* é uma certa compreensão primária existencial que age como pré-compreensão. A compreensão humana é linguística por sua natureza, a linguagem ordena a compreensão e as asserções autênticas dos pensadores ou poetas são interpretativas da existência. Seu estudo, portanto, é o estudo da história da autocompreensão do *Dasein* e de suas possibilidades, se estas asserções não forem mera "conversa fiada" (*Gerede*). Este aspecto linguístico é desenvolvido no "segundo" Heidegger. Verdade é *a-lêtheia*, um desvendar-se do Ser ao homem, que se torna, por meio de sua compreensão e linguagem, um alto-falante da voz muda do Ser. A hermenêutica, portanto, não é alguém que explica somente o significado das palavras, pois estas servem somente para revelar a linguagem da época, uma linguagem talvez por demais estreita para exprimir a totalidade da compreensão e, portanto, traduzível numa linguagem hodierna mais adequada para a nossa autocompreensão.

A insistência do segundo Heidegger na linguagem leva ao estudo de H.G. Gadamer em *Wahrheit und Methode.* Hermenêutica é compreensão, mas esta compreensão acontece quando o leitor, vivendo no presente e, portanto, herdeiro de certos juízos prévios que lhe chegaram através do contínuo da história cultural, confronta-se com o texto. O horizonte do texto e o horizonte do leitor fundem-se um no outro de modo que o que era pré-compreensão se modifique e se torne compreensão. Mas esta compreensão não é absoluta; é, também ela, um elo histórico na corrente de várias compreensões históricas do passado. O contínuo da tradição é *Wirkungsgeschichte* (= história do efeito) dos textos na origem de nossa cultura e se manifesta na linguagem, em que os valores culturais se enxertam. Embora o texto seja normativo, a interpretação é um processo contínuo e não se pode dizer que uma interpretação seja definitiva, porque o ato compreensivo se renova de geração em geração para cada intérprete, fazendo nascer uma nova verdade que se torna, ela mesma, objeto de interpretação.

A cadeia de explicações que concretizam a compreensão é, para Gadamer, a tradição.

4. A DIMENSÃO TEOLÓGICA DA HERMENÊUTICA MODERNA – A esta altura, temos que sair do campo filosófico e passar para o teológico, para, em seguida, voltar ao primeiro. É bem sabido que as discussões hermenêuticas estudadas até agora, particularmente o Heidegger de *Sein und Zeit*, tiveram sua repercussão na teologia de → R. Bultmann. A Teologia Fundamental de hoje não pode mais prescindir de acertar as contas com a problemática bultmanniana, que se desenrola em três níveis: o questionamento da historicidade dos → evangelhos, a relevância de nosso conhecimento do → Jesus histórico para nossa fé no Cristo do querigma e a questão da demitização da mensagem do NT.

Com o pressuposto da *Formgeschichte*, segundo o qual a maioria dos ditos de Jesus e dos relatos do Evangelho foram criados pela comunidade primitiva, Bultmann praticamente acabou com a historicidade dos evangelhos. Não era uma tese nova; esta convicção estava em preparação desde os tempos de Reimarus, no fim do século XVIII. As consequências de tal tese são deletérias para a Teologia Fundamental. Mas este fato não perturbou Bultmann, que, como bom protestante, não admite que sua fé em Cristo esteja fundada em qualquer razão, ainda que histórica. Portanto, mesmo que a vida de Jesus pudesse ser conhecida hora por hora, isto, segundo este princípio, não teria acrescentado nada a sua segurança na fé, até porque a fé, em Bultmann, não é uma questão de aceitação de verdades reveladas, mas de confiança no futuro de Deus, que nos faz sair de nossa autoasserção, que é a essência do "pecado" (paralela à existência inautêntica de Heidegger). Além disso, as verdades tradicionais do cristianismo podem servir como pré-compreensão para que se chegue a tal fé, mas não constituem seu objeto próprio. Estão formuladas numa linguagem de dois mil anos atrás, que se ressente da visão mítica do mundo vigente entre judeus e helenistas e que, para ser aceitável ao homem de hoje, precisa ser retraduzida, ou demitizada, numa linguagem mais moderna. Esta linguagem, Bultmann encontra-a na filosofia existencialista de Heidegger, como havia feito H. Jonas para o gnosticismo. Eis por que encarnação, ressurreição, redenção, graça e sacramentos recebem uma interpretação antropocêntrica em função da decisão de fé que acontece no contato com a Palavra de Deus e que é simultaneamente salvação, redenção e juízo, uma escatologia realizada, "pontual".

Assim como Bultmann se havia apoiado no primeiro Heidegger do *Sein und Zeit*, os cultores da "Nova Hermenêutica", particularmente E. Fuchs e G. Ebeling, continuaram o discurso do segundo Heidegger e de Gadamer. Também eles cultivam a história das formas como método, mas são menos céticos do que Bultmann em atingir alguns dados seguros sobre Jesus. A volta ao Jesus histórico não somente é possível, mas também necessária, na medida em que Ele é o iniciador de nossa linguagem de fé, uma linguagem surgida do contato com Deus, conceptualizado em linguagem, mas que em cada geração que a lê se dissolve e volta a tornar-se uma experiência de fé, que por sua vez se torna linguagem a ser interpretada. Reproduzir em mim mesmo a fé de Jesus significa crer em Cristo. O conhecimento do Jesus histórico é, pois, indispensável para a fé.

A dissociação de história e fé em Bultmann é criticada de todos os lados: porque remove o "extra nos" da salvação (Käsemann); porque rescende a gnosticismo e docetismo (Jeremias): já que não sobra mais nenhum critério para julgar entre as diversas cristologias pós-pascais (Robinson). Também o ceticismo crítico de Bultmann é hoje muito redimensionado com os estudos de Schürmann sobre o *Sitz im Leben Jesu*, os de Jeremias sobre as parábolas, os de Gerhardsson sobre o modo semítico de transmissão oral, enquanto K. Berger revolucionou recentemente a *Formgeschichte* como método literário.

A hermenêutica demitizante tampouco teve melhor sorte. Depois de um primeiro sucesso, quando teólogos provenientes de diversas escolas filosóficas produziram diversas "teologias" hermenêuticas (Van Burén proveniente do positivismo lógico, Belo e Gutiérrez do marxismo, a "Process Theology" de Whitehead etc.), começou-se a constatar que a teologia de Bultmann esvaziava o cristianismo de seu conteúdo revelado, além de esvaziá-lo de seu fundamento histórico, e, portanto, a crítica de gnosticismo não era injustificada. Se, ao invés de "mito", falarmos de linguagem simbólica, uma via média poder-se-ia encontrar nos escritos de P. Ricoeur. De Dilthey para cá havia-se dito que o homem deve ser estudado através das manifestações culturais de sua história. Ricoeur retoma este motivo, afirmando porém que muitas destas manifestações culturais estão codificadas em sinais e símbolos ou mitos, que têm uma função retrospectiva em direção a sua origem, e uma face teleológica que olha para frente, em direção ao amadurecimento do homem. Estes símbolos precisam ser decodificados com os métodos da psicanálise e de outras ciências para que possam falar com uma linguagem inteligível ao homem num determinado estágio de amadurecimento.

A linguagem bíblica muitas vezes é simbólica; basta pensar nos relatos de Gn 3–11. O mito não deve ser nem reduzido às origens instintuais de Freud nem esvaziado de seu conteúdo intelectual, como faz Bultmann, mas integrado à reflexão teológica sobre a revelação, em seu verdadeiro significado. O mito diz respeito à casca e não ao núcleo da fé.

A Igreja Católica, com uma série de documentos que vão desde a *Providentissimus Deus*, de 1893, até *a Dei Verbum*, do Concílio Vaticano II, tem estimulado o estudo da Sagrada Escritura, que se havia tornado quase monopólio dos protestantes. Estes documentos contêm indicações hermenêuticas como regras para chegar ao verdadeiro *sensus auctoris*, que é aquele tencionado também pelo Espírito Santo, que inspira a Bíblia. Estes documentos admitem progressivamente meios técnicos, como o estudo dos gêneros literários, certos aspectos metodológicos da *Formgeschichte* e a prática da filologia, na consciência de que aqui se trata de um livro sagrado que é preciso interpretar no contexto da tradição, sob a guia do magistério. Mas estas declarações não tocam na hermenêutica, no sentido filosófico da palavra, deixando uma multidão de questões em aberto, das quais a exegese e em especial a Teologia Fundamental não podem prescindir, se quiserem dar resposta adequada às interrogações de hoje. Mais adiante voltaremos a estas questões.

Retornemos, porém, às discussões hermenêuticas depois de Gadamer. Podemos fazer isto somente acenando a alguns problemas que incidem em nossa matéria. Era de esperar-se que a tese de Gadamer sofresse contestações. Reagem contra o subjetivismo da interpretação, cada um de seu ponto de vista, E. Betti, E.D. Hirsch e P. Szondi. Estes insistem em que, com os critérios gadamerianos, não resta nenhum instrumento para verificar a verdade ou a falsidade de uma interpretação, pois o sujeito passa a substituir excessivamente o autor, e, faltando a visão hegeliana de totalidade, acaba-se caindo num fragmentarismo historicístico. O verdadeiro sentido de uma passagem – segundo estes autores – é o tencionado pelo autor, e este é um sentido fechado e completo. O que aquele significado objetivo tem a dizer para mim (*Bedeutung – Bedeutsamkeit; meaning – significance*) é uma coisa totalmente diferente e depende da minha subjetividade em relação ao texto, cujo sentido pode ser aprofundado com ulteriores estudos que fazem entender melhor o autor, mas não extrapolam a *mens auctoris*.

Do ponto de vista filosófico, o ponto de vista de Gadamer é fortemente corrigido por L. Pareyson, que dá um fundamento ontológico à interpretação, mantendo a unidade da verdade e a pluralidade de suas manifestações, na medida em que a verdade do ser se desvenda continuamente ou esporadicamente nos grandes acontecimentos da cultura. Temos, pois, em Pareyson um ontologismo pessoal.

Ultimamente, também da crítica literária de Hirsch provém uma escola que, unindo uma análise estruturalista a elementos de retórica clássica e moderna, quer descobrir que impacto um texto – em particular, textos escriturísticos – teve sobre seus leitores diretos. R. Jewett e outros biblistas nos Estados Unidos aplicam este método de pesquisa.

Uma última crítica a Gadamer, que me parece poder encerrar esta resenha histórica da hermenêutica, é a que vem de Habermas. Este simpatizante da Escola de Frankfurt, em sua crítica à ideologia, objeta a Gadamer que sua estima pela tradição aprisiona a sociedade num tradicionalismo irreal, que não toma consciência nem dos conflitos reais nem dos conflitos psicopatológicos indicados pela psicanálise, e, portanto, fecha o caminho ao completamente moderno e emancipado. Gadamer responde que tal crítica não entendeu bem o conceito de tradição hermenêutica, exposta em *Wahrheit und Methode*, enquanto é precisamente a tradição criticada do ponto de vista dos horizontes atuais que constitui a consciência da Modernidade.

5. CONSEQUÊNCIAS PARA A TEOLOGIA FUNDAMENTAL – Depois de traçarmos muito sinteticamente a história da hermenêutica, seja como método bíblico, seja como disciplina filosófica, é hora de fazer o balanço para compreender quais são as consequências de toda esta discussão para a Teologia Fundamental. Por esta resenha, fica claro que o conceito de hermenêutica não é de modo algum unívoco entre todos os autores e hoje tende-se a estender a função desta disciplina à de coordenadora interpretativa, não somente das ciências do espírito, mas também das ideologias e das ciências naturais. Portanto, tornou-se quase sinônimo de filosofia, compartilhando também suas incertezas e seus conflitos no momento presente. Obviamente ressente-se disto a teologia, que sempre quis manter relações íntimas com a filosofia (→ Teologia, V) e agora se encontra plenamente imersa no mundo da hermenêutica. Enumeremos brevemente os problemas que a controvérsia neste campo suscita na Teologia Fundamental, indicando tanto as contribuições quanto as limitações e os perigos das diversas posições.

O campo mais atingido é obviamente o da exegese bíblica. Até agora, tanto na área católica quanto na protestante pensou-se que o verdadeiro sentido da Escritura, o inspirado pelo Espírito, é o sentido literal, isto é, o tencionado pelo autor. Vimos que, com a potenciação do papel do sujeito intérprete, a *mens auctoris* corre o risco de esvair-se. Por outro lado, constatamos, outrossim, que certos textos do AT são utilizados teologicamente no NT, não segundo seu sentido literal, mas relidos a partir da ótica dos últimos acontecimentos da história salvífica. Os Padres, por sua vez, extraem do texto sentidos alegóricos que não são fruto de pura fantasia. Daí podemos concluir que o texto como tal, como foi entregue à Igreja, contém mais possibilidades de significado do que aquela ou aquelas prevista(s) pelo autor humano e estas possibilidades são atualizadas pelo processo histórico da atividade salvífica de Deus na Igreja e no mundo. A história é, portanto, um princípio hermenêutico de revelação interpretativa em que o Espírito, que inspirou o primeiro autor, continua a falar com suas palavras, ultrapassando sua limitação histórica originária. Por outro lado, a ligação com o sentido original não pode ser rompida sem ir contra a *mens auctoris* ou o significado óbvio do texto. Teorias opostas, como a de Gadamer e Betti, portanto, podem conciliar-se na exegese, se admitirmos a continuidade do Espírito como autor e intérprete e entendendo como "sujeito" não o indivíduo, mas a Igreja.

A insistência gadameriana na linguagem, como sendo o substrato contínuo da tradição cultural que torna possível a fusão de horizontes entre o "prejulgamento" do leitor e o horizonte do texto, é de utilidade para compreender a conexão entre Tradição e Escritura. A linguagem cristã nasce da pregação apostólica, da qual nasce também o NT. A Igreja leva adiante esta linguagem, dependente e independentemente do NT. As duas são inseparáveis para uma correta compreensão, seja da Bíblia, seja da tradição. A linguagem da tradição é aquela em que nascemos e que fornece a pré-compreensão para entender o NT como livro. Quando a Reforma quis separar a Escritura da → tradição e da viva voz da Igreja, tirou a Bíblia do rio em que esta navegava, para ancorá-la na margem enxuta.

Também o próprio conceito de tradição poderia ganhar com as especulações hermenêuticas de Dilthey e Gadamer. Tradição certamente não é repetição material, mas crescimento orgânico. Os diversos dogmas da Igreja são interpretações hermenêuticas da revelação apostólica na linguagem da época em que foram formulados. O erro seria identificar de tal modo linguagem e substância que, reformulando o dogma em linguagem do nosso tempo, modificássemos seu conteúdo. Neste caso, não seria mais "tradução", mas invenção. Aí estão as limitações de Ebeling, que vê na tradição a reformulação da autocompreensão, frente a Deus (fé), de Jesus, mas sem um conteúdo de *traditum* que serve de base de ligação.

Causa de muitos mal-entendidos é a insistência, por exemplo, em Dilthey, na historicidade do homem e da verdade. O homem não teria uma natureza imutavelmente definível, mas sua definição muda com sua própria autocompreensão na história. A verdade não teria um fundamento ontológico, mas muda com a história. Aqui se vê a importância da correção de Pareyson, que quer advertir para a identidade de ser e verdade, no processo da interpretação histórica. A imutabilidade dos dogmas pressupõe a estabilidade de uma verdade que seja estável, se bem que seja óbvio que um dogma deve ser interpretado em relação a sua origem histórica e retraduzido dentro do horizonte da situação eclesial de hoje.

A separação bultmanniana entre história e fé é deletéria para a hermenêutica cristã. Já Käsemann havia observado que Bultmann priva o cristão do "extra nos" da salvação, tornando-a imanente e gnosticizante, mas, em última análise, se eu não me referir à história, não sobra nenhum critério para que eu deva crer que Jesus é o Cristo e não Abraão ou Maomé. Com efeito, Bultmann sustenta que não creio em Jesus porque Ele é o Cristo, mas que Ele é Cristo porque a minha fé o fez tal.

E a hermenêutica demitizante de Bultmann é, pois, a consequência desta separação. Chamando de "mito" toda ingerência do mundo transcendente na concatenação de causas mundanas (excetuando-se apenas meu ato de fé, que Bultmann sustenta ser sobrenatural), o teólogo de Marburg quer poupar ao homem de hoje um *sacrificium intellectus*. Todavia, prescindindo do fato de que Bultmann já pede um *sacrificium intellectus* quando nega à fé um fundamento racional ou histórico, uma linguagem cristã que não corresponde a uma realidade transcendental, mas somente a nossa imanência, obriga-nos a um *sacrificium spei* de sair do círculo de uma existência fechada no pecado. Uma ação salvífica abstrata de Deus não tem sentido se a separarmos da história salvífica em sua realidade crua.

Aqui entra em jogo a distinção, lembrada acima, entre *Bedeutung* e *Bedeutsamkeit, meaning* e *significance*, isto é, o significado de uma coisa em si e seu significado para mim. Como posso esperar que uma doutrina tenha um significado para mim se nego a validade do significado em si?

E aqui também entramos no vasto campo da gnoseologia, sobre a qual gira toda a hermenêutica contemporânea. Identificando hermenêutica com compreensão *sic et simpliciter*, não saímos de nossa intencionalidade fenomenologicamente para podermos definir o objeto de nossa compreensão.

A Teologia Fundamental tem necessidade de uma epistemologia que pressuponha não somente uma ontologia, mas também uma metafísica, para sair da intersubjetividade e atingir alguma forma de objetivismo, no sentido que este tem na filosofia perene. Em última análise, trata-se de saber se podemos afirmar que Deus existe ou não existe fora de nós.

O clima hodierno de niilismo em filosofia e de desintegração dos valores certamente não ajuda a Teologia Fundamental e é neste clima que se encontra uma parte da hermenêutica contemporânea, donde a urgente necessidade de hermeneutas de fé, tanto no campo filosófico quanto no teológico, que iluminem a via para a hermenêutica cristã na Babel de vozes que a rodeiam.

Bibl. – M. Heidegger, *Sein und Zeit*, Tübingen 1927; Id., *Unterwegs zur Sprache*, Pfüllingen 1959; E. Fuchs, *Zur Frage nach dem historischen Jesus*, Tübingen 1960; Id., *Marburger Hermeneutik*, Tübingen 1969; P. Althaus, *Die Theologie Martin Luthers*, Gutersloh 1963; R.M. Grant, *A Short History of the Interpretation of the Bible*, Nova York 1963; R. Bultmann, *Jesus Christus und die Mythologie*, Hamburgo 1964; Id., *Storia dei vangeli Sinottici*, Bolonha 1969 (com resenha de todas as obras de Bultmann); G. Ebeling, *Wort Gottes und Tradition*, Göttingen 1964; Id., *Einführung in die theologische Sprachlehre*, Tübingen 1971; artigos "Hermeneutik" e "Tradition" em RGG[3], III, 242-262, VI, 974-984; W. Schmithals, *Die Theologie Rudolf Bultmanns*, Tübingen 1966; E.D. Hirsch, *Validity in Interpretation*, New Haven 1967; P.H. Jörgensen, *Die Bedeutung des Subjekt-Objektverhältnisses für die Theologie*, Hamburgo 1967; R.E. Palmer, *Hermeneutics*, Evanston 1969; L. Pareyson, *Verità e interpretazione*, Milão 1971; H. de Lubac, *Esegesi medievale*, vol. I-II, 1972; H.G. Gadamer, *Wahrheit und Methode*, Tübingen 1960; N. Henrichs, *Bibliographie zur Hermeneutik*, Düsseldorf 1972; R. Heijne, *Sprache des Glaubens: Theologie von E. Fuchs*, Tübingen 1972; I. Mancini, "Ermeneutica", em NDT, Roma 1977, 370-380; P. Ricoeur, *Ermeneutica filosófica ed ermeneutica biblica*, Brescia 1977; Id., *Essays on Biblical Interpretation*, Filadélfia 1979; B. de Margerie, *Introduction à l'histoire de l'exégèse*, vol. I-III, Paris 1980; V. Mannucci, *Bibbia come parola di Dio*, Brescia 1981; H.J. Sieben, *Exegesis Patrum: Saggio bibliográfico dell'esegesi biblica dei Padri*, Roma 1983; D.K. McKim, *What Christians Believe About the Bible*, Nova York 1985; M. Simonetti, *Lettera e/o allegoria*, Roma 1985; P. Grech, *Ermeneutica e teologia biblica*, Roma 1986; Id., "Ermeneutica" em NDTB, Milão 1988, 464-489; G. Mura, *Emilio Betti. L'Ermeneutica come metodo generale delle scienze dello spirito*, Roma 1987; G. Vattimo e outros, *Il pensiero ermeneutico*, Genova 1988; K. Mueller-Vollmer, *The Hermeneutics Reader* (antología), Nova York 1989; M. Ferraris, *Storia dell'ermeneutica*, Milão 1989[2].

PROSPER GRECH

HIERARQUIA DAS VERDADES

Esta expressão, recentemente acrescentada ao vocabulário teológico, designa um modo de considerar a doutrina católica que foi estimulado pelo *decreto sobre o Ecumenismo*, do Vaticano II, e aprovado por muitas pessoas comprometidas no movimento ecumênico. Em 25 de novembro de 1963, o Arcebispo A. Pangrazio sugeriu ao concílio que a atenção à *ordem hierárquica* das verdades reveladas iria propiciar uma melhor avaliação da atual unidade e divisão entre os cristãos em matéria de doutrina. Pangrazio declarou que, embora todas as verdades reveladas devam ser cridas, nem todas têm a mesma importância, quando se considera a revelação como um todo. Algumas verdades pertencem às realidades eternas, como os mistérios da Trindade, da encarnação ou da redenção, enquanto que outras pertencem aos meios de salvação, que um dia acabarão, como, por exemplo, as verdades sobre a Igreja. Muitas divisões entre os cristãos dizem respeito a estas últimas verdades sobre a vida peregrina da Igreja. Mas em muitas das mais importantes verdades da revelação os cristãos já estão unidos na fé.

O concílio não acolheu a linguagem de Pangrazio que distinguia entre verdades sobre o fim da salvação e verdades sobre os instrumentos de salvação. Mas, em 11 de novembro de 1964, exatamente dez dias antes da votação final da *Unitatis Redintegratio*, os bispos votaram a inclusão naquele decreto da seguinte proposição: "Ao compararem as doutrinas, [os teólogos católicos] lembrem-se de que existe uma ordem ou 'hierarquia' nas verdades da doutrina católica, sendo diferente a conexão que têm com o fundamento da fé cristã". Incluído na secção do capítulo 2 da UR, que diz respeito ao diálogo, o conceito de hierarquia das verdades tem por objetivo ajudar os católicos, empenhados no diálogo, não somente a explicar a doutrina de sua Igreja mais corretamente, mas também a atingir, junto com seus parceiros, uma expressão sempre mais adequada das "imperscrutáveis riquezas de Cristo" (Ef 3,8). As verdades cristãs, no plural, são vistas em relação recíproca. A constante que se pode descobrir entre estas verdades permite à Igreja possuir de maneira mais adequada a verdade cristã e crescer em sua compreensão da revelação.

A expressão "hierarquia das verdades" tem vários precedentes no século XX, particularmente em alguns escritos de teólogos do fim dos anos de 1930, sobre a metodologia teológica de Tomás de Aquino. Mas a expressão exata raramente aparece até a época posterior ao Vaticano II. Desde então tem dado origem a um grande número de publicações e a não poucos cursos em diversos centros teológicos. Em alguns diálogos ecumênicos, tem sido julgada de modo favorável a hierarquia das verdades, objeto de uma série de consultas patrocinadas pelo Grupo misto de trabalho entre a Igreja Católica e o conselho ecumênico das igrejas. Os resultados de toda esta atenção podem ser resumidos sob as categorias histórica e sistemática.

1. CATEGORIA HISTÓRICA – Os teólogos têm sugerido muitos antecedentes históricos para a noção de hierarquia das verdades. O próprio NT sugere que a verdade cristã está centrada na pessoa de Jesus (Jo 14,6: "Eu sou o caminho, a verdade e a vida"; como também a absoluta ênfase joaneica dada à importância da doação pessoal no amoroso seguimento de Jesus). Várias expressões do *querigma* da boa notícia (1Cor 15,3-5 ou os discursos de Pedro e Paulo em At 2,14-36; 3,12-26; 4,8-12; 10,34-43; 13,16-41), referências ao "fundamento da fé" (1Cor 3,10-11; Hb 6,1), hinos sobre o mistério de Cristo (Ef 1,3-10; Fl 2,5-11; Cl 1,12-20) e fórmulas trinitárias, todos convergem num ponto focal da verdade cristã em que está centrada toda a mensagem cristã. Esta ideia de hierarquia toca também a resposta existencial do discípulo nas passagens que falam do "maior" mandamento (Mt 22,34-40), do perigo de transformar simples preceitos humanos em dogmas (Mt 15,9) e da preeminência do amor (1Cor 13).

Este senso da proporção prossegue ao longo da tradição cristã. Desde o início, foram desenvolvidas fórmulas de fé como meios para satisfazer à necessidade litúrgica de exprimir o fulcro da verdade cristã nas celebrações do Batismo e da Eucaristia. Os teólogos patrísticos da Igreja primeva tinham o senso do núcleo trinitário da fé e tendiam a referir cada tema teológico particular àquele núcleo. Mais tarde, os teólogos da escolástica preferiram demonstrar que todas as verdades cristãs derivam dos artigos do Credo. A Reforma reconheceu a centralidade da mensagem evangélica da salvação em Cristo como o princípio para interpretar corretamente a Escritura e a norma para reformar a vida da Igreja. Entre as igrejas da Reforma, alguns dos primeiros esforços para atingir a unidade cristã baseavam-se em noções como "artigos fundamentais", "verdades necessárias à salvação" e o consenso dos cinco primeiros séculos ou dos sete primeiros concílios ecumênicos, noções estas que, de maneiras diversas, pressupõem que a verdade cristã tem um centro adequadamente identificável. Na teologia católica do século XIX, este tema reaparece no esforço de → M.J. Scheeben em demonstrar que todas as verdades cristãs podem ser reduzidas a alguns mistérios centrais: o mesmo acontece no ensinamento do → Vaticano I, para o qual a razão humana, guiada pela fé, pode efetuar um progresso válido na compreensão da revelação, considerando a recíproca inter-relação das verdades reveladas entre si e com o destino final da humanidade (DS 3016). Por isto, embora a expressão "hierarquia das verdades" apareça somente no século XX e especialmente depois do Vaticano II, o que com ela se pretende dizer tem profundas ressonâncias em grande parte da tradição cristã.

2. CATEGORIA SISTEMÁTICA – A noção de hierarquia das verdades é de particular interesse para a Teologia Fundamental, por sua profunda relação com a compreensão de revelação do Vaticano II. Alguns chegaram até a dizer que o ensinamento da UR sobre a hierarquia das verdades é inconcebível sem a referência ao ensinamento da *Dei Verbum* sobre a revelação. De fato, aqui a revelação é apresentada como a automanifestação de Deus (DV 2.4.6). A revelação não diz respeito a todas as possíveis verdades, mas, antes, a um centro definido, a *prima veritas*, que em última análise é extremamente simples. A fé é uma resposta pessoal e completa a esta revelação e, como tal, é definitivamente uma resposta ao extremamente simples mistério do próprio Deus (DV 5). A hierarquia das verdades exprime assim a própria natureza da revelação. Toca numa questão com profundas consequências para a Teologia Fundamental, a primeira das quais é: Qual é a relação entre a "única verdade simples", que é Deus, e as muitas verdades individuais que a Igreja chegou a afirmar no decurso de muitos séculos?

Um segundo problema importante, relativo à Teologia Fundamental, diz respeito à relação entre fé e revelação. Se a revelação está estruturada de um certo modo, não deveria também a fé, que responde a esta revelação com amorosa e grata aceitação, adequar-se a esta de algum modo? Aqui tocamos o problema da correspondência entre a ordem "objetiva", inerente ao conteúdo próprio da própria revelação, e a ordem "subjetiva" ou "existencial", que caracteriza a fé dos indivíduos e das comunidades. Até agora os teólogos notaram que os fiéis parecem manifestar uma "hierarquia existencial das verdades", na medida em que a fé dos indivíduos e dos grupos possa exprimir um centro particular. Alguns propuseram que o fulcro objetivo da revelação deva servir de guia e de correção à fé existencial. A fé não deve colocar no centro algo relativamente periférico à automanifestação de Deus.

A hierarquia das verdades levanta além disto o problema da obrigação de crer na verdade revelada em sua totalidade. Na *Mortalium Animos* (1927), Pio XI rejeitou as tentativas de unidade cristã baseadas numa distinção entre artigos de fé fundamentais e não fundamentais, argumentando que todas as verdades reveladas por Deus devem ser cridas. Do ponto de vista da autoridade que dá sustentação às verdades da revelação, todas estas verdades são iguais. Por isto, a noção de hierarquia das verdades não deve ser pensada de modo que comprometa a autoridade de Deus que revela; deve salvar a "obediência de fé" (Rm 16,26). Afirmar a hierarquia das verdades deve ser de fato uma expressão de tal obediência. Sob este aspecto, a hierarquia das verdades implica que a obediência de fé se adapte também ao conteúdo estruturado da revelação. A tônica colocada sobre a autoridade formal que sustenta a revelação não deve obscurecer as diferenças entre as verdades reveladas. Isto acrescenta um sentido ulterior à palavra "indiferentismo". Indiferentismo não é somente uma atitude de *laissez-faire* em relação à doutrina religiosa. Uma outra forma de indiferentismo trata como iguais verdades que, pela respectiva relação "com o fundamento da fé cristã", não são iguais. Neste sentido, pode-se dizer que a UR completa o ensinamento da *Mortalium Animos*, situando-a num contexto mais abrangente.

Do ponto de vista ecumênico, a hierarquia das verdades pode ajudar por dois motivos. Primeiro, como um instrumento para o diálogo entre os cristãos divididos. Esta noção pode ajudar ambas as partes em diálogo a entender de modo mais acurado a doutrina do outro, como também ajudá-los a compreender, exprimir e confessar juntos a fé apostólica hoje. Em segundo lugar, a hierarquia das verdades poderia ajudar as igrejas a identificar aquela unidade na fé que é necessária para uma plena comunhão. Este segundo elemento seria possível somente sob a guia do magistério docente da Igreja, que poderia discernir que importância tem a hierarquia das verdades na identificação e promoção da unidade da fé. Sobre este ponto é preciso que a hierarquia das verdades seja aprofundada para levar adiante a discussão sobre o → pluralismo teológico. Pode um legítimo pluralismo comportar não só diferenças de expressões, mas também diferenças no número das doutrinas cridas, supondo sempre a intenção de crer tudo o que Deus revela e a explícita profissão das verdades centrais de fé? Uma resposta afirmativa a esta pergunta só poderia ser dada sob a guia esclarecedora da autoridade docente da Igreja, que deveria também dirigir-se à necessidade pastoral de demonstrar que tal resposta não compromete a autoridade das várias expressões do ensinamento oficial da Igreja ao longo dos séculos.

A hierarquia das verdades é, além disto, importante também para outras numerosas questões teológicas. Ela forneceria uma diretriz ao dever de transmitir a fé cristã, quer se trate de → evangelização e de → inculturação, quer se trate de catequese. Ela promete ser um útil instrumento no → diálogo entre o cristianismo e as religiões do mundo e na tarefa de apresentar a uma sociedade secularizada a mensagem cristã de modo crível. Além disto, pode servir como estrutura hermenêutica para a perene tarefa de estudar e exprimir sempre de modo novo a tradição cristã. Dando importância, como realmente faz, à natureza estruturada da revelação, a hierarquia das verdades se demonstraria muito útil para uma compreensão mais profunda da evolução doutrinal. Ela permanece ensinamento conciliar digno de desenvolvimentos promissores.

Bibl. – H. Mühlen, "Die Lehre des Vaticanum II. Über die *Hierarchia veritatum* und ihre Bedeutung für den ökumenischen Dialog", em ThG 57 (1966) 303-335; U. Valeske, *Hierarchia veritatum*, Munique 1968; O. Cullmann, "Einheit in der Vielfalt im Lichte der "Hierarchie der Wahrheiten", em E. Klinger-K. Wittstadt (ed.), *Glaube im Prozess. Christsein nach dem II. Vatikanum*, Friburgo 1984, 356-364; H. Witte, "Alnaargelang hun band met het fundament van het christelyk geloof verschillend is", em *Wording en verwerking van de uitspraak over de "hièrarchie" van waarheden van Vaticanun II*, Tilburg 1986; W. Henn, "The Hierarchy of Truths Twenty Years Later", em ThS 48 (1987) 439-471.

WILLIAM HENN

HINDUÍSMO

1. INTRODUÇÃO – O hinduísmo é uma religião excepcionalmente complexa e rica. Nenhuma iniciativa de fundador, nenhum dogma, nenhuma reforma jamais introduziram restrições no âmbito de suas crenças e práticas essenciais. Ele é o produto de uma história que pode remontar a aproximadamente três mil e quinhentos anos atrás. E cada época desta longa história deixou vestígios que ainda hoje estão presentes nas crenças e nas práticas. Um hindu pode ser politeísta, monoteísta, panteísta, ou até ateu, que crê, porém, em algum princípio último. Ele sempre faz parte de uma casta e, no plano social, observa os costumes e as leis como estão expressos nas → Escrituras Sagradas. O hinduísmo é um estilo de vida e um sistema social e religioso altamente organizado.

2. A TRADIÇÃO RELIGIOSA ANTIGA – Os hindus dividem suas Escrituras sagradas em duas categorias distintas, que denominam Śruti (o que é ouvido) e Smṛiti (o que é recordado). A primeira compreende o próprio Veda (conhecimento), que é considerado como o eterno Sabda (Palavra), ouvido pelos sábios de antiguidade imemorável. O Veda, tal como o possuímos, divide-se historicamente em três grupos: as Saṁhita (coleções) de hinos e fórmulas (os quatro Vedas), os Brāhmana (textos sacrificiais) e os Āranyaka (tratados da floresta), que culminam nas Upanishad

(tratados esotéricos). Os hindus creem que o conjunto do Veda é incriado; é a palavra pronunciada pelo Absoluto desde a eternidade e "ouvida" ou "memorizada" pelos antigos sábios. A segunda categoria (Smṛiti), que não é colocada no rol da verdade eterna, compreende os Sūtra (aforismos filosóficos), os Dharma-Śāstra (os Livros da Lei), os Purāna (Histórias de grandes divindades) e as duas epopeias nacionais, o Mahābhārata e o Rāmāyana. A Bhagavad-gītā, embora não faça parte do cânon sagrado do Veda, goza praticamente de uma reputação igualmente elevada por parte dos hindus. Estes escritos sagrados não contêm um relato das relações de Deus com o homem na história, mas exprimem antes a gradual percepção, da parte do homem, do senso da realidade de Deus e da própria. Trata-se da busca, por parte do homem, do Real, da Luz, do Imortal, em si mesmo e no mundo que o rodeia. "Do irreal conduze-me ao Real: das trevas leva-me à luz; da morte, guia-me para a imortalidade" (Br. Up. 1. 3.28).

3. CRENÇAS FUNDAMENTAIS DO HINDUÍSMO – Embora o hinduísmo seja falto de afirmações dogmáticas concernentes à natureza de Deus e do homem, há algumas crenças no hinduísmo pós-védico que são universalmente indiscutidas e aceitas como evidentes em si. São elas o *dharma*, o *karma*, o *samsāra*, o *brahman*, a *moksha.*

Os próprios hindus chamam sua religião de *sanātana dharma* (religião eterna). *Dharma* é o modo segundo o qual as coisas existem e a força que as conserva assim como são. É o que faz subsistir o universo inteiro na ordem cósmica e a humanidade na ordem moral, em conformidade com a Lei eterna. Este *dharma* está exposto nos textos sagrados, especialmente nos que tratam das normas tradicionais do hinduísmo (Dharma- Śāstra). O termo é aplicado também a fórmulas religiosas que constituem a base destas leis. O *Brahman* é o substrato permanente do universo de que procede o *dharma* eterno. Ele funda também a prerrogativa espiritual da casta bramânica. Nos textos mais antigos, o *Brahman* indicava "o sagrado" e, portanto, tudo o que era considerado sagrado – fosse uma fórmula, ou um canto, ou uma ação sacrificial – era considerado *brahman.* Como o sagrado, enquanto celebrado no ritual sacrificial, era considerado o que liga o homem no tempo com o eterno, *brahman* acabou significando o eterno como é em si mesmo, para além do espaço e do tempo, e como se manifesta no mundo dos fenômenos. Consequentemente, o termo *brahman* era aplicado também ao estado da alma libertada (*moksha*); como também à fonte da qual toda existência fenomênica deriva seu próprio ser; ao vínculo que une o mundo do *samsāra*, condicionado pelo espaço-tempo e pela causa-efeito, ao *moksha* que os transcende; ao ser eterno, que é a fonte imutável de toda mudança; e, finalmente, ao *dharma* eterno, a lei fundada no eterno e que governa o mundo do *samsāra.*

O *Karma* é a lei universal segundo a qual toda ação é o efeito de uma causa e é, por sua vez, causa de um efeito. O processo em seu conjunto é chamado *samsāra*, o ciclo do nascimento e da morte ao qual está sujeita cada existência fenomênica. O mundo da experiência é escravo das cadeias do tempo e do desejo, porque o desejo de fazer e de viver faz com que o agente permaneça emaranhado na roda do *samsāra.* Fugir a este ciclo do tempo e da ação é possível e isto é denominado desprendimento ou libertação (*moksha*). O tempo é concebido como uma roda que gira e volta sempre ao ponto de partida e em que não existe parada nem salvação.

Na mitologia védica existem trinta e três divindades, divididas em divindades terrestres (Agni, Prithivi, Sarasvati), divindades atmosféricas (Indra, Rudra, Maruts etc.) e divindades celestes (Dyaus, Varuna, Mitra, Surya etc.). A mitologia védica não diz respeito somente a mitos da natureza, ou a divindades funcionais, ou à estrutura social de uma sociedade tribal, mas também à combinação e integração destas três realidades num todo ordenado. Existe uma ordem cósmica (*ṛta*) da qual dependem a ordem humana, a ética e a vida social. Portanto, existe correspondência entre o mundo dos homens, que celebram o sacrifício, e o mundo dos deuses, que acolhem o sacrifício. O adorador védico deve salvaguardar o perfeito equilíbrio destas duas ordens, mediante a correta celebração do sacrifício, que realmente constitui a base de encontro entre homens e deuses.

4. OS RITOS FUNDAMENTAIS DO HINDUÍSMO – O sacrifício védico consiste em venerar os deuses com uma longa cerimônia, que culmina na oferta feita ao Fogo sagrado (Agni). A finalidade é comunicar-se com os deuses, cuja ajuda é procurada para o bem geral ou para algum benefício específico. No hinduísmo mais tardio, o ritual védico foi substituído pelo culto interior, na forma de adoração mental, e deu lugar à difusão de gestos simbólicos. Universalmente praticadas foram a oração em forma de *mantra*, por ocasião da iniciação, da expiação etc., e a prática do *japa* (recitação/mental). A adoração (*puja*) é por excelência a forma da prática religiosa hindu. A imagem da divindade, com uma série de operações dependentes em parte de modelos védicos, é ungida, vestida, enfeitada; são-lhe oferecidos alimento e bebidas; colocam-se flores e acendem-se lâmpadas. Uma vez por ano a imagem é levada processionalmente para fora do recinto do templo, colocada sobre um carro, para no final da procissão ser imergida em algum rio sagrado.

Cabe observar que na religião védica predomina o aspecto sacrificial, hierático e ritualístico; mas também aqui existe uma certa relação pessoal do devoto com a divindade, expressa de maneira indubitável em muitos hinos do Rig Veda; neles encontramos, junto com um salutar temor da ira dos deuses, uma profunda devoção para com as maiores divindades, em cuja benevolência o devoto põe sua confiança, que ele não se cansa de louvar, que invoca confiantemente em todas as suas necessidades. A oração pelo perdão dos pecados é característica dos hinos a Varuna, que são os mais elevados e éticos de todo o Veda.

5. TENDÊNCIAS MONÍSTICAS E TEÍSTICAS – A propósito do politeísmo hindu, e sobretudo védico, há que se ter presente que a prática frequente de invocar diversas divindades como se fossem as maiores, ou as supremas, tem induzido os estudiosos a falar de "henoteísmo", definido como a crença em divindades individuais, consideradas alternativamente como supremas, porque a divindade a que a pessoa se dirige é tratada, no momento,

como divindade suprema. Este costume levou à identificação de uma divindade com outra, e até com todas elas. "O que é único, o sábio denomina com nomes diferentes" (Rig Veda 1.164.46).

Já que o antigo hindu procura explicar a origem do mundo e a evolução da unidade para a multiplicidade, ele se encontra frente ao mistério da existência. Nos hinos védicos, a criação é pensada como a passagem do caos para uma ordem diversificada, mediante ou sem a ação de um deus preexistente. A busca do Absoluto (Brahman) tem início com as Upanishad. Que é o Brahman? Qual é a Realidade íntima (Ātman) de todas as coisas e dos seres humanos? Alguns diziam que Brahman é o alimento, no sentido de algo que está em constante transformação, porque não se pode viver sem comer e não se pode comer sem assumir outras vidas animais ou vegetais. O processo do comer e do ser comido é aquela unidade que serve de substrato às diversas formas de existência. Segundo outros, Brahman é o sopro de vida, porque para viver temos mais necessidade de respirar do que de comer. Outros ainda diziam que é a mente do homem, porque esta pode conhecer tudo. Ainda segundo outros, Brahman é o éter ou o espaço, o qual, já que pervade cada coisa, pode com acerto considerar-se como o fundamento de todas as coisas que constituem o mundo externo. Para alguns seria melhor não dizer sobre ele nada mais do que "não isto, não isto": com efeito, se o definires, o limitas e, seja ele o que for, o Brahman seguramente não é limitado ou circunscrito. Ou ainda: se os seres vivos são reais, não obstante seu ser estar sujeito à mudança e à mortalidade, então o Brahman, que constitui a profunda identidade de todas as coisas, deve ser a Realidade do real. Ele é o controlador íntimo, a profunda identidade, o vidente invisível, o escutador que não se ouve, o pensador impensável, o inteligente ininteligível, a urdidura e o tecido de todas as coisas, distinto do mundo, mas que o controla de dentro. Em suma, o Brahman é o Ser eterno e a fonte de todo o universo fenomênico; além disto, é também o eu íntimo da essência do homem. Em seguida, chega-se à célebre identificação da eterna essência do homem (ātman) com o imutável Absoluto (Brahman) que mora no universo inteiro e o dirige.

Embora esta tendência à pura não dualidade ou monismo seja a que prevalece nas antigas Upanishad, não está ausente destas uma tendência a conceber o Ser supremo em termos pessoais, distinto do universo, tendência que aparece mais acentuada nas Upanishad mais tardias. Talvez a primeira formulação da ideia hindu de Deus se encontre na assim chamada *Śandilya-Vidyā*, onde o Brahman é chamado "todo este universo", que transcende também o mundo, porque este é maior do que o grande e mora na alma do homem. A ideia de Deus como origem, sustentação e residente no universo e no eu do homem, emerge como algo que se distingue destes. Na *Katha Upanishad* temos a concepção de um Deus pessoal, apresentado como o Senhor do mundo ideal e do mundo do devir. "Menor do que o pequeno e no entanto maior do que o grande é o Si, escondido nas profundidades da criatura. É ele que é visto por todo aquele que abandona a própria vontade; e então, desaparecido todo sofrimento, pela graça do Criador, ele enxerga a grandeza do Si" (2.12). Na *Śvetās-vatara Upanishad* propõe-se um teísmo que podemos qualificar como claro e notável. Deus (Rudra-Śiva) é aquele que preside a todas as causas às quais são concedidos tempo e o próprio Si. Deus e sua força (śakti) formam uma unidade indissolúvel. Enquanto Deus, é imóvel, enquanto Śakti, é o motor. Śakti é a força criadora de Deus que fez todas as coisas. As almas, sendo fragmentos de Deus, devem por isto mesmo ser de sua própria substância e serão novamente imergidas nele, no fim do tempo. Deus é considerado como Senhor e criador do universo, imanente e transcendente, que ama a justiça e odeia o mal, que tem qualidades positivas e uma personalidade distinta.

6. A BHAGAVAD-GĪTĀ – A *Bhagavad-gītā* é o coroamento do teísmo hindu. O brahman é, no plano cosmológico, a matéria-prima (*prakriti* ou *māyā*); no plano psicológico, é a realização da imortalidade. Deus é criador, conservador e destruidor do universo; seu início, centro e fim; transcendente enquanto pessoa suprema, ao mesmo tempo que imanente, e reside no coração dos homens enquanto essência de todas as coisas e semente delas. Embora alguns trechos da Gītā sejam panteísticos, alguns pontos-chave, porém, não implicam o panteísmo e entendem corretamente a divina imanência. A respeito dos elementos constitutivos (*gunas*) da natureza, Krishna diz: "Saiba que estes vêm de mim; eu não estou neles, mas eles estão em mim" (7.10; 9.18). De maneira análoga, Deus é o suporte de todas as criaturas, mas não subsiste nelas. "Todas as criaturas subsistem em mim, mas eu não estou fundado nelas. E, no entanto, as criaturas não subsistem em mim. Eis aí meu poder soberano. Meu eu sustenta as criaturas sem subsistir nelas; ele as faz existir" (9.4-5). A Gītā ensina a doutrina da *avatāra* (encarnação) do deus supremo Vishnu. "Embora eu não tenha nascimento e minha substância seja imutável, embora eu seja o senhor das criaturas, no entanto eu, mediante minha força criadora (*māyā*), recorro à natureza que vem de mim, e então chego à existência" (4.6). A mensagem verdadeira da Gītā é que Deus não é um Absoluto impessoal e sim o amigo da alma do homem, e mais: o próprio amor. Krishna diz: "Eu sou nas coisas o amor que não se opõe à justiça" (7.10; 9.18). Ele é o pai, o companheiro e o amado (11.44). A relação entre o homem e Deus é caracterizada pela graça e pelo amor. "Eu te desejei ardentemente; por isto quero anunciar-te tua salvação. Pensa em mim, venera-me, adora-me, oferece-me sacrifícios; assim chegarás a mim. As minhas promessas são verdadeiras, porque te amo de verdade. Deixa de lado tudo o que é lei, volta-te somente para mim como teu refúgio. Eu te libertarei de todo mal; não te preocupes" (18.64-66). Pela primeira vez na longa história da experiência religiosa da Índia, Deus parece falar diretamente ao homem, um Deus de amor, de misericórdia e de terror (11.24-30).

7. AS VIAS HINDUS DE SALVAÇÃO – A crença comum hindu enumera três causas principais para a escravidão do homem. O renascimento é a consequência necessária de nossas ações; nossas ações derivam de nossos desejos e por eles são caracterizadas e estes desejos se enraízam no egoísmo; os homens são vítimas dos desejos e do egoísmo por ignorarem a verdadeira realidade e, portanto, sua própria identidade verdadeira. Para isto, eis o remédio: para uma ação desordenada, o remédio imediato

será fazer o bem e evitar o mal, a fiel prática moral e religiosa. Bem poucos pensam que isto baste para conduzir à libertação final; mas todos exigem isto ao menos como estágio preparatório. No que concerne ao desejo, o remédio está em controlar e submeter as paixões, aspirando a agir de modo desinteressado mediante a prática ascética e/ou a purificar e superar todos os desejos mediante um amor indiviso a Deus. O amor a Deus há de trazer consigo ou conduzirá facilmente ao verdadeiro conhecimento mediante a conaturalidade do amor e a graça de Deus. Contra a ignorância é preciso adquirir o verdadeiro conhecimento da realidade e em particular o conhecimento da verdadeira identidade própria, portanto, destruir o egoísmo em sua raiz. Para chegar ao conhecimento intuitivo e salvador, pensa-se comumente que sejam necessárias, com ou sem a ajuda da graça, uma severa ascese e uma técnica de concentração mental (yoga).

O hinduísmo procura, para o homem imperfeito, a via para perceber a Realidade última, trate-se de Deus ou do Absoluto, e a percepção do fim último da vida. O que para o hindu constitui a libertação (*moksha*) é ser libertado não do pecado, mas da condição humana, ou seja, ser desprendido da ação (*karma*) de qualquer tipo, seja boa, seja má; ser libertado para uma condição em que são abolidos o tempo e o espaço, e tudo é visto como Uno. Para as Upanishad não dualistas a libertação é entendida como imersão no Brahman, o princípio supremo, assim como um rio se perde no mar; deste modo, o homem é libertado das cadeias da vida fenomênica e passa para um modo de ser que é infinito, onipresente (porque é abolido o espaço) e imortal (porque é abolido o tempo); é precisamente isto que quer dizer tornar-se brahman. O Saṁkya-Yoga limita-se a definir a libertação como *kaivalyam*, isolamento da alma individual em sua essência eterna. As seitas teísticas da *bhakti* consideram como vias para chegar a Deus a lealdade e amor entre a alma e Deus, ao passo que libertação significa união de amor e de total entrega a um Deus pessoal.

Sobre a via de salvação, os hindus falam tradicionalmente de três caminhos (*mārga*): a prática ascética e religiosa (*karma-mārga*), o conhecimento intuitivo da verdadeira Realidade (*jñāna-mārga*), o amor a Deus e a entrega a ele (*bhakti-mārga*). A distinção entre estes três caminhos, embora ajude a entender a espiritualidade hindu, não é nunca adequada, porque na vida prática eles se penetram reciprocamente.

a. *A ascese hindu* – A ascese bramânica antiga consiste principalmente em sacrifícios e ritos. A palavra *yoga* (jungir, amarrar) era usada no contexto sacrificial. Quem realiza o sacrifício "amarra" as forças celestes à oferta, ou então "amarra", através da concentração mental, seu próprio pensamento à fórmula e à ação espiritual. Quem pretende realizar o sacrifício, depois de um banho ritual submete-se a um rigoroso jejum, permanecendo sentado com ascética imobilidade em posição fetal, no escuro, entre fogos sagrados, e desta maneira se comunica com os deuses. A ascese interior, a recitação de fórmulas sagradas e a meditação promovem a união com Deus. A *Bhagavad-gītā* atribui um significado mais profundo à ascese hindu. Se a meta do homem é superar qualquer tipo de ação para entrar numa paz atemporal, por que motivo deveria ainda agir? A Gītā responde que não é a ação, estritamente falando, que amarra, mas o apego a ela e a seus frutos. Quando a ação é realizada com desapego total, cessa de amarrar a pessoa ao mundo. Além disto, a ação reta conduz automaticamente a um estado de desapego do espírito e por sua vez o desapego conduz a um grau mais alto de espiritualidade no caminho da libertação. No último capítulo a Gītā diz: "Com a renúncia ao eu, à força, à soberba, à concupiscência, à ira e à avidez, sem nenhum pensamento de 'meu', pacificado, deste modo o homem se predispõe a realizar sua essência eterna".

b. *A via de conhecimento (jnāna) hindu* – Por conhecimento entende-se não somente o aprender dos livros ou o conhecimento racional empírico, mas a percepção intuitiva da verdadeira identidade. Ao propor este conhecimento, os ensinamentos hindus diferem entre si, por motivo da diversidade de opiniões sobre a verdadeira natureza do eu e a qualidade da ascese. A ignorância em razão da qual a pessoa está amarrada ao renascimento pode ser: a não discriminação entre o Si e o não si (Saṁkya-yoga), o desconhecimento da verdadeira identidade do Si com o Todo (não dualidade); o desconhecimento da verdadeira relação do Si com Deus e a falta de conhecimento de Deus (teísmo). A percepção intuitiva do verdadeiro Si e de sua relação com o Absoluto, ou com Deus, pode ser atingida mediante apercepções místicas ou, com mais frequência, numa experiência mística concreta, no ápice de uma ascensão ascético-mística. O misticismo não dualista (*advaita*) consiste no conhecimento da diversidade que existe entre o Absoluto e as realidades ilusórias. Como método – além dos da renúncia e da devoção, que são somente preparatórios – este tipo de misticismo hindu propõe um conhecimento transcendental da própria identidade íntima. "É preciso conhecer o Si no eu somente através do eu". O conhecimento fundado nas Escrituras hindus é simplesmente como o dedo que indica o objeto e que desaparece apenas este é entrevisto. O conhecimento autêntico é o da visão pessoal, uma consciência de identidade como Brahman, no sentido de intuição mística. Esta consciência não pode ser provocada ou reflexa, porque não é um trabalho. Para chegar a ela podem servir, como preparação, as palavras do Veda, ou a devoção amorosa (*bhakti*) a um Deus pessoal, ou a meditação sobre a Verdade última; no fundo, ela é a percepção da identidade entre o Absoluto e o Si.

c. *A via hindu do amor a Deus* – Por amor a Deus (*bhakti*) entende-se uma atitude e um sentimento específico, cujas características essenciais são a fé, o amor e o abandono confiante à divindade. Trata-se de uma efetiva participação da alma na natureza divina; de um amor intensíssimo a Deus; um apego do coração, consequente à grandeza de Deus. Objeto da *bhakti* é o Senhor bendito, o Santo, o Adorável. Ela é preparação e realização da libertação. A meta suprema é a união e a comunhão com Deus no vínculo de amor, que inclui um profundo sentimento de dependência e de submissão a Deus. Rāmānuja diz que o conhecimento que destrói de modo mais radical o egoísmo é o que deriva da meditação devota do Senhor, enquanto transcendente e enquanto verdadeiro eu da alma. Esta devota meditação é uma atenção estável e quieta, ininterrupta como um fluxo de óleo. Em razão de sua excepcional intensidade, assume o caráter de "percepção intuitiva" e é altamente desejável pela alma em razão da suprema amabilidade de seu objeto. Mas este senso intuitivo e amante de Deus não deriva somente da meditação. Depende da graça, de uma eleição da parte de Deus.

A necessidade da graça: nas Upanishad afirma-se que Deus escolhe e favorece a quem ama; somente por sua graça o homem chega ao conhecimento e é libertado. Na *bhakti*, tudo, de certo modo, é graça: os instrumentos da *bhakti* são somente ajudas; a *bhakti* é o fruto de uma eleição divina. Madhva e Vallabha ensinam uma doutrina da predestinação: alguns são predestinados à *bhakti* e à libertação; outros são predestinados a ficar indefinidamente no ciclo do renascimento. A graça do Senhor cura, ilumina, torna conformes à divina natureza e une a ele. Mas tudo isto verifica-se dentro de um sistema de criação imanente. Embora Deus conceda sua graça de maneira indubitavelmente livre, esta ajuda nunca é estritamente sobrenatural, porque a graça reconduz a alma a sua vida divina natural. Ela não eleva a alma em um nível superior, sobrenatural, de ser, de vida e de atividade.

No tocante à doutrina da graça, os discípulos de Rāmānuja estavam divididos em duas escolas, a setentrional e a meridional. A diferença entre estas duas escolas exprimia-se em termos drásticos. Eram distinguidas como a via do macaco e a via do gato. Efetivamente, quando uma macaca-mãe está em perigo, o filhote agarra-se imediatamente a ela e, quando ela dá um salto para salvar-se, é verdade que é pelo gesto da mãe que os dois se salvam, mas também o filhote coopera um pouco, porque se agarra à mãe com um ato que é dele. Trata-se, portanto, de um ato sinergético. Ao invés, quando um perigo ameaça uma gata com seu filhote, a gata agarra seu gatinho com a boca. O filhote não faz nada para salvar-se. Permanece simplesmente passivo. Toda cooperação está excluída. Podemos indicar sumariamente a diferença entre as duas escolas da maneira seguinte: a escola setentrional sustenta que a alma atinge a Deus por si mesma; a escola meridional, ao contrário, que Deus atinge a alma por Si mesmo.

A mística da *bhakti* crê numa real união com um Deus pessoal e empenha-se para isto por via de amor a Ele. Este amor inclui também o conhecimento de Deus. Mediante o amor a alma religiosa chega a conhecer a Deus, quem Ele é e quão grandes são seu ser e seu amor. Conhecendo Deus em sua essência, quem ama a Deus chega imediatamente à união com Ele. Este estado supremo de participação na essência de Deus é atingido com a graça de Deus.

Bibl. – A. Barth, *The Religions of India*, Londres 1882; H. von Glasenapp, *Der Hinduismus*, Munique 1922; S.N. Dasgupta *Hindu Mysticism*, Chicago 1927; Bhagavan Das, *An Advanced Textbook of Hindu Religion*, Adyar 1930; O. Lacombe, *L'Absolu selon le Vedānta*, Paris 1938; F. Edgerton, *The Bhagavad-gītā*, Harvard 1944; K.W. Morgan (ed.), *The Religion of the Hindus*, Nova York 1953; P.D. Devanandan, *Living Hinduism*, Bangalore 1959; T.M.P. Mahadevan, *Outlines of Hinduism*, Madras 1960; J. Gonda, *Die Religionen Indiens*, vol. I-II, Stuttgart 1960s; R.C. Zaehner, *Hinduism*, Oxford 1962; S. Radhakrishnan, *The Hindu view of Life*, Londres 1963; M. Hiriyanna, *Outlines of Indian Philosophy*, Londres 1964; Jesuit Scholars, *Religious Hinduism*, Allahabad 1964; K. Klostermaier, *Der Hinduismus*, Köln 1965; V. Ions, *Indian Mythology*, Londres 1967; A.M. Esnoul, *L'Hindouisme*, Paris 1971; M. Biardeau, *Clefs pour la pensee hindoue*, 1972; M. Dhavamony, *Love of God According to Saiva Siddhānta*, Oxford 1972; Id., *Classical Hinduism*, Roma 1982; W.D. O'Flaherty, *Hindu Myths*, Harmondsworth 1975; J.E. Carpenter, *Theism in Medieval India*, Delhi 1977; L. Renou, *L'Hindouisme*, Paris 1979.

MARIASUSAI DHAVAMONY

HISTÓRIA

I. CONSCIÊNCIA HISTÓRICA (R. Fisichella) – II. FILOSOFIA DA HISTÓRIA (S. Spera) – III. TEOLOGIA DA HISTÓRIA (R. Fisichella) – IV. HISTORICIDADE DA REVELAÇÃO (J. O'Donnell) – V. HISTÓRIA UNIVERSAL E HISTORIA DA SALVAÇÃO (J.M. McDermott).

I. Consciência histórica

"O aparecimento de uma tomada de consciência histórica é, provavelmente, a mais importante das revoluções por nós sofridas depois do advento da época moderna". Esta expressão de H.G. Gadamer (*Il problema della coscienza storica*, 27) pode, melhor do que qualquer outra, inserir em nossa problemática e fazer entender o alcance que esta possui no horizonte do pensamento contemporâneo.

Talvez não haja nada que caracterize originalmente tanto o nosso século quanto a consciência histórica, trazendo consigo, ao mesmo tempo, tanto um cenário sempre mais profundo e extenso sobre o qual se deve colocar a conquista do saber humano quanto a responsabilidade pelo progresso do futuro.

A partir do "pai" da consciência histórica, W. Dilthey, que se propunha fazer o pensamento humano desembocar de uma crítica da razão pura numa crítica da razão histórica, o fato da consciência histórica tem caracterizado sempre mais progressivamente as diversas ciências (e não somente a história e a historiografia, mas também a filosofia, a teologia e todas as *Geisteswissenschaften*), até impor-se como forma normativa para um saber correto.

É possível reduzir a pelo menos três leituras complementares o único conceito de consciência histórica:

1. Por consciência histórica entende-se antes de tudo o fato de o sujeito colocar-se diante do simples devir. Um devir caracterizado pela dinâmica dos fatos que se tornam eventos, na perspectiva em que o sujeito os insere e que, portanto, constituem "história".

Pode ser interessante, a propósito, uma comparação com a concepção de história vigente entre os gregos. Para estes, podia-se apenas *narrar* o que acontecia – porque os fatos, vez por vez, eram entendidos como mutáveis. A transitoriedade das coisas humanas é o que serve de fundo para as grandes "histórias" da Antiguidade; concepção tanto mais surpreendente quanto mais se pensa na compreensão que os gregos possuíam acerca da estabilidade e da permanência dos corpos celestes e da ordem imutável do universo.

A narração dos fatos é o que permite sua manutenção no tempo; desta maneira não caem no esquecimento e podem ser recordados no futuro.

Diferente é a concepção agostiniana, talvez a primeira grande intuição na história do pensamento, que vê no tempo uma provocação que impõe a *attentio animi.* O espírito do homem está constantemente voltado para um tríplice movimento – *memoria, contuitus, expectatio* – que permite a classificação do tempo em passado, presente e futuro.

Por conseguinte, consciência histórica é, a este primeiro nível, a autoconsciência do movimento temporal que determina a natureza humana enquanto capacidade de saber perceber e compreender o próprio tempo.

Poder-se-ia assim dizer que consciência histórica é a autoconsciência do sujeito, de ser ele mesmo um ser temporal e, portanto, criador de história. O tempo torna-se descoberta do abrir-se pessoal à realidade; a temporalidade do sujeito, ao invés, permite que se compreenda a individuação do diferente de si.

Em outras palavras, é o reconhecer-se abismado nos limites do tempo e simultaneamente capaz de poder transcendê-lo. Nesta interpretação, tem-se consciência histórica por estar-se na presença de uma relação reflexiva que o sujeito tem consigo; é modalidade de conhecimento de si como estar inserido, "jogado" na história (a *Geworfenheit* heideggeriana), mas simultaneamente como um alguém que "pro-jeta" a si mesmo (*Entwurf*).

Sem a consciência histórica, portanto, o sujeito não teria uma plena consciência de si, permaneceria incapaz de ver-se realizado nos dois horizontes de sua própria essência: a gratuidade de seu ser e a liberdade de seu querer ser.

Com efeito, com esta consciência o sujeito realiza a experiência originária que se contextualiza na maravilha da descoberta do ser doado. Eu não me pertenço; chego num momento deste tempo e desta história, decidido por outros, e recebo o que outros prepararam. Todavia, ninguém na história está sozinho. Pelo contrário, descobre-se aqui a paradoxalidade de seu próprio ser. As aspirações pessoais, as exigências e os ideais de vida são compartilhados com outros. Quase repentinamente, descobre-se que o que se deseja, o outro também o deseja. Consciência que faz chegar à descoberta do outro como "diferente" de mim e no entanto profundamente unido a mim. Portanto, enquanto se descobre uma aspiração e um ideal comum, identifica-se também a perspectiva peculiar e a originalidade pessoal do sujeito.

2. Consciência histórica é, em um segundo nível, percepção de um senso histórico. Não tanto como uma conexão e interdependência dos eventos, mas antes como um *ver* e um *saber* imediato de uma constante tensão para uma realização.

Esta consciência não permite a hipótese de um absoluto que se coloque como única possível realização da história e que possua com exclusividade as características da história: temporalidade e contingência.

O senso da história é o que permite ver realizado um primeiro equilíbrio entre o fragmentário dos acontecimentos e um todo que sabe englobá-lo, dando-lhes sentido. É, pois, percepção e compreensão de uma universalidade que foge aos limites do indivíduo, para estendê-los ao pessoal, ao social e ao transcendente.

3. Consciência histórica, finalmente, é aquilo que permite um conhecimento histórico. Aqui, a filosofia da história e a historiografia servem de referência para a fundação e elaboração da objetividade do saber histórico.

Encarregado do presente e impossibilitado de poder desfazer-se dele, o historiador vai para o passado, procurando conhecer, reconstruir e interpretar o que constituiu história. Mas a consciência histórica impõe, a este nível, a consciência de um horizonte mais vasto no qual há que colocar o estudo do fato histórico. Com efeito, o passado não pode nunca ser objetivado como se fora um corpo estranho ou um fator neutro. Na interpretação dele entra toda a problematicidade do presente, tanto assim que obriga a falar como que de uma contemporaneidade.

A história passada, como toda história, é contemporânea, porque é o que permite este presente e porque é lida nele. Estamos envolvidos com este passado e, *volens nolens* [querendo ou não], comprometidos com ele. Passado e presente, portanto, tendem para uma síntese superior que é, ao mesmo tempo, compreensão nova dos eventos e fundação do futuro.

Com razão H.I. Marrou falava de "simpatia teórica" que o historiador tem que pôr em ação. Conhecer o passado, porém mais diretamente, conhecer o diferente de mim, é sempre o que deve provocar uma "comoção", uma *Einfühlung*, para usar a expressão de M. Weber, um coparticipar para penetrar no evento com profundidade cada vez maior.

Há uma consciência histórica que impulsiona à aceitação de uma *Wirkungsgeschichte* (H.G. Gadamer, *Verità e Metodo*, 350-357), que obriga a compreender-nos como inseridos num horizonte sempre mais vasto, em que o acolhimento da tradição é condição de sobrevivência para o presente.

A consciência histórica convida, portanto, a levar em séria consideração nosso estar constantemente inseridos na história, a ponto de não podermos compreender-nos sem qualificar-nos como "pessoa *histórica*". Estamos, pois, na perspectiva de podermos ter claro o presente e projetá-lo no futuro, porque temos consciência de um passado do qual estamos encarregados, assumindo deste a verdade que representou e que permanece inevitavelmente tal, também para a ação presente, juntamente com os limites e as contingências em que aquela verdade se revelou.

Bibl. – H.I. Marrou, *De la connaissance historique*, Paris 1954; W. Dilthey, *Gesammelte Schriften*, vol. XI: Vom Aufgang des geschichtlichen Bewusstseins, Göttingen 1960; H.G. Gadamer, *Wahrheit und Methode*, Tübingen 1960 (trad. it. Milão 1983); Id., *Le problème de la conscience historique*, Louvain 1963 (trad. it. Nápoles 1969); R. Aron, *Dimensions de La conscience historique*, Paris 1961; R. Latourelle, *A Gesu attraverso i vangeli*, Assis 1979.

RINO FISICHELLA

II. Filosofia da história

Somos hoje herdeiros de ilusões e decepções e, no entanto, testemunhas de um mundo em fermentação e de uma humanidade que continua a oscilar entre esperanças e temores, medos e vontade de viver ("As alegrias e as esperanças, as tristezas e as angústias..." assim inicia a *Gaudium et Spes*). O *mysterium iniquitatis* (2Ts 2,7), queda inicial que nos colocou num "status deviationis" ou mal radical (cf. Kant, *A religião nos limites da pura razão*, 1793) ou pecado original, causa de uma "natura lapsa", sempre alimentaram, com um sentimento doloroso da existência, a tendência milenarística e uma visão apocalíptica. A revelação acrescentou um substancial "et reparata", numa história cuja continuidade é representada pela fidelidade de Deus e cujo crescimento dinâmico quebra, na novidade da graça, do mistério (e do pecado), toda linearidade e toda circularidade.

1. INDIVÍDUO – COMUNIDADE – AMBIENTE – Indivíduo e comunidade (e hoje, com razão, o componente ambiental, "Le milieu divin", 1926-1927, do qual falou T. de Chardin) tornam-se o lugar de uma salvação que considera superficial o atualismo (passado!) de uma identificação com o sujeito universal da história, na convicção de resolver, no único ato espiritual, presente e passado. Mas também é preciso precaver-se, no fluir dos cursos e recursos históricos, de uma apocalíptica que está retornando e que, no sentimento agudo da ambiguidade da existência e da precariedade da salvação, vê uma salvação como improvável. Sem negar explicitamente a possibilidade da salvação, e até numa paradoxal absolutização, é a reproposição do antigo "fiat justitia et pereat mundus". O pensamento paulino, lido por Santo Agostinho e interpretado por Lutero, de algum modo alimentou um motivo caro ao gnosticismo perene que chega às mesmas conclusões que o solipsismo teológico. Na desilusão de um reino que não veio (imediatamente) e não se realizou (manifestamente), a renegação da vida ("vanitas vanitatum...") para santificar o mundo através da aniquilação. Os antigos cínicos haviam antecipado o que se reproporá no *De contemptu mundi*, de Inocêncio III, ou no *De divina omnipotentia*, de São Pedro Damião, ou no *De servo arbitrio*, de Lutero, ou numa certa obsessiva apocalíptica contemporânea. Também o humanismo, ao lado de uma "dignitas hominis" (exaltada até em excesso), com os "pintores teólogos" e os místicos flamengos e renanos, sublinha fortemente uma "indignitas hominis", louco, atormentado por toda aflição, que também da religião faz objeto de contestação (Reforma ou Contrarreforma) e de guerras. A "ars moriendi" tem a função de ilustrar eficazmente (i. é, de modo a incutir terror) que, se "talis vita finis ita", avareza, gula, luxúria, poder e riqueza constituem uma morte antecipada sob aparências de vida. A vida é uma "carroça de feno" (Bosch), onde cada um rouba sem escrúpulo; único remédio, o colóquio amoroso, longe da peleja, ou a "fuga mundi" do peregrino (Bosch, *O peregrino do mundo*). Enquanto isto, na indiferença e na obtusidade geral, o pintor olha, perplexo e preocupado, para além das aparências, para o mistério do mundo e da história (P. Bruegel o Velho, *Autorretrato*). Anômalo, no tocante ao espírito humanístico italiano, é também Machiavelli com seu "realismo" político, de que não se pode esquecer a propagação "Ad maiorem Dei gloriam", até ao barroco contrarreformístico.

2. TEMPO E HISTÓRIA – Se no próprio interior do Iluminismo (e, sobretudo, com o severo Kant) se pôs em crise o entusiasmo progressista (já Mendelssohn e depois Hamann), o otimismo racionalista-idealista foi derrubado no plano socioeconômico pela "luta de classe" e, no espiritual-interior, por Kierkegaard e pelo existencialismo. Com o ruir das ideologias, não obstante a pesada herança de guerras, genocídios, destruições e a iminente ameaça nuclear e da degradação ecológica, hoje, talvez, se possa recomeçar a esperar e a repensar em termos não unívocos a história.

Já foram excogitados todos os modelos para procurar um fim e um sentido para uma história não fragmentária e atomizada, mas tampouco totalizante, em detrimento do indivíduo. Modelo circular (eterno retorno), linear (continuidade progressiva), pontual (absolutização da contingência), pendular (apocalíptico-antagonístico) até o espiralado, que gostaria de recolher todos os elementos positivos e onde talvez, em todo caso, a decisão pessoal ainda não encontra sua justa colocação.

Agostinho tem atrás de si a experiência historiográfica grega e latina, o choro dos tragediógrafos sobre as infinitas desgraças humanas e a reflexão filosófica. Para Platão não existe uma libertação trazida pela história, mas um libertar-se da história; é preciso sair do tempo (*krónos*) para atingir o paradigma do tempo que é o eterno (*aiôn*). Para Plotino (*Enéadas* III) o tempo é a vida da alma, seu movimento de um estado para o outro. Daqui a "distensio animae" agostiniana: "Não existem três tempos, em se falando com propriedade: o passado, o presente, o futuro. Mas existem três presentes: o presente do passado, o presente do presente, o presente do futuro" (*Confissões* XI, 20,26). O *De Civitate Dei*, composto sob a emoção do saque de Roma, em 410, é uma crítica decidida e violenta ao politeísmo pagão, instigador de desenfreado hedonismo na vida privada e de violência descontrolada na vida pública. O culto dos deuses e a importação de novos ritos e mistérios não subtraíram Roma das amargas vicissitudes do mundo; pelo contrário, justamente a partir do atento exame da mitologia poética e popular, mediante a interpretação naturalística e as diferentes teorias filosóficas, redescobre-se o monoteísmo, se não se quiser ir de encontro a um absurdo panteísmo e imanentismo.

A visão agostiniana ilumina-se com a luz da revelação; sua filosofia da história não pode deixar de tornar-se teologia da história: "Dois amores deram vida, portanto, a duas cidades: a terrestre, isto é, o amor de si até o desprezo de Deus; a celeste, ao contrário, o amor de Deus até o desprezo de si mesmo" (XIV, 28). A Providência guia o gênero humano como um único homem; mas os homens dividem-se em ímpios e povo de Deus. "Duas cidades, uma dos iníquos, a outra dos justos, continuam seu caminho desde o início do gênero humano até o fim do mundo: no presente, estão misturadas segundo o corpo, mas distintas segundo o espírito; no futuro, no dia do juízo, serão separadas também segundo o corpo" (*De cat. rud.* XX, 31). Da visão da história nasce a concepção agostiniana da perenidade da religião cristã: "Aquela mesma, que hoje chamamos de religião cristã, já existia entre os antigos e não estava ausente nem desde os inícios do gênero humano, até aparecer Cristo na carne. A verdadeira religião, que havia existido antes e sempre, começou desde então a chamar-se religião cristã" (*Ep.* CII, 12,5). Um tema sugestivo, este da conexão e reciprocidade de filosofia da história e filosofia da religião: desde Lessing e Schleiermacher, até Herder, Schelling e Hegel, e até Troeltsch, uma reflexão sobre o "caráter absoluto do cristianismo" que procura "compor" singularidade e universalidade, caráter polêmico e caráter ecumênico, visibilidade e invisibilidade, história e eclesiologia filosófica (cf. M.M. Olivetti, *Filosofia della religione come problema storico.* Romanticismo e idealismo romântico, Padova 1974).

3. AGOSTINISMO POLÍTICO E TOLERÂNCIA CIVIL E RELIGIOSA – O agostinismo político, que começa logo com os *Historiarum adversus paganos libri septem*, de Orósio (uma teologia da história que se inspira, além de Agostinho, na *Vida de Antão*, de Atanásio), conhece explícitas afirmações teocráticas: "Defender, em toda parte exteriormente, com as armas, a santa Igreja de Cristo contra as incursões dos pagãos e as devastações dos infiéis e fortificá-la, interiormente, no conhecimento da fé católica" (*Epistula Caroli*, 10). A visão universal da história concretiza-se no *imperium christianum*: "Oxalá aprouvesse a Deus onipotente que, sob um único rei piedosíssimo, todos os homens fossem governados por uma única lei: isto reverteria em grande vantagem para a concórdia da cidade de Deus e a equidade entre os povos" (Agobardo, *Liber adversus legem Gundobaldi*). Agostinismo edulcorado por servilismo é a *Politique tirée des propres paroles de l'Écriture sainte* que, em 1709, J.B. Bossuet dedica a seu rei "Sol", justificando preconceitos, matanças e toda sorte de tirania. O fato de ela ter sido precedida de um *Discours sur l'histoire universelle*, em 1681, prova que nem mesmo uma teodiceia garante contra os discursos tortuosos. Os *Essais de Théodicée sur la bonté de Dieu, la liberté de l'homme e l'origine du mal* (1710), de Leibniz, possuem, pelo menos, rigor teorético, quando, também com a contribuição de Santo Tomás, retomam a reflexão bíblica.

O *Tractatus theologico-politicus* (1670) de Spinoza não é só uma defesa das liberdades religiosas, civis e políticas, defende a autonomia do poder político e do poder religioso (indicando, nas lutas entre papado e Lutero, o dano que a unidade destes poderes do Estado acarretou à religião e à piedade), mas, na recusa do autor em dedicá-lo ao rei Sol (sob remuneração à vontade), recebe um selo de dignidade desconhecido dos cortesãos. Ao *Leviathan* (1651) de Hobbes, que funda o absolutismo político na amarga constatação do "homo homini lupus" e lê a história em termos de "bellum omnium contra omnes", Spinoza responde com a evolução "iuxta propria principia" da lei natural, desde o estado de natureza até o estado de direito, desde o escravo até o súdito e o cidadão.

Lembrando-se do princípio de Sêneca "Ducunt volenten fata, nolentem trahunt", Spinoza admoesta que é inevitável ler a história com realismo para evitar as considerações abstratas dos que "concebem os homens não como são, mas como gostariam que fossem". Uma concepção do homem e da história que caracteriza o anti-humanismo de Machiavelli, que procura a "verdade efetiva da coisa", sem imaginar "repúblicas e principados que nunca se viram, nem se soube existirem de verdade" e não deixando "o que se faz pelo que se deveria fazer" (*Il principe*, 1513). Uma leitura que se torna base de um programa político: "Enquanto os homens procuram não temer, começam a fazer temer a outrem; e aquela injúria que eles repelem de si colocam-na sobre um outro, como se fosse necessário ofender ou ser ofendido" (*Discorsi sopra la prima Deca di Tito Livio*, 1514).

4. UMA CIÊNCIA NOVA – Projeto sistemático e uma filosofia da história em antítese com o racionalismo cartesiano, projeto ignorado pelo Iluminismo (Montesquieu, *Esprit des lois*, 1748), mas revalorizado por Herder, são os *Princípios de uma ciência nova em torno da natureza das nações*, de 1725 (em *Opere*, Milão-Nápolis, 1953, sobre a 3. ed. de 1744), de G.B. Vico, com o axioma "verum ipsum factum", nó de uma filosofia da história entendida como uma ciência histórica. Uma arte "crítica" voltada a "separar o verdadeiro", a fim de enxergar, entre compreensões e obras dos homens, a guia da Providência: "a história ideal eterna sobre a qual correm no tempo as histórias de todas as nações" (§ 349). Se a *Ciência Nova* demonstra a verdade da Bíblia, a Providência é uma "List der Vernunft" *ante litteram*: "Ele é este mundo, sem dúvida, saído de uma mente muitas vezes diversa e às vezes completamente contrária e sempre superior a estes fins particulares que estes homens se haviam proposto" (§ 310). O próprio Vico traduz sua filosofia da história em "teologia civil racional da Providência Divina" (§ 342). É totalmente natural, numa visão da história que não negligencia o livre-arbítrio humano, "artífice do mundo das nações" em sinergia com a "divina arquiteta" que é a Providência, que as nações civis tenham começado em toda parte com as religiões, "mas com o ateísmo não se fundou nenhuma no mundo" (§ 518).

Um novo padrão de história da humanidade, modelado sobre o homem "iluminado", fora da Escritura, foi proposto por Voltaire, com o *Essai sur les moeurs et l'esprit des nations*, 7 vol., 1754-1758, retomada crítica do *discours* de Bossuet (concepção providencialística da história universal), aos quais contrapõe a afirmação progressiva da razão sobre o preconceito e sobre o arbítrio, da civilização sobre a barbárie.

O terremoto de Lisboa (1755) foi epocal não tanto pelas destruições materiais, quanto pelas discussões que suscitou, colocando em crise concepções otimísticas e um superficial providencialismo (do qual faz eco também o *Candide, ou l'optimisme*, 1759, do mesmo Voltaire). Também Kant interveio repetidamente, advertindo contra fazer um discurso devocionístico ou moralístico (*Sobre as causas dos terremotos por ocasião do sinistro que atingiu as regiões ocidentais da Europa pelo fim do ano passado* e *História e descrição natural dos eventos mais singulares que, no fim do ano de 1755, destruíram uma grande parte da terra*). Os "destinos progressivos e humanos", analogamente ao mito iluminístico do progresso de uma razão abstrata, receberam um duro golpe.

5. FILOSOFIA DA HISTÓRIA E FILOSOFIA DA RELIGIÃO – A concepção da revelação como um momento da história na *Educação do gênero humano* (1780) de Lessing, enquanto projeta um cristianismo de razão sobre a perspectiva de um evangelho eterno, transfere indefinidamente o sentido da história para além do tempo: "Virá um tempo...!" Na história, ao contrário, existe a impossibilidade de verdades absolutas (*Sobre a prova do espírito e da força*, 1777) e a busca errante (*Eine Duplik*, 1778). Nas *Migalhas filosóficas* (1844) e na *Apostila conclusiva não científica* (1846), através da hipótese e do paradoxo do cristianismo, Kierkegaard identificou no "momento" o ponto de encontro do eterno com o tempo, de Deus com o homem, o lugar da decisão na fé, que funda a salvação. Também Schleiermacher (*Sobre a religião. Discursos para aqueles intelectuais que a desprezam*, 1799), olhando para a "conexão geral" da história e para um destino eterno que parece esmagar "o esforço isolado do indivíduo", vê no espírito do mundo um Uno, Tudo, Infinito, que penetra o homem e o conduz com doçura.

Para J.G. Herder a vida terrestre do homem é prelúdio de um estado ulterior da humanidade; de humanidade, de gênero humano pode-se falar, como atesta a tradição viva da linguagem. Na relação indivíduo-gênero humano realiza-se concretamente o plano da Providência (elemento de não identificação com o Iluminismo). Com entusiasmo, identifica "filosofia da humanidade e sua verdadeira história!" (*Cartas provinciais*, 1774). Um "sacerdote de Deus" deve escrever uma tal história que é "ordenamento divino do gênero humano! Economia de Deus na terra!" Uma premissa para a identificação entre filosofia da história e filosofia da religião é colocada com a afirmação: "A religião inteira é, no fundo e essencialmente, fato! história!" Também para Herder, razão e revelação caminham juntas, a Bíblia ilumina a história do gênero humano, dando o sentido geral dos "fragmentos das histórias das filosofias pagãs". "Quão pouco o gênero humano podia surgir sem criação, tão pouco teria ele podido perdurar sem ajuda divina e compreender o que sabe sem educação divina" (*Anotações ao Novo Testamento*, 1775). As *Ideias para a filosofia da história da humanidade*, 1784-1791 (trad. ital. Bolonha, 1971) iniciam com a necessidade de "uma filosofia e uma ciência daquilo que nos diz respeito mais de perto, isto é, da história da humanidade em seu conjunto", para encontrar nos tempos a mesma ordem dos espaços. Experimenta-se alegria "diante da sabedoria e da bondade do Criador", que se manifestam em todas as suas obras. O homem é formado para a humanidade e a religião: "Todos são permeados por uma só e mesma Humanidade... Estudar esta Humanidade é a função da autêntica *filosofia humana*... A religião é a suprema Humanidade do homem... é função da inteligência descobrir a relação entre causa e efeito... A primeira e última filosofia sempre foi religião..." (p. 124). No conjunto filosofia-história-religião existe uma aspiração a dar um sentido, e um sentido religioso, à história, onde os homens são a humanidade.

Entrementes, não só Mendelssohn (*Sobre a pergunta: Que significa Iluminismo*, 1784), mas sobretudo Kant colocava em crise a ideia iluminística de um progresso contínuo e irreversível. Também ele colocava a *Ideia de uma história universal do ponto de vista cosmopolítico* (1784) e, ainda que em termos diferentes de Mendelssohn (*Jerusalém*, 1783) e de Herder (*Ideias*... 1784-1791), olhava para um progresso "absolutamente irrevogável, em direção ao melhor", para uma progressiva atuação do direito, com uma Natureza-Providência que garanta o equilíbrio dos conflitos para o triunfo da Razão (*Fundação da metafísica dos costumes*, 1785). Mas este anelo não pode ser fundado teoréticamente (*Sobre o fracasso de toda tentativa filosófica em Teodiceia*, 1791). A impostação filosófica da historia-filosofia da religião é aprofundada com o ensaio *Sobre o mal radical na natureza humana* (1792), que confluirá na obra *A religião nos limites da pura razão* (1793): a originária disposição para o bem e a tendência ao mal estão na base da luta histórica entre o princípio bom e o princípio mau e da representação histórica da fundação gradual do bom princípio na Terra.

A Filosofia da revelação, de Schelling, ligada à *Filosofia da mitologia* e preparada pelas *Idades do mundo*, é uma leitura romântica e especulativa da história do mundo, que se entrelaça com a história de Deus: também Deus "torna-se", como o mundo e como o homem. Em Hegel o indivíduo (também os homens históricos) está a serviço do *Volksgeist*; os *Volksgeister* são, por sua vez, manifestação (*Selbstauslegung*) do Espírito absoluto. O Espírito absoluto desdobra-se e realiza-se na história para promover a liberdade do saber absoluto em que o saber individual é libertado. "O espírito pensante da história universal, já que juntamente eliminou aquelas limitações dos espíritos dos povos particulares e seu próprio caráter terreno, conquista sua universalidade concreta e se eleva ao saber do Espírito absoluto, como da verdade, eternamente real, na qual a razão cognoscente é livre por si e a necessidade, a natureza e a hitória são os instrumentos da revelação e da honra do espírito" (*Enciclopédia das ciências filosóficas*, de 1817, § 552). Kierkegaard, em nome da insuprimível autenticidade do indivíduo, que se funda em Deus, e Marx, no realizar-se dialético da liberdade como luta contra a natureza e luta de classe, contestaram e derrubaram o pensamento hegeliano. Epígonos como Heidegger e Bloch deram justo relevo à dimensão histórica do ser: o primeiro, com a existência autêntica, que é projeção do sujeito que se desdobra no *Dasein*; o segundo, com o "princípio esperança", que sustenta a existência dialética do homem no mundo e na história.

Após as *Considerações inatuais* (2ª: "Sobre a utilidade e o dano da história para a vida"), de Nietzsche, que estigmatizou o dissídio de uma certa cultura histórica com a vida, W. Dilthey, com a *Crítica da razão histórica*, chegou à conclusão de que a vida deve ser entendida através da vida. Contra um historicismo naturalístico que repropõe um fatalismo cansado e resignado (O. Spengler, *O ocaso do Ocidente*, 1918-1922) ou um positivismo baseado no vago conceito de providência natural (A. Toynbee, *Um estudo de história*, 1934, e *A civilização posta à prova*, 1948), reafirmamos nossa fé e nossa certeza: "Crux probat omnia. Stat crux dum volvitur orbis".

Bibl. – Além das obras citadas no texto: J.G. Droysen, *Historik*, 1960[4]; J. Daniélou, *Sobre o mistério da história*, São Paulo 1964; N. Berdijaev, *Il senso della storia*, Milão 1971; K. Lõwith, *Significato e fine della storia.* I presupposti teologici della filosofia della storia, Milão 1975[2]; P. Miccoli (ed.), *Filosofia della storia*, Roma 1985.

SALVATORE SPERA

III. Teologia da história

No momento em que a fé se encontra com a história, não somente como seu espaço vital, mas essencialmente como uma questão de sentido, nasce a teologia da história.

Reiteradas vezes a história da teologia mostra que o sentido do tempo e da história foi objeto de reflexão peculiar.

1. UMA REFLEXÃO PERMANENTE – Justino, Irineu, Clemente de Alexandria e Tertuliano construíram uma primeira teologia da história que partia da defesa de uma compreensão da antiga aliança feita com o povo de Israel como uma preparação da aliança nova e eterna, realizada em Cristo. Na mesma linha, contra os ataques de Celso, Orígenes e Atanásio formularam as teses sobre a centralidade de Cristo na história. Em geral, os → apologetas apresentaram o cristianismo como aquela verdade que se colocava na história não para humilhá-la, mas para levá-la a uma síntese completa.

De qualquer forma, o primeiro verdadeiro teórico de uma teologia da história continua sendo → Agostinho, cujo pensamento sobre a matéria permanece até hoje como o mais orgânico e completo. A história é lida por ele como um progresso constante que começa no ato livre e gratuito de Deus de querer criar e entrar no tempo e que encontra sua consumação na pessoa de Jesus Cristo. Centro da história é o evento salvífico da morte e ressurreição de Jesus de Nazaré, que já abre para a promessa escatológica. Nesta expectativa, Caim e Abel representam os dois símbolos de uma humanidade ambiciosa e obediente. O *De civitate Dei* exprime a síntese desta união, mostrando a história como o lugar do contínuo conflito entre fé e pecado.

A Idade Média, ainda que permanecendo ligada ao esquema cosmológico e metafísico, também apresenta elementos que permitem entrever o esboço de uma teologia da história: Boaventura e Tomás releem e vitalizam a tese agostiniana. A leitura de Joaquim de Fiore, com sua visão histórico-profética e a divisão das três épocas correspondentes à realização da revelação das três pessoas divinas, permanece em todo caso o esquema mais sugestivo e original daquele período.

Na época moderna, fará sucesso o escrito de J.B. Bossuet, primeira tentativa sistemática de uma teologia da história que vai provocar até Voltaire a escrever, pela primeira vez, uma filosofia da história (→ História, II). Em seu *Discours sur l'histoire universelle*, de 1681, o preceptor do Delfim quer mostrar que "as histórias profanas narram somente fábulas ou, no máximo, fatos confusos, dos quais a metade permanece sepultada no esquecimento. A Escritura, ao invés, reconduz, com tantos acontecimentos precisos e com a mesma sucessão das coisas, a seu verdadeiro princípio, isto é, Deus que criou tudo" (ed. 1707, 135-136). As três partes da obra reproduzem a concepção do bispo de Meaux: no início, uma classificação da história em 12 épocas, que vão de Adão até a fundação do novo império, com Carlos Magno; a segunda parte mostra o agir de Deus para com seu povo; a terceira, enfim, descreve as mudanças que se realizam na história, que são determinadas e seguidas pela Providência.

Como se pode constatar facilmente, o princípio apologético que se esconde por trás da teoria de Bossuet é o de um comando amoroso, mas não menos despótico, de Deus sobre a história; ele é eterno e imutável, portanto, destituído de qualquer possibilidade de um real envolvimento com os fatos comuns. A história e a reflexão sobre ela são propriedade dos homens; e mais: caso estes não tivessem mais interesse por elas, caberiam exclusivamente aos príncipes e aos reis (cf. p. 1-2); Deus, porém, é completamente estranho no caso.

A partir dos anos de 1950, a teologia contemporânea, tanto no campo católico quanto no protestante, tem mostrado um interesse novo por esta temática. Os estudos de Barth, Brunner, Cullmann, Von Balthasar, Daniélou, Marrou, Pannenberg, Rahner e Ratzinger revelam sensibilidades diferentes e abordagens complementares. Deve-se, porém, distinguir neles uma concepção histórico-salvífica – como componente de uma leitura da revelação – de uma teologia da história *ex professo*, que nem sempre é assumida como objeto de estudo.

2. PROPOSTA DE LEITURA SISTEMÁTICA – A expressão teologia da história tem várias significações: aqui, ela é entendida como estudo que diz respeito ao sentido da história, a partir das premissas e do método teológico.

Para a fé cristã, a condição de possibilidade de uma teologia da história é dada pela autoconsciência de Jesus de Nazaré, que entende seu tempo como plenitude e cumprimento da história anterior.

Em termos inequívocos, Marcos indica os primeiros traços da pregação de Jesus: "O tempo cumpriu-se, o Reino de Deus está próximo" (Mc 1,15). A partir daqui, a teologia vê a possibilidade de compreender criticamente a história à luz de um princípio que lhe é dado: a salvação, que se realiza na historicidade de Jesus Cristo.

Os vários modelos que repetidamente foram propostos para descrever a concepção bíblica do tempo (p. ex., cíclica, retilínea, parabólica, ponto, espiral e pendular...) nem sempre fazem justiça a sua leitura global; com efeito, a insistência sobre um aspecto não faz justiça a outros elementos que são igualmente verdadeiros e determinantes. É, pois, preferível ver a concepção do tempo e da história bíblica através das notas peculiares que só em seu conjunto fornecem uma visão menos unilateral do fato.

Pode-se, portanto, pensar na história como sendo aquele espaço que tem início no agir criativo de Deus e que se abre ao acolhimento de sua revelação; neste espaço, o homem é chamado a fazer opções definitivas em relação a Jhwh para permitir a realização de sua plenitude e finalidade natural, a da união final com Deus.

Deus é a origem do tempo, mas simultaneamente entra nele fazendo-se, Ele mesmo, história. As várias mediações de revelação são em todo caso caracterizadas pela perspectiva histórica. A história aparece como o cenário natural sobre o qual se coloca o evento da revelação.

Por este motivo, a história torna-se manifestação e lugar da autoapresentação de Deus, juntamente com a decisão do homem de querer segui-lo. Quando um destes dois componentes vem a faltar, não estamos mais diante de um evento histórico; o tempo torna-se então apenas "dias que passam".

Somente as intervenções de Deus, que se tornam "memória" na consciência do povo, constituem "história"; esta é mantida viva através da celebração. O "lembra-te, Israel" torna-se imperativo constante para que o transcorrer do tempo não faça cair no esquecimento os fatos do passado (Dt 4,9-10; 11,18-21). Por conseguinte, a história bíblica pode ser considerada como aquele tempo que decorre entre o início de uma promessa e a expectativa de seu cumprimento.

Contudo, a fé cristã nasce da centralidade e novidade de Cristo, o qual, acompanhando seus discípulos a caminho de Emaús, lhes explica que Ele é o cumprimento de toda a história: "e, começando por Moisés e por todos os profetas, explicou-lhes em toda a Escritura o que se referia a Ele" (Lc 24,27).

Indica-se aqui um princípio hermenêutico de alcance incalculável para uma teologia da história. Com efeito, a comunidade primeva vê que a compreensão da Escritura antiga e, portanto, da história inteira, só é possível se referida ao Mestre. É Ele, doravante, a chave de interpretação de toda a história: pois, se é verdade que a lei e os profetas se referem a Ele, também é verdade que se Ele não os acompanha agora, enquanto o sol já está no ocaso, sua história pessoal e comunitária é destituída de sentido.

Portanto, a centralidade do evento Jesus Cristo constitui o pivô sobre o qual há que construir uma teologia da história.

Deste princípio derivam três ulteriores modalidades de compreensão:

a. Em Jesus de Nazaré, Deus mesmo intervém na história de forma direta. Isto significa que uma compreensão cristã do tempo e da história não pode estar submetida a uma mera interpretação filosófica da temporalidade. Uma leitura que relegasse Deus para fora de todo tempo, imóvel em sua eternidade, não seria fiel à dinâmica bíblica, que concebe primariamente a eternidade não negativamente, como ausência de tempo, mas sim mais positivamente, como "senhorio" sobre o tempo e no tempo.

O Deus eterno é o Deus que está sempre presente nos acontecimentos da história de seu povo, justamente por ser Ele "Jhwh" (Ex 3,14), isto é, Senhor do tempo. Deus, portanto, manifesta sua liberdade quando, ao entrar na história e ao submeter-se a sua dinâmica, permanece igualmente livre de poder transcendê-la, já que o mistério de sua vida trinitária consiste exatamente em ser *semper maior* diante de toda limitação humana.

Consequentemente, o fato de em Jesus de Nazaré Deus mesmo intervir na história não limita nem a história humana, nem a Ele mesmo; pois Ele permanece eterno e a história permanece sempre livre para adotar uma decisão própria diante de Deus.

O → *universale concretum* pode ser assumido, nesta perspectiva, como aquela tentativa de interpretação que, melhor do que qualquer outra, harmoniza os dois extremos do discurso: a presença do *todo*, que permanece tal, no fragmento, e a *fragmentariedade*, que encontra no universal seu centro de síntese.

b. Daqui provém a segunda determinação. Uma teologia da história não pode esquecer que é da essência do crente sua historicidade (→ História). Mediante isto, cada um realiza-se como ser histórico através de atos e opções que exprimem sua liberdade pessoal.

Com a vinda de Cristo, o juízo já está posto no mundo, mas cada um deve colocar-se diante dele com sua capacidade pessoal de escolha (Mc 16,16; Jo 5,24).

A salvação, realizada no evento pascal, exige que cada um a reconheça como finalizada para si mesmo; optando, portanto, por colocar-se na *sequela Christi* e criando, com tal escolha, o início de uma história pessoal como decisão livre e radical de finalização de sua própria existência.

Para quem crê, a história é o lugar em que pode ver realizado o dom de salvação e em que, como chamado, pode optar por ela. Nesta perspectiva, uma teologia da história deverá formular expressões que digam respeito à compreensão tanto da relação entre → história da salvação e história universal, quanto da relação entre história da revelação cristã e história das outras religiões, de modo a evidenciar a peculiaridade da fé cristã (→ Diálogo inter-religioso).

Visto que a história é também o lugar em que o crente vive concretamente sua própria decisão da *sequela Christi*, ele põe em ato também situações e condições de vida que determinam o progresso ou não da história. A revelação e criação dos → sinais dos tempos tornam-se objeto peculiar de uma teologia da história, que deve criticamente tornar inteligível a contribuição para a transformação da realidade mundana e social por parte dos crentes (GS 4.11.44).

c. Se o início da história é dado pela intervenção gratuita de Deus nela, seu fim último será a expectativa de que "Deus seja tudo em todos" (1Cor 15,28). A centralidade de Cristo na história da humanidade não elimina seu movimento em direção a uma complementação; antes, qualifica-o e evidencia-o como já colocado nela e antecipado.

A história, como o homem, está à procura de um → sentido que tenha condições de permitir aquele salto qualitativo rumo à superação de sua própria contradição.

A não cognoscibilidade e imprevisibilidade do futuro determinam o limite da história e marcam seu fim. O evento pascal, inserido nela e vivido por Jesus de Nazaré, permite dar à história inteira a força para realizar a superação de seu próprio limite.

Com a morte e a ressurreição de Cristo é dada à história uma orientação que lhe permite ver-se finalizada para seu cumprimento.

A crucifixão do Filho de Deus dá sentido ao limite imposto a toda história; pois a morte é acolhida na "história" da vida trinitária como movimento para a ressurreição.

A história, portanto, vê realizada, já em si mesma, uma promessa sem ter que destruir nada de sua natureza; deverá, antes, apenas englobá-la e superá-la numa perspectiva maior.

Uma teologia da história vê, portanto, um caminhar constante da história inteira para seu próprio cumprimento; isto já está realizado na história particular e pessoal de Jesus Cristo e é tornado atual na vida de fé da Igreja, que, sacramentalmente, perpetua o mesmo evento.

Entre a antecipação e o cumprimento pleno desdobra-se, portanto, uma → escatologia que atesta o já realizado e o ainda não definitivamente acontecido. A história da Igreja, nesta perspectiva, torna-se *sinal* de uma possibilidade de transformação constante rumo ao definitivo. Como consciência crítica, o senso escatológico estimula a história – e, nesta, a Igreja – a uma memória constante, tanto de seu próprio passado salvífico quanto dos valores essenciais para sua consumação total.

Uma teologia da história diferencia-se substancialmente de uma filosofia da história (→ História, II). Enquanto esta última tem que permanecer ligada à estrutura existencial do sujeito que, no ato de seu autotranscender-se, requer sentido, a teologia da história apresenta-se, ao invés, com sua pretensão de sentido já realizado, pois que prenhe do evento pascal.

Somente uma profunda consciência histórico-salvífica poderá permitir então a uma teologia da história exprimir o melhor de si mesma.

Efetivamente, a consciência histórico-salvífica, enquanto, por um lado, como simples consciência histórica, recupera a autoconsciência do devir, por outro, enquanto salvífica; insere o *novum* da revelação.

Uma consciência histórico-salvífica permite, no presente, ser autenticamente ação profética, porque, atualizando o passado e mantendo *viva* (DV10) a tradição de fé eclesial, imprime à história de hoje as caracterizações originais da humanidade de sempre, mas ao mesmo tempo colocando nesta as premissas para uma real existência do futuro.

Bibl. – Agostinho, *Confissões*; Id., *De Civitate Dei*; J.B. Bossuet, *Discours sur l'Histoire universelle*, Paris 1707; K. Barth, "Der christliche Glaube und die Geschichte", em SThZ 1-2 (1912); R. Niebuhr, *Faith and History*, Nova York 1949; K. Löwith, *Weltgeschichte und Heilsgeschehen*, Stuttgart 1953; H. Schlier, *Die Zeit der Kirche*, Friburgo 1955; E. Biser, *Erkenne dich in Mir*, Einsiedeln 1955; J. Daniélou, *Sobre o mistério da história*, São Paulo 1964; Id., *L'entrée de l'histoire du salut*, Paris 1967; O. Cullmann, *Cristo e il tempo*, Bolonha 1965 (orig. 1946); H.U. von Balthasar, *Teologia della storia*, Brescia 1964; Id., *Il tutto nel frammento*, Milão 1973; H.I. Marrou, *Teologia da História*, Petrópolis, 1989; W. Pannenberg, *Rivelazione come storia*, Bolonha 1969 (orig. 1965); Id., *Questioni fondamentali di teologia sistematica*, 1972 (orig. 1967); K. Rahner, "Storia del mondo e storia della salvezza", em *Saggi di antropologia soprannaturale*, Roma 1969, 497-532; E. Castelli (ed.), *Rivelazione e storia*, Roma 1971; J. Alfaro, *Antropologia e cristologia*, Assis 1973; Id., *Speranza cristiana e liberazione dell'uomo*, Brescia 1972; W. Kasper, "Linee fondamentali di una teologia della storia", em *Fede e storia*, Brescia 1975, 62-96; J. Ratzinger, *Theologische Prinzipienlehre*, Munique 1982, 159-199.

RINO FISICHELLA

IV. Historicidade da revelação

Pode-se desenvolver adequadamente este tema em quatro momentos: a historicidade do homem, a historicidade da revelação, a historicidade de Deus e a historicidade da teologia. Começaremos pelo homem.

1. A HISTORICIDADE DO HOMEM – Não é acidental o fato de começarmos pelo homem. Na filosofia, a mudança mais significativa da Idade Média para o período moderno consiste na passagem de uma visão cosmológica para uma visão antropológica. Na filosofia moderna, especialmente na tradição do idealismo alemão, o homem é pensado não em termos cosmológicos, mas em termos de liberdade. O mundo é interpretado à luz do sujeito humano e de sua liberdade e não ao contrário.

Uma análise da liberdade humana revela que o homem está suspenso entre o finito e o infinito. Em todo ato humano de escolha o sujeito busca realizar-se a si mesmo. Ao escolher objetos finitos no mundo, escolhe realmente a si mesmo. Ao mesmo tempo, escolhendo objetos categoriais, começa a dar-se conta de que nenhum objeto finito consegue satisfazer o dinamismo de sua transcendência. A liberdade finita está assim necessariamente em relação com o horizonte infinito que funda a liberdade humana, que o homem é, e torna possível tal liberdade. Sem este horizonte infinito, o homem seria determinado por algum objeto finito. Por isto, a liberdade finita e a liberdade infinita são correlativas. Uma ulterior reflexão nos torna atentos ao fato de que não se pode conceber a relação entre liberdade finita e liberdade infinita de maneira estática. A transcendência humana é dinâmica. Toda escolha de um bem finito abre a possibilidade de ulteriores escolhas. Mas nenhuma escolha pode jamais satisfazer o dinamismo da transcendência humana. A finalidade da liberdade humana subtrai-se a todo esforço de agarrá-la e possuí-la. O caráter dinâmico da liberdade humana revela que a liberdade é temporal ou histórica. A liberdade é precisamente a esfera da possibilidade. A liberdade humana é abertura para o futuro.

No século XX, foi M. Heidegger que, partindo da investigação de Dilthey, aprofundou de modo muito significativo a dimensão histórica da existência humana. Sublinhou o caráter temporal da existência, indicando que o homem é o único ser de que se pode dizer que existe em sentido estrito. Ou seja, o homem existe fora de si mesmo (*ex-sistere*). O homem não possui seu próprio ser, que é, antes, algo que precisa ser realizado. Naturalmente, as possibilidades de que o homem dispõe não são infinitas. O homem se descobre a si mesmo como um dado, ele existe numa situação. À existência do caráter finito do ser humano Heidegger destinou o termo *Dasein* (existir). Em *Ser e tempo*, Heidegger realizou uma análise fenomenológica do *Dasein* e descreveu sua unidade como preocupação (*Sorge*). Ao mesmo tempo mostrou que a preocupação tem uma estrutura temporal. A preocupação consiste em três dimensões: facticidade (passado), possibilidade (futuro), caducidade (presente). Por caducidade Heidegger entende que no *Dasein* há uma tendência a ser arrastado na preocupação com os seres no mundo e a esquecer sua própria transcendência e abertura ao ser (esta abertura é seu autêntico futuro).

A importância da análise que Heidegger faz do *Dasein* é que o homem não existe na história como um objeto numa caixa. Antes, o próprio ser do *Dasein* é radicalmente histórico. Heidegger exprime este fato denominando a historicidade um *existencial* ou uma estrutura concernente ao ser do homem. A história não é algo de objetivo, separado do homem. Antes, o histórico originário é o homem mesmo. J. Macquarrie exprime isto, resumindo a posição de Heidegger: "A história é possível para o homem porque sua temporalidade não é a de um ser no interior da temporalidade (*Innerzeitigkeit*), mas antes um ser constituído de passado, presente e futuro, de modo que, em cada momento determinado, não somente o presente, mas também o passado e o futuro lhe são desvendados e são reais para ele" (J. Macquarrie, *An Existentialist Theology*, Pelican Book, 151).

A abertura do homem ao futuro coloca de imediato uma questão teológica: Qual é o futuro definitivo a que o homem está aberto? Na filosofia de Heidegger, este futuro só pode ser a morte, já que as possibilidades do *Dasein* estão estritamente circunscritas pela finitude. Mais: se o futuro não é principalmente o desvendar-se daquilo que se situa no passado, mas o aproximar-se daquilo que ainda não está decidido (*Zukunft*), então é possível ver a Deus como o futuro definitivo, que se desvenda ao homem e se oferece como a finalidade da liberdade humana, uma finalidade que abre para a possibilidade de transcender a morte na ressurreição. A esta altura podemos unir esta reflexão a nossas análises anteriores da fundamental abertura da liberdade finita à liberdade infinita. No início do Iluminismo Kant mostrou que a liberdade humana pode ser inteligível somente se existir no interior de um universo livre. A liberdade humana pressupõe um reino de liberdade. Do contrário, está condenada à frustração e não pode realizar-se a si mesma. Esta análise levou Kant a postular Deus como liberdade absoluta. Seguindo o teólogo contemporâneo alemão W. Kasper (*Il Dio di Gesú Cristo*, Bréscia 1984, 139-141; 147-149), podemos reinterpretar Kant da seguinte maneira: Uma análise da liberdade humana suscita a pergunta a propósito de Deus. Mas desde que a liberdade é sempre um evento de autodoação, a relação da transcendência humana com a liberdade absoluta nunca pode ser uma questão de necessidade. O homem está diante do fundamento de sua liberdade em pobreza e expectativa. Em nível filosófico, sua liberdade humana permanece um ponto de interrogação. Se sua liberdade tem um sentido, deve esperá-lo de uma livre-autorrevelação da parte de Deus. Esta autorrevelação de Deus na liberdade é o que o cristão experimenta na revelação que Deus faz de si mesmo em Jesus Cristo.

Neste evento de revelação, vemos o encontro de duas liberdades, a humana e a divina. Exatamente como a liberdade humana exprime a si mesma na história, assim Deus manifesta-se a si mesmo na história. Esta história é o lugar do encontro entre Deus e o homem na liberdade. Com esta afirmação, chegamos à historicidade da revelação.

2. A HISTORICIDADE DA REVELAÇÃO – A teologia contemporânea parte da historicidade da revelação em dois sentidos. Primeiro, temos a revelação categorial de Deus, isto é, aqueles eventos objetivos na história do mundo em que Deus se manifesta a si mesmo. Obviamente, para um cristão o evento histórico *por excelência*, em que Deus se revela a si mesmo, é Jesus Cristo. Mas este evento não pode ser isolado, porém traz consigo toda a história preparatória da revelação de Deus a Israel. Se Jesus Cristo é a revelação de Deus, então a própria revelação é temporal e histórica. Em sua original interpretação da revelação, Barth exprimiu isto com a fórmula: a revelação exige predicados históricos. Deus exprime-se a si mesmo no tempo. O Deus eterno torna-se temporal.

O outro sentido em que a teologia contemporânea fala da historicidade da revelação é a referência ao ser humano enquanto tal. Aqui, a teologia fala da revelação transcendental, isto é, da revelação que acontece na subjetividade humana como tal. O ponto de partida é o desejo de Deus de comunicar-se com todo homem e mulher, e seu desejo de que todos os homens sejam salvos. Sendo o desejo de Deus universal e sendo que todo homem só pode ser salvo mediante a graça, daí se segue que a graça é oferecida a cada pessoa. Mas se for verdade o que dissemos acima sobre o homem, isto é, que a essência do homem, enquanto tal, é histórica, e se a oferta que Deus faz de si mesmo é universal, então temos que conceber uma história universal da autocomunicação de Deus. Isto implica que Deus se revela a si mesmo a cada homem implicitamente na profundidade de seu ser (nível transcendental). Por isto, não somente em nível categorial, mas também em nível transcendental a revelação que Deus faz de si mesmo é histórica.

Hoje, a pergunta teológico-crítica que se coloca é esta: De que maneira estes dois aspectos da revelação se relacionam um com o outro? Todos parecem admitir que a transcendental oferta universal de Deus atinge seu cumprimento no evento categorial de Jesus

Cristo. Todavia, a despeito deste acordo fundamental, emergem significativas diferenças a propósito de como se deve entender a relação entre revelação transcendental e categorial. A esta altura, podemos citar de passagem duas significativas linhas de interpretação na teologia católica.

Karl Rahner coloca uma grande ênfase na revelação transcendental e entende a revelação categorial como expressão em nível objetivo da oferta que Deus faz de si mesmo em nível transcendental. Na interpretação de Rahner, a revelação categorial interpreta a transcendental.

Uma outra linha de interpretação é a seguida por W. Kasper, que mostra que a liberdade transcendental do homem permanece fundamentalmente ambígua, sem a ajuda da revelação categorial que Deus faz de si mesmo na história. Para Kasper, a abertura do homem ao futuro é abertura a um horizonte infinito, que pode ser interpretado num sentido panteístico, teístico ou ateístico. Só a revelação que Deus faz de si mesmo categorialmente na história resolve o dilema da liberdade humana e da historicidade. Para Kasper é a história que interpreta a transcendentalidade do homem e não o contrário.

3. A HISTORICIDADE DE DEUS – As reflexões que fizemos até aqui indicam a assombrosa tese de que Deus se revela a si mesmo na história e, por isto, que Deus se torna temporal em favor de nós. Como ficou dito acima, a revelação exige predicados históricos. Mas, partindo desta asserção, podemos ir ainda mais longe e falar não somente da historicidade da revelação, mas da historicidade do próprio Deus. Neste ponto, os teólogos contemporâneos esforçam-se por evitar dois extremos, cada um dos quais poderia falsear a experiência cristã de Deus em Jesus. Um dos extremos poderia ser constituído por um deísmo ou por uma fraca forma de teísmo, segundo o qual Deus não pode ser de nenhum modo influenciado pelo mundo. Segundo tal teísmo, Deus é absolutamente indiferente em relação ao mundo. Este teísmo facilmente conduz ao ateísmo, já que um Deus para quem os acontecimentos do mundo não têm interesse algum é seguramente um Deus morto e não o Deus vivo da Bíblia. O outro extremo é constituído por um Deus que se torna, assim como propõe o hegelismo ou a teologia do devir (*process theology*), um Deus que tem necessidade do mundo para realizar-se. Para além destes dois extremos, com base na identificação que Deus faz de si mesmo com o tempo, na encarnação do seu Filho, a fé cristã procura refletir sobre a historicidade de Deus. Em suma, desde que Deus se inseriu no tempo, tem a capacidade de tornar-se temporal. Esta capacidade podemos defini-la como historicidade de Deus (*Geschichtlichkeit*). Um certo número de teólogos contemporâneos, como → Rahner e → Balthasar, Jüngel e Moltmann, evidenciam este ponto. O ser de Deus não é estático. Melhor falando, o ser de Deus inclui algo de análogo ao devir. Definitivamente, este devir, que não é o devir de uma criatura finita, pode ser compreendido somente em termos trinitários. Jüngel fala do ser de Deus como de uma tríplice vinda. Deus vem de si mesmo (Pai), Deus vem a si mesmo (Filho), Deus vem como Deus (Espírito Santo). Existe um movimento em Deus, do Pai para o Filho, no Espírito Santo. O Espírito Santo é quem garante a unidade no amor trinitário e sua infinita plenitude. O amor do Pai pelo Filho e a resposta do Filho ao Pai são tão ricos que o ser da Trindade é sempre um ser a mais, um ser sempre novo, sempre jovem. Balthasar fala em termos semelhantes, usando a categoria de evento para explicar o caráter dinâmico do ser eterno de Deus. Para Balthasar, o ser de Deus é constituído pelo evento da autodoação do Pai e pela resposta obediente do Filho, que contém uma fecundidade extravasante: o Espírito Santo. Para estes autores, o evento que é Deus é tão dinâmico, fértil e altruístico que se abre para o mundo. O ser de Deus é um ser de movimento extático. O Espírito Santo completa ao mesmo tempo o círculo do amor e é a fecundidade infinita do amor pelo mundo e, assim, pode ser descrito como o êxtase de Deus. O amor de Deus não é conservador para si mesmo, mas é dom livre para o mundo. Em tais termos trinitários, a historicidade de Deus é o fundamento de sua história com o mundo, que atinge seu clímax no evento Cristo.

4. A HISTORICIDADE DA TEOLOGIA – Tem-se falado continuamente do evento Cristo como da plenitude da revelação de Deus. Para todos os autores do NT, Jesus Cristo representa o ato escatológico de Deus. Não podem existir ulteriores revelações, porque Deus expressou-se a si mesmo por completo em seu Filho. É por isto que a Igreja ensinou que a revelação está encerrada com a morte do último apóstolo. Não obstante isto, deve-se igualmente evidenciar que precisamente por causa da historicidade do homem, o evento da revelação não pode ser apreendido uma vez por todas em sua totalidade, mas é sempre percebido prospectivamente, segundo as limitações da situação cultural em que o Evangelho é pregado. Assim, por um lado Jesus permanece sempre a absoluta verdade sobre Deus e o homem (cf. DV 2); e, por outro lado, esta verdade é sempre apreendida de modo fragmentário. Por isto, existe uma genuína historicidade da doutrina e da teologia. A revelação não chega nunca a nós de maneira pura e incontaminada, mas é sempre encarnada em alguma forma histórica. A verdade que é Jesus Cristo é expressão do balbuciar conceptual das culturas com todas as suas riquezas e com todas as suas limitações. Isto implica que a teologia, que é fé que procura a compreensão e que constitui uma parte intrínseca da própria fé, é um processo hermenêutico em que cada geração procura traduzir a fé das gerações anteriores e das culturas anteriores na autoexpressão de seu próprio tempo e mentalidade. Tais tentativas de tradução pressupõem, por um lado, que cada geração busca reencontrar a única e insuperável origem da fé, que é Jesus Cristo. Por outro lado, a historicidade do homem implica que nenhuma tradução jamais será definitiva. Não existe possibilidade alguma de criar um sistema teológico absoluto, pois, como vimos, todas as afirmações teológicas participam do caráter temporalmente limitado da existência humana. O objeto da exigência é, antes, o que Gadamer chama de diálogo com a tradição (cf. A. Louth, *Discerning the Mystery*, Oxford 1983, 39-44). A tradição não é algo de objetivo fora de mim. A verdade é que eu "habito" na minha tradição. Existe uma conaturalidade entre o sujeito que busca compreender e sua tradição. Um diálogo deste gênero implica um círculo hermenêutico em que eu interrogo a tradição e

a tradição me interroga. Se eu não tivesse alguma perspectiva de interrogação, não poderia pedir ou perguntar nada a tradição. Eu não conheceria o que estou procurando. Mas, colocando a interrogação em meu horizonte de compreensão, estou em condições de compreender de novo. O ato da compreensão acontece. Tenho condições de escutar o significado do evento passado da história da salvação em meu presente. Alternativamente, este ato de compreensão abre meu horizonte de compreensão e me permite colocar novas perguntas. Este é o círculo hermenêutico da teologia. Entrando em diálogo com o passado, o teólogo entra em contato com a insuperável origem de sua fé e torna esta origem atual para uma fé inteligível hoje.

Tanto a historicidade do homem quanto a historicidade da revelação implicam que tais tentativas de tradução e tais diálogos com o passado não acabarão nunca. A teologia é uma ciência histórica que lutará continuamente com o passado e tentará traduzir a única definitiva verdade de Cristo sempre de novo, até que Ele venha novamente em estado glorioso.

Bibl. – K. Rahner, "Sulla storicità della teologia", em *Nuovi Saggi* III, Roma 1969, 99-125; E. Jüngel, "God's Being is in Becoming", em *The Doctrine of the Trinity*, Edinburgh-Londres 1976, 61-108; Id., "Gesú Cristo crocifisso come Vestigium Trinitatis", em *Dio, mistero del mondo*, Brescia 1982, 447-478; A. Louth, "The Legacy of the Enlightenment", em *Discerning the Mystery*. An Essay on the Nature of Theology, Oxford 1983, 17-44.

JOHN O'DONNELL

V. História universal e história da salvação

O contraste entre estes dois tipos de história parece ser à primeira vista uma expressão da clássica oposição filosófica entre universal e particular, entre forma e matéria. E, no entanto, se abordada nestes termos, a própria noção de história universal parece um paradoxo. Com efeito, a história é o campo dos particulares, ao passo que o universal filosófico se refere à abstração conceptual de todos os particulares ou à mais ampla extensão do ser, Deus, que transcende a história. Por isto, a história universal deve dizer respeito a todos os particulares de tempo e espaço, descobrir seu significado, enquanto a história da salvação aparentemente sustenta que alguns momentos da história gozam de uma prioridade de significado que, só ela, permite a interpretação da história universal; em vista deste "plus" de significado, a salvação é tornada disponível aos homens em lugares e tempos particulares. Esta visão "elitista" da história não se adapta bem ao igualitarismo democrático radical nem àqueles que estão decididos a encontrar com a razão um significado universal da história. Este particular muitas vezes tem causado escândalo e, no entanto, permanece inextirpável do cristianismo.

Diversamente de muitas religiões "naturais", o cristianismo não alimenta mitos que se supõe aconteçam em algum tempo ou espaço indeterminado, enquanto fornecem a base para a regularidade dos processos e das festas de estação. E tampouco funda-se em especulações filosóficas disponíveis por princípio a cada indivíduo, como no hinduísmo, no budismo theravāda, no estoicismo, na *scientology* etc. Pelo contrário, como o judaísmo e o islamismo, o cristianismo baseia-se na recepção de uma revelação divina, realizada em tempos e espaços historicamente definidos. O fato de Deus falar na história implica um Deus pessoal, preocupado com a felicidade e com o comportamento dos homens. Isto estabelece também a importância da memória e a necessidade da tradição para conservar suas palavras presentes nos crentes. Finalmente, a mesma preocupação de Deus pela ação histórica implica seu domínio onipotente sobre a história, seu poder de conduzi-la para onde Ele queira, ainda que permitindo a liberdade humana. Este tema foi especialmente caro aos profetas maiores e a toda a tradição apocalíptica. De modo que o cristão vive na contínua tensão entre passado e futuro, num presente em que se pede sua resposta à revelação de Deus.

No cristianismo, a particularidade das religiões históricas teve seu clímax insuperável na encarnação. Aqui, concluiu-se o diálogo entre Deus e Israel e estabeleceu-se uma aliança nova e eterna. A *Epístola aos Hebreus* enfatiza que "uma vez por todas" Cristo sacrificou-se a si mesmo, conquistou uma salvação eterna e santificou os crentes (7,27; 9,12; 10,10). Aquela histórica união de tempo e eternidade, de iniciativa divina e de resposta humana, constitui o momento central da história, a que todo o cristianismo subsequente está ligado. Resta um problema fundamental para a teologia cristã: De que maneira a história, reino do finito e do relativo, pode conter algo de insuperável e de definitivo em seu devir? Paralelamente a esta tensão entre o definitivo e o relativo, o cristianismo coloca, ao lado e juntamente, um outro binômio fundamental de opostos aparentes. Embora o homem Jesus Cristo seja o único mediador entre Deus e os homens, Deus deseja que todos os homens sejam salvos e cheguem ao conhecimento da verdade (1Tm 2,3-6). Se a vontade de Deus não é reduzida a uma mera veleidade, como podem todos os homens, tão distantes no tempo e no espaço, colocar-se em contato com a humanidade de Cristo, historicamente limitada? Como pode o historicamente definido tornar-se definitivo?

1. UMA RETROSPECTIVA HISTÓRICA – Sem dúvida, os primeiros cristãos exaltavam a novidade e a particularidade de Cristo. Quando Celso protestou contra a ideia de que um simples carpinteiro galileu teria tornado supérfluas todas as grandes conquistas culturais do paganismo, Orígenes não hesitou em repetir com Pedro que somente no nome de Cristo era oferecida a salvação a todos os homens (At 4,12). A frase de Cipriano "fora da Igreja não existe salvação" espelha fielmente a tradição cristã, para a qual somente a Igreja tem o carisma de ensinar corretamente a mensagem de Cristo. Não que esta doutrina fosse interpretada de modo excessivamente restrito. Os patriarcas e os profetas do AT eram considerados homens de fé (Hb 11), que haviam aceito a revelação de Deus sobre o Cristo, cuja vinda tinham preanunciado. Um dos primeiros apologistas, Justino, tomou da filosofia grega a noção de *lógoi spermatikói*, sementes racionais (lógicas), que pervadem o universo que refletia o Logos, seu criador, e permitiam

até aos pagãos perceber e seguir seu ensinamento. A tradição alexandrina de que Orígenes faz parte, era igualmente generosa em descobrir vestígios da revelação e da fé fora da tradição judaica.

A forte influência platônica sobre os Padres (→ Platonismo cristão) levou-os a entender a revelação principalmente nos termos de verdades reveladas por Cristo no tempo e, no entanto, eternamente válidas. Agostinho via Cristo como o mestre interior que ilumina a alma de dentro e atribuía a necessidade da Igreja ao ofuscamento causado pelo pecado original e pela concupiscência, que exigiam uma autoridade externa para garantir a verdade externamente ensinada por Cristo na história. A história tornava-se principalmente a luta entre a cidade de Deus, os que de Adão para cá amavam a verdade, e a cidade do homem, aqueles que mais do que a Deus preferiam a si mesmos e o mal. Também a descoberta da positiva infinitude de Deus e da teologia negativa não substituíram nos Padres a ênfase platônica na iluminação interior e nas verdades eternas. A revolução aristotélica no Ocidente colocou de novo na matéria as formas platônicas como os princípios dinâmicos e essenciais da mudança, mas a noção aristotélica de ciência, como também a do universal, levou os escolásticos a conceber a teologia primariamente como a explicação de verdades essenciais, transmitidas pela Escritura e pela tradição ininterrupta da Igreja.

A primeira grande ruptura com esta visão da verdade histórica veio na Renascença, com o amor ao antigo. Não somente os textos clássicos tiveram que ser editados criticamente e os antigos historiadores tiveram que ser confrontados, mas também a diferença entre o presente cristão e o passado pagão despertou um senso de períodos históricos que não deviam ser vistos puramente em termos da falsidade derrotada pela verdade cristã. Também a Reforma contribuiu para esta tomada de consciência histórica, na medida em que Lutero e Calvino invocavam a pureza de vida e de doutrina da Igreja primitiva, na rejeição da decadência dos séculos posteriores. Assim, a continuidade eclesial com Cristo, pressuposta pelos pensadores medievais, foi radicalmente questionada e precisou ser demonstrada criticamente. A época barroca viu o domínio da apologética histórica sobre as linhas estabelecidas por Belarmino e Barônio, mas a expansão de seus horizontes geográficos levou ao mesmo tempo a uma reinterpretação da peculiaridade cristã. Ao passo que Tomás de Aquino pressupunha que o mundo inteiro habitado tivesse ouvido falar do Cristo e que Deus teria mandado um anjo para anunciar a mensagem cristã a todo homem honesto que vivesse em isolamento numa floresta e nunca o tivesse ouvido, a época das descobertas encontrou nas Índias milhões de pessoas que haviam permanecido no desconhecimento de Cristo. Convencidos de que não há salvação fora da Igreja, zelosos missionários, como Francisco Xavier, atravessaram os oceanos, as selvas e os desertos, com grande risco e sofrimento pessoal, para levar a salvação de Cristo a todos os homens. O pensamento de tantos pagãos que morriam no pecado e o reconhecimento, da parte dos missionários, de que muitos pagãos levavam vida de elevada virtude natural conduziram a repensar o antigo dogma "fora da Igreja não há salvação", solenemente afirmado pelo Concílio de Florença (DS 1351).

Belarmino ampliou a noção de batismo de desejo para incluir muitos pagãos que faziam todo o possível para poderem seguir a vontade de Deus na medida em que esta lhes era conhecida através da natureza e que sem dúvida teriam aceito a fé cristã, se esta lhes tivesse sido anunciada. Não obstante a rigidez jansenista, que limitava o número dos salvos, os jesuítas e outros teólogos se recusavam a negar a misericórdia de Deus a quem quer que seja. Suas argumentações eram sustentadas pela insistência católica na bondade fundamental da natureza e na confiabilidade desta na transmissão do conhecimento de Deus, em oposição às doutrinas protestantes da corrupção total da natureza e da necessidade da fé exclusivamente na Palavra de Deus.

A inutilidade das guerras de religião na Europa, os relatos dos missionários sobre as culturas não cristãs altamente morais, especialmente no Oriente, e o grande sucesso da ciência de Galileu Galilei contribuíram poderosamente para o Iluminismo e para sua crítica radical da tradição como fonte de verdade. Uma vez que o Deus das batalhas não havia favorecido expressamente uma determinada tradição religiosa em relação a outra na interpretação da Escritura, para resolver os conflitos era preciso encontrar um outro princípio de verdade: a razão humana, comum a todos os adversários. Nas civilizações pagãs, a mesma razão humana desenvolvera grandes doutrinas morais que tinham muitas coisas em comum com a suposta superioridade do ensinamento cristão. Por acaso a razão humana não era capaz de fornecer uma base para uma teologia e para uma moral "naturais", aplicáveis a todos os tempos e a todos os lugares, exatamente como eram universalmente válidas as leis científicas? O clero e a tradição foram condenados por terem introduzido na religião inúteis superfluidades que não conseguiam sustentar-se diante da crítica da razão. Não somente as diferenças de doutrina entre as diversas confissões cristãs foram descartadas e escarnecidas, mas também a própria tradição foi rudemente atacada, quando foram postas em relevo suas contradições e absurdos. Na batalha conduzida através da imprensa, a observação iluminada, a descoberta científica e o gênio comum tinham que lutar contra a recordação, a repetição e os tradicionais modelos de superioridade. As verdades eternamente válidas, fundadas na natureza humana, tornaram supérflua a estrita necessidade de procurar no passado fragmentos de sabedoria. G.E. Lessing apresentou a mais eloquente crítica iluminística sobre o cristianismo, sustentando que "verdades históricas contingentes não podem nunca tornar-se a prova de verdades racionais necessárias".

O divórcio entre a necessidade e a universalidade da verdade e a contingência das personalidades e dos acontecimentos históricos levou o pensamento protestante alemão, em diversas tentativas, a classificar a segunda abaixo da primeira. Kant viu no ensinamento de Jesus uma religião e uma moralidade racional e pura e interpretou Jesus como sua exemplificação ideal. Hegel considerou Jesus, a união de Deus e do homem, como a revelação histórica e a antecipação da inelutável meta do processo histórico. Schleiermacher interpretou Jesus como a suprema realização da consciência de Deus, do senso religioso da absoluta dependência de Deus. O protestantismo liberal, herdeiro do criticismo histórico iluminístico, tentou reconstruir a vida histórica de Jesus, purificada da superestrutura "sobrenatural" acrescentada pelos evangelistas e pela tradição. Jesus foi apresentado como o mestre moral e religioso ideal que correspondia aos mais elevados ideais da natureza humana e transmitia uma mensagem pura à época presente.

Os retratos de Jesus apresentados pela "investigação crítica" dos estudiosos alemães eram tão diversos e contraditórios que, pelo fim do século XIX, a pesquisa sobre o Jesus histórico se tornara suspeita. A Primeira Guerra Mundial pôs fim às teorias liberais protestantes de uma natureza humana universal, fundamentalmente sã e em progressão rumo a uma realização sempre maior do Reino de Deus. Além disto, A. Schweitzer sustentou que Jesus esperava realmente um iminente e apocalíptico fim do mundo (Mt 10,23; Mc 9,1). Não o desenvolvimento de um mundo interior, mas um supernaturalismo radical caracterizaram a mensagem de Jesus; a despeito do erro de Jesus, Schweitzer pensava que o protestantismo liberal, isto é, não dogmático, teria podido sobreviver, porque, refutando a escatologia de Jesus, a história tinha aberto o caminho para aceitar, sem obstáculos dogmáticos, a moralidade pura do Sermão da Montanha. Mas o ceticismo sobre as reconstruções históricas havia se desenvolvido a tal ponto que M. Kähler, W. Wrede e R. Bultmann negaram nossa capacidade de conhecer o Jesus histórico (→ Hermenêutica). Já que os "fatos" históricos não existem isolados de um recebedor e o destinatário necessariamente tem suas categorias de interpretação da realidade, não se pode esperar em nenhuma pura objetividade do fato; consequentemente, a ressurreição de Jesus não podia ser baseada na evidência histórica, mas dependia da fé das testemunhas. A Cristandade tinha que viver sobre o *querigma*, o evento da proclamação da palavra que chamou os homens a uma decisão existencial para Deus e para seu amor, diante da falta de significado do mundo. Os vários esquemas de pensamento usados pelos autores neotestamentários para transmitir o evento de Cristo foram considerados mitos, já que as palavras humanas não podiam apreender adequadamente o mistério inefável e infinito de Deus em sua presença salvadora. Por isto, as interpretações do NT que pareciam superadas tiveram que ser demitizadas e reinterpretadas em vista da exigência existencial de Jesus em prol de uma existência autêntica. E. Käsemann sublinhou o irredutível pluralismo das teologias neotestamentárias que só o Espírito podia unificar. Embora Käsemann tenha pedido uma renovação da pesquisa do Jesus histórico, o efeito de seu criticismo, e também do de → Bultmann, foi o de negar à história passada uma validade durável. A história tinha-se tornado a simples ocasião de salvação, não sua portadora.

Entre os protestantes, numerosas foram as reações contra a interpretação existencial e radical que Bultmann fez da mensagem evangélica. C.E. Dodd sustentou encontrar em Jesus e na maior parte dos autores neotestamentários uma escatologia realizada, uma vez que o Reino de Deus já estava presente na pregação de Jesus; mas o caminho da história obrigou a Igreja a abandonar esta visão para criar lugar para um Reino de Deus que transcendia a história, enquanto garantia a ordem moral do universo. E assim os acontecimentos particulares tenderam a perder seu significado salvífico. K. Barth rejeitou todas as tentativas de reconstruir o Jesus histórico e a redação do NT como culpáveis tentativas humanas de dominar a palavra onipotente de Deus. Ao contrário, os homens haviam sido chamados a aceitar a Palavra de Deus em sua completude, como realidade que os julgava, e a crer em Jesus Cristo, Deus e homem, como o conteúdo da Escritura. Ao mesmo tempo em que aceita seriamente o conteúdo literal da Escritura, Barth reduziu drasticamente toda a história inteligível ao único evento de Jesus Cristo, tal como é conhecido na Escritura. O. Cullmann desenvolveu o conceito da história da salvação na medida em que Jesus Cristo era entendido como o cume da preparação veterotestamentária e o critério de toda a história subsequente; o tempo que transcorre entre Cristo e o fim era entendido como a diferença entre o Dia D, dia da vitória decisiva, e o Dia V, dia da manifestação final desta vitória. E. Jüngel desenvolveu uma crítica radical da filosofia humana, cuja falta absoluta de sucesso na tentativa de absolutizar-se a si mesma dirigia os homens para a história em que Deus falou e deu-se a si mesmo aos homens no evento de Jesus Cristo. O fato de Deus ter-se unido pessoalmente ao homem Jesus deu um sentido à história, permitindo ao não divino a mais íntima união com Deus. Finalmente, a história era entendida, através da vida, da morte e da ressurreição de Jesus, como entrando na vida trinitária do amor de Deus. Efetivamente, Deus não somente fixou a distinção entre vida e morte, ser e não ser, mas também entrou nesta luta a favor da vida. Em Deus o passado permanece sempre presente e, de fato, Deus permanece o sujeito de sua própria história, mas a ela somos encaminhados pelo relato da história de Jesus Cristo. O cristocentrismo de todos estes pontos de vista, porém, priva toda a história subsequente, também a história da Igreja, de seu significado. Se com Barth os homens devem sobrepor na fé todo tempo subsequente para serem unidos a Cristo ou se com Jüngel Deus assumiu toda a história em si mesmo com Jesus, a história, desvinculada de Cristo, não tem mais significado por si mesma. Destituída de seu significado próprio, a história universal não pode compreensivelmente ser distinguida da história da salvação. Fora de Cristo tudo é treva.

Para evitar uma desvalorização cristocêntrica da história subsequente, alguns protestantes olharam para o fim da história como elemento normativo e decisivo. J. Moltmann viu o Reino de Deus como o ideal escatológico a ser realizado pela práxis cristã na história. Esta práxis estava baseada nas promessas de Deus, que se tornaram definitivas na ressurreição de Jesus, fundamento de toda esperança cristã. Infelizmente, ele nunca explicou como a ressurreição pode ser considerada definitiva, especialmente se entendida puramente como a assunção do Jesus crucificado à glória de Deus, notícia vinda através de testemunhas passivas que dela tiraram as conclusões para seu chamado e missão. Por isto, não obstante seu desejo de conservar a definitividade de Jesus e também de interpretar sua morte como uma morte em Deus, Moltmann tende a relativizar Jesus diante do fim do mundo. W. Pannenberg sustenta que a ambiguidade de toda a história seria superada somente no fim do tempo, quando se teria realizado plenamente o plano de Deus. Com efeito, só se tem a realidade de um ser com a sua realização. Mas, para evitar a relativização de Jesus, Pannenberg viu o fim da história como antecipadamente realizado na ressurreição de Jesus Cristo, que fora prolepticamente ativa através de toda a vida terrestre de Jesus. Por isto, embora se pudesse dizer que Jesus se tornara divino com a ressurreição, a ressurreição tornara divina sua vida anterior. Claramente, Pannenberg desejava respeitar a plena humanidade da vida de Jesus em toda sua contingência ao mesmo tempo em que a considerava definitiva (divina) e, não obstante sua definitividade, preservar o significado da história subsequente, que o fim dos tempos teria levado a cumprimento. Infelizmente, ao deixar de explicar como uma coisa pode ser ao mesmo tempo relativa (histórica) e definitiva, deu a impressão de querer demais. A estranha dialética de ser as duas coisas e ao mesmo tempo nenhuma das duas exige uma metafísica que a doutrina da corrupção da natureza humana parece negar ao pensamento protestante.

A teologia católica permaneceu por muito tempo imune ao dilema protestante sobre a história. Em primeiro lugar, mantinha um profundo ceticismo com respeito a toda presumida ciência que sustentasse encontrar nos evangelhos – que são os únicos testemunhos substanciais sobre a vida de Jesus – uma compreensão de Jesus contrastante com o claro testemunho dos evangelistas. Além disto, pressupor, ainda que por hipótese, que a fé da Igreja não esteja em continuidade com a realidade do Jesus histórico teria implicado uma rendição ante os protestantes, um suicídio intelectual que o teólogo católico nunca teria podido perdoar. Finalmente, a clara distinção, fundamental para a teologia católica, entre natureza e graça sobrenatural, evitou muitos problemas de cristocentrismo excessivo.

A distinção entre natural e sobrenatural era historicamente fundada na nova iniciativa de Deus de uma revelação especial que culminou na encarnação, na vida, morte e ressurreição de Jesus Cristo, como redenção divina da humanidade do pecado. Tudo aquilo que os homens eram incapazes, por si mesmos, de realizar na história, era livremente outorgado por Deus: a salvação e o pleno compartilhar de sua vida divina por meio do Cristo. Esta distinção salvava a liberdade de Deus ao dar início à salvação como uma segunda gratuidade, depois da criação. Ela garantia também a liberdade do homem na resposta à iniciativa sobrenatural de Deus; com efeito, até o homem ter podido descobrir um sentido na realidade e chegar a um conhecimento de Deus com sua inteligência natural, sua vontade teria tido motivos para uma livre-escolha. Por este motivo, apresentando-se a revelação, o homem teria tido alguma compreensão prévia de seu significado e teria sido capaz de aceitá-la livremente. Com efeito, era justamente no negar a cooperação da liberdade humana na resposta à revelação que os protestantes tinham negado toda possibilidade de um conhecimento natural de Deus, isto é, de um conhecimento separado da revelação.

Os escolásticos haviam sutilmente transferido a base da distinção natural-sobrenatural da novidade histórica para tudo o que superava os poderes naturais da vontade e da inteligência humanas. A epistemologia escolástica pressupunha que o homem atingia o conhecimento da realidade (o ser) através de conceitos extraídos da experiência sensível. O conhecimento conceptual de Deus, embora análogo, constituía um conhecimento natural. A visão beatífica, a intuição direta de Deus ultrapassava todas as abstrações; por isto, tudo quanto conduzia a esta, a fé e os correspondentes dons de inteligência e de vontade, podiam ser considerados como propriamente sobrenaturais. Além disto, a revelação, enquanto adaptada à inteligência humana, era entendida como formulada em proposições conceptuais. Estas proposições, enquanto sobrenaturais, superavam a capacidade da inteligência natural do homem de afirmar sua verdade. A vontade do homem precisava ser atraída pelas promessas de perdão dos pecados e de vida eterna, mas, excluindo que esta aceitação fosse irracional – portanto, nem livre nem humana –, os motivos externos de credibilidade nos milagres de Jesus e no cumprimento das profecias eram suficientes para assegurar a veracidade de seu testemunho. Uma vez que Jesus confiou a revelação a seus discípulos, à Igreja, com autoridade para anunciar e interpretar sua mensagem, era essencial a função de autoridade para uma fé pregada de fora. De tal esquema interpretativo derivou uma clara distinção entre história universal e história salvífica. Os acontecimentos históricos, conhecidos pela inteligência humana, pertenciam à primeira; ao passo que aquilo que pertencia ao conhecimento da fé e ao amor sobrenatural constituía a história da salvação.

O primado dos conceitos produzidos pela inteligência passiva, sob a constante iluminação da inteligência ativa, garantia a objetividade do conhecimento universal e abstrato. Os "fatos" históricos podiam ser reconhecidos através da passividade do conhecimento sensitivo e interpretados, enquanto necessário, pelas abstrações objetivas, resultantes da evidência sensível. Por isto, a fé podia basear-se nos acontecimentos da vida de Jesus, especialmente na ressurreição, que era um milagre divino por excelência e realizava as profecias. Estes escolásticos fugiram ao dilema de Lessing: não somente as verdades da revelação não são "necessárias" ao homem, visto serem livremente reveladas por Deus, mas também o conhecimento seguro dos fatos estabelece a base para a autoridade de Jesus e da Igreja na proclamação das verdades sobrenaturais.

Dificuldades notáveis acompanharam esta posição. Se os fatos que sustentam a autoridade de Cristo eram histórica e naturalmente verificáveis, como podia a fé permanecer tanto sobrenatural quanto livre? Ao contrário, se estes eram historicamente indemonstráveis, como podia ser certo o assentimento da fé? Além disto, parecia colocar-se em perigo a universalidade ou eficácia da vontade salvífica de Deus. Se o ato de fé dá seu assentimento a ensinamentos explícitos aceitos por autoridade, como se pode tornar sobrenatural o desejo natural e implícito de obedecer a Deus, por parte de um bom pagão que nunca ouviu o ensinamento da autoridade da Igreja? Uma última dificuldade dizia respeito ao tipo das verdades sobrenaturais em questão. Estas incluíam tanto fatos como proposições conceptuais. Os "fatos" são o que são, uma vez por todas, no tempo e no espaço. Os conceitos, que abstraem de uma individualidade material no tempo e no espaço, fornecem um "absoluto" essencial e sem tempo. Na medida em que a evidência sobre a formação dos dogmas da Igreja ficava cada vez mais clara, graças à pesquisa histórica, tornava-se cada vez mais difícil explicar a evolução dos dogmas como sendo a interpretação subsequente e clara de um tesouro de verdades propostas e concluídas com a morte do último apóstolo.

2. TENTATIVAS MODERNAS DE SOLUÇÃO – O tomismo transcendental, representado por pensadores como P. Rousselot, K. Rahner e B. Lonergan, num primeiro momento pareceu oferecer uma solução a estes problemas. Uma vez que o juízo afirma a verdade e atinge a realidade, o conceito, que mesmo no melhor dos casos é apenas uma parte de um juízo, não apreende de modo adequado a realidade. Como a *conversio ad phantasma*, o juízo refere este *phantasma* a um horizonte transcendente de inteligibilidade. Já que o juízo compreende uma atividade de síntese, que diz respeito à inteligência, ele é entendido primariamente como uma faculdade dinâmica e a objetividade é conhecida somente através da subjetividade. Já que o dinamismo da inteligência está orientado para o verdadeiro, enquanto seu bem, a distinção tradicional entre inteligência e vontade, em termos de seus objetos formais, o verdadeiro e o bem, é levada ao movimento fundamental do conhecer e do amar. O fundamento definitivo do desejo espiritual, revelado no dinamismo, não pode ser finito, uma vez que toda percepção de limitação compreende sua transcendência. Daí que nem uma ideia, nem uma utopia social marxista podem satisfazer o desejo fundamental do homem. Ademais, este dinamismo deve ser capaz de realização; do contrário, o juízo original, que implica a inteligibilidade, a bondade e a consistência da realidade, tornar-se-ia impossível. Somente Deus pode satisfazer as condições de possibilidade para a atualidade do juízo. A partir do momento em que Deus, o único que pode satisfazer o dinamismo espiritual do homem, fosse conhecido de um modo que supera os conceitos, pode-se falar, com Tomás, de um "desejo natural" da visão beatífica. Admitida a vontade salvífica universal, Deus daria sua graça a todos os homens.

A fé não diz mais respeito ao consentimento a proposições à base de uma autoridade externa, mas à resposta de conhecimento de amor à autorrevelação de Deus, a qual, como graça, influi em sua própria aceitação na alma. Não se trata de simples interioridade, pois a estrutura fundamental do pensamento e do amor, revelada na *conversio ad phantasma*, diz respeito a uma referência à realidade histórica concreta. Não existe transcendência para o infinito senão através do finito. Não existindo oposição entre infinito e finito, o infinito pode usar o finito como símbolo de sua autorrevelação no tempo. Por isto, os homens devem manter-se abertos à possível autorrevelação de Deus na história. De fato, esta revelação realizou-se e atingiu seu ápice em Jesus Cristo, que é ao mesmo tempo a perfeita manifestação de Deus e a perfeita resposta humana a Deus. Já que o grau mais elevado num gênero é a causa de todos os outros que pertencem ao mesmo gênero, pode-se dizer que, na ordem da graça, Cristo é a causa da fé em todos os outros, até nos → "cristãos anônimos", que nunca ouviram falar expressamente dele. Na tradição cristã, a evolução do dogma goza de grande flexibilidade, já que Deus, o inefável, que se torna presente na graça a que a fé responde, nunca pode ser esgotado por qualquer fórmula finita e racional. É por isto que nas várias épocas a Igreja pode usar diferentes categorias conceptuais para abordar o original e nunca plenamente tematizado objeto da fé oferecido em Cristo.

Sobre este fundo, Rahner traçou uma distinção entre história secular e história da salvação. Esta última realiza-se dentro da primeira, enquanto lhe dá seu significado, exatamente como o sobrenatural pressupõe a natureza, enquanto a guia para sua complementação. Já que a história secular não pode emitir nenhum juízo sobre seu significado final, ela só pode ser identificada como uma história sem salvação. Não é possível nenhuma outra definição mais precisa, uma vez que as liberdades humanas, que respondem à graça, não podem ser plenamente objetivadas. Na realidade, pelo fato de a graça ser oferecida a todos os homens, a distinção entre história secular e história da salvação é apenas formal, não material. Em contraposição a esta história universal e salvífica, materialmente idêntica à história secular, descobre-se uma história da salvação particular, em que a autocomunicação de Deus, através da graça, chegou a sua necessária expressão temática, sob guia especial de Deus, numa tradição suficientemente contínua e "oficial", que conduz a Jesus Cristo que, a partir daquele momento, provê o critério definitivo com base no qual são aquilatadas todas as revelações anteriores.

A grande flexibilidade que tornou o tomismo transcendental capaz de responder às dificuldades de um escolasticismo conceptual conduziu, por sua vez, a novas dificuldades. Como pode atingir uma adequada expressão temática o inefável mistério de Deus, experimentado na graça? Rahner até admitiu que Jesus tenha "errado" no tocante ao iminente advento do Reino de Deus, mas explicou este "erro" como uma expressão temática inadequada da proximidade de Deus, experimentada em sua consciência humana. Se tais expressões inadequadas foram possíveis para Jesus, como pode a Igreja pretender uma segurança maior em seus dogmas? Se toda fórmula dogmática é fundamentalmente inadequada para o mistério infinito de Deus, que valor permanente mantém as fórmulas dogmáticas? Que é que torna uma fórmula preferível a outra, se as próprias fórmulas são revisáveis com o mudar da terminologia filosófica das diversas épocas ou dentro do pluralismo de uma mesma época? Embora Rhaner tenha insistido na possibilidade de um magistério infalível, para garantir a presença continuada da revelação definitiva de Deus em Cristo, com que base o magistério prefere uma fórmula a outra e com que autoridade exige a adesão do fiel a ela? Dado que Deus se comunica a todos e – isto é axiomático para Rahner – o ser é autoconsciente, cada um goza de uma imediatez com Deus que supera as imperfeições do dogma. Aqui, vê-se que para algum discípulo incauto de Rahner existe o perigo de cair no protestantismo liberal.

Em razão de sua incerta distinção entre o natural e o sobrenatural e pela sua ênfase na unidade do plano salvífico de Deus, que culmina em Cristo, poderia parecer que Rahner pende para um cristocentrismo excessivo. Além disto, outras passagens de seus escritos sustentam que o evento de Cristo e sua ressurreição não são simples fatos, mas devem ser interpretados à luz do horizonte mais amplo da expectativa e da inteligibilidade fornecida pelo desejo que o homem tem do infinito horizonte do ser. Esta oscilação ilustra a dificuldade que subjaz à explicação de como um absoluto pode ser encontrado na relatividade da história, o Infinito no finito. Nisto consiste o atual problema hermenêutico de como encontrar um significado, quando todas as declarações finitas podem ser relativizadas por um outro ponto de vista, quando o ser se esconde a si mesmo até enquanto se revela. Se bem que uma tradição particular possa fornecer uma bagagem linguística de significados que ajudem os seguidores daquela tradição a agir dentro dela de maneira relativamente eficaz e até a prová-la e a fazer perguntas além do já conhecido, quando as tradições se encontram e entram em conflito, que é que faz com que uma tradição deva ser preferida a outra, senão o hábito, a comodidade ou o poder? A relativização das pretensões de verdade e dos valores referentes a elas, sustentada por Nietzsche, Heidegger e Sartre, desembocou no atual relativismo e no descompromisso que dominam grande parte do pensamento moderno. Até a ciência moderna, depois da relatividade e da mecânica quântica, tornou-se bem consciente do caráter discutível e parcial de suas hipóteses.

Na realidade, o problema hermenêutico não é outra coisa senão uma nova variante do dilema epistemológico-metafísico fundamental: Como o finito pode conhecer o infinito, como o finito pode existir "ao lado" do infinito? Se existir uma oposição fundamental entre o finito e o infinito, não somente a encarnação é impossível, mas também Deus não pode ser conhecido dentro de ou através de qualquer sinal finito, seja este o mundo ou a Escritura. Na verdade, a dificuldade é mais profunda, já que Deus não é o único infinito que o homem encontra. O que os antigos e os escolásticos chamavam de "matéria-prima", ou seja, o princípio da individualidade, representa, também ele, um infinito, uma vez que nenhuma abstração ou série de abstrações pode exaurir a individualidade de qualquer ser. Se o indivíduo constitui uma realidade, as abstrações conceptuais não atingem a realidade e sua validade é radicalmente questionada. Sem um sistema fixo e coordenado de conceitos, os "fatos" singulares da história perdem seu significado; já que um fato nunca pode ser percebido sem uma interpretação e nenhuma interpretação pode reivindicar a objetividade por si mesma, uma infinidade de pontos de vista particulares ameaça dissolver-se na incomunicabilidade, na ininteligibilidade e no caos moral, em suma, num total relativismo do pensamento e da ação. De fato, se a infinitude progressiva ou divisível da matéria deve ser totalmente inteligível, somente a pura infinitude de Deus pode compreendê-la. Mas como é que o finito pode chegar a conhecer o infinito ou o Infinito?

Da mesma forma que o → ceticismo total contradiz a si mesmo, assim também o → relativismo total implica um absoluto. Com efeito, afirmar que tudo é relativo estabelece esta declaração como uma verdade indiscutível. Assim como toda comunicação contém uma objetividade comum às subjetividades, exatamente da mesma forma todo pensamento implica que a mente, para além de si mesma, pode conhecer uma verdade objetiva. De fato, cada conhecimento implica tanto a objetividade quanto a subjetividade, tanto o absoluto quanto o relativo, tanto o conhecido quanto o cognoscente. Todo juízo de fundo une um elemento finito e um infinito e todo conceito implica uma forma finita, abstraída da infinitude da matéria e em relação com ela (p. ex.: "homem" é uma forma abstrata, mas o homem implica corporeidade). Por isto, o infinito e o finito não somente não podem ser justapostos nem, muito menos, colocados em oposição exclusiva, como poderiam sê-lo duas realidades finitas, mas também todo pensamento implica sua conjunção. Potência e ato, forma e matéria, ser e não ser, conhecimento e desconhecimento, tudo parece estar unido no homem, este ser paradoxal que deve entregar-se a sua razão finita, embora reconhecendo que não pode absolutizá-la. Fazendo constantemente referência para além de si mesmo no espaço e no tempo, não obstante isto, o homem parece incapaz de esgotar até a realidade que o engloba. A esta altura, onde é que o homem encontra um sentido?

Sem dúvida, a razão humana finita é incapaz de explicar ou justificar plenamente a si mesma. O senso de valor do homem é primariamente derivado não das discussões com um filósofo, mas do amor experimentado através de seus pais. Uma análise do senso de obrigação moral que está no homem revela que ele é: *a.* absoluto, no fato de que deveria conservar-se fiel até a morte, relativizando assim a atração de todo o mundo, passado, presente e futuro; *b.* suprarracional, enquanto em todo argumento racional para persuadir alguém a dar sua vida, se pode sempre fazer alguma distinção, colocando o indivíduo contra o universal e vice-versa; *c.* pessoal, enquanto se morre não por uma abstração nem por algo subumano, mas por um ser capaz de conhecer e de amar; *d.* livre e libertador, na medida em que não é obrigado nem física nem psicologicamente a responder, mas a superar todas as atrações finitas, respondendo positivamente a seu dever. Esta caracterização da experiência moral revela que, em definitivo, ela é amor.

Mas não será impossível para o homem finito perceber algo de absoluto? A resposta é clara: uma vez que a razão humana não pode absolutizar-se a si mesma, sua crítica de que o amor seja irracional não pode destruir o amor. De fato, as estruturas do amor e da razão são idênticas, porque incluem a conjunção do finito e do infinito. A razão, abandonada a si mesma, cai em contradições, mas se for vista como reflexo da estrutura do amor – e o amor é realidade – então é justificada. Quem ama, permanecendo fiel às exigências de amor, pode reconhecer a relação entre razão e realidade, que é a verdade. É deste modo que se atinge uma consciência natural de Deus, isto é, fora da revelação histórica em Cristo. A onipotência de Deus, que chama o homem a renunciar a sua vida e às atrações do mundo inteiro, é vista como a condição da liberdade humana. Por isto, se o homem não pudesse atingir o absoluto, toda razão relativa apresentada a suas opções poderia ser questionada e suas opções estariam privadas de uma base racional, o que as tornaria arbitrárias, não livres. Além disto, se Deus chama uma pessoa para o sacrifício livre e total de si mesma, podemos estar seguros de que o Deus que realizou o mais alto grau de autocompreensão naquela pessoa não destruirá o que criou. Ele permanece fiel ao amor criativo, tal como é, um amor criativo que outorga imortalidade.

A estrutura da realidade até agora expressa é sacramental: dentro e através de uma realidade finita, Deus, o Infinito, torna-se presente num pedido de resposta total de amor e é da resposta do homem que depende seu destino eterno. Deus estaria presente na autêntica amizade e o Matrimônio destaca-se como o sacramento natural mais elevado. Mas o pecado destruiu a unidade primordial entre os homens e entre Deus e o homem. A ordem mundial atual, com todos os seus egoísmos e seus sofrimentos, não reflete claramente o amor. Uma vez que nenhum homem é uma ilha, mas cada um é constituído pelas relações com os outros, a divisão externa do gênero humano se repete no interior do indivíduo e em sua unidade rompida. Nenhum homem, se examinar seu coração, pode assegurar a outra pessoa que o amor é uma realidade e tampouco pretender uma confiança total para consigo. Se tiver que existir uma comunicação ulterior qualquer entre Deus e o homem, ou uma reconstrução qualquer da unidade do gênero humano, a iniciativa deverá vir de Deus. Já que o mundo há muito tempo não tem desempenhado mais seu serviço como claro sinal do amor de Deus, Ele se fez homem e deu sua vida como o sinal mais evidente de amor. Na morte, a pessoa divina, como sinal de amor, fez totalmente sua a natureza humana, que não foi abandonada à morte, mas ressuscitou. Deste modo, a prova da onipotência do Amor, que agora venceu pecado e morte, como também a prova da vida depois da morte foram demonstradas pelo acontecimento pascal. A natural fé do homem no amor, sem a qual a razão é destruída, foi reforçada não obstante a evidência do pecado; por isto, a fé sobrenatural é mais certa do que qualquer outra fé natural e raciocínio neste mundo. Paradoxalmente, a ressurreição torna-se o acontecimento mais seguro da história, já que é somente à sua luz que pode ser confirmada a validade da razão. Se a razão for posta em dúvida, não há mais nenhum fato seguro. Pois todo fato baseia-se numa interpretação e a interpretação é válida somente na medida em que as mais amplas pressuposições filosóficas podem ser justificadas. A Páscoa, o concreto testemunho em defesa do amor, torna-se a pedra de toque do amor verdadeiro e de todo significado.

O amor divino de Cristo, claramente manifestado no → mistério pascal, é causa de uma resposta amorosa nos corações humanos ou provoca seu endurecimento. Todos os que respondem a Cristo com amor tornam-se um com Ele no amor pessoal e formam assim o corpo de Cristo. Esta Igreja, esposa de Cristo, continua através dos tempos conservando na palavra e no sacramento a vida de amor que anima os homens e lhes oferece o centro crucial e concreto para a conversão e o crescimento no amor. A menos que a revelação definitiva de Deus, isto é, sua entrada pessoal no tempo, seja frustrada em seu escopo salvífico, à Igreja foi assegurada vida contínua até o juízo universal. Cada um de seus dogmas pode ser mostrado como reflexo da mesma estrutura sacramental realizada na encarnação, anunciada por Cristo e pelos apóstolos, defendida por Agostinho e que atingiu sua expressão mais adequada em Calcedônia, como foi interpretada por Máximo o Confessor. Exatamente como a infinita realidade e a onipotência de Deus deixam espaço para a criação e a liberdade humana, do mesmo modo o Reino de Deus, já historicamente presente na exigência de Jesus de uma conversão total, deixa espaço para a vinda final do reino; também o Filho do Homem está presente e ao mesmo tempo deve vir no juízo. O "já" de Paulo deve ser contrabalançado pelo "ainda não"; seu indicativo, pelo imperativo que lhe segue; a plenitude do tempo em Cristo, pela superabundância de graça que se derrama no presente e no futuro. Seja a ênfase colocada no "ainda não", como fazem Lucas e Mateus, ou no "já", como aparece na escatologia realizada de João, a tensão entre a plenitude presente e o complemento futuro, na estrutura sacramental da onipotência divina e da liberdade humana, está fortemente conservada através de todo o NT. Cristo realizou a salvação humana uma vez por todas, mas os homens ainda precisam responder-lhe e o fim do tempo há de manifestar o juízo de Deus sobre a liberdade humana. Por isto, Cristo é a norma da realidade, mas o tempo subsequente não é supérfluo; é o campo de batalha de sua graça pela conquista dos homens; nele sua vitória realiza-se sempre mais plenamente.

3. À GUISA DE CONCLUSÃO – Dentro deste contexto, a história universal seria o mundo sem a graça sobrenatural de Cristo. Mas uma vez que Deus quer que todos os homens sejam salvos em Cristo e através dele, único mediador, esta história universal é efetivamente a história da salvação. De que maneira a salvação se realiza naqueles que nunca ouviram falar de Cristo, eis um mistério da graça e da liberdade, mas já que cada época está presente a Deus, os resultados da oferta de amor de Cristo podem ser tornados retroativos ou prolepticamente presentes em cada relação de amor humano; com efeito, a estrutura intelectiva fundamental do finito-Infinito permaneceria presente nos homens, mesmo que não fosse sacramentalmente completada no amor, e cabe a Deus intervir quando e onde quiser. Se este chamado ao amor através de outros homens, fora da área da revelação verbal, é contínuo ou não, não pode ser julgado pelos homens. Paralelamente a esta história salvífica universal, coloca-se a história particular da salvação que conduz a Jesus Cristo. Assim como nele o sinal explícito e humano-divino do amor constitui e ao mesmo tempo anuncia a salvação humana, da mesma forma a particularidade do sinal dá um lugar privilegiado aos que são abençoados pelo encontro com Ele. Não somente estes possuem uma maior segurança intelectual sobre o sentido da vida, mas esta segurança lhes permite agir também com maior decisão. A alegria de serem infinitamente amados por Deus derrama-se espontaneamente na missão, pois eles desejam compartilhar os benefícios do amor com os outros. Os não cristãos são chamados à conversão, a uma salvação fora deles, fora das trevas, ou melhor, de um crepúsculo em plena glória da graça. Embora ninguém possa exprimir um juízo infalível sobre a condenação de outros – e se pode esperar a salvação de todos os não católicos que se encontram – não obstante isto, sabendo quão difícil é viver o amor sacrificial de Cristo, mesmo com todos os socorros da Igreja, e conhecendo o poder do mal que desembocou na crucifixão de Cristo, é claramente afirmada a absoluta necessidade da conversão.

Os crentes, recebida de Cristo a explícita ordem de fazer discípulos de todas as nações, admitem sem hesitação que a ênfase do Evangelho é colocada na necessidade da missão. A tensão entre a universal vontade salvífica de Deus e a particularidade do único mediador não levou São Paulo à indolência apostólica e a um falso otimismo sobre a salvação dos pagãos. Pelo contrário, esta tensão animou sua pregação (1Tm 2,7). Se a verdade cristã fosse puramente particularista, não haveria necessidade de pregar aos outros; se fosse exclusivamente universal, já estaria ao dispor de todos e não seria necessário pregar. Mas a pregação é necessária para tornar o particular da salvação acessível a todos os homens para os quais foi pensada. Sua propriedade de particularidade é devida ao pecado e à subsequente necessidade de conversão; sua propriedade de universalidade é devida ao amor divino que não conhece limites. Ao cumprir sua missão, Paulo não fez outra coisa senão continuar o trabalho de seu Mestre, → o *universale concretum*, que exigia conversão e fé no Evangelho, porque o tempo estava cumprido e o Reino de Deus estava próximo (Mc 1,15).

Bibl. – A. Gardeil, *La crédibilité et l'apologétique*, Paris 1908; Id., *Le Donné révélé et la théologie*, Paris 1910; K. Barth, *Der Römerbrief*, 1919 (nova ed. Zürich 1988); Id., *Kirchliche Dogmatik*, I-1, Zürich 1958, 46-310; R. Bultmann, *Der Begriff der Offenbarung im Neuen Testament*, Tübingen 1929; Id., *Jesus Christ and Mythology*, Nova York 1958; Id., *Kerygma and Myth*, Nova York 1961; A. Schweitzer, *Das Messianitäts – und Leidensgeheimnis*, Tübingen 1950³; E. Käsemann, "Begründet der neutestamentliche Kanon die Einheit der Kirche?", em EvTh 11 (1951/1952) 13-21; Id., "Einheit und Vielheit in der neutestamentlichen Lehre von der Kirche", em *Exegetische Versuche und Besinnungen*, Göttingen 1964, II, 262-267; C.E. Dodd, *The Apostolic Preaching and Its Development*, Nova York 1951; Id., *Le parabole del Regno*, Brescia 1970; Y. Congar, "Ecclesia ab Abel", em M. Reding-H. Helfers-E. Hofmann (ed.), *Abhandlungen über Theologie und Kirche* (em honra de K. Adam), Düsseldorf 1952, 79-108; Id., "Vaste Monde, ma paroisse", em *Témoignage Chretien* (1959) 100-177; W. Pannenberg, *Grundzüge der Christologie*, Gütersloh 1964; Id., *Theology and the Kingdom of God*, Filadélfia 1969; K. Rahner, *Hörer des Wortes*, Friburgo 1973; Id., "Storia del mondo e storia della salvezza", em *Saggi di antropologia soprannaturale*, Roma 1969, 497-532; Id., "Die anonymen Christen", *Schriften*, VI, 545-554; Id., *Curso fundamental da fé*, São Paulo 1989; H.U. von Balthasar, *Cordula, ovverosia il caso serio*, Brescia 1968; J. Moltmann, *Teologia della speranza*, Brescia 1968; Id., *Il Dio crociftsso*, Brescia 1974; J. Ratzinger, *Das neue Volk Gottes*, Düsseldorf 1969, 325-403; O. Cullmann, *Cristo e il tempo*, Bolonha 1972 (orig. 1948); Id., *Heil als Geschichte*, Tübingen 1965; P. Rousselot, *Gli occhi della fede*, Milão 1977 (orig. 1910); H. de Lubac, *Paradoxo e mistério da Igreja*, São Paulo 1969; J.M. McDermott, "A New Approach to God's Existence", em *The Thom* 44 (1980) 219-250; Id., "Proof for Existence of God", em J. Komonchak e outros (ed.), *New Dictionary of Theology*, Wilmington 1987, 804-808; E. Jüngel, *Dio mistero del mondo*, Brescia 1982; Id., "Jesus and the Kingdom of God in the Synoptics, Paul and John", em *Église et Theologie* 19 (1988) 69-91; G. Angelini, "Storia-Storicità", em DTI III, 337-364.

JOHN M. McDERMOTT

HISTORIE – GESCHICHTE

É possível entender a diferença entre *Historie* e *Geschichte* se analisarmos a base antropológica da distinção. Segundo a filosofia existencialista (assim como é representada, p. ex., por M. Heidegger), o *Dasein é ex-sistentia*, isto é, o ser humano que emerge por si. O ser humano é o processo do devir. Isto implica que o ser humano é temporal ou *geschichtlich*. A existência vem a tomar consciência de si mesma como se fosse jogada no mundo, portanto, com uma certa facticidade; e é um projeto, um ser-para-o-futuro, portanto, um ser dotado de possibilidades, e isto constitui sua autêntica forma de Ser. O presente *Dasein* é constituído pela apropriação de seu futuro dentro dos limites de suas reais possibilidades. Por isto, *Geschichte* refere-se àquela história que é a história do *Dasein*. Neste sentido, *Geschichte* é uma estrutura existencial e ontológica do Ser do *Dasein*. Todo *Dasein* é *geschichtlich*.

Ao mesmo tempo a *Geschichtlichkeit* (= a historicidade) transcendental do *Dasein* é expressa objetivamente ou categoricamente no mundo e, com este fato, dá origem aos eventos públicos em nossa história humana. Estes eventos históricos estão abertos à pesquisa objetiva empírica e são cientificamente verificáveis. O estudo objetivo destes eventos empíricos chama-se *Historie*.

A diferença entre *Historie* e *Geschichte* reside no fato de que a *Historie* pode ser percebida pelo conhecedor separado e objetivo. *Geschichte*, por sua parte, é cognoscível somente através da participação do sujeito, que toma consciência de si através das suas autoexpressões temporais.

JOHN O'DONNELL

HUMANISMO

I. Histórico

Periodização e definição, dois aspectos fundamentais para enquadrar no tempo e no espaço qualquer fenômeno histórico e cultural, são bem mais problemáticos, em nosso caso, pela dificuldade de atribuir termos fixos e significados unívocos a um fenômeno complexo, sob diversos aspectos indefinível e, em medidas várias, recorrente, na história da cultura e do homem. A cultura, como se entende, faz referência ao homem e cultura humanística quer sublinhar um tipo de referência peculiar, com a exaltação dos valores terrenos e humanos da autonomia, da liberdade, da "dignitas hominis", da "virtus", que estão sempre, de uma forma ou de outra, presentes na vida, na investigação, na reflexão do homem. Poderíamos indicar, como orientação, uma presença panorâmica destas realidades, uma retomada dos valores antigos, clássicos, para além do movimento histórico-filológico numa acepção antropológico-filosófica e uma sensibilidade e uma linguagem poética, para além da terminologia metafísico-filosófica.

1. OS VALORES "HUMANOS" E O HOMEM "NATURAL" – A "dignitas" (*Oratio de hominis dignitate*, de Pico della Mirandola, 1463-1494) junta-se ao prazer (L. Valla, *De voluptate*, 1431): "Vo-

luptas est bonum undecumque quaesitum, in animi et corporis oblectatione positum" e a glória, a liberdade (do *De libero arbitrio*, do mesmo Valla, à obra homônima de Erasmo, de 1524, em polêmica com o *De servo arbitrio*, de Lutero) com o destino e a fortuna (C. Salutati, *De fato et fortuna*, 1396) – antes de explodir no livre-exame e na Reforma religiosa – a "virtus" não está necessariamente a depender de uma finalidade moral e de um prêmio ultraterreno. Conforme se vê, uma herança clássica que, através da ineludível mediação do cristianismo, foi filtrada pelas disputas da escolástica e será retomada posteriormente. Os "studia humanitatis" não rejeitaram a teologia, mas recusaram seu caráter totalizante e a filosofia adquiriu uma maior consciência filológica antes que a ciência e a técnica (Francisco Bacon, Leonardo da Vinci, Galilei...) "pretendessem" dar sua contribuição específica e insubstituível à instauração do *regnum hominis*.

"Antropocentrismo" é a característica de tudo o que o homem pensa e faz: conota também Renascença e Humanismo, também na conservação, na retomada e na transformação das *artes liberales*, da ética racional e dos textos clássicos (lidos e amados também na Idade Média); Machiavelli, saindo do espírito humanístico, rompe também com a tradição clássica. Transforma-se a relação teologia-filosofia → Teologia, V; esta última não é mais relegada ao papel de "ancilla theologiae", mas reivindica igual dignidade e liberdade. A impossibilidade teórica de conflito de duas abordagens, metodologicamente diferentes, da única Verdade, quando se verifica, mostra os limites de uma busca humana em que autêntica religião e verdadeira filosofia não conseguem, na pesquisa e na experiência humana, estar juntas. Com o *De immortalitate animae*, 1516, de Pomponazzi, a razão sai da fé ("Convém que seja herético em filosofia quem deseja encontrar a verdade") e se prenuncia uma "dupla verdade" trágica (a "dupla verdade", de Pomponazzi). Se Salutati consegue ler o destino e a fortuna com olhos cristãos, a antiga e perene questão do livre-arbítrio, novamente tematizada por Lorenzo Valla, defendida estrenuamente por Erasmo, em Lutero e nos Reformatores chega ao sucesso do livre-exame. Numa densa atmosfera a *indignitas hominis* (que remonta ao *De contemptu mundi* de Inocêncio III, subjacente à mística flamenga e renana, ilustrada pelos "pintores teólogos") tem que acertar as contas (não que os outros o ignorassem, mas aqui as contas são mais salgadas) com a loucura, o anonimato, a revolução da natureza (prelúdio metafísico-religioso da hodierna questão ecológica), a tentação e a precariedade da salvação.

Não se coloca de lado a conquista medieval do "homem interior", mas recebe seu lugar "o homem natural" e o conflito carne-espírito, corpo-alma (se não for exasperado no humanismo "nórdico", do qual acabamos de falar, e na Reforma) é resolvido na valorização de todos os valores. Não se recusa a criaturalidade, mas o mundo visível torna-se o lugar em que começa a beatitude: a "consciência infeliz" da *Fenomenologia do espírito* exemplifica tão pouco a concepção dialética medieval quanto "a transvalorização dos valores cristãos" do *Anticristo* explica a afirmação dos valores aristocráticos. O "renascimento" dos valores antigos acompanha o "renascimento" do homem, mas a consciência de que "somos anões, levados nas costas de gigantes", nunca abandonou senão a quem transformou a razão em instrumento ideológico. A continuidade com o mundo clássico é mediada pelo renascimento cristão: não somente Joaquim de Fiore e São Francisco de Assis, mas também Dante e Petrarca. O *De vulgari eloquentia* e o *Convívio* fazem da experiência da palavra poética o desvelamento da realidade, quase um *itinerarium in Deum*. O poeta, insiste Albertino Mussato (1261-1329), tem a sagrada função de revelar os seres; a poesia é *divina ars, altera philosophia, theologia mundi*; os poetas foram os primeiros a falar-nos de Deus. Também para Boccaccio (1313-1375) os significados profundos da mitologia não atentam contra o cristianismo (*Genealogia deorum*); pelo contrário, os poetas são "pii homines" (*Vida de Dante*). Entre a suspeita de Jerônimo ("Ciceronianus es non christianus") e o legítimo orgulho de Erasmo ("Eu fiz com que o humanismo, que entre os italianos e especialmente entre os romanos não tinha outro sabor senão de puro paganismo, empreendesse nobremente a tarefa de celebrar a Cristo", *Carta a Maldonato*), Petrarca, não obstante o sentimento agudo da insufiência da cultura, *De sui ipsius et multorum ignorantia liber*, 1367 (mas, de modo mais claro, em Cusano a ignorância [*De docta ignorantia*, 1440] se entende em referência ao estado definitivo do homem [*De visione Dei*]), se aquieta com: "Christus est Deus noster, Cicero autem princeps nostri eloquii".

Existe continuidade entre o *zōón logikón* estoico (com ascendência aristotélica), o "animal rationale" escolástico e, através do meditabundo "roseau pensat" de Pascal, a *Vernunft* kantiana. Diante de uma visão medieval unitária do mundo, que na época moderna levou ao *cogito ergo sum* de Descartes, ao *esse est percipi* de Berkeley, à ideia e ao espírito absoluto de Hegel, o humanismo atingiu a graça e harmonia, antes que a magia (Bruno) e, ainda, a ciência e a técnica acabassem com o equilíbrio. *Prinzip Hoffnung* (3 vol. 1954-1959) de Bloch com um fundo escatológico (cripto)-religioso à dialética do progresso, *L'existentialisme est un humanisme* (1946) de Sartre, e *Brief über den Humanismus* (1949) de Heidegger são apenas exemplos de um humanismo perene. Embora a perenidade não possa ser senão problemática, com a mudança não só das estações, mas também da linguagem. Sartre, com efeito, havia escrito: "Eu estou condenado a ser livre: isto significa que não se podem encontrar para a minha liberdade outros limites que a própria liberdade ou, se se preferir, que não somos livres de cessar de sermos livres" (*L'être et le néant*, 1943, 515). O ponto de partida de Heidegger, bem diferente, parece-nos mais coerente e traduz bem a fundamental perenidade do humanismo: "Nenhuma pergunta metafísica pode fazer-se, se não é questionado quem faz a pergunta, se, portanto, ele mesmo não se torna pergunta" (*Che cos'è la metafisica*, trad. ital. Milão 1947, 55).

2. RUMO A UM MUNDO NOVO – Com base na fundamental – ainda que inevitavelmente discutível – periodização de F. Biondi (*Idade Antiga – Idade Média – Idade Moderna*), nosso período pode começar com o coroamento poético de Petrarca (1346). Sobre o fim pode-se discutir muito: a uma periodização mais restrita (últimos trinta anos do século XV) contrapõe-se uma

muito mais extensa (morte de F. Bacon, 1626). Com as considerações feitas, isto não deveria mais importar tanto. Talvez seja mais útil recordar o aparecimento, nas cidades-estado italianas, da aristocracia mercantil e a reduzida importância dos clérigos escolásticos e da cavalaria; o Concílio de Ferrara-Florença (1438-1439) e a queda de Constantinopla (1453), com a difusão dos textos e da cultura grega (Academia Platônica de Florença com os *Theologiae Platonicae de imortalitate animarum libri XVIII* 1469-1474, de Ficino) e da mística plotiniana; o interesse pela cabala e, mais em geral, pela cultura e pela religião seja hebraica seja muçulmana, acompanhado pela atitude irênica (Cusano, *De pace fidei*, 1453; antecipado por *De Gentili et tribus sapientibus*, de Lulo 1233c.-1315c. e seguido pelo *Colloquium Heptaplomeres de abditis rerum sublimium arcanis*, de J. Bodin, 1530-1596).

A Reforma não somente acentuou e exasperou os aspectos problemáticos do humanismo (o individualismo, a crítica à filosofia e à teologia escolástica), mas colocou diferentemente questões como a teologia natural, a liberdade do homem, a relação indivíduo-comunidade, tanto que é muito pouco falar de *crise* do humanismo. O fato de Roma ter representado melhor a continuidade com o passado, preservando a Itália da Reforma, pode ter outros sinais e outros significados. Importa-nos mais sublinhar aqui o tema da loucura, retomado em chave satírica antiluterana (Th. Murner, *Von dem grossen lutherischen Narren wie in doctor M. beschworen hat*, 1523).

Os "studia humanitatis" devem, para L. Bruni (1370-1444), também através da filosofia (*De studiis et litteris*) e da que posteriormente chamaríamos de hermenêutica (*De recta interpretatione*) "formar o homem bom, do qual nada pode pensar-se de mais útil". É inevitável que se prossiga neste caminho, seja com as *Adnotationes* de Valla, seja com a edição crítica do *Novo Testamento* grego e latino (1516) com que Erasmo completava, com a filologia, o esforço por um → humanismo cristão empreendido com o *Enchiridion militis christiani*, de 1503, e a *Institutio principis christiani*, de 1516. A paz da fé ("una religio in rituum varietate", *De Pace fidei*), augurada no ano em que Constantinopla caía nas mãos dos turcos (1453), era um convite à tolerância; não aquela indiferentista dos deístas, ou cética dos iluministas, mas a convergência, no cristianismo, da única religião natural (religião racional: existência de Deus, imortalidade da alma espiritual... aberta à revelação da encarnação e da Trindade). No único *ordo catholicus universalis*, Cusano reconhece a validade e legitimidade das *conjecturae* que a mente humana elaborou, nos séculos, para representar a realidade divina (nesta direção move-se a *Cribratio Alchorani*, de 1461, apreciada por sua objetividade). Diversidade e verdade devem compor-se harmonicamente: só o cristianismo é capaz de "compreender" todas as fés. Ora, o rosto de Deus é visível como através de um véu, *in aenigmate*; cada um o entende à sua própria imagem e semelhança, até que ele mesmo se revele definitivamente (*De visione Dei*). Para a "concordantia catholica", unidade de todos os povos sob a doutrina cristã, é necessária também uma reforma interna da Igreja, uma renovação dela. São vozes sempre mais fortes, antes da explosão da Reforma. Savonarola rejeita a cultura pagã ("Ecce Magi relinquunt gentilitatem et ad Christum veniunt et tu, relicto Christo, curris ad gentilitatem", *Discurso sobre a Epifania*) e não aceita nenhuma "docta religio" ou "pia quaedam philosophia" (referência polêmica ao *De Christiana religione liber*, 1474, de Ficino).

3. HUMANISMO E ANTI-HUMANISMO – O discurso complicava-se com elementos cabalísticos e "misteriosóficos". Nas *Conclusiones philosophicae, cabalisticae et theologicae*, 1486, Pico fazia confluir na verdade cristã a tradição (além de filosófica e religiosa) teosófica universal e, introduzindo sua tradução do *Corpus hermeticum*, Ficino considerava o mítico Mercúrio Trismegisto, "o primeiro fundador da filosofia", como verdadeiro teólogo. A secreta *philosophia* de Agripa de Nettesheim torna-se, em Giordano Bruno (1548-1600), apologia de uma nova religião, feita de arte e filosofia, matemática e magia que considera a antiga religião mágica obscurecida e corrompida pelo judaísmo e pelo cristianismo. Um estado mórbido ("Forsitan non sunt vera quae nunc nobis apparent; forsitan in praesentia somniamus", Ficino, *Theologia platônica* XIV, 7) admiravelmente ilustrado pela incisão de Dürer (*A Melancolia*).

Entrementes, na Europa Setentrional, havia-se desenvolvido uma linha de pensamento, antitética ao nosso humanismo, inspirada na experiência mística, trinitária e cristocêntrica de Jan van Ruysbroeck (1293-1381) e dos Irmãos da vida comum. Nesta, e antes ainda na *Vita Antonii*, de Atanásio, inspira-se a pintura dos "pintores teólogos" (p. ex., Bosch e Bruegel), a iconografia da *Ars moriendi*, a obsessão da demonicidade (J. Sprenger, *Malleus maleficarum*, 1484c.). A *indignitas hominis* inscreve-se na *insecuritas* da salvação, desconfia também da razão ("Aristóteles cavalgado pela prostituta"), refugia-se no anonimato ("Nemo"). O sadismo da razão e a loucura de quem pretende sanar a loucura ("Extração da pedra da loucura") tornam-se ironia eversiva, apelo ético-religioso no *Moriae Encomium*, 1509, de Erasmo, ou evasão, não certamente ingênua, na *Utopia*, 1516, de Tomás More.

Era preciso um titã, como Michelangelo, capaz de viver profundamente a ânsia da Reforma, sem sucumbir às pretensões da Contrarreforma, para interpretar com sensibilidade moderna e perfeição formal a condição humana.

Bibl. – J. Burckhardt, *La civiltà del Rinascimento in Italia*, Florence 1940; E. Cassirer, *Individuo e cosmo nella filosofia del Rinascimento*, Florence 1963; H. Haydn, *Il Controrinascimento*, Bolonha 1967 (orig. 1950); E. Castelli (ed.), *L'Umanesimo e "la Follia"*, Roma 1972; E. Garin (ed.), *Medioevo e Rinascimento*, Roma-Bari 1987; Id., *L'uomo del Rinascimento*, Roma-Bari 1988.

SALVATORE SPERA

II. Cristão

No uso contemporâneo, o termo *humanismo* contém matizes fortemente seculares, senão ateus, e designa mais ou menos tudo o que se refere a valores humanos. Mais comumente, está ligado às modernas elaborações alemãs do humanismo filosófico (Feuerbach, Marx ou Heidegger), ao humanismo existencial de J.-P. Sartre ou aos humanismos seculares contemporâneos. A questão fundamental em relação ao significado do termo *humanismo* depende do fato de que a palavra latina *humanus* contém três significados diferentes: *a.* humano no sentido daquilo que diz respeito à natureza humana, *b.* humano com o significado de benévolo ou compassivo, *c.* e indicando um erudito, segundo o modo de chamar um estudioso com o qualificativo de *humanissime vir.* Os humanismos modernos tendem a usar os primeiros dois significados do termo, ignorando o terceiro, todavia deste último teve início uma tradição antiga. Esta sustentava que, através dos estudos humanísticos, o estudioso teria chegado a entender o sentido da *humanitas*, ou seja, o que significa ser verdadeiramente humano.

1. HUMANISMO CRISTÃO DA RENASCENÇA – O termo *humanismo*, cunhado pela primeira vez em 1808 pelo estudioso alemão F.J. Niethammer, derivou claramente de um termo semelhante, *humanista*, usado no tempo da Renascença para indicar um professor universitário, um professor ou um estudante de *studia humanitatis.* As *humanae litterae* colocavam a ênfase particularmente em cinco argumentos, todos em relação com a linguagem ou a moral: gramática, retórica, poesia, história e ética. No interior de cada uma destas áreas deviam-se ler e interpretar os autores clássicos gregos e latinos. A maior parte dos *humanistas* pertencia a um dos três grupos profissionais seguintes: professores em universidades ou escolas superiores; secretários a serviço de príncipes, de cidades ou da Igreja; ou então cidadãos que possuíam riquezas e tempo livre para poderem conciliar o estudo com outros empreendimentos. Representaram um setor relevante e autorizado da Renascença italiana e, mais tarde, da Renascença europeia. Embora tenham permanecido mais ou menos na obscuridade, muitos deles foram eminentes eruditos e personagens conhecidos, entre os quais se podem enumerar Francisco Petrarca e Coluccio Salutati, no século XIV, Lorenzo Valla, Marsílio Ficino, Giovanni Pico della Mirandola, no século XV e, para além dos Alpes, no século XVI, Desidério Erasmo, Tomás More, Johannes Reuchlin, Juan Luis Vives, Lefevre D'Etaples, Guillaume Budé e muitos outros.

Ao longo de toda a tradição cristã, a outros estudiosos, desde → Agostinho até → Rahner, tem-se reconhecido o título de humanista, mas este refere-se de modo estritamente preciso e específico aos *humanistas* cristãos da Renascença, que perceberam o *espírito de seu tempo* e procuraram formular claramente suas ideias sobre a vida humana e cristã em seu entrelaçamento com as problemáticas da época. Em sua essência, o humanismo renascentista não era nem religioso nem irreligioso, porém a maior parte dos humanistas, se não todos, foram cristãos praticantes, e muitos também dedicados à reforma do cristianismo. Este artigo propõe-se estudar sua contribuição específica para a religião e para a teologia de seu tempo. Tal contribuição deve buscar-se em seu estilo retórico de escrever, em sua preocupação erudita e crítica com os textos religiosos, em sua nova visão da história, na capacidade de saber ligar seus interesses antropológicos e existenciais às questões religiosas contemporâneas. Além disto, os historiadores demonstram que o método usado pelos humanistas, de influenciar com sua formação clássica os fundamentos cristãos e os temas teológicos, foi um fator relevante nas grandes mudanças do cristianismo nos inícios da época moderna. Os esforços destes pensadores – que muitas vezes eram leigos ocupados numa profissão secular – em ler os sinais de seu tempo revestem um interesse particular para os cristãos da Igreja do pós-Concílio Vaticano II.

2. A TRADIÇÃO RETÓRICA DA ELOQUÊNCIA – A natureza específica do humanismo renascentista é ainda um tema muito debatido, já que abarca interesses filosóficos, políticos, éticos, educativos e estéticos. De qualquer forma, já é amplamente aceita a tese de P.O. Kristeller, segundo a qual o humanismo renascentista foi primariamente um movimento cultural e educativo, que se ocupava com a eloquência oral e escrita. Entendendo o humanismo da Renascença como um estágio característico da tradição retórica da cultura ocidental, tem-se uma visão unificadora de um movimento tão variado e multiforme. O interesse central dos humanistas não se centrava tanto na natureza ou no conteúdo das ideias, embora isto fosse importante, mas muito mais no modo como tais ideias vinham a formar-se, a exprimir-se e a comunicar-se. Tomaram a peito o significado da língua e da linguagem, entendida como o dote humano mais característico. Sua filosofia era uma "filosofia da linguagem", e possuíam um senso agudo e profundo da importância de que a formação cultural ocorresse no âmbito da comunicação humana. Tudo isto teria tido, então, uma influência direta sobre a compreensão que possuíam da autorrevelação de Deus à humanidade, por meio do *Verbo* encarnado.

No tocante à profissão exercida, os humanistas encontravam-se em continuidade direta com os *dictatores* medievais, que praticaram e ensinaram a arte de compor documentos, cartas e discursos públicos. Todavia, os humanistas consideravam necessário, para falar e escrever bem, o estudo e a imitação dos antigos autores clássicos. Para tal fim, instituíram um programa para ressuscitar a literatura e as línguas clássicas latina e grega, programa este que previa a recuperação, a impressão e um atento estudo de uma ampla série de materiais. Ao mesmo tempo, desenvolveram a arte da crítica textual e histórica. Além disto, frutuosos contatos com estudiosos bizantinos possibilitaram a redescoberta de muitos autores gregos clássicos, o mais das vezes desconhecidos na Idade Média ocidental. Introduziram o estudo do grego nas universidades e nas escolas e também recuperaram todo o corpo existente da literatura grega, incluída a teologia patrística grega. Além disto, traduziram ou fizeram uma nova tradução destas obras em língua latina, enriquecendo desta forma um amplo número de leitores. Por isto, os humanistas tiveram o mérito de contribuir para a formação de um movimento característico e influente que não somente levou à retomada dos estudos humanísticos, mas, com o passar do tempo, significou que quase todos os estudiosos receberam uma formação humanística com base na escola, formação que será o fundamento de futuros estudos em todas as várias disciplinas. A "nova cultura" foi um componente basilar da educação, tanto para a Reforma protestante quanto para os movimentos de Reforma católica; com efeito, tanto a *ratio studiorum* das escolas dos jesuítas quanto o *curriculum* de estudos das escolas públicas inglesas têm uma dívida de reconhecimento para com eles.

3. A FILOSOFIA RENASCENTISTA DO HOMEM – O humanismo não foi somente um movimento que gerou entusiasmo acadêmico para a recuperação da literatura clássica; estava também ligado à busca do desenvolvimento intelectual e moral através do contato com algumas das mentes e das figuras maiores do passado. Em particular, os humanistas tinham uma dívida com a filosofia clássica; alguns eram filósofos de profissão, como Ficino, Pico e Egídio de Viterbo (platonistas), e Pedro Pomponazzi, que representou a tradição aristotélica de Pádua e Bolonha. Todavia, é exata a impressão de que o movimento humanístico não foi fundamentalmente um movimento filosófico. Os humanistas da Renascença mostraram interesse antes de tudo pela filosofia prática e moral, que englobava a filosofia política. Com efeito, buscavam a *ars bene beateque vivendi*, ou seja, aquela sabedoria ou aquela filosofia que não permanecia somente num plano teórico, mas podia ser traduzida no ambiente urbano da vida ordinária de cada dia.

O que de maneira imprecisa se denominou filosofia renascentista do homem corresponde, ao invés, de maneira mais exata, a uma forma primordial de antropologia religiosa. Enquanto humanistas cristãos, elaboraram concepções próprias sobre a natureza humana e sobre suas características específicas, sob a influência de várias correntes de pensamento, das quais duas eram centrais: o conceito clássico de *humanitas* (*paideia*, em grego) e de *virtus*, de um lado; e do outro, a tradição medieval de discutir sobre a *conditio hominis*. A *humanitas* indicava a civilização e o *êthos* da cultura adquirida por quem crescia numa determinada sociedade. Os gregos e os romanos entenderam-na como uma participação na *vera humanitas* universal, mais do que como algo especificamente próprio deles; de qualquer modo, seus *mores* superiores habilitaram-nos à aquisição da *humanitas*, ao passo que os dos bárbaros ou do vulgo não surtiram tal efeito. *Humanitas* significou também vínculo e empatia derivados do reconhecimento dos aspectos de semelhança e de universalidade de toda a experiência humana: "Homo sum, nihil humani alienum mihi puto" (Terêncio). Ela era encarnada no *vir humanus*, que se esforçava por se comunicar com os outros, por consolar, por estimular, por reanimar os outros e por travar amizade com eles. A palavra, além de tudo, é uma posse geral, comum a todos os homens; o tempo, o espaço e as várias circunstâncias lhe determinam a adequação de expressão. Ch. Trinkaus demonstrou que o ideal humanístico do *vir humanus*, do homem sábio, está entrelaçado com o do santo cristão, dando origem a um novo ideal de piedade leiga e de santidade civil. Segundo Erasmo († 1536), este devia fornecer o modelo cristológico do "Verbo feito palavra por nós"; a sabedoria divina tinha assumido a forma da linguagem humana, "assumindo" a condição humana e "adaptando-se" a ela.

Outro conceito-chave de que a concepção humanística se servia para o estudo da natureza humana era o conceito clássico de *virtus*, recuperado em seu significado original de "máxima energia". Os antigos pensavam que a luta entre a vontade do homem e o arbítrio da deusa Fortuna era uma característica específica humana; os romanos, por exemplo, adoravam a deusa Fortuna, que girava a roda do destino do homem segundo sua vontade caprichosa. E, enquanto os gregos se submetiam ao destino (*moira*), os romanos admiravam quem se levantava para lutar contra o destino; efetivamente, a *Fortuna* pode ser submetida e subjugada pela *virtus*, de modo que os homens podem finalmente construir seu destino. A fonte maior de tal filosofia, em torno da atividade humana confiante nas próprias forças, foram as *Vitae parallelae*, de Plutarco, que narravam as 48 vidas de grandes figuras da idade clássica. Foram traduzidas do grego para o latim por vários humanistas e impressas em 1470, logrando grande popularidade. As *Vitae*, de Plutarco, e o *De viris illustribus*, de Petrarca (1337), correspondiam exatamente ao grande interesse de leitura da nova classe social, a burguesia, cujo conhecimento de obras biográficas e históricas foi assim notavelmente ampliado. A história era vista como preciosa fonte da qual se podiam haurir muitos *exempla* já que os humanistas compartilhavam da visão de Sêneca, o qual afirmava que "longo é o caminho, se seguirmos as exortações, ao passo que ele é curto e eficaz, se seguirmos os exemplos".

Tal visão positiva e otimista do poder humano, de saber regular por si mesmo o próprio destino, foi incorporada só gradualmente na concepção da providência, onipotência e graça de Deus, presente no cristianismo da Idade Média tardia. O emblema do *homo triumphans*, típico da Renascença tardia, foi antes de tudo proclamado como "remédio e estratégia espiritual alternativa contra a decadência moral de uma consciência culpada, atormentada e oprimida" (Trinkaus, 1982, 455). A Renascença herdou também a longa tradição de discussão oral e escrita sobre a *conditio hominis*, considerada nos aspectos complementares da dignidade e miséria do homem. Os seres humanos estão sujeitos tanto a um exagerado otimismo quanto a um exagerado pessimismo, de acordo com as experiências favoráveis ou desfavoráveis de sua vida; por isto, precisam de conselho, seja contra o desespero, seja contra a arrogância. É muito evidente o fato de que a imagem da miséria e da impotência tenha prevalecido nos meados do século XIV, período em que andava solta a peste negra. Petrarca (1304-1374) constatou que o desespero pela desgraça própria provocava muitas vezes um senso de culpabilidade religiosa. Em seu *De remediis utriusque fortunae*, aconselhou a cultivar um tipo de dupla consciência: em tempo de sucesso, estar consciente do sofrimento humano, em tempo de desespero, ao invés, ter consciência da dignidade da pessoa humana. E, ainda mais significativamente, demonstrou como o homem, sob a influência da graça, pode sentir-se responsável por sua vida pessoal, mostrando um senso de dignidade pessoal compatível com a piedade – e com uma teodiceia no plano da fé religiosa – em meio aos horrores de sua época.

O homem da Renascença, quis "colocar à prova suas capacidades" de modo pleno, e o fez enquanto cristão, ressuscitando a antiga exegese patrística sobre o texto do Gênesis "façamos o homem à nossa imagem e semelhança" (Gn 1,26). Também Agostinho havia visto uma correspondência entre a Trindade e as três funções da alma humana. Pai, Filho e Espírito Santo eram reflexos respectivamente da memória, da inteligência e da vontade do homem. Uma familiaridade mais profunda com a teologia patrística conduziu os humanistas a entender que a criatividade divina pode ser um modelo para a do homem; este pode regular seu destino e criar sua cultura e civilização. Eles tiveram a habilidade de enfrentar e de resolver muitos problemas seus, servindo-se da razão humana e da criatividade. Assim escrevia Alberti, no *De iciarchia*: "O homem certamente não havia nascido para definhar na indolência, mas, antes, para pôr-se de pé e agir": isto não era em absoluto presunção e orgulho, mas participação no plano criativo de Deus para a humanidade.

A dignidade do homem tornou-se um dos temas favoritos da oratória humanística e recebeu um importante desenvolvimento de Ficino (1433-1499), de Pico della Mirandola (1463-1494), de Pomponazzi (1464-1525) e do humanista espanhol Vives (1492-1540). Ao invés disto, Poggio Bracciolini (1380-1459) continuou a colocar a ênfase no tema da miséria do homem, recusando a oratória de consolação e todo meio puramente humano destinado a fugir às misérias humanas e tornando-se assim o representante menos luminoso e otimista da concepção renascentista sobre a dignidade e a condição do homem, o mais próximo da Reforma dentre todos eles. Todavia, Giannozzo Manetti (1396-1459) e Pico deram plena expressão ao ideal do homem semelhante a Deus, ativo, criativo e sempre em ação. Na segunda parte da célebre *Oração* de Pico, erroneamente denominada *Sobre a dignidade do homem* (1484), Deus se dirige assim a Adão: "Não te fizemos nem celeste nem terreno, nem mortal nem imortal, para que tu, por ti mesmo, como um arbitrário e, por assim dizer, honorário plasmador e escultor, te componhas da forma que preferires".

O tema do homem criado à imagem e semelhança de Deus estava destinado a mudar radicalmente o modo de entender a divindade e a humanidade no pensamento religioso da Renascença; o homem não era somente o guarda da originária criação de Deus, mas, através de sua faculdade inventiva e do engenho, era o criador da "segunda natureza" da existência civil.

4. A HISTÓRIA SUJEITA À PROVIDÊNCIA: ESTOICISMO OU AGOSTINISMO – Todavia, seria errôneo supor que as ideias dos humanistas sobre a dignidade e a liberdade humana tenham sido as precursoras do espírito do Iluminismo: "libertar o homem da tutela em que se deixou enlear por si mesmo" (Kant).

A tese de Burckhardt sobre o individualismo da Renascença cedeu lugar a uma concepção mais nuançada do humanista, que cresce na consciência de suas capacidades com a ajuda da graça divina e no seio da comunidade cristã. Os humanistas fizeram todo o esforço para conseguir entender e formular a exata relação existente entre a liberdade humana e a dependência do homem da graça de Deus, entre a história enquanto modelada pelos homens *e* a Providência Divina, entre o conhecimento conseguido mediante a experiência humana *e* o revelado por Deus. Na busca de respostas adequadas a tais questões, os humanistas renascentistas formularam dois tipos de ideias opostas e antitéticas entre si, representadas pelas tradições retóricas do estoicismo e do agostinismo. Segundo os escritores estoicos, como Sêneca e Cícero, Deus é a força imanente que pervade tudo e pela qual foi feito todo o mundo natural; e o homem participa desta "alma do mundo" com sua razão, vista como um germe ou uma centelha do divino dentro dele. Além disto, o bem supremo do homem consiste, para Sêneca e Cícero, em viver em conformidade com a lei de sua natureza e razão, ignorando tanto as desventuras quanto os prazeres da vida terrena. O ideal do homem sábio e virtuoso, que vive de acordo com a razão, evitando a perturbação do espírito que deriva do contato com o mundo externo, exerceu em certos períodos uma grande atração sobre os humanistas. O estoicismo era uma doutrina classicista e resistente à mudança, no sentido de desvio dos princípios eternos perenemente válidos. Podia assim tornar-se uma ponte entre a Antiguidade Clássica e a Cristandade.

Contudo, o estoicismo não tinha a oferecer nenhuma preocupação com a miséria da maior parte da humanidade. Ao contrário disto, Agostinho soube falar para cada homem, estando engajado na vida política e num ambiente urbano (*A cidade de Deus*), ou então envolvido nas lutas íntimas de sua complexa personalidade (*As confissões*). Ele operou no interior da dinâmica real da experiência humana. Para ele, *conhecer o bem* não era suficiente; o verdadeiro problema era como *praticar* o bem, pois a essência, o centro da vida humana estava no coração, não na inteligência. E somente o coração podia ser tocado pela graça. Agostinho colocou a ênfase na separação entre natureza e graça, na unicidade da revelação de Deus em Jesus Cristo. E, ainda mais significativamente, considerava que os providenciais planos de Deus se cumpriam nos míseros, imprevisíveis e desordenados planos da história e da salvação do homem. Em oposição à autossuficiência do estoicismo, Agostinho *sentiu a necessidade e a sede* da graça de Deus. Colocar a tônica na subjetividade diante de Deus e no primado da vontade em relação à inteligência exerceu uma profunda influência sobre o pensamento humanístico. Portanto, uma certa complexidade, ambiguidade e inconsistência deste último muitas vezes se deveu ao esforço de harmonizar entre si elementos derivados das tradições estoica e agostiniana. Erasmo (1466-1536) pendia para o estoicismo, ao passo que Valla (aprox. 1406-1457) foi mais decididamente agostiniano. Esta dialética no próprio coração do humanismo cristão poderia pelo menos em parte explicar as diferenças radicais de opção que farão os humanistas no tempo da Reforma.

A visão da história sujeita à providência, no caso dos humanistas, chegou a ser bem diversa da das gerações anteriores. O papel que cabe à escolha e à responsabilidade humanas em dar forma e em determinar os acontecimentos conduziu, com efeito, os humanistas a reconhecer que todo estado presente de coisas não precisa necessariamente ser tal qual é; pelo contrário, poderia também ser diferente. Era possível descobrir um estilo do passado e fazê-lo reviver no presente. Era também possível traçar um ideal para o futuro e usá-lo como estímulo para dar vida a algo de melhor para o estado presente, como era proposto na *Utopia* de Tomás More. Tratava-se de um modo totalmente novo de olhar para o passado, para o presente e para o futuro, eram os primeiros prenúncios do que poderíamos denominar mudança e evolução histórica. De

Petrarca em diante os humanistas elaboraram o conceito de Idade Média, ou séculos obscuros, que se interpunham entre sua época e a civilização clássica. A visão cristã e providencial do passado tinha feito coincidir o nascimento de Cristo com o fim da obscuridade da condição humana; existiam assim duas épocas, a da preparação e a do Evangelho. A nova visão humanística da história fez coincidir os séculos obscuros com o saque de Roma (410 d.C.) e com o consequente declínio da cultura e da civilização. A história foi comumente dividida em três períodos: Antiguidade, Idade Média e presente, que potencialmente continha em si tanto o progresso quanto o declínio. Enquanto cristãos, os humanistas procuraram relacionar entre si, mais do que distinguir, a história sagrada e a secular, pois ambas existiam no âmbito da Providência Divina e lhe estavam sujeitas. Mas também sentiram fortemente que a verdade revelada e a graça de Deus eram oferecidas ao homem dentro de um contexto histórico concreto.

Apesar da nostalgia da cultura clássica, válida para todas as épocas, sem embargo os estudos clássicos dos humanistas renascentistas realmente infundiram nesses estudiosos um senso de condicionamento cultural e linguístico. Seu senso da história tornou-os profundamente conscientes não só da continuidade, mas também da radical descontinuidade entre passado e presente; o passado tinha que ser estudado em seus termos próprios. Isto representava o início da ciência hermenêutica, a aplicação da crítica histórica e linguística aos textos do mundo antigo. Estudiosos como Lorenzo Valla, Angelo Poliziano (1459-1494) ou Guillaume Budé (1467-1540) estudaram os textos da lei romana, expressos no Código de Justiniano. Pouco a pouco chegaram a compreender que, longe de ser um conjunto homogêneo de leis, o código era uma “série fragmentária e maltraduzida de decretos propostos para um império há muito tempo morto, decretos que pouca ou nenhuma relação tinham com as diversíssimas condições políticas e legislativas da Europa, nos primeiros anos da Idade Moderna” (Skinner, 207). Uma das descobertas mais revolucionárias foi a demonstração de Lorenzo Valla de que a assim chamada *Doação de Constantino* era um documento falso, do século VIII ou IX. As reivindicações papais da autoridade temporal no Ocidente e do primado espiritual sobre os quatro patriarcados do império haviam sempre tido por fundamento próprio o documento então desacreditado.

Também os estudiosos humanistas aplicaram suas novas técnicas ao estudo dos textos bíblicos. O método escolástico tinha favorecido a abordagem analítica direta de um texto ou a coleção de textos, em torno de um tema específico ou de um determinado ponto doutrinal. Em vez disto, os humanistas liam o NT não como fonte de ideias teológicas, mas, antes, como documento das *mais antigas experiências cristãs transmitidas em forma literária e histórica.* Em seguida, colocavam o texto em relação direta com seu contexto histórico. Por exemplo, John Colet, depois de sua volta da Itália a Oxford, em 1497, fez uma série de preleções sobre a Epístola aos Romanos, colocando-a em relação com o contexto histórico da Roma imperial sob o reinado do Imperador Cláudio e com o *motivo pelo qual* Paulo exortava os cristãos *romanos* a agirem com circunspecção. Paulo dirigia-se a um auditório específico, usando palavras especiais que tinham um significado próprio daquele tempo. Visto que as transcrições e as traduções subsequentes podiam ter obscurecido ou entendido mal o sentido originário, os humanistas procuraram fornecer traduções novas e mais exatas do antigo texto grego e hebraico. Lorenzo Valla empreendeu uma comparação crítica entre a Vulgata e o NT grego. Erasmo, baseando-se em *In Novum Testamentum ex diversorum utriusque linguae codicum collatione adnotationes* (1449) de Valla e em sua coleção pessoal de textos, publicou, em 1516, sua versão paralela greco-latina do NT. Endossou com vigor a validade das escrituras em língua vernácula. Manetti começou o estudo do hebraico sob orientação de um jovem estudioso judeu, consultou comentários bíblicos hebraicos da Idade Média e reuniu uma pequena biblioteca de manuscritos hebraicos. Johannes Reuchlin (1455-1522) ensinou pessoalmente grego e hebraico e, em 1506, publicou seus *Rudimento linguae hebraicae*, juntamente com um vocabulário hebraico-latino. Em muitas universidades do norte, foram instituídos colégios trilíngues e, em 1520, foi *impressa* na nova Universidade de Alcalá a primeira Bíblia poliglota, encomendada pelo Cardeal Ximénez de Cisneros.

5. TEOLOGIA RETÓRICA – Os humanistas renascentistas normalmente não eram teólogos de profissão, mas de diversos modos os *studia humanitatis* interferiram no campo dos *studia divinitatis* e deram a estes uma contribuição essencial. É bem conhecida a renovação dos estudos bíblicos dos humanistas, como também a previsível aversão ao método e às suas descobertas por parte dos escolásticos. Mas até não muito tempo atrás sua contribuição para o pensamento teológico e religioso da época recebeu menos atenção por estar “escondida” na multidão informal, assistemática e altamente retórica dos escritos humanísticos. Conscientes de que a pessoa humana é sujeito vivo e sensível, evitaram o “punho cerrado” do método dialético escolástico, para substituí-lo pela “palma aberta” da dissertação retórica (Tomás More, *Letter to Dorp*, 1515). Utilizaram o ensaio, o diálogo, o sermão leigo e a dissertação para comunicar de maneira convincente seus temas religiosos preferidos. Outros gêneros literários englobavam orações fúnebres, cartas, admoestações, historiografia e biografia. Este material fornece muitas informações sobre as preferências intelectuais e religiosas de leigos cultos, empenhados numa vida de serviço criativo e de piedade cristã. Trinkaus e outros deram a esta teologia escondida dos humanistas a denominação de *teologia retórica*, em parte devido ao estilo usado ao escrever, mas também porque os humanistas deliberadamente procuraram unir a função intelectual do teólogo com a função pastoral e afetiva do pregador. Estavam persuadidos de que nem a teologia escolástica da época nem os modos de uso corrente na pregação e na direção espiritual de então respondiam a suas necessidades e aspirações reais.

A correlação existente entre a retórica ou oratória clássica e a pregação cristã era muito mais clara aos humanistas do que a nós. O orador eficaz ou o pregador eficaz deve, por definição, estar em comunicação com os sentimentos de seu auditório e saber responder-lhe. Os humanistas tiveram plena consciência de que uma renovação dos estudos bíblicos teria permanecido um exercício estéril, se não se tivesse traduzido num eficaz ministério da palavra, que impulsionasse o povo a levar uma vida cristã mais profunda. Por isto, procuraram determinar que gênero de linguagem, de argumentação, de *exempla* ou de estilos de dicção teria sido melhor para produzir uma persuasão consciente e uma ação correspondente. Tinham consciência de que o ministério da palavra fora do púlpito se ampliava, em forma de catequese, de direção, de diálogo entre confessor e penitente. Muitos perguntaram-se se a prática ou a teoria sacramental corrente conseguia chegar *emocionalmente* ao centro da subjetividade de uma pessoa diante de Deus, às esferas da consciência, da intimidade pessoal, da faculdade de escolha, do medo e da ansiedade. Não procuraram suplantar, mas, antes, aprofundar a compreensão dos sacramentos; mas atribuíram uma importância maior à formação das consciências, mais do que às formalidades externas. Muitos humanistas assumiram o papel de conselheiros leigos, na convicção de que isto era necessário para se ter uma síntese teológica e pastoral à altura da experiência viva de cristãos que levam uma vida secular no mundo. Por isto, ocuparam-se, de maneira não sistemática, com a credibilidade do Evangelho em relação à vida de seu tempo. O interesse retórico pelo modo de influenciar e estimular os homens, como indivíduos e como grupos, estava diretamente ligado à concepção que os humanistas tinham do modo como era transmitida a fé. Não subestimaram a fé como dom de Deus, nem o papel do Espírito Santo, mas deram antes destaque às faculdades emotivas daquele que recebe tal dom. Como educadores, estavam convencidos de que a transmissão da verdade se fazia no interior de uma comunidade e através de um encontro de almas, antes que numa solidão acadêmica. O ato de fé envolvia a pessoa inteira, a inteligência, a vontade e os sentimentos, como também o contexto externo em que se levava a vida cristã. Os humanistas tiveram consciência, muito mais do que seus predecessores, de que o saber conquistado com a experiência pessoal e compartilhada vinha invadir o campo de sua fé. Assim como tinham compreendido até que ponto a experiência humana é condicionada no plano histórico e linguístico, da mesma forma se deram conta de que isto era verdade também em relação à transmissão da fé desde a época dos apóstolos até aquele momento. Por isto, era necessário voltar *ad fontes*, à verdadeira teologia, às nascentes da revelação contidas na Bíblia. A *Theologia Rhetorica* foi, portanto, bíblica, histórica, antropocêntrica e experiencial em seu âmbito e em seu conteúdo. Erasmo, em sua *Ratio verae theologiae* (1513), formulou os ideais desta teologia de modo programático, com um esboço de uma formação biblicamente fundada em sustentação do projeto de transformação da sociedade do tempo, através de uma nova comunicação com o Evangelho de Cristo.

6. OS CRISTÃOS EM RELAÇÃO COM OS PAGÃOS E OS JUDEUS – Era difícil, senão impossível, empenhar-se em tão grande debate em torno da condição humana sem a consciência de que esta era compartilhada por todos os povos e culturas, fés e histórias que diferem entre si. Não somente a experiência humana, mas também a experiência religiosa pareceu ser um fenômeno de alcance universal, tendo todas as tradições religiosas algo de divino em si. Ocupando-se com as religiões pagãs pré-cristãs, os humanistas procuraram descartar aqueles elementos claramente incompatíveis com os valores cristãos, por exemplo, a obscenidade, a sensualidade e a crueldade de muitos ritos pagãos. Todavia, nelas permanecia um núcleo autêntico de crenças e de práticas religiosas, que antecipavam ou até reproduziam as da era cristã. O ponto crucial da questão consistia no fato de que a misericordiosa *condescendência* de Deus à condição humana, tal como se tornara visível em Jesus Cristo, significava que a experiência cristã era também uma experiência profundamente humana, ainda que fosse *única* e *distinta* em seu gênero.

Os argumentos da adaptação e da separação, da continuidade e descontinuidade são tratados frequentemente nos escritos dos humanistas. Muitos chegaram a ver o cristianismo como revelação completa do que parcialmente e de modo imperfeito havia sido revelado nas outras tradições religiosas. As religiões pré-cristãs, em seus melhores elementos, serviram como preparação para o Evangelho. No plano providencial de Deus, este foi preeminentemente o papel confiado à religião judaica. Mas a ideia mais comum era de que o → judaísmo fora superado pelo cristianismo e só os que queriam ser cegos podiam negar a evidência. Foi muito mais fácil negar-se a um acordo retrospectivo com a religião pagã e com a judaica do passado do que entrar em acordo com os seguidores de religiões rivais do tempo. Não se podem subestimar facilmente o medo e a aversão dos cristãos da época em relação aos invasores mulçulmanos "infiéis", equiparados na fantasia popular ao "flagelo de Deus".

Uma teodiceia assim entendida não estava totalmente ausente nos escritores humanistas, que não eram sequer isentos de antissemitismo. Erasmo, geralmente pacifista, observou que, "se é inerente a um bom cristão odiar os judeus, então nós somos todos bons cristãos". Contudo, os humanistas foram muito mais longe do que a maioria de seus predecessores ou contemporâneos no atingir um *acordo* intelectual e religioso entre as religiões não cristãs e a da Cristandade.

A maior parte dos escritores humanistas teve uma visão da natureza unitária da verdade na diversidade da experiência religiosa. O estudo do hebraico, feito por Manetti com um professor judeu, tornou-o muito sensível ao mundo de ideias do qual havia emergido o cristianismo. Ele foi também um dos primeiros a enxergar que a tradição cristã ocidental era alimentada tanto pelo helenismo quanto pelo judaísmo. Todavia, o *Contra Iudaeos et Gentes* (1454), de Manetti, foi uma defesa do cristianismo e uma crítica do paganismo e do judaísmo enquanto religiões então historicamente superadas. Em todo caso, tentou persuadir e convencer os judeus sobre seu erro, antes que culpá-los diretamente de cegueira. Marsílio Ficino escreveu, em 1447, *De religione Christiana*, obra que haveria de influenciar os escritos apologéticos posteriores de Vives, Duplessis-Mornay, Charon e Grotius, e que podia ser considerada como uma primeira obra de Teologia Fundamental. Ficino interessou-se pela religião como uma característica universal do gênero humano e pelo modo como se pode distinguir a boa religião da má, a verdadeira da falsa. Considerou que a providência de Deus concedera "uma revelação universal, mas parcial, dirigida a todos os homens, uma revelação verdadeira e perfeita, destinada a poucos eleitos, e todas elas faziam parte do projeto de abrir a revelação definitiva e a possibilidade da salvação para todos" (Trinkaus, 1970, 737). Pico, na segunda parte da sua *Oração*, propõe um plano de paz filosófica e teológica. Procurou uma síntese entre os diferentes enfoques religiosos em busca da verdade. Fez uma lista daqueles autores cristãos que tinham exercido maior influência sobre ele, mas acrescentando-lhe autores árabes (Avicena, Averróis etc), gregos e a tradição judaica, através da cabala. Sua busca de uma revelação universal mística, esotérica, foi mais elitista do que a de seus contemporâneos.

Em 1492, Colombo "descobriu" os indígenas do "Novo Mundo" e encheu seus diários com relatos sobre os habitantes dóceis e formosos da "Hispaniola", que pareciam muito prontos a receber a fé cristã. A *Utopia* (1516), de Tomás More, apoderou-se de um certo interesse da época pela ideia do "nobre selvagem". Estamos diante de uma obra narrativa imaginária, que apresenta uma comunidade de seres humanos não atingidos nem pela civilização clássica pagã nem pela religião cristã. Eles, porém, usando sua inteligência e engenho, haviam chegado não só a um alto grau de civilização, mas também a uma fé altamente desenvolvida em Deus, na providência, na moralidade, na imortalidade da alma. Tomás More estava certo de que a evangelização não se identificava com a civilização ou a cultura, mas que apesar disto podiam desenvolver-se reciprocamente. Os habitantes de Utopia estavam prontos a receber o Evangelho e, sob certos aspectos, eram mais admiráveis do que muitos assim chamados cristãos da Europa. Sem dúvida, More achava que a religião racional e a filosofia tinham condição de formar uma sociedade justa e igualitária tal que poderia ser fundamento seguro para a evangelização subsequente.

7. ERASMO CONTRA O FIDEÍSMO – Embora a pesquisa recente seja cautelosa em atribuir o qualificativo de "erasmiana" à rica variedade do humanismo do século XVI, as características dos escritores humanistas cristãos estão resumidas de maneira extraordinária na obra de Erasmo, o "príncipe dos humanistas". Uma obra da juventude de Erasmo, *Antibárbaros* (1489, revisada nos anos 1494-1521), ilustra com muita clareza o ataque humanístico às formas de fideísmo da época e pode servir como recapitulação e conclusão do presente artigo. A obra tem sido comumente entendida como um velado ataque de Erasmo a seus críticos escolásticos de Lovaina, mas uma recente e convincente análise sugere a ideia de que ela foi pensada como primeira parte de uma obra projetada em quatro volumes, que refutasse os argumentos dos principais adversários do humanismo (Bradshaw, 412). No início da obra, Erasmo identifica três grupos de tais opositores: os que rejeitam totalmente a herança clássica, os que a rejeitam só em parte e, finalmente, os que a aceitam com entusiasmo demasiado. Bradshaw identifica de modo convincente estes grupos da maneira seguinte: *a.* os que rejeitam uma cultura leiga e reivindicam de modo indébito a revelação e a graça: são os *bárbaros* ou os fideístas da época; *b.* os que aceitam a filosofia clássica, mas rejeitam a retórica e as letras: são os escolásticos; *c.* os que reivindicam de modo exagerado os direitos da natureza e da razão humana e subestimam a revelação cristã e a graça: são os estudiosos humanistas entusiásticos, que eram na verdade os reducionistas da época.

Erasmo ocupa-se com o terceiro grupo, o adversário em seu próprio campo, em *Ciceronianus*. Ataca seus adversários escolásticos em *O elogio da loucura* (1511) e em alguma outra obra. Mas os escolásticos são seus aliados naturais, ainda que difíceis, em sua luta contra os elementos antirracionais na Igreja. O *Antibárbaros* não é uma polêmica contra os escolásticos, mas, antes, um ataque direto àqueles que, mais do que todos, procuraram minar a iniciativa humanística, ou seja, os antirracionalistas, que posteriormente os teólogos chamarão de fideístas.

Dois fortes movimentos da Cristandade medieval tardia, relacionados entre si, podem ser ligados à posição fideísta. Antes de tudo, a *posição teológica* de Ockham e de sua escola, que compartilhava uma tradição que remonta a Tertuliano, o qual sublinhava a unicidade e a exclusividade do conhecimento revelado, acessível mediante a graça, mas desacreditava do saber adquirido por meio da razão e da experiência humana. Em segundo lugar, havia uma *tradição espiritual* de simplicidade evangélica e de renúncia ao mundo, que propugnava uma "santa ignorância", já que somente o Espírito Santo iluminava os corações dos fiéis. Erasmo considerou muitas das Ordens religiosas como bastiões de fideísmo antirracionalista, particularmente as que haviam passado por um tipo de renovação fundamentalista. Este ponto de vista era também característico da espiritualidade leiga da *devotio moderna*, tal como era expressa na autorizada *Imitatio Christi*: "Freia a excessiva mania de instruir-te: porque nisto encontrarás dissipações e decepções" (I, 2). Portanto, o *Antibárbaros* dá uma resposta humanística cristã à antiga pergunta de Tertuliano: "Que tem a ver Atenas com Jerusalém?"

O costume retórico da polêmica renascentista torna difícil podermos entender bem o conteúdo teológico dos argumentos aduzidos por Erasmo. E o que acima de tudo deve ter impressionado seus contemporâneos é para nós o menos útil. De modo essencial esboçou uma primeira versão de sua *philosophia Christi*, que depois desenvolverá de modo mais completo na *Paráclēsis* (1516). O modelo cristológico de Erasmo não era o profeta, mas o Divino Mestre da sabedoria, que veio como ápice da longa busca humana do verdadeiro e do bem. O filósofo ideal de Platão encontrou sua expressão perfeita em Cristo. Razão e natureza, tais como eram expressas na tradição clássica, eram os veículos da revelação e da graça estabelecidos por Deus. Para exprimir a conexão exata entre o paganismo pré-cristão e o cristianismo, Erasmo descartou a metáfora agostiniana do "despojar os egípcios" ou do apropriar-se de tudo o que era precioso no patrimônio pagão para vantagem do cristianismo. Preferiu a imagem de Jerônimo, do homem livre que desposa a escrava prisioneira para obter-lhe a liberdade. O cristianismo apoderou-se com amor da herança clássica, de tal modo que esta pôde ter seu lugar dentro do novo contexto.

Erasmo desenvolveu um conceito platônico de existência entendida como unidade na diversidade, como relação ordenada de todas as partes com o todo. *Natureza e graça* não estão em conflito entre si, mas em harmonia, por isto a busca humana da perfeição é parte integrante da busca cristã da santidade. De maneira análoga, *razão e revelação* não se excluem reciprocamente, pois ambas estão dirigidas para a verdade. Cristo, enquanto encarnação da verdade e bondade de Deus, leva à perfeição os processos da natureza. Além disto, se a virtude é o objeto próprio da razão (Platão), a ideia da "santa ignorância" é simplesmente destituída de sentido. Cristo, "Palavra de Deus", comunicou-se com seus discípulos por meio de uma linguagem humana e *adaptou-se* à condição humana, de modo que esta se tornou uma condição dotada de graça. Cristo está permanentemente presente em sua Igreja na forma da palavra das Escrituras e, portanto, a preparação linguística e retórica são essenciais para a transmissão da mensagem cristã. Finalmente, Erasmo explicou a parábola dos talentos (Lc 19,11-27) para defender o uso dos talentos humanos, antes que sua negação. Com efeito, Deus nos ordenou realmente "colocar à prova nossas faculdades".

A mais importante defesa da liberdade da vontade humana foi feita por Erasmo contra Lutero, nos anos 1524-1526. Dentre todas as questões às quais teria podido dedicar-se, escolheu justamente esta, porque lhe pareceu que a teologia de Lutero era uma nova versão de fideísmo, ainda que uma versão reformulada de maneira radical e brilhante. Lutero, por sua vez, já tinha rejeitado a *philosophia Christi* de Erasmo, pois para este último contava muito mais o poder do homem do que o de Deus. Mas Lutero elogiou Erasmo por ter ele entendido verdadeiramente o que estava em jogo. Lutero julgava que o modo de os católicos de seu tempo entenderem o papel da razão e da vontade do homem no processo de salvação era pelagiano e subestimava o poder único da graça de Deus. Segundo Lutero, a doutrina do *facienti quod in se est, Deus non denegat gratiam* (Deus não nega sua graça àquele que faz tudo quanto está em suas possibilidades) equivalia a afirmar que a graça de Deus não é uma livre-iniciativa, mas é, ao invés, o prêmio pelo esforço feito pelo homem. O debate entre Erasmo e Lutero sobre a liberdade ou sobre a escravidão da vontade humana revelar-se-á cheio de consequências para o futuro da Cristandade. Mas isto não pode ser entendido plenamente sem referência às reflexões dos humanistas sobre a divindade e a humanidade, no decurso dos séculos anteriores.

8. CONCLUSÃO – A *teologia retórica* dos humanistas da Renascença, tal como se veio manifestando e desenvolvendo em suas múltiplas e diferentes formas a partir da metade do século XIV até o fim do século XVI, foi uma das articulações mais positivas e criativas de teologia produzidas por leigos em toda a tradição cristã. Ela teve suas limitações evidentes. Pode-se criticá-la por ter sido excessivamente elitista, deliberadamente desligada dos interesses e das preferências do *vulgus*, exatamente como havia feito sua contrapartida clássica. Hoje, poderíamos reconhecer que ela era também machista. P. Burke observou que na lista dos seiscentos escritores, artistas e humanistas da Renascença italiana figuravam apenas três mulheres: Vitória Colonna, Verônica Gambara e Túlia de Aragão. As três foram poetisas e viveram pelo final daquele período. Movimentos ecológicos contemporâneos rejeitam a orientação antropocêntrica tanto do humanismo renascentista quanto do moderno, pois estes parecem colocar o homem dominando a natureza, da qual todos fazemos parte. Contudo, não obstante algumas limitações, o humanismo cristão da Renascença permanece uma rica fonte de reflexão sobre a condição e sobre a experiência humana em sua busca de perfeição moral e religiosa e de compreensão da revelação de Deus em Jesus Cristo como clímax desta busca.

Bibl. – G. Di Napoli, "Contemptus mundi e dignitas hominis nel Rinascimento", em RFNS 48 (1956) 9-41; K. Rahner, "Umanesimo Cristiano", em *Nuovi saggi*, III, 279-304, Roma 1969; C. Trinkaus, *In Our Image and Likeness: Humanity and Divinity in Italian Renaissance Thought*, vol. I-II, Chicago-Londres 1970; Id., "The Religious Thought of the Italian Humanists and the Reformers", em C. Trinkaus-H.A. Oberman (ed.), *The Pursuit of Holiness in Late Medieval and Renaissance Religion*, Leiden 1974, 339-366; Id., "Il pensiero antropologico-religioso nel Rinascimento", em Vários autores, *Il Rinascimento, interpretazioni e problemi*, Roma-Bari 1979, 105-147; W. Bouwsma, "Two Faces of Humanism: Stoicism and Augustinianism in Renaissance Thought", em H.A. Oberman T.A. Brady (ed.), *Itinerarium Italicum*, Leiden 1975, 3-60; Q. Skinner, *The Foundations of Modern Political Thought*, vol. I, Cambridge 1978; P.O. Kristeller, *Renaissance Thought and Its Sources*, Nova York 1979; J. O'Malley, *Praise and Blame in Renaissance Rome: Rhetoric, Doctrine, and Reform in the Sacred Orators of the Papal Court, c. 1450-1521*, Durham N.C. 1979; Id., "Introduction", em *Collected Works of Erasmus*, vol. XLVI, Toronto 1988; B. Bradshaw, "The Christian Humanism of Erasmus", em JThS 33 (1982) 411-447; P. Burke, *Cultura e società nell'Italia del Rinascimento*, Turim 1984; V.R. Giustiniani, "Homo, Humanus, and the Meaning of Humanism", em *Journal of the History of Ideas* 46 (1985) 167-195.

ANNE MURPHY

III. Humanismo ateu

1. SIGNIFICADO DO TERMO – Humanismo é uma das palavras em moda mais abusadas de nosso tempo e, por isto, é também um conceito bastante impreciso e ambíguo. Sem dúvida, não há que confundi-lo com "filantropia" (amor à humanidade), que praticamente se esgota na beneficência caritativa e não considera o homem como valor absoluto por si mesmo, nem tem por objetivo a "humanização" do homem, ambos características essenciais do humanismo.

Em sentido estrito, por humanismo entende-se o *ideal de cultura* da Renascença (italiana) dos séculos XIV e XV, orientado para o estudo da Antiguidade clássica. É justamente o estudo da antiga literatura clássica e de seus valores ideais que faz nascer uma nova imagem do homem. O homem adquire consciência de si mesmo como artífice do mundo e de sua própria existência. No centro está o ideal do *homem universal*, do desenvolvimento integral da personalidade em sentido espiritual e material (cf. P.O. Kristeller, *Humanismus und Renaissance*, Munique 1973).

Em sentido mais amplo, o conceito de humanismo exprime movimentos e comportamentos interiores, caracterizados por um forte componente *antropocêntrico*. Por isto, o termo foi ligado às ideias racionalistas e humanitárias que derivaram do Iluminismo. O homem é guindado à "medida de todas as coisas" e a valor supremo para o próprio homem; é visto como um ser determinado essencial e existencialmente pela liberdade. Não deve, pois, surpreender que a corrente radicalmente antropocêntrica do humanismo assuma não raramente atitudes *antirreligiosas* e desemboque abertamente em → ateísmo. A negação de Deus nasce como consequência da posição central que é atribuída ao homem e a sua liberdade. A liberdade de Deus e a liberdade do homem excluem-se mutuamente. Deus aparece como um obstáculo à aspiração do homem a sua autorrealização.

Nietzsche, na *Fröhliche Wissenschaft* (A gaia ciência), exprimiu esta ideia com uma imagem eloquente (cf. fragmento n. 285): o crente é comparado a um lago, cujas águas vão desembocar em Deus; desta maneira ele perde a possibilidade de realizar-se a si mesmo. Somente se forem represadas as águas do lago, com um dique, e se se impedir seu fluxo (para Deus), ou melhor, se se elevar o nível das águas, o homem terá condições de realizar-se a si mesmo (sem Deus). Até que ponto uma imagem de Deus pôde "envenenar" uma vida é descrito bastante plasticamente na obra autobiográfica do psicanalista T. Moser *Gottesvergiftung* (Frankfurt a.M. 1977). O autor conta aí como se libertou da ideia de Deus de sua infância, fonte, em seu entender, dos sentimentos de culpa, do ódio a si mesmo, da autodestruição e frustração de sua vida. O Deus da infância, de que se libertou mediante a psicanálise, te-lo-ia impedido de sentir-se homem e de encontrar os outros como homem.

2. SISTEMAS, ESTUDIOSOS, DISCUSSÕES – Embora o ateísmo moderno tenha apresentado desde o início um componente antropocêntrico muito forte, este só aparece claramente com a filosofia de Feuerbach. A interpretação que Feuerbach deu da religião torna-se o pivô da crítica moderna da religião. Quando Marx, em 1844, escreve que "para a Alemanha, a *Crítica da religião*, no essencial, está feita" (K. Marx-F. Engels, *Opere complete*. Vol. III, Roma 1976, 190), dirá isto referindo-se a Feuerbach, cuja obra sobre *A essência da religião* acabara de ser publicada três anos antes, suscitando uma enorme repercussão entre os intelectuais europeus da época. A história da influência de Feuerbach, passando do marxismo para o existencialismo, chega até Bloch e Sartre e não deixou de exercer uma certa influência também na autocrítica teológica contemporânea (M. Buber, K. Barth etc.).

Costuma-se indicar como representantes clássicos do humanismo ateu Feuerbach, Marx, Bloch, Sartre e Fromm. Também a discussão sobre o *humanismo marxista*, surgida na Europa Ocidental e Oriental nos primeiros anos da década de 1960, entra neste contexto.

a. *Ludwig Feuerbach* (1804-1872) – A ideia fundamental, no âmbito da crítica da religião de Feuerbach, pode ser resumida na frase seguinte: não foi Deus que criou o homem, mas foi o homem que criou para si Deus à sua imagem. Em sua obra principal de crítica da religião, *A essência da religião*, Feuerbach está em busca da verdadeira natureza da religião (cristã), que se encontra na antropologia (cf. *Sämtliche Werke*, W. Bolin-F. Jodl [ed.], vol. VI, Stuttgart, 1960). Na base da crítica feuerbachiana da religião e da teologia está uma *interpretação genético-secular* do fenômeno religioso. A religião assenta na diferença entre homem e animal. A natureza do homem é determinada pelo ilimitado de sua consciência. Enquanto o animal é provido de instinto, o homem possui a consciência, que se caracteriza pelo fato de poder objetivar não somente e sobretudo a si mesmo, mas também o diferente dele mesmo.

A natureza infinita do homem exprime-se através das funções humanas fundamentais da mente, da vontade e do amor.

A religião é, pois, o modo de o homem relacionar-se consigo mesmo; é "consciência do infinito". Nisto consiste a verdade da religião. Sua não verdade deriva do fato de que a teologia separa a natureza do homem do próprio homem, coloca-a fora dele, e até, através do conceito de Deus, transforma-a numa natureza contraposta. Deus é tudo o que o homem não é, e vice-versa. Deus é a natureza do homem colocada fora do homem; em Deus o homem contempla sua própria natureza como uma natureza estranha. A verdadeira transcendência não é Deus, mas a espécie, que supera o indivíduo. A ela são transferidos os clássicos predicados teístas divinos.

Para Feuerbach, o conceito de Deus e os conteúdos da religião são uma projeção e ele considera sua tarefa reconduzir a natureza ultraterrena, sobrenatural e sobre-humana de Deus aos elementos essenciais da natureza humana. O centro da religião é o homem, não Deus. O ateísmo que é assim afirmado, só aparentemente está sob a égide da negatividade: nega Deus para afirmar o homem e para libertá-lo; trata-se, portanto, de um verdadeiro humanismo.

b. *Karl Marx* (1818-1883) – Embora Marx se separe bem cedo de Feuerbach (cf. as onze *Thesen über Feuerbach* da primavera de 1845), assume dele o princípio fundamental da *Crítica da religião*, bem como o *humanismo*. Com efeito, já no começo, em seu escrito *Para a crítica da filosofia hegeliana do direito público. Introdução* (publicado em 1844, nos *Deutsch-Französische Jahrbücher*), declara que, para a Alemanha, a crítica à religião estava substancialmente concluída. Com esta crítica, entende aludir em primeiro lugar à crítica da religião da assim chamada "esquerda hegeliana" (D. Strauss e B. Bauer) e sobretudo de Feuerbach.

Marx atribui à religião uma dupla função: por um lado é expressão da miséria (do "mundo de cabeça para baixo"), e por outro é consolo ilusório ("ópio do povo") para fazer esquecer a miséria. A crítica da religião leva no fundo a reivindicar a *verdadeira* felicidade. "A crítica da religião, portanto, é, *em germe*, a *crítica do vale de lágrimas*, de que a religião é a auréola" (K. Marx-F. Engels, *Opere complete*, vol. III, Roma 1976, 191).

Os manuscritos de Paris de 1844, com seu estilo e com seu fraseado, lembram o *pathos* humanitário de Feuerbach. Neles Marx discute pela primeira vez teorias e questões econômicas e tenta uma síntese entre economia nacional e filosofia. A temática de fundo é a *humanização* do homem. O conceito central é a *alienação* (tirado da filosofia do direito, de Hegel). Marx vê na propriedade privada, baseada no trabalho alienado, a contradição de fundo. Em seu entender, o trabalhador é alienado de si mesmo, porque é obrigado a vender-se ao capitalista: torna-se mercadoria que produz mercadoria. Aliena-se de tal modo de si mesmo que nem sequer se reconhece em seu produto, que se coloca diante dele como algo de estranho, como um poder estranho. O trabalho torna-se coerção, opressão. Marx não luta somente em prol da eliminação da miséria e da opressão e em prol da consecução de um bem-estar social, mas luta pelo homem enquanto tal.

O objetivo a atingir é o *comunismo*, em que ninguém deverá mais depender de outros, ninguém poderá mais tornar-se mercadoria de um outro e o desenvolvimento do indivíduo será condição e possibilidade de desenvolvimento para todos. Para Marx, porém, o comunismo não é tanto um apelo ao ideal humanístico quanto uma etapa interna de uma evolução finalizada, da qual traça as linhas teóricas. "O comunismo como superação positiva da propriedade privada como autoalienação do homem e, contudo, enquanto real apropriação da essência humana da parte do homem e para o homem; e como retorno completo, consciente, realizado no interior de toda a riqueza do desenvolvimento histórico, do homem para si, qual homem social, isto é, homem humano. Este comunismo é, enquanto naturalismo realizado, humanismo, e, enquanto humanismo realizado, naturalismo. É a veraz solução do contraste do homem com a natureza e com o homem, a veraz solução do conflito entre existência e essência, entre objetivação e afirmação subjetiva, entre liberdade e necessidade, entre indivíduo e gênero. É o enigma resolvido da história e sabe-se como tal solução" (K. Marx-F. Engels, *Opere complete*, vol. III, Roma 1976, 323-324).

Os manuscritos de Paris, que permaneceram perdidos durante muito tempo, foram publicados pela primeira vez em edição integral em Moscou, em 1933. A situação de então, na Europa ocidental e na União Soviética, levou a adiar a discussão para o segundo pós-guerra e para o fim dos anos de 1950. O *pathos* humanístico do *jovem* Marx suscitou ampla repercussão. Tentou-se contrapor o Marx jovem, orientado em sentido humanístico, ao Marx adulto, interessado exclusivamente em problemas científico-econômicos (cf. E. Fischer, E. Fromm e outros). Ao invés disto, Althusser tende a excluir do verdadeiro núcleo da teoria marxista o elemento humanístico enquanto "ideológico", e opta por uma teoria exclusivamente científica, no sentido de um anti-humanismo teorético. Certamente, não é fácil indicar o lugar e o *status* do aspecto humanístico da obra inteira de Marx. Todavia, é claro que os elementos nocional-analíticos estão inseparavelmente unidos aos elementos prático-emancipativos.

c. *Ernst Bloch* (1885-1977) – A filosofia de Bloch é fortemente inspirada e determinada por Marx e Hegel, mas não é facilmente catalogável. Depois de um enciclopédico trabalho de anos, compõe sua obra monumental, *Das Prinzip Hoffnung* (O princípio esperança), uma filosofia em função da práxis (cf. *Das Prinzip Hoffnung*, vol. V da edição completa, Frankfurt a.M. 1968). Ninguém mais do que ele ocupou-se com a esperança. O homem é por natureza o ser da esperança, voltado para o futuro: nisto distingue-se do animal. Por isto, é projetado para frente e não para trás. Ele não deposita sua esperança num além religioso e ilusório, mas num feliz aquém, onde seja eliminado todo estranhamento e sejam superadas toda pobreza e opressão. Por isto, todas as aspirações e tensões do homem não estão voltadas para cima, mas para o que está pela frente. A função da esperança é o sonho de cada dia.

A visão que Bloch tem do cristianismo e da Bíblia é radicalmente nova e inusitada. Nisto diferencia-se totalmente de Marx. Ateísmo e cristianismo não se excluem reciprocamente, mas abraçam-se. A crítica da religião de Bloch visa descobrir os elementos revolucionários inatos da religião e separá-los dos aspectos deformadores. Interessa-lhe não a *negação*, mas a *iluminação*. A religião é uma coisa estritamente ligada à esperança: "Onde há esperança, existe também religião" (*Atheismus im Christentum*, edição completa, vol. XIV, Frankfurt a.M. 1968, 23). Bloch considera a religião sob o aspecto negativo, como um vínculo repressivo e regressivo (de re-ligio). A orientação para cima é na realidade um vincular-se ao passado (Deus criador). Mas o homem deve libertar-se do passado e esperar no futuro. "O homem não é um compartimento estanque", isto é, não está fechado, mas aberto para o futuro. O homem é transcendência sem transcendência.

Em *Ateísmo no cristianismo*, afirma: "Só um ateu pode ser um bom cristão, como também é certo que só um cristão pode ser um bom ateu". O cristianismo, embora seja religião, em sua profundeza está orientado para o futuro. Quer fazer sair do estado atual (cf. o subtítulo de *Ateísmo no cristianismo*: Para a religião do êxodo e do reino). No cristianismo, em lugar do Deus criador no céu, entra Jesus, o Filho do Homem. Jesus suplanta o Deus do *status quo*: "Eis que faço novas todas as coisas" (Ap 21,5). Portanto, Jesus é ateu. Ao *temor de Deus* contrapõe a "boa notícia da vinda do Novo". Para Bloch não há dúvidas: Jesus pregou a sublevação e a luta pelo Novo.

Com sua filosofia da esperança, Bloch inspirou intensamente a teologia contemporânea (tanto evangélica como católica). A *Teologia da esperança*, de J. Moltmann, e a *Teologia política*, de J.B. Metz, são impensáveis sem Bloch.

d. *Jean-Paul Sartre* (1905-1980) – Sartre é o expoente principal do existencialismo (ateu) francês. Por existencialismo entende-se uma filosofia que coloca no centro de sua atenção a *existência* do homem. O existencialismo de Sartre apresenta-se com um *pathos* emancipatório. O homem deve ser libertado da mordaça da essência, vale dizer, da realidade que existe tal como é. O homem afirma sua existência só na luta contra a essência; desta maneira realiza-se a si mesmo. Diversamente do marxismo, o existencialismo sartreano não vê o homem principalmente como membro de uma sociedade, mas antes como indivíduo. O homem (*individuum*) deve enfrentar sozinho seu "ser jogado no nada".

Sartre define sua filosofia expressamente como "existencialismo ateu" (cf. *L'existentialisme est un humanisme*, Paris 1946, 21). A tese central deste existencialismo é que, se Deus não existe, a *existência* precede à *essência*. Isto significa que o homem está entregue a si mesmo. O homem é antes de tudo um projeto que vive a si mesmo subjetivamente. O ponto de partida deste existencialismo é, segundo Sartre, a constatação de Dostoievski, segundo quem, se Deus não existe, tudo é permitido (Ibid., 36). Com efeito, observa Sartre, o homem deve contar somente consigo mesmo. Todo tipo de determinismo, aliás, está excluído: "o homem é liberdade" (Ibid., 37), ou melhor, "está condenado à liberdade".

Sartre distingue duas espécies de humanismo: um humanismo teorético, que considera o homem como fim e valor supremo (cf. *L'existentialisme est un humanisme*, 90s), e um humanismo existencial, que, ao contrário, afirma que o homem está constantemente fora de si mesmo. O que faz o homem existir é precisamente o fato de projetar a si mesmo e perder-se em algo que está fora dele. O homem pode existir na medida em que persegue "finalidades transcendentes". Não existe outro universo fora do universo do homem, fora do universo da subjetividade humana. Por isto, a transcendência é um elemento constitutivo do homem, mas não em sentido religioso, e sim no sentido da transcendência e da subjetividade. Significa, além disto, que o homem não é prisioneiro de si mesmo, mas está presente num universo humano. Não existe outro "legislador" que o próprio homem.

Neste contexto, Sartre sustenta que o existencialismo não é outra coisa senão a tentativa de tirar todas as consequências de uma posição coerentemente ateia (Ibid., 94s). Por isto, o que lhe interessa não é tanto um ateísmo como negação de Deus quanto o reconhecimento de que, mesmo que Deus existisse, não mudaria nada. Não é determinante a existência de Deus, mas antes o fato de que o homem se encontre a si mesmo e se convença de que – fora de si mesmo – nada pode salvá-lo. Neste sentido, existencialismo é também sinônimo de otimismo e doutrina de ação.

e. *Erich Fromm* (1900-1980) – O tema central da obra de Fromm é a *humanidade* do homem (cf. a Introdução do editor ao primeiro volume, *Analytische Sozialpsychologie*, da edição completa, Munique 1968; vol. IX: *Sozialistischer Humanismus und humanistische Ethik*, Munique 1989). Ele pretende realizar uma síntese da psicanálise freudiana e da sociologia crítica marxiana, integrando a psicanálise à psicologia social e à crítica da sociedade. Contudo, o humanismo de Fromm não se funda só em Freud e Marx, mas também na tentativa de integrar a seu sistema diferentes tradições e correntes, como o hassidismo hebraico e a mística de Meister Ekhart e do budismo.

Por isto, na obra de Fromm a *Crítica da religião* (cf. a edição completa, vol. VI: *Religion*, Munique 1989) desempenha um papel importante, porque considera a questão do humanismo como uma questão *religiosa*, que a religião tradicional não só não trata corretamente, mas distorce. O que lhe interessa, em última análise, é o projeto de uma *nova verdadeira* religião, em que tudo esteja concentrado exclusivamente na humanidade do homem. Assim, vai muito além de Marx e Freud, e, na verdade, aproxima-se mais de Feuerbach. Em oposição à religião tradicional autoritária, trabalha em torno do projeto de uma religião radicalmente humanística, em que o conceito de Deus (divinização do homem) é integrado ao conceito de homem verdadeiro. O conteúdo da nova religião e da nova fé é dado pela humanidade do homem. Desta forma, porém, fica dissolvido todo conceito teológico de Deus.

A obra de Fromm está repleta de brilhantes análises sobre os aspectos que contrastam a autenticidade do ser homem. Em seu último grande trabalho, *Ter ou ser?* (trad. bras. Rio de Janeiro, 1976), à luz destas duas atitudes fundamentais do homem, mostra que a raiz da alienação da existência humana está na orientação para o *ter*. Ao contrário, a existência humana encontra plenamente a si mesma só na modalidade do *ser*. A religião humanística com que Fromm sonha está totalmente em função do desenvolvimento da personalidade e da humanidade do homem. Também para Fromm, como para Sartre, o homem só pode contar consigo mesmo. O processo de autorrealização do homem é visto como uma espécie de movimento circular: somente o homem que sai de si mesmo pode reencontrar a si mesmo.

f. *A discussão sobre o marxismo humanístico nos países do socialismo real* – Pelos meados da década de 1960, em todos os países socialistas da Europa Oriental começa a desenvolver-se uma discussão sobre os valores humanísticos do marxismo. Nestas discussões, enfrentam-se múltiplas questões sobre o sentido da vida, sobre a felicidade do indivíduo, sobre o desenvolvimento integral da personalidade humana etc. Obviamente, os escritos emancipatórios e humanísticos do jovem Marx desempenham aí um papel decisivo, mas o impulso e a inspiração provêm mais dos problemas reais e concretos da difícil vida cotidiana nos países socialistas. Para estas discussões deram uma contribuição notável também as tentativas promovidas por cristãos e marxistas de instaurar um diálogo recíproco. Em tal sentido, são dignos de menção os encontros da *Paulusgesellschaft*, ocorridos em Salzburg (Áustria), em 1965, em Herrenchiemsee (Alemanha Ocidental), em 1966, e em Marienbad (Tchecoslováquia), em 1967. O violento desfecho da "Primavera de Praga", com a invasão das tropas dos estados do pacto de Varsóvia, pôs fim também a este diálogo.

Um dos primeiros expoentes da Europa Oriental que se confrontou com a temática humanística e procurou dar-lhe uma resposta em chave marxista foi o filósofo polonês A. Schaff. Seu livro *Marksizm a jednostka ludzka* (O marxismo e a pessoa humana, Varsóvia 1965) tornou-se notório e teve traduções também na Europa Ocidental. Schaff tenta uma nova interpretação do marxismo à base dos escritos juvenis de Marx e chega à conclusão de que somente um "marxismo humanístico" (e não o marxismo puramente econômico-sociológico) pode ter futuro. Sua tese afirma: "O marxismo é um humanismo radical" (Ibid., 235). Para o marxismo, o ponto de partida é constituído pelo homem, como valor supremo, e pela luta em prol da mudança das relações sociais que o aviltam. A práxis revolucionária do humanismo marxista, em seu entender, tem por meta a felicidade do homem individual e concreto.

Também o filósofo tcheco M. Machovec levanta as mesmas interrogações e problemas que Schaff. Em seu livro *Smysl lidského Zivota* (O sentido da vida humana, Praga 1964), interpreta o marxismo como um humanismo. A mais importante tarefa atual é interpretar o marxismo como uma filosofia viva para o homem de hoje.

Também na filosofia *soviética*, nos inícios da década de 1960, deparamos com tentativas do mesmo gênero. Questões como a humanização do homem e o desenvolvimento integral da personalidade ocupam um lugar central nos livros de E. Struktov (cf. "O homem da sociedade comunista", Moscou 1961; "O desenvolvimento harmônico e integral da personalidade", Moscou 1963). Com os problemas e com as dificuldades que se opõem, na sociedade socialista moderna, a tal empreendimento, ocupa-se sobretudo S. Kovalev, em seu livro *Sobre o homem, sobre sua escravização e sobre sua libertação* (Moscou 1970), em que analisa a sociedade soviética moderna à luz dos escritos juvenis de Marx. P. Egides foi um dos primeiros a enfrentar estas perguntas sobre o sentido da vida individual, que haviam sido banidas por muito tempo (cf. *O sentido da vida.* A concepção marxista do sentido da vida, Moscou 1963). Embora as respostas sejam ainda muito escassas, trata-se de um primeiro passo rumo a uma ulterior reflexão. Finalmente, I. Frolov, em numerosas publicações, denuncia os riscos para uma vida verdadeiramente humana, que provêm do mundo técnico-científico (cf. *Progresso da ciência e futuro do homem*, Moscou 1975; *As perspectivas do homem*, Moscou 1979).

É evidente que todas estas tentativas, pelo menos até o advento de Gorbatchev, recebem respostas e soluções em chave marxista.

3. O DEBATE TEOLÓGICO – O humanismo ateu tira sua legitimação da contraposição antitética entre Deus e homem (prescindindo da questão da existência de Deus). Por isto, a teologia moderna, tanto católica quanto evangélica, deve em primeiro lugar enfrentar o problema da superação desta antítese.

O confronto teológico com o humanismo ateu deve partir da *experiência fundamental* deste movimento cultural, que sente o ser humano ameaçado, oprimido e impedido. Esta experiência é comum a todos os representantes do humanismo ateu. As opiniões divergem, quando se passa a determinar as causas e a distinguir o modo de reapropriar-se do humano. Mas também aqui se percebe uma surpreendente convergência de visões, no sentido de que as causas devem ser buscadas nas situações sociais que, por sua vez, remontam à práxis humana. Trata-se de dois elementos indissociáveis. Ora, o que assinala de modo inelutável o homem e sua práxis social é a ânsia pela própria vida, ameaçada de todos os lados: afirmam isto filósofos (como, p. ex., Kierkegaard, Heidegger, Sartre, Russell) e psicólogos (cf., p. ex., H.J. Schultz [ed.], *Angst*, Stuttgart 1987). Esta ânsia pela própria vida desempenha sem dúvida uma função notável, tanto no processo da humanização do homem quanto na instituição de estruturas sociais humanas. Todas as religiões, sem excluir o cristianismo, tendem a libertar o homem do medo pela própria vida (cf. O. Pfister, *Das Christentum und die Angst*, Olten 1975).

O temor pela própria existência é uma experiência central do homem, que se sente limitado e ameaçado pela morte. Este conceito do existencialismo moderno e da psicologia está em sintonia com a Bíblia, que atribui grande importância a este tema. Isto é sublinhado por B. Costacurta, que realizou uma profunda investigação sobre o tema da ânsia na bíblia hebraica (*La vita minacciata.* Il tema della paura nella bibbia ebraica, Roma, 1988). Segundo a opinião da autora, "o medo apresenta-se na bíblia hebraica como uma emoção que acompanha o homem em sua existência e que, por isto, se verifica continuamente, numa grandíssima variedade de sujeitos e de situações... Com efeito, o medo revela-se como uma constante da existência criatural, que, enquanto tal, é perecível e, portanto, estruturalmente ameaçada" (p. 284-285). A autora aponta também a importância notável que a experiência do medo tem diante de Deus, cuja transcendência revela a fragilidade da condição criatural do homem e diante da qual o indivíduo se sente indefeso, como diante de um perigo terrível.

Referindo-se a Hb 2,14-15, um texto bíblico que tematiza os efeitos do medo do homem frente à morte, Costacurta escreve: "A pessoa torna-se verdadeiramente livre quando sai do medo da morte e entra numa vida que tem as dimensões do eterno. Mas trata-se de uma passagem que exige se abandone o temor pela própria existência e, em vez disto, se aprenda a aceitar morrer. Assim... os homens não deverão mais absurdamente escravizar-se àquilo que mata, movidos pelo medo da morte" (p. 279). A passagem da Epístola aos Hebreus fala do efeito desarmante que a fé em Cristo exerce em relação ao medo.

A ânsia pela própria vida leva o homem a buscar seguranças a todo custo. Isto acontece recorrendo ao uso da violência direta ou estrutural: "A violência estrutural costuma ser mantida através do sistema que os poderosos usam para transformar os outros em instrumentos de sua desumanidade, isto é, instrumentalizando seu medo. As ditaduras não são outra coisa senão reações em cadeia da chantagem" (P. Knauer, *Der Glaube kommt vom Hören*, Bamberg 1986, 20s). Ao invés disto, o anúncio cristão visa comunicar uma certeza mais forte que a ânsia, que leva o homem à libertação e à verdadeira humanidade, porque fundada na convicção de estar em comunhão com o Deus vivo e triunfador da morte. Nisto consiste a relevante contribuição prática da fé cristã para a humanização do homem.

Bibl. – W. Schuffenhauer (com introdução e seleção), *Der Mensch schuf Gott nach seinem Bild*, Berlim 1958; J. Lacroix, *Le sens de l'atheisme moderne*, Tournai 1961; H. Pfeil, *Der Atheistische Humanismus der Gegenwart*, Aschaffenburg 1961; Ch. Wackenheim, *La faillite de la religion d'apres Karl Marx*, Paris 1963; W. Post, *Kritik der Religion bei Karl Marx*, Munique 1969; J. Kadenbach, *Das Religionsverständnis von Karl Marx*, Munique-Paderborn-Wien 1970; M. Xhaufflaire, *Feuerbach et la théologie de la sécularisation*, Paris 1970; U. Duchrow, "Die Frage nach dem neuen Menschen in theologischer und marxistischer Anthropologie", em *Marxismusstudien*, VI série, Tübingen 1972; H. Fleischer, Zum marxistischen Begriff der Humanität, em *Marxismusstudien*, VI série, Tübingen 1972; G. Hasenhüttl,

Gott ohne Gott. Ein Dialog mit Jean-Paul Sartre, Graz-Wien--Köln 1972; F.v.d. Oudenrijn, *Kritische Theologie als Kritik der Theologie*, Mainz-Munique 1972; B. Schneider, *Die Theologie und Feuerbachs Religionskritik*, Göttingen 1972; L. Casini, *Storia e umanesimo in Feuerbach*, Bolonha 1974; K.H. Weger (ed.), *Religionskritik von der Aufklärung bis zur Gegenwart*, Friburgo-Basel-Wien 1979; Vários autores, *Diagnosi dell'ateismo contemporaneo*, Roma-Brescia 1980; H. de Lubac, *Le drame de l'humanisme athée*, Paris 1983.

BERND GROTH

1

IDEALISMO ALEMÃO

Da tradição do pensamento moderno, a partir de Descartes e Spinoza até Kant, os idealistas herdaram a posição autônoma da racionalidade filosófica frente aos problemas da consciência religiosa e do discurso teológico. À diferença de seus predecessores, contudo, superarão a estrita subdivisão dos âmbitos do conhecimento, para entrar nos diversos campos do discurso e colher a relação peculiar que a consciência entretém ali consigo mesma. O discurso teológico é, pois, integrado ao campo das preocupações concernentes à realização da liberdade. Como tal, este discurso suscitará uma verdadeira "reforma do entender", para ter condições de interrogar e de integrar a lógica própria à teologia e, em particular, seu enraizamento numa revelação, que seria um modo de contato imediato, escolhido pelo próprio Absoluto na história. A crítica concentrou-se no tema da revelação, mais para encontrar-lhe uma nova justificação epistemológica do que para desqualificá-la à maneira dos *Aufklarer* (iluministas). A finalidade desta nova justificação epistemológica é respeitar a autonomia do saber e, portanto, chegar a libertar-se do modelo da → *analogia*, que tendia a fornecer a chave do conhecimento em geral na ordem das substâncias finitas. Vai-se assim estudar a evolução dos métodos filosóficos em torno do problema da revelação, de modo a poder situar, no próprio terreno, o interesse e também a fecundidade desta "instância filosófica" para a Teologia Fundamental.

1. FICHTE – Embora nunca tenha cessado de convidar a superar as formas exteriores da religião, Fichte, todavia, com seu apreço especulativo do cristianismo, evoluiu consideravelmente, dando ao alcance ético, que ele já reconhecia em seus sermões, desenvolvimentos inesperados graças à transformação de seu método. Sem dúvida, no início parecia-lhe mais urgente, na esteira de Kant, levar a termo a libertação do espírito do formalismo religioso, para restituí-lo a seu destino moral, isto é, à realização de sua autonomia racional, antes que se perguntar diretamente sobre a pertinência do discurso religioso no contexto de uma filosofia da ação.

Para o jovem Fichte, a religião é aceitável somente nos limites de um projeto moral bem-definido, e a revelação, da qual obtém autoridade, não apresenta nenhum interesse a não ser do ponto de vista prático, já que não tem nenhum valor teórico, visto que ela derroga as leis do campo transcendental da consciência. O único critério admissível é a ação suscitada pela religião no quadro da livre ação moral da vontade. Se neste contexto se perde a justificação suprassensível de nossas ações, adquire-se a certeza de que só o esforço moral da liberdade pode ser uma verdadeira ajuda na vida concreta, e de que não precisa esperar outra coisa a não ser o que podemos e intentamos realizar pobremente. A ideia de uma suplência sobrenatural a nossas faltas morais é uma grave ilusão que leva diretamente a todos os desvios morais que a religião pode suscitar, quando pretende elevar as ações de certos homens acima da lei, porque tal ação responde a princípios sobrenaturais. A religião bem-entendida não se opõe à moral: busca apenas tornar o homem melhor, agir sobre seu coração, para favorecer sua *decisão* a favor do progresso moral. A religião tem a função de preparar em segredo o reino da moralidade, é *fé* na possibilidade que o homem tem de superar-se, de melhorar-se, de elevar-se para o bem. Neste nível situa-se o conceito de revelação, que é portador da mais forte carga de ambiguidade, pois sempre corre o risco de arrastar a reflexão para a instauração de uma ordem superior à moralidade, cuja ingerência na experiência concreta contraria as leis elementares da liberdade. Mas, acreditando-se isentada da ordem moral, a liberdade perde por isto mesmo a *autodeterminação* que, de fato, caracteriza sua relação de obediência ao dever que se propôs. A instituição de uma ordem sobrenatural reduz os seres livres a simples atores irresponsáveis de um drama que lhes foge e cujos interesses "superiores" passam a substituir os fins temporais realmente a seu alcance. A verdadeira religião, ao contrário, liberta da ilusão de uma ordem "superior", preexistente, de um plano divino já estabelecido, para converter os corações a produzir atos concretos, a exercer sua responsabilidade, a comprometer-se nas estruturas terrenas. A religião não deve levar-nos a fugir à humildade de nossas ações, mas a aceitar nossa dependência essencial de nós mesmos, da fragilidade de nosso esforço moral.

Em 1798 e 1799 estas posições radicais a favor de uma religião encerrada no coração do homem, na fonte do esforço moral e submetida ao progresso moral por ela subentendido, provocarão uma reação violenta da parte dos ambientes religiosos intelectuais contra a filosofia de Fichte: chega-se ao célebre episódio do *Atheismusstreit* (disputa sobre o ateísmo). Fichte não conseguirá nunca eliminar as suspeitas contra sua filosofia daquela época, a ponto de a transformação de seu método filosófico passar completamente despercebida aos olhos de seus detratores e, *a fortiori*, ocorrerá o mesmo quanto ao alcance desta transformação no tocante ao conceito de religião. A ruptura com Schelling, em 1806, é um belo exemplo do completo desprezo que joga um véu sobre toda a obra de Fichte a partir de 1798. Sua nova filosofia quer pensar *a partir* da essência eterna, isto é, da idealidade absoluta que constitui o campo da consciência, origem do dinamismo intensivo e não mais extensivo do conhecimento. Pensar segundo a essência eterna, como noção reguladora, não tem mais sentido; é preciso pensar a partir desta e receber-se como partícula deste Amor infinito, desta felicidade sem mácula, no ponto crítico da interferência entre o real e o ideal, onde se articulam o saber e a ação. O esforço concreto é uma réplica mais ou menos bem-sucedida da idealidade que o dirige. Agora, são o ideal e as estruturas projetivas da razão que garantem a reflexão sobre um real sempre problemático, sobre um reflexo aproximativo. O espírito autodetermina-se e limita-se em função de sua constituição ideal, absoluta; é o ato originário da liberdade (*Urtat*), o Amor eterno. Definitivamente, o que importa é só esta mística da ação, que considera a *manifestação* do amor sob as formas mais inesperadas. Sem dúvida, permanece válida a filosofia da ação fundada no dever, de 1794-1795. Não poderíamos dizer o mesmo da teoria da moral criadora. Do mesmo modo que a ação não é nunca abandonada. É, antes, a contemplação que se lhe acrescenta e que a vivifica profundamente. Encontramos aqui uma boa justificação das fórmulas ao mesmo tempo religiosas e ativas das quais Fichte se serve nos *Discursos à nação alemã*, para caracterizar a vida e a existência. Mas Fichte superou a representação da ação, que assimilava totalmente esta última à tensão exacerbada da moralidade finita que descobre, como em seu inverso, por distorção ou em negativo, o Absoluto que a justifica, mas de que não pode esperar nada, já que isto significaria, misturando-lhe o interesse, perverter a afirmação racional de que a noção de divindade e de Absoluto tira sua força como postulado da razão prática. Agora é a manifestação do amor que é importante; consequentemente, é preciso preparar (*anweisen*) a consciência para apropriar-se de sua posição e de sua tarefa de ser reflexo no seio da experiência concreta, interna e externa, ética e política: o problema é o de *participar* desta metamorfose do Amor em mim. Esta participação consiste em refletir a ação do Absoluto em nós, isto é, na correlação da idealização do real (a partir do limitado) e da realização do ideal (a partir do limitante), que define a atividade de nossa liberdade-no-mundo, empenhada em inventar as vias de afirmação de suas virtualidades. Participar do Amor consiste, portanto, em aumentar nossa consciência de seres-livres-no-mundo, em reunificar o mais intimamente possível ação e pensamento da própria liberdade, a ponto de identificar-se progressivamente com o Amor infinito de si, que é plena coincidência consigo mesmo, plena assunção de si, alegria ou felicidade de ser-em-si, "autopossessão do Eu por parte de si mesmo".

Esta tentativa com a qual Fichte eleva ao grau de estética teológica a ética religiosa de sua primeira filosofia deixa em suspenso muitos problemas sobre o fato histórico da revelação. É claro que Fichte mantém, dos evangelhos, sobretudo as especulações joaneicas sobre o Verbo eterno e a metafísica da caridade, dedutível desta e que se encontra também nas epístolas paulinas e nos sinóticos, na pregação do reino. Nosso tempo só tem sentido em função de seu ordenamento ao reino que nele se realiza, ao Eterno, à liberdade absoluta, encarnada na pessoa de Cristo. Estará aqui em questão a essência do cristianismo, o desvio do querigma para um "evangelho especulativo", à maneira de Lessing? Pensamos que fundamentalmente se trata de uma "teologia primeira", ligada a uma filosofia absoluta da liberdade, fundamento que, de algum modo, deixa em aberto a possibilidade de uma construção religiosa ou ética, a modo da antropologia teológica de → Rahner. O discurso filosófico em Fichte não pretende superar o hiato que separa a autocompreensão *relativa* do Absoluto na história da espantosa *kénōsis* do Verbo, contemplada no singular empenho de um destino ético. Seria necessária quase uma inversão hermenêutica que, para Fichte, está fora do campo de legitimidade da racionalidade filosófica, essencialmente autorreflexiva. A revelação, em sua concretude histórica, permanece competência da ciência, que faz dela seu princípio positivo. A filosofia encontra-se no ponto zero da experiência religiosa e, embora sem contradizê-la, não a substitui e muito menos a suplanta, mas propõe à liberdade crítica o sentido a ser dado ao valor, para o destino humano, deste confronto com o Absoluto que em todo caso preside efetivamente a tal destino, tendido para o advento da sociedade racional (o *Vernunftreich*). Tal precaução filosófica, corretamente entendida, evitaria à reflexão teológica superar o próprio objeto, para reconstituir-se em bases substancialmente empíricas numa metafísica "tardia", que chegaria, em nome de uma determinada experiência, a espiritualizar ou "teologicizar" o problema do mundo e da ação. Esta "metafísica teologicizada" eliminaria, assim, a aporia inerente à compreensão finita do finito, aporia que não cessa de dinamizar esta compreensão.

2. HEGEL – Leitor apaixonado do *Nathan* de Lessing, → Hegel não tardará, sob o impulso romântico, a equiparar a afirmação da vida moral à afirmação pura e simples da vida, através das dilacerações da existência, esta longa doença do ser, entrecortada por estupendas regenerações. Trate-se de moralidade, ou de religiosidade, ou de política ou de cultura popular, todas estas formas revelam a força vital que se totaliza em cada momento da história e que reunifica em si tais forças, sem perder suas dissonâncias. Neste trabalho realizado pela Vida absoluta sobre o negativo, o cristianismo aparece como "positividade" que liberta a consciência do reino do negativo, da oposição ou do dualismo, para elevá-la ao espírito do Todo, que subjaz a todas as nossas negações. Contrariamente ao sugerido por Hyppolite (*Introduction à la Philosophie de l'histoire de Hegel*), a positividade do cristianismo não reside no "evento Jesus Cristo" enquanto tal, nesta singularidade prestada à universalidade do sentido. A revelação cristã tira sua positividade da ruptura com a ordem da representação. Quando esta for pensada no sentido de sua positividade, fora dos preceitos e das verdades do catecismo, fica claro que ela não opõe nada à consciência, que não lhe impõe nada de estranho ou de arbitrário, mas que, pelo contrário, é, no íntimo de tal consciência, como que a manifestação interior de sua pertença ao espírito do Todo. Ela é resposta do divino em mim ao "ambiente divino", é comunhão ou harmonia da existência ameaçada com o profundo de seu ser, com a "inexistência" da diferença, segundo o termo de G. Jarczyk. A verdadeira revelação de Cristo a Pedro, no Evangelho de Marcos (8,29), poderia ser assim comentada: "o divino que há em ti me reconheceu como divino; entendeste minha essência; ela ressoou na tua". A revelação não reside na evidência de uma exterioridade, pois os que viram e tocaram Jesus o rejeitaram ou se contentaram em crer nele, sem ainda nascerem verdadeiramente para a verdade, tornando-se "adoradores em espírito", filhos da luz que habita neles, "renascendo" assim uma segunda vez, unindo-se à vida do Todo como os sarmentos ao tronco da videira.

Segundo o jovem Hegel, a revelação, portanto, não tem sentido se não for entendida como manifestação interior da comunhão da vida com o Todo e, consequentemente, torna-se absurda quando é utilizada para legitimar a exposição doutrinal de proposições metafísicas e de preceitos morais. Agora, este novo conceito de revelação impõe-se como uma exigência de pensamento, voltada para a razão especulativa: é preciso submeter o pensamento da revelação à ordem do negativo, para assinalar um aspecto impensado do cristianismo aquém das oposições morais, culturais ou políticas às quais deu lugar. É preciso pensar o cristianismo, pensar seu espírito, contra seu destino, como o caminho de uma reconciliação efetiva com o divino, de uma unidade interior com o Espírito universal.

Esta tarefa incumbe exclusivamente à filosofia, embora na presente época tal expressão já não possa significar, para Hegel, tudo o que abrangerá mais tarde. O *espírito do cristianismo* apresenta-se ainda com os traços de uma hermenêutica especulativa, constantemente em contato com os textos que se esforça por repensar. A tarefa a cumprir ainda não supõe este autopossuir-se no rigor do procedimento dialético, que caracterizará a filosofia da maturidade. Oito ou nove anos mais tarde, *A fenomenologia do espírito* não poderá mais entender a relação do fenômeno com a consciência religiosa, sem que o espírito a caminho vise diretamente dar ao conteúdo encontrado uma forma determinada em seu esforço de coerência. Doravante se trata mais de lógica do que de destino; o drama cristão que Hegel procurará incessantemente colocar em cena corresponde mais, agora, a uma lógica da ação, isto é, ao calvário da Ideia nas estruturas da história assim entendida. O método de Hegel forjou-se no período de Iena, libertando-se e tirando proveito das confusões que alimentaram a polêmica de Schelling e de Fichte. Estigmatizando o ato transcendental de autorreflexão do espírito (Eu = Eu) e o ato formal de autoafirmação da substância absoluta (A = A), Hegel rejeita as falsas lógicas da identidade que mascaram a relação da consciência consigo mesma em todo processo de reflexão e propõe uma lógica dialética em que a diferença redobrada é a única via da síntese, sempre processo de negação-determinação de seus extremos através de um termo médio, à imagem do antigo método do silogismo.

Para atingir a síntese filosófica, o novo método (dialético) acentuará o pensamento negativo da revelação como exteriorização do Absoluto, que se põe, assim, no campo de exterioridade da consciência de si. A experiência da comunidade crente produz de sua parte somente uma falsa interiorização desta exterioridade, já que comporta, no culto, na memória viva e na doutrina, a diferença que opunha o Cristo-pessoa individual aos seus e que continua a favorecer as atitudes de crença, em vez de levar ao batismo do espírito, mediante o qual o fiel é ele mesmo o *alter Christus* que reinventa a boa notícia. Com efeito, a religião e a teologia tornaram-se os maiores obstáculos para a verdade cristã. Para superar este *impasse*, é preciso arriscar uma abordagem fundada num outro ponto de vista, procurar levar o cristianismo a seu conceito. É aqui que intervém a forma do saber filosófico propriamente dito, a supressão de todo dualismo, a autonegação de si mesmo no outro, a abolição do sujeito na determinação concreta que realiza e que, com isto, suprime a título de pura factualidade, assim como este mesmo morre para sua idealidade. A verdade do conceito está no próprio ato que vincula tanto um como o outro, Sujeito e Objeto, à sua unilateralidade e que os pensa na dupla negação em que se penetram reciprocamente sem confundir-se, mas compreendendo-se um ao outro. É assim para o verdadeiro cristianismo filosófico, que recusa pensar Deus sem o mundo e o mundo sem Deus, visto que é em sua dupla morte que aparece o único reflexo autêntico da vida do Espírito, que não é nem expiação na cruz nem justificação no fim dos tempos, mas presença radical do Eterno contra o falso universal-singular da individualidade e o falso infinito que gera no impossível desejo de reproduzi-lo. A verdade do Espírito está na liberdade histórica que gera no presente e que produz, ela mesma, as formas concretas do universal que o Espírito quer infinitamente... a comunidade das liberdades, a mediação realizada e posta como princípio formal da coexistência dos indivíduos, como espaço de luta e de respeito.

O cristianismo não ensina outra coisa – e por acaso tem outra coisa a ensinar? – senão ser filho de seu próprio tempo... "sem ser melhor que o próprio tempo, ser seu próprio tempo na melhor forma possível", em meio às concretizações políticas. Entendida filosoficamente, a revelação permanece o renascimento interior da consciência ao próprio destino histórico, esta resposta em mim ao presente do Espírito que se joga na singularidade de minha história e de minha política, o *Volksgeist* (alma popular) que determina minha responsabilidade em face do Absoluto na história, da liberdade universal sempre a concretizar.

Hegel opõe-se assim radicalmente a todas as leituras da consciência teológica que gostariam de subtrair a "verdade religiosa", defendida por esta, a suas implicações históricas e também políticas. A verdade religiosa não é indiferente para o destino da comunidade ética. Justamente o contrário! A consciência habituou-se a formular os seus projetos nas categorias desta verdade e é através da dilaceração da consciência cristã, na Reforma e nas guerras de religião que a acompanham, que nasceu a *consciência moderna.* A vontade da consciência iluminada de resolver o problema religioso chegou simplesmente a mostrar que não se podia colocar o projeto ético moderno sem tentar reconciliá-lo com as exigências da consciência cristã, já que a teologia detém uma parte não negligenciável das chaves do problema político, na medida em que pretende antecipar o fim da humanidade e reflete, daqui de baixo, as condições de um novo ser coletivo. Para além das declarações de Marx, em sua *Crítica da filosofia política de Hegel*, anunciam-se aqui as pesquisas de J.B. Metz, de J. Moltmann e de S. Xhaufflaire entre outros. Mais do que um simples interesse da teologia pela política, como entendeu C. Boff e, bem antes dele, Santo Tomás, está aqui em questão a dimensão política da teologia. A título de reflexão crítica sobre as origens e sobre o sentido do destino coletivo da humanidade, esta põe em crise muitas representações limitadas da liberdade coletiva e afirma seu conceito de salvação em relação com a ordem, a obediência, a riqueza, a sexualidade, o poder etc., relativizando outras posições elaboradas, todavia, sobres bases diversas. Não podemos minimizar a função deste discurso no espaço cultural e eximir-nos de analisar os modos pelos quais mobiliza e também ordena a consciência.

3. SCHELLING – Os grandes períodos da "filosofia em devir", de Schelling, estão certamente entre os que mais ajudam, no idealismo alemão e também para além dele, a aclarar os diferentes aspectos do discurso racional sobre a revelação. Para além da discussão dos significados ativos e passivos da revelação, que caracteriza o debate da *Aufklärung* e do idealismo nascente (1794-1800), Schelling se perguntará sobre o sentido amplo

e sobre o sentido restrito do conceito, para redefinir a extensão do ponto de vista de sua filosofia absoluta, fundada na intuição intelectual do autoconhecimento de Deus em todas as coisas (1801-1806). São então as categorias tradicionais do uno e do múltiplo, ao mesmo tempo o *hen kái pan* romântico e as filosofias de Spinoza e de Leibniz, que dominam a filosofia da identidade. Mas reapropriando-se criticamente dos parâmetros desta filosofia cósmica, ainda excessivamente estática e puramente formal, Schelling empenha-se num novo debate sobre o drama da liberdade na revelação (1809-1821), que coloca claramente o problema de uma automediação mediada ela mesma pelo próprio contrário (*sub contrario*), através da prova do mal necessário ou, a partir de 1810, através da prova do rebaixamento voluntário (*kénōsis*), da contração originária que inaugura o processo de revelação/efetuação da liberdade divina. Este tipo de absoluto domínio de si, com que Deus se deixa conter por aquilo que existe de mais humilde, anuncia a abertura racional ao Deus *sui securus*, soberano, Senhor do ser e de suas potências, na última filosofia (1821-1853). Na época da fase dramática, em que o regime da revelação é o do abandono e da contradição, superado em seguida pelo da libertação, as categorias de potência e de ato dominam a reflexão, e a revelação é questionada do ponto de vista do valor dos esquemas que a exprimem analogicamente; esquemas naturais ou esquemas espirituais, processo ou ação livre, necessidade de essência ou decisão soberana, gratuita, dom.

De 1800 a 1821 passamos, assim, lentamente, da ideia de que Deus é por excelência autorrevelação de si (teogonia transcendental da razão absoluta) para aquela segundo a qual Deus deve revelar-se para realizar sua própria liberdade (1809), para chegar àquela segundo a qual Deus se revela porque esta é sua vontade, sua livre-iniciativa, o ato inaudito de sua bondade (a partir de 1815). Através deste itinerário filosófico, Schelling chega a superar a abordagem racionalista da revelação, que visa definir *a priori* a validade, em meio às estruturas do sistema que justifica a unitotalidade. A revelação é mais um *Dass* – um evento imprevisível, que descentra o esforço racional e desbloqueia os mecanismos da aprioridade – do que o *Was*, que preocupa as abordagens conceptualísticas, englobadas aí as baseadas na noção de conveniência da essência divina. Não se justifica a iniciativa divina e é possível compreendê-la somente seguindo-a em suas implicações para a liberdade a que se dirige na ordem preexistente em que se manifesta. A iniciativa não pode fazer outra coisa senão suscitar um pensamento *ratificante*: um esforço de refiguração, baseado, também ele, antes de tudo numa "escuta atenta", numa leitura atenta do evento, numa configuração. É preciso assombro, entrega radical de si mesmo, morte, para seguir a afirmação de Deus na história e procurar compreender sua importância para a liberdade humana, que vê abrir-se um mundo novo. O êxtase da *Schwärmerei* (exaltação) não resolve em absoluto o problema, pois pretende falar uma linguagem diferente, regenerada, purificada, que em definitivo não diz mais respeito ao mundo a que se dirige. O místico diz o que vive, mas sem saber em que seu testemunho redefine a ideia já presente na relação histórica com o Absoluto. O problema é, para a consciência histórica (→ História, I), o de determinar o valor, para suas estruturas de humanidade, da abertura de um destino espiritual contra toda expectativa no interior de sua própria resignação; quando já aceitava a falsa partida dos mistérios, o ópio mítico de uma morte sem outro além que o reverso do mundo, o exterior do exterior, o ingresso na magia das existências.

Estudando o passado mítico da revelação, Schelling demonstra que esta última chega a *superar* (*überwinden*) o fechar-se da consciência num mundo falsamente exterior ao divino, que entende a aliança com Deus em termos puramente exteriores. A união com Deus é a história de uma surpreendente fidelidade, escondida no coração de todas as liberdades e que acaba por envolvê-las, para explodir em sua exterioridade. Cristo é o herói desta reconciliação: o centro de sua personalidade é a *Gesinnung* (atitude interior) que o une intimamente ao Pai desde os tempos imemoriais da queda, através de sua preexistência cósmica, anônima, através desta aparente exterioridade, livremente querida para a salvação do homem. Esta *Gesinnung* rompe o reino das divindades pagãs e a imagem exterior do Pai do judaísmo para revelar, no homem Jesus obediente, esta graça interior que liberta da morte e reconduz à direita do Pai. Somente no amor-obediente ao Pai, até a morte, explode a figura reprimida do Deus da vida, aquele que quer a vitória do amor no tempo pecador.

A revelação deve doravante ser pensada segundo as estruturas do ato livre como *Überwindung* (superação), concatenação da *Entherrlichung* (desglorificação) e da *Verherrlichung* (transfiguração), da *Zerstörung* (destruição) e do *Wiedergeburt* (renascimento). Em cada ato, uma exteriorização declina e uma interiorização se anuncia; em Cristo a glória mística declina até seu aniquilamento e a verdadeira glória, a da obediência ao dom do Pai, ao chamado de seu amor, à iniciativa criadora, transparece e se afirma como nova vida, como recriação.

Para elaborar este novo conceito de revelação como réplica ao horizonte do pensamento moderno, revelação intensiva, ativa e "espiritual" – isto é, de alcance intrinsecamente sociocultural – Schelling teve que opor-se a vários modelos de teologia. Desde 1803 fustigava o empirismo exegético e o normalismo dogmático que impediam qualquer reflexão sobre o valor especulativo do cristianismo, entendendo sua intuição absoluta do universo como história e seu conceito de revelação coextensiva ao drama histórico da humanidade, tendida para o cumprimento trinitário dos tempos. Em sua filosofia intermediária, debate-se entre os pressupostos de uma certa teologia mística, incapaz de "dessubstancializar" seu discurso sobre a revelação e, portanto, sempre em busca de uma explicação necessarista em que Deus é assimilado ao fim do processo extático da regeneração espiritual. Com efeito, a teologia mística sofre do mesmo mal da teologia racionalista, empenhada em aperfeiçoar suas provas da existência de Deus (→ Deus: provas da existência). Assim como a ideia não conduz à vida, ou a tese da existência absolutamente necessária não reconduz à efetividade do Deus pessoal, da mesma forma a vida não reconduz ao princípio, a afirmação existencial à ideia *a priori* do Absoluto. A experiência mística e as demonstrações racionais são incapazes de constituir-se em ciência da revelação, pois supõem sempre a prioridade do procedimento explicativo sobre a explicação que Deus dá de si mesmo no mesmo ato com que se revela.

Schelling está aqui bem próximo das formulações de K. Barth, mas chega a outras consequências. Para Schelling é importante, filosoficamente, apreender o alcance do fato cristão da revelação na experiência humana da liberdade. A questão não é tanto a de dizer em que a revelação nos diz respeito, mas precisamente que esta, chegando a nós e dizendo-nos respeito, implica um modo de existir em referência à Escritura e à memória coletiva, que determina estruturas de ação particular na sociedade e uma atitude significativa em face da morte, do outro e do ser-em-comum. Como dizia Bruaire, se Deus é Alguém, toda a minha filosofia da existência é questionada e obrigada a reapropriar-se de si criticamente, para determinar o valor existencial desta relação com o absoluto, sem que aqui se trate de uma opção ou de um ato de fé. Trata-se de perceber em que sentido o ser cristão em relação à revelação é também uma palavra sobre o ser-homem em relação às estruturas da vida em comum. Assim, já estaremos no caminho de uma teologia natural (→ Teologias) pós-moderna, que se deixa interpelar para interpelar, por sua vez, as modalidades objetivas da liberdade no esforço de cristianizar suas práticas. Esta teologia natural supõe uma "ruptura epistemológica" com a antiga prática dos *preambula fidei* (→ Credibilidade): não se trata de formular racionalmente a existência de Deus, mas de perguntar-se sobre a importância existencial da livre-iniciativa de Deus na história, graças a uma racionalidade desprovida de sua aprioridade de princípio, privada de sua vontade de produzir, para tornar-se, segundo um método hipotético-dedutivo, atestação, ratificação, "progressão *a posteriori*", "empirismo *a priori*", ou ainda "teo-lógica da história".

4. RUMO A UMA "DIALETICIZAÇÃO" DA RAZÃO TEOLÓGICA – Considerado a partir destes diversos pontos de vista, o idealismo tende a reconduzir o olhar teológico para a "síntese material" da história, em que depois se cria a figura de uma fidelidade sempre renovada do Amor a si mesmo (*Estética fichtiana*), ou em que se concretiza a interioridade do dom que anima o Todo (*Dramática hegeliana*) e em que ainda se manifesta a surpreendente iniciativa da liberdade absoluta que envolve o tempo (*Teológica schellingiana*). A reflexão sobre o cristianismo não pode ser relegada a definições de naturezas sem relação com a história vivida; não pode ser referida a lógicas sacramentais sem verdadeira ligação com as relações de sociedade, concebidas na história. Não existe "pensamento automático" da salvação de que se dominariam as condições e os efeitos. A teologia precisa ser "*dialeticizada*" em sua relação com as estruturas históricas da existência ou não pode existir em absoluto. A reapresentação teológica da história cede lugar a uma leitura histórica da teologia, cujo quadro epistemológico é uma dialética dos saberes (enquanto modos de ser-no-mundo), que foge totalmente ao "grande gênero do análogo". A teologia deve ser *pensada* em referência à história vivida (economia salvífica), *centrada* no evento que a institui e que não cessa de relançá-la em seu interrogar-se (cristologia); deve, finalmente, *circular* entre sua contingência originária (dom) e sua reapropriação epocal (hermenêutica), através de categorias que a inscrevam no jogo de uma cultura sempre em movimento. Nesta relação circular entre a origem e a atualidade, ela atravessa o texto das Escrituras, que deve ser sempre revivificado pelo intercâmbio com a atualidade, também enquanto testemunha privilegiada da origem. Esta concretização do discurso teológico, desejada pelo idealismo alemão, já anuncia a teologia como ciência histórica, exegética e hermenêutica. Além disto, este esforço de clarificação da consciência teológica, *às voltas com a história através da interpretação de Cristo "para nós"*, só tem sentido se atingir o projeto político da → Modernidade e se ajudar a situar o papel da religião como teoria e como prática nas lutas de poder, que colocam sempre o problema do poder sobre as consciências e sobre seu imaginário moral e social. A teologia concreta, "dialeticizada", que coloca Cristo na história para a consciência interpretativa, é também política, já que assinala o impacto desta relação religiosa da consciência sobre as estruturas do poder. Antes que dirigir tais estruturas (por suplência ou supervisão), a Igreja deve ser uma das instâncias transcendentais da cultura, que assegurem criticamente o destino da liberdade em suas estruturas de poder.

Por conseguinte, o idealismo provocou o discurso teológico no sentido de uma "dialeticização" de seu método e de seus conteúdos, para favorecer um pensamento do cristianismo que parta da história, e não o inverso, uma teologia diretamente em discussão com a historicidade de suas estruturas de inteligibilidade. A teologia que o idealismo espera, embora sendo especulativa, deverá também ser histórica, cristocêntrica e política. Bem-entendido, damo-nos conta de que o "idealismo" é apenas um termo impróprio para significar a compreensão sistemática do campo de atuação da consciência histórica do qual a teologia e, muito mais amplamente, a religião formam um âmbito susceptível de ser interrogado e obrigado a repensar-se a si mesmo.

O projeto de uma teologia hermenêutica leva em conta fundamentalmente esta interpelação, pois visa articular o trabalho histórico da compreensão e o evento crítico em sua singularidade e em sua resistência a todas as tentativas de pura teorização. O problema todo consiste em herdar, em nossa atualidade histórica, esta novidade que não cessa de ser em si mesma a aliança oferecida aos homens em Jesus Cristo. A função da Teologia Fundamental é, então, a de criar as condições de invenção desta tradição-herança em cada época, exprimindo o alcance histórico do evento crístico no interior da autoestruturação das modalidades concretas de ação. A palavra é falante só se for "falável" para uma consciência dentro do atual debate das teorias e das práticas. É preciso determinar um conjunto das categorias performativas que tornem audível a palavra, ou seja, há que se elevar o plano da consciência interpretativa (compreensão) ao plano das configurações históricas (eventos falantes), para deixá-los interagir e remodelar-se continuamente em função desta interação. Tal teologia deve estar pronta a arriscar uma "doutrina ecológica da criação", por exemplo, ou a pensar o caráter provisório (transitório) de todas as nossas representações do reino (como excesso ou excedente), através do *éschaton* dos projetos seculares. O valor de uma teologia mede-se pelo risco de fazê-la assumir categorias inéditas, próprias da autocompreensão epocal daquele a quem a palavra se dirige, para adaptar-lhe sua *epistêmē*.

5. A TEOLOGIA COMO ESCRITURA SIMBÓLICA – Prosseguindo no debate da consciência crítica com a religião, o idealismo deslocou os polos de interesse e consequentemente as coordenadas do debate. Antes de tudo, demonstrou que a consciência não pode colocar-se, em nível de método, como puramente exterior ao criticado, mas deve, ao contrário, pensar-se segundo a lógica que ela se impõe em sua relação com este. Sua linguagem, portanto, é sempre dupla, de modo a conceber-se no movimento de sua objetivação. Além desta "genealogia" da consciência teológica e religiosa, assinalada pela desconstrução e pela reconstrução de sua linguagem, o fenômeno religioso, como conjunto de práticas e de teorias, é repensado também como dimensão cultural, como *escritura* que desta vez elabora uma verdadeira gramática do sentido para os eventos históricos. A consciência filosófica segue primeiro a lógica de sua imagem, de suas metamorfoses religiosas em que aparece ora como pecadora ora como salva; por vezes em desgraça e por vezes eleita. Mas, para além da lógica da imagem, existe ainda a economia do sinal ou do símbolo (→ Semiologia), este excedente que a religião e seu discurso teórico vêm inscrever nas profundezas do *épos* cultural. Enquanto *é pensada* no horizonte religioso e teológico, a consciência descobre a economia religiosa do sinal, que rompe o círculo da reflexão e desvia o esforço especulativo. O existencial teológico-religioso do pensamento e da ação humana desafia a economia do reflexo, a lógica da imagem, que ainda aprisiona as análises de Kant, quando este transfere o esquematismo da consciência moral para a representação cristológica da moralidade integral. Refletindo-se na própria reflexão teológica, a consciência é como que desviada para a autorreflexão que opera sobre si o Ausente da teologia, o Princípio transcendente, a abertura divina que torna possível o próprio discurso sobre Deus. A esta altura, o discurso crítico entra em crise, pois não pode recapitular-se na própria tensão e justificar com isto o Ausente que a ele mesmo suscitou sua instância. É o ponto crucial da "cristologia" especulativa dos idealistas, também o ponto em que Schelling decididamente marca passo em relação a Hegel: a razão não pode fazer-se forte com um princípio que recebeu só do negativo, desenvolvendo-o e assimilando-o a seu esforço de intercoerência. Se a teologia se elabora em regime estritamente conceptual, será, a seu nível e sem portanto trair-se, a imagem do esforço permanente da razão para afirmar-se na história. Mas neste momento preciso ela perde a própria economia, esta vontade de atestar, de significar, de simbolizar a Ausência. O desdobramento teológico não é simplesmente o desdobramento da consciência hermenêutica. Mais do que uma linguagem, a teologia é uma escritura, cujo texto em parte foge àquele que o produz, pois que o produz sempre a partir de um outro, de uma Ausência, de um sinal. Não existe centro no jogo da escritura teológica; o círculo hermenêutico está rompido. Existe antes uma aliança incompleta, sempre comprometida, através da qual o trabalho da escritura prossegue e se faz tradição, sem fusão dos horizontes, mas através de uma espécie de recondução da Ausência a outros horizontes epocais. A atestação se enfraquece para deixar aparecer o texto antigo, com suas disparidades e suas faltas, esta estranheza que desafia a interpretação. A escritura teológica se caracteriza, portanto, como uma autossuperação do sentido da história. Ela se faz tradição, recriando para cada época seu próprio espaço interpretativo, o horizonte de sua própria problemática.

6. CONCLUSÃO – Embora tendo começado sua investigação interrogando a consciência cristã com o fim de modernizá-la, os idealistas acabaram pensando sua modernidade em termos de novo espaço de interrogação para a consciência cristã. Com efeito, não tentaram cristianizar seu pensamento, mas, antes, pensar um cristianismo moderno. O detalhe está sobretudo na especificidade do trabalho filosófico: este consiste em perceber a possibilidade e o valor da historicidade da religião, seja do ponto de vista existencial, seja do ponto de vista doutrinal, mas não em assumir a crise dogmática que deriva dali. Ela desperta a responsabilidade teológica em face da crise de sua → *linguagem*, para provocar um novo esforço de *escritura*, uma reforma da gramática religiosa do sentido para o tempo presente. A teologia escreve com o material da história para assinalar nela o Ausente. O idealismo, no final, questiona o modo como a palavra teológica se faz tradição através do jogo de sua escritura e chega assim a assumir ou não as questões de sua época no campo que lhe é próprio. A escritura teológica é um cadinho de significados, em que Deus humanizado e o homem divinizado se aproximam para determinar uma superabundância de sentido, uma "utopia dialética", uma alternativa que se define como Reino da razão (Fichte), Estado racional (Hegel) ou sociedade joaneica do Amor (Schelling). A teologia é a escritura privilegiada da "palingênese social", já que se articula constantemente na Ausência que mobiliza seu pensamento. A produção teológica mantém, portanto, uma relação orgânica com o destino das práxis coletivas. Trata-se mais de uma história que se desenvolve na infinita personalização das relações sociais – se bem que já articulada ao teológico, mediante a combinação de Leibniz – do que de um sujeito que compreende *seu* Deus (economia da imagem). O idealismo reconduz a teologia à questão central do reino como dimensão coletiva e "societária" da revelação, na própria lógica de sua irredutibilidade. Digamos, numa palavra, que se trata de articular uma opção *singular* (a fé cristã) sobre questões *gerais* (sociais, econômicas, políticas, culturais). E a tradição que pode ajudar-nos a tratar a questão teológica assim como agora se coloca, deve enfim ser procurada antes de tudo na "filosofia" moderna; lá onde Spinoza, Hegel, Heidegger e outros constroem em termos de política, de história, de linguística etc., o discurso relativo às questões da existência; lá onde a literatura, a modo de romance ou de poesia, explicita com um trabalho interno à linguagem o problema aberto pelo desaparecimento de instituições significantes diversas da própria linguagem; lá onde o trabalho organiza práticas articuladas entre si, "discursos" gestuais, ricos de racionalidade, tão eficazes quão silenciosos.

Bibl. – SOBRE O PERÍODO ESTUDADO: X. Léon, *Fichte et son temps*, Paris 1922-1927; R. Haym, *Hegel und seine Zeit*,

Leipzig 1927; J.R. Geiselmann, *Geist des Christentums und des Katholizismus*, Mainz 1940; R. Kroner, *Von Kant bis Hegel*, Tübingen 1961; E. Klinger, *Offenbarung im Horizont der Heilsgechichte*, Zürich-Einsiedeln-Köln 1969; G. Stiehler, *Der Idealismus von Kant bis Hegel*, Berlim 1970; A. Schurr, *Philosophie als System bei Fichte, Schelling und Hegel*, Stuttgart 1974; X. Tilliette, *Le Christ des philosophes*, I, Paris 1974; Id., *La christologie idéaliste*, Paris 1986; K Schwaiger (ed.), *Kirche und Theologie im 19. Jahrhundert*, Göttingen 1975; K. Barth, *La teologia protestante nel XIX secolo*, Milão 1979; E. Cassirer, *Les systèmes post-kantiens*, Lille 1983; G. Gusdorf, *Du néant à Dieus dans le savoir romantique*, Paris 1983; M. Kessler, *Kritik aller Offenbarung*, Mainz 1986; V.A. McCarthy, *Quest for a Philosophical Jesus*, Macon 1986.

SOBRE FICHTE: X. Léon, *La philosophie de Fichte*, Paris 1902; E. Lask, "Fichtes Idealismus und die Geschichte", em *Gesammelte Werke*, I, Tübingen 1923; M. Maréchal, *Le point de départ de la métaphysique*, Bruxelles-Paris 1947; L. Pareyson, *Fichte*, Turim 1950; E. Coreth, "Le développement de la théologie de Fichte", em *ArPh* 25 (1962) 484-540; D. Julia, *La question de l'homme et le fondement de la philosophie*, Paris 1964; R. Lauth, *Zur Idee der Transzendentalphilosophie*, Munique--Salzburg 1965; B. Bourgeois, *L'idéalisme de Fichte*, Paris 1968; H. Rademacher, *Fichtes Begriff des Absoluten*, Frankfurt a.M. 1970; I. Schussler, *Die Auseinandersetzung von Idealismus und Realismus in Fichtes Wissenschaftslehre*, Frankfurt a.M. 1972; P.-Ph. Druet, *Fichte*, Namur 1977; A. Philonenko, *La liberté humaine dans la philosophie de Fichte*, Paris 1980[2]; Id., *L'oeuvre de Fichte*, Paris 1984.

SOBRE HEGEL: A. Chapelle, *Hegel et la religion*, Paris 1963-1971; Cl. Bruaire, *Logique et religion chrétienne dans la philosophie de Hegel*, Paris 1964; P.-J. Labarrière, *Structures et mouvement dialectique dans la Phénoménologie de l'Esprit de Hegel*, Paris 1968; G.A. Kelly, *Idealism, Politics and History. Sources of Hegelian Thought*, Cambridge 1969; A. Léonard, *La foi chez Hegel*, Tournai-Paris 1970; M.J. Petry, *Hegel's Philosophy of Nature*, Londres 1970; Th. Litt, *Hegel*, Paris 1973; Fr. Guibal, *Dieu selon Hegel*, Paris 1975; E. Brito, *Hegel et la tâche actuelle de la christologie*, Namur-Paris 1979; G. Jarczyk, *Système et liberté dans la logique de Hegel*, Paris 1980; G. Gérard, *Critique et dialectique*, Bruxelles 1982; K. Marx, "Critique de la philosophie politique de Hegel", em *Oeuvres*, III: Philosophie, Paris 1982; J. Hyppolite, *Introduction à la philosophie de l'histoire de Hegel*, Paris 1983; W. Jaeschke, *Die Religionsphilosophie Hegels*, Darmstadt 1983; M. Fujima, *Philosophie und Religion beim jungen Hegel*, Bonn 1985; O. Poggeler, *Études hégéliennes*, Paris 1985; R. Lauth, *Hegel critique de la Doctrine de la Science de Fichte*, Paris 1987.

SOBRE SCHELLING: H. Furhmans, *Schellings Philosophie der Weltalter*, Düsseldorf 1954; H. Zeltner, *Schelling*, Stuttgart 1954; G. Semerari, *Interpretazione di Schelling*, Nápoles 1958; A. Bausola, *Metafisica e Rivelazione*, Milão 1965; K. Jaspers, *Schelling*, Munique 1965; W. Kasper, *Das Absolute in der Geschichte*, Mainz 1965; H. Holz, *Spekulation und Faktizität*, Bonn 1970; X. Tilliette, *Schelling, une philosophie en devenir*, Paris 1970; J.-F. Marquet, *Liberté et existence*, Paris 1973; R. Lauth, *Die Entstehung von Schellings Identitätsphilosophie*, Friburgo-Munique 1975; M. Theunissen, "Die Dialektik der Offenbarung", em PhJ 83 (1976) 1-29; M. Veto, *Le fondement selon Schelling*, Paris 1977; E. Brito, *La création selon Schelling*, Louvain 1987; M. Maesschalck, *Philosophie et révélation dans l'itinéraire de Schelling*, Louvain-Paris, 1989.

MARC MAESSCHALCK

IDEOLOGIA

O risco de absolutizar um aspecto da realidade e fazer dele uma verdade totalizante está sempre latente e é igualmente verdade que as ideologias nascem e morrem com as múltiplas formas da "vontade de poder" e com as derrotas vindas de fora e as decepções vindas de dentro. Se vale para cada realidade humana, tanto mais *insistente* é o risco para a religião que *pretende* oferecer ao homem a salvação total, através de uma visão global do real, a verdade que transcende o fenômeno e a história. Por isto, pode ser útil referir-se à *filosofia da religião* (→ Religião, VI): pode-se ver facilmente como todas as categorias apenas enunciadas se entrecruzam, se chamam, se envolvem reciprocamente em seu destino. Mas é também evidente que, em nível teorético, é fundamental o conceito de → *verdade*, para determinar o pensamento ideológico: um pensamento não totalizante, por sua própria estrutura, subtrai-se mais facilmente à ideologia.

Estão à vista, no início do decênio que nos levará – como esperamos – ao terceiro milênio da era cristã, o declínio e o ocaso de muitas ideologias (enquanto outras persistem ou aparecem, não nos iludamos), sobretudo do marxismo, indicado como um ponto de chegada singular da filosofia da religião. A ideologia, caracterizada por uma forte carga ab-rogativa, desconstrutiva, acaba destruindo-se a si mesma; como a demitização mais radical, se contém muito ou pouco de verdadeiro, tem que dirigir-se, finalmente, a si mesma. A ideologia não é intercambiável com o *mito* (como faz De Gaulle nas suas *Mémoires*), mas o contém e, então, a demitização caminha *pari passu* com a desmistificação.

É um fato de cultura: determinados modos de pensar e de agir, sistemas de valores e códigos simbólicos dão a um grupo uma unidade estrutural. Na ideologia marxista existe (existia?) uma *estrutura*: o capital da sociedade burguesa, as relações capital-trabalho, as classes e tantas *superestruturas* jurídicas, políticas, artísticas, filosóficas e religiosas. À denúncia de uma ideologia (*A ideologia alemã*) vai associado o empenho de luta para pôr--lhe fim e, inevitavelmente, o afirmar-se de uma outra ideologia (*O Capital*), até que esta também acabe. A ideologia, como disse com acerto R. Aron, é a ideia do adversário e, consequentemente, forma grupos para imitação, agregação, identificação (inevitavelmente, sobretudo da parte dos mais fracos). Daqui a dificuldade de uma *ciência* da ideologia, sobretudo se, aos binômios dialéticos preconceito-razão, princípio crítico-autoridade e tradição, se acrescentar (inevitavelmente) o interesse que sustenta também a análise da ciência e da técnica (cf. J. Habermas, *Erkenntnis und Interesse*, Frankfurt 1968; Id., *Technik und Wissenschaft ais "Ideologie"*). O pensamento está constantemente sob a ameaça do desvio ideológico que oferece justificações para o que não é justificável: os interesses comandam e orientam o conhecimento. Mesmo que o pensamento seja, ao mesmo tempo, negação em si, resistência a tudo o que se lhe quer impor de fora (Th.W. Adorno, *Negative Dialektik*, Frankfurt 1966), como havia dito com razão o Mefistófeles de Goethe: "Ich bin der Geist der stets verneint".

Depois da nostalgia romântica pelo passado e da luta iluminística contra os preconceitos, que criou outros mitos (p. ex., a "religião natural", ou o "progresso" ou a absolutização da "razão"), uma atenção mais precisa à linguagem (p. ex., U. Eco, *Semiótica delle ideologie*) tornou-nos atentos ao fato de que a mensagem esconde, mais do que comunica, as condições que devia exprimir. A mistificação está no fato que impede de ver os vários sistemas semânticos na totalidade de sua relação mútua. Mais: a ideologia sobrecarrega a linguagem, nenhum sentido é possível, senão o "sentido único", que se torna medida de tudo e culpabiliza quem o põe em discussão. Também aqui tem uma palavra a dizer a → *hermenêutica* (H.G. Gadamer, *Wahrheit und Methode*, Tübingen 1960), que tenta estudar os efeitos da história sobre a consciência, aproximar autoridade e razão, discernir o preconceito da autoridade e da tradição.

A abordagem através das ciências do espírito (Gadamer) ou das ciências da crítica sociológica (Habermas) tem o mérito de recuperar a dimensão histórica (Marx: "A ideologia não tem história", em *A Ideologia alemã* de 1846) e à distorção sistemática da comunicação opõe, como possível ideia reguladora, uma "comunicação sem limites e coações" (Ricoeur). Para que, dilucidadas as relações, mas também as ambiguidades da relação ideologia-utopia, denunciada uma forma de juízo não "científica" em que as afirmações de fato não eram suficientemente distintas dos juízos de valor, esgotados os impulsos da contestação e das grandes unidades político-sociais, não aconteça a indiferença, o transformismo, ou o vazio de idealidade. Se o "limiar de tolerância" é função da ideologia, não está dito que uma ideologia fraca seja mais tolerante do que uma ideologia forte. E se a ideologia é a subjugação da razão e da verdade, redução do pensamento, contra uma filosofia que revela a verdade, a boa ideologia é um mascaramento mais sutil da verdade.

Desde a "invenção" terminológica de Destutt de Tracy (*Mémoire sur la faculté de penser*, 1796-1798; *Projet d'Éléments d'idéologie*, vol. I-IV, 1801-1845) até o debate atual, em atitude de desmobilização, a ideologia tem conhecido as definições mais várias e se carregou de sinais, no limite, contrapostos. Nada de estranho, se pensarmos que o termo mais "natural" (*natureza*, justamente), sem dizer do mito da "religião natural" ou dos equívocos da "anima naturaliter christiana" (até os cristãos anônimos), atraiu as críticas mais severas. Nada mais equívoco do que *phýsis*, do que *natura*, escrevia J. Chr. Sturmius (*Philosophia eleatica*, 1689), e R. Boyle (*De ipsa natura sive libera in receptam naturae notionem disquisitio*, 1686) já havia sugerido abolir um termo que não teria agradado nem a Leibniz e teria sido considerado "vago e indeterminado" por Hume.

Aos "idola" (*tribus*, *specus*, *fori*, *theatri*), preconceitos do dogmatismo do pensamento tradicional aristotélico, F. Bacon (*Novum Organon*, 1620) contrapõe as ideias verdadeiras que nascem da experiência ("signacula Creatoris super creaturam"). Mas a *Natural History of Religion* (1757) e os *Dialogues Concerning Natural Religion* (1799) de D. Hume, enquanto conjecturam indiretamente uma religião filosófica pura, carregam o "natural belief" de credulidade, superstição, fanatismo e imoralidade.

A crítica psicologística (Bacon) e o empirismo deístico-racionalístico (inglês) tornam-se materialismo sensualístico em Destutt de Tracy e nos *idéologues*: Condillac, *Traité des Sensations*, 1754; D'Alembert, *Discours préliminaire de l'Encyclopédie*, 1751; os muitos escritos em torno do "Système de la nature" (1766-1776) de d'Holbach; C.A. Helvetius (1715-1771); De la Mettrie, *L'homme Machine* (1748). As ideias são fatos de consciência e a ideologia, naturalmente, ciência das ideias. Sociologia das ideologias, porque, evitando acuradamente um discurso metafísico sobre causas, substâncias... indaga sobre a origem das ideias e a lei segundo a qual se formam. A acusação napoleônica de "tenebrosa metafísica", não estranha a motivações políticas, foi reforçada pela de "fútil metafísica" de Chateaubriand (*Le Génie du Christianisme*, 1802), devida à "separação da história do espírito humano da história das coisas divinas".

Na *Fenomenologia do espírito*, Hegel define a cultura como "espírito que se tornou *estranho* a si" e a religião como "*consciência infeliz...* figura do movimento, destituído de substância, da própria consciência" (trad. ital., Florence 1974, II, 79). Mais adiante, a religião é "o próprio puro útil" enquanto relação com a essência absoluta (p. 107). Em conclusão: "No próprio mundo da cultura, a autoconsciência não chega a intuir sua negação... ou é o céu da fé, ou então o útil do aclaramento" (p. 133). Remetendo a uma exposição, ainda que sumária, mas geral, da relação de Kierkegaard com Hegel e com a filosofia idealístico-romântica em matéria de filosofia da religião, alguma citação do filósofo dinamarquês pode ilustrar sua oposição a um cristianismo ideologizado (ainda que, inevitavelmente, se carregue de um verniz ideológico diferente). Traição do cristianismo é tornar evanescente todo conceito: fé, revelação... como fez Schleiermacher, e colocar seu próprio pensamento (*Filosofia da revelação*) a serviço de uma realidade política, como fez Schelling com a Corte prussiana. "Nestes tempos, tudo é política. A visão religiosa difere *toto coelo...*" (*O Indivíduo*, SV XIII, 589). Faz-se depender a verdade do consenso da maioria, da massa, e o paradoxo do cristianismo tornou-se Igreja de Estado: "Nada me deixa tão perplexo como tudo o que apenas cheira a esta infeliz confusão de política e cristianismo". O princípio político divinizado da socialização é a negação do princípio da individualidade religiosa diante de Deus, da responsabilidade pessoal. "Reflita-se bem no que significa viver num Estado cristão, num povo cristão, onde tudo é cristão e todos são cristãos" (*O momento*, SV XIV, 128).

O teórico da crítica marxista da religião, Engels, em *Schelling e a Revelação*, realiza a crítica da última tentativa da reação contra a livre-filosofia, de 1842 (trad. ital., Bari 1972), e denuncia, não sem razão, o aspecto ideológico da "filosofia positiva" de Schelling e de sua *Filosofia da revelação*, com a pretensão de construir uma "filosofia cristã" para um "estado cristão". A conclusão de Engels soa como condenação inapelável para operações similares: "A partir de semelhante doutrina, pode-se mais uma vez notar claramente sobre que pés fracos assenta o cristianismo hodierno" (116).

Marx tem uma outra premissa teorética: Feuerbach, para quem a subjetividade extrema do sentimento transforma a teologia em antropologia, e a religião é "o conjunto das relações do homem consigo mesmo, mas como se este si mesmo fosse um ser diferente de si" (*A essência do cristianismo*, 1841). O "gemido do oprimido" e "o ópio do povo" (K. Marx, "Introdução"a *Para a crítica à filosofia do direito de Hegel*, 1843) são contextualizados na denúncia de todas as superestruturas, que nascem e se alimentam da falsa consciência da realidade que separa a teoria da práxis, abstrai das condições históricas, materiais e sociais do pensamento e serve aos interesses da classe dominante (*A ideologia alemã*, 1846). Contra a mistificação da religião e do cristianismo, o comunismo é definido como "momento *real* – e necessário para o desenvolvimento histórico subsequente – da emancipação e restauração humana" (*Manuscritos económico-filosóficos de 1844*). Quão lúcida foi a análise marxiana de uma realidade ideológica, outro tanto evidente (e, finalmente, admitida sem reticências) a natureza ideológica da aventura marxista, com os êxitos que se conhecem.

A segunda das *Considerações inatuais* de Nietzsche, "Sobre a utilidade e o dano da história para a vida" (1873-1876), oferece algum antídoto, ainda que a vontade de poder do super-homem pregue o niilismo dos valores considerados até agora supremos (*A gaia ciência*, 1882-1887: "Deus está morto"). Não tem muito sentido (porque o trágico não se deixa explicar) ficar a observar quanta responsabilidade, direta ou indireta, a ideologia nietzscheana tem sobre as ideologias racistas, de destruição, de guerra, de morte.

Freud, Marx e Nietzsche têm sido definidos como "mestres da suspeita", mas também a suspeita se tornou uma ideologia; uma a mais, porque as ideologias sempre existiram e com sinais diversos e contrapostos, num movimento perpétuo entre "mito" e "logos". Em sentido *extensivo* (conjunto de ideias, convicções e doutrinas próprias de uma época, uma sociedade, uma classe) e *redutivo* (discurso unidimensional a serviço da classe dominante ou em função da tomada de poder); *teórico-pluralístico* (sistema cultural de um grupo humano num período histórico) e *pragmático-exclusivístico* ("persuasive belief" orientado para a ação, para a transformação do mundo); *descritivo* (sistema de interpretação global do real) e *valorativo* (tendo a mais a identificação do interesse próprio com o interesse geral).

Em *Ideologia e utopia*, de 1929, K. Mannheim distinguiu entre uma consciência ideológica, que elude o presente tentando compreendê-lo em termos do passado (*ideologia negativa*), e uma consciência utópica, que transcende o presente e é orientada para o futuro (*ideologia valorativo-dinâmica*). Como se vê, para além dos enganos e mascaramentos mais ou menos conscientes de grupos humanos de interesse (ideologia), a utopia, com atitude crítica e revolucionária, volta o olhar para o futuro. Sobre esta mediação, P. Ricoeur (*Tradição ou alternativa*, 1980) evidenciou uma função fundamental da ideologia: modelar, consolidar, ordenar o curso da ação. Uma função de conservação, também positiva, de integração, em relação àquela utópica da "subversão social". Ambas parciais e arriscadas, são exaltadas em sua positividade por uma ação recíproca.

A absolutez radical da revelação, que faz o discurso sobre o Absoluto, enquanto exclui a identificação com qualquer interpretação ("a Palavra de Deus não se deixa capturar"), não pode prescindir das categorias históricas humanas em que necessariamente é acolhida e entendida. Certamente, pode-se conhecer (não demonstrar) Deus, princípio e fim de todas as coisas, a partir das coisas criadas, mediante a luz natural da razão humana: mas somente à revelação compete "ab omnibus expedite, firma certitudine et nullo admixto errore" (DS 3004-3005). A censura de estultície (Sb 13) e de perversão (Rm 1) não autoriza a esquecer que "meu reino não é deste mundo" (Jo 18,36) e permanece distinto o que é devido a César do que é devido a Deus (cf. Mc 12,17). Para Inocêncio III (*Unam Sanctam* 1302), a *potestas temporalis* tinha que submeter-se à *potestas spiritualis*, subtraída a qualquer crítica. É a preocupação pela sobrevivência e pela expansão da instituição que transforma o cristianismo em ideologia e faz pronunciar condenações (desde Erasmo até Galileu) que exprimem o medo do desconhecido, através da imposição violenta da ortodoxia, ou faz inventar seguranças (*Donatto Constantini*) condenadas inevitavelmente a dissolver-se. A legitimação ideológica das reivindicações do poder do papa na luta contra o imperador torna-se em Bossuet continuidade entre uma soberania misteriosa de Deus, que se serve dos homens para seus fins (*Discours sur l'Histoire universelle*, 1681), e a justificação de um poder absolutista que se quer derivar imediatamente de Deus (*Politique tirée des propres paroles de l'Ecriture sainte*, 1709). A mensagem evangélica, apresentando-se no "patois de Canaã", impõe uma pesquisa livre que se contrapõe ao conformismo da ideologia; mais: a obediência ao Evangelho é, para o cristão, a única possibilidade de rebelar-se contra as muitas ideologias. Talvez fosse a isto que Paulo aludia quando prevenia: "Vigiai para que ninguém vos engane com sua filosofia" (Cl 2,8), e Anselmo estava no caminho certo com sua *fides quaerens intellectum.* A falta da instância crítica do remeter ao devir ativo da história foi, talvez, uma das razões pelas quais a Contrarreforma se tornou uma das maiores ideologias de toda a história do cristianismo e é a instância crítica que está no fundo da *Utopia* (1516) de T. More e do *Encomium Moriae* (1509) de Erasmo. Justamente a afinidade com a ideologia (sistema de interpretação global da realidade) e a inevitabilidade de receber a revelação através de esquemas condicionantes exigem que a teologia esteja consciente de sua precariedade, do risco constante da ideologia. Embora com as necessárias e oportunas reservas, é exemplar a polêmica entre C. Schmitt,

Politische Theologie (1922), e E. Peterson, *O monoteísmo como problema político* (1935). Somente através do dogma trinitário a fé cristã foi libertada de sua ligação com o Império Romano; Deus não é mais "o arquétipo dos poderosos deste mundo, mas o Pai do Cristo que por nós foi crucificado e ressuscitado" (J. Moltmann, *Trinità e regno di Dio*, Brescia 1983, 212).

Uma "cultura católica" imaginada por integralistas e ultramontanistas do século XIX, mas com resíduos hodiernos, é como um engessamento que tolhe à Igreja movimentos livres e abertos. Uma tal impostação não fugiria à impiedosa análise da cultura dominante que Marx fez na *Ideologia alemã* e nos colocaria, em todo caso, fora da perspectiva da *Carta a Diogneto*: "Como a alma está no corpo, assim no mundo estão os cristãos". E, ao invés disso, a virulenta oposição de Tertuliano à cultura pagã acabou por fazê-lo afastar-se também da Igreja. O compromisso de evangelizar a cultura e a consciência do drama da ruptura entre Evangelho e cultura que marca nossa época (EN 20) não podem significar, em caso algum, o lamento pela fragmentação de um monolito de tipo constantiniano, contrarreformístico, pré-moderno. Melhor uma fé mais indefesa, porém mais livre; mais fraca, porém mais pura; menos comprometida com o poder, porém tanto mais evangélica. A "companhia da fé" dá a força para denunciar o que atenta contra a absolutez de Deus e contra o primado da pessoa humana; em suma, o pecado e as estruturas de pecado. Assim como é preciso reconhecer a função estimuladora da utopia, sem deixar-se prender por entusiasmos estúpidos, da mesma forma é preciso libertar-se dos furores iconoclásticos e da cega sujeição à ideologia. Pelo contrário, através da hermenêutica, a fé pode ser ligada à cultura e à ideologia: com as devidas precauções para que a fé não seja ideologizada, as ideologias devem poder enfrentar-se livremente em seu próprio terreno, a igual distância do integralismo e da heteronomicidade da fé, sempre atentos a apreender "uma certa afinidade de um projeto terreno com a lógica profunda da salvação" (I. Mancini, *Fede e Cultura*, Turim 1979, 44).

Bibl. – Além das obras citadas no texto, E. Castelli (ed.), *Demitizzazione e Ideologia*, Roma 1973; I. Mancini, *Teologia ideologia utopia*, Brescia 1974; S. Di Caro, "Ideologia", em DTI, II, Turim 1977, 264-269; H.R. Schlette, "Ideologia", em *Concetti fondamentali di Filosofia*, II, Brescia 1982, 988-999; G. Ruggieri, "Resistenza e dogma. Il rifiuto di qualsiasi teologia politica in Erik Peterson", editorial a E. Peterson, *Il monoteísmo come problema politico*, Brescia 1983, 5-26.

SALVATORE SPERA

IGREJA

I. ECLESIOLOGIA FUNDAMENTAL (S. Pié-Ninot) – II. JESUS E A IGREJA (S. Pié-Ninot) – III. MOTIVO DE CREDIBILIDADE (R. Latourelle) – IV. A VIA EMPÍRICA (S. Pié-Ninot) – V. *NOTAE* DA IGREJA (F.A. Sullivan) – VI. INTÉRPRETE DA ESCRITURA (J. Wicks) – VII. IGREJAS EVANGÉLICAS (D.G. Bloesch) – VIII. IGREJAS ORIENTAIS (A. Amato) – IX. IGREJA ORTODOXA (A. Amato).

I. Eclesiologia fundamental

1. O NASCIMENTO DO TRATADO "*DE ECCLESIA*" – Desde o início, com o primeiro aparecimento dos cismas, colocou-se o problema da demonstração científica da verdade da Igreja Católica, da verificação, portanto, de que o cristianismo católico-romano se apresentava em total continuidade com as intenções e a obra de Jesus Cristo, fundador da Igreja. Ao contrário, é uma criação moderna o capítulo da eclesiologia apologética clássica que leva o nome de *demonstratio catholica.* Com efeito, nem as heresias da Antiguidade, nem a separação ocorrida na Idade Média entre Oriente e Ocidente cristão, tinham provocado a crise religiosa que apareceu no século XVI, opondo diversas comunhões rivais que pretendiam ser as verdadeiras herdeiras de Cristo: catolicismo, anglicanismo e protestantismo de vários tipos. Não obstante certas antecipações, como aquela inicial de Tiago de Viterbo (1301-1302), o tratado *De vera Ecclesia* será elaborado somente no século XVI, para em seguida consolidar-se, desenvolver-se e transformar-se sem interrupção ao longo de vários séculos, até o seu grande relançamento no Concílio →Vaticano I (1870).

Três são as formas tradicionais desta eclesiologia, configurada em três vias típicas. A *via historica* tenta fazer ver, através do exame dos documentos antigos, que a Igreja Católica Romana é a Igreja cristã de sempre, que se apresenta na história como sociedade una, visível, permanente e organizada de modo hierárquico. Na prática, esta via reduz-se à assim chamada *via primatus*, que é uma simplificação da *via historica*, limitando-se a mostrar a verdade da Igreja Romana a partir da prova de que seu chefe, o Bispo de Roma, é o legítimo sucessor de Pedro, prescindindo de todos os outros aspectos de continuidade histórica.

A segunda é a *via notarum*, que se desenvolve à base do seguinte silogismo: Jesus Cristo dotou sua Igreja de quatro notas distintivas: unidade, santidade, catolicidade e apostolicidade; ora, a Igreja Católica Romana é a única que possui estas quatro notas: ela é, portanto, a verdadeira Igreja de Cristo. Desta maneira permanecem excluídas as restantes confissões cristãs, como luteranismo, calvinismo, anglicanismo e ortodoxos, que não possuem tais notas. A terceira, finalmente, é a *via empirica*, adotada pelo Concílio Vaticano I, graças a seu promotor, o Cardeal Dechamps, que segue um método mais simples: abandonando qualquer comparação entre a Igreja Católica Romana atual e a Antiguidade – de modo a evitar as dificuldades suscitadas pela interpretação dos documentos históricos – e também a verificação concreta das *notae* (→ Igreja: *notae*), valoriza a Igreja em si mesma como milagre moral; ela é como que o sinal divino que confirma sua transcendência.

Depois das primeiras tentativas no século XIV com Tiago de Viterbo, no século XV com João de Ragusa e João de Torquemada, o tratado sobre a Igreja prevalece comumente já no século XVI em duas formas: depois do tratado *De vera Religione* compõe-se o *De Ecclesia.* Este último assume uma clara perspectiva introdutória e apologética, dado seu surgimento no momento em que se desenrolam as primeiras lutas contra luteranismo e calvinismo; assim, pelo ano de 1550, o tratado já circula pela Europa inteira, ainda que bem diferenciado.

A partir desta formulação inicial, o tratado sobre a Igreja, especialmente através de sua "via" mais divulgada, a *via notarum*, passa por várias mudanças, segundo as diversas sensibilidades do momento. Assim, nos séculos XVI e XVII, as notas apresentam-se mais como tiradas da Escritura e dos Padres. Nos séculos XVIII e XIX, prefere-se, ao invés, sublinhar que as quatro notas se impõem por si mesmas à sociedade eclesiástica. Pelo final do século XIX e na primeira metade do século XX – isto é, entre o Vaticano I e o Vaticano II – tais notas são descritas de uma forma prevalentemente romântica e se sublinham a expansão mundial do catolicismo, a coesão e a fecundidade da Igreja.

Das três, a *via notarum* foi a mais utilizada nos tratados eclesiológicos. Embora distinta das outras duas, nem sempre a distinção tem sido clara; com efeito, esta via é obrigada a tomar seu espírito da *via historica*, em razão das referências constantes à verificação histórica das notas, ao passo que sua matéria se apresenta muito ligada à *via empirica*, já que as notas são percebidas como um milagre de ordem moral.

Neste processo aparece em nítido relevo a herança eclesiológica do Concílio Vaticano I, por sua dupla contribuição: a referente à *via primatus*, centrada na infalibilidade papal (DS 3053-3074), e a própria da *via empirica*, orientada para a Igreja como sinal e, portanto, também motivo de credibilidade (DS 3012-3014). O texto conciliar cita de pasagem a *via notarum* – "Ecclesiam 'notis' instruxit" (DS 3012) – sem todavia elaborar-lhe o conteúdo.

2. PERSPECTIVAS ECLESIOLÓGICO-FUNDAMENTAIS DO VATICANO II – A categoria Igreja-Sacramento de comunhão, própria do Vaticano II, é fecunda para uma orientação teológico-fundamental. Trata-se, com efeito, de uma expressão que opera um descentramento da Igreja de si mesma, permanecendo totalmente centrada em Cristo. Este conceito mostra um duplo valor: *interno*, já que a Igreja, enquanto sacramento originário, é raiz de todos os sacramentos; e *externo*, por visualizar a missão e mediação significativa da Igreja para o mundo, unidos ambos em uma "complexa realitas" (LG 8). Tal afirmação já dá uma impostação nova aos silogismos clássicos das três vias para a demonstração apologética da verdadeira Igreja, visto que evidencia a "dificuldade" de captar a "globalidade" externa-interna da Igreja, por motivo de seu próprio caráter sacramental, isto é, pelo fato de ser "sinal" não mais "demonstrativo", mas indicativo e manifestativo e, no máximo, revelador do mistério, que somente os olhos da fé podem perceber.

Por sua vez, o Vaticano II faz explicitamente referência às notas da Igreja nestes termos: "Esta é a única Igreja de Cristo, que no Símbolo professamos una, santa, católica e apostólica" (LG 8), especificando, além disto, que "esta Igreja, estabelecida neste mundo e estruturada como sociedade, subsiste na (*subsistit in*) Igreja Católica" (LG 8). Como se pode observar, tanto a linguagem como a própria intenção do texto rejeitam toda exclusividade e identidade da verdadeira Igreja, entendidas de modo fechado, dando espaço à positividade e ao reconhecimento. Com efeito, o *subsistit*, que substitui o *est*, usado pelo texto primitivo, sublinha não tanto a exclusividade – mais própria do verbo *est* – mas, antes, o caráter aberto e positivo. Assim, o *subsistit* desempenha a função de evitar uma identificação demasiado rígida da Igreja de Cristo com a Igreja católico/romana, para manter-se, ao invés, aberto à realidade eclesial, presente nas demais confissões cristãs.

A categoria "sacramento", usada pelo Vaticano II, lembra além disto a expressão do Vaticano I: *Ecclesia, signum levatum in nationes* (DS 3013); de fato, esta fórmula é citada em SC 2, LG 50, AG 36, UR 2, e está sempre orientada para o sinal da unidade na caridade. A Igreja é, pois, sinal do advento da salvação entre os homens, na medida em que espelha em nosso mundo a unidade e o amor da vida trinitária. Mediante um processo de personalização, que se estende a toda a economia da revelação e de sua transmissão, o Vaticano II fala de testemunho pessoal e comunitário, lá onde o Vaticano I falava de atributos miraculosos da Igreja, focalizando assim de modo novo toda a eclesiologia fundamental.

Conclusão: o *testemunho é sinal eclesial de credibilidade e paradigma para a eclesiologia fundamental.* A categoria testemunho apareceu de maneira progressiva na linguagem teológica e eclesial, sobretudo a partir do Vaticano II, onde está onipresente (133 vezes). O tema aparece com vigor nos Sínodos dos Bispos sobre Evangelização (1974) e sobre Laicato (1987), como também nas Exortações apostólicas correlativas: *Evangelii Nuntiandi* e *Christifideles Laici.* Nesta perspectiva, ela se transforma em sinal eclesial de credibilidade e em paradigma para a eclesiologia fundamental.

Com efeito, a categoria testemunho, além de indicar o tipo de vida cristã e eclesial por excelência, é adotada pela filosofia teorética atual (J. Nabert, E. Lévinas, P. Ricoeur) em sua tripla dimensão, empírica, jurídica e ética, como lugar hermenêutico que "revela" a dupla confluência presente no testemunho: a vertente da constatação histórica e a vertente da expressão autotestemunhal. Com razão pode-se, pois, falar de uma verdadeira "metafísica do testemunho", capaz de mostrar a possibilidade racional de um testemunho do absoluto que seja ao mesmo tempo plenamente histórico.

A reflexão teológica, por sua vez, recorda que o testemunho, para ser sinal eclesial de credibilidade, deverá sempre referir-se à Igreja apostólica como vertente histórico-objetiva, transmissora do → "depósito da fé" (DV 10, GS 62, UR 6). É neste quadro e a partir desta perspectiva que podemos falar da *Ecclesia mater congregans*, que veicula de tal modo o *testemunho fundante* constituído pela Igreja apostólica, como presença do Senhor ressuscitado até o fim dos tempos (cf. Mt 28,26-30). Por outro lado, este testemunho fundante tornará possível a realização de seu correlativo na *Ecclesia fraternitas congregata*, formulação da vertente autotestemunhal e subjetiva, constituída pelo *testemunho vivo* dos cristãos através de sua vida e de sua história (cf. 1Cor 1,2; Rm 1,7; Ef 5,27; 1Ts 4,7; 2Ts 2,13s). Como mediação entre estes dois testemunhos, existe o *testemunho do Espírito*, que anima a Igreja como *Spiritus in Ecclesia* (cf. LG 4).

Emerge, assim, a função decisiva do testemunho como via de credibilidade eclesial; síntese também do que oferecem de melhor as três vias clássicas de acesso à verdadeira Igreja. Tal via não se reduz nem a uma credibilidade meramente externa e extrínseca – risco da apologética eclesiológica clássica – nem a uma credibilidade meramente interna e subjetiva – risco fideísta em que se incorre com frequência para evitar o risco anterior; concentra, ao invés, sua própria atenção numa compreensão da credibilidade como convite à fé externa e interna ao mesmo tempo, em razão do caráter integrador. Assim, nesta *credibilidade do testemunho eclesial* entrecruzam-se a dimensão externa, fruto da ligação histórica com o *testemunho apostólico fundante* da Igreja; a dimensão interiorizada, surgida da experiência eclesial do *testemunho vivido*; e a dimensão interior e interiorizadora, graças ao *testemunho do Espírito*, que é o que anima e santifica a Igreja.

Bibl. – Y. Congar, *L'ecclésiologie de S. Augustin à l'époque moderne*, Paris 1970; R. Latourelle, *La testimonianza cristiana*, Assis 1970; Id., *Cristo e la Chiesa segni di salvezza*, Assis 1971; Id., "Evangélisation et témoignage", em M. Dhavamony (ed.), *Evangelization*, Roma 1975, 77-110; S. Pié-Ninot, "Hacia una eclesiología fundamental basada en el testimonio", em RCT 9 (1984) 401-461; Id., "La chiesa come tema teológico fondamentale", em R. Fisichella (ed.), *Gesù Rivelatore*, Casale Monferrato 1988, 140-163; Id., "Eclesiología fundamental: status quaestionis", em RET 49 (1989) 361-403.

SALVADOR PIÉ-NINOT

II. Jesus e a Igreja

1. INDICAÇÕES HISTÓRICAS SOBRE O TEMA – O tema "Jesus e a Igreja", em particular no que concerne à formação desta última, é fundamental para a fé cristã. Tal formação, com efeito, aparece já nos escritos do NT, delineada de maneira germinal e multiforme a partir de uma descrição, já feita à luz da fé, da compreensão que a Igreja tem de si mesma. Tal desenvolvimento ocorre de modo preeminente no acontecimento de Pentecostes e no protagonismo dos apóstolos, em particular de Pedro, como pioneiro da primeira comunidade cristã: ele e Paulo, missionários dos gentios, tornam-se os grandes portadores do desenvolvimento e da formação da Igreja. Para fazer parte desta primeira comunidade cristã é preciso atender às seguintes exigências: conversão à fé em Cristo, batismo, dom do Espírito de Pentecostes, celebração eucarística, amor operante e comunitário (cf. At 2,38.42-47). Nos próprios evangelhos, inseridos na narração sobre Jesus, encontram-se muitos elementos da formação da Igreja, como continuidade da pregação e missão do mesmo Jesus, especialmente através dos apóstolos. De modo ainda mais relevante, aparecem já elementos teológicos e organizacionais desta Igreja nascente na literatura paulina e nos outros escritos do NT.

De qualquer forma, somente a partir do período dos Padres, como Inácio, Irineu, Orígenes, João Crisóstomo, e sobretudo Ambrósio e Agostinho, o tema da formação da Igreja se transformará numa impostação teológica sobre os fundamentos da Igreja; impostação que se manterá praticamente até o Iluminismo e a disputa do modernismo, no início do século XX. Com efeito, a partir da grande época patrística, a formação da Igreja é expressa na imagem misteriosa do nascimento desta Igreja do lado do Crucificado, como Eva da costela de Adão (Ambrósio, *In Psalm.* 36.37: PL 14, 986; *Epist.* 76,3s: PL 16, 1260; Agost., *In Joh. Tract.* IX 2,10; XV 4,8; CXX 19,2: PL 35,1463.1513.1953). A importância deste simbolismo é tal que é retomado na Idade Média e citado de maneira particular pelo Concílio de Viena, de 1312 (DS 901).

No período seguinte, caracterizado pelas lutas eclesiásticas pelo poder, une-se a esta uma outra reflexão sobre os fundamentos teológicos da Igreja. Trata-se da escolha e da missão dos apóstolos, especialmente de Pedro, como iniciadores da hierarquia eclesiástica. Sob a influência do pensamento jurídico, introduz-se o conceito de *ius divinum*, como princípio garantidor da fidelidade histórica e da fundação da Igreja e de suas instituições: juntamente com a disputa sobre a Escritura como *norma non normata*, ele se torna pedra de toque do → luteranismo, com sua fórmula *sola Scriptura*. O Concílio de → Trento tratará com cuidado estes dois conceitos, atribuindo-lhes o lugar que merecem. Subsequentemente, a Contrarreforma acentuará com vigor o ministério de Pedro e o papado como garantia de continuidade entre Jesus e a Igreja.

Mas é somente com o Iluminismo e com a controvérsia modernista propriamente dita que é colocada a questão crítica da "singular fundação da Igreja, da parte de Jesus de Nazaré". O Concílio → Vaticano I (1870) já declarara que Cristo "decidiu edificar a santa Igreja" (*sanctam aedificare ecclesiam decrevit*: DS 3050), mas foram os documentos magisteriais sobre o modernismo que enfrentaram principalmente este tema, de modo concreto o decreto *Lamentabili* (DS 3452) e a encíclica *Pascendi* (DS 3492), ambos de 1907, resumidos no juramento antimodernista de 1910 com as palavras: "A Igreja foi instituída imediata e diretamente pelo mesmo Cristo verdadeiro e histórico, enquanto vivia no meio de nós" (DS 3540).

A partir destes textos do magistério, os manuais de teologia e de eclesiologia fundamental introduziam uma importante seção sobre este tema, que servia como propedêutica apologética para a teologia inteira. Começam-se assim a difundir as expressões "instituir", "fundar" e "edificar", para significar a relação existente entre Jesus de Nazaré e a Igreja, e enumeram-se seus atos principais: chamamento e missão dos doze, instituição do primado de Pedro e sua sucessão, transmissão do tríplice poder de Cristo ("potestas docendi, sanctificandi et regendi") aos apóstolos e instituição da Eucaristia como nova aliança (J.B. Franzelin, H. Dieckmann, A. Tanquerey, J. Salaverri, T. Zapelena, M. Schmaus, F.A. Sullivan...).

Será preciso esperar até o Vaticano II para que esta temática receba uma impostação mais completa e articulada. Com efeito, nos quatro números da LG 2-5 delineia-se uma visão da instituição da Igreja na perspectiva de um processo, até se usarem, no último número, pela primeira e única vez, as palavras "fundação" e "fundador". Na fase pós-conciliar, há que se assinalar um importante documento da Comissão Teológica Internacional (CTI) de 7.10.1985, por ocasião do 10º aniversário do encerramento do Vaticano II, que trata de "Temas seletos de eclesiologia", começando precisamente pelo da "fundação da Igreja por parte de Jesus Cristo" (EV 9, 1673-1680), que constitui uma resposta a algumas impostações talvez um pouco céticas ou críticas em excesso (H. Küng, L. Boff), além de uma apropriada e atualizada síntese católica sobre esta questão.

Passemos agora em revista os pontos teológicos mais relevantes desta panorâmica histórica, já que, para articular uma impostação típica da teologia e eclesiologia fundamental sobre a relação originária e fundante de Jesus com a Igreja, convirá ter presentes várias questões teológicas que estão implícitas no tema.

2. DOIS BINÔMIOS CLÁSSICOS DA RELAÇÃO JESUS-IGREJA – De fato, a pergunta que o Iluminismo e a controvérsia modernista levantam sobre a fundação da Igreja, a despeito da novidade que a torna paralela ao nascimento da Teologia Fundamental como matéria de ensino, aprofunda suas raízes em duas questões teológicas de vasto alcance, debatidas na história da teologia e assinaladas já anteriormente. Trata-se da relação entre Escritura e Igreja, e entre *ius divinum* e *ius ecclesiasticum*, como binômios clássicos do nosso tema: Jesus e a Igreja. Será bom, portanto, indicar os elementos mais destacados destes binômios, que nos oferecerão pontos basilares para nosso tema, em vista de uma correta impostação teológica.

a. *Escritura e Igreja* – A Escritura foi considerada desde os inícios da vida da Igreja um instrumento normativo de toda atividade comunitária e privada; daí a célebre expressão "*norma normans – norma non normata*", já que a Sagrada Escritura é a objetivação literária da fé da Igreja apostólica, norma e fundamento das igrejas de todos os tempos. Por este motivo, a Escritura assumiu uma função de excepcional importância para a definição e a conservação do → depósito da fé, em virtude do significado fundamental atribuído a tal depósito, como componente fundamental e característico da verdadeira Igreja de Cristo. Ora, tanto nos Padres quanto na teologia medieval existia uma conexão íntima entre Escritura e Tradição. É a partir da crise protestante que tal conexão será posta em discussão, suscitando o célebre axioma de Lutero: "*sola Scriptura*".

A questão foi debatida no Concílio de Trento e retomada novamente no Vaticano II. Sobre o decreto tridentino (DS 1501) e sobre sua interpretação existe atualmente entre os estudiosos católicos um acordo notável em afirmar que, no que tange à fé, a Sagrada Escritura é materialmente suficiente e que a tradição exerce neste caso a função de *traditio interpretativa*. No tocante aos *mores et consuetudines* da Igreja, a Escritura é insuficiente e precisa ser completada materialmente (em seu conteúdo) pela tradição que, neste caso, é *traditio constitutiva* (J.R. Geiselmann, G. Tavard, Y. Congar, J. Ratzinger, J. Beumer, U. Betti, J.M. Rovira Belloso).

Esta interpretação do texto de Trento – interpretação não comum antes do estudo da questão por parte de um pioneiro como Geiselmann – ajudou o Vaticano II a formular uma doutrina destinada a superar os dualismos existentes entre Escritura e Tradição. Assim, DV 9 evita os extremos, sublinhando sua recíproca integração, uma vez que não se fala de duas fontes, mas de "uma mesma fonte" (*ex eadem scaturigine promanantes*) da qual deriva a Escritura como única Palavra de Deus transmitida pela tradição eclesial. Esta última desempenha fundamentalmente uma função criteriológica decisiva, que o concílio aponta explicitamente sob três aspectos; a tradição, com efeito: 1. diz qual é o cânon dos livros sagrados (DV 8c); 2. precisa a certeza de todas as verdades reveladas (DV 9 foi o ponto que suscitou maior debate no concílio); 3. atualiza e aprofunda a Escritura (DV 8c.12.21.24s). Por conseguinte, já é anacrônico o sentido atribuído, no século XVI, às fórmulas polêmicas como a teoria das "duas fontes", entre os católicos, e a da *sola Scriptura*, entre os protestantes (cf. os comentários conciliares de U. Betti, P. Lengsfeld, B.D. Dupuy, A. Franzini).

b. *"Ius divinum" e "ius ecclesiasticum"* – O tema do *ius divinum* já fora enfrentado pelo Concílio de Trento e se havia tornado causa de controvérsia com o luteranismo, especialmente nas questões concernentes diretamente aos sacramentos para justificar ou não sua "instituição" por parte de Jesus. Com efeito, mais do que oferecer uma perspectiva eclesiológica e uma definição no quadro teológico dos ministérios da Igreja, Trento estabelece o poder sacerdotal com vistas aos sacramentos. É em tal contexto que a questão do *ius divinum* aparece como argumento de relevo em favor do caráter revelado da questão correlativa, que se apresentará novamente no Vaticano I com o tema do Primado. O Vaticano II retoma as afirmações dos dois concílios anteriores, enquadrando-as numa clara perspectiva eclesiológica e ecumênica. Vejamos agora os pontos mais importantes da questão, relegada em geral aos tratados de direito, provavelmente por sua própria forma expressiva ("ius"), embora tenha na realidade uma importância teológica e eclesiológica fundamental.

Em linha geral, pode-se dizer que a expressão *ius divinum* indica muitas vezes uma realidade de instituição divina positiva, para a qual se pode remeter à Escritura. Santo Agostinho já o havia definido como o equivalente do testemunhado pela Escritura: "Divinum ius in Scripturis habemus" (*In Joh. Tract.* VI, 25: PL 35, 1436); pode-se até dizer que existe um *ius divinum* porque existe a Escritura (Pl 33, 665). Tomás de Aquino colocar-se-á nesta linha – "ius divinum est quod pertinet ad legem novam" (STh I-II, 107,4) – e especificará que ele não suprime o *ius humanum* ou *ius ecclesiasticum*, já que o "ius divinum quod est ex gratia non tollit ius humanum quod est ex naturali ratione" (STh II-II, 10,10).

A Reforma luterana e o próprio Lutero usaram muitas vezes a noção de *ius divinum*: trata-se do direito legitimado pela Escritura. Assim, Lutero escrevia: "Sacra Scriptura, quae est proprie ius divinum" (WA 2, 279,23s). Com efeito, a equivalência entre *ius divinum* e Escritura resulta bastante clara no artigo de Esmalcalda – redigido por Lutero – que assim reza: "Quod Papa non sit iure divino seu secundum verbum Dei..." e no comentário de Melanchton, que introduzia o conceito de *ius divinum* falando da superioridade do papa sobre os bispos. A expressão *ius huma-*

num apresenta grande semelhança com a perspectiva indicada no Concílio de Trento pelo parecer do franciscano G.A. Delfino, que o situa no terceiro grau do *ius divinum*: o primeiro grau designa todas as coisas que se encontram na Escritura, o segundo grau refere-se a tudo o que se encontra implícita ou simultaneamente na Escritura, o terceiro grau é dado pelos estatutos da Igreja e pelos concílios e pode qualificar-se como *ius humanum*.

Como dado significativo, pode-se constatar a ausência da expressão *ius divinum* referida diretamente ao episcopado nos concílios de Trento (DS 1776) e do Vaticano II (LG 28a); por outro lado, porém, todo o contexto e as fórmulas que substituem tal expressão, especialmente *divina ordinatio/institutio*, remetem a uma compreensão mais ampla. A expressão explícita é, porém, usada pelo Vaticano I, quando fala da perpetuidade da sucessão de Pedro, qualificada como *de iure divino* (DS 3058). Neste caso, a fórmula conclui o capítulo II, onde não se invoca nenhum texto evangélico explícito, ainda que sejam parafraseadas as passagens de Mt 16,18 e de Mt 28,20, e se transcreva uma longa citação de Filipe, legado papal do Concílio de Éfeso, juntamente com textos de Leão Magno, Irineu e Ambrósio. É, pois, claro, aqui, que a leitura da Escritura interpretada pela Igreja (cf. DS 3054: "esta doutrina tão clara das Escrituras, tal como a entendeu sempre a Igreja Católica") é uma via legítima para se chegar a reconhecer que uma instituição é de *ius divinum*. De fato, parece, portanto, óbvio que não se deve identificar nem a "instituição-ordenamento divino" de Trento e do Vaticano II, nem o *ius divinum* do Vaticano I com uma exclusiva fundação explícita do Senhor, uma vez que as diversas estruturas podem ser instituídas pela Igreja apostólica, guiada pelo Espírito Santo, como testemunham as Escrituras, ou pela providência divina que dirige a Igreja pós-apostólica.

Na linha desta compreensão do *ius divinum* em sentido amplo, encontram-se diversos teólogos católicos, que sublinham o fato de que uma série de estruturas eclesiásticas (p. ex., uma constituição monárquico-episcopal e um ministério permanente de Pedro) podem entender-se como derivantes de Jesus e *iuris divini*, embora não possam ser remetidas a uma palavra precisa de Jesus, verificável sem equívocos no plano histórico. Pressupõe-se unicamente que possa ser compreensível que tais decisões (atos da Igreja, criadores de uma constituição) se enquadrem nas autênticas possibilidades contempladas por Jesus e pela fé nele. Tais atos podem até ser irreversivelmente obrigatórios, e neste sentido *iuris divini*, para as gerações subsequentes caso se verifiquem os pressupostos já mencionados (K. Rahner, Y. Congar, C.J. Peter, A. Dulles, A. Antón, M. Miller).

Colocado assim o problema, sublinha-se, portanto, que o *ius divinum* é determinado de uma forma humana e histórica, já que o direito divino existe somente num enunciado ou numa realização histórica, denominada muitas vezes *ius ecclesiasticum*. É o que afirma a "Relação luterana/católico-romana" no documento de Malta, de 1972: "O *ius divinum* nunca se distingue totalmente do *ius humanum*. Possuímos o *ius divinum* unicamente através da mediação de formas que trazem sempre impresso o selo da história. Embora se devam considerar um simples produto do processo sociológico de desenvolvimento, estas formas de mediação podem ser sentidas como fruto do Espírito, em razão da natureza pneumática da Igreja" (n. 31). E mais adiante prossegue: "A Igreja, em suas instituições, permanece constantemente ligada ao Evangelho, que tem sobre ela uma prioridade indiscutível. Levando em conta isto, a tradição católica fala de *ius divinum*. Todavia, para as instituições da Igreja, o Evangelho só pode ser um critério em relação viva com a realidade social das diversas épocas. Assim como o Evangelho pode ter uma legítima explicação nos dogmas e nas confissões de fé, da mesma forma existe também uma realização histórica do direito na Igreja" (n. 33).

Complementa este texto a declaração de 1981 sobre "Autoridade na Igreja, II" (Windsor), da parte da Comissão mista anglicana/católico-romana, que se refere ao significado do "direito divino", próprio do "serviço petrino", como um dos "quatro problemas importantes neste tema que exigem um estudo ulterior" (n. 1). Limitamo-nos aqui a escolher os pontos mais relevantes de sua reflexão: "Embora não exista uma interpretação universalmente aceita desta expressão (*ius divinum*), tudo vem confirmar que... ele exprime o projeto de Deus a respeito de sua Igreja. Não há necessidade de sustentar que o *ius divinum* em tal contexto implique que... (a Igreja) tenha sido fundada diretamente por Jesus durante sua vida terrena" (n. 11). E mais adiante a declaração prossegue: "Considerada a interpretação da frase sobre o direito divino no Concílio Vaticano I, como fizemos anteriormente, é razoável perguntar-nos se existe realmente uma diferença entre a afirmação de um primado por direito divino (*iure divino*) e o reconhecimento de seu emergir por providência divina (*divina Providentia*)" (n. 13).

Em conclusão deste ponto, notemos que é importante distinguir entre o "fato" da instituição por parte do Senhor e o uso de um argumento da Escritura. Tal distinção – nem sempre presente nos tratadistas do tema – pode, portanto, ser útil para se poder superar a frequente ambiguidade da expressão *ius divinum*, especialmente quando não se levam em conta a tradição teológica e o contexto confessional nos quais ela é usada.

3. HISTÓRIA TEOLÓGICA RECENTE – A primeira obra que adotou uma concepção histórico-crítica sobre a vida de Jesus – tendo por autor o luterano H.S. Reimarus (1694-1768) – afirma que o objetivo de Jesus, compartilhado por seus apóstolos, não era o de estabelecer uma igreja ou comunidade religiosa separada, mas restabelecer o reino davídico em território palestinense. Após o fracasso e a execução capital de Jesus, como resultado da decepção sofrida pelos discípulos, difundiu-se a noção de igreja. Esta visão foi em nossa época tão frequentemente repetida quanto com razão refutada e, como já sugerem seus inícios, apresenta-se ligada à interpretação escatológica da pregação de Jesus. Com efeito o debate contemporâneo sobre a relação entre Jesus e a Igreja tem como pano de fundo a controvérsia surgida no começo do século XX, associada ao modernismo e à descoberta do significado escatológico do Reino de Deus. Eis aqui, sumariamente, as etapas mais significativas da questão hodierna, subdividida em vários momentos:

a. *O primeiro "consenso" que se criou em torno da pesquisa histórico-liberal* (inicialmente com A. Harnack, os modernistas, A. Sabatier, G. Tyrrell, A. Loisy e, em seguida, com R. Bultmann e seguidores). Estes autores negam qualquer forma de Igreja organizada no pensamento e na pregação de Jesus. Assim, O. Linton, em 1932, sintetizava o "consenso" obtido nesta fase: a Igreja global surgiu como uma confederação sucessiva de comunidades locais. Em sua forma católica de comunidade sacramental, pode-se até afirmar que a Igreja se formou sob a influência do helenismo e do Império Romano, em face do tardar da parusia. Recordemos aqui a célebre expressão de A. Loisy: "Jésus annonçait le royaume, et c'est l'église qui est venue"; expressão que, devido à polêmica com Harnack, não tinha originariamente um sentido negativo, limitando-se a sublinhar que a existência da Igreja era uma condição necessária para que a pregação do Reino pudesse continuar. Posteriormente, esta afirmação tornou-se um *slogan* emblemático do modernismo, na maneira negativa de considerar a Igreja (cf. F.M. Braun, O. Cullmann, H. Conzelmann, H. Fries, L. Boff; reivindicaram, ao invés, seu sentido originário, não negativo, os estudos monográficos de E. Poulat e G. Heinz).

b. *O "novo consenso" da pesquisa escatológico-neotestamentária: 1942* (F. Kattenbusch, K.L. Schmidt, A. Nygren, T.W. Manson, V. Taylor, F.J. Leenhardt, W.A. Visser't Hooft, L. Goppelt, E. Stauffer e, mais recentemente, J. Jeremias). Qualificada como "novo consenso" pelo católico F.M. Braun, em 1942, esta fase define a Igreja como povo de Deus do fim dos tempos, congregada pelo Messias-Filho do Homem, constituída a partir da morte e ressurreição de Jesus e confirmada pelo dom escatológico do Espírito em Pentecostes. Em tal contexto, o círculo dos doze anuncia já antes da Páscoa a instauração do povo escatológico de Deus, a que seriam chamados a confluir também os gentios, segundo a expectativa de Jesus.

c. *A "síntese" de E. Käsemann: o → protocatolicismo (Frühkatholizismus).* Trata-se de uma impostação já presente em R. Bultmann, mas a partir de 1963 divulgada e amplamente apresentada por E. Käsemann, que sublinha o contraste entre eclesiologia paulina, unicamente orientada para os carismas, e a mais tardia – atestada em particular pelas epístolas deuteropaulinas e pela obra lucana – centrada na autoridade dos ministros ordenados e identificada pelo autor como eclesiologia de tipo católico, não mais atribuível à vontade do Jesus histórico. São afirmações que comportam uma revisão do conceito tradicional de → "cânon", uma vez que impõem o que Käsemann qualifica como "cânon dentro do cânon", numa tentativa radical de aplicar o axioma luterano: "Urgemus Christum contra Scripturam" e que toca o epicentro da relação entre Jesus e a Igreja. A questão assim colocada do protocatolicismo exerceu grande influência sobre diversos exegetas protestantes (F. Hahn, L. Goppelt, S. Schulz, U. Luz... e inicialmente sobre H. Schlier que, justamente ao avaliar positivamente esta evolução, passou do protestantismo para o catolicismo) e está presente de modo relevante nos estudos eclesiológicos mais polêmicos de H. Küng.

d. *A "nova impostação" da pesquisa e as posições dos teólogos católicos.* A partir das fases precedentes, fundamentalmente protestantes, aparecem na teologia católica os inícios de uma "nova impostação" da questão, através da incorporação dos elementos mais válidos dos métodos histórico-críticos. Assim, dois grandes exegetas católicos, R. Schnackenburg e A. Vögtle, pouco antes do Vaticano II, já afirmavam que, no rigor dos termos, se pode falar de Igreja somente depois da glorificação de Jesus e de Pentecostes. Mas, por sua vez, observavam com igual vigor que a manifestação da Igreja depois da Páscoa está em continuidade com Jesus e com suas obras e palavras, chegando assim também a falar de "kirchenstiftenden Akte Jesu" [atos de Jesus fundantes da Igreja]. Já intuída por → R. Guardini, em 1937, esta posição foi difundida de modo generalizado pelo conhecido exegeta J. Schmid em suas colaborações ao "Comentário de Ratisbona ao Novo Testamento", e recebeu uma formulação nova, mais recente, na afirmação dos "kirchenrelevante Akte" [atos relevantes para a Igreja] de Jesus de Nazaré, por parte do teólogo fundamental H. Fries.

Algumas opiniões talvez mais críticas no interior da teologia católica são as apresentadas por H. Küng (1967) e por L. Boff (1980). Seguindo a "nova impostação" da questão, os dois autores tendem a acentuar algumas conclusões mais radicais, no sentido de não falar de atos propriamente "eclesiais" de Jesus, embora coincidindo ambos em afirmar que a pregação e a ação de Jesus colocaram "os fundamentos" para que surgisse a Igreja pós-pascal (cf. as observações críticas sobre H. Küng, na Declaração da Congregação para a doutrina da fé de 15.12.1979: EV 6, 1942-1951, e a carta de João Paulo II, de 15.5.1980: EV 7, 374-399; sobre L. Boff, na notificação da Congregação para a doutrina da fé, de 11.3.1985: EV 9, 1421-1432).

e. *A "nova síntese" exegético-teológica: a eclesiologia "implícita" de Jesus de Nazaré.* A partir das várias fases e dificuldades experimentadas em tal questão, a semelhança com a temática sobre a cristologia "implícita" de Jesus de Nazaré sugeriu o que podemos chamar de uma "nova síntese" exegético-teológica da categoria "eclesiologia implícita". A expressão foi consagrada pelo documento de 1986, da CTI, sobre a consciência de Jesus (n. 3.2). Este novo enfoque do tema une em si os resultados de diversos estudos católicos destes últimos anos (A. Descamps, H. Schlier, seguido por A. Anton, que falam de uma "Präformation der Kirche" em Mt, W. Trilling, H. Frankemölle, M.M. Garijo-Guembe). Merece menção especial G. Lohfink, crítico em relação a alguns tipos de explicação, mas defensor da identidade entre povo de Deus escatológico e Igreja; com efeito, Jesus não foi tanto o fundador de uma nova instituição quanto o Salvador de Israel, aquele que congregou o verdadeiro Israel dos tempos derradeiros, a Igreja. Notemos aqui, ainda, as sugestivas reflexões de F.S. Fiorenza, que não restringe o conceito "fundar" à intenção explícita do sujeito, mas coloca-o numa interpretação *a posteriori* da história, a partir da hermenêutica da recepção. Dentro deste quadro, são particularmente importantes os estudos sociológicos sobre os inícios dos seguidores de Jesus, especialmente os estudos de G. Theissen e R. Aguirre, que consideram o cristianismo nascente como um movimento intrajudaico de renovação, que progressivamente consumou sua ruptura com o judaísmo farisaico "oficial".

4. PERSPECTIVAS TEOLÓGICAS – O Vaticano II foi o primeiro concílio que ofereceu uma ampla impostação teológica da relação originária e fundante de Jesus em relação à Igreja. Apresentamos aqui uma análise detalhada do teor destes textos, compreendidos nos n. 2-5 de *Lumen Gentium.* A Igreja, segundo este documento, está ligada às três pessoas divinas como "um povo congregado pela unidade do Pai (n. 2), do Filho (n. 3) e do Espírito Santo (n. 4)" (texto de Cipriano; cf. tb. Agostinho, João Damasceno, Fulgêncio, Cirilo: LG 4, último parágrafo); a Igreja está, além disto, ligada ao Reino de Deus (n. 5). Mais adiante, em LG 18, ao tratar da instituição da hierarquia, a Constituição faz referência ao parágrafo já citado do Vaticano I ("edificou a Igreja santa": DS 3050), retomando-lhe textos e provas a favor do chamado e da missão dos apóstolos em seu conjunto (LG 18-29).

Em LG 2, fala-se do projeto salvífico de Deus Pai, que convoca a santa Igreja, "prefigurada desde o princípio do mundo, preparada na história do povo de Israel, instituída nos 'últimos tempos', manifestada pela efusão do Espírito e que terá consumação gloriosa no fim dos séculos". É neste contexto que LG se refere à célebre expressão patrística *ecclesia ab Abel* (Gregório Magno, Irineu, Orígenes, Agostinho, Leão Magno, João Damasceno; cf. a síntese de Santo Tomás: "patres antiqui pertinebant ad idem corpus Ecclesiae": III, 8,3,3).

Em LG 3, fala-se da missão e obra do Filho, que "inaugurou na terra o Reino dos Céus e revelou o mistério do mesmo e, com sua obediência, operou a redenção". É aqui que se liga o Reino à Igreja com expressão significativa, quando se afirma: "A Igreja, ou seja, o Reino de Cristo já presente em mistério, pelo poder de Deus cresce visivelmente no mundo" e, por sua vez, "este início e este crescimento são simbolizados pelo sangue e pela água que saíram do lado aberto de Jesus crucificado", imagem mistérica recordada pelos grandes Padres (Ambrósio, Agostinho), retomada pelo Concílio de Viena, de 1312 (DS 901), e pela constituição conciliar do Vaticano II sobre a Liturgia (SC 5).

Em LG 4, fala-se do Espírito que santifica a Igreja numa linha análoga à de LG 2; tudo está centrado na dinâmica manifestada pela frase: "e os crentes tivessem, assim, por Cristo, acesso ao Pai em um só Espírito", que revela toda a economia da salvação e faz entender como "o Espírito habita na Igreja" (*Spiritus in Ecclesia*). Esta observação lembra por sua vez a distinção entre verdades que dizem respeito aos meios e verdades que dizem respeito ao fim, distinção esta introduzida por Tomás de Aquino, ao comentar o Credo apostólico, quando observa que a Igreja figura entre as primeiras (verdades que dizem respeito aos meios) e que à expressão "crer *na* Igreja" se deve preferir a outra "crer no Espírito que santifica a Igreja" (STh II-II, 1,9,6). O texto conciliar assinala finalmente o caráter escatológico desta presença do Espírito e da Igreja que "dizem ao Senhor Jesus: Vem!", e conclui com a já referida citação-síntese de São Cipriano sobre a "Ecclesia de Trinitate".

Em LG 5, o texto conciliar está centrado na relação entre Igreja e Reino de Deus e é esta a única vez em que é usada a palavra "fundação" e "fundador". Diz o texto que o "mistério da santa Igreja se manifesta em sua própria *fundação*" e enumera então os seguintes "atos fundantes": "Jesus deu início à Igreja, pregando o Reino prometido"; "este Reino manifesta-se nas palavras, nas obras e na presença de Cristo"; "os milagres são a prova de que o Reino chegou à terra"; "antes de tudo, o Reino manifesta-se na própria pessoa de Cristo"; "Jesus ressuscitou e derramou sobre seus discípulos o Espírito". "Por isso, a Igreja, munida dos dons de seu *fundador*... recebe a missão de anunciar o Reino de Cristo e de Deus... e deste Reino constitui na terra o germe e o início (*germen et initium*)".

Vejamos, pois, como o Vaticano II se coloca na linha da reflexão atual sobre os dados do NT, salientando que o que melhor se harmoniza com este é a ideia de uma fundação da Igreja durante toda a atividade de Jesus, tanto do Jesus terreno como do Jesus glorificado. No movimento de convocação do Jesus terreno, no círculo de seus discípulos, em suas refeições, em particular em sua última ceia antes de morrer etc., deparam-se *vestigia ecclesiae* pré-pascais (cf. W. Kasper), talvez explícitos, ou mais provavelmente implícitos. Todos estes elementos e perspectivas foram utilizados como materiais de construção da nova situação depois da Páscoa.

No quadro de uma semelhante compreensão dos *vestigia ecclesiae* pré-pascais e como ulterior especificação situa-se o documento mais recente da CTI, de 7.10.1985, sobre algumas questões de eclesiologia. O documento enumera em detalhe as dez fases de desenvolvimento em que é sintetizado o processo de fundação da Igreja:

1. "as promessas veterotestamentárias sobre o povo de Deus, promessas que a pregação de Jesus pressupõe e que conservam toda sua força salvífica";

2. "o chamado de Jesus à conversão e à fé, chamado endereçado a todos os homens";

3. "o chamamento e a instituição dos Doze como sinal do futuro restabelecimento do Israel inteiro";

4. "a imposição do nome a Simão Pedro, o lugar preeminente reservado a ele no círculo dos discípulos e sua missão";

5. "a rejeição de Jesus por parte de Israel e a ruptura entre povo judaico e discípulos de Jesus";

6. "o fato de que Jesus, ao instituir a Ceia e ao enfrentar sua paixão e morte, persiste em pregar o reino universal de Deus, que consiste no dom da vida a todos os homens";

7. "a restauração, graças à ressurreição de Jesus, da comunidade rompida entre Jesus e seus discípulos, e a introdução, após a Páscoa, da vida propriamente eclesial (*proprie ecclesialem*)";

8. "o envio do Espírito Santo, que faz da Igreja uma verdadeira 'criatura de Deus' (cf. a narração do Pentecostes nos escritos de São Lucas)";

9. "a missão para os pagãos e a constituição da Igreja dos pagãos";

10. "a ruptura definitiva entre o 'verdadeiro Israel' e o judaísmo".

O texto, por sua vez, conclui de modo bem claro: “nenhuma fase, tomada em separado, é totalmente significativa; mas todas juntas mostram com evidência que a fundação da Igreja deve ser entendida como um processo histórico, como o devir da Igreja no interior da história da Revelação. O Pai ‘quis convocar os crentes em Cristo na santa Igreja, que, já prefigurada desde o princípio do mundo, admiravelmente preparada na história do povo de Israel e na antiga aliança, e estabelecida ‘nos últimos tempos’, foi manifestada pela efusão do Espírito e terá gloriosa consumação no fim dos séculos’ (LG 2). Neste mesmo processo constitui-se a estrutura fundamental permanente e definitiva da Igreja” (EV 9, 1677-1679).

Complementando tudo isto, existe um ulterior documento da mesma CTI, concernente à “consciência de Jesus”. O documento é de 31.5.1986 e em sua terceira proposição, dedicada a este tema, afirma: “Para cumprir sua missão salvífica, Jesus quis reunir os homens com vistas ao Reino e reuni-los ao redor de si. Para realizar tal propósito, Jesus realizou atos concretos que, tomados em seu conjunto, só podem ser interpretados como preparação da Igreja, que se constituiu definitivamente com os acontecimentos da Páscoa e do Pentecostes. É, pois, necessário afirmar que Jesus quis fundar a Igreja (*Iesum voluisse Ecclesiam fundare*)”. No comentário a esta proposição, fala-se da categoria de “eclesiologia implícita” como expressão da intenção de Jesus, visto que “não se trata de afirmar que esta intenção de Jesus implica uma vontade expressa de fundar e estabelecer todos os aspectos institucionais da Igreja, tais e quais se desenvolveram ao longo dos séculos”. Mais adiante, especifica-se que “Cristo tinha consciência de sua missão salvífica. Esta comportava a fundação de sua ‘Igreja’, isto é, a convocação de todos os homens à ‘família de Deus’. A história do cristianismo estriba-se, em última instância, na intenção e na vontade de Jesus de fundar sua Igreja” (n. 3.2) (cf. *Greg* 67 [1986], 413-428.422-424).

5. CONCLUSÃO – Para concluir e sintetizar a relação entre Jesus e a Igreja, podemos projetar luz sobre o início da Igreja sacramental, utilizando uma visão teológica tripartida, à imagem da estrutura essencial dos sacramentos, estabelecida mediante três determinações: a “instituição, da parte de Cristo” (1), o “sinal externo” (2) e o “efeito interno da graça” (3).

Esta visão teológica tripartida é o que emerge dos textos conciliares, especialmente de LG 2-5; mais do que concentrar-se unicamente na questão levantada pelo modernismo sobre a “fundação” histórica da Igreja, por parte de Jesus de Nazaré, estes parágrafos apresentam uma impostação teológica global da relação fundadora, originária e fundante de Jesus em relação à Igreja. Neste sentido, devemos afirmar que é preciso ter presentes conjuntamente as três determinações fornecidas pela teologia sacramentária, se quisermos dar uma solução teológico-fundamental correta às relações entre Jesus e a Igreja:

a. *“A instituição da parte de Cristo”: Jesus Cristo, “fundador” da Igreja.* Esta primeira determinação, como já observamos, está profundamente ligada às questões relativas à pessoa e à consciência pessoal de Jesus. Neste sentido, a partir do desenvolvimento e das fases da vida e do ministério de Jesus de Nazaré, aparece com força a gênese de uma “eclesiologia implícita e processual” que manifesta o modo concreto pelo qual Jesus Cristo é “fundador” da Igreja (cf. LG 5 e os documentos da CTI de 1985 e de 1986).

b. *“O sinal externo”: Jesus Cristo, “origem” da Igreja.* Esta segunda determinação é iluminada pela origem da Igreja como formação na história. Com efeito, a ação salvadora de Jesus desenvolve-se neste mundo somente através dos homens e de sua história. Nesta transmissão histórica ocupam uma missão relevante os apóstolos e seus sucessores, aos quais está confiado o ministério de conservar íntegro o “depósito da fé” (DV 10). “Assim, a Igreja, em sua doutrina, em sua vida e em seu culto, perpetua e transmite a todas as gerações tudo o que ela é, tudo o que ela crê” (DV 8). Por este motivo, pode ser descrita como *universale sacramentum salutis* (LG 1.9.48.59; GS 42.45), formada por um elemento divino e por um humano, em analogia com o mistério do Verbo encarnado, *sancta simul et semper purificanda* (LG 8). Nesta linha, deve-se sublinhar que a Igreja é “mistério” e, por sua vez, “sujeito histórico”, com a consequente “plenitude e relatividade” que isto comporta em sua “existência histórica”. Esta última deve ser analisada também com a ajuda da metodologia histórica e sociológica, como “povo de Deus *in via*, numa situação que nunca se completa nesta terra” (CTI 1985, n. 3), mas, por sua vez, consciente de que é “o Reino de Cristo já presente em mistério” (LG 3) e de algum modo “sacramento do Reino” (cf. sobre esta fórmula as especificações da CTI 1985, n. 10.3).

c. *“O efeito interno da graça”: Jesus Cristo, “fundamento vivo” da Igreja.* Esta terceira determinação encontra sua realização nos mistérios salvíficos de Cristo como fundamento vivo da Igreja, mistérios estes preparados desde as origens (cf. *Ecclesia ab Abel*: LG 2), articulados em sua encarnação, em seu mistério pascal e no envio do Espírito. Com efeito, a “encarnação” do Verbo fá-lo tornar-se pai da nova humanidade (cf. Rm 5,12.25), tornando possível “a recapitulação da história universal em Cristo” (cf. Ef 1,10) pela mediação da Igreja *creatura Verbi* (cf. DV 1).

O segundo acontecimento que constitui o fundamento vivo da Igreja é o mistério pascal de Cristo, como expressão máxima de seu serviço para todos os homens (cf. Mc 10,45; 14,24), já que “para isto Cristo morreu e voltou à vida: para ser o Senhor dos mortos e dos vivos” (Rm 14,9), que cria uma nova economia sacramental (cf. SC 61), donde a imagem do nascimento da Igreja do lado de Cristo (cf. LG 3; SC 5). O terceiro acontecimento da vida de Cristo é “o envio do Espírito” (cf. At 2), verdadeiro protagonista que serve de fundamento atual para toda a história e a vida da Igreja, da qual é “alma” (cf. LG 7), manifestando-lhe plenamente o ser como *Ecclesia de Trinitate* (cf. LG 4).

É assim determinada e melhor precisada a relação fundadora (1), originária (2) e fundante (3) de Jesus Cristo em relação à Igreja, entendida com base em sua estrutura sacramental, verdadeiro pivô da eclesiologia do Vaticano II. Deste modo, o mistério da Igreja, ao mesmo tempo histórico e transcendente, forma “uma única complexa realidade" (LG 8) e é totalmente referido a Cristo e iluminado por Ele, único *Lumen Gentium* de que a Igreja, que tem seu fundamento atual nele, é "como que o sacramento, isto é, o sinal e instrumento da íntima união com Deus e da unidade de todo o gênero humano" (LG 1).

Bibl. – H. Schlier, "Eclesiologia do NT", em *Myst Sal IV/1*, 79-181; G. Heinz, *Das Problem der Kirchenentstehung*, Mainz 1974; A. Anton, *La Iglesia de Cristo*, Madri 1977; G. Theissen, *Sociologia do movimento do Jesus*, Petrópolis/São Leopoldo 1989; B. Forte, *La chiesa icona della Trinità*, Brescia 1984; H. Frankemölle-H. Häring, *Kirche/Ekklesiologie*: em NHThG II, 294-323; F.S. Fiorenza, *Foundational Theology*: *Jesus and the Church*, Nova York 1985; H. Fries, *Fundamentaltheologie*, Graz-Wien-Köln 1985; G. Lohfink, "Jesus und die Kirche", em HFTh III, 49-96; A. Descamps, *Jésus et l'Église*, Louvain 1987; R. Aguirre, *Del movimiento de Jesus a la Iglesia cristiana*, Bilbao 1987; M.M. Garijo-Guembe, *Gemeinschaft der Heiligen*, Düsseldorf 1988; J. Auer, *La Chiesa*, Assis 1988; S. Pié-Ninot, *Tratado de Teologia Fundamental*, Salamanca 1989.

SALVADOR PIÉ-NINOT

III. Motivo de credibilidade

1. DO VATICANO I AO VATICANO II – Em sentido geral, podemos afirmar que a Igreja é sinal de salvação, pois representa e comunica a graça invisível da salvação. É sinal, e sinal eficaz, de uma realidade espiritual, isto é, da união dos homens com Deus e, através desta, da união dos homens entre si.

Na medida em que este mistério de salvação ou de comunhão se *irradia* entre os homens com intensidade, torna-se, também para os não crentes, sinal perceptível do evento da salvação do mundo. Falamos então da Igreja como motivo de credibilidade. Com efeito, quando o povo de Deus, congregado na unidade, é fiel a sua vocação à santidade e vive em plenitude a vida de união com Deus e de união entre os homens, *atesta*, com sua própria presença, que a salvação anunciada e pregada pela Igreja visitou verdadeiramente a humanidade, para transformá-la e santificá-la. Em outros termos, quando a vida de unidade e de caridade dos membros de Cristo está de acordo com o Evangelho, tal vida se torna um sinal não só alusivo, mas *expressivo* da realidade significada: manifesta visivelmente que a Igreja é verdadeiramente o lugar da salvação em Jesus Cristo e que o Espírito de Cristo habita de verdade entre os homens. A Igreja torna-se então o sinal visível e histórico do Espírito de Cristo, princípio invisível da unidade da Igreja.

A ideia de que a presença da Igreja no mundo constitui, no decurso dos séculos e com todos os bens que representa, um sinal de sua origem divina não é uma descoberta do Concílio Vaticano I. Para dizer a verdade, o argumento é tradicional na Igreja. Tem suas raízes nos Atos, onde é descrita a vida da comunidade primitiva (At 2,44-45), e parece encontrar sua prefiguração no AT, na presença do povo de Deus, sinal elevado diante dos olhos das nações. Desde os primeiros séculos, os Padres, sobretudo Irineu, Tertuliano, Orígenes e Agostinho, aduzem a favor do cristianismo sua difusão milagrosa, a constância dos mártires, o fulgor de sua santidade. O argumento é posteriormente desenvolvido por Savonarola, no século XV, por Bossuet e por Pascal, no século XVII, por Fénelon, no século XVIII, por Balmes, Lacordaire, Bautain e Dechamps, no século XIX e, imediatamente antes do Vaticano I, por J. Kleutgen e J.B. Franzelin. O → Vaticano I sancionou com sua autoridade o valor deste sinal, dando-lhe a formulação mais importante, embora não definitiva. "A Igreja – diz aquele concílio – devido a sua admirável propagação, à sua eminente santidade, à sua inexaurível fecundidade em todos os bens, devido a sua unidade católica e à sua invicta solidez, é *em si mesma* um grande e perpétuo motivo de credibilidade e um testemunho irrefutável de sua missão divina" (DS 3013-3014).

O procedimento sugerido pelo concílio é, portanto, diferente do procedimento *histórico*, que se baseia na fundação da Igreja por obra de Cristo e na continuidade de tal Igreja na atual Igreja Católica. Em outros termos, não se trata da assim chamada via das *notas* da Igreja (cf. mais adiante), que consiste em reconhecer à Igreja atual as propriedades essenciais e exclusivas conferidas por Cristo à instituição que fundou. Trata-se, antes, de um procedimento *empírico* que tem por ponto de partida a Igreja como fenômeno espaçotemporal observável e insólito. Segundo a via das *notae*, trata-se da essência da Igreja de Cristo. Na via proposta pelo Vaticano I, trata-se diretamente da imagem da Igreja, dos aspectos de seu ser, tais como se manifestam também ao observador não crente, sem fazer referência à fundação histórica da Igreja por Cristo.

O concílio propõe – enumerando-os – cinco aspectos observáveis, pertencentes ao fenômeno Igreja, isto é, sua *admirável* difusão, a *eminente* santidade, a fecundidade *inexaurível*, a unidade *católica* e a estabilidade *invicta.* Os cinco atributos que acompanham os substantivos insistem no caráter não comum destas manifestações. A Igreja aparece no mundo como fenômeno insólito, excepcional, milagroso. Tais aspectos não são considerados isoladamente, mas em conjunto e qualitativamente. Como no caso de Cristo, trata-se de uma convergência *multiforme.*

A formulação do Vaticano I não pretende ser definitiva ou isenta de toda crítica. Pelo contrário, podemos perguntar-nos se tal formulação tem uma consciência suficiente da complexidade real do sinal Igreja. Com efeito, este sinal é mais ambíguo e infinitamente mais difícil de se apresentar do que o é o sinal de Cristo. A unidade da Igreja é real, mas é uma unidade ferida, que precisa ser restaurada, protegida e sempre aperfeiçoada; sua estabilidade está sempre ameaçada; sua catolicidade está submetida a eternas tensões; sua santidade surge em terra de pecado. A formulação do Vaticano I deve indubitavelmente ser entendida no contexto social do século XIX, quando a Igreja era entendida como sociedade perfeita, autônoma, transcendente, isenta das vicissitudes das sociedades humanas. Certamente a formulação do Vaticano I mal permite que aflore a suspeita de que o sinal Igreja se assemelhe a um *tecido de paradoxos*, que fazem da Igreja um enigma, cuja chave é preciso encontrar. A Igreja do Vaticano I parece uma Igreja abstrata, ideal, com atributos absolutos, ao invés de uma comunidade de fiéis a caminho, frágil, pecadora. Os adjetivos associados às características da Igreja (admirável, eminente, inexaurível, invicta) estão na ordem da intensidade, mais do que na do paradoxo. Por isto, a descrição do Vaticano I é pouco eficaz em Teologia Fundamental, sobretudo no contexto do século XX.

Por este motivo, o Vaticano II, sensível a esta diversidade de contexto, modificou as perspectivas e a formulação, embora mantendo a realidade do sinal. Efetivamente, o Vaticano II com frequência faz alusão ao texto do Vaticano I, mas sem nunca citá-lo inteiramente. Note-se também que nas passagens em questão o sinal igreja é reduzido, na prática, ao sinal da unidade na caridade. A Igreja é sinal do evento da salvação entre os homens, na medida em que reflete em nosso mundo a unidade de amor da vida trinitária. Além disto, o Vaticano II, com um processo de personalização que se estende a toda a economia da revelação e de sua transmissão, fala de → *testemunho* pessoal e comunitário, lá onde o Vaticano I fala dos atributos milagrosos da Igreja. Quem faz os homens entenderem que a Igreja é o lugar da salvação são as próprias pessoas, com sua vida santa; são as comunidades cristãs, com sua vida de unidade e caridade; é todo o povo de Deus, com sua vida em consonância com o Evangelho.

2. EM BUSCA DE UMA VIA DE ABORDAGEM – Sem dúvida, o sinal igreja foi valorizado pelos dois últimos concílios, se bem que as perspectivas e as formulações sejam diferentes de um para o outro: formulação mais teórica no Vaticano I, personalista e de tom mais discreto no Vaticano II.

Mas é um fato – e temos que admiti-lo – que sentimos um certo embaraço ao propor o sinal igreja aos homens de nosso tempo. Com efeito, mercê de uma publicidade que faz do mínimo acontecimento local um acontecimento mundial, conhecemos melhor as fraquezas das instituições e dos homens da Igreja. Sabemos pelas revistas, pelos jornais, pelo rádio e pela televisão das críticas de que a Igreja é objeto diariamente. Também somos mais sensíveis aos erros históricos da Igreja e às suas atitudes, às vezes de sinceridade duvidosa.

Ao estudarmos a Igreja como motivo de credibilidade, descartemos duas abordagens que nos parecem inadequadas, mas por motivos diversos. Descartemos a abordagem *comparativa* (pelo menos como abordagem direta), que consiste em comparar a Igreja a outras comunidades religiosas (comunidades cristãs separadas ou grandes religiões históricas: → budismo, → hinduísmo, → islamismo) e em declarar que a Igreja manifesta, com respeito a estas comunidades, uma superioridade sem igual, sobretudo em nível da unidade, da universalidade, da duração e da santidade. Esta abordagem supõe evidentemente o reconhecimento de elementos de salvação e de Igreja fora da comunidade católica. A Igreja representaria aí, todavia, uma excelência, uma plenitude de santificação e de salvação que não parece realizar-se em tal grau nas outras comunidades de salvação. Esta via parece-nos complicada, pouco satisfatória e exposta a riscos muito graves. Em particular, dificilmente foge à acusação de ignorância, de inexatidão, de parcialidade e também de injustiça, pois estamos sempre tentados a minimizar os fatos encontrados para fazer brilhar de qualquer forma a superioridade católica. Consideramos que esta abordagem tem sobretudo valor confirmativo.

Descartemos também a abordagem da *transcendência*, pelo menos tal como é formulada pelo Vaticano I, que vê na Igreja um fenômeno de superação análogo, na ordem moral, ao do milagre físico e que atesta diretamente a origem divina da Igreja e de sua missão. Descrever para o homem contemporâneo a *admirável* difusão, a *eminente* santidade, a *inexaurível* fecundidade, a unidade *católica* e a estabilidade *invicta* da Igreja significa provocar inutilmente uma alergia incontrolável. Seria impossível afastar de si o fantasma de uma Igreja triunfante.

Propomos, então, uma abordagem por via de *inteligibilidade interna*, de *procura de → sentido*. Este método tem como ponto de partida não os atributos absolutos e gloriosos da Igreja, mas os *paradoxos* e as *tensões* que a constituem em sua realidade concreta. Ele procura compreender estes paradoxos e tensões em si mesmos e em suas relações recíprocas, ligando-os também à explicação que a Igreja propõe de si mesma. A coerência da explicação proposta, em relação aos fatos observados (natureza e dimensão), induz a pensar que o testemunho da Igreja seja verídico: ela é verdadeiramente entre os homens sinal da salvação em Jesus Cristo. A inteligibilidade do *fenômeno* está no *mistério atestado*. Não partimos, pois, dos atributos milagrosos da Igreja: sua transcendência aparece antes como a chave de inteligibilidade para compreender o fenômeno em sua totalidade e complexidade.

Podemos, portanto, distinguir na Igreja pelo menos três grandes paradoxos: da *unidade*, da *perenidade*, da *santidade*. Tais paradoxos não são simples. Com efeito, cada um deles é constituído por um conjunto de *tensões*, entre as quais algumas bastante fortes, para fazer explodir qualquer sociedade que tivesse que passar por elas e enfrentar ao mesmo tempo o teste da duração. Este conjunto de *paradoxos* e de *tensões* faz da Igreja um sinal enigmático, cujo código ou chave de compreensão é preciso encontrar.

Com a existência simultânea de traços aparentemente incompatíveis entre si, aos olhos da experiência e da história humanas, e todavia nela harmonizados, a Igreja evoca algo dos grandes paradoxos da presença de Cristo no mundo: simplicidade e autoridade, humildade e inaudita pretensão da parte daquele que se declara Filho do Pai, juiz escatológico sem pecado e, no entanto, tendo mais do que qualquer outra pessoa o senso do pecado e de sua universalidade. A Igreja, como Cristo, é um enigma a ser decifrado.

3. PARADOXO E TENSÕES DA UNIDADE – O primeiro dos grandes paradoxos da Igreja é o da *unidade*. A um olhar superficial, a unidade da Igreja se reduz à do batismo, do credo e da autoridade. Na realidade, tal unidade cobre múltiplas e prodigiosas tensões. Houve épocas na história da Igreja em que a teologia sublinhou a unidade católica, mas sem perceber muito sua complexidade. Nossa época é mais sensível à diversidade e à complexidade que caracterizam tal unidade.

a. *Uma unidade complexa* – Um primeiro fato observável na Igreja é que sua unidade não é uma unidade qualquer, superficial, mas uma unidade de complexidade. Com efeito, a fé católica não é somente uma vaga atitude religiosa, sentimental e pouco exigente, nem é simplesmente a adesão a um certo número de práticas exteriores, mas é uma fé em mistérios que desafiam a razão humana: Trindade, encarnação, divinização do homem, ressurreição corporal etc. Esta unidade de complexidade é também uma unidade de *exigência*, que convida o homem a submeter à palavra de Cristo não somente os atos exteriores, mas também os pensamentos mais secretos, os desejos mais íntimos. É a exigência de uma preferência que pode chegar até a eventualidade do → martírio.

Ora, a despeito desta unidade de *complexidade* e de *exigência*, a Igreja acolheu e incorporou multidões de gerações ao longo dos séculos. Esta pertença à Igreja, que geralmente vai acompanhada de uma profunda integração das personalidades, funda uma "comunhão" entre todos os seus membros, embora desconhecidos ou isolados no espaço e no tempo. Segundo o testemunho dos próprios fiéis, o princípio desta coesão, desta comunhão da Igreja, é a união de todos os membros a Cristo e a seu Espírito.

b. *Fidelidade e atualização* – Palavra dirigida a um determinado ambiente, num momento preciso do tempo, a revelação deve todavia encontrar os homens de todos os tempos em sua situação histórica – que a cada vez é única – e responder a seus problemas, a suas inquietações, para encaminhá-los a Deus (→ Teologia Fundamental, II). A Igreja deve estar atenta à Palavra de Deus e à voz dos tempos.

Efetivamente, a Igreja pode ser vítima da estagnação, do imobilismo ou das formas passageiras da moda e da época. Certamente, é inevitável a tensão entre o dado pacificamente possuído e a necessária adaptação ao presente e ao futuro iminente. A Igreja está fadada a viver na precariedade; com efeito, uma Igreja que vive na esperança cria constantemente o futuro no presente e cria hoje sua fidelidade de amanhã.

De fato, a Igreja manifesta em sua pregação a vontade de não perder nada da mensagem recebida, de não alterá-la, mas, ao mesmo tempo, reconhece a obrigação de compreender o Evangelho com um frescor completamente novo, para haurir dele respostas inéditas para problemas inéditos. Ela deve, como declara a *Ecclesiam Suam*, "inserir a mensagem cristã na circulação de pensamento, de cultura, de usos, de tendências da humanidade, tal como esta hoje vive e se agita sobre a face da terra".

Não é um dos aspectos menores do paradoxo da unidade da Igreja o fato de esta ser fiel ao passado, sem ser escrava dele; de manifestar uma igual e tenaz vontade de fidelidade à única mensagem da fé e ao mesmo tempo querer atualizar esta mensagem para responder às questões de cada época.

c. *Unidade de fé e pluralismo teológico* – Ao problema da atualização da palavra está intimamente ligado o da interpretação da fé e da pluralidade das expressões que traduzem sua compreensão. Em que medida a fé católica é capaz de criar lugar para um certo pluralismo teológico?

O → pluralismo é uma questão real e existiu sempre. Já em nível da revelação existe, se não exatamente pluralismo, pelo menos pluralidade e complementaridade de perspectivas na apresentação do mesmo mistério. Assim, há uma abordagem sinótica, joaneica e paulina do mistério de Cristo. Quando começa a reflexão teológica e não mais a revelação, o "pluralismo" é ainda mais evidente. Na época da patrística, os problemas da inculturação do Evangelho suscitaram apresentações bem diferentes no tocante à linguagem e aos horizontes filosóficos. Na Idade Média, formam-se as escolas, proliferam e opõem-se entre si: tomistas, escotistas, suarezianos.

O pluralismo teológico deriva de fatores múltiplos: a) *Mentalidade e ambiente cultural* diferentes. Assim, o Oriente desenvolveu uma eclesiologia da comunhão, ao passo que o Ocidente elaborou uma eclesiologia da instituição. b) *Opções filosóficas de base*: platonismo, aristotelismo, personalismo, existencialismo. c) *Intuições e preocupações iniciais* que consequentemente geram sistematizações diversas: dominicanos, jesuítas, carmelitas, franciscanos, beneditinos. Hoje, em razão de *linguagens e procedimentos* próprios às diversas disciplinas (exegese, história, semiótica etc.), a teologia contemporânea apresenta uma forma sempre mais complexa e diversificada. d) Hoje mais do que nunca a teologia quer ser *situada em contexto* (→ Teologias, VI), numa determinada área cultural, mais atenta à → hierarquia das verdades.

Houve tempo em que ortodoxos e heterodoxos podiam enfrentar-se e contradizer-se, mas ao mesmo tempo identificar-se e identificar os motivos de seu desacordo. Hoje não é mais assim. Encontramo-nos diante de teologias que se dizem cristãs, mas que constituem um universo diferente. Como situar → Bultmann em relação à teologia católica ou à fé cristã? Encontramos nele um vocabulário cristão de difícil compreensão, devido a seu estilo radical.

O pluralismo teológico é inevitável; é também um fato positivo e o Vaticano II reconhece sua legitimidade e fecundidade (UR 17; GS 62; LG 23; AG 22). Todavia, é incontestável que provoca uma tensão contínua, que pode atingir um ponto crítico. Num pluralismo multiforme e multidirecional, há o risco de dissolver a visão fundamental da fé, isto é, a pessoa de Cristo, Filho de Deus, no meio de nós. A esta altura, a unidade corre o risco de explodir. Podemos então legitimamente perguntar-nos como pode resistir, sem deslocar-se e desaparecer, uma sociedade submetida durante séculos a tensões deste gênero.

d. *Unidade ferida e vontade ecumênica* – É um fato histórico, e não uma simples hipótese, que as tensões internas à unidade podem chegar a um ponto crítico e comprometer o equilíbrio da Igreja.

A unidade da Igreja foi mantida durante um longo milênio. Aí conheceu duas rupturas históricas particularmente graves: o cisma com o Oriente, em 1054, e a Reforma protestante de Lutero, no século XVI. Há responsabilidades comuns por estas rupturas. O decreto sobre o ecumenismo reconhece-o abertamente: "comunidades não pequenas separaram-se da plena comunhão da Igreja Católica, por vezes não sem culpa de homens de ambas as partes" (UR 3).

Embora a Igreja tenha conseguido conservar sua unidade interna, isto não significa que não tenha sido atingida por estas grandes fraturas históricas. Se a tempestade não abateu a Igreja, em todo caso a enfraqueceu e empobreceu, como a árvore à qual o vento arranca muitos ramos principais; por vezes, ela comprometeu o equilíbrio da Igreja. Por outro lado, as comunidades separadas não são ramos sem vida. Continuam a viver do Espírito de Cristo e do Evangelho. Muitas vezes até valorizaram mais do que nós os tesouros que conservaram: senso da Escritura e da Palavra de Deus, senso da transcendência de Deus e da gratuidade da salvação, nos protestantes; senso do mistério e da oração litúrgica, nos orientais.

A Igreja não se resignou com esta ferida de sua unidade. A fundação de um Secretariado para a unidade, em 1960, e o decreto sobre o ecumenismo do Vaticano II manifestam da parte da Igreja uma firme e sincera vontade de restabelecer o diálogo e a comunhão com as igrejas separadas. Os gestos de amizade de Paulo VI em relação ao patriarca Atenágoras e ao Arcebispo Ramsey – continuados depois com frequência por seu sucessor, João Paulo II – concretizam esta atitude expressa pelos textos. No decreto sobre o ecumenismo, a Igreja Católica assume sua parte de responsabilidade nas grandes fraturas históricas; reconhece as riquezas da salvação e da vida das várias comunidades; evita os qualificativos ofensivos de cismáticos e hereges; fala de comunidades eclesiais ou de igrejas; convida todos os fiéis à conversão dos corações e ao testemunho de uma vida santa.

A Igreja tem, pois, consciência de que a unidade foi lesada, em parte por culpa sua, e de que tal divisão é escandalosa. Não se trata, portanto, de uma unidade triunfante e definitiva, mas de uma unidade interna, real e, no entanto, ativa e suplicante, não só na incorporação de novos membros, mas também para reencontrar os que a deixaram: é uma unidade rompida que precisa ser restaurada e aperfeiçoada. Se a Igreja não manifestasse este dinamismo ecumênico, faltaria à sua unidade a consciência da gravidade das fraturas ocorridas, assim como a consciência do preceito de Cristo "para que todos sejam um" (Jo 17,21). Esta ausência de vontade ecumênica seria a condenação da Igreja. Ao contrário, o fato de a Igreja ter consciência das suas próprias feridas e ao mesmo tempo se preocupar em reencontrar a plenitude de sua unidade é sinal de uma tensão salutar presente nela.

e. *Unidade e catolicidade* – Estes dois substantivos parecem contraditórios. Com efeito, unidade significa eliminação dos elementos de diversidade. Em particular, se uma unidade quiser ser forte, consistente, facilmente se torna autoritária, intransigente, centralizadora e sacrifica os elementos de legítima diversidade, ou, então, para proteger-se, transforma-se em seita fechada. A catolicidade, ao contrário, significa acolhimento, comunhão, e admite de bom grado as divergências, sacrificando, se necessário, a uniformidade interna. A catolicidade está pronta a simplificar, desde que exista um denominador comum, mesmo que inferior, que permita aproximar a maioria.

O paradoxo é que a Igreja persegue ao mesmo tempo a unidade e a catolicidade. Não só é convocada e reunida (unidade interna), mas, como atesta a história das missões, convoca também todos os homens da terra. Procura construir, para além da geografia terrestre, uma nova geografia que reúna todos os homens sem distinção de língua, cor, raça, instituição. Edifica o corpo de Cristo, reúne os filhos do Pai, "batizados em um só Espírito" (1Cor 12,13). A Igreja não se edifica contra os homens, mas em união de amor com todos.

O que é importante notar nesta universalidade não é tanto o fenômeno (espaço conquistado e número de adesões) quanto a sua qualidade. Trata-se de uma expansão que se une a uma profunda transformação do espírito e do coração, partindo de uma opção livre, obtida não com a força das armas, mas com uma sedução de amor: o amor de Deus em Jesus Cristo.

f. *Igreja universal e igrejas locais* – Unidade e catolicidade são causa de tensões múltiplas e multiformes também no interior da Igreja. Antes de tudo, tensões entre *igrejas locais*. Já o NT manifesta a coexistência, na Igreja, da unidade e da pluralidade. Existem igrejas locais estruturadas e relativamente autônomas: a Igreja de Jerusalém, de Corinto, de Antioquia etc.; e igrejas *regionais*: Ásia, Palestina, Grécia. Mais ainda: certas igrejas têm seu evangelho próprio: Marcos, para os romanos; Mateus, para os judeu-cristãos; Lucas, para os gregos; João, para a Ásia Menor. Há também pluralidade de línguas, de costumes, mentalidades. Unidade não é uniformidade. Existem também tensões entre Jerusalém e a diáspora, entre judeu-cristãos e cristãos oriundos da gentilidade. Malgrado tal regionalismo, as igrejas conservam a comunhão de fé e dos sacramentos, a comunhão dos bispos e a comunhão fraterna. Existem igrejas locais e todavia existe também comunhão das igrejas.

Uma tensão semelhante manifesta-se entre as igrejas *locais* e a Igreja *universal*, constituída pela comunhão de todas as igrejas, mas não redutível exclusivamente a sua soma matemática. Estas duas linhas de força conheceram reconciliações e sínteses ao longo dos séculos, mas também concorrências e oposições. Na medida em que a Igreja se organizou e se estruturou como sociedade, com uma administração central e todos os seus organismos, com seu direito e seus juristas, houve tendência a conceber as igrejas locais como sucursais da grande Igreja universal, que é composta pelo conjunto dos fiéis reunidos sob a autoridade do papa. O Ocidente privilegiou na Igreja o aspecto de unidade e de universalidade, mas sem prestar suficiente atenção à diversidade das igrejas locais. Ao contrário, para o Oriente, a unidade de base é a igreja local que realiza plenamente a essência da Igreja, reunida pela palavra, pela Eucaristia, pelo Espírito Santo e pelo bispo, fundamento de unidade. A colegialidade está no diálogo das igrejas locais. Este sinergismo é presidido pelo sucessor de Pedro.

É inevitável a tensão entre uma eclesiologia da Igreja universal e uma eclesiologia das igrejas locais, entre primado do papa e colegialidade dos bispos. É verdade que a Igreja é dotada de todos os organismos capazes de assegurar ao mesmo tempo a unidade e a diversidade. Assim, a função do primado é manter a unidade, enquanto a colegialidade garante a universalidade na pluriformidade das igrejas locais e salvaguarda, com isto, a comunhão dos bispos entre si e com o papa.

Contudo, permanece inevitável uma tensão dialética, impossível de resolver-se totalmente, entre unidade e diversidade. Uma preocupação exagerada de unidade conduz ao autoritarismo e ao nivelamento; um excesso de diversidade leva à desintegração da unidade e à anarquia. É preciso que exista unidade sem uniformidade, pluriformidade sem divisão. Este movimento pendular entre Igreja universal e igrejas locais, entre primado e colegialidade, pertence à própria realidade da Igreja. As prescrições mais previdentes do direito canônico não chegarão nunca a impedir inevitáveis conflitos. O paradoxo reside antes no fato de a Igreja sobreviver a tensões tão numerosas.

g. *Unidade interna e unidade missionária* – A unidade cabe à Igreja como dom de Cristo a sua esposa. Todavia, tal unidade exige dilatar-se às dimensões da terra e abraçar todos os séculos. Esta unidade dinâmica, missionária, da Igreja não é simples proselitismo, desejo de crescimento numérico, mas é uma exigência de natureza. A Igreja não seria ela mesma, isto é, "sacramento universal de salvação" (LG 9.13.48; AG 1), se se manifestasse a um único continente, a uma única nação. Não manifestaria visivelmente sua verdadeira natureza. Se a Igreja não fosse una, não seria o novo povo de Deus que Cristo veio reunir; e, por outro lado, se não fosse missionária, não seria mais sacramento de salvação para todos os homens.

A história demonstra que, de fato, a atividade missionária é um dos aspectos dominantes da Igreja, se bem que se possam distinguir na história tempos fortes e tempos fracos, que se assemelham à morte.

O primeiro século, graças ao prodigioso impulso dado pelos apóstolos, em particular por São Paulo, é simultaneamente a primavera da Igreja e da missão. O século III e o início do IV assinalam a evangelização da África. A partir do século VII, observa-se uma desaceleração por causa da barreira do islamismo e também por causa da ignorância que reinava em relação ao Novo Mundo. No século XVI, verifica-se a explosão missionária, em decorrência das grandes descobertas e da reforma de Trento: nas Índias, na China, no Japão, nas Filipinas e nas duas Américas. O século XVIII é um tempo morto, devido às perseguições e à supressão da Companhia de Jesus. No século XIX, a atividade missionária revigora-se com a fundação de mais de vinte comunidades missionárias. No século XX, assiste-se a uma diminuição, devida à crise das vocações, assim como à atitude pouco esclarecida de certos teólogos que, com o pretexto de valorizar a graça salvífica universal, chegaram a colocar entre parênteses a necessidade de uma Igreja "em missão". O decreto do Vaticano II sobre a atividade missionária da Igreja e uma reflexão mais aprofundada sobre a missão, sobre a → inculturação, sobre as diversas formas e fases do processo de → evangelização voltam a dar vida à unidade dinâmica da Igreja.

h. *Unidade procurada, mas sempre fugaz* – A unidade da Igreja deve ser sempre retomada; pois está sempre ameaçada: por dentro, em virtude de escândalo dos católicos; por fora, devido à perseguição. A tarefa de congregar os homens na unidade da caridade parece estar sempre em xeque. A ação dos cristãos parece deparar a morte: não chega nunca a impor-se. Sua unidade é *carente*. Mas também infatigável. De fato a Igreja não se cansa nunca, nunca desespera, nunca cede ao ceticismo, não obstante o contínuo recomeçar, imposto pela guerra, pela perseguição, pela preguiça ou pela traição dos homens. A Igreja não renuncia nunca. Situa-se a meio caminho entre a utopia e o desespero. Tende a "recapitular" todos os povos, retomando sua tarefa em cada século. Inúmeras vezes teria tido razão para desesperar e abandonar tudo. Pensemos nos esforços da Igreja para implantar-se na China, para, depois, ver-se logo expulsa dela. Contraditada, rejeitada, escarnecida, expulsa, a Igreja recomeça e se dedica, através das mesmas vias do amor, com paciente tenacidade, à edificação do corpo de Cristo.

i. *Um paradoxo que questiona* – Esta unidade de complexidade e de exigência, fundada na liberdade e no amor; esta unidade que é ao mesmo tempo fidelidade à mensagem de Cristo e atualização constante para permanecer à escuta do mundo e de seus chamados; esta unidade de credo, na pluralidade das perspectivas, das formulações, das sistematizações; esta unidade ferida, mas seguida de arrependimento, de reforma e de tentativas de restabelecimento da comunhão com as igrejas separadas; esta unidade na catolicidade, a despeito de todos os particularismos; esta unidade da Igreja universal, na pluriformidade das igrejas locais; esta unidade interna, mas ao mesmo tempo missionária; esta unidade precária, sempre ameaçada e, contudo, nunca desanimada, que já dura dois milênios: tudo isto constitui um *paradoxo*, um *enigma*. Todas estas tensões mencionadas fazem parte do fenômeno Igreja: todas elas são observáveis e estão submetidas ao olhar das testemunhas. Uma só delas seria suficiente para provocar a explosão da Igreja. E todavia a Igreja permanece. De Cristo dizia-se: "Quem é este?" Da Igreja pode-se dizer: "Que realidade é esta?"

4. PARADOXO E TENSÕES DA TEMPORALIDADE – No encontro com o tempo e com a história, a Igreja é constantemente ameaçada por dois perigos, cabendo perguntar-se qual dos dois é o mais grave: uma inserção por demais profunda na história ou uma falta total de inserção. Com efeito: por um lado, a Igreja deve inserir-se na vida dos homens: deve encontrar-se com eles em nível de seus problemas, encontrá-los em seu ambiente de vida e de trabalho, nas estruturas que os unem. Ora, esta inserção é ao mesmo tempo uma força e uma ameaça para a Igreja. Pois quanto mais a Igreja se insere na história de uma época, adota seu ritmo, estruturas, modos de pensar e de agir, mais corre o risco de perder sua própria identidade e de afundar junto com eles. Por outro lado, se, para fugir aos riscos da temporalidade, a Igreja se isolar do mundo para viver num gueto, corre o risco de não compreender mais os homens aos quais se dirige, de falar uma linguagem indecifrável para eles e, portanto, de perdê-los. Risco de uma Igreja absorvida pela temporalidade e dirigida por esta última, ou risco de uma Igreja amputada, fora do mundo e, ao final, reduzida ao silêncio: a história atesta que esta dupla ameaça sempre pesou sobre a Igreja. Vejamos sumariamente alguns dos

momentos da história da Igreja em que a tensão entre um excesso de inserção e uma ausência de inserção atingiu um ponto crítico.

a. A *ameaça do judaísmo* – O primeiro perigo que a Igreja teve que enfrentar para tornar-se religião universal veio da própria nação em que se encontram suas raízes. Desde a origem, teve que superar um duplo escolho: a defecção dos judeu-cristãos que, sob a pressão do nacionalismo judaico, corriam o risco de voltar ao judaísmo; e, por outro lado, a pressão dos pagano-cristãos, que corriam o risco de abandonar a nova fé, se obrigados a permanecer confinados ao quadro do judaísmo antigo. Se a Igreja primitiva tivesse dado ouvido aos judaizantes, teria permanecido uma seita judaica e se teria tornado uma curiosidade histórica, como a seita dos essênios. Ao desligar-se da sinagoga e do judaísmo rigorista, a Igreja superou o primeiro grande perigo.

b. *O peso do Império Romano* – Após ter fugido ao perigo de uma inserção excessiva em seu ambiente de origem, a Igreja deve enfrentar as perseguições, sobretudo da parte do paganismo do império. Durante quase três séculos, na alternância de períodos de relativa calma, a Igreja vive num clima de ironia ou de suspeição e de ódio. Esta ameaça constante explica o semidesaparecimento voluntário da Igreja da vida oficial da época. A opinião pública e a lei obrigam-na a viver à margem da sociedade. Todavia, embora a vida cristã não possa manifestar-se abertamente na vida pública, nem por isso é menos fortemente ativa. Conquista as pessoas, uma por uma. Pervade a sociedade em todos os níveis. Transforma-lhe a alma. Virá um dia em que o império se reconhecerá cristão.

Historicamente, esta mudança de situação coincide com o edito de Milão, de 313, que põe fim às perseguições e reconhece oficialmente a Igreja. Agora já livre, a Igreja insere-se na vida do império. Cresce com ele, aceita sua proteção e lhe dá sustentação. Compartilha a crença universal na eternidade da civilização romana e do império. Situação comprometedora. Associando-se à política centralizadora e totalitária do império, a Igreja é empurrada para o perigo do estatismo cristão. Corre o risco de ser a primeira vítima da proteção do imperador: algemas de ouro, mas sempre algemas. Em sua estrutura, a Igreja adota as estruturas da sociedade civil. Sede civil e sé eclesiástica estão intimamente ligadas e gozam de prestígio igual. Assim, quando a sede do império se desloca de Roma para Constantinopla, a sé eclesiástica do Oriente se tornará rival da sé pontifícia romana. Esta ligação entre a sé eclesiástica e a sede civil levará finalmente ao cisma do Oriente. Acrescentemos que o cristianismo, que se tornou onipotente graças a Constantino e a seus sucessores, será por sua vez intolerante e perseguidor: persegue os pagãos, equiparando o cisma e a heresia ao crime e fazendo-os, portanto, punir pelo Estado. Apenas libertada da opressão, a Igreja atravessará uma provação ainda mais terrível, a da proteção do Estado e, por sua vez, torna-se opressora.

c. *Escravização da Igreja por obra do feudalismo* – Identificada com o império, a Igreja parecia ter que morrer com ele. Ora, ao mesmo tempo em que o império afunda, a Igreja começa, por uma misteriosa reação, a evangelizar os conquistadores e a abrir aos novos povos o caminho da salvação. Em menos de três séculos os que eram chamados bárbaros são conquistados para o cristianismo. A este propósito tem valor de símbolo o batismo de Clóvis: no Ocidente, a Igreja dessolidariza-se do império, no momento em que este se apaga. Novamente a Igreja insere-se na vida dos povos, mas não sem correr um outro perigo, talvez o mais grave de sua história. A Igreja conduziu os bárbaros ao Evangelho de Cristo. Em contrapartida, igrejas locais e santuários beneficiam-se da generosidade dos grandes. Os reis compartilham sua autoridade com os prelados, que se tornam príncipes temporais. Tantas riquezas e honras, bem longe de serem uma força para a Igreja, tornam-se o supremo perigo. Depois de ter enriquecido a Igreja, o feudalismo procurará absorvê-la e escravizá-la. Em troca da outorga da dignidade de príncipes temporais, o rei passa a exercer uma autoridade crescente na nomeação dos bispos e dos abades, que escolhe entre seus amigos mais fiéis. Mais ainda: durante um século (a partir de 962), os reis da Alemanha atribuem-se a nomeação dos soberanos pontifícios. A Igreja torna-se uma realidade anexada ao Estado e é vítima da engrenagem feudal. A Igreja do feudalismo escorrega para o abismo. Tendo perdido o direito de escolher ela mesma seus ministros e a hierarquia, desde o papa até o simples padre, não é mais dona de seu destino. Uma vez que o benefício se tornara mais importante que o ofício, gera a simonia e a imoralidade. Mais senhores do que bispos, estes últimos não têm nenhuma preocupação pastoral e deixam o povo definhar na ignorância. A prática sacramental mal existe. Os tempos estão maduros para a heresia. De fato, no século XI explode a heresia albigense, unida a um pulular de seitas e de superstições. Talvez nunca como nesta época a situação da Igreja pareceu desesperadora; a inserção nas estruturas sociais e políticas da época transformou-se em absorção da parte das próprias estruturas, em perda da liberdade e ruína de sua dinâmica espiritual.

d. *Grandeza e ambiguidade da cristandade medieval* – A situação era desesperadora. E, no entanto, a Igreja se recuperava e recomeçava a viver. O movimento partido de Cluny, abadia beneditina do século X, graças a seus abades – muitos dos quais foram autênticos santos – estende-se progressivamente aos mosteiros da França, Itália, Espanha, Inglaterra e Portugal. Fundada em 910, Cluny conta, no ano de 1100, mais de 10.000 monges, subdivididos em 1.450 casas, disseminadas em todo o Ocidente. Pouco a pouco a reforma irradia-se e se estende a toda a Cristandade, sustentada e propagada por santos como Romualdo, João Gualberto, Pedro Damião, Bernardo, e por papas como Leão IX, Gregório VII, Urbano II. Gregório VII foi o principal artífice desta reforma. Homem de energia férrea, de zelo incandescente, compreendeu logo que, para salvar a Igreja, era preciso torná-la *livre*. Depois de cinquenta anos de luta, a Igreja obtém a liberdade das eleições canônicas, desde a do papa até a dos dignitários inferiores.

Já livre em relação aos príncipes temporais, a autoridade do papa aumenta dia a dia. A Igreja tende a organizar-se como monarquia fortemente centralizada com a cúria e os núncios. Cabeça da Cristandade, revestido do esplendor imperial, o papa decide soberanamente em matéria de fé e de disciplina. Pode julgar o imperador, depô-lo, excomungá-lo, desligar seus súditos de todo vínculo de fidelidade ao imperador. Não somente é soberano do Estado pontifício, mas é também senhor de numerosos Estados. A cruzada é uma guerra santa, suscitada pelo papa e dirigida por ele. Ela faz do papa o homem mais importante da época, o chefe da Cristandade e de todo o Ocidente.

Assim, durante quase três séculos, de 1050 a 1350, a Igreja parece ter conseguido construir na terra uma morada de Deus: a Cristandade. Constroem-se catedrais, parte-se para a libertação do santo Sepulcro, luta-se contra o Islã, parte-se para a conquista do novo mundo. O crescimento das ordens monásticas é quase inacreditável: cistercienses, premonstratenses, franciscanos, dominicanos. É a época das grandes sínteses teológicas de Boaventura e de Tomás, a época de Dante e de R. Bacon. Mas, nesta sociedade, o não crente não tinha mais espaço de quanto tinha o cristão no sistema pagão. O herege era tratado como um traidor. Depois de ser dominada pelo estado, a própria Igreja também se torna dominadora. A herança da Idade Média foi pesada. Afundou a Igreja numa grande ambiguidade. Já que as atividades humanas e profanas se desenvolveram sob a égide da Igreja, esta era solidária com tudo o que se fazia em seu nome. A Igreja levou séculos para dissipar as ambiguidades criadas por semelhante situação no plano da guerra, da ciência, da política, da filosofia, da teologia. As cruzadas, a inquisição, Copérnico, Galileu, Descartes, Pascal, Leibniz são outros tantos fatos e nomes que exprimem esta situação ambígua, por vezes dolorosa e trágica.

e. *As nações modernas e o neocesarismo* – A partir do século XIV o poder do Estado, em parte eclipsado pelo poder universal e dominador do papado medieval, reencontra, em nível das nações, uma autonomia e depois uma autoridade que logo se tornam absolutas e finalmente agressivas e hostis. Tanto mais pelo fato de que o elã da Igreja sofre uma redução em todos os campos. A cruzada pertence ao passado. O zelo dos construtores de catedrais diminui. A teologia torna-se repetitiva e perde criatividade. O gosto pelo luxo corrompe o clero e também as ordens religiosas. E, sobretudo, a unidade da Cristandade começa a desagregar-se. A grandiosa imagem de uma sociedade intelectual e religiosamente unida, que utilizava o latim para a liturgia e para suas escolas, está em pleno declínio. Paris não é mais o único grande centro universitário. Oxford, Praga, Salamanca, Coimbra fazem-lhe concorrência. A vida intelectual cessou de ser monopólio dos clérigos. As línguas nacionais fazem concorrência ao latim e impõem-se cada vez mais ao ensino, como na produção literária.

A era dos *nacionalismos* está aberta e a Igreja tem que levar isto em conta. É no quadro das nações que a Igreja deve cumprir sua própria incumbência e inserir-se. Nova inserção, que comporta novos perigos. Sobretudo na França e na Espanha, no interior do regime centralizador e autoritário do rei, vice-Deus, a Igreja é uma engrenagem do Estado. Desde 1516 os bispos são nomeados pelo rei, dotados de benefícios, são senhores, duques, pares, conselheiros do rei. Mais uma vez, depois de haver-se inserido na vida das nações, a Igreja é submetida por elas. Esta tutela do clero na prática separa este último de Roma. O movimento pendular atua a favor do Estado.

f. *Renascença, humanismo e inserção cultural* – Mais do que uma simples volta ao estudo das letras e das artes antigas, a Renascença designa uma revolução que atinge a sociedade ocidental em todos os níveis: social, moral, estético, filosófico. Ela caracteriza uma época (do século XIV ao século XVI) e define-se como um novo elã do espírito em oposição à época e à sociedade medieval. A Renascença ainda não é uma libertação total do homem em relação a Deus e à mensagem cristã, mas é uma veemente afirmação do homem e dos valores que lhe são próprios.

O *humanismo* é o componente literário e cultural desta revolução. Propõe-se formar o homem (o gramático, o orador, o poeta, o pedagogo, o filósofo) com a literatura clássica latina e grega. O humanismo caracteriza-se pelo culto das letras, pelo amor da sabedoria, a confiança no homem, a preocupação de unir cultura e piedade. Não rejeita o pecado ou a graça, mas sublinha tudo o que há de belo e bom no homem. Tomado em seu conjunto, o movimento humanista não é pagão e não se pode torná-lo diretamente responsável pela imoralidade da Renascença, que existia bem antes e proliferava em ambientes totalmente estranhos à cultura humanista. Mas é preciso reconhecer que os humanistas, deixando coexistir em si o ideal cristão e o ideal pagão, se encontravam numa permanente ambiguidade.

De sua parte, a Igreja teve razão em associar-se ao movimento cultural de seu tempo e em manter os contatos com a elite. Infelizmente, não soube resistir aos elementos de dissolução que esta cultura veiculava. Com a arte e o culto da Antiguidade, absorveu também o espírito desta e se deixou conquistar por um estilo de vida em que os valores dominantes são os do dinheiro, do luxo, do fausto e do prazer. Os desastrosos efeitos desta mudança manifestam-se nos próprios papas. Durante cinquenta anos, com Sisto IV, Inocêncio VIII, Alexandre VI, a corte pontifícia dá exemplo dos maiores escândalos e do fausto provocatório. A Igreja atinge o fundo da imoralidade e do crime. É a época em que os venenos e os punhais agem com surpreendente eficácia. Neste período, em Florença, Savonarola reclama a reforma e anuncia o castigo de Deus à Igreja adúltera. Os peregrinos que passam por Roma voltam a seus países profundamente nauseados pela venalidade, pelo espírito do luxo, da cupidez e da dissolução dos homens de Igreja e dos próprios papas. O escândalo da Igreja pontifícia projeta sobre a Igreja inteira um descrédito imenso.

A reforma virá, mas com atraso, depois de iniciativas que fugirão ao controle da Igreja e terminarão com o drama de Lutero e com a perda de meia Europa. A Igreja inseriu-se na cultura e no estilo de vida da Renascença, mas a ponto de submergir.

g. *O século XIX e a falta de inserção* – Após um período de excessiva inserção na cultura e na vida política das nações, a Igreja, no século XIX e no início do XX, conhece um perigo novo e sutil: o de uma falta de inserção. Com efeito, durante um século e meio a Igreja torna-se como que estranha ao mundo e, consequentemente, perde em velocidade. Em relação à filosofia e à ciência moderna, desenvolve um estranho e doloroso complexo de inferioridade. Encontra-se diante de uma civilização que a desconcerta, ou melhor, a deixa inquieta. Desconfia das novas ideias. Apoia-se na burguesia, que representa a nova forma de poder, mas ao mesmo tempo perde as classes operárias.

Por outro lado, no decurso do século XIX, a irreligiosidade ganha em extensão e profundidade. Torna-se sectária, agressiva, determinada a eliminar não somente a Cristo e a Igreja, mas o próprio Deus. Todo o humanismo do século XIX é ateu. Fruto de uma evolução iniciada com a Renascença, esta atitude desenvolveu-se no século XVIII e foi formulada, no século XIX, pela filosofia e pelos escritos de Hegel, Feuerbach, Karl Marx, Comte, Taine e Littré.

Frente a esta maré crescente do racionalismo, a Igreja dispunha somente de uma → apologética que se caracteriza mais pela boa vontade do que pela solidez. Polêmica e mal-equipada em nível científico, recorre ao remédio mais urgente: tapa os buracos. Para responder à crítica histórica da época, teriam sido necessárias uma exegese, uma filosofia e uma teologia vigorosas. Mas a ciência católica do século XIX é decadente e fraca. A Igreja está em atraso e é incapaz de operar a síntese entre o velho e o novo. Só pode opor uma recusa categórica às teses do racionalismo. É incontestável que nas ideias laicais do século XIX (liberdade, igualdade, democracia, separação entre política e religião, crítica histórica e literária) havia, juntamente com ingredientes duvidosos, elementos válidos e assimiláveis. Mas diante dos ataques a Igreja rejeitou tudo, em bloco. Durante quase um século multiplicou as condenações.

Certamente, podem-se encontrar explicações para a atitude da Igreja. Mas o fato é este: diante do mundo em construção, a Igreja do século XIX fica encolhida. Isola-se progressivamente. Depois de ter estado excessivamente envolvida nas estruturas sociais, políticas e culturais do passado, agora corre o risco de não empenhar-se mais suficientemente neste movimento, de não fazer-se mais entender pelo mundo que ela deve conduzir ao Evangelho, e de interromper todo diálogo com o mundo. Concentra sua própria vida sobre si e está cada vez mais *ausente* em relação ao mundo, sempre mais isolada e, consequentemente, desprovida de verdadeiro impacto sobre o mundo. A falta de inserção é um risco tão grave, para a Igreja, quanto o excesso de inserção.

h. *O século XX: em busca de novas formas de compromisso* – Após um longo período de protesto contra o mundo moderno, seguido do isolamento, a Igreja do século XX tem operado, particularmente do Vaticano II para cá, uma verdadeira e própria conversão de sua própria atitude em relação ao mundo. Conversão multiforme em suas manifestações. De desconfiada que era, a Igreja tornou-se acessível e acolhedora; pensemos nos gestos de João XXIII e de Paulo VI (na ONU). Passou de uma política de prestígio para uma política de discrição e até de esquecimento de si mesma. Anteriormente, pretendia dar sem receber; saber tudo, sem ter que aprender nada. Hoje, reconhece que recebe e aprende muito do mundo. Reconhece o mundo como parceiro livre de um diálogo aberto. Reconhece as demais culturas, as outras mentalidades e tem confiança nelas. Restabelece-se o diálogo com os filósofos, interrompido durante longo tempo. A Igreja instaura também o diálogo com as comunidades cristãs separadas, com as grandes religiões do mundo e até com o → humanismo ateu contemporâneo.

Mais consciente de sua verdadeira natureza e de sua relação com o mundo, a Igreja do século XX está à procura de novas formas de compromisso. Busca difícil, porque o mundo em que tem que se comprometer está, também ele, em fase de busca: de uma linguagem, de novas estruturas sociais e políticas, de uma nova representação do cosmo. A Igreja tem que se empenhar neste mundo em que o indefinido, o imprevisível é o único elemento definido. Além disto, a Igreja vive num contexto cultural, civil, político, científico, econômico e artístico que não é mais obra só dos cristãos. Os cristãos vivem em diáspora num mundo secularizado. Por isto, a vida de fé não é mais questão de herança e de ambiente, mas de decisão pessoal, de conquista incessante. Neste novo mundo, a Igreja precisa ser Igreja de membros vivos, ativos, que tragam em si o Evangelho e seu espírito no centro de suas ocupações familiares, profissionais e sociais. Tal ação pertence àquele tipo de influência que se chama testemunho, compromisso de vida, e que se exerce infundindo e irradiando sentido com a própria pessoa. Tal ação deve penetrar e vivificar todos os ambientes e todos os níveis da sociedade.

Também este empenho num mundo secularizado comporta perigos que podemos discernir. Por exemplo: redução do cristianismo a uma forma de humanismo, sob o pretexto da abertura ao mundo; tendência a fazer do homem a medida e o critério das iniciativas de Deus; perigo de reduzir Cristo às relações dos homens entre si; de reduzir a religião à ética; de colocar a hierarquia entre parênteses, a favor da base; de um relativismo generalizado e de uma indiferença prática. O empenho da Igreja no mundo em formação está ainda muito pouco definido para se falar com segurança da profundidade destes perigos ou de seu caráter transitório.

i. *Um paradoxo que nos questiona* – Assim distinta do mundo, mas comprometida com ele e com a história dos homens, a Igreja não pode fugir aos riscos da temporalidade. O problema do equilíbrio entre um excesso e uma falta de inserção na história é sem dúvida um dos problemas mais árduos que a Igreja tem a resolver; e se nunca se encontrou uma solução satisfatória, certamente é porque não existem tais soluções.

Isto posto, como explicar a perenidade da Igreja, apesar de todos estes riscos da temporalidade a circundarem como fatores de decadência e de morte? Embora cada momento da história pudesse encontrar uma explicação coerente e plausível no contexto da época, como explicar que as circunstâncias favoreçam sempre a Igreja, permitindo-lhe sobreviver? Se quisermos recorrer ao acaso, como explicar que o acaso aja sempre a seu favor? Considerada em cada uma de suas etapas, a Igreja aparece como uma realidade improvável, cheia de faltas, vulnerável, superada, monte de ruínas e de germes, ocupada em falhar e em renascer. A Igreja permanece um *enigma*. Já deveria ter morrido há muito tempo. E, no entanto, perdura. Em cada época, não teme empenhar-se num mundo inédito, temível, que faz pender sobre ela a ameaça da assimilação e que ameaça arrastá-la em sua ruína.

Inserida e mergulhada nas estruturas da vida política do Império Romano, do feudalismo, da Cristandade medieval e das nações modernas, a Igreja era para ter caído aos pedaços e ter sucumbido com eles. Ao contrário, nos últimos séculos, a Igreja, sempre mais livre em relação ao poder temporal, mas sempre mais ausente do mundo como uma grande dama de altíssima nobreza, mas de outra época, era para ter-se apagado num isolamento pior do que a morte. Ora, o surpreendente e paradoxal é que ela subsiste sempre e encontra sempre a força para renovar-se e rejuvenescer. Vinte séculos não conseguiram acabar com sua vitalidade. Na história humana, tal como a conhecemos, uma tal duração perene constitui um *autêntico enigma*. Sem dúvida, sabemos, através da fé, que a Igreja não sucumbirá, pois o princípio da sua eternidade não é o homem, mas Deus e seu Espírito. No entanto, o aflorar histórico desta ação é surpreendente. Com efeito, todo aquele que tem consciência de tudo o que há de frágil e caduco na história humana, admira-se de como uma instituição tão *inserida*, tão *empenhada* na história e submetida a *tensões* tão grandes, durante vinte séculos, tenha conseguido conservar a própria identidade e seu dinamismo. O *fenômeno* parece realmente abrir para o *mistério*.

5. O PARADOXO PECADO-SANTIDADE NA IGREJA – O terceiro e maior paradoxo da Igreja é o da coexistência nela do pecado e da santidade. É também o paradoxo que suscita mais problemas, também entre os crentes, pois para muitos é pedra de tropeço, escândalo, puro contrassenso. Todavia, os textos do magistério afirmam com igual segurança a santidade e o pecado da Igreja.

Santa é o primeiro atributo que se juntou ao termo igreja. Por volta do ano 348, no símbolo batismal de Jerusalém, o fiel declara sua fé na santa Igreja (DS 41). No ano 374, o símbolo de Epifânio declara, também ele, a Igreja santa (DS 42). O símbolo de Niceia-Constantinopla repete, por sua vez, em 381: "Cremos na santa Igreja" (DS 50). Mais próximo a nós, o Vaticano II repete que a Igreja é santa (LG 2.5.8.10.48). Por outro lado, com a mesma certeza o magistério declara que a Igreja é uma Igreja peregrina, de pecadores, vulnerável, assaltada por tentações, constantemente necessitada de penitência e de reforma (LG 8.9.15.65; GS 43).

As cartas de Paulo atestam que existe, já nas comunidades primevas, falta de fé e de caridade, há inveja, mentira, cobiça e impudicicia. Não há como lhes fugir; a menos que se conceba a Igreja como uma hipóstase idealizada, separada dos próprios crentes, é preciso dizer que os pecados dos membros da Igreja são os pecados do povo de Deus e que os pecados dos cristãos atingem a própria Igreja. Ofuscam e enlameiam o corpo misterioso e santo de Cristo.

Portanto, a Igreja é uma comunhão de pecadores e uma comunhão de santos. Não obstante seu pecado, é denominada santa e, embora santa, é marcada pelo pecado. Segundo a sugestiva expressão dos Padres da Igreja, a Igreja é uma *casta meretrix*: "uma prostituta casta". Este é o *paradoxo*. Surge daqui um problema: Como pode uma Igreja ofuscada pelo pecado ser ainda *sinal expressivo* da salvação que anuncia? Não é antes um antissinal, um contratestemunho? Algumas considerações tiradas da Escritura e da reflexão teológica podem ajudar a "redimensionar" o problema e a precisar a relação entre pecado e santidade na Igreja.

a. *Esclarecimento da Escritura* – Podemos distinguir na santidade, em sentido bíblico, uma dupla vertente: 1. Só Deus é santo e toda santidade vem de Deus. O povo de Deus é santo, a Igreja é santa, enquanto escolhida, chamada por Deus, consagrada a Deus e a Cristo, com o batismo. 2. Esta santidade de iniciativa e de graça divinas exige uma santidade de resposta da parte do homem, isto é, uma santidade ética. Estas especificações já esclarecem o paradoxo pecado-santidade da Igreja. Situam-nos num contexto personalista de gratuidade e de amor da parte de Deus, de resposta livre e amante da parte do homem.

As *imagens* usadas pela Escritura (povo, esposa, corpo...) para descrever o mistério da Igreja esclarecem ainda mais o paradoxo pecado-santidade.

Assim, o Vaticano II adotou a imagem do *povo de Deus* como imagem fundamental para apresentar a Igreja. A imagem sublinha a iniciativa de Deus. Israel só existe em virtude da iniciativa graciosa e decisiva de Deus. Nasceu do nada e é formado por aqueles a quem Deus concedeu a graça. Eleição, salvação, aliança e lei são puros dons. A imagem sublinha também que a Igreja é um povo peregrino, uma caravana a caminho do reino escatológico. A Igreja está em *trânsito*. Por estar a caminho, o povo está submetido às vicissitudes do tempo: é deficiente e pecador; tem constante necessidade de reforma e de perdão. Do êxodo em diante, o povo de Deus murmura, é infiel. Mas esta imagem sublinha também que a Igreja está a caminho de uma meta que será repouso e alegria.

Também a imagem do *esposo e da esposa* insiste na iniciativa de Deus: foi Ele quem primeiro amou e escolheu a Esposa. Permaneceu-lhe fiel, apesar de suas infidelidades. A imagem insiste também no caráter interpessoal das relações entre Deus e sua Igreja. Enfatiza o caráter de liberdade no amor e de reciprocidade no dom. Ao amor de iniciativa da parte de Deus deve corresponder o amor da Igreja; com efeito, que seria um amor sem retorno, sem reciprocidade? Finalmente, a imagem insiste nos dons permanentes do esposo à esposa: Evangelho, sacramentos, sobretudo o Espírito. No AT, o Espírito era um dom episódico; no NT é um dom constante; é por isto que a Igreja nunca trairá completamente seu esposo.

Ainda que muito sugestiva, a imagem do povo de Deus não pode exaurir toda a riqueza do mistério da Igreja. Podemos dizer que tal imagem constitui o elemento genérico que serve para exprimir a continuidade das duas alianças. Mas o estatuto da Igreja na nova aliança exprime-se também pela imagem do *Corpo de Cristo*. Desde o momento da união da natureza divina com a natureza humana, através da encarnação e da ressurreição de Cristo, a Igreja é o corpo de Cristo. A Igreja está indissoluvelmente unida a Cristo, pois Ele a ama como sua esposa e seu corpo. Os membros podem livremente subtrair-se à influência vivificante e santificante de Cristo e do Espírito, assim como a doença pode atingir um membro qualquer do corpo humano, mas nada pode separar o esposo da esposa. Nada pode afetar ou contaminar a fonte de vida que não cessa de vivificar o corpo de Cristo, pois esta fonte é Deus mesmo.

Notamos em cada imagem um aspecto de iniciativa, de vocação, de chamado e de santificação ativa que vem de Deus. E, de outro lado, um aspecto de livre-resposta a esta iniciativa e a este chamado. A união e a comunhão com o Deus santo exigem um estilo de vida conforme a uma vocação tão elevada.

b. *Reflexão dos teólogos* – Nas pesquisas da teologia contemporânea (cf. C. Journet, A. de Bovis, H.U. von Balthasar, Y. Congar, K. Rahner, G. Martelet, H. Küng etc.), encontramos, embora com divergências de perspectivas, um certo número de pontos de vista em que o acordo é cada vez mais firme: 1. A menos que concebamos a Igreja como uma hipóstase irreal, devemos falar de Igreja como povo de Deus, e, portanto, como assembleia de santos e de pecadores. 2. Todavia, a característica decisiva da Igreja não é o pecado, mas a santidade, e isto em virtude da eleição, da vocação e da ação de Deus que, por meio de Cristo e do Espírito, suscita a Igreja e não cessa de vivificá-la. 3. A Igreja é subjetivamente santa em sua totalidade em razão da fidelidade indefectível que Cristo lhe mereceu, unindo-a a si para sempre, como sua esposa e seu corpo. 4. A Igreja participa do mistério geral da sacramentalidade da economia cristã; apesar de suas misérias, permanece sempre, na fonte, instrumento de salvação para o mundo. 5. Em seus membros, a santidade ética depende da resposta mais ou menos generosa que estes saibam dar. 6. A Igreja inteiramente pura e santa só se realizará na escatologia.

c. *Um paradoxo que questiona* – Não se pode negar que a Igreja seja uma comunidade visível, cujo testemunho assume uma forma não só pessoal, mas também comunitária. A qualidade dos membros de tal comunidade influencia a qualidade da própria comunidade e a qualidade da *imagem* que ela apresenta ao mundo. Se esta comunidade vive do Evangelho, ao mesmo tempo afirma a ação, nela, do Evangelho, reconhecido como valor supremo. Resulta daí uma *imagem* fiel a Cristo e a seu Espírito. Ao contrário, o pecado estabelece entre os membros de uma comunidade relações interpessoais pecaminosas. Uma comunidade cujos membros são divididos, egoístas, odiosos, cruéis, imorais, mentirosos e ladrões é com razão qualificada de pecadora. Apresenta o corpo e o rosto do pecado. Constitui um antissinal da salvação, pois contradiz o Evangelho que anuncia.

Não se pode silenciar ou reduzir a importância deste aspecto da Igreja. Com efeito, definitivamente, é a imagem de si que oferece ao mundo que faz dela um sinal expressivo e contagioso ou um sinal negativo da salvação que prega. No plano da Teologia Fundamental é, pois, legítimo falar de igreja pecadora, precisando que se trata da *imagem da Igreja*, resultante do testemunho comunitário.

Dito isto, quais são, então, estes *fatos*, observáveis também pelos homens que estão de fora, e tais que suscitam o assombro e fazem nascer o problema: Se a salvação está no mundo, não deveria encontrar-se nesta comunidade, que se diz fundada por Cristo para salvar os homens? Em outros termos, quais são as manifestações visíveis de santidade da Igreja que, a despeito do pecado de seus membros, podem atrair a atenção também do não crente? Eis alguns destes fatos: 1. A Igreja não cessa de pregar o Evangelho e os meios de salvação. 2. A Igreja não cessa de trabalhar para elevar o nível moral da pessoa e da humanidade. 3. A Igreja acolhe os pecadores. 4. A Igreja não cessa de propor o ideal da perfeição evangélica. 5. A Igreja não cessa de gerar santos em todas as épocas: Pedro e Paulo, Inácio de Antioquia, Basílio, Gregório, Atanásio, Agostinho, Ambrósio, Bernardo, Bento, Clara, Francisco, Domingos, Tomás de Aquino, Boaventura, Inácio de Loyola, Francisco Xavier, Vicente de Paulo, João Maria Vianney, João Bosco, João da Cruz, Francisco de Sales, Teresa de Ávila, Teresa de Lisieux, Jean Brébeuf, Isaac Jogues, Maximiliano Kolbe etc. Estes santos e santas pertencem à Igreja universal. 6. A reforma periódica da Igreja. Efetivamente, a Igreja abrange, junto com os santos heroicos, uma pesada massa de pecadores. Em seus membros como em seu corpo inteiro ela tem constantemente necessidade de reformar-se. Necessidade que o Vaticano II exprimiu com vigor. A Igreja tem sempre necessidade de conversão e está consciente disto. Para ser fiel ao Evangelho, que requer uma conversão constante, a Igreja periodicamente provê a seu próprio rejuvenescimento com reformas sucessivas. Por exemplo: reforma de Cluny, no século XI, estendida e prolongada até o século XIII; reforma tridentina do século XVI prolongada por Santo Inácio, São Carlos Borromeu, São Francisco de Sales e São Vicente de Paulo; atual reforma do Vaticano II: verdadeira e própria revolução em nível dos textos e das atitudes, ainda imprevisível em suas repercussões.

Em suma, também em suas misérias a Igreja permanece um *paradoxo*. Ela se autoconstitui juíza e reformadora das próprias fraquezas. Encontra a força de recuperar-se do abismo. O paradoxo é que os homens tão fracos e miseráveis encontram a força para olhar para frente e mais para cima. O paradoxo é que a Igreja, a despeito de suas fraquezas, não cessa de produzir regularmente santos bastante grandes e fiéis para serem propostos à imitação de todos.

6. EM BUSCA DO SENTIDO: DO FENÔMENO AO MISTÉRIO – Em sua globalidade, com todos os seus aspectos paradoxais, o *fenômeno* Igreja aparece como um *enigma* a ser decifrado. Ela não revela imediatamente seu segredo, mas age sobre o espírito como uma provocação, como um chamado a uma busca de inteligibilidade, a uma procura de sentido. Ela está próxima de um outro paradoxo, ao qual, de resto, se reporta: o de Cristo.

Como vimos, a Igreja apresenta também aos olhos do observador não crente um conjunto de aspectos paradoxais, constituídos, eles mesmos, por múltiplas tensões e por um tal potencial explosivo que uma só destas tensões bastaria para provocar a explosão da Igreja. Não se trata de ameaças teóricas, que se podem comentar como inocentes elementos algébricos, mas de realidades históricas que ameaçaram engolir a Igreja. O fenômeno Igreja constitui problema em sua totalidade: demanda uma explicação suficiente e proporcionada. Remete a outra coisa: É preciso encontrar o princípio de inteligibilidade das grandes antinomias da Igreja: unidade-catolicidade, eternidade-temporalidade, pecado-santidade. Qual é, pois, a chave do enigma?

De sua parte, a Igreja propõe como explicação de si mesma o fato de que todo o seu agir e o seu ser derivam de uma intervenção especial de Deus em Jesus Cristo. Atesta que em si mesma não é nada, mas que toda a sua força de expansão e de coesão, de santificação e de salvação lhe vem de Deus, em Jesus Cristo, epifania do Pai. O sentido real do fenômeno Igreja é a presença ativa, nela, de Cristo e de seu Espírito, fonte de unidade e de caridade. Sem eles nem sequer existiria.

Não se deve rejeitar esta explicação sem examiná-la; com efeito, parece a única adequada aos fatos observados. Se a admitirmos, tudo se esclarece, tudo se torna coerente e inteligível. Do contrário, o que temos é uma busca desenfreada de explicações "naturais": a Igreja, com todos os seus paradoxos, todas as tensões e seus vinte séculos de história, permanece um enigma indecifrável. Diante do caráter e da importância dos fatos observados, é prudente reconhecer como verdadeiro o testemunho da Igreja sobre si mesma; ela é a comunidade da salvação em Jesus Cristo, e que Deus quis entre os homens.

Esta conclusão é tanto mais racional por existir uma maravilhosa harmonia entre os fatos observados e a mensagem de Cristo, à qual a Igreja se reporta. Com efeito, ela proclama que Cristo é o filho de Deus que veio aos homens para inaugurar na terra o Reino de Deus, isto é, para transformar o coração do homem em coração filial e para congraçar todos os homens em um só povo de Deus, fazendo deles um só corpo, o corpo de Cristo, animado pelo Espírito de amor que une o Pai ao Filho. Ora, a Igreja aparece na terra como a presença visível e ao menos incoativa desta transformação anunciada. Sobretudo no *santo* aparece um novo tipo de humanidade, isto é, um filho de Deus que vive e age por obra do Espírito. Por outro lado, na Igreja aparece um novo tipo de sociedade, que deixa transparecer, juntamente com indícios de sua condição humana e terrena, traços mais luminosos que são como o esboço de uma humanidade reunida finalmente na unidade e na caridade, à imagem da comunhão trinitária. Esta coerência entre o Evangelho de Cristo e os aspectos paradoxais da Igreja induz a concluir que ela é verdadeiramente, como declara, o sinal, entre os homens, da vinda de Deus, o lugar da presença da salvação em Jesus Cristo. O *paradoxo* esconde um *mistério.*

Devemos insistir nisto: o método empregado procede por via de inteligibilidade interna. Toma como ponto de partida não os atributos absolutos e gloriosos da Igreja, mas os paradoxos que ela apresenta. Procura-se compreender estes paradoxos em si mesmos e ligando-os à explicação que a Igreja propõe de si mesma e de sua relação com Cristo. A coerência da explicação proposta e sua aptidão a dar conta dos fenômenos observados induzem a pensar que o testemunho da Igreja é verídico: ela é, na verdade, entre os homens, "sacramento universal da salvação" em Jesus Cristo. A explicação do *fenômeno* reside no *mistério atestado.* Como qualquer outra, esta via de abordagem não leva à evidência, mas a uma certeza moral que pode motivar uma decisão prudente. Para abrir-se à presença, que se esconde na carne do fenômeno e na fragilidade da instituição Igreja, é preciso aceitar perder-se: é preciso deixar-se levar pelo Espírito que murmura em nós, na intimidade de nosso ser.

Em suma, a Igreja é sinal na medida em que tende a aproximar-se da *realidade* que representa, isto é, de Cristo, na caridade universal. Quanto mais refletir fielmente Cristo como um simples espelho, tanto mais a santidade da esposa tende a reproduzir a do esposo e tanto mais também ela *significa* e *atrai.* Assim como Cristo foi a epifania de Deus para as gerações do seu tempo, a Igreja deve ser a epifania de Cristo para os homens de hoje. Nesta perspectiva, o Vaticano II sublinhou, com uma insistência próxima à pertinácia, a necessidade do testemunho de uma vida santa. A Igreja deve ser, em cada um de seus membros e nas comunidades que a compõem, a testemunha viva de Cristo através dos séculos. Quanto mais a comunhão dos homens entre si e dos homens com Deus for visível e luminosa, tanto mais o sinal terá poder de atração.

Bibl. – OBRAS GERAIS: Documentos do Vaticano II, precisamente LG, GS, AG, AA; H. Jedin, *Handbuch der Kirchengeschichte*, Friburgo 1966; A. Fliche e V. Martin, *Histoire de l'Eglise*; L. Pastor, *Geschichte der Päpste.*

MONOGRAFIAS: K. Adam, *Le vrai visage du catholicisme*, Paris 1934; J. Guitton, *L'Évangile et l'Eglise*, Paris 1950; H.U. von Balthasar, *Sponsa Verbi*, Einsiedeln 1960; M. Grand-Maison, *L'Eglise par elle-même motif de crédibilité*, Roma 1961; Y. Congar, *Sainte Église*, Paris 1961; H. Holstein, "L'Eglise, signe parmi les Nations", em *Etudes*, out. 1962; J. Hamer, *L'Église est une communion*, Paris 1962; R. Schutz, *Dynamique du provisoire*, Taizé 1965; R. Latourelle, "La testimonianza della vita, segno di salvezza", em *Laici sulle vie del Concilio*, Assis 1966, 377-395; Id., *Cristo e la Chiesa segni di salvezza*, Assis 1971; K. Rahner, *Credi tu in Dio?* Turim s.d.; G. Martelet, *Santità della Chiesa e vita consacrata*, Roma 1967; H. Mühlen, *Una Mystica Persona*, Roma 1968; H. Küng, *La Chiesa*, Brescia 1969 (orig. 1967); A. Manaranche, *Io credo in Gesù Cristo, oggi*, Brescia 1970; H. de Lubac, *Paradoxo e mistério da Igreja*, São Paulo 1969; R. Fisichella, *H.U. von Balthasar. Amore e credibilità cristiana*, Roma 1981; E. Schillebeeckx, *Cristo sacramento do encontro com Deus*, Petrópolis 1967; N. Cotugno, "La testimonianza del Popolo di Dio, segno di Rivelazione alla luce del Concilio Vaticano II", em R. Fisichella (ed.), *Gesù Rivelatore*, Casale Monferrato 1988, 227-240.

RENÉ LATOURELLE

IV. A *via empirica*

A *via empirica*, qualificada como via ascendente, método regressivo ou analítico, apresenta-se como própria da Teologia Fundamental (→ Igreja, I), pois parte da consideração da Igreja Católica tal como existe e vive hoje, para mostrar-lhe a credibilidade. Assim sendo, enquanto as outras duas vias – a *via historica* e a *via notarum* – têm um processo comum, que vai de Cristo à

Igreja, a *via empirica* apresenta um processo inverso: da Igreja remonta-se ("ascende-se") a Jesus Cristo.

Esta forma de reflexão pode ser entrevista já em Santo Agostinho, quando assim se exprime: "O poder divino não se nos manifesta mais na vida de Cristo, que já não estamos vendo mais, e sim na Igreja viva, presente a nossos olhos. Nós, que vemos o Corpo, cremos na Cabeça" (PL 38, 659-660). Tomás de Aquino, por sua vez, faz ver que a conversão ao cristianismo constitui um "milagre dos maiores e uma obra manifesta e um indício seguro de inspiração divina" (CG 1,1,6).

No século XV, Savonarola, O.P., inaugurou o método apologético em que mostrava a verdade da Igreja a partir de sua vida. No século XVII, os principais autores deste método foram J.B. Bossuet e B. Pascal. No século XIX, foram J. Balmes, H. Lacordaire, e especialmente o Cardeal Dechamps, que viu nesta via o centro de sua obra apologética a partir do método da "Providência", e exerceu uma influência determinante no → Vaticano I.

Este concílio é decisivo para o potenciamento da *via empirica*, por ter declarado que a Igreja Católica é "por si mesma" (*per se ipsam*) um motivo de credibilidade que a transforma em "sinal elevado entre as nações" (*signum levatum in nationes*, cf. Is 11,2), embora não se tratando de uma prova demonstrativa, mas apenas indicativa (DS 3013s). Será a partir do *De Ecclesia I* (1925), de H. Dieckmann, que esta via será qualificada como "empírica". Terá seu fundamento na própria natureza de "milagre moral", que dá valor típico ao fato extraordinário da Igreja, permitindo assim inferir sua transcendência e divindade.

A partir do Vaticano II, certos traços do sinal Igreja, próprios do Vaticano I, ficam diluídos e envereda-se por uma nova impostação a partir da "sacramentalidade" da Igreja que, visível e espiritual, forma *una complexa realitas* (LG 8). Com efeito, a constatação do sinal da Igreja centra-se progressivamente na categoria do testemunho. Trata-se de todo um processo de personalização, uma vez que aquilo que o Vaticano I entendia por sinal da Igreja, com seus atributos *milagrosos*, o Vaticano II o refere ao → *testemunho* pessoal e comunitário. Tal testemunho torna-se sinal eclesial de credibilidade e paradigma para a eclesiologia fundamental, delineando-se atualmente pelas quatro tônicas que seguem:

1. VIA HAGIOFÂNICA – Apresenta a Igreja como testemunho de hagiofania. O milagre não é mais considerado como efeito do poder de Deus, mas como sinal da presença e do chamado divino que convida à conversão. A Igreja é, pois, uma hagiofania mais ostensiva do que probativa (Y. Congar, G.C. Berkouwer).

2. VIA SOCIOLÓGICO-INSTITUCIONAL – Parte-se da constatação de que a instituição é o único modo de salvar a "liberdade concreta" (cf. G.W.F. Hegel) e seu valor empírico-sociológico (P. Berger, Th. Luckmann, J. Habermas). Assim, a instituição eclesial manifesta-se como sinal identificador, integrador e libertador da força do Espírito (M. Kehl, L. Dullaart) e de sua visibilidade profética (P.A. Liégé).

3. VIA AUTOEXPLICATIVA – Procede por via de inteligibilidade interna, de busca de sentido (K. Rahner). Como ponto de partida, baseia-se não mais nos atributos gloriosos da Igreja, mas nos paradoxos que ela apresenta: a explicação deste testemunho paradoxal está no mistério de que se dá testemunho (H. de Lubac, A. Dulles). Não se parte da Igreja como milagre moral; este é precisamente o ponto de chegada. Tampouco este exame, como os outros, conduz à evidência, mas a uma certeza moral, suficiente para motivar uma decisão prudente (R. Latourelle).

4. VIA SIGNIFICATIVA – Faz ver que as autênticas *notae ecclesiae* são as *notae christianorum* (H. Küng), na linha fundamental da Igreja-sacramento-sinal (O. Semmelroth, L. Boff, W. Kasper). A significatividade de tal testemunho manifesta-se na coerência doutrinal (G. Baum, J. Ratzinger), na catolicidade (W. Beinert, J. Meyendorff, A. Dulles), na visualização do amor (G. Thils, H.U. von Balthasar, R. Fisichella), na percepção da comunhão (J. Hamer, H. de Lubac, S. Dianich, J.M.R. Tillard, M.M. Guarijo-Guembe), na dimensão eucarística (J. Zizioulas, B. Forte), na incidência política (J.B. Metz, J. Moltmann), no compromisso de libertação (teólogos da libertação), na abertura ao diálogo ecumênico (Y. Congar, H. Fries, K. Rahner, H. Döring), finalmente, em ser sinal do Reino de Deus (H.J. Pottmeyer, G. Ruggieri, C. Duquoc), que torna a Igreja peregrina no mundo (W. Pannenberg, F.A. Sullivan). Menção particular merecem os sínodos dos bispos sobre justiça no mundo (1971), sobre a evangelização (1974), sobre o pós-concílio (1985) e sobre os leigos (1987), como também as exortações apostólicas *Evangelii nuntiandi*, de Paulo VI, e a *Christifideles laici*, de João Paulo II.

Uma boa síntese da compreensão pós-conciliar da *via empirica* é a conclusão do sínodo de 1985: "A evangelização dos não crentes pressupõe a autoevangelização dos batizados, incluídos diáconos, presbíteros e bispos. A evangelização é feita mediante testemunhas; porém, a testemunha não dá somente testemunho com as palavras, mas com a vida. Não devemos esquecer que, em grego, testemunho se diz 'martírio'" (II: B – 2 = EV 9, 1795).

Bibl. – G. Gianfrocca, *La via empírica dal concilio Vaticano I a noi*, Roma 1963; R. Latourelle, *Cristo e la Chiesa segni di salvezza*, Assis 1971; L. Boff, *Die Kirche als Sakrament im Horizont der Welterfahrung*, Paderborn 1972; B. Hidber, *Glaube-Natur-Übernatur.* Studien der "Methode der Vorsehung" von Kardinal Dechamps, Frankfurt 1978; S. Pié-Ninot, *Tratado de Teología Fundamental*, Salamanca 1989, 340-354; 363-366.

SALVADOR PIÉ-NINOT

V. *Notae* da Igreja

Todos os cristãos estão praticamente unidos em professar sua fé na Igreja "una, santa, católica e apostólica". Esta quádrupla descrição da Igreja faz parte do credo batismal que pelo primeiro Concílio de Constantinopla foi adotado como sua profissão de fé, foi confirmado pelo Concílio de Calcedônia e, em seguida, tornou-se o credo litúrgico da Igreja, tanto do Ocidente como do

Oriente. Estes quatro atributos são, da mesma forma que a própria Igreja, professados no credo como objetos de fé e da natureza da Igreja e compartilham seu caráter misterioso. Por isto, são, como a Igreja, realidades complexas, experimentalmente verificáveis por um lado, ao passo que por outro só podem conhecer-se pela fé. Os eclesiólogos estudam estas propriedades em todos os seus aspectos, procurando entender sempre melhor o que se crê da Igreja. Os apologistas católicos, especialmente desde o século XVII, têm concentrado sua atenção naqueles aspectos, dos quatro atributos do credo, que são capazes de melhor conduzir uma pessoa, que sinceramente está em busca da verdadeira Igreja de Cristo, a identificá-la somente na Igreja Católica.

Para este objetivo, os apologistas escolheram aqueles aspectos das quatro propriedades da Igreja que podem servir como "notas" ou "caracteres" distintivos da única verdadeira Igreja. Tais "notas" deveriam ser: 1. mais facilmente identificadoras da própria Igreja; 2. típicas da verdadeira Igreja; 3. inseparáveis dela; 4. reconhecíveis por todo aquele que quiser sinceramente informar-se, mesmo se não for erudito.

O argumento apologético, conhecido como *via notarum*, abrange dois momentos fundamentais: 1. a demonstração de que a Igreja, por vontade de Cristo, seu divino fundador, deve ser una, santa, católica e apostólica, de modo visível e reconhecível, dotada de um tipo particular de unidade, de santidade, de catolicidade e de apostolicidade, que seja exclusivo da verdadeira Igreja; 2. a demonstração de que é exatamente *esta* unidade, santidade, catolicidade e apostolicidade que caracteriza a Igreja Católica romana, e só ela.

No decurso dos séculos XVIII e XIX, a *via notarum* tornou-se um traço-padrão distintivo da apologética católica, submetido a vários desenvolvimentos e adaptações, à medida que eram mais conhecidos os problemas que comportava e se tomavam medidas para equacioná-los. Um destes problemas consistia no fato de que parecia claramente impossível sustentar que nas igrejas não católicas simplesmente não se pudesse encontrar alguma unidade, santidade, catolicidade ou apostolicidade. Isto era particularmente evidente em relação às igrejas separadas do Oriente, cujos sacramentos tinham seguramente condições de produzir santidade nos que os recebiam devotamente e cuja ordem episcopal era de origem apostólica. Tais problemas tornaram necessário especificar ulteriormente as noções de unidade, santidade, catolicidade e apostolicidade – típicas da verdadeira Igreja – de modo a poder concluir que elas se encontravam exclusivamente na Igreja Católica Romana. Em outras palavras, o uso católico da *via notarum* estava ligado a uma interpretação tipicamente católica das quatro propriedades da igreja contidas no credo. Naturalmente, outros cristãos podiam ostentar, para suas igrejas, estas mesmas propriedades, interpretando-as de um modo que fosse conforme ao modo como elas eram realizadas naquelas igrejas.

A fraqueza deste procedimento está no fato de que a descrição da unidade, santidade, catolicidade e apostolicidade que a Igreja deve ter, inevitavelmente tendia a ser determinada pelo tipo de unidade etc., que a própria Igreja de fato possuía. Conscientemente ou não, partia-se da presunção de que a própria Igreja era dotada do tipo correto de unidade, santidade etc., para depois abordar o NT e os documentos da Igreja antiga, com o fim de demonstrar que justamente este era o tipo de unidade, santidade etc., que Cristo havia pretendido para sua Igreja. Razão pela qual a *via notarum* trouxe consigo todos os problemas do uso estritamente confessional das fontes. Isto significa recorrer às fontes com o fim de demonstrar uma tese preconcebida, em vez de fazê-lo com o fim de efetuar uma busca que permitisse às próprias fontes determinar o tipo de propriedades que uma Igreja deve ter para se poder dizer fiel a suas origens neotestamentárias.

Uma solução para este problema foi proposta por V.A. Dechamps, arcebispo de Malinas, e foi adotada pelo Concílio Vaticano I. Evitava a necessidade de recorrer às fontes, através da afirmação de que a unidade, a santidade e a universalidade, que são exclusivas da Igreja Católica, constituem um milagre moral e, portanto, são por si mesmas uma prova suficiente de que ela é a verdadeira Igreja de Cristo (DS 3013). Obviamente esta solução não está isenta de dificuldades, comportando a necessidade de mostrar não somente que estas propriedades são exclusivas da Igreja Católica, mas também que sua posse é uma demonstração inegável de sua origem divina.

Apesar da acolhida desta *via empirica* por parte do Vaticano I, os apologistas católicos continuaram a propor a *via notarum*, seja incluindo nela o primado romano, quando tratavam da unidade e da apostolicidade, seja propondo duas abordagens distintas: a *via notarum* e a *via primatus*.

Contudo, desenvolvimentos havidos no decurso do século XX levaram, senão ao abandono total da *via notarum*, pelo menos a um modo totalmente diferente de enfrentar a questão da identificação da "verdadeira Igreja de Cristo". Em primeiro lugar, os grandes progressos feitos pelos estudos bíblicos, patrísticos e históricos produziram uma crescente insatisfação pelo uso característico das fontes por parte do método apologético. Na medida em que se projetava mais luz sobre a Igreja, parecia sempre mais evidente que os apologistas católicos com excessiva facilidade haviam encontrado nas fontes o que queriam que lá houvesse, ao invés daquilo que objetivamente havia. A inconsistência do uso das fontes como "texto probante" tornou-se cada vez mais evidente.

O fato que de modo mais radical lhe interessou e fez evoluir a apologética católica no século XX é a abertura da Igreja Católica ao movimento ecumênico, que o Vaticano II sancionou. Isto levou a uma profunda revisão de algumas premissas de base do velho argumento apologético. Uma destas premissas era sustentada, de modo enfático, no esquema *De Ecclesia*, que havia sido elaborado pela Comissão Teológica Preparatória do Vaticano II. Não somente declarava que a Igreja Católica Romana é a única verdadeira Igreja, mas até que não existe nenhuma outra igreja que tenha o direito de chamar-se tal (AS I/4, 15). Mas este esquema deparou com uma crítica tão dura, na primeira fase do concílio, que foi retirado sem ser submetido a votação. O novo esquema, discutido pelo concílio em 1963, embora continuasse a identificar a Igreja de Cristo à Igreja Católica Romana, reconhecia a presença, fora dela, de "elementos de santificação" que, por sua natureza, pertencem à Igreja. Posteriormente, o concílio aprovou uma emenda pela qual a afirmação de que a Igreja de Cristo *é* a Igreja Católica foi alterada para a expressão *subsiste na* Igreja Católica. A razão da mudança foi dada nestes termos: "Porque a expressão concorda melhor com a afirmação relativa aos elementos eclesiais presentes em outras igrejas" (AS III/l, 177).

Todos os comentaristas praticamente viram, nesta mudança de palavras, uma significativa abertura para o reconhecimento, por parte da Igreja Católica, da realidade eclesial presente no mundo não católico. Isto foi confirmado em LG 15, onde o concílio reconheceu o papel que as igrejas não católicas e as comunidades eclesiais desempenham na colação do Batismo e dos outros sacramentos a seus membros. Isto foi ulteriormente desenvolvido no decreto sobre o ecumenismo, que declarava que estas igrejas e comunidades não católicas eram empregadas pelo Espírito Santo como meios de graça e de salvação (UR 3).

Quais são as consequências, para a apologética católica, desta importante mudança de atitude em relação à condição eclesial das igrejas e comunidades eclesiais separadas de Roma? Primeiro: não existe mais o problema de demonstrar que a Igreja Católica Romana é "a única verdadeira Igreja", com a exclusão, para qualquer outra, do direito de chamar-se Igreja. O Vaticano II, com o reconhecimento do estado eclesial destas outras igrejas e comunidades, claramente reconheceu que a única Igreja de Cristo está presente e opera salvificamente também nelas. Em outras palavras, não se trata mais, para a apologética católica, de demonstrar que a Igreja de Cristo *é*, em sentido exclusivo, a Igreja Católica Romana, mas, antes, de justificar a afirmação segundo a qual a Igreja de Cristo *subsiste na* Igreja Católica. O que esta tarefa comporta depende de como se entende a expressão *subsiste na.*

Uma indicação importante da intenção do concílio a este propósito é fornecida pela afirmação que se lê no decreto sobre o ecumenismo:"... reúnam-se na unidade de uma e única Igreja. Esta unidade Cristo a deu, desde o início, à sua Igreja, e nós acreditamos que ela subsiste, sem possibilidade de ser perdida, na Igreja Católica, e esperamos que cresça diariamente, até o fim dos séculos" (UR 4). Aliás, o mesmo decreto havia declarado que as igrejas e comunhões separadas "não gozam... daquela unidade que as Sagradas Escrituras e a veneranda tradição da Igreja abertamente declaram" (UR 3). Parece concordar plenamente com o que o concílio afirmou, no tocante à unidade que Cristo deu à sua Igreja e que "subsiste" na Igreja Católica, a conclusão de que também as outras três propriedades da Igreja, contidas no credo, devem "subsistir" na Igreja Católica.

Disto segue que, a partir do Vaticano II, a *via notarum* pode ser usada pela apologética católica para demonstrar que a Igreja de Cristo subsiste na Igreja Católica precisamente porque é aqui que as quatro propriedades da Igreja de Cristo, contidas no credo, continuam a estar presentes.

Surge então a questão: Em que sentido a *via notarum* católica, lida à luz do Vaticano II, deve ser diferente da apologética pré-conciliar? Deve haver diversas diferenças importantes. A primeira deriva do fato de que a expressão *subsiste na* não tem o significado exclusivo do verbo *é*, que foi substituído no texto conciliar. Dizer que a Igreja de Cristo subsiste na Igreja Católica não significa que a Igreja de Cristo não se encontre alhures; com efeito, o concílio reconheceu que ela está presente e operante em outras igrejas e comunidades, até em razão dos meios eclesiais de graça que elas fornecem a seus membros. Similarmente, dizer que a unidade, a santidade, a catolicidade e a apostolicidade com que Cristo dotou sua Igreja subsistem na Igreja Católica não significa que elas se encontrem exclusivamente nela.

Um dos pontos-chave da abertura ecumênica do concílio está em ter reconhecido que certas realidades, como a comunhão eclesial, admitem graus de plenitude em seu modo de realizar-se, razão pela qual afirmar que a Igreja Católica goza de uma certa plenitude de eclesialidade, unidade etc. não significa negar que estejam presentes alhures. O que o apologista católico deve hoje justificar é a pretensão de sua igreja ter uma certa plenitude do significado de igreja e uma plenitude das propriedades essenciais da Igreja, de modo a poder afirmar, com pleno direito, que a Igreja de Cristo se torna presente nela numa medida que não é dado encontrar em outras igrejas.

Outras duas diferenças também precisam ser sublinhadas. A primeira é esta: à luz do Vaticano II, uma tal afirmação de "plenitude" não é a mesma coisa que a pretensão de realizar a natureza de igreja ou suas propriedades num grau de perfeição absoluta. O concílio declarou, por exemplo, que, embora a Igreja seja "indefectivelmente santa" (LG 39), aqui na terra, se trata de uma santidade imperfeita, ainda que genuína (LG 48). Similarmente, o concílio reconheceu que o estado de divisão da Igreja impede-a de realizar aquela plenitude de catolicidade que lhe é própria (UR 4). Sua unidade é algo que "deve crescer até o fim dos tempos" (UR 4). A partir do Vaticano II, os apologistas católicos não têm motivo para cair naquele triunfalismo que caracterizava uma certa apologética pré-conciliar.

Finalmente, como observamos anteriormente, um dos problemas do antigo uso da *via notarum* era constituído por sua vinculação a uma interpretação estritamente católica das quatro "notas" da Igreja. A partir do Vaticano II, importantes estudos ecumênicos foram dedicados ao esclarecimento das quatro propriedades da Igreja, contidas no Credo. Eis por que temos razões para esperar que no futuro um apologista católico seja capaz de basear sua *via notarum* numa interpretação destas propriedades capaz de representar pelo menos uma convergência, senão um pleno consenso, com o que foi adquirido através da reflexão ecumênica e do diálogo.

Bibl. – G. Thils, *Les Notes de l'Eglise dans l'apologétique catholique depuis la reforme*, Gembloux 1947; J.L. Witte, "One, Holy, Catholic and apostolic", em H. Vorgrimler (ed.), *One, Holy, Catholic and Apostolic*, Londres 1968, 3-43; Y. Congar, *L'Église Une Sainte Catholique et Apostolique*, Paris 1970; H.J. Pottmeyer,

"Die Frage nach der wahren Kirche", em HFTh, III, 212-241; F.A. Sullivan, *The Church We Believe In. One, Holy, Catholic and Apostolic*, Mahwah/Dublin 1989.

FRANCIS A. SULLIVAN

VI. Intérprete da Escritura

Enquanto comunidade de crentes, a Igreja vive da Palavra de Deus. Na oração, na Liturgia e no estudo, os cristãos procuram diariamente guia e alimento na expressão privilegiada da Palavra contida na Escritura (DV 21-26). Disto segue que a interpretação bíblica é de vital importância e o Concílio Vaticano II declarou com grande cuidado os princípios de → "exegese integral" da Bíblia. A principal declaração hermenêutica do concílio, DV 12, estimula a recuperação histórico-crítica do significado original ou literal dos textos, mas em seguida continua insistindo numa interpretação teológica mais ampla do significado da Bíblia na perspectiva da fé. DV 12 conclui, afirmando que a interpretação da Escritura "está submetida, em última instância, ao juízo da Igreja, que cumpre o mandato e ministério divino de conservar e interpretar a Palavra de Deus".

Este papel da Igreja na interpretação bíblica, especialmente através do ensinamento autêntico do magistério eclesial, pode ser mal-entendido. Um entendimento simplista, por exemplo, poderia estabelecer uma antítese entre os princípios protestantes do "livre-exame" e da interpretação pessoal, e a obrigação, por parte dos católicos, de aceitar o ensinamento autorizado da Igreja sobre o significado da Bíblia. Na realidade, a maior parte dos protestantes interpreta a Escritura sob a guia da catequese e da pregação que transmitem a tradição teológica de sua denominação específica.

A fé católica contém um compromisso explícito com a tradição da Igreja, particularmente quando formulada em doutrina solene. Mas o → dogma, no essencial, desempenha uma função protetora em relação à revelação de Deus em Cristo, tal como esta foi originariamente mediada pelos apóstolos e pelos evangelistas e, posteriormente, explicada na Igreja. A tradição, em todo caso, é algo mais que o dogma, pois é também o processo pelo qual o amplo depósito da fé (→ Depósito da fé) se torna operante em cada época (DV 8,1). Disto segue que a tradição é também o ambiente comunitário constituído de liturgia e espiritualidade, e os católicos acreditam que tal ambiente tenha uma natural afinidade com a Escritura e seja realmente o contexto em que o texto escrito é lido, compreendido e vivido de maneira fecunda, como testemunho inspirado na Palavra de Deus, dirigida para a fé (DV 9).

Em última instância, a relação que os católicos instauram entre a interpretação bíblica e o magistério da Igreja apoia-se na convicção de que Cristo estabeleceu um modo institucional de garantir a integral transmissão, proteção e explicação do que foi revelado para nossa salvação (DV 10; → Magistério). Esta convicção, todavia, tem uma história que mostra tanto continuidade no tempo quanto notável multiplicidade no modo de articular e de operacionalizar uma função judicial para a Igreja na interpretação da Escritura.

Os Padres dos séculos II e III estavam certos de que as igrejas, em particular as de fundação apostólica, tinham em sua → *regula fidei* um corpo doutrinal que exprimia o significado global da Escritura, de forma sumária. Orígenes podia afirmar que a verdade da Palavra de Deus, uma realidade mais profunda que a letra do texto, é conhecida pela Igreja agora convertida a seu Senhor. Com efeito, o Espírito Santo transmitiu o sentido inspirado (*spiritalem sensum*) à Igreja (*In Leviticum* I, 1,5,5). Em consequência, os antigos concílios avaliavam repetidamente as doutrinas, incluídas as expostas com o apoio dos textos bíblicos, nos termos de sua conformidade à fé transmitida e a sua confissão nas igrejas (→ Símbolo da fé).

A cristologia adocionista foi rejeitada porque seus expoentes, embora citando os evangelhos, não os entendiam em conformidade com a sã doutrina, isto é, do modo como os padres católicos haviam professado sua fé e explicado os textos. As Escrituras, na verdade, eram a *fonte* do ensinamento e da alimentação cotidianos, mas o credo se unia à doutrina dos Padres para constituir a *norma* com base na qual eram avaliadas as interpretações da Escritura.

Por volta de 1500, veio a criar-se uma nova situação, devida tanto à crescente difusão da Bíblia impressa para a leitura pessoal quanto a esporádicas manifestações de fervor e de expectativa apocalípticos. Um decreto do V Concílio de Latrão (sessão XI, 19 de dezembro de 1516) censurou os que distorciam o significado da Escritura em sermões entremeados de interpretações irrefletidas e idiossincráticas. O individualismo na pregação bíblica foi declarado inadmissível e aos pregadores se impôs o anúncio e a explicação da verdade do Evangelho em conformidade com o ensinamento dos doutores reconhecidos.

Quando o Concílio de → Trento empreendeu sua obra de resposta à Reforma, seu primeiro ato solene foi o acolhimento formal do Credo tradicional, como princípio e fundamento do ensinamento e da Reforma, antes ainda da Escritura e das tradições apostólicas (sessão III, 4 de fev. de 1546). A declaração de Trento no tocante à interpretação bíblica (sessão IV, DS 1507) é parte de um decreto de reforma contra os abusos na pregação e na instrução clerical, mas isto tem implicações doutrinais a longo prazo. Trento sustenta que o significado da Escritura anunciado pela Igreja, por exemplo, em sua tradição conciliar, é a norma negativa de interpretação. A Bíblia não deve ser explicada de maneira contrária à central herança doutrinal ou ao consenso dos Padres. Trento modificou um esquema de declaração segundo o qual a Igreja é o *único* intérprete legítimo da Bíblia, mas depois continuou a afirmar que a Igreja tem verdadeiramente a faculdade de avaliar e julgar o que os intérpretes da Bíblia difundem como ensinamento desta em relação à fé e às formas concretas de culto e de vida cristã.

A constituição dogmática *Dei Filius*, do Concílio → Vaticano I, reconfirmou Trento, mas com uma transformação da declaração negativa, que excluía interpretações contrárias ao *sensus* da Igreja, para uma afirmação positiva de que o senso eclesial é fiel à Escritura em matéria de fé e de vida cristã (DS 3007). A principal preocupação do Vaticano I em *Dei Filius* foi exprimir tanto as diferenças quanto as conexões entre razão natural, revelação sobrenatural e fé. Em particular pelas intervenções do Bispo Meignan de Châlons, o concílio se deu conta do perigo de uma abordagem excessivamente restritiva que teria obstaculado os estudiosos católicos em sua defesa da revelação e da Bíblia contra ataques radicais. Em consequência, embora o Vaticano I seja mais forte que Trento em sua afirmação sobre o caráter normativo da tradição doutrinal, não sustentou que a doutrina da Igreja esgote o significado da Escritura. O Vaticano I não fecha a porta à eventual promoção católica daquela obra da razão que consiste na aplicação de métodos críticos na recuperação da intenção comunicativa original de autores bíblicos específicos.

Já se falou alhures (Beumer, Grelot, Brown-Collins) da evolução da doutrina católica sobre a inspiração e a interpretação da Escritura entre os dois concílios vaticanos, com o cerceamento da pesquisa após a condenação do modernismo. As encíclicas papais de 1893-1920 e 1943, juntamente com os decretos da Pontifícia Comissão Bíblia (em particular 1905-1915) possuem hoje interesse histórico, como preparação à → *Dei Verbum*. Já citamos a concisa reafirmação do Vaticano II, em DV 12, da tradicional reivindicação do papel da Igreja como instância judiciária na interpretação. O que o mesmo texto diz a propósito da recuperação exegética do significado original e da interpretação teológica à luz da fé, revela que o magistério é certamente uma instância final na interpretação. Também a tradicional afirmação com a qual conclui DV 12 é precedida de uma afirmação de elogio da obra de estudiosos da Bíblia em dar uma contribuição à maturação do juízo da Igreja, quando ela cumpre sua missão de conservar e interpretar a Palavra de Deus.

Certamente não foi dita a última palavra sobre o papel da Igreja como intérprete da Escritura; em conclusão, porém, podem-se fixar dois pontos.

1. Nos textos doutrinais do magistério deve-se distinguir entre emprego dos textos bíblicos para explicar a doutrina ensinada, e uma declaração autêntica sobre uma determinada passagem bíblica. O primeiro caso não dá uma interpretação das passagens citadas ou às quais se fez referência. Mas outras asserções magisteriais fazem referência ao significado original de passagens bíblicas específicas. Casos do segundo tipo seriam as declarações de Trento sobre as palavras da instituição eucarística (DS 1637) e sobre o fundamento em Tg 5,14 do Sacramento da Unção dos Enfermos (DS 1695, 1716). Estes casos constituem exemplos da função judicial do magistério no dirimir as controvérsias em matéria de interpretações da Escritura. Tais declarações, em todo caso, não parecem identificar formalmente o conteúdo do dogma posterior com o sentido literal da passagem original. O que está em questão é, sim, a homogeneidade entre o significado originário e o que se desenvolveu na Igreja. Os dois significados estão interligados por uma trajetória de desenvolvimento orgânico e legítimo, como parece claro das declarações no Vaticano I sobre os textos petrinos e sobre o primado papal (DS 3053-3055).

O Vaticano II funda a mencionada explicação ao sublinhar a distância existente entre os autores bíblicos, com sua antiga cultura médio-oriental, seu modo de pensar e o que surgiu posteriormente como fruto de evolução doutrinal. A recuperação do sentido literal dos textos exige a aplicação de um estudo atento e de métodos críticos (DV 12,2). Isto parece excluir uma retroprojeção do significado do dogma subsequente na intenção comunicativa dos autores bíblicos.

2. DV 12,3 insiste numa leitura "no Espírito", que une textos bíblicos específicos ao conjunto completo da revelação e à sua atualização interpretativa na tradição eclesial. A história até Trento revela que a expressão primária desta tradição interpretativa é o conjunto objetivo de credo, dogma e liturgia. Por exemplo, os principais ciclos de observância litúrgica, focalizados sobre o Natal e a Páscoa, exprimem de modo pontual o que a fé considera como central na Bíblia. O movimento ascendente da oração eucarística mostra a fé numa expressão autêntica no tributar toda a honra e a glória ao Pai, através do Filho, no Espírito. O *sensus Scripturae* da Igreja tem um conteúdo identificável, e este não deve ser obscurecido, interpretando-o exclusivamente nos termos da autoridade formal que intervém com um autêntico julgamento.

Bibl. – J. Beumer, *Die katholische Inspirationslehre zwischen Vaticanum I und II*, Stuttgart 1965; H. Kümmeringer, "Es ist Sache der Kirche, 'iudicare de vero sensu et interpretatione scripturarum sanctarum'. Zum Verständnis dieses Satzes auf dem Tridentinum und Vaticanum I", em ThQ 149 (1969) 282-296; H.J. Pottmeyer, "Die historisch-kritische Methode und die Erklärung zur Schriftauslegung in der dogmatischen Konstitution *Dei Filius* des 1. Vaticanums", em AHC 2 (1970) 87-111; M. Midali, *Rivelazione, chiesa, scrittura e tradizione alla IV sessione del Concilio di Trento*, Roma 1973; R.E. Brown, *Biblical Exegesis and Church Doctrine*, Nova York/Mahwah 1985; W. Brandmüller, "Die Lehre der Konzilien über die rechte Schriftinterpretation bis zum 1. Vatikanum", em AHC 19 (1987) 13-61; P. Grelot, *Vangeli e storia*, Roma 1988, 19-63; R.E. Brown-S. Schneiders, "Hermeneutics" e R.E. Brown-T.A. Collins, "Church Pronouncements", em R.E. Brown e outros (ed.), *The New Jerome Biblical Commentary*, II, 1163-1174, Englewood Cliffs 1990.

JARED WICKS

VII. Igrejas evangélicas

O evangelismo como movimento religioso tem a sua origem tanto na Reforma protestante do século XVI quanto no despertar evangélico ocorrido entre o século XVII e XIX. Abrange por isto as várias realidades eclesiais emergidas dessas importantíssimas transformações espirituais.

As igrejas que surgiram diretamente da Reforma protestante constituem quatro tradições diferentes: luterana, reformada, anglicana e anabatista. A Reforma luterana produziu as seguintes importantes confissões de fé: a Confissão Augustana, os Artigos de Esmalcalda, o Pequeno Catecismo de Lutero e a Fórmula da Concórdia. Do movimento reformado temos o Catecismo de Genebra, o Catecismo de Heidelberg, a Primeira e a Segunda Confissão Helvética, a Confissão Belga, a Confissão Escocesa, os Cânones de Dort e a Confissão de Westminster. A Igreja anglicana adotou os trinta e nove artigos que refletem, em certa medida, a teologia da Reforma calvinista.

O protestantismo evangélico só pode ser entendido plenamente na perspectiva dos movimentos de purificação espiritual que se verificaram depois da Reforma: o pietismo, o puritanismo e o evangelismo associado a Wesley e Whitefield. Estes movimentos procuraram completar a Reforma, sustentando uma reforma tanto da vida quanto da doutrina. Uma tendência iconoclasta era evidente entre os puritanos, que faziam pressão em prol da máxima simplicidade no culto. Foi neste espírito de renovação que o protestantismo experimentou um notável crescimento de interesse e de atividade nas missões estrangeiras.

Conquanto o intento fosse o de reformar as igrejas por dentro, os movimentos de renovação contribuíram involuntariamente para o surgimento de novas denominações. As realidades eclesiais que fazem remontar suas origens ao puritanismo abrangem os batistas, os congregacionalistas e os Plymouth Brethren. O pietismo deu origem à Igreja morávia, à Igreja dos Irmãos, aos Irmãos Evangélicos Unidos (agora fazendo parte da Igreja Metodista), às Igrejas de Deus da América do Norte, à Igreja da Aliança Evangélica e à Livre Igreja Evangélica (estas duas últimas igrejas tiveram origem na Suécia). Dos "revivais" de Wesley e Whitefield, na Inglaterra do século XVIII, vêm as igrejas metodistas e, mais tarde, o movimento da Holiness que sustentava a volta às raízes wesleyanas. As igrejas que trazem os sinais do impacto da teologia da Holiness englobam: a Aliança Cristã e Missionária, o Exército da Salvação, a Igreja do Nazareno, a Livre Igreja Metodista, a Igreja de Wesley, a Igreja Holiness Peregrina, a Igreja Unida Missionária, a Igreja de Deus (Anderson, Indiana) e a Igreja Evangélica Congregacionalista. As igrejas provenientes do movimento de restauração do século XIX, que sustentaram o modelo neotestamentário da Igreja, abrangem os Discípulos de Cristo e as Igrejas de Cristo.

O movimento mais significativo de renovação espiritual dos anos recentes é o pentecostalismo, que tem origem nos "revivais" do fim do século XIX e dos inícios do século XX. Nascido principalmente no grupo das igrejas da Holiness, o pentecostalismo se distingue pela ênfase que coloca nos dons carismáticos, em particular a profecia, as curas e o falar em línguas. Com a maioria das outras confissões compartilha um senso da urgência de renovação evangélica.

As igrejas pertencentes a este último filão de consciência religiosa abrangem as Assembleias de Deus, a Igreja de Deus (Cleveland, Tenn.), a Igreja de Deus em Cristo, a Open Bible Standard Church e a Igreja Internacional do Foursquare Gospel (Evangelho Quadrangular) que têm sua base, todas elas, nos Estados Unidos; as assembleias pentecostais e as igrejas evangélicas do Canadá, a Igreja Apostólica e a Igreja Elim na Inglaterra, a Sociedade das Assembleias Cristãs e a Associação Mülheim das Sociedades Cristãs na Alemanha, a Igreja Cristã Pentecostal da Iugoslávia, a Igreja Apostólica da Nigéria, a Apostolic Faith Mission e a Full Gospel Church of God na África do Sul, a Igreja Pentecostal Evangélica, a Congregação de Cristo e as Assembleias de Deus no Brasil, a Igreja Pentecostal Metodista no Chile, a Igreja Pentecostal, a Full Gospel Bethel Church e a Igreja de Jesus Cristo na Indonésia. Por sua expansão extraordinária nos países do Terceiro Mundo, os pentecostais constituem hoje a maior família de igrejas dentro do protestantismo.

Devido ao envolvimento de um número tão elevado de igrejas diferentes, a teologia evangélica revela uma variedade notável; mas existem pontos em comum que refletem o impacto exercido pela corrente principal da Reforma protestante. Temas aos quais é atribuída importância especial na teologia evangélica são: a soberania de Deus, a autoridade e o primado da Sagrada Escritura, a radical infiltração do pecado, a expiação vicária, a salvação por meio da graça (*sola gratia*), a justificação por meio da fé (*sola fide*), a experiência da conversão, o chamado à santidade pessoal, o sacerdócio comum dos crentes, a urgência da missão e a proximidade do fim do mundo.

Além das notas clássicas da Igreja – unidade, santidade, catolicidade, apostolicidade – os evangélicos da tradição reformada têm grande consideração por estas duas práticas características: a pregação da Palavra e a administração correta dos sacramentos. Sob o impulso do pietismo e do puritanismo, muitos evangélicos sustentam também a disciplina eclesiástica, a atividade missionária e a comunhão de amor (a *koinōnía*) como sinais autênticos da plenitude eclesial.

Entre os teólogos que deram uma contribuição importante à vida e ao pensamento evangélico figuram Lutero, Calvino, Zwínglio, Melanchton, Chemnitz, Wesley, Edwards, Kuyper, Hodge e, no século XX, P.T. Forsyth, K. Barth, E. Brunner, A. Nygren, G.C. Berkouwer, D. Bonhoeffer e C.S. Lewis. Sem dúvida os três pensadores que exerceram a maior influência foram Calvino, Lutero e Wesley. A obra *Institutio religionis Christianae*, de Calvino, teve uma ampla difusão não só nos círculos reformados e presbiterianos, mas também entre os congregacionalistas, os anglicanos da igreja baixa, os batistas, os Plymouth Brethren, as igrejas livres evangélicas e as igrejas independentes da Bíblia. As acentuações teológicas de Wesley foram fundamentais não só para o metodismo, mas também para os ramos Holiness e pentecostal da Cristandade.

Ocasionalmente, os teólogos evangélicos hauriram do patrimônio da Igreja Católica Romana, ainda que de maneira seletiva. Entre os pensadores católicos altamente estimados pelos evangélicos figuram Atanásio, → Irineu, → Agostinho, Bernardo de Claraval e → Pascal. Também → Tomás de Aquino foi elogiado pela ênfase que colocou na prioridade da graça e por seu vigoroso empenho de valorização da Escritura, embora sua teologia natural tenha sido criticada pelos evangélicos da corrente neo-ortodoxa. Foi demonstrado que os místicos renanos, inclusive João Tauler e o autor anônimo da *Theologica Germanica* exerceram uma forte influência sobre o pensamento e sobre a espiritualidade de Lutero.

O protestantismo moderno está hoje dividido em dois campos: o liberal e o evangélico. O liberalismo protestante tira suas origens do Iluminismo do século XVIII, quando uma crítica mais dura começou a minar a autoridade bíblica. Luminares de teologia da tradição liberal abrangem F. Schleiermacher, A. Ritschl, W. Hermann, A. von Harnack, E. Troeltsch, H. Bushnell, P. Tillich, R. Bultmann, N. Wieman, J. Moltmann e W. Pannenberg. H. Reinhold Niebuhr e o irmão H. Richard Niebuhr (ambos americanos) criticaram energicamente a teologia liberal no interior desta tradição, mas seu pensamento tem também uma forte tônica bíblica que lhes garantiu o apreço de muitos evangélicos.

Entre as características distintivas da teologia liberal, figuram: a prioridade da experiência religiosa em relação à revelação bíblica; uma ideia naturalística ou idealística do mundo em face do sobrenaturalismo; um forte senso da relatividade histórica da doutrina; uma ética situacional ou contextual, antes que uma ética revelada; uma fé no progresso; e uma reformulação da revelação enquanto discernimento racional ou anúncio da transcendência, antes que definitiva revelação divina do significado da história específica registrada na Bíblia.

As divisões no protestantismo hoje não são tanto entre as denominações quanto entre as posições teológicas que interessam às denominações de modo transversal. A polarização entre teologia liberal ou modernista, de um lado, e teologia evangélica, do outro, tende a acentuar-se em vez de atenuar-se. Enquanto o conflito se intensifica, os evangélicos, em ritmo crescente, procuram contatos com os carismáticos e com os conservadores católicos romanos e ortodoxos orientais para estabelecer uma frente comum contra o secularismo e o modernismo.

Boa parte da força de que goza hoje o movimento evangélico deve atribuir-se às organizações evangélicas paraeclesiásticas que fazem um esforço peculiar para trabalhar entre os jovens, nas escolas superiores e nas sedes universitárias. Entre estas figuram a InterVarsity Christian Fellowship, a Young Life, os Navigators, a Youth for Christ, a Scripture Union e a Campus Crusade for Christ.

No movimento evangélico há quem sustente um evangelismo católico em que o empenho pelo Evangelho se une a um respeito à tradição e à autoridade da Igreja. Este elã ecumênico é evidente entre numerosos teólogos da época moderna: W. Löhe, Ph. Schaff, J. Nevin, P.T. Forsyth, N. Söderblom, G. Aulén, F. Heiler, Th.F. Torrance e K. Barth. Teólogos americanos contemporâneos, que têm uma posição evangélica católica, abrangem J. Pelikan, R. Webber, R. Neuhaus, C. Braaten, R. Lovelace e D.G. Bloesch. Alguns destes estudiosos sentem a necessidade de uma repristinação da vida religiosa comunitária em bases evangélicas, como também de novas declarações sobre os sacramentos, a Igreja, os santos e o papel de Maria enquanto mãe de todos os cristãos.

Bibl. – Ph. Schaff (ed.), *The Creeds of Christendom*, III: "Evangelical Protestant Creeds", Nova York 1919[4]; B. Ramm, *The Evangelical Heritage*, Waco, TX 1973; F.S. Mead, *Handbook of Denominations in the United States*, Nashville 1975[6]; A.C. Piepkorn, *Profiles in Belief: The Religious Bodies of the United States and Canada*, III: "Holiness and Pentecostal"; IV: "Evangelical, Fundamentalist, and Other Christian Bodies", San Francisco 1979; D.G. Bloesch, *The Future of Evangelical Christianity: A Call for Unity Amid Diversity*, Nova York 1983; J. Pelikan, *The Christian Tradition*, IV: "Reformation of Church and Dogma (1300-1700)", Chicago 1984; R. Latourelle (ed.), *Vaticano II. Bilancio e prospettive*, vol. 2º: secção V: "Chiesa e Chiese", 811-919; M. Ellingsen, *The Evangelical Movement*, Minneapolis 1988.

DONALD G. BLOESCH

VIII. Igrejas orientais

1. UMA RETROSPECTIVA HISTÓRICA – As "igrejas orientais" são assim chamadas porque nascidas no Oriente (mais precisamente, na parte oriental do Império Romano), das cisões pela contestação das fórmulas dogmáticas dos concílios de Éfeso, em 431, e de Calcedônia, em 451 (cf. UR 13). Ou seja, trata-se de comunidades eclesiais que se separaram porque não aceitaram nem a orientação ciriliana de Éfeso, nem a nova fórmula cristológica de Calcedônia. Pelo final do século V, a igreja sírio-oriental da Pérsia recusou a doutrina de Cirilo da "mia phýsis toú theoú lógou sesarkoméni" ("única natureza encarnada do Verbo de Deus"), dando lugar aos assim chamados cristãos "nestorianos", que exerceram uma grande atividade missionária, sobretudo na Índia. A fórmula calcedonense da "única pessoa ou hipóstase de Jesus Cristo em duas naturezas", ao invés, foi recusada por Alexandria (e pela Igreja etiópica dependente), por metade do patriarcado de Antioquia e pela Igreja armênia. São as igrejas "não calcedonenses", impropriamente chamadas de "monofisistas", por manterem as palavras da fórmula ciriliana que, após a purificação da linguagem ocorrida em Calcedônia (i. é, distinção entre "natureza" e "pessoa"), resulta fortemente ambígua. Todavia, parece injusto atribuir este insucesso parcial à fórmula conciliar. Houve outros fatores, nem sempre teológicos, que determinaram cisões, oposições e rejeições. Com efeito, uma atenta revisão da assim chamada cristologia não calcedonense não consegue determinar divergências substanciais de conteúdo em relação à fórmula de 451. A cristologia do "monofisismo sírio", por exemplo, mais do que teologicamente imprópria, pode ser considerada somente como "estranha a Calcedônia", como "pré-calcedoniana" e "antinestoriana".

2. O DIÁLOGO – Não obstante suas inegáveis diferenças teológicas, rituais, jurídicas e experienciais, estas igrejas aceitam os dogmas da Trindade e da encarnação, o mistério da Igreja, a vida litúrgica e sacramental, a experiência monástica. Por isto, também em relação a estas igrejas orientais, a partir do Vaticano II tem prevalecido uma atitude de diálogo. Alguns expoentes destas comunidades estiveram presentes ao concílio. Encontros entre o papa e alguns dos patriarcas orientais aconteceram tanto em Roma quanto fora de Roma, durante as viagens de Paulo VI e de João Paulo II. Citemos alguns exemplos concretos do diálogo "bilateral" entre a Igreja Católica e algumas destas igrejas orientais. Em 1973, Paulo VI e Shenuda III, patriarca copto de Alexandria, subscreveram em Roma uma declaração comum,

cuja parte cristológica é absolutamente correta, embora evitando a expressão calcedonense "uma pessoa em duas naturezas". Nesta declaração afirma-se, entre outras coisas: "Em continuidade com nossas tradições apostólicas, transmitidas a nossas igrejas e nelas conservadas, e em conformidade com os três primeiros concílios ecumênicos, confessamos uma única fé num só Deus Uno e Trino e na divindade do único Filho Encarnado de Deus, a Segunda Pessoa da Santíssima Trindade, a Palavra de Deus, o fulgor de sua glória e a imagem manifesta de sua substância, que por nós se encarnou, assumindo para si mesmo um corpo real com uma alma racional, e que compartilhou conosco de nossa humanidade, mas sem pecado. Confessamos que nosso Senhor e Deus e Salvador e Rei de todos nós, Jesus Cristo, é Deus perfeito no tocante a sua divindade, e perfeito homem no tocante a sua humanidade" (EV 4, 2500).

O diálogo entre Igreja Católica e igreja copta continuou mediante uma comissão mista, cuja primeira sessão plenária (Cairo, 26-30 de março de 1974) elaborou uma relação conjunta, relativa à cristologia. Nela precisam-se as respectivas fórmulas cristológicas. Assim, ilustra-se a manutenção, também depois de Calcedônia, da fórmula ciriliana da "única natureza encarnada do Verbo de Deus": "Quando os ortodoxos [= neste caso, os coptos] professam que a divindade e a humanidade de nosso Senhor estão unidas numa natureza, entendem a palavra 'natureza' não como uma pura e simples natureza, mas, antes, como uma natureza composta, em que a divindade e a humanidade estão unidas inseparavelmente e sem confusão" (EO 1, 2225). A mesma comissão mista recomendou estudar ulteriormente os concílios cristológicos, os sacramentos em sua relação com a Igreja e com a economia da salvação, o reconhecimento dos santos e outras questões práticas concernentes à cooperação entre as duas igrejas (EO 1, 2230-2242). A relação da segunda sessão plenária (Cairo, 27-31 de outubro de 1975), depois de haver afirmado sua própria intenção de unidade efetiva na fé, na vida sacramental e na harmonia das relações recíprocas, destaca algumas divergências eclesiológicas entre Igreja copta (*igreja local* como realidade constitutiva da universalidade da Igreja; *concílio ecumênico* como suprema instância da Igreja universal) e Igreja Católica (*igreja local*, comunidade dos fiéis reunida em torno do bispo; *igreja particular*, reunião de uma série de igrejas locais; *igreja universal*, constituída pelas igrejas locais e nas igrejas locais; *ministério de unidade universal*, a serviço da comunhão entre as igrejas locais, exercido pelo *Bispo de Roma*). A relação enumera em seguida um conjunto de temas a serem ulteriormente aprofundados, entre os quais a estrutura da unidade da Igreja antes de 451, o papel específico de Pedro e de seus sucessores, os dogmas marianos, os sacramentos (EO 1, 2243-2260). As reuniões desta comissão mista continuam com uma certa regularidade (a última, a sexta, estava programada para dezembro de 1989). Em 1984 houve uma declaração comum entre o Papa João Paulo II e o patriarca de Antioquia Mar Zakka I Iwas. Estes diálogos oficiais são acompanhados também de diálogos locais e de encontros não oficiais entre teólogos. Nos Estados Unidos da América, por exemplo, houve algumas declarações conjuntas da Consulta Ortodoxa Oriental e Católica Romana sobre a finalidade, sobre o método e sobre os temas do diálogo intereclesial (1982: cf. EO 2, 3080-3097) e sobre a Eucaristia (1983: cf. EO 2, 3098-3099). De 18 a 25 de setembro de 1988, realizou-se em Viena o V Colóquio não oficial entre teólogos orientais e católicos, que reafirmaram, entre outras coisas, a possibilidade de um certo pluralismo nas fórmulas cristológicas; a aceitação de uma plataforma de fé comum, dada pelos três primeiros concílios ecumênicos; um estudo ulterior sobre a recepção dos outros concílios e sobre o primado do papa.

Bibl. – W. De Vries, *Der christliche Osten in Geschichte und Gegenwart*, Würzburg 1951; T. Uqbit, *Current Christological Positions of Ethiopian Orthodox Theologians*, Roma 1973; R. Kottje (ed.), *Storia ecumenica della chiesa*, vol. I-II, Brescia 1980-1981; P. Gregorios-W.H. Lazareth-N.A. Nissiotis, *Does Chalcedon Divide or Unite?* Towards Convergence in Orthodox Christology, Genève 1981.

No texto: EO = *Enchiridion oecumenicum.* Documenti del dialogo teologico interconfessionale, 1: Dialoghi internazionali 1931-1984; 2: Dialoghi locali 1965-1987, S.J. Voicu-G. Cereti (ed.), Bolonha 1986-1988.

ANGELO AMATO

IX. Igreja ortodoxa

1. UMA RETROSPECTIVA HISTÓRICA – Costuma-se fixar em 1054 a data do primeiro grande cisma entre Igreja Oriental e Igreja Ocidental, que marca oficialmente a divisão entre Igreja *Ortodoxa* (que literalmente significa "igreja que mantém a fé correta") e Igreja *Católica Romana* (que literalmente significa "igreja universal", que tem seu guia supremo no papa, Bispo de Roma). Fazem parte da *ortodoxia* aquelas igrejas orientais que reconhecem os sete primeiros concílios ecumênicos (de Niceia I a Niceia II), que além disto têm em comum o rito bizantino e o direito canônico e que não estão em comunhão com Roma. Embora mantendo entre si uma independência intrínseca própria, as igrejas ortodoxas consideram como seu centro espiritual e seu guia o patriarca de Constantinopla, que, por exemplo, coordena a preparação do grande sínodo pan-ortodoxo, de iminente celebração. As igrejas ortodoxas dividem-se em nove *patriarcados*, surgidos ao longo dos séculos – desde os mais antigos até os mais recentes, como o da Romênia, surgido apenas em 1925 – e em mais igrejas *autocéfalas* ("autônomas"). Até 1989, a maior igreja ortodoxa existente no mundo livre era a da Grécia, com mais de oito milhões de fiéis. Com as aberturas e liberalizações gorbatchevianas na União Soviética e com a queda dos regimes comunistas, nos países satélites da URSS, no fim de 1989, também as outras igrejas ortodoxas – sobretudo o patriarcado de Moscou, surgido em 1589 – parecem ter readquirido a liberdade de culto, juntamente com seus fiéis (mais de cento e vinte milhões).

A partir do cisma de 1054 – que os ocidentais chamam de "cisma do Oriente" e os orientais denominam "cisma da Igreja ocidental" – a história das relações entre Roma e Constantinopla tem registrado não poucos eventos traumáticos, muitas vezes não percebidos como tais no Ocidente. Além do cisma, acontecimentos dolorosíssimos para a ortodoxia foram as cruzadas (com a conquista de Jerusalém, em 1099, e de Constantinopla, em 1204), as tentativas de união dos concílios de Lião (1274) e de Florença (1439), a conquista de Constantinopla por parte dos turcos (1453) e o subsequente período funesto da turcocracia. Este último acontecimento, concluído com a libertação de Atenas, em 1821, e de Salonica, em 1912, comportou a impossibilidade prática de uma livre-expressão teológica e cultural da ortodoxia, sobretudo grega. Isto contribuiu para aprofundar ulteriormente o valo da desconfiança e da defesa em relação à Igreja Católica e a partir do fim do século XVI, também em relação ao protestantismo.

A isto devem acrescentar-se as diferenças já surgidas no primeiro milênio entre Oriente e Ocidente: diversidade nos ritos litúrgicos; na estrutura hierárquica, com a formação dos patriarcados; na concepção da Igreja e da comunhão intereclesial. Depois do cisma, afirmaram-se outras divergências: o contraste entre teologia escolástica e palamismo; a ênfase quase absoluta na antiga tradição patrística e conciliar (a "parádosis"); a recusa da infalibilidade papal e do primado de jurisdição universal do papa; a oposição aos dogmas marianos mais recentes (Imaculada Conceição e Assunção); o significado a ser dado à epiclese na liturgia eucarística; a perplexidade em relação à fórmula da absolvição sacramental usada no Ocidente. Um outro motivo de contraste e de incompreensão entre Igreja Ortodoxa e Igreja Católica é representado por aquelas igrejas que, unidas a Roma desde muitos séculos, foram condenadas à extinção legal pelos regimes comunistas do Leste Europeu (p. ex., a igreja ucraniana em 1946, a romena em 1948) e absorvidas à força pelas igrejas ortodoxas. Com a recente queda destes regimes, os católicos estão reivindicando seus direitos sobre os edifícios sagrados e sobre os bens confiscados, mas sobretudo sobre a liberdade de culto e de pertença à Igreja Católica.

Apesar deste conjunto de divergências e de dissabores, existe entre as duas igrejas um patrimônio comum vastíssimo, representado pela referência essencial à Escritura e aos Padres, pela aceitação dos dogmas fundamentais da fé (Trindade e Encarnação), pela vida litúrgica e espiritual, pela admissão dos sete sacramentos, pela experiência monástica, pela devoção mariana, pela vida de apostolado, de missão e de santidade. O fato de estes elementos de base serem vividos e interpretados de maneira própria e original, no Oriente e no Ocidente, mediante uma disciplina, uma tradição jurídica e uma teologia legitimamente diferentes entre si (cf. UR 15-17), deve ser visto como um motivo de complementaridade e de harmonia, e não de oposição e de contraste.

2. O DIÁLOGO DA CARIDADE – Foi o Patriarca Atenágoras, de Constantinopla, em outubro de 1958, que, movido também por motivos contingentes de sobrevivência política (contrastes com o governo turco, fechamento da escola teológica de Chalkis, fechamento de algumas revistas do patriarcado, redução dos ortodoxos de Istambul a seu mínimo histórico), rompeu o secular silêncio oficial entre a Igreja Católica e a ortodoxa. Em dois comunicados à imprensa (de 7 e de 10 de outubro) manifestou sua profunda tristeza pela doença de Pio XII e, em seguida, participava da "grande dor da venerável Igreja de Roma" pela morte daquele papa. O mesmo patriarca ficava feliz com a eleição de João XXIII e respondia afirmativamente ao apelo à unidade, lançado por este. João XXIII, por seu turno, em 5 de junho de 1960, instituía o "Secretariado para a união dos cristãos" (desde 1989 denominado "Pontifício Conselho para a promoção da unidade dos cristãos"). Tem assim início o diálogo da caridade feito de gestos concretos de respeito, de estima e de abertura. Enumeremos alguns destes fatos: o encontro, em Jerusalém, entre Atenágoras e Paulo VI (5-6 de janeiro de 1964); o decreto conciliar *Unitatis Redintegratio*, sobre o ecumenismo (21 de novembro de 1964); a simultânea ab-rogação, em Roma e em Constantinopla, das excomunhões de 1054 (7 de dezembro de 1965); a corajosa visita de Paulo VI a Constantinopla (25-26 de julho de 1967), e a entrega ao patriarca da bula *Anno ineunte* (25 de julho de 1967), em que se desenvolve uma original "teologia das igrejas irmãs", com o augúrio da abertura de um fraterno diálogo teológico; a visita a Roma do patriarca Atenágoras (26-28 de outubro de 1967); a publicação, em 1971, do *Livro da caridade* (= *Tómos agápis*) com os testemunhos desta densa rede de relações cordiais entre Roma e Constantinopla (em 1987 atualizado e traduzido para o inglês, sob o título *Towards the Healing of Schism*); o extraordinário gesto de reconciliação e de perdão de Paulo VI, que, na cerimônia de comemoração do decênio da ab-rogação das excomunhões (1975), imprevistamente se ajoelhou e beijou o pé do metropolita Meliton, representante do patriarca de Constantinopla, Dimítrios I, sucessor de Atenágoras desde 1972; o envio de delegações, a partir de 1978, para as festas dos patronos das duas igrejas, em 29 de junho (festa dos santos apóstolos Pedro e Paulo) e em 30 de novembro (festa do apóstolo Santo André), respectivamente; a visita do Papa João Paulo II a Constantinopla (30 de novembro de 1979) e sua grande atenção para o problema da unidade da Igreja; as celebrações centenárias de alguns concílios (Constantinopla I, 381; Éfeso, 431; Niceia II, 787) e do undécimo centenário da morte de São Metódio (6 de abril de 1985), que deram lugar a múltiplos contatos entre católicos e ortodoxos em reuniões de estudo e encontros de oração; a participação de observadores ortodoxos no sínodo extraordinário dos bispos por ocasião do vigésimo aniversário do encerramento do Concílio Vaticano II (1985); a visita do patriarca Dimítrios I a Roma (3-7 de dezembro de 1987); a celebração do milênio da conversão e do batismo da Rússia (6-16 de junho de 1988), com a participação de uma delegação católica, convidada pelo patriarca moscovita Pimen.

3. O DIÁLOGO DA VERDADE – Este diálogo da caridade, que continua frutuosamente ainda hoje, com todas as igrejas ortodoxas, é acompanhado também pela pesquisa teológica feita em comum, em prol da compreensão e da composição de problemas que tempo e preconceitos têm agravado além da medida. Em 30 de novembro de 1979, no Fanar, Dimítrios I e João Paulo II assinaram uma declaração conjunta com a qual anunciavam o início do diálogo da verdade entre as duas igrejas irmãs. Foi também

nomeada uma comissão mista católico-ortodoxa, encarregada de levá-lo a efeito. Este diálogo, ainda em curso, representa a mais sólida garantia de um desembocar concreto na unidade entre as igrejas. A primeira etapa, de instalação, teve lugar em Patmos e em Rodes, de 29 de maio a 4 de junho de 1980. Definiu-se o procedimento dos trabalhos: escolheram-se alguns temas de estudo e criaram-se subcomissões, encarregadas de preparar os textos de estudo para as reuniões plenárias. Na segunda reunião plenária, em Munique da Baviera, de 30 de junho a 6 de julho de 1982, a comissão mista aprovou por unanimidade o texto sobre o "Mistério da Igreja e da Eucaristia à luz do mistério da SS. Trindade". O documento, que não é redutível a nenhuma escola teológica particular, apresenta uma verdadeira e própria linguagem de unidade, sobretudo com a acentuação da eclesiologia eucarística. A terceira reunião plenária, em Creta, de 30 de maio a 8 de junho de 1984, teve por tema "Fé e comunhão nos sacramentos. Os sacramentos de iniciação e sua relação com a unidade da Igreja". Não se aprovou nenhum texto conjunto. De 29 de maio a 7 de junho de 1986 aconteceu em Bari o quarto encontro sobre o tema "O sacramento da ordem na estrutura sacramental da Igreja. Em particular, a importância da sucessão apostólica para a santificação e a unidade do povo de Deus". Também ali não se aprovou nenhum texto final, inclusive devido à retirada de alguns representantes. Contudo, um ano depois (16 de junho de 1987), novamente em Bari, aprovou-se unanimemente o segundo documento da comissão mista internacional sobre o tema "Fé, sacramentos e unidade da Igreja". Na parte final deste documento, relativa aos sacramentos da iniciação cristã, afirma-se a unidade teológica e litúrgica do Batismo, da Confirmação e da Eucaristia. Destacam-se também as diferentes modalidades de celebração destes sacramentos: o batismo por imersão, no Oriente, por infusão, no Ocidente; a administração de uma só vez dos três sacramentos no Oriente (também às crianças), a (primeira) comunhão dada às crianças antes da confirmação, no Ocidente. De 19 a 27 de junho de 1988 a comissão mista internacional teve sua quinta reunião plenária em Valamo, na Finlândia, sobre o tema "O sacramento da ordem na estrutura sacramental da Igreja". O documento conjunto, aprovado unanimemente, depois de sublinhar a relação entre Cristo e o Espírito Santo, destaca a função do sacerdócio na economia divina de salvação, expõe o ministério do bispo, do presbítero e do diácono e, finalmente, sublinha a sucessão apostólica como presença incessante na história do mesmo e único ministério de Cristo e dos apóstolos. O documento salienta também que, ao longo dos séculos, a Igreja no Oriente e no Ocidente conheceu formas distintas de viver a comunhão entre os bispos, fazendo surgir ordens especiais de preeminência entre as igrejas, entre as quais sobressaem as cinco sés maiores de Roma, Constantinopla, Alexandria, Antioquia e Jerusalém. O documento conclui sublinhando a função dos concílios ecumênicos como expressão da comunhão entre as igrejas locais, no interior da qual urge enfrentar o problema do primado do Bispo de Roma, "que constitui uma divergência grave entre nós e que será discutido ulteriormente" (n. 55). O tema da sexta reunião em Munique da Baviera, em 1990, é: "As consequências eclesiológicas e canônicas da estrutura sacramental da Igreja. A conciliaridade e a autoridade na Igreja".

4. AS DIFICULDADES DO DIÁLOGO – A rapidez deste processo de reaproximação recíproca não podia deixar de provocar incompreensões e por vezes alguma rejeição, sobretudo em comunidades habituadas a um certo imobilismo secular. Não se deve esquecer que, enquanto a Igreja Católica viveu, com substancial otimismo, a aceleração histórica que lhe imprimiu o Concílio Vaticano II, as demais igrejas cristãs – excetuado o Patriarcado de Constantinopla – não seguiram o mesmo ritmo. Há que reconhecer, porém, que nestes últimos trinta anos as duas igrejas irmãs recuperaram séculos de distanciamento espiritual. É um fato consumado que hoje elas se encontram, se compreendem, se aceitam, dialogam com sinceridade e verdade. Em razão destas características de liberdade fraterna, o diálogo teológico não tem sido nada fácil. Pelo contrário, apresenta-se concretamente difícil e exigente. Já ocorreram desacelerações, interrupções e momentos de grande tensão. Não obstante a importância e a novidade do evento – fazia séculos que não tínhamos textos teológicos oficiais aprovados pelas duas igrejas –, o impacto no mundo eclesial não tem sido muito evidente. Por outro lado, não foi pequena a decepção gerada pelo fato de não se ter chegado a um documento final nas sessões plenárias de Creta e de Bari, em 1984 e 1986, respectivamente.

A título de exemplo das dificuldades presentes no contencioso teológico do diálogo, referir-nos-emos às que surgiram em Creta, hoje felizmente superadas. Admitia-se que as duas igrejas, a ortodoxa e a católica, embora professando a mesma fé, pudessem ter símbolos batismais diferentes. Concordava-se também quanto ao fato de a Igreja oriental usar no seu ritual batismal o símbolo niceno-constantinopolitano, ao passo que a ocidental utilizava o antigo texto do símbolo denominado "dos Apóstolos". Contudo, da parte dos ortodoxos permanecia uma pergunta não explicitamente formulada: a Igreja latina, ao acrescentar o "Filioque" ao símbolo niceno-constantinopolitano (nos inícios do século XI) havia realizado um ato unilateral. Não seria, então, oportuno suprimir este acréscimo do Credo? Além disto, enquanto no Oriente os três sacramentos da iniciação cristã estão liturgicamente unidos, segundo a sucessão Batismo-Confirmação-Eucaristia, no Ocidente eles são conferidos separadamente e, por motivos pastorais, depois do Batismo vem a (primeira) comunhão e, posteriormente, a Confirmação. Há que responder de imediato que, não obstante as objeções ortodoxas quanto ao uso de dar a comunhão aos batizados, antes da confirmação dos mesmos, pode-se demonstrar historicamente que a práxis litúrgica católica é antiquíssima (remonta à formação dos grandes sacramentários) e totalmente justificável. Também neste caso o "não dito" da parte dos ortodoxos era sobretudo o costume grego segundo o qual todos os presbíteros (e não somente os bispos) podem conferir a confirmação (o sagrado "myron"), logo depois do batismo. Da parte católica, em todo caso, o decreto do Vaticano II sobre as igrejas orientais católicas (1964) já havia oficialmente admitido a legitimidade deste poder por parte dos presbíteros (OE 13-14). Estas e outras dificuldades estão agora felizmente superadas, reconhecendo-se a presença de usos litúrgicos e pastorais diferentes no Oriente e no Ocidente e aceitando-se o fato de que a mesma fé, fundada na Escritura e nos Padres, pode ter formulações e práxis diversas.

Com o mesmo espírito de compreensão e aceitação estão sendo enfrentadas as outras temáticas do contencioso teológico entre as duas igrejas, como, por exemplo, o problema dos católicos orientais em comunhão com Roma, os modelos da unidade da Igreja na futura comunhão plena, a interpretação do primado do papa e de sua infalibilidade. A propósito das relações entre os ortodoxos e os católicos de rito oriental na Ucrânia ocidental, um exemplo é dado pelo encontro realizado em Moscou, de 12 a 17 de janeiro de 1990, entre os representantes do patriarcado de Moscou – a sé que absorveu à força os ucranianos católicos, em 1946 – e uma delegação da Santa Sé, guiada pelo Cardeal J. Willebrands, presidente emérito do Pontifício Conselho para a promoção da unidade dos cristãos, e por Dom E.I. Cassidy, presidente do mesmo conselho; no citado encontro, chegou-se às seguintes recomendações como primeiro passo para regular toda a questão: a normalização deve garantir aos católicos de rito oriental o direito à atividade religiosa, reconhecida pela constituição e pela legislação da União Soviética e, consequentemente, deve fornecer-lhes os imóveis destinados ao culto.

As dificuldades que o diálogo da verdade levanta só podem ser resolvidas no interior do diálogo da caridade, com a promoção, da parte de ambas as igrejas, de gestos de absoluta gratuidade, como o do encontro em Jerusalém entre Atenágoras e Paulo VI, os dois grandes profetas do ecumenismo. Recordemos o ícone bizantino de um monge pintor do Monte Athos, dado por Atenágoras a Paulo VI, como lembrança daquele histórico encontro, ocorrido em 5 de janeiro de 1964. Representa o abraço fraterno entre São Pedro e Santo André. Sob o olhar do Cristo Pantocrator, que alarga os braços em atitude de bênção, para atrair todos a si (Jo 12,32), leem-se os dizeres: "Os santos irmãos apóstolos". À esquerda de Pedro vê-se o símbolo da cruz de cabeça para baixo na qual foi martirizado o Apóstolo Pedro, "o corifeu". À direita, vemos a cruz de Santo André, com os dizeres "André, o primeiro chamado" ("protóklitos": cf. Jo 1,31). A intenção teológica do ícone é evidente: as igrejas irmãs abraçam-se em seus bispos. O olhar dos dois apóstolos para os fiéis é um convite a que façam o mesmo.

Bibl. – Y. Congar, *Diversité et communion*, Paris 1982, 126-141; W. de Vries, *Ortodossia e cattolicesimo*, Brescia 1983; A. Amato, "Der ökumenische Dialog zwischen Katholiken und Orthodoxen. Situation und entstandene Probleme", em *Forum Katholische Theologie* 2 (1986) 184-200; J.-E. Desseaux, *Lessico ecumenico*, Brescia 1986; E.J. Stormon (ed.), *Towards the Heuling of Schism.* The Sees of Rome and Constantinople: Public Statements and Correspondance Between the Holy See and the Ecumenical Patriarchate, 1958-1984, Mahwah 1987. Particularmente úteis são as crônicas do boletim do Pontifício Conselho para a promoção da unidade dos cristãos, intitulado *Service d'information*, bem como os estudos e os documentos publicados pelas revistas de tipo ecumênico (assinalemos, entre as demais, *Irénikon*).

ANGELO AMATO

IMAGINAÇÃO

A imaginação fornece a matéria-prima sobre que a Teologia Fundamental reflete. Com efeito, em todo sistema religioso a revelação apresenta-se dentro de estruturas imaginativas: mito, símbolo, relato, apresentação sacramental etc. Assim é que a imaginação se revela, por sua própria natureza, como uma faculdade de conhecimento insubstituível. O que ela chega a conhecer não pode ser atingido diretamente. Como resultado, a imaginação, na religião, deve criar meios para conhecer quem ou o que está em relação a quem. O Sl 104 pode servir de exemplo. Para perceber o fato de que Deus cria, o salmista inventa uma linguagem que imita até o que Deus fez na origem do mundo. Os problemas cruciais para a Teologia Fundamental acerca de tal conhecimento são: *a.* a abertura do elemento imaginativo para toda compreensão e em todas as direções; *b.* a realidade do conhecimento; *c.* a variedade de visões religiosas, por exemplo, a propósito da criação.

1. As construções imaginativas dentro e fora das tradições religiosas esforçam-se por ser autoexplicativas, embora muitas vezes grande parte de seu significado possa depender da tradição circunstante. A Parábola do Bom Samaritano depende, sim, de uma tradição que conhece a distinção social, ainda que, uma vez explicada, o ponto interno e fundamental de um vínculo, baseado na caridade, se revele por si mesmo e sirva de paradigma para muitas outras situações bem além do tempo e do lugar da parábola. O mesmo poderia ser dito do ícone, cuja beleza lhe é intrínseca, embora seu tema venha de fora. Onde, numa construção imaginativa, o sentido não é imediatamente evidente, a Teologia Fundamental interpreta-a, mas a seu modo, através de modelos de pensamento. Pode a esta altura ocorrer que a interpretação substitua o componente imaginativo. Temos aqui então um cristianismo platônico ou um cristianismo aristotélico ou, como mais recentemente, um cristianismo existencialista ou em evolução. O objetivo da interpretação nestes exemplos foi o de compensar a suposta falta de universalidade no componente imaginativo. Mas uma outra concepção toma o componente imaginativo e o torna universal, definindo-o como único e não relacionado a nenhuma outra expressão religiosa. A interpretação torna-se a atividade que aplica a inatingível revelação intocável às circunstâncias históricas. Os enfoques litúrgicos, ao invés, tendem a deixar que os componentes imaginativos transmitam sua mensagem específica de uma geração a outra, de maneira muito semelhante a uma obra artística que se manifesta de geração em geração. A pesquisa de base da Teologia Fundamental é descobrir como uma tradição específica da imaginação religiosa explica o todo e, além disto, não exclui como insignificantes outras tradições particulares da imaginação religiosa, que tentam, cada uma a seu modo, explicar o todo.

Pode servir como exemplo o uso que M. Eliade faz da experiência do ícone romeno, como base para entender os elementos imaginativos que as outras religiões usam para entender a si mesmas e o sentido do sagrado. Volta-se sempre à construção imaginativa e específica depois de tê-la visto em sua relação com construções que usam materiais semelhantes. Trata-se de um estudo que é ao mesmo tempo histórico e reflexivo. O material imaginativo conserva um lugar privilegiado e é visto como insubstituível.

2. As construções imaginativas, dentro ou fora da religião, esforçam-se por dar um significado ao mundo real. Por isto elas devem ser deixadas dentro de sua própria natureza de construções imaginativas. Isto é o que a interpretação reflexiva descobriu. Uma simples análise literal do Sl 104 faria perder tanto o vínculo com a realidade do salmo quanto um dos seus conteúdos mais profundos, isto é, que o sentido da criatividade divina é apreendido na experiência da criatividade humana e que os numerosos relatos da criação que se encontram em muitas tradições religiosas reforçam, mais que diminuem, a leitura humana do mundo enquanto criado. O mundo sugere sua origem. Trata-se de uma mensagem delicada, cujo resultado é igualmente delicado. Na vida e na liturgia imita-se o ato da criação, expresso no salmo. Aquela imitação deve permanecer dentro dos limites da imaginação. No final, o salmo contém uma parte violenta, em que se pede a Deus que destrua o que é malvado. O que está em contradição com o significado do salmo; contradição que não será percebida por quem se detiver em seu sentido literal, por exemplo, por aquele para quem o salmo fala do próprio poder de Deus, seja criativo ou não criativo. Mas aquele para quem a criação, também em Deus, nunca é um ato de destruição, perceberá a contradição. O que está implícito aqui é o juízo que as construções imaginativas formularam sobre o sentido da vida. Por outro lado, a vida deve julgar o fato de se as construções imaginativas são ou não verdadeiras. Se isto não acontece, o material religioso imaginativo é pura imposição no âmbito de tradições diversificantes que, por isto, não conseguem dialogar entre si. O diálogo entre os capítulos 52-53 de Isaías e o Jesus crucificado dos evangelhos deveria desaparecer como algo de interno a ambos e aparecer como algo que dá um sentido à vida, onde quer que esta esteja.

3. As construções imaginativas, dentro e fora da religião, esforçam-se por entrar em relação recíproca. Por exemplo: a figura de Cristo atrai a si outras imagens, se julgada do ponto de vista da história da arte cristã – a imagem do mestre, de Orfeu, do filósofo, do senhor, do monge etc. Este processo pode ser invertido, se considerado do ponto de vista de uma certa arte moderna, em que o homem é representado como libertado, embora levando sobre si os sinais da crucifixão, ainda que ele não seja o Cristo. As imagens conservam sua integridade mesmo que sejam absorvidas por outras imagens, por exemplo, o motivo do servo sofredor de Isaías, usado para esclarecer o significado de Jesus crucificado. Quando as imagens se influenciam reciprocamente, tem-se um aumento de significado. Embora seja verdade que um processo de propaganda possa violentar as imagens e forçá-las a submeter-se a algo que não é delas. Mas, em nível estético, as imagens podem recuperar-se a si mesmas e revelar que foram forçadas, por exemplo, as imagens gnósticas e apocalípticas. A característica da integridade de uma imagem ou de uma construção imaginativa está em sua capacidade de relacionar-se de maneira cocriativa; a imagem não se perde a si mesma nem elimina a outra. O Sl 104, excluídos os últimos versículos, aprofunda Gn 1,2 e o prólogo do Evangelho de João. Possuir todas estas três expressões sobre Deus criador é um enriquecimento e não uma confusão. É a doutrina da criação a partir do nada que tende a empobrecer a consciência da relação, porque tal criação é inimitável.

As construções imaginativas, dentro e fora da religião, ensinam que são construções e, portanto, não podem ser transformadas em ídolos. Demonstram ser palavras ou pintura, som ou gesto. Demonstram também serem insubstituíveis. A linguagem que narra a ressurreição de Jesus assemelha-se, em sua beleza, à linguagem de uma longa tradição poética, mas é usada para um evento específico, num tempo e num lugar específicos. Embora estupenda, trata-se apenas de linguagem, mas historicamente é insubstituível. E isto é verdade também de todas as obras-primas de arte que sobreviveram; todas exprimem sua fragilidade e insubstituibilidade.

Refletir sobre o material imaginativo das tradições religiosas pode dar lugar a linhas de pensamento que tendem a justificar-se em seus próprios termos. Esta é uma típica obra humana, a verdade por amor da verdade. Mas, neste ponto, a relação com o material imaginativo precisa ser esclarecida. A tarefa mais árdua é pensar uma imagem e manter-lhe a prioridade sobre o pensamento.

É aqui que a função da criatividade numa tradição se torna primária, pois o artista pensa dentro de um imaginário, se aceita a responsabilidade pela tradição. A condição da Teologia Fundamental depende do estado da consciência estética numa tradição específica. Quanto mais a imaginação for reconhecida como sintética, num modo de encontrar a verdade – por mais insólitos que possam ser seus resultados – tanto mais se exige que uma mente reflexiva seja sintética e, portanto, tanto mais ela arriscará. Por exemplo, o *Livro de Jonas* impõe um repensamento, tanto no passado como hoje, sobre a violência na tradição dos salmos e, agora, exige uma mentalidade que contenha a verdade dos diversos sistemas religiosos. O mesmo pode ser dito da Parábola do Bom Samaritano. Como seria um *Livro de Jonas* moderno ou uma Parábola do Bom Samaritano moderna? Seriam trabalhos cheios de imaginação, que enfrentariam o problema da vítima do holocausto – ou da vítima de qualquer outro genocídio – num face a face com seu algoz; ou tratariam o problema da comparação entre os que são vítimas de doença ou de uma calamidade natural e os que lhe escaparam. Se se produzirem obras imaginativas à altura dos tempos modernos, então pode-se começar a pensar no mesmo comprimento de onda. No libreto do oratório *Dies Irae*, de Penderecki, na parte *Lamentatio*, encontra-se uma frase tirada do poeta Louis Aragon: “Nem mesmo Cristo seguiu esta senda de condenação...”. É preciso imaginar que Cristo tenha verdadeiramente seguido todos os caminhos da condenação, antes de poder pensar isto. Para que seja uma autêntica imaginação, é preciso sentir uma enorme empatia com todo aquele que tenha sofrido qualquer condenação. É destes que pode vir o modo para entender Jesus. O *Dies Irae* de Penderecki termina com a frase de Paulo: “A morte foi tragada pela vitória” (1Cor 15,54).

Bibl. – G. Durand, *Les structures anthropologiques de l'imaginaire*, Paris 1960; M. Griaule, *Conversations with Ogotemmeli*, Oxford 1965; R. Hart, *Unfinished Man and the Imagination*, Nova York 1968; J.-P. Manigne, *Pour une poétique de la foi*, Paris 1969; H.-G. Gadamer, *Wahrheit und Methode*, Tübingen 1960; M. Eliade, *A History of Religious Ideas*, vol. III, Chicago 1978-1985; H. Marcuse, *La dimensione estetica*, Milão 1978.

FRANCIS P. SULLIVAN

IMANÊNCIA, método de

O conceito de "Método de imanência" foi introduzido por → M. Blondel, para indicar o enfoque filosófico-religioso inaugurado por ele com *L'Action* (1893).

1. ORIGEM DO CONCEITO – A tese de doutorado de Blondel (1893) pode ser considerada como a primeira – e até agora mais profunda – tentativa de enfrentar com rigor científico um dos problemas filosófico-religiosos fundamentais da Idade Moderna: Como pode a revelação divina realizar-se como fato histórico positivo, envolver necessariamente o homem em sua mais íntima autonomia? Não basta demonstrar a abertura geral da razão à transcendência ou a mera conveniência, respectivamente a correspondência de uma determinada revelação ao modo de ser do homem. Se for justificada a afirmação de Jesus Cristo "uma vez por todas", então é do íntimo da razão que deve nascer a absoluta necessidade de um sim à revelação cristã tão logo esta chegue, historicamente, ao homem e, por isto, esta necessidade deve constituir sempre a última meta da existência humana.

Desde o início, a força impulsionante da tentativa de Blondel foi o esforço de enfrentar, pondo-se em discussão com a filosofia contemporânea e em seu nível máximo (cf. II,1302,13-31), a tarefa filosófico-religiosa que amadurecia em sua consciência frente à dolorosa experiência da guetização social e científica da igreja francesa pós-revolucionária. As primeiras reações à publicação de *L'Action* confirmaram Blondel em seu esforço (cf. I,539). Por um lado, críticos benévolos, de origem católica, que tinham evidenciado a afinidade da obra de Blondel com o pensamento de Pascal e Maine de Biran (cf. II,4; mas também II,14) ou a correlacionavam com tentativas contemporâneas de transpor a apologética filosófica para o terreno da psicologia (cf. II,22), deram-lhe ocasião para precisar ulteriormente seu método de natureza totalmente distinta.

Por outro lado, Blondel foi confirmado na opinião de que tinha que evidenciar, ainda com mais clareza, justamente o caráter de sua obra correspondente à filosofia moderna. Para isto concorreu, por exemplo, o lisonjeiro confronto com a filosofia de Fichte e de Hegel, proposto por A. Lasson (cf. II,17), mas sobretudo a observação que lhe foi feita por Brunschvicg, segundo o qual Blondel estaria inadvertidamente transformando a filosofia numa apologética da religião positiva (cf. II,15) e não estaria levando em conta o conceito de imanência, que constitui o pressuposto essencial da filosofia moderna (cf. II,1). Como documento mais importante para a compreensão da reflexão sobre o método, efetuada posteriormente na *Lettre* de 1896, deve-se considerar o profundo exame ao qual Blondel submeteu o ensaio de seu amigo V. Delbos, que visava interpretar toda a filosofia, a partir de Spinoza, Kant, Fichte até Hegel (→ Idealismo), como uma progressiva evolução do spinozismo (*évolution du Spinozisme*) (cf. I,26).

Para Spinoza, e sobretudo para os grandes sistemas idealísticos, impõe-se como visão fundamental o assumir a *imanência*, isto é, a ideia de que a verdade das coisas não se mostraria em concebê-las ecleticamente, mas somente se, no interior do sistema do espírito absoluto, se definir vez por vez o seu lugar. Blondel não contesta a necessidade de demonstrar o nexo dialético dos fenômenos da imanência do espírito. Mas rejeita qualquer solução meramente *especulativa* desta tarefa, que inevitavelmente leva a um monismo ou a um panteísmo da realidade inteira, ligado ao poder discricionário do pensamento. Ao contrário, se se concebem todos os fenômenos no lugar (a ser estabelecido totalmente de modo sistemático) que lhes compete no contexto originário da ação viva (*action*) e não exclusivamente na sistemática de uma especulação subsequente, que, portanto, nunca recupera definitivamente a ação, então a mesma dialética imanente do espírito resultaria como um movimento aberto, em condições de chegar à própria perfeição somente na opção por um dom garantido de cima.

Pela intensidade da discussão com as mais importantes correntes filosóficas modernas, compreende-se o acume com que Blondel, na Parte I da *Lettre*, não aceita os temas propostos até então pela apologética e que não resistem a uma crítica radical, nem os conceitos orientados para os postulados da crítica moderna, com os quais, na Parte II, expõe seu método de imanência e, finalmente, compreende-se a confiança com que, na Parte III, olha para uma futura reconciliação do catolicismo com a ciência leiga, desde que o caminho aberto pela razão crítica moderna seja levado até o fim de maneira consequente. Todavia, não é menos compreensível a irritação que este *Discours de la méthode* provocaria naqueles para os quais já era em si mesmo suspeita qualquer abordagem à luz do espírito dos tempos modernos.

2. CONTROVÉRSIAS TEOLÓGICAS SOBRE O MÉTODO – A *Lettre* de Blondel contribuiu para que alguns filósofos, cujo pensamento estava aberto às categorias modernas, valorizassem adequadamente o caráter filosófico-religioso de sua obra (p. ex., Brunschvicg: II,24; R. Eucken: II,36). L. Laberthonnière, já desde 1894, tinha seguido Blondel e se havia tornado a tal ponto fautor deste método que, até 1913, foi difícil distinguir exatamente um do outro os enfoques dos dois amigos (cf. I,540; II,44; 80). Os primeiros ataques duros de teólogos neoescolásticos (M.B. Schwalm: II,26; H. Gayraud: II,28; C. Pesch: II,54) fizeram pressentir a que mal-entendidos estariam expostas as categorias de Blondel se interpretadas em chave tomista, tão logo se tornou inevitável uma discussão de princípio entre a teologia tradicional e o pensamento moderno.

Ao estourar a "crise modernista", no centro da crítica (cf. sobretudo II,1050) estavam antes de tudo os dois "pequenos livros vermelhos" de A. Loisy, de cuja posição – o "historicismo" (*historicisme*) – Blondel se havia afastado em 1904 (I,80; cf. I,536; II,989). Todavia, uma vez que ao mesmo tempo Blondel havia estigmatizado o enfoque tradicional da Teologia Fundamental como "extrinsecismo", cresceu também a desconfiança em relação ao método da imanência. Numa série de artigos (1905-1907: I,97; 98; 108), Blondel comparou o método da imanência ao método apologético (que chegou a conhecer somente em 1904) do Cardeal Dechamps (*consacrée par le concile du Vatican*: I,108, p. 561), ressaltando-lhe a comum valorização do *fait intérieur*, a necessária abertura da razão humana à revelação, contra a apologética do extrinsecismo. É surpreendente notar neste ponto o quanto, no mesmo Blondel – e não somente em seus decididos adeptos teólogos, como L. Laberthonnière, J. Wehrle, Auguste Valensin –, passam para segunda linha algumas distinções filosófico-religiosas, elaboradas em 1906 no esforço de defender o método da imanência no horizonte do pensamento escolástico.

As controvérsias atingiram o auge quando, depois da publicação da encíclica *Pascendi* (1907), se levantou a questão de se e até que ponto o método da imanência devia ser enquadrado no rol daquelas doutrinas classificadas como perigosas ou até condenadas (cf. I,118; 531; 566; II,119-191). Entre os ensaios marcantes, do ponto de vista científico, publicados neste período, deve-se lembrar: por um lado, o duplo artigo redigido por Albert e por Auguste Valensin, para o Dafc de 1912 (II,175; 176); por outro lado, a *Summe des Anti-Blondelianismus* (II,177) publicada por J. de Tonquédec em 1913, sob o título *Immanence*.

O artigo do Dafc havia sido habilmente dividido numa primeira relação, escrita por Albert Valensin, sobre a "Doutrina da imanência" (*Doctrine de l'immanence*) e numa segunda sobre o "Método de imanência" (*Méthode d'immanence*), cuja exposição fora assumida por Auguste e a crítica, por Albert Valensin. Tal modo de proceder permitiu antes de tudo examinar, sem comprometer o método, a doutrina sobre a imanência, que a *Pascendi* condenava. Faz-se remontar esta doutrina a Spinoza. Ela teria em seguida encontrado repercussões filosófico-religiosas e teológicas sobretudo em Schleiermacher, no pietismo luterano e, na França, antes de tudo em Sabatier. Dela, finalmente, teria nascido uma "apologética imanentística" (*apologétique immanentiste*). Na exposição e crítica desta apologética, as observações principais da encíclica são dirigidas contra ideias e obras que evidentemente não era possível atribuir ao método da imanência.

A exposição deste método, fornecida por Auguste Valensin, foi expressamente definida por Blondel como uma expressão genuína das linhas essenciais de seu pensamento ("une expression droite de ma pensée vue en ses lignes originelles et maîtresses" (cf. I,168). A frequentemente citada introdução, na *Lettre* de Blondel (p. 34), do conceito de "imanência" como princípio informador do pensamento moderno, é imediatamente completada por Auguste Valensin, que revela que aqui se trata, nem mais nem menos, de um pensamento informador decisivo para a tradição (sobretudo para Tomás de Aquino). Após algumas precisas formulações sobre a necessidade da abertura imanente da razão a uma revelação positiva ("Même imposée par Dieu, une loi n'a de prise sur la conscience que par l'intermédiaire d'un élément intérieur à la conscience même", Dafc II,582), ocupa grande espaço a tentativa de resolver o problema que daí derivava na relação entre natureza e graça. Os enunciados decisivos parecem – como já antes a interpretação que o Cardeal Dechamps fornecia do *fait intérieur* de Blondel – antecipar a introdução do "existencial sobrenatural", operada por K. Rahner. Depois de remeter aos enfoques anteriores do método da imanência (sobretudo em Agostinho, Pascal, Bossuet, Fénélon, Malebranche, Dechamps) esboça-se em traços breves a trama das ideias contidas em *L'Action*.

Já em 1912 J. de Tonquédec fizera publicar (cf. I,168) extratos de sua crítica – publicada depois em 1913 – destrutiva e em chave tomística, da filosofia de Blondel. Neste cenário é fácil compreender que o duplo artigo dos irmãos Valensin só com dificuldade conseguiu escapar ao índice (cf. II,176). O advento da Primeira Guerra Mundial reduziu em seguida ao silêncio os violentos debates sobre o método. O editor do Dafc, em todo caso, viu-se obrigado a substituir, na nova edição de 1926, com extratos do texto de Tonquédec, a homenagem crítica prestada ao método da imanência por Albert Valensin; de Tonquédec, mesmo em face da morte de Blondel (1949) – e às várias modificações pelas quais entrementes seu pensamento havia passado – não retratou nada de sua crítica fundamental, ainda que esta, na vigília da encíclica *Humani Generis*, se voltasse mais contra a *nouvelle théologie* de seus confrades de Lião (cf. II,751).

3. MÉTODO DE IMANÊNCIA E TEOLOGIA FUNDAMENTAL – O próprio Blondel nunca falou de uma "apologética da imanência" (*apologétique de l'immanence*) e até evidenciou que o método devia ser entendido (cf. I,155) como parte e a serviço de uma "apologética integral" (*apologétique intégrale*). Tomada neste sentido, não se pode deixar de imaginar uma Teologia Fundamental hodierna que prescinda do método da imanência. O enfoque de Blondel, através de P. Rousselot e J. Maréchal, influiu na "antropologia teológica" e na "teologia transcendental" de K. Rahner e, desta forma, imprimiu uma marca duradoura à teologia contemporânea.

Não interpretando o dom da graça da revelação divina em sentido teórico-instrutivo-extrinsecístico, como um *depositum* de doutrinas a serem mantidas como verdadeiras – que em princípio superam a compreensão humana e que são demonstradas recorrendo a sinais externos da autoridade divina antes que intervenha a razão para mostrá-los, como críveis (cf. Tomás de Aquino, STh III q. 43, a. 1; DS 3008), da mesma forma que o conteúdo de uma carta fechada pelo selo real, mas tomando-a como um diálogo pessoal e amoroso que se realiza entre Deus e o homem (cf. DV, I) coloca-se necessariamente o problema de uma abertura da natureza humana à revelação, de uma trama da razão humana em que a Palavra de Deus se insere cheia de sentido e salvífica.

Embora a Teologia Fundamental contemporânea supere sob certos aspectos – talvez atribuíveis aos progressos da → hermenêutica e da filosofia da linguagem (→ Linguagem filosófica) – a abordagem originária do método da imanência, sob outros aspectos, em todo caso, ela ainda permaneceu atrasada. Não se encontra nenhuma obra filosófico-religiosa comparável ao escrito de Blondel, que demonstre, através de uma fundada e detalhada análise crítica da conexão global dos fenômenos do espírito, o dinamismo interior da razão humana para com a revelação. E muito menos se leva em consideração a advertência de Blondel pela fato de empreender tentativas para explicar a abertura à revelação recorrendo à demonstração de meras correlações das quais resulte inserível no contexto imanente do humano (cf. *Lettre*, Parte I) o dom livre e sobrenatural, sem nenhum ponto de inserção.

Que resta da áspera crítica à qual desde o início foi submetido este método? Será que esta crítica deve ser interpretada apenas como o último golpe de uma apologética essencialmente já morta? No que diz respeito ao problema, não se deve esquecer que um pensador, tão pouco suspeito de "extrinsecismo" como H.U. von Balthasar, exprimiu reservas não somente a respeito do enfoque transcendental de J. Maréchal e de K. Rahner, mas também – embora com mais moderação – sobre o de Blondel e de P. Rousselot. Portanto, para Von Balthasar nunca foi contestada a legitimidade da aspiração fundamental do método da imanência, de demonstrar que, no interior da razão humana, subsistem as condições para a possibilidade de recorrer à Palavra de Deus dirigida à história. Todavia, ele se exprimiu com vigor contra qualquer compreensão de uma subjetividade precedente de modo dinâmico, à qual, no momento da concretização do ato de fé, se atribuiria a síntese verdadeira e própria dos sinais múltiplos e contingentes da revelação, de modo que a evidência determinante não pode mais ser vista como derivada da mesma forma histórica da revelação. Esta ênfase na prioridade do problema da realidade e objetividade do fato histórico era a aspiração central da crítica, oriunda do pensamento tomístico, contra o método da imanência.

Como em K. Rahner passa para segundo plano a questão relativa ao aspecto objetivo-categorial da revelação, em face da acentuação posta na "revelação transcendental" (na marca da razão mediante o "existencial sobrenatural"), assim também em Blondel encontra-se pouco interesse em fornecer uma resposta teológico-fundamental no que concerne ao *fait extérieur*, diferentemente do *fait intérieur* (para retomar as categorias de Dechamps). Esta unilateralidade deve certamente ser atribuída não somente à autolimitacão metodológica do filósofo da religião, mas, em última análise, funda-se no fato de que na perspectiva de *L'Action* não existe nenhum espaço para uma imediata existência de uma verdade absoluta da parte do fato historicamente ocorrente (cf. II,1302,-41-44,54s, 74s). Já com base nas primeiras argumentações de Blondel sobre o milagre – "il n'y a sans doute, si l'on va au fonds des choses, rien de plus dans le miracle que dans le moindre des faits ordinaires" (*Lettre*, 14) – podia-se com todo o direito perguntar de que maneira, segundo Blondel, uma revelação histórico-positiva tinha condição de demonstrar-se como válida em absoluto.

Parece também particularmente surpreendente o fato de nosso autor – a despeito da pioneirística compreensão da tradição em *Histoire et Dogme* (I,80) – não apreender evidentemente o ponto saliente da *via empirica* (→ Igreja, IV) de Dechamps (presença do histórico "uma vez por todas" no hoje da Igreja, sem um recurso objetivante ao "Jesus histórico"), quando, a propósito deste método, escrevia: "elle ne vaut jamais que par un recours implicite aux préambules rationnels et aux fondements historiques de la foi catholique; on n'adhère à la divinité de l'église qu'en avouant tacitement sa surnaturelle origine et qu'en admettant que cette divine institution a été et peut encore être prouvée. La méthode des doctes est enveloppée ou supposée par celle des simples eux-mêmes" (I,108, p. 575). Justamente a comparação do método de imanência com a posição de Dechamps mostra que a aspiração principal de Blondel (como de K. Rahner) consiste em demonstrar a possibilidade de uma opção em condições de mediar a salvação do sujeito também fora do encontro com a revelação histórico-positiva: em virtude da "presença anônima" (*présence anonyme*) do "sobrenatural imanente" (*surnaturel immanent*) (cf. Ibid. 585).

Esta proximidade do método de Blondel com a abordagem transcendental de K. Rahner – em relação aos dois foi levantada uma crítica análoga – é o que em última análise tem condições de esclarecer que as mais importantes questões sobre este método não são coisa do passado, mas continuam a reemergir no centro da discussão teológico-fundamental (→ Razão-Fé).

Bibl. – M. Blondel, *L'Action.* Essai d'une critique de la vie et d'une science de la pratique (1893), Paris 1973; Id., "Lettre sur les exigences de la pensée contemporaine en matière d'apologétique" (1896), em *Les premiers écrits de Maurice Blondel*, Paris 1956; R. Virgoulay-C. Troisfontaines, *Maurice Blondel.* Bibliographie analytique et critique. I: Oeuvres de Maurice Blondel (1880-1973); II: Études sur Maurice Blondel (1893-1975), Louvain 1975/1976; P. Henrici, "Maurice Blondel (1861-1949) und die 'Philosophie der Aktion'", em E. Coreth (ed.), *Christliche Philosophie im katholischen Denken des 19. und 20. Jahrhunderts.* I: Neue Ansätze im 19. Jahrhundert, Graz 1987, 543-584; C. Troisfontaines, "L'étude philosophique du christianisme suivant Maurice Blondel", em B. Willaert (ed.), *Philosophie de la Religion – Godsdienstfilosofie. Miscellanea Albert Dondeyne*, Louvain 1987, 93-106; H. Verweyen, "Methodik der Religionsphilosophie. 'L'Action' (1893) im Spiegel der 'Lettre' (1896)", em ThPh 64 (1989) 210-221.

HANSJÜRGEN VERWEYEN

INCULTURAÇÃO

I. PROBLEMÁTICA: 1. *Semântica do termo* – 2. *Fundamento bíblico-teológico* – 3. *Nova consciência da necessidade de uma inculturação* – 4. *Elementos indispensáveis para uma evangelização inculturada* – 5. *Dados elementares de um modelo de inculturação* (M.C. Azevedo) – II. INCULTURAÇÃO DO EVANGELHO: 1. *As lições da história* – 2. *Novos aspectos da inculturação* – 3. *Critérios da inculturação* – 4. *Extensão da inculturação* (H. Carrier).

I. Problemática

1. SEMÂNTICA DO TERMO – Desde o Concílio Vaticano II e, sobretudo, desde o sínodo sobre a evangelização, em 1974, e a subsequente publicação, por Paulo VI, de *Evangelii nuntiandi* (08.12.1975), aprofunda-se, na reflexão teológica e na práxis eclesial, a sensibilidade à relação *fé-cultura(s)*. Esta relação vem sendo significada pelo termo *inculturação*. Esta não é um modismo teológico, missiológico ou pastoral, mas uma qualificação indispensável da *revelação*, da *evangelização* e da reflexão *teológica*. A *revelação* se fez efetivamente no contexto de um povo e no quadro evolutivo de sua formação sociocultural (Hb 1,1-2). A *evangelização* deve igualmente levar em conta a realidade sociocultural muito diversificada de seus destinatários. A reflexão *teológica* sempre também se desenvolveu dentro e a partir de um universo sociocultural identificável e que é significativo para a compreensão, interpretação e avaliação do que é teologicamente produzido.

Inculturação é um termo teológico, com uma conotação antropológico-cultural. Distingue-se das noções puramente antropológicas de *aculturação* (processo de transformações de uma pessoa ou grupo humano, resultantes de seu contato com uma cultura que não é a sua), de *enculturação* (conceito análogo a *socialização* = processo de iniciação de uma pessoa ou grupo à sua própria cultura ou sociedade), de *transculturação* (termo que denota ou a presença de determinados elementos culturais através de várias culturas, ou a transferência etnocêntrica e unidirecional de elementos culturais de uma cultura dominante a uma outra cultura, em geral subordinada). Distingue-se também de *adaptação*, tomada como o ajustamento fenomenológico tanto do evangelizador (modos de ser e de agir) como da mensagem (tradução e expressão) à cultura destinatária.

Por *inculturação* designa-se o processo ativo a partir de dentro mesmo daquela cultura que recebe a revelação através da evangelização e que a compreende e traduz segundo seu modo próprio de ser, de atuar e de comunicar-se. Pelo processo de evangelização inculturada lança-se no solo da cultura a semente evangélica. O germe da fé vem a desenvolver-se então nos termos e segundo a índole peculiar desta cultura que o recebe.

A *inculturação*, pois, é um processo de evangelização pelo qual a vida e a mensagem cristãs são assimiladas por uma cultura de modo que não somente elas se exprimam através dos elementos próprios desta cultura, mas venham a constitur-se também princípio de inspiração, a um tempo, norma e força de unificação que transforma, recria e relança esta cultura.

Inculturação, portanto, implica e conota sempre uma relação entre *fé* e *cultura(s)*, realidades que atingem e abraçam a totalidade da vida e da pessoa humanas, no plano individual e comunitário. Por → *fé* cristã entende-se aqui não o assentimento racional a um corpo de ideias ou de doutrinas, nem a organização religiosa, sociologicamente identificável, de um conjunto de crenças ou de um sistema simbólico de rituais e disciplinas. Fé cristã é tomada aqui como a plena resposta existencial de aceitação dada por uma pessoa ou grupo humanos ao dom vivo de Deus em Jesus Cristo. Por *cultura*, entende-se aqui não somente o grupo humano em si mesmo (dado etnológico) ou o fenomenológico descritível a seu respeito (dado etnográfico); nem só o conjunto de ação humana sobre a natureza ou o acervo de criações do espírito humano e suas expressões de todo tipo (arte, ciência e técnicas). Cultura é assumida aqui como o conjunto de sentidos e significações, de valores e modelos, subjacentes ou incorporados à ação e comunicação de um grupo humano ou sociedade concreta e por eles considerados expressões próprias e distintivas de sua realidade humana.

A *inculturação*, portanto, não é um ato, mas um processo, isto é, supõe e envolve história e tempo. É um processo ativo, que exige mútua acolhida e diálogo, consciência crítica e discernimento, fidelidade e conversão, transformação e crescimento, renovação e inovação.

Inculturação supõe interação entre fé *viva* e cultura *viva*. Não é, pois, arqueologia cultural. O processo de evangelização inculturada não leva a absolutizar em abstrato uma cultura ideal ou a restaurar uma cultura histórica pretensamente válida, porém só na realidade de seu passado.

Inculturação supõe interação da fé com a(s) cultura(s) assim como esta(s) existe(m) ao vivo, em seu processo dinâmico, que integra tradição e mudança, fidelidade às origens e novas criações. Tampouco a inculturação se reduz a uma arqueologia teológica. A mensagem bíblico-evangélica, fiel a si mesma e ao Deus que se revela em e por Jesus Cristo, é, contudo, anunciada a pessoas e grupos concretos. As expressões, as ênfases, as formulações, as mediações de compreensão, pautam-se pelos ritmos humanos. Elas hão de proporcionar-se aos contextos específicos da vida em que se processa a evangelização. Como nos mostra a pedagogia de Javé no AT, de Jesus e de Paulo, no NT, e da Igreja, sob a ação do Espírito, ao longo da história, o processo de evangelização articula as dimensões de educação e de → comunicação. Uma e outra pressupõem e implicam atenção ao interlocutor, a seu universo próprio, a seu contexto histórico, em seu nível de apreensão e capacidade de assimilação. Metodologicamente, pois, não pode haver um modo único e uniforme de evangelizar. Evangelizador e evangelizando são ambos sujeitos do processo e devem estar atentos aos respectivos quadros histórico-culturais e à peculiar ação do Espírito Santo.

Inculturação, finalmente, não é um processo que privilegia a evangelização da *cultura* em detrimento ou substituição da evangelização da *sociedade*. Cultura e sociedade são conceitos e realidades distintos. Mas toda cultura tem expressões sociais. Toda sociedade repousa sobre pressupostos culturais que ela escolhe e propugna, transmite e implementa. Pode haver maior ou menor coincidência entre o húmus cultural de um grupo humano e o quadro concreto de suas mediações e instituições sociais. Pode também haver ruptura e discrepância entre as duas realidades. Na evangelização inculturada, pois, está implicada a relação *fé-cultura-sociedade*. A evangelização inculturada não se dá, portanto, apenas na transferência ou modificação de linguagens e métodos, de ritos e símbolos, de organização e normas, de modos externos de fazer e de expressar-se. Ela deve ir mais longe e atingir os alicerces, as raízes da cultura (EN 19), isto é, seus sentidos e critérios, sua visão de mundo, a inspiração tácita ou patente, mas realmente determinante, da práxis sociocultural deste grupo humano e que se traduz na elaboração dinâmica e nas transformações históricas de seu *ethos* sociocultural. A evangelização inculturada toca assim o nível mais profundo da realidade humana, no plano individual ou social. Ela se faz, pois, ao nível da pessoa e a partir dela, tendo presentes as complexas redes de relações entre as pessoas e delas com Deus (EN 20), numa dinâmica de conversão individual e comunitária. Ela se faz também em todo o alcance das expressões éticas da fé, que trazem consigo a exigência de transformação e aperfeiçoamento das estruturas da sociedade.

2. FUNDAMENTAÇÃO BÍBLICO-TEOLÓGICA DA INCULTURAÇÃO – O fato em si da inculturação é tão antigo quanto a própria história da salvação. A relação de Deus com a humanidade e, particularmente, com o povo de Israel, é um atestado dessa revelação que Deus faz de si como um dom gratuito, mas que faz levando em conta contextos socioculturais bem definidos. A inculturação pressupõe a universalidade do plano salvífico de Deus e a capacidade potencial de resposta a Deus por parte de todos os seres humanos, a partir da diversidade sociocultural em que vivem. Neste sentido, é paradigmática a realidade histórica do povo de *Israel*. Há uma multiplicidade de culturas que entram na elaboração sociocultural deste povo e se traduzem na realidade nômade ou sedentária de suas tribos. Deus se serve desta pluralidade cultural (Mesopotâmia, Egito, Canaã, Pérsia, judaísmo pós-exílico, helenismo, judaísmo-tardio, cultura greco-romana) para veicular à humanidade facetas várias de seu mistério. Deus faz mesmo um uso não simultâneo, mas sucessivo destas culturas, sem que a sucessão implique em rejeição, negação ou substituição do estágio anterior. Há um processo contínuo e descontínuo, interativo e integrativo, entre os vários elementos culturais, processo que fará de Israel um referencial histórico-cultural, importante e inconfundível, para o processo de inculturação (DV 15-16). Esta manifestação de Deus se faz a partir da realidade mesma da vida do povo e da evolução na compreensão que este povo vai tendo de si mesmo e de seu Deus. Este se comunica ao povo por pessoas, situações, acontecimentos, expressões contingentes e relativas (DV 13).

Por um lado, não se pode absolutizar uma cultura, nem mesmo Israel, como forma única e fixa de expressar a revelação de Deus, embora Israel permaneça um referencial indispensável e decisivo, precisamente porque neste povo se deu a inculturação do próprio Deus, em Jesus Cristo. Por outro lado, não se pode excluir qualquer cultura de sua condição potencial de ser de algum modo portadora da revelação, como não se pode privilegiar uma cultura como mediação preferencial da revelação. Esta afirmação se alicerça na fé e se apoia na realidade efetiva da história da salvação. Vai, portanto, para além da equidade em relação às culturas, postulado da antropologia cultural.

A inculturação é, pois, um problema de ordem teológica, embora servido pela constatação e análise antropológica da multiplicidade das culturas, como expressão diversa da profunda unidade humana. O Verbo que é Deus, e sem deixar de sê-lo, faz-se plenamente homem em *Jesus Cristo* (Jo 1,1-14; Fl 2,5-8). Traduz e realiza assim, pela encarnação, a forma primigênia e mais radical de inculturação. A encarnação se realiza num espaço e tempo culturais definidos e por aí nos dá o alcance teológico do povo de Israel e a inspiração fundamental de todo processo de inculturação. Pela encarnação, a natureza divina assume a natureza humana: Deus se faz homem; relação de natureza a natureza. Pela inculturação, a natureza divina traduz-se por *este homem*, neste povo, nesta cultura, neste grupo humano, nos quais se situa, neste tempo e neste espaço, este indivíduo humano, que é Jesus. Pela encarnação, o Verbo feito homem em Jesus é homem como o são todos os seres humanos. Pela inculturação, o Verbo se faz homem, como o são alguns seres humanos, na realidade diversificada de sua cultura e sociedade: os judeus daquele tempo de Jesus. Historicamente, em Jesus, o Verbo fez-se igualmente e ao mesmo tempo homem-como-todo-ser-humano (nível da natureza) e homem-mas-não-como-todo-ser-humano (nível da cultura), porque judeu.

A inculturação que hoje se faz pelo processo de evangelização é como uma réplica daquela inculturação que em Jesus se realizou existencialmente. Fundamentada teológica e cristologicamente no mistério da encarnação, a inculturação se projeta na evangelização como expressão da missão. Por sua vez, Jesus, fortemente enraizado em sua própria cultura, mantém, contudo, em relação a ela uma liberdade crítica: nela assume e confirma o que é evangelicamente válido; nela corrige ou reorienta, numa dinâmica de conversão e de transformação, o que nela se desviou ou perverteu, atuando assim o plano salvífico de Deus. Este discernimento sobre a cultura, a do evangelizador como a do evangelizando, é indispensável na inculturação e inerente a ela. Com efeito, enquanto realidade humana, toda cultura é apenas uma entre muitas e participa dos limites que marcam o ser humano, no plano ontológico e psicológico, moral e teleológico. Nenhuma cultura, pois, pode ser absolutizada como veículo adequado e único da revelação. Em toda cultura há espaço e deve haver exigência de conversão, transformação e crescimento. O processo de implantação da *Igreja* em seus primórdios e ao longo dos primeiros séculos de sua história revela igualmente uma grande abertura às culturas e um constante proporcionar-se a elas. Semítica em sua origem, a Igreja implantará comunidades na diáspora e o fará dentro de um amplo processo de mediação cultural. Primeiro, através da fixação escrita, pelos evangelistas, dos conteúdos da nova aliança, em expressão narrativa grega. Segundo, na fixação doutrinal e conciliar do mistério cristão, em sua expressão racional e cultural grega. Na simbiose greco-romana do império, os Santos Padres, bem como o monaquismo oriental e ocidental vão alicerçar, em termos de cultura latina e helenística, a teologia, a espiritualidade e a ação pastoral de praticamente todo o primeiro milênio de nossa era cristã. Por aí se concretizou o grande e talvez o único processo pleno de inculturação da fé cristã, na medida em que esta fé se assimilou e se reexprimiu, de fato, a partir dos elementos e do gênio próprio da cultura que foi evangelizada. A lenta incorporação cristã dos povos nórdicos (bárbaros) e eslavos, embora atenta a suas culturas e receptiva a elas em muitos aspectos, se fará já em boa parte condicionada por este molde cristão de extração cultural greco-romana.

Nos primeiros séculos do segundo milênio, a Igreja será decisiva no constituir a grande síntese pluricultural do Ocidente europeu, que tem no cristianismo medieval seu catalisador e se vai logo tornar a cultura cristã-católica. Ela será o referencial da evangelização de praticamente três quartas partes do segundo milênio. Será considerada como expressão preferencial e, não raro, legitimada como única portadora válida da revelação. A reação à Reforma protestante e o movimento missionário a partir da Contrarreforma, que coincide com o descobrimento, colonização e evangelização de novos continentes, serão, ao mesmo tempo, o esforço de construir a unidade cristã universal sobre a uniformidade cultural do Ocidente e a difusão da mensagem evangélica nos termos exclusivos desta única cultura, ao preço do eclipse, da repressão ou da supressão da dimensão cultural de outros povos.

Podemos dizer, portanto, que, do fato *teológico-cristológico* da inculturação bíblica, passamos ao fato *cristológico-eclesiológico* da inculturação dos primeiros séculos da era cristã. Na vertente final do primeiro milênio e em boa parte do segundo, surge e se impõe, no Ocidente e, a partir dele, em várias partes do mundo, o fato *histórico-político* da hegemonia cultural cristã-europeia. A cristalização e difusão deste modelo cultural como veículo privilegiado e mesmo único da evangelização leva à retração e ao desaparecimento da inculturação. Reforça-se o predomínio de uma aculturação e transculturação hegemônica da influência ocidental com uma consequente dissociação entre fé e cultura, entre fé cristã em sua veste cultural ocidental e a multiplicidade de culturas que entram na consciência da história mundial. Para os povos não europeus, abraçar a fé significará sempre mais abrir mão da própria cultura e internalizar o quadro cultural ocidental dentro do qual é proposta esta fé. Paulo VI dirá que a dissociação entre a fé e a(s) cultura(s) é o drama de nosso tempo, como o foi de outras épocas (EN 20).

3. A NOVA CONSCIÊNCIA DA NECESSIDADE DE INCULTURAÇÃO – Três fatores sobretudo vão influir para o ressurgir da consciência eclesial sobre a necessidade de inculturação: a experiência diversificada de uma Igreja efetivamente mundial; a valorização das igrejas locais e suas consequências; a reabilitação ou reemergência de culturas longamente reprimidas ou oprimidas pela constituição dos estados nacionais ou pelo processo de colonização.

a. Consciência de uma Igreja Mundial – Contrariamente aos concílios de Trento e do Vaticano I, o Concílio Vaticano II teve a presença significativa de bispos de todo o mundo. Este é um mundo que, após a Segunda Guerra Mundial, se tornou consciente tanto de sua unidade planetária como de sua profunda diversidade. Embora a teologia do Vaticano II tenha sido formulada preponderantemente em termos europeus, as decisões do concílio e sua gradual implementação refletiram muito a presença ampla e múltipla da Igreja. Isto se tornaria sempre mais claro a partir dos sínodos mundiais dos bispos, entre os quais cabe destacar, sob este aspecto, os sínodos sobre a justiça (1971), sobre a evangelização (1974) e sobre a catequese (1977). Os três revelaram esta dimensão geográfica e culturalmente mundial que caracteriza a Igreja nesta segunda metade do século XX.

Neste contexto, já antes do Concílio Vaticano II e sobretudo nele e a partir dele, duas posições teológicas fundamentais se consolidaram e tiveram imenso alcance sobre a recente caminhada histórica da Igreja e, portanto, da fé cristã no mundo.

A primeira posição, centrada em *Lumen Gentium*, irradia-se sobre vários outros documentos conciliares. Ela focaliza uma Igreja-em-relação, disposta ao diálogo, aberta à diversidade da busca de Deus pelos seres humanos e à múltipla concretização deste esforço (*Ad Gentes*). É uma Igreja sensível, portanto, à dimensão ecumênica entre as tradições e denominações cristãs (*Orientalium Ecclesiarum* e *Unitatis Redintegratio*), à relação com as religiões não cristãs (*Nostra Aetate*), o que conduz a uma colocação nova tanto de sua perspectiva missionária (*Ad Gentes*) como da índole e qualidade mesma de sua presença no mundo (*Dignitatis Humanae*, *Apostolicam Actuositatem* e *Gravissimum Educationis*) e de sua intercomunicação com ele (*Inter Mirifica*).

A segunda posição, centrada em *Gaudium et spes*, explicita e reforça sobretudo a relação entre Igreja e Mundo. Ela o faz particularmente através de uma chave analítica e hermenêutica que é a *cultura* (GS 53-63). Esta é tomada em uma perspectiva que, além do enfoque filosófico-humanista, dominante no século XIX e em boa parte ainda da reflexão teológica, integra e sublinha a contribuição atual das ciências sociais. Por aí, precisamente, deita-se luz sobre a multiplicidade e diversidade das *culturas*. Há uma revalorização da importância da relação da fé à cultura e às culturas. Usada no singular, a *cultura* é vista tanto como presença e ação do ser humano sobre a natureza quanto como criação do espírito humano. Um destaque fundamental é dado à relação entre a fé e a cultura moderna, numa visão otimista, que contrasta com a diuturna ruptura entre Igreja e Mundo e a divergente evolução de ambos nos últimos cinco séculos. Usada no plural, a palavra *culturas* põe em relevo principalmente a diversidade tanto de etnias e formações sociais como de sentidos, valores e visões de mundo copresentes em um mundo complexo e plural.

A consciência, pois, de ser uma Igreja efetivamente mundial, na experiência vivida de uma realidade pluricultural, encaminha a Igreja para uma nova sensibilidade à necessidade de inculturação.

b. A valorização das igrejas locais – Este segundo fator decorre também de uma posição teológica primordial de *Lumen Gentium*: a importância da colegialidade episcopal e, portanto, da identidade e autonomia relativa das igrejas locais (*Christus Dominus, Presbyterorum Ordinis*). Uma das principais consequências deste processo foi a proximidade maior entre os pastores e os fiéis, com uma percepção mais aguda de suas situações e problemas, necessidades e aspirações, uma atitude eclesial muito presente nos primórdios cristãos e ao longo de boa parte do primeiro milênio. As consequências principais deste enfoque eclesiológico do Vaticano II foram: a leitura contextualizada do próprio concílio, como atestado, por exemplo, nas assembleias episcopais de Medellín (1968) e de Puebla (1979) para a realidade latino-americana, mas com ampla repercussão sobre toda a Igreja; a realização dos sínodos mundiais, pondo em relevo a variedade de solicitudes pastorais em decorrência das diversidades históricas e socioculturais das regiões; a crescente individuação das conferências episcopais nacionais, regionais ou continentais, com tratamento específico de problemas afins, como, por exemplo, a diversa abordagem da questão nuclear pelo episcopado norte-americano, alemão e francês respectivamente às situações e responsabilidades de seus países; a multiplicação de elaborações teológicas diversificadas, em consonância com a sensibilidade às realidades várias da América Latina, da África, de áreas distintas da Ásia, como Índia e Filipinas, por exemplo; o enfoque teológico e pastoral de realidades transculturais, como as culturas do jovem, da mulher, do negro e outras, gerando leituras específicas da Bíblia e da Tradição, em função dos reclamos próprios das várias realidades vividas; a tudo isto se deveria acrescentar a experiência cultural direta de Paulo VI, mas sobretudo de João Paulo II, através de suas viagens pastorais. É sabido quanto a preparação destas viagens e sua realização têm contribuído, muito mais do que o poderia fazer o funcionamento burocrático e postal do Estado-Cidade do Vaticano ou da Santa Sé, para o conhecimento, a análise e a interpretação da enorme variedade de realidades culturais-eclesiais, que são o cotidiano dos fiéis cristãos em várias partes do mundo.

É relevante a real ou potencial repercussão posterior destas viagens na interação entre o papa e os episcopados respectivos. Este acervo de dados e o desenvolvimento de novas percepções eclesiais, em decorrência da valorização da colegialidade e das igrejas locais, tornou imperativa a perspectiva de inculturação e ainda está longe de valorizar todo o seu alcance a serviço do povo de Deus.

c. A reabilitação ou reemergência de culturas – Este é um fator por si extrínseco à vida da Igreja, mas que teve sobre ela grande alcance.

Em primeiro lugar, os estudos de antropologia cultural e social durante os últimos cem anos deram ao mundo um conhecimento mais aprimorado da diversidade das etnias e de seus pressupostos históricos e culturais. Já anteriormente ao Concílio Vaticano II, a lenta assimilação destes novos dados pela Igreja foi reorientando sua sensibilidade missionária. A reformulação do vocabulário missiológico, através da evolução semântica, por palavras como transplantação, adaptação, acomodação, encarnação, inserção, indigenização, contextualização, inculturação, revela toda uma nova compreensão da relação evangelizador-evangelizando, em função de uma perspectiva eclesiológica que decorre do novo enfoque antropológico de revalorização das identidades culturais.

Em segundo lugar, o tramonto dos impérios e do processo de colonização política em vários continentes levou à independência de jovens nações, especialmente na África, na Ásia e na Oceania. Ainda que nem sempre tenham sido respeitadas as fronteiras culturais no desenho de unidades políticas, este processo representou um reassumir de identidades culturais reprimidas pela colonização. Quase sem exceção este fato repercutiu sobre as relações entre a Igreja e estas novas situações de fiéis seus, tendo como consequências principais a implantação de um clero e episcopado autóctone, o desenvolvimento de laicatos militantes e toda uma revisão dos processos educativos, pastorais e promocionais da Igreja nestes países.

Em terceiro lugar, a tomada de consciência de minorias culturais reprimidas por ocasião da formação dos estados nacionais no mundo ocidental suscitou a participação da Igreja e sua nova sensibilidade a realidades hibernadas por séculos, como foi o caso dos bascos e catalães, na Espanha, do Québec, no Canadá, as situações análogas na Europa Central e, mais recentemente, dos hispanos, nos Estados Unidos.

Em quarto lugar, a própria viabilização da relação intercultural, seja através da comunicação e informação, seja do desenvolvimento acelerado da indústria turística, ao mesmo tempo que unificou ou aproximou o mundo, por um lado, revelou, por outro, a irredutível diversidade cultural das populações deste mesmo mundo. A própria difusão hegemônica da cultura moderna ocidental que, a certa altura, havia levantado a hipótese do rápido encaminhamento a uma cultura universal homogênea vai revelando precisamente o contrário, isto é, uma crescente disposição de salvaguarda da diversidade e das autonomias culturais e subculturais específicas. O fenômeno recente da desocidentalização progressiva do Extremo Oriente, junto com seu desenvolvimento e crescente participação nas economias ocidentais é um dado significativo desta transformação. Este dado foi precedido pelo tramonto dos impérios colonizadores e consequente surto de independência de vários países ou criação de novos, principalmente na África, na Ásia e na Oceania. Na África, este movimento foi marcado por uma retomada cultural. A paciente preservação de uma rica tradição oral vem contribuindo para a revalorização do patrimônio e identidade culturais. Já na Ásia, a densidade de várias tradições escritas, intimamente ligadas a religiões milenares, permitiu se conservassem perfis culturais bem-definidos, que prevaleceram, de resto, como grandes maiorias populacionais em face de minorias cristãs.

Esta diversificação de situações coloca à inculturação problemas específicos, de ordem antropológica e teológica, em cada uma destas áreas culturais, como nos vem mostrando a experiência, a pesquisa e a bibliografia sempre mais abundante a respeito.

Finalmente, cumpre ressaltar a criação e o desempenho de fóruns internacionais pluriculturais, como a ONU e suas subsidiárias, Unesco, FAO, Unicef etc., ao lado de instâncias particulares como as organizações internacionais e pluriculturais de todo gênero, assim como os congressos e convenções internacionais de natureza temática ou corporativa. Tudo isto tem revelado a experiência e a consciência da diversidade cultural e da impossibilidade real de unidades hegemônicas construídas sobre a uniformidade ou a partir de uma inconsciência ou subestima da diversidade sociocultural-histórica tão patente no mundo atual. Esta reemergência e revalorização das culturas é uma outra via de acesso da Igreja à consciência da urgência de inculturação e à reelaboração construtiva de uma relação entre fé e cultura.

4. ELEMENTOS INDISPENSÁVEIS NUMA EVANGELIZAÇÃO INCULTURADA – A conceituação de *cultura* acima proposta, como o conjunto de sentidos e significações, de valores e modelos subjacentes e ou incorporados à ação e comunicação de um determinado grupo humano, é antropologicamente bem-fundada e teologicamente operativa. Com efeito, ela se pode aplicar tanto às macroculturas (culturas nacionais ou étnicas) como às microculturas (pequenos grupos, guetos urbanos etc.), como, finalmente, a todo tipo de subcultura (organizações e instituições, conjuntos transculturais individuados, como a cultura dos jovens, dos pobres, das mulheres, dos campesinos etc.). Neste último sentido, uma universidade, uma ordem religiosa, um partido político ou uma organização sindical é e tem de certo modo uma *cultura*, isto é, distingue-se por um conjunto de sentidos e significações, de valores e modelos, uma percepção e visão de mundo, através da qual precisamente se afirma sua identidade, em si mesma e em relação a outros grupos humanos.

A *inculturação*, pois, como processo de evangelização que articula fé e cultura, não se limita apenas à evangelização de grupos e comunidades às quais o Evangelho não fora anteriormente anunciado (aos "territórios de missão" ou às "missões estrangeiras", no vocabulário pré-conciliar). A inculturação deve qualificar todo e qualquer processo de evangelização, seja em relação a grupos humanos de tradição ou origem cristã em sua formação cultural (como a maior parte dos países ocidentais, marcados hoje pela cultura moderno-contemporânea), seja em relação a grupos sem um passado cristão anterior ou determinante em sua formação cultural (como a maioria das regiões da Ásia, da África e da Oceania), seja, enfim, em relação a subculturas no interior de cada um destes grupos (como organizações, instituições, regiões específicas, grupos transculturais). A razão desta afirmação está precisamente no fato de que, pela inculturação, se relacionam fé viva e cultura viva, marcadas ambas pelo dinamismo de transformação e crescimento. Um verdadeiro processo de evangelização, pois, estará sempre atento a uma tríplice dimensão.

Primeiro, não existe um núcleo evangélico em abstrato, que possa ser isolado e transmitido de uma cultura a uma outra cultura. O que, de fato, existe, é a mensagem evangélica já concretamente inculturada em alguma cultura, no caso, a cultura que evangeliza, propondo a mensagem a uma outra cultura, a que está sendo evangelizada. Neste sentido, o propor ou transmitir a mensagem (evangelizar) assim como o recebê-la e assumi-la (ser evangelizado) é uma interação de culturas. A fé que leva a propor a mensagem e a fé que resulta da acolhida da mensagem é a mesma fé (i. é, a plena resposta existencial de aceitação dada por uma pessoa ou grupo humanos ao dom vivo de Deus em Jesus Cristo), mas será uma fé culturalmente qualificada e, portanto, diferenciada em sua percepção e expressão.

Segundo, nesta relação entre culturas, que é o processo de evangelização, tanto o evangelizador como o evangelizando são sujeitos ativos. A evangelização, portanto, não é simplesmente uma transmissão ou tradução unilateral da mensagem evangélica, nos termos da cultura que evangeliza. Não é mera adaptação extrínseca ou superficial, no plano apenas fenomenológico da expressão. Não é tampouco a recepção passiva desta mensagem, assim como veiculada pelo evangelizador. A evangelização é o processo de interação dialogal entre as duas culturas, a do evangelizador e a do evangelizando, diálogo que se faz em função da mensagem. A evangelização inculturada, portanto, é um processo crítico de discernimento em relação tanto à cultura do evangelizador como à cultura do evangelizando. Não se pede ao evangelizador que renuncie a sua própria cultura, mas que seja consciente da identidade que a caracteriza no modo próprio de perceber e viver a mensagem evangélica e não imponha este modo como veículo obrigatório da mensagem. Pede-se-lhe, ademais, que ajude o evangelizando a ativamente compreender, assimilar e expressar a mensagem a partir da identidade da cultura dele, evangelizando, nos termos e segundo o gênio desta cultura.

Terceiro: porque a evangelização inculturada é um processo de relação entre culturas em função da mensagem evangélica, é importante ter presente que, na concreta realidade da história, a relação entre culturas não é, em geral, simétrica ou igualitária, mas assimétrica. As culturas não se relacionam como pares, mas como culturas dominantes e culturas subordinadas. Isto é assim no plano político e econômico, social e militar, e o foi, por certo, também no plano eclesial, como o comprova a evangelização sobretudo nos últimos cinco séculos. Toda forma de relação entre culturas – relação de aculturação, transculturação ou inculturação – deve estar aberta à suspeita da possibilidade real de dominação de uma sobre a outra. Essas relações interculturais, portanto, não serão por si mesmas relações naturalmente tranquilas e fáceis. Serão, pelo contrário, relações marcadas pela tensão, conflito e perplexidade. Daí a necessidade de discernimento, que visa a purificação e a libertação dos elementos de imposição e pressão, de poder e violência. O processo de evangelização inculturada, como expressão de relação entre culturas em vista da fé, é um processo dialético de libertação de ambas as culturas, a do evangelizador e a do evangelizando, para que haja espaço livre para a ação do Espírito sobre os sujeitos da evangelização, no propor a mensagem e no suscitar sua acolhida pela fé. Com efeito, a fé, resultado final da evangelização, não é uma conquista do esforço humano, nem o produto de um método, mas o dom gratuito de Deus que se manifesta e comunica. O verdadeiro processo de evangelização inculturada é, pois, também um processo libertador da cultura. Por sua vez, só será autêntico o processo de evangelização libertadora e transformadora da sociedade se for também um processo inculturado. Não há, pois, contradição, mas complementaridade integrada entre as temáticas teológicas da *inculturação* e da *libertação*. Uma exige a outra.

5. DADOS ELEMENTARES DE UM MODELO DE INCULTURAÇÃO – O Evangelho não pode ser identificado com as culturas, mas não é independente delas, seja porque foi revelado no contexto de uma cultura (Israel), seja porque ao longo da história

tem sido vivido em contextos culturais concretos (Tradição), seja, enfim, porque as pessoas às quais é proclamado estão inseridas em culturas específicas. O Evangelho, contudo, não se confunde com nenhuma cultura particular, mas se destina a todas as culturas e pode por todas ser acolhido e animá-las todas. Ele não surge como produto espontâneo de qualquer cultura, mas é transmitido sempre a partir de um diálogo apostólico que está inevitavelmente associado a um diálogo entre culturas concretas. São numerosos os *modelos de evangelização*, que se têm proposto nos estudos missiológico-teológicos. Na perspectiva de uma evangelização inculturada, os seguintes dados parecem imprescindíveis. As quatro etapas que se seguem são analiticamente distintas, embora possam desenvolver-se de modo integrado e até simultâneo.

Primeira etapa. Identificação antropológica da cultura. É fundamental o conhecimento dos traços principais da identidade da cultura a evangelizar, das mediações, canais e veículos que exprimem e nos quais estão incorporados os sentidos, valores e critérios que caracterizam a visão de mundo, a ação e comunicação desta cultura. Os membros da cultura são a fonte principal deste conhecimento, mas podem ser completados por outras fontes e documentos, sobretudo em relação ao que é por eles vivido espontânea e inconscientemente. Este conhecimento antropológico precede o conhecimento teológico da cultura: Como Deus atuou e está presente na vida e história desta cultura antes da chegada e iniciativa do evangelizador? Onde se encontram os vestígios de Deus, as marcas latentes ou patentes de seu amor na história deste povo ou deste grupo humano? Os critérios para esta leitura teológica são o homem e Jesus Cristo. As eventuais dúvidas sobre a validade dos critérios relativos ao homem – perplexidades naturais em contextos pluralistas – terão sua possível solução na referência ao Homem-Jesus Cristo. O que na cultura corresponde a esses critérios pode ser conservado assim como se expressa no código da cultura. Como, a partir daí, se pode proceder e caminhar com os membros da cultura? Como respeitar-lhes a identidade e o ritmo, em vista da gradual e crescente acolhida por eles da mensagem evangélica?

Segunda etapa. Como já foi dito, o limite é inerente a toda realidade humana, pessoal ou cultural. Há sempre desvios reais em relação à teleologia fundamental do bem do ser humano para o qual, em princípio, deveria orientar-se a cultura. Estas perversões ou inflexões da cultura são nela a marca existencial do pecado, da fragilidade, da incoerência. O processo de inculturação, assim como identificou antes as sintonias profundas entre a cultura e o Evangelho, deve criticamente individuar e discernir as *incompatibilidades* entre ambos. Pode haver incompatibilidades *absolutas* de ordem moral, estrutural ou funcional, tais como, por exemplo: a violência, a injustiça, a opressão, a discriminação, legitimadas e, não raro, até mesmo institucionalizadas pela cultura. Pode haver práticas culturais incompatíveis com a dignidade humana ou com o ensinamento de Jesus Cristo. Há também incompatibilidades *relativas* entre o Evangelho e modalidades concretas de tal ou tal cultura. São aspectos em que não se necessita de conversão ou ruptura, como no caso anterior. Requer-se, porém, reorientação ou uma melhor explicitação de meios que ajudem a cultura a redescobrir ou retomar sua própria teleologia (p. ex.: a posição de Jesus em relação ao sábado). A mensagem evangélica pode também abrir à cultura uma perspectiva de crescimento na direção de sua orientação original (p. ex.: as contraposições de Jesus no Sermão da Montanha entre as exigências da antiga e da nova lei).

Estas duas primeiras etapas num modelo básico de evangelização inculturada ocupam-se com a cultura assim como é, em sua realidade humana, concreta e presente. Nela buscam as sintonias existentes ou as correções e aperfeiçoamentos necessários ou possíveis em relação à acolhida e assimilação interativa do Evangelho, na fidelidade seja a ele, seja à identidade cultural. Estabelece-se por aí a relação *dialogal* e *dialética* entre fé e cultura, a que já nos referimos. A homologação (primeira etapa) ou a reorientação da cultura (segunda etapa), à luz do homem e de Jesus Cristo, é já uma forma implícita de *proclamação*, que permanece, contudo, no horizonte imanente da própria cultura.

Terceira etapa. Aqui se dá então o *anúncio* explícito aos sujeitos da cultura daquilo que é para eles o *dom*, a novidade em relação à cultura. Este dom transcende o alcance imanente, próprio da cultura, aquilo que ela pode atingir por si, no desdobramento máximo de seu potencial humano. Este dom é feito por Deus a todas as culturas humanas em e por Jesus Cristo. É um dom que não deve violentar nem desfigurar as culturas. Pelo contrário, há de levá-las tanto à otimização de seu alcance imanente, na plena realização de sua virtualidade humana, individual e social, quanto à transcendência deste plano, na plena abertura da cultura para Deus. Nesta terceira etapa tem lugar a proclamação explícita do Evangelho e o anúncio de seu projeto e identidade, à luz da totalidade do mistério de Jesus Cristo.

Quarta etapa. Este anúncio é feito a partir de uma comunidade que acolheu o Evangelho e procura vivê-lo e partilhar com outros o dom que ele representa. Esta comunidade de fé é a *Igreja*. Ela é a portadora da Boa-nova, este dom que é manifestado à cultura na terceira etapa. Mas a Igreja é, também ela, parte do mesmo dom, parte daquilo que é anunciado. De fato, a acolhida e a vivência da fé cristã se fazem sempre em comunidade. Neste sentido, a progressiva evangelização de uma comunidade humana concreta, que é a tal cultura, vai levá-la a ser também, enquanto grupo cultural específico, parte da comunidade evangélica dos que creem e partilham a fé, na esperança e no amor.

O processo evangelizador que se desdobra segundo este modelo elementar supõe naturalmente o testemunho (*martýrion*) coerente e confiável dos que já vivem a mensagem e a trazem à cultura. Implica não menos a interação *dialogal* com os membros da cultura (*koinōnía*). Envolve o potenciamento do serviço para o crescimento humano e cristão dos membros da cultura (*diakonía*). Conduz ao *anúncio* propriamente dito da mensagem evangélica, como *dom* gratuito de Deus, em e por Jesus Cristo (*mystêrion*), a ser vivido na *comunidade de fé eclesial* (*ekklēsía*).

O resultado deste processo no tempo é a crescente inculturação da fé. É a criação nova de uma comunidade a um tempo *cultural-eclesial*, na fidelidade integrada às inspirações fundamentais da cultura e da fé, do homem e de Jesus Cristo. Este resultado se caracterizará por suas mediações e expressões de ação e comunicação. Elas terão uma identidade peculiar, enquanto são tributárias de raízes culturais específicas. Mas elas se encontrarão também numa unidade profunda, enquanto todas estas comunidades culturais-eclesiais se inspiram na mesma fé, que se faz fonte e alimento de sua comunhão e relação intercultural. Realiza-se assim a unidade da fé e da Igreja. Esta unidade repousa não sobre a *uniformidade* de um único paradigma cultural, eventual mediador preferencial ou exclusivo da fé, indevidamente imposto, de fato, às várias culturas. É antes, uma *unidade* que se constrói sobre a *diversidade* consciente das culturas, impregnadas, porém, do mesmo Evangelho e por ele reconfiguradas à luz da novidade gratuita do dom.

Bibl. – A.A. Roest Crollius, "What is So New about Inculturation? A concept and its Implications", em *Greg* 59 (1978) 721-738; P. Beauchamp, *Le récit, la lettre et le corps*, Paris 1982; M. Azevedo, *Inculturation and the Challenges of Modernity*, Roma, 1982; Id., *Comunidades Eclesiais de Base e Inculturação da Fé*, São Paulo 1986, 255-377; K. Muller, "Accommodation and Inculturation in the Papal Documents", Verbum/Svd 24 (1983) 347-360; C. Craft, *Christianity in Culture*, Nova York 1984; T. Nkeramihigo, "On Inculturation of Christianity", em A.A. Roest Crollius (ed.), *What is So New about Inculturation?* Roma 1984, 21-29; H. Carrier, "Understanding Culture: The Ultimate Challenge of the World Church", em J. Gremillion (ed.), *The Church and Culture since Vatican II*, Notre Dame 1985; Id., *L'église et cultures de Léon XIII à Jean-Paul II*, Città del Vaticano 1987; R. Schreiter, *Constructing Local Theologies*, Nova York 1985; A. Shorter, *Toward a Theology of Inculturation*, Nova York 1988; L. Luzbetak, *The Church and Cultures.* New Perspectives in Missiological Anthropology, Nova York 1988; P. Suess, "Companheiro-Peregrino na Terra dos Pobres, Hóspede-Irmão na Casa dos Outros. Desafios para uma missiologia a partir da América Latina", em REB 48 (1988) 645-671; Id., "Inculturação: Desafios, Caminhos, Metas", em REB 49 (1989) 81-127; N. Standaert, "L'histoire d'un néologisme. Le terme 'Inculturation' dans les documents romains", em NRTh 110 (1988) 555-570; Commissione Teológica Internazionale, "Fede e inculturazione", em *CivCatt* 140 (1989) 158-177.

MARCELO DE C. AZEVEDO

II. Inculturação do Evangelho

A inculturação é um conceito que serve para descrever as mudanças culturais subsequentes à penetração do Evangelho num ambiente humano. A inculturação é afim à *aculturação*, termo usado pelos antropólogos do fim do século XIX para designar as mudanças culturais que se verificam quando dois grupos humanos convivem em contato direto. O encontro das culturas provoca geralmente múltiplas mudanças, por exemplo, na língua, nos usos, nas crenças, nos comportamentos. Os católicos começaram bem cedo a usar o conceito de aculturação para estudar as relações entre o cristianismo e as culturas. Hoje, o termo *inculturação* é preferido e é mais frequente. Tem a vantagem de sublinhar que o encontro do Evangelho com uma cultura não se reduz simplesmente à relação entre duas culturas (aculturação). Trata-se especificamente da interação entre a *mensagem de Cristo* e uma determinada cultura. O termo inculturação é usado entre os católicos desde os anos de 1930, mas somente a partir dos anos de 1970 a Igreja o utiliza nos textos oficiais. Em 1988 a Comissão Teológica Internacional publicou o documento "Fé e Inculturação", preparado em colaboração com o Pontifício Conselho da Cultura, em que lemos a seguinte definição, no n. 11: "O processo de *inculturação* pode ser definido como o esforço da Igreja para fazer penetrar a mensagem de Cristo num determinado contexto sociocultural, chamado este último a crescer segundo todos os valores que lhe são próprios, desde que sejam conciliáveis com o Evangelho. O termo *inculturação* inclui a ideia de crescimento, de enriquecimento recíproco das pessoas e dos grupos, em virtude do encontro do Evangelho com um ambiente social. 'A inculturação é a encarnação do Evangelho nas culturas autóctones e, ao mesmo tempo, a introdução destas culturas na vida da Igreja' (*Slavorum Apostoli*, 2 de junho de 1985, n. 21)".

É oportuno sublinhar os aspectos ao mesmo tempo inovadores e tradicionais da inculturação. Indicaremos mais adiante as razões que levam a considerar a inculturação como um enfoque renovado da evangelização, mas importa afirmar que a atual reflexão sobre a matéria se beneficia de uma longa e rica experiência da Igreja.

1. AS LIÇÕES DA HISTÓRIA – Falando estritamente, o processo de inculturação, isto é, a copenetração entre Igreja e culturas, é tão antigo quanto o próprio cristianismo. O Evangelho revelou-se desde o começo como um poderoso fermento de transformação das culturas. Os primeiros evangelizadores aprenderam a conhecer as línguas, os costumes e as tradições das populações às quais era anunciada a mensagem de Cristo. Os primeiros pensadores cristãos tiveram que enfrentar o problema levantado pelo encontro do Evangelho com as culturas de sua época. Já no século II, na *Carta a Diogneto*, encontram-se observações muito pertinentes sobre o estilo de vida dos cristãos, "cidadãos do céu" e ao mesmo tempo plenamente inseridos nos usos de seu país: "Os cristãos, com efeito, não se diferenciam dos outros homens nem por território nem por língua ou vestimentas. Não moram em cidades próprias nem falam uma linguagem inusitada; a vida que levam não tem nada de estranho... Moram na terra, mas são cidadãos do céu. Obedecem às leis estabelecidas e com sua vida superam as leis" (*Carta a Diogneto*, V).

Na época da expansão colonial e do desenvolvimento das missões, a Igreja promulgou verdadeiras e específicas regras de inculturação *ante litteram*. Por exemplo, a congregação de *Propaganda Fide* publicava, em 1659, a seguinte diretriz: "Não ponhais nenhum zelo e não aduzais argumento algum para convencer estes povos a mudarem seus próprios ritos, costumes e hábitos, a não ser se forem evidentemente contrários à religião e à moral. Não haveria nada mais absurdo do que transpor para os chineses a

França, a Espanha, a Itália ou outro país da Europa. Não introduzais entre eles os nossos países, mas a fé, aquela fé que não rejeita nem lesa ritos e usos de povo algum, a não ser quando sejam detestáveis, pois, ao contrário, o que se quer é conservá-los e protegê-los" (cf. *Le Siège apostolique et les Missions*, Paris, 1959).

O período moderno conheceu um desenvolvimento missionário notável, caracterizado por uma preparação sempre mais atenta dos Padres, religiosos e religiosas enviados à África, Ásia e América. No século XIX, foram criados muitos novos institutos missionários, que levaram o Evangelho a vastas regiões, onde a Igreja não havia ainda penetrado nem fora implantada. Esses institutos especializaram-se progressivamente no modo de definir a tarefa missionária e os métodos de adaptação aos vários povos.

Depois da Primeira Guerra Mundial, foram muitos os documentos da Igreja que os papas publicaram sobre as missões, em particular: *Maximum Illud* (1919), *Rerum Ecclesiae* (1926), *Evangelii Praecones* (1951). Neles eram enunciadas diretrizes claras para promover uma melhor adaptação do Evangelho ao caráter e às tradições de cada povo. É indicada antes de tudo a necessidade de dominar a língua local. Uma importância bem especial é dada à constituição do clero indígena. O padre autóctone deve ser formado de modo a compreender os usos, os costumes e a alma de seu povo. Deve ser ouvido e respeitado pela elite local e um dia deverá poder assumir as responsabilidades de governo das novas igrejas. Os religiosos e as religiosas são, pois, estimulados a acolher e a formar candidatos indígenas. Todos os evangelizadores devem tirar proveito das ciências modernas, para melhor conhecer e servir às populações: linguística, etnografia, história, geografia, medicina.

Tais diretrizes contêm indicações preciosas para a inculturação e revelam um amadurecimento da teologia missionária. A primeira norma é a de respeitar o caráter e a índole dos povos a serem evangelizados, cultivando seus melhores dotes, purificando-os e elevando-os através da fé cristã. Pio XII, em sua primeira encíclica, *Summi Pontificatus* (1939), convida toda a Igreja "a compreender mais profundamente a civilização e as instituições dos vários povos e a cultivar suas qualidades e seus dotes melhores... Tudo aquilo que, nas tradições dos povos, não está indissoluvelmente ligado às superstições ou aos erros deve ser examinado com benevolência e, se possível, conservado intacto". Veremos que muitas destas orientações serão posteriormente retomadas pelo Vaticano II, sobretudo no decreto *Ad Gentes*.

2. NOVOS ASPECTOS DA INCULTURAÇÃO – Muitos acontecimentos, que marcaram o mundo e a Igreja depois da Segunda Guerra Mundial, imprimiram uma urgência nova à inculturação. Com o movimento de descolonização e de libertação, as jovens igrejas estavam chamadas a redefinir-se em relação às nações que lhes tinham levado o Evangelho. Os pastores e os teólogos das igrejas da África e da Ásia, mas também muitos ocidentais com eles, procederam a uma revisão dos métodos de evangelização utilizados pelos missionários. A Igreja estava implantada, sim, mas as culturas autóctones haviam sido de verdade convertidas em profundidade? Muito frequentemente não se havia tocado o paganismo subjacente. Por outro lado, os missionários não haviam compreendido e aceito conscientemente as potencialidades religiosas de muitos usos ou aspectos culturais. Outras críticas foram dirigidas aos evangelizadores europeus, às vezes exagerando: com excessiva frequência eles transplantavam de um país para outro, sua própria língua, suas próprias instituições, seu próprio modo de pensar. Impunha-se, pois, despojar o cristianismo de seu revestimento ocidental, para inculturar a fé nas culturas locais e proceder assim à africanização, indianização ou indigenização das igrejas autóctones. O debate dizia respeito a todos os aspectos da vida eclesial: a linguagem, a teologia, a moral, a liturgia, até a eventual aceitação, por parte da Igreja, de alguns elementos das religiões tradicionais (→ Religião, IV), como os textos sagrados e as formas de oração.

A amplidão e a gravidade dos problemas levantados sublinharam a necessidade urgente de estudar mais profundamente as condições, os critérios e os métodos da inculturação. Ficou claro que era preciso proceder a um reexame de todo o problema à luz dos princípios teológicos e de um melhor conhecimento antropológico.

3. CRITÉRIOS DA INCULTURAÇÃO – Os critérios aos quais é preciso ater-se fundam-se na *natureza da inculturação*, entendida como método de abordagem para evangelizar as culturas. Este é o pressuposto fundamental que deve inspirar qualquer esforço de inculturação: o objetivo a atingir é *a evangelização da cultura* (→ Evangelização da cultura). A inculturação do Evangelho e a evangelização da cultura são dois aspectos complementares da única missão evangelizadora. Por isto, a inculturação ater-se-á às normas que regem as relações entre a fé e as culturas. No processo de inculturação, é necessário o duplo respeito às realidades teológicas e antropológicas que nele entram em jogo.

O ponto de partida é o fato gratuito da encarnação de Jesus Cristo e sua repercussão nas culturas históricas. A difusão do Evangelho já chama todas as culturas a um novo destino. É preciso sublinhar o *significado cultural da encarnação*. Jesus inseriu-se numa determinada cultura. "Cristo mesmo, através de sua encarnação, ligou-se a determinadas condições sociais e culturais dos homens com quem viveu" (AG 10). Por outro lado, a encarnação atinge cada homem e todas as realidades do homem. Cristo, portanto, atinge todos os homens, na complementaridade de suas culturas. Sob certo aspecto, a encarnação do Filho de Deus foi também uma encarnação cultural. A encarnação de Cristo exige por si a inculturação da fé em todos os ambientes humanos.

O segundo princípio a que a inculturação deve ater-se é o *discernimento antropológico* das culturas a evangelizar. Isto é exigido pela complexidade da evangelização nos ambientes em rápida transformação, que muitas vezes atravessam crises de identidade cultural e religiosa. Um esforço metódico de busca e de reflexão é hoje indispensável. É necessário aprender a analisar as culturas para descobrir nelas obstáculos e potencialidades em relação à recepção do Evangelho. A inculturação favorecerá a conservação e o crescimento de tudo o que é sadio nos usos, nas tradições, na arte e no pensamento dos povos. A vida da Igreja e a própria liturgia serão enriquecidas pelo patrimônio cultural das nações a evangelizar. Como afirma o Vaticano II, a Igreja não imporá uma rígida uniformidade: "pelo contrário, (ela) respeita e favorece as qualidades e os dotes de alma das várias raças e dos vários povos. E tudo o que nos costumes dos povos não está indissoluvelmente ligado a superstições ou a erros, ela o leva em consideração com benevolência e, se possível, conserva-o inalterado e, até, por vezes, admite-o na própria liturgia, desde que possa harmonizar-se com os aspectos do verdadeiro e autêntico espírito litúrgico" (SC 37).

Estes discernimentos não podem improvisar-se; demandam esforços coordenados da parte das igrejas particulares, que deverão submeter a "um novo exame" os dados da fé e os elementos culturais de cada região, com o fim de discernir se podem ou não ser integrados à vida cristã. Ainda que sem utilizar o termo *inculturação*, o decreto do Vaticano II sobre as missões explica claramente as regras que a devem guiar em sua aplicação (cf. AG 22).

Em suma, a autenticidade da inculturação funda-se no respeito às condições ao mesmo tempo teológicas e etnológicas do trabalho missionário. Não se pode prescindir da plena compreensão das realidades da fé e das realidades culturais implicadas na evangelização. Tal discernimento de natureza socioteológica é indispensável para poder reconciliar os elementos que entram em tensão dinâmica no processo de inculturação. Em primeiro lugar, a inculturação deve salvaguardar a distinção entre fé e cultura e, em segundo lugar, a necessidade da unidade e do pluralismo na Igreja. Estas são exigências fundamentais na prática da inculturação.

a. *Distinguir fé e cultura* – Antes de tudo, a fé deve ser reconhecida como uma realidade radicalmente distinta de qualquer cultura. A fé em Cristo não é o *produto* de uma cultura, não se identifica com nenhuma delas; pelo contrário, distingue-se delas exatamente porque vem de Deus. Para as culturas, a fé é "escândalo" e "loucura", como se exprime São Paulo (1Cor 1,22-23). Mas tal distinção entre fé e cultura não significa *dissociação.* A fé está destinada a impregnar todas as culturas humanas, para salvá-las e elevá-las, segundo o ideal do Evangelho. Pode-se até dizer que a fé só é verdadeiramente vivida se se tornar cultura, isto é, se transformar as mentalidades e os comportamentos. Há uma dialética a respeitar entre a transcendência da palavra revelada e sua destinação a fecundar todas as culturas. A rejeição de uma ou outra destas exigências significa expor a inculturação ao sincretismo, que confunde a fé com as tradições humanas, ou a uma acomodação fictícia e superficial do Evangelho a determinadas culturas.

b. *Salvaguardar unidade e pluralismo* – Por outro lado, a inculturação deverá salvaguardar tanto a unidade da Igreja quanto o pluralismo de seus modos de expressão. A evangelização serve para construir a Igreja em sua unidade e identidade essenciais. É verdade que a mensagem anunciada foi traduzida, no passado, por categorias de pensamento tiradas de culturas específicas; todavia, estas interdependências culturais não enfraquecem o valor permanente das conceptualizações elementares da fé e das estruturas orgânicas da Igreja. A evangelização transmite um ensinamento que foi enriquecido por gerações de crentes, de pensadores e de santos, cuja contribuição é parte integrante do patrimônio cristão. É justamente esta identidade essencial e fundante que a evangelização está chamada a transmitir às culturas humanas em termos acessíveis a todas elas.

Mas a unidade não se deve confundir com a *uniformidade.* A inculturação deverá, pois, saber conciliar a unidade e a diversidade na Igreja. A longa experiência das igrejas orientais oferece, a propósito, um modelo que Paulo VI apresentou como exemplar: "E justamente nas Igrejas orientais encontra-se historicamente antecipado e exaustivamente demonstrado em sua validade o esquema pluralístico, de sorte que as modernas pesquisas que visam verificar as relações entre anúncio evangélico e civilizações humanas, entre fé e cultura, já têm, na história destas igrejas veneráveis, significativas antecipações de elaborações conceptuais e de formas concretas, com vistas ao mencionado binômio de unidade e diversidade". O papa afirma além disto que a Igreja "acolhe tal pluralismo como articulação da própria unidade" (Ao Pontifício Colégio grego em Roma, 30 de abril de 1977).

O princípio-base para todo esforço de inculturação da teologia, da pregação e da disciplina permanece o do crescimento da *communio Ecclesiae*, a comunhão da Igreja universal. Todavia, não se trata da unidade de um sistema uniforme e indiferenciado, mas, antes, da unidade de um corpo que cresce organicamente. A Igreja universal é uma comunhão de igrejas particulares. Por extensão, é também uma comunidade de nações, de línguas, de tradições, de culturas. Cada época e cada civilização traz seus próprios dons e seu próprio patrimônio para a vida da Igreja. Através da inculturação, as culturas acolhem os tesouros do Evangelho e em troca oferecem à Igreja inteira as riquezas de suas melhores tradições e o fruto de sua sabedoria. É justamente este complexo e delicado intercâmbio que a inculturação deve promover em vista do crescimento conjunto da Igreja e de cada cultura.

4. EXTENSÃO DA INCULTURAÇÃO – Um desenvolvimento mais recente da reflexão leva a estender a prática da inculturação não só aos tradicionais territórios das missões, mas também às sociedades modernas, cujas culturas foram descristianizadas e marcadas por uma crescente secularização. A cultura moderna coloca obstáculo à evangelização e demanda um esforço metódico de inculturação. Trata-se do desafio da *segunda evangelização* dos ambientes em que a fé, esteja ela adormecida, sufocada ou rejeitada, torna difícil o anúncio do Evangelho em toda a sua novidade. O documento "A fé e a inculturação", da Comissão Teológica Internacional (1988), dedica a última parte à cultura da modernidade. Lê-se ali: "A inculturação do Evangelho nas sociedades modernas exigirá um esforço metódico e concertado de busca e de ação. Tal esforço suporá, nos responsáveis pela evangelização: 1. uma atitude de acolhimento e de discernimento crítico; 2. a capacidade de perceber as expectativas espirituais e as aspirações humanas das novas culturas; 3. a capacidade de análise cultural, em vista de um real encontro com o mundo moderno".

Desta forma a inculturação assume novas dimensões, já que não diz mais respeito exclusivamente às pessoas, aos países, às nações e às instituições à espera do Evangelho. Inculturar o Evangelho significa também atingir os fenômenos psicossociais, as mentalidades, os modos de pensar, os estilos de vida, para que neles penetre a força salvífica da mensagem cristã. Resumindo, pode-se dizer que é necessário superar uma concepção *geográfica* da evangelização, para chegar a uma concepção mormente *cultural*. Não são perspectivas que se excluam entre si, mas indicam o sentido de uma evolução necessária da missão evangelizadora.

É verdade que existem regiões geográficas a serem ainda cristianizadas, mas o que está em jogo é doravante evangelizar as próprias culturas. É preciso que a luz do Evangelho penetre nas mentalidades e nos ambientes de vida marcados pela indiferença e pelo agnosticismo. Estas correntes espirituais tendem a difundir-se onde quer que penetre a modernidade. Com discernimento e confiança, a Igreja tenciona anunciar Cristo às culturas de hoje e isto demandará um longo e corajoso processo de inculturação, como afirma o próprio João Paulo II: "A Igreja deve fazer-se tudo para todos, atingindo com simpatia as culturas de hoje. Ainda existem ambientes e mentalidades, como também países e regiões inteiras, a evangelizar e isto demanda *um longo e corajoso processo de inculturação*, a fim de que o Evangelho penetre a alma das culturas vivas, respondendo a suas expectativas mais elevadas e fazendo-as crescer até a própria dimensão da fé, da esperança e da caridade cristãs". O termo → *missão*, acrescenta João Paulo II, "já se aplica também às velhas civilizações, marcadas pelo cristianismo, mas ameaçadas por indiferença, agnosticismo ou até irreligião. Aparecem, ao invés, novos setores de cultura com objetivos, métodos e linguagens diversos. O diálogo intercultural impõe-se, portanto, aos cristãos de todos os países" (Ao Pontifício Conselho da Cultura, 18 de janeiro de 1983).

Bibl. – H. Carrier, *Vangelo e culture: da Leone XIII a Giovanni Paolo II*, Città del Vaticano-Paris 1987; Id., *Évangélisation et Développement des Cultures*, Roma 1990; L.J. Luzbetak, *The Church and Cultures: New Perspectives in Missiological Anthropology*, Maryknoll 1988; Comissão Teológica Internacional, "Fede e Inculturazione", em *CivCatt* 140 (1989) 158-177.

HERVÉ CARRIER

INDIFERENÇA RELIGIOSA

A indiferença religiosa, por sua própria natureza, é uma realidade difícil de circunscrever. Destituída de um discurso próprio, de argumentações, passiva na maior parte dos casos, normalmente conota a indeterminação. Todavia, a indiferença religiosa representa um fenômeno encontrável em nossa época e que adquire uma extensão e uma difusão sempre mais amplas, particularmente no Ocidente. É oportuno distinguir dois tipos principais de indiferença, um, na aparência, superficial, o outro profundo e radical.

1. A INDIFERENÇA FRENTE A SUA PRÓPRIA RELIGIÃO – O primeiro tipo é a indiferença de um indivíduo em relação à confissão religiosa a que pertence. Já que a maioria da população nos países ocidentais pertence ao cristianismo, aqui se tratará sobretudo de indiferença ao cristianismo. Com efeito, nota-se entre muitos uma diminuição marcante de interesse por elementos importantes da religião cristã. O primeiro indício é o relaxamento da prática litúrgica, da celebração eucarística e dos outros sacramentos. Segundo várias sondagens, a taxa de presença à missa dominical, nestes anos, está em torno de 38% entre os católicos do Québec, de 16% na França e de 15% na Itália. Sem dúvida, um cristão pode permanecer crente também se abandonou a prática do culto público: esta prática não é senão um elemento da prática cristã mais abrangente, constituída pela existência vivida segundo o Espírito de Jesus Cristo em todas as suas situações de vida, suas relações e suas atividades. Mas a prática litúrgica permanece um teste da vitalidade religiosa. Há cristãos que, deliberadamente ou por negligência, não estão prontos a confessar publicamente sua fé, a compartilhá-la e a celebrá-la. Uma pesquisa científica até demonstrou que existe uma correlação entre a redução da prática dominical e a diminuição da importância atribuída aos outros elementos da figura de fé, isto é, aos grandes objetos da fé: Deus, Jesus Cristo, a moral, a oração e a pertença à comunidade cristã.

De qualquer forma, a redução da prática litúrgica não representa um abandono da religião. A obra de R. Bibby *La religion à la carte* (Montreal, 1988) apresenta os resultados de três sondagens nacionais, de 1975 a 1985, sobre a situação da religião no Canadá, para o conjunto das confissões religiosas. O sociólogo relata que, não obstante a diminuição da frequência às igrejas, a filiação religiosa permanece estável: não se rompem os vínculos. No Québec, por exemplo, a filiação religiosa está estável em 88%, embora a adesão seja somente de 25%. Por outro lado, a população faz questão de conservar os ritos de passagem: 90% dos habitantes do Québec dirigem-se a grupos religiosos para batizados, casamentos e funerais.

O diagnóstico é mais severo quando o sociólogo mede o compromisso com base em parâmetros objetivos. O compromisso religioso comporta as dimensões da fé, da oração privada, da experiência da presença de Deus e dos conhecimentos religiosos elementares. Ora, 60% dos canadenses creem nas três verdades fundamentais que são a existência de Deus, a divindade de Jesus e a vida futura. Mas só 20% demonstram integrar em sua fé estas três grandes convicções, juntamente com a oração privada, a experiência de Deus e o conhecimento religioso. Isto significa que "só aproximadamente 20% oferecem alguma prova de adesão ao que se poderia considerar como a expressão tradicional do engajamento hebraico-cristão integral. A religião da grande maioria é uma religião de fragmentos isolados". Quando Bibby usa o método de fazer as pessoas falarem diretamente, os canadenses, na proporção de 40%, consideram-se cristãos comprometidos (dos quais apenas um terço revela uma boa integração às grandes dimensões da fé), na proporção de 40%, consideram-se não comprometidos e 20% declaram-se não religiosos. E admitem que operam uma seleção de elementos isolados de convicção, de prática e de culto.

Bibby chega à conclusão de que a religião tem pouca influência sobre a vida. São muitos os que haurem da religião como consumidores, adotando uma convicção aqui, uma prática acolá. "Os canadenses parecem distanciar-se de um cristianismo ou de outras religiões enquanto sistemas que conferem um sentido a toda uma vida. Adotam fragmentos de judeu-cristianismo [...] Os canadenses praticam a religião ao estilo de uma lista para o cardápio". Têm tendência a constituir sua religião de acordo com um cardápio preestabelecido. Alguns completam seu cardápio cristão com outras convicções sobrenaturais. Ao passo que uma confissão religiosa exige uma síntese articulada e coerente, encontramo-nos mais diante de uma religião desmantelada, feita de convicções isoladas e de práticas ocasionais. Uma religião oferecida como artigos de consumo que se associam a outras comodidades, das quais a pessoa pode abastecer-se e sem as quais também pode passar. A maior parte das pessoas ignora o compromisso e se atém a fragmentos de religião.

Não é fácil medir a vida de fé. Os resultados de sondagens, ainda que aproximativos, fornecem em todo caso informações sobre fatos. Se se tentar uma breve interpretação, há que se admitir que uma significativa percentagem de cristãos são comprometidos: sinais, que se podem observar em toda parte, revelam uma renovação cristã e uma assunção responsável de compromisso. Por outro lado, as sondagens confirmam o diagnóstico de que muitos crentes fazem, uma seleção dos artigos do credo, dos ensinamentos da Igreja e da aplicação das normas morais. Há aqui antes de tudo a parte de uma caminhada pessoal, que é preciso saber reconhecer numa vida de fé: nem todos chegaram a uma desejável integração das diversas dimensões da fé e há dificuldades inerentes a este processo de busca, de compreensão e de aprofundamento. Existe também a parte do discernimento entre o essencial e o acessório, no seguimento das convicções e das práticas, que procura o sentido das coisas mais do que a submissão a preceitos, que privilegia a prática evangélica em relação às preocupações de → ortodoxia. O cristianismo é uma experiência, antes de ser um sistema. E muitos crentes, ciosos de uma autonomia adquirida a preço elevado com as conquistas da → Modernidade, desconfiam dos sistemas, também dos religiosos.

De resto, estas escolhas de fragmentos de uma religião esmigalhada podem provir do fato de se ter querido conservar uma certa convicção, uma determinada passagem evangélica, uma determinada norma moral ou um determinado ensinamento que agrada e que convém, e de se haver descartado os outros componentes. Escolhe-se o que se quer conservar, ajustam-se as coisas como se quer. As pessoas dão-se uma religião que não incomoda, de que podem dispor segundo os próprios gostos. Deslizam, portanto, para uma dissolução da sua confissão religiosa pessoal.

Em nível dos conhecimentos, as pessoas acabam por perder-se na confusão; em nível das práticas, as pessoas são incoerentes e correm o risco de esquecer sua própria identidade cristã. Não existe mais aquela coerência que dá sentido à vida e chama para ir adiante e para crescer espiritualmente. As pessoas sujeitam-se cada vez menos aos ensinamentos do Evangelho. Além disso, quando alguém admite sua falta de compromisso, cabe perguntar que papéis desempenham em sua vida estes fragmentos de religião. Não basta invocar a filiação confessional por fidelidade ao patrimônio do passado; e tampouco reivindicar a conservação dos ritos de passagem, pelo seu resíduo festivo, mas há que registrar também a pobreza do senso religioso e a privatização da religião. Quando se aceita esta situação, estamos bem próximos da indiferença prática para com a religião a que se pertence. Neste caso, a pessoa é indiferente a blocos inteiros daquilo que constitui a vida de fé.

Trata-se, portanto, de uma indiferença de decomposição. Estabelece-se uma separação não só em relação à instituição eclesial e a suas diretrizes, mas também em relação à comunidade dos crentes e a componentes sempre mais próximos do núcleo da fé. Subscreve-se uma retirada por abstenção, sem debate, afastando-se, tranquilo, a pequenos passos, ou por perda de percepção da coerência simbólica das representações e das práticas. Este afastamento vem muitas vezes acompanhado de convicções errôneas. Mesmo quando as pessoas afirmam, em geral, que ainda creem em Deus, para muitos a ideia de Deus se limita à identificação com uma energia vital, força superior, espírito impessoal, destino ou fatalidade. A concepção que têm de Jesus Cristo reduz-se à ideia de um ser excepcional, de um profeta ou de uma voz de sabedoria. Ainda que sob um conformismo de superfície, várias delas acabam por viver como se Deus não existisse. Há cristãos que se tornam indiferentes por não conseguirem enxergar em que a fé cristã pode inspirar seu projeto humano e sua vida em sociedade. Entram assim num processo de distanciamento que pode levar à indiferença religiosa radical.

A pesquisa de 1985 do Secretariado para os não crentes revela que esta forma de indiferença é o fenômeno mais significativo nos países europeus, como a Itália (59%), a França (25%), a Alemanha, a Suíça, a Áustria, Portugal, a Suécia e os outros países escandinavos. Assume proporções mais amplas na maior parte dos países da América do Sul, em seguida no Canadá e nos Estados Unidos. Encontramo-la até na Índia, na Coreia e na Nova Zelândia (*La foi et l'athéisme dans le monde*, Paris, 1988).

Mas esta primeira forma de indiferença não é radical. Não interrompe necessariamente a busca de uma vida espiritual. Certas pessoas até tentam uma recomposição do lado das seitas, das gnoses, das paraciências, do paranormal. Encontram aí referenciais significativos em grupos ou gurus, com cujas orientações pretendem unificar sua existência dilacerada. Mas também aqui o indivíduo tem acesso a pedacinhos da religião, arranjados em função de suas necessidades cognoscitivas ou afetivas. Ele tem a seu alcance bens religiosos de consumo, sem que estes suscitem uma conversão exigente para além da salvação mediante o conhecimento, do domínio de suas energias psíquicas escondidas e da harmonia com seu corpo e com as forças cósmicas. Antes que abrir-se a um Outro, que se desvendou como amor e libertação em Jesus, ele corre o risco de não sair da preocupação individualística consigo mesmo, com seu futuro e seu bem-estar. Esta volta ao religioso tem certamente um alcance positivo, mas permanece ambígua.

2. A INDIFERENÇA RELIGIOSA PROPRIAMENTE DITA – O segundo tipo é a indiferença religiosa propriamente dita, profunda e radical. Já não se trata somente de uma indiferença em relação a sua própria religião de pertença, por maior que ela se tenha tornado, mas da indiferença a qualquer religião e a tudo o que se refira à religião.

A indiferença religiosa é a ausência de interesse por Deus e pela religião. Deus – exista Ele ou não – não constitui um valor. Deus morreu, no sentido de que deixou de ser um valor vital, uma realidade importante. Não estamos diante de uma rejeição ponderada de Deus, mas diante de um desinteresse. Melhor dizendo, é uma insensibilidade ao próprio problema religioso. É uma ausência de preocupação "em matéria religiosa".

A insensibilidade em matéria religiosa é uma destas ausências de preocupação no campo das interrogações fundamentais sobre o sentido do humano, de seu destino e de seu mundo. Com efeito, o simples fato de o ser humano fazer perguntas sobre si mesmo e sobre seu mundo implica que está procurando o que o liga a algo distinto dele mesmo, a um Sentido que lhe dê o significado e a orientação do que ele é e de seu projeto, a um Absoluto ou a um Outro que lhe dê fundamento. → "Religião" evoca a procura daquilo que liga (*Religio, religare*). "Religião" responde também à necessidade de recolher-se, reencontrar-se, na releitura e na interpretação da existência, para chegar a fazer uma escolha (*relegere*). O homem é por natureza aberto à transcendência, seja qual for o nome que lhe dê. Esta busca fundamental da pessoa é o espaço em que "a fé" lança suas raízes, na opção cristã, mas também na da incredulidade ponderada, que implica uma decisão de consciência.

Ao invés disso, o indiferente permanece insensível a esta problemática, de tão preso que está no jogo pragmático do mundo e até muitas vezes enredado no materialismo consumístico. A abertura está bloqueada, a aspiração está sufocada, o horizonte transcendente está ausente. Desapareceu qualquer inquietação espiritual. Desaparecendo o problema religioso, Deus desaparece com ele. Esta indiferença é uma espécie de entorpecimento espiritual em que não se tem sequer a coragem de colocar os problemas e de examiná-los. É uma incredulidade sem conteúdo, excetuados os raros casos em que se contesta até a possibilidade de uma transcendência. É um não ligar, mais do que um compromisso; uma indiferença em que o espírito está ocupado com outras coisas, se é que não está disperso; por vezes também é uma fuga, um mecanismo de defesa contra a angústia de crer. Ao contrário dos ateus, que lutam demoradamente com o problema de Deus, os indiferentes não se preocupam com ele. É a forma mais radical de incredulidade.

Com efeito, entre os não crentes existem os *ateus*, que negam ou rejeitam a existência de Deus e que se esforçam por justificar racionalmente esta negação; seu → ateísmo é o contrário de uma fé positiva na autonomia absoluta do homem e muitas vezes está organizado em sistema de pensamento filosófico ou ideológico. Existem os *agnósticos* → Agnosticismo, que renunciam a reconhecer Deus porque não conseguem saber nada de certo ou de satisfatório sobre Ele, por não poderem demonstrá-lo através do conhecimento humano, nem verificá-lo com o método das ciências empíricas. Existem os *livres-pensadores* que talvez aceitem uma força vital do mundo, mas nem por isso reconhecem um Deus transcendente e pessoal; entre eles podem encontrar-se deístas, panteístas e pessoas que depositam sua fé no Homem ou na Razão, ou cujo credo se limita às declarações dos direitos da pessoa. Há que contar também os *não crentes*, os que são "sem religião" por herança natural ou tradição familiar, na ignorância objetiva do Deus das religiões. Os *indiferentes*, por sua vez, não somente não se pronunciam sobre a existência ou a não existência de Deus, mas praticamente negam a própria consistência do problema religioso. Em nenhuma outra modalidade a ausência de Deus é tão completa. A indiferença religiosa é uma atitude pouco meditada, que não quer ser crítica. Aqui, na verdade, não se faz uma escolha "em matéria religiosa". É uma falta de fé por defeito. Uma vez que as energias são monopolizadas pela satisfação das necessidades da vida corrente, ocorre que a consciência não se preocupa sequer com os grandes problemas humanitários e com as visões do mundo que estão em questão. Esta indiferença é a posição menos acessível ao diálogo, pois parece não existirem problemas de interesse comum em torno aos quais possa haver um encontro.

Esta indiferença religiosa é de difícil mensuração concretamente. Sabe-se que 10-20% dos habitantes do Québec declararam-se não crentes, na medida em que sua incredulidade diz respeito a Deus ou a Jesus Cristo. Entre eles, menos de 5% se definem ateus. Desconhece-se a percentagem dos indiferentes. De resto, a sondagem de Bibby indica que, em 1985, 20% dos habitantes do Québec, e também dos canadenses em geral, se definem "sem religião", mas sem maiores especificações. Definem-se "sem religião" 14% dos canadenses nascidos antes de 1930, 18% dos canadenses nascidos entre 1931 e 1950, e 25% dos canadenses nascidos entre 1951 e 1967. Os "sem religião" são, portanto, mais numerosos entre os adultos jovens. Na França, existem 15,5% "sem religião", dos quais 30% têm entre 18 e 30 anos, sem especificar a percentagem de indiferentes (*L'état des religions dans le monde*, Cerf, Paris, 1987). A indiferença radical seria um fenômeno maciço na Suécia, e um fenômeno cada vez mais importante na Europa e na América do Norte.

A indiferença religiosa será uma atitude individual ou um fenômeno cultural? Sem dúvida, as duas coisas. A atitude pessoal existe. No Ocidente, faz pouco tempo que se passou de uma fase de contestação e de emancipação, e até de uma incredulidade de rejeição, para um modo de existir sem Deus, em que as pessoas são tranquilamente irreligiosas. Para alguns, o problema de Deus parece gratuito, e o da salvação, um luxo. O que importa são a ocupação ou a profissão, os empreendimentos científicos e técnicos, a felicidade do comodismo e do dinheiro (que se tem ou se deseja ter). Segundo certos pais, os jovens revelam uma indiferença religiosa tal que faz supor que para eles não pode existir outra coisa além do que é material, a busca do sucesso, o ideal do bem-estar para si mesmos e de tirar proveito do que acontece. A religião não lhes diz nada. Será que uma posição radical como a indiferença religiosa é apenas uma atitude temporária, que tem duração limitada na vida de um indivíduo? Parece-nos que são poucos os que conseguiriam estabilizar-se de modo permanente em uma atitude tão extrema.

Mas a indiferença religiosa deve ser considerada também como fenômeno cultural. Ligado a um universo mental sempre mais estranho aos referenciais religiosos e que procura sua coerência numa mundivisão tecnocrática, cientista, materialista ou hedonista, o fenômeno da indiferença religiosa progride silenciosamente e sem abalos, chegando até a suprimir as condições que permitiriam à pessoa propor-se questões religiosas. Respira-se a indiferença religiosa como se respira o ar. Afogadas nas coisas, afogadas no barulho em que se reforçam os decibéis da música, afogadas num espaço sonoro sobrecarregado de palavras muitas vezes banais, as pessoas expulsaram o → silêncio como caminho de interioridade de que podem surgir as interrogações fundamentais e a reflexão sobre a ação. Faltando este, escreve D. Piveteau, "são irrisórios todos os nossos esforços junto aos jovens para acordá-los, para transmitir-lhes valores. Fornecemos-lhes respostas para perguntas que eles nunca se colocaram... Abençoada solidão que permite descobrir o tesouro que cada um precisa encontrar no decurso de sua existência: a si mesmo!" Nota-se então a opacidade em relação ao espiritual. "O mundo religioso pertence a um outro planeta, que talvez emita sinais, mas que nem sequer se tenta decifrar, nas raras vezes em que se percebe sua existência." O que está em jogo é a falta de equipagem intelectual e afetiva indispensável para perceber o sentido do espiritual. "O que me parece faltar aos jovens, como também aos que têm a mesma idade que nós, mas de maneira mais acentuada do que nestes últimos, é a possibilidade de conceber a Esperança e a capacidade de procurar um Sentido. São como cegos, em meio a possíveis esplendores, incapazes de desfrutar deles por falta dos meios sensoriais indispensáveis. Não rejeitam a Deus depois de tê-lo conhecido ou porque o teriam conhecido. Simplesmente não suspeitam sequer que Ele exista realmente; mais ainda: não sentem sequer a curiosidade, o desejo de descobrir quem Ele poderia ser" (*Lumen Vitae*, 1983, 183-191).

3. OS FATORES DETERMINANTES – Para perceber bem estas realidades, é preciso remontar às causas, ou melhor, aos fatores que podem explicá-las. Existem vários; aqui indicaremos apenas alguns.

Em primeiro lugar, temos a grande transformação cultural que afeta nossas sociedades ocidentais; antes de tudo, a da civilização científica e técnica, fruto da relação do homem moderno com a natureza e com seu mundo. O homem de hoje caracteriza-se pela busca de uma ação transformadora da natureza e da sociedade. A lógica de seu universo está inteiramente centrada na racionalidade científica, com sua tradução operacional na racionalidade técnica. Persegue encarniçadamente o crescimento indefinido do progresso. Todos nos beneficiamos deste trabalho do gênio humano, do desenvolvimento das ciências exatas, de seus efeitos para melhorar nossos serviços coletivos, para fazer retroceder a pobreza e reinstaurar a dignidade humana.

Mas esta racionalidade científica e técnica traz consigo o risco de uma perda de rumo, quando se tende a assumi-la como norma exclusiva. Então, ela estende seu imperialismo a tudo o que é real, para um mundo unidimensional. Considera-se bom e válido o que é eficaz. Passamos a avaliar-nos com base na profissão, nas competências e, sobretudo, nas *performances* de serviço. A vida pública é determinada pela produção e pelo consumismo, pelas trocas funcionais e as relações humanas acabam, elas mesmas, girando em torno de objetos. Esta racionalidade interessa-se pelo "como" das coisas, mas não pelo seu "por quê", por sua finalidade. Deixam-se de lado alguns problemas humanos importantes: viver, amar, saber por que se vive e se morre... O espaço da religião é relegado à esfera do privado. A fé é considerada como algo gratuito, inútil ou ineficaz nesta sociedade instrumental e funcional. As preocupações religiosas desaparecem em quem não tem a força ou os meios para entrar na própria interioridade.

Tudo isto é também a ideologia da sociedade dos consumos. Produz-se para consumir, as pessoas tornam-se freneticamente ativas, sem pausas para a reflexão, para a sensibilidade a tudo o que seja o outro. Não se tem concentração para interrogar-se a si mesmo, para procurar precisar sua própria visão do mundo. Procura-se a evasão no barulho. A pessoa agita-se também para fugir a seu sofrimento pessoal. É a sociedade do aparecer, mais do que do ser. É a sociedade da autossuficiência. O fascínio deste materialismo bloqueia a abertura ao espiritual e aos valores evangélicos.

É também o reino do imediato, do espontâneo, do transitório a curto prazo; o da volta narcisística ao eu, ao refugiar-se num pequeno mundo todo pessoal. O americano Allan Bloom fala do declínio da cultura geral, da pouca atenção dispensada, durante a formação, aos grandes livros, incluída a Bíblia, aos estudos humanísticos, à história, à filosofia. Que é o homem? De onde venho e para onde vou? Aos jovens faltaria "uma razão real para não estarem satisfeitos com o presente e para tomarem consciência de que existem soluções alternativas... a aspiração a um além atenuou-se... Por falta de capacidade de interpretar as coisas, suas almas são como espelhos que refletem não a própria natureza, mas o que existe ao redor... Falta a consciência das profundezas, como falta a consciência dos píncaros: falta, portanto, a gravidade" (*L'âme désarmée*, 1987). A raridade de modelos de adultos de uma certa densidade, eliminando praticamente a possibilidade de identificação, oposição ou agressividade, não favorece nos jovens a estruturação da autonomia.

Um outro fator é a secularização da sociedade. É o fim da influência predominante, sobre o pensamento, das visões religiosas ou sacrais totalizantes e da influência da Igreja sobre a organização das instituições. Proclama-se a autonomia do profano. Não há dúvida, é preciso considerar este fenômeno positivamente. Já o judeu-cristianismo havia desmistificado a natureza sacral. Deus não é mais visto como o tapa-buracos das ignorâncias e das impotências humanas. Vemos afirmar-se a autonomia das ciências, do direito, da política. Tudo isto são coisas boas. A secularização contribui também para esconder uma referência excessivamente imediata ao cristianismo: será preciso descobri-lo através de outros caminhos e considerá-lo de maneira diferente. A modernidade secular traz ainda consigo a segmentação, a fragmentação das atividades. A religião, identificada com um universo setorial, ocupa pouco espaço nesta sociedade em que as atividades interessantes são numerosas e diversas. Na profusão, já que ninguém pode interessar-se por tudo o que é proposto, cada uma faz uma seleção e se torna indiferente ao resto. Mas poderia acontecer que o movimento desembocasse no → secularismo, isto é, numa ideologia positivista ateia, que exalta a autonomia absoluta da razão científica e técnica, a ponto de tornar Deus radicalmente ausente no que concerne ao significado do mundo e à inspiração sobre a finalidade da vida.

No Québec e em outras sociedades tradicionais, ocorreu a passagem repentina do cristianismo unânime para o pluralismo. A ampliação do universo mental a outras correntes de pensamento e a abertura do cristianismo à liberdade religiosa trouxeram consigo a aceitação da pluralidade das posições em matéria religiosa. Assiste-se a uma espécie de carrossel de correntes religiosas concorrenciais, até a abundância das seitas e de novas religiões do potencial humano. Sem dúvida este pluralismo é benéfico. Mas muitos perderam nele sua antiga coerência e não encontraram novas coerências. Se por um lado liberou-se o espaço para opções mais pessoais em matéria religiosa, por outro lado há muitos que vivem com base em crenças fragmentadas e existem indiferentes do tipo "não quero nem saber" ou do tipo "tanto faz". Relativismo? Confusão? Inconsistência? Parece que se escorrega da pluralidade para uma neutralidade niveladora. Na verdade, a agressividade de antes cedeu o lugar não a uma comparação sadia, mas à indiferença.

Muitos manifestam sua decepção com respeito à Igreja, decepção esta mais profunda do que o simples ressentimento contra o clericalismo. Guardam rancor contra o modelo religioso que lhes foi imposto durante a infância: religião de preceitos, de proibições, de mortificação, de obscurantismo. Ainda traumatizados, transmitem seu ressentimento, através da família e da escola, às gerações jovens que repetem as mesmas lamentações sem terem conhecido aquela época. Curiosamente tanto uns como outros continuam a desconhecer totalmente a evolução da vida da Igreja e sua renovação evangélica. Partindo de uma crítica muitas vezes justificada da religião, nem sempre se dão conta de que o que se questiona é um modelo religioso local efetivamente carente e obsoleto; e, rejeitando este modelo, rejeitam também a religião. Há ignorância dos próprios conteúdos da fé e de sua necessária interpretação. De resto, o discurso eclesial não consegue traduzir os conteúdos de fé em categorias culturais contemporâneas, com excessiva frequência propõe uma moral de normas pouco atenta às situações humanas reais e às exigências da consciência adulta. As homilias revelam com demasiada frequência padres sem cultura, não atualizados, que banalizam a palavra. Há celebrações feitas mecanicamente, sem espaço para o silêncio e a meditação. Mas também os cristãos têm sua parcela de responsabilidade, por deixarem correr as coisas e por sua religião cômoda, intimista e tímida.

Finalmente, um fator que não se deve negligenciar é o trabalho já feito pelos cabeças do ateísmo, a favor da autoafirmação absoluta do homem, no sentido de que o homem é para o homem o ser supremo. Há também o escândalo do mal, que põe em xeque a concepção de um Deus-absoluto-de-bondade, como se Deus devesse ser responsabilizado por tudo, como se o mundo não fosse contingente e falível e como se Jesus Cristo, carregando o mal em suas lutas, não tivesse dado um sentido ao mal. Além disso, sempre existe a dificuldade de crer. E, claramente, a liberdade de se permanecer indiferente.

4. PARA SUPERAR A INDIFERENÇA – Nenhum dos fatores mencionados, e nem o conjunto deles, traz fatalmente consigo a indiferença religiosa. A Modernidade pode, mais do que em qualquer outra época, abrir um espaço sensível a todas as dimensões do humano. A tecnologia tem repercussões humanitárias indiscutíveis. A sociedade pluralista e secularizada é uma chance para a fé, pois obriga a fazer opções pessoais. Tudo isto convida a um comportamento responsável: é isto que está em jogo.

Aliás, esta indiferença não é generalizada. Existem também crentes cada vez mais comprometidos. Existe também uma curiosa volta ao religioso da parte dos adeptos das religiões da nova era, os quais, desorientados diante do vazio espiritual, dão testemunho, a seu modo, de uma aspiração, da sede de crer, da necessidade de pertencer a um grupo. Bem-entendido, o frenesi de agarrar-se a qualquer custo a alguma convicção esotérica e eclética pode aqui e acolá vir acompanhado de ingenuidades e ambiguidades e prestar-se facilmente a explorações de todo tipo. Não obstante isto, os dois tipos de indiferença que assinalamos difundem-se cada vez mais.

O grande desafio, para combater a indiferença religiosa, é que cada um se decifre, clareie com toda a sinceridade de consciência sua própria situação de vida, em nível de cidadão, em nível de homem e de mulher; e que cada um possa chegar, assim, a fazer uma opção fundamental naquilo que foi alimentado pelos primeiros valores de sua existência e a viver coerentemente com isto. Fazer uma opção fundamental é optar por uma fé, seja ela religiosa ou não, isto é, pelo cristianismo, por uma outra religião ou pela incredulidade. Os ateus e os crentes comprometidos merecem respeito: fizeram uma opção; levaram a sério uma grande religião: ou para aceitá-la ou para justificar sua recusa e substituí-la por outros princípios. Se não quisermos deixar-nos carregar pelo leito da inconsciência, do desespero ou do niilismo, é preciso identificar e adotar uma fé. É preciso fazer com que, no cristianismo ou na incredulidade, a posição pessoal de cada um atinja o estatuto de uma fé. O indiferente radical, este sim, não chega a uma verdadeira opção de consciência, por ser vítima de um mundo de massa.

Que é a → fé senão uma tomada de posição sobre aquilo que dá um fundamento à vida humana e motiva suas razões de viver? Ter uma fé é entregar-se a um → "sentido" que nos antecede, que dá o significado e a direção do projeto humano. É apoiar-se neste "sentido" para ser precisamente responsável pela condução de sua vida pessoal. É optar por uma chave de compreensão, por uma estrutura de significado que exige um modo de vida e de práticas. Pois bem, várias opções têm a pretensão de resolver o problema humano: a cristã, a de outras religiões, a do humanismo sem Deus. Neste nível de exigências, a incredulidade pode ser na realidade uma fé diferente e o não crente pode ser um tipo diferente de crente.

O cristão percebe que o Sentido, o Outro que buscava, não é uma coisa, mas é Alguém. Descobre que a estrutura de significado do mundo e da vida é constituída, sim, por valores humanos e ideais universais, mas que em última análise o sentido consistente sobre o qual está fundada é um ser pessoal. Em Jesus Cristo reconhece que o Sentido procurado é um Deus-Amor, que tem um rosto pessoal seu e uma palavra pessoal sua e que se oferece como aliado dos seres humanos. Em Jesus Cristo o cristão encontra gestos para si mesmo, um interlocutor, apelos a realizar-se e a levar a humanidade à sua plenitude. No não crente, a estrutura de significado polariza-se em torno de um valor humano levado ao absoluto, que se torna o objetivo último de sua existência e que aos olhos do cristão parece ser um substituto de Deus: o Homem, a História, a Ciência... Muitos sairiam ganhando, se passassem de convicções dispersas ou superficiais para uma fé assim recentrada e depois unificada. A começar pelos cristãos.

Para vencer a indiferença estabelecida como fenômeno de civilização, difundida e não ponderada, é preciso ir às raízes. É preciso atuar sobre as condições de acesso ao espiritual, preparar o terreno. É preciso reintroduzir o interesse pelos problemas humanitários e pelo futuro do mundo, em seguida o interesse pela problemática fundamental, despertando a pessoa para o → mistério de sua origem e de seu fim, para o risco da pergunta final. É preciso favorecer a reentrada no núcleo de si mesmo para ouvir suas próprias vozes interiores, confrontar-se com seu próprio mistério pessoal, com o sem-sentido, reencontrar a capacidade de escutar, a disponibilidade para deixar que um outro nos fale.

Todo o processo começa naquele nível de radicalidade em que o indivíduo tenta desgrudar-se de sua própria vida, de seus conflitos e de suas tensões e procura o que nos faz viver, o que permite construir, agir e ter esperança. Todo processo começa naquele nível em que a pessoa deve escolher um tipo de vida, um projeto de humanidade e de felicidade. Experimenta valores, refere-se a ideais, mas descobre quanto isto permanece precário e quase impossível, se não existir um sentido determinante, um apoio consistente que dê razões para viver em seus frágeis sucessos, em sua efêmera felicidade, em suas incapacidades de comunicar e de amar, em seus insucessos, no interior do jogo dos interesses, da → solidão, do → sofrimento e diante da → morte. Com bastante naturalidade coloca-se o problema de Deus criador, fonte, reforço e garantia daquilo que Ele é e faz.

Mas este Deus, se existir, onde é que podemos reconhecê-lo? Onde encontrá-lo? Quem é Ele? Se o indivíduo tiver acesso ao Jesus do Evangelho, poderá vê-lo tal como Ele viveu, falou, agiu, amou, em sua experiência humana. Poderá decifrá-lo como manifestação inédita da profundidade de Deus. Poderá reconhecer em Jesus Cristo a figura daquele Deus que Ele pressentia confusamente e que finalmente atinge como um Amor e uma Palavra para Ele. É então que acontece o disparo, é então que a pessoa percebe a íntima ligação existente entre os gestos e os ensinamentos de Jesus e sua experiência pessoal da existência. Tem então a confirmação e a superação de suas expectativas: recebe uma boa notícia de vida. Ser cristão significa optar, decidir-se por um tipo de vida. Deverá converter-se e tornar-se um indivíduo que tem algo do Espírito de Jesus, um indivíduo para-os-outros, fiel às causas promovidas por Jesus. Pouco a pouco, aprenderá a conhecer melhor os conteúdos de sua fé e a dar forma verbal a seus novos conhecimentos, em palavras críveis para ele e em representações críveis hoje. Será guiado a exprimir sua relação com Deus na oração e depois na liturgia. Descobrirá, no interior da própria intencionalidade cristã, a importância de unir-se à comunidade – prevista por Jesus – de seus irmãos e irmãs na fé, isto é, à Igreja. Empenhar-se-á em agir coerentemente em todos os níveis de sua atividade humana. Eis aí outras tantas dimensões constitutivas da atitude de fé. É um chamado a integrá-las e a superar o fracionamento da conduta cristã.

Como se vê, a vida cristã pertence à ordem da experiência. Ela implica uma caminhada, um tirocínio, um itinerário de crescimento. Muitos pensam que nunca conseguirão chegar, pois não conseguem integrar tudo espontaneamente. Se existe caminhada, há lugar para um amadurecimento, para dificuldades de percurso, para a dúvida. Os conteúdos de fé não são evidências, nem mesmo a afirmação de Deus. Ao contrário de antigamente, a cultura já não oferece pressupostos religiosos: a civilização ocidental de hoje é a primeira civilização não religiosa da história. Esta caminhada requer, portanto, um trabalho de interpretação, de purificação, de verificação. A dúvida representa uma vontade de exame, um tempo para resolver objeções, uma maneira de não colocar obstáculos, uma exigência crítica para superar a credulidade ingênua e atingir convicções plausíveis. O que importa é não fechar este dossiê.

Há uma forma de indiferença, no primeiro tipo que acima definimos, que é uma recusa de obediência à instituição eclesial. Esta indiferença consiste particularmente em colocar-se fora do alcance do poder eclesiástico; muitas vezes é aqui que começa todo um processo de desinteresse. Sabe-se, por exemplo, que papel teve neste caso, sob este aspecto, a encíclica sobre o uso de anticoncepcionais. O povo terá interesse em saber que a Igreja é antes de tudo a comunidade em que os cristãos experimentam a vida cristã em comunhão uns com os outros. Esta comunidade é estruturada, comporta uma organização e um poder de liderança que é essencialmente um serviço. Vítimas de uma concepção maximalista da infalibilidade papal, os cristãos desconhecem que ela só é exercida muito raramente, que eles têm a liberdade de operar sua parcela de discernimento e que devem ocupar amplo espaço nos debates que lhes dizem respeito, no terreno da realidade da fé, da moral e das práticas, da interpretação de seus conteúdos e da reabertura de uma ou de outra posição convencional. Isto pressupõe a constituição de pequenos grupos, nos quais os integrantes estudam superando os preconceitos, reapropriam-se da linguagem da fé, retornam a suas próprias origens, repensam o discurso cristão com suas exigências de coerência e de pertinência na relação com a cultura da época. Assim, os cristãos estão chamados ao exercício do → *sensus fidei*, que necessita de um trabalho de interpretação iluminada, em clima de comunhão eclesial. A Igreja é um vasto projeto lançado no mundo por Jesus, que exige o comprometimento total de todos os seus membros. Seria trágico se a marginalização gerasse a desmobilização e em seguida a indiferença.

Finalmente, longe de ficar agastado com a sociedade secular, o cristão deve fazer dela seu terreno de vida e de ação. É este terreno que é chamado à transparência e ao equilíbrio do que deveria ser, em conformidade com o projeto de seu criador. É aqui que o cristão será testemunha do valor pessoal do homem, para além do achatamento da sociedade instrumental. É aqui que ele há de contribuir para a renovação de seu mundo, em colaboração com o que de mais nobre a civilização técnica esconde, isto é, a lógica de transformação a serviço da humanização. Diante da violência, da corrida ao lucro, das ameaças da técnica nuclear e das manipulações genéticas, diante da "insustentável leveza do ser", Deus, sem determinismo e sem atentar à liberdade, mostra-se como o convite à finalidade do gênio humano, aquele que inspira o amor, o fiador que garante a justiça, o convite à superação, a esperança de uma salvação. A salvação não é uma coisa supérflua. Não é somente um além final, é coisa de todos os dias. A salvação é transfiguração e libertação: implica a escolha entre o crescer rumo a uma consumação ou o degenerar rumo à perda. A salvação constrói-se e se exerce sobre o fio da existência, no coração do drama humano, até que o trabalho de uma vida atinja o definitivo no dia da passagem da morte. O projeto do "Reino de Deus" é que a humanidade atinja sua plenitude.

Bibl. – P.A. Liégé, "Indifférence, indifférentisme", em *Catholicisme hier, aujourd'hui, demain*, vol. V, Paris 1962, 1504-1509; G. Girardi, "Reflexões sobre a indiferença religiosa", em *Conc* 3 (1967) 54-61; *A indiferença religiosa*, número monográfico de *Conc* 19 (1983/5); "Indifférence, incroyance et foi: quelle parole?", em *LumVitae* 38 (1983); Secretariado para os não crentes, *L'indifférence religieuse*, Paris 1983; Id., *La foi et l'athéisme dans le monde*, Paris 1988; "Athéisme, non-croyance et indifférence religieuse dans le monde. Diagnostic et orientations pastorales", em *Athéisme et Dialogue*, vol. XX, n. 2-3,1985; P. Collin, "L'indifférence religieuse: discours anciens, questions nouvelles", em *Ét* 362 (1985) 393-404; M. Neusch, "Indifférence religieuse", em *Dictionnaire des religions*, Paris 1985, 774-777; M. Clevenot (ed.), *L'état des religions dans le monde*, Paris-Montreal 1987; G. Pietri, "L'indifférence religieuse: un aboutissement. Ses causes et ses limites", em *Ét* 371 (1989) 371-383.

ANDRÉ CHARRON

INSPIRAÇÃO

1. *Uma retrospectiva histórica (Antigo Testamento; Novo Testamento; Época patrística; Escolástica; O magistério e os teólogos)* – 2. *A novidade do Vaticano II (Identidade do autor; Pré-compreensão de "verdade"; Inspiração e revelação)* (R. Fisichella).

Profundamente unido ao conteúdo da revelação – a ponto de constituir-lhe um elemento essencial – está o tema da inspiração da Escritura. A livre opção de Deus de se comunicar com a humanidade encontrou na pessoa de Jesus de Nazaré a expressão plena e culminante; todavia, seu modo de exprimir-se, mediante a ação dos autores sagrados, viu também no escrito um momento qualificador e essencial de sua autocomunicação.

A Escritura é expressão privilegiada de um narrar de Deus através das formas da comunicação humana.

Já num primeiro e sumário contato, pode-se notar que mediante esta expressão entra em ação a dinâmica reveladora. O que é assumido como instrumento de comunicação é em si mesmo bom, capaz de exprimir Deus, ainda que numa forma kenótica; pois a linguagem humana é constantemente inadequada para exprimir em plenitude a realidade divina.

O tema da inspiração da Escritura pertence de modo peculiar à esfera de pesquisa interdisciplinar; a Teologia Fundamental qualifica seu impacto em relação à revelação. Estudar-se-á então de que modo a verdade contida no texto sagrado é tal, enquanto ato de revelação da parte de Deus. Dever-se-á, além disto, mostrar de que maneira aquela única verdade, posta uma vez por todas na história através dos limites do saber e do exprimir-se humano, pode também hoje ser verdadeira para o destinatário da revelação e fonte de conhecimento de si mesmo e do mistério de Deus.

O estudo que a Teologia Fundamental faz da inspiração é a avaliação conclusiva do ato revelador: a pretensão da revelação de ser acolhida e entendida historicamente no decurso dos séculos, através de uma verdade dada à história e mediante os instrumentos humanos de um momento histórico específico. Existe então o estudo do fato da inspiração da Escritura, que não deve fazer perder de vista as implicações que traz consigo: a possibilidade de um exprimir-se histórico da verdade e seu poder de atingir os homens de cada época (→ Verdade).

1. UMA RETROSPECTIVA HISTÓRICA – A história do tema conheceu momentos de interesse diferenciado.

a. O *Antigo Testamento* não conhece uma terminologia específica a propósito. Prefere recorrer a formas sinônimas e mais fluidas; mas descreve de modo explícito a realidade da inspiração. Ela é entendida como ação do espírito de Jhwh, que toma posse do homem, provocando-o a executar gestos ou expressões, de modo a comunicar sua vontade.

Gestos simples, como a unção com o óleo (1Sm 16,13), exprimem uma realidade mais profunda: a posse, da parte de Jhwh, de seu "eleito" para que, assim "consagrado", possa tornar-se sinal de revelação. Os profetas, por força de sua missão, exprimem mais diretamente a realidade da inspiração. De Oseias diz-se explicitamente que é "inspirado" (Os 9,7); a mesma consciência pode-se encontrar em Miqueias (Mq 3,8); assim também Neemias proclama que os profetas são a boca do Espírito (Ne 9,30).

Os profetas maiores deixaram nos relatos de sua vocação os sinais evidentes de sua consciência de agir, proclamar e escrever em nome de Jhwh (cf. Is 6; Jr 1; Ez 2). As palavras do profeta parecem não se dintinguir mais das do próprio Jhwh; expressões como “oráculo de Jhwh”, “palavra do Senhor”, “assim diz o Senhor” testemunham para todo o período veterotestamentário que, através da assunção de simbologias e linguagens humanas dos profetas, Deus mesmo se comunica com seu povo.

b. O *Novo Testamento* fornece o único caso em que o termo inspiração (θεόπνευστος = *theópneustos*) é assumido como expressão técnica para explicar o ato particular com o qual Deus inspira a Escritura; é o texto de 2Tm 3,16: “Com efeito, toda a Escritura é inspirada (θεόπνευστος = *theópneustos*) por Deus e útil para ensinar, convencer, corrigir e formar para a justiça, a fim de que o homem de Deus seja completo e bem preparado para toda boa obra”.

Contudo, é à centralidade que provém da pessoa de Jesus de Nazaré que se deve fazer referência, para compreender em cheio o valor do ensinamento neotestamentário a propósito.

Com efeito, para a Igreja primitiva existe a certeza de que a Escritura inteira está direcionada para Cristo e só nele encontra significado pleno. Os profetas falaram dele e anteciparam os motivos de sua existência (Lc 24,27). Já que compartilharam este evento de revelação, os apóstolos são, também eles, movidos pelo Espírito do Senhor ressuscitado, para anunciar ao mundo a realização da promessa antiga.

A experiência deles é uma experiência de gratuidade que os põe em linha direta com a experiência profética antiga. É nessa perspectiva que se devem ler dois textos programáticos de Pedro. O primeiro anuncia a centralidade de Cristo (1Pd 1,10-12); o segundo, a ação direta do Espírito sobre os autores sagrados (2Pd 1,20-21).

No interior da comunidade primitiva, além disto, a presença do ministério profético (→ Profecia) torna visível de dois modos a ação da inspiração. Durante a ação litúrgica, alguns homens e mulheres, sob a ação do Espírito, fazem orações pela comunidade, com referência direta à palavra do mestre (At 15,22-32; 1Cor 12,7-8). Além disto, alguns profetas estão, com os apóstolos, mais diretamente envolvidos no crescimento da comunidade. Seu papel peculiar é a transmissão da palavra de Jesus, iluminando e relendo os acontecimentos e as exigências da comunidade (Ef 4,11; 2,20; 3,5; 1Cor 12,28).

Sua autoridade é aceita pela comunidade porque esta os reconhece como homens movidos pelo Espírito e inspirados diretamente no momento em que estabelecem relação entre anúncio da palavra do Senhor e vida da comunidade (2Pd 3,2).

Os evangelhos e as epístolas dos apóstolos constituirão, além disto, desde o início, o testemunho privilegiado da ação do Espírito, que realiza a permanência da palavra do Senhor em meio à comunidade (Ef 4,11; 2Pd 3,15-16).

c. Para a *época patrística*, marcada por uma profunda fé que aceita naturalmente a Escritura como Palavra de Deus, a inspiração não constitui um problema especial. Um texto de Beda o Venerável, que comenta o prólogo de Lucas, faz perceber bem como os Padres refletiam a propósito: “Quanto ao fato de que ao evangelista pareceu bom escrever, isto não se deve compreender como se tivesse parecido bom só para ele; porque também o que lhe pareceu bom a ele estava sob a inspiração do Espírito” (PL 92, 307).

As intervenções dos apologetas Justino, Orígenes e Cirilo de Alexandria tendem a apresentar a verdade da Escritura contra os ataques dos pagãos. Agostinho e Jerônimo serão os primeiros a introduzir as necessárias distinções e, mais positivamente, darão as motivações para encontrar a verdade salvífica dos textos sagrados.

d. Mas será com a *Escolástica*, e mais diretamente com Tomás de Aquino, que o tema da inspiração começará a ter uma primeira sistematização teológica. Estudando o tema da profecia (cf. STh II-II, 171-174), Tomás a interpreta como aquele carisma que permite ver em profunda unidade revelação e inspiração.

A primeira, sendo conhecimento de verdades divinas, exige a elevação sobrenatural do espírito, por isto, uma inspiração. Portanto, a inspiração profética deve considerar-se como um aspecto complementar da revelação; através dela, o profeta é elevado, por obra do Espírito, em um nível superior de conhecimento e assim pode comunicar-se e transmitir a revelação divina.

e. A história da Igreja, depois deste período, vê engajados o *magistério* e os *teólogos*, em níveis diversos. Depois do Concílio Tridentino, que, modificando a formulação do Concílio de Florença “Spiritu Sancto inspirante” (DS 1334), havia usado a expressão “Spiritu sancto dictante” (DS 1501), as interpretações dos teólogos caminham em bases extremas. Para alguns, entre os quais o expoente de maior relevo é Báñez, a ação do Espírito Santo em relação ao hagiógrafo vai até as “singula verba”; ao invés disto, para outros, que aderiram à tese de Léssio, era preciso distinguir entre revelação e inspiração, motivo pelo qual um livro podia ter sido escrito sem a assistência do Espírito Santo, mas, se posteriormente o Espírito tivesse atestado que nele não se continha nada de falso, então se tornava livro sagrado e, portanto, inspirado.

Em 1870 aparece o livro de J.B. Franzelin, *Tractatus de divina Traditione et Scriptura*, que teve forte influência nas declarações do → Vaticano I. A tese de Franzelin é de que Deus é autor dos livros sagrados por força de uma ação sobrenatural sobre os escritores. O autor é aquele que pessoalmente concebe e produz o escrito com sua mente; Deus, por sua vez, exerce sua ação, atuando sobre a inteligência e a vontade do autor, fazendo com que este conceba, em sua mente, e deliberadamente escreva, somente aquelas coisas que quer comunicar.

Portanto, a inspiração não é entendida como o conhecimento de verdades (que o autor poderia possuir por conhecimento próprio), mas como sua consignação por escrito. Deus é, pois, entendido como *causa principal* e verdadeiro autor do texto, e o hagiógrafo como *causa instrumental*, que age sob a ação de Deus para aquilo que é parte formal do texto, embora permaneça livre de utilizar as formas expressivas próprias de sua época.

O *Vaticano I* constitui um momento de síntese no que tange ao tema da inspiração. Rejeitando algumas teses minimalistas, que pretendiam reduzir a inspiração a uma ação de reconhecimento subsequente, da parte da Igreja, ou a uma assistência que preservava de escrever erros, afirmava-se um princípio fundamental: os "textos sagrados... têm a Deus por autor e, como tais, foram confiados à Igreja" (DS 3006).

Posteriormente, a *Providentissimus Deus*, de Leão XIII (DS 3291-3293), e a *Divino Afflante Spiritu*, de Pio XII (DS 3826-3830), assinalam as intervenções ulteriores do magistério tendentes a focalizar a problemática. Uma exegese mais atenta e uma metodologia renovada favoreciam uma compreensão maior, tanto dos gêneros literários quanto da personalidade do hagiógrafo.

No entanto, é o *Vaticano II* que dá um impulso à identificação de novas soluções. O capítulo terceiro de *Dei Verbum* só aparentemente parece mencionar a tradicional doutrina da inspiração; na realidade, nos três únicos números que constituem este capítulo, é possível ver realizado um autêntico progresso no ensinamento sobre a inspiração.

O concílio, com efeito, recebe uma série de provocações às quais se havia chegado através dos estudos do decênio anterior. Em duas frentes diversas, tanto biblistas como dogmáticos haviam limpado o campo dos vários reducionismos em que estava inserida a problemática e haviam identificado novas e promissoras pistas de solução. Na vertente bíblica, McKenzie, McCarthy, Coppens, Lohfink e Alonso-Schökel tinham encaminhado reflexões mais diretamente conexas com o tema do hagiógrafo e da verdade; na perspectiva mais teológica, Rahner, Grelot e Benoit haviam proposto teorias úteis para uma releitura da mediação eclesial, da função do hagiógrafo e do valor linguístico das mediações escritas.

2. A NOVIDADE DO VATICANO II – Três aspectos podem sintetizar a novidade do ensinamento do Vaticano II.

a. A identidade do autor – Tira-se o autor sagrado do horizonte de um simples executor passivo ou de um instrumento nas mãos de Deus, como o havia identificado a teologia anterior. Em vez do "spiritu Sancto dictante" do Tridentino, usa-se uma linguagem mais positiva e bíblica, segundo a qual o hagiógrafo é "escolhido", "eleito" por Deus, e escreve como um "verdadeiro autor" o seu texto.

Em seguida, dá-se uma definição do hagiógrafo plenamente positiva: é quem estuda, reflete, pesquisa e comunica, com seu escrito, aquela experiência salvífica que viveu como protagonista. Cada autor sagrado é considerado em sua plena liberdade diante da ação gratuita de Deus; é quem tem a responsabilidade de uma missão, em vista da construção da Igreja. Esta missão realiza-se através da peculiaridade de seu escrito; é ele quem leva o peso de seu próprio trabalho e a carga de sua própria originalidade, em que exprime sua personalidade.

Deus, em todo caso, é certamente o autor (*Urheber*), pois é Ele quem cria a história da salvação em seus diferentes atos reveladores. Ele, portanto, está na origem do texto sagrado, seja como livro individual seja em sua globalidade; com efeito, é Ele e sua ação que o hagiógrafo tenta exprimir, mas isto na lógica da própria revelação.

b. Pré-compreensão de "verdade" – Uma segunda novidade é oferecida pela compreensão de "verdade". Enquanto os textos pré-conciliares centravam-se na inerrância, portanto na ausência de qualquer erro na Escritura, como consequência de a revelação ser dada por inspiração, o concílio inaugura um uso mais bíblico de verdade, entendida antes de tudo como um comunicar *fiel* e *misericordioso* de Deus, que visa a salvação da humanidade.

A verdade da Escritura é, pois, a verdade plena e global do plano salvífico de Deus em relação ao homem e para o homem. A expressão de DV 11: "Os livros da Escritura ensinam com certeza, fielmente e sem erro a verdade que Deus *nostrae salutis causā* [em função da nossa salvação] quis fosse consignada nos Livros Sagrados", sem dúvida marca um progresso teológico.

c. Inspiração e revelação – Uma terceira novidade a observar é a recuperação da união da inspiração com o tema da revelação.

Não se pode negar que entre os dois concílios Vaticano I e Vaticano II o tema se havia progressivamente colocado como uma realidade autônoma. O Vaticano II recoloca a inspiração em seu leito natural, portanto, no interior da realidade mais onicompreensiva, que é constituída pelo evento da revelação.

Portanto, também para a inspiração serão seguidas aquelas linhas diretrizes que marcam o novo percurso da teologia no estudo da revelação. Antes de tudo, a *centralidade de Cristo*. Jesus de Nazaré, na qualidade de Palavra de Deus, é também a verdade do homem; Ele é o verdadeiro livro inspirado para comunicar e dar a salvação.

Além disto, *a gratuidade do carisma*. O hagiógrafo vive a experiência de ser escolhido e eleito pelo Espírito; ele é plenamente autor, mas, ao mesmo tempo, está consciente de estar numa relação íntima com Deus, a quem se entrega e de quem com liberdade acolhe a missão de comunicar por escrito sua vontade.

Finalmente, a *historicidade deste evento*. A inspiração não destrói as características do autor; pelo contrário, eleva-as. Todavia, realiza-se também um procedimento contrário, o de um Deus que se abaixa para poder comunicar. É no interior da história que se realiza o evento da inspiração; por isto, a verdade que é dada totalmente no texto sagrado só é atingida escatologicamente. Existe um amadurecer progressivo da Igreja que relê aquele texto, redescobrindo um sentido sempre mais profundo, criando assim tradição viva segundo a analogia da fé (DV 12).

A inspiração apresenta-se, portanto, como uma característica daquela forma escrita assumida pela Palavra de Deus. É somente na medida em que permanece plenamente ligada ao evento da revelação, que adquire seu sentido mais pregnante e significativo. A plasticidade da expressão de Hugo de São Vítor bem pode fornecer o significado profundo do valor e da realidade da inspiração: "Omnis Scriptura unus liber est et ille unus liber Christus est" ["Toda a Escritura é um único livro e este único livro é Cristo"].

Bibl. – A. Bea, "Inspiration", em LThK V, 703-705; G. Courtade, "Inspiration", em DBSuppl IV, 544; P. Grelot, *La vérité de l'Écriture. La Bible Parole de Dieu*, Paris 1965; K. Rahner, *Sull'ispirazione della Sacra Scrittura*, Brescia 1967; J. Beumer, *Die katholische Inspirationslehre zwischen Vatikan I und Vatikan II*, Stuttgart 1967; L. Alonso-Schökel, *La parola ispirata*, Brescia 1967; I. de la Potterie (ed.), *La "verità" della Bibbia nel dibattito attuale*, Brescia 1968; P. Benoit, *Esegesi e Teologia*, vol. II, Roma 1971; V. Mannucci, *Bibbia come Parola di Dio*, Brescia 1981; R. Fisichella, *La Rivelazione: evento e credibilità*, Bolonha 1985; M.A. Tabet-T. McGovern, "El principio hermenêutico de la inspiración dei hagiógrafo en la constitución dogmática DV", em J.M. Casciaro (ed.), *Biblia y Hermenêutica*, Pamplona 1986, 697-713.

RINO FISICHELLA

IRINEU

O tema da revelação em Irineu apresenta-se ligado a Mt 11,27 (Lc 10,22), em luta contra valentinianos e marcionitas. As páginas de maior interesse figuram em *Adversus Haereses* IV, 6. Atendo-nos a elas, indicaremos: 1. A impostação e a exegese dos valentinianos; 2. As impostações e a exegese de Irineu.

1. IMPOSTAÇÃO E EXEGESE DOS VALENTINIANOS – Irineu cita o *lógion* e seu sentido óbvio, para então apresentar a exegese dos adversários:

"Hi autem qui peritiores apostolis volunt esse (= valentinianos) sic describunt: "Nemo *cognovit* Patrem nisi Filius, nec Filium nisi Pater, et cui voluerit Filius *revelare*'. Et interpretantur quasi a nullo cognitus sit verus Deus ante Domini nostri adventum, et eum Deum qui a prophetis sit annuntiatus dicunt non esse Patrem Christi" (*Adv. Haer.* IV, 6,1,9s; I, 20,3,39s).

O santo não trava batalha sobre as variantes, mas sobre o sentido que seus adversários dão ao *lógion*. Enquanto Irineu (seguindo Justino) vê no oráculo evangélico a expressão de uma economia universal, sem limites de espaço e de tempo, os seguidores da seita faziam valer o aspecto cronológico dos dois verbos: ἔγνω (*égnō*) e ἀποκαλύπσαι (*apokalýpsai*). De acordo com tal interpretação, portanto, ninguém, até a pregação de Jesus, teria anunciado o Pai.

O texto literal evangélico, *sozinho*, não parece depor em favor da posição herética. Marcião – que, com plena lógica, procurava apoio em Lc 10,22 – podia ler os verbos no presente, da mesma forma que Irineu e Tertuliano, ou lê-los com seu típico desinteresse pelas formas verbais; de qualquer forma, concordava em grande parte com as gnoses heterodoxas.

Havia preconceitos, quer se lesse o verbo no presente, quer no aoristo. Entre os valentinianos estava em jogo o significado técnico dos dois verbos. Para quem não era gnóstico, *conhecer* (γιγνώσκειν, ἐπί = *gignôskein, epí*) tinha uma significação óbvia. Entre os valentinianos, adeptos da gnose, o termo adquiria um sentido bem característico. O mesmo diga-se de *revelar* (ἀποκαλύπτειν = *apokalýptein*), graças ao significado técnico em correlação com *conhecer.*

O *lógion* (Mt 11,27) atribui ao Pai a *gnose* do Filho, sem dizer palavra sobre uma *revelação* sua. Ao invés, atribui ao Filho a *gnose* do Pai e sua *revelação* (aos homens). A *gnose* recíproca entre Pai e Filho não tem nenhum motivo para ser equívoca. Indica, com toda probabilidade, o conhecimento intuitivo, perfeito. Resta saber se a *revelação* atribuída ao Filho atinge, em correlação com a *gnose*, a sublimidade do conhecimento que quer comunicar e se, em consequência, à *revelação* do Verbo responde, nos homens, uma *gnose* perfeita. Ora, entre os valentinianos são somente os "pneumáticos" que possuem a *gnose* perfeita de Deus. Portanto, só os espirituais, aptos por natureza (φύσει = *phýsei*) à *gnose* – não os "psíquicos" e, menos ainda, os "hílicos" – serão capazes da revelação em sentido estrito e pleno do salvador.

Nesta base, o *lógion* resulta equívoco. Ambos os verbos (*conhecer* e *revelar*), em seu sentido mais rigoroso, aplicam-se unicamente à mensagem do salvador para os "pneumáticos". Entre estes, o conhecimento divino, correlativo à revelação de Jesus, atinge o mesmo nível que a gnose do Pai por parte do Filho, ou do Filho por parte do Pai. A familiaridade (οἰκειότης = *oikeiótēs*) que une Jesus a Deus é a mesma que une os espirituais a Jesus.

Irineu registra os verbos evangélicos, mas não denuncia o tecnicismo valentiniano. Quase não faz mistério de que pensa habitualmente na mediação do Verbo encarnado e não no simples Logos. A soteriologia angélica não entra em seu horizonte. Interessa-lhe a salvação do homem mediante o Filho feito homem.

É estranho que nunca aplique aos verbos (*cognoscere, revelare*) o sentido forte dos valentinianos. Como antípoda dos hereges, permite até duvidar se, em seu entender, é possível ao homem uma gnose *perfeita.* Os valentinianos acreditavam possuir, já neste mundo, a partir da iluminação, uma ciência perfeita dos mistérios de Deus, adequada pelo menos à *gnose* do Filho. Não contente de negá-la nesta terra como arbitrária, Irineu dá a impressão de descobrir na ciência futura dos santos um conhecimento indefinidamente perfectível. Também na outra vida Deus terá sempre mistérios a comunicar, e o homem sempre mistérios a acolher. Compatível então com a fé e a esperança, a gnose nunca será perfeita em absoluto, nem poderá jamais comensurar-se à de Deus.

Herdeira da tradição apostólica, a Igreja é incapaz de resolver todas as questões que as Escrituras colocam. Também no mundo futuro, na presença de Deus, haverá coisas a aprender. Deus é sempre mestre, e o homem sempre discípulo.

"Das coisas submetidas a exame nas Escrituras – (já que) todas as Escrituras são espirituais – algumas delas resolvemo-las por graça de Deus, outras as entregamos a Deus: e não somente neste mundo, mas também no futuro, de modo que é sempre Deus que ensina e sempre o homem que aprende as coisas que vêm de Deus" (*Adv. Haer.* II, 28,3,59s).

Isto é confirmado pelo próprio apóstolo (1Cor 13,9-13): "Assim disse também o apóstolo. Destruída toda outra coisa, permanecem então estas: a fé, a esperança, a caridade. A fé em nosso mestre permanece inabalável sempre. Ele nos assegura que é o único verdadeiro Deus e nos diz que o ama sempre porque é o único Pai e que espera receber depois alguma outra coisa e aprender de Deus, pois é bom e possui riquezas sem fim, reino sem fim e doutrina a aprender sem medida" (*Adv. Haer.* II, 28,3,65s).

Destruída, na outra vida, toda coisa imperfeita, permanecem as perfeitas: fé, esperança e caridade (cf. 1Cor 13,13). A fé, porque se consolidará nossa fé no mestre, único verdadeiro Deus. O amor: tê-lo-emos sempre como único Pai. A esperança: teremos sempre algo a receber e a aprender de Deus. Bom como Ele é, possui riquezas inesgotáveis, reino sem fim, ensinamento (ou magistério) sem limite e sem fim.

Para os valentinianos, a *gnose*, possuída já neste mundo, expulsa a fé e a esperança. Para Irineu, nem mesmo a gnose do outro mundo, outorgada ao homem como "salus carnis", pode expulsar a fé. O homem contemplará fixa e inteiramente o criador: a contemplação alimentará sua fé nele, como único verdadeiro Deus e fonte de verdade sem fim. A vista do criador alimentará a esperança do homem, descobrindo-lhe riquezas infinitas, atingíveis só na eternidade.

Gnôsis e *pístis* para Irineu andarão unidas, como *elpís* e *agápē*, em testemunho da infinita distância entre Deus-mestre e homem-discípulo.

Cheios de estúpida vaidade, os valentinianos vangloriam-se de conhecer já agora os mistérios de Deus. O Filho afirmara que cabia ao Pai conhecer o dia e a hora do juízo. Discípulos superiores ao mestre, os "espirituais" sabem a modalidade de processão do Verbo, o tempo e a modalidade de criação da matéria, a razão pela qual alguns anjos transgrediram e outros não (cf. *Adv. Haer.* II, 28,6-7). Tem-se a impressão de que a *gnose* recebida do salvador os torna repentinamente iguais a Cristo-mestre e ao próprio Deus.

Segundo Irineu, a gnose sem a caridade é vã. Só a caridade confere e sela a perfeição (cf. *Adv. Haer. IV*, 12,2,36s). A própria gnose, em seu grau supremo de intuição, está ordenada à caridade. Com efeito, "a caridade tem valor maior do que a gnose" (*Adv. Haer. IV*, 33,8,146s). Em vez de erigir-se em "cimo e coroa da regra" cristã, com autonomia sobre fé-esperança-caridade, como querem os adeptos da seita, a gnose deve humildemente ser acompanhada da *pístis* e ficar submetida à caridade, rainha do cristão, no mundo presente e no futuro.

Para Irineu, o *lógion* exalta o humilde e amoroso conhecimento de fé. Não aquele perfeito, definitivo, de poucos privilegiados. A *gnôsis-pístis* é oferecida a todos e reserva seus tesouros para o momento em que o Filho se revelar diretamente, gnose pessoal do Pai. O *reconhecimento* do Filho e do Pai por livre-obséquio ao testemunho do salvador é *gnose*, como ciência autêntica de Deus, e *pístis*, como ciência condicionada pelo atual regime de salvação.

2. IMPOSTAÇÕES E EXEGESE DE IRINEU – Deus enviou seu Logos unigênito ao mundo para a Salvação humana. Humana por sua destinação aos homens, a revelação do Filho é humana também pelo meio escolhido, a encarnação, supremo "apocalipse" de Deus para o homem (cf. *Adv. Haer.* IV, 6,3,40s). Inenarrável, Deus é irrevelável a todos, exceto a seu próprio Filho. Exigem-se três coisas para que o Logos no-lo revele:

a. que Ele pessoalmente, em qualquer estado, conheça o Pai incognoscível; *b.* que em si mesmo – na pessoa do Filho – torne revelável o incognoscível e o irrevelável; *c.* que, além disto, o torne *humanamente* revelável aos homens.

A primeira exigência não apresenta dificuldade. Quanto à segunda: em virtude da "inenarrável" geração divina do Logos, o infinito se circunscreve na pessoa do Filho, imagem e medida substancial do Pai. Quanto à terceira: fruto da divina geração, o Logos é também humanamente gerável, para salvação dos homens.

Existem, portanto, no Filho, duas revelações (substanciais) do Pai aos homens: as duas gerações, divina e humana.

Assim também existem duas revelações do Filho aos homens: a criação e a manifestação salvífica. A criação sozinha é preliminar à manifestação salutar.

Os seguidores da seita concordavam com Irineu em fazer da filiação natural de Deus o único título radical para *conhecer* o Pai. Sem Deus ninguém pode chegar a Deus. Nem sem o Filho ao Pai, nem sem o Pai ao Filho. Seitas gnósticas: *sem natureza ou descendência divina* ninguém é chamado pelo Filho à posse do Pai. Igreja: *sem vocação* (e livre-resposta de fé) *divina* ninguém chega por meio do Filho a Deus. Os valentinianos pressupõem a consubstancialidade divina do indivíduo, antes da revelação do Filho. Irineu exige unicamente que o indivíduo esteja livre para responder meritoriamente à mensagem do Lógos.

"Et ad hoc Filium revelavit Pater ut per eum omnibus manifestetur, et eos quidem qui credunt ei juste in incorruptelam et in aeternum refrigerium recipiat – credere autem ei est facere ejus voluntatem – eos autem qui non credunt et propter hoc fugiunt lumen ejus in tenebras quas ipsi sibi elegerunt juste recludet" ["E para isto o Pai revelou o Filho: para que por Ele se manifeste a todos, e aqueles que creem, com justiça os receba na incorruptibilidade e no refrigério eterno – crer nele é fazer-lhe a vontade – mas os que não creem e por isto fogem de sua luz, com justiça os fechará nas trevas que eles mesmos escolheram para si"] (*Adv. Haer.* IV, 6, 5,77s).

Aí está a origem da economia de salvação. O Pai quis fazer-se conhecer aos homens. Não podendo fazê-lo pessoalmente, teve que escolher o Filho como mediador. Mas também não podia revelar o Filho aos homens – com eficácia suficiente para elevá-los à salvação (da carne) – se antes não o fizesse criança com a criança (homem com o homem). Por isto, enviou-o ao seio da

Virgem para que – encarnado e nascido dela – se fizesse conhecer ao mundo, dispondo-o (na carne humana) para a visão.

Sozinha, a revelação do Filho encarnado era insuficiente. À revelação tinha que responder a fé. Era preciso aceitar como autêntico o testemunho de Jesus, reconhecendo nele o Logos unigênito do Pai.

Irineu não se detém em esclarecer os sinais da filiação divina de Jesus, as provas de sua missão da parte do Pai. Há-os bastante para obrigar a crer em sua pessoa e em seu testemunho: oferecem a todos uma escolha para subir, mediante a fé, para a incorruptibilidade e o descanso com o Pai, ou então – destituídos de fé – separar-se definitivamente dele.

Alguém poderia não seguir o Logos, se Deus não o tivesse tornado acessível a todos. Quem regateia sobre os meios indispensáveis para fazer conhecer sua própria vontade, como poderia, a título de justiça, exigir depois seu cumprimento? Deus ofereceu a todos os meios necessários: enviando-lhes seu próprio Filho, sem excluir a ninguém de seu conhecimento; tornando-o visível a todos, com as logofanias ou mediante a encarnação (cf. *Adv. Haer*. IV, 6,5,83s).

Os judeus não lhe prestaram fé e se perderam por culpa sua. Tinham os meios para crer. Viram da mesma forma que todos, ouviram o que os outros ouviram. Todos contemplaram – como os judeus contemporâneos de Jesus – o Logos feito homem e ouviram todos a mensagem de revelação que Ele trazia da parte do Pai? É claro que não. Mas, embora Deus não o tivesse tornado *igualmente* visível a todos, tinha-o tornado atingível a eles em medida suficiente para conduzi-los à fé.

Isto leva-nos a tomar em consideração as formas de revelação do Verbo. Escreve Irineu: "Com efeito, o Verbo *revela* o Deus criador através da própria criação; e o Senhor, Demiurgo do mundo, (o revela) através do mundo; e o artífice que plasmou (o homem), por meio do plasma; e o Pai, que gerou o Filho, (revela-o) por meio do Filho. E estas coisas todos as afirmam semelhantemente entre si, mas não as creem da mesma maneira. Assim também o Verbo anunciava a si mesmo e ao Pai por meio da Lei e dos profetas: todo o povo (o) ouviu semelhantemente, mas não todos da mesma maneira creram (nele)" (*Adv. Haer.* IV, 6,6,88s).

Temos aqui vários modos universais de revelação. Em todos o Logos revela o Pai, mas não do mesmo modo, nem segundo um aspecto idêntico. São revelações múltiplas (e salutares) do único Verbo de Deus.

Uma das revelações é *a criação.* Tendo Deus Pai criado a matéria amorfa, o Logos revela Deus mediante a criação primeira. A esta primeira revelação o homem responde, como convém, exclusivamente através da fé: acolhe de modo salutar a linguagem do Verbo através da criação, para remontar assim ao Pai.

Uma outra revelação é o *mundo*, a matéria fabricada (= criação segunda). Por meio dela o homem chega ao "Fabricante do mundo", isto é, ao Logos Senhor. À diferença da revelação *per conditionem* (através da criação primeira), em que se remonta da substância da matéria (ou matéria informe) a Deus Pai, que é seu autor, nesta *per mundum* (através da criação segunda ou demiurgia) chega-se ao Logos demiurgo.

A terceira forma de revelação é o *plásma* ou corpo do homem. O mistério do "plasma", modelado à imagem e semelhança de Deus, não se descobre ao simples olhar. Requer-se uma especial revelação do Logos para entender a dimensão divina do corpo humano e, partindo deste, remontar ao Pai, que empenha o Filho e o Espírito Santo para sua contínua formação.

A quarta e última forma de revelação é o *Verbo feito carne (per Filium).* Sua novidade não está na filiação natural divina do Logos, mas na filiação (pessoal) do "plasma" humano (em Cristo). O Filho do homem é Filho de Deus. Através da criação do mundo e do corpo humano a fé deve chegar até a pessoa do Filho, que vive no seio do Pai, e descobrir na vida de Jesus o mistério inenarrável do Deus supremo. Ninguém pode descobrir só com os sentidos a revelação de Deus em Jesus. Requer-se a revelação do Logos: aquele mesmo Logos que manifesta o sacramento da criação obra do Pai, do mundo obra do Verbo, do "plasma" obra conjunta do Pai com suas duas mãos divinas (Filho e Espírito Santo), revela agora o mistério da forma servil adotada pelo Filho para manifestar-se aos homens e anunciar o Pai.

As quatro formas de revelação, por serem comuns a todos e igualmente sensíveis, deveriam conduzir sem distinção ao conhecimento salvífico de Deus. Mas, fundadas na fé e, portanto, humanamente atuáveis só mediante livre reconhecimento, não se impõem por si. Alguns aceitam a revelação, outros não.

A forma *per ipsam conditionem* não encontrou acolhimento igual entre os homens, embora sendo estendida a todos. Outro tanto diga-se das formas *per mundum*, *per plasma* e *per Filium.* A história de Jesus demonstra-o: só os crentes acolheram a revelação do Logos encarnado.

"Et haec omnes similiter quidem colloquuntur, non autem similiter credunt" (*Adv. Haer.* IV, 6,6,91s).

Todos – hereges e membros da Igreja – empregam termos idênticos, como se todos igualmente remontassem "mediante a criação" ao autor do universo, "mediante o mundo" a seu demiurgo e "mediante o corpo humano" a seu artífice. Mas não é assim. Através das três vias de revelação, os hereges chegam ao demiurgo animal, sem encontrar o Logos de Deus e sem descobrir-lhe a mediação. Falta-lhes a disposição humilde e amorosa para reconhecer a palavra de verdade. Dizendo exteriormente a mesma coisa, não a creem de maneira idêntica porque, em última análise, não creem.

Bons e maus, crentes e incrédulos eram testemunhas dos milagres e dos ensinamentos de Jesus. Até os demônios testemunhavam nele o Filho de Deus. Sintonizados todos no ver, ouvir e também proclamar por palavras o Filho de Deus e, por meio dele, o Pai, nem todos, porém, creram no Logos e no Pai tornado visível nele. Não reconheceram *como convém* (de maneira salutar) o

Filho e o Pai; não aceitaram com vistas à Salvação a revelação de ambos através do Verbo.

Ninguém chamou Jesus diretamente de "Deus". Muitos o chamavam "Deus" no genitivo. Irineu aduz dois exemplos, pondo-os na boca do diabo ou dos demônios: "Santo *de Deus*, Filho *de Deus*". O qualificativo "Deus", atribuído no genitivo a Jesus, era a melhor prova de que até os demônios confessavam ambos, Deus (Pai) e o Filho:

"Et propter hoc omnes Christum loquebantur praesente eo, et Deum nominabant. Sed et daemones videntes Filium dicebant (Mc 1,24; Lc 4,34): 'Scimus te qui es, Sanctus Dei'. Et temptans diabolus videns eum dicebat (Mt 4,3; Lc 4,3): 'Si tu es Filius Dei', omnibus quidem videntibus et loquentibus Filium et Patrem, non autem omnibus credentibus" ["E, por isto, todos falavam Cristo, estando Ele presente, e diziam o nome de Deus. Mas também os demônios, vendo o Filho, diziam (Mc 1,24; Lc 4,34): 'Sabemos quem és, o Santo de Deus'. E o diabo tentador, ao vê-lo, dizia (Mt 4,3; Lc 4,3): 'Se fores o Filho de Deus', sendo que todos viam e falavam Filho e Pai, mas nem todos criam"] (*Adv. Haer.* IV, 6,6,100s).

Parafraseando: por isto, todos, também os demônios, em decorrência de sua presença na carne, não só o confessavam *oralmente* ("loquebantur") como o Cristo, mas, chamando-o Filho *de Deus*, diziam junto o nome de seu Pai.

O testemunho diabólico adquire relevo singular contra alguns erros. Numa boca nada suspeita, este testemunho diabólico vem a confirmar a verdade anunciada por Cristo. Condena o fanatismo dos que se recusam a professar o que até os demônios afirmavam abertamente, diante da evidência dos fatos (cf. *Adv. Haer.* IV, 6,7,107s).

Irineu mostra claramente contra os judeus a facilidade com que teriam podido chegar, depois da encarnação do Logos, ao conhecimento (salutar) do Pai e do Filho.

Acusação análoga poderia ser dirigida contra os valentinianos. Estes haviam inventado a distinção de pessoas entre o unigênito Filho de Deus e o Cristo carnal. Os fatos diziam coisa diferente. Não havia um que falava (= o Cristo carnal) e um outro (= o Unigênito) que, conhecido pelo Pai, o conhecia por sua vez para revelá-lo aos espirituais. Quem conhecia e revelava era um só e idêntico ser, verdadeiro Deus e verdadeiro homem: o unigênito, feito homem e vindo para revelar o Pai.

Compreendemos agora alguns aspectos particulares. O *lógion* (Mt 11,27; Lc 10,22) alude a uma *revelação salutar.* O Filho revela o Pai àqueles que o escutam *com fé.* A revelação (salutar) do Logos não exige que o meio objetivo do conhecimento esteja vinculado a Deus pelo mesmo gênero de causalidade. A criação, o mundo e o homem provêm de Deus de modo bastante diverso de como o Filho procede do Pai. A revelação do Logos não procura suprir, na realidade física, a ordem causal, como se o meio objetivo não bastasse fisicamente para manifestar a Deus: busca, sim, unicamente suprir, em vista de efeitos sobrenaturais, o que o conhecimento físico não dá. Deixa a verdade objetiva tal como é, mas tornando-a objeto de conhecimento de fé.

Compreende-se igualmente a disposição que Irineu reclama dos próprios gentios. O Verbo não pode *revelar* a notícia (salutar) de Deus, enquanto se chocar com um espírito dominado pela idolatria e pela concupiscência. O testemunho de um Epicuro sobre a existência de Deus não entra no horizonte de Irineu. Por seu regime dissoluto de vida, ele era incapaz de um conhecimento "salutar".

Irineu nunca falou de conhecimento "natural" e "sobrenatural". Tal vocabulário é estranho ao século II. Não assim a realidade. A distinção entre notícia natural (exclusivamente da razão) e sobrenatural (de fé), longe de ser prematura em Irineu *quoad rem*, já tinha uma história atrás de si. Havia a distinção valentiniana das duas ordens ("psíquica" e "pneumática") e a dos teólogos pagãos entre conhecimento exclusivamente da existência (de Deus) e o conhecimento de sua essência, com as duas vias: física (ou cósmica) e divina (= espiritual, *secundum cognationem*). A antítese entre conhecimento não salutar dos pagãos, dos judeus incrédulos, dos espíritos malignos e o conhecimento *de fé* positivamente concedido pelo Verbo, reclama, também ela, nossa moderna distinção natural/sobrenatural.

Irineu manifesta uma certa predileção por algumas fórmulas por ele usadas. Uma delas contrapõe os conhecimentos *secundum magnitudinem* aos conhecimentos *secundum dilectionem* (cf. *Adv. Haer*. IV, 20,1,1s; IV, 20,4,72s). Se a majestade divina é invisível e inatingível, o amor infinito a coloca ao alcance do homem.

"Segundo a grandeza não há maneira de conhecer a Deus, é impossível medir quem seja o Pai. Mas segundo o amor – que conduz a Deus através de seu Logos – quando lhe somos dóceis aprendemos sempre (antes e depois de Cristo) que existe um Deus tão grande e foi Ele quem sozinho estabeleceu e escolheu e ornou e contém todas as coisas" (*Adv. Haer.* IV, 20,1,1s).

Deus não muda. Ele supera o abismo infinito entre o incognoscível que Ele é e a inteligência humana, graças ao amor ou benignidade imensa com que convida a todos, ainda que indignos, ao banquete de casamento (cf. *Adv. Haer.* IV, 36, 5-6).

Benignidade ou amor não explicam sozinhos o conhecimento de Deus da parte do homem. Indicam somente o título inicial da economia da salvação, orientada para *a gnose* de Deus.

O meio ou formas de conhecimento, como toda a dispensação da salvação, partem do amor gratuito de Deus pelo homem, mas sem se confundirem com ele. O homem nunca conhecerá a Deus com amor como meio cognoscitivo; conhecê-lo-á mediante o Verbo, seu Filho, expressão visível do invisível.

A complexidade de aspectos concernentes à *revelação*, que Irineu assinala sem nunca abandonar a exegese de Mt 11,27 (Lc 10,22), responde *a contrario* à doutrina de seus grandes adversários, em particular aos valentinianos.

Segundo estes últimos, uma coisa é a gnoseologia do demiurgo psíquico, outra coisa a do Deus Espírito. O *lógion* evangélico limita-se à revelação (ou ao conhecimento) do Deus Espírito. A mediação do Verbo não diz respeito ao conhecimento do criador. Por um caminho se chega ao deus carnal, pelo outro se chega ao Deus Espírito.

Diante dos valentinianos, Irineu faz valer a identidade *Demiurgo = Deus Espírito*, a unicidade do AT e do NT e a mediação do Verbo para chegar ao acontecimento salvífico do homem.

Sendo um só o Deus de ambos os testamentos, uno o Logos unigênito do criador e Pai, um o "plasma" chamado à salvação em virtude da gnose de Deus, uma a economia que governa a história do homem antes e depois de Cristo, não há motivo para multiplicar as vias da salvação: *gnose para os "espirituais"* e *pístis* para os "psíquicos"; nem para distinguir as formas da revelação segundo a diversidade das gerações humanas: à margem do Logos no AT, através do Logos no NT.

A economia da salvação, comum a ambos os testamentos, parte do amor e da benignidade do criador, de quem provêm as quatro principais formas de revelação do Logos: a criação, o mundo, o "plasma" e o Filho (= Verbo encarnado). A mediação do Logos é necessária para entender tanto as primeiras três formas de revelação quanto a última.

Bibl. – J. Lebreton, "La connaissance de Dieu chez saint-Irénée", em RSR 16 (1926) 385-406; L. Escoula, "Saint Irénée et la connaissance naturelle de Dieu", em RevSR 20 (1940) 252-270; A. Houssiau, "L'exégèse de Mathieu XI, 27b selon saint-Irénée", em ETL 26 (1953) 328-354; Id., *La Christologie de saint Irénée*, Louvain 1955, 72-73; 65*-79*; R. Luckhart, "Matthew 11,27 in the 'Contra Haereses' of Saint Irenaeus", em RUnOtt 23 (1953); J. Ochagavía, *Visibile Patris Filius*, Romae 1964, 62-69; A. Orbe, "San Ireneo y el conocimiento natural de Dios", em *Greg* 47 (1966) 441-471; Id., "La revelación del Hijo por El Padre según san Ireneo", em *Greg* 51 (1970) 5-83; Ph. Bacq, *De l'ancienne à la nouvelle Alliance selon S. Irénée*, Paris 1978, 68-73.

ANTONIO ORBE

ISLAMISMO

No presente artigo, a revelação é exposta segundo a perspectiva islâmica. Começa-se colocando-a na concepção islâmica da história da revelação (1). Num segundo parágrafo, descreve-se o processo da revelação na experiência profética (2). Após uma breve menção da transmissão do texto corânico (3), enumeram-se alguns princípios hermenêuticos que são operativos nos diversos tipos de exegese corânica (4), para concluir com uma referência a algumas linhas do pensamento teológico católico em relação ao Corão (5). As indicações numéricas entre parênteses remetem aos capítulos (*Sūra*, plural *Sūrāt*) e aos versículos do Corão.

1. A HISTÓRIA DA REVELAÇÃO – Segundo a doutrina islâmica, a revelação começou com a história da humanidade. O Corão (*Qur'ān*) afirma: Deus "ensinou a Adão todos os nomes" (30,31). Trata-se aqui de um ensinamento que provém daquele que "conhece o mistério dos céus e da terra" (30,33). Além disto, com base no Corão é desenvolvido o conceito da "religião da origem" (*dīn al-fiṭra*), isto é, aquela religião com que Deus criou os homens [desde as origens] (cf. 30,30). Esta era a religião quando "os homens formavam uma só comunidade (*umma*)" (2,213). Mas estes dividiram-se em seitas e puseram-se uns contra os outros "depois que lhes veio o Conhecimento" (42,14). Então Deus mandou-lhes os profetas para adverti-los e para trazer-lhes a boa notícia (cf. 2,213), e não existe nenhuma comunidade humana (*umma*) à qual não tenha sido enviado um mensageiro por Deus (cf. 10,47; 35,24). Entre estes enviados, o Corão faz menção de alguns, enquanto outros não são mencionados (cf. 4,164). Menção especial recebem Noé, Abraão, Moisés e Jesus, como predecessores de Maomé (*Muḥammad*). Sua mensagem era sempre esta: "Observai a religião e não vos dividais em seitas" (cf. 42,13).

O Corão faz a constatação de que os homens muitas vezes não acolheram as palavras dos enviados, tratando-os como impostores. A Sura 26 quase inteira conta os fatos de tais missões. A missão de Maomé e a revelação corânica são vistas como a conclusão da história da revelação. Maomé é chamado "o Selo dos Profetas" (33,40) e, no código (*muṣḥaf*) de Ubbay, sua comunidade é chamada "a última *umma*" (61,6). Ao crerem, portanto, na mensagem proclamada por Maomé, os muçulmanos professam crer na totalidade das revelações anteriores: "Nós cremos em Deus e no que nos foi revelado, e o que foi revelado a Abraão, a Ismael, a Isaac, a Jacó e às [doze] tribos, e no que foi dado a Moisés e a Jesus, e no que foi dado aos Profetas por seu Senhor; não fazemos distinção entre nenhum deles, e a ele nos temos submetido" (2,136).

Na perspectiva islâmica, a história da revelação conflui na revelação corânica como sua conclusão. Enquanto para as revelações anteriores não se fala de uma evolução da revelação, mas antes se sublinha a identidade das mensagens, os estudiosos islâmicos examinaram com atenção a cronologia das palavras e dos textos contidos no Corão. Todavia, tal preocupação não tem por finalidade evidenciar um progresso na revelação corânica, mas serve antes para demonstrar a coesão intrínseca e a identidade fundamental de tudo o que está contido no texto. Um princípio exegético importante é o de *al-nāsiḫ wa-l-mansūḫ*, fundado no texto: "Nós não ab-rogamos versículo algum, nem to fazemos esquecer, sem dar-te um melhor ou igual: não sabes, pois, que Deus é, em todas as coisas, onipotente?" (2,106; cf. 16,101; 22,52). Evidentemente, para a aplicação de tal princípio, o conhecimento exato da cronologia da revelação corânica é indispensável.

O fundamento último da identidade das mensagens proféticas é sua fonte comum única, que os exegetas reconhecem na expressão corânica "a Mãe do Livro" (13,39; 43,4; cf. 58,78), como "protótipo celeste" das revelações escriturísticas. O Corão apresenta-se como a única "cópia" exata da Escritura celeste e, portanto, como norma para a autenticidade das outras → Escrituras sagradas, cuja transmissão é considerada como imperfeita e defeituosa.

2. A REVELAÇÃO NA EXPERIÊNCIA PROFÉTICA – Na linguagem corânica há dois termos-chave para indicar o processo

da revelação: *tanzīl* (literalmente: "o fazer descer") e *waḥy* ("inspiração"). Na experiência profética, a palavra divina a ser transmitida aos homens é percebida como proveniente de uma fonte externa, superior e, ao mesmo tempo, a percepção de tal palavra é um processo interior, no coração do Profeta. O rico vocabulário corânico, ao descrever a experiência da revelação, destaca que a palavra divina vem como um *chamado* e uma *ordem* da parte de Deus, que tem a absoluta iniciativa do ato de revelação. A função das palavras consiste em *ensinar* ao homem aquilo de que ele não tem conhecimento, em *tornar claro* o que lhe é obscuro, *lembrar* o que esqueceu, *advertir* os homens sobre a iminência do juízo e, sobretudo, *anunciar a boa notícia* da misericórdia divina e *chamar* os homens à fé, ao culto do Deus único e à obediência a sua lei.

A palavra dirigida ao Profeta coloca-o numa relação especial com Deus e atribui-lhe a função de "Enviado" (*rasūl*). A "palavra de missão" é expressa no Corão com formas da raiz *KLM*. Isto é particularmente evidente nas descrições da vocação e missão de Moisés (4,164s; 7,143s). A "palavra" (*kalima*) que provém de Deus é, no processo de revelação, a *ordem da missão* e a *promessa* de assistência divina e de vitória sobre os inimigos. Quando o Corão fala de Jesus como "uma palavra (*kalima*) vinda de Deus" (3,45,49; cf. 4,171), a maneira mais satisfatória de interpretar tal expressão também parece dever-se procurar na linha de Ele ser o órgão e intermediário da revelação.

No Corão a Palavra de Deus faz-se Escritura. Já o versículo que é considerado como o primeiro comunicado a Maomé faz referência à recitação de um texto sagrado: "Recita no nome do teu Senhor que criou!" (96,1). Nas primeiras *Suras*, porém, nunca se faz menção de uma escritura apresentada pelo Profeta do Islã. Afirma-se, antes, a conformidade de sua pregação com o que está contido nas escrituras anteriores (26,196; 87,18s etc.). Gradualmente aparecem expressões que representam Maomé como aquele sobre quem Deus "fez descer" a Escritura (2,231; 4,113 etc.). O Corão é denominado "uma escritura que confirma, em língua árabe [as escrituras anteriores]" (46,12).

3. A TRANSMISSÃO DO TEXTO DO CORÃO – No tocante à intricadíssima questão da *história do texto* corânico atual, os pontos que seguem parecem aceitos pela maioria dos estudiosos islâmicos e não islâmicos: *a.* o próprio Maomé não escreveu sua mensagem; *b.* o Corão foi registrado e conservado antes de tudo nos corações dos fiéis; *c.* ao morrer Maomé (632), existiam coleções de algumas *Suras* ou partes destas; *d.* uma primeira redação do texto foi feita sob o Califa ʻUṯmān, por volta do ano 650; *e.* uma edição vocalizada do texto foi realizada durante o califado de ʻAbd al-Malik (685-705). Não existia, porém, uma uniformidade de "leituras" do Corão. Coleções de 7, 10 ou 14 "leituras", consideradas como canônicas, continuavam a gozar de certa autoridade; *f.* com as primeiras edições impressas fez-se sentir a necessidade de uma maior uniformidade na variedade de leituras diversas ainda existentes; *g.* em 1923 foi publicada no Cairo uma edição do Corão segundo a "leitura" de Ḥafṣ. Este texto (revisado em 1952) impôs-se como texto aceito na quase totalidade do mundo islâmico.

4. PRINCÍPIOS HERMENÊUTICOS DA EXEGESE CORÂNICA – Os diversos tipos de exegese corânica clássica são guiados por uma variedade de princípios hermenêuticos.

A *exegese textual* tem por objetivo estabelecer a única leitura autêntica do texto e funda-se no princípio de que o Corão constitui um texto unitário, cuja coesão interna deve também ser evidente em nível da expressão. Elementos do método deste tipo de exegese são: a explicação lexicográfica, a análise gramatical e a composição de um aparato crítico de variantes de leitura.

A *exegese narrativa* tem por escopo evidenciar a atualidade da mensagem corânica para os crentes. Coloca o texto corânico num quadro narrativo para evidenciar seu sentido. Por vezes, procede também com o método de interpolações, em que se encontram também elementos tirados da Bíblia e do Talmud.

A *exegese legalística* propõe-se a esclarecer o conteúdo e o caráter obrigatório das prescrições morais e legais, contidas no Corão. Para esta exegese é de suma importância o conhecimento da cronologia corânica, em vista de uma correta aplicação do já mencionado princípio de *al-nāsiḫ wa-l-mansūḫ*. Ao estabelecer a ordem cronológica do texto, o método narrativo tem um papel importante, concentrando-se nos *asbāb al-nuzūl*: "as causas da revelação", isto é, circunstâncias ou eventos que ocasionaram uma certa revelação e, por isto, podem servir para explicar o sentido. As "tradições" (*ḥadīṯ*) da vida do Profeta são a fonte principal destas "causas". Em tal contexto desenvolve-se *a ciência dos hadīṯ*, como ciência auxiliar da exegese, com a função de estabelecer o grau de autenticidade dos vários *hadīṯ*.

A *exegese dogmática* propõe-se a estabelecer uma relação demonstrativa entre posições doutrinais da teologia apologética e o texto do Corão. De importância metodológica é aqui a explicação, em sentido metafórico, de certos textos, com a ajuda de princípios da retórica, da poesia e da linguística árabe. Um outro procedimento consiste no raciocínio segundo os princípios da lógica.

A *exegese mística* recorreu à experiência religiosa como princípio hermenêutico para atingir o sentido profundo e "real" que se esconde no texto, revelado sob as aparências da expressão verbal.

No imenso campo da *exegese contemporânea* podem-se distinguir diferentes correntes, com preocupações diversas:

A *exegese tradicionalista* reage contra o espírito secular, materialista ou racionalista da cultura contemporânea, ao demonstrar a validade supratemporal das verdades e das prescrições corânicas;

A *exegese ética* propõe-se a evidenciar a atualidade do Corão para as novas gerações e põe a tônica nos valores morais contidos nele. Em alguns casos, os exegetas desta corrente invertem o princípio de *al-nāsiḫ wa-l-mansūḫ*, vendo nos versículos mais antigos o fundamento religioso da revelação, ao passo que as revelações subsequentes constituiriam apenas aplicações dela, que muitas vezes estão ligadas a circunstâncias históricas acidentais;

A *exegese "científica"* procede segundo o princípio de que a Escritura "explica todas as coisas" (6,154) e aplica métodos de um concordismo que pretende reencontrar no texto corânico a menção de todas as conquistas das ciências modernas;

A *exegese filológica* esforça-se por aplicar ao Corão alguns princípios da filologia e da linguística modernas, para estabelecer o sentido exato das palavras e das expressões do texto sagrado.

5. POSIÇÕES DA TEOLOGIA CATÓLICA – Desde os inícios do islamismo, o pensamento teológico cristão ocupou-se da revelação corânica e da missão de Maomé. Depois de séculos, nos quais períodos de polêmica e preconceitos se alternaram com momentos de serenidade, o Concílio Vaticano II deu um sinal claro no sentido de se promover uma reflexão objetiva e positiva sobre a revelação corânica. Entre os teólogos contemporâneos, podem-se distinguir diversas abordagens: *a.* a tentativa de estabelecer uma ligação entre a mensagem corânica e a fé de Abraão, ao qual o islamismo se refere. Tal referência à fé monoteística de Abraão daria ao islamismo e a seu Livro Sagrado um estatuto especial na "história universal da revelação"; *b.* A tendência a identificar os elementos comuns à revelação corânica e à cristã. O Corão é, então, considerado como uma chamada à revelação bíblica e um reflexo de certas verdades reveladas, nela contidas; *c.* tentativas de precisar o modo como o carisma profético foi operativo na missão de Maomé e na formação e recepção do texto corânico.

Bibl. – A.A. Roest Crollius, *The World in the Experience of Revelation in Qur'ān and Hindu Scriptures*, Roma 1974; J. Wansbrough, *Quranic Studies*, Oxford 1977; R. Caspar, *Traité de théologie musulmane*, vol. I, Roma 1987.

ARIJ A. ROEST CROLLIUS

J

JESUS DA HISTÓRIA E CRISTO DA FÉ

Para entender esta distinção, é necessário antes de tudo situá-la no contexto histórico que a viu nascer. Remonta a M. Kähler e a seu opúsculo *Der sogenannte historische Jesus und der geschichtliche, biblische Christus*, publicado em 1892, onde se esforça por demonstrar que o único Jesus real é o Cristo da pregação e da fé e não o Jesus do passado. Introduz assim uma distinção de sucesso entre o Jesus da história e o Jesus do querigma. A posição desse autor é que o nosso interesse diz respeito ao Cristo da pregação apostólica e não ao Jesus da história, de quem, aliás, sabemos bem pouco, pelo menos com certeza científica. Kähler não nega aos evangelhos um substrato histórico mínimo, mas considera vã e fútil a pesquisa da escola liberal sobre Jesus.

Para maior clareza, recordemos que para Kähler o *historischer Jesus* designa o homem de Nazaré, tal como pode ser proposto por uma biografia de Jesus; ao passo que o *geschichtlicher Christus* já implica a fé no Salvador proclamado pela Igreja.

É evidente que não se trata de negar a existência terrena de Jesus, nem também a pregação do Cristo por parte da Igreja primitiva; mas não se esqueça de que se trata sempre da mesma pessoa, já "identificada" graças a suas declarações e a suas obras como Cristo e Salvador. Fazendo dos dois um nome só, *Jesus Cristo*, a Igreja sublinha que se trata de uma só pessoa. A distância entre o Jesus da história e o Cristo da fé é artificial e representa um falso problema.

A pesquisa atual não pretende voltar às perspectivas da *Leben-Jesu-Forschung*: ela conduz a Jesus de Nazaré, identificado como Cristo e Senhor, à base daquilo que Ele verdadeiramente disse e fez em sua vida terrena. A distinção de Kähler, retomada por Bultmann, assenta sobre uma concepção da fé que elimina o evento que a funda: na prática, é uma volta à gnose.

Bibl. – M. Kähler, *Der sogenannte historische Jesus und der geschichtliche, biblische Christus*, Leipzig 1892; F. Mussner, "Der historische Jesus und der Christus des Glaubens", em BZ 1 (1957) 224-252; R. Marie, "Le Christ de la foi et le Jesus de l'histoire", em *Et* 302 (1959) 65-76; R. Bultmann, "Das Verhältnis des urchristlichen Christuskerygmas zum historischen Jesus", em H. Ristow-K. Matthiae (ed.), *Der historische Jesus und der kerygmatische Christus*, Berlim 1961, 233-235; R. Latourelle, A *Gesù attraverso i Vangeli*, Assis 1979.

RENÉ LATOURELLE

JUDAÍSMO

I. O espírito do judaísmo

Independentemente da localização geográfica, os judeus têm, de modo mais ou menos acentuado, a sensação de viverem na Terra Santa, e alguns deles a experimentam de modo intenso, como o poeta espanhol Judah Halevi, cujos grandes poemas de amor por Sião têm sido para os judeus uma constante fonte de inspiração, desde o primeiro momento em que foram escritos.

1. A ALIANÇA PATRIARCAL OU ANCESTRAL: BERÎT ABÔT – O início desta ligação íntima com a terra remonta a épocas anteriores aos tempos medievais. Os hebreus sempre se viram a si mesmos como parte de uma aliança entre Deus e seu povo, aliança que vem de Abraão, Isaac e Jacó. Desde o começo, esta relação abrangia a terra de Israel como indispensável elemento constitutivo do pacto. Seu Deus, que chama Abraão da terra nativa, é "Elōhei Ha-'aretz", o Deus da terra. O pacto é estipulado quando Abraão chega à terra prometida: "Estabelecerei minha aliança contigo e com tua descendência depois de ti e de geração em geração, como aliança perene, para ser teu Deus e o de tua descendência depois de ti. Darei a ti e à descendência depois de ti o país em que és estrangeiro, o país inteiro de Canaã em possessão perene; serei o vosso Deus" (Gn 17,7-8). A designação e a santificação do povo são inseparáveis da santidade da terra.

A promessa feita a Abraão foi confirmada aos patriarcas subsequentes, Isaac e Jacó. Mais tarde, quando Moisés foi enviado ao Egito para libertar o povo da escravidão, será em nome da aliança estabelecida com os patriarcas que enfrentará todas as labutas. Só existe um único destino possível depois do êxodo: a terra de Israel.

Ao tomar posse da terra, sob a guia de Josué, a este são ditas as palavras: "Sê corajoso e forte, porque deverás fazer entrar este povo na posse da terra que jurei a seus pais dar a eles" (Js 1,6).

Uma vez de posse da terra, o agricultor hebreu tinha que dirigir-se ao santuário, com o dízimo. A seguinte oração fazia parte da oferta do dízimo: "Dirige o olhar da morada de tua santidade, do céu, e abençoa o teu povo Israel e o solo que nos deste, como juraste a nossos pais, o país em que jorra leite e mel" (Dt 26,15).

As citações são excessivas para referi-las todas. O que exprimem é a ligação inseparável entre o povo e a terra, entre o povo santo e a terra santa. Os dois destinos, do povo e da terra, são inseparáveis, mantidos juntos pela promessa divina. Naquele país ou no exílio, isto fica fazendo parte da identidade e da consciência do povo.

2. A ALIANÇA DO SINAI: BERÎT SÎNAÎ – Há uma segunda aliança que é de importância para os objetivos que nos propomos, uma aliança à qual já se faz referência no ciclo dos relatos de Abraão. Mas ela só emerge em sua globalidade no Monte Sinai. O que segue pode ser lido no Gênesis, no prelúdio à destruição de Sodoma: "Devo eu manter escondido a Abraão o que estou

por fazer, enquanto Abraão deverá tornar-se uma nação grande e poderosa e nele se dirão abençoadas todas as nações da terra? Com efeito, eu o escolhi para que ele ensine a seus filhos e a sua família depois dele a observar o caminho do Senhor e a agir com justiça e direito, a fim de que o Senhor realize para Abraão tudo quanto lhe prometeu" (Gn 18,17-19).

Mais tarde, no Monte Sinai, esta ordem de observar o caminho do Senhor se tornará a *Tôrāh*, o conjunto dos 613 mandamentos que devem guiar a vida dos descendentes de Abraão, o povo de Israel recém-libertado. Estudiosos judeus normalmente têm entendido que os dois pactos continuam a ser operantes, sem que o povo tenha superado o primeiro. Destarte o povo de Israel tem uma dupla santidade provinda da aliança: o pacto ancestral, com a promessa da terra, e a aliança do Sinai, com seus mandamentos. Na perspectiva do primeiro pacto, Israel no exterior, longe da terra, está incompleto: não obedece ao dever de estabelecer-se na terra prometida e de nela habitar como povo de Deus e, em consequência disto, fica diminuída sua santidade. Mas a aliança do Sinai não se funda sobre a terra. A *Tôrāh* pode ser levada consigo e sua santidade acompanha o povo, onde quer que vá. Muitos mandamentos não podem ser observados fora da terra, pois se referem à tomada de posse e ao cultivo do terreno como também às celebrações a serem feitas no templo de Jerusalém. Não obstante isto, em toda parte prevalece a santidade da *Tôrāh* do Sinai.

3. OS CONTEÚDOS DAS ALIANÇAS – O rabino J.B. Soloveitchik tratou das duas alianças num célebre discurso aos fiéis sionistas dos Estados Unidos, os Mizrachi, nos anos de 1960. Sublinha que o conteúdo da aliança do Sinai nos é claro. "Exprime-se através de leis e juízos, na tarefa de observar 613 mandamentos". Isto confere ao povo judaico um caráter e um objetivo precisos: seu *Yiud*. Em seguida Soloveitchik pergunta-se: "Mas qual é o conteúdo do pacto patriarcal? Excetuada a circuncisão, Deus não deu nenhum *miṣwāh* aos patriarcas... Parece-me que o conteúdo da aliança patriarcal se encontra no senso da separação do hebreu, em seu isolamento existencial, no fato de ele ter que lutar contra as filosofias seculares e as forças políticas que o não hebreu culto ignora, no fato de que a segurança da sociedade de *per si* não garante sempre a segurança aos hebreus. Em outras palavras, o judaísmo da aliança dos patriarcas exprime-se bem com a nossa identificação a Abraão, o hebreu. 'O mundo inteiro de um lado e ele do outro' (Esta última citação é um comentário midráxico à palavra *hebreu-ibri*. O radical *eber* pode significar 'do outro lado')".

"A aliança dos patriarcas concretiza-se no interior da consciência judaica; com efeito, os outros, ao designá-lo, dizem: 'É um hebreu!' Numa palavra, esta aliança encontra expressão no senso de união com o *Qahal Yisrā'ēl* (o conjunto da coletividade de Israel), na participação de cada um na sorte de todos os hebreus e na consciência do fato de que ser hebreu é coisa única e singular. A quem não tem esta mentalidade e não se sente ligado à singular e também paradoxal sorte dos hebreus, falta-lhe a santidade derivada da aliança dos patriarcas. Alguém poderia observar a *Tôrāh* inteira e todos os mandamentos e encontrar-se tão inteiramente inserido no pacto do Sinai e, ao mesmo tempo, profanar a santidade da aliança dos patriarcas." Em outras palavras, esta é uma aliança de uma sorte, de um destino: *goral*.

Deste modo pode-se afirmar que os judeus fazem remontar à aliança ancestral ou patriarcal aquele forte senso de pertença familiar: somos os filhos dos pais e das mães de Israel. Enquanto membros da mesma família, cada um se preocupa com o outro, alegra-se com os sucessos dos outros e chora quando qualquer um da família vive uma tragédia. O pacto do Sinai é uma aliança para aprender, isto é, para fazer o que nos foi mandado. A figura central é, então, Moisés, conhecido na tradição hebraica como "o nosso Mestre".

4. IMPLICAÇÕES MESSIÂNICO-REDENTORAS – Cada uma das alianças tem uma sua dinâmica redentora. Para a *Berît Abôt* o drama da redenção está centrado na terra. Longe da terra, Israel é incompleto, está em exílio, e a aliança permanece incompleta. Por isto, o retorno à terra tem um significado messiânico. Cumpre-se assim a aliança e mais uma vez o Deus da terra é seu Deus. A posse e a soberania sobre a terra são o sinal do retorno à predileção redentora e talvez também o início de uma era messiânica.

A consciência da aliança do Sinai leva à realização do programa dos mandamentos da *Tôrāh*, que se tornam a força-guia de cada uma das fases da vida do povo. Concentra-se na questão dos judeus, que têm o poder de criar as circunstâncias em que operacionalizar os termos da aliança. A volta à terra pode ser um sinal de perdão para qualquer pecado que tiver provocado o exílio e tem o objetivo de oferecer uma nova ocasião de melhora em relação ao passado. Com a esperança de que daí advenha uma sociedade mais perfeita, que se inspira na *Tôrāh*.

Para compreender o significado religioso que Israel tem para os judeus há que se ter presentes ambas as alianças. Estas operam juntas, dando vida a ênfases diversas. Existem formas tanto religiosas como secularizadas. Assim, na evolução do sionismo, temos tanto judeus religiosos quanto sionistas seculares, ambos preocupados com a sobrevivência do povo hebraico. Ambos temem que a emancipação e o que dela se segue possam produzir uma assimilação total ou um anulamento antissemítico. Estas previsões infelizmente se realizaram e se confirmaram tanto com o holocausto quanto com a assimilação generalizada, presente em todas as comunidades da diáspora. Há também judeus religiosos levados pelas preocupações do Sinai, para os quais existem maiores ocasiões de operacionalizar as responsabilidades da aliança na terra de Israel do que fora dela, incluída aí a ordem de sujeitá-la e torná-la fértil. Também os sionistas seculares têm sua versão da consciência do Sinai: visam construir uma sociedade radicada nos valores judaicos de justiça.

A ação sionista é, assim, motivada por ambas as formas de consciência da aliança. A emancipação produziu a perda da soberania da vida judaica comum, um preço pesado, pago à integração no Estado moderno. Com ela os judeus teriam sido integrados, enquanto cidadãos de pleno direito, em seus países de residência. E isto teria sido um difícil desafio à identidade da nação judaica. A *Berît Abôt* estava em perigo e logo também a *Berît Sînaî* teria sido ameaçada à medida que avançava o processo de indigenização. Todo esforço capaz de preservar um forte senso da vida comum teve que medir forças com as evoluções do moderno antissionismo político e racial. A soberania hebraica na antiga pátria tornava-se uma necessidade para a sobrevivência das duas alianças. Um Estado-nação teria sido a garantia da sobrevivência física e da renovação espiritual do povo judaico em qualquer parte do mundo.

5. O ESTADO DE ISRAEL – A concretização das aspirações sionistas e o antigo sonho de nosso povo realizaram-se com a criação do Estado de Israel, em 1948, com uma resolução da Assembleia Geral das Nações Unidas. De lá para cá o Estado foi-se desenvolvendo progressivamente enquanto elemento significativo da vida religiosa, espiritual e moral dos judeus em todas as partes do mundo. Isto pareceu particularmente verdade desde que, em junho de 1967, Jerusalém passou para o controle de Israel com a Guerra dos Sete Dias.

A guerra fora precedida por semanas de temores que atingiram os judeus com as notícias de ameaças e os preparativos para jogar no mar todos os habitantes de Israel. O escape fulminante, dramático e inesperado do desastre e a ocupação de Jerusalém foram para muitos uma virada decisiva. Desde aquele momento muitos judeus identificaram-se com Israel e com o patrimônio espiritual reencontrado num empreendimento inteiramente novo de moderna vida judaica. Tiveram que admitir que o renascimento de Israel representava uma promessa para a sobrevivência da nação e a determinação de reconstruí-la, depois do massacre provocado pelo holocausto. Após dois mil anos de relativa impotência de defender-se, agora os judeus teriam tido a força para fazê-lo e, ainda mais significativamente, para delinear seu destino, enquanto povo moderno de raízes antigas.

Aprender a usar esta força para criar um novo Estado tem sido fonte de desafios contínuos. Como o ter que acolher numerosos prófugos da Europa e dos países árabes, construir uma sociedade moderna e justa, procurar criar um centro espiritual para os judeus do mundo inteiro, enquanto era imperioso defender-se e estudar uma forma de coexistência pacífica com os vizinhos.

Muitos judeus estão orgulhosos com os resultados obtidos pelo Estado, enquanto não escondem os muitos problemas que Israel tem que enfrentar. Bem se pode afirmar que os judeus espalhados pelo mundo inteiro procuram ser parceiros responsáveis no desenvolvimento da vida de Israel. Têm uma sensibilidade acentuada pelos problemas da segurança, da estabilidade e do moral dos cidadãos de Israel. Muitas atividades da comunidade hebraica da diáspora fazem referência a Israel: conferências de eminentes estudiosos ou líderes israelitas, coletas de fundos para finalidades educativas e humanitárias, estímulo aos investimentos econômicos. Frequentes são as viagens para Israel, que numerosos estudantes fazem como parte de seus cursos de estudo. Tais atividades dão tanto aos indivíduos como às comunidades judaicas o verdadeiro senso da participação na construção da nação de Israel.

Tudo isto tem levado a um intenso sentido de identidade comunitária e nacional dos judeus (o cumprimento do pacto com os patriarcas), que compreende esforços para manter a assistência às comunidades da diáspora, com particular atenção para os judeus que se encontram em circunstâncias críticas, como na Rússia, na Síria e na Etiópia.

Assim, o renascimento do Estado de Israel na antiga terra da aliança marcou um renovado esforço rumo à nação, que constituiu sempre a essência da consciência do pacto com os patriarcas. Em tal perspectiva, a sobrevivência do povo judaico na história é de *per si* um fenômeno sagrado, fonte de inspiração para muitos judeus de hoje – seja os envolvidos, seja os de algum modo alienados da tradição – a fim de reforçarem seus vínculos hebraicos e também aprofundar sua compreensão daqueles ensinamentos religiosos, espirituais e morais que constituem seu patrimônio e provêm da aliança do Sinai.

6. PODER: BÊNÇÃOS E DILEMAS – Assim, o poder é considerado uma necessidade para sobreviver como povo único. Pensa-se também que o poder seja necessário para a realização da visão do Sinai. É um desafio que impõe ao judaísmo pactuar com o mundo real e com os problemas da vida moderna. Quem não tem poder pode ficar sentado às margens da estrada e definhar. É infinitamente mais difícil erradicar a pobreza, criar postos de trabalho, combater guerras e terrorismo com dignidade. É preciso fazer opções, e muitas vezes erra-se. Muitas vezes até as melhores opções podem ter consequências desagradáveis e imprevistas.

A existência do Estado é uma ocasião para fazer o judaísmo reviver, para colocar em prática os mandamentos de Deus que devem servir de guia para uma sociedade moderna. Pode o sagrado entrar no mundo e transformá-lo ou deve permanecer trancado nas sinagogas e nos centros de estudo, longe das tensões da vida real? Podem os judeus criar uma sociedade que seja fiel aos valores da bondade e da justiça? Ou será que isto só vale para sonhar e não para a realidade?

Já que os judeus consideram a luta através do poder e das implicações que daí derivam um problema hoje absolutamente crítico, será forçoso deter-se nele e ampliar sua dialética. Hoje compreendeu-se que palavras ásperas e atitudes involuntárias podem tornar-se formas articuladas particularmente perigosas. Os judeus estão muitas vezes preocupados, porque se poderiam esquecer as lições do poder. Ao longo de toda a nossa história, temos tido bastante força moral para negociar nossa existência, mantendo-nos uma entidade física e espiritual bem distinta. Por vezes a balança pesou em desvantagem nossa. Faltou-nos o apoio que teria sido necessário para proteger-nos e sofremos as consequências disto. O exemplo mais trágico tivemo-lo nos nossos dias. No momento do nosso holocausto, sofremos de uma absoluta impotência. Não foi possível fazer quase nada para salvar os seis milhões de judeus que foram eliminados e em prol das numerosas comunidades que fizeram a experiência da emigração forçada. Este acontecimento doloroso ainda está fresco em nossa mente e evoca pesadelos em muitos que sobreviveram. Mas nossa geração também fez a experiência de uma realidade inesperada. O nascimento e o desenvolvimento do Estado de Israel, não obstante os muitos problemas, é um fato moderno extraordinário. Esperamos, e rezamos para que seja "reshit zemihat geulatenu", o primeiro florescer da grande redenção prometida. Sem dúvida, Israel é hoje considerado uma das principais potências, por sua capacidade militar. Em toda a nossa história, talvez nunca fomos fortes como hoje, em sentido absoluto ou relativo. Em curto espaço de tempo passamos de uma condição de extrema impotência para uma de extrema potência. Mas este poder não é somente um bem, é, outrossim, um desafio. Uma nação pode embriagar-se de poder, como sucedeu no caso do antigo Egito do faraó. Por acaso podemos esquecer a lição do Profeta Zacarias: "Não com a força, não com o poder, mas com meu espírito, diz o Senhor Deus dos exércitos"? Estes versículos leem-se na Festa da *Hanukkāh*, trazendo novamente à memória a vitória e o poder dos macabeus. Eles são um desafio permanente para todo aquele que detém o poder.

Que é este espírito de Deus ao qual Zacarias se refere? Seguramente é parte da consciência do Sinai. Antes de Zacarias já tinha sido descrito muito bem por Isaías, com referência ao líder messiânico: "O espírito do Senhor pousará sobre mim: espírito de sabedoria e de inteligência, espírito de conselho e de fortaleza, espírito de conhecimento e de temor do Senhor". Um senso de verdade, de justiça e de bondade caracterizará seus atos. E eis quais serão seus resultados: "O lobo há de morar junto com o cordeiro, a pantera se estenderá ao lado do cabritinho; o vitelo e o leãozinho pastarão juntos e uma criança os guiará. O boi e o urso pastarão juntos; seus filhotes se deitarão juntos. O leão alimentar-se-á de palha como o boi". O espírito de Deus manifesta-se quando os poderosos, ao invés de abusar dos fracos, aprendem a viver com eles no mesmo mundo. É dever dos ricos e dos poderosos iniciar este processo. São eles que assumirão suas próprias responsabilidades, fazendo uso de sua riqueza – a força e a abundância que Deus lhes confiou – compartilhando-a com os outros. Esta é nossa visão do futuro.

A arrogância do poder consiste na obstinação com que sua própria vontade é imposta aos outros de maneira plena e total. Na verdade, as necessidades dos outros são ignoradas e sua dignidade e direitos são zero. A tentação do poder é sonhar obter tudo o que se quer, fazendo uso da força, se necessário. As pessoas não se contentam com um sucesso parcial, pensam poder ter tudo. Os humildes sabem que, neste mundo imperfeito em que vivemos, a vontade inadequada deve normalmente ser considerada adequada. A arrogância de pretender tudo pode levar a não ter nada. Segundo o Pirke Abot, "Tafasta merubah, lo tefasta", ou seja: "Quem quer demais não tem nada". E uma verdade que se pode aplicar a tantos aspectos da vida.

Frases, enquanto frases, pronunciadas em comunidade, podem em certos casos induzir a justificar ações criminosas que não entravam nas intenções originárias de quem as proferiu. Refiro-me ainda à nossa experiência do holocausto, que nos ensinou que convicções e atitudes duras acabam por influir sobre nosso comportamento para com os outros. Os atos seguem as palavras e no fim o processo de desumanização pode levar à destruição. Depois de séculos de discursos desumanizantes em relação aos judeus, os atos seguiram as palavras e nós fomos atingidos pela tragédia, conhecida até demais. No ritmo da vida que hoje se tornou mais intenso, o processo pode ser ainda mais rápido. Fechar num barraco árabes inocentes e atear-lhes fogo é um exemplo claro deste fenômeno. Os que detêm o poder e têm autoridade precisam prestar ainda mais atenção a suas palavras, porque também as palavras têm poder. "Hakhamim, heezaharu bedibreykhem". "Sábios, sede prudentes com vossas palavras", aconselha ainda o Pirke Abot. Na verdade, um conselho sábio.

7. ALIANÇA EM CONFLITO – Os dois tipos de consciência da aliança podem estar em conflito entre si. Segundo a mentalidade do Sinai, a observância das normas da *Tôrāh* sobre a paz, a justiça e a compaixão deve ser equilibrada com os demais mandamentos de desenvolvimento e de cultivo da terra e com o dever de garantir aos judeus uma existência segura. Aqueles a quem cabem as decisões devem chegar à conclusão sobre como equilibrar entre si normas antitéticas e como pesar cada componente de uma determinada situação. É possível que não resultem plenamente atendidas todas as exigências, enquanto as pessoas se esforçam por chegar a uma justa conclusão.

Todavia a consciência da aliança ancestral só tem um ponto na ordem do dia: a posse da terra, a soberania e o poder com que assegurar a sobrevivência dos judeus, segundo sua visão da aliança. Outras considerações são irrelevantes.

A atual realidade de Israel reflete muitas vezes o conflito existente entre estes dois modos diferentes de colocar o problema. Tradicionalmente, os judeus atuaram à luz de uma forte consciência do Sinai, buscando aplicar os mandamentos à realidade de cada dia. O estado de alma do judaísmo depois da emancipação e do holocausto parece ser antes o de preocupação pela simples sobrevivência. Houve um claro deslocamento rumo à consciência da aliança ancestral também entre muitos fautores da tradição sinaítica. A vida e o pensamento dos judeus deveriam refletir, ambos, estas alianças fundamentais que têm dado uma fisionomia a nosso povo através dos séculos. Resta ver como os judeus vão querer fazer face a suas responsabilidades.

HOWARD JOSEPH

II. A vida judaica

1. – ESCRITURAS HEBRAICAS E COMPREENSÃO CRISTÃ – As Escrituras hebraicas mais fundamentais são denominadas, pelos judeus, de *Tanakh*, ou Bíblia hebraica. É o que os cristãos chamam de "Antigo Testamento", embora tal denominação sugira uma interpretação cristã do papel e do objetivo das Escrituras. Indica que, em contraste com o AT, o "Novo" é melhor e deve preferir-se enquanto aperfeiçoamento do AT, que é considerado incompleto.

Também os judeus, de resto, não consideram as Escrituras hebraicas, e de modo especial os cinco primeiros livros (o Pentateuco, ou livros de Moisés), como algo completo. Levam em consideração o texto escrito e, ao mesmo tempo, uma interpretação oral que completa a Bíblia hebraica. Esta interpretação, que completa o texto e torna sua mensagem aplicável à vida de cada dia, ao mesmo tempo introduz à mensagem escrita. As interpretações orais são tão válidas quanto o material escrito e tanto o texto quanto sua interpretação devem ser entendidos juntos. Com efeito, ambas as tradições, a escrita e a oral, são uma coisa só. Os cristãos têm consciência do texto escrito, mas sabem muito pouco sobre a tradição oral.

O conjunto – que engloba texto e interpretação – pode ser dividido em duas amplas áreas: o material legal e as diretrizes morais. Tudo isto junto se chama *Tôrāh*. A própria palavra *Tôrāh* é comumente interpretada de três modos diversos: *a.* os cinco primeiros livros de Moisés, do Gênesis ao Deuteronômio (o Pentateuco); *b.* a Bíblia hebraica inteira, com as escrituras não contidas no Pentateuco, que garantem sua interpretação; *c.* a Bíblia hebraica inteira, mais sua interpretação orientada para a prática. Um judeu religioso optaria por esta última. Os judeus que levam uma vida baseada exclusivamente no texto são considerados heréticos. Os fariseus, apesar de toda a publicidade negativa e dos frequentes preconceitos do NT, sustentaram a ideia de uma relação contínua e viva entre o texto e sua interpretação e entre a tradição escrita, Deus que é seu autor e o indivíduo. Fizeram com que todos, ricos e pobres, trabalhadores e príncipes ou sacerdotes, pudessem tornar-se parte integrante da tradição. Neste espírito, a tradição judaica sempre procurou fazer com que cada pessoa tivesse uma relação com Deus em cada idade e em cada circunstância, em sua própria terra ou entre os gentios, em tempo de tolerância ou de perseguição.

A Bíblia hebraica – A Bíblia hebraica está subdividida em três partes principais: os livros de Moisés ou Pentateuco, os Profetas e os Escritos.

A ordem dos livros da Escritura hebraica difere da ordem da Escritura cristã; por exemplo, a Bíblia hebraica termina com os Escritos, ao passo que as versões cristãs da mesma Bíblia colocam os profetas posteriores depois dos Escritos e logo antes dos evangelhos. As Escrituras da Bíblia hebraica estão ordenadas de modo a ensinar um estilo de vida no contexto da história (Gênesis, 2 Reis), em seguida se concentram na atuação da relação derivada da aliança (profetas posteriores). A Bíblia hebraica termina com os Escritos, textos de natureza variada e não necessariamente ligados a aspectos específicos da história ou dos problemas proféticos e contendo, não obstante, aspectos da relação e da experiência entre o crente e Deus. Ao que parece, a intenção da ordem cristã é sublinhar a relação direta entre a "promessa" contida nos Profetas e sua "realização" nos evangelhos.

História e aliança – A história do povo hebraico dos tempos antigos está contida no Pentateuco e nos profetas anteriores, ampliada depois em Esdras, Neemias e Crônicas. É uma história de promessa e cumprimento. Começa com a criação, continua refletindo sobre a sociedade humana em seu conjunto e depois sobre a relação especial de Deus com os descendentes de Abraão, Isaac e Jacó, isto é, com o povo de Israel. A história inteira funda-se na noção de aliança, um acordo fechado entre Deus e a humanidade.

Os profetas foram suscitados por Deus para lembrar ao povo as obrigações provindas da aliança.

Indivíduo e comunidade na relação da aliança – Na sociedade contemporânea dá-se muita importância ao indivíduo. Enquanto as leis e injunções morais cristãs se dirigem ao indivíduo e só num segundo tempo à comunidade em seu conjunto, a Bíblia hebraica se dirige antes de tudo à nação e só de modo secundário aos indivíduos que a compõem.

A *Tôrāh* é um programa de vida. Sua finalidade é dirigir os atos das pessoas de modo que estas possam levar uma vida piedosa.

Uma grande diferença entre a visão judaica e a cristã da humanidade é que no judaísmo falta absolutamente a noção de queda ou de culpa original, transmitida de uma geração para outra. Ao invés disto, o cristianismo crê que os efeitos do pecado de Adão e Eva são transmitidos às gerações sucessivas.

Assim, também a noção de messias difere para os judeus e os cristãos (→ Messianismo, I).

Disputa e diálogo – As maneiras diferentes de se poderem atingir os objetivos religiosos têm induzido judeus e cristãos a interpretações diferentes das Escrituras hebraicas, em seu conjunto, ou de partes específicas das mesmas. Nos tempos antigos e na Idade Média houve disputas entre judeus e cristãos, no tocante à interpretação da Escritura; nelas os cristãos sustentavam que a Escritura hebraica pertencia inteiramente a eles e a viam como intimamente ligada à Escritura do NT. É fora de dúvida que desde o início o cristianismo procurou realçar sua relação estreita com o judaísmo, também no momento em que traçava a descendência judaica de Jesus. Foram necessários quase dois mil anos de reflexão, de acusações, de opressão e também uma tentativa de eliminar os judeus e o judaísmo, antes que se pudesse passar da disputa para o diálogo. Com o diálogo, procura-se uma valorização maior da leitura que da Escritura fazem tanto uns como os outros e se tende ao respeito à interpretação escriturística que os judeus têm o pleno direito de fazer. Chegamos a entender que os cristãos e as Escrituras cristãs foram "enxertados" na tradição escriturística hebraica. O Conselho Mundial das Igrejas fala de uma "assimetria" das Escrituras: enquanto os cristãos têm necessidade do AT, este não tem necessidade do NT. Não só isto, mas o povo judaico, cuja Escritura é o AT, ao qual se refere sob o nome de Bíblia hebraica, desenvolveu uma frutuosa vida moral e religiosa, mesmo sem o NT. É um desafio todo especial para os cristãos e também para os judeus o de entender o que cada um considera de grande valor em sua própria tradição escriturística e ver que, apesar de diferir para cada grupo o que constitui a Escritura, tanto um como o outro são completos em seu direito. E embora o método possa ser diferente, os dois mantêm em comum um objetivo de bondade e de santidade neste mundo cheio de problemas.

Com o diálogo com o qual judeus e cristãos dão atenção à respectiva interpretação da Escritura, as duas partes enriquecem-se reciprocamente e começam a compreender-se. Diálogo significa mudança em quem dele participa e, na melhor das hipóteses, ocasião para começar a olhar o outro não como um inimigo a ser vencido, mas como a um amigo que traz nova luz proveniente daquele Deus que se revela na Escritura.

2. JESUS E A PRIMEIRA COMUNIDADE CRISTÃ – a. *Quem era Jesus de Nazaré?* – Já pensaram seriamente sobre quem era este Jesus de Nazaré? Dá-se por certa a resposta que, no fundo, é simples. Sem dúvida, é alguém sobre o qual se lê no NT e cuja imagem se depara de um modo ou de outro toda vez que se vai à Igreja ou quando se trazem de volta à mente as recordações do ensino dominical. Tudo é mais ou menos vago, e até confuso, e talvez não sejam muitos os que têm interesse em descobrir quem foi, na realidade, este Jesus. No fundo, pensa-se sabê-lo e não se sente a necessidade de outras buscas.

O que diremos é um desafio para repensar e reler pelo menos algumas páginas do NT, partindo da hipótese de que há ainda coisas a descobrir ou a aprender sobre ele. Uma vez que faz parte de um estudo daquilo que se conhece como "o holocausto" e devendo de algum modo fazer remontar ao NT muitas das tensões e das dificuldades presentes e passadas entre cristãos e judeus, será imperioso sublinhar a relação entre Jesus e os judeus, sem esquecer que Ele mesmo era um judeu. Uma das nossas tarefas hoje é a de redescobrir sua "hebraicidade", que – importa não esquecer isto – foi forte e violentamente negada pela ideologia nazista.

Não basta deter-se na afirmação do Credo de que Jesus se fez homem. Jesus não se fez homem de modo geral, nem se tornou um homem neutro, um homem destituído de cor e de dados raciais, ainda que seja duvidoso que possa existir tal homem. Jesus, para ser autenticamente homem concreto, tornou-se judeu e nada mais. Nasceu judeu, cresceu piedosamente à sombra do templo e da sinagoga de maneira totalmente natural. Viveu e morreu como judeu. Neste contexto, deve-se voltar a refletir sobre o significado de tantos versículos do NT: Jo 1,46; Lc 2,42.51; 4,16; Jo 2,13; Mc 15,34; Sl 22,1. Foi conhecido como o filho de um carpinteiro (Lc 4,22; Mc 6,2-3; Jo 6,42), teve quatro "irmãos" e pelo menos duas "irmãs" (Mc 6,2-3); foi estimado como homem culto e, portanto, chamado de mestre (Jo 1,38; 3,2; Mc 10,17; Mt 19,16; Lc 18,18), foi convidado para cear nas casas de cidadãos influentes e não os rejeitou (Lc 7,36). Muitas vezes operou como exorcista e curador (Mc 1,32-34; Jo 5,2-8), com frequência bem maior como mestre na tradição dos profetas (Mc 1,14-15; Mt 5,1-2; Lc 4,43-44) como um dos fariseus. Nada fora do normal parece ter acontecido em torno dele, embora de vez em quando Jesus tenha encontrado oposição e crítica (Lc 4,28; 5,21). Na maioria das vezes, tratava-se apenas de disputas sobre questões exegéticas nas quais gostavam de entrar os teólogos em geral e os fariseus em particular (Mc 7,1-23). Uma coisa, porém, está fora de discussão: o interesse anticonformista demonstrado por Jesus pelos pecadores e pelos marginalizados muitas vezes provocou protesto e conflito, como observamos em Lc 15; Mt 18,12-14.

A situação muda radicalmente para pior quando Jesus vem a Jerusalém naquela que seria sua última peregrinação à cidade santa (Mc 11,1s; Mt 21,1s; Lc 19,28s; Jo 2,12s). A popularidade de que desfrutava no país inteiro valeu-lhe uma acolhida festiva. Os problemas começaram quando Jesus entrou no templo e começou a expulsar dele cambistas e comerciantes que, por hábito antigo, ali faziam seus negócios (Mc 11,15-18; Jo 2,13-16). E, quando começou a fazer comentários críticos sobre o próprio templo (Mc 13,1-2; Lc 21,5-6; Jo 2,18-22), a hierarquia encarregada do templo, de seus serviços e da administração começou a pôr em discussão a autoridade de Jesus (Mc 11,27-33; Mt 21,23; Lc 20,1-2; Jo 2,18). A sequência dos eventos que levaram à crucifixão é registrada por todos os autores dos quatro evangelhos. Deles transparece que a hierarquia teve um papel determinante no trabalho de preparação, mas sem ser, no final, parte direta na execução do plano. Com efeito, isto não teria sido possível, pela simples razão de que na lei deles não estava prevista a crucifixão como instrumento da pena capital. A crucifixão era por tradição uma forma de os romanos aplicarem a pena capital aos rebeldes que colocavam em perigo a segurança do Estado. É difícil dizer com certeza até que ponto ficou envolvida a liderança judaica; apesar disto, alguns pontos podem ser identificados.

b. *De quem é a responsabilidade pela crucifixão?* – 1. Não é plausível (como dá a entender Marcos) que o sinédrio inteiro se reunisse na residência oficial do sumo sacerdote (Mc 14,53) e não, preferivelmente, na sala do julgamento ou no tribunal oficial. Mateus, Lucas e João falam de uma reunião mais modesta, talvez algo como um comitê executivo.

2. É digno de nota o fato de que os fariseus, com os quais Jesus muitas vezes se havia chocado em ásperos debates (ainda que se deva recordar a tentativa dos fariseus de salvar a vida de Jesus, Lc 13,31), não aparecem absolutamente na história da paixão e da crucifixão. A eles não cabia a responsabilidade nem pelo templo nem pelas cerimônias que ali se desenvolviam; além disto, nem o método e os conteúdos de seus ensinamentos nem sua condição social eram de algum modo postos em perigo pelo rabi de Nazaré. Sob muitos aspectos o ensinamento de Jesus podia apresentar-se como paralelo ao deles e com bastante frequência Jesus poderia ter sido considerado como um deles.

3. A maioria do povo parecia estar do lado de Jesus. Era preciso livrar-se dele rapidamente, antes que todos acabassem crendo nele (Jo 11,48); o povo estava preso a seus lábios (Lc 19,48) e já era esperada uma revolta a favor de Jesus (Mc 14,2). A multidão que se afirma estar apinhada fora do palácio do governador (Mc 15,11; Mt 27,20; Lc 23,13; Jo 18,38) muito provavelmente não era outra coisa senão um grupelho de "capangas", pago pelos chefes para que assistisse ao processo.

4. No mesmo contexto deve ser lido também o versículo que tem sido muitas vezes usado na história como evidência da responsabilidade dos judeus na morte de Cristo para justificar sua punição (Mt 27,25). Não houve uma presença da nação judaica, ainda que Mateus use uma linguagem que parece referir-se a ela

ao passo que em versículos anteriores (15.20.24) havia aludido com clareza só à presença de uma escória de plebe reunida e organizada. É pena que nossas versões não consigam esclarecer esta diferença de vital importância. Há que notar também que o lavar as mãos, como sinal de inocência, é um gesto judaico (Dt 21,1-9), mais do que romano, e que, portanto, é pouco provável que Pilatos tenha feito isto. Por detrás destes versículos existe mais uma tendência teológica do que fatos históricos; mas por quantas dores indizíveis estes versículos têm sido responsáveis!

Para concluir: de modo algum pode-se dizer que todos "os judeus" da geração do NT foram responsáveis pela crucifixão e pela morte de Jesus de Nazaré. Nem existe a mínima justificação para considerar os judeus de todos os tempos responsáveis por isto.

c. *O Evangelho de João* – Uma atitude mais hostil em relação aos judeus parece encontrar-se no Evangelho segundo João. Em várias partes do Evangelho os adversários de Jesus são simplesmente denominados "os judeus". Deve-se ter presente que este Evangelho foi escrito numa época relativamente tardia, quando já ocorrera a ruptura entre a comunidade cristã e a sinagoga, à qual faz referência Jo 9,22. A comunidade cristã tinha interesse em sublinhar as diferenças existentes entre ela e a sinagoga, a "mãe Igreja". Houve acontecimentos externos que contribuíram para agravar a divisão, por exemplo, a destruição do templo pelo exército de Tito, no ano 70, fato amplamente visto pelos cristãos como sinal externo e visível de que Deus tinha subtraído seu favor aos judeus. Atribuir a responsabilidade pela crucifixão à comunidade judaica não era outra coisa senão uma consequência desta teologia da "remoção".

Em vista do fato de que de modo algum o povo inteiro podia estar plenamente envolvido nos fatos que levaram à crucifixão, não se deve pensar que João tenha usado uma linguagem capaz de corrigir os relatos dos três primeiros evangelhos. Talvez, em vez de "judeus", em sentido abrangente, se pudesse procurar ler "os outros judeus" ou "os adversários de Jesus" ou "os chefes dos judeus". Por vezes o termo indica simplesmente o povo da província da Judeia. Tampouco se deveria negligenciar a importância dada ao problema no "livro dos serviços alternativos" e a ideia, nele contida, de que o termo "judeus" do Evangelho de João pode aplicar-se a indivíduos específicos e não ao povo hebraico inteiro. Na medida em que cada um de nós volta as costas a Cristo, com efeito – assim prossegue aquela nota – é responsável por sua morte (Liturgia da Sexta-feira Santa).

Em sua conversa com a samaritana (Jo 4,22), Jesus afirma que a "salvação vem dos judeus". A discussão entre Ele, judeu (Jo 4,9), e a mulher samaritana diz respeito ao lugar do culto, Jerusalém ou o Monte Garizim, e Jesus sublinha que o culto acontece em "espírito e verdade", independentemente do lugar em que se desenrole (Jo 4,24). Jesus quer indicar que o lugar de culto dos judeus é melhor, ou, se quisermos, mais apropriado. Os judeus sabem que a salvação vem deles; a prerrogativa permanente de Israel, do qual vem o Messias, está assim claramente indicada por Jesus. A permanência de Israel depois de Jesus é, pois, proclamada num evangelho considerado antijudaico!

d. *O lugar de Israel na história da salvação* – O debate sobre o destino espiritual e religioso dos "judeus" deve ter começado cedo na comunidade cristã, imediatamente depois da crucifixão e muito antes de serem escritos os evangelhos. "Os judeus", na pessoa de seus chefes, foram considerados responsáveis pela crucifixão de Jesus de Nazaré, considerado e aclamado como messias por amplos estratos da população (Mc 8,29; 11,9-10) e confirmado pelo Pai, mediante a ressurreição dos mortos. Surgia agora a pergunta: Qual teria sido o futuro dos judeus e de Israel? Estariam perdidos e condenados para sempre? A execução de Jesus havia sido um deicídio? Não eram os judeus o povo eleito (Os 11,1) que havia esperado o Messias desejado por longo tempo? Já haviam perdido o lugar destinado a eles por Deus no projeto de salvação, por não terem querido reconhecer que Jesus era o Messias, e o lugar vacante fora ocupado por aqueles que têm fé em Jesus. Não se deve esquecer que, pelo menos no começo, este era um debate entre judeus, isto é, entre aqueles judeus que aceitavam Jesus como Messias e os judeus que o rejeitavam. Ainda não era uma disputa entre gentios e judeus, ou entre cristãos e judeus, no sentido moderno.

e. *Paulo e os judeus* – Paulo recolhe a discussão. De modo algum os judeus perderam seu lugar na história da salvação! Eu que era um fariseu (At 23,6), bem-instruído na lei e na religião hebraica (At 22,3), e que agora sou discípulo e mensageiro de Jesus de Nazaré (At 9,15), desejo lembrar-vos alguns fatos, escreve ele em sua carta à comunidade dos romanos. Os judeus (eu sou um deles, não esqueçais!) "possuem a adoção de filhos, a glória, as alianças e as promessas" (Rm 9,4s). O Pai que os escolheu simplesmente porque os amou (Dt 7,7-8) continua a fazê-lo, "porque os dons e o chamado de Deus são irrevogáveis" (Rm 11,29). Momentaneamente – não se deve esquecer que a primeira geração de cristãos esperava a volta iminente de Jesus Cristo e o fim da história – alguns judeus não creem em Jesus como Messias, mas o farão futuramente (Rm 11,25s). Outros creem nele, como Paulo (Rm 11,1), todos os discípulos, as mulheres da história da paixão e ainda muitos outros. É muito importante ter em mente que a primeira ruptura não aconteceu entre gentios e judeus, nem entre cristãos e judeus, mas entre judeus e judeus, judeus cristãos e judeus israelitas.

Desde o início do século II os judeus que aceitavam Jesus como Messias eram chamados de apóstatas pela comunidade hebraica, a sinagoga. Aos olhos dos judeus cristãos, porém, os verdadeiros judeus eram os seguidores de Jesus, ao passo que naquele momento os corações dos outros permaneciam empedernidos (Rm 11,25) por não quererem reconhecer o evento messiânico da morte e da ressurreição de Jesus. Os judeus cristãos, para seu modo de ver, eram cidadãos com dupla nacionalidade: faziam parte do povo hebraico e ao mesmo tempo da comunidade de Jesus Cristo.

Paulo, como um deles, está profundamente preocupado com o presente e com o futuro de Israel, ainda que seu interesse principal seja reservado aos pagãos e aos gentios (Gl 2,7-9). Os cristãos gentios não devem observar a *Tôrāh* (At 15,10.19; 10,34-35.44s): a única obrigação que têm em relação aos judeus é a de não esquecer os pobres da comunidade de Jerusalém (Gl 2,10). Os cristãos judeus, por sua vez, continuam a adorar no templo (At 2,46) e ainda são obrigados a observar a *Tôrāh*. Os dois grupos naturalmente deviam levar uma vida moral e não lhes era consentido comer alimentos ritualmente impuros (At 15,20).

Cristo e a *Tôrāh*, portanto, não são considerados como coisas que se eliminam reciprocamente. Jesus não é o fim histórico da Lei, como pareceriam indicar as palavras de Paulo (Rm 10,4). Ele mesmo havia reinterpretado a lei, mas não a havia ab-rogado (Mt 5,17-20.21-48), e agora seus discípulos e seguidores deviam alegremente prosseguir, guiados pela mesma, no espírito de seu mestre (Rm 12,1). A vontade de Deus, santa, justa e pia, continua a guiar e a dirigir os discípulos do Senhor no culto e no serviço (Rm 13,8s). No plano de Deus, a vinda de Jesus não é o fim dos judeus (e da *Tôrāh*). E, antes, um abrir-se das portas para que entre a multidão dos gentios. O drama continua, os atores são os mesmos, apenas aumenta seu número.

3. O APROFUNDAMENTO DA RUPTURA – a. *A ruptura entre a Igreja e a comunidade judaica* – Seria injusto e incorreto sustentar que as raízes do "holocausto" se devem buscar exclusivamente no NT e entre as pessoas e os movimentos no interior da Igreja cristã. Mas não se pode negar que partes do NT se apresentam fortemente antijudaicas (cf. mais adiante), que alguns Padres da Igreja e pessoas como Lutero estavam cheios de preconceitos antijudaicos, que sua linguagem foi praticamente antissemítica e os atos de numerosos concílios da Igreja foram reprováveis. Ao enumerar as causas do "holocausto", deve-se recordar também as que não são estritamente religiosas. Tomaram-se decisões e empreenderam-se ações políticas diretamente contra os judeus; pronunciaram-se discursos, organizaram-se reuniões, escreveram-se opúsculos e livros que denunciavam uma insídia judaica – não bem-identificada – cultural, política e econômica, por parte dos judeus, contra a civilização cristã e ocidental.

Às vezes a Igreja adotou medidas cedendo às ordens das autoridades civis. Outras vezes assegurou inspiração ou também estímulo ativo a este ou àquele livro, a esta ou àquela publicação, a uma linha de pensamento, quando não até a ações violentas. Em muitos casos poderia não ser fácil identificar a causa originária de um ou mais acontecimentos, embora bem se lhes possa presumir a inspiração. Para os objetivos do presente artigo, daremos maior importância àqueles desenvolvimentos, ocorridos no interior da Igreja e da teologia cristã, que contribuíram para o "holocausto", embora seja claro que existiram outras influências.

A destruição do templo de Jerusalém por parte do exército romano, em 70 dC, teve numerosas consequências. Pôs fim ao governo judaico fantoche do regime saduceu. Durante quase dois mil anos, isto é, até a recente criação do Estado de Israel, os judeus como povo permaneceram sem um Estado, ou seja, sem responsabilidade política sobre um determinado território. Aos olhos dos cristãos a presença de Deus se havia afastado deste povo e o favor divino se havia convertido para eles. A antiga aliança estava superada e, não muito depois do ano 70, uma carta, atribuída a Barnabé, foi escrita à Igreja enquanto verdadeiro Israel. O fato de, a partir daquele momento, a sede central das duas comunidades se encontrar em lugares diferentes, não foi positivo para cimentar uma atmosfera de boa vizinhança. Os cristãos deslocaram-se para Péla, a leste do Jordão, e os judeus para Jabne-Jâmnia e depois para a Babilônia, que havia sido o segundo centro hebraico, a partir de 556 aC. Até então os judeus cristãos continuaram a exercer o culto na sinagoga. Aí foram declarados seita herética e, para que fosse impossível aos cristãos continuarem a exercer seu culto na sinagoga, acrescentou-se à duodécima das bênçãos cotidianas (Birkath-ha-mînîm) uma maldição sobre eles.

Este tempo foi, outrossim, dedicado pelos judeus a completar sua estrutura organizacional, pondo em prática o sistema rígido da sinagoga elaborado pelos fariseus, completando o cânon das escrituras hebraicas e o calendário e fazendo do rabi o líder de fato da comunidade, com o múltiplo papel de mestre, exegeta, juiz e árbitro.

Enquanto a ruptura aconteceu em nível de direção nas duas comunidades, sabe-se de numerosos casos em que reinavam boas relações entre o povo comum. Mas a ruptura tornou-se oficial e foi ainda mais oficializada depois de 135 dC, quando um período de sofrimento generalizado se concluiu com a revolta e a morte de Bar Kochba. Em oposição ao Imperador Adriano, que queria reconstruir a cidade e o templo de Jerusalém no estilo greco-romano, Bar Kochba declarou-se messias, recebendo um amplo apoio da população. Naturalmente não podia haver dois messias, e cada um dos dois grupos, os cristãos e os judeus, seguindo seu próprio messias, não podiam senão assumir uma atitude hostil em relação ao outro grupo.

A hostilidade aumentou. O patriarca judeu da Palestina enviou cartas e instruções a todos os judeus fora da Palestina, não apenas para solicitar somas de dinheiro em substituição à antiga taxa do templo, mas também para condenar e amaldiçoar os que não observavam a lei e tinham aceito Jesus como Messias. Eram formalmente condenados os ensinamentos e a ressurreição de Jesus. Por outro lado, os cristãos não podiam dispensar completamente a proteção judaica. O judaísmo ainda era reconhecido como *religio licita*, religião oficialmente reconhecida e permitida pelo Império Romano, e até este momento os cristãos haviam simplesmente vivido como membros de uma das seitas desta religião. Condenados oficialmente e excluídos da sinagoga, os cristãos precisavam agora justificar sua própria existência.

Começaram a reinterpretar as Escrituras judaicas, declarando-as o seu AT. E os judeus eram assim deserdados de seus livros sagrados. Afirmava-se que todas as promessas e os estímulos da Bíblia hebraica haviam agora passado para os cristãos. A lei e as promessas levavam a Jesus enquanto Messias. Os judeus, ao rejeitarem-no, tinham perdido sua parte. A história de Israel acabou sendo interpretada como uma história de declínio e de defecção e este movimento para baixo se concluía com o ato de matar a Deus, com seu assassinato. As tribulações dos judeus, afirmou-se, eram a punição de sua infidelidade.

Se esta pode ter sido a teologia oficial das relações entre cristãos e judeus, a prática muitas vezes foi diferente. Sabe-se de amizades pessoais e profissionais entre teólogos cristãos e judeus, de suas pacientes discussões, de cristãos que estudavam o hebraico (Como podiam esperar refutar ou reinterpretar as Escrituras hebraicas sem conhecer corretamente a língua?), de contatos cotidianos entre gente comum (todos imersos numa atmosfera pagã), da Páscoa judaica e da cristã, celebradas em conjunto (a proibição é somente do século IV), de muitos cristãos influenciados pelos ensinamentos e pelas práticas da sinagoga e pelas conversões (a proibição é do século IV). Nem a vida dos judeus era diferente da dos cristãos, como, ao invés, sucederá mais tarde no gueto.

A despeito das numerosas relações de amizade, as consequências políticas da ruptura religiosa foram inevitáveis, a partir do momento em que a Cristandade se encontrou na condição de ter que fazer sua paz com Roma, isto é, desde quando não pôde e não quis mais ser considerada como uma subdivisão do judaísmo.

b. *A solução constantiniana* – A fase seguinte, do afastamento entre as comunidades cristãs e as judaicas, começa no século IV, como consequência da assim chamada solução constantiniana. Foi decisiva para os desenvolvimentos e as atitudes subsequentes, seja que a consideremos como a adoção do cristianismo da parte do império, com a relativa incorporação ao Estado, seja que a vejamos como simples reconhecimento oficial do cristianismo enquanto religião mais importante. As consequências para as outras comunidades religiosas foram pouco agradáveis, de modo especial para o judaísmo, matriz e sob muitos aspectos parente próximo do cristianismo. A felicidade dos cristãos cedo transformou-se em desgraça para os judeus. A atitude do império foi igualada pelo imperialismo da Igreja, enquanto as leis daquele modelavam a vida desta. Tornou-se difícil distinguir as leis da Igreja das do Estado. A hierarquia cristã fez de tudo para consolidar sua própria posição e enfraquecer a da comunidade hebraica. Naquela época, a maioria dos cristãos eram gentios convertidos de várias religiões. Toda vez que pediam para aderir ao cristianismo acontecia que a adesão era nominal e estes continuavam a levar uma vida de princípios morais fracos.

No dizer de muitos escritores e pregadores do século IV, os judeus não eram de modo algum seres humanos contemporâneos, mas, antes, uma abstração teológica ou uma caricatura que tinha raízes nos atos culpáveis contados no AT. Se os judeus contemporâneos apareciam e se comportavam como seres humanos normais, isto devia ser porque tinham conseguido mimetizar-se para enganar o próximo! Raramente os judeus eram inculpados de crimes humanos comuns; suas culpas eram religiosas, eram pecados. A ideologia substituía a realidade e as generalizações estavam na ordem do dia. O lugar específico reservado a Israel nos planos divinos de salvação nunca era mencionado nos estudos dos Padres da Igreja. Todas as maldições do AT eram referidas a um só grupo, os judeus, e todas as bênçãos aos cristãos, seus herdeiros e sucessores. Esta leitura da história judaica plasmou durante séculos o pensamento cristão oficial e popular e em grande parte prossegue até hoje.

As pregações daqueles tempos perseguiam objetivos tanto eclesiásticos quanto políticos. Deviam guiar e instruir os fiéis e eram ao mesmo tempo um modo de dar publicidade a leis e ordenamentos recentes ou futuros. Eram também instrumentos destinados a formular políticas que tanto a Igreja como o Estado tencionavam introduzir. Assim, Ambrósio, bispo de Milão, podia falar das sinagogas como de "templos de impiedade", moradas de demônios e de idólatras. Eram lugares piores do que os circos dos pagãos e entrar nelas era ação blasfema. Participar da Páscoa judaica com amigos ou vizinhos era insultar a Cristo. Era óbvio que Deus odiasse os judeus e dos homens se esperava que fizessem o mesmo.

As mais violentas pregações contra os judeus foram as de Crisóstomo, bispo de Constantinopla. Em seus *Oito sermões contra os judeus* pregou contra as sinagogas, contra a Páscoa hebraica, a ausência de uma legítima linha ministerial, a incapacidade dos judeus para entender corretamente as Escrituras, contra as festas judaicas e aqueles cristãos que nutriam simpatias para com os judeus e qualquer tipo de comunicação com eles. Os concílios da Igreja proibiram não só os casamentos entre cristãos e judeus, mas também qualquer relação sexual. Era vedado intercambiar presentes e aceitar hospitalidade dos judeus. Aos judeus era vedado possuir escravos, de sorte que lhes foi impossível possuir e cultivar a terra e trabalhar na indústria. Não era permitido construir novas sinagogas e eram proibidas as atividades missionárias de qualquer tipo que fosse. Os judeus não podiam entrar no exército, nem exercer a profissão forense nos tribunais ou trabalhar como dependentes do Estado. Teriam sido necessárias todas estas proibições se isto não tivesse feito parte da vida de cada dia e das relações sociais comuns?

Não obstante as inúmeras restrições, no século VIII os judeus se haviam difundido por toda a área do Mediterrâneo, na Espanha, em seguida em território francês e teutônico até os vales do Reno e do Mosela. No Oeste, podiam ainda praticar o comércio e a agricultura e na Península Ibérica muitas vezes atuaram como mediadores entre cristãos e muçulmanos, gozando da confiança de ambas as partes. As duas comunidades, a cristã e a hebraica, viviam relativamente em paz uma ao lado da outra, os judeus às vezes também debaixo de estrito controle, se não até sob a proteção do bispo local. É supérfluo dizer que de quando em vez surgiam dificuldades neste ou naquele lugar, como a expulsão dos judeus de Mogúncia pelo Imperador Henrique II, em 1012, mas no conjunto a existência era pacífica e o futuro apresentava-se luminoso.

c. *As cruzadas* – As coisas mudaram com a convocação da primeira cruzada, por obra do Papa Urbano II, em 26 de novembro de 1095: teve início então uma época de perseguições, tal como os judeus ainda não haviam conhecido. As hordas dos cruzados, o mais das vezes indisciplinadas, transportadas pelos agitadores a um autêntico paroxismo religioso, começaram a perguntar-se: "Por que deveríamos viajar até a Terra Santa para libertar Jerusalém dos muçulmanos, inimigos de Cristo, se seus inimigos se encontram em nosso meio? Antes de tudo, libertemo-nos deles". E provaram-nos, com sanguinosas consequências, especialmente ao longo do Vale do Reno e na França. As opções oferecidas aos judeus foram a apostasia ou a morte e deve-se lembrar mais uma vez que os judeus foram muitas vezes protegidos pelos bispos locais e até pelo rei.

Desde que dos judeus não se precisava mais como comerciantes ou intermediários e depois de seus campos terem sido devastados, os judeus foram forçados a tornar-se emprestadores de dinheiro, emprestadores sob penhor e usurários. Eram acusados de fazer complô contra os cristãos, de envenenar os poços e de fazer sacrifícios rituais de crianças. Obrigados a carregar sinais especiais de reconhecimento (Concílio de Narbona, 1227) e roupas específicas (governo de Castela, 1412), impunha-se-lhes que residissem em distritos especiais e, no tempo da Reforma, os guetos se tornaram obrigatórios. Não eram outra coisa senão distritos fechados ou estradas fechadas de noite. Seus livros foram queimados em público em Paris, em 1242 e em 1248. O Papa Inocêncio III, no século XIII, declarou oficialmente que os judeus eram responsáveis pela crucifixão de Cristo e que por culpa própria estavam condenados a vaguear e a fugir para sempre, como Caim. A Inquisição, criada em 1233 para perseguir os cristãos heréticos, foi usada na Espanha, no século XV, para erradicar os judeus que se haviam tornado cristãos de nome, ainda que continuassem a praticar secretamente sua religião.

Em 1290 os judeus foram expulsos da Inglaterra e obrigados a refugiar-se na França; um século mais tarde, expulsos também da França, transferiram-se para a Espanha, para serem novamente expulsos daí um século depois. Por outro lado, houve uma migração voluntária para o Leste – Lituânia e Polônia; estes dois países acabaram tendo o maior número de judeus da Europa.

d. *A influência de Lutero* – O próximo ponto mais baixo da vergonhosa e embaraçosa história das relações entre cristãos e judeus foi atingido com M. Lutero (1483-1546). Depois de 1517, Lutero havia-se tornado muito popular. Na Alemanha era considerado não somente um reformador da Igreja, mas também um herói nacional. Muita gente comum e muitos líderes, inclusive príncipes regionais e eleitores, haviam-se tornado seus seguidores. Enquanto se consideravam todos filhos e filhas leais da Igreja, ainda que protestantes, aceitaram sem pestanejar as reformas do culto que o monge e professor de Wittenberg ia introduzindo. A missa e outras celebrações cultuais eram oficiadas em alemão, podia-se ler a Bíblia na língua vernácula e os hinos eram traduzidos ou escritos diretamente em alemão, por Lutero e outros.

Lutero havia tido aulas de hebraico com J. Reuchlin, célebre estudioso humanista, que era também membro da ordem dominicana (originariamente fundada para combater os inimigos da Igreja, inclusive os hereges e os judeus). Reuchlin tinha recentemente vindo em socorro dos judeus em Frankfurt e em Colônia, onde cópias do Talmud haviam sido queimadas em público por Pfefferkorn, um convertido do judaísmo violentamente antijudeu, também ele dominicano. Lutero estava muito interessado em seguir o conselho de Reuchlin de estudar os livros hebraicos, antes que queimá-los. Atestam-no suas preleções sobre o livro do Gênesis. Na época, Lutero ainda considerava os judeus como primeiros protestantes contra a Igreja Católica e passou a assisti-los de todos os modos. Em resposta a isto, parece que esperava uma conversão em massa para o movimento protestante. Num opúsculo, intitulado *Jesus nasceu judeu*, declarava que Cristo pertence mais aos judeus do que aos gentios germânicos e que por isto os judeus deviam ser tratados com gentileza e com amor cristão, antes que com as "leis papais". Escreveu sobre a maneira vergonhosa como na história os judeus haviam sido tratados pelos cristãos, exatamente "como se fossem cães e não seres humanos".

Mas com o correr do tempo Lutero teve que reconhecer que suas expectativas de conversão dos judeus não se haviam verificado. Pareciam-lhe tão pouco interessados em sua interpretação do Evangelho quanto o haviam sido em relação ao Evangelho pregado pela Igreja durante os quinze séculos anteriores. Isto o decepcionou muito e, três anos antes de sua morte, ocorrida em 1546, escreveu um opúsculo *Sobre os judeus e suas falsidades*, em um tom tão abjeto que pior não se escreveu desde então, nem sequer da parte da imprensa nazista antissemita. Mais ainda: boa parte do que se encontra nesta última foi tirado diretamente de Lutero. É preciso ter consciência de que grande parte do antissemitismo que caracterizou muitas das igrejas luteranas tinha sua origem neste escrito do reformador. Apesar disso, há que sublinhar que as igrejas luteranas, a partir daquele momento, repudiaram o antissemitismo.

e. *Consequências do Iluminismo* – O Iluminismo – ou idade da razão, como também se denominou este período – começou como corrente de pensamento depois da Revolução Inglesa de 1688. Nasceu sob a influência do racionalismo de Descartes, da descoberta de Newton de uma ordem fundamental do universo e do empirismo de Bacon. Pode-se dizer que o objetivo foi o de aplicar o pensamento racional e científico aos problemas sociais, econômicos, políticos e religiosos. Era o fim das atitudes medievais (inclusive da Reforma, naturalmente) de intolerância religiosa e do obscurantismo, mas também o fim das restrições aplicadas ao comércio e aos empreendimentos mercantis. Liberdade, razão e humanitarismo tornaram-se os *slogans* sobre os quais há que basear a vida. Os direitos do homem – hoje se diria os direitos humanos – eram proclamados não só por filósofos e ensaístas na Inglaterra, França e Alemanha, mas também por "déspotas iluminados" (é assim que queriam ser conhecidos) na Rússia, Prússia, Áustria e também na Espanha.

Deviam ser os judeus, enquanto setor mais desprezado da sociedade, a se beneficiarem mais do Iluminismo. Mas não se deve esquecer que os direitos humanos não são necessariamente a mesma coisa que os direitos civis e foram precisos muitos anos para que os judeus pudessem obter plenos direitos como cidadãos. A França foi o primeiro país, em 1791, seguida pela Holanda, em 1796, e depois pela Prússia, em 1812. É bastante estranho, mas a Inglaterra chegou muito mais tarde, ainda que, na época, a integração social dos judeus há muito tempo já estivesse efetivada.

Poderá ter parecido aos judeus de então que seus sofrimentos estivessem por acabar e que a perseguição sofrida durante centenas de anos tivesse terminado. Mas não foi o que aconteceu. Objeções à libertação civil dos judeus continuaram a ser levantadas da parte daqueles círculos que mais temiam por suas propriedades e por seus privilégios: os proprietários de terras, as classes médias, que se estavam enriquecendo em consequência da Revolução Industrial, e o exército.

As vitórias de Napoleão, com todas as suas consequências, também tiveram uma influência sobre o modo de pensar das classes cultas e da população em geral. Este inimigo externo, derrotado com a ajuda de outros países, num período de tempo relativamente breve, deixou uma impressão duradoura nos que eram responsáveis pelo desenvolvimento e pela formação mental de seus concidadãos: professores das universidades alemãs, escritores, jornalistas. Procuraram e encontraram – pelo menos assim pensavam – uma lição de valor imperecedouro. As guerras napoleônicas haviam provado que os Estados vão e vêm, que suas fronteiras podem ser modificadas e ajeitadas. Havia necessidade de algo que fosse mais permanente para garantir um fundamento seguro à vida, tanto pessoal quanto política. Nasceu a ideia natural de nação, de *Volk* (povo), natural no sentido de ser dada por Deus e não feita pelo homem e, em consequência, mutável. O esquema da filosofia do homem traçado por J.G. Herder tornou-se fundamental para pensadores subsequentes, como Hegel e Fichte, Schleiermacher, E.M. Arndt e H. von Goerres. A estes seguiram-se, depois de uma ou duas gerações, Marx, E. Dühring, R. Wagner, H. von Treitschke, A. Stoecker, P. de Lagarde.

Antes de qualquer coisa, existia a nação. Era pura e santa e tinha que ser preservada em sua pureza, a qualquer custo. Os estrangeiros não podiam fazer parte dela, embora nela encontrassem lugar, mas eram desprezados. Os judeus, espalhados em cada país, estavam sob a suspeita de destruir a unidade da nação e por isto eram malvistos. Sua influência precisava ser mantida sob controle, senão até eliminada. A propaganda antissemita na imprensa não foi muito inferior à do período nazista. Revoltas populares em cidades como Hamburgo e Frankfurt e em centros menores de Baden e da Baviera obrigaram as autoridades a fazer intervir o exército para suprimi-las. E se a vida dos judeus, individualmente, era relativamente segura, certamente não o era sua existência enquanto grupo bem identificável. Os judeus continuavam a ser apresentados como inimigos de Cristo e estavam na ordem do dia pregações e pronunciamentos da Igreja contra eles. Boa parte da ideologia nazista antissemita teve origem no pensamento da Alemanha culta do século XIX.

Em toda a história cristã o conflito entre cristãos e judeus tem sido religioso, uma luta entre duas fés religiosas diferentes. Em meados do século XIX a perspectiva muda. O que até aí havia sido antijudaísmo passou a ser antissemitismo, termo que originariamente fazia parte da ciência linguística, e a luta se desloca para o terreno da raça. O judaísmo enquanto religião tornou-se pouco relevante, o inimigo passou a ser o judaísmo enquanto raça. A raça era considerada como algo de fixo e imutável, algo que nunca poderia mudar. Em consequência de sua raça, o judeu foi considerado um mal em si mesmo, incapaz de mudar, nem o batismo teria alterado a situação. O estudo de Joseph Arthur Comte de Gobineau sobre a "desigualdade das raças humanas", publicado em 1855, garantia um fundamento científico para as subsequentes teorias racistas. Estas foram seguidas, na Alemanha, pelos escritos do filósofo antirreligioso Eugen Dühring e por Houston Stewart Chamberlain, genro inglês de Richard Wagner. Sua obra *Fundamentos do século dezenove*, escrita originariamente em alemão (1899), tornou-se um dos livros de texto dos ideólogos nazistas por sua glorificação dos empreendimentos teutônicos e suas concepções violentamente antissemíticas.

Cumpre recordar dois outros eventos importantes, pela influência que tiveram sobre os acontecimentos futuros. O *affair* Dreyfus, ocorrido na França, em 1894, quando um judeu, capitão do exército, foi acusado e reconhecido culpado de alta traição por ter cedido segredos militares à Alemanha. Foi condenado e exilado para Devil's Island. O livro de Émile Zola, *J'accuse*, junto com as vozes de muitos cidadãos, inclusive a do presidente francês, obtiveram sua reabilitação e sua volta a Paris, depois de quatro anos. Mas o dano havia sido feito, o antissemitismo dividia os franceses e favoreceu o aumento dos socialistas. Ao mesmo tempo promoveu o crescimento do movimento sionista entre os judeus da Europa Ocidental.

Há que se recordar também o opúsculo *Os protocolos dos sábios de Sião*, primeiro publicado na França, com o financiamento da polícia secreta imperial da Rússia. Deviam ser as atas de reuniões secretas de um alto comando internacional judaico, que tinha o objetivo de conquistar e dominar o mundo. O opúsculo apareceu primeiro na Rússia, onde foi amplamente usado depois de 1917 pelos monarquistas, contra a Revolução de outubro, em que naturalmente estavam envolvidos os judeus. Desde então o opúsculo foi traduzido para todas as línguas da Europa Ocidental e para o árabe. Hitler o conhecia bem e fez uso dele em seu livro *Mein Kampf.* O mesmo deve dizer-se de Goebbels e de A. Rosenberg (*O mito do século vinte*). Os *Protocolos* não teriam tido nenhum sucesso na Rússia e na Polônia se também lá não tivesse havido, uma depois da outra, ondas de perseguições e de *pogroms* contra os judeus (especialmente na década de 1880), embora estes nunca tenham tido a amplidão do "holocausto".

Os fundamentos ideológicos dos acontecimentos que caracterizaram o período do "holocausto" foram solidamente colocados por toda a história europeia e não somente pela do século XIX. Bastava apenas uma faísca para que o fogo se acendesse.

Não se deve esquecer que, depois do Iluminismo, inúmeros indivíduos e famílias de judeus abandonaram tudo e se reuniram aos grupos numerosos presentes na Alemanha, na Inglaterra e em outros países ocidentais. Foi grande sua influência sobre o desenvolvimento cultural, econômico e político: ocuparam cátedras universitárias, tornaram-se escritores e publicistas, médicos e advogados. Sentiam-se alemães, ingleses, italianos... Consequentemente, quando estourou a guerra, em

1914, muitos deles combateram em prol de seu país, ao lado de seus compatrícios.

4. OS ANOS DO "HOLOCAUSTO": 1933-1945 – a. *Prelúdio para o extermínio* – Se na história houvesse dias dos quais não é possível esperar senão coisa má, 30 de janeiro de 1933 certamente seria um deles. É o dia em que Adolf Hitler, líder do Partido Nacional-Socialista dos trabalhadores, foi feito chanceler da Alemanha de maneira plenamente legal e democrática, ainda que não tenham faltado por detrás dos bastidores intrigas e pactos entre os partidos da direita política. Com a finalidade de aclarar a situação, em 5 de março houve eleições que asseguraram ao partido uma vitória esmagadora.

Infelizmente, muita gente das classes médias não estava preparada para os acontecimentos de 30 de janeiro e para o que aconteceria depois. Não teria sido honroso para eles chegar a conhecer aquele ex-cabo austríaco, barulhento e violento, primário, agitador e orador de taberna. Tinha até escrito um livro, publicado em 1923, *Mein Kampf* (A minha luta), mas para que tomá-lo a sério? Estava cheio de exageros e de uma linguagem hiperbólica sobre o que nunca poderia acontecer na Alemanha, como, por exemplo, o parágrafo que se segue: "Só pode ser cidadão quem for membro da nação, e membro da nação só pode ser quem for de sangue alemão, independentemente da profissão religiosa, mas nenhum judeu pode ser membro da nação". Por que preocupar-se com coisas deste tipo? Em primeiro lugar, os judeus, afinal, não eram tantos, e por acaso o parágrafo 24 do programa do partido, de 1923, não dizia que "o partido apoia o cristianismo positivo, sem ligar-se em matéria de fé a nenhuma confissão em particular"? Isto era suficiente como garantia de comportamento civil cristão, embora a frase seguinte do programa afirmasse que "o partido combate, dentro e fora, o espírito materialista dos judeus". Também não se deve esquecer que em decorrência da derrota da Alemanha, na Primeira Guerra Mundial, as condições econômicas, políticas e sociais exigiam um líder forte que pudesse garantir a ordem no grande caos e guiar o país e os cidadãos para um futuro de paz e de segurança. Um outro motivo pelo qual se tornava necessário um "salvador" político era o "perigo bolchevique", o medo de que o comunismo russo se difundisse como mancha de óleo na Alemanha e em todo o Ocidente, enquanto as condições permaneciam tão pouco estáveis.

Os fatos transcorreram rapidamente, segundo a ideologia nazista. Em 1º de abril de 1933 declarou-se no país inteiro um boicote dos negócios de propriedade dos judeus: quem queria entrar neles era impedido de fazê-lo pela força das camisas marrons nazistas que lhes anotavam os nomes. Alguns dias depois, em 7 de abril, foi aprovada a primeira lei antijudaica: era a "lei para a restituição da profissão do emprego público" (suspensão de qualquer emprego público), que excluía todos os judeus, excetuados os que tinham participado da Primeira Guerra Mundial. Foi notavelmente restringida a advogados e médicos judeus a possibilidade de praticar sua profissão e foi proibido o ingresso em escolas e universidades a estudantes de origem judaica ou também judaica apenas pela metade (dois avós judeus), incluídos os que eram cristãos somente por terem sido batizados. Tudo era perfeitamente legal, com leis e leizinhas aprovadas pelo Parlamento.

Numerosíssimos foram os incidentes locais que ocorreram aos judeus e a imprensa nazista diariamente estava praticamente cheia de artigos e editoriais contra os judeus. O *Der Stürmer* (soldado dos grupos de assalto) do líder local Streicher não teria podido descer mais com seus covardes e deliberadamente sujos artigos e caricaturas antijudaicos. Em 1933 viviam na Alemanha cerca de 500.000 judeus. Nos anos seguintes, os que puderam deixaram o país, às vezes para transferir-se a um Estado vizinho onde, ao estourar a guerra, foram atingidos pelos nazistas. Entre os que permaneceram, muitos acreditaram que a situação para eles não poderia piorar ainda mais.

A etapa seguinte das providências contra os judeus começou em setembro de 1935. Durante a reunião anual do partido, em Nürenberg, foram proclamadas as mais duras leis antijudaicas até então conhecidas. Daí em diante só os membros da nação, os assim chamados arianos, eram considerados cidadãos de pleno direito, com todos os direitos e privilégios; os judeus podiam ser cidadãos do país somente com deveres a cumprir e com nenhum direito. Os casamentos entre judeus e arianos não eram mais permitidos e os casamentos com os meio-judeus precisavam de uma permissão especial que, nos meses e anos subsequentes, não foi concedida (a não ser que o interessado estivesse pronto a pagar uma pesada soma à caixa do partido). Quem fazia o pedido ouvia como resposta a alegação de que os filhos seriam bastardos e que por isto o casamento não podia ser permitido. Relações sexuais entre arianos e judeus eram puníveis e a nenhuma mulher ariana abaixo dos 45 anos era permitido prestar trabalho doméstico nas casas dos judeus.

Pouco depois foi tirado a todos os judeus o direito de participação nas eleições parlamentares. Mas durante os jogos olímpicos de 1936 os cartazes e os manifestos antijudaicos, como qualquer outra indicação de antissemitismo oficial, foram cuidadosamente removidos, para deixar boa impressão nos visitantes provenientes do exterior, e para insinuar que tudo o que liam na imprensa não era verdade ou, no mínimo, era muito exagerado. Em novembro de 1937 foi abolido o privilégio de conseguir o passaporte para ir para o exterior, exceto em casos especiais, como para emigrar. Em julho do ano seguinte foi anulado o direito de acesso a certos trabalhos e foi disposto que a partir de 1º de janeiro do ano seguinte todos os judeus deveriam ter carteiras de identidade especiais. A partir de julho de 1938 os médicos judeus só puderam exercer a profissão como "assistentes médicos" e, em agosto do mesmo ano, impôs-se a todos os judeus a obrigação de acrescentar *Israel* ao nome, caso fossem do sexo masculino, e *Sarah*, se do feminino, a não ser que já fossem identificáveis como judeus. A partir de outubro do mesmo ano, os passaportes dos judeus passaram a ser obrigatoriamente carimbados com um grande "J" (Jude = judeu).

Em outubro de 1938 começou a deportação dos judeus em grande escala: 15.000 judeus declarados apátridas foram mandados para a Polônia, que não tinha nenhuma intenção de recebê-

-los. Tiveram que passar meses na região situada entre os dois países, numa terra de ninguém, esfomeados e sofrendo em razão das pavorosas condições físicas e sanitárias. Entre eles estavam os pais de um jovem judeu que vivia então em Paris. Por desespero, este atentou contra a vida de um conselheiro da embaixada alemã, que morreu dois dias depois. Por instigação de Goebbels, ministro nazista para a propaganda, houve diversos dias de convulsões antijudaicas que terminaram com a "noite dos cristais" (8 de novembro de 1938), durante a qual as ruas, os locais públicos e os pátios foram literalmente cobertos de vidros das janelas das sinagogas, das lojas e das casas dos judeus.

A título de "reparação" pelo assassinato de Paris, impôs-se a toda a comunidade judaica a taxa de um bilhão de marcos e aos judeus se ordenou que reparassem, a suas custas, os danos da noite dos cristais. Em consequência disso, os judeus não puderam mais ser proprietários de nenhuma empresa comercial e também lhes foi proibido ir a concertos, ao teatro e a outros eventos culturais. Pouco depois, todas as empresas comerciais dos judeus foram primeiro fechadas e em seguida requisitadas pelos nazistas. Alguns distritos foram interditados para os judeus durante certas horas do dia e as autoridades locais tinham a faculdade de impedir aos judeus a entrada nas ruas em que ocorriam festas nazistas. No fim de 1938 fecharam-se para os judeus também as universidades. Os bens imóveis, os títulos e as joias tinham que ser entregues às autoridades. Na primavera de 1939 o número dos judeus na Alemanha havia baixado para 215.000.

b. *Os anos da guerra* – No início da guerra, em setembro, instituiu-se o estado de sítio e os judeus tiveram que entregar seus rádios. Na Polônia começaram logo atrocidades contra os judeus, da parte dos alemães invasores ou de destacamentos especiais de forças de segurança nazistas. Os judeus residentes na Áustria começaram a ser deportados para a Polônia, onde eram obrigados a portar a estrela amarela de Davi.

Com a invasão da Rússia, em junho de 1941, iniciou-se a última fase da operação concernente à "questão judaica". Um decreto do mesmo mês exigia de todos os judeus que se classificassem como "ateus". A partir daquele momento também os judeus da Alemanha tiveram que portar a estrela de Davi e não lhes foi mais permitido deixar seu local de residência sem uma permissão da polícia. Os judeus já não podiam mais ter nenhum contato social com os alemães e nem sequer usar os telefones públicos. Em outubro começaram em grande escala deportações de judeus para campos de concentração. Em janeiro de 1942 o número de judeus na Alemanha tinha baixado para 130.000.

Em 20 de janeiro de 1942 realizou-se uma conferência em Wannsee, a poucos quilômetros de Berlim, para elaborar planos para a "solução final" da questão judaica, tanto na Alemanha como no resto da Europa ocupada. Implantaram-se medidas adotadas secretamente por Hitler e por seus assistentes. Somente depois da guerra toda a amplidão deste genocídio organizado foi levada ao conhecimento da maioria dos alemães e do mundo. Foram assim mortos de modo brutal e desumano mais de seis milhões de judeus, ciganos, poloneses e outros "indesejados" que, na Alemanha e na Europa ocupada, embaraçavam o caminho da raça nórdica pura que nazistas e outros antes deles haviam imaginado. A conferência, da qual participaram altos oficiais de vários ministérios alemães, do partido e dos serviços secretos, realizou-se sob o comando de Heydrich, encarregado pelo Marechal Goering de executar todos os planos. A emigração e os campos de concentração não se haviam demonstrado suficientes, sendo assim imperioso encontrar uma nova solução: a transferência forçada de todos os judeus da Europa inteira para campos do Leste Europeu. Alguns meses antes, no outono de 1941, haviam-se começado a experimentar as câmaras de gás nos campos próximos a Posen e a Auschwitz. Agora exigia-se um último esforço. O trabalho necessário para construir os campos de extermínio podia ser fornecido pelos judeus que eram fisicamente fortes. Tinham que trabalhar até caírem por terra e morrerem de exaustão e atingidos por uma bala. A todos os que eram transportados para o Leste dizia-se que trabalhariam para contribuir para o esforço bélico. Mas a verdadeira razão da viagem era mantida em segredo, tanto para os judeus quanto para a população alemã. A Europa foi literalmente rastreada em busca de judeus.

Construíram-se seis campos de extermínio. Eram diferentes dos campos de concentração comuns, os quais, pelo menos no início do período nazista, foram divulgados ao público como "campos de proteção", nos quais os prisioneiros, para seu próprio bem, eram protegidos da fúria da população. Eram também denominados "campos de reeducação".

Muitas das medidas adotadas por Hitler contra os judeus já tinham sido usadas antes, no decurso da história: guetos, roupas especiais, a estrela amarela, restrições às viagens, controles efetuados pela polícia e pelos vizinhos. O elemento novo era o nível de massa e a aplicação sistemática e científica de modernas tecnologias, técnicas de controle e sutilezas burocráticas. O andamento da guerra era menos importante do que a destruição dos judeus na Alemanha e em toda a Europa ocupada. Desviaram-se trens, implantaram-se novas linhas ferroviárias, encomendaram-se milhares de vagões de transporte de mercadorias, em que foram amontoados homens, mulheres e crianças judeus. Unidades do exército e das forças nazistas de segurança foram enviadas à Polônia e para outros distritos em que se encontravam os campos de extermínio. Engenheiros, químicos e físicos foram desviados do esforço bélico e enviados a trabalhar nestes campos, onde inventariam e em seguida controlariam diabólicos meios de destruição de milhões de pessoas. A ideologia tinha que prevalecer a todo custo! A política era guiada por algo que se assemelhava a fanatismo religioso. Para criar o ambicionado paraíso na terra, que duraria mil anos pelo menos, era preciso produzir antes este inferno: o massacre de seis milhões de judeus.

Talvez não consigamos imaginar plenamente as reações de quem primeiro entrou naqueles campos na primavera de 1945. Deve ter-se-lhe apresentado aos olhos uma cena incrível, desumana. Por que razão ninguém se movimentara para fazer algo e procurar salvar pelo menos uma parte das vítimas desta brutalidade de massa? Os governos de Moscou, de Londres, de Paris e Washington estavam bem a par da situação, mas por motivos políticos, militares e estratégicos não puderam ou não quiseram fazer nada. E o povo alemão? A amplidão real do genocídio possivelmente não fosse conhecida da maioria, mas a população sabia, pelo menos de maneira vaga, o que estava acontecendo, pois a perseguição dos judeus e dos "não arianos" havia aumentado, tornando-se sempre mais aberta e "legal". Os alemães tinham parentes que voltavam do fronte oriental, soldados e pessoal das SS diretamente envolvidos nas atrocidades. Devem ter falado disto a suas esposas, a seus médicos, talvez também a seus pastores. Mas também estes diziam: "Não digam nada, não digam nada a ninguém, ou então eu e vocês teremos que pagar com a vida ou com um campo de reeducação". Na atmosfera de terror geral e de falta de liberdade em que a população vivia, o sistema funcionava. Muitos mantiveram o silêncio.

Naturalmente também houve quem não calou: estes não foram poucos, se bem que faltem estatísticas para isto. Houve pessoas que protegeram os judeus, quer se tratasse de amigos e vizinhos ou não: escondiam-nos ou ajudavam-nos a atravessar as fronteiras de países neutros, como a Suíça e a Suécia. Houve pessoas que se atreveram a falar. Não se devem esquecer os nomes de Faulhaber e de Von Galen, cardeais arcebispos de Munique e de Münster, respectivamente, nem o de B. Lichtenberg, o corajoso decano católico de Berlim que, muitas vezes, protestou através do jornal paroquial e que morreu enquanto era transportado para um campo de concentração. Nem se deve esquecer o nome do pastor D. Bonhoeffer, que nos primeiros tempos do regime escreveu contra a perseguição dos judeus, ajudou vários deles a fugir do país e que, no desconforto pelo tratamento reservado a eles pelos nazistas, entrou na clandestinidade armada, crime pelo qual foi enforcado uma semana antes do fim oficial da guerra. A atitude da Igreja em relação à questão judaica – escreveu ele – permitira definir se ela ainda é cristã. A expulsão dos judeus do Ocidente comportava necessariamente a expulsão de Cristo, enquanto Ele mesmo judeu: "O povo de Israel permanecerá eternamente o povo de Deus, o único povo que não passará, porque Deus se tornou seu Senhor, Deus estabeleceu morada entre eles e aí construiu sua casa".

Duas outras pessoas, ambas pastores luteranos, são com frequência citadas por terem ajudado judeus e cristãos não arianos a esconderem-se na Alemanha ou a emigrar: Grüber, de Berlim, e Maas, de Heidelberg. Também não se devem esquecer pessoas como Maximiliano Kolbe, o padre católico que optou por ser morto no campo de Auschwitz, na esperança de que com isto seria poupada a vida de um outro preso. Tudo isto pode parecer e de fato pode não ter passado de um grito no deserto, mas também o gritar no deserto pode ser melhor do que simplesmente não gritar.

Os nomes até aqui citados são os de pessoas que – pelo menos alguns deles – ocupavam importantes posições, mas elas não falaram nem agiram como representantes das respectivas instituições, e sim apenas por sua capacidade individual. As igrejas, seja a protestante, seja a católica, preferiram manter o silêncio. Não se mostraram interessadas no destino dos judeus enquanto tais. A antiga história de que os judeus tinham perdido o lugar diante de Deus não fora esquecida e a teoria da substituição ainda era válida. Existia um número relativamente pequeno de judeus batizados nessas igrejas e ainda menos numerosos eram os judeus membros do clero. Havia a tendência de não interferir no que era considerado esfera estatal e existia a tendência, humaníssima, de calar-se, quando o falar teria custado um preço caro demais. Não foi ouvida a ordem contida em Pr 31,8, que desempenhou um papel importante nos círculos que gravitavam em torno de Bonhoeffer: "Abre a boca em favor dos mudos... em favor dos miseráveis e dos pobres". Se pensarmos que a maioria das pessoas que trabalhavam nos campos de extermínio era provavelmente composta de batizados, ou no mínimo acreditava no que Hitler chamava de "cristianismo positivo", e se pensarmos no silêncio das igrejas e da população em geral, certamente não é exagero falar – como fez F.H. Littell – de "apostasia de massa" e de "apostasia daqueles milhões de pessoas que colaboraram".

Ocorre que estes milhões de pessoas não estavam somente na Alemanha ou nos países aliados ou ocupados. Houve colaboração indireta também da parte dos que simplesmente não fizeram nada ou que se negaram a fazer algo mais. O extermínio em massa dos judeus correu paralelo à apostasia em massa dos cristãos que viviam fora da Alemanha e que se negaram a levantar a voz em favor dos perseguidos e a forçar os respectivos governos a abrir as fronteiras para hospedar os judeus. Os Estados Unidos foram contrários a mudar o sistema da cota de imigração em favor dos judeus perseguidos. A Grã-Bretanha, no início da guerra, só deu hospitalidade a 70.000 "refugiados da opressão nazista". Não seria justo a esta altura deixar de recordar George K.A. Bell, bispo de Chichester, o homem que na Inglaterra não cessou de recordar continuamente a triste sorte dos judeus, e que dedicou uma enorme soma de tempo e de energia para ajudar os que haviam conseguido emigrar da Alemanha para a Inglaterra. A Austrália admitiu apenas alguns milhares de judeus, a África do Sul 26.000, o Brasil e a Argentina 64.000 cada um. O Canadá, seguindo o conselho do diretor do Departamento de Imigração, Frederic Charles Blair, agiu segundo o princípio de que "ninguém já é demais", com exceção de algumas centenas de judeus que, por engano, foram confundidos com prisioneiros de guerra e como tais mandados para aquele país. Todavia, deve-se recordar aqui uma "Resolução sobre a perseguição dos judeus", tomada pelo sínodo geral da Igreja da Inglaterra no Canadá (assim ela ainda se chamava na época) durante sua reunião em Montreal, em 21 de dezembro de 1934. O único país disposto a receber os judeus em grande número foi a Palestina, mas a Inglaterra, que mantinha um mandato sobre ela, impediu-a de fazê-lo. Num documento de 1939, o número de pessoas a serem admitidas estava fixado em 15.000 por ano e, por medo da reação dos árabes, esta cifra não devia ser alterada por qualquer motivo que fosse.

Há muitas perguntas sobre o holocausto levantadas ainda hoje por aqueles que foram atingidos pela tragédia e por todos os que têm interesse pela história do presente século. Como foi possível os nazistas deslocarem grande parte de seus esforços de guerra para a tentativa de livrar o mundo dos judeus, contrariamente a todo cálculo estratégico? Por que os aliados não intervieram e até mantiveram o mais completo silêncio? Por que somente na Alemanha, e por parte dos alemães, quando se sabe que no passado o antissemitismo fora muito mais forte na França e na Rússia? Por que não houve resistência ativa contra as leis antissemíticas e a deportação dos judeus, por parte da Alemanha e dos países ocupados?

c. *Reflexões judaicas* – Também existe – é preciso dizê-lo – o problema de como reagiu a comunidade hebraica. A resposta que procuramos dar é breve e incompleta. Depois de um primeiro momento de silêncio devido ao estupor, começaram a fazer-se sentir várias reações. Da extrema-direita hassídica europeia – ou quanto dela havia restado – levantaram-se algumas vozes em termos de lei deuteronômica (Dt 30,15s) sobre pecado e punição. Embora não se possa deixar de ficar impressionados com uma leitura tão biblicamente ortodoxa, mesmo frente a um mal incrível como o holocausto, não se deve esquecer que a maioria dos pensadores europeus estava mais próxima dos norte-americanos, em seus julgamentos. Nos Estados Unidos, Richard Rubinstein, no livro *After Auschwitz*, sustentava, com efeito, que Deus estava morto: só com esta premissa era possível entender Auschwitz; Emil Fackenheim respondeu: Não! Presumir que Deus esteja morto equivale a conceder a Hitler uma vitória póstuma, destruindo a alma dos judeus depois de os corpos terem passado pelas câmaras de gás nos campos de extermínio. Era a lei hebraica n. 614 que não podia permitir isto.

Elie Wiesel permaneceu em silêncio por longo tempo. Como sobrevivente, não podia e não queria falar, uma vez que o próprio Deus claramente permanecera em silêncio. Por que isto? Deus não se preocupa e não se preocupou com o problema? Deus permanece indiferente diante dos sofrimentos de seu povo? Deus está irado? Pode-se debater e brigar com tal Deus? Em geral, concorda-se no fato de que conseguir entender Auschwitz seria pior do que não conseguir entendê-lo em absoluto. Seria o fim da visão religiosa do mundo. O rabi, pelo final do livro de Wiesel *The Gates of the Forest*, diz o seguinte: "Como não podes crer em Deus depois de tudo o que sucedeu?" Depois de Auschwitz, os judeus certamente se consideram justificados, quando sustentam que o Messias ainda não veio e, depois da miséria e do mal de Auschwitz, são obrigados a perguntar-se com maior urgência do que antes: Quando virá ele? Os cristãos, por sua vez, que sustentam que o Messias já veio, têm que confrontar-se com a pergunta: Por que ainda existe tanto mal no mundo?

O problema do Messias é algo que une cristãos e judeus, tanto quanto os separa. É algo que deve estar na ordem do dia de qualquer diálogo presente ou futuro entre as duas comunidades de fé.

5. JUDAÍSMO, CELEBRAÇÃO DE VIDA – O judaísmo é celebração de vida e a vida é especialmente celebração de uma comunidade de povo. Malgrado as enormes dificuldades encontradas pelos judeus nos últimos três mil anos, malgrado a catástrofe do "holocausto", evento doloroso que destruiu a vida de um terço da comunidade judaica da época, a tradição tem mantido uma visão positiva da vida e do indivíduo e tem sido um verdadeiro investimento na experiência terrena das pessoas comuns, em qualquer momento de sua existência.

a. *Noções* – Numerosas são as noções que interagem na experiência do judeu e forjam sua experiência de vida.

Um conceito fundamental na tradição é Deus. Enquanto criador, Deus é singular e único. Deus está fora do tempo e não está amarrado a nenhum lugar em particular. O antigo nome bíblico de Deus, Yhwh, ou seja, "*'Ehyeh 'Asher 'Ehyeh*", que quer dizer "Eu sou aquele que sou" ou "serei aquele que serei", indica uma existência fora do tempo. O nome bíblico de *'Elōhîm* indica a força a ser aplicada de modo construtivo. O qualificativo *'Adōnāi* manifesta o senhorio que deriva de Deus enquanto criador. No judaísmo do período greco-romano tornaram-se correntes outros qualificativos: *hašem*, "o nome", deixa entrever o especial poder criador de Deus, que dá a vida e com a palavra confere identidade especial a objetos animados e inanimados (p. ex.: Faça-se a luz...), ao passo que *hamāqôm*, "o lugar", deixa entrever a onipresença. Deus é o lugar do ser.

O compêndio da criação divina é o ser humano. O judaísmo considera a referência à humanidade, criada à imagem de Deus, mais como um desafio do que como uma simples afirmação. O povo do antigo Médio Oriente adorava ídolos, formas. A teoria que estava subjacente ao uso da forma era que esta devia ser colocada no centro da comunidade humana, num lugar especial (o templo), projetado para que ali ficasse alojada comodamente. Se a forma fosse um objeto perfeito, o deus teria habitado nela, teria tomado forma nela e teria assim ficado morando na comunidade humana, que teria tirado proveito da presença divina.

O judaísmo sustenta que é o homem, criado à imagem de Deus, o objeto em que Deus deve tomar forma. Todos nós somos desafiados a agir de maneira divina. O judaísmo sublinha com muita ênfase o valor do indivíduo comum. Levamos uma vida de parceiros de Deus na criação do mundo, que ainda está em curso.

No incidente do jardim do Éden, o judaísmo não vê uma "perda da graça", mas apenas uma etapa na realização do projeto divino da criação dos homens. O conhecimento derivado da árvore da ciência provém de um ato de livre-vontade humana e é de *per si* libertador. Tem várias interpretações, como conhecimento sexual, chave da procriação; ou conhecimento da certeza da morte, que deveria servir como estímulo principal e em cada momento para a atividade produtiva; ou finalmente o conhecimento em geral, que permite a nós, criaturas, que examinamos, procuramos e criamos, aplicarmos os frutos de nossas buscas para melhorar o ambiente humano que, afinal de contas, não é outra coisa senão este mundo em que Deus nos colocou.

Apesar de todos os seus prazeres, o jardim escrito em Gn 3 é por demais acanhado para que os homens nele possam exprimir-se plenamente. O nosso jardim é o mundo, este mundo. Usufruímos de seus frutos e na proporção do investimento que fizermos em sua produção. A mulher de Gn 3 é "amaldiçoada" com a dor do parto. A dor é realmente grande, mas grande é também a alegria e a consciência do grande potencial encerrado em cada ser humano. A própria experiência do parto – a expulsão forçada do bebê do ventre materno – é chocante para o novo ser que toma consciência da vida. Esta desenvolve-se e cresce, tornando possíveis grandes feitos. A expulsão do Éden pode ser lida de modo análogo. É o estímulo necessário para colocar os homens no caminho que Deus quer.

A relação entre o homem e Deus e entre uma pessoa e outra, como o conjunto da experiência pessoal e do que o indivíduo experimenta em resposta ao ambiente total que o rodeia, está essencialmente descrita na ideia da aliança, que é, aliás, a substância da *Tôrāh*.

A noção de aliança, de acordo, de pacto ou tratado, que descreve as complexas relações acima recordadas, move-se na linha das alianças em vigor no mundo político do Oriente Médio antigo. Aplicando de modo revolucionário a ideia da esfera política à das relações entre Deus e os homens, o judaísmo liberta a humanidade da experiência limitadora do mundo antigo, com todos os seus deuses caprichosos e cheios de interesses contrastantes, cada um deles em busca da fidelidade dos homens. Na *Tôrāh* é revelada a vontade de Deus e é descrito o que Ele espera dos homens. Fomos libertados da ineficácia da adivinhação. O grande estudioso Abraham Joshua Heschel descreve Deus como um "Deus à procura do homem". A primeira pergunta que Deus dirige ao homem (Gn 3) é: "Onde estás?" Deus pergunta: "Onde estás em tua relação comigo, consideradas as ações que empreendeste?" A ação humana tem valor aos olhos de Deus e a responsabilidade é um aspecto fundamental da existência humana. Deus ama a humanidade criada a sua imagem e ao longo de toda a narração bíblica Deus demonstra estar pronto a adaptar-se à criatura humana.

As promessas feitas a Noé (de que o mundo nunca mais sofreria a destruição global) e a Davi (de que a estirpe davídica sempre seria em definitivo a raiz da liderança humana) garantem segurança e confiança à comunidade humana. A aliança do Sinai, na qual é descrito o desígnio divino de uma comunidade humana produtiva e em progresso, serve de base para o desafio final aos homens de fazerem desta terra um lugar divino, onde a humanidade inteira e toda a natureza cheguem a viver a experiência de uma alegria e de um prazer completos. As expectativas rituais e éticas da aliança são complementares e todas elas têm a finalidade de celebrar a vida.

A *Tôrāh* é revelada ao povo hebraico como projeto de uma comunidade modelo. A *Tôrāh* não é de modo algum estática, evolui com o evoluir da experiência humana. É destinada ao uso cotidiano de cada pessoa. O Deuteronômio diz: "Não está no céu", não está nem distante nem é inatingível. É um plano realístico que coloca desafios realísticos. Em particular, valoriza o fato de que as maiores conquistas humanas se realizam quando os homens trabalham juntos, em comunidade, para fazer deste mundo um lugar maravilhoso para se viver. A ação produtiva de qualquer comunidade judaica contemporânea é a expressão de todas as decisões da comunidade histórica, ou seja, do povo hebraico inteiro que viveu até agora. No judaísmo existe um senso profundo de apego de cada judeu tanto a todos os seus contemporâneos quanto aos judeus que viveram no passado. Todo judeu identifica-se com as alegrias e as dores da existência judaica nos séculos.

Conquanto o judaísmo não seja primordialmente levado por considerações de espaço ou de lugar, sendo Deus o espaço por excelência (*māqôm*, como foi dito anteriormente), a terra de Israel é um lugar todo especial e de fato é naquela terra que a comunidade modelo, descrita na *Tôrāh*, encontra a primeira expressão. Com a comunidade modelo que nela habita, a terra deve ser um país modelo. A topografia variada e a colocação central no meio do mundo antigo indicam que ela é a resposta ou o reflexo do jardim descrito em Gn 3. A terra é o jardim em que, com nosso conhecimento, guiados pela aliança e articulados em ação conjunta, podemos atingir aquela grandeza de que fará parte a humanidade inteira. O fim da longa separação da maioria dos judeus de sua terra, em 1948, é considerado por muitos de nós como o início de um processo que levará à mais produtiva expressão de todos os ideais contidos nas noções que discutimos até aqui. Na expressão judaica contemporânea, a Festa da Independência (1948, o quinto dia do mês Iyyar, no calendário hebraico) e o aniversário da libertação e da reunificação de Jerusalém (1967, no dia 28 do mês Iyyar no calendário hebraico) têm na vida ritual e social da comunidade judaica um significado todo especial. É um novo e grande desafio para os judeus, especialmente para os que vivem fora do Estado de Israel, considerarem este Estado como sua própria casa e ao mesmo tempo desfrutar, valorizar e contribuir para a experiência de outras "casas" (o Canadá ou qualquer outro país, onde vivem os judeus), muitas vezes mais familiares e, sob muitos aspectos, mais cômodas.

b. *Articulação das noções de vida* – Enquanto as noções descritas – Deus, indivíduo, *Tôrāh*, comunidade, terra – interagem e, na interação, instruem a todos na realidade judaica, muitos judeus apreciam tais noções de maneira indireta. A vida judaica consiste em viver a interação de tais noções, presentes muitas vezes no subconsciente. A tradição judaica, embora aprecie o trabalho da contemplação, está principalmente centrada na ação. As infinitas interações humanas, interações entre nós, conosco mesmos e com o cosmo, desenvolvem-se sob a guia da *Tôrāh* e, mais em especial, dos mandamentos e das diretrizes (*miṣwōt*) que se baseiam nas antigas Escrituras hebraicas e que são em seguida elaboradas pelas gerações e nos lugares em que os judeus vivem. A elaboração faz parte da mesma tradição. Ela responde aos novos desafios dos tempos e dos lugares, em benefício da experiência cumulativa da comunidade judaica espalhada pelo mundo, como também em benefício das comunidades dos povos, se considerarmos o fato de que os judeus viveram entre os povos, tirando proveito também de suas intuições.

O conjunto das *miṣwōt* é, em sua totalidade, expressão da religiosidade hebraica. Para um judeu, viver como judeu significa viver uma vida a serviço de Deus. Em certo sentido, cada ato é uma liturgia, cada ação é oração ou adoração. Ao mesmo tempo, há numerosas *miṣwōt*, particularmente na área ritual, que especificam tempos (a hora da oração, as estações das festas anuais) e lugares (a sinagoga para a oração ou o estudo em comum, embora sirva qualquer lugar em que se reúna um grupo de dez, ou a casa, para muitos ritos a serem ali executados). Enquanto se cumprem as *miṣwōt*, enquanto se age de acordo com a aliança divina, aceita-se o desafio de termos sido criados à imagem de Deus. Com nossas ações completamos-lhe a imagem. Assim fazendo, atinge-se o objetivo do *tikkûn 'ōlām*, preparando a unidade e a integridade do mundo.

A tradição judaica identifica três tipos de mandamentos ou *miṣwōt*, que abrangem toda a extensão da experiência humana. Nem todos os judeus, enquanto vivem e interagem com os outros ou com o ambiente, estão conscientes das *miṣwōt* particulares que ali estão envolvidas. Se bem que a tradição valorize a consciência do lugar especial que cada interação ocupa no conjunto da existência, o que no fundo é importante é a ação e não a consciência do lugar que esta ocupa no sistema.

Os três tipos de *miṣwōt* são: 1. *bên 'ādām lammāqôm*, ou seja, entre os homens e Deus; 2. *bên 'ādām leḥăvērô*, entre um ser humano e um outro; 3. *bên 'ādām la'ăṣmô*, entre o homem e ele mesmo.

A categoria *bên 'ādām lammāqôm* abrange todo o conjunto das leis rituais, inclusive a observância de dias especiais (as festas, o sábado), as regras dietéticas e as normas de harmonia com os ciclos da natureza. Tal categoria refere-se a aspectos da vida que têm implicações tanto cósmicas quanto comunitárias.

Um judeu faz experiência da história judaica como de uma combinação equilibrada de alegrias e de dores, de aceitação e de recusa por parte dos outros. O "holocausto" paira como exemplo terrificante e absolutamente decepcionante desta recusa. Terrificante, pela dor causada e pela destruição de um certo modo de viver. Decepcionante, porque conseguiu minar e para muitos judeus ainda continua a minar a fé na bondade fundamental dos homens. É um fato inegável que substancialmente as igrejas silenciaram nos anos do extermínio de um entre cada três judeus e que os nazistas invocaram com orgulho os dois milênios de história cristã para promulgar leis cada vez mais hostis aos judeus. É altamente decepcionante que, num momento de necessidade tão grande, foram poucas as mãos que se estenderam para oferecer a vida, depois de se terem recolhido para receber a comunhão. Não se curam facilmente feridas físicas e morais como as infligidas pelo "holocausto". Sob muitos aspectos, pode-se dizer que não haverá mais cura. O grande desafio é fazer com que tais feridas não nos tornem totalmente incapazes.

Como tradição que ama a vida e todas as pessoas do mundo, a cuja melhoria aspira, o viver cotidiano é um equilíbrio de tradição e mudança, e a própria mudança é o resultado do dinamismo interno e, significativamente, da interação com as pessoas e a natureza. Para o judaísmo, os desafios e a surpreendente potencialidade da existência são os elementos essenciais da vida e o caminho para estes desafios positivos ou o apego à tradição é uma obrigação social a ser transmitida. O Deuteronômio diz: "Então, escolhe a vida". Escolhemos a vida! E nosso envolvimento na vida, como indivíduos e como comunidade, é um motivo para festejar.

6. RUMO A UM FUTURO DIFERENTE DO PASSADO – Comecemos por um trecho tirado do romance de A. Schwarz-Bart, *O último dos justos*, ambientado na Paris ocupada pelos nazistas. Os protagonistas são dois jovens judeus.

"Ele (Jesus) foi de verdade um bom judeu, sabes, um homem gentil e misericordioso. Os cristãos dizem que o amam, mas eu por mim acho que o odeiam, sem sequer saberem disto. Assim, tomam a cruz pelo outro lado, fazem dela uma espada e com ela nos golpeiam. Entendes, Golda... tomam a cruz e invertem-na, viram-na de cabeça para baixo, meu Deus!... Pobre Jesus, se voltasse à terra e visse que os pagãos fizeram dele uma espada, que é usada contra seus irmãos e suas irmãs, ficaria amargurado. Ficaria aflito para sempre. E talvez Ele esteja vendo tudo isto!"

O romancista resume assim, de modo eficaz, o que infelizmente tem sido praxe comum na atitude dos cristãos do mundo inteiro para com os judeus e o judaísmo, durante quase vinte séculos. Como serão as futuras relações judaico-cristãs? À luz de um passado realmente pavoroso poderá haver esperanças realísticas de um futuro radicalmente diferente? Em caso afirmativo, em que base há que se construir tal futuro? Será que existe conhecimento e vontade de construí-lo, sobretudo naqueles dentre nós que professam a fé cristã? E se estamos preparados para fazê-lo, temos a coragem necessária e a honestidade de perseguir o que Deus e a humanidade exigem de nós?

Estas são perguntas feitas pela história passada das relações judaico-cristãs e pelo conhecimento de que dispomos hoje, perguntas que, se tomadas a sério por nós, cristãos, devem levar a um repensamento radical da consciência que temos de nós mesmos, enquanto seguidores de Jesus, judeu fiel, que reconhecemos como salvador e senhor. Entre os muitos fatores correlativos que induziram eminentes pensadores e simples cristãos a empreender este trabalho, poucos tiveram tanto significado quanto o horror do "holocausto" e este fenômeno único que é o nascimento do moderno Estado de Israel. A estes dois acontecimentos precisamos acrescentar a descoberta dos documentos de Qumrân e o relativo crescimento dos estudos bíblicos com as recentes metodologias sofisticadas, tanto no ramo católico quanto nos outros ramos da Cristandade.

Desde o começo, importa ter bem em mente dois pontos. Primeiro: o antissemitismo, como fenômeno histórico, é anterior ao advento do cristianismo no mundo. Segundo: o antissemitismo cristão mostrou-se muito mais tenaz e perigoso do que qualquer outro fenômeno conhecido por nós a partir da história "pagã" (especialmente greco-romana). Mas isto não surpreende muito, se pensarmos no potencial contido no preconceito teológico. Efetivamente, existe algo de pior do que revestir de sanção aparentemente divina a propensão humana a temer (e por isto a odiar) "o outro"? Os exemplos que nos são dados pelas assim chamadas guerras religiosas – como as Cruzadas, a Guerra dos Trinta Anos e mais recentemente os conflitos na Irlanda do Norte, na Índia e no Oriente Médio – são por demais conhecidos. Consequentemente, esta mistura de competitividade humana e de racionalização teológica, evidentes nas relações da Igreja com os judeus, demonstrou-se desastrosa pelas consequências históricas que atingiram estes últimos.

a. *Racionalizações teológicas* – Nas páginas anteriores já falamos sobre estas consequências históricas. Se quisermos afastar a possibilidade de que tais atitudes e comportamentos trágicos voltem a aparecer, nós, cristãos, precisamos em primeiro lugar ter consciência e, portanto, libertar-nos de certas racionalizações teológicas distorcidas, que fazem parte de nossa tradição. Só então teremos condições de construir o modelo positivo de uma relação futura com nossos irmãos e nossas irmãs do judaísmo. Teremos, pois, que resumir as racionalizações teológicas mais significativas de nosso passado cristão e, para fazer isto, podemos seguir a classificação das "Impressões antijudaicas, geradas pelos escritos dos primeiros cristãos", preparada por M. Cooke.

1. Existe a acusação – talvez a mais perniciosa de todas, do ponto de vista histórico – de que o povo judeu, dos tempos de Jesus e dos tempos subsequentes, é coletivamente responsável por sua morte. E já que, segundo a fé ortodoxa cristã, Jesus é encarnação de Deus, a acusação não é de simples homicídio, mas até de "deicídio". Além de ser uma violenta difamação antissemítica, esta acusação, na rígida perspectiva histórica, é absurda e destituída de qualquer fundamento. Muitos judeus da Palestina e a maioria dos que estavam espalhados pelo mundo greco-romano nos tempos de Jesus não sabia absolutamente de nada. A afirmação de culpa coletiva não é sustentável à luz da ética desenvolvida tanto pelas Escrituras hebraicas quanto pelo próprio NT.

2. Espalhou-se também a crença de que as desgraças históricas do povo judeu – em particular a dispersão pelo mundo – não eram outra coisa senão a justa punição pelo crime de "deicídio". Também esta asserção é destituída de fundamento, se quisermos ater-nos a uma perspectiva histórica. A diáspora judaica tem início muito antes do advento do cristianismo e o êxodo mais significativo verifica-se aproximadamente quinhentos anos antes do nascimento de Cristo. Se a maioria dos judeus já residia fora da Palestina durante o ministério de Jesus, é difícil ver como isto possa vir em abono de uma teoria teológica falida.

3. Outra arma do arsenal da polêmica cristã tem sido a acusação de "remoção" ou de "substituição", segundo a qual o pacto entre Deus e o povo de Israel termina no momento em que Jesus é recusado como Messias e se estipula uma "nova aliança" com os cristãos, os quais destituem e passam a substituir os judeus enquanto povo de Deus. É esta linha de pensamento que dará origem ao termo "Antigo Testamento", denominação intrinsecamente pejorativa das Escrituras hebraicas. A falta de fundamento escriturístico da "teoria da remoção" será demonstrada mais adiante.

Além destas três acusações, poderíamos citar outras duas, que tendem a reforçar as primeiras e torná-las mais aceitáveis entre os fiéis cristãos.

4. Tornou-se prática cristã comum – evidente desde os tempos do NT – favorecer uma metodologia interpretativa particularmente malévola e superficial pela qual, com particular referência à literatura profética, as críticas bíblicas negativas feitas pelos profetas a seus contemporâneos judeus, brotadas do amor e do interesse por sua fidelidade religiosa, foram usadas pelos cristãos – muitos dos quais, afinal, de origem gentia – como armas polêmicas para agredir os judeus. Em contraste com este procedimento, as passagens mais positivas da literatura profética, que continham as promessas de esperança e de salvação, eram pelos cristãos aplicadas não aos judeus, aos quais os profetas haviam dirigido estas palavras, mas à Igreja, que agora tinha substituído o "antigo Israel" e se tornara o "novo Israel". Com acerto escreve R. Radford Ruether, estudiosa romano-católica: "Na exegese cristã do AT a história hebraica é partida em duas. A dialética do juízo e da promessa torna-se esquizofrênica, sendo aplicada não a um povo eleito, mas a dois povos: o povo réprobo, os judeus, e o futuro povo eleito da promessa, a Igreja... A rejeição e o assassinato do Messias é o ápice lógico da perversa história do povo hebreu. A autêntica herdeira da promessa de Abraão é a Igreja".

Pode-se também observar que o mesmo método de hermenêutica seletiva se encontra até no uso que mais tarde a Igreja faz das críticas de Jesus em relação a alguns dos homens religiosos de seu tempo. Tais críticas, provenientes de um real interesse e amor por seu povo, foram mais tarde convertidas em instrumentos polêmicos, com o que uma autocrítica totalmente interna (judaica) se tornou externa e foi usada como meio para "desjudaizar" o próprio Jesus.

5. Também se tem dito que o judaísmo dos tempos de Jesus já estava corrompido e destituído de vida, que não tinha mais nenhum poder de regenerar-se e que sua característica principal era um árido e cruel "legalismo", vazio de conteúdo espiritual e desmotivado. Tal acusação foi como que cristalizada na apresentação notória e uniformemente negativa do partido religioso por nós conhecido como fariseus. Contra esta acusação, como aliás contra as precedentes, fez-se justiça com fatos historicamente demonstráveis, com o juízo teológico e com o puro e simples bom-senso. Hoje é sobejamente sabido que o cristianismo dos tempos de Jesus era uma mistura rica e viva de várias escolas de pensamento, como demonstram os seguintes dados: *a.* a variegada literatura canônica e extracanônica do ano 200 aC aproximadamente até os tempos de Jesus; *b.* os documentos de Qumrân, descobertos no fim da década de 1940, conhecidos comumente como os rolos do Mar Morto; *c.* a ideia totalmente melhorada que hoje temos dos próprios fariseus. A "reabilitação" dos fariseus nos últimos decênios tem sido considerável, como o foi, aliás, o efeito das descobertas de Qumrân, que revolucionaram o conhecimento da história do judaísmo pré-cristão e do próprio cristianismo primevo.

É preciso sublinhar de novo que a polêmica antijudaica não se encontra somente numa parte específica da literatura patrística, mas em boa parte também nos primeiros fundamentos do próprio NT. Este fato, reconhecido por muitos competentes e estimados teólogos cristãos de hoje, é praticamente desconhecido ou eludido por muitos cristãos que ainda não acertaram as contas com as implicações deste dado concreto para a Igreja e o mundo. É verdade que certas passagens do NT, interpretadas historicamente, são menos negativas do que parece à primeira vista; todavia, muitas vezes são lidas sem uma boa exegese e, portanto, são interpretadas e usadas de maneira errônea. Ao contrário, outras passagens que têm potencialmente um imenso valor para repristinar o respeito dos cristãos para com os judeus e o judaísmo têm merecido, até pouco tempo atrás, pouca atenção da parte dos estudiosos bíblicos cristãos, para não falar dos leigos comuns.

b. *Corrigir os erros do passado* – Que é que se tem então feito para corrigir os erros do passado e o que resta ainda por fazer? Se tivéssemos que escolher um evento de particular importância para que se possa esperar que um futuro relacionamento entre judeus e cristãos seja radicalmente diferente do que foi no passado, muitos citarão sem hesitar o n. 4 de *Nostra Aetate* (28 de outubro de 1965). Por trás deste texto relativamente breve existe – é preciso que se diga – uma história longa e por vezes controvertida, mas o próprio fato de ele ter sido promulgado deve-se em boa parte aos persistentes esforços irênicos do estudioso judeu francês J. Isaac, cuja pesquisa sobre a história passada do "ensinamento do desprezo" da Cristandade em relação aos judeus e ao judaísmo tivera um impacto significativo sobre o propósito do Papa João XXIII de ver a declaração aprovada pelo Concílio Vaticano II. Talvez as frases mais importantes se refiram a duas das maiores acusações acima referidas, a do "deicídio" e a da "teoria da remoção".

A *Nostra Aetate* afirma: "segundo o apóstolo, os judeus, por causa de seus pais, permanecem ainda muito queridos de Deus, cujos dons e cujo chamado são sem arrependimento (cf. Rm 11,28-29)".

Estas palavras, se entendidas em seu sentido pleno, acabam com qualquer teoria de "remoção" ou de "substituição" do judaísmo por parte do cristianismo; na realidade, elas subentendem um significativo repensamento, por parte dos cristãos, sobre o lugar e o papel dos judeus e do judaísmo na obra da redenção do mundo, no contexto de um ininterrupto e válido pacto entre Deus e o povo de Israel.

Igualmente significativo é o desabono explícito da acusação de "deicídio":

"O que foi cometido durante sua (de Jesus) paixão não pode ser imputado indistintamente a todos os judeus que viviam na época, nem aos judeus do nosso tempo... Os judeus não devem ser apresentados como rejeitados por Deus, nem como amaldiçoados, como se isto resultasse da Sagrada Escritura" (NA 4).

Também é digno de nota que esta parte da *Nostra Aetate* reconheça a grande importância da correta pregação e da exegese bíblica, como base segura de instrução religiosa. É justamente esta exegese atenta e erudita que tem condições de garantir uma vez por todas os meios capazes de demolir tanto o mito de diáspora como punição quanto a interpretação histórica das Escrituras hebraicas entendidas como simples "preparação" do Evangelho cristão. Estas pesquisas poderão também acabar com o mito de um estado aparentemente degenerado do judaísmo no tempo de Jesus. E também é igualmente importante o fato de que as instruções sobre a aplicação da *Nostra Aetate*, emitidas posteriormente, tanto pelo Vaticano quanto pelos bispos católicos dos Estados Unidos, tornaram ainda mais explícita e clara a implementação deste documento-chave para a liturgia, a pregação e a catequese.

Considerando-se o peso da Igreja Católica Romana e o lugar histórico que ela ocupa dentro da Cristandade, entende-se que qualquer ação empreendida por ela, no sentido de melhorar as trágicas relações passadas entre judeus e cristãos, se reveste de significado enorme para todos os cristãos. A esta altura é preciso também ter consciência do fato de que muitas das principais igrejas protestantes e anglicanas fizeram declarações explícitas semelhantes sobre as raízes teológicas do antissemitismo histórico dos cristãos (incluída aí a formulação teológica de antijudaísmo).

A função do pregador também é crucial; talvez ele possa prestar um grande serviço, não repetindo ao infinito os perigos do antissemitismo, mas tendo tal sensibilidade e compreensão que exponha com clareza, toda vez que for necessário, aqueles valores positivos do patrimônio judaico do qual os cristãos devem haurir. Também a catequese deve basear-se, em todos os níveis, em materiais isentos dos elementos antijudaicos do passado; estes materiais refletem nossa compreensão atual do valor e da legitimidade da matriz judaica da qual, enquanto cristãos, provinham. Em relação a isto, é bom sublinhar o desenvolvimento e a contínua vitalidade do judaísmo pós-bíblico, seja como dissuasório contra qualquer resíduo dos mitos da "remoção" e da "degeneração", seja como rica fonte de discernimento espiritual e de esperanças nesta nossa peregrinação como descendentes espirituais de Abraão, nosso pai comum na fé.

Esta revalorização da liturgia, da pregação e da catequese implicam a necessidade contínua, em nível de estudo, de desenvolver uma teologia positiva do judaísmo e de repensar a cristologia, de modo que a Igreja e o povo de Israel possam ser vistos um ao lado do outro e não um contra o outro, de vez que cada um deles está empenhado em manter fidelidade a seu próprio pacto com aquele Deus que ambos reconhecemos e ao qual procuramos servir.

c. *Mudar o mundo* – Este último ponto diz-nos que restam numerosas áreas em que, como cristãos e judeus comprometidos, podemos unir os esforços de modo honesto e sem "compromissos", perseguindo a nobre meta de "*tikkûn 'ōlām*" (mudar o mundo). É aqui que se podem exprimir nossos valores éticos comuns, enquanto na solidariedade procuramos enfrentar os graves problemas da justiça social, tão evidentes no mundo de hoje.

Ainda que cristãos e judeus divirjam quanto à identidade e à vinda do Messias, precisamos, todavia, confessar que o mundo, no estado atual, está bem longe daquela redenção total que é nossa esperança comum para a humanidade. É esta esperança e esta visão corajosa que devem manter-nos juntos, nos anos que estão pela frente.

Há uma última coisa que deve ser valorizada por nós, cristãos, se verdadeiramente desejarmos entender e respeitar os irmãos e irmãs judeus: o grande significado que tem o moderno Estado de Israel para o povo judeu, em seu conjunto. Desde o renascer de Israel, em 1948, a avaliação da importância de tal acontecimento, feita pelo mundo cristão, tem sido totalmente ambivalente. Não há dúvida de que as razões desta ambivalência são complexas, mas, à luz do passado, não parece forçado afirmar que pelo menos em parte a ambivalência se deve, também em nível inconsciente, à persistência, entre os cristãos, das ideias de "deicídio" e de "diáspora punitiva". Um repensamento sério destas insustentáveis hipóteses teológicas, associado a uma consciência maior do papel que o povo desempenha no judaísmo, será de grande ajuda para os cristãos, para aceitarem com maior imparcialidade e positividade o fato do moderno Israel. Podemos não concordar com determinadas políticas de um determinado governo israelense; diversidades de pontos de vista existem também no interior da comunidade judaica. Enquanto cristãos, estamos certamente preocupados com que haja medidas adequadas para os vários grupos cristãos (e outras minorias) no interior de Israel. Em cada acontecimento não podemos deixar-nos levar por aquele "tipo de crítica que veria na incapacidade de Israel de manter-se no mais alto nível moral uma excusa para negar seu direito à existência". O que se deve afirmar é a aceitação incondicional do direito que Israel tem de viver em paz e na justiça com seus vizinhos: a falta desta aceitação tornaria impossível um diálogo efetivo e a amizade entre cristãos e judeus.

O diálogo deve basear-se na aceitação recíproca e no respeito entre iguais. Tal respeito pressupõe que exista a vontade de permitir a cada comunidade definir-se segundo seus próprios fins, livres dos preconceitos e dos estereótipos do passado. O diálogo nunca será usado como tentativa disfarçada de fazer prosélitos, mas será, antes, a base sobre a qual se desenvolverá e manterá aquela confiança que é tão necessária para a realização conjunta da tarefa do "*tikkûn 'ōlām*". Por isto, este diálogo deve tornar-se realidade em nível local, em nível de comunidade, se quisermos que ocorram mudanças duradouras de atitude e de comportamento em nossas relações, que já são tão inextricáveis.

Bibl. – JUDEUS E JUDAÍSMO: M.M. Kaplan, *Judaism as a Civilization*, Jewish Publication Society 1957; M.I. Dimont, *Jews, God and History*, Nova York 1962; T.H. Gaster, *Festivals of the Jewish Year*, Peter Smith 1962; J. Parkes, A *History of the Jewish People*, Londres 1964; A.J. Heschel, *Between God and Man*: *An Interpretation of Judaism*, Nova York 1965; A. Eban, *My People, the Story of the Jews*, Behrman 1968; A. Herzberg (ed.), *The Zionist Idea*, Nova York 1970; J. Parkes, *Whose Land? A History of the Peoples of Palestine*, Taplinger 1970; C. Roth-G. Wigoder (ed.), *Encyclopedia Judaica*, Nova York 1972; H. Kaufman, *Jews and Judaism Since Jesus*, Nova York 1978.

RELAÇÕES CRISTIANO-JUDAICAS: J. Isaac, *The Teaching of Contempt*, Anti-Defamation League 1964; G. Baum, *Is the New Testament Anti-Semitic?*, Mahwah, NJ, 1965; R. de Corneille, *Christians and Jews*: *The Tragic Past and the Hopeful Future*, Longmans, Canadá 1966; R.R. Ruether, *Faith and Fratricide*, Seabury Press 1974; K. Stendahl, *Paul Among Jews and Gentiles*, Minneapolis 1976; E. Fischer, *Faith Without Prejudice*, Mahwah, NJ, 1977; J. Parkes, *The Conflict of the Church and the Synagogue*, Nova York 1977; H. Croner-L. Klenicki, *Issues in the Jewish-Christian Dialogue*, Mahwah, NJ, 1979; AT. Davies, *Anti-Semitism and the Foundations of Christianity*, Mahwah, NJ, 1979; M. Hay, *The Roots of Christian Anti-Semitism*, Anti-Defamation League 1981; J. Pawlikowski, *Christ in the Light of the Christian-Jewish Dialogue*, Mahwah, NJ, 1982; A.J. Rudin, *Israel for Christians*, Minneapolis 1982; C. Williamson, *Has God Rejected His People?*, Nashville 1982; J. Koenig, *Jews and Christians in Dialogue*, Minneapolis 1983; P. van Buren, *A Christian Theology of the People Israel*, Seabury Press 1983; L. Klenicki-G. Wigoder, *A Dictionary of the Jewish-Christian Dialogue*, Mahwah, NJ, 1984; E.H. Flannery, *The Anguish of the Jews*, Mahwah, NJ, 1985[2]; S.E. Rosenberg, *The Christian Problem*: *A Jewish View*, Hippocrene Books 1986.

O "HOLOCAUSTO" DO PONTO DE VISTA HISTÓRICO: L.S. Dawidowicz, *The War Against the Jews*: *1933-1945*, Londres 1975, Nova York 1976; Ph. Hallie, *Lest Innocent Blood be Shed*: *The Story of Le Chambón*, Nova York 1980; G. Clare, *Last Waltz in Vienna*, Londres 1982; I. Abella-H. Troper, *None is Too Many*, Nova York 1982; A. Frank, *O diário de Anne Frank*.

IAN KAJEDAN

JUSTIÇA

1. *Introdução* – 2. *No Antigo Testamento* – 3. *No Novo Testamento* – 4. *O conceito filosófico-jurídico* – 5. *Algumas características do novo conceito ampliado* – 6. *A discussão mundial sobre os direitos e a liberdade do homem* – 7. *Justiça social antes da encíclica "Sollicitudo rei socialis"* – 8. *Justiça social na encíclica "Sollicitudo rei socialis"* (I. Fuček) – *Justiça na visão do "Magnificat"* (E. Hamel).

1. INTRODUÇÃO – A *semântica* do conceito de *justiça* (ṣedāqāh, dikaiosýnē, iustitia, Gerechtigkeit, justice, fairness, pravednost) é polivalente: possui um significado bíblico, teológico, filosófico, jurídico, social, político, ético, religioso e laico. Portanto, é um conceito análogo: nem unívoco nem equívoco. Exprime um comportamento pessoal ou social, seja nas microestruturas, seja nas macroestruturas. Os filósofos gregos, com Aristóteles, insistiam na *teoria* da justiça, que progressivamente se tornou um sistema racional de princípios, quase exclusivamente da justiça "comutativa", segundo o critério *suum cuique*, com forte acentuação sobre o *suum* e sobre o *alienum*. Ao invés disto, os profetas do AT insistiam na *praxis* da justiça, detendo-se na vontade de Jhwh, segundo o princípio "tem cuidado de teu próximo". Portanto, enquanto a "justiça" dos gregos tem um significado filosófico, jurídico, social, político, ético e laico, a "justiça" dos profetas do povo eleito tem um significado bíblico, teológico, social, moral e religioso.

A despeito da diversidade de significado, existe uma continuidade fundamental entre a noção dos gregos e a dos israelitas. Como *pars in toto*, da mesma forma o conceito grego *cuique suum* de fato está incluído no conceito bíblico de justiça. Mas o conceito de "justiça" encontra-se como a herança sagrada em cada cultura e em cada religião. Pela descoberta arqueológica de 1901/1902 veio à luz o Código de Hammurabi (entre os anos 1717 e 1665 aC), escrito em caracteres cuneiformes, num obelisco; contém ele 282 artigos: Hammurabi é designado pelos deuses para administrar a justiça no país, para "dar justiça" ao povo, para proteger as viúvas e os órfãos e fazer com que o forte não oprima o fraco. O conceito de justiça não raro é ideologizado de acordo com os sistemas sociais, econômicos, políticos e as tradições culturais. Na cultura ocidental, ela de fato recolhe a *síntese* de três dimensões: a judaico-cristã, a greco-romana, a germânico-eslava. Isto faz com que hoje, no Ocidente, o conceito de "justiça" tenha matizes diferentes de país para país, de um círculo cultural para outro. Mas não somente no Ocidente; este "pluralismo" da noção "justiça" é uma realidade mundial. Com efeito, ao longo da história, o conceito de "justiça" e o comportamento "justo" foram enriquecidos, mas também ofuscados por elementos filosóficos, jurídicos, políticos e ideológicos, provenientes de diversas teorias e ideologias. Pode-se, portanto, dizer que a justiça hoje representa um dos conceitos mais complexos e, portanto, mais difíceis de explicar *ad captum*. Ao mesmo tempo, é um conceito que figura entre os mais comprometidos, na medida em que cada regime e cada sistema cria sua própria "justiça", segundo a qual procede não somente na teoria (embora usando os mesmos termos), mas também na práxis e na legislação.

O nosso intento é descrever a verdadeira noção de "justiça"; por isso, é preciso investigar as raízes, analisar e sintetizar a prudência e a sabedoria da experiência sociorreligiosa judeu-cristã, de um lado, e a teoria filosófico-jurídica greco-romana, de outro. O conceito bíblico de "justiça" é religioso, pessoal e espiritual. Diz respeito ao povo eleito e ao membro individual, não fora, mas em seu interior. De fato, é identificado com o conceito de *perfeição, santidade*; por isto, o perfeito, o santo é *justo*.

Na sociedade teocrática de Israel, Jhwh é o rei "justo" (perfeito, santo) e está na base da aliança; Israel deve ser "justo" (perfeito, santo): deve imitar Jhwh-rei-justo. A justiça de Jhwh-justo é o *chamado* para o povo eleito. As obras de Jhwh-rei-justo, especialmente para com os pobres, os oprimidos em geral, para com os "*'anāwîm*" são o *imperativo* moral para o povo eleito imitá-las. Portanto, a justiça do povo eleito é a *redescoberta* concreta deste chamado. Em consequência, mais do que na teoria os profetas insistiam na práxis religioso-moral, comparando Jhwh-justo com Israel-justo.

Pode-se afirmar que uma relação similar entre o homem e o absoluto se encontra em todas as grandes religiões éticas do Oriente e em algumas religiões africanas (W. Schmidt). Os seguidores destas religiões "fazem" e devem "fazer" "justiça", coisa que, em certo sentido, se aproxima da justiça da Bíblia. O conceito de "justiça", na filosofia greco-romana, tem caráter profano, filosófico, jurídico, político, leigo. Ela diz respeito ao homem individualmente e à convivência social dentro da *polis*, determina os limites da lei que regulam a vida da *polis*. Para os sofistas, as leis "justas" têm um valor puramente convencional; para Sócrates, Platão e Aristóteles, ao contrário, as leis "justas" são uma expressão da racionalidade da natureza humana; enquanto a filosofia grega desenvolve a teoria, o estoicismo, precisamente o romano, com Sêneca, acentua também a práxis, a ascese. Para o objetivo da Teologia Fundamental, a ordem mais apropriada é a de entrar primeiro no conceito bíblico (justiça divino-humana), que esclarece o *fundamento* de toda justiça, e somente num segundo momento entrar em outros conceitos de justiça, até a discussão moderna sobre o conceito de justiça "social".

2. NO ANTIGO TESTAMENTO – A *origem* e o *modelo* do conceito de "justiça" em Israel são *profanos*. Na época nômade, Israel compartilha o mesmo conceito com os povos do antigo Oriente Médio: a atividade do rei na administração da justiça, com atenção especial aos pobres e oprimidos, era sua proteção (Hammurabi). O rei deve ser justo, por isto a proteção dos necessitados é uma das principais funções do rei. É um privilégio dos necessitados serem defendidos e protegidos por seu rei. Os que humanamente não têm nenhuma esperança atiram-se nos braços de seu rei.

Com a revelação, passa-se do conceito profano ao conceito religioso de justiça. O "rei-justo" é o Deus de Israel. Os Setenta, na tradução da Bíblia, para traduzir *ṣaddîq* usam a palavra *díkaios* (justo), que ocorre 180 vezes, e 43 para os derivados de *ṣaddîq*. A palavra *dikaiosýnē*, ao invés, aparece 220 vezes para *ṣedāqāh* ou *ṣedēq* (justiça). A justiça veterotestamentária é *relacional*, primariamente em chave *comunitária* (Jhwh-Israel), incluído cada membro da comunidade. Mas o caráter comunitário da justiça veterotestamentária não significa "social", no sentido da *polis* grega ou de uma noção moderna, e sim fundamentalmente no sentido de relação pessoal. Baseia-se na aliança e não na relação entre as leis absolutas e as ações concretas do povo e do indivíduo. Todavia, mais do que legal, o caráter é sempre o pessoal, entre os dois parceiros da aliança: do "eu" de Jhwh e do "tu" de Israel. Trata-se, pois, da retidão e da autenticidade de uma atitude no interior da relação bilateral de caráter pessoal (Jhwh-Israel-indivíduo). Assim como toda a moral de Israel é de caráter pessoal, antes que "legal" ou "legalista" – conforme se pensava antigamente – da mesma forma também esta atitude é interna, bilateral, participativa, e reflete (segue, imita) a justiça de Jhwh-justo (Is 45,21; 51,5s; 56,1; 62,1; Sl 24,5).

Jhwh, portanto, revela-se como *rei-justo* de Israel, como *Deus-justo* (Gn 18,15; Dt 32,4; Sf 3,3; Sl 111,7) *libertador* (com Abraão: Gn 12,1-4; no Êxodo: Ex 1–15), que demonstra seu *poder*, "o poderoso de Jacó" (Gn 49,24; Ex 1,24; 49,26; 60,16), sua *vigilância* (sobre os patriarcas: Gn 20,6s; 28,15; sobre José para "salvar a vida de um povo numeroso": Gn 45,8; 50,20; no deserto: Ex 16,15-18). Jhwh dá o *Decálogo* (dez liberdades: Ex 20; Dt 5,6-21; Ex 24,3-15), funda e torna possível a justiça em Israel. Seu amor, sua ação *redentora* e salvadora que liberta um povo oprimido e escravo, brilha em cada página da Bíblia: "Não existe Deus justo e salvador afora eu" (Is 45,21). "Minha salvação há de durar para sempre, minha justiça não será aniquilada. Escutai-me, peritos da justiça, povo que trazes no coração a minha lei... Minha justiça há de durar sempre, minha salvação de geração em geração" (Is 51,6-8). Jhwh é o *senhor* da terra e do *solo* dado a Israel; o povo escolhido é apenas um inquilino de Deus, que deve sempre permanecer "estrangeiro e hóspede" (Lv 25,23; Sl 119,19). Por isso, Israel deve manifestar a Jhwh seu louvor, seu agradecimento, sua dependência. Também as festas agrícolas (Ex 23,14s) correspondem aos ritmos da natureza: festa dos ázimos, da messe, das primícias (Ex 23,16), da colheita. Também o uso dos produtos tem um regulamento peculiar: deve-se deixar o pobre e o estrangeiro respigarem (Dt 14,29; 24,19-21); para não esgotar o solo, os produtos devem deixar de ser colhidos uma vez a cada sete anos (Ex 23,11). "Esta lei da terra, ao mesmo tempo religiosa e social, indica a autoridade de Deus, a quem o solo pertence por direito. Sua observância deve diferenciar Israel dos camponeses pagãos que o rodeiam" (G. Becquet). Mas a grande tentação para Israel são os cananeus, com sua vida agrícola e com baal, senhor do país – adotando seus usos no campo e na vinha, adotam também seus costumes religiosos, idolátricos, materialistas e prostitucionais.

Deus revela-se como um Deus que *condena* qualquer espécie de injustiça feita ao povo, como aquele que faz justiça aos oprimidos, a todos os que sofrem a injustiça (Is 41,10s; 54,17; Sl 129,4s). É o chefe dos *exércitos* de Israel (Ex 12,41), um guerreiro que dá a *vitória* a seu povo (Ex 15,12s; 1Sm 17,45), tornando-o *forte* (Dt 8,17s); assegura sua *presença* (2Sm 6,2; Sl 132,8), mas sempre Jhwh é *força* do povo (Sl 144,ls; 28,7s; 68,34s). Jhwh continuamente age *em favor* de seu povo, é *fiel* a suas promessas (a "rocha" de Israel: Dt 32,4). Portanto, sua justiça manifesta-se nos *magnalia Dei*, e a realeza de Deus é sempre entendida no sentido dinâmico e relacional. Desde que Israel deu a si mesmo um rei, esta "realeza" está subordinada à realeza de Jhwh, é um órgão da *teocracia* fundado na aliança, concedido e escolhido por Jhwh: no caso de Saul (1Sm 10,24), no caso de Davi (1Sm 16,12) e de toda a dinastia davídica (2Sm 7,12-16). O reino é sobretudo a irradiação da divina soberania operante. Esta soberania, por sua vez, manifesta-se numa relação privilegiada com o pobre, o oprimido, o miserável, o pequeno, o fraco ("pobres de Jhwh": Sl 74,19; 149,4s; estes são objeto de seu amor: Is 49,13; 66,2; constituem as primícias do "povo humilde e modesto": Sf 3,12s). Em todos estes aspectos o rei-justo é protetor e fiador da justiça. Não é tanto um árbitro entre duas partes (Jhwh-povo) quanto a proteção do fraco contra o forte.

Daí a ligação *vertical* (Jhwh-Israel) e *horizontal* (os membros do povo eleito entre si). Pode-se dizer, com alguns autores modernos, que, por força da aliança, se cria um vínculo de *parentesco* (Jhwh-Israel), especialmente em relação aos mais pobres. A *fraternidade* de todos baseia-se na criação "a partir de um princípio" (Gn 1–2; At 17,26), na aliança ("Não odiarás teu irmão... amarás teu próximo": Lv 19,17s). Na tradição patriarcal há exemplos-modelo desta fraternidade: Abraão e Ló, longe das discórdias (Gn 13,4), Jacó reconcilia-se com Esaú (Gn 33,4), José de maneira comovente perdoa aos irmãos (Gn 45,1-8). Por outro lado, os profetas esconjuram Israel, porque abandonou o amor fraterno (Os 4,2), "ninguém poupa seu próprio irmão" (Is 9,18s); a injustiça é universal, não existe nenhuma confiança (Mq 7,3-6), não se pode "confiar em nenhum irmão, porque cada irmão quer suplantar o outro" (Jr 9,3; cf. 11,18; Jó 6,12), mas "um irmão, ajudado por seu irmão, é um rochedo" (Pr 18,19 LXX). Mas a violação do direito do *pobre* é uma ferida ainda maior infligida à comunidade *fraterna* que liga Israel, é uma afronta pessoal a Jhwh, criador da solidariedade da aliança, é perversão da justiça (Am 5,7; Is 10,1s; Jr 22,13-17), da qual Jhwh é *fiador.* Por isto, quem pisa o irmão, especialmente o pobre, cairá debaixo do juízo do Senhor, que, como rei-justo, é o vingador do pobre e, como aliado-parente, é o defensor do povo, que Ele constituiu e quis como comunidade de irmãos.

Israel, portanto, como comunidade, e cada membro individual dela, é *chamado* a participar da justiça de Deus (Sl 24,5), especialmente a seguir Jhwh em seu cuidado pelos irmãos pobres e pequenos, já que estes são de modo especial amados e protegidos por Jhwh. Já que estes são mais ameaçados – porque mais necessitados, mais miseráveis e mais fracos – Jhwh-justo os protege mais, defende-os, vinga-os, ajuda-os e ouve seus gritos. O proletariado rural, com efeito, por vezes encontra-se numa miséria incrível (Jó 24,2-12). Contra a escravização dos pequenos, o Profeta Jeremias proclama "a liberdade dos escravos, cada um dando alforria a seu escravo hebreu e a sua escrava hebreia, de modo que ninguém mais obrigasse à escravidão um judeu seu irmão" (Jr 34,9). Jhwh-justo é o vingador da injustiça infligida aos irmãos pequenos: "Vós não destes ouvido a minha ordem de que cada um proclamasse a liberdade de seu irmão e de seu próximo: agora, pois, eu confiarei vossa libertação – palavra do Senhor – à espada, à peste e à fome e vos farei objeto de terror para todos os reinos da terra" (Jr 34,17). Os profetas tantas vezes reevocam o chamado do povo: "Observai o direito e praticai a justiça, porque está perto de vir a minha salvação: minha justiça está por revelar-se" (Is 56,1). "Por amor de Jerusalém não me darei paz, até que surja como estrela sua justiça e sua salvação brilhe como lâmpada. Então os povos verão tua justiça, todos os reis (verão) tua glória" (Is 62,1).

Estamos diante de um profundo sentido do conceito religioso da justiça do AT, pois Jhwh quer o bem-estar e a felicidade de todos na comunidade do povo escolhido. Portanto, a justiça de Jhwh para com Israel *funda* e torna possível a justiça de Israel. Todo o povo e cada indivíduo da comunidade de Israel não podem ser justos para com os outros, senão *participando* da justiça de Jhwh e *cooperando* com ela. Ser "justo" em Israel, portanto, é a *resposta* dada a Jhwh na forma de fidelidade à aliança (→ Eleição/aliança/lei): Jhwh é fiel e cheio de amor para com Israel sempre e em cada circunstância, Israel deve retribuir esta fidelidade e amor de Jhwh para com ele; por conseguinte, fidelidade por fidelidade, amor por amor. Somente assim Israel será justo diante de Jhwh e de todos os "reinos da terra" (Jr 34,17).

Isto posto, a dimensão *social* da justiça, em Israel, em relação aos irmãos da mesma comunidade, significa observar os mandamentos *sociais* dados por Jhwh, a fim de que na comunidade reinem concórdia, fraternidade, solidariedade e bem-estar. "Ai daqueles que fazem decretos iníquos e escrevem apressadamente sentenças opressivas, para negar a justiça aos miseráveis e para fraudar o direito dos pobres de meu povo" (Is 10,1-2). Por outro lado, Isaías elogia a justiça dos justos: "Quem caminha na justiça... quem rejeita um ganho proveniente de exploração, sacode as mãos para não aceitar presentes, tapa os ouvidos para não ouvir fatos de sangue, fecha os olhos para não ver o mal: este habitará no alto" (Is 33,15-16). "Se alguém é justo e observa o direito e a justiça, se não come sobre os montes e não levanta os olhos para os ídolos da casa de Israel... se não oprime ninguém, devolve o penhor ao devedor, não comete roubo, divide o pão com o esfomeado e cobre de roupas o nu... se caminha em meus decretos e observa minhas leis, agindo com fidelidade, ele é justo e viverá, palavra do Senhor Deus" (Ez 18,5-9).

Antes do exílio, ainda se fala pouco da justiça pessoal do indivíduo, acentua-se mais a importância de permanecer na justiça que Jhwh demonstra ao povo inteiro (Sl 15; 24,3s; 143,1). Neste período, a "justiça humana" é entendida quase sempre numa relação entre pessoas (Gn 38,26; 1Sm 24,15; Am 5,7; 6,12). O "justo" pertence ao povo a que Jhwh concedeu participar da justiça divina (Sl 7,9; 17,1-15; 18,22-24; 26,1-6). Com o *judaísmo rabínico* passa-se à degradação: a justiça, seja social, seja pessoal, não é outra coisa senão a harmonia com a lei. A *comunidade de Qumrân* fala da justiça também no sentido de "justificação" e está convencida de que "em Deus está a minha [tua, nossa] justificação", pois "Ele apaga meus pecados com suas justiças" (1 QS 11,2.3.5.12). Por outro lado, Qumrân acentua particularmente a doutrina da justiça com seu misterioso "Mestre de justiça" (→ Messianismo: cumprimento).

Concluindo, podemos realçar *quatro* pontos que de certo modo sintetizam esta breve consideração sobre o conceito de *ṣedāqāh* no AT.

a. A *pobreza* no AT é um fato social, ligado a circunstâncias econômicas, políticas e sociais, que provoca uma reflexão religiosa. Na época dos nômades, o povo inteiro é pobre. No código da aliança aparece pouca diferença social. Com a monarquia, instaura-se uma condição econômica mais diferenciada: nasce a classe dos pobres. Mas, condenando a pobreza-escândalo, os profetas enfatizam a pobreza como ideal: uma descoberta dos valores espirituais da pobreza e do perigo das riquezas.

b. A justiça de Jhwh está calcada sobre um evento da história da salvação, isto é, a *aliança.* Deus faz-se parceiro do homem para criar uma comunidade fiel a sua Palavra e solidária em si mesma. Jhwh apresenta-se como Parente de seu povo que aceita a aliança. Trata-se de uma "consanguinidade" mais forte do que a étnica. Jhwh uniu-se a Israel com vínculos de parentesco, que se torna mais estreito quando se trata dos mais pobres. Os beneficiários da aliança são, pois, ligados entre si por vínculos de parentesco, eles são "irmãos", irmãos no plano religioso e moral. Com isto, o conceito *ṣedāqāh* adquire sempre mais a acepção de solidariedade, de amor, de caridade e de bondade, especialmente se o povo escolhido se conservar fiel à aliança. Esta nova comunhão familiar de amor, de caridade e de bondade não deve excluir ninguém; pelo contrário, demonstra sua autenticidade na solicitude para com o indigente.

c. A justiça da Bíblia está em conformidade com a *natureza* de Jhwh, que é sempre para os pobres, os oprimidos, os necessitados e que o homem deve imitar e compartilhar com coração puro (*leb ṭahōr*); isto vale para todo o povo eleito e para cada um de seus membros individuais. Se dizemos que a justiça está em conformidade com a "natureza" de Jhwh, isto introduz o pensamento teológico de que a natureza de Deus é o amor. Portanto, o fundamento último da justiça do AT é o amor de Jhwh para com seu povo. Israel participa deste amor de Jhwh, daí a obrigação de imitar o amor participativo de Deus por cada um. Cada homem tem sua dignidade pessoal, que teologicamente deve ser buscada na unidade com Deus: isto é, no amor, na participação do amor divino para com cada homem.

d. Com isto tocamos a analogia da fé, expressa na seguinte *equação*: Jhwh fiel = Israel fiel, Jhwh justo = Israel justo, Jhwh amor = Israel amor. Em termos éticos, pode-se dizer que o *indicativo moral* interno de sermos justos (solidários, caridosos) é a própria natureza da pessoa humana, criada à imagem e semelhança de Deus (Gn 1,26-27): cada homem é "à imagem", portanto todos os homens são iguais, vizinhos, irmãos. O *imperativo moral* não está em regras externas, mas no ser do homem, que é obrigado a imitar ou espelhar, em sua dignidade, seu original ou protótipo, que é Deus, criador-amor, na imagem perfeita de Cristo (GS 22). Na justiça do AT conta mais o ser do homem do que suas ações individuais, ou melhor, as ações têm toda a sua importância se vistas na pessoa. Por isto, a dimensão da justiça do AT é pessoal, religioso-teológica em relação a Jhwh e religioso-social em relação ao próximo. Qualquer justiça, ou injustiça humana, é soldagem ou ruptura desta lealdade e solidariedade inter-humana, mas ao mesmo tempo é, conjuntamente, sobretudo cumprimento ou transgressão da lealdade e fidelidade para com Jhwh-rei-parente justo e Senhor absoluto.

3. NO NOVO TESTAMENTO – Para compreender melhor a dimensão da justiça revelada, isto é, dimensão externa e interna, pessoal e social, após termos visto a origem e a evolução do mesmo conceito do AT, é necessário realçar alguns aspectos da *justiça superior* do NT. Trata-se de um salto *qualitativo.* Tomemos apenas três pontos relevantes.

O *episódio lucano* de Nazaré (Lc 4,18-19) é fundamental para nosso tema, porque constitui o coração do *programa messiânico* de Jesus. Ele reevoca cinco textos paralelos: Lc 4,18-19; Is 61,1-2; 58,6-10; Lc 7,22-23; Mt 25,31-46. A homilia de Jesus, nesta ocasião, ao inaugurar seu ministério, tem um lugar privilegiado. A leitura feita por Jesus na sinagoga e a explicação do trecho do Profeta Isaías é central, já que Jesus se apresenta através do Profeta Isaías. O Espírito que repousa sobre ele o levará a evangelizar os pobres, a anunciar a libertação aos prisioneiros, a resgatar os oprimidos, a proclamar o ano de graça do Senhor, ano jubilar em que as dívidas serão suprimidas e os escravos libertados. Colocar em destaque todos os marginalizados com suas respectivas necessidades – os pobres, os presos, os cegos, os oprimidos (Lc 4,18-19), os coxos, os leprosos, os surdos, os mudos (Lc 7,22-23) – indica a totalidade e a universalidade da missão de Jesus. E Isaías prossegue: "um dia de vingança para nosso Deus, para consolar todos os aflitos" (Is 61,2b), texto este que Jesus não lê para não aumentar a irritação de seus ouvintes. Ao invés disto, o texto de Isaías que Ele lê (61,1-2) é o seguinte: "O Espírito do Senhor está sobre mim; por isto consagrou-me com a unção, enviou-me para anunciar aos pobres uma mensagem alegre, para proclamar aos presos a libertação e aos cegos a vista; para repor em liberdade os oprimidos e pregar um ano de graça do Senhor". Texto paralelo de Isaías é também o do cap. 58,6-10, citado na parábola do juízo final (Mt 25,31-46), onde se enumeram obras de justiça/caridade: "tive fome", "sede", "era peregrino", estava "nu", "doente", "encarcerado", "destes-me de comer", "de beber", "destes-me hospedagem", "vestistes-me", "visitastes-me", "viestes visitar-me"... "Na verdade vos digo: toda vez que fizestes estas coisas a um só destes meus irmãos menores, a fizestes a mim".

No episódio da sinagoga de Nazaré aparecem com evidência um aspecto *físico* e um aspecto *espiritual*. Em Isaías, o restituir "a vista aos cegos" não se limita a um fato físico, mas designa antes a cegueira espiritual e uma nova iluminação do coração. Em Jesus as ações visíveis significam também ações espirituais. A resposta aos enviados do Batista (Lc 7,22-23): "Os cegos readquirem a vista", "os coxos caminham", "os leprosos são curados", "os surdos ouvem", "os mortos ressuscitam", "aos pobres é anunciada a boa notícia", encontra-se na mesma linha. É sintomático que, de toda uma série de milagres operados por Jesus, o último sinal seja mais específico, e até decisivo, pois caracteriza sua missão messiânica, prevista por Isaías (61,1-2): "Aos pobres é anunciada a boa notícia".

Em seu ambiente histórico, a homilia de Jesus estava carregada de uma forte tensão *escatológica* e também *consolatória*: Cristo oferece a salvação escatológica a quem é espiritualmente pobre, no sentido da primeira bem-aventurança (Mt 5,3: "Bem-aventurados os pobres em espírito"), isto é, quem não possui nada, é desprovido de tudo diante de Deus. Diante de Deus é totalmente pobre quem, com coração humilde e reconhecido, recebe tudo de Deus. Por isso, tal pessoa tem a absoluta confiança de Deus. Estamos numa concepção mais *ampla* do "pobre", que acentua os aspectos interiores de *desapego* dos bens deste mundo e de total disponibilidade para o reino. Três são os modos de considerar o "pobre": pobre em comparação com o rico, pobre diante de Deus, Deus diante do pobre. Mas como Deus compensa o homem pobre? "Enche-o, fazendo-se Ele mesmo *tesouro* de quem é pobre: enche-o, dando e autocomunicando-se, não necessariamente enriquecendo-o com o dinheiro. O Evangelho revela esta autocomunicação de Deus em Cristo e no Espírito. Deus revela-se ao pobre em todo o seu poder. Está diante dele como necessitado, como aquele que o invoca, lhe suplica, o espera" (C.M. Martini). Certamente Lc 4,18 permanece deliberadamente ambíguo, genérico e enigmático e até deve permanecer tal. Ambas as interpretações, isto é, a escatológica e a consolatória, têm sua importância, já que sem a escatológica não existe a consolatória, e vice-versa. Dito isso, pode-se objetar que existem homens ricos que não se podem colocar na categoria dos "pobres". Mas a resposta já está dada: todos somos espiritualmente pobres diante de Deus, de uma forma ou de outra. A mensagem de Jesus não é classista, pois os excluídos, os ignorados, os doentes, os endemoninhados, os leprosos, as mulheres, as crianças, os meninos, os pagãos, os samaritanos, os publicanos, os pecadores não devem ser entendidos primeiramente em sentido material, mas espiritual, não em sentido exclusivo, mas preferencial. Com isto, o conceito *ṣedāqāh*, *dikaiosýnē*, *justiça* atinge, no programa de Jesus, seu significado supremo, seu clímax.

Tomemos agora o *evento central*, a parábola de Mateus, descrita no cap. 25,31-46. Depois do fim da história da salvação, o evento escatológico mais dramático é o *juízo final*, com a realidade tremenda da *justiça superior*. Embora não sendo de *per si* claro, todavia se trata do *juízo*, e até do juízo supremo. E o juízo tem a ver com a *justiça*. E o juiz é Jesus Cristo, na forma do "rei-justo"; Ele é a figura principal, *central* da parábola. Este rei-justo tem uma relação real de *parentesco* com os pobres, os pequeninos, os oprimidos, os abandonados, porque os proclama "meus irmãos" (Mt 25,40 e 45). Qual é, então, o critério de juízo? O critério é a *pessoa* do rei-juiz: todo o bem e o mal que se faz aos pobres, aos pequeninos etc. são feitos a Ele: "Em verdade vos digo: toda vez que fizestes estas coisas a um só destes meus irmãos pequeninos, o fizestes a mim" (v. 40). As bem-aventuranças são definitivamente destacadas: "Bem-aventurados os pobres", "bem-aventurados os aflitos", "bem-aventurados os que têm fome e sede da justiça", "bem-aventurados os perseguidos por causa da justiça" (Mt 5,1-10). Este triunfo da justiça já tinha sido perfeitamente descrito séculos antes, quase com as mesmas palavras, pelo Profeta Isaías (58,6-10). Portanto, a revelação da justiça é *coerente* desde o começo até o fim da história, sempre em ascensão, sempre mais humana e humanizada, espiritual e espiritualizada. A justiça do "rei", e a justiça do "justo" que segue o rei, é *enriquecida* pela solidariedade, caridade e misericórdia, mas sem que estas virtudes percam sua característica própria.

Mas existem também *interpretações abusivas* (C.M. Martini). A primeira é *ateia*, porque em toda a parábola de Mateus não vê nenhum motivo superior ou de fé, nenhum traço de religiosidade, de modo que fomenta uma teologia do ateísmo. Mas os fautores desta opinião absurda não enxergam que o dito "o fizestes a mim" e "não o fizestes a mim" (Mt 25,40.45) são ações iluminadas pela fé em Cristo e pelo acolhimento de sua pessoa teândrica. Ora, isto não tem a ver com a pura filantropia. Além disto, não entendem que a caridade é teologal, que não exclui o chamado a crer no Evangelho, mas até o supõe. De resto, é verdade que o texto não especifica como a caridade (teologal) seja possível àqueles que não acolheram o Evangelho. Talvez Jesus visse justamente na generosidade fraterna uma via que conduz ao acolhimento do mistério de sua pessoa.

A segunda interpretação abusiva é *superficial*, porque afirma que na parábola se fala só de obras, não entrando aí o coração do homem. Não se exige a atitude espiritual da parte de quem presta ajuda ao necessitado, não conta a intenção ou a consciência do sujeito agente, vale exclusivamente o ter feito ou não ter feito. Mas Jesus, em tantos textos, destaca a intenção, a consciência, a vontade do homem, o coração do homem: "Quando tiverdes feito estas coisas para serdes vistos pelos homens, já tivestes vossa recompensa" (Mt 6,1s).

A terceira opinião é *unilateral*, por afirmar que as obras mencionadas constituem um catálogo completo e exclusivo de todas as obras submetidas ao juízo, como se fosse uma lista das obras de misericórdia corporal, taxativamente enumeradas. Mas "seria errôneo tirar desta passagem uma espécie de *catálogo exclusivo* das coisas que se devem fazer para salvar-se... A passagem é bem ousada, mas, como acontece com muitas passagens bíblicas, deve ser entendida em seu sentido simbólico, olhando para a profundidade da mensagem e não exagerando um ou outro aspecto" (C.M. Martini). Há mais: se esta parábola de Mateus for colocada no contexto de todo o seu Evangelho, resulta que nela se recomendam tantas outras obras, como misericórdia, perdão, oração no silêncio etc. Os exegetas modernos sublinham, entre outras coisas, três dimensões mais relevantes da parábola de Mateus.

Primeiramente, é clara a dimensão *cristológica* nesta última cristofania: Jesus (Filho do Homem, rei, Senhor) é centro e ponto de chegada, tanto da intenção salvífica do Pai quanto do agir humano (justo-injusto). Agora, mais do que nunca, torna-se clara a verdade de que a pessoa de Cristo é a norma da conduta moral, a "medida de todas as coisas", "e quando tudo lhe tiver sido submetido, também Ele, o Filho, será submetido àquele que lhe submeteu tudo, para que Deus seja tudo em todos" (1Cor 15,28).

Segundo, a extensão *universal* do juízo a todos os povos e nações: a relação de parentesco entre o rei e os últimos do mundo, porque "irmãos" do rei (esfomeados, peregrinos, doentes, presos, pobres, os mais pequeninos), exige a justiça nas *obras pessoais* (amor, caridade, solidariedade, tolerância); não bastam as coisas como tais, portanto, não basta só a justiça jurídico-social que é *minimum moralitatis* e pode justamente ser entendida em sentido minimalístico e puramente legalístico. Ao contrário, com a parábola de Mateus, estamos em plena gratuidade revelada: não o pequeno em lugar do rei, não uma plena identificação ou univocidade, mas dos dois juntos em hierarquia: Cristo quer ser ajudado nos pobres, por isto o que é feito ao pobre é feito a Ele.

Terceiro, o *senhorio de Cristo* se realiza no *serviço* aos pequenos: "O Filho do Homem não veio para ser servido, mas para servir e dar sua vida" (Mc 10,45); "Eu vos dei o exemplo... o servo não é maior do que o patrão" (Jo 13,15s); "Eu estou no meio de vós como aquele que serve" (Lc 22,27). Daí que é acentuada a seriedade do *cotidiano*, do "comum", do óbvio, porque no simples serviço ao homem se promovem seus direitos, seguindo o rei-justo numa linha tríplice, de uma tríplice indigência. A *alimentação* (comida e água) pertence ao primeiro direito fundamental, isto é, o direito à vida pessoal do homem. A inserção numa *comunidade* (estrangeiro sem pátria, sem roupa, sem calor de uma comunidade) pertence ao segundo direito fundamental, isto é, o direito à vida em comunidade, em sociedade (família, pátria, comunidade dos crentes, proteção social). A indigência da *liberdade* (doença, prisão) pertence ao terceiro direito fundamental do homem, isto é, à liberdade de consciência, de religião, à liberdade externa e interna, longe de qualquer coação ou limitação.

Para concluir, portanto: o *critério* decisivo é a pessoa teândrica de Cristo ("o fizestes a mim"). Este critério faz com que todas as obras feitas aos "irmãos" se enquadrem no conceito de justiça ampliado, isto é, bíblico-teológico-religioso especificamente cristão. O *objeto* são as obras de caridade, de misericórdia, de solidariedade, que, sem dúvida, exprimem uma "filantropia" mais elevada, uma humanidade mais nobre, uma *justiça superior*, para além daquilo que pode ser exigido por qualquer lei positiva ou justiça de tipo coisificado, expressa pela fórmula *cuique suum*. Portanto, na parábola de Mateus do juízo final estão envolvidos muitos valores, elevados, sublimes e espirituais que transformam também a justiça já perfeita do AT numa justiça nova, grande, salvífica, especificamente cristã.

Sobre *a justiça superior*, em Paulo, tem-se escrito bastante (J. Blank, G. Bornkamm, F.F. Bruce, R. Bultmann, C.H. Dodd, G. Friedrich, H. Hübner, S. Johnson, E. Käsemann, S. Lyonnet, H. Räisänen, H. Schlier, W. Schräge, H. Schürmann. U. Wilckens, e muito recentemente Brice L. Martin, *Christ and the Law in Paul* (1989), e Frank Thielman, *From Plight to Solution.* A Jewish Framework for Understanding Paul's View of the Law in Galatians and Romans (1989).

O conceito de "justiça", em Paulo, está na linha bíblica até agora explanada. Mas é progressivamente *interiorizado* em direção ao crescimento interno na "justificação" do perdoado em Cristo. Três pensamentos principais: O devedor, na cultura romana, tem que pagar as dívidas, do contrário vai para a cadeia, não obstante a existência da *aequitas romana* (a imparcialidade do direito), que deu aos romanos glória mundial. Paulo acentua o conceito de *justificação*: ao perdoado em Cristo é suprimida toda dívida. O "justificado" torna-se "justo", "santo". Ao passo que a justiça romana emana das leis, a justificação paulina verifica-se no interior da pessoa, na graça de Cristo, sem leis, e tem efeitos positivos também para a sociedade. Para os estoicos, a divindade é somente um modelo de "autolibertação"; para Paulo, Deus em Cristo é o que liberta e salva o homem de sua injustiça, da *sclērokardía*. O homem liberto distancia-se dos bens terrenos; isto torna-o disponível para o uso destes em favor dos necessitados. Com isto Paulo *relativiza* a lei e os bens materiais, dá uma perspectiva social mais profunda, e rejeita a ideia estoica da autossuficiência.

Isto, com efeito, guia para o verdadeiro conceito paulino da "justiça". Seguindo a linha bíblica, Paulo está preocupado com os *pobres* (p. ex., da Igreja-mãe de Jerusalém), mas num conceito ampliado de pobreza. Ocupa-se com os pobres e os marginalizados no sentido *social*, mas ainda mais no sentido *espiritual*, em favor dos escravos espirituais. Paulo defende os direitos dos pequeninos, proclamando o poder do reino universal do Cristo ressuscitado. Nesta base, todos, também os mais miseráveis, temos os *mesmos* direitos e os mesmos *deveres*: no casamento (o marido como a mulher), na família (o patrão como os filhos e os escravos) (Ef 5,22-33; 6,1-9), na sociedade, nenhuma discriminação entre ricos e pobres, entre gregos e judeus, entre patrões e escravos (Cl 3,18; Gl 3,26-28). Esta foi uma inaudita *revolução social*, pois até aí o escravo era uma "coisa" do patrão, a mulher era a parte fraca da família, os filhos estavam expostos à vontade despótica do pai. Agora, o escravo tem "no Senhor" os mesmos direitos e deveres que o patrão (Cl 3,18-19).

Com isto Paulo não derrubou politicamente a ordem social da época, mas *relativizou-a*: sua expressão "en Christô Jēsoú tō kyríō hēmôn, em Cristo Jesus, nosso Senhor" (Rm 6,23 e passim) muda tudo *por dentro*, porque, "libertados do pecado e feitos servos de Deus" (Rm 6,23), os cristãos são capazes de transformar a *sociedade*. O escravo, apesar da situação social injusta, já está libertado em Cristo: por isto, muitos escravos receberam o cristianismo, embora não se pudesse convertê-los à religião judaica antes de serem socialmente libertados da escravidão, já que os escravos não podiam observar a lei mosaica. Paulo tem a ver com a "escravidão" em Corinto, em Roma, mas o que importa do homem não é a condição sócio-econômico-política externa como tal, e sim o *chamado* de Deus (1Cor 7,17s). O escravo, portanto, cumprirá seu dever de cristão, servindo a seu patrão como a Cristo (cf. Ef 6,5-8): o patrão cristão, por seu turno, receberá o escravo como seu "irmão em Cristo" (Ef 6,9). Isto emerge da breve Epístola a Filêmon: "Onésimo... meu coração... para que tu reouvesses para sempre; todavia, não mais como escravo, mas muito mais do que escravo, como irmão caríssimo, em primeiro lugar para mim, mas muito mais para ti, seja como homem, seja como irmão no Senhor. Se, portanto, me consideras como amigo, acolhe-o como a mim mesmo" (Fm 10-21). Os batizados em Cristo são libertados do pecado, da morte, da lei (Rm 6–8; Gl 5,1), tornaram-se "escravos" de Deus e da justiça (1Cor 7,22s; Rm 6,16-22). De escravos tornaram-se "filhos do Filho" (Gl 4,4-7.21-31). Livres em relação a todos, fazem-se todavia servos e escravos de todos, a exemplo de seu Senhor (1Cor 9,9s; Mt 20,26-27 e Jo 13,14s).

Consequentemente, esta justiça superior paulina identificada com a justificação oferecida por Deus (Rm 3,5), que penetra no coração do escravo do pecado (Rm 3,26), é diferente da justiça humana sócio-político-econômica. Todavia, os frutos sociais desta *justiça divina*, não classista nem parcial, são os únicos verdadeiramente capazes de transformar a sociedade de cada época.

4. O CONCEITO FILOSÓFICO-JURÍDICO – Há duas visões do conceito filosófico-jurídico da justiça: a tradicional e a moderna. *a.* A visão *tradicional* ou clássica, começando com a cultura grega (dikaiosýnē = justiça, díkaios = justo, dikáiōsis = justificação), deriva do substantivo "díkē" = diretriz, indicação, ordem. "Díkē" é filha de Zeus e participa de seu governo do mundo. Isso exprime a excelência da justiça na cultura grega. A "díkē" é necessária para que o homem possa viver ordenadamente a existência pessoal e comunitária. No sentido jurídico-administrativo, pode significar três coisas: a ordem igualitária que deve ser estabelecida numa sociedade normal, o conjunto de leis que garantem a mesma ordem, o órgão ou o regime que, sem discriminação ou privilégios, de maneira igual para todos, aplica estas leis. O oposto da ordem jurídico-administrativa é a "bíē" = violência ou poder destrutivo da ordem. No sentido de valor pessoal e interpessoal, conhecemos algumas definições da Antiguidade. Para Platão, a justiça é um ato, isto é, "dar a cada um o que lhe compete" (*Repúbl.* I, 6,331). Para Aristóteles, é um hábito: "a virtude pela qual se age escolhendo o 'justo'" (*Ética Nicôm.* V, 1129). Também para Ulpiano é um hábito: "constante e perpétua vontade de atribuir a cada um o seu" (*Dig.* 1,1,10). Para Tomás, é "a virtude pela qual cada um, com a vontade constante e perpétua, atribui a cada um o seu direito" (*STh* II-II, 58, a.1).

Quanto a estas e similares definições clássicas, com exceção da doutrina de Tomás, considerada em conjunto, pode-se dizer em geral que elas manifestam uma justiça por demais objetivística, *coisificada*, quantificada ou matemática – "dar a cada um o seu" – como se se tratasse somente dos bens externos que não têm nada a ver com o sujeito agente, nem com sua consciência, nem com a intenção subjetiva, como se não se devesse em absoluto levar em conta a pessoa do agente e a pessoa a quem se dá o seu, respectivamente. Ora, tal justiça, que se limita ao que é devido material ou quantitativamente, não é capaz de apreender a profundidade *pessoal* do direito; trata-se de uma justiça minimal, externa, que pode até tornar-se desumana, portanto uma "justiça injusta".

b. Toda qualidade ética é do sujeito agente e não de uma coisa devida. Isto faz com que o formalmente justo, segundo uma lei ou segundo um pacto, possa não ser justo em nome da dignidade do homem. Um salário, um cumprimento das obrigações de justiça comutativa, uma distribuição burocrática e formal, todas estas e outras formas de justiça objetiva externa podem ser "justas" *ad rigorem litterae*, mas não *ad dignitatem personae*, porque o sujeito agente está *fora* de consideração.

Ora, o novo princípio exige, como primeira coisa, que se reconheça o direito fundamental de ser pessoa, com todas as suas implicações, como ainda veremos mais adiante; em consequência, antigamente se privilegiava o devido *quantitativo* (minimal), e hoje o devido *qualitativo* ("justo" não em nome da lei, mas do homem). Todavia, aqui pode-se objetar que para além do estritamente devido e da medida legal só existe a caridade e a caridade não é a justiça. Portanto, a dimensão pessoal do sujeito agente não entra em consideração, não tem a ver com a justiça como tal. Sim, não tem a ver com a justiça entendida no sentido tradicional-clássico, objetivístico ou quantificado, mas tem a ver com a justiça que primariamente é a garantia do bem da pessoa, do direito que brota não da lei positiva, mas da natureza da pessoa, que atinge a pessoa e não apenas suas coisas.

A *história do conceito* de justiça mostra que, embora tendo derivado de duas fontes – primeiro a bíblico-teológica, depois a filosófico-jurídica – após os Padres da Igreja, com os escolásticos, a dimensão bíblico-teológica foi quase *esquecida*, enquanto o conceito greco-romano de justiça ("a cada um o seu") se tornou quase único, numa ordem social conservadora, estática, imutável. Deixando de lado a lei do AT, no tratado *de Gratia* considerou-se a justiça divina e a justificação do homem no sentido paulino, sem nenhuma influência sobre a moral, sobre a catequese, sobre a educação cristã. Também hoje temos autores que pensam a justiça unicamente nas categorias da justiça aristotélica. O fato histórico é que os manualistas não sabiam como partir da Escritura para fundar o tratado *de Justitia.* A justiça *comutativa* ocupa o primeiro – e quase exclusivo – lugar, como modelo paradigmático. Isto é evidenciado por E. Chiavacci (*Teologia morale* 3/1,13-23): a justiça *comutativa*, no manual de G. Genicot, *Institutiones Theologiae moralis*, I, 1931, ocupa 201 páginas; no manual de H. Noldin, *Summa theologiae moralis*, I-II, 28. ed., 1941, ocupa 233 páginas; no manual de D.M. Prümmer, *Manuale theologiae moralis*, II, 1940, ocupa em torno de 200 páginas; no manual de T.A. Iorio, *Theologia moralis*, II, 1946, ocupa 255 páginas das 580 da seção sobre os preceitos de Deus e da Igreja. Por conseguinte, direito em excesso e pouco conteúdo teológico, quase sem nenhuma dimensão pessoal, eclesial e social.

Digamos uma vez mais que o conceito aristotélico *cuique suum* era o único e comum. A consequência disto foi que todos os tratados escolásticos eram desprovidos das dimensões profundas bíblico-teológicas. Nem sequer se levava em conta a ligação da justiça com o amor/caridade, nem com a dignidade da pessoa humana, nem com o direito dos necessitados (pobres, pequeninos, viúvas). "O tratado denominou-se *De Justitia et Jure* e foi ligado ao direito civil, tão pouco adequado para descobrir as injustiças sociais. A correção das grandes desigualdades era deixada à caridade-beneficência, virtude por excelência dos ricos, que eram elogiados por sua generosidade para com os pobres" (E. Hamel, *I fondamenti*, 75). Hamel acrescenta que a virtude da justiça por muito tempo não pôde entrar nos tratados de espiritualidade. E há mais. Até hoje o conceito de "justiça" não se encontra elaborado em alguns textos escolares, por exemplo, no *Nuovo Dizionario di spiritualità*, 3ª ed., 1982, nem no *Nuovo Dizionario di teologia*, 2ª ed., 1979, nem no *Dizionario di catechetica*, 1986, nem no *Dizionario di pastorale giovanile*, 1989 etc.

Muitos *fatores novos* urgentes fora da Igreja (a sensibilidade pelas culturas, o destino comum de todos em relação à deficiência energética, os problemas bioéticos e do meio ambiente, o declínio político-econômico do socialismo real etc.), como também os fatores que influem sobre uma nova reflexão feita na comunidade dos crentes em Cristo (o surgimento e a expansão rápida do "quarto" mundo, a doutrina social renovada da Igreja, a virtude da justiça hoje etc.), geram uma nova necessidade de *integração* entre a doutrina da tradição cristã bíblico-teológica, a doutrina clássica filosófico-jurídica e a de inspiração hodierna que destaca sempre mais o *homem* em sua *integridade* socioantropológica. Assim, caminha-se para uma nova *síntese* do conceito de "justiça", para um conceito bíblico-teológico e filosófico-jurídico renovado e modernizado, que é mais humano e mais cristão, mais compreensível e aceitável, mais digno de fé e eficaz para nosso tempo.

Há quem objete que, com um conceito *ampliado* de justiça, isto é, personalizado e teologizado, talvez tenhamos cometido dois erros. O primeiro é que a justiça está muito próxima do amor/caridade, e mais ainda: quase se identificam os conceitos de justiça e caridade, de sorte que o primeiro mandamento divino poderia ser formulado: "justiça para com Deus e para com o próximo". Não seria isto uma confusão doutrinal? O segundo erro seria que a justiça assim entendida se torna muito próxima da fé cristã; também neste caso quase se identificariam fé e justiça, por isto tal conceito seria cristão demais e não realístico nem atraente e até estranho para o homem secularizado de hoje. Sem dúvida, caminha-se para uma aproximação dos conceitos de "justiça" – "caridade" – "fé". Mas examinemos a questão ponto por ponto.

5. ALGUMAS CARACTERÍSTICAS DO NOVO CONCEITO AMPLIADO – Vejamos apenas duas delas:

O conceito de "seu" (*suum ius*) é o do *direito* que está na origem (fundamento, raiz) da justiça. Se analisarmos a formulação platônico-aristotélico-tomística, prevalece o "seu" individual e não o "seu" comunitário ou social e, por isto, também a ética individual – para não dizer "individualística" – ao longo dos séculos focalizou excessivamente a justiça *comutativa*, como já dissemos. Acontece que o *suum* tem pelo menos dois significados precisos: *objetivo*, caso a coisa em questão pertença a uma pessoa, isto é, este devido pode ser uma coisa, uma ação, uma prestação; *subjetivo*, no caso de uma pessoa ter um certo poder de exigir ou dispor de uma coisa ou de uma ação. A estes significados do conceito "seu" somam-se dois outros aspectos concernentes ao direito do homem, isto é, o aspecto *legislativo* ou *ratio iuris*, que é a regulamentação racional dos direitos e das relações da pessoa, fundados no direito natural ou positivo; o aspecto *científico*, que designa a ciência do direito, enquanto com um método científico e sistemático trata o tema do "seu".

A justiça é também uma *virtude.* O hábito de dar a cada um "o seu" direito é virtude e não dar a cada um "o seu" direito é pecado. Mas para sermos justos é necessária a atitude positiva constante (*habitus*), isto é, a *virtude*, e não apenas algum ato isolado ou esporádico. A justiça, porém, é uma virtude muito peculiar.

Para Platão, é uma virtude humana que tem dois níveis: *social*, enquanto, dando a cada um o seu, busca manter em sua própria ordem as classes sociais (governantes, guerreiros, artesãos); *pessoal*, enquanto faz com que seja salvaguardada a ordem nas relações das três "almas" (concupiscível, irascível, racional) que, segundo ele, constituem o ser humano.

Para Aristóteles, que aperfeiçoou o pensamento de seu mestre, são três as *formas principais* da virtude da justiça que, no decurso da história, serão um paradigma quase absoluto.

A primeira forma, de que já falamos, exprime o ônus que toca aos cidadãos nas relações recíprocas *suum cuique*, chamada *justiça comutativa*, particular, "linear" (entre "eu" – "você" – "nós"), interpessoal, "aritmética". Ela ordena a relação justa entre indivíduos ou grupos, segundo o princípio de equilíbrio de seus direitos e deveres.

A segunda forma exprime o ônus que incumbe aos cidadãos em relação ao Estado ou ao bem comum e consiste no princípio da observância das suas leis, que ordenam os membros da sociedade para o bem comum, onde a sociedade é o sujeito dos direitos, em relação à qual os indivíduos têm deveres correspondentes, enquanto o bem comum é o objeto a salvaguardar e desenvolver. Esta é chamada *justiça legal*, contributiva, geral, de "baixo para cima".

A terceira forma põe em relevo os direitos e os deveres dos cidadãos do Estado ou da sociedade e ordena a relação entre a sociedade e seus membros, e o faz mediante os que garantem o bem comum. O sujeito do dever é a sociedade, que dá a cada um o seu. Leva o nome de *justiça distributiva*, proporcional, "geométrica", de cima para baixo.

Para Santo Tomás, "a justiça é o hábito graças ao qual uma pessoa dá a cada um o que lhe cabe de direito, com vontade constante e duradoura" (*STh* II-II, 58, a. 1). Em teologia, esta justiça tem seu lugar entre as quatro virtudes cardinais: prudência, *justiça*, fortaleza e temperança. Observemos que, para Aristóteles, a justiça (*dikaiosýnē*) faz parte das virtudes "cardinais", junto com a "prudência" (*phrónēsis*), a sabedoria (*sophía*), a temperança (*sophrosýnē*) e a fortaleza (*andreia*) (*Ética Nicôm.* 1,3). Portanto, é uma virtude moral e até tem o primado, na medida em que as outras virtudes dizem respeito ao bem do indivíduo em si mesmo, ao passo que a justiça visa o bem comum, que transcende o bem individual. A justiça-valor e virtude estabelece a igualdade entre as partes, a reciprocidade entre o direito e o dever, a paridade entre as pessoas, a plena igualdade entre os objetivos.

Por isso, a virtude da justiça é *diferente* das outras, já que a *aequalitas*, ou igualdade fundamental entre as pessoas, de *per si* não depende da vontade do agente, como acontece em outras virtudes. Aqui, *medium rei* ou "justa medida" visa o *objeto* justo e não a intenção do agente, o que constitui a força, mas também o limite da virtude da justiça. Daí o perigo de que a rígida igualdade se torne injusta, e isto é expresso na máxima citada por Cícero "summum ius, summa iniuria" (*De Officiis*, I, 10,33).

Ao contrário, a justiça não deve ser usada em sentido rígido, nem quando exprime o *suum*, nem quando representa a *virtude*: ela sabe e deve saber repor o devido no *amor fraterno* na linha da justiça veterotestamentária e neotestamentária, seguindo o paradigma e o ensinamento do Senhor Jesus (Lc 10,29-36: samaritano; Mt 20,1-16: operários; Mt 18,23-35: servo cruel). Portanto, para que a justiça seja verdadeiramente humana, impõe-se a *integração* na pessoa e a *redenção* operada pela solidariedade, pelo amor humano e pela caridade cristã.

Neste sentido, o Concílio Vaticano II, precisamente na → *Gaudium et Spes*, em toda a segunda parte (n. 46-90), desenvolve a doutrina social da Igreja num enfoque teológico-moral. No n. 29 descreve "a igualdade fundamental de todos os homens", por serem "dotados de uma *alma racional* e criados à *imagem* de Deus", tendo "a mesma *natureza* e a mesma *origem* e porque, *remidos* por Cristo, gozam da mesma *vocação* e do mesmo *destino* (fim) *divino*". Então os mesmos direitos fundamentais do homem, fundados na mesma dignidade da pessoa humana, gozam de *per si* da mesma justiça. Tudo isto evoca profundas razões basilares antropológico-teológicas e não somente sócio-econômico-políticas, ainda que as inclua.

Mas quem é o *sujeito* do direito? Somente o homem, com suas diversas instituições e sociedades? Não pode ser também um *animal?* No âmbito deste problema, temos hoje três posições. A primeira, *clássica*, diz que o direito é próprio e exclusivo do ser humano, ou seja, só a pessoa humana pode ser sujeito do direito, e isto por dois motivos: porque só a pessoa (seja pessoa física, seja "pessoa moral") é consciente, livre e responsável, só a pessoa tem valor de fim e não de objeto ou de instrumento. Em consequência, nenhum ser infra-humano é pessoa consciente, livre e responsável, nem tem valor de fim (o fim não está em si mesmo, mas no ser pessoal superior); como tal, só pode ter valor de meio e ser objeto de direito. Portanto, dos direitos dos animais pode-se falar num sentido analógico e impróprio. Mas isto não significa que o homem não tenha *deveres*, às vezes graves (hoje não se pode duvidar disto, como se podia em outros tempos), em relação aos animais – aos animais domésticos, que deve guardar, alimentar, de cuja saúde deve cuidar etc., uma vez que sobre os animais se projeta a dignidade da pessoa humana e do sujeito do direito. Por outro lado, a ninguém é permitido torturar, utilizar de maneira desumana etc., "quod si tamen id faciat, non peccat peccato iniustitiae erga animalia vel erga Deum, sed peccat *erga sei psum*, cum male utitur de re sua, et hoc peccatum de se veniale non excedit" (B.H. Merkelbach, *Summa theologiae moralis*, II, n. 374). Esta última afirmação "veniale non excedit" hoje é geralmente considerada atrasada e a discussão atual não exclui a possibilidade de pecado verdadeiramente grave em relação aos animais, especialmente quando o homem os tortura só por prazer sádico, descarregando suas paixões e instintos brutais desregrados.

A segunda posição, *moderna*, coloca a questão em termos novos, com insistência e sensibilidade. Nestes últimos anos, em face da vivissecção e de numerosíssimos experimentos biomédicos, em face de todo tipo de manipulação cruel dos animais, que se tornaram "o material vivo" que se estuda e que se utiliza para o progresso da ciência contemporânea, o problema passou a adquirir um novo aspecto e uma nova seriedade. Por isso, novos são também os horizontes em que se coloca o problema, de que podemos colher três aspectos: O protagonista dos direitos dos animais é a *ética secular-laicista.* Mas de que direito esta pode falar: dos direitos "naturais" ou "positivos", isto é, dos que se fundam na natureza do animal, ou daqueles que ela recebe da lei humana positiva? Certamente não pode falar dos direitos naturais do animal, já que a ética secular laicista não concede sequer ao homem os valores constantes e os direitos que se enraízam na natureza (p. ex., a lei natural, a consciência moral inerente etc.), mas reconhece exclusivamente a natureza histórica do homem. Logicamente, em seu ensinamento deve reconhecer também aos animais só e exclusivamente os "direitos positivos". Neste ponto, porém, não nos parece ser consequente, pois para ela o animal não tem somente "natureza de objeto e valor de meio"; o animal não se distingue do homem essencialmente, mas apenas gradualmente, coisa que a antropologia cristã não pode admitir. E também afirma que o animal, como ser vivo, embora não possa raciocinar nem falar, pode *sofrer*, o que é sustentado também pela antropologia cristã. Assim, coloca-se um novo princípio: a capacidade de sofrimento do animal. Ora, frente ao sofrimento de quem quer que seja, o homem deve ter o dever de fazer o possível para evitá-lo. É verdade que neste sentido se exprimiram também diversos códigos: o austríaco, o da Liga Italiana dos Direitos dos Animais, o da Liga Internacional dos Direitos dos Animais, proclamado em Bruxelas junto à Unesco (que, em nível político e jurídico, ainda não tem o valor de uma convenção ou resolução), devemos acrescentar também alguns autores, como P. Singer, J. Bentham, T. Regan. Sem dúvida, o princípio de sofrimento tem algo de válido sob o prisma ético, como diremos mais adiante.

Existe uma posição *média*, proclamada por nossa cultura esquizofrênica, já que, por um lado, funda o direito dos animais na capacidade de sofrer, seja com base no fato de que sofrer dói, seja com base na posição ocupada, na dignidade ontológica do ser capaz de sofrimento. Logicamente, o defensor dos direitos dos animais deve defender também os embriões humanos – o que ele não faz – e o defensor dos embriões humanos defenderia também os animais, com base no princípio comum da dignidade da vida como tal.

Aqui tocamos a incongruência de um sistema de leis e de uma mentalidade que, por um lado, com razão, tutela o animal das agressões dos homens, mas, de outro lado, deixa impune a matança de milhões de criaturas humanas no seio materno até no "nono mês" de gravidez (Canadá, 1990). De resto concordamos em que o sofrimento e a própria vida se fundam na natureza *ontológica* dos seres vivos. Mas é justamente este o escolho que a ética secular-laicista não pode superar, se ao mesmo tempo não renunciar a seu princípio ético-positivista.

A posição moderna *cristiano-católica* é mais nuançada. Ao passo que a manualística acentuava o antropocentrismo do senhorio do homem sobre o criado (Gn 1–2), a → antropologia teológica, em última análise, liga o respeito devido à vida ao teocentrismo, fundado em Deus-Amor. Assim, a teologia da criação e do amor descobre o indicativo que funda o imperativo moral. Este, portanto, não se fundamenta na justiça devida aos animais, nem tanto no princípio de sofrimento, mas, seguindo as pegadas da teologia tradicional, na *dignidade* do próprio *homem*, que tem a tarefa de fazer progredir as outras espécies de seres vivos e não de aniquilá-las.

Em suma, temos *dois princípios* válidos que devem regular o comportamento do homem quanto aos animais. Por um lado, é o respeito devido a Deus, pois Deus protege toda a sua criação, e quem ataca a criação em certo sentido (analógico) ataca o próprio Deus. Por outro, exige-se o respeito devido à dignidade do homem, que é o princípio clássico "peccat erga se ipsum qui male utitur de re sua" [peca contra si mesmo quem usa mal de sua coisa], por isto, peca contra sua própria *dignidade* de homem, que é ofendida com qualquer tipo de crueldade para com os animais, já que com isto o homem degrada-se, torna-se desprezível, mostra-se não humano.

6. A DISCUSSÃO MUNDIAL SOBRE OS DIREITOS E A LIBERDADE DO HOMEM – A esta altura, segundo uma lógica do procedimento, é preciso tocar também este tema moderno, intimamente ligado à discussão sobre o conceito de justiça.

Do que ficou dito é óbvio que a justiça supõe os *direitos* (naturais ou positivos) e neles se fundamenta, pois exprimem o *suum* de um sujeito moral. Também é óbvio que o direito *natural* da pessoa humana, tanto do ponto de vista lógico quanto temporal, é anterior a toda sociedade, organização e Estado, por isto é anterior a qualquer legislação e lei positiva, a todo direito positivo. Sob este aspecto, os direitos do homem já existem antes de qualquer Estado e de qualquer legislação positiva, são, portanto, "pré-estatais" e "supraestatais", da mesma forma que a pessoa é anterior a todo Estado e está acima de qualquer Estado. E. Ginters afirma que "os direitos humanos são aqui entendidos como direitos pré-positivos, pré-postos e preexistentes a qualquer legislação estatal. Em outros termos, o homem é concebido como um ser que possui uma *vocação* ou uma orientação, independentemente de e já antes de esta ser estabelecida por qualquer comunidade humana, e até por ele mesmo" (*Valori, norme e fede cristiana*, 97).

Os direitos humanos são inatos e irrenunciáveis, como o são a própria pessoa e sua dignidade, em que eles se fundamentam (GS 25,1 e 26,3). "Ter um direito significa ter um título para pedir, exigir ou reivindicar algo da parte de outros, os quais têm o dever correspondente de não impedi-lo naquilo que é a exigência ou o objeto do direito (aspecto negativo) e de atender às exigências que ele faz a justo título (aspecto positivo)" (Ginters, 1977). A discussão contemporânea mundial ou planetária sobre os direitos e as liberdades do homem, segundo o princípio *cuique suum*, desenvolve-se em três âmbitos: na Igreja (protestante e católica) e em outras religiões, na área do direito internacional e no socialismo real. Temos, pois, três aspectos do novo tema teológico-moral e sociopolítico, que continua a aprofundar o discurso sobre a justiça. Vivemos os sinais dos tempos, que se exprimem num fator ético fundamental do mundo de hoje, que diz respeito a todos os homens e não apenas aos cristãos: a sociedade mundial está se tornando cada vez mais a única comunidade em que todo separatismo é anacrônico, toda violação dos direitos e das liberdades ofende a dignidade do homem e a própria sociedade. Infelizmente o direito do indivíduo e das comunidades é sempre vulnerável. Por isto, aqui valem os coprincípios universais: *pacta sunt servanda* [os pactos têm que ser observados]; os danos injustamente causados têm que ser reparados; as promessas feitas têm que ser mantidas etc., isto é, devem ser reconhecidos os direitos fundamentais de toda pessoa, grupo, nação.

Uma retrospectiva *histórica* diz-nos que o tratato ecumênico sobre os direitos na Igreja é recente. Começa com os *protestantes, Oekumenischer Rat* [Conselho Ecumênico], em Amsterdã 1948, em Upsala 1968, em St. Pölten 1975. Colaboram nele vários teólogos protestantes, como J. Moltmann, T. Rendtorff, H.E. Tödt, M. Honecker, W. Huber etc., e elaboram várias explicações e argumentações plausíveis. A posição da *Igreja Católica* é de cautela em relação à doutrina sobre os direitos. As razões são conhecidas: a carta da *Declaração dos direitos do homem e do cidadão*, aprovada pela Assembleia nacional francesa (26 de agosto de 1789), com os "imortais princípios de 1789" (*liberte, égalité, fraternité*) da Revolução Francesa. Os papas da Igreja Católica (de Pio VI até Pio XII) permaneceram na expectativa. O que gerava dificuldades eram os artigos 10 e 11 da própria *Declaração*. Esta, no ordenamento do Estado, coloca as "confissões" e as "ideologias" no mesmo nível dos valores. Acrescenta-se o Iluminismo em geral, com o seu grande mestre I. Kant (1824-1804), em particular. Há também um fator especial: o tema sobre os direitos e sobre as liberdades na Igreja Católica vai junto, ou em primeiro lugar, com a questão da liberdade religiosa, colocada sob nova luz somente no Concílio Vaticano II, com a Declaração *Dignitatis humanae* (7 de dezembro de 1965), em que se explica "o direito da pessoa e da comunidade à liberdade social e civil em matéria religiosa". Houve silêncio de Pio VI até Pio XI, que, na encíclica *Mit brennender Sorge* (1937), contra o nazismo, afirma os direitos inalienáveis do homem. Mas, por ocasião do 15º aniversário da carta da ONU sobre os direitos e as liberdades (1948), o Papa João XXIII publicou a encíclica *Pacem in terris* (1963), onde faz uma primeira sistematização dos direitos fundamentais do homem por parte da Igreja: direito à existência e a um apropriado nível de vida (PT 4), ao respeito a sua própria pessoa, à busca da verdade, à objetividade da informação (PT 5), a honrar a Deus (PT 6), à escolha do estado de vida pessoal (PT 7), ao trabalho (PT 8), a reunir-se e associar-se (PT 9), à emigração e imigração (PT 10), ao lugar na vida pública (PT 11). Depois desta encíclica vem a célebre constituição pastoral sobre a Igreja no mundo contemporâneo *Gaudium et Spes* (7 de dezembro de 1965), do Concílio Vaticano II, que neste campo é riquíssima. Basta uma citação: "A Igreja, por força do Evangelho a ela confiado, proclama os direitos humanos, reconhece e aprecia muito o dinamismo com que em nossos dias tais direitos são em toda parte promovidos. Mas este movimento deve ser protegido contra toda espécie de falsa autonomia. Pois somos tentados a pensar que nossos direitos pessoais só são plenamente salvos quando formos libertados de qualquer forma de lei divina. Ora, por este caminho a dignidade da pessoa humana não somente não é salva, mas se perde" (GS 41,3).

Assim, podemos identificar as características da doutrina do magistério: desde a questão operária, racial, classista, feminina, ecológica, do subdesenvolvimento etc., até o problema da gestão do mundo, dos direitos do homem, das injustiças, desigualdades etc. Sob esta ótica, é preciso estudar os documentos papais sobre a doutrina social da Igreja, desde Leão XIII: *Rerum novarum* (1891), Pio XI: *Quadragésimo Anno* (1931), Pio XII: *Summi Pontificatus* (1939), João XXIII: *Mater et Magistra* (1961), a mencionada *Pacem in terris* (1963), até Paulo VI: *Populorum progressio* (1967) e *Octogesima adveniens* (1971), João Paulo II: *Laborem exercens* (1981) – noventa anos depois da encíclica *Rerum novarum* – até a *Sollicitudo rei socialis* (1987). Acrescentemos o corajoso documento do sínodo dos bispos de 1971, *A justiça no mundo*, o documento – menos conhecido, mas nem por isso menos importante – da Comissão Pontifícia "Iustitia et Pax" *Self-Reliance/Compter sur soi* (1978), o da Comissão Teológica Internacional sobre a *Dignidade e direitos da pessoa humana* (1983) e o recentíssimo documento da Congregação para a educação católica, *Orientações para o estudo e o ensino da doutrina social da Igreja na formação sacerdotal* (1989), para um eventual programa de ensino. O *Código de Direito Canônico* (1983), que João Paulo II denomina "o último ato do Concílio Vaticano II", fala dos "deveres e direitos de todos os fiéis cristãos" (cân. 2-8-223). Neste meio-tempo, muitos teólogos e sociólogos católicos têm aprofundado o tema dos direitos do homen (A. Auer, F. Böckle, K. Demmer, J.N. Schasching, E. Hamel, O. Von Nell-Breuning etc.).

A história da doutrina sobre os direitos humanos pode ser sintetizada em *cinco* pontos: *a.* a doutrina clássica não trata dos "direitos e das liberdades do homem"; *b.* o conceito foi usado, tanto pelo magistério católico quanto pelos teólogos, com bastante cautela até a década de 1960; *c.* o tema é colocado em destaque com a discussão sobre o *specificum christianum* em moral (de 1970 em diante); *d.* na ética política católica esta doutrina entra somente depois dos "sinais" dados pelo magistério; *e.* hoje ela não pode mais ser negligenciada na teologia católica. Portanto, diante deste tema o pontificado de Pio XII ainda é cauteloso, o de João XXIII e Paulo VI já é aberto, e mais ainda o Vaticano II (precisamente em DH e GS), aperfeiçoa-se com o documento da CTI (1983) e encontra sua aplicação máxima com o pontificado de João Paulo II. É importante destacar a dimensão interna da doutrina, isto é, que nos documentos papais, nos tratados e artigos sobre o tema, cada vez mais caminham juntos os conceitos justiça-caridade-solidariedade-participação, como conceitos muito próximos. Sem o amor/caridade não existem paz nem verdadeira justiça dignas da pessoa humana, nem reconhecimento do próximo, nem comunicação, nem informação, nem veracidade. O amor/caridade permite ver as coisas mais humanamente, biblicamente, cristãmente, na dimensão pessoal e personalizada. Entretanto, todos estes aspectos não pretendem substituir a virtude da justiça.

No que tange à *hierarquia dos direitos humanos*, alguns são *essenciais* ou maiores; há os *fundamentais* ou primários, como a vida, a dignidade, a igualdade, a liberdade de pensamento, de consciência, de religião; há os *não fundamentais* ou secundários, como certos direitos civis: políticos, econômicos, sociais, culturais, pessoais. Outros direitos são *contingentes* ou acidentais, como consequências e condições dos direitos fundamentais ou ligados a estes; são menos "intangíveis". Existem enfim os assim chamados *postulados* ou direitos menores. Ao *fundamento* "próximo" dos direitos, isto é, à "dignidade da pessoa" chega-se por via "ascendente" (K. Rahner) ou "descendente" (H.U. von Balthasar). Pode-se discutir sobre isto, na medida em que a *dignidade da pes-*

soa humana já é "argumento" fundador dos direitos humanos ou antes, "postulado" apelativo. Todavia, quando se analisa ponto por ponto a doutrina sobre os direitos humanos, em relação à dignidade da pessoa humana, aplicando a hermenêutica teológico-filosófica moderna mais apropriada, este problema parece mais um pseudoproblema do que um verdadeiro problema, já que a base que funda os direitos é a realidade da *natureza* da pessoa, entendida em sua totalidade filosófico-teológica, natural-sobrenatural.

Os direitos humanos podem ser considerados *de acordo com os "mundos"*, como faz a CTI, no citado documento (B I, 2,3,4). O *Primeiro Mundo* tem duas características: são proclamados os direitos e as liberdades, mas isto é feito numa autonomia absoluta e de fato a dignidade e a liberdade podem ser distorcidas: consumismo, individualismo, naturalismo, precisamente falsa autonomia, laxismo prático, liberdade desenfreada, diferenças sociais classistas e nações mais fortes "acabam fazendo outras nações servirem a seus próprios interesses" (EV 9, 1053).

O *Segundo Mundo*, do assim chamado "socialismo real", que se está desintegrando no sentido sócio-econômico-político, embora esteja decidido a salvar a ideologia marxista-leninista, com seu perfil histórico-ideológico focalizado na supressão total do Estado e do direito, e, como fase final, a "sociedade comunista perfeita" (→ Marxismo). Tudo está fundado na doutrina positivista do direito: o Estado, guiado pelo partido comunista, através da constituição e da legislação positiva, assegura aos cidadãos os direitos sociais, políticos, econômicos e pessoais, que anteriormente eram totalmente desprovidos de todo direito "natural" (K. Marx): os "direitos do homem" não existem, não têm sentido, tal expressão não se encontra em sua legislação. Por outro lado, os regimes do "socialismo real" usam a mesma linguagem que o mundo livre ("liberdade", "igualdade", "lei", "consciência" etc.), mas entendem as mesmas coisas de maneira diferente, ou seja, o conteúdo é distinto, deve-se entender tudo unicamente dentro do sistema. Por isto, todos devem pensar do mesmo modo, sendo severamente punidos os "dissidentes" e os que "pensam de outro modo".

No *Terceiro Mundo*, com as condições diversas dos povos jovens que estimam sua própria cultura, independência, política, progresso técnico e econômico, prevalecem os aspectos sociais dos direitos humanos. "Eles sustentam que os direitos de uma justiça internacional plena muitas vezes não lhes são plenamente reconhecidos" (EV 9, 1056), também por causa de seu reduzido peso político e sua indigência. No plano internacional, as condições econômicas e comerciais são com frequência submetidas a cláusulas injustas: ajudas mínimas da parte das nações ricas ("dureza de coração"), valores das culturas indígenas ainda não suficientemente valorizados.

O *segundo* grande fator da discussão e do movimento sobre os direitos humanos são as diversas *cartas internacionais* da ONU e a Ata final de Helsinki da CSCE [Conferência Sobre a Segurança e a Cooperação na Europa], com suas organizações. A ONU, com seu *Estatuto das Nações Unidas* (1945), em São Francisco, já como ponto focal "reafirma a fé nos direitos fundamentais do homem, na dignidade e no valor da pessoa humana, na igualdade dos direitos dos homens e das mulheres e das nações grandes e pequenas" (§ 2). No capítulo I, art. 1, delineiam-se as finalidades das Nações Unidas, entre as quais a de "promover e estimular o respeito aos direitos do homem e às liberdades fundamentais de todos, sem distinção de raça, de sexo, de língua ou de religião" (n. 3). No documento fundamental da ONU – uma "pedra miliar, colocada no longo e difícil caminho do gênero humano" (João Paulo II) – isto é, na *Declaração Universal dos Direitos do Homem*, aprovada pela assembleia geral em 10 de dezembro de 1948, da parte católica trabalharam também J. Maritain, reportando-se à doutrina de Tomás, Teilhard de Chardin e outros. No Preâmbulo (§ 1) é delineada com clareza e de forma indiscutível a base da construção sobre a qual assenta toda a *Declaração*. Esta base é o *homem*, considerado não como um ser "vazio em si", como que destituído de todo valor existencial pertencente à própria pessoa (K. Marx), mas como um ser cuja *dignidade* se radica no próprio interior de sua realidade pessoal e ontológica. Esta dignidade da pessoa humana na *Declaração é o* fundamento, ou seja, a fonte de que brotam todos os direitos do homem, "do homem como indivíduo concreto e do homem em seu valor universal" (João Paulo II). Não se trata de uma dignidade qualquer, acrescentada de fora ou acidentalmente, mas "inerente a todos os membros da família humana", enquanto tais (§ 1). Por este motivo, os "seus direitos" são "iguais e inalienáveis" (§ 1); "o reconhecimento de tal dignidade inerente a todos os membros da família humana e de seus direitos, iguais, inalienáveis, constitui o fundamento da liberdade, da justiça e da paz no mundo" (§ 1). Por outro lado, "o desconhecimento e o desprezo dos direitos do homem têm levado a atos de barbárie que ofendem a consciência da humanidade" (§ 2). Este excelente documento, proclamado como um *ideal* comum a ser atingido por todos os povos e por todas as nações, sem dúvida tem exercido uma enorme influência positiva sobre o mundo inteiro, mas permaneceu destituído de eficácia jurídica, por não ser um tratado.

Além disto, a ONU assumiu a ulterior tarefa de codificar tais princípios em *tratados*, a serem apresentados à aprovação e à ratificação dos Estados-membros, para serem depois incorporados às constituições e às diversas legislações nacionais. Assim, hoje, os direitos fundamentais do homem são garantidos por dois pactos ou tratados. De ambos os pactos afirma-se no texto introdutório que "se tornarão, no devido tempo, juridicamente vinculantes para os estados que os tiverem ratificado". Trata-se do *Pacto Internacional dos Direitos Econômicos, Sociais e Culturais*, adotado pela assembleia geral, em 16 de dezembro de 1966, e que entrou em vigor em 3 de janeiro de 1976, após a assinatura do 35º instrumento de ratificação por parte da Jamaica; e do *Pacto Internacional Sobre os Direitos Civis e Políticos*, adotado pela assembleia geral, em 16 de dezembro de 1966, e que entrou em vigor em 23 de março de 1976, após a assinatura do 35º instrumento de ratificação por parte da Tchecoslováquia. Entre os estados que os ratificaram encontra-se o Leste socialista inteiro: Bulgária, Tchecoslováquia, Polônia, República Democrática Alemã, Romênia, Hungria, Ucrânia, Rússia (todos eles membros do Pacto de Varsóvia) e Iugoslávia. A ONU emitiu também diversas *Convenções* e *Declarações*.

A mesma coisa é reafirmada pela Conferência sobre a segurança e a cooperação na Europa (CSCE) no Ata final promulgado em Helsinki em 1º de agosto de 1975, e assinada pelos 35 estados participantes. Na *Declaração sobre os princípios que regem as relações entre os estados participantes*, entre os dez princípios solenemente enunciados, o mais importante é o princípio VII, isto é, o "Respeito aos direitos do homem e às liberdades fundamentais, incluída a liberdade de pensamento, de consciência, de religião ou credo". Também neste documento internacional de grande relevo, coloca-se a tônica sobre a fonte de todos os direitos do homem. Afirma-se explicitamente nele que tal fonte é "a dignidade inerente à pessoa humana" (§ 2) e que a tarefa mais importante para os estados participantes é promover e estimular "o exercício efetivo das liberdades e dos direitos civis, políticos, econômicos, sociais, culturais e outros, todos os quais derivam da dignidade inerente à pessoa humana e são essenciais a seu livre e pleno desenvolvimento" (§ 1 e 2). A CSCE, até hoje, serviu-se das sessões plenárias para vivificar continuamente estes princípios (Belgrado, Madri, Ottawa, Viena).

Esta retrospectiva sumária dos documentos internacionais leva à clara conclusão de que a fonte dos direitos humanos é o *próprio homem*. Ou melhor, para sermos mais exatos, *a dignidade da pessoa humana*, cujo valor está acima de qualquer bem criado. Já que a fonte da qual brotam os direitos é a dignidade do homem – de cada homem – torna-se claro que todos os seres humanos gozam da igualdade dos direitos e das liberdades fundamentais, sem distinção alguma entre eles, por serem todos dotados da mesma dignidade, mesmo quando laboram em erro. Além disto, esta dignidade não vem de fora, mas é *inerente* ao homem e, por isto, *inalienável*. Se não fosse inerente, tornar-se-ia alienável. "Inerente" significa que está tão intimamente ligada à pessoa humana que se identifica com ela. Por isso, a dignidade é patrimônio do homem como tal, desde o nascimento.

Os homens nascem *livres, iguais* em dignidade e liberdade, dotados de raciocínio e de consciência. Por este motivo, os direitos do homem têm valor *universal*, não por vontade de um Estado qualquer, nem porque isto seja proclamado por organizações mundiais, mas porque existem no homem, independentemente do Estado e de qualquer outra autoridade. Em consequência, é natural que os homens ajam uns em relação aos outros com espírito de *solidariedade* e de *fraternidade*, justamente por serem iguais na dignidade e nos direitos. O fato de esta dignidade inerente e inalienável ser aceita pelos homens e por muitos estados, de modo a constituir o *fundamento* das *liberdades* expressas em inúmeras manifestações privadas e públicas, é um reconhecimento já operante igualmente em nível internacional. O homem vive sua dignidade de homem, quando ninguém o perturba no seu agir de ser livre, não submetido a ninguém, muito menos a uma comunidade, a um sistema, a um Estado ou a qualquer outra forma de convivência que o torne escravo da sociedade, em vez de protagonista responsável.

Digamos, outrossim, que a questão da *fonte*, ou melhor, da *base* sobre a qual assentam os direitos do homem (sua dignidade), tal como a exprimem exatamente os documentos internacionais, não é apenas de caráter estritamente jurídico-filosófico (no sentido hegeliano ou de qualquer outra filosofia "burguesa"), mas representa o ponto de partida de toda exigência jurídico-prática, no tocante à práxis concreta que se exige do cidadão por parte do Estado. Se o governo de um Estado se comportasse para com o homem como se este fosse destituído de qualquer direito, ou como se o *conteúdo* de seus direitos fundamentais não derivasse da dignidade pessoal, resultaria que a intocabilidade, ou seja, a inviolabilidade deste conteúdo não teria nenhum sentido real. Segundo os documentos internacionais, não se pode proceder descendo do Estado ou do coletivo para o indivíduo, como submetido; o único processo legítimo é o que começa pela *adesão* ao direito pessoal de todo homem – através das medidas de proteção – e desemboca na comunidade, ou então no Estado, ficando assegurado que qualquer providência emanada do Estado deriva primeiro do homem, enquanto cidadão, e se funda no direito *intangível* de cada homem como *pessoa, inviolável* em sua própria *dignidade inata*.

7. JUSTIÇA SOCIAL ANTES DA ENCÍCLICA *SOLLICITUDO REI SOCIALIS* – Aqui voltamos novamente ao conceito de justiça, agora como *justiça social*, e nos perguntamos se este conceito de caráter nítida e exclusivamente filosófico e jurídico, econômico, social e político, também é de caráter *teológico*. Certamente situa-se também em nível teológico, pois é o "metro teológico" que lhe mede a relevância ético-religiosa. Portanto, quando falamos de justiça social, estamos *em teologia*. Este nexo com "a relevância ético-religiosa" indica que a justiça social está intimamente ligada às relações *interpessoais*, à conduta das pessoas *entre si*, não mais limitada somente a uma *sociedade* e um Estado. Ela é virtude no sentido já explicado, pertence às virtudes cardinais. A justiça social faz parte da doutrina social da Igreja no sentido eminente e, portanto, "pertence" ao campo da *teologia* (SRS 41). Esta nova perspectiva teológica, ou melhor, de teologia moral, depreende-se do novo documento da Congregação para a Educação Católica, *Orientações para o estudo e o ensino da doutrina social da Igreja na formação sacerdotal* (1989), 30-46 e 47-53.

Sob o prisma *histórico*, podemos considerar a justiça social no interior da doutrina social da Igreja antes da encíclica *Sollicitudo Rei Socialis* (SRS) e depois dela. De maneira genérica, pode-se dizer que o *conceito* de justiça social ainda não está fixado, graças a fatores sócio-econômico-políticos sempre novos; mas, de qualquer forma, na evolução do conceito podemos entrever duas fases.

A primeira fase abrange o período que vai desde o início da doutrina social da Igreja até a Segunda Guerra Mundial. O conceito de justiça social nos documentos do magistério é identificado com a justiça *distributiva* e *legal*, enquanto esta regula as relações entre superiores e súditos no interior de uma nação, um Estado, uma sociedade. Ainda não se tomou consciência clara de que a justiça social *transcende* as dimensões de uma sociedade fechada em si e tem dimensões supranacionais, supraestatais, internacionais, intercontinentais e até mundiais, planetárias e interplanetárias. Por outro lado, o conceito de *solidariedade*, ainda que não se identificando com o de justiça social, está sempre mais próximo desta.

Tal evolução verificou-se somente depois da Segunda Guerra Mundial, durante os últimos decênios, ligada sobretudo aos grandes progressos efetuados pelo menos em quatro campos: nos *mass media* (imprensa, rádio, TV), através dos quais a humanidade inteira em todos os níveis tomou consciência de que as injustiças sociais (desequilíbrios, discriminações) não atingem somente as pessoas individuais, mas as nações e os continentes; numa *nova mentalidade*, que considera nosso globo como uma "aldeia" comum, uma só casa para todos os homens: hoje, com efeito, formamos todos quase que uma única comunidade igualmente protegida e ameaçada. O grande mérito disto cabe à ONU e à CSCE, conforme vimos; à sensibilização da Igreja para o problema da "justiça social", com acentuações sempre novas de sua doutrina social que, superando os limites das nações e dos continentes, fez com que não somente os cristãos, mas todos os homens de boa vontade vejam e reconheçam à Igreja Católica o primado de guia neste campo. Mas o que é importante para nosso tema é que nos documentos papais contemporâneos cada vez mais figuram lado a lado justiça-caridade-solidariedade-participação, ainda que sem misturar conceitos ou enfraquecer o de justiça como tal. É pacífico que sem o amor/caridade não há paz, nem verdadeira justiça digna da pessoa humana, nem o reconhecimento do próximo; o amor/caridade permite ver as coisas exatamente, mas não substitui a virtude da justiça. Os documentos insistem cada vez mais na missão dos batizados de operarem à base da virtude da justiça, para realizá-la sempre e em toda parte, com ênfase qualitativamente nova, isto é, sempre mais no sentido *personalizado* e *personalístico, bíblico* e *teológico*.

Discute-se ainda sobre a *natureza* da justiça social. Mais ou menos são conhecidas três opiniões: 1. é uma nova forma de justiça legal, enquanto regula as relações sócio-econômico-políticas entre súditos e superiores, agora não apenas no plano nacional, mas também no internacional. Objeta-se: não regula somente estas relações, mas também as relações entre os continentes, planetárias e interplanetárias; evidentemente, transcende a clássica justiça legal; 2. é uma nova forma de justiça legal e distributiva conjuntamente. A resposta precedente vale também para esta opinião; 3. é uma *quarta forma nova* de justiça proporcional, em nível mundial. Argumenta-se da seguinte maneira: *a.* existe aqui um *novo princípio* moral que transcende os princípios de três "justiças" clássicas, exigindo uma distribuição equânime das riquezas entre os grupos sociais nacionais, internacionais e mundiais; *b.* existe também um *novo critério* moral desta *equidade*: o direito-dever a uma vida digna do homem, no sentido mundial e planetário; o direito-dever de *participação* no desenvolvimento econômico-sócio-político-cultural; o direito-dever de contribuir para o *bem comum* das nações, dos continentes, do mundo inteiro. Hoje, em particular, são tomados em consideração os lucros, os salários, os conflitos entre ricos e pobres, a solidariedade, a tolerância, a caridade, a subsidiariedade, a interdependência, a participação, a injustiça social, a violência, o terrorismo, os problemas ambientais ou ecológicos e, com estes, também os problemas energéticos, o desarmamento, o problema da dissuasão, a recusa de uma guerra total, até a ideia de criar um novo mundo economicamente e politicamente unido (SRS 11-26; 27-34; 35-40).

Negativamente, segundo a justiça social, são condenados todos os *sistemas* sócio-econômico-políticos, com suas ideologias, que de uma forma ou outra manipulam e oprimem as pessoas, os grupos, as nações. Tais sistemas condenados são: o *liberalismo* e o *comunismo* pelo Papa Pio XI, na *Quadragesimo Anno*, 1931, n. 101, e na *Divini Redemptoris*, 1937, n. 8, respectivamente; a *ideologia marxista*, pelo Papa João Paulo II, *Laborem exercens*, 1981, n. 11; os *dois blocos*, isto é, o capitalismo liberalista e o coletivismo marxista, pelo Papa João Paulo II, *Sollicitudo Rei Socialis*, 1987, n. 22.

Requer-se, portanto, um mundo fundado na *solidariedade*, melhor ainda, sobre a sólida *fraternidade*, ou seja, virtudes que remontam ao verdadeiro amor humano e à caridade sobrenatural. Sobre esta base, ao mesmo tempo humana e cristã, devem resolver-se os três maiores problemas sociais e teológico-morais atuais em nível mundial: 1. o *futuro do trabalho*, na situação mundial em relação aos desempregados em número sempre crescente, que somente nos estados industriais ocidentais somam aproximadamente 40 milhões e que constituem o gravíssimo problema existencial-moral de uma pobreza crescente num mundo opulento; 2. a *dignidade da vida* do homem e da sobrevivência, mais uma vez com as questões específicas do ambiente e do problema ecológico, da energia nuclear, dos armamentos nucleares e químicos; 3. a *responsabilidade comum* pelo Terceiro e o "Quarto Mundo"... (J.N. Schasching, *Dalla lotta*, 1455s). Portanto, estes e outros problemas similares podem resolver-se hoje unicamente com a justiça social, que desemboca na solidariedade, fraternidade, amor, caridade, onde os cristãos são chamados a dar um exemplo concreto mais sugestivo com sua própria conduta de vida.

8. JUSTIÇA SOCIAL NA ENCÍCLICA *SOLLICITUDO REI SOCIALIS* – Objeta-se que a *matéria* da SRS é excessivamente econômico-social, e até – pela primeira vez – quase exclusivamente tal, numa encíclica papal. Como pode ela ser objeto teológico? É verdade que esta é a primeira novidade da SRS, mas tudo é colocado justamente em perspectiva teológica. A segunda novidade é a planetarização da justiça social, com as exigências de interdependência. A terceira novidade é a identificação do desenvolvimento com a paz, havendo até uma associação justiça-desenvolvimento-paz. Com isto, a justiça social na SRS assumiu uma indiscutível urgência de desenvolvimento autêntico, sob o aspecto sociológico, bíblico, teológico e eclesial.

O *aspecto sociológico* do mundo existente é bastante decepcionante, pessimistamente instável. Há muitas "carências e obscuridades" (SRS 25) em seu desenvolvimento: as disparidades econômico-sociais (Norte-Sul), com o surgimento do "Quarto

Mundo", com um crescente menosprezo dos direitos humanos no mundo inteiro, com uma dramática crise das moradias, do desemprego e subocupação, com uma enorme dívida internacional, com um paradoxal contraste de superdesenvolvimento e subdesenvolvimento (SRS 28), com tentações e abandono ao desespero, ao pessimismo, à passividade, à covardia. Há, pois, um subdesenvolvimento prevalentemente econômico, cultural e político, mas existe também um subdesenvolvimento humano e espiritual (SRS 15). A encíclica examina as *causas* que fazem piorar a situação dos países em vias de desenvolvimento. Entre outras, menciona as seguintes: a perversidade de certos mecanismos econômicos, financeiros, sociais (SRS 16); a lógica dos blocos com quatro contraposições: política, ideológica, econômica, militar (20). Por isto, os ânimos da humanidade inteira ainda vivem sob uma perene ameaça de uma guerra aberta e total. Com efeito, são pouquíssimas as pessoas que hoje guiam o mundo inteiro. O Norte, mais rico e mais adiantado tecnológica e economicamente, pesa duas vezes sobre o Sul (21). Existe a tentação ao isolamento das nações que lideram, o que, porém, o bem comum da humanidade não permite (23). Podemos, além disto, elencar também diversos *desvios do desenvolvimento*, como a produção e o comércio das armas, que é fruto da "lógica dos blocos" (23-24); a presença de milhões de refugiados, por causa de discriminações, perseguições etc., com a subtração da casa, do trabalho, da família, da pátria, do sentido da vida (24); o fenômeno do terrorismo e dos sequestros (24); como a campanha sistemática contra a natalidade (25); a droga, forma típica de evasão de nosso tempo, que representa uma insidiosa distorção do conceito de desenvolvimento pessoal e social (26). Mas existem também *razões de esperança*, como: a consciência crescente da dignidade da pessoa de cada homem; a crescente convicção de uma radical interdependência; a preocupação comum pela paz, o que é um dado novo no mundo; a preocupação ecológica ou ambiental, que pouco a pouco vai sensibilizando os políticos e a humanidade em geral; a crescente consciência, no Terceiro Mundo, de uma certa autossuficiência alimentar e de garantia das fontes de trabalho.

O *aspecto bíblico-teológico* diz claramente duas coisas: o que não é verdadeiro desenvolvimento, mas apenas progresso indefinido e ilimitado, no sentido iluminístico, pura acumulação de bens e de serviços, que guia para o consumismo e para o materialismo crasso. O verdadeiro desenvolvimento diz respeito ao *homem integral* e total, com todas as suas relações essenciais. O homem é o parâmetro do desenvolvimento, não somente no sentido laico e profano, mas no sentido interior, que é intrínseco à natureza específica da pessoa humana, que é criatura corporal e espiritual, criatura finita, mas, como imagem de Deus, afim a Deus infinito. Todo o criado deve ser ordenadamente subordinado à imagem divina do homem e de sua vocação ao amor/caridade, que lhe foi dada pelo Criador-Amor (28). Sua vocação não é somente terrena, mas tem a dimensão da imortalidade. Esta vocação é também para o desenvolvimento ordenado, como diz o livro do Gênesis (1,26-30; 2,15). Por isso, o homem não se deve deixar arrastar pelas coisas terrenas até esquecer totalmente sua destinação escatológica. Neste sentido, também segundo a tradição cristã até o Concílio Vaticano II, o homem tem três deveres morais: de todos para com todos, a promoção dos direitos e das liberdades do homem, o respeito ao criado (33).

O *aspecto teológico-moral* toca dois pontos: as estruturas de pecado e o caminho de conversão (35). Estas *estruturas pecaminosas* em diversíssimas formas e matizes têm causas de natureza econômica, política e moral, precisamente em duas formas exasperadas: a ganância exclusiva do lucro e a sede do poder, que podem contaminar tudo. A → *conversão*, apesar de ser muito árdua, exige a justiça social no sentido explicado, isto é, a justiça personalizada na solidariedade, na caridade e na comunhão. Aqui, mais uma vez, encontramos a justiça que se transforma em solidariedade e esta em amor/caridade, cuja raiz é Deus-Amor, Deus-comunhão trinitária. Aqui, tocamos a identidade da realidade justiça-solidariedade-amor-caridade-comunhão-fé. O cristão, portanto, vive o empenho pela justiça, como evento de fé, como "homem novo, criado segundo Deus na justiça e na santidade verdadeira" (Ef 4,24). A justiça vivida pelo cristão hoje é o sinal crível da fé e da sinceridade de sua evangelização, longe de toda duplicidade e farisaísmo. Assim, torna-se claro o fato de que a moral e a espiritualidade cristãs não constituem duas coisas, mas uma só: fazer justiça e ser justo sem medida e limites, segundo a medida do amor/caridade, que não tem medida. Não se nega que estas disciplinas possam ser, do ponto de vista científico, estruturadas diferentemente, mas a vida é única, não tem um mais e um menos, mas só um mais.

Portanto, cada homem é um *irmão* (Mt 25,40.45) que não tem somente seus direitos e sua fundamental igualdade, como imagem de Deus, à semelhança da imagem perfeita do Verbo encarnado (GS 22), mas é também resgatado pelo sangue de Cristo e se encontra sob a ação do Espírito Santo. O homem, portanto, deve ser amado, ainda que *inimigo* (Mt 5,44; Lc 6,27-35), com o mesmo amor com que o Senhor o ama. Só amando assim, o homem se torna justo, não com sua justiça, mas com a justiça que lhe é dada por Deus.

Sob o *prisma pastoral-catequético*, depois do que foi dito até aqui, torna-se evidente que a doutrina social da Igreja não é uma "terceira via" entre o capitalismo liberal e o coletivismo marxista, mas faz parte da missão espiritual da Igreja. A Igreja não tem outra missão a não ser a salvação e a santificação do homem, tanto na dimensão pessoal quanto na comunitária. Isto significa que a missão da Igreja é para com o homem integral, com todas as suas relações e em sua vocação terrestre e escatológica. Com isto também aparece com clareza que a encíclica SRS é atualíssima em sua leitura da justiça social, que mostra e desenvolve, por um lado, visões eminentemente teológicas e, por outro, pastoral-catequéticas.

9. À GUISA DE CONCLUSÃO – Percorrido o itinerário da evolução do conceito de *justiça*, desde o conceito profano, dos tempos da cultura oriental e nômade, até o conceito religioso da revelação veterotestamentária e religioso-superior da revelação neotestamentária, e passando pelo conceito filosófico-jurídico

dos gregos e dos romanos, até a escolástica, a manualística, e examinando o conceito de justiça do Iluminismo e o do Vaticano II, traçamos uma curva *sinusoidal*: do profano ao religioso, ao espiritual, ao filosófico-jurídico, ao jurídico particularmente, de novo ao religioso, social, personalístico.

Depois do Vaticano II, distinguem-se duas fases: a primeira abarca os primeiros 10 anos, de 1965 até 1975, em que os conceitos "justiça", "caridade" e "fé", não obstante a virada do Vaticano II, ainda não eram muito associados: a justiça apresentava-se antes como sócio-econômico-política, mesmo depois do documento do Sínodo de 1971. A segunda fase é a dos últimos anos, isto é, depois de 1975 até hoje. Uma nova virada em profundidade ocorreu com a exortação apostólica de Paulo VI *Evangelii Nuntiandi* (8 de dezembro de 1975), precisamente os n. 17-41, onde a *justiça* é novamente personalizada e enriquecida com aspectos bíblico-teológicos já num contínuo processo de aproximação, e até de assimilação entre *fé e justiça.* "A evangelização não seria completa se não levasse em conta o recíproco apelo, que se fazem continuamente o Evangelho e a vida concreta, pessoal e social, do homem. Por isso a evangelização comporta uma mensagem explícita, adaptada às diversas situações, constantemente atualizada, sobre os direitos e sobre os deveres de cada pessoa humana, sobre a vida familiar, sobre a vida internacional, a paz, a justiça, o desenvolvimento; uma mensagem, particularmente vigorosa em nossos dias, sobre a libertação" (EN 29).

Bibl. – S. Schmidt, "S. Pauli 'iustitia Dei' notione iustitiae, quae in V.T. et apud S. Paulum habetur, dilucidata", em VD 37 (1959) 97-105; M.M. Casabó Suqué, "La justicia en el Antiguo Testamento", em *Strom* 25 (1969) 3-20; E. Chiavacci, *Principi di morale sociale.* Morale sociale generale, Bolonha 1971; Id., *Teologia morale* 3/1: Teologia morale e vita economica, Assis 1986; J. Dupont, *Les béatitudes*, II, Paris, 65-90; III, Paris 1973; J. Alfaro, *Teologia della giustizia*, Roma 1973; L. Di Pinto, *Volontà di Dio e legge ântica nell'Epistola agli Ebrei.* Contributo ai fondamenti biblici della teologia morale, Nápoles 1976; E. Hamel, "I fondamenti dell'etica Cristiana in ordine alla giustizia sociale: fede e giustizia sociale", em *Comm.* 38 (1978) 74-85; Id., "Iustitia et iura hominum in Sacra Scriptura. Investigatio biblico--theologica", em *Periodica* 69 (1980) 201-217; Id., "Fondement théologique des droits de l'homme", em *Seminarium* 23 (1983) 309-318; Id., "Fondamenti biblico-teologici dei diritti umani nella 'Gaudium et Spes'", em R. Latourelle (ed.), *Vaticano II bilancio e prospettive*: venticinque anni dopo 1962/1987, II, Assis 1987,1001-1016; C.M. Martini, *Evangelizare pauperibus*, Brescia 1978; K. Demmer, "Christliches Ethos und Menschenrechte", em *Greg* 60 (1979) 453-479; I. Fuček, "Il fondamento dei diritti umani nei documenti internazionali", em *CivCatt* 4 (1982) 548-557; Id., *Giustizia alla luce della fede e dell'esperienza*, Roma 1989; S. Mosso, *Il problema della giustizia e il messaggio Cristiano*, Casale Monferrato 1982; V. Rossi Agbanou, *Le discours eschatologique de Matthieu 24-25*: *tradition et rédaction*, Paris 1983; Vários autores, "Human Dignity and human Rights", em *Greg* 65 (1984); L. Lorenzetti, "Etica sociale Cristiana", em T. Goffi-G. Piana (ed.), *Corso di morale*, 4: Koinonia Etica della vita sociale, Brescia 1985, 9-82; Vários autores, "Instrumenta communicationis socialis in formatione sacerdotali", em *Seminarium* 37 (1986); F. Moreno Rejón, *Teologia moral desde los pobres.* Planteamientos morales de la teologia latinoamericana, Madri 1986; J.N. Schasching, "Dalla lotta di classe alla cultura della solidarietà", em R. Latourelle (ed.), *Vaticano II bilancio e prospettive*: venticinque anni dopo 1962/1987, II, Assis 1987, 1454-1467; G. Oesterreich, *Geschichte der Menschenrechte und Grundfreiheiten in Umriss*, Berlim 1987[2]; J. Punt, *Die Idee der Menschenrechte.* Ihre geschichtliche Entwicklung und ihre Rezeption durch die moderne katholische Sozialverkündigung, Paderborn-Munique-Wien-Zürich 1987; P. Pavan, *L'Enciclica "Pacem in Terris".* A venticinque anni dalla pubblicazione, Roma 1988; J. Bryan Hehir, "John Paul II. Continuity and Change in the Social Teaching of the Church", em CE. Curran-R.A. McCormick (ed.), *Readings in Moral Theology*, 5. Official Catholic Social Teaching, Nova York-Mahwah, 247-263; D. Hollenbach, "Global Human Rights: An Interpretation of the Contemporary Catholic Understanding", Ibid., 366-383; Vários autores, *Solidarietà, nuovo nome della pace.* Studi sull'Enciclica "Sollicitudo rei socialis" di Giovanni Paolo II offerti da don Giuseppe Gemmellaro, M. Toso (ed.), Turim 1988; Pont. Univ. Lateranense, *Le ragioni della Speranza.* Studi sull'Enciclica "Sollicitudo rei socialis", Città del Vaticano 1988; E. Biffi, "Cinque Letture" dello sviluppo dei Popoli, Ibid., 137-173; J. Krasovec, *La justice* (*SDQ*) *de Dieu clans la Bible hébraïque et l'interprétation juive et chrétienne*, Friburgo-Göttingen 1988 (rica bibl.); Vários autores, "De doctrina sociali Ecclesiae in formatione sacerdotali", em *Seminarium* 41/29 (2/1989), o número inteiro; M. Matte, "Diritti e valori della fattoria", em *Il Regno/Attualità* 34 (1989), 97-99.

IVAN FUČEK

JUSTIÇA na visão do *Magnificat*

Várias são as leituras que podem ser feitas em torno da justiça; aqui, propomos uma exemplificação *narrativa* da justiça, partindo da chave interpretativa que nos é fornecida pelo *Magnificat* (Lc 1,47-55). O *Magnificat* é a expressão lírica de um evento pessoal: Maria fala de si mesma, de seu destino, como pessoa histórica. Contempla sua história e a da humanidade à luz do Deus Salvador, do Onipotente, que transforma em maravilhas nossa miséria de criaturas. Maria é o verdadeiro Israel, em que a antiga e a nova aliança estão unidas indissoluvelmente. Maria é o povo de Deus que dá fruto graças ao poder misericordioso de Deus.

1. MARIA OLHA O MUNDO COM OS OLHOS DE DEUS – "Desdobrou o poder de seu braço, dispersou os soberbos, derrubou os poderosos dos tronos, elevou os humildes; encheu de bens os esfomeados, despediu os ricos de mãos vazias" (Lc 1,51-53).

Esta segunda parte, tão forte, quase dura, rica de antíteses, faz do *Magnificat* o canto mais delicado e ao mesmo tempo mais forte do NT. Moltmann, aliás, observa que na Bíblia os hinos mais vigorosos sempre foram cantados por mulheres: Miriam (Ex 15,21), Judite (Jt 16), Débora (Jz 5) e Ana (1Sm 21).

Olhando o mundo, Maria vê-se com os olhos de Deus, poderoso e misericordioso, e revela como Deus intervém na história dos homens. Depois de haver recordado as grandes obras realizadas por Deus em favor de Israel, Maria apresenta uma espécie de constante do agir de Deus: o amor do Pai pelos pequenos, os pobres e os oprimidos. Escolhendo Maria para seu projeto de salvação, Deus ilustra a "regra maravilhosa" segundo a qual a fraqueza se torna o instrumento preferido de seu poder (2Cor 19,9).

Maria, sobre quem Deus pousou seu olhar, é o *lugar* privilegiado de todas as revoluções operadas por Ele no mundo, o centro da revolução do amor divino e de sua obra de libertação. Maria encarna o poder de Deus que se manifesta na fraqueza e ilustra a lei da inversão dos valores – os do mundo – em proveito dos valores do Evangelho. Eis por que ela é esperança para os pobres e os oprimidos.

Maria é aquela "mulher forte" que permite entrever as modalidades históricas e sociais através das quais Deus realiza seu projeto de salvação, eludindo as expectativas dos ricos e dos poderosos, realizando sua salvação com os pobres e os humildes. O *Magnificat* representa uma contestação serena e objetiva dos valores que os homens de todos os tempos exaltam – poder, saber e ter – em proveito dos pobres, elevados e exaltados, e dos quais Maria é o exemplo perfeito.

Este hino faz eco ao cântico de Ana, mãe de Samuel (1Sm 2,1-19), cujo tema principal é a inversão dos valores como sinal da obra de Deus. Apresenta-nos um Deus que subverte as situações de todos os que se acreditam deuses e não cessam de oprimir seu próximo. É já o Evangelho em que Jesus encarna o cuidado que o Pai tem com os esfomeados, com os pequenos e os oprimidos. Apresentando Deus que opta pelos pobres e os ama, Jesus oferece a graça de uma redenção libertadora, que transformará a história da humanidade. A libertação cantada pelo *Magnificat* é a que Deus opera; transcende o social, embora tenha consequências neste nível. A libertação é realizada sem ódio, fundada no amor. Deus oferece sua misericórdia até aos injustos que se arrependem e se voltam para Ele (Zaqueu, o publicano etc.): uma vez libertados, são promovidos à dignidade dos pequenos e dos pobres, mais semelhantes a Cristo.

Se Deus, em sua misericórdia, dispersa os orgulhosos, é para que cessem afinal de ser desumanos; se derruba os poderosos, é para que transformem seu poder em serviço; se despede os ricos de mãos vazias, é para que compartilhem tudo com os pobres.

Se Deus exalta os pequenos e enche de bens os esfomeados, não é para que estes por sua vez se tornem orgulhosos, ricos e opressores, ou para que se vinguem dos que os fizeram sofrer.

2. VISÃO PROFÉTICA DE MARIA – A parte central do *Magnificat* é composta por verbos no passado próximo, que indicam uma ação já realizada: "Dispersou os homens de coração soberbo, derrubou os poderosos dos tronos, exaltou os humildes. Encheu de bens os esfomeados e despediu os ricos de mãos vazias".

Os exegetas têm sublinhado a força profética com a qual Maria canta no passado e considera plenamente realizados eventos iniciados com ela de maneira quase imperceptível, mas que acontecerão em plenitude no fim dos tempos. Em sua fé profética, ela vê quase antecipadamente a realização definitiva das promessas de salvação feitas aos Pais e agora oferecidas à humanidade inteira. Maria anuncia a libertação final, embora no momento veja somente inícios bem modestos. Após a anunciação e a natividade, aparentemente nada mudou: os poderosos ainda têm peso, os oprimidos ainda são oprimidos, mas a salvação é dada no silêncio e na obscuridade, entre os humildes e os pobres que sabem enxergar: Maria, Isabel e os pastores. E, no entanto, Maria já entrevê a conclusão final. Canta a libertação no passado e a considera como realizada aos olhos de Deus, que transcende o tempo e assegura o futuro. Canta as grandes obras de Deus, partindo de sua plena realização futura, já proclamada profeticamente. Tudo o que a humanidade espera, acontecerá. Maria está certa disto e o diz. Eis por que o *Magnificat* contém, além de uma ameaça salutar, que é oferta de salvação aos poderosos e aos enriquecidos, uma mensagem de esperança para os pobres e os oprimidos.

3. O *MAGNIFICAT*, CANTO DE LIBERTAÇÃO SOCIAL? – Na encíclica *Redemptoris Mater*, João Paulo II convida a um esforço de releitura e de atualização deste hino, o mais doce e o mais forte de todo o NT. O mais doce, porque o sopro poético que Maria levanta a faz cantar o Deus fiel e misericordioso; o mais forte, porque denuncia as falsas grandezas deste mundo, o saber orgulhoso, o poder violento que oprime, a riqueza que fecha o coração e manifesta o amor preferencial de Deus pelos pobres e os humildes.

Nesta profissão de Deus em que transparece a experiência pessoal de Maria e o êxtase de seu coração, a Igreja aprende que não pode separar a verdade sobre o Deus que salva da manifestação de seu amor preferencial pelos pobres e os humildes. Ela evita assim o perigo de insistir de modo unilateral num louvor mariano que reduziria a atitude dinâmica de Maria no campo "secular" da justiça. É significativo que o Evangelho de Lucas coloque nos lábios de Maria o primeiro cântico de libertação do NT.

Assim, a teologia da liberdade e da libertação, como eco fiel do *Magnificat* de Maria, conservado na memória da Igreja, constitui uma exigência da nossa época.

"Totalmente dependente de Deus e totalmente orientada para Ele com o elã de sua fé, Maria é, ao lado de seu Filho, o ícone mais perfeito da liberdade e da libertação da humanidade e do cosmo. É para ela que a Igreja, de quem ela é mãe e modelo, deve olhar para compreender integralmente o sentido de sua missão" (RM 37). Por quê? Porque a Igreja, em sua plenitude, está presente naquela cujo "sim" a fez nascer.

A Igreja deve pregar o *Magnificat* em sua totalidade, sem edulcorá-lo, sem forçá-lo, tal como saiu da boca de Maria, com suas ameaças salutares para os orgulhosos, os poderosos e os enriquecidos, e suas esperanças para os pequenos, os pobres e os oprimidos.

A libertação que Maria canta é exatamente a que Deus realiza; mas isto não autoriza à resignação diante da miséria. Este Deus que "cumula de bens os esfomeados" convida-nos a imitá-lo. Já que Ele cumula, também nós devemos cumular, de nossa maneira e segundo nossas possibilidades. "Os esfomeados, Ele os cumulou de bens" não pode ser separado de "Tive fome e me destes de comer" (Mt 25,35).

Lucas, que nos deu o *Magnificat* de Maria, sublinha nos Atos a atenção constante aos pobres na Igreja primitiva.

O *Magnificat* não deve ser cantado no tom da Internacional ou da Marselhesa, mas no tom de Maria, sem espírito de vingança nem de ódio. Os profetas recordaram com vigor aos ricos suas responsabilidades diante de Deus e dos pobres, tornaram-se a voz dos pobres, não para incitá-los à vingança ou ao ódio, mas para representá-los diante dos poderosos e dos ricos, aos quais repetiam as exigências da justiça e do amor.

Na esteira dos profetas, Jesus não limita a graça da salvação a uma só categoria social: pensa em todos e quer a salvação de todos. Sua mensagem aos ricos – o convite que lhes faz a compartilharem, as graves ameaças se não compartilharem – tem para eles valor salutar se, tocados pela graça, se decidirem finalmente a compartilhar com os pobres. Neste sentido, as ameaças de Jesus aos ricos são, indiretamente, boa notícia para os pobres!

A opção evangélica pelos pobres é preferencial, não exclusiva: não significa rejeição sistemática dos outros, porque a mensagem aos ricos tem o objetivo de levá-los a reduzir, com a compartilha, as grandes desigualdades que subsistem no mundo.

De resto, pouquíssimos são os que se podem definir total e unicamente oprimidos. Em cada oprimido existe quase sempre um opressor que dormita. Não existe libertação sem libertação do ódio. Sem a libertação do coração, que só Deus pode proporcionar, as outras libertações são efêmeras. Somente pessoas libertas podem libertar verdadeira e integralmente.

A opção preferencial pelos pobres tem por objetivo a reconciliação, não a divisão ou a eliminação. Como recordou Paulo VI, não uns *contra* os outros, não uns *sem* os outros, mas uns *com* os outros.

De resto, o livro dos Atos, em que triunfa a lei do Espírito Santo escrita nos corações (Jr 31,31), apresenta revoluções pacíficas, não violentas, das situações sociais. Sob a nova aliança, doravante é o Espírito Santo o pai dos pobres, como canta o hino *Veni Sancte Spiritus* (cf. Jó 29,15). Com sua ação no mais fundo dos corações, que impulsiona os cristãos à compartilha espontânea, ele já provoca uma revolução pacífica e não violenta das situações. Sob a ação do Espírito, os primeiros cristãos sanavam, eles mesmos, os desequilíbrios sociais, pois os opressores entendiam que não deviam mais oprimir, e os ricos que tinham que compartilhar. Sob a ação do Espírito que age nos corações, as inversões de situações participam do processo geral de interiorização e são muitas vezes realizadas com calma, sem violência. Os magos de que fala o Evangelho de Mateus (2,1-12) são o exemplo perfeito disto. Tocados pela graça, abrem seu coração e suas mãos. Seu *saber* levou-os à adoração do Menino-Rei, seu *poder* tornou-se serviço, enquanto seu *ter* se tornou homenagem gratuita ao rei dos reis.

Todas as disposições espirituais que caracterizam os pobres da antiga aliança, canonizadas pelas bem-aventuranças, convergem em Maria e compõem o retrato espiritual da Maria do *Magnificat*: alegria, serviço de Deus, temor, consciência da sua própria fragilidade, senso da justiça, solidariedade com o povo, abertura e disponibilidade no plano divino.

O *Magnificat* não nos apresenta Maria como "uma mulher passivamente submetida ou de uma religiosidade alienante, mas como aquela que canta o Deus salvador e libertador, que levanta os humildes e os oprimidos e derruba, se for preciso, os poderosos de seus tronos". Oferece-nos nela um modelo consumado do discípulo do Senhor: "artífice da cidade eterna e temporal, mas peregrino que se apressa rumo à cidade celeste e eterna; promotor da justiça que liberta o oprimido e da caridade que traz ajuda aos necessitados, mas sobretudo testemunha ativa do amor que Cristo edifica nos corações" (Paulo VI, *Marialis Cultus*, 37).

* * *

Estes dois artigos sobre a justiça são eminentemente complementares, tanto na doutrina quanto nas conclusões, ainda que o estilo e o método sejam distintos. Um ocupa-se com o desenvolvimento histórico do conceito bíblico-filosófico-teológico-jurídico de justiça, e o outro, com um instrumental de teologia bíblica narrativa, realça a justiça exemplar do *Magnificat* lucano. Efetivamente, o hino mariano é o único exemplo em toda a história da salvação e da humanidade em que as posições corretas sobre a justiça de todas as épocas são unificadas. Assim, o conceito bíblico-religioso de justiça do *Magnificat*, que encerra em si outras visões, é a *ponte* entre o homem velho sem Cristo e o homem novo em Cristo.

Bibl. – É. Hamel, "La donna e la promozione della giustizia nel Magnificat", em RdT 18 (1977) 417-434; R. Schnackenburg, "Il Magnificat, la sua spiritualità e la sua teologia", em *La vita Cristiana*, Milão 1977, 215-234; É. Hamel, "Le Magnificat, la femme et la promotion de la justice", em *Cahiers marials* 113 (1978) 157-175; Id., "Le Magnificat et le renversement des situations", em *Greg* 60 (1979) 55-84; J. Dupont, "Le Magnificat comme discours sur Dieu", em NRTh 102 (1980) 321-343; H. Muñoz, "Il Magnificat", em *Parola, Spirito e Vita* 6 (1982) 100-105; E. Peretto, "Magnificat", em NDM, Roma 1986[2], 853-865; C.M. Martini, "La prophétie du Magnificat", em *Sur les chemins du Seigneur*, Paris 1987, 198-204; H. Urs von Balthasar, *Marie pour aujourd'hui*, Paris 1988, 63-68.

ÉDOUARD HAMEL

LINGUAGEM

I. FILOSÓFICA: 1. *Pressupostos* – 2. *Percursos* (G. Lafont) – II. TEOLÓGICA: 1. *Fundamento da linguagem teológica* – 2. *Peculiaridades da linguagem teológica (fundação, elaboração, superação)* (R. Fisichella).

I. Filosófica

A questão da linguagem está evidentemente no centro da Teologia Fundamental, porque a própria palavra "teologia" inclui o *lógos*. Trata-se, pois, de definir as modalidades próprias da linguagem, quando esta diz respeito a Deus, de estabelecer criticamente a validade e os limites de tais modalidades, de examinar as possibilidades que estas oferecem em matéria de verdade e de sentido. Idealmente, tudo isto deveria poder ser feito somente à base de uma teoria geral aprovada da linguagem, teoria essa que abrangesse a manifestação da linguagem (fenomenologia), seus mecanismos (linguística), seu alcance e seu valor (crítica e interpretação).

Na realidade, tal teoria unitária não existe: ao contrário, o campo múltiplo das ciências da linguagem apresenta-se muito anárquico e ainda não se entrevê o momento em que se poderia revelar algum princípio capaz de ordenar e articular esta diversidade. A dificuldade talvez advenha de nossa situação cultural: éramos discípulos de Sócrates, ou seja, desejosos de "verdade verdadeira", arrastados para um processo de purificação e interioridade para chegar ao lugar pressuposto de tal verdade, ao mesmo tempo desconfiados em relação aos instrumentos humanos e encarnados que, ao invés de servirem a este percurso puro, o desviam para os interesses privados do poder e da riqueza. A epistemologia antiga considerou de maneira insuficiente a linguagem em si mesma, isto é, enquanto tem uma função intrínseca na manifestação da verdade; era considerada apenas um instrumento, a ser controlado de perto.

Hoje, sem dúvida, observa-se uma tentativa de ruptura com Sócrates, às vezes, aliás, até brusca demais; gostamos de considerar que desde a origem estamos *na linguagem*, que não é – ou não é somente, e em todo caso não antes de tudo – a expressão de um pensamento nem o revestimento da verdade; ela seria, antes, como que uma dimensão ontológica do ser-homem, um elemento, se não seu elemento próprio; seria uma estrutura já dada, que a pessoa faz sua existindo, a não ser que ela exista apropriando-se dela. Seria preciso, portanto, estudá-la em si mesma, em seu funcionamento, em seus mecanismos, em seus níveis de desenvolvimento (e de comunicação). Por mais legítima que seja, esta nova perspectiva não é isenta de paradoxos: consequentemente, não é fácil reconciliar esta consideração "ontológica" da linguagem com sua intenção significante. Se a linguagem tem um lugar verdadeiramente originário, como pode "ser sinal", de quê e para quem? Ou então, formulado em outras palavras, como é que o sistema de sinais, constituído pela linguagem, consegue não ser um universo inelutavelmente fechado em si mesmo e que, paradoxalmente, não pode significar nada fora de si? Ou ainda: Que dizer do fato de que, para estudar a linguagem, dispomos somente da linguagem? Existe aqui uma oposição *a priori* a esta nova disciplina?

O mesmo paradoxo pode ser reconhecido de outro modo: a linguagem aparece ao mesmo tempo como necessária, central para a existência humana e, por todos os lados, coagida. É como se, apesar de tudo, definhasse depois de um "discurso verídico", segundo a expressão de Celso, discurso do qual se reconhecesse ao mesmo tempo a impossibilidade. O significado do discurso é limitado por aquilo que o supera: o → silêncio, como fundo ou abismo, ou, ao contrário, um cume para além de tudo; a comunicação, como reconhecimento entre pessoas únicas, das quais nem o ser, nem o devir, nem a palavra podem ser reduzidos à pura lógica; a prática, que se justifica mais como obediência, fidelidade e competência, do que como coerência conceptual. Conteúdos de linguagem são, então, apenas possíveis?

Finalmente, para cúmulo, e em todos os níveis, delineiam-se as doenças da linguagem: a mentira, consciente ou simulada, a manipulação sofística e, o que talvez seja mais grave, a pretensão da apropriação da realidade através do discurso, tanto mais perigosa, quiçá, quando o discurso é ou pensa ser mais verdadeiro: a verdade, real ou suposta, pode então tornar-se instrumento de poder, e até de perseguição.

Pode-se entender que, numa conjuntura tão rica e difícil, o presente artigo se limite a realçar alguns pressupostos que parecem essenciais a toda percepção autêntica da linguagem e a assinalar um percurso possível que siga, numa ordem, não exclusiva, mas satisfatória, as diversas operações da linguagem.

1. PRESSUPOSTOS – Limitar-nos-emos aqui a situar a linguagem em relação ao *desejo*; esta é, sem dúvida, uma perspectiva mais englobante do que a que considera imediatamente a relação entre linguagem e verdade. Indicaremos a seguir os *referenciais* sempre presentes desde que existe a palavra. E estas duas problemáticas – desejo e referencial – permitirão indicar uma propriedade essencial da linguagem: a *metáfora*. Em seguida, falaremos brevemente da *escrita*, que praticamente não é possível separar da linguagem, mas cujo lugar é difícil discernir. Finalmente, diremos uma palavra sobre o *símbolo* e sobre sua relação com a *imagem*.

a. Entre todos os espaços do significado, a linguagem é o que põe em ação o *verbo*; colocaremos aqui, como hipótese de trabalho, que este organiza os recursos inexauríveis do som e da voz a serviço daquilo que se poderia definir como sendo os três desejos primordiais do homem: desejo de comunicar, desejo de saber, desejo de fazer. Esta tríplice flexão do desejo define três campos da linguagem: um campo simbólico, em que as palavras são instauradoras de relações mais do que de conhecimento e cuja verdade está na reciprocidade da invocação; um campo racional, que estabelece a ciência e cuja verdade depende da coerência lógica do discurso; um campo prático, que permite a utilização e cuja verdade está no sucesso. Embora sendo distintos, estes três campos não são separados; é claro que a verdade de um não se poderia estabelecer plenamente sem a verdade dos outros; por outro lado, pode-se verificar, e de fato se verifica, a transferência das linguagens, já que a de um campo serve "metaforicamente" à expressão de um outro.

b. Quaisquer que sejam os problemas críticos, aos quais nos referiremos mais adiante, esta tríplice linguagem do desejo se desenvolve imediatamente numa *referência* também ela tríplice, ou, em outros termos, pressupõe continuamente uma tríplice alteridade: o mundo proporcionado ao homem que fala, a coisas e a pessoas; a transcendência; o tempo. Isto significa que, em cada um dos campos considerados anteriormente, a linguagem conhece dimensões que se podem definir, num sentido diferente do expresso anteriormente, como "metafóricas": ela é capaz de transferir os significados, formados ao nível que lhe é homogêneo, para níveis que não o são. Exatamente neste ponto coloca-se o problema da → linguagem teológica: que linguagens exprimem (e produzem) a comunhão com Deus, a realidade de Deus, em si mesmo e em relação a nós, uma prática específica (se existir) do ser que está em relação com Deus e o conhece? Quanto ao tempo, este introduz, na ideia e na prática da linguagem, a palavra e a realidade da tradição: exclusivamente no plano humano, uma linguagem e, portanto, uma cultura, é, desde o começo, transmitida à criança para que possa viver seu desejo; este dado é apropriado e utilizado de maneira original pelo beneficiário, de tal modo que o instrumento concedido não sai indene do novo uso; assim sendo, nenhuma linguagem é dada uma vez por todas; o uso unívoco, também ele personalizado e, portanto, adaptado, desenvolve-se no horizonte da prospecção (futuro) e da interpretação (passado) e recebe desta situação uma parte de seu poder significante. Ademais, se existe uma relação de Deus com o tempo, a linguagem teológica comporta, também ela, um elemento insuprimível de interpretação.

c. Não é possível, numa problemática, ainda que pouco elaborada, da linguagem, não considerar um pouco a *escrita.* Com efeito, a oralidade do verbo não pode manter-se sem a plasticidade da escrita. A meio-caminho entre uma visão simplista, que vê na escritura o mero depósito, em si mesmo passivo, da palavra, e uma teoria sofisticada, que consideraria a escritura como o vestígio originário, indefinido e apenas sensato, sobre o qual pode eventualmente desenhar-se a palavra, reconhecer-se-á aqui, à escrita, uma dupla função de construção e de memória. Construção, na medida em que a escrita concede ao desejo de significar a ajuda do espaço: as palavras são, em certo sentido, alinhadas, dispostas, no sentido próprio "manipuladas", até sua ordem no espaço gerar o significado complexo e ao mesmo tempo lhe corresponder; sob este ponto de vista, a escrita é essencial ao desenvolvimento da função prospectiva da palavra, tanto em nível do projeto real como da ficção; neste ponto articular-se-ia a ideia de → literatura. Por outro lado, uma vez compostas entre si, através do próprio ato da escrita, as palavras ficam à disposição e constituem como que uma matéria sempre de novo disponível para a interpretação e a ação. Num vaivém constante, a escrita provoca a palavra, enquanto esta comenta (e, portanto, em certo sentido, recria) a escrita. Finalmente, pertencendo ao campo plástico, a escrita serve de ponte entre o verbo e os demais campos da expressão espacial, que se poderia reunir sob o termo "arte".

d. O que propusemos até aqui permite fazer uma distinção entre os diversos significados que pode assumir a palavra → *símbolo*, usada no campo da linguagem. Na perspectiva do desejo de comunicar, ele é elemento de *reconhecimento*; é por isto que o nome próprio seria a palavra simbólica por excelência. Todavia, cada palavra, tomada em qualquer campo do saber e aplicada metaforicamente, pode desempenhar este papel de instrumento de reconhecimento; eis então o segundo significado da palavra símbolo: designação imaginada, sempre possível, já que uma interpretação decifra a metáfora, revelando seu poder de invocação e de evocação. Finalmente, para além do processo formal do reconhecimento e, portanto, antes a serviço dos desejos de *saber* e de *fazer*, existe símbolo toda vez que uma palavra, tomada em um registro de linguagem, diz respeito ao que poderia ser dito, com maior exatidão, se não com maior pregnância, num outro registro. Mas aqui impõe-se uma distinção: em alguns casos, a linguagem simbólica pode ser, com ganhos e perdas, retranscrita numa linguagem própria e, assim, a prosa sucede à poesia; mas em outros casos não existe uma linguagem própria imediatamente disponível e, assim, a linguagem simbólica é essencial (mas não exclusiva) à linguagem da transcendência e à linguagem do tempo, pelo menos quando este quer significar o futuro, por definição ausente de nosso conhecimento como de nosso reconhecimento.

2. PERCURSOS – A figura de um percurso depende em grande parte de sua origem. Uma vez que a linguagem agrupa o conjunto do simbolismo da voz e do som, começaremos aqui com suas primeiras manifestações: *voz/grito/canto*, mas para observar imediatamente que estas se desenham sobre uma realidade talvez mais primordial: *escuta/silêncio.* Diz-se que a voz "rompe" o silêncio. Este conceito é duplo: pode-se tratar do silêncio circunstante e, então, a voz é uma tomada de posse deste mundo silencioso e afirmação de si, presente nele; mas existe algo de mais essencial: a voz é ruptura do silêncio pessoal, em resposta à expectativa e à escuta silenciosa do outro; as palavras não saem se não existir ninguém que escute, enquanto que, ao contrário, o silêncio pode ser exigência de linguagem.

Existiria, portanto, uma dupla anterioridade do *silêncio/escuta* em relação à palavra: anterioridade de um mundo, anterioridade de outros com escuta recíproca.

Ora, no horizonte desenha-se a anterioridade de Deus; abre-se aqui toda uma linha de pensamento para situar toda teologia no interior de uma escuta da *dupla* palavra de criação (do mundo) e de aliança (interpessoal) à qual, enquanto *lógos*, esta responde. E assim está indicado o aspecto específico do *silêncio original* na teologia cristã: não se trata de um *Abgrund* infinito e terrificante em sua impessoalidade, que condenaria toda palavra, mas sim da profundidade de um Deus que, em sua própria transcendência, cria e fala. O silêncio primordial de Deus liberta a Palavra e gera a resposta, primeiro em Deus mesmo e, depois, em cada homem e em cada comunidade deste mundo.

Este primado do binômio *escuta/palavra*, confirmado por outro lado pelo próprio corpo do homem, cujo ouvido está sempre em estado de escuta, ao passo que a língua está submetida à vontade, especifica-se graças a um outro binômio: *invocação/evocação*. Não existe palavra que não seja dirigida: o primeiro grito do bebê já é chamada, enquanto o homem normal não fala sozinho (embora uma das numerosas doenças da linguagem seja a abstração do ouvinte: palavra que não pergunta e não admite resposta). O que é dito ("evocação") insere-se no próprio ato de dizer, que é sempre um "dizer-a" ("invocação"); a linguagem é essencialmente interlocução. Em termos linguísticos, poder-se-ia falar aqui de primado do *nome próprio* (daquele a quem nos dirigimos) e do *pronome pessoal em primeira pessoa* (para aquele que toma a palavra). O nome próprio contém e sugere os valores imaginários, simbólicos e afetivos, que medeiam o desejo de sermos escutados pelo outro, enquanto o pronome só se exprime efetivamente personalizado pelas características exclusivas de voz e de tom. E, trate-se de um ou do outro, o nome próprio e o pronome remetem para o mistério da comunicação e dos termos que comunicam: *designam* antes de *representar* (ainda que um elemento de representação seja sempre, de direito e de fato, inseparável da designação). Se continuarmos nesta linha, percebemos, já no plano humano, mas ainda mais na linguagem marcada pelo divino, o primado do *hínico*, do *litúrgico*, dentro dos quais somente cada outra forma de linguagem pode adquirir significado e verdade. A doxologia é sem dúvida e espaço próprio da palavra.

O passo seguinte nesta consideração fenomenológica da linguagem é de natureza *ética*. A invocação recíproca carrega-se, o mais das vezes, de um conteúdo de *pergunta/resposta*: quem invoca o outro por seu nome entra no campo de sua existência para convidá-lo a dar, a colaborar; a palavra torna-se proibição (de continuar sozinho), proposta (de fazer algo juntos), numa palavra, *lei*. A lei é a forma de linguagem que está na confluência do desejo de comunicar e do desejo de fazer; procura criar uma aliança e tende a introduzir uma história. Se se baseia na reciprocidade, aceita pelos desejos, é também *graça*. Assim, a linguagem é o lugar do aparecimento efetivo das liberdades, em sua capacidade de proposta e de submissão, de ordem e de obediência; em uma palavra, de aliança. Talvez seja também a este nível da lei que a linguagem revela sua relação com a → *morte*: a palavra ética não pode ir em direção da comunidade sem renúncia à autossuficiência, nem sem a superação do isolamento narcisístico.

Pode-se reconhecer um sinal do primado da dimensão ética também na linguagem teológica, se pensarmos que a primeira palavra que Deus dirige ao homem, no jardim do Éden, é de *dom* e de *defesa*: proposta de aliança que sobrevêm antes mesmo que o homem tenha começado a dar um nome aos seres vivos que o rodeiam e a refletir sobre Deus que o criou e que lhe fala. Assim, a verdade integral do discurso teológico não poderia ser desligada da fidelidade à aliança.

Se a linguagem se apresenta antes de tudo como ética, comporta depois o *relato*, porque nenhuma palavra pode mais ser pronunciada senão sobre o pano de fundo de uma memória das decisões tomadas e de sua inscrição, benéfica ou fatal, no corpo do homem, em seu mundo e em sua história. Aqui entra, portanto, em jogo, na linguagem, o elemento → tempo, sob forma de memória, como volta do passado e antecipação do futuro na palavra. Neste sentido, o relato é um ato de linguagem com que tanto o narrador quanto os ouvintes fundam juntos sua esperança e sua ação sobre a evocação de um passado significativo. Sublinharemos aqui que o elemento de *antecipação* faz parte, como o da prestação de contas, da linguagem da história: o que ainda não é, e portanto não pode ser dito de maneira própria, comanda em parte a interpretação do que foi e o discernimento do que é. Notaremos também que é a este nível narrativo que a linguagem faz aparecer mais claramente o *mal* que a habita; o relato é sempre, direta ou indiretamente, confissão da injustiça cometida e pedido, também implícito, de um perdão. O futuro antecipado não é somente o cumprimento simbolizado, que dá seu significado à palavra hoje proferida; é também purificação escatológica da história e de cada palavra que a acompanha.

Considerada nesta perspectiva, a linguagem teológica é redentora e fundante; redentora, no sentido de que cura as feridas da memória esquecida de seu passado verdadeiro; fundante na medida em que revela as verdadeiras coordenadas da aliança, não somente passada e presente, mas também futura. Neste sentido, a linguagem fornece uma chave hermenêutica para uma correta interpretação do presente. Dizer que a teologia é essencialmente narrativa não significa que se limite a "contar histórias", mas que toda a sua linguagem repousa, em última análise, num relato fundante, o do → mistério pascal de Jesus Cristo, como memória, aliança, perdão e missão, coisa que, naturalmente, não pode acontecer sem evocar muitas "histórias".

Se existe um certo primado do silêncio, como espaço original antes da palavra de encontro e de conhecimento, mas também para a própria palavra: se existe um processo da palavra a partir do primado do que se pode definir como endereço recíproco: invocação, lei e relato, a investigação, todavia, não pode encerrar-se com estas constatações: no pano de fundo do silêncio, com efeito, e no interior da comunicação, desenha-se o *saber*. A epistemologia antiga tendia a fazer da linguagem a simples transposição vocal do pensamento; hoje, ao contrário, tem-se dificuldade em ler um pensamento na linguagem; o primado do *dizer* é muitas vezes exclusivo de uma análise séria do *dito*. Esta análise, todavia, faz parte da teoria da linguagem, como se pode demonstrar para cada uma das etapas consideradas: a invocação recíproca não é na realidade possível sem o auxílio de uma imagem, daquele ao qual nos dirigimos e da própria pessoa que fala. Que esta imagem esteja ligada ao próprio ato da interlocução é coisa certa; que corra o risco de servir como proteção antes que servir ao aparecimento recíproco dos interlocutores, também é certo. Mas os condicionamentos e os perigos não anulam a necessidade e a realidade de uma imagem: o registro do *ver* está menos longe do que parece daquele do dizer. Ora, no coração da imagem desenha-se a *ideia*. Em segundo lugar, que comunicação ética existiria, se os nomes que se usam, a gramática que os liga e a lógica que os organiza fossem desprovidos de toda objetividade? Na falta desta, o aparente diálogo poderia ser algo de diverso de uma justaposição surda de expressões fechadas sobre si mesmas? A normatividade da lei não é externa ao processo da proibição fundante da relação; ela discerne-lhe os critérios. Da mesma forma, ainda, deve-se admitir que um certo aspecto objetivo do acontecimento trabalha sempre no interior do conhecimento histórico; o relato assume as qualidades de verdadeiro ou de falso, conforme sua configuração seja fiel ou não a um certo número de dados, concernentes tanto ao futuro quanto ao passado.

Por outro lado, temos que interrogar-nos sobre os meios que o *desejo de saber* se dá para atingir seu objetivo, a ciência em seus diversos níveis, não somente em seus usos práticos, mas em seu valor próprio de conhecimento; ora, também aqui, nomes, gramática e lógica fazem chegar à linguagem o conceptual, a todos os seus níveis, e tendem à manifestação do *ser.* Os registros da teoria, do especulativo, da contemplação, não têm nenhuma razão de ser eliminados pela análise da linguagem, pois fazem parte dos recursos desta última.

Em suma, a análise antiga privilegiava os conteúdos da linguagem e colocava sua verdade acima dos valores, negligenciando talvez a presença da metáfora e da interpretação sempre nova; se hoje, e provavelmente com razão, colocamos em primeiro lugar o que então havia sido negligenciado, cabe a nós definir, no interior desta perspectiva diversa, a presença e o necessário significado dos conteúdos.

Situa-se aqui o imenso problema teológico dos nomes divinos, seja quando são nomes próprios, termos da oração humana, seja quando acompanham a confissão da aliança e o relato de suas peripécias, mas também quando buscam exprimir Deus, em si mesmo e em sua atividade criadora. A verdade da teologia pressupõe a interpretação correta destas denominações e seu relacionamento integral; a teoria desta interpretação e deste relacionamento é o próprio objeto da pesquisa sobre a linguagem teológica. A verdade aqui visada é algo como a assíntota de nossos desejos humanos quando se trata de falar de Deus.

Para concluir estas reflexões fragmentárias sobre a linguagem, recordaremos que na base de toda linguagem existe a hipótese de que “a palavra diz a verdade ao outro”. Se o problema da → *verdade* é interno ao problema da linguagem, que podemos sugerir a esta altura? Digamos que a verdade se situa na confluência destes desejos que nós supusemos na origem da linguagem e que agora retomamos numa outra ordem. Desejo de *saber*, de conhecer, de compreender; desejo noético, centrípeto, apropriação relativa da realidade, segundo o axioma de que “a alma é chamada a tornar-se cada coisa”; extroversão de um si limitado para a amplidão de um cosmo, numa visão tanto diacrônica quanto sincrônica. Desejo de *devir*, de desenvolver-se segundo um determinado sentido, portanto de recordar-se, de unir-se numa conjuração e de esperar, de interpretar e de projetar: uma linguagem que, implicitamente, fala de imortalidade. Desejo de *comunicar-se*, ou seja, não mais de apropriar-se, mas de entrar num jogo ético de invocação e de resposta, de dom, de recepção e de intercâmbio. A verdade integral resultaria da articulação da verdade própria a cada um destes desejos. É como dizer que é um limite e que, uma vez atingida, ela se coloca à parte, para deixar lugar a uma retomada e a um aprofundamento.

Estas reflexões orientam-nos também para uma teoria da linguagem teológica mais englobante do que exclusiva. Não se deve colocar a doxologia contra a analogia, a interpretação contra a ciência, a invocação contra a representação, a ética contra a ontologia etc., nem, ao contrário, contentar-nos, não sem um certo perigo de arrogância, com uma articulação de conceitos que definiria com precisão as propriedades de uma essência, como se não houvesse ninguém que fala ou como se o locutor não estivesse na angústia de um alguém, mas realidade, salvação. A difícil intenção da Teologia Fundamental, nesta matéria de linguagem, é de distinguir para unir, para promover uma palavra dirigida, comprometida, fiel tanto à realidade quanto à recordação e à esperança, em suma, ativa para servir ao advento da Verdade.

Bibl. – J. Ladrière, *L'articulation du sens*, vol. I-II, Paris 1970-1984; I.U. Dalferth, *Religiöse Rede von Gott*, Munique 1981; A. Louth, *Discerning the Mystery*, Oxford 1983; G. Lafont, *Dieu, le temps et l'être*, Paris 1986.

GHISLAIN LAFONT

II. Teológica

Não há como contornar o problema da linguagem teológica; ao contrário, deve ser enfrentado com toda a clareza, mesmo que a solução ainda esteja longe e o empreendimento, sob muitos aspectos, pareça destinado a aportar a algumas praias secundárias.

Não carece demonstrar a importância da linguagem teológica; ela impõe-se por si mesma, como realidade evidente, no momento em que se considera que pertence ao específico humano ter que se comunicar, e ao específico da revelação ter que tornar-se patrimônio universal (Mt 28,19).

No momento em que o teólogo se presta a apresentar a peculiaridade da linguagem teológica, é oportuno deixar evidentes pelo menos duas premissas:

1. FUNDAMENTO DA LINGUAGEM TEOLÓGICA – A condição de possibilidade da linguagem teológica é determinada pela revelação de Deus. Esta prioridade não é sem consequências. Com efeito, ela abre para a identificação de alguns princípios hermenêuticos fundamentais para uma teoria da linguagem teológica. Mais diretamente:

a. Se a teologia pode “dizer” Deus, é porque Deus disse de si mesmo. A autorrevelação primária e gratuita de Deus está na origem de toda linguagem teológica.

b. Isto significa que numa linguagem humana foi impressa, uma vez por todas, a forma através da qual Deus se comunicou com a humanidade. A identificação desta forma implica seu reconhecimento como norma de toda linguagem ulterior que queira "dizer" o mistério de Deus.

Isto faz enxergar uma primeira consequência. A economia da revelação apresenta um crescendo na identificação da forma expressiva da autocomunicação de Deus. Em um primeiro nível, intuitivo e universal, a *criação* é vista como linguagem de Deus. O que as palavras não podem ainda exprimir, a natureza o manifesta e revela: "Os céus narram a glória de Deus e o firmamento anuncia a obra das suas mãos. O dia confia sua mensagem ao dia e a noite transmite à noite a sua notícia" (Sl 19,2-3).

No criado, portanto, tudo se torna palavra que Deus pronuncia para orientar o homem ao conhecimento do mistério (Rm 1,20-21). Ainda mais: por um ato criador, Ele coloca a linguagem nos lábios do homem para que este assim possa reconhecê-lo e louvá-lo. Um texto encontrado em Qumrân é particularmente significativo a propósito: "Tu criaste o espírito da língua e conheceste suas palavras, estabeleceste o fruto dos lábios, antes que estes existissem. Tu colocaste em ordem as palavras e regulaste o fluir do espírito dos lábios, fazendo as palavras saírem ordenadas segundo seus mistérios e o fluir dos espíritos segundo seus fins para tornar conhecida tua glória e para contar tuas maravilhas em todas as obras de tua verdade e justiça; para que teu nome seja exaltado pela boca de todos os que te conhecem" (Hino I, em *Manoscritti del Mar Morto*, Bari 1967, 175).

Desde a criação até as vicissitudes que compõem a história do povo do antigo pacto, a Palavra de Deus se faz sempre mais precisa e assume contornos de uma comunicação mais pessoal. Caberá particularmente aos profetas colocar em ação uma linguagem que, numa unidade inseparável de palavra e sinal, exprimisse a vontade salvífica de Deus.

Mas tudo, na criação e na história, estava orientado para a única verdadeira palavra que o Pai teria pronunciado, a de seu λόγος (Logos), que desde sempre ouvia suas palavras e que por isto tinha condições de ser seu verdadeiro intérprete (Jo 1,18). Jesus de Nazaré, em sua pretensão de ser o Filho, não exprime uma das tantas vozes de Deus. Ele é Deus, como o Pai, sua linguagem é, em termos humanos, a própria linguagem que Deus pronuncia para a humanidade: "Deus já havia falado nos tempos antigos muitas vezes e de diversas maneiras, aos pais, por meio dos profetas; nos últimos dias falou-nos por meio do Filho" (Hb 1,1-2). Em termos que parecem comentar a Epístola aos Hebreus, faz eco DV 4: "Ele, ao qual quem vê vê também o Pai, com o próprio fato de sua presença e com a manifestação de si, com as palavras e com as obras, com os sinais e com os milagres e, especialmente, com sua morte e sua ressurreição dentre os mortos e, enfim, com o envio do Espírito de verdade, realiza e completa a revelação".

A autoconsciência de Jesus de Nazaré, que pronuncia as palavras do Pai (Jo 5,19; 8,26), indica que sua linguagem é a única conforme à de Deus, por força de sua relação filial; nele, com efeito, "corporalmente habita a plenitude da divindade" (Cl 2,9).

A Teologia Fundamental, no momento em que assenta as premissas teológicas para uma teoria da linguagem, não pode prescindir deste *a priori*, sob pena de toda análise perder sentido.

Há que observar, a propósito, que embora consciente de uma mediação deste evento, determinado pelas teologias neotestamentárias, a teologia não renuncia a reencontrar, *por meio* delas, justamente porque são *mediações*, a forma típica e peculiar da própria linguagem de Jesus.

Esta linguagem originária, constituída pela unidade de palavras e gestos de Jesus, juntamente com a linguagem que o medeia, é a fonte primeira e normativa de toda linguagem teológica subsequente. Isto porque, seja enquanto palavra de Jesus mesmo, seja mediante a inspiração do Espírito Santo, constitui a revelação de Deus, que é fundamento de todo saber teológico.

2. PECULIARIDADE DA LINGUAGEM TEOLÓGICA – A linguagem teológica representa ao mesmo tempo uma unidade de fundo e uma diferença peculiar com outras linguagens que exprimem o mistério divino.

Antes de tudo, a linguagem teológica não é a linguagem da *revelação e da fé*. Esta última é, com efeito, uma linguagem fundante que, na unidade e unicidade do evento da encarnação, exprime numa só palavra – Jesus de Nazaré – a linguagem de Deus. A linguagem da revelação é a linguagem paradoxal, porque torna presente, na morte e ressurreição de Cristo, a essência do amor trinitário. A linguagem teológica, como dissemos, funda-se nesta linguagem e, na pluralidade dos conceitos e das expressões linguísticas, esforça-se por tornar inteligível a singularidade do evento.

A linguagem teológica não é a linguagem *litúrgica*. Pois esta é linguagem peculiar dos iniciados e, por sua característica, é linguagem doxológica e mistagógica. Enquanto a linguagem teológica "diz", a linguagem litúrgica "celebra"; a primeira esforça-se por entender, a segunda, por contemplar.

A linguagem teológica não é a linguagem *religiosa*. Pois esta ainda pertence a um âmbito que confina com a antropologia cultural, a sociologia, a psicologia e a fenomenologia do fato religioso (→ Religião). Por sua natureza, deverá prescindir primariamente da identificação da divindade para manter-se no horizonte mais geral do *sagrado* e das aptidões do ser humano à percepção deste.

A linguagem teológica não é a linguagem *catequética*; pois esta é dada para uma educação sistemática do crente, de modo que, reportando-se às situações concretas de vida, torne mais significativa a escolha da *sequela Christi*.

Finalmente, a linguagem teológica não é linguagem *pastoral*, pois esta tem, como peculiaridade sua, a atenção às diversas situações culturais e procura, portanto, traduzir, para as várias formas de evangelização, a única mensagem cristã (cf. GS 44-62).

Pode-se, pois, afirmar que a linguagem teológica existe antes da multiplicidade das linguagens descritas, por constituir sua fonte, como uma primeira mediação da linguagem da revelação em vista da *inteligibilidade* do mistério. Uma liturgia, que fosse só mistagogia e não tornasse inteligível o mistério que se celebra, cairia facilmente num rito mágico.

Uma catequese e pastoral que prescindissem de um fundamento teológico em seu próprio ensinamento, seriam pouco eficazes para uma evangelização que quisesse conjugar a imutabilidade do dado revelado e a atualidade do momento histórico.

No entanto, a direcionalidade não é somente da teologia para as diversas manifestações da vida de fé; deve-se procurar realizar também o movimento contrário, para que, pelas diversas representações e expressões, a linguagem teológica seja revitalizada com vistas à comunicabilidade de seus conteúdos.

A linguagem teológica, portanto, qualifica-se, no interior das linguagens da fé, como uma linguagem basilar, porque participa da própria dinâmica da fé, que tende à inteligibilidade de seu próprio objeto.

É, portanto, uma linguagem que *exprime* a fé na revelação e ao mesmo tempo uma linguagem que *reflete criticamente* sobre seu conteúdo.

As observações que se seguem poderão evidenciar melhor a especificidade da linguagem teológica.

a. Uma primeira característica é a *performatividade.* Uma linguagem performativa é, por sua natureza, uma linguagem que empenha o sujeito no momento em que a põe em ato. O sinal linguístico, neste caso, não é somente expressão verbal, mas traz consigo a verificação do comportamento do sujeito que se empenha e se compromete com aquela linguagem. Há uma autoimplicação que faz do falar e do agir uma unidade indissolúvel.

A performatividade da linguagem teológica é dada como premissa indispensável que provém da própria fé do crente como ato fundante do saber teológico. Portanto, toda linguagem teológica implícita ou explicitamente depende da fórmula: "Eu creio que..."

Esta performatividade indica antes de tudo que existe uma tomada de posição pessoal diante do conteúdo da linguagem que é a do "crer" como constitutivo, seja do empenho pessoal, seja da própria linguagem. O crente, portanto, não põe em discussão a bondade e verdade do conteúdo de sua própria linguagem; esta provém de um saber da fé, e de seu ato global, com o qual é aceito como dado pela revelação de Deus. A linguagem teológica, portanto, enquanto performativa, analisa criticamente seu conteúdo, mas com uma atitude que já é determinada pelo crer.

b. A linguagem teológica, como toda linguagem, é determinada pela *historicidade.* Enquanto linguagem humana, surge do contexto natural, desenvolve-se nele e assume da *natureza* as expressões que podem caracterizar a criatividade do sujeito. Mas, já que a linguagem é dada para a comunicação, insere-se também num horizonte *social*, cultural, que provoca a liberdade pessoal de imaginação a tornar-se responsável; por isso, cada um se reconhece num sistema linguístico que permite a comunicação dos dados.

Esta dimensão é válida também para a linguagem teológica. Com efeito, pensamos tal linguagem como dinamicamente construída sobre um trio: fundação, elaboração e superação.

Fundação. Como ficou dito, a linguagem teológica está fundada sobre a Palavra de Deus. Escritura e tradição constituem o momento normativo e fundante da fé. Esta linguagem deve, pois, fazer da vida de Jesus de Nazaré, crido e proclamado Cristo, seu primeiro alfabeto.

Exemplificando: cada um fala e se exprime com sua própria *língua-mãe.* Esta se aprende desde o nascimento; a sua aquisição é natural: nasce, cresce e desenvolve-se naquela relação típica entre o sujeito, que é capaz de exprimir-se, e o contexto em que se deve exprimir.

Ao crente, que no batismo recebe a vida de fé, é dada, juntamente com ela, também a possibilidade de aprender sua língua-mãe como a realidade conatural, com a opção de viver a fé. Esta linguagem, que exprime a fé, identifica-se com o próprio conteúdo desta: Jesus Cristo. Seu falar, que já exprime kenoticamente sua realidade de encarnação, está em coerência com o falar de Deus.

Nela serão, portanto, expressas: a *plenitude do amor*, porque linguagem que nasce da natureza de Deus (1Jo 4,16); a *totalidade da verdade*, porque fonte de uma plena liberdade diante do Pai (Jo 10,18; 8,16); e a *evidente credibilidade*, porque coerente e significativa em si mesma (Jo 8,13-14; 10,25-38).

Elaboração. Desta dimensão fontal, completamente gratuita porque fruto de revelação, emerge uma linguagem que busca depois *refletir* sobre o mesmo conteúdo. Para continuar na exemplificação precedente, poder-se-ia dizer que este é o momento em que o crente aprende novas línguas além de sua língua-mãe. Mas uma língua aprendida nunca poderá substituir a língua-mãe que, por definição, permanecerá sempre mais ampla e mais expressiva do que qualquer outra linguagem adquirida; aqui, com efeito, se experimenta o único momento em que o sujeito *naturalmente* se exprime a si mesmo.

A elaboração da linguagem teológica consiste em encontrar conceitos e formulações que tornem explícita e comunicável para fora a inteligibilidade do dado. Este princípio, todavia, não é estranho à própria fonte da linguagem teológica. Pois Escritura e tradição constituem o primeiro exemplo de aquisição de meios expressivos, capazes de inteligibilidade e comunicação do conteúdo de fé.

Gêneros literários, princípios do saber filosófico e formulações narrativas várias indicam o caminho que se deve percorrer para tornar sempre atual a elaboração da linguagem teológica. O conteúdo da fé, inserido em contextos e culturas diferentes, necessita de elaborações conceptuais e linguísticas que sejam conformes e coerentes com o grau de inteligilidade atingido (→ Inculturação). A aplicação das normas da hermenêutica, a referência aos princípios do saber filosófico e a atenção às situações epocais objetivas dos crentes deverão constituir um material indispensável para o teólogo, que tem a responsabilidade de fazer emergir o sentido mais profundo da revelação.

Superação. A fé, por sua natureza, está orientada para o encontro definitivo com seu Senhor; por isso, cada realidade com que se defronta é relativizada em vista desse único absoluto.

Também a linguagem teológica, que interpreta a fé, não pode fugir a esta situação. Todo resultado atingido é trampolim para uma descoberta maior. A inexauribilidade do mistério revelado reflete-se inevitavelmente na fragmentariedade das formulações que o explicam. Por isso, nenhuma linguagem teológica pode ter a pretensão de uma exaustividade. A dialética constante de um conhecer sempre maior do mistério empenha os crentes a encontrar sempre novas expressões linguísticas que saibam tornar crível a fé na nova situação histórica.

A superação da linguagem teológica não é relativismo nem abandono da linguagem já conseguida. É uma real superação que sabe colher o valor de uma tradição precedente, mas que tem sempre o olhar voltado para seu próprio fundamento.

Contudo, é uma consciência "crítica" que deve animar a linguagem teológica; portanto, consciência de uma busca que tem como seu peculiar interesse o método científico.

Existem, em diferentes níveis, tentativas de solução para o problema da linguagem teológica; uns orientam-se para a normatividade, outros para o simbólico, outros para o tautológico...; a variedade das soluções é índice da incomensurabilidade de nossa linguagem, quando vem a encontrar-se com o divino.

O homem bíblico encontrava-se, relativamente, numa situação mais fácil do que a nossa: nascia à sombra da ordem que proibia a menção do nome de Jhwh. Só Deus podia pronunciar seu nome e "dizer" de si (Ex 3,14).

O homem contemporâneo, ao invés, nasce à sombra do predomínio e da multiplicação da palavra, razão pela qual se torna obrigado a nomear Deus e a usar o bisturi da razão para poder iludir-se de ter explicado o mistério.

Uma linguagem teológica que quiser ser fiel a seu próprio conteúdo a ser pronunciado sabe, desde o início, da *paradoxalidade* de seu próprio ser. Por um lado, não pode falar de Deus senão assumindo as formas que Ele mesmo deu e, por isto, qualifica-se como *teológica*; por outro lado, tem necessidade de permanecer amarrado à natureza humana, porque do contrário não seria mais "linguagem".

O caráter paradoxal abre, então, o caminho para uma dupla característica que, assim nos parece, deverá ser constantemente mantida. A primeira é a lei da → *analogia* que, nunca como neste caso, faz entender a inadequabilidade de nosso falar diante do conteúdo a ser expresso. Sem assumir a analogia, a linguagem teológica poderá ser rica de formulações expressivas que poderão contentar o filósofo ou o cientista, mas infelizmente não exprimirá mais o conteúdo da revelação.

A segunda é a característica da *universalidade*. A linguagem teológica deverá ser católica, reconhecível por cada crente em qualquer parte do mundo. A universalidade desta linguagem não é limite para a originalidade e peculiaridade com que as diversas igrejas quererão formular os conteúdos da fé; pelo contrário, é o que permite a diversificação das asserções, porque estas terão uma base comum, uma língua-mãe em que se reconhecer.

Portanto, a linguagem teológica não terá temor de assumir como seu componente constitutivo o → silêncio, porque consciente de que este o preenche como fonte e fim de toda linguagem autêntica, quando se põe diante da revelação do mistério trinitário de Deus: *Verbo crescente, verba deficiunt.*

Bibl. – H.U. von Balthasar, *Verbum Caro*. Saggi teologici I, Brescia 1968; Id., *Il tutto nel frammento*, Milão 1970; E. Castelli (ed.), *L'analisi del linguaggio teológico. Dire Dio*, Roma 1969; I.T. Ramsey, *Il linguaggio religioso*, Bolonha 1969; J. Macquarrie, *Ha senso parlare di Dio?*, Turim 1969; D. Antiseri, *Filosofia analítica e semântica del linguaggio religioso*, Brescia 1970; E. Biser, *Theologische Sprachtheorie und Hermeneutik*, Munique 1970; G.B. Mondin, *Il problema del linguaggio teológico dalle origini ad oggi*, Brescia 1971; C. Molari, *La fede e il suo linguaggio*, Assis 1972; F. Ferre, *Linguaggio, lógica e Dio*, Brescia 1972; S. Fausti, *Ermeneutica teológica*, Bolonha 1973; I. Mancini, *Teologia, Ideologia, Utopia*, Brescia 1974; E. Schillebeeckx, *Intelligenza della fede*, Roma 1975; P. Ricoeur, *Dire Dio.* Per un'ermeneutica del linguaggio religioso, Brescia 1978; J. Ladrière, *L'articulation du sens*, vol. I-II, Paris 1984; G. Lafont, *Dieu, le temps et l'être*, Paris 1986.

RINO FISICHELLA

LITERATURA

A literatura tem a incumbência de aprofundar, no que tem de mais profundo e específico, o mistério do homem. Brota da pessoa naquilo que esta tem de mais irredutível, em seu mistério, onde é, antes de tudo, silêncio e solidão, antes de abrir-se aos outros com a mediação da linguagem. É a vida que toma consciência de si mesma, quando atinge a plenitude de expressão, valendo-se de todos os recursos da linguagem, não somente conceptuais, mas sobretudo dos poderes de sugestão que esta exerce com a imagem, o → símbolo, o ritmo e a harmonia.

A este propósito, a poesia, o teatro e o romance são formas privilegiadas da comunicação interpessoal. A Escritura, por sua vez, recorre, para exprimir o absoluto indizível, à imagem, ao símbolo, ao poema, ao canto lírico. É assim também para os grandes místicos (João da Cruz, Teresa de Ávila, Francisco de Assis), que não dispõem de outro meio que a poesia para exprimir o inexprimível. Com efeito, na experiência mística, como na poética, a expressão brota de fontes preconceptuais ou supraconceptuais.

Num sentido mais amplo, entendemos por literatura esta atividade original cujo fim é a *criação*, como o é para toda atividade que derive da arte, mas com um material específico, a linguagem, e com finalidades próprias suas. Neste sentido, a literatura utiliza os gêneros literários mais variados: poesia, lenda, epopeia, teatro, crônica, história, relato, romance, crítica, jornalismo etc.

O conhecimento humano seria, pois, empobrecido, se não existisse a literatura, pois esta é o espelho que reflete o homem no decurso das épocas. Este conhecimento interessa à teologia; com efeito, se o cristianismo propõe uma certa visão do homem e do mundo, interessa-lhe saber a quem é dirigido o Evangelho e a que expectativas e problemas responde e, consequentemente, como é recebido e percebido, já que é acolhido ou, pelo contrário, rejeitado e atacado. O Vaticano II, na *Gaudium et Spes*, reconheceu a importância da literatura: "A seu modo, também a literatura e a arte são de grande importância para a vida da Igreja, pois elas procuram exprimir a índole própria do homem, seus problemas e sua experiência, no esforço de conhecer e aperfeiçoar a si mesmo e o mundo; buscam descobrir sua situação na história e no universo, ilustrar suas misérias e alegrias, suas necessidades e suas capacidades, projetar uma condição melhor do homem. Assim, podem elevar a vida humana, expressa de formas múltiplas, segundo os tempos e os lugares" (GS 62).

Efetivamente, todas as correntes de pensamento que fecundaram a inteligência humana têm sua repercussão na literatura. Se, pois, quisermos conhecer o homem, não podemos dispensar a literatura. Ela está na confluência de todas as experiências e de todos os problemas humanos: vida individual e social, silêncio, solidão, alteridade, trabalho e progresso, mal e liberdade, pecado e morte etc. Todas as formas de compromisso, como também todas as buscas, na noite, na angústia e na dúvida, desaguam na literatura. Qual seria nosso conhecimento do homem sem Homero, Sófocles, Ésquilo, Dante, Shakespeare, Pascal, Montaigne, Molière, Racine, Tolstoi, Dostoievski, Cervantes, Hemingway, Péguy, Claudel, Camus, Bernanos etc.?

No entanto, até pouco tempo atrás a literatura ocupou em teologia apenas um lugar modesto, e até vergonhoso, por vezes unido a uma ofensa: "Oh, não passa de literatura": um juízo que evidentemente desqualificava mais a teologia do que a literatura. A antropologia privou-se assim por muito tempo de um "lugar" prodigiosamente rico. A colocação no índice de tantas obras literárias evidentemente não favoreceu o diálogo entre literatura e teologia. Felizmente, estes tempos estão superados e o Vaticano II confessou abertamente tudo o que a Igreja deve à literatura. Os teólogos atuais não somente vão à literatura como a uma fonte insubstituível, mas em muitos deles se observa a simultaneidade de literatura e teologia. Pensemos por exemplo em → H.U. von Balthasar, → H. de Lubac e J. Daniélou.

Acreditamos poder distinguir duas formas de enriquecimento recíproco entre teologia e literatura.

Às vezes a literatura, embora conservando seu próprio caráter "literário", reivindicado com insistência pelo próprio escritor, veicula ao mesmo tempo a mensagem cristã, que se tornou vida na vida do autor. Assim, homens como Chesterton, Bloy, Mauriac, Papini, Claudel, Bernanos e Péguy, sem serem teólogos de profissão, levam a uma compreensão da fé muito superior à que se poderia buscar em muitos profissionais da teologia. O tema da comunhão dos santos, o senso do pecado e do amor que perdoa, em Bernanos, ou também o da permanência santificante do sacerdócio, apesar da indignidade do homem, em G. Greene (*O poder e a glória*), são exemplos fulgurantes disto.

Há também um tipo de literatura que, embora não sendo explicitamente católica e nem sequer cristã, chega a um tal conhecimento do homem e de seus problemas, que constitui uma fonte fecunda de questões e que estimula a teologia. Por dispor de toda a riqueza da linguagem, a literatura descreve os problemas do homem com agudeza de análise, com um poder de expressividade e de evocação que a linguagem estritamente teológica não saberia atingir. Como superar, por exemplo, a intensidade dramática do poema do Grande Inquisidor, em Dostoievski, ou do poder do ódio vencido pelo poder ainda maior do amor, em Bernanos, no *Diário de um pároco de aldeia!* A reflexão teológica jamais substituirá o alcance poético e profético destas páginas.

Assim sendo, a literatura não entra em disputa com a teologia nem com as pesquisas sobre o homem da sociologia, da psicologia, da psiquiatria. Ela evoluiu em outro nível. Não faz obra de erudição e de informação mas, com as mediações da linguagem e do mágico poder de evocação e de criação, tem condições de aprofundar *qualitativamente* o mistério do homem com um saber distinto do das ciências humanas. As análises de Jung e de Freud não chegarão nunca a cobrir o universo humano revelado por Shakespeare, por Dostoievski, por Tolstoi e por Pascal. Esta grande literatura exprime indubitavelmente mais problemas, expectativas e perguntas do que respostas; mas é justamente aí que reside sua contribuição específica para a antropologia.

A verdadeira resposta para os problemas do homem vem – nós o sabemos – da revelação: "Mas que é o homem?", diz a GS em uma passagem de inspiração e de estilo pascalianos. "Ele tem exprimido e continua a exprimir muitas opiniões a seu respeito, opiniões várias e até contraditórias, porque muitas vezes ou se exalta a ponto de fazer de si uma regra absoluta, ou se rebaixa até o desespero, acabando, assim, na dúvida e na angústia. Estas dificuldades, a Igreja as sente profundamente e a elas pode dar uma resposta que lhe vem do ensinamento da divina Revelação, resposta que descreve a verdadeira condição do homem, indica uma razão de suas misérias e, ao mesmo tempo, ajuda a reconhecer com acerto sua dignidade e vocação" (GS 12). Em seguida, vem o texto-chave: "Na realidade, somente no mistério do Verbo encarnado encontra verdadeira luz o mistério do homem" (GS 22).

Mas acrescentemos logo: o poder da luz trazida por Cristo medir-se-á pela densidade das trevas que Ele vem dissipar. Ora, estas trevas que chamamos de dúvidas, angústias, perguntas, problemas, aspirações do homem são descritas em sua dimensão pela literatura. Portanto, que diferença existe entre uma luz lançada sobre uma sarça ou sobre as profundidades de um abismo? A literatura descobre os abismos que habitam o homem, ao passo que a revelação, e depois a teologia, os assumem para demonstrar como Cristo chega a atravessá-los e a iluminá-los. Em suma, uma antropologia que procurasse construir-se sem ter pousado um longo olhar preliminar sobre o assunto que estuda, isto é, o homem, correria o risco de ser insignificante. A literatura pode evitar-lhe este risco, descobrindo a dimensão do mistério do homem que o Mistério de Cristo vem iluminar.

Bibl. – P.H. Simon, *La littérature du péché et de la grâce*, Paris 1957; Pie Duployé, *La religion de Péguy*, Paris 1965; Ch. Moeller, "La théologie devant l'évolution de la littérature au XXe siècle", em R.V. Gucht-H. Vorgrimler (ed.), *Bilancio della teologia del XX secolo*, Roma 1972; L. Guissard, "Littérature", em *Cath* (1974) 7, 842-861; H. Carrier, *Évangile et cultures*, Città del Vaticano, Paris 1987.

RENÉ LATOURELLE

LUGARES TEOLÓGICOS

Na teologia moderna, os *lugares teológicos* são um conjunto de princípios organizativos preestabelecidos que dirigem o trabalho teológico. Inspirando-se em Aristóteles, a tradição retórica ocidental falava dos "lugares-comuns", no sentido de coleções ordenadas de conhecimento – como exemplos históricos, citações úteis, figuras do discurso – que o orador ou o escritor versado tinha adquirido ou tinha à disposição. O *De inventione dialéctica* (1479), de R. Agricola, expunha trinta destes lugares-comuns; tratava-se de "súmulas" da realidade, das quais se podia tirar material a usar para construir um argumento. A posterior apropriação teológica do método dos lugares concretizou-se, porém, em dois modos totalmente diferentes.

Uma das primeiras importantes obras da pedagogia protestante foi a de P. Melanchton, sob o título *Loci communes rerum theologicarum* (1521), revista sob o título *Loci praecipui theologici*, de 1559. Aqui, os lugares são os temas principais que constituem a ossatura da Escritura, como nossa condição humana decaída, o pecado, o Evangelho, a justificação, a fé etc., temas sobre os quais se deveriam recolher referências e explicações mediante o estudo de todos os livros canônicos. Os lugares constituem uma lista ordenada de temáticas ou títulos que definem o objetivo da formação teológica. O uso correto dos lugares habilita a expor o múltiplo testemunho bíblico da generosidade divina, através de Cristo, para com a humanidade pecadora.

Mas um outro enfoque dos lugares caracterizou o clássico tratado metodológico da moderna teologia católica: o *De locis theologicis*, de M. Cano (Salamanca, 1563, reeditado trinta vezes até 1890). Cano, dominicano, discípulo de Francisco de Vitória e teólogo imperial no Concílio de Trento, em 1551-1552, expôs os lugares no sentido de áreas de documentação nas quais o teólogo encontra a evidência em abono de doutrinas que devem ser expostas, ou para refutar doutrinas rejeitadas como não ortodoxas. O autorizado trabalho metodológico de Cano consiste essencialmente no elenco das fontes das quais um teólogo católico tira o material. Cada lugar tem certas normas próprias de trabalho, que mostram como se podem invocar testemunhos específicos da verdade divina, revelada no mundo conforme o lugar em questão. Em aberto contraste com a noção e o elenco dos lugares de Melanchton, Cano baseou-se no *De oratore* de Cícero, para indicar os lugares como "os domicílios" de todos os elementos com que se leva adiante a argumentação teológica.

Cano dá o primeiro lugar, entre os lugares teológicos, à Sagrada Escritura e explica-lhe a verdade e a autoridade canônica. Infelizmente, a morte, ocorrida em 1560, impediu Cano de compor o Livro XIII de seu *De locis*, que devia ser um tratado sobre a hermenêutica bíblica.

O segundo lugar é representado pelo conjunto daquelas tradições apostólicas, derivadas de Cristo ou da instrução do Espírito Santo aos apóstolos, que se evidenciam como pertencentes ao perene patrimônio doutrinal.

Estas duas fontes fundamentais, em que a palavra reveladora de Deus dá um testemunho imediato de si mesma, são por sua vez interpretadas, custodiadas e desenvolvidas através daquilo que o crente e o teólogo descobrem em cinco diversas expressões da verdade de Deus na vida da Igreja: a fé do corpo universal dos crentes, os sínodos e concílios, a Igreja Romana com seu bispo, os padres e os teólogos escolásticos. Se consultadas de maneira correta – segundo regras baseadas na natureza de cada uma – estas sete áreas geram tipos específicos de testemunhos da revelação divina. Cada lugar pode fornecer um testemunho próprio e autorizado do conteúdo da doutrina cristã.

Cano, como bom discípulo de Santo Tomás, não construiu sua obra teológica segundo um sobrenaturalismo restrito, mas foi além, indicando três ulteriores áreas das quais se deveria tirar material de relevância doutrinal. Estes lugares constituem como que anexos aos principais lugares de residência da evidência teológica, mas, não obstante isto, têm uma contribuição específica a oferecer. Por isso, Cano listou como os três últimos lugares a razão natural, as opiniões dos filósofos e as lições da história humana.

Tradicionalmente, a Teologia Fundamental compreendia uma exposição das fontes doutrinais e do método teológico. Esta "doutrina dos princípios" constitui o complemento natural da tradição, por parte desta disciplina, da revelação, da credibilidade, da fé e da transmissão do Evangelho na Igreja através do mundo. Uma doutrina contemporânea dos lugares ou fontes há de procurar inserir temas ausentes em Cano, como o testemunho da liturgia e a experiência das igrejas regionais ou locais. Todavia, a apresentação de Cano conserva sua atualidade.

1. Seu tratado permanece uma salutar advertência a não restringir o objetivo da pesquisa teológica, seja perseguindo a atualidade de experiências particulares, seja contentando-se com uma certeza pré-fabricada, como a que poderia derivar de uma leitura literal da Escritura ou do magistério da Igreja. A abertura mental de Cano indica a amplidão e complexidade típica do *auditus fidei* de um teólogo católico. Nenhum lugar, tomado individualmente, pode ter o monopólio da autoridade.

2. Os lugares de Cano trazem testemunhos dotados de "autoridade". Mas não se trata de uma autoridade devida em primeiro lugar ao ato de vontade pelo qual esta ou aquela estrutura de me-

diação da Igreja foi historicamente instituída. Os testemunhos dos lugares impõem-se em razão da Palavra de Deus, que se exprime em cada um deles.

3. Finalmente, o sistema de muitos *lugares* constitui uma profunda indicação de que o Evangelho influi sobre o crente "de muitos e diversos modos" (Hb 1,1). Os testemunhos prestados à verdade revelada falam com vozes de intensidade e timbre diferente, que o mestre cristão procura fundir num todo harmônico. Obviamente, são possíveis outras combinações e configurações. Mas um bom ensinamento atrai e fascina precisamente em razão da interação harmônica de seus diversos componentes.

Bibl. – A. Lang, *Die "loci theologici" des Melchior Cano und die Methode des dogmatischen Beweises*, Munique 1925; A. Gardeil, "Lieux théologiques", em DThC IX, 712-747; E. Marcotte, *La nature de la théologie d'après Melchior Cano*, Ottawa 1949; A. Scola, "Chiesa e método teológico in Melchior Cano", em RSLR 9 (1973) 203-234; M. Andres, *La teología española en el siglo XVI*, vol. I-II, Madri 1976-1977, II, 311-329, 386-424; M. Seckler, "Il significato ecclesiologico del sistema dei 'loci theologici'", em *Teologia Scienza Chiesa*, Brescia 1988, 171-206; J. Tapia, *Iglesia y teología en Melchior Cano*, Roma 1989.

JARED WICKS

LUTERANISMO

I. Perspectiva

Na tradição da Reforma, a Teologia Fundamental tem sido pouco debatida e ainda menos praticada. Tampouco tem sido muito atacada, como aconteceu, ao invés, com a teologia natural. O presente artigo representa, portanto, uma tentativa de explicar por que ela foi ignorada. Começaremos com uma descrição da posição inicial da Reforma, em seguida falaremos brevemente dos desenvolvimentos dos séculos subsequentes e concluiremos com observações acerca da situação atual, sem excluir a possibilidade de que a Teologia Fundamental, como gênero distinto, possa ter um futuro entre os herdeiros da Reforma.

Conquanto escrito por um luterano, o presente estudo não tem um caráter confessional. No tocante ao assunto que aqui nos interessa, à diferença de certos outros temas, pouca é a diferença entre a tradição reformada (calvinista) e luterana. Por isto, parece mais oportuno falar simplesmente de teologia da Reforma (ou, como sinônimo, segundo o uso alemão, de "teologia evangélica").

1. O que extrapola da tradição na Reforma não é aquilo pelo qual a Teologia Fundamental se interessa, mas, antes, sua existência como disciplina distinta. Esta aversão torna-se compreensível logo que se reflete sobre as implicações do *sola Scriptura*, em conexão com o *sola fide*. Não obstante estas palavras de ordem, os reformadores não eram nem anti-intelectuais nem fideístas. Utilizaram todos os recursos cognoscitivos de sua época, incluídos os de origem pagã, a fim de melhor entender tanto a Escritura quanto a fé. Nenhum teólogo na história levou avante com mais vigor o empenho da *fides quaerens intellectum*. Mas tratava-se da busca de um tipo peculiar de compreensão: a compreensão do que se poderia denominar o *logos* íntimo, ou seja, a lógica da fé. Como muitos pensadores anteriores à Reforma – não em último lugar Anselmo, no *Cur Deus Homo* – concentraram a atenção no nexo profundo dos ensinamentos bíblicos. A isto acrescentaram – mais do que fora feito anteriormente – um interesse metodológico-intencional pelo valor querigmático e pelas suas implicações *pro nobis*. Hoje, costumamos dividir estas tarefas entre a teologia dogmática ou sistemática e a teologia prática; para eles, porém, era a mesma coisa e em ambos os setores operavam como teólogos bíblicos, constantemente atentos à linguagem e aos critérios conceptuais da Escritura.

Todavia, ao perseguirem a *fides quaerens intellectum internum*, eles não excluíam aquela dimensão diferente, "externa", da autocompreensão da fé, que é o âmbito especial da Teologia Fundamental: a relação das afirmações da fé com o que é dado conhecer por caminhos diferentes desta. Preocupados que estavam com proclamar a mensagem bíblica, de vez em quando refletiam sobre aquilo que aparece como racional ou irracional para os não crentes fora da Igreja, como também sobre as dúvidas residuais que permanecem no coração de cada cristão. Só procedendo assim pode-se fazer a distinção crucial entre verdadeira e falsa ofensa à inteligência e não substituir o escândalo da cruz por um escândalo diferente. Afinal, para exprimir-nos em termos elementares, há coisas – como certas confusões em nível lógico – que podem obstacular a fé e que são iluminadas pela lógica (Lutero, p. ex., detém-se longamente na utilidade da lógica ockhamista, ao ocupar-se das objeções de Zwinglio relativas à presença real).

Contudo, uma coisa precisa ser evitada. Não se deve dar a impressão de que o raciocínio, o conhecimento ou a experiência, que se pode obter por vias diferentes da fé, tenham condições de sustentar ou aumentar sua autoridade ou a autoridade da Escritura na qual esta se fundamenta. A Bíblia – para usarmos expressões clássicas – interpreta-se por si mesma e é a *norma normans non normata*. Sua autoridade é a própria autoridade de Deus e não pode ser aumentada por nenhum raciocínio humano (→ Igreja: intérprete da Escritura). Pretender fazer isto é tão desastroso quanto a tentativa de reforçar a certeza do teorema de Pitágoras, medindo sempre mais triângulos retângulos (Tomás de Aquino faz uma observação lógica semelhante, p. ex., em STh I, 1,8). Portanto, embora a razão seja necessária, tanto internamente para explicar a fé quanto externamente para esclarecer confusões e fazer calar os zombadores, não tem condições de oferecer a mínima base ou justificação para a aceitação da mensagem da Escritura. Em relação à razão, a mensagem é autofundante. E só pode ser assim, se a mensagem for acolhida como verdadeira Palavra de Deus.

O que acabamos de dizer acerca da inadequação constitutiva da razão pode ser dito em geral de todos os outros suportes que se poderiam propor em favor da autoridade da Escritura: tradição, Igreja, teorias da inspiração ou da revelação, ou da própria fé. No *sola Scriptura*, tudo isto não é excluído e sim incluído, como seu conteúdo ou como consequência. A fé – apenas para começarmos – não confere valor à Escritura, mas, antes, é desta que recebe valor. Semelhantemente, embora a Bíblia fale de → inspiração e de → revelação, e os teólogos tenham a liberdade de construir teorias sobre tais matérias, a autoridade da Escritura não depende de seu êxito ou fracasso (Tomás segue uma linha semelhante, quando discute, p. ex., sobre a inspiração em STh II-II, 171,3). Além disto, a escuta da Palavra é uma ação comunitária ou eclesial, não individualística, razão pela qual temos necessidade da ajuda de outros ouvintes do passado como do presente, para podermos distinguir a voz de Deus de nossas fantasias. No entanto, esta voz tem em si mesma a própria autoridade, independentemente da Igreja.

Finalmente, não se exclui a tradição, embora se exclua a dependência em relação a ela. Este ponto requer mais explicação, em razão do suposto antitradicionalismo dos reformadores. Estes entendiam a palavra num sentido mais limitado do que o nosso e, habitualmente, em sentido pejorativo. Antes de tudo, se usada no sentido comumente entendido pelos historiadores hodiernos, pode-se dizer que para estes é a tradição que faz com que a Escritura seja Escritura, exatamente como se, analogamente, fosse através de uma convenção tradicional de leitura que os *Elementos*, de Euclides, são catalogados como geometria e a *Ilíada*, de Homero, como poema épico, ao invés de serem considerados – como são, pelos filólogos – simples fontes de informação sobre a Grécia antiga. A Bíblia é uma coletânea heterogênea de antigos escritos, se não for lida e usada – como deveria ter sido, segundo sustentavam os reformadores – como Palavra do Deus Trino, encarnado *pro nobis* em Jesus Cristo, único em quem se deve colocar a esperança de salvação. Por isso, se estes elementos têm o lugar de princípios hermenêuticos, não são desenvolvimentos extraescriturísticos, mas partes centrais do conteúdo bíblico.

Em segundo lugar, há um outro sentido em que as tradições estão contidas na Escritura, que foram chamadas de "consequências necessárias". Lutero enquadrou nesta categoria o batismo das crianças, porque, *inter alia*, via aí a exemplificação paradigmática do *sola gratia.* Em terceiro lugar, existem tradições extrabíblicas que se deseja sejam permanentes como, para Lutero, a confissão e absolvição privada; como existem também tradições que só provisoriamente são aceitáveis, como as vestimentas medievais usadas para a missa e os rituais (coisas acerca das quais Calvino era menos permissivo). Por isso, quando os reformadores recusavam a tradição, referiam-se somente a uma quarta categoria: aos desenvolvimentos contrários à Escritura, interpretada na base do *sola gratia, sola fide, solo Christo.* Concluindo: a Bíblia é o critério autofundante para julgar todas as tradições, todas as argumentações, todas as experiências e todas as autoridades da Igreja. O *sola Scriptura* tem um valor de primado normativo, não de exclusividade material.

2. Conquanto esta perspectiva da Reforma não exclua os conteúdos da Teologia Fundamental, de qualquer forma torna difícil a organização de uma disciplina distinta. O recurso ao raciocínio e à evidência, que os crentes têm em comum com os não crentes, apresenta-se como uma resposta *ad hoc*, concernente a problemas específicos no contexto da reflexão sobre a lógica interna da Escritura, ou, mais particularmente, sobre as aplicações querigmáticas desta. Se por um lado não existem objeções de princípio à sistematização e generalização das estratégias que estas respostas comportam, por outro lado também não são necessárias. A necessidade surge somente se se considera possível e oportuno fundar a autoridade da Escritura em certezas mais profundas.

Não é este o lugar para traçar as origens da exigência de bases epistemológicas que, de Descartes e Locke em diante, dominou a filosofia ocidental e que, quando permanece sem resposta, como tem acontecido com frequência sempre maior nos cem últimos anos, não deixa outra alternativa senão o relativismo e o niilismo. Basta dizer que foi neste contexto que a apologética e as diversas teologias fundamentais se transformaram, de exercícios ocasionais – como haviam sido historicamente –, em disciplinas sistemáticas com orientação epistemológica, distintas programaticamente uma da outra e da dogmática ou teologia sistemática.

Os protestantes, excetuados os fideístas, no conjunto empenharam-se mais do que os católico-romanos na pesquisa dos fundamentos e isto ajuda a explicar seu desinteresse pelo passo intermediário, representado pela Teologia Fundamental. Os que dentre eles seguiam a corrente ortodoxa procuraram fundar na inspiração a autoridade da Escritura e desenvolveram teorias protofundamentalistas de inerrância literal. Os racionalistas pactuaram com critérios de racionalidade, na linha, ao que parece, do Iluminismo, e favoreceram o unitarismo e o deísmo. Os simples pietistas e seus descendentes liberais mais sofisticados recorriam – por analogia com a *sola fides* – exclusivamente à experiência como fundamento da autoridade da Escritura (portanto, invertendo a relação entendida pela Reforma). O ideal predominante de objetividade determinou um ponto de partida apologético, vale dizer, estranho no âmbito da fé. Os que – como certos expoentes da Teologia Fundamental pertencentes ao catolicismo romano – eram favoráveis a começar pela fé, ou os que eram suspeitos de fazê-lo, eram regularmente acusados de desonestidade intelectual. Reinava a ideia de que a procura das bases epistemológicas não podia ter sucesso se fosse influenciada por preconceitos pessoais.

3. A situação mudou no século XX. Na prática, todo pensamento religioso tem pontos de contato com a Teologia Fundamental, tendo-se abandonado as pretensões de objetividade e tendo-se reconhecido a inevitabilidade de partir, de alguma forma, do âmbito da fé. Além disso, os protestantes que estão mais próximos dos velhos liberais compartilham com os teólogos fundamentais a preocupação de mostrar a racionalidade da fé mediante critérios gerais, mais do que específicos. Mas também as diferenças são notáveis. Muitas vezes o desejo de tornar a religião compreensível e atraente para o grupo culto de seus detratores domina todo o programa teológico e resolve-se numa fusão de apologética e dogmática. A lógica do crer, que é própria da fé cristã, tende a ser distorcida, ou substituída por uma lógica de orientação para a fé (p. ex., através de um certo tipo de racionalidade, ou de conversão, ou de autenticidade existencial), que

muitas vezes são comuns a diversas religiões. Por isso, protestantes liberais recentes, dos quais → P. Tillich é o mais insigne, aproximam-se da Teologia Fundamental do catolicismo romano, mas não lhe atribuem uma posição específica como disciplina claramente separada da dogmática.

No outro extremo do espectro coloca-se → K. Barth, para quem a autoridade da Escritura é totalmente autofundante, como o era para os reformadores; mas ele foi além com sua aversão – sem ligar se esta era ou não fundamentada – a toda tentativa de mostrar a racionalidade da fé através de parâmetros utilizáveis externamente. Por um lado, não fez distinção entre apologética e fundamental, nem, por outro, entre posições que queriam ser fundantes e as que não o eram. Devido em grande parte à influência de Barth, esta recusa indiscriminada de toda forma de Teologia Fundamental durou na prática até 1960 entre os que estavam confessionalmente comprometidos com as tradições da Reforma.

Nos últimos vinte e cinco anos é evidente o início de uma nova atitude nos escritos de alguns teólogos luteranos alemães. Eles, diversamente dos protestantes mais liberais, mas em concordância com os católicos romanos, mantêm a distinção entre apologética, Teologia Fundamental e Teologia Dogmática. Mas estes não sustentam de maneira clara o caráter não fundante da autoridade das Escrituras, como, ao invés, fizeram Barth e os reformadores.

Uma outra evolução está agora surgindo nos Estados Unidos, sob a influência de amplas instâncias filosóficas anglo-americanas, segundo as quais a busca moderna de fundamentos epistemológicos é de *per si* totalmente irracional e é a principal responsável pelo relativismo e niilismo contemporâneos. Sob a influência desta corrente, adversa à pretensão de fundar racionalmente a autoridade da Escritura, alguns teólogos, sobretudo protestantes, mas também católicos romanos, sustentam que Barth, os reformadores e os pensadores anteriores à Reforma – não em último lugar Anselmo e Tomás – tinham razão em recusar-se a exibir razões que intentassem aumentar ou garantir a autoridade da Escritura ou da tradição à qual eles aderiam. Com efeito, a pretensão de apresentar tais razões é em si mesma contraditória e não consegue atender aos critérios daquilo que nesta matéria é racional. Por isto, talvez se esteja desenhando a existência de uma Teologia Fundamental evangélica plenamente em harmonia com as preocupações da Reforma e o que mais interessa é que esta poderá ser ecumênica.

Bibl. – G. Ebeling, "Erwägungen zu einer evangelischen Fundamentaltheologie", em ZThK 67 (1970) 479-524; Id., *The Study of Theology*, Londres 1979, 153-165; W. Pannenberg, *Theology and the Philosophy of Science*, Londres 1976; W. Joest, *Fundamental-theologie*, Stuttgart 1981²; F.S. Fiorenza, *Foundational Theology*, Nova York 1984; G. Lindbeck, *The Nature of Doctrine*, Filadélfia 1984; R. Thiemann, *Revelation and Theology*, Notre Dame 1985.

GEORG LINDBECK

II. Lei e Evangelho

Martinho Lutero afirmou ocasionalmente que a correta distinção entre lei e Evangelho é a *súmula* da doutrina cristã. Na obra *A liberdade do cristão* (1520) explica que toda a Escritura se divide em dois tipos diversos de conteúdo: os mandamentos da lei e as promessas da graça e da salvação em Cristo. As palavras bíblicas exigem antes de tudo uma obediência que, no fim das contas, não se pode garantir nem conseguir só com as forças naturais e inatas; mas existem outras que oferecem o dom gratuito de imerecida justiça e liberdade em Cristo (WA 7,23-24; SP 370-372). Para uma teologia sadia, para a interpretação bíblica e para a pregação é essencial que sejam preservados, sem jamais separá-los, tanto a lei quanto o Evangelho, e cada um com seu caráter distinto.

A noção de Lutero concernente à lei e ao Evangelho não faz referência à divisão entre AT e NT, pois nas Escrituras de Israel estão indicadas importantes promessas evangélicas, como, por exemplo, em Gn 3,15 e 22,18, e as profecias do Salvador (WA *Deutsche Bibel* 6, 4-7; *Prefácios* 140). No NT, enquanto Jesus é o conteúdo real do Evangelho e os apóstolos são seus anunciadores, tanto um como os outros se preocupam também em mostrar a radical profundidade e extensão do que é imposto pela lei de Deus, como no grande mandamento do amor a Deus e ao próximo.

A lei revelada de Deus, com as sanções que ela ameaça, presta um serviço à ordem pública pelo fato de frear a destrutividade humana e, assim, proteger a boa criação de Deus contra as forças do caos. Mas a autêntica ação teológica da lei nos dois testamentos é a de colocar em crise a pessoa humana, impondo uma exigência que na realidade é mais do que aquilo que a natureza humana decaída pode dar com seu *cor incurvatum in se.* Deus deseja um serviço espontâneo e ameaça de morte e perdição todos os que deixam de fazê-lo. A salvação, porém, vem unicamente através da bênção, do perdão e de uma nova vida concedida graças a Cristo, que, afinal, é o que afirma o Evangelho. O Evangelho proclama que a lei divina foi observada por Jesus Cristo de maneira perfeita e convida os pecadores a participar dela, como puro dom, por fé. Seguindo o Evangelho, o crente começa, em virtude do dom da graça divina, a observar em certa medida a lei, mas esta é uma resposta reconhecida, antes que o cumprimento de um dever fixado como condição para obter a salvação.

Na qualidade de tradutor bíblico, Lutero descobriu que a distinção entre lei e Evangelho era de grande ajuda para chegar ao significado de passagens bíblicas difíceis (WA *Tischreden* 1,128). A distinção constitui parte essencial também do princípio hermenêutico geral de Lutero, segundo o qual é a própria Escritura que oferece a direção correta para sua própria interpretação ("*sacra Scriptura sui ipsius interpres*", WA 7,97). Lutero elaborou-o em numerosos e detalhados comentários bíblicos, tratando textos ou como ilustrações e estímulos de exigências de uma lei que em definitivo era inobservável ou, então, como anúncios da pura graça do Evangelho. Esta é a chave que nos permite entender todo o comportamento de Deus em relação às criaturas humanas. A Escritura tenciona mostrar-nos nosso estado de pecadores para poder preparar-nos para a boa notícia da gratuita misericórdia de Deus, que pode ser corretamente ouvida somente por quem tem o senso de sua espantosa miséria.

Lutero viu a adulteração da Escritura e a má teologia em duas posições. Por um lado, a doutrina da salvação merecida, caracterizada pela mentalidade de que Deus deve recompensar as boas obras à base de um *quid pro quo*, tinha que ser combatida, insistindo-se na pura graça do que Deus fez por nós em Cristo. Por outro lado, a visão "antinomista", emergida no ensinamento de J. Agricola, discípulo de Lutero, segundo o qual não há lugar algum para a lei na vida cristã. Lutero atacou sem trégua o ofuscamento, por parte de Agricola, da verdadeira natureza da fé como a resolução de uma crise mortal. Além disso, Agricola transferiu para Cristo e para o Evangelho certas funções da lei.

Definitivamente, a distinção entre lei e Evangelho não diz respeito aos textos bíblicos ou ao discurso teológico. Mais radicalmente, levanta o problema da essência do cristianismo (G. Söhngen), dando testemunho da natureza da ação divina na sua criação e em nossa relação com aquele Deus que constantemente nos alcança. Deus opera essencialmente de duas maneiras, revelando-se assim de dois modos, distintos, mas interligados. Como Senhor soberano, manifesta sua própria vontade e sua própria ordem, mas, como Pai de misericórdia, exprime efetivas promessas de perdão e de graça. Consequentemente, "o verdadeiro sujeito da teologia são o homem, culpado de pecado e condenado, e Deus, justificador e salvador do homem pecador" (WA 40/2, 318). A existência cristã, conformada à correta teologia, focaliza-se na confissão do pecado pessoal e da impotência pessoal e no apreender incessantemente a palavra da graça salvífica de Deus, por mérito de Cristo.

Bibl. – G. Söhngen, *Gesetz und Evangelium: Ihre analoge Einheit*, Friburgo-Munique 1957; G. Ebeling, *Lutero: un volto nuovo*, Brescia 1970, cap. 7-8; A. Peters, *Gesetz und Evangelium*, Gütersloh 1981; J. Rogge, "Innerlutherische Streitigkeiten um Gesetz und Evangelium, Rechtfertigung und Heiligung", em H. Junghans (ed.), *Leben und Werk Martin Luthers von 1526 bis 1546*, Berlim-Göttingen 1983, 187-204.

No texto: WA = "Weimarer Ausgabe", isto é, *D. Martin Luthers Werke, Kristische Gesamtausgabe*, Weimar 1883s. – SP = Martin Lutero, *Scritti politici*, trad. G. Panzieri Saija, Turim 1959. – *Prefazioni* = Martin Lutero, *Prefazioni alla Bibbia*, a cura di M. Vannini, Genova 1987.

JARED WICKS

M

MAGISTÉRIO

A palavra *magisterium* indicava, no latim clássico, o papel e a autoridade daquele que era "mestre" em cada uma das aplicações do termo: podia-se ser "mestre" de um navio, dos servos, de uma arte ou profissão, como também "mestre de escola". Na Idade Média, todavia, *magisterium* havia passado a significar o papel e a autoridade de quem ensina. O símbolo tradicional da autoridade de ensino era a cadeira, de sorte que Santo Tomás podia falar de dois tipos de *magisterium*: o da sede pastoral do bispo e o da cadeira professoral do teólogo universitário.

No uso católico moderno, o termo "magisterium" é associado quase exclusivamente ao papel e à autoridade docente da hierarquia. Uma evolução ainda mais recente é que a expressão "o magistério" é muitas vezes usada com referência não à função de ensinar, como tal, mas ao conjunto das pessoas que, na Igreja Católica, têm esta função, ou seja, o papa e os bispos. Nos documentos do Concílio Vaticano II, encontra-se o termo usado nos dois sentidos. Várias vezes o concílio descreve também o magistério do papa e dos bispos como "autêntico" e declara que "o ofício de interpretar autenticamente a Palavra de Deus foi confiado exclusivamente ao magistério vivo" (DV 10). É importante entender que o termo "autêntico", tal como é usado aqui, não significa "genuíno" ou "verdadeiro", mas "autorizado" e, mais especificamente, "revestido de autoridade pastoral ou hierárquica". O concílio não quer negar que teólogos e exegetas possam interpretar a Palavra de Deus com a autoridade que seu saber lhes confere. O que afirma é que somente os pastores da Igreja herdaram o mandato que Cristo deu aos apóstolos de ensinar em seu nome com autoridade tal que, quem ouve, ouve a Cristo e quem os rejeita, rejeita a Cristo e a quem o enviou (cf. Lc 10,16).

1. FUNDAMENTO DA AUTORIDADE DE ENSINAMENTO DOS BISPOS – A fé católica, da qual os bispos herdaram o mandato de ensinar, que Cristo conferiu aos apóstolos, está expressa nas seguintes declarações do Vaticano II: "Por instituição divina, os bispos sucederam aos apóstolos como pastores da Igreja" (LG 20); "A ordem dos bispos sucede ao colégio dos apóstolos no magistério e no governo pastoral" (LG 22); "Na qualidade de sucessores dos apóstolos, os bispos recebem do Senhor a missão de ensinar a todas as gentes e de pregar o Evangelho a toda criatura" (LG 24).

Estas afirmações têm que ser claramente convalidadas com a evidência do NT e dos documentos da Igreja primitiva. O espaço a nós concedido permite apenas uma breve indicação de como isto pode ser feito. É preciso desenvolver os seguintes pontos: *a.* os apóstolos receberam de Cristo o mandato de ensinar em seu nome; *b.* os apóstolos compartilharam este mandato com outros, que introduziram no ministério pastoral; *c.* o princípio da sucessão neste mandato já é operante no período em que era escrito o NT; *d.* a Igreja dos séculos II e III reconheceu seus bispos como os legítimos sucessores dos apóstolos na autoridade de ensinar.

Já que Cristo mesmo não deixou nada por escrito, a fé cristã depende inteiramente do testemunho de seus discípulos e, de modo especial, do testemunho dos doze homens que Cristo escolheu pessoalmente "para que permanecessem com Ele e para enviá-los a pregar" (Mc 3,14). Ser cristão significa ser alguém que "crê em Cristo através da palavra deles" (Jo 17,20); efetivamente, não fora o testemunho dos apóstolos, não saberíamos nada do que Cristo disse ou fez. Os evangelhos dizem-nos que estes homens foram enviados por Cristo ressuscitado com a missão de "pregar o Evangelho a todas as criaturas" (Mc 16,15); "ensinai a todas as nações... ensinando-lhes a observar tudo o que vos ordenei" (Mt 28,19s). Cumprindo este mandato, os apóstolos teriam sido autorizados a falar em nome de Cristo, com a consequência de que "quem acolhe a vós acolhe a mim, e quem acolhe a mim acolhe aquele que me enviou" (Mt 10,40).

O exemplo mais claro de como um apóstolo compartilhou o mandato de ensinar com seus colaboradores encontra-se nas epístolas pastorais em que a Timóteo e a Tito se lembra repetidas vezes sua missão de ensinantes. A Timóteo é dito: "Isto deves proclamar e ensinar" (1Tm 4,11). "Até minha chegada, dedica-te à leitura, à exortação e ao ensinamento" (1Tm 4,13). "Vigia sobre ti mesmo e sobre teu ensinamento" (1Tm 4,16). "Anuncia a palavra, insiste em cada ocasião oportuna e não oportuna, admoesta, censura, exorta com toda magnanimidade e doutrina" (1Tm 4,2). E similarmente Tito: "Tu, porém, ensina o que é segundo a sã doutrina" (Tt 2,1).

Também o princípio da sucessão no mandato de ensinar está claramente enunciado nas epístolas pastorais, por exemplo, em 2Tm 4,1-8, onde é evidente que Timóteo deverá dar continuidade a este ministério, após a morte de Paulo. Também é claro, nas instruções dadas a Timóteo, que este deve escolher homens a serem destinados à função de *epískopos*, que sejam "capazes de ensinar" (1Tm 3,2). É-lhe dito: "As coisas que ouviste de mim, na presença de muitas testemunhas, transmite-as a pessoas de confiança, que tenham condições de ensinar por sua vez também a outros" (2Tm 2,2). A Tito também se diz que, entre as qualidades que deve ter alguém escolhido para ser "ancião", figura esta: "deve ser apegado à doutrina segura, consoante o ensinamento transmitido, para que tenha condições de exortar com sua sã doutrina e de refutar os que contradizem" (Tt 1,9). Ideias similares encontram-se nos Atos, onde o discurso de Paulo aos anciãos da Igreja de Éfeso se projeta para o tempo que virá depois da morte do apóstolo, quando "lobos vorazes não pouparão a grei". Então será função daqueles que "o Espírito Santo colocou como *epískopoi*" estarem vigilantes para salvaguardar a fé do rebanho contra a corrupção de homens que "ensinam doutrinas perversas" (At 20,28-31). De novo temos aqui o princípio da sucessão no mandato apostólico do ensinamento, já operante no período do NT.

É verdade que no NT não se encontra uma situação em que o mandato de ensinar esteja nas mãos do bispo, em cada uma das igrejas locais. A evolução, de uma primitiva forma colegial de direção da Igreja local para o episcopado histórico, verificou-se no século II, com rapidez que variou de região a região. Muita coisa deste período permanece obscura, mas o que sabemos é que pelo fim do século II cada Igreja era regida por um bispo, individualmente, assistido por presbíteros e diáconos, e que os bispos eram reconhecidos como legítimos sucessores dos apóstolos. A Igreja cristã aceitou os bispos como testemunhas autorizadas da tradição apostólica revestidas de autoridade para formular o credo com o qual a comunidade era chamada a professar a própria fé. Em outros termos, a Igreja inteira reconhecia no ensinamento dos bispos a norma de sua fé.

Ora, é sem dúvida um artigo fundamental da fé cristã que o Espírito Santo conserva a Igreja na verdadeira fé. Isto é uma consequência da vitória definitiva de Cristo e de sua promessa de que o Espírito de verdade haveria de conduzir sua Igreja à verdade completa (Jo 16,13). A Igreja que se conserva na verdadeira fé por vontade divina dificilmente poderia errar ao fixar as normas da fé. Por isto, se a confiança de que o Espírito Santo guiou a Igreja dos séculos II e III no discernimento dos escritos que se tornarão normativos para sua fé justifica o fato de aceitarmos o NT como escritura inspirada, temos igual motivo para crer que o Espírito Santo guiou a mesma Igreja dos séculos II e III no reconhecimento universal de que seus bispos eram mestres autorizados, cujas decisões sobre questões doutrinais eram normativas para sua fé.

2. MAGISTÉRIO E PALAVRA DE DEUS – A relação entre magistério e Palavra de Deus, tal como se encontra na Escritura e na tradição, é explicada no seguinte trecho da DV 10: "O ofício de interpretar autenticamente a Palavra de Deus, escrita ou transmitida, é confiado exclusivamente ao magistério vivo da Igreja, cuja autoridade é exercida em nome de Jesus Cristo. Este magistério, porém, não está acima da Palavra de Deus, mas a ela serve, ensinando somente o que foi transmitido, na medida em que, por mandato divino e com a assistência do Espírito Santo, ouve piedosamente, guarda santamente e expõe fielmente esta palavra e deste único depósito da fé extrai tudo o que propõe crer como revelado por Deus".

Na prática, cada uma das frases demanda algum comentário. A autoridade do magistério não é autoridade sobre a Palavra de Deus, mas sobre a interpretação que os homens lhe dão. É uma autoridade interna à comunidade de fé, a serviço da unidade da Igreja, na profissão da verdadeira fé. As palavras "o que foi transmitido" referem-se a todo o "sagrado depósito da Palavra de Deus que é confiada à Igreja". É muito significativo o concílio afirmar que todo o depósito da Palavra de Deus foi confiado à Igreja inteira e não somente ao magistério. Similarmente, é "a Igreja, em sua doutrina, em sua vida e em seu culto, [que] perpetua e transmite a todas as gerações tudo o que ela é, tudo o que ela crê" (DV 8). Trata-se de uma correção útil da noção presente em tratados anteriores sobre a matéria, segundo os quais o depósito da fé teria sido confiado unicamente aos sucessores dos apóstolos, transmitido primariamente, senão exclusivamente, através do ensinamento oficial do magistério.

A expressão "ouve-a piedosamente" diz que os bispos, antes de serem os pregadores da Palavra, devem ser seus ouvintes; e já que "o sagrado depósito foi confiado à Igreja", devem eles ouvir esta Palavra como é transmitida na fé, na vida e no culto da Igreja. Isto comporta a necessidade de "consultar os fiéis", como diz Newman, e de ouvir exegetas e teólogos que passam a vida estudando a Palavra de Deus. A frase "conservando-a conscienciosamente" faz subentender a especial solicitude que o magistério deve ter: sua função primária não é penetrar as profundezas dos mistérios da fé (tarefa dos teólogos), mas, antes, salvaguardar o inestimável tesouro da Palavra de Deus e defender a pureza da fé da comunidade cristã. Eles atendem a este dever "com a ajuda do Espírito Santo". Embora este habite em todos os fiéis e desperte e sustente o senso sobrenatural da fé, que caracteriza o povo em seu conjunto (cf. LG 12), os católicos creem que o sacramento da ordenação episcopal, que confere a função do magistério pastoral, seja um empenho divino de especial assistência feita aos bispos, no exercício de seu ofício de ensinar. Enquanto tal assistência assegura a garantia absoluta da verdade de seu ensinamento, somente em alguns casos raros é para nós motivo de confiança na confiabilidade de seu ensinamento, mesmo quando este não é infalível.

3. VÁRIAS FORMAS DE EXERCÍCIO DO MAGISTÉRIO – A primeira distinção a ser feita é entre o exercício ordinário e o exercício extraordinário da autoridade de ensinar. O exercício extraordinário é a enunciação de um "juízo solene" (cf. DS 3011) com o qual uma doutrina é definida, por um concílio ou por um papa que fala *ex cathedra.* Definir uma doutrina significa empenhar a Igreja a mantê-la e ensiná-la irrevogavelmente, exigindo um assentimento absoluto em relação a ela, por parte de todos os fiéis. A lei canônica prescreve que não se considere definida uma doutrina a não ser que seja manifestamente este o caso (cân. 749,3). Qualquer outro exercício do magistério é ordinário. Neste sentido técnico, os documentos do Vaticano II são exemplos de magistério ordinário, uma vez que este concílio optou por não definir nenhuma doutrina, embora sendo um acontecimento histórico extraordinário. Deve-se notar que a distinção entre magistério ordinário e extraordinário não é idêntica à distinção entre infalível e não infalível, já que, em circunstâncias peculiares, que serão explicadas, o ensinamento *ordinário* concorde do colégio episcopal inteiro goza da infalibilidade. A seguir, descreveremos os vários casos de exercício ordinário não infalível da função de ensinar.

Cada bispo, que é pastor de uma diocese, tem a responsabilidade e a autoridade de ensinar a doutrina cristã em sua própria diocese. Exerce esta responsabilidade com seu ensinamento, oralmente ou por meio de cartas pastorais, e com a promoção de um sadio ensinamento nas instituições catequéticas e educativas de sua diocese.

A partir do Vaticano II, os bispos têm exercido juntos esta função nas conferências episcopais. A conferência episcopal é um organismo permanente, composto por todos os bispos de um país ou de um território, em que estes exercem, juntos, seu ofício pastoral. O Vaticano II recomenda calorosamente esta forma de colaboração regular entre todos os bispos de um país (CD 37), e

Paulo VI tornou obrigatória a criação de tais conferências (AAS 58 [1966], 774). Uma vez que o ensinamento em matéria de fé e de moral faz claramente parte do ofício pastoral dos bispos, muitíssimas conferências episcopais têm emitido cartas pastorais ou feito outras declarações de natureza doutrinal nestes últimos decênios. O Código de Direito Canônico de 1983 sanciona este exercício do magistério episcopal, dizendo: "Os bispos, que estão em comunhão com o chefe do colégio e com os [demais] membros, quer individualmente, quer reunidos nas conferências episcopais ou nos concílios particulares, ainda que não gozem da infalibilidade no ensinamento, são autênticos doutores e mestres da fé para os fiéis confiados a seus cuidados" (cân. 753).

Os "concílios particulares", aos quais se refere o mencionado cânon, podem ser "concílios plenários", de que participam todos os bispos de uma conferência episcopal, ou "concílios provinciais" dos bispos de uma província eclesiástica (que consta de uma arquidiocese e das vizinhas dioceses associadas). As reuniões regulares de uma conferência episcopal não são concílios plenários, embora a conferência, com a aprovação da Santa Sé, possa decidir realizar um concílio plenário ao qual o direito canônico atribui poderes mais amplos do que os das reuniões regulares da conferência episcopal.

Nos últimos anos tem havido opiniões diferentes, entre teólogos e canonistas, sobre a autoridade de ensinamento das conferências episcopais. Alguns sustentam que somente os bispos individualmente – e não as conferências enquanto tais – têm o "mandato de ensinar". Outros, ao invés, afirmam que as declarações doutrinais votadas e aprovadas pela assembleia de uma conferência episcopal têm para os fiéis da respectiva região a autoridade do magistério da conferência episcopal enquanto tal, e não simplesmente a dos bispos locais. Para além do caso jurídico, importa reconhecer que a eficácia real das declarações doutrinais, para que estas recebam o assentimento dos fiéis, advém não tanto de sua autoridade entendida em sentido estritamente jurídico, mas antes de sua autoridade moral, que se mede pelo acolhimento dos que, sendo seus súditos, estão dispostos a acatá-las. Por esta razão, dificilmente se poderia duvidar de que os católicos dão mais autoridade a uma declaração feita depois de atenta reflexão pela conferência episcopal inteira, do que à do bispo local sozinho. A autoridade moral de algumas declarações doutrinais feitas pelas conferências episcopais é reforçada pelo fato de o mesmo documento fazer uma clara distinção entre os princípios sobre os quais todos os cristãos devem estar de acordo e as propostas concretas que os bispos apresentam como resultado de sua reflexão, mas sobre as quais estão prontos a admitir que pode haver legítimas diferenças de opinião.

Conforme ficou dito, também os documentos do Vaticano II são exemplos de exercício ordinário de magistério, já que o concílio optou por não definir nenhuma doutrina. Todavia, ainda que "ordinário", é sempre um exercício da suprema autoridade docente, que pertence ao colégio episcopal inteiro reunido com o papa, seu chefe. Eis por que, como declarou o concílio, todos os fiéis são obrigados a aceitar sua doutrina "segundo a mente do mesmo sagrado sínodo, que se manifesta ou com a matéria tratada ou com a linguagem usada, consoante as normas da interpretação teológica" (AS III/3, 10). Estas últimas expressões sublinham os vários graus de força vinculante, próprios das diferentes declarações que se encontram nos dezesseis documentos do Vaticano II: seria errôneo atribuir peso igual a cada um deles. Deve-se examinar bem quais são os vários graus de autoridade no interior da categoria geral representada pelo magistério ordinário.

O que o Vaticano II afirmou sobre a autoridade do seu ensinamento é dito também do exercício do magistério ordinário e não definitivo do pontífice romano. LG 25 declara: "Este assentimento religioso da vontade e da inteligência deve-se de modo especial prestá-lo ao magistério autêntico do pontífice romano, mesmo quando não fala *ex cathedra*, de sorte que seu magistério supremo seja aceito com reverência e com sinceridade se adira às sentenças dadas por ele, segundo a mente e a vontade por ele manifestada, que se torna especialmente clara, seja a partir da natureza dos documentos, seja do repropor com frequência a mesma doutrina, seja do teor da expressão verbal".

O pontífice romano exerce a autoridade ordinária de ensinar através das encíclicas papais, das exortações apostólicas e de outros documentos que são dirigidos à Igreja inteira. Pode fazê-lo, também, dando aprovação explícita e formal às declarações doutrinais promulgadas pela congregação para a doutrina da fé.

Como se deve entender "religioso assentimento da inteligência e da vontade"? O termo "religioso" refere-se ao motivo pelo qual os católicos têm esta atitude: o reconhecimento de que o papa e o colégio episcopal têm de Cristo a autoridade de ensinar em seu nome, em matéria de fé e de moral. Diz-se "da inteligência e da vontade" no sentido de que, reconhecendo a autoridade que têm os legítimos pastores de ensinar, dos fiéis católicos se exige que queiram aceitar e fazer seu este ensinamento. Esta disponibilidade da vontade exerce sua influência sobre o julgamento, levando-o a assentir ao ensinamento também para além dos limites além dos quais não se conseguiria naturalmente considerar convincentes as razões fornecidas para obter o assentimento. Se alguém, em determinada matéria, já tivesse formado uma opinião divergente da doutrina oficial, pede-se-lhe que faça um esforço sério e prolongado para libertar-se de qualquer tendência à obstinação em sua opinião e para convencer-se da verdade do ensinamento oficial, de modo a aderir a este com um sincero assentimento da inteligência. Todavia, os manuais comuns de teologia católica levam em conta o fato de que uma atitude de religiosa submissão à autoridade do magistério não definitivo nem sempre e em cada caso individual produz um assentimento interior real àquilo que foi ensinado desta maneira. Estes manuais autorizados reconhecem que o não assentimento interior a este tipo de ensinamento pode ser subjetiva e também objetivamente justificado quando, a despeito dos esforços sinceros de dar um verdadeiro assentimento, as razões opostas sobre um determinado ponto da doutrina permanecem tão convincentes que a pessoa está verdadeiramente incapacitada de dar tal assentimento. Uma referência a este ensinamento comum dos teólogos católicos foi feita pela comissão teológica, durante o Vaticano II, em resposta a uma emenda proposta por três bispos que haviam "levantado o caso em que uma pessoa erudita, frente a uma doutrina não proposta em caráter infalível, não pudesse, por motivos fundados, dar assentimento interior". E a resposta da comissão foi esta: "Em tal caso, devem-se consultar os tratados teológicos autorizados" (AS III/8, 88).

4. O EXERCÍCIO INFALÍVEL DO MAGISTÉRIO ORDINÁRIO – Enquanto nem um bispo individualmente nem o próprio papa fala infalivelmente no exercício ordinário da autoridade de ensinar, o Vaticano II determina as condições em que o magistério ordinário do colégio episcopal inteiro goza do dom da infalibilidade. As condições são que, mantendo os bispos o vínculo de unidade entre si e com o sucessor de Pedro e ensinando de modo autorizado uma questão de fé ou de moral, concordem numa opinião individual, que é a que precisa ser sustentada em definitivo (LG 25). O caso contemplado é o de um ponto específico de doutrina que nunca foi definido solenemente, mas, apesar disto, é evidente que o papa e os bispos católicos do mundo inteiro estiveram de acordo em ensinar como algo que os católicos são obrigados a manter de maneira definitiva. Poder-se-ia aduzir como exemplo a doutrina sobre a Assunção de Maria, durante o século que antecedeu à definição do dogma de fé, por parte do Papa Pio XII, em 1950. Há também artigos do "credo apostólico" que nunca constituíram objeto específico de uma solene definição, mas que sem dúvida são propostos pelo magistério universal ordinário como doutrina da fé católica. Um outro exemplo poderia ser nossa fé na "comunhão dos santos".

5. O EXERCÍCIO EXTRAORDINÁRIO E INFALÍVEL DO MAGISTÉRIO – Aqui, fala-se dos "juízos solenes" com que um concílio ecumênico ou um papa definem uma doutrina. Exemplos de tais atos nos tempos modernos são: a definição da Imaculada Conceição, feita pelo Papa Pio IX, em 1854; a definição da infalibilidade papal, por parte do Concílio Vaticano I, em 1870, e a definição da Assunção de Maria, feita por Pio XII, em 1950. A fé católica na infalibilidade destes atos solenes do magistério funda-se em duas premissas: que todos os fiéis são obrigados a dar seu absoluto assentimento de fé aos dogmas que são proclamados como tais pelo magistério e que, assim fazendo, não podem ser induzidos em erro em sua fé. Disto se segue que tais dogmas não podem estar errados. E como nenhum mestre humano é imune ao erro, fala-se acertadamente de "carisma de infalibilidade", vale dizer, de um dom da graça, obra do Espírito Santo que, só ele, pode garantir que este ensinamento definitivo é absolutamente verdadeiro. As definições solenes são "irreformáveis", não no sentido de que sua formulação seja tão perfeita e tão imutável que nunca possa ser aperfeiçoada, mas no sentido de que seu significado autêntico permanecerá sempre verdadeiro.

Quando o Vaticano I declarou que as definições solenes pronunciadas pelo papa são "irreformáveis por si mesmas e não em virtude do consentimento da Igreja" (DS 3074), a intenção era refutar a doutrina do galicanismo, que sustentava que as definições papais não seriam irreformáveis se não fossem confirmadas pelo episcopado (DS 2284). Rejeitando a posição galicana, o Vaticano I não excluiu – e de resto não teria podido fazê-lo – uma dependência real das definições papais em relação à fé da Igreja. Com efeito, o papa só pode definir dogma de fé o que está contido no depósito da revelação que foi confiado à Igreja (DV 10) e é transmitido em sua doutrina, sua vida e seu culto (DV 8). Uma vez que o papa não dispõe de uma fonte independente de revelação, não pode definir um dogma de fé sem haver consultado de modo real a fé da Igreja. Todavia, não se poderia por este motivo exigir o prévio consentimento de todos os bispos ou de todos os fiéis, como condição absoluta antecedente a uma definição papal, pois isto eliminaria a possibilidade de um ato determinante do magistério papal, que poderia ser necessário para dissipar uma ameaça à unidade da Igreja na fé e determinar um consenso ou também para reconstruir um consenso que se tivesse perdido.

6. A MATÉRIA SUJEITA À AUTORIDADE DO MAGISTÉRIO – Tanto o Vaticano I como o Vaticano II descreveram o objeto do ensinamento autorizado e infalível como "matéria de fé e de moral". Isto significa que os bispos e os papas não podem afirmar que falam autorizadamente, nem muito menos em caráter infalível, a não ser no caso em que a matéria tratada pertença à fé cristã ou à prática do modo de viver cristão. É importante destacar que existem dois modos de uma coisa pertencer a este objeto: um direto, enquanto formalmente contido na Palavra de Deus revelada; e um indireto, como algo que não está de *per si* revelado, mas está tão interligado com uma verdade revelada que o magistério não poderia defender ou expor a referida matéria revelada sem dever fazer afirmações absolutamente definitivas também sobre esta outra matéria. Matérias de fé e de moral que sejam formalmente reveladas constituem o que se chama o → "depósito da fé" e este é o objeto primário da autoridade docente. Outras coisas que em si mesmas não são formalmente reveladas, mas sobre as quais o magistério deve poder falar de maneira definitiva, com o objetivo de defender ou explicar alguma verdade revelada, constituem o objeto secundário do magistério. Somente o que é objeto primário pode ser definido como → "dogma de fé"; toda matéria que pertença ao objeto secundário pode ser definida como verdadeira, sem que se deva crer com "fé divina", isto é, fé dirigida a Deus enquanto revelador. Enquanto a infalibilidade do magistério que define toda a matéria do objeto primário é dogma de fé, a infalibilidade do magistério em relação ao objeto secundário não é um dogma da fé católica, mas uma doutrina sustentada comumente pelos teólogos católicos e confirmada pelo magistério ordinário (cf. AAS 65, 1973, 401).

Uma questão muito debatida hoje é se todas as normas da lei moral natural recaem sob o objeto do magistério infalível. Há consenso geral sobre o fato de que alguns dos princípios e das normas fundamentais desta lei são também revelados por Deus e, por pertencerem ao objeto primário, poderiam ser ensinados em caráter infalível. Mas não parece que alguma destas normas tenha sido jamais definida solenemente. Não existe dissensão no tocante ao fato de que questões de lei moral natural recaiam sob a competência do exercício do magistério ordinário e não infalível. A questão sobre a qual há divergência de opiniões entre os teólogos católicos é se o magistério pode formular declarações definitivas e infalíveis sobre cada problema concernente à lei moral natural, também sobre os complexos problemas modernos cuja solução não se poderia encontrar na revelação, mas deve ser buscada aplicando-se a inteligência humana à pesquisa da verdade moral, com outras pessoas de boa vontade, "à luz do Evangelho", mas também "à luz da experiência humana" (GS 46).

O primeiro ponto a se ter em mente nesta controvérsia é que, se estas normas morais não estiverem contidas formalmente na palavra revelada de Deus, só podem pertencer ao objeto secundário do ensinamento infalível. Em tal caso, poderiam ser definidas em caráter infalível pelo magistério somente se este se encontrasse na impossibilidade de defender ou de explicar uma verdade formalmente revelada, sem poder dar ao mesmo tempo um juízo definitivo também sobre tais matérias. O segundo ponto é que, se o magistério tiver emitido um juízo infalível sobre uma questão específica, tal juízo tem que ser considerado como absolutamente definitivo e irreversivelmente verdadeiro. Muitos teólogos católicos respeitáveis perguntam se é adequado falar de juízos absolutamente definitivos e irreversíveis sobre este tipo de problemas. Sustentam ser difícil excluir a possibilidade de que a experiência futura possa levantar um problema moral concreto num novo quadro de referência, que exija a revisão de uma norma que não tinha previsto esta nova experiência no momento em que foi formulada. Finalmente, há que se ter presente que a infalibilidade do magistério no tocante a matérias não reveladas não é dogma de fé. Caso o magistério viesse a definir uma destas questões, a definição como tal não exigiria dos católicos um assentimento de fé, no significado verdadeiro e próprio da palavra, nem à verdade da proposição definida, nem à infalibilidade da Igreja, no ato de defini-la.

Bibl. – P. Chirico, *Infallibility: The Crossroads of Doctrine*, Kansas City 1977; K. Rahner, "Sobre o magistério da Igreja", em *Curso fundamental da fé*, São Paulo 1989, 439-451; J. Alfaro, "La Teologia di fronte al magistero", em R. Latourelle-G. O'Collins (ed.), *Problemi e prospettive di teologia fondamentale*, Brescia 1980,413-432; Vários autores, "Les Théologiens et l'Église", em *Les Quatre Fleuves* 12 (1980) 7-133; H.J. Pottmeyer, "Das Lehramt der Hirten und seine Ausübung", em ThPQ 128 (1980) 336-348; C. Curran-R. McCormick (ed.), *The Magisterium and Morality*, Nova York 1982; J. Moingt (ed.), "Le Magistère, institutions et fonctionnements", em RSR 71 (1983); L. Örsy, *The Church, Learningand Teaching*, Wilmington 1985; J. Boyle, "Church Teaching Authority in the 1983 Code", em *The Jurist* 45 (1985) 136-170; F.A. Sullivan, *Il magistero nella Chiesa cattolica*, Assis 1986; M. Löhrer, "O magistério especial da Igreja", *em MystSal* I/3, 61-89; A. Dulles, "Lehramt und Unfehlbarkeit", em HFTh IV, 153-178.

FRANCIS A. SULLIVAN

MAL

O mal tem infinitas formas, porém o mal mais profundo tem origem no coração do homem. No século do romanticismo, o mal era o sofrimento, a doença, a languidez. Hoje faz-se com que a existência humana se torne asséptica, negando o pecado. Mas sabemos perfeitamente que o pecado permanece, e até, que é o mal principal. De resto, a linguagem comum não erra, quando distingue o que *faz mal* daquilo que *é mau*, o mal que *sofremos* e o mal que *queremos*. O sofrimento e a → morte são qualificados como "humanos", porque atingem o homem, mas em sentido estrito somente o pecado é "humano", pois somente o homem é seu agente, o sujeito livre e responsável. O que sai do coração torna o homem mau (Mt 15,19-20). Quando falarmos do mal, tratar-se-á antes de tudo do mal moral, do pecado, desta maré negra do amor pervertido que sufoca a vida. Por outro lado, a doença e a → morte fazem em todo caso parte do escândalo do mal: trataremos desta em artigo distinto, como problema específico.

1. RESIGNAÇÃO OU REBELIÃO – Antes de ouvirmos a resposta de Cristo, examinemos imediatamente duas posições opostas entre si, como opostas são ao cristianismo: a via da resignação, que é uma forma de anestesia, e a via da rebelião.

a. A primeira posição procura integrar o mal em algo que o supere, isto é, na ordem da totalidade do universo. De momento – assim se afirma – vemos somente um aspecto da realidade: o lado escandaloso. Mas se nosso olhar pudesse entrever a totalidade da história, a injustiça se nos apresentaria então como o meio provisório de uma justiça integral.

Neste sentido, uma certa visão cristã do mundo que prega a resignação, dizendo que "afinal, não é tão grave" ou que "no final, tudo se acerta", que "o bem acabará aparecendo", assemelha-se estranhamente à concepção marxista da história. Para o → marxismo, com efeito, a angústia, o desespero diante do sofrimento de uma humanidade alienada e explorada, corresponde a nosso conhecimento incompleto da história. O inferno é a condição necessária para o acesso à ordem definitiva. A dialética dos opostos acabará suscitando uma humanidade finalmente única e reconciliada. A própria decadência do proletariado será o motor e o explosivo de sua liberação. Saído do desespero, o projeto proletário visa a instauração de uma sociedade sem patrões nem escravos, na qual os antagonismos, até aí necessários, cederão lugar a uma dupla harmonia: a dos homens entre si e a dos homens com o mundo. Para o momento, basta, para polarizar as energias dos homens, fazê-los entrever uma condição superior de humanidade ultratecnicizada e ultradesenvolvida, de que cada um usufruirá por participação e em que cada um achará a própria realização intelectual e afetiva, na medida em que constitui uma coisa só com o sistema inteiro. A luta de classe, que é o paroxismo do mal, anuncia a salvação do homem.

O jogo da necessidade e da liberdade no sistema marxista permanece ambíguo. Trata-se de liberdade ou de impossibilidade de pecar? Situar o paraíso terrestre no futuro, ao invés de no passado, de modo algum resolve o problema. Ao problema do mal o marxismo responde com um otimismo forçado. A via da resignação ou da anestesia não é uma resposta à angústia e ao horror do mal. Se Deus existe e se é amor, como justificá-lo admitindo que se sacrifiquem milhões de inocentes a uma "harmonia" que um dia há de triunfar?

Por vezes deparamos uma solução ainda mais radical. Nos séculos passados os homens pecavam, e muito, mas reconheciam-se pecadores. A particularidade do século XX, também em ambiente cristão, é a de negar o pecado, de colocá-lo entre parênteses. Obsessionado pelo pecado e pelo mal, o homem recusa todavia carregar-lhes o peso: *descarrega-o* sobre as instituições, sobre as estruturas, sobre os determinismos (hereditários, biológicos, psíquicos), sobre os outros, mas nunca sobre si mesmo. Está muito mais preocupado com a libertação coletiva do que com a salvação pessoal. A existência humana é esterilizada como os instrumentos cirúrgicos. Mas ao afirmar que tudo é permitido e que o homem é puro, é-nos tirada a própria possibilidade deste *ser-mais*, que está ligado a nossa condição de pecadores, mas de pecadores conscientes e convertidos ao Amor.

De resto, é certo que o cristianismo autêntico torna difícil para si mesmo a "partida", ao manter a afirmação da Escritura de que o mundo foi realmente querido por Deus e que é fruto de uma intenção. De maneira equivalente, declara com extrema lucidez que existe o mal porque existe o bem. Afirmando que Deus quis o mundo, e o nosso mundo, Ele vai de encontro à pergunta de Joana d'Arc no drama de Péguy: Mas então, meu Deus, por que, por que tanto mal? Que dramático jogo fazeis conosco, Senhor? Até quando, até quando, teremos que ficar sem entender? No final só existem duas saídas: render-se e entregar-se a Deus, ou rebelar-se.

b. Rejeitando-se a atitude cristã, não há outra alternativa senão a rebelião.

Em certo sentido, é impossível não rebelar-se diante do mal. Quem não conheceu aqueles sentimentos de revolta, expressos pelas imprecações de Jó? Esta angústia frente ao mal é em nós como que uma força obscura e adormecida, mas sempre pronta a estourar, nunca perfeitamente domada. Aceitando na fé o juízo das Escrituras sobre o mundo: "E Deus viu que era coisa boa", o cristianismo corre o risco de atrair sobre si e sobre Deus uma rebelião total, absoluta e implacável.

Dostoievski exprimiu da maneira mais dramática esta rebelião nos *Irmãos Karamazov*. Dirigindo-se a Cristo, que voltou à terra para reconduzir à fé e encorajar os homens, mas foi novamente capturado e colocado na cadeia, o Grande Inquisidor declara-lhe: "É você, você. Não diga nada. Fique calado. De resto, que é que você poderia dizer? Sei isto até demais. Você não tem o direito de acrescentar uma única palavra ao que já disse uma vez. Por que você veio incomodar-nos? Você atrapalha-nos e sabe perfeitamente disto. Mas sabe o que acontecerá amanhã? Amanhã vou condená-lo e você será queimado. Você viu os homens livres. Você quer andar pelo mundo com as mãos vazias, pregando aos homens uma liberdade e uma esperança que sua obtusidade os impede de entender, uma liberdade que lhes mete medo. Mas que afinal acabarão depondo a nossos pés. Você, você acreditou na liberdade humana, ao invés de confiscá-la. Quanto a nós, corrigimos seu modo de agir e os homens alegraram-se por estarem novamente guiados como um rebanho. Oh, nós haveremos de persuadi-los de que só serão verdadeiramente livres abdicando de sua liberdade a nosso favor".

No dia em que descobrirmos que o que não deveria ser *é* e que o mal parece difundir-se sobre toda a realidade, e arrastá-la, chegaremos a colocar-nos a pergunta: Onde está a culpa maior? No homem ou em Deus? No egoísmo e na cobiça dos homens, que desencadeiam todos os males, ou em Deus, que pune um mal que Ele mesmo acendeu com a liberdade? Esta tenebrosa pergunta mora no coração de todos, surda e angustiada. O homem moderno rebela-se contra Deus: assim o poeta Lautréamont, que se suicida com vinte e um anos e grita a Deus que contemple por toda a eternidade o suplício que não mereceu; assim também Nietzsche: "Deus está morto. Deus permanecerá morto. Nós o matamos". Nietzsche morreu louco, mas com ele nasceu o homem revoltado.

Com efeito, a rebelião é a condenação de Deus em nome da justiça e do horror do mal. Para corrigir a obra de Deus é preciso suprimir a liberdade, mas para suprimir a liberdade é preciso suprimir Deus, pois não há como rebelar-se contra um Deus inexistente. A rebelião faz-se contra um Deus que existe e, mais concretamente, contra o Deus dos cristãos. Deseja-se o silêncio de Deus para não ouvir mais falar dele, para não ser mais incomodado por ele. Prefere-se assassinar Deus para não ter que estar sujeito, no fundo do coração, à pergunta que nos condena.

Por detrás desta rebelião contra Deus, esconde-se não só a recusa eterna de toda esperança, mas também a recusa da própria condição humana. Rebelando-se contra Deus, os homens tornam-se capazes dos piores horrores. Pois a rebelião é totalitária. Para liquidar o mal, para mudar a qualquer custo a condição humana, sacrificam-se milhões de seres a um progresso entendido e feito "à medida do homem". Para corrigir a obra de Deus, confisca-se a liberdade: entra-se, então, numa ordem pior do que qualquer mal. Quando o nazismo quis acabar com a podridão do Ocidente, não vacilou diante de milhões de mortos. Quando o marxismo quis impor o que considera como justiça, sacrificou parcelas inteiras de humanidade. Os piores assassinos de Shakespeare paravam em uma dúzia de cadáveres, por estarem isentos de ideologias. Com as → *ideologias*, nosso século não acaba mais de acumular crimes para libertar-nos de todo mal. Para exterminar o mal, extermina-se Deus. Mas uma vez crucificado Deus, o homem está à mercê do homem, lobo capaz de qualquer ferocidade.

Afinal, por que é possível a rebelião? Deus não quis a revolta, mas sim a liberdade, que, porém, por sua vez, torna possível a revolta. Se não passássemos de minerais ou de robôs, a revolta seria impossível. Se conservamos o terrível e formidável poder de dizer não, é justamente por causa da liberdade. O homem não é uma simples tecla de piano; é livre e sua liberdade consiste nisto: pode escolher entre a recusa e o amor. Cristo nos deixa a última palavra. "O escândalo do universo – dizia Bernanos – não é o sofrimento, mas a liberdade". Mas, diante de tal poder conferido ao homem, capaz de desencadear as piores catástrofes, de provocar os piores horrores, como não sermos tentados a dizer: "Será que isto na verdade valia a pena? Por que, Senhor?"

Se Deus tivesse que pedir desculpas, não seria pelo mal que nos fez, mas por ter-nos criado *livres*. Por um lado, escolheu pedras, animais, computadores e, por outro lado, escolheu pessoas, isto é, seres capazes de dizer sim ou não até ao próprio Deus. Por isto, vem a nós sem defesa, como uma criança, com as mãos vazias ou com os braços estendidos na cruz, para provar-nos que nos queria verdadeiramente livres. Deus aceita que a grandeza do homem se manifeste tanto através da rebelião quanto através do amor. Para um cristão, o problema é ainda mais trágico, porque a liberdade abre a possibilidade de uma rebelião empedernida por toda a eternidade. Na verdade, não existe outro encontro decisivo com o mal senão no Getsêmani e no Gólgota. Não existe outra resposta à loucura da rebelião e do mal senão a loucura da cruz. Por respeito a nossa liberdade, Deus fez-nos compreender que a loucura para a qual nos leva consiste em render-se sem defender-se, em entregar-nos a Ele, em abandonar-nos a Ele por completo, na fé e no amor. Esta aparente derrota é a única sabedoria que existe. Do contrário, o homem, em estado de revolta, destrói até a si mesmo com violência. Se continuarmos a crer que o Inocente morreu por todos, agredido por todos, então, solidários com Cristo, rendemo-nos a Ele, unidos a Ele na última súplica: "Pai". No perdão e na entrega ao Pai, Cristo manifesta sua fé no homem, como capaz de voltar-se para Ele, e manifesta também sua entrega e sua fé no Pai, capaz de triunfar sobre a morte com a vida. Permanecemos na noite, mas debaixo das estrelas. Todos os que venceram a revolta recusaram defender-se e se doaram a Deus: Paulo, Agostinho, Francisco de Assis, como também todos aqueles povos oprimidos que, perdoando a seus opressores e dando testemunho fiel e tenaz do Senhor, esperam obter a conversão da rebelião que oprime em amor e que confessa seu próprio pecado (C. Mesters, *A missão do povo que sofre*, Petrópolis, 1981).

2. CRISTO DIANTE DO PECADOR E DO PECADO – Diante das soluções insatisfatórias da resignação e da rebelião, a filosofia tem multiplicado as precisões, para melhor discernir o problema. Tais precisões, assinalam o caminho, mas não satisfazem às interrogações concretas dos homens frente ao crime, ao ódio, à injustiça, ao martírio dos inocentes. Cristo não propõe respostas metafísicas ao enigma do pecado, mas sim uma presença e uma atitude.

Podemos conhecer o modo de ver de Deus sobre o pecado somente a partir de Cristo. Se existe algo que possamos entender, é olhando para Ele. Pois bem: desde o Gênesis até o Evangelho, desde Oseias até João, a Escritura não cessa de apresentar a Deus como um *amante*. A criação é uma história com dois parceiros, na qual o *sim* de Deus solicita o *sim* da criatura. Para completar-se, a criação precisa do consentimento do homem, pois Deus não cria escravidão, mas liberdade. Ele não é um déspota, mas um amante: convida, chama, pede: "Se quiseres!" Deus ama bastante os homens para deixar de lado seu próprio poder e correr o risco de uma recusa. Se existe um inferno, será o que cada um terá querido. Pois o homem pode negar esta colaboração, sufocar este chamado e, com isto, provocar um desastre, uma "des-criação" do universo, mas não poderá impedir o Amor de continuar a amar. Na medida em que compreendemos Deus e seu amor, entramos nos abismos de sua ternura e de sua fragilidade. Criando liberdade, Deus aceita ser crucificado pelos que se recusam a amá-lo, mas com isto não pode deixar de estar "em estado de amor".

Na perspectiva da revelação, deve-se inverter a ótica de Camus e de Ivan Karamazov. Em vez de dizer: "Se o mal existe, Deus não existe", temos que dizer: "se o martírio dos inocentes é tão grave, é porque Deus existe e é vítima juntamente com o inocente". Se o pecado é tão monstruoso, é porque toca o homem em sua dignidade infinita. Justamente porque Deus *existe*, o mal pode ter este rosto horrível, escandaloso, da traição. Deus é agredido e crucificado neste inocente. O pecado somos nós mesmos "em estado de recusa". Diante de uma humanidade obstinada, fechada em si mesma, enclausurada em sua rebelião, que pode fazer o amor, senão continuar a amar como o esposo ferido pela traição da esposa, que oferece sua fidelidade dilacerada e dilacerante na esperança de que o amor, afinal, responda ao amor.

É bem assim que Cristo se revela nas parábolas, nas atitudes, nos gestos, que são sinais. Diante da samaritana, teríamos nós agido como Cristo? Ele propõe a esta pecadora o caminho da mais elevada reconciliação. Será que teríamos escolhido traidores como Pedro e Judas, para fazer deles homens de confiança? Aos olhos de Cristo até o mais miserável é capaz do maior amor: o ladrão é o primeiro candidato ao Reino dos Céus. A originalidade do cristianismo está em ter definido a relação do homem com Deus, da infinita limitação criatural com a infinita grandeza, em termos de "reciprocidade". Deus espera por sua vez ser amado e, por amor a nosso amor, deixa aberta a possibilidade da recusa ou do consentimento. É exatamente este o sentido da Parábola do Filho Pródigo. Deus respeita o jogo da liberdade: cala-se diante de nossas partidas para longe. Na volta do filho que dilapidou tudo o que tinha recebido, não é nem a ira, nem a justiça, nem o perdão que caracterizam o comportamento do pai: é o pai que espera o filho, que o vê chegar de longe, que interrompe seus pedidos de desculpa, que faz trazer a veste, o anel, as sandálias, e que corre ao encontro do filho e se lhe atira ao pescoço, pois quem mais sofre é aquele que mais ama. Deus ama, porém, "com a medida de Deus", com um amor *completamente diferente* do amor dos homens. A primeira vítima do pecado é Cristo.

O lava-pés antecipa a atitude de Cristo, fixada na "plasticidade" da cruz. No momento de celebrar a Última Ceia com os seus, Cristo se abaixa para lavar os pés dos discípulos, inclusive os de Judas. Encontro do amor e da recusa, da luz e das trevas, de Cristo e de satanás, do poder do mal e da onipotência do amor. Com efeito, aqui, a onipotência é a da fragilidade, da humilhação, da pobreza. Cristo assume deliberadamente a condição de servo completamente à mercê dos outros: a serviço dos homens, até o ponto de salvar os outros à custa de sua própria vida. A Última Ceia, o lava-pés, a cruz: é sempre o amor que se doa por amor, para desestimular o ódio e a recusa. Mas o drama do homem é o de não crer no amor de Deus por ele.

3. O DEUS CRUCIFICADO: A ÚNICA RESPOSTA – A resposta de Deus à pergunta do homem sobre o problema do pecado é o rosto desfigurado do filho "crucificado por nós". O encontro deste rosto é a resposta mais decisiva e revolucionária ao problema do mal. Sem a cruz, Deus fica de um lado e nós do outro. Mas, com a cruz, Deus coloca-se ao lado das vítimas, dos torturados, dos oprimidos, dos humilhados. O homem resiste ou desmorona diante deste olhar: "Senhor, faze resplandecer tua face e seremos salvos" (Sl 80,4).

É conhecida a dramática conversação descrita por G. Bernanos, no *Diário de um pároco de aldeia*, ocorrida entre este último e a castelã da aldeia que, depois de haver perdido o filho em idade jovem, vive no ódio e na revolta contra Deus. Ela está enfurecida com Deus! O pároco atreve-se timidamente a falar-lhe da resignação. "Se eu não estivesse resignada – replica a condessa – estaria morta". Mal consciente de suas palavras, o cura prossegue: "Não se negocia com Deus, é preciso entregar-se a Ele sem condições. Dai tudo a Ele, Ele vos restituirá ainda mais". Indomável, a condessa grita: "Se existisse em algum lugar, neste mundo ou no outro, um lugar em que Deus não existisse, levaria para lá o meu filhinho morto e diria a Deus: Sacia-te! Esmaga-nos!" O pároco pensava nos soluços, nos estertores arrancados a nossa pobre humanidade sob pressão. E diz à condessa: "Senhora, se nosso Deus fosse o dos pagãos ou dos filósofos, poderia refugiar-se no alto dos céus e nossa miséria se precipitaria. Mas sabeis que nosso Deus veio a nosso encontro. Podeis mostrar-lhe os punhos, cuspir-lhe no rosto e finalmente pregá-lo numa cruz: Que importa? Isto já foi feito, minha filha... O inferno é não amar". A este ponto, no extremo das forças, esgotada por uma luta interior que já durava onze anos, a condessa rende-se. Com um rápido gesto, atira ao fogo a trança de cabelos loiros do filhinho, que conservava num medalhão, como prova contra Deus. Acabava de escapar à espantosa solidão: tinha encontrado o Inocente desfigurado. E, de repente, em seu coração se abrira uma brecha. Entrara em seu coração a esperança que vinha de longe e que a invadia como uma forte brisa primaveril. No olhar de Cristo havia reencontrado a paz, a serenidade e a alegria incomensurável. Na noite subsequente, com certeza esgotada pela agonia que vivera durante tantos anos, a castelã morria reconciliada com o Amor. Dois corações triturados sob a mesma tortura: mas o amor havia triunfado sobre o ódio.

Similarmente, se quisermos compreender sem fugir, precisamos contemplar a cruz, mais sábia do que qualquer explicação, mais forte do que qualquer protesto, mais poderosa do que qualquer violência. A lei suprema do mundo não é uma lei cosmológica, mas é a de um misterioso diálogo instaurado entre a liberdade humana, à qual é dada a possibilidade de ter a última palavra, e a liberdade de Deus, cuja última palavra não é uma palavra, mas uma ação, uma *paixão* que nos desvenda até onde chega o pecado, mas, ao mesmo tempo, até onde chega o amor. A revolta não é dominada de fora, mas lançada ao abismo do Amor. Em vez de deparar resistência, o homem só encontra braços estendidos. Para desarmar nossas revoltas, Deus propõe uma superabundância de amor. Sobre a cruz levantada na encruzilhada dos séculos, Ele se torna o contrapeso do amor dilacerado e cruento que rompe, de certo modo por excesso, o equilíbrio e todo o peso de nossas desordens, que apaga qualquer ódio que tenhamos. Cristo na cruz consegue trazer ao mundo mais amor do que todo o ódio que nele jamais poderá existir.

Por isso, precisamos verificar novamente todas as nossas ideias sobre Deus. Quando Deus vê seus filhos escolherem a morte, recusando responder a seu chamado, assume seu lugar, torna-se aquele que lhes dá resposta. A cruz, portanto, leva-nos a um universo situado para além de toda justiça, isto é, ao universo de amor, mas de um *amor totalmente diferente*, que é mistério por ser "à medida de Deus". Jamais Deus é tão poderoso quanto em sua impotência. Se o mistério do mal é indecifrável, mais ainda o é o do amor de Deus.

A cruz é a última tentativa do amor para acabar com nosso ódio, para desmantelar o egoísmo, para tirar Deus da cruz. Mas que é que existe no homem, nesta humanidade perversa, e que é capaz de suscitar tal excesso de amor, senão exatamente a possibilidade em nós de um amor nascente, de um novo ser a ser gerado para sempre livre e "libertado", de um *filho* a ser inserido na vida trinitária? Suspenso na cruz, Cristo convida os homens a se entregarem nas mãos do Pai, como filhos que Ele concebeu com seu amor.

A cruz de Cristo é o extremo da irracionalidade, a mais surpreendente vitória, a mais alucinante força do mal sobre aquele que é a Vida, o Poder. Mas ao mesmo tempo é a revelação de um amor que vence o mal, não com a força, mas por um excesso de amor que consiste em receber a morte da própria mão daquele que se ama e em suportar o castigo que lhe está destinado, na esperança de converter ao amor o amor que se rebelou. A fraqueza total de Deus torna-se então sua onipotência. "As grandes águas não conseguem apagar o amor, nem os rios (conseguem) abatê-lo" (Ct 8,7). "Nós pregamos a Cristo crucificado, escândalo para os judeus, loucura para os pagãos; mas para aqueles que são chamados, sejam eles judeus ou gregos, pregamos a Cristo, poder de Deus e sabedoria de Deus. Pois o que é loucura de Deus é mais sábio do que os homens, e o que é fraqueza de Deus é mais forte do que os homens" (1Cor 1,22-25). "Quem não ama não conhece a Deus, porque Deus é amor" (1Jo 4,8). Que mais podia o amor fazer, que já não tivesse feito?

Doravante somos filhos de Deus e seu Espírito habita em nós. Mas, para transformar assim nossa condição, Deus teve que se tornar solidário com os homens, teve que atravessar (sem todavia conhecer o pecado) o abismo da ausência, aberto pela recusa e pela rebelião dos homens. *Somente* o Filho encarnado podia assumir, em sua dupla natureza, divina e humana ao mesmo tempo, tal missão. Cristo é o único ponto de convergência em que todas as coisas são realizadas, superadas, abolidas e substituídas pela obra *única* que Deus realiza enquanto homem, e que só Deus, enquanto Deus feito homem, pode realizar. A gravidade de Cristo crucificado, que se entregou por nós, deve corresponder a seriedade de nosso amor que deixa desaparecer toda rebelião e recusa na incandescência do amor trinitário.

4. DO PECADO PARA O AMOR – O cristianismo não elimina o pecado. Não é uma religião para consolar nem para divertir, mas uma religião de → conversão. A resposta do cristianismo para o pecado é o amor que desarma e que convida a ceder por amor. A mensagem do cristianismo é uma *mensagem sobre o sentido da liberdade e do amor* e sobre o dinamismo onipotente do amor. Se há uma vitória sobre o mal, é por obra de um amor maior do que o ódio. Cristo é este amor no estado puro: por isso, pode triunfar sobre nossas rebeliões finitas.

É exatamente a história de todas estas inversões de situação que chamamos de "conversões", as quais de um pecador e de um criminoso fazem, num instante, um santo. Paradoxalmente, segundo o Evangelho (Lc 15,17-20), é o pecador que, embora em sua descida aos infernos, está mais próximo do Reino dos Céus. Com efeito, com demasiada frequência compactuar com a mediocridade nos impede de ver os abismos que existem em nós e que o pecador, que já se encontra no fundo do abismo, muitas vezes percebe melhor do que o "justo". Sua própria miséria pode assim tornar-se um *atalho* rumo ao amor e à entrega a Deus. Sem dúvida Deus nos compreende, mas não quer ser cúmplice de nossas confusões. O que nos é pedido é que não recusemos reconhecer o que somos na verdade, classificando-nos numa honrosa "via média". O pecador que sabe que é pecador, já possui este coração aberto em que pode entrar a misericórdia. Reconhece-se "pecador amado". Nossas resistências e nossos farisaísmos são estúpidos e falsos. Todos somos culpados; todos nós temos necessidade de entregar-nos ao amor e de reconhecer-nos prisioneiros do pecado, mas amados por Deus: e de que nunca seremos amados por um amor maior.

A resposta do cristianismo ao problema do pecado relativiza ou elimina um bom número de pseudossoluções, sem dar-lhes a vitória: a. *os moralismos*, segundo os quais o problema do mal se resolve com a satisfação de uma consciência tranquila e distanciando-se dos pecadores. Esquece-se, porém, de que o mal está no coração do homem, como uma possibilidade constante e perpétua, b. *os maniqueísmos*, que veem o mundo como um campo de batalha em que se enfrentam os bons e os maus, isto é, os *nossos* contra os *outros*. Visão simplista, pois o joio e o trigo sempre andam misturados neste mundo. Pretender eliminar o mal de uma vez só com a última guerra que matará a guerra é a suprema ilusão: com efeito, a liberdade e a graça podem a qualquer momento deslocar ou mandar para os ares até as barreiras mais sólidas, c. *os prometeísmos* [de Prometeu], para os quais o mal reside todo numa alienação que, sem saber e sem poder, torna o homem dependente das potências naturais e das forças sociais, que, porém, um dia serão por ele dominadas graças à técnica. Ora, nada é mais equívoco do que este conceito de domínio do mundo. Os técnicos podem escravizar o homem ao homem com meios de exploração e de manipulação sempre mais refinados e sempre mais despóticos: a história contemporânea mostra até demais que estas ameaças não são fantasias.

O cristianismo é prometeico, mas a seu modo, associando o homem à obra ainda incompleta da criação e da redenção. Todavia, o cristianismo, anunciando uma salvação já realizada e sempre a realizar-se, é o mais otimista e o mais pessimista de todos. Ambas as atitudes têm seu lugar no mundo que não é ainda o reino definitivo. Todos nós aguardamos este mundo novo em que não haverá mais nem choro, nem mal, nem morte (Ap 2,14). Mas, na expectativa, a desproporção entre o que deve vir e o que já vemos parece-nos tão grande que a própria fé é como que acometida por vertigem. Diante da espessura do mal, de sua força sempre renovada, de sua amplidão, de sua proliferação e de sua violência exasperada, o choque é forte demais. Enquanto o mal tiver a sensatez de permanecer dentro de certos limites, ainda somos capazes de suportar. Mas às vezes desencadeia-se uma virulência tal, que temos medo de que nos faça submergir. Gritamos ao Senhor: "Salvai-me, estou morrendo". Seríamos capazes de resistir nas condições das vítimas de Dachau, de Buchenwald, de Auschwitz, de Treblinka, do Camboja ou do Chile? É preciso sermos fariseus ou ingênuos para pretender não sermos nunca atingidos pelo choque do mal, pelo horror e pela injustiça. Nossa fé fica exposta ao escândalo da iniquidade: exposta à provação e, no entanto, certa de sair dela.

Mas justamente se nossa fé é vulnerável, quer dizer que ela existe. Todos nós já passamos ou ainda passaremos um dia pelo crivo do desencadeamento do mal. Mas a própria fé proclama que, se todas as consolações da terra não compensam o mal, existe ainda menos proporção entre a glória que nos espera, e que já está presente, e o mal por que passamos. É bem verdade que o mal em certos momentos nos parece mais violento, mais duro, mais horrendo do que possamos imaginar: é a hora do escândalo, da provação, das trevas. Provação que nos faz descobrir que *sozinhos* não somos capazes de enfrentar o mal. Mas, num segundo momento, descobriremos que somos ainda menos "aptos" para a imensidade do bem futuro. Ao terrificante mistério do mal corresponde o ainda mais impenetrável mistério do bem que está preparado para nós. Dois lugares, dois montes, simbolizam este mistério: o Gólgota e o Tabor. Existe o peso do mal, mas também o peso ainda maior da glória que se vem erguendo como aquelas auroras boreais que transfiguram a noite já povoada de estrelas. Aceitemos não triunfar sobre o mal com facilidade, mas, antes, ser desarmados pelo amor, pois Cristo foi o primeiro a ceder diante de nossa recusa, fraco por amor.

Mesmo diante da cruz, o mal moral ligado à liberdade permanece um mistério; mas a superabundância do amor, manifestada em Cristo, projeta uma tal *superabundância de sentido*, que chega a iluminar este abismo de trevas.

Bibl. – A.D. Sertillanges, *Le Problème du mal*, Paris 1948 e 1951; R. Verneaux, *Problèmes et Mystères du mal*, Paris 1956; X. Tilliette, *La Légende du Grand Inquisiteur*, Paris 1956; E. Borne, *Le problème du mal*, Paris 1958; Id., "Mal", em DS, fascículos 74-75, col. 122-136; C. Journet, *Le mal, Essai théologique*. Paris, 1962; Ph. Roqueplo, *Expérience du monde, expérience de Dieu*, Paris 1968; F. Hainaut, *Le mal, énigme scandaleuse, contestation radicale*, Paris 1971; B. Bro, *Le pouvoir du mal*, Paris 1976; M. Zundel, *Quel homme et quel Dieu*, Paris 1976; E.Y. Yarnold, "Male", em NDT, 1977, 815-834; P. Evdokimov, *Dostoïevski et le problème du mal*, Bruges-Bruxelles-Paris 1978; P. Guilly, "Mal", em *Cath* VIII (1979) 219-232; R. Latourelle, "Potere del male e salvezza mediante la croce", em *L'uomo e i suoi problemi alla luce di Cristo*, Assis 1982, 338-363; A. Bonora, "Male", em NDTB 870-887.

RENÉ LATOURELLE

MARTÍRIO

1. *Recuperação arqueológica dos dados (Antigo Testamento; Novo Testamento)* – 2. *O martírio em Teologia Fundamental (O martírio como linguagem; O martírio como sinal)* – 3. *A significatividade do martírio* – 4. *Para uma ampliação da identidade do mártir* (R. Fisichella).

O mártir não nos é estranho. Sabemos quem ele é e conseguimos identificar sua personalidade e seu alcance histórico; e, no entanto, muito frequentemente, sua imagem parece evocar em nós um mundo que não é mais o nosso. Aparece como um personagem longínquo, relegado a épocas e períodos históricos que fazem parte do passado e que, na melhor das hipóteses, somente a memória litúrgica nos repropõe no culto cotidiano. Descrito com características de herói, que suscitam alergia no homem contemporâneo, o mártir, particularmente nas sociedades ocidentais, parece ter-se tornado uma peça de museu.

Contudo, o mártir é nosso contemporâneo. Se assim não fosse, há muito tempo a Igreja teria deixado de apresentar o querigma como um anúncio salvífico compreensível para os dias de hoje e significativo para a vida do homem. No mártir, com efeito, cada um pode ver a coerência humana em sua transparência última, lá onde se realiza a identificação perfeita entre a fé e a vida, entre a profissão verbal e a ação cotidiana.

A Igreja precisa de mártires para fazer emergir em plenitude a realidade do amor que se faz livremente aceitação da morte e, ao mesmo tempo, se torna perdão para o perseguidor. O mártir, em todo caso, pertence à Igreja, não só porque esta, em sua história bimilenária, é caracterizada permanentemente pela presença dos mártires, mas antes porque constitutivamente ela mesma é mártir. Antes de ser uma *ecclesia martyrum*, ela é *ecclesia martyr*. Em sua constituição ontológica, é-lhe impressa, uma vez por todas, de modo indelével, a *forma Christi*, que se exprime na *kénōsis* do Filho até o momento culminante da paixão e morte de cruz.

O que pertence a Cristo pertence também a sua Igreja; por isso, também para ela deve realizar-se a forma da *kénōsis* como expressão do seguimento obediencial que toca o ápice da paixão e morte por amor. A Igreja, portanto, nasce, vive e se constrói sobre o fundamento de Cristo mártir; sua missão no mundo deverá ser a de orientar o olhar de cada um para "aquele que foi transpassado" (Jo 19,37; Ap 1,7), para que, de maneira evidente, se explicite a palavra reveladora do Pai.

Em confirmação desta perspectiva, vem em nossa ajuda a teologia paulina, quando descreve a ação do apóstolo com estas palavras: "filhinhos meus, que eu novamente dou à luz na dor até ser *formado* em vós o Cristo" (Gl 4,19). A forma de Cristo que o apóstolo imprime não pode ser outra coisa senão a do servo sofredor que dá sua vida pela salvação de todos (→ Cristologia: títulos). Estes "sentimentos" (Ef 2,5-6), que caracterizam a figura histórica de Jesus de Nazaré, devem ser também para aqueles que se colocam no seguimento para completar o que falta a seu sofrimento (Cl 1,24).

Esta dimensão permite compreender em cheio o alcance dos mártires na história e na vida da comunidade cristã. Mediante seu testemunho, a Igreja verifica que somente por este caminho se pode tornar plenamente crível o anúncio do Evangelho. Isso permite também explicar o fato de que desde seus primeiríssimos anos a Igreja viu no martírio um lugar privilegiado para verificar a verdade e a eficácia de seu anúncio: nestes eventos, com efeito, o testemunho em favor do Evangelho não estava mais limitado unicamente à forma verbal, mas era estendido ao concreto da vida. Por isso, a Igreja compreendeu que o mártir não precisava de suas orações: pelo contrário, era ela que orava ao mártir para obter sua intercessão. Portanto, não se ora pelo mártir, mas ora-se ao mártir em favor da Igreja. O dia do martírio era lembrado e memorizado como o momento a que se deve voltar com alegria, para festejar, pois se reencontrava a força e o sustentáculo para continuar na obra evangelizadora.

A comunidade cristã, portanto, sempre manteve o valor *eclesial* do martírio; ele possui um tom altamente comunitário, porque vivido para a Igreja e por toda a Igreja, com sinal eficaz do amor.

1. RECUPERAÇÃO ARQUEOLÓGICA DOS DADOS – Não cabe a este artigo analisar os diversos problemas que o termo assumiu em sua evolução semântica; contudo, uma teologia do martírio deve ter presente pelo menos dois dados essenciais a propósito: antes de tudo, quando se começa a ter o valor semântico do termo na acepção que se conhece hoje; além disto, quando surge uma "teologia" do martírio.

Com efeito, estes dois momentos não coincidem. Desde o AT até o NT, até os primeiros decênios da Igreja primeva, podemos assistir a uma evolução contínua do termo μάρτυς (*mártys*). A evolução semântica esconde o progresso conceptual que se aplicou ao fenômeno; temos então que progressivamente se passa de um conceito genérico de "testemunha" de um fato, para o conceito mais preciso de "testemunho" de uma verdade ou de outras convicções, até o testemunho dado com o derramamento do próprio sangue.

O conceito de mártir, na acepção que hoje tem, começa a estabilizar-se, com toda a probabilidade, a partir do ano 155, com o *Martyrium Polycarpi*: "Policarpo, que foi o duodécimo a sofrer o martírio em Esmirna, com os de Filadélfia, não somente foi mestre insigne, mas também *mártir* excelso, cujo martírio todos aspiram a imitar, porque aconteceu à semelhança de Cristo, como narrado no Evangelho" (19,1). Mártir é aqui identificado como sendo o que dá a vida pela verdade do Evangelho. A propósito, um texto de Orígenes é fortemente expressivo: "Todo aquele que presta testemunho à verdade, seja por palavra seja com os fatos ou empenhando-se de qualquer maneira em favor desta, pode ser chamado com todo o direito de 'testemunha'. Mas o nome de 'testemunhas' (μάρτυρες = *mártyres*) em sentido próprio, a comunidade dos irmãos, impressionados pela força de espírito dos que lutaram pela verdade ou pela virtude até a morte, adotou o costume de reservá-lo aos que deram testemunho do mistério da verdadeira religião com a efusão do sangue" (*In Johannem* II, 210).

O motivo pelo qual se passou progressivamente a esta significação semântica constitui objeto de diferentes teorias; o que falta constatar é o fato da distinção que se vem a criar entre *confessores* e *martyres.* Todos são testemunhas do Senhor, também se sofrem perseguições; mas o título de mártir só é conferido a quem dá a vida; os demais são comumente considerados *confessores.*

Todavia, é necessário lembrar os traços salientes que, na Escritura, se referem a um primeiro esboço da figura do mártir.

a. *Antigo Testamento* – Para o AT, dois elementos destacam-se de imediato para uma identificação do mártir:

1. *A figura do profeta.* Uma série de textos induz a pensar que a situação do profeta tem como fundo natural e contém em seu horizonte interpretativo uma possível morte violenta. O profeta pode ser denominado "mártir", embora estejamos ainda longe da teologia do martírio na forma como esta será interpretada posteriormente. São bastante frequentes os exemplos de eliminação de profetas: Jr 26,8-11 descreve a reação dos ouvintes do discurso do profeta sobre o templo: "Deves morrer! Este homem merece uma sentença de morte, porque profetizou contra esta cidade"; poucos versículos mais abaixo (26,20-23), conta-se sobre o profeta Urias, também ele assassinado por haver profetizado. Em 2Cr 24,17-22 conta-se sobre a eliminação de Zacarias "apedrejado no pátio do templo". No desabafo que Elias faz ao Senhor, em 1Rs 19,10-12, fica-se sabendo que "os israelitas abandonaram tua aliança, demoliram teus altares, mataram a fio de espada teus profetas, fiquei sozinho e agora tentam tirar-me a vida". Em Ne 9,26, deparamos o exemplo mais claro de admissão desta praxe; a Esdras que lê a *Tôrāh*, segue a acusação de pecado por parte do povo: "Foram desobedientes, rebelaram-se contra ti, atiraram tua lei atrás das costas, mataram teus profetas que os conjuravam a voltar a ti". A própria figura do *'ebed* Jhwh do Dêutero-Isaías pode ser entendida como imagem simbólica do destino do profeta.

O profeta é, pois, testemunha da palavra dirigida a ele pelo Senhor, deve segui-la fielmente até o fim; sua morte só pode ser vingada por Jhwh: "Eu vingarei o sangue de meus servos e profetas e o sangue de todos os servos do Senhor" (2Rs 9,7).

2. *As vicissitudes históricas de Israel.* Na interpretação que se dá à história, e mais particularmente aos acontecimentos sangrentos que a atravessam, é possível identificar uma primeira "teologia do martírio" por obra do povo hebraico. Mais diretamente, é na época dos Macabeus, naquele decênio que vê Israel dominado pela Síria de Antíoco IV Epifanes (175-163 aC), que podemos fixar o surgimento desta reflexão. A tentativa de reconduzir a uma matriz comum a interpretação do sofrimento e da morte por causa da fé dos pais, é o que constitui a ideia germinal de uma "teologia" do martírio que, curiosamente, parte de uma "teologia" da história (→ História, III) (cf. Dn 11–12; 2Mc 6–7).

É fácil descobrir nestes textos o fato de que a morte do inocente é entendida como um testemunho profundo, eficaz, capaz de manter firme a fé e suscitar esperança na intervenção do Senhor. Fortemente expressivo a propósito é o relato de 2Mc 6,12-30, que fala da perseguição do povo e do assassinato de Eleazar. Alguns dados significativos emergem desta perícope: antes de tudo, o fato de que o momento da provação e da perseguição é interpretado como um momento de graça (v. 12); através desta experiência, com efeito, o Senhor corrige seu povo e o fortifica na fé (v. 14-16); o testemunho do justo que aceita a morte, desde que permaneça fiel à lei antiga, tende, além disto, a confirmar os mais jovens na fé dos pais (v. 24-28); portanto, a morte é acolhida como sinal de amor (v. 30); finalmente, o justo perseguido é descrito como aquele que tem plena liberdade diante da morte e do perseguidor e, todavia, não teme optar por ela (v. 30).

Para o AT, portanto, a testemunha que aceita a morte em nome da fé é inocente e sem culpa; seu sofrimento e morte são vistos como purificadores para o povo e sinal do maior testemunho que o povo possa receber. O conteúdo da oração de Judas, o Macabeu, pode bem corresponder ao que é descrito: "Elevaram então súplicas ao Senhor, para que olhasse para o povo pisado por todos, tivesse dó do templo profanado por homens ímpios, usasse de misericórdia para com a cidade devastada e prestes a ser arrasada até o solo, prestasse ouvido *ao sangue que clamava diante dele* e não esquecesse o extermínio de crianças inocentes" (2Mc 8,2-4).

b. *Novo Testamento* – O NT caracteriza-se pela centralidade de Jesus de Nazaré. O mistério de sua morte salvífica é capital para a interpretação do martíro cristão. A vida de Jesus e, particularmente, sua paixão e morte (→ Mistério pascal), tornam-se o centro e a chave hermenêutica que ilumina os próprios sofrimentos dos discípulos e a vida da comunidade primeva, que, nestes momentos, verifica concretamente sua fidelidade ao mestre: "E foram-se embora do sinédrio, alegres por terem sido ultrajados por amor a Jesus" (At 5,41; cf. 7,58-60; Fl 1,13; 2Tm 2,3).

De qualquer forma, dois elementos devem ser considerados em vista de uma leitura global dos dados neotestamentários:

1. O fato de que *Jesus quis dar significado a sua morte.* Entre os dados certos que podemos obter como pertencentes ao Jesus histórico, seguramente há que se enumerar o da consciência de uma morte violenta e o significado salvífico que lhe foi dado.

Jesus de Nazaré teve diante de si, com plena lucidez, a consciência de saber que seu comportamento e suas palavras o teriam inevitavelmente levado a uma morte violenta. O fato de seus contemporâneos, e os próprios discípulos, o terem tomado como um → profeta (Mc 8,28), a morte do Batista (Mt 14,1-12), sua solidariedade com os pecadores públicos (Mc 2,15-16), a contestação da lei mosaica (Mt 5,17-48), a acusação de blasfêmia (Mc 2,6; 14,64), a suspeita de Ele praticar a magia ou bruxaria (Mt 9,34), a expulsão dos vendilhões do templo e as duras palavras contra os sacerdotes (Mc 11,15-18.28-33) e, sobretudo, sua pretensão de ser privilegiadamente o filho de Deus (Jo 5,18), bastava um só destes fatos para deixar entrever a possibilidade da morte violenta. Além disto, não se esqueça de que reiteradas vezes – conforme relatam os evangelhos – Jesus esteve prestes a ser apedrejado (Jo 8,59; 10,31-33; Lc 4,29).

Jesus, portanto, não ficou passivo diante da perspectiva deste tipo de morte; pelo contrário, tirou daí motivo para finalizar sua existência na perspectiva de uma morte acolhida para a salvação de todos (Jo 3,14-15).

2. *O destino dos discípulos de Jesus.* Um segundo elemento que precisa ser avaliado é o contínuo repetir-se, nos textos do seguimento (cf. Mc 8,34; 13,9), da unidade profunda que liga a sorte dos discípulos com a do mestre. Um dado certo para a teologia neotestamentária é que o seguimento determina a inserção na própria missão do Cristo e, portanto, no compartilhar de seu próprio sofrimento e morte (Mt 16,24; 20,22-23).

Certamente o NT não associou a ideia do martírio à aceitação da morte; também aqui, mártir é aquele que dá testemunho de fé e que atesta a verdade do Evangelho. O exemplo mais claro, a propósito, é o de Estêvão, que não é chamado mártir por morrer, mas simplesmente por ser testemunha de Cristo em sua atividade evangelizadora. A sorte do mestre, porém, é considerada como clara antecipação também para o discípulo que aceita segui-lo.

A conclusão que emerge dos textos neotestamentários, portanto, é de que o mártir é essencialmente a testemunha ocular da vida, paixão, morte e ressurreição do Senhor; e, em seguida, todos os discípulos são chamados de mártires-testemunhas, porque atestam a verdade do Evangelho nas diversas situações de vida, assumindo inclusive o risco da perseguição e do sofrimento (1Pd 4,12-19). A teologia paulina será particularmente sensível em unificar apostolado e missão evangelizadora e aceitação do sofrimento (cf. Rm 6,4-15; Gl 5,16-25; 1Cor 6,11; 10,31; 13,4-7; 2Cor 5,14-15; 1Tm 6,12).

Somente um longo processo, como recordamos anteriormente, há de levar à identificação do mártir com aquele que se torna testemunha da fé até a doação da vida. As cartas de Clemente (96 dC), de Inácio (115), do Pastor de Hermas (140), embora já conheçam a experiência do martírio, ainda não usam o termo neste sentido.

A partir do *Martyrium Polycarpi* assistimos a uma interessante evolução teológica sobre o martírio. A nova acepção da palavra mártir é agora aplicada a Cristo e daí tem início uma primeira reflexão autêntica sobre os mártires, que são vistos como testemunhas da caridade perfeita, a exemplo de Cristo.

2. O MARTÍRIO NA TEOLOGIA FUNDAMENTAL – O martírio, como objeto de estudo teológico, pertence a diferentes disciplinas que analisam seus diversos aspectos, em vista de uma complementaridade para sua leitura global.

A teologia *dogmática*, por exemplo, valorizará do martírio mais diretamente o componente de testemunho em favor da verdade do Evangelho; a *espiritualidade*, ao invés, estudará suas formas e características para que ele possa ser apresentado hoje como modelo de vida cristã; a *história da Igreja* buscará reconstruir as causas que produziram situações de martírio e valorizará a exatidão dos relatos, para além de toda leitura lendária; o *direito canônico*, finalmente, valorizará as formas e as causas em que se realizou o testemunho do mártir, para estabelecer sua validade em vista da canonização.

A Teologia *Fundamental* estuda o martírio no interior da dimensão apologética, para mostrar que ele é *linguagem* expressiva da revelação e *sinal* crível do amor trinitário de Deus. Mediante o testemunho dos mártires, mostra-se que ainda hoje a revelação tem sua força provocadora em relação ao homem contemporâneo, seja para permitir a opção de fé, seja para vivê-la de modo coerente e significativo.

a. *O martírio como linguagem* – Queira-se ou não, o termo "martírio" traz à memória de quem o pronuncia, ou do ouvinte, uma realidade precisa. Como cada termo que a linguagem humana exprime, também este está sujeito à análise linguística que procura antes de tudo seu significado, portanto, sua verdade ou não na experiência diária. Enquanto linguagem humana, o martírio revela a dimensão mais pessoal do sujeito que vê realizada, desta maneira, tanto sua capacidade de possuir a realidade que experimenta e que põe em ato quanto a autocompreensão de si como sujeito criativo.

Uma forma peculiar de linguagem humana é a que se realiza através da linguagem de → *testemunho.* Sua hermenêutica permite recuperar alguns dados que possibilitam uma visão mais orgânica e significativa do martírio.

O testemunho é intuitivamente ligado ao âmbito jurídico da experiência humana; efetivamente, ele é entendido como um ato mediante o qual se refere o que foi objeto de conhecimento pessoal. Esta dimensão, todavia, é apenas a primeira forma de nosso conhecimento: o testemunho, com efeito, numa análise mais profunda, revela características que chegam até a esfera mais pessoal do sujeito.

Todo testemunho comporta pelo menos dois elementos: antes de tudo o *ato* do comunicar e, em seguida, o *conteúdo* que se exprime. Inevitavelmente, esta forma de comunicação necessita da presença de um receptor que receba o testemunho. Isto permite afirmar que o testemunho é uma relação interpessoal que se cria entre dois sujeitos, em virtude de um conteúdo que é comunicado. A qualidade da relação que se forma pertence à esfera mais profunda da relação interpessoal, na medida em que, com base no conteúdo expresso, os dois assumem riscos sobre a confiança recíproca e a credibilidade do próprio ser. Com efeito, a testemunha, na proporção da fidelidade com que exprime o conteúdo de sua experiência, revela a veracidade ou não de si mesma; quem recebe este testemunho, por outro lado, avaliando o grau de credibilidade do que lhe é comunicado, arrisca-se a confiar no outro.

Em ambos os sujeitos, de qualquer forma, evidencia-se a vontade de comunicar parte de sua própria vida e, portanto, de sair de si em vista da comunicação.

Nesta perspectiva, portanto, o testemunho não pode ser reduzido a um simples relato de fatos; torna-se ao invés um compromisso concreto com o qual se quer comunicar e exprimir, se necessário também com a morte, a verdade do que se está dizendo, baseando-se na verdade de sua própria pessoa. Com o testemunho, cada um dispõe de si com aquela liberdade originária que lhe permite verificar-se como sujeito verídico e coerente; numa palavra, o testemunho representa um dos traços constitutivos da linguagem humana, pois possui um tal grau de performatividade que a palavra falada, sozinha, não poderia exprimir.

O martírio sempre foi entendido como a forma de testemunho suprema que o crente dá, em vista da verdade de sua fé no Senhor. Os *Acta martyrum* confirmam explicitamente que o martírio era entendido como aquele testemunho definitivo que, iniciado diante do juiz, se concluía posteriormente com a aceitação da morte.

b. *O martírio como sinal* – Os exemplos aduzidos pelos *Acta martyrum* mostram de modo claro que o testemunho do mártir foi lido como sinal da presença de Deus na comunidade. A própria Trindade revelava na morte do mártir a expressão última de sua natureza: o amor que atinge a doação chega até a doação completa de si. A Igreja sempre entendeu o valor deste testemunho e o interpretou como o sinal permanente do amor imutável e fiel de Deus que, na morte de Jesus, tinha tido sua expressão culminante.

O sinal (→ Semiologia, I), com suas qualidades de mediação e comunicação, tem a característica de criar consenso em torno de seu significado e de provocar o interlocutor a ter que tomar uma decisão. As características essenciais do sinal exprimem-se plenamente também no martírio. Efetivamente, em torno do mártir é fácil ver realizado o consenso unânime sobre sua força de ânimo e coerência; o conteúdo de seu gesto torna-se possibilidade, para todo aquele que o queira, para passar ao significado expresso naquela morte: o próprio amor de Deus.

A força provocatória, que provém do martírio e que impulsiona a refletir sobre o sentido da existência e sobre o significado essencial a ser dado à vida, é tão evidente que não carece de nenhuma demonstração. A decisão de chegar a uma opção coerente e definitiva encontra aqui seu espaço vital. A história dos mártires manifesta lucidamente que a morte de cada um deles, se por um lado deixava os outros atônitos, por outro lado sacudia a tal ponto a consciência pessoal que se abria à conversão e à fé: *sanguis martyrum semen christianorum.*

3. A SIGNIFICATIVIDADE DO MARTÍRIO – A reflexão teológico-fundamental encontra no martírio uma das expressões mais qualificadas para propor, ainda hoje, autenticamente, a → credibilidade da revelação cristã.

Normalmente, a perspectiva apologética pré-conciliar limitava-se a estudar o martírio na esfera de uma casuística para achar as virtudes heroicas que eram testemunhadas pelos mártires em favor da verdade da fé. Superando esta leitura, é possível ver o martírio mormente relacionado com as perenes questões do homem e, portanto, mais conforme a ser sinal que ilumina quem se coloca na busca de um sentido da existência.

Três perguntas parecem tocar perenemente a pessoa humana: a verdade de sua própria vida pessoal, a liberdade diante da morte e a decisão pela eternidade.

No que tange ao primeiro momento, a verdade de sua vida pessoal, pode-se observar que, desde os primeiríssimos tempos da Igreja, o martírio é interpretado como um dos gestos mais coerentes que o homem podia realizar. O crente que havia acolhido a fé, via realizada na morte do mártir a mais profunda coerência entre a profissão da fé e a vida cotidiana. Uma análise dos relatos dos processos dos mártires faz descobrir que o mártir entendia a via do martírio como o caminho que devia seguir para ver finalmente realizada a própria identidade de cristão e para sentir-se completo.

A verdade da fé que, no final, se tornava para o mártir o "dar a vida pelos seus amigos" (Jo 15,13) é uma experiência concreta de verdade sobre si mesmo; o mártir, com efeito, compreende que dar sua vida ao tirano, em nome de Cristo, é o que constitui e forma a verdade de seu ser. Verdade sobre sua vida e verdade do Evangelho confluem aqui numa síntese tal, que não é mais pensável conceber-se fora da verdade acolhida na fé. Portanto, ele se torna testemunha da verdade do Evangelho, descobrindo a verdade sobre sua própria vida, que, fora desta perspectiva, não teria mais sentido.

E, todavia, o martírio é, neste contexto, expressão da honestidade e da coerência que leva a privilegiar e antepor a verdade universal a suas próprias opções pessoais de vida. Com efeito, o mártir indica não somente que cada qual pode conhecer integralmente a verdade sobre sua vida, mas que, ainda mais, pode dar sua própria vida para convencer sobre a verdade que guia suas convicções e suas opções.

No que concerne à segunda pergunta, a liberdade pessoal frente à morte, cabe observar que, no martírio, ela se torna a tal ponto paradoxal que parece contraditória: com efeito, como se pode pensar ser livre, se este é exatamente o momento em que a vida da pessoa depende da vontade de um outro?

Além da iluminadora tese de K. Rahner a propósito disto (*Sulla teologia della morte*, Bréscia, 1972, 75-108), devem-se notar os seguintes aspectos ulteriores:

a. A → morte constitui um *evento* que determina a vida de cada um e que forma a história pessoal. Coloca-se como elemento significativo para o discernimento da verdade sobre nós mesmos e sobre aquilo que se realiza; numa palavra, a morte toca o homem em sua globalidade, é um fato universal, nada e ninguém está excluído dela.

E, no entanto, a morte não é um simples dado biológico diante do qual cada um vê a parábola de sua vida; é algo mais, porque justamente neste momento descobrimos que não somos feitos para a morte, mas para a vida. A recusa de ver-nos a nós mesmos desaparecer, com nosso desaparecimento físico, faz entender quão essencial é para a pessoa enfrentar conscientemente este evento, apesar de querermos eliminá-lo de nosso espírito.

b. A morte constitui também um *mistério* que supera o homem infinitamente e diante do qual se alternam as reações mais disparatadas: medo, fuga, dúvida, contradição, desejo de querer saber mais, desconfiança, serenidade, desespero, cinismo, resignação, luta...

Na morte, cada um joga seu trunfo, porque é obrigado àquela "partida de xadrez" (cf. o significativo filme de Bergman, *O sétimo selo*) que não pode ser adiada ulteriormente e que no final se procura como necessária e inderrogável.

Por este motivo, pode-se afirmar que também o mártir, ou melhor, sobretudo o mártir, revela sua plena liberdade diante da morte, exatamente quando parece não haver nenhum espaço para a liberdade.

Com efeito, o mártir, colocado frente à morte, sabe dar significado supremo a sua vida, aceitando a morte em nome da vida que lhe advém da fé. O mártir, portanto, embora sendo condenado à morte, opta por morrer; pois, para ele, morrer equivale a escolher livremente entregar-se a si mesmo, plena e totalmente, ao amor do Pai. O mártir sabe que sua aceitação da morte, com este significado, corresponde a libertar a si mesmo de uma vida que, fora daquele horizonte, estaria vazia de sentido. Torna-se aqui evidente o ensinamento que se encontra na teologia de João: "Eu ofereço minha vida para depois retomá-la de novo. Ninguém ma tira, senão que a ofereço por mim mesmo, porque tenho o poder de oferecê-la e o poder de retomá-la de novo" (Jo 10,17-18).

Finalmente, também para a última pergunta – que será depois da morte? – o martírio consegue ser expressão de um sentido novo.

Nos processos dos mártires encontra-se como um *leitmotif* a expressão do "voltar a unir-se com o Senhor". Na morte reencontra-se, portanto, a dimensão íntima da capacidade pessoal de decidir-se. Ainda que possa parecer paradoxal, a decisão mais autêntica para o sujeito e, portanto, também a mais livre, é a de saber confiar-se ao mistério que se percebe. O homem é mistério e, no entanto, compreende em si a presença de um mistério maior, que o abraça sem destruí-lo. Fora deste horizonte, tornar-nos-íamos enigmas insolúveis; em seu interior, ao invés, encontramos a chave para nos poder autocompreender.

O martírio, enquanto sinal do amor, é também sinal daquele que no amor acolhe o mistério do outro. A esta altura não existem mais perguntas, só a certeza de sermos amados e, por isto, acolhidos. A força do mártir encontra-se na consciência de que, uma vez que Cristo venceu a morte, também aquele que se entrega a Ele reinará para sempre. A palma na mão do mártir torna-se o sinal perene da vitória que vai além da derrota da morte.

Estes elementos descritos possibilitam ver o martírio como um sinal qualificante para a procura do sentido e para a credibilidade da revelação. A morte do mártir torna-se sinal da natureza do morrer cristão: assumir a própria morte de Cristo na vida, ato supremo da liberdade que insere no amor do Pai.

No final, o mártir é aquele que dá à morte um rosto humano; paradoxalmente, ele exprime a beleza da morte. Indo ao seu encontro, com efeito, ele a vê sem dúvida como momento dramático, ainda que não trágico, de seu existir, e, todavia, digna de ser vivida porque expressão de sua capacidade de saber amar até o fim.

4. PARA UMA AMPLIAÇÃO DA IDENTIDADE DO MÁRTIR – Uma rápida panorâmica sobre a história do conceito de mártir mostra que nas diversas épocas se expressaram acentuações diferentes. Assim, Agostinho dirá que "martyres non facit poena, sed causa" [Não é o castigo que faz os mártires, mas a causa] (*Enarrationes in Ps. 34*); Tomás far-lhe-á eco ao dizer que "causa sufficiens ad martyrium non solum est confessio fidei, sed quaecumque alia virtus non politica sed infusa, quae finem habeat Christum", e ainda: "Patitur etiam propter Christum non solum qui patitur propter fidem Christi, sed etiam qui patitur pro quocumque iustitiae opere pro amore Christi" (*Epistula ad Romanos* 8,7).

Sugestiva é a posição de Pascal: "O exemplo da morte dos mártires toca-nos porque eles são membros nossos. Temos um vínculo com eles; suas decisões podem formar a nossa, não somente pelo exemplo, mas sobretudo porque tornam possível a nossa" (*Pensées*, 481); e tocante é a postura de Kierkegaard: "Se Cristo voltasse ao mundo, talvez não fosse morto, mas ridicularizado. Este é o martírio dos tempos da inteligência: ser eliminado no tempo da paixão e do sentimento"; e, em outra passagem, prossegue: "Nenhuma vida tem um efeito tão grande quanto a do mártir; porque o mártir só começa a agir depois da morte. Assim, a humanidade permanece apegada a ele ou aprisionada em si mesma" (*Diário*).

A → teologia manualística, em sua definição de martírio, defenderá particularmente o motivo do *odium fidei*: "Teologicamente assim se define o martírio: o suportar voluntário da condenação à morte, infligida por ódio contra a fé ou a lei divina, morte que é firme e pacientemente suportada e que permite o ingresso imediato na bem-aventurança" (S. Tromp, *De revelatione Christiana*, 348).

Também o Concílio Vaticano II cuidou de dar uma visão teológica do martírio em que é fácil ver uma articulação que se pode descrever com estas características: antes de tudo, as *premissas cristológicas* e, daí, a inserção no *cenário eclesial*; além disto, a demonstração da *especificidade* do mártir crente, finalmente a *parênese*, a fim de que todos os batizados estejam prontos a professar a fé também com a doação de sua própria vida. "Tendo Jesus, filho de Deus, manifestado sua caridade dando por nós a sua vida, ninguém tem um amor maior do que o que dá a vida por ele e por seus irmãos (*premissa cristológica*). Eis por que desde os tempos antigos alguns cristãos foram chamados, e o serão sempre, a dar este testemunho de amor diante dos homens e especialmente diante dos perseguidores (*cenário eclesial*). Por isso, o martírio, com o qual o discípulo se torna uma só realidade (*assimilatur*) com o mestre que livremente aceita a morte pela salvação do mundo, e a ele se conforma no derramamento do sangue, é considerado pela Igreja como dom insigne e prova suprema de caridade (*especificidade do martírio*). Embora ele seja a poucos concedido, devem todavia todos estar prontos a confessar a Cristo diante dos homens e a segui-lo no caminho da cruz durante as perseguições, que nunca faltam na vida da Igreja (*parênese*)" (LG 42; cf. tb. LG 50; GS 20; AG 24; DH 11, 14).

Como se nota por este texto, o Vaticano II insere o mártir numa clara perspectiva cristocêntrica; a morte salvífica de Jesus de Nazaré constitui o princípio normativo do discernimento do martírio cristão. Esta centralidade, em todo caso, é descrita com a expressão "dar a vida pelos irmãos", que lembra o texto joaneico de 15,13, e permite verificar que o que leva o mártir a dar sua vida é o amor arquetípico e normativo de Cristo.

Também a alusão à dimensão eclesial não faz senão sublinhar a continuidade do testemunho de amor dado pelo mártir para confirmar os irmãos na fé. Também quando o texto conciliar fala da especificidade do martírio cristão, dizendo que é "dom insigne", portanto graça e carisma dados a quem mais ama, e "suprema prova de caridade" e, consequentemente, testemunho definitivo de amor, ambos são vistos como dados na Igreja e para a Igreja, para que desta forma esta possa crescer "rumo a ele que é a cabeça, Cristo, do qual o corpo inteiro, bem unido e articulado, mediante a colaboração de cada junta segundo a energia própria de cada membro, recebe força para crescer de modo a edificar a si mesmo na caridade" (Ef 4,15-16; cf. 1Cor 12–14).

Daí poder-se pensar que, com esta descrição, o Vaticano II abra a via para uma interpretação nova e mais globalizante do testemunho do mártir, em vista das novas formas de martírio a que hoje se assiste em razão da modificação dos eventos. É, pois, lícito pensar que, com o concílio, se venha a identificar o martírio com a forma da doação da vida por amor.

O texto de LG 42, citado acima, não fala nem de profissão de fé nem de *odium fidei*; sem dúvida supõe os dois, mas prefere falar de martírio como sinal do amor que se abre até se tornar total doação de si mesmo.

Se se enfatiza o amor, mais do que a fé, compreende-se que seja mais fácil fazer emergir a normatividade do amor de Cristo, que está na base do testemunho do mártir; com efeito, esta forma de amor permanece crível também entre os contemporâneos, que se veem provocados por uma pessoa na esfera mais profunda de seu ser.

Se, pois, a tônica recai sobre o amor que está na base do testemunho do mártir, compreende-se também que muito mais fácil se torna a identificação do mártir com aquele que não só professa a fé, mas dá testemunho dela em toda forma de → justiça, que é o mínimo do amor cristão.

O amor, portanto, permite reinserir na identidade do mártir seu testemunho pessoal e o envolvimento direto no desenvolvimento e progresso da humanidade; com efeito, ele atesta que são elementos basilares, para uma vida humana, a dignidade da pessoa e seus direitos elementares, hoje universalmente reconhecidos, mas não respeitados. Assumindo-se este horizonte interpretativo, torna-se claro que o mártir não é mais isolado a alguns casos esporádicos, mas é fácil encontrá-lo em todos os lugares em que, por amor ao Evangelho, vive-se com coerência, até o ponto de dar a própria vida, ao lado dos pobres, dos marginalizados e dos violentados, e se defendem seus direitos pisoteados.

Uma ampliação do conceito de mártir não corresponde, contudo, a seu uso indiscriminado e inflacionista. Nem todos os que morrerão em prol dos direitos dos homens ou das aspirações mais profundas destes poderão ser mártires; mas isto indica que há necessidade de uma definição de martírio que saiba compreender as novas formas de perseguição em que a verdade da fé e a credibilidade do amor estão comprometidas.

Um exemplo claro de uso moderno de martírio é o fornecido por Maximiliano Kolbe. Quando, em 17 de outubro de 1971, Paulo VI o beatificou, enumerou-o entre os *confessores*. Na canonização de 10 de outubro de 1982, porém, João Paulo II o enquadra entre os *martyres*. Uma crono-história permite verificar o seguinte:

a. Em 15 de junho de 1982, alguns bispos poloneses e alemães, representando as respectivas Conferências episcopais, dirigiram uma carta ao papa, publicada em *L'Osservatore Romano* somente em 7 de outubro, em que se pede explicitamente que o bem-aventurado Maximiliano Kolbe seja canonizado como "mártir da fé católica". As motivações que acompanham tal pedido desenvolvem-se num nível de justificação canônica e seguem as pegadas de uma velha concepção de martírio: antes de tudo, o fato de que a ideologia nazista contrastava com a ética cristã e que a prisão do Padre Kolbe fora ditada pelo ódio contra a fé; além disto, que o bem-aventurado, durante sua prisão no campo de Auschwitz, não alimentou nenhum ódio contra o perseguidor, que, ao invés, se encarniçava contra ele; finalmente, o haver-se Kolbe oferecido em lugar de um pai de família com estas simples palavras: "Sou um padre católico".

b. No mesmo dia, *L'Osservatore Romano* trazia, na segunda página, um artigo – a falta de assinatura lhe confere ainda mais autoridade – em que se pleiteava uma ampliação do conceito de martírio nos seguintes termos: "Caberá aos teólogos justificar em nível teórico uma opção talvez não decantada em cheio nas escolas. Espero que a teologia consiga dar-nos quanto antes o perfil exato do 'martírio moderno', pois estou persuadido de que representa uma fonte de energia para que os fiéis cristãos possam olhar com consciência e coerência a 'plena atualidade do martírio'".

c. Mais expressivo e extraordinariamente moderno, no entanto, é o discurso pronunciado por João Paulo II, durante a missa de canonização. Nunca se encontra nas palavras do papa a expressão mártir da fé; ao invés disto, a homilia inteira tenciona mostrar o testemunho de amor dado pelo Padre Kolbe. A categoria de *sinal* é assumida pelo papa como expressão linguística e teológica que melhor é capaz de manifestar aquele testemunho dado por amor.

O início do discurso é colocado sob a luz de Jo 15,13, que é o texto assumido por LG 42; mais de onze vezes é empregado o termo "amor" e pelo menos cinco vezes uma expressão sinônima, por seis vezes diz-se que Kolbe é "sinal" do amor; isto leva bem a compreender por que o papa em seguida se exprimiu textualmente assim: "Por acaso não constitui esta morte, enfrentada espontaneamente por amor ao homem, um especial cumprimento das palavras de Cristo? Por acaso ela não torna Maximiliano particularmente semelhante a Cristo, modelo de todos os mártires, que doa sua vida, na cruz, pelos irmãos? Por acaso tal morte não possui uma eloquência peculiar e penetrante para nossa época? Não constitui ela um testemunho particularmente autêntico da Igreja no mundo contemporâneo? E, por isto, em virtude de minha autoridade apostólica, decretei que Maximiliano Maria Kolbe que, após a beatificação, era venerado como confessor, seja doravante venerado também como mártir".

Observa-se, portanto, que uma ampliação do conceito de mártir é possível e já foi efetuada no citado caso. Isto, em todo caso, demanda uma reflexão crítica da teologia.

Propõe-se agora uma "definição" de mártir que procure manter unidas as diversas exigências expressas anteriormente, e que se situa melhor no horizonte da teologia fundamental.

"O mártir, sinal do amor maior, é uma testemunha que se colocou no seguimento de Cristo, até a doação da vida, para atestar a verdade do Evangelho. Reconhecido como tal pela voz do povo de Deus, é confirmado pela Igreja como testemunha fiel de Cristo."

Alguns elementos desta "definição" precisam ser explicitados:

1. *Sinal do amor maior.* Busca-se recuperar, com esta expressão, a centralidade do amor como o sinal último em condições de provocar cada um à decisão de fé. O amor, além disto, recorda a dimensão de gratuidade e de dom; na medida em que o mártir se configura mais do que qualquer outro com Cristo, ele se compreende como destinatário de uma graça que só no amor é explicável e compreensível.

2. *Seguimento de Cristo.* Quer-se mostrar com isto a liberdade do sujeito em optar pela fé e por suas consequências últimas. O seguimento de Cristo não é um ato de simples profissão, é praxe concreta de vida e, ao mesmo tempo, testemunho eclesial, pois se insere na missão única da Igreja.

3. *Doação da vida.* Com esta expressão, indica-se a característica constitutiva do martírio: a morte. Esta, porém, não é entendida no negativo – a morte como privação de vida – mas no positivo: o mártir não morre; pelo contrário, entrega e oferece sua vida na plena liberdade que adquiriu para si. O martírio é um ato com o qual se continua a viver.

4. *A verdade do Evangelho.* Tenciona-se falar da salvação. Elemento último e definitivo do anúncio evangélico é a vida eterna, isto é, a salvação, trazida na pessoa de Jesus de Nazaré. A salvação tende a criar a pessoa como um sujeito livre, plenamente realizado em sua natureza e, justamente por isto, capaz de diálogo com Deus. Isto significa que a verdade do Evangelho é também anúncio salvífico da dignidade e sacralidade do homem. Toda ação, portanto, em favor da dignidade humana tem em si um caráter salvífico e toda ação que tenda a suprimir ou obstacular um tal anúncio deve ser considerada um obstáculo e uma perseguição contra a fé.

5. *Reconhecido pelo povo de Deus.* Desta forma, quer-se recuperar concretamente a importância da comunidade local, em sintonia com a praxe da Igreja nos primeiros séculos. A comunidade participa sempre do martírio de um de seus membros; exatamente por isto ela é a única que tem condições de compreender o alcance deste testemunho e de avaliar seu sinal como autêntica expressão do amor cristão. É a comunidade local que sabe reconhecer quando a morte do mártir é dada pela "verdade do Evangelho" e não para outras finalidades; com efeito, nela o mártir nasce, cresce e se robustece, tanto na experiência de fé quanto na preparação para o próprio martírio. Para os mártires dos primeiros séculos, era impossível uma vida fora da comunidade e, em muitos casos, temos testemunho de uma comunidade que chega até o suborno dos carcereiros, a fim de permanecer perto de seu mártir.

6. *A Igreja confirma.* É claro que não se quer diminuir o valor da canonização, que permanece relegado ao ato infalível do papa; o que se quer é, antes, evidenciar o caráter universal da santidade do mártir, que é proposto ao culto e ao exemplo de cada cristão.

CONCLUSÃO – O martírio não é uma especulação intelectual; é concretude de vida, é até o ponto culminante de uma existência plenamente humana, porque exprime a plena liberdade do homem diante da morte.

Na homilia do sábado santo de 1979, assim se expressava o bispo mártir Dom Oscar Romero: "Graças a Deus, possuímos páginas de martírio não somente da história passada, mas também do momento presente. Padres, religiosos, catequistas, homens simples do campo foram mortos, despojados, esbofeteados, torturados, perseguidos porque filhos fiéis deste único Deus e Senhor". Pois bem, nenhum crente que tenha tomado seriamente consciência de sua própria fé pode pensar que não é chamado ao martírio. Este pertence de tal modo à própria essência da vocação cristã, que constitui o "caso sério" da vida de cada um.

Aqui, sentimo-nos chamados a dar a resposta última à exigência de amor, porque compreendemos e temos certeza de que um outro, por nós, deu gratuitamente sua vida como testemunho de amor.

O martírio aparece, portanto, como aquela realidade que, ainda hoje, a Igreja, com orgulho, pode oferecer ao mundo como o sinal maior do amor realizado pelo homem. Cada um, diante deste sinal, é interpelado e deve posicionar-se. Consequentemente, perguntar-se se também hoje existem mártires, e quais são eles, é perguntar-se se, também hoje, a Igreja é capaz de apresentar o imutável e fiel amor trinitário de Deus.

Se o mártir é o sinal do maior amor, é, todavia, sinal de que também hoje, no mundo, existe a recusa de Deus e há pessoas alérgicas ao anúncio profético e à força testificante das comunidades cristãs. Certamente, estes novos perseguidores, sempre mais hábeis, porque sempre mais ligados a formas obscuras de poder, não oferecerão ao crente a possibilidade de testemunhar a fé e o amor como nos primeiros tempos da Igreja; não condenarão à morte com sentenças jurídicas emitidas pelos tribunais... uma forma sempre mais enganosa, grave e falsa rasteja nos perseguidores de nosso tempo: a ridicularização, a banalização, a indiferença ou a calúnia e, em seguida, a morte.

A coragem dos mártires exorta, portanto, à coragem de criar sempre, incessantemente, novas formas e estilos de vida que anunciem a força vitoriosa da pessoa de Cristo vivo ainda hoje em meio aos seus, que o proclamam Senhor e Testemunha fiel, como os primeiros crentes.

Bibl. – P. Allard, "Martyre", em DAFC, 331-492, Paris 1926; E. Hocedez, "Le concept de martyr", em NRTh 55 (1928) 81-99; 199-208; R. Hedde, "Martyre", em DThC X/l, 220-254, Paris 1928; O. Michel, *Prophet und Märtyrer*, Gütersloh 1932; H. Delehaye, *Les origines du culte des Martyrs*, Bruxelles 1939; S. Tromp, *De Revelatione Christiana*, Roma 1950; E. Esking, *Das Martyrium als theologisch-exegetisches Problem*, Stuttgart 1951; M. Lods, *Confesseurs et Martyrs*, Neuchâtel 1958; N. Brox, *Zeuge und Märtyrer*, Munique 1961; M. Pellegrino, "Le sens ecclésial du martyre", em RSR 35 (1961) 151-175; H. Campenhausen, *Die Idee des Martyriums in der alten Kirche*, Göttingen 1964; H.U. von Balthasar, *Cordula, ovverosia il caso serio*, Brescia 1968; Id., "Martírio e missione", em *Nuovi punti fermi*, Milão 1980, 255-278; A. Kubis, *La théologie du martyre au XX siècle*, Roma 1968; L. Boros, *Mysterium Mortis*, Brescia 1969 (orig. 1962); H. Strathmann, "μάρτυς", em GLNT VI, 1269-1392, Brescia 1971 (orig. 1942); R. Latourelle, *Cristo e la chiesa segni della salvezza*, Assis 1971; K. Rahner, *Sulla teologia della morte*, Brescia 1972; I. Gordon, "De conceptu theologico-canonico martyrii", em Vários autores, *Ius populi Dei*, vol. I, Roma 1972, 485-521; P. Ricoeur, "Herméneutique du témoignage", em E. Castelli, *La testimonianza*, Roma 35-61; H. Musurillo, *The Acts of the Christian Martyrs*, Oxford 1972; E. Piacentini, *Il martirio nelle cause dei santi*, Roma 1979; T. Baumeister, *Die Anfänge der Theologie des Martyriums*, Münster 1980; A. Solignac, "Martyre", em DSp X, 718-737, Paris 1980; X. Léon-Dufour, *Di fronte alla morte Gesù e Paolo*, Turim 1981; Vários autores, *Martin. Giudizio e dono per la Chiesa*, Turim 1981; Vários autores, "Martírio hoje", em *Conc* 3 (1983); Id., *Il sangue dei giústi*, Assis 1983; H. Schürmann, *Gesù di fronte alla própria morte*, Brescia 1983; J. Janssens, "Il Cristiano di fronte al martírio imminente", em *Greg* 66 (1985) 405-427; R. Fisichella, "Il martírio come testimonianza: contributi per una riflessione sulla definizione di martire", em Vários autores, *Portare Cristo all'uomo*, vol. II, Roma 1985, 747-767; C. Noce, *Il martirio.* Testimonianza e spiritualità dei primi secoli, Roma 1987; Vários autores, *La Iglesia martirial interpela nuestra animación misionera*, Burgos 1988.

RINO FISICHELLA

MARXISMO

I. Ideologia

1. CONCEITO – O marxismo abrange o conjunto das doutrinas de K. Marx (1818-1883), de F. Engels (1820-1895), bem como o conjunto dos movimentos de pensamento e de ação que hauriram inspiração destes pensadores e, posteriormente, de N. Lenin – pseudônimo de Vladimir Il'ič Uljanov – (1870-1924) e de Mao Tsé-Tung (1893-1976).

Para sermos exatos, temos que falar de "marxismos", pois já desde o início não existiu um marxismo só, mas vários marxismos, de interpretações diversas, por vezes até contrastantes (E. Bernstein, K. Kautsky, R. Luxemburg, G. Plekhanov). Com efeito, sabemos do marxismo "clássico" ou "ortodoxo" dos pais Marx e Engels, do "marxismo-leninista" de Lenin, do "marxismo-trotskista" de Trotski, do "marxismo-estalinista" de Stalin – pseudônimo de Josif Vissarionovič Džugašvili (1879-1953) – do marxismo "oficial", refletido no estatuto do Partido Comunista, na constituição e na legislação do "socialismo real" da URSS. Distingue-se, além disto, o marxismo de Mao, denominado "maoismo", o marxismo "utópico" de E. Bloch, o "humanístico" de R. Garaudy, e o anti-humanístico de L. Althusser. Existe o "marxismo-revisionista" de V.P. Tugarinof na URSS, de L. Kolakowski e A. Schaff na Polônia, de R. Richta e M. Machovec na Tchecoslováquia, de G. Markus e A. Hegedüs na Hungria, o marxismo de um grupo de filósofos da revista *Praxis* em Zagreb, e de um grupo de eticistas em Belgrado na Iugoslávia, bem como outros mais. Com efeito, "este conjunto de movimentos de pensamento e ação", que podemos chamar de "marxismo", tem muitos matizes – menos filosóficos, mais ideológicos, políticos e econômicos.

Hoje, com o declínio da "propulsão marxista" (E. Berlinguer), com a agonia do velho marxismo soviético e do projeto de gestão, com a aplicação da "perestroika" (= reorientação, conceito ainda bastante confuso, obscuro e indefinido, de M. Gorbatchev, já se fala de período "pós-marxista" e de "herdeiros" dos marxismos, que se esforçarão por apresentar o "marxismo autêntico" em sua veste genuína, depurado de todos os revisionismos e todas as variações, de sorte que o marxismo, segundo alguns, não acabou, mas está apenas começando. A razão fundamental está em sua natureza, que pode comparar-se com a civilização cultural, como a do judaísmo, do cristianismo, do islamismo, do budismo, isto é, dos grandes movimentos religiosos do mundo.

2. ELEMENTOS DOUTRINAIS – Falemos sobretudo daqueles elementos doutrinais que serão endossados e professados pelo marxismo "oficial" dos países do "socialismo real", depois da revolução de outubro de 1917.

A forma filosófica da visão marxista do mundo é o *materialismo dialético*, que nega a existência de Deus, criador do mundo, como pura invenção humana e, portanto, como hipótese não científica, e até anticientífica. É "dialético", enquanto coloca como princípio primeiro e supremo de tudo a *matéria.*

Esta é eterna, internamente dinâmica, em contínua evolução. Da matéria emana tudo, segundo as leis da dialética, que são substancialmente as assentadas por Hegel, isto é, as da tese, da negação da tese e da negação da negação; este terceiro momento marxiano difere do hegeliano, que consiste na síntese. O último salto dialético qualitativo na evolução produziu o *homem*, que representa o último fruto do irreprimível dinamismo que domina a matéria, e sua potencialidade é quase infinita. Por isto, o marxismo não haure do passado os modelos e as *normas* da ação. O pensamento humano não tem caráter nitidamente reprodutivo, mas sim criativo, no sentido de antecipação do futuro. A pessoa humana com sua dignidade não é a fonte da ética, nem tem importância para o critério epistemológico das normas sociais. A *finalidade* do homem e o sentido metaético da vida são exclusivamente externos à pessoa e intramundanos. Aqui está a razão pela qual todo autêntico marxista se opõe à realidade transcendente, que torna o homem incapaz de resolver os problemas intramundanos e, portanto, um ser alienado do mundo e de si mesmo.

O objeto do *materialismo histórico* é o devir do homem, isto é, da sociedade. O sujeito é a *sociedade*, sob o aspecto do seu devir como sociedade. O fundamento da sociedade é a estrutura econômica e toda outra estrutura é um reflexo desta estrutura econômica. Os fatores principais que determinam a história humana são materiais. A passagem da tese para a antítese dá-se através de um salto dialético.

O *mundo* não é um sistema, cujas estruturas devam ser conservadas, mas sim a matéria-prima, com a qual o homem *faber* deve construir seu mundo. O mundo é humanizado pelo homem, que lhe impõe suas ideias, munido daquela agilidade que lhe permite abandonar formas existentes em favor de formas por ele melhoradas. O homem, *faber* e demiurgo que é, partindo de um mundo natural, elabora um mundo cultural. Esta é a "criação" do homem, que se distingue qualitativamente do mundo natural. Trata-se da natureza *humanizada*. Desta maneira, acontece a identificação; o homem no mundo e o próprio mundo são as únicas realidades. Com o conhecimento da natureza e o trabalho, o homem transforma o mundo em lugar de felicidade. O mundo está estruturado em dois níveis: o estrato-base e a superestrutura. A base é a economia do sistema de produção. A superestrutura são as ciências (filosofia, ciências positivas, direito), a religião, a arte, a estrutura social. Portanto, a ordem econômica determina a superestrutura. Se mudar a base, muda necessariamente também a superestrutura. As mudanças que, com o correr do tempo, nascem na estrutura econômica são, antes de tudo, quantitativas, mas, atingida uma certa fase, transformam-se em mudanças qualitativas e se revelam como revoluções. É justamente isto o salto dialético. Tais revoluções não são apenas ações de vontade livre, mas principalmente brotam de uma necessidade natural. A esta altura aparece a dependência unilateral do menos material ou do imaterial em relação ao material.

Assim, afirma-se o *primado* da *matéria*, na ordem humana e no mundo cultural, cujo escopo é realizar e aperfeiçoar todas as condições necessárias para a absoluta felicidade terrestre. Existe também um estágio *escatológico* utopístico: o coletivo será o fruto da vitória final do comunismo. O homem só se realiza perfeitamente na última fase da história humana, isto é, na sociedade comunista perfeita. A história humana inclui, portanto, uma "transcendência" relativa ou imanente, cujo teórico mais conhecido é E. Bloch. As fases anteriores são apenas sua preparação, constituem seus diversos passos rumo ao termo final. Os pensadores neomarxistas em geral não admitem mais a hipótese sobre a sociedade comunista perfeita, sem classes, sem Estado e sem a necessidade de nenhum direito, como última fase do desenvolvimento da história humana.

O *trabalho* é o meio principal, ou melhor, o único, da humanização da natureza. É o elemento central do dinamismo marxista e do materialismo histórico. O homem, trabalhando, transforma o mundo não humano, duplica-se a si mesmo, cria o mundo à sua imagem. Esta objetivação ou coisificação do homem é necessária. Por isto, quando o homem, com o trabalho, cria um mundo novo, continuamente cria a si mesmo. Transformando assim este mundo, transforma a si mesmo. Portanto, a qualidade primária do trabalho é seu caráter social, ou seja, o sujeito do trabalho não é um indivíduo em si, mas é o coletivo que trabalha e cria o mundo através do indivíduo.

Também a *religião* depende da ordem econômica, que é aquela forma de produção dentro da qual o homem é quase incapaz de dominar a natureza. A miséria deste homem – sua inferioridade em relação às forças da natureza antagonista – impulsionou-o a confiar na ajuda de um ser superior poderoso, capaz de tornar o homem feliz. Mas tal ser é um engano. Não existe, é uma pura criação do homem infeliz e necessitado. Por isto, a religião é o "ópio do povo" (Feuerbach, Marx). É a alienação mais profunda e mais radical e, por isto, mais perigosa, da qual há que libertar-se. A solução vem da economia, ou seja, quanto mais perfeita se tornar a ordem econômica, quanto mais o homem submeter a natureza, tanto menos a religião manterá direito à existência.

O *homem* não é considerado como indivíduo, mas como parte do coletivo. O indivíduo é um reflexo da estrutura da sociedade a que pertence. Quanto mais a refletir, tanto mais perfeito é. O seu esforço deve ser na linha de tornar-se totalmente pertencente à sociedade. Ou seja: o homem é, no coletivo, uma parte do todo e o reflexo fiel de sua totalidade. Assim, a essência do homem identifica-se com seu ser-social, por isto, é um puro ser relativo. Não possui desde o nascimento nenhum direito pessoal, natural, intrínseco e intangível. Existe apenas um tipo de direito do cidadão que provém de fontes externas, como o partido, o Estado, com sua legislação constitucional, as leis positivas e as normas prescritas. Trata-se, pois, de um positivismo coletivista absoluto, que tem um direito heterônomo, temporário, relativo, dependente sempre das condições econômicas e do querer de outros homens, isto é, dos que estão no poder.

Em consequência, o homem se conhece a si mesmo através do conhecimento que tem dos outros. Este "outro", ou "tu", é o coletivo. A subjetividade nasce para a comunicação, para a intersubjetividade. Minha autoconsciência nasce da presença do outro em mim. Este outro não é um outro indivíduo ou um "tu" indivisível, mas justamente um "nós" coletivo. Assim, a pessoa, no sentido ontológico, não existe. A pessoa entende-se unicamente no sentido ético, como *personalidade*, e torna-se tal se na práxis reconhece seu ser relativo. Assim, o homem torna-se "homem-sociedade" ou "homem-coletivo", mas com isto não enriquece sua própria pessoa através do enriquecimento da comunidade em que vive, mas recebe tudo exclusivamente da sociedade e tudo dá à sociedade. Portanto, este homem aliena-se de si mesmo em benefício da sociedade, empobrecendo-se cada vez mais no íntimo de seu ser humano.

No âmbito do coletivo concreto em que vive, o homem é livre e responsável. A *liberdade* é a condição indispensável para uma vida ética, mas num sistema filosófico, segundo o qual a matéria é a realidade principal, o primado cabe às leis sobre a matéria, isto é, leis de necessidade. Não obstante isto, os marxistas falam de três formas de liberdade. A "liberdade de escolha", que consiste em conhecer a necessidade das leis da matéria e do agir ético segundo esta necessidade. Em outras palavras, é preciso deixar que as leis do processo operem sistematicamente, sem colocar obstáculos. A "liberdade externa" consiste em intervenções da parte da sociedade, que cada vez mais reduzem a liberdade do indivíduo em favor da própria sociedade em que vive. A terceira é a "liberdade escatológica", a da fase final do comunismo, segundo a doutrina oficial.

A *consciência*, como todos os elementos de ordem ética no marxismo, tem um sentido totalmente diferente da ética filosófica em geral, completando-se, portanto, numa relação abstrata com o coletivo, do qual o indivíduo é uma partícula. A consciência do indivíduo é o espelho do ambiente social concreto. É a voz do coletivo que se manifesta na cognição da responsabilidade do indivíduo em face da comunidade em que vive. É exatamente na consciência que o coletivo fala como norma e imperativo categórico "objetivo". A consciência evolui, forma-se, progride a passo igual com o progresso do coletivo. No marxismo oficial, a liberdade de consciência é entendida unicamente como liberdade de palavra e de imprensa, mas sempre dentro de limites precisos, de conformidade com os "interesses do povo" e com o objetivo de consolidar, de desenvolver o bem-estar e o progresso coletivo.

Portanto, o marxismo é, ao mesmo tempo, materialismo histórico e dialético. Nasceu como reação ao idealismo hegeliano, por obra de Karl Marx. A sociedade ou coletivo depende da organização dos meios de produção. A injusta distribuição dos meios de produção fomenta a luta de classe (os capitalistas e os operários), que deveria ter tido como efeito o desmoronamento definitivo do capitalismo e o triunfo do comunismo.

3. ATEÍSMO MARXISTA – O marxismo e os marxismos tiveram por objetivo formar o homem ateu (*a-theós* = não Deus, sem Deus), tanto no sentido privado como no coletivo do sistema. Assim, o ateísmo *teórico* funda-se nas ideologias de Marx, Feuerbach, Comte, Nietzsche, Freud e outros; o ateísmo *prático*, ao invés, alimenta-se de agnosticismo, de hedonismo, de materialismo e de niilismo. Ambos eram ensinados e impostos pelos regimes do "socialismo real" a milhões de cidadãos cristãos e não cristãos, com o escopo de erradicar toda forma de religião ou, se isto se tivesse demonstrado impossível, de suscitar a indiferença religiosa ou de favorecer o materialismo prático. Daí que o marxismo, precisamente o marxismo-leninismo, se propôs como objetivo a luta radical contra todas as religiões organizadas, especialmente contra o antagonista tido como o mais perigoso, o inimigo mais odiado, o cristianismo e, em primeiro lugar, contra a Igreja Católica.

Hoje em dia, porém, entre tantos "ateísmos" *teóricos*, os três grandes mitos, endossados e propagados pelo marxismo, já se estão esfacelando, não estão atraindo nem interessando mais.

Em outras palavras, não se apresenta mais como realístico o ateísmo denominado *humanista*, com finalidades antropológicas e antropocêntricas, em relação ao homem e à humanidade, e que pretende tornar o homem mais autônomo, mais livre, mais independente, mais maduro, maior, mais poderoso, colocando-o no centro da conflitualidade com um Deus "ciumento" e "rival", que o torna escravo (Nietzsche), que o ameaça em sua existência (Hegel, Feuerbach), que o despoja de seus direitos e de suas liberdades, que o persegue (Sartre, Camus). O homem contemporâneo sabe perfeitamente que contrapor Deus ao homem não tem nenhum fundamento científico e filosófico. Na situação mundial atual, cheia de insídias e precária (pense-se no problema da poluição ambiental, da engenharia genética, da energia nuclear), novamente Deus se torna o único fiador que garante a liberdade, os direitos e a dignidade da pessoa humana, a garantia exclusiva da verdadeira paz, do desenvolvimento e o protetor último e eficaz do bem comum contra as estruturas de pecado. A "morte de Deus" tem como consequência a morte do homem e da regular funcionalidade de seu mundo e de sua sociedade, tanto política quanto econômica. Por isso, as teorias do ateísmo humanista hoje em dia já têm pouquíssima ressonância na consciência do homem contemporâneo.

O mesmo sucede com o ateísmo assim chamado *científico*, em relação à ciência. A mentalidade dos cientistas mudou. Eles seguem as teses dos epistemólogos atuais e reconhecem a ilegitimidade e a ilogicidade do ateísmo científico. Torna-se uma *contradictio in adiecto* a tendência totalmente errônea de invocar a ciência ou as ciências em abono do ateísmo. Que ciência jamais poderia provar a não existência de Deus? Que método científico seria capaz de aduzir uma tal prova? "Pode-se não estar de acordo com as 'provas' ou os raciocínios humanos que tendem a provar a existência de Deus, e rejeitá-los, pode-se criticar os conceitos humanos sobre Deus. Mas esta crítica não chega a tocar a própria realidade de Deus. O ateísmo denominado científico é um absurdo" (P. Poupard), pois o problema de Deus é um problema metafísico e religioso, não um problema que possa ser resolvido pelas ciências positivas. Envolve o homem enquanto homem, em suas dimensões internas mais profundas (metafísica, religiosa, ética), e não é solucionável por nenhuma ciência positiva enquanto tal.

O terceiro mito é o ateísmo *social*, que fala em nome da justiça, como rebelião contra a exploração, a pobreza e todo tipo de opressão social. Mas este ateísmo transfere os problemas do passado para o nosso tempo; ou seja, transfere a rebelião contra as classes dominantes, que se baseavam em Deus para justificar seus privilégios. Hoje, as classes dominantes não invocam a Deus; é a Igreja aquela "voz do deserto" do mundo que clama contra a injustiça e a opressão, contra a pobreza e o marxismo ateu, invocando os direitos e a liberdade, o desenvolvimento, a solidariedade, a participação; ou seja, empenha-se no sentido de salvaguardar e proteger a dignidade do homem em nível pessoal e comunitário. Portanto, os direitos, a liberdade e a justiça de modo algum podem ser objeto de rebelião ou de acusação contra Deus.

Havendo desmoronado estes mitos do ateísmo teórico, dos quais se têm servido diversos marxismos, particularmente o oficial soviético, e tendo-se agravado a crise do sistema do "socialismo real", muitos estudiosos marxistas estão mudando de direção e começam a reconhecer claramente a "falência" do marxismo ateu. Espera-se que da nova situação político-econômica que se está criando, não somente nos países do Leste (na própria URSS com os países bálticos, na Polônia, Alemanha Oriental, Tchecoslováquia, Romênia, Hungria, Bulgária, na Iugoslávia, precisamente em suas repúblicas Eslovênia e Croácia), mas no mundo inteiro, pouco a pouco vá perdendo terreno o marxismo oficial, que por sistema é ateu. Todavia, nos países do "socialismo real" de ontem, permanece o enorme problema do ateísmo *prático*, fruto dos marxismos propagados durante muitas décadas e com todos os meios de que dispunha o regime comunista. Ele hoje desemboca no *materialismo prático* que está eivado de forte *indiferentismo* religioso e moral. Com efeito, é exatamente esta a nova tarefa do cristianismo autêntico, isto é, a assim chamada "nova" ou "segunda" evangelização das culturas. Portanto, os frutos negativos do marxismo, precisamente daquela variante opressiva e violenta que foi a leninista e estalinista, não se apagarão do coração das gerações somente com uma mudança política e econômica externa.

4. MARXISMO LENINISTA – Em diversos pontos, V.I. Lenin distanciou-se dos pais Marx e Engels e o sistema que leva o nome de "marxismo-leninista" se consolidou, ou melhor, tornou-se cada vez mais leninista do que marxista. Vejamos algumas diferenças que saltam aos olhos.

A primeira é a doutrina sobre a *teoria da revolução*. Para Marx e Engels, a revolução socialista exige um altíssimo nível de desenvolvimento das forças produtivas, com uma vitória garantida em quase todos os países desenvolvidos, mas em condições de caráter objetivo econômico-social. Lenin modifica todas as três teses: a revolução parte de um país capitalista menos desenvolvido, não explode simultaneamente em todos os países, e bastam condições de caráter unicamente subjetivo-político. Além disto, Lenin bate-se por uma revolução permanente.

O segundo ponto de divergência doutrinal e prática diz respeito ao *Partido Comunista* (→ Marxismo, II). Marx e Engels queriam um partido "operário" que abrangesse toda a classe operária e não um partido que constituísse uma força dirigente de classe. Em contraposição, Lenin, no VII Congresso (1918), cria o "Partido Comunista Bolchevique Russo", antepondo-o à classe. Este caráter leninista do partido estender-se-á depois a todos os partidos do comunismo mundial, perdurará na nova denominação de "Partido Comunista da URSS" (PCUS), de que se apropriou o XIX Congresso (1952), sob Stalin, e se reforçará na *Constituição* de 1977 (K'77), com o célebre art. 6 que reza: "O Partido Comunista da União Soviética é a força que dirige e direciona a sociedade soviética". Esta posição do PCUS há de durar até 1990, quando será superada pelo "Estado presidencial" de M. Gorbatchev.

O terceiro ponto concerne à *religião*. Na teoria, Lenin concorda com Marx, quando este afirma que a religião é o ópio do povo ("sie ist das Opium des Volkes"). Difere, porém, no aspecto prático. Ao passo que Marx e Engels ideologicamente se baseiam na "escola mitológica" (Bauer, Robertson, Drews), na "escola histórica" (Strauss, Renan, Harnack), bem como na doutrina da "escola de Tubinga" (Strauss, Feuerbach, Ch. Baur), Lenin segue um caminho todo seu, mais propagandístico e demagógico, para não dizermos agressivo e violento, ideologicamente bem próximo dos enciclopedistas franceses do século XVIII, caminho aliás já "aberto" por Engels. Pouco importa que a luta dos enciclopedistas não tenha nada a ver com o marxismo, no tocante à ideologia e à práxis; o que conta é sua base ateia, a luta contra a religião cristã. Este compromisso com a "luta" entra até no estatuto do PCUS (1961), art. 2: "O membro do partido é obrigado [...] a conduzir uma luta decidida contra [...] os preconceitos religiosos". A K'77, por sua parte, "garante aos cidadãos da URSS a liberdade... de desenvolver propaganda ateística" (art. 52).

O quarto ponto do "leninismo" é o desenvolvimento histórico do conceito de *direito*, que foge ao pensamento original de Marx, segundo o qual o direito não é, nem pode ser, "natural", mas positivo. Por isto, o direito marxista coloca-se por sua *natureza*, exclusivamente no campo positivo. No tocante a sua *existência*, formula a hipótese de dois períodos: o primeiro, "transitório" (que continua no presente), o segundo, "permanente" (na sociedade final sem classes) e que há de substituir o desaparecimento de todo direito, mesmo depois do desaparecimento do Estado. Esta doutrina remonta a Marx e Engels, cujo pensamento não é fácil reduzir a uma interpretação unívoca; Marx, num primeiro momento, nem sequer usava o termo "direito", já que viciado pela concepção burguesa. Num segundo momento, isto é, depois de ter compreendido que ele tem raízes na economia e na história, para além de uma pura disciplina jurídica, afirma-o, propondo uma nova ontologia sua, que admite apenas uma única realidade, a material. Sob a influência de Hegel, Feuerbach, Spinoza e dos materialistas franceses e ingleses do século XVIII, não excluídos alguns filósofos da Antiguidade, como Heráclito e Demócrito, Marx formula duas teses fundamentais: 1. o direito é parte constitutiva da história da economia, ditada pela evolução econômica; 2. o direito não é nem imutável nem universal, acima das categorias de tempo, espaço e história, pois o ser do homem não é – nem pode ser – uma realidade imutável. Portanto, não existe nenhum direito natural que, de resto, seria um sistema burguês nas mãos dos poderosos, um sistema escravista e feudal, instrumentalizado pelos capitalistas, que erroneamente atribuíram ao direito um valor universal. Em suma, para Marx, todas as doutrinas anteriores a ele são, em comparação com o materialismo histórico, filosofias conservadoras, aliadas à classe dominante.

Vamos mencionar apenas brevemente a doutrina utópica de Marx sobre o desaparecimento do direito e do Estado, já que ele tem uma importância apenas informativa, em nível gnoseológico, para nosso trabalho. Este desaparecimento tornar-se-á realidade quando desaparecerem definitivamente as *condições* para a existência do direito e do Estado. Para isto, é preciso um tempo "x", "transitório", o da "ditadura do proletariado", em que o próprio proletariado vitorioso assume para si a responsabilidade de ser instrumento do direito e do Estado.

Seguindo as etapas do desenvolvimento do direito marxista, deixando de lado muitos nomes (Kautsky, Plekhanov, Bukharin e outros) e suas opiniões nem sempre unívocas, nem totalmente consonantes com o marxismo oficial, importa dizer que dois elementos, em Lenin, desempenham novamente um papel importante: as diversas necessidades práticas e pragmáticas são sempre geradas por novas influências históricas. Assim, aquela evolução prevista por Marx e por Engels geralmente não se verificou. Lenin e o próprio Stalin seguiram o caminho a eles imposto por *condições* objetivas, que levavam mais ao reforço do que ao enfraquecimento do direito e do Estado. Por este motivo, foi condenada a doutrina de E.P. Pašukanis (nos anos 1930), cuja fidelidade ao pensamento de Marx sobre o "desaparecimento" era considerada perigosa. Desde então, as obras jurídicas eram, mais que tudo, posições do PCUS. Stalin, Vyshinski e Yudin ditaram aos teóricos do direito as normas segundo as quais era preciso pensar e comportar-se. Hoje, o direito do "socialismo real" (este ainda existe com a "perestroika"), com a virada "presidencial" de Gorbatchev, assumiu características semelhantes ao direito capitalista, como o estalinismo, o normativismo, o conceito nitidamente positivístico da lei, o presidencialismo etc. Apesar de tudo, o processo do direito, segundo K'77, chegará à desagregação definitiva.

5. COMUNISMO LENINISTA – O conceito de *comunismo* refere-se ao sistema econômico-social fundado na comunhão dos bens. Com efeito, esta teoria, por vezes utópica, não é nova, mas durante séculos teve seus teóricos e seguidores, como Platão, More, Campanella, Proudhon... Mas os teóricos do comunismo como *sistema* sócio-econômico-político são justamente os clássicos "pais" do marxismo, Marx e Engels. Também aqui existem várias tendências do comunismo como sistema. Todavia, a mais violenta, maximalista e rigorista é a de V.I. Lenin, que, depois da revolução de 1917, criou o *bolchevismo*, isto é, a forma própria e típica do comunismo da URSS.

É interessante e significativo que, já desde o começo do século XX, após a revolução fracassada de 1905, um grupo de pensadores russos tenha profetizado a catástrofe histórica da revolução comunista, indicando no radicalismo antirreligioso da *inteligentsia* russa a causa do totalitarismo iminente. Berdiaev, Bulgakov, Struve e Frank – estes são os nomes mais autorizados do grupo que se exprimiu na revista *Velhos*, em 1909, demonstrando que o marxismo, após já ter esgotado sua "força propulsora" do ponto de vista teórico, conseguiu impor-se em sua *variante* leninista, apresentando-se como religião fundamentalista de uma nova humanidade. Depois de aproximadamente oitenta anos, a profecia se cumpriu à perfeição.

A despeito de tais previsões, este marxismo-leninista exerceu no mundo um forte atrativo desde o momento em que, dirigindo-se ao povo russo, decepcionado e cansado pela reforma agrária não feita, V.I. Lenin lançava, na Constituição de 1918, o programa do Governo dos *Soviets* (art. 3). O apelo leninista à justiça, à igualdade, à repressão dos exploradores não podia deixar de impressionar as massas deserdadas do tempo da Rússia czarista. Este tipo de comunismo marxista, em geral abandonado depois nos próprios documentos soviéticos, fascinava naquela época, atraindo especialmente povos e homens que se sentiam oprimidos pelo peso de qualquer tipo de poder.

A concepção revolucionária internacionalística (sem pretendermos, aqui, porém, entrar na história da *Internacional Comunista*, da qual se tratará no verbete *Partido Comunista*), mesmo em forma constitucional, não é, todavia, sem precedentes. Já Marx e Engels, justamente os pais da ideologia comunista, tinham-na expressado e acentuado na Declaração dos Direitos do Proletariado, no *Manifesto do Partido Comunista*, de 1848.

Seguiu-se o comunismo internacionalista de Lenin na época da guerra civil, isto é, desde a revolução de outubro de 1917 até 1921. No início da *Nova Política Econômica* (NEP) introduzida por Lenin, fora apressadamente redigida pelo *Conselho dos comissários* a conhecida *Declaração dos Direitos dos Povos da Rússia*, de 15 de novembro de 1917, cuja grande preocupação era convidar à "máxima confiança recíproca dos povos da Rússia". Não obstante esta tentativa leninista, a Polônia, a Finlândia, a Ucrânia, a Estônia e a Lituânia não aceitavam a supremacia da República Russa. Seguiu-se o armistício de 15 de dezembro de 1917 e, depois, a paz de Brest Litowsk, de 3 de março de 1918. A Bielorrússia, a Ucrânia, a Geórgia, o Azerbaijão e a Armênia permaneceram independentes, obrigados a unir-se à URSS seis anos mais tarde, em 1924, após a vitória da guerra civil. Esta foi uma fase bem conturbada e sanguinolenta na história de vários povos do anterior império czarista. Mas o objetivo era lutar pelo comunismo internacional revolucionário mundial. Este objetivo consta claramente na Constituição de 1918, cap. III, que fala da "decisão irremovível de arrancar a humanidade das garras do capital financeiro e do imperialismo que [...] têm inundado a terra de sangue" (art. 4), com a finalidade precisa de preparar "uma completa ruptura com a bárbara política da civilização burguesa" (art. 5).

O internacionalismo revolucionário comunista, portanto, visa, segundo Lenin, criar o socialismo, "no qual não existirão divisões em classes nem poder estatal" (art. 9), de forma que sua linha exprime claramente "a certeza de que o poder soviético avançará resolutamente por esta via até a completa vitória da revolta operária internacional contra o jugo do capital" (art. 3). Teorizava-se até o *Estado unionista* soviético, unido em federação, que se tornaria um modelo a ser imitado. Assim, realizada a vitória mundial sobre a burguesia, os trabalhadores de todos os países do mundo poderão fazer parte deste Estado unionista mundial.

É sabido que Stalin, com o advento de Hitler, e com a finalidade de evitar conflitos com outros Estados, reduzindo ao mínimo os motivos para isto, em 1934 fez a URSS entrar na *Sociedade das Nações*. Seu gesto teve dois significados: o reconhecimento de todos os Estados, com seus direitos "burgueses"; a renúncia à revolução mundial da classe operária, infligindo um contragolpe àquela premissa do regime comunista, que era o internacionalismo da classe operária. Ao mesmo tempo, renunciou a uma república soviética socialista mundial. A esta altura, torna-se claro que a Constituição de Stalin, de 1936, sofreria as consequências disto, assinalando uma virada da fase revolucionária do internacionalismo comunista para a fase asseguradora do nacional-comunismo, tornando-se assim a Carta de um comunismo diferente que, em vez de exaltar o Partido Comunista da URSS, elevou o Estado e, em vez de promover o internacionalismo comunista de Marx, Engels e o de Lenin, colocou o nacionalismo panrusso no primeiro plano. Stalin buscava certeza e estabilidade. Objetivos estes que atingiu com os habituais meios radicais, bem conhecidos. Basta pensar na organização da *Gosudarstvennoe Političeskoe Upravlanie*, a tristemente célebre GPU, ou seja, a direção política estatal, que permaneceu o símbolo da ditadura, do terrorismo, da angústia, do sangue e da morte, elevados em nível constitucional. Sem entrarmos no debate sobre se Stalin era apenas um continuador executivo, cego e superficial de Lenin, como pensam Medvedev, Soljenitsyn e outros, uma coisa é certa: que Stalin abandonou a linha internacionalista de Lenin e, no intento de manter-se a qualquer custo no poder, não hesitou em liquidar seus principais colaboradores que, em torno de Lenin, haviam sido os primeiros chefes do bolchevismo.

Com a chegada ao poder de N. Kruschev (1953-1964), eliminavam-se o "culto da personalidade" e o "terrorismo policial". Do regime estalinista restavam, todavia, a economia programada, a burocracia das instituições, os procedimentos pseudodemocráticos, o estrito controle do debate público e da vida intelectual. O XX Congresso do Partido Comunista da URSS, em fevereiro de 1956, era considerado muito promissor; com efeito, condenou formalmente os excessos do "culto da personalidade", que se haviam desenvolvido sob Stalin, e proclamou a "direção coletiva" com um programa mundial para um novo fortalecimento da edificação comunista no plano internacional. Admitiu, além disto, a possibilidade de poder atingir também em muitos estados o triunfo do socialismo, sem fazer recurso à violência. O Pacto de Varsóvia, firmado em 14 de maio de 1955 com a Bulgária, a Tchecoslováquia, a Polônia, a Romênia, a Alemanha Oriental e a Albânia – com o aval, "de longe", da República Popular Chinesa – confirmou o peso que possuíam no mundo os países socialistas agrupados. O programa foi nitidamente delineado: nada de contrastes entre partidos comunistas, que no âmbito de uma mesma ideologia, embora seguindo vias "nacionais" específicas, tinham em comum a guia e a edificação do proletariado do *mundo inteiro*. Contudo, também com Kruschev o velho caruncho leninista não deixou de manifestar-se: recordemos os fatos da Hungria, em 1956, e as relações não muito boas com a China comunista (1957-1960), tanto que o próprio Mao acusou a URSS de "revisionismo", ou seja, de instaurar um comunismo diferente do dos "pais" Marx, Engels e Lenin.

Estabelecendo-se no poder, L. Breznev, no intento de propor aos outros países do mundo a União Soviética como modelo e aos demais partidos comunistas o PCUS como porta-voz das experiências revolucionárias marxistas-leninistas, decidia formar um Estado "novo", caracterizado por perfeições e renovações incomparáveis. Para atingir tais escopos, propunha-se levar a termo a nova *Constituição*, em 1977, já iniciada por Kruschev em 1962. A teoria do internacionalismo comunista proletário permeia toda a K'77 que é um ótimo instrumento nas mãos do PCUS para a instauração de um rígido centralismo. Todavia, não obstante as palavras bonitas, estamos de novo no tipo de internacionalismo comunista "predominante", o Estado volta a tornar-se subalterno do PCUS, como nos tempos da constituição leninista. Confirmam isto alguns acontecimentos trágicos, produzidos pelo regime de Breznev, que praticamente entra no mesmo caminho de Lenin e de Kruschev na política revolucionária internacional. Basta pensar na supressão armada da *Primavera de Praga* (1968), na sangrenta invasão do Afeganistão em 1979, nos fatos poloneses de 1981.

O internacionalismo comunista tencionava realizar-se em cada país, usando como instrumento a nação maior (p. ex., a russa, na URSS) para submeter as nacionalidades menores. Agora o fracasso total desta política opressiva tem como efeito um fortíssimo crescimento de nacionalismos, justamente naquelas nações menores, oprimidas e humilhadas (p. ex., na Lituânia), que desejam uma independência de um injusto protecionismo e estão em oposição decisiva contra o internacionalismo comunista.

6. FRACASSO IDEOLÓGICO – Não pretendemos afirmar que o "socialismo real" ou o marxismo no poder fracassou em todos os campos, mas do ponto de vista dos direitos do homem; examinemos somente os três fenômenos mais claros e conhecidos.

O fracasso *social*. Comparando o direito constitucional do "socialismo real" com o internacional (ratificado por todos os países do Leste socialista), em alguns pontos relativos à igualdade dos direitos sociais, descobrem-se notáveis diferenças. O sistema da instrução escolar era monopólio estatal unitário, sem possibilidade de escolas diferentes das instituídas pelas autoridades, com pouquíssimas exceções de escolas confessionais. Por isso, toda a instrução só podia ser marxista-leninista, antirreligiosa, estritamente laicista. Não se tratava de indiferença da parte do Estado para com a religião, mas, antes, de uma precisa escolha ideológica ateia no quadro universal da instrução escolar. E até a visão marxista-leninista do mundo e o código da moral comunista coletivista tinham que ser sistematicamente inculcados em todos os cidadãos, especialmente nas novas gerações de todas as classes, até o fim da universidade, para que todos pudessem ter convicção e manter fidelidade ao comunismo, para estarem prontos a defendê-lo de seus inimigos. Aos professores crentes não era permitido o acesso à juventude, e os estudantes religiosos eram discriminados. Do ponto de vista do direito internacional, não se podia aceitar o fato de que toda a instrução visava a criação exclusivamente de um tipo de "homem socialista", sem permitir outras visões. Também a K'77, com outras constituições do "socialismo real", nunca usa a expressão "direito do homem", mas, se fala de direitos, usa o termo "direitos do cidadão".

Neste contexto, nem mesmo a escolha vocacional ou profissional era um ato livre da pessoa, individualmente; a escolha era antes feita pelo Estado, que organizava tudo segundo o sistema econômico e político da sociedade, onde a tarefa principal era desempenhada pelo partido do país, com as inevitáveis discriminações por motivos sociais, ideológicos, políticos, culturais e religiosos. Eram muito numerosos os favoritismos ou preferências de ordem social. E, segundo a doutrina marxista-leninista, existia sempre uma base "legal" para a discriminação de todo tipo. A discriminação notava-se no momento do acesso e da carreira nos empregos públicos e políticos: embora se falasse de igualdade, esta não era de modo algum assegurada. De tudo isto mais uma vez parece claro que no "socialismo real" se permitia somente o tipo de homem ou cidadão sempre pronto a servir, sem possibilidade de crítica, sob pena de tornar-se alguém que "pensava diferente" ou era "dissidente", destinado a passar pela clínica psiquiátrica, pela prisão, ou pelos trabalhos forçados.

O partido e o Estado tencionavam hipocritamente fazer-se "benfeitores" dos cidadãos, para receberem reconhecimento e gratidão. Mas a igualdade de direitos e de liberdades tem sido apenas uma ficção da lei, já que os reconhecidos como "verdadeiros" cidadãos eram exclusivamente os membros do Partido Comunista.

O fracasso *econômico.* A base do sistema econômico era constituída pela propriedade "socialista" dos meios de produção, em forma de "propriedade estatal" (K'77, art. 10). Assim, propriedade exclusiva do Estado eram a terra, o subsolo, as águas, as florestas, os meios fundamentais de produção na indústria, na construção civil e na agricultura, os meios de transporte e de comunicação, os bancos, os bens das empresas comerciais e municipais e das outras organizadas pelo Estado, o conjunto das habitações urbanas, bem como outros bens necessários à realização das tarefas do Estado (art. 11). A finalidade: o bem-estar material de todos, até chegar a uma riqueza que de longe devia superar a economia capitalista, o atendimento das crescentes exigências materiais e espirituais dos cidadãos (art. 15). O resultado: em todo o "socialismo real", a produtividade estava abaixo do nível mínimo, os produtos eram de baixa qualidade, o salário mensal estava reduzido ao mínimo, o empobrecimento era geral. As profecias sobre a "libertação" dos operários da exploração dos capitalistas acabaram paradoxalmente no fato de que milhões de operários do "socialismo real" foram obrigados a procurar trabalho e uma remuneração melhor nos países capitalistas. Com este dinheiro, construíam casas e outras coisas nos países socialistas. Ainda existem diferenças enormes no padrão de vida entre os países capitalistas e socialistas. O paradoxo está justamente no fato de que, para o marxismo, a base de tudo no coletivo é a produção econômica, que, em vez disto, se revelou desastrosa.

O fracasso *político.* O ideal era conquistar o mundo inteiro com o internacionalismo sublinhado e propagado, libertar o homem de toda forma de alienação e opressão social, econômica e política. As classes dominantes capitalistas deveriam ter sido totalmente eliminadas do mundo, para dar lugar às classes exploradas e oprimidas dos operários: a "ditadura do proletariado" no início, depois a "fraternidade socialista", finalmente a "sociedade perfeita sem classes". Ao contrário, o regime comunista conseguiu realizar em todos os países do "socialismo real" somente um regime ditatorial e tirânico, guiado pelo Partido Comunista, apoiado pela polícia secreta que se ocupava com a eliminação de milhões de pessoas inocentes, mas responsáveis somente por "pensarem diferente" em política. A pluralidade de opiniões não existia sequer no interior do próprio Partido Comunista, onde cada membro, segundo a prescrição do estatuto, era obrigado a respeitar as decisões dos órgãos diretivos. Quem, dentro do partido, não seguia a linha dos dirigentes (ou melhor, do secretário) acabava sendo eliminado do partido, e até era julgado membro "doente", necessitado de tratamento, por ter perdido a genuinidade do pensamento comunista sadio e aprovado. Neste sentido, a liberdade tinha que estar sempre "em conformidade com os interesses do povo e com o objetivo de consolidar e desenvolver o regime socialista" (K'77, art. 50). O sistema como tal nunca devia ser criticado e, portanto, ainda menos se considerava a possibilidade de uma séria autocrítica, enquanto ressoavam ininterruptamente as vozes de elogio à política, à economia, ao regime e ao Partido Comunista, através de todos os meios de comunicação, estritamente controlados e dirigidos de cima. Este sistema utópico estava caindo aos pedaços, mostrando definitivamente seu verdadeiro rosto de miséria e de atraso.

Bibl. – K. Marx, *Oekonomisch-philosophische Manuskripte aus dem Jahre 1884*, I/3, 1932, 29-172; Id., *Das Kapital* (trad. port. Rio de Janeiro 1969); vol. I, MEW 23, 1962; vol. II, MEW 24, 1963; vol. III, MEW 25, 1964; vol. IV, MEW 26/1 (1965), 26/2 (1967), 26/3 (1968); Id., *Grundriss der Kritik der politischen Oekonomie. Rohentwurf, 1857-1858*, Berlim 1953; Id., *Aus der Kritik der Hegeischen Rechtsphilosophie. Kritik der Hegeischen Staatsrechts* (par. 261-313), MEW, vol. I, 1957, 201-333; Id., *Differenz der demokratischen und epikureischen Naturphilosophie*, MEGA, Abt. 1, vol. I; Id., *Thesen über Feuerbach*, MEW, vol. III, 6; Id., *Zu Judenfrage*, MEW, vol. I, 347-377 (trad. port. Rio de Janeiro 1984); Id., *Das philosophische Manifest der historischen Rechtsschule*, MEW, vol. I, 78-85; M. Stirner, *Der Einzige und sein Eigentum*, Leipzig 1845; V.I. Lenin, *Materialismus und Empiriokritizismus*, vol. XIV, 1973[3]; F. Engels, *Anteil der Arbeit an der Menschwerdung des Affen*, 1896, MEW, vol. II, 1962, 444-455;

Id., *Herrn Eugen Dührings Umwälzung der Wissenschaft ("Anti-Dühring")*, MEW, vol. XX, Berlim 1962, 1-303; Id., *Dialektik der Natur*, ibid., 305-570; Id., *Ludwig Feuerbach und Ausgang der klassischen deutschen Philosophie*, MEW, vol. XXI, 1962, 256-307; I.V. Stalin, "Ueber dialektischen und historischen Materialismus" (O dialekticeskom i istoriceskom materialismel), em *Geschichte der Kommunistischen Partei der Sowjetunion* (Bolchewiki), Berlim 1946, 126-160; G.A. Wetter, *Il materialismo dialettico sovietico*, Turim 1948; Id., Der *dialektische Materialismus.* Seine Geschichte und sein System in der Sowjetunion, Wien 1952; Id., "Marxismo", em DTI II, 469-503; J.H. Bochenski, *Der sowjet-russische dialektische Materialismus*, Bern 1950; J. Lacroix, *Marxisme, existentialisme personnalisme*, Paris 1951; E. Bloch, *Prinzip Hoffnung*, vol. II, Frankfurt 1959; G. Girardi, *Marxismo e Cristianesimo*, Assis 1966; H. Gollwitzer, *Die marxistische Religionskritik und der christliche Glaube*, Munique-Hamburgo 1967; Vários autores, *L'ateismo contemporaneo.* Il cristianesimo di fronte all'ateismo, vol. I-IV, Turim 1967s; L. Bogliolo, *Ateismo e Cristianesimo.* Confronto dialettico, Roma 1971; G.H. Pöhlmann, *Der Atheismus oder der Streit um Gott*, Gütersloh 1977; Poupard (ed.), *l'Eglise deuant le défi de l'athéisme contemporain*, Roma 1982; Id. (ed.), *La fede e l'ateismo nel mondo.* Indagine del Pontificio Consiglio per il dialogo con i non Credenti, C. Monferrato 1989; I. Fuček, "Marxismus huius temporis in potestate constitutus de iuribus et libertatibus hominum", em *Periodica* 72 (1983) 273-308 (1983); Id., "Difficultés du Deuxième Monde", em CTI; P. Delhaye-W. Murphy (ed.), *Les chrétiens d'aujourd'hui devant la dignité et les droits de la personne humaine*, Città del Vaticano 1985, 116-126; Id., "Dostojanstvo Ijudske osobe u današnjem ateizmu" [A dignidade da pessoa humana no ateísmo contemporâneo], em Vários autores, *U službi čovjeka. Zbornik Nadbiskupa-Metropolite dr. Frane Franiča*, Split 1989, 89-121; M.J. Buckley, *At the Origins of Modern Atheism*, New Haven-Londres 1987.

IVAN FUČEK

II. Partido Comunista

O que interessa é o papel condutor do Partido Comunista no "socialismo real", seu dogmatismo ideológico e o monopólio de seu poder no coletivismo marxista-leninista com a aspiração de conquistar o mundo inteiro. Ao longo de toda a história do partido no poder oficial, permanece indelével o jogo entre o partido e o Estado. Quando veio a prevalecer o partido sobre o Estado, o desejo do internacionalismo com a revolução mundial criou uma tensão em nível internacional e mundial que, por vezes, atingia culminâncias muito perigosas (p. ex., o conflito de Cuba, o fechamento diplomático e ameaçador nos últimos anos do poder de Breznev, em seguida de Andropov e Cernienko); quando, porém, veio a prevalecer o Estado sobre o partido, o comunismo leninista sempre encontrou uma pista para o diálogo, uma possibilidade para as relações econômicas com os outros Estados, um encontro em nível político-diplomático (p. ex., o pacto entre Stalin e Hitler, o diálogo Reagan-Gorbatchev e Bush-Gorbatchev). Uma outra característica é a que "justificava" a função condutora do PCUS, como modelo de todos os partidos comunistas do mundo, em vez da busca de alianças entre o Estado da URSS e os outros Estados. Da história do PCUS, e do partido comunista em geral, para nosso objetivo basta ressaltar três aspectos evidentes: a fase evolutiva do Partido Comunista, a fase do monopólio do poder e a do seu declínio.

1. A FASE EVOLUTIVA – Quando falavam de um "partido operário", K. Marx e F. Engels entendiam a classe operária inteira e eram contrários a um partido de "elite", como nível dirigente da classe. Isto está evidente no *Manifesto do Partido Comunista* (1847/1848), onde se dizia expressamente: "Os comunistas não constituem um partido especial ao lado dos demais partidos dos operários. Não têm outros interesses diferentes do proletariado universal. Não propõem princípios especiais (alemão: *keine besonderen*; inglês de 1888: *sektiererischen*), segundo os quais gostariam de modelar o movimento proletário... Assim, na França, os comunistas unem-se ao Partido Socialista Democrático. Na Suíça, apoiam os radicais. Na Alemanha, o Partido Comunista está junto com a burguesia. Afinal, os comunistas trabalham em toda parte coligados e em entendimento com os partidos democráticos de todos os países" (MEW, IV, 457-493). Portanto, os comunistas são a fração mais decidida a avançar de todos os partidos operários de cada país.

Lenin muda de ideia. O partido deve abranger não a classe proletária inteira e não ser apenas uma fração de partido, mas deve tornar-se a *vanguarda* da classe, pois sob o capitalismo é impossível que a classe inteira seja capaz de elevar-se em nível de consciência do partido. Os membros desta vanguarda devem ser revolucionários por profissão, por isto sujeitos a uma disciplina "férrea". O partido deve exercer o controle sobre as massas, assumindo a direção das organizações de massa (sindicatos, organizações sociais e culturais etc.). Contra esta teoria, Trotski objeta: Lenin quer substituir o proletariado pelo partido, e o partido pelo chefe. Todavia, desde então, nas constituições do "socialismo real", não somente na URSS, o Partido Comunista tem este caráter estritamente leninista, que se verificará de 1917 em diante.

A esta altura é bom mencionar algumas particularidades da vida de Lenin (1870-1924), para entender melhor a estrutura do Partido Comunista, pois sua biografia está essencialmente ligada à história do partido, tal e qual o conhecemos. Lenin é seu verdadeiro e próprio fundador. Ateu desde a mocidade, já como estudante se convenceu da ineficácia dos métodos do "populismo radical", especialmente após a condenação à morte do irmão mais velho, Alexandre, pela participação nos preparativos de um atentado ao czar Alexandre III (1887). Devido a sua participação em desordens estudantis, Lenin foi expulso da Universidade de Kazan' e temporariamente confinado em Kokuskino, onde leu as obras de Cernysevskij e, assim, travou conhecimento com o materialismo filosófico e com o método dialético de Hegel, o que depois lhe facilitou o estudo de Marx e Engels. Em 1890, depois de entrar num círculo marxista em

Kazan', começou a ler as obras fundamentais de Marx, Engels e Plekhanov. Em 1893 dedicou-se à preparação do marxismo em Petersburgo, em 1895 esteve na Europa Ocidental, onde estabeleceu contato com os marxistas russos em Genebra (Plekhanov, Akselrod) e com Kautsky e Lafargue. Preso, depois de 14 meses foi mandado por três anos para a Sibéria; libertado, emigrou para a Europa (1900), onde se empenhou na polêmica contra o "populismo". Sua influência no "Partido Operário Social-democrático Russo", ao qual aderiu em 1899, foi relevante. Começou a publicar o jornal *Iskra*, com o objetivo de preparar o terreno para a fundação do Partido Comunista.

No II Congresso do "Partido Operário Social-democrático Russo" Lenin obteve uma leve maioria e o *Pravda* foi declarado órgão oficial do partido. Estando no jornal, Lenin podia levar avante melhor sua linha. Mas, pouco depois, Plekhanov separou-se dele. Assim, depois da publicação do n. 52 (1903), Lenin teve que abandonar a redação do *Pravda.* Plekhanov redigiu ainda os números 53-112, até outubro de 1905: portanto, na luta entre as duas facções do partido, a de esquerda "bolchevista", criada por Lenin em 1903, passou a ter um prestígio majoritário. Mas, em outubro de 1905, nem Lenin nem os bolcheviques tiveram um grande papel na revolução. Depois da revolução de 1905 Lenin teve que fugir para a Finlândia, e pelo final de 1907 foi obrigado a abandonar também este país e emigrar de novo.

Durante a Primeira Guerra Mundial, Lenin viveu na Suíça. Em 1917 (abril), a Alemanha permitiu-lhe voltar à Rússia com um grupo de outros revolucionários. No período da emigração, escreveu muitos livros, como: *Que fazer?*, em que desenvolvia sua concepção sobre o partido como organização de revolucionários profissionais; *O Estado e a revolução* (1917), uma obra importantíssima para compreender o "leninismo". Em 3 de abril Lenin chegou a Petrogrado e, já no dia seguinte, propôs suas célebres *Teses de abril* sobre as tarefas do proletariado na revolução, teses que eram de uma audácia inaudita. Entre outras coisas Lenin exigia: a luta contra o governo provisório, qualquer que fosse sua posição; a passagem de todo o poder para as mãos dos soviéticos e a formação de uma "República Soviética", como forma superior de democracia, em que não haveria mais polícia, nem exército, nem burocracia; a nacionalização imediata dos bancos e de todas as terras, ao passo que a socialização da indústria se pôde efetuar somente numa passagem gradual para o socialismo; a substituição do *nome* "Partido Operário Social-democrático Russo" (fundado em 1898), já muito comprometido, pelo de "Partido Comunista--Bolchevique-russo", nome aprovado no VII Congresso de 1918. Partido que somente sob Stalin, em 1952, no XIX Congresso, receberá a nova denominação de "Partido Comunista da União Soviética" (PCUS). Finalmente, Lenin projetou a formação de uma nova *Internacional comunista*, que será fundada em março de 1919. Com estas suas exigências, porém, Lenin se encontrava muito isolado, também em seu partido, antes da revolução de outubro de 1917. Todavia, com uma ação tenaz de propaganda e de convencimento, conseguiu ganhar sempre mais terreno no interior do próprio partido.

A *Internacional Comunista (Komintern)* (KI) foi fundada por Lenin como organização mundial dos *partidos*, com uma férrea disciplina revolucionária, tanto que cada partido socialista da Europa, América e Ásia, e seus membros, foram submetidos aos programas comuns (um dos primeiros foi o ateísmo militante) e às decisões, obrigatórias para todos, de seus órgãos, isto é, do Congresso e do Comitê executivo. Este *Komintern*, segundo uma ordem de Stalin, foi abolido em 1943. Foi chamado também de *Terceira Internacional*, se a ligarmos com a *Primeira Internacional* de 1864, de Marx, dentro da qual se formaram as primeiras organizações operárias, e com a *Segunda Internacional*, de 1889, em que se formaram o Partido Social-democrático alemão e o russo, com a prevalência da esquerda *bolchevista* (1903), sob a guia de Lenin.

Mencionemos também o fato de que, após a revolução de outubro de 1917, ambas as constituições de Lenin, de 1918 e de 1924 (póstuma), contêm uma premissa introdutória no sentido de um programa do partido comunista, com a afirmação de que o proletariado tem por objetivo, com a revolução *mundial*, "assegurar a vitória do socialismo em todos os países" (Const. de 1918, art. 3), e "arrancar a humanidade das garras do capital financeiro e do capitalismo" (art. 4). E, na introdução à Constituição de 1924, prevê-se que a URSS "servirá de baluarte seguro contra o capitalismo mundial e realiza um passo novo e decisivo no caminho da união dos trabalhadores de todos os países, numa República Soviética Socialista Mundial". Enquanto a Constituição de Stalin de 1936 não tem semelhantes pretensões, a de Breznev de 1977 (K'77) é um verdadeiro e próprio *programa político* do Partido Comunista.

2. A FASE DO PODER – Mesmo sem deter-nos em discutir sobre até que ponto o modelo soviético do Estado, descrito na *Constituição* brezneviana de 1977 (K'77), está inspirado na doutrina de Hobbes, de Hegel, ou de Marx, de Engels, e também de Lenin, uma coisa parece clara: o enigma da K'77 – no Preâmbulo (§ 13,6) com a expressão "o povo soviético" que dirige "o povo inteiro", o qual está acima do Estado socialista e que é a autoridade suprema – é resolvido no célebre art. 6, que afirma, textualmente:

"O Partido Comunista da União Soviética é a força que dirige e direciona a sociedade soviética, o núcleo de seu sistema político, das organizações estatais e sociais. O PCUS existe para o povo e está a serviço do povo. O Partido Comunista, armado com a doutrina marxista-leninista, determina a perspectiva geral de desenvolvimento da sociedade e a linha da política interna e externa da URSS, dirige a grande atividade criativa do povo soviético, confere um caráter planificado e cientificamente fundado a sua luta pela vitória do comunismo. Todas as organizações de partido operam no quadro da Constituição da URSS".

"O Partido Comunista... é a *força*"; se este termo, tirado do *Estatuto* do PCUS (1961), for associado a "armado" e "luta" – dois outros termos do mesmo texto – torna-se claro o estilo militar, ainda que, à primeira vista, se pense antes que se refiram à força ideológica, política e ética.

"O Partido Comunista... dirige... a sociedade soviética". Os dois termos, "força" e "dirige", não se encontram na Constituição estaliniana de 1936 (art. 126). Diversamente de Stalin, Breznev reabilitou o PCUS, dando-lhe o lugar supremo na sociedade soviética. Ele é a força principal, senão a única, que dirige o povo inteiro, até o *Soviet* supremo e a legislatura, não no sentido de que as funções estatais são transferidas diretamente ao PCUS, mas segundo a clara afirmação que segue: "Ao dirigir a atividade dos *Soviets*, [o PCUS] não os substitui, mas delimita as funções dos órgãos do partido e do Estado... O partido considera que uma de suas tarefas mais importantes é a de consolidar, de aperfeiçoar de todas as formas possíveis o poder dos *Soviets* e de cuidar do ulterior desenvolvimento da democracia socialista" (L. Breznev). Desta maneira, Breznev explica o significado da palavra "dirigir" no discurso sobre o projeto da K'77, tencionando seguir o pensamento de Lenin.

"O Partido Comunista... direciona a sociedade soviética" para objetivos planificados pelo partido. É a ideia de Lenin, Kruschev e Breznev, que Stalin não tinha inserido em sua Constituição de 1936. "Direcionar" significa colocar no caminho correto, encaminhar, guiar com exatidão, segundo a marca totalmente peculiar do PCUS. É a marca de um "magistério infalível", quanto à doutrina; de "absolutez na precisão", quanto à aplicação; de "mistificação", quanto à inteligência e à sabedoria (R.G. Wesson).

"O Partido Comunista... dirige e direciona... o núcleo do sistema político, das organizações estatais e sociais"; esta frase diz muito mais do que se diz na Constituição estaliniana de 1936, onde o próprio partido é ainda "o núcleo diretivo" (art. 26). Se, porém, o PCUS dirige e direciona o "núcleo" (*jadrom*) de todo o sistema político e das organizações estatais e sociais, significa que não resta absolutamente nada que não seja dirigido e orientado pelo partido. E, assim, um passo depois do outro, torna-se claro que é este "povo soviético" que estabelece os direitos, as liberdades e as obrigações dos cidadãos, até "as finalidades do Estado socialista" (Preâmbulo K'77, § 13,6). Trata-se de uma autoridade sem igual.

"O PCUS existe para o povo..." equivale a dizer que, se não houvesse o povo dirigido pelo partido, a própria existência do partido não teria sentido algum. Deste modo, o PCUS é também o "coração do organismo" soviético, "inseparável do povo em seu conjunto". Procurar contrapor partido e povo, afirma Breznev, ou então falar de "ditadura do partido" seria como buscar contrapor, digamos, "o coração a todo o resto do organismo humano". Por "organismo" entende-se o sistema ou o povo? Em ambos os casos, as consequências seriam as mesmas: se sobreviesse um infarto cardíaco, morreriam tanto o sistema quanto o povo, enquanto tais. Exatamente o que aconteceu na DDR, na Hungria, na Tchecoslováquia e alhures (1989/1990): juntamente com o Partido Comunista, desapareceu o sistema.

"O PCUS... está a serviço do povo"; sem dúvida, na medida em que tudo acontece com base na vontade do próprio partido, mas não por vontade e aspiração do povo. Servir ou estar a serviço do povo quer dizer que a tarefa do partido é informar todos os cidadãos do coletivo soviético da maneira mais perfeita possível, segundo os objetivos do partido, a fim de que todos adiram a estes e os sigam segundo a vontade do PCUS.

"O Partido Comunista, armado com a doutrina marxista-leninista...", adquire uma segurança própria. Trata-se da ideologia pela qual são medidas e ajustadas a realidade, a experiência e a práxis. A ideologia marxista-leninista, ou simplesmente pragmatista-materialística do mundo, é quase que divinizada e absolutizada pelo PCUS, de modo a poder justificar e defender suas perspectivas e as determinações para o desenvolvimento da sociedade. Da mesma forma, determinam-se as linhas da "política interna e externa da URSS". Eis por que nenhum outro pensamento político diferente é concebível, segundo a K'77, embora fossem fortíssimas as vozes contrárias e a vontade de mudança, em sentido pluralístico, da plataforma mundial.

"O Partido Comunista... dirige a grande atividade criativa do povo soviético", não somente como um animador carismático do país, mas como uma força propulsora e perfeitamente organizada para a atividade "social e cultural" (art. 19-27), para um "trabalho garantido" (art. 40), para a atividade "científica, técnica e artística" (art. 47), porém sempre "em conformidade com os objetivos da edificação comunista" (art. 47). A própria atividade criativa em todos os campos e níveis da URSS desenvolve-se rigorosamente dentro dos limites concedidos pelo partido, debaixo de sua vigilância e censura múltipla.

"O Partido Comunista... confere um caráter planificado e cientificamente fundado a sua luta pela vitória do comunismo". Tudo é decidido em debates dentro do PCUS. Tanto a planificação quanto a execução têm um caráter "científico", segundo os postulados da concepção materialista do mundo. "Científico" em que sentido? A ideologia marxista-leninista é científica? Uma vez mais, o termo "científico" é aplicado abusivamente.

A vitória final do comunismo acontecerá somente na "terceira" fase de sua evolução, depois da "ditadura do proletariado" e após o Estado "do povo inteiro", que conota já o "socialismo maduro". Nela o objetivo supremo do Estado, do povo, do indivíduo que pertence à sociedade soviética, é a "sociedade perfeita", onde o Estado não será mais necessário nem oportuno, onde o direito desaparecerá e todos viverão uma vida igual em plena "cooperação fraterna" (K'77, Preâmbulo, § 7) e em "amizade" (§ 4). Enquanto a sociedade se encontra ainda a caminho, rumo à terceira fase da evolução comunista, o fim supremo da vida para cada um (como norma da moralidade) é a mesma futura sociedade ateia, ainda a realizar-se.

A Constituição estaliniana de 1936 falava somente da luta do PCUS para "a consolidação e o desenvolvimento do regime socialista", ao passo que a K'77 brezneviana insiste na luta pela vitória do comunismo. Esta diferença entre as duas Constituições é um grande passo à frente rumo ao comunismo.

Pouco antes de ser publicada a nova Constituição, foi acrescentada ao art. 6 a linha 3, sobre as organizações dos PCUS "que operam no quadro da Constituição da URSS" (art. 6, § 3). Seguem-se dois artigos (7 e 8) explicativos: "Os sindicatos, a União Comunista Leninista da Juventude da URSS (*Konsomol*), as organizações cooperativas..." (art. 7), juntamente com todas as demais organizações do PCUS, tornam-se, na nova Constituição, colaboradores e ramos diversos do partido, enquanto na estalinista não tinham ainda um lugar de tanto relevo, com tarefas tão extensas. Este é mais um sinal de que a sociedade socialista, sob a direção do PCUS, está se transformando progressivamente numa sociedade comunista, cujas competências caberão às organizações do próprio partido. Sem dúvida, era um comportamento estranho, o de fechar os olhos diante da realidade concreta que caminhava em direção oposta, preparando já o desmoronamento do socialismo real.

De qualquer forma, da análise da K'77 torna-se claro que, no ápice da pirâmide do poder da sociedade soviética, está o PCUS, cuja supremacia política, doutrinal e ideológica na estrutura do Estado é insuperável. O PCUS é o primeiro fator determinante do Estado e, por isto, está *acima* do Estado, que lhe serve de "instrumento fundamental" (K'77, Preâmbulo, § 1), enquanto a legislação lhe serve de instrumento, subordinado ao Estado. Por conseguinte, o PCUS é também a primeira e suprema fonte dos direitos e das liberdades do homem soviético. Não é de admirar-se que a K'77 brezneviana o denomine "o povo soviético" (§ 13), já que tudo fora do PCUS é não povo, não realidade, não verdade, não liberdade, não inteligência, não vida, não saúde, não humanidade.

3. A FASE DO DECLÍNIO – No Plenário do Comitê central do PCUS, de 7 de fevereiro de 1990, M. Gorbatchev, secretário do PCUS, depois de 72 anos de hegemonia e de monopólio do poder nas mãos do PCUS, proclamava a virada histórica. O PCUS deve, sim, procurar manter a "função condutora", porém não com um ato constitucional ou jurídico, mas antes com seu prestígio moral, agindo concretamente na sociedade soviética. Com isso, de fato, chegou-se à ideia originária de Marx (= partido entre os partidos), ao enfraquecimento do partido onipotente de Lenin, ao arquivamento da grande ambição de Breznev (K'77, art. 6) e, indiretamente, à real perspectiva do nascimento de outros partidos. Pode ser o início de uma verdadeira e nova fundação da URSS, do partido e do Estado, com os três pontos fundamentais da reforma: o surgimento de uma república presidencial, com a indireta abertura para o multipartidarismo, com a democratização da vida interna do PCUS.

O texto integral das teses aprovadas, depois de três dias de dura luta, pelo plenário do comitê central, em 7 de fevereiro de 1990, ainda não foi publicado (quando escrevo o presente artigo, em 6 de abril de 1990), uma vez que deverá ser discutido e aprovado pelo XXVIII Congresso do PCUS, de 2 de julho de 1990, com o suceder-se do Parlamento para a modificação constitucional; mas os pontos essenciais da nova plataforma política do documento são conhecidos, em linha de princípio. Houve uma rajada de anúncios.

O primeiro ponto essencial é justamente a *renúncia* ao célebre *artigo 6* da *Constituição* brezneviana: portanto, o fim do partido-Estado, da hegemonia do poder e do magistério do PCUS, com a abertura, ainda que implícita, para o multipartidarismo. Os comunistas da velha guarda, embora tendo votado unanimemente esta reorientação, não a entendem de modo algum.

O segundo é a virada presidencial, em virtude da qual o governo e o presidente têm os poderes plenos, e não mais o PCUS. Na realidade, a URSS não tem tido um verdadeiro presidente da República. O cargo estatal máximo tem sido a presidência do Soviet Supremo (i. é, do Parlamento), cargo que, nas diversas fases do poder, tem tido significado e atribuições maiores ou menores, mas sempre esteve subordinado ao de chefe do PCUS. Agora, o Presidente que a URSS está prestes a ter possuirá bem outros poderes, embora ainda tenham que ser definidos pelo Parlamento os mecanismos de sua eleição (provavelmente direta) e outras características do governo presidencial. Assim, uma vez mais, na corrida ao poder entre o PCUS e o Estado, mas agora de modo totalmente novo, escolhe-se o Estado e não o partido para completar a grande reforma ou reorientação (*perestroika*) de Gorbatchev.

O terceiro ponto essencial é a vida do PCUS, que deve visar a *democratização* de sua estrutura, através de uma campanha eleitoral interna, portanto, com batalha de candidatos e de programas; sem dúvida, um meio para vitalizar o PCUS, para libertar-se dos velhos sistemas e "equilíbrios" de poder.

O quarto ponto é a *modificação* das estruturas. E também aqui é abalada a pirâmide do poder. Na cúpula do PCUS prevê-se um presidente (em lugar do secretário-geral) com dois vice-presidentes. O Politburo, até agora verdadeiro coração do poder, permanece, mas deverá ser-lhe associado um novo organismo: um *Presidium*, composto dos secretários dos partidos comunistas das 15 repúblicas que compõem a URSS. O Politburo manteria seu primado sobre as questões internas e ideológicas. O *Presidium* teria encargos de comitê político executivo. De qualquer forma, o resultado é a perda de poder por parte do Politburo. Na "pirâmide" comunista deverá *mudar* também o comitê central, que verá reduzir-se o número de seus membros.

Portanto, com esta reforma prevê-se a abolição da "função condutora" do PCUS, indiretamente o pluripartidarismo, o Estado presidencial etc. Após 72 anos de poder absoluto do PCUS, poder-se-á esperar na URSS, finalmente, uma virada total e o sepultamento definitivo do Partido Comunista, como na DDR, na Tchecoslováquia, na Hungria? Será preciso bastante tempo, já que a reforma econômica da URSS, nação enormemente empobrecida, é primordial e urgente; a exigência de independência da parte das repúblicas é legítima, apesar de neste momento histórico ser uma ameaça para o último Estado colonialista do mundo; é imprescindível a modificação, ou melhor, uma nova redação da Constituição, já que toda a sua impostação – e não somente o art. 6 – está inspirada na supremacia do PCUS de estilo leninista-brezneviano.

Bibl. – "Statuto del Partito comunista dell'Unione Sovietica (PCUS) approvato dal XXII Congresso del PCUS (17-31 ottobre

1961), con le parziali modifiche apportate dal XXIII e dal XXIV Congresso", em P. Biscaretti di Ruffia-G. Crespi Reghizzi, *La Costituzione sovietica del 1977.* Un sessantennio di evoluzione costituzionale nell'URSS, Milão 1979, 551-572; "Costituzione (Legge fondamentale) del'Unione delle Repubbliche Socialiste Sovietiche approvata dalla VII sessione (straordinaria) della IX legislatura dei Soviet Supremo dell'URSS il 7 ottobre 1977", em Ibid., 509-547; C.D. Kernig, "Die kommunistischen Parteien der Welt", em C.D. Kernig (ed.), *Sowjetsystem und demokratische Gesellschaft*, Friburgo-Basel-Wien 1969; A. Paglietti, *La costituzione sovietica del 1977 nei suoi precedenti storici e nel quadro del costituzionalismo moderno*, Roma 1980; o texto russo do novo "Estatuto do Partido Comunista da União Soviética", em *Pravda* (7 março 1986), 8; também *Programa*... 6; I. Fuček, "Il sessantennio della morte de Vladimir Il'ič Lenin (1870-1924)", em *Radio Vaticana-Studio* 28 (1984) 15-19; Id., "Il fondamento dei diritti dell'uomo nella Costituzione sovietica", em *CivCatt* (1983) 222-234; Id., "Libertà religiosa nel diritto costituzionale di ispirazione marxista-leninista: confronto col diritto internazionale ratificato dal marxismo-leninismo ufiiciale", em F. Biffi (ed.), *I diritti fondamentali della persona umana e la libertà religiosa*, Roma 1985, 637-641; Id., "Diritti e libertà dell'uomo nell'fateismo ufficiale", em R. Latourelle (ed.), *Vaticano II: bilancio e prospettive, venticinque anni dopo 1962/1987*, vol. II, Assis 1987, 1270-1299.

IVAN FUČEK

MESSIANISMO

I. EXPECTATIVA MESSIÂNICA: 1. *O Messias régio* (50 aC–50 dC) – 2. A *expectativa messiânica segundo os diversos grupos sociais e religiosos* (G. Rochais) – II. CUMPRIMENTO DO MESSIANISMO: 1. *A esperança messiânica (Messianismo régio, sacerdotal, profético, escatológico)* – 2. *Jesus o Messias* – 3. *A fé no messias* (R. Fisichella).

I. Expectativa messiânica

O messianismo propriamente dito, para além do que se tem pensado a propósito, no primeiro século aC e no primeiro século de nossa era, ocupava um lugar relativamente reduzido na escatologia. De fato, estava ligado ao tema mais fundamental do → Reino de Deus, associado por sua vez à prática da *Tôrāh*. Além disto, esta expectativa assumia cores bem diversas, de acordo com os grupos sociais ou religiosos: fariseus, essênios e saduceus não compartilhavam a mesma esperança em relação à vinda do Messias; os textos da diáspora grega, pouco numerosos, não trazem novos elementos para o tema do Messias; em compensação, a concepção messiânica dos movimentos populares, que se produziram com a morte de Herodes o Grande e durante a grande revolta contra Roma, em 66-70, é bem diferente das outras concepções.

Nossa exposição abrangerá duas partes. Na primeira, apresentaremos as constantes que se encontram na esperança messiânica judaica a propósito do Messias régio, comuns aos vários partidos em questão (fariseus, essênios e diáspora grega); constantes verificáveis com base na continuidade presente nos textos pré-cristãos e nos textos subsequentes à destruição de Jerusalém, no ano 70. Este estudo basear-se-á principalmente nos salmos 17 e 18 de Salomão, e nos textos de Qumrân e, quando for o caso, no livro II dos *Oráculos sibilinos* e no *Das bênçãos e maldições* de Filão de Alexandria; os apocalipses do fim do século I (*IV Esdras* e *Apocalipse siríaco de Baruc*), algumas traduções contidas no antigo Targûm palestinense do Pentateuco ou também os *Testamentos dos doze patriarcas* que, em sua redação final, são certamente cristãos, serão utilizados somente para reforçar elementos que podemos datar com segurança. As *Parábolas de Henoc* (1Hen 37-71) não serão levadas em conta, por serem de data incerta.

Na segunda parte, faremos uma leitura diferenciada da experiência messiânica, de acordo com os ambientes (saduceus, fariseus, essênios), para mostrar e opor suas diferentes concepções do messias real. Daremos um lugar bastante importante aos movimentos messiânicos populares anteriores ao ministério de Jesus de Nazaré.

1. O MESSIAS RÉGIO (50 aC–50 dC) – a. *Suas principais características* – O Messias é de origem terrena. Nenhum texto anterior ao fim do século I de nossa era fala de sua preexistência. O Messias é um ser humano, terreno. Isto resulta claramente dos pretendentes a rei, mencionados por Flávio Josefo, que se apresentaram como Messias no século I: Judas ben Ezequias, Simão, Atrongeu, depois da morte de Herodes o Grande (*Ant. J.* XVII, 271-284; *B.J.* II, 4,55-65); ou ainda Menahem ou Simão bar Giora, na época da revolta judaica de 66-70; e, finalmente, Simão bar Koshiba, na época da segunda revolta judaica. O único texto em que Filão de Alexandria fala do Messias indica claramente sua origem terrena: "Pois aparecerá um homem, diz o oráculo (Nm 24,7 LXX), que, guiando os exércitos e combatendo, submeterá as nações grandes e numerosas" (*Das bênçãos e das maldições*, 95). Nos salmos de Salomão, o Messias é realmente um homem da estirpe de Davi, ainda que idealizado (Sal S 17,23-45). Em Qumrân, independentemente do nome que é atribuído ao Messias (Messias de Israel, príncipe das assembleias, rebento de Davi etc.), ele é sempre visto como um ser terreno. Ocorre o mesmo para o Targûm palestinense do Pentateuco (TP Gn 49,10-12; Nm 24,7-29; 24,17-19). No século II, Trifão dirá a Justino: "Todos nós esperamos um Messias, que será homem entre os homens, e Elias, que deverá ungi-lo, quando vier. Se este homem é o Messias, saiba-se bem que ele é homem entre os homens" (*Dial.* 49). A preexistência do Messias ou do Filho do Homem não parece atestada antes do final do século I no IV Esdras e no Livro das parábolas de Henoc (IV Esd 12,31s; 13,26.51-52; 14,7-9; 1Hen 48,1-6; 62,7; cf. 39,6s; 40,5; 46,1-8).

Como homem, o Messias provém da casa de Judá ou da casa de Israel (TP Gn 49,10; Nm 24,17; *Test. de Judá* 24,1-5). A crença mais difundida e popular, ainda que não unânime, é que o Messias será "filho de Davi". Nos Salmos de Salomão, o Messias é chamado "filho de Davi". Em Qumrân o Messias é definido em numerosos textos, segundo a expressão de Jeremias, como "rebento de Davi" (4Qp Is[a] II,21; 4Q *Bênçãos patriarcais* 3-4; 4Q Flor

1,11). Todavia, nos textos messiânicos mais antigos de Qumrân, esta ascendência davídica não é mencionada (4Q 175,9-12; 1QS[a] II,11-22; 1QS IX.11; 1QS[b] V,20-29). Com efeito, parece que a linha davídica se tenha perdido depois de Zorobabel; em razão desta descontinuidade, os mais antigos textos messiânicos de Qumrân teriam, portanto, sido discretos quanto à pertença do Messias-rei à casa de Davi e à tribo de Judá. Já que nenhum filho de Davi era capaz de apresentar credenciais indiscutíveis, tinha que ser fruto de um milagre não só o advento do rei desejado, mas também seu próprio nascimento. A Regra anexa (1QS[a] II,11s) decreta um regulamento de precedência para o tempo "em que Deus fará nascer o Messias". O verbo hebraico, cuja leitura permanece conjectural, indica uma intervenção divina no nascimento do Messias, sem dúvida destinada a compensar a descontinuidade da linha davídica. Finalmente, os pretendentes messiânicos a rei, mencionados por Flávio Josefo, não se situavam na linha davídica, mas aspiravam a um reconhecimento popular, à guisa do próprio Davi, que foi chefe de grupo antes de ser reconhecido rei pelo povo.

b. *A manifestação do Messias. Os poderes de que é dotado* – As características do Messias, de natureza terrena, descendente de Davi no sentido amplo, explicam a terminologia utilizada para falar de sua vinda.

Como homem, o Messias virá (CD VII,20; XIX,10; 4Q *Bênçãos patriarcais* 3; Or Sib III, 49); ou *se levantará* (CD XII.23; XIV.19; XX,1; 4QpIs[a] II,21; 4Q Flor I,11.13). Mas o Messias não virá nem se levantará por si mesmo: é Deus quem *o fará levantar-se* ou que o *suscitará* (I QS[b] V,27; Sal S 17,21; 18,5); ou, ainda, o *fará nascer* (1QS[a] II,11), *o enviará* (Or Sib III,652; V,108). Segundo os apocalipses do fim do primeiro século, o Messias está reservado para o fim dos dias (IV Esd 12,32; 13,26); para falar de sua vinda, diz-se, então, que *será revelado* (IV Esd 7,28; 13,32; Ap Bar 29,3; 39,7...).

Mas, como se manifestará o Messias, como se reconhecerá que ele é enviado por Deus? Segundo a fé popular, atestada pelos evangelhos e nos relatos sobre os profetas messiânicos aduzidos por Flávio Josefo, o Messias ou o profeta messiânico deveria revelar-se e justificar suas qualidades de Messias com milagres. Nada de similar é afirmado nos textos que podemos datar com certeza. Nos textos apocalípticos do fim do primeiro século (IV Esd; Ap Bar), é a própria vinda do Messias o ato decisivo que o revela. A maneira de ele revelar-se – como um leão rugindo que sai da floresta (IV Esd 11,37; 12,31s), como um relâmpago numa nuvem (Ap Bar 53,1.8-11) – não deve ser materializada; trata-se de simples imagens que têm apenas valor simbólico. O Messias será autenticado como Messias por sua própria manifestação e pela obra de juiz, de guerreiro e artífice da paz que empreenderá.

O Messias virá no fim dos tempos. Deus escolheu para seu messias um dia predestinado (Sal S 18,5), que só Ele conhece (Sal S 17,21); fala-se, então, do dia do Messias (IV Esd 13,52), do dia de seu poder (Sal S 109,3 LXX) ou, ainda, de um dia pré-escolhido (Sal S 18,5).

O lugar da manifestação gloriosa do Messias é a Palestina e, particularmente, Jerusalém. Israel e Jerusalém são claramente mencionados nos salmos de Salomão 17 e 18. Sobre o Monte de Sião o último chefe inimigo é conduzido acorrentado, julgado e morto pelo Messias (Ap Bar 40,1-3). É ainda na Montanha de Sião que se levantará o Messias, Filho do Homem, para julgar as nações, vindas a combater contra Ele (IV Esd 13,35-38).

Para que o Messias possa cumprir sua missão, Deus o dotou de qualidades e de poderes especiais. O apocalipse de Abraão, texto de difícil datação, posterior à queda de Jerusalém, resume numa breve frase os poderes do Messias: "Mandarei meu Eleito, que terá em si uma medida de todo o meu poder" (31,1); em outras palavras, todas as características de Deus são concedidas ao Messias, em certa medida. O texto que serve de apoio para todas as referências que se encontram nos Pseudoepígrafos ou nos textos de Qumrân, é Is 11,1-5. Baseando-se neste texto, o salmista escreve: "Com efeito, Deus o tornou forte com um espírito santo e (o fez) mestre com sábia prudência unida à força e justiça" (Sal S 17,37).

O herói escatológico reúne em si as virtudes de um juiz e de um príncipe ideal; sua maior qualidade é a *justiça.* Desde a mais remota antiguidade, é este o ideal da realeza no Oriente. O Messias é um rei justo (Sal S 17,32). Esta justiça se exerce em relação ao povo e às nações (Sal S 17,29.32.40); cada um receberá o quanto lhe cabe; a paz e a ordem serão mantidas (1QS[b] V, 21-23); os pecadores serão punidos, os justos viverão em paz. O termo justiça corresponde parcialmente, nestes textos, ao que se define como justiça também em nossos dias, sobretudo em sua aplicação legal e administrativa, mas a expressão "a justiça do Messias" ou "messias de justiça" (4Q *Bênçãos patriarcais* 3) diz algo mais. Com efeito, o termo justiça está associado, na Bíblia, ao de salvação, de libertação, ao início e à manutenção, por parte do povo, de uma certa qualidade de vida. O Messias fará valer os direitos de seu povo contra os opressores, traidores ou bandidos, mas também contra os pecadores que poderiam existir no interior do povo. Libertá-los-á da escravidão e da opressão; fará reinar a salvação e a liberdade em face de todos os perigos que os ameaçarem; é, com efeito, direito de Israel ser livre, rico e próspero, a primeira entre todas as nações. A justiça do Messias é a salvação de seu povo; justiça e salvação identificam-se.

O Messias será justo e *sábio*; justiça e sabedoria caminham juntas. O Messias, rei justo e sábio, não suporta, portanto, o malvado (Sal S 17,22-29.41). Suas palavras são mais puras do que o ouro precioso; são como palavras de santos em meio aos povos santificados (Sal S 17,43).

À justiça e à sabedoria junta-se a *força.* Estas três virtudes, que provêm do dom do Espírito conferido ao Messias (Is 11,2), são mencionadas juntas nos salmos 17 e 18 de Salomão. O Messias presidirá no tempo da salvação "na sabedoria do Espírito, na justiça e na força" (Sal S 18,17). "Pois o Senhor tornou-o forte como um espírito santo e (o tornou) mestre, com sábia prudência unida à força e justiça. A bênção do Senhor o acompanha e será forte e não se enfraquecerá. Colocará sua esperança no Senhor;

quem é forte em comparação com Ele? Será forte em suas obras e poderoso, graças ao temor de Deus" (Sal S 17,37-40). Na coleção das bênçãos em Qumrân pede-se que "Deus eleve [o príncipe da assembleia] até a altura eterna, como uma torre fortificada, levantada sobre um bastião! e [tu ferirás os povos] com a força de tua [boca]; com teu cetro devastarás a terra e com o espírito de teus lábios matarás o ímpio..." (1QS^{b} V,23-25). No TP Nm 24,7, o Messias é "mais poderoso do que Saul" e em IV Esd é comparado a um leão que sai da floresta rosnando e rugindo diante da águia (11,37; 12,31s).

A origem da sabedoria e do poder do Messias é o *temor de Deus*. Quando este temor de Deus aparece em plenitude, significa liberdade em relação ao pecado, característica sublinhada pelo salmo 17 de Salomão: "Puro de [todo] pecado, de modo a poder governar um grande povo e poder confundir os poderosos e eliminar os pecadores com a força da palavra" (Sal S 17,36). O salmista não tenciona falar neste texto de uma impecabilidade de natureza, mas, segundo a mentalidade judaica, da liberdade do Messias em relação a qualquer ato pecaminoso, coisa possível para os que, vivendo no temor de Deus e iluminados por seu Espírito, podem conformar-se à lei de Deus: em outras palavras, para os que são justos, no sentido bíblico da palavra. "É um rei justo, que Deus instrui e coloca para chefiá-los" (Sal S 17,32). "Segundo aquilo que [os sacerdotes] lhe ensinarão, assim julgará" (4 QpIs^{a} II,27).

O Messias realiza o ideal religioso e moral de Israel (1QS^{b} V.20-29). Sua piedade constitui o próprio coração da religião, desde o início, sobretudo de Isaías em diante: o temor de Deus e a confiança nele impedem-no de cair no pecado de orgulho, que é a característica das nações pagãs que confiam no poder e na inteligência humana; mas Ele "não confiará no cavalo, no cavaleiro ou no arco: não acumulará ouro nem prata para a guerra e não recolherá esperanças para o dia da guerra, fiando-se em muitos. O Senhor em pessoa é seu rei, esperança dele que é forte porque espera em Deus" (Sal S 17,33s). Por possuir a sabedoria e o temor de Deus, pode ser chefe de seu povo e exemplo "quando viverão debaixo do bastão da correção do Ungido do Senhor, no temor de seu Deus, com instrução de espírito e de justiça e de força, de modo a guiar o homem em obras de justiça com temor de Deus e pôr todos eles diante do Senhor, geração boa, com temor de Deus, em dias de misericórdia!" (Sal S 18,7-9). Por ser Ele mesmo santo, pode purificar seu povo do pecado, da impureza e do paganismo, torná-lo santo e dar-lhe esta qualidade religiosa e moral inerente à santidade, de sorte que este povo possa viver uma vida consagrada a Deus (Sal S 17,26-29.32.35s). Finalmente, o dom conferido ao Messias pode ser descrito, segundo a antiga terminologia judaica, com uma única palavra: Ele recebeu uma bênção especial: "A bênção do Senhor o acompanha e será forte e não se enfraquecerá" (Sal S 17,38), por isso, Ele mesmo "abençoará o povo do Senhor com sabedoria unida à alegria" (Sal S 17,35).

c. *O papel do Messias* – O Messias desempenhará essencialmente duas funções: antes de tudo, aniquilar ou submeter os inimigos de Israel e, depois, governar Israel na paz e na santidade. A atividade guerreira e a atividade pacífica do Messias figuram muitas vezes juntas nos textos (1QS^{b} V.20-29; Sal S 17; Or Sib III,652-660; V,414-443; IV Esd 11-12; 13; Ap Bar 53-76); às vezes é mencionada somente a atividade guerreira (CD VII,20-VIII,2; Or Sib V, 108s) e às vezes somente o reino pacífico (Ap Bar 30). A atividade guerreira do Messias é sempre mencionada antes do reino pacífico, exceto na bênção do príncipe da assembleia (1QS^{b} V,20-29).

Quando vier ou aparecer, a função primária do Messias será a de suprimir ou submeter os inimigos de Israel. Em sua oração, o salmista pede a Deus que mande o Messias, "de sorte que possa quebrar os governantes injustos e purificar Jerusalém dos povos pagãos que a pisam com destruição e, com sabedoria de justiça, afastar os pecadores da herança e quebrar o orgulho do pecador como vasos de barro, com vara de ferro esmigalhar toda a sua existência, exterminar os pagãos transgressores com [a] palavra de sua boca, com sua ameaça fazer fugir os pagãos [longe] de seu rosto e punir os pecadores pelos pensamentos de seu coração. E reunirá um povo santo de que será chefe com justiça... Julgará povos e nações com a sabedoria de sua justiça. Manterá os povos pagãos debaixo do jugo, para servi-lo" (Sal S 17,22-25.26.29-30). Segundo Or Sib III,652-654, o rei que Deus mandará "matará uns e imporá aos outros pactos leais". Segundo Or Sib V,418-419, "o homem feliz, descido das planícies do céu... destruiu de cima até embaixo com rios de fogo cada cidade, consumiu os povos dos homens que anteriormente eram malfeitores". Para Filão de Alexandria, o Messias é um estrategista e um herói de guerra que, "guiando os exércitos e combatendo, submeterá nações grandes e numerosas" (*Das bênçãos e maldições*, 95).

Em Qumrân, na bênção do príncipe da assembleia, implora-se a Deus nestes termos: "Que o Senhor [te e]le[ve] até a altura eterna e como uma torre forti[ficada], levantada sobre um bastião! e [tu ferirás os povos] com a força de tua [boca]; com teu cetro devastarás a terra e com o espírito de teus lábios matarás o ímpio... Faça de ferro os teus chifres e de bronze os teus tamancos! Criarás chifres como um to[urinho e pisarás aos pés os povos] como barro da estrada! Pois Deus te colocou como cetro sobre os dominadores... [e todos os po]vos te servirão e ele se fortificará com seu santo nome. E tu serás como um l[eão]" (1QS^{b} V,23-29). No Documento de Damasco, diz-se que o príncipe da assembleia, "na hora de sua vinda, transpassará todos os filhos de Seth" (CD VII, 20-21), isto é, todos os que foram infiéis à reforma do mestre de justiça. Segundo o Pēsher de Isaías, texto muito fragmentário, "o rebento de Davi... dominará sobre todas as nações... e sua espada julgará [todos] os povos" (1QpIs^{a} II,24-25). O precário fragmento de um comentário à bênção de Jacó sobre Judá, em Gn 49,10, que chegou até nós, insistiria no aspecto militar da monarquia messiânica, pelo menos se, com A. Caquot, traduzirmos assim as linhas 2 e 3: "Pois o que está estabelecido é a aliança régia e os milhares de Israel são os soldados de infantaria" (4Q *Bênçãos patriarcais* 2-3). Finalmente, no Florilégio bíblico comentado, o Sl 2,1-2 é aplicado ao combate final das nações contra Israel: "A interpretação desta palavra é que [tumultuarão] os reis das gentes e acamparão no fim dos dias, erguendo-se contra os eleitos de Israel; este é o tempo do crisol que virá..." (4Q Flor I,19-II,1).

Os apocalipses de Esdras e de Baruc, do fim do primeiro século, aguardam igualmente um salvador que aniquilará os inimigos de Israel. Na visão da águia (IV Esd 11,1-12,40) e na visão da floresta e da vinha (Ap Bar 35-40), o Messias aniquila o quarto reino, isto é, o Império Romano. Na visão da águia, o leão, identificado com o Messias (IV Esd 12,13s), "denunciará suas impiedades, repreendê-los-á por suas injustiças, jogará em seu rosto suas pretensões. Fá-los-á primeiro passar em juízo vivos e, depois de ter feito estas acusações, os aniquilará" (IV Esd 12,32s). Na visão da floresta e da vinha, o último chefe do quarto reino é conduzido amarrado ao Monte Sião; e lá "o Messias o censurará de todas as suas impiedades, reunirá e porá diante dele todas as obras de suas assembleias. Depois o matará..." (Ap Bar 40,1s). Na visão do homem que emergia do mar, Esdras vê "uma multidão inumerável de homens que se reuniam dos quatro ventos do céu para combater o homem que havia emergido do mar". Este último esculpiu para si uma grande montanha e voou para ela; os inimigos espantaram-se e, todavia, arriscaram a luta. Quando "este homem viu o assalto da multidão que sobrevinha não tomou nem espada nem nenhum instrumento de guerra, mas [...] fez sair de sua boca como um rio de fogo, de seus lábios um sopro de fogo e de sua língua uma tempestade de centelhas. O rio de fogo, o sopro de fogo e a violenta tempestade vieram juntos, caíram sobre a multidão dos assaltantes prontos a combater e os consumiram todos, tanto que não se viu imediatamente mais nada desta imensa multidão, a não ser a poeira de cinza e um cheiro de queimado" (IV Esd 13,5-11). Segundo a interpretação da visão dada logo depois, no momento da manifestação do Messias todas as nações pagãs que tiverem ouvido sua voz abandonarão seu país e a luta que conduziam entre si, para virem combater contra o Messias. Mas este, depois de tê-las convencido de impiedade e ter mostrado os suplícios com que serão atormentadas, as destruirá com seu decreto, representado pelo fogo (IV Esd 13,32-38). Na visão da nuvem e das águas (Ap Bar 53-76), a perspectiva é mais nacionalista, mais próxima à lei do talião. O anjo Remiel explica a Baruc o sentido da visão das águas negras e luminosas: "Eis aqui o seu sentido: quando tiverem vindo os sinais dos quais te falei anteriormente, as nações serão dispersas e virá o tempo do Messias. Ele chamará a si todas as nações e, entre estas, algumas as fará viver, outras morrer. Eis, pois, o que sucederá a estas nações que devem receber dele a vida. Todo povo que não conheceu Israel e que não pisou aos pés a estirpe de Jacó viverá, pois, entre todas as nações, estão aqueles que se submeterão a teu povo. Mas todos aqueles que tiverem dominado sobre vós ou que vos houverem conhecido, serão passados ao fio da espada" (Ap Bar 72).

Também numerosos textos do antigo Targûm palestinense são muito significativos. Trazem-nos a mesma tradição que encontramos em Qumrân, nos salmos de Salomão e nos apocalipses de Esdras e de Baruc. Basta citar o texto do Targûm palestinense sobre Gn 49,11:

"Como é belo o Rei-Messias,
que deve levantar-se entre os da casa de Judá.
Cinge seus flancos e vai combater contra seus inimigos,
e massacra reis com príncipes.
Tinge de vermelho as montanhas com o sangue de seus mortos,
e embranquece as colinas com a gordura de seus guerreiros.
Suas vestes gotejam sangue:
assemelha-se a um esmagador de uva".

Esta estrofe sobre o Messias-guerreiro aproxima-se de Gn 49,11 e de Is 63,2-3, cuja interpretação messiânica é pressuposta. Ora, tal interpretação é atestada também em Ap 19,11-15; portanto, ela é antiga. Por outro lado, a promessa evoca, antes de tudo, a vinda do Messias (TP Gn 49,10), em seguida seu triunfo na guerra contra os inimigos de seu povo (v. 11) e a prosperidade final de Israel (v. 12). Esta sequência volta a encontrar-se nos textos de Qumrân (1QS^{b}V,20-29), nos salmos de Salomão (Sal S 17,23-43), nos Oráculos sibilinos (III, 652-660) e nos apocalipses de Esdras e de Baruc. A mesma sequência encontra-se também em TP Nm 24,7, onde o essencial da esperança está na libertação nacional, na reunificação dos exilados de seu país e no domínio de Israel. A atividade do Messias-guerreiro é ainda apresentada em TP Nm 24,17-19, texto citado reiteradas vezes em Qumrân, e, finalmente, nos mais recentes Targûm dos profetas (Tg Is 10,27; 11,4; 14,29-30; etc.).

Finalmente, o texto dos Setenta diz, em Nm 24,7, que o reino do homem saído da descendência de Jacó é maior do que o de Gog, dando a entender que o Messias vencerá a Gog, isto é, aniquilará o ataque dos povos contra Jerusalém. A luta contra Gog é citada também no Apocalipse (20,8) e nos Targûm (TJ1 Ex 20,11; TJ1 Nm 24,17; TJ2 Num 11,26).

O Messias é, portanto, o vingador do povo de Israel; é seu libertador (TP Nm 24,7; IV Esd 12,34; 13,26). É também o protetor do povo que terá sobrado (IV Esd 13,49; Ap Bar 40,2).

O Messias proporcionará numerosos bens a seu povo. Há de restaurar Jerusalém e seu templo (Or Sib V, 420-427); reunirá as tribos dispersas (Sal S 17,26.31; IV Esd 13,12s.39-50). E segundo Sal S 17,28, o Messias distribui o povo, reunido nas tribos, pela terra de Israel.

Mas, para além destes benefícios concedidos à nação, espera-se, nesta época, que o salvador escatológico constitua uma nova ordem para os que tiverem sobrado (IV Esd 13,26); que os encha de alegria (IV Esd 7,28; 12,34), lhes mostre, na volta a Israel, um grande número de milagres (IV Esd 13,50), abençoe o povo do Senhor com sabedoria e com alegria (Sal S 17,35), restitua a todos a riqueza que os homens anteriormente lhes haviam subtraído (Or Sib V,416s).

Mais em particular, espera-se, segundo Is 11,1-9, que o herói escatológico exerça um juízo justo em meio à comunidade da salvação e difunda sua justiça sobre os que são salvos. Segundo a coleção das bênçãos, Deus renovará para o príncipe da assembleia a aliança da comunidade, a fim de que restaure o Reino de Deus e a santa aliança, julgue com justiça os pobres e conduza com equidade os humildes do país (1QS[b] V,21-23). Espera-se que guie com justiça um povo santo e que governe as tribos do povo santificado por Deus (Sal S 17,26).

Concederá o salvador escatológico o perdão dos pecados? Na literatura judaica, o perdão é reservado a Deus. A ideia de que o Messias possa trazer o perdão dos pecados com seus sofrimentos expiatórios está excluída. A absolvição do pecado é o resultado de uma atividade judiciária ou administrativa do herói escatológico; não é uma absolvição interior. Diz-se que purificará Jerusalém, santificando-a como nas origens (Sal S 17,30); não vai tolerar que a iniquidade ainda persista entre eles e o homem avesso ao mal não habitará mais com eles (v. 27); censurará os príncipes e destruirá os pecadores com sua poderosa palavra (v. 36); não haverá mais entre os infelizes mortais ações más, nem agressões ao leito nupcial, nem amor criminoso pelas crianças, nem massacre, nem tumulto guerreiro (Or Sib V,429-431); fará pastar a grei do Senhor na fé e na justiça e não permitirá que nenhum dentre eles vacile no pastar (Sal S 17,40); sua missão será a de corrigir Israel (Sal S 17,42; 18,7); assim, dirigirá cada um nas obras da justiça para o temor de Deus, a fim de estabelecer todos na presença do Senhor (Sal S 18,8).

Assim, a comunidade do libertador escatológico é efetivamente uma comunidade de santos; não existe injustiça durante seus dias entre eles: são todos santos (Sal S 17,32); na igualdade guiará a todos e o orgulho não introduzirá tirania em meio a eles (Sal S 17,41); é uma geração boa e temente a Deus (Sal S 18,9), a época final dos santos (Or Sib V,431).

O salvador tem, pois, uma dupla fisionomia: é libertador nacional e político do povo, mas é também o chefe espiritual e religioso; o Messias é ao mesmo tempo rei e salvador, herói político e espiritual. Uma afirmação como a de Jesus em Jo 18,36: "O meu reino não é deste mundo", era impensável na boca do Messias judaico, tal como o descrevem os salmos 17 e 18 de Salomão.

O tempo do Messias será para Israel fundamentalmente um tempo de paz, alegria e felicidade. A paz será grande nos dias do Messias em Israel (Tg Is 11,6) e a felicidade, imensa. Tal felicidade é descrita longamente no apocalipse de Baruc (29; 73-74) e nos Oráculos sibilinos (III, 657-660; V,420-433); é mencionada também nos Targûm (TP Gn 49,12; TP Nm 24,18). Os Padres da Igreja do século II (Pápias, Justino) retomarão estas imagens idílicas e paradisíacas para descrever a felicidade dos eleitos da terra no reino dos mil anos.

Tempo de paz, de felicidade e de alegria para Israel, portanto, este reino do Messias! Mas para as nações, como será? Geralmente pode-se dizer que a atividade salvífica do Messias e de seu reino pacífico é limitada aos israelitas que vivem na Palestina. As nações conhecem o Messias antes de tudo como seu adversário. Segundo a mais tardia afirmação rabínica, o Messias será duro contra as nações e doce com Israel. Segundo Sal S 17,28, o Messias não deixará ficar entre os Israelitas nenhum imigrado ou estrangeiro. Sobreviverão somente as nações que não exerceram domínio sobre Israel (Ap Bar 72,2-6). Lá onde não se supõe o aniquilamento das nações, o herói escatológico aparece como um soberano, que governa todos os povos. Seu poder estende-se à terra inteira (Or Sib II,653s; V,416); mantém os povos pagãos debaixo de seu jugo, para que o sirvam (Sal S 17,30) e julga os povos e as nações em sua justiça (Sal S 17,29). O herói escatológico é reconhecido em toda parte como o soberano do mundo e as nações vêm das extremidades da terra para ver sua glória e trazer-lhe como oferta os filhos de Jerusalém que haviam sido dispersados (Sal S 17,31; cf. IV Esd 13,13).

Muitas vezes a duração deste reino não é mencionada. Contudo, nos apocalipses de Esdras e de Baruc é considerado como um reino temporário (IV Esd 7,26-44; 12,31-34; Ap Bar 29-30; 39-40; 72-74). A duração deste reino intermediário é precisada somente em IV Esd 7,28, mas varia de acordo com as versões: "400 anos", segundo as versões latina e georgiana e a primeira versão árabe; "30 anos", segundo a versão siríaca; "1.000 anos", de acordo com a segunda versão árabe. No fim deste reino, o Messias morrerá com todos os seres humanos. O mundo voltará a seu antigo silêncio por sete dias, como no início, a fim de que não sobre ninguém. Em seguida, no final dos sete dias, o mundo ainda não acordado despertará, e o mundo corrompido será destruído (IV Esd 7,29-31).

Vamos tentar, à guisa de conclusão desta primeira parte, uma síntese da expectativa do Messias entre os anos 50 aC e 100 dC.

Nesse período, esperava-se em certos ambientes (fariseus, essênios, apocalípticos) a vinda de um Messias régio e também de um Messias sacerdote e de um Messias rei em Qumrân. Esta expectativa era mais ou menos compartilhada pelo povo, que parece ter ouvido falar dele nas leituras sinagogais, se acreditarmos que as tradições, contidas no Targûm palestinense, fossem conhecidas no primeiro século; esta expectativa messiânica era conhecida também na diáspora grega. O Messias régio era um ser terreno, mas dotado de poderes sobrenaturais. Os apocalipses do fim do primeiro século dizem que este Messias foi reservado por Deus. Esperavam-se dele duas coisas. Em primeiro lugar, a libertação política de Israel, ou seja, que exterminasse ou submetesse as nações pagãs ou ímpias. Em segundo lugar, que estabelecesse em Israel recongregado uma ordem social justa e conforme às exigências da lei, restituísse ao Estado judaico um prestígio perdido há muito tempo, assegurasse um reconhecimento universal ao Deus único. Este sonho aparecia no horizonte a partir do momento em que era pronunciado o nome do Messias. Mas precisamos observar muitas coisas:

1. A expectativa messiânica está subordinada ao tempo muito mais fundamental do Reino de Deus, ligado por sua vez à prática da Tôrāh. Ela não é independente de tal expectativa escatológica muito mais ampla; é apenas um aspecto que alguns julgam indispensável, mas que outros não levam em conta. Com efeito, para o período que nos interessa, alguns livros importantes não falam do Messias: o *livro da Sabedoria*, a *carta de Henoc* (1Hen 91-107);

também não se fala dele em diversos textos contemporâneos a Jesus: no *Livro das Antiguidades bíblicas*, do Pseudo-Filão, no *Testamento de Moisés*, no *quarto livro dos Oráculos sibilinos*. Filão, como vimos, fala dele uma única vez. Podemos, então, falar de febre messiânica, como fazem muitos autores? Não; é preciso nuançar o conceito: a expectativa do Messias como chefe político e espiritual era apenas uma parte da escatologia judaica, própria de certos ambientes religiosos (fariseus, essênios) e de certos círculos apocalípticos; era conhecida da diáspora grega (Filão, Oráculos sibilinos) e mais ou menos compartilhada pela tradição comum (Targûm palestinense do Pentateuco).

2. A retomada do messianismo do século II aC provém indubitavelmente de pessoas piedosas, os assideus, que resistiram à perseguição de Antíoco IV Epifanes (cf. Dn e 1Hen 90); o messianismo desenvolveu-se em seguida em oposição aos asmoneus. Com efeito, há um elemento curioso: nenhum texto messiânico de Qumrân, com exceção talvez de 1QS^b V.20-29 e 1QM V,1-2, parece ser dirigido contra os romanos. Pelo contrário, todos os textos messiânicos de Qumrân parecem ser dirigidos justamente contra os asmoneus que lhes servem como fator de repulsa; é a partir daqui que se pode explicar a expectativa messiânica em Qumrân, de um ou dois Messias, conforme os príncipes asmoneus assumam ou não a dupla função de rei e de sumo sacerdote. Em compensação, é justamente contra os romanos que são dirigidos os textos messiânicos saídos do ambiente farisaico, dos círculos apocalípticos e da diáspora.

3. Os textos bíblicos sobre os quais se funda esta expectativa messiânica são pouco numerosos e – fato muito significativo – são os mesmos textos que se encontram tanto entre os fariseus, os essênios e os apocalípticos, quanto na tradição comum, representada pelo Targûm palestinense do Pentateuco; trata-se essencialmente de Gn 49,10-12, de Nm 24 e Is 11 e, para os apocalipses, de Dn 7. É altamente significativo que os textos referidos à aliança davídica não sejam citados, sobretudo 2Sm 7 e Sl 110. O Messias é chamado filho de Davi, em sentido amplo, segundo Is 11,1, ou ainda germe de Davi, como Jr 23,5. Como explicar este escasso interesse pela linha davídica carnal do Messias? Não será simplesmente porque não era mais possível encontrar esta filiação? Podemos então supor que se esperava que Deus, com um milagre, reconstituísse esta filiação, revelando ou designando ele mesmo o Messias, ou ainda "fazendo-o nascer" (1QS^a 11,11).

4. O messianismo de nossos textos é puramente nacional, político e religioso. Como se pode conciliar este messianismo com a expectativa de uma salvação verdadeiramente transcendente, expectativa de uma manifestação de Deus mesmo, que se encontra em outros textos? (*Testamento de Moisés, Livro das Antiguidades bíblicas*).

5. Este messianismo, em que pesem certas constantes, é bastante diversificado e é puramente escatológico e ideológico. A função do Messias prevalece nitidamente sobre a pessoa. Por ser ideológico, este messianismo foi capaz de exercer uma influência sobre o imaginário social, onde as representações mentais não são neutras, mas procuram realizar-se, concretizar-se; por isso, ao lado deste messianismo ideológico, desenvolver-se-ão no primeiro século movimentos messiânicos populares, de que fala Flávio Josefo. Existe uma ligação real entre a ideologia nacionalista, política e religiosa, veiculada pelos textos que acabamos de estudar, e os movimentos messiânicos populares; veremos isto na segunda parte.

2. A EXPECTATIVA MESSIÂNICA SEGUNDO OS DIVERSOS GRUPOS SOCIAIS E RELIGIOSOS – O retrato do Messias régio que acabamos de traçar pode parecer bastante uniforme, embora sejam os partidos religiosos que o imaginaram: fariseus, essênios, ambientes apocalípticos e também litúrgicos. Todavia, o estudo comparado das religiões mostrou que é justamente considerando os elementos comuns que se percebem as oposições. Nesta segunda parte pode, então, ser bom comparar esta expectativa do Messias, segundo as diversas tendências religiosas e sociais do primeiro século em Israel: daremos um espaço mais amplo às representações messiânicas em certos movimentos populares.

a. *Os saduceus* – Os saduceus constituem um caso à parte. Não reconhecem o mesmo valor a todos os livros sagrados, mas seria exagerado dizer que só admitem como Escritura o Pentateuco e nada mais. De qualquer forma, a Tôrāh, base do estatuto jurídico reconhecido pelos romanos como já pelos persas e pelos gregos, estava em primeiro lugar nas preocupações dos saduceus; em matéria de *halakāh*, era preciso fundar tudo sobre ela e reservar somente aos sacerdotes a interpretação autêntica, rejeitando a ideia de uma lei oral, cuja autoridade igualasse a da lei Escrita. Os livros não jurídicos – Profetas, Salmos e outros escritos – não podiam invocar o mesmo privilégio. Ora, no âmbito do messianismo, o Pentateuco continha, se lido em nível de texto, apenas um material muito escasso. Os únicos textos messiânicos reconhecidos na época eram Gn 49,10-12 (bênção de Jacó) e Nm 24,17 (oráculo de Balaão). Para interpretar messianicamente estes dois textos, era preciso aproximá-los das promessas feitas a Davi e à sua descendência. Devemos, portanto, recorrer aos livros proféticos e aos salmos. Ora, as promessas messiânicas contidas nos livros proféticos e nos salmos tinham, aos olhos dos saduceus, uma autoridade menor do que as promessas feitas aos patriarcas: promessas relativas à terra santa, à prosperidade material de Israel, à eficácia do culto para obtê-la. Contudo, nada permite afirmar que não esperassem uma manifestação futura do Messias. Mas um messianismo popular, com seus entusiasmos incontroláveis, parecia-lhes um perigo também para a nação. Menahem, o Sicário, que aspirava ao título de rei, foi preso e morto pelo guarda do templo Eleazar, no início da revolta judaica (*B.J.* II, 17,8-10,433-455). Também Simão bar Giora, no início da revolta, convida a partir com o governo provisório de Jerusalém, dirigido pela aristocracia sacerdotal (*B.J.* IV, 9,3,503-504). E, quando a febre messiânica começa a subir em torno de Jesus de Nazaré, Caifás vai declarar que era melhor que um só morresse para que a nação se salvasse (Jo 11,50). E é por denúncia dos saduceus (Jo 11,53) que Jesus será crucificado pelos romanos como Messias popular.

b. *Os fariseus* – Os fariseus ligavam sua esperança messiânica à Escritura inteira, coisa que já os separava dos saduceus. Seu messianismo, bem conhecido graças à continuidade entre os salmos de Salomão, os Targûm e as tradições rabínicas mais tardias, permanece fiel a um messianismo régio fundado nos *Testimonia* escriturísticos. Sua esperança messiânica é fundamentalmente nacionalista. A escolha de Israel e as promessas à dinastia davídica fornecem um apoio ideológico à descrição do Reino de Deus: a realização do Reino de Deus na história gira em torno do cumprimento destas promessas. Tal cumprimento é impossível sem a fidelidade de Israel à Tôrāh. Também a restauração do poder político, graças ao advento do Messias, não tem outro objetivo senão o retorno integral do povo a esta fidelidade. O nacionalismo religioso não é entendido entre eles como uma concepção que inclua Deus; pelo contrário, tem por objetivo o serviço de Deus por parte de Israel e, finalmente, por parte das outras nações que, por sua vez, o reconhecerão e lhe serão submissas.

Esta concepção do messianismo puramente régio separava os fariseus dos essênios e também dos saduceus. Além disto, opunha-se a estes últimos por seu comportamento em relação ao ocupante romano. Qualquer reconhecimento do poder romano como autoridade legítima para os fariseus não entrava em questão; tinham rompido com os asmoneus por fidelidade à realeza davídica; também tinham-se distanciado de Herodes o Grande pela mesma razão; não podiam renegar a si mesmos, reconhecendo o ocupante romano. Todavia, eram contrários à resistência violenta, que só podia trazer prejuízo à nação, pondo em perigo seu estatuto de autonomia cultual e jurídica. Contavam com a observância fiel da Lei para obter de Deus o Messias libertador. Este evidentemente tinha, a seus olhos, uma dimensão política, mas os fariseus não queriam apressar a hora de sua vinda com um ativismo irrefletido. Por isto, durante a revolta de 66-70, dissociaram-se progressivamente da ação militar: uma tradição afirma que Johannan ben Zakkai deixou então Jerusalém sediada para dirigir-se ao território ocupado e preparar a reorganização das instituições nacionais. Dois elementos separam a expectativa messiânica dos fariseus da dos movimentos populares, como veremos: os fariseus esperavam um Messias davídico, como indicam claramente o salmo 17 de Salomão (v. 21) e os Targumim. Os movimentos populares não tinham a mesma concepção do Messias davídico, embora vissem em seus chefes êmulos dignos de Davi. A resistência armada, rejeitada pelos fariseus, tinha nos movimentos populares um fundamento social, econômico e também religioso.

c. *Os essênios* – Não cabe dúvida de que o essenismo esperou com uma certa impaciência o cumprimento das promessas proféticas, em vista da libertação de Israel e da formação de um povo ideal. A teoria dos dois messias, de Aarão e de Israel, assinala com clareza o caráter sacerdotal do partido religioso conhecido através dos textos de Qumrân: o rebento de Davi será subordinado ao sacerdote escatológico, num povo santo cuja vida estará centrada em Jerusalém, no templo e em seu culto (1QS^{a} II,11-17). O papel do Messias régio, que pede diretrizes aos sacerdotes, filhos de Aarão, para submeter sua conduta à lei, é reduzido a uma dimensão política (4QpIs^{a} II,27). Sua função essencial, segundo 1QS^{b} V,23-29), parece ser a guerra santa, que deve libertar Israel do jugo dos pagãos e dos ímpios dentro do próprio Israel. Exatamente como no caso dos fariseus, o nacionalismo religioso domina seus pensamentos, e o Ungido de Israel tinha a seus olhos antes de tudo uma função política. Existe uma abertura muito nítida em relação ao ativismo político, a que a *Regra da Guerra* fornece um programa e um regulamento ideal, se não utópico. É tanto mais estranho o fato de o príncipe da assembleia ser aí mencionado uma única vez (1QM V,l). O messianismo régio, dirigido antes de tudo contra os asmoneus, parece ter tomado mais tarde como alvo os romanos. A arqueologia revelou que o mosteiro de Qumrân foi destruído durante a revolta de 66-70, sinal plausível do fato de que os essênios tomaram parte no combate contra os romanos.

O messianismo dos essênios aproxima-se, portanto, do dos fariseus, por sua dimensão nacionalista e pela função atribuída ao Messias de Israel. Contudo, os essênios parecem mais inclinados à resistência violenta do que os fariseus. A expectativa de um Messias de Aarão, que tem precedência sobre o Messias de Israel, embora revele o aspecto sacerdotal da seita, também os separa dos fariseus. Tudo distingue os essênios dos saduceus, em sua concepção messiânica. Em compensação, dois elementos os aproximam dos movimentos populares: como estes últimos, os essênios parecem propensos à ação violenta, ainda que em contextos diferentes. Além disto, apesar da expressão estereotipada “rebento de Davi”, os essênios não esperavam necessariamente que o Messias de Israel fosse da estirpe carnal de Davi.

d. *Os movimentos messiânicos populares* – A apresentação do Messias oferecida pelas tradições dos fariseus, essênios, saduceus ou apocalípticos é fundamentalmente escatológica e ideológica. Paralelamente a esta expectativa idealizada do Messias, mas não sem relação com ela, existiram na Palestina do século I alguns movimentos populares, que fornecem um testemunho concreto e palpável da atividade messiânica no tempo de Jesus. Existiram entre o povo numerosos movimentos reais, concretos, que foram conduzidos por chefes que se proclamaram ou se fizeram reconhecer como rei; movimentos e chefes que realmente exerceram um poder em certas partes do país. Conhecemos tais movimentos de alguns breves e hostis relatos de Flávio Josefo. Ele de fato não atribuiu importância às conotações religiosas deste fermento bastante intenso; tais movimentos são para ele simples fenômeno anárquico, à margem do judaísmo oficial. Sem dúvida, é difícil avaliar a natureza das aspirações que animavam estes grupos dissidentes, mas algumas constatações se impõem por si mesmas. Parece claro que se devem distinguir estes movimentos messiânicos populares, guiados por um chefe que se apresenta ou se faz reconhecer como rei, do banditismo que na época imperava, dos sicários que se manifestarão somente pelos anos 50; como também dos zelotes, que começaram a fazer falar de si somente no segundo ano da grande revolta judaica, portanto, em 67, e, finalmente, dos movimentos proféticos. Com efeito, excetuada a infeliz tentativa do sicário Menahem, os chefes destes grupos ou os profetas nunca se atribuíram o título de rei. Os profetas apresentaram-se muito mais como precursores da era messiânica e sua pretensão, em geral, durou muito pouco tempo; logo que surgiram, estes movimentos proféticos foram esmagados: assim, Teudas (*Ant. J.* XX, 97-98), o falso profeta egípcio (*Ant. J.* XX, 168-171) e o profeta samaritano (*Ant. J.* XVIII, 85). Pelo intento e pela forma, a manifestação e a ação destes profetas são diferentes dos movimentos populares messiânicos; por isso, é inútil estudá-los, como não vale a pena estudar o banditismo, o movimento sicário ou os zelotes. Vamos, portanto, ater-nos aos movimentos messiânicos guiados por chefes que querem fazer-se passar por rei e que, aos olhos de seus seguidores e sem dúvida também de uma parte da população, foram considerados como tais.

Flávio Josefo afirma que estes movimentos se produziram em dois momentos precisos: por ocasião da revolta que se seguiu à morte de Herodes o Grande e durante a grande revolta contra Roma, em 66-70. Vamos ocupar-nos com três movimentos no momento da subida ao trono de Arquelau: os de Judas ben Ezequias, de Simão e Atrongeu. Flávio Josefo situa estes movimentos, como outras revoltas, imediatamente antes da Guerra de Varrão. Mas é pouco provável que estes fatos tenham ocorrido simultaneamente no ano 4 aC. Antes, parece que Flávio Josefo tenha acumulado artificialmente acontecimentos que devem ter constelado o governo de Arquelau. No texto de Flávio Josefo, estes relatos deixam a impressão de serem transcritos de outra fonte: são intercalados pelo apelo que Sabino, sitiado em Jerusalém, lançou a Varrão, e pela própria chegada de Varrão, embaixador da Síria (*Ant. J.* XVII, 269-285). Dois outros movimentos messiânicos, liderados por chefes que quiseram fazer-se reconhecer como Messias, ocorreram durante a primeira revolta judaica: trata-se de Menahem e de Simão bar Giora. O último movimento messiânico deu-se por ocasião da segunda revolta judaica: trata-se da resistência, conduzida por Simão bar Koshiba, reconhecido como messias pelo Rabbi Aqiba. Estudaremos somente os movimentos que se seguiram à morte de Herodes; examinaremos três pontos: como explicar que alguns chefes de movimentos populares assumiram o título de rei; por que estas revoltas se deram depois da morte de Herodes o Grande; as características desses movimentos.

Flávio Josefo, não obstante o epíteto pouco lisonjeiro que atribui a certos chefes – trata-os como bandidos –, afirma que alguns destes chefes assumiram ou receberam o título de rei. Assim, Judas ben Ezequias ambicionou as honras régias (*Ant. J.* XVII, 274); Atrongeu teve a temeridade de aspirar à realeza e, depois de ter tomado posse, reuniu conselho para decidir o que se devia fazer (*Ant. J.* XVII, 278-281). Como explicar este título de rei, reivindicado por estes chefes de revoltas ou reconhecido a eles por seguidores e por uma parte do povo?

Muitos fatores podem ter influído nisto: podemos notar, antes de tudo, que a antiga tradição da unção ou do reconhecimento do rei por parte do povo, que remonta a Saul e a Davi, pôde durar e renascer no momento das crises. Estes chefes, como aconteceu com o próprio Davi, eram antes de tudo chefes de bandos e de saqueadores. Por outro lado, a linha davídica havia-se perdido depois de Zorobabel, esperava-se de Deus um milagre que suscitasse novamente um rei davídico. Muitos textos dão claramente a entender que Deus mesmo suscitará o Messias da comunidade de Israel, sem que se faça explicitamente menção de sua descendência davídica (1Hen 90,37; 1QS^{a} II,11). Finalmente, os movimentos de revolta deram-se nos momentos de crise: na morte de Herodes e durante as duas revoltas judaicas; é durante os momentos de crise que a esperança messiânica se torna mais forte; pensemos no que aconteceu anteriormente, nos tempos da perseguição de Antíoco IV Epifanes (livro de Daniel e livro dos Sonhos de Henoc), durante a tomada de Jerusalém por Pompeu (salmos de Salomão). Associando estes diversos fatores, pode-se explicar como os chefes destes movimentos de revolta tenham podido assumir o título de rei e também ser reconhecidos como reis por seus partidários e até por uma parte da população. Por outro lado, não se pode esquecer que a pretensão à realeza é explicável também com fatores humanos: ambição dos cabeças de movimentos e desejo de libertação da parte dos seguidores e da população que estes controlavam.

À pergunta por que tais revoltas aconteceram por ocasião da morte de Herodes o Grande pode-se responder facilmente: porque foi um período de crise e a crise reaviva a esperança de libertação. Do ponto de vista econômico e político, o reinado de Herodes foi opressor para as camadas populares judias, especialmente para os camponeses; acontece que o sistema de segurança de Herodes era tão forte e as medidas tomadas tão severas que qualquer revolta era impossível enquanto ele vivesse; em compensação entende-se perfeitamente que tenham explodido, quando ele morreu. Por outro lado, a legitimidade do rei é um fator importante em todas as camadas populares. Aos olhos do povo, Herodes não podia reivindicar nenhuma legitimidade. Era judeu pela metade e exatamente o oposto de um chefe popular. Era um fantoche do poder romano, que precisou conquistar seu reino, portanto, governá-lo com a ajuda das legiões romanas ou dos mercenários, que usava como forças de segurança; o estilo helenístico de sua corte e a burocracia eram estranhos ao povo.

As características destes reis ou messias populares são muito diferentes das do Messias esperado pelos fariseus, pelos essênios ou, mais tarde, pelos apocalípticos. Antes de tudo, estes reis populares são de carne e osso, seres históricos, diversamente do Messias esperado pelos ambientes fariseus, essênios ou apocalípticos. Além disto, são reis populares que conduzem seus partidários a se libertarem efetivamente de um governo estrangeiro e tirânico; querem estabelecer relações sociais mais igualitárias, acabando com os privilégios socioeconômicos de que desfrutavam certas classes sociais.

Estes reis têm as características do povo. São de estatura alta, fisicamente fortes, e corajosos; é o caso de Simão e de Atrongeu (*Ant. J.* XVII, 273.278), como também de Simão bar Giora. Ora, ninguém duvida de que, na tradição popular, o rei escolhido por Deus devesse ser um homem forte ou um guerreiro. Esta imagem do herói ou do rei forte vem da memória do povo. Era a imagem que se fazia de Davi; segundo 1Sm 16,18, o servo de Saul refere: "Eis, vi o filho de Jessé o Betlemita: ele sabe tocar e é forte e corajoso, hábil nas armas, sábio de palavras, de aspecto bonito e o Senhor está com ele".

Estes cabeças populares são de origem humilde; o povo não busca seus chefes nas classes altas. Simão era um escravo do Rei Herodes e Atrongeu um simples pastor, como Davi (*Ant. J.* XVII, 273.278); Judas era filho de um bandido e empunhou as armas quarenta anos depois de o pai ter sido morto por Herodes o Grande. Era provavelmente um camponês, visto mais ou menos como um herói, porque filho de um bandido.

Os partidários de Judas, de Atrongeu e de Simão eram provavelmente camponeses e artesãos; muitos deles eram miseráveis (*Ant. J.* XVII, 271) que certamente haviam perdido suas terras por motivo das duríssimas circunstâncias econômicas da época. Ao dizer que os pereus tinham escolhido Simão como cabeça, por causa de sua loucura, e que combatiam mais com coragem do que com ordem e técnica, Flávio Josefo revela em parte a motivação que animava esta gente (*Ant. J.* XVII, 274-276). Eram organizados em companhias para fins militares, e Atrongeu utilizava seus irmãos como chefes de diversos grupos armados. Ele mesmo reunia o conselho para saber que decisões tomar (*Ant. J.* XVII, 280-281).

Os objetivos destes movimentos messiânicos eram dois: libertar-se da dominação romana e herodiana e restabelecer o antigo ideal de igualdade social. Flávio Josefo refere que incendiaram os palácios reais de Séforis e de Jericó, não somente para se vingarem da tirania herodiana e obterem armas, mas também para reaverem os bens que lhes tinham sido tomados pelos funcionários de Herodes, que os haviam amontoado lá (*Ant. J.* XVII, 274; *B.J.* II, 4,257). Indubitavelmente, também eles faziam saques contra as vilas burguesas; seu sentimento de frustração, suportado por longo tempo, e a exploração de que haviam sido vítimas assumiam a forma de levantes camponeses, de anarquia que, afinal, visava a igualdade.

Estes movimentos, fundados numa aspiração à igualdade de natureza religiosa, e cujos cabeças eram vistos como reis, eram mais sérios do que as sublevações ou do que os bandos de saqueadores. Foram movimentos que assumiram o controle de algumas partes do país, em suas respectivas regiões: a Galileia, a Judeia, a Pereia. Sobretudo na Judeia, o movimento guiado por Atrongeu continuou durante um certo período, antes que as forças romanas ou herodianas chegassem a submeter as diversas companhias de seus partidários. Arquelau, finalmente, persuadiu o último dos irmãos a render-se; mas isto aconteceu somente muitos anos depois da revolta (*Ant. J.* XVII, 281-284).

A concepção messiânica destes movimentos populares diverge consideravelmente das concepções dos vários grupos religiosos da época. É totalmente oposta à concepção saduceia. Os saduceus são os inimigos contra os quais lutam os revoltosos, tanto quanto contra os romanos. Por outro lado, os movimentos populares, ao oposto dos fariseus e dos essênios, não esperam um Messias: escolhem e seguem um, com quem os partidários empreendem as lutas de libertação; a utopia cede lugar à prática. Mas seu ideal messiânico não pode ser tão diferente da imagem que os fariseus se fazem do filho de Davi. O que, segundo o Sl 17 de Salomão, os fariseus esperam do Messias, os movimentos populares querem realizá-lo já agora; a guerra escatológica de libertação tornou-se guerra atual; será seguida pela libertação e por uma era de justiça; pelo menos é isto que esperam, este é o motivo que os impulsiona à luta. A necessidade em que se encontram dá a sua fé mãos e braços para combater. Se a motivação religiosa que os anima não é clara, não se pode todavia negá-la e, quando Flávio Josefo os trata como bandidos, não se devem tomar suas afirmações como totalmente confiáveis.

As concepções messiânicas do tempo de Jesus eram mais diversificadas do que permite supor uma análise esquemática das principais correntes. As esperanças no futuro podiam assumir formas bastante diversas; nem todas eram messiânicas, como vimos. Alguns ambientes encontram refúgio na direção de um sonho muito dissociado da política. O *Testamento de Moisés* constitui um bom exemplo disso. Além disso, as concepções sobre o mundo futuro, mundo que deveria suceder à ação libertadora do Messias, situavam-se também elas dentro de um espectro muito variegado, em que as tendências espiritualizantes confinavam com concepções muito temporais. O modo de conceber o Reino de Deus, frequentemente ligado à concepção messiânica, não era menos diversificado. Jesus devia ter-se referido às crenças e às esperanças de seus contemporâneos. A impressão de uma certa indefinição, deixada por alguns textos evangélicos, a propósito da consciência messiânica de Jesus, explica-se com este pano de fundo. Como teria Jesus podido definir-se claramente como Messias, quando a própria palavra messias podia evocar concepções tão diferentes? Se assim é, coloca-se inevitavelmente um problema: Por que os primeiros cristãos se sentiram obrigados a sintetizar sua esperança num título que, unido ao nome de Jesus de Nazaré, acabou sendo sistematicamente associado a ele: Jesus Cristo? Por que motivo a primeira geração cristã não acreditou poder manter-se fiel a Jesus, senão designando-o de uma forma que, da parte dele mesmo, havia suscitado, senão uma recusa, pelo menos graves reservas e que, no ambiente palestinense, só podia gerar confusões? É o título que Jesus carregou no alto da cruz: "Rei dos judeus", isto é, Messias; com a morte e ressurreição, o significado do termo "messias" tinha que ser transformado. É por isso que, em face de qualquer messianismo guerreiro ou glorioso, secular ou religioso, os cristãos proclamam o que, no tempo de Jesus, era impensável: "Nós pregamos Cristo crucificado, escândalo para os judeus, estultície para os pagãos; mas, para aqueles que são chamados... pregamos Cristo poder de Deus e sabedoria de Deus" (1Cor l,23s).

Bibl. – M.-J. Lagrange, *Le messianisme chez les Juifs*, Paris 1909; H. Gressmann, *Der Messias*, Tübingen 1927; P. Volz, *Die Eschatologie der jüdischen Gemeinde*, Tübingen 1934; L. Cerfaux (ed.), *L'attente du Messie*, Paris-Tournai 1954; J. Klausner, *The Messianic Idea in Israel*, Londres 1956; S. Mowinckel, *He That Cometh*, Oxford 1956; A.S. Van der Woude, *Die messianischen Vorstellungen der Gemeinde von Qumran*, Assen 1957; M.-A. Chevalier, *L'Esprit et le Messie dans le Bas-Judaïsme et le Nouveau Testament*, Paris 1958; E. Massaux (ed.), *La venue du*

Messie, Paris-Bruges 1962; Vários autores, *Il Messianismo*, Brescia 1966; P. Grelot, *L'espérance juive à l'heure de Jésus*, Paris 1978; A. Caquot, "Le messianisme qumrânien", em M. Delcor (ed.), *Qumrân. Sa piété, sa théologie et son milieu*, Paris-Louvain 1978, 231-247; J. Coppens, *La Relève apocalyptique du Messianisme royal*, Louvain 1979; M. Pérez Fernandez, *Tradiciones mesiánicas en el Targûm Palestinense*, Valencia-Jerusalem 1981; H.J. Greshot (ed.), *Jesus-Messias? Heilserwartung bei Juden und Christen*, Regensburg 1982; E.M. Laperrousaz, *L'attente du Messie en Palestine à la veille et au début de l'ère chrétienne*, Paris 1982; R.A. Horsley, "Popular Messianic Movements Around the Time of Jesus", em CBQ 46 (1984) 471-495; J. Neusner, "Messianic Themes in Formative Judaism", em JAAR 52 (1984) 357-374; L. Ruppert, "Die alttestamentlich-jüdischen Messiaserwartungen in ihrer Bedeutung für Jesus und seine Zeit", em MThZ 35 (1984) 1-16; R.A. Horsley-J.S. Hanson (ed.), *Bandits, Prophets and Messiahs: Popular Movements in the Time of Jesus*, Minneapolis-Nova York 1985; R.A. Horsley, "Menahem in Jerusalem. A Brief Messianic Episode Among Sicari", em NT 27 (1985) 334-348; E. Nodet, "La dédicace, les Macchabées et le Messie", em RB 93 (1986) 321-375; A. Dupont-Sommer--M. Philonenko (ed.), *La Bible. Écrits intertestamentaires*, Paris 1987; H. Cazelles, *Il Messia della Bibbia*, Roma 1987; W. Harrelson, "Messianic Expectations at the Time of Jesus", em *StLukeJournTheol* 32 (1988) 28-42; S. Isser, "Studies of Ancient Jewish Messianism: Scholarship and Apologetics", em *JournEcumStud* 25 (1988) 56-73; P. Sacchi, "Esquisse du développement du messianisme juif à la lumière du texte qumrânien II Q Melch", em ZAW-Suppl 100 (1988) 202-214; J.H. Charlesworth, *Jesus Within Judaism. New Light from Exciting Archaeological Discoveries*, Londres 1989.

GÉRARD ROCHAIS

II. Cumprimento do messianismo

O messianismo constitui para a Teologia Fundamental um dos temas mais qualificantes e ao mesmo tempo mais difíceis. Pois nele convergem tanto resultados entre os mais díspares da pesquisa bíblico-teológica quanto elementos que derivam do judaísmo, como também dados peculiares da teologia neotestamentária. Todos eles, de alguma forma, buscam realizar uma síntese em torno deste único centro.

Se para alguns o messianismo representa um dado relativo na identificação de seu credo religioso, para outros, ao invés, constitui o elemento fundante em torno do qual se move a novidade da fé. Efetivamente, estamos frente a um fenômeno que permite manter unidos o AT e o NT; pois o messianismo é, essencialmente, sinal de uma esperança que nunca falhou.

Poderíamos dizer que, à sombra do messianismo, transcorrem quase quatro mil anos de história religiosa. Durante os primeiros dois mil, um povo esperou, de maneiras diversas, que a promessa feita se realizasse; para os dois mil anos subsequentes, um outro povo, novo, conquanto aprofunde suas raízes no antigo, proclama que a promessa foi mantida e que, em Jesus de Nazaré, se realizou em caráter definitivo.

O fenômeno do messianismo, como uma realidade religiosa, não é específico de Israel. Deparamos formas de messianismo também no antigo Egito, na Mesopotâmia e na Grécia. Todavia, é peculiar de cada povo e cultura compreender, viver e exprimir fenômenos comuns, com traços e mediações que são próprios a cada um. Neste sentido, pode-se dizer que o messianismo é criação original de Israel, por ter sido realizado de maneira a encontrar, nas formas religioso-políticas do povo, algumas características que o tornam peculiar em relação a outras formas messiânicas.

1. A ESPERANÇA MESSIÂNICA – O hebraico *mashîah*, com o correspondente aramaico *meshiha*, é o particípio do verbo *masahah* e significa ungido. O grego o traduzirá com χριστός (*christós*), que será latinizado em *christus*. Indica preferivelmente o rei ou o sumo sacerdote, mas em diversos casos é utilizado para representar um sujeito com funções específicas, como o profeta (1Rs 19,16), ou um rei estrangeiro, como no caso de Ciro (Is 45,1).

O Messias é, pois, o ungido, aquele que age segundo a vontade de Deus. Assim como o óleo levado para a unção é peculiar, em conformidade com a lei (Ex 30,22-32), da mesma forma quem é ungido com este óleo é considerado como uma pessoa a quem são confiados encargos especiais, ou melhor, consagrada para realizar em meio ao povo uma missão específica.

Para o AT, o Messias possui uma conotação particular. Em torno desta definição escondem-se diferentes ideias e diversas aspirações. O messianismo indica, antes de tudo, uma concepção peculiar de história, voltada para um cumprimento; exprime, depois, a esperança de uma salvação que será dada; reflete, finalmente, a expectativa de um libertador ou a instauração de um novo sistema político.

Em torno do mesmo termo, portanto, confluem acentuações e significados diferentes, que se movem entre coordenadas tanto de caráter religioso quanto político, típicas de um sistema teocrático. Este deslizamento de significados não permite termos um conceito absoluto e monolítico de messianismo para o AT; na base, como se fora um denominador comum, é possível somente ver o sentimento de esperança de um povo que, em diversas épocas, sob a mutação dos eventos históricos, concretizou desta forma a aspiração de ser guiado por uma pessoa justa e iluminada.

Uma teologia do AT, conservando esta pluralidade de significados, pode mostrar diversas teologias de messianismo, que se foram formando ao longo dos séculos. Podemos descrever pelo menos quatro delas: régia, sacerdotal, profética e apocalíptica.

a. *Messianismo régio* – Esta é certamente a ideia que mais do que qualquer outra se impõe na história de Israel. A partir da profecia de Natan a Davi (2Sm 7,1-16), a dinastia régia começa a fazer parte da tradição sacral de Israel. Os títulos que anteriormente eram atribuídos ao povo, para indicar seu ser "eleito", "escolhido" e "consagrado" para prestar culto a Deus, agora são aplicados ao rei. Este torna-se doravante o parceiro de uma relação privilegiada com Jhwh; com Ele faz-se uma aliança nova, sinal de um renovado empenho de Deus no sentido de salvar seu povo.

Para além de uma imediata concretização da figura messiânica, que podia ser sugerida pelo nascimento do herdeiro do trono na dinastia davídica (neste contexto, o nascimento de Salomão de Betsabeia, cf. 2Sm 12,13), a profecia abre o caminho que permite entrever uma promessa que vai além daquele momento histórico específico e que progressivamente se impõe em Israel como a esperança de um renovado compromisso de Deus de intervir a favor de seu povo.

Os assim chamados "*Salmos régios*" (Sl 2.18.20.21.45.72. 89.101.110.132) constituem o exemplo clássico de uma releitura não mais apenas em chave política, mas também espiritual, desta esperança messiânica que se instaura em Israel. A figura do Messias régio transforma-se progressivamente até ser Ele identificado não mais como o último da série de reis na dinastia davídica, mas como o modelo do rei perfeito, daquele que reinará segundo a vontade de Jhwh.

b. *Messianismo sacerdotal* – O período do pós-exílio, com a morte de Zorobabel, último rei da dinastia davídica, assinala uma nova reflexão no tocante à esperança messiânica. A pessoa do sumo sacerdote, que começa a condensar em si os poderes civis, militares e espirituais (cf. Zc 6,9-15), representa agora a mediação privilegiada, tanto da aliança quanto da promessa de salvação.

Assim como ao rei davídico fora prometida uma aliança eterna, da mesma forma agora os autores sagrados inserem nas tradições (Ex 40,15; Nm 25,13) a promessa de um sacerdócio eterno, feita a Aarão e a toda a casa sacerdotal.

Na proximidade do período neotestamentário, a derrota dos Macabeus vai repropor esta leitura messiânica, que será confirmada, entre outras coisas, pela interpretação que em Qumrân se dava do duplo messias: o davídico e o "messias de Aarão", que seria o novo sacerdote, o ἀρχιερεύς χριστός (*archieréus christós*), o mediador único e definitivo da aliança.

c. *Messianismo profético* – O profetismo é uma realidade peculiar de Israel. Nas diferentes épocas históricas, representa a consciência crítica que vigia pela pureza da fé. Com a monarquia, os profetas serão sinal de uma autoridade superior à do rei; no período do exílio eles se transformarão numa presença consolatória para o povo e, no pós-exílio, condensarão em sua pregação a mensagem da salvação.

O "dia do Senhor" permanece como a síntese da mensagem dos profetas, porque evoca, ao mesmo tempo, a obrigação sobre a observância da Tôrāh por parte do povo, e a inalterada fidelidade de Jhwh a sua promessa.

A figura de Moisés, que ficará sempre na história de Israel como a imagem prototípica do profeta, marca também a esperança de que, no futuro, surgirá alguém como ele, capaz de renovar os sinais e os prodígios do êxodo (Dt 18,15-18).

O ano de 585 constitui o momento culminante da crise do povo. Num único momento, a história de Israel parece tocar o fundo do poço, a ponto de considerar-se concluída. A destruição do templo, a deportação e o exílio e o desmoronamento da monarquia parecem destruir num instante a esperança de sempre.

As figuras de três profetas – Jeremias, Ezequiel e o Dêutero-Isaías – são as únicas vozes que surgem e representam o violento apelo à esperança na salvação, apesar de o sentimento de desconfiança e ceticismo mais profundo se ter aninhado nos ânimos do povo inteiro. No tocante ao cumprimento da expectativa messiânica, o olhar agora se desloca para além da que fora a primitiva tradição régia. Com efeito, começa-se a falar da realização da promessa, mas não mais na ordem de uma descendência davídica e sim, antes, em relação ao povo inteiro (Is 55,1-5).

O Dêutero-Isaías é o profeta que, mais do que qualquer outro, fornece neste momento a imagem mais condizente com a esperança messiânica. Partindo de sua própria experiência de vida, orienta a olhar para além de si mesmo, a fim de revelar a imagem de um profeta futuro, que realizaria plenamente a missão profética.

No "livro da consolação" (Is 40–55), encontramos quatro trechos de elevada poesia, comumente chamados de "cantos do servo de Jhwh". Ainda não existe concordância entre os exegetas sobre a subdivisão destes textos; todavia, uma leitura *minimal*, que é de consenso geral, pode ser assim representada:

1º canto – Is 42,1-4: nesse texto, descreve-se a *missão* do profeta. Ele é um eleito, *ungido*, que recebeu a missão de anunciar o direito de Jhwh;

2º canto – Is 49,1-6: descreve-se, aqui, a resposta do servo; a algumas anotações de caráter biográfico corresponde a difícil situação histórica em que o povo se encontra;

3º canto – Is 50,4-9a: com um apelo no estilo das lamentações de Jeremias, o servo exprime aqui sua confiança em Deus, que o libertará dos sofrimentos;

4º canto – Is 52,13–53,12: exprime a vitória do servo. Em traços progressivos, é revelado o sofrimento do profeta: primeiro, silencioso e dócil; em seguida, cansado e humilhado; depois, maltratado e ridicularizado; finalmente, desfigurado a tal ponto pelo sofrimento e pelos ultrajes que nem sequer se consegue mais reconhecer-lhe seu rosto humano. Seu sofrimento e sua morte são descritos como *vicários*, isto é, suportados em lugar do povo, para que a vitória e a salvação possam vir de modo definitivo.

A importância que estes trechos assumem para a teologia é determinada pela leitura neotestamentária que deles foi feita. Efetivamente, na tentativa de explicar o mistério de sua própria morte, à luz do evento salvífico, o próprio Jesus utilizou a figura do servo sofredor como sua mediação peculiar de revelação (→ Cristologia: títulos).

d. *Messianismo escatológico* – Com a inserção, em Israel, da leitura apocalíptica, também a esperança messiânica adquire uma nova mediação.

As figuras que a devem exprimir não são mais tiradas do terreno da história específica do rei, do profeta, do sacerdote ou do povo, mas da intervenção do próprio Deus. Por isso, o messianismo escatológico faz referência à misericórdia de Deus que, agora, optou por intervir no sentido de salvar o povo mediante seus próprios representantes.

O anjo de Jhwh, o *mal'ak Jhwh* (cf. Ex 23,22; Nm 22,22-35; Ml 3,1-2), representa a concretização da concepção apocalíptica no período anterior ao exílio. Deparamos o anjo de Jhwh, nos textos sagrados, em forma dupla: em alguns casos, é identificado com a própria presença de Deus (ex. Gn 16,11; 31,11[E]; Ex 3,2[J]; Nm 22,22-35); em outros, ao invés, é distinto dele, mas representa seu mediador mais qualificado, a ponto de que desobedecer ao anjo equivale a desobedecer ao próprio Jhwh (Ex 23,22).

Um segundo exemplo é dado pela personificação da sabedoria (Pr 1,20-23; Sir 24,10), de que se fornece uma descrição que recolhe as funções específicas do rei, do sacerdote e do profeta. Com efeito, ela "prega" e "chama à conversão" (Pr 20,20-23), típica atividade do profeta; presta seu serviço diante de Deus (Sir 24,10, onde se usa o verbo λειτουργεῖν = *leitourgéin*), serviço peculiar do sacerdote; e, finalmente, é descrita como "gerada", "ungida" por Deus (Pr 8,12-36), como no caso do rei davídico.

Uma última figura é dada pelo Filho do Homem, na visão de Dn 7,13-14, que encontrará plena ressonância no uso neotestamentário, pelo fato de representar a única forma que se encontra sempre – e somente – nos lábios de Jesus de Nazaré, que a privilegia como expressão para esclarecer sua consciência messiânica.

2. JESUS, O MESSIAS – Estas diversas concretizações de uma única esperança revivem, nos tempos de Jesus, de modo especial. A comunidade de Qumrân seguramente desempenha um papel peculiar em sua identificação do Mestre de Justiça com o Profeta escatológico de Dt 18,15. Os fariseus e os diversos partidos da época, por seu turno, mantêm viva a expectativa de uma libertação mais ou menos imediata; finalmente, não faltam traços de fanatismo, que se encarnam em alguns personagens específicos (pensemos nos zelotas como Teudas, ou no "egípcio" de que se faz menção em At 21,37-38).

Euforia religiosa popular, descontentamento pela escravidão romana, obrigação de observar leis ditadas por culturas pagãs, juntamente com a raiva pelo pagamento de impostos, que acabavam enriquecendo só os estrangeiros, constituem uma base suficiente para entender que a esperança messiânica contemporânea a Jesus assume as características de uma expectativa de libertação de todas estas formas de injustiça.

A expectativa de um líder político, capaz de congregar em volta de si consensos para a subversão da situação de escravidão e opressão, é, pois, a que mais se impõe como dado de síntese e chave de compreensão deste momento histórico (→ Messianismo, I).

Com certeza, Jesus nunca se definiu com o título de Messias. Existe uma conformidade tal em sua atitude, que revela uma fuga constante de toda fórmula que possa defini-lo com clareza. A expressão Filho do Homem (→ Cristologia: títulos) é a única que encontramos em sua boca e que pode ser aceita como histórica, justamente pela fluidez de significados que contém em si.

Contudo, os textos neotestamentários propõem reiteradas vezes o título de messias que, progressivamente, é utilizado como sendo o nome próprio do Mestre. Com este fato, estamos diante de um fenômeno de evolução semântica dos mais impressionantes: o sentimento genérico de esperança torna-se proclamação precisa de um evento e esta, em seguida, serve de suporte para uma fé que já transforma o adjetivo "cristo" num nome próprio, para atribuí-lo a uma pessoa histórica: Jesus de Nazaré.

Estas passagens não podem ser apenas o fruto da fé de alguns homens e mulheres. Como filhos de seu tempo, também eles estavam ligados à condição cultural-religiosa do povo e, portanto, sua concepção messiânica não podia ir além dos limites de uma libertação política.

Mas o messianismo com que o NT nos põe em contato é de outra natureza; é profundamente original e está em descontinuidade total com a expectativa que o povo vivia naquele momento.

Com o messianismo neotestamentário, a esperança genérica de antigamente revela-se, ao invés, radicada na concretude da palavra de um sujeito histórico que, de modo peculiar, exprime sua consciência de ser a intervenção definitiva de Deus em meio a seu povo e o cumprimento das promessas do passado; mais ainda, com sua vinda e sua pessoa, Ele afirma que se está inaugurando o reino messiânico esperado.

Em nível geral, uma primeira impressão que se colhe dos evangelhos é a profunda discrição com que é tratado o título de messias. Particularmente no Evangelho de Marcos, é possível notar que repetidas vezes Jesus mesmo impõe silêncio àqueles que gostariam de professar a fé em sua messianidade (cf. Mc 1,34; 1,43-44; 3,12; 5,43). Este fato é conhecido sob o nome de *segredo messiânico*.

O primeiro que teve que explorar esta pista foi, nos inícios do século, W. Wrede (*Das Messiasgeheimnis in den Evangelien*, Göttingen 1901). Fundando-se no texto de Mc 9,9, sustentava que a imposição do silêncio sobre a messianidade de Jesus era uma criação da comunidade primitiva que, desta maneira, podia justificar tanto sua pregação atual quanto também a absoluta falta de consciência messiânica em Jesus.

Os estudos subsequentes mostraram a parcialidade das teses de Wrede e sua leitura por demais radical; entre os autores mais representativos, podemos recordar O. Cullmann e V. Taylor, do lado protestante, e E.J. Sijöberg e G. Minette de Tillesse, do lado católico. Com estes estudos, a temática do segredo messiânico foi melhor ancorada nos dados que provêm da história de Jesus de Nazaré. Com o pedido de silêncio, Jesus quis proteger e conservar a peculiaridade da interpretação messiânica de sua mensagem e evitar que seus contemporâneos a entendessem erroneamente.

Certamente Marcos, diversamente dos demais evangelistas, assumiu como sua característica peculiar e estrutura literária o segredo messiânico, mas isto em fidelidade ao que havia sido expresso por Jesus mesmo.

Em nível mais específico, é possível detectar alguns textos exemplificativos, que permitem compreender mais diretamente a consciência messiânica expressa por Jesus.

– Um dos textos basilares a propósito é constituído pelo *lógion* reproduzido por Mt 11,2-6 (Lc 7,18-28).

O Batista, na prisão, através de seus discípulos, manda perguntar a Jesus, em termos inequívocos, se Ele é o Messias.

A fórmula da pergunta, que utiliza o particípio presente ὁ ἐρχόμενος (*ho erchómenos*), reflete uma concepção popular de expectativa messiânica. Que se trata de tal expectativa, confirma-o toda a pregação de João Batista e o próprio tom de sua mensagem. Com efeito, falando de sua missão, João a vê propedêutica à de "alguém que vem depois de mim" (Mt 13,11), que tem na mão a pá para limpar a eira, recolher o grão e queimar a palha no fogo (Mt 3,12, com referência a Is 41,16 e Jr 15,7).

O Batista, portanto, pede *explicitamente* a Jesus que se manifeste sobre a identidade de seu messianismo: É Ele o juiz escatológico que finalmente vai trazer a salvação, premiando os justos e castigando os pecadores, ou deve-se continuar a esperar outro?

A resposta de Jesus (Mt 11,4-5) só aparentemente se apresenta evasiva. Com efeito, estamos diante de uma evidente e clara resposta dada ao Batista, mas não na lógica deste último, e sim na perspectiva que revoluciona por completo sua concepção messiânica.

Efetivamente, o apelo e a referência às "*obras* do cristo" não deixam dúvidas sobre a consciência de Jesus, ao indicar que Ele é o Messias; remetendo, porém, às obras que está realizando, Ele evidencia que seu messianismo situa-se em um nível diferente: não a punição e a violência, mas a misericórdia e o perdão tornam-se os sinais distintivos de seu messianismo.

A inesperada bem-aventurança que conclui esta cena confirma esta leitura. Proclamar alguém "bem-aventurado" significa, antes de qualquer outra coisa, torná-lo participante do reino messiânico; mas aqui Jesus vai além. Pois pede ao Batista que não pare em sua concepção messiânica e, portanto, que não encontre "escândalo", isto é, tropeço, na aceitação de uma nova modalidade de realização, a que Ele está encarnando e que decorre da vontade do Pai.

Esta perícope, de clara conotação messiânica, revela a evidente tomada de posição de Jesus, quanto ao messianismo. Ele é certamente "aquele que deve vir", mas realizará o juízo definitivo de Deus de outro modo. A arcaicidade do relato (estamos na presença de um *apóphtegma*), associada a uma profunda *descontinuidade* com a mentalidade da época, só pode confirmar a historicidade do fato.

– Um outro exemplo é dado por Mc 8,27-30: Pedro, em nome dos doze, expressamente professa a fé messiânica em Jesus.

Uma análise do texto mostra que, já em nível redacional, Marcos parece construir seu Evangelho de modo a querer chegar passo a passo exatamente a este ponto. Toda a primeira parte (1,1–8,26) está orientada para o v. 29; toda a segunda (8,34–16,20) é esclarecida por este último.

Tudo parece confluir para a descrição da cena de Cesareia de Filipe: um. indício literário mostra que o termo χριστός (*christós*), anteriormente, é usado somente em 1,1; encontram-se alguns relatos "tipológicos", como as perguntas de Herodes (Mc 6,14-16) e a cura do cego de Betsaida (8,22-26), que parecem criados intencionalmente para favorecer o paralelo com esta cena; numa palavra, com este trecho estamos diante do coração do Evangelho de Marcos.

Jesus pergunta aos discípulos o que o povo pensa do Filho do Homem; depois de várias respostas, que exprimem as diferentes expectativas, Pedro professa: "Tu és o Cristo". Jesus, também neste caso, não recusa o título; mas, como é costume, especialmente para Marcos (cf. o segredo messiânico), impõe silêncio aos discípulos.

A partir daqui, porém, seu ensinamento, que antes tinha um caráter genérico, torna-se explícito e claro (Mc 8,31). Jesus começa a falar dos sofrimentos e da morte do Messias, imagem que contrasta ainda mais, se pensarmos que é usada a expressão Filho do Homem, que lembrava diretamente a glória e o poder do Messias escatológico. Que este ensinamento seja mal-entendido e não seja aceito, evidencia-o a reação do próprio Pedro (Mc 8,32-33: *lógion* certamente histórico, dada a reprovação tão dura de Jesus para com Pedro; impensável para a comunidade primitiva, que aceitava Pedro e o venerava como o primeiro dos apóstolos), como o evidenciam também o abandono e o medo de alguns discípulos (Mc 10,32; Jo 6,66).

A cena de fé messiânica chegou-nos na redação dos quatro evangelistas (Jo 6,67-70 recolhe sempre maiores consensos no tocante à interpretação de confissão messiânica feita em Cesareia; portanto, teríamos uma *atestação múltipla*), mas também pode ser assumida como uma *explicação necessária* para esclarecer muitos dados que, de outra forma, permaneceriam obscuros, como: a mudança imediata no ensinamento de Jesus, as reações contrastantes dos discípulos e a censura a Pedro; de sua historicidade dificilmente se pode duvidar.

Com esta página de Evangelho não estamos somente diante da fé da comunidade primitiva; mais do que isso: estamos frente à revelação do mistério da pessoa de Jesus, que se nos apresenta como Messias glorioso, embora com os traços do servo sofredor.

– Uma última exemplificação, que motiva a consciência messiânica em Jesus e a fé nele, é dada pelos relatos do processo que, embora em redações diversas, mantêm o objetivo comum, a saber, o de mostrar os motivos da condenação à morte (cf. Mt 26,62-65; Mc 14,60-64; Lc 22,67-71; Jo 18,12-40; 19,1-6).

O que se refere diretamente a nosso tema é dado pelo conteúdo do interrogatório a que Jesus é submetido pelo sumo sacerdote: "És Tu o Cristo?" Caifás, já com a paciência esgotada pelo longo silêncio de Jesus e pela inconsistência dos diversos depoimentos fornecidos, tendenciosamente lhe faz a pergunta sobre sua identidade messiânica.

Se Jesus tivesse respondido afirmativamente, teria orientado os chefes do povo e os sacerdotes para uma interpretação política de seu messianismo e estes teriam, portanto, podido acusá-lo facilmente como subvertedor do povo, junto à autoridade romana; se tivesse respondido negativamente, teria Ele mesmo negado toda a sua pregação.

O caráter evasivo da primeira parte da resposta de Jesus "Tu o disseste" (Mt 26,64; "Mesmo que vo-lo disser, não me haveis de crer" de Lc 22,67) é imediatamente corrigido pela precisão das palavras subsequentes, com que se anuncia a volta gloriosa do Filho do Homem ("Doravante vereis o Filho do Homem sentado à direita de Deus e vir sobre as nuvens do céu") (Mt 26,64).

Numa palavra, o contexto de sofrimento e de paixão em que a pergunta é feita não permite que o anúncio da vinda gloriosa do Messias possa ser confundido ou identificado com a perspectiva de um messianismo político. A união de duas figuras, como o Filho do Homem de Dn 7 com a do rei glorioso do Sl 110, enquanto por um lado permite a proclamação da instauração do reino messiânico na pessoa de Jesus, por outro identifica com clareza a lógica necessária para atingir este reino: a paixão e a morte vicária, como sinal da obediência filial ao projeto do Pai.

3. A FÉ NO MESSIAS – A fé da comunidade pós-pascal referiu-se a fatos históricos e, sobretudo, à palavra do Mestre. Os discípulos tinham "deixado tudo" e seguido o Senhor (Mc 10,28), porque no encontro com Ele, em suas palavras e seu comportamento, haviam constatado que a promessa de esperança, em que desde o nascimento haviam sido iniciados a crer, estava-se realizando nele.

Sem dúvida, como na lógica da revelação, o plano de Deus passava através de uma via que não correspondia imediatamente a sua formação; por isso, Jesus, em sua originalidade e segundo seu talento pedagógico especial, levou-os progressivamente a entender as modalidades de realização de um novo messianismo, o que agora assumia as características de uma universalidade e se abria para o envolvimento pessoal na fé e no seguimento.

Jesus-de-Nazaré-Messias indica à fé cristã que à salvação já se dá, nele, em caráter definitivo.

Uma esperança de libertação genérica, fruto de diferentes eventos históricos, é substituída aqui pela certeza que reconhece em Jesus-Messias o próprio Deus que intervém para salvar seu povo.

E, no entanto, exatamente baseada na palavra do Messias, a comunidade crente até hoje continua a esperar o pleno e definitivo cumprimento da libertação. A presença do mal e da injustiça provocam o novo *povo messiânico* a estar em sintonia com seu Senhor. A certeza da salvação, dada no evento do mistério pascal, não exonera, mas, antes, obriga a tornar-se instrumento de justiça e de misericórdia, lá onde o mal ainda tem o predomínio.

Estudando o messianismo, a Teologia Fundamental pode encontrar um elemento que, tanto no plano religioso quanto no simplesmente cultural, é compartilhado por outras expressões de fé e de povos, em nome de uma comum esperança de justiça e libertação.

Todavia, existe um elemento específico e próprio a que a fé cristã nunca poderá renunciar: o do anúncio da realização histórica – já acontecida – do messianismo em Jesus de Nazaré, razão pela qual não existem outros messias fora da unicidade de sua pessoa: "Se alguém vos disser: eis que o Cristo está aqui, ou acolá, não deis crédito" (Mt 24,23). O Messias já veio, o reconhecimento de sua presença histórica está doravante naquele povo que ininterruptamente o proclama Messias e Senhor.

Bibl. – W. Wrede, *Das Messiasgeheimnis in den Evangelien*, Göttingen 1901; O. Cullmann, *Christus und die Zeit*, Zürich 1946; Id., *Die Christologie des Neuen Testaments*, Tübingen 1957; E. Sijöberg, *Der verborgene Menschensohn in den Evangelien*, Lund 1955; V. Taylor, *The Gospel According to Saint Mark*, Londres 1957; W. Zimmerli-J. Jeremias, "παῖς", em GLNT IX, 275-440; A. Gelin, "Messianisme", em DBSuppl. V, 1165-1212; Vários autores, *Attente du Messie*, Louvain 1958; R. Bultmann, *Theologie des Neuen Testaments*, Tübingen 1961; L. Sabourin, *Les noms et les titres de Jésus*, Montréal 1961; G. von Rad, *Teologia do AT.*, 2 vols., São Paulo 1973; F. Hahn, *Christologische Hoheitstitel*, Göttingen 1963; A.B.I., *Messianismo*, Brescia 1966; J. Blinzler, *Processo a Gesù*, Brescia 1966; C. Minette de Tillesse, *Le secret messianique dans l'évangile de Marc*, Paris 1968; H. Conzelmann, *Grundriss der Theologie des Neuen Testaments*, Munique 1968; J. Coppens, *Le messianisme royal*, Paris 1968; Id., *Le messianisme et sa relève prophétique*, Gembloux 1974; Id., *La relève apocalyptique du messianisme royal*, Louvain 1979; W. Eichrodt, *Theologie des Alten Testaments*, I: Gott und Volk, Göttingen 1968; N. Füglister, "Fundamentos veterotestamentários da cristologia neotestamentária", em *MystSal* III/l, *93-199*; Vários autores, *La venue du Messie*, Paris 1972; Vários autores, *Il problema cristologico oggi*, Assis 1973; E. Schillebeeckx, *Gesù la storia di un vivente*, Brescia 1976; K. Schubert, *Partiti religiosi ebrei del tempo neotestamentario*, Brescia 1976; J. Caba, *El Jesus de los Evangelios*, Madri 1977; H. Cazelles, *Le Messie de la Bible*, Paris 1978; B. Forte, *Jesus de Nazaré: História de Deus, Deus da história*, São Paulo 1985; P. Grelot, *La Speranza ebraica al tempo di Gesú*, Città di Castello 1981; Id., *I canti del servo del Signore*, Bolonha 1983; M. Bordoni, *Gesà di Nazareth*, vol. II, Perugia 1982; A. Grillmeier, *Gesù il Cristo nella fede della Chiesa*, vol. I, 1: Dall'età apostólica al concilio di Calcedonia, Brescia 1982; R. Fabris, *Gesú di Nazareth. Storia e interpretazione*, Assis 1983; G. Vermes, *Gesú l'ebreo*, Città di Castello 1983; R. Fisichella, *La rivelazione: evento e credibilità*, Bolonha 1985; E. Schürer, *Storia del popolo giudaico al tempo di Gesú Cristo*, vol. I, Brescia 1985; C.L. González, *Él es nuestra salvación. Cristología y Soteriología*, Bogotá 1987; A. Amato, *Gesú il Signore*, Bolonha 1988; G. Claudel, *La confession de Pierre*, Paris 1988.

RINO FISICHELLA

MÉTODO

I. TEOLOGIA SISTEMÁTICA: 1. *Modelos principais na história da teologia* – 2. *Reflexão sistemática* (G. Pozzo) – II. TEOLOGIA FUNDAMENTAL: 1. *Necessidade de um discurso sobre o método* – 2. *Para uma memória histórica* – 3. *Método de integração* (R. Fisichella).

I. Teologia sistemática

PREMISSA – Tratar o problema do "método" de uma disciplina cultural ou científica significa considerá-la não diretamente em seus conteúdos, mas em seu aspecto formal e estrutural. A doutrina do *método teológico* propõe-se, portanto, expor os fundamentos e os pressupostos do conhecimento teológico, com a finalidade de evidenciar o valor das afirmações sobre a reflexão teológica em geral e a empenhada nos diversos conteúdos específicos de fé. Se a teologia se define como reflexão crítica, metódica e sistemática da fé da Igreja, a reflexão sobre o método tem por objeto o estudo das normas, dos critérios e das operações que o teólogo realiza para desenvolver corretamente sua atividade teológica.

É preciso estarmos conscientes de que a teologia tem sempre acompanhado a vida da Igreja, através dos séculos de sua história, apresentando-se de formas diversas, adaptando sua imagem às exigências e à bagagem cultural que foram emergindo progressivamente na vida concreta da Igreja e do ambiente histórico-cultural do tempo. Tal variabilidade da imagem da teologia, na invariabilidade da mensagem e do dado da revelação/fé, não é determinada somente pelas diversas categorias culturais utilizadas pela teologia para refletir sobre o conteúdo da pregação de fé, mas também pela multiplicidade dos métodos que a teologia usa para estabelecer o modo de abordar a compreensão e o estudo do mistério da revelação/fé.

A propósito, parece útil e importante considerar – ainda que de maneira bem sintética – as figuras e os modelos históricos da metodologia e da *episteme* teológica, não só para inserir a presente exposição sobre a doutrina do método teológico no contexto histórico-teológico global, mas também para que, através do conhecimento da gênese histórica dos principais modelos da *episteme* teológica, se possam compreender melhor o sentido e o valor da proposta metodológica atual.

1. MODELOS PRINCIPAIS NA HISTÓRIA DA TEOLOGIA – a. O *período patrístico e o ideal sapiencial* – Tendo por objeto os primeiros séculos do pensamento cristão, a patrística ressalta o impacto da revelação cristã, primeiro com o judaísmo, em seguida com a cultura filosófica grega e latina. Pode-se considerar a patrística como o momento do "nascimento" da teologia que, no encontro/desencontro com a cultura grega e latina, faz valerem a novidade de Jesus Cristo e a consistência especulativa conexa também com a incidência prática da mensagem cristã, diante das várias correntes filosóficas e religiosas da época. Falta às obras dos Padres o caráter propriamente "sistemático", ao passo que aparecem como constante uma impostação estruturalmente bíblica histórico-salvífica e a atenção em procurar no significado dos textos bíblicos a diversidade dos níveis de profundidade que estes refletem para o crente, para além do que o dado puramente filológico possa exibir. Elemento caracterizante, a reflexão teológica patrística é, além disso, a dimensão sapiencial e a vibração teologal e espiritual do pensamento dos Padres, orientado a fazer crescer a edificação da própria vida interior e da existência cristã do próximo. No Ocidente, o ideal e o exemplo de → *Agostinho* permaneceram determinantes. Para o Hiponense, o *intellectus fidei* em suas duas variantes (*credo ut intelligas* [teologia] e *intelligo ut credas* [filosofia]) estão a serviço do próprio exercício da beatitude e da contemplação cristã. O próprio uso amplo da dialética e da filosofia neoplatônica, em função da ilustração dos mistérios da fé, é sempre colocado a serviço da consideração histórico-salvífica da religião cristã na ordem concreta da salvação.

b. *A teologia escolástica na Idade Média* – A grande escolástica do século XIII, especialmente → Tomás de Aquino, tornou manifestos os limites da reflexão patrística e da teologia monástica da Idade Média inicial, sobretudo no campo da elaboração ontológica e metafísica dos dados da revelação. Para superar a orientação eclética dos Padres, a teologia escolástica procurou um instrumento filosófico que fosse organicamente homogêneo com a lógica do pensamento cristão. As *Sumas* medievais são, assim, expressões de um repensamento sistemático dos dados da fé, orientado para a construção de uma *síntese teológica.* Sem querermos negar a diversidade de impostações e opções teológicas das várias escolas medievais (como exemplificação, basta recordar a escola dominicano-tomista e a escola franciscano-boaventuriana), podemos lembrar os dois traços principais que qualificam a *episteme* e a metodologia teológica dos escolásticos: 1. o princípio de que o aprofundamento dos dados da fé, tirados da Escritura, da tradição, do ensinamento dos concílios e da vida da Igreja, mediante a comparação com o instrumental conceptual do pensamento filosófico – e, em particular, aristotélico – torna-se cada vez mais o lugar prioritário da teologia; 2. o princípio, sempre mais decisivo, de que o paradigma do trabalho tecnológico é assumido pelo conceito aristotélico de "ciência" e pela aceitação de que a "ciência" primeira é a metafísica.

Tal caráter unitário e metafísico da teologia escolástica entrará em crise com a fragmentação do saber, por obra do nominalismo filosófico da escolástica tardia (século XIV) e pelo surgimento da ciência moderna e de seu correlativo método indutivo.

c. *A teologia pós-tridentina e manualística* – Depois do Concílio de Trento, e para reencontrar um terreno comum entre todas as escolas de teologia católica a contrapor ao protestantismo, surge o assim chamado "método dogmático", em conexão com a disciplina denominada "teologia dogmática". O núcleo da reflexão teológica é justamente dado pelas definições dogmáticas do magistério. O procedimento segue uma ordem de explicação que implica diversos momentos: enunciação da tese dogmática, exposição das opiniões, provas positivas derivadas da autoridade da Escritura, dos Padres, dos concílios; provas tiradas da argumentação teológica, soluções das dificuldades e corolários para o crescimento da vida espiritual. Ao lado deste fator, podemos lembrar duas outras características de tal impostação metodológica: a orientação para o sistema e a organicidade do discurso, e a organização da teologia nas enciclopédias.

A → teologia manualística que, no século XIX e na primeira metade do século XX, se desenvolve nas escolas teológicas, tem por base os fatores anteriores e apresenta, consequentemente, as características que se podem resumir assim: 1. a preocupação dominante é a vontade de elaborar provas racionais apologéticas, em reação às correntes racionalistas do pensamento moderno. Há que sublinhar o uso apologético das fontes da revelação (Escritura e tradição), para sustentar as intervenções doutrinais do magistério. 2. Tende-se a justapor de modo predominantemente extrínseco a *auctoritas* e a *ratio*, isto é, os dados da fé e as exigências da reflexão racional. 3. Finalmente, a teologia manualística de fato eleva a autoridade do magistério ao primeiro lugar da escala das várias autoridades, precisamente no sentido de que ela se refere *diretamente* a pronunciamentos do magistério e não à revelação contida na Escritura e tradição.

A evolução da situação eclesial e o desenvolvimento das pesquisas modernas concernentes à natureza e ao método da teologia ofereceram a ocasião para repensar as linhas da metodologia teológica e de propor uma reestruturação dos estudos teológicos.

d. *Indicações e perspectivas do Vaticano II* – O pensamento do Vaticano II sobre a natureza e sobre o método da teologia está expresso no n. 16 da *Optatam Totius*. Com base no conceito renovado de "revelação", tal como está exposto em *Dei Verbum*, compreendem-se o sentido e o alcance da renovação do método teológico. O decreto OT ensina que a Escritura é o ponto fundamental do procedimento, seja porque o desenvolvimento dos temas bíblicos está na base das verdades a aprofundar, seja porque a Escritura é a "alma da teologia" (DV 24). O texto conciliar prossegue na direção de assumir a voz dos Padres da Igreja e a evolução histórica do dogma, entendida como percurso necessário para compreender o esclarecimento do dado revelado. Por conseguinte, as definições dogmáticas são pontos de chegada de uma longa caminhada de fé, no interior da vida e do pensamento da Igreja, e pontos normativos para compreender a mensagem revelada. Segue-se depois o momento "especulativo" da teologia, que consiste em ilustrar o máximo possível os mistérios salvíficos da fé, tendo em conta especialmente o exemplo de Tomás de Aquino. Finalmente, outra função da teologia é mostrar a continuidade entre anúncio bíblico, história de fé, reflexão especulativa e liturgia, piedade cristã e edificação da Igreja. Neste contexto, o concílio convida "a buscar a solução dos problemas humanos à luz da revelação, a aplicar suas verdades eternas às condições mutáveis da humanidade e a transmiti-las de maneira apropriada a nossos contemporâneos" (OT 16).

Em conclusão: a exposição conciliar, embora não querendo impor um esquema rígido ao método teológico, indica algumas orientações metodológicas essenciais, que não podem deixar de ser observadas, e convida a reflexão teológica a pensar, de modo orgânico e unitário, os princípios fundamentais da centralidade de Cristo no mistério da salvação, a atenção antropológica, a finalidade pastoral e espiritual.

e. *O período pós-conciliar* – No pós-concílio, desenham-se múltiplas *figuras* de teologia, que implicam também uma pluralidade de impostações metodológicas, das quais agora falaremos, sem entrar na avaliação de mérito, mas somente com o fim de uma informação, aliás certamente não exaustiva, para complementar a breve exposição histórica supra.

1. *Figura antropológico-transcendental*. A "virada antropológica" em teologia leva a considerar o discurso sobre o homem como horizonte, fio condutor e ângulo de visão de todo o saber teológico. Em particular, alguns autores (p. ex., Rahner) introduzem o método transcendental para a fundamentação do saber teológico e para precisar as condições de possibilidade do sujeito de pensar e tematizar uma possível revelação de Deus.

2. *Figura hermenêutica*. Esta impostação teológica está particularmente atenta às problemáticas da linguagem, da interpretação e da reformulação das doutrinas de fé que signifiquem e digam ao homem contemporâneo a Palavra de salvação.

3. *Figura ortoprática*. Neste modelo epistemológico, a "práxis" constitui o critério de interpretação da revelação e de verificação do sentido da palavra revelada. A figura ortoprática de teologia conhece várias formas de expressão (teologia política, teologia da libertação, teologia do desenvolvimento etc.). Fundamentais para uma avaliação da teologia da libertação são as duas Instruções da Congregação para a doutrina da fé, *Libertatis Nuntius* (1984) e *Libertatis Conscientia* (1986).

4. Alguns autores falam também de um modelo perspectivo de "teologia narrativa" e de "teologia escatológica", de "teologia estética" (cf. C. Rocchetta, "La teologia e la sua storia", em C. Rocchetta-R. Fisichella-G. Pozzo, *La teologia tra Rivelazione e storia*, Bolonha 1987).

A presente exposição sobre o método teológico pretende permanecer na perspectiva do Vaticano II e articular uma reflexão sistemática sobre a metodologia teológica, considerando em primeiro lugar os *fundamentos* do método teológico e descrevendo em seguida seu *procedimento*, sem a pretensão de entrar na análise de problemas específicos, preferindo ilustrar as grandes linhas da estrutura orgânica do saber teológico.

2. REFLEXÃO SISTEMÁTICA – a. *Fundamentos da doutrina do método teológico* – Na origem constitutiva da teologia está a *revelação*, fonte dos conteúdos teológicos e fundamento de suas certezas. O conceito de revelação, presente na linguagem filosófica e na experiência religiosa, precisa-se de modo absolutamente único, se referido a Jesus Cristo. Com efeito, o evento-Jesus Cristo é entendido como a definitiva automanifestação de Deus e como a revelação plena e insuperável da verdade última do homem e da história. O evento-Jesus Cristo, entendido em sua singularidade única e irrepetível, coloca-se como princípio de um saber e na perspectiva de uma nova ciência, distinta das outras. A revelação de Deus em Jesus Cristo não é somente um

princípio de transformação e de conversão da existência, mas é também (e até justamente por isto) a chave de interpretação para compreender o sentido último do homem e da realidade. Sobre este pressuposto funda-se a teologia. A relação revelação/fé/teologia é, pois, uma relação de mútua implicação, no sentido de que o evento da revelação, em correlação com a resposta-aceitação da fé, é o princípio constitutivo da teologia. A doutrina sobre o método teológico, embora deva respeitar as regras de um procedimento rigoroso e disciplinado do ponto de vista intelectual, não pode negligenciar *o princípio especificamente teológico*, que tem uma função fundante e normativa para a própria metodologia, isto é, a realidade do homem, crente e teólogo, que aceita o dom do amor e da verdade de Deus e se converte ao Evangelho da salvação. De tal fundamento resulta, portanto, que somente a fé na autorrevelação de Deus em Cristo estabelece o horizonte de compreensão adequado à realidade da qual a teologia deve tratar. Assim, indica-se também o ponto de interseção entre vida e atividade teórica, entre experiência e reflexão, e identifica-se, ao mesmo tempo, o pressuposto que torna possível para o crente traduzir suas exigências intelectuais num procedimento correto e organicamente estruturado.

As colocações acima feitas manifestam, consequentemente, que não é possível fazer uma correta e autêntica teologia católica, metodologicamente disciplinada, a não ser na pressuposição – que ao mesmo tempo é também um princípio formal – de que a raiz do saber teológico, exatamente enquanto saber, é o saber da fé, entendido como conhecimento e compreensão da revelação de Deus em Jesus Cristo (Jo 1,14; 1Cor 1,2; cf. tb. DV 5). Sem dúvida, a teologia, enquanto "logos" humano, está em si mesma estruturalmente aberta às aquisições da filosofia, das ciências e, em geral, de todos os instrumentos lógicos, hermenêuticos e teóricos que o pensamento humano descobre e utiliza. Do ponto de vista metodológico, esta abertura significa que a teologia deve estar sempre atenta às solicitações das formas da cultura e do saber da consciência histórica, como à evolução e ao aperfeiçoamento dos instrumentos linguísticos, lógicos e críticos, para realizar o encontro entre fé, Igreja, pensar teológico, de um lado, e as instâncias da cultura contemporânea, do outro. Todavia, é igualmente necessário que a elaboração do método teológico considere o fato de que a teologia é "ciência da fé" e, consequentemente, parece impossível compreender os modos originais e peculiares da *racionalidade* da teologia enquanto não se considerar e não se respeitar a *estrutura veritativa da própria fé*, com seus próprios critérios de verdade e de autenticidade. Em particular, a unidade própria e fundante do conhecimento/saber da fé é a revelação de Deus, realizada em Jesus Cristo, e a Igreja, como lugar em que acontece a memória atual do evento-Jesus Cristo.

A conclusão é que a elaboração do método, em teologia, não pode constituir-se só ou principalmente com base nos critérios e nas normas operativas comuns às outras ciências, mas deverá observar antes de tudo os princípios normativos derivados do saber da fé, assumindo as contribuições e os meios críticos próprios das formas do saber metafísico, histórico, hermenêutico etc. Desta forma, a teologia está em condições de atender tanto à exigência de organicidade, sistematicidade, logicidade e unitariedade do pensamento, quanto também às exigências do saber da fé.

b. *O ponto de partida do procedimento teológico* – A questão metodológica preliminar de cada ciência é a identificação do objeto e a formulação exata da pergunta à qual se há de procurar responder com meios apropriados. Em geral, qualquer pergunta nasce de um fato ou de um fenômeno já conhecido em certo sentido, mas que exige ser conhecido de modo mais aprofundado e preciso. Assim, o *sujeito* constitui o elemento conhecido e o *predicado* constitui o elemento ainda não plenamente sabido, que representa o objeto da pesquisa.

O *objeto* da teologia é a vida e a doutrina de fé da Igreja, em sua referência à revelação de Deus Uno e Trino, e a *pergunta* é: Que significa, como pode ser interpretada e tornar-se compreensível a doutrina da revelação de Deus em Cristo, testemunhada pela fé e pela pregação da Igreja?

Nesta pergunta, o *sujeito* é a própria comunidade eclesial, cujo conteúdo doutrinal é consciente, embora ainda não necessariamente justificado e entendido de modo reflexo e crítico. O *predicado* é a exigência precisa de entender a vida e o pensamento da Igreja em seu remeter à revelação e ao mistério de Deus. Isto se obtém, projetando sobre o plano da reflexão científica, metódica e sistemática a experiência e o patrimônio das doutrinas de fé da Igreja. Em outros termos: o ponto de partida da teologia sistemática é a tomada de contato com a experiência concreta da vida de fé eclesial, isto é, com os modos através dos quais a Igreja repropõe na história o acontecimento cristão em seus elementos doutrinais cognoscitivos (*fides quae creditur*) e com os modos através dos quais a comunidade dos crentes vive interiormente e se apropria existencialmente do evento cristão (*fides qua creditur*). Sob este último ângulo, é importante enfatizar a dimensão pessoal do fazer teologia, que exprime a apropriação interior e personalizada da fé, que se reflete também no modo de conduzir o labor teológico, embora tal dimensão pessoal não deva levar a uma subjetivização e a entender a teologia essencialmente como uma autobiografia do teólogo. Além disso, a realidade de fé, vivida pela Igreja, é sempre também uma realidade provocada. Com efeito, seja pela exigência psicológica do indivíduo que percebe o impulso de satisfazer, mesmo do ponto de vista intelectual, seu desejo de conhecimento, seja devido às mudanças e fermentos culturais que objetivamente questionam as afirmações e as convicções da fé, a função da teologia não consiste só em constatar a fé da Igreja, mas define-se como função de justificar o conteúdo da fé, com base nas fontes da própria fé, de apresentá-lo na continuidade histórica e em sua evolução ao longo dos séculos, de explicá-lo no contexto da revelação, de esclarecê-lo, ilustrando-lhe a importância e a atualidade existencial e histórica, para que o homem de cada época possa entender o sentido de sua vida e seu destino último.

Aclarado o ponto de partida do procedimento sistemático de reflexão, desenha-se a dupla tarefa fundamental da teologia sob a ótica metodológica:

1. A teologia deve verificar a vinculação entre a fé atual da Igreja e o evento salvífico definitivo de Jesus Cristo como revelação insuperável da verdade e da caridade de Deus. Podemos chamar esta primeira tarefa fundamental de *auditus fidei*; exprime a função positiva da teologia.

2. Num segundo momento, a teologia deve saber responder às exigências e aos desafios do pensamento e da cultura atual, tornando compreensíveis à inteligência humana os conteúdos da fé, mostrando a eficácia prática e existencial da mensagem cristã, chegando a uma *síntese* orgânica sempre mais aprofundada das verdades reveladas. Esta segunda tarefa fundamental da teologia pode chamar-se de *intellectus fidei*; exprime a função reflexiva e atualizadora da teologia.

c. *Momento positivo da teologia: auditus fidei – O objeto* da teologia positiva é o resultado da tomada de consciência da vida e da doutrina da Igreja. *A formulação da pergunta* é: Como se pode verificar e provar que a doutrina da Igreja provém da revelação de Cristo?

Convém precisar que não se trata *propriamente* de colocar em dúvida o que o conhecimento de fé dá como certo, mas sim de elaborar a abordagem crítica do dado de fé. A fundação e a clarificação da ligação entre a consciência de fé da Igreja e o princípio da revelação obtêm-se através do estudo do testemunho normativo de fé, autorizado a transmitir o ensinamento de Cristo porque formado por testemunhas oculares e auriculares da vida histórica de Jesus, que culminou com o evento pascal. Tal testemunho foi fixado por escrito no NT e tem, portanto, caráter fundacional para a fé das gerações subsequentes. Todavia, este testemunho normativo é vivido, transmitido e interpretado pela Igreja pós-apostólica. A tradição eclesial é precisamente a transmissão-interpretação-explicitação-atualização fiel e viva do testemunho de fé apostólico. O povo de Deus inteiro está empenhado nessa "tradição" segundo uma variedade de tarefas, entre as quais emerge de modo singular a função do → magistério da Igreja, com seu encargo de autenticar a interpretação e a compreensão da mensagem revelada. Tal encargo magisterial adquire importância e significado irrevogável nos pronunciamentos e nas definições dogmáticas.

Consideremos agora em particular as fontes do conhecimento teológico e seu uso indiferenciado na teologia positiva.

1. *A Escritura.* O uso do testemunho da Escritura no método teológico supõe o conhecimento sobre o que é a Escritura, quem é seu autor e em que sentido a Escritura é Palavra de Deus. Além disso, supõe o conhecimento da problemática e do emprego do método histórico-crítico na hermenêutica da Bíblia.

Em todo caso, é oportuno lembrar o princípio de que a Escritura, enquanto Palavra de Deus, não é simplesmente um fenômeno histórico-literário, compreensível em geral com os critérios que se utilizam para qualquer escrito do passado, mas constitui, ela mesma, um evento que se coloca no projeto da revelação histórica de Deus. Por isso, a Escritura, embora sendo descritível em termos de investigação histórico-crítica, é essencialmente um fato a ser atribuído plenamente à iniciativa de Deus, que transcende, em seus conteúdos religiosos e doutrinais, as dimensões da natureza e da cultura do homem. Assim entende-se que, quando os textos do magistério falam da Escritura, unem este tema ao da tradição e ao do magistério, que goza do dom de interpretar autenticamente e expor fielmente a Palavra de Deus confiada por Cristo e pelo Espírito aos apóstolos (DV 9).

À luz das mencionadas premissas, podem-se assinalar alguns tipos fundamentais de uso da Escritura na argumentação da teologia positiva.

– O uso do dado bíblico como *argumento escriturístico.* Sob esta ótica, a teologia sistemática encontra na Escritura, com a confirmação da exegese crítica, a prova que justifica a proveniência da doutrina de fé, atualmente pregada (p. ex., a verdade de que o Espírito Santo é conferido no batismo), da revelação.

– O uso do dado bíblico como *fundamento escriturístico.* Neste caso, o dado bíblico, exegeticamente entendido e esclarecido, oferece somente uma parte ou então somente uma base de partida para a justificação da proveniência da revelação de uma determinada doutrina. Podemos distinguir dois casos. No primeiro, o leitor moderno, graças aos resultados da exegese, pode ver que uma parte da verdade de fé pregada está contida formal e explicitamente na Escritura (p. ex., a verdade de que, segundo Paulo, ninguém pode salvar-se do pecado e da morte a não ser pela morte e ressurreição de Cristo. O Concílio de Trento, interpretando Rm 5, indica a direção exata para compreender *plenamente* a mensagem paulina e para evitar interpretações reducionistas sobre a doutrina do pecado original). No segundo caso, existe o problema de identificar *em que medida* uma verdade ensinada pela Igreja está presente no testemunho bíblico (p. ex., a noção de *sfragís* – selo – embora encontrando-se na Escritura, não significa diretamente o que a Igreja interpretará posteriormente, com a doutrina do "caráter" sacramental). Em outros termos: pode haver doutrinas de fé que a Igreja ensina dogmaticamente e que encontram na Escritura só um fundamento ou base de partida, que, na tradição, é explicitado e entendido plena e corretamente.

– Finalmente, considera-se o caso em que, sobre uma doutrina de fé, a Escritura não diz nada de formalmente explícito e de tecnicamente formulado. Nessa situação, a exegese não tem condições de evidenciar o sentido da doutrina, nem o ponto de partida com o qual começou o caminho de explicitação. Consequentemente, o leitor crente e o teólogo deverão recorrer à tradição (p. ex., o dogma da assunção de Maria). Isto, porém, não significa que algumas verdades de fé não estejam contidas na Escritura, entendida como Palavra de Deus, mas significa que a relação entre revelação, Escritura e tradição deve levar em conta este elemento, isto é, que não basta o conhecimento da Escritura para compreender a Palavra de Deus. Para a determinação última e decisiva dos conteúdos revelados, deve-se sempre recorrer à tradição (liturgia, senso de fé do povo de Deus, pregação autorizada e autêntica do magistério).

Em conclusão, podemos resumir dizendo que os vários usos da Escritura, no método teológico, supõem sempre o resultado da exegese histórico-crítica – que visa explanar o sentido técnico e direto do texto bíblico – mas ultrapassam tal resultado, na medida em que o emprego do dado bíblico na argumentação da teologia positiva sempre tem necessidade da tradição, segundo os modos explicados, para entender o significado e o conteúdo da doutrina revelada. Além disto, a teologia sistemática deverá levar em conta outros dois critérios fundamentais no uso do dado bíblico: *a.* O critério da *unidade da Bíblia* (cada afirmação deve ser, em última instância, lida no conjunto global da mensagem da Escritura); *b.* O critério *cristológico* (o que se lê na Bíblia não é algo em si completo, mas deve ser lido junto com Aquele no qual tudo é completado, Cristo Senhor. É Cristo que conduz à verdade profunda e plena das imagens bíblicas).

2. *A tradição eclesial.* Supondo as conquistas da autocompreensão da Igreja sobre o conceito de tradição (DS 1501, 3007, 3386), limitamo-nos a recordar que, segundo o Vaticano II, a tradição transmite a Palavra de Deus através dos apóstolos e de seus sucessores "integre" (em sua totalidade) até hoje (DV 9). Ela recolhe não só a pregação oral, mas também os exemplos da vida de Cristo e o testemunho da liturgia. Além disto, a experiência espiritual, a pregação doutrinal e o estudo dos fiéis são os elementos que provocam o progresso da tradição na compreensão da revelação (DV 8). No que concerne ao uso dos dados da tradição no método teológico, será preciso preliminarmente distinguir alguns níveis da interpretação dos documentos da tradição.

O nível da *interpretação filológica* consiste em estabelecer o sentido do texto em sua estrutura literal e gramatical. O nível da *interpretação histórica* pretende fixar o que o autor quis dizer no contexto global de seus escritos e de seu pensamento. O nível da *interpretação dogmática* objetiva identificar o sentido transcendente, encerrado nos documentos da tradição. Não se pode negligenciar o fato de que, no testemunho humano e histórico dos documentos da tradição, pode estar encerrado um conteúdo de verdade proveniente da revelação, garantido pela assistência do Espírito, guia universal.

Por tais motivos, o uso que a teologia faz do dado da tradição não pode prescindir do magistério que, na tradição, é o órgão capaz de identificar e fixar o sentido dogmático do testemunho ou afirmação doutrinal.

Justamente neste nível, deparamos um problema central para o método teológico. Com efeito, observa-se que a tradição propõe certos conteúdos de verdade com as mesmas noções e palavras desde o início da pregação cristã. Mas propõe outros conteúdos de verdade com noções e palavras só a partir de uma determinada época. Constata-se, a propósito, que a maior parte da pregação de fé atual – *linguisticamente falando* – não provém diretamente de Cristo e dos apóstolos. A pergunta que se coloca é como se pode explicar este fato e que consequências ele tem para o correto método teológico.

Uma resposta à pergunta é que a mudança de atenção, em referência aos múltiplos aspectos do mistério da fé, é condição necessária para entender a introdução de novos termos na pregação doutrinal da Igreja (cf., p. ex., o conceito de *homooúsios* ou o conceito de *transubstantiatio* ou o conceito de "caráter sacramental" etc.).

Chega-se assim ao seguinte esclarecimento: a Igreja transmite por um certo período de tempo um conteúdo revelado, sem formulá-lo tecnicamente. O resultado da introdução de novas palavras ou formulações, para exprimir sempre o mesmo conteúdo revelado, é o conhecimento mais reflexo, mais conscientemente detalhado da mesma verdade de fé, que estava presente na consciência vivida do povo cristão de modo pré-conceptual, pré-reflexo e talvez também genérico. Na passagem da consciência vivida para o conhecimento e a formulação reflexa entra sempre e necessariamente também o magistério, o único que, em última instância, pode garantir que tal passagem e chegada à formulação conceptual aconteçam sem manipular e alterar o próprio conteúdo revelado.

Para a argumentação probativa da teologia positiva, resulta, pois, necessário levar em conta os deslocamentos de acento e as passagens de atenção sobre os múltiplos aspectos dos mistérios da fé. Somente assim se podem justificar a explicitação e os aprofundamentos-evoluções históricos da tradição eclesial.

Finalmente, para o método teológico, é importante sublinhar a distinção entre *tradição doutrinal de fé* e *tradição teológico-cultural cristã.* Tal distinção permite não confundir o dado pertencente à fé comum da Igreja, testemunhado pela vida litúrgica, pela experiência espiritual e pela pregação dogmática do magistério, com o elemento pertencente às persuasões e opiniões teológicas e culturais, que também está presente na história do pensamento cristão. É verdade que na realidade se nota muitas vezes um entrelaçamento dos dois elementos; todavia, é necessário que a teologia chegue a uma adequada distinção entre o que pertence à tradição de fé, garantida pelo magistério, e o que pertence a modelos e perspectivas intelectuais historicamente condicionados e não ligados essencialmente ao → depósito da fé. Por outro lado, isto não significa negligenciar o valor educativo e metodológico dos pensadores e dos teólogos (sobretudo os Padres e os Doutores da Igreja) que receberam um particular reconhecimento da própria Igreja.

Neste contexto, podem-se mencionar algumas características fundamentais dos autores cristãos, que se deve levar especialmente em conta: a ortodoxia do ensinamento, a santidade da vida, o reconhecimento por parte da Igreja e a capacidade de abrir a razão humana à compreensão do evento da revelação.

3. A *mediação do magistério no conhecimento teológico.* A afirmação de que existe uma relação intrínseca entre o magistério da pregação da Palavra verdadeira (cf. Tt 1,9; 1Tm 1,10; 4,6; 2Tm 4,3) e a sucessão apostólica conduz a considerar o tema específico do magistério e o uso de seus documentos no método teológico.

Função dos documentos do magistério: significado e valor. O *significado* do magistério na Igreja deve ser entendido em relação à *verdade* da doutrina cristã. Os documentos do magistério não são, portanto, algo de extrínseco ou sobreposto à verdade cristã, mas exprimem a explanação da própria verdade. O serviço à verdade salvífica prestado pelo magistério é em favor de todo o povo cristão, chamado a ser introduzido na liberdade da verdade.

O objeto do ensinamento do magistério é a Palavra de Deus, em toda a sua amplitude; o âmbito de competência do magistério é, pois, a doutrina revelada (DS 3018). Os modos de o magistério exercer sua função são substancialmente dois:

– Existe um modo solene e extraordinário, cujo resultado são os enunciados dogmáticos irreformáveis, por si mesmos e não em virtude do consentimento dos fiéis (DS 3074).

– Existe um modo ordinário, cujo resultado não é tanto um esclarecimento definitivo de uma doutrina, nem a garantia de que um conteúdo pertença à revelação; antes, trata-se de transmitir *autenticamente* a substância da mensagem cristã em suas aplicações à vida pastoral da Igreja.

No que tange às definições dogmáticas, o *charisma veritatis* do magistério se refere à possibilidade de declarar de modo infalível que o conteúdo de fé é revelado, no pressuposto de que tal conteúdo sempre tenha estado presente no depósito da fé, ainda que de modo não reflexo e não formulado tecnicamente. O Concílio Vaticano I, na fórmula de definição dogmática da infalibilidade papal (DS 3015; 3017), deliberadamente inclui também a possibilidade de que a Igreja defina doutrinas, sem necessariamente propô-las como doutrinas reveladas. Tais doutrinas, se propostas pela Igreja de maneira definitiva, têm que ser aceitas e reconhecidas, ainda que não lhes seja devido o assentimento de fé divina.

Por conseguinte, pode entrar no objeto de definições irreformáveis, ainda que não divinamente reveladas, tudo o que se refira aos mistérios da salvação de modo tão conexo que, sem esclarecimentos doutrinais sobre tal objeto, não seja possível o anúncio eficaz das verdades reveladas. Enquadra-se neste âmbito de competência, por exemplo, o que se refere à lei moral natural, aos *preambula fidei*, aos assim chamados *facta dogmática*, como a legitimidade de um concílio, de um papa, a canonização dos santos etc.

No que respeita à pregação do magistério ordinário, em matéria de fé e de moral, o ensinamento da Igreja (cf. LG 25) lembra que o objetivo é o de conduzir os fiéis à iniciação nos mistérios centrais da salvação, através dos diversos instrumentos da ação pastoral, litúrgica, catequética. Tal pregação, embora sendo autêntica, não tem a intenção de propor de maneira definitiva um ensinamento doutrinal, que, portanto, não é de *per si* irreformável. Portanto, aos ensinamentos do magistério ordinário não é devido um assentimento de fé nem um assentimento irrevogável, mas é devido o obséquio religioso do intelecto e da vontade. Enquanto "religioso", não se funda em motivações puramente racionais, mas na reconhecida singularidade da função do papa e dos bispos, de exporem e pregarem – com a autoridade conferida por Cristo, mediante a sucessão apostólica – os conteúdos da doutrina e da vida cristã. Além disso, deve-se pensar que, sendo textos de *per si* não irreformáveis, é obrigatório que a competência teológica aprofunde e desenvolva criticamente o pensamento do magistério.

Quanto ao *valor* das definições doutrinais e, em particular, dos dogmas, trata-se de ter presente que os enunciados dogmáticos indicam o que a Igreja nota como não compatível com a compreensão correta da revelação. Os pronunciamentos do magistério não pretendem exprimir positivamente a totalidade do mistério da fé; mas constituem uma positividade irrenunciável para a consciência crente, pois de um lado negam a heresia, que é sempre uma ruptura ou uma redução da globalidade do dado da fé, e do outro impulsionam e orientam a teologia a retomar de modo sempre mais aprofundado a mensagem da salvação, salvaguardando-a de compreensões errôneas ou reducionistas.

Uso dos documentos do magistério e critérios de interpretação. Indicaremos aqui, a seguir, os critérios e os princípios gerais da interpretação dos textos doutrinais magisteriais, com o fim de estabelecer seu correto uso no método teológico.

1. Diante de um documento magisterial, é preciso antes de tudo determinar a intencionalidade de ensinamento, distinguindo o conteúdo doutrinal inteligível das formas ou dos esquemas argumentativos e ilustrativos, dependentes de perspectivas teológicas historicamente condicionadas.

Tal critério é uma aplicação coerente da declaração do Vaticano I, o qual, embora consciente do progresso da Igreja no conhecimento da verdade revelada (DS 3020), ensinou que "aos sagrados dogmas deve ser mantido o sentido declarado, uma vez por todas, pela Igreja" (DS 3020). Este ensinamento foi confirmado por João XXIII, durante a abertura do Concílio Vaticano II: "É preciso que esta doutrina certa e imutável [...] seja explorada e exposta da maneira como nossa época exige. Com efeito, uma coisa é o depósito da fé, isto é, as verdades contidas em nossa veneranda doutrina, e outra coisa é o modo de enunciá-las, mas sempre no mesmo sentido e significado" (AAS 54 [1962] 792; GS 62). A declaração *Mysterium Ecclesiae*, retomando tal ensinamento, detalha que aqui o papa fala de depósito da fé, a ser identificado com as verdades contidas em tal doutrina, e de verdades que devem ser conservadas no mesmo sentido. A declaração prossegue: "É claro que o papa admite que o sentido dos dogmas pode ser por nós conhecido e que este é exato e imutável [...] A novidade recomendada, em consideração às exigências da época, diz respeito somente aos modos de pesquisa, de exposição e de enunciação da mesma doutrina, em seu sentido permanente" (*Mysterium Ecclesiae*, n. 5). Além disso, o documento declara que "as fórmulas dogmáticas do Magistério da Igreja desde o início foram apropriadas a comunicar a verdade revelada e permanecem para sempre apropriadas a comunicá-la a quem as entende corretamente" (n. 5). Isso não significa que não se possam encontrar outras fórmulas integrativas e explicativas além das já fixadas, mas "estas deverão ser aprovadas pelo Magistério e indicar o idêntico significado de modo mais completo" (n. 5). Comentando este ensinamento, pode-se assinalar que as fórmulas dogmáticas, propostas e definidas pela Igreja, exprimem de modo objetivo e determinado (e, portanto, não aproximativo) o aspecto e o conteúdo das verdades reveladas, às quais se referem. Embora as fórmulas dogmáticas como tais não sejam o objeto último da fé, já que a fé está toda voltada para a realidade misteriosa e transcendente de Deus, todavia não são o resultado de uma representação subjetiva e puramente histórica e mutável dos mistérios da revelação.

2. É preciso distinguir os diversos graus de certeza e de obrigatoriedade com que o magistério pretende empenhar sua autoridade doutrinal. Uma coisa é a definição dogmática, outra é a indicação pastoral ou a exortação ou a diretriz disciplinar.

3. É necessário distinguir num documento os pressupostos essenciais de uma definição dogmática, isto é, pressupostos que, uma vez negados, se nega também o conteúdo das definições; e os pressupostos não essenciais, que pertencem a elementos contingentes, derivados das persuasões culturais de uma época.

4. Finalmente, é necessário chamar a atenção para o problema da distinção entre o conteúdo ou significado de um dogma e sua formulação conceptual. A propósito, constata-se, na evolução doutrinal dos temas de fé, uma passagem ou mudança linguística das noções bíblicas para as noções contidas no dogma (cf. *homooúsios*, do credo niceno). Isto explica-se, pois uma doutrina bíblica pode exprimir um conteúdo revelado em termos narrativos ou mediante uma expressão figurada. Pode ser necessário explicar tal doutrina bíblica num contexto histórico mudado e pode ser necessário separar o conteúdo doutrinal da expressão figurada, para apreender o significado profundo e autêntico. Esta separação tem acontecido, de fato, na história da tradição, e o magistério tem proposto alguns conteúdos revelados numa forma figurada, do mesmo modo que a Bíblia, e outros conteúdos revelados numa forma conceptual própria e tecnicamente elaborada. A passagem da locução figurada para a conceptual própria pode-se definir como processo de interpretação da fé. Em tal caso, porém, o conteúdo, que é sempre um elemento também intelectual, permanece inalterado e é reconhecível pela inteligência e comunicável através da palavra humana.

Primeira conclusão. A reflexão sobre o uso das fontes da revelação e dos documentos do magistério evidenciou que a Escritura, a tradição e o magistério exigem sempre uma relação e uma referência recíprocas. O uso do dado bíblico necessita da tradição e do magistério, pois estes últimos só podem orientar na compreensão plena e autêntica da mensagem do texto bíblico. Por outro lado, a compreensão da tradição exige o conhecimento da Escritura, pois a Tradição supõe o testemunho neotestamentário originário e dele depende. O uso dos textos do magistério deve sempre levar em conta o contexto mais amplo da tradição em que se situa o pronunciamento magisterial.

Por sua vez, a doutrina da Igreja de hoje ilumina o horizonte interpretativo em que o sentido da mensagem bíblica e eclesial deve ser corretamente compreendido.

Em conclusão, a teologia prova que provêm da revelação as doutrinas de fé na totalidade e integridade do uso das fontes do conhecimento teológico (Escritura, tradição e magistério). Sem esta totalidade, não se pode elaborar uma argumentação válida, pois sem o quadro global, oferecido pelo testemunho da Escritura, da tradição e dos documentos do magistério não é possível ver *como e em que nível* uma verdade de fé se insere no conjunto da revelação. A história de fé, entendida como unitotalidade de Escritura, tradição e magistério, até a pregação de fé atual, permite conhecer as ênfases e a acentuação de alguns aspectos da verdade cristã que dão conta das explicitações e das precisões dogmáticas, relativas à explanação dos conteúdos revelados, pertencentes ao *depositum fidei*.

d. *Momento reflexivo da teologia: intellectus fidei* – O resultado da escuta crítica das fontes da fé é a verificação da pretensão de verdade da doutrina de fé, enquanto proveniente da revelação. O *objeto* da teologia reflexiva é, pois, a doutrina e a vida da Igreja, enquanto derivadas da revelação ou referidas à revelação. Portanto, a teologia, no momento reflexivo, supõe sempre a verdade da fé e supõe sua fundação crítica no princípio da revelação. Para formular a *pergunta* à qual a teologia reflexiva deve responder, considera-se a relação entre os dados teológicos e o pensamento humano. As exigências que se deve ter presentes são principalmente três: 1. a exigência de *ilustrar especulativamente* o conteúdo de fé, levando em conta as dúvidas e as dificuldades que a razão ou a experiência humana levanta; 2. a exigência de mostrar a coerência intrínseca do discurso da fé, em vista de uma *síntese* teológica, que postula a estrutura orgânica do pensamento e da doutrina cristã; 3. a exigência da *atualidade* da verdade da fé, com o fim de evidenciar a relevância existencial e prática dos mistérios da fé e sua capacidade de dar resposta às expectativas profundas do homem e da cultura, no momento específico em que se vive. A estas três exigências acrescenta-se a oportunidade de que, na caminhada de aprofundamento intelectual da fé, a teologia descubra algum elemento ainda não explicitado ou ainda não formulado e esclarecido reflexivamente. *O trabalho explicitativo* da reflexão teológica é, neste sentido, uma contribuição relevante e criativa para toda a Igreja, empenhada em aprofundar e em penetrar sempre mais a compreensão dos mistérios da fé.

Com base nestas considerações introdutórias, podemos subdividir o instrumental metodológico da teologia reflexiva nas seguintes especializações funcionais: *função especulativa, função explicitativa e função atualizadora* do *intellectus fidei*.

Antes de examinarmos em particular estas funções, é oportuno considerar algumas premissas gerais de ordem epistemológica, que se referem à estrutura específica do *intellectus fidei*.

Com efeito, a teologia sistemática tem a função, como *intellectus fidei*, de assumir as categorias e a bagagem cultural das diversas épocas históricas, para propor uma exposição dos conteúdos de fé que tenha condições de atender às exigências científicas e teóricas do pensamento humano e para satisfazer à exigência da *síntese teológica* dos mistérios da fé.

Assumir as categorias conceptuais provenientes do âmbito cultural e teórico do pensamento levanta objetivamente o problema do *confronto entre → teologia e filosofia.* Cingimo-nos aqui a indicar os princípios orientadores para o uso da filosofia no procedimento especulativo do *intellectus fidei* e, em seguida, apresentaremos o critério metodológico basilar para a construção da síntese teológica.

1. *Intellectus fidei e filosofia* – Para um uso correto do saber científico, no âmbito da reflexão especulativa teológica, será necessário ter presentes os seguintes princípios e orientações de fundo:

a. O princípio-base é dado pelo fato de que a revelação manifesta a verdade de Deus em Jesus Cristo e, consequentemente, exige e postula que a fé, como aceitação/resposta à revelação, seja também compreensão e reconhecimento verdadeiro da identidade de Jesus Cristo, revelador do mistério do Pai e Logos de Deus.

A fé enquanto *fides qua* implica a adesão fiducial/existencial/pessoal à Palavra de Deus, revelada em Cristo. A fé enquanto *fides quae*, isto é, como reconhecimento da revelação, implica a existência de uma *doutrina* (*doctrina revelata*) e de um *agir* conformes e adequados à verdade de Cristo.

b. A doutrina revelada exige estruturalmente que a razão humana seja corretamente ordenada à verdade, capaz de conhecer Deus a partir da realidade criada (DS 3004, 3005; DV 6) e de apreender os princípios da vida moral. Portanto, a recepção/transmissão da revelação por parte da Igreja demanda afirmações de alcance metafísico universal, isto é, que o homem é capaz de verdade, de fazer afirmações verdadeiras, de escolher livremente o bem. Tais implicações metafísicas de valor universal e objetivo derivam essencialmente da própria doutrina revelada.

c. A fé (*fides quae*) enquanto reconhecimento e adesão à revelação possui intrinsecamente a qualidade de ser um modo legítimo de "saber". Consequentemente, a fé não adquire a racionalidade de fora, nem existe separação ou estranhamento entre "fé" e "saber", entre "fé" e "razão", ainda que fé e razão se distingam sem se confundirem.

d. Da correta impostação das relações entre fé e razão (→ Razão/fé) derivam algumas implicações para a relação entre teologia e filosofia no método teológico.

– Quando a fé busca compreender-se a si mesma de maneira crítica e reflexa (*fides quaerens intellectum*), exige a teologia. A origem da teologia é, portanto, o saber da fé. Mas, para desempenhar sua função crítica e especulativa, a teologia precisa também da filosofia. Quando a fé/teologia encontra o ambiente cultural humano, isto é, uma "razão culta", necessita de categorias filosóficas que sejam coerentes com as exigências da fé. Já que, por sua natureza, a filosofia tem a pretensão de dar uma interpretação da totalidade do real, a fé da Igreja exige poder dispor de uma razão filosófica que colha a verdade de Deus, do homem e do mundo, de modo que a doutrina revelada possa confirmar tais afirmações e elevá-las ao nível da revelação. Este foi, aliás, o esforço dos grandes mestres do pensamento teológico (Agostinho, Anselmo, Tomás de Aquino, Boaventura, Escoto...).

– Não se trata de impor à teologia um sistema filosófico específico, nem de absolutizar um determinado modelo de pensamento, mas de afirmar em linha de princípio a possibilidade e a necessidade de um *pensar filosófico correto e verdadeiro*, correspondente às exigências da fé.

– Neste contexto, entende-se a oportunidade de o próprio Vaticano II remeter a Tomás de Aquino, como valor e exemplo a imitar e considerar, sem interpretar tal alusão num sentido exclusivo e excludente.

Nesta perspectiva, o *intellectus fidei* não é a aplicação de uma filosofia técnica à compreensão da doutrina revelada. O *intellectus fidei* não depende de uma autocompreensão filosófica. Por outro lado, as filosofias não são "indiferentes" ao *intellectus fidei.* As categorias filosóficas podem ser utilizadas segundo a conveniência da fé, desde que sejam coerentes com as exigências da própria doutrina revelada. Em conclusão, será oportuno ter presentes os seguintes pontos:

Primeiro: a cientificidade do *intellectus fidei* é intrínseca a sua própria natureza e a função da filosofia não consiste em colocar ordem dentro de um dado (a fé) que em si mesmo seria desordenado e destituído de uma unidade intrínseca própria. A função do *intellectus fidei* é propriamente a de fazer emergir uma ordem, uma harmonia lógica, intrínseca à própria doutrina revelada.

Segundo: o uso das categorias e dos modelos filosóficos constitui um meio através do qual o *intellectus fidei* pode mostrar a inteligibilidade da revelação e aprofundar especulativamente o mistério da fé, com vistas ao diálogo e ao confronto com a autocompreensão filosófica do homem e da cultura do tempo.

Terceiro: na medida em que a *doutrina revelada* contém e implica essencialmente pressupostos metafísicos e princípios gnoseológicos universais, que exprimem as estruturas permanentes do ser e do pensamento (criaturalidade do homem, capacidade da mente humana de conhecer o Verdadeiro e de praticar o Bem, capacidade da linguagem humana de exprimir conteúdos revelados etc.), ela exige um pensamento filosófico que seja coerente e compatível com as exigências de verdade da revelação/fé.

2. *Intellectus fidei e síntese teológica* – A reflexão sobre o mistério cristão que visa aprofundar e penetrar progressivamente a compreensão do *depositum fidei* só pode proceder se for constantemente integrada e colocada no conjunto global da doutrina da salvação, que é medida e regra de toda investigação e de todo repensamento específico. Desta maneira, a teologia reflexiva vem de encontro às exigências da *síntese teológica.*

A propósito, é conveniente ressaltar o princípio epistemológico da *analogia da fé*, que pertence à estrutura epistemológica da própria teologia. Este princípio diz que a investigação especulativa dos diversos conteúdos de verdade seja conduzida no sentido de identificar as relações e as conexões entre as verdades da fé, pois somente desta maneira se pode chegar à determinação do significado dos diversos mistérios e se chega, assim, a uma síntese orgânica dos temas doutrinais, que são objeto de reflexão e sistematização. O fundamento deste princípio está indicado no ensinamento do Vaticano II e precisamente na doutrina da hierarquia da verdade: "Ao comparar as doutrinas, lembrem-se os teólogos de que existe uma ordem ou 'hierarquia' nas verdades da doutrina católica, já que é diferente seu nexo com o fundamento da fé cristã" (UR 11). Assim, a própria *Mysterium Ecclesiae* afirma que "existe sem dúvida uma ordem e como que uma hierarquia dos dogmas da Igreja, uma vez que é diferente a conexão com o fundamento da fé. Mas esta hierarquia significa que alguns dogmas se fundam sobre outros, como principais, e são por eles iluminados. Entretanto, todos os dogmas, por serem revelados, precisam ser cridos com fé divina" (*Mysterium Ecclesiae*, 4).

O referido ensinamento constitui uma base epistemológica fundamental para a elaboração da síntese teológica, pois a teologia só pode penetrar o significado das diversas verdades de fé se estabelecer corretamente a relação de umas com as outras, levando em conta a referência "hierárquica" ao fundamento da fé, que é a revelação de Deus realizada definitivamente em Jesus Cristo. O princípio da analogia da fé é, pois, uma regra basilar para uma correta metodologia teológica no âmbito do *intellectus fidei.*

Estabelecidas estas premissas espistêmicas gerais, ilustraremos agora brevemente as funções específicas em que se articula a teologia reflexiva, com os respectivos métodos.

a. A função especulativa. *A resposta às objeções da razão.* Podemos distinguir fundamentalmente dois tipos de objeções. *A primeira é a insinuação de que existe uma contradição entre a verdade de fé e a verdade de razão.* Sob este aspecto, a teologia procederá expondo o sentido exato do asserto de fé, para evitar mal-entendidos sobre o significado do enunciado e refutar, assim, as aparentes contradições que, na realidade, não existem, se o enunciado for bem-compreendido. Posteriormente, a teologia, diante das dificuldades, deverá provar com instrumentos lógicos que é falso o raciocínio humano que pensa enxergar uma contradição entre a fé e a razão. O pressuposto epistemológico da impossibilidade da contradição é dado pelo fato de que existe uma homogeneidade substancial entre ordem da criação e ordem da salvação (Analogia), razão pela qual o Deus que revela uma verdade de fé é o mesmo Deus que criou a razão humana. *A segunda provocação, por parte da razão humana, é a tentativa de querer racionalizar e demonstrar a verdade de fé*, reduzindo-a a uma verdade de pura razão e, portanto, negando o caráter revelado e absolutamente gratuito da verdade de fé em questão. Neste caso, a razão humana poderia ser usada com o fim de mostrar, só com os meios da reflexão, a evidência intrínseca da verdade de fé. A teologia procederá argumentando a impossibilidade de uma evidência intrínseca da verdade de fé (p. ex., o mistério da trindade de Deus) para a razão pura, na medida em que o objeto em questão transcende necessariamente a capacidade filosófica do homem.

A resposta que a racionalidade da fé sugere. Há que distinguir duas atitudes possíveis para o crente. A primeira é a de quem quer tornar compreensível a verdade de fé, revelada através da comparação com a realidade e a experiência humana. A segunda é a de quem tenciona propor uma argumentação racional, para fazer emergir o sentido positivo da mensagem de fé para a realização da existência humana.

– *O método da comparação*: com base no pressuposto de que existe uma homogeneidade substancial entre ordem da criação e ordem da salvação, embora subsista sempre uma diferença qualitativa intransponível (analogia), pode-se concluir que existem semelhanças entre verdades de fé e verdades naturais, *quanto à possibilidade de uma compreensão das primeiras.*

O procedimento metodológico põe em relação uma ou mais verdades de fé com uma ou mais verdades de ordem natural e racional (p. ex., a analogia ou semelhança que Agostinho vê entre a vida interna e íntima da trindade e a vida e a estrutura da alma humana, que se distingue pelas faculdades da memória, inteligência e vontade). É claro que o raciocínio teológico confia sua solidez e plausibilidade à capacidade da inteligência humana de sustentar suas teses, não estando neste caso a razão teológica imunizada contra possíveis erros e aproximações, que sempre espreitam sua pesquisa. No campo especulativo, a teologia não possui outra força senão a expressa pelas razões que consegue identificar e pelas argumentações que é capaz de apresentar.

– *O método da correspondência*: quer-se sugerir o valor da doutrina, pressupondo sua verdade intelectual. O pressuposto deste método é a convicção de que a verdade cristã é "propter nos homines et propter nostram salutem", isto é, é sempre uma *verdade salvífica.* A teologia especulativa busca, portanto, elaborar uma proposta teórica que ofereça motivos válidos para tornar sensata a experiência cristã. Concretamente, trata-se de mostrar que os problemas fundamentais da vida do homem (o sofrimento, a morte, a aspiração à autorrealização pessoal...) não são criados pela revelação, nem tais problemas criam a resposta da revelação. Mas a razão teológica tem condições de mostrar que a problematicidade radical da existência histórica do homem encontra na revelação cristã a resposta *sensata* e o cumprimento definitivo (→ Sentido).

b. A função explicitativa. Não se trata, nesta perspectiva, de tornar inteligível o significado teológico de um conteúdo doutrinal, nem de responder às objeções da cultura humana. O objeto específico é a percepção de um argumento ou aspecto do mistério, que ainda não está formulado em palavras e noções tecnicamente precisas. No início do procedimento, não se conhece ainda a natureza e a relevância no plano doutrinal. Todavia, existem elementos que sugerem e apelam à consciência do teólogo para que se identifique com maior precisão um tema de fé (p. ex., o esforço da reflexão de Agostinho para formular tecnicamente a noção de "pecado original").

Sinteticamente, é possível indicar o seguinte caminho metodológico para a função explicitativa da teologia. No início, existe a persuasão da Igreja de que na fé católica não pode haver contradições entre as verdades de fé. Relacionando, portanto, uma ou mais verdades de fé com o fundamento e centro da revelação, isto é, o evento-Cristo, pode-se ver o motivo que levou o crente a descobrir o problema ainda não resolvido com fórmulas técnicas precisas. Portanto, o método procede em dois níveis. Primeiro, trata-se de descobrir a realidade temática a formular e isto costuma acontecer mediante uma intuição. Em segundo lugar, realiza-se um processo de explicitação para chegar à formulação do conteúdo cristão a ser explicitado. A garantia de que a explicitação teológica é correspondente à verdade da revelação é oferecida só pelo magistério da Igreja. Contudo, a teologia constitui um momento necessário para chegar à explanação da verdade revelada, implicitamente presente no *depositum fidei*.

A reflexão explicitativa da teologia chega ao esclarecimento da noção e do aspecto revelado não mediante um processo lógico-dedutivo, mas através de uma intuição do mistério em questão, que se desenvolve através da relação estabelecida entre o problema a esclarecer e o conjunto das verdades da salvação já conhecidas e, particularmente, em relação ao mistério de Cristo.

3. *A função atualizadora* – A teologia está consciente de que existe uma ligação intrínseca entre a exigência de tornar compreensível a verdade da fé à inteligência humana, explicitando o patrimônio da revelação, e a exigência missionária de anunciar o Evangelho aos homens de todos os tempos e lugares. Esta última exigência representa a instância atualizadora da teologia, que deve reencontrar e renovar sua consciência missionária, fundada na persuasão de propor uma verdade e um valor universais e salvíficos. Coerentemente com este objetivo, a teologia deverá estar atenta à sensibilidade, aos instrumentos mais eficazes e à linguagem em que e através de que é chamada a exprimir suas reflexões. Do ponto de vista metodológico, essencial é lembrar *dois princípios*. O primeiro é que a teologia deve saber distinguir os conteúdos doutrinais de caráter definitivo e as ilustrações ou os esquemas argumentativos, utilizados para apresentar tais conteúdos. Estes últimos são sempre relativos e contingentes, ao passo que os primeiros são imutáveis.

O segundo princípio é que se deve distinguir entre a função da atualização "científica" e a função da "atualização prática". A teologia sistemática satisfaz à finalidade *pastoral* e atualizadora, na medida em que souber ser *científica e eclesial*. O que significa que a teologia é *atual* na medida em que é simplesmente ela mesma e não na medida em que se torna algo diferente dela mesma. A teologia cumprirá sua função atualizadora no sentido de que tem a tarefa de fazer entender objetivamente a realidade da revelação/fé, assumindo todas as aquisições teóricas e práticas – de alguma forma válidas – que o horizonte do pensamento humano atual apresenta. Portanto, não se trata, para a teologia, de renunciar às exigências rigorosas de seu método teológico, seguindo de forma acrítica e apressada as modulações da cultura contemporânea, mas sim de assimilar, com discernimento crítico, a partir do juízo da fé, as perspectivas de leitura da realidade, que a história dos homens rumo à busca da verdade sugere e reclama.

Conclusão. A função da metodologia teológica atual é atingir uma unidade mais profunda entre os vários aspectos da investigação teológica, que necessariamente devem ser diferenciados no procedimento do trabalho teológico. Um primeiro aspecto desta unidade orgânica é a convergência profunda da função positiva e reflexiva da teologia. Com efeito, tais funções convergem, enquanto são expressões de um único conhecimento superior, isto é, o saber da fé. Pode-se, além disso, acrescentar que, na doutrina do método teológico, o momento "positivo" e o momento "reflexivo" não são subordinados um ao outro, senão coordenados por vias diversas a um conhecimento mais adequado do objeto em questão. Os dois momentos são, sim, subordinados à fé, que os usa como instrumentos para desenvolver e aprofundar a compreensão da mensagem divina revelada. Por outro lado, teologia positiva e teologia reflexiva não são nunca estranhas à tradição viva da Igreja. Portanto, a unidade entre fé, Igreja e teologia garante a esta última sua legítima autonomia em seu procedimento científico, coordenando seus resultados a um único fim, que é a introdução do homem no conhecimento e na vida íntima do mistério de Deus, que em Cristo se revelou definitivamente como Pai, Filho e Espírito Santo.

Bibl. – C. Colombo, "La metodologia e la sistemazione teologica", em Vários autores, *Problemi e orientamenti di teologia dogmatica*, Milão 1957, 1-56; Id., *Il compito della teologia*, Milão 1982; W. Kasper, *Per un rinnovamento del metodo teologico*, Brescia 1969; Id., *Teologia e Chiesa*, Brescia 1989; R. Latourelle, *Teologia scienza della salvezza*, Assis 1970; B. Lonergan, *Method in Theology*, Londres 1973; Z. Alszeghy-M. Flick, *Come si fa teologia*, Roma 1974; J. Beumer, *Die theologische Methode*, Friburgo 1977; J. Alfaro, "La teologia di fronte al magistero", em R. Latourelle-G. O'Collins, *Problemi e prospettive di teologia fondamentale*, Brescia 1980, 413-432; J. Ratzinger, *Theologische Prinzipienlehre*, Munique 1982; W. Kern-J. Niemann, *Gnoseologia teologica*, Brescia 1984; G. Pozzo, "Il método nella teologia sistematica", em C. Rocchetta-R. Fisichella-G. Pozzo, *La teologia tra rivelazione e storia*, Bolonha 1985, 255-351.

GUIDO POZZO

II. Teologia Fundamental

Escrevia Descartes no seu *Discours de la méthode*: "Meu objetivo não é ensinar o método que cada um deva seguir para conduzir corretamente sua razão, mas fazer ver somente de que modo procurei conduzir a minha" (Descartes, *Opere*, a cura de E. Garin, Bari, 1967, 133). Esta citação bem pode ser colocada no início de um artigo que, sob muitos aspectos, cobre uma problemática ainda em fase de elaboração.

O discurso sobre o método nunca foi fácil. Dificuldades objetivas acompanham a reflexão sobre sua validade epistemológica e sobre as determinações consequenciais que se imprimem à teologia, no momento em que esta vem a confrontar-se com as outras ciências (→ Teologia e ciências). E, no entanto, o discurso sobre o método não pode ser ignorado. Deveria até impor-se com maior força, sobretudo no momento teológico atual, que evidencia alguns equívocos, tanto sobre a pré-compreensão do estatuto epistemológico da teologia – e, juntamente com este, sobre o papel e a função do teólogo – quanto no tocante ao recíproco relacionamento entre as diferentes disciplinas teológicas.

1. NECESSIDADE DE UM DISCURSO SOBRE O MÉTODO – Na promulgação da → *Dei Verbum* (18 de novembro de 1965), que, para a Teologia Fundamental, representa a carta magna de sua renovação, se por um lado se pode verificar plenamente um estilo diferente e conteúdos novos, que permitem esboçar sumariamente a identidade da disciplina, por outro lado força é constatar ainda a presença de várias zonas de sombra em sua pesquisa. Entre os primeiros vazios, que saltam imediatamente aos olhos, encontra-se o problema do método e de sua peculiaridade em relação às outras disciplinas teológicas.

Para além das considerações gerais, o discurso sobre o método se impõe, para a Teologia Fundamental, sobretudo porque, como disciplina teológica, constitui uma epistemologia para toda a estruturação do saber da fé.

Com efeito, convergem para esta temática diferentes elementos, que tornam mais evidente tanto a poliedricidade da disciplina, que impede de lhe dar uma identidade preestabelecida, quanto a pluralidade dos conteúdos e dos referenciais, que obriga a assunção de diversas metodologias.

Para um discurso sobre o método em Teologia Fundamental, que obviamente acreditamos determinado pelo objeto de investigação, será oportuno avaliar a dupla validade e função desta disciplina no organograma teológico.

A partir do Congresso Internacional de Gazzada (6-11 de setembro de 1964, cf. as Atas, em Vários autores, *Le deuxième symposium International de théologie fondamentale*, Turim, 1965), pode-se pensar que já existe um consenso, entre os teólogos fundamentais, em considerar a Teologia Fundamental como uma disciplina *teológica* plena, em que convergem e se exprimem duas exigências complementares: a *dogmática* e a *apologética*. Esta última não entra em competição com a primeira (e vice-versa); ambas exprimem-se, antes, como *funções* necessárias para que a única disciplina se identifique com o papel que lhe compete: apresentação do evento da → revelação e de sua → credibilidade.

Por conseguinte, o objeto de estudo da Teologia Fundamental é um só, seja para a reflexão dogmática, seja para a reflexão apologética; mas, enquanto para o primeiro se *investiga* o conteúdo, para o segundo o método empregado é o da *pesquisa*. Ao *investigar*, movemo-nos necessariamente à luz da revelação já acolhida e crida como Palavra de Deus; ao contrário, ao *pesquisar*, dá-se espaço à mente que ainda não atingiu a verdade que crê. Entre os dois não existe dicotomia; reconhece-se, antes, a presença da dupla exigência anteriormente lembrada que, na Teologia Fundamental, é acentuada pela imposição de um destinatário (→ Teologia Fundamental, II), que não é mais só o crente, mas também o "outro".

O reconhecimento da instância apologética, que compreende em si um destinatário não crente, leva à consideração de que pelo menos dois elementos devem ser objeto direto de estudo:

1. a necessidade de uma apresentação crítica do ato de crer, que saiba avaliar a globalidade da pessoa em seu exprimir-se como sujeito epistêmico e sujeito crente. Este é o momento em que, do ponto de vista do conteúdo, se apresenta o ato de fé como um ato plenamente *livre* e, portanto, como uma escolha profundamente humana;

2. a apresentação da objetividade do conteúdo que é dado por revelação e que, portanto, pode ser simplesmente acolhido pelo sujeito como ato gratuito, que parte primariamente de Deus.

Em outros termos, a Teologia Fundamental, como apologética, encontra-se no horizonte de ter que exprimir a evidência do caráter normativo da revelação, que é dado por seu próprio conteúdo, através de um procedimento gnoseológico que favoreça a compreensão e a livre-escolha do ato de fé (DV 5).

Mais diretamente: do objetivo metodológico seguir-se-á que a Teologia Fundamental, enquanto disciplina *teológica*, está plenamente inserida na metodologia própria, que regula o saber da fé; portanto, segundo os caracteres gerais que desembocam no *auditus fidei* e no *intellectus fidei.* Enquanto disciplina teológica, mas com a peculiar dimensão *apologética*, necessita, porém, de um método próprio, que qualifique tanto o impacto com o conteúdo de análise quanto o destinatário a quem deve ser comunicado.

a. *Com referência ao conteúdo* – A Teologia Fundamental tem por objeto o evento da revelação e sua credibilidade. Ambos os componentes, evento e credibilidade, encontram, já no interior da revelação, os princípios que a põem em ato e que a fazem existir.

A revelação, como evento histórico que culmina na singularidade e definitividade de Jesus de Nazaré, é entendida como decisão da intervenção livre e gratuita de Deus na história. Além disso, o princípio para sua credibilidade não é externo ao evento, mas intrínseco e dado com o próprio evento; é a própria pessoa de Jesus Cristo, que não necessita de nenhum outro testemunho fora do testemunho do Pai (Jo 5,31-32; 8,13-18). Isto significa que o objeto de investigação é, antes de tudo, o mistério de Deus na dinâmica e lógica de sua autorrevelação.

Este evento, contudo, é dado a conhecer antes de tudo por parte de um ato kenótico de Deus que, no mistério de sua encarnação, assume a categoria da *historicidade*; além disso, através da *mediação* da comunidade dos discípulos, que transmite tudo o que o Mestre fez e disse, permitindo, assim, às gerações futuras encontrarem-se com o Senhor (cf. DV 7). A análise destes elementos necessita de uma metodologia que saiba indagar cientificamente, através dos dados que já possuímos, para atingir criticamente a verdade que já é acolhida na fé.

No que tange à dimensão da *historicidade* da revelação, deve-se notar antecipadamente que ela não equivale a uma redução exclusivamente ao horizonte histórico, como se estivéssemos na presença de uma simples pesquisa arqueológica sobre os *bruta facta* [fatos crus]. Com efeito, dizer "historicidade" implica afirmar o atingimento da consciência histórica que um sujeito como "Jesus de Nazaré" teve e exprimiu sobre sua pessoa (→ Cristologia fundamental). Isto significa procurar compreender tudo o que Ele revelou sobre sua missão, sobre o papel que desempenhou e sobre as determinações que deixou a seus contemporâneos e, sobretudo, sobre sua tomada de posição diante de sua morte. Com efeito, este evento constitui o cenário para o qual é possível fazer convergir o sentido último dado por Ele a sua missão e à consciência de ser portador de uma revelação que provinha do próprio Deus.

Enfrentar esta temática significa aceder à historicidade de uma pessoa, sabendo que estamos colocados diante de um evento que tem todas as características para ser considerado um *unicum*, que se realiza na história uma vez por todas, e isto pode ser verificado a partir da própria história. Por força da unicidade e singularidade que esta pessoa manifesta, e que é irredutível a toda forma de superestimação de um sujeito individual, chega-se também à consideração sobre a finalização de toda a história; efetivamente, ele supera o simples horizonte histórico, pois, ao mesmo tempo, tem condições de abraçá-lo em sua globalidade e de orientá-lo para além de sua contingência imanente.

A historicidade comporta inevitavelmente a compreensão de como este evento chegou até nós: transmitido e mediado por pessoas que, transformadas pela fé, quiseram que o núcleo central de sua mensagem e as linhas básicas de sua pessoa superassem as barreiras territoriais e temporais, tornando-o universal.

Mais diretamente, em relação a nosso discurso sobre o método, verifica-se a necessidade de várias metodologias exegéticas, que sejam capazes de fornecer elementos para que a elaboração teológica possa ser conforme e fiel ao significado originário, querido pelo autor. Como exemplificação, teremos que diversas análises linguísticas se aprofundarão nos dados da Escritura, dos Padres, do patrimônio da tradição e do magistério, para evidenciar a relação entre formulação, contexto histórico-cultural e sentido mais profundo da verdade que se queria comunicar. A historiografia, com a arqueologia e as várias ciências hermenêuticas, deverão desenvolver uma pesquisa para que, mediante testemunhos externos, se possa reconstruir com maior objetividade o dado fornecido pelas diversas narrações que já são determinadas por intentos mais teológicos. Em suma, percebe-se que a análise deste único conteúdo se encontra com um leque de metodologias que concorrem para solidificar o princípio de compreensão da fé.

b. *Com referência ao destinatário* – Uma metodologia correta não pode parar só no conteúdo. Deve necessariamente continuar na identificação e aplicar regras que sirvam também à comunicação dos resultados. O método, portanto, é determinado também pelo referente a que o conteúdo é dirigido.

Dissemos que a Teologia Fundamental tem dois destinatários: o crente e o "outro". Ao primeiro, será preciso dar as *razões* por que crê; ao segundo, os motivos para que possa pelo menos tomar em consideração o desafio da fé.

Também no horizonte do método, por força deste referente, apresentam-se âmbitos e instrumentos de aplicação diferentes. Com efeito, o crente, por força da fé, deverá ser habilitado a indagar seu conteúdo com uma inteligência crítica que provenha, antes de tudo, do interior do ato de crer que, como tal, já comporta uma atividade intelectiva do sujeito. Ao contrário, para o "outro" dever-se-á evidenciar, eventualmente, que, já no interior da estrutura ontológica do sujeito, o "crer" é componente determinante para a autorrealização; ou então, e além disso, que no crer se apresenta uma série de "razões" ou um "acúmulo de probabilidades (Newman), que podem tornar a vida plenamente humana.

2. PARA UMA MEMÓRIA HISTÓRICA – Deve-se honestamente observar que até o Concílio Vaticano II a Teologia Fundamental tinha progressivamente acentuado a dimensão apologética, identificando-a quase com a polêmica controversista. Os manuais da época mostram com desarmante evidência que objeto peculiar de atenção eram os dois tratados: *De Revelatione* e *De Ecclesia Christi*. Com o primeiro, os autores propunham-se a legitimar a existência do cristianismo como uma religião revelada e, portanto, sobrenatural, porque tinha por autor Jesus Cristo, Messias, cumprimento das promessas antigas, e filho de Deus (a cristologia era reduzida ao *De legato divino* e à análise dos "títulos cristológicos": → Cristologia: títulos). Com o segundo, ao invés, mostrava-se a autoridade infalível da Igreja Católica, pois, em virtude de suas notas, era a única legítima continuadora da Igreja fundada por Cristo.

O método apologético empregado destinava-se a demonstrar a verdade expressa na tese. Essencialmente, a → teologia manualística havia desposado o método dedutivo. A linguagem empregada revela isto de imediato; os termos "demonstrar" e "provar" desempenham um papel determinante, mas são peculiares deste método.

Já que a referência à Escritura era destituída de uma hermenêutica correta e a metodologia empregada correspondia essencialmente à dos *dicta probantia*, a consequente extrinsecidade das argumentações aparece hoje em toda sua dramática clareza. Milagres e profecias (assumidos como *sinais externos*), ou então a "admirável expansão da Igreja" e a "sublimidade da doutrina" (assumidas como *sinais internos*) (cf. nesse sentido os últimos textos, ainda na época conciliar, de N. Dunas e G. de Broglie) eram os sinais objetivos que se apresentavam como provas evidentes e certas da sobrenaturalidade da revelação, enquanto atingidos com base numa atividade racional que prescindia da fé.

Este método apologético certamente era fiel às prescrições de *Dei Filius* ("quis Deus ajuntar ao auxílio interno do Espírito Santo os argumentos externos de sua revelação, isto é, os fatos divinos, e sobretudo os milagres e as profecias, que, por demonstrarem abundantemente a onipotência e a ciência infinita de Deus, são sinais certíssimos da revelação divina, acomodados que são à inteligência de todos", DS 3009), mas ao mesmo tempo traía o valor plenamente teológico dos conteúdos analisados. Numa palavra, atingia-se uma forma de certeza, porque claramente a atividade racional era colocada em ato, mas faltava a característica de "evidência", que era interna aos sinais, pois estes essencialmente acabavam perdendo seu referente significativo: a própria pessoa de Jesus de Nazaré.

Sem querermos entrar em juízos de qualidade, que mereceriam uma análise e um estudo maior, pode-se, porém, pensar numa inconsciente, mas contínua involução, praticada por algumas escolas teológicas (pensemos, para exemplificar, nos tratados de Liebermann, de Perrone, de Ch. Pesch, de Garrigou-Lagrange, de Tromp, que cobrem o período de aproximadamente dois séculos), que tinham perdido de vista a originalidade das intuições patrísticas e da escolástica. O resultado foi uma "apologética objetiva", baseada apenas em argumentações metafísicas, destituída de qualquer relação com o sujeito crente. A ausência de uma metodologia que mostrasse a historicidade dos dados ou pelo menos de uma exegese que contextualizasse melhor os conteúdos, acabou por provocar as diversas críticas que posteriormente foram radicalizadas no modernismo.

Uma leitura atenta dos Padres → apologetas demonstra que estes se caracterizam pela atenção constante ao sujeito a quem dirigem suas apologias. Embora evidentemente sua primeira preocupação fosse a de apresentar o querigma do mistério pascal em sua integridade, nunca perdiam de vista o sujeito a quem se dirigiam. Judeus e pagãos eram solicitados e impulsionados a um encontro direto com as Sagradas Escrituras e com a vida da comunidade; pensemos apenas nas apologias de Justino, ou na Carta a Diogneto. O mesmo teor apresentam os escritos de Clemente de Alexandria, que compõe uma estupenda exortação à conversão – o *Protrepticus* – ou de Orígenes, no *Contra Celsum*, obra em que mostra ter pleno conhecimento dos escritos de Celso e onde pratica um real método apologético: conhecimento das obras do destinatário e *ars* maiêutica para fazer emergir a verdade justamente dos textos que a querem negar.

O próprio Tomás de Aquino, querendo garantir o máximo possível a globalidade do ato humano de crer, começará a distinguir entre ato de fé e juízo de credibilidade que se funda na autoridade da presença de Deus e de sua graça. Em todo caso, não esquece que o crente tem igualmente necessidade de elementos que lhe garantam a humanidade de seu ato: "pois ele não acreditaria, a menos que visse que estas coisas merecem fé por causa da evidência dos sinais ou por algum motivo semelhante" (STh II-II, 1,4).

Vindo a modificar-se o destinatário, ao longo dos séculos subsequentes, assistimos à identificação de novos conteúdos de discussão, com a consequente modificação da estrutura e do método da apologética. O deísta, o iluminista e o racionalista, em geral, serão os destinatários das teologias fundamentais do século XVI-XVIII, o ateu e o marxista o serão para o século XIX-XX. Na maioria dos tratados, a matriz comum é dada essencialmente pela defesa da sobrenaturalidade da revelação; o método assumido de modo preponderante é sempre o polêmico-controversista.

Embora desejosos de conceder o máximo às várias metodologias que a seguir se sucederam, desde a da "providência" de Dechamps, até a da "autoridade" de Brunetière, desde a mais "psicológica" – na esteira de Pascal – de Ollé-Laprune, até a "histórica" de De Broglie, é imperioso reconhecer que os autores se afastavam sempre mais da motivação *teológica*, sem tomar consciência dos graves perigos em que se caía: por um lado, separavam-se por completo fé e razão, caindo de modo impiedoso na armadilha preparada pelo Iluminismo, por confiar-se a credibilidade do conteúdo da fé às provas e aos sinais atingidos através da simples razão; por outro lado, afastando-se cada vez mais do único conteúdo real da revelação, a pessoa de Jesus de Nazaré, acentuava-se vez por vez o eclesiocentrismo (em prejuízo de um cristocentrismo) ou o subjetivismo da experiência individual (em detrimento da objetividade e universalidade do conteúdo).

Finalmente, cabe sublinhar que estas metodologias se impuseram a *despeito* de projetos diversos que somente hoje revelam sua real originalidade: a apologética de → Pascal ou a exegese de Simon, a pesquisa histórica de → Drey com a escola de Tubinga, a *Grammar of Assent* de Newman ou *L'Action* de Blondel foram apenas tentativas que suscitaram surpresa e polêmica, mas na época pouco ou nada incidiram sobre a metodologia teológica em voga.

3. MÉTODO DE INTEGRAÇÃO – O esforço desses anos, voltado para a apresentação de uma imagem renovada da Teologia Fundamental, não pode deixar de dedicar-se com igual força também à problemática do método. O método de *imanência* na leitura de Blondel, o método *transcendental* no projeto de Rahner, o método *psicológico* na tentativa de Newman, ou o da *correlação* proposto por Tillich, inserem-se significativamente neste horizonte como metodologias diversas e complementares, para oferecer uma leitura apologética da revelação.

A dispersão das diferentes metodologias poderia, contudo, provocar uma ulterior fragmentação da disciplina, anulando os resultados alcançados. Parece urgente, portanto, identificar o caminho para que a Teologia Fundamental, como singular disciplina teológica que se estende numa leitura apologética, possa conseguir um método peculiar e próprio que, sem absolutizar uma metodologia só, saiba amalgamá-las todas numa visão mais homogênea e coerente com sua especificidade.

O *método de integração* poderia apresentar-se como uma possibilidade de solução.

Por método de integração entendemos fazer referência antes de tudo à pregnância semântica do termo. "Integração" indica, com efeito, a possibilidade de tornar inteiro o que ainda não o é, mediante o aporte de elementos necessários e úteis. Com o método de integração, a Teologia Fundamental tem condições de assumir, no mistério, que já é teologicamente indagado, o evento histórico que o revela e que uma comunidade transmite mediando, e que, portanto, necessita ser estudado com seu método próprio.

A integração no mistério não humilha o evento histórico, pois o mistério – ainda que por força de seu ato kenótico – tornou-se cognoscível na expressão histórica e não pode prescindir da própria estrutura histórica, se quiser dirigir-se à humanidade e ser entendido e acolhido por ela. Temos, porém, integração; portanto, uma assunção que constitui um superamento (*Aufhebung* não no sentido hegeliano), razão pela qual tudo o que é dado não é deixado de lado nem dialeticamente assumido, mas completamente inserido, como um todo, num horizonte mais significativo.

Portanto, o objeto peculiar permanece expressão da fé, mas numa compreensão que sabe assumir, a partir da fé, a totalidade dos instrumentos críticos.

Dada a escolha prioritária da pré-compreensão da Teologia Fundamental como "teologia", é óbvio que a dimensão *dogmática* – portanto, interna à fé – anteceda à dimensão *apologética*, de extensão e assunção de um saber externo à fé. Isto, certamente, não para bloquear o desenvolvimento e a apresentação apologética que, por sua natureza, deve procurar formas e mediações gnoseológicas que garantam mormente a universalidade do dado, mas, antes, para dar a globalidade do dado que, de qualquer forma, permanece sempre um objeto de fé específico.

Exemplificando: se o milagre, a profecia ou os sinais dos tempos, tomados como eventuais motivos de credibilidade, fossem privados de sua dimensão revelativa originária (sua dependência intrínseca da pessoa de Jesus de Nazaré, revelador do Pai), que os faz ser antes de tudo sinais da presença de Deus e testemunho de seu amor, que poderiam eles fornecer ao crente e ao "outro", senão estéreis "significantes" sem possível apelo a seu "significado" mais profundo?

Ao contrário, através do método de integração, é lícito pensar que estes mantêm seu valor teológico, porque referidos à centralidade do mistério; e, todavia, são analisados e estudados com metodologias diversas (exegéticas, históricas...) que garantem seu valor de sinal. Somente com a integração na leitura teológica se poderá ter uma visão global do fenômeno que garanta, ao mesmo tempo, a exigência de salvar a transcendência de Deus e a racionalidade e liberdade do sujeito.

Mediante o método de integração também o destinatário é plenamente respeitado.

Partindo do texto clássico 1Pd 3,15: "Sempre prontos a responder a *quem quer* que vos *peça* conta", podemos encontrar dois dados preciosos a adquirir, na perspectiva do método: a universalidade e a questionabilidade.

O crente, segundo o texto de Pedro, deve estar em condições de prestar contas de sua fé a "quem quer que seja", isto é, a cada um e a todos, sem excluir ninguém. Isto significa que a Teologia Fundamental terá que estar sempre em condições de ter que avaliar o sujeito histórico individual, carregado de toda a pregnância de sua época. Para este deverá encontrar análises que saibam mediar o significado originário do conteúdo revelado, mas de modo que incida em cada um, para que o mistério revelado encontre correspondência na história pessoal.

O texto da carta de Pedro continua dizendo "A quem quer que *pergunte*" pela esperança cristã. Isto permite dizer que a Teologia Fundamental deverá permanecer com todos os meios naquele estado de atenção, de expectativa e de "pergunta", para não deixar escapar nenhuma provocação que, eventualmente, possa surgir do "outro". Esta situação, se de um lado obriga a Teologia Fundamental à vigilância, por outro a estimula a fazer-se, ela mesma, provocadora de pergunta, a fim de que, maieuticamente, cada um redescubra o desejo de Deus e a compreensão de seu mistério. Isto comporta a capacidade de reportar-se às diversas disciplinas que estão em condições de exprimir mais cientificamente as mudanças socioculturais.

Pode-se reconhecer que desta forma a Teologia Fundamental participa de modo todo peculiar da formação de uma *sistemática* teológica. Com efeito, com este método, o dado produzido pela análise histórico-crítica, por exemplo, não aparece como um absoluto e, portanto, como uma possível concessão às teses de um objetivo saber exclusivo da racionalidade ou, como mais tarde nas análises linguísticas, por força da "verificação"; porque este, na realidade, é *integrado* no teológico, que tira de seu objeto o método com que indagar. Neste horizonte, porém, o saber teológico sistemático é garantido por uma pluralidade de formas e metodologias que evidenciam ulteriormente a globalidade do objeto da teologia e sua impossível redutividade a um "sistema", ainda que "teológico".

O discurso sobre o método não é redutível a uma estéril reconquista de instrumentos ou técnicas, que uma ciência ou disciplina se dá para justificar sua pesquisa.

Método indica muito mais, porque é dado como possibilidade que acompanha a própria verdade em seu progressivo desvendar-se ao sujeito epistêmico. O método orienta para a leitura real que a Teologia Fundamental realiza sobre os eventos à luz do evento. Por isso, esta razão não poderá ter medo de colocar em ação uma forma kenótica que parte da certeza da fé, assume as formas do saber crítico e indaga com elas a compreensão daquilo que já sabe ser verdadeiro, para voltar a uma visão mais global e mais humanamente significativa do mistério.

Bibl. – M. Grabmann, *Die Geschichte der scholastischen Methode*, I, Berlim 1957; A. Gaboardi, "Teologia Fondamentale. Il metodo apologetico", em Vários autores, *Problemi e orientamenti di Teologia fondamentale*, Milão 1957, 56-103; Y. Congar, *La Foi et la Théologie*, Paris 1962; A. Lang, *Die theologische Prinzipienlehre der mittelalterlichen Scholastik*, Friburgo 1964; R. Latourelle, "Apologétique et Fondamentale", em Vários autores, *Le deuxième symposium international de théologie dogmatique fondamentale*, Turim 1965, 9-27; Id., "Apologétique et Fondamentale. Problèmes de nature et de méthode", em *Sal* 28 (1965) 256-273; Id., *Teologia scienza della salvezza*, Assis 1968; W. Kasper, *Die Methoden der Dogmatik*, Munique 1967; Id., "Die Wissenschaftspraxis der Theologie", em HFTh IV, 242-276; M.D. Chenu, *La Teologia come scienza*, Milão 1971; E. Schillebeeckx, *Intelligenza della fede*, Roma 1972; B. Lonergan, *Method in Theology*, Londres 1973; J. Beumer, *Die theologische Methode*, Friburgo 1977; K. Lehmann, "Apologetik und Fundamentaltheologie", em *Comm* 7 (1978) 289-294; G. Pozzo, "Il metodo nella teologia sistematica", em C. Rocchetta-R. Fisichella-G. Pozzo, *La teologia tra rivelazione e storia*, Bolonha 1985, 255-347; R. Fisichella, *La rivelazione: evento e credibilità*, Bolonha 1985; Id., "Metodo in Teologia Fondamentale", em *Richerche Teologiche* 1 (1990); D. Tracy, *Plurality and Ambiguity*, Londres 1987, 28-46.

RINO FISICHELLA

MILAGRE

1. Problema de enfoque – 2. Problemas de pré-compreensão – 3. Autenticidade histórica dos milagres de Jesus – 4. Classificação e tipologia dos relatos de milagres – 5. Perspectiva de cada evangelista – 6. Originalidade e finalidade dos milagres de Jesus – 7. Noção católica de milagre – 8. Definição do milagre – 9. Valores significativos e funções do milagre – 10. Discernimento do milagre – 11. O homem diante do milagre.

Qualquer reflexão sobre o milagre não pode deixar de ter como ponto de referência os milagres de Jesus, isto é, os sinais *fundantes* do cristianismo. Sem Cristo e sem a salvação que Ele traz, os milagres não têm sentido algum. Por isso, é preciso começar pelo "explicante" e não pelo "explicado". Os milagres de Jesus são os arquétipos de todo verdadeiro milagre e a chave de inteligibilidade de todos os demais, sobretudo daqueles dos santuários e dos processos de canonização. São os milagres na fonte e em seu ambiente vital, os sinais expressivos da grande presença entre nós do Deus vivo e três vezes santo. Por isto, no presente artigo, a teologia do milagre funda-se nos milagres de Jesus (historicidade e finalidade). Contudo, antepomos uma reflexão sobre os problemas de enfoque e de pré-compreensão, particularmente importantes, quando se trata dos milagres.

1. PROBLEMA DE ENFOQUE – Em teologia, como nas demais ciências, os problemas de enfoque muitas vezes são determinantes. O enfoque adotado leva a becos sem saída, a alergias incontroláveis, ou, pelo contrário, dispõe à escuta e favorece a compreensão das razões propostas. A teologia dos últimos decênios foi testemunha de duas mudanças de enfoque de tal importância que se pode falar, no tocante a elas, de verdadeira revolução: trata-se do enfoque antropológico e do enfoque cristológico. Tal mudança de perspectiva teve incidência na teologia dos sinais da revelação e, sobretudo, na teologia dos milagres.

O que hoje caracteriza a teologia do milagre é a preocupação de ligar os milagres à pessoa de Cristo. Efetivamente, do século XIX ao XX, passou-se de uma perspectiva de objeto para uma perspectiva de sujeito, de pessoa. Antes do Vaticano II, os sinais privilegiados eram os milagres e as profecias de Cristo, dos profetas e dos apóstolos. Milagres e profecias são diretamente relacionados com a mensagem cristã e, consequentemente, com Cristo, que é o autor deles. A encíclica → *Qui pluribus*, de Pio IX, de 1846 (DS 2779), enumera, numa apresentação sintética, mas não isenta de retórica, nem destituída de grandeza, todos "os argumentos fulgentes e numerosos" que atestam "que a fé cristã é obra de Deus". No Vaticano I (DS 3034) e no juramento antimodernista (DS 3539), milagres e profecias servem para estabelecer solidamente "a origem divina da religião cristã". A encíclica *Humani Generis*, de 1950, repete que "existe um grande número de sinais externos e fulgentes que permitem... provar a origem divina da religião cristã" (DS 3876). Em todos estes textos, os sinais desempenham um papel de *atestação*: permitem estabelecer com certeza a origem divina da doutrina da salvação. A ligação nitidamente declarada é entre dois termos: a mensagem cristã e sua origem divina.

O Vaticano II orienta melhor a perspectiva. Assim como personalizou a revelação, o concílio *personaliza* a apresentação dos sinais. Estes últimos não são peças de reposição que acompanham a mensagem de Cristo, como um passaporte ou um carimbo numa carta, garantindo-lhe a autenticidade. Ao contrário, Cristo é a plenitude da revelação e é Deus em pessoa, com seu irromper na história, na carne e na linguagem, e é ao mesmo tempo o Sinal que se *atesta* como Deus-entre-nós: "com o próprio fato de sua presença e com a manifestação que faz de si, com as palavras e as obras, com os sinais e os milagres [...] realiza e completa a revelação e a corrobora com o testemunho divino, isto é, de que Deus está conosco" (DV 4). Os sinais emanam deste centro pessoal que é Cristo mesmo. São a multiforme irradiação da epifania do Filho entre os homens. Por meio de sua humanidade, Cristo manifesta o Pai; é também por uma economia de encarnação que os homens identificam Cristo como Filho do Pai. Cristo é inteiramente sinal enigmático que demanda ser decifrado.

Nesta volta a um enfoque personalista e cristocêntrico parece evidente que uma autêntica teologia dos sinais deva centrar-se nos sinais fundamentais que contêm todos os outros, isto é, Cristo e a Igreja. Uma apresentação dos sinais que isolasse os milagres de sua fonte, de seu centro, isto é, de Cristo, ou que lhes reduzisse o valor ao valor jurídico, seria estranha às perspectivas do concílio e ainda mais às da Escritura.

2. PROBLEMAS DE PRÉ-COMPREENSÃO – Quando se estuda o problema do milagre, incluídos aí os milagres de Jesus, a dificuldade principal diz respeito à própria ideia de milagre, que é rejeitada, antes de qualquer exame dos fatos propostos. Em matéria de milagres, mais do que em qualquer outro campo, a questão está encerrada desde o início. Os relatos de milagres – afirma-se – pertencem a outra época, a outra mentalidade. Reconhecê-los como realidade histórica significaria dar prova de uma ingenuidade tão desconcertante quanto anacrônica. Não se crê mais nos milagres, da mesma forma que não se crê mais nas fadas ou nos fantasmas. O que está em jogo é a própria possibilidade do milagre num universo que se basta a si mesmo.

Sem dúvida, o leitor dos relatos evangélicos, crente ou não crente, sempre tem uma certa *pré-compreensão* ou conhecimento preliminar de Deus, do homem e do universo, que exprime com "pré-supostos". Esta pré-compreensão pode enriquecer-se, senão modificar-se e mudar, em contato com os fatos. Também pode radicalizar-se, fechar-se em si mesma e transformar-se em "pré-conceito", rejeição categórica. O certo é que cada um, crente ou não crente, deve declarar os princípios que o inspiram. É o mínimo que se deve exigir para evitar mal-entendidos.

A maior parte das objeções levantadas contra o milagre pelo racionalismo, desde o século XVIII, apoiam-se nos dados da ciência. Nesta base, o racionalismo declara o milagre impossível ou inconveniente. Todo fenômeno denominado "miraculoso" possui uma explicação natural que precisa ser descoberta: uso de meios médicos, confiança, sugestão, hipnose, ilusão, forças desconhecidas. A história das religiões confirmaria esta hipótese.

a. *Em nome da ciência interpretada pela razão filosófica* – Desde o início do século XVIII, *P. Bayle* dedica-se a mostrar o aspecto ridículo da crença no milagre. Este, diz ele, repugna à razão, pois não há nada mais digno da grandeza de Deus do que manter as leis gerais que Ele mesmo estabeleceu, e nada é mais indigno do ato de fé do que crer que Deus intervenha para lhes violar o curso. É *B. Spinoza*, em seu *Tratado das autoridades teológicas e práticas*, o primeiro teórico desta posição indefinidamente retomada depois dele. Falar de uma coisa contrária à natureza equivaleria a negar a existência de um Deus imutável. Ora, a natureza não pode fazer-se cúmplice de tal loucura. "Não se pode duvidar – observa Spinoza – de que tudo o que é contado na Escritura aconteceu naturalmente... seguindo as leis da natureza, como tudo o que aconteceu." Os milagres "parecem algo de novo só para a ignorância dos homens". *D. Hume* (1711-1776) fala do milagre no décimo ensaio de *Enquiry Concerning Human Understanding*, publicado em 1748. Diz ele que o único fundamento de nossas certezas é a experiência dos sentidos. Ora, esta experiência estabelece a constância das leis da natureza. Portanto, se um homem atesta a existência de um milagre, deve-se rejeitar seu testemunho, pois "sendo todo milagre uma infração às leis da natureza e sendo estas leis estabelecidas sobre uma experiência firme e inalterável, a própria natureza do fato fornece, aqui, contra os milagres, uma prova da experiência tão completa quanto é possível imaginar". No dicionário filosófico, *Voltaire* aumenta a dose. Considera o milagre como uma contradição em termos. Com efeito, Deus "não podia perturbar sua máquina para fazê-la funcionar melhor; ora, é claro que, sendo Deus, fez esta imensa máquina da melhor maneira que podia; se tivesse visto a existência de alguma imperfeição, derivada da natureza, tê-la-ia previsto desde o início; portanto, nunca mudará nada". Imaginar que Deus tenha operado milagres em favor dos homens é indigno de Deus. "Atrever-se a supor milagres da parte de Deus significa realmente insultá-lo (se os homens pudessem insultar a Deus). É como dizer-lhe: és fraco e inconsequente. É, pois, absurdo crer nos milagres, isto significa de algum modo dissentir da divindade." Herdeiro do racionalismo dos séculos XVIII e XIX, → *R. Bultmann*, por sua vez, interpreta filosoficamente a mentalidade científica de nosso tempo e declara que o milagre é incompreensível num mundo submetido à ciência. É necessário distinguir *Mirakel* e *Wunder*. O *Mirakel* é entendido como um evento que não respeita as leis da natureza. "A ideia do milagre como *Mirakel* tornou-se para nós, hoje, impossível, pois entendemos o curso da natureza como dirigido por leis." Para nós, a "legalidade" do curso da natureza é o fundamento explícito ou implícito de cada ação nossa no mundo. Se a fé não se interessa pelo *Mirakel*, brecha no determinismo das leis, interessa-se, porém, intensamente pelo *Wunder*, que ocorre quando, num evento (*Weltgeschehen*) submetido às leis universais, vê uma ação de Deus (*Gottes Tat*). Na verdade, "só existe um milagre entendido como *Wunder*: o da revelação, isto é, da revelação da graça de Deus ao ímpio". O *Wunder* é um evento em que a fé, e somente esta, reconhece Deus que se revela. Nada mudou na ordem fenomênica e na tessitura das leis. É somente a fé que vê numa cura natural a revelação do amor de Deus, manifestado ao homem que se reconhece pecador e agraciado.

Diante do racionalismo, a apologética da época encontrava-se em posição incômoda, pois, definindo o milagre como "infração ou exceção às leis da natureza", e privando-o de sua função essencial de *sinal da salvação em Jesus Cristo*, ficava prisioneira de um universo do qual pretendia libertar-se. Esta caricatura do milagre como "exceção às leis da natureza" acabou impondo-se aos próprios cristãos, que chegaram a considerar como inconveniente, se não indecente, esta "infração" de Deus num universo que possui uma inteligibilidade própria. Admitir o milagre significa admitir a coexistência do inteligível e do ininteligível.

É certamente ilusório pretender modificar a posição racionalista, sobretudo se esta se declara exclusiva e sem possível revisão. Mas o teólogo pode situar o milagre em seu verdadeiro contexto de salvação e buscar defini-lo melhor. Em particular, deve afirmar sua própria pré-compreensão do mundo, sem pretender impô-la a quem recuse compartilhá-la. Podemos agrupar assim os elementos desta visão.

1. É verdade que o universo material encontra sua inteligibilidade na habitual submissão às leis do cosmo, das quais, porém, um bom número são leis estatísticas. Por outro lado, a totalidade do real não é unidimensional, isto é, reduzida ao mundo material e à inflexível rede das leis. A totalidade do real assemelha-se, antes, a uma ordem piramidal, de que nenhuma parte tem a sua completa autonomia, mas onde todas fazem parte de um conjunto orgânico, orientado para um ápice que transcende as possibilidades de ação conaturais a cada uma. Estamos diante de uma hierarquia de ordens subordinadas umas às outras: a ordem inorgânica submetida ao determinismo, a ordem orgânica com seu finalismo, a ordem do pensamento e da arte com sua criatividade, a ordem da vida religiosa e moral com sua liberdade. Nesta hierarquia, toda ordem inferior é ordenada à superior e está integrada na ordem total. O universo infra-humano está ordenado ao homem e este último, por sua vez, está aberto à ação transcendente de Deus. O milagre liberta o universo físico de seus "limites", eleva-o e o faz colaborar com a ordem superior da salvação. É, pois, perfeitamente legítimo que o universo físico encontre seu *sentido habitual* no determinismo das leis; por outro lado, é igualmente compreensível que Deus manifeste, com uma iniciativa totalmente gratuita, na história e no cosmo e em nível de causa primeira, a iniciativa ainda mais gratuita da salvação, comunicada em Jesus Cristo. O milagre torna-se, assim, o vestígio e o sinal da graça da salvação no cosmo. Situa-se na ordem religiosa, com que *Deus* convida o homem a uma comunhão de vida com Ele.

2. Além disso, se é verdade que Cristo, Verbo encarnado, é o ápice e o termo da salvação, o milagre se apresenta como uma intervenção de Deus, situada entre a criação originária e a transformação final de tudo e de todos em Jesus Cristo. O milagre representa, então, uma antecipação da ordem escatológica, quando haverá terra nova e céus novos: é o futuro que invade o presente e lhe confere sentido, porque manifesta, já agora, a *dýnamis* transformadora de Deus, em ação em nosso mundo. O corpo glorificado de Cristo ressuscitado é um milagre permanente. Nele o homem é recriado e, consequentemente, o próprio cosmo lhe recebe os benéficos efeitos. Nesta perspectiva, que é a de Paulo (Rm 8,19-21), não é o milagre que constitui problema; é, antes, o próprio milagre que obriga o homem a interrogar-se sobre o sentido último da história e do cosmo. Paradoxalmente, é o milagre que explica e é inteligível.

3. O milagre só pode ser acolhido por aqueles que olham o mundo como dominado e dirigido por um Ser livre e Transcendente, que age em seu nível como poder criador e recriador, e que pode estabelecer com o homem relações interpessoais. O milagre, como a revelação, é um apelo dirigido ao homem nas profundezas de seu ser, naquele nível de interioridade em que o homem, como espírito, está aberto a Deus e a uma eventual manifestação dele próprio na história e no mundo. O milagre pressupõe que o homem reconheça lealmente o caráter finito de sua existência e de sua condição de ser "necessitado da salvação"; e também reconheça a liberdade de Deus de agir na história para entabular com o homem um diálogo inédito. A liberdade de Deus não se esgotou unicamente no ato criador, como uma fonte que secou em seu primeiro borbulhar. Deus é a liberdade infinita, imprevisível e inesgotável, na gratuidade de suas iniciativas.

4. O fato de Deus haver decretado revelar-se ao homem e salvá-lo através dos caminhos da encarnação e da cruz, isto é, através do que de mais diferente existe em relação a Ele, espírito puro, isto é, através da carne, e o fato de Ele ter decretado prolongar esta economia de encarnação com uma economia de sinais, que atestam a presença eficaz da salvação entre nós, faz parte de seu imprevisível amor e de sua infinita liberdade. Todo aquele que situar o milagre nesta economia de salvação e liberdade infinitas, longe de falar de contrassenso, pelo contrário, percebe na ação divina uma *constelação de harmonias*: harmonias dos sinais com a intervenção de Deus feito carne, harmonias dos sinais entre si, harmonias dos sinais com o homem, ser feito de carne e espírito. Os milagres de Jesus pertencem à lógica superior do amor e da salvação.

b. *Em nome da história das religiões* – O historiador das religiões passou a substituir o filósofo na explicação da presença, nos evangelhos, dos relatos de milagres. Não há dúvida – afirma-se – que foi a pregação em ambiente helenístico que revestiu o profeta Jesus dos atributos da divindade grega: Ele é chamado Filho de Deus, Salvador, Senhor. O Jesus dos milagres foi apresentado como o *homem divino* dos ambientes helenísticos, para fins propagandísticos. Os principais corifeus desta teoria são: R. Reitzenstein, H. Windisch, L. Bieler, D. Georgi, R. Bultmann. A verdade é que esta teoria está destinada a desaparecer, depois dos recentes trabalhos de D.L. Tiede e de C.H. Holladay. O senso da transcendência absoluta de Deus em âmbito hebraico é por demais desenvolvido para autorizar a atribuição da divindade aos seres humanos. A categoria do homem divino está ausente no AT como no NT. Tanto mais que o uso técnico do homem divino no helenismo é tardio e aparece muito tempo depois de Jesus.

c. *Em nome da hermenêutica demitizante* – O método da *Formgeschichte*, especialmente com Bultmann, depois de ter observado algumas afinidades entre a estrutura literária dos relatos evangélicos de milagres e a dos prodígios atribuídos a Apolônio de Tiana ou ao deus curador Esculápio em Epidauro, concluía daí o caráter de fábula e lenda, tanto de uns como de outros. Com um procedimento ilegítimo, deduz-se de uma semelhança literária um juízo de valor sobre o conteúdo histórico. Com efeito, nada, no plano literário, é mais semelhante a um verdadeiro relato de cura excepcional do que um relato fictício. A coisa mais importante no caso de Jesus é que a *pessoa* que está no coração do relato não tem precedentes na história e que o próprio milagre tem elementos específicos e absolutamente inéditos. A análise literária não é um guia absoluto para emitir um juízo de historicidade.

Mas, então, será preciso eliminar os relatos evangélicos de milagres? Bultmann pensa que é preciso conservá-los, mas "demitizá-los" e interpretá-los em chave existencialista. O que é importante não é a realidade subjacente ao relato – muitas vezes impossível de se descobrir ou simplesmente inexistente – mas o *sentido* que ele reveste; a fé purifica, vivifica, ressuscita e salva o homem pecador e agraciado. Chega-se, assim, com os recursos da hermenêutica, a salvar o relato, sacrificando o evento. Os relatos de milagres manifestam a revelação como alimento, luz e vida.

Todas estas tentativas para tirar os milagres de seu contexto religioso e levá-los ao tribunal da filosofia e da ciência têm por efeito perverter a natureza profunda do milagre. Reduzi-lo a "uma exceção às leis da natureza" rescende a caricatura. O milagre tem sentido somente no contexto em que, *de fato*, aparece, isto é, no da revelação da salvação em Jesus Cristo.

3. AUTENTICIDADE HISTÓRICA DOS MILAGRES DE JESUS – Um estudo sobre o valor histórico dos relatos de milagres, para ser fiel à própria natureza da tradição evangélica e à história de sua formação, em nosso entender, não pode evitar percorrer as etapas seguintes:

a. Num primeiro tempo, deve-se estabelecer o valor histórico do conjunto da tradição sinótica. Este tema é tratado no artigo relativo ao valor histórico dos evangelhos e ao conhecimento de Jesus, mediante os evangelhos (→ Evangelho).

b. Num segundo tempo, convém recordar os dois *lógia* da *Quelle*, em que Jesus mesmo indica o sentido e a realidade de seus milagres.

1. Num primeiro *lógion*, Jesus constata a recusa das três cidades do Lago de Genesaré, que não souberam reconhecer em suas curas os sinais da vinda do Reino de Deus (Mt 11,20-24 e Lc 10,13-15). Corozaim, Betsaida e Cafarnaum são cidades privile-

giadas, por terem sido as primeiras testemunhas e beneficiárias da atividade de Jesus. E, no entanto, não souberam entender o sentido das obras de Jesus. Assim, a sua sorte será mais terrível que a das cidades tradicionalmente consideradas como ímpias (Tiro e Sidônia) e pecadoras (Sodoma). O *sentido* dos milagres de Jesus era patente. Ao mesmo tempo em que Jesus pregava a necessidade da conversão para entrar no reino, seus milagres eram propostas de Deus, apelos à penitência e à conversão, em face da vinda iminente do Reino de Deus. Os habitantes das três cidades viram os prodígios, mas não souberam enxergar os *sinais* do reino anunciado pelos profetas. Todavia, os milagres eram o próprio reino, visível em seu dinamismo de transformação total do homem.

2. O segundo *lógion*, também ele derivado da *Quelle*, constitui a resposta de Jesus aos emissários de João Batista, que o interrogaram sobre sua verdadeira identidade: "És tu aquele que deve vir, ou devemos esperar outro?" Jesus responde: "Ide relatar a João o que estais ouvindo e vendo: os cegos recuperam a visão, os coxos andam, os leprosos são curados, os surdos recuperam a audição, os mortos ressuscitam, aos pobres é pregada a boa notícia, e bem-aventurado quem não se escandalizar de mim" (Mt 11,2-6; Lc 7,18-23). Do ponto de vista histórico, a perícope está em posição excelente. Os critérios de descontinuidade e de conformidade encontram aqui uma aplicação exemplar. Efetivamente, o *lógion* de Jesus contrasta com a mentalidade judaica da época e com a concepção do Batista sobre o Messias; também contrasta com a mentalidade da Igreja primeva, que se apoia mais na ressurreição de Jesus do que em seus milagres. Pode-se também aplicar o critério de conformidade. Pois o *lógion* é conforme ao ensinamento de Jesus sobre o tema central de sua pregação, isto é, o reino e os sinais do reino; também é conforme ao tema da pregação da "boa notícia" aos pobres (tema das parábolas, das bem-aventuranças), sinal primordial do advento do reino; finalmente, é conforme ao estilo de Jesus, com seu habitual modo de responder à delicada pergunta concernente ao messianismo. Jesus não somente responde, mas sua resposta vai muito além da pergunta do Batista sobre o fato de sua messianicidade, já que caracteriza o reino como um reino de compaixão, de perdão, de graça. Por ora, Jesus representa a *agápē* de Deus em nosso mundo; mais tarde, virá o juízo.

Nesses dois *lógia*, que pertencem a uma tradição bem antiga, Jesus associa intimamente os milagres à vinda do reino, que inaugura com sua pessoa. Seus milagres nunca são simples prodígios, mas chamados à conversão, à penitência, condições indispensáveis para ter acesso ao reino. Os milagres são ao mesmo tempo os sinais e as obras de Cristo.

c. Num terceiro tempo, podemos recolher um certo número de *indícios de historicidade global*, favoráveis ao conjunto da tradição dos milagres. A importância destes indícios provém de sua multiplicidade e onipresença, tanto na tradição sinótica como na joaneica.

Um primeiro fato é o lugar importante ocupado pelos relatos de milagres nos evangelhos; no Evangelho de Marcos, os relatos de milagres representam 31% do texto, isto é, 209 versículos, de um total de 666. Nos dez primeiros capítulos, dedicados ao ministério público de Jesus (excluída a paixão), a proporção chega a 209 sobre 425, isto é, 47%. No Evangelho de João, os doze primeiros capítulos, que Dodd chama de o *Livro dos sinais*, são elaborados a partir dos milagres de Jesus. Nos sinóticos, como em João, milagres e pregação de Jesus constituem um tecido indivisível, já que ambos manifestam uma única realidade, isto é, a vinda do Reino de Deus. Um bom número de relatos sublinham o caráter público dos milagres e, em consequência, a possibilidade de constatar-lhes a realidade no momento da formação da tradição evangélica. Os inimigos de Jesus não contestam sua atividade taumatúrgica (a este propósito, é esclarecedora a perícope antiquíssima sobre Belzebu: Mt 12,26-27), mas sim a fonte desta atividade, da mesma forma que a autoridade que deriva dela. Finalmente, um texto do Talmud babilônio atesta que Jesus foi morto por ter praticado a magia e ter conduzido Israel à apostasia (Sanhedrin 43a). Se os milagres ocupam nos evangelhos um lugar comparável somente ao ensinamento e à paixão de Jesus e se a pregação primeva e os evangelistas estão como que "obsessionados" pelo tema dos milagres e o associam ao tema da pregação de Jesus a tal ponto que um não pode ser separado do outro, isto significa que o que sucedeu deve ter tido importância capital e que vale a pena submetê-lo a exame, para testar-lhe a consistência.

d. Num quarto tempo, por meio de uma criteriologia mais rigorosa, podemos aplicar aos relatos de milagres os *critérios de autenticidade*, utilizados pela história, mas levando em conta o "caso especial" que os evangelhos representam.

1. Critério de *atestação múltipla.* Este critério permite-nos estabelecer que a realidade dos milagres de Jesus está atestada na quase totalidade das fontes que possuímos: Marcos, a *Quelle*, Lucas, Mateus, João, os Atos, a Epístola aos Hebreus, a tradição talmúdica e os apócrifos. O tema dos milagres não aparece somente nas fontes mencionadas, mas encontra-se também em formas literárias muito diversas: sumários, discursos, controvérsias.

2. Critério de *descontinuidade.* O fato de Jesus operar milagres em seu nome contrasta com a atitude dos profetas, que operam milagres em nome de Deus, e com a dos apóstolos, que agem em nome de Jesus. Além disso, em alguns casos Jesus dá a seus milagres um sentido que contradiz a mentalidade judaica da época: por exemplo, na cura do leproso (Mc 1,40-41). No tempo de Jesus, a lepra era considerada pelos rabinos como o castigo específico de alguns pecados. O próprio leproso era considerado como um homem punido por Deus, um impuro, e, em consequência, era excluído do templo e da comunidade de Israel. Diversamente dos rabinos, Jesus não evita o leproso; pelo contrário, "cheio de compaixão", estende a mão para demonstrar que o toma debaixo de sua proteção; toca-o e diz-lhe: "Eu quero, sê curado". A atitude de Jesus em relação ao leproso, como em relação aos pecadores, marca uma ruptura com o judaísmo da época. No Reino de Deus não existem nem leprosos nem sadios, mas somente filhos do Pai.

3. O critério de *conformidade* com o ensinamento fundamental de Jesus sobre a vinda decisiva do Reino de Deus. Com efei-

to, os milagres são inseparáveis do tema da instauração do reino: manifestam-lhe a vinda e a realidade. São um sinal e um elemento do reino. Pois este não é algo de estático, mas uma realidade dinâmica, que muda realmente a condição humana, estabelecendo o senhorio de Cristo sobre tudo, incluídos corpos e cosmo. Um milagre, sem convite a reconhecer o reino que vem e a pessoa que vem instaurá-lo, é um contrassenso, um mero prodígio. Por isto, quando Cristo opera um milagre, ao mesmo tempo convida à conversão e à fé em sua missão. Que um prodígio seja assim ligado à conversão interior é um fato único, que acompanha a presença de Cristo (Mt 11,20-24; Lc 10,13-15).

4. O *estilo dos relatos de milagres.* Reencontramos nos milagres, assim como no ensinamento de Jesus, um estilo idêntico, feito de simplicidade, de sobriedade e de autoridade, num contexto religioso de uma pureza e de uma qualidade singulares. Este estilo contrasta com o dos apócrifos, ávidos de coisas maravilhosas. Se a gnose traiu o Evangelho reduzindo-o a uma doutrina, os apócrifos, de seu lado, traíram-no procurando nele só os prodígios.

5. *Inteligibilidade interna do relato.* Também o fato da ressurreição de Lázaro, coerente com outros relatos de ressurreição em Marcos e em Lucas e com a própria ressurreição de Jesus, é perfeitamente coerente com o contexto geral do quarto evangelho, sobretudo com os capítulos 5,11 e 12. Além disto, ilumina dois fatos importantes da vida de Jesus, isto é, a decisão das autoridades judaicas de acabar com sua vida e o fato da entrada solene de Jesus em Jerusalém, atestada pelos três sinóticos. Contudo, somente o relato de João ilumina plenamente o evento e lhe fornece uma explicação verdadeiramente satisfatória. Somente João observa: "Enquanto isto, a multidão que tinha estado com Ele, quando chamou Lázaro para fora da sepultura e o ressuscitou dos mortos, dava testemunho dele; também por isto a multidão lhe foi ao encontro, por ter ouvido que havia operado aquele sinal" (Jo 12,17-18).

6. *Interpretação diferente, acordo substancial.* A concordância quanto à substância do fato, coexistindo com flutuações na redação e também na interpretação, constitui um sólido indício de historicidade. A história e o direito recorrem constantemente a este gênero de argumentos. Assim, a propósito da multiplicação dos pães, João sublinha mais do que Marcos o simbolismo sacramental do milagre. Marcos, por sua vez, sublinha mais do que Lucas o alcance cristológico do milagre e apresenta Cristo como "o bom pastor, que tem compaixão das ovelhas sem pastor" (Mc 6,34). O Evangelho de João contém muitos detalhes que lhe são próprios. Trata-se sempre do mesmo fato, mas interpretado e aprofundado. Esta concordância substancial, coexistindo com a diversidade dos detalhes, é sustentada pelo critério da atestação múltipla, já que o fato é atestado pela tradição sinótica e pela joaneica. Além disto, o evento apresenta-se como sinal do reino messiânico e escatológico, em relação com o sinal do maná no deserto. Finalmente, caso se negasse a realidade do evento, muitos fatos permaneceriam sem explicação.

7. O critério de *explicação necessária* é uma aplicação aos evangelhos do princípio de razão suficiente. No caso dos milagres, estamos diante de uma dezena de fatos importantes, que dificilmente a crítica pode recusar e que demandam uma explicação suficiente: a exaltação popular diante do aparecimento de Jesus, a fé dos apóstolos em sua messianidade, o lugar que os milagres ocupam na tradição sinótica e joaneica, o ódio dos sumos sacerdotes e dos fariseus pelos prodígios operados por Jesus, o nexo consistente entre os milagres e a mensagem de Jesus sobre a vinda decisiva do reino, o lugar que os milagres ocupam no querigma primitivo, a presença de outros sinais que acompanham a vida de Jesus, de nível e qualidade iguais (profundidade da mensagem capaz de decifrar a condição humana, amor inaudito, revelado por sua vida, paixão e morte, ressurreição gloriosa, obra multissecular da Igreja), a relação íntima entre as reivindicações de Jesus de ser Filho do Pai e os milagres que lhe manifestam o domínio sobre a doença, sobre o pecado e sobre a morte.

O fato de todos os critérios de autenticidade histórica, reconhecidos pela história e, recentemente, pela exegese, encontrarem, assim, um tal exemplo de aplicação aos milagres dos evangelhos constitui uma prova de solidez histórica dificilmente recusável. Tanto mais que existe uma *convergência* de critérios. Comparativamente, poucos são os *lógia* de Jesus que se encontram numa situação tão favorável.

e. Por fim, teríamos que examinar um por um os relatos de milagres, mencionados pelos evangelhos, para provar sua *consistência histórica.* Trabalho impossível, dentro deste *Dicionário*, mas que já empreendemos em *Miracoli di Gesù e teologia del miracolo.* Assis, 1987, p. 98-318.

4. CLASSIFICAÇÃO E TIPOLOGIA DOS RELATOS DE MILAGRES – A classificação dos relatos tem registrado flutuações. Consoante uma distinção clássica, fala-se de milagres sobre pessoas (curas, exorcismos, ressurreições) ou sobre elementos da natureza (mar, vento, vinho, peixes). Esta divisão é discutível, porque, em última análise, os milagres sempre dizem respeito às pessoas. G. Theissen propôs uma classificação que leva em consideração tanto a natureza da relação que se estabelece entre a pessoa do taumaturgo e o beneficiário do milagre como os motivos do milagre. Adotemos esta classificação já aceita:

a. *Os exorcismos* – Aos olhos de Jesus, a libertação dos endemoniados é tão importante quanto a cura dos doentes. As duas operações libertadoras exprimem a mesma coisa: o advento do Reino de Deus. Por outro lado, já que a mentalidade da época atribuía facilmente doença e pecado a satanás, nem sempre se observa a distinção entre exorcismo e simples cura. Na tipologia dos milagres, reservamos o termo exorcismo aos casos em que o demônio é o antagonista do taumaturgo. Nestes relatos (seis), notam-se três características: 1. o endemoniado encontra-se num estado de alienação: perde a faculdade pessoal de decidir; 2. o taumaturgo tem como antagonista não o endemoniado, mas o demônio em pessoa: o possesso é apenas a vítima, o campo de combate; 3. Cristo, no caso, tem a ver não com os homens, mas com este poder pessoal e tenebroso, satanás, cujo reino Ele vem destruir.

b. *As curas* – Também as curas estão em relação com o Reino, mas não tão diretamente quanto os exorcismos. Aqui, a fé desempenha um papel de mediação com respeito ao poder do reino, que se exerce em Jesus. A razão explica-se de imediato. No caso dos endemoniados, que são alienados e passivos, pedir fé é impossível. Diferente é o caso dos doentes, em que a relação imediata com a pessoa de Jesus efetua-se com a mediação da fé. Podemos distinguir três expressões desta fé: fé no poder de cura de Jesus; aclamação de fé que segue o milagre, sobretudo em Lucas; fé que se identifica com a conversão esperada por Jesus, como resposta a seus milagres (*lógion* sobre as censuras às cidades do lago).

c. *Milagres de legitimação* – Estes milagres constituem uma justificação do comportamento de Jesus e, ao mesmo tempo, uma crítica de uma certa mentalidade farisaica, incapaz de ir além da letra das prescrições jurídicas. Por isso, estes relatos têm todos um caráter de controvérsia (Mt 12,14; Lc 14,13.17; 14,1-6; Mc 1,40-45). Todas estas curas têm por objetivo justificar o comportamento misericordioso de Jesus em relação às misérias humanas e ao legalismo dos fariseus. Têm o efeito de acender contra Ele o ódio dos que detêm o poder e, em última análise, de levá-lo à morte.

d. *Milagres de salvamento e milagres-dom* – Nos dois tipos de milagres, a iniciativa vem de Jesus. Nos milagres-dom, Jesus intervém em benefício da multidão que não tem o que comer (Mc 6,36), de convidados que não têm mais vinho (Jo 2,3a), de pescadores que não apanharam nada (Lc 5,5). O evento é mencionado com extrema discrição. Indica-se somente o resultado: a multidão saciada, a rede cheíssima de peixes, o vinho em abundância. Os milagres de salvamento verificam-se numa situação ainda mais dramática (o caso da tempestade aplacada). Além do alcance cristológico, estes milagres têm um caráter eclesial. Assim, na tempestade acalmada Jesus protege o pequeno rebanho contra toda tempestade. Estes milagres mostram a nova comunidade da salvação, reunida em torno de Jesus.

e. *Relatos de ressurreição* – Alguns autores (p. ex., X. Léon-Dufour, G. Theissen) preferem falar de "reanimações", em vez de ressurreições. Certamente é legítimo procurar uma terminologia precisa e fiel à realidade. Os que falam de "reanimações" em vez de ressurreições têm evidentemente a preocupação de evitar algumas ambiguidades. Com efeito, nos relatos evangélicos, não se trata de ressurreições gloriosas, como a de Jesus: tampouco se trata de uma volta definitiva à vida, mas de uma vida que retoma seu curso normal e que se concluirá com uma morte total e definitiva. Lázaro não tem nada a contar sobre o além, sobre uma *life after life*. Por outro lado, os evangelhos não são tratados de escatologia. Isto posto, cabe perguntar se o termo sugerido de "reanimação" não será, por sua vez, mais ambíguo do que o termo bíblico e clássico de ressurreição. Com efeito, o termo "reanimação" tem hoje uma ressonância clínica difícil de se apagar. Nos hospitais, fala-se de sala de "reanimação", depois de uma breve anestesia; procura-se "reanimar" alguém que corre o risco de morrer afogado, praticando-se-lhe respiração artificial; "reanima-se" alguém que sofre de insuficiência cardíaca momentânea ou de coma diabético. Além disso, será que o termo "reanimação" é, na verdade, fiel à intenção do evangelista e do próprio Jesus? Em todos os relatos evangélicos existe uma convicção comum: uma volta à vida é considerada impossível. Para Jesus, estas ressurreições constituem sinais da vinda do reino: "Os mortos ressuscitam", diz Ele, respondendo aos emissários de João Batista (Lc 7,22; Mt 11,5). Na intenção dos evangelistas, estes milagres manifestam o poder de Jesus sobre a morte, exatamente como sobre a doença e sobre o pecado. No final das contas, parece preferível falar de relatos de "ressurreição", ainda que seja difícil precisar a que etapa rumo à morte haviam chegado os personagens de que falam os relatos evangélicos. No mínimo, ao se falar de ressurreição, quer-se falar da volta à vida, de alguém que se encontrava no caminho sem retorno, que conduz à morte. Os milagres de ressurreição têm uma finalidade, para Jesus e para os evangelistas. Representam uma forma singular do poder de Jesus: o Filho ressuscita os mortos exatamente como faz o Pai. São sinais messiânicos que exigem um tratamento peculiar. Seguindo a Bíblia de Jerusalém e a edição da TEB, mantemos o termo "ressurreição", até que os especialistas proponham uma terminologia claramente superior à consagrada pelo uso dos séculos.

5. PERSPECTIVA DE CADA EVANGELISTA – Para *Marcos*, os milagres são atos de poder que designam a pessoa de Jesus como sendo aquele em quem se instaura de modo eficaz o Reino de Deus. Em *Mateus*, revelam o servo de Jhwh que realiza a vontade misericordiosa de Deus para com os oprimidos pela doença e pelo pecado. Jesus é também o Senhor que exerce seu poder. Em *Lucas*, Jesus é o profeta messiânico que traz libertação e salvação: nele Deus "visita" os homens. Para *João*, os milagres são sinais da glória de Deus que habita em Jesus, e testemunho do Pai através das obras que confia ao Filho para cumprir.

Em Marcos, não encontramos nenhum título cristológico ligado aos milagres; em Mateus, Jesus é o Servo de Jhwh e Senhor; em Lucas, é o profeta escatológico e Senhor; em João, é o Filho, o Verbo, a Palavra feita carne, e os milagres manifestam sua glória divina. Em suma, os milagres têm para os evangelistas o mesmo sentido que Jesus lhes atribui nos *lógia*.

6. ORIGINALIDADE E FINALIDADE DOS MILAGRES DE JESUS – *a*. Em termos negativos, digamos que Jesus recusa confundir milagre e prodígio. Não quer ser comparado a um mago, nem a um charlatão e tampouco a um detentor de segredos científicos. A salvação que traz passa pela cruz e só será reconhecida no momento em que sua missão estiver inteiramente cumprida.

b. Em termos positivos o milagre se destina à salvação do homem em sua totalidade. Jesus vem restaurar o homem e dar-lhe aquela salvação à qual aspira em vão. O milagre torna visível esta restauração total: Cristo expulsa verdadeiramente os demônios, cura de verdade, ressuscita de verdade porque salva de verdade o homem. Todavia, na tradição sinótica, Jesus não é chamado salvador, mas aquele que vem salvar o que estava perdido. Por isso, os milagres estão ligados ao tema da conversão que introduz no reino.

c. O milagre acontece em vista de uma vocação para o reino. Este aspecto é singularmente ilustrado pela cura do endemoniado de Gérasa (Mc 5,1-20). Este homem foi privado de tudo: de seu equilíbrio somático e psíquico, de sua dignidade humana. Está alienado de si mesmo e da sociedade. Jesus o restabelece em sua integridade de homem, isto é, de ser pensante e responsável, e o reintegra na sociedade. Mas a intenção do milagre não para no restabelecimento da saúde: prolonga-se numa vocação superior. O agraciado pelo milagre pede a Jesus que "permaneça em sua companhia" (Mc 5,18). Jesus lhe diz: 'Vai a tua casa, com os teus, anuncia-lhes o que o Senhor te fez e a misericórdia que usou para contigo" (Mc 5,19). De um escravo Jesus faz um homem livre e, em seguida, um evangelizador do reino: "Ele foi e se pôs a pregar pela Decápole o que Jesus lhe havia feito" (Mc 5,20). O milagre só tem sentido na base do projeto de Deus para o homem: isto é, a entrada no reino. Tem também uma função de libertação e de realização do homem. Através do milagre, Cristo re-cria, re-constrói o homem e o eleva a uma plenitude de vida antes não imaginada. Esta realização é a aurora da criação nova.

d. O milagre estabelece entre Jesus e o agraciado uma relação nova, pessoal e transformadora. O agraciado pelo milagre não precisa observar escrupulosamente ritos mágicos, mas deve, por meio da fé, entrar em relação total com Jesus. Indubitavelmente, nos tempos de Jesus esta fé é imperfeita, mas no mínimo é pedido suplicante e confiante, dirigido àquele que anuncia o reino e em quem se manifesta o poder de Deus. O fato de um prodígio estar ligado à conversão e de estabelecer entre Jesus e o agraciado uma relação absolutamente nova e pessoal, eis uma característica específica do milagre cristão.

e. Portanto, o homem (o próprio doente, ou os que imploram sua cura) tem uma função no milagre, uma participação que se exprime numa atitude de fé radical em Jesus, ou pelo menos de disponibilidade e de abertura. O primeiro movimento do homem é o daquele que se reconhece pobre, desprovido, "necessitado de salvação", a ponto de gritar: "Jesus, filho de Davi, tem piedade de mim" (Lc 18,39). Sem esta participação mínima do homem nem mesmo Cristo poderia agir. Se o homem se fechar e endurecer diante da salvação que lhe é oferecida, não deixa mais sequer uma fenda para a ação de Deus: o milagre torna-lhe ainda mais profunda a cegueira, torna-lhe as trevas ainda mais espessas. Este chamado à participação humana revela ao mesmo tempo o poder de Deus e sua fragilidade diante da liberdade do homem: risco supremo de um Deus que baseou no amor ou na recusa a constituição de um povo de filhos chamados a compartilhar sua vida.

f. Além disso, os milagres são inseparáveis da cruz. Jesus personifica o Reino de Deus que destrói o reino de satanás; por isto, não deve surpreender-nos que a luz do primeiro dissipe as trevas do segundo. Os exorcismos de Jesus são interpretados como obra de belzebu. As curas, operadas em favor das cidades do lago, ao invés de levarem à conversão, levam ao endurecimento. Os milagres de legitimação, realizados em dia de sábado, suscitam o ódio e a decisão de eliminar Jesus. Também o milagre da multiplicação dos pães não é compreendido e provoca a deserção e a dúvida. É a dialética do poder-impotência, da glória-humilhação de Jesus. Por sua natureza, o milagre destina-se a orientar para o reino, mas o homem pode ver o *prodígio* e parar no *sinal.* Jesus é portador de uma salvação que passa pela conversão: também suas obras e seus milagres são o lugar de uma opção dramática. Acolher os sinais significa acolher Jesus e entrar nos caminhos da conversão. E exatamente porque Jesus recusa qualquer outra leitura de seus milagres, diferente da que os propõe como sinais do reino e como convite a entrar neste através da conversão, no final é condenado (Jo 11,53).

g. Os milagres de Jesus têm um caráter "eclesial". Jesus não é um simples carismático que opera por conta própria e só para seu tempo: Ele oferece uma salvação universal cuja fonte já secou. Por isso, confere a seus discípulos o poder de anunciar o reino, como também o de curar os doentes e de expulsar os demônios (Mt 10,8), isto é, o duplo poder que Ele mesmo exerce. Seus milagres são o sinal da comunidade de salvação que continua a oferecer a salvação, inaugurada no grupo dos Doze, mas perpetuada através dos séculos e estendida a todas as nações (Mc 16,15-18; At 5,12).

h. Através dos milagres de Jesus, o futuro invade o presente. Com Jesus, o Reino de Deus invade nosso mundo (Mt 12,28). A salvação torna-se um "hoje", que ressoa e age. Depois da ressurreição, quando a Igreja se volta para Jesus, fá-lo para evocar este passado que instaurou o reino e inaugurou o mundo novo na expectativa de sua perfeita realização. Por ora, vêm-nos da terra prometida sinais de modo intermitente, como uma luz interestelar que nos faz entrever dimensões inauditas.

i. Finalmente, os milagres de Jesus orientam-nos para a revelação de sua pessoa. Se Jesus é o único que torna presentes o reino e a salvação escatológica, a razão última está no mistério de sua pessoa. Esta transcendência de Jesus aparece só implicitamente, em sua passagem terrena na Palestina, no exercício da salvação que Ele manifesta com suas obras. Antes da Páscoa tudo já está presente e, ao mesmo tempo, tudo deve ser recuperado; o sentido último dos milagres de Jesus será entendido plenamente só à luz da experiência eclesial da Páscoa, que fará descobrir a verdadeira identidade de Jesus: Cristo, Senhor, Filho de Deus. Antes da Páscoa os gestos foram colocados: orientam para a presença de uma transcendência pessoal; mas, como perceber a identidade do Deus vivo, na carne e nos gestos do homem Jesus?

7. NOÇÃO CATÓLICA DE MILAGRE – a. *Terminologia bíblica* – No AT os milagres são definidos como *térata*, isto é, prodígios. O Deuteronômio, assim como o NT, muitas vezes une *sēméia kái térata* para significar que se trata de um prodígio sagrado. Outros termos, como *thaumásia*, isto é, fatos que suscitam a admiração, e *parádoxa*, isto é, fatos inesperados, colocam em evidência o aspecto psicológico do milagre: trata-se de um fato insólito, que suscita assombro, admiração e surpresa da parte do homem.

No AT os milagres são frequentemente qualificados como *adýnata*, isto é, obras propriamente divinas, já que impossíveis ao homem. No Evangelho de João, são obras (*érga*), isto é, as obras de Cristo enquanto Filho do Pai. Marcos e Mateus os definem como *dynámeis*, ou seja, manifestações e efeitos do poder divino.

Os milagres como obras pertencem a esta grande obra que Deus começou com a criação do mundo e que terminou com a redenção, nova criação. Como manifestações de poder, estão ligados à *dýnamis* divina, isto é, à ação onipotente com que Deus vivifica e salva tanto na ordem natural como na sobrenatural. Estes termos – sobretudo *érga* e *dynámeis* – põem em evidência o aspecto *ontológico* do milagre e o apresentam como uma obra transcendente, isto é, impossível às criaturas, e que, consequentemente, supõe uma intervenção especial da causalidade divina.

Finalmente, no AT como no NT, sobretudo em João, o milagre é denominado *sēméion*, isto é, sinal (→ Semiologia, I); termo que muitas vezes vai associado a *prodígio*. Efetivamente, o milagre, mais do que um prodígio, é um sinal operado por Deus. É portador de uma intenção divina, que é preciso saber ler no contexto.

b. *Os dados da tradição* – Os três aspectos que mencionamos (psicológico, ontológico, semiológico) encontram-se ao longo de toda a tradição patrística e teológica, mas com uma acentuação e um relevo que variam no decurso dos séculos. Em particular, verifica-se uma oscilação entre o aspecto factual e ontológico, que vê no milagre sobretudo um fato de transcendência física, e o aspecto semiológico, que vê o milagre antes de tudo como um sinal operado por Deus.

Agostinho enfatiza em especial os aspectos psicológico e semiológico. O milagre é um fenômeno inesperado, que quebra a monotonia do cotidiano e, em consequência, provoca o assombro. Em sua perspectiva apologética em relação aos pagãos, este efeito chocante, provocado pelo caráter insólito do milagre, deve servir como ponto de apoio à função de sinal. Com seu caráter prodigioso, o milagre convida o homem carnal, que é legião, a levantar o olhar para o céu e a contemplar as realidades invisíveis do mundo da graça.

Com Anselmo, a tônica é colocada na transcendência, mais do que na finalidade do prodígio. O milagre é uma ação atribuível só a Deus, pois supera as forças de todo o universo criado. Santo Tomás, por sua parte, mostra em suas obras que conhece e reconhece os três aspectos do milagre, mencionados na Escritura. Mas, quando se trata da definição de milagre, Tomás coloca-se decididamente da parte de Deus, agente transcendente, interessando-se antes de tudo pelo efeito produzido e pela causa proporcionada: "um fato é miraculoso quando supera a ordem de toda a natureza criada" (STh I, 110,4). A causa proporcionada ao efeito produzido é Deus. Isto não pretende negar a ordem da natureza, mas, no caso do milagre, ultrapassá-la, já que sua ação é em outro plano. Ele se integra numa ordem que é a ordem *total* e universal, querida por Deus.

Os *escolásticos* posteriores a Tomás, atendo-se mais a sua definição do que a sua doutrina sobre o milagre, adotaram o costume de definir o milagre no aspecto ontológico de fato estritamente divino, omitindo na prática os outros dois aspectos. Assim, Ch. Pesch define o milagre: "um efeito sensível que Deus produz fora da natureza" (*Praelectiones dogmaticae*). E R. Garrigou-Lagrange escreve: "um fato produzido por Deus no mundo, fora da ordem de ação de toda a natureza criada" (*De Revelatione*, ed. 1950, II, 40). Um dos méritos de M. Blondel foi ter novamente valorizado o aspecto semiológico do milagre. O milagre é o sinal desta "anormal" bondade que Deus manifesta no Evangelho da salvação. A teologia do pós-guerra é caracterizada pelo esforço de integrar harmoniosamente os três aspectos essenciais do milagre.

c. *As indicações do magistério* – Sem pretendermos extrair dos documentos do magistério uma definição do milagre, que estes nunca pretenderam dar, encontramos todavia neles os três aspectos constantemente afirmados pela Escritura e pela tradição. Assim, o Vaticano I considera os milagres como *fatos divinos*, que têm Deus como autor. Os milagres são também *sinais* da revelação, sinais operados por Deus para ajudar-nos a reconhecer que Deus falou à humanidade. O Vaticano II fala das *obras*, dos *sinais* e dos *milagres* com que Cristo revela e ao mesmo tempo atesta a origem divina da revelação. Estes três termos representam os três aspectos do milagre.

8. DEFINIÇÃO DO MILAGRE – Utilizando e agrupando os dados da Escritura e da tradição, podemos propor a seguinte definição do milagre: "o milagre é um prodígio religioso, que exprime, na ordem cósmica (o homem e o universo), uma intervenção especial e gratuita do Deus de poder e de amor, que dirige aos homens um sinal da presença ininterrupta de sua Palavra de salvação no mundo".

a. *Um prodígio na ordem cósmica* – Evidentemente, prodígio não é sinônimo de milagre; mas o milagre enquadra-se na ordem do prodígio por um de seus aspectos: é um fenômeno insólito, que rompe o curso normal das coisas, tal como tem sido observado ao longo dos séculos. Por exemplo, a cura do leproso: "Eu quero, sê curado! Imediatamente a lepra desapareceu e ele sarou" (Mc 1,41-42), ou então a cura do cego de nascença. Trata-se de coisas nunca vistas e nunca ouvidas. Delas advém um efeito chocante de surpresa e, depois, de admiração.

b. *Um prodígio religioso e sagrado* – Desta maneira, exclui-se desde o início todo prodígio que se verifique em contexto profano, e se entende tanto o que é revolucionário para a imaginação como também tudo o que pertence à categoria do maravilhoso, do fabuloso, do lendário, do mítico. Com efeito, em contexto profano o milagre não teria nenhum sentido, nenhuma razão de ser. A explicação do fenômeno, quando este tem um caráter prodigioso, por maior que seja, deve ser procurada em seu nível, isto é, em nível das causas naturais e na ordem profana.

Por contexto religioso entendemos um conjunto de circunstâncias que conferem ao prodígio uma estrutura pelo menos aparente de *sinal divino*. A fenomenologia nos informa sobre estas circunstâncias. Por exemplo: 1. O milagre ocorre em decorrência de uma súplica humilde, confiante, perseverante, da parte do doente ou dos que o rodeiam. 2. O milagre acompanha uma vida de santidade heroica, como sinal de uma total união com Deus e de uma participação em seu poder de vida (no cura d'Ars, em Francisco de Assis, em Francisco Xavier). 3. O milagre autentica uma missão que pretende vir de Deus: tal é o caso dos profetas, de Cristo, dos apóstolos. Em todos estes casos, existe coerência perfeita entre o prodígio e o apelo feito a Deus, exatamente como no intercâmbio interpessoal, quando alguém obtém uma resposta que solicitou, em consonância com o pedido que fez. No caso dos milagres de Jesus, estes se inserem num contexto ainda mais amplo, mais englobante. Nele o milagre não é uma realidade isolada: integra-se com todo um conjunto de sinais do mesmo nível (mensagem, santidade, paixão, ressurreição, fundação da Igreja), nesta economia total com a qual Deus salva o homem através de Cristo. Temos que falar aqui de uma *constelação de sinais* em que o milagre é apenas um ponto luminoso entre tantos outros.

c. *Uma intervenção especial e gratuita do Deus de poder e de amor* – Sublinhemos aqui que o milagre, como sinal e antecipação de uma salvação sobrenatural, deriva de uma intervenção de Deus não menos especial e gratuita (pelo menos no modo de produzir-se) do que a própria salvação: consequentemente, diferente da conservação e do governo habituais do universo. É uma obra da onipotência de Deus, "contrária à natureza" em seu aspecto mais revolucionário de prodígio, mas, na realidade, "superior à natureza", transcendente a esta, como sinal da transformação gratuita do homem e do universo, operada pelo amor de Deus que salva e faz tudo novo, não somente na aparência, mas de verdade, não somente para os homens de ontem, mas também para os de hoje e de todos os tempos.

Evidentemente, quando se trata de exprimir o que acontece em nível fenomênico sob a ação de Deus (uma ação não comparável à do homem), só podemos balbuciar: faltam-nos as palavras. Alguns falam de uma superação dos determinismos habituais, da superação radical e repentina de um limite julgado insuperável; outros, de uma fulminante aceleração dos processos habituais de restauração, que contrasta com a temporalidade e a continuidade, características específicas do fenomênico: é como se se saltasse a barreira do tempo e do espaço, à maneira de Cristo ressuscitado, que foge à distância e à duração e deixa furtivamente entrever algo do mundo glorificado. Deus não age à maneira de um ator inesperado, que se introduz de surpresa nas manchetes da humanidade: Ele é onipresente e age em seu nível, que é o de Deus, causa primeira, com a soberania do criador e recriador do homem. A natureza não é propriamente violentada, mas, antes, restaurada, elevada, dinamizada. Não existe nenhum argumento decisivo (se excluirmos a arbitrariedade ou o preconceito) para rebaixar o milagre em nível dos fenômenos ordinários ou das coincidências fortuitas. Pelo contrário, é soberanamente coerente e compreensível que a gratuidade do *evento* singular e revolucionário de *Deus feito carne*, linguagem e vítima crucificada, seja ela mesma "assinalada" pelos eventos dotados da mesma gratuidade, como a restauração ou a transformação da vida corporal, mediante o milagre e a ressurreição, e pelo próprio homem, mediante a santidade. Se Cristo está entre nós como filho do Deus vivo, é coerente que coloque gestos expressivos de sua glória. A presença, entre nós, de Deus, Espírito por excelência, é uma "coisa enorme": Se tal presença não vir acompanhada pela presença de nosso mundo de eventos *assinados* por Deus, quem jamais poderá garantir-nos que não somos vítimas da mais colossal enganação? É infinitamente mais difícil aceitar a encarnação do que o milagre. M. Blondel dá prova de santidade intelectual e religiosa, ao declarar com franqueza que a aparente contrariedade introduzida pelo milagre "manifesta analogicamente a real derrogação que a ordem da graça e da caridade introduz na relação entre Deus e o homem". Deus "faz transparecer, através de sinais anormais, sua anormal bondade". Se acrescentarmos que se trata de uma intervenção do Deus de poder e de amor, fazemo-lo justamente para sublinhar que o milagre não é uma pura demonstração de poder, mas um gesto de amor: uma obra comum do Pai e do Filho, brotada de seu amor recíproco. Por isso, o milagre só revela sua verdadeira natureza se for considerado do ponto de vista de Deus, tanto quanto do ponto de vista do homem.

d. *Um sinal divino* – Finalmente, o milagre é sinal da vinda da Palavra de salvação ao mundo. O termo principal aqui é → *sinal*. Com efeito, o milagre, como totalidade, é um *prodígio-significante*, uma *ação-sinal*. Este aspecto intencional, semiológico, do milagre constitui seu elemento formal. Trata-se de um sinal interpelante e interpessoal, portador de uma intenção divina e dirigido ao homem como uma linguagem divina, como uma palavra concreta e premente de Deus para fazê-lo perceber que a salvação chegou. Por conseguinte, os milagres não são sinais históricos *fechados* em si mesmos, mas mediações que orientam para sua superação. É preciso entender que a salvação anunciada é verdade, porque já está presente. Os milagres de Lourdes têm o mesmo sentido: orientam para a salvação e para aquele que os manda.

O milagre está sempre relacionado com o evento da Palavra de salvação ou revelação: quer se trate da palavra do AT que anuncia e promete a salvação futura, quer se trate da Palavra de Deus feita carne e tornada evento em Jesus Cristo, ou da palavra da Igreja, que torna presente e atual, até o fim dos tempos, a Palavra de salvação dada uma vez por todas. O milagre está sempre a serviço da Palavra, seja como elemento da revelação, seja como atestação de sua autenticidade e eficácia.

9. VALORES SIGNIFICATIVOS E FUNÇÕES DO MILAGRE – Afirmar que o milagre é um sinal equivale a colocar o problema das funções significativas do milagre. O Vaticano I colocou em evidência sobretudo a função confirmativa ou jurídica do milagre. Por serem *fatos divinos*, *provas*, *sinais*, os milagres têm a função de estabelecer "a origem divina da religião cristã" (DS 3009, 3034). O Vaticano II reconhece nos milagres uma dupla função: uma função de *revelação* e uma função de *atestação*. Por um lado, são portadores da revelação, tanto quanto as palavras de Cristo; por outro, atestam a verdade do testemunho de Cristo e a autenticidade da revelação que é Ele em pessoa (DV 4). Ao destacar estas duas funções do milagre, o Vaticano II não pretende com isso esgotar todas as suas riquezas de significado e de expressividade. Pois o milagre é um sinal polivalente. Age ao mesmo tempo em vários planos, aponta para diversas direções. É o NT que exprime da melhor maneira esta pluralidade e diversidade das funções do milagre, que precisamos expor detalhadamente, antes de sistematizar.

a. *Sinais do poder de Deus* – Os milagres são obras marcadas pelo poder de Deus. Nos sinóticos, os milagres de Cristo são epifanias do Salvador, manifestações de seu poder universal e absoluto. Cristo age em seu nome. Cura com uma palavra; expulsa os demônios com uma palavra, acalma a tempestade, ressuscita os mortos com uma palavra. Seu poder só é limitado pelo ódio, pela recusa, pela revolta dos homens. Em João, os milagres são as obras comuns ao Pai e ao Filho; manifestam que o poder está em Cristo como está no Pai. Cristo é Deus, presente entre nós, com o poder do Deus vivo, criador de vida e de morte. Sua glória é a de Jhwh.

b. *Os milagres de Cristo são manifestações de sua caridade* ativa e compassiva, que se inclina sobre todas as misérias. Por vezes, a iniciativa vem do próprio Cristo, que antecipa a súplica humana (multiplicação dos pães, ressurreição do filho da viúva de Naim, cura do homem da mão seca e da mulher encurvada). Outros milagres, ao contrário, apresentam-se como a resposta de Cristo a um pedido, às vezes claramente formulado, às vezes silencioso, encerrado num gesto, num movimento (os cegos de Jericó, a Cananeia, o centurião, Jairo, Marta e Maria). Deus "visita" a humanidade no coração de suas enfermidades. Ele tem compaixão, está comovido. Os milagres são a resposta da *agápē* de Deus ao apelo da miséria humana. Deus é amor e este amor assume em Cristo forma humana e coração humano, para tornar perceptível ao homem a intensidade do amor divino.

c. *Sinais do advento do reino messiânico* – Sob este prisma, os milagres estão ligados ao tema mais amplo do cumprimento das Escrituras. Significam que finalmente chegou o Reino de Deus, anunciado pelos profetas ao longo dos séculos. Em Jesus de Nazaré o messias está presente. Os homens são curados de suas enfermidades e libertados do pecado, o Evangelho é proclamado. Curas e exorcismos demonstram que o reino de satanás está em frangalhos e que o Reino de Deus chegou (Lc 7,22; Mt 12,28). Onde está Cristo, está em ação o poder de salvação e de vida, anunciado pelos profetas: triunfa sobre a doença e sobre a morte como sobre o pecado e sobre satanás. O reino está presente e ativo. E, para que os homens compreendam que o mundo novo está no coração do mundo antigo, Cristo *torna visível* a salvação total que anuncia.

d. *Sinais de missão divina* – Em toda a tradição bíblica o milagre tem como função principal garantir a divindade de uma missão. Tem um valor de certo modo jurídico: é a credencial do enviado de Deus. Assim, Moisés é "credenciado" pelos prodígios que Deus realiza por meio dele diante do povo inteiro (Ex 4,1-9; 14,31). Quando Cristo aparece, tem que enfrentar esta exigência tradicional (Mc 2,12; Mt 11,21; Jo 11,41-42). Esta função jurídica ou confirmativa ou de atestação é particularmente ressaltada no Evangelho de João: "À vista dos sinais de Jesus, muitos creram nele" (Jo 2,23). Nicodemos (Jo 3,2), o cego de nascença (Jo 9,33) e a multidão (Jo 7,31) invocam espontaneamente tal argumento. Esta função jurídica dos milagres é ainda mais evidenciada nos Atos do que nos sinóticos. O poder miraculoso dos apóstolos constitui um testemunho dado por Deus: "O Senhor confirmava a pregação de sua graça e concedia que por suas mãos se operassem sinais e prodígios" (At 14,3; 4,33). Os milagres *credenciam* a palavra dos apóstolos como autênticos embaixadores de Cristo.

e. *Sinais da glória de Cristo* – Do ponto de vista do homem, que é o beneficiário dos milagres, estes são sinais; mas do ponto de vista de Cristo, são mais precisamente as obras do Filho. Os milagres, considerados como obras, ligam-se à consciência que Cristo tem da filiação divina: representam sua atividade de Filho entre os homens. Têm, outrossim, a função de garantir sua missão de enviado de Deus, mas a título de Filho do Pai, que compartilha com este o conhecimento (Mt 11,27) e a onipotência (Mt 28,18). Os milagres são as obras comuns ao Pai e ao Filho: designam Cristo na glória de Filho unigênito. Cristo, portanto, não cessa de remeter seus ouvintes para os milagres, como sendo o testemunho do Pai a seu favor (Jo 5,36-37; 10,25). Justamente porque os milagres são a manifestação do poder de Cristo e o designam em sua glória de Filho unigênito, sua pessoa é seu centro de irradiação e de convergência. Mas esta revelação das obras do Filho, como a de sua pessoa, encerrou-se com um fracasso. Todavia, estava destinada a revelar sua glória.

f. *Revelação do mistério trinitário* – O reconhecimento dos milagres como obras comuns ao Pai e ao Filho introduz-nos no mistério da própria vida trinitária. Se as obras de Cristo são ao mesmo tempo as obras do Pai, que tem a iniciativa em todas as coisas, e se, por outro lado, pertencem ao mesmo tempo ao Filho, já que o Pai entregou ao Filho seu poder para que realizasse os milagres como obras *próprias*, isto revela uma aliança única, um mistério de amor entre o Pai e o Filho. Os milagres revelam que o Pai está no Filho e o Filho no Pai, unidos pelo mesmo Espírito (Jo 14,10-11; 10,37-38). Evidentemente, esta profundidade reveladora dos milagres só aparece claramente à luz do discurso de Cristo e da reflexão joaneica que explica seu sentido.

g. *Símbolos da economia sacramentária* – A vinda de Cristo inaugura um mundo novo, o mundo da graça; opera uma revolução, a da salvação mediante a cruz. O milagre faz ver, como em transparência, a transformação operada. É a imagem expressiva dos dons espirituais oferecidos aos homens na pessoa de Cristo. Nos sinóticos já é esboçado o → simbolismo dos milagres, sobretudo nos relatos da cura do paralítico, do leproso, da mulher encurvada e das curas com a imposição das mãos. Mas é no Evangelho de João que explode, de modo peculiar, o simbolismo dos gestos de Jesus. Os milagres de Cristo revelam o mistério profundo de sua pessoa e da economia da graça, que Ele inaugura com os sacramentos: particularmente o batismo (cura do paralítico com a palavra de Cristo que perdoa os pecados e com a água da piscina que regenera; cura do cego de nascença, na piscina de Siloé, por obra de Cristo, luz do mundo) e a Eucaristia (multiplicação dos pães). Se o simbolismo de João é tão poderoso, é porque opera em diversos graus de profundidade. Enraíza-se antes de tudo na encarnação. O milagre é o poder da Palavra feita Carne que se desdobra através de um gesto humano. A visão restituída ao cego de nascença torna presente e visível o poder de Cristo como fonte de luz para a humanidade. Mas se o simbolismo joaneico encontra no homem uma tal ressonância é também porque se baseia nas experiências primordiais do homem, ligadas ao inconsciente mais remoto: a água, a luz, o fogo, o pão, a vida e a salvação. Recorrendo, pois, aos grandes símbolos da humanidade, eles mesmos objetos de um uso multissecular nos textos do AT, João dá aos milagres de Jesus um poder de evocação e ressonâncias que tocam as fibras secretas do ser. Acrescentemos, porém, que, se Cristo, para João, é Luz, Vida, Água e Pão, é em razão do fato de Ele ser para nós, na missão de Filho enviado pelo Pai, aquele que salva os homens das trevas do pecado e da morte.

h. *Sinais das transformações do mundo terminal* – Finalmente, o milagre é o sinal prefigurativo das transformações que devem produzir-se no fim dos tempos. Com efeito, a redenção deve renovar tudo o que foi atingido pelo pecado. O milagre é antes de tudo o sinal da libertação e da glorificação dos corpos. O corpo de Cristo ressuscitado e glorificado é a antecipação visível do destino final do homem, chamado à comunhão de vida com Deus, e a atestação desta glorificação já age secretamente no mundo para transformá-lo. Os corpos libertados, curados, aplacados, vivificados, ressuscitados, já mostram o triunfo final do Espírito que há de vivificar nossos corpos mortais para revesti-los de incorruptibilidade. Também o universo material está na expectativa desta transformação. Arrastado na esteira do homem, deve participar de sua glorificação, como de seu pecado. São Paulo (Rm 8,19-21) vê o homem e o universo arrastados pelo movimento da redenção rumo a sua glorificação última. Para São Paulo, o universo não está destinado a ser aniquilado, mas sim a ser transformado e glorificado. O milagre anuncia e encaminha esta transformação definitiva, quando o poder de Deus, após ter destruído a morte e o pecado, estabelecerá todas as coisas numa indefectível novidade.

Todas estas virtualidades significativas do milagre não são independentes umas das outras. Pelo contrário, uma implica a outra, ilumina a outra e passa-se de uma à outra com uma transição insensível. Podemos, contudo, agrupar e sistematizar as *funções* essenciais do milagre da maneira seguinte:

1. O milagre exerce primeiramente uma função de *comunicação*: manifesta da parte de Deus sua intenção de manter com o homem um diálogo de amizade. É como que a saudação amiga e que antecede uma espécie de "visita" de Deus. O Evangelho do reino abre para si um caminho através das vias da caridade.

2. Em segundo lugar, o milagre exerce uma função de *revelação*. Apresenta-se como elemento constitutivo de uma revelação que se realiza com "gestos e palavras" (DV 2), com "sinais e milagres" (DV 4). A mensagem anuncia que Cristo veio libertar, purificar e salvar o homem. Pois bem, o milagre mostra esta palavra de salvação em ação. Realiza sob os olhos a libertação e a restauração dos corpos. É a palavra agente, ato falante. Também ele, a seu modo, é Evangelho, proclamação, mensagem, luz, palavra. Além disso, em certo sentido, o milagre contém mais do que o discurso, pois, na revelação, existe uma parte de inefável que o falar não consegue traduzir. É aí que o milagre socorre e aprofunda a palavra. Com sua força de sugestão, com seu dinamismo simbólico, fala aos sentidos e ao espírito. Sem o milagre, que vivifica e salva os corpos, certamente não teríamos entendido que Cristo trazia a salvação do homem inteiro. O milagre é um elemento do reino, que não é algo de estático, mas sim uma realidade dinâmica que muda a condição humana, que estabelece o senhorio de Cristo sobre todas as coisas, incluindo os corpos e o cosmo.

3. Em terceiro lugar, o milagre desempenha também uma função de *atestação*, como sinal afirmativo, apologético, jurídico. O milagre apresenta-se como se fosse a carta de crédito do autêntico mensageiro de Deus, como o selo da onipotência de Deus sobre uma missão ou uma palavra que pretende ter origem nele. No caso de Cristo, esta atestação tem por objeto a afirmação central de Cristo sobre sua condição de enviado de Deus, a título de Filho do Pai. Ao mesmo tempo, confirma a autenticidade divina do Evangelho que Ele proclama.

4. Do ponto de vista do homem, que se beneficia do milagre, este apresenta-se como uma intervenção *libertadora* e *transformadora*. A um homem cuja vida é limitada pela doença, a um homem que não conta mais aos olhos dos outros porque não rende, a um excluído da comunidade religiosa, por causa de sua impureza legal e, mais ainda, a um alienado que não é mais dono de suas decisões, por estar submetido a satanás, Jesus restitui a integridade física e psíquica, a dignidade humana e, sobretudo, a libertação do pecado. Liberta-o da doença, do pecado e de todos os preconceitos que faziam dele um "marginalizado". Este homem é restituído a si mesmo. Reencontra a normalidade de suas relações com os outros. Pode agora dispor de si mesmo, orientar-se, decidir-se: é um "homem novo". Além disso, de um escravo faz um discípulo, um anunciador do reino. Esta função de libertação e de promoção do milagre é, por natureza, capaz de tocar o homem contemporâneo, que aspira invencivelmente à liberdade e à plena realização de si mesmo. O milagre interpela o homem no coração de suas aspirações mais profundas. Por isso, seu potencial de credibilidade é consideravelmente aumentado pelo milagre. Ao tornar visíveis a libertação e a transformação, anunciadas pelo Evangelho, o milagre credencia o próprio Evangelho como boa notícia. Está para nascer uma humanidade nova, em que o alienado, o escravizado, o prisioneiro de ontem é convidado a entrar no espaço de liberdade criado pelo amor crucificado e ressuscitado. O milagre serve a Cristo porque serve ao homem inteiro. No dia em que tomar consciência desta novidade introduzida na história, o homem estará bem próximo do reino.

10. DISCERNIMENTO DO MILAGRE – Depois do que dissemos sobre os milagres, como sinais do advento do reino e da salvação em Jesus Cristo, é evidente que os milagres não se dirigem exclusivamente às elites intelectuais, mas a todos os homens de boa vontade. Os milagres dirigem-se à multidão daqueles (instruídos ou não) que têm olhos, bom-senso e coração. Pois, em definitivo, o juízo sobre o milagre, como sinal de Deus, é um problema religioso: situa-se naquele nível de interioridade em que o homem já decidiu que "basta a si mesmo" ou, pelo contrário, consciente de sua miséria, reconhece-se pobre, frágil, desprovido, "necessitado de salvação".

Indubitavelmente, no tempo de Jesus os milagres conhecem um momento privilegiado. Encontram em Jesus e em sua missão seu ambiente originário, sua motivação primária. Estes milagres, conforme dissemos, são os "sinais fundantes" da autenticidade da grande presença, em meio a nós, *daquele que é.* Os milagres atuais não poderiam reproduzir este momento único, nem representar esta urgente necessidade de identificação de Jesus como Cristo e Senhor. Além disso, a razão crítica, que já existia na época de Jesus, tem hoje necessidade, mais do que antigamente, dos dados da experiência médica. Isto não exclui que o milagre, em sua complexidade de prodígio e de sinal religioso, interesse à ciência somente por um de seus aspectos.

a. *Dois níveis de discernimento* – Por isso, acreditamos que o problema do discernimento do milagre deve ser estudado antes de tudo em nível do discernimento espontâneo, assim como o efetua o homem diretamente confrontado com o milagre, seja ele simples e de pouca cultura, como a multidão da Galileia, ou instruído e exigente, como o homem do século XX: médico, engenheiro, teólogo, canonista. A razão teológica pode posteriormente decompor e analisar cada um dos momentos da dialética que guia o espírito do fenômeno observado para o juízo que permite reconhecer, no prodígio, um sinal de Deus, mas sempre alinhando-se com o discernimento espontâneo. Discernimento espontâneo e discernimento teológico não devem ser opostos como religioso a não religioso, mas, antes, como dois níveis e dois modos de abordar o mesmo evento: conhecimento intuitivo no primeiro caso, conhecimento discursivo e sistemático no segundo.

b. *Discernimento espontâneo* – É importante compreender o que acontece em nível de discernimento espontâneo, pois, em ambos os casos, no ponto de partida está a compreensão do milagre como *totalidade do prodígio significante.* Tomemos como exemplo o relato da cura do cego de nascença (Jo 11), a fim de percebermos aí o dinamismo do milagre e a dialética do espírito que o reconhece como tal. O que impressiona no relato é o processo do discernimento e a diversidade de reação das testemunhas, de acordo com as disposições do coração. De início, a reação de todos é de choque e de assombro frente ao prodígio que bruscamente irrompe em sua vida. Em seguida, começam as tentativas da parte de uma razão desestruturada e a corrida às hipóteses para reintegrar o fato à normalidade: o personagem em questão não é na verdade o cego de nascença, mas alguém que se "assemelha" a ele; Jesus não vem de Deus, mas do demônio, pois não observa o sábado; os pais, interrogados como testemunhas, recusam-se a comprometer-se, por medo dos fariseus; o cego, curado e tenaz, volta sempre aos fatos, reafirmando sua identidade de cego de nascença e a cura por intermédio de Deus; os adversários tratam a Jesus como pecador, ao mesmo tempo em que cumulam de injúrias o agraciado pelo milagre e o expulsam da sinagoga. Mas a presença e o peso cada vez mais cogente da única hipótese que dá sentido e consistência ao evento e ao contexto, levam o cego a reconhecer em Jesus o seu salvador, ao passo que torna "cegos" os que pretendem estar na luz.

c. *Discernimento teológico* – O que impressiona no discernimento espontâneo é o movimento do espírito: desde o início, o evento insólito e o contexto religioso estão interligados indissoluvelmente e se passa progressivamente do sinal aparente para a autenticidade do sinal divino, com um contínuo jogo de confronto e um incessante ir e vir do fato para o sentido e do sentido para o fato. Acontece o mesmo em nível do discernimento teológico: o esforço de discernimento incide sobre a compreensão de uma totalidade significante. O problema coloca-se numa perspectiva sintética que nunca isola o acontecimento historicamente atestado do sentido expresso pelo contexto religioso em que se insere. A identificação do sinal ocorre por aproximações sucessivas. Lá onde houver verdadeiro milagre, o significante e o significado se correspondem sem defeito; o factual e o intencional iluminam-se reciprocamente, levando a um juízo firme sobre a realidade do sinal divino.

d. *Componentes do sinal e perícia médica* – Já que o milagre é um sinal, cada um de seus elementos componentes precisa ser submetido a exame. Estes elementos são: o próprio fato, enquanto historicamente atestado (exame de competência da instância histórica), enquanto insólito e prodigioso (exame que compete à instância médica), enquanto inserido num contexto certamente religioso (exame que compete mais diretamente à instância eclesial). O exame dos componentes do milagre é, portanto, uma obra *interdisciplinar.* Neste recurso às competências de especialistas não se deve ter medo de avançar até exaurir as instâncias da ciência, sabendo-se perfeitamente que a última palavra sobre a presença ou não de um evento miraculoso vem da instância eclesial, que, de resto, pronuncia um juízo prudencial e não infalível. Uma vez que os milagres são sobretudo curas de doenças, prestaremos mais atenção ao papel da ciência médica.

O médico não tem obrigação de pronunciar a palavra "milagre". Se no passado ele se considerava quase obrigado a carregar sozinho o peso do veredicto (em razão da natureza do milagre, entendido como "exceção às leis da natureza"), este passado está superado, já que posteriormente o milagre e seus componentes foram melhor definidos. Exige-se do médico que fale como médico: é convidado a avaliar o que observa, em nível de sua competência específica. Não lhe cabe dizer se haverá ou não milagres no próximo milênio; e tampouco deve preocupar-se com a diminuição ou com o aumento dos milagres no mundo.

Na época de Jesus, era preciso verificar a equação: Jesus de Nazaré é *de verdade* Cristo, Senhor, Filho do Deus vivo. Na mentalidade hebraica, o atributo divino por excelência era justamente o poder. Jesus precisava de uma carteira de identidade, de um passaporte: por isto, apresenta-se com os atributos da divindade: poder, santidade, sabedoria. Hoje, os milagres não têm mais este caráter de urgência. Mas continuam sendo sinais intermitentes da presença, sempre ativa na história, da Palavra da salvação. É, pois, extremamente oportuno que ainda existam milagres, mas é bom que não sejam excessivamente frequentes.

Isto posto, que devemos esperar da perícia médica? Antes de tudo, que o médico fale, observe, descreva e julgue com todas as novas técnicas disponíveis, inclusive as mais sofisticadas, sem esquecer as radiografias feitas até o momento da cura e imediatamente depois desta. Mesmo que as instâncias médicas mostrassem que as técnicas aplicadas no passado eram incompletas e insuficientes, nem por isto se deve chegar a constatar sem mais que não houve uma intervenção divina. Os critérios propostos por Bento XIV, em 1740, serviam para orientar a pesquisa, sem pretender reduzi-la ou ampliá-la, sobretudo quando se trata de avançar mais e mais fundo. Quanto mais completa for a perícia médica, tanto mais rico será o dossiê recolhido, e tanto maior será o proveito que o juízo prudente da Igreja auferirá dela. Em certos ambientes médicos, percebe-se uma espécie de alergia injustificada, quando se usa o termo instantaneidade ou quase instantaneidade, para definir a rapidez fulminante de algumas curas. Na verdade, o termo é apenas um eco dos relatos evangélicos: "Fica curado, disse Jesus, e ele ficou curado"; "Toma tua cama e anda"; "Eu quero, fica curado". O termo quer exprimir que Jesus, quando age, o faz em Deus, tanto no milagre como na encarnação. Temos uma tendência irresistível a assemelhar a ação divina à humana. A verdade é que Deus está presente no mundo, mas sem estar submetido à exterioridade do espaço nem à sucessão dos momentos. Nas criaturas, o espaço divide e é o tempo que permite reaproximar, organizar e unificar. Deus abrange o universo, mas sem ter necessidade de percorrer os diversos lugares; está presente em todos os tempos, sem ter necessidade de mudar o fuso horário para ir em direção daquilo que está por vir. Age no espaço, mas não precisa unir pontos separados; age no tempo, mas não precisa estender-se na duração. Um milagre é uma operação extremamente simples para Deus. Ele a produz sem precisar passar através do espaço e do tempo, ainda que o resultado desta ação se nos apresente em termos de um antes e de um depois. Mais do que contrário à natureza, o milagre é superior a ela: transcende-a. É, sim, uma ação racional, mas no plano de Deus. Para Deus é uma obra eminentemente normal pois é próprio de Deus criar e recriar. Em suma, Deus é Deus e não precisa "arremedar" o homem. A diferença entre Deus e o homem será sempre infinita, em comparação com a semelhança entre os dois. Por isto, a ciência sempre terá dificuldades, sempre se sentirá desorientada diante da ação de Deus. Deus escapa a nossas medidas, pois age com a medida de Deus. O milagre é hoje reconhecido como uma realidade complexa, cujo discernimento metódico tem que recorrer à interdisciplinaridade da história, da perícia médica, da física, da teologia, do direito canônico, da experiência eclesial. O julgamento final, que opera a síntese de todos os elementos recolhidos, é prudencial e não infalível: compete à Igreja.

11. O HOMEM DIANTE DO MILAGRE – Uma cura pode impor-se como um fato, mas não é necessariamente reconhecida como um *sinal divino*. Discernir o milagre não é simplesmente um problema de acuidade mental, de técnica, mas de atitude religiosa e moral. Discernir o milagre significa abrir-se ao mistério de Deus que interpela em Jesus Cristo, e reconhecer que o homem é indigente e não pode bastar-se a si mesmo. Tal atitude exige que o homem entre em si mesmo até aquele nível de profundidade em que se coloca o problema do sentido da vida e da salvação do homem. Aceitar receber a salvação significa renunciar à autossuficiência e não existe para o homem coisa mais difícil do que esta *mortificação*. O milagre é interpretado de modo diferente, conforme a pessoa tenha ou não tenha esta atitude: será visto como um sinal de Deus ou como um escândalo. Os relatos evangélicos ilustram todos os tipos de atitude do homem frente ao milagre. Os milagres são sinais emitidos por Cristo para orientar o homem rumo ao reino e para convidá-lo à conversão, sem nunca coagi-lo. Por isto, o discernimento *concreto* do milagre acontece normalmente num clima de graça, que purifica e sustenta a liberdade. Com efeito, os milagres, sobretudo os de Jesus, fazem o homem confrontar-se com o → sentido da existência. Ora, como se poderia conceber que Deus convidasse o homem a uma opção tão decisiva, sem dar-lhe os auxílios necessários para conduzi-lo a ela? Esta presença efetiva e histórica da graça não significa evidentemente que a razão humana seja incapaz de, sozinha, apreender os sinais e seu valor (DS 3876). Efetivamente, a reflexão teológica pode mostrar que nada, na dialética que leva do sinal para o significado, está propriamente acima do poder da razão. Isto significa simplesmente que, de fato, a graça de Deus está em ação em toda a obra da salvação: nos sinais, portanto, da mesma forma que na revelação e na fé. Pois é a graça que ajuda o homem a interpretar corretamente os sinais e a apreender sua relação com a salvação pessoal; da mesma forma que é a graça que dá a coragem de enfrentar a pergunta colocada inelutavelmente, no caso de Jesus, pela percepção dos sinais.

Bibl. – A. Michel, "Miracle", em DThC X/2,1798-1858; A. Vögtle-J.-B. Metz, "Wunder", em LThK X, 1255-1265; J.B. Metz, "Miracle", em SM IV, 45-46; T.G. Pater, "Miracle", em NCE IX, 886-895; A. van Hove, *La doctrine du miracle chez S. Thomas et son accord avec les principes de la recherche scientifique*, Louvain 1927; R. Bultmann, "Zur Frage des Wunders", em *Glauben und Verstehen*, I, Tübingen 1933, 214-228; Id., *Jésus, mythologie et démythologisation*, Paris 1950; J.A. Hardon, "The Concept of Miracle from St. Augustine to Modern Apologetics", em ThS 15 (1954) 229-257; A. Richardson, *The Miracle Stories of ghe Gospels*, Londres 1956[5]; P. Hazard, *La crise de la conscience contemporaine, 1680-1715*, Paris 1959; L. Monden, *Le miracle, signe du salut*, Bruges-Paris 1960; P. Biard, *La puissance de Dieu*, Paris 1960; J. Kallas, *The Significance of the Synoptic Miracles*, Londres 1961; A. Locatelli, *Dio e il miracolo*, Venegono Inf. 1963; G. de Broglie, *Les signes de crédibilité de la religion chrétienne*, Paris 1964; H. van Der Loos, *The Miracles of Jesus*, Leiden 1965; C. Moule, *Miracles*, Londres 1965; K. Tagawa, *Miracles et Évangile*, Paris 1966; V. Boublik, *Incontro con Dio*, Roma 1968; F. Mussner, *I miracoli di Gesú*, Brescia 1969; K. Kertelge, *Die Wunder Jesu im Markusevangelium*, Munique 1970; R. Pesch, *Jesu ureigene Taten? En Beitrag zur Wunderfrage*, Friburgo 1970; G. Theissen, *Urchristliche Wundergeschichten*, Gütersloh 1974; P.-E. Langevin, "La signification du miracle dans le Message du Nouveau Testament", em ScE 27 (1975) 177-182; F. Lambiasi, *L'autenticità storica dei Vangeli. Studio di criteriologia*, Bolonha 1976; L. Sabourin, *The Divine Miracles Discussed and Defended*, Roma 1977; R. Latourelle, *A*

Gesù attraverso i Vangeli, Assis 1979; Id., "Miracolo", em NDT, 931-945; Id., "Miracle", em DSp X, 1274-1286; Id., *Miracoli di Gesù e teologia del miracolo*, Assis 1987; A. Weiser, *I miracoli di Gesù*, Bolonha 1980; G. Segalla, "La soteriologia cristologica dei miracoli nei Sinottici", em *Teol* 5 (n. 2/1980) 157-161; J. Martorell, *Los milagros de Jesús*, Valencia 1980; X. Léon-Dufour (ed.), *I miracoli di Gesù*, Brescia 1980; G. Rochais, *Les récits de résurrection des morts dans le Nouveau Testament*, Cambridge 1981; J.E. Martins Terra, *O Milagre*, São Paulo 1981; N.L. Geisler, *Miracles and Modern Thought*, Michigan 1982; H. Verweyen, "Il Miracolo in Teologia fondamentale", em R. Fisichella (ed.), *Gesù Rivelatore*, Casale Monferrato 1988, 196-207; F. Uricchio, "Miracolo", em NDTB, 954-978.

RENÉ LATOURELLE

MISSÃO

1. INTRODUÇÃO – a. *Premissa* – Mais do que oferecer um tratado completo da missiologia – ainda que fosse em dimensão reduzida – procuraremos perceber o que em nosso modo de ver poderia ser a justificação e a perspectiva da missiologia, vista na ótica da Teologia Fundamental. Atrevemo-nos até a pensar que a Teologia Fundamental deveria ser o lugar privilegiado para uma compreensão do caráter missionário da Igreja e para sua vinculação ideal com o restante amplo universo da ciência teológica.

Dizemos então que, em consonânica com a orientação mais difundida entre os estudiosos contemporâneos, consideramos a Teologia Fundamental como a ciência chamada a aprofundar a revelação a partir da própria revelação, bem como a justificar a credibilidade do evento, tal como este se sacramentalizou em Cristo. Este evento, ao longo dos séculos, continua a sacramentalizar-se na Igreja, que se apresenta com a pretensão de ser a única que Ele quis.

Consideramos a revelação como sendo a autocomunicação salvífica de Deus em Cristo. Ela é definitiva e escatológica, portanto, destinada a todos, uma vez que o Pai "quer que todos os homens sejam salvos e cheguem ao conhecimento da verdade" (1Tm 2,3s).

A ciência (= missiologia) que, com enfoque específico, procura estudar a teologia da missão e a problemática a ela ligada, não faz propriamente parte do "coração" da Teologia Fundamental. Deve ser colocada entre as numerosas temáticas de fronteira que caracterizam a especialização do segundo ciclo. Não temos dúvidas em qualificar esta matéria como muito atual, pois o tema da missão, hoje, envolve a sensibilidade de todos os que concebem de maneira bastante divergente a exclusividade da função salvífica de Cristo e, especialmente, da sacramentalidade salvífica de sua Igreja.

b. *Novas situações e problemas* – Até pouco tempo atrás, havia acordo fundamental na exegese do "mandato" missionário de Cristo. As divergências reduziam-se a uma concepção diversificada no tocante ao fim primário e aos vários fins secundários da atividade missionária; ou, então, no tocante à metodologia de abordagem das outras culturas e das religiões, que eram destinadas a passar por uma → "conversão", que as teria transformado em profundidade.

Quando fortuitamente aparece algum grupo étnico ou até algum continente, cujos povos não tiveram nenhum conhecimento de Jesus Cristo, não se hesita um momento em lançar-se à aventura da evangelização, muitas vezes selada pelo sangue dos mártires. O quadro teórico é simples e se refere – *sine glossa* – a Mt 28,10-20.

Nos últimos decênios, tem-se observado, tanto entre os católicos quanto entre os protestantes, uma retomada dos estudos teológicos em geral e, em particular, no que concerne a nosso tema.

Temos deparado com uma rápida sucessão de interpretações diversas, sobre os mais graves temas teológicos, até pouco tempo atrás considerados definitiva e pacificamente adquiridos. Criou-se uma "pré-compreensão" nova, positiva e otimista sobre a função salvífica das outras religiões, que parecia querer enterrar para sempre a validade do mandato missionário de Cristo.

Chegou-se, sobretudo por parte da confissão protestante – que, de resto, sempre deu exemplo de empenho missionário – a lançar a proposta de uma "moratória", pausa e suspensão da atividade missionária. Outros esvaziaram-na de seu conteúdo dogmático ou reduziram seu papel a uma simples presença entre os "outros". São os que se propõem a testemunhar sua solidariedade com os que são diferentes não somente ou/e não tanto no que concerne ao credo teológico que professam, mas, antes, no que tange a sua situação de subdesenvolvimento econômico, ou no que tange a seu limitado acesso aos serviços oferecidos pela técnica moderna.

Mas, em outra vertente, tem-se assistido também a uma outra retomada, não destituída de calorosos debates, da animação missionária e à abertura de novas fronteiras para as congregações tipicamente missionárias e também para aquelas nas quais a missão, entendida como missão *ad gentes* e em terras geograficamente longínquas, constitui apenas um componente do carisma fundacional. Tem havido uma interessante renovação dos estudos, uma multiplicação das abordagens, que esclareceram definitivamente a proveniência teologal da "missão", como também a espiritualidade específica do missionário e a metodologia de abordagem do destinatário.

Têm-se multiplicado as monografias, fruto de pesquisas teóricas ou de experiências de anos de trabalho-em-campo, que focalizam polos de interesse que vão desde o querigma-evangelização até a didaskalia, a koinonia; desde a diakonia-testemunho até a encarnação-inculturação-aculturação do Evangelho, até a evangelização das culturas.

Esta vivacidade na pesquisa tem causado confusão em não poucos, mas também, em outros, alegria e otimismo, fonte de elã e nova disponibilidade missionária.

Alguns preferem substituir o termo missão por → evangelização. Pela história da utilização dos termos, podemos dizer que a palavra "missão", às vezes também com significado profano, para indicar um cargo de representação, faz referência mais ao primeiro anúncio querigmático. Ela é usada particularmente para indicar o envio por parte de Deus *ad gentes*, com a tarefa de levar sua mensagem, destinado à conversão e à fundação da Igreja (cf. AG 6). O termo *evangelização*, com um alcance somente religioso-cristão, em uso particularmente desde a segunda metade do século XIX, indica o próprio conteúdo da missão: o anúncio da boa notícia a todos os homens, especialmente aos não cristãos, ou a quem se descristianizou (EN 52.56). A palavra indica em especial o trabalho de catequese e de formação cristã permanente, que engloba tanto o anúncio da salvação escatológica quanto a proclamação dos direitos do homem (cf. EN 22.27.26.27.29.33 e 53.54).

Uma primeira resposta, e para nós bastante válida, à questão que consideramos central no contexto do debate atual, isto é, "missão sim" – "missão não", vem-nos da própria Escritura, evidentemente reexaminada segundo as exigências, as precauções e as conquistas da exegese contemporânea. Mas também a praxe ininterrupta da Igreja nos ensina. Sua presença no século XX é justamente a voz dos séculos em favor de uma única hermenêutica do mandato missionário do Senhor.

A partir do Vaticano II, qualquer reflexão sobre a missão tem que ter seu ponto de partida e de referência constante naquilo que o concílio diz sobre a Igreja e sobre sua relação indissolúvel e vital com a missão do Filho e do Espírito, desejadas por aquela "fonte de amor" que é a caridade do Pai (LG 1 e AG 2). São textos que oferecem luz nova também para um reexame dos textos do AT e do NT, relativos a nosso tema. Este vínculo com a Santíssima Trindade é até mais importante do que o próprio mandato de Jesus (Mc 16,15; Mt 28,18-20), em que se tem tradicionalmente embasado a atividade missionária da Igreja. Também nossa eclesiologia, a exemplo da ortodoxa, precisa habituar-se a ver na Igreja o ícone da Trindade. A Igreja depende ontologicamente da Trindade bem-aventurada e, portanto, precisamos ter a sagacidade de referir a ela cada aspecto de seu dinamismo.

2. NA SAGRADA ESCRITURA – Em 1958, o protestante G.F. Vicedom publicou um livro com o título bastante significativo e sugestivo: *Missio Dei.* A missão atual não passa de um sinal externo, que se prolonga nos séculos, daquele dinamismo de autodoação e comunicação intratrinitária que, na criação, se refletiu no tempo.

a. *No Antigo Testamento* – Mais do que de envio em missão *in partes infidelium* – que constitui uma novidade absoluta do NT, onde se desenvolverá a teologia da missão, fundada na própria missão do Filho, o enviado do Pai – no AT a difusão da religião hebraica acontece por simpatia e por outros motivos humanos e deparamos alusões a uma abertura universalística no gratuito (cf. AG 2 e 3) desejo de salvação da parte de Deus (cf. Is 40–45 e o livro de Jonas, que são talvez os únicos textos indicativos de uma tarefa missionária por parte de Israel).

Somente dois textos fazem referência explícita ao envio em missão (Is 49,6 e 61,1-3), mas, no entender dos exegetas, ambos devem aplicar-se profeticamente ao futuro Messias: de resto, segundo Lc 4,18s, Jesus aplicou este segundo texto a si mesmo, no início de sua missão.

Há textos, como Dt 7,1; 9,1-3 e Nm 33,5ls, que, se não forem interpretados em sentido religioso, poderão levar a uma interpretação errônea da eleição – que é sempre de tipo religioso – e parecer uma negação deste chamado universal à salvação. De fato, Deus escolheu Israel simplesmente porque era fraco e indefeso, o "menor de todos os povos" (Dt 7,7), com características bastante negativas (Dt 9,6), quase como o *locus* ideal para demonstrar a gratuidade de seu amor. Ainda que, de fato, tenha havido uma certa tendência a isolar-se dos outros, todo aquele que desejasse viver segundo as leis divinas podia incorporar-se-a Israel. Por outro lado, somente se observar as leis o povo viverá como eleito e será tal (Dt 7,12s; Is l,16s; Jr 22,3; Mc 6,8).

Os profetas em geral são os personagens do AT que mais se assemelham aos futuros missionários cristãos, por sua vocação à escuta e à difusão oral ou escrita da Palavra de Deus. Tendo sido obrigados a lutar contra a involução do judaísmo, sempre tentado a fechar-se orgulhosamente em gueto, e prenunciando a volta dos gentios ao seio do povo eleito, os profetas – recordando os temas universalísticos do paraíso terrestre, do pacto de Noé e da vocação de Abraão – de fato colaboraram para preparar a verdadeira missão neotestamentária.

Em outra linha, os "Seluhim", ou seja, os "apóstolos da terra de Israel", constituíam como que comissões de doutos para a instrução religiosa, mas sempre e somente em relação a seus próprios correligionários, a fim de resolver e esclarecer vários problemas; não eram enviados aos gentios para convertê-los.

Com o exílio, o povo hebraico tornou-se, ainda que inconscientemente, missionário do monoteísmo, povo sacerdotal, ímã e farol, "servo de Jhwh" fazendo prosélitos em toda parte. Mas definitivamente podemos dizer que no AT, e em geral no judaísmo, não existiu a "missão", no sentido técnico da palavra.

b. *No Novo Testamento* – Os livros do NT oferecem um panorama abundante e variado sobre a missão. Os sinóticos, além de falarem de sua realização, de seus "operários", dos destinatários e da metodologia a ser seguida, falam-nos do testemunho dos apóstolos, enquanto amigos do Senhor, e enviados *ad Hebraeos* e *ad Gentes*, como doutores e testemunhas da revelação. Nos Atos, enfrenta-se de forma clara o problema do universalismo na Igreja primitiva, narrando-se as graves incompreensões que depararam Pedro e Paulo para defendê-lo, bem como sua incansável atividade missionária, fundamento das comunidades entre as *gentes*. Outras informações sobre isto encontram-se nas epístolas. Por sua parte, João oferece um excelente fundamento à teologia da missão, apresentando Jesus como o missionário enviado pelo Pai e relatando também sobre a missão do Espírito Santo, como força prometida aos apóstolos e como pessoa que vivifica a Igreja universal, com uma profusão contínua de seus carismas.

Jesus foi enviado pelo Pai (Jo 20,21; 17,18.21b) para fundar a → Igreja com o "resto de Israel" e com as gentes (Gl 6,16): os dois povos são destinados a se tornar um *tertium genus*. Para a realização do projeto, escolheram-se colaboradores que são como que agricultores de sua messe (Mt 10,1), como que pastores de um rebanho disperso (Mt 9,37; Mc 6,37), como pescadores entre homens (Mt 4,20; Mc 1,17; Lc 5,10) e como profetas (Ef 3,4-6; Lc 11,49; Ap 18,20). A estes, escolhidos gratuitamente por Deus (Mt 10,8b), Jesus promete a plenitude do Espírito Santo (Jo 16,13a) e plenos poderes, tais como são descritos por Mc 3,14s.

A crítica, que remonta a R. Bultmann, afirma que os textos que contêm os discursos de Jesus, relativos à missão dos apóstolos *ad Hebraeos* (pré-pascal) e *ad Gentes* (pascal), foram inventados pela comunidade primitiva, que precisava justificar sua abertura universalística, fazendo-a remontar a Jesus, para fazer silenciar a corrente judaizante, claramente oposta.

Sem descer a particularidades, esclarecidas em ponderosos estudos sobre a matéria com o "método da história das formas", acolhemos as conclusões relativas aos discursos de missão de Jesus e às duas comunidades – a judeu-cristã e a gentio-cristã – que têm sua origem na atividade missionária da comunidade pré-pascal, cujo fulcro se encontra em Mc 6,7-13.30s; Lc 9,1-6.10; Mt 9,35–10,42; Lc 10,1-24.

Também a ordem do ressuscitado, conservada em Mt 28,16-20; Mc 16,14-20 (?); Lc 24,44-51, remete-nos ao universalismo.

Os exegetas concordam em localizar os textos missionários dos sinóticos; são "discursos de missão" Mc 6,6-13.30s; Lc 9,1-6.10; Mt 9,35–10,42; Lc 10,1-24; Mt 28,16-20; Mc 16,14-20 (?); Lc 24,44-51 e vários "lógia", alguns deles incluídos nos discursos que acabamos de assinalar, e outros citados aqui e acolá em contextos diferentes. Graças aos estudos realizados, podemos redescobrir o núcleo original e a situação típica da comunidade pré-pascal, excluindo da perícope as adaptações sem dúvida feitas pela comunidade pós-pascal, e atribuindo seu núcleo, com uma boa margem de segurança, ao Jesus histórico, particularmente a seu exemplo, já que, embora Ele, pessoalmente, tivesse limitado seu apostolado aos judeus e a seus discípulos, tinha preparado a missão universal de sua Igreja.

Não se deve esquecer que a missão só se inicia depois que os apóstolos são investidos de "força do alto" (cf. Is 32,15; Sb 9,17; Lc 1,78; 24,48s). O Mestre afirma: "Depois recebereis o poder, quando o Espírito Santo vier sobre vós; assim dareis testemunho de mim em Jerusalém, em toda a Judeia e na Samaria e até os extremos confins da terra" (At 1,4.8). E, desde o início, esta "força do alto" é sempre "controlada" em sua autenticidade tanto pelo *sensus fidei* como pelo *munus apostolicum*.

Na literatura neotestamentária, existem também abundantes referências a um apostolado missionário não atribuível ao Jesus histórico, mas fruto de uma visão, de uma escuta e de uma compreensão apocalíptica (1Cor 9,1), de tê-lo visto ressuscitado em visão (1Cor 15,5-8), ter recebido dele o encargo missionário (Gl 1,1) etc.

Trata-se do apostolado de tipo "apocalíptico", fundado nas revelações feitas pelo Pai e pelo Cristo glorioso. Entre os dois tipos de apostolado não existe contraposição, ao passo que se diferenciam do apostolado da sinagoga.

Deparamos com uma grande variedade de missionários, homens e mulheres, chamados com títulos diversos: profetas, apóstolos, doutores, anjos, servos, irmãos, irmãs-esposas, mas parece que todos tiveram os mesmos encargos. Os estudiosos discutem tanto sobre sua "natureza" quanto sobre suas relações com a hierarquia local. Em todo caso, é certo que, ao lado dos grandes apóstolos, estes outros discípulos peregrinaram pelo mundo inteiro para anunciar o Cristo e o Evangelho, sabendo adaptá-lo às várias catequeses da Igreja primitiva: a chefiada por Tiago, ou por Pedro, ou por João, ou por Paulo. Não faltaram conflitos, contrastes e polêmicas.

Jesus Cristo sintetizará toda a sua ação salvífica na evangelização, na formação de seus apóstolos, aos quais promete o Espírito que os guiará em sua obra missionária. Imediatamente, a partir deles, cria-se uma grande corrente de missionários, testemunhas do Evangelho.

3. REALIZAÇÃO DO MANDATO NO DECURSO DA HISTÓRIA – Durante os vinte séculos de cristianismo, não obstante momentos de uma certa parada – devida a uma convergência de causas negativas, como desconhecimento geográfico, simplificação da realidade, conflitos de interpretação metodológica etc. – a Igreja deu uma boa prova da definição que lhe dá o Vaticano II, ao afirmar que "pela sua natureza, é missionária" (AG 2a). Ela tem sua razão de ser no anúncio do Evangelho a todos os homens e, com acerto, é definida como "enviada por Deus às gentes para ser sacramento universal de salvação" (AG 1; cf. LG 48).

Os missionários, ao longo dos séculos, com pontual testemunho, toda vez que o mundo "ocidental" cristão entrava em contato com novos povos, partiram para sua evangelização e, a exemplo dos apóstolos, "pregaram a palavra da verdade e geraram as igrejas" (Agostinho, PL 36,508; cf. AG 1), procurando estabelecer em toda a terra o Reino de Deus (cf. AG 6 com a nota 14).

As grandes etapas podem ser assim subdivididas: a Igreja na era apostólica e no interior do mundo greco-romano, com uma menção especial para as três grandes missões de Paulo; a ação evangelizadora da Idade Média europeia, em favor dos povos bárbaros e entre os eslavos e, no Oriente, entre os mongóis e os muçulmanos; as missões *ad gentes* do século XVI, tanto na América Latina quanto no Extremo Oriente; a quarta etapa, que começa com a fundação da S. Congregação *de propaganda fide* (1622); em seguida, a etapa do renascimento missionário, no século XIX, depois de se superar a crise do século XVIII, graças ao novo espírito religioso e ao aparecimento de numerosas congregações missionárias; finalmente, a época das grandes encíclicas papais do século XX, os documentos do Vaticano II e a admirável *Evangelii nuntiandi*, em que Paulo VI, partindo de Cristo evangelizador, explica o que significa evangelizar, quais são o conteúdo, os caminhos, os destinatários, os artífices e o espírito da evangelização.

A história conta-nos do zelo de tantos discípulos do Senhor para dá-lo a conhecer e também das dificuldades, dos contrastes – entre os próprios missionários – para a compreensão da missão; conta-nos também da progressiva reflexão eclesial, em nível também teológico-científico, sobre sua compreensão como comunidade missionária, reflexão esta atestada pelos grandes documentos do magistério do século XX.

É importante olhar para a história das missões, a fim de evitar os erros do passado, especialmente no que concerne à metodologia missionária nos vários períodos históricos. Cumpre, porém, lembrar – e digamo-lo de passagem – que à análise do historiador e do sociólogo muitas vezes escapam as dimensões mais profundas da aventura da missão cristã: sua procedência divina e sua íntima animação mediante a força do Espírito.

4. MISSIOLOGIA CONTEMPORÂNEA – a. *Segundo o "Ad Gentes"* – A nova eclesiologia, elaborada pelo Vaticano II, entrou no AG, abrindo novos horizontes à missiologia.

Afirma-se aí que "a Igreja, durante sua peregrinação na terra, é missionária por sua natureza" (AG 2a); que ela só existe para ser missionária. O decreto sublinha que esta sua realidade é tal não somente por causa do mandato missionário do Mestre, mas bem mais, porque "é da missão do Filho e da missão do Espírito Santo que ela, segundo o plano de Deus Pai, haure a própria origem" (AG 2a) e, por isto, "esta missão da Igreja continua, desenvolvendo ao longo da história a missão do próprio Cristo" (AG 5b). Antes disso, ela é descrita como a realização do projeto salvífico do Pai. Pode-se, então, dizer que a missão é eclesiocêntrica por ser cristocêntrica: tendo Jesus afirmado claramente a necessidade da fé e do batismo para a salvação, declarou também a necessária sacramentalidade da Igreja, que é seu Corpo (cf. AG 7a).

"A atividade missionária não é outra coisa senão a manifestação, isto é, a epifania e a realização do plano divino no mundo e na história: com ela Deus conduz claramente a termo a história da salvação. Com a palavra da pregação e com a celebração dos sacramentos cujo centro e ápice é a santa Eucaristia, ela torna presente o Cristo, autor da salvação" (AG 9b).

Baseando-se em LG 1.48b etc., o AG 4 afirma que é o Espírito Santo que infunde "no coração dos fiéis aquele espírito missionário pelo qual foi movido o próprio Jesus" e sublinha que tal união do Espírito Santo com a Igreja e com seus missionários acontece em vista da "realização da obra da salvação".

AG 6c oferece a seguinte descrição da atividade missionária: "As iniciativas principais com as quais os divulgadores do Evangelho, indo pelo mundo inteiro, desempenham a função de pregá-lo e de fundar a Igreja em meio aos povos e aos grupos humanos que ainda não creem em Cristo, são chamadas comumente de 'missões'". Mas o mesmo número do decreto, além de fazer referência aos limites territoriais destes povos e de grupos que ainda não creem, diz-nos logo que são destinatários da atividade missionária também aqueles grupos já evangelizados que, por motivos diversos, perderam todo senso cristão e ainda não chegaram ao pleno desenvolvimento e à maturidade da vida cristã (cf. tb. 19e).

Embora "a atividade missionária entre os pagãos se diferencie tanto da atividade pastoral, que é desenvolvida em meio aos fiéis, quanto das iniciativas a serem tomadas para restabelecer a unidade dos cristãos", afirma-se que "estas duas formas de atividade estão intimamente associadas à atividade missionária da Igreja" (AG 6f). Uma vez que esta atividade "brota diretamente da própria natureza da Igreja" (AG 2a), ela não pode e não deve nunca faltar: também as igrejas jovens devem pregar "o Evangelho a todos os que ainda estão fora" (AG 6d). Quando a igreja particular é "implantada", deve logo tornar-se missionária: "devendo reproduzir o mais perfeitamente possível a Igreja universal, tenha a plena consciência de ser enviada também àqueles que não creem em Cristo e vivem em seu próprio território" (AG 20a). Este "reproduzir" não tem uma dimensão jurídica, mas sim ontológica. Daí decorre que a atividade missionária da Igreja é essencial a toda a Igreja e nela perdura para sempre.

O AG dedica muito espaço à dimensão soteriológica da missão e diz claramente que a Igreja tem uma "missão salvífica" (AG 41a). Salvação entendida não só no sentido escatológico, mas global, também histórico, de todos os aspectos da pessoa humana. Este trabalho às vezes comporta uma purificação. Ao tornar presente Cristo, o autor da salvação, a Igreja "purifica das escórias do mal cada elemento de verdade e de graça presente encontrável em meio aos pagãos por uma secreta presença de Deus, e o restitui a seu autor, isto é, a Cristo, que destrói o reino do demônio e susta a multiforme malícia do pecado" (AG 9b). Embora a linguagem seja suficientemente otimista (cf. tb. AG 11b; 3a), reconhece-se a necessidade de uma salvação externa.

Assinalamos esta insistência do AG (cf. 3c; 4; 9b; cf. tb. LG 48b) sobre a função sacramental da Igreja no tocante à salvação, precisamente por ser um dos pontos contestados por uma certa missiologia contemporânea, que faz referência à *missio Dei*, querendo entendê-la de modo a prescindir da Igreja. Ainda que Deus de fato pudesse atingir seus objetivos por outros caminhos, livremente determinou fazê-lo sacramentalmente por meio de sua Igreja, analogamente ao que aconteceu no mistério da encarnação. Temos aí um argumento a mais em favor da urgência da evangelização (AG 7a).

b. *Segundo a "Evangelii Nuntiandi": tomada de posição diante das tendências mais recentes* – Depois de um primeiro momento de entusiasmo, que se seguiu ao decreto AG, em pouquíssimo tempo registraram-se fortes críticas.

A fonte deste mal-estar teológico pode ser encontrada numa série de tendências ideológicas, que incluem: uma tendência ao exclusivismo, focalizando apenas um aspecto do compromisso missionário; uma recusa da definição da missão como "implantação da Igreja", temendo que se trate de fazer cópias das igrejas ocidentais, esquecendo-se o que, a propósito das igrejas particulares, escreveu o cap. III do AG. O perigo mais sério parece ter vindo de uma leitura excessivamente "sociológica" da atividade missionária, da concepção dos fins a serem atingidos etc., sempre definidos com critérios de tipo indutivo, em vez de teológico-dedutivo. A missiologia não pode perder sua dimensão de ciência "teológica": para ela, desvincular-se da revelação é suicídio. Enquanto o esquema do AG estabelece um modelo de relação assim concebido: *Deus-Igreja-Mundo*, as novas intuições o preferem assim: *Deus-Mundo-Igreja*, entendendo-se que são os → "sinais dos tempos" e o "mundo" que estabelecem vez por vez a "agenda" da/para a Igreja (cf. J. Ch. Hoekendijk).

A EN de Paulo VI pode ser considerada como um dos documentos mais significativos do pós-concílio, tendo integrado bem a teologia do AG com a maior parte dos temas emergidos com rapidez incrível no pós-concílio.

Notemos a adoção definitiva do termo "evangelização" – preferido em relação a "missão" ou "atividade missionária" e "apostolado".

Assim como o AG insistia no fato de que a Igreja, por sua natureza, é missionária, na EN repetidas vezes se dirá que "evangelizar é a graça e a vocação própria da Igreja, sua identidade mais profunda" (EN 14; cf. tb. 66; 59; 13; 60).

Não podia faltar uma referência a esta sua função essencial, embora esta seja dependente de Cristo: "Nascida da missão, a Igreja, por sua vez, é enviada por Jesus. A Igreja permanece no mundo, enquanto o Senhor da glória volta ao Pai. Ela permanece como um sinal, ao mesmo tempo opaco e luminoso, de uma nova presença de Jesus, de sua partida e de sua permanência. Ela o prolonga e o continua. E é justamente sua missão e sua condição de evangelizadora que, antes de tudo, [a Igreja] é chamada a continuar" (EN 15c).

O n. 75 lembra-nos que a Igreja é evangelizadora, graças à força do Espírito Santo. Fruto normal e desejado, mais visível e imediato da evangelização é a nova Igreja (EN 15b). O n. 28 afirma que a "evangelização em sua totalidade consiste em implantar a Igreja". A evangelização é entendida não como um primeiro anúncio, mas, antes, como um processo integrativo, abraçando diversos aspectos da mesma realidade.

Por volta do sínodo de 1974, chegou-se a entender como conteúdo da evangelização toda a "missão" da Igreja: tudo o que esta faz. Paulo VI, no n. 17, oferece uma lista de elementos, cada um dos quais seria suficiente para absorver a própria definição do conceito, mas de fato cada um está intimamente relacionado com os demais:

"Pôde-se assim definir a evangelização em termos de anúncio de Cristo àqueles que o desconhecem, de pregação, de catequese, de batismo e de outros sacramentos a administrar. Nenhuma definição parcial e fragmentária é capaz de dar conta da realidade rica, complexa e dinâmica que é a evangelização, sem correr o risco de empobrecê-la e até de mutilá-la. É impossível entendê-la, se não se procurar abarcar com o olhar todos os elementos essenciais" (cf. tb. n. 6; 21; 22; 24; 41).

Sem dúvida, a EN descreve o termo "evangelização" de um modo muito mais rico do que o AG: a meta final será, como ficou dito, a "implantação da Igreja" que, evidentemente, comporta a celebração dos sacramentos; a transformação dos corações, transformando as pessoas em "homens novos", capazes de tornar as estruturas mais justas, mais humanas e menos opressivas (cf. n. 15; 28; 23; 18; 36). Um elemento sempre indispensável é o testemunho, que deve estar presente desde o primeiro contato, que alguns chamam, talvez impropriamente, de preevangelização (cf. EN 51). Se não houver o anúncio explícito de Cristo, qualquer tipo de empenho pelos outros na evangelização resultará impotente e, se quisermos, inútil: "Não existe verdadeira evangelização se não se proclamarem o nome, o ensinamento, a vida, as promessas, o Reino e o mistério de Jesus de Nazaré, Filho de Deus" (EN 22).

Insiste-se na evangelização das culturas, no respeito a seus valores, porém, quando se fala da salvação dos que ainda não foram evangelizados, diz-se que podem sê-lo "por caminhos extraordinários" (EN 80), posição esta, ao que parece, teologicamente mais fechada do que a que se encontra no AG. Dedica-se grande atenção ao tema da "transmissão", que deve ser feita com fidelidade especial (EN 4; 15; 78s). Com razão Paulo VI reserva o n. 48 ao estudo da evangelização da religiosidade popular (→ Religião popular). Paulo VI enfrentou temas particularmente sofridos na década dos anos de 1970, como: a Igreja particular e sua relação com a universal, propondo uma solução bem avançada (EN 62-65); a missão da Igreja e o progresso ou promoção humana; a relação entre história da salvação e história do mundo; estes temas são enfrentados com clareza e equilíbrio – e, a nosso ver, com êxito – no capítulo terceiro da exortação apostólica.

5. A MISSÃO DO FUTURO DEVERÁ AINDA ANUNCIAR JESUS CRISTO? – a. *Dificuldades recentes e desvios teológicos* – A despeito da clareza teológica da EN, há quem ainda se sinta perdido, ao ter que enfrentar desafios talvez antigos, mas agora apresentados com nova violência. Embora a EN, no n. 14, declare que "evangelizar é a graça e a vocação própria da Igreja, sua identidade mais profunda", e embora ela "exista para evangelizar, isto é, para pregar e ensinar, ser o canal do dom da graça", ouvem-se vozes cada vez mais discordantes.

Em certos ambientes, outrora fecundos de vocações missionárias, observa-se a perda da identidade do missionário e da missão *ad gentes*; outros insistem na vontade salvífica universal da parte de Deus, prescindindo da necessidade de conformar a vida pessoal às exigências do Evangelho, ao qual se adere na fé e, portanto, prescindindo da necessidade de aderir a sua Igreja.

O trabalho do missionário – assim se afirma – deve ser mais em nível horizontal; a salvação escatológica é entregue a Deus, que atinge "ordinariamente" as pessoas a serem salvas nas religiões às quais já aderem: não há necessidade de incomodar-se para incomodá-las.

Por vezes perde-se o senso da importância do anúncio explícito da mensagem de Cristo, cedendo às exigências de uma "denúncia" de tipo social ou a um diálogo, muitas vezes excessivamente genérico e "irênico" em relação ao outro.

Contra estas posições e outras similares, redutíveis a elas, há que sublinhar que a missão é uma mediação de salvação plena. Pela história do AT (Jr 7,25s; 29,19; Ez 13,6; Ag 1,13 etc.) e do NT parece clara sua procedência divina (Mt 3,13; Jo 20,21). Assim como no AT a missão se realiza com a força do Espírito (Ez 2,2s; Zc 4,6b), da mesma forma no NT Jesus assegura aos discípulos seu Espírito, como força para a missão e como pessoa que guia, defende e consola os missionários (Jo 14; 26; 16,12s; At 6,10; 7,55s; 10,19s; 1Cor 2,4; etc.). A missão é obra de salvação, cujos agentes são: Deus, que envia o Filho (*missio Dei*), e os missionários (*missio hominis*) que são os "enviados" da Igreja, depositária de Cristo na história da salvação (*missio ecclesiae*). A missão tem sempre o mesmo objetivo: salvação integral da pessoa humana; mas ela se realiza em circunstâncias histórico-geográficas, religioso-culturais diferentes. Quando esta atividade salvífica tem o aspecto de ser um primeiro anúncio e se propõe como objetivo a implantação de uma nova Igreja, adquire o nome de "missões *ad gentes*" e comporta sempre uma exigência de partida, de serviço, de inserção.

A *plantatio Ecclesiae* aparece como finalidade da missão (AG 6), na medida em que Deus quer salvar-nos não individualmente, mas formando uma comunidade de salvação (AG 2b; LG 9a; 13a). Pode-se dizer que temos uma comunidade cristã completa quando se aceita o Evangelho na fé, se celebra a Eucaristia e existe um Pastor (cf. CD 11; AG 19a).

Temos que limpar o terreno da suspeita e da angústia de que a Igreja exerça a missão por egocentrismo. Ela tem consciência de ser instrumento de salvação, mas esta só se obtém de Cristo – é Ele "a luz das Gentes" (LG 1) – que habitualmente se serve deste seu Corpo.

Embora a igreja não se identifique com o Reino de Deus, está a seu serviço e na terra é seu "germe e o início" (LG 5b). A única finalidade da Igreja é instaurar este Reino de Deus em todo o mundo (AA 2), conquanto exista tensão entre Igreja e Reino, já que a comunidade eclesial e suas estruturas devem tender a encarnar as exigências segundo o Evangelho e o Reino. É importante e salutar que haja tensão. Mas tensão não quer dizer contraposição. Existe simultaneidade e não contraposição entre nascimento da Igreja e Reino de Deus. Ao se refletir ideologicamente sobre este tema do Reino de Deus, passou-se facilmente à afirmação de que a *missio Dei* é totalmente e com exclusividade obra de Deus: a Igreja é um "sinal" do empenho de Deus no mundo e Cristo é apenas um modelo de dedicação aos outros.

A conversão, isto é, o conformar a vida pessoal às exigências do Evangelho, ao ser discípulos do Senhor em sua Igreja e comprometidos com a construção de seu reino, deve ser entendida como um processo que envolve a existência inteira. Embora a AG fale repetidas vezes disto (13bs), alguns missionários não querem mais ouvir falar. Se existe um verdadeiro encontro com Cristo, a ruptura com o modo de viver anterior é de algum modo inevitável. Paulo VI lembra-nos que Deus pode atingir salvificamente – "através de caminhos que só Ele conhece" (EN 80) – aqueles aos quais a mensagem evangélica não chega explicitamente. Mas a pergunta que deve sempre fundar também o empenho missionário da Igreja é esta: "Poderemos nós salvar-nos se, por negligência, por medo, por vergonha ou em consequência de ideias falsas, descurarmos de anunciá-lo?" (EN 80).

A história demonstra que a Igreja não se preocupou somente com a salvação escatológica das "almas", mas ao mesmo tempo tem sido promotora de libertação e promoção humana e social (EN 35). Recentemente, desde quando, em alguns lugares, surgiu a miragem de reduzir a ação salvífica da Igreja do Senhor a uma libertação meramente sociopolítica, é-nos recordado que, ao contrário, esta deve ser antes de tudo de tipo religioso e espiritual, de reconciliação com Deus (Rm 6,6; 8,23s; 2Cor 5,17-19; 1Pd 1,18; Tt 2,5; Gl 6,15): tudo isso, por reflexo, deve conduzir também a mudanças estruturais capazes de levar ao respeito e à promoção de cada homem em cada nação (EN 35; GS 42b).

Grande é a caminhada que se percorreu nos decênios mais recentes para precisar o conceito, as tarefas e a missão de cada igreja particular, mas especialmente das igrejas jovens. O empenho permanente de cada igreja particular deve ser o de "assimilar o essencial da mensagem evangélica, de transfundi-lo, sem a mínima alteração de sua verdade fundamental, na linguagem entendida por estes homens e, portanto, de anunciá-la na mesma linguagem" (LG 63).

b. A *missão entre o diálogo e o anúncio da unicidade de Cristo* – Para o indiano M. Amaladoss, são as seguintes as causas principais da crise da missão: uma visão mais positiva do valor salvífico das outras religiões, razão pela qual se prefere o diálogo ao anúncio; uma ampliação do conceito da missão, para incluir todas as atividades da Igreja, que parecem desvalorizar a especificidade da missão *ad gentes*; a percepção de que a Igreja está hoje presente em toda parte, percepção que parece reduzir o senso da urgência de ir além das fronteiras; uma insistência na responsabilidade das igrejas locais, que parece ter levado os institutos missionários a uma crise de identidade; finalmente, uma crescente secularização e uma diminuição das vocações missionárias nas igrejas mais antigas. Por outro lado, segundo afirmação de Amaladoss, percebe-se um crescente entusiasmo pela evangelização nas igrejas jovens, as quais nos permitem visões que nos levam a falar de uma "nova era" na missão.

O tema da salvação, hoje, parece servir como elemento aglutinante também para os outros. A salvação é e deve ser total e integral, histórica e transcendente e, justamente por isto, "ela não pode ficar reduzida exclusivamente ao quadro das necessidades terrenas do homem ou da sociedade, nem se pode alcançá-la somente com o jogo das dialéticas históricas. O homem não é o salvador de si mesmo de maneira definitiva: a salvação transcende o que é humano e terreno, é um dom do alto. Não existe autorredenção, mas Deus só salva o homem em Cristo (cf. At 4,12-13; 1Tm 2,5-6)" (João Paulo II, *L'Osservatore Romano* 8.10.1988).

A missiologia, para manter-se fiel ao que nos parece ser o projeto do Senhor, tal como resulta de uma séria exegese bastante aceita, do testemunho da práxis da vida eclesial de vinte séculos de história, dos repetidos pronunciamentos magisteriais solenes do século XX etc., precisa lutar para superar o complexo de culpa em relação aos que acusam seus agentes de eclesiocentrismo, preferindo vê-los mais ou menos irenicamente comprometidos apenas socialmente com a construção de um mundo mais justo e visível.

Parece existir – não só fora, mas justamente também entre os próprios membros da comunidade cristiano-católica – uma espécie de complô inconsciente para "desmissionalizar" a Igreja, segundo a expressão de Mondin. O Cardeal Tomko fala de um "autoesvaziamento" da missão. D. Colombo apresenta um apaixonado e sofrido estudo sobre toda esta problemática, sob o título *Missionários sem Cristo.* R. Panikkar vê uma dicotomia profunda entre o Jesus histórico e o Cristo-Logos. Jesus de Nazaré é único, mas o Cristo-Logos, que lhe é superior, pode aparecer de modos diferentes, mas reais, em outras religiões e figuras históricas. É então possível perguntar se Buda é a encarnação oriental do Cristo-Logos.

Partindo destas premissas, P. Knitter afirmará que "talvez... outros salvadores e outros reveladores possam ser tão importantes quanto Jesus de Nazaré". Talvez com "intuição" teológica, mas também sem dúvida com superficialidade exegética, como lhe censura I. de la Potterie, acabe escrevendo uma obra perguntando se, afinal, daquela vez Pedro não exagerou ao dizer que "Em nenhum outro existe salvação; com efeito, não existe outro nome dado aos homens debaixo do céu, no qual esteja estabelecido que possamos ser salvos" (At 4,12). O mesmo autor, mais recentemente, numa outra obra emblemática (juntamente com J. Hick), escreveu que "A pedra de tropeço parece ser o conteúdo do 'crer' – central para o cristianismo – na unicidade de Cristo. A premissa fundamental do pluralismo unitivo é que todas as religiões são – ou podem ser – igualmente válidas. Isto significa que seus fundadores, ou as personalidades religiosas que estas religiões refletem, são ou podem ser igualmente válidas. Isto, porém, abriria a possibilidade de Jesus Cristo ser 'um dos tantos' no mundo dos salvadores e dos reveladores. Tal reconhecimento, para os cristãos, é simplesmente inadmissível. Ou será que não?" De la Potterie, estribando-se também nos estudos do conhecido especialista J. Dupont, procura demonstrar o fundamento da interpretação tradicional, que faz de Cristo o único salvador.

P. Knitter não é o único a pensar assim. Basta uma referência ao já citado M. Amaladoss: "No atual contexto de pluralismo religioso, será que ainda tem sentido proclamar Cristo como o único nome em que todos os homens encontram salvação e chamá-los a tornarem-se seus discípulos pelo batismo?" Segundo López-Gay, alguns "autores chegam à afirmação de que um cristianismo sem Cristo tem para o mundo de hoje mais atualidade do que apresentar a revelação e a comunicação de Deus em Cristo".

Os estudiosos acreditam que a raiz da atual e difundida confusão de ideias em matéria de teologia das religiões (→ Religião, X), de diálogo inter-religioso, de valor sacramental universal e ordinário da Igreja cristiano-católica para a salvação etc., seja a teoria do "*cristianismo anônimo*" (→ Cristãos anônimos) ou implícito, tal como foi formulado particularmente por K. Rahner. Alguns de seus discípulos radicais chegaram à conclusão – talvez não a mesma que a do mestre idealizador – de que as religiões seriam, como tais, meios de salvação eficazes e adequados, como é o cristianismo.

Não é este o lugar para recordar o longo debate e as tomadas de posição opostas nesta matéria. A de H.U. von Balthasar, particularmente em *Cordula*, figura entre as mais significativas. Embora desde então tenham transcorrido mais de vinte anos, a vastidão da literatura, atualmente dedicada mais ao → diálogo inter-religioso do que à missão evangelizadora da Igreja de Cristo, parece dizer-nos que infelizmente Von Balthasar foi profeta.

Os documentos da Igreja dizem-nos que as "religiões" não cristãs são uma realidade viva que ela não pode ignorar, mas considera-as como uma "preparação para acolher o Evangelho" (LG 16; AG 3; NA 2b), dotadas de elementos bons e verdadeiros, "sementes da palavra" (AG 11), fruto da ação do Espírito Santo (GS 92s; RH 12), mas também dotadas de elementos negativos; e a Igreja está consciente de que "muitas vezes os homens (não cristãos), enganados pelo maligno, trocaram a verdade divina pela mentira, servindo à criatura em vez de ao Criador" (LG 16). Eis que então o Vaticano II, com afirmações que ainda consideramos válidas, declara que a "Igreja Católica não rejeita nada do que é verdadeiro e santo nestas religiões" (NA 2b) e que "aquilo que foi obscuramente querido e procurado nas religiões é purificado e assumido pela Igreja" (LG 17; AG 11).

"Por isto a Igreja exorta seus filhos a que com prudência e caridade, por meio do diálogo e da colaboração com os seguidores das outras religiões, sempre dando testemunho da fé e da vida cristã, reconheçam, conservem e façam progredir os valores espirituais, morais e socioculturais que se encontram neles" (NA 2e). É preciso considerar o diálogo e a missão como realidades que se entrelaçam; o diálogo inter-religioso é um elemento integrante do processo de evangelização, mas nunca pode substituir a missão (cf. EN 27).

A missiologia vista pela Teologia Fundamental reconduz-nos à exigência de apresentar Jesus Cristo como o enviado – "missionário" – definitivo do Pai, ponto de chegada de uma pedagogia divina e ponto de partida para uma ulterior caminhada espiritual de salvação. O anúncio de Jesus Cristo como o Salvador será feito levando-se em conta as conquistas metodológicas, fruto de vinte séculos de evangelização, e recentemente aperfeiçoadas pela reflexão conciliar e pós-conciliar, pela teologia das religiões e da salvação. Mas será um anúncio de que não se pode abrir mão. Somente uma visão teológica global, sustentada pelo equilíbrio, nos permitirá evitar extremismos danosos para o bem de "muitos" e, portanto, também para a causa do Evangelho.

Bibl. – J. Blauw, *The Missionary Nature of the Church.* A Survey of the Biblical Theology of Mission, 1962; H.R. Schlette, *Il confronto con le religioni*, Brescia 1964; E. Hillman, *The Church as mission*, Nova York 1965; G.F. Vicedom, *The Mission of God*, Saint Louis 1965; Id., "Christliche Mission und Entwicklungsdienst", em IKZ 3 (1974) 215-229; J. Masson, *Decreto sul'attività missionaria della chiesa*, Turim 1966; J. Jeremias, *Jesus' Promise to the Nations*, Londres 1967; H.U. von Balthasar, *Cordula, ovverosia il caso serio*, Brescia 1968; K. Rahner, *I Cristiani anonimi*, Nuovi saggi 1, Roma 1968, 759-772; Id., *Cristianesimo anonimo e compito missionario della chiesa*, Nuovi Saggi 4, Roma 1973, 619-642; Id., *Osservazioni sul problema del "cristiano anonimo"*, Nuovi Saggi 5, Roma 1974, 677-697; Id., *Sul significato salvifico delle religioni non cristiane*, Nuovi Saggi 7, Roma 1981, 423-434; Vários autores, *Perchè le missioni?* – Teologia delle missioni: studi e dibattiti, Bolonha 1970; Id., número monográfico sobre a *evangelização*, em *Conc* 4 (1978); Id., *Missiologia oggi*, Roma 1985; Id., "Vous serez mes témoins", em *Spiritus* 113 (1988) 339-413; Id., "Begegnung der Religionen", em ThQ 169 (1/1989); J. López-Gay, *Lo Spirito Santo e la missione*, Roma 1971; Id., "La misionología postconciliar", em Fac. de teol. del norte de España (ed.), *Estudios de misionología* I: A los diez años del Decreto Ad Gentes, Burgos 1976, 15-54; G.W. Peters, *A Biblical Theology of Missions*, Chicago 1972; J. Amstutz, *Kirche der Völker.* Skizze einer Theorie der Mission, Friburgo 1972; M. Dhavamony (ed.), *Evangelization, dialogue and Development*, Roma 1972; Id., "Mission in der nachkolonialen Ära: neue Sicht auf neue Aufgaben", em IKZ 3 (1974), 203-214; Id. (ed.), *Prospettive di missiologia, oggi*, Roma 1982; A. Seumois, *Théologie missionnaire*, Roma 1973s, vol. I-IV; A.R. Tippett, *Verdict Theology in Missionary Theory*, South Pasadena 1973; K. Bockmühl, *Was heisst heute Mission?*, Giessen/Basel 1974; J.M. van Engelen, "Tendenzen in der Missiologie der Gegenwart", em IKZ 3 (1974) 230-247; G. Coffele, *Johannes Christiaan Hoekendijk.* Da una teologia della missione ad una teologia missionaria, Roma 1976; A. Erba, *Panorami di storia delle Missioni*, Roma 1976; G. Evers, *Storia e salvezza.* Missione-Religioni non cristiane-mondo secolarizzato, Bolonha 1976; W, Hollenweger, *Evangelism Today. Good News or Bone of Contention?*, Belfast 1976; Sacra Congregazione per l'Evangelizzazione dei popoli, Esortazione apostolica *Evangelii Nuntiandi* di Sua Santità Paolo VI – Commento sotto l'aspetto teologico, ascetico e pastorale, Roma 1976; Ch. Saldanha, *Divine Pedagogy.* A Patristic view of Non-Christian Religions, Roma 1984; P.F. Knitter, *No Other Name?* A Critical Survey of Christian Attitudes Toward the World Religions, Maryknoll 1985; Id., "Roman Catholic Approaches to Other Religions: Developments and Tensions", em *International Bulletin of Missionary Research* 8 (1984) 50-54; E. Testa, "I principi biblici della missione", em Vários autores, *Missiologia oggi*, Pontificia Università Urbaniana 1985, 11-47; P.F. Knitter-J. Hick (ed.), *The myth of christian uniqueness: toward a pluralistic theology of religions*, Maryknoll 1987; K. Müller, *Mission Theology.* An Introduction, Netteral 1987; M. Amaladoss, "Foreign Missions Today", em *East Asian Pastoral Review* 25 (1988) 104-117; A. Wolanin, *Teologia della missione*, Casale Monferrato 1989.

GIANFRANCO COFFELE

MISTÉRIO/MISTÉRIOS

Biblicamente, o conceito tem um cunho característico próprio, de tipo escatológico, com referência a acontecimentos históricos. Estes, por sua vez, remetem para uma base unitária comum, de modo que o múltiplo uso da palavra, através da relação interior das realidades indicadas (*nexus mysteriorum*), remete necessariamente para a origem e para o cumprimento da realidade, a Deus, que finalmente é, Ele mesmo, designado como mistério. Mas isto repercute sobre o significado profano da palavra, na medida em que esta não indica só o que é simplesmente desconhecido, um enigma, um problema ou uma coisa semelhante. Com efeito, estas expressões da linguagem comum indicam sempre algo que não precisa necessariamente existir e que é preciso conquistar: um direito do homem ao conhecimento e à solução, sem os quais este não pode atingir a plenitude de sua vida. O enigma precisa ser resolvido. Enquanto não acontece, permanecem a insuficiência e a sensação de um peso, de uma carência.

Completamente diferente é o mistério no sentido cristão. Aproxima-se do homem de modo tal que este pressente e compreende que aqui não só é impossível uma solução, mas que o mistério deve permanecer tal, pois somente assim é significativo e permanece importante para ele, porque só assim faz sua felicidade. O mistério é válido como mistério. Toda tentativa de resolvê-lo acabaria na infelicidade do homem e colocaria em perigo sua salvação. Assim, uma tal tentativa em seu intento específico seria sempre ineficaz, por ser uma tentativa sobre um objeto inatingível. Deus e seu mistério não são um objeto para o homem.

Por isto, o conceito designa algo que supera simplesmente o homem, que, por esta razão, também não pode compreendê-lo facilmente. Deve reconhecê-lo em sua natureza, que supera o homem. Tomar alguma coisa como mistério significa da parte do homem renunciar a toda disposição, pois seria uma expectativa inoportuna; significa experimentar que o mistério é bom e justo somente assim e, portanto, como algo que torna feliz. Embora esta experiência como tal seja única, como Deus a quem se refere, há todavia na vida humana experiências semelhantes nas relações com outros homens. Também um outro homem não deverá nunca ser o objeto de nosso agir e estar a nossa disposição, se for respeitado como pessoa e com a dignidade que lhe cabe. Neste sentido, pode-se falar de um mistério da pessoa humana: contém tudo o que constitui o homem. Todas as suas manifestações, portanto, também fazem entender algo deste mistério. Sob este aspecto, o mistério manifesta-se numa série de concretizações que, com sua referência ao mistério, participam de sua misteriosidade. Estas observações exigem que se atribua ao mistério um caráter pessoal, ao passo que ao problema, ao enigma, à tarefa não resolvida cabe um caráter objetivo.

Estas experiências marcam também o conceito de mistério em sua aplicação a Deus e a suas manifestações na história da salvação com os homens e com o mundo. Esta história, remetendo para além da imanência e servindo-se do anúncio bíblico, faz o homem confrontar-se com uma realidade que lhe dá ocasião de situar-se a si mesmo de maneira nova. Ele experimenta-se como alguém de quem um outro dispõe, mas sem ser lesado ou limitado no sentido de seu próprio valor. O mistério pessoal toca-o de modo multiforme e assim lhe proporciona a ocasião para uma verdadeira compreensão de si mesmo, que reconhece e tem que aceitar como a que melhor corresponde à realidade. Neste contexto, também se lhe torna claro que é devedor de si mesmo ao mistério absoluto; permanece ligado a tal mistério, que é por si mesmo incondicionado, ao passo que ele justamente é condicionado pelo fato de ter que responder por si àquele mistério.

Portanto, no fundo, trata-se de Deus mesmo, que é designado com a palavra "mistério" de uma forma que só com este termo traz à memória determinadas condições das relações humanas que, justamente por causa da crítica moderna e das possibilidades reflexivas de nossos tempos, precisam ser absolutamente observadas, se não se quiser cair em conceitos inexatos e em ideias falsas.

O discurso do mistério recebeu, portanto, uma outra posição na escala dos valores: antes de tudo, precisa ser usado com mais cuidado e de maneira mais diferenciada do que era possível anteriormente. Em primeiro lugar, o uso linguístico deverá ser mais contido nas múltiplas expressões habitualmente consideradas, com tanta naturalidade, um mistério. Também as distinções usuais entre *mysteria stricte dicta* (mistérios em sentido pleno e estrito) e realidades deles derivadas necessitam de um uso comedido ao máximo e exatamente circunscrito, para evitar mal-entendidos. A dificuldade reside no fato de que, por um lado, a ligação entre Deus e a criação não deve ser lesada ou reduzida, de que tal ligação deve conter explícita e genuinamente as características de subordinação e dependência. E, por outro lado, deve-se prevenir toda mistura ou confusão entre o que é incriado e o que é criado. A tarefa exige uma oportuna elaboração e aplicação da → analogia. Nela, a designação de "mistério" deve futuramente permanecer estritamente reservada a Deus e àquilo que procede diretamente dele e o exprime.

O mal, por sua vez, não deveria mais ser designado como *mysterium iniquitatis*, até porque a linguagem habitual associa ao conceito de mistério, antes, uma expectativa alegre e confiante.

Sobre este pano de fundo pode, então, ser útil e fecundo articular de maneira nova os tradicionais mistérios de fé da Trindade, da encarnação e da graça, considerando-os simplesmente como formulações do mistério, isto é, como manifestação de Deus que ama e se doa, que redime o homem e o mundo e, assim, aparece claramente como criador. Enxergando-se desta maneira a realidade de Deus, entendido como mistério, ela adquire um alto significado para uma Teologia Fundamental que considere como sua tarefa básica aclarar o problema de Deus ao homem moderno.

Na mesma direção caminha também o Concílio Vaticano II, que exorta a dar uma *introductio in mysterium Christi* aos estudantes das ciências teológicas. Objetivamente, isto deveria fazer parte da contribuição que compete à Teologia Fundamental. Em todo caso, esta introdução diz respeito à compreensão da religião, do cristianismo e da Igreja, exatamente sob o prisma do mistério, superando assim uma concepção estritamente racional. Com isto certamente não se desvaloriza, mas, antes, provoca-se a racionalidade típica do cristianismo, na medida em que o mistério não substitui o esforço racional, mas antes exige sua aplicação mais coerente e rigorosa até o ponto não mais superável com seus recursos. Isto engloba a crítica moderna e torna possível sua aplicação ao pensamento da fé, já que, com o mistério que torna acessível a transcendência, a atitude crítica a esta altura torna-se uma atitude que escuta e acolhe – sem tornar-se irracional – uma atitude em que o homem, como criatura independente, pode e deve comparecer diante da grande realidade de Deus, onde a responsabilidade racional se desenvolve em aceitação e adoração.

Estes mistérios, portanto, são exatamente justificados racionalmente, mesmo quando, segundo sua natureza, superam o plano da razão pura. Recebem seu caráter positivo do Deus sempre maior, do Deus como mistério que torna felizes, que se doa ao homem na criação e na redenção.

Bibl. – K. Rahner, "Mistero", em SM V, 400-409; Id., "Sul Concetto di mistero nella teologia cattolica", em *Saggi teologici*, Roma 1965, 391-465; Id., "Einheit – Liebe – Geheimnis", em *Schriften Zur Theologie* VII (1966) 491-508; Id. "Glaubensbegründung heute", em *Schriften zur Theologie* XII (1975) 17-40; Id., "Über die Verborgenheit Gottes", em *Schriften zur Theologie* XII (1975) 285-305.

KARL H. NEUFELD

MISTÉRIO PASCAL

I. SOFRIMENTO E MORTE: 1. *O problema do sofrimento humano* – 2. *A morte que redime toda dor* – 3. *O autotestemunho da fé na cruz* (W. Kern) – II. RESSURREIÇÃO: 1. *A afirmação* – 2. *As origens da fé pascal* – 3. *A revelação pascal* – 4. *Justificar a fé pascal* (G. O'Collins).

I. Sofrimento e morte

A dupla expressão "sofrimento e morte" poderia em geral ser entendida e tratada no interior de uma relação crescente entre os dois termos: em nosso caso, os dois conceitos ou, melhor ainda, as duas realidades, devem ser colocadas uma frente à outra, de modo a parecerem como se fossem um "contraponto", isto é, como sofrimento dos *homens* e morte de *Jesus*. A dor humana constitui a pergunta; a resposta será a morte do homem crucificado e Filho de Deus.

1. O PROBLEMA DO SOFRIMENTO HUMANO – a. *O sofrimento como fato* – O fato de existir neste mundo um sofrimento enormemente grande e um mal tão grande que é impossível sequer calculá-lo é de uma evidência tão clara que qualquer palavra a mais torna-se de certo modo supérflua. O amor entre duas pessoas pode transformar-se em aversão e ódio, que levam depois a matar e a assassinar. Populações inteiras, devido a rixas longamente fomentadas, estão em estado de inimizade que desencadeia guerras de enorme alcance destrutivo. Muitos homens

inocentes – juntamente com a mulher que havia perdido o filho em um bombardeio noturno – fazem a pergunta de Jó: "Por quê?" De modo especial, leva à revolta o sofrimento inocente e, portanto, injustificado, das crianças atormentadas e até torturadas, sofrimento que foi definido como "o mal absoluto" (cf. a discussão entre M. Choche, em *L'homme et son prochain*, Paris, 1956, 145-148 e F. Heidsieck, em *Revue de l'enseignement philos.* 9 [1958] 2-7). Isto fez nascer nos lábios de Dostoievski, nos *Irmãos Karamazoff*, o grito de protesto contra o mundo e contra seu criador: "Que é que o inferno pode, neste caso, reparar, quando já a criança é supliciada até a morte?... Por isto, apresso-me a devolver meu bilhete de entrada neste mundo". Camus acolheu este protesto: "Eu me recusarei até a morte a amar a criação, em que são martirizadas crianças" (*A peste*), e acredita não serem poucos os que "o sofrimento das crianças impede de chegarem à fé" (*O homem em revolta*).

b. *Do problema da teodiceia ao "Ateísmo de protesto"* – O problema do mal no mundo havia sido colocado por P. Bayle (*Dictionnaire*, 1695-1697) na encruzilhada moderna de dois pressupostos que o sustentam: por um lado, a antiga convicção sobre a condução onipotente, onisciente e infinitamente boa do mundo, por parte de Deus; e, por outro, a nova pretensão da razão humana, que deve julgar criticamente os resultados desta condução. Leibniz, em 1710, expressou a aporia acima mencionada com a fórmula e o postulado: "Teodiceia", justificação de Deus (cf. Rm 3,4s e Sl 51,6). Sua tentativa tornou-se o modelo do otimismo filosófico: o Deus perfeito só podia criar um mundo perfeito; apesar do "mal metafísico", incluído na finitude do mundo, e no qual está enraizado o mal físico e moral, este mundo, tomado em sua globalidade, é o melhor possível; poderíamos até não entender "como": mas esta é uma verdade e, todavia, deve permanecer um *a priori*. O período que seguiu a esta tentativa produziu uma enorme quantidade de apologias que leram, no livro da natureza e até no leite alpino e na produção do queijo (A. Kyburtz, 1753), todos os vestígios imagináveis da sabedoria criadora de Deus. O grande terremoto de Lisboa, em 1755, marcou a passagem da mentalidade otimista para o pessimismo (Voltaire escreveu o *Poème sur le désastre de Lisbonne*, 1756, e a sátira *Candide ou l'optimisme*, 1761). Segundo Hume (*Dialogues Concerning Natural Religion*, 1779, cap. 10-11), ao invés, o curso do mundo não oferece nenhum apoio para chegar a um Deus a quem interesse algo da felicidade ou infelicidade da criação. Schopenhauer (*Die Welt ais Wille und Vorstellung* § 57-59; e acréscimos § 46) apresenta-se como o polo oposto a Leibniz: fracassado em todas as frentes, este mundo é o pior possível, que só podia surgir de uma irracionalidade cega. E. v. Hartmann (*Zur Geschichte und Begründung des Pessimismus*, 1880, 67) atenua um pouco este pessimismo radical com a "afirmação da negatividade do balanço voluptuoso (*Lustbilanz*) no mundo"; a não existência do mundo é preferível a sua existência. J.P. Sartre e A. Camus procuram todavia conferir ao niilismo de sua visão pessimista (inaugurado de modo otimista por Nietzsche) um valor de vida mediante a práxis. O fracasso da tentativa de uma teodiceia, iniciado com a catástrofe de Lisboa, caminha de mãos dadas com o → agnosticismo ou com um expresso → ateísmo. Justamente quando tal ateísmo não se apresenta com uma militante e pseudocientífica pretensão – como até pouco tempo atrás o virulento "materialismo dialético" – mas, como "ateísmo de protesto" (K. Rahner), decepcionado e resignado, reporta-se "somente" à múltipla experiência de dor da humanidade, não é refutável pela via teorética, conforme mostraremos adiante. Já no século XIX o jovem poeta G. Büchner, no drama *Dantons Tod*, II, 4, definira o sofrimento humano como "a pedra do ateísmo"

c. *Monismo? Dualismo?* – Nenhum destes dois modos opostos de entender o mundo resolve, por assim dizer através de um ontológico golpe de mão, o problema da teodiceia. Se examinadas mais atentamente, estas duas visões do mundo revelam-se apenas como variantes da solução otimista e da pessimista. Kant, que, segundo Goethe, de maneira indecorosa "manchou seu manto filosófico", permanece fiel à visão de um inextirpável "mal radical" na natureza humana. O Idealismo Alemão, ao contrário, mediou monisticamente todo elemento negativo e especialmente o pecado original do homem, e o resolveu no interior de um necessário processo de desenvolvimento entre Deus-mundo-homem: o mal significa e realiza uma abertura para a consciência de si mesmo, para a estruturação do mundo e o progresso cultural. De maneira muito impressionante, Hegel mostrou como o Espírito se manifesta mediante uma necessidade essencial, que é também liberdade essencial, através de uma entrega de si mesmo a uma realidade que lhe é extremamente diferente: isto é, no mundo, na consciência finita de um só indivíduo (Jesus de Nazaré) e na morte desonrosa (a cruz sobre o Gólgota), de modo a chegar assim à consciente realidade de si no mundo-comunidade do Espírito, representada pelos filósofos... O mal é apenas um momento englobado – porquanto destinado a desaparecer – de um todo global. Ele cura a ferida que produz.

O *dualismo*, presente sobretudo na história das religiões, possui, pelo menos em seus elementos externos, mais aderência à realidade e mais poder de convicção. Em sua forma mais clara, esta visão está presente no mazdeísmo e no parsismo, que se fundam em Zarathustra (em torno do ano 660 aC): dos dois espíritos gêmeos, derivados do deus originário Ahura Mazda, um escolheu o bem, o verdadeiro e a luz e o outro, ao invés, escolheu a força oposta do mal e assim também todo homem deve fazer sua opção; no fim do mundo, contudo, Ahura Mazda erigirá seu reino eterno para os bons. Mas uma posterior interpretação contrapõe Ahriman, o Senhor das trevas, também ele igualmente originário e incriado, ao Senhor do reino da luz.

Para o maniqueísmo (a partir do século III dC), tipo radicalmente dualístico da gnose, o mundo e o homem, como anormal mistura entre espírito-Deus bom e matéria-corpo mau, estão numa condição absolutamente má, até estes princípios serem novamente divididos. Algumas correntes platônicas, com uma visão dualista, influenciaram os mestres órficos e pitagóricos.

Ressonâncias desta visão encontram-se, por exemplo, no alemão T.J. Böhme (em torno do ano 1600) e no Schelling tardio, os quais aceitam uma tensão originária em Deus entre o princípio luminoso e bom do amor e o tenebroso e mau da ira. Dividindo em duas partes o poder divino, o dualismo gostaria de tirar do Deus bom a responsabilidade direta pelo mal e a indireta que o permite e lhe mostra a crueldade. Que a delimitação e, portanto, a eliminação do princípio de onipotência seja seguramente a que, menos que qualquer outra visão, discrimina a figura de Deus, é hoje uma opinião muito difundida, até entre alguns teólogos.

d. *Tentativa de confronto com o niilismo* – Justamente toda posição que leve adiante, da maneira mais globalizante e fundamental, a negação de toda positividade no mundo, negando sobretudo a presença de sentido e fundamento, pode oferecer, segundo parece, uma indicação para prosseguir em nossa investigação.

Pelo final do século XVIII, na Alemanha, "Niilismo" (cf. o livro do norte-americano Rabbi H.S. Kushner, *When Bad Things Happen to Good People*. Nova York, 1981) era uma expressão bastante usada para correntes espirituais consideradas destrutivas; na mesma época, surgiu na França a palavra "niilista" para designar "quem não crê em nada, quem não se interessa por nada" (cf. L.S. Mercier, *Néologie ou Vocabulaire de mots nouveaux*, 1801). Num primeiro escrito seu, F.W. Jacobi (1798) designa com a palavra niilismo um idealismo que sucumbe ao perigo de separar a revelação cristã de sua origem, do Jesus terrestre. Este emprego da palavra tinha uma proximidade real – da qual talvez Jacobi não tivesse consciência – com o termo "niilista" com que, no latim medieval, se designavam os teólogos que consideravam pouco ou até nada a natureza humana de Cristo, na medida em que esta não possuía uma autonomia própria. Defendeu-se também a opinião de que o cristianismo foi o primeiro a preparar o caminho para o niilismo, através do ensinamento da criação do mundo *ex nihilo* [do nada]; e à *creatio* corresponde até o conceito oposto de possível *annihilatio* [aniquilação] do mundo pela *potentia absoluta* de Deus. Hoje, sobretudo a partir de Nietzsche e de Heidegger, o conceito de "niilismo" tem um significado radicalmente "aniquilador" (*nichtende*); contudo, ambos os autores o avaliam como etapa de passagem necessária para uma nova e positiva visão e avaliação do homem e do mundo.

Comecemos nossa discussão sobre o niilismo com a difícil reflexão, pelo menos à primeira vista, de que "o nada" só pode ser descrito como aquilo que não "é" de modo algum. A mesma necessidade de língua e de pensamento aparece presente em todas as coisas, mesmo nas mais específicas palavras que exprimem conceitos negativos. Já a simples formulação linguística de muitas experiências de caráter negativo remete para o positivo que as sustenta: des-ordem, des-armonia, in-sucesso... Também a resignada afirmação que muitas vezes se ouve, isto é, de que tudo é sem sentido, só pode ser entendida a partir de uma pré-compreensão de "sentido". Conceitos negativos, ou, como afirma a lógica formal, conceitos privativos (como cegueira, estupidez) são pensáveis somente em relação à coisa negada por eles, em parte ou totalmente (p. ex.: capacidade de enxergar, inteligência); estes conceitos negativos são conceitos opostos de caráter secundário. Todavia, não se trata somente de hábitos de falar ou de pensar, que devam ser esclarecidos somente por via psicológica, mas, antes, do dado das próprias *coisas*; ou seja, trata-se da lógica da *realidade*. Tomás de Aquino (*De pot.* 7,5; STh II-II, 122,2 ad 1) não diz somente que "a compreensão de uma negação está fundada sempre numa afirmação", mas também: "a afirmação, por sua natureza, existe antes da negação". Já Aristóteles (cf. *Analyticapost.* I 25; 86b 34-46; *Eth. Nich.* III 7; 111 3b8) tinha resumido ambas as afirmações assim: "Através da afirmação é reconhecida a negação, e a afirmação é anterior, como também o ser antecede o não ser", e, de maneira lapidar, afirma: "Onde existe o não, aí existe também o sim".

Um evidente exemplo para um esclarecimento: O que é pressuposto na própria realidade, na real construção e função do corpo humano, para que possamos experimentar a doença? Estar doente é um fato a-normal, um fenômeno de queda (i. é, de deficiência) ou de excrescência; esta, mediante causas e efeitos, coloca-se debaixo ou acima da situação normal que chamamos de saúde (p. ex., a temperatura do corpo acima ou abaixo dos 36-37 graus). Somente como desvio do estado de saúde normal é que a doença pode mostrar-se como incômoda, dolorosa, debilitante e destruidora; com efeito, *o que* é debilitado e destruído através da doença? *Somente por isto ela pode absolutamente existir.* Apesar de uma pessoa ter podido estar doente desde sempre, desde o nascimento, mesmo neste caso ela está doente só porque em si, a partir da organização da natureza que serve de fundamento a seu estado defeituoso, deveria e poderia estar com *saúde.* Sem esta fundamental disposição para ter saúde e sem a pretensão deste estado, fundado nesta disposição, a doença não seria possível, não somente em nível de nosso falar e de nosso pensar, mas também na realidade, isto é, *in natura rerum.*

Experimentos mentais extremos, dos quais não podemos aqui ocupar-nos de maneira aprofundada, orientam para a mesma direção: a aceitação da absoluta absurdidade do mundo é absurda em si mesma; se tudo fosse sem sentido, nada seria sem sentido. Por que motivo (se é que existe um "por quê?") os homens chegam a preferir a morte à vida? Talvez porque a vida não realizou as expectativas que haviam depositado nela? Ou por que ambicionaram e pretenderam muito ou demais da vida? Por que motivo temos inveja ou ciúme devido a qualquer coisa em relação a quem quer que seja? Talvez porque a nossa natureza seja feita para aspirar a tudo sem medida?

Como resultado destas reflexões, deve-se reter que, na experiência da absurdidade, se esconde uma pretensão mais profunda de → sentido. Esta exigência não garante por si mesma a realidade da realização do sentido, mas seguramente sua possibilidade interna e real.

A realização da pretensão de sentido não precisa, portanto, necessariamente ser verdadeira ou concretizar-se um dia; e, todavia, esta mesma pretensão de sentido é plenamente real. Ela é uma pretensão real de um sentido possível. Isto significa que o niilismo radical não tem assim a última palavra; pode-se e deve-se indagar para além dele, antes dele.

Este resultado é confirmado por A. Camus (1913-1960), considerado como o pensador existencial da absurdidade: "Não existe um niilismo total. No próprio momento em que se diz que tudo é sem sentido, exprime-se algo que tem sentido. Rejeitar toda significatividade do mundo significa suprimir todo juízo de valor. Mas a vida é em si mesma um juízo de valor..." (*L'été*, Paris, 1954, 134). "Não é possível eliminar absolutamente o juízo de valor. Com isto se nega o absurdo!"; e até: "O homem não se pode desesperar de modo total" (*Diário*, janeiro 1942 – março 1951). Poderíamos multiplicar os testemunhos literários, filosóficos e teológicos deste gênero.

e. *Não há nenhuma solução teológica para o problema da teodiceia* – A tentativa de apresentar o niilismo radical como a última instância da interpretação do *Dasein* pode ser inatacável em nível lógico; que, porém, a ele se atribua um grande significado existencial para o homem, diante do destino de sofrimento do mundo e da sua própria vida, disto se deve duvidar.

Ocorre que tal dúvida pareceria dever-se aduzir também contra a resposta da tradição cristã, embora esta se apresente um pouco mais rica para a solução deste problema. Estas posições, traçadas por Agostinho, no século V, ainda conservam uma certa validade:

– O mal, segundo sua estrutura, é apenas uma deficiência (secundária), um defeito, uma *privatio boni.*

– O mal moral, que é o verdadeiro mal (violência sobre os outros e mentira), deve ser distinguido do mal físico e daquilo que é ruim (como doença e erro). As catástrofes naturais, por desafiarem o engenho humano, podem ser um estimulador do progresso cultural. (Mas justificam a *miséria* e a morte de suas vítimas?)

– Deus não pode querer em si o mal, isto haveria de contradizer sua santidade. Só pode permiti-lo, no sentido de não querer impedi-lo. (O conceito de "permitir", a despeito de muitas contradições, é um con-ceito auxiliar ao qual não se pode renunciar.)

– Mas por que isto? Mesmo a simples permissão precisa ter fundamento e, por isto, o motivo que reside na providência de Deus deve ser um bem maior, ligado de um modo indireto ao mal.

Com isto chegamos ao ponto saliente da dificuldade. Segundo o modo e o grau, o abuso mais desumano da liberdade humana confere à pergunta sobre o porquê sua última premência. Muitas vezes responde-se que Deus respeita justamente a liberdade do homem no decidir-se este pelo bem ou pelo mal. É por isto que o mundo é assim. Mas será que Deus não poderia – Ele, que criou por um amor excessivo o mundo, em sua onipotência e infinita sabedoria – dispor seu curso de maneira diferente e melhor, será que não pode dirigir os corações dos homens de modo que estes, salvaguardada sua liberdade, e até com uma liberdade maior, se voltem para o bem, e somente para o bem? Por que então existe o mal? Por que Deus o permite? Nisto se entende até certo ponto por que alguns teólogos preferem pensar Deus mais como limitado em seu poder do que, pelo menos aparentemente, como "pai" que olha para a pobreza de seus "filhos" de maneira malévola e indiferente. É melhor que Ele seja incapaz de impedir o mal do que não querer impedi-lo. Contudo, também esta "solução" do problema da teodiceia no fundo fracassa, como tudo o que nós, homens, afirmamos sobre este problema.

2. A MORTE QUE REDIME TODA DOR – a. *Prólogo filosófico: a morte, uma promessa de vida?* – Numa palavra, pode-se dizer – ainda que de modo brutal – que a → morte põe fim à vida do homem. Mas a morte, como fim definitivo da caminhada da vida terrestre, é temida sobretudo como o maior mal físico. A morte apenas fecha as portas da vida ou também abre um olhar de esperança para uma nova vida?

Todos os homens têm que morrer. Mas já a existência humana inteira está sob a sombra da morte e é determinada por ela; segundo S. Kierkegaard, a vida é uma especial "doença que leva à morte"; poder-se-ia falar de uma *universalidade* extensiva e intensiva da morte. Na morte, tudo é recolhido, ela não permite mais nenhum espaço de inventiva e parece não deixar nada em aberto. Por isso, entende-se por que, depois da sepultura, se lança um olhar retrospectivo de encerramento, que resume a vida de um falecido; por isso, para a vítima de um acidente, toda a sua vida parece escorrer diante dos olhos, em breves frações de tempo, como num filme. A vida, através da morte, parece precipitar no abismo do "não existir mais". A vida que nos tira tudo, tira-nos de nós mesmos e o que resta por um certo lapso de tempo em breve apodrece e se dispersa. E, usando uma imagem figurada, podemos perguntar-nos: Aonde nos leva a morte? Leva-nos consigo? Ou para o nada? É por isso que nós, homens, temos muito medo. O medo da morte é o medo mais elementar. E o que a torna tão inexoravelmente aguda é, ao contrário dos animais, a consciência que o homem tem de sua finitude e de sua caducidade. A morte, diante dos olhos de quem está morrendo – olhos estes que, por assim dizer, se tornaram cegos – "consuma a imanência do Dasein" (B. Welte, *Heilsverständnis*, Friburgo 1966, 132). Isto constitui a negatividade (quase absoluta, poder-se-ia dizer) da morte e é o início de sua superação.

Uma vez que para cada um a morte *aniquila tudo*, ela é o caso mais radical que emerge de nosso limite. Por isso, aqui é pressentida a visão sobre a dialética do limite, assim como diz J.G. Fichte: "Na medida em que o Eu é limitado, ele chega só até o limite. Na medida em que ele se põe como limitado, vai necessariamente além, chegando ao próprio confim enquanto tal" (WW I, 347). E, sobretudo, com G.W.F. Hegel (WW VIII 159 e, em especial, X 44, cf. 41; IV 153; XV 184), deve-se notar que: "Algo é conhecido e até percebido como limite e deficiência somente com o ser ao mesmo tempo para além dele". "Já o fato de termos consciência de um limite é uma prova de nosso ser para além dele, é uma prova de nosso caráter ilimitado" (WW VIII 159; X 44; cf. tb. IV 153, X 41; XV 184). O princípio da experiência = superação do limite abrange todos os modos do finito e do limitado: "Nada é tão contingente e casual que não tenha em si algo de necessidade" (STh I, 86,3). "Para a dialética objetiva, em si mesmo um absoluto está contido no relativo" (Lenin, no estudo sobre Hegel). Nada é tão passageiro que não traga em si alguma definitividade. Nada é completamente estúpido: nele está colocada uma centelha do espírito. Nada é somente problemático, ele já começa também a responder (Aristóteles: "A descoberta da aporia *é* a solução" [*Eth. Nich.* VII 4]. B. Welte, *Heilsverständnis*, 131). Nada é tão manipulável e abusável que não reste nenhuma centelha de não disponibilidade. Em suma: nada é completamente e só pura mundaneidade, somente limitado e finito. E nada é tão mortal que não contenha também vida.

A negatividade da morte é levada para além de si mesma, para além de seu próprio "Não", através de seu caráter oniabrangente. Desemboca em algo diferente de si mesma, desemboca no "Sim", na superação da caducidade, na vida para além da morte. Já que a morte "faz o Dasein compreender esta negatividade", isto pressupõe "que este se compreende olhando para a positividade de seu ser... que ao Dasein interessa o ser e não o não ser... interessa o ser integral (Ganz-sein)... o ser salvo (Heil-sein)... seu 'Não' insere-se num projeto de salvação, em que o Dasein se projeta desde sempre" (B. Welte, *Heilsverständnis*, 127-140). Como consequência da universalidade e da negatividade da morte, parece mostrar-se a transcendentalidade de sua autossuperação (tendencial, exigida).

O que dissemos até aqui é aceitável. Todavia, também a reflexão sobre a morte aqui proposta permaneceu abstrata (como a investigação sobre o niilismo). Nem a alusão ao céu e ao inferno pode "justificar Deus" de modo satisfatório, diante do tribunal da humanidade sofredora. Mas se não é suficiente o que faz referência à "justiça de Deus" e à teodiceia, perguntamo-nos: Para que serve, então, Deus?

b. *A morte de Jesus na cruz como paroxismo da paixão da humanidade* – A esperança de que da cruz de Jesus brote uma luz que ilumine a história do sofrimento humano, contrapõe-se, desde o início, um grande *videtur quod non* [parece que não]. O que é mais: parece ser verdadeiro exatamente o oposto. A crucifixão é o modo mais ofensivo de execução que o mundo conhece. Será que da morte de cruz de um homem podem originar-se e concretizar-se para todos os homens uma fé que redime e uma salvação eterna? Este paradoxo faz-nos pensar.

– *O escândalo da cruz* – Desde os celtas até os indianos, os criminosos foram justiçados na cruz e sacrificados aos deuses como ofertas. Entre os persas e os púnicos (no norte da África), a crucifixão era usada para os crimes mais graves contra o Estado e por alta traição. Os romanos fizeram da cruz a punição típica para os escravos. Nas províncias romanas, como por exemplo na Judeia, eram crucificados tanto os que cometiam violência quanto também elementos rebeldes. Estas pessoas provinham geralmente dos estratos sociais mais baixos que, no modo de pensar de então, deviam ser suprimidos por amor à ordem social. *Non sine metu* (cf. Tácito, *Annales* 14, 44, 3) pode-se manter sob freio a mistura de escravos que viviam em Roma. Faziam-se processos sumários: o Imperador Domiciano, em 90 dC, mandou decapitar um escritor por causa de caricaturas feitas num de seus livros e os infelizes escravos do escritor foram crucificados. Na crucifixão, podiam desafogar-se o arbítrio e o sadismo dos algozes e isto satisfazia o desejo de vingança e de crueldade do patrão, como também da multidão. A coisa mais terrível era o período de tempo em que as vítimas ficavam penduradas "no madeiro infeliz". O jovem César deve ter sido bastante clemente para mandar enforcar os piratas do mar, antes da crucifixão. O espetáculo público do condenado nu era considerado como a extrema vergonha que selava claramente sua exclusão em nível social e sua condenação em nível religioso. Nenhum escritor da Antiguidade deteve-se longamente na descrição desta cruel execução. A mais detalhada vem-nos dos relatos evangélicos! Nos romances gregos e latinos, a cruz representa a ameaça mais grave para o herói, ameaça que leva a tensão do drama a seu clímax; em nenhum caso, porém, o herói pode sofrer realmente esta morte vergonhosa: ele é salvo em tempo oportuno por um *deus ex machina*. Para Cícero (cf. *O discurso contra Varrão:* 5,66,169; 5,64,165; 5,62,162), a cruz é "a mais dura e alta punição dos escravos", "a mais feroz e triste execução"; denuncia-a como uma "peste", enquanto Flávio Josefo a julga "a morte mais miserável" (*De bello Jud.* VII, 203).

– A *morte de Jesus, centro da fé cristã* – Desde o início, a Cristandade professou a cruz de Jesus como o fundamento e o centro de sua fé. Paulo, diante da comunidade de Corinto, propôs-se "não conhecer outra coisa senão Jesus Cristo e este crucificado" (1Cor 2,2). Tem consciência de ter sido enviado para o anúncio da boa notícia, mas de modo tal que "não seja esvaziada a cruz de Cristo", isto é, que esta não perca sua força e seu significado (1Cor 1,17). Os dois primeiros capítulos da primeira Epístola aos Coríntios (1Cor 1,17–2,9) constituem um único e grandioso testemunho do significado fundamental e central que tem para Paulo "a palavra da cruz" (*ho lógos tou staurού*: 1Cor 1,18). Contudo, já "muito antes de Paulo, reflexões teológicas e profissões litúrgicas haviam reconhecido na morte de Jesus um acontecimento de salvação" e justamente Paulo mostra isto, pois "assume as diversas variantes deste anúncio", isto é, a interpretação da morte de Cristo como substituição vicária, reconciliação, salvação e também como expiação e oferta (cf. E. Käsemann, "Die Heilsbedeutung des Todes Jesu bei Paulus", em H. Conzelmann, *Zur Bedeutung des Todes Jesu*, Gütersloh, 1967, 11-34). Por isso, Paulo várias vezes lembra muito expressamente que "anuncia o que ele mesmo recebeu", ou seja, que ele continua o anúncio da tradição originária (em particular, 1Cor 15,3-5; cf. 11,23-26); e também a forma da comunicação manifesta com muita clareza este aspecto (Rm 4,25; 8,34; 2Cor 5,13; 13,4). No hino cristológico, presente na carta aos Filipenses (2,6-11), foi sem dúvida Paulo que sublinhou o extremo rebaixamento de Jesus, que "foi obediente até a morte", e foi ele quem acrescentou de próprio punho a anotação: "e morte de cruz" (v. 8)! Nos últimos decênios, alguns exegetas têm colocado em dúvida que Jesus mesmo tenha atribuído antecipadamente a sua morte um significado salvífico; todavia, recentes pesquisas críticas consideram, com razões fundadas, que Jesus, na última ceia realizada com seus discípulos, deu-lhes o pão e o vinho como seu corpo que era oferecido e como seu sangue que era derramado por eles e pelos "muitos" (expressão que significa: por todos – cf. Mc 14,22-24; Mt 26,26-28; Lc 22,19-21; 1Cor 11,23-26).

– *O paradoxo ínsito na fé da cruz* – Que a morte miserável de um homem no patíbulo da cruz, através da qual quem morre é estigmatizado como criminoso da pior espécie, que tal morte seja o início, para cada homem, da vida eterna, da feliz união com Deus e, portanto, seja o fundamento de sua salvação e meio de sua fé, isto vai claramente contra toda probabilidade e toda expectativa humana.

Pode-se exigir a aceitação de tal paradoxo de um homem que, mesmo em matéria de religião, não esteja disposto a renunciar a sua razão? Os inimigos de Jesus que, no Gólgota, estavam debaixo de sua cruz, bradavam contra Ele que, se tivesse descido da cruz, então, sim, teriam crido em sua messianidade. Embora isto não passasse de um amargo escárnio, nesta exigência se escondia um aspecto de verdade: que um condenado ao patíbulo da cruz seja o Messias, isto é totalmente monstruoso e inadmissível.

Os primeiros cristãos, inicialmente, devem ter percebido a mesma coisa. Até pelo final do século II não é possível encontrar em parte alguma uma representação do crucifixo que se refira a Jesus. O crucifixo de zombaria, que se encontra no Palatino, em Roma, um grafito sobre o muro do palácio dos césares, constitui uma exceção: representa um homúnculo, com a cabeça de burro que está pendurada em duas traves que formam um T. Uma outra pessoa olha para ele e, abaixo, há um comentário escrito: "Alexamenos adora seu Deus". Tertuliano (cf. *Adv. Marc.* 3,18; CChr I, 531), por volta do ano 200, oferece esta motivação: "O mistério da cruz, no primeiro anúncio cristão, teve que ser escondido debaixo de imagens. Pois, se o tivessem anunciado cruamente e sem imagens, este mistério se teria tornado escândalo ainda maior". Já no ano 130, Justino sente-se acossado pelos que o criticavam: "Nossa loucura consiste no fato de atribuirmos a um homem crucificado o segundo lugar depois do Deus imutável e eterno" e manda perguntar a um judeu que prova poderia dar para o fato de o Messias "dever ser crucificado e morrer de uma morte tão vergonhosa e ignominiosa e amaldiçoada pela lei", pois algo semelhante nunca poderíamos imaginar (cf. *I Apologia* 13,4; *Dial. c. Tryph.* 90,1).

O islamismo, que reputa Jesus como um grande profeta, ao lado de Moisés e de Maomé, não quis deixá-lo morrer na cruz: um outro homem foi justiçado em seu lugar (*Corão* 4,157-159). Nos tempos mais recentes, deixando de lado Goethe ("Tu queres fazer-me Deus, tu, que és uma tal imagem do desespero pendurada no madeiro"), podemos ler algo menos conhecido de Hegel: "Aquele que está preso à cruz é adorado. Isto é uma monstruosa conexão em torno da qual desde muitos séculos milhões de almas que buscavam a Deus se cansaram até o esgotamento e se atormentaram" e "segundo nossos usos de hoje, esta nova religião deveria ter adotado como sua insígnia aquilo que é agora o que daquela vez foi a cruz, isto é, um patíbulo" (cf. *Theologische Jugendschriften*, 1798/1799, 335). Nietzsche, em *Para além do bem e do mal* (§ 46), definiu a fé na cruz, que Paulo estilizou altamente, como o *absurdissimum*. "Os homens modernos, com sua aversão contra todo termo cristão, não entendem mais quanto de horrível e de exagerado, para o modo de pensar antigo, estava presente no paradoxo da fórmula 'Deus na cruz'. Até agora nunca e em nenhum lugar se deu uma similar audácia em ostentar algo tão horrível como esta fórmula: ela promete uma inversão de todos os valores antigos". A fé no Deus crucificado visa "de modo espantoso um permanente autoassassinato da razão" (§ 46). Nietzsche, um dos mais ásperos críticos do cristianismo, entendeu do modo mais agudo o absurdo que para um não crente representa a fé na cruz.

Também, e justamente Paulo de Tarso, o primeiro e até agora (e para sempre?) o maior teólogo do cristianismo, a quem devemos os primeiros escritos do NT, expôs para si mesmo e para nós, de modo irreverente a impressão e a experiência deste *absurdissimum* do Evangelho, da boa e alegre notícia (!), da cruz: a este propósito veja-se 1Cor 1,17b-25! Por isto, a cruz de Jesus significa escândalo (*skándalon*) para os judeus, que exigem sinais de poder de seu Deus, como no êxodo do Egito; enquanto significa estultície e loucura (mōría) para os gregos, que buscam a inteligente sabedoria do mundo. Todavia, justamente para quem "não esvazia a cruz de Cristo" (v. 17b), mas a abraça em sua dureza paradoxal, esta, que é uma palavra escandalosamente não afável, pode transformar-se em "palavra da cruz" (v. 18), atraente e cheia de esperança. O escândalo sem salvação torna-se, então, salvífico. Para aqueles, portanto, que são salvos porque creem, a cruz não é fraqueza ou estultície, mas poder de Deus e sabedoria de Deus. Com efeito, e de novo um milagroso paradoxo: "A estultície de Deus é mais sábia do que os homens e a fraqueza de Deus é mais forte do que os homens" (v. 25).

– A *incompreensibilidade de Deus ou a credibilidade daquilo que tem algo de incrível* – O paradoxo da teologia paulina tira a respiração. Além disso, quem crê na cruz como num acontecimento de salvação renuncia por assim dizer a raciocinar. A paixão de Jesus chega a seu ponto mais alto, que é um ponto absoluto em profundidade, no grito do crucificado pelo abandono da parte de Deus: "Meu Deus, por que me abandonaste?" (Mc 15,24; Mt 27,46). Neste brado sente-se vibrar a pergunta e o lamento do homem Jó e nele ressoa toda a paixão da humanidade. Da maneira mais pregnante possível, exprime-se a contraditoriedade do fato da cruz: o abandonado por Deus abandona-se em Deus. Invoca a quem não está ali.

O paradoxo da fé na cruz está contido nestas poucas palavras que Jesus bradou: por um lado, neste grito Jesus parece morrer não somente no corpo, mas também na alma. Por outro lado, o grito é uma única profissão de fé em Deus e em sua última e definitiva incompreensibilidade. Jesus reconhece o ser Deus de Deus, testemunhando e selando com a morte este reconhecimento. Deus para nós é e deve ser em sua divindade o incompreensível, de outra forma não seria Deus, mas apenas um semelhante a nós. E já que a fé é "a estabilidade do que se espera e a prova convincente do que não se vê", talvez poderia, naquilo que em sua definitiva e insuperável contradição (o crucificado como salvador do mundo) aparece como incrível, mostrar a escondida e profunda credibilidade. Querer crer no paradoxo da cruz (e o cristianismo se sustenta ou cai com esta fé) é um desafio que coloca o homem diante da incompreensibilidade de Deus. Nisto permanecemos firmes no que disse Tertuliano: *credo quia absurdum*...

3. O AUTOTESTEMUNHO DA FÉ NA CRUZ – a. *O que Deus fez* – Nós, homens, partindo de nós mesmos, não encontramos nenhuma resposta satisfatória à pergunta do porquê do sofrimento humano. A resposta de Deus é a doação do Filho na morte e na morte de cruz. Desta forma, o problema da teodiceia não é *resolvido* teoreticamente, mas o sofrimento do mundo é *remido* (erlöst) na práxis. O sofrimento é remido, juntamente com o sofrimento de quem, a seu modo, sofre com quem está sofrendo.

"Deus amou tanto o mundo que mandou seu único filho... não para julgar o mundo, mas a fim de que por meio dele o mundo seja salvo" (Jo 3,11-12; cf. 1Jo 4,9). Paulo afirma a mesma coisa na Carta aos Romanos (8,32): "Ele, que não poupou seu próprio Filho, mas o deu por todos nós, como não nos dará todas as coisas juntamente com Ele?" A isto, como um eco, soma-se Ambrósio, com o *Exultet* da vigília pascal: "Para salvar o servo, sacrificaste o Filho". E até a Kierkegaard: "Ele, que poupou o primogênito de Abraão, para provar somente a fé do patriarca, não poupou seu unigênito Filho" (*Diário*, 13.9.1839).

Jesus não foi obrigado por Deus, contra sua vontade, a assumir o patíbulo da cruz (cf. Jo 10,17-18). Também os que o mataram não foram nisto determinados ou movidos por Deus; agiram segundo sua própria vontade, certamente presumida boa, mas de fato "objetivamente" má. Deus permite o mal, isto é, a execução de um inocente, por causa de um bem maior, que não deriva do mal como causa, mas, por ocasião de um fato mau, como *conditio sine qua non*, brota de uma outra fonte. Qual é, na morte de Jesus na cruz, este "bem maior" e qual é sua fonte?

b. *A revelação do amor que perdoa* – A Parábola do Pai Misericordioso (Lc 15,11-32) dá a conhecer o sentido do mistério da cruz. O pai deixa partir o filho mais moço, que dilapidará sua parte de herança com as prostitutas, e permite que chegue à miséria, ao pecado e ao remorso. Teria podido impedi-lo, mas será que o filho preso em casa não teria reagido a isto, talvez pela vida toda, com a incompreensão e o protesto? O pai permite assim o caminho do erro do filho. Todavia, quando "o filho perdido" e destruído pelo destino volta para casa, o pai lhe corre ao encontro com um amor superabundante. Até que ponto é surpreendentemente generosa e desconcertante esta atitude, mostra-o a figura oposta do filho mais velho que, em sua dureza de coração, insiste na justiça. A perda do filho mais jovem é o pressuposto para a *manifestação do amor do pai na nova qualidade do amor* que perdoa e que liberta da dor e do pecado.

As crises e as catástrofes que acontecem nas relações entre as pessoas que se amam podem atualizar a parábola evangélica. Um casamento fracassa, uma amizade é traída. Pode então acontecer que "tudo esteja acabado". Todavia, pode também ser que a situação seja resolvida e superada através da paciência e que, através da reconciliação e do perdão, se abra uma nova profundidade e interioridade da compreensão recíproca e da unidade mútua. Transferindo o que dissemos aqui para o plano dos acontecimentos mundiais, podemos observar: povos que durante decênios foram oprimidos pela falta de liberdade, sob regimes totalitários, experimentam durante uma transformação revolucionária e com uma nova intensidade o que é a liberdade; e sua experiência talvez cause em outras regiões uma mudança da estrutura política.

Que a morte de Jesus na cruz seja a manifestação do inesperado e até inimaginável amor de Deus afirma-o de novo Paulo, de modo bem enfático: "Deus demonstra seu amor por nós porque, enquanto éramos ainda pecadores, Cristo morreu por nós" (Rm 5,8). Deus age por amor. "Deus é amor" (1Jo 4,16). "Deus, enquanto amor, está pregado absolutamente à cruz" (Simone Weil). Por isso, pode-se afirmar que "o ser Deus de Deus deve compreender-se partindo do acontecimento desta morte" (E. Jüngel, *Unterwegs zur Sache*, Munique, 1972, 119), e que a cruz, no final, é "a única definição possível de Deus e do homem" (W. Kasper, *Zukunft aus dem Glauben*, Mainz, 1978, 55s). Portanto, o "amor crucificado" é a autodefinição de Deus. A incompreensibilidade do amor não é mais, então, a extremamente vazia, mas pelo contrário é a mais plena definição daquele que é indefinível. J.A. Möhler diz de Deus que "sua manifestação realiza-se sob a forma do doar-se pelos pecados do mundo" (*Symbolik*, Mainz-Wien, 1833, 287). Gregório de Nissa explica assim a possibilidade do sofrimento divino: "O fato de a natureza onipotente ter sido capaz de descer à baixeza do homem mostra muito mais seu poder do que um grande milagre que vá além da natureza... O descer de Deus à baixeza constitui um claro excesso de poder, para o qual não há nada contra a natureza que se oponha. A alteza mostra-se na baixeza e, todavia, a alteza não é com isto rebaixada" (*Oratio catechetica* 24; PG 45,64). Deus despe-se de sua onipotência na impotência daquele que, abandonado por Deus e pelos homens, morre na cruz. Nisto manifesta a nós, homens, o "poder" do amor, que não se impõe de modo triunfante, mas que todavia, por sua solidariedade no sofrimento, atrai e transtorna. Deus comporta-se para com o homem como "Deus na figura do servo" (S. Kierkegaard); sua onipotência torna-se "total fraqueza" (G. Marcel). Jesus mesmo interpreta sua *kénōsis* na cruz (cf. Fl 2,7) através do dom eucarístico: "o meu corpo por vós, o meu sangue por todos". Tal oferta é a compreensível-incompreensível prova de seu amor. O amor crucificado ultrapassa (e ao mesmo tempo recupera do profundo) divina e infinitamente o onipotente amor do Deus criador.

c. *A morte da morte* – Em nosso contexto e na fé cristã, é importante que a cruz não seja vista de modo isolado, só como o evento extremamente cruel acontecido no Gólgota, mas seja unida a seu interior teológico, isto é, com a ressurreição de Jesus da morte. Esta é antes de tudo o único e total *mysterium paschale*.

Já no primeiro escrito do NT, a Primeira Epístola aos Tessalonicenses (4,14: escrita no ano de 50), Paulo resume o fundamento da fé cristã com estas palavras: "Nós cremos que Jesus morreu e ressuscitou" (cf. 2Cor 15,5 com o acréscimo "por nós"). Ainda quando parece que Paulo fala somente da morte (1Ts 1,10; Rm 3,25; 5,6.8; 14,15; 1Cor 8,11; Gl 2,21; cf. Lc 24,26; Jo 3,16), anuncia-a como morte "por nós", incluindo nela, portanto, sua global e eterna eficácia salvífica. O primeiro anúncio missionário cristão dos Atos é transmitido em diversas formas redacionais, em cuja base existe esta estrutura bipolar: Deus ressuscitou da morte a Jesus, que vós matastes na cruz (At 2,23s; 3,13s; 4,10; 5,30s; 10,34-43; 13,27-29). Também 1 Pedro interpreta a expressão central "Deus ressuscitou-o da morte" (1,21) deste modo: "Cristo morreu uma vez por todas pelos pecados, justo pelos injustos, dado à morte na carne, mas tornado vivo no espírito" (3,18; cf. 3,21).

É sintomático "que uma cristologia pré-paulina, conservada pelo primeiro hino cristão, fazia seguir a elevação celeste de Jesus já a partir da cruz" (Käsemann, "Die Heilsbedeutung des Todes Jesu bei Paulus", 30). Com isto torna-se de novo claro quão intimamente e de modo indissolúvel a série de acontecimentos dos 50 dias, narrados pelos Atos, isto é, a série de acontecimentos da ressurreição, da ascensão ao céu de Jesus e da descida do Espírito Santo, estão unidos com o acontecimento da Sexta-feira Santa: evento pascal de morte-e-ressurreição. E somente a partir da experiência dos discípulos com o Senhor ressuscitado, a morte na cruz pôde ser compreendida e crida na profunda dimensão de seu eterno significado de salvação para todos os homens (cf. Mc 8,31; 9,31; 10,34: "e depois de três dias há de ressuscitar").

A morte, da qual o amor onipotente de Deus ressuscitou para vida nova aquele que havia sido crucificado, é *a morte da morte.* A morte, que exerce uma inevitável e definitiva violência sobre o destino terrestre do homem e que, por isto, infunde nele um medo profundo, representa e sintetiza as "potências e as violências" que fazem o homem sofrer. O NT conhece esta morte sob diversos nomes. Segundo Paulo, Jesus Cristo nos libertou da lei, dos pecados da carne e da morte (cf. 1Cor 15). E, no tocante a isto, encontram-se nele expressões desconcertantes: "Cristo libertou-nos da maldição da lei, tornando-se por nós maldito, como está escrito: 'maldito quem pende do madeiro'". "Aquele que não conhecera pecado, Deus o tratou como pecado" (2Cor 5,21). "A lei do espírito que dá vida em Cristo Jesus libertou-nos da lei do pecado e da morte" (Rm 8,2). Através de um modo mítico de exprimir-se, Paulo afirma que "os dominadores deste mundo" não reconheceram em Jesus a sabedoria escondida de Deus, "pois se a tivessem reconhecido, não teriam crucificado o Senhor da glória" (1Cor 2,8). Similarmente, Justino (cf. *I Apol.* 54-60; PG 6, 408-420), de um modo seguramente não apenas mítico, imagina que as forças do mal realizaram a crucifixão sem supor que Jesus, justamente mediante sua oferta de morte, lhes teria "roubado" sua "presa", isto é, as almas humanas. Com efeito, foram as potências que podem chamar-se ideológicas, religiosas e políticas de sua época que levaram Jesus à cruz; a cobiça de posse e de poder dos saduceus, a justiça farisaica derivada da lei, o fanatismo zelota por uma libertação política... A vitória destas potências foi na realidade sua derrota. A morte do inocente, que levaram a termo com a colaboração de Pôncio Pilatos, desmascarou suas tendências de morte. Pois a divina potência de vida e de amor, presente internamente no homem e filho de Deus crucificado, suportou e superou por dentro a morte. Agostinho, para exprimir a inversão que sacode o mundo, inversão originada de dentro e de fora do acontecimento da cruz e que vai da cruz à ressurreição, da morte à vida, chegou a esta fórmula: *morte occisus mortem occidit* [o que foi morto pela morte matou a morte]. As potências ou as ideologias foram a morte de Jesus, Cristo é a morte das potências.

– *O ser homem em totalidade e solidariedade humana* – "Ecce homo!" Com este grito o pagão Pôncio Pilatos qualificou o coroado de espinhos, atestando assim a humanidade da "palavra da cruz". Este é o mais cristão dos títulos, pois é a confissão mais profundamente humana. No crucificado, a vida humana é levada até o confim extremo, em que não sobra outra coisa senão a existência pura, e mais ainda: ela é levada até a perda da vida. Contudo, o Deus que se identifica com o crucificado (pois nele se tornou homem) entra no lugar do sofrimento e do aniquilamento do homem, isto é, entra nos campos de concentração nazistas, ou nos gulag soviéticos, fazendo-se, assim, fiador de sua identidade defraudada. Na profundidade do ser humano, posta a nu através da morte de Jesus na cruz, o homem se compreende como *aquele que pode sofrer.* Não precisa fazer o papel do grande e do forte, mas pode ser pequeno e fraco, podendo dizer assim, com Paulo: "quando sou fraco, é então que sou forte", pois "o poder de Deus realiza-se na fraqueza do homem" e, por isto, "de bom grado me gloriarei das minhas fraquezas". Também Jesus "foi crucificado por sua fraqueza, mas vive pelo poder de Deus". Paulo sabe o que significa "trazer sempre e em toda parte em nosso corpo a morte de Jesus" (cf. 2Cor 12,10.9.5; 13,4; 4,10). Os evangelhos exigem que se tome cada dia sobre os ombros a cruz, nisto consiste o seguimento de Jesus. A morte de Jesus é sua escola de vida cristã. *Coram crucifixo* [diante do crucificado] estou pronto a deixar Deus ser Deus, e o homem pode permanecer homem.

A fé da cruz não leva à passividade em relação à dor nem, muito menos, a uma alegria de tipo masoquista. Ao contrário. Todo elemento negativo deve ser superado na paciência, mas, enquanto possível, também de maneira ativa, mediante uma ampla solidariedade humana. A palavra de vida "com Cristo", expressão que Paulo varia de muitas maneiras (con-viver, com-morrer, con-crucificado, con-sepultado, co-ressuscitado e ser con-glorificado), visa a outra expressão "por nós"; por nós homens, por todos os homens sem exceção. Jesus é o *homem* para os inúmeros irmãos e irmãs. Seu sangue "grita mais forte que o sangue de Abel" (Hb 12,24) e não por vingança, mas por reconciliação. Desta maneira a morte de cruz por sua essência interna remete para a ressurreição (→ Mistério pascal, II). Ressurreição de *um* e de *todos.* Jesus deu sua única vida para que nós, homens, possamos ter a vida e em plenitude (Jo 10,10.17). Se o *existir* (*Dasein*) do homem, como dizia a ascese de outrora, é uma *continua mortificatio*, ou, expresso de modo mais moderno, é uma "experiência de morte em doses pequenas", então esta estrutura do ser humano é o motivo decisivo para o consequente e solidário amor ao próximo, amor que traz consigo múltiplos conflitos, compromissos, renúncias e, em certas circunstâncias, como as presentes não raramente hoje na América Latina e em outros lugares do mundo, traz consigo a oferta da vida. A cruz de Cristo planta na história do mundo a bandeira da solidariedade universal. "Ele estendeu seus braços na cruz, para abraçar os confins do universo" (Cirilo de Jerusalém, *XIII Catequese* 28; PG 33,805).

– *Reflexão conclusiva de Teologia Fundamental.* A fé na cruz, em sua paradoxalidade, representa uma enorme e insuperável exigência para a capacidade de crer do homem, tanto que pode aparecer como um extremo argumento contra a credibilidade do Evangelho, e até deve assim parecer, no início. Estudamos a fundo este problema e procuramos mostrar que a cruz é um argumento para a revelação cristã; mais ainda, talvez seja o argumento.

A autocompreensão mais profunda do homem e sua relação com o mundo, no compromisso pela justiça, a liberdade e a paz, encontram seu fundamento e estímulo em nada menos do que no Deus do crucificado. Seguramente, há que dizer-se que também a religião, o cristianismo, a Igreja e a teologia não estão imunes à ideologização e a fazer de si mesmos um ídolo; sua perversão é, assim, a coisa mais grave possível (*corruptio optimi pessima*; cf. as guerras de religião). Todavia, nenhum elemento divino das religiões do homem opõe-se a uma sua possível exploração com a finalidade de autolegitimação de uma Igreja como fim para si mesma ou de qualquer posição de poder, tanto quanto o Deus do amor crucificado. Ele não é o Deus da festa que, de modo triunfal, se alteia em esplendor e glória por cima do mundo. Ele é o Deus da vida diária e de seus pequenos e às vezes grandes sofrimentos e alegrias. Por isto, podemos concordar com a teóloga D. Solle, quando diz: "A mais precisa interpretação da existência humana é... a cruz de Cristo. Também esta frase contém em si a pretensão de absoluto do cristianismo e, contudo, contém-na não a propondo nem a exigindo mais de modo autoritário". (*Atheistisch an Gott glauben*, Ölten, 1969, 88).

Para a metodologia que diz respeito à Teologia Fundamental, resulta daí o seguinte: permanecem irrenunciáveis os critérios "externos" de credibilidade dos milagres operados por Jesus e em cujo ápice se coloca a experiência da ressurreição, em que se atesta que Jesus está vivo. Contudo, deve-se atribuir um significado mais relevante do que se fazia anteriormente, tanto em nível de princípio (cf. DS 3016) quanto em nível prático, à verdade *interna* do Evangelho, isto é, àquela verdade que Jesus não só comunicou com palavras, mas da qual deu testemunho de maneira exemplar e pela qual morreu. Por isso, o destino de sua morte, sofrida por nós, homens, é um exemplo. Ou melhor: não é, talvez, o exemplo?

Bibl. – G.W. Leibniz, *Essais de théodicée sur la bonté de Dieu, la liberté de l'homme et l'origine du mal*, Amsterdam 1710; H. Schlier, *Mächte und Gewalten im Neuen Testament*, Friburgo 1958; K. Jaspers, *Kleine Schule des philosophischen Denkens*, Munique 1965; W. Kern, "Teodiceia: cosmodiceia através de Cristo", em *MystSal* III/8, 37-69; Id., "Schöpfung bei Hegel", em ThQ 162 (1982) 131-146; Id., "Gesú Cristo nella filosofia della religione di Hegel", em *I filosofi e Cristo*, Trento 1990; Id., *Atheismus-Marxismus-Christentum*, Innsbruck 1979; Id., "Das Kreuz Jesu als Offenbarung Gottes", em HFTh II, 197-222; D. Delling, *Der Kreuzestod Jesu in der urchristlichen Verkündigung*, Berlim 1971; J. Moltmann, *Il Dio crocifisso*, Brescia 1973; D. Arendt (ed.), *Der Nihilismus als Phänomen der Geistesgeschichte*, Düsseldorf 1974; H. Schürmann, *Jesu ureigener Tod*, Friburgo 1975; Id., *Gottes Reich – Jesu Geschick*, Friburgo 1983; J. Choron, *Der Tod im abendländischen Denken*, Stuttgart 1976; A. Paus (ed.), *Grenzerfahrung Tod*, Graz 1976; M. Hengel, "Mors turpissima crucis", em J. Friedrich (ed.), *Rechtfertigung*, Tübingen-Göttingen 1976, 125-184; Id., "Der stellvertretende Sühnetod Jesu", em *Comm* 9 (1980) 1-25, 135-147; M.L. Gubler, *Die frühesten Deutungen des Todes Jesu*, Friburgo-Göttingen 1977; M. Riedel, "Nihilismus", em *Geschichtliche Grundbegriffe*, IV (1978) 371-411; B. Gherardini, *Theologie crucis*, Roma 1978; E. Jüngel, *Tod*, Stuttgart 1979; S. Scherer, *Das Problem des Todes in der Philosophie*, Düsseldorf 1979; C. Andresen-G. Klein (ed.), *Theologia crucis – Signum crucis*, Göttingen 1979; J. Baur, "Weisheit und Kreuz", em *Zugang zur Theologie*, em honra de W. Joest, Göttingen 1979, 33-52; W. Weier, *Nihilismus. Geschichte, System, Kritik*, Paderborn 1980; P. Ariès, *Geschichte des Todes*, Munique 1980; *Im Angesicht des Todes leben* (Quellenband 6 = CGG 36), Friburgo 1983; H. Weder, *Das Kreuz Jesu bei Paulus*, Göttingen 1981; H. Ebeling (ed.), *Der Tod in der Moderne*, Frankfurt 1984; W. Beinert (ed.), *Einübung ins Leben – der Tod*, Regensburg 1986; I. Levan-Stefanovich, *The event of death, a phenomenological enquiry*, Leiden 1987.

WALTER KERN

II. Ressurreição

O cristianismo se mantém de pé ou tomba sobre a fé no fato de que Deus foi revelado de maneira definitiva na pessoa e na história de Jesus Cristo. O clímax desta manifestação foi atingido, segundo a constituição dogmática sobre a revelação divina do Vaticano II (*Dei Verbum* 4), com a morte e a gloriosa ressurreição de Cristo, seguida pelo envio do Espírito Santo.

A ressurreição de Jesus crucificado é o ato decisivo que não somente revelou de modo definitivo e insuperável o Deus tripessoal, mas também inaugurou a conclusão da história e a plenitude de nossa salvação. Imediatamente depois de haver reconhecido que o definitivo momento culminante da divina autorrevelação aconteceu com a primeira Páscoa e o primeiro Pentecostes, a DV indica logo o significado salvífico desta autocomunicação divina: "Ele (Cristo) revelou que Deus estava conosco, para libertar-nos das trevas do pecado e da morte e para ressuscitar-nos para a vida eterna" (DV 4).

Nesta altura, a Teologia Fundamental deveria levar em consideração pelo menos quatro problemas principais: Que entendiam os primeiros cristãos com sua afirmação sobre a ressurreição de Jesus? Como chegaram a saber e a crer nele como ressuscitado dos mortos? De que maneira a ressurreição de Jesus crucificado levou à definitiva autorrevelação do Deus tripessoal? Como podemos legitimar hoje a fé pascal?

1. A AFIRMAÇÃO – A evidência que vem da tradição querigmática citada por Paulo (1Cor 15,3b-5), das fórmulas pré-paulinas sobre Deus (o Pai) que ressuscita Jesus dos mortos (Gl 1,1; 1Ts 1,9-10), das primeiras fórmulas contidas nos discursos de Pedro no começo dos Atos (At 2,22-24.32-33.36) e de outro ma-

terial da tradição citado por vários autores neotestamentários (Lc 24,34), demonstra que a afirmação sobre a ressurreição de Jesus dos mortos remonta às origens do movimento cristão. Como é, então, possível resumir o conteúdo principal daquela afirmação que vem dos anos 30 a 50, isto é, dos dois decênios cruciais antes que Paulo e, em seguida, os outros autores neotestamentários começassem a escrever suas obras?

Fundamentalmente, os primeiros cristãos sustentavam que Jesus foi ressuscitado para a vida pelo poder divino. A tradição pré-paulina falava de Deus que ressuscitou Jesus (ou seu Filho) dos mortos (Rm 10,9; 1Ts 1,10) ou, em outros lugares, falou de Jesus "que foi ressuscitado" (p. ex., 1Cor 15,4; Mc 16,6), o que implica que isto acontecera "pelo poder divino". A afirmação *principal* não foi que a causa de Jesus continuava, ou que os discípulos haviam sido "ressuscitados" para uma nova consciência e para a vida de fé (quando chegaram a constatar que Jesus tinha razão, no tocante a Deus), mas que Jesus crucificado fora pessoalmente levado da condição de morte para a de uma vida nova e eterna. Naturalmente, as fórmulas pré-paulinas reconheciam que a ressurreição de Jesus acontecera com o fim de transformar-nos e "justificar-nos" diante de Deus (Rm 4,25). Não obstante isto, em primeiro lugar a afirmação da ressurreição se referia ao que havia acontecido a Jesus mesmo.

É claro que os primeiros cristãos não apresentavam a ressurreição de Jesus como o mero e simples ressuscitar de um cadáver – aquele simples retorno à vida, esperado em 2Mc 7 – contido na ressurreição da filha de Jairo (Mc 5,35-43), ou entrevisto no medo de Herodes diante de um retorno de João Batista à vida (Mc 6,16). Usando um modelo espacial "vertical" de "em cima e embaixo" (preferivelmente ao modelo mais "horizontal" ou temporal do querigma de Cristo como crucificado, sepultado, ressuscitado no terceiro dia e aparecido a algumas pessoas e grupos), os primeiros cristãos falaram, ou melhor, cantaram hinos a Jesus como "elevado" ou "assumido" na glória de Deus (Fl 2,6-11; 1Tm 3,16). Esta linguagem litúrgica e poética de exaltação, citada pela tradição pré-paulina, indica que os primeiros cristãos pensavam a ressurreição de Cristo como sua gloriosa e final transformação. Longe de ser uma simples reanimação, sua ressurreição foi entendida como o ter antecipado a universal e gloriosa ressurreição, esperada pela literatura apocalíptica (Is 26,7-21; Dn 12,1-4) e que acontecerá no fim da história.

Paulo e outros escritores neotestamentários seguiram esta primitiva tradição de ambos os modos. Apresentaram a ressurreição de Jesus como sendo sua transformação gloriosa e definitiva (p. ex., 1Cor 15,20-58; Lc 24,26; At 13,34; 1Pd 1,11). Em segundo lugar, sabiam que a ressurreição de Jesus era o início da ressurreição final e universal (1Cor 15,20; Cl 1,18).

Até aqui indiquei as afirmações originais e essenciais sobre o fato e sobre a natureza da ressurreição de Jesus dos mortos. Passemos agora ao problema: Como os primeiros cristãos chegaram a saber que este acontecimento ocorreu?

2. AS ORIGENS DA FÉ PASCAL – Durante seu ministério, Jesus associou o domínio presente e futuro de Deus com sua pessoa e atividade (Mc 1,15; Mt 6,10; 8,11; 12,28; Lc 12,8-9; 17,20-21). Anunciando o Reino de Deus, demonstrou um notável senso de autoridade pessoal, mudando, por sua autoridade, a lei divina (Mc 10,9; Mt 5,21-48). Agiu com surpreendente segurança de si, quando descartou várias interpretações do descanso sabático (Mc 3,1-5) e proclamou o direito de decidir o que deve ser feito ou não naquele dia sagrado (Mc 2,28). Além disso, Jesus exerceu sua extraordinária autoridade de um modo profundamente amoroso, identificando-se a si mesmo com a preocupação divina de perdoar e salvar para sempre os homens pecadores (Mc 2,15-17; Lc 7,48; 15,11-32; 19,1-10). Assim como entendia sua palavra como idêntica à de Deus, da mesma forma considerava idênticas sua presença e a salvação de Deus.

Cabe acrescentar ainda *a.* sua singular consciência filial (Mt 11,27) em relação a Deus, a quem se dirigia com surpreendente intimidade, chamando-o de → "Abba" (Mc 14,36), e *b.* o senso de sua missão messiânica, que levou a sua crucifixão (pelo menos em parte), com a acusação de pretensa messianidade (Mc 15,26 → Messianismo).

Sua morte por crucifixão, depois da condenação por parte da autoridade tanto religiosa como política, pareceu selar como falsa a afirmação de Jesus de que em sua pessoa e em sua atividade haviam chegado definitivamente a salvação e a revelação divina. Ele morreu aparentemente abandonado (Mc 15,34) e até amaldiçoado por Deus (Gl 3,13; 1Cor 1,23). Alguns estudiosos sustentaram que os judeus na época de Jesus não pensavam que a morte por crucifixão significasse ser a vítima amaldiçoada por Deus. Mas, desde Paulo e Qumrân (Rolo do Templo 64,12), é evidente que, sendo esta "a mais infame das mortes" (Flávio Josefo), à diferença da decapitação de João Batista e dos modos de execução sofridos por outros profetas martirizados (Lc 13,34; Mt 23,35), ela significava o abandono da parte de Deus.

Que podemos razoavelmente sustentar sobre a situação dos discípulos de Jesus, após sua crucificação e sepultamento? Parece que, durante seu ministério, o reconheceram até certo ponto como Messias (Mc 8,27-30), mas que não conseguiam aceitar seu destino doloroso como Filho do Homem (Mc 8,31-33; 9,32; 10,35-45). Os discípulos homens que haviam ficado com Jesus no momento de sua prisão fugiram e Pedro o negou. Condenado e crucificado como blasfemo e falso Messias, Jesus morreu – como já dissemos – aparentemente abandonado e amaldiçoado por aquele Deus que Ele havia chamado de "Pai amado". O testemunho que temos dos evangelhos (Lc 24,13-24) concorda com o que esperaríamos: que o calvário causou nos discípulos uma profunda crise teológica e quebrou sua fé em Jesus e no Deus em nome do qual este tinha agido.

Alguns escritores defenderam um substancial grau de continuidade entre a fé pré-pascal e pós-pascal dos discípulos. Esta hipótese sustenta que os discípulos passaram pela crise do calvário, orando e refletindo, e chegaram à conclusão de que Jesus tinha razão no tocante a Deus e que agora devia estar vivo com seu Pai. Para chegar a sua fé na ressurreição, os discípulos foram substancialmente ajudados pelas crenças gerais dos judeus sobre a reabilitação divina da vida dos profetas escatológicos martirizados e talvez por ensinamentos específicos que Jesus havia ministrado sobre sua reabilitação depois da morte, por exemplo, quando falou do reino (Mc 14,25) e do Filho do Homem (Mc 9,31; cf. 8,31; 10,33-34). Desta maneira, alguns sustentaram que as aparições do Senhor ressuscitado e a descoberta de seu túmulo vazio não eram de modo algum necessárias para suscitar a fé pascal dos discípulos. Talvez as "aparições" não tenham sido nada mais do que um modo de exprimir a crise psicológica acontecida, quando, finalmente, os discípulos descobriram a verdade real sobre Jesus e concluíram que Ele devia estar vivo e com Deus.

Tal hipótese sobre uma substancial continuidade entre a fé pré-pascal e pós-pascal dos discípulos não se sustenta, por vários motivos. Primeiro, a tradição pré-paulina confirma que eles acreditavam que Jesus ressuscitado não era só um profeta reabilitado, mas o Messias (1Cor 15,3b). As expectativas messiânicas veterotestamentárias incluíam muitos elementos régios, sacerdotais, proféticos e escatológicos. Mas não existe evidência efetiva de que os judeus esperassem um Messias que seria morto, nem muito menos um Messias morto e depois ressuscitado dos mortos. Ainda mais impensável e absurda teria sido a ideia da ressurreição de um Messias crucificado. E, no entanto, era isto que os primeiros cristãos proclamavam. Suas crenças hebraicas anteriores não têm condições de explicar tal afirmação absolutamente nova.

Em segundo lugar, como com acerto enfatizaram W. Pannenberg e outros, a proclamação cristã da ressurreição gloriosa e final de uma só pessoa (Jesus) foi também algo de excepcionalmente novo. Naquela época, a expectativa de uma ressurreição geral no fim da história era sustentada por muitos judeus. A pregação de Jesus pressupunha tal ressurreição geral (p. ex., Mt 8,11; Lc 11,32) e pelo menos uma vez Ele discutiu sobre sua natureza (Mc 12,18-27). Para seu grupo mais restrito de seguidores, deve ter anunciado sua reabilitação através da ressurreição (Mc 9,31), mas nem aquela previsão da paixão nem as outras duas (Mc 8,31; 10,33-34) especificam a natureza de sua morte violenta (crucifixão) nem a natureza gloriosa e escatológica de sua ressurreição. Por isso, os discípulos, nem por suas crenças judaicas nem pelo próprio Jesus, teriam podido deduzir o que começaram a proclamar: a ressurreição gloriosa e final de uma pessoa (Jesus), antecipação de uma futura ressurreição geral.

Em terceiro lugar, interpretar as *aparições* pascais simplesmente como a chegada definitiva dos discípulos à verdade sobre Cristo não corresponde ao que as testemunhas neotestamentárias indicam sobre as aparições. Por estas e outras razões, a tese de uma passagem relativamente suave dos discípulos de sua fé antes da crucifixão para o anúncio pós-pascal não corresponde à evidência.

Podemos também deixar de lado a afirmação, ainda hoje apresentada ocasionalmente, de que os discípulos haviam sido preparados para falar da ressurreição de Jesus pelos relatos ouvidos sobre as divindades mortas e ressuscitadas. É desde os tempos de Celso, adversário do cristianismo do século II, que se havia sustentado que depois da morte de Jesus seus discípulos haviam simplesmente aplicado a seu Mestre morto o modelo de divindades como Dioniso, Ísis e Osíris, que se pensava ressurgissem a cada primavera, reencarnando a nova vida e a fecundidade que segue à morte e à decomposição do inverno. Não é difícil encontrar as diferenças entre estes relatos e o caso de Jesus. Ao contrário de Jesus (que os discípulos haviam conhecido em pessoa), não existe motivo para pensar que alguma destas divindades do mundo vegetal tenha algum dia existido. Em segundo lugar, os discípulos proclamavam que Jesus tinha ressuscitado dos mortos uma vez por todas e não que voltava a cada ano do mundo subterrâneo, quando a natureza passava do inverno para a primavera. Em terceiro lugar, teria sido extremamente difícil para os discípulos inspirarem-se no modelo das divindades do mundo vegetal. Na Palestina do século I não existem praticamente vestígios de qualquer culto de divindades que morrem e ressuscitam. Por estas e outras razões, é claro que crenças anteriores em deuses que morrem e ressuscitam não levaram os discípulos a começar a afirmar a ressurreição de Jesus.

Ficamos, pois, com dois pontos catalisadores da fé pascal, apresentados pelo NT: antes de tudo, o encontro dos discípulos com o Senhor ressuscitado; além disso, o sinal negativo e confirmativo de seu túmulo vazio.

À diferença do evangelho apócrifo de Pedro (9,35; 11,45), do século II, nossas fontes neotestamentárias nunca afirmam que alguém tenha sido testemunha do acontecimento real da ressurreição de Jesus. Pelo contrário, a tradição pré-paulina (1Cor 15,3b-5), Paulo (1Cor 15,6-8), os quatro evangelhos e as tradições das quais hauriram os autores dos evangelhos (Lc 24,34), atestam que o Jesus ressuscitado e vivo apareceu a algumas pessoas e a grupos, sobretudo a "os doze" ou "os onze", como Lc 24,33 denomina, com maior precisão, o grupo, após a defecção de Judas. Estas fontes divergem quanto aos lugares em que aconteceram as aparições (Galileia? Dentro de Jerusalém e em suas redondezas?) ou em alguns casos não mencionam lugar algum (1Cor 15,5-8). As fontes diferem nos seguintes pontos: *a.* se foi Pedro (1Cor 15,5; Lc 24,34) ou Maria Madalena (Mt 28,9-10; Jo 20,11-18) a primeira pessoa a ver Jesus ressuscitado; *b.* o que pode ter sido dito durante aqueles encontros (Mt 28,16-20; Lc 24,36-49; Jo 20,19-23). Destas várias fontes temos uma atestação múltipla de aparições a indivíduos (como Maria Madalena, Pedro e Paulo) e a grupos, em particular a "os onze". Estas aparições foram o modo principal graças ao qual os discípulos chegaram a saber que Jesus ressuscitara dos mortos.

Como eram essas aparições? Através de Paulo, dos evangelhos e de outras fontes, são evidentes as seguintes conclusões. As aparições *a)* não aconteciam a observadores neutros; eram *b)* acontecimentos da revelação que manifestavam *c)* o significado escatológico e *d)* cristológico de Cristo e *e)* chamavam os destinatários a uma missão especial, *f)* graças a uma experiência única e *g)* não só interior, mas que abrangia alguma percepção externa e visível.

Quanto a *a)*, contrariamente à situação durante seu ministério terrestre, o Jesus ressuscitado não apareceu a inimigos ou a estranhos. Todos aqueles aos quais apareceu eram, ou pelo menos se tornaram, crentes graças a esta experiência. A única exceção (parcial) a esta generalização encontra-se na versão de Lucas do encontro de Paulo na estrada para Damasco. Em dois dos três relatos os companheiros do apóstolo ouvem a voz (At 9,7) ou veem a luz do céu (At 22,9), mas em nenhuma das duas ocasiões estes veem o próprio Jesus ou se comunicam com Ele. Agem não como testemunhas diretas da Páscoa, mas como testemunhas externas da dramática experiência de Paulo.

Paulo atesta a natureza reveladora *b)* de seu encontro com Jesus ressuscitado (Gl 1,12-16), que se manifestou a si mesmo *c)* como alguém que já está vivendo a vida definitiva do fim dos tempos (1Cor 15,20.23.45) e *d)* como Cristo e como filho de Deus (1Cor 15,3b-5; Gl 1,12.16). Durante as aparições e através delas, Cristo ressuscitado *e)* chamou e enviou Paulo (1Cor 9,1; Gl 1,11-17) e os apóstolos (p. ex., Mt 28,16-20) a sua missão. Alguns esforçam-se por interpretar as aparições depois da ressurreição simplesmente como os primeiros exemplos de experiências possíveis a todos os cristãos subsequentes. Mas o NT atesta *f)* o caráter irrepetível das aparições (Jo 20,29; 1Pd 1,8), que cessaram com o chamado de Paulo (1Cor 15,8). O caráter especial das aparições ao grupo apostólico correspondia a sua missão definitiva de testemunhar que o Cristo ressuscitado era e é pessoalmente idêntico ao Jesus terreno e à missão de fundar a Igreja, através de sua mensagem pascal. Para fazer isto, não se baseavam no testemunho de outros; eles mesmos tinham visto o Cristo ressuscitado e crido nele. Finalmente, *g)* ao contrário das experiências dos profetas maiores do AT, os encontros depois da ressurreição não consistiam principalmente no problema de ouvir (a palavra divina), mas de ver o Cristo ressuscitado. As aparições eram principalmente visuais (1Cor 9,1; 15,5-8; Mc 16,7; Mt 28,17; Jo 20,18), mais do que auditivas.

A ressurreição de Jesus foi confirmada pela descoberta de seu túmulo vazio (Mc 16,1-8; Jo 20,1-2). Também no NT o túmulo vazio não constitui prova clara da ressurreição. A ausência do corpo de Jesus poderia ser explicada supondo que tivesse sido roubado ou até apenas transportado a outro lugar (Mt 28,11-15; Jo 20,2.13.15). Mas, uma vez apresentado o principal sinal positivo (as aparições de Jesus ressuscitado), o sinal secundário e negativo de sua sepultura aberta e vazia confirmou a realidade de sua ressurreição.

Alguns afirmaram que Mc 16,1-8 e os relatos posteriores do túmulo vazio não fornecem nem pretendem fornecer nenhuma informação real sobre a situação do túmulo de Jesus. Não passavam de modos simples e fantasiosos para anunciar a fé da Igreja na ressurreição, completamente derivados da declaração principal da ressurreição e das aparições subsequentes do Jesus crucificado (1Cor 15,3-8). Acha-se que esta lendária elaboração se formou durante os dez ou quinze anos decorridos entre o sóbrio relato de Paulo das aparições (1Cor 15,5-8) e a redação do Evangelho de Marcos. Todavia, uma exegese atenta das duas tradições (sobre as aparições e sobre o túmulo vazio) revela diferenças tais que é difícil dizer que a primeira tradição tenha dado origem à segunda. Elementos importantes de 1Cor 15,3b-8 não voltam de maneira tão simples em Mc 16,1-8, ao passo que o relato de Marcos contém alguns pontos importantes dos quais 1Cor 15,3b-8 não sabe absolutamente nada. As tradições da aparição e a descrição do túmulo vazio são independentes e têm origens independentes. Mas será que o relato do túmulo vazio é historicamente confiável?

Por sua credibilidade fundamental, a narração do túmulo vazio pode ser considerada um fato razoável. Tanto a tradição que está por trás de Marcos quanto a que entrou no Evangelho de João atestam que uma (Maria Madalena) ou mais mulheres encontraram o sepulcro de Jesus descoberto e o corpo ausente. Uma primeira polêmica contra o anúncio da ressurreição de Jesus supôs que se sabia que o túmulo já estava vazio. Naturalmente, os adversários do movimento cristão liquidavam o fato do corpo ausente como um evidente caso de furto (Mt 28,11-15). O objeto da disputa não era o fato de o túmulo estar vazio, mas o motivo pelo qual estava vazio. Não possuímos nenhuma prova de que nos primeiros tempos alguém, cristão ou não, tivesse jamais sustentado que o túmulo de Jesus contivesse ainda seus despojos.

Além disso, o lugar central das mulheres nos relatos do túmulo vazio constitui prova de sua confiabilidade. Se estas descrições tivessem sido apenas lendas, criadas pelos primeiros cristãos, eles teriam atribuído a descoberta do túmulo vazio a discípulos homens e não a mulheres. Na Palestina do século I, as mulheres, como testemunhas qualificadas, estavam praticamente desqualificadas. A coisa mais natural para todo aquele que tivesse querido construir uma lenda sobre o túmulo vazio teria sido atribuir a descoberta a homens, não a mulheres. Os fabricantes de lendas não costumam inventar material que seja claramente um obstáculo.

Em suma, aceitar o fato do túmulo vazio confere maior coerência aos dados em nosso poder. A sepultura de Jesus vazia confirmava o que os primeiros cristãos tinham sabido das testemunhas das aparições (Lc 24,34; Jo 20,18).

Nesta parte, esbocei o tipo de resposta que se deveria dar à pergunta: Como é que os primeiros cristãos chegaram a saber da ressurreição de Jesus? Poderíamos acrescentar muito mais: por exemplo, para refutar a declaração feita pela primeira vez por Celso, no século II, segundo o qual as testemunhas das aparições eram gente alucinada. Seria preciso estudar concretamente e com mais detalhes a natureza e o objetivo das aparições após a ressurreição. Também seria necessário examinar de que maneira as experiências posteriores (p. ex., do Espírito Santo e do sucesso de sua missão) confirmaram a fé pascal dos discípulos, que originariamente era fruto das aparições do Jesus ressuscitado e da descoberta do túmulo vazio. Aquela fé foi também confirmada pela nova compreensão que passaram a ter do ponto central e do escopo das Escrituras e da história hebraica. A ressurreição de Jesus crucificado deu a sua religião um senso de convergência e de conclusão.

Mas é hora de ampliar o ensinamento da DV, segundo a qual a ressurreição de Jesus, de que os primeiros cristãos foram testemunhas, foi o clímax definitivo da autorrevelação de Deus. Em outras palavras, passemos do *evento* da ressurreição (e da credibilidade dos sinais, que a revelam como as aparições) para o próprio *mistério* pascal, a plenitude da autocomunicação do Deus tripessoal. Isto é um passar da história (e dos problemas acessíveis aos críticos históricos) para a escatologia e para a revelação de Deus, que se aproxima de nós naquele futuro definitivo já inaugurado pela ressurreição de Jesus dos mortos.

3. A REVELAÇÃO PASCAL – Se corretamente interpretada, a ressurreição de Jesus crucificado é *a* verdade sobre Deus da qual segue todo o resto. Paulo entende a ressurreição de Jesus (juntamente com a nossa) como a via cristã específica de apresentar Deus. Errar no tocante à ressurreição é falsear Deus de modo essencial; com efeito, Paulo define Deus como o Deus da ressurreição (1Cor 15,15). O que o apóstolo diz aqui de modo negativo, pode ser colocado na mesma linha daquilo que ele muitas vezes escreve afirmativamente sobre o Deus que ressuscitou Jesus e nos fará ressuscitar com Ele (Rm 8,11; 1Cor 6,14; 2Cor 4,14; Gl 1,1; 1Ts 1,9-10; 4,14). Tanto positiva como negativamente, Paulo define o Deus revelado e adorado pelos cristãos como o Deus da ressurreição.

Da revelação deste mistério pascal seguem todas as outras realidades da fé. As outras verdades não fazem outra coisa senão explicar o que está implícito na ressurreição de Jesus crucificado.

A cruz é obviamente o grande sinal e a característica do cristianismo. Paulo resume seu Evangelho no Cristo crucificado (1Cor 1,18-24). Não obstante isto, ele não sustenta: "Se Cristo não tivesse sido crucificado, vossa fé seria vã". Muito menos diz: "Se Cristo não tivesse sido crucificado, nós seríamos considerados falseadores de Deus". A crucificação, sem sua continuação na ressurreição, não revelaria Deus, não realizaria nossa salvação e não levaria à existência da Igreja. O prefácio da segunda oração eucarística não para nas palavras "por amor a nós, Ele estendeu os braços na cruz", mas continua "Ele destruiu a morte e proclamou a ressurreição". Revelando a ressurreição – isto é, revelando a si mesmo como ressuscitado dos mortos – Cristo, assim se pode dizer, revelou tudo. A autorrevelação de Deus atingiu seu ápice no domingo de Páscoa e na vinda do Espírito Santo. Este ensinamento da DV precisa ser ampliado em pelo menos um pequeno detalhe.

A ressurreição revelou e iluminou a relação de Cristo com o Deus por Ele chamado "Abba, Pai amado". Tornou evidente que a vida de Jesus foi a vida humana do Filho de Deus. Com sua ressurreição dos mortos, Cristo foi dado a conhecer como "Filho de Deus" (Rm 1,3-4). Daí que, para Paulo, encontrar-se com Jesus ressuscitado foi receber uma revelação especial, pessoal, do Filho, que fez de Paulo o grande missionário das gentes (Gl 1,16).

Um outro título-chave, vindo da primeira Cristandade, "Senhor", expressou a revelação pascal de que Cristo verdadeiramente compartilhou a majestade e o ser divinos. A Epístola aos Romanos cita uma fórmula pré-paulina que associava a salvação à confissão do senhorio e da ressurreição de Jesus: "Se confessares com tua boca que Jesus é o Senhor e creres com teu coração que Deus o ressuscitou dos mortos, serás salvo" (Rm 10,9). Na Epístola aos Filipenses, Paulo citou e adaptou um antigo hino cristão, que convidava o universo inteiro a adorar como Senhor divino o Jesus exaltado: "humilhou-se a si mesmo, tornando-se obediente até a morte e morte de cruz. Por isto, Deus o exaltou e lhe deu o nome que está acima de todo outro nome; para que em nome de Jesus todo joelho se dobre nos céus, na terra e debaixo da terra; e toda língua proclame que Jesus Cristo é o Senhor, para glória de Deus Pai" (Fl 2,8-11).

Os relatos pascais dos evangelhos apresentam de forma narrativa o convite a adorar o Jesus ressuscitado, agora revelado em seu poder e identidade divinos. No último capítulo de Mateus, Maria Madalena e a outra Maria deixam o túmulo, encontram Jesus e o "adoram" (28,9). Da mesma forma, os onze discípulos dirigem-se para o encontro na montanha da Galileia e, ao verem-no, "adoram" Jesus (Mt 28,17). Segundo o último Evangelho, é somente na situação pascal que cada um reconhece Jesus nos termos usados por Tomé: "Meu Senhor, meu Deus" (Jo 20,28). É necessária a ressurreição para revelar plenamente que Jesus devia ser reconhecido e adorado como Senhor divino.

A essência da fé cristã comporta a aceitação da boa notícia de que o Filho de Deus, encarnado e crucificado, ressuscitou dos mortos pelo poder do Espírito. É assim que a doutrina da Trindade manifesta e sintetiza a autorrevelação de Deus, comunicada através da ressurreição de Cristo (entendida à luz dos "precedentes" mistérios da criação, do chamado do povo hebraico, da encarnação e crucifixão e dos mistérios "posteriores" do Pentecostes e do éschaton).

Marcos recorda um tipo de manifestação da Trindade no batismo de Jesus. O Espírito desceu "sobre Ele como uma pomba. E ouviu-se uma voz do céu: 'Tu és meu Filho predileto, em ti coloquei minha complacência'" (Mc 1,10-11 par.). Na ressurreição, o Deus tripessoal não "aparece" de nenhuma maneira similar, e, no entanto, foi revelado. Vejamos alguma particularidade.

As fórmulas pré-paulinas apresentavam "Deus" (Rm 10,9) ou "Deus Pai" (Gl 1,1) que tinha ressuscitado Jesus dos mortos. A adoração de Jesus como divino Senhor, depois da ascensão, realiza-se "para glória de Deus Pai" (Fl 2,11), enquanto o Espírito Santo dá a homens e mulheres a possibilidade de aclamar Jesus como Senhor divino (1Cor 12,3).

Uma vez que Paulo não distingue de modo pleno e claro o Cristo ressuscitado do → Espírito Santo (cf. 2Cor 3,17; Rm 8,9-11), em nenhuma passagem diz que Cristo mandou ou manda o Espírito. Lucas, e mais ainda João, fazem uma distinção mais clara entre o Cristo ressuscitado e o Espírito. Por isto, podem falar do Cristo ressuscitado que envia o Espírito como o dom prometido pelo Pai (Lc 24,49) ou "soprando" sobre os discípulos para dar-lhes o Espírito Santo (Jo 20,22).

Os cristãos do século I entendiam nestes termos trinitários os eventos da Sexta-feira Santa e do domingo de Páscoa. Nestes eventos, experimentavam a revelação definitiva de Deus. Esta revelação continha três coisas, como reconhece enfaticamente o discurso de Pedro em Pentecostes: "Este Jesus, Deus o ressuscitou e todos nós somos testemunhas disto. Elevado, portanto, à direita de Deus e tendo recebido do Pai o Espírito Santo que Ele havia prometido, derramou-o, como vós mesmos podeis ver e ouvir" (At 2,32-33).

Sem dúvida, deveríamos prestar atenção aqui para não sermos anacrônicos. Os cristãos tiveram que enfrentar problemas durante vários séculos, antes de chegar a um ensinamento exato sobre a divindade de Cristo e sobre a identidade pessoal do Espírito Santo. Apesar disso, no início do cristianismo encontramos uma clara ideia de que o Pai, o Filho e o Espírito Santo foram revelados como operantes em nossa história humana, sobretudo nos acontecimentos da Sexta-feira Santa, no domingo de Páscoa e nos fatos subsequentes.

Até agora vimos de que maneira a ressurreição de Jesus crucificado esclareceu definitivamente o mistério de Deus. Poderíamos refletir sobre os modos como a Páscoa comunicou ou pelo menos iluminou plenamente outras verdades reveladas, como a criação do mundo, a fundação da Igreja e sua vida sacramental. O que entrou, tanto no início quanto mais tarde, no credo niceno, pode ser visto corretamente como a introdução e a explicação do sentido pleno da verdade central: "Ele ressuscitou".

Em resumo, a Teologia Fundamental tem a tarefa de ilustrar como o mistério pascal é o momento culminante e a plenitude da autorrevelação de Deus. Ao fazer isto, os teólogos fundamentais partem das origens do cristianismo, que teve início com a proclamação da ressurreição de Jesus crucificado por parte das testemunhas da Páscoa. Os primeiros cristãos sabiam que tinham sido batizados no mistério pascal (Rm 6,3-11). A Eucaristia celebrava a morte do Senhor ressuscitado, na expectativa do seu advento final (1Cor 11,23-26). Está em harmonia com tudo isto entender a ressurreição como o centro focal e catalisador da automanifestação divina, exposta e expressa em nossos diversos artigos de fé.

Este nosso modo de tratar a ressurreição de Cristo seguiu o curso típico da Teologia Fundamental, passando de considerações históricas e apologéticas (pontos 1 e 2) a reflexões dogmáticas (ponto 3). Resta-nos ainda tratar um tema importante: Por que crer hoje em Jesus ressuscitado?

4. JUSTIFICAR A FÉ PASCAL – É um ato racional e responsável crer em Jesus Cristo como verdadeiramente ressuscitado dos mortos? Tal fé pode ser justificada racionalmente?

Nesta discussão sobre a fé pascal, muitas vezes influíram dois fatores. Alguns têm sustentado (erroneamente) que a razão histórica e, na realidade, todo uso de nossa razão humana, nunca pode legitimar nem contribuir para legitimar a fé (→ Razão-fé). Assim fazendo, reduziríamos a fé a uma elaboração de nossa inteligência e negaríamos que é um dom gratuito de Deus, a ser aceito com liberdade. Mas esta nobre opção "fideísta" ignora o fato de que Deus trabalha através de nossa inteligência para dar credibilidade à decisão de fé. A graça divina e a razão humana são, ou pelo menos podem ser, forças que colaboram, mais do que se opõem.

Uma segunda dificuldade vem do lado oposto, dos que não desejam libertar a fé da história. Examinam e avaliam as provas das aparições de Jesus ressuscitado, a descoberta do túmulo vazio, o desenvolvimento dinâmico do cristianismo e outros pontos de relevante evidência histórica em favor da verdade sobre a ressurreição de Jesus. De qualquer forma, sua dificuldade não poderá desaparecer com facilidade: De que maneira as conclusões prováveis ou até muito prováveis de tal investigação histórica podem justificar a decisão certa e incondicionada de fé? Uma resposta simples é de que, *por si mesmas*, as conclusões históricas são incapazes de convalidar tal decisão. Mas, conforme veremos, os sinais convergentes, que justificam a fé pascal, incluem os sem dúvida relevantes dados históricos do século I, mas não se limitam a eles.

Um enfoque exclusivamente histórico do problema da ressurreição de Jesus corre o risco de esquecer que este é mais do que um problema do passado, digno de ser investigado e afirmado (ou rejeitado) para a própria satisfação intelectual. Aceitar a verdade da ressurreição e crer em Jesus ressuscitado é muito mais do que um exercício puramente mental sobre fatos e declarações do passado. A fé pascal ultrapassa a aceitação do depoimento das testemunhas pascais e a profissão ("ressuscitou no terceiro dia") para convidar ao compromisso ("cremos num só Senhor, Jesus Cristo") e à confiança ("aguardamos a ressurreição dos mortos e a vida do mundo que há de vir").

Como poderemos, então, justificar nossa opção livre e inspirada pela graça, opção dos que "não viram e, no entanto, creem" (Jo 20,29) em Jesus ressuscitado? Depositar confiança nos que viram e creram (as testemunhas apostólicas da ressurreição) significa aceitar o testemunho das pessoas que encontraram o Jesus ressuscitado num excepcional tipo de experiência que, pelo menos em parte, lhes foi peculiar e que, portanto, supera o alcance de possíveis experiências que poderíamos simplesmente repetir e, em seguida, verificar por nós mesmos. Aceitar o testemunho apostólico engloba também o responder às perguntas fundamentais sobre a natureza, o significado e o destino de nossa existência humana. Em certo sentido, esta dupla abordagem da legitimação da fé pascal já está prefigurada em 1Cor 15. O capítulo começa, lembrando o testemunho digno de fé daqueles aos quais apareceu Jesus ressuscitado (1Cor 15,5-11). Em seguida, a maior parte do capítulo enfrenta o problema que esta ressurreição significa para todos nós, que temos que nos encontrar com a morte. É um significado que dá credibilidade à verdade da fé pascal.

Em resumo, a convalidação da fé pascal opera "de fora" e "de dentro". Temos necessidade de ouvir o testemunho público e histórico, que chega a nós de modo definitivo através de Pedro, de Paulo, de Maria Madalena e das outras testemunhas originárias. Ao mesmo tempo, buscamos sinais "de dentro", reconhecendo os modos segundo os quais crer em Jesus ressuscitado corresponde existencialmente a nossas mais profundas experiências e últimas esperanças. Ele oferece-nos vida, → sentido e amor frente à morte, ao absurdo e ao ódio que nos ameaçam. Por um lado, o respeito às testemunhas históricas salva a fé pascal do perigo de reduzir-se a um puro desejo mental. Por outro, o respeito por nossa atual experiência nos salva da ilusão de podermos viver e basear a fé unicamente em dados históricos.

Como diz o Credo, temos em comum a fé no Senhor ressuscitado. Somos o povo pascal que celebra e experimenta junto a presença do Senhor ressuscitado até que Ele venha novamente.

Bibl. – R.E. Brown, *La concezione verginale e la risurrezione corpórea di Gesú*, Brescia 1977; G. Ghiberti, *La risurrezione di Gesú*, Brescia 1982; J. Schmitt, "Résurrection de Jesus", em DBSuppl X, 487-582; J. Caba, *Resuscitó Cristo, mi esperanza*, Madri 1986; P. Carnley, *The Structure of Resurrection Belief*, Oxford 1987; J.P. Galvin, "The Origin of Faith in the Résurrection of Jesus: Two Recent Perspectives", em ThS 49 (1988) 25-44; G. O'Collins, *Gesù risorto*, Brescia 1989.

GERALD O'COLLINS

MODERNIDADE

A noção de modernidade é complexa, pois significa ao mesmo tempo um processo histórico circunscrito no tempo e no espaço (no Ocidente, do século XVI aos nossos dias) e uma ideologia ou uma retórica da mudança, do progresso e da vanguarda. Invade todas as esferas da vida: a arte, a técnica, a política, os valores morais. A modernidade implica a ruptura irresistível e irrevogável com o passado, pois pretende trazer finalmente o novo e o progresso. Apresenta-se como o desenvolvimento da racionalidade que faz nascer um modo bem característico de civilização, opondo-se à tradição, sobre a qual lança a suspeita, e colocando em ação uma lucidez crítica e uma criatividade sem precedentes. A modernidade considera superado o que é velho, pois sua ciência e seus valores não são mais operativos e significativos, e toma consciência do fato de que o progresso e a superação da realidade presente são doravante possíveis. A modernidade não avança sem crises ou sem tensões numa determinada sociedade, já que implica opções e modos de viver e de pensar que justifica com base em critérios de eficácia e novidade.

1. GÊNESE E HISTÓRIA DA MODERNIDADE – Em qualquer contexto social e cultural, o velho e o novo alternam-se e competem entre si. Já a Idade Média conhecia a *via modernorum*. Mas a modernidade, como estrutura histórica e polêmica de mudança, pode ser encontrada somente no Ocidente, a partir do século XVI, e assume toda sua amplidão só a partir do século XIX.

A data da descoberta da América por Cristóvão Colombo (1492), segundo os textos escolares, constitui o fim da Idade Média e o início dos tempos modernos. Neste período, a invenção da imprensa, as descobertas de Galileu e o humanismo da Renascença inauguram um modo novo de ver a realidade. É preciso também mencionar a Reforma protestante, que introduz uma divisão na Cristandade, mas também uma maneira nova de viver a fé cristã, que valoriza a liberdade e a autonomia da pessoa. No decurso dos séculos XVII e XVIII, os fundamentos da Modernidade se conciliam com o pensamento individualista e racionalista, promovido por Descartes e, depois, pelos filósofos iluministas. A Revolução de 1789 instaura o Estado moderno, centralizado e democrático. O século XIX conhece o progresso continuado das ciências e das técnicas, a divisão racional do trabalho e a urbanização, que introduzem uma mudança dos costumes e a destruição da cultura tradicional. A palavra "modernidade" como tal parece ter sido usada pela primeira vez por Théophile Gautier num artigo publicado no *Moniteur universel*, de 8 de julho de 1867: "De um lado a modernidade mais extrema, do outro o austero amor pelo antigo".

Do século XIX até nossos dias, o processo de ruptura com o passado e com a tradição tem-se afirmado constantemente com o crescente emprego de novas fontes de energia, de meios mais eficazes de produção e de transporte, da organização racional e mais anônima da sociedade. A informática e a cinética contribuem nos nossos dias para mudar de maneira ainda mais marcante as diversas esferas da vida. A difusão industrial dos meios culturais, a surpreendente intervenção da *mídia* (rádio, televisão, vídeorregistradores) plasmam maciçamente uma mentalidade da mudança pela mudança, em que os conteúdos são efêmeros e não têm muita importância.

2. A MENTALIDADE MODERNA – Desde o século XIX, as mudanças têm contribuído para melhorar as condições da existência humana e têm favorecido a eclosão da modernidade. A modernidade, que não pode ser explicada sem estas diversas mudanças, não se identifica com elas e as transcende, pois é um modo de pensar, um estilo de vida e uma mentalidade que têm suas características e seus valores: a hegemonia da eficiência comensurável, a supremacia da estrutura sobre o conteúdo e da imagem sobre o pensamento, a promoção da racionalidade e da atividade em detrimento da sabedoria e da contemplação, a valorização do consenso e da opinião pública, que predomina sobre a verdade. A modernidade também depara resistências e não escapa a ambiguidades, que se manifestam hoje através da preocupação de salvar a pessoa, como sujeito, no processo de homogeneização da vida social, através dos temores e das decepções de um desenvolvimento cego que ameaça nosso frágil planeta, através de uma busca ou uma exigência do irracional, do misterioso e até do religioso. Existe, pois, um certo desencantamento em relação à Modernidade. Alguns falam hoje de "Pós-modernidade", para indicar justamente que somos menos ingênuos e mais realistas em relação aos resultados das tecnologias e das ciências e à sua capacidade de dar sentido à existência humana. Somos mais lúcidos sobre os sucessos de um progresso procurado em função de si mesmo, por vezes em detrimento do bem do indivíduo. Tornamo-nos céticos diante de um saber totalizante e de um modo de ser que não leva mais em conta a singularidade e o enraizamento histórico e cultural.

3. FÉ CRISTÃ E MODERNIDADE – A → secularização é o impacto mais visível da modernidade sobre a fé cristã. Im-

pôs-se maciçamente um modo de pensar e de viver sem referência a Deus e a sua palavra. A Teologia Fundamental não pode escapar ao choque da modernidade, se quiser ser significativa e demonstrar sua credibilidade para os dias de hoje. A fé cristã é rica de uma longa história, mas não é prisioneira de seu passado. Pelo contrário, é sempre nova. Desde o tempo da pregação apostólica, tem-se apresentado como uma novidade absoluta, total, pois não tem sua origem nos dinamismos e nas necessidades do homem, mas no próprio mistério do amor de Deus. São imagens de renascimento, de eterna juventude, de dia sem noite, de homem novo, as que melhor a exprimem, em oposição a um mundo velho, que caminha para sua morte. A fé cristã tem uma palavra original a dizer à modernidade. Frente às possibilidades praticamente ilimitadas da ciência e da técnica modernas, a fé cristã pode lançar o desafio de renunciar às técnicas, exceto às que produzem condições que tornam possível a promoção das qualidades de vida necessárias para a existência humana. Certamente estimula o domínio sobre os elementos, pois sabe que o homem é chamado a completar a criação. Mas, de outro lado, recorda o valor de cada pessoa e lembra que nenhuma poderia ser sacrificada sob o pretexto do progresso da ciência. A técnica moderna tem-se tornado, com excessiva frequência, fim para si mesma e submete-se somente à lei de seu desenvolvimento e de suas possibilidades. Ora, a fé cristã recusa admitir que compete somente à ciência decidir sobre o problema do → sentido da existência humana. Ademais, a fé cristã suscita atitudes e comportamentos concretos em relação aos que sofrem, que a modernidade tenderia a não enxergar. A Teologia Fundamental não pode mais limitar-se a pensar o mistério cristão no interior de sua tradição nem no interior de algum sistema filosófico. Deve sair de seu ambiente tradicional para colocar-se à escuta dos homens que sofrem e para enfrentar as culturas. A práxis e a → inculturação da fé cristã fazem parte do programa da Teologia Fundamental na era da modernidade.

O processo da modernidade acredita que o homem se torna autônomo, libertando-se de suas tutelas tradicionais e também da de Deus. A não necessidade de Deus na realização do progresso do homem é uma dimensão da modernidade. Temos que admitir que o Deus que ela ignora é o Deus que era considerado útil para a caminhada do mundo e garantidor da ordem social, mas não se trata do Deus da fé cristã. A Teologia Fundamental deve fazer redescobrir aquele Deus da aliança que se doa a si mesmo aos homens de modo gratuito e no respeito à sua autonomia e à sua liberdade, aquele Deus cujo poder é o do amor, e cujo direito é o da graça. Ela há de mostrar que o mistério de Deus não é somente a simples resposta a uma vaga necessidade religiosa e a um sentimento de impotência. Há de falar do Deus que vai além de todas as expectativas do coração humano e que não é necessário, em certo sentido, para o êxito do progresso humano. Há de apresentar o Deus que quer comunicar-se gratuitamente com o homem e fará ver a possibilidade para o homem de reconhecê-lo e de estar em comunhão com Ele. Num momento de eclipse da religião e do significado de Deus, cabe à Teologia Fundamental mostrar que Deus está sempre presente no homem, também ao que vive na modernidade, em sua ausência aparente, uma ausência manifestada pela cruz de Jesus. Para a fé cristã, é a cruz, onde Jesus vive a experiência do silêncio de Deus, o lugar em que Deus salva o mundo e manifesta sua solidariedade com os que sofrem e morrem. A teologia da cruz, pelo fato de revelar o verdadeiro rosto de Deus, faz parte, portanto, da Teologia Fundamental que quer estar atenta à modernidade e mostrar-lhe a credibilidade da mensagem cristã.

Bibl. – J. Ladrière, *Les enjeux de la rationalité. Le défi de la science et de la technologie aux cultures*, Paris 1977; J. Baudrillard, “Modernité”, em *Encyclopaedia universalis*, 11, 1980, 424-426; P. Berger, *Affrontés à la modernité. La société, la politique, la religion*, Paris 1980; Vários autores, *Modernità. Storia e valore di un'idea*, Brescia 1982; S. Breton, “Le choc de la modernité sur la pensée philosophique et théologique”, em *Théologie et choc des cultures*, Paris 1984, 93-107; J. Chesneaux, *De la modernité*, Paris 1984; R. Virgoulay, *Les courants de pensée du catholicisme français. L'épreuve de la modernité*, Paris 1985; N. Provencher, “La fede cristiana alla prova della modernità”, em R. Fisichella (ed.), *Gesù Rivelatore*, Casale Monferrato 1988, 241-254.

NORMAND PROVENCHER

MODERNISMO

O modernismo, em sentido estrito e histórico, indica uma crise do pensamento no interior do catolicismo, que se manifestou no fim do século XIX e no início do XX. À distância do tempo, muitos historiadores tendem a sintetizar o modernismo numa unidade e coesão que ele nunca teve. Ele constituiu um todo somente com sua condenação global mediante o decreto *Lamentabili* (17 de julho de 1907) e a encíclica *Pascendi* (8 de setembro de 1907). Pode-se, todavia, descobrir algumas tendências comuns num certo número de autores daquele período: um esforço de libertar-se de uma teologia esclerosada, uma tentativa de reformular a fé, adaptando-a ao homem moderno e a uma verificação dos fundamentos do cristianismo, com a ajuda dos novos métodos histórico-críticos. Movido pelo desejo de restituir à Igreja seu impacto espiritual sobre os contemporâneos, o modernismo constitui uma tentativa de renovação da exegese, da história e da teologia, na esteira de um pensamento desconfiado de qualquer dogmatismo e familiarizado com os novos métodos de interpretação dos textos.

Não é fácil distinguir os contornos do modernismo, por não se conseguir isolá-lo perfeitamente do movimento daquele período, que visava a remediar o atraso das “ciências eclesiásticas”. Na Alemanha, durante todo o século XIX, desenvolveu-se uma corrente de liberalismo universitário e de reformismo católico, mas muito à margem do modernismo. Para a Inglaterra, temos que mencionar G. Tyrrell (1861-1909). Na Itália, o modernismo existiu sobretudo no campo da ação social e da cultura religiosa, com R. Murri (1870-1904), S. Minocchi (1869-1903) e E. Buonaiuti (1881-1946). Foi na França que o modernismo encontrou seu terreno privilegiado com A. Loisy (1857-1940), E. Le Roy (1870-1954) e J. Turmel (1859-1942). Atingiu o máximo de notoriedade com o aparecimento do pequeno "livro vermelho" de Loisy, *L'Évangile et l'Église* (Paris 1902), que se apresentava como uma apologia histórica não do sistema romano, mas do catolicismo iluminado, em resposta a A. Harnack, que acabara de publicar *Das Wesen des Christentums*, uma apologia histórica do protestantismo liberal. A obra de Loisy foi julgada perigosa para a fé e mais ainda o foram as explicações de Loisy que se seguiram, em *Autour d'un petit livre* (Paris 1903). Pela quantidade de suas publicações e também pelo interesse suscitado por suas tomadas de posição em exegese e teologia, não é exagerado dizer que Loisy é o "modernista por excelência". Não convém enquadar entre os modernistas os autores desse período que foram inovadores, mas que mantiveram suas distâncias das orientações doutrinais do modernismo: M. Blondel, L. Laberthonnière, M.J. Lagrange. E não se deve precipitadamente atribuir a paternidade do modernismo a Kant, Schleiermacher, Renan ou mesmo a Newman.

Várias das posições de Loisy interessam à Teologia Fundamental, pois sua tentativa modernista assenta numa teologia da revelação e de sua evolução na Igreja.

1. A REVELAÇÃO COMO CONSCIÊNCIA ADQUIRIDA – Loisy começa por despojar a revelação de qualquer representação antropomórfica que consistiria em considerá-la como a comunicação ao homem, da parte de Deus, de verdades já prontas e imutáveis. Descreve o evento revelador fundamental em termos de "experiência religiosa", "percepção", "contato com o divino". Esta experiência religiosa primária exprime-se com afirmações de fé e interpretações doutrinais formuladas pelo crente, ao longo de toda a história, quando toma consciência do dom de Deus. O crente adquire esta consciência, em que Deus age, e esta compartilha as condições e os limites de toda consciência humana. Assim, Loisy funda o desenvolvimento da revelação no fato de que o dom divino se reveste de novas expressões, que guardam sempre relação íntima com a cultura dos homens que evoluem.

Para interpretar de maneira exata a tão discutida fórmula "a revelação não pôde ser outra coisa senão a consciência adquirida da relação pessoal com Deus" (*Autour d'un petit livre*, 195), que é condenada textualmente por *Lamentabili*, é preciso entendê-la em relação a uma distinção feita por Loisy entre "revelação viva" e "revelação formulada em linguagem humana". A revelação viva reduz-se à realização, na humanidade, do mistério divino, que tem a religião como expressão principal. A consciência progressiva de sua relação com Deus é a revelação em sua realização humana, que assume a forma de uma linguagem simbólica e de uma doutrina. A revelação não pode existir sem que o homem a entenda e a exprima. Loisy faz questão de sublinhar a função ativa e indispensável do homem para quem "a verdade não entra já pronta em seu cérebro e nunca é completada". A verdáde da revelação não escapa, pois, às condições de toda verdade humana, marcada pela historicidade e pela relatividade.

Loisy dá a Cristo o título de "grande Revelador", não tanto por causa do mistério de sua pessoa, mas porque é aquele que teve a "percepção" mais clara e mais inteligível da relação entre Deus e o homem. Com efeito, a função de Cristo consiste em revelar o que existe no fundo de cada homem, fazendo-o entender melhor o que Loisy chama a "revelação primitiva" ou a "revelação não explicada"; ou seja, a que o homem traz escrita com caracteres indistintos no fundo de sua consciência religiosa. Em sua pessoa, em sua vida e em seu ensinamento, Jesus manifestou o que o homem sempre compreendeu vagamente: "Deus revela-se ao homem no homem e a humanidade entra com Deus numa sociedade divina" (*L'Évangile et l'Église*, 268).

G. Tyrrell, em *Through Scylla and Charybdis* (Londres, 1907), insiste ainda mais que Loisy na função da experiência na revelação. Segundo ele, a revelação não comporta uma comunicação de verdade, pois é um ato de Deus, com o qual o crente entra em contato místico. Este contato não formulado e não conceptual com Deus é expresso numa espécie de "conhecimento profético", cujos elementos são tirados da cultura do profeta que recebe a revelação. A experiência religiosa, que é o centro da revelação, é um dom que Deus pode conceder a todos os homens. Mas a experiência típica, que serve como norma para os crentes, é a de Jesus e dos apóstolos em contato direto com Ele. As expressões de sua experiência têm um poder de evocação que pode suscitar em nós uma experiência análoga à que eles fizeram. Para Tyrrell, as expressões da fé não possuem nenhum valor de realidade. São puros símbolos, condicionados pela situação cultural de uma época, mas são úteis para provocar em nós a experiência da revelação e da fé.

Ao reduzirem com excessiva exclusividade a revelação a uma experiência do divino, os modernistas não destacam o fato da comunicação de Deus mesmo, que se realiza numa história da salvação e, de modo especial e definitivo, em Jesus Cristo. Todavia, iluminaram um problema real, que é a distinção entre a verdade em si e a verdade possuída pelo espírito humano.

2. O ACESSO A JESUS – Loisy pôs-se a estudar os fundamentos do cristianismo através de um procedimento histórico, independente da fé e do dogma. Pensou que fosse possível atingir a história de Jesus em sua materialidade, através dos textos, sem passar pela fé e pela intencionalidade religiosa, subjacentes à produção destes textos. Loisy sublinha o gênero literário dos evangelhos: não são obras históricas, mas testemunhos e expressões da fé dos primeiros discípulos que tentam exprimir dados reais e sua experiência religiosa. Ainda que sejam inevitáveis uma idealização e uma sistematização das palavras e dos fatos, Loisy está convencido de poder obter algum resultado tangível em relação à forma inicial e concreta da obra e da mensagem de Jesus. Para chegar a Cristo e a seu Evangelho, o historiador deve consultar, além dos textos bíblicos, toda a história do cristianismo: "O que saiu do Evangelho revela-nos a potência infinita que estava na obra de Jesus". Loisy distingue o "Jesus histórico" do "Cristo da fé"; contudo, esta distinção não supõe que o conhecimento do Jesus histórico não tenha parte alguma na fé, como mais tarde pretendeu → R. Bultmann.

Loisy trabalhou muito para defender a realidade histórica de Jesus, mas temos que reconhecer que não aprofundou suficientemente a natureza da intervenção de Jesus na história e que não mostrou suficientemente a originalidade de sua mensagem e o mistério transcendente e único de sua pessoa. No dogma da divindade de Jesus, enxergou apenas a expressão sábia, helenística, ou também a determinação filosófica da relação transcendente e única existente entre Deus e a pessoa histórica de Jesus.

3. JESUS E A IGREJA – Loisy associa a fundação da Igreja a "uma vontade do Cristo imortal, não a uma intenção manifestada por Jesus antes da sua paixão" (*Autour d'un petit livre*, 163). Jesus não previu explicitamente uma sociedade que teria a missão de difundir o Evangelho nos séculos vindouros. Pregava o advento do reino, que devia assumir uma certa forma de sociedade. Neste contexto, devem-se situar as palavras de Loisy, com tanta frequência usadas para ilustrar seu escatologismo: "Jesus anunciava o Reino e o que veio foi a Igreja" (*L'Évangile et l'Église*, 155). A Igreja veio para continuar a missão de Jesus na fase de espera do advento definitivo do Reino; a adaptação ao tempo permitiu seu desabrochar e sua evolução. Embora a Igreja sustente que não muda, ela sempre mudou, muitas vezes contra a vontade, para poder responder às necessidades dos homens. Loisy justifica a existência da Igreja como serviço ao Evangelho, um serviço como o prestado através dos séculos. Sua autoridade não é diferente da de cada mestre e de cada sociedade. A Igreja torna a revelação sempre atual e o conjunto de sua história constitui a revelação permanente, que se verifica ao longo dos séculos. Como historiador, Loisy não pode mostrar que Jesus fundou a Igreja; mas esta não é totalmente estranha a seu pensamento. Ela vem depois dele no serviço ao Evangelho, que ela deve adaptar às condições mutáveis da vida humana. A Igreja realiza esta adaptação do Evangelho com seu ensinamento e com a formulação dos dogmas que servem para manter a harmonia entre a fé religiosa e o desenvolvimento científico da humanidade. Loisy mostrou, através do método histórico, o desenvolvimento da prática sacramental e da instituição eclesiástica. Muitos de seus leitores ficaram surpreendidos em constatar que as origens e a história das práticas eclesiais e dos dogmas eram frágeis e obscuras, em comparação com o que a teologia tradicional ensinava. Este ingresso da → história na teologia católica representa sem dúvida um aspecto primário do modernismo.

4. BALANÇO DO MODERNISMO – O modernismo não pode ser reduzido aos elementos de desvio, colocados em destaque pela encíclica *Pascendi*, em oposição ao pensamento católico de sempre: pelo contrário, tem sentido e realidade somente no próprio movimento do pensamento cristão, que não acaba nunca de prestar contas de seus acontecimentos fundantes. O modernismo procurou situar a fé cristã num cenário mais vasto que o do ensinamento tradicional da Igreja, querendo encontrar para esta fé uma linguagem adaptada às transformações do espírito humano, das quais era sintoma e agente o desenvolvimento das ciências modernas. Ao ouvirmos falar, nas últimas décadas, da renovação da exegese e da teologia, não parece que o projeto modernista tenha sido considerado inaceitável *a priori*. Também constituiu o ponto de partida de pesquisas e soluções que foram condenadas, sim, mas que continuam a constituir problemas no programa da Teologia Fundamental. O interesse do modernismo, e, particularmente, o de Loisy, não reside tanto nas soluções que propõe, mas antes nos problemas válidos que suscita e formula: o caráter relativo das expressões da verdade, a verdade da Escritura, a relação entre a história e o dogma, o uso dos métodos críticos na exegese, a evolução dos dogmas, a entrada da história na teologia. Temos que reconhecer que não poucas afirmações, naquela época escandalosas e até condenadas, hoje são admitidas ou toleradas. Contudo, o modernismo é um empreendimento de pioneiros, não isento de formulações inadequadas, extrapolações ou erros. Aventurou-se ao uso dos novos métodos histórico-críticos, herdados da jovem história das religiões, sem fornecer um esforço epistemológico suficiente, que lhe teria evitado ser prisioneiro de uma certa mentalidade positivista e subjetivista. Desde então, a conciliação entre a fé e a razão tornou-se possível, porque os métodos históricos e as ciências da religião, no conjunto, se autocriticaram e encontraram o senso de seus limites; e também perceberam melhor o que a fé tem de irredutível, de específico e de transcendente. E a → fé, por sua vez, compreende melhor que as ciências, particularmente a história, podem permitir-lhe explicar suas riquezas e ser significativa para o mundo moderno.

Bibl. – P. Scoppola, *Crisi modernista e rinnovamento cattolico in Italia*, Bolonha 1961; E. Poulat, *Histoire, dogme et critique dans la crise moderniste*, Tournai 1962; Id., *Modernistica*, Paris 1982; N. Provencher, *La révélation et son développement dans l'Église selon Alfred Loisy*, Ottawa 1972; Id., "La modernité dans le projet théologique d'Alfred Loisy", em *Église et Théologie* 14 (1983) 35-45; G. Daly, *Transcendence and Immanence.* A Study in Catholic Modernism and Integralism, Oxford 1980; Vários autores, *Le modernisme*, Paris 1980; R. Virgoulay, *Blondel et le modernisme*, Paris 1980.

NORMAND PROVENCHER

MORTE

Com muito acerto a *Gaudium et Spes* declara: "Diante da morte, o enigma da condição humana atinge o clímax" (GS 18).

1. UMA COISA APARENTEMENTE SEM SENTIDO – Muitos contemporâneos têm descrito a morte como o absurdo máximo da vida. Para J.-P. Sartre, a morte é ruptura, fratura, limite, queda no vazio. Longe de dar um sentido à vida, tira-lhe todo significado. A morte, como o nascimento, é inesperada e absurda. Nascemos sem motivo e, como se isto não bastasse, morremos por acaso. A morte tira ao homem a liberdade e aniquila todas as possibilidades de realização. Atira-nos como presa aos vivos, à mercê de seus juízos. Para A. Camus, no centro da vida está o homem, com sua vida absurda, destituída de sentido, cheia de dor e limitada pela morte. O que aparece é a vida que tende à plenitude, ao passo que a morte é fonte de absurdo. A vida tem a primeira palavra, mas a morte sempre tem a última. Milhões de suicídios cada ano tiram a mesma conclusão: a vida não tem sentido, é absurda, é melhor suprimi-la.

Quem está vivo, seja ele crente ou não crente, não escapa à tentação de raciocinar da mesma forma, na consciência de ser um morto a quem foi dado um prazo. A imprensa, a televisão, o teatro, o romance e o cinema só veiculam notícias ou imagens de morte: guerras civis, genocídios, terrorismo, invasões brutais, tragédias no ar ou no chão. Por que tantas vidas reduzidas ou ceifadas no próprio momento em que estavam para frutificar? Por que tantas doenças mortais e não merecidas? Por que a humanidade, apesar dos progressos e das técnicas, recai sempre nas mesmas injustiças, nos mesmos crimes? Esta ameaça da morte, presença brutal e "pontual", gera uma psicose planetária. No momento em que conhece a embriaguez do progresso, o homem está triste, tem medo. Será talvez verdade que esteja trabalhando para sua destruição? É ele um ser para a morte ou para a vida? Diante do pesadelo e do escândalo que é a morte, muitos se refugiam no esquecimento: divertem-se, atordoam-se, drogam--se e morrem disto. E no entanto, embora sintamos repugnância em falar da morte, é preciso falar dela, pois a vida tem o sentido que dermos à morte. Se a morte existir em função da vida, podemos ter esperança. Mas se a vida tem que acabar num naufrágio total – das pessoas e das coisas –, neste caso a própria vida não tem sentido, pois não desemboca em nada.

2. A MORTE COMO REALIZAÇÃO E EVENTO – Diante do "sem-sentido", do aparente absurdo da morte, o cristianismo propõe uma plenitude e até uma superabundância de sentido totalmente inédita. Este potencial de significatividade, que lhe vem da revelação, coloca-o no caminho da credibilidade.

Para dizer a verdade, ao mistério da morte só pode corresponder um outro mistério: o da morte temporal em função da vida eterna. A morte é ao mesmo tempo realização e evento. Em regime cristão, o homem não é um ser para a morte, mas para a vida: isto significa afirmar e ao mesmo tempo superar a morte. A vida tem um sentido porque a morte tem um sentido: é uma "páscoa", uma passagem que desemboca na vida sem fim.

O aspecto mais surpreendente da revelação cristã sobre a morte é que Deus fez da morte do homem o mistério do amor de Cristo ao Pai e, ao mesmo tempo, o mistério do amor do Pai a Cristo e, através deste, a todos os homens. A morte humana tornou-se evento de salvação para Cristo e para o mundo. Cristo, portanto, não nega a morte, mas lhe dá seu sentido mais profundo. Ele conheceu e viveu a morte em tudo o que ela tem de ameaçador, de tenebroso, em tudo o que ela representa de fratura, de angústia, de "ver-se perdido", de experiência da impotência humana. Mais do que qualquer outro, Cristo conheceu uma morte de solidão total, de sofrimentos corporais indizíveis, de humilhação e de derrota completa. Não lhe foi poupado nada daquilo que a morte representa como aniquilamento da existência humana. Mas Cristo deu à morte sua verdade e seu sentido mais profundo. A morte, que é manifestação concreta do pecado do homem e de sua ruptura com Deus, torna-se em Cristo a expressão suprema da submissão a Deus. Tanto o pecado como o amor atingiram aqui seu efeito máximo. No momento em que o pecado dos homens atinge o clímax e crucifica o Justo, o Inocente, a morte de Cristo se torna ato de amor do Filho que se entrega ao Pai. Também o amor atinge o clímax, porque Jesus mantém até o fim sua aliança com o Pai: "Tu és meu Deus". Com sua entrega total ao Pai e a esperança nele, Cristo venceu a morte. É esta doação de si mesmo ao mistério do Deus-amor, na aceitação da derrota na cruz, que deu um sentido à existência humana, finalmente "realizada" na morte. Sem por isto perder nada de seu caráter tenebroso, a morte se torna algo totalmente diferente, isto é, a entrega do homem inteiro a Deus para viver da vida dele.

3. A MORTE COMO SACRAMENTO E ATO TEOLOGAL – Cristo revela-nos uma nova dimensão da graça da salvação. Sua morte adquire, no momento em que superabunda o pecado, a potência superabundante que possibilita vencê-la. De aniquilamento da existência humana e expressão do pecado, a morte se transforma, em Cristo, em entrega ao amor e ao poder salvífico de Deus, diálogo de amor com o Amor. Cristo transforma a morte em *sacramento*: em sinal expressivo e eficaz da realização absoluta da existência humana em Deus.

Para os que vivem sua vida como um mistério de morte e vida em Cristo, a morte torna-se o ponto culminante do apropriar-se da salvação, inaugurada pela fé e pelos sacramentos. A morte não é tanto limite quanto realização, maturação e frutificação. É perder-se a si mesmo, mas encontrar-se com Deus e vida em Deus.

Sim, a morte é *o ato teologal supremo*. Com a fé, o homem se funda na Palavra de Deus. A realidade do além invade o presente e inspira todos os atos. Mas, na morte, o homem põe em jogo o tudo por tudo. Frente à morte, que aparentemente é apenas treva absoluta, desespero e frio mortal, o homem crê "na palavra" de que este desabar desemboca na vida e que ele viverá para sempre. A fé não pode ir além: vai até o fim de si mesma. Na morte, que é esperança contra toda esperança, o homem entrega-se ao Deus da promessa. A morte, assim vivida e realizada nesta entrega total e confiante, torna-se verdadeiro encontro com Deus em Cristo. Com a esperança, o cristão se projeta em Deus e lhe entrega sua vida para a eternidade. Finalmente, a caridade, que é amor de Deus acima de tudo, encontra na morte sua expressão e sua realização suprema. Devido a nossos pecados, muitas vezes temos oposto resistência aos chamados de Deus. Eis agora chegada a hora de dizer um *sim* total. Muitas vezes temos sofrido por não termos podido dar tudo, ou por termos dado apenas a contragosto. Desta vez, podemos de alguma forma recolher todo o nosso ser e oferecê-lo a Deus como hóstia viva: "Senhor, em tuas mãos entrego meu espírito". Penetrando a morte, estas três potências fundamentais da vida cristã – fé, esperança e caridade – transformam-na. A morte não é uma segunda morte, mas é vitória definitiva da vida de Deus sobre a morte: vida para o bem e para a eternidade.

A morte torna-se, assim, assemelhação real à morte de Cristo, que se opera *misticamente* através dos sacramentos e que transforma a morte. Efetivamente, com o *batismo* somos imergidos na morte de Cristo (Rm 6,3), crucificados com Ele (com a morte para o pecado), sepultados e ressuscitados com Ele. A vida cristã não é outra coisa senão o desenvolvimento progressivo e contínuo, a aplicação prática, ao longo de nossa vida inteira, do duplo efeito de morte e de vida, produzido pelo batismo. Em nossa morte real acabamos de viver nossa configuração com Cristo. Morremos de verdade com Ele para ressuscitarmos com Ele. O sinal coincide aí com a realidade: morremos e ressuscitamos efetivamente. Com a *Eucaristia*, anunciamos sem cessar a morte de Cristo, que é nossa morte e nossa vida. Ora, se na Eucaristia anunciamos Cristo "dado por nós", é preciso que participemos deste mistério, experimentando-o na realidade de nossa vida: é o que se realiza em nossa morte real. A *unção dos enfermos*, finalmente, é o sacramento da situação de morte. Torna manifesto como o cristão, fortificado pela graça de Cristo, sustenta a última provação de sua vida e realiza a última ação, sua própria morte, em comunhão com o Senhor. Assim, o princípio, o centro e o fim da vida cristã acabam sendo consagrados pelos três sacramentos que são a progressiva apropriação da morte de Cristo como nossa salvação e ressurreição.

A grande verdade, subjacente a esta visão cristã da morte, é nossa relação com Deus: uma relação vertical, direta e contínua, na ordem presente. Em cada instante, quando respondemos ao chamado de Deus, dispomo-nos a entrar no repouso do Senhor, com a única diferença de que o último instante recapitula e ratifica todos os instantes anteriores e faz-nos entrar definitivamente na vida eterna. O essencial de nossa vida é esta presença em Deus, orientada por completo para Ele em cada instante de nossa vida, como a flor que segue o movimento do sol durante o dia inteiro. Deus não se encontra no fim da vida que nos espera, mas seu olhar pousa continuamente sobre nós: no último instante, esta grande Presença se mostra e se torna luz eterna. Um diáfano véu separa estas duas presenças: agora... e na hora de nossa morte.

Esta visão das coisas pode ajudar-nos a superar o escândalo da morte, que quebra a vida em flor, que deixa uma obra incompleta. Qualquer que seja a vida de um homem, sua duração, ela em última análise mede-se pela imensidade do amor que a habita e que é o próprio amor de Deus. Mas quem é capaz de medir a imensidade deste amor? Esta interioridade e atualidade do amor divino situam-nos em cada instante no fim de nossa história. Que o homem é salvo por graça significa que a história humana pessoal, nunca completa, atinge sempre seu final, que é o ingresso na comunhão divina, no Amor infinito que nos cobre de luz sem trevas.

Desde que Cristo morreu, já não existe no universo evento mais importante do que a morte. Se morrermos com Ele, o banal fato da morte é tragado no mistério de Deus. O verdadeiro sentido da vida consiste em preparar-se para morrer, isto é, amadurecer para a vida eterna. Morrer quer dizer nascer para sempre: depois do nascimento para a vida temporal, depois do nascimento do batismo, que é renascimento a partir da água e do Espírito, existe o nascimento para a vida eterna. O cristão é aquele que tem fé na boa notícia da morte, que se abre para uma vida que não conhece morte. Podemos ficar impacientes porque não vemos, mas sabemos que há de vir o dia que não acabará nunca. "O desejo de ser liberto do corpo, para estar com Cristo" (Fl 1,23).

A reflexão aqui proposta desenvolve-se evidentemente no interior da fé cristã. Por outro lado, se diante da aparente falta de sentido da morte vejo surgir um Rosto iluminante, não deverei por acaso voltar-me para este olhar que penetra no mais fundo de mim mesmo? Não é justamente Cristo esta plenitude de sentido, num mundo em busca do sentido perdido? Cristo permanece um mistério, como a morte, mas um mistério iluminante, fonte de sentido sempre borbulhante. Quem se abre a Ele verá abrir-se diante de si um caminho de luz.

Bibl. – P. Grelot-E. Borne, "Mort", em DSp 1747-1769; R. Troisfontaines, *Je ne meurs pas*, Paris 1960; G. Martelet, *Victoire sur la mort*, Paris 1962; K. Rahner, *Teologia della morte*, Brescia 1965; V. Jankélevich, *La mort*, Paris 1966; M. Bordoni, *Dimensioni antropologiche della morte*, Roma 1969; L.-V. Thomas, *Anthropologie de la mort*, Paris 1976; P. Ariès, *L'homme devant la mort*, Paris 1977; R. Latourelle, *L'uomo e i suoi problemi alla luce di Cristo*, Assis 1982, 408-433; G. Couturier-A. Charron-G. Durand (ed.), *Essais sur la mort*, Montréal 1985; H. Bourgeois, *La mort*, Paris-Ottawa 1988.

RENÉ LATOURELLE

N

NEW AGE

À diferença das seitas religiosas, a *New Age* (nova era) constitui a expressão contemporânea de uma espiritualidade "errante", não propriamente organizada, que emerge da moderna fé no progresso, apontando já para o campo religioso e para a transformação espiritual do homem, com tendências sincretistas, evolucionistas, ecológico-holísticas e milenaristas.

1. Embora tendo-se manifestado abertamente nos turbulentos sinais da fratura de gerações, pelo ano de 1968, o conceito remonta às publicações da Sociedade Teosófica e de Alice Bailey (1880-1949). Em seu *O retorno do Cristo* (1948), existe a visão do reaparecimento de um novo Messias, chefe da hierarquia espiritual, junto com o iminente início da idade de Aquário. Segundo a mediação da presumida "crônica Akásica", começaria um período de harmonia universal, de uma forte influência da mística sobre a vida sociopolítica e de uma autorrealização espiritual do indivíduo. A expressão programática deste "tempo de virada" (Capra) foi alvo de publicidade no musical *Hair* (1968). Projetando ideias gnósticas e herméticas da astrologia antiga (*magnus annus*, Platão, *Pol.* 269c) sobre a sorte do mundo inteiro, o equinócio da primavera (21 de março) retrocederia a cada 2.100 anos aproximadamente de um sinal do zodíaco, passando em nosso século do signo de Peixes para o de Aquário. Dada a representação simbólica do cristianismo com o peixe (gr.: *ichthýs*) terminaria, então, a época da Igreja hierárquica para ceder lugar a um livre despertar espiritual, guiado pelo Mestre interior, representante de todos os mestres religiosos precedentes. O novo paradigma exprime-se como síntese de quatro componentes: a tradição judeu-cristã e as ciências seculares, que – sempre sombreadas por uma corrente gnóstico-esotérica, manifestada particularmente nos períodos de crise – encontram hoje, pela primeira vez, o imediato desafio das religiões orientais e são, portanto, estimuladas a transcender suas limitações, diante dos graves problemas de sobrevivência do mundo e de uma cultura planetária nascente. Entre os textos programáticos, podem-se mencionar os livros de Baba Ram Dass (R. Alpert, 1973), Marilyn Ferguson (1976), David Spangler (1976) e Fritjof Capra (1980).

2. As características de tal visão global partem da inserção da polaridade entre homem e cosmo (navezinha espacial-Terra) num gigantesco jogo de energias divinas, que constituem o ecossistema de manifestações divinas (holismo). Na intuição mística destas leis, todas as tradições religiosas e esotéricas, ainda que por caminhos diversos, concordam e deduzem daí sua equivalência. Um conhecimento cósmico de tais mistérios oferece ao homem, através de um caminho de despertar, a possibilidade de uma gradual transformação de sua consciência até a última realização de sua natureza divina. Baseando-se, igualmente, seja em várias teorias científicas (R. Sheldrake: "campos morfogenéticos"; E. Jantsch: "auto-organização do cosmo": P. Russell: "hipótese Gaia"; S. Grof: "psicologia transpessoal), seja na gnose de todos os tempos (mito de Atlântida, sabedoria das pirâmides), a convicção de um único cérebro global, na sintonia de suas múltiplas células reativas (conspiração sensível), realiza-se igualmente na transformação evolutiva do eu individual como nas mudanças ecológico-sociais do mundo.

Colocando em paralelo, no processo da iluminação rumo a um cosmo consciente, a dinâmica da própria vida e a evolução de seu conhecimento, os caminhos da salvação e sua meta coincidem e dão origem a novos princípios metafísicos e éticos, superando o antropocentrismo de uma cultura técnico-racional rumo a um paradigma biocêntrico de uma ecologia profunda. A teoria da reencarnação do homem entre vidas passadas e futuras explica, juntamente com a lei da retribuição moral (*karma*), em chave hermenêutica, tanto o desejo de uma autoperfeição quanto o sincretismo entre as várias tradições espirituais. De qualquer forma, na apresentação de tais tradições e teorias científicas nota-se muitas vezes um encurtamento eclético, associado a um adiamento da prova da verdade.

3. Respondendo obviamente a um *vacuum* espiritual e à crise de valores nas sociedades ocidentais, as mencionadas ideias pluralistas da religiosidade alternativa se manifestam, além de nos novos movimentos religiosos (p. ex., Bhagwan Rajneesh, TM etc.), em formas na verdade instáveis de uma fluida pertença a "cultos de audiência" ou "cultos de clientela", sem crença que obrigue. Enquanto o conjunto de comunidades alternativas em torno de algumas revistas (p. ex., *Astra*), autores (p. ex., M. Ferguson, Shirley MacLaine), programas cinematográficos e televisivos (p. ex., "E.T."), ou então em torno do comum fascínio por objetos pararreligiosos (p. ex., os *Ufos*), ilustra a americanização da religião como artigo de consumo, a clientela de magos, curadores espirituais, astrólogos, terapeutas, lojas macrobióticas, movimentos ecológicos etc., tende, ao contrário, para uma ressacralização da esfera vital, através de práticas pararreligiosas, amalgamadas por todas as tradições culturais. Visando o primado da experiência pessoal e o cultivo de relações harmoniosas, as atividades desenvolvem-se numa densa rede de grupos locais, de composição muitas vezes um tanto heterogênea e sem uma hierarquia institucional. O intercâmbio de ideias é facilitado pela mídia e pela informática.

4. A interpretação da religião num sentido panenteístico, como reatamento da sagrada polaridade entre homem e cosmo, sem a necessidade de um Deus transcendente, constitui o primeiro desafio à tradição judeu-cristã. A propagação de um *Evangelho de Aquário* (H. Dowling, 1908), com a infundada descrição da iniciação de Jesus nas doutrinas secretas do Oriente, exige a integração do pluralismo religioso na experiência da historicidade de Cristo. O postulado de um novo "paganismo" (pagani = cultivadores da terra) contra a "religião da cidade" (Igreja das instituições) exige hoje uma "segunda evangelização" de uma nova contextualidade do cristianismo na cultura contemporânea e da criação de comunidades acolhedoras, juntamente com um decidido testemunho ecumênico. Na reflexão teológica, o apro-

fundamento da ontologia trinitária, da cristologia cósmica e da pneumatologia, bem como da teologia das religiões, demonstra num diálogo fundamental a fé cristã do início acontecido e da progressiva realização de uma nova era no Senhorio de Cristo (cf. *Dominum et vivificantem*, 53s).

Bibl. – FONTES: Baba R. Dass, *Be Here Now*, San Cristobal 1971; F. Capra, *O Tao da Física*, São Paulo [14]1993; D. Spangler, *Revelation, the Birth of a New Age*, San Francisco 1976; M. Ferguson, *The Aquarian Conspiracy*, Los Angeles 1980; K. Wilber, *Up From Eden*, Garden City 1981.

ESTUDOS: R. Stark-W.S. Bainbridge, *The Future of Religion*, Berkeley 1985; J. Vernette, *Jesus dans la nouvelle religiosité*, Paris 1987; H.M. Enomiya-Lassalle, *Vivere in una nuova coscienza*, Roma 1988; J. Sudbrack, *Nuova Religiosità*, Brescia 1988; J.G. Melton, *Encyclopedia of American Religions*, Detroit 1989[3].

MICHAEL FUSS

NEWMAN, John Henry

"Em matéria de religião, um homem pode falar em nome próprio, e somente em nome próprio. Sua experiência basta para autorizá-lo a falar de si; não tem o direito de fazer-se porta-voz de outrem; não pode pretender ditar lei para todos, mas apenas somar sua experiência ao acúmulo da experiência psicológica comum. Sabe o que o satisfez e o satisfaz e que, se satisfaz a ele, provavelmente há de satisfazer também a outros; se é assim, como ele está convencido de que é, então o que ele diz valerá também para outros, porque a verdade é una" (*Gramática do assentimento*, trad. it., 238).

Estes dizeres, por si sós, já seriam suficientes para se entender por que J.H. Newman (1801-1890) foi considerado uma das personalidades mais controvertidas do século XIX. Durante sua vida não faltaram violentos ataques a sua pessoa, tanto da parte católica quanto da anglicana; estes últimos o viam claramente como um renegado e os primeiros o olhavam com suspeita. Impressões estas que o próprio Newman fornece na *Apologia pro vita sua*, texto autobiográfico, escrito intencionalmente para defender a opção de sua conversão, onde emerge a personalidade de um homem honesto, sério, humilde e santo.

Embora Leão XIII, em 1879, lhe tivesse conferido a púrpura cardinalícia, sua obra permanece, mesmo depois de sua morte, objeto de juízos dos mais opostos. Se houve quem a saudasse como a premissa da filosofia da práxis e de *L'Action*, para outros, ao contrário, foi considerada como a base do pensamento modernista; enquanto para Przywara, Newman era a ponte de união entre Tomás e o pensamento moderno, Prezzolini, ao invés, definiu-o como o "chefe do catolicismo vermelho".

E, no entanto, quem pensava em Newman como num anti-intelectual, por ter privilegiado a psicologia da experiência com a *raison du coeur* de Pascal, esquecia que estas "razões", embora fossem do coração, para ele não deixavam de ser sempre *razões*.

Outros, finalmente, acediam a Newman não por via direta, como exige o laborioso trabalho do pesquisador honesto, mas por via indireta, e as interpretações de sua obra, sobretudo nos inícios, não eram das mais corretas e fiéis.

Para a história da apologética do século XIX, Newman representa um caso isolado. Como no caso de → Pascal, → Blondel, → Teilhard de Chardin e poucos outros, sua tentativa aparecia num contexto de estagnação que preferia as certezas excessivamente seguras dos princípios metafísicos da doutrina à situação do crente que desta se aproximava.

Todavia, o projeto apologético de Newman havia aprofundado suas raízes num solo mais antigo e mais fértil: a Escritura e a Patrística. Nascido anglicano, tinha mais familiaridade com o texto sagrado do que os católicos; o ministério pastoral no St. Mary's, em Littlemore, que dará origem aos *Sermons*, permitiu-lhe aprofundar e comentar a Escritura mais do que muitos exegetas e teólogos da época. A fundação da Biblioteca Patrística, em 1835, havia-lhe permitido encontrar nos escritos dos Padres e na Igreja dos primeiros séculos a força e a coragem para empreender a "segunda reforma" (*Apologia*, 51).

1. *ESSAY IN AID OF A GRAMMAR OF ASSENT* – Se em muitos textos de sua fértil produção se encontram elementos próprios da problemática apologética – pensemos apenas nos *University Sermons*, em que com frequência ocorre o tema da relação fé-razão – é todavia à *Grammar of Assent* que devemos dirigir-nos para identificar o projeto de uma Teologia Fundamental que se propunha fundamentar a fé para o homem simples.

Este foi um tema que apaixonou Newman durante pelo menos trinta anos; em algumas notas de 1860 já escrevia: "Como pode a fé ser racional? Como pode o uso de sua inteligência ser definido como honesto e respeitoso para com seu criador? Se uma religião está aberta à *razão* e ao mesmo tempo a *todos* os homens, deve ser possível apresentar razões suficientes para convencer racionalmente cada indivíduo". Na *Grammar* confluem, como numa única síntese, as diversas problemáticas que haviam constituído objeto de estudo de Newman, desde o desenvolvimento do dogma até a tradição, até a necessidade de dar resposta racional ao assentimento de fé.

O texto não é de leitura fácil. Filosofia e teologia caminham sobre uma plataforma comum, mas sem se confundirem, permanecendo, antes, num forte equilíbrio; por vezes, parece até estarmos assistindo a uma recíproca integração com a remessa de uma para a outra. Só ingenuamente se pode pensar que, na *Gramática*, a teologia tenha um papel secundário. Depois da dimensão mais narrativa, ou catequética, já que se recorre à experiência do cotidiano, e porque a finalidade do livro é falar com o homem simples, a teologia desempenha um papel de autêntica protagonista. O verdadeiro centro de estudo é, na verdade, a fé do crente e, mais diretamente, do crente no ato de querer pesquisar justamente aqueles princípios que permitem verificar a certeza de sua decisão de fé.

Sem dúvida, como filho de sua época, Newman pertence àquela corrente de pensamento que tinha em Locke e Hume os progenitores de um empirismo experiencial; e, contudo, seu "empirismo" é diferente, porque é apenas premissa e não ponto-final de chegada. Portanto, sua pesquisa permanece plenamente teológica, porque intencionalmente realizada à luz da fé; mas, ao mesmo tempo, plenamente apologética, porque pronta a dar à razão seu desempenho peculiar, como elemento comum a todos os homens no buscar a fé e decidir-se por ela.

A *Gramática*, escrita em 1870, é composta de duas grandes partes: na primeira, estuda-se a relação entre *assentimento* e *apreensão*; na segunda, a relação entre *assentimento* e *inferência*. Na base desta relação, porém, estuda-se o papel do sujeito em sua atividade cognoscitiva e, mais especificamente, na dimensão religiosa.

O contexto em que a obra se situa é determinado por uma dupla objeção, que provém do liberalismo: *a.* Se a religião se propõe chegar ao exercício do amor e da adoração, por que a necessidade da profissão de fé? *b.* Por que a certeza de adesão à fé deve ser submetida à certeza das provas que esta fornece? Numa palavra, estamos diante da dificuldade de mostrar a necessidade do ato de fé professado e de sua inteligibilidade.

A resposta de Newman chega, antes de tudo, analisando as *modalidades* do conhecimento humano, que são de três ordens: 1. a *proposição*, que pode ser "nocional" e "real" (ex.: "o homem é um animal racional", "Filipe era o pai de Alexandre"), à qual corresponde 2. a *apreensão*, isto é, o ato mediante o qual se atribui um significado aos termos que compõem a proposição, se está no momento de sua interpretação. O conteúdo da apreensão são os objetos percebidos pelos sentidos; enquanto a apreensão "nocional" permite o progresso e o conhecimento especulativo, a "real", que é a mais importante, permite manter e conservar o saber. Com esta criam-se as *imagens* que favorecem a permanência em nós das experiências cognoscitivas e, mediante a "faculdade de combinação", ela suscita novas formas de pensamento. 3. Finalmente, o *assentimento* constitui "o ato com o qual se aceita absolutamente, de modo incondicionado, uma proposição" (G. 8). Ele está em relação com a apreensão e a indiferença.

Conforme dissemos, a primeira parte da *Gramática* é dedicada à relação com a apreensão. Esquematicamente, o procedimento de Newman desenvolve-se com a seguinte dinâmica.

O assentimento real permite o surgimento, no sujeito, de emoções e sentimentos que dinamicamente o impulsionam para a ação: o nocional, pelo contrário, projeta-o na contemplação de suas imagens mentais. Este esquema, reconduzido ao horizonte do dogma, proporcionará a possibilidade de reconhecer um assentimento real e um nocional. Ao primeiro corresponde a religião, que compromete o sujeito a viver; ao segundo corresponde a teologia, que exprime a reflexão do intelecto.

O assentimento, nos dois casos, permanece sempre como compromisso absoluto; todavia, dá-se a Newman a possibilidade de demonstrar que "os sentidos, as sensações, o instinto, as intuições nos fornecem fatos e depois o intelecto os elabora" (G. 60). Recupera-se, portanto uma primeira dimensão, a que reconhece um horizonte mais universal, a religião natural, que é posteriormente iluminada e interpretada pela revelação.

Partindo destas premissas, Newman continua seu estudo mostrando o movimento da mente humana quando se aproxima da "crença", vale dizer, do objeto material da fé. A proposição "creio num só Deus" é analisada em seu horizonte de apreensão e serve para estabelecer um ulterior princípio que continua a distinção anteriormente feita: a religião toca as proposições em seu apresentar-se individual ao sujeito, e só singularmente se dá um assentimento real; o geral e o sistemático, ao contrário, dizem respeito à teologia, razão pela qual tudo o que é matéria nocional é objeto de reflexão.

Para favorecer o assentimento real e, portanto, permitir que o que é crido se torne ação de vida, Newman recorre ao sentimento da *consciência*, porque esta, como senso moral e senso do dever, permite relacionar mormente o sujeito com seu agir e com seu viver coerente. A consciência do bem e do mal, todavia, não está orientada para as realidades inanimadas, é sempre relação interpessoal; é, pois, a esta altura que se coloca o princípio ético, como a descoberta de "uma imagem de um regente supremo, de um juiz santo, justo e poderoso" (G. 67). Mas, ao mesmo tempo, encontrou-se o princípio que garante o assentimento real. No homem, com efeito (Newman dirá na "criança": G. 68s), criam-se imagens que vão além da simples noção de divindade e permitem ver um compromisso concreto de vida, porque relacionam com o criador, com aquele que recompensa ou castiga, mas que, em todo caso, constitui um Deus pessoal, a quem se dá assentimento real e nocional.

Uma conclusão, a que chega esta primeira parte da *Gramática*, é constituída pelo fato de que o assentimento, real e religioso, é dado pelo sujeito à revelação tal como se apresenta em sua unidade singular e originária: "Quem crê no *depositum* crê também em todas as doutrinas contidas no *depositum*. Não pode sabê-las todas juntas, sabe algumas delas e desconhece outras, talvez só saiba o *Credo*, ou talvez só os artigos principais do *Credo*; mas saiba ele muito ou pouco, se crê na revelação ele se propõe a crer tudo aquilo que se deve crer, tão logo lhe seja apresentado. Tudo o que ele conhece, hoje, como verdade revelada, tudo o que conhecerá posteriormente, tudo o que existe para crer é por ele abraçado na intenção, com um único ato de fé" (G. 92). O conhecimento de Deus, que provém da revelação, não é, portanto, um conhecimento especulativo; é, antes, uma realidade que provoca uma responsabilidade moral e que exige o compromisso da vida inteira.

Na segunda parte da *Gramática*, faz-se a análise da relação entre assentimento e inferência; momento essencial, porque toca a demonstração da passagem que se faz da *probabilidade* para a *certeza*.

Uma explicação dos termos-chave usados pelo autor nesta parte poderá mais facilmente mostrar a dinâmica da demonstração newmaniana.

Antes de tudo, a *inferência.* Ela é distinguida em: *a.* "formal", que se exprime na forma do raciocínio, se realiza seguindo as regras da lógica e encontra no silogismo sua expressão melhor; e *b.* "não formal", o raciocínio que surge espontâneo e de modo natural. Entre inferência e assentimento a diferença é nítida. Com a primeira, aceita-se uma proposição de modo condicionado; com a segunda, de modo absoluto.

No fundo da demonstração de Newman deve-se ver a tese de Locke, segundo quem só se pode dar assentimento a proposições que sejam consideradas verdadeiras por força das provas aduzidas; o amor pelo verdadeiro, com efeito, impede de ir além das provas e da demonstração. Mas, para nosso autor, a experiência demonstra a fraqueza desta tese; pois se pode prestar assentimento independentemente da inferência.

O assentimento que incondicionadamente é dado, prossegue Newman, é sempre aceitação de verdades e, portanto, como tal, nunca pode ser acolhido apenas *sub conditione.* A verdade, ou aceita-se como tal ou recusa-se. Este assentimento direto à verdade é chamado "simples", isto é, o próprio ato com que se presta assentimento. De *per si*, é imutável; pois, se sobreviessem modificações, estas seriam somente na ordem da intensidade da experiência, mas não no ato como tal.

Todavia, do assentimento simples é necessário passar para o assentimento "reflexo", ou, com mais propriedade, à *certeza.* A esta altura é preciso pôr em ação a *investigation*, ou *inquiry*, que se distingue da procura. Pois a procura implica a dúvida, e a investigação não (G. 116). Quem investiga, fá-lo porque quer compreender a credibilidade, sem ter que cair em contradição ou revogando a verdade à qual assente, ao passo que quem procura ainda não achou e, portanto, de *per si*, ainda não crê. Numa palavra, o assentimento reflexo é a certeza dos motivos e dos pressupostos do assentimento dado.

Mas o problema ainda não está solucionado. De que maneira se passa ao assentimento absoluto? Newman introduz o conceito de *illative sense* [sentido ilativo]. Se a referência à *phrónēsis* aristotélica parece ser a primeira a apresentar-se à mente, é preciso todavia especificar a peculiaridade do conceito no uso da *Gramática.*

Enquanto a *phrónēsis* de Aristóteles está confinada à esfera da moral e exprime o juízo ético, em Newman o *illative sense* está aberto a todo o âmbito gnoseológico. É o juízo que indaga sobre o verdadeiro e que, para além de toda técnica individual, decide como e quando passar da inferência para o assentimento. É uma atividade natural, íntima do homem, que o põe sempre em referência ao concreto, desenvolve-se por força da experiência e está sempre presente lá onde o sujeito está agindo. Enfim, o *illative sense* é o princípio que cria consciência e síntese das diversas probabilidades, que só conjuntamente proporcionam certeza. Portanto, através do *illative sense* adquire-se condição de apreender o ponto de convergência de uma série de dados que, se tomados singularmente, só poderiam proporcionar probabilidade, mas à luz do *illative sense*, que os apreende como um todo, geram certeza.

Após este procedimento, também para a segunda parte, o capítulo conclusivo é dedicado ao problema religioso. A revelação, conclui Newman, não é um texto filosófico e também não um conjunto de verdades abstratas; é, antes, um ensinamento autorizado, que faz fé por si mesmo, não necessita de "provas" externas e, muito menos, representa algo de opinável. A revelação é uma totalidade, uma evidência, uma universalidade que se dá por si; e, contudo, também neste caso é possível mostrar a necessidade do assentimento.

Dois dados são apresentados por nosso autor: 1. a *religião natural*, que é possível descobrir presente em cada um, se se refletir sobre a consciência, sobre o sofrimento e sobre o sacrifício; 2. o *acúmulo das probabilidades*, que constitui o "princípio essencial" (G. 255) do raciocínio newmaniano.

Analisando vários elementos, independentes um do outro (p. ex., religião natural, as religiões históricas e o senso de realização presente nelas, o senso do pecado, a religião hebraica, Jesus de Nazaré, a Igreja), mas tomados em sua globalidade, portanto como um acúmulo de probabilidades, Newman chega à conclusão de que "existe uma única religião que tende a satisfazer às aspirações, às necessidades, aos pressentimentos da fé e da devoção natural. Talvez se possa dizer que eu, educado na fé cristã, a julgo com sua medida, mas não é assim. Não é assim porque em grande parte colhi das várias religiões minha ideia sobre o que deve ser uma revelação...; além disso, eu a privilegio também por uma razão que emerge com plena evidência de sua história: só ela possui uma mensagem definitiva, dirigida à humanidade inteira" (G. 267).

2. ATUALIDADE DO PROJETO – Com este projeto é lícito pensar que estamos diante de uma apologética com traços contemporâneos, capaz de provocar também o homem do século XX. Encontramos aqui uma "dialética existencial" que, por seu método indutivo, obriga a refletir sobre a fé partindo de nossa condição humana.

A primeira característica deste projeto é determinada pelo fato de que o sujeito se torna de novo parceiro do discurso teológico. Não mais a doutrina abstrata em si, mas, antes de tudo, o *real man*, o homem concreto, que enfrenta o tema definitivo do → sentido. É a partir da experiência, que cada um sente como pessoal, que Newman conseguiu enxergar o componente universal da fé cristã. Assumiu a experiência privilegiadamente como leitura psicológica, mas não se limitando a ela. Atingindo a ética e a história, produziu também aquela parte de filosofia que se deve considerar como premissa para a reflexão metafísica de *L'Action* blondeliana. Newman não podia ir além, mas o ponto identificado permanece seguramente como um elemento do qual a análise teológica não poderá prescindir.

O tema da história e de uma consciência histórica (→ História, I), tão constantemente presente em suas obras, faz pensar numa originalidade precursora para nosso presente teológico, e não somente isto.

A problemática da fé, tal como é enfrentada por Newman, tão ligada ao homem concreto, a ponto de provocá-lo para uma experiência vivida, é outra característica que emerge deste projeto apologético. A fé é considerada como um ato global, um conjunto de sentimento, de razão e de práxis. A fé como resposta e necessidade para *todos* os homens, pois a universalidade é a característica da própria revelação.

Na *Gramática* responde-se justamente a este quesito: a fé para todos os homens e para o homem inteiro. A pessoa simples, como o especialista, chega a compreender o sentido deste ato que exprime a força da razão e a grandeza do amor.

O amor é o protagonista do *opus* newmaniano, pois constitui a redescoberta de uma necessidade interna, íntima a cada um, que provém de um ato de amor, aquele visível na morte de Jesus: "Existe um nome que sobrevive, e é o de um homem que viveu na obscuridade e morreu como malfeitor. Passaram-se dezoito séculos [sic], mas este nome ainda tem o mesmo impacto sobre as mentes humanas. Apoderou-se do mundo e ainda o detém" (G. 304).

Com sensibilidade diferente e com outros termos, é novamente proposta a cada homem a imutável necessidade de crer. Para Newman, esta assenta sobre a verdade, "que é uma só", sobre o senso do pecado e sobre a concretude da experiência pessoal; mas, como para os maiores apologetas, na base existe ainda o tema central da rendição da razão diante do mistério. *Surrender of reason* não é o render-se passivo e infrutuoso, mas aquele que, depois de ter percorrido todas as passagens de seu procedimento racional, justamente por isto se entrega à obediência da adoração.

Bibl. – J.H. Newman, *The Letters and Diaries of J.H. Newman*, vol. I-XXXI; Id., *Parochial and Plain Sermons*, vol. I-VIII, Londres 1869; Id., *Oxford University Sermons*, Londres 1880; Id., *Grammatica dell'assenso*, Milão 1980; Id., *Apologia pro vita sua*, Milão 1982; E. Przywara, *Religionsbegründung. M. Scheler und J.H. Newman*, Friburgo 1923; R. Aubert, *Newman, une psychologie concrète de la foi et une apologétique existentielle*, s.d.; Id., *Le problème de l'acte de foi*, Louvain 1945; J.H. Walgrave, *J.H. Newman: His Personality, His Principles, His Fundamental Doctrines*, Louvain 1977; Vários autores, *J.H. Newman Theologian and Cardinal*, Roma-Brescia 1981; P. Gauthier, *Newman et Blondel. Tradition et développement du dogme*, Paris 1988.

RINO FISICHELLA

O

ORÍGENES

Falar de Teologia Fundamental a propósito de Orígenes pode parecer anacrônico, já que sua teologia desconhece as distinções entre as disciplinas e é sempre ao mesmo tempo exegética, espiritual e especulativa. Contudo, escreveu a obra apologética mais considerável da época pré-nicena, o *Contra Celso*, refutação do *Discurso verídico* de Celso, filósofo do platonismo médio, citando em sua resposta amplos extratos de Celso. Além disso, têm pertinência com a Teologia Fundamental temas discutidos no *Tratado sobre os princípios* ou *Peri Archôn*, ou também nos comentários e nas homilias.

1. DEUS – Pode surpreender-nos o fato de não se encontrar na obra de Orígenes nenhum ensaio de prova da existência de Deus. Os ateus são raros na época e Celso está bem longe de sê-lo. Em compensação, Orígenes volta com frequência à incorporeidade de Deus e da alma; com efeito, tratava-se de aspectos desconhecidos a muitos cristãos, antropomorfistas que entendem literalmente os antroporfismos da Escritura e atribuem a Deus membros corporais e paixões humanas; milenaristas ou quiliastas que, em razão de uma leitura excessivamente literal de Ap 20,1-6, creem num reino de mil anos de Cristo e dos mártires na Jerusalém terrena, numa “primeira ressurreição” que antecede à definitiva. Não são hereges e o próprio Orígenes não faz menção da incorporeidade de Deus, na exposição da regra de fé do prefácio ao *Tratado sobre os princípios*, ao passo que o capítulo seguinte (I,1) é dedicado a esta matéria. Mas ao homem na terra é impossível conhecer Deus e falar dele sem representá-lo como homem e esta é, segundo Orígenes, uma das razões da encarnação do Filho, que se fez homem para manifestar a divindade através de sua humanidade. A criação do mundo a partir do nada é afirmada reiteradas vezes, tanto pelo *Tratado sobre os princípios* (cf. I,3,3) quanto pelo *Comentário sobre João* (I, 17[18],103), baseando-se em 2 Mc 7,28 e no *Pastor* de Hermas (Prec. 1[26],1), que Orígenes muitas vezes considera como Escritura. Se a noção de providência se encontra nos platônicos e nos estoicos, ela é entendida por Orígenes e por seu discípulo Gregório o Taumaturgo no *Agradecimento a Orígenes* de maneira muito mais personalista. O Uno de Plotino, condiscípulo de Orígenes, volta-se somente para si mesmo e a Providência, uma Providência que quase não conhece a pessoa, incumbe à segunda e terceira hipóstases; o Pai origeniano, ao invés, é constantemente associado, na Providência e na Criação, à obra do Filho.

2. JESUS – A discussão sobre Jesus ocupa boa parte dos primeiros livros do *Contra Celso*. Celso esquadrinha a vida de Jesus, encontrando sempre ocasião para acusações ou incredulidade; a morte na cruz ocupa, entre estas, um lugar privilegiado. Orígenes não fica sem resposta. Sua defesa apresenta vários tipos de argumentação que acabarão se tornando clássicos. Jesus foi profetizado pelo AT e realizou plenamente tais profecias; com o mesmo raciocínio, demonstra, no *Tratado sobre os princípios* (IV, 1), a inspiração das Escrituras, já que as profecias foram cumpridas por Cristo. Também os milagres de Jesus não são efeito da magia, como pretende Celso, que opõe a estes os fatos maravilhosos do paganismo (cf. F. Mosetto, *I miracoli evangelici nel dibattito tra Celso e Origene*, Roma, 1987). Mas o argumento fundamental que valoriza os milagres de Jesus e toda a sua missão neste mundo é a extensão, o número e a profundidade das conversões morais que Jesus suscitou. Seus milagres têm por objetivo o bem da humanidade, ao passo que os fatos maravilhosos invocados pelo pagão Celso são meros prodígios, espiritual e moralmente indiferentes. Orígenes fala por experiência: constatou o número e a qualidade destas transformações, provocadas pela pregação cristã, que arranca os homens de uma vida dissoluta e egoísta e os conduz à virtude. Enquanto os antigos legisladores nunca conseguiram fazer com que suas leis fossem adotadas por estrangeiros, todas as regiões do mundo conhecido de Orígenes estão cheias de cristãos, entre os quais muitos aceitam sofrer a tortura e a morte, para permanecerem fiéis à fé que Jesus pregou. A insuficiência dos recursos humanos desta pregação – o reduzido número de apóstolos, que eram até iletrados – sublinha ainda com mais clareza que este sucesso é devido exclusivamente à graça divina: outro tanto diga-se do pouco valor literário das Escrituras, vasos de barro que contêm a Palavra de Deus. Os sofrimentos e os martírios suportados pelos cristãos são igualmente invocados como provas da veracidade de seu testemunho (*CCels* III, 27).

3. REVELAÇÃO E ESCRITURA – Para Orígenes, o Verbo e a Escritura são ao mesmo tempo revelação, na medida em que não constituem duas realidades distintas. Efetivamente, ambos são Palavra de Deus: ora, Deus não tem duas palavras, mas uma só. Portanto, a Escritura já é uma encarnação do Verbo na letra, análoga à carne, não uma encarnação que se acrescenta à única encarnação, mas relativa a esta última, que a prepara (Antigo Testamento) e a relata (Novo Testamento); na expectativa da realização definitiva, quando a humanidade, divinizada em Cristo e tornada interna a Ele, verá o Pai com os mesmos olhos do Filho. Por conseguinte, a Escritura se identifica de certo modo com o Verbo encarnado e é, como a encarnação, obra do Espírito: não se consegue compreendê-la se não se tiver dentro de si o mesmo Espírito que a inspirou. O carisma do hagiógrafo é semelhante ao carisma de quem a lê e a compreende; portanto, também compreender a Escritura é uma revelação. Para além do sentido literal ou histórico e corporal, que Orígenes considera como a materialidade bruta do que é dito, se fosse possível, antes de qualquer interpretação – à diferença de alguns contemporâneos nossos, para os quais o sentido literal é o que o autor humano quis exprimir – a verdadeira compreensão do texto busca atingir o sentido pretendido pelo Espírito, o sentido espiritual. O sentido espiritual ou alegórico do AT diz respeito a Cristo e a todas as realidades na nova aliança, pois Ele é a chave das antigas Escrituras. Para afirmar isto, Orígenes baseia-se em numerosos textos do NT, sobretudo paulinos e joaneicos, dos quais os mais importantes são 1Cor 10,1-11; Gl 4,21-31 e 2Cor 3,7-18: estes mostram que alguns episódios veterotestamentários prefiguram realidades neotestamentárias e que o AT permanece escondido a quem não se tiver voltado para Cristo.

De resto, se antes de tudo a revelação é Cristo, o AT seria revelação, já que nem tudo fala de Cristo? Mas o NT tem também um sentido espiritual, cujo significado é duplo. Primeiro, aplica ao cristão o que é dito sobre Cristo. Em seguida, profetiza os bens da beatitude, mas com uma profecia que já é realização do que profetiza. Com efeito, o Evangelho que vivemos na terra, o Evangelho temporal ou sensível, é diferente do Evangelho eterno, inteligível ou espiritual, somente para a *epínoia*, um conceito humano: isto significa que não se distinguem para a *hipóstase*, o *prágma*, a realidade. Para ela não passam de uma coisa só (*ComJn*, I, 8 [10],44; cf. H. Crouzel, *Origène et la "connaissance mystique"*, Bruges-Paris, 1961, 352-361). A única diferença entre eles é a da visão "como que num espelho, de maneira confusa" – a única possível na terra – e a visão "face a face", da eternidade (1Cor 13,12). Nesta distinção está contido implicitamente todo o sacramentalismo cristão, começando pelo "sacramento" supremo, isto é, Cristo, homem no qual "habita corporalmente toda a plenitude da divindade" (Cl 2,9).

Contrariamente ao que muitas vezes se afirma, com base em impressões excessivamente apressadas, Orígenes não despreza o sentido literal e muitas homilias são baseadas principalmente nele. Gramático e filólogo por formação (cf. B. Neuschäfer, *Orígenes als Philologe*, 2 tomos, Basel, 1987), explica-o muitas vezes recorrendo a todo tipo de pesquisas gramaticais, científicas, históricas, geográficas, incursões aos costumes hebraicos e consulta a diversos manuscritos. Não se deve esquecer o colossal trabalho de exegese crítica de seus *Hexapla*, para chegar a um texto seguro. Podemos sem dúvida alguma ver nele o principal exegeta crítico e literal da época pré-nicena e um dos mais importantes da Antiguidade. Donde vem então a reputação que tem de desprezar o sentido literal? Ela deve-se ao fato de Orígenes às vezes declarar que em certos textos o sentido literal é inexistente. Mas, se levarmos em conta sua definição de sentido literal acima indicada, é verdade que este significado está ausente, quando a Escritura fala uma linguagem figurada. Por outro lado, os preceitos do AT de ordem jurídica e cerimonial foram abolidos por Cristo: por isso, *para nós* não têm um sentido literal válido. Mas os livros que os contêm, por exemplo, o *Levítico*, foram-nos dados "para admoestação nossa, de nós para quem chegou o fim dos tempos" (1Cor 10,11). Para nós, portanto, têm somente um sentido espiritual. Acrescentemos a isto alguma contradição ou coisa bizarra, presente no texto bíblico, do qual grande parte deriva da versão dos Setenta, que Orígenes, não obstante um certo conhecimento do hebraico, considera, como todos os Padres anteriores a Jerônimo, o texto inspirado e canônico, o que os apóstolos deram à Igreja (cf. *PArch* IV, 3,1-3). Por outro lado, para que serviriam os relatos contidos na Escritura, se não lhes tirássemos pelo menos uma lição moral? O objetivo de Orígenes não tem nada a ver com o do historiador e do arqueólogo; é, sim, o do pastor, preocupado com fazer o leitor ou o ouvinte progredirem moral e espiritualmente.

Em geral, o sentido espiritual deriva do sentido literal e não é um simples sentido acomodatício mais ou menos arbitrário: não criemos dificuldades demais no tocante a algumas exceções que poderíamos encontrar. Em muitos casos, Orígenes parte de uma explicação alegórica, já indicada no NT: explica-a, amplia-a, desenvolve-a. Quando não encontra nada no NT, sugere com modéstia o que lhe vem à mente, não como rígida exegese, mas como tentativa contingente, declarando-se às vezes pronto a abandonar sua explicação, se alguém lhe indicar uma melhor. O contexto da descoberta de uma exegese espiritual é espiritual no sentido mais preciso do termo. É a oração na qual o Espírito Santo, presente na alma, desempenha, como dissemos, o mesmo papel inspirador que tem ao inspirar o profeta: existe, portanto, uma espécie de iluminação interior. Para compreender autenticamente a Escritura, é preciso ter o *noús*, a mentalidade de Cristo, como é afirmado em numerosos textos. No início do *Comentário sobre João* (I, 4[6],23-24), numa célebre passagem, Orígenes vê no Evangelho de João as primícias do Evangelho e afirma que só pode compreendê-lo quem se tiver tornado um outro João, isto é, um outro Jesus, pois João foi dado por filho a Maria, o próprio Jesus o colocou em seu próprio lugar (Jo 19,26). É aquele em quem Cristo vive e que, portanto, tem a mentalidade de Cristo (1Cor 2,16). Cristo é, pois, o verdadeiro autor dos dois testamentos – vimos que o Verbo e a Escritura constituem uma única Palavra de Deus – e, segundo um princípio que remonta ao gramático Aristarco de Samotrácia (217-145), interpreta-se adequadamente um texto somente reencontrado em nós mesmos a mentalidade do autor (cf. R. Gögler, *Zur Theologie des biblischen Wortes*, Düsseldorf, 1963, 45-46). Este princípio filológico ajuda a compreender sua aplicação de ordem teológica da parte do Alexandrino.

Da oração, o sentido espiritual passa para a homilia pregada e para o comentário escrito. Conserva, portanto, um sentido subjetivo, segundo a acepção filosófica do termo: esta palavra divina é dirigida a uma inteligência individual, mas isto não significa que não seja comunicável. Não se trata, portanto, de um significado válido para todos e o pregador deve exprimi-lo com prudência. Com efeito, se o ouvinte ou o leitor não estiver à devida altura espiritual, o sentido espiritual pode fazer-lhe mal e, sendo mal-entendido, pode prejudicar os irmãos, pois se requer uma certa disposição espiritual, dom da graça, para exprimir ou para acolher uma interpretação deste gênero.

Entre os dois testamentos existe, por conseguinte, uma correspondência e uma ligação íntima; segundo Orígenes, isto defende com sucesso o valor do AT contra os marcionitas e os outros gnósticos, que o desvalorizam ou até o condenam, assim como condenam o Deus criador, em seu entender separado do Pai de Jesus Cristo. O AT contém a promessa que será realizada "como que num espelho, de maneira confusa" no Novo, "face a face" na beatitude (1Cor 13,12). Em alguns textos, corrigidos por outros, Orígenes até exagera a importância do AT, sustentando que patriarcas e profetas tiveram um conhecimento das realidades divinas não inferior ao dos apóstolos, embora sem verem a realização do mistério escondido (*ComJn* VI, 3-5 [2],15-30). Mas depois, no mesmo *Comentário sobre João* (XIII, 48,314-319), considera os profetas como os semeadores e os apóstolos como os ceifadores, segundo Jo 4,36. Segundo outras passagens, foi na

Transfiguração que Moisés e Elias receberam a plena revelação de Cristo: os outros santos do AT esperaram a descida de Cristo ao Hades depois de sua morte. Cumpre também notar que a expressão paulina "como que num espelho, de maneira confusa" é aplicada somente ao tempo do NT, distinto do Evangelho eterno: não a encontramos nunca atribuída ao AT, que fornece apenas um pressentimento, um desejo, uma esperança e não, como o Novo, uma posse real, ainda que imperfeita, das "verdadeiras" realidades, os mistérios divinos.

Contudo, a Escritura não é a única revelação de Deus. O homem encontra Deus, antes de tudo, em sua natureza; com efeito, da mesma forma que o anjo – e também o demônio, o qual, porém, renegou sua participação em Deus – foi criado à imagem de Deus, imagem que é sempre o Verbo, esta doutrina ocupa um lugar capital no conhecimento que o homem tem de Deus: com efeito, só o semelhante conhece o semelhante, pois o reencontra em si mesmo. A meditação da Escritura – a *théia anágnōsis*, a *lectio divina* – tem como pressuposto este conhecimento da imagem de Deus, reencontrada em nós mesmos e que progride com a graça e o exercício da vida cristã. E não é só isto. Embora os seres racionais sejam os únicos, falando-se com propriedade, que foram criados à imagem de Deus mesmo, outros seres são as imagens de mistérios divinos, seres sensíveis dos quais a Bíblia fala continuamente. E estes mistérios, correspondentes às ideias platônicas que englobam, estão todos contidos no filho de Deus, mundo inteligível enquanto Sabedoria. Em última análise, é sempre o Verbo o revelador, seja através da natureza humana, seja através do mundo sensível e da Escritura.

4. LIVRE-ARBÍTRIO DO HOMEM – O livre-arbítrio é o conceito essencial que domina a concepção do homem em Orígenes. Dedica-lhe um dos capítulos mais conhecidos do *Tratado sobre os princípios*, que exerceu grande influência sobre os pósteros: aí soluciona as objeções de origem escriturística, levantadas contra esta prerrogativa maior do homem. Sua insistência explica-se pelo perigo que, na época, corria a própria existência do livre-arbítrio em ambiente pagão, por causa de algumas seitas filosóficas, da astrologia, da crença na magia e na *heimarménē*, o destino; e, em campo cristão, por parte dos gnósticos, como os valentinianos, que não atribuíam lugar algum ao livre-arbítrio na salvação dos "pneumáticos" ou na condenação dos "hílicos", consideradas como consequências da natureza com a qual foram criados.

Antes de falarmos do livre-arbítrio, digamos algo sobre o conteúdo antropológico em que ele se insere. O homem é formado por três elementos: talvez fosse melhor falar de tendências, pois esta antropologia é mais dinâmica do que ontológica. Estão listados em 1Ts 5,23 e, a despeito de um preconceito bastante difundido, têm poucas relações com a tricotomia platônica. Existe antes de tudo o espírito (*pnéuma, spiritus*), participação no Espírito Santo, guia e mentor da alma, dom divino que, falando-se com propriedade, não faz parte da essência do homem: corresponde, com alguma pequena diferença, à graça santificante da teologia posterior. O elemento essencial do homem é a alma (*psychê, anima*): repetidas vezes Orígenes define o homem como alma que se serve do corpo (assim *PArch* IV, 2,7). A alma é a sede da personalidade, do livre-arbítrio e também da participação do homem na imagem de Deus. Mas a alma está dividida no fundo de si mesma, não em decorrência da criação, mas como consequência do pecado original, que Orígenes representa na perspectiva da hipótese por ele preferida: a preexistência das almas. A parte – ou melhor, a tendência – superior da alma a atrai para o *pnéuma*, do qual é discípula. Esta última é designada seja pelo termo platônico *noús, mens*, inteligência – não a denominamos espírito para não confundi-la com o *pnéuma* – seja pelo termo estoico *hēgemonikón*, parte dominante, em latim *principale cordis, principale mentis, principale animae*, seja pelo termo bíblico *kardía, cor*, coração. Mas, depois da queda, a esta se uniu uma parte ou tendência inferior, que a atrai para o corpo carnal e é designada com vários termos, sobretudo o derivado de Rm 5,6-7, *phrónēma tês sarkós*, pensamento da carne, em latim *sensus carnis* ou *sensus carnalis*; por vezes, encontramos simplesmente *sárx* ou *caro*, carne, termo sempre depreciativo, que não designa o corpo, mas esta parte inferior da alma. No que concerne ao corpo (*soma, corpus*), terceiro elemento, é uma noção plurívoca: com mais frequência designa o corpo carnal do homem, mas pode também exprimir os diversos tipos de corpos que Orígenes distingue na história das origens humanas: corpos etéreos ou "cintilantes" – o éter corresponde ao grau mais sutil da matéria – dos anjos, das inteligências preexistentes, dos justos ressuscitados; corpos umbrosos e obscuros dos demônios e dos ímpios ressuscitados. Com efeito, o corpo é o sinal da condição de criatura, já que só a Trindade é absolutamente incorpórea, como afirma repetidas vezes o *Tratado sobre os princípios* (I, 6,4; II, 2,2; IV, 3,15[27]). Um fragmento conservado por Metódio de Olimpo (*De Resurrectione* III, 17-18) supõe também que a alma, entre a morte e a ressurreição, permaneça revestida de um invólucro corpóreo, análogo ao "veículo" (*óchēma*) do platonismo médio. Mas, segundo uma constante da física grega, que distingue da matéria a qualidade que a reveste, a passagem do estado preexistente para o estado terreno e depois para o estado ressuscitado não supõe uma mudança de corpo, mas somente de qualidade.

É neste contexto de três períodos – preexistência, vida terrena ou atual, vida ressuscitada – que se situa a aventura do livre-arbítrio: ele é dado por Deus à alma racional, para que adira a ele com um movimento da vontade, mas torna possível também a recusa. Segundo a hipótese preferida por Orígenes, todas as criaturas racionais que, depois da queda, se tornarão anjos, homens ou demônios, foram criadas juntas em igualdade completa. Entre elas distinguia-se somente a "inteligência" unida ao Verbo que, a tal união, dava a "forma de Deus" (Fl 2,6) e que, por isto, era absolutamente impecável, gozando também do livre-arbítrio; mais adiante veremos a razão deste paradoxo. Cristo, em sua humanidade preexistente, era assim o Esposo da Igreja da preexistência, formada por todas as outras "inteligências". Estas últimas viviam na contemplação de Deus. Mas, em sua maioria, recusaram a Deus, em graus diversos, seja por um esfriamento de seu fervor, que as fez "almas" – *psychê*, alma, é aproximado por Orígenes a *pshychós*, frio; a alma é, portanto, um esfriamento da inteligência primitiva – seja pelo desgosto da contemplação, *kóros* ou *satietas*, análoga à "accidia", que constituirá, segundo o monaquismo oriental, uma das maiores tentações do monge. Esta queda é o efeito negativo do livre-arbítrio, do qual as criaturas racionais eram dotadas desde o começo. De acordo com a importância de tal efeito, as criaturas serão divididas em anjos, homens e demônios, e as condições nas quais os homens nascerão dependerão da gravidade da queda. O castigo misericordioso dos anjos será o de ajudar os homens a se salvarem e de governar os vários reinos da natureza. Por sua vez, os demônios estarão empenhados, segundo a opção má de seu livre-arbítrio, em impedir a salvação dos homens. Os homens pecaram, mas podem ser curados. Como prova, Deus cria para eles o mundo sensível e, para viver nele, seu corpo, até aquele momento etéreo, assume uma qualidade terrena. Em que consiste esta prova do livre-arbítrio que motivará a redenção operada por Cristo? Podemos deduzir isto da concepção do pecado, que Orígenes exprime constantemente no seu aspecto antropocêntrico. As realidades deste mundo terreno, como dissemos, são as imagens dos mistérios divinos. Seu objetivo é o de suscitar o desejo através de sua beleza, ainda que a alma não deva fixar-se nelas; seria como se, caminhando para uma cidade, parássemos num cartaz indicador, pensando já termos chegado. Em outras palavras, o pecado consiste em considerar como sendo o absoluto, hipócrita, mas voluntariamente, o que é apenas uma imagem deficiente do absoluto, sem continuar a caminhar para o absoluto, do qual esta imagem mostra apenas a direção. Quando, para prosseguir seu itinerário para Deus, o homem se separa do que é apenas imagem – uma imagem inocente em si mesma, sem dúvida, tentadora só devido ao egoísmo do homem – oferece a Deus o amor que o salva.

Deus respeita este livre-arbítrio, tal como faz o Verbo, cuja encarnação não tem o objetivo de obrigar o homem, mas de motivá-lo em sua caminhada para Deus e de dar-lhe força para realizá-la. Isto é demonstrado por uma controvérsia com os montanistas, seita a que havia aderido Tertuliano. Em conformidade com certas opiniões manifestadas entre os gregos, a propósito da inspiração poética e mântica, os montanistas sustentavam que, quando o Espírito Santo inspira os profetas, afasta sua inteligência, sua consciência e sua liberdade para substituir-se a elas; o profeta é um instrumento, o plectro que faz ressoar a lira (Epifânio de Salamina, *Panarion* 48, 4,1). Orígenes opõe-se decididamente a isto. O Espírito Santo coloca o profeta num estado de supraconsciência e de supraliberdade, se assim se puder dizer: é de maneira livre e consciente que o profeta colabora com Ele. Somente o diabo "possui", obnubilando a inteligência e bloqueando a liberdade. Daqui Orígenes tira sua regra fundamental do "discernimento dos espíritos" (F. Marty, "Le discernement des esprits dans le *Perí Archôn* d'Origène", RAMy 34, 1958, 147-164, 253-274). Somente para os demônios concebe a possibilidade de que "a malícia duradoura e inveterada se mude, pelo hábito, de certo modo, em natureza", suprimindo assim o livre-arbítrio (*PArch* I, 6,3).

Mas para Orígenes o livre-arbítrio é somente um aspecto da liberdade, da qual sua doutrina espiritual apresenta, sem deter-se muito nela, uma concepção toda ela paulina: quem adere a Deus liberta-se, quem se afasta de Deus torna-se escravo, recaindo sob o peso dos determinismos animais. Esta liberdade manifesta-se supremamente na alma humana de Cristo, uma alma como todas as demais, dotada, também ela, de livre-arbítrio, mas que se tornou totalmente impecável pela infinita caridade com que é cumulada por sua união ao Verbo, tirando-lhe a "acidentalidade" da criatura para fazê-la participar da "substancialidade" da Trindade. Repetidas vezes Orígenes aplica, em certa medida, esta concepção da liberdade ao justo, chegando a falar como conceito-limite de sua imutabilidade no bem, ainda que afirme alhures que todo homem permanece pecador. Assim como na alma de Cristo a caridade transformou "em natureza, em decorrência de um longo hábito... o que se encontrava na vontade" (*PArch* II, 6,5), isto acontece também no justo, dentro das devidas proporções. Percebemos aqui o paradoxo da liberdade: a malícia dos demônios, transformada em natureza, em decorrência do hábito, bloqueou o livre-arbítrio: para Cristo, e em certa medida também para o justo, a caridade, transformada em natureza, em decorrência do hábito, exalta a liberdade, uma liberdade que floresce com a adesão a Deus.

O problema da conciliação do livre-arbítrio com o pré-conhecimento divino é frequentemente colocado por Orígenes, por exemplo no *Contra Celso* (II, 18-20), a propósito da traição de Judas. Sua resposta é a seguinte: "Não é quem prediz que é a causa do acontecimento futuro, (só) porque predisse que acontecerá; mas o acontecimento futuro, que ocorreria também sem ter sido predito, fornece ao vidente a razão de predizê-lo" (*SC* 132, p. 337). No que tange à célebre questão teológica da conciliação do livre-arbítrio com a graça divina, Orígenes, não obstante alguns textos insuficientes que derivam do que ele viveu antes de a questão se colocar com clareza a propósito de Pelágio, no *Comentário sobre João* (*IV*, 36[20]),181) dá-lhe uma resposta que o Concílio de Orange não teria desautorizado: a despeito da afirmação de Jerônimo, Orígenes não é o pai nem do pelagianismo nem do semipelagianismo. O capítulo do *Tratado sobre os princípios* que diz respeito ao livre-arbítrio (11,1), desde que considerado em seu conjunto, chega às mesmas conclusões.

5. RAZÃO E FÉ – O problema das relações entre → razão e fé não se coloca para Orígenes da mesma forma como se coloca para muitos modernos. Com efeito, se o Verbo, enquanto Palavra e revelação, é a origem da fé, é também a Razão, segundo o duplo sentido do termo grego que o designa, Logos, que significa ao mesmo tempo Palavra e Razão. A razão não é estranha a Deus e ao Filho que é a Razão eterna do Pai. Por isto, Orígenes destaca com vivacidade as acusações de Celso, que censuravam os cristãos de se entregarem a uma fé não raciocinada e demonstra como no cristianismo se encontra um atento exame das fontes e do conteúdo da fé em auxílio da razão. Do cristianismo brota uma verdadeira sabedoria, ainda que, com muita frequência, oposta à sabedoria pagã ou ateia, sobretudo quando prega a cruz (*CCels* I,9-13). Um capítulo do *Tratado sobre os princípios* (III,3,1-3) leva como título: "Sobre a tríplice sabedoria" e explica 1Cor 2,6-

7. A "sabedoria do mundo" corresponde às diversas artes ou ciências: em si mesma não fornece nenhuma ideia de Deus. Todavia, o *Agradecimento a Orígenes*, de Gregório o Taumaturgo (VIII, 109-114), mostra o mestre que ensina estas ciências num espírito todo religioso e, em conformidade com o *Comentário sobre Romanos*, de acordo com um fragmento grego (Schérer, 230, 1.9s) que explica Ex 31,35, os artistas que construíram e adornaram o Tabernáculo agiam sob inspiração do Espírito de Deus. Com efeito, "a sabedoria de Deus ajuda quem tem a sabedoria humana e se prepara para receber a sabedoria divina". Daí há que se concluir que, se a "sabedoria deste mundo", com a qual "concebemos e compreendemos o que é deste mundo" (*PArch* III,3,2), não fala em si mesma de Deus, não é todavia incompatível com a visão religiosa. A "sabedoria dos príncipes deste mundo", isto é, dos anjos ou dos demônios que governam as nações, corresponde às ciências próprias de cada nação, a "aquilo que se define [como sendo] a filosofia misteriosa e oculta dos egípcios, a astrologia dos caldeus, a sabedoria dos indianos que prometem o conhecimento das realidades superiores e as variadas e múltiplas opiniões dos gregos sobre a divindade" (*PArch* III, 3,2). Orígenes muitas vezes expressou sobre a filosofia grega uma opinião bem matizada, variável conforme as escolas, menos otimista do que a do seu mestre Clemente. A carta a Gregório Taumaturgo aceita que seja usada pelos cristãos para construir a "divina filosofia" do cristianismo e ele mesmo faz amplo uso dela em sua pesquisa teológica (cf. H. Crouzel, *Origène et la philosophie*, Paris 1962). Mas não esconde que esta operação é delicada e que uma utilização sem precauções da filosofia grega poderia conduzir à heresia (*Carta a Gregório*, SC 148).

Como regra geral, podemos dizer que, para Orígenes, não há distância entre a revelação e a razão, pois ambas são o Logos, filho de Deus. Isto confere correntemente à razão um senso mais sobrenatural do que natural, segundo uma distinção que não lhe é familiar; o mesmo podemos dizer do termo *logikós*, racional. O filho de Deus foi agente da criação, como Sabedoria e Logos. Enquanto Sabedoria, tinha em si as ideias de tipo platônico e as "razões" estoicas, isto é, os planos e os germes da criação futura; enquanto Logos, expressou-os nos seres reais. Mas nisto atiçou o livre-arbítrio dos homens, como vimos, e é por isto que na filosofia existe o verdadeiro e o falso. Seu uso demanda um constante discernimento à luz da fé. Contudo, o exercício da razão é indispensável para o cristão, como é demonstrado pelo prefácio do *Tratado sobre os princípios*, pois, se bem que os apóstolos tenham dado aos cristãos "tudo o que consideraram necessário", deixaram aos crentes, inspirados pelo Espírito Santo, a preocupação de procurar "o modo de ser" e a "origem" das realidades que eles revelaram e o cuidado de unir tudo isto num "corpo doutrinal... com a ajuda de asserções claras e necessárias" que estabeleçam "a verdade de cada ponto", "com a ajuda de comparações e afirmações, encontradas nas Sagradas Escrituras ou descobertas procurando a consequência lógica e seguindo um raciocínio correto" (*PArch* pref. 3 e 10).

Celso acusa os cristãos de fugirem do espírito crítico e de quererem uma fé cega. Orígenes, como vimos, responde que todos os cristãos que podem são convidados a fazer uso de sua razão para estudar e interpretar as Escrituras, mas que poucos são capazes disto. Para a maior parte, a atitude melhor é a da simples fé: a eficácia moral da doutrina cristã é a prova do caráter racional do ato de fé (*CCels* I, 9). Orígenes contra-ataca: também os filósofos pedem fé a seus discípulos. É, em verdade, por um ato de fé que um jovem frequentará de preferência uma escola em vez de outra, pois não passou antes por todas para testá-las, antes de escolher a que seguirá (*CCels* I, 10). De resto, a fé é essencial para qualquer vida humana. Sem ela não é possível nenhuma ação: não se pode nem navegar, nem casar, nem procriar, nem semear. Cremos que tudo correrá bem, ainda que o êxito seja duvidoso e frequente o insucesso. Mas, sem esta confiança, não se tem a coragem de empreender algo (*CCels* I, 11).

A fé do cristão pode ser fruto de um acaso favorável, que o cristão chama de Providência, ou o produto de um rigoroso exame da verdade. A massa dos fiéis encontra-se na primeira condição e um número mínimo na segunda (*CCels* III, 38). Mas a atitude de fé é necessária a todos os cristãos e não só aos mais simples: o conhecimento e a sabedoria do espiritual têm sempre a fé por fundamento.

6. LEI NATURAL – A noção de lei natural, que vem de Deus, contida na própria ordem da criação, deriva das *koinái énnoiai*, "concepções comuns", noções morais que se encontram em todo homem. É uma herança do estoicismo. Paulo já fez uso delas em Rm 2,14-16. Orígenes, que fala muitas vezes destas "concepções comuns", remete para a lei natural no *Contra Celso* e no *Comentário sobre Romanos*. No primeiro escrito não contesta a afirmação de Celso, segundo a qual os preceitos da moral cristã não têm nada de original e são os de todos os demais filósofos: explica este fato com a existência de uma moral natural, inscrita no coração de cada homem (*CCels* I, 4). Por outro lado, opõe-se ao relativismo de Celso, segundo o qual é preciso conservar escrupulosa e exatamente as leis e os costumes de seu país, mesmo que as observadas por países diversos sejam contraditórias entre si (*CCels* V, 25). Segundo a resposta de Orígenes, é preciso distinguir a lei da natureza, cujo autor é Deus, e a lei escrita da cidade, e julgar a segunda à luz da primeira (*CCels* V, 37). Um recente estudo sobre os diversos sentidos do termo no *Comentário sobre Romanos* (R. Roukema, *The Diversity of Laws in Origen's Commentary on Romans*, Amsterdam, 1988) estuda com atenção cada texto desta obra em que se trata da lei e resume, em conclusão, os diversos usos.

7. HOMENS E ANIMAIS – Concluiremos este artigo com um último ponto: que relação existe entre a alma do homem e a do animal. O problema colocava-se na época por causa dos defensores da metempsicose, que era objeto de discussão entre os filósofos. A despeito do que Jerônimo e Justianiano pretendem ter lido no *Tratado sobre os princípios*, em contradição com diversos textos de Orígenes, conservados em grego e indiscutíveis, encontramos já no *Tratado sobre os princípios* (II, 9,3 *in fine*) que a alma racional do homem, análoga por sua origem ao anjo, é um ser principal, enquanto os animais mudos (*álogoi*, destituídos de palavra e de

razão) são seres secundários, que Deus colocou à disposição do homem. Esta matéria é amplamente desenvolvida no *Contra Celso* (IV, 74-79). Celso ataca os cristãos que pretendem que Deus tenha criado o mundo sensível para o homem; sustenta que a Providência não se ocupa com os homens mais do que com o resto do universo e demonstra que os animais são superiores ao homem sob muitos aspectos. Orígenes responde que a razão do homem permite dominar o animal, colocando este último num nível bem diferente com respeito ao homem (cf. Gilles Dorival, "Origène a-t-il enseigné la transmigration des âmes dans les corps d'animaux? [à propos de *PArch* I,8,4]", em *Origeniana Secunda*, Roma 1980.

Bibl. – Cf. as obras citadas no artigo. Além disso: H. Crouzel, *Théologie de l'image de Dieu chez Origène*, Paris 1956; Id., *Origene*, Roma 1986; G. Dorival, "Origène a-t-il enseigné la transmigration des âmes dans les corps d'animaux? (à propos de *PArch* I,8,4)", em *Origeniana Secunda*, Roma 1980.

HENRI CROUZEL

ORTODOXIA

Esta palavra vem dos termos gregos *orthós*, que significa correto, e *dóxa*, que quer dizer opinião, ou glória. Embora vez por outra os autores gregos clássicos aproximem estas duas palavras (Platão, *Filebo* 11b), o adjetivo "ortodoxo" e o substantivo "ortodoxia" se tornaram de uso comum somente no período da patrística grega. Ortodoxia significa doutrina sã ou correta; seu significado extrapola o contexto estritamente teológico e pode indicar a doutrina aceita ou fixada em qualquer campo de estudos. O termo explícito "ortodoxia" não se encontra no NT, se bem que seu significado seja sugerido em algumas passagens. Alguns textos falam da transmissão atenta da mensagem de Cristo, recebida dos primeiros crentes (1Cor 11,2 e 23; 15,1-3; 2Tm 2,2). Tanto Paulo (Gl 1,23) quanto Judas (v. 3) falam da "fé" de um modo que denota um conteúdo doutrinal identificável. As epístolas pastorais dão muita ênfase à sã doutrina, usam quinze vezes a palavra "ensinamento" (*didaskalía*) e fazem diferença entre ensinamento sadio (1Tm 1,10; 2Tm 4,3; Tt 1,9; 2,1) e ensinamento heterodoxo (1Tm 1,3; 6,3). A noção de sã doutrina está na base da condenação de Paulo aos que pregam um "outro Jesus" (2Cor 11,4) ou um "outro evangelho" (Gl 1,6-9) e da condenação dos falsos mestres em 1Tm 1,3-7; 2Tm 3,1-9; 4,1-5. Assim, no que concerne à transmissão da sã doutrina, distinta da falsa doutrina, o NT fornece uma base para o subsequente uso patrístico da palavra "ortodoxia", que se tornou termo comum entre os escritores eclesiásticos, particularmente depois de Eusébio († 339). Desde o tempo em que os concílios de Éfeso (431) e de Calcedônia (451) falaram de ortodoxia, o termo não só indicou a doutrina correta, mas também a doutrina tradicional e universal da Igreja, tal como foi transmitida numa linha ininterrupta por Jesus e pelos apóstolos.

A publicação de W. Bauer, *Rechtgläubigkeit und Ketzerei im ältesten Christentum*, de 1934, desafiou o tradicional ponto de vista de que a ortodoxia representava o conteúdo da doutrina original da fé cristã e que as heresias lhe eram desvios posteriores. Bauer sustentava que, originariamente, o cristianismo era um conjunto de grupos doutrinalmente diferentes, sendo a maior parte deles posteriormente classificados como heterodoxos. O que depois se tornou conhecido como ortodoxia foi simplesmente a posição doutrinal da Igreja de Roma, uma posição que gradualmente assumiu o predomínio durante o século III, tornando-se a doutrina oficial cristã no Império Romano tardio. A tese de Bauer não conquistou um consenso amplo, embora tenha demonstrado a dificuldade de provar a unanimidade de doutrina nos primeiros decênios cristãos.

Na história posterior, a palavra "ortodoxia" foi usada com mais frequência entre as igrejas orientais – que tinham até uma antiga festa da ortodoxia – do que no Ocidente, onde os papas pareciam ter evitado o uso do termo. O Vaticano II usa o adjetivo "ortodoxo" uma única vez, quando estabelece que a devoção a Maria deve manter-se nos limites do ensinamento ortodoxo (LG 66).

Para a Teologia Fundamental, a noção de ortodoxia abre alguns importantes campos de reflexão. Antes de tudo, qual é a relação entre revelação e ortodoxia? Alguns têm visto uma espécie de cânon para a ortodoxia na seguinte declaração do Vaticano I: "Além disso, por fé divina e católica deve-se crer em tudo o que está contido na Palavra de Deus escrita ou na tradição e que é proposto pela Igreja como objeto de fé divinamente revelado, tanto num decreto solene quanto em seu ensinamento ordinário e universal" (DS 3011). Aqui a ortodoxia é considerada antes em seu aspecto quantitativo. O estar contida na Escritura ou na tradição e o ser proposta pela Igreja como revelada indica qual é a doutrina correta, que por isto deve ser crida. A ortodoxia é o conjunto daquele número de doutrinas que seguem este critério. Hoje, porém, muitos teólogos sugerem que é necessário prestar maior atenção aos aspectos qualitativos da doutrina. Crer na mensagem central do Evangelho, o *querigma* sobre a morte e ressurreição salvíficas de Jesus Cristo, já é crer implicitamente em toda a revelação cristã. Sob este aspecto, a declaração do Vaticano II sobre uma → "hierarquia das verdades" (UR 11) tornaria mais nuançado o enfoque da ortodoxia do Vaticano I, prevalentemente quantitativo.

A Teologia Fundamental deveria interessar-se também pela relação entre ortodoxia e fé. Em razão da moderna "volta ao sujeito", tornou-se mais claro que a *fides qua*, ou o aspecto subjetivo da fé, desempenha uma função significativa e formativa na compreensão, por parte do crente, da *fides quae*, ou verdade objetiva da revelação. Aplicado à ortodoxia, alguns têm sugerido que o clima pluralístico da sociedade contemporânea torna o ato de fé, da parte de cada indivíduo, susceptível de numerosas influências culturais e filosóficas, de sorte que a complexa construção subjetiva da fé em cada indivíduo resiste a categorizações fáceis como ortodoxia e heterodoxia. Nesta linha, há necessidade de interrogar-se sobre a relação entre ortodoxia e *sensus fidelium.* A proclamação de duas das doutrinas ortodoxas geralmente consideradas entre os mais explícitos exemplos de ensinamento papal *ex cathedra* – a doutrina da Imaculada Conceição e da Assunção – estava intimamente ligada à fé professada pela maior parte dos católicos romanos. A Teologia Fundamental deve explorar os modos pelos quais se pode "ler" o *sensus fidelium*, como também o significado teológico do *sensus fidelium*, entre os cristãos divididos, para aquela fé ortodoxa que fornece parte da base para a comunhão plena. A Teologia Fundamental deve demonstrar que a ortodoxia pode incluir – como sempre incluiu – diversidades legítimas.

Quando uma cultura é sensível ao esforço totalmente humano da historicidade e à liberdade e responsabilidade dos indivíduos em buscar a verdade, a ortodoxia pode parecer um tradicionalismo que não está aberto ao desenvolvimento da verdade e que tem até preconceitos impensáveis contra expressões legítimas e alternativas da realidade. De qualquer forma, ao declarar que possui uma mensagem verdadeira, o cristianismo necessariamente sustenta ter uma "ortodoxia". Sob este aspecto, a matéria da ortodoxia conduz à fronteira entre teologia e filosofia. Em um certo nível, a ortodoxia implica que o cristianismo não pode nunca permanecer neutro em relação a qualquer epistemologia radicalmente relativa.

Bibl. – H. Rengstorf, "didáskō, didaskalía, heterodidaskaléō", em GLNT II, 1093-1126; W. Kasper, "Zum Problem der Rechtgläubigkeit in der Kirche von morgen", em *Kirchliche Lehre – Skepsis der Gläubigen*, Friburgo-Basel-Wien 1970, 37-96; J.B. Metz-E. Schillebeeckx (ed.), "Ortodoxia e heterodoxia", em *Conc* 23 (1987).

WILLIAM HENN

ORTOPRÁXIS

Ortopráxis, como termo teológico, entrou em voga em época bastante recente, sob o impacto da teologia política e da teologia da libertação (→ Teologias, IV-V), que se têm desenvolvido nos últimos anos da década de 1960 para cá. Teólogos como J. Moltmann, J.B. Metz, G. Gutiérrez, J.L. Segundo e D. Sölle têm criticado as preocupações excessivamente individualistas do protestantismo neo-ortodoxo ou da teologia transcendental romano-católica, reclamando uma atenção maior para os imperativos sociopolíticos da tradição judeu-cristã. Além disso, estes pensadores tendiam a aceitar um princípio que, filosoficamente, estava ligado à obra de K. Marx, isto é, que é mais importante mudar o mundo do que limitar-se a interpretá-lo. Esta dimensão social e voltada para o futuro, da ortopráxis, encontra seu apoio na tradição das encíclicas sociais dos papas, que começaram no fim do século XIX e que fornecem parte do cenário para expressões colegiais de doutrina social, como a *Gaudium et Spes*, do Vaticano II, o Sínodo dos Bispos, de 1971, sobre a *Justiça no mundo*, e as doutrinas sociais das diversas conferências episcopais locais; os exemplos mais notáveis de tais doutrinas são os documentos das Conferências Gerais do Episcopado Latino-Americano de Medellín (1968) e de Puebla (1979).

A palavra "ortopráxis" vem dos termos gregos *orthós*, que significa justo, correto, e *práxis*, que quer dizer fato, ação, prática. Ortopráxis evidentemente deve ser entendida em relação com → ortodoxia. Assim como a ortodoxia diz respeito ao credo correto, a ortopráxis está dirigida para a ação correta. Alguns quererão prevenir contra a identificação simplista da ortopráxis com a ação; ela representa, antes, uma relação crítica entre doutrina ou teoria, de um lado, e ação ou prática, do outro. A doutrina e a ação condicionam-se ou medeiam-se reciprocamente. A doutrina deve provar sua verdade na prática; a prática deve ser guiada pela doutrina e dar vida a uma ulterior reflexão doutrinal.

A Bíblia ofereceu uma rica base para a importância fundamental da ortopráxis. As Escrituras hebraicas dividem-se nas categorias da Lei, dos Profetas e dos Escritos, cada uma das quais pode ser apresentada como tendo a práxis por seu escopo principal. Ao narrar a história da salvação, a Lei delineia o modo de vida do povo escolhido por Deus; à luz das circunstâncias contemporâneas, os profetas incitam o povo a uma observância mais fiel daquele estilo de vida; e os Escritos abordam vários modos como a Lei influi sobre a vida diária. Este senso concreto é transmitido em textos como Dt 30,14: "Esta palavra está muito próxima a ti, está em tua boca e em teu coração, para que a ponhas em prática"; ou Mq 6,8.: "Ó homem, foi-te ensinado o que é bom e o que o Senhor exige de ti: praticar a justiça, amar a piedade, caminhar humildemente com teu Deus". Além disso, esta dimensão concreta da mensagem das Escrituras hebraicas contém em si um inextirpável aspecto social (cf. Ex 20–23; Is 1,1-31; Am 1,6-7; 4,1-5). O NT continua a sublinhar a importância da prática; Gl 5,6 fala da "fé que opera por meio da caridade". Cabe lembrar que Jesus diz: "Nem todo aquele que diz 'Senhor, Senhor' entrará no Reino dos Céus, mas aquele que faz a vontade de meu Pai que está nos céus" (Mt 7,21) e o critério para o juízo final diz respeito à preocupação com os semelhantes (Mt 25,31-46). No NT encontramos reiteradas vezes a dignidade do pobre e os compromissos sociais que fazem parte do ser cristão. Além disso, alguns têm sugerido ser impossível compreender a mensagem do Evangelho sem considerar a práxis de Jesus, práxis que apresentava implicações societárias e que teve ligação direta com sua condenação à morte. Para estes, a práxis torna-se um princípio hermenêutico, um modo de ler o NT, de modo a preencher a diferença que separa o mundo de hoje dos horizontes do século I.

Uma tarefa significativa para a Teologia Fundamental será a de esclarecer a relação entre ortodoxia e ortopráxis. E será que a ortopráxis é, em certo sentido, um critério de ortodoxia, a ponto de que uma práxis não cristã limite a possibilidade de ter uma fé correta? Além disso, até que ponto a ortopráxis é um princípio da teologia? O desenvolvimento das comunidades cristãs de base, não somente na América Latina, mas também em outros ambientes culturais, tem mostrado com vigor o papel da experiência em mediar a interpretação da revelação, tal como está contida na Escritura e na tradição. Além do mais, que é que se entende exatamente quando se diz que a experiência acumulada com a ortopráxis influi na doutrina? A Teologia Fundamental deve tentar dar alguma resposta a estas interrogações.

Um outro campo de interesse para a Teologia Fundamental é a relação entre ortopráxis e a comunhão que é a Igreja. No passado, esta comunhão foi muitas vezes associada à correta doutrina ou ortodoxia. O termo ortopráxis evoca um contraste não somente com a ortodoxia, mas também, de modo diferente, com o que se poderia definir como heteropráxis ou práxis herética. Alguns teólogos têm discutido as dificuldades inerentes à celebração da Eucaristia da parte de uma comunidade que compreenda tanto o oprimido quanto o opressor, dificuldades estas que lembram as enfrentadas por Paulo em 1Cor 11,17-34. Um outro exemplo mais moderno é o sistema social do *apartheid* racial, às vezes indicado como uma "heresia". Nestes dois exemplos, a relação entre ortopráxis e comunhão precisa de ulterior elaboração.

Se a palavra ortopráxis é de certo modo nova, as implicações sociais e práticas da fé, a que ela se refere, são antigas como os mais antigos textos da Escritura. Hoje, a reflexão sobre a ortopráxis poderia ser um tema privilegiado no diálogo entre a teologia e as disciplinas políticas e sociais.

Bibl. – J.B. Metz, *Sulla teologia del mondo*, Brescia 1969; J. Moltmann, *Teologia della Speranza*, Brescia 1970; G. Gutierrez, *Teologia da libertação*, Petrópolis [6]1986; C. Boff, *Teologia e prática: Teologia do político e suas mediações*, Petrópolis 1982; B.J. Verkamp, "Doing the Truth: Orthopraxis and the Theologian", em ThS 49 (1988) 3-24.

WILLIAM HENN

P

PASCAL, Blaise

1. NOVO TIPO DE APOLOGÉTICA – A apologética de Pascal representa algo de inédito. Seu empreendimento não esteve subordinado nem a uma filosofia nem a uma ciência particular. Mas é de tipo filosófico: mais precisamente, é uma *antropologia*. Num universo em que o homem está à deriva, é mistério para si mesmo e para os outros, Pascal procura demonstrar como a religião cristã confere um sentido a uma existência aparentemente absurda: é uma antropologia de caráter *teológico*. A chave do mistério do homem está em Cristo, totalidade do sentido, que permite não somente decifrar a condição humana, mas também remediá-la.

Hoje em dia qualificar-se-ia a apologética de Pascal como *hermenêutica*, isto é, procura de sentido, mais preocupada com encontrar sinais do que provas. Descreve a existência humana, que se esforça por interpretar como se fora um texto. Através das diversidades, das oposições, das fraturas, das descontinuidades, das cisões, Pascal busca "decifrar" a condição humana. Por isso, sua apologética não segue uma ordem linear: é, antes, multidirecional e multidimensional. É a procura e a descoberta de um sentido, a partir de observações e figuras que se podem dividir e classificar de maneira diversa.

A busca do sentido passa pela análise dos paradoxos da condição humana e pela descoberta de um ponto superior que os assume e os ilumina.

O *paradoxo*, que é o elemento privilegiado da dialética de Pascal, não é uma simples técnica estilística, um jogo de antíteses literárias: ele propõe os termos da própria realidade humana. O paradoxo consiste na coexistência e até na aliança dos opostos; amplia os opostos, mas sem resolvê-los. O contraste que caracteriza o modo de escrever pascaliano, que opõe entre si os temas miséria-grandeza, finito-infinito, tempo-eternidade, carne-espírito, pertence a Pascal como pertence ao Evangelho e a São Paulo e descreve o próprio movimento da existência humana: "Saiba, portanto, ó soberbo, que paradoxo você é para você mesmo" (B434 C438).

A compreensão do paradoxo não deve procurar-se num equilíbrio em que os opostos, colocados na balança, acabariam por anular-se. Não há que buscar nem equilíbrio nem simetria, mas um *sentido* que venha de um *ponto mais alto*, superior, capaz de esclarecer e de ordenar visões divergentes. Este ponto superior, que permite decifrar a condição humana, é oferecido pelo cristianismo, sobretudo pelo dogma do pecado original e pelo da redenção. Mas o dogma não suprime os termos do paradoxo; antes, fá-los aparecer numa luz mais clara. Cristo é um ponto de ruptura, mais do que de equilíbrio. Mistério Ele mesmo, aclara o mistério do homem com uma passagem para uma ordem superior: a da caridade revelada na cruz. Só Cristo decifra a condição humana.

2. DIALÉTICA DE PASCAL – Aqui só podemos esboçar em grandes linhas o procedimento desta nova apologética. Sua originalidade está em tomar o homem como figura central da demonstração. Para compor esta figura, Pascal inspira-se quer em imagens derivadas da física matemática (o homem sem um espaço preciso no universo infinito, o homem em estado de abandono, à deriva, sem ponto de referência), quer inspiradas na medicina (termos de doenças, procura de uma terapia apropriada). Em termos de física, será preciso encontrar "um ponto alto"; em termos de medicina, uma graça medicinal, um "remédio".

Num clássico fragmento (B72 C84), Pascal mostra como o homem vive ao redor de uma desproporção espaçotemporal, sinal de uma desproporção ainda mais profunda, que é a de seu ser. No universo não existe lugar natural em que ele encontraria o equilíbrio em relação ao que o circunda, perdido entre os dois abismos do infinitamente grande e do infinitamente pequeno. O alto, o baixo, o centro, a periferia, perdem o seu sentido num universo infinito. Que é esta esfera, cujo centro está em toda parte e a circunferência não está em lugar nenhum? A esta visão dos infinitos espaciais sobrepõe-se a de um ser que conhece, mas que é *assujeitado* a dois limites: o que ele conhece, não o conhece nem com certeza nem totalmente.

O homem reencontra o paradoxo do finito-infinito no abismo da miséria-grandeza que diz respeito a seu ser. Busca a verdade, a justiça, a felicidade, mas na realidade conhece somente a incerteza ou o erro, a injustiça ou a força, a decepção ou a miragem da felicidade que é a divagação. Tudo isso completado pela morte. E, todavia, o homem é grande: "Através do espaço, o universo me engloba e me engole como um ponto: com o pensamento sou eu que o compreendo" (B348 C265). "O homem é apenas um junco... mas um junco pensante" (B347 C264). Este espírito é feito para o infinito. A miséria do homem resulta de uma capacidade contemplativa, aberta para o infinito, nunca satisfeita, e de um elã que não atinge nunca o seu fim. "O homem supera infinitamente o homem" (B434 C438), pois no homem existe mais do que o próprio homem. Mas, então, que é o homem? "Que novidade, que monstro, que caos, que sujeito de contradições, que prodígio! Juiz de todas as coisas, imbecil verme da terra, depositário do verdadeiro, cloaca de incerteza e de erro, glória e lixo do universo. Quem desembrulhará este imbróglio" (B434 C438).

Até aqui Pascal observou o homem examinando como vive e pensa, com o olhar de um biólogo, ou de um perito contábil diante de um balanço. Podemos protestar, se quisermos, diante das cores demasiado tétricas da descrição. Mas as análises de Nietzsche, Proust, Dostoievski, Kafka, Mauriac, Malraux, Camus, Sartre apenas prolongam e ampliam as intuições de Pascal, dando-lhe razão. O homem sem Evangelho é horrendo.

Fora da fé cristã, o homem decifra no mundo apenas um destino absurdo, que deságua no nada. Que fará diante de seu próprio mistério? Viverá sempre na indiferença, inconsciente de seu passado e despreocupado com seu futuro? Pascal faz o indiferente falar assim: "Eu não sei quem me pôs no mundo, nem o que é o mundo e o que sou eu mesmo: encontro-me numa ignorância terrível de tudo; não sei o que é meu corpo, meus sentidos, minha alma e esta parte de mim que pensa o que digo... Vejo estes assustadores espaços do universo que me enclausuram, sem que eu saiba por que estou neste lugar e não num outro... Não vejo senão infinitudes por toda parte, que me fecham como um átomo e como uma sombra que dura apenas um instante, sem retorno. Tudo o que sei é que bem cedo tenho que morrer, mas o que mais desconheço é esta morte, que não tenho como evitar. Já que não sei donde venho, da mesma forma não sei para onde vou; e sei somente que, saindo deste mundo, cairei para sempre no nada ou nas mãos de um Deus zangado, sem saber de qual das duas condições terei que ser eternamente refém. Eis aí minha situação, cheia de fraqueza e de incerteza. E de tudo isto concluo que devo passar todos os dias da minha vida sem pensar em procurar o que deve acontecer-me" (B194 C335). Portanto, quem não crê pode aceitar viver na mais total indiferença prática. Pode não experimentar nenhum embaraço em deixar de lado os problemas que dizem respeito ao sentido profundo da existência. "Este repouso na ignorância é uma coisa monstruosa, e é preciso fazer sentir sua extravagância e estupidez àqueles que assim transcorrem a vida, mostrando-a a eles mesmos para confundi-los com a visão de sua loucura" (B195 C334).

Pascal dedica-se então a desorientar o libertino, para tirar-lhe suas certezas. Espera fazê-lo sair de seu torpor e colocá-lo em busca da verdade. Destes adeptos da comodidade intelectual quer fazer "estrangeiros", presas da angústia da deriva, para levá-los a se proporem as interrogações últimas, às quais só o cristianismo trará respostas. Sem este envolvimento, nenhum argumento poderia ter um mordente: reduzir-se-ia a um mero debate acadêmico.

Pascal não desiste de provocar na alma do não crente esta dilaceração existencial e esta *busca de sentido* (→ Sentido, II). Com efeito, a consciência de sua miséria deveria redespertar o homem para sua verdadeira vocação; de fato, tal vocação é um chamado vivido, que ele não pode sufocar. Mas a estratégia de Pascal não para aqui. Ao paradoxo da condição humana, que deve ser decifrado, acrescenta um outro ainda mais desconcertante e que desta vez diz respeito às exigências de uma autêntica decifração da condição humana.

Longe de fazer crer que a verdade do homem se encontra numa espécie de "naturalização" de Deus, Pascal afirma cruamente: "O que faz crer é a cruz" (B588 C828). Nenhuma outra coisa é capaz de ensinar-nos a conhecer a Deus e a nós mesmos. "Jesus Cristo não fez outra coisa senão ensinar aos homens que estavam amando a si mesmos, que eram escravos, cegos, doentes, infelizes e pecadores; que Ele devia libertá-los, iluminá-los, torná-los felizes e curá-los; que isto teria acontecido renegando-se a si mesmos e seguindo-o na miséria e na morte em cruz" (B545 C689).

Não existe outra via apologética senão a da cruz. Toda a descrição que Pascal faz do universo infinito e da deriva humana, do mistério de miséria e de grandeza que habita e dilacera o homem, tem como único objetivo levar o homem a escolher esta via. A busca da verdade passa através da cruz. Este enfoque constitui um outro traço da originalidade de Pascal. Muito mais do que uma preliminar doutrinal (provas históricas do cristianismo), propõe como "preliminar" a "conversão do coração". Desta maneira Pascal acaba sumariamente com as objeções do libertino e o prepara para ler os sinais e as provas históricas. Efetivamente, por mais racional que seja a decisão de fé, com o impressionante conjunto das provas históricas, nada está feito se as paixões não forem dominadas, se o coração não estiver disposto a escutar. "Eu teria abandonado imediatamente os prazeres – dizem – se tivesse tido fé. E eu vos digo: teríeis bem cedo a fé, se tivésseis abandonado os prazeres" (B240 C457). Efetivamente, para entender é preciso livrar-se da febre, purificar-se.

A apologética de Pascal, portanto, passa pela conversão do coração e pela cruz. Utiliza as provas históricas, mas tenciona fornecê-las a um homem que se tornou *disponível* através da consciência de ser incompreensível a si mesmo, estranho a tudo; a um homem que, colocada corretamente a questão do sentido da vida (origem e destino), deseja encontrar a verdade na única luz capaz de desvendá-la. Ora, tal luz é a cruz de Jesus Cristo e nós nos preparamos para recebê-la com a mortificação das paixões. Este salto cheio de perigos, loucura para o mundo, humilhação para o orgulho dos filósofos, só pode exprimir-se com a premente advertência: *Ne evacuetur crux Christi* [não se esvazie a cruz de Cristo].

Até aqui Pascal esforçou-se por sacudir o homem, por suscitar nele a procura da verdade. Mostrou-lhe também sob que condição tal busca pode ter sucesso: se o homem se dispuser a acolher a verdade, por mais desconcertante que seja, com a conversão do coração.

Pascal dirige-se primeiro aos filósofos. Estes mostram-se impotentes para resolver verdadeiramente o mistério. Os estoicos optaram pela grandeza e caíram no orgulho; os céticos, pela miséria, e caíram numa indiferença reprovável (B525 C392). O que aos filósofos não é possível, não o é também às religiões da humanidade. Pascal interroga um a um, brevemente, o budismo, o islamismo, a religião pagã. Mas em vão. Por mais que se examinem todas as religiões do mundo, conclui Pascal, não existe nenhuma que traga uma resposta verdadeiramente decisiva para o mistério do homem e de seu destino. Todas deixam o homem insatisfeito e não propõem nenhum remédio verdadeiro a sua miséria.

3. CRISTO, TOTALIDADE DE SENTIDO – A ilustração definitiva da condição humana acontece somente em Jesus Cristo: "Em Jesus Cristo todas as contradições se resolvem" (B684 C558). Ele é o ponto de reconciliação de todos os nossos paradoxos, não com equilíbrio ou simetria (pecado-graça, grandeza-miséria), mas com uma mudança de ordem. Cristo é esta imagem do homem novo, que só podia ser colocada por Deus: uma imagem que o mundo não podia nem exigir, nem suspeitar, nem inventar. Adão torna-se Jesus Cristo, cada homem torna-se filho de Deus em Jesus Cristo. Para Pascal, Cristo é o centro de tudo, a razão e o sentido de tudo, o tudo do homem e de Deus (B556 C602). Cristo não depende de nenhuma imagem, pois nele "a imagem foi feita

sobre a verdade" (B673 C572). "Consequentemente, a verdade do homem encontra-se só nele. Só Cristo aclara o paradoxo da grandeza-miséria do homem. Efetivamente, por um lado a encarnação mostra ao homem a grandeza de sua miséria com a grandeza do remédio que foi necessário" (B526 C677); por outro lado, a cruz desvenda "a grandeza da alma humana" (*Memorial*), chamada pela misericórdia a compartilhar da própria vida de Deus.

Cristo não somente aclara a condição humana em sua globalidade, mas desvenda o homem a si mesmo em seu *mistério pessoal.* "Não apenas conhecemos a Deus somente em Jesus Cristo, mas conhecemo-nos a nós mesmos só em Jesus Cristo. Conhecemos a morte e a vida só por meio de Jesus Cristo. Fora de Jesus Cristo não sabemos nem o que é a vida, nem a morte, nem Deus, nem nós mesmos" (B548 C729). Cristo fez os homens entenderem como eram egoístas, endurecidos, escravizados a suas paixões, cegos no tocante a Deus e a seu próprio destino (B545 C689). Mas, a partir do momento em que se voltam para Ele, seus olhos abrem-se e aprendem quem são e em quem confiam. Portanto, Cristo é mediador em duplo sentido: no plano objetivo, pois revela ao homem a imagem do Deus vivo e a imagem do homem segundo Deus; no plano subjetivo, pois Cristo dá ao homem, que se abre a Deus, o sólido ponto de apoio de sua existência: confere-lhe a atitude amante e filial que o salva.

Cristo é verdadeiramente a totalidade do sentido do homem: Ele decifra e salva. É luz e remédio, verdade e vida. O homem não se descobre e não se realiza nem na figura do sábio, nem na do herói, mas em Jesus Cristo crucificado. Nele o pecado é assumido, mas expiado e superado no amor; nossa culpa é reconhecida, perdoada e superada pela graça.

Para Pascal, portanto, só existe uma explicação do homem: a da fé cristã. E é quando a verdade cristã se projeta sobre o abismo do homem, quando este se dá conta de sua decadência e de sua grandeza, que o não crente tem a melhor possibilidade de ser "tentado" pela solução cristã. Existe continuidade entre a descrição da condição humana e as provas históricas; mais ainda, a descrição da condição humana articula-se nas provas históricas. Mas Pascal está consciente de que não basta conferir respeito à religião: é preciso estabelecer-lhe a plausibilidade, a → credibilidade, pois Deus não quer uma fé sem base na razão. Sua autoridade será fundada em sólidos argumentos, constituídos pela própria mensagem, pelas → profecias, pelos → milagres, pela santidade (→ Testemunho). Isto basta, aos olhos de Pascal, para os que buscam sinceramente a verdade e estão dispostos a acolhê-la na humildade de um coração dócil à graça. Os que não forem conquistados terão que haver-se com sua própria resistência, isto é, com seu pouco interesse pelas coisas superiores.

O fio condutor dos *Pensamentos* é o cristocentrismo de Pascal. A este propósito existe uma harmonia profunda entre o *Memorial*, o Mistério de Jesus, as três Ordens e os *Pensamentos.*

Nos *Pensamentos*, Pascal, pelo menos aparentemente, não parte de Jesus para voltar em seguida ao homem, como faz no *Memorial* e no *Mistério de Jesus.* Pelo contrário, olha longamente para o homem, para depois conduzi-lo a Cristo. Na realidade, o caminho de Pascal na *Apologia* está muito mais próximo dos *Pensamentos* do que dos dois outros textos. Com efeito, Pascal não é um moralista ou um analista que se compraz na análise do homem e de suas contradições interiores: o que quer, acima de tudo, é levar os homens a Cristo. Pascal, como Agostinho, é um "convertido" e sua *Apologia* é um projeto de convertido. Pascal, como Paulo e Agostinho, perscrutou na luz de Cristo a miséria e a grandeza do homem e é isto que confere a sua análise uma acuidade surpreendente. Pascal olha para o homem, mas através do Homem novo. Na realidade, é o mistério de Cristo que permite a Pascal penetrar os abismos do homem. Sem a cruz de Cristo, nunca teríamos suspeitado a profundidade destes abismos. O núcleo dos *Pensamentos* de Pascal é Jesus Cristo. E, em Jesus Cristo, a cruz e o amor revelado por esta última constituem o essencial.

Bibl. – J. Mesnard, *Pascal, l'homme et l'oeuvre*, Paris 1956[2]; Id., "Blaise Pascal", em NCE X, 1046-1048; R.-E. Lacombe, *L'apologétique de Pascal*, Paris 1958; H. Gouhier, "Blaise Pascal", em *Commentaires*, Paris 1966; M. Pontet, *Pascal et Teilhard, témoins de Jésus-Christ*, Paris 1968; P. Sellier, *Pascal et S. Augustin*, Paris 1970; P. Magnard, *Nature et histoire dans l'apologétique de Pascal*, Paris 1975; H. Bürklin, *Ein Gott fur Menschen.* Entwurf einer christozentrischen Anthropologie nach Bl. Pascal, Friburgo-Basel-Wien 1976; R. Latourelle, "B. Pascal: Cristo, totalità del significato", em *L'uomo e i suoi problemi alla luce di Cristo*, Assis 1982, 45-114.

RENÉ LATOURELLE

PATRIARCAS

"Deus de Abraão, Deus de Isaac, Deus de Jacó e não dos filósofos e dos sábios". Assim exprimia-se Pascal em seu *Memorial.* A Bíblia confirma esta intuição? Para responder a esta pergunta vamos deter-nos em três pontos: 1. A historicidade das narrações dos patriarcas. 2. O gênero das narrações. 3. A evolução teológica no interior das narrações.

1. HISTORICIDADE – Alguns autores negam qualquer valor histórico às narrações do Gênesis. Outros defendem-no a ferro e fogo. Os mais prudentes dizem que não é impossível descobrir o fundo histórico, sobretudo no que concerne ao patriarca Jacó. E, no entanto, nota-se cada vez mais a necessidade de tirar uma conclusão: as narrações dos patriarcas não são historiográficas, no sentido moderno da palavra. Os autores sagrados não tinham as mesmas preocupações que os escritores modernos, e em suas obras apagaram, por assim dizer, todo vestígio que pudesse levar *diretamente* a personagens e a fatos históricos. Ainda que os textos bíblicos contenham elementos deste tipo, estão a serviço de um projeto mais amplo do que a história pura e simples.

Por isso, uma investigação séria deve partir destes textos. Uma reconstrução hipotética dos fatos é arriscada demais e os resultados dos trabalhos históricos são excessivamente magros para poderem constituir uma base sólida para um estudo sobre a religião dos patriarcas. Mas a que gênero literário pertencem estes textos?

2. O GÊNERO DAS NARRAÇÕES DOS PATRIARCAS – As tradições patriarcais apresentam-se na forma de relatos. Convém, pois, analisá-las em função de categorias do gênero narrativo. É possível sermos mais precisos? Já excluímos a possibilidade de ler estes textos como uma espécie de "biografias", que se baseiam em documentos e testemunhos dos quais se pode verificar a veracidade e que relatam acontecimentos de interesse público. Podemos eliminar de imediato também a possibilidade de ver nelas mitos, ainda que mascarados. O leitor não é transportado para as origens, antes do tempo, para um mundo inteiramente governado pelas normas do sagrado. Por outro lado, tampouco pode tratar-se de "fábulas populares". Nas fábulas, os personagens são anônimos, o tempo e o espaço permanecem indefinidos, ficam suspensas as leis da verossimilhança e o imaginário domina com soberania. O primeiro objetivo das fábulas é divertir e não criar convicções. Em geral, numa determinada cultura, a fábula revela desejos e temores do inconsciente. Não é este o caso das narrações dos patriarcas. Os patriarcas têm um nome. Os relatos têm um quadro preciso que comporta indicações de tempo e de lugar. A narração raramente ultrapassa os limites do verossímil, e somente em circunstâncias totalmente peculiares. Finalmente, o narrador bíblico não se contenta com fascinar o auditório; quer que se lhe dê fé.

Com mais frequência, tem-se proposto enquadrar os relatos dos patriarcas na categoria das "lendas", no sentido preciso de relatos sagrados de personagens célebres do passado, redigidos com o fim de edificar (como a *Legenda áurea*, de Tiago de Voragine) ou de explicar a origem de um lugar, de um culto, de um costume ou de um nome (lenda etiológica). Aqui não faltam dificuldades. Antes de tudo, os relatos nem sempre apresentam os patriarcas como modelos de virtude, longe disto (cf., porém, Gn 18,18-19; 22,15-18; 26,5). Além disso, os relatos não estão centrados nos personagens como tais, para colocar em destaque seu ascendente espiritual; estão, antes, centrados na riqueza dos acontecimentos vividos. Uma comparação com os *Fioretti* de São Francisco seria suficiente para ilustrar as diferenças. Finalmente, se os patriarcas fundam santuários (Gn 12,7-8; 13,4.18; 21,33; 22,14; 26,25; 28,10-22; 32,30; 33,20; 35,14-15) e estão na origem de certos costumes (Gn 32,33), este aspecto é propriamente secundário e a maioria dos relatos não pode ser colocada neste quadro.

A categoria mais adequada para definir as narrações do Gênesis parece ser a de "relatos religiosos populares". Em algumas de suas características, aproximam-se da lenda. Mas a finalidade principal não é edificar nem justificar um culto ou uma prática. Relatam antes de tudo experiências religiosas. As narrações do Gênesis parecem responder bem a esta definição. Podemos citar quatro razões principais para isto: *a.* descrevem os efeitos da irrupção do divino na consciência e na existência dos patriarcas. Trata-se sobretudo de descrever seu encontro com o mundo sobrenatural, no momento em que tropeçam na divisa que separa o mundo terrestre de Deus (cf. Gn 28,10-22; 32,23-33). Esses encontros imprimem uma orientação inesperada a sua vida (cf. sobretudo Gn 12,1-3; 22,1-2). *b.* A experiência tem predominância sobre os personagens (contrariamente às lendas), *c.* Os personagens são populares e os destinatários dos relatos podem facilmente identificar-se com eles. Não se trata de heróis nem de aventuras fora do comum (como na epopeia ou na lenda sagrada), mas de acontecimentos ligados à vida cotidiana, o mais das vezes à vida particular e à família, *d.* O elemento que extrapola o ordinário está limitado ao mundo sagrado e ao das realidades e dos valores últimos. Isto o diferencia do aspecto maravilhoso das histórias, que floresce no reino do imaginário e aprofunda as raízes nas pulsões do inconsciente.

Resumindo, pode-se dizer que estes relatos querem antes de tudo fazer os leitores participarem de uma experiência de Deus de tipo peculiar, de vez que assenta os fundamentos do povo de Israel enquanto povo de crentes. Por isso, todos os relatos como tais devem ser tomados a sério. Somente uma leitura atenta das narrações permite traçar os contornos de sua mensagem.

3. A EXPERIÊNCIA RELIGIOSA DOS PATRIARCAS – Em poucas palavras, a fé dos patriarcas é a de um itinerário e de uma descoberta. "Vai... para o país que eu te indicarei", diz Deus a Abraão (Gn 12,1; cf. 22,1-2). A aventura de Abraão é a aventura de uma partida para o desconhecido, com uma promessa de Deus como exclusiva garantia. Os Argonautas trazem de volta para casa o velo de ouro. O ideal da Grécia é o de um retorno, um retorno à verdade escondida em cada um ("Conheceste a ti mesmo" diz o oráculo de Delfos a Sócrates) ou uma busca da unidade perdida (reunião de Ulisses e Penélope ou volta da alma ao mundo das ideias para Platão, p. ex.). Este ideal cíclico encontra-se na maior parte das religiões naturais. Abraão, porém, encaminha-se para a descoberta de algo completamente novo. Conhece seu ponto de partida, mas não o de chegada, que permanece um segredo de Deus. Portanto, o relato bíblico apresenta dois níveis: de um lado, um Deus onisciente e, do outro, um homem que procura orientar-se com as indicações que lhe vêm do alto. É um aspecto que torna Abraão totalmente moderno, no sentido de que tem que encontrar o caminho tateando numa retouça de provações e de erros, ao passo que Deus muitas vezes permanece em silêncio. Deus, porém, pode intervir de repente para dar à vida de Abraão uma direção totalmente inesperada.

Este aspecto é claramente sublinhado na história de Abraão, que se perde, antes, no Egito (Gn 12,10-20) e, depois, no país dos Filisteus (Gn 21). A promessa de uma numerosa descendência permanece letra morta por muito tempo. Abraão lamenta-se disto com sinceridade, e a visão noturna de Gn 15, no quadro que oferece, reflete bem mais do que um estado de alma: Abraão vive na obscuridade da fé (Gn 15,5.6.12.17). É então que, no mais profundo da noite, Deus estabelece com o patriarca uma relação gratuita, unilateral e incondicionada ("juramento" mais do que "aliança", Gn 15,18; cf. 17; 35,9-15), que coloca em destaque a transcendência da graça divina. Quando Deus se manifesta, a consciência depara seus próprios limites. A promessa divina supera sempre a compreensão (cf. sobretudo Gn 18,1-15). Finalmente, apenas Isaac nasce, Deus o exige em sacrifício (Gn 22,1-19). Nas trevas da provação, Abraão aprende a entregar-se ao "Deus que vê" (22,9.14).

Este mesmo aspecto volta a encontrar-se na história de Jacó. A luta com Deus, de noite, é uma das imagens mais surpreendentes disto (Gn 32,23-33; cf. tb. Gn 28,10-22). Será somente ao nascer do sol que Jacó, ferido na coxa, conseguirá identificar seu adversário, do qual consegue arrancar uma bênção. Quanto à história de José, ela levará à realização esta experiência porque Deus nunca lhe dirigirá a palavra. José encontrará somente o desígnio da providência que dá um sentido a suas aventuras (cf. Gn 45,5-8; 50,19-21). No final das contas, as narrações dos patriarcas não nos ensinam grande coisa sobre a história dos próprios patriarcas, mas nos dizem como descobriram o significado da história, da qual Deus é o único senhor.

Bibl. – T.L. Thompson, *The Historicity of the Patriarchal Narratives*, Berlim-Nova York 1974; J. Van Seters, *Abraham in History and Tradition*, New Haven-Londres 1975; P. Gilbert, *Une théorie de la légende, Hermann Gunkel et les légendes de la Genèse*, Paris 1976; Id., *Bible, mythes et récits du commencement*, Paris 1986; Id., "Pour un 'bon usage' de l'histoire des patriarches", em *LumVie* 188 (1988) 35-42; D.J.A. Clines, *The Theme of the Pentateuch*, Sheffield 1978; R.L. Cohn, "Narrative Structure and Canonical Perspective in Genesis", em JSOT 24 (1982) 3-25; J. Scullion, "Marchen, Sage, Légende: Towards a Clarification of Some Literary Terms Used by Old Testament Scholars", em VT 34 (1984) 321-336; A. de Pury, "Les traditions patriarcales en Genèse 12-35", em *LumVie* 188 (1988) 21-34.

JEAN LOUIS SKA

PLATONISMO CRISTÃO

Pode-se falar de platonismo cristão? E. v. Ivánka publicou, em 1964, uma coletânea de estudos sob o título *Plato christianus*, alguns dos quais remontam àquela época; hoje não sabemos, e não é o caso de pedir-lhe a última palavra crítica. E tampouco pode-se pensar encontrá-la no artigo monumental de R. Arnou, "O platonismo dos Padres", que é de 1935. Para felicidade nossa, a enciclopédia *Catholicisme* deu o mesmo título a um estudo que completa e atualiza o trabalho anterior e que tem o mérito de dissipar um equívoco. Na realidade, qualquer que tenha sido, em particular do século II ao V, a influência de Platão sobre o pensamento cristão, não houve nunca, e não poderia ter havido, no sentido estrito do termo, um "Platão cristão". Todavia, continua válida a palavra de Pascal: "Platão, para dispor ao cristianismo" (*Pensées*, 219). Outra dificuldade: não se consegue reconhecer os diversos platonismos que, ao invés, R. Arnou parece ter identificado: "O de Platão, o do início da era cristã, o de Plotino e o dos sucessores de Plotino". Na realidade, existem constantes. Em cada época os "platônicos" conservaram duas palavras de ordem: buscar a verdade com toda a alma (*República*, VII 518 c 8) e tocar com mãos puras o que é puro (*Fédon*, 67 b 2).

Quando começou a influência de Platão sobre o pensamento cristão? Seria vão procurá-la no NT. Se alguma frase do quarto evangelho, desde o prólogo, presta-se a um paralelo com um "homólogo" platônico, só se pode tratar de uma memória indireta, no máximo passada através de Filão de Alexandria. E, mesmo neste caso, a crermos em Lebreton, as relações entre Filão e João permanecem duvidosas.

Vejamos agora em ordem cronológica alguns autores cristãos que marcam as etapas da assimilação do platonismo.

Justino mártir. É com Justino que se coloca pela primeira vez a questão de uma influência direta de Platão. Depois do capítulo fundamental de J. Lebreton, muitos outros autores têm examinado o problema. Baste recordar C. Andresen e W. Schmid (1952), N. Hyldahl e L.W. Barnard (1966), J.C.M. van Winden (1971), E.F. Osborn e R. Joly (1973). Mas de Platão Justino conheceu apenas algum texto, talvez através de um florilégio, e as excessivas incertezas sobre as fontes não nos permitem estabelecer a que escola platônica ele pertenceu. Temos que contentar-nos em aproximá-lo do platonismo médio; efetivamente, os pontos de contato mais numerosos são com o contemporâneo Numênio, um platônico médio acima de qualquer contestação. Junto com Platão, Justino sustenta a tese da visão de Deus (cf. *Fédon*, 111 b) coligada com a imortalidade da alma, mas para ele ambas são uma graça.

A escola de Alexandria. Com Clemente de Alexandria abre-se uma série de escritores cristãos, dos quais o mais importante será Orígenes; mas nela figurarão outros autores distintos, como Dionísio de Alexandria e, mais tarde, Atanásio e Cirilo de Alexandria. Nascido por volta de 150, Clemente foi em Alexandria o sucessor de Panteno na chefia de uma escola de catecúmenos. Mais tarde, a perseguição forçá-lo-á a refugiar-se na Capadócia, onde morrerá pelo ano de 215. Seu platonismo assenta num conhecimento pessoal do *corpus* platônico – ele é um dos poucos que o leu por inteiro – e, não obstante isto, se mantém mais próximo do platonismo médio. Se Platão lhe parecia tão útil para a propaganda cristã, é porque, como a maior parte dos autores cristãos, encontrava nele o melhor da filosofia judaica: era a tradição de Filão e dos → apologetas. Uma monografia recente sobre a maneira como os *Stromata* de Clemente assimilaram o platonismo conclui: "É preciso partir das linhas mestras do pensamento platônico para chegar ao centro da filosofia de Clemente".

A propósito de → *Orígenes*, será que devemos dizer, com H. Crouzel, que "seus erros se reduzem à hipótese da preexistência das almas e a uma tendência ao subordinacianismo"? Isto significaria talvez minimizar os desvios que em boa parte ele tem em comum com Clemente. Mas os "principais temas platônicos de Clemente e de Orígenes", listados por R. Arnou, podiam em grande parte entrar numa filosofia cristã e numerosas páginas do *Fédon*, do *Banquete* e do *Fedro* virão posteriormente a ter um eco na mística medieval.

Se *Eusébio de Cesareia* quase não tem um pensamento pessoal próprio, seu excepcional conhecimento de Platão e do platonismo médio faz de suas obras, sobretudo da *Preparação evangélica*, um repertório de textos platônicos que muitas vezes ele é o único a nos transmitir. Em *Eusèbe de Césarée commentateur*, o primeiro capítulo – "Eusébio e a herança grega" – dedica uma primeira parte a "Eusébio, comentador de Platão", com um inventário das citações e das referências de Eusébio. Seus paralelos entre Platão e Moisés levam adiante o intento de Justino e de Clemente de Alexandria: ilustrar o conjunto de sombras e de luzes que o paganismo oferecia à revelação. Por vezes Platão lhe parece o representante por excelência da moral pagã e cai sob os golpes da mesma reprovação; outras vezes – talvez com mais frequência – separa-o dos erros de seu tempo, para fazer dele o precursor dos apologetas e seu aliado inconsciente a séculos de distância.

Eusébio deve muito a Numênio que, para ele, representa o platonismo médio. E, como todo o platonismo médio, Eusébio sustenta que a transcendência de Deus exige um ser intermediário entre Ele e o mundo. Procura, muitas vezes sem consegui-lo, conciliar esta concepção filosófica com a fé cristã num Verbo divino, segunda pessoa da Trindade. Aguça o subordinacionismo de Orígenes até o limite daquilo que a Bíblia possa suportar. O "segundo Deus" de seus modelos gregos, em particular de Numênio, parece contrastar com sua ortodoxia; aproxima-o de Ário e, em Niceia, Eusébio passará por ariano.

Os capadócios e o neoplatonismo. Se Numênio foi o precursor de Plotino, este quase não exerceu nenhuma influência antes do fim do século IV. Seus discípulos imediatos, Porfírio e Jâmblico, permanecem mais próximos a Numênio e a um platonismo difuso, popularizado através dos *Oráculos caldaicos*, coletânea de hexâmetros bastante medíocres, mas com um significado de notável profundidade. Os grandes neoplatônicos pagãos do século V, Proclo e Simplício, são os primeiros a citá-los. A partir da segunda metade do século IV, Atenas tira de Alexandria o primado de capital intelectual. O neoplatonismo cristão não deriva mais de Numênio, mas de Plotino, com Basílio, Gregório Nazianzeno e, sobretudo, → Gregório de Nissa e Sinésio: estes dois últimos bispos, a contragosto, fizeram de tudo para conciliar fé e filosofia. Gregório de Nissa tem sido objeto de numerosos estudos, porém superados em importância e profundidade pela tese de J. Daniélou.

Recentemente, apareceu um estudo que estabelece um paralelo entre o *Fédon* e o único diálogo de Gregório de Nissa, *Da alma e da ressurreição*. Gregório manifesta-se, em seus silêncios e em suas reservas, extremamente preocupado em não contradizer o dogma: esconde quanto pode suas tendências filosóficas, permanecendo, apesar disto, antes de tudo um neoplatônico.

Quanto a Sinésio, nunca chegou a unificar por completo os três elementos de sua personalidade: formação de humanista e de orador, filosofia neoplatônica, religião cristã. A dificuldade que sentia em admitir a ressurreição dos corpos o empurrava constantemente para o platonismo.

No fim do século V, um último exemplo destes conflitos interiores é fornecido pelo Pseudo-Dionísio Areopagita, discípulo de Proclo e, no entanto, cristão sincero.

Bibl. – J. Lebreton, *Histoire du dogme de la Trinité*, Paris, II, 1928, 640-642 e 405-484; R. Arnou, "Platonisme des Pères", em DThC XII, 2, 2258-2392; J. Daniélou, *Platonisme et théologie mystique*, Paris 1944; H. Crouzel, *Origène et la philosophie*, Paris 1962; E. v. Ivánka, *Plato christianus*, Einsiedeln 1964; F. Ricken, "Die Logoslehre des Eusebius von Caesarea und der Mittelplatonismus", em ThPh 42 (1967) 311-358; Id., "Zur Rezeption der platonischen Ontologie bei Eusebius von Kaisarea, Areios und Athanasius", em ThPh 53 (1978) 321-352; E. des Places, "Les fragments de Numénius d'Apamée dans la 'Préparation évangélique' d'Eusèbe de Césarée", em *Comptes rendus de l'Académie des Inscriptions et Belles Lettres*, 1971, 455-462; Id., "Numénius et Eusèbe de Césarée", em *Studia Patristica*, XIII, Berlim 1975, 19-28; Id., *Platonismo e tradizione cristiana*, Milão 1976; Id., *Eusèbe de Césarée commentateur. Platonisme et Écriture sainte*, Paris 1982; Id., *Studia Patristica*, XV, Parte I, Berlim 1984, 432-441; D. Wyrwa, *Die christliche Platonaneignung in den Stromateis des Clemens von Alexandria*, Berlim 1983; G. Madec, "Platonisme des Pères", em *Catholicisme* 50 (1986) 491-507.

ÉDOUARD DES PLACES

PLURALISMO TEOLÓGICO

O pluralismo teológico deve ser compreendido no contexto global do pluralismo como tal. A palavra pluralismo, em geral, refere-se a uma situação em que coexistem uma variedade de sistemas de pensamento, de visões do mundo ou de explicações da realidade, sem que nenhuma delas prevaleça sobre as outras. São muitas as razões pelas quais se pode dizer que o pluralismo caracteriza toda a sociedade contemporânea. Em primeiro lugar, a filosofia ocidental dos últimos séculos tem dado importância ao papel do sujeito no ato de conhecer, resultando daí que se tem dispensado mais atenção aos aspectos individuais e situacionais do conhecimento. A asserção das verdades eternas tem-se dado uma ênfase menor do que às perspectivas e às opiniões em evolução. Também as ciências físicas têm esclarecido a importância dos vários pontos de observação, como se pode ver, por exemplo, numa mudança tão revolucionária da visão do mundo como a representada pela teoria da relatividade. Os campos da história e da hermenêutica, por seu lado, têm focalizado a atenção no fato de que os sujeitos são sempre condicionados, numa certa medida, pelo tempo e pelo espaço. Além disso, o desenvolvimento de meios de comunicação social mais eficazes destruiu o isolamento cultural, resultando daí que os indivíduos são informados e influenciados por uma gama mais ampla de opiniões. Por sua parte, a ética científica da livre-investigação contribui para o pluralismo, como fazem ideias políticas como a liberdade de palavra e de religião. Todos estes fatores ajudam a promoção do livre-intercâmbio das ideias e a submissão dos diversos pontos de vista num plano de igualdade diante do campo aberto da experiência e da razão humana. O resultado é que a sociedade contemporânea é fortemente pluralista – de forma irreversível, segundo afirmam alguns.

O pluralismo pode ser distinguido do relativismo epistemológico. Este último afirma que todos os pontos de vista são igualmente válidos, ideia esta que rapidamente conduz à autocontradição, na medida em que admite a validade de seu contrário. Todavia, se o pluralismo for entendido como a posição pela qual uma variedade de conceptualizações podem, sem contradizer-se, ser complementares, ao explicarem uma determinada realidade, é possível que ele seja coerente com uma epistemologia criticamente realista, que rejeite com decisão o ceticismo, que afirme um certo conhecimento da realidade e que explique como é possível tal conhecimento.

O pluralismo teológico diz respeito à situação em que os teólogos, realizando a tarefa da teologia, expressa de maneira clássica como *fides quaerens intellectum*, usam expressões diferentes da experiência e do pensamento humano para explicar a mensagem cristã em termos, por um lado, fiéis à tradição recebida e, por outro, compreensíveis para os homens de nosso tempo. Tal pluralismo teológico é até certo ponto tão antigo quanto o próprio cristianismo. O NT utiliza uma variedade de expressões, elas mesmas condicionadas pela composição das várias comunidades da Igreja primeva, para exprimir doutrinas tão importantes como a identidade de Jesus Cristo. Assim é que os vários títulos cristológicos (→ Cristologia: títulos), alguns predominantes entre os judeu-cristãos e outros entre os pagano-cristãos, constituem um exemplo concreto deste primeiro pluralismo teológico. A história subsequente do cristianismo atesta também uma legítima diversidade de enfoques em teologia, como as diferenças de perspectiva entre a teologia oriental e ocidental (UR 17). Por exemplo, na explicação dos efeitos da salvação, os teólogos orientais colocam a ênfase na divinização da criatura, ao passo que os teólogos ocidentais tendem a evidenciar a superação do pecado original. Além disso, no interior de cada tradição, a diferença não era pequena. Agostinho cita Cipriano, que diz: "É permitido pensar de outra maneira, enquanto conservamos o direito de comunhão" (*De baptismo* III 3,5). Mais tarde, a teologia escolástica, sob a influência das ordens religiosas e das novas universidades, manifestou um tipo de pluralismo em suas diversas escolas de pensamento, particularmente baseadas nos sistemas de pensamento do mais tradicional platonismo ou no aristotelismo redescoberto mais recentemente. Além disso, distinções como aquela entre *fides implicita* e *fides explicita* eram usadas pelos teólogos escolásticos para justificar a unidade na fé, existente entre os doutos e os menos doutos, uma união que admite diferenças substanciais entre os cristãos, de acordo com as crenças explicitamente professadas por eles. A Reforma mostrou que alguns tipos de diferenças em teologia, e ainda mais na doutrina, não são compatíveis com a unidade dos cristãos. Ao mesmo tempo, alguns tentaram, sem sucesso, criar espaço para a unidade entre os que divergiam no tocante a algumas doutrinas específicas, distinguindo entre artigos de fé fundamentais e não fundamentais, tentativa esta que não tratou de modo adequado a autoridade da revelação ou do magistério da Igreja e que, por isso, no final foi rejeitada pelo Papa Pio XI na *Mortalium Animos* de 1927. Em geral, as comunidades cristãs da pós-Reforma visaram uma unidade na fé que não valorizava o pluralismo teológico, fato este atestado não somente pela crescente importância romano-católica da autoridade doutrinal do magistério, mas também pelas muitas divisões doutrinais não equacionadas entre as comunidades protestantes.

O pluralismo teológico interessa à Teologia Fundamental por várias razões. Uma delas diz respeito à natureza da própria revelação cristã que, como automanifestação de Deus, é intraduzível numa expressão plenamente adequada à linguagem humana. São Paulo escreve: "Ó profundidade das riquezas, da sabedoria e da ciência de Deus! Quão imperscrutáveis são seus juízos e inacessíveis seus caminhos!" (Rm 11,33). A Epístola aos Efésios fala das "imperscrutáveis riquezas de Cristo" (Ef 3,8). Tomás de Aquino exprimiu uma parte deste senso da natureza transcendente da verdade revelada numa frase citada com frequência: *articulus fidei est perceptio divinae veritatis tendens in ipsam* ["o artigo de fé é a percepção da verdade divina que tende para ela"] (STh II-II, 2,6 ad 2), frase que indica que a expressão da verdade divina na linguagem humana supera sempre a si mesma dirigindo-se à realidade divina, que é maior e nunca pode ser atingida. De vez que nenhuma expressão é totalmente adequada à verdade revelada, uma pluralidade de expressões não somente é possível, mas pode também ser benéfica, se estas se integrarem reciprocamente e conduzirem assim a uma posse mais completa desta verdade.

Um outro motivo do pluralismo teológico pode ser encontrado no fato de que a revelação é recebida na situação concreta do crente. O filósofo e teólogo B. Lonergan esclareceu alguns dos complexos e múltiplos fatores que diferenciam uma pessoa da outra. Tais diversidades nos sujeitos conduz inevitavelmente a uma variedade nos modos de receber e exprimir a realidade revelada. Embora alguma diferença entre os sujeitos derive da ignorância ou do erro ou da falta de conversão e conduza a oposições irreconciliavelmente contraditórias, nem toda variedade é necessariamente deste tipo. O Vaticano II enaltece aquela diversidade que representa a → inculturação do Evangelho, quando, em seu decreto sobre a atividade missionária, estimula a Igreja local a plantar a semente da fé no rico solo dos costumes, da sabedoria, do ensinamento, da filosofia, das artes e das ciências de seu povo específico (AG 22; para uma aplicação litúrgica disso cf. SC 40). A multiplicidade que daí resulta na disciplina, na liturgia, na teologia e na espiritualidade é vista como expressão da catolicidade da Igreja (cf. LG 23; AG 22; UR 4). O concílio fala com frequência de uma legítima variedade, também no campo das expressões teológicas da doutrina (UR 17; AG 22; GS 62), variedade esta que não obstacula necessariamente a unidade da Igreja, mas, pelo contrário, poderia até promovê-la (LG 13; UR 16; OE 2). Não somente o campo da cultura (espaço), mas também o da história (tempo) tem em si as raízes do pluralismo teológico. Notar-se-á aqui que o desenvolvimento da doutrina implica uma certa diversidade de uma época para a subsequente, de sorte que a "fé, transmitida aos santos uma vez por todas" (Jd 3), exprimiu-se em diversos graus de adequação ao longo das épocas. Por isso, pode-se notar um certo pluralismo teológico na maneira como figuras historicamente distintas, como Inácio de Antioquia, Irineu de Lião ou

Boaventura falam da única fé. Além disso, este campo da história do pensamento cristão deve ser considerado tendo como pano de fundo a escatologia. Paulo escreve: "Agora, vemos como que num espelho, de modo confuso; mas então veremos face a face. Agora, conheço de modo imperfeito, mas então conhecerei perfeitamente, como também sou conhecido" (1Cor 13,12). A natureza indistinta da visão de fé durante esta peregrinação terrena endossa uma certa insuficiência, que por sua parte permite uma margem de legítima diversidade entre os teólogos.

O pluralismo teológico, estando diretamente conexo com a revelação e com a recepção desta na fé, toca vários dos mais vitais problemas da Teologia Fundamental. Além do mais, o pluralismo deve ser necessariamente discutido em toda epistemologia teológica, isto é, em toda relação da teologia como ciência (→ Teologia, IV). Mas talvez o pluralismo teológico levante sobretudo o problema de uma adequada explicação da unidade da fé. Como distinguir aquela legítima variedade, aceita e até elogiada pelo Vaticano II, da diversidade da fé que destrói a unidade da Igreja? Como distinguir o pluralismo teológico do indiferentismo doutrinal? Os critérios para distinguir o que diz respeito à legítima diferença da expressão de fé seguramente incluiriam fidelidade à revelação, como está expressa na Escritura e na tradição, coerência com o *sensus fidelium* e aprovação da parte do magistério pastoral da Igreja. Neste ponto o pluralismo teológico tem atinência com o problema da ortodoxia, vista como norma para determinar que posições permanecem dentro da unidade da fé.

Obviamente, os problemas levantados pelo pluralismo teológico são diretamente importantes para o movimento ecumênico que, em grande medida, pressupõe a unidade na fé como pré-requisito para uma participação maior na vida. Se a plena comunhão só virá depois de se atingir a unidade na fé, é essencial esclarecer o que na verdade se entende por unidade na fé, especialmente à luz do fato de que é legítimo algum grau de diversidade teológica. Como evidencia a reflexão sobre o pluralismo teológico, a comunhão na verdade que existe entre os cristãos é complexa, englobando um número grandíssimo de diferentes pessoas na única unidade da mesma fé. Explicar esta comunhão na verdade é um desafio ainda não adequadamente atendido.

Bibl. – B. Lonergan, *Doctrinal Pluralism*, Milwaukee 1971; Comissão teológica internacional, "L'unità della fede e il pluralismo teológico", em *CivCatt* (1973) 367-369; D. Tracy, *Blessed Rage for Order: The New Pluralism in Theology*, Nova York 1975; J.D.G. Dunn, *Unity and Diversity in the New Testament*, Filadélfia 1977; Y. Congar, *Diversità e comunione*, Assis 1984.

WILLIAM HENN

POSITIVISMO HISTÓRICO

O positivismo histórico, representado por L. von Ranke (1795-1886) e por Th. Mommsen (1817-1903), interessa à Teologia Fundamental porque veicula a concepção da história que dominou o século XIX e que durante muito tempo inspirou os juízos sobre o valor histórico dos evangelhos. Ora, adotando-se os cânones do positivismo, que aspira a dar do passado uma imagem exata e completa, a partir de fontes "historicamente puras", este juízo só pode ser desfavorável aos evangelhos, já que estes últimos evidentemente aparecem como fontes "contaminadas" pela visão de fé e pela interpretação teológica. Convém, pois, examinar os postulados do positivismo.

Na base do positivismo está uma epistemologia ingênua e acrítica, pois ele considera o objeto do conhecimento histórico como um dado já construído e o conhecimento histórico como o registro ou a fotografia de tal objeto. A objetividade do conhecimento histórico consiste em perceber o dado tal qual é (*wie es eigentlich gewesen ist*), em registrar os fatos nus e crus, em sua verdade original, fora de qualquer interpretação. O ideal do positivismo histórico é chegar à exatidão fria, neutra e impessoal das ciências naturais, como a botânica, a biologia, a química. Mantém-se rigorosamente em nível dos fatos, em sua pura materialidade.

Temos que reconhecer que tal ideal não somente é inacessível, mas também contrário à realidade. O próprio Von Ranke, em sua história da Reforma protestante, é visivelmente inspirado por suas simpatias luteranas. Os fatos estão sempre unidos a uma interpretação individual ou coletiva, sem a qual, de resto, serão ininteligíveis. Assim, afirmar que J.F. Kennedy foi "assassinado" em Dallas é mais do que falar de um fato. Para falar somente de um fato dever-se-ia dizer: "Kennedy, no decurso de sua visita a Dallas, foi encontrado banhado no seu próprio sangue, com dois projéteis no corpo". Mas dizer "assassinado" já é uma interpretação do fato e implica uma causa intencional da parte de uma ou mais pessoas. Na prática, todo fato humano manifesta-se como fato e como interpretação, que se traduz em juízo. Fora do espírito humano, que apreende e julga, só existe um caos de dados. A objetividade de um fato histórico, portanto, consiste em entrar no horizonte de uma consciência que o percebe e o julga.

Acrescentemos que todo fato humano é rico de um número indefinido de interpretações, que esperam ser reconhecidas ou redescobertas. Esta atividade de discernimento será sempre imperfeita, parcial e unilateral. Tanto mais que a materialidade do fato constitui somente um elemento, entre muitos outros, do devir de um homem, que se realiza num projeto. Um homem dá vida a um projeto; um outro homem, o historiador, dedica-se a recuperar este fato, interpretando a intenção que o anima com uma hipótese explicativa. Por isso, em todo fato humano a objetividade pode ser definida somente integrando a contribuição do sujeito – que deu vida ao fato como expressão de seu projeto – com o aporte deste outro sujeito que o recupera, procurando interpretá-lo.

Na pesquisa histórica, como em todas as ciências humanas, intervêm sempre elementos de subjetividade individuais ou coletivos, que não seria possível eliminar. Por exemplo: 1. *A escolha de uma perspectiva*: assim, a Contrarreforma pode aparecer como um momento de vigorosa renovação religiosa, ao passo que, para a história da arte, pode aparecer como um período de decadência. 2. *A opção afetiva.* Assim, os fatores emocionais desempenham uma função determinante nos juízos sobre as pessoas ou sobre os acontecimentos. A guerra de 1939-1945 aparecerá numa luz bem diferente, conforme as nações em questão, se vista pelos franceses, pelos italianos, pelos alemães, pelos ingleses, pelos americanos ou pelos russos. A opção existencial do historiador, crente ou não crente, com os pressupostos filosóficos, condiciona seu trabalho: conscientemente ou não, ela inspira a escolha dos documentos, a organização e a interpretação dos materiais, a síntese à qual se chega. Não se trata, portanto, de afundar no ceticismo radical sobre a possibilidade de uma investigação histórica válida, mas sim de avaliá-la corretamente. Um primeiro passo para a objetividade consiste, para o historiador, em declarar abertamente a perspectiva que adota e em enunciar seus pressupostos. Pode, então, abrir-se a uma outra perspectiva diferente da sua e até simplesmente renunciar a ela, na presença de fatos solidamente atestados. A objetividade é antes de tudo "procura" da objetividade.

A investigação histórica, portanto, não se encontra diante de um puro fato material, destituído de qualquer significado, mas encontra-se diante de uma intenção encarnada, diante de um projeto realizado. A investigação histórica é a interpretação *recriadora* da intenção criadora da história vivida. Ela percorre o caminho da vida de trás para frente e se dedica a descobrir a intenção do sujeito no ato com o qual se realiza. História vivida e pesquisa histórica condicionam-se reciprocamente. Mas o conhecimento histórico só é possível porque a própria história vivida já é "significativa" e inteligível. Daí segue-se que a investigação histórica só é possível sob a condição de se adotar, em relação à história vivida, uma atitude ao mesmo tempo de afinidade, para "comungar" com ela e de "distância", para julgá-la corretamente. A "compreensão" implica sempre estes dois passos. É a *tradição* que mantém ao mesmo tempo a distância e a continuidade na distância.

Pode acontecer que a situação de afinidade se verifique diretamente, seja devido a uma simultaneidade cronológica com o acontecimento e o ambiente de origem, seja – uma vez que a tradição mantém e veicula o horizonte em que um documento nasceu – tornando assim natural a leitura de um texto cronologicamente longínquo. O trabalho exegético consiste, então, simplesmente em esclarecer o sentido do texto, quando este é obscuro ou ambíguo. Mas pode acontecer também o caso de a tradição representar uma série de leituras ou de interpretações, ocorridas ao longo dos séculos em horizontes culturais sempre diferentes. Neste caso, trata-se de reconstruir a situação cultural original e de descobrir o sentido inicial. Esta situação é a dos → evangelhos, que constituem uma série de releituras sucessivas da existência vivida de Jesus.

As observações feitas até aqui sobre a história e sobre o conhecimento histórico já permitem constatar que os evangelhos se aproximam muito mais dos conceitos de história e de fidelidade histórica de quanto pensavam os representantes do positivismo. Com efeito, o que é relatado nos evangelhos é a existência terrena de Jesus, mas com o sentido profundo de que ela se reveste para o próprio Jesus. Este executa a vontade do Pai até aquele abismo de caridade que o leva à cruz: aí está seu projeto fundamental. Podemos verificar quanto a intenção dos evangelistas foi de fato a de reproduzir este senso de oblação salvífica da vida de Jesus, pela importância que dão ao relato da paixão. A verdade é que dois aspectos são constantemente sublinhados pelos evangelhos:

1. Por um lado, o próprio evento, em sua realidade de evento "verdadeiramente acontecido". Mas os evangelhos indicam também o *sentido* do evento, isto é, o sentido que faz parte do próprio evento, que é "interno" a este. O sentido não é, portanto, um elemento "acrescentado" pela tradição, mas faz parte do próprio evento. O sentido produz frutos, mas não é criado. Portanto, a morte de Jesus não é um simples falecimento: o caráter oblativo desta morte faz parte de sua realidade. A função do historiador é a de buscar, para além das diversas análises críticas, a realidade e o significado do evento. Este é o elemento de verdade que o positivismo contém: a investigação histórica deve reencontrar o Jesus pré-pascal na totalidade de evento significante.

2. Por outro lado, se o evento tem um sentido, este último não é oferecido à curiosidade como um objeto de "informação": apresenta-se, sim, como um objeto de interpelação e um chamado à conversão, a uma vida autêntica. A realidade de Jesus não é neutra: põe em jogo a existência de quem se encontra com ela. Este é o elemento válido da "Nova hermenêutica". O historiador, como tal, não deve decidir pelos outros. Mas pode mostrar que o chamado à decisão de fé faz parte da própria mensagem de Jesus. Pode também mostrar que a interpretação cristã de Jesus é coerente com a orientação historicamente presente em sua existência.

No final da investigação, o historiador encontra-se sempre diante de acontecimentos e de um sentido. Nunca chega a acontecimentos "insignificantes". Aliás, sua ambição não é apoderar-se de um passado morto, neutro, para em seguida contemplá-lo como um espectador frio e indiferente (mito do positivismo), mas sim recolher um Jesus pascal já significante e fonte de significado. O texto aparece como o "precipitado" de uma evolução temporal e significante, da qual o historiador se esforça por reconstruir as etapas e por verificar a confiabilidade. A relação do texto e da tradição com o evento-Jesus vai-se precisando somente pouco a pouco, mediante o esforço conjunto da história e da hermenêutica.

As recentes reflexões sobre a natureza da → história, sobre sua ambição e seus limites, em boa parte reabilitaram os evangelhos como via de acesso a Jesus. Com efeito, a investigação histórica, entendida como interpretação recriadora do projeto da história vivida, demonstra que os evangelhos, introduzindo o leitor no sentido último da vida de Jesus, isto é, a oblação ao Pai pela salvação dos homens, situam-se no centro da história e de suas preocupações. Apesar de sua liberdade em relação às coordenadas espaçotemporais, permanecem mais fiéis a Jesus do que a crônica mais enxuta e rigorosa.

Bibl. – R. Aron, *Introduction à la philosophie de l'histoire*, Paris 1948; J. Hours, *Valeur de l'histoire*, Paris 1954; H.I. Marrou, *De la connaissance historique*, Paris 1954; Id., *Teologia da história*, Petrópolis 1989; V. Melchiorre, *sapere storico*, Brescia

1963; P. Ricoeur, *Histoire et vérité*, Paris 1966; H.G. Gadamer, *Il Problema della coscienza storica*, Nápoles 1969; Id., *Verità e Método*, Milão 1983; A. Rizzi, *Cristo verità dell'uomo*, Roma 1972; P. Fruchon, *Existence humaine et Révélation.* Essais d'herméneutique, Paris 1976; R. Latourelle, *A Gesù attraverso i Vangeli*, Assis 1979.

RENÉ LATOURELLE

POTENTIA OBOEDIENTIALIS

Com a expressão *potentia oboedientialis* a teologia tenta qualificar, à luz do dado revelado, a situação da possibilidade de relação entre Deus e o homem. Na realidade, estamos diante do problema da relação entre natureza e graça. Por um lado, a reflexão deverá ser capaz de salvaguardar a liberdade do homem, em seu colocar-se diante da revelação de Deus; por outro, deverá defender a prioridade, a gratuidade e a transcendência da ação do próprio Deus.

Seria ingenuidade pensar que tal questão não atinge a Teologia Fundamental. Com a *potentia oboedientialis*, estamos diante de uma destas temáticas onipresentes, ainda que nem sempre explicadas, que regulam toda a tradição teológica. Reencontramo-la, antes de tudo, no tema de uma fundamentação antropológica, em seguida como fator interno da revelação e da encarnação, subsequentemente nas problemáticas sobre o conhecimento "natural" de Deus e da fé, na relação fé-razão e, finalmente, nas questões de soteriologia. Portanto, o tema não é marginal para a teologia, mas dela constitui um elemento qualificante.

Do ponto de vista formal, como elemento já de uso comum, com *potentia oboedientialis* qualifica-se, genericamente, a *possibilidade* (*potentia*) que o homem tem de poder receber uma determinação que de *per si* não tem, mas que só pode acolher *obediencialmente* como dom.

A legitimação deste dado vem somente como reflexão teológica. Efetivamente, a relação criatural já se coloca como constitutiva. O sujeito concebe-se como criatura, portanto numa diferença ontológica com respeito a Deus e em dependência dele, na autoconsciência de não poder encontrar realização em si mesmo, mas somente em sua relação com o criador. Mais ainda, a reflexão – que é de genuína leitura católica – é feita à luz do evento da encarnação; razão pela qual *historicamente* se vê realizada a relação arquetípica entre Deus e o homem na vida de Jesus de Nazaré, que se torna o lugar do chamado à participação do homem na vida divina.

Em Cristo, portanto, temos a totalidade da graça que é mediada para o homem; portanto, toda graça é considerada crística, embora nele se verifique também de que modo o homem é *capax Dei.*

Toda a reflexão patrística é marcada positivamente por esta pré-compreensão. O homem é chamado de ser "divinizado", vale dizer, já chamado a participar da vida de Deus que, em Cristo, historicamente já se concretizou. *Agostinho* fornece uma primeira pista de indagação, quando trata da relação entre livre-arbítrio e graça. O homem é livre, mas, para agir em direção ao bem, precisa ser libertado; sua disponibilidade diante da graça deve ser completamente obediencial.

Mas é em *Tomás* que, pela primeira vez, deparamos a terminologia técnica de *potentia oboedientiae* e *potentia oboedientialis* (*De Ver.* 3,3,3), para indicar uma potência passiva do espírito humano. Num texto clássico, lê-se: "Na alma humana, como em toda criatura, está presente uma dupla potência passiva: uma, atribuível aos agentes naturais; a outra, possibilitada pelo primeiro agente, que pode levar (*potest reducere*) qualquer criatura a ações superiores àquelas a que é levada pelos agentes naturais, e esta potência é usualmente chamada, na criatura, de potência obediencial (*potentia oboedientiae*)" (STh III, 11,1).

Em época posterior, o tema passou por interpretações diferentes, sobretudo por obra de *Molina* e de sua escola. Mais diretamente, como resultados que chegam à teologia contemporânea, pode-se procurar ver a *potentia oboedientialis* à luz da intuição tomista numa interpretação mais genuína. Segundo Tomás, com efeito, realização essencial da criatura e gratuidade do dom para sua realização não podem ser consideradas conceitos contraditórios no interior de um sujeito.

Portanto, há que valorizar antes de tudo a unidade do sujeito humano, que se exprime em seu ser *pessoa.* Para além de todo dualismo (espírito-corpo, com a consequente divisão de transcendência-imanência ou finito-infinito), a realidade da *pessoa* é a que mais do que qualquer outra favorece, desde o início, a unidade e a não contraditoriedade dos conceitos e das características ligados a ela.

O ser pessoa, para o sujeito humano, significa autocompreensão e capacidade de autorrealização mediante atos de liberdade. Ora, existe uma abertura infinita no sujeito, uma dinâmica constante de abertura que é marcada pelo *desejo* de poder atingir o objeto do próprio conhecer. E, no entanto, exatamente esta tensão e desejo fazem tomar consciência de uma finitude do próprio ato de ser.

Esta característica está impressa também na liberdade do sujeito, que percebe em si o desejo de uma liberdade cada vez maior e uma abertura a uma liberdade infinita. Esta dimensão permite-lhe autodescobrir-se como um sujeito *disponível* a poder desejar e realizar tanto atos de liberdade quanto o ato supremo de liberdade, mediante o qual concretiza sua autorrealização.

A pessoa é essencialmente liberdade; esta exprime-se como ato supremo justamente no momento em que é colocada diante da radical escolha de aceitação de uma liberdade maior, que não lhe pertence e que não pode ser pretendida, mas apenas recebida. É isto que caracteriza o ser pessoal como aquele que pode realizar, até o último e em correspondência à sua natureza, atos que lhe cabem.

Dir-se-á, em outras palavras, que a autocompreensão última que o sujeito pode ter, teologicamente, é a de um ser criado; isto implica compreensão de uma *distinctio realis* em relação ao criador. O ser criatural, portanto, está sempre posto numa condição de relacionalidade, que é visível na disponibilidade a acolher.

Na qualidade de criatura, não pode pretender, mas somente receber. Existe, portanto, em nível criatural, uma disponibilidade própria (*potentia*) a acolher a graça e, portanto, a entrar na posse (*oboedientia*) de uma qualidade e característica que de *per si* não se possui nem se pode pretender possuir, por força da natureza criada da pessoa.

Tornar-se consciente do que já foi dado na criação, também isto é graça, chamado ao acolhimento obediencial, que é devido diante de Deus. Efetivamente, só deste modo é possível ver aquela radical disponibilidade do sujeito diante da revelação. Em suma, ao criar, Deus coloca o desejo natural dentro da criatura, para que possa reconhecê-lo, mas a contingência do ser criado, que constitui sua essência, exige que este desejo seja levado em nível pessoal, para tornar-se em tudo um ato pleno de um sujeito histórico. Isto é necessário para que se realize plenamente o paradoxo da relação entre transcendência de Deus e conhecimento humano. Pois Deus pode ser sempre e somente o primeiro nesta iniciativa; mas também a liberdade do homem nunca poderá ser capaz de relacionar-se pessoalmente com Deus, por força de uma sua estrutura ontológica, se Deus não imprimir nela a capacidade tanto para conscientizá-la quanto para realizá-la.

A condição criatural, assumida no início como *a priori* da reflexão teológica, comporta necessariamente que, também neste caso, se mantenha viva a regra da → *analogia.*

Esta dimensão não tira nada da força da liberdade do sujeito, pois ele a realiza justamente no momento em que toma consciência e, portanto, como pessoa, se autorrealiza plenamente.

Finalmente, a pessoa autocompreende-se numa realidade histórica. Acreditamos não tirar nada da plenitude do conceito de *potentia oboedientialis*, se o inserirmos numa dinâmica de devir do ser humano. No ato criador de Deus, já se vê o ato de uma *potentia oboedientialis*, que é dada ao sujeito enquanto criatura; e, contudo, no desenvolvimento de sua existência, o homem adquire cada vez mais consciência de seu ser, até chegar à plenitude da visão beatífica. Ora, a esta dinâmica a *potentia oboedientialis* não é estranha, porque o crente sabe antes de tudo que, diante da transcendência da graça, permanece o estado de pecado e que, apesar disto, cresce nele o desejo de Deus.

A plenitude da autorrealização acontecerá, portanto, na visão beatífica; aqui se terá a consumação da participação na vida divina, quando a criatura descobrirá a excelência de sua escolha e viverá o grau mais alto da sua liberdade, mas ao mesmo tempo verá a gratuidade do chamado com que lhe foi dado aquilo que apenas desejava.

Bibl. – A. Gardeil, "Le désir naturel de voir Dieu", em RTh 31 (1926) 381-410; Id., "La vitalité de la vision divine et les actes surnaturels", Ibid., 477-489; H.U. von Balthasar, "Der Begriff der Natur in der Theologie", em ZKTh 75 (1953) 452-464; Id., *Spiritus Creator.* Saggi Teologici, vol. III, Brescia 1972; Id., *Teodrammatica*, vol. II, Milão 1982; K. Rahner, *Hörer des Wortes*, Friburgo 1973; Id., "Potentia oboedientialis", em SM VI, 406-410; Id., "Rapporto tra natura e grazia", em *Saggi di antropologia soprannaturale*, Roma 1969, 43-77; Id., "Natura e grazia", Ibid., 79-122; P. Rousselot, *Gli occhi della fede*, Milão 1977 (orig. 1910); H. de Lubac, *Il mistero del soprannaturale*, Milão 1979 (orig. 1946).

RINO FISICHELLA

PROFECIA

1. *Status quaestionis* – 2. *A profecia na teologia veterotestamentária* – 3. *Jesus de Nazaré e a cristologia profética (Jesus interpreta as Sagradas Escrituras; Jesus fez profecias e realizou gestos proféticos; Anúncios da paixão e glorificação; Jesus teve visões)* – 4. *A profecia neotestamentária* – 5. *Valor teológico da profecia* (R. Fisichella).

Colocar-se hoje diante do argumento profético poderia ser descrito como encontrar-se diante de um resto que sobrou de um naufrágio. A canoazinha do *argumentum exprophetia*, balouçada entre a tempestade de um cálculo probabilístico, realizado em geral pelos tratados apologéticos, e um temporal proveniente da metodologia histórico-crítica, encalha hoje no porto da Teologia Fundamental, que parece não saber se deve submeter o resto que sobrou a uma radical transformação ou se deve destruí-lo por completo.

Contudo, antes de proceder a um afundamento definitivo, poderá ser útil uma ulterior tentativa que se esforce por aplicar as diversas metodologias a um emprego mais bíblico e teológico do argumento.

1. *STATUS QUAESTIONIS* – Deve-se antes de tudo observar que, sem a profecia, dificilmente se poderia compreender a história do cristianismo. Ela representa uma realidade a tal ponto constitutiva para a reflexão teológica que ter que prescindir dela equivaleria a tornar equívoco o próprio objeto da fé cristã.

A própria história de Israel só se torna compreensível se for referida ao evento da profecia, que inspira e condiciona os momentos mais salientes da constituição da vida do povo. Tanto a revelação progressiva da fé monoteísta quanto as instituições religioso-políticas de Israel só se tornam claras se forem situadas no horizonte profético.

Também a história de Jesus de Nazaré não pode prescindir de uma leitura profética. Falando e agindo da mesma forma que os profetas, Jesus foi compreendido por seus contemporâneos como um profeta. Anunciando, porém, que o Batista devia ser considerado o último dos profetas (Mt 17,10-13), paradoxalmente exprimia também sua pretensão de não querer confundir-se com estes últimos; porque Ele e o seu tempo eram termo último e inequívoco de toda consumação, da Lei e dos Profetas (Mc 9,2-8; Mt 17,1-18; Lc 9,28-36).

Finalmente, a história da Igreja é marcada transversalmente pelo fato profético. A partir da centralidade de Jesus, o Cristo, "profeta poderoso em obras e em palavras" (Lc 24,19), que é crido como a consumação e a realização da profecia antiga, a comunidade vive incessantemente em relação com a profecia. A estrutura da comunidade primeva antes de tudo reconhece nos profetas um dos fundamentos, até institucionais, de sua existência (cf. Ef 4,11; 1Cor 12,28); e a Igreja, ao longo de seus vinte séculos de história, considerou a profecia como um dos carismas normais que lhe são outorgados para realizar sua função de mediadora da revelação no mundo.

Não obstante o papel essencial que a profecia parece desempenhar na vida da Igreja, o argumento profético, como um dos sinais que medeiam a revelação cristã, foi submetido a um tratamento decididamente contraditório: o racionalismo lhe tirava qualquer caráter sobrenatural; a → teologia manualística, no lado oposto, exagerava-lhe o valor; finalmente, o método histórico-crítico limitou todo o conteúdo da profecia unicamente ao *Sitz im Leben*, não permitindo, portanto, que ela se abrisse a uma leitura teológica e impedindo de verificar os efeitos que progressivamente vinham a realizar-se numa dinâmica histórica.

Uma recuperada mediação da profecia, como sinal de credibilidade da revelação, não é isenta de dificuldades. A primeira dificuldade que se encontra é da ordem da pré-compreensão teológica da categoria. Com efeito, a tradição manualística deixou como herança uma definição de profecia que condicionou negativamente, durante decênios inteiros, a teologia e, consequentemente, as várias expressões da vida de fé que se baseiam nela. Os tratados clássicos do *De Revelatione* convergem em considerar a profecia como *certa praedictio futuri eventus qui ex principiis naturalibus praesciri non potest* [“predição, apoiada na certeza, de um fato futuro que não pode ser conhecido pelos princípios naturais”] (cf., por todos, Ch. Pesch, *Compendium Theologiae dogmaticae*, I, De Legato divino, Friburgo 1913, 54).

Como se pode observar, a profecia é aqui limitada e identificada com o vaticínio e a previsão, ligada diretamente à onisciência de Deus que, sendo “inteligência infinita”, pode conhecer tudo, também os acontecimentos futuros e futuríveis e, em sua liberdade, pode comunicá-los milagrosamente.

Uma pré-compreensão atual da profecia não poderia prescindir da recuperação do conceito bíblico, e este, primariamente, não atribui ao profeta a função de antecipar o futuro, mas, antes, indica a forma mediante a qual, no decurso da história, a palavra de Jhwh se comunica e se conserva intacta.

Uma segunda dificuldade, no tocante ao argumento profético, é determinada pela influência que, a partir da escola liberal, sofreu a compreensão da profecia neotestamentária. Com efeito, acabou-se criando uma teoria que lia em contraposição a presença de duas igrejas quase paralelas entre si: a institucional e a carismática. O medo ante o carisma profético – concluem estes autores – fez com que a instituição predominasse sobre o carisma, portanto relegando a profecia a uma ordem subalterna, até fazê-la desaparecer por completo da cena.

Partindo desta ordem de ideias, acabou-se formando uma visão eclesiológica que contrapôs os apóstolos aos profetas, exasperando a tensão entre lei e carisma.

Uma releitura da profecia deverá considerar a pluralidade das formas de autocompreensão das igrejas, em seu situar-se histórico, mas numa leitura global, que evidencie a unidade na complementaridade, ao invés da absolutização de um ministério particular.

De qualquer forma, as várias dificuldades podem ser superadas se a pesquisa teológica *interdisciplinar* convergir para um centro que será recuperado através de uma atenta exegese e uma visão teológica global do fenômeno.

Os dados positivos que se podem extrair de uma renovada apresentação da profecia (pensemos, p. ex., num fundamento mais contextual do cristocentrismo, numa teologia da história mais genuína, numa relação equilibrada entre ministérios e carismas, numa recuperação mais significativa dos sinais dos tempos...) impulsionam a olhar para além das dificuldades a fim de atingir objetivos que mais facilmente permitam uma apresentação do evento revelado.

Os raríssimos estudos que, depois da manualística, se têm dedicado ao argumento profético, têm procurado relacionar todo o AT com o NT, superando desta maneira a leitura reducionista e mecanicista que relegava a argumentação à verificação do cumprimento das diversas profecias. Daí resultou que o AT era relido à luz de três categorias: lei, história e promessa, que encontravam “cumprimento” no NT e na fé cristã.

Constituía-se, assim, uma teologia do AT como “profecia” do Novo, o qual relia o Antigo, dando a este um “sentido cristão”.

Esta tentativa elogiável, porém, não ia além de uma teologia cristã do AT; a aplicação de um *sensus plenior* aos escritos veterotestamentários, se fornecia uma leitura cristã, não dava conta da “autonomia” peculiar que, em todo caso, o AT deve possuir como texto sagrado da religião hebraica.

A pretensão cristã de apoderar-se do AT e, até, de vê-lo orientado para Cristo, faz entender o caráter específico do cristianismo, mas isto não tira o componente de “pretensão” que se arroga em relação ao mundo veterotestamentário.

Pensamos que se possa percorrer um outro caminho que, recuperando os traços salientes da profecia veterotestamentária, saiba colocar no centro a pessoa de Jesus de Nazaré como *profecia* do Pai e, evidenciando a especificidade do profetismo neotestamentário, saiba fazer uma leitura teológica mais conforme com a originalidade cristã.

2. A PROFECIA NA TEOLOGIA VETEROTESTAMENTÁRIA – À diferença dos povos vizinhos, que muitas vezes confundem profecia com magia e possessão extática, Israel sempre teve uma clara ideia religiosa do profeta. Já na própria diferenciação semântica é possível ver a divisória nítida entre a ideia bíblica e a das outras religiões: ó προφήτης (*prophêtēs*) dos LXX é limitado ao *nābî'*, identificado como “aquele que fala com clareza no

lugar de alguém", ao passo que o hebraico *qosem*, que designa o mago, sempre é traduzido com μαντις (*mántis*). A peculiaridade do profeta hebraico impõe-se, portanto, como um fenômeno diretamente reportável à economia da revelação.

O profeta veterotestamentário é um *traditus*, confiado e entregue ao *dâbâr* Jhwh, a quem deve obedecer, repetindo suas palavras (Is 45,6: "Sou o Senhor teu Deus que falei"). Por esta razão, o profeta torna-se um "perito" de Deus; ele experiência sua "glória" (Ez 1,26-28), sua força vinculante (Jr 15,16), o fascínio de sua santidade (Is 6,1-8).

Como homem profundamente inserido na história de seu povo, o profeta bíblico vê, na aliança e na Tôrah, o instrumento mais adequado para viver em paz e em fidelidade ao pacto estabelecido. Consciência religiosa e senso político indicam, porém, um senso mais profundo, o da consciência de que Jhwh guia a história e orienta-a para um futuro, o "dia" em que sua manifestação e sua aliança atingirão o clímax, pois que ligadas a uma profunda mudança interior (Jr 31,31-37; Ez 34,11-30; 36,23-36).

Para compreender, pois, o profeta do AT, dever-se-á fazer referência antes de tudo à gratuidade de seu *chamado*; efetivamente, o profeta só é compreensível no interior de um esquema vocacional. O chamado de Jhwh, para cada um deles, constitui o evento fundamental que cria história pessoal e que deve ser fixado até por escrito, para que permaneça inalterado (Jr 1,2; Is 6,1; Ez 1,2; Os 1,1).

Neste chamado, que se apresenta como um ato de profundo amor e que implica um conhecimento que existiu desde sempre ("desde o seio materno" ou "ainda antes do nascimento"), o profeta descobre sua *missão*. Ele é o homem enviado para levar a palavra, ordem esta que deve ser executada fielmente, que demanda uma disponibilidade total, portanto, capacidade de aceitar todo tipo de sofrimento ou, até, de sacrificar sua existência pessoal (Dt 18,15-22; 4,21-22; Is 52,13–53,12; Jr 37–40).

Se o anúncio da palavra de Jhwh é a nota predominante, todavia não se pode deixar de dizer que o → *silêncio* e o *sinal* (→ Semiologia, I) permanecem as formas mais expressivas da linguagem profética. Depois do primeiro silêncio, que constitui a escuta da vocação e do conteúdo do anúncio da mensagem, a palavra do profeta torna-se novamente silêncio: Deus já falou, que se pode acrescentar a sua palavra? (Is 8,16-20). Este silêncio, que exprime a profundidade da linguagem, remete a um sentido mais profundo, o do mistério com que o profeta veio a encontrar-se. Quando a palavra parece não ser suficiente, o profeta recorre a sinais que só à primeira vista podem parecer ilógicos ou insensatos (cf. Jr 1,11; 18,1-12; 19,1-15; 24,1-10; 27,2-22; 32,6-15; Ez 4,1-3; 5,1-17; 24,1-27); e até ele mesmo será "sinal", colocado diante do povo inteiro (Ez 24,24; Jr 16), a fim de que, vendo-o, o povo possa atingir o mistério que o sinal significa.

Em uma palavra, os profetas veterotestamentários apresentam-se-nos em sua concretude e coerência de vida. São homens que se puseram a serviço da "Tradição" sagrada de Israel, marcando a história de seu povo. Mas a experiência de Deus que haviam feito e a responsabilidade pela mensagem que anunciavam deviam naturalmente superar a estreita barreira do tempo e os limites de um só povo, para se tornarem patrimônio comum da história da humanidade, num futuro que tornava evidente o que eles haviam apenas prometido e simbolicamente representado.

3. JESUS DE NAZARÉ E A CRISTOLOGIA PROFÉTICA – "O espírito de profecia apagou-se e acabou em Israel com Ageu, Zacarias e Malaquias" (Yomma, 9/b); "Até estes últimos, os profetas profetizaram através da ação do espírito; a partir deles, prestai ouvido e escutai as palavras dos sábios" (Seder Olam Rabbah 30). Estas duas expressões do Talmûd podem facilmente introduzir à compreensão do ambiente judaico nos tempos de Jesus quanto à profecia. Os profetas desapareceram e o uso da profecia é adquirido somente por força da dignidade sacerdotal (cf. Jo 11,5); para o resto, somente a expectativa apocalíptica consegue manter vivo o senso de espera pela volta de "um semelhante" a Moisés (Dt 18,15-18).

A presença de João Batista fornece um outro dado do contexto contemporâneo a Jesus. Impossível prescindir dele, porque os textos neotestamentários apresentam o Batista como aquele que pertence à história do Mestre da Galileia, e sua pregação é interpretada explicitamente como um "preparar-lhe o caminho" (Mt 3,1-3).

A pessoa do Batista lembra, em termos por demais precisos, a dos profetas veterotestamentários, a ponto de ele não poder ser considerado apenas na mesma linha de um pregador errante. A vida ascética que levava, a referência ao deserto, o apelo aos temas fundamentais da lei e da aliança, a pregação à conversão e a práxis batismal, tudo isso são elementos que, embora teologicamente interpretados pelos diversos evangelistas, orientam a ver nele uma das grandes figuras do profetismo clássico. Sua presença, portanto, alimentou de alguma forma o senso profético de uma esperança entre o povo.

Mais diretamente, em relação a Jesus de Nazaré como profeta, deve-se observar que os evangelhos apresentam duas formas. Em alguns casos, fala-se dele como de *um* profeta (Mt 21,45), identificando-o, portanto, a um dos tantos profetas da tradição judaica normal; em outros casos, ao invés, é definido com *o* profeta (Jo 7,40), referindo-se obviamente ao cumprimento de Dt 18,15-18. A interpretação destes dados pode fornecer uma leitura para uma cristologia pré-pascal, que é determinante para a compreensão da relação entre Jesus e seus contemporâneos.

Pela simples análise textual, pode-se verificar que Jesus foi chamado e entendido pelo povo da mesma maneira que os profetas. A impressão que dava, tanto às multidões (Mt 21,11; Mc 6,15; 8,28; Lc 7,16) quanto aos indivíduos (Lc 7,39; Mt 26,68; Jo 4,19; 9,17), era a de encontrar-se diante de uma das figuras clássicas do profetismo.

O surgimento desta compreensão pode ser determinado pelo fato de talvez Jesus mesmo ter afirmado explicitamente ser profeta ou, então, porque seu comportamento provocava esta identificação. A primeira hipótese dificilmente é viável. Mesmo aceitando-se a historicidade dos únicos textos em que Jesus fala explicitamente de sua pessoa e a associa à dos profetas (Mt 13,57; Lc 13,33), o contexto e o horizonte destas perícopes devem referir-se privilegiadamente ao da morte violenta, como destino comum aos enviados de Deus. Além disso, dois casos apenas, em toda a tradição evangélica, não são suficientes para servir de fundamento a esta linha interpretativa; sobretudo se forem comparados com o uso explícito e contínuo de Filho do Homem e com a determinação do contexto da morte violenta, que limita ulteriormente o campo de ação interpretativa. Não se pode, portanto, seguir esta hipótese; portanto, Jesus não se definiu profeta e isto se impõe pelo fato de concordar com seu comportamento e estilo, que foge de toda definição clara e explícita de si mesmo.

Resta, então, a segunda hipótese: aquela segundo a qual Jesus se comportou e falou no mesmo estilo dos profetas. Os textos "proféticos" que orientam para esta interpretação podem ser classificados como se segue:

a. *Jesus intepreta as Sagradas Escrituras* – A cena programática de Lc 4,16-30 assume, neste horizonte, um valor especial. Invocando os textos dos antepassados, Jesus atualiza a Palavra de Deus e ilumina seu tempo presente. Podem-se aduzir muitas outras referências (cf. Lc 10,25; 18,18; 20,42); e, contudo, as "atualizações" das figuras do *Servo de Jhwh* do Dêutero-Isaías e do *Filho do Homem* de Daniel são as que mais dão corpo a este modelo. Mais particularmente, podemos fazer referência ao próprio modo como Jesus interpretava as Escrituras, modo este que se diferenciava da maneira dos rabinos e que, *qualitativamente*, o colocava num plano diferente destes, e superior a eles (Mt 8,29).

b. *Jesus fez profecias* – Queremos antes de tudo dizer que Jesus falou com o estilo típico dos profetas e que, neste sentido, pode ter expressado também anúncios que continham uma referência ao futuro. Podemos aqui considerar as várias fórmulas de *desgraça* contra Jerusalém (Mt 23,37), ou contra o templo (Mc 13,1-2), ou contra "esta geração" (Lc 11,49), ou contra as "filhas de Jerusalém" (Lc 23,28); as fórmulas de *bênção* para com quem o segue (Mc 10,29), ou para com quem é fraco e indefeso (Lc 12,32); os diversos *macarismos* (Mt 5,3-12; Lc 7,23; Mt 11,6).

O próprio texto de Mc 13,1-2, que é de clara formulação profética, contém para todos os efeitos uma mensagem profética que deve ser atribuída ao Jesus histórico.

c. *Jesus realizou gestos proféticos* – Nesta classificação, poder-se-iam antes de tudo inserir os → *milagres*, considerados sinais expressivos do amor e do poder de Jesus como enviado do Pai; de qualquer forma, existem outros gestos típicos, que recordam a ação profética clássica. Assim, por exemplo, Mt 21,18: a maldição lançada à figueira; Jo 8,1-11: Jesus escreve no chão, enquanto se fazem acusações à adúltera e se espera que Ele expresse seu julgamento a respeito; Mt 18,1-3: o acolhimento da criança, para exprimir a grandeza de quem acolhe o Reino de Deus; Mc 11,15-18: a expulsão dos vendilhões do templo e o chamado à sacralidade deste. Em todos estes casos, estamos diante de sinais que não são imediatamente entendidos pelos interlocutores e que, portanto, demandam uma explicação. Mais uma vez, à base desta dialética, temos que recorrer à mesma ação profética para uma interpretação que resulte significativa.

d. *Anúncios da paixão e da glorificação* – Com clara determinação, Jesus teve diante de si a perspectiva de uma morte violenta. Fez referência explícita desta consciência histórica aos discípulos. Perspectiva esta que, se de um lado ligava seu destino pessoal ao dos profetas, ao mesmo tempo o diferenciava qualitativamente destes, pelo significado e pela interpretação que Ele mesmo dava a sua morte como expiação substitutiva. Embora tendo presente o papel que as diversas redações desempenharam na formulação destes anúncios (cf. Mc 8,31-32; 9,30-32; 10,32-34), os textos exprimem um conteúdo que deve ser considerado como profundamente enraizado na pessoa do Jesus histórico e na consciência sobre sua identidade. Na mesma linha, devem-se considerar os textos que fazem referência à ressurreição como hermenêutica última do mistério salvífico.

e. *Jesus teve visões* – Não se diz que, nesta perspectiva, se devam ler em sentido carismático ou extático os textos que fazem referência a tais visões; basta, ao invés, a consideração de que Jesus tem um impacto imediato com seus interlocutores. Compreende imediatamente seus pensamentos e preocupações, antes mesmo que estes os exprimam (Mc 2,1; Mt 12,25; Lc 9,47); ninguém diante dele consegue esconder algo, tudo é transparente e Ele conhece as pessoas em sua intimidade. Entre os diversos textos que relatam visões (cf. Mt 3,16; Mc 9,4; Lc 22,43), um merece mais atenção, por seu significado profético: "Eu via satanás cair do céu como raio" (Lc 10,18). Contra uma interpretação materialmente visual de satanás, deve-se, sim, dar crédito ao fato de que Jesus verificava como, com seu anúncio do reino, o poder do mal era progressivamente destruído até a vitória definitiva sobre o próprio satanás.

Estas cinco exemplificações poderiam justificar tanto a opinião da multidão quanto a primeira descrição que os evangelistas fornecem de Jesus de Nazaré. Portanto, o título de "profeta" deve ser classificado entre os primeiros e mais antigos que foram referidos ao Mestre da Galileia: com Ele exprimia-se a primeiríssima impressão que a pregação e a ação de Jesus tinham provocado em seus contemporâneos.

Contudo, uma leitura mais atenta dos textos mostra que, mesmo lá onde se faz referência a Jesus como profeta, se cria imediatamente uma dialética que tende a mostrar o limite do próprio título e a necessidade de superá-lo (cf. Mt 21-23). Embora encontrando-se diante da figura de um profeta, sentiu-se a necessidade de exprimir a consciência jesuana como de alguém que era "mais do que" um profeta, "mais do que Jonas" (Mt 12,41), "mais do que Salomão" (Mt 12,42), "mais do que o templo" (Mt 12,16).

Com o uso do título de profeta, portanto, estamos certamente diante de uma das mais antigas expressões da cristologia pré-pascal, mas, ao mesmo tempo, deparamos com a impossibilidade de poder parar nela. Observa-se um uso tão diferenciado das fontes que obriga a ver a globalidade desta figura, mais do que o particular. Marcos, com efeito, fala mais à vontade do título com referência ao destino da morte violenta; Mateus o vê como expressão privilegiada para revelar o cumprimento das profecias; Lucas gosta de descrever Jesus como a realização de Dt 18,15 e, portanto, Cristo como o novo Moisés; a fonte Q insere a conotação da superioridade de Jesus, que deve ser considerado "mais do que" um profeta; João, finalmente, mostra que o título, embora sendo uma prerrogativa de Jesus no seu ser revelador, fornece todavia uma leitura incompleta de seu mistério.

Tudo isto leva a concluir que os evangelhos conheceram uma "cristologia profética", que esta foi uma das modalidades para exprimir o mistério de Jesus, mas que, com referência aos profetas, só *analogicamente* se lhe podia atribuir este título. Não obstante a semelhança, as descontinuidades com os profetas eram por demais evidentes, seja em relação à autoridade com a qual Jesus agia, seja em sua relação com Deus. Jesus falava e agia sempre e só em primeira pessoa e isto, para um profeta, era impensável. Do profeta era, pois, preciso passar necessariamente para os títulos de "Cristo" e "Filho", por exprimirem melhor a novidade e originalidade de sua identidade (→ Cristologia: títulos cristológicos).

4. A PROFECIA NEOTESTAMENTÁRIA – Para uma avaliação global do profetismo neotestamentário, temos antes de tudo que antepor duas características que constituem sua novidade em relação ao AT: *a.* A centralidade de Jesus, que agora já é proclamado o Cristo, portanto, o cumprimento das promessas antigas. Esta fé nele e em sua palavra, que já antes da Páscoa tinha sido determinante para os discípulos, permitiu uma memorização de suas palavras e de seu comportamento; *b.* O dom do Espírito do Ressuscitado, no dia de Pentecostes, faz a comunidade de Jerusalém, particularmente depois do martírio de Estêvão (At 6–7), tomar consciência de sua tarefa missionária universal.

O livro dos Atos dá notícia da presença dos profetas: Barnabé, na lista que Lucas fornece em At 13,1, vem a ser o primeiro junto com "Simeão de alcunha Negro, Lúcio de Cirene, Manaém companheiro de infância de Herodes tetrarca, e Saulo". Mas dão-se também outras indicações e nomes precisos: Ágabo, que em At 11,28 faz uma profecia de predição no tocante a uma carestia, suscitando assim a solidariedade da comunidade; e o mesmo personagem, em At 21,11, realiza um gesto profético, amarrando com o cinto os pés e as mãos de Paulo. Na mesma perícope, diz-se-nos que as filhas de Filipe, o evangelista, "tinham o dom da profecia" (21,3); e também que Judas e Silas "eram eles também profetas" (15,32); para alguns exegetas, também o mártir Estêvão pertenceria ao grupo dos profetas.

A teologia lucana, provavelmente mais interessada em apresentar a *função* profética, explica o porquê do silêncio sobre a participação dos profetas na estrutura eclesial.

O material presente nas cartas do *corpus paulinum* seria suficiente para fornecer uma teologia do profetismo neotestamentário; para a economia do presente estudo, dois textos em particular são esclarecedores do papel dos profetas na comunidade primeva.

1Cor 12,28-30 e Ef 4,11 fornecem um primeiro esquema de ordem estrutural entre os que têm um ministério na comunidade; em primeiro lugar os apóstolos, depois os profetas, em seguida os mestres/evangelistas.

O contexto de ambas as passagens é o da construção da comunidade na unidade fundamental que deve ser mantida por força dos dons e, mediante estes, da graça (*cháris*) recebidos do próprio Cristo.

A hierarquia dos ministérios e das funções guarda, portanto, referência com o "único corpo de Cristo", enquanto presença e promessa escatológica da revelação plena de Deus. Os crentes devem acolher a diversidade dos ministérios e dos dons, pois que necessários à constituição e diversificação do "corpo" (1Cor 12,12-25). Aos coríntios, que ansiavam pelo dom maior e espetacular da glossolalia, Paulo lembra um princípio basilar: a necessidade e a igualdade dos carismas. Mais ainda, os que possuem os dons mais peculiares devem prestar atenção aos dons mais comuns, pois a caridade é o fundamento e a regra de tudo (1Cor 13,2; 14,1).

Uma leitura mais atenta destes textos mostra em todo caso que não estamos somente diante de uma leitura "carismática" da Igreja, mas, antes, diante de uma verdadeira descrição institucional da própria comunidade.

Com efeito, na lista que fornece, o apóstolo descreve as três primeiras ordens com uma terminologia precisa e pessoal: apóstolos, profetas, mestres/evangelistas; ao passo que em seguida a descrição se torna genérica e impessoal, não diz mais respeito às pessoas e sim à atividade: milagres, curas, governo, glossolalia.

Certamente, a preocupação de Paulo não é a de um ensinamento preciso sobre a organização da Igreja; o interesse peculiar é que Deus, em Cristo, colocou uma ordem bem precisa nas funções principais, de resto os dons são abundantes e estão em conformidade com a graça do Senhor.

À comunidade cristã, portanto, são apresentados os profetas e a profecia seja como uma *função carismática* a que todos devem tender, justamente porque, por força de seu falar aos homens, podem ser entendidos e, portanto, edificar a comunidade (1Cor 14,3.29-32); seja como uma *função institucional*, que está na base e no fundamento da Igreja (1Cor 12,28), pois contribui para regular a vida da comunidade (1Cor 14,22).

Os textos neotestamentários, portanto, se lidos sem uma pré-compreensão prejudicial, levam a reconhecer seja os profetas como uma "instituição" (1Cor 14,29; 14,32; 12,28; Rm 12,6; Ef 4,11; At 11,27; 21,9), seja a profecia como uma ação litúrgica normal, ainda que momentânea e ocasional, dada a alguns crentes (1Ts 5,20; 1Cor 14,1.5.24.31.39).

O fato, à luz da teologia paulina, não apresenta contraposição alguma: os profetas e a ação profética especificam a contribuição correspondente e diversificada que é dada pelos indivíduos à construção da comunidade. Portanto, tanto cada profeta individualmente quanto os vários crentes que profetizam e que devem tender à profecia revelam e significam que a Igreja, em seu conjunto, constrói-se sobre a *Palavra de Jesus* e cresce quando é atualizada nas diversas situações de vida.

À base desses textos, em todo caso, é possível reconstruir como que a identidade do profeta neotestamentário.

Ele é essencialmente reconhecido como movido pelo Espírito do Cristo ressuscitado. O papel decisivo do Espírito Santo na vida da Igreja é encontrável em diversos níveis, até nas decisões práticas que são adotadas (At 15,28; 5,3.9). É neste horizonte que se deve ler o fato pelo qual o Espírito suscita e move os profetas (At 2,18; 11,28; 19,6; 21,11; 1Cor 12,28; 1Pd 1,11; 2Pd 1,21): ninguém pode profetizar senão sob sua ação, que está sempre dirigida para a construção da comunidade. Isto explica por que o apóstolo sente o dever de estimular os crentes a desejarem a profecia; mas ao mesmo tempo vê como causa e efeito, ação pneumática e função profética: "não apagueis o espírito, não desprezeis a profecia" (1Ts 5,20); sem estas duas realidades não existe crescimento da Igreja.

Além disso, o profeta aparece como uma pessoa que é reconhecida como tal pela Igreja. Quer se fale de um grupo de profetas ou de um indivíduo, não é a Igreja que outorga a profecia, nem é ela que suscita o profeta; mas, antes, acolhe profecia e profeta como dom e ministério. Correspondentemente, o profeta só pode entender-se em referência a e em comunhão com a comunidade.

Para a comunidade, o profeta desempenha uma função que se pode sintetizar nestes três pontos:

a. Transmite as palavras e os gestos de Jesus. Já por isto o profeta do NT diferencia-se substancialmente do profeta veterotestamentário, pois o que ele faz não é primariamente reler as Escrituras antigas, mas, antes, comunicar e transmitir a palavra do Mestre. Não fala em nome de Jhwh nem anuncia um oráculo dele; exprime, sim, as palavras de Jesus e fala em seu nome. A profecia anunciada é "o testemunho de Jesus" (Ap 19,10), sua finalidade será a de tornar presente, viva e atual, a palavra do Senhor para a comunidade. Isto faz entender por que Paulo não tem receio de colocar a profecia como fundamento da Igreja (Ef 2,20). Apóstolos e profetas, no final, não fazem senão explicitar o único necessário da Igreja: a palavra, a ação de Jesus Cristo, "apóstolo" do Pai, e sua "profecia" definitiva na história.

b. O profeta "garante" a ortodoxia da comunidade. Ele, com efeito, reconhecido como homem fiel à Palavra, que torna atual sob a ação do Espírito, é também habilitado a reconhecer como verdadeira a palavra que o apóstolo transmite. Paulo utiliza expressamente este argumento como elemento decisivo para se distinguir o verdadeiro profeta do falso (1Cor 14,37).

c. O Profeta, como recorda expressamente Paulo, é chamado a "edificar, exortar e confortar" (1Cor 14,3). Ele, com efeito, atualizando a palavra de Jesus, *exorta* a viver concretamente nela e *consola* anunciando a volta gloriosa do Senhor. Desta maneira, exortando e consolando, *edifica* a comunidade que, através dele, se confronta com a própria palavra do Mestre.

O profeta, portanto, pode ser compreendido à luz de seu próprio carisma, sem que se deva confundi-lo com outros, embora seja evidente que nunca se poderá traçar uma linha divisória nítida. Ele não é um apóstolo; de fato, este funda a comunidade e a dirige, ao passo que o profeta é um crente que acolhe o apóstolo e sua mensagem. O profeta também não é o doutor; este recebe dos apóstolos e dos profetas a palavra do Senhor; enquanto o doutor lê e interpreta a Escritura, o profeta, como homem do Espírito, ilumina a Escritura inteira com a luz da palavra de Cristo. Finalmente, o profeta não é o evangelista, pois este reflete com uma experiência pessoal de ação inspirada e formula uma teologia específica, enquanto o profeta tem interesse pelo bem imediato da comunidade e pelas circunstâncias particulares que se criam nas diversas comunidades.

O profeta da Igreja primeva aparece, pois, como uma pessoa que, sob a ação do Espírito de Cristo ressuscitado, tem a função de repropor, atualizando-as, a palavra e a obra de Jesus. É, pois, o homem do olhar retrospectivo, porque orienta para a "atuação" do presente e para a espera do futuro, fazendo emergir o sentido da pessoa de Jesus Cristo.

Com pleno direito, portanto, o profeta pode ser denominado o homem que pertence à tradição e a cria, lá onde, por tradição, se entende o conteúdo que os apóstolos, pessoalmente ou por obra do Espírito, haviam recebido de sua relação com o Senhor (DV 7); por força desta pertença, devem ser considerados como pessoas de grande força inovadora, porque capazes de ler atentamente o presente e propor o futuro.

Se confrontado com o AT, o profetismo neotestamentário adquire novidades inegáveis. O que antes de tudo salta aos olhos é a grande diferença quanto à extensão do fenômeno; enquanto para Joel o evento universal da profecia permanece um desejo (Gl 3,1-2), aqui, ao contrário, se nota que, pelo menos virtualmente, todos os crentes têm condições de poder profetizar.

O que, porém, impressiona mais é o fato de na profecia neotestamentária ter desaparecido por completo toda forma de *medo, de juízo* e de *condenação.* O profeta é, ao invés disto, aquele que infunde coragem, e que traz uma mensagem de salvação. O evento da ressurreição, como expressão mais evidente da vitória e da glorificação de Cristo, já imprimiu um sinal indelével à relação entre o cristão e o Pai. O profeta infunde confiança e segurança de que aquele evento diz respeito também a todo crente que fizer de sua vida uma "oferta agradável a Deus"; o olhar já está decididamente orientado para o evento escatológico.

A partir da Didaqué, do Pastor de Hermas, de Irineu e todo o período patrístico, o profeta adquire uma fisionomia diferente e tornam-se necessários "critérios" para avaliar sua sinceridade ou não. Todavia, a profecia não se encerra e, em todo caso, não porque tenha ocorrido uma estabilização da instituição, em detrimento da dimensão carismática. Deve-se, antes, levar em conta, mais diretamente, que as palavras do Senhor tinham encontrado uma forma definitiva nos evangelhos e nas cartas dos apóstolos, que já constituíam a norma e o referencial privilegiado para a vida das diversas comunidades locais.

O profeta não desaparece; apenas esconde-se em seu carisma peculiar e assume novas expressões. Os séculos II e III apresentam imagens de homens e mulheres que possuem características semelhantes às dos profetas, mas se tornam aqui *martyres* e *confessores*. Os séculos subsequentes não ficarão atrás; a Idade Média verá a profecia ligada à imagem simbólica, que terá mais diretamente condições de explicar a Escritura: Hugo de São Vítor e Joaquim de Fiore serão mestres nisto. A mesma coisa pode-se dizer, se tomarmos alguns exemplos que provêm da mística, a qual, justamente, é chamada "profética"; nesta linha, poder-se-ia compor uma lista que recolhe os nomes de conhecidos e menos conhecidos: Juliana de Norwich, Catarina de Sena, Teresa d'Ávila, João da Cruz, Inácio de Loyola, João Bosco, Adrienne von Speyer... são apenas o início de uma longa série diferenciada de "profetas", que se somam à fornecida em várias ocasiões pelos Atos dos Apóstolos.

Tudo isto conduz a uma outra conclusão: os profetas e o carisma profético não podem sem mais nem menos ser relegados apenas ao momento da Igreja primitiva; pertencem de maneira constitutiva à Igreja e para ela possuem um significado permanente insubstituível.

5. VALOR TEOLÓGICO DA PROFECIA – A recuperação do dado bíblico sobre a pré-compreensão da profecia pode permitir à Teologia Fundamental ter uma perspectiva diferente para sua argumentação.

Tirada a capa opressora de um conhecimento dos acontecimentos futuros, a profecia poderia ser pensada como aquela *forma peculiar de revelação que, mantendo unidos palavra e sinal, permite apreender a dialética entre o mostrar e o esconder o conteúdo revelado.*

Três elementos aqui contidos exigem uma explicação:

1. A revelação é dada como um movimento dialético não antitético, mas de superação constante. O que é revelado aparece evidente e, no entanto, remete a um conhecimento ulterior, que deve ser revelado. A pessoa de Cristo não se deixa definir pelo raciocínio e pela linguagem humana, mas permanece sempre aberta àquele horizonte de mistério que é a vida intratrinitária de Deus.

2. A profecia é entendida como unidade inseparável de palavra e sinal. A palavra remete ao sinal e o sinal em si é alusão a um significado ulterior. A palavra esclarece o sinal, lá onde este aparece ambíguo, e o sinal complementa o silabar da palavra. Este remeter pode, melhor do que qualquer outra coisa, explicar a dialética reveladora.

3. A profecia como tal não é externa à revelação, mas é expressão peculiar sua. Por isso, antes de ser um dos sinais da revelação, é forma de revelação; consequentemente, inteiramente assumida pela dialética da revelação, como uma forma expressiva sua.

Estas explicações mostram que a profecia, assumida pela Teologia Fundamental como forma expressiva da revelação, pode também hoje favorecer sua compreensão e ser dela uma mediação privilegiada.

Alguns elementos ulteriores podem visualizar melhor o valor teológico que o argumento profético possui, numa nova compreensão dos sinais da credibilidade da revelação:

a. Recuperando a centralidade de Jesus de Nazaré, pode-se pensar sua revelação à luz de uma profecia deixada na história como o sinal permanente da salvação. Este dado tem um valor não secundário; dizer que *Jesus é profecia do Pai* equivale, com efeito, a fazer exprimir em globalidade o sentido dos textos neotestamentários. Vimos que só analogicamente e de maneira redutiva se pode aplicar a Jesus Cristo o título de profeta; mas dizer que Ele constitui a profecia do Pai significa evidenciar que sua palavra e seus gestos, num todo inseparável (*gestis verbisque intrinsece inter se connexis*, DV 2), constituem o testemunho permanente deixado na história. Realiza-se uma inseparável unidade na complementação de palavra e sinal que é típica da expressividade da linguagem profética e reveladora.

Da mesma forma, afirma-se que, no interior da história, foi colocado um sinal *histórico*, permanente, que condensa em si os traços da realização e do definitivo, mas ao mesmo tempo está esperando sua realização plena.

Uma teologia da história (→ História, III) terá a tarefa de mostrar como se estabelece, com este dado, um princípio que permita dar orientação à imprevisibilidade do vagar histórico. Com efeito, a profecia orienta toda a história para a realização definitiva da salvação, no encontro escatológico com o Senhor, que recapitula toda a criação (Cl 1,15-20; Ef 1,10; 2,14.16).

A profecia, como dissemos acima, é palavra que guia o presente de uma comunidade, mas numa frente dupla: à luz do evento de Jesus de Nazaré e à espera de sua volta na glória. Reler, portanto, a revelação de Jesus Cristo neste horizonte, como profecia do Pai, significa empenhar o crente numa leitura atenta do presente histórico, mas em continuidade com a tradição anterior e com a consciência de uma consumação futura.

b. Daí segue-se que a profecia se coloca na Igreja e na história da humanidade como uma forma permanente de memória, que obriga a não assumir nenhum absoluto, mas a relativizar todas as coisas à luz do único necessário.

Desta maneira a Palavra de Deus apresenta-se ao contemporâneo como aquela provocação última, dada para a aquisição do sentido da existência, mas habilitando cada um, ao mesmo tempo, à responsabilidade pessoal.

A evidência da revelação, dada profeticamente, obriga o crente a colocar-se uma pergunta constante sobre o sentido do que lhe é revelado e ao mesmo tempo o impulsiona à forma suprema de liberdade, como decisão de acolhimento de um remeter a um sentido escondido no próprio mistério.

c. A teologia, assumindo a nota da profecia, afirma que a revelação é dada ao homem para que compreenda e creia. Em outras palavras, constitui uma forma qualificadora de comunicabilidade da própria revelação. A exegese de 1Cor 14,22-25 orienta a compreender a profecia neste horizonte interpretativo. Preferindo-a à glossolalia, que escandaliza o não crente, Paulo afirma que a profecia, ao invés disso, torna manifestos "os segredos do coração" e, portanto, o crente e o não crente são convencidos da presença de Deus em meio a seu povo.

Uma atualização de tal forma de comunicabilidade do dado da revelação deveria ser visualizada no testemunho dos crentes que, estribados na palavra do Senhor, se abrem à leitura dos → sinais dos tempos. A profecia, neste caso, torna-se *criação* de novos sinais que atualizam a mensagem de salvação para as exigências contemporâneas. Daí provém, portanto, uma atenção específica de alusão àqueles valores universais que podem ser anunciados e vividos com uma especificidade cristã.

A profecia, além disso, como linguagem dirigida aos homens (1Cor 14,1-5), estimula a investigação teológica à identificação de outras tantas novas formas de comunicação do saber da fé, para que a revelação possa ser uma resposta contemporânea acerca do sentido do crer e do viver.

d. Colocar a revelação à luz da profecia significa, finalmente, fazer emergir seu conteúdo específico, que é o amor misericordioso de Deus.

Com efeito, a profecia nunca é dada como forma de condenação, de juízo ou de medo; pelo contrário, é sempre e exclusivamente uma palavra de conforto, de confiança e de esperança. A cruz de Jesus Cristo é o sinal profético culminante, porque ali cada um é obrigado a ver o nexo entre o sofrimento e a morte e a glória de Deus. No rosto do crucificado resplandece a glória do Pai (2Cor 4,6), esta é a última mensagem comunicada pois aqui se realiza a vontade salvífica de Deus.

Uma profecia pós-bíblica que não fosse conforme a esta tipologia se autoexcluiria por si mesma como possível mensagem de revelação. Depois da morte e ressurreição de Jesus Cristo, a Igreja pode reconhecer como "profecia" só o que torna mais evidente o amor trinitário de Deus; um amor que não recusou a condenação do inocente pela salvação do pecador (Rm 5,6-10). Uma profecia que se apresentasse com a roupagem de condenação e que incutisse medo e angústia seria gerada mais pela rigidez de um novo montanismo – nunca definitivamente debelado do espírito cristão – do que pela confiança responsável no amor do Pai.

e. A profecia, portanto, habilita o crente a falar da revelação como de uma *esperança*, que é confiada à Igreja para que a comunique ao mundo. É a esperança bíblica, aquela que, embora remetendo para o futuro, não o vê como vaga expectativa, mas como certeza da consumação definitiva, pois gerada por uma promessa que se experimenta como verdadeira, feita por uma pessoa que se revela como fiel.

CONCLUSÃO – Parece dever-se constatar, às vezes, que se tem medo dos profetas. O mundo não os quer; a Igreja os reclama, porém, só depois de sua morte. Muitas vezes o voltar-se à profecia é determinado por modelos veterotestamentários que, sob muitos aspectos, hoje não se podem propor.

Os cristãos são filhos de uma profecia realizada à luz do Gólgota; reclamam, portanto, a presença de profetas como sinais de um amor que sabe chegar até a doação total de si. O profeta, no final, obriga cada um a tomar seriamente em consideração a própria existência, no horizonte da vida de Jesus Cristo. A um homem mergulhado sempre mais em culturas que, em diferentes níveis, lhe anunciam morte, já que também a indiferença e o efêmero são uma morte para a razão, a profecia chama para o sentido de uma vida vivida com coerência, à luz de valores que sabem dar significado.

A um mundo que cada vez mais vai em busca de emoções para saber a verdade de um futuro e, enganando-se a si mesmo, presume conhecer o que é incapaz de conhecer, o profeta lembra a fidelidade ao presente, sem o qual não existe autêntico futuro.

A ação dos profetas, hoje, será tanto mais eficaz e salvífica quanto mais se afastarem as formas de um excessivo espiritualismo ou montanismo. "Aspirar" à profecia (1Cor 14,1) torna-se, portanto, para todo crente, a maneira mais coerente do crer na revelação, porque pode dar testemunho da presença viva e operante do Espírito no coração do mundo, através da ação de suas testemunhas (1Ts 5,19).

Bibl. – P. De Broglie, *Les prophéties messianiques*, Paris 1904; J. Coppens, *Les harmonies des deux Testaments*, Paris 1949; K. Rahner, *Visionen und Prophezeiungen*, Innsbruck 1952; F. Gils, *Jésus prophète d'après les évangiles synoptiques*, Louvain 1957; P. Benoît, *Traité de la prophétie*, Tournai 1958; M. Lods, *Confesseurs et martyrs*, Neuchâtel-Paris 1958; P. Grelot, *Sens chrétien de l'Ancien Testament*, Paris 1962; Id., *La Bible parole de Dieu*, Paris 1965; Id., "Rapporto tra Antico e Nuovo Testamento in Gesù Cristo", em R. Latourelle-G. O'Collins (ed.), *Problemi e prospettive di teologia fondamentale*, Brescia 1980, 235-257; E. Käsemann, "Amt und Gemeinde im Neuen Testament", em *Exegetische Versuche und Besinnungen* I, Göttingen 1965, 109-134; H.U. von Balthasar, *Herrlichkeit*, III, 2: Alter Bund, Einsiedeln 1966; N. Lohfink, *Profeti ieri e oggi*, Brescia 1967; R.B.Y. Scott, *The Relevance of the Prophets*, Londres 1968; A. Dulles, "A sucessão dos profetas na Igreja", em *Conc* 4 (1968) 48-57; H. Krämer e outros,"Prophêtēs", em GLNT XI, 439-652; L. Ramlot-E. Cothenet, "Prophétisme", em DBSuppl, 811-1.337; R. Latourelle, *Teologia della Rivelazione*, Assis 1971; P. Schnider, *Jesus der Prophet*, Göttingen 1973; G. von Rad, *Teologia do Antigo Testamento*, II, São Paulo 1973; E. Boismard, "Jésus prophète par excellence d'après Jean 10,24-39", em J. Gnilka (ed.), *Neues Testament und Kirche*, Friburgo 1974, 160-171; U.B. Müller, *Prophetie und Predigt im Neuen Testament*, Gerd Mohn 1975; B. Reiche, "Synoptic Prophecies on the Destruction of Jerusalem", em D.E. Aune (ed.), *Studies in New Testament and Early Literature*, Leiden 1977, 121-134; K. Kertelge (ed.), *Das kirchliche Amt im Neuen Testament*, Darmstadt 1977; J. Panagopoulos (ed.), *Prophetic Vocation in the New Testament and Today*, Leiden 1977; D. Hill, *New Testament Prophecy*, Atlanta 1979; R.P. Carroll, *When Prophecy Failed*, Londres 1979; P.M. Beaude, *L'accomplissement des Écritures*,

Paris 1980; M.E. Boring, *Sayings of the Risen Jesus*, Cambridge 1982; W.A. Grudem, *The Gift of Prophecy in 1 Corinthians*, Lanham 1982; D.E. Aune, *Prophecy in Early Christianity*, Grand Rapids 1983; D.L. Baker, *Two Testaments One Bible*, Londres 1986; H. Simian-Yofre, "Antico e Nuovo Testamento: partecipazione e analogia", em R. Latourelle (ed.), *Vaticano II: bilancio e prospettive*, vol. I, Assis 1987, 243-269; R. Fisichella, "La profezia come segno della credibilità della rivelazione", em Id., *Gesù Rivelatore*, Casale Monferrato 1988, 208-226.

RINO FISICHELLA

PROFETAS

Dois são os temas que devemos tratar neste artigo: o profeta como mediador de revelação e a vocação profética como momento privilegiado desta mediação. Em se tratando de um dicionário de Teologia Fundamental, parece-nos oportuno limitar-nos aos aspectos hermenêuticos e metodológicos destes temas, remetendo o leitor aos artigos apropriados, presentes em todo bom dicionário bíblico, para uma listagem exaustiva dos respectivos textos e a discussão dos detalhados problemas exegéticos que lhes dizem respeito. Uma reflexão metodológica é ainda mais necessária no caso em questão, já que, se dermos uma olhada em alguns manuais de Teologia Fundamental, publicados na década de 1980, nota-se que às vezes os profetas são apresentados numa ótica que reflete as posições exegéticas correntes nos anos de 1960, sem que haja sinal de consciência de que o estado da questão mudou consideravelmente nos decênios subsequentes.

Por isso, os dois temas que mencionamos serão enquadrados no horizonte mais vasto de uma estratégia geral de leitura dos textos proféticos. Para sermos mais precisos, distinguiremos três modelos ideais de tal leitura: uma leitura voltada para o futuro, uma leitura voltada para o passado e uma leitura transtemporal, voltada para o texto. Nisto pode haver um certo perigo de excessiva simplificação, mas a exposição poderá pelo menos servir para trazer à luz importantes questões metodológicas que não podem ser ignoradas impunemente.

1. OS PROFETAS COMO VIDENTES – Segundo a primeira forma de abordagem, os profetas são lidos antes de tudo como preanunciadores particularizados da vida e missão de Jesus de Nazaré, o Messias e Senhor. Sua importância é vista no fato de que eles, do ponto em que se encontram, apontam o que está escondido no futuro. Este tipo de leitura foi bastante desenvolvido pelos escritores do século II (particularmente Justino e Irineu), que aprofundavam suas raízes nos escritos do NT; foi conservado nos séculos seguintes e acabou cristalizando-se na "prova da profecia" da apologética clássica.

A notável seletividade é uma das características salientes deste tipo de leitura. A atenção é concentrada, obviamente, sobre aqueles textos (na verdade, não muitos) que parecem prestar-se a este gênero de leitura. Havia até a tendência não somente de forçar, mas também de multiplicar os textos messiânicos; algumas opções na tradução da Vulgata exerceram sua influência nisto. Não obstante, porém, amplas partes de material nos livros proféticos continuaram a não prestar-se a esta estratégia de leitura (p. ex., os anúncios de invasões, de destruições, de exílio; a denúncia dos abusos sociais, das intrigas políticas e assim por diante). Tendia-se a ignorar este material, ou então trazer à baila o aspecto imperfeito do AT, que é superado pelo NT; outras soluções optavam por uma leitura alegórica.

A forte concentração nesta perspectiva de uma leitura dos textos voltada para o futuro fez sentir seu efeito sobre os dois temas que aqui nos interessam. Os profetas eram vistos como mediadores da revelação prevalentemente (ou exclusivamente) enquanto preanunciavam o clímax da revelação em Jesus Cristo; a leitura era feita em relação ao Cristo, razão pela qual só podia existir um interesse relativamente muito pequeno em relação à vocação inicial do profeta, como momento privilegiado de revelação, pelo fato de a leitura não ser primeiramente feita com referência ao profeta, nem estar particularmente interessada em sua experiência pessoal e em seus destinatários diretos.

Que se deve pensar desta primeira estratégia de leitura? Podemos fazer três observações:

a. A existência de um pequeno número de textos que se pode legitimamente definir como "messiânicos" é admitida na prática por todos os estudiosos contemporâneos. Contudo, prescindindo dos de orientação fundamentalista, presentes nas diversas confissões cristãs, existe uma concordância análoga no fato de que, a uma leitura histórico-crítica dos referidos textos, resulta que nenhum deles continha desde o início uma previsão direta e unívoca dos aspectos da vida e da missão de Jesus de Nazaré. Uma metodologia científica não é capaz de, a partir dos textos, chegar a uma identificação pessoal específica da figura do Messias. Consequentemente, uma prova apologética da profecia, entendida como argumentação racional e histórica, não é praticável. A coisa é diferente para leitores que já creem em Jesus como Messias; para estes leitores, alguns textos proféticos podem trazer à mente vários aspectos da vida e da missão de Jesus. Mas, para eles, os textos proféticos têm uma função de anamnese, mais do que uma força demonstrativa. A fé em Jesus como salvador prometido é um pressuposto, e não a conclusão deste tipo de leitura; o efeito de tal leitura é o de aprofundar e iluminar a fé, não o de fundamentá-la.

b. Quando em apologética se usava a "prova da profecia", em sentido acentuado, havia o perigo de fomentar (independentemente das intenções pessoais) uma atitude antijudaica ou até polêmica. Assim aconteceria se a argumentação adotasse a forma de uma demonstração racional em virtude da qual os textos messiânicos aludiriam com clareza a Jesus de Nazaré; o que implicaria que todo aquele que, dotado de inteligência normal, aceitasse a autoridade escriturística dos textos proféticos, mas recusasse reconhecer Jesus como o Cristo, se encontraria num estado subjetivo de má-fé. Uma tal conclusão pode ter tido sua influência – juntamente com outros variegados fatores de natureza socioeconômica e psicológica – na manifestação de uma atitude difundida de hostilidade para com as comunidades judaicas, especialmente na Europa, nos séculos passados. São bem conhecidas as consequências concretas e horrendas de tudo isto. Desde Auschwitz, estes temas não podem ser silenciados numa discussão teológica do uso dos textos proféticos.

c. Finalmente, a drástica seletividade deste modo de ler os profetas é um argumento decisivo, que confirma sua inadequação. Uma grande parte da literatura profética tem sido na prática ignorada ou subvalorizada, por causa da abordagem centrada na "predição". E isto tem o efeito paradoxal de empobrecer uma leitura cristã dos textos proféticos.

2. OS PROFETAS COMO PERSONALIDADES RELIGIOSAS EXTRAORDINÁRIAS – Um segundo tipo de estratégia de leitura faz a atenção convergir para o que se encontra no passado, por trás dos textos proféticos, vale dizer, para as figuras históricas dos profetas, vistos como personalidades religiosas excepcionais que, com suas intuições inspiradas, conduziram a religião de Israel em um nível superior, preparando assim a fase de consumação em Jesus Cristo. Este tipo de leitura apareceu depois de se adotar o estudo histórico-crítico da Bíblia e, em suas fases iniciais, desenvolveu-se sobretudo na Alemanha, sob a dupla influência do romantismo e do idealismo. A influência romântica promoveu o interesse pela biografia dos profetas, por suas vicissitudes pessoais e por suas experiências religiosas. A influência idealista fez ressaltar a superioridade do pensamento profético sobre as formas inferiores de religião cultual em voga entre seus contemporâneos, e muitas vezes tendeu a colocar este contraste no quadro de uma concepção evolutiva do desenvolvimento da religião de Israel. Estas duas influências atingiram de modo diferente diversos autores, ao passo que a tendência comum foi a de dar importância sobretudo ao que existia de pessoal e original no profeta, negligenciando o trabalho subsequente de discípulos, redatores, editores e glosadores, que continuaram o processo de formação dos livros proféticos para além dos próprios profetas. Estas contribuições ulteriores, qualificadas normalmente como "não autênticas", tendia-se a considerá-las, na maior parte dos casos, como insignificantes e, às vezes, até como uma corrupção da mensagem profética originária.

É no âmbito deste segundo tipo de estratégia de leitura que os dois temas propostos para o presente artigo encontram provavelmente seu verdadeiro e próprio *Sitz im Leben.* Falar de um profeta como mediador de revelação parece querer supor que se possa elaborar um claro retrato histórico à base do material "autêntico", presente no livro profético e em outras fontes acessíveis; e que, além disso, se possa reconstruir a situação dos destinatários originários, os primeiros para os quais o profeta veiculou a revelação. Além disso, parece claro que o especial interesse ligado à experiência inicial de vocação do profeta e a seu valor para os fins da revelação está ligado à abordagem biográfica centrada na pessoa, abordagem típica daquela linha de pesquisa histórico-crítica influenciada pelo Romantismo. É preciso também acrescentar, obviamente, que as temáticas podem ser deslocadas, da mesma forma que os gêneros literários, pelo seu *Sitz im Leben* originário, e ser usadas em outros contextos; razão pela qual não se pode concluir que os dois temas de que estamos tratando estejam inseparavelmente ligados ao segundo tipo de estratégia de leitura. De qualquer forma, é útil dar-nos conta de sua colocação originária.

Que pensar desta segunda estratégia de leitura? Podemos novamente fazer três observações:

a. Uma característica, sem dúvida positiva, deste tipo de leitura, é que ela recupera muito material profético que, na prática, era ignorado pelo enfoque centrado no "preanuncio de Jesus" e atribui a Ele pelo menos uma importância potencial para os leitores subsequentes.

b. Um outro aspecto positivo consiste na aguda tomada de consciência da dimensão histórica e do caráter contextualizado do ministério dos profetas.

c. Contudo, um ponto fraco concreto – que apareceu de modo cada vez mais claro aos estudiosos da segunda metade do século XX – está no acento unilateral colocado nos personagens proféticos, em detrimento dos livros. Em sua forma pior, esta atitude tendia a ver, nos livros proféticos, obstáculos desagradáveis que deviam, quanto antes, ser criticamente desmantelados, a fim de se chegar à *ipsissima vox* do próprio profeta, o único digno de ser objeto de estudo, o único depositário de valores religiosos permanentemente válidos. Talvez seja oportuno que os estudiosos de Teologia Fundamental reflitam em que medida uma influência inconsciente desta instância está presente na imagem que fazem dos profetas.

3. OS PROFETAS COMO TEXTOS PROFÉTICOS – O terceiro tipo ideal pode ser designado como leitura dirigida para o texto e transtemporal. Está dirigida para o texto, no sentido de que toma a sério o fato inegável de que o dado primário, à disposição do leitor, é o livro profético e considera como seu dever primário chegar à melhor compreensão daquele livro, em toda a sua complexidade literária e histórica. É transtemporal no sentido de que a atenção não é centrada de maneira unilateral num período específico (quer se trate da vida de Jesus ou da vida do profeta, de que o livro leva o nome), mas abrange todo o período de tempo que a formação do livro exigiu. Colocadas em ordem cronológica (a qual, porém, não é a ordem operativa do trabalho exegético que normalmente é realizado), estas fases temporais são as seguintes: todos aqueles fatores, anteriores ao profeta, que influíram na maneira como a mensagem foi formulada (história da tradição); o ministério e a mensagem verdadeira e própria do profeta, enquanto historicamente reconstruível; as várias fases de transmissão e de desenvolvimento do material profético originário, até a formação do livro como tal, como nós hoje o possuímos (história da redação); um estudo do livro integral, entendido como unidade redacional, não de um único autor (estudo da forma definitiva). A problemática da história da tradição foi muito desenvolvida nos anos de 1950 e de 1960 (G. von Rad, com sua *Teologia do Antigo Testamento*, é um exemplo abalizado disto). As questões conexas com a história redacional emergiram e se intensificaram de maneira radical nos anos de 1970 e de 1980 (embora, sem dúvida, se

possam encontrar vestígios delas também antes). A investigação sobre a forma definitiva desenvolveu-se nos últimos dois decênios, também devido a uma série de influências (o estruturalismo, o enfoque canônico, tentativa de medir os livros proféticos com diversas teorias gerais sobre o texto e a literatura).

Em que medida tudo isto pode influir na formulação dos dois temas propostos para o presente artigo? Podemos tecer três considerações:

a. Parece que, ao se falar de um profeta como mediador de revelação, se devam usar termos mais nuançados. Na medida em que se pode oferecer uma reconstrução do ministério histórico de um determinado profeta (e sobre isto cf. o comentário a seguir), será preciso admitir, à luz de pesquisas sobre a história das tradições, que a mensagem do profeta não era uma revelação totalmente nova, que existiam, em medida considerável, diálogo e contestação de ideias anteriores; em suma, que os profetas foram gente de sua época numa medida maior do que se teria podido deduzir de estudos científicos do passado. Se assim é, surge então o problema: Não será talvez um tanto unilateral colocar a atenção, de modo tão específico, nos profetas como mediadores de revelação no AT? Não deveríamos esperar também ler estudos sobre os teólogos narradores deuteronomísticos, ou sobre os salmistas, ou sobre os mestres da sabedoria, como mediadores de revelação?

b. À luz de estudos da crítica redacional mais radical destes últimos anos, tornou-se uma tarefa bastante mais difícil a reconstrução histórica do ministério de qualquer um dos profetas. Por exemplo, as últimas edições do comentário de O. Kaiser sobre Is 1–39 concluem que os contornos históricos da vida de Isaías estão envolvidos numa obscuridade quase total; conclusão análoga foi tirada com respeito a Jeremias, por R. Carroll, em seu comentário de 1986 àquele livro. Sem dúvida, há outros estudiosos que são mais otimistas sobre a possibilidade de recuperar os dados históricos relativos ao ministério do profeta (p. ex., o comentário a Is 1–39 de H. Wildberger, e o bem otimista comentário ao livro de Jeremias de W.L. Holladay); de qualquer forma, é certo que a abordagem biográfica é hoje um tema de grande discussão exegética. Seria pouco sábio, para cultores de Teologia Fundamental, ignorar a existência destas discussões e continuar a falar “dos profetas” como se fossem poucos os problemas para se chegar a um consenso sobre seu ministério histórico. Para limitar-nos a um exemplo, isto influi sobre o modo de utilizar as narrações de vocação, contidas nos livros proféticos. Entre os exegetas, há uma tendência crescente a ler os “textos vocacionais” antes de tudo (e até exclusivamente) como afirmações teológicas programáticas, cujo objetivo primário não é oferecer informações biográficas e psicológicas sobre a experiência do profeta, mas, antes, dar uma justificação teológica do papel do profeta e um resumo dos pontos-chave da mensagem. Nesta perspectiva, os relatos de vocação não põem em contato direto com os momentos privilegiados da experiência da revelação feita pelo profeta; constituem, ao invés, textos que, pela importância de sua colocação e conteúdo programático, desempenham uma função privilegiada na estrutura do livro profético, entendido como composição redacional.

c. No entender de alguns estudiosos, as dificuldades de reconstruir um quadro histórico do profeta comportam também problemas de descrição da função. Consideremos dois exemplos. Primeiro, o termo hebraico *nābî'*, traduzido por “profeta” desde a versão dos Setenta, é a designação mais comum da função profética nos escritos bíblicos do exílio e pós-exílicos, mas não é certo que os profetas do século VIII (Amós, Oseias, Isaías e Miqueias) tenham jamais usado este título para eles mesmos. Será que do uso indiscriminado do termo “profeta” talvez não derive uma imagem excessivamente uniforme daquilo que pode ter sido um conjunto muito mais complexo de funções na história religiosa de Israel?

Segundo: o sintagma *dĕbâr Jhwh* (palavra do Senhor), geralmente apresentado como característica específica da revelação profética, é, na realidade, bem raro em textos proféticos que, com boa probabilidade, podem datar do século VIII; isto torna-se frequente só no período do exílio e posteriormente (em Jeremias, Ezequiel e na história deuteronomística). Mais uma vez, será que não se corre o risco, com uma indiscriminada generalização dos profetas como portadores do *dĕbâr Jhwh*, de simplificar excessivamente uma série mais complexa de termos e funções na revelação?

Concluindo: o estado atual do debate exegético sobre os profetas (entendendo os livros e os personagens) é tal que se deve pensar que a Teologia Fundamental deveria rever se é racional seu interesse tradicional e seu discurso sobre os profetas. A abordagem centrada na pessoa, de tipo ingenuamente experiencial, dada como pacífica em muitos estudos de Teologia Fundamental até hoje, precisa refletir sobre o novo estado da questão, levantado pela pesquisa exegética recente e por suas implicações hermenêuticas. Somente então o estudioso de Teologia Fundamental pode esperar permanecer em diálogo efetivo com a ciência bíblica nesta matéria.

Bibl. – TEMAS GERAIS: A.G. Auld, “Prophets through the Looking Glass: Between Writings and Moses”, em JSOT 27 (1983) 3-23; J. Blenkinsopp, *A History of Prophecy in Israel*, Filadélfia 1983; O. Kaiser, *Einleitung in das Alte Testament*, Gütersloh 1984[5]; S. Amsler e outros, *Les prophètes et les livres prophétiques*, Paris 1985; B. Vawter, “Were the Prophets *nabî's?*”, em *Bibl* 66 (1985) 206-220; J. Barton, *Oracles of God. Perceptions of Ancient Prophecy in Israel After the Exile*, Londres 1986; D.L. Petersen (ed.), *Prophecy in Israel. Search for an Identity*, Filadélfia 1987; R.P. Carroll, “Inventing the Prophets”, em IBS 10 (1988) 24-36.

RELATOS DE VOCAÇÃO: B.O. Long, “Berufung, I. Altes Testament”, em TRE V, 676-684; R.P. Carroll, *From Chaos to Covenant.* Uses of Prophecy in the Book of Jeremiah, Londres 1981, 31-58; D. Vieweger, *Die Spezifik der Berufungsberichte Jeremias und Ezechiels im Umfeld ähnlicher Einheiten des Alten Testaments*, Frankfurt a.M. 1986.

CHARLES CONROY

PROTOCATOLICISMO

Em 1958 o teólogo alemão W. Marxsen publicava em Neukirchen uma pequena obra intitulada *Der "Frühkatholizismus" im Neuen Testament*. No ano seguinte F. Mussner, teólogo católico, publicou algumas reflexões a propósito disto (cf. TrThZ 268 [1959] 237-245). Mas foi o livro de S. Schulz, *Die Mitte der Schrift. Der Frühkatholizismus im Neuen Testament als Herausforderung an den Protestantismus*, publicado em 1976, que, embora não sendo a primeira obra sobre o assunto, suscitou diversas reações e, portanto, contribuiu para a divulgação de um tema relegado até então a apêndices irrelevantes. Até por volta de 1950 os pesquisadores protestantes situavam o protocatolicismo mais no período pós-testamentário, embora R. Bultmann reconhecesse, em sua *Teologia do Novo Testamento* (1953), que "uma evolução para a Igreja antiga delineia-se já no NT". Pouco tempo depois, E. Käsemann, discípulo de Bultmann, começou a perguntar-se com seriedade sobre a possibilidade de encontrar no NT níveis diversos de autenticidade evangélica e a presença de um "cânon dentro do cânon". A notável obra de Schulz continua nesta linha de pesquisa. O tema é verdadeiramente envolvente; pois, se é verdade que evoluções pertencentes à Igreja Católica remontam ao NT, não é mais permitido às confissões "evangélicas" invocá-las pura e simplesmente para reforçar sua convicção de representarem o cristianismo autêntico e continuarem a sustentar que a catolicização da fé marcou uma "decadência" (*Abfall*) em relação ao querigma primevo. Schulz reconhece na presença de dados protocatólicos no NT um desafio para o protestantismo. Em sua obra, descreve difusamente as infiltrações "católicas" no NT e propõe, para preservar-se do perigo que representam, uma reafirmação do princípio da Reforma: o "centro da Escritura", o "cânon dentro do cânon" é o ensinamento paulino da justificação através da fé.

Schulz enumera assim os traços mais característicos do "protocatolicismo", que a investigação anterior a sua obra já tinha identificado (p. 80s): o abandono progressivo, até sua extinção, da *Naherwartung*, aquela expectativa apocalíptica da irrupção do Reino de Deus; o não reconhecimento da verdadeira mensagem paulina da justificação dos ímpios, substituída agora pela atenção em relação aos justos; o novo valor dado à Lei, contra o ensinamento de Paulo (mas de que "lei" se trata?); novo modo de compreender a fé, que se torna cada vez mais uma virtude ou uma esperança, em vez de ser aquilo através do qual se realiza a salvação (Paulo); a satisfação vicária de Cristo não ocupa mais um lugar-central em teologia; a subordinação do Espírito à instituição eclesiástica; o ensinamento do magistério eclesial assume uma importância cada vez maior; os ataques do gnosticismo levam a uma definição mais nítida da heresia em relação à ortodoxia; a repressão do movimento "entusiasta" exprime-se em parte na nova atenção dada ao aspecto histórico de Jesus e da Igreja (evangelhos e Atos); Cristo é cada vez mais indicado como o iniciador de uma nova lei e de uma moral que supõem o conceito de mérito; a grande importância dispensada ao milagre; progride a ideia da salvação através dos sacramentos; reconhecem-se cada vez melhor os dados de uma teologia natural; a perigosa reconciliação da Cristandade com o Estado: tendência a reconduzir tudo sob a etiqueta "apostólico", sendo que daqui deriva a abundância da literatura anônima ou pseudônima durante o período protocatólico.

S. Schulz divide em três partes seu estudo da "teologia do *Frühkatholizismus*".

1. A primeira intitula-se "a catolicização da figura, da história e da teologia de Paulo" (p. 86-130). Nosso interesse dirige-se particularmente às alusões que o autor faz a diversos textos de Paulo:

a. Já na Carta aos Colossenses aparece a figura da Igreja "corpo de Cristo" (1,24; 2,19) e seu papel no desenvolvimento da fé cristã, que deve ser salvaguardada a todo custo, como o Evangelho (1,23), na tradição (2,6s). A esperança presente, fundada na salvação individual (1,5.27), prevalece sobre a expectativa do fim. À diferença do ensinamento de Rm 6,4-5, afirma-se que o batizado já ressuscitou (Cl 2,12s; 3,1) e já está liberto das forças cósmicas. As *Haustafeln* ou códigos de moral doméstica (3,18–4,1) estão representados num bom número de escritos reconhecidos como "protocatólicos". Schulz descobre em Cl, sobretudo em 2,8-23, alusões à heresia gnóstica, que não concordariam com a apresentação de tal heresia que encontramos em 1Cor. Seria um discípulo de tendência "protocatólica" que, pelo ano de 80, teria escrito a carta aos Colossenses, para envolver a autoridade de Paulo na luta antignóstica.

b. Também na Epístola aos Efésios o vocabulário contém muitos termos que não parecem de origem paulina, mas que se reencontram nos escritos pós-apostólicos. Mais ainda do que Colossenses, da qual depende, a carta aos Efésios se coloca, por seu conteúdo, entre os escritos protocatólicos, em particular pela menção da Igreja "plenitude de Cristo" (1,23), sua cabeça e salvador daquela que é seu corpo (5,23). A sequência do texto (5,24-27) supõe que a Igreja seja a esposa de Cristo, tema explicitado em numerosos escritos protocatólicos subsequentes, como *Didaqué* 11,11 e a carta de Inácio de Antioquia a Policarpo 5,1. Assim, em Efésios a Igreja torna-se intermediária necessária da salvação, coisa que também se insere na perspectiva protocatólica. Mais ainda, a Igreja tende a ser identificada com o Reino de Deus na terra. Em contraste com passagens como Rm 9–11, não encontramos em Efésios reflexões sobre a salvação do povo hebraico. A escravidão do pecado parece ser coisa pertencente ao passado (2,1-3) ou problema dos pagãos (4,17-19), ao passo que Paulo, em Rm 7,13-25, fala dela como de uma experiência pessoal. Efésios, conclui Schulz, deve ser um escrito do fim do primeiro século e, portanto, pós-paulino, de inspiração protocatólica, dirigido às comunidades da Ásia Menor para instruí-las sobre a natureza da Igreja *una sancta catholica*.

c. Como muitos autores reconhecem, é difícil atribuir ao mesmo autor da Primeira Epístola aos Tessalonicenses a segunda, tão diferente no estilo e no conteúdo, particularmente no tocante à escatologia: não se deve mais esperar a vinda iminente do Senhor; ela será anunciada com antecipação por sinais (2Ts 2,1-12). Além disso, a moralização da salvação substitui a mensagem paulina da justificação mediante a fé: a recompensa espera os cristãos fiéis e o castigo espera os pecadores (1,6-12). Também a aceitação fácil do poder de governo de que está investido o apóstolo (2,15; 3,4-15) parece revelar a origem protocatólica do documento (2Ts).

d. A exegese recente atribui com facilidade as cartas pastorais (1-2Tm, Tito) a um autor posterior a Paulo, sem poder especificar mais. Schulz, pessoalmente, acredita tratar-se de instruções dirigidas aos *Amtsträger*, ou seja, aos detentores da autoridade na Igreja, representados por Timóteo e por Tito. Estas epístolas atestam justamente a luta antignóstica e a exegese paulina protocatólica da Ásia Menor, no início do século II. Entre os elementos protocatólicos reconhecíveis nestas epístolas, é preciso assinalar a menção da *eusébeia*, "a piedade", que aparece somente aqui, nos Atos e em 2 Pedro – da mesma forma que a alusão às *Haustafeln* e às listas dos vícios. Como em 2 Pedro, encontra-se nas epístolas pastorais também a tendência a racionalizar e a moralizar a vida cristã.

e. Há concordância em reconhecer que o terceiro Evangelho e o livro dos Atos são obra de um mesmo autor. Segundo a antiga tradição católica, estes livros são obra de Lucas, médico e amigo de Paulo, como resulta de Cl 4,14. Baseando-se na pesquisa protestante, em voga de um século para cá, porém, Schulz pensa que Lucas não pode ser o autor de Lucas/Atos. Pois não se entende – sustenta ele – como um amigo de Paulo possa ser autor de um livro, os Atos, que oferece um quadro "protocatólico" da figura, do apostolado e da teologia de Paulo (p. 109). De resto, no prólogo ao Evangelho, seu próprio autor assinala ser um cristão da segunda geração (Lc 1,1-4). Deve ter redigido sua obra nos três primeiros decênios do século II. Esta obra dá testemunho de um tempo em que Paulo já se tornara uma figura quase lendária, que se insere nos quadros da interpretação protocatólica da "história da salvação".

f. Segundo Schulz (123-130), também as epístolas autênticas de Paulo sofreram algum remanejamento, da parte do editor protocatólico. Isto é verdade, em particular, para 1Ts, 1-2Cor e Rm. Limitando-nos a algum exemplo: a advertência à vigilância de 1Ts 5,1-11 reflete o conteúdo de passagens "lucanas" (cf. Lc 21,25-27; At 3,20s) e recorda outras, de teor protocatólico, como 2Pd 3,10-13. 1Cor 14,33b-36 parece pertencer a uma polêmica antignóstica contra a emancipação das mulheres, em contraposição com o papel que Paulo concede a estas nas assembleias litúrgicas (1Cor 11,5), mas em concordância com alguns textos das epístolas pastorais (cf. 1Tm 2,11s). O revisor destas epístolas teria reinserido Paulo na área da tradição protocatólica. 2Cor 6,14–7,1 não somente emprega termos não paulinos, mas nela deparamos um conceito de "justiça" que tampouco é o de Paulo. O contraste entre "justos" e "ímpios", representado nesta passagem, aparece também em Ef 1,1; 1Tm 4,10 e alhures nos escritos de tendência protocatólica. Rm 7,25b parece ser uma glosa protocatólica, acrescentada ao texto de Paulo: "Eu, portanto, com a mente, sirvo à lei de Deus, com a carne, porém, à lei do pecado". É um exemplo da crescente atenção pelos "justos", lembrada acima como um dos traços próprios da teologia protocatólica. Também é provável que a grande doxologia de Rm 16,25-27 tenha sido acrescentada ao texto de Paulo por uma outra mão. A pregação do Evangelho figura com frequência também nos escritos deuteropaulinos como a revelação de um mistério, e 2Pd 3,16 fala também de "escritos proféticos" no sentido de textos canônicos.

2. A segunda parte do estudo de Schulz sobre a "teologia do *Frühkatholizismus*" intitula-se "a catolicização do judeu-cristianismo legalista e apocalíptico". Ele explica (p. 131) que Marcos, a fonte Q e o material próprio de Mateus e Lucas vêm das tradições "vida-de-Jesus", que representam o judeu-cristianismo conservador, legalista e apocalíptico da Síria-Palestina. Todavia, a fonte original destes escritos é muitas vezes ocultada, devido à edição protocatólica que os transformou notavelmente. A Parábola do Banquete Nupcial (Mt 22,1-14), comparada com a dos vinhateiros homicidas, na qual o filho aparece (21,37-39), representa um ensinamento eclesiológico, mais do que cristológico, um aspecto da teologia protocatólica. A conclusão de Mateus: "Porque muitos são chamados, mas poucos escolhidos" sugere justamente – no entender de Schulz – que a Igreja protocatólica quer ser como que "a assembleia dos justos", ao passo que no v. 10 tanto os maus como os bons estão reunidos na sala das núpcias.

Ainda que de modo menos evidente do que em Mateus, aparecem traços de edição protocatólica também no Evangelho mais antigo, o de Marcos. Em particular, encontram-se nele igualmente um esquema de história da salvação, uma redução da *Naherwartung*, o anúncio do castigo de Israel e o dramático fim da velha economia (Mc 15,38). Não se encontra nele, por outro lado, a doutrina do mérito, como Mateus a afirmou, acrescentando ao texto de Mc 8,38 uma frase que diz respeito a ela: "O Filho do Homem... virá na glória do seu Pai com os anjos santos e, então, retribuirá a cada um conforme sua conduta" (a última frase inspira-se no Sl 62,13: "Segundo suas obras, recompensas cada homem"). A reserva de Marcos em relação ao mérito explica-se em parte pelo fato de ele espelhar o ensinamento da sinagoga em território pagão, enquanto a fonte Q das palavras de Jesus está ligada mormente ao judaísmo palestinense.

A influência de Paulo é bem pouco evidente no Evangelho de Marcos. Paulo, por exemplo, gosta mais de falar do pecado no singular, como de um poder escravizante. Marcos prefere falar do perdão dos pecados no plural (1,4s; 2,5.9; 3,28; 11,25) e seu texto contém também um catálogo dos pecados (7,20-23), semelhante ao das epístolas pastorais (1Tm 1,9s; 6,4s; 2Tm 3,2-5; Tt 3,2-5; 3,3). É verdade que estas listas de pecados podem provir do protocatolicismo, que tende a moralizar a vida cristã. Mas encontramo-las também em Sb 14,15s; Rm 1,29s; Gl 5,19s; Ef 4,17-32.

Indubitavelmente, o miraculoso recebe uma atenção especial nos escritos protocatólicos, mas isto em parte reflete também a intenção de mostrar que Jesus não era uma pessoa comum e era facilmente comparável ao tipo de pessoa a quem se dá o título de *theios anêr*, "homem divino" (cf. T. Tagawa, *Miracles et évangile. La pensée personnelle de l'évangéliste Marc*, Paris, 1966). O título de seu evangelho (1,1), a importância dada aos relatos de milagres e a profissão do centurião (15,39) demonstram que Marcos quis enfatizar o caráter divino de Jesus. Sem dúvida, não é por simples coincidência que a mesma tendência aparece nos discursos de Pedro (At 2,22; 3,16; 4,9-12); com efeito, Marcos refletiria justamente sua pregação. Para Schulz, a abundância dos relatos de milagres no Evangelho de Marcos revela a influência protocatólica (p. 219). Poder-se-ia crer que o milagre estivesse bem embasado na literatura religiosa da época. Na verdade, é sobretudo no fim do século II que os relatos de milagres começaram a proliferar. Este gênero atinge seu clímax com *A vida de Apolônio*, de Filóstrato (cf. L. Sabourin, *The Divine Miracle Discussed and Defended*, Roma, 1977, 41-46 e G. Petzke, *Die Traditionen über Apollonius von Tyana und das Neue Testament*, Leiden, 1970). O problema dos milagres evangélicos continua a ocupar a atenção dos pesquisadores. R. Latourelle, em seu estudo, *Miracoli di Gesù e teologia dei miracolo* (Assis, 1987) insiste na necessidade de ver os milagres de Jesus naquilo que eles são verdadeiramente, isto é, sinais que manifestam a vinda do reino. Em *The Divine Miracles*, levantamos a questão "fé e cura" (p. 115-117). Em três ocasiões distintas Jesus diz à pessoa curada: "A tua fé te salvou!" (Mc 5,34; 10,5; Lc 17,19; cf. D. Merli, *Fiducia e fede nei miracoli evangelici*, Gênova, 1973, e nossa recensão em *Biblical Theology Bulletin* 3 [1973] 231s).

Schulz descobre também nos escritos joaneicos a influência do protocatolicismo que, segundo ele, exprime "a catolicização do entusiasmo gnóstico" (p. 227-256). Fazendo sua uma tese muito difundida e muitas vezes refutada, distingue o quarto evangelho que conhecemos, do que o antecedeu, um *Grundschrift* que era, na verdade, um escrito gnosticizante, impregnado de dualismo. Segundo crê Schulz, esta origem reflete-se nos contrastes, expressos por João ou pelo Cristo joaneico, entre a luz e as trevas, entre a verdade e a mentira, a vida e a morte, a liberdade e a escravidão, as realidades superiores e as inferiores. Além disso, como já explicava Bultmann, é como revelador que o Cristo de João salva o mundo, já que a encarnação e sua presença constituem uma interpelação que obriga cada um a confrontar-se consigo mesmo. O acréscimo de Jo 21, em especial, seria obra de um editor protocatólico, cuja mão aparece também em diversos versículos do prólogo, tal como o conhecemos (Jo 1,1-18). Da mesma maneira seria preciso explicar a "sacramentalização" de diversas passagens (3,5; 6,53-55; 19,34). A alegoria da vinha (15,1-8) enquadra-se no tema da vida meritória do justo (cf. 5,29), outro elemento protocatólico. Podemos ler no mesmo sentido também algumas passagens da primeira epístola e do apocalipse de João.

3. Alguns traços da teologia protocatólica aparecem também na Epístola aos Hebreus. Hebreus é o único escrito do NT a apresentar Cristo como sacerdote e em particular o designa como liturgo do santuário e da verdadeira tenda (cf. 8,2 e 9,11s, com a explicação que demos em NTS 18 [1971] 87-90 e, de maneira mais elaborada, em *Priesthood*, Leiden, 1973, 178-212). Para Hebreus, a "fé" (cap. 11) não é a fé cristológica, paulina, mas, antes, a esperança de chegar ao objetivo (v. 14-16); também nisto, o escrito aproxima-se do pensamento protocatólico. Tal é o caso também para a menção dos pecados perdoáveis e imperdoáveis, indicação do possível recurso ao sacramento da penitência. Como outros autores de tendência protocatólica, em sua epístola Judas ataca particularmente os falsos doutores, descrevendo-os com traços convencionais e tornando, assim, difícil sua identificação. O verdadeiro autor da epístola não pode ser Judas, irmão de Tiago (cf. Lc 6,16; At 1,13), porque Judas se situa no máximo no fim do primeiro século, ao passo que a epístola é anterior a 2 Pedro, que reutilizou Judas. Entre os traços "protocatólicos", contidos em Judas, podem-se indicar também a noção de "fé", o apelo à tradição e a alusão à recompensa que espera os justos. A influência da teologia protocatólica faz-se sentir também, como era de se esperar, nos escritos dos Padres Apostólicos: 1Clemente, *Didaqué*, Inácio de Antioquia, Barnabé, o Pastor de Hermas, 2Cl e a carta de Policarpo, em ordem cronológica (p. 257-381). A carta de Clemente aos Coríntios, datável entre 93 e 96, é contemporânea de muitos escritos do NT. O que mais a caracteriza como documento "protocatólico" é sua concepção judaico-helenística da ordem eterna da criação, tal como se encontra na teologia natural da *Stoá* (Schulz, p. 310). Nesta linha de pensamento, Deus é designado muitas vezes (99 vezes), também com os títulos de "Criador", "Mestre" e "Senhor". Não nos é possível, nos limites do presente artigo, dar a lista detalhada dos numerosos aspectos "protocatólicos" dos escritos dos Padres Apostólicos.

Inspiramo-nos na obra de Schulz, *Die Mitte der Schrift*, para a apresentação do *Frühkatholizismus*, mas sem aprovar a tese aí desenvolvida e que foi criticada de maneira bem severa por dois teólogos. Em nossa obra *Protocatholicisme et ministères* pode-se encontrar uma recensão bastante extensa de P.-G. Müller, "Destruktion des Kanons – Verlust der Mitte. Ein kritisches Gespräch mit Siegfried Schulz", *Theologische Revue* 73 (1977) 177-186. Segundo Müller (p. 178), a obra de Schulz revela uma "aversão fanática" em relação ao catolicismo. Para Schulz, não há dúvida de que o catolicismo seja *Abfall* (defecção) do *Evangelium*, e ele se empenha em demonstrar isto em sua obra. Se se refere, eventualmente, a autores católicos, como Schlier, Schelkle e Mussner, é para desacreditá-los (cf. p. 179). Contudo, em Küng, Schulz encontra um apoio para sua tese. A parte mais extensa de sua obra (p. 86-381), dedica-a a demonstrar que o Evangelho de Paulo representa o centro (*Mitte*), o coração da Escritura, ao passo que a maior parte do NT foi "catolicizada": veja-se a utilização repetida do termo *Katholisierung*, nos títulos dos capítulos. Guiado por um *a priori* incômodo e dominante, Schulz descobre em quase todo o NT traços de decadência protocatólica, de deturpação protocatólica do *Christusevangelium* puro. Lendo a obra de Schulz, é o caso de perguntar-nos se o "evangelho da justificação" não é uma quimera, uma concepção que, no estado puro, está ausente no NT. Será que Cristo mesmo foi verdadeiramente isento de tendências "pré-católicas", Ele que propôs a caridade fraterna como critério de autêntica piedade, mais ou menos como Tiago, que desautoriza a pura justificação através da fé?

Bibl. – A. Ehrhard, *Urkirche und Frühkatholizismus*, Bonn 1935; W. Marxsen, *Der "Frühkatholizismus" im Neuen Testament*, Neukirchen 1958; H. Küng, "Der Frühkatholizismus im

Neuen Testament als kontroverstheologisches Problem", em ThQ 142 (1962) 385-424; Id., "Early Catholicism" in the New Testament as a Problem in Controversial Theology", em *The Council in Action: Theological Reflections on the Second Vatican Council*, Nova York 1963, 159-195; E. Käsemann, "Paulus und der Frühkatholizismus", em ZThK 60 (1963) 75-89; K. Beyschlag, *Clemens Romanus und der Frühkatholizismus*, Tübingen 1966; J.M. Elliott, "A Catholic Gospel: Reflections on 'Early Catholicism' in the New Testament", em CBQ 31 (1969) 213-223; E. Lohse, "Die frühkatholische Kirche", em R. Kottje-B. Moeller (ed.), *Oekumenische Kirchengeschichte* I: *Alte Kirche und Ostkirche*, Mainz/Munique 1970, 61-69; I. de La Potterie, "Le Problème oecuménique du Canon et le protocatholicisme", em *Axes* 4 (1972) 7-19; U. Luz, "Erwägungen zur Entstehung des 'Frühkatholizismus', eine Skizze", em ZNW 65 (1974) 88-111; I.H. Marshall, "'Early Catholicism' in the New Testament", em R.N. Longenecker-M.C. Tenney (ed.), *New Dimensions in New Testament Study*, Grand Rapids 1974, 217-231; H.J. Schmitz, *Frühkatholizismus bei Adolf von Harnack, Rudolf Sohm und Ernst Käsemann*, Düsseldorf 1977; F. Hahn, "Das Problem des Frühkatholizismus", em ETh 38 (1978) 340-357; G. Kretschmar, "Frühkatholizismus. Die Beurteilung theologischer Entwicklungen im späten ersten und im zweiten Jahrhundert nach Christus", em J. Brantschen-P. Selvático (ed.), *Unterwegs zur Einheit*, em honra de H. Stirnimann, Friburgo 1980, 573-587; Ch. Bartsch, *Frühkatholizismus als Kategorie historisch-kritischer Theologie. Eine methodologische und theologiegeschichtliche Untersuchung*, Berlim 1980; V. Fusco, "Sul concetto di Protocattolicesimo", em RB 30 (1982) 401-434; K Giles, "Is Luke an Exponent of 'Early Protestantism? Church Order in the Lukan Writings", em EvQ 54 (1982) 193-205; 55 (1983) 3-20; J. Rogge-G. Schille (ed.), *Frühkatholizismus im oekumenisch-theologischen Arbeitskreise in der DDR*, Berlim 1983; C. Clifton Black II, "The Johannine Epistles and the Question of Early Catholicism", em NT 28 (1986) 131-158; L. Sabourin, *Protocatholicisme et ministères*, Montreal 1989.

LÉOPOLD SABOURIN

Q

QUERIGMA / CATEQUESE / PARÊNESE

Estas três palavras designam as formas e as etapas de um único processo de evangelização, desde os inícios da Igreja. Em consequência, é melhor agrupá-las a fim de defini-las e distingui-las com mais facilidade.

1. *Querigma*, substantivo derivado do verbo *kērýssein*, designa a pregação global da boa notícia da salvação através de Cristo: é o primeiro anúncio chocante do Evangelho que ressoa no decurso dos séculos. Trata-se essencialmente de anunciar este acontecimento e de convidar à conversão e à fé.

Já que o evento é único e tem infinitas repercussões, seu anúncio é comparável ao grito do arauto que anuncia uma vitória sem precedentes. Querigma significa explosão, potência difusora. Assim, no dia de Pentecostes Pedro grita em voz alta, diante da multidão, a boa notícia da salvação em Cristo, com o fim de torná-la pública, oficial (At 2,14). Esta intenção publicitária manifesta-se de muitos modos. Pedro e Paulo dirigem-se às multidões (At 15,22; 3,12; 3,16). Sua mensagem propaga-se em todo o território judaico e pagão. Multiplicam as chamadas de atenção e as injunções: prestai ouvido (At 2,14), escutai (At 2,22), fazei penitência (At 2,38), salvai-vos (At 2,40). É totalmente evidente o desejo dos apóstolos de difundir em toda parte a Palavra de Deus. Sob a influência do Espírito, são atingidos por uma espécie de febre que os obriga a anunciar, a evangelizar. Como poderiam silenciar? A plenitude dos tempos chegou: "agora", "hoje". Nada mais importante do que isto poderá acontecer daqui em diante. Todos os homens estão chamados à salvação. Nada pode permanecer neutro.

O elemento unificante do querigma, em suas formulações breves, é a pessoa de Jesus, identificado como Cristo e Senhor (At 8,5; 19,13; 1Cor 1,23). Se, para além destas fórmulas sintéticas, passarmos para os exemplos de pregação como são os discursos dos Atos (At 2, 3, 5, 10, 13), o querigma se enriquece com os elementos seguintes: os tempos da consumação chegaram; são caracterizados por: ministério, paixão, morte, ressurreição e glorificação de Jesus. A salvação realiza-se mediante a fé em Cristo e com o batismo, que opera a remissão dos pecados e outorga o Espírito. O querigma instaura um vínculo irrompível entre o evento-Jesus e seu poder salvífico.

O querigma não pertence ao passado e não está... ultrapassado. Hoje como ontem, o *choque* da boa notícia deve sacudir os homens do mundo inteiro. Esta proclamação da parte da Igreja (LG 26) torna o evento da salvação eternamente presente. O querigma atual deve continuar a ressoar, a fim de que Jesus seja reconhecido e identificado como Cristo, Senhor, salvador universal, centro da história, que convida cada homem à conversão e à fé, que é adesão do homem inteiro que se entrega a Ele, que se doou por completo: é uma fé transformadora e operante (DV 5).

2. Ao primeiro *choque* da boa notícia segue-se normalmente a *catequese*, que articula e explicita o querigma. A catequese apresenta instruções mais elaboradas que se dirigem aos novos convertidos, exposições de tipo mais didático, nas quais se explicam as Escrituras à luz do evento cristão. Assim, os primeiros cristãos mostravam-se "assíduos em escutar o ensinamento dos apóstolos" (At 2,42). Os apóstolos "estavam no templo, ensinando ao povo" (At 5,25.28). Nomeiam sete diáconos para eles (apóstolos) se dedicarem exclusivamente "à oração e ao ministério da palavra" (At 6,4). Paulo fica um ano e meio em Corinto, "ensinando entre eles a Palavra de Deus" (At 18,11).

Mas o querigma permanece o ponto de partida e de referência contínuo para a catequese. Por isto, a explicação dos sacramentos e as normas da vida moral têm sentido somente à luz do evento pascal.

A partir dos séculos II e III a catequese consiste comumente no ensinamento preparatório para o batismo dos adultos. Posteriormente, a emancipação da Igreja confere à catequese um caráter sempre mais formal; pensemos nas catequeses de Cirilo de Jerusalém e de Teodoro de Mopsuéstia, nas explicações de Ambrósio sobre os sacramentos da iniciação (Batismo, Crisma, Eucaristia), *no Discurso* de Gregório de Nissa, no *De catechizandis rudibus* de Agostinho. Caminha-se, pois, para formas de ensino que prenunciam nossos catecismos modernos ou contemporâneos: catecismo de Lutero, de Pedro Canísio, do Concílio de Trento, das conferências episcopais, do Vaticano II. Não se trata somente de preparar para o batismo, mas de aprofundar mais a fé dos crentes.

3. A *parênese* difere da catequese só quanto à orientação, que é a do comportamento moral, e pelo tom, que é o da exortação. Assim, numerosas epístolas de Paulo terminam, depois de uma exposição doutrinal, com uma parênese (Rm 12–15; Gl 5–6; Ef 4–6).

No AT, Israel recebe o decálogo para viver em conformidade com a aliança com o Deus três vezes santo. Similarmente, no NT, os cristãos, chamados por Deus a se tornarem seus filhos, devem viver em conformidade com esta vocação. A vocação a Cristo tem como corolário necessário a vida segundo Cristo. Os preceitos acompanham a vocação. "Se vos deixardes guiar pelo Espírito, não estais mais debaixo da lei" (Gl 5,18), mas "debaixo da graça" (Rm 6,14). Viver em Cristo significa adotar o estilo de vida de Cristo, seu modo de ver, seus sentimentos. As exortações, os chamados à vigilância e à prática das virtudes, preceitos particulares da parênese, especificam e atualizam o preceito geral do amor nos detalhes da vida diária. A abertura ao amor não torna inútil um certo "semáforo" que evite aos cristãos perderem-se na neblina e correrem o risco do naufrágio. A parênese não é, portanto, simples moralismo, mas é realismo da vida em Cristo, que não é destituída de normas, embora as ultrapasse em seu elã e em seu objetivo último.

Bibl. – 1. Sobre o *querigma:* K.H. Rengstorf, *Apostolat und Predigtamt*, Stuttgart 1954[2]; G. Friedrich, "Kêrygma", em GLNT V, 472-479; D. Grasso, *L'Annuncio della salvezza*, Nápoles 1965; F.X. Murphy, "Kêrygma", em NCE VIII, 167-168; R. Latourelle,

Teologia della Rivelazione, Assis 1967, 41-68; Id., *A Gesú attraverso i Vangeli*, Assis 1979, 126-131; K. Rahner, *La salvezza nella Chiesa*, Roma-Brescia 1969; P. Scabini, "Kêrygma", em *Dizionario di Pastorale*, Assis 1980, 297-300.

2. Sobre a *catequese:* G. Bardy, "Catéchèse", em *Cath* II, 646 e bibliografia; F.X. Murphy, "Catéchèse", em NCE III, 208; R. Latourelle, *Teologia della Rivelazione*, Assis 1967, 41-68.

RENÉ LATOURELLE

"QUI PLURIBUS"

No tocante à Teologia Fundamental, esta encíclica papal interessa por dois aspectos: as relações entre → razão/fé e os motivos de credibilidade.

1. O objetivo primário da encíclica (9 de novembro de 1846) é expor a doutrina da Igreja sobre a relação entre fé e razão. Neste documento, Pio IX coloca alguns princípios que, vinte e cinco anos mais tarde, serão retomados pelo Concílio Vaticano I. Afirma que não existe nenhum conflito entre fé e razão, pois ambas derivam da mesma fonte de verdade eterna; pelo contrário, devem prestar-se um apoio mútuo (DS 2776). O racionalismo, "inimigo da revelação divina", quereria reduzir a religião cristã ao nível de uma "obra humana" ou de um "invento filosófico", submetido à lei de um progresso incessante. Pio IX levanta-se contra esta pretensão e declara que: *a.* "nossa religião foi *revelada* por Deus à humanidade, por graça", e que "haure sua força da autoridade do *próprio Deus que fala*" (DS 2777); *b.* que, consequentemente, o dever da razão humana é "indagar diligentemente sobre o fato da revelação, para obter a certeza de que Deus falou e, portanto, para prestar-lhe um obséquio racional"; *c.* "que é preciso depositar confiança total em Deus que fala e que nada é mais conforme à própria razão do que assentir e aderir com firmeza a tudo o que está estabelecido como revelado por Deus, que não pode nem errar nem enganar" (DS 2778). Por três vezes o texto associa os termos revelação, palavra e fé e os ilustra um através do outro. Toma em consideração a revelação, sucessivamente, sob o aspecto objetivo, ativo e passivo. No primeiro caso, trata-se de religião revelada (i. é, de doutrina segundo a interpretação do Vaticano I, que retoma o mesmo texto [DS 3020], em oposição ao que seria apenas doutrina humana, fruto da reflexão filosófica); no segundo caso, o texto estabelece uma equivalência entre a ação de revelar e a de falar; o terceiro visualiza a reação do homem em relação a Deus que revela: a fé é resposta a Deus que fala, é consentimento ao que Ele revela. Ela é dirigida propriamente à pessoa e adere ao que esta diz. O motivo desta adesão e deste obséquio é a própria Palavra de Deus: palavra autorizada de quem não pode enganar-se (o que exclui qualquer erro) nem enganar-nos (o que exclui toda mentira). A fé, portanto, é um obséquio racional, fundado na palavra verídica e infalível do próprio Deus. A Palavra de Deus é testemunho.

2. A encíclica interessa também porque apresenta uma visão sintética dos sinais da revelação, corrigindo, portanto, a apresentação tradicional, mas sem chegar à perspectiva personalista do Vaticano II na → *Dei Verbum*, que dá uma imagem de Cristo como fonte e centro de convergência de todos os sinais.

Enumerando e agrupando numa ampla síntese todos os sinais que permitem estabelecer com certeza a origem divina do cristianismo, a encíclica liga todos os sinais da revelação a Cristo e a sua mensagem. A fé cristã, afirma o texto, "foi confirmada pelo nascimento de Jesus Cristo, seu autor, que a leva à perfeição com sua vida, morte e ressurreição, com sua sabedoria, com seus milagres e suas profecias" (DS 2779).

O Vaticano II também afirma que a vida e as obras de Cristo confirmam a revelação (DV 4). Contudo, observam-se importantes diferenças entre as respectivas orientações dos dois textos. Na encíclica, a atenção volta-se primeiramente para o próprio *objeto de fé*, isto é, para a doutrina da salvação, de que Cristo é o autor; no Vaticano II, o que é evidenciado primordialmente é Cristo, Filho e Palavra do Pai. Na encíclica, os sinais são ligados a Cristo, mas não com aquela intimidade de relação que faz da pessoa do Verbo encarnado o centro de irradiação de todos os sinais. O clímax do texto diz respeito ao fato de que a *fé cristã* (i. é, a doutrina de fé) é *confirmada* pela vida, pelas palavras e pelas obras de Cristo, que é o autor e a realização da fé. A encíclica não exprime, com a mesma pregnância que *Dei Verbum*, o fato de que Cristo, com *toda a sua presença, com toda a sua pessoa* e com as próprias realidades, *realiza* e *confirma* a um só tempo a revelação (DV 4). Todavia, o texto da encíclica já antecipa, com a apresentação sintética dos sinais ligados a Cristo, a doutrina e a estrutura literária do Vaticano II. Sublinha também que os sinais da revelação não são coisas independentes. Estão ligados entre si e aclaram-se reciprocamente: apresentam-se como um conjunto e agem em convergência. Assemelham-se mais a uma constelação do que a um meteorito isolado. Os sinais de credibilidade da revelação emanam de Cristo e da Igreja, como raios que emanam da mesma fonte de luz. É por necessidade pedagógica que separamos o que está unido, conscientes do risco de falsear a realidade.

RENÉ LATOURELLE

R

RACIONALISMO

1. EXPLICAÇÃO DOS CONCEITOS – Em filosofia, o termo racionalismo (do latim *ratio* = razão, compreensão) inclui aquelas opiniões e aquelas teorias com base nas quais a realidade seria compreensível, de maneira exaustiva, através da razão e, consequentemente, poder-se-ia agir "de maneira racional". O racionalismo contrapõe-se ao empirismo (no plano cognoscitivo), ao irracionalismo (no plano do uso da razão), ao utilitarismo e ao hedonismo (no plano ético). É contrário também a toda religião que se funde sobre uma revelação, para a qual, como se sabe, a raiz do conhecimento não se encontra na *razão*, mas na *revelação*.

K. Popper introduziu a distinção entre um racionalismo "clássico" e um racionalismo "crítico" (cf. *A sociedade aberta e os seus inimigos*, 1945).

2. O RACIONALISMO NA HISTÓRIA DA FILOSOFIA – Os pressupostos iniciais do Racionalismo ocidental encontram-se já na filosofia grega dos pré-socráticos. O Racionalismo *clássico*, porém, começa a desenvolver-se somente com Sócrates, que opera uma nítida distinção entre o conhecimento verdadeiro e as simples opiniões e suposições. O conhecimento verdadeiro distingue-se destas simples opiniões por causa de seus fundamentos. Sua verdade é garantida por demonstrações. Segundo Aristóteles, o conhecimento verdadeiro obtém-se pelo fato de se reconhecerem as causas pelas quais uma coisa é tal como se apresenta. Ele separa o conhecimento *mediato* (conclusões lógicas a partir de premissas superiores) do conhecimento *imediato* (compreensão da verdade de princípios superiores). O exemplo clássico deste ideal cognoscitivo é representado pela geometria euclidiana, segundo a qual, a partir de proposições superiores (axiomas ou postulados), podem-se deduzir logicamente todas as proposições restantes. Todo enunciado de tal sistema parece estar certo de sua verdade específica: os axiomas ou postulados são compreendidos de forma imediata e todo o resto o é através da dedução lógica. Em virtude desta concepção, Aristóteles permeou a escolástica medieval (cf. Tomás de Aquino), e sua influência é visível até os tempos modernos.

Todavia, o problema basilar é e continua a ser a *compreensão imediata* das verdades superiores. O Racionalismo da Idade Moderna tenta encontrar uma resposta para esta questão. E, em conformidade com isso, apresenta-se sob duas caracterizações: como *intelectualismo* (Descartes, Pascal, Spinoza) e como *empirismo* (Bacon, Locke, Berkeley). Comumente o intelectualismo é também denominado Racionalismo. Para o intelectualismo, a fonte do conhecimento imediato está na intuição intelectual; para o empirismo, ao contrário, ela reside na experiência. Kant tenta uma síntese entre intelectualismo e empirismo, lá onde substitui o realismo, no auge até sua época, pelo idealismo transcendental; este assenta na pergunta transcendental relativa aos pressupostos da possibilidade do conhecimento. Segundo Kant, a certeza do conhecimento deve ser referida, não a uma realidade externa, mas às formas da experiência que são determinadas pelas estruturas inerentes às faculdades cognoscitivas. De qualquer forma, contra a solução kantiana investiu a crítica da ciência moderna; tal crítica é devida a duas "descobertas": de um lado, a descoberta das geometrias não euclidianas e, do outro, a formulação de uma física não newtoniana (Einstein).

Do ideal do Racionalismo clássico (certeza do conhecimento) deriva o *Racionalismo crítico*, em sua acepção estabelecida por K. Popper, na década de 1930 (cf. *Lógica da descoberta científica*). É inviável – como demonstra Popper – a pretensão de um conhecimento certo.

Consequentemente, o Racionalismo crítico renuncia a este ideal e se torna defensor de um *falibilismo* consequente: nenhum conhecimento é absolutamente seguro, porque o ser humano sempre pode errar na solução de seus problemas cognoscitivos. A *certeza* do conhecimento não é conciliável com o anelo da *verdade*. O ideal cognoscitivo de Popper é permeado por uma tensão para um saber de conteúdo que, em todo caso, recebe exclusivamente um *status* de saber conjectural. Neste sentido, todo conhecimento é "hipotético", o que não significa que deva desembocar no relativismo, já que o conflito das teorias comunica um saber no mínimo aproximativo. Por este motivo, as teorias devem ser submetidas a exame e ser criticáveis. Em lugar da pretensão de um *fundamento*, entra, portanto, no Racionalismo crítico, a exigência de um *exame crítico*.

No Racionalismo crítico, portanto, não é posta de lado a busca da verdade, no sentido de busca de um conhecimento de conteúdo já que este (à diferença de Kant) está solidamente ligado ao "realismo crítico". O Racionalismo crítico contrapõe-se também à ambição do empirismo de conseguir uma experiência "pura", que, segundo sua concepção, não pode existir. A experiência está sempre anteriormente "embebida de teoria".

3. RACIONALISMO E TEOLOGIA MODERNA – No âmbito da teologia, designa-se com o termo "racionalismo" a concepção segundo a qual a adesão à fé se fundaria numa compreensão racional e a verdade da fé seria demonstrável com motivações racionais. Na realidade, nem a credibilidade da fé é demonstrável de maneira positiva. O Concílio Vaticano I condenou mais de uma vez o Racionalismo assim entendido (cf. DS 3028, 3032, 3041). Sob o veredicto que condena o Racionalismo, cai também a opinião de que seria um dado de fato demonstrável a autocomunicação de Deus, que historicamente se verificou na palavra humana. O que é demonstrável, sim, é apenas a existência de uma mensagem que pretende ser Palavra de Deus. Embora tal pretensão, em última análise, não possa ser contraditada em bases racionais, sua *verdade* sempre é reconhecida somente na *fé*.

A *responsabilidade* da fé em relação à razão pressupõe que, antes do assentimento da fé, se possa demonstrar que, na escolha entre a fé e a não fé, esta última opção é algo de veleidoso e, portanto, não pode ser justificada. Mas com isto não está demonstrado o caráter não veleidoso da adesão da fé; o que é demonstrável é apenas a legitimidade da acusação de veleidade em relação à não fé e não aquela contra a fé.

O conhecimento da razão e o da fé, em última análise, não podem contradizer-se, ainda que os dois aspectos muitas vezes se encontrem numa relação reciprocamente conflitante. *O conhecimento racional* refere-se ao conhecimento geral da realidade, que pode ser conseguido independentemente da fé. *O conhecimento da fé* refere-se a um conhecimento para o qual é preciso invocar a autocomunicação de Deus. Fundamentalmente, o conhecimento racional encontra-se numa relação *negativa* em relação ao conhecimento da fé. Ele não pode nem demonstrar, nem contradizer e nem tampouco tornar plausível a fé. É por este motivo que a razão não tem nenhuma função de *suporte* em relação à fé; deve, antes, operar como *filtro.* Com isto, pode-se afirmar que (exprimindo-nos de forma negativa) não se pode crer nada que contradiga à razão, na salvaguarda da legítima autonomia desta última. Tal razão crítica preserva a fé da superstição. E é a fé que, por si mesma, tem interesse numa razão de tal natureza. Pode-se afirmar sem hesitação que a fé promove a autonomia da razão e se opõe a esta (em bases racionais) quando contraria as leis que lhe são próprias (o que, por outro lado, não constitui uma prova para a verdade da fé).

Com a expressão "uma razão iluminada pela fé" designa-se o uso da razão no âmbito da fé.

Bibl. – K. Popper, *Die Logik der Forschung*, Wien 1934 (1. ed.); Id., *The Open Society and Its Enemies*, 2 vol. (1. ed. inglesa), Londres 1944; H. Albert, *Traktat über kritische Vernunft*, Tübingen 1968; Id., *Traktat über razionale Praxis*, Tübingen 1978; Id., *Die Wissenschaft und die Fehlbarkeit der Vernunft*, Tübingen 1982; Id., *Freiheit und Ordnung*, Tübingen 1986; Id., *Kritik der reinen Erkenntnislehre*, Tübingen 1987; K. Hecker, art. "Razionalismo", em SM VI, 710-717; P. Knauer, *Der Glaube kommt vom Hören*, Bamberg 1968; H.J. Pottmeyer, *Der Glaube vor dem Anspruch der Wissenschaft*, Friburgo-Basel-Wien 1968.

BERND GROTH

RAHNER, Karl

Em sua atividade de professor, Karl Rahner ensinou Dogmática em Innsbruck, Pullach e Münster, e Filosofia da Religião em Munique. Contudo, a Teologia Fundamental (TF) teve uma importância decisiva para seu pensamento, como também, vice-versa, sua contribuição influenciou profundamente o desenvolvimento da TF. Seu trabalho teve cunho teológico e também filosófico, o que já lhe garantia uma qualificação pessoal do ponto de vista teológico-fundamental. Quando, em 1936, Rahner foi para Innsbruck, ainda não estava definido que cátedra assumiria: havia algum tempo que a de TF estava vacante. A seu favor militava também a especificidade de sua tese de doutorado em teologia, não obstante tratar-se de um tema patrístico-especulativo. Este fator, somado a seus estudos filosóficos anteriores, em Friburgo/Br., constituía uma base que, por sua natureza, favorecia um trabalho em TF. Neste sentido, depois da habilitação (1937), Rahner pôde também preparar-se diretamente, ocupando-se amplamente com o problema da filosofia no interior da teologia. As conferências pronunciadas por ele nas semanas da Universidade de Salzburgo, no verão de 1937, e publicadas mais tarde, sob o título *Hörer des Wortes* (Ouvintes da palavra), tratam "um aspecto de uma motivação ideal da fé" (HdW 30) que, nos cursos costumeiros de TF, é desenvolvido pouquíssimo ou nada, de sorte que o próprio Rahner intitula seu tema "a parte da TF ideal" (HdW 34) "que, em seu desenvolvimento efetivo, habitualmente é bastante negligenciada": "a ontologia da *potentia oboedientialis* em relação à livre-revelação de Deus" (HdW34). Por isto, pelo menos esta sua obra conhecida é considerada também teológico-fundamental, porque descobre e procura sanar uma lacuna da TF de sua época. Na realidade, Rahner não pôde desenvolver ulteriormente este trabalho inicial de sua atividade direta de ensino, uma vez que, no outono de 1937, o professor de TF de Rahner, proveniente da Universidade de Valkenburg, o Padre K. Prümm, ocupou em Innsbruck a cátedra vacante de TF, ao passo que Rahner começou sua carreira como professor de Dogmática, com um curso sobre a Doutrina da Graça. Que para este tipo de ensino fosse menos apto, resulta do prefácio que, em junho de 1938, escreveu para seu compêndio *De gratia Christi.* Lê-se aí que, por motivos extrínsecos, não pôde, como base de suas preleções, adotar como livro de texto a obra de seu mestre H. Lange, mas resumiu-a só para facilitar a tarefa de seus ouvintes. Ao mesmo tempo, optou por uma ordem diferente, inseriu o tratado sobre as virtudes da esperança e da caridade e sobre uma série de problemas defendeu opiniões diferentes das de Lange, assim como acrescentou suplementos bibliográficos. Que nesta matéria tenha tido consciência da afinidade com, mas também da diferença em relação à formulação da questão teológico-fundamental dos *Hörer des Wortes*, vê-se pela observação que aí acrescenta expressamente, segundo a qual, para ele, não se trata "da *potentia oboedientialis* da *graça* sobrenatural entendida como elevação do ser humano, para os fins da participação na vida de Deus", "mas somente da *poentia oboedientialis* da escuta de um possível *discurso* de Deus" (HdW 34). Rahner estruturou e concebeu a doutrina da graça em chave teológico-fundamental à luz da → *potentia oboedientialis*; o conceito basilar da "autocomunicação de Deus" exprime isto inequivocavelmente.

Após estas constatações sobre o começo de sua atividade de teólogo, cabe perguntar como se desenvolveu a relação de Rahner com a TF, no ulterior decurso de seu ensinamento. Dois setores clássicos da tradicional demonstração teológico-fundamental despertam seu interesse peculiar, já nos anos da Segunda Guerra Mundial e do pós-guerra: a questão sobre Deus, que enfrenta expressamente do ponto de vista teológico-bíblico, e a questão da Igreja, que é por ele tratada especialmente do ponto de vista da teologia prático-pastoral. Em ambos os casos não negligencia os intentos da *demonstratio religiosa* e da *demonstratio catholica*, ainda que estes não estejam em primeiro plano. Ao contrário, no tocante à *demonstratio Christiana*, Rahner tinha oferecido, nos primeiros anos, somente uma contribuição tipicamente apologética e até agora negligenciada, com uma exposição sobre "Die protestantische Christologie der Gegenwart" (1936). Somente depois do Concílio Vaticano II este trabalho foi levado adiante e ampliado, reunindo contribuições cristológicas ocasionais.

O debate teológico mais recente havia despertado muito mais sua atenção especial para a diferenciação que Rahner, juntamente com Balthasar, em 1939, tinha dado a seu compêndio de dogmática (STh I 29-47), com a primeira parte principal intitulada "Teologia formal e fundamental" (*formale und fundamentale Theologie*), diferenciando-se da habitual teologia fundamental (*Fundamentaltheologie*). Mas este breve esboço não foi elaborado ulteriormente e parou no projeto inicial, não executado, de redigir uma teologia dogmática. Quando, na década de 1950, o plano chegou ao conhecimento do público, outras questões já tinham passado a predominar amplamente. A proposta representa um testemunho histórico que deu azo a diversas especulações.

Para Rahner, na década anterior ao Concílio Vaticano II, foi antes de tudo a questão de uma reestruturação dos estudos teológicos e da formação sacerdotal que o fez refletir sobre os problemas de TF e o levou à proposta de um "curso fundamental". Esta ideia foi acolhida pelo concílio, com a exigência obrigatória de uma *Introductio in mysterium Christi* que, sem dúvida, quanto ao conteúdo e à forma, não realizava simplesmente as concepções de Rahner. No entanto, possivelmente se encontre aqui a contribuição direta, e mais prenhe de consequências, de Rahner para a TF. O próprio Rahner, porém, nunca pensou em preparar com isto uma substituição da TF, mas sim uma abordagem de toda a fé, abordagem essa orientada existencialmente, para depois poder desenvolver, com base nesta abordagem, a reflexão teológico-fundamental que, entrementes, se havia diferenciado e especializado bastante. Esta reflexão depois não permaneceu simplesmente assim, mas, tanto no conjunto como nos detalhes, teve que ser reestruturada, em correspondência a sua posição que mudara. Neste trabalho foram significativos também os impulsos de Rahner, por exemplo aqueles que, para a formulação da questão da teologia transcendental (→ Teologias, II) e a impostação correspondente, foram tematizados nos anos de 1950 e de 1960 para toda a reflexão teológica. A atenção às condições de possibilidade da parte do sujeito não permitia mais levar adiante as reflexões filosóficas habituais, a observação positiva e a consideração dos dados históricos da TF habitual, para não falarmos do fato de que o intercâmbio crescente com trabalhos de pesquisa teológica não católica obrigava a levar em conta sua tomada de posição, não irrelevante para a TF católica. Pensemos na concepção da revelação de → Barth, no programa de demitização de → Bultmann, na questão nova do Jesus histórico e em muitas conclusões da exegese mais recente, incluindo as concomitantes resoluções sobre a hermenêutica e as condições para um trabalho responsável com a Sagrada Escritura.

Além disto, Rahner retomou diretamente temas que na TF tinham sido tratados de modo tradicional; por exemplo, "Sobre a inspiração da Escritura" (1958), "Episcopado e primado" (1961, junto com J. Ratzinger), "Revelação e tradição" (1965, sempre junto com J. Ratzinger) e outros. Deste modo estimulou a discussão e contribuiu para mudanças na exposição de determinadas questões. Esta influência dizia respeito normalmente a uma inserção mais determinante de temas individuais em seu respectivo contexto, de forma que se delineou uma superação do modelo de verdades individuais positivisticamente isolado e que as colocava em fila, sem relação entre si. Na verdade, já se tinha conhecimento do *nexus mysteriorum*, mas o trabalho nesta linha não tivera quase nenhum papel na TF, pois surgira por motivos históricos, antes de tudo como resposta apologética a diversas provocações mais ou menos casuais, provenientes de fora. Por isso, para alguns a TF tinha valor só como coletânea ocasional de perguntas e respostas, tais como, na Idade Moderna, foram levantadas e postas em discussão pela Reforma, pelo Iluminismo, pela crítica da religião etc. Continuava incerto se a TF em geral podia constituir uma disciplina específica articulada, embora esta opinião se impusesse e se motivasse cada vez mais com a mudança consciente do conceito de apologética para o de TF. Certamente, Rahner não favoreceu somente esta evolução. O curso fundamental sobre a fé e a exigência de uma teologia formal e fundamental influíram no âmbito da dogmática como possível questionamento da TF, da mesma forma que uma concretização geral de uma teologia transcendental, embora isto pudesse ser contrário à intenção expressa de Rahner.

Não era por acaso que a compreensão rahneriana da revelação se articulava numa análise do homem e de sua situação espaço-temporal, portanto, numa consideração particular da corporeidade-sensibilidade (chamada mundo) e da história como lugar de liberdade condicionada. Mas isto era entendido em primeira linha não do ponto de vista teológico-fundamental, mas antropológico, e partia de dados fundamentais da teologia da criação e da redenção. Tal visão do homem foi sentida por muitos como a última descoberta ou uma acentuação nova; repercutiu imediatamente nos esforços da TF, na medida em que desta maneira se exigia e se tomava consciência de uma nova concepção da possível relação entre Deus e o homem. O modelo determinante que se podia tirar da TF tradicional para esta relação resultava insuficiente e insustentável, em função de questões mais profundas. Isto foi confirmado pelo Concílio Vaticano II, com a constituição dogmática sobre a revelação divina → *Dei Verbum*, em cuja elaboração também Rahner colaborou diretamente. Mas também neste caso não se devem simplesmente eliminar diferenças existentes que, da parte de Rahner, se explicam antes de tudo com o fato de que, em seu pensamento, a revelação possui muitas vezes um valor posicional determinado por outros temas.

Justamente as reflexões e as tentativas cristológicas mostram que, para Rahner, não se trata de uma teologia da revelação no sentido habitual do termo. Com evidência cada vez maior, emerge como núcleo de seu trabalho teológico a dificuldade de nossa época em encontrar um acesso à verdade de Jesus Cristo e à fé, questão que de modo algum é entendida de maneira correta pela teologia da revelação. É o interesse prático-pastoral de Rahner que influi nesta perspectiva e que, ainda no fim da sua vida, o torna aberto e pronto para levar em conta propostas novas e métodos novos, ainda que, via de regra, não os siga incondicionalmente. É conhecida sua abertura para a orientação primária para a práxis, para as dimensões políticas da teologia ou para a perspectiva latino-americana sobre a libertação. Todavia, devido à discutibilidade eclesial e político-teológica de várias destas propostas, não lhe foram mais possíveis uma penetração e uma discussão objetivas, na medida desejável para uma plena avaliação das possibilidades positivas destes impulsos. Muitas vezes, diante de certas limitações, mostrava-se desejoso de avançar e, sobretudo, de manter aberto o campo para novas contribuições e de não permitir que se bloqueassem desde o início tentativas novas.

Poder-se-ia demonstrar que, a longo prazo, Rahner prestou à TF o serviço mais importante com seu esforço, não raro trabalhoso, de levar adiante ou abrir certos discursos, ou também de não permitir que fossem interrompidos. Com efeito, nesse trabalho manteve sempre uma atitude precisa: procurou sustentar com firmeza certas posições e, todavia, procurou lançar pontes, de tal modo que toda pessoa, que tenha responsabilidade pela TF, possa tirar daí um ensinamento decisivo e essencial.

Bibl. – K. Rahner, *Hörer des Wortes*, Friburgo 1973; Id., “Einige Bemerkungen über eine neue Aufgabe der Fundamentaltheologie”, em *Schriften zur Theologie* XII, 198-211; Id., “Eine Theologie, mit der wir leben können”, em *Schriften zur Theologie* XV, 104-116.

Para as demais obras de K. Rahner cf. R. Bleistein-E. Klinger (ed.), *Bibliographie Karl Rahner 1924-1969*, Friburgo i. Br. 1969; R. Bleistein (ed.), *Bibliographie Karl Rahner 1969-1974*, Friburgo i. Br. 1974; P. Imhof-H. Treziak, “Bibliographie Karl Rahner 1974-1979”, em *Wagnis Theologie*, H. Vorgrimler (ed.), Friburgo i. Br. 1979, 579-597; P. Imhof-E. Meuser (ed.), “Bibliographie Karl Rahner 1979-1984”, em *Glaube im Prozess*, E. Klinger-K. Wittstadt (ed.), Friburgo i. Br. 1984, 854-871.

KARL H. NEUFELD

RAZÃO / FÉ

1. OS DIVERSOS NÍVEIS DA RELAÇÃO – A relação entre razão e fé entra em jogo em vários níveis e, consequentemente, pode ser objeto de reflexão metódica de vários modos.

a. Razão e fé implicam-se reciprocamente de forma absolutamente imediata no ato de fé, razão pela qual até mesmo o mais livre dom de graça da revelação pode sempre ser assumido somente no horizonte de uma determinada compreensão humana. Este conhecimento, ulteriormente aprofundado pela hermenêutica do século XIX, conota profundamente, hoje em dia, todas as disciplinas da teologia. Influencia sobretudo a metodologia da teologia histórica, a qual só levando em conta os horizontes sempre diferentes em que a fé se foi articulando consegue transmitir, de modo conforme à compreensão hodierna, os testemunhos de fé anteriores (até as definições vinculantes do magistério). Com base nas últimas evoluções da hermenêutica (especialmente em M. Heidegger, R. Bultmann, H.-G. Gadamer, P. Ricoeur, J. Habermas), tem-se evidenciado cada vez mais uma função filosófica imanente à compreensão histórica: a compreensão de um horizonte cognitivo anterior acontece sempre com base numa pré-compreensão atual, também esta historicamente condicionada. No trabalho histórico, é necessário tematizar o mais acuradamente possível esta mesma pré-compreensão, para que ela não interfira de maneira irrefletida na interpretação. A interpretação dos testemunhos de fé ocorre, portanto, continuamente – como o encontro da palavra divina na imediata transmissão interpessoal – na disputa entre abordagens cognitivas diversas sobre o dado único e comum da revelação.

b. O acolhimento da revelação mediante a razão pode verificar-se também em nível de uma reflexão sobre que horizonte de compreensão é mais adequado para a Palavra de Deus. Assim é que a maior parte dos Padres da Igreja optaram pelo pensamento de Platão, ao passo que a escolástica, na esteira de Tomás de Aquino, optou pela filosofia aristotélica e R. Bultmann optou pela análise da existência do primeiro Heidegger, como sendo a categorialidade na qual se deve transpor conceptualmente, da maneira mais adequada, a palavra do anúncio. Também esta questão, resolvida historicamente de modo sempre diferente, concernente a uma categorialidade *válida* (não somente *vigente* de caso para caso) para a teologia, é objeto da compreensão hermenêutica que traz à luz o condicionamento histórico das declarações de que as pessoas não se davam conta nas respectivas épocas históricas. De qualquer forma, permanece ainda aberta a questão se, no interior da atual autocompreensão da hermenêutica, com sua subordinação à relatividade de princípio de cada verdade, ainda é conveniente prosseguir na busca da adequação maior de determinadas formas de pensamento para os enunciados teológicos; em outras palavras, se a atual forma de compreensão hermenêutica reflete suficientemente as condições de possibilidade de pretensões de verdade válidas e não somente vigentes (cf. o conceito de “Filosofia primeira”).

c. Além da forma e do modo como a razão transparece e emerge *na* fé, seja de maneira imediata (a) seja reflexa (b), a fé, em sua globalidade, pode ser ulteriormente considerada *diante da* razão, especialmente no sentido da questão relativa a uma possível justificação (responsabilidade) da fé em face da razão. Até pouco tempo atrás, a tematização da reflexão, entendida desta maneira, foi considerada como a tarefa principal da Teologia Fundamental e da apologética que a antecedera, e este é o único objeto das considerações também nos pontos 2 e 3 que seguem.

2. TRÊS QUESTÕES FUNDAMENTAIS CONCERNENTES A UMA JUSTIFICAÇÃO RACIONAL DA FÉ – Para a fé cristã, é central a afirmação de que, num determinado fato histórico, se verificou a autocomunicação definitiva de Deus ao homem. Uma justificação racional da fé encontra-se, portanto, diante de duas tarefas fundamentais, *a.* No âmbito da razão *filosófica*, é preciso verificar responsavelmente se tem plenamente *sentido* uma afirmação como a de uma revelação definitiva, *b.* Diante da razão *histórica*, devem ser demonstradas a possibilidade e a realidade de um *fato* que, não obstante a contingência de tudo o que é histórico, tem caráter de incondicionalidade. *c.* Todavia, é

preciso perguntar de modo ainda mais radical se, já por si mesma, a mera tentativa de uma justificação da fé diante da "razão" não seja inadmissível ou pelo menos absurda. Com efeito, se não quisermos referir-nos à simples verificação da concordância interna das afirmações de fé, mas sim ao passo a ser dado diante de uma razão secular (ainda) não comprometida cristãmente, neste caso a este passo parecem opor-se importantes afirmações da Sagrada Escritura, pela obscuridade em que ainda está imersa qualquer razão não conquistada e permeada pela fé. Afinal, pode a fé estar submetida a tal veredicto da razão secular, sem renunciar a si mesma? Estas três perguntas básicas têm ocupado a Teologia Fundamental, ou a apologética, desde que nasceu, embora claramente com intensidade diferente, de acordo com as diferentes situações históricas. Lancemos agora um breve olhar sobre esta evolução histórica.

3. A EVOLUÇÃO HISTÓRICA DAS QUESTÕES – a. *Novo Testamento* – Para motivar a proibição de qualquer justificação extrateológica da fé, sempre se tem feito referência à oposição salientada por Paulo entre a "sabedoria do mundo" e a "loucura da cruz" (cf. 1Cor 1–2). No entanto, é preciso pelo menos considerar que, segundo Paulo, também a cruz tem uma inteligibilidade (cf. 1Cor 1,18: *lógos toú stauroú*), entre outras coisas o fato de que a "inescusabilidade" dos ateus, afirmada por Paulo em Rm 1,20, pressupõe por princípio uma possibilidade de compreensão por parte deles. Finalmente, deve-se notar o quanto Paulo sublinha a necessidade de uma transmissão racional do discurso de fé, tendo em mira justamente os não iniciados (cf. 1Cor 14,14-19.23-25). A primeira tentativa exaustiva de uma justificação da fé cristã frente à razão temo-la na *dupla obra lucana*, cujo autor interpreta o evento salvífico realizado em Jesus Cristo como o fato histórico universal e decisivo.

Com razão considera-se que a exigência, feita pelos cidadãos romanos, já no tempo das primeiras perseguições dos cristãos, de estarem sempre prontos a prestar contas do fundamento (lógos) da esperança cristã (cf. 1Pd 3,15), é indicativa para qualquer apologética e Teologia Fundamental.

b. *Patrística* – Para o primeiro período dos apologetas, é *Justino* mártir quem satisfaz de modo exemplar à mencionada exigência. Se sua (primeira) "apologia" (por volta do ano 150) é dirigida aos imperadores romanos, isto não significa que submeta simplesmente sua obra a seu veredicto. Ele entende, antes, referir-se à comum corte de justiça do Logos divino, à qual também os destinatários estão sujeitos. A demonstração detalhada de que a palavra e a obra de Jesus Cristo foram preanunciadas pelos profetas e, portanto, autenticadas pelo Logos e conduzida de tal modo que permite a Justino demonstrar ao mesmo tempo tanto a concordância da revelação cristã com o melhor que a filosofia tem quanto a adulteração do verdadeiro Logos nos mitos dos deuses sobre os quais se fundamenta o culto romano ao Estado.

Diante da crítica radical do filósofo Celso, *Orígenes*, em sua grandiosa apologia *Contra Celsum* (terminada em 248), deve defender não somente o sentido da revelação cristã, mas também os fatos que determinam seu caráter extraordinário. Segundo Orígenes, a credibilidade dos milagres e da ressurreição de Jesus demonstra-se, em última análise, através da força do testemunho dos seguidores de Jesus, que estão prontos a responder por seu anúncio até a morte.

c. *Escolástica* – Uma característica da justificação patrística da fé diante da razão está no fato de que a filosofia não foi considerada como uma disciplina autônoma em relação à teologia. Para isto contribuiu o axioma difundido de que os antigos filósofos teriam bebido nos escritos do AT. Entre outras coisas, a filosofia antiga foi entendida, sobretudo na esteira de Platão, também como teologia. Portanto, foi óbvio para a teologia cristã considerar-se como substituto e, respectivamente, como consumação da filosofia.

Em contrapartida, já nos primórdios da escolástica, devido ao estudo relativamente independente das "artes liberales" (em particular nas escolas das catedrais que, desde o século XI, assumiram a condução da instrução), chegou-se a um reconhecimento da Filosofia como disciplina independente da Teologia, no que diz respeito ao método. De qualquer forma, este reconhecimento ocorreu de modos muito diferentes, entre os quais emergiram de maneira especial as impostações de Anselmo de Cantuária e Tomás de Aquino.

Também a ampla compenetração racional da fé em *Agostinho* já estava submetida ao princípio: *credo ut intelligam*. No esforço de descobrir a racionalidade imanente na fé, este Padre da Igreja, por exemplo, diante do ceticismo tardio-platônico, procurou apresentar a razão humana como imagem da Trindade, até no ato de duvidar de tudo (cf. especialmente *De civ. Dei* XI, 26). Ora, → *Anselmo de Cantuária*, diante das novas condições da ciência, continua esta linha da justificação da fé, com grande coerência metódica e sistemática. Em conformidade com seu programa de uma *fides quaerens intellectum*, a razão que pecou esconde a si mesma sua possibilidade e realidade inata. Tendo-se libertado mediante a fé, ela, com *rationes necessariae* e sem fazer referência aos dados da fé, está em condições de descobrir que está orientada para o Deus da revelação cristã. Formada à imagem da Trindade, só pode atingir seu fim aproximando-se de seu arquétipo (*Monologion*). Na tentativa, que é própria da razão humana, de transcender tudo, manifesta-se a existência daquele "quo nihil maius cogitari potest" (*Proslogion* 2-4; → Deus: provas da existência de Deus). A natureza da liberdade está em afirmar o bem por si mesmo ("rectitudo voluntatis servata propter seipsam": *De ver.; De lib. arb.*). Se a liberdade não atender a esta sua natureza, então Deus – como se deve também poder demonstrar com motivações racionais cogentes – pode completar seu plano da criação somente mediante a autoimolação supletiva de seu filho (*Cur Deus homo*).

Tomás de Aquino chega a uma impostação fundamentalmente distinta, em que a pergunta sobre a orientação íntima do homem para a revelação, segundo uma trama cognitivo-estrutural na qual a revelação aparece como sentido fundante para a existência humana, quase acaba caindo por completo. No debate com estudiosos mulçumanos e judeus que, no século XII, revelam ao Ocidente a obra de Aristóteles, Tomás acredita poder tirar da filosofia deste pagão o que a razão está naturalmente em condições de fazer, no tocante ao conhecimento de Deus. Mas, então, é preciso diferenciar rigorosamente de tal "teologia natural" a revelação "sobrenatural", cujos mistérios centrais, como a Trindade e a encarnação, superam por princípio a possibilidade de compreensão da razão humana. Justificar o sentido de tal revelação diante da razão pode, então, significar somente refutar os argumentos aduzidos contra. A realidade da origem divina da revelação sobrenatural só pode ser justificada diante da razão, mediante sinais externos, especialmente milagres e profecias – como o conteúdo de uma carta fechada resulta ser vinculante através do selo real impresso nela (cf. CG I 1-9; STh I, 1; III, 43,1).

d. *A Idade Moderna sob o signo do Iluminismo* – Já na impostação do Aquinatense era aplicada uma relação extrinsecística entre fé e razão, em que à revelação não é atribuída nenhuma relação com o horizonte das interrogações da razão e especialmente os → milagres aparecem interessantes somente em vista de seu *valor probante* externo e não por sua importância como sinais. A perspectiva de uma revelação imposta de fora à razão humana é notavelmente reforçada nas épocas subsequentes: por um lado, mediante a compreensão nominalista de um Deus voluntarista, que em sua *potentia absoluta* não está vinculado a nenhuma norma de razão; por outro lado, através da imagem externa da Igreja cristã nas guerras de religião e dos regimes absolutistas ocidentais, em que se considerava como positivamente revelado o que se apresentava como doutrina cristã vinculante, na base das composições vigentes entre Estado e Igreja.

O resultado foi que questões como as relativas à possibilidade de princípio de uma revelação vinculante para a razão autônoma, ou ao sentido e respectivamente à cognoscibilidade dos milagres, foram colocadas com incisividade diferente, de acordo com o âmbito político diferente. Primeiro com cautela, por parte dos pais do deísmo inglês (Herbert de Cherbury e John Toland) e, em seguida, com radical hostilidade em relação à Igreja, por parte dos autores da Revolução Francesa (Voltaire e os enciclopedistas) e, finalmente, com crescente precisão conceptual, em âmbito linguístico alemão, onde, pelo final do século XVIII, começaram a criar-se pressupostos relativamente válidos para um diálogo aberto entre teologia e filosofia (Lessing, Kant, Fichte). O desabamento da confiança na tradição da Igreja teve como consequência que, além do *sentido* da revelação, agora, com o surgimento da crítica histórica, também o *fato* da originária revelação cristã se tornasse cada vez mais objeto de interrogações, sobretudo com a *Leben-Jesu-Forschung*, que teve início com H.S. Reimarus.

e. *Novas impostações e contragolpes nos séculos XIX e XX* – A relação entre razão e fé foi discutida numa perspectiva nova em relação à da idade do Iluminismo, quando, com o início do século XIX, começou uma reflexão aprofundada sobre a → *história*, como lugar da existência humana e *medium* de todo encontro com Deus (romanticismo, idealismo alemão). Importantes abordagens novas da justificação racional da fé, como, por exemplo, na Escola de Tubinga (→ Drey, J.A. Moehler, J.E. v. Kuhn) e no círculo criado em torno de A. Gunther e J.N. Ehrlich, além de J.H. Newman e, por último, pelo final do século XIX, na filosofia de M. Blondel (→ Imanência: método), inicialmente não conseguiram impor-se diante da neoescolástica imperante em defesa do magistério da Igreja. Somente em meados do século XX, sobretudo em razão do relançamento do pensamento teológico depois do Concílio Vaticano II, importantes linhas destas novas abordagens foram valorizadas e recebidas em âmbito católico, pela primeira vez, juntamente com a intensa disputa que ocorrera e continua a ocorrer dentro das igrejas protestantes, sobre a relação entre razão e fé (Schleiermacher, teologia liberal, teologia dialética, G. Ebeling, W. Pannenberg).

4. O ESTADO ATUAL DA QUESTÃO – Na discussão de hoje sobre a relação entre razão e fé, é geralmente reconhecida a necessidade de uma mediação antropológica da revelação. → Rahner, influenciado por Blondel, através de Rousselot e J. Maréchal, tinha tratado esta questão em *Ouvintes da palavra* (Hörer des Wortes), antes de tudo numa metafísica do conhecimento que devia levar a uma conciliação entre Tomás de Aquino e Kant. Sob a influência da hermenêutica, da filosofia da linguagem (em particular, partindo do último Wittgenstein) e da teoria crítico-social do discurso (J. Habermas), a pesquisa sobre as estruturas cognitivas de uma razão entendida, a partir do sujeito individual, como universal-supratemporal, foi sendo cada vez mais substituída nos últimos anos por uma concentração sobre a constituição transcendental da razão, em seu nexo histórico-intersubjetivo entre língua e comunicação. A questão da apologética e da Teologia Fundamental concernente a uma justificação da fé *diante* da razão apresenta-se, desta ótica, relativamente abstrata e secundária com respeito à reflexão sobre a razão, sobre a maneira como esta, em razão do ineludível "pré-dado" da língua que diz respeito a todas as formas da existência humana, consegue sempre manifestar-se também na fé e na teologia.

A análise deste *a priori* pode, além disso, dirigir-se (seguindo o fio condutor da hermenêutica e filosofia da linguagem) em primeiro lugar às estruturas linguísticas comuns do discurso teológico ("teologia narrativa", "teologia como autobiografia", a metáfora como figura ineludível das afirmações teológicas). Por outro lado, na tradição da crítica profética recomenda-se além disso (no fio condutor da teoria crítica do discurso) perguntar-se sobre o *a priori* linguístico da teologia e de suas instituições no sentido de como, em tais "pré-dados", se manifestam e, respectivamente, se escondem as estruturas de poder, vigentes em cada caso ("teologia política", "teologia da libertação", "teologia feminista").

Mas esta tematização crítica em relação ao poder da mediabilidade antropológica da revelação, reconhecida como urgente na discussão hodierna, está, ela mesma, submetida ao questionamento sobre como se podem encontrar critérios válidos para sua operação crítica. Este questionamento é complicado pelo fato de que, no horizonte da hermenêutica e da filosofia da linguagem, se apresenta como inútil a busca de critérios geralmente *válidos* (não só historicamente *vigentes*). Se a crítica linguística não quiser mover-se num círculo *vicioso* (não somente *hermenêutico*), coloca-se então o problema de uma "filosofia primeira" que chegue a critérios definitivos como orientação para a compreensão hermenêutica. Com efeito, existem abordagens notáveis (cf. H. Peukert, P. Hofmann) mas, em meu entender, ainda não existe nenhuma concepção sistemática convincente.

Na esboçada tematização hodierna da relação entre razão e fé, trata-se essencialmente do → *sentido* da religião e da revelação. Pergunta-se, partindo o mais das vezes da forma concreta de fé, sobre as estruturas "seculares" que aí estão implicadas (ou, então, também sobre a contribuição dada pela revelação cristã ao pensamento "pós-cristão") e não se pressupõe uma relação não dialética entre fé e "razão natural".

Hoje parece estar estagnada a questão sobre a justificação diante da razão *histórica* da afirmação de um *fato* histórico definitivo. A abordagem extrínseca desta tarefa, mediante "argumentos externos da revelação" (cf. DS 3008), é com razão rejeitada como inadequada, com base no conceito de revelação entendido na nova maneira expressa pelo primeiro capítulo da → *Dei Verbum*. A Teologia Fundamental, na esteira da "nova investigação sobre o Jesus histórico", retomada depois de Bultmann, acredita hoje em dia poder fornecer a justificação exigida pela razão histórica. Ao fazer isto, porém, é quase totalmente negligenciado o antigo dilema, colocado em evidência por Lessing, Kierkegaard e pela teologia dialética, segundo os quais os resultados meramente prováveis de uma pesquisa histórico-objetivante não fornecem nenhuma base adequada para dar conta de um compromisso incondicionado. Alguns caminhos para um tratamento metódico mais adequado da questão concernente ao *factum christianum* vão-se, no momento, delineando só em grandes linhas (cf. P. Stuhlmacher, H. Verweyen).

Bibl. – W. Geerlings, "Apologetik und Fundamentaltheologie in der Väterzeit", em HFTh IV, 317-333; G. Larcher, "Modelle fundamentaltheologischer Problematik im Mittelalter", em HFTh IV, 334-346; J. Reikerstorfer, "Fundamentaltheologische Modelle der Neuzeit", em HFTh IV, 347-372; M. Seckler, Theologie als Glaubenswissenschaft", em HFTh IV, 180-241; W. Kasper, "Die Wissenschaftspraxis der Theologie", em HFTh IV, 242-277; M. Seckler-M. Kessler, "Die Kritik der Offenbarung", em HFTh II, 29-59; H. Peukert, *Wissenschaflstheorie – Handlungstheorie –Fundamentale Theologie*, Frankfurt 1978²; J.B. Metz, *A fé em história e sociedade*, São Paulo 1986; F. Schüssler Fiorenza, *Foundational Theology.* Jesus and the Church, Nova York 1984; H.J. Verweyen, *Christologische Brennpunkte*, Essen 1985²; Id., "Fundamentaltheologie: zum 'status quaestionis'", em ThPh 61 (1986) 321-335; P. Stuhlmacher, *Vom Verstehen des Neuen Testaments: eine Hermeneutik*, Göttingen 1986²; W. Pannenberg, *Wissenschaftstheorie und Theologie*, Frankfurt a.M. 1987; E. Coreth (ed.), *Christliche Philosophie im katholischen Denken des 19. und 20. Jahrhunderts*, vol. I-III, Graz 1987-1989; P. Hofmann, *Glaubensbegründung. Die Transzendentalphilosophie der Kommunikationsgemeinschaft in fundamentaltheologischer Sicht*, Frankfut a.M. 1988.

HANSJÜRGEN VERWEYEN

REALISMO CRISTÃO

1. NOÇÃO – O termo *realismo* (do latim *res* = coisa) tem numerosos significados. Na linguagem comum, não filosófica, designa uma *forma mentis*, que leva em conta, antes de tudo, o que as coisas são "realmente" e não simplesmente o que poderiam ou deveriam ser, sem entregar-se a sonhos ou a jogos de imagens ou de ideias. Ser realista significa ter os pés no chão e as mãos às voltas com a dureza das coisas. Fala-se de realismo também na literatura, na arte, na língua num sentido bem próximo ao anterior que, todavia, aqui não interessa: descrever as coisas como são, chamá-las por seu nome. Muito mais importante é o uso filosófico da palavra. E aqui se deve distinguir entre sentido fundamental e significados mais específicos. Realismo, no sentido fundamental, aplica-se a toda doutrina que admita um em-si das coisas (das pessoas e das coisas), sem reduzi-las a representações, construções do espírito, a ideias. O realismo opõe-se, assim, de modo radical ao idealismo (no sentido filosófico do termo). E, já que existem diversas formas de idealismo, uma mesma doutrina pode ser denominada realismo sob um aspecto e idealismo sob outro. Com efeito, o pensamento em que se diz que as coisas subsistem como "representações" pode ser: *a.* O pensamento do filósofo: "solipsismo" (coisas e pessoas existem só em mim e para mim), nunca professado com seriedade, *b.* O pensamento da sociedade, da humanidade de todos os seres pensantes, *c.* Um pensamento impessoal, *d.* O pensamento divino.

Por oposição, a afirmação da realidade em si de pessoas distintas bem pode ser chamada de realismo e ser ao mesmo tempo acompanhada por uma negação idealista quanto à realidade do ser sensível. Daí uma especificação da palavra realismo para designar uma doutrina que afirma esta realidade. Os marxistas, em especial Lenin, identificam falsamente o realismo assim entendido com o materialismo, vendo neste a única alternativa possível para o idealismo. Deve-se de resto notar que nos debates entre realismo e idealismo é preciso distinguir entre ponto de vista ontológico e crítico. Uma coisa é dizer: "O outro só existe em meu pensamento", o que exige a intervenção imediata de um psiquiatra, a outra é dizer: "Não posso demonstrar a rigor a existência em si do outro", da qual, porém, estou convencido.

Um outro sentido restrito da palavra realismo, historicamente anterior, refere-se a um problema debatido na Idade Média: o dos "universais", vale dizer, das palavras com significado universal, como, por exemplo, "homem", que não designa um homem em particular. Que é que constitui esta universalidade e garante que a palavra conserve o mesmo significado, aplicada a indivíduos diversos? A Idade Média oferece toda uma gama de respostas que vão desde o realismo em sentido forte, de inspiração própria, até o nominalismo, que nega qualquer valor de realidade à ideia geral e reconhece só os indivíduos. A doutrina de Santo Tomás e dos grandes escolásticos, que fundamenta o valor da ideia geral na abstração da essência comum, tornada possível pela composição de matéria e forma, é às vezes chamada de realismo moderado.

2. INTERESSE – O realismo, no sentido que chamamos de fundamental (na medida em que se opõe ao idealismo), é sem dúvida uma exigência da fé cristã. Esta perde todo significa do se Deus não passar de uma ideia ou de um ideal que só existe na consciência e nas aspirações do homem ou nas exigências do pensamento em geral, se não existir antes de tudo em si, independentemente do que pensarmos e crermos e de tudo o que não é ele. De maneira análoga, Jesus, Maria, e os apóstolos são para a fé cristã seres reais, que viveram realmente num mundo real, que agiram e sofreram realmente: portanto, personagens históricos, pelo menos neste sentido. Mas a existência das pessoas é inseparável da existência das coisas em meio às quais elas vivem e agem: também as coisas não podem ser reduzidas a simples "representações". Cristo foi realmente crucificado numa cruz que não existia simplesmente como "objeto do pensamento". Em particular, a doutrina sacramental supõe que os sinais, para terem valor, devem ter, eles mesmos, uma certa realidade. A presença "real" de Cristo na Eucaristia implica que as espécies que o tornam presente existem diversamente do pensamento e da fé. (Aqui, vê-se como a palavra realismo é suscептível de nuanças: afirma-se também que Cristo está "realmente" com aqueles que estão reunidos em seu nome, mas o advérbio, neste caso, significa simplesmente que tal presença não é ilusória e puramente subjetiva: Cristo está presente "com seu Espírito". A presença eucarística significa uma coisa diferente).

É fora de dúvida que o Evangelho – e toda a Escritura – se move numa atmosfera de realismo: o do senso comum, do "mundo da vida" (*Lebenswelt*). É verdade que daqui pode nascer uma possível objeção. A Bíblia – dir-se-á – fala a linguagem comum de todos, mas deixa a nós o trabalho de interpretá-la. Ela atribui às coisas – à cruz de Cristo, à água, ao pão e ao vinho etc. – o mesmo grau de realidade que atribuímos ordinariamente àquilo que nos circunda e de que nos servimos. A madeira da cruz era real como são nossos móveis; o corpo de Cristo era real como o nosso. Mas isto deixa totalmente sem resposta a pergunta: "Qual é o estado ontológico desta realidade?" A Bíblia não diz nada sobre as estruturas físicas e metafísicas do ser material e a fé não impõe nenhuma afirmação a propósito disto. Mas isto não significa que ela possa aceitá-las todas. Não pode aceitar o idealismo, na medida em que este nega a realidade em-si das coisas (de resto, o idealismo contradiz o movimento espontâneo e fundamental do pensamento, que é a afirmação do ser e de si no ser, o que nos é dado nos outros seres realmente existentes). Aliás, não se deve concluir que no idealismo também não existam verdades. Não há nada que obrigue a amarrar-se a uma forma de realismo que negue qualquer participação do sujeito pensante na elaboração e na apresentação do objeto. Pode-se bem dizer que a percepção e o próprio conhecimento já constituem uma interpretação. Mas também isto supõe que existam coisas a serem interpretadas.

Num outro sentido, mais próximo ao sentido corrente, o cristianismo pode chamar-se realismo, pelo fato de não ser, nem simplesmente nem antes de tudo, uma construção intelectual, um sistema de ideias, mas sim uma relação viva entre pessoas reais, que se desenvolve não como um discurso, mantido por relações lógicas, mas como uma história ou, se quisermos, um discurso em que as palavras são acontecimentos contingentes, atos livres (L. Laberthonnière, *Le réalisme chrétien et l'idéalisme grec*, Paris 1905).

Quanto ao realismo como resposta à questão dos "universais", é claro que uma doutrina que afirmasse a realidade da natureza humana universal, a ponto de ver nos indivíduos e, portanto, nas pessoas, somente um acidente desta ou, no máximo, uma realidade menor, não subsistente em si, seria incompatível com a fé cristã, que supõe a existência de pessoas dotadas de responsabilidade própria e abertas a destinos individuais. Inversamente, negar toda comunhão real entre os indivíduos de uma mesma espécie – cuja unidade seria, então, puramente nominal ou no máximo ideal – não deixaria subsistir entre Cristo e nós senão uma solidariedade totalmente extrínseca. Por isso, não nos surpreenderá ver alguns Padres da Igreja professarem a este respeito uma espécie de realismo certamente menos rígido, que o de Platão, porém mais avançado, ao que parece, do que aquele que prevalecerá com os escolásticos. Assim, levando em conta este realismo, conseguimos interpretar corretamente certas fórmulas trinitárias da Antiguidade que, à primeira vista, não parecem ir além de uma unidade específica.

JOSEPH DE FINANCE

"REDEMPTOR HOMINIS"

Exatamente como a → *Ecclesiam Suam* foi a encíclica programática de Paulo VI, da mesma forma a *Redemptor Hominis* é o texto programático de João Paulo II. Mas, enquanto a *Ecclesiam Suam*, publicada em pleno Concílio Vaticano II, está centrada na Igreja, a RH, publicada em 1979, está centrada em Cristo, e não sem razão; efetivamente, o contexto histórico já havia mudado profundamente depois de quinze anos. Os problemas mais difíceis que a Igreja e a teologia tinham que enfrentar eram os da cristologia. Pouco depois, e na esteira da RH, a Comissão teológica internacional dedicou as três sessões de 1981, 1983 e 1985 aos problemas de cristologia. Com efeito, os homens de hoje colocam-se o problema supremo: Cristo é verdadeiramente Deus-entre-nós, na carne e na linguagem de Jesus? É verdadeiramente aquele que, somente Ele, pode dar um sentido a nossa vida e uma resposta a nossos apelos (solidão, alteridade, sofrimento, mal, morte)? Pode Ele iluminar as profundezas que habitam em nós e decifrar este enigma que somos para nós mesmos? É Ele verdadeiramente, e no sentido rigoroso do termo, "salvador do homem" e "salvação" em pessoa? A encíclica RH vem ao encontro destas interrogações do homem.

Desde as primeiras palavras, a encíclica propõe Cristo como "centro do cosmo e da história (1), como redentor do homem e do mundo (7)". Ela é como que a carta-magna da dignidade do *homem novo*, criado pelo sangue de Cristo.

Com a *encarnação*, "Deus entrou na história da humanidade e, como homem, tornou-se seu 'sujeito', um dos bilhões e, ao mesmo tempo, Único! Através da encarnação, Deus deu à vida humana aquela dimensão que pretendia dar ao homem, desde seu primeiro início, e a deu de forma definitiva" (1). Com a *redenção*, o vínculo de amizade com Deus, rompido pelo homem-Adão, foi reconstituído no Homem-Cristo (8). O homem do progresso necessita, mais do que qualquer outro, ser *salvo*. "O mundo da nova época, o mundo dos voos cósmicos, o mundo das conquistas científicas e técnicas, nunca antes atingidas", é ao mesmo tempo um mundo que geme e que espera, também ele, pela libertação (8). O redentor do mundo é aquele que entrou de maneira única e singular "no mistério do homem e entrou em seu 'coração'" (8). João Paulo II cita, então, a *Gaudium et Spes*: "Na realidade, somente no mistério do Verbo encarnado encontra verdadeira luz o mistério do homem" (22). Somente Cristo, sobretudo com a morte na cruz, revela ao homem o infinito amor do Pai por Ele (9). "O homem que quer entender a si mesmo até o fundo, deve, com sua inquietação e incerteza e também com sua fraqueza e pecaminosidade, com sua vida e morte, aproximar-se de Cristo. Deve, por assim dizer, entrar nele com todo o seu ser, deve 'apropriar-se' de e assimilar toda a realidade da encarnação e da redenção, para reencontrar a si mesmo" (10). Esta consciência do valor e da dignidade do homem "chama-se também cristianismo" (10). E a Igreja, que não cessa de meditar o mistério de Cristo, "sabe com toda a certeza da fé que a redenção, acontecida por meio da cruz, restitui definitivamente ao homem a dignidade e *o sentido de sua existência* no mundo" (10). Aproximando-nos do mistério da redenção, atingimos a parte mais profunda do homem, isto é, seu coração, sua consciência, sua vida.

A terceira parte da encíclica não diz respeito somente ao homem e à condição humana em geral e sim, mais especificamente, ao homem contemporâneo. Para João Paulo II, com efeito, não há dúvida de que Cristo seja o caminho da humanidade do fim do segundo milênio, pois "somente nele, Filho de Deus, existe salvação" (7).

O único objetivo da Igreja, hoje, é que "cada homem possa reencontrar a Cristo, para que Cristo possa, com cada um, percorrer o caminho da vida, com a potência daquela verdade sobre o homem e sobre o mundo, contida no mistério da encarnação e da redenção, com a potência daquele amor que dela irradia" (13). A solicitude da Igreja é conduzir o homem a Cristo. Por isto, por um lado, a encíclica pode afirmar que Cristo "é a via principal da Igreja... e é também a via (que conduz) a cada homem" (13) e, por outro lado, que o homem "*é a primeira via fundamental da Igreja*, via traçada por Cristo mesmo, via que imutavelmente passa através do mistério da encarnação e da redenção" (14). Com efeito, o Filho do Pai é, com a encarnação e a redenção, a única *via* do homem e da Igreja para o Pai, assim como o homem é a *via* pela qual passa necessariamente a missão da Igreja de congregar e salvar todos os homens (14).

O homem contemporâneo tem necessidade de Cristo e do Evangelho; efetivamente, apesar dos progressos técnicos, não é evidente que ele se tenha tornado mais homem. Ele vive no medo: teme que os frutos da técnica se tornem os instrumentos de sua destruição. O progresso, pergunta a encíclica, tornou o homem mais "humano", espiritualmente mais maduro, mais responsável? As conquistas do homem acompanham com passo igual seu progresso espiritual e moral? A humanidade progride no egoísmo ou no amor? O conceito de progresso é muito ambíguo. A Igreja coloca-se esta pergunta para ser fiel ao Evangelho, pois sua missão é ocupar-se com o homem (15-16).

A julgar pelo que aparece, o mundo do progresso técnico parece estar ainda bem longe das exigências de ordem moral da justiça, do amor, da "prioridade da ética sobre a técnica, do primado da pessoa sobre as coisas, da superioridade do espírito sobre a matéria". Pois o essencial é "ser mais", e não "ter mais". Será que o mundo contemporâneo não se parece com uma gigantesca ilustração da parábola do pobre Lázaro e do rico que festeja: contraste escandaloso das sociedades opulentas diante das sociedades esfomeadas? A categoria do "progresso econômico" não se deve tornar o único critério do "progresso humano". Impõe-se uma mudança de situação, mas esta só é possível à base da responsabilidade moral do homem, do respeito "à dignidade e à liberdade" de cada um (16). A Declaração dos Direitos do Homem não deve permanecer "letra", mas chegar à realização no "espírito" (17).

RENÉ LATOURELLE

REENCARNAÇÃO

1. FORMAS DIVERSAS DE UMA CRENÇA – A reencarnação é a crença segundo a qual a alma, ou o elemento psíquico do homem, assume um corpo diferente através de existências sucessivas, encontrando-se assim "reencarnada". O conceito, embora distinto do de metensomatose ou transmigração e de metempsicose, lhes é afim. A reencarnação é uma crença comum a algumas tradições orientais como o → hinduísmo e o → budismo e, na tradição grega, ao orfismo, a Pitágoras e a Platão. As sociedades teosóficas, os círculos espíritas e ocultistas desenvolveram um modelo ocidental da reencarnação no início do século XX; este modelo está hoje muito difundido. Mas é preciso distinguir as formas diversas da crença e indicar-lhes o sentido. Veremos que, enquanto os modelos orientais e gregos são aparentados entre si, a orientação do modelo ocidental é sensivelmente distinta.

No hinduísmo, onde a crença da reencarnação remonta às Upanishad, as reencarnações sucessivas são regidas pela lei do *karma*, acumulação de méritos e deméritos através de encarnações anteriores. As reencarnações só cessarão uma vez quebrada a cadeia dos efeitos e das causas. A alma deve livrar-se do *samsāra*, descobrindo finalmente a verdade, isto é, libertando-se do *māyā*, ilusão que faz crer na realidade do mundo. Haverá então a iluminação, a beatitude, o *samādhi*.

A experiência de Gautama Sakyamuni, que se tornou Buda (o iluminado), encontra-se concentrada nas "Quatro nobres verdades". O homem deve libertar-se da dor. Para fazer isto, deve suprimir a sede ou o desejo ligado ao prazer que, inexoravelmente, habita o mecanismo das reencarnações. Com efeito, a sede, que deriva sobretudo da ignorância, gera cobiça, ódio e erro, as "três raízes do mal", das quais nascem os atos e os frutos maus. A libertação, mediante a extinção da sede, é um longo processo de maturação que muitas vezes ultrapassa a duração de uma existência humana. Esta desemboca no *nirvāna*, isento de toda dor e de toda transmigração.

Segundo os órficos, a alma, apenas saída de um corpo, encarna-se num outro; o corpo (*sôma*) é considerado como uma prisão (*sêma*). O ciclo das reencarnações é sem fim para os não iniciados; a salvação do homem consiste na cessação destas existências sucessivas. Também para Pitágoras o homem deve reencarnar-se para chegar eventualmente à completa purificação de seu ser. No que concerne a Platão, ele prevê que algumas almas devem até reencarnar-se em animais, para adquirir a pureza necessária ao ingresso no lugar dos deuses. A reencarnação é um lento processo de purificação do corpo e da matéria, em vista da progressiva ascensão para o divino.

O modelo ocidental da reencarnação é uma reconstrução do modelo hindu sincretista e composto também de tradições esotéricas e ocultistas. A reencarnação é meio de autorrealização e de lento voltar a subir para o Espírito divino. Os renascimentos correspondem à escala dos méritos; restabelecem assim a justiça e seguem um processo de ascensão constante.

Em comparação com o modelo hindu, budista ou grego, o modelo teosófico ocidental da reencarnação revela uma concepção mais otimista do homem. Com efeito, a reencarnação não é entendida como uma nova prisão dolorosa da alma, círculo infernal do qual o homem deve libertar-se, mas como uma nova possibilidade. A concepção do corpo-prisão opõe-se o conceito de uma evolução e um desenvolvimento sem retrocesso, já que a reencarnação acontece sempre num corpo humano.

Isto não exclui que os diversos modelos tenham um substrato doutrinal comum. A filosofia hindu ou budista do *karma*, do *samsāra* e da *moksha* (libertação) servem-lhes de apoio. Os seres devem renascer indefinidamente, até encontrar sua libertação. Segundo a antropologia subjacente a esta concepção, o homem é essencialmente um *espírito* (princípio divino imortal), que possui uma alma (para ligar o espírito ao corpo) e um corpo (feito de matéria perecível). É um anel da corrente cósmica de que ele deve sair para reintegrar seu estado primitivo e sua verdadeira natureza. A isto acrescenta-se uma concepção cíclica da história, oposta ao conceito linear, veiculado pelo cristianismo. A crença na reencarnação, portanto, faz parte de uma concepção global do homem, do mundo e da história.

2. REENCARNAÇÃO OU RESSURREIÇÃO – Falamos acima justamente de "crença". Pois a reencarnação não está sujeita a provas científicas, como não o está a fé cristã na ressurreição dos corpos. É preciso insistir nisto, em razão das pretensões muitas vezes apresentadas pelo Ocidente de fornecer provas científicas ou experimentais para a reencarnação. Tais provas pretendem fundar-se, por um lado, numa memória psíquica ou em vestígios físicos de vidas anteriores; e, por outro lado, na comunicação experimental com espíritos "desencarnados" à espera de reencarnação. Não podemos negar a existência das "recordações" que a experiência do sujeito parece não explicar em sua existência atual. Todavia, a hipótese de uma vida anterior, formulada para explicar tais recordações, é apenas uma hipótese entre as outras. A atribuição de particularidades fisiológicas de nascimento a uma vida anterior é ainda mais duvidosa. Existem explicações mais plausíveis para tais fenômenos. De resto, se existem fatos ainda inexplicáveis no estado atual da ciência, a hipótese da reencarnação como explicação, embora possa ser legítima, não pode definir-se cientificamente provada. Ela é objeto de crença, de uma adesão, que é opção pessoal, como o é a fé na ressurreição dos corpos na perspectiva cristã. Devemos também medir bem as diversidades que separam a reencarnação da ressurreição dos corpos, assim como as perspectivas globais em que se inserem. A lei cósmica da reencarnação a fé cristã opõe, na realidade, a promessa da ressurreição que Deus faz ao homem.

Segundo a fé cristã, o corpo não é um elemento negativo do ser humano, do qual este deva libertar-se; o corpo faz parte integrante da humanidade do homem. Por isso, não se pode negligenciá-lo para assumir um outro numa nova existência! A vida humana é uma só; é decisiva para toda pessoa humana, composta de espírito, alma e corpo. O cristianismo coloca, assim, em evidência a dignidade, querida por Deus, da pessoa e da vida humana, como também o peso de sua liberdade.

Mas este Deus que quer e conhece pessoalmente todos os homens é um Deus de amor que os ressuscitará, como ressuscitou seu Filho. Com efeito, na paixão-ressurreição de Jesus Cristo a morte foi definitivamente vencida; o homem está liberto dela e isto esvazia a reencarnação. Com sua paixão, Jesus tomou sobre si mesmo o *karma* da humanidade inteira e a libertou dele. Sem dúvida, o homem que deve aproximar-se de Deus com uma vida de fidelidade permanece sujeito à morte. Mas a morte – uma só – está chamada a desembocar numa nova forma de vida que inclui, também para o corpo, uma nova existência. A ressurreição no fim dos tempos levará a sua consumação última o projeto de salvação, realizado por Deus para a humanidade inteira através da história. Na ressurreição dos mortos Deus realizará para todos os homens o que na manhã de Páscoa realizou em seu Filho Jesus. Tornará os eleitos conformes, também nos seus corpos, à vida sem fim de Cristo ressuscitado.

São, portanto, inconciliáveis a crença na reencarnação e fé cristã na ressurreição. Estão em jogo concepções diferentes de Deus e do homem, da história e do mundo. É preciso optar por uma das duas; tal opção é matéria de fé.

Bibl. – A. Des Georges, *La réincarnation des âmes selon les traditions orientales et occidentales*, Paris 1966; C.A. Keller, *La réincarnation: théories, raisonnements et appréciations*, Berne 1986; L.V. Thomas (ed.), *Réincarnation, immortalité, résurrection*, Bruxelles 1988; J. Vernette, *Réincarnation, résurrection, communiquer avec l'audelà*, Mulhouse 1988; Id., "La réincarnation. Une croyance ancienne, répandue et séduisante", em *EsVie* 98 (1988) 655-662; 677-683; 694-700.

JACQUES DUPUIS

REGULA FIDEI

Escritores cristãos do fim do século II afirmam com certa regularidade que suas igrejas possuem um "cânon de verdade" preciso, isto é, uma estrutura e um conteúdo de doutrina eclesial bem determinados, ou, mais simplesmente, uma norma de fé (*regula fidei*). Em alguns destes contextos, encontramos compêndios sintéticos das doutrinas fundamentais, expressas em termos variáveis, mas com o mesmo esquema de base. Estes sumários demonstram que a citada norma estruturava o que era transmitido aos catecúmenos pelos instrutores da Igreja, sob a supervisão do bispo local. A regra servia às igrejas como instrumento em seus contatos com o mundo externo, para se poder reconhecer como ortodoxos outros fiéis e comunidades. A regra foi considerada como o compêndio verdadeiro e próprio do significado da Escritura e tinha a função de servir como regra mestra da Igreja na interpretação da miríade de textos dos livros bíblicos em referência à única economia divina da salvação.

Irineu de Lião afirma que, embora as igrejas espalhadas pelo mundo estejam longe uma da outra, e embora seus membros falem línguas diferentes, não obstante isto, professam e conservam a mesma fé. Cada igreja possui a regra recebida dos apóstolos de Cristo e de seus sucessores, que é a de crer em Deus, Pai onipotente, criador de tudo o que existe; em Jesus Cristo, o Filho, que se encarnou para a nossa salvação; e no Espírito Santo, que através dos profetas falou do nascimento, paixão, ressurreição e ascensão de Cristo, da ressurreição futura e da manifestação de Cristo, que virá na glória como juiz justo do universo inteiro (*Adv. Haer.* I, 10,1-2; cf. I, 9,4; III, 4,2; IV, 33,7; *Demonstratio* 3).

Na África do Norte, também Tertuliano nos oferece compêndios similares da regra de fé e fala dela como de uma posse reconhecível e muito preciosa nas igrejas (*Depraescriptione* 13 e 36; *De virginibus velandis* 1; *Adversus Praxeam* 2,1-2).

No Oriente, Clemente de Alexandria fala da "norma eclesiástica", da doutrina dada pelos apóstolos, que consiste na "compreensão e na prática da divina tradição" (*Stromata* VI, 24,4-5). Ela une a lei e os profetas na harmoniosa unidade com a nova aliança em Cristo (VI, 125,2-3). O próprio Senhor é a origem e o fundamento desta doutrina veraz (VII, 95,3-8), cujo objeto é Deus (VII, 91,3), mas ela é reconhecida e acolhida como tal por estar em conformidade fiel com o cânon eclesiástico (VII, 90,2). Os comentários de Orígenes contêm referências esporádicas à norma reguladora eclesial de fé e – coisa altamente significativa – o seu Prefácio ao *De Principiis* apresenta a norma de fé na forma de uma síntese de doutrina cristã essencial, derivada dos apóstolos e transmitida em termos claros a todos os cristãos.

A especulação cristã, iniciada por Orígenes, no *De Principiis*, vai desenvolver-se e será controlada com base em sua fidelidade ao cânon universal das verdades transmitidas pelos apóstolos e conservadas pela Igreja, concernentes a Deus criador, a Cristo, ao Espírito Santo e às Escrituras, à alma humana.

A regra de fé do século II não era um credo ou uma profissão, fixada com uma formulação verbal, embora naquele período se desenvolvessem profissões de fé similares e mais breves, em conformidade com a regra (→ Símbolo da fé).

Todavia, a regra estava associada ao batismo, como sendo o momento em que o fiel passava a estar submetido a seu poder e a sua guia. Ela era essencialmente trinitária na sua estrutura, estabelecendo, assim, a profunda unidade entre a criação através do Pai onipotente e a economia da redenção, da santificação e da revelação, operada pelo Filho e pelo Espírito Santo.

A regra era susceptível de adaptação, por parte dos mestres ortodoxos, especialmente quando estes eram obrigados a colocar ênfase sobre alguns aspectos da fé transmitida, mas contestados pelos hereges. A regra levou a fórmulas que enfatizavam, contra Marcião, a unidade entre os dois testamentos e a fórmulas que sublinhavam, contra os gnósticos, a verdadeira vinda do Filho de Deus na carne da nossa humanidade.

A regra é a forma e o conteúdo de verdade, transmitida pela doutrina autêntica e que a fé abraça. A fé apropria-se da verdade de Deus e, em seguida, a fé, entendida como relação viva com Ele, é a norma que regula o autêntico discurso cristão. Mediante a fé, assumida como regra, podem ser reconhecidas como autênticas as fórmulas doutrinais, com base em sua homogeneidade com o corpo doutrinal transmitido e concernente a Deus e a sua obra. Além disso, a regra formulada prepara os contornos de uma fé pessoal plenamente formada.

Nos debates, a regra de fé era usada para desmascarar as falsas doutrinas, demonstrando sua discordância em relação às partes individuais e à unidade harmônica de todo o corpo normativo da doutrina eclesial.

Desta maneira, escritos como os evangelhos gnósticos, que pretendiam ter origem do contato com o Cristo ressuscitado, podiam ser excluídos do uso cristão, demonstrando efetivamente seu desvio do *corpus* de fé transmitido (→ Cânon). De qualquer forma, a regra não era aplicada aos livros proféticos e apostólicos autênticos como uma regra eclesiástica externa a eles; era, sim, o sentido das próprias Escrituras, tal como as igrejas tinham chegado a formulá-lo, nos elementos-chave de sua doutrina comum.

Para a Teologia Fundamental, a antiga regra de fé atesta a inclusiva unidade da revelação de Deus, concernente a si mesmo e a sua obra salvífica. A norma, portanto, é um reflexo da única benéfica intenção que está no fundamento de todas as manifestações históricas do Senhor de Israel e de Deus e Pai de Jesus Cristo. A regra demonstra que, desde o início, o espírito da Igreja pós-apostólica não se precipitava em recorrer a uma série de fragmentos esparsos de fé, mas confiava num único "modelo de ensinamento" (Rm 6,17).

Tal visão orgânica e unitária centrava-se nas palavras e nos gestos históricos de Jesus, de modo especial em sua cruz e ressurreição; mas englobava também o abundante depósito de relatos, instruções, profecias e formas de oração, presentes nas Escrituras herdadas de Israel. Era uma norma de fé reconhecer estas últimas como intimamente ligadas ao testemunho evangélico sobre Jesus e à vida nova dada em seu Espírito. A regra era sobretudo uma fonte normativa de coerência, mediante uma visão única de Deus, da criação e da vida humana no mundo histórico.

A fé cristã possui um determinado conteúdo e a norma prova que este era o caso também no período imediatamente subsequente aos tempos do NT. Mas este conteúdo não consistia num elenco taxativo de doutrinas formuladas como proposições. A regra de fé prova que o conteúdo era, sim, uma compreensão ordenada do agir para com a humanidade de Deus, criador de tudo, salvador da criação decaída e efetiva fonte de iluminação, santificação e guia.

Um aspecto essencial no trabalho da teologia cristã é o de apresentar Deus e sua economia de maneira fiel ao conteúdo e ao modelo perenemente válido da primeira regra de fé.

A teologia tende a uma penetração sempre maior do sentido dos elementos da fé e das múltiplas relações entre eles mesmos e com a vida humana no mundo. Ela dosa continuamente as acentuações novas na pregação, na catequese e na espiritualidade, exigidas pelas novas circunstâncias culturais. A teologia visa também novas sínteses; mas tudo isto tem um certo modelo e uma ordem, derivados da própria fé, que já possui uma síntese primordial. A fé, entendida como comunhão com o Deus da criação, da salvação e da nova vida, é, ela mesma, uma regra e uma guia para o discurso e para a reflexão cristã.

Bibl. – D. Van den Eynde, *Les normes de l'enseignement chrétien dans la littérature patristique des trois premiers siècles*, Gembloux-Paris 1933, 281-313; H.E.W. Turner, *The Pattern of Christian Truth*, Londres 1954, 307-378; B. Hägglund, "Die Bedeutung der *regula fidei* ais Grundlage theologischer Aussagen", em StTh 12 (1958) 1-44; R. Trevijano Etcheverría, "Orígenes y la Regula Fidei", em H. Crouzel e outros (ed.), *Origeniana*, Bari 1975, 327-338; M. Jourjour, "La tradition apostolique chez saint Irénée", em *L'année canonique* 23 (1979) 193-202; L.W. Countryman, "Tertullian and the *regula fidei*", em *Second Century* 2 (1982) 208-222; J.N.D. Kelly, *I simboli della fede della chiesa antica*, Nápoles 1987, cap. 3.

JARED WICKS

REINO DE DEUS

O dado mais histórico da vida de Jesus é o símbolo que dominou toda a sua pregação, a realidade que deu significado a todas as suas atividades, isto é, o "Reino de Deus". Os sinóticos resumem o ensinamento e a pregação de Jesus na frase lapidar: "O tempo completou-se e o Reino de Deus está próximo, convertei-vos e crede no Evangelho" (Mc 1,14-15; Mt 4,17; Lc 4,43). Esta expressão ocorre cento e vinte e duas vezes no Evangelho e noventa vezes nos lábios de Jesus.

Jesus pregou o Reino de Deus e não a si mesmo (K. Rahner) e, no entanto, em seu ensinamento, Jesus figura como o apresentador (Lc 17,20-21), o revelador (Mc 4,11-12; Mt 11,25-26), o modelo (Mc 3,27), o iniciador (Mt 11,12), o instrumento (Mt 12,28), o mediador (Mc 2,18-19) e o portador do Reino de Deus (Beasly-Murray, *Jesus*, 296). O Reino não é somente o tema central da pregação de Jesus, o ponto de referência da maior parte de suas parábolas e o tema de um grande número de seus discursos, mas é também o conteúdo de seus atos simbólicos, que constituem uma parte tão grande de seu ministério, isto é, sua amizade convivial com os cobradores de impostos e os pecadores, suas curas e seus exorcismos. Com efeito, foi na comunhão com os marginalizados que Jesus viveu o Reino, demonstrando com os fatos o amor incondicional de Deus pelos pecadores destituídos de mérito (S. Prabhu, *Kingdom*, 584).

A morte e a ressurreição de Jesus (→ Mistério pascal) colocaram sua mensagem num contexto novo, resultando daí que, com Paulo e João, o Reino de Deus não está mais diretamente no centro da pregação cristã. "Jesus, o anunciador do Reino de Deus, depois da Páscoa tornou-se o Cristo anunciado" (R. Bultmann). Não se trata de uma falsificação inicial da mensagem. No NT são dois os temas centrais: o *Reino de Deus* e *Jesus o Cristo*.

Não é fácil definir com precisão o que significa realmente a expressão "Reino de Deus". Ao longo da história da teologia, a interpretação desta expressão mudou muitas vezes, de acordo com a situação e o espírito da época. A palavra "Reino" é expressão arcaica que não desperta nenhuma ressonância em nossa atual experiência da realidade. A expressão precisa ser retraduzida para poder exprimir seu significado. Por isto, o problema que diz respeito à mensagem de Jesus sobre o Reino é de como superar a distância hermenêutica entre o que o Reino de Deus significava no ensinamento de Jesus e o que significa hoje para nós (N. Perrin, *Language*, 32-56).

Na discussão bíblica e teológica sobre o Reino nos tempos modernos, podemos distinguir três fulcros: o Reino como *noção*, o Reino como *símbolo* e um modo novo de interpretá-lo, o Reino em relação com a *libertação*. Cada uma destas abordagens levanta problemas diferentes, que devem ser vistos como complementares.

a. *Reino como noção*. A primeira abordagem pode ser descrita como "centrada no autor". Aqui, o problema é saber o que os autores da Bíblia entendiam com esta noção. Considerar a expressão Reino de Deus como uma noção exige que, por trás dela, se encontre uma ideia clara e constante; por exemplo, o Reino de Deus é a intervenção final, escatológica e decisiva de Deus na história de Israel para realizar as promessas feitas aos profetas. O problema é descobrir o que significava esta expressão no ensinamento de Jesus, ainda que Jesus mesmo nunca tenha definido o Reino com termos precisos.

b. *Reino como símbolo*. O segundo enfoque pode ser entendido como "centrado no texto". Propõe-se descobrir o que o texto significa e exprime por si mesmo hoje. Considerar o Reino como um → *símbolo* abriria a expressão a uma série de ideias, já que um símbolo, por sua própria definição, oferece uma série de significados que não podem ser esgotados nem adequadamente expressos somente por um referente (Perrin, *Language*, 33). O Reino como símbolo despertava em Israel a lembrança da atividade de Deus, seja como criador do universo, seja como o criador de Israel na história e, em definitivo, como a expectativa de sua intervenção final na história. É Deus que age na história em favor de seu povo e, definitivamente, em favor da criação em seu conjunto, que é a referência subentendida à qual se refere todo o ensinamento e a pregação de Jesus. Esta expressão traduz uma riquíssima e multiforme "experiência religiosa". Exprime uma "relação pessoal" e também está ligada a áreas geográficas.

c. *Reino como libertação.* O terceiro enfoque, emergido nos últimos tempos, pode ser definido como um enfoque "centrado no leitor". Os teólogos da libertação recorrem ao Reino de Deus para serem ajudados no articular e no enfrentar o problema fundamental da teologia da libertação: a relação entre o Reino de Deus e a práxis da libertação na história. "Confrontamo-nos aqui com o clássico problema da relação entre fé e existência humana, entre fé e realidade social, entre fé e ação política, ou, em outras palavras, entre Reino de Deus e a construção deste mundo" (G. Gutiérrez, *Teologia*, 50). O que está em jogo é a dimensão do Reino que transforma o mundo. Aqui, o problema é saber o que tem a dizer a expressão Reino de Deus à situação concreta em que nos encontramos hoje, a uma situação marcada por cruel opressão e exploração. Esta abordagem, embora não negue as outras, enfatiza com muito vigor o aspecto dinâmico do Reino. A mensagem de Jesus tende à transformação de toda a realidade, antes que a dar-nos sobre ela novas informações e novas ideias. Propõe-se recuperar a dimensão histórica da mensagem de Deus e libertar esta mensagem de todo universalismo abstrato, a fim de que a mensagem bíblica possa dar uma resposta melhor ao mundo de opressão e às estruturas de uma ordem social injusta (J. Fuellenbach, *Hermeneutics*, 37-48).

Podemos concluir que, enquanto o primeiro enfoque tenta ir "além do texto", o segundo está "com o texto", ao passo que o terceiro se coloca "diante do texto". A discussão segundo o primeiro ponto, isto é, o Reino como noção, ocorreu principalmente na Europa (Alemanha e Grã-Bretanha), o segundo, isto é, o Reino como símbolo, na América do Norte, e o terceiro, isto é, Reino e libertação, emergiu na América Latina.

1. O REINO DE DEUS NO ANTIGO TESTAMENTO – A própria expressão "Reino de Deus" não se encontra no AT, mas nele se diz nove vezes que Deus governa um Reino. A maior parte dos exegetas sustenta que o termo *malkut* foi associado com Jhwh, o Deus de Israel, somente bem tarde no AT e denota a ação de Deus. A ênfase recai sobre o governo e sobre o domínio régio, antes que sobre um território ou um lugar. Por isso, é visto como uma ideia religiosa. Em época recente, esta tese foi colocada em discussão, uma vez que a noção de Reino foi enfrentada não somente com método histórico-crítico, mas também de um ponto de vista sociopolítico (N. Lohfink, *Begriff des Gottesreiches*, 33-86). A → fé do AT baseia-se em duas certezas. A primeira é que Deus veio no passado e interveio a favor de seu povo. A segunda é a firme esperança de que Deus ainda virá no futuro a fim de realizar seu plano para o mundo criado por Ele. Como se exprime M. Buber: "A realização do domínio de Deus, que abraça tudo, é o *protón* e o *éschaton* de Israel" (Beasly-Murray, *Jesus*, 17).

Os elementos que se seguem podem ser considerados como fundamentais da noção de Reino de Deus no AT: 1. Deus é rei sobre toda a criação e em particular sobre Israel, graças à aliança. 2. A soberania sobre Israel é experimentada de maneira particular na celebração litúrgica, isto é, no culto. 3. A esperança numa vinda final e decisiva de Jhwh em favor de seu povo no futuro, com o fim de cumprir as promessas feitas aos pais e aos profetas (R. Schnackenburg, *God's Rule*, 11-74).

O que constituiu um fato único foi a experiência que Israel fez de Jhwh como Senhor da história, que age em favor de seu povo, toma cuidado dele, protege-o, perdoa-lhe, cura-o e contrai uma aliança com ele. Tudo isto torna-se parte do que significa a expressão: Deus é rei de Israel e de todas as nações. A preocupação atual e a presença de Deus entre seu povo são, pois, expressas com símbolos como: pai, mãe, pastor, esposo etc. As funções concretas de Jhwh como rei que reina em seu povo tornam-se componentes desta experiência: Ele cria um povo, organiza sua estrutura, alimenta-o, protege-o; Ele dirige, corrige, redime e lhe faz justiça. Tudo isto constitui o pano de fundo da "experiência religiosa" expressa no símbolo do Reino de Deus (Cabello, *El Reino*, 16-18).

2. A MENSAGEM DO REINO NO NOVO TESTAMENTO – Jesus nunca definiu o Reino de Deus com uma linguagem discursiva. Apresentou sua mensagem do Reino em parábolas. As parábolas devem ser vistas como "a escolha por parte de Jesus do mais adequado veículo para a compreensão do Reino de Deus" (B. Scott, *Jesus Symbol Maker*, 11). Elas são a própria pregação e não devem ser consideradas exclusivamente a serviço de um ensinamento totalmente independente delas. Aqui, a participação antecede a informação. As parábolas devem permanecer como o ponto de referência para compreender a mensagem do Reino (J.D. Crossan, *The Parables*, 51-52).

O conteúdo fundamental da mensagem do Reino pode ser sintetizado nas características seguintes:

a. *"Já" está presente, mas "ainda" está por vir* – A própria mentalidade de Jesus, seu ensinamento e sua pregação tinham sido formados muito profundamente pelos grandes profetas do AT, particularmente pelo Dêutero-Isaías. Segundo Lucas (4,16-21) e Mateus (11,1-6), Jesus entendia sua missão no contexto da tradição jubilar que anunciava o "grande ano de graça" como a última visita de Deus em favor de seu povo (N. Lohfink, *The Kingdom of God*, 223). Esta visita final de Deus era anunciada por Jesus não como um simples futuro qualquer, e tampouco como um objeto de ansiosa expectativa (Lc 3,15), mas como já acontecida com Ele. O Reino tornara-se uma realidade presente: está "próximo" (Mc 1,14), "no meio de vós" (Lc 17,21), manifesta sua presença efetiva como força libertadora nos exorcismos (Mt 12,28), nas curas e no perdão dos pecados.

Embora a presença histórica do Reino, dentro e através do ministério de Jesus, seja fortemente afirmada, deve ainda vir a consumação do que agora é apenas experimentado de maneira antecipatória. Isto cria a tensão entre o "já" e o "ainda não". A tônica posta sobre o "ainda não" ou sobre o "já" determina o modo como é vista a mensagem de Jesus sobre o Reino, em seu influenciar este mundo já a partir de agora. Se a tônica for colocada sobre o "ainda não", enfatizam-se as "tribulações do Reino" no mundo presente e a esperança de sua vinda final torna-se o fator determinante para a ação. Embora ninguém negue a presença do Reino, na teologia tradicional a tônica é posta sobre o "ainda não", em detrimento do "já". Nas palavras de Lohfink: "Para sermos honestos para com a mensagem e a prática de Jesus, deve-se, acima de qualquer outra coisa, sublinhar a presença da 'basileia', como Jesus mesmo fez" (G. Lohfink, *Exegetical Predicament*, 103).

Embora Jesus tenha ficado na tradição dos grandes profetas, sua mensagem é profundamente influenciada pelas expectativas apocalípticas da época. Apesar disso, não compartilhou o pessimismo dos escritores apocalípticos no tocante a este mundo, mas descreveu de maneira realista o poder do mal. A sua mensagem do Reino de Deus só pode ser entendida em seu contraste com o reino do mal, que está em ação neste mundo, permeando tudo. Jesus entendeu sua missão como uma destruição e derrubada das potências do mal para trazer uma libertação que tende a acabar com todo mal e à transformação da criação inteira (W. Kelber, *Kingdom in Mark*, 15-18).

b. *O Reino como dom gratuito de Deus e incumbência para os homens* – Já que o Reino de Deus é Deus mesmo, que oferece seu amor incondicional à sua criatura e dá a cada um uma participação em sua vida, deve ser entendido como dom gratuito a que não temos absolutamente nenhum direito. Podemos aceitá-lo com gratidão e reconhecimento unicamente como um dom do amor de Deus. Este é o principal ensinamento das parábolas do crescimento (Mc 4 e Mt 13). Podemos orar "venha o teu Reino" (Mt 6,10), podemos clamar a Deus dia e noite (Lc 18,7), podemos manter-nos prontos como as virgens sábias (Mt 25,1-13), mas é Deus que o "dá" (Lc 12,31).

Mas o caráter gratuito do Reino não faz dos homens simples objetos passivos. As parábolas dos talentos (Mt 25,14-30) e do tesouro no campo (Mt 13,44) mostram que os homens são também os que fazem o Reino concretizar-se. Aqui o Reino é um simples dom, mas ele só vem se forem assumidos riscos incríveis. A vinda do Reino de Deus é total e completamente obra de Deus, mas ao mesmo tempo é também total e completamente obra dos homens (G. Lohfink, *Exegetical Predicament*, 104-105).

c. *As dimensões religiosas e políticas do Reino* – O caráter religioso do Reino é tão evidente na Escritura que não necessita da atenção especial. O Reino transcende este mundo e tende a um novo céu e a uma nova terra. Mas este aspecto é muitas vezes sublinhado a tal ponto que o Reino não tem mais espaço neste mundo.

Em consequência disso, a mensagem de Jesus torna-se exclusivamente um problema privado e o aspecto social do Reino é totalmente negligenciado e ignorado. Hoje, fazem-se tentativas para recuperar Jesus do individualismo e para trazê-lo novamente de volta à vida social (P. Hollenbach, *The historical Jesus*, 11-22). Colocando Jesus na situação sociocultural de seu tempo e considerando sua missão primariamente no âmbito da restauração de Israel e anunciando o "grande ano de graça" a seu povo, a implicação política da mensagem de Jesus se torna óbvia como exigência de uma reestruturação radical de todas as atuais estruturas sociais na base da aliança.

Até onde Jesus era politizado? Jesus reduziu toda a autoridade ao Pai e ao Reino. Empreendeu uma ação que tinha significado políticos, sendo o mais radical deles a negação de autoridade absoluta a qualquer poder de seu tempo. Assim, Jesus oferece uma "política normativa", razão pela qual toda autoridade legítima deve ser colocada sob o Reino que está por vir e que exige a reestruturação e o reordenamento de todas as relações humanas.

Insistir em dizer que a mensagem de Jesus sobre o Reino foi exclusivamente religiosa e não tinha nada a dizer sobre as estruturas sociopolíticas é algo que não se pode sustentar com base nas Escrituras, mas somente à base de uma visão dualista do mundo, que nega qualquer atinência do Evangelho às realidades intraterrestres (P. Steidl-Meier, *Social Justice*, 15-16).

d. *O caráter salvífico e universal do Reino* – João Batista anunciou a chegada iminente do Reino e recusou toda passividade ética e todo particularismo judaico. A ascendência judaica não dava garantia de salvação. Adotando o batismo como um rito usado para os prosélitos judeus, declarava de fato que os judeus estavam no mesmo plano que os gentios diante da iminente visita messiânica. Em contraste com Jesus, que compartilhava a maior parte dos modos de ver do Batista sobre o Reino iminente, João anunciou primeiro o grande juízo que iria preceder o advento do Reino escatológico. Ninguém poderá entrar no Reino futuro sem ter passado através deste juízo.

Para Jesus, o evento absolutamente certo, que se está realizando neste momento em suas palavras e ações, é Deus, que oferece sua salvação final a todos, agora, neste momento preciso. Esta oferta é absolutamente sem condições e só tem um objetivo: a salvação de todos, mas especialmente dos pecadores e dos marginalizados, que menos esperavam nela. Sua vinda não depende de nós e tampouco podemos impedi-la. O motivo para agir diante do Reino iminente, agora não é mais o juízo que está próximo, como na pregação do Batista, mas esta oferta incondicional de salvação. A função do juízo iminente, que Jesus não negou, não é tanto uma ameaça de condenação, mas, antes, uma admoestação a não permanecermos surdos e fechados à presente oferta de salvação (H. Merklein, *Die Gottesherrschaft*, 146-149).

Para Jesus, o Reino é uma mensagem de paz e de alegria. Agora não é tempo de chorar e de jejuar (Mc 2,18s). O reino de satanás está desabando (Lc 10,18). Agora é tempo de salvação, a separação entre os bons e os maus acontecerá no fim (Mt 13,24-30). A oferta de salvação agora é para todos: judeus e gentios, justos e pecadores. Embora Jesus tenha restringido sua missão à "casa de Israel", previu a vinda dos gentios (Mt 8,11) na imagem da grande peregrinação das nações, esboçada em Is 2,2-3.

e. *O desafio do Reino: conversão* – À declaração indicativa de que o Reino de Deus era uma realidade iminente, Jesus acrescenta um imperativo, um chamado à conversão, como resposta à vinda de Deus em pessoa. Esta resposta ao Reino "próximo" é manifestada com as palavras: *convertei-vos* e *crede.* Pelo fato de o Reino ser uma potência dinâmica, que irrompe constantemente neste mundo, o chamado ao arrependimento é contínuo e dirigido a todos, não somente aos pecadores, mas também aos justos que não cometeram grandes pecados.

Converter-se quer dizer "voltar-se para", responder a um chamado. Exige-se deixar entrar em sua vida esta mensagem nunca antes ouvida, deixar-se vencer por esta grande notícia. Tal *voltar-se* para o Reino incluirá um *afastar-se de.* Mas o motivo para a conversão é o irromper do Reino de Deus que já chegou e não uma exigência qualquer de preparar-se para sua vinda futura. A → conversão é uma ocasião alegre, não um acontecimento terrível de juízo e de condenação. O filho perdido veio para casa (Lc 15,25), o morto voltou à vida: "Este meu filho estava morto, mas agora está vivo, estava perdido, mas foi reencontrado" (Lc 15,24-32). A conversão, portanto, é precedida pela ação de Deus a que somos chamados a responder. Somente seu amor possibilita isto. A conversão é a reação de uma pessoa a uma ação anterior de Deus (J. Fuellenbach, *Kingdom*, 58-59).

É importante que a iminência constante do Reino de Deus seja vista *sempre* como a boa notícia e nunca como juízo ou condenação. Jesus não renunciou ao juízo (a palavra aparece cinquenta vezes em sua pregação), mas o adiou. Somente quem não atende à mensagem do Reino *agora* deverá enfrentar o juízo no momento em que se realizará a plenitude do Reino. Por isso, onde quer que o reino for pregado, o juízo não será antecipado. O Evangelho deve permanecer sempre a boa notícia e, como tal, deve ser pregado.

f. *Compromisso com a pessoa de Jesus* – O símbolo "Reino de Deus" indica e revela, em definitivo, de uma forma bem concreta, o amor incondicional de Deus por suas criaturas. Este amor incompreensível (Ef 3,18-19) tornou-se visível e tangível na pessoa de Jesus de Nazaré. Por isso, o Reino não é somente um "grande desígnio", um "sonho utópico tornado realidade", o "definitivo plano de Deus para com a criação"; ele é, em definitivo, uma pessoa: *Jesus Cristo.* O que o Reino realmente é, podemos senti-lo e imaginá-lo somente num encontro pessoal com Ele, "que me amou e deu sua vida por mim" (Gl 2,20). Conversão significa voltar-se para alguém. Significa acolher, aceitar Jesus como o centro de toda a nossa vida. A Ele e a seu Evangelho subordinamos qualquer outra coisa (Mc 10,28), até a própria vida (Mc 10,32). Antes de perguntar-nos o que é o Reino, é preciso perguntar-nos: "Quem é Jesus para mim?" (R. Cabello, *El Reino*, 22). Conversão, em última análise, é um compromisso pessoal com Jesus, uma declaração explícita por Ele. A pessoa de Jesus torna-se o fator decisivo para a salvação, para o acolhimento ou a recusa do Reino de Deus. Nas exigências de Jesus este apego pessoal é um elemento novo e sem igual.

Resumindo: a mensagem-chave de Jesus contém um *indicativo* que resume toda a teologia cristã, e um *imperativo* que recapitula toda a ética cristã. Seu indicativo é a proclamação do Reino, isto é, a revelação do amor incondicional de Deus com todos. Seu imperativo é um chamado a voltar-nos para este Reino iminente e a deixar entrar seu poder em minha vida.

g. *Uma definição do Reino* – Jesus nunca definiu o Reino de Deus. Descreveu o Reino com parábolas e similitudes (Mt 13; Mc 4), com imagens como vida, glória, alegria e luz. Paulo, em Rm 14,17, apresenta uma descrição que está bem próxima de uma definição: *o Reino de Deus não é questão de alimento ou de comida ou de bebida, mas é justiça, paz e alegria.*

A. Schweitzer considera este texto como "um credo para todos os tempos". Alguns estudiosos deduziram daí que o símbolo "Reino de Deus" não é somente o centro dos sinóticos, mas de todo o NT. Justiça, paz e alegria são ideias-chave que exprimem relações com Deus, conosco mesmos, com nosso próximo e com a natureza. Onde quer que os cristãos comunguem na *justiça, paz e alegria no Espírito Santo*, lá o Reino de Deus se faz presente. O Reino, definido numa fórmula breve, não é outra coisa senão justiça, paz e alegria no Espírito Santo (H. Wenz, *Theologie des Reiches Gottes*, 20-24).

3. A PESSOA DE JESUS E O REINO DE DEUS – De que maneira o Reino de Deus está em relação com a pessoa de Jesus?

a. *A origem da experiência do Reino da parte de Jesus* – A declaração que Jesus faz do Reino está, em última análise, enraizada em sua "experiência do Abba". A mensagem do Reino foi-lhe "enviada" durante a oração e, por isto, está intimamente ligada e é determinada por sua experiência pessoal de Deus como Abba. Na experiência de Jesus, Deus era aquele que vinha como amor incondicional, como aquele que tomava a iniciativa e entrava na história humana de um modo e em um grau desconhecidos dos profetas. Esta experiência de Deus decidiu toda a sua vida e formou o autêntico núcleo de sua mensagem do Reino (H. Schürmann, *Gottes Reich*, 21-64).

Num determinado momento de sua vida, Jesus deu-se conta de que Jhwh queria conduzir Israel, e finalmente todos os homens, àquela intimidade com Ele que Ele mesmo havia experimentado em seu relacionamento pessoal com Deus, que Ele chamava de Pai. Isto é expresso muito explicitamente no *Pai-Nosso.* Nele Jesus autorizou seus discípulos a imitarem-no, ao dirigirem-se a Deus como *Abba.* Agindo assim, fá-los participar de sua comunhão pessoal com Deus. Somente os que podem pronunciar este *Abba* com a disposição de uma criança poderão entrar no Reino de Deus (J. Jeremias). Em Jesus, o Pai quis realizar a aliança e torná-la finalmente definitiva. É isto o que Jesus concebia ser o Reino de Deus, que devia vir ao mundo através dele: o amor incondicional de Deus, que não conhece limites quando vem realizar a antiga promessa de salvação para cada pessoa e para a criação inteira. Já que o próprio Jesus é a oferta definitiva de Deus a nós, pode-se dizer que Ele é o dom do Reino de Deus presente no mundo. Jesus é o Reino em pessoa, a "autobasileia", ou, como diz Orígenes: "Jesus é o Reino de Deus realizado num eu".

b. A *morte de Jesus e o Reino* – Qual é a relação entre o Reino pregado por Jesus e sua morte na cruz? A morte de Jesus foi necessária para que o Reino pudesse vir em sua plenitude? Como entendeu Jesus sua morte? Como interpretou seu fracasso?

A. Schweitzer afirmou que a chegada do Reino escatológico de Deus nunca teria podido ser proclamada por Jesus sem o conhecimento de sua relação intrínseca com as provas e com os sofrimentos que esta expressão apocalíptica evocava. Se Jesus anunciava o Reino de Deus como iminente, o pensamento do sofrimento devia chegar-lhe muito naturalmente. Não era possível separar do reino escatológico o pensamento de uma provação escatológica, do Messias que vinha e do sofrimento do tempo que iria preceder imediatamente a chegada do Reino. O sofrimento tinha que ser proclamado como necessário para a vinda final do Reino de Deus. Jesus, que se via a si mesmo claramente em relação com o Reino iminente, dava-se conta de que tinha que estar submetido à dor e à morte, como um pré-requisito necessário para que o Reino entrasse finalmente nesta época e neste tempo. W. Kasper, ao endossar a visão de Schweitzer, conclui: "Jesus com certeza viu as provações da dor e da perseguição como parte do caráter humilde e escondido do Reino de Deus e, como tais, estas entram no filão principal de sua pregação. Por isso, existe uma linha mais ou menos direta que vai da mensagem escatológica de Jesus da 'basileia', do Reino, para o mistério de sua paixão" (W. Kasper, *Gesù il Cristo*, 157).

c. *A Última Ceia e o Reino de Deus* – A perspectiva escatológica da morte de Jesus aparece com evidência nos textos que dizem respeito à Última Ceia (Mc 14,17-25 e 1Cor 11,23-25). O reunir-se à mesa – que provocava escândalo, porque Jesus não excluía ninguém, nem mesmo pecadores públicos e, desta forma, exprimia o centro de sua mensagem – era figura da festa que devia vir no momento da salvação (Mc 2,18-20). A Última Ceia, como todos os encontros à mesa, é uma antecipação ou "doação antecipada" do banquete do Reino. É um "já" do "ainda não", um prelúdio da realização do Reino; o advento do Reino de Deus perfeito, o cumprimento do grande banquete, tudo isto podia tornar-se realidade completa somente depois de sua morte. O encontro final pressupõe este dar-se a si mesmo por muitos.

A referência escatológica em Lc 22,16 tem o seguinte significado: Jesus não se sentará mais à mesa com os discípulos na terra, mas fará isto novamente, durante uma nova refeição, no Reino de Deus iminente. Para que isto se realize, sua morte esperada é condição necessária. Os discípulos podem tomar parte no banquete escatológico final somente se Jesus, antes, sacrificar sua vida por eles (Lc 22,20; J. Jeremias, *Theology*, 299). Participar do Reino de Deus é possível somente depois que Jesus tiver cumprido a precondição para isto: depois que Ele "bebeu o cálice e foi batizado com um batismo" (Mc 10,35-40; R. Schnackenburg, *God's Rule*, 193). A natureza autêntica da tarefa que Jesus devia executar para levar o Reino a sua plenitude está expressa nas palavras pronunciadas sobre o pão e sobre o vinho. Ele deve entregar sua vida para que os homens e as mulheres possam participar da festa do Reino com Ele. "Sua decisão de completar a missão que Deus lhe confiou no tocante ao Reino e a confiança de Jesus de que logo teria tomado parte em sua alegria, ressoam como a nota principal da sua última refeição com seus discípulos. A Última Ceia é emoldurada pela afirmação da morte de Jesus na perspectiva do Reino de Deus" (Beasley-Murray, *Jesus and the Kingdom*, 263).

d. *A morte de Jesus: revelação definitiva de Deus* – A um certo ponto de sua vida, Jesus deve ter-se dado conta de que o único caminho possível para realizar sua missão era demonstrar a imensidade do amor de Deus por nós até a consequência extrema (Jo 13,1). A cruz e sua morte apareciam como a única via que restava para demonstrar o amor redentor de Deus numa história da humanidade impregnada de pecado. Em que consistiam precisamente estes "sofrimentos e tribulações escatológicas" que Ele teria que suportar para possibilitar o advento final do Reino? Uma solução plausível é a seguinte: a vida de Jesus retrata a tensão que existe entre sua vida íntima com o Pai e seu "viver nossa vida até o fim", sua fidelidade à missão expressa do modo mais adequado com os dois termos: identificação e representação. Jesus percebeu que, quanto mais se tivesse identificado conosco, tanto mais teria experimentado nossa pecaminosidade, nossa desolação, nossa insegurança típica daqueles que recusaram o dom de amor de Deus. Chegou a tomar consciência de que, se quisesse levar sua missão até as últimas consequências, teria que experimentar a realidade completa do que significa, para uma criatura, ser "abandonada" por Deus. Para Jesus, significaria experimentar em si mesmo o ser abandonado pelo Pai que para Ele era tudo, de quem tinha recebido a vida e de quem viera para cumprir-lhe a vontade. Encheu-o de terror o pensamento de que este momento estava chegando.

O Pai o consideraria como "a humanidade em sua condição de abandono e de repúdio de Deus". Jesus teria que experimentar este estar totalmente *identificado* conosco, na nossa pecaminosidade e no ser tratado como nosso *representante* diante de Deus. O grito na cruz deve ser visto como o momento em que Jesus se identificou ao máximo com nossa condição do abandono de Deus (Mc 15,34). Neste momento, foi como se o amor do Pai, do qual recebia a vida, tivesse deixado de fluir. As "tribulações escatológicas" são exatamente esta experiência do nosso autêntico estado sem Deus: abandonados, condenados sem nenhuma esperança de nossa parte. Na cruz Jesus experimentou Deus como aquele que se havia retirado (Mc 15,34) para fazê-lo experimentar toda a nossa desolação, a prova real do Reino iminente que devia vencer o pecado, a condenação e a morte (J. Fuellenbach, *Kingdom*, 85-95).

Ao fazer em Jesus Cristo a experiência do efeito do pecado, como condenação, Deus assumiu para si o que seria o destino da humanidade. "Desceu ao inferno!" Estas são as "tribulações escatológicas" que deviam ser suportadas para que o Reino pudesse finalmente chegar em sua glória completa.

4. O ESPÍRITO SANTO E O REINO – O → Espírito Santo é descrito na Escritura como a "causa de vida" ou como o "doador de vida". Através do Espírito, a antiga criação veio à existência e permaneceu na existência. Crê-se que o mesmo Espírito realizará o novo céu e a nova terra, no fim dos tempos. O tempo escatológico é visto como a "idade áurea" do Espírito. A missão de Jesus no Evangelho de João é descrita como "liberar o Espírito do tempo derradeiro" que realizará a transformação do velho no novo. A morte de Jesus, como revelação definitiva do amor incondicionado de Deus por suas criaturas, libera este amor e o transforma na potência do Espírito Santo. O primeiro ato deste amor crucificado, libertado no Espírito, é a ressurreição na nova criação do corpo morto de Jesus. Segundo Paulo, o Espírito Santo é o poder com que o Pai ressuscitou Jesus dos mortos. E, por obra do mesmo Espírito, o reino, realizado de um modo novo com a morte e ressurreição de Jesus, agora se torna uma força que vivifica e transforma o mundo. É, pois, o Espírito Santo que continua a obra de Cristo nos séculos e guia a humanidade e a criação como um todo para seu complemento final na plenitude do Reino (J. Fuellenbach, *Kingdom*, 97-107).

5. A IGREJA E O REINO – O Espírito do Senhor ressuscitado, o espírito da nova criação, dá início à nova comunidade escatológica, a Igreja. A Igreja é, portanto, uma antecipação, no espaço e no tempo, do mundo futuro. Está "no mundo", mas não é "do mundo". Sua essência e sua missão devem ser entendidas à luz do Reino, presente nela, mas dirigido para a transformação e para a salvação da criação inteira.

O Vaticano II descreve a Igreja como o mistério de Cristo. Nela é realizado "o eterno plano do Pai, manifestado em Jesus Cristo, de levar a humanidade a sua glória eterna". A Igreja é vista em relação com o "cumprimento do mistério escondido desde séculos na mente de Deus" (Cl 1,16; Ef 3,3-9; 1Cor 2,6-10), que não é outra coisa senão o Reino de Deus. O Reino tende à transformação da criação inteira em sua eterna glória e a Igreja deve ser vista e entendida no contexto desta intencionalidade divina. Sua missão consiste em revelar ao longo dos séculos o plano escondido de Deus e em conduzir a humanidade inteira para seu destino definitivo. Ela deve ver-se a si mesma inteiramente a serviço deste projeto divino, que visa a salvação da criação inteira (W. Pannenberg, *Theology*, 72-75).

a. *A Igreja não é o Reino de Deus na terra* – Contrariamente à maneira como era apresentada por muitos manuais de dogmática, antes do concílio, a Igreja não é o Reino de Deus agora. O Vaticano II exprimiu isto no n. 5 de *Lumen Gentium* e novamente no n. 45 de *Gaudium et Spes*. "Isto substitui o que talvez fosse o mais sério equívoco eclesiológico antes do Vaticano II, isto é, que a Igreja se identifica com o Reino de Deus aqui na terra. Se assim fosse, ela estaria fora de qualquer necessidade de reforma institucional e sua missão consistiria em levar todos para dentro dela, do contrário a salvação não chegaria a eles" (R.P. McBrian, *Catholicism*, 686).

O Reino faz-se sentir também fora da Igreja. A missão da Igreja é servir ao Reino, não de tomar seu lugar.

b. *O Reino está presente na Igreja* – É o Reino ora presente que cria a Igreja e a conserva constantemente viva. Por isso, a Igreja é o resultado da vinda do Reino de Deus ao mundo. O poder dinâmico do Espírito, que torna eficazmente presente a intencionalidade salvífica e final de Deus, é verdadeira causa da comunidade chamada Igreja. Embora o Reino não possa ser identificado com a Igreja, isto não significa que ele não esteja presente nela. Ele torna-se presente de um modo peculiar. Podemos dizer que a Igreja é uma realização "inicial", "proléptica" ou antecipada do plano de Deus para a humanidade. Na expressão do Vaticano II, "ela se torna na terra o germe inicial do Reino" (LG 5). Em segundo lugar, a Igreja é um *instrumento* ou *sacramento*, através do qual este projeto de Deus no mundo se realiza na história (LG 9; 48).

"O Reino cria a Igreja, trabalha através dela e é anunciado ao mundo por ela. Não pode haver Reino sem Igreja – os que reconheceram a ação de Deus – e não pode haver Igreja sem Reino; mas os dois permanecem dois conceitos distinguíveis: o domínio de Deus e a fraternidade dos homens" (G.E. Ladd, *The Presence*, 277).

c. *A missão da Igreja* – Jesus ligou o Reino de Deus, que no passado era privilégio do povo de Israel, à comunidade de seus discípulos. Com esta escolha de uma nova comunidade, o objetivo do povo veterotestamentário prossegue neste novo povo. Este deve ser um "sinal visível da intenção de Deus para com o mundo" e o portador ativo da salvação divina. Ele é chamado pelas nações para assumir uma missão em favor das nações. O importante é que o Reino permaneça ligado a uma comunidade visível, que se deve colocar a si mesma a serviço do projeto definitivo de Deus em prol da salvação de todos (G. Lohfink, *Jesus and Community*, 17-29).

Sob esta ótica, a Igreja é vital para que o Reino permaneça no mundo. "Foi a comunidade que começou a degustar (ainda que somente pregustando) a realidade do reino, a única que garante a hermenêutica da mensagem... sem a hermenêutica de tal comunidade viva, a mensagem do reino pode tornar-se apenas uma ideologia e um programa; nunca será um evangelho" (L. Newbigin, *Sign of the Kingdom*, 19). A missão da Igreja à luz do Reino é descrita de três modos:

1. *Proclamar*, na Palavra e no Sacramento, que o Reino de Deus chegou, na pessoa de Jesus de Nazaré.

2. *Oferecer a própria vida*, como um exemplo de que o Reino está presente e operante no mundo, hoje. Pode-se ver isto na própria vida da Igreja, lá onde são concretamente manifestadas a justiça, a paz, a liberdade e o respeito aos direitos humanos. A Igreja apresenta-se a si mesma como uma *Kontrast-Gesellschaft*, isto é, uma "sociedade-contraste" frente à sociedade em seu conjunto (G. Lohfink, *Jesus and Community*, 157-180).

3. *Desafiar a sociedade em seu conjunto* a transformar-se em consonância com os princípios fundamentais do reino iminente: justiça, paz, fraternidade e direitos humanos. Este é um elemento constitutivo do anúncio do Evangelho, uma vez que a finalidade definitiva do reino é a transformação da criação inteira e a Igre-

ja deve entender sua missão no serviço ao Reino iminente (R. McBrian, *Catholicism*, 717).

Bibl. – R. Schnackenburg, *God's Rule and Kingdom*, Nova York 1963; G. Gutiérrez, *Teologia da libertação*, Petrópolis, [6]1986; J. Jeremias, *Teologia do Novo Testamento*, São Paulo 1977; J.D. Crossan, *The Parables: The Challenge of the Historical Jesus*, San Francisco 1973; L. Boff, *Jesus Cristo Libertador*, Petrópolis [12]1988; W. Kelber, *The Kingdom in Mark. A New Place and a New Time*, Filadélfia 1974; G.E. Ladd, *The Presence of the Future*, Grand Rapids, Michigan 1974; H. Wenz, *Theologie des Reiches Gottes*, Hamburgo 1975; W. Kasper, *Gesù il Cristo*, Brescia 1975; N. Perrin, *Jesus and the Language of the Kingdom*, Filadélfia 1976; H. Merklein, *Die Gottesherrschaft als Handlungsprinzip*, Würzburg 1978; L. Newbigin, *Sign of the Kingdom*, Grand Rapids 1980; R. Norsieck, *Reich Gottes Hoffnung der Welt*, Neukirchen 1980; J. Sobrino, "Jesús el Reino de Dios: significado y objectivos últimos de su vida y misión", em *Christus* 45 (1980), n. 540, 17-25; R. McBrian, *Catholicism*, Londres 1981; B. Scott, *Jesus, Symbol-Maker for the Kingdom*, Filadélfia 1981; G.M. Soares-Prabhu, "The Kingdom of God: Jesus' 'Vision of a New Society', em D.S. Amalorpavadass (ed.), *The Indian Church in the Struggle for a New Society*, Bangalore 1981, 579-629; H. Schürmann, *Gottes Reich-Jesu Geschick*, Friburgo 1983; P. Steidl-Meier, *Social Justice Ministry*, Nova York 1984; R. Cabello, "El Reino de Dios", em *Christus* 50 (1985) 16-22; P. Hollenbach, "Liberating Jesus for Social Involvement", em BThBull 15 (1985) 151-157; Id., "The Historical Jesus Question in North America Today", em BThBull 19 (1989) 12-19; G. Lohfink, *Jesus and Community*, Londres 1985; Id., "The Exegetical Predicament Concerning Jesus' Kingdom of God Proclamation", em ThD (1989) 103-111; W. Pannenberg, *Theology of the Kingdom*, Filadélfia 1985; Beasly-Murray, *Jesus and the Kingdom of God*, Grand Rapids 1986; N. Lohfink, "The Kingdom of God and the Economy in the Bible", em *Comm* 13 (1986) 216-231; Id., "Der Begriff des Gottesreiches vom alten Testament her gesehen", em *Unterwegs zur Kirche. Alttestamentliche Konzeptionen*, Friburgo 1987, 33-86; J. Fuellenbach, *The Kingdom of God. The Heart of Jesus' Message for us today*, Manila 1989; Id., *Hermeneutics, Marxism and Liberation Theology*, Manila 1989.

JOHN FUELLENBACH

RELATIVISMO TEOLÓGICO

É importante não confundir relativismo e pluralismo. Este último está descrito no verbete → pluralismo. O relativismo teológico reflete uma mudança da mentalidade e da consciência nos séculos XIX e XX. A sociedade moderna desconfia de toda afirmação e posição que procure incidir no absoluto. Os homens, até agora prisioneiros de seu cantinho de terra e de sua tradição específica, repentinamente se encontraram imergidos numa grande abundância de religiões e de sabedoria. Daí uma infinidade de conflitos, de exclusivismos, de oposições. Chega-se a posições divergentes, que são tratadas como igualdades. E eis-nos em pleno relativismo.

O relativismo, em sentido geral, é uma "forma de pensamento segundo a qual o homem cultiva pensamentos que só têm valor em função de um conjunto determinado e definido (ou seja, a totalidade de sua experiência vivida num dado momento), ao lado do qual existem outros conjuntos igualmente válidos" (K. Rahner, H. Vorgrimler). Tal relativismo é absurdo, pois um determinado sistema pode imediatamente ser rejeitado como falso por seu oposto.

Um relativismo que afirma ao mesmo tempo a validade de uma afirmação e a validade de seu contrário dá origem a teologias que não estão lado a lado, mas face a face. O relativismo tem um aspecto sedutor, pois parece "reconciliar" as religiões e os sistemas teológicos opostos: todos têm razão e ninguém tem razão de modo exclusivo.

Mas o relativismo teológico choca-se com uma dificuldade de fundo, isto é, o fato de que os enunciados teológicos dizem respeito a objetos reais: o que é decisivo para a fé e a salvação são realidades objetivas, relacionadas com o homem, que não são – nem umas nem o outro – simples textos ou afirmações abstratas. Assim, a afirmação de que Cristo ressuscitou verdadeiramente, não pode conciliar-se com a afirmação de que não ressuscitou. Pelo contrário, podemos dizer que conhecemos Deus "por → analogia", o que justifica abordagens e formulações diversas, que exprimem cada vez melhor a riqueza da realidade e impedem de agarrar-se exclusivamente a uma formulação, como se esta fosse a própria realidade. O pluralismo mantém a identidade da realidade afirmada, dentro da diversidade das expressões que visam, todas elas, o mesmo significado.

Ao longo dos últimos decênios, podem-se notar dois momentos em que o pluralismo parece "flertar" com o relativismo. A Encíclica *Humani generis*, de 1950, detecta dentro da *nouvelle théologie* sinais de relativismo dogmático radical ou moderado. Segundo a encíclica, alguns sustentam que "os mistérios da fé... nunca podem exprimir-se com conceitos adequadamente verdadeiros, mas somente com conceitos aproximativos e sempre mutáveis, em que a verdade é de certo modo manifestada, mas necessariamente também deformada. Por isso, consideram não absurdo, mas totalmente necessário, que a teologia, em conformidade com os vários sistemas filosóficos de que ela, no decurso dos tempos, se serve como instrumentos, substitua os antigos conceitos por conceitos novos, de modo que, de formas diversas e, sob certos aspectos, também opostas, mas – segundo dizem eles – equivalentes, exponha ao mundo humano as mesmas verdades divinas" (AAS 42 [1950] 566). No período pós-conciliar voltamos a encontrar uma segunda forma de relativismo, mais difundida, particularmente na eclesiologia e na cristologia. A propósito da igreja, afirmar-se-á: "Tem pouca importância a Igreja que se escolhe, porque elas se equivalem e todas são uma resposta à busca de salvação que se encontra em cada homem". Em cristologia, as pessoas se definirão cristãs, afirmando, por um lado, que Cristo é apenas um homem, ou, por outro, que é o Deus encarnado.

Em Teologia Fundamental, o encontro do relativismo aconteceu sobretudo com a teologia do *querigma*, desenvolvida por → R. Bultmann. Este último mantém as grandes categorias do cristianismo, tais como revelação, fé, milagre, ressurreição e salvação, mas, através da demitização, esvazia-as de seu substrato histórico e lhes dá um sentido completamente diferente. Bultmann considera necessária esta interpretação do cristianismo em chave existencial, para torná-lo aceitável ao homem de hoje, alérgico à visão neotestamentária de Cristo e da sua obra.

Bibl. – J. Splett, "Relativisme", em SM V, 242-243; K. Rahner-H. Vorgrimler, em *Petit dictionnaire de théologie catholique*, Paris 1969[7], 407-408; R. Latourelle, *Cristo e la Chiesa segni di salvezza*, Assis 1971; Id., *A Gesù attraverso i Vangeli*, Assis 1979; G. Langevin, "Les chances et les handicaps de la foi à notre époque", em ScE 28 (1976) 48-68; M.B. Schepers, "Relativism (Theological Aspect)", em NCE XII, 223-224.

RENÉ LATOURELLE

RELIGIÃO

I. DEFINIÇÃO (M. Dhavamony) – II. FENOMENOLOGIA (M. Dhavamony) – III. HISTÓRIA DAS RELIGIÕES (M. Dhavamony) – IV. RELIGIÕES TRADICIONAIS (D. Visca) – V. RELIGIÃO POPULAR (F.-A. Pastor) – VI. FILOSOFIA DA RELIGIÃO (S. Spera) – VII. CRÍTICA DA RELIGIÃO (K.H. Weger) – VIII. PSICOLOGIA DA RELIGIÃO (A. Godin) – IX. SOCIOLOGIA DAS RELIGIÕES (G. Scarvaglieri) – X. TEOLOGIA DAS RELIGIÕES (M. Dhavamony).

I. Definição

1. INTRODUÇÃO – O termo "Religião" traz à mente ideias diferentes para pessoas diferentes. Alguns o consideram como fé em Deus ou o ato de orar ou de participar de um ritual. Outros o entendem como ato de meditação sobre algo de divino; outros ainda pensam que o termo tem a ver com uma atitude emocional e individual que ultrapassa este mundo; há alguns que simplesmente identificam a religião com a moralidade. Certamente o modo de estudar a vida religiosa do homem depende sobretudo da experiência do indivíduo sobre aquilo que ele chama de "religioso". Qualquer estudo científico da religião começa com uma certa ideia da religião, que ajuda o homem a distinguir o que é religioso daquilo que não o é; o estudo desenvolve sua busca para tornar o conceito mais preciso e criticamente mais aceitável.

2. UMA DEFINIÇÃO DESCRITIVA DE RELIGIÃO – Segundo a bem conhecida etimologia do termo de Cícero, a palavra latina *religio* deriva de *religere*, que significa "estar atento, refletir e observar, manter unido junto", em contraste com *negligere* ("negligenciar", "enfraquecer"); ou seja, religião quer significar cumprimento consciente do dever, reverente temor do poder superior. Lactâncio, o apologista tardio (por volta de 260-340 dC), pensava que o termo derivasse de *religare*, que significa "ligar, manter junto": uma relação íntima e duradoura com o divino. O homem está ligado a Deus pelo vínculo da religiosidade. Nesta perspectiva religiosa, há um fator que se enquadra no campo da interioridade e do sentimento humano. Embora não haja uma certeza no tocante à justeza destas derivações etimológicas, a segunda foi adotada por Agostinho e dominou as visões teológicas da Idade Média. Ambos os significados podem ser integrados no duplo aspecto de religião; vale dizer, a dimensão objetiva e a subjetiva da experiência religiosa. O acontecimento mais importante que ocorreu na última fase da história do termo na cultura ocidental foi a transformação de seu significado, de uma referência primária à prática ritual de um culto específico para uma referência de base a um sistema total de crenças e práticas ativas numa determinada sociedade. A complexidade e a diversidade das religiões do homem, como também os sentimentos profundos e ambivalentes que delas nasciam, produziram um conjunto heterogêneo de definições de religião, muitas das quais incluem avaliações de mérito e acentuam indevidamente um aspecto dos sistemas religiosos.

A palavra religião tem suas origens na linguagem pré-cristã, mas depois entrou no uso linguístico cristão, tanto na versão latina da Bíblia (a Vulgata) quanto nos escritos dos padres latinos da Igreja. No cristianismo medieval, a religião em seu grau mais elevado é identificada com a vida monástica, caracterizada pelos três votos de pobreza, castidade e obediência. Portanto, o religioso por excelência era o monge ou a freira e o estado religioso era considerado o estado da perfeição.

A religião engloba não somente as crenças, os hábitos, as tradições e os ritos que pertencem a grupos sociais específicos; inclui também as experiências individuais. Qualquer concepção que sublinhe o aspecto coletivo da religião até o ponto de excluir a vida psíquica do indivíduo é defeituosa, visto que é justamente a percepção pessoal, da parte do indivíduo, do sagrado e do divino, que constitui uma das características mais importantes da religião. Segundo J. Frazer, a religião é "uma propiciação ou uma conciliação de poderes superiores ao homem que, segundo se crê, dirigem e controlam o curso da natureza e da vida humana. Assim definida, a religião consiste em dois elementos, um teórico e um prático, vale dizer, uma crença em poderes maiores que o homem e uma tentativa de aplacá-los ou de agradar-lhes". Além disso, Frazer explica que "evidentemente a fé vem antes, visto que devemos crer na existência de um ser divino, antes de podermos agradar-lhe. Mas se a fé não levar a uma prática correspondente, não é uma religião e sim uma simples teologia" (*The Golden Bough*, edição reduzida, 1925, 50).

É. Durkheim enfatiza a fé e a prática numa comunidade social. "Uma religião é um sistema articulado de crenças e práticas relativas às coisas sagradas, isto é, colocadas à parte e proibidas, crenças e práticas que unem numa só comunidade moral, chamada Igreja, todos os que aderem a elas. O segundo elemento, que assim toma lugar em nossa definição, não é menos essencial do que o primeiro; pois, ao demonstrar que a ideia de religião é inseparável da ideia de Igreja, isto ilumina a ideia de que a religião deveria ser um fato eminentemente coletivo" (*The Elementary Forms of the Religious Life*, 1954, 47). A teoria sociológica desenvolvida por Durkheim sustenta que, quando os homens têm a sensação religiosa de estarem diante de um poder mais alto, que transcende suas vidas privadas e impõe sua vontade sobre eles como um imperativo moral, estão verdadeiramente na presença de uma realidade maior compenetrante. Esta realidade não é um ser sobrenatural; é o fato natural da sociedade. O grupo humano circunstante exerce os atributos de deidade em relação a seus membros e faz nascer em suas mentes a ideia de Deus, que, efetivamente, é assim um símbolo para a própria sociedade. Há muitas dificuldades diante desta teoria sociológica da religião. Ela não leva em consideração o alcance universal da consciência religiosamente informada que às vezes vai além dos limites de qualquer sociedade empírica e reconhece uma relação moral com os seres humanos como tais. Nos ensinamentos dos grandes profetas, o monoteísmo é transmitido com muito vigor: Deus ama *todos* os homens e chama todos os homens a cuidarem uns dos outros como irmãos. Isto ultrapassa o objetivo de uma sociedade empírica, como é usada na teoria sociológica, porque a humanidade, em seu conjunto, não é uma sociedade segundo esta teoria. A teoria sociológica também deixa de levar em conta a criatividade moral da mente profética. O profeta moral vai além do código ético estabelecido e chama seus seguidores a reconhecerem reivindicações novas e transcendentais de moralidade sobre suas vidas. E mais, esta teoria não consegue explicar o poder da consciência que divide socialmente. Um indivíduo pode estar em divergência com sua sociedade no tocante a muitos aspectos da vida humana.

Segundo R.H. Thouless, qualquer definição correta de religião deve englobar pelo menos três fatores: um modo de comportamento, um sistema de crenças intelectuais e um sistema de sentimentos. Para podermos encontrar uma definição completa e satisfatória de religião, precisamos, além disso, indagar em que consiste o aspecto caraterizador da conduta, das crenças e dos sentimentos em questão, que os caracteriza como religiosos. A definição seguirá este percurso: a religião é uma sentida relação prática com o objeto da fé, visto como ser ou seres sobrenaturais. Thouless explica que ambos os termos são importantes no estudo psicológico da religião: a consciência religiosa e a experiência religiosa. A consciência religiosa é aquela parte da religião que está presente à mente e está aberta ao exame, através de introspecção. É o estado mental da atividade religiosa. A experiência religiosa é um termo mais vago, utilizado para descrever o elemento de sentimento na consciência religiosa (os sentimentos que levam à fé religiosa ou que são os efeitos do comportamento religioso). É impossível estudar a consciência religiosa sozinha; temos que indagar também sobre o comportamento religioso (*An Introduction to the Psychology of Religion*, 1936, 3-4). Segundo W. James, a vida religiosa consiste em crer que existe uma ordem invisível e que nosso bem supremo consiste em adaptar-nos harmoniosamente a ele. Esta crença e esta adaptação constituem a atitude religiosa da alma (*Varieties of Religious Experience*, 1928, 26s). N. Söderblom sustentava que o elemento essencial da religião não é a fé formal nem o culto organizado, mas uma resposta ao "tabu-sagrado" (*Das Werden des Gottesglaubens*, 1916, 211). A religião deve, pois, significar a resposta do homem àquele poder que ele considera como sagrado. O sagrado geralmente é definido como o oposto do profano. No momento em que se tenta fazer uma afirmação clara sobre sua natureza, deparam-se dificuldades quanto à modalidade desta oposição. Nenhuma fórmula, por mais elementar que seja, revestirá a complexidade labiríntica dos fatos (R. Caillois, *L'Homme et le sacré*, citado por M. Eliade, *Patterns in Comparative Religion*, 1958, XXI). Entre os fatores desta intrincada complexidade, encontram-se o tabu, o ritual, o símbolo, o mito, o demônio, Deus etc. A religião distingue-se de todos os demais aspectos da vida social, como a psicologia, a sociologia, a antropologia etc., porque se ocupa de sistemas de crenças como também de sistemas de relações e ações e porque os próprios sistemas de ação estão dirigidos para o sagrado. Em todas as sociedades as pessoas creem que os processos da natureza e o sucesso do esforço humano estão sob o controle de seres sobrenaturais, fora da esfera da experiência cotidiana, e que sua intervenção pode mudar o curso dos acontecimentos. A definição geral de religião designa relações entre o homem e o sagrado, o divino. A religião é o reconhecimento consciente e efetivo de uma realidade absoluta (o sagrado ou o divino) de que o homem sabe ser existencialmente dependente, tanto para a submissão a ela quanto para a parcial ou total identificação com ela. Esta definição distingue a religião da magia, que torna o divino obediente ao homem; ela compreende o teísmo (submissão a Deus) e o panteísmo ou o panenteísmo ou o monismo (uma certa identificação com o absoluto).

Já que a religião consiste numa relação entre o homem e algo que é percebido por ele como "o Absoluto-Outro", este "outro" apresenta-se de modos diversos como poder, como pessoa, como Realidade Absoluta etc. A religião não é simplesmente um fato humano. Na experiência religiosa, uma força percebida como superior ao homem intervém na vida humana. O próprio homem sente-se incapaz de atingir o que quer, através de seu poder; por isto, deseja que o ser super-humano, sobrenatural, responda a suas aspirações de algum modo, independentemente de como poderá ser entendida esta intervenção nas diversas religiões. Não existe uma pura religião natural; ou seja, a religião não é meramente feita pelo homem; a religião não é somente a aspiração do homem ao divino, mas envolve alguma forma de resposta a suas aspirações da parte do divino; uma certa revelação está implícita nesta resposta. O homem religioso estabelece por si símbolos e rituais para poder garantir a intervenção divina ou historicamente recebe de vários tipos de mediações e de intermediários a resposta e a ajuda divina e colabora para realizar o fim de sua religião. A manifestação e a intervenção do divino na vida e na história humana foram chamadas de hierofanias (M. Eliade) pelos historiadores das religiões. A mais sublime hierofania conhecida na história é a encarnação tal como foi realizada em Jesus Cristo.

3. RELIGIÃO E MAGIA – Devemos distinguir claramente a religião da magia. Os estudiosos indicaram muitos pontos nesta distinção, sendo que alguns, dentre os mais importantes, são:

a. *A atitude do homem* – A religião comporta uma mente remissiva, ao passo que a magia comporta uma atitude altaneira, de autoafirmação; em substância, contrapõem-se submissão e controle. Uma pessoa religiosa considera o sobrenatural como sujeito, ao passo que um mago o considera como objeto. A magia consiste em forçar o *numen*; a religião é submissão ao *numen*: duas reações psicológicas completamente distintas; dois comportamentos diferentes daquele conjunto maior que é o sobrenaturalismo. A essência da magia é reconhecidamente coerção nos interesses concernentes a nossas exigências imperativas e orgânicas; pressupõe-se que a magia genuína possa tornar o homem capaz de influenciar o curso dos eventos, através de meios puramente psíquicos.

b. *Relação com a sociedade* – A religião é questão que diz respeito à sociedade/à Igreja, enquanto que a magia é coisa do indivíduo; culto organizado contra prática individual. E existe o adido não oficial que é a bruxa; na magia, o indivíduo encontra-se em posição preeminente.

c. *O instrumento* – A magia é uma técnica que se pressupõe possa atingir sua finalidade através do uso das poções; se estas são usadas como simples meios, como um dispositivo de tipo específico, para obter certos fins, temos então a ver com a magia.

d. *Objetivo* – Religião significa proximidade ou unidade com o divino; ao contrário, as metas da magia são as metas da vida; os meios para chegar ao fim são um elemento constitutivo da magia, enquanto é um fim em si mesmo a representar a religião. Como prática, a magia é a utilização destes poderes para fins públicos ou privados; a magia consiste em ações expressivas de uma vontade de realidade.

e. *O fator adicional* – Modalidades pessoais de um estado de espírito contrapostas a poderes calculáveis. O reconhecimento de uma ordem transcendental contra a não referência transcendental aos poderes externos supramundanos. Tudo o que se dirige a um poder sem nome é magia. A diferença essencial entre magia e religião parece depender do fato de se um ato acontece como um *opus operatum* por si mesmo, ou se o ato se dirige a uma vontade superior, mediante a qual procura realizar suas intenções. A religião é fé num poder universal maior do que o do próprio homem. A magia é ciência oculta; é uma referência ao poder oculto.

Concluindo, podemos dizer que a magia se diferencia da religião no sentido de que a magia é essencialmente manipulativa, embora tal manipulação possa ser conduzida numa atmosfera de temor e respeito, admiração e surpresa, semelhante àquilo que caracteriza a atitude religiosa. A religião significa uma ação direta e imediata do ponto de vista do agente, ao passo que a magia nunca pode ser um método direto, porque sem instrumento não existe nenhuma magia; nunca se pode falar de "magia segundo a natureza". A magia é toda ela artifícios, isto é, instrumentos.

Neste contexto, devemos esclarecer que, embora encontremos fenômenos que são religioso-mágicos, podemos também encontrar casos nos quais os fenômenos religiosos não são misturados com a magia de modo algum. Existem casos em que só está presente a magia, sem nenhum vestígio de religião.

4. RELIGIÃO E REVELAÇÃO – Entre as religiões, incluídas as primitivas, há uma consciência da ação divina. Entre todas as tribos e os povos conhecidos encontram-se em vários graus, seja exercícios ascéticos, seja a ação divina na prática da religião: mas entre os povos primitivos a invocação da divindade, a ação desta em suas vidas é reconhecida como parte essencial da religião. A necessidade de Deus, por parte do homem, mostra-se de muitos modos. Vê-se isto particularmente nas religiões mais elevadas, de maneira mais direta naquilo que denominamos um tipo de religião que experimenta e dá destaque à atividade divina ou à revelação profética. Nestas manifestações, existe uma intervenção muito poderosa do divino na esfera humana.

É Deus que vai em busca do homem, ou o homem que vai em busca de Deus? A alternativa parece tola. A resposta certa foi dada pelo poeta-místico Rumi, quando escreveu que é Deus mesmo que fala na invocação e na oração do homem. Na religião zoroastriana dá-se preferência à primeira alternativa. Deus procurou o profeta escolhido, manifestou-se a ele e o chamou para seu trabalho. Foi propriamente o poder divino que o fez reconhecer *Ahura-mazdā* como o único ser supremo. Assim, através da vocação divina, Zoroastro tornou-se profeta de seu povo e sua mensagem se tornou uma religião revelada.

A religião profética de Israel é uma religião fundada, não uma religião de cultura, nobilitada pela inteligência e pelo sentimento religioso. Ela começa com uma personalidade histórica a que nunca cessa de se referir. A importância de Moisés, como fundador de uma forma um tanto elevada de ética religiosa, é reconhecida por todos os estudiosos das religiões. O AT apresenta pensamentos sublimes e inspiradores de Deus e um zelo apaixonado pelo amor e pela justiça; além disso, a fé encontra fundamento ou corroboração através dos acontecimentos históricos. Estes caracteres foram intensificados e levados à consumação no Evangelho e na Igreja cristã. A verdade do cristianismo está indissoluvelmente ligada não só ao evento, mas também a uma pessoa na história, Jesus de Nazaré.

A reivindicação exclusiva do Evangelho e da Igreja de possuírem a verdade e a reivindicação do homem Jesus, no quarto evangelho, de ser Ele mesmo a verdade, aumentam a unicidade da religião revelada. A fraternidade estabelecida por Cristo, o Redentor, entre a alma humana perdida e Deus, seu criador, a nova fraternidade, ligando os homens justos em torno do Salvador numa fraternidade eterna, realizou-se com a pregação e as obras poderosas do Senhor. Quando sua obra foi consumada na cruz, libertou e uniu numa nova humanidade os prisioneiros do pecado, o mundo e a morte. Seu verdadeiro centro é uma personalidade viva, o Filho encarnado, o Senhor ressuscitado, que é o fulcro do cristianismo.

As religiões orientais, como o → hinduísmo e o → budismo, propõem um outro tipo de revelação, que é a experiência direta e imediata de Deus, ou do Absoluto, no misticismo, razão pela qual são denominadas místicas, para distingui-las das religiões proféticas. Seus escritos sagrados não contêm o relato das ações de Deus com o homem na história, mas são, antes, uma realização gradual, da parte do homem, da natureza de Deus e do homem. Trata-se da busca humana do Real, da Luz e do Imortal, tanto dentro de si quanto no mundo que rodeia o homem: "Do irreal conduze-me ao Real; da obscuridade guia-me para a Luz; da morte conduze-me à imortalidade" (*Brh. Up.* 1.3.28).

Revelação significa uma livre-abertura de Deus ao homem; isto é indispensável a toda religião, já que o homem sozinho não pode chegar ao conhecimento da absoluta transcendência de Deus; toda religião, tal como existe na realidade, presume alguma intervenção da parte de Deus ou da parte de um ser sobrenatural, como resposta ao homem em sua busca do divino. A religião revelada é aquela em que Deus se revelou num momento histórico definido a um homem, que é um fundador ou um especialista do sagrado. Por exemplo, o cristianismo, o → islamismo, o → judaísmo, o zoroastrismo. Mas as religiões orientais podem ser qualificadas de "reveladas" no sentido místico, isto é, na experiência direta e imediata de Deus ou do Absoluto. Todas as religiões estão fundadas na fé, diversificando-se somente na maneira como tal fé é justificada. O fundamento da fé pode ser uma inserção imediata, histórica, de Deus, que revela seus poderes, sua vontade e sua natureza mediante os fatos e as palavras; ou, então, a tradição dos sábios, dos videntes, dos antepassados. A fé nestas duas modalidades é vivida com plena seriedade, na absoluta disponibilidade diante de Deus.

5. RELIGIÃO E FÉ – Religião e fé estão ligadas uma à outra, e às vezes são sinônimas. Todo crente está convencido da absoluta verdade de sua fé e está disposto a tirar as consequências desta convicção, fundamentando-a formal e principalmente não na lógica nem em argumentos históricos verificáveis por ele, mas na fé transmitida de uma geração à outra. Isto não quer dizer que a religião seja fideísta ou que se baseie numa opinião insuficientemente fundada, mas que tem um senso de tradição aceita como válida e autêntica nas matérias religiosas. E é essencial à fé ter um caráter de totalidade do ato religioso; não pode ser fruto de uma conclusão tirada dos fenômenos fundados no princípio da causalidade ou, então, um produto exclusivo da inteligência ou da vontade; é, antes, uma atitude de adoração da alma; a mais profunda e absoluta no homem, em seu núcleo pessoal.

W. Cantwell Smith afirma que a vida religiosa do homem só pode ser adequadamente entendida se eliminarmos a noção de "religião" como abstração. O conceito "religião" deve ser substituído pelos dois conceitos separados "de uma tradição cumulativa" e "de uma fé pessoal". Critica algumas tentativas de descrever a experiência religiosa de uma pessoa em termos de uma coisa impessoal, chamada religião. Uma vez que os fenômenos religiosos são expressões humanas, sustenta que devemos ser sensíveis à natureza específica do envolvimento do indivíduo no modo como ele se exprime na oração, no ritual ou na responsabilidade social. O estudioso deve distinguir entre a fé pessoal de um homem religioso e a tradição complexiva que é o objeto de estudo do historiador e do morfólogo. A fé do homem pode ser estudada na sensibilidade diante da qualidade de vida dos homens religiosos que expuseram esta fé em formas culturais. O que Cantwell Smith afirma sobre o conceito de religião é em parte verdade. Devemos adaptar um enfoque personalista como corretivo para os estudos puramente objetivos, que enfatizaram uma metodologia empírica. Mas entendemos por religião tudo o que acompanha a fé pessoal de uma pessoa religiosa.

Quando a consciência do divino ou do sagrado se torna centro da vida pessoal, todas as funções, os dotes e as decisões são informados pela forte influência especial desta experiência. Como termo religioso, a → fé não quer dizer o que a linguagem comum gostaria de fazer significar; isto é, uma aceitação emocional e intelectual de algo que uma pessoa não pode saber com precisão e que não pode provar. Isto representa apenas um caráter secundário da vida da fé; além disso, desloca-se o foco da fonte transcendental da fé para a preocupação com as regras da lógica e com os métodos de verificação empírica. Estas não passam de considerações secundárias, quando combatemos com os elementos mais profundos da experiência humana. A fé é antes um modo de viver, não meramente um modo de pensar, que coloca a existência do homem no contexto do sagrado ou do divino ou da realidade eterna. A fé é a resposta autoconsciente ao sagrado, em todos os seus mistérios, revelações, poderes, terríveis e fascinantes (*mysterium tremendum et fascinans*).

6. A RELIGIÃO "ORIGINAL", O MONOTEÍSMO "ORIGINAL", E A REVELAÇÃO "ORIGINAL" – Wilhelm Schmidt, criticando severamente a interpretação evolucionista da origem da religião e da ideia de Deus, sustentava que a origem da ideia de Deus no homem não se pode encontrar sem usar um método histórico cientificamente fundado para distinguir e aclarar os vários níveis do desenvolvimento nas próprias sociedades primitivas. No primeiro volume de seu livro *A origem da ideia de Deus*, Schmidt afirma que as tribos primitivas indicam um reflexo distorcido, mas positivo das primeiras experiências religiosas através de suas crenças e de suas práticas de culto e de veneração de um "Ser Superior". Segundo Schmidt, o sinal mais eminente da religião dos povos primitivos é seu monoteísmo fundamental; a essência de sua religião consiste na fé num Ser superior, no reconhecimento de sua dependência em relação a Ele e na obediência a suas leis. Os resultados desta nova descoberta, isto é, que o monoteísmo se encontra nas religiões mais antigas, que está em seu centro, são diametralmente opostos à velha perspectiva evolucionista, segundo a qual o monoteísmo apareceu somente nas religiões posteriores, como resultado de uma longa e complicada evolução. Certamente temos que sustentar que o monoteísmo está presente nas religiões, embora ao lado do Ser Supremo existam divindades menores e desde que se afirme que o Ser Supremo criou tais divindades, deu-lhes poderes, atribuiu-lhes funções, e que exerce vigilância sobre elas; mesmo lá onde alguma destas

características de supremacia estiver ausente, o monoteísmo em todo caso prevalece, ainda que de um modo mais fraco.

"Revelação primitiva" é o que os progenitores da humanidade receberam de Deus, no início da criação; depois da queda no pecado, a humanidade recebeu também a revelação concernente ao Salvador. Esta revelação foi transmitida à posteridade. Isto explica como os homens podem ter verdades comuns sobre Deus e sobre a relação do homem com Deus, de maneiras diversas e em graus diversos ao longo da história da humanidade. As verdades encontradas em outras religiões seriam um resíduo desta "revelação primitiva" (Schmidt). Esta ideia não foi aceita pelos estudiosos, uma vez que é difícil detectar estas verdades em várias religiões e é impossível estabelecer a continuidade da tradição primitiva durante a longa história humana que separa Adão de Abraão.

A "religião primordial" é a que se presume ter existido nas origens do homem, seja no sentido de que esta religião foi considerada a mais perfeita (assim se fala de monoteísmo original) e em seguida se desvirtuou lentamente em formas mais baixas de religião (W. Schmidt), seja no sentido do estado mínimo da religião, como o animismo ou pré-animismo ou o totemismo, que evolui gradualmente para as formas mais altas da religião, como o monoteísmo (Tyler, Marrett e Durkheim). Não aceitamos nenhum dos dois sentidos, devido à falta de provas históricas.

Embora não aceitemos o monoteísmo primitivo de Schmidt como uma teoria da origem da religião, ele e seus seguidores prestaram um serviço à história das religiões, contrastando a influência da teoria do animismo e demonstrando a possibilidade da hipótese não animista das origens da religião.

Schmidt havia demonstrado a existência, entre os primitivos, de uma fé no Ser Supremo, fato que foi muitas vezes negligenciado ou até negado por alguns estudiosos. Em quase todas as religiões primitivas certamente se encontra a ideia de um Ser Supremo. Com bastante frequência este Deus Supremo é considerado como o criador e como o Ser moral que estabeleceu as regras para as justas relações entre os seres humanos. Podemos distinguir dois tipos de monoteísmo: explícito e implícito. O monoteísmo explícito é a fé em um só Deus, excluindo todos os outros deuses. O monoteísmo implícito é a crença num único Deus, excluindo só indiretamente outros deuses supremos. O monoteísmo primitivo de Schmidt é implícito e pode ser admitido, pois implica a crença num só Ser Supremo.

7. CRÍTICA ATUAL DA RELIGIÃO – Examinemos agora algumas críticas atuais da religião, pois estas nos ajudam a compreender a verdadeira natureza da religião.

Presume-se que a religião nos envolve numa confiança supersticiosa em algo que se chama *deus ex machina*, num supernaturalismo falso ou numa metafísica antiquada. Isto leva à diminuição do esforço humano e do senso humano de responsabilidade. Esta crítica tem uma certa validade, se entendermos que a religião vê Deus como um solucionador dos problemas ou como uma explicação conveniente para tudo o que não termina bem, para tudo o que possa ser difícil de entender, para tudo o que acontece devido à irresponsabilidade ou à estupidez do homem. A fé religiosa pessoal e a razão pessoal deveriam desempenhar um papel importante no modo de corrigir noções falsas ou supersticiosas no tocante a Deus ou a sua relação com o mundo e os seres humanos. Mas, enquanto rezamos, prestamos um culto e falamos do Transcendente, não somos libertados da convicção basilar da religião que, qualquer que seja o modo em que a exprimamos, implica certamente uma espécie de crença no modo de ser das coisas. Não podemos rezar, nem falar do Transcendente, nem exprimir um compromisso definitivo sem estar preparados para admitir uma base racional para estas coisas.

Uma outra objeção à religião afirma que esta tem a ver com o fim que o indivíduo se propõe para a salvação e, portanto, é inerentemente egocêntrica. Isto pode ser verdade em algum caso extremo, mas erra por completo quando diz que a salvação pessoal na religião se obtém mediante o cumprimento dos deveres para com os outros, qualquer que seja a condição em que os encontremos, em nome das próprias crenças religiosas. O homem, como ser social, tem parentesco com outros seres humanos e sua relação encontra sua razão mais profunda em suas relações pessoais com Deus ou com o Absoluto. A objeção afirma simplesmente que a busca de salvação deve visar toda a humanidade; embora a objeção condene algumas distorções da religião, reafirma o objetivo que está no centro de toda a religião verdadeira.

Além disso, afirma-se que a religião facilmente descamba para a idolatria, o fetichismo, em que as coisas destinadas a servir ao culto se tornam o objeto do culto. As pessoas apegam-se fanaticamente a formulações dogmáticas específicas ou a instituições particulares. Por vezes as regras são absolutas e imutáveis etc. Devemos responder, dizendo que a própria religião se encarrega de julgar tais ídolos e realiza reformas a partir de seu interior. Toda comunidade religiosa tem poder de renovar-se e, efetivamente, de vez em quando, implementa um programa de renovação.

8. RELIGIÃO E MORALIDADE – Kant demonstrou de maneira convincente que não há necessidade de conhecer a existência de Deus para perceber a obrigação moral de praticar o bem e evitar o mal. Ninguém pode ser excusado de suas ações más por ser ateu ou agnóstico. Disto não se segue que não exista uma relação entre a moralidade e Deus. "Somente a existência de um Deus pessoal, que é a Bondade Infinita, pode tornar perfeita a mensagem de valores morais e pode, ulteriormente, justificar a validade desta obrigação" (Von Hildebrand). As leis morais não são uma "abstração respeitável", mas encontram sua forma concreta pessoal no Deus vivo.

O homem não precisa ser religioso para perceber o caráter absoluto dos valores morais; mas o homem religioso, relacionando explicitamente estes valores com Deus, não somente entende mais profundamente sua natureza, mas pode também aprender que nenhum mal puramente físico, como a doença, o sofrimento, o tédio e a morte, pode, sozinho, ser comparado em importância a uma única ofensa contra Deus. Os valores morais não são somente percebidos como radicados em Deus mesmo, mas o homem religioso percebe, além disso, com clareza, que a mais suprema e sublime de todas as obrigações morais é a resposta a Deus. Muitos estudiosos perceberam que a seriedade definitiva da moralidade e sua natureza categórica exigem a existência de um Deus pessoal. O mesmo vale para o fato de que a religião necessariamente abrange a moralidade. "Nenhuma religião que venha de Deus contradiz o senso do bem e do mal" (Newman). "A religião não pode prosperar sem ética, como também a ética não pode florescer sem religião" (Von Hügel). Embora a religião e a moralidade sejam distintas e a religião não possa simplesmente ser identificada com a moralidade, tampouco são separadas, mas mutuamente se incluem, também no mais alto nível de misticismo.

9. RELIGIÃO E MISTICISMO – A experiência mística é principalmente um fato, prenhe de significado para a vida religiosa do místico, para que devamos reconhecer a existência psicológica dos estados característicos que compreendem um certo tipo de consciência em que os símbolos sensoriais e as noções do pensamento abstrato e discursivo parecem, por assim dizer, aniquilados e em que a alma se sente unida em contato direto com a realidade que possui. O místico sente que tem uma percepção mais profunda e uma luz maior em sua experiência da realidade sublime, qualquer que ela seja. Este é o fenômeno que comumente se chama misticismo.

A natureza do misticismo pode ser entendida a partir de sua definição ou descrição. Antes de tudo, devemos observar que o misticismo não é o culto, nem é nenhum dos fenômenos paranormais, como a leitura do pensamento, a telepatia, ou a levitação. Muitos místicos autênticos podem ter tido estes poderes, mas estes não são essenciais para o fenômeno místico enquanto tal. Para podermos compreender todos os tipos de misticismo, podemos dizer que a experiência mística é a percepção direta do ser eterno, concebido em termos pessoais, ou simplesmente como um estado de consciência. É uma experiência suprarracional, metaempírica, intuitiva, unitária, de um "algo" sem tempo, sem espaço, imortal, eterno e este algo pode ser um Deus pessoal, ou um Absoluto suprapessoal ou meramente um estado de consciência. É a realização desta "unicidade" com ou dentro de algo que transcende o eu empírico, seja esta unicidade sentida em identidade total ou em união íntima. O denominador comum em diversos tipos de experiência mística é a perda do senso da personalidade ou consciência do ego num todo maior. O místico sente-se transplantado para além do tempo e do espaço, num eterno "presente", em que a morte não pode ter nenhuma relevância e a condição natural do homem é vista como uma imortalidade segura.

Tendo dado uma definição geral do misticismo, podemos agora passar a examinar a distinção entre três tipos de experiência mística: a *extática*, a *enstática* e a *teísta*.

Na experiência de tipo *extático* a alma sente-se unida à vida incessante de todas as coisas. Nesta experiência, a barreira entre o "eu" e o "não eu", entre o sujeito que faz a experiência e o mundo objetivo parecem esvair-se, e o todo é visto como uma coisa só e isto traz alegria e paz. Esta experiência pode ser feita por pessoas de qualquer religião e também por gente que não tenha nenhuma fé, razão pela qual às vezes é chamada de misticismo de natureza. Como expressão religiosa, consideramo-la ligada à iluminação zen.

O segundo tipo de experiência é aquela em que a alma mergulha em sua essência mais profunda, da qual desaparece tudo o que é fenomênico, transitório e condicionado, e a alma se vê a si mesma como um todo indiviso e isento de todas as dualidades da vida no mundo. É a experiência da unicidade absoluta ou da essência espiritual mais íntima do eu em seu ser mais profundo. Quando a unicidade absoluta do eu espiritual é experimentada, pode tornar-se um tipo de experiência monista (não dualista). As *Upanishad* interpretam isto no sentido de que, quando o homem atinge este estado, se dá conta de ser verdadeiramente o Absoluto; ele é a própria natureza divina, da qual Deus é somente a primeira emanação semi-ilusória. Nenhuma religião tem relevância alguma, salvo se for um sinal do Uno inefável que, na realidade, somos todos nós. Esta é a posição dos sistemas não dualistas.

A experiência *enstática* é como a extática na medida em que em ambas são transcendidos tanto o tempo quanto o espaço. Enquanto na experiência extática o "eu" parece unir-se ao mundo como também o mundo ao "eu", na experiência enstática a multiplicidade desaparece e só permanece a unicidade irrompível. No estado enstático a unidade de ser é sentida dentro do eu, uma experiência da presença da imensidade do divino na alma. Esta é uma experiência do eu espiritual em sua universalidade, totalidade e expansividade partindo do próprio eu.

O terceiro tipo é o misticismo do amor *teísta* a Deus. Na experiência hindu da suprema *bhakti* (amor de Deus), deparamos este tipo de experiência da participação viva da alma no ser de Deus. Através da *bhakti*, o homem liberto experimenta a natureza de Deus por meio de um conhecimento intuitivo, uma vez que chega a conhecer Deus porque está dentro dele. O eu mais recôndito vai além do tipo de experiência que diz "eu quero", "eu desejo", "eu conheço". Tem seus próprios modos de conhecer, amar, fazer experiências, que é um modo divino, não um modo humano, uma via de união, unicidade, "esponsalício" em que não existe mais uma individualidade psicológica separada que atrai a si todas as coisas boas e verdadeiras e, assim, ama e conhece por si mesmo.

A experiência yoga e não dualista tem um contato imediato e direto com o núcleo íntimo da espiritualidade da alma, em sua perfeita interioridade e totalidade, e com a base mais profunda da atividade da alma. Na realidade, é uma descida à verdadeira fonte da bondade ontológica, ao ser da alma criada. O perigo deste tipo de misticismo é o de resistir à experiência do eu ou de absolutizá-la. Este foi na realidade o caso dos não dualistas na Índia. É fácil cometer este erro. A não ser que se conheça Deus pela fé ou por experiência, pode-se facilmente confundir a imagem de Deus – mesmo que seja purificada pelo ascetismo e pelo desapego total de todas as coisas temporais – com o próprio Deus vivo, refletido pela imagem. No caso do misticismo do amor de

Deus, os místicos, através de um intenso amor por Deus, fazem a experiência de uma união mística com Ele. Aqui vemos em ação a graça sobrenatural de Deus, porque este tipo de misticismo não pode ser induzido só pelo poder do homem. Embora o homem possa tentar todos os tipos de técnicas e de meios, não chegará nunca a este misticismo de amor, que é sentido como um dom puramente gratuito de Deus. Mas, quanto a outros tipos de experiências transcendentais, elas podem ser induzidas por técnicas, como, por exemplo, pelo yoga, e por outros meios.

Expusemos a natureza do misticismo, seus vários tipos, visto seu significado e sua importância no cenário religioso contemporâneo, tanto no Ocidente quanto no Oriente, e visto o aparecimento de novas → seitas e de novos movimentos religiosos, sob a influência das religiões orientais. O importante a notar aqui é que nem todos os tipos de misticismo são religiosos; existem misticismos naturais e misticismos profanos, que não têm nenhuma relação com o sagrado, com o divino ou com Deus. Eles visam a perfeição da pessoa de várias maneiras, para esta poder ter um maior domínio espiritual sobre si mesma, para poder melhorar sua própria capacidade espiritual e para poder dominar a experiência empírica e a vida em que uma pessoa possa encontrar-se. Podem ser práticas legítimas e podem ser úteis nas técnicas de meditação, por exemplo, e também nas disciplinas religiosas, se bem que em si mesmas não sejam necessariamente religiosas.

Bibl. – W. Schmidt, *The Origin and Growth of Religion*, Londres 1930; G. van der Leeuw, *Religion in Essence and Manifestation*, Nova York 1936; M. Eliade, *Patterns in Comparative Religion*, Londres 1958; H. Smith, *The Religions of Man*, Nova York 1958; R. Otto, *Das Heilige*, 1924; R.C. Zaehner, *At Sundry Times*, Londres 1960; Id., *Concordant Discord*, Oxford 1970; J. Wach, *The Comparative Study of Religions*, Nova York 1963; W. Cantwell Smith, *The Meaning and End of Religion*, Nova York 1964; E.E. Evans-Pritchard, *Theories of Primitive Religion*, Oxford 1965; L. Newbigin, *Honest Religion for Secular Man*, Londres 1966; A. Richardson, *Religion in Contemporary Debate*, Londres 1966; H.D. Lewis, *Philosophy of Religion*, Londres 1967; S. Radhakrishnan, *Religion and Culture*, Delhi 1968; F.J. Streng, *Understanding Religious Man*, Belmont 1969; A. von Hildebrand, *Introduction to a Philosophy of Religion*, Chicago 1970; W. Richard Comstock (ed.), *Religion and Man*, Nova York 1971; M. Dhavamony, *Phenomenology of Religion*, Roma 1973; Id., "Self-understanding of World Religions as Religion", em *Greg* 54 (1973) 91-130.

MARIASUSAI DHAVAMONY

II. Fenomenologia

1. INTRODUÇÃO – Antes de tudo, precisamos esclarecer em que sentido falamos aqui de fenomenologia da religião. Não a entendemos no sentido da escola filosófica representada por Husserl e por seus seguidores, como Heidegger, Sartre, Merleau-Ponty; esta escola usa o método fenomenológico no tratamento de cinco conceitos fundamentais: descrição, redução, essência, intencionalidade e mundo. Tomada neste sentido, a fenomenologia da religião é aquela parte da filosofia fenomenológica que se interessa pelo estudo da religião. A fenomenologia da religião também não é a filosofia da religião (→ Religião, VI), entendida em sentido hegeliano. Hegel propôs-se organizar toda a atividade humana – como a arte, o direito, a religião etc. – num determinado sistema e aplicar a cada setor métodos de investigação filosófica; neste sentido, a filosofia da religião trata da consistência filosófica das doutrinas religiosas e procura descobrir, debaixo das várias formas de expressão religiosa, culturalmente condicionadas, seus pressupostos comuns. No sentido em que a entendemos aqui, a fenomenologia da religião é o tratamento sistemático da história das religiões (→ Religião, III), cuja função é classificar e agrupar os dados numerosos e amplamente divergentes de modo tal que se obtenha um quadro global de seus conteúdos *religiosos* e de seu significado *religioso*. É mais exato chamá-la de fenomenologia histórica da religião, para evitar confundi-la com a disciplina filosófica.

2. FENOMENOLOGIA HISTÓRICA DA RELIGIÃO – C. de la Saussaye, um dos fundadores do estudo comparado da religião, foi o primeiro a introduzir o termo e o conceito de fenomenologia na ciência da religião (*Lehrbuch der Religionsgeschichte*, 1887: "Die Phänomenologie der Religion", 48s). Mas o termo é mais antigo do que seu manual. Já o haviam usado Kant, Fries e Hegel, no sentido de teoria filosófica sobre o processo do conhecimento. Não podemos dizer com certeza se De la Saussaye tomou o termo destes filósofos ou não; em todo caso, não o empregou no sentido entendido por eles, e sim no contexto do estudo comparativo da religião, na medida em que o historiador da religião não estuda somente os fatos individuais, mas compara-os, a fim de ver-lhes o significado. Notemos que este uso da fenomenologia era anterior ao desenvolvimento da filosofia fenomenológica de Husserl. A fenomenologia de De la Saussaye foi uma tentativa de pesquisar a essência e o significado dos fenômenos religiosos e agrupá-los segundo um critério tipológico, independentemente do espaço e do tempo. Esta fenomenologia inicial da religião era empírica e tornou-se uma disciplina destinada a classificar os fenômenos religiosos. Ele tomou em consideração um certo número de formas religiosas, que se encontram universalmente e em todas as épocas: por exemplo, os deuses, a magia e a adivinhação, o sacrifício e a oração; dedicou uma seção inteira explicitamente à mitologia. Também preveniu sobre os métodos do estruturalismo e da psicologia do profundo, empenhado em descobrir nos mitos supostos significados ocultos e inconscientes: "Nossa função não é procurar um núcleo racional em relatos irracionais, mas descrever as origens e a evolução de um mito". Todavia, a fenomenologia da religião, como era estudada por E. Lehmann e por seus contemporâneos, ressentiu-se dos pressupostos gerais evolucionistas da época e dos desvios teológicos ou antiteológicos.

O primeiro tratado importante sobre a fenomenologia da religião foi escrito por G. van der Leeuw, que, respeitando os dados religiosos e sua intencionalidade peculiar no descrevê-los, acreditava que a tarefa primária do fenomenólogo fosse aclarar a estrutura íntima dos fenômenos religiosos, enquanto especificamente religiosos. Contudo, por não estar muito interessado na *história* das estruturas religiosas, evitou descrever as estruturas peculiares de formas específicas de vida religiosa. Embora fosse muito influenciado pela *Gestaltpsychologie* e pela *Strukturpsychologie*, bem como pela *Phänomenologie* de Husserl, Van der Leeuw permaneceu um fenomenólogo religioso, no sentido de que em todas as suas interpretações esteve atento aos dados religiosos como tais e a sua intencionalidade especial; além disso, sustentou com clareza a irredutibilidade dos fenômenos religiosos a funções sociais, psicológicas ou racionais. Mas errou ao reduzir a totalidade dos fenômenos religiosos às três *Grundstrukturen*: dinamismo, animismo e deísmo. O defeito maior de seu método de estudo foi o desinteresse pela história das estruturas religiosas; pois mesmo as experiências religiosas mais elevadas (p. ex., as experiências místicas) apresentam-se através de estruturas específicas e expressões culturais historicamente condicionadas. A fenomenologia de Van der Leeuw não foi uma fenomenologia histórica. Mas estes limites não diminuem a importância de sua obra.

O interesse do *Das Heilige*, de R. Otto, na história do estudo científico da religião reside no fato de que, em vez de estudar os conceitos de Deus e de religião, analisou as modalidades da experiência religiosa. Dotado de grande acume psicológico e bem preparado, seja como teólogo, seja como historiador das religiões, conseguiu atingir uma compreensão fenomenológica das características específicas da experiência religiosa. Deteve-se sobretudo no aspecto não racional da experiência religiosa, indo além de seu aspecto racional e especulativo, mas sem negá-lo.

O grande mestre da hodierna fenomenologia da religião é M. Eliade, cujos intentos e objetivos estão claramente expressos em seu *Traité d'Histoire des Religions*. Um fenômeno religioso pode ser reconhecido como tal somente se for apreendido em seu próprio nível, vale dizer, se for estudado como algo de religioso. Procurar apreender a essência de tal fenômeno servindo-se da psicologia, da sociologia, da antropologia, da linguística ou de outro tipo de estudos é falsificar; negligencia-se o único elemento típico e irredutível que existe nele, o elemento do sagrado. Obviamente, não existem fenômenos puramente religiosos; nenhum fenômeno pode ser só e exclusivamente religioso. Visto que a religião é um fato humano, por isto mesmo ela é algo de social, algo de linguístico, algo de cultural; não se pode pensar num homem prescindindo da sociedade, da cultura, da linguagem. Mas seria inadequado querer explicar a religião, enquanto religião, através de qualquer uma destas funções basilares, que, na realidade, não passam de um modo diferente de dizer o que o homem é. Os livros de M. Eliade examinam fenomenologicamente as diversas hierofanias, tomando o termo em sua acepção mais ampla, de qualquer coisa que manifeste o sagrado. O autor estuda as diversas formas expressivas do sagrado e mostra que elas convergem num sistema coerente. Os vários conjuntos religiosos não são rompidos pelo fato de cada classe de hierofanias formar, a seu modo, um conjunto do ponto de vista morfológico (tendo a ver com deuses, mitos, símbolos etc.) e do ponto de vista histórico (porque muitas vezes o estudo deve estender-se a múltiplas culturas, que se diferenciam no tempo e no espaço).

Os escritos de M. Eliade deram uma grande contribuição à assim chamada morfologia religiosa, ou fenomenologia genética. Ele deu-se conta da notável inadequação da abordagem de Van der Leeuw e dedicou sua atenção às estruturas e expressões culturais específicas, como se apresentam historicamente e nas quais se exprime a vida religiosa. Segundo Eliade, a função do fenomenólogo consiste em entender e em expor o valor religioso contido nas diferentes expressões em que, através de símbolos e mitos, o sagrado se manifesta, em oposição ao profano. O modelo do comportamento religioso apresenta-se como a imitação dos atos e dos modelos criativos do divino. Estas estruturas de consciência são histórica e culturalmente condicionadas. Por isto sua fenomenologia pode ser considerada genética ou histórica.

É verdade que Eliade oferece a apresentação temática de alguns fenômenos religiosos, amplamente tirados de concepções arcaicas e exóticas, e os compara em nível do simbolismo, levando pouco em conta seu contexto histórico e social mais amplo, e isto, segundo ele, é "história das religiões"; mas sua atitude fenomenológica indica com clareza sua tendência fenomenológica.

No seu *At Sundry Times*, R.C. Zaehner enfrenta o problema de como um cristão deveria considerar as religiões não cristãs e como poderia relacioná-las com a sua própria. Procura demonstrar que as maiores tendências do → hinduísmo e do → budismo, por um lado, e do zoroastrismo, por outro, se encontram com a → revelação cristã e nela descobrem sua complementação. Por tal motivo diz que "o cristianismo leva a termo tanto a tradição mística da Índia, que culmina na *Bhagavad-gītā* e na doutrina do Bodhisattva, quanto as esperanças de Zoroastro, o profeta do antigo Irã. Em Cristo as duas correntes encontram-se, harmonizam-se e se reconciliam como não acontece em nenhum outro: com efeito, Cristo leva a seu termo não somente a Lei e os profetas de Israel, mas também o 'Evangelho segundo os Gentios', tal como era pregado na Índia e no Irã". O importante a notar a este propósito é que R.C. Zaehner não quer dizer que o cristianismo seja uma reconstrução dos melhores aspectos das religiões mundiais, colocados juntos para formarem um conjunto, mas que as aspirações religiosas das religiões mundiais encontram sua perfeição e sua complementação no conjunto da revelação cristã.

G. Widengren crê que a fenomenologia da religião é um método incontestável e concorda com um tratamento de conjunto dela. Mas sua relação com a história é essencial, para evitar o perigo de apresentar somente um aspecto estático dos fenômenos religiosos. Para ele, é certo que às vezes poderá haver uma superposição entre história e fenomenologia. Se situar historicamente os fenômenos religiosos é de particular importância para a interpretação fenomenológica, será então necessário apresentar os fenômenos correspondentes em suas estruturas peculiares no interior de uma determinada religião particular. Não se pode simplesmente tirar um detalhe da estrutura global, considerá-lo como fato típico e compará-lo com outros fenômenos típicos, especialmente quando um aspecto particular do fenômeno é fortemente marcado. Além disso, a evolução histórica pode também ser explicada no quadro de um tratamento fenomenológico global de tipo comparativo.

C.J. Bleeker distingue três modos de conceber a fenomenologia da religião: *a.* a escola descritiva mais antiga, que se contenta em classificar e descrever os fenômenos religiosos; *b.* o procedimento tipológico, no qual são esboçados os diferentes tipos de religião e se destaca seu significado religioso, sem preocupar-se demais com os pressupostos metodológicos; *c.* o enfoque fenomenológico, que coerentemente emprega os princípios fenomenológicos com o fim de entender em profundidade a essência e a estrutura dos fenômenos religiosos. Pessoalmente, ele opta por este último método de estudo. Bleeker propôs três construções teoréticas para descrever a função do estudo fenomenológico da religião. Nos fenômenos religiosos, distingue três dimensões que o fenomenólogo deve investigar, em sua pesquisa; *a.* a *theoria* desvenda o significado religioso dos fenômenos; *b.* o "lógos" dos fenômenos penetra na estrutura das diversas formas de vida religiosa, em que se podem apontar quatro diferentes categorias (formas constantes, elementos irredutíveis, pontos de cristalização e fatores típicos); *c. entelécheia* é o fenômeno religioso segundo o modo como uma essência se manifesta na dinâmica ou evolução visível da vida religiosa da humanidade.

R. Pettazzoni entendia a fenomenologia religiosa como compreensão religiosa da história. Fenomenologia religiosa e história não constituem duas ciências distintas, mas aspectos complementares da ciência religiosa em sua totalidade. Com razão reagiu contra um tipo de fenomenologia que presumia deixar de indagar a origem e a evolução histórica dos fatos religiosos. Com acerto, observa que deveríamos estar atentos ante o perigo de dividir a ciência da religião em duas ciências diferentes, uma histórica e outra fenomenológica. Se o método histórico insistisse exclusivamente na pesquisa filológica e se interessasse excessivamente pelas manifestações "culturais" da religião, em vez de interessar-se pelos valores essenciais da vida e da experiência religiosa, perderia de vista o sentido do próprio fato religioso. Aqui, como acontece com frequência na pesquisa religiosa, não se trata de escolher "a fenomenologia religiosa ou a história das religiões", mas de utilizar ambas, trabalhando em harmonia, em analogia e interconexão. Muitos estudiosos, nestes últimos anos, têm tentado colocar junto estas duas operações intelectuais, já que ambas são igualmente importantes para um conhecimento adequado do *homo religiosus*.

Contudo, não podemos aceitar a posição teorética de Pettazzoni em relação à religião. Formado sob a influência do historicismo de Croce, sustentava que a religião é um fenômeno de natureza puramente histórica e que, com o passar do tempo, se tornaria um fato ultrapassado e até desapareceria por completo, exatamente como aconteceu com a história ou a literatura, a epigrafia ou a arqueologia da antiga Grécia.

Alguns estudiosos usam o termo fenomenologia da religião com um significado diferente, isto é, como o estudo de uma determinada religião, entendida como estrutura orgânica, num certo período de tempo, sem levar em conta as origens históricas das várias ideias e práticas, limitando o interesse ao significado que têm para o crente. Este modo de entender a fenomenologia da religião não é comumente admitido. A noção comumente aceita de fenomenologia da religião é a que comporta o estudo comparado dos fenômenos religiosos, uma vez que tira seu material da história das diversas religiões; o material é ordenado segundo uma perspectiva sistemática e não histórica. Por exemplo, faz-se a pergunta: O que creem as diversas religiões sobre Deus? Que concepções de Deus encontramos nelas, na realidade? Ou então, o que creem no tocante ao mal, à salvação, à vida depois da morte?

3. TIPOLOGIA, ESTRUTURA, MORFOLOGIA – A fenomenologia da religião não se propõe comparar as religiões entre si como amplas unidades, mas recolhe os fatos e os fenômenos semelhantes que encontra nas diversas religiões, coloca-os junto e os estuda em grupo. O objetivo é chegar a uma compreensão mais profunda e mais precisa, porque, estudados em grupo, os dados se iluminam reciprocamente. Na fenomenologia da religião, consideramos os fenômenos religiosos não apenas em seu contexto histórico, mas também em seu nexo estrutural.

A tipologia é o estudo dos tipos; um tipo é constituído de uma lista de traços característicos de um indivíduo, de um grupo ou de uma cultura, que os distinguem de outros indivíduos, grupos etc. Os tipos são usados na suposição de que fornecem um instrumento de classificação de pessoas e grupos, que é útil para os fins da análise. Um tipo ideal é uma construção mental, constituída pela configuração de elementos característicos de uma certa classe de fenômenos que servem para a análise. Os elementos são tirados à base de observações de exemplos concretos dos fenômenos em estudo, mas não está dito que o quadro mental que daí resulta corresponda exatamente a cada observação empírica individual. O tipo ideal é uma importante técnica metodológica, um instrumento de pesquisa, usado para descrever, confrontar e verificar hipóteses relativas à realidade empírica. Estes tipos artificiais são feitos com critérios (elementos, traços particulares, aspectos e assim por diante) que têm uma correspondência constatável no mundo empírico, ou que podem ser legitimamente hauridos da evidência empírica, ou também as duas coisas junto. O tipo construído não fornece apenas um meio para ordenar os dados, mas serve também para tornar mais fácil a generalização.

A estrutura é a relação de fundo e relativamente constante entre elementos, partes ou modelos num todo unificado e organizado. A estrutura não é uma ligação diretamente experimentada e tampouco logicamente ou causalmente abstrata, mas intencional; é um todo orgânico, cujas partes não podem ser analisadas, mas que pode ser intuído à base destas. A estrutura é a realidade organizada de modo significativo, mas o significado depende tanto da realidade quanto do sujeito que busca compreendê-la. Ele é, pois, algo de compreensível e, também, inteligência que compreende.

A morfologia é o estudo da forma, do modelo, da estrutura ou conformação; é um todo integrado, não uma simples soma de unidades ou partes; os processos e os comportamentos mentais não podem ser analisados, sem um pró-memória, e reduzidos a unidades elementares, uma vez que totalidade e organização constituem as características de partida de tais processos; a estrutura é o colocar junto, é o ordenar as partes componentes e organizá-las num todo complexo; um todo orgânico, que se ordena em unidades de experiência, com chamada à interdependência de posição e de função de suas partes. A função de estrutura é uma propriedade ou atividade que está em relação com, ou depende da ação de um todo, e não da ação de alguma das partes do todo.

No estudo científico das religiões, a tipologia da religião é entendida de vários modos. Em nosso caso, o conceito de tipo indica algo que é comum a diversas religiões e que é tipicamente único e peculiar de cada religião. Quando os estudiosos indagam sobre a essência específica de uma determinada religião, procuram fazer uma tipologia da religião, pondo à luz as particularidades próprias de cada religião individual. Esta tipologia vê as religiões como conjuntos e organismos que estuda e considera de dois lados distintos: do lado de quanto, em seu conjunto, têm em comum, de típico, e do lado da sua unicidade típica neste conjunto.

A tipologia das religiões pode ser definida também como divisão das religiões segundo um determinado princípio. N. Söderblom, por exemplo, dividia as religiões mundiais em animísticas, dinamísticas e religiões fundadas. F. Heiler distinguia entre religiões místicas e religiões proféticas. H. Frick as dividia em religiões ativas e religiões do perdão. O princípio em que se baseia a divisão não é necessariamente um só: pode haver muitos, e que dividem as religiões em muitas categorias. O objetivo da tipologia das religiões é fazer emergir as características típicas comuns que se encontram no conjunto de cada religião; o que significa que ela denota mais do que uma simples tipologia das religiões. Pode haver mais do que duas ou três destas características constitutivas comuns, no "tipo" em questão. Às vezes uma mesma religião pode pertencer a mais de um tipo. O cristianismo, por exemplo, pertence ao tipo de religião fundada, de religião profética e de religião do perdão, ao passo que → o islamismo, que também pertence ao tipo de religião fundada e profética, não faz parte do tipo de religião do perdão. O hinduísmo não é nem uma religião fundada, nem uma religião profética, mas uma religião mística. Portanto, podem existir muitos tipos de religião e uma mesma religião pode pertencer a mais de um tipo.

4. OBJETIVOS DA FENOMENOLOGIA DA RELIGIÃO – Muitas são as disciplinas que se interessam pelos fenômenos religiosos. O filólogo esforça-se por interpretar corretamente o significado de um texto que trata de matéria religiosa. O arqueólogo visa a reconstrução da planta de um templo antigo ou a explicar o tema de uma cena mítica. O etnólogo traça os detalhes de certas práticas e ritos religiosos de povos "primitivos". O sociólogo procura compreender a organização e a estrutura de uma comunidade religiosa e suas relações com a realidade do mundo. O psicólogo analisa a experiência religiosa de pessoas diferentes. Todos estes estudiosos interessam-se pelo dado religioso no âmbito da finalidade e nos limites de sua ciência, aplicando os métodos específicos de suas disciplinas. Estes estudos e suas conclusões contribuem para ampliar e aprofundar nosso conhecimento dos fenômenos religiosos, mas não tratam da natureza essencial e específica destes fenômenos religiosos. Sendo um fato humano, o fenômeno religioso é também cultural, social, psicológico e religioso. Por isso, pode ser estudado sob o aspecto da sua manifestação cultural, social, psicológica e religiosa. A fenomenologia histórica das religiões estuda o fenômeno enquanto especificamente religioso, antes do que enquanto cultural, social ou psicológico.

A fenomenologia da religião não se limita a verificar e a explicar analiticamente os diversos dados como são estudados separadamente pelas várias disciplinas especializadas. Ela procura coordenar entre si os dados religiosos para determinar relações e agrupar os fatos segundo essas relações. Se se tratar de relações de forma, ela classifica os dados religiosos por tipos; se as relações forem de ordem cronológica, ordena-as em série. No primeiro caso, a ciência das religiões é puramente descritiva; no segundo, quando as relações são um puro fato cronológico, ou seja, quando a sucessão dos eventos corresponde a uma evolução interna, a ciência da religião se torna uma ciência histórica, a história das religiões. Não basta conhecer com exatidão os fatos e o modo em que estes aconteceram; o que queremos, sobretudo, conhecer é o significado daquilo que aconteceu. Esta compreensão do significado dos fenômenos religiosos pode ser obtida em dois níveis: histórico e fenomenológico. O significado histórico é comum ao dos fenômenos também não religiosos, ao passo que, para detectar o significado fenomenológico, a investigação se dirige ao fenômeno religioso não somente como fato histórico e sociocultural, mas enquanto especificamente religioso. Indubitavelmente, a fenomenologia representa uma reação tão legítima quanto elogiável contra uma história das religiões, que se preocupa exclusivamente com a pesquisa filológica especializada e se interessa apenas pelas manifestações culturais da religião e muito pouco pelos valores essenciais da vida e da experiência religiosa. Em nosso modo de ver, ela é conjuntamente história e fenomenologia. Os fenômenos religiosos não cessam de ser realidades historicamente condicionadas, pelo simples fato de serem agrupados nesta ou naquela outra estrutura. A pesquisa fenomenológica corre o risco de dar um significado igual a fenômenos, cuja semelhança não é senão o fruto da reflexão enganosa sobre a convergência de evoluções que, em sua essência, são diferentes; ou, pelo contrário, corre o risco de não entender o significado unívoco de certos fenômenos, cuja semelhança efetiva está escondida sob uma dissemelhança aparente e apenas exterior. A fenomenologia sabe que depende da história e que as conclusões às quais chega são sempre susceptíveis de revisão, em razão do contínuo progresso da investivação histórica.

A fenomenologia – escreve Pettazzoni – "fornece às disciplinas históricas aquele senso do religioso que estas não têm condições de apreender. Assim entendida, a fenomenologia religiosa é a compreensão (*Verständnis*) religiosa da história; é a história em sua dimensão religiosa". Para não correr riscos, seria preciso esclarecer que o fenomenólogo da religião busca entender em dois níveis: primeiro, em nível do lugar que ocupa um aspecto religioso destacado num determinado contexto sociocultural; segundo, em nível da importância mais geral que um elemento religioso assume num contexto mais vasto; ou seja, trata-se de entender seu significado teorético.

A fenomenologia histórica da religião é uma ciência humana empírica e utiliza a investigação histórica e fenomenológica. Seus critérios de avaliação não são hauridos de alguma fé específica, cristã ou não cristã. Ela não pronuncia juízos de valor sobre os fenômenos que estuda do ponto de vista da verdade ou da força sobrenatural; por isso, não é uma ciência normativa. Compara os fenômenos religiosos de religiões diversas, sem o intento de propor qualquer exclusivismo ou sincretismo. Na fenomenologia histórica da religião, as semelhanças entre as diversas religiões são tão importantes quanto as diferenças e deve-se manter o caráter próprio e específico de cada religião. Faz a comparação somente para aprofundar o sentido dos fenômenos religiosos que estuda.

5. O MÉTODO FENOMENOLÓGICO – Explicamos acima que o fenomenólogo da religião estuda os fenômenos religiosos enquanto especificamente religiosos, e centra a atenção no significado religioso destes dados, tais como são apresentados pela história das religiões. O aspecto religioso é o aspecto mais vital da vida humana, na medida em que o fenomenólogo tiver plena consciência de que a religião é a dimensão mais profunda e mais nobre da existência espiritual e intelectual do homem, ainda que conheça seus limites na tentativa de entrar na interioridade profunda da alma religiosa. Os agnósticos poderiam presumir serem eles os únicos em condições de atingir a objetividade neste campo de estudo, com o pretexto de que só deles se pode esperar que sejam isentos de preconceitos religiosos. Na verdade, parece acontecer exatamente o contrário. Quem lê atentamente o estudo de Dupont-Sommer sobre os Rolos do Mar Morto percebe quanto é falsa esta pretensão; com efeito, na preocupação de reduzir o Mestre de justiça de que falam os Rolos quase a uma cópia exata de Jesus Cristo, Dupont-Sommer se permite alterar, corrigir e "completar" o texto dos Rolos, de uma forma que nos deixa surpresos, em se tratando de uma disciplina considerada acadêmica. Sem dúvida, a religião deve ser estudada racionalmente, pois "a razão é a escada de Deus na terra", mas nunca poderá ser plenamente entendida somente através da razão. Deus – como sublinha R. Otto – é um mistério tremendo. Portanto, se o fenomenólogo da religião não conhecer por experiência pessoal de vida o que significa rezar, sua opinião sobre a oração não terá valor algum.

Os fatos religiosos são subjetivos, no sentido de que constituem a dimensão religiosa do espírito humano, seu modo de ver as coisas, ou de interpretá-las. Ao mesmo tempo estes fatos e suas interconexões são objetivos, no sentido de que não são o produto da mente da pessoa religiosa, mas verificáveis por um observador independente. Através da convergência de observações diversas, pode-se descobrir que uma tribo pratica cerimônias de expiação porque tem medo do desprezo dos deuses; esta conclusão refere-se a um conjunto dotado de evidência própria. Há que excluir aquele tipo de subjetividade que poderia viciar a investigação científica. A objetividade consiste em deixar que os fatos falem. É isto que significa o princípio de *epochê*, na fenomenologia histórica da religião.

Epochê significa a suspensão do juízo preconcebido diante do fenômeno, para que este possa falar por si. Um juízo preconcebido, ou preconceito, pode ser cultural, filosófico ou até teológico, em relação a uma religião diferente. Um estudioso precisa libertar-se de preconceitos similares, para garantir objetividade e equanimidade a sua pesquisa. Deve colocar de lado sua fé; em outros termos, sua fé pessoal não deve interferir na compreensão de outras fés. O fenomenólogo deve também ter uma atitude de empatia em relação a outras religiões. A empatia (*Einfühlung*) é a capacidade de projetar-se no contexto da fé de outras pessoas, para poder compreendê-la em cheio. É a capacidade de entender o comportamento de uma outra pessoa na base de sua experiência pessoal.

Como estudioso, o fenomenólogo deve saber distinguir a tarefa de explicar o significado do fenômeno religioso que sua matéria lhe apresenta, da responsabilidade de avaliá-lo enquanto pertencente a uma fé específica. Não cabe ao fenomenólogo julgar as bases em que se fundam as crenças religiosas e perguntar se os juízos religiosos são objetivamente válidos. Isto enquadra-se no âmbito da filosofia ou da teologia das religiões (→ Religião, VI e X). Todavia, o fato de as pessoas religiosas emitirem juízos de ordem religiosa que influem em suas ações e em seu comportamento, de aceitarem normas e regras na expressão de suas convicções religiosas, é matéria de investigação efetiva. Isto significa que o fenomenólogo deve indagar sobre sua natureza precisa, sem sentir-se autorizado a decidir sobre o valor religioso ou moral do caso em questão.

O segundo princípio, o da *visão eidética* da metodologia da fenomenologia religiosa, propõe-se como objetivo a pesquisa do significado essencial dos fenômenos religiosos; a compreensão do significado dos fenômenos religiosos é atingida sempre e somente através da compreensão dos gestos expressivos. A expressão compreende palavras e sinais de todo gênero, como também comportamentos gestuais, como a dança. É através dos gestos expressivos que entendemos outras mentalidades religiosas e nelas penetramos com a reflexão, o repetir-lhes a experiência, a empatia e a intuição imaginativa. Do contrário, daríamos a impressão de entrar na mentalidade de outras pessoas por meio de uma espécie de perscrutação direta. Entender significa apreender um conteúdo mental a que alude um certo tipo de expressão. As observações são os processos cognoscitivos primários, pelos quais devem começar os estudos sobre o homem. O que não significa que sejam infalíveis, ou que não possam ser ulteriormente analisados. No âmbito da fenomenologia histórica da religião, existem variados tipos de observação em níveis diferentes de complexidade; todavia, estes diferentes tipos encontram unidade em seu objetivo, que é o de entender o significado íntimo de um fenômeno religioso. Esta unidade de intento das diversas observações é o que confere a cada disciplina seu caráter específico e evita o nivelamento. Entender uma poesia não é a mesma coisa que entender os processos mentais de seu autor e não depende destes, embora alguns aspectos da poesia possam ser mais compreendidos se conhecermos tais processos. Portanto, entender um gesto religioso não é a mesma coisa que entender seus processos mentais e não depende deles; o que significa que não podemos reduzir o significado do fato religioso ao processo psicológico que o gera, embora o conhecimento deste possa ajudar a compreendê-lo.

Conforme dizíamos, compreender um fenômeno religioso significa colocar-se em atitude de empatia para com a experiência, os pensamentos, as emoções, as ideias etc., de uma outra pessoa. Este ato de compreensão não significa repetição experimental da experiência, da emoção, ou do pensamento de uma outra pessoa. A experimentação imitativa ou reprodutiva não é sequer uma condição para compreender a experiência de um outro. Por exemplo, posso estar verdadeiramente calmo no momento em que digo que um outro está excitado; uma pessoa serena pode saber que uma outra pessoa está triste. Contudo, a pessoa deve ter anteriormente experimentado pessoalmente a tristeza, para entender realmente a tristeza de uma outra pessoa. A experimentação reprodutiva confere certamente uma compreensão mais clara e detalhada das experiências de outras pessoas. Se alguém nunca fez a experiência – de alguma forma – de um gesto ou rito religioso, nunca poderá entender, por dentro, o significado deste gesto religioso.

Mas será que uma abordagem deste gênero das crenças religiosas de outras pessoas não corre talvez o risco do subjetivismo, pelo fato de se empreender a análise dos fenômenos religiosos a partir de sua própria fé e experiência? Por esta razão alguns pensam que o único modo de evitar a acusação de parcialidade é afirmar *a priori* a igualdade fundamental de todas as religiões. Esta posição é evidentemente inadmissível, pois sua afirmação apriorística implica, também ela, um juízo de valor, ou melhor, desloca a questão. Para defender *a priori* a igualdade fundamental de todas as religiões, seria preciso supor uma esfera metafísica, por assim dizer, acima das religiões particulares; ora, uma tal perspectiva superior às religiões específicas que existem concretamente é abstrata e irreal. Além disto, a condição primária para um estudo comparativo das religiões é a *epochê* religiosa, que não quer dizer renúncia às convicções religiosas pessoais conaturais, ainda não purificadas do redimensionamento fenomenológico, mas somente "colocar de lado" suas particularidades secundárias.

Os estudiosos que pertencem à escola histórica contestaram energicamente a afirmação da fenomenologia sobre a possibilidade de entender a essência dos fatos religiosos. Para eles, o fenômeno religioso é um fato exclusivamente histórico, destituído de qualquer significado ou valor transistórico. A busca da natureza profunda faria recair no erro platônico. De qualquer forma, trata-se de uma acusação injusta, pois a fenomenologia da religião nunca pretendeu ser uma ciência da essência profunda da religião. Quando falamos da natureza essencial da religião, entendem-se diversos tipos de essência: a empírica, a filosófica e a teológica. O que a fenomenologia pretende fazer é apenas compreender a essência do fenômeno religioso, entendido no sentido empírico de *estrutura invariável* de um fenômeno que está na base de todo fato religioso. Por outro lado, alguns fenomenólogos da religião afirmaram decididamente que sua fenomenologia da religião não tem nada a ver com a origem e a evolução histórica dos fatos religiosos. Também esta posição não é aceitável, pois a natureza de um fato religioso é historicamente condicionada e, portanto, não podemos negligenciar a história em sua manifestação; além disso, a evolução histórica de um fato contribui para a aquisição de novos significados, ou também para corrigir os antigos, à luz das circunstâncias e dos contextos mutáveis; a própria natureza do fato, embora invariável sob certos aspectos, torna-se variável sob outros; com efeito como já dissemos, este tipo de essência é empírico e tudo o que é empírico pode ser tornado mais preciso e mais aderente, à medida que a pesquisa traz à luz material novo.

É legítima a insistência da escola histórica sobre a filologia, a etnologia e outras disciplinas históricas, pois estas ciências nos dão o caráter real e concreto dos fenômenos religiosos, tais como se manifestam na vida e na experiência humana. Prestar atenção à origem e à evolução histórica dos fenômenos religiosos contribui para evitar impor estruturas que não existem nos próprios fenômenos. Por outro lado, se as estruturas religiosas são totalmente condicionadas historicamente e se seu significado depende inteiramente de eventos históricos individuais, corre-se o risco de cair no historicismo, não prestando atenção àqueles significados que são universais e comuns a muitos fenômenos religiosos análogos. Quando dizemos que estes fenômenos são análogos, não podemos ignorar o espaço e a importância dos elementos comuns que neles se encontram, pois toda analogia revela estruturas semelhantes que, obviamente, são ao mesmo tempo diversas nas várias religiões em que se manifestam. Ninguém deve ter medo de entender a fundo a essência dos fenômenos religiosos, ou seja, de chegar a compreender o sentido dos fenômenos comparando-os nos diferentes contextos históricos. Basear-se exclusivamente na evolução histórica destes fenômenos pode enganar o investigador, induzindo-o a entendê-los num sentido ou em mais sentidos, como lhe parecer melhor, sem dar-se conta do significado mais correto possível, que pode ser atingido somente com o método fenomenológico.

As analogias estão fundadas em elementos comuns e o historiador deve levar em consideração tanto os elementos comuns quanto as diversidades, para poder chegar a algum significado. As tipologias sozinhas podem fornecer um certo sentido, mas não uma apresentação suficientemente clara e correta do significado, pois as tipologias tendem a dar-nos uma simples classificação, que segue as evoluções históricas.

6. CONCLUSÃO – Todos os que estudam a fenomenologia da religião utilizam a comparação como um instrumento interpretativo de base para compreender o significado de termos religiosos como sacrifício, rito, deuses e espíritos. Procuram as características predominantes da religião no contexto histórico cultural. Gestos religiosos semelhantes, em nível estrutural, uma vez confrontados entre si, dão lugar a interessantes significados que lhes explicam o sentido íntimo. A hipótese que está na base

desta abordagem é que as formas exteriores da expressão humana seguem um modelo organizativo interior ou uma configuração que pode ser descrita mediante o uso do método fenomenológico. Este método busca descobrir as estruturas subjacentes aos fatos históricos e compreender-lhes o significado íntimo, tal como se revela através destas estruturas, com suas leis e seus significados específicos. Ele pretende chegar a uma visão global das ideias e das motivações que, na história dos fenômenos religiosos, são de importância decisiva. Em suma, procura decifrar e interpretar todo tipo de encontro do homem com o sagrado.

Não se deve pensar que um fenômeno religioso específico tenha um único significado; pode acontecer, e de fato acontece, que tenha muitos significados, de acordo com as diversas pessoas que participam do ato religioso. Comparando o que os vários participantes percebem, o fenomenólogo chega a ter uma compreensão superior à dos diversos participantes individualmente. Por exemplo, o fogo do sacrifício védico pode revestir significados diferentes para os participantes. Agni pode indicar o deus que consome o sacrifício, o sacerdote e o mediador entre os deuses e os homens que apresenta o sacrifício aos deuses, e também o elemento que une os três mundos (céu, atmosfera e terra). Enquanto o seguidor individual de uma religião pode não conhecer os múltiplos significados de um símbolo religioso, o fenomenólogo estuda a riqueza e vitalidade dos símbolos religiosos, levando em conta os diferentes significados estruturais do simbolismo religioso. Portanto, o significado religioso que um determinado fenômeno assume para o participante individual ou para o grupo de participantes nunca pode ser esgotado pelo estudo de uma só religião específica.

O método fenomenológico não chega somente a uma simples descrição dos fenômenos estudados, como por vezes se tem afirmado; nem pretende explicar a essência filosófica dos fenômenos; pois a fenomenologia, como acima explicamos, não é nem simplesmente descritiva, nem normativa. Ela nos dá, sim, o significado íntimo de um fenômeno religioso, tal como é vivido e experimentado pelas pessoas religiosas. Pode-se pensar que este significado íntimo constitua a essência do fenômeno; mas, neste caso, o termo essência deve ser entendido corretamente; a essência da qual pretendemos falar aqui é a essência empírica, que está sujeita a mudar em decorrência da aquisição de material ulterior e de uma investigação mais aprimorada.

A fenomenologia da religião é uma ciência empírica, uma ciência humana que se serve dos resultados de outras ciências humanas, como a psicologia religiosa, a sociologia religiosa e a antropologia. Podemos até dizer mais: a fenomenologia da religião aproxima-se da filosofia da religião mais do que qualquer outra ciência humana que se interesse pelos fenômenos religiosos, pois estuda estes últimos em seu aspecto específico de religiosidade.

A hermenêutica fenomenológica pratica uma espécie de superação das diferentes religiões para descobrir, na multiplicidade e diversidade dos fenômenos religiosos, as estruturas fundamentais comuns, as formas essenciais de cada tipo de vida religiosa e, conjuntamente, a compreensão de seu significado profundo. Portanto, estuda a noção do sagrado, a ideia de Deus, o mito, o rito, o sacrifício e, enfim, a experiência mística. Através da variedade dos fatos religiosos, encarnados no espaço e no tempo de culturas específicas, tenta encontrar aquela universalidade que necessariamente escapa ao historiador de uma religião específica.

Bibl. – R. Otto, *Das Heilige*, 1924; E. Hirschmann, *Phänomenologie der Religion*, Würzburg-Anmuhle 1940; R. Pettazzoni, "History and Phenomenology in the Science of Religion", em Id., *Essays on the History of Religions*, Leiden 1954; G. van der Leeuw, *Phänomenologie der Religion*, Tübingen 1956; G. Mensching, *Die Religion. Erscheinungsformen, Strukturtypen und Lebensgesetze*, Stockholm 1959; B. Kristensen, *The Meaning of Religion*, Den Haag 1960; J.-A. Cuttat, *The Encounter of Religions*, Nova York 1960; F. Heiler, *Erscheinungsformen und Wesen der Religion*, Stuttgart 1961; C.J. Bleeker, *The Sacred Bridge*, Leiden 1963; C. Smith, *The Meaning and End of Religion*, Nova York 1964; M. Eliade, *The Quest: History and Meaning in Religion*, Chicago 1969; G. Widengren, *Religionsphänomenologie*, Berlim 1969; M. Dhavamony, *Phenomenology of Religion*, Roma 1973; U. King, "Historical and Phenomenological Approaches to the Study of Religion", em F. Whaling (ed.), *Contemporary Approaches to the Study of Religion*, Berlim 1984, 29-164; F. Whaling, *Contemporary Approaches to the Study of Religion*, Berlim 1984.

MARIASUSAI DHAVAMONY

III. História das religiões

1. INTRODUÇÃO – Todo estudo científico da religião tem por conteúdo religioso os fatos e suas manifestações. O material é tomado da observação da vida e do comportamento religioso do homem, quando este manifesta atitudes religiosas como a oração, ritos como o sacrifício e o sacramento, seus conceitos religiosos contidos nos símbolos e nos mitos, sua crença no tocante ao sagrado, no tocante aos seres sobrenaturais, deuses, Deus etc. Existem muitas disciplinas específicas que, conquanto discutam todas o mesmo assunto, isto é, os fenômenos religiosos, estudam-nos sob aspectos particulares que lhes são próprios por propósito e objetivo. A sociologia da religião (→ Religião, IX) estuda a inter-relação da religião e da sociedade e as formas de interação vigentes entre elas. A antropologia da religião vê a religião como um fenômeno cultural, em suas muitas manifestações. Em outras palavras, estuda o fenômeno religioso não como religioso, mas como sociocultural. A psicologia da religião (→ Religião, VIII) ocupa-se com a função religiosa da mente, tratando em parte o problema da função da mente do indivíduo nos contextos religiosos (o aspecto individual-psicológico) e em parte o problema do impacto da vida sociorreligiosa sobre seus participantes (o aspecto sociopsicológico); o âmbito de seu ponto de referência principal é tirado da experiência religiosa do indivíduo ou da unidade social. Em suma, estuda as reações da psique humana, suas respostas, coletivas e individuais, ao sagrado ou ao divino. A filosofia da religião (→ Religião, VI) examina crítica e sistematicamente o valor de verdade da experiência e das expressões religiosas

nos mitos, nos símbolos e nos ritos, descobre-lhes o significado, assenta seus fundamentos ontológicos e sua justificação racional à luz dos princípios de ser; portanto, é uma ciência normativa, que formula juízos de valor sobre os fenômenos religiosos. A teologia da religião (→ Religião, X) trata da compreensão teológica das religiões do mundo, suas relações com o cristianismo, o importante significado de sua salvação à luz da revelação e da fé cristã. Sendo normativa, a teologia da religião julga à luz da fé cristã o valor salvífico de outras religiões. A história das religiões não é uma ciência normativa; consequentemente, não exprime juízos de valor sobre o estado epistemológico ou teológico ou sobre o mérito dos fenômenos que vierem a ser estudados; tenta apenas entender-lhes o significado.

2. HISTÓRIA DAS RELIGIÕES – Há muitas expressões atualmente usadas com referência à história das religiões: *A ciência da religião* é uma expressão muito ampla, que engloba todos os tipos de estudos da religião; por isto, é por demais genérica e não indica o campo específico da história das religiões. *A religião comparada* ou o *estudo comparado da religião* ocupa-se com a história e com a comparação dos fenômenos religiosos, tais como se manifestam em várias religiões. Põe em destaque o aspecto comparativo do estudo das religiões. Preferimos a expressão *história das religiões*, que estuda os fenômenos religiosos histórica e comparativamente. Por vezes a *história das religiões* é identificada com a *fenomenologia da religião*, de modo a poder explicitar o nexo íntimo entre a história dos fenômenos religiosos e seu significado estrutural. Fazemos distinção entre estas duas disciplinas, porque "a fenomenologia e a história se integram. A fenomenologia não pode dispensar a etnologia, a filologia e outras disciplinas históricas. Por outro lado, a fenomenologia dá às disciplinas históricas aquele senso do religioso que estas não conseguem captar. Entendida como tal, a fenomenologia religiosa é a compreensão religiosa da história; é a história em sua dimensão religiosa. A fenomenologia e a história religiosa não são duas ciências, mas dois aspectos complementares da ciência integral da religião" (R. Pettazzoni).

Além disso, devemos distinguir entre a história das religiões e a história de uma determinada religião específica. Muitos historiadores das religiões, que se especializam numa religião específica e, às vezes, somente num aspecto ou num período daquela religião, chamam-se tais porque aceitam métodos históricos e trabalham sobre pressupostos históricos. Suas obras são de grande valor e às vezes até indispensáveis para formar uma *allgemeine Religionswissenschaft.* A história das religiões que não se limite a uma religião individual ou a um aspecto individual da religião, mas estude, ao invés, pelo menos mais religiões, para poder compará-las, tenta entender as modalidades do comportamento religioso, das instituições e crenças contidas nos mitos, nos rituais, nas concepções de deuses supremos etc. Evidentemente, é o segundo sentido da história das religiões que aqui utilizaremos. O material da história das religiões é tirado da história de religiões específicas, mas vistas sistematicamente e não de um ponto de vista do desenvolvimento genético do fenômeno religioso.

Embora distinta, no objetivo, das outras disciplinas, como a Sociologia, a Antropologia e a Psicologia, que estudam o mesmo fenômeno religioso, a História das Religiões beneficiou-se destas ciências, que têm trazido e continuam a fornecer contribuições importantes para o estudo da religião e, certamente, seus dados e conclusões ajudam o historiador das religiões a compreender o contexto vivo das fontes que utiliza, uma vez que não existe nada que seja apenas um "puro" fato religioso. Todo fato religioso é também sociológico, psicológico e cultural. De qualquer forma, a confusão no objetivo e no método destas ciências levará somente ao reducionismo, isto é, à teoria que reduz a religião a uma espécie de epifenômeno de estrutura social, psicológica ou cultural. Tais teorias reducionistas foram propostas por sociólogos como Durkheim, por psicólogos como Freud, e por algum antropólogo de tipo evolucionista e de tipo difusionista. Os historiadores das religiões consideram os fenômenos religiosos como especificamente *religiosos*, e não meramente sociais ou psicológicos ou culturais; e concentram-se no significado religioso dos fenômenos que estão em relação com o sagrado.

A História das Religiões não se esgota com a verificação e com a explicação analítica dos dados das religiões individuais, que são estudados separadamente pelas várias disciplinas especializadas, como a Filologia, a Arqueologia e a Etnologia, ligadas à investigação histórica. Ela procura coordenar entre si os dados religiosos, estabelecer relações e agrupar os fatos segundo tais relações. Se se tratar de relações formais, ela classifica os dados religiosos sob vários tipos; se as relações forem cronológicas, liga-as em série. No primeiro caso, a ciência da religião é meramente descritiva; no segundo, registra somente a origem e o desenvolvimento de um fenômeno religioso; mas, quando a sucessão dos eventos é vista em seu desenvolvimento interno e o estudioso compreende sua estrutura interna, então a ciência da religião se torna a história das religiões. Isto nos leva a tratar do método usado na história das religiões.

3. O MÉTODO DA HISTÓRIA DAS RELIGIÕES – A metodologia é o estudo das formas especiais de procedimento, em qualquer ramo da ciência, para se poder obter conhecimento sobre um assunto daquela ciência sob o aspecto que ela tratou de maneira particular. A metodologia ocupa-se com os processos cognitivos impostos pelos problemas que emergem da natureza do assunto. Podemos dizer que um método é a combinação sistemática dos processos cognitivos, utilizando técnicas específicas. A classificação, a conceptualização, a abstração, o juízo, a observação, a experimentação, a generalização, a indução, a dedução, a analogia e, finalmente, a própria compreensão constituem processos cognitivos. Métodos diversos distinguem-se de acordo com os vários modos em que o pensamento humano pode ser organizado e com as diversas tarefas às quais este pode aplicar-se. Em todo método científico deve haver uma relação estreita e sistemática entre a teorização e a experiência. A observação e o experimento fornecem-nos as provas para a generalização e para as hipóteses que são testadas (verificadas ou demonstradas falsas), transformando-as em deduções e, em

seguida, confrontando-as com os resultados de ulteriores experimentos e observações.

A História das Religiões usa o método científico acima descrito, quando estuda os fenômenos religiosos. Seu campo de estudo abrange os fatos religiosos, que são subjetivos e objetivos: subjetivos, enquanto tratam os pensamentos, os sentimentos e as intenções das pessoas religiosas, expressos em seu exterior; objetivos, enquanto estas expressões são objetivadas nos mitos, nos símbolos, nos rituais e nas atitudes externas das diversas religiões.

A compreensão das expressões destes estados subjetivos é o que faz com que os dados de fato sejam um ato religioso – como, por exemplo, o culto público – e não apenas simples fatos. Estes estados são denominados "subjetivos", por terem lugar no sujeito humano. A religião é principalmente um fenômeno que tem lugar no sujeito humano e é expresso em sinais e em símbolos. Podemos repetir o ato de compreensão do fenômeno religioso e compará-lo com os atos de compreensão dos outros observadores e concluir que X é um ato de culto, Y um ato de sacrifício, e Z um ato de oração. Portanto, estes atos assumem o estado de objetividade. Em outras palavras, os fenômenos religiosos são objetivamente certificáveis, mas subjetivamente radicados nos fatos. Obviamente, é com base na compreensão das palavras e das intenções dos participantes nos atos religiosos que se deduz sua natureza religiosa. Que as pessoas se comportam de um modo religioso, é um fato. O historiador das religiões tem uma compreensão preliminar do que seja o comportamento religioso, tanto a partir de sua experiência pessoal quanto da experiência dos outros.

Ao mesmo tempo os fatos religiosos são objetivos, não no sentido de que sejam obra da mente pensante, mas no sentido de que os observadores independentes podem verificá-los.

Alguns estudiosos pensam que a única maneira de evitar a parcialidade ou o preconceito no estudo das religiões, especialmente dos outros e, portanto, diferentes da nossa, é afirmar *a priori* a igualdade fundamental de todas as religiões. Tal posição, conforme veremos, é inadmissível, pois a própria afirmação *a priori* implica um juízo de valor, ou seja, torna inútil a pergunta. Para poder afirmar *a priori* a igualdade fundamental de todas as religiões, seria necessário colocar-se numa posição metafísica, vale dizer, acima de todas as religiões particulares, e uma tal perspectiva, acima das diversas religiões que existem, na verdade é abstrata e irreal. Além do mais, o requisito primordial de um estudo comparativo das religiões é desvencilhar-se de todos os preconceitos e de todas as suposições *a priori*, o que não significa em absoluto abdicar de suas próprias convicções religiosas.

Além disso, o ato de discernimento dos fenômenos religiosos não é um ato derivado de um acume místico misterioso, se assim pudermos dizer, baseado em alguma capacidade sobrenatural de penetrar a experiência religiosa dos outros. O conhecimento da fé religiosa dos outros é uma dedução indireta dos estados religiosos dos outros e se baseia em suas afirmações, em seus gestos, nos produtos de seu trabalho, e em outros dados observáveis. A compreensão da fé dos outros está baseada na observação do comportamento religioso humano e nos produtos da atividade religiosa humana. Tal processo de conhecimento pode dar-se em razão de dois fatores: o primeiro consiste em ter acesso a nossas experiências religiosas íntimas, a nossas emoções e a nossos pensamentos e ideias em várias situações; o segundo é que as pessoas religiosas são psicologicamente estruturadas de modo semelhante. Existe, portanto, uma questão de dedução pela analogia. Podemos apreender somente os estados mentais dos outros que, de alguma forma, em algum grau, de algum modo, tenham sido incluídos em nossa experiência íntima. O que é totalmente estranho a nossa experiência íntima fica fora do objetivo de nossa compreensão das mentes de outrem. Isto vale ainda mais quanto à compreensão do comportamento religioso de outras pessoas. Devemos, além disso, considerar que os vários estados mentais são sempre experimentados num contexto, um contexto de ambiente sociocultural em que a pessoa vive. Mediante a empatia, o historiador das religiões procura situar-se na posição de adesão a uma outra fé, de modo a poder entender sua fé íntima. Como se vê, a história das religiões trata o aspecto mais vital da vida humana, tanto que ela está plenamente consciente de que a religião é a coisa mais profunda e nobre no reino da existência espiritual e intelectual do homem, se bem que conheça seus limites na tarefa de penetrar profundezas da natureza íntima de uma alma religiosa. Se um estudioso de religião não souber por experiência pessoal de sua própria vida o que significa rezar, sua visão da oração não terá valor.

4. O MÉTODO HISTÓRICO – A → história como ciência humana é o estudo de sequências particulares e irreversíveis dos eventos, onde os últimos são influenciados cumulativamente pelos primeiros. O enfoque histórico consiste em tentar entender os eventos, ligando-os com seu contexto histórico, e entender o contexto global, deslocando-se de um evento para o subsequente. O processo de entender os eventos em seu contexto e o processo de entender o próprio contexto mediante estes eventos são interdependentes. Os nexos entre os contextos dos eventos são, também eles, objeto de experiência, e esta experiência deve ser retomada pela compreensão. Para poder entender esta experiência, situamos os eventos em contextos diferentes daqueles em que se desenrolaram. Observamos que eles são de um certo tipo e podemos colocá-los num contexto classificatório. A história compõe um todo significativo das sequências dos eventos ou das expressões ou, então, dos grupos de eventos ou de expressões. Cada sequência é única, porque é o resultado de um processo cumulativo e ao mesmo tempo é semelhante a outras; portanto, pode ser colocada em contextos classificatórios.

Existem vários tipos de historiadores, dependendo de como se quer fazer história. Aqui não estamos falando dos historiadores que escrevem a história narrativa (*histoire-historisante*), a história de batalhas, a história dos grandes acontecimentos. Tampouco estamo nos ocupando com os filósofos da história, como Vico, Bossuet, Hegel, Dilthey e Toynbee. Aqui, tratamos dos historiadores que procuram principalmente a regularidade, as tendências, os tipos, as sequências típicas, as estruturas; sempre no contexto histórico e cultural. Tais historiadores interessam-se pelos organismos, pelos esquemas, pelos conjuntos, pela rede de relações, pelos conjuntos inteligíveis (*Zusammenhang*), pelos princípios de coerência etc. Este tipo de historiador tem seu modelo e seus esquemas ideais para ajudá-lo a representar a natureza do que é real. A inteligibilidade de um evento deriva de uma generalização. Por exemplo, a batalha de Hastings foi travada uma só vez, mas pertence à classe de "batalhas" e só é compreensível quando a consideramos tal. Qualquer evento religioso tem tanto as características de unicidade quanto de generalidade; numa interpretação do mesmo, ambos os aspectos devem ser levados em consideração. Se a especificidade do fato religioso fosse perdida, sua generalização se tornaria tão geral que seria sem valor. Por outro lado, os eventos religiosos perderiam muito, e talvez todo o seu significado, se não fossem vistos como tendo algum grau de regularidade e constância se não pertencessem a um certo tipo de evento, e todos estes elementos não tivessem muitas características em comum.

Para podermos ter uma compreensão inteligente de um fenômeno complexo, "devemos saber não somente o que é, mas também como se verificou" (F. Boas). Como observa Lévi-Strauss: "Quando limitamos completamente o estudo ao período atual da vida de uma sociedade, tornamo-nos, antes de tudo, vítimas de uma ilusão. Porque tudo é história; o que dissemos ontem é história; o que dissemos um minuto atrás é história. Antes de tudo, uma pessoa é levada a julgar mal o presente porque só o estudo da evolução histórica permite pesar e avaliar as inter-relações entre os componentes da sociedade de hoje [...] Como podemos avaliar corretamente a função, tão surpreendente para os estrangeiros, do aperitivo na vida social francesa se desconhecermos o tradicional valor de prestígio atribuído aos vinhos finos e quinados, desde a Idade Média?" (*Antropologia Estrutural*). A história tradicional de um povo não pode ser desconhecida, porque ela faz parte do pensamento religioso do povo vivo. Devemos distinguir entre os efeitos de um evento e a parte desempenhada na vida de um povo pela memória de tal evento, sua representação na tradição oral e/ou escrita. Neste contexto, devemos esclarecer os dois aspectos da análise da estrutura. A análise estrutural, confrontada com um determinado fenômeno religioso, tenta isolar em si mesmos os fatores que permaneceram constantes. Estes são vistos como que fora do tempo, dados, como que perpetuamente presentes; portanto, sincrônicos: elementos que constituem a essência do fenômeno. Então, o analista estuda os fatores temporais, em busca de elementos que mudam com o tempo, que estão expostos a pressões históricas e, portanto, diacrônicos. Estes aspectos diacrônicos podem ser de dois tipos: os que se movem numa só direção no decurso do tempo, e que são considerados irreversíveis; e os que parecem deslocar-se de um polo ao outro, em seguida a outro ainda e, portanto, são considerados reversíveis. Tal análise representa uma simplificação radical, mas também reveladora da ampla quantidade de material que diz respeito ao mesmo fenômeno religioso. Estes temas são organizados de modo tal que tanto suas mudanças quanto sua continuidade podem ser vistas imediatamente: alguns permanecem inalterados, outros oscilam em importância e outros, ainda, aumentam ou diminuem continuamente durante um determinado período.

No historicismo, a ênfase é dada à unicidade de cada período histórico, antes que a esquemas recorrentes de generalização do comportamento humano. Segundo o enfoque historicista, no estudo de um aspecto da organização social ou cultural de um povo numa determinada época o historiador deve traçar sua história para poder demonstrar como a forma particular se desenvolveu, e deve relacioná-la com outros aspectos do sistema sociocultural dentro do qual se desenvolveu. Uma história da religião que faça sua a ótica em que um fenômeno religioso é entendido melhor somente pela análise de seu desenvolvimento histórico, sem ligar para o desenvolvimento dos princípios generalizados do comportamento religioso e sem relacionar os eventos específicos e particulares com os esquemas dos eventos, aderindo assim a tais princípios, deve ser colocada na abordagem historicística do estudo das religiões. Não podemos pensar que a história se ocupe somente do estudo dos eventos que sejam específicos e únicos somente por si mesmos. Admitimos plenamente que o historiador não possa impor *a priori* estruturas ou teorias para explicar o significado da história; os esquemas e as estruturas têm sua origem do estudo dos próprios fenômenos históricos através dos quais ele pode dar um significado generalizado aos eventos específicos.

5. O MÉTODO COMPARATIVO – Falando em geral, o método comparativo é o estudo de diversos tipos de grupos de fenômenos, adequado para determinar analiticamente os fatores que levam às similaridades e às diferenças em esquemas específicos de comportamento. Normalmente, compreende tanto o método histórico quanto o método intercultural. Este método emprega procedimentos que, enquanto esclarecem as semelhanças e as diferenças demonstradas pelo fenômeno, suscitam e classificam não somente os fatores causais no aparecimento e nos desenvolvimentos de tais fenômenos, mas também os esquemas de inter-relação no interior de tais fenômenos e entre si.

É necessário tomar conhecimento das dificuldades implícitas no uso do método comparativo para obter um relato *histórico* do crescimento, distinto das morfologias baseadas nos dados *contemporâneos*. Como assinala M. Ginsberg, o uso deste método não prova nem implica a existência de afinidades genéricas ou de sequências cronológicas. Tais limitações não eram sempre levadas em conta nas aplicações, no século XIX, de tais métodos aos fenômenos religiosos; e isto teve como resultado as concepções pseudo-históricas e evolucionistas de tais fenômenos. O método comparativo não é outra coisa senão uma aplicação do princípio geral da variação das circunstâncias de modo a descobrir melhor as causas dos fenômenos.

O método comparativo coloca fenômenos religiosos análogos, por exemplo, certas formas da ideia de Deus, lado a lado, e tenta definir sua estrutura mediante a comparação. Fatos e fenômenos semelhantes, encontrados em diversas religiões, são somados e estudados conjuntamente, para se poder chegar ao significado do fenômeno. O objetivo de tal método é familiarizar-se com o pensamento, a ideia ou a exigência religiosa, que está subjacente ao grupo de dados correspondentes. O estudo comparativo dos dados correspondentes muitas vezes lhes dá um sentido ou uma compreensão mais profunda e mais exata, mais do que a consideração de cada dado tomado separadamente, porque, considerando-os como grupo, os dados iluminam uns aos outros. É importante notar que a comparação não se faz para demonstrar que uma religião seja superior ou inferior a outra. A comparação é, pois, legitimamente empregada para relacionar e para distinguir, para encontrar tanto paralelismos como distinções. Seria impossível compreender a importância de um fato religioso, digamos, por exemplo, da Árvore Cósmica, sem considerar muitas de suas variantes, pois cada tipo ou variedade revela com particular intensidade somente certos aspectos do simbolismo da Árvore Cósmica; por exemplo, *imago mundi*, *axis mundi*, o centro do mundo, a regeneração periódica do universo etc. A natureza do simbolismo religioso pode ser decifrada por completo somente quando se tiver examinado um certo número de exemplos das várias religiões. Ao mesmo tempo, só depois que se tiver considerado um determinado número de variantes emerge claramente a diferença de seu significado. Aqui nasce uma outra pergunta, concernente aos motivos internos que causam o efeito em virtude do qual o mesmo fato religioso possui diversos significados; efetivamente, observa-se que esta ou aquela religião conserva um significado particular, enquanto uma outra religião o recusou ou modificou (M. Eliade).

O problema metodológico de base é se se pode obter um estudo objetivo de um fenômeno religioso, interpretando-o em sua relação com um contexto histórico e cultural e, ao mesmo tempo, conservando algum elemento de "religiosidade" única, que não possa ser reduzido a um outro fator de existência. Os pesquisadores do estudo comparado das religiões, como já explicamos, insistem com razão em que os estudos religiosos exigem uma sensibilidade para o aspecto particular da vida humana, que é a religião enquanto tal, ou do fenômeno religioso enquanto tal, que não pode ser reduzido a um dos vários aspectos da cultura humana distinta da cultura religiosa. O estudo comparado da religião estabelece um confronto imparcial dos dados religiosos que tenham elementos em comum, como as formas sacrificiais, as ideias teísticas ou a oração. O princípio é que existem alguns elementos definíveis na vida humana que podem ser classificados em termos de estruturas fundamentais, e que cada classificação tem características que determinam com precisão o sentido do fenômeno. O método comparativo procura esquemas de base ou estruturas fundamentais, vistas numa comparação de fenômenos religiosos, e a considera um aspecto central, mediante o qual a expressão religiosa é entendida.

A investigação comparada do conjunto mito-rito levou-nos ao problema da interpretação das semelhantes que aparecem em diversas culturas. Neste contexto, devemos recordar o debate metodológico muito intenso que surgiu sobre a "escola mito e rito" ou "patternismo", que insistia enfaticamente nos elementos comuns em culturas e religiões do antigo Oriente Médio. Os psicólogos da *Gestalt* demonstraram a tendência da mente a apreender formas e esquemas compostos, selecionados tanto mais facilmente quanto mais simples forem as formas, como também o significativo hábito mental de imprimir esquemas familiares a grupos de sensações e de ideações. Isto torna mais fácil, para os estudiosos da história comparada das religiões, entender o mecanismo da transmissão dos mitos. O seguinte princípio psicológico da *Gestalt* está implícito na explicação dos mitos e das práticas de culto: "O comportamento de um elemento, num esquema, não é determinado tanto pela classe à qual o elemento pertence quanto pela estrutura ou pelo esquema do qual ele faz parte". S.H. Hooke, por exemplo, observa que o centro da cultura no antigo Oriente Médio era o rei, representante do deus, e que o rei, como tal, era responsável pela colheita e pela prosperidade das cidades e, finalmente, pelo bem-estar do próprio cosmo. Widengren achava que esta última concepção deu lugar, mais tarde, à ideologia iraniana do salvador e ao messianismo judaico. O "patternismo" foi tratado efetivamente por muitos estudiosos. H. Frankfort demonstrou que as diferenças são importantes, mais do que as semelhanças. Chamou a atenção para o fato de que o faraó é considerado um deus, ou torna-se um deus, ao passo que na Mesopotâmia o rei era somente o representante de um deus. Deste debate metodológico podemos concluir que as diferenças e as semelhanças são igualmente importantes, toda vez que devemos tratar com as culturas historicamente relatadas. O fato de o espanhol ser diferente do francês e do italiano não impede os filólogos de compararem estas línguas e de detectar sua fonte comum, isto é, o latim. Por isto, a avaliação da "escola mito e rito" revela uma metodologia confusa.

São essenciais as seguintes recomendações metodológicas para avaliar a importância dos presumidos paralelos entre o cristianismo e as outras religiões:

a. um estudioso deve verificar se os presumidos paralelos adquiriram credibilidade com base numa descrição seletiva, como resultado do amálgama dos elementos heterogêneos, tirados de várias fontes: se assim for, tais paralelos seriam imaginários;

b. se os paralelos forem verdadeiramente reais, o estudioso deve descobrir se são simples analogias, que derivam da semelhança em experiências religiosas mais ou menos iguais e da igualdade de condições externas, ou se uma se inspira na outra;

c. mesmo quando se trata deste último caso, deve-se verificar criticamente qual é a religião que se inspira na outra;

d. finalmente, devem-se considerar as profundas modificações que um fenômeno tomado emprestado de outras religiões sofre no novo contexto da vida e do ensinamento religioso.

6. *RELIGIONSGESCHICHTLICHE SCHULE* (ESCOLA HISTÓRICO-RELIGIOSA) – A primeira etapa começa com Max Müller, o fundador do estudo comparado das religiões, que formulou o princípio: *nihil in fide quod non ante fuerit in sensu* [nada está na fé que antes não tenha estado nos sentidos]; acreditava ele que todo conhecimento, também o religioso, baseia-se na percepção dos sentidos. O homem não começou com a deificação de grandes objetos ou fenômenos naturais, mas estes impulsionaram o homem para o sentimento do infinito e serviram como símbolos. Os deuses das antigas religiões indo-europeias, e implicitamente os deuses em toda parte e em todos os tempos, são

meras personificações de fenômenos naturais. O único meio de reconstruir uma antiga religião seria através da filologia.

Pouco depois de Müller, veio o período em que os interesses folclorísticos, arqueológicos e filosóficos se somaram ao interesse filológico. O século XIX é caracterizado por uma expansão imensa das fronteiras de nosso conhecimento das religiões estrangeiras. Em especial, apareciam muitos estudos sobre o judaísmo, sobre o gnosticismo, sobre as religiões mistéricas e sobre as outras correntes de pensamento e expressões contemporâneas ao cristianismo. Métodos filológicos, históricos e antropológicos, que davam resultados surpreendentes em outros campos, foram aplicados por teólogos profissionais e diletantes no estudo da religião cristã. Foram descobertos e estudados muitos paralelos e "cópias" entre religiões cristãs e não cristãs. Pela primeira vez, tornara-se possível um abrangente estudo comparativo da religião. Surgiu também a possibilidade de ver e interpretar o cristianismo não como um fato isolado, mas no contexto mais amplo de uma história religiosa e cultural da humanidade. Alguns teólogos reivindicavam a substituição da teologia cristã pela história das religiões. A teoria da isostenia (validade igual) das religiões cristãs e não cristãs passou a predominar entre alguns estudiosos de religião.

Foi mais ou menos neste período que a *Religionsgeschichtliche Schule* entrou formalmente em cena: seus maiores representantes foram W. Bousset, W. Heitmüller e R. Reitzenstein. Esta escola procurou entender o cristianismo em relação com outros movimentos religiosos e no interior da própria história das religiões em seu conjunto. Estes estudiosos haviam projetado luz sobre as presumidas contribuições à formação do cristianismo, por parte das religiões hebraica, helenística, egípcia, mesopotâmica, síria e iraniana, e defendiam a tese de que a mensagem cristã podia ser explicada puramente como uma reconstrução de elementos e influências estrangeiras.

O. Pfleiderer (1836-1900), o "pai da teologia histórico-religiosa na Alemanha", deu início a esta linha, declarando: "Podemos dizer com segurança que a teologia de Paulo não teria sido o que foi, se ele não tivesse haurido muito da sabedoria grega disponível a ele e através do judaísmo helenizado de Alexandria". Tomemos como exemplo a teologia paulina do batismo. Eis o que, a propósito, afirma Pfleiderer: "Podemos tomar a liberdade de perguntar se Paulo, quando de Corinto escreveu a carta aos Romanos (o cap. 6), não estava a par do rito dos mistérios eleusinos, do 'banho do novo nascimento' e se não descreveu a importância sacramental do rito cristão do batismo segundo este modelo. Assim como, em relação à ceia do Senhor, usou a analogia da refeição sacrifical pagã, da mesma forma a compreensão mística do batismo pode ter estado ligada diretamente aos mistérios gregos".

A. Eichhorn estava convencido de que a lacuna – assim a definiu ele – entre o que supomos ter acontecido na Última Ceia e as ideias sacramentais que parecem inconfundivelmente presentes em Paulo, deve ser preenchida através da investigação histórico-religiosa.

W. Heitmüller dá por certo o fato de que as origens da perspectiva de Paulo concernente ao sacramento não se encontram no Evangelho cristão, mas, antes, contrastam com este último. "A interpretação do batismo e da Ceia do Senhor guarda, pois, uma incongruência irreconciliada e irreconciliável com o significado central da fé no cristianismo paulino, vale dizer, com a compreensão puramente espiritual e pessoal da relação religiosa, que desempenhou um papel primordial na religião de Paulo e em seu mundo de ideias."

O estudioso mais conhecido desta escola é R. Reitzenstein (1861-1931), que considerou certo o fato de que Paulo teria sido profundamente influenciado pela literatura religiosa do mundo helenístico, quando se pôs a proclamar a fé judaica entre os gentios. Mais especificamente, tendo que enfrentar o problema de encontrar uma fé pré-cristã num redentor divino gnóstico, Reitzenstein acreditava tê-la encontrado num presumido mito iraniano da redenção e poder identificar as origens de muitos elementos cristãos na fé iraniana. R.C. Zaehner, renomado iranólogo, comenta esta interpretação, dizendo que "o *Erlösungsmysterium* iraniano é em grande escala invenção de Reitzenstein". Além disso, M. Lidzbarski produziu sérias traduções da literatura mandeísta, especialmente a Ginza (Tesouro). Aqui encontramos o redentor do céu, *Manda da Hayye* (o "conhecimento da vida"), que desce à terra para remir dos poderes das trevas as almas perdidas e para reconduzi-las ao reino da luz, a que pertenciam. Mas é admitido por todos os estudiosos que os escritos mandeístas, tais como os possuímos, pertencem ao século VII ou VIII dC, se bem que possam conter material mais antigo.

W. Bousset, um dos que contribuíram para o desenvolvimento da escola histórico-religiosa da interpretação, considerava o cristianismo primevo pura e simplesmente como *Menschensohn-Dogmatik* [Dogmática do filho do homem]; ou seja, uma fé que, embora identificasse Jesus com o esperado "Filho do Homem", sustentava que, tendo Ele subido ao céu, desde então está ausente de sua Igreja até a parusia. A crença na atual possibilidade de comunhão e fraternidade direta com o Senhor exaltado, da parte dos cristãos, nasce de um falso misticismo, que é produto ilegítimo da devoção religiosa helenística, e não da judaica ou, mais propriamente, da cristã. Por isso, nega com firmeza a existência de qualquer *cultus* de Jesus entre seus primeiros discípulos, ou de qualquer ideia de comunhão direta com Cristo na comunidade judeu-cristã originária.

C.H. Dodd avaliou assim as conclusões desta escola: "Com demasiada frequência, os documentos citados são de datas incertas e vagamos num mundo quase sem tempo, tanto quanto o do próprio mito. Quando uma cronologia mais precisa é possível, sempre, ou quase sempre, acontece que o documento em discussão pertence ao século IV ou a épocas posteriores, ou pertence a um ambiente em que a influência cristã, ou pelo menos a do pensamento judaico, é provável e, portanto, é arriscado usar o documento para estabelecer um mistério pré-cristão não-judaico". Isto basta para afirmar que a exegese filológica e histórica é incompleta. O historiador das religiões deve esforçar-se por entender sua matéria no contexto das ideias desenvolvidas no interior e através dos vários métodos de interpretação. Para o exegeta e o teólogo cristão, o método é claramente diferente. O Corão, o Veda, as Upanishad, o Tripitaka, ou o Lun Yü não são para ele escritos normativos, ao passo que a Bíblia indubitavelmente o é. Além disso, a compreensão da Bíblia acontece com a autoridade que lhe garante sua pertença à tradição e à comunidade religiosa católica. Em conclusão, a história hodierna das religiões não admite mais o erro historicista, encontrado na *Religionsgeschichtliche Schule*, isto é, que as normas podem ser tomadas da própria história.

Bibl. – R. Pettazzoni, *Essays on the History of Religions*, Leiden 1954; M. Eliade-J. Kitagawa (ed.), *The History of Religions.* Essays in Methodology, Chicago 1959; R. Bastide (ed.), *Sens et Usages du Terme Structure dans les Sciences humaines et sociales*, S'-Gravenhage 1962; J. Wach, *The Comparative Study of Religions*, Nova York 1963; J. Kitagawa-M. Eliade-Ch. H. Long, *The History of Religions*, Chicago 1967; H.P. Rickman, *Understanding and the Human Studies*, Londres 1967; H. Ringgren-A.V. Strom, *Religions of Mankind*, Filadélfia 1967; R.C. Zaehner, *The Comparison of Religions*, Boston 1968; M. Dhavamony, "The History of Religions and Theology", em *Greg* 50 (1969) 805-837; M. Eliade, *The Quest.* History and Meaning in Religion, Chicago 1969; Id., *Cosmos and History.* The Myth of the Eternal Return, Nova York 1969; Vários autores, *Problèmes et méthodes d'histoire des religions*, Paris 1969; C.J. Bleeker-G. Widengren (ed.), *Historia Religionum*, vol. I e II, Leiden 1969; U. Bianchi, *La Storia delle Religioni*, Turim 1970; U. Bianchi-C.J. Bleeker-A. Bausani (ed.), *Problems and Methods of the History of Religions*, Leiden 1972; J. Waardenburg, *Classical Approaches to the Study of Religion*, vol. I-II, Den Haag 1973; E. Sharpe, *Comparative Religion. A History*, Londres 1975; Vários autores, *Le Scienze della Religione oggi*, Bolonha 1983; F. Whaling (ed.), *Contemporary Approaches to the Study of Religion*, I: The Humanities, Berlim 1984.

MARIASUSAI DHAVAMONY

IV. Religiões tradicionais

Com o termo "religiões tradicionais" definem-se, hoje, convencionalmente, as religiões que caracterizaram e/ou caracterizam ainda as populações iletradas do Terceiro Mundo: aquelas que, em tempos passados, com base no errôneo pressuposto evolucionista de sua primordialidade ou inferioridade com respeito às grandes religiões clássicas, eram definidas como "religiões primitivas".

Típicas de populações, grupos étnicos ou comunidades de estrutura prevalentemente tribal e de economia pré-industrial, que vivem em condições de atraso tecnológico objetivo, submetidas à pressão multissecular e maciça da parte das religiões históricas e missionárias (especialmente islamismo e cristianismo), que se apresentam com uma reconhecida superioridade doutrinal e veiculam progresso sociocultural, não obstante isto, as religiões tradicionais têm demonstrado e continuam a demonstrar, nos vários contextos regionais, surpreendentes vitalidade e criatividade, tornando-se muitas vezes símbolo de identidade nacional e de resistência em situações de mudança cultural forçada e assumindo, em alguns casos, uma função de crítica consciente em relação ao Ocidente. Pensemos, a título de exemplo, no reavivamento da religião dos índios norte-americanos, em função contestadora em relação à política predatória e assimiladora dos Estados Unidos e do Canadá; nos tantos sincretismos afro-indo-americanos que, de fato, representam outras tantas religiões novas na América Latina; nas tomadas de posição que qualificam em sentido moderno cultos da África e da Oceania. E, por outro lado, pensemos nas influências exercidas sobre o Ocidente e nos desafios lançados à própria Modernidade, da parte das religiões tradicionais: para ficarmos no âmbito dos exemplos já citados, pensemos na ressonância, em campo ecológico, do respeito religioso que os ameríndios nutrem pela natureza; na capacidade de aglutinação inter-racial e de edificação nacional, manifestada pelos sincretismos latino-americanos; no questionamento da medicina ocidental, por parte dos curadores tradicionais africanos, cuja prática terapêutica nunca está dissociada de poderes espirituais e religiosos respeitosos da totalidade do homem; nas reivindicações territoriais avançadas, em bases religiosas – mas em nome de direitos civis, legais e políticos, de matriz ocidental – pelas populações australianas e melanésias.

Se quisermos qualificar globalmente as religiões tradicionais, passando por cima das diversas especificidades regionais, destacam-se imediatamente algumas peculiaridades que as distinguem, em situações originárias, da religião cristã. Diga-se em primeiro lugar que em nenhum caso o conjunto de crenças, atos e costumes, que a nossa cultura cristiano-ocidental entende como religiosos, é distinguido categorialmente, nas culturas tradicionais que são portadoras dos mesmos, do concomitante conjunto de crenças, atos, costumes que nós qualificaríamos como não religiosos: cívicos ou profanos, de acordo com a escolha que se fizer entre a dialética (histórica) cívico/religioso ou a dialética (religiosa) sagrado/profano. E isto significa, de um lado, a ausência, nas culturas extraocidentais, de uma noção explícita e objetiva de "religião" (conceito, aliás, bastante complexo e, também ele, elaborado no Ocidente, como demonstra sua história) e, do outro – conforme as opções de quem julga – que tudo nas culturas tradicionais pode ser lido *sub specie religionis* (é, p. ex., a posição da fenomenologia religiosa), ou, então, que de religião como categoria conceptual autônoma se pode falar somente na cultura ocidental que, historicamente, tem contraposto o campo de ação religioso ao campo de ação não religioso (posição que qualifica, em foro científico, a Escola Romana de História das Religiões, fundada por R. Pettazzoni).

Consequência parcial desta premissa é uma primeira consideração: as religiões tradicionais, diversamente do cristianismo (e de algumas outras grandes religiões universais, em sua maturidade histórica: → judaísmo, → islamismo, → budismo etc.), se configuram como intimamente interconexas com (e inseparáveis de) todos os demais aspectos das culturas que individualmente as exprimem e, em especial, com os respectivos sistemas econômicos. Portanto, lá onde se tratar de populações agrícolas (com sistemas de cultivo mais ou menos desenvolvidos: e esta é a situação globalmente mais difundida), encontraremos um tipo de religião centrado na Terra, divinizada ou sacralizada de vários modos, e no culto dos mortos, ao passo que, entre os povos caçadores-coletores e pescadores, prevalece um conjunto de crenças que hipostatiza a aleatoriedade do sistema de subsistência, na figura de algum dono de animais (terrestres ou marinhos) e, entre os povos criadores de gado nômades, um sistema religioso que gira em torno de um ser supremo, de tipo urânico.

Não menos influência exerce sobre as crenças religiosas a estrutura social e política: a estrutura de clãs, que caracteriza a maior parte das sociedades tradicionais, tem sua sanção no plano religioso através da mitização do antepassado-chefe e da ritualização da solidariedade e do controle social, enquanto toda a vida individual é marcada por práticas *lato sensu* religiosas. Por sua vez, a estrutura política reflete-se no sistema das crenças mediante a ratificação mítico-ritual da hierarquia social e política nas sociedades hierarquizadas (África, Polinésia), até a "divinização" do rei nas culturas de estrutura monárquica (África Ocidental, América pré-colombiana) e o aparecimento de formas religiosas de tipo politeístico (seja originais, seja por difusão por parte de civilizações superiores) nas sociedades tradicionais de organização sociopolítica mais complexa, articulada e diversificada.

Um outro elemento distintivo importante das religiões tradicionais, em relação às religiões históricas, e em particular ao cristianismo, é a ausência total nelas de proselitismo, enquanto religiões estritamente étnicas, muitas vezes nacionais, regionais ou até de comunidades, que não constituem nem pretendem constituir um *corpus* de doutrinas universais mas, como logo ficará claro, outros tantos sistemas simbólicos que respondem a exigências culturais e sociais, bem como intelectuais e afetivas, específicas e geograficamente circunscritas.

Para encerrar esta comparação diferenciadora entre religiões tradicionais e religião cristã, é oportuno colocar ênfase no elemento que precipuamente qualifica as culturas e, portanto, as religiões extraocidentais, em contraposição à cultura e, portanto, à religião ocidental, elemento este identificável na abordagem diferente que umas e outras utilizam para compreender o mundo: mítico ou cosmologizante no primeiro caso, histórico ou antropologizante no segundo. As culturas tradicionais entregam ao mito e a sujeitos, enquanto míticos, inatuais, a função de fundar aquela parte da realidade que se reconhece ou se quer imutável e, portanto, não passível de intervenção humana, eliminando com isto a operatividade humana e ocultando o devir em função da segurança e da proteção, ao passo que a cultura ocidental, desenvolvendo-se ao longo das diretrizes indicadas pelo atualismo romano e pelo livre-arbítrio cristão, tem progressivamente considerado passíveis de mudança, através do agir histórico, porções sempre mais amplas da realidade: o que equivale a dizer que, enquanto as culturas tradicionais dão dimensão cósmica ao real, a cultura ocidental tende a dar-lhe dimensão humana. Poder-se-ia, por hipérbole, exemplificar o que dissemos, afirmando que lá onde, em nível tradicional, se "diviniza" o real, a cultura ocidental "realizou" Deus: o Verbo se fez homem e, por isso mesmo, a meta-história desceu à história: a verdade de fé da revelação adquire fundamentos históricos através do agir histórico – a vida, paixão e morte – do Cristo.

Assentadas estas premissas, que terão servido para ilustrar a especificidade do cristianismo com respeito às tradições religiosas das culturas extraocidentais, entremos agora mais diretamente no específico morfológico das crenças e das atividades rituais que caracterizam estas tradições.

A crença em entidades supra-humanas, dotadas de poderes diferentes dos poderes dos homens e superiores a estes, parece estar na base de muitas das religiões em questão, senão de todas: a precaução é ditada pela crescente exigência de uma revisão crítica das fontes documentais mais antigas, isto é, dos relatos etnográficos não especializados, feitos por exploradores, viajantes ou missionários que, cada um em razão de seus condicionamentos pessoais, podem ter entendido mal as culturas com as quais entravam em contato. Também não se deve esquecer que, em algumas culturas, o sobrenatural assumiria também formas absolutamente impessoais, como no caso do mana melanésio. Seja como for, algumas destas entidades são representadas pelos protagonistas dos mitos, ou histórias sagradas, que universalmente, em nível tradicional (e não só em nível tradicional), fundam a realidade, conferindo-lhe sentido e valor. Estes seres míticos são tipicamente inatuais, isto é, inativos no presente, e portanto não se lhes presta culto. Os estudiosos, seja por analogia com fenômenos encontráveis nas religiões superiores, seja pela necessidade prática de uma categorização, distinguiram tipologicamente estes protagonistas míticos em várias figuras: criador, *trickster*, primeiro homem, herói cultural, antepassado mítico ou totêmico, dema. Se a distinção pode responder a exigências funcionais, todavia não tem base na realidade do ditado mítico. Na realidade, todos estes protagonistas de mitos executam ações fundantes – nas quais se esgota sua função – amplamente superponíveis e rarissimamente são caracterizados em sentido pessoal: uma leitura correta da documentação etnográfica evidencia uma operação de assimilação a personalidades "mitológicas" ou "divinas" preconcebidas por parte de estudiosos ocidentais, condicionados por sua bagagem pessoal de conhecimentos. Pensemos, a título de exemplo, na influência exercida pelo mito osírico sobre a conceptualização do dema (o ser mítico melanésio que, depois de morto, depois de lhe serem amputados os membros e ser enterrado, dá origem a alimentos) ou, em outra vertente, na influência do mito prometeico sobre a conceptualização do *trickster* (cf. adiante), ainda que ambas as concepções tenham servido justamente para explicar o mito egípcio e o grego.

Função mais complexa em relação à dos protagonistas míticos é desempenhada por outras entidades supra-humanas que, embora, como estes, possam agir em nível mítico fundando realidades, são todavia consideradas existentes e ativas também no presente e, portanto, se lhes presta culto. Também neste caso os estudiosos elaboraram uma tipologia, distinguindo entre ser supremo, senhor dos animais, terra-mãe, espíritos (da natureza, dos mortos, espíritos tutelares), antepassados, divindades.

No que concerne às atividades rituais, as religiões tradicionais apresentam dois tipos fundamentais de ritos: os *autônomos*, que não têm nenhum destinatário específico, e os *cultuais*, ou seja, os ritos inseridos no culto dos seres supra-humanos, considerados capazes de intervir ativamente nas coisas humanas. Entre os primeiros, enumeram-se tanto os ritos mágicos quanto a vasta categoria dos ritos de passagem (i. é, aqueles ritos que assinalam, em nível individual e/ou coletivo, as transições mais significativas de um estado ou condição para outro, entre os quais se mencionam especialmente os ritos de iniciação tribal e os ritos de ano novo); ao passo que os segundos são representados pela oração, pelo sacrifício e pela oferta.

Uma vez que, como já dissemos, nas culturas tradicionais a esfera de ação religiosa não é conceptualmente distinta dos outros campos operativos da existência, muitas vezes nos níveis mais "primitivos" não se depara nenhuma especialização "profissional" de tipo religioso: é o chefe de família ou o chefe da tribo que se ocupa das coisas "sagradas", paralelamente às "profanas". A especialização religiosa coincide com a especialização maior de todas as outras atividades humanas: portanto, é nas culturas de estrutura social mais complexa que podemos encontrar operadores rituais propriamente ditos, os quais, conforme os casos, cumprem sua função por delegação ou por chamamento pessoal. Adivinhos, feiticeiros, curadores e bruxos são os mais difundidos "especialistas" de coisas religiosas, encontráveis em nível tradicional, e uma menção especial merece o xamã, um tipo de operador ritual que com meios psíquicos ou artificiais atinge um estado de *transe*, através do qual entra em comunicação com os espíritos e obtém deles faculdades divinatórias e terapêuticas extraordinárias. Classes sacerdotais verdadeiras e próprias encontram-se somente em culturas tradicionais mais complexas e evoluídas, o mais das vezes caracterizadas por formas religiosas de tipo politeístico mais ou menos rudimentares (África Ocidental, Polinésia, América pré-colombiana).

Em numerosas sociedades tradicionais (América Setentrional e Meridional, África, Oceania), em época colonial e pós-colonial, assumiu relevo especial a figura do profeta, muitas vezes guindado a líder de movimentos sociorreligiosos de tipo emancipacionista, tanto em sentido político quanto em sentido cultural. O fenômeno do profetismo reveste ainda hoje grande importância, já que, por obra de personalidades carismáticas, florescem em toda parte, no Terceiro Mundo, novas seitas ou religiões, o mais das vezes de tipo sincretista (i. é, que juntam elementos da religião tradicional com elementos de derivação cristã, até o ponto de às vezes superarem sua simples justaposição, para assumirem conotações totalmente originais), de grande impacto sobre as populações nativas e não raro caracterizadas por intentos proselitísticos que derivam justamente da assimilação do espírito ecumênico e missionário do cristianismo. Estas novas religiões, convencionalmente denominadas "espirituais", "carismáticas" ou "de cura", constituem sintoma e indício do mal-estar cultural de massas tradicionais submetidas a um impacto cada vez mais traumático com a Modernidade e suas contradições e, nos casos de contraposição aberta às igrejas missionárias, de crítica consciente à traição perpetrada pelo Ocidente em prejuízo dos ditames evangélicos.

Passaremos agora a delinear em grandes traços as características fundamentais das religiões tradicionais, seguindo um critério de tipo geográfico, se bem que advertindo que a variedade das culturas presentes nas diversas áreas torna este tipo de classificação, além de reducionista, extremamente artificial e nivelador. Efetivamente, se em algumas áreas relativamente isoladas ou limitadas (por motivos históricos e/ou geográficos: Austrália, Melanésia, Polinésia, zonas subárticas da Ásia e da América), as respectivas culturas apresentam-se bastante homogêneas do ponto de vista da estrutura socioeconômica (de cuja relevância na determinação do tipo de religião já falamos), outros continentes (América Setentrional e Meridional, África) oferecem uma tal variedade de situações que é praticamente impossível qualquer generalização a não ser achatando, nivelando, abstraindo e, portanto, substancialmente mistificando dados e problemas.

As várias crenças dos múltiplos grupos aborígenes de caçadores-coletores australianos encontram uma certa unidade na enorme relevância assumida pelos protagonistas míticos metade humanos e metade animais que, no "tempo do sonho", fundaram os traços básicos da natureza e da cultura nativa, ditaram as normas da vida social e deixaram na terra lugares e objetos sagrados como receptáculo de seu poder, e pelos complicados rituais que comemoram e reatualizam suas ações. Ao contrário, não parece corresponder à realidade a originariamente identificada presença do culto de um ser supremo de tipo urânico. Em nível ritual, as iniciações tribais figuram entre as cerimônias mais complexas, dramáticas e culturalmente significativas, juntamente com os ritos de incremento das espécies animais e vegetais, ligados – como muitos outros aspectos da vida social e religiosa dos australianos – ao discutido fenômeno do totemismo. O bruxo e o curador – o primeiro considerado causa de desgraças, doença e morte, o segundo ministrador de remédios, mas muitas vezes coincidindo os dois na mesma pessoa – são operadores rituais reconhecidos, mas está ausente toda organização religiosa, e a gestão do "sagrado" está distribuída entre todos os varões idosos, segundo um itinerário progressivo, marcado pelas várias etapas de iniciação.

As religiões das ilhas da Melanésia apresentam traços que, sob certos aspectos, podem ser assemelhados às crenças australianas e, sob outros, às polinésias, mas, generalizando, sua originalidade reside no pragmatismo que as caracteriza: são menos "místicas" do que as religiões australianas e menos "vinculantes" do que as polinésias, dando uma ampla margem à iniciativa do homem. Como horticultores e pescadores, os melanésios elaboraram uma abundante mitologia, reconhecem uma multiplicidade de espíritos e praticam o culto dos antepassados através de ritos complexos que envolvem os diversos clãs e/ou aldeias inteiras, como no caso das grandes festas de renovação ou do primeiro dia do ano, no decurso das quais se fazem ofertas primiciais aos espíritos dos mortos. Também os ritos de iniciação, tanto tribais quanto de sociedades secretas, revestem-se de particular importância e os primeiros muitas vezes confluem, cronológica e ideologicamente, nos cultos dos antepassados, em garantia da continuidade das gerações. Entre os grupos que praticam a criação do porco selvagem celebra-se, com periodicidade plurianual, uma grande festa de caráter competitivo, no decurso da qual um *bigman*, a fim de tirar daí prestígio sociopolítico, sacrifica ostensivamente a espíritos ou entidades míticas enormes quantidades de animais, em seguida consumidos orgiasticamente pelos participantes da festa. A bruxaria, em sua acepção ambivalente, ocupa um grande espaço, e todos os melanésios recorrem com frequência a encantamentos mágicos para conseguir seus objetivos: acredita-se que o sucesso ou a eficácia de um bruxo ou de um encantador seja determinado pelo respectivo mana, espécie de poder obscuro, atribuído indiferentemente a todo tipo de espíritos, pessoas e coisas que demonstrem ter ou trazer sorte.

Devido à precoce e quase geral conversão ao cristianismo por parte da população nativa, de religião tradicional polinésia, temos que falar amplamente no passado, e os elementos que a constituíam originariamente estão hoje reduzidos a reminiscências de um tempo que os próprios polinésios reconhecem tão longínguo quanto o do mito. Em suas origens, a Polinésia apresentava uma notável homogeneidade cultural: horticultoras, criadoras de porcos e pescadoras, as sociedades polinésias eram extremamente hierarquizadas e alguns chefes, pelas dimensões de seu poder, eram verdadeiros reis. A organização religiosa era encabeçada por um corpo sacerdotal, que gozava de enorme prestígio. As crenças religiosas espelhavam o ordenamento social: as numerosas divindades, muitas das quais ligadas genealogicamente entre si, estavam organizadas numa espécie de panteão, de estrutura hierárquica, encabeçado por três figuras incertas de criadores míticos. Todos estes seres extra-humanos tinham cada qual uma esfera de ação própria, representando uma porção específica do real. Podiam prejudicar os homens e favorecê-los e, por isso, como os vários chefes, deviam ser gratificados com contínuas ofertas por ocasião das numerosas cerimônias oficiadas pelos sacerdotes, em lugares sagrados apropriados. Além disso, podiam possuir os indivíduos através do transe e protegiam os bruxos. Desempenhavam papel bastante importante também as almas dos mortos, dotadas de atributos ambivalentes. Tinham poderes religiosos, além de político-sociais, tanto o mana, entendido como uma qualidade de alguma forma promanante das divindades, e que conferia sucesso e prestígio às pessoas, quanto o tabu, conceito que se aplicava a tudo o que fosse sagrado ou proibido e cuja violação comportava consequências de ordem mística e/ou social. Menção especial merece a sociedade arioi, à qual os polinésios – homens e mulheres – podiam ter acesso por possessão divina e por iniciação: também ela, de estrutura rigidamente hierárquica, era dada à execução de jogos, ritos e espetáculos sagrados e seus membros gozavam de privilégios e poderes excepcionais também em relação à autoridade política, levando sua existência numa dimensão ritual totalmente diferente da dos homens comuns.

As religiões dos índios norte e sul-americanos ressentem-se consideravelmente da heterogeneidade da situação ecológica, econômica e cultural ocorrente, dada a vastidão da área em questão: alguns grupos ainda vivem (e viveram durante milênios) exclusivamente da caça e da coleta, outros vivem da agricultura, outros mais, prevalentemente da pesca, de sorte que pareceria impossível até a generalização mais abstrata. Apesar disso, podemos identificar na relação íntima com a natureza, entendida religiosamente e sacralizada, o elemento que unifica e caracteriza todas as crenças, ainda que diferentes. Igualmente universal é a presença de uma complexa mitologia e, portanto, de um sem-número de protagonistas míticos, entre os quais se destaca (sobretudo, mas não exclusivamente na América do Norte) o *trickster*, um herói cultural teriomorfo, muitas vezes antagonista do criador, qualificado por um comportamento particularmente ambíguo: fundador e doador de importantes elementos culturais, é, todavia, um trapaceiro, astuto e ao mesmo tempo bobo, ator de aventuras geralmente cômicas ou grotescas. Ao lado dos protagonistas míticos, deparamos, de acordo com os tipos de cultura, seres supremos (Terra do Fogo), senhores dos animais (entre todos os grupos caçadores e entre os esquimós), deusas da terra e da vegetação (nas duas Américas, entre os povos cultivadores e excepcionalmente também entre alguns grupos de caçadores), espíritos ligados a elementos ou eventos cósmicos e atmosféricos (de difusão quase universal), espíritos tutelares de vários tipos. Estes últimos, presentes nas duas Américas, revestem-se de extrema importância na América Setentrional (com exceção do sudoeste), estando no centro de rituais de iniciação e de práticas visionárias individuais, voltadas para a aquisição de uma relação privilegiada com um espírito. A aquisição de um espírito tutelar está também na base do xamanismo, presente em formas diversas, desde as zonas árticas (onde aparece em seu aspecto mais puro e prototípico) até as extremidades opostas do continente. Um sacerdócio, mais ou menos propriamente dito, é encontrável somente na zona andina, talvez por antiga influência da civilização inca, e entre os navajo e os pueblo, do sudoeste dos Estados Unidos. A vida ritual e cerimonial é em toda parte bastante cheia de eventos, tanto em nível individual quanto em nível coletivo. As festas de maior relevo são as de renovação, ligadas ao primeiro dia do ano agrícola ou ao início da estação da caça ou da pesca. As iniciações tribais e as iniciações a sociedades secretas e de medicina (estas últimas exclusivamente entre os índios norte-americanos) figuram entre os momentos religiosos mais fortes da existência individual e comunitária dos nativos.

Os povos árticos e subárticos euro-asiáticos oferecem-nos uma certa homogeneidade de crenças – hoje já amplamente suplantadas pela cristianização – com acentuação de um ou de outro componente específico, conforme se trate de grupos ecologicamente voltados para um estilo de vida baseado na economia da caça ou, respectivamente, na criação de animais. No que concerne aos povos caçadores e pescadores (além dos esquimós, numerosos grupos asiáticos, entre os quais os siberianos e os ainu, da ilha japonesa de Hokkaido), as crenças religiosas, sustentadas por uma complexa mitologia, estão centradas previsivelmente em algum senhor dos animais, muitas vezes coexistindo com uma figura de ser supremo e com um sem-número de espíritos da natureza e de espíritos tutelares. As atividades rituais concentram-se na estação de suspensão da caça, para culminarem no momento de seu reinício; o operador ritual é tipicamente o xamã. Os grupos de criadores de animais, particularmente de renas (com frequência o mesmo grupo étnico pratica um regime econômico diferente, de caça ou pastoril, de acordo com o habitat: tal é o caso de numerosos povos siberianos, p. ex., iucajirs, ciukci, tunguses; ao passo que a criação de animais encontra sempre seu pressuposto numa fase anterior de caça: lapões, iacutos, samoiedos etc.), veneram principalmente um ser supremo de tipo urânico, destinatário de sacrifícios por ocasião de grandes festas anuais ligadas ao ciclo sazonal da criação de animais, porém seu horizonte religioso é povoado também por muitas outras entidades extra-humanas, entre as quais se salientam vários espíritos tutelares dos animais silvestres. Também aqui prepondera o complexo xamânico.

O continente africano apresenta-nos uma extrema variedade de crenças religiosas, já que nos oferece exemplos de quase todos os ambientes ecológicos e consequentes regimes socioeconômicos, portanto, também de diversos tipos de cultura. Na África negra, temos desde a cultura da caça e coleta dos pigmeus da floresta equatorial e dos bosquímanos do Kalahari, até a cultura agrícola dos grandes reinos da África Ocidental, passando pela miríade de sociedades de cultivadores mais ou menos primitivos e de criadores em pequena e grande escala (hotentotes, nilóticos, etíopes). Em razão disto, preferimos abster-nos de fazer qualquer tipificação generalizante e, antes, colocar ênfase naquele elemento de difusa e intensa espiritualidade e de integralismo que qualifica e unifica as tantas e diversas expressões religiosas africanas, elemento este que tem parecido poder contrapor-se, e de fato tem sido contraposto, ao materialismo e ao individualismo do Ocidente. A tarefa que se impõe hoje aos estudiosos é a de reexaminar, em chave histórica, as religiões tradicionais africanas, seja porque erroneamente têm sido considerados inertes, estáticas e impermeáveis à evolução – quando, na verdade, em muitos casos, sua capacidade de adaptação e de resposta criativa, tanto a crises endógenas quanto às novas condições impostas primeiro pelo colonialismo e depois pela modernização, dão prova de uma plasticidade que deve necessariamente ter pressupostos históricos – seja porque, com excessiva frequência, a descrição e o juízo emitido foram influenciados pelos preconceitos, negativos e positivos, de informadores, etnógrafos e teóricos que, de uma forma ou de outra, leram o diferente com códigos próprios, reduzindo-o a seus códigos pessoais.

Isto, aliás – se, afinal, devemos compreender o tesouro de espiritualidade depositado no homem, qualquer que seja a latitude geográfica, cronológica e cultural a que pertencer – vale para qualquer conjunto de crenças.

Bibl. – V. Lanternari, *Movimenti religiosi di libertà e di salvezza dei popoli oppressi*, Milão 1960; A. Brelich, *Introduzione alla storia delle religioni*, Roma 1966; H.C. Puech (ed.), *Storia delle religioni*, vol. 18: *I popoli senza scrittura* (2 tomos), Bari 1978 (orig. *Histoire des Religions*, Paris 1970); D. Sabbatucci, *Sommario di storia delle religioni*, Roma 1987; S. Sutherland-L. Houlden-P. Clarke-F. Hardy (ed.), *The World's Religions*, parte V: P. Clarke (ed.), *Traditional Religions*, Londres 1988.

DANILA VISCA

V. Religião Popular

1. O ESTUDO DA RELIGIÃO POPULAR – *a.* A pesquisa, a análise e a interpretação do *fenômeno religioso* estão suscitando um amplo interesse no âmbito das ciências humanas, preocupadas com a problemática cultural e social, intimamente ligada ao fato religioso. É por isto que, com a religião e com a fenomenologia da religiosidade popular, se ocupam intensamente a antropologia cultural e a etnologia religiosa, a psicologia e a sociologia da religião, a história das instituições e práticas religiosas, a fenomenologia e a filosofia da religião, a teologia das religiões, a teoria da missão e a teologia pastoral. O campo de observação e de análise é vasto e diferenciado: o folclore religioso e as tradições populares, as práticas mágicas ou supersticiosas, as festas e os cultos populares, os elementos de sincretismo religioso e de mescla cultural presentes nas diversas manifestações da experiência social do religioso, sobretudo entre as classes populares, e de modo especial entre a gente do campo, em seus ritos e celebrações, em seus mitos e suas lendas, em seus provérbios e ditos, em seu *êthos* vital e social.

Tanto a *metodologia* específica quanto os *critérios* de interpretação das práticas religiosas divergem notavelmente. Assim sendo, os fatos, real e hipoteticamente religiosos, podem ser observados com um interesse puramente antropológico ou cultural, ou ser objeto de uma investigação comparativa, seja de caráter histórico ou evolutivo, seja de caráter morfológico e estrutural. Finalmente, tais fenômenos, característicos da religiosidade humana, podem ser interpretados na perspectiva de determinados postulados naturalistas ou positivistas, espiritualistas ou materialistas, ideológicos ou teológicos. Desta maneira, a fenomenologia da religião popular pode ser vista simplesmente como a expressão da busca de segurança existencial, da parte das classes populares, diante de uma situação cultural e social de miséria e atraso, de opressão ou de particular fragilidade. Em outros casos, o fato religioso é interpretado simplesmente como uma busca de mais poder, consenso ou legitimação social e histórica. Outras vezes, finalmente, o fato religioso é com razão interpretado como expressão da fé popular.

b. À diversidade de pressupostos metodológicos e de critérios hermenêuticos soma-se uma *diferença conceptual* na maneira de entender o popular. Às vezes o popular é entendido como o aspecto típico da idiossincrasia nacional de um povo, considerado como sujeito coletivo de uma história e de uma cultura, de uma sociedade e de um Estado, em relação com a experiência da religiosidade pessoal. Outras vezes, o popular é entendido como a realidade própria das camadas populares, classes, raças ou culturas, enquanto subalternas e oprimidas por outras culturas, classes ou raças. Ou, finalmente, o popular pode ser considerado como contrário ao oficial. Em tal caso, a religiosidade popular indica a experiência religiosa e as crenças de determinados grupos humanos, prevalentemente nas camadas subalternas da sociedade, que se obstinam numa certa resistência ou divergência em relação às formas ortodoxas oficiais. Por isso, pode-se falar, de maneira muito diversificada, da religiosidade do povo argentino, da devoção mariana do povo mexicano ou do povo da Andaluzia, das lendas ou culto dos mortos na religiosidade popular galega ou centro-americana, ou dos diversos fenômenos de religiosidade popular ameríndia ou afro-americana.

c. O modo popular de viver a religião é condicionado particularmente pela cultura, tanto da classe dominante como das classes subalternas. A relação entre fé popular e cultura popular pode ser considerada um caso particular da relação entre *religião e cultura*, em sua interação dialética recíproca (→ Inculturação). Em todas as culturas em que se registra uma situação teônoma, isto é, onde a irrupção do sagrado assume uma intensidade especial, a religião oferece à cultura sua dimensão de profundidade vital. Isto acontece nas grandes áreas culturais, inspiradas pelas grandes religiões do Oriente, pelo hinduísmo ou pelo budismo, pela religião de Israel ou pela do islamismo. A mesma coisa ocorre nas nações marcadas pelo contato profundo com o cristianismo. Por sua vez, a cultura oferece as formas expressivas, que tornam presentes, na vida familiar e social, os grandes ideais e os valores religiosos: a verdade absoluta, a beleza sublime, a justiça incondicionada, a bondade misericordiosa.

Também a cultura popular ou as subculturas das classes ou raças subalternas, num determinado espaço, podem oferecer à própria religiosidade ou piedade formas expressivas da fé ou da esperança religiosa, do *êthos* de solidariedade e fraternidade, da busca de reconciliação e paz. Assim, coexistiram sempre com a vida da comunidade eclesial, como instituição, múltiplas expressões da fé e da experiência religiosa popular, frequentemente dotadas de grande sinceridade religiosa e autenticidade humana, em sua expressão da confiança de fé (*fides qua*), assim como dos conteúdos objetivos da fé (*fides quae*). Com frequência, a experiência religiosa mesclou-se profundamente com as realidades culturais e sociais.

2. A QUESTÃO DA RELIGIOSIDADE POPULAR – *a.* Costuma-se falar de *religiosidade popular*, quando a forma e o modo de viver a religião assumem um caráter mais direto e simples em sua experiência, buscando uma funcionalidade maior e uma modalidade mais acessível ao indivíduo ou ao grupo concreto. Desta forma, a religiosidade popular pode facilmente superar a barreira representada pela forma erudita e conceptual, dogmática e abstrata, de viver a piedade ou de pensar a fé. Adotando formas mais espontâneas de viver o sentimento religioso, ou pelo menos mais acessíveis ao nível cultural dos interessados, a religiosidade popular tende a eliminar a mediação da figura sacerdotal, percebida como ausente ou distante, ou também como um obstáculo à comunicação religiosa. Na religiosidade popular, cultiva-se uma forma de oração, muitas vezes com a intercessão de um santo protetor, percebida como mais eficaz para obter o objetivo desejado na súplica religiosa em prol das urgentes e angustiantes necessidades humanas, especialmente as que dizem respeito aos setores mais pobres e menos favorecidos da sociedade.

Não é fácil aclarar o problema das relações existentes entre a forma popular e a forma oficial de viver a religião. Em muitos casos pode-se constatar uma certa prioridade do popular e espontâneo sobre o erudito e elaborado. Em numerosas situações e circunstâncias, costumam coexistir historicamente ambas as formas de viver a religiosidade, estabelecendo-se entre elas uma relação dialética: a forma normativa e erudita de viver a religião costuma nutrir-se da experiência popular do sentimento religioso, que procura inserir num sistema teológico e normativo. Por vezes, a fé popular limita-se a divulgar os conceitos teológicos de um modo mais próximo à cultura popular das classes subalternas. Na linguagem ou no gesto, na piedade ou na devoção, a religiosidade popular muitas vezes se caracteriza por diversas *notas*, como uma certa espontaneidade e riqueza de comunicação, do ponto de vista do intuitivo ou do simbólico, assim como do emotivo e do fantástico, da experiência e do festivo, do celebrativo e do teatral.

b. A religiosidade popular toca uma *vasta gama de fenômenos* vitais e sociais, culturais e religiosos. Em nível popular, a religião é vivida, não raro, em relação com o ciclo vital ou com a realidade social. Assim, encontramos uma celebração religiosa do nascimento ou da despedida da adolescência, do noivado ou do casamento, da doença ou da morte. Deparamos outrossim uma consagração festiva ou celebrativa do trabalho agrícola ou industrial, sobretudo durante as festas patronais ou regionais. O cristianismo, como religião universal, assume a dialética fundamental da religião bíblica, como religião da criação e da aliança, que consagra, critica e abençoa a natureza e a história. Quando a → evangelização assumiu positivamente a vida humana e histórica de um povo em sua caminhada para Cristo, senhor da criação e mediador da aliança, nascem novas formas de cristianismo popular.

Em razão de tudo isto, a fenomenologia da religiosidade cobre um âmbito tão vasto que não é isento de um alto grau de *equivocidade*, uma vez que por religiosidade popular se entendem, também no caso do cristianismo ou do catolicismo popular, formas mágicas ou superstições de piedade arcaica pré-cristã, vividas em sincretismo com devoções típicas da fé do universo rural, até outras formas de reviviscência de tradições do catolicismo popular, que servem para conservar a consciência de uma identidade religiosa e social. Pode-se, assim, falar de influências ameríndias ou afro-americanas em determinados traços do catolicismo latino-americano, em sua experiência popular; ou podem-se também analisar certos cultos populares, como peregrinações ou outras festas e devoções, típicas da veneração popular dos santos cristãos ou expressão da devoção mariana.

c. Na religiosidade popular adquirem nova importância os movimentos de renovação na pastoral popular ou leiga, como os círculos bíblicos e as Comunidades Eclesiais de Base, os grupos neocatecumenais ou neopentecostais que, com frequência, assumem o papel de educar e alimentar uma sadia religiosidade popular, vivida plenamente na comunhão eclesial. Em sua relação com os grupos populares e com seu modo característico de viverem a fé e a piedade, a *autoridade eclesial* tem oscilado entre diversos tipos de reação, em parte devido à natureza dos próprios fenômenos religiosos, em parte condicionada pelas circunstâncias históricas: desde a rejeição de formas consideradas supersticiosas ou mágicas, até a reabilitação de formas de legítima devoção; desde a tolerância de formas imperfeitas de experiências de fé, até a proposta de práticas aceitáveis e conciliáveis com a ortodoxia e a liturgia canônica. Por sua vez, também os grupos populares têm oscilado em sua relação com as instâncias autoritárias e oficiais, nas diversas comunidades religiosas, seja aceitando sinceramente as orientações da autoridade, seja rejeitando-as ou também mimetizando sua reação, sob formas diversas de *sincretismo* religioso. Ora, as formas de religiosidade popular não devem ser julgadas necessariamente como negativas; às vezes constituem esplêndidas manifestações de *inculturação da fé* e de adaptação de uma religião universal a ambientes nacionais, sociais ou culturais, caracterizados por enormes diversidades.

Bibl. – B. Lacroix-P. Bogioni, *Les Religions populaires*, Québec 1972; M.J.R. Tillard e outros, *Foi populaire – foi savante*, Paris 1976; L. Maldonado, *Religiosidad popular*, Madri 1976; Vários autores, *Religiosità popolare e cammino di liberazione* (Atti, Verona 1978), Bolonha s.d.; C. Ginsburg (ed.), *Religioni delle classi popolari*, Bolonha 1979; Vários autores, *Ricerca sulla religiosità popolare: nella Bibbia, nella liturgia, nella pastorale*, Bolonha 1979; F.-A. Pastor e outros, *Inculturazione*, Roma 1979; C. Dubosq-B. Plongeron-D. Robert, *La Religion populaire*, Paris 1979; V. Bo, *La religiosità popolare*, Assis 1979; D. Pizzuti-P. Giannoni, *Fede popolare*, Turim 1979; S. Galilea, *Religiosidad popular y Pastoral*, Madri 1980; B. Adoukonou, *Jalons pour une théologie africaine*, Paris-Namur 1980; F.A. Isambert, *Le sens du sacré. Fête et religion populaire*, Paris 1982; K. Rahner, 'Zum Verhältnis von Theologie und Volksreligion', em *Schriften zur Theologie* XVI, Einsiedeln 1984, 185-195; F.-A. Pastor, 'Ministerios laicales y comunidades de base', em *Greg* 68 (1987) 267-305.

FÉLIX-ALEJANDRO PASTOR

VI. Filosofia da religião

1. UMA REALIDADE COMPLEXA – Entre as muitas disciplinas que, por motivos diversos, com enfoque diferente e com instrumentos de investigação específicos, se ocupam com a realidade da religião – experiências, emoções, culto e tradições, vivência individual e comunitária, inspirações, pregação e difusão, não se excluindo polêmicas e divisões – à Filosofia da Religião (FDR) compete, sem dúvida, a reflexão crítica, mas isto não a separa das outras ciências que se ocupam com o mesmo objeto (Psicologia, Sociologia da Religião, História das Religiões e religiões comparadas...) nem delimita, de maneira absoluta e definitiva, um critério epistemológico unívoco. Pensemos na *ciência* da religião, empírica, não normativa, análise "objetiva" e, na medida do possível, completa, de formas históricas, relações recíprocas e com a cultura, a política, a sociedade, a economia, o meio ambiente. Pensemos na *fenomenologia* da religião, que proporciona uma visão de conjunto e ordena a complexidade dos fenômenos, das convicções e das experiências religiosas. A exemplificação não é casual, pois o mesmo termo é usado, em sentidos diversos e com metodologia diferente, no campo filosófico e não filosófico; a rápida incursão pode ter uma justificação comparativa. Sobre a recusa de pressupostos de tipo hermenêutico, que estão na base de relevantes modelos de FDR (desde Schleiermacher até I. Mancini), com atitude diferente em relação ao evolucionismo histórico, a FDR enfrenta uma multidão enorme de dados arqueológicos, etnológicos, históricos, psicológicos de todas as religiões, uma área sacral vasta e dificilmente definível em relação à magia e aos tabus. Mito, rito, sacrifício, culto dos santos e dos defuntos, escatologia, apocalíptica, livros sagrados e revelação constituem núcleos temáticos projetados sobre um quadro monoteísmo-politeísmo-panteísmo de difícil composição num plano diacrônico. Existe um tipo de fenomenologia que, por definição, quer ser equidistante, tanto do objetivismo científico abstrato quanto do subjetivismo facilmente escravo de preconceitos e ideologia e, considerando ineludível a referência, ainda que indireta, à questão subjacente da "essência da religião" (e do "caráter absoluto do cristianismo"), quer mediá-los (e superá-los) na *intencionalidade*. Sem aprofundar este estatuto filosófico da fenomenologia (não somente Husserl, mas, com mais precisão, M. Scheler), para o cristão repropõe-se a rica presença dos *semina verbi* e a longa, lenta e contraditória *praeparatio evangelica* (pensemos nos sacrifícios humanos, homofagia, manducação de cadáveres, prostituição sagrada e ainda outras coisas), com meios por vezes surpreendentes.

A compreensão da fenomenologia (pensemos na fundamental *Phänomenologie der Religion*, 1933, de Van der Leeuw) é identificação da *especificidade*, que determina as variantes sobre uma *constante*. Pensemos no monumental *Der Ursprung der Gottesidee*, 12 volumes, 1912-1955, de Wilhelm Schmidt, no reconhecimento da presença constante, ainda que com formas e intensidades diversas, do conceito monoteístico do Ser Supremo (método histórico-cultural). Trata-se de identificar a arquitetura do todo (a floresta de árvores) através da linguagem, dos símbolos, dos ritos, dos mitos. É preciso evitar a ideologização (ela ocorreu com um certo modernismo); é preciso circunscrever e ler os fenômenos religiosos sem torcê-los nem instrumentalizá-los. Com *Das Heilige* (1917), R. Otto inaugurou a virada fenomenológica, atacando o inveterado estereótipo cultural da explicação genética da religião, filha do racionalismo, do positivismo, do evolucionismo. A "Escola de Marburgo", fundada por ele, continuará a estudar o *a priori* complexo, os elementos numinosos e irracionais, morais e racionais (lembremos o subtítulo "Sobre o irracional na ideia do divino e sua relação com o racional") que fazem o sagrado (*mysterium tremendum et fascinans*) diferente de qualquer estrutura humana naturalística. Decisiva a contribuição de R. Pettazzoni, fundador da escola italina de "História das Religiões", que se diferencia tanto da tradição de *Comparative Religion* inglesa quanto da *Religionsgeschichtliche Schule* alemã.

As permanentes *questões* "filosóficas" são, fundamentalmente, problemas de filosofia da religião, mormente a de Deus: existência, atributos, possibilidade e condições de sua comunicação ao homem. Naturalmente, não nos referimos somente a títulos explícitos de "Filosofia da Revelação". Pelo contrário, o horizonte das disciplinas é tão amplo e variegado (é preciso também pensar na história da Igreja, da exegese, dos dogmas, na espiritualidade, no ecumenismo), que o próprio conceito de *religião*, fundamental na época moderna, não tem um significado preciso. A partir da tradição greco-romana, o termo oscila, é usado em sentido genérico, é sinônimo de fé, ordem, lei, seita. Através da contribuição dos Padres, da grande tradição escolástica, do humanismo, deparamos a Reforma e a reformulação do clássico (medieval) binômio fé-razão, no trio fé-religião-razão, privilegiando o primeiro termo, ainda que de Agostinho a Calvino o segundo termo ocorra com mais frequência. Através da religião-sentimento (desde o pietismo até Schleiermacher), à qual se contrapõe a religião de razão (Kant, especificamente), emergirá o *conceito* de religião e a passagem da teologia da religião para a filosofia da religião, em sentido moderno. Mas a nós interessa muito a história (os antecedentes) e a passagem. Até porque permanecemos convencidos de que é ineludível a lição kierkegaardiana da fé como modelo atípico de filosofia da religião.

A religião tem origem própria na experiência religiosa e a reflexão sobre a experiência religiosa parte do ponto de vista da própria experiência religiosa. Mas a revelação não é de *per si* persuasiva para o pensamento: é necessária uma fé, ao passo que ao pensamento compete a liberdade (uma opção fundamental) de interpretá-la, afirmá-la ou negá-la. Por um lado, a fé filosófica, por exemplo de Jacobi: todo conhecimento humano procede da revelação e da fé, porque todo procedimento de demonstração leva ao fatalismo e só podemos demonstrar semelhanças; por fé conhecemos o finito e o infinito, a existência do nosso corpo (*Cartas sobre a doutrina de Spinoza*, 1785). Por outro lado, a experiência mística, por exemplo, de Teresa d'Ávila ou João da Cruz, para os quais a linguagem é inadequada para exprimir a experiência interior e a união com Deus não pode ser mediada nem por coisa criada nem por coisa pensada. Sócrates atinge o limiar da realidade religiosa, isto é, da transcendência; por outro lado Guilherme de Auvergne (aprox. 1180-1249) escreve que deve haver uma única fé, porque a raça humana tem origem comum e um só fim: a fé cristã é a melhor garantia, a única e verdadeira religião. Lessing declara, impenitente, ser incapaz do salto da transcendência; Hegel tem a presunção especulativa de aceitar, explicar, "ir além" da fé com o conceito. O ontologismo (de Gioberti e, talvez, de Rosmini) prega que a primeira realidade conhecida não é o ser finito, mas o ser infinito e divino; ao contrário, os tradicionalistas (ou fideístas) pensam que a ideia de Deus e sua existência só podem ser reveladas e portanto, são cognoscíveis somente por fé. Condenado o → Racionalismo com a *Dei Filius* no → Vaticano I, o problema foi reproposto com o fechamento imanentista dos modernistas (cf. *Lamentabili* e *Pascendi*, de 1907). É sugestivo o que afirma Jaspers, com fina psicologia moderna: declarando-se estranho a uma fé religiosa fala de uma fé filosófica, respiração da liberdade que enche e move o homem em seu fundamento tornando-o capaz de superar a si mesmo e de atingir a origem do ser (cf. *Vom Ursprung une Ziel der Geschichte*, 269). Gostaríamos de defini-lo como *praeambulum fidei*.

2. FILOSOFIA DA RELIGIÃO: UMA DIMENSÃO PERENE DO PENSAMENTO – Pode-se também procurar identificar em Spinoza (*Tratado teológico-político*, 1670) o início, no variegado período iluminístico a trabalhosa e às vezes confusa elaboração instrumentística, e no florescimento romântico-idealista (alemão, naturalmente) a *definição* da FDR em sentido moderno. Mas, sem deter-nos na problematicidade de tal "definição" (espaçotemporal, com todos os riscos), podemos colher em todo o âmbito filosófico os elementos de uma reflexão específica que este "verbete" abraça. Do próprio interior de um *mýthos*, fecundo e incontrolado, emerge a exigência de um *lógos* que aponta para uma divindade, "um... grandíssimo", mas para além de todo antropomorfismo "de aspecto" e "de pensamento", uma substância imutável. No século VI aC, Xenófanes (é redutivo falar de ceticismo, em quem, através da espiritualidade sofista antecipa a crítica da *Cidade de Deus*) fala de uma "sabedoria boa", ao mesmo tempo ética teológica e política e que, parafraseando um texto bíblico, poderíamos dizer que "vem de cima". Mas os deuses não revelaram tudo aos mortais desde o início, requer-se tempo: discurso retomado pela *Educação do gênero humano* (1780) de Lessing. Quem sente em si o *demônio*, não é "artífice de novos deuses", em contraposição aos deuses antigos que asseguram a estabilidade da *pólis* (Sócrates, na *Apologia* de Platão), mas bem reflete sobre um deus criador e providente e, através de um conceito da divindade liberta da fisicidade espacial, mantém os amigos longe da impiedade e da injustiça (o mesmo nos *Memoráveis*, de Xenofonte).

Através da *alegoria* (que vai até o ponto de atribuir aos deuses baixezas humanas que não lhes podem caber, assim como não se lhes pode atribuir o mal), é a *realidade* dos deuses que é preciso reconquistar. Nunca como neste caso é evidente, em Platão, a reciprocabilidade de *ideal* e *real*. A *Summa Theologiae Platonis* (*Leis* X), que será o fundamento da "Teologia dos Padres" e da ininterrupta influência sobre todo um filão de interpretação do cristianismo espiritual-interiorístico, parte da "universal" fé em Deus a que todos os homens podem chegar através da existência, da beleza e da ordem das coisas (cf. Rm 1). Se a alma é o princípio do movimento, os deuses conhecem, ouvem a veem tudo e se preocupam com tudo e com todos. Não podem ser corrompidos pelos homens; a impiedade destes é atribuível somente a eles mesmos.

Existe também uma "Teologia de Aristóteles" (*Metafísica* XII), baseada em sua cosmologia, que parte da continuidade do movimento e de seu princípio, "tal que sua substância seja ato", "alguém que, sem ser movido, move". Princípio imóvel que imprime um movimento eterno e uniforme, motor imóvel e, com uma progressão eminentemente metafísica, "pensamento de pensamento [...] pensamento que pensa a si mesmo". Acertado o comentário de Tomás de Aquino: o primeiro motor deve ser *substantia per se existens* e sua substância deve ser ato; nele há uma referência essencial do *intellectus* ao *intelligere* como da *essentia* ao *esse*. Mas não foi em vão que se passaram muitos séculos e, se a reflexão aguda e dolorosa da tragédia grega deu uma dimensão existencial e dramática à reflexão religiosa (centrada no conflito insanável entre destino e providência, necessidade e liberdade, culpa e pena e, definitivamente, deus e homem), o cristianismo, por um lado, trouxe a luz da revelação e, por outro, estimulou a recolocar com maior precisão os problemas. Não é mais possível a identificação aristotélica filosofia-primeira-metafísica-teologia.

Mas a passagem operada da *substância* para a *substância divina* não é sem consequências, linguísticas e conceptuais. A substância, a "primeira categoria" aristotélica, conceito fundamental da metafísica, compreende, desde Aristóteles, através dos Padres e da Escolástica, até Descartes, Spinoza e Leibniz, uma substância particular, única, absoluta e suprema, que é a substância divina. Plataforma filosófica e da discussão teológica sobre a natureza de Deus (e da Trindade), em sua variedade linguística que comportará mal-entendidos e confusões: *hypóstasis*, *hypárxis*, *phýsis*, *essentia*, *substantia*, *natura*... será posta em crise somente pelo empirismo, que fará objeção à ideia de uma substância *nua* de caracteres, salvaguardada a crítica de resposta que um feixe de propriedades possa definir algo.

É a diferente concepção de substância que qualifica "teologicamente" Platão em relação a Sócrates (e Aristóteles em relação a Platão): a *ousía* é verdadeiramente tal no plano eterno e abstrato da realidade, razão pela qual a substância "fenomênica" assume um significado ambíguo. O aprofundamento relativo ao fato de que só as substâncias têm ideias correspondentes, de que estas são hierarquizadas e ordenadas pelo Demiurgo e de que a Unidade representa o vértice da realidade, prepara, não sem a mediação das categorias aristotélicas e do neoplatonismo, a primeira especulação – filosófica e teológica – cristã.

Para Aristóteles, mediante a analogia, o conceito de substância pode referir-se ao indivíduo concretizado por sua materialidade e a Deus. Ainda que *ho theós* não tenha necessariamente uma acepção monoteísta precisa, constituiu o fundamento de uma concepção monoteísta, no sentido desenvolvido posteriormente por comentaristas neoplatônicos, e que indubitavelmente exerceu uma grande influência sobre os escritores cristãos. Estes enfrentaram o problema da unidade (ser puro, único) e generalidade de Deus (primeiro de todos os outros) da "teologia" aristotélica, com o suporte platônico de que o Deus supremo é absolutamente uno, simples e inqualificado, é o segundo deus a ser representado como polimorfo. Esta interpretação da hierarquia divina, fundada numa leitura de *Parmênides*, torna-se familiar aos cristãos através de Eudoro de Alexandria e é atestada, por exemplo, no *Evangelho de Filipe* e em Basílides. Não somente a *prótē ousía* será o Pai e a *déutera ousía* o Logos, mas se falará do sangue como substância da alma (Clemente de Alexandria) e do milagre da água, mudada em vinho, como mudança de substância (Orígenes). Mas, sobretudo: o Logos é *ousía ousiôn*, enquanto o Pai está por detrás de cada coisa (cf. *Rep.* 509 b: *epékeina tês ousías*).

Em Platão inspira-se Orígenes, que comenta Jo 14,6 ("Eu sou... a verdade") e chama Jesus de "substância da verdade" (*Contra Celsum* VIII, 12). Em Filão, Clemente e Orígenes, a "ideia de Deus" corresponde ao Logos, "lugar das ideias", "ideia das ideias". Tudo isto é mediado, naturalmente, pela experiência que os cristãos fazem de Deus, com nuanças e ênfases diferentes (místicas e pedagógicas), até a *Theologia negativa*.

3. RAZÃO E SABEDORIA – Surge o problema de se as outras categorias podem aplicar-se a Deus e se chega à conclusão de que Deus não está no tempo e no espaço, mas o tempo e o espaço é que estão em Deus. Atanásio reivindica que Deus é totalmente simples, não tem acidentes, não carece de nada para completar sua substância que também é *akatálēptos*: se "o chamamos Deus e Pai e Senhor", é porque procuramos defini-lo. É fecunda a comparação com a concepção bíblica de Deus: ser, uno, fonte, fogo, espírito, luz, vida, amor, bem, pai, senhor, imanente e transcendente, providente e onisciente. Nesta base, por exemplo, são purificados, espiritualizados, os conceitos de *noētón phôs* e *pnéuma*. Se Tertuliano, em seu latim peculiar, denomina Deus de *corpus*, torna-se comum a acepção *spiritus* e a definição *unus*. Tudo isso não deixará de ter consequências sobre as controvérsias e as definições cristológicas e trinitárias: os mal-entendidos sobre o *homooúsios* nascem da polissemia da *ousía* e do temor (p. ex., em Eusébio) do que nós chamaríamos (teologicamente) de *modernismo*, ao passo que Atanásio conseguiu convencer de que o termo não faz outra coisa senão conter *pressius* [com mais precisão] o que está difusamente contido na revelação.

Sobre o eixo-base da relação fé-razão (ora dialética, ora ancilar, reciprocamente autônoma ou que inevitavelmente se implica) desenvolve-se um processo de precisão conceptual e disciplinar evidente, por exemplo, nos Apologetas e nos Alexandrinos, bem como nas expressões *semina verbi* ou *anima naturaliter christiana*.

Depois da fase polêmica, apologética ou anti-herética, coloca-se a exigência de um estudo "científico" da revelação e isto significa exposição doutrinal orgânica, completa e precisa, tal que não desagrade aos "intelectuais". Não é por acaso que a primeira e mais célebre escola teológica seja a de Alexandria, a cidade fundada por Alexandre Magno, em 331 aC, berço do helenismo, luminoso centro de intensa vida cultural, ponto de cruzamento de civilizações. O estudo do texto sagrado é acompanhado pela preocupação da comparação não só com as doutrinas religiosas orientais, mas, sobretudo, com a filosofia clássica grega. Por isso, a análise filosófica dos conteúdos da fé e, sob a influência sobretudo de Platão, a interpretação alegórica dos textos sagrados, usada por Filão de Alexandria, e mais ainda por Clemente, foi elevada a sistema por Orígenes. Para Filão, a interpretação alegórica é a mais verdadeira, o sentido literal é como que a sombra em relação ao corpo. O alegorismo torna-se instrumento hermenêutico de um discurso ético religioso que haure princípios metafísicos, operação epocal de inculturação do rico e culto rabino de Alexandria, cuja amorosa leitura das Escrituras é acompanhada por uma preocupação teorética: "Para mim é sempre tempo de filosofar" (*De Providentia* II, 215). Para levar aos homens a Palavra de Deus, preocupa-se em conciliar a mensagem bíblica com as ideias filosóficas. O início é apodítico: "Deus é, pois, a fonte primeira e certamente com razão, porque foi Ele quem fez surgir este mundo inteiro" (*De fuga*, 198). Mas há um dualismo metafísico: diante de Deus absoluto, criador, luz e medida de todas as coisas (como em Platão, *Leis* IV, 716, e contra Protágoras) existe o mundo múltiplo, corruptível, material e, no meio, o mundo das ideias (Filão é o primeiro a falar de "mundo inteligível") ordenadas, tendo no ápice o lógos divino, sabedoria de Deus, projeto-arquiteto do mundo. Também o homem é modelado sobre o lógos: "No limite entre a natureza mortal e a natureza imortal, enquanto participa necessariamente de uma e de outra e foi criado ao mesmo tempo mortal e imortal: mortal no corpo, imortal na mente" (*De opificio mundi*, 135). Esta é a base para a tematização, no clima helenístico de incerteza e de insatisfação pela racionalidade, de novas relações entre a razão e a fé, para novas perspectivas de salvação, recuperadas pela revelação. É o clima no qual renasce e floresce a antiquíssima *gnose*, com sua concepção global do ser: cosmológica, antropológica, soteriológica e a mesma – e até acentuada – concepção maniqueísta de um dualismo exasperado entre dolorosa experiência do mal e anelo insatisfeito pela salvação total numa vida bem-aventurada plena. Também aqui temos a interpretação alegórica da revelação por uma operação sincretística de recuperação dos mitos religiosos orientais e das categorias filosóficas gregas.

Para tornar-se perfeito, diz Filão, o homem deve percorrer um itinerário que, de um saber filosófico enciclopédico ("encíclico"), o leve à sabedoria (teológica): "Na verdade, como as disciplinas encíclicas contribuem para a aquisição da filosofia, da mesma forma a filosofia contribui para a aquisição da sabedoria. A filosofia é a busca da sabedoria e a sabedoria é a ciência das coisas divinas e humanas e de suas causas. Portanto, assim como a cultura, adquirida através dos estudos encíclicos é escrava da filosofia, da mesma forma também a filosofia deve ser escrava da sabedoria" (*De Congressu*, 79). Diante dos personagens bíblicos, empalidece a mítica figura de Sócrates: "Moisés... o homem que explorou a natureza imaterial... orientou sua busca para toda direção possível; tentava ver claramente Aquele a quem se volta nosso mais ardente desejo e que é o único Bem" (*De mutatione*, 25-26).

São os pressupostos da exegese patrística que, sobre a fundamental distinção moral-espiritual-místico, desenvolverá uma pluralidade de sentidos: anagógico, tropológico, parabólico. Não somente o espiritualismo platonizante, mas a antropologia paulina corpo-alma-espírito está na base da divisão tripartida origeniana dos sentidos da Escritura literal-moral-espiritual que, com os estímulos de Agostinho e Gregório, será fixada escolasticamente por Agostinho de Dácia: "Littera gesta docet, quid credas allegoria. Moralis quid agas, quo tendas anagogia" ["A letra ensina os fatos, a alegoria o que crer, a moral o que fazer e a anagogia para onde tender"]. E Agostinho (*De doctrina Christiana* 2,15) admoesta a não se perder entre literalistas e alegoristas: por dois motivos interpretam-se erroneamente as Escrituras, quando se sobrepõem sentidos desconhecidos ou ambíguos. Mas o quadro é mais complexo: existem as heresias (p. ex., o gnosticismo), um aspecto da reação virulenta da filosofia clássica pagã. Após a lenta e larga virada do primeiro milênio (entre Escoto Eriúgena e Anselmo de Cantuária) é preciso esperar o Humanismo e a Renascença para uma nova impostação metodológica em termos problemáticos, sem dúvida, mas intensos e fecundos.

4. DA TEOLOGIA NATURAL À FILOSOFIA DA RELIGIÃO – "Tolos" – eis como a *Sabedoria* (cap. 13) chama os que, a partir das obras, não souberam reconhecer o artífice; e Rm 1 reforça a dose, acusando-os de cegueira e depravação. Em seguida, Paulo (na 1Cor 13) reconhece que a visão é "como que num espelho" – daqueles espelhos metálicos de então, os quais, por mais polidos que fossem, reproduziam uma imagem não particularmente nítida. Os mais iluminados dos apóstolos não somente retomarão o diálogo com os autores da cultura clássica, mas, em seu pensamento filosófico e religioso, reconhecerão os férteis *semina Verbi*. O *logos* humano é participação no Logos divino; mas na formulação subsequente a → apologética (demonstração religiosa, cristã, católica, por graus) marcará a passagem da teologia natural para a filosofia da religião. Ainda que a *sola fide* da Reforma excluísse o recurso à apologética, *Apologia e Confissão de fé* soa a afirmação de fé em Deus e no Filho Jesus Cristo, apresentado pelos valdenses ao Duque Emanuel Felisberto, em 1560. A "Teologia dos primeiros pensadores gregos", compreensão correta da divindade através da razão ou "filosofia primeira" que atinge o Ser (supremo), encontra sua sistematização nos três *gêneros: mítico* (fabulístico, dos poetas), *físico* (natural, dos filósofos), *civil* (dos povos) de Varrão (*Antiquitates*), que serão retomados na *Cidade de Deus* (VI, 5,1). Também Cícero havia afirmado, muito antes do cartesiano *Discurso sobre o método*, que a verdadeira lei é a reta razão, conforme à natureza, difundida entre todos, constante, eterna.

Se → Irineu (*Adversus Haereses* IV, 20,7) afirmara que "a glória de Deus é o homem vivo" (abrem-se espaços para a *Filosofia da libertação*, com a exegese atualizada: "Glória de Deus é o pobre vivo"), tirando daí a consequência teórico-prática imediata de que "a vida do homem é a visão de Deus", → Agostinho inverte as acusações dos pagãos contra os cristãos, criticando violentamente o politeísmo (*De Civitate Dei*) e afirmando na religião cristã a realização histórica da verdadeira religião (*Epistolae* 102, 12.5). Mas a averiguação é somente o pressuposto de uma realidade superior, que encontra seu coroamento na doutrina da Trindade (*De Trinitate*), exposta através da categoria da relação que, se impede Agostinho de familiarizar-se mais com o conceito de pessoa, lhe possibilita desenvolver amplamente o reflexo antropológico dos *vestigio* (*esse-nosse-velle; mens, notitia, amor; memoria, intelligentia, voluntas*). Naturalmente, não uma explicação da Trindade a partir do homem; mas uma tentativa de entender o homem a partir da revelação trinitária. E o homem encontra-se longe de Deus *in regione dissimilitudinis* (*Confessiones* 7,10), recordação platônica (entre o não ser do nada e o ser imutável de Deus) e antecipação da descrição que São Bernardo faz do *status naturae lapsae*: "Aquela nobre criatura feita na terra da semelhança... caiu da semelhança para a dissemelhança" (*De diversis*, Sermo XLII, 2). A fortíssima polêmica de Bernardo contra o dialético Abelardo não quer condenar a dialética, mas advertir contra o esvaziamento do mistério cristão e reafirmar o primado da caridade sobre a lógica. A região do pecado e da semelhança deformada é aquela em que nascemos na concupiscência e vivemos na carne, a vontade é *oblíqua* e o saber filosófico conduz para as trevas (São Boaventura, *De donis Spiritus Sancti* IV, 12).

Mas esta é a única maneira de escapar a um solipsismo teológico (São Pedro Damião, *De divina omnipotentia*) e à sedução da dialética que, por caminhos diversos, levam a um perigoso desprezo de si mesmo e do mundo (Inocêncio III, *De contemptu mundi sive de miseria conditionis humanae*).

O ódio da matéria, o desprezo da corporeidade sob o peso da experiência do mal, o desejo de evadir-se de um mundo de desgosto e o desejo ardente de uma vida verdadeira, plena e tranquila, tinham oposto a uma *pístis* uma *gnôsis* numa revivescência, no cristianismo, de um fenômeno religioso antiquíssimo. Cabe ao franciscanismo, com sua carga de humanidade e de senso da natureza, de amor de Deus e do próximo, de alegria no sofrimento, vencer as novas formas de gnosticismo.

Já Agostinho havia advertido: "Aliud est esse rationalem, aliud esse sapientem" ["Uma coisa é ser racional, outra coisa é ser sábio"]. E Boaventura chamará de revelação uma iluminação interior certa (Com. *in Sent.* II, 4,2,2). Mas nota-se a necessidade de que a razão torne a fé mais inteligível, a confirme, interprete as Escrituras, ela, que é fonte autônoma de conhecimentos filosóficos (João Escoto Eriúgena). A dialética é chamada a renovar o estudo da teologia: fá-lo Fulberto, diretor da escola episcopal de Chartres, com a cautela exigida pelos dogmas da fé. Mas seu discípulo Berengário de Tours (*De sacra cena adversus Lanfrancum*) será condenado por sua negação da presença real e o libelo de Lessing (*Berengarius Turonensis*..., 1770) quererá ser a apologia de uma liberdade de pensamento iluminística.

Com o *Monologium* (*Exemplum meditandi de ratione fidei*) e o *Proslogium* (*Fides quaerens intellectum*), Anselmo de Cantuária (1033-1109) articula a prova ontológica, em que a existência de Deus crida é apresentada de maneira racionalmente ineludível ("nós cremos que tu és tal, que não se pode pensar nada maior do que tu") por ser o único ser cuja existência *in intellectu* se identifica com a existência *in re.* Uma prova superclássica, em torno da qual os maiores pensadores se dividirão: imediatamente contra, Tomás de Aquino e, posteriormente, Kant, que considerarão intransponível a distinção *in intellectu – in re*; a favor, Descartes e Leibniz (com a modificação: "se for possível").

A fim de evitar confusões de tipo panteístico, o IV Concílio de Latrão (1215) advertirá: "Inter creatorem et creaturam non potest tanta similitudo notari, quin inter eos maior sit dissimilitudo notanda" ["Entre o criador e a criatura não se deve notar uma semelhança tão grande, que entre ambos não se deva notar dissemelhança maior"].

5. RUMO À "IDADE DA RAZÃO" – A Escolástica, inaugurada por Anselmo, atinge seu ápice com Tomás de Aquino (1225-1274): o pressuposto é que o sábio (aquele que faz uso da razão) é capaz de demonstrar a existência de Deus. Sobre este *praeambulum fidei* pode erguer-se o conhecimento do Deus da fé, uno e trino. Por isso, Tomás, para quem a natureza humana faz referência a Deus, causa e fim, pode afirmar, com sua simplicidade profundíssima: "Religio proprie importat ordinem ad Deum" ["Religião, propriamente falando, implica uma ordenação a Deus"] (STh II-II, 81,1), que categoriza a afirmação paulina: "O que vós adorais sem conhecê-lo, este eu anuncio a vós" (At 17,23). Deus é objeto material de toda a busca: conhecido com a luz natural da razão humana (*Summa contra Gentiles*) ou com a luz sobrenatural da revelação divina (*Summa Theologica*). Mas a perfeita harmonia fé-razão faz com que o propósito da primeira seja expor "a verdade professada pela fé católica... eliminando os erros contrários" (1,2). É obra teológica, embora no diálogo com os não cristãos use argumentos racionais: cabe ao sábio considerar as causas supremas da Verdade, fonte de toda verdade. A exposição procede de maneira bem-articulada e de modo apodítico: Deus, existência e natureza (1,1); a criação e as criaturas (1,2); Deus, fim último e governante supremo (1,3); mistérios divinos e escatologia (1,4). Em suma: Deus em si, Deus criador, Deus fim, Deus sobrenatural. Muda apenas o método pedagógico, mas trata-se sempre de uma razão *manuducta fide.* Com efeito, é na *Summa Theologica* que, definida a natureza e o âmbito da *Sacra doctrina*, se enfrenta o problema de existência de Deus e a asserção bíblica é demonstrada nas célebres cinco vias, que reformulam o pensamento aristotélico: movimento, causa eficiente, contingente e necessário, graus das coisas, governo das coisas.

(O argumento *ex gubernatione*, que nos reconduz aos estoicos e ao *noas* de Anaxágoras, na *Contra Gentiles* faz referência a São João Damasceno; impossível separar os critérios epistemológicos das duas *Sumas.*) No auge de um longo processo de assimilação, a filosofia clássica consolida o dogma cristão e, ao mesmo tempo, a razão humana afirma seus direitos.

Para que a árvore da ciência não seduza (*Eritis sicut dii*) e a *libido sciendi* não acompanhe a *concupiscentia carnis* e não leve à *desperatio salutis*, a *sapientia* deve ser *sapida scientia*, do contrário torna-se *ars diaboli*. A *spiritualis intelligentia* é pressuposto do filosofar cristão e a *charitas* do homem remido, reconciliando-o com Deus e com o próximo, torna-lhe possível a intuição geral da beleza da ordem cósmica. Permanece constantemente subentendida a referência à revelação não como demonstração incontroversível (o risco da ideologia), mas graça, dom gratuito que solicita a fé do homem. A sedução da gnose, apesar de a polêmica medieval (dialética do pecado – pecado da dialética) ter tido uma resposta tranquilizadora na escola franciscana, e um equilíbrio, não mais atingido, no sistema tomista, levará à redução do ser ao pensamento (Descartes) e em seguida *à* percepção (*esse est percipi*, Berkeley) e, finalmente, à ideia.

Roger Bacon (aprox. 1214-1292), que sugere a atenção ao conselho dos outros – livros e autores –, pois a ciência cresce com as contribuições subsequentes e é um progressivo vir à luz, admoesta que a atenção dos teólogos às *quaestiones* não os desvie do estudo do texto (*Comp. studii Theol.*). O entusiasmo cristão e o zelo missionário vão de mãos dadas, em Raimundo Lulo, com uma atitude irênica e ecumênica tendente ao desvelamento das fés e da fragmentação das religiões. Este *Doctor illuminatus*, com sua *Ars Magna*, imagina uma *Ars inventiva*, uma sabedoria orgânica e universal, que se possa atingir com uma inteligência revestida de fé, iluminada pela fé. O *Livro do Gentio e dos três Sábios* oferece-nos uma convicta exposição, não uma demonstração apologética, do monoteísmo e da imortalidade. Da angústia da floresta, das trevas do erro, o Gentio é atraído para a realidade espiritual beatificante do judeu, do cristão, do muçulmano – por sua vez iluminados sobre o significado de cinco árvores (virtudes divinas) que circundam uma fonte (a verdadeira doutrina) – pela "Inteligência", misteriosa e fascinante donzela, depositária da única verdade contida nas três fés. E como os três, após a apresentação serena e convicta de sua fé, não esperam que o Gentio escolha uma delas, Lulo para na promessa que os três fazem entre si, de continuarem a encontrar-se e a dialogar a fim de procurar ainda a verdadeira fé. Esta formulação da antiga "Parábola dos Três Anéis", retomada de maneiras distintas até *Natã, o Sábio*, de Lessing, se de um lado apresenta problemas, por outro é indubitavelmente elevada expressão de civilização e verdadeira religião, numa época em que se pregavam apaixonadamente as cruzadas e se travavam sanguinárias guerras de religião.

Prenuncia-se uma época nova, um espírito novo. Mas a novidade está contida na sabedoria antiga, de que estão embebidos a Bíblia e o Evangelho, e que retorna em contextos diferentes. "Se alguém que vive em meio ao cristianismo se dirige à casa de Deus, à verdadeira casa de Deus, tendo de Deus uma representação conceptual correta, e ora a Ele, mas não ora na verdade, e um outro que vive em terra pagã, mas ora com toda a paixão da infinitude, mesmo que seu olhar pouse na imagem de um ídolo: Quem está mais próximo da verdade? Um ora a Deus na verdade, mesmo que se dirija a um ídolo; o outro não ora ao verdadeiro Deus na verdade e, portanto, na verdade adora um ídolo" (S. Kierkegaard, *Apostila conclusiva não científica*, de 1846, SV VII, 168). De forma análoga expressara-se, com extrema concisão, Spinoza no *Tractatus theologico-politicus*, de 1670: "Si quis vera credendo fiat contumax is reverá impiam, et si contra falsa credendo oboediens, piam habet fidem" ["Tem realmente fé ímpia quem se torna desobediente, apesar de crer na verdade, e ao invés, tem fé pia quem se torna obediente, apesar de acreditar na falsidade"] (em *Opera*, ed. Gebhardt, III, Heidelberg 1925, 158). E Agostinho: "Gaudeat etiam sic et amet non inveniendo invenire, potius quam inveniendo non invenire te" ["Exulte muito embora, e antes vos encontre não vos compreendendo do que compreendendo não vos encontre"] (*Confissões* I, 6,10). Mas as aventuras do espírito comportam seus riscos.

6. HUMANISMO E ANTI-HUMANISMO – Uma parte significativa do humanismo consiste em colocar o homem mais no centro da atenção, do estudo, da preocupação; em superar os rígidos esquemas do incontroversível lógico. Mais do que uma revolta aberta contra o pensamento medieval (que não tinha negligenciado nem os *Studia humanitatis*, nem o homem), é uma continuação sua, com um deslocamento de interesses, uma interioridade religiosa maior, mais moral e menos codificada, menos definida e mais aberta e tolerante.

Nos mesmos anos em que opera o Divino Poeta, Albertino Mussato (1251-1329) fala da poesia como *divina ars*, *alteraphilosophia*, *theologia mundi*: o poeta tem a função de revelar os seres. Desde a Antiguidade, os poetas divinos falaram-nos de Deus no céu, embora o que para nós é Deus, outros o tenham chamado de Júpiter e outros ainda o tenham identificado em alguma realidade corpórea.

Filosofia e religião, ambas amor e estudo da verdade e da sabedoria, que é Deus, são autônomas, sem entrarem em conflito, em recíproca relação, mas num plano de paridade. Este é o pensamento de Marsílio Ficino que, na pesquisa filosófica livre e pluralista, vê, através da volta ao passado, o desvincular-se de uma filosofia religiosa (cristã, árabe ou judaica) para uma concepção do mundo aberta e variegada. Num plano mais religioso, a Reforma levará às extremas consequências, em conflito com os próprios valores humanísticos, a busca da verdade e da dignidade do homem, negando a "posse" da verdade e o livre-arbítrio e fazendo prevalecer a realidade da fé sobre a da religião. Citações, traduções e imitações de moralistas ou do pensamento moral clássico (de Platão e Aristóteles a Cícero, Plutarco, Sêneca, Epicuro...) não contrapõem, mas harmonizam uma salvação última, um paraíso (cristão), com a virtuosa atividade de uma vida moral na *Cidade*. De Cícero a Erasmo, a linha de um ecletismo tolerante ("Ipsa natura ratio, quae est lex divina et humana" ["A própria natureza é a razão, que é a lei divina e a humana"], *De Officiis* III, V), que não se afasta substancialmente do "seguir a natureza... viver segundo a natureza", de Aristóteles e dos estoicos, chega até Tomás. Sem dúvida, existe o perigo de uma volta ao paganismo, como denuncia Savonarola, ou o equilíbrio instável, como no Cusano, entre uma irenística "paz da fé" e a reafirmação da verdadeira religião cristã. Todavia, mais do que as *Conclusões filosóficas, cabalísticas e teológicas* (de 1486), utopia prometeica destinada ao fracasso, de Pico della Mirandola resta-nos a "Oração" *Da dignidade do homem* e o luzir, entre opiniões e discussões, do "fulgor da verdade". E ainda: o platonismo cristão de Ficino (mas não se deve negligenciar uma certa interpretação aristotélica que, através de Alexandre de Afrodísia, emerge em *De immortalitate animae*, 1516, de Pomponazzi, para quem, não sem razão, se tem falado de "dupla verdade"); o esforço de identificação do destino e da sorte pagã com o conceito bíblico e cristão de Providência, em Coluccio Salutati e Leon Battista Alberti.

Meticulosidade filológica, brilhantismo de exposição, vigor polêmico, juntamente com uma aguda liberdade de consciência (não sem alguma ambiguidade), dão crédito à afirmação erasmiana de ter feito com que o humanismo se voltasse para a celebração de Cristo. A crítica corrosiva do *Elogio da loucura* (1509) está na linha da reforma do cristianismo (sem poupar os reformadores) e da vaidade das ciências e das doutrinas, retomada dos antigos, presente em Pico, tematizada por Agripa de Nettesheim (*De incertitudine et vanitate scientiarum et artium atque excellentia verbi dei declamatio*, 1530). Ao complexo fenômeno humanístico deve-se também atribuir o magma da aspiração religiosa entre magia, ocultismo e hermetismo, que, em medidas diferentes, envolve muitos dos autores citados e, posteriormente, sobretudo Giordano Bruno. Atípico, mas significativo, é o fenômeno Machiavelli (*O príncipe*, 1513), contraposto ao componente melancólico (admiravelmente "descrito" por Dürer na incisão homônima) e utópico (Tomás More, *Utopia*, 1516).

Um quadro que gradualmente se complicará ainda mais, até ver também a vaidade de todo doutrinalismo teológico, científico, literário, moral (Agripa, Montaigne, Erasmo); a corrosão-destruição de uma lei natural universal (Montaigne-Machiavelli); a revogação dos ideais clássico-cristão-humanísticos de limite, hierarquia, equilíbrio, eurritmia (Telésio, Bruno e, sobretudo, a *Reforma*), até a passagem do cientismo cabalístico ou aristotélico para o empirismo puro que, com Bacon e Galileu, marca o início de uma nova época.

Em suma, é preciso evitar um discurso simplista de identificação de um certo humanismo com um certo cristianismo, numa serena atmosfera de *anima naturaliter Christiana.* Há também uma perspectiva cristã que não minimiza de modo algum os aspectos precários, ambíguos, dramáticos, irracionais da existência, onde uma existência de mal-estar, um *status naturae lapsae*, um *status deviationis*, não vê na salvação uma saída fácil e muito menos óbvia. A loucura difusa encontra uma resposta na loucura da cruz e na pretensão paradoxal de salvar-se da loucura através da loucura da cruz. Também o homem cristão está imerso no mistério da história: entre uma resposta *já* dada e um significado *ainda não* compreendido. A *theologia negativa*, a *theologia crucis*, a *theologia dialectica* constituem expressões radicais não somente da incomensurabilidade do divino com o humano, mas também da ineludibilidade do mistério do mal e da tentação que da sugestiva (embora discutível) leitura de Jó: "temptatio vita hominis super terram" (7,1) chega à experiência mística: "Máxima temptatio est non temptari" (G. Groote) e ao inquietante e desencantado "Qui non est temptatus, quid scit?"

O mundo, prossegue Groote, é lugar de crime e transgressão, labuta e dor, vaidade e malvadeza, decepção e desespero. A dura *militia Christi*, delineada na *Vida de Antão*, de Atanásio, através de tentações, aparições demoníacas terrificantes e transformações alucinantes da própria natureza, é retomada e atualizada, para o Flandres saqueado e destruído a ferro e fogo pelas guerras de religião, por J. Bosch, P. Bruegel e outros pintores flamengos. Um humanismo nórdico da *insecuritas* e da *indignitas hominis* de pintores que E. Castelli (*Il demoniaco nell'arte*, Milão 1952) chamou de *teólogos.* Loucura da religiosidade (árvore do saber), mas também da religião e da reforma religiosa, e a perspectiva da perda da identidade, do anonimato (*Ninguém*, *Niemand*), demitização radical da *dignitas hominis*, já explícita no citado *De contemptu mundi* e retomada, em bases e com resultados diversos, por Kierkegaard. Enquanto por uma parte se retomam temas estoicos (Justo Lípsio, *De Constantia*, 1584), assim como continua o triunfo do epicurismo (desde o *De voluptate*, de L. Valla, 1431, até o *De vita, moribus et placitis Epicuri*, em 8 livros, 1647, do "doux prêtre" [Gassendi]) e, por outro lado, Agostinho Steuco sustenta que todas as correntes filosóficas podem reduzir-se à filosofia cristã (*De perenni philosophia*, 1540), Melquior Cano sustenta que a razão natural é um "locus theologicus" (*De locis theologicis*, 1563).

7. ACEPÇÃO MODERNA – Francis Bacon distingue a filosofia divina (teologia) da filosofia da natureza (teorética e prática) e faz votos no sentido de que empíricos (faculdades experimentais) e dogmáticos (faculdade racional) trabalhem de comum acordo (*Novum Organon*): Galileu admoesta que a física diz como vai o céu, não como se vai para o céu. Mas volta a apresentar-se o problema da substância.

Se a substância aristotélica se define na relação com os acidentes, a substância cartesiana se define em relação com uma outra substância e com a distinção entre "pensamento" e "natureza", que levam a desenvolver o conceito de substância da autonomia do pensamento: "Por substância, não podemos entender nada mais senão a coisa que existe de maneira tal que não precisa de nenhuma outra para existir" (*Princ.* 1,51). Daqui a heteronomia da substancialidade das criaturas e a autonomia da substância divina como autêntica autonomia de pensamento. Ainda que o pensamento responda a certos requisitos da definição, sempre implica referência a um corpo e, com isto, a um terceiro (primeiro, ontologicamente; falamos da retomada cartesiana da "prova ontológica"), que é Deus. "Com o nome de Deus entendo uma certa substância infinita, independente, sumamente inteligente, sumamente poderosa... (por Ele) tanto eu mesmo, como qualquer outro, se algo existe, é criado" (*Med.* III, 11-14). Com segurança, Descartes conclui que a substância não pode ser predicada *univoce* de Deus e dos outros e que sua criação é uma *creatio continua*: "Deus é causa das coisas criadas, não somente *secundum fieri*, mas também *secundum esse*" (assim escreve a Gassendi).

Spinoza definiu a substância como sendo "quod in se est et per se concipitur" (*Ethica*, def. III), ou seja, aquilo cujo conceito não precisa, para formar-se, do conceito de uma outra coisa; com a definição dos *atributos* e dos *modos* do ser completa-se o entrelaçamento do conceito de *substância* com o conceito de *mundo*, com todas as implicações panteísticas emergidas no *Spinozastreit*, documentado na troca de correspondência Jacobi-Mendelssohn *Sobre a doutrina de Spinoza*, 1785. O *Tractatus theologico-politicus*, 1670, é por alguns considerado como o início da filosofia da religião em sentido moderno: hermenêutica do fato religioso, da religião histórica, da tradição de uma religião que se diz revelada (judaico-cristã) na base do *lumen naturale*. O universal bíblico: Deus único, onipotente, providente remunerador funda a definição do verdadeiro culto: obediência a Deus na prática da justiça e da caridade, sem que, de resto, tenha sentido procurar relações ou afinidades entre fé e teologia (obediência), de um lado, e filosofia (verdadeiro), do outro. A Escritura é examinada pela luz natural como a própria natureza, evitando atribuir-lhe o que não resultar evidentemente de sua história. Salvaguardado o direito de cada um à liberdade de pensamento, o resultado não serão os "dogmas de verdade", mas os "dogmas de piedade" (fé obediencial), no acolhimento dos princípios que emergem com clareza e que podem constituir a base de uma pacífica convivência religiosa: existe Deus, isto é, um ser supremo, único, onipotente, que governa tudo; no culto de Deus, na obediência, na justiça, na caridade está a salvação; Deus perdoa os pecados daqueles que se arrependem. Leibniz tem que partir da crítica de Spinoza para afirmar a pluralidade das substâncias, a infinita multiplicidade das substâncias simples. Mas também crítica da substância aristotélica, com a definição de substância singular, que defina o sujeito: com todos os seus predicados, passados, presentes e futuros. E crítica da substância cartesiana: "Pois se não existe nenhum *vere unum*, elimina-se toda *Vera res*" (A. Volder, 20-6-1703). Constrói assim um conceito de substância, unidade que se define sistematicamente: a mônada, a infinita multiplicidade das mônadas.

E o que prova a existência de Deus é a ordem [das mônadas] e não o fato de existirem as criaturas. Por isso, a substância define-se como expressão do conceito originário do divino. Substância que funda a harmonia do universo, natureza originária constante e absoluta, sem limites, contendo toda a realidade possível. O argumento ontológico é completado com a demonstração da possibilidade do ser perfeito (todas as qualidades simples puramente positivas podem coexistir sem contradição).

Se é possível, existe (sem mais) e é "existentificante". Temos aqui então a nova relação da substância com o mundo: não podemos derivar conceitos a não ser por força do conceito primitivo, de sorte que nada existe nas coisas a não ser com a influência de Deus e nada podemos pensar na mente a não ser com a ideia de Deus. E, na relação com o mundo, a substância encontra a relação com Deus: "Todas as diversas substâncias criadas são expressões diversas do mesmo universo e da mesma causa universal, isto é, Deus" (*Pr. Ver.*). Sobre a distinção verdade de razão (absoluta) e verdades de fato (contingentes) nos *Nouveaux Essais sur l'entendement humain*, 1704, vai ocorrer a polêmica Lessing-Kierkegaard. Com os *Essais de Théodicée sur la bonté de Dieu, la liberté de l'homme et l'origine du mal*, 1710, Leibniz, enquanto responde ao *Dictionnaire historique et critique*, 1695-1697, de Bayle, funda a moderna teodiceia.

Contra o racionalismo cartesiano, → Pascal, estranho à tradição escolástica, retoma em *Pensées* a linha interiorística, espiritual, que, entre dogmatismo e pirronismo, insatisfeito com as respostas científicas (também a metafísica é uma ciência, as provas metafísicas da existência de Deus deixam o homem insatisfeito e indiferente), deve colher os vestígios de Deus que estão nele e fora dele, na natureza. Mas tudo isto não pode acontecer sem jogar sua própria existência num *pari* (aposta), que dá significado à existência do homem, porque o faz atingir Deus. O Deus de Jesus Cristo, não dos filósofos, a quem, no *Memorial*, Pascal se dirige de maneira pessoal e coloquial.

8. UM CRISTIANISMO SEM MISTÉRIOS – Uma religião sem mistérios para uma vida sem enigmas, eis o programa do amplo e indefinível movimento do *deísmo*, que mergulha suas raízes na cultura renascentista: rejeita a especulação clássica e escolástica, assume uma atitude particularmente polêmica em relação ao cristianismo, encaminha para o Iluminismo e para o Racionalismo. Contrário ao ateísmo, mas relutante em embarcar em questões metafísicas sobre Deus; é ocioso acrescentar que a revelação divina – e a instituição divina da Igreja – são para o deísmo questões sem sentido. Admitem-se somente princípios religiosos e morais que o homem pode atingir com sua razão; o mito, em âmbito cultural cristiano-europeu e marcadamente inglês, é justamente um cristianismo "racional", sem mistérios. Podemos pensar no Campanella da *religio innata*, mais do que no Giordano Bruno hermético, mágico e panteísta, mas temos de começar com Herbert de Cherbury e seu programático *De Veritate prout distinguitur a revelatione, a verisimili, a possibili et a falso* (1624). Shaftesbury aprofundará o *Sensus Communis* (1709), base de toda estética e moral, mas também de um sentimento religioso impostado iluministicamente e crítico do cristianismo. *Christianity not Mysterious* (1696), de J. Toland, exclui que possam existir conteúdos de revelação superiores à razão. O Evangelho pode ser interpretado livremente e independemente da autoridade eclesiástica; todas as religiões são manifestações da religião natural (outra antecipação do Iluminismo).

Imediatamente antes disso, J. Locke havia publicado *Esssay on the Reasonableness of Christianity as Delivered in the Scriptures*, um manifesto do deísmo, que defende uma fé imanente numa revelação natural ampliada, uma razão que é a faculdade orientadora, que ordena as ideias, um Estado mundano-político separado de uma igreja religioso-transcendente. O que importa a Locke é a liberdade da consciência religiosa entre um Estado que deve ocupar-se com o bem-estar civil e uma Igreja que não deve ter a faculdade de lançar sanções e reservar à razão a tarefa de julgar se existe uma revelação e qual é o significado das palavras que a contêm (cf. *Ensaio sobre o intelecto humano* IV, XVIII, 8). A necessidade da conformação da revelação com a religião natural é, para A. Collins, a base do livre-exame em questões de religião e do livre-pensamento: seria indigno de um ser racional aceitar as imposições da autoridade. Sobre a coincidência do cristianismo (como de qualquer religião) com a religião natural, exprimiu-se também M. Tindal (*Christianism as Old as Creation*, 1730).

À tradição deísta está ligado D. Hume na crítica à superstição e ao fanatismo intolerante, mas combate-o criticando radicalmente seu fundamento, a razão, na adesão absoluta à empiria, com resultados céticos. Os *Dialogues Concerning Natural Religion*, 1779, e a *História natural da religião*, 1757, espelham a recusa em transcender a empiria, a impossibilidade de definir uma realidade religiosa que, na sua contingência histórica, é representada sobretudo nos excessos e nas degenerações: assim como nasce do medo e da ignorância, a religião permanece envolvida por hipocrisia e fanatismo, superstição e intolerância. É significativo que Hume assemelha o *natural belief* a uma natural credulidade, superstição, fanatismo. A religião pura, *filosófica*, indireta e remotamente suposta, antecipa o mítico *noumeno* kantiano, ao passo que é absolutamente dogmática sua absolutização da empiria como da imoralidade da religião. Hume rejeita o *design argument* com a recusa da analogia e do princípio de causalidade (*post hoc* non *propter hoc*), chama de *sophistry and illusion* a metafísica e a teologia escolástica, considera absolutamente ininteligível a questão da substância da alma, como toda questão sobre a substância, atribui aos milagres uma *weak probability*, ao passo que a certeza cabe exclusivamente à experiência. Em suma, se a *popular religion* tem origem na natureza humana, o *natural belief* é inconciliável com a fé em Deus, não tem nenhum significado religioso.

Na Alemanha, sobre as influências do deísmo desenvolveu-se o Iluminismo, na base do Racionalismo de Wolff, que encontrava uma perfeita concordância entre religião natural e razão. Na *Theologia naturalis*, 2 vol. 1736-1737, Wolff sustentava que as verdades da Escritura podem ser conhecidas também apenas com o correto uso da razão. Reforçou-se o equívoco da religião natural, na realidade artificial e literária, um pálido reflexo do monoteísmo filosófico, com poucas exceções (Herder, Hamann), até quando Schleiermacher a ridicularizou nos *Discursos sobre a Religião*, 1799.

Uma contribuição decisiva a uma religião cristã, *vernünftig* (do deísmo está-se caminhando decididamente para o racionalismo kantiano), é dada pela exegese de J.S. Semler (*Apparatus ad liberalem N. Testamenti interpretationem*, 1769) que, numa perspectiva histórico-evolutiva, distingue entre Palavra de Deus (absoluta) e palavra da Bíblia (com seu revestimento psicológico, sociológico, cultural); religião privada (inspirada nos atos bons, invisíveis, de Cristo) e religião pública (estabelecida); experiência religiosa e conceptualização teológica. O cânon bíblico é visto em suas vicissitudes históricas como todo texto literário: nenhuma figura é considerada acabada, normativa; os vários livros não têm todos o mesmo valor; uma coisa é a mensagem cristã originária, outra é o revestimento histórico e a acomodação psicológica. As próprias fórmulas dogmáticas são vistas na evolução histórica da vida eclesiástica.

Muito disso tudo, com uma acentuação escatológica da mensagem de Cristo que exclui a ideia de fundar a Igreja, está na *Apologie oder Schutzschrift der vernünftigen Verehrer Gottes*, de H.S. Reimarus (1694-1768), que Lessing publicará em 1778. Não por acaso Lessing é típico expoente do Iluminismo racionalista, apologeta da religião natural, de que a religião revelada ou positiva deveria afastar-se o menos possível. A própria história é o *lugar* natural da revelação, que é para o gênero humano o que para cada um é a educação. O cristianismo é a última das religiões positivas, pródromo de uma religião futura e racional da humanidade, prelúdio de um novo evangelho eterno (*A educação do gênero humano*, 1780). A redução da mensagem de Jesus a uma filantropia genérica é um aspecto da "historicização" realizada no escrito *Sobre a demonstração do espírito e da força* (1777), onde, com referência à citada distinção leibniziana, se afirma: "Verdades históricas contingentes nunca podem tornar-se a prova de verdades de razão incondicionadas". E em *Uma réplica* (1778), eis uma das mais célebres definições plásticas do espírito iluminista: "Se Deus segurasse firme, na mão direita, toda a verdade e, na esquerda, somente a aspiração inquieta à verdade, mesmo sob condição de errar, eternamente perdido, e me dissesse: 'Escolhe!', humildemente me atiraria a sua esquerda e diria: 'Esta aqui, Pai; a pura verdade pertence só a ti'".

9. A OPÇÃO FUNDAMENTAL – No frontispício das *Migalhas filosóficas* (1844), Kierkegaard volta a propor a pergunta: "Pode haver na história um ponto de partida de uma consciência eterna? Como pode interessar-nos o além da história? Pode-se construir sobre um conhecimento histórico uma felicidade eterna?" Como é sabido, através do paradoxo de Deus no tempo, a hipótese da salvação cristã, mediante a dialética da fé na contemporaneidade com Cristo, a filosofia da verdade torna-se teologia da salvação, como enuncia a "Moral" conclusiva: "Aqui foi assumido um novo órgão: a fé, um novo pressuposto: a consciência do pecado, uma nova decisão: o momento, um novo mestre: Deus no tempo" (trad. ital. Bréscia 1987, 51 e 182). Isto comporta a inversão da afirmação hegeliana "a filosofia deve precaver-se absolutamente para não ser edificante" ("Prefácio" à *Fenomenologia do espírito*) num programa igualmente absoluto e constante: "Para edificar e despertar". O problema da salvação pessoal em termos de felicidade eterna é retomado por Kierkegaard na *Apostila conclusiva não científica* (1846), na qual, na parte dedicada a Lessing, juntamente com a homenagem à consciência socrática dos limites pessoais na recusa de dar o *salto* da fé e honestidade intelectual com respeito às pretensões da "superação" hegeliana, existe a denúncia do orgulho sutil de quem recusa a possibilidade de salvação. Sócrates e o "edificante" são mediados a Kierkegaard por Hamann (*Sokratische Denkwürdigkeiten*, 1759), que representa um outro aspecto do Iluminismo não racionalista e, portanto, refratário ao racionalismo kantiano e às "tagarelices transcendentais" do "Hume prussiano". Com espírito pascalino, Hamann denuncia a perigosa fratura entre razão e natureza, idealismo e realismo, assim como não se deve separar a alma do corpo. A razão pode também gerar erros e tem necessidade de sentimento, de fé, da revelação (o homem é imagem de Deus) presente na natureza e na Escritura: ambas a serem interpretadas, materiais do espírito belo, criador, imitador. Revelação que se realiza no Filho. A religião é, assim, profeta do Deus desconhecido na natureza, do Deus escondido na graça, que, com milagres e mistérios, educa a razão para uma sabedoria mais elevada e levanta nossa mente para maiores esperanças.

A consciência dos limites da razão e a consciência do pecado abrem ao homem o encontro com Cristo: a subjetividade não é a fundação da verdade no ser próprio, mas sim a relação pessoal com a verdade eterna, que se manifesta *in persona Christi* na história. Não uma obstinada identidade de pensamento e ser, mas um conhecer ético e ético-religioso. Uma busca que, para Kierkegaard, nunca deixou de existir: "Encontrar uma verdade que é verdade *para mim*, encontrar *a ideia pela qual devo viver e morrer*" (*Papirer*, 1835), na decepção da harmonia fictícia, de uma falsa relação idílica do cristianismo com a razão especulativa em Hegel e com a *teologia especulativa* nos hegelianos. Igualmente desconfiado da "razão pura" kantiana e do *sentimento* schleiermacheriano, da especulação hegeliana e da "filosofia positiva" schellingiana, que pretenderia partir da existência para fundar a existência, Kierkegaard, através da "escola dos gregos" e de Sócrates, Agostinho, de Pascal e Hamann, busca Deus em Cristo, sem perder tempo nas provas, nos *praeambula*: "Com efeito, se Deus não existe, é impossível demonstrá-lo, mas se existe, é uma loucura querer demonstrá-lo" até o provocativo "este NB da história universal" (*Migalhas filosóficas*, 173). Mas, para não atribuir a Kierkegaard um irracionalismo que não lhe cabe, tenha-se bem presente uma distinção clara feita por ele: "O *paradoxo absoluto* seria que o Filho de Deus se tornasse homem, viesse ao mundo e nele circulasse de maneira tal que ninguém o reconhecesse... O *paradoxo divino* é que Ele se faz notar; não fosse por outra razão, pelo fato de operar milagres; é aí que se reconhece a sua divina onipotência, ainda que exija a fé para resolver o seu paradoxo" (*Papirer*, 1842-1843). Nada a compartilhar com a dialética hegeliana e o desconhecimento do princípio de não contradição, mas sim uma retomada da teologia cristã que exalta a opção fundamental pessoal, o salto da fé juntamente com a incapacidade de a "demonstração" levar Deus à existência do homem. Na *contemporaneidade* com Cristo, com a resposta à dificuldade de Lessing, uma filosofia da história que dá uma nova perspectiva à referência da *imitatio Christi* à cristologia, ainda que com todas as dificuldades eclesiológicas (de ordem histórica e caracterial). Kierkegaard dá uma das definições mais belas da liberdade, realidade subjacente a todo o discurso que vimos desenvolvendo: "O máximo que, em todo caso, se pode fazer por um ser é torná-lo livre. Requer-se precisamente a onipotência para poder fazer isto" (*Papirer*, 1846). Da hipótese ideal chegamos ao limiar da fé; o círculo (aberto) de uma filosofia da verdade que se torna teologia da salvação. Nem prolegômenos a uma filosofia cristã, nem um capítulo da apologética (para Kierkegaard a apologética é de ataque); nem derivada do sentimento schleiermacheriano (e muito menos da "filosofia positiva" de Schelling), nem disponível a uma equívoca reutilização na "teologia dialética".

Iluminismo e *Popularphilosophie* caminham juntos para M. Mendelssohn e constituem a chave de leitura e o critério expositivo do pensamento filosófico e da tradição religiosa (judaica). O *Fédon*, sobre a imortalidade da alma, 1767, retoma a argumentação platônica da espiritualidade da alma, responde à objeção pitagórica de caráter psicologístico, descreve a realização acabada do homem na outra vida. Com *Jerusalém. Poder religioso e judaísmo*, 1782, reatando com o *Tractatus* spinoziano, apresenta a religião hebraica não como religião dogmática, mas código de leis cultuais e normas de vida para a consecução de uma razoável felicidade, e redimensiona o mito (iluminístico) de progresso. Em polêmica com *A educação* de Lessing, afirma que o homem, individualmente, progride, mas a humanidade vacila continuamente dentro de certos limites. Acolhido com entusiasmo por Kant como expressão de liberdade de consciência, foi atacado violentamente por Hamann, *Golgatha und Scheblimini*, que, na leitura racionalista da religião, via minada a possibilidade da fé. Seu ensaio *Sobre a pergunta: que significa Iluminismo*, 1784, vê aí um aspecto da cultura, uma missão do homem, como indivíduo e cidadão, uma luta contra o preconceito, a barbárie e a superstição. A resposta de Kant, com a célebre definição de partida: "O Iluminismo é a saída do homem do estado de minoridade, que ele deve imputar a si mesmo", com a exortação: *Sapere aude!*, sublinha que justamente nas coisas da razão há mais necessidade de adquirir clareza. O *Spinozastreit*, que o opôs a Jacobi no tocante à interpretação de Spinoza, opõe o dever de remover as dúvidas somente com motivos racionais, não conhece fé em verdades eternas, contra os dizeres de Jacobi: "Todos nós nascemos na fé e devemos permanecer na fé, como todos nascemos na sociedade e devemos permanecer na sociedade... Através da fé, sabemos que temos um corpo e que fora de nós existem outros corpos e outros seres pensantes" (*A doutrina de Spinoza*).

Mendelssohn completou seu pensamento em *Morgenstunden*, expressão acabada do teísmo filosófico, contra o materialismo, o panteísmo spinozista, mas também contra o criticismo kantiano. Reafirma-se a capacidade da razão de conhecer o verdadeiro e chegar aos conceitos "científicos" da existência de Deus, existência *evidente*, tanto *a posteriori* (sentidos externos e internos) quanto *a priori* (Deus é pensável, logo existe realmente). Podemos imaginar a reação de Kant, que viu na obra mendelssohniana um clássico exemplo da ilusão da razão ("metafísica dogmatizante"), quando confunde as condições subjetivas da pensabilidade com as condições da possibilidade ontológica dos objetos. Em *Que significa orientar-se no pensamento*, 1786, Kant tinha feito o balanço sobre a polêmica Jacobi-Mendelssohn, lembrando uma vez mais o risco de um pensamento que, não levando em conta os limites da razão, terminava em fantasias e quimeras. Em *O único argumento possível para uma demonstração da existência de Deus*, 1763, o ser necessário resultava da análise dos conceitos de "possibilidade" e "existência": o fundamento da possibilidade não se encontra na existência das coisas, pois esta pressupõe a possibilidade. Acordado do "sono dogmático" com a *Crítica da razão pura*, 1781, Kant exclui as provas da existência de Deus – ontológica, cosmológica, físico-teológica. Mas, refletindo sobre os interesses da razão ("Que posso saber? Que devo fazer? Que posso esperar?"), chega ao "Ideal do Sumo Bem como princípio determinante do fim último da razão pura". Deus é um "postulado". No prefácio à 2ª ed., de 1787, escreve: "Eu, portanto, nunca posso admitir *Deus*, a *liberdade*, a *imortalidade* para o uso prático necessário da minha razão, sem ao mesmo tempo tirar da razão especulativa suas pretensões a visões *transcendentes*". Daí a conclusão: "Tive que suprimir o *saber*, para substituí-lo pela *fé*", depois de ter falado amplamente "Da impossibilidade de uma prova ontológica da existência de Deus" (477-484), "Da impossibilidade de uma prova cosmológica" (484-496), "Da impossibilidade da prova físico-teológica" (496-503).

Em *A religião nos limites da pura razão*, 1793, do Sumo Bem, postulado para a fundação da lei moral, chega-se a uma fé racional pura e, através desta, à existência de Deus enquanto causa adequada do Sumo Bem. O conceito de religião não tem nada a ver com os dados da experiência religiosa, que funda uma dogmática eclesial ligada a uma revelação positiva e realiza os deveres para com Deus numa comunidade de fiéis em formas específicas de culto. Importa somente a função da religião no interior da razão humana, seu papel no advento do verdadeiro reino universal de Deus, que vença o mal radical. A religião racional é colocada no mesmo plano que a exegese: "Assim a religião racional e a ciência escriturística são as competentes intérpretes e depositárias de um documento sagrado" (trad. ital., Bari, 1980, 122). Em 1811, escrevendo *As coisas divinas e sua revelação*, Jacobi retomava um pensamento de Pascal ("É preciso amar as coisas divinas para poder conhecê-las") e atribuía a Kant o mérito "de ter criado lugar para uma fé que não pode ser violada pelo dogmatismo da metafísica".

Jacobi fora o primeiro a falar de *niilismo*, ao qual leva o idealismo. Nos *Discursos sobre a religião* (1799), Schleiermacher pergunta-se: "Como acabará o triunfo da especulação, o idealismo perfeito e harmônico, se a religião não o equilibrar e não lhe permitir um realismo mais elevado?" (trad. ital., Bréscia, 1989, 75) e, embora consciente do perigo da citação, exclama: "Sacrificai reverentemente comigo uma trança de cabelos aos Manes do santo excomungado Spinoza!"

Eis aí a resposta a solicitações de um ambiente cultural insatisfeito com soluções supernaturalistas como com uma fria impostação racionalista e que, para ser bem compreendida, precisa da referência não só à subsequente *Doutrina da fé*, mas também ao *Nachlass* da *Hermenêutica* e da *Dialética.* Através destas obras, precisa-se o sentido não psicologista ou subjetivista do sentimento, a relação entre um rigoroso individualismo e uma dimensão comunitário-eclesial, da relação com Deus e o mundo. A definição da religião – "sentimento e gosto pelo infinito" – é contra os teóricos-metafísicos e os pragmatistas-moralistas, o frívolo indiferentismo, toda espécie de loucura humana, "desde as insossas fábulas dos povos selvagens até o deísmo mais refinado, desde a grosseira superstição de nosso povo até os fragmentos pessimamente costurados de metafísica e moral que se chamam cristianismo racional".

A imagem que melhor traduz a ideia disto é o caos, pluralidade e diversidade dos reflexos do infinito no finito, onde, entre as expressões históricas da religião, emerge o cristianismo, pois Cristo, seu fundador, teve a intuição mais límpida e mais profunda.

Deus, que "não é tudo na religião, mas somente uma parte, o universo é mais" e, nos *Discursos*, é variegadamente definido como universo, eterno, infinito, será posteriormente definido na *Doutrina sobre a fé.* Em sua maturidade, Schleiermacher sempre recusou a filosofia da identidade: Deus, o Deus vivo, é fundamento originário do ser, metafisicamente distinto, não identificável com a totalidade do finito e do múltiplo. Através da mediação da *Dialética*, a intuição e sentimento... sentimento e gosto pelo infinito, na *Doutrina da fé* tornou-se "sentimento de dependência absoluta". A partir da 1ª ed. dos *Discursos*, Schleiermacher evitou o termo intuição na definição de religião, a fim de evitar confusões com a intuição do Absoluto que definia, para Schelling, a essência da filosofia. Seguindo Fichte, distanciou-se de uma concepção da intuição intelectual, contemplação do Eterno em nós, onde a alma, numa relação imediata, torna-se uma única coisa com o Absoluto, embora sem perder sua individualidade.

A Fichte é provavelmente dirigida a apóstrofe das primeiras páginas do segundo Discurso: "Que faz vossa metafísica... vossa filosofia transcendental? Ela classifica o universo e o subdivide em tantas espécies de essências..." (68). Como se recordará, Fichte esteve fortemente envolvido no *Atheismusstreit* (embora Jacobi, em *Idealismo e realismo*, tenha escrito que a filosofia transcendental de Fichte não é nem teísta nem ateia) e, no entanto, nas obras *Sobre o fundamento da nossa fé num governo divino do mundo*, 1798, e *Missão do homem*, 1800, considerava indubitável a existência de Deus como fundamento da ordem moral do mundo.

Herder não fora estranho à formulação do sentimento schleiermacheriano. Para ele, a religião é uma determinação existencial, toca diretamente o espírito do homem, sua consciência mais íntima (*Von Religionen, Lehrmeinungen und Gebräuchen*, 1789). Assim, sobretudo nas *Ideias para a filosofia da história da humanidade*, 1784-1791, "sobretudo a religião, juntamente com a metafísica, a moral, a física e a história natural, contribui para a história da humanidade. Em toda parte, a grande analogia da natureza me conduziu a verdades da religião... A natureza não é um ser independente, mas *Deus é tudo em suas obras*" (trad. ital., Bolonha, 1971, 66-68). No cap. VI do livro IV, p. I "O homem é formado para a humanidade e a religião" e, ainda: "A religião é a suprema humanidade do homem... a primeira e última filosofia é e sempre foi a religião" (124).

Hegel foi sempre crítico em relação aos *Discursos*, que exasperam o princípio jacobiano da subjetividade (*Fé e saber*).

Na *Fenomenologia do espírito*, Hegel, ao delinear o sistema científico do verdadeiro saber, baseado na premissa de que "somente no *conceito* a verdade encontra o elemento de sua existência", faz a crítica mais radical da filosofia romântica e do "magro sentimento do divino". Seu julgamento final quer ser inapelável: "Se no homem a religião se fundar somente num sentimento... então o cão seria o melhor cristão" ("Prefácio" à *Filosofia da religião* de Hinrichs, trad. ital. Nápolis, 1975, 43).

Mas justamente o caráter "acabado" do sistema hegeliano constitui problema, como foi repetidamente assinalado através da crítica kierkegaardiana e como ainda se verá através do que aconteceu com a *direita* e com a *esquerda* hegeliana. Os assim chamados *Escritos teológicos juvenis* marcam o trabalhoso, e por vezes contraditório, abandono da pesada herança kantiana. *A positividade da religião cristã* descreve a passagem da mensagem de amor de Cristo para a nova positividade de um cristianismo ético e *O espírito do cristianismo e o seu destino* vê nas duas naturezas de Jesus, a humana e a divina, a conexão do finito com o infinito. Até o *Fragmento de sistema*, de 1800, que, com clareza, afirma que a filosofia deve terminar na religião, que só ela sabe erguer a vida finita para o infinito.

As *Lições sobre a filosofia da religião* passam do conceito de religião, através das religiões históricas, para o cristianismo, religião absoluta. Nem o sentimento nem a especulação filosófica são os elementos constitutivos da religião.

Superado o risco iluminista-racionalista da redução da religião aos limites da pura razão, a religião é consciência da relação com Deus, da relação do espírito limitado do homem com o espírito absoluto de Deus. O sentimento elevado à consciência é a própria doutrina religiosa expressa em imagens e é o que propriamente denominamos *fé*. O objeto da religião é "o que é absolutamente verdadeiro, a própria verdade, a razão em que são resolvidos todos os enigmas do mundo, todas as contradições do mais profundo pensamento, todas as dores do sentimento, a razão da verdade eterna e da paz eterna, a própria verdade absoluta, o saciamento absoluto... o ponto central e último, naquele pensamento que é único, consciência, sentimento de Deus" (trad. ital., Bolonha, 1973,I, 60).

Filosofia e religião coincidem: a primeira é representação, a segunda é conceito do espírito absoluto (a arte é sua intuição). Filosofia e religião têm em comum conteúdo, exigências, interesses.

"A filosofia é, por isto, teologia e a ocupação com Deus, ou melhor, em Deus, é por si mesma serviço divino" (87). Após a "morte de Deus" e a "sexta-feira santa especulativa", isto representa uma nova possibilidade de teologia filosófica.

É emblemático o caso de Schelling. A atenção sincera aos problemas religiosos, nomeadamente em *Filosofia e religião*, de 1804, e nas *Pesquisas filosóficas sobre a essência da liberdade humana*, de 1809, através da *Filosofia da mitologia*, desemboca na *Filosofia da revelação*: será isto feliz realização de uma teologia especulativa, compreensão filosófica da revelação cristã, ou antes, na especulação, a *Vollendung* idealista que comporta inevitavelmente o esvaziamento da revelação de seus conteúdos sobrenaturais, dos caracteres específicos? "O problema não é uma dogmática especulativa, mas uma explicação do cristianismo a partir de seu caráter mais alto, histórico. Este caráter mais alto, que remonta até o início das coisas, está completamente explicado" (trad. ital., Bolonha 1972, I, 268). Submetido à teoria das "potências", Cristo é uma pessoa única, mas simbólica, finitização do infinito, ápice do antigo mundo dos deuses, tanto que "a encarnação de Deus é, portanto, uma encarnação desde a eternidade" (319-320). Afirmada a continuidade entre paganismo e cristianismo, a exegese de *en morphê theoú* (Fl 2,6) é o inevitável resultado "especulativo": "Não é verdadeiro Deus, mas *em forma* de Deus... não se podia falar do Filho naquele estado intermediário... Em sua humanidade, Ele não se despoja de sua divindade, mas da [divindade] falsa... Com efeito, o Logos tinha-se desdivinizado quando se fizera potência extradivina... fez-se homem com tudo o que nele não era do Pai" (II, 144, 280, 281).

A direita interpretou a *Aufhebung* hegeliana como conservação da religião na filosofia. É significativo e programático o título da *Zeitschrift für Philosophie und spekulative Theologie*, fundada em 1837 e dirigida por I.H. Fichte, e em que colaboraram Weisse, Krabbe, Vorländer. Para a esquerda hegeliana, a *Aufhebung* da religião devia ser sua eliminação definitiva na filosofia. Feuerbach, que havia ridicularizado a "filosofia positiva" e a filosofia da revelação (feroz também a crítica de Engels, *Schelling und die Offenbarung*, Leipzig, 1842) de Schelling, o sentimento schleiermacheriano e a teologia especulativa, com *A essência do cristianismo*, 1841, e *A essência da religião*, 1845, reduz primeiro a teologia à antropologia, e depois à filosofia.

O materialismo dialético de Marx tenciona demitizar todas as superestruturas e, portanto, também a da religião: basta eliminar as condições de seu surgimento, o capitalismo (*Manuscritos econômico-filosóficos* de 1844; *A Ideologia alemã*, de 1846). Vale a pena recordar que a célebre definição de religião como "ópio do povo" ("Introdução" à *Crítica da filosofia do direito de Hegel*, 1843) figura num contexto em que "a miséria religiosa é, por um lado, expressão da miséria real e, por outro, protesto contra a miséria real. A religião é suspiro da criatura oprimida, sentimento de um mundo sem coração, espírito de uma situação em que o espírito está ausente".

Todavia, como é sabido, para além destas expressões nobres, no materialismo dialético o discurso se tornou ideológico: de uma ideologia que hoje estamos vendo desmoronar.

Bibl. – Indicamos apenas algumas obras de caráter geral: E. Miegge, "Religione", em *Storia antologica dei problemi filosofia*, Florence 1965, 1309s; M.M. Olivetti, *Filosofia della religione come problema storico*, Padova 1974; A. Babolin (ed.), *Il metodo della filosofia della religione*, vol. I-II, Padova 1975; G. Ferretti, "Filosofia della religione", em DTI, I, Turim 1977, 151-158; Vários autores, *L'ermeneutica della filosofia della religione.* Atti del XVII Colloquio internazionale sulla problematica della demitizzazione, Roma 1977; I. Mancini, *Filosofia della religione*, Casale Monferrato 1986[3]; E. Feil, *Religio.* Die Geschichte eines neuzeitlichen Grundbegriffs vom Frühchristentum bis zur Reformation, Göttingen 1986; P.G. Grassi (ed.), *Filosofia della religione.* Storia e problemi, Brescia 1988; Vários autores, *In lotta con l'angelo.* La filosofia degli ultimi due secoli di fronte al cristianesimo, Turim 1989.

SALVATORE SPERA

VII. Crítica da religião

Uma crítica da religião existe já na Antiguidade (grega) e no início da era cristã e, naturalmente, também na época da Reforma; mas a crítica moderna da religião (que adquiriu importância pública por volta de meados do século XIX, com a tese da projeção de Feuerbach) é uma crítica da religião de natureza especial. Ela é caracterizada pela contestação explícita e argumentada da existência de Deus e pela consequente refutação das provas de sua existência. O homem tem o direito e o dever de fundamentar diante de si mesmo e dos outros a verdade da fé religiosa, também em nível da razão (cf. 1Pd 3,15). Sua consciência impõe-lhe tal confrontação explícita. Impõe-lhe isto, aliás, também o próprio cristianismo (católico), já que, desde o princípio, este não se entende a si mesmo como um salto no incerto, no casual, no facultativo. O cristianismo sempre teve que debater com os críticos radicais de sua fé, mas, nos últimos tempos, têm-se aduzido argumentos filosófico-antropológicos mais sistemáticos que, além disso, estão amplamente difundidos também na consciência geral do homem "europeu" moderno.

De qualquer forma, o conceito "crítica da religião" não é unívoco. E, por isto, é preciso distinguir entre uma crítica *interna* à religião e a crítica *interconfessional*, e entre uma crítica concernente a uma *outra religião* e a crítica *ateia ou agnóstica* da religião. Fala-se em sentido restrito de crítica da religião, lá onde uma reflexão sobre a religião – por qualquer motivo que seja – leva também a rejeitar a religião e a existência de Deus. Aqui se tratará da crítica da religião *nesta acepção ateísta*.

1. CAUSAS E CONTEXTO DE FUNDO DA CRÍTICA MODERNA DA RELIGIÃO – *a*. Na origem da crítica moderna da religião está a era do Iluminismo e, sobretudo, de suas consequências. Na *Berlinische Monatschrift* do ano de 1874, sob o título "Resposta à pergunta: Que é o Iluminismo?", Kant escreve as conhecidas frases: "O Iluminismo é a saída do homem de seu estado de minoridade, que ele deve imputar a si mesmo. Minoridade é a incapacidade de valer-se de seu próprio intelecto, sem a guia de outrem. Esta minoridade é imputável a si mesma, se sua causa não depender de defeito de inteligência, mas da falta de decisão e de coragem de fazer uso de seu próprio intelecto, sem ser guiado por outrem. *Sapere aude!* Tenha a coragem de servir-se de sua própria inteligência! É este, portanto, o *slogan* do Iluminismo".

Eis por que não é por acaso que, hoje, as assim chamadas "provas da existência de → Deus" são submetidas a um exame crítico da parte da pura razão humana e se rejeita desde o princípio qualquer *prova ex auctoritate*. O próprio Kant, através de sua redução de todas as provas da existência de Deus, que lhe eram conhecidas, à assim chamada "prova ontológica" e sua recusa e, sobretudo, mediante a contestação de uma possibilidade metafísica do conhecimento de Deus, ofereceu à crítica moderna da religião ulterior motivo e fundamento (cf. *Crítica da razão pura*).

Ora, se a inteligência humana se ocupa com a questão da existência de Deus, surgem os seguintes problemas: sem dúvida a ideia de "Deus" é uma destas ideias que é dificílimo transmitir, seja com palavras, seja com conceitos. Com efeito, a teologia sempre se esforçou por evitar ou corrigir mal-entendidos ou representações excessivamente simplificadas de Deus. Mas, na prática da catequese e da pregação, é difícil transmitir uma imagem de Deus de certo modo purificada de representações mitológicas ou antropomórficas. Ora, se os ateísmos modernos continuarem a ser defendidos por pensadores para quem a tradição cristã e o pensamento teológico são conhecidos somente, por assim dizer, "de fora", a crítica da religião *pode* ser entendida como contestação da existência de Deus, como rejeição de um conceito de Deus que contrasta com a compreensão cristã de Deus, ainda que não seja de modo algum verdade que todo argumento ateísta se baseie somente em "mal-entendidos". Isto significa que, sem dúvida, existem argumentos críticos em relação à religião que, em todo caso, induzem o cristão a refletir e meditar!

b. Um outro elemento de fundo da crítica moderna da religião é constituído pelo fato de que o conceito de "prova" assume um significado que é orientado para as ciências exatas. Se recordarmos a declaração do Concílio Vaticano I, segundo a qual Deus pode ser conhecido com segurança com a pura razão humana (cf. DS 3026), fica eliminada a diferença entre fé e saber (no sentido de "prova"). Pode-se até afirmar que a Teologia Fundamental tradicional tornava fácil demais as assim chamadas "provas da existência de Deus", o que se podia ainda justificar enquanto a discussão sobre a questão de Deus era dirigida a pessoas que já tinham fé (e, portanto, não tinham problemas reais no que concerne à questão da existência de Deus), mas ao mesmo tempo tal discussão não podia estar à altura nem da seriedade nem do intento e nem mesmo das argumentações da crítica da religião. Em suma: esqueceu-se de que não existem nem podem existir provas da existência de Deus vinculantes para a razão, e que, na verdade, o homem, também no que diz respeito à questão de Deus, tem condições de decidir livremente, segundo a consciência. Segundo K. Rahner (e outros), hoje se deve exigir uma "mistagogia".

c. Além disso, hoje em dia todos os argumentos "contra" Deus, que dizem respeito à questão da teodiceia, são articulados de modo mais claro do que anteriormente.

A dor generalizada – e não causada exclusivamente pelo pecado – a miséria, o medo, todo afã humano e a experiência da contingência são aduzidos para contestar a existência de um Deus que ama e socorre. E assim, por exemplo, Freud faz a seu amigo e pároco protestante O. Pfister a pergunta óbvia de como, segundo ele, se pode conciliar a dor deste mundo com o amor de Deus. Além desses argumentos, nos quais não queremos aqui nos deter, com frequência critica-se o medo humano e o desejo de segurança e de proteção. Nietzsche, por exemplo, expressava a seguinte opinião: "Como se chega à fé em Deus? O senso de poder, quando toma conta do homem, de maneira repentina e perturbadora – e este é o caso em todos os grandes afetos – suscita nele uma dúvida sobre sua própria pessoa: ele não se atreve a entender-se como causa deste extraordinário fenômeno – e, por isto, introduz uma pessoa mais forte, uma divindade... Em suma: a origem da religião está nos extremos sensos de poder que surpreendem o homem, como se lhe fossem estranhos... A religião é medo e pavor diante de si mesmo" (H. Kröner, ed., *Der Wille zur Macht*, Stuttgart, 1930, 100).

E B. Russell (que se professa agnóstico) responde assim à questão sobre o que durante séculos induziu os homens a crerem na religião: "Penso que seja antes de tudo o medo. O homem considera-se bastante impotente. Há três coisas que inspiram medo ao homem: por um lado, o que a natureza pode causar-lhe... por outro, o que lhe podem fazer os homens... E, em terceiro lugar – e isto tem muito a ver com a religião – o homem tem medo daquilo a que poderia ser induzido por suas próprias paixões violentas – coisas das quais, num momento de calma, sabe perfeitamente que teria de arrepender-se. Por este motivo, a maioria das pessoas tem muito medo de sua vida e a religião as ajuda a não serem atormentadas demais por estes medos" (B. Russell, *Bertrand Russell sagt seine Meinung*, Darmstadt, 1976, 46-47). Tais afirmações – e inúmeras outras – induzem a colocar-nos perguntas, que é preciso examinar logo, sobre as motivações aduzidas pelos ateus e sobre as causas da presença de uma fé em Deus.

d. Também é preciso recordar a influência da moderna história da religião e o pluralismo das diversas leituras do mundo. O conhecimento de um grande número de religiões do passado e do presente, a coexistência espacial de comunidades pertencentes a religiões diversas, uma liberdade pluralista, no que tange às ideologias, expressamente colimada nas democracias – tudo isto naturalmente tem repercussões na mentalidade do homem moderno, de sorte que não somente as pessoas levantam a questão sobre qual é a verdadeira religião, mas chega-se até a colocar em dúvida a existência de Deus (ou de "realidades transcendentes"), como também se levanta a questão de uma vida que continue depois da morte.

2. ARGUMENTAÇÃO DA CRÍTICA DA RELIGIÃO – É preciso distinguir entre uma espécie de argumentação fundamental da crítica que os ateus fazem à religião e os diversos argumentos individuais. Por esta razão, dever-se-ia falar antes de *ateísmos* (no plural), pois certos ateísmos se excluem reciprocamente.

a. Uma vez que nenhum ateu ou crítico da religião contesta a contingência do homem na multiplicidade das experiências, a questão de fundo sobre a existência de Deus decide-se na interpretação destas experiências. O crente considera impossíveis tais experiências sem a existência de Deus; sem Deus elas nem sequer poderiam existir! O ateu retruca-lhe, declarando que o fato efetivamente incontroversível de que o homem seja capaz de ultrapassar, com o pensamento, seus próprios limites e chegar, assim, a uma ideia de Deus ainda não demonstra, de modo algum, a existência de Deus. Em todos os argumentos da crítica da religião transparece a recusa do assim chamado "argumento ontológico", isto é, da injustificada conclusão *do pensamento ou do desejo para a existência real de Deus.* Garaudy (do período marxista) apresenta muito bem esta problemática: "O marxismo coloca-se as mesmas perguntas, vive na mesma tensão para o futuro, é atormentado pelas mesmas exigências que o cristianismo, mas não se considera autorizado a transformar sua pergunta numa resposta, sua exigência numa presença" – com o que naturalmente se entende a presença da existência de Deus. E, em seguida, sempre no mesmo contexto, acrescenta: "A minha sede não demonstra a (existência da) fonte!" (R. Garaudy-J.B. Metz-K. Rahner, *Der Dialog oder ändert sich das Verhältnis von Katholizismus und Kommunismus*, Reinbek, 1966).

S. Freud argumenta de modo claro, partindo do desejo do homem. A fé em Deus é uma ilusão neurótica, porque fruto do desejo infantil; mas – assim afirma Freud – não precisa de modo algum ser uma realidade o que o homem pode e até deve desejar. De qualquer forma, permanece sempre decisiva a seguinte pergunta – ainda que nem todo crítico da religião a faça de maneira explícita: Por que existem, de fato, a religião e a fé em Deus, embora não exista Deus algum? Como quer que se responda a estas perguntas, fundamentalmente, em cada tipo de crítica da religião a fé em Deus deve ser avaliada como uma *consciência secundária* e, respectivamente, uma *necessidade secundária* do homem, razão pela qual na base da religião existe uma *necessidade primária*, que o crente não conhece, mas que é descoberta e manifestada somente pela crítica da religião e que naturalmente nada tem a ver com "Deus".

b. Mencionaremos a seguir os mais importantes críticos da religião; sem dúvida, as breves citações aduzidas não bastam para uma compreensão suficiente dos argumentos e das questões: o cristão deve deixar-se interpelar e perguntar-se se e até que ponto sua imagem de Deus eventualmente tem necessidade de uma revisão, provocada pelos argumentos aduzidos pela crítica da religião.

L. Feuerbach, ao contrário de Kant, não se interessa pela possibilidade do conhecimento de Deus através da razão humana, mas, antes, pela causa da fé em Deus. Sua convicção fundamental é que aquilo que chamamos "Deus", na realidade não é outra coisa senão a consciência objetivada e conceptualmente concretizada do próprio homem e, respectivamente, da espécie homem. "A religião, pelo menos a cristã, é *a atitude que o homem tem em relação a si mesmo*, ou, mais exatamente, *em relação a sua própria essência*, mas uma atitude em relação a sua própria essência *como se fosse uma essência diferente. A essência divina não é outra senão* a essência humana ou, mais exatamente, *a essência do homem*, separada dos limites do homem físico, individual, isto é, real, objetivada, *isto é, olhada e venerada como se fosse uma outra essência particular, diferente dele*; por conseguinte, todas as *determinações* da essência divina são determinações da essência humana" (L. Feuerbach, *Das Wesen des Christentums*, Stuttgart 1960, 17). Com Feuerbach, a tese da projeção ingressou explicitamente no pensamento crítico em relação à religião.

K. Marx, juntamente com F. Engels, foi de início um "feuerbachiano entusiasta", mas em seguida chegou à convicção de que Feuerbach tinha desenvolvido uma explicação psicológico-genética da religião por demais ligada ao homem individualmente. Marx certamente estava convencido de que a religião tinha sido refutada por Feuerbach e, portanto, nem em Marx se encontram exposições sistemáticas contra a religião ou a existência de Deus. Todavia, Marx modifica a crítica da religião de Feuerbach, definindo a religião como a "quintessência de um mundo às avessas". Concretamente: já que o homem é, em primeiro lugar, um ser social, as relações socioeconômicas determinam também em cada caso a consciência do homem. O homem pensa inevitavelmente na maneira como se configuram as suas relações sociais, ele é o "conjunto das relações sociais". Pois a história da humanidade é apenas uma história dos conflitos de classe, uma história de exploração do homem pelo homem, de sorte que "as ideias dominantes de uma época foram sempre somente as ideias da classe dominante". Para Marx, é óbvio que o homem explorado tem necessidade do "sol ilusório" da religião; com efeito, o homem, mediante sua capacidade de transcendência, pode imaginar condições melhores de vida para além da sua situação de miséria e, portanto, precisa de uma esperança num mundo melhor – o além – não se dando conta de que aquilo que se obtém agora, mediante a religião, causa de danos e expressão de sua miséria terrena, pode ser conseguido através de uma mudança radical das relações econômicas (estatização dos meios de produção) e da organização social (eliminação de todos os conflitos de classe). Consequentemente, a religião é "ao mesmo tempo a expressão da miséria real e... *protesto* contra a miséria real" (K. Marx-F. Engels, *Manifest der kommunistischen Partei*, em MEW IV, Berlim, 1959, 480).

A crítica da religião de *S. Freud*, como é de se esperar, deriva de sua psicologia do profundo. Para Freud, a função da religião consiste na fuga da "dura realidade"; ela é uma regressão para uma atitude infantil: o homem adulto gostaria de ser novamente uma criança; mas sendo-lhe isto impossível, refugia-se nos sintomas da atitude neurótica, razão pela qual a religião é *um* modo psicologicamente patológico de enfrentar a vida. Numa carta de 1º de janeiro de 1910 a seu amigo Ferenczy, relata uma inspiração que lhe veio de noite sobre a causa e função da religião: "A causa última da religião é o fato de o homem sentir-se desarmado", frase esta que, dezessete anos mais tarde, em *Futuro de uma ilusão*, Freud comenta assim: "A mesma pessoa a que a criança deve sua existência, o pai (mais exatamente, a instância parental, constituída por pai e mãe), protegeu e guardou também a criança fraca, inerme, exposta a todos os perigos existentes no mundo exterior; sob sua proteção, ela sentiu-se segura. Também depois de se ter tornado adulto, o homem sabe que está sob o poder de forças maiores, mas também foi-se aprimorando nele a capacidade de discernir os perigos da vida, e, por isto, com razão, chega a conclusão de que, no final das contas, ainda permaneceu inerme e não protegido, como na infância, e que ainda permanece criança diante do mundo. Por isso, nem agora quer renunciar à proteção da qual desfrutou como criança. Mas há muito tempo se deu conta de que seu pai é um ser muito limitado em seu poder e de modo algum está provido de todos os recursos. Por isso, recorre à imaginação da memória do pai da infância, que tinha supervalorizado tanto, eleva-a à divindade e a situa no presente e na realidade" (S. Freud, *Gesammelte Werke*, vol. 14, Londres, 1955, 175-176).

Além destes conhecidos críticos da religião, teríamos de mencionar também muitos outros críticos e negadores da existência de Deus. Ultimamente pode-se constatar sempre mais que vai diminuindo o número dos críticos da religião, conhecidos por publicações científicas. Tem-se admitido pacificamente, por parte da crítica da religião, que assim como não existem provas cogentes da existência de Deus, da mesma forma também não existem provas cogentes rigorosas para sua não existência. Hoje em dia os críticos da religião tendem, antes, a apresentar-se como agnósticos, mesmo quando sua argumentação pode, em última análise, conduzir ao ateísmo. O exemplo de um "agnóstico ateu" pode ser J. Améry, que, num ensaio divulgado originariamene como conferência radiofônica, fala de "ateísmo sem provocação". Améry parte do fato de que, na realidade, ele compreende os tradicionais dogmas religiosos, mas não consegue acreditar neles (p. ex., "Por cima da abóbada estrelada deve morar um pai bom"). Ao contrário, Améry não compreende as afirmações de teólogos progressistas, como, por exemplo, quando se afirma que Cristo teria "ressuscitado, ultrapassando a consciência de certas pessoas". E conclui assim suas reflexões: "O não crente, o ateu ou o agnóstico, ou como quer que se queira chamá-lo, não sabe o que fazer com estas fórmulas que se vêm desenvolvendo diante de seus olhos, tem a sensação de que se deve deixar entregue a sua própria sorte a religião que foi transmitida. De maneira alguma exulta com isto: apenas vê, com benévolo espanto, surgir um processo que, para ele, para o ateu, faz parecer supérfluo entrar em cena com o zelo do livre-pensador. *A maior provocação do ateísmo está no fato de que este não está mais provocando, e também não quer mais provocar*" (J. Améry, *Widersprüche*, Stuttgart, 1971, 27).

Se Améry tivesse razão, seria justamente este o resultado colimado pelo ateísmo, a sua finalidade implícita e também explícita. O ateísmo seria então o que no fundo sempre quis ser: uma evidência indubitável que não suscita mais nenhuma objeção por parte dos fiéis, duvidosos e ateus.

Bibl. – Além das obras já citadas no texto: K.H. Weger (ed.), *Religionskritik von der Aufklärung bis zur Gegenwart.* Autorenlexikon von Adorno bis Wittgenstein, Friburgo 1988[4].

KARL HEINZ WEGER

VIII. Psicologia da religião

1. PRELIMINARES – a. *Definições* – Existe uma ciência psicológica dos fenômenos religiosos? Qual é seu objeto e como o trata?

A psicologia, definida como uma ciência do comportamento, abrange o estudo dos comportamentos e de seus significados. Os significados são apenas parcialmente conscientes (motivações) e, ao estudá-los, muitas vezes tende-se a dar-lhes um sentido com base em dinamismos afetivos parcialmente inconscientes. Quer se trate de indivíduos, quer se trate de grupos, explicar os significados, excluindo interpretações arbitrárias, é a tarefa mais difícil da psicologia. Por um lado, a linguagem explicativa ou expressiva de um sujeito depende muito dos discursos que predominam nos grupos de que ele faz parte, dos discursos de seu ambiente social e de sua cultura. Por outro lado, todo o trabalho psicológico é de tipo relacional. Ele deve caminhar de mãos dadas com uma autocrítica constante das hipóteses, nunca totalmente neutras, e das interpretações do pesquisador, tanto na elaboração de um dispositivo de pesquisa quanto em seu modo pessoal de receber a linguagem dos sujeitos, dos grupos e dos documentos estudados. A despeito da diversidade de suas abordagens metodológicas – das quais falaremos nas páginas que se seguem – a psicologia, definida como "ciência do comportamento", seja ela descritiva, experimental ou clínica, encontra nelas também sua "unidade" (D. Lagache, 1949).

Será que *a religião*, considerada como um conjunto de comportamentos observáveis, vale dizer, comensuráveis, social e culturalmente situados, cujos significados estão apenas parcialmente ligados à linguagem, constitui um objeto ou um campo psicologicamente definível? Aparentemente, não. É imensa a diversidade e a heterogeneidade dos comportamentos religiosamente motivados: castidade no celibato, mas também prostituição sagrada; meditação silenciosa, mas também oração continuada; ortodoxia e profetismo; fuga do mundo e inserção no mundo, no intento de transformá-lo; iniciativas de paz e guerras santas. Todos os autores de manuais – desde P. Johnson (1959) até R. Paloutzian (1983), desde G. Milanesi e M. Aletti (1973) até B. Spilka, R. Hood e R. Gorsuch (1985), desde P. Pruyser (1968) até A. Vergote (1983) – deparam o caráter disparatado dos fenômenos religiosos e até das definições que tentam agrupá-los numa categoria, como a do "sagrado" (R. Otto), que serve de ossatura (discutível) para a obra histórica de M. Eliade. Uma filosofia da transcendência, de tipo ocidental, com ou sem referência ao termo "deus", acaba escondendo não somente a diversidade dos *funcionamentos* psicossociológicos que estas duas ciências humanas poderiam circunscrever de modo mais provável, mas esconde também a inegável diversidade da "sua" substância positiva, objetivamente estabelecida: tradições, construções verbais, escrituras, discursos, ritos e... teologias. Uma solução estritamente psicológica, em ambientes socioculturais limitados, seria a de considerar como "religioso" todo comportamento observável declarado como tal, da parte de indivíduos ou de grupos, seja para confirmá-lo, seja para contestá-lo. Assim, a psicologia da religião teria por objeto não somente os fenômenos de crença (p. ex.), mas também os de não crença (cf. A. Vergote, 1983). Toda pesquisa comportaria o exame dos comportamentos gerados pelo entrelaçamento de um sistema simbólico, de uma instituição social e de uma vida subjetiva. A esta altura, teria que prover-se dos instrumentos necessários para atingir o objetivo (observações clínicas, questionários, correlações várias, provas experimentais em sentido estrito), segundo os métodos psicológicos aplicados em qualquer outro campo. É provável que em cada cultura, juntamente com esta polaridade (crença, não crença) exista uma faixa intermediária que inclui também a dúvida, generalizada, eventualmente, no → agnosticismo religioso.

Em psicologia científica da religião, a ausência de uma definição relativa a seu objeto próprio não constitui um impedimento ou um obstáculo a seu desenvolvimento. A biologia, enquanto ciência dos seres vivos, deu grandes passos deixando de lado as discussões especulativas sobre a essência da vida e desenvolvendo seus parâmetros partindo da hipótese paradoxal segundo a qual toda manifestação do ser vivo seria explicável, comensurável, isto é, reprodutível, com base nos componentes físico-químicos. Assim poderia acontecer também com o *psiquismo*: aquela parte da psicologia humana que se ressente de condicionamentos cientificamente estabelecidos. Esta perspectiva foi adotada e desenvolvida com coerência por J.F. Catalan (1986), em "Psychisme et vie spirituelle", DSp 12 (2), ao qual remetemos, para evitar, no presente artigo, a repetição de referências à psicologia da espiritualidade, da vocação para o celibato consagrado, ou a suas aplicações em psicologia pastoral, que J.F. Catalan trata muito bem. No que diz respeito à psicologia das diversas famílias espirituais, poder-se-á completar com B. Secondin (1987), ou com A. Godin (1986, cap. 4 e 5); no que se refere à psicologia da vocação, pode-se completar com A. Godin (1975) e L. Rulla (1978); para as aplicações às relações pastorais, com A. Godin (1983), J. Scharfenberg (1980), ou R.P. Vaughan (1987) e, para uma práxis social em pastoral, com Nadeau (1987).

Para situar e respeitar a fronteira epistemológica que distingue as ciências especulativas (filosofia, teologia) das ciências empíricas (psicologia, sociologia) da religião, com P. Ricoeur pode-se fazer uso da categoria (tomista) da "causalidade material dispositiva" (1949) ou, então, usufruir de uma reflexão original sobre as articulações da linguagem religiosa (cristã) proposta por J. Ladrière (1984, vol. II).

Com base na publicação recente de obras científicas de psicologia (tanto experimental quanto clínica), o presente artigo sugere que sua contribuição não consiste principalmente em oferecer à teologia respostas precisas a algumas de *suas questões* (assim, a propósito da crise de fé sobre os "novíssimos"), mas, *com base em seus próprios métodos*, convidar a teologia a dar *uma forma nova* aos problemas que coloca. Neste sentido, veja-se um estudo em A. Godin (1988), bem como a exposição geral deste problema proposta por J.-P. Deconchy (1967). Eis a conclusão deste último: "Um crente deve poder admitir que uma teologia regule parcialmente seu pensamento, sua crença e sua fé. Mas, quando se ocupa com epistemologia, deve prestar atenção para que esta teologia não venha regular também sua epistemologia" (p. 148).

b. *Dados históricos de referência: Os inícios* – No começo do século XX, nos dois lados do Atlântico Norte, e exatamente no mesmo ano, dois pesquisadores tentaram a abordagem psicológica dos fenômenos religiosos. Em Harvard, W. James recolhe de maneira sistemática a indefinida variedade de linguagem com que alguns sujeitos exprimem suas "experiências religiosas" (1902). Este início brilhante é progressivamente marcado por estranhas limitações, confirmadas por outros escritos teóricos de W. James. A essência da religião consiste numa experiência interior, intensa, alegre e virtualmente mística. Sem dúvida, toda linguagem expressiva insere-se numa história, mas é antes de tudo a história de uma emoção (*Erlebnis*). O idioma inglês, como o francês e o italiano, dispõem de uma só palavra, ao passo que o alemão dispõe de uma segunda (*Erfahrung*). Acaba-se assim caindo num impasse, inconsciente, mas bem expresso mais tarde por W.L. Brandt (1982). Teologicamente embaraçante para o pensamento cristão, que se move sobre uma "revelação" (recebida de modo comunitário e atestada pelas Escrituras), a opção que leva em consideração e privilegia a experiência interior (*Erlebnis*) corre o risco de esterilizar o progresso da psicologia como ciência, onde os fatos religiosos se inserem necessariamente numa síntese ativa (*Erfahrung*), efetuada e confrontada com realidades de ordem social e institucional. Apesar de algumas tentativas de construir uma espécie de tipologia das diversas experiências interiores, sobretudo por parte de R.W. Hood (1975: apresentação de 32 breves relatos a diversos grupos, cujas respostas são analisadas de maneira fatorial), a composição destes relatos (influenciados tanto por W. James quanto por W.T. Stace) coloca problemas vários. A descoberta de um fator *M* (misticismo genérico), distinto de um fator *m* (alegria, experimentada em consequência de conhecimentos provenientes de uma religião institucional) confirma a atitude que pesquisadores mais recentes têm em relação a James: "*Respeito* para com um homem que, com raro vigor, quis dar a nossa ciência um objeto e um estatuto próprio e *tristeza* pelo fato de ele ter conduzido a psicologia da religião a um impasse. Por isto, James continua sendo – segundo a expressão de E.R. Goodenough – nosso gigante e nosso desespero" (J.-P. Deconchy, 1969).

Em Genebra, T. Flournoy (1902) enuncia os limites metodológicos que se impõem à pesquisa científica em psicologia da religião: trata-se de renunciar não só a toda questão sobre a existência ou a verdade (em si mesma) de uma realidade transfenomenal, mas também a toda avaliação da relação formalmente religiosa, ativamente certificada, entre sujeitos e uma realidade que estes consideram como transcendente ou divina. A psicologia, convidando assim a "colocar entre parênteses" (*Aufhebung*) um processo de ontologização, presente de maneira evidente em filosofia da religião e em teologia, adota uma posição que é clássica em muitas ciências humanas (a economia, p. ex.), que reivindicam sua autonomia sobretudo em relação às ingerências do poder político ou religioso. Mas ela não renuncia ao estudo dos *significados* que assumem, em sujeitos ou em grupos – religiosos ou não – as crenças, os ritos, os mitos, a que aderem ou que rejeitam. Da mesma forma que renuncia a estudar os significados da palavra "deus" e a utilizá-los para descobrir-lhes as conotações (linguísticas, cognoscitivas, afetivas) que assume no ambiente sociocultural – neste caso, judeu-cristão – em que ela se desenvolverá, segundo os princípios de Flournoy. A psicologia salva-se afirmando como cientificamente não pertinente um "conhecimento absoluto", que certos crentes ligam, legitimamente, a uma fé num Deus que falou de maneira direta; ou, então, a uma "modificação" (do contrário inexplicável) que suas orações teriam produzido diretamente em seus corpos ou em sua psique. Trata-se da própria condição de seu progresso como ciência psicológica.

Atrasos e dificuldades. O caminho já estava aberto, mas só foi seguido meio século mais tarde. Sobretudo porque alguns excelentes psicólogos ficaram fascinados pela pesquisa sobre o excepcional na religião, como as conversões repentinas, os estados extáticos ou místicos (assim Leuba, Maréchal, Pacheu, Janet). Na Alemanha, prevaleceu por muito tempo o método introspectivo de estados de consciência, por vezes provocados de modo sistemático (Girgensohn, Gruehn e sua escola, W. Keilbach e a revista *Archiv*, 1962-1976). Alguns estudos comparativos sobre a derivação, religiosa ou não, da meditação, com grupos experimentais e de controle (Grupos Zen, com intento terapêutico), serão posteriomente retomados, mas com enfoque cientificamente distinto (Jan van der Lans, 1978, 1980), demonstrando a importância do quadro de referência na gênese de experiências (*ervaringen*) religiosas ou não.

Anteriormente a 1950, alguns raros pioneiros estavam convencidos de que as técnicas de observação (questionários testados, mensurações repetidas, escalas de atitudes, correlações significativas, imagens projetivas, associações livres, métodos de experimentação etc.), tendo demonstrado sua fecundidade em psicologia humana, seriam *as mesmas* que se poderiam empregar para estudar os comportamentos religiosos segundo parâmetros ou dimensões a serem pesquisados. Nesta linha, podemos citar G.W. Allport, desejoso, desde 1935 (talvez sem dar-se conta disto), de acentuar as diferenças entre orientação extrínseca e intrínseca de uma religiosidade individual (1950); G. Castiglioni que, desde 1928, calculava a evolução do vocabulário das crianças e, depois, dos adolescentes a propósito de Deus; L. Thurstone que, depois de 1929, construiu escalas de atitudes sociais que logo terminavam no âmbito moral ou religioso (1954); A. Welford, o primeiro que designou como "experimental" uma abordagem que destacava algumas formas de oração mais simples, preferidas pelos que não frequentam a igreja, e não muito apreciadas pelos que frequentam.

Teoricamente, foi necessário dar-se conta de que a variedade superabundante das linguagens religiosas e dos comportamentos de que elas constituem o suporte, tornava vã a hipótese pseudoexplicativa de uma "necessidade religiosa", no sentido estrito de um estado de tensão íntima que exigia ser satisfeita num objeto ou ação específica. Em todo caso, a psicologia, ciência da observação, não é capaz de estabelecer a existência de tal necessidade, quer se trate de Deus (qual?) ou da imortalidade (que não deve ser confundida com um desejo de evitar a morte).

Última causa de atraso: o desenvolvimento considerável da psicologia clínica, de sua conceptualização (sobretudo em relação ao "desejo" parcialmente inconsciente) que designava os dinamismos psíquicos e as teorizações que a equiparam nas diversas escolas psicanalíticas (sobretudo Freud e Jung) constituíram objeto de uma profunda incompreensão por parte das igrejas. Não somente a psicanálise (terapeutas, clientes, teóricos), sobretudo freudiana, foi condenada, em 1950, com base num fato estereotípico como o "pansexualismo", mas todo o conjunto simbólico das culturas religiosas e das pessoas que estão dentro delas, para vivê-las ou para contestá-las, teve que esperar, para que a psicologia da religião pudesse beneficiar-se, sem excessiva confusão, de seus próprios progressos notáveis, tanto no plano individual (psicologia clínica) quanto em antropologia cultural. Somente depois de 1965 multiplicaram-se as pesquisas e as publicações, entre outras coisas depois da *releitura de textos escriturísticos.* Para descobri-los, podemos referir-nos ao artigo bem-documentado de A. Vergote (1972), em seguida aos livros de D. Stein (1985) e de L. Beirnaert (1988). Em A. Vergote (1975) podemos encontrar uma discussão aprofundada da contribuição psicanalítica para a antropologia, para a exegese histórico-crítica e para alguns fenômenos particulares "necessitados de uma interpretação psicológica" (visões, glossolalias).

Sobre a dificuldade de afirmação da psicologia da religião e sobre a evolução recente dos métodos, dispomos de uma insubstituível documentação crítica (no que tange às publicações em inglês e francês) graças a J.-P. Deconchy (1970 e 1987). Para o idioma inglês, graças a D.W. Wulff (1985) e L. Brown (1987). Para o italiano e para a produção italiana, graças a A. Godin (1983, 245-249), G. Milanesi (1973), L.S. Filippi e A.M. Lanza (1981).

2. QUESTÕES ANTIGAS, COLOCADAS DE MODO DIFERENTE – Em 1965, para colocar um pouco de ordem no campo coberto pelo estudo psicossociológico dos fenômenos religiosos, dois psicólogos, C.Y. Glock e R. Stark, propuseram reparti-los em mais dimensões. Algumas análises fatoriais mostraram, às vezes, a oportunidade de abordar a religião como fenômeno "de várias dimensões" e de apresentá-las de maneira diferente: dimensão *cognoscitiva* (distinguindo conhecimento e crença), *ritual* (distinguindo práticas privadas e liturgias instituídas), *experiencial* (*Erlebnis*, sensação interior, ou "Erfahrung", reação de síntese, efetuada em relação a realidades sociais ou institucionais), *consequencial* (efeito de esforço ou de recaída modificadora em outros campos: fisiológico, moral, ideológico). Diversos estudos, na base de questionários, revelaram numerosas correlações notáveis entre o cognoscitivo (*crença*) e o ritual (*liturgias* participadas) – o que de modo algum surpreende; ao invés disso, uma correlação muito fraca entre o experiencial (*Erlebnis*) e o consequencial (*empenho* no campo profano). Isto permite entender a polarização entre dois tipos de crentes praticantes: os que procuram a linha mística, *ou* os que buscam a linha ética na religião.

No presente artigo vamos recolher, dos últimos anos, um pequeno número de fatos religiosos, metodologicamente bem-selecionados, que permitem ao teólogo descobrir temas familiares, oferecidos numa perspectiva nova.

a. *Crença: Deus-Providência* – Por que motivo sucede um acontecimento, feliz ou doloroso? Em 1966 J.B. Rotter desenvolveu diversos instrumentos de medição e descobriu uma subdivisão curiosa, mas bem precisa, entre dois modos de pensar. Alguns indivíduos fazem sucessos ou progresso dependerem de seus próprios comportamentos, de suas próprias capacidades, ou das características pessoais: enfim, de fatores que podem depender do controle pessoal denominado "interno". Ao contrário, o controle "externo" lembra tipos que colocam certos eventos positivos ou negativos fora do raio de seu controle pessoal, quer se refiram a algo de inelutável (condicionamentos, determinismo), ou a "poderosas interferências de outros" (Rotter) ou a intervenções imprevisíveis, com referência ao acaso (sorte ou falta de sorte). O interesse psicológico do *locus of control* consiste em situar logo num conjunto mais amplo as variedades das crenças religiosas. Assim iniciou, nos Estados Unidos, *a Teoria da Atribuição*, com base em investigações precisas (assim P. Benson e B. Spilka, que relacionaram a imagem de Deus, externa ou interiorizada, com o grau de autoestima, 1973) e com base numa planificação axiomatizada (B. Spilka, P. Shaver e L.A. Kirkpatrick, 1985) de estudos que incluíam as diversas variáveis em jogo: o evento (gravidade, proximidade) e seu contexto, o sujeito, suas disposições e motivações (conscientes, inconscientes). De todos estes trabalhos, consideraremos aqui como certificado um único fato.

Grupos religiosos diversificados (cristãos adultos), colocados, através de questionários ou de relatos evocatórios, diante de situações concretas, atribuem à "Providência" acontecimentos que outros grupos menos religiosos (critério: senso da proximidade de Deus) atribuem ao "acaso" (sorte). Trata-se de acontecimentos graves, como a invasão de uma enchente que leva embora a casa do vizinho e deixa intacta a do narrador da história, na qualidade de testemunha impotente. Cf. tb. R.L. Gorsuch (1983).

O incrível sucesso devocional do conceito de *Providência* (um dos atributos divinos, segundo a reflexão filosófica de Tomás de Aquino), utilizado em detrimento do conceito de *Acaso* (acontecimento fortuito, resultante do cruzamento de determinismos cegos ou destes com intenções humanas), fato de que a mentalidade infantil toma consciência bastante tarde, explica-se com um desejo de dar um certo conforto à ânsia humana que inevitavelmente deparou tais conjunturas. Força que alivia a angústia, a noção de Providência é "funcional" do ponto de vista psicológico, sobretudo se associada a outros atributos divinos (onipotência, bondade, onisciência). Razão pela qual se pergunta: Estes conceitos, pouco coerentes com a revelação neotestamentária e com a posição desta em relação ao mal, não poderiam ser reexaminados à luz desta? (Antiga proposta de L. Malevez, 1960.) Revolucionamento do conceito de Providência? Ou simples reconhecimento de seu valor funcional, que as fontes cristãs convidam a superar? Não cabe à psicologia julgar.

b. *Crença: Deus-Pai* – Por que não Deus-Mãe? Será que o qualificativo, assumido dogmaticamente na fé dos cristãos, não inclui talvez, no plano psicológico, componentes da figura materna? Vinte anos de pesquisa rigorosa e abundante (mais de quinze aplicações em ambientes culturalmente diversificados) trazem para este problema contribuições não desprezíveis (A. Vergote e associados, 1981). A equipe do professor A. Vergote construiu uma escala de semântica diferencial (associações livres, com base em palavras indutoras, Osgood) – instrumento já experimentado em outros setores. Antes de tudo, é preciso adquirir mais clareza sobre uma questão não religiosa, a saber: A figura do pai ideal e a figura da mãe ideal ("não aquela que seus pais representaram para você, mas sim a imagem do bom pai e da boa mãe, como você a representa") incluem, cada uma, as (36) qualidades propostas? E em que grau de intensidade? (7 graus). Resultados: algumas qualidades ideais são reservadas principalmente à mãe e se agrupam em torno do conceito de *disponibilidade* (*acolhimento, garantia, paciência, refúgio, segurança*); algumas características adaptam-se melhor ao pai e se constelam em torno do tema da *lei* (*autoridade, julgamento, poder, princípio*). Além disso, algumas qualidades concordam mais fracamente com a imagem da mãe (*feminilidade, proteção*) ou do pai (*saber, força, ordem*). Estas qualidades periféricas variam consideravelmente segundo os países (Bélgica, Colômbia) ou as culturas (Indonésia, Filipinas). Finalmente, o fato de numerosas qualidades (sobretudo qualidades centrais) serem atribuídas a ambos, pai e mãe, mas de modo mais fraco ora à mãe, ora ao pai, revela que existe efetivamente uma estrutura no conceito de progenitor (ideal), em que cada uma das duas figuras, de resto bem diferenciadas, se liga à outra na representação ideal que delas nos fazemos. Psicologicamente, como sublinha com razão A. Vergote, é a representação ideal, baseada culturalmente, que se adapta a ser metaforizada ou simbolizada em seu *transfert* (na sua "metáfora") para a divindade (A. Vergote, 1983, *Religion, foi, incroyance*, sobretudo 206-211). Com efeito, uma utilização das qualidades parentais, bem-estruturadas em torno dos conceitos de *disponibilidade* e de *lei*, reencontra-se na semântica que exprime a representação de Deus em todos os grupos de cultura cristã. Os traços maternos são quantitativamente mais numerosos nos crentes que professam sua fé numa Trindade em que Deus é Pai; ao contrário, os traços paternos, menos numerosos, são atribuídos à divindade com uma intensidade maior do que a expressa para o pai (carnal) – o que acontece raramente no que concerne aos traços maternos. Finalmente, a atribuição à divindade dos traços maternos ou paternos que acima definimos como "periféricos" acontece em muitos casos *de acordo com os condicionamentos culturais*. Estas observações colocam a teologia diante de algumas opções, quando evoca o nome do pai. Será que este assume seu significado total na analogia de uma relação de *gerador-gerado* (assim como é definida em relação à vida intratrinitária)? Será que talvez se deva conservar uma diferença, em razão da diversidade empírica dos termos *paterno-materno?* Ou talvez seja o caso de se ater ao significado hebraico de Pai, enquanto chefe do clã, da tribo ou do povo, do novo povo daqueles que respondem a uma oferta de filiação adotiva por meio de uma "filiação livre" (irmãos e irmãs do Senhor são os que escutam a Palavra e a põem em prática)? Nesta linha, então, não será talvez importante que a teologia pastoral construa para si um discurso não ambíguo, que indique de que maneira certos traços da figura materna (*garantia*, *proteção*, *refúgio*, *segurança*, *ternura*) e paterna (*autoridade*, *julgamento*, *lei*, *poder*, *força*) devem *todos eles* ser de alguma forma modificados – coisa embaraçante para o desejo, que sempre é levado a sonhar com uma mãe maravilhosa, com um pai esplêndido – se estes têm que exprimir a novidade de um reino anunciado e esperado segundo o Espírito? A investigação psicológica foi capaz de conferir uma densidade nova aos termos desta opção, psicopastoralmente aberta. Não é a ela que cabe escolher.

c. *Prática: Ritos e orações* – A dimensão dos comportamentos religiosos é a mais acessível a sondagens psicossociométricas de qualquer espécie. Delas resulta, na assim chamada cultura "ocidental", como já é sabido, uma diminuição considerável das práticas litúrgicas ou rituais tradicionais (presença à missa, número de confissões) e, ao mesmo tempo, um prurido de renovações mais ou menos selvagens (incluindo-se aí o afluxo a novos lugares de peregrinação, em consequência de aparições). Do ponto de vista psicológico, uma certa *onipresença do desejo* – típico da primeira infância ("Que se faça como quero eu, senão eu estrilo!") – encontra um suporte em objetos sacralizados, em práticas por vezes onerosas e dolorosas, em personagens mais ou menos idealizados, que diversas religiões do mundo sempre lhe ofereceram ("Que se faça como quero eu, com a ajuda de..."). Religião funcional, sem dúvida, uma vez que o desejo espera ser satisfeito, apoiando-se numa onipotência (aspecto religioso do desejo) dotada do poder de modificar o curso das coisas em sua dura realidade, ou até confiando em efeitos benéficos, resultantes da materialidade dos objetos utilizados, dos ritos escrupulosamente cumpridos (aspecto lúdico-mágico). Numerosas são as enquetes, as sondagens, as observações sobre isto. São particularmente dignos de nota, pela diversidade comparada dos grupos estudados, os resultados publicados por L.B. Brown (1967, 1968) sobre as "Orações para pedir graças". Cabe notar o rápido declínio – na idade entre os 12 e os 20 anos – de uma ideia segundo a qual existiria uma relação de causalidade externa (sem explicação psicológica) entre várias orações e certos resultados seguros ou esperados de tais orações. Em contrapartida, em algumas situações descritas, muitos interlocutores de todas as idades consideram ser oportuno (*It's all right*) rezar, mas de maneira diferente. A linguagem do amor comporta numerosas expressões do desejo, sem que o atendimento seja a intenção principal do pedido. Será que uma religião "reveladora" dos desejos e do projeto divino não introduz talvez, na ação e na oração, uma espécie de espaço espiritual, em que se encontram desejos nunca totalmente convergentes?... Mas – dir-se-á talvez – os "pedidos de graças" (de quase milagres, que modificam o curso das coisas) são típicos de *uma → religião popular.* Sabe-se como é difícil definir o "popular". Sem dúvida, é melhor lembrar os dois modos de pensamento (*locus of control*) assinalados acima a propósito das crenças num controle *externo* ou num controle *interno.* Estes dois modos de pensar encontram-se em todos os ambientes. Mas a particularidade de um certo misticismo parece ser a de atrair a exterioridade do controle até a esfera do controle interno, que se trata de reconstruir, reforçar e, até, modificar de modo prodigioso, quase miraculoso. O caso da *glossolalia*, "sobre a qual se discute como sobre um dom miraculoso derivado de uma intervenção direta do Espírito Santo", não pode mais ser enfrentado desta maneira, decorridos já quinze anos de pesquisa nos Estados Unidos. Nenhum registro confirmou até hoje um falar numa língua estrangeira não aprendida pelo(a) glossólalo(a). As análises fonéticas e linguísticas concluíram que as glossolalias são destituídas de algumas daquelas características que são próprias de toda língua constituída ou mesmo inventada artificialmente. Em contrapartida, manifestam particularidades que revelam uma certa semelhança entre os fonemas expressivos – não orientados para a comunicação – dos glossólogos, mesmo quando estes(as) pertencem a línguas diversas. Pensa-se numa capacidade participada de modo desigual, como poderia ser também a capacidade taumatúrgica dos curadores. "Seria equívoco invocar um 'dom' que tal pessoa recebe e outra não, como uma gratuidade reservada a algum(a) eleito(a)" (Card. L.J. Suenens, 1984). Nada impede praticar a oração em forma glossolálica; ela tem sido praticada em muitas religiões não cristãs. Pode enriquecer-se de significados e simbolismos (inversão da confusão das línguas em Babel, p. ex.). Excelente obra de síntese psicológica é a de H.L. Malony e A.A. Lovekin (1985). Será que a teologia e a pastoral devam talvez optar entre os significados "funcionais" ou "reveladores" dos ritos e das orações? Na qualidade de psicólogo cristão, penso que entre os desejos do homem (religioso) e os desejos segundo o Espírito trinitário se tratará *sempre* de um compromisso, de resto necessário se o Verbo apareceu na realidade da história humana com um projeto novo sobre o mundo (A. Godin, 1986, cap. 7). Novo: quer dizer, diferente das expectativas que o homem religioso pode projetar em Deus ou nos deuses (S. Freud).

d. *Linguagem mítica, discurso ortodoxo e palavra profética* – A história das religiões mostra que estas se transmitem oralmente ou por escrito, todavia não com discursos (como a maioria das ideologias), mas sim por meio de *relatos*, cujo alcance simbólico é representado com ritos gestuais ou com jogos de improvisação, que se desenvolvem dentro de uma moldura ou contexto litúrgico tradicional e ordenado. Toda religião que, remontando a suas próprias origens, alega relatos em forma mítica – por exemplo, a propósito das "origens" ou, então, expressivos da personalidade de seu ou seus fundadores – encontra-se inevitavelmente diante do problema da passagem dos *mitos* – culturalmente integrados e passivamente recebidos (p. ex., na imaginação das crianças) – para sua transformação ativa em *símbolos* (→ Semiologia, II) de significado religioso. Numa catequese cristã geralmente se considera que diversas crenças devem desvincular-se progressivamente de sua forma imaginativa para se abrirem a uma fé livre e ativa. O trabalho de R. Goldman (1964) – a despeito de sua moldura operativa muito exclusivamente cognoscitiva – prestou serviços importantes, pois fez tomar consciência da Idade Média antes da qual, na maioria dos casos, o significado de certos relatos não é acessível. Por outro lado, um certo fundamentalismo (literalismo) na interpretação das Escrituras tem-se desenvolvido como um "antimodernismo" – bem cedo nos Estados Unidos (1910) – em grupos caracterizados por um autoritarismo de efeitos psicológicos desastrosos. O fundamentalismo influenciou algumas correntes de pensamento, sobretudo na França (D. Hervieu, 1986; Léger, 1988), sem oferecer perspectivas duráveis de influência sobre uma sociedade profundamente marcada pela → secularização (J.D. Hunter, 1983). As modalidades em que se exprime a fé na Escritura (literalidade, antirreligiosidade, mito-simbolismo) inspiraram um questionário, o LAM, de R.A. Hunt (1972), que tem sido utilizado apenas em amostras bem modestas de população. Se um pouco adaptado aos ambientes socioculturais, prestaria maiores serviços à pastoral e também à Teologia Fundamental. Mais de 45 anos após a *Divino afflante Spiritu* (Pio XII, 1943), permitiria aos crentes que repensam, por exemplo, no relato da pesca milagrosa, professarem sua fé em conformidade com o *sentido* do relato (a promessa, feita aos discípulos, de se tornarem "pescadores de homens"), pronunciando-se, ou então não, sobre o *caráter* miraculoso desta pesca, e também aos não crentes permitiria recusar tanto um como o outro. É melhor saber em que ponto se está nas igrejas e em suas diversas famílias espirituais.

De tipo bem diferente é o serviço prestado por J.-P. Deconchy, com seus dois volumes de pesquisas sobre a *ortodoxia* (1971,1980). Não se trata tanto de descrever e de avaliar uma mentalidade de fé, mas de proceder a experimentações susceptíveis de revelar a estrutura e o papel de um dinamismo essencial a toda instituição que zele pela manutenção de um tipo de pensamento (ideologia) ou de assentimento cognoscitivo (fé). É bastante curioso que, antes de 1971, a palavra → "ortodoxia" não aparecia em absoluto em seis grandes dicionários clássicos de teologia publicados depois de 1932. Dicionários mais modestos ou recentes hesitavam entre "opinião correta" e "opinião conforme a um ensinamento revelado". As experimentações dirigiram-se em primeiro lugar ao vocabulário religioso disponível a propósito de "Deus", confrontado com outros termos indutores (casa, pai etc.): o número de termos diferentes induzidos pelo termo "Deus" é mais pobre; mas, sobretudo, ele se empobrece quando a situação de ortodoxia for (inconscientemente) reforçada (enquete apresentada por uma entidade que se apresenta como Centro Diocesano de Pesquisa) e mais ainda se se encontra ameaçada (enquete de uma entidade que se apresenta como Centro de Pensamento Racionalista). Os outros procedimentos experimentais utilizam "axiomas", ou breves proposições de fé a serem classificadas como verdadeiras ou falsas, absolutamente obrigatórias ou proibidas, para poderem fazer parte do "meu grupo eclesial". Omitindo aqui os detalhes sobre os procedimentos (apresentados criticamente por A. Godin, 1972,1983), podemos agora afirmar que a estrutura da dinâmica de ortodoxia comporta três dimensões: o regulamento psicossocial da pertença (*A*), o descartamento percebido de certos enunciados em relação à Razão (*eR*) ou ao *Corpus* bíblico (*eC*). Depois de uma primeira medição da ortodoxia num grupo, se a apresentação fizer uma parte destes componentes vacilar, a medição subsequente revela um reforço compensatório das duas outras. No conjunto, o conteúdo da informação é menos importante, por exemplo, do que o significado dos enunciados (*eR*). No que concerne à relação com as citações bíblicas (*eC*), ela é utilizada sobretudo para sustentar proposições aceitas pelos interlocutores, mas não serve em absoluto para proposições "dogmaticamente" rejeitadas. Estudada assim, a *ortodoxia funcional* revela que as pessoas utilizam *menos* a fonte bíblica para *abrir* a novas proposições possíveis, do que para *proteger* informações "absolutamente" certas, porque já reguladas pelo grupo eclesial. Isto confirmaria psicologicamente um dito segundo o qual a tradição prevalece sobre a Escritura. Mas será que se trata verdadeiramente de um adágio teológico, uma vez que se reconhece que a Escritura já é o produto de uma Tradição? Investigações experimentais ulteriores (Deconchy, 1982) trouxeram à luz outros componentes, que servem de suporte a enunciados axiomáticos cuja segurança acaba vacilando por efeito de uma informação científica: a *Utopização* ("Mais tarde, os que tiverem fé entenderão melhor a proposição afirmada"); a *Escatologização* ("No fim dos tempos revelar-se-á plenamente o sentido desta ou daquela proposição") e a *Misticização* ("Com o tempo... diversas instâncias religiosas – o magistério, os teólogos, os místicos – contribuirão para fazer enxergar sua verdade"). Também no caso de proposições que se distanciam mais da estrutura do sistema ortodoxo, esta confirmação "futura" é com mais frequência atribuída aos místicos do que aos teólogos ou ao magistério. Esta tendência caracterizou os anos 1975-1980. Ela pode, conjunturalmente, dar-nos uma nova orientação...

A obra considerável de J.-P. Deconchy começa a ser conhecida, comentada, explorada. Apreciada, ou ignorada, de qualquer forma ela se abre e se fecha com alusões a *um outro dinamismo*, o da *Palavra* (messiânica, profética) que, juntamente com a ortodoxia, se enquadra "num modelo diacrônico de movimento oscilatório" conferindo-lhe, entre as ideologias, sua verdadeira especificidade. "Ela provavelmente reside alhures... no iniciador prestigioso, no 'Messias' em quem já se encontrava a plenitude da informação... O grupo eclesial encontrar-se-ia, assim, em conflito entre a afirmação de suas atuais estruturas e a vontade de voltar a suas próprias fontes, a suas próprias origens, até aquele momento privilegiado em que ainda não constituía uma igreja..." (Op. cit., 1971, 345). O momento em que – podemos acrescentar – ainda não existia a retração em quatro evangelhos daquela época privilegiada quando a afetividade e o *imaginário* voltavam a pôr-se em movimento em relação ao profeta. Só com seu dinamismo, uma ortodoxia consolidada tenderia a reduzir, funcionalmente, a revelação a uma ideologia, a um conjunto de proposições axiomáticas, passíveis de serem impostas como dogmas. Uma vez mais, deveríamos anunciá-las, interpretando-as. E, assim, novamente abre-se o espaço espiritual em que a Escritura volta a ser Palavra viva, proclamada nas culturas mutáveis, obra do segundo Sopro: o que não fala mais na pessoa do Filho, mas que faz falar todos os que se reúnem em seu Nome.

"Se por dogmática se entende a compreensão da fé – escrevera um teólogo – talvez seja preciso deixar de considerar como válida somente a linguagem formalizada. Idealmente, *uma teologia simbólica deveria recolher num discurso unitário os textos bíblicos, a reflexão especulativa e a atualidade da discussão contemporânea*" (C. Geffré, 1969). Recolher *num discurso unitário*: Trata-se de um projeto ou de um sonho? O fato é que este teólogo indicava três tipos de linguagem, cuja diferença é grande. O psicólogo social apresentou um trabalho complexo, mas perfeito, dificilmente contestável em seu terreno. A ambivalência dos símbolos nunca poderá dispensar certificações laboriosas, ligadas ao terreno do "debate contemporâneo". A Teologia Fundamental não pode ficar indiferente diante de uma compreensão melhor da estrutura e do dinamismo da ortodoxia.

Bibl. – T. Flournoy, "Les principes de la psychologie religieuse", em *Archives de Psychologie II* (1902) 33-57; W. James, *The Varieties of Religious Experience*, Nova York 1902; D. Lagache, *L'unité de la psychologie*, Paris 1949; P. Ricoeur, *Philosophie de la volonté* I. Le volontaire et l'involontaire, Paris 1949; G.W. Allport, *The Individual and His Religion*, Nova York 1950; L.L. Thurstone, "The Measurement of Values", em *Psychological Review* 61 (1954) 47-58; L. Malevez, "Nouveau Testament et Théologie fonctionnelle", em RSR 48 (1958) 258-290; C.Y. Glock-R. Stark, *Religion and Society in Tension*, Chicago 1965; J.-P. Deconchy, "Peut-on parler de 'magie' chez l'enfant?", em MSR 23 (1966) 217-236; Id., "Une tentative d'épistémologie de la pensée religieuse", em *Arch. de Sociol. des Religions* 24 (1967) 141-148; Id., "La psychologie des faits religieux", em H. Desroche-J. Seguy (ed.), *Introduction aux sciences humaines des religions*, Paris 1970, 145-174; Id., *L'orthodoxie religieuse*, Paris 1971; Id., *Orthodoxie religieuse et sciences humaines*, Den Haag-Paris-Nova York 1980; Id., "Un vieux stéréotype idéologique: les 'deux' religions", em ASSR 55 (1983) 175-181; Id., "Les méthodes en psychologie de la religion: évolution récente", em ASSR 63 (1987) 33-83; J.B. Rotter, "Expectancies for Internal versus External Control of Reinforcement", em *Psychological Monographs* 80 (1966) 1-28; J.-M. Pohier, *Psychologie et Théologie*, Paris 1967; L.B. Brown, "Attitudes sous-jacentes dans les prières pour demander des faveurs", em A. Godin (ed.), *Du Cri à la parole*, Bruxelles 1967, 67-86; P. Pruyser, *A Dynamic Psychology of Religion*, Nova York 1968; C. Geffré, "Le langage théologique comme langage symbolique", em Vários autores, *Science et théologie*, Paris 1969, 93-100; R.A. Hunt, "Mythological Symbolism – Religious Commitment", em *J. for the Scient. Study of Religion* 10 (1972) 42-52; J. Scharfenberg, *Seelsorge als Gespräch*, Göttingen 1972; A. Vergote, "Religion et psychanalyse", em *Encyclopaedia Universalis* 14 (1972) 38-39; Id., "Psychanalyse et interprétation biblique", em DBSuppl 48-49 (1975) 252-260; Id., *Religion, foi, incroyance*, Bruxelles 1983; P. Benson-B. Spilka, "God Images as a Function of self-esteem and Locus of Control", em *J. for the Scient. Study of Religion* 12 (1973) 297-310; G. Milanesi-M. Aletti, *Psicologia della religione*, Turim 1973; L.J. Suenens, *Une nouvelle Pentecôte*, Bruxelles-Paris 1974, 119-125; A. Godin, *Psychologie de la vocation: un bilan*, Paris 1975; Id., *Psicologia delle esperienze religiose*, Brescia 1983; Id., "Écoute et Conseil", em *Initiation à la Pratique de la Théologie*, vol. V (1983) 47-76; Id., *Psychologie des expériences religieuses*, Paris 1986[2]; Id., "Espérer en faisant mémoire: la crise des fins 'dernières' dans les croyances chrétiennes", em Vários autores, *Réincarnation, immortalité et résurrection*, Bruxelles 1988; R.W. Hood Jr., "The Construction and Preliminary Validation of a Measure of Reported Mystical Experience", em *J. for the Scient. Study of Religion* 14 (1975) 29-41; L.M. Rulla-F. Imoda-J. Ridick, *Struttura psicologica e vocazione*, Turim 1977; J.M. Van der Lans, *Religieuse ervaring en meditatie*, Nijmegen 1978-Deventer 1980[2]; L.S. Filippi-A.M. Lanza, *Psicoterapia e valori umani*, Bolonha 1981; A. Vergote-A. Tamayo, *The Parental Figures and the Representation of God*, Paris-Nova York 1981; W.L. Brandt, *Psychologists Caught*, Toronto 1982; R. Paloutzian, *Invitation to the Psychology of Religion*, Glenview 1983; J.D. Hunter, *American Evangelicalism:* Conservative Religion and the Quandary of Modernity, New Brunswick 1983; R.L. Gorsuch-C.S. Smith, "Attribution to God: an Interaction of Religious Beliefs and Outcomes", em *J. for the Scient. Study of Religion* 22 (1983) 340-352; J. Ladrière, *L'articulation du sens*, II. Les langages de la foi, Paris 1984; H.N. Malony-A.A. Lovekin, *Glossolalia*, Nova York 1985; B. Spilka--R.W. Hood-R. Gorsuch, *The Psychology of religion:* an Empirical Approach, Englewood Cliffs 1985; B. Spilka-P. Shaver-L.A. Kirkpatrick, "A General Attribution Theory of the Psychology of Religion", em *J. for the Scient. Study of Religion* 24 (1985) 1-20; D.W. Wulff, "Psychological Approaches", em F. Whaling (ed.), *Contemporary Approaches to the Study of Religion*, Berlim-Nova

York-Amsterdam 1985; J.F. Catalan, "Psychisme et vie spirituelle", em DSp 12 (1986) 2570-2605; D. Hervieu-Léger, *Vers un nouveau christianisme*, Paris 1986; Id., "Les fondamentalistes", em *LumVie* 186 (1988) 19-30; J.-G. Nadeau, *La prostitution: une affaire de sens*, Montreal 1987; B. Secondin, *Segni di profezia nella Chiesa*, Milão 1987; R.P. Vaughan, *Basic Skills for Christian Counselors*, Nova York 1987.

ANDRÉ GODIN

IX. Sociologia da Religião

A Sociologia da Religião, como os demais ramos da Sociologia, apresenta um objeto específico seu e um método particular. Com efeito, por um lado estuda o fenômeno religioso em seus aspectos de atitudes e comportamentos, bem como em sua estrutura e dinâmica, derivadas da natureza social do homem. Por outro lado, aborda tais conteúdos com o método próprio das ciências da observação e, portanto, utilizando fundamentalmente uma impostação indutiva.

Esta afirmação, de ordem mais genérica, necessita ser precisada com mais detalhes, tanto do ponto de vista do objeto que lhe é próprio quanto das implicações metodológicas. Para isto, é interessante apresentar uma vista panorâmica breve, mas suficiente, da impostação da abordagem sociológica da religião. Para sermos completos, no final acrescentamos algumas considerações sobre os problemas atualmente em aberto.

Dentro desta ótica, e no intento de limitar-se aos aspectos mais importantes, os pontos fundamentais de nossa apresentação poderiam ser visualizados da maneira seguinte: 1. delimitação de seu conteúdo, do ponto de vista sociológico; 2. exposição das principais contribuições oferecidas pelos diversos autores; 3. descrição multidimensional do fenômeno religioso; 4. situação epistemológica atual da sociologia da religião.

1. DETALHAMENTO DO OBJETO – A delimitação inicial do conteúdo da sociologia da religião registra duas orientações fundamentais: uma concepção essencial de religião, que focaliza o núcleo central e específico desta (delimitação substantivista e exclusivista); uma visão baseada nas funções que a religião desempenha como resposta às expectativas fundamentais do homem (delimitação funcionalista e inclusivista).

Tanto um como outro procedimento, tomado isoladamente, deve considerar-se limitado e, portanto, não adequado a fornecer uma base para uma concepção correta do objeto da Sociologia da Religião. É preciso, pois, voltar-se para uma impostação que concilie as duas orientações e garanta uma abordagem nova que, evitando as desvantagens de cada uma, potencie os aspectos positivos das duas. Isto parece-nos possível através de uma série de passagens que evitam toda escolha prejudicial e manifestam uma capacidade heurística adequada. Um primeiro momento consiste em recolher, de maneira empírica e amplamente abrangente, as indicações propostas, provenientes das diversas fontes. Segue-se um subsequente momento crítico e discriminante, com base em critérios de natureza histórica, doutrinal e sociocultural. Um terceiro momento conclui de tais passos uma delimitação do conceito de religião amplo e seletivo, conteudisticamente rico e metodologicamente operacional.

Este procedimento identifica a abordagem sociológica da religião e evidencia a justificação e a plausibilidade de fundo do objeto, apreendido em seu conteúdo direto e em seu significado relacional. Ele está, portanto, baseado na participação dos fenômenos religiosos no conceito e na dinâmica da cultura e da estrutura social. Daí segue-se que a Sociologia da Religião tem por objeto os fenômenos sociais e culturais com caráter religioso (p. ex., ações, funções, grupos, organizações culturais e sociais originadas e modeladas por instâncias religiosas) e os fenômenos religiosos (p. ex., conhecimento e experiência religiosa, fenômenos de revelação, relação com realidades supraempíricas...) com características culturais e sociais.

Destes aspectos e destas articulações internas, a sociologia estuda e interpreta a presença, a estrutura, a dinâmica, as funções pessoais e sociais, tanto individualmente quanto em seu entrelaçamento e interdependência. Explora, além disso, as condições e os fatores de continuidade no tempo (transmissão tradicional), de transmissão de geração a geração (processo de socialização), de assimilação e de identificação (pessoal e/ou coletiva). Analisa, finalmente, o processo de institucionalização, tanto em geral quanto em relação às diversas dimensões.

Além destes componentes constitutivos, a sociologia observa a colocação cultural e intercultural de uma determinada religião e a complexa problemática que daí deriva, na relação religião e contexto sociocultural. Com efeito, atualmente é superada, ou melhor, completada a impostação tradicional da variável "dependente" ou "independente" e apreende-se uma relação mais complexa e realística, que se exprime em termos de variável "autônoma". Esta última teoria afirma que entre religião e sociedade existe uma multiplicidade de relações ativas e passivas, razão pela qual é possível a aplicação do "modelo cibernético", como, de tempos para cá, nós mesmos estamos efetuando. Assim, ela explica tanto a persistência do fenômeno religioso quanto sua transformação e também sua configuração diversa em cada contexto, com o passar do tempo.

Este conjunto de aspectos é enfrentado pela Sociologia da Religião com uma metodologia que lhe é própria. Trata-se de uma abordagem indutiva, tal como é praticada pelos outros ramos da Sociologia. De resto, tal estudo empírico é feito com referência às modalidades de perceber e viver os diversos aspectos do fenômeno religioso, por parte tanto dos indivíduos como dos grupos. A impostação pode ter caráter horizontal (com formas de comparação dos níveis atingidos pelos componentes dos vários estratos e das diversas categorias sociais) ou, então, longitudinal (em relação à evolução das diversas dimensões, ao longo da história de um povo, de uma comunidade local, como também nas diversas idades de uma só pessoa). Obviamente, as possibilidades elencadas são possibilidades teóricas; por isso, nem sempre podem e devem ser operacionalizadas nas diversas pesquisas, mas apresentam os diversos objetos que pesquisas específicas podem assumir como próprios.

2. DESENVOLVIMENTO DA SOCIOLOGIA DA RELIGIÃO – Para a Sociologia da Religião, opera-se uma evolução paralela à da sociologia geral. Os inícios perdem-se na longinquidade dos tempos, constituindo o que se sói chamar de fase proto-histórica. Esta é caracterizada pela presença de abordagens da parte de outras ciências, que podemos denominar matrizes em relação a Sociologia da Religião, cujas contribuições, porém, são não específicas e não orgânicas, mas fragmentárias e ocasionais. O estudo sistemático dos fenômenos religiosos, porém, começou desde quando a Sociologia se foi organizando como ciência distinta e autônoma. De então para cá, multiplicaram-se as tentativas de abordagem sociológica da religião, mas com evidentes condicionamentos, derivados do clima filosófico e científico do século XIX.

Globalmente, o desenvolvimento da Sociologia da Religião pode subdividir-se em três grandes períodos, embora com contornos não muito nítidos e, portanto, com várias superposições entre as diversas etapas. Fundamentalmente, podemos distinguir: *a.* um primeiro período, com prevalente orientação teórica e global; *b.* um segundo período, com prevalente orientação empírica, especialmente limitada ao estudo da prática religiosa; *c.* um terceiro período, em que prevalece uma orientação que equilibra o aspecto empírico com o teórico.

a. *A orientação teórica* – Este é um período muito importante, que vai desde as primeiras tentativas sistemáticas até as contribuições decisivas e fundantes de Durkheim e Weber. Como sublinha a própria expressão que conota esta orientação, ele enfrenta os problemas de caráter global do fato religioso e especialmente de sua relação com a sociedade. Entre os temas mais relevantes, podem-se notar: o problema da origem da religião, a dinâmica do fenômeno religioso em si e em relação com os outros fenômenos sociais. Podem-se distinguir aí duas correntes, especialmente em relação ao modo como é colocada a relação com a sociedade. Uma primeira corrente, com linguagem técnica, é denominada *Teoria da Variável Dependente*, enquanto uma segunda, que reproduz a impostação oposta, é denominada *Teoria da Variável Independente*.

1. A religião como *variável dependente*. Nesta orientação, afirma-se que a religião é essencialmente um produto das condições sociais. A religião existe e permanece como fenômeno produzido pela sociedade e sofre as influências de sua evolução. Enquadram-se aí os primeiros autores que se ocuparam com o fenômeno religioso no clima positivista do século XIX: desde A. Comte até K. Marx, desde H. Spencer até É. Durkheim.

Particularmente importante é o aporte de Durkheim. Ele permanece substancialmente no âmbito do pensamento antropológico-cultural do tempo, mas potencia seu caráter mais especificamente sociológico, tentando chegar a uma teoria geral sobre a origem e a permanência da religião. Os pontos principais da concepção durkheimiana, expostos na obra *As formas elementares da vida religiosa*, podem ser sintetizados da forma seguinte.

Segundo Durkheim, a religião é um fato social, porque nasce, se afirma e se desenvolve em função do grupo (ou clã), que, para premunir-se contra o perigo de desagregação, projeta para fora de si a "consciência de grupo" (como que uma hipostatização ideal de si mesmo) como algo superior, intangível, diferente, *sagrado*, simbolizado pelo *totem*. Portanto, além do simbolismo estático (o *totem*), colocam-se o simbolismo narrativo (os mitos), o simbolismo operativo (o culto), que tornam presente à psique individual a consciência de grupo. Tudo isto precisa ser vivido e desenvolvido ulteriormente, ser transmitido às outras gerações. Daí deriva a exigência de um sistema fixo de regras e estruturas, isto é, "um conjunto de crenças e práticas relativas a coisas sagradas, que unem numa só comunidade – chamada Igreja – todos os que a ela aderem".

2. A religião como *variável independente*. Igualmente significativa e consistente é a contribuição daqueles que concebem a relação religião-sociedade invertendo o esquema de fundo e atribuindo à religião a função de variável independente. Segundo esta corrente, é importante estudar a dinâmica das religiões, sua presença e a função que desempenham na vida social. Com efeito, tal função pode ser mais configurada como função capaz de imprimir à sociedade orientações culturais tais que condicionam efetivamente seu desenvolvimento. Enquadram-se aqui diversos autores, como Hobhouse, Twaney, Troeltsch, e outros mais recentes.

Mas o autor mais importante é certamente M. Weber. Afirma que a religião tem um papel relevante no processo de racionalização do mundo, entendido como processo de clarificação, sistematização de ideias, vistas em sua força obrigatória (normatividade), razão pela qual se tornam motivações eficientes do agir social. Nesse sentido, a religião desempenha uma função inovadora e é fator de mudança social e também econômica.

Mas esta capacidade de influência é diferenciada e depende da metafísica (imanentista ou transcendentalista) sobre a qual assenta uma determinada religião, e da ética que dela deriva. A concepção *imanentista* resolve o problema da discrepância entre mundo real e ideal com conceitos passivos e de aquiescência, que levam à contemplação da divindade e a uma concepção de evolução automática e mecânica do mundo. A concepção *transcendentalista* baseia-se no conceito de criação e de projeção finalística da criação e empenha-se num papel ativo na transformação do mundo. Cada uma destas duas orientações específicas, por sua vez, distingue-se em mística e ascética, conotando, assim, uma maior acentuação num sentido ou noutro, dando origem, no final, a quatro tipos fundamentais. Segundo Weber, a incidência da religião sobre a realidade social consiste principalmente no maior empenho e consciência de relação com o mundo. Esta é dada principalmente por aquilo que ele chama de ascetismo mundano, que, substancialmente, consiste na forte identificação entre profissão e conceito de vocação (em alemão, expressos pelo mesmo termo: *Beruf*) em sentido religioso. Weber expõe esta impostação em diversas partes de sua obra e especialmente em *Ética protestante e espírito do capitalismo.*

b. *A orientação sociográfica* – Depois de diversas outras tentativas de síntese, prevalece a orientação sociográfica. Seu iniciador é G. Le Bras, que quer reconstruir e analisar o comportamento religioso, particularmente em relação com a observância da prática religiosa. Em 1931, publicava um questionário para um exame detalhado e uma explicação histórica das condições do catolicismo nas diversas regiões da França. Esta impostação pouco a pouco foi sendo seguida por outros estudiosos, tanto que até os anos de 1960 ela se tornou a orientação dominante. Com efeito, esta abordagem presta-se a uma tomada de contato da situação comportamental e agregativa da religião, especialmente em função de uma utilização pastoral.

Substancialmente, trata-se de uma abordagem de tipo descritivo, centrada no estudo quantitativo da participação na missa dominical e nas outras formas de devoção e da recepção dos sacramentos. Os diversos resultados colhidos são, em seguida, articulados segundo vários parâmetros demográficos e territoriais, razão pela qual derivam daí formas de classificações que mostram como e em que grupo ou categoria de pessoas um determinado tipo de prática está mais ou menos difundido. Posteriormente, foram considerados outros parâmetros de comparação, como: a relação entre religião e industrialismo, a incidência da urbanização, a influência derivada da estrutura organizacional social e eclesial, a evolução da pertença religiosa, a incidência do fenômeno da secularização.

O desenvolvimento de pesquisas segundo esta impostação não contou com o devido empenho, no que concerne ao conteúdo e ao método. Notou-se a falta de ligação da pesquisa com a teoria sociológica geral, como também a insuficiência aplicativa e metodológica devida ao fato de ter privilegiado especialmente a prática religiosa como indicador, muitas vezes exclusivo, de análise. Tais limites tornam indébitas e desproporcionais as ilações para uma compreensão do comportamento religioso.

c. *A orientação atual* – Nesses últimos anos, tem-se constatado uma virada nas pesquisas aplicadas ao fenômeno religioso. Por um lado, tentou-se evitar os defeitos da impostação dos primeiros sociólogos, como também os contidos na orientação sociográfica, realizando um tipo de abordagem mais ampla e abrangente e, ao mesmo tempo, cientificamente mais válida.

Adquire relevo especial neste contexto a ampliação das dimensões a serem estudadas e analisadas, chegando-se à impostação multidimensional, que abraça ao mesmo tempo os diversos aspectos fundamentais do fenômeno religioso. Com efeito, tal abordagem leva em conta, além da prática religiosa, também o componente cognitivo e suas expressões simbólicas. Insiste também no componente comunitário e, portanto, nos processos de pertença e de identificação da pessoa com sua própria religião. Finalmente, sublinha a presença de um componente ético, como derivado da religião, que consiste num conjunto específico de normas que regulam o comportamento dos fiéis.

Nesta orientação, teve um desenvolvimento notável a impostação metodológica. A aplicação do método sociológico tornou-se mais séria e rigorosa e exigiu uma operacionalização mais atenta dos conceitos e um consequente aperfeiçoamento das técnicas ou instrumentos usados. Uma contribuição significativa para a pesquisa concreta adveio do uso dos computadores, que tornou possível uma maior complexidade e "sofisticação" da elaboração dos dados e uma consequente melhoria das perspectivas de interpretação.

3. A RELIGIÃO COMO FENÔMENO MULTIDIMENSIONAL – É de se prever que um fenômeno tão complexo e articulado seja composto de muitas dimensões. Esta afirmação é geralmente compartilhada, mas exige, para uma operacionalização adequada, o uso de critérios objetivos e plausíveis. Em particular, sublinham-se os seguintes: homogeneidade interna, autonomia conceptual, fundamento antropológico, operacionalidade dos conceitos. Todavia, permanece o fato de que, na passagem para a identificação concreta das dimensões, se notam diferenças. Estas fazem referência, tanto à quantidade de dimensões quanto à descrição de cada uma delas. Em todo caso, é prevalente a orientação segundo a qual podemos identificar quatro dimensões fundamentais: crenças, prática religiosa, aspecto comunitário e implicações éticas.

a. *As crenças* – Estas são geralmente entendidas como um conjunto de elementos intuitivos e cognitivos, percebidos e sentidos não só como fato intelectual, mas também experiencial e voluntário, relativos a uma realidade metaempírica e, portanto, por sua natureza, não verificáveis. Concretamente, fazem referência aos conteúdos do credo de cada religião e às respectivas doutrinas sobre Deus, o mundo, o homem, em seus aspectos de "realidades últimas" e em suas relações recíprocas. As crenças constituem a dimensão de base da vida religiosa. Dão valor e significado aos ritos, justificam o aspecto organizativo, não somente como fator de grupo, mas também de *comunhão*, dão conteúdo e valência religiosos às normas morais.

b. *A prática religiosa* – Com a expressão "prática religiosa" entende-se o conjunto de ritos organizados e propostos pela comunidade (gestos, palavras, símbolos), sendo que, participando deles, o homem manifesta sua relação com Deus e encontra neles a potencialização de sua própria religiosidade. Podem-se distinguir três funções principais dos ritos religiosos: expressiva, instrumental e comunitária. O conjunto dos ritos registra, além disso, uma série de distinções internas que se tornaram mais ou menos notórias e recorrentes na literatura. Temos ritos repetitivos e não repetitivos, segundo sua natureza íntima e os efeitos que produzem; ritos que podem ser executados comunitariamente e outros exequíveis em nível individual etc.

c. *O aspecto comunitário* – O fenômeno religioso tem como característica constante a de ser realizado em forma comunitária. Com efeito, a adesão e o envolvimento do indivíduo na comunidade, que se constitui com base nos vínculos religiosos, deriva tanto da natureza social do homem quanto da exigência e impostação comunitária dos atos religiosos. Este aspecto comunitário pode ser percebido em vários níveis. No plano inter-religioso, faz-se referência à estruturação global interna (Igreja ou seita). No plano organizativo interno, em contrapartida, colhe-se a distinção qualitativa e funcional dos membros (clero ou fiéis) e a divisão territorial (diocese, paróquia...). No plano pessoal, verifica-se a adesão, a identificação com sua organização religiosa e a participação nas responsabilidades comuns.

d. *A dimensão ética* – Toda religião oferece sempre valores e metas que constituem um projeto global de homem e de sociedade, apresentado como resposta às instâncias últimas da existência. Daí derivam, portanto, normas e obrigações que regulam as relações entre os homens e entre estes e a divindade. Em relação à ética, as várias religiões podem apresentar concepções diferentes. Um primeiro tipo insiste na definição dos papéis, na hierarquização e na execução formal e externa dos atos prescritos e apresenta uma orientação socialmente conservadora (religião de preceitos). Em contrapartida, o segundo tipo enfatiza o aperfeiçoamento, tanto pessoal quanto social, a coerência com os valores, a superação do ritualismo e propõe formas de inovação e de transformação social (religião profética).

Antes de encerrar a breve exposição sobre as quatro dimensões do fenômeno religioso cabe evidenciar duas observações importantes. Uma primeira observação faz referência à presença de uma relativa interdependência das diversas dimensões e, portanto à influência, sob forma de estímulo, de motivação ou de consequência ou implicação de uma em relação às demais. Uma segunda observação enfatiza a existência de uma certa autonomia, não só conceptual, mas também operativa entre as várias dimensões. Pode, portanto, ocorrer que uma pessoa (ou grupo) se destaque numa dimensão, mas não na outra, com perspectiva de encontrar-se diante de formas de religiosidade incompleta e/ou incoerente.

4. TEMAS ATUAIS E PROBLEMAS EM ABERTO – Não obstante o que ficou dito, o desenvolvimento da sociologia da religião está ainda nas primeiras fases de crescimento. Por isto, não faltam problemas e dificuldades de conteúdo ou de método, que ela deve enfrentar e aprofundar. O número e a qualidade de tais problemas dependem de vários fatores, de natureza tanto histórico-cultural quanto epistemológica. É bom assinalar pelo menos os mais importantes temas atuais e problemas em aberto, que a Sociologia da Religião, como ciência, deve hoje enquadrar de maneira correta, levando em conta tanto o objeto que lhe é próprio quanto o método que caracteriza sua abordagem.

Um primeiro tema é constituído pelo nascimento de novos cultos, que se apresentam seja como gênese de novos movimentos religiosos derivados de religiões existentes, seja em formas totalmente autônomas e independentes, seja, enfim, com modalidades sincretísticas. Tais novos cultos em todo caso mostraram grande capacidade de impacto, especialmente entre os jovens. Foi impressionante, portanto, a rapidez de difusão e a radicalidade de sua impostação. Mas sua avaliação global deve ser feita sublinhando que, na realidade, se trata de simples tendências e que, no conjunto, não têm registrado nem grande desenvolvimento de massa nem consistência notável e duradoura.

Um outro tema interessante faz referência à relação entre religião e sociedade. Entre as muitas modalidades concretas de tal relação há que acentuar a relação entre religião e libertação. Ela tem tido um desenvolvimento notável, não só na América Latina, mas também alhures. No plano interpretativo, pode ser reduzida a uma versão atualizada do perene problema da relação entre religião e desenvolvimento, visto numa ótica sociopolítica. Daí derivou um fenômeno interessante e vital, ainda que muitas vezes tenha sido interpretado prevalentemente de modo ideológico, mais do que propriamente científico.

Muito importante é também o tema da religiosidade popular. É bastante conhecido o fortalecimento deste fenômeno, registrado nestes últimos anos, seguido, como era óbvio, de um intenso debate a respeito tanto de sua concepção e definição quanto de suas perspectivas analíticas e interpretativas. A questão principal continua sendo o problema de fundo, isto é, se há que interpretar os componentes populares só como sinônimo de arcaico ou subdesenvolvido ou folclorístico ou classista, ou se como manifestação de algo antropologicamente perene, mas típico de uma certa execução dos atos religiosos vividos pelas massas.

Tema importante é também o da religião na sociedade moderna. Considerando superada a teoria da secularização, fundamentalmente apresentam-se três teorias principais: a teoria da privatização (a religião invisível), a teoria da exteriorização folclórica (religião civil), a teoria da persistência da interrogação religiosa na busca do significado, em condições novas e segundo perspectivas originais (religião transformada).

Com referência aos temas de natureza metodológica, há que assinalar antes de tudo o problema da delimitação do fenômeno religioso. Esta dificuldade afeta o *status* da Sociologia da Religião no plano dos vários ramos da Sociologia Geral, reduzindo a Sociologia da Religião a um aspecto da Sociologia do Conhecimento.

Por outro lado, não faltaram os que têm acentuado a dificuldade de operacionalização do objeto da Sociologia da Religião até a negação da perspectiva de encontrar e usar empiricamente os indicadores adequados para manter seu estatuto acadêmico e científico satisfatório. Para estes, nascem daí grandes problemas na execução de pesquisas empíricas no interior de um determinado contexto sociocultural e na avaliação da plausibilidade e objetividade dos resultados (crise do estatuto epistemológico). Desta impostação, porém, não está excluída uma certa tendência induzida por uma concepção ideologicamente desfavorável à religião em si ou a uma determinada religião histórica.

Concluindo esta breve exposição sobre o significado, a importância e o estudo e análise da religião do ponto de vista sociológico, apresenta-se evidente a plausibilidade de seus pressupostos teoréticos de fundo, como também a justificação de sua contribuição metodológica. Obviamente este seu modo de abordar a religião não é nem único nem exaustivo, razão pela qual supõe e postula, sobretudo hoje, outros enfoques diferentes, que se ocupam da religião, como teologia, filosofia, história etc. Isto reforça a utilidade de uma abordagem interdisciplinar, bem como a perspectiva de aportes e contribuições de várias ciências para uma compreensão maior do mesmo fenômeno religioso.

Bibl. – É. Durkheim, *Les formes élémentaires de la vie religieuse*, Paris 1912; M. Weber, *Die protestantische Ethik und der Geist des Kapitalismus*, Tübingen 1922; J. Fichter, *Social Relations in Urban Parish*, Chicago 1954; J. Wach, *Sociologie de la religion*, Paris 1955; G. Le Bras, *Études de sociologie religieuse*. Paris 1956; J.M. Yinger, *Religion, Society and The Individual*, Nova York 1957; T. O'Dea, *The Sociology of Religion*, New Jersey 1966; T. Luckmann, *The Invisible Religion*, Nova York 1968; P.L. Berger, *The Social Reality of Religion*, Londres 1969; R. Robertson, *Sociological Interpretation of Religion*, Oxford 1970; C. Campbell, *The Sociology of Religion*, Londres 1971; G. Scarvaglieri, *L'istituto religioso come fatto sociale*, Padova 1973; Id., *Sociologia della religione*, Roma 1980; Id., *Religione e società a confronto*, Reggio Emilia 1982; G. Milanesi, *Sociologia religiosa*, Turim 1974; Vários autores, *Religion and Social Change*, Acts of 13th CIRS, Lille 1975; C.Y. Glock-R.N. Bellah, *The New Religious Consciousness*, Berkeley 1976; H. Carrier, *Psicosociologia dell'appartenenza religiosa*, Turim 1988.

GIUSEPPE SCARVAGLIERI

X. Teologia das religiões

1. INTRODUÇÃO – A teologia da religião é um campo novo de estudo que começa a interessar os estudiosos cristãos que desejam estabelecer um frutuoso diálogo com os membros de religiões não cristãs e contribuir para uma compreensão melhor das religiões mundiais. Em que relação está o cristianismo com as outras religiões do mundo? Pode o cristão pretender ainda ser a única religião verdadeira, dado o fato de outras religiões se apresentarem como meio de salvação final do homem? Qual é a base teológica da relação do cristianismo com as outras grandes tradições religiosas? É possível professar a fé no Evangelho e ao mesmo tempo estar totalmente aberto ao que K. Jaspers chama de "comunicação sem limites" com o → hinduísmo, o → budismo, → o islamismo?

Nós, cristãos, estamos nos tornando cada vez mais conscientes do rápido crescimento do pluralismo religioso em meio ao qual vivemos dia após dia, juntamente com muçulmanos, hindus, budistas e membros de outras tradições religiosas. Todas estas fés proclamam sua própria mensagem de verdade e de salvação eterna. Também o cristão enfrenta o problema de compreender outras fés à luz de sua fé e de seu compromisso. Tem que enfrentar o problema teológico de conciliar as diversas formas de vida religiosa com a pretensão da verdade, por parte de cada uma delas. O cristianismo é em absoluto a única religião verdadeira para toda a humanidade? Ao mesmo tempo, pode o cristianismo reconhecer autênticos valores religiosos nas outras fés? Se Cristo é o único verdadeiro caminho para chegar a Deus e é o mediador universal entre Deus e o homem, que devemos dizer das outras religiões enquanto caminhos de salvação, dos outros fundadores religiosos e profetas enquanto reveladores do caminho de salvação? Existe salvação para os seguidores de outras fés? Qual é seu valor salvífico na ótica cristã? Existe algum tipo de revelação sobrenatural nas outras religiões?

2. A TEOLOGIA CRISTÃ DAS RELIGIÕES – A Teologia Cristã das Religiões é a disciplina que visa resolver os problemas derivados das implicações teológicas do viver num mundo religiosamente pluralista. Reflete sobre estas implicações à luz da fé cristã. A Teologia, enquanto ciência normativa, julga da validade das reivindicações religiosas de outras religiões, à luz da fé cristã. O teólogo das religiões pronuncia-se sobre a validade de outras religiões à luz da verdade e da eficácia sobrenatural; seus critérios de julgamento são tirados dos princípios da fé e da revelação cristã. A Teologia da Religião diferencia-se da Filosofia da Religião (→ Religião VI), porque esta última, embora seja, também ela, uma ciência normativa, exprime juízos de valor à luz da razão natural, e não da revelação.

Pode haver uma teologia da religião segundo a ótica hindu, budista e islâmica, na medida em que seguidores destas várias religiões refletem sobre o encontro com outras religiões do mundo, ou então sobre a relação de sua religião específica com as demais religiões, à luz de sua fé. É por isto que designamos nossa disciplina como Teologia Cristã das Religiões, embora conscientes da especificidade do cristianismo.

A esta altura, surge uma questão interessante. Pode haver uma teologia universal das religiões? Esta expressão "teologia universal das religiões" às vezes é entendida como a reflexão sistemática sobre a religião, que inclui todas as religiões e que não se dirige a nenhuma comunidade específica, mas a todas as comunidades religiosas. Isto significaria que os "teólogos" deveriam pensar e exprimir-se de um modo compreensível a todos, com uma linguagem entendida por todos, embora sem desconhecerem as linguagens religiosas particulares (L. Swidler). Mas tal teologia das religiões, em meu modo de ver, é antes uma filosofia da religião do que uma teologia da religião, pois a teologia é sempre uma reflexão sistemática sobre sua própria fé, em toda a sua especificidade e unicidade, e não apenas em seus elementos comuns com outras fés.

Embora diferentes no objetivo e no método, a história e a fenomenologia da religião e a teologia das religiões guardam todavia uma estreita relação entre si. O teólogo pode e deve fazer uso dos resultados da história e da fenomenologia das religiões. A importância deste uso é demonstrada pelo fato de que não somente ele faz o teólogo evitar o relativismo e o sincretismo religioso, mas também porque, positivamente, lhe permite aprofundar e ampliar a compreensão dos modos de ver, das experiências e das normas sobre as quais se funda a teologia. Tem-se uma teologia viva quando, na explicação e na elucidação da verdade revelada, do culto e da prática, se levam em conta a experiência religiosa concreta e a prática das pessoas religiosas.

3. ATITUDES HODIERNAS EM RELAÇÃO ÀS OUTRAS RELIGIÕES – Podemos oferecer uma apresentação sintética dos principais itinerários seguidos pela teologia cristã moderna, em seu esforço de compreender a relação entre o cristianismo e as outras religiões. Para resolver o conflito entre os dois axiomas fundamentais – que a salvação só se obtém através de Jesus Cristo e que Deus quer a salvação de todos os homens – têm sido propostas três posições principais: a *exclusivista*, a *inclusiva* e a *pluralista*, que parecem originar-se da tônica colocada sobre um ou sobre outro dos dois axiomas.

A posição *exclusivista* mantém que o conhecimento e a experiência autêntica de Deus estão limitados à fé cristã; nas outras religiões, encontra-se somente uma imagem desfocada de Deus e um valor salvífico pouco significativo. Ela mantém que toda salvação vem de Deus somente, mediante Jesus Cristo.

A posição *inclusiva* admite que, nas outras tradições religiosas, se pode encontrar um autêntico conhecimento e experiência de Deus, mas mantém que a plenitude deste conhecimento e experiência só se pode encontrar no cristianismo. Esta posição concilia e harmoniza os dois axiomas, o da vontade salvífica universal de Deus e aquele segundo o qual a salvação provém de Deus somente e mediante Cristo e a Igreja. Por isso, afirma ao mesmo tempo o valor das outras religiões e a importância decisiva de Cristo.

A posição *pluralista*, que se apresenta como a "revolução copernicana" na abordagem das outras religiões, sustenta que as outras religiões são, também elas, caminhos de salvação rumo ao único Deus. Considera as diversas tradições religiosas como expressões diferentes de um conhecimento e experiência de Deus que é comum a muitas tradições.

4. A POSIÇÃO EXCLUSIVISTA – Nesta concepção, somente a fé cristã é verdadeira, ao passo que as outras religiões são falsas. Segundo E. Brunner, por exemplo, enquanto as religiões primitivas, politeístas e místicas não fazem nenhuma referência a uma revelação universalmente válida, três religiões mundiais se orgulham de tal revelação. Entre estas, o zoroastrismo e o islamismo, na realidade, reduzem-se a um teísmo racional e moralista, sem nenhum mistério redentor. O judaísmo ou espera o messias e, portanto, não afirma uma revelação final, ou então reduz-se, também ele, ao mesmo tipo de teísmo. Assim, Brunner conclui que a pretensão de uma revelação universalmente válida é, na realidade, totalmente rara e que, em sua plenitude, se manifesta somente na fé cristã. Sustenta ele a tese de que as outras religiões são o produto da religião divina das origens, no tempo da criação e do pecado do homem. E conclui: "Enquanto a Teoria Relativa da Religião considera o elemento fundamental, presente em todas as religiões, como a essência da religião e considera não essencial tudo o que as diferencia uma da outra, exatamente o contrário acontece com a fé bíblica. É o elemento distintivo que é essencial, ao passo que tudo o que a fé cristã pode ter em comum com as outras religiões é não essencial" (*Revelation and Reason*).

A mesma ideia foi proposta por H. Kraemer. Referindo-se ao que chama de "realismo bíblico", afirma que a revelação em que Deus se manifesta a si mesmo em Cristo é absolutamente *sui generis*. Se ao Evangelho se deve aplicar o conceito de realização ou consumação, isto só pode ser com vistas à premissa de Deus expressa em intervenções reveladoras antecedentes, e não com vistas a pontos de semelhança com a fé não cristã (*The Christian Message in a Non-Christian World*). As diferenças e as antíteses são mais marcadas do que as semelhanças e os pontos de contato. À luz da revelação acontecida em Jesus Cristo, nas religiões não cristãs vemos somente um fundamental desvio do homem e uma busca de Deus às apalpadelas, desvio que encontra uma solução divina inesperada em Cristo (Ibid.).

→ K. Barth, na sua *Kirchliche Dogmatik*, tem uma longa parte intitulada: *A revelação divina como abolição da religião*. Distingue ele entre fé cristã, que se funda somente na revelação de Deus mesmo em Jesus Cristo, e a religião que é a inútil busca da verdade e do significado definitivo por parte do homem. Esta busca está destinada ao fracasso, porque Deus é totalmente Outro e, se não fora por seu dom, o homem não poderia conhecer nada sobre Ele. A religião é a tentativa da hipocrisia humana de exibir sua própria verdade, de justificar-se a si mesma através de suas próprias obras, de sua própria devoção e da pretensão pessoal de descobrir Deus sem a ajuda da graça divina. Neste sentido, a religião é uma descrença pecaminosa. Esta atitude em relação às outras religiões muitas vezes é definida como dialética, porque toda a teologia, que lhe é o pressuposto, é dialética; vale dizer, rejeita a concepção que considera Deus como um "objeto" do raciocínio teológico (via positiva) e também a via mística, segundo a qual de Deus se pode pensar somente o que não é (via negativa), e transcende o "sim" e o "não" destas vias por meio de uma terceira via de abordagem (via dialética), segundo a qual Deus não é conhecido nem como objeto, nem simplesmente de modo negativo, mas como sujeito, como o "Tu" que, de maneira misteriosa e miraculosa, se revela a si mesmo ao homem, em absoluta liberdade. O cristão pode dizer "sim" às outras religiões, porque, de algum modo, representam uma resposta ao Deus que ele reconhece e que vem ao encontro do homem; mas também deve dizer "não", porque são uma resposta confusa e distorcida. Portanto, a relação do Evangelho cristão com as demais religiões é uma relação de julgamento e de realização; de julgamento do pecado que está nelas, de realização de sua dependência oculta da revelação divina.

5. A POSIÇÃO PLURALISTA – Esta é também chamada de atitude de relatividade. Encontramo-nos diante de um relativismo cultural, segundo o qual toda religião é a expressão adequada de sua própria cultura. Portanto, o cristianismo é a religião do Ocidente, o hinduísmo é a religião da Índia e o budismo é a religião do sudeste da Ásia. Segundo a posição do relativismo cultural, considera-se que a religião é uma expressão da cultura. Existe também um relativismo epistemológico, segundo o qual não podemos conhecer a verdade absoluta, mas apenas o que é verdadeiro para nós. Cremos que o cristianismo é verdadeiro para nós, mas não podemos ir além e afirmar que seja a verdade para todos os povos,

pois cabe a eles julgar. Este tipo de relativismo se resolve no sincretismo; este representa o esforço de conciliar as várias religiões de modo a fazer emergir um denominador comum. Finalmente, chega-se àquilo que se chama de "relativismo teológico", segundo o qual toda religião representa simplesmente um caminho diferente para chegar ao mesmo fim. Por isso, o caminho que cada um escolhe é uma questão de preferência pessoal. Ora, pesquisas acuradas demonstraram que as religiões mundiais têm concepções notavelmente diferentes da realização final do homem.

A abordagem pluralista assume às vezes um aspecto evolucionista. Alguns expoentes do pensamento cristão sustentam que no fundo de todas as religiões existe uma única essência, idêntica para todas, como sua natureza profunda, que permanece escondida sob todas as várias formas religiosas. Esta essência da religião é entendida de vários modos, de acordo com as concepções doutrinais, morais ou da experiência. Para alguns, trata-se do misticismo (Hocking), ou do sentimento de dependência absoluta (Schleiermacher); para outros, é o sentido numinoso do sagrado (R. Otto), ou o reconhecer que todos os nossos deveres são mandamentos de Deus (Kant), ou o encontro pessoal com Deus (Farmer). Neste caso, a interpretação cristã das outras religiões dirá que estas contêm a essência da religião em graus diversos de imperfeição e de parcial realização, ao passo que o cristianismo constitui sua plena manifestação.

6. A POSIÇÃO INCLUSIVA – Os cristãos proclamam que Cristo ocupa uma posição única e sustentam que o cristianismo não é apenas uma das tantas religiões, mas a religião para todos, em sentido absoluto. A pretensão de unicidade pode entender-se em dois sentidos: exclusivo e inclusivo. A posição exclusivista, que esboçamos acima, proclama-se abertamente exclusiva; o que significa que Cristo é considerado como a verdade, de maneira exclusiva; as outras religiões e suas figuras centrais devem ser consideradas falsas. Ao contrário, a posição inclusiva mantém que tudo o que de verdadeiro e de bom se encontrar nas outras religiões deve ser considerado incluído e superado em Cristo e no cristianismo. Esta posição inclusiva é, sem dúvida, católica. O Evangelho de João apresenta Jesus que diz: "Ninguém vem ao Pai senão por meio de mim" (14,6). Mas o mesmo Evangelho reconhece no homem de Nazaré o Logos eterno, a Palavra de Deus, que ilumina todo homem que chega à vida. Isto comporta uma inclusividade ilimitada e quer dizer que, se em toda parte Deus fala, falou ou falará através de grandes líderes religiosos, como Moisés, Buda, Maomé, em Jesus temos a encarnação desta palavra. Esta afirmação, por parte do NT, de excepcional inclusividade a favor de Jesus Cristo, inclui, em linha de princípio, tudo o que, de qualquer forma e em toda parte, pode ser chamado Palavra (Logos) de Deus. Esta afirmação não significa que os cristãos não tenham nada a aprender das outras religiões. Embora creiam que tudo, no que tange à intensidade, se resume em Cristo, ainda sobra muito, em sentido extensivo, a aprender dos seguidores de outras religiões. Esta pretensão de unicidade a favor de Cristo não é de tipo exclusivo, mas de total inclusão. Todavia, a verdadeira pedra de tropeço consiste na identificação desta inclusividade universal com uma figura histórica específica que sofreu sob Pôncio Pilatos. Santo Agostinho escrevia: "Que no princípio era o Verbo, que o Verbo estava em Deus e o Verbo era Deus, tudo isto eu o tenho lido [não – como explica ele – com estas palavras precisas, mas na substância] nos livros dos neoplatônicos; ... mas que o Verbo se fez carne e habitou entre nós, isto não o encontrei lá" (*Conf.* VII, 9.13s). É em Jesus que a vontade salvífica de Deus está expressa e realizada de modo perfeito. Cristo ressuscitado e glorificado é proclamado, no NT, Senhor do universo, Cristo cósmico. A afirmação de que em Jesus o Logos (a Palavra de Deus) se fez carne significa que Jesus exprime, numa pessoa humana, tudo o que Deus, em sentido absoluto, pode exprimir. Jesus representa a palavra definitiva de Deus no homem. Isto não exclui que o mesmo Logos possa ser expresso, na máxima plenitude possível, em qualquer outro homem pelo qual ele se queira um dia exprimir, ou então a um qualquer outro nível da criação.

A Igreja é o meio para ter acesso a Cristo. É a organização por meio da qual e na qual Cristo mesmo mantém o contato com aqueles que creem nele. O cristianismo não é um corpo doutrinal; nem um fato individual, em que cada um segue um grande exemplo; a Igreja não é uma sociedade de voluntários aos quais interessa Cristo. A Igreja é o corpo de Cristo; vale dizer, o organismo – e não a organização – no qual e através do qual Deus é reconhecido e adorado em Cristo.

7. ENSINAMENTO DO CONCÍLIO VATICANO II SOBRE AS RELIGIÕES – Podemos distinguir entre a experiência religiosa fundamental e a experiência religiosa caracterizada em nível sociocultural, tais como se encontram nas religiões. Com o termo "fundamental" entendemos a consciência e a experiência religiosa que se acredita inata no ser humano: aquele sentimento religioso primário, que se manifesta em interrogações fundamentais, nas aspirações e nos esforços do homem. Ele alude à capacidade religiosa, às atitudes religiosas e a suas expressões primárias, que se encontram em cada criatura humana, prescindindo dos conteúdos socioculturais que cada estrutura cultural pode imprimir-lhes. Esta experiência religiosa fundamental foi delineada pelo concílio, em termos significativos, como um fenômeno comum a toda a humanidade e que está na base de todas as religiões. Poder-se-ia designá-la como o húmus do qual brotam as religiões da terra. "Os homens das várias religiões esperam a resposta aos recônditos enigmas da condição humana que, ontem como hoje, atormentam profundamente o coração do homem: a natureza do homem, o sentido e o fim objetivo de nossa vida, o bem e o pecado, a origem e o fim da dor, o caminho para atingir a verdadeira felicidade, a morte, o juízo e a sanção após a morte, enfim o último e inefável mistério que circunda nossa existência, donde tiramos nossa origem e para o qual tendemos" (NA 1).

Como o teólogo interpreta esta experiência religiosa fundamental à luz da Palavra de Deus? Este dado universal da experiência humana evoca o fato primário de que o homem é uma criatura e que encontra em Cristo o seu destino, pois em Cristo tudo foi criado, nele tudo subsiste e tudo tende para Ele.

O concílio ensina que atingem a salvação eterna também aqueles que, sem sua culpa, desconhecem o Evangelho de Cristo e sua Igreja; que buscam sinceramente a Deus e, movidos por sua graça, esforçam-se mediante suas obras por cumprir sua vontade, tal como lhes é conhecida através do ditame da consciência (LG 16). O mistério pascal de Cristo permanece verdadeiro, não somente para os cristãos, mas para todos os homens de boa vontade, em cujo coração a graça opera de modo invisível. Com efeito, uma vez que Cristo morreu por todos os homens e a vocação final do homem é de fato uma só, devemos crer que o Espírito Santo oferece a cada homem – de uma forma conhecida só de Deus – a possibilidade de ser associado a este mistério pascal (GS 22). O concílio fala dos caminhos e dos modos em que a ação salvífica de Deus atinge os não cristãos: isto é, através das realidades criadas (GS 36), através da lei interior (GS 16) e através da consciência (DH 3). Fala dos elementos de verdade e de graça que já se encontram em todos os povos, em virtude de uma oculta presença de Deus (AG 9). O estilo de vida e os ensinamentos propostos pelas religiões não cristãs muitas vezes refletem aquele raio de verdade que ilumina cada homem (NA 2). O concílio não rejeita nada daquilo que nestas religiões seja verdadeiro e santo (NA 2) e reconhece as tradições ascéticas e contemplativas, cujos germes às vezes Deus colocou nas antigas civilizações, ainda antes da pregação do Evangelho (AG 18). Sublinha que os esforços religiosos com os quais os homens procuram Deus podem constituir, em alguns casos, um encaminhamento pedagogicamente válido rumo ao verdadeiro Deus, ou uma preparação ao Evangelho (AG 3). Tudo o que de verdadeiro e de bom se encontra neles é considerado pela Igreja como uma preparação para acolher o Evangelho (LG 16). Ensina ainda o concílio que aqueles que não receberam o Evangelho, de maneiras diversas estão ligados ao povo de Deus (AG 16). Menciona em primeiro lugar os judeus, em seguida os muçulmanos e aqueles que, em sombras e imagens, procuram o Deus desconhecido; os que, sem negligência própria, ainda não chegaram a um conhecimento explícito de Deus e, todavia, esforçam-se por viver retamente, ajudados pela sua graça.

Eis aí os elementos fornecidos pelo concílio; sobre eles o teólogo das religiões deve refletir, para construir uma verdadeira teologia das religiões. Que valor têm as religiões não cristãs na economia da salvação? Que valor têm aos olhos de Deus? São também elas depositárias da revelação divina e podem ser consideradas caminhos e meios eficazes de salvação para seus seguidores? As religiões representam a objetivação social e estrutural do sentimento religioso fundamental inato no homem. O sentimento religioso interior do homem é expresso espontaneamente em formas e estruturas sociais objetivas. Também nesta expressão externa e social da experiência religiosa reflete-se a ação íntima de Deus no homem. É deste ponto de vista que podemos esperar encontrar, nas religiões, a presença, ou o reflexo daquela "luz que ilumina todo homem" (Jo 1,9). Podemos também dizer que nas religiões existe a objetivação daquele *instinctus Dei invitantis* graças ao qual – como diz Tomás de Aquino – Deus convida o homem à salvação. Por outro lado, pela revelação sabemos que o homem traz em si mesmo a imagem de Deus, obscurecida pelo pecado e pelos condicionamentos psicológicos que este produz. O homem está ferido pelo pecado e leva consigo uma inclinação para o mal, para contrariar a vontade de Deus. Por este motivo, não podemos simplesmente considerar as religiões como realidades totalmente luminosas, depositárias do Espírito de Deus e objetivação da via de salvação sobrenatural. Elas podem ser consideradas depositárias de autênticos valores salvíficos, objetivações de profundos impulsos humanos sustentados pela graça de Deus, na medida em que estes são a expressão da criaturalidade do homem, sujeita à ação salvífica de Deus. Mas já que o homem está ferido pelo pecado, temos que manter que as religiões estão inevitavelmente marcadas pela negatividade humana, com todas as ambiguidades que esta comporta. É, pois, necessário um claro discernimento do patrimônio das religiões e é preciso distinguir os diversos níveis de cada religião individual.

A relação entre as religiões e a economia cristã da salvação constitui um problema complexo. Que relação existe entre a autocomunicação de Deus que se encontra na Igreja e a que se verifica no âmbito das religiões não cristãs? Existe uma revelação divina entre os não cristãos? E, se existe, de que natureza é ela? Que valor devemos atribuir aos livros sagrados das tradições religiosas não cristãs? Qual é o estatuto teológico de seus fundadores e de seus guias espirituais do passado e do presente?

No que diz respeito à questão da relação de vital participação na comunicação divina entre as religiões e a economia cristã, importa antes de tudo notar que esta autocomunicação divina é chamada, na Bíblia, "Reino de Deus", justificação, salvação, renascimento, vida nova, comunhão com Cristo. Ela traz luz e vida, razão pela qual é chamada também revelação, iluminação, vida, espírito, energia. Esta é uma terminologia tipicamente cristã, usada para exprimir a novidade da revelação e da experiência cristã. Não podemos dizer que a realidade indicada por estes termos se encontre de modo idêntico fora do cristianismo, porque isto significaria desconhecer a insistência com a qual as fontes cristãs descrevem a nova experiência em Cristo. Por outro lado, não podemos simplesmente dizer que esta experiência não tenha nada em comum com a que a precede, a antecipa e a prepara: isto não se conciliaria com o plano divino, delineado nas mesmas fontes e que está na base dos esforços missionários dos apóstolos. A solução autêntica, que respeitaria a tradição bíblica e as conclusões da fenomenologia das religiões, é a de admitir "graus diversos de participação", mercê dos quais aos homens é dada a conhecer a economia divina. Esta participação em graus, no âmbito de um grande projeto unitário, está na base do prólogo do Evangelho de João e dos dois primeiros capítulos da Epístola aos Romanos, em que claramente se mostra a relação entre a economia salvífica, oferecida em Cristo, e a do AT e da humanidade que não recebeu a Tôrāh (P. Rossano).

Psicologicamente, a autocomunicação divina pode ser explicada pelo fato de que a experiência religiosa fundamental, anterior a toda expressão cultural, é o lugar e o ponto de contato normal e privilegiado da autocomunicação divina com o homem. Se a experiência religiosa estiver totalmente ausente, ou estiver deformada, a fé cristã não pode deitar raízes, nem muito menos germinar. A semente da palavra divina cai em tipos diferentes de solo e produz fruto proporcionalmente à profundidade e fertilidade do próprio solo religioso.

Também do ponto de vista histórico e fenomenológico, parece que as formas e as estruturas da experiência religiosa da humanidade sejam o meio normal e constante de expressão da economia cristã na história. Nos textos bíblicos, aparece com bastante clareza a maneira como a revelação foi tornada acessível aos homens através das categorias religiosas daqueles aos quais era dirigida. A história da teologia, da liturgia e da espiritualidade cristã deve levar seriamente em consideração a → inculturação da fé no contexto espiritual e religioso dos povos.

8. PONTO DE VISTA BÍBLICO E PATRÍSTICO SOBRE AS RELIGIÕES – A Bíblia reconhece e elogia como positivo, e dado por Deus para a salvação, o patrimônio religioso da humanidade, seja dos indivíduos, seja dos povos. Sem dúvida, a Bíblia rejeita energicamente suas aberrações e seus erros. Ela anuncia uma intervenção histórica de Deus mediante seu povo para toda a humanidade, que é atingida, elevada e transformada em seu espírito religioso. Por isso, as religiões aparecem, em seus elementos autênticos e genuínos, como providencial preparação para Cristo, "em quem os homens devem encontrar a plenitude da vida religiosa e em quem Deus reconciliou consigo mesmo todas as coisas" (NA 2).

Na Bíblia inteira, a história da salvação e a revelação se entrelaçam com a religião e suas formas, atingem o homem e reagem nele através das formas e das categorias ínsitas no homem religioso. Pelo NT aparece evidente que o dom divino da fé é concedido aos graus iniciais do "temor de Deus" e da submissão a ele; e que a fraternidade e a comunidade cristã realizam as aspirações à socialidade e ao associacionismo comum às religiões; e que a própria sacramentalidade dos gestos sagrados (Batismo e Eucaristia) responde à busca universal de meios eficazes para estabelecer o contato com o divino.

Os tempos dos Padres da Igreja eram muito diferentes dos nossos e é a esta luz que devemos interpretar suas abordagens das outras religiões; ou seja, o diálogo não era seu intento primário. A sua atitude de fundo era de luta e de contraposição. Deus está presente em todas as criaturas; toda partícula de verdade provém dele. É por isto que Justino fala das "sementes do Verbo" e Clemente de Alexandria, de um Testamento helenístico. Justino partia do princípio de que a razão (o germe do *Logos*) era o que unia os homens a Deus e lhes dava o conhecimento dele. Antes da vinda de Cristo, os homens estavam de posse, por assim dizer, dos germes do *Logos* e tinham conseguido chegar a fragmentos de verdade. Por isto, os pagãos que viviam "segundo a razão" eram, em certo sentido, cristãos antes do cristianismo. Mas agora o *Logos* tinha assumido forma e se fizera homem em Jesus Cristo. Nele o *Logos* havia assumido carne em toda a sua inteireza. Justino era muito otimista quanto à harmonização do cristianismo com a filosofia grega. O Evangelho e os melhores conteúdos de Platão e dos estoicos eram considerados caminhos quase idênticos de aprendizado da mesma verdade, embora levando em conta o fato de que os filósofos gregos haviam caído em erros graves. No entanto, Justino adotou uma atitude fortemente negativa com respeito ao culto e aos mitos religiosos do paganismo. O politeísmo é grosseiro, supersticioso e muitas vezes imoral, é uma contrafação demoníaca e caricatura da verdadeira religião, semeado de forças malvadas com o fim de enganar os homens e dar a impressão de que o Evangelho não passava de um outro mito religioso ao lado dos pagãos, para impedir o homem de libertar-se da idolatria.

Pontos de semelhança entre o cristianismo e o paganismo, no culto e nos mitos, são explicados como imitações da verdade, imitações inspiradas pelo demônio, que, com previdência e sagacidade, procurou predispor os homens de modo contrário ao Evangelho, mediante caricaturas da encarnação etc. Não se pode ser conciliador para com concepções adulteradas do culto e há que rejeitar todo sincretismo que misture a história cristã com as lendas gregas. Todavia, as verdades filosóficas mais elevadas sobre Deus foram conquistadas pelos filósofos pagãos, ou por influência dos escritos de Moisés, ou através do exercício do dom divino da razão.

Todos os escritores cristãos antigos preocupam-se em sublinhar o absurdo e a imoralidade do politeísmo. O paganismo já teve sua época, como a civilização que havia construído; o seu lugar foi tomado pela nova economia cristã. Desde o tempo de Cristo, a humanidade está-se renovando e está destinada a unir-se a Ele. Todavia, os Padres tinham uma atitude de estima e respeito por todo pagão em boa-fé (Agostinho, Justino, Clemente, Basílio). A verdade é que, para os Padres, a humanidade pertence a Deus e ao mesmo tempo é absolutamente una. Afirmam também que Deus nunca abandonou as nações pagãs, nem mesmo nos momentos mais obscuros de sua história.

Qual é a opinião dos Padres sobre a constatação dos valores religiosos, presentes nas filosofias e nas religiões pagãs? A resposta é complexa e delicada. Aos filósofos estava reservado um certo favor; mas não se nota nenhuma ou quase nenhuma simpatia para com as religiões. As religiões pagãs eram identificadas com o politeísmo do povo e eram consideradas simplesmente como obra do demônio. São uma nova prova do fracasso da atividade humana, quando é abandonada a si mesma, e de que tem necessidade da vinda de Jesus Cristo.

Em nossos dias, a teologia católica das religiões mundiais enveredou por duas linhas bem nítidas, representadas por J. Daniélou e por K. Rahner.

9. A LINHA DE DANIÉLOU NA TEOLOGIA DAS RELIGIÕES – As religiões não cristãs exprimem uma dimensão da natureza humana. O homem é fundamentalmente religioso; vale dizer, é capaz de perceber com a inteligência e de ratificar com o amor sua relação com a divindade. Isto é verdade em nível individual, porque o amor de Deus é uma condição da realização perfeita do homem e de sua felicidade; é verdade também no plano social, porque o gesto religioso faz parte do bem temporal comum.

A característica típica das religiões é que percebem o divino através de suas manifestações. Os fenômenos cósmicos são sinais através dos quais o homem de todos os tempos percebeu a presença divina. Esta é percebida de modo ainda mais forte através dos eventos humanos. Nascimento, início da idade adulta, casamento e morte são sempre acompanhados de ritos religiosos. Os ritmos das estações do cosmo e da vida humana são celebrados com ritos litúrgicos. Os ritos reproduzem os acontecimentos exemplares das entidades divinas na esfera dos arquétipos. Portanto, os ritos e os mitos exprimem uma experiência fundamental, com que o homem entra em comunhão com o divino que o transcende.

O que é essencialmente um sinal não pode ser identificado com a própria essência da religião. Não era o sol como objeto material que o homem religioso adorava, mas, através do sol, adorava a força benéfica que é a fonte da luz e da vida. O fato de a religião ser expressa através das estruturas socioculturais não significa que ela seja redutível a elas. Através das relações humanas fundamentais, o homem entra em comunhão com a realidade que o transcende. Enfim, o homem percebe o divino em sua interioridade como distinto de si e como alguém que age nele. Percebe seus próprios limites e tudo o que nele pertence ao absoluto; percebe o divino naquela luz de sua mente que habita na profundidade de seu ser e que o impulsiona a procurar a Deus. As grandes religiões constituem a expressão histórica da atitude religiosa da humanidade. A religião é una e ao mesmo tempo as religiões são diversas. Una, porque elas pertencem ao mesmo nível de experiência do divino; cada religião faz-nos conhecer os caminhos pelos quais o homem reconheceu Deus através das realidades do mundo e o procurou para além delas; a diversidade faz parte da essência das religiões; no próprio interior das religiões existem divergências radicais. As diferenças que encontramos no cristianismo refletem, na unidade da mesma fé que necessariamente é una, os diversos tipos de mentalidade religiosa que acolhem, cada um a seu modo, a mesma fé.

O evento judeu-cristão apresenta-se como algo absolutamente diferente, porque não é simplesmente um conjunto de formas de culto, mas o testemunho de um evento que constitui a história sagrada. A Bíblia é uma história que dá testemunho das intervenções de Deus, da entrada da Palavra na história. As religiões testemunham o caminho do homem para Deus; a revelação testemunha o caminho de Deus ao encontro do homem. O objetivo de todas as religiões é manifestar a presença de Deus através da repetição dos ciclos da natureza e da vida humana. O objeto da revelação é um Evento único, isto é, o evento-Cristo. Se este evento é único, também a revelação deveria ser necessariamente única, consistindo em crer na realidade deste evento único. Ao invés disso, as religiões, criadas pelo gênio humano, atestam o valor de personagens importantes como Buda, Zoroastro, Confúcio etc., mas estão marcadas pelos defeitos que caracterizam tudo o que é humano. A revelação é obra só de Deus. O homem não pode avançar pretensões em relação a esta, porque não tem nenhum direito a ela. Sendo um puro dom de Deus, é a verdade infalível que, em certo sentido, é referida somente a Deus. A religião atesta o desejo do homem por Deus, que ele afirma continuamente em sua própria vida; ao passo que a revelação testemunha a resposta a este desejo por parte de Deus, que conduz o homem à salvação que somente Jesus torna segura. A revelação é profética e escatológica, e supera as possibilidades do homem. Por isto, a revelação não destrói a religião, mas dá-lhe cumprimento.

Enquanto a religião se situa no âmbito da experiência espiritual, ou seja, a experiência do divino, a revelação se situa no âmbito da fé, que exige que o homem se entregue à experiência de um Outro que vem de cima. Esta antinomia entre o cristianismo e as demais religiões não significa uma incompatibilidade entre elas; exprime, antes, uma relação recíproca. A encíclica → *Ecclesiam Suam* reconhece a vitalidade e os valores que as religiões conservam. O cristianismo faz seus os valores das religiões, purifica-os, transforma-os, sem destruí-los, porque o Cristo veio tomar posse de cada homem; o valor maior é o *homo religiosus*. A salvação trazida por Cristo não consiste em substituir por uma realidade nova a realidade natural. O que a Palavra veio salvar é o homem e o homem que ela criou é um homem religioso. Portanto, a Palavra manifestou-se também para transformar os valores religiosos. Se os gestos religiosos do homem foram o ponto de inserção do divino, eles mesmos exprimem agora o atendimento do desejo que suscitaram. Isto comporta um novo nascimento no espírito, que dá origem à vida divina. A relação entre cristianismo e as outras religiões é recíproca. O cristianismo é necessariamente destinado a atualizar a revelação; mas a qualidade efetiva desta atualização depende da qualidade do homem religioso transformado pela revelação. O diálogo da revelação com as religiões não cristãs passa através do problema da religião, ou seja, do problema do homem religioso.

O cristianismo não consiste no conhecimento de Deus; para isto, basta a religião. Na realidade, porém, sem o cristianismo as outras religiões não conhecem o verdadeiro Deus, ou melhor, não conhecem a Deus de modo verdadeiro; o cristianismo não é simplesmente uma religião; é algo mais: é a intervenção salvífica de Deus.

As religiões não cristãs pertencem à esfera da criação; portanto, a uma esfera distinta da esfera da salvação. O sentimento religioso está presente desde o ato da criação. Uma vez que a criação está ferida pelo pecado, as religiões são ambíguas e criam obstáculo à salvação. As religiões não têm meios de salvação. Não são caminhos de salvação, pois só Deus salva o homem por meio de Cristo, que continua sua obra mediante a Igreja. Isto não impede que nas religiões existam elementos humanos, sendo os mais importantes deles os religiosos, que permanecem bons, ainda que estejam mais ou menos deformados. Estes elementos têm uma função preparatória e constituem aquelas "realidades em expectativa", que esperam por serem assumidas na catolicidade da Igreja, serem transformadas e salvas. Embora a pertença à Igreja seja necessária para a salvação, existem alternativas a esta pertença, que permanecem sempre misteriosas.

Esta posição é intermediária entre o sincretismo da teologia liberal e a teologia dialética de K. Barth. Ela concede um certo valor às religiões, mas corrigido pela afirmação da transcendência do âmbito da fé em relação ao âmbito da religião. Esta teologia assenta sobre dois pilares: a experiência missionária e a visão eclesiocêntrica da salvação. A perspectiva missionária reconhece quanto de bom e de verdadeiro existe nas religiões, mas também sua ambiguidade e o obstáculo que colocam para a conversão. A visão eclesiocêntrica considera a Igreja como o único instrumento de salvação na história. E, portanto, as religiões não contêm nenhum meio de salvação, mas somente os valores que podem e devem ser salvos, transformados e integrados na catolicidade da Igreja. Esta linha teológica é geralmente atribuída também a De Lubac, Maurier, Bruls, Cornelis, com leves diferenças entre eles.

10. A LINHA DE RAHNER NA TEOLOGIA DAS RELIGIÕES – O cristianismo considera a si mesmo como a religião absoluta, válida para todos os homens; não pode reconhecer os mesmos direitos a nenhuma outra religião. Esta convicção está baseada no fato central do cristianismo: Jesus Cristo, a Palavra de Deus que se tornou concretamente presente entre os homens; com sua morte e ressurreição, Ele voltou a unir o mundo a Deus, não em sentido alegórico ou simbólico, mas realmente, no sentido objetivo. Cristo, que operou a salvação de todos os homens na realidade histórica, quis que sua obra fosse continuada e atualizada de modo permanente na história, mediante a instituição da Igreja. Esta atualização histórica permanente é justamente a religião que une os homens a Deus.

Por isto, o cristianismo encontra em Cristo um ponto de partida intra-histórico. Isto implica que o cristianismo deve ser acolhido pelos homens como sua religião legítima e obrigatória. Antes de acontecer este encontro com o cristianismo, uma religião não cristã contém os elementos de um conhecimento "natural" de Deus, mesclado à fraqueza humana devida ao pecado original; mas, na religião não cristã encontram-se também momentos sobrenaturais de graça e, em razão destes, ela pode ser reconhecida como religião "legítima". Esta posição baseia-se na afirmação teológica da vontade salvífica universal e eficaz de Deus em relação a todos os homens. Por um lado a salvação é algo especificamente cristão e não existe salvação fora de Cristo; por outro lado, de maneira real e verdadeira Deus destinou esta salvação a todos os homens. Desses dois fatores segue que o homem está aberto à influência da graça divina sobrenatural, com a qual lhe é oferecida uma comunhão íntima com Deus e uma participação na vida dele. Além disso, as religiões não cristãs podem ter um significado positivo; não devem elas ser aprioristicamente consideradas como ilegítimas, ainda que contenham muitos erros. Pelo fato de um seguidor de uma religião não cristã estar sob a influência da graça, deduz-se que esta realidade sobrenatural da graça deve encontrar-se nessa religião específica, em que a relação com o absoluto é o elemento específico e determinante. Todo homem deve ter a possibilidade de tomar parte numa relação autêntica e salvífica com Deus. Dada a natureza social do homem, a pessoa concreta não pode realizar esta relação com Deus num intimismo totalmente individual e fora da religião do seu ambiente, já que a inserção da profissão religiosa individual num ordenamento social e religioso faz parte dos elementos essenciais da verdadeira religião concreta. Por vontade e permissão divina, a vontade salvífica de Deus atinge o homem no contexto de sua religião concreta e em sua situação existencial concreta, com todos os seus condicionamentos histórico-culturais. Isto não exclui da parte do homem o direito e a possibilidade de atitudes críticas e de secundar os impulsos religiosos de reforma no interior de sua própria religião.

Nesta perspectiva, o cristianismo não considera os pertencentes a uma outra religião simplesmente como não cristãos, mas, antes, como → "cristãos anônimos". Rahner explica assim o sentido desta expressão: "Se é verdade que o homem a quem o cristianismo propõe sua mensagem já é na origem – ou pelo menos poderia ser – um homem impulsionado para a salvação; se é verdade que este homem, em determinadas circunstâncias, encontra sua salvação antes de ser atingido pela proclamação da salvação cristã; e se é verdade que esta salvação é a salvação de Cristo, já que fora deste não há salvação, então este homem pode não somente dizer-se um teísta anônimo, mas pode ser denominado um 'cristão anônimo'". Observemos uma vez mais que isto é visto na perspectiva da teologia cristã, no esforço de atribuir a toda verdadeira experiência religiosa seu significado positivo intrínseco, sem ofender de qualquer modo que seja a fé cristã, que considera isto como próprio exclusivamente do cristianismo.

A proclamação do Evangelho não transforma em cristão uma pessoa totalmente alheia a Deus e a Cristo, mas transforma um "cristão anônimo" numa pessoa que sabe reconhecer objetivamente e de maneira reflexiva seu próprio cristianismo na profundidade de sua essência de graça, através da mediação de uma identificação social na Igreja. Este testemunho explícito de um cristão, anteriormente anônimo, constitui uma fase de evolução do próprio cristianismo, o desenvolvimento mais elevado e necessário de sua essência. Mas o anúncio explícito do cristianismo é necessário, porque sem ele o homem permanece, em sentido negativo, um "cristão anônimo". Isto é necessário não somente em razão da dimensão social da encarnação da graça e do cristianismo, mas também porque esta concepção mais clara e mais consciente oferece aos homens uma possibilidade maior de salvação do que aquela que teriam, se permanecessem somente cristãos anônimos. Por isto, a Igreja deve considerar a si mesma como a única depositária da salvação para todos os outros povos, em sentido exclusivo.

A história da salvação realiza-se concretamente na história do mundo. História da salvação (→ História, V) e história profana são distintas. A história da salvação dá sentido à história profana; mediante o cristianismo, a história do mundo assume um sentido cristocêntrico. O mundo foi criado pelo *Logos* eterno, do qual Ele vem e para o qual deve voltar. O mundo foi criado em vista do *Logos* do Deus encarnado. A história da salvação não se limita à história de Israel e à Igreja. A todos os homens pertence a história da salvação universal ou geral. A história da humanidade é intimamente transformada em história da salvação, pelo dinamismo da graça redentora de Cristo. A história de salvação que diz respeito a Israel e à Igreja distingue-se da história da humanidade e tem um caráter especial. Devemos entender a história universal de salvação do ponto de vista da história especial de salvação. A história da salvação não diz respeito somente às decisões pessoais do homem; ela marca toda a ação do homem na história. Por isso, é possível ver a religião como a expressão social da história universal da salvação. Neste sentido, as religiões são caminhos de salvação oferecidos por Deus a seus seguidores. Enquanto caminhos de salvação, são legítimas e conservam seu valor até tais seguidores serem chamados a superá-las em seu encontro com a Igreja. Nem todos os defensores da posição de Rahner entendem a expressão "vias de salvação" no mesmo sentido. Rahner funda o valor das religiões na teologia da graça e no fato de existirem "cristãos anônimos".

A vontade salvífica de Deus é verdadeira e real; por isto, a ação de Deus deve estar presente também quando esta o está de modo oculto. Todo o período da existência humana está de *per si* compenetrado da presença ativa de Deus. Na maneira de entender a relação entre natureza e graça deve-se evitar todo extrinsecismo. A graça entra a fazer parte dos elementos essenciais constitutivos do homem, colocando neles o existencial sobrenatural como elemento histórico constitutivo, antes de ser concedido ao homem o dom divino da graça atual ou habitual. Este existencial é sobrenatural, porque transcende os elementos constitutivos do homem, a possibilidade e as exigências da natureza humana. Fica excluído todo legalismo, porque a vontade salvífica universal de Deus é verdadeira e real; e, portanto, é eficaz e concreta. Também fica excluído todo extrinsecismo, porque a graça não é dada como um dote extrínseco, sem nenhuma predisposição a ela por parte do homem. A linha de Rahner é seguida por Schoonenberg, Schlette, Thils, Heislbetz, Schillebeeckx, Fransen, Küng, Masson, Neuner, Nys.

11. CONCLUSÃO – Alguns autores contemporâneos defendem mudanças paradigmáticas na teologia das religiões mundiais. Isto quer dizer que, de vez em quando, muda o interesse de fundo e principal de toda avaliação histórica das outras religiões; de sua relação com a Igreja (eclesiocentrismo) passa-se para sua relação com Cristo (cristocentrismo); deste, passa-se para sua relação com Deus (teocentrismo); deveríamos superar também este teocentrismo rumo ao soteriocentrismo, no sentido de que o primeiro interesse da teologia das religiões não deve ser uma "crença correta" na unicidade de Cristo, mas uma "prática correta", juntamente com as demais religiões, da promoção do Reino de Deus e de sua "soteria", da libertação, do bem-estar da humanidade. À esta altura é importante a acentuação da mudança paradigmática. O termo "paradigma" é usado num sentido análogo ao proposto originariamente por Kuhn, vale dizer, um sistema de métodos e de procedimentos ditados por um modelo de solução central. Deve-se salientar, porém, que Kuhn expressava muitas reservas ao uso deste conceito de paradigma fora do campo específico das revoluções científicas, no qual se havia desenvolvido; além disso, explicou mais precisamente o modo em que um uso "análogo" deste termo central é diferente do originário. Para utilizar a mudança paradigmática como instrumento metodológico, no âmbito da ciência teológica, é preciso observar e verificar certas condições. Um modelo central de solução não deve sacrificar os elementos essenciais da fé cristã, acentuando indevidamente um elemento em detrimento de um outro, com intento de agradar a todos, não crentes e não cristãos. Quando em teologia se introduz um modelo sociológico ou antropológico, ele precisa ser examinado à luz da revelação e da tradição. Nesta perspectiva, a teologia das religiões está dando seus primeiros passos; para avaliar estes métodos é necessária uma pesquisa ulterior.

Bibl. – K. Barth, *Church Dogmatics*, II, Edinburgh 1956; H. Kraemer, *The Christian Message in a Non-Christian World*, Londres 1938; Id., *Religion and the Christian Faith*, Londres 1956; J. Daniélou, *Sobre o mistério da história*, São Paulo 1964; Id., "Christianity and Non-Christian Religions", em T.P. Burke (ed.), *The Word in History*, Londres 1968; R. Panikkar, *Religione e Religioni*, Brescia 1964; Id., *The Unknown Christ of Hinduism*, Maryknoll 1981; H.R. Schlette, *Towards a Theology of Religions*, Londres 1965; G. Thils, *Propos et problèmes de la théologie des religions non chrétiennes*, Tournai 1966; Id., *Présence et Salut de Dieu chez les nonchrétiens*, Louvain-la-Neuve 1987; Heislbetz, *Theologische Gründe der nichtchristlichen Religionen*, Friburgo 1967; K. Rahner, "I Cristiani anonimi", em *Nuovi Saggi*, Roma 1968, 759-772; Id., "Storia del mondo e storia della salvezza", em *Saggi di antropologia soprannaturale*, Roma 1969, 497-532; Id., "Cristianesimo e religioni non Cristiane", Ibid., 533-571; Id., *Valore salvifico delle Religioni non cristiane*, Roma 1975, 3-11; V. Boublik, *Teologia delle Religioni*, Roma 1973; P. Rossano, *Il Problema teologico delle Religioni*, Roma 1975; J. Hick, *God Has Many Names*, Londres 1980; Id., *Problems of Religious Pluralism*, Nova York 1985; C. Smith, *Towards a World Theology*, Londres 1980; A. Race, *Christians and Religious Pluralism*, Nova York 1982; P. Knitter, *No Other Name?* A Critical Survey of Christian Attitudes Towards the World Religions, Nova York 1985; G. D'Costa, *Theology and Religious Pluralism*, Oxford 1986; M. Dhavamony, *Teologia delle Religioni* (apostilas), Roma 1986; Id., (ed.), *Evangelization, Dialogue and Development*, Roma 1972; H. Küng, *Christianity and World Religions*, Nova York 1986; J. Hick-P. Knitter (ed.), *The Myth of Christian Uniqueness:* Towards a Pluralistic Theology of Religions, Nova York 1987.

MARIASUSAI DHAVAMONY

REVELAÇÃO

I. INTRODUÇÃO – No contexto do pensamento contemporâneo, o tema da revelação está no ponto de cruzamento de todos os problemas e de todas as contestações. Com efeito, o homem ocidental contesta a pretensão do cristianismo de apresentar-se como *a* revelação absoluta. Por outro lado, o judaísmo, o islamismo e o hinduísmo apresentam-se com a mesma pretensão. O homem pós-cristão, sobretudo ocidental, ateu ou indiferente, decepcionado, amargurado ou rebelde, que provém de uma civilização modelada pelo cristianismo, mas que já se tornou exangue e incapaz de gerar algo diferente do vazio e do sem-sentido, não vê mais o que o cristianismo poderia ainda trazer-lhe, tanto mais que se vê numa ignorância aterradora.

Uma crise destas dimensões não pode ser superada com paliativos, mas com uma redescoberta desta intervenção revolucionária e inaudita de Deus na carne e na linguagem de Cristo. Na época do Império Romano, o cristianismo teve que enfrentar o paganismo; agora, precisa reatar as relações com o homem pós-cristão, que abandonou ou traiu a Cristo. Anteriormente, o homem caminhava para Cristo; agora deve converter-se e voltar a Ele. Como foi dito no Sínodo de 1985 e na exortação *Christifideles Laici*, o homem ocidental necessita de uma "segunda evangelização".

Efetivamente o cristianismo tem algo a dizer ao homem contemporâneo, em particular ao homem ocidental – e algo de decisivo. Se não fosse capaz de dizê-lo, nenhum outro poder, ideologia ou religião na terra seria capaz de substituí-lo. Uma vez que Cristo é a teofania suprema, o Deus que revela e é revelado, o "universal concreto", o cristianismo ocupa uma posição única que o distingue de todas as religiões que se dizem reveladas e que lhe contestam sua pretensão fundamental. Ele é a única religião, cuja revelação se encarna numa pessoa que se apresenta como a verdade viva e absoluta, unificante e que acolhe e unifica em si todos os aspectos da verdade de que está constelada a história da humanidade: transcendência da verdade que caracteriza as correntes platônicas, historicidade da verdade que caracteriza o pensamento moderno e contemporâneo, interioridade da verdade posta à luz pelas diversas formas do existencialismo. Cristo não é simplesmente um fundador de religião: Ele é ao mesmo tempo imanente à história dos homens e absolutamente transcendente a ela. É também o único mediador de sentido, o único exegeta do homem e de seus problemas.

Ajudar o homem contemporâneo a redescobrir em todo o seu frescor esta realidade primeira do cristianismo que é a revelação, a perceber sua especificidade, não é questão de livre-escolha, mas de necessidade de natureza, por parte de uma → teologia que quer ser ao mesmo tempo contextual e sistemática.

II. PREMISSAS METODOLÓGICAS – Esta tarefa, que parece necessária, nem por isto é fácil. A primeira dificuldade advém da diferença de enfoque escolhido pelos próprios teólogos. Com efeito, um certo número de teólogos, católicos ou protestantes, à força de tanto "problematizar", criaram tanta treva na reflexão teológica que conseguiram "ocultar com um véu" esta realidade que paradoxalmente se define como "revelação" ou "desvelamento". O problema é que escolheram como ponto de partida o *inexplicado* para esclarecer o *explicante*. Em vez de se deixarem transportar pela própria corrente da revelação, a fim de escutar o que ela diz sobre si mesma, partiram de pressupostos teológicos.

1. Este é o caso dos teólogos protestantes, como K. Barth, R. Bultmann, W. Pannenberg. Desde o início, sua reflexão é condicionada por uma teologia da fé, da existência humana, da história. Alguns teólogos católicos, excessivamente influenciados por esta teologia recente, elaboraram sua reflexão sobre a revelação no interior das perspectivas da teologia dialética, da hermenêutica existencial, da teologia da práxis, ao invés de se apoiarem nas tradições bíblicas e patrísticas, indubitavelmente menos sistemáticas, porém mais próximas à fonte em seu borbulhar original.

2. Outros teólogos escolheram como ponto de partida o fenômeno universal das religiões. Observando que todas elas se definem como religiões reveladas, com modelos que se assemelham entre si (mediadores, ritos, instituições), concluem daí que a revelação cristã é a forma superior de uma experiência comum. Este comparatismo religioso corre o risco de desaguar nas posições reducionistas de Schleiermacher e de Sabatier, ou nas posições mais avançadas do modernismo. A fé cristã tem "lugares" normativos – como o dom de Cristo – que desafiam qualquer expectativa e experiência comum.

3. Outros, em vez de partirem do "universal concreto", isto é, Cristo, preferem desenvolver primeiro uma tela de fundo, isto é, a "revelação transcendental", a graça universal da salvação, dada a todo homem que vem a este mundo. A revelação crística ou "especial" aparece, então, como um episódio mais importante, um momento mais intenso desta revelação universal. Em vez de partir do universal concreto e conhecido, parte-se do universal escondido e indeterminado, escapando ao domínio da consciência humana. Tal perspectiva não é adotada nem pelas Escrituras nem pelos documentos do magistério da Igreja.

4. Outros, finalmente, deixam-se guiar pelos termos, sobretudo pela palavra *revelar* (apokalýptein). Mas os termos são um terreno minado. Embora o termo "revelação" se tenha tornado o termo técnico para designar a automanifestação e a autodoação de Deus em Jesus Cristo, não é assim nas fontes bíblicas. Com efeito, no AT, *revelar-revelação* tem uma incontestável ressonância apocalíptica e cobre só em parte uma realidade muito mais ampla. No NT, a revelação é descrita por umas trinta palavras, em seu aspecto ativo ou passivo. No AT, o termo *Palavra* prevalece imediatamente sobre o de revelação e, no NT, se amplia até tornar-se o *Logos* de São João. Na realidade, é a palavra *evangelho* que mais se aproxima do sentido atual de revelação. Não é somente a diversidade dos termos presentes que deve manter-nos alerta.

5. Estaremos talvez frente a um problema sem saída? Será então impossível definir aquela realidade polivalente que chamamos *revelação?* Pensamos poder invocar dois critérios de discernimento:

a. Podemos encontrar na tradição cristã o que hoje é *entendido* pelo termo preciso e técnico de revelação, proposto, por exemplo, na *Dei Verbum?* Não se trata de forçar os textos para fazer com que digam o que hoje entendemos, mas de ver se, desde a origem, não existe um sulco luminoso, inicialmente longínquo e apenas perceptível, como uma série de pontos claro-escuros e separados, cuja unidade a vista ainda não percebe bem, mas que acabam constituindo pontes e uma linha sempre mais firme, mas sempre mais brilhante, até tornar-se aquela luz ofuscante que é Cristo, mediador e plenitude da revelação (DV 2). A → *Dei Verbum*, que representa um ponto de chegada, assemelha-se a um farol que evita ao explorador enveredar por vias sem saída: ela coloca sinais para sua busca.

b. O segundo critério chama atenção para a realidade que corresponde ao que denominamos revelação. Constatamos, então, a surpreendente diversidade dos termos que têm como confronto a *fé*. Assim, Jesus *proclama o Evangelho* e diz: "Crede no Evangelho" (Mc 1,15); Ele *prega*, *ensina* e convida à fé (Mc 6,2.5); *dá testemunho* se bem que não creiam em seu testemunho (Jo 1,1; 3,32); *fala* e *diz a verdade*, mas os contemporâneos não creem (Jo 8,46-47). Por sua vez, os apóstolos *dão testemunho*, *pregam*, *ensinam* e convidam à fé em Cristo ressuscitado (At 2,41). São Paulo diz: "Assim pregamos e assim crestes" (1Cor 15,11). O *mistério* escondido e depois revelado é manifestado e dado a conhecer a todos os povos, "para que obedeçam à fé" (Rm 16,25-26). No AT como no NT, Deus *fala* para ser escutado (Hb 12,25) e crido (Hb 4,2). Um único termo designa a resposta do homem: a *fé*, que responde à ação reveladora de Deus, que se exprime em múltiplos conceitos; diante do mistério de Deus, com efeito, o homem não pode senão multiplicar as tentativas de aproximação e balbuciar o que consegue compreender.

Para definir a revelação, usaremos o duplo critério que acabamos de propor. Não se trata evidentemente de retomar, no interior de um artigo, as investigações bíblicas, patrísticas, teológicas, já feitas no GLNT, no DBSuppl, nos dois fascículos do *Handbuch der Dogmengeschichte* ou nas monografias elaboradas sobre a *teologia da revelação*. Por outro lado, uma sistemática da revelação sem uma perspectiva diacrônica seria muito pobre. Além disso, os leitores de um dicionário nem sempre têm acesso a estas obras de grande fôlego, tampouco o tempo de lê-las. Optemos por uma solução média: sublinhar os pontos de continuidade e de descontinuidade, indicar os ângulos de abordagem, os elementos de relevo, os itens principais, responsáveis por novas orientações. Embora seja o primeiro objeto das exigências do leitor, este tipo de operação nem sempre é efetuado: portanto, sincronia e diacronia ao mesmo tempo, prioridade concedida à sistemática, mas a partir de fontes seriamente analisadas.

III. REVELAÇÃO VETEROTESTAMENTÁRIA – O AT não tem um termo técnico para designar o que chamamos "revelação"; usa, sim, uma linguagem variada. Tomada em sua totalidade, enquanto fenômeno complexo que inclui uma multiplicidade de formas, de meios, de termos, esta revelação se apresenta como uma experiência do agir de um poder inesperado, mas sobre-humano, que modifica o curso da história dos povos e dos indivíduos. Mas esta ação não é uma pura manifestação de poder: apresenta-se como um encontro entre alguém que comunica e alguém que recebe. Em sentido amplo, trata-se de um processo de *diálogo* entre seres dotados de inteligência, entre pessoas.

1. *Etapas e formas da revelação* – a. *Terminologia.* O ambiente oriental servia-se de determinadas técnicas para procurar conhecer os segredos dos deuses: adivinhação, sonhos, consulta do destino, presságios etc. O AT conservou por muito tempo algo destas técnicas, purificando-as de suas ligações com o politeísmo ou a magia (Lv 19,26; Dt 18,10s; 1Sm 15,23.28), atribuindo-lhes um determinado valor. É igualmente significativo que Israel sempre se tenha recusado a aceitar certas formas clássicas de técnicas destinadas a tornar conhecido o pensamento divino, sobretudo a hepatoscopia, em uso em toda parte na mântica sacrificial do antigo Oriente. Como a maioria dos povos antigos, os hebreus admitiram que Deus podia servir-se dos sonhos para fazer conhecer sua vontade (Gn 20,3; 28,12-15; 37,5-10; 1Sm 28,6). José tem uma taça para a adivinhação e se destaca na interpretação dos sonhos (Gn 40–41). Mas, progressivamente, faz-se uma distinção entre os sonhos que Deus manda aos profetas autênticos (Nm 12,6; Dt 13,2), e os sonhos dos adivinhadores profissionais, que impingem sonhos mentirosos (Jr 23,25-32; Is 28,7-13). O AT é muito reservado no que concerne às visões de Deus, diretas ou indiretas. Nas teofanias, o que conta não é o fato de ver a Deus, mas o de escutar sua palavra.

O chamado de Abraão, da parte de Deus, apresenta-se como um puro falar divino (Gn 15,1s). É também significativo que Moisés, embora pudesse conversar com Deus como um amigo (Ex 33,11), não podia ver-lhe o rosto (Ex 33,21-23). Nos profetas, também nas visões, as palavras são o essencial. A revelação concedida a Samuel é uma audição (1Sm 3). Na linguagem reveladora do AT, as raízes usadas com mais frequência estão em relação com a ação de comunicar, dizer, falar, contar, embora a expressão *Palavra de Deus* seja a expressão privilegiada para significar a comunicação divina. É com sua Palavra que Deus introduz progressivamente o homem no conhecimento de seu ser íntimo, até o dom supremo de sua Palavra feita carne.

b. *Revelação patriarcal.* A revelação começa a delinear-se com Abraão e os → patriarcas. Todavia, os relatos patriarcais não são "históricos", no sentido moderno do termo: não são biografias, mitos, contos populares, lendas, mas são "relatos populares religiosos"; querem fazer compartilhar a experiência de um Deus específico, a experiência que funda a de Israel como povo crente. Ter-se-ia podido imaginar esta experiência como uma iluminação e um conhecimento de Deus, semelhante aos de Buda. Mas não existe nada disto na vida de Abraão; o que há é, antes, uma série de acontecimentos e de decisões, provocados por Deus e por seu chamado: "Esta Palavra do Senhor foi dirigida a Abraão" (Gn 15,1).

Este Deus é um Deus que "perturba", que "incomoda": "Vai-te para o país que eu te indicarei" (Gn 12,1; 22,1-2). Abraão vive a experiência de partir para o desconhecido, com uma só garantia: a promessa de Deus. Sabe que Deus o guia, mas para uma direção imprevisível (Gn 15,5.6.12.17). Nas profundezas desta noite da fé, surge uma promessa gratuita, unilateral, incondicionada, a de uma descendência inumerável (Gn 17), seguida por uma mudança de nome. *Abram* torna-se *Abraham*, "pai de uma multidão". Esta mesma promessa parece contraditada pelos fatos, já que Abraão e Sara não têm descendência. Mas Deus é fiel para além do improvável e até do impossível. Sara dá à luz um filho. Mas apenas nascido, Deus pede que o pai o sacrifique (Gn 22,1-19). Nas trevas, Abraão entrega-se a Deus "que vê" (Gn 22,1-14). A Deus que se manifestou como senhor da história e da vida e como o Deus da promessa, Abraão responde com uma disponibilidade total: sua reação é a da *fé* e da *obediência*. Abraão é, portanto, o "pai dos crentes" (Rm 4,16). Nesta primeira etapa da revelação, protótipo de toda a revelação futura, Deus se manifesta com sua ação na história: uma ação que é promessa e realização, palavra eficaz que opera a salvação que promete. Consequentemente, a promessa não corresponde a uma "gnose de Deus", mas a uma fé obediente.

c. *Revelação mosaica.* A segunda etapa decisiva da revelação efetua-se no evento vivido do êxodo: um evento de salvação, que liberta Israel da escravidão dos egípcios e que se une à autoapresentação de seu autor. Revelando seu *nome* a Israel, por meio de Moisés, seu mediador, Deus não revela somente que existe, mas que é o único Deus e o único salvador: "Eu sou aquele que sou" (Ex 3,14). Jhwh está sempre presente, sempre ativo, pronto a salvar; Ele é único. Revelando seu nome, Deus toma o partido de Israel, que se torna seu eleito e seu aliado. Libertação, → eleição, aliança, lei formam um todo indivisível. Com efeito, a aliança e a lei entendem-se somente à luz de todo o processo de libertação, da qual são o cumprimento. Com a aliança, Jhwh, que provou a Israel seu poder e sua fidelidade, faz deste povo uma propriedade sua e se torna o chefe da nação. Às "palavras da aliança" (Ex 20,1-17) ou as "dez palavras" (as *dĕbârim:* Ex 34,28) exprimem o exclusivismo do Deus de Israel e as exigências morais do Deus "santo", que faz aliança com um "povo santo". Aceitando a aliança, Israel aceita o estilo de vida que corresponde a sua vocação. Mas a salvação precede a eleição, a aliança precede a lei. Doravante, o destino de Israel está ligado à vontade de Deus, historicamente expressada e fundada no evento da libertação. No êxodo, Israel fez a experiência de um encontro, mas Jhwh não é redutível ao evento. Através de Moisés, revelou seu Nome e o *sentido* do evento. Israel empenha-se numa existência de diálogo, situada num contexto de chamado e de resposta. Desde a origem, a revelação já possui sua estrutura de *evento-significante.* A dialética da promessa e do cumprimento continua. Revelando-se primeiro aos patriarcas e depois a Israel como o Deus da história, Ele confere já à revelação histórica sua dimensão universal.

d. *Revelação profética.* A palavra não é dirigida ao povo diretamente, mas através de "mediadores" (Ex 20,18). Moisés, mediador da aliança e do decálogo, é o protótipo dos profetas (Dt 34,10-12; 18,15-18). Embora Josué já apareça como o confidente e o porta-voz de Jhwh, é só a partir de Samuel (1Sm 3,1-21) que o profetismo se impõe para tornar-se quase permanente, sob uma forma carismática mais do que institucional, até ao século V.

Os → profetas anteriores ao período do exílio (Amós, Oseias, Miqueias, Isaías) são os guardiães e os defensores da aliança e da lei. Sua pregação é um chamado à justiça, à fidelidade para com o Deus três vezes santo; e, já que Israel é infiel às condições da aliança, o *dâbâr* divino pronuncia o mais das vezes condenações e anuncia castigos (Am 4,1; 5,1; Os 8,7-14; Mq 6–7; Is 1,10-20; 16,13; 28,13-14; 30,12-14). Esses castigos não serão revogados. Esse tema da irreversibilidade e da eficácia da Palavra de Deus é nitidamente afirmado em Is 9,7: "Uma palavra mandou o Senhor contra Jacó, ela caiu sobre Israel". Puro dinamismo, a palavra se abate como uma flecha e desenvolve seus efeitos em etapas subsequentes.

Na reflexão teológica sobre a revelação, Jeremias ocupa um lugar importante, na medida em que tentou determinar os critérios da autenticidade da Palavra de Deus. Tais critérios são: o cumprimento da palavra do profeta (Jr 28,9; 32,6-8), a fidelidade a Jhwh e à religião tradicional (Jr 23,13-32), o testemunho muitas vezes heroico do próprio profeta em sua vocação (Jr 1,4-6; 26,12-15).

O Deuteronômio, que deriva dos ambientes do norte, influenciados pela predição profética dos séculos IX e VIII, está situado na confluência de duas correntes: a corrente legalista, expressão do sacerdócio, e a corrente profética. Sob estas duas influências, aprofunda-se a teologia da lei. O Deuteronômio une mais do que nunca a lei ao tema da aliança. Se Israel quiser viver, deve pôr em prática todas as palavras da lei (Dt 29,28); com efeito esta lei, saída da boca de Jhwh, é fonte de vida (Dt 32,47). Mas o Deuteronômio inclui também na lei mosaica todas as cláusulas da aliança (Dt 28,69), isto é, todo o *corpus* das leis morais, civis, religiosas, penais. Finalmente, a palavra da lei se "interioriza": "Esta palavra está muito perto de ti, está em tua boca e em teu coração, para que a ponhas em prática" (Dt 30,11-14). A lei consiste em amar a Deus com todo o coração e com toda a alma (Dt 4,29).

Paralelamente às correntes profética e deuteronômica, elabora-se uma literatura histórica (Juízes, Samuel, Reis) que, na realidade, é uma história da salvação e uma teologia da história. A aliança concluída por Jhwh e as condições colocadas por Ele supõem que o curso dos acontecimentos seja regulado pela vontade divina, em função das atitudes do povo escolhido. A partir daquele momento, Israel não cessou de pensar sua religião nas categorias da história. Em definitivo, é a Palavra de Deus que faz a história e a torna inteligível. Um texto importante desta literatura histórica é a profecia de Natã (2Sm 7) que "regaliza" [torna régia] a aliança e funda o → messianismo régio. Com esta profecia, a dinastia de Davi torna-se diretamente e para sempre a aliada de Jhwh (2Sm 7,16; 23,5), o eixo da salvação. Daqui em diante, a esperança de Israel repousará sobre o rei; o rei atual, primeiro, e em seguida um rei futuro, escatológico, na medida em que as infidelidades do rei histórico deslocam para longe a esperança de um rei segundo o ideal davídico. Esta profecia é o ponto de partida de uma teologia elaborada pelos profetas, que é eminentemente promessa voltada para o futuro, diversamente da teologia da aliança, cuja exigência é, antes de tudo, diária.

Na época do exílio, a palavra profética, sem cessar de ser palavra viva, torna-se cada vez mais palavra escrita. A este propósito é significativo que a palavra confiada a Ezequiel seja escrita sobre um rolo, que o profeta deve assimilar para pregar seu conteúdo (Ez 3,1s). Uma característica importante da profecia de Ezequiel é o tom pastoral. Depois da queda de Jerusalém (Ez 33,1-21), Israel não existe mais como nação. A palavra de Jhwh torna-se então palavra de conforto e de esperança para os exilados desanimados. Ezequiel tenta formar o novo Israel a modo de um diretor espiritual (Ez 33,1-9). Deixando entrever que a palavra que decretou e realizou o castigo permanece sempre promessa fiel, Ezequiel, todavia, vigia para que não se incorra em equívoco quanto a sua natureza: não basta ouvir a palavra, é preciso vivê-la (Ez 33,31).

O Dêutero-Isaías (Is 40–55), que deve ser lido no contexto do exílio, considera o *dâbâr* divino em sua dinâmica ao mesmo tempo cósmica e histórica. Sua soberania absoluta sobre a criação é o fundamento e a garantia de sua ação onipotente na história; já que Jhwh suscitou todas as coisas do nada, com sua palavra, Ele é senhor das nações como das forças da natureza. Ele está no início e no fim dos acontecimentos; sua palavra prediz, suscita, realiza. Deus segura os polos extremos da história (Is 41,4; 44,6; 48,12). E esta última é inteligível, porque se desenvolve seguindo um plano que a palavra revela progressivamente aos homens e que nunca volta sem resultado (Is 55,10-12).

Observamos que, sobretudo graças ao profetismo, a revelação do Sinai permanece sempre o bloco central da revelação, perdura através do AT, especialmente na época dos reis e durante o exílio, e se aprofunda. Agora, o que constitui a originalidade do profeta é o fato de ter sido objeto de uma experiência privilegiada, a maioria das vezes no momento da sua *vocação*: ele conhece Jhwh, porque este lhe falou e lhe confiou sua palavra. Foi chamado a uma intimidade especial com Deus, a conhecer seus segredos (Nm 24,16-17), seus projetos (Am 3,7) para tornar-se seu intérprete entre os homens.

Esta experiência é a expressão fundamental do profeta: a palavra de Jhwh está nele (Jr 5,13). O profeta tem consciência de não ter procurado esta palavra, de que esta não vem dele, mas de Deus. Se recebeu esta palavra, é para transmiti-la, para torná-la pública, para anunciá-la. Ele é a *boca* de Jhwh (Jr 15,19; Ez 7,1-2), o *homem da palavra* (Jr 18,18). O profeta é, entre os homens, o intérprete autorizado de Deus para tudo o que sucede no universo (tempestades, cataclismas, carestias, prosperidade), entre os homens (pecados, mortes, endurecimentos) e na história (derrotas, sucessos, sucessões de impérios). É importante sublinhar o caráter objetivo e dinâmico desta palavra. Seu primeiro efeito verifica-se no próprio profeta que a recebe. Ela age nele como fogo devorador (Jr 20,8-9), como poder irreprimível (Jr 20,8-9), como luz ofuscante. Jhwh *falou*: o profeta deve *dar testemunho*. Esta é a experiência de Amós (Am 3,8), de Jeremias (Jr 7,8), de Isaías (Is 8,11), de Ezequiel (Ez 3,14), de Elias (1Rs 18,46), de Eliseu (2Rs 3,15). Palavra de Deus numa palavra humana, a palavra profética participa de sua eficácia. Nunca é estéril. Mas Deus é sempre o senhor dela e sua palavra age segundo o desígnio que Ele descobre pouco a pouco e que é desígnio de salvação e de vida. Por isso, Deus – em toda parte, no AT – tem paciência, ouve, deixa-se dobrar, perdoa.

O campo de ação da palavra profética é a história: esta palavra é *criadora* e *intérprete* da história. Com efeito, é na história, através das intervenções de Deus, que o povo hebraico fez a experiência da ação divina a seu favor. A fé de Israel baseia-se nestes eventos fundantes e seu credo consiste em contá-los (Dt 26,5-10). A ação de Deus, anunciada pelos profetas, é duplamente obra da palavra. Antes de tudo, porque é a palavra de Jhwh que suscita e dirige os eventos: "O Senhor não faz coisa alguma sem ter revelado seu conselho a seus servidores" (Am 3,7). Para Israel, a história é um processo dirigido por Jhwh para um termo querido por Ele. O profeta não somente anuncia a história, mas a interpreta. Percebe o sentido divino dos acontecimentos e torna-o conhecido aos homens: interpreta a história do ponto de vista de Deus. Eventos e interpretação são como que duas dimensões da única Palavra de Deus. A história da salvação é um suceder-se de intervenções divinas, interpretadas pelo profeta. Portanto, através dos eventos do Êxodo, interpretados por Moisés, o povo hebreu conheceu Jhwh como Deus vivo, pessoal, único, onipotente, fiel, que salva seu povo e faz aliança com ele em vista de uma obra de salvação comum (Dt 6,20-24). Daí segue que Deus, seus atributos e seu desígnio se revelam não abstratamente, mas na história e através da história. Há progresso no conhecimento de Deus, mas este progresso está ligado a eventos que a Palavra de Deus anuncia, realiza e interpreta por meio dos profetas: é uma *história-significante*.

e. *Revelação sapiencial.* Embora a literatura sapiencial do AT pertença a uma corrente de pensamento internacional (Grécia, Egito, Babilônia, Fenícia), atestada desde o segundo milênio antes de Cristo, esta corrente de pensamento foi bem cedo transformada por Israel em instrumento de revelação. O mesmo Deus que ilumina os profetas serviu-se da experiência humana para revelar o homem a si mesmo (Pr 2,6; 20,27). Israel assume a experiência humana, mas a interpreta e a aprofunda à luz de sua fé em Jhwh. Ainda mais, os dados sobre os quais trabalha a reflexão sapiencial muitas vezes pertencem à revelação: história, lei e profetas. A Sabedoria, como a palavra, saiu da boca do Altíssimo. No final também ela se identifica com a Palavra de Deus. O saltério, que se forma pouco a pouco ao longo do curso da história, é principalmente resposta à revelação; mas é também revelação, já que a oração dos homens dá à revelação toda a sua dimensão através dos sentimentos que exprime. A majestade, o poder, a fidelidade, a santidade de Jhwh, reveladas pelos profetas, refletem-se nas atitudes do crente e na intensidade da sua oração. Espelho da revelação, os salmos são também sua atualização diária no culto do templo.

À revelação sapiencial está ligado o tema da revelação cósmica – isto é, através da criação – que representa um estágio bastante tardio da revelação inspirada. Com efeito, foi sobretudo na história que Israel conheceu Jhwh, quando, no Egito, fez a experiência de seu poder libertador. A incessante meditação feita sobre este poder ilimitado de Jhwh, que usa a seu bel-prazer os elementos da natureza para salvar o povo, teve como resultado, através de uma maturação orgânica e homogênea, a crença na criação. Israel compreendeu que o mesmo Deus que suscitou o povo do nada da escravidão, também suscitou o cosmo do nada. Sua soberania é universal: "Pela palavra do Senhor foram feitos os céus, pelo sopro de sua boca todo o seu exército... porque Ele fala e tudo é feito" (Sl 33,6.9). Quando a palavra se impõe às coisas, ela cria; quando se impõe aos homens, torna-se lei. Já que a criação é aquilo que Deus disse, também ela é revelação (Jó, Pr, Eclo, Sb, Sl, Rm 1,16).

2. *Objeto e caráter da revelação veterotestamentária* – A revelação no AT tem traços bem específicos, que a distinguem de qualquer outro tipo de conhecimento:

a. A revelação é essencialmente *interpessoal*. É manifestação de Alguém a alguma outra pessoa. Jhwh é ao mesmo tempo Deus revelador e Deus revelado, que se *dá* a conhecer e que se *faz* conhecer. Faz aliança com o homem, primeiro como um patrão com o servo e, depois, progressivamente, como um pai com o filho, como um amigo com o amigo, como o esposo com a esposa. A revelação introduz numa comunhão com Deus para a salvação do homem.

b. A revelação veterotestamentária deriva da *iniciativa* de Deus. Não é o homem que descobre Deus: é Jhwh que se manifesta quando quer e a quem quer, porque quer. Jhwh é liberdade absoluta. Foi Ele quem primeiro escolheu, prometeu, fez aliança. E sua palavra, que contradiz as perspectivas humanas e carnais de Israel, faz explodir ainda mais a liberdade de seu projeto. Esta liberdade manifesta-se ainda na variedade dos meios escolhidos por Ele para revelar-se: a natureza, a história, a experiência humana; pela variedade das personalidades escolhidas (sacerdotes, sábios, profetas, reis e aristocratas, camponeses e pastores); na diversidade dos modos de comunicação (teofanias, sonhos, consultas, visões, êxtases, arrebatamentos etc.); na diversidade dos gêneros literários (oráculos, exortações, autobiografias, descrições, hinos, poesia, reflexão sapiencial etc.).

c. O que dá unidade à economia reveladora é a *palavra*. Os filósofos gregos e as religiões do período helenístico buscam a visão da divindade. A religião do AT, ao contrário, é a religião da palavra ouvida. Esta prevalência do escutar com respeito ao ver exprime um dos traços essenciais da revelação bíblica. Deus fala ao profeta e o envia a falar: este comunica o desígnio de Deus e convida o homem à obediência da fé. Esta palavra, todavia, introduz à visão. Se os homens ainda não penetram até as profundezas do mistério, de qualquer forma já têm dele uma primeira aproximação e uma primeira percepção através da palavra. Notemos ainda que a palavra manifesta um respeito maior da parte de Deus à liberdade do homem. Deus dirige-se ao homem, interpela-o, mas este último permanece livre para consentir ou para recusar. Finalmente, a palavra, que é entre os homens o mais espiritual dos intercâmbios, é também o meio por excelência da comunicação espiritual entre Deus e o homem. O pecado consiste em endurecer o coração, para não escutar a palavra. Conforme esta for acolhida ou não, a revelação se torna para o homem vida ou morte.

d. Mas o objetivo da revelação é *a vida e a salvação* do homem, a aliança em vista da comunhão. A revelação do AT se desencadeia com a promessa feita a Abraão e tende à realização. Para o profeta, o presente não é senão a realização parcial do futuro anunciado, esperado, preparado, mas ainda escondido. O que é presente só adquire toda sua importância graças à promessa, feita no passado, daquilo que será o futuro. Toda revelação profética marca uma realização da palavra, mas ao mesmo tempo faz esperar uma realização ainda mais decisiva. A história tende, pois, à plenitude dos tempos, que será a consumação do projeto de salvação em Cristo e por meio de Cristo.

3. *Noção veterotestamentária da revelação* – No AT, a revelação aparece como a intervenção gratuita e livre com a qual o Deus santo e escondido – no âmbito da história e em relação com os acontecimentos da história, autenticamente interpretados pela palavra de Jhwh, dirigida aos profetas segundo modos de comunicação muito diversos – progressivamente dá a conhecer a si mesmo e o projeto de salvação da aliança com Israel e, neste, com todas as nações, a fim de realizar, na pessoa de seu Ungido, ou Messias, a promessa outrora feita a Abraão de abençoar em sua descendência todas as nações da terra. Esta ação é entendida como Palavra de Deus, que convida o homem à fé e à obediência: uma palavra essencialmente dinâmica que opera a salvação ao mesmo tempo em que a anuncia e a promete.

IV. A REVELAÇÃO NO NOVO TESTAMENTO – A intuição central do NT é que se verificou um evento de capital importância no período entre as duas alianças: "Deus, que já tinha falado, nos tempos antigos, muitas vezes e de diversas maneiras aos pais, por meio dos profetas, ultimamente, nestes dias, falou a nós por meio do Filho" (Hb 1,1-2). Em Jesus Cristo, a palavra interior em que Deus conhece todas as coisas e em que se exprime totalmente, assume a carne e a linguagem do homem, torna-se Evangelho, palavra de salvação, para chamar o homem à vida que não acaba. Em Jesus Cristo, Verbo encarnado, o Filho está presente entre nós e fala, prega, ensina, atesta o que viu e sentiu no seio do Pai, com termos humanos que podemos compreender e assimilar. Cristo é o ápice e a plenitude da revelação, aquele que revela Deus e que revela o homem a si mesmo: esta é a grande novidade, o mistério inexaurível de que os escritos sagrados manifestam o esplendor, cada um insistindo num aspecto. É preciso, então, recompor numa unidade estas diferentes perspectivas para perceber sua complexidade e riqueza, mais ou menos como as angulações complementares de uma única catedral.

1. *A tradição sinótica* – Em Marcos, as palavras-chave do vocabulário da revelação (p. ex. *apokalýptō*, *apokalýpsis*) estão ausentes. Mais do que alhures, uma atenção exclusiva ao *logion* de Mt 11,25-27, Lc 10,21-22 e aos binômios ocultar-revelar, conhecer-revelar, pode ser ocasião de equívoco. Contando a história de Jesus, os evangelistas não fazem outra coisa senão contar a manifestação de Deus em Jesus Cristo; efetivamente, Cristo é o lugar mais importante desta epifania de Deus. O Evangelho de Marcos, sobretudo, é a progressiva manifestação de Jesus, Messias e Filho do Pai, que se revela e revela o Pai com as palavras, as parábolas, as obras e de modo particular os milagres, os exemplos, a paixão, a morte. Mas Jesus depara a recusa dos seus.

Os termos que descrevem a ação reveladora de Cristo são: pregar (*kērýssein*) e ensinar (*didáskein*). Cristo prega a boa notícia do Reino e a conversão como meio para entrar neste: "O tempo está cumprido e o Reino de Deus está próximo; convertei-vos e crede no Evangelho" (Mc 1,15; Mt 4,17). Esta notícia decisiva aponta de modo tão direto para Jesus, que Ele é designado como a inauguração em pessoa do Reino: é "hoje" (Lc 4,21) que começa a era da graça, anunciada pelos profetas. Ao *hoje* do anúncio do Reino corresponde o *eis aqui*: o rabi, o mestre que ensina com autoridade: seu ensinamento é novo, sua autoridade é única (Mt 7,29), uma autoridade que o coloca ao mesmo nível de Deus: "Amém", "Mas eu vos digo" (Mt 5,22.28.32). Com base em Dt 18,18, as multidões designam Jesus como o profeta esperado para o fim dos tempos (Mc 6,14s; 8,28; Mt 21,11). Mas Jesus nunca reivindica este título de profeta (→ Profecia) ao falar de si mesmo, pois, enquanto revelador, supera os profetas (Mt 12,40; Mc 9,2-10; Mt 17,1-13; Lc 7,18-23; 9,28-36). Ele prega, ensina, mas a título de Filho do Pai (Mt 7,21; 10,32-33; 11,25-27). "Ninguém conhece o Pai senão o Filho e aquele a quem o Filho o quiser revelar" (Mt 11,27). Ninguém, senão o Pai, conhece (Lc: *gignôskein*; Mt: *epigignôskein*) esta experiência, o caráter e a vida íntima e profunda do Filho; e ninguém, senão o Filho, conhece a vida íntima e profunda do Pai. Os dois se conhecem, simplesmente porque estão um diante do outro como grandezas iguais, da mesma ordem. E ninguém pode participar deste mistério de conhecimento recíproco sem uma revelação gratuita. Cristo, que é Filho, é o revelador perfeito do Pai. Aos discípulos que escolheu foi *dado*, como graça, conhecer os mistérios do Reino dos Céus. Também o Pai revela o mistério da pessoa de Cristo aos "pequenos", que reconhecem sua indigência diante de Deus; mas também esta revelação é dom dele, luz interior concedida pelo Pai e recusada ao orgulho dos "sábios". Este anúncio do Reino, assim como a revelação da identidade de Cristo como filho do Pai, realiza-se com "gestos e palavras", em parábolas e com milagres, segundo uma rigorosa economia de encarnação.

Portanto, na tradição sinótica, Cristo é revelador enquanto proclama a boa notícia do Reino dos Céus e ensina com autoridade a Palavra de Deus. Na verdade, Ele revela porque é Filho, que conhece a vida íntima do Pai. O conteúdo essencial da revelação é a salvação oferecida aos homens na imagem do Reino de Deus, anunciado e instaurado por Cristo. Cristo é ao mesmo tempo aquele (*eis aqui*) que anuncia o reino e aquele em quem o reino se realiza (*hoje*).

2. *Os Atos dos Apóstolos* – Os *Atos*, em continuidade com a tradição sinótica, apresentam os apóstolos como *testemunhas* de Jesus, que *proclamam* a boa notícia e *ensinam* o que receberam do Mestre. Testemunhar, proclamar o Evangelho e ensinar competem à função apostólica.

Testemunhar designa os apóstolos, e só eles, pois só eles foram associados ao Cristo durante toda sua vida e depois da ressurreição. Seguiram o Cristo por toda parte; foram seus comensais antes e depois da ressurreição. Só eles possuem uma experiência direta e viva do Cristo, de sua pessoa, de sua mensagem e de sua obra. Eles são antes de tudo as testemunhas de sua ressurreição (At 1,22; 2,32; 3,13-16; 4,2.33; 5,30-31; 10,39.41.42; 13,31), mas, de modo geral, de toda a sua caminhada (At 1,21), do batismo até a ressurreição; de toda a sua obra que se orienta para a paixão-ressurreição e da que é inaugurada pela ressurreição. O testemunho dos apóstolos realiza-se no poder do Espírito (At 1,8), que lhes dá coragem e constância, que age no coração de quem os ouve, com o fim de tornar a Palavra de Deus solúvel na alma e acolhida pela fé (At 16,14). Como Cristo mesmo, os apóstolos proclamam a boa notícia da salvação (At 2,14; 8,5; 10,42); eles não cessam de ensinar e de proclamar a boa notícia de Jesus (At 15,35; 18,25). Sua função é, pois, a de *testemunhas* e de *arautos*. Sua palavra é dinâmica e explosiva: não podem calar a salvação oferecida em Cristo, pois esta é a única notícia válida, a única em condições de transformar os corações, de incendiar o mundo para acender nele o amor.

O depoimento dos apóstolos-testemunhas constitui o objeto de nossa fé: um depoimento feito não só de palavras, mas também de exemplos de vida, de atitudes e ritos. Este testemunho concreto, abrangente, opera o crescimento da Igreja sob a ação do Espírito.

3. *O "corpus" paulino* – O binômio *mistério-evangelho* situa-nos no centro do pensamento de São Paulo sobre a revelação. Este mistério, primeiro escondido, é, depois, revelado, pregado, tornado conhecido em vista da fé. Este vocabulário evoca a literatura sapiencial e apocalíptica; além disso, sublinha *mais o conteúdo* da revelação do que a própria ação reveladora.

O *mistério*, como intuição fundamental de Paulo, conhece nas epístolas uma ampliação de sentido claramente perceptível. Em 1Cor 2,6-10, o mistério é já o desígnio de salvação, realizado em Cristo, mas aparece como "sabedoria", que tem por objeto os bens, destinados por Deus aos eleitos, e que só os homens animados pelo Espírito podem compreender, pois esta sabedoria tem sua fonte no Espírito de Deus (1Cor 2,10-16).

Em Cl 1,26, o mistério, outrora escondido, é agora desvendado e realizado. Torna-se evento da história: diz respeito à participação, tanto dos gentios como dos judeus, nos bens da salvação (Rm 16,25). A Epístola aos Efésios amplia ainda mais esta visão (Ef 1,9-10). O mistério é a reunificação de todas as coisas em Jesus Cristo, a união de todos os seres terrenos e celestes sob o único Senhor, Cristo. O mistério de que fala Paulo é o plano divino da salvação, escondida em Deus desde toda a eternidade, mas agora revelada e através da qual Deus estabelece Cristo como centro da nova economia e o constitui, com a morte e a ressurreição, único princípio de salvação, tanto para os gentios como para os judeus, cabeça de todos os seres, dos anjos e dos homens. É o plano divino total (encarnação, redenção, participação na glória) que, em suma, se resume em Cristo, com suas riquezas insondáveis (Ef 3,8). Concretamente, o *mistério é Cristo* (Rm 16,25; Cl 1,26-27; 1Tm 3,16). Ao descrever o mistério, São Paulo coloca no início a ênfase sobre a vocação dos gentios, dos quais é "ministro por vocação especial" (Ef 3,8-9; 1Tm 2,7; Rm 15,6); depois, nas epístolas do cativeiro, o mistério se torna principalmente Cristo e a participação em Cristo: tudo se "recapitula" nele. Criado na unidade, o mundo volta à unidade através de Cristo, Salvador e Senhor universal.

Uma vez revelado às testemunhas escolhidas (Ef 3,5; Cl 1,25-26), o mistério é dado a conhecer a todos os homens. Paulo estabelece uma equivalência prática entre *Evangelho* e *mistério* (Rm 16,25; Cl 1,25-26; Ef 1,9-13; 3,5-6). Nos dois casos, trata-se de uma única realidade, isto é, do projeto divino de salvação, mas vista de perspectivas diferentes. Trata-se de uma boa notícia, de uma mensagem anunciada, proclamada. Plano divino escondido e revelado, plano divino proclamado: Evangelho e mistério têm o mesmo objeto ou conteúdo. Este objeto é duplo: *soteriologia*, isto é, toda a economia da salvação em Cristo (Ef 1,1-10), e *escatologia*, isto é, promessa da glória e de todos os bens da salvação, destinados tanto aos gentios como aos judeus (Cl 1,28; 1Cor 2,7; Ef 1,18). O mistério, tornado conhecido aos homens com a pregação do Evangelho, torna-se o plano de salvação que atingiu o estágio do evento pessoal. Em vez do termo evangelho, Paulo emprega, mas com o mesmo sentido, também o termo *palavra* (Cl 1,25-26; 1Ts 1,6) ou *Palavra de Deus* (1Ts 2,13; Rm 9,6; 1Cor 14,36) ou *palavra de Cristo* (Rm 10,17). Com esta palavra, que é mensagem de Deus através de pregação humana, é sempre Deus que fala e interpela a humanidade (Rm 10,14), convidando-a à "obediência da fé" (Rm 16,26; 2Cor 10,5). "Assim pregamos e assim crestes" (1Cor 15,11).

Visto que o mistério é a reunião em Cristo dos judeus e dos gentios, a Igreja aparece como o termo definitivo do mistério, a realização maravilhosa da economia divina, sua expressão visível e estável. O projeto de salvação não é somente revelado e proclamado pelo Evangelho, mas é também efetivamente realizado na Igreja "corpo de Cristo" (Ef 4,13). O estabelecimento da Igreja significa que chegou o tempo da submissão de todas as coisas a Cristo (Cl 1,16). Exatamente como Cristo é o mistério de Deus tornado visível, assim a Igreja é o mistério de Cristo tornado visível. Os tempos estão cumpridos; a salvação anunciada está aqui.

Contudo, para Paulo subsiste sempre uma tensão entre a revelação histórica e a revelação escatológica, entre a primeira e a última epifania de Cristo, entre a epifania escondida e a gloriosa (Fl 2,5-11). Indubitavelmente é "agora" que o mistério, outrora escondido, é revelado (Rm 16,25), e é "agora" que se realiza a pregação do Evangelho. Todavia, Paulo deseja ainda mais intensamente a revelação escatológica, quando se realizará, em sua plenitude, a "manifestação do Senhor nosso, Jesus Cristo" (1Cor 1,7; 2Ts 1,7), quando aparecerá também a glória de todos os que se configuraram em Cristo (Rm 8,17-19). Esta tensão entre história e escatologia, entre fé e visão, entre humildade e glória, é característica de São Paulo.

A revelação é entendida pelo apóstolo como a ação livre e de graça com a qual Deus, em Cristo e com Cristo, manifesta ao mundo a economia da salvação, seu desígnio eterno de reunir todas as coisas em Cristo, salvador e cabeça da nova criação.

A comunicação deste desígnio realiza-se com a pregação do Evangelho, confiada aos apóstolos e aos profetas do NT. A obediência da fé é a resposta do homem à pregação evangélica, sob a ação iluminadora do Espírito. Esta fé inaugura um processo de conhecimento sempre crescente do mistério que se realizará somente na revelação da visão.

4. *A Carta aos Hebreus* – O termo que prevalece para designar a revelação é *palavra*. Numa comparação das duas fases da economia da salvação, a epístola sublinha a continuidade entre as duas alianças e, ao mesmo tempo, a excelência da nova revelação, inaugurada pelo Filho. A novidade da Carta aos Hebreus para a história da revelação concerne a dois aspectos: comparação entre a antiga e a nova aliança, grandeza das exigências da Palavra de Deus.

Desde os dois primeiros versículos, a epístola põe em evidência a autoridade da revelação do NT, embora mantendo a relação histórica entre as duas fases da história da salvação: entre as duas economias existe *continuidade* (Deus falou), *diferença* (tempos, modos, mediadores, destinatários), *excelência* (superioridade da nova economia).

O elemento de continuidade é Deus e sua palavra. A ausência de complemento objeto do verbo *laléin*, enfatiza que Deus, com sua palavra, quer antes de tudo entrar em comunicação, em diálogo pessoal com o homem, para uma comunhão com ele. A carta não indica o conteúdo desta comunicação, mas, antes, os destinatários: os pais, os profetas, nós. Mas esta palavra está marcada pela historicidade: existe *diferença* nas épocas (os tempos passados e os dias de hoje), nos *modos de expressão* (palavra subsequente, parcial, fragmentária, multiforme do AT), nos *mediadores* (multiplicidade dos autores inspirados no AT, comparada com a unidade do NT, onde tudo se resume na pessoa do Filho, herdeiro de todas as coisas, irradiação da glória do Pai, único mediador no plano da revelação e no do sacerdócio). Em última análise, é a palavra que constitui a unidade entre as duas alianças e é a pessoa do Filho que comporta a superioridade da nova revelação em relação à antiga.

O segundo tema sobre o qual a Carta aos Hebreus insiste é o da grandeza das exigências da Palavra de Deus, sempre numa perspectiva de comparação entre as duas alianças. Devemos obedecer ao Evangelho, mais ainda do que à lei (Hb 2,1), em razão da absoluta superioridade de Cristo. A Palavra de Deus é apresentada na Epístola aos Hebreus com traços que evocam os do AT, mas com um caráter de maior urgência, devida à presença do Filho entre nós. Ativa, eficaz, mais cortante do que qualquer espada com duplo gume (Hb 4,12-13), sempre atual (Hb 3,7.15; 4,7), faz ressoar no ouvido dos cristãos, num hoje permanente, o convite a entrar na paz do Senhor (Hb 3,7.15; 4,11). A palavra do NT exige uma fidelidade e uma obediência proporcionais à origem e à autoridade de seu mediador, o Filho.

5. *O "corpus" joaneico* – João, como Marcos, desconhece os termos de revelação como *apokalýptō*, *apokalýpsis*, assim como o binômio *escondido-revelado*. Não usa o vocabulário de Paulo sobre o *mystêrion*; usa, antes, a linguagem dos ambientes helenistas: *zōê*, *lógos*, *phôs*, *alêtheia*, *dóxa* todos eles substantivados em Jesus Cristo. Deparamos *phaneróō* e, sobretudo, um conjunto

de termos que lembram a mesma reação de fé: mandamento (11 vezes), testemunho (14 vezes), testemunhar (33 vezes), falar (59 vezes), glória (18 vezes), verdade (25 vezes), palavra (40 vezes) e palavras que sublinham o acolhimento da revelação como ouvir (58 vezes), crer (98 vezes). Se João opera uma reclassificação dos termos de revelação, é em razão da novidade trazida por Cristo, que *já* é Deus-entre-nós. Ele é em pessoa a Verdade, o Logos, a Luz, a Vida. Trata-se de um salto qualitativo. Cristo manifesta o Deus invisível. A encarnação é a revelação realizada.

Para João, Cristo é o Filho que narra o Pai: "Ele atesta o que viu e ouviu" (Jo 3,32; 8,38). Por sua vez, o Pai dá testemunho do Filho com as *obras* de poder que lhe concedeu realizar (Jo 5,36) e com a *atração* que exerce nas almas, dando-lhes a possibilidade de consentir no testemunho de Cristo (Jo 6,44-45).

Já desde o prólogo, João estabelece uma equação entre Cristo, Filho do Pai, e o Logos. Cristo é a palavra eterna e subsistente; a revelação realiza-se porque esta palavra se fez carne para narrar-nos o Pai. O prólogo apresenta-se como as gestas do Logos, como um resumo de toda a história da revelação, num texto de densidade nuclear. Embora estas gestas comecem com a ação criadora do Logos, o que é primeiro e explicativo é o *drama do Logos que se fez carne*, que habita entre os homens, que manifesta sua glória e se choca com a rejeição dos seus. Numa visão retrospectiva, o prólogo vê na criação uma primeira manifestação de Deus e do Logos e uma primeira rejeição dos homens. A luz brilhou nas trevas (Gn 1,3), mas os homens não compreenderam e ofuscaram esta primeira manifestação do Verbo (Jo 1,10; Rm 1,19-23; Sb 13,1-9). Deus escolheu, depois, um povo e se lhe manifestou com a lei e os profetas; mas esta manifestação concluiu-se com um insucesso, da mesma forma que a primeira. O Verbo veio para os seus, "mas os seus não o ouviram" (Jo 1,11). Finalmente, o Logos fez-se carne e plantou sua tenda no meio de nós. "Deus, ninguém jamais o viu: justamente o Filho unigênito, que está no seio do Pai, o revelou" (Jo 1,18). Ninguém é capaz de ver o invisível: se conhecemos a Deus, é porque em Cristo a *Palavra se faz carne*, torna-se *evento histórico* e, ao mesmo tempo, *exegeta* do Pai e de seu projeto de amor.

Três elementos constituem o Cristo revelador perfeito do Pai: a preexistência como Logos em Deus (Jo 1,1-2), a descida à carne e à história (Jo 1,14), a intimidade constante de vida com o Pai, tanto antes como depois da encarnação (Jo 1,18). São João confere, portanto, à revelação o máximo de significado e de extensão.

Em virtude de sua missão reveladora, que se enraíza na sua própria vida no seio da Trindade, Cristo fala e dá testemunho: Ele é o Filho que narra o Pai (Jo 1,18), a testemunha que declara o que viu e ouviu, uma testemunha fiel (Ap 1,5; 3,14). Na tradição sinótica, Jesus é o Messias que ensina, prega e anuncia a boa notícia do Reino. Em João, o Messias é plenamente identificado como filho do Pai. O que o Filho narra é a vida íntima, o amor recíproco entre Pai e Filho: um amor que o Pai quer comunicar a todos os homens, para que todos sejam uma coisa só. A finalidade da revelação é que os homens "sejam perfeitos na unidade" e que, assim, saibam que o Pai enviou o Filho e que os ama como ama o Filho (Jo 17,23-25).

João dá-nos uma última palavra sobre a revelação: obra de amor, de salvação, que tem origem na Trindade. Mas, ao apresentar-se como evento histórico do Verbo que assume a carne, a revelação aparece como um escândalo. Desconcerta as perspectivas humanas, também as do AT. O trágico da revelação é que os homens se fecham à luz, fecham-se em seu Deus-ídolo e preferem correr ao encontro de sua ruína. Drama este descrito no prólogo, em seguida retomado e ilustrado no milagre do cego de nascença (Jo 9).

Depois desta pesquisa, podemos descrever a revelação neotestamentária como a ação soberanamente amante e livre com a qual Deus, através de uma economia de encarnação, se faz conhecer em sua vida íntima e faz conhecer também o desígnio de amor que concebeu desde a eternidade, de salvar e reconduzir todos os homens a si em Cristo. Ação que realiza por meio do testemunho exterior de Cristo e dos apóstolos e com o testemunho interior do Espírito, que opera por dentro a conversão dos homens a Cristo. Portanto, através da mediação conjunta do Filho e do Espírito, o Pai declara e realiza seu projeto de salvação.

V. O TEMA DA REVELAÇÃO NOS PADRES DA IGREJA – Seria inútil procurar nos Padres da Igreja dos primeiros séculos o equivalente de um tratado moderno sobre a revelação; pois não veem na revelação um fato a ser definido, nem um problema a aprofundar. As primeiras gerações cristãs estão ainda sob o efeito da grande epifania de Deus em Jesus Cristo. A revelação é uma realidade óbvia. Por isto, a reflexão está mais preocupada em proclamar ao mundo inteiro o evento revolucionário e inaudito da irrupção de Deus na carne e a mensagem de Cristo, antes que em "demonstrar" que a revelação é possível. O primeiro problema que se coloca é, portanto, o da → inculturação da revelação cristã no mundo grego. A reflexão que daí deriva não é ainda sistematizada, mas está diretamente ligada às exigências das comunidades evangelizadas ou a serem evangelizadas: é essencialmente uma teologia "contextual", em relação com as correntes de pensamento da época: objeções judaicas, gnose etc. Não se põe em dúvida a realidade da revelação; pelo contrário, faz-se referência a ela como único critério de interpretação.

Nesta reflexão contextual e ocasional dos primeiros Padres da Igreja existe ao mesmo tempo algo de *menos* e algo de *mais*, com respeito à reflexão atual sobre a revelação.

Sem dúvida, alguns problemas de hoje não poderiam sequer aflorar à consciência destes cristãos. Por outro lado, no pensamento patrístico há princípios de fecundidade inesgotável dos quais se pode beneficiar a sistemática atual: 1. Muito próximo ao evento, o pensamento patrístico se desenvolve no seio de uma visão de conjunto do mistério cristão. Ele inspira-se na Escritura e permanece em contato com as primeiras testemunhas. Bebe e elabora-se na fonte. Todo discurso é discurso sobre Deus que cria, que salva e que revela. Em toda reflexão há sempre uma teologia implícita da revelação. 2. Para responder às objeções, às heresias e às visões reducionistas, os Padres da Igreja são induzidos a compor "grandes mapas", para ilustrar melhor os pontos de encontro com as culturas e as religiões, mas também a singularidade e a especificidade do fenômeno cristão: assim é que se desenvolvem com particular intensidade os temas da relação entre o AT e o NT, da diferença e da unidade, da gradualidade das etapas da revelação, da economia e da pedagogia do plano divino, da centralidade de Cristo, da tensão no mistério de Deus revelado, mas sempre escondido, da necessária ação do Espírito, tanto para aceder à revelação quanto para compreendê-la. Estes "primeiros planos", periodicamente reapresentados, acabam impondo uma imagem da revelação cristã em sua totalidade; uma *paisagem* em que cada detalhe é iluminado por um *flash*, num momento da história. O impacto nas mentes é mais intenso do que o de uma análise uniforme. Recorrendo a outra comparação, poder-se-ia dizer que a reflexão patrística, ao fazer surgir ao longo dos séculos alguns blocos de pensamento, como ilhas emergentes na consciência cristã, acabou constituindo arquipélagos e, depois, continentes, com contornos e relevos bem-definidos. A contextualidade desta reflexão leva-nos muitas vezes, com todos os seus imprevistos, a tomadas de consciência mais fortes do que as de um pensamento teológico linear e por demais sistematizado. Por isso, consideramos mais útil indicar alguns dos aspectos da revelação que os Padres da Igreja iluminaram, ao invés de passar em revista os autores. A Igreja pós-apostólica viveu num primeiro tempo a expectativa do retorno imediato do Senhor. Daqui a revelação assumiu uma coloração escatológica. Mas logo o que passou a mobilizar a atenção foi o problema da articulação dos dois testamentos.

1. *Os dois testamentos: unidade e progresso* – Enquanto os judaizantes querem conservar o primado da revelação profética, os marcionitas estabelecem uma oposição entre os dois testamentos. Representam Cristo como revelador de um Deus absolutamente novo, desconhecido do mundo judaico. Estabelecem uma oposição radical entre o Deus do AT e o do NT. Entre as duas atitudes – não perceber suficientemente a novidade do Evangelho (tentação dos ambientes judaicos tradicionais), ou subvalorizar o AT e romper com ele (a ex. de Marcião) – Justino, Irineu, Clemente de Alexandria e Orígenes sublinham a continuidade e a unidade profunda dos dois testamentos. Um único Deus é o autor da revelação no Verbo ou Logos: a criação, as teofanias, a lei, os profetas e a encarnação são as etapas desta manifestação única e contínua de Deus, através da história humana. Por outro lado, sublinham com igual clareza o *progresso* verificado de uma economia para a outra. Progresso visto de maneira algo diferente por cada um. Para *Justino*, trata-se de uma manifestação parcial e obscura do Logos no AT, e clara e plena no NT. Segundo → *Irineu*, no AT encontram-se uma preparação, uma educação da humanidade, esboços e promessas da encarnação; e, depois, consumação e dom de Cristo no NT. Segundo *Clemente de Alexandria*, trata-se de enigmas e mistérios no AT, de explicação da profecia no NT. Segundo *Orígenes*, conhecimento do mistério no AT; realização e posse no NT; passagem das sombras e das imagens para a verdade, da letra e da história para o Espírito.

2. *A teologia do Logos: ponto de encontro entre as culturas* – A pregação aos pagãos significava comparar a mensagem cristã com uma corrente de pensamento marcada por categorias não bíblicas, mas filosóficas. Para tornar o Evangelho acessível aos pagãos, a reflexão cristã adotou uma filosofia elaborada pelo → platonismo e pelo estoicismo, com o risco de infletir o conceito de revelação, no sentido de conhecimento, de uma gnose superior, em detrimento do caráter histórico. Para Platão, Deus é inefável e, portanto, não intervém na história. Para construir uma ponte de ligação entre a ideia da transcendência radical de Deus e sua revelação na história, *Justino* chama a atenção para a função mediadora de Cristo. Com efeito, o Jesus da história identifica-se com o Logos, com o Verbo de Deus, que apareceu primeiro a Moisés e aos profetas, fez-se carne em seguida, pela salvação de todos os homens. Justino entende a revelação como um processo soteriológico, mas tende a atribuir a Cristo-Logos um valor universal. Doutrina esta que cria espaço no tema do *Lógos spermatikós*. Antes de Cristo, existiam *spérmata toú Lógou*: tais germes são a participação num conhecimento ínfimo, parcial, de que só Cristo, Logos encarnado, dará a perfeição. Em virtude desta participação, os pensadores pagãos puderam perceber algum raio de verdade e merecer o título de cristãos (*I Apol.* 46,2-3). Situando, então, o Logos como centro de perspectiva, Justino coloca a revelação sob o signo do conhecimento.

Esta estima pela filosofia grega e este recurso a ela, já presentes antes de Justino, são ainda mais visíveis em *Clemente de Alexandria* (falecido antes de 215), cujo tema de pensamento funda-se na teologia do Logos salvador e revelador. Clemente não hesita em dar a prioridade ao conhecimento de Deus sobre a salvação (*Str.* IV, 136,5). Optando por um Logos fonte de luz e de verdade, Clemente propõe a revelação como "gnose" cristã, portanto, correspondente ao desejo de conhecimento que animava seu ambiente cultural. "O rosto do Pai é o Logos em que Deus é iluminado e revelado" (*Paed.* I, 57, 2; *Str.* VII, 58,3-4). Luz do Pai, o Logos revela tudo o que é ao mundo, tudo o que torna o homem capaz de compreender a si mesmo e de participar da vida de Deus. Este conhecimento, oferecido por Deus em plenitude, e que proporciona a salvação ao homem, constitui o contexto da revelação. Só o Logos encarnado confere "a iniciação reveladora de Cristo" e não os mistérios gnósticos. Sem dúvida, para Clemente, o conhecimento de Deus está em primeiro lugar na reflexão, mais ainda do que a história da salvação. Por isto, nosso único pedagogo é o Logos. Somos "alunos de Deus: é seu próprio Filho que nos dá uma instrução verdadeiramente santa" (*Str.* I, 98,4; *Prot.* 112,2). A superioridade incomparável do cristianismo advém do fato de ter o Logos por mestre (*Str.* II, 9,4-6), do qual recebe um ensinamento superior. Antes de Cristo, a filosofia foi dada aos gregos como um terceiro testamento, para conduzi-los a Cristo. Agora, a filosofia está a serviço da fé. Agora, é o Logos encarnado que nos ensina como o homem pode tornar-se filho de Deus; é Ele o Pedagogo universal que reúne lei, profetas e Evangelho. A dimensão da história da salvação é mantida em suas etapas, mas subordinada ao princípio da gnose total. Não existe verdadeira gnose a não ser no cristianismo, mas a fonte é Deus que, com esta gnose, conduz à salvação, indissoluvelmente ligada a Cristo.

Orígenes (falecido em 253-254) também elabora uma reflexão sobre a revelação a partir do Logos, imagem fiel do Pai. “Vemos no Verbo, que é Deus e imagem de Deus invisível, o Pai que o gerou” (*Com. Jo.* 32,29). A revelação realiza-se porque o Verbo se encarna e, através de encarnação, isto é, na carne do corpo e da Escritura, permite-nos entender o Pai invisível e espiritual. O Logos é mediador de uma revelação que vai da criação até a lei, os profetas e os evangelhos. A revelação atinge um primeiro ápice na encarnação do Logos. Todavia, aos olhos de Orígenes, a encarnação não é tanto uma brusca descida do Logos à história, mas, antes, uma promoção de todas as coisas para o Espírito. A encarnação do Logos inaugura um conhecimento-processo que segue o trio: sombras-imagem-verdade. Mais ainda do que a passagem da preparação para a realização, Orígenes sublinha a passagem dos sinais para a realidade: da carne para o espírito, das sombras e das imagens para a verdade, da letra para o espírito, do Evangelho temporal para o Evangelho eterno. O que é importante não é tanto o fato da encarnação, mas, antes, o cantar e o reconhecer a vinda de Deus, sob a ação da graça. Também Orígenes – e mais do que Clemente de Alexandria – sublinha a subjetividade da revelação. A iluminação inaugurada pela fé instaura um processo de progresso na compreensão da revelação: tensão do Evangelho temporal, sempre mais compreendido, para o Evangelho eterno, realidade dos mistérios esboçada no Evangelho temporal. Não é o conteúdo que muda, mas sua revelação progressiva, sua espiritualização, até a consumação definitiva na visão. Orígenes, como Clemente, acolhe o esforço de inculturação da filosofia grega, mas não chega ao ponto de falar de um Testamento dos Gentios.

A reflexão dos alexandrinos, movida pelo desejo de fazer a Igreja sair de seu isolamento e partir ao encontro da cultura helenística, representa um esforço positivo de reconciliação com o mundo antigo, mas também um perigo de “intelectualização” excessiva da revelação bíblica, entendida como gnose, ensinamento, doutrina superior. Esta corrente, que corre o risco de desligar a revelação de seus vínculos históricos, teve repercussões em toda a teologia subsequente e até o recente concílio. Já no período pós-tridentino, com Suárez e De Lugo, a revelação é entendida sempre mais como uma doutrina, como um conjunto de verdades sobre Deus. As queixas expressas às vésperas do Vaticano II sublinham, todas elas, o empobrecimento da noção de revelação, eivada de intelectualismo e reduzida à comunicação de um sistema de ideias, em vez de ser a manifestação e a doação de uma pessoa que é Verdade em pessoa.

3. *Economia e pedagogia da revelação* – Se o pensamento patrístico dos primeiros séculos soube evitar estes perigos, é porque nunca perdeu o contato com as categorias bíblicas; e, sobretudo, porque nunca cessou de refletir sobre a história da salvação. Esta ligação com a história serviu de contrapeso a uma revelação entendida como puro conhecimento. Por isto, a teologia de Irineu, em reação aos gnósticos, constitui um ponto de referência incontroversível.

Num certo sentido, os gnósticos levam ao apogeu a ideia da revelação, já que para eles o conhecimento ou gnose vem do alto, por iluminação. A gnose entra, pois, em concorrência com o cristianismo, na medida em que se desliga da história. Separa-se do Jesus histórico para ligar-se ao Cristo pneumático. Cristo mantém sua função de mediador, mas desfigurada; a Igreja teve que redefinir e precisar tal função na história da salvação.

No contexto antignóstico, que opõe AT e NT, Irineu sublinha a unidade da história da salvação. Consequentemente, o tema da revelação é ligado ao tema mais amplo da ação do Verbo de Deus, a um tempo criador e salvador. Com seu conceito de “economia” ou de “disposição”, Irineu insiste na unidade orgânica da história da salvação. O mesmo Deus realiza, em seu único Verbo, um só plano de salvação, desde a criação até a visão. Sob a guia do Verbo, a humanidade nasce, cresce e morre até a plenitude dos tempos (*Adv. Haer.* IV, 38,3).

Aos gnósticos, que distinguem o Cristo do Jesus segundo a carne, Irineu opõe o tema da economia e propõe a encarnação como clímax desta economia iniciada no AT. Mais ainda, já que o Verbo está presente à totalidade do tempo, é, desde o início, desde a criação, que revela o Deus criador (IV, 6,6; II, 6,1; 27,2). “Mesmo com a lei e os profetas o Verbo proclamava a si mesmo e proclamava o Pai” (IV, 6,6; 9,3). Finalmente, com sua vinda, o Filho “deu-nos toda a novidade, dando-se a si mesmo” (IV, 34,1). A novidade do cristianismo é a vida humana do Verbo: não existe novo Deus, mas nova manifestação de Deus em Jesus Cristo. A encarnação é uma teofania do Verbo de Deus e o progresso consiste na presença humana e carnal do Verbo, tornado visível e palpável entre os homens, para manifestar o Pai que permanece invisível (IV, 24,2). O AT é o tempo da promessa; o NT é a realização da promessa e o dom do Verbo encarnado. Os dois testamentos formam um tecido inscindível. Irineu põe em evidência os acontecimentos da história da salvação e liga intimamente o AT e o “evangelho tetramorfo”. Os apóstolos são o anel da corrente entre Cristo e a Igreja (I, 27,2; IV, 37,7), mas Cristo é a chave de abóboda do edifício inteiro.

Quase todos os Padres, especialmente Justino, Clemente, Orígenes, Basílio, Gregório de Nissa e Agostinho, insistem, como Irineu, neste caráter de “economia” da revelação. Ela apresenta-se como plano de salvação infinitamente sábio, concebido por Deus desde toda a eternidade e pacientemente realizado segundo caminhos por Ele escolhidos, preparando e educando a humanidade, fazendo-a amadurecer e revelando-lhe progressivamente aquilo que é capaz de acolher. Os Padres, sobretudo Irineu, comprazem-se em reconstruir a história das iniciativas de Deus para “habituar” o homem a sua presença.

A esta ideia está ligada a dos adiamentos da vinda de Cristo. A carta a Diogneto afirma que os homens tinham que experimentar sua impotência, antes de conhecerem a plenitude da salvação (perspectiva dramática). Irineu, Clemente e Orígenes (em alguns textos) desenvolvem a tese da pedagogia divina. Deus educa a humanidade para receber a plenitude dos dons divinos da encarnação (perspectiva otimista). Para Agostinho e para Orígenes (em outros textos), o problema dificilmente se coloca, uma vez que a

Igreja é coextensiva à humanidade. Ela começou com os patriarcas. A verdade de Cristo já era conhecida dos profetas do AT.

Evocando constantemente as etapas desta economia e desta pedagogia, os Padres não cessam de afirmar o caráter histórico da revelação: sua ligação profunda com a história na preparação e no anúncio, na plenitude em Jesus Cristo, na extensão ao mundo por meio dos apóstolos e da Igreja. Este esquema conhece algumas variantes, relativas sobretudo ao lugar deixado aos profetas e aos apóstolos, assim como a importância concedida à filosofia. Mas, para todos, a revelação culmina em Cristo, Filho do Pai, Verbo ou Logos encarnado e, consequentemente, revelador perfeito.

4. *Centralidade de Cristo* – Todos os Padres da Igreja veem em Cristo o ápice, a consumação da história da salvação. Verbo de Deus, Filho do Pai, Ele assume todos os caminhos da encarnação, tanto a palavra quanto a ação, para dar-nos a conhecer o Pai e seu projeto de salvação. Contudo, o mais das vezes, atribuem o papel principal à palavra humana de Cristo. Prioridade que se exprime no uso das expressões e dos termos: Palavra de Deus, palavra de Cristo, boa notícia ou Evangelho, ensinamento, doutrina da fé, doutrina da salvação, prescrições, mandamentos, ordens de Deus ou de Cristo, regra de verdade, regra de fé etc. Para Inácio de Antioquia, Irineu e Atanásio, encarnação e revelação estão intimamente ligadas entre si.

Inácio de Antioquia vê na pessoa de Cristo a totalidade da revelação e a totalidade da salvação: "Existe um só Deus, que se manifesta em Jesus Cristo, seu Filho, que é o Verbo saído do silêncio" (*Magn.* 8,2; 6,1-2). Todas as manifestações do AT orientam-se para a manifestação definitiva da encarnação: "O conhecimento de Deus é Jesus Cristo" (*Ef.* 15,1; *Magn.* 9,1). Aos judaizantes, que estabelecem oposição entre o Evangelho e profetas e que subordinam o Evangelho aos arquivos do AT, Inácio opõe a pessoa de Cristo, em quem tudo se soluciona na unidade, na esperança e na realização: "Para mim, os arquivos são Jesus Cristo; meus arquivos invioláveis são sua cruz, sua morte e ressurreição e a fé que vem dele" (*Filad.* 8,2-12). Cristo é "a porta pela qual entram Abraão, Isaac e Jacó, os profetas e os apóstolos da Igreja. Tudo isso leva à unidade com Deus" (*Filad.* 9,1). Cristo é o único salvador e revelador.

Irineu polariza igualmente todo o evento da revelação na encarnação do Filho: "O Pai aparecia no Verbo, tornado visível e palpável" (*Adv. Haer.* IV, 6,6). O Filho encarnado não proporciona somente um conhecimento abstrato do Pai: Ele é sua manifestação viva. Não que o Filho seja visível por natureza: Ele é de natureza invisível, como o Pai, mas a encarnação o torna visível e, através de seus múltiplos caminhos, permite-lhe manifestar o Pai (IV, 6,6). A revelação aparece, pois, aos olhos de Irineu como a epifania do Pai, através do Verbo encarnado. Cristo ou o Verbo encarnado é o visível que manifesta o Pai, ao passo que o Pai é o invisível, manifestado pelo Filho encarnado e visível. Irineu estabelece, pois, uma equivalência prática entre a encarnação, considerada concretamente, e a revelação: as duas são intercambiáveis.

Atanásio distingue dois aspectos na manifestação do Verbo por meio da encarnação: a manifestação de Cristo como pessoa divina, imagem do Pai, e a comunicação por meio da doutrina de salvação. Não obstante a lei e os profetas, os homens esqueceram Deus: pecaram. Por "condescendência", por "filantropia" e para restaurar no homem a imagem do Pai, o Verbo de Deus se encarnou (*De Inc.* 8), "divina epifania aos homens" (*De Inc.* 1). Ele assume os homens em nível deles: assim, estes poderão reconhecer, "por suas obras realizadas com o corpo, o Verbo de Deus e, nele, o Pai" (*De Inc.* 14), Exatamente como o Verbo invisível manifesta-se na obra de sua criação, o Verbo encarnado faz-se reconhecer em suas obras de poder, os milagres (*De Inc.* 16). Atanásio afirma, como Orígenes: "O Verbo tornou visíveis a si mesmo e a seu corpo para que nos fizéssemos uma ideia do Pai invisível" (*De Inc.* 54). Em segundo lugar, a encarnação permitiu a Cristo fazer conhecer ao homem a doutrina da salvação (*De Inc.* 52) e convidá-lo à fé.

Embora reconhecendo o papel central de Cristo, a teologia grega é menos sensível ao papel da assunção da carne. Por isto, Justino e Clemente veem em Cristo sobretudo o mestre, fonte de toda verdade, e, na revelação, a comunicação da verdade absoluta, da verdadeira filosofia. No ponto de encontro destas duas teologias situa-se Orígenes. Para ele Cristo é revelador, enquanto, através da carne, podemos fazer-nos uma ideia do Verbo e no Verbo, imagem do Pai, uma ideia do próprio Deus. Os alexandrinos veem em Cristo aquele que traz a luz às inteligências imersas nas trevas. Nostalgia platônica do mundo da luz e de sua contemplação por parte da inteligência.

5. *Inacessibilidade e conhecimento de Deus* – A heresia de Eunômio, no século IV, leva os capadócios a retomar o problema da centralidade de Cristo numa perspectiva diferente. Eunômio pretendia afirmar que a essência divina, uma vez revelada, não apresentava nenhum mistério. Frente a este erro, *Gregório de Nazianzo*, *Basílio* e *Gregório de Nissa* professam que Deus permanece inefável, inacessível, mesmo depois de ter-se revelado: Ele é a Treva misteriosa que ninguém é capaz de penetrar por inteiro. Mesmo os grandes confidentes de Deus, como Moisés, Davi, Isaías e Paulo, declaram que a essência de Deus permanece um mistério. O que sabemos dos segredos de Deus vem-nos de Cristo. Só Ele atravessa a opacidade das trevas de nossa ignorância. Nossa fé, diz Gregório de Nissa, vem "de Nosso Senhor Jesus Cristo, que é Verbo de Deus, vida, luz e verdade; Deus é sabedoria, e é tudo isso por sua natureza". "Persuadidos de que Deus apareceu na carne, cremos neste único verdadeiro mistério de piedade, que nos foi transmitido pelo próprio Verbo, que falou pessoalmente aos apóstolos" (*C. Eunom.* II, 45,466-467).

Como os capadócios, João Crisóstomo insiste no fato de que Deus, embora revelado, permanece invisível, inenarrável, imperscrutável, inacessível, impossível de ser circunscrito, irrepresentável: Ele permanece sempre o Abismo, a Treva. O que sabemos de Deus foi-nos revelado por Cristo e por seu Espírito (*Jo. Hom.* 15,1).

Como os alexandrinos, os capadócios dispensam particular atenção à apropriação subjetiva da verdade e a seu frutificar na alma, mediante a fé e os dons do Espírito. Sob sua ação iluminadora, a alma penetra sempre mais os mistérios do Filho e do Pai: busca da verdade que nunca se acaba e é sempre mais ardente. O Espírito irradia sua luz na alma, que, sob o efeito desta irradiação, se torna sempre mais transparente e espiritual. Só o Espírito, observa São Basílio, "conhece a profundidade de Deus e dele a criatura recebe a revelação de seus mistérios" (*De Sp. S.* 24).

6. *Dupla dimensão da revelação* – Esta insistência na ação iluminadora do crente, por obra do Espírito, introduz-nos num último aspecto da revelação, sublinhado pela maior parte dos Padres da Igreja: um tema particularmente ilustrado por → Agostinho, inspirado em São João e também na filosofia platônica e neoplatônica. À ação exterior de Cristo que fala, prega e ensina, corresponde uma ação interior da graça, que os Padres, segundo as Escrituras, denominam revelação, atração, adesão interior, iluminação, unção, testemunho. Ao mesmo tempo em que a Igreja proclama a boa notícia da salvação, o Espírito opera por dentro para tornar assimilável e fecunda a palavra ouvida.

Os alexandrinos insistem nesta segunda dimensão da revelação, mas é Agostinho quem explica mormente sua função e seu mecanismo. A palavra de Cristo não é uma palavra humana: é dotada de uma dupla dimensão, exterior e interior, em razão da graça que a vivifica e a acompanha. Agostinho desenvolve este pensamento sobretudo em seu comentário a Jo 6,44: "Ninguém pode vir a mim se o Pai não o atrair" e no *De Gratia Christi*, dirigido contra Pelágio. "Vir a Cristo" significa ser atraído pelo Pai e crer. Se Pedro pôde confessar Cristo como Messias, foi em virtude desta atração, que é dom. Cristo faz ouvir sua palavra, mas é o Pai quem concede ao homem o acolhê-la, em virtude da atração para o Filho, que Ele provoca na alma. Receber as palavras de Cristo – observa ainda Agostinho – não quer dizer só escutar exteriormente "com os ouvidos do corpo, mas do profundo do coração", como os apóstolos (*Jo. tr.* 106,6). Ouvir com os ouvidos interiores, obedecer à voz de Cristo, crer: trata-se de uma única coisa (*Jo. tr.* 115,4). Agostinho insiste: a palavra ouvida exteriormente não é nada, se o Espírito de Cristo não agir interiormente para fazer-nos reconhecer, como palavra dirigida pessoalmente a nós, a palavra ouvida: "Jesus Cristo é nosso mestre e sua unção nos instrui. Se esta inspiração e esta unção faltarem, em vão as palavras ressoam em nossos ouvidos" (*Ep. Jo. tr.* 3,13). Esta graça é ao mesmo tempo atração e luz. Atração que solicita as faculdades do desejo, luz que faz ver em Cristo a verdade em pessoa. O Concílio de Orange, exprimindo-se segundo a perspectiva de Agostinho, dirá que ninguém pode aderir ao ensinamento do Evangelho e fazer um ato salvífico sem "uma iluminação e uma inspiração do Espírito Santo, que dá a todos a suavidade da adesão e da crença na verdade" (DS 377). O homem recebe de Deus dois dons: o do Evangelho e o da graça, para aderir-lhe na fé (*Degr. Christi*, I, 10,11; 26,27; 31,34). De maneira mais universal, Cristo, como Verbo de Deus, é a única luz do homem, o princípio de todo conhecimento, quer natural quer sobrenatural. Em termos joaneicos, Agostinho compraz-se em definir Cristo como o Caminho, a Verdade, a Luz e a Vida.

Concluindo: a temática desenvolvida pelos Padres da Igreja sobre os pontos que indicamos é por demais importante para não ser ouvida por uma teologia da revelação. Em numerosos pontos, dissipa as trevas acumuladas por uma filosofia construída fora das categorias bíblicas ou tributária de uma filosofia de inspiração racionalista.

Para o período medieval, cf., neste dicionário, Santo Tomás de Aquino (p. 838-840)

VI. DECLARAÇÕES DO MAGISTÉRIO – Numa perspectiva diacrônica, as declarações do magistério vêm naturalmente depois da reflexão da era patrística e medieval. Durante os primeiros séculos e ao longo de toda a Idade Média, a existência da revelação nunca foi contestada. Em todo caso, nunca se verificou anátema ou condenação que desse a entender uma negação do fato ou uma contaminação do conceito. As controvérsias que atraem a atenção da Igreja dizem respeito principalmente à Trindade, à encarnação, aos mistérios de Cristo. Ninguém imagina negar ou colocar em dúvida o fato de Deus ter falado aos homens por meio de Moisés e dos profetas e, posteriormente, por meio de Cristo e dos apóstolos.

A expressão mais completa, na época medieval, do conceito de revelação é indubitavelmente a fornecida pelo quarto Concílio Lateranense, de 1215: "Esta Santa Trindade, primeiro por meio de Moisés, dos santos profetas e de seus outros servos, segundo uma sapientíssima disposição das circunstâncias, deu ao gênero humano uma doutrina da salvação. Finalmente, o Filho Unigênito de Deus, Jesus Cristo, tornou visível de modo mais manifesto o caminho da vida" (DS 800-801). Como os Padres da Igreja, o concílio sublinha os temas da economia e do progresso da revelação, que culmina em Jesus Cristo. Como São Boaventura e Santo Tomás, fala de doutrina da salvação. A revelação é a ação-fonte, de que procede esta doutrina, mas é a doutrina que retém aqui a atenção. O termo de revelação como tal ainda não aparece.

1. *O Concílio de Trento e o protestantismo* – Embora o protestantismo do primeiro período não questione diretamente a noção de revelação, todavia a ameaça. Assim, Calvino (→ Calvinismo), na sua *Instituição da religião cristã* (I, 5,2), admite que Deus se manifesta aos homens nas obras da criação, mas acrescenta logo que a razão humana foi tão seriamente lesada pela culpa de Adão que esta automanifestação de Deus torna-se inútil para nós. Por isso, Deus outorgou à humanidade não somente "mestres mudos", mas também sua Palavra divina (I, 6,1). Portanto, dos dois tipos de conhecimento de Deus, tradicionalmente reconhecidos – isto é, mediante a criação e a revelação histórica – o primeiro está aí desvalorizado em benefício do segundo. Logo, o protestantismo tende a desvalorizar qualquer conhecimento de Deus que não seja revelação em Jesus Cristo. Além disso, ao mesmo tempo em que afirma o princípio da salvação através da graça e exclusivamente através da fé, o protestantismo assenta o princípio da autoridade soberana da Escritura. A → *regula fidei* é exclusivamente a

Escritura, com a assistência individual do Espírito, que permite perceber o que é revelado e, portanto, o que se deve crer. Testemunho do Espírito nas almas e Palavra de Deus na Escritura são inseparáveis. Só o Espírito ilumina a Palavra.

À primeira vista, o protestantismo parece, portanto, exaltar o caráter transcendental da revelação, pois suprime qualquer intervenção mediadora entre a Palavra de Deus e a alma que a recebe. Na verdade, ele compromete este caráter transcendente da revelação, pois ao mesmo tempo em que assenta o princípio da autoridade soberana da Escritura, radicaliza-se contra a autoridade da Igreja (DS 1477), tanto em sua tradição quanto nas atuais decisões do magistério. Ele corre o risco de cair numa inspiração incontrolável, encaminhando-se para o individualismo e o racionalismo. Processo este que aparece em sua luz mais crua com o protestantismo liberal, mas que já se havia iniciado desde o século XVII. Por sua parte, o Concílio de Trento dedicou-se a afastar o perigo mais imediato, constituído por uma atenção por demais exclusiva à Escritura, em detrimento da Igreja e de sua tradição viva. O decreto sobre a matéria, publicado em 15 de abril de 1547, assim se exprime:

"O Santo Concílio de Trento, tendo sempre diante dos olhos a intenção de conservar na Igreja – eliminando os erros – a mesma pureza do Evangelho que, depois de ser anteriormente prometido pelos profetas nas Sagradas Escrituras, foi proclamado primeiro pela boca de Nosso Senhor Jesus Cristo, Filho de Deus, e, em seguida, pelos seus apóstolos, aos quais confiou a missão de anunciá-lo a toda criatura, como fonte de toda verdade salutar e de toda regra dos costumes; e considerando que esta verdade e esta regra moral estão contidas nos livros escritos e nas tradições não escritas que chegaram até nós, ou recebidas pelos apóstolos da boca de Cristo ou transmitidas, como de mão em mão, pelos apóstolos a quem o Espírito Santo as havia ditado; o concílio, portanto, segundo o exemplo dos padres ortodoxos, recebe todos os livros, tanto do Antigo como do Novo Testamento, já que o mesmo Deus é autor de ambos, assim como as tradições que dizem respeito seja à fé seja aos costumes, enquanto provenientes da mesma boca de Cristo ou ditados pelo Espírito Santo e conservados na Igreja Católica com uma sucessão contínua: o concílio os recebe e os venera com o mesmo respeito e a mesma piedade" (DS 1501).

Notemos, antes de tudo, que neste parágrafo o termo *revelação* não aparece: o que está em primeiro lugar é o termo *evangelho*, que representa um uso neotestamentário amplamente difundido, isto é, a boa notícia ou a mensagem de salvação, trazida e realizada por Cristo, pregada a toda criatura (Mc 16,15-16). O concílio segue, portanto, o uso medieval e o concílio lateranense. O *Evangelho*, a doutrina da salvação, é o objeto proposto a nossa fé. De maneira mais sistemática, o texto comporta uma tripla afirmação: 1. o Evangelho foi-nos dado progressivamente: primeiro, *anunciado* pelos profetas, depois, *promulgado* por Cristo, finalmente, *pregado* pelos apóstolos, por ordem de Cristo, a toda criatura. Nele está "a fonte de toda verdade salvífica e de toda regra dos costumes". 2. Esta verdade da salvação e esta lei de nosso agir moral, das quais o Evangelho é a única fonte, estão contidas nos livros inspirados da Escritura e nas tradições não escritas. 3. O concílio acolhe com igual piedade e respeito a Escritura (AT e NT) e "as tradições que provêm da boca de Cristo, ou ditadas pelo Espírito Santo e conservadas na Igreja Católica com uma sucessão contínua". Por isso, é preciso crer tudo o que está contido na Palavra de Deus, escrita ou transmitida (DS 3011). A única mensagem evangélica, a única boa notícia está expressa de formas diversas: escrita e oral. No decreto sobre a justificação, o objeto da fé é novamente apresentado como uma doutrina ensinada por Cristo, transmitida pelos apóstolos, conservada pela Igreja e defendida por esta contra todo erro (DS 1520). Indubitavelmente, o que está em primeiro plano na revelação é a *mensagem* de salvação, a *doutrina* ensinada por Cristo. A centralidade de Cristo, como pessoa, fonte, mediador, plenitude da revelação, passa para segundo plano.

2. *O primeiro Concílio Vaticano e o Racionalismo* – Pela primeira vez um concílio usa explicitamente o termo *revelação*. Todavia, o que é questionado ainda não é a natureza e nem são os traços específicos desta revelação, como ocorrerá no Vaticano II, mas o *fato* de sua existência, de sua possibilidade, de seu objeto. Como no Concílio de Trento, o que merece a atenção não é tanto *a ação reveladora original*, mas, antes, o *resultado*, o *objeto* desta ação, a doutrina de fé e seu conteúdo: Deus e seus decretos, seus mistérios.

Para entender o → Vaticano I, há que reportar-se ao contexto histórico que o antecedeu. Com o Iluminismo europeu dos séculos XVII e XVIII, as exigências do sujeito pensante vieram ocupar o primeiro lugar na consciência ocidental. Inevitavelmente, tinha que surgir o problema de uma intervenção divina de tipo transcendente.

Além da posição católica, podia-se teoricamente pensar em três respostas diferentes que, de fato, existiram. Rejeitar a hipótese de uma revelação e de uma ação transcendente de Deus na história humana, como fazem o deísmo e o progressismo (DS 3027-3028), que reclamam uma autonomia absoluta da razão. A fé numa religião revelada comporta um desprezo da razão humana; o homem deve cessar de comportar-se como alguém "de menor idade", sempre escravizado, sempre a reboque da Igreja. Ou então reduzir a revelação apenas a uma forma particularmente intensa do sentimento religioso universal: resposta esta do protestantismo liberal e das posições extremas do Modernismo. Finalmente, suprimir um dos dois termos: Deus. Assim, os partidários de um evolucionismo absoluto, como os hegelianos, conservam ainda o termo revelação, mas esvaziado de todo sentido tradicional. O cristianismo representa apenas um momento, já superado, da evolução da razão rumo a seu devir total.

Diante do panteísmo e do deísmo, o Vaticano I declara o *fato* de uma revelação sobrenatural: sua possibilidade, sua conveniência, sua finalidade e discernibilidade e seu objeto. Para perceber o alcance da intervenção deste concílio, é preciso ter presentes os nomes que, desde séculos, dominam o pensamento ocidental, na maioria protestantes, que pouco a pouco se desviaram para as diversas formas do Racionalismo e do Materialismo. Na *Ale-*

manha, Wolff (1679-1754), Kant (1724-1804), Fichte (1762-1814), Schelling (1775-1854), Hegel (1770-1831), Schopenhauer (1788-1860), Schleiermacher (1768-1834), Strauss (1808-1874) e Baur (1792-1860). O Racionalismo *inglês* está ligado à filosofia de Bacon (1561-1626), ao materialismo de Hobbes (1588-1679), ao sensismo de Locke (1631-1704). Neste incessante processo de desvio, apareceram o positivismo de Stuart Mill (1773-1836), o evolucionismo culto de Spencer (1820-1903) e de Darwin (1809-1882). Na *França*, Voltaire (1694-1778) e Rousseau (1712-1778) foram, com a *Enciclopédia*, os mestres do laicismo moderno. As teorias de Locke infiltraram-se nele através de Condillac (1715-1780), ao passo que o positivismo inglês, com Hume, Spencer e Darwin, foi introduzido por Comte (1798-1857), Taine (1828-1893) e Littré (1801-1880).

Para limitar-nos ao contexto imediato do concílio, recordemos que o século XIX, se excetuarmos um curto período de religiosidade romântica, sofreu sobretudo a influência dos deístas ingleses e dos enciclopedistas franceses. Os conceitos de sobrenatural, de revelação, de mistério e de milagre e os títulos do cristianismo são questionados e discutidos nos ambientes cultos, em nome da crítica histórica e da filosofia. A ciência das religiões, ainda jovem, contesta o próprio caráter transcendente da religião. A esquerda hegeliana, com Feuerbach, prepara o caminho para o ateísmo de Marx, enquanto as explicações materialistas do mundo e da vida conquistam rapidamente a simpatia do público, sob a influência de Spencer e de Darwin.

A constituição dogmática *Dei Filius*, do Vaticano I, expõe em quatro capítulos a doutrina da Igreja sobre Deus, sobre a revelação, sobre a fé e sobre as relações entre fé e razão. Recordaremos sobretudo a contribuição do segundo capítulo, que diz respeito à revelação – não tanto sua natureza, mas, antes, ao *fato de sua existência*, de sua possibilidade, de seu objeto.

a. No primeiro parágrafo do referido capítulo, o concílio distingue duas vias, pelas quais o homem pode chegar ao conhecimento de Deus: a via ascendente, que parte da criação (*per ea quae facta sunt*), tem como instrumento a luz da razão e não atinge Deus em sua vida íntima e sim na relação causal com o mundo. A segunda via tem como autor *Deus que fala*, autor da ordem sobrenatural, que se faz conhecer, assim como dá a conhecer os decretos de sua vontade. Falando da primeira via de acesso ao conhecimento de Deus através de todo o criado, o concílio não diz se este conhecimento opera, de fato, com ou sem a ajuda da graça. Se o concílio afirma que a razão humana pode atingir o conhecimento de Deus através do contingente, é, antes de tudo, porque vê esta verdade afirmada pela Escritura (Rm 1,18-32; Sb 13,1-9) e por toda a tradição patrística; em seguida, porque a negação desta verdade levaria ao ceticismo religioso.

A segunda via de acesso a Deus é a via sobrenatural da revelação: "Todavia aprouve à sabedoria e à bondade de Deus revelar ao gênero humano por outra via, e sobrenatural, a si mesmo e aos eternos decretos de sua vontade; é o que diz o apóstolo: depois de já ter, reiteradas vezes e de numerosas formas, falado outrora aos Padres e aos profetas, Deus, nestes últimos dias, falou-nos no Filho" (DS 3004). Ainda que sumário, este texto fornece numerosos e importantes dados sobre a revelação: 1. O texto estabelece o *fato* da revelação sobrenatural e positiva, tal como é proposta pelo AT e pelo NT. 2. Esta operação é essencialmente graça, dom do amor, efeito do "beneplácito" de Deus (*placuisse*). 3. Todavia, embora iniciativa de Deus, a revelação não foi outorgada sem motivo: ela convinha à sabedoria e à bondade de Deus. À *sabedoria* de Deus, criador e providência (DS 3001-3003), a fim de que as verdades religiosas de ordem natural "pudessem ser conhecidas por todos, sem dificuldade, com uma certeza firme e sem possibilidade de erro" (DS 3005); convinha, outrossim, a sua sabedoria de autor também da ordem natural, pois, se Deus tivesse elevado o homem a esta ordem, deveria dar-lhe a conhecer a finalidade e os meios. A revelação convinha também à *bondade* de Deus. Já a iniciativa com que Deus sai de seu próprio mistério, dirige-se ao homem, interpela-o e entra em comunicação pessoal com ele é um sinal de sua infinita benevolência. O que convém ao amor infinito é que esta comunicação não somente torne mais fácil o caminho natural do homem para Deus, mas também o associe aos segredos de sua vida íntima, à "participação nos bens divinos" (DS 3005). 4. O objeto material da revelação é *Deus mesmo* e os *decretos eternos* de sua livre-vontade. Os parágrafos subsequentes (DS 3004, 3005) indicam que este objeto abrange tanto verdades acessíveis à razão quanto mistérios que a superam. Por *Deus*, deve-se entender sua existência, seus atributos e também a vida íntima das três pessoas. E por *decretos*, tudo o que diz respeito à criação e ao governo natural do mundo, como também tudo o que diz respeito a nossa elevação à ordem sobrenatural, à encarnação, à redenção, à vocação dos eleitos. 5. O gênero humano inteiro é beneficiário da revelação: esta é universal, como a própria salvação. 6. O texto da Epístola aos Hebreus vem confirmar esta doutrina do fato da revelação e assinala seu progresso de uma aliança à outra. A citação, intimamente ligada ao texto, dá a entender que a revelação é entendida como Palavra de Deus à humanidade: *Deus loquens locutus est.* O que constitui a unidade e a continuidade das duas alianças é a Palavra de Deus: a do Filho é, na realidade, a continuação e a realização da dos profetas.

b. 1. O segundo parágrafo traz a estes elementos de definição novas determinações referentes à necessidade, à finalidade e ao objeto da revelação. Se a revelação é *absolutamente necessária*, afirma o concílio, é porque "Deus, em sua infinita bondade, ordenou o homem a um fim sobrenatural, isto é, à participação dos bens divinos" (DS 3005). Em suma, é a intenção salvífica de Deus que explica o caráter necessário da revelação da ordem sobrenatural. Em relação às verdades religiosas da ordem natural, o concílio, retomando os mesmos termos de → Santo Tomás, descreve-as com os traços da necessidade moral: esta necessidade não diz respeito nem ao objeto, nem ao poder ativo da razão, mas à condição atual da humanidade. Sem a revelação, estas verdades "não podem ser conhecidas por todos sem dificuldade, com uma certeza firme, sem possibilidade de erro" (STh I, 1,1; II-II, 2,4c). A encíclica *Humani Generis*, de 1950, fala explicitamente de "necessidade moral". Trata-se do mesmo objeto de que se falava no parágrafo anterior, mas desta vez considerado sob um aspecto de proporção ou de desproporção em relação às forças da razão. 2. Um termo como revelação evoca também tanto a ação de revelar quanto seu resultado, isto é, o dom recebido, a verdade revelada. Também o concílio é levado, por uma transição normal, a considerar a revelação em seu aspecto objetivo de palavra dita ou expressa. O receptáculo desta revelação, afirma o concílio – retomando os próprios termos do Concílio de Trento – são os livros escritos ou as tradições que "chegaram até nós, ou recebidas pelos apóstolos da boca de Cristo, ou transmitidas de mão em mão pelos apóstolos, a quem o Espírito Santo as tinha ditado" (DS 3006). Todavia, com um novo detalhe, que não estava presente no Concílio de Trento, o Vaticano I usa expressamente o termo de "revelação", para designar o conteúdo da palavra divina: *haec porro supernaturalis revelatio.* Esta palavra, proferida por Deus, contida na Escritura e nas tradições, é o objeto de nossa fé. Por isto, o concílio declara, no terceiro capítulo, que devemos crer "tudo o que está contido na Palavra de Deus, escrita ou transmitida" (DS 3011).

c. À revelação da parte de Deus responde a fé da parte do homem. O motivo desta fé é a autoridade de Deus que fala. A fé, diz o concílio, adere às coisas reveladas "não por causa de sua verdade intrínseca, percebida à luz natural da razão, mas por causa da autoridade do próprio Deus, que não pode errar nem induzir em erro" (DS 3008). A declaração é evidentemente dirigida contra o Racionalismo. Distinguindo assim ciência e fé, evidência natural e assentimento de fé, o concílio afirma de modo equivalente – se bem que o termo não apareça – que a Palavra de Deus pertence à ordem do *testemunho.* Com efeito, uma palavra que suscite uma reação de fé, isto é, que convide a admiti-la com base exclusivamente na autoridade de quem fala, é propriamente um "testemunho". Mas a própria fé é um dom de Deus. Retomando o texto do Concílio de Orange (DS 377) e as afirmações repetidas várias vezes pela Escritura, pela tradição patrística e medieval, o concílio declara: "ninguém pode aderir ao ensinamento do Evangelho, como é necessário para chegar à salvação, sem uma iluminação e uma inspiração do Espírito Santo, que dá a todos a suavidade da adesão e da crença na verdade" (DS 3010). O *sim* da fé à pregação do Evangelho é ao mesmo tempo livre-entrega à moção do Espírito.

Assim, o Vaticano I vê a revelação em sentido ativo, como ação de Deus em vista da salvação do homem, através da qual lhe dá a conhecer a si mesmo e aos decretos de sua vontade. Todavia, é manifestamente a revelação em sentido objetivo que atrai a atenção do concílio. Na constituição sobre a Igreja, o Vaticano I estabelece uma equação entre revelação e → *depósito da fé*: "O Espírito Santo foi prometido aos sucessores de Pedro, para que conservem santamente e exponham fielmente a *revelação* transmitida pelos apóstolos, ou seja, o *depósito da fé*" (DS 3070).

A contribuição do Vaticano I resume-se nos seguintes pontos: *a.* Afirmação da existência da revelação sobrenatural, de sua possibilidade, de sua necessidade, de sua finalidade; *b.* Determinação de seu principal objeto material: Deus mesmo e os decretos de sua vontade salvífica; *c.* A adoção do termo "revelação", em sentido ativo e objetivo, que se torna assim um termo oficial e técnico; *d.* O recurso às analogias da palavra e do testemunho (implicitamente) para descrever esta realidade inédita; *e.* A fé, livre-adesão à pregação do Evangelho, é sustentada por uma ação interior do Espírito, que fecunda a palavra ouvida. Esta contribuição, se comparada à do Vaticano II, parece ainda limitada, mas, se inserida em seu contexto histórico, deve ser considerada como valiosa, pelas perspectivas que abre.

3. *A crise modernista* – O Modernismo, em seu intento mais profundo, é a manifestação "contextual" de um esforço, que deve ser tentado sempre de novo, no sentido de harmonizar os dados da revelação com a história, com as ciências e com as culturas. Problema sério demais para ser resolvido num momento só. O esforço do Modernismo só se compreende à luz das mudanças que a Igreja da época tinha que enfrentar, diante de um mundo em mudança em todos os níveis. O projeto do Modernismo situa-se em nível religioso e intelectual, mas teve a infelicidade de chegar num momento em que a Igreja, malpreparada, inquieta diante de um pensamento sempre mais revolucionário, sentiu-se atacada por todos os lados. Em vez de abrir-se "ao mundo de sua época", como no Vaticano II, não pensou em outra coisa senão em defender-se e em condenar: produziu a *Pascendi*, ao invés da *Gaudium et Spes.* Que contraste existe entre estes dois momentos da história da Igreja?

Os fatores em jogo nesta tomada de consciência de uma nova cultura em gestação eram complexos demais para serem todos representados pelos que têm sido definidos como *modernistas.* Como agrupar sob uma única etiqueta e colocar lado a lado pensadores tão diferentes, como M. Blondel, Mons. Mignot, L. Laberthonnière, G. Tyrrell, o Barão Von Hügel e A. Loisy? Certamente nenhum modernista se teria reconhecido no corpo doutrinal fortemente estruturado, apresentado na *Pascendi.* Não existe um modernismo comum; o que existe são tendências que, na época, pareciam levar a desvios graves e certos.

No movimento de reflexão sobre a revelação, os documentos antimodernistas representam um momento da crise de uma Igreja ainda presa no "labirinto da modernidade" (E. Poulat) e que precisa aventurar-se em pistas inexploradas. Os documentos da época "atestam" uma *transição*: sua preocupação é proteger, defender, mais do que criar e renovar. Aliás, não podemos atribuir as decisões da comissão bíblica, ao decreto *Lamentabili*, à encíclica *Pascendi*, ao motu próprio *Sacrorum antistitum* a mesma autoridade de um concílio da amplidão do Vaticano II.

No essencial, o que a Igreja receava, nas tendências avançadas do Modernismo, era ver a revelação histórica dissolver-se num sentimento religioso cego, surgido das profundezas do inconsciente, sob a pressão do coração e o impulso da vontade. Neste ponto, atingem-se as posições de A. Sabatier. A revelação reduz-se a uma vaga experiência religiosa, de que as diversas religiões são pontos de saída na consciência de cada um. Pode-se compreender que o magistério, diante de tais desvios, tenha defendido com vigor o caráter ao mesmo tempo histórico e transcendente da revelação e o conteúdo doutrinal. Sem negar os elementos de imanência da revelação, o magistério recusava reduzi-la a uma pura imanência. Contra os excessos do Modernismo – que não aceitava a noção de revelação como "depósito divino" ou "conjunto de verdades definidas", querendo substituí-la por uma revelação como criação humana, nascida das profundezas do inconsciente – o discurso antimodernista, elaborando-se pouco a pouco da obscuridade para a clareza, do não formulado para o formulado, declara que o objeto da fé é "tudo o que Deus disse, atestou e revelou" (DS 3542). A revelação é o conteúdo de uma palavra, de um testemunho. Alhures, este conteúdo é denominado doutrina, palavra revelada, Evangelho (DS 3538-3550). Pela primeira vez, num documento oficial, encontram-se reunidos os três termos: palavra (*dicta*), testemunho (*testata*), revelação (*revelata*). Cada um desses termos recolhe e precisa o anterior. *Palavra*, a revelação dirige-se ao homem e lhe comunica o projeto de Deus; *testemunho*, recorda a reação específica da fé. A revelação é palavra de atestação: daí a definição de *locutio Dei attestans*, que terá voga por muitos decênios e que condensa numa fórmula declarações da Escritura e da tradição patrística e teológica. O que Deus disse, atestou e revelou, é definido pela Igreja: palavra revelada, doutrina de fé, depósito divino, confiado a sua guarda para ser conservado sem acréscimos, alterações, mudanças de sentido ou de interpretação. Esta doutrina não é do homem, mas de Deus.

Sobre o tema da revelação, os documentos antimodernistas apresentam uma terminologia mais precisa, ao mesmo tempo em que se caracterizam por um evidente inflamento do caráter doutrinal da revelação, em detrimento do caráter histórico e pessoal. Assim, entende-se melhor a alergia diante da teologia pré-conciliar, representada por homens como De Lubac, Daniélou, Bouillard, Von Balthasar, Chenu, teologia que se levantava contra um certo intelectualismo tendente a fazer da revelação a comunicação de um sistema de ideias, em vez da manifestação de uma pessoa, que é verdade em pessoa, ponto de chegada de uma história que culmina em Jesus Cristo. Os excessos dos teólogos antimodernistas provocaram uma reação que se manifestou na → *Dei Verbum*. As queixas da teologia pré-conciliar resumem-se em duas coisas: no temor de reduzir o cristianismo a um intelectualismo exagerado; e, formulado no positivo: desejo de uma fidelidade maior aos dados da Escritura e da Tradição.

VII. REFLEXÃO SISTEMÁTICA: SINGULARIDADE DA REVELAÇÃO CRISTÃ – 1. *Contexto* – A atual teologia da revelação conciliar e pós-conciliar não é fruto de um germinação espontânea; é, antes, o resultado de uma caminhada laboriosamente percorrida, durante muitos anos, em meio a tensões dramáticas. Esta reflexão nasceu num contexto de mudança acelerada, muito bem descrita pela *Gaudium et Spes* (n. 4-10). O espírito científico estendeu seu domínio sobre todo o mundo do conhecimento: sobre as ciências físicas, biológicas, psicológicas, econômicas e sociais. As filosofias em voga são a da existência, da pessoa, da história, da linguagem, da praxis (R. Winling, *La théologie contemporaine, 1945-1980*, Paris, 1983).

O interesse pela teologia da revelação, no mundo católico, foi estimulado pela renovação bíblica e patrística. O reflorescimento bíblico teve como corolário o primado da palavra e da ação reveladora. Com efeito, nos dicionários e nas enciclopédias recentes, os artigos contidos sob os verbetes palavra, linguagem, revelação e fé constituem muitas vezes verdadeiras e próprias monografias, pela amplidão e riqueza de informação. Além disso, têm-se multiplicado os trabalhos sobre conceitos fundamentais, necessários para a compreensão da revelação (p. ex.: gnose, mistério, epifania, testemunha, testemunho, palavra, verdade). Ainda que a teologia patrística sobre o tema da revelação não tenha progredido no mesmo ritmo, a teologia da revelação já se beneficiou da renovação dos estudos patrísticos, seja em nível das grandes coleções, como *Sources chrétiennes*, *Handbuch der Dogmengeschichte*, seja em nível de monografias (p. ex., sobre Orígenes, sobre Irineu, sobre a escola de Alexandria, sobre Gregório de Nissa, sobre Hilário de Poitiers, sobre Agostinho etc.). A teologia protestante, por sua vez, tem podido contribuir, com abundância e qualidade, para a renovação da teologia católica. Basta listar alguns dos nomes mais importantes: → K. Barth, → R. Bultmann, E. Brunner, H.W. Robinson, → P. Tillich, H.R. Niebuhr, G. Kittel, J. Baillie. Ação, evento, história, encontro, significatividade, eis aí aspectos que a teologia protestante gosta de sublinhar. No mundo católico, temos as reflexões que servem como catalisadores, sobre o estatuto da teologia, sobre o sentido da pregação (teologia querigmática, teologia da pregação), sobre a evolução do dogma, sobre a fé. Posteriormente, no pós-guerra, apareceram as primeiras tentativas de sistematização: ponto de partida de uma prodigiosa proliferação de monografias sobre a própria revelação, sobre a DV, e sobre a Teologia Fundamental.

Esta tomada de consciência sobre a importância do tema da revelação não se operou sem sofrimentos e sem vítimas. Com efeito, a teologia da revelação construiu-se num clima de tensão entre o ensinamento oficial e uma pesquisa marcada pelas novas correntes de pensamento. A teologia dos manuais não era suficientemente sensível ao movimento da história, ao caráter interpessoal da revelação e da fé. Sua atenção centrava-se mais no lado objetivo da revelação do que na própria ação reveladora. Preocupava-se mais com a doutrina a ser conservada do que com o tesouro que devemos fazer frutificar. A liberdade de investigação era severamente controlada pelo Santo Ofício. É característico, a este propósito, o debate que envolveu a "nova teologia", debate que se desenvolveu em meio a suspeitas, denúncias, suspensões do ensino.

2. *Tipologia da revelação* – Na verdade, um bom número destas posições, aparentemente irredutíveis, deriva da própria complexidade da revelação, de seus paradoxos, da multiplicidade de seus aspectos. A verdade é que a revelação é de uma riqueza inesgotável: simultaneamente ação, história, conhecimento, encontro, comunhão, transcendência e imanência, progresso, economia e realização definitiva. A própria polivalência da realidade expõe constantemente o teólogo a valorizar um aspecto em detrimento do outro e, portanto, a falsear-lhe o equilíbrio. Quem poderia pre-

tender exprimir o esplendor de *uma* catedral por meio de uma única perspectiva? É esta diversidade de enfoque que legitima estudos como o de A. Dulles (*Models of Revelation*, Nova York 1983).

Num estudo diacrônico já constatamos que a reflexão contextual de cada época privilegiou este ou aquele aspecto, sem todavia excluir ou negar os demais. Assim, sob a influência grega, desenvolveu-se uma reflexão que sublinhou sobretudo o caráter de conhecimento, de gnose superior da revelação, em prejuízo de uma revelação centrada na manifestação da pessoa. Posteriormente, o período gregoriano, que culmina com Melquior Cano, estabeleceu uma diferença, que quase se torna ruptura, entre o período constitutivo da revelação e o período subsequente, que se dedica a expor, explicar e interpretar o dado revelado, entendido de maneira estática e jurídica. Assim se enfraquece a contemporaneidade da revelação e da fé atual. Com o Iluminismo, a razão torna-se a rainha absoluta, capaz de conhecer tudo: o homem não tem mais nada a receber de Deus. A reação do Vaticano I foi a de afirmar o dom sobrenatural da revelação, mas sem libertar-se de um certo extrinsecismo, que separa ação e conteúdo da revelação, sinais de uma revelação entendida sobretudo como doutrina. Com o Vaticano II, a revelação reencontra seu centro em Jesus Cristo: Deus revelador, Deus revelado, sinal da revelação. Cristo é o universal concreto que somos convidados a acolher na fé.

A. Dulles, numa perspectiva ao mesmo tempo diacrônica e sincrônica, propõe cinco modelos fundamentais da revelação que agrupam todos os demais: *a.* O primeiro modelo é o da revelação entendida principalmente como *doutrina* formulada em proposições, que a Igreja oferece a nossa fé. Este modelo coloca em evidência a dimensão objetiva da revelação, identificada com o depósito da fé, confiado à Igreja. A origem divina deste ensinamento é atestada por sinais externos. Este modelo é compartilhado pelos conservadores da igreja evangélica e pela neoescolástica. Encontra-se também na atual ala integrista da Igreja Católica, *b.* Em contraste com o primeiro modelo, o segundo coloca em primeiro plano, na revelação, os grandes eventos da história da salvação, que culminam na morte e ressurreição de Jesus e permitem interpretar a história passada e futura. Esta revelação exige uma resposta de indefectível esperança no Deus da promessa e da salvação. Com acentuações bem diferentes, este modelo é representado por O. Cullmann, W. Pannenberg, G.E. Wright. *c.* Num terceiro modelo – representado por F. Schleiermacher, A. Sabatier, G. Tyrrell – a revelação é entendida antes de tudo como uma experiência interior de graça e de comunhão com Deus, que se efetua num encontro direto e imediato de cada um com o divino. Deus comunica-se espontaneamente com a alma que se entrega a sua ação: esta experiência é portadora de salvação e de vida eterna. Para alguns, Cristo permanece mediador desta experiência. Em qualquer hipótese, a resposta do homem a esta experiência mística é a da piedosa devoção, da oração do coração, *d.* Um quarto modelo, representado por K. Barth, R. Bultmann, E. Brunner, G. Ebeling, entende a revelação como "manifestação dialética". Já que Deus é o Transcendente, o totalmente Outro, Ele mesmo vai ao encontro do homem, que o reconhece na fé. A Palavra de Deus revela e ao mesmo tempo esconde a manifestação de Deus. O primado de Deus é absoluto. Mas os bultmanianos sublinham que a revelação de Deus é ao mesmo tempo revelação ao homem de sua condição de pecador, *e.* Segundo um quinto modelo, a revelação encontra seu lugar privilegiado numa mudança do horizonte último do homem. Trata-se de uma nova tomada de consciência do homem diante da ação transcendente de Deus que se revela e diante do empenho do homem na história humana. Os acontecimentos do passado só apresentam interesse enquanto interpretam o presente. A revelação tem um poder salvífico enquanto contribui para reestruturar continuamente nossa experiência e o próprio mundo. A fé é a tomada de consciência deste processo transformador da revelação. Tal modelo é representado, com acentos distintos, por M. Blondel, P. Tillich, K. Rahner, G. Baum, G. Moran, D. Tracy, A. Darlap, e pela teologia da libertação, sob a influência de G. Gutiérrez e L. Boff.

A. Dulles procura recuperar os valores de cada modelo, não com a escolha privilegiada de um modelo, nem através de agrupamento seletivo de modelos e tampouco através de harmonização, mas com uma "superação" que ele descobre na mediação simbólica: concretamente, no Cristo-Símbolo, que integra todos os modelos e os aperfeiçoa. Também nós pensamos que Cristo seja a única via para se abordar a revelação: é sua pessoa de Verbo encarnado que assume, reclassifica, interpreta e decifra tudo. Optamos por uma abordagem totalizante da revelação cristã, que permita exprimir sua "singularidade", seus traços "específicos", oferecendo, assim, a possibilidade de identificá-la como tal e, ao mesmo tempo, de distingui-la das outras religiões, que têm a pretensão de ser "reveladas". Passamos a propor traços que nos parecem pertencer à especificidade da revelação cristã.

VIII. TRAÇOS ESPECÍFICOS DA REVELAÇÃO CRISTÃ – 1. *Princípio de historicidade* – O primeiro traço específico da revelação cristã é a ligação orgânica com a *história.* Em sentido muito geral, todas as religiões são históricas, isto é, coexistentes com a história, mas o que caracteriza a revelação cristã não é somente o fato de ter ocorrido na história e de possuir, ela mesma, uma história, mas de desenrolar-se a partir de eventos históricos, cujo sentido profundo é dado a conhecer por testemunhas autênticas, e de realizar-se num evento por excelência, que é a encarnação do Filho de Deus: evento cronologicamente definido, pontual, com situação e contexto em relação à história universal. Portanto, ao contrário da filosofia oriental, do pensamento grego e dos mistérios helênicos, que não concedem nenhum lugar à história ou o fazem só em algum caso, a fé cristã está essencialmente confrontada com "eventos" que "aconteceram". A Escritura narra fatos, apresenta pessoas, descreve instituições. Em outros termos, o Deus da revelação cristã não é apenas o Deus do cosmo, mas o Deus de intervenções, de irrupções inesperadas na história humana; é um Deus que vem, que intervém, que age e que salva. Não se poderia falar de revelação, nem no AT nem no NT, de promessa ou de realização, sem uma série de eventos situados no tempo, num ambiente cultural determinado, e sem mediadores que tornem conhecida da parte de Deus a "significatividade" desta história, tendida para uma realização definitiva em Jesus Cristo.

Esta ligação orgânica da revelação com a história nunca foi renegada ou esquecida, ainda que, ao longo dos séculos, tenha sido por vezes pouco sublinhada. Assim, o Vaticano I, como vimos, apresenta a revelação como um agir divino com o qual nos é comunicada a doutrina revelada ou o depósito da fé. Cita Hb 1,1, mas as implicações deste texto não entram de maneira significativa na descrição da revelação: esta última aparece como uma ação vertical, cujo resultado é uma doutrina de Deus, mas esta ação mal toca a história. De qualquer forma, a consciência cristã nunca esqueceu este traço fundamental da revelação: prova disso é que a Igreja constantemente rejeitou todas as formas de gnose, sempre renascidas: desde Marcião até Bultmann. O Vaticano II considerou oportuno reafirmar com firmeza o caráter historico da revelação.

2. *Estrutura sacramental* – A DV sublinha com a mesma firmeza que a revelação não se identifica com o tecido opaco dos acontecimentos da história. Afirma que se trata conjuntamente de uma história e de sua autêntica interpretação que incluem a um tempo a horizontalidade do *fato* e a verticalidade do *sentido salvífico*, pretendido por Deus e tornado conhecido por meio de suas testemunhas autorizadas: os profetas, Cristo, os apóstolos. A revelação é ao mesmo tempo evento e comentário. Dizer que Deus se revela *verbis gestisque* significa afirmar que Deus intervém na história, mas com mediações: mediação dos eventos, das obras, dos gestos e mediação de algum eleito, que os interpreta. Deus entra verdadeiramente em comunicação com o homem, fala-lhe, mas com a mediação de uma história significante e interpretada autenticamente. O evento não fornece todo o seu sentido a não ser com a mediação da palavra. Sem Moisés, como já observamos, o êxodo não passaria de uma migração entre tantas outras. Esta estrutura sacramental da revelação distingue a revelação cristã de toda outra forma de revelação, como também de toda aparência de gnose ou de ideologia. A afirmação desta estrutura, claramente expressa pela DV, constitui uma revolução cujas implicações se fazem sentir a todos os níveis. Por exemplo, se é verdade que a revelação cristã opera-se com *verba* e *gesta* de Cristo, segue daí que a transmissão desta revelação não se pode reduzir à comunicação de um corpo doutrinal. A revelação tornar-se-ia, então, discurso sobre Deus e sobre a salvação, mas sem impacto sobre a vida.

3. *Progresso dialético do AT* – A dimensão histórica permeia a revelação também em seu *progresso*, além de em sua *estrutura*. Tal progresso efetua-se, seguindo um duplo movimento dialético: promessa e realização (→ Testamento Antigo/Novo, I) da parte de Deus; atenção meditativa e confiante da parte de Israel.

a. Aos olhos de Israel, o que conta não é tanto o ciclo anual em que tudo recomeça, mas, antes, o que Deus *fez*, *faz* e *fará*, segundo suas promessas. Promessa e realização constituem o dinamismo deste tempo com três dimensões. O presente esboça o futuro, anunciado e prometido no passado. Mas o que dá impulso a esta história, e que mantém seu elã, é a intervenção do Deus da promessa. Com efeito, é a promessa que torna o povo sensível à história, mediante a esperança que suscita no evento que a realizará. Já que Deus é fiel a suas promessas, todo cumprimento novo autoriza a esperar numa realização ainda mais decisiva e constitui quase uma ligação no desenrolar contínuo da história rumo a seu fim último. Por isso, o passado, em Israel, não é apenas comemorado, mas visto como promessa para o futuro. A própria salvação escatológica é descrita na categoria da promessa, mas de uma promessa ampliada, de uma realização que será a transfiguração do passado. O evento decisivo será um novo êxodo, uma nova aliança, uma salvação universal. Assim, graças à promessa, a história inteira está a caminho do futuro, de uma realização definitiva desta história, que, porém, não se pode antecipar ou definir com clareza. Ainda que, do ponto de vista fenomênico, a história de Israel pareça em declínio e caminhar para a derrota, na realidade, ao nível mais profundo da promessa e da história da salvação, a revelação se encaminha para o tempo da plenitude, que é o tempo de Cristo.

b. À dialética da promessa e da realização da Palavra de Deus corresponde, da parte de Israel, uma atitude de atenção meditativa e de confiança na promessa. Com efeito, uma vez que a história é o lugar da revelação de Jhwh, Israel não cessa de meditar sobre os eventos que marcaram seu nascimento e seu desenvolvimento como povo. Em particular, os eventos do êxodo, da eleição, da aliança e da lei constituem uma espécie de protótipo das relações de Jhwh com seu povo, chave de todas as ulteriores interpretações. O AT, em sua forma atual, é o fruto desta contínua reflexão multissecular do povo de Deus, sob a guia dos profetas e dos autores inspirados, mas a partir dos próprios acontecimentos. As grandes compilações que denominamos javista, eloísta, sacerdotal, o Deuteronômio, as Crônicas, nasceram desta reflexão: representam releituras da história da salvação. A unificação do AT aconteceu, portanto, não com base numa sistematização lógica, mas a partir da sucessão dos acontecimentos prometidos e realizados por Deus. O princípio de unificação é, antes de tudo, o agir de Deus na história, segundo uma concepção do tempo não simplesmente linear, mas em *espiral*, feita de círculos cada vez mais amplos e ricos de inteligibilidade. Finalmente, já que a revelação é sobretudo promessa e realização, o tempo presente aparece como um tempo de expectativa vigilante, de esperança e de confiança. Para Israel, crer significa obedecer e confiar; reconhecer Jhwh como o único Deus salvador e confiar em suas promessas. Na medida em que Israel caminha no tempo, fazendo a dolorosa experiência de sua derrota e de seu pecado, vive na expectativa daquele que vem e da salvação decisiva que Ele traz. A esperança cresce no ritmo de sua miséria.

4. *Princípio encarnacional* – Se é verdade que a revelação cristã é histórica, é preciso acrescentar logo uma outra característica, ainda mais específica do que a primeira, isto é, a da encarnação do Filho de Deus entre os homens. A encarnação é o tempo da plenitude, o momento em que o ritmo da história se acelera e se concentra na pessoa do Verbo feito carne. A novidade é radical e absoluta. Não somente Deus entra na história, mas, para manifestar-se, assume o que existe de mais diferente dele, a saber, o corpo e a carne do homem, com todos os riscos e os limites da linguagem, da cultura, da instituição. Não somente Cristo traz a revelação: Ele é *a* revelação, a epifania de Deus. E, todavia,

esta obscuridade da carne torna-se o meio privilegiado com que Deus quer manifestar-se e doar-se definitivamente a nós, numa revelação que nunca passará. A graça de Deus, afirma Paulo, "foi revelada somente agora com o aparecimento do salvador nosso Cristo Jesus" (2Tm 1,10). Em Jesus Cristo a *agápē* de Deus, isto é, "a bondade de Deus, salvador nosso, e seu amor pelos homens" são-nos "manifestados" (Tt 3,4). Em Jesus Cristo, a vida que estava em Deus, "nós a vimos" (1Jo 1,2-3). Graças ao sinal da humanidade de Cristo, João pôde ver, ouvir e tocar o Verbo encarnado. Nos termos da Escritura, portanto, a encarnação é, em sua realização concreta, a revelação do próprio Deus em pessoa.

Cristo é a palavra epifânica de Deus. A humanidade de Cristo é a expressão de Deus. Em Cristo o sinal atinge seu máximo de expressividade, já que está presente e é dirigido pela plenitude do significado, isto é, por Deus mesmo. Cristo é o Sacramento de Deus, o Sinal de Deus. É exatamente este princípio encarnacional que DV exprimiu, num texto de rara intensidade e concisão: "Por isso, Ele (Jesus Cristo, Verbo feito carne), com toda a sua presença e com sua automanifestação, realiza e completa a revelação e a corrobora com o testemunho divino, isto é, que Deus está conosco" (DV 4).

Este princípio encarnacional tem múltiplas consequências para a compreensão da revelação:

a. Importa antes de tudo enfatizar que a função reveladora de Cristo resulta diretamente da encarnação. A revelação e a encarnação fazem parte do mesmo mistério da elevação da natureza humana e da linguagem humana. A encarnação sublinha a assunção da carne, por parte do Filho, com a união hipostática, ao passo que a revelação sublinha a manifestação de Deus, através das vias da carne e da linguagem. Mas tanto a encarnação quanto a revelação constituem automanifestação e autodoação de Deus. Ao revelar-se, Deus se doa; e, doando-se na encarnação, Deus se revela.

b. Em segundo lugar, se com a encarnação se dá uma verdadeira "humanização" de Deus, daí segue que todas as dimensões do homem são assumidas e utilizadas para servirem de expressão à pessoa divina. Não somente as palavras e a pregação de Cristo, mas também os atos, as atitudes, o comportamento em relação aos pequenos, aos pobres, aos marginalizados, a todos os que a humanidade ignora, despreza ou rejeita, a paixão e a morte e toda a existência de Jesus são um modo perfeito de revelar-nos seu mistério, o mistério da vida trinitária e nosso mistério de filhos. Cristo envolve-se inteiramente na revelação do Pai e de seu amor. Deve-se dizer, portanto, que o amor de Cristo é o amor de Deus tornado visível, e que os atos e as palavras de Cristo são os atos e as palavras humanas de Deus.

c. Ampliando a aplicação deste princípio encarnacional, podemos dizer que o Verbo de Deus, ao encarnar-se, assume as diversas culturas da humanidade para exprimir a salvação cristã a cada povo e para levar estas culturas a sua realização (→ Inculturação). Por outro lado, se bem que Cristo pertença a uma cultura determinada, é em razão de sua transcendência como absoluto que Ele salva as culturas, incluída a sua própria, dos desvios e escórias, purificando-as, corrigindo-as, elevando-as e tornando-as perfeitas.

d. Compreenderemos melhor o sentido desta economia da encarnação se observarmos o que Cristo revelou aos homens: a condição de filhos e um *novo estilo de vida*, uma *práxis*. Ora, a revelação deste novo estilo de vida, apenas mediante o ensinamento oral, teria sido bem pouco eficaz e destituída de verdadeiro impacto; era preciso "ilustrar", "exemplificar", *viver este novo estilo de vida*. Por isso, Cristo, Filho do Pai no interior da Trindade, veio habitar entre os homens para revelar-lhes sua condição de filhos, assumindo Ele mesmo a condição de filho. É escutando, contemplando Cristo e vendo-o agir, que nos é revelada nossa condição de filhos e que aprendemos com que amor o Pai ama o Filho e os homens, seus irmãos adotivos.

5. *Centralidade absoluta de Cristo* – Uma vez que Cristo é ao mesmo tempo o mistério revelador e o mistério revelado, o mediador e a plenitude da revelação (DV 2 e 4), segue que ele ocupa na fé cristã uma posição absolutamente única, que distingue o cristianismo de todas as religiões, incluído o judaísmo. O cristianismo é a única religião cuja revelação se encarna numa pessoa que se apresenta como a verdade viva e absoluta. Outras religiões têm fundadores, mas nenhum destes (Buda, Confúcio, Zoroastro, Maomé) se propôs como objeto da fé de seus discípulos. Crer em Cristo significa crer em Deus. Cristo não é um simples fundador de religião: Ele é ao mesmo tempo imanente à história e seu Transcendente absoluto: não um entre mil, mas o único, o totalmente Outro.

Se Cristo está entre nós como o Verbo encarnado, os sinais que permitem identificá-lo como tal não lhe são externos, como um passaporte ou um selo diplomático, mas emanam deste centro pessoal de irradiação que é Cristo mesmo. Por Ele, em pessoa, em seu ser interior, luz e fonte de luz, Jesus coloca gestos, proclama uma mensagem, introduz no mundo uma qualidade de vida e de amor nunca vistos, nunca imaginados, nunca vividos, e faz surgir o problema de sua identidade real. Com efeito, as obras, a mensagem e o comportamento de Jesus são de uma ordem diferente; manifestam em nosso mundo a presença do totalmente Outro. É aquele que está perto e, na realidade, é o Transcendente, um entre milhões e, no entanto, o Único; o pregador itinerante e o Onipotente; o condenado à morte e o três vezes Santo. Esta presença simultânea põe-nos em alerta e nos interpela. Estão nele os sinais da fraqueza, mas também sinais de glória suficientes para ajudar-nos a penetrar até o mistério de sua identidade real. Jesus é em si o sinal que deve ser decifrado e todos os sinais particulares levam a Ele como um feixe convergente. Este mistério do discernimento da epifania do Filho entre os homens, com a mediação dos sinais de sua glória, é um outro traço distintivo e, ao mesmo tempo, escandaloso da revelação cristã.

6. *Princípio da "economia"* – Um dos principais méritos da DV foi o de apresentar a revelação cristã não como mistério isolado, mas (segundo a tradição patrística) como uma ampla "economia", um projeto infinitamente sábio que Deus descerra

e realiza seguindo caminhos por Ele previstos. Iniciativa do Pai, esta economia atinge a história e seu clímax em Jesus Cristo, plenitude da revelação; em seguida, perpetua-se sob a ação do Espírito Santo na comunidade eclesial mediante a tradição e a Escritura, à espera da consumação escatológica. Todos os elementos desta economia se sustentam e se aclaram reciprocamente; organizam-se numa síntese da qual Cristo e o Espírito são o princípio de unificação e de irradiação. Ilustremos sucintamente este outro traço da revelação cristã.

Nesta economia, o AT exerce uma tripla função de preparação, de profecia e de prefiguração, pelo fato de o Verbo de Deus, assumindo a carne e o tempo, qualificar todo o tempo da economia da salvação. Tudo o que antecede sua vinda é *preparação*: preparação de uma família segundo a carne, preparação de um ambiente social, preparação de uma linguagem como meio de expressão, preparação das instituições (aliança, lei, templo, sacrifícios etc.) e dos grandes acontecimentos (êxodo, conquista, monarquia, exílio, restauração) que fizeram do aparecimento de Cristo uma revelação situada, "em contexto".

Em segundo lugar, o AT como totalidade é uma *profecia* do evento de Cristo, isto é, um esboço do evento escatológico que se constitui no decurso dos séculos e que suscita a expectativa e o desejo do próprio evento, imprevisível e inaudito em sua determinação concreta. Somente quando o evento ocorre, a profecia adquire todo o seu sentido e o seu peso. Finalmente, o AT exerce uma função de *prefiguração* ou de representação simbólica do *éschaton*: representação em que o fato antigo (acontecimentos, instituições, personagens) conserva toda a sua consistência de fato histórico, mas ao mesmo tempo é ampliado, superado, transcendido pela presença de Cristo entre nós, o Emanuel.

Efetivamente, quando o Filho está presente entre nós é-nos dada toda a novidade. O evento preenche e supera a expectativa.

E, contudo, embora seja certo que o AT, compreendido à luz do Evangelho, adquire um sentido novo, por sua vez confere ao NT uma densidade e uma espessura temporal que ele sozinho não poderia ter. Não se poderia compreender o NT sem o discurso, sempre presente em transparência, do AT. Sem a chave hermenêutica do AT, algumas passagens do NT, como a ceia pascal e o cálice do sangue da aliança nova e eterna ainda permaneceriam na penumbra. Caminhando junto com os discípulos de Emaús, Cristo inaugurou uma era nova da exegese: Ele é, em pessoa, o exegeta do AT, de que é o resultado e a realização.

Com Cristo, a revelação fundante atinge seu apogeu e seu caráter definitivo. Mas ela deve transmitir-se e perpetuar-se através dos séculos, de maneira tão presente e atual como no primeiro dia. Com o tempo da Igreja, a revelação entra em sua fase de expansão, de desenvolvimento espaçotemporal. Sob seu aspecto de "economia", esta nova fase de assimilação e de inculturação da revelação é tão rica em sabedoria quanto a fase fundante.

Com efeito, assim como a plenitude da revelação em Jesus Cristo foi preparada pela eleição de um povo, com sua formação longa, paciente e progressiva, com uma preparação da linguagem e das categorias adequadas para exprimir o Evangelho, da mesma forma a transmissão da revelação não foi entregue ao acaso fortuito da história e da interpretação individual. É preciso notar, desde já, que a plenitude da revelação não nos foi dada através do meio relativamente ordinário de um profeta, mas pelo meio extraordinário do Verbo encarnado. Da mesma forma, a revelação está protegida por um conjunto de carismas (→ Carisma) que são obra do Espírito: carisma da origem apostólica da tradição, carisma da inspiração da Escritura, carisma da infalibilidade conferido ao magistério da Igreja. Estes carismas não somente estão a serviço da revelação, para garantir sua transmissão fiel, mas estão, eles mesmos, ligados entre si e a serviço uns dos outros (DV cap. II).

Sem dúvida, esta "economia" é algo de inaudito, de único na história; mas por acaso Cristo e o cristianismo também não são igualmente únicos? Por isso, embora seja verdade que uma revelação não pode, como parece, escapar às vicissitudes do devir histórico, não se deve nunca perder de vista a singularidade da revelação cristã e a especificidade de sua "economia": sua preparação (eleição), seu progresso (profetismo), a comunicação definitiva (Cristo, Verbo encarnado), a transmissão (tradição e Escritura inspirada), sua conservação e interpretação (Igreja e carisma de infalibilidade). Em suma, exatamente como Cristo preside à fase fundante da revelação, o Espírito de Cristo preside à fase de expansão ao longo dos séculos. Esta economia, tão singular quão específica, impede de assemelhar a revelação cristã a qualquer gnose humana e às outras religiões que também se dizem "reveladas".

7. *Unicidade e gratuidade* – Se a revelação se apresenta como uma intervenção da ação de Deus na história humana, culminando na encarnação do Filho, é fácil compreender seu caráter de gratuidade e de unicidade.

Com efeito, a revelação não se apresenta em forma de conhecimento a ser descoberto, comunicado por um ser mais inteligente, mas sim como novidade absoluta. Seu ponto de partida é uma iniciativa do Deus vivo, cujo ato criador do cosmo não esgota sua infinita liberdade. Desta vez, trata-se de um evento criador, de uma criação nova, de um homem novo, de uma nova vocação e de um novo estilo de vida. Trata-se de um novo estatuto da humanidade, que faz do homem um filho de Deus e da humanidade o corpo de Cristo. Uma iniciativa deste gênero escapa a qualquer exigência e coação da parte do homem.

Se admitirmos que a → história é um elemento constitutivo do homem enquanto espírito encarnado, daí segue que a história é o lugar de uma eventual manifestação de Deus e que o homem deve interrogar a história, para descobrir nela o tempo e o lugar em que a salvação talvez tenha tocado a humanidade. Mas que Deus *efetivamente* sai de seu mistério para convidar o homem a compartilhar sua vida e que intervém no campo da história humana, aqui e não alhures, agora e não depois, isto deriva do mistério da liberdade de Deus.

Este é já um dos traços sublinhados com mais vigor pela revelação veterotestamentária. Não é o homem que descobre Deus;

é Jhwh que se manifesta quando quer, a quem quer e como quer. Jhwh é liberdade absoluta. Foi Ele quem primeiro escolheu, prometeu e fez aliança. E sua palavra contradiz os caminhos humanos e carnais de Israel, faz resplandecer ainda mais a liberdade e a continuidade de seu desígnio. Esta liberdade manifesta-se também na verdade e na multiplicidade dos meios escolhidos por Ele para revelar-se. Mas explode sobretudo na intervenção decisiva da encarnação. Pertence ao mistério insondável do amor o fato de Deus ter decidido revelar-se e salvar o homem, assumindo sua carne e sua linguagem e ter decretado prolongar esta economia com uma economia homogênea de sinais. A revelação é tão gratuita e sobrenatural quanto a encarnação e a redenção: todas elas pertencem ao mistério da elevação gratuita da natureza humana.

Finalmente, a iniciativa de Deus de revelar ao homem as dimensões do amor divino (do qual convida a participar) com a economia da *cruz*, só pode aparecer aos olhos do homem como loucura e delírio. E, contudo, é jogando-se no mais profundo e incrível abismo desta morte na cruz que o amor de Deus se revela em Jesus Cristo como amor do totalmente Outro. Em nenhum caso mais do que aqui aparece a absoluta liberdade e gratuidade da revelação.

Epifania de Deus em Jesus Cristo, a revelação cristã é luz vertical do mistério de Deus sobre o mistério do homem. Não é o homem que representa o parâmetro de Deus e que lhe dita as formas mais aceitáveis de sua ação; é Deus que comensura o homem e o convida à obediência da fé. Esta é a perspectiva constante da Escritura. Portanto, qualquer concepção da revelação que tendesse a reduzir a revelação ao sentido que o homem quer reconhecer-lhe, na compreensão de si mesmo, equivaleria a perverter um dos traços afirmados com mais nitidez pelo AT e pelo NT. A revelação é *graça* do Deus absolutamente livre. São Paulo, quando quer falar disso, não consegue fazer outra coisa senão balbuciar e dar glória a Deus (Hb 1). Somente renunciando a suas visões pessoais e deixando-se conduzir pelo Espírito que sussurra nele, o homem pode apreender algo deste mistério de graça e de liberdade.

Com este caráter de gratuidade e de liberdade podemos relacionar o da *unicidade*. Efetivamente, se Cristo é a Palavra de Deus feita carne, o filho do Pai, presente entre nós, aquele em quem se exprime e se esgota o amor de Deus pela humanidade, temos que concluir, junto com o Vaticano I e o Vaticano II, que a economia trazida nele e por Ele não pode ser considerada como um simples episódio da história da revelação (DV 4). A revelação de Cristo elimina a possibilidade de um terceiro testamento. Entramos nos últimos tempos. Em Jesus Cristo Deus nos disse sua única palavra e nos deu seu único Filho. Tudo o que Deus queria exprimir ao homem sobre o mistério de Deus e do homem foi dito e consumado na palavra total e definitiva do Verbo de Deus.

8. *Caráter dialogal* – Para designar esta relação única que a revelação estabelece entre Deus e o homem com a mediação dos eventos e sua interpretação, o Vaticano II, seguindo a Escritura e toda a tradição patrística e teológica, mantém a analogia da palavra: Deus falou à humanidade. Palavra, diálogo, relação de amizade com os homens, todas elas são formas que a analogia da palavra inclui e são meios de comunicação atestados pela Escritura. Mas que profundidade revela esta analogia, quando, aplicada a Deus e purificada de todas as imperfeições, serve para descrever este encontro inaudito do Deus vivo com sua criatura, por meio de Moisés e dos profetas e, posteriormente, na carne, no rosto e na voz de Cristo, palavra interior do Pai feita carne para chamar todos os homens e convidá-los à "comunhão" com Ele! Palavra articulada que se tornou Evangelho, palavra dada, presenteada, imolada até o silêncio da cruz, onde é proferida a palavra suprema com os braços estendidos e o coração transpassado: Deus é amor. Esta estrutura dialogal caracteriza toda a revelação do AT e do NT.

Mas falar de → *analogia* significa também falar de dissemelhança, tanto e mais do que de semelhança. Por um lado, é verdade que a revelação, como a fé, abre-se para o mistério de uma pessoa e não de alguma coisa: de um eu que se dirige a um você; de um eu que, descobrindo o mistério de sua vida, faz o homem descobrir que todo o sentido da existência humana reside no encontro deste eu e no acolhimento amoroso do dom que ele faz de si mesmo. Também é verdade que o Evangelho não é simplesmente encontro "inefável" do Deus vivo, sem rosto e sem conteúdo, mas é anúncio da salvação em Jesus Cristo. Com esse duplo aspecto de mensagem e de interpelação, no interior de uma revelação pessoal de Deus para uma comunhão de vida, a Palavra de Deus evidentemente evoca o que o homem define como palavra, isto é, aquela forma superior de intercâmbio com a qual uma pessoa se exprime e se dirige a outra para comunicar.

Mas, por outro lado, que abismo existe entre essa palavra de homem e a palavra da revelação? Aquele que em Jesus Cristo se dirige ao homem não é um simples profeta, mas o Transcendente que se torna próximo, o intangível que se torna palpável, o eterno que invade o tempo, o três vezes Santo que se dirige com amizade a sua criatura que, por causa do pecado, se tornou infeliz e rebelde. Este pecador, Deus o encontra em seu nível, como homem entre os homens, e se dirige a ele com gestos e palavras que o homem pode apreender. Cristo inicia este pecador no que existe de mais íntimo nele, isto é, no mistério de sua intimidade com o Pai e com o Espírito. Com efeito, o Evangelho inteiro se apresenta como uma *confidência* de amor (Jo 13,1). Esta confidência é pronunciada por Deus até o *extremo* do amor. Quando Cristo esgotou todos os recursos da palavra, do gesto e do comportamento, leva seu testemunho até a consumação do → martírio, testemunho supremo. Tudo o que existe de inefável no amor do Pai pelos homens se exprime, então, no dom do Filho. Ao homem não resta outra coisa senão olhar e compreender. João, que viu os braços estendidos na cruz, que viu correr água e sangue, que viu o coração transpassado pela lança, testemunha que Deus é amor. Em Jesus Cristo o amor se exprime e se doa ao mesmo tempo.

O homem pecador não poderia abrir-se a este abismo do amor sem uma ação interior que *regenere* o homem por dentro e que lhe permita acolher o totalmente Outro (Jo 6,44: 2Cor 4,4-6; At 16,14). O homem não pode responder à revelação e assimilá-la na fé, se não lhe for dado um novo princípio de conhecimento e de amor. Mensagem do Evangelho e ação interior do Espírito constituem, portanto, as duas faces, as duas dimensões da única revelação cristã: duas dimensões complementares que, às vezes, as circunstâncias históricas separam, mas que estão destinadas a se encontrarem e a se vivificarem reciprocamente na economia da salvação. Pois sem a mensagem o homem não poderia saber que a salvação vem a ele, nem conhecer o que Deus realiza nas profundezas do homem em Cristo e com seu Espírito; e, por outro lado, sem a palavra interior, dirigida pessoalmente a ele, o homem não poderia entregar-se ao Deus invisível e fundar nele toda a sua vida. Com efeito, há sempre um abismo a separar Deus e o homem. O homem precisa de segurança, que encontra naquilo que vê e toca, na compreensão do universo em que habita e no subjugar suas forças.

Pois bem, com a revelação, o homem é convidado a fundar sua vida não na segurança que lhe oferecem os sentidos, mas na palavra do Deus invisível. Sem a ação interior do Espírito, o homem não seria capaz de "converter-se", de renunciar a apoiar-se naquilo que vê para entregar-se ao que não vê, *fiando-se na palavra.* Portanto, a revelação é objetivamente dada em Jesus Cristo como realidade, mas só é assimilada pelo homem graças ao Espírito. A revelação cristã é ao mesmo tempo automanifestação e autodoação de Deus em Jesus Cristo, sob a ação interiorizante do Espírito.

A revelação cristã, como Palavra de Deus, por sua estrutura dialogal, que a torna semelhante à palavra dos homens e ao mesmo tempo a distingue, constitui uma realidade absolutamente original e específica.

9. *Revelação de Deus, revelação do homem* – O homem é enigma e mistério para si mesmo. Na verdade, o que há de mais profundo nele, o que constitui o horizonte primeiro em que se baseia todo o seu ser e o seu devir, é o próprio mistério de Deus, que se inclina para o homem, que o cobre com seu amor e o convida a uma intimidade de vida com as pessoas divinas. "Na realidade – diz a *Gaudium et Spes* – somente no mistério do Verbo encarnado encontra verdadeira luz o mistério do homem. Cristo, que é o novo Adão, justamente revelando o mistério do Pai e de seu amor, desvenda também plenamente o homem ao homem e lhe dá a conhecer sua altíssima vocação" (GS 22). "Todo aquele que segue a Cristo, o homem perfeito, faz-se também ele mais homem" (GS 41).

Segundo Bultmann, a revelação não faz senão tornar conhecido o sentido de nossa existência de pecadores salvos pela fé. Falar de revelação significa falar do homem em sua relação com Deus: é antes de tudo um discurso sobre o homem. É correto dizer que a revelação nos faz descobrir o sentido da condição humana, mas é preciso logo acrescentar que isto acontece, antes de tudo, revelando-nos o mistério de Deus e de sua vida trinitária. Cristo é a Luz que ilumina todo homem, e não com uma iluminação que lhe seria estranha, mas com o próprio ato com que nos desvenda o mistério da união do Filho com o Pai, no Espírito. Com efeito, Deus pode assim revelar o segredo de sua vida íntima, só se for para uma comunhão e uma compartilha de vida.

Embora não seja antes de tudo antropologia, a revelação tem uma destinação antropológica, na medida em que é luz, brotada do mistério divino e projetada sobre o mistério do homem. A grandeza do homem é a de ser chamado a conhecer Deus e a compartilhar sua vida. Para discernir a *especificidade* da revelação cristã em sua relação com o homem, é preciso, portanto, partir da fonte de luz, isto é, de Cristo, e não das trevas que devem ser iluminadas.

Neste caos e nestas trevas, Cristo aparece como o *mediador de sentido*: aquele em quem o homem chega a situar-se, a decifrar-se, a compreender-se, a realizar-se e, também, a superar-se. Quando o homem ouve Cristo, percebe algo da razão pela qual se sente isolado, desorientado, ansioso, desesperado. Um caminho de luz abre-se diante dele e ilumina a vida, o sofrimento, a morte. A mensagem de Cristo é misteriosa, mas é fonte de sentido sempre borbulhante.

O essencial desta mensagem é que o homem, se abandonado a si mesmo, é somente ódio e pecado, egoísmo e morte, mas que, por graça, o amor absoluto se introduziu no coração do homem para conferir-lhe sua vida e seu amor, se o homem consentir. Cristo é aquele em quem e por meio de quem nos é presenteado este dom. Filho do Pai, no interior da Trindade, Deus na carne entre os homens, Ele faz de nós os filhos do Pai, que têm em si o Espírito do Pai e do Filho, que é Espírito de amor e que congrega todos os homens neste amor. É ainda em Cristo que o "mistério dos outros" aflora em sua verdade profunda. Os "outros" são Cristo, chamado do Pai ao amor para com todos os homens. "Os outros" são o Filho do Homem, servo sofredor que tem fome e sede, que está nu, doente, abandonado, mas destinado à glória do Filho predileto. Em Cristo não há mais "estrangeiro", mas há filhos do mesmo Pai e irmãos do mesmo Cristo. Não existe outra coisa senão o amor do Pai e do Filho e o amor de todos os homens, unidos pelo mesmo Espírito. A liberdade é por sua vez consentimento no amor que invade o homem, abertura à amizade divina que convida a compartilhar de sua vida. A própria morte não é tanto uma ruptura, mas, antes, uma consumação e uma maturação, uma passagem do filho para a casa do Pai, o encontro definitivo do Amor acolhido na fé. Nisto está a *salvação.*

A presença do Cristo no mundo aparece, portanto, como plenitude de amor. Este é o seu sentido e o sentido que ela confere à condição humana. Se Deus é Amor (1Jo 4,8-10), o lugar de Deus, em Cristo, nunca foi mais semelhante a este Amor, nunca o evocou de modo mais revolucionário. Num mundo de interesse e de egoísmo, Cristo aparece como o amor puro e sem mancha, ardente e fiel, *doado*, *entregue* até o sacrifício da vida pela salvação de todos: *dilexit*, *tradidit se ipsum.* Em Cristo os homens descobrem a existência de um Amor absoluto que ama o homem por Ele mesmo e nele mesmo, sem sombra de repulsa, e descobrem a possibilidade de um diálogo e de uma comunhão com este Amor. Têm de imediato a revelação de que o *verdadeiro sentido do homem* está em entrar livremente na corrente da vida trinitária; entrar nela "livremente" como uma pessoa, sem dissolver-se ou perder-se no Absoluto. O *sentido último* do homem é responder ao dom de Deus, acolher esta incompreensível e surpreendente amizade, responder a esta oferta de aliança entre o infinito e nossa miséria. Na ótica cristã, o homem só se realiza de verdade a si mesmo na expectativa e no acolhimento do dom de Deus, do Amor.

10. *Tensão presente-passado* – A mensagem da fé foi definitivamente constituída pelo depoimento das testemunhas e dos confidentes de Cristo, os apóstolos. E, todavia, se não quiser tornar-se palavra sem ressonância, esta mensagem tem de permanecer viva, como no dia de sua proclamação. O homem do século XX deve sentir-se atingido pela palavra de Cristo, de maneira tão viva quanto o judeu, o grego ou o romano do século I; com efeito, o projeto do Evangelho é suscitar na humanidade um diálogo que terminará somente quando terminar a história. Palavra dirigida a um ambiente determinado e num momento preciso do tempo, ele deve, todavia, encontrar os homens de todos os tempos em sua situação histórica, cada vez única, e tem de responder a suas perguntas, a suas inquietações, para encaminhá-los a Deus. A Igreja transmite a mensagem, mas ao mesmo tempo deve também reexprimi-la em função da cultura, da linguagem e das exigências de cada geração.

Daí deriva, portanto, uma tensão inevitável entre o *presente* e o *passado*. Pois, por um lado, a Igreja não deve amarrar-se à letra do passado, a ponto de cair numa espécie de primitivismo ou de romanticismo das fontes. E, por outro, tampouco deve, sob o pretexto de responder às aspirações do mundo contemporâneo, sacrificar Cristo e sua mensagem, como faz Bultmann ou o protestantismo liberal do século XIX.

Nesse trabalho de interpretação e de atualização nunca acabada da mensagem, a Igreja está constantemente exposta a este duplo perigo: faltar à necessária adaptação em nome da fidelidade ao passado ou comprometer a própria mensagem, sob o pretexto de revisionismo espiritual. Ela pode ser vítima da estagnação, do imobilismo ou das formas passageiras da moda do tempo. Sem dúvida permanece inevitável a tensão entre o passado, dado e pacificamente possuído, e a adaptação ainda obscura e incerta ao presente e ao futuro iminente. A Igreja está fadada a viver na precariedade.

Os binômios de tradição e interpretação (em nível da mensagem), de Evangelho e inculturação (na apresentação da mensagem), de tradição e evolução (em nível da compreensão e da formulação) exprimem, cada um a seu modo, esta singular condição da revelação cristã.

Efetivamente, a Igreja manifesta em sua pregação a intenção de não deixar de lado nada da mensagem recebida, de não alterá-la e de não introduzir nela nenhuma novidade, mas de conservá-la intacta e de propô-la segundo seu verdadeiro sentido. Por outro lado, reconhece ter a obrigação de compreender o Evangelho com um frescor sempre novo para haurir dele respostas inéditas a problemas inéditos. A Igreja deve pregar o Evangelho como boa notícia para *hoje*. Como declara a → *Ecclesiam Suam*, deve "inserir a mensagem cristã na circulação de pensamento, de expressão, de cultura, de usos e de tendências da humanidade, tal como vive e se agita hoje sobre a terra" (ES 71). Por seu turno, a Constituição Pastoral *Gaudium et Spes* reconhece que a Igreja atravessa uma nova era da história e que em cada momento deve "perscrutar os sinais dos tempos e interpretá-los à luz do Evangelho" a fim de responder às interrogações dos homens de cada geração (GS 4). E acrescenta: "Que a pesquisa teológica não negligencie o contato com seu tempo". Ela ajudará, assim, os pastores, "que poderão apresentar a nossos contemporâneos a doutrina da Igreja sobre Deus, o homem e o mundo, de modo mais adaptado, de sorte que esta palavra seja aceita por eles ainda com mais prazer" (GS 62). Este trabalho de atualização e de apresentação da Palavra de Deus articula-se com uma tradição iniciada nas origens da Igreja e nunca interrompida. Assim, o Vaticano II em muitos pontos confrontou o Evangelho com os problemas que as épocas precedentes não podiam sequer colocar-se, já que surgidos num contexto diferente.

Esta fidelidade ao passado, sem ser escravo dele, e esta fidelidade na atualização constituem ao mesmo tempo um paradoxo e um traço específico da revelação cristã. Para avaliar a seriedade desta tensão, basta pensar nas dificuldades de muitas comunidades protestantes: algumas, ferozmente aferradas à letra do Evangelho, mas sem verdadeira criatividade (comunidades protestantes de tipo fundamentalista); outras, ao contrário, por demais preocupadas com o homem contemporâneo e com sua filosofia, prontas a sacrificar-lhe pontos essenciais da mensagem. A Igreja quer ser guardiã de um passado que não é um museu, mas é fonte sempre borbulhante e vivificante. Embasa-se no passado para compreender o presente; permanece fiel a revelação sem edulcorá-la; fiel a Cristo sem esvaziá-lo de sentido e, por outro lado, não cessa de repetir: *hoje*, Cristo está presente e vivo.

11. *Tensão história-escatologia* – Assim como existe uma tensão entre passado e presente, também existe uma tensão entre revelação da história e revelação da parusia. O interesse de muitos teólogos contemporâneos volta-se de bom grado para este ato final da revelação, às vezes a ponto de falsear o difícil equilíbrio entre os dois termos desta nova tensão.

Não existe dúvida alguma de que, aos olhos da Escritura, o evento decisivo da revelação aconteceu em Cristo. Nele a salvação é dada a conhecer e é realizada, o futuro começou. Com efeito, dizer que a revelação culmina e se consuma em Jesus Cristo significa dizer que, visto ser Cristo Deus-entre-nós como palavra do Pai, o diálogo de Deus chegou ao clímax; neste diálogo Deus não quis comunicar ao homem uma certa quantidade de verdades, mas comunicar-se a *si mesmo* com sua Palavra. O objetivo da revelação é atingido, portanto, quando, através da Palavra, o Amor *aparece* e quando, nesta palavra, Deus e o homem se encontram e se comunicam. Ora, em Jesus Cristo Deus se deu e se comunicou historicamente por inteiro. Por isto, a revelação, historicamente ocorrida em Jesus Cristo, é a revelação decisiva, a que alimenta nossa fé, esperança e caridade.

O que caracteriza a revelação histórica é a categoria do *agora* (*nunc*) e do *hoje* (*hodie*). Com a presença de Cristo, "o tempo está cumprido" (Mc 1,15), a "plenitude dos tempos" chegou (Gl 4,4). Paulo, que deseja com vigor a manifestação final de Cristo, não cessa todavia de repetir: "agora" o mistério, outrora escondido, é revelado (Rm 16,25); "agora" a justiça de Deus se manifesta (Rm 3,21); "agora" realiza-se a pregação do Evangelho "para tornar cada um perfeito em Cristo" (Cl 1,25-28). A revelação do NT apresenta-se também, sobretudo em João, como o *eis aqui* (*ecce*) de uma pessoa, isto é, de Cristo, com a salvação que Ele traz e manifesta. A este *eis aqui* corresponde o *Eu sou* de Cristo. Nele a revelação tornou-se uma pessoa presente no meio de nós.

Mas este caráter decisivo da revelação histórica não exclui a esperança e a espera do Cristo glorioso. A realização inclui, também ela, um *já* e um *ainda não.* São Paulo, que prega com tanto zelo a revelação trazida por Cristo, deseja da mesma forma a revelação escatológica (1Cor 1,7; 2Ts 1,7). Depois de ter-se beneficiado, no momento de sua conversão, de um "apocalipse" do filho de Deus, espera pela manifestação plena da *glória* de seu Senhor e da *glória* de todos os que se configuraram em Cristo (Rm 8,17-19). Com efeito, "o que seria ainda não foi revelado" (1Jo 3,2). Finalmente, a Igreja anuncia sempre que o Senhor vem, que deve vir. Espera a volta do Esposo e a manifestação gloriosa daquilo que já existe sob o véu da fé.

Contudo, devemos sublinhar que existe uma diferença essencial entre a primeira e a última espera de Cristo, entre a revelação da história e a da parusia. No AT a promessa encontra seu cumprimento num futuro que ainda não se verificou. Ao contrário, com Cristo, o que existe de decisivo, em relação tanto ao passado quanto ao futuro, *aconteceu.* Com Cristo o futuro já aconteceu e já se iniciou. Em Cristo, vida eterna entre nós, a história conhece um limiar, um estágio inesperado. A revelação não define simplesmente Deus e o homem como "não mundo", mas anuncia que Deus está *no* mundo, a fim de que os homens vivam no mundo, mas orientados para Deus num *aqui* que *já* é a vida eterna, que inaugura, no tempo, a vida fora dos limites do tempo, mas passando, como Cristo, através da morte temporal e da ressurreição para a vida eterna. O cristão tem seu futuro atrás de si, pois com o batismo passou da morte à vida. Se a esperança e a expectativa do Senhor são tão intensas em São Paulo e na Igreja, é justamente porque o evento decisivo chegou e garante o que virá. Se aguardamos a *volta* de Cristo, é porque Ele *já veio.* Não é a parusia que ilumina o NT, mas, antes, o evento-Cristo que, com tudo o que inclui, ilumina o futuro. O futuro é *certo*, pois o evento-Cristo *iluminou*, *irradiou* o antes e o depois, até ali ainda nas trevas. É a epifania na história que garante o apocalipse; e é ela que recoloca constantemente a Igreja no caminho da conversão, do rejuvenescimento e da santidade, para ser digna de encontrar seu Senhor. Todo futuro – o de Cristo e o dos cristãos – será o *futuro* deste *agora.* Todo futuro é o futuro da revelação realizada em Jesus Cristo.

Em razão disso, parece-nos excessivo apresentar a revelação como se ela não fosse outra coisa senão promessa, expectativa, escatologia, apocalipse. A este propósito, a teologia de J. Moltmann parece-nos por demais influenciada pelo modelo da revelação veterotestamentária. Certamente nunca chegaremos a suprimir a tensão existente entre o que aconteceu e o que há de acontecer. A própria revelação histórica atesta, da mesma forma, tanto o apocalipse final de Cristo quanto sua epifania na história. Reduzir ou esvaziar uma das duas seria, portanto, uma infidelidade ao dado revelado.

Para o Vaticano II, a revelação que corresponde a nossa condição real de *caminheiros*, de peregrinos, é a que nos é acessível e assimilável em Cristo: "Com toda a sua presença e a manifestação de si", ele "realiza e completa a revelação e a corrobora com o testemunho divino" (DV 4). O concílio usa o termo *revelação* para designar, antes de tudo, a manifestação histórica de Deus no Verbo feito carne. Para designar a manifestação de Deus na criação, o concílio fala do "perene testemunho de si nas coisas criadas" (DV 3); e, para designar o evento final da parusia, fala de "manifestação gloriosa do Senhor nosso, Jesus Cristo" (DV 4). *Revelação* é um termo reservado à manifestação e à comunidade histórica de Deus em Jesus Cristo. Criação e parusia são chamadas também de "manifestação" de Deus. Mas somente a manifestação histórica de Deus na encarnação do Verbo encarnado recebe o nome de *revelação*, que permanece o termo técnico consagrado. A fé e a esperança tendem para a volta gloriosa de Cristo, mas, em Cristo, o futuro já nos pertence. Descobriremos, então, com surpresa extasiante, Aquele que, na fé, já é o companheiro de todos os nossos dias.

12. *Cristo, norma de toda interpretação da salvação* – O ponto de partida de qualquer consideração teológica sobre a salvação e sobre a revelação é Cristo. Ele é o único ponto de referência e de inteligibilidade da história da salvação e da história da revelação. *Archê* e *télos*, Ele é quem dá a cada coisa seu sentido último e inequívoco. É a chave de interpretação dos tempos que antecedem e seguem sua vinda, como também de todas as formas da salvação anteriores, contemporâneas e subsequentes a sua vinda histórica. Por isso, considerar a revelação crística como critério universal em matéria de salvação e de revelação não é sinal de desprezo ou de desconfiança em relação às outras religiões, mas é, pelo contrário, o único meio de situá-las e valorizá-las. Proceder de modo contrário equivaleria a substituir a luz plena pelas trevas e pedir ao não explicado que aclare o explicante. É, pois, a partir de Cristo, considerado como "universal concreto", que tentaremos precisar a relação da revelação, no sentido "técnico" que lhe é reconhecido desde o Vaticano II e desde a DV, com realidades que lhe são intimamente aparentadas e denominadas abusivamente, com excessiva frequência, de "revelação". Aqui como alhures, as confusões terminológicas levam cedo à confusão no plano da realidade.

13. *Revelação e história da salvação* – A história da salvação é coextensiva à história da humanidade. Deus "teve solicitude constante pelo gênero humano, para dar a vida eterna a todos os que buscam a salvação, com perseverança na prática do bem" (DV 3). Como se vê, o concílio não identifica revelação e salvação. Cada fase da história anterior a Cristo é história da salvação (→ História, V), mas não é, *em sentido estrito*, história da revelação; pois ela se ignora como história da salvação. Sem a revelação cristã, não podemos saber com certeza o que acontece no coração da

história profana. Repetimos: a migração de Israel, sem a interpretação de Moisés em nome de Deus, não pertenceria à história da revelação, mas se confundiria com a multidão das migrações da história universal. A salvação está presente em toda parte, mas só é "plenamente revelada" em Jesus Cristo. Pois Cristo, juntamente com o AT, a anuncia e a prepara, dá à história da salvação consciência de si mesma e de sua especificidade em relação à história profana (política, jurídica, social, econômica, militar, cultural). Se assim é, não será talvez melhor, seguindo nisto a tradição da Igreja, reservar o termo *revelação* e *história da revelação* para designar, antes de tudo, a revelação em Jesus Cristo?

14. *Revelação transcendental e revelação especial* – Como, então, designar a graça da salvação, concedida a todos os homens (que alguns autores chamam também de revelação transcendental ou universal), e como precisar sua relação com a revelação cristã, denominada, também neste contexto, especial ou categorial?

Comecemos por descrever e identificar a realidade da qual estamos tratando. Por "revelação transcendental ou universal", entende-se a autocomunicação direta ou gratuita que Deus faz de si mesmo a cada homem que vem ao mundo (na atual economia). Esta ação "elevante" de Deus insere-se misteriosamente no dinamismo cognitivo e volitivo do homem. Embora não seja objeto de consciência reflexiva e discursiva, ela é, contudo, como que o primeiro horizonte dado junto com a existência, sobre o qual se insere o agir humano. Quando o homem se entrega, nas profundezas de sua consciência, a esta graça, ainda que lhe ignore a existência, o nome e autor, ela opera sua salvação. Mas uma coisa é reconhecer esta ação interior da graça e outra é qualificá-la como "revelação".

A Escritura, por sua parte, atesta que a revelação histórica, dada em Jesus Cristo, só pode ser acolhida no contexto de uma subjetividade tocada pela graça. Ela exige esta ação interior: uma "atração" (Jo 6,44), uma "iluminação" comparável à luz da criação da primeira manhã (2Cor 4,4-6), uma "unção" de Deus (2Cor 1,22), um "testemunho" do Espírito (1Jo 5,6) e, só uma vez, uma "revelação" interior (Mt 11,25; 16,17). No movimento para Cristo, que é o acolhimento da revelação por meio da fé, existe Alguém que opera por primeiro. Mas esta ação interior mantém o incógnito: tanto que em Mt 16,17 se observa que o próprio Cristo precisa dar a conhecer a Pedro esta ação da graça nele.

Esta ação interior de Deus, que é idêntica à graça da salvação e da fé, é como que a *dimensão interior* da revelação cristã, pois não existem duas revelações, dois evangelhos, mas duas faces ou dimensões de uma única revelação, de uma única Palavra de Deus. Ora, a graça interior é a salvação oferecida, mas não identificada. É somente com a revelação histórica, categorial, que a ação salvífica de Deus se torna consciente e conhecida em categorias humanas. É somente por meio do Evangelho que conhecemos a vontade salvífica universal de Deus e os meios de salvação postos à disposição de todos os homens. Cabe agora à economia da salvação fazer com que o desígnio de Deus, em Jesus Cristo, seja reconhecido, tornado conhecido e levado ao conhecimento das nações. Mas cabe à natureza humana, à criatura racional, fazer com que a opção de fé, que envolve toda a vida, surja no interior de uma consciência plenamente esclarecida sobre a seriedade e a retidão desta opção.

Portanto, a revelação só atinge a maturidade quando a história da salvação sabe, positivamente e com segurança, que é querida por Deus. Ora, somente o evento-Cristo é o evento pleno e definitivo que escapa não só ao anonimato, mas também a toda falsa interpretação da história da salvação e a toda ambiguidade. A revelação transcendental permanece fundamentalmente ambígua sem a luz da revelação histórica e categorial. O horizonte do homem para o futuro é abertura para um horizonte indefinido, que pode receber uma interpretação de tipo panteísta, teísta ou ateu. Só a revelação de Deus na história pode dissipar a ambiguidade de fundo que cerca a revelação transcendental.

Por isso, parece-nos abusivo, em nível de linguagem *teológica*, confundir simplesmente história da salvação, graça da salvação e história da revelação, criando, assim, a impressão de que *a* revelação seja antes de tudo a graça da salvação, concedida aos homens de todos os tempos, enquanto a revelação cristã, histórica, categorial seria apenas um episódio mais importante, um momento mais intenso da revelação universal, uma espécie de revelação setorial ou uma filial da revelação transcendental. A verdade é que esta distinção entre revelação universal (graça da salvação) e revelação especial (em Jesus Cristo) distorce a realidade. A revelação universal autêntica não é anônima: é a que se realiza em Jesus Cristo e que confere ao homem a graça da salvação, antes e depois dele. O que é *especial* não é o cristianismo, que é o *universal concreto*, em Jesus Cristo, o universal absoluto. Este universalismo cristão inclui o AT, que é o desenrolar-se progressivo da revelação plena, germinação da revelação total até Jesus Cristo. Inverter as perspectivas significa obscurecer a luz e prolongar uma confusão que não encontra fundamento algum na Escritura e no magistério, para os quais a revelação se apresenta como uma irrupção histórica, inaudita, da parte de Deus, no meio de nós. Confundir esta irrupção pontual com a graça salvífica, anônima e universal, que invade o homem sem ele saber, significa aumentar o número já excessivo das ambiguidades que atrapalham a teologia. A DV tem o cuidado de manter distância destes equívocos. Se procurarmos um termo adequado para discernir a ação desta graça da salvação, podemos falar, seguindo a Escritura, de atração, de iluminação, de testemunho ou, como Tomás de Aquino, de instinto interior, palavra interior. Além disso, se quisermos sublinhar que a revelação cristã é a um tempo Evangelho exterior e graça interior, ação conjunta de Cristo e de seu Espírito, podemos falar da dimensão interior da única revelação, da única Palavra de Deus.

15. *Revelação e história das religiões* – Se Cristo é a plenitude da revelação, Deus-entre-nós, segue-se que Ele é a única interpretação autêntica de todas as formas da salvação, anteriores, contemporâneas e subsequentes a seu advento histórico. É verdade que a graça da salvação, enquanto opera num espírito marcado pela historicidade, tende a objetivar-se nos ritos, nas práticas, numa linguagem. Sob a ação desta graça, os homens procuram

às apalpadelas, pressentindo vagamente um mistério de salvação. As grandes religiões (p. ex. → o hinduísmo e o → budismo), cuja intenção principal é a libertação do homem, são tentativas de interpretação desta graça, que age sem elas saberem e sem que lhe tenham um conhecimento reflexo; mas já que lhes falta um critério de discernimento, a interpretação que dão do incógnito da salvação comporta, junto com elementos válidos, também ingredientes humanos, ambiguidades, desvios e erros. As grandes religiões da história têm uma relação positiva com a revelação cristã, mas a qualidade e a exatidão de seu conteúdo precisam ser melhor definidas. Ora, somente Cristo é a "plenitude da vida religiosa" (NA 2). Mesmo o AT, tomado isoladamente, não dá uma interpretação absoluta e infalível de sua própria revelação, pois ainda não conhece a Palavra definitiva que dissipa suas ambiguidades, que ilumina as figuras e dissipa as sombras. Só Cristo possibilita a compreensão perfeita do AT, assim como de todas as experiências religiosas da humanidade.

Somente o Evangelho de Cristo, proclamado pela Igreja, constitui um evento que se interpreta por si mesmo de maneira infalível; pois aqui o princípio de interpretação é Deus mesmo, em Jesus Cristo. Ora, o Verbo ilumina de modo diferente as diversas religiões que se apresentam como raios desta Verdade, que ilumina todo homem que vem ao mundo (NA 2). Podemos falar, em relação a elas, de *iluminação* ou de *manifestação* que Deus faz de si mesmo através do cosmo, através das vias do conhecimento ou de outras experiências, para exprimir, assim, a ação do Verbo sobre a humanidade: nada escapa a esta ação que é fonte e norma de toda verdade. Mas a revelação cristã é uma realidade muito específica, que não se deve confundir com realidades conexas ou que apresentam elementos parcialmente semelhantes.

16. *Revelação e experiência* – Nesses últimos tempos, a teologia da revelação tem sido muitas vezes confrontada com o conceito de *experiência*, também ele muito ambíguo, quando é aplicado à revelação. Na origem desta relação revelação-experiência é preciso colocar o protestantismo liberal de F. Schleiermacher e de A. Sabatier. Em reação a Kant, Schleiermacher (1768-1834) dedicou-se a revalorizar o sentimento e a experiência religiosa. Para ele a revelação se confunde com a experiência religiosa e imanente do homem. O que sucede no crente é a repetição pessoal e imperfeita da consciência de Deus, que Jesus possuía de modo perfeito. Para Sabatier como para Schleiermacher, de quem depende, a essência do cristianismo está numa experiência religiosa, numa revelação interior de Deus, que acontece pela primeira vez na alma de Jesus de Nazaré, mas que se verifica e se repete de maneira sem dúvida menos luminosa, mas não desprezível, na alma de todos os seus verdadeiros discípulos (*Esquisse d'une philosophie de la religion*, Paris, 1897, 187-188). A revelação é uma "experiência religiosa" que "deve poder repetir-se e continuar como revelação atual e experiência individual" no conhecimento de todos os homens de todas as gerações (58-59). Mais recentemente, G. Moran (em *The Present Revelation, the Search of Religious Foundations*, Nova York, 1972) retomou e endossou como suas, consciente ou inconscientemente, as posições de Schleiermacher e de Sabatier, identificando revelação e experiência interior pessoal. Esta experiência pessoal não está submetida a nenhuma norma. A Escritura merece respeito, mas a guia suprema é a experiência. A revelação é uma experiência que se realiza entre duas pessoas, de sujeito para sujeito. A partir do momento em que se privilegia a dimensão objetiva do termo, volta-se a encontrar, segundo Moran, a ideia de "revelação cristã", obstáculo insuperável. A revelação realiza-se na experiência diária.

Nessas posições sobre a relação revelação-experiência, aparece novamente uma ambiguidade de fundo. Esquece-se que a revelação comporta sempre uma dupla doação: Deus *se manifesta e se doa*, mas existe também *aquilo graças ao qual* podemos receber este dom, isto é, a experiência *original e fundante*, que é a autoconsciência de Jesus, a iluminação do profeta, a experiência de Jesus, vivida pelos apóstolos. Por outro lado, existe o acolhimento da revelação fundante, por meio da *fé* nas testemunhas que estão na origem da revelação. Nas posições que acabamos de descrever, confunde-se a fé nas testemunhas com a experiência da revelação fundante. Antes de ser experiência da Palavra de Deus, sempre atual em nossa consciência e em nossa vida de hoje, a revelação foi, em seu surgimento original, experiência desta Palavra na consciência de Jesus, dos profetas e dos apóstolos. Nossa experiência é vivida interiormente sob o regime da fé: a fé e a mediação da experiência das testemunhas da revelação constitutiva. A revelação cristã não é somente passagem de uma experiência comum para uma experiência mais intensa, mas um salto de qualidade, uma novidade absoluta, realizada pela presença pessoal de Deus entre nós no Filho. A categoria de experiência não é suficiente para explicar a revelação: é preciso acrescentar-lhe a mediação histórica de Cristo, dos profetas, dos apóstolos e a mediação da fé nestas testemunhas autorizadas. Não se pode confundir e assemelhar estes dois tipos de experiência. Uma concepção correta da revelação cristã evita os dois extremos: um imanentismo que elimina praticamente a revelação em Cristo; um extrinsecismo que faria dela o objeto de um mero assentimento do espírito a verdades que lhe são inacessíveis.

Se podemos falar em sentido próprio de experiência vivida e consciente, é, antes de tudo, em nível da revelação fundante. Portanto, a autoconsciência de Jesus como Filho do Pai é a revelação *na fonte*. Escapa-nos a profundidade desta autoconsciência. Existe em Jesus um *sancta sanctorum*, um santuário, pois se origina da própria vida trinitária, exprimindo-se na humanidade de Jesus e através dela.

Todavia, esta autoconsciência nos é acessível nos sinais e nas irradiações que dela nos dão os evangelhos, através de termos como → *Abba*, que indica uma intimidade única e exclusiva com o Pai, nas parábolas sobre a relação Pai-Filho como a dos vinhateiros homicidas ou no *lógion* de Mt 11,27; Lc 10,21-22, que manifesta entre Pai e Filho um conhecimento recíproco que é também comunhão de vida (→ Cristologia). Também o profeta goza de uma experiência privilegiada, graças à luz que o invade, que eleva seu espírito e lhe permite discernir o que seria incapaz de descobrir sozinho. Isto é a explosão da luz que o profeta colhe sem raciocínio explícito: Deus é o autor da luz recebida e da verdade que Ele descobre. O profeta não é somente receptor, como nós, da revelação por meio da fé, mas é também o órgão da revelação e fonte de seu crescimento. Todavia, não podemos compreender como se articulam na consciência do profeta estes dois níveis da revelação constituinte e da revelação acolhida com a fé. Os apóstolos, finalmente, têm uma experiência única e privilegiada de Cristo (1Jo 1,1-3). Participamos da experiência que eles fizeram do Verbo da vida só com a mediação de seu testemunho e com a fé neste testemunho. A experiência de que dão testemunho é de uma riqueza inesgotável. Ninguém pode rivalizar com os apóstolos no conhecimento de Cristo. Momento único da história da revelação, aurora da nova criação. Desta plenitude de experiência os apóstolos não transmitiram tudo, nem podiam fazê-lo. Sua pregação e também seu estilo de vida não podiam esgotar a parte inefável desta experiência pessoal, única. A nós se propõe crermos no testemunho apostólico, isto é, no depoimento daqueles que viram e ouviram e que atestam o que viram e ouviram. A fé no testemunho de Cristo e dos apóstolos não é, porém, simples consentimento do Espírito, mas é o fruto conjunto da pregação e da graça interior. Mas esta graça não é, na economia habitual, objeto de uma *experiência consciente e reflexa*, e não pode definir-se como "revelação", em sentido estrito.

17. *Revelação e luz da fé* – Em continuidade com a Escritura, a tradição patrística e a reflexão teológica sempre têm sublinhado que a revelação atinge a subjetividade do homem, eleva-a, transforma-a, a fim de que o homem perceba a mensagem do Evangelho como Palavra viva, dirigida pessoalmente a ele. Não cessa nunca de fazer notar a ação conjunta da palavra exterior e da palavra interior. Será que esta graça interior, que repercute a palavra exterior e a torna solúvel na alma, pode receber, por isto, a qualificação de "revelação"? A Escritura, como vimos, fala de atração, de testemunho, de ensinamento, de iluminação, de unção, de abertura do coração e, às vezes, de revelação. Tomás fala de instinto interior (STh II-II, 2,9 ad 3) e de palavra interior.

Atração interior e boa notícia do Evangelho estão em relação íntima, mas esta atração não é revelação em sentido estrito: além disso, só conhecemos sua existência pelas fontes da revelação e não por uma reflexão psicológica sobre a experiência vivida de nossa fé. A atração do Verdadeiro e do verdadeiro pessoal estão interligadas a tal ponto no dinamismo intelectual que, afora os casos de mística extraordinária, não é possível distingui-los com um conhecimento reflexo. A influência desta atração é real e decisiva na adesão de fé; pois concede ao crente aderir ao Evangelho e ao Deus do Evangelho. É primeira na ordem da eficiência, mas não é Evangelho ou palavra nova. Num discurso teológico rigoroso, não se poderia designá-la com o nome de revelação; ela impulsiona a crer, permite crer, mas sem perder o anonimato: trata-se, antes, de inspiração ou iluminação do Espírito (DS 3010). Podemos, todavia, dar-lhe o qualificativo de → *testemunho* (em sentido amplo, mas não impróprio) de Deus, que age a partir de dentro, com a garantia da Verdade incriada. Mas este testemunho permanece indistinto.

Especifiquemos agora a relação que interliga as duas realidades. Trata-se de duas realidades complementares, ordenadas uma à outra, constituindo como que duas *dimensões* da única Palavra de Deus, que interpela e convida a crer com o Evangelho de Cristo, com a pregação dos apóstolos e da Igreja e, de maneira complementar, com a inclinação e a atração interior que provoca na alma. Existe ação combinada do anúncio externo e da atração interior. A atração, adaptando-se ao testemunho externo, está-lhe subjacente, subsume-o, vivifica-o e fecunda-o. Cristo e os apóstolos declaram o que o Espírito insinua e fixa nas almas. A atração interior é dada para conaturalizar o homem com este mundo novo, inconcebível, que é o Reino: ela está a serviço do Evangelho. Na ordem da revelação, a missão do Espírito completa e realiza a missão de Cristo. A manifestação de Cristo e de seu projeto de salvação vem do Evangelho; a eficiência (disposição à escuta e capacidade de apreender) vem da atração. Em razão desta dimensão interior, a revelação constitui uma palavra de tipo único. À sua eficácia de palavra externa junta-se uma eficácia especial, que atinge o homem no íntimo de sua subjetividade, no coração de sua ação cognitiva e volitiva, para suscitar a resposta da fé. Esta graça que move, excita, chama, antecede, levanta, embora seja da ordem da iluminação, não pode, todavia, reivindicar para si o título de revelação.

18. *Escândalo e superabundância* – São todos estes elementos que descrevemos, quantitativa e qualitativamente contrastantes, múltiplos e complexos, que compõem o rosto da revelação cristã e constituem sua *especificidade*. A revelação cristã, portanto, não é algo sem rosto ou relevo, tão pouco diferente das outras formas de religião que devamos contentar-nos com um vago panrevelacionismo. Pelo contrário, é encontrável no tempo e reconhecível em seus traços bem-definidos. Afirmamos mais. O conjunto dos traços mencionados faz descobrir, na revelação cristã, duas características novas, que resultam da consideração de sua própria totalidade: são o caráter de escândalo e de superabundância.

a. Efetivamente, a revelação cristã, aos olhos dos contemporâneos, apresenta-se como algo de *escandaloso*, senão de ininteligível. Esta característica envolve a revelação em todos os seus níveis. Antes de tudo, escândalo de uma revelação que vem da fragilidade e da caducidade do evento, exposto a todas as flutuações da história; em seguida, escândalo de uma revelação que vem através da carne e da linguagem do Verbo encarnado, figura tênue, ponto que se perde na história de uma cultura, de uma nação, que, por sua vez, é um nada em meio às potências do mundo. Finalmente, escândalo de uma revelação confiada, em sua expansão ao longo dos séculos, às mãos de uma Igreja feita de míseros pecadores. A *kénōsis* de Deus na história de Israel, a *kénōsis* do Filho na carne de Cristo, a *kénōsis* do Espírito na enfermidade dos homens e da Igreja: estas sucessivas aniquilações de Deus, consumadas na forma escandalosa da revelação suprema do amor, na forma visível e tangível de um crucificado, confundem qualquer concepção humana. Na realidade, não é este o tipo de *singularidade* que teríamos esperado do absoluto e do transcendente; e, todavia, exatamente nesta inversão de nossas concepções humanas, neste escândalo, existe um traço fundamental da revelação de Deus como totalmente Outro. O homem não chegará nunca a superar este escândalo se não eliminar sua própria autossuficiência, para abrir-se ao amor que se lhe oferece.

b. Uma segunda característica da revelação, na totalidade dos seus elementos, é a *superabundância* da salvação que ela manifesta: superabundância dos meios de comunicação e de expressão; superabundância dos caminhos que anunciam e preparam o evento culminante da encarnação do Filho; superabundância dos carismas que acompanham e protegem a expansão da revelação ao longo das épocas (tradição, inspiração, infalibilidade); superabundância, finalmente, dos dons e dos meios de salvação. Esta superabundância, que já é o sinal de Deus no universo, é também uma característica da história da salvação. O que surpreende não é a salvação oferecida a todos os homens; é, antes, a superabundância da salvação que acompanha a revelação cristã. Esta representa, em relação à salvação universal e às religiões históricas, um "excedente", uma superabundância nos dons da salvação, que manifesta a prodigalidade de Deus na nova criação. O que surpreende é a *superabundância do amor* de Deus pelo homem pecador. Podemos ainda entender que Deus saia de seu silêncio e que declare seu amor; mas que exprima este amor até esgotar-se a expressão, isto é, até o dom de si mesmo e até o abismo da cruz, eis aí a manifestação de um amor que é abundante e superabundante. Diante desta "superabundância", que "assinala" a revelação cristã à atenção de todos os homens, não existe outra resposta senão a do amor: "Nós conhecemos e cremos no amor que Deus tem por nós" (1Jo 4,16).

19. *Revelação e Trindade* – A chave hermenêutica que explica a revelação encontra-se, em última análise, no mistério dos mistérios, a → Trindade e, em particular, na teologia das missões trinitárias e da apropriação.

A revelação é obra da Trindade inteira: Pai, Filho e Espírito. A fecundidade espiritual da Trindade desdobra-se seguindo a dupla linha do pensamento e do amor: daí a dicção do Verbo e a inspiração do Espírito. A dicção *ad intra* prolonga-se numa dicção *ad extra* e é a revelação. A palavra de Cristo tem origem na comunhão de vida do Pai e do Filho e, por isto, é Palavra de Deus. O Espírito prolonga a missão de Cristo, mas não o faz falando de si mesmo: ele aclara a palavra de Cristo em comunhão de vida com o Filho, que está também em comunhão com o Pai. A revelação não é a verdade de uma pessoa, mas a verdade das três pessoas. Ela aprofunda suas raízes na comunhão de vida das três pessoas e traduz esta comunhão.

Embora o Pai, o Filho e o Espírito sejam um só e único princípio da revelação, isto não quer dizer que a Trindade como tal não influa em absoluto na revelação. Cada pessoa age e o faz segundo modos que correspondem misteriosamente ao que são respectivamente o Pai, o Filho e o Espírito no interior da Trindade.

Como em todas as coisas, é o Pai que tem a iniciativa, pois o Filho recebe tudo do Pai, natureza e missão. É o Pai que envia o Filho como revelador de seu projeto de amor (1Jo 4,9-10; Jo 3,16); é o Pai que dá testemunho ao Filho e a sua missão reveladora, por meio das obras que faz o Filho realizar (Jo 10,25; 5,36-37; 15,24; 9,41); é também o Pai que atrai os homens ao Filho, com a atração interior que produz nos corações (Jo 6,44).

Visto que o Filho já é, no interior da Trindade, a palavra eterna do Pai, em que o Pai se exprime adequadamente, está ontologicamente qualificado para ser entre os homens a revelação suprema do Pai e para iniciá-los na vida de filhos. Cristo é o revelador perfeito do Pai e de seu projeto. Ora, o desígnio do Pai é estender à humanidade a própria vida da Trindade. O Pai quer voltar a gerar seu próprio Filho em cada homem, infundir nos homens seu Espírito e associá-los na comunhão mais íntima, a fim de que todos sejam uma coisa só, como o Pai e o Filho são uma coisa só, num único Espírito de amor. Se acolhemos o testemunho que o Pai dirige por meio do Filho, o Pai faz de nós seus próprios filhos (Jo 1,12). Consequentemente, recebemos em nós um espírito de filhos, um espírito de amor: "Deus mandou a nossos corações o Espírito de seu Filho que clama: Abba, Pai" (Gl 4,6).

Enquanto o Filho "faz conhecer", o Espírito "inspira". Ele é o sopro e o calor do pensamento divino. Ele dá poder e eficácia à palavra. Cristo propõe a Palavra de Deus: o Espírito a põe e a interioriza, a fim de que permaneça em nós. Torna a palavra solúvel na alma, com a unção que nela difunde. Torna efetivo o dom da revelação. É assim que o Espírito atualiza a revelação para cada geração, ao longo dos séculos. O Espírito responde às interrogações de cada época, com a sugestão daquele momento.

É assim que o Pai, com a ação conjunta do Verbo e do Espírito, como se fossem seus dois braços de amor, se revela à humanidade e a atrai a si. O movimento de amor com o qual o Pai se faz descobrir pelos homens em Cristo e a resposta dos homens a este amor com a fé e a caridade aparecem como que imersos no fluxo e refluxo de amor que une o Pai e o Filho no Espírito. A revelação é uma ação que envolve simultaneamente a Trindade e a humanidade, que entretece um diálogo ininterrupto entre o Pai e seus filhos adquiridos com o sangue de Cristo. Ela desenvolve-se ao mesmo tempo no plano do evento histórico e no plano da eternidade. Inaugura-se com a palavra e a fé e completa-se no encontro face a face da visão.

CONCLUSÕES – Vamos limitá-las a três.

1. *Conceito de revelação* – A primeira conclusão diz respeito, evidentemente, ao próprio conceito de revelação. A revelação cristã é a automanifestação e autodoação de Deus em Jesus Cristo na história, como história, com a mediação da história, isto é, com a mediação de acontecimentos ou gestos interpretados pelas testemunhas autorizadas por Deus. Esta manifestação tem traços absolutamente específicos, que fazem da revelação cristã uma realidade única e sem precedentes: historicidade, estrutura sacramental, projeto dialético em espiral, princípio encarnacional, centralidade absoluta de Cristo, Verbo feito carne, "economia" e pedagogia, diálogo de amor, revelação ao mesmo tempo de Deus e do homem a si mesmo, realidade sempre em tensão (presente-passado, história-escatologia). A singularidade desta revelação

faz de Cristo a chave de interpretação de todas as realidades que lhe são conexas ou com ela se assemelham: graça universal da salvação, experiência das religiões históricas, iluminação da fé. Esta singularidade da revelação cristã permite identificá-la e, ao mesmo tempo, distingui-la de todas as religiões que também se dizem "reveladas".

2. *Implicações no âmbito da "comunicação"* – Depois do que dissemos sobre a revelação e sobre seus traços específicos, é totalmente evidente que a → "comunicação" da revelação cristã difere da de um sistema filosófico, de uma descoberta científica ou de uma técnica artesanal. A comunicação da revelação é da ordem do *testemunho*. Exatamente como o testemunho de Cristo foi indissoluvelmente um *ensinar* e um *fazer*, também a comunicação do Evangelho inclui da mesma forma a práxis de um estilo de vida filial e a proclamação da fé. De fato, foi com o testemunho conjunto do ensinamento e da vida que os apóstolos transmitiram o que haviam aprendido de Cristo, "do viver junto [com Ele] e das obras de Cristo" (DV 7). Por sua vez, a Igreja "perpetua e transmite a todas as gerações tudo o que ela é e tudo o que ela crê" (DV 8 e 10). *Comunicar* a revelação significa que aquele que "comunica", que proclama a salvação, é ao mesmo tempo a testemunha viva de uma fé que antes de tudo iluminou e transformou sua vida. Do contrário, o Evangelho corre o risco de tornar-se uma ideologia, um sistema, uma gnose, uma ética.

Em regime cristão, a "comunicação" participa da elevação do homem por meio da encarnação e da graça. Os *mass-media* são de certo modo "gratificados" com uma nova dimensão que deriva da especificidade da revelação cristã. Com efeito: *a.* o que é comunicado é o Evangelho, palavra revelada e inspirada, palavra eficaz; *b.* aquele que a comunica e convida à fé é, Ele mesmo, testemunha viva do Evangelho que propõe; *c.* o ouvinte da palavra é um homem em quem opera o Espírito de Cristo. As técnicas são as mesmas (rádio, TV, cinema, imprensa), mas a realidade comunicada, quem a comunica e quem a "ouve", constituem uma condição única.

3. *O "hoje" da revelação* – O "hoje" da palavra da salvação proclamada por Cristo permanece atual e dirige-se a cada homem. *Hoje* vem a salvação; *hoje* vem o tempo da conversão. A salvação não está no final da caminhada, mas está em cada instante da nossa vida: hoje, agora. As atuais injustiças, a guerra onipresente, o terrorismo e o genocídio devem contribuir para reativar em cada um o senso do hoje da salvação, tornada conhecida pela revelação. O homem não é menos "horrendo" do que ontem. A injustiça e o ódio são um chamado desesperador do Servo sofredor por um reino de justiça e de amor. Como na época dos patriarcas e dos profetas, Deus dirige a história. Quando somos sufocados e oprimidos por tanta violência, o silêncio de Deus nos projeta para a revelação. Os homens de hoje assemelham-se aos do AT: esperam a paz, a justiça, a verdade, a vida, o amor, a salvação. No íntimo do seu coração, buscam um sentido para cada coisa num mundo aparentemente desprovido de sentido. A estes seres perdidos, a estes homens que caminham nas trevas, Cristo, plenitude da revelação, responde: Eu sou o caminho, a verdade, a luz, a vida, o amor. A todos Ele diz: "*Eu sou*". Para Deus nada é impossível, desde que Ele encontre a nossa "boa vontade".

Bibl. – ENCICLOPÉDIAS, DICIONÁRIOS, COLEÇÕES – E. Rolland, "Révélation", em M. Brillant-M. Nédoncelle (ed.), *Apologétique*, Paris 1937, 197-229. J. Didiot, "Révélation divine", em DAFC IV, 1004-1009; J. Guillet-H. Haag, "Révélation", em DBSuppl X, 586-618; K. Prümm, "Mystères", em DBSuppl VI, 1-225; J.R. Geiselmann, "Rivelazione", em H. Fries (ed.), *Dizionario teológico* III, 162-173; N. Jung, "Révélation", em DThC XIII/2, 2580-2618; G. Ruggieri, "Rivelazione", em NDT, 1332-1352; Id., "Rivelazione", em DTI III, 148-166; C. Colombo, "Rivelazione", em *EncCatt* 10, 1018-1025; M. Seybold-P.R. Cren-U. Horst-A. Sand-P. Stockmeier, *La révélation dans l'Écriture, la patristique, la scolastique*, Paris 1974; H. Waldenfels-L. Scheffczyk, *Die Offenbarung von der Reformation bis zur Gegenwart*, em HDG I, 1b; HFTh II: Traktat Offenbarung; C. Duquoc, "Alliance et Révélation", em *Initiation pratique à la théologie*, II, 5-75; R. Schnackenburg-H. Vorgrimler, "Offenbarung", em LThK VII, 1104-1116; J. Jensen, "Concept of Revelation in the Bible", em *New Catholic Encyclopedia* XII, 436-438; A. Dulles, "Theology of Revelation", Ibid., 441-444; B. Maggioni, "Rivelazione", em NDTB, 1361-1376; G. Gloege, "Offenbarung", em RGG, 1597-1613; W. Eichrodt, "Offenbarung im AT", RGG IV, 1599-1601; N. Schiffers-K. Rahner, "Rivelazione", em SM VII, 121-216; A. Oepke, "Apokalyptô", em GLNT V, 82-161.

MONOGRAFIAS E ARTIGOS – J. Baierl, *The Theory of Revelation*, Nova York 1927; R. Bultmann, *Der Begriff der Offenbarung im Neuen Testament*, Tübingen 1929; H. Huber, *Der Begriff der Offenbarung im Johannes-Evangelium*, Göttingen 1934; E.F. Scott, *The New Testament Idea of Revelation*, Nova York-Londres 1935; D. Deden, "Le Mystère paulinien", em ETL 13 (1936) 403-442; H.W. Robinson, *Record and Revelation*, Oxford 1938; Id., *Inspiration and Revelation in the Old Testament*, Oxford 1946; Id., *Redemption and Revelation*, Londres 1947: J. Fehr, *Das Offenbarungsproblem in dialektischer und thomistischer Theologie*, Leipzig-Friburgo 1939; R. Guardini, *Die Offenbarung, ihr Wesen und ihre Formen*, Würzburg 1940; E. Brunner, *Offenbarung und Vernunft*, Zürich 1941; S. Mowinckel, "La connaissance de Dieu chez les prophètes de l'A. Testament", em RHPhR 22 (1942) 69-106; J. Brinktrine, "Der Begriff der Offenbarung im Neuen Testament", em ThG 1942, 76-83; L.-M. Dewailly, *Jésus-Christ, Parole de Dieu*, Paris 1945; H.-H. Schrey, *Existenz und Offenbarung*, Tübingen 1946; C.A. Simpson, *Revelation and Response in the Old Testament*, Nova York 1947; K. Barth, *Das Christliche Verständnis der Offenbarung*, Munique 1948; Id., *Dogmatica ecclesiale*, Bolonha 1969; H. Schulte, *Der Begriff der Offenbarung im Neuen Testament*, Munique 1949; J. Wolff, *Der Begriff der Offenbarung*, Bonn 1949; G.E. Wright, *God Who Acts*, Londres 1952; S. Van Mierlo, *La Révélation divine*, Neuchâtel 1952; A. Marc, "L'idée de Révélation", em *Greg* 34 (1953) 390-420; J.K. Jewett, *Emil Brunner's Concept of Revelation*, Londres 1954; H.R. Niebuhr, *The Meaning of Revelation*, Nova York 1955; A.

Neher, *L'essence du prophétisme*, Paris 1955; H.M. Féret, *Connaissance biblique de Dieu*, Paris 1955; E. Fulling, *Geschichte als Offenbarung*, Berlim 1956; J. Baillie, *The Idea of Revelation in Recent Thought*, Londres 1956; P. Tillich, *Systematic Theology*, Chicago 1956[5]; P. Gils, *Jésus Prophète d'après les Synoptiques*, Louvain 1957; J. Daniélou-L. Bouyer e outros, *Parole de Dieu et liturgie*, Paris 1958; M. Harl, *Origène et la fonction révélatrice du Verbe incarné*, Paris 1958; H. Schlier, *Wort Gottes*, Würzburg 1958; J. Alfaro, "Cristo glorioso, Revelador del Padre", em *Greg* 39 (1958) 222-271; Id., "Encarnación y Revelación", em *Greg* 49 (1968) 431-459; Id., *Rivelazione cristiana, fede e teologia*, Brescia 1986; S. Caiazzo, *Il concetto di rivelazione. Idea centrale della teologia di E. Brunner*, Roma 1959; H. Holstein, "La Révélation du Dieu vivant", em *Et* 81 (1959) 157-168; C.F.H. Henry (ed.), *Revelation and the Bible*, Londres 1959; W. Bulst, *Offenbarung, biblischer und theologischer Begriff*, Düsseldorf 1960; J.G.S.S. Thomson, *The Old Testament View of Revelation*, Grand Rapids, Michigan 1960; H.U. von Balthasar, *Verbum Caro*, Einsiedeln 1960; Id., *Gloria. Un'estetica teologica*, vol. I: Percezione della Forma, Milão 1975; A. Torres Capellán, "Palabra y Revelación", em *Burgense* I (1960) 143-190; H. Noack, *Sprache und Offenbarung*, Gütersloh 1960; A. Léonard-A. Larcher-C. Dupont e outros, *La Parole de Dieu en Jésus-Christ*, Paris 1961; P.S. Bulgakow, *Dialog zwischen Gott und Mensch.* Ein Beitrag zum christlichen Offenbarungsbegriff, Marburg 1961; W. Zimmerli, *Gottes Offenbarung*, Munique 1961; H. González Morfín, *Jesu-cristo-Palabra y palabra de Jesucristo*, México 1962; J. Blank, "Der Johanneische Wahrheitsbegriff", em BZ 7 (1962) 163-173; J. Cahill, "Rudolf Bultmann's Concept of Revelation", em CBQ 24 (1962) 297-306; A.-C. De Veir, "Revelare-revelatio", em *Recherches Augustiniennes* 2 (1962) 331-357; R. Schnackenburg, "Zum Offenbarungsgedanke in der Bibel", em BZ 7 (1963) 2-23; K. Rahner-R. Latourelle e outros, *The Word*, Nova York 1964; J. Ochagavía, *Visibile Patris Filius*, Romae 1964; A. Dulles, "The Theology of Revelation", em ThS 25 (1964) 45-58; Id., *Models of Revelation*, Nova York 1983; Id., "Revelation in Recent Catholic Theology", em *Theology Today*, 1967, 350-365; Id., *Was ist Offenbarung*, Friburgo i. Br. 1970; E. Schillebeeckx, *Révélation et théologie*, Bruxelles 1965; G. Moran, *Theology of Revelation*, Nova York 1966; G. O'Collins, "Revelation as History", em HeJ 7 (1966) 394-406; Id., *Theology and Revelation*, Dublin 1968; H.R. Schlette, *Epiphanie als Geschichte*, Munique 1966; G. Segalla, "Gesù Rivelatore del Padre nella tradizione sinottica", em RB 14 (1966) 467-508; E. Guttwenger, "Offenbarung und Geschichte", em ZKTh 88 (1966) 223-246; E. Simons, *Philosophie der Offenbarung*, Stuttgart 1966; R. Latourelle, *Teología della Rivelazione*, Assis 1967 (orig. 1962); K. McNamara, "Divine Revelation", em IThQ 34 (1967) 3-19; E. Klinger, *Offenbarung im Horizont der Heilsgeschichte*, Zürich 1969; H. Waidenfels, *Offenbarung*, Munique 1969; H. Verweyen, *Frage nach der Möglichkeit von Offenbarung*, Düsseldorf 1969; T. Citrini, *Gesù Cristo, Rivelazione di Dio*, Venegono 1969; Id., "La Rivelazione, centro della Teología fondamentale", em R. Fisichella (ed.), *Gesù Rivelatore*, Casale Monferrato 1988, 87-99; C. Tresmontant, *Le problème de la Révélation*, Paris 1969; W. Pannenberg, *Rivelazione come storia*, Bolonha 1969; K. Rahner, "Annotazioni sul concetto di Rivelazione", em K. Rahner-J. Ratzinger, *Rivelazione e Tradizione*, Brescia 1970,11-25; Id., *Hörer des Wortes*, Friburgo 1973; E. Castelli (ed.), *Rivelazione e Storia*, Roma 1971; H. Bouillard, "Le Concept de Révélation de Vatican I à Vatican II", em Varios autores, *Révélation de Dieu et langage des hommes*, Paris 1972; J. Walgrave, *Unfolding Revelation*, Londres 1972; G. Ebeling, *Wort und Glaube*, Tübingen 1975; P. Fruchon, *Existence humaine et Révélation*, Paris 1976; P. Eicher, *Offenbarung. Prinzip neuzeitlicher Theologie*, Munique 1977; P. Ricoeur-E. Levinas-C. Geffré e outros, *La Révélation*, Bruxelles 1977; I. de la Potterie, *La Vérité dans S. Jean*, vol. I-II, Roma 1977; P. Knauer, *Der Glaube kommt vom Hören*, Köln 1978; G. Volta, "La nozione di Rivelazione dal Vaticano I al Vaticano II", em Vários autores, *La teologia italiana oggi*, Brescia 1979, 195-244; S. Breton, *Écriture et Révélation*, Paris 1979; E.C. Rust, *Religion, Revelation and Reason*, Macon 1981; B. Testa, *Rivelazione e Storia*, Roma 1981; H. Pfeiffer, *Offenbarung und Offenbarungswahrheit*, Trier 1982; Id., *Gott offenbart sich.* Das Reifen und Entstehen des Offenbarangsverständnisses im ersten und zweiten Vatikanischen Konzil, Frankfurt 1982; P. Helm, *The Divine Revelation. The Basic Issues*, Londres 1982; J.W. Abraham, *Divine Revelation and the Limits of Historical Criticism*, Oxford 1982; H. de Lubac, *La Revélation divine*, Paris 1983; A. Shorter, *Revelation and Its Interpretation*, Londres 1983; R. Fisichella, *La Rivelazione: evento e crédibilité*, Bolonha 1985; Id. (ed.), Gesù *Rivelatore*, Cásale Monferrato 1988; A. Dartigues, *La révélation: du sens au salut*, Paris 1985; A. Torres Queiruga, *La Revelación de Dios en la realización del hombre*, Madri 1987; C. Geffré, "La Rivelazione e l'esperienza storica degli uomini", em R. Fisichella (ed.), *Gesù Rivelatore*, Casale Monferrato 1988, 87-99.

TRATADOS E MANUAIS DE TEOLOGIA FUNDAMENTAL – A maior parte destas obras contêm um ou mais capítulos sobre o tema da revelação. Indicamos as mais recentes: A. Kolping, *Fundamentaltheologie*, vol. I-III (1968, 1974, 1981), Münster; J. Aleu, *Teología Fundamental*, Madri 1973; W. Joest, *Fundamentaltheologie.* Theologische Grundlagen und Methodenproblem, Stuttgart 1974; G. Caviglia, *Le ragioni della speranza*, Turim 1979; C. Skalicky, *Teologia fondamentale*, Roma 1979; A. Beni, *Teologia fondamentale*, Florence 1980; H. Wagner, *Einführung in die Fundamentaltheologie*, Darmstadt 1981; G. O'Collins, *Teologia fondamentale*, Brescia 1982; G. Bof, *Teologia fondamentale*, Roma 1984; F. Schüssler Fiorenza, *Foundational Theology, Jesus and the Church*, Nova York 1985; H. Waldenfels, *Kontextuelle Fundamentaltheologie*, Paderborn 1985; H. Fries, *Fundamentaltheologie*, Graz 1985; S. Pié-Ninot, *Tratado de Teología fundamental*, Salamanca 1989; L. Eiders (ed.), *La doctrine de la révélation divine de saint Thomas d'Aquin*, Città del Vaticano 1990.

RENÉ LATOURELLE

REVELAÇÕES PRIVADAS

Depois da vinda de Cristo, não se deve mais esperar uma nova revelação relativa à situação fundamental da humanidade, em relação à salvação. Pois nele e por meio dele Deus revelou plenamente seu desígnio universal de amor. Considera-se que esta revelação se conclui com a morte do último apóstolo. Todavia, ainda há lugar, na presente fase da economia salvífica, para revelações de Deus, destinadas a iluminar os crentes sobre o modo como devem comportar-se nas circunstâncias em que vivem e a dirigir sua ação prática, moral, espiritual e religiosa. Qualificá-las como "privadas", a fim de distingui-las da revelação anterior, que às vezes se chama "pública" – já que através da Igreja se dirige aos homens de todos os tempos e de todos os lugares, sem distinção – não significa que tais revelações sejam necesssariamente reservadas a uma só pessoa. Muitas vezes, na realidade, dizem respeito a um grupo inteiro, a todo um ambiente, e também à Igreja, em seu conjunto, num determinado momento de sua história. O Concílio de Trento, por sua parte, fala de revelações "especiais" ou "particulares" (DS 1540; 1566).

1. *Sagrada Escritura* e revelações particulares não se excluem. As revelações deste gênero não se definem mediante a exclusão de sua pertinência a qualquer conteúdo bíblico, mas sim por seus objetos, por seus objetivos e seus destinatários. Se estes elementos forem particulares, as revelações são particulares e permanecem tais, também garantidas pela inspiração escritural que não muda suas características, mas assegura sua autenticidade. O livro dos *Atos dos Apóstolos* está cheio de exemplos. No dia de Pentecostes, Pedro anuncia a era do Espírito, que opera mediante visões, sonhos, profecias (2,16-21). Ele mesmo é informado por uma revelação particular sobre o modo como deve agir em relação ao centurião Cornélio (10,3-8). Paulo converte-se depois de uma revelação recebida a caminho de Damasco (9,3-9) e será continuamente guiado em sua ação missionária por revelações especiais (16,9; 18,9; 20,23; 27,23-24), às quais se somam revelações de ordem estritamente pessoal e mística, que ele confidencia aos Coríntios (2Cor 12,1-6). O *Apocalipse*, antes de propor suas visões simbólicas, concernentes à teologia da história, comunica a diversas igrejas revelações particulares, mais relacionadas com a vida de uma determinada comunidade ou com a de uma pessoa do que com a doutrina (1,4–3,22). Finalmente, os profetas cristãos (→ Profecia), que as epístolas paulinas colocam imediatamente depois dos apóstolos (1Cor 12,28; Ef 2,20; 4,11), não se limitam a exortar, edificar e interpretar; às vezes têm uma verdadeira revelação de Deus a comunicar (1Cor 14,29-30). Esta revelação aparece como o ato em que se exprime por excelência a função profética.

2. Na *época patrística* é oportuno assinalar, entre outros, dois escritos típicos: a *Didaqué*, que reconhece um grande lugar aos profetas na comunidade, mas estabelece regras para discernir os profetas verdadeiros dos falsos (11,7-12; SC 248, 184-188), e o *Pastor* de Hermas, cujas numerosas revelações de caráter apocalíptico são principalmente um apelo à conversão dos costumes e à penitência. Um homem de Igreja como são Cipriano atribui muita importância às revelações particulares, quer se trate das suas ou das de seu ambiente, e fundamenta nelas seu ministério pastoral (*Epist.* 11,3-4; CSEL 3, 497-498), coisa que, aliás, não parece ter agradado a todos (*Epist.* 66,10; CSEL 3,174). Santo Agostinho é mais reservado. Certamente crê na existência das revelações privadas, mas pensa ser muito difícil distinguir entre verdadeiras e falsas (*De genesi ad litteram*, XII, 13,28; PL 34, 465).

3. Na *Época Medieval* são notáveis as obras espirituais que se apresentam como a coleção das comunicações feitas por Deus a santas mulheres. A mais conhecida é Brígida da Suécia († 1373). O Concílio de Basileia tivera por programa o exame de suas revelações e dali nasceram as primeiras exposições sistemáticas sobre o discernimento das revelações particulares, devidas, por um lado, a Jean Gerson († 1429), cuja obra *De probatione spirituum* recomenda sobretudo a prudência, e, do outro, a João de Torquemada ou Turrecremata († 1468), cujo *Defensorium super revelationes S. Birgittae* formula os princípios mais tarde retomados pelos teólogos e pelos autores espirituais.

4. Na *Época Moderna*, o tipo de teologia mística que prevalece com a escola espanhola do século XVI preconiza, em relação às revelações privadas, uma atitude de total desinteresse e de afastamento completo. Pelo menos em seu modo de exprimir-se, São João da Cruz é muito severo. O desejo dos dons divinos e a satisfação que daí deriva constituem um dos maiores obstáculos para a união com Deus, que se realiza somente na fé pura. A palavra de ordem será, então, clara: é necessário "não admitir" as revelações particulares quando se manifestam e até se lhes deve "resistir" como a tentações perigosas (A *subida do Monte Carmelo* II, 27,6). Se forem realmente sobrenaturais, em todo caso obterão seu efeito de graça e, se forem ilusões, a alma não sofrerá nenhum dano por sua resistência. Santa Teresa d'Ávila faz um julgamento mais nuançado. Visões e revelações ocupam um lugar importante em sua existência e em sua obra. Ela não se limita a indicar seus riscos e perigos; sabe também apreciar seus possíveis frutos (*Vita*, cap. 25). Já os teólogos da espiritualidade classificarão as revelações particulares entre os epifenômenos, isto é, entre os fatos acessórios e acidentais da experiência mística, que consiste essencialmente na contemplação infusa e em seus diversos graus.

Mas eis que, por um singular contraste, surge uma série impressionante de grandes aparições, características dessa época. Sua mensagem é dirigida por meio de humildes videntes (mulheres ou crianças) a amplos setores da Igreja, quando não à Igreja inteira. Temos assim, no século XVII, as aparições do Sagrado Coração em Paray-le-Monial e, depois, nos séculos XIX e XX, as aparições marianas da Rue du Bac em Paris, de Salette, de Lourdes, Pontmain, Fátima, Beauraing, Banneux... É impossível listá-las todas. Hoje, não se pode tratar das revelações privadas sem fazer referência a estas aparições. Pois elas falam, ordenam, instruem, confidenciam segredos.

5. Os *critérios de discernimento* para reconhecer a autenticidade ou a origem divina desta categoria de fenômenos codifica-

ram-se progressivamente. O primeiro é de ordem doutrinal e diz respeito ao objeto da revelação particular, à sua ortodoxia. Exclui-se que Deus possa contradizer a sua própria Palavra, da qual a Igreja é a intérprete qualificada. Por isso, se há de considerar falsa toda revelação em contradição com uma verdade da fé ou da moral. O segundo é de ordem psicológica e diz respeito ao sujeito. É uma pessoa bem equilibrada ou tem tendências patológicas? O terceiro concerne aos efeitos ou aos frutos espirituais produzidos, seja no próprio sujeito, seja no seu ambiente. E, quando se trata de revelações que têm grande ressonância eclesial, o julgamento da Igreja leva em conta a veracidade e a amplidão do movimento coletivo de oração, de conversões, de verdadeiro fervor que advém delas; finalmente, os milagres que tiverem uma ligação manifesta com a revelação em questão.

6. No *mecanismo* – se assim se puder dizer – das revelações particulares, psiquismo natural e causalidade divina não se opõem necessariamente. Até pouco tempo atrás geralmente se aceitava a tese de que, enquanto for possível uma explicação natural, se deve excluir o recurso a uma causa sobrenatural. Mas as revelações particulares não são milagres em sentido estrito. Não supõem necessariamente uma intervenção especial de Deus que suspenda as leis da psique humana. Deus pode servir-se das possibilidades latentes na imaginação, na inteligência, no subconsciente do sujeito, como um meio de comunicação. Embora natural do ponto de vista de seus componentes psíquicos, o fenômeno pode muito bem ser sobrenatural pelo impulso da graça operante, que põe em ação e em movimento vários processos analisáveis, descritíveis e recomponíveis fenomenologicamente pelas ciências psicológicas, sem que este impulso seja, ele mesmo, cientificamente constatável, pois é de outra ordem, transcendente, absolutamente espiritual; de sorte que a pura psicologia, defrontando-se com um evento que passa por revelação, nunca poderá afirmar que seja apenas um simples fato psíquico.

7. O *assentimento* a ser dado às revelações particulares divide os teólogos. Suárez é o principal representante da primeira opinião (*De fide*, disp. III, parte 10, em *Opera omnia*, ed. Vivès, 1.12,90-94). Se for certa a origem de uma revelação, esta revelação exige uma adesão de fé divina ao menos da parte do beneficiário, pois o motivo da fé é a autoridade da Palavra de Deus. Quando esta autoridade está presente, qualquer que seja o objeto que ateste, isto basta para gerar um assentimento de fé divina. É puramente acidental a diferença entre a fé divina dirigida a uma revelação pública e a que diz respeito às revelações privadas. No primeiro caso, a revelação é proposta pela Igreja, no segundo, é proposta por Deus de maneira direta, mas o motivo do assentimento é o mesmo em ambos os casos: a autoridade que vem de Deus que se revela. No que tange às pessoas que não forem beneficiadas pela revelação privada, também estas podem e devem dar um assentimento de fé divina, se tiverem as provas e as garantias necessárias da origem divina desta revelação. A opinião suareziana foi retomada em nossos dias por K. Rahner, "Les révélations privées. Quelques remarques théologiques", em RAMy 25 (1949) 509.

A segunda opinião não é a de Santo Tomás – que nunca tratou explicitamente desta questão –, mas a da escola tomista moderna. Ela não nega que uma revelação privada possa dar origem a um ato de fé divina, mas isto aconteceria somente no caso em que Deus revelasse a alguém algo do mistério sobrenatural de sua vida íntima. Pois a fé divina não tem como motivo apenas a Palavra de Deus, mas também tem como objeto o próprio mistério de Deus. Ela é adesão a Deus que fala de Deus. Lá onde houvesse testemunho da parte de Deus sobre um objeto estranho a seu mistério, não se poderia falar de fé divina. A escola tomista tende assim a excluir as revelações privadas do âmbito da fé divina, pois geralmente tais revelações não têm por objeto verdades que não estariam já contidas na revelação pública, mas seu objeto diz respeito à prática da vida cristã, pessoal ou social, razão pela qual o assenso que exigem é um assenso de fé humana. Não se designa assim qualquer forma de adesão, mas uma adesão firme, porque baseada em provas adquiridas pelo exercício de nosso senso crítico, e que certamente se enquadra não no campo da evidência científica, mas da certeza moral. Esta é a opinião de Y. Congar, "La crédibilité des révélations privées", VS Suppl. 53 (1937) 29-43.

8. Compete ao *magistério*, especialmente do papa, exprimir um juízo qualificado sobre as revelações privadas, na medida em que estas, como muitas vezes acontece, têm uma repercussão notável na Igreja. Quando tal juízo é de aprovação, trata-se geralmente de aprovação em sentido amplo. O magistério não pretende empenhar sua autoridade na afirmação positiva do próprio fato da revelação. Limita-se a permitir – já que não se encontrou nada de doutrinalmente repreensível ou concretamente inoportuno – a divulgação de relatos que contam revelações ou se dizem tais. Esta aprovação tem apenas o valor negativo de uma espécie de *nihil obstat.* Não é obrigatório crer em tais relatos. Isto resulta das próprias declarações do magistério, cuja prática foi explicada, no século XVIII, por Bento XIV: "A aprovação dada pela Igreja a uma revelação privada não é outra coisa senão a permissão outorgada, após um atento exame, de tornar esta revelação conhecida para a instrução e o bem dos fiéis. A tais revelações, mesmo que aprovadas pela Igreja... pode-se deixar de dar o assentimento... desde que isto se faça por boas razões e sem intenção de menosprezo" (*De servorum Dei beatificatione* II, 32,11).

Em alguns casos excepcionais – por exemplo, Paray-le-Monial e Lourdes – parece, contudo, que as aprovações papais, pelo fato de serem maciçamente repetidas e sem restrições, não podem ser reduzidas à dimensão de uma simples permissão ou de um mero *nihil obstat*, mas acabaram por adquirir um caráter positivo. Por isso, tem-se perguntado se em tais aprovações o magistério não poderia ter empenhado sua infalibilidade ou pelo menos o exercício de alguma forma irrecusável da sua autoridade. As respostas divergem. Infelizmente, não são isentas de ambiguidades. Com efeito, o que é garantido pelo magistério em tais casos? Somente o valor intrínseco destas revelações, consideradas do ponto de vista da mensagem de que são portadoras – o que não cria dificuldades – ou será que também está garantida – e isto parece estar menos em relação com a função do magistério – a realidade objetiva do fenômeno (visão, aparição, locução) através do qual as revelações surgiram e tomaram forma?

9. A *finalidade* das revelações privadas na Igreja não é a manifestação de novas verdades doutrinas, mas sim uma orientação prática, dada à atividade humana em situações específicas concretas da vida das pessoas, tomadas individual ou coletivamente. Visam "guiar nossa conduta" (João XXIII, por ocasião do centenário de Lourdes, AAS 51, 1959, 144). Quando, porém, chamam a atenção para algumas verdades da doutrina cristã, não é para aumentar o depósito da fé, e sim para fazer penetrar seu conteúdo de modo mais conveniente à vida de caridade, ou para iluminar e propor à devoção dos fiéis algum aspecto muito pouco conhecido ou excessivamente negligenciado deste depósito. Em geral, não são tanto afirmações, mas, antes, imperativos morais, advertências ou convites. Muitas vezes exprimem-se num chamado à conversão e à penitência. Constituem sempre um impulso e um estímulo a uma vida espiritual mais séria, mais intensa, mais fervorosa, que tenda a fazer crescer na fé e no amor de Deus ou a levar a empreendimentos apostólicos e caritativos. Embora irregulares e esporádicas, tais intervenções constituem, na vida da Igreja, uma função estável, na medida em que pertencem ao âmbito do profetismo, cujo objetivo, segundo Santo Tomás, é dirigir as ações humanas (STh II-II, 174,6 ad 3).

Alguns atiram-se a este tipo de acontecimentos com uma avidez febril que, aliás, pode justificar-se por uma legítima necessidade de encontro vivido com o divino. Outros, invocando as lições da experiência, que demonstra ser este um campo facilmente sujeito a ilusões, desvios e contrafacções, manifestam por reação um excesso de desconfiança e de hostilidade. O bom uso das revelações privadas está na superação destas duas atitudes opostas.

Bibl. – L. Volken, *Le rivelazioni nella Chiesa*, Roma 1963; R. Laurentin, "Fonction et statut des apparitions", em Vários autores, *Vraies et fausses apparitions dans l'Église*, Paris 1973, 149-201; E. Ancilli, "Le visioni e le rivelazioni", em Vários autores, *La mistica, fenomenologia e riflessione teologia*, II, Roma 1984, 473-481; P. Adnès, "Révélations privées", em DS XIII, 482-492.

PIERRE ADNÈS

ROSMINI

Antonio Rosmini (1797-1855) é comumente conhecido como "filósofo", mas muito pouco conhecido como "teólogo". Sua exclusão da historiografia teológica parece dever-se a dois motivos fundamentais. Por um lado, a sombra prejudicial da condenação: o *Post Obitum* (DS 3201-3241) é um decreto de 14 de dezembro de 1887, com o qual o Santo Ofício da Inquisição reprova, condena e proscreve umas quarenta proposições extraídas das *opera omnia* de Rosmini, sem trazer nenhuma qualificação teológica, e *in proprio auctoris sensu*, contra seu eventual esvaziamento por objeções de quem não quisesse ver nas proposições condenadas o sentido autêntico de Rosmini, mas apenas um sentido adulterado.

Por outro lado, a *recuperação idealística* de Rosmini para a história da filosofia, através de uma incorreta hermenêutica atualística que decompõe, para separar, o "Rosmini filósofo" do "Rosmini teólogo e crente". Para G. Gentile, com efeito, era necessário depurar Rosmini daqueles "motivos alheios à ciência", referenciais significativos de sua convicção religiosa, de sua fé católica, do aspecto missionário e apologético de seu pensamento, que o teriam induzido a corrigir e emendar Kant, "mascarando-o" (G. Gentile, *Rosmini e Gioberti*, Pisa 1898, 73).

A crítica dominante considera assim Rosmini como verdadeiro filósofo (talvez de menor porte), silenciando a teologicidade estrutural de sua reflexão. Pode-se até dizer que, sob esta ótica, a própria literatura rosminista, toda ela interessada em evidenciar a grandeza filosófica do Roveretano, com a finalidade de livrar Rosmini da acusação de misticismo (é a ideia de uma "gênese religiosa" da filosofia rosminiana), promove um enfoque hermenêutico do pensamento rosminiano que insiste em declarar e mostrar a *verdade filosófica*, mas sem colocar o problema crítico (pelo contrário, descartando-o preconceituosamente *a priori*) da eventual afirmação de uma *verdadeira* filosofia dentro das coordenadas existenciais e epistemológicas da fé religiosa. Acreditando possível e necessária a revisão crítica do filosofar rosminiano, sem nenhuma referência à teologia e à fé de Rosmini, tal literatura chega a compartilhar os resultados interpretativos da hermenêutica atualística, endossando sub-repticiamente a separação entre filosofia e teologia, expressamente reprovada por Rosmini, e indicada como a causa principal da crise da teologia da época e de seu inevitável oscilar entre fideísmo e racionalismo.

Diversamente da atual avaliação historiográfica, parece possível um julgamento criticamente mais correto: Rosmini é antes de tudo teólogo, e é filósofo num movimento de pensamento determinado teologicamente. Para introduzir no sentido desta afirmação bastará, sinteticamente, mencionar: 1. seu projeto juvenil de restauração da teologia da época; 2. a centralidade de Cristo no campo teológico; 3. a relevância cristológica, mantida em campo filosófico; 4. a novidade de sua figura de teólogo que, pelo modo peculiar de fazer funcionar a relação entre razão e fé, entre filosofia e teologia, se apresenta como precursora de fecundos estímulos no tocante aos problemas epistemológicos do debate contemporâneo e da autocompreensão atual da Teologia Fundamental.

1. A TEOLOGIA CONTEXTUAL E A REFORMA ROSMINIANA – Embora reconhecendo e valorizando a presença de bons teólogos, como o jesuíta G. Perrone (1794-1876), cujas *Praelectiones theologicae* recorda com frequência, Rosmini censurava a teologia por construir sobre uma perspectiva documentativo-controversística, deixando de lado o melhor da elaboração teológica, que é a penetração intelectiva do dogma, positivamente certificado através das *auctoritates*. Focaliza a causa principal da decadência na falta de "um sólido sistema de filosofia" funcional para a exposição científica da doutrina revelada: é uma crise filosófica, instituída diretamente pelo movimento de separação entre filosofia e teologia, operado na Modernidade, e para o qual contribui não pouco o protestantismo.

Na época de Rosmini, porém, o problema da teologia não podia ser isolado do contexto da vida eclesial em sua totalidade. A obra *Das cinco chagas da santa Igreja* (1848) é uma leitura apaixonada da crise que a Igreja atravessava, crise da qual a da teologia era apenas *um* sinal.

A via rosminiana para a restauração da teologia identificava-se assim com a tarefa de *sanar e refundamentar* a filosofia, repristinando o método escolástico da Idade de Ouro, com o fim de restituir à teologia a própria capacidade especulativa e sua visão unitária, que jazia prostrada em suas especializações desagregadas. Já os *Inéditos juvenis* de 1819-1822 parecem documentar o aprofundamento, neste sentido preciso, de sua noção de teologia, diferente da praticada e recebida na Universidade de Pádua, nos anos de sua primeira formação teológica (1817-1819).

A *Summa theologiae*, que Rosmini começou a traduzir nos anos 1819-1821, e que, já em 1820, comentava à noite em conferências teológicas, colocava-se como paradigma de referência para aquela exigência de rigor e sistematicidade, de organização unitária, que era a conotação mais singular da cultura do tempo, o Iluminismo. A referência à *Summa* permitia a Rosmini tentar uma reconstituição unitária da teologia, sem abdicar da instância racionalista wolffiana e iluminista, mas recuperando a *filosofia cristã* proveniente da tradição católica, emblematicamente expressa por Tomás e pelos Padres. O fato de ele não ter levado a efeito a redação da obra *De Divi Thomae Aquinatis Studio apud recentiores theologos instaurando* pode legitimamente ser justificado pelo aprofundamento nele da exigência de uma penetração do pensamento tomístico numa linguagem corrente, com o fim de *atualizar a filosofia*: a filosofia sadia, pensada para restaurar a teologia, teria que ser nova, estar em continuidade com a *philosophia perennis* da tradição cristã, mas na escuta da instância crítica da filosofia moderna.

O *Nuovo Saggio sull'origine delle idee* (1830) pretende ser programaticamente o primeiro passo desta filosofia cristã renovada, que teria reduzido a verdade a sistema, constituído a unificação metodológica de todas as ciências, restabelecido a teologia em sua realeza, através da conciliação das sentenças e da liberdade do filosofar.

Em Rosmini este empreendimento assumia o porte de um verdadeiro e peculiar projeto enciclopédico, em oposição à enciclopédia francesa, com o objetivo de reconduzir a razão a suas próprias capacidades de verdade contra o sensismo e o subjetivismo das correntes filosóficas contextuais, que decretavam a inevitável conclusão cética da razão. A apologia de Rosmini é uma apologia da razão, a serviço concreto da religião cristã. Com efeito, a razão que não chega ao objeto, à verdade por si mesma objeto, é uma razão que destrói a moral, a ciência do direito, com efeitos deletérios para a ordem social, cultural e política; é uma razão que nega o sobrenatural, contraria a religião e afasta da Igreja. Por isso, o saneamento da filosofia tem também uma conotação de missionariedade eclesial.

A situação cultural europeia entre o final do século XVIII e o início do XIX registrava seu posicionamento sobre o conflito entre Iluminismo e tradicionalismo: correntes diametralmente opostas, mas que tinham em comum a mesma *antipatia* pela razão especulativa. Com o objetivo de restituir ao espírito sua racionalidade, Rosmini pensa numa enciclopédia cristã. Este projeto justifica amplamente o itinerário histórico que o levou de fato a manter em segundo plano a publicação da produção teológica, a fim de dedicar-se à produção filosófica e política.

2. A CENTRALIDADE DE CRISTO NO TEMA TEOLÓGICO – As obras teológicas permaneceram inacabadas e inéditas. A edição crítica em curso recolhe-as assim: I. A linguagem teológica; II. Antropologia sobrenatural; III. A introdução ao Evangelho segundo João; IV. Escritos teológicos menores; V. O Racionalismo que tenta insinuar-se nas escolas teológicas.

Partindo de perspectivas distintas, as obras teológicas focalizam o tema do sobrenatural, considerado por Rosmini a "questão religiosa da época", devido ao espírito racionalista que, tendo penetrado na teologia através do protestantismo, envolvendo em suas malhas também alguns teólogos católicos, desconhece a ação real de Deus na essência da alma humana, enfraquece o sobrenatural, promovendo o naturalismo.

A *Antropologia sobrenatural* (1884), colocando no conceito de sobrenatural seu ponto de partida teológico, está diretamente ligada ao mistério cristológico e trinitário: o sobrenatural é, na verdade, por identidade, a graça de Cristo que age no homem. Com Cristo e por meio dele, esta é a ação de toda a Trindade. Assim, o Adão inocente, o homem pecador e o homem santificado terão referência a Cristo, segundo Rosmini. A graça de Cristo – mas a "graça de Cristo é Cristo mesmo" – confere unitariedade a toda a reflexão. Desde o início, Cristo como "Verbo oculto" opera nas vicissitudes históricas da criação e, em seguida, nas etapas que marcam a história da salvação, desde o pecado de origem até a vinda de Cristo, em cujo evento o Verbo é "manifesto" e opera pelo Espírito Santo sua redenção, naquele acontecimento radical do encontro com Deus que é a Igreja, em que o homem recebe a graça dos sacramentos. A graça, determinada cristicamente, é aquele elemento unitário que impede uma tematização separada e absolutamente autônoma do homem e de Deus. O homem é o homem inabitado por Deus-Trindade (a graça é triniforme, verbiforme, espiritiforme: linguagem que pretende respeitar a economia histórica da revelação) e Deus é o inabitador do homem. Para além da oposição entre antropocentrismo e teocentrismo, aqui está amplamente documentada a estrutura cristocêntrica do tema teológico, que estabelece a centralidade da ação de Jesus Cristo, Verbo de Deus encarnado, a quem tudo é referido, desde a protologia até a escatologia.

O antropocentrismo de Rosmini é estritamente metodológico, sua antropologia não é antropocêntrica. Com efeito, o tema de Deus encontra no homem o constante ponto de referência, não tanto porque sobre Deus não se poderia discorrer a não ser partindo do homem e de sua capacidade linguística, senão mais profundamente porque, definitivamente, o Deus de que se trata é o Deus que se automanifestou a um parceiro, criando-o e remindo-o, isto é, constituindo-o como homem e santificando-o com sua obra salvífica historicamente dada em Jesus Cristo. Cristo morto e ressuscitado é o "primeiro conhecido" da doutrina cristã, a "fonte da sabedoria sobrenatural": com estas expressões, a *Introdução ao Evangelho segundo João* (1882) coloca em Cristo a condição última para toda ulterior conquista de verdades teológicas. No contexto trinitário, também a afirmação do Pai depende da do Verbo, apesar de, na ordem das processões das pessoas divinas, o Pai ser "princípio" do Verbo. Daí o ganho metodológico que imuniza do risco de tratar em campo teológico de um Deus *uno*, desligado do Deus *trino*, afirmando decididamente a Trindade como própria do monoteísmo cristão. O aprofundamento temático do discurso rosminiano, entre as processões intratrinitárias e a criação do mundo, mostraria sem dúvida sua atualidade conteudística.

De Cristo deriva, obviamente, a qualificação "cristã" da teologia em geral, na medida em que em Cristo, manifestação pessoal do Verbo aos homens, ela encontra uma "nova luz" para interpretar todas as Escrituras, visto que sua ressurreição desvenda completamente seu sentido. Assim, somente a teologia cristã é teologia *stricto sensu.* Com a encarnação, temos o máximo de sobrenatural concreto, o termo de uma progressividade histórica da ação da graça no mundo, correlacionada com a progressividade das capacidades cognitivas do homem quanto à verdade: Rosmini pode estabelecer uma "gradação" de conhecimento, e consequentemente de capacidade operativa, entre AT e NT, um devir em crescendo de cognições sobrenaturais, antes da vinda de Cristo, para concluir, pontualizando-a, com a novidade real inaugurada pela presença do próprio Verbo. Daqui a centralidade de Cristo *na história da revelação.*

Cristo em pessoa é o Revelador. Revela-nos os "mistérios", e as "verdades necessárias", distinguidas por Rosmini das "verdades contingentes", como a criação, a encarnação e as outras histórias sagradas. Estas últimas constituem também a revelação material, mas por motivo diferente em relação aos "mistérios". São verdades não racionais, mas positivas, isto é, históricas: em sua facticidade, não são necessárias, porque condicionadas pelo arbítrio divino. Certamente as verdades necessárias não são hauridas das verdades contingentes como plenitude de seu sentido, de maneira que o fato se apresente como evento e a revelação seja pensada como história, na medida em que e porque a história se tornou lugar ou "forma" da revelação. E, todavia, o uso abundante dos Padres gregos e das Escrituras confere ao discurso rosminiano sobre Cristo revelador uma densidade não redutível ao intelectualismo da comunicação verbal. Cristo revela o Pai não somente com palavras, mas com "milagres" e "operações". Com a revelação externa e verbal Rosmini liga estruturalmente uma revelação interna-interior "verbiforme", que se concretiza como "união substancial" pela qual Cristo "habita formalmente nas almas de seus santos". Por outro lado, a revelação de Cristo diz respeito a todas aquelas coisas que o Filho ouviu no seio do Pai e, por isto, sua comunicação não podia acontecer a não ser através da comunicação de sua pessoa aos apóstolos, com a consequente percepção que dali advinha. Estas indicações, e ainda outras – como, por exemplo, a enfatização soteriológica da doutrina de Cristo: Cristo nos salva instruindo e, portanto, sua doutrina pode ser definida "doutrina da salvação", "cognição da salvação" – verificam em parte a capacidade de Rosmini de manter a consistência soteriológica das verdades enquanto ligadas ao evento revelador de Cristo, embora dentro de um contexto mental "estrutural", tendencialmente propenso a pensar em termos noéticos a revelação como verdades proposicionais.

3. EVENTO CRISTOLÓGICO E RACIONALIDADE FILOSÓFICA – Dada a singularidade do evento Cristo – Deus mesmo na história humana – a sobrenatural compreensão trazida não podia, para Rosmini, deixar de fazer sentir suas influências benéficas em todos os níveis do saber humano. Pelo contrário, o saber filosófico – referencial sintético, no tempo de Rosmini, da totalidade do cognoscível – é determinado pelo evento revelador cristão.

A importância efetiva do evento cristológico para os destinos da racionalidade humana está abundantemente documentada no pensamento de Rosmini em dois níveis: o de sua interpretação histórica, pela qual a história humana em busca do sentido é como que catalisada por este evento – é uma história que progride com referência à "cognição positiva e pessoal do Verbo", que teremos somente com a encarnação – e o de sua sistematização teórica: com efeito, partindo da convicção de fundo, expressa na *Introdução à filosofia* (1850), de que "o efeito da fé cristã introduzida no mundo foi o de dar um desenvolvimento inesperado, maravilhoso, infinito à razão humana", era necessário mostrar suas condições de possibilidade através da apresentação de um sistema filosófico que declaradamente anunciasse sua própria relação explícita e intrínseca com a verdade de Cristo, ou melhor, com a Verdade que é Cristo, propondo-se, sem delongas, sem complexos de inferioridade e sem dúvidas sobre sua própria autenticidade – ou sanidade filosófica – como a "teoria do Evangelho e, por isto, a filosofia do cristianismo", segundo as conhecidas afirmações do Prefácio ao *Nuovo Saggio.* Com efeito, "é único, portanto, o princípio do cristianismo, a Verdade: e a Verdade também é o princípio da filosofia".

Todavia, a despeito de toda atração cristomonística do filosofar na fé, Rosmini distingue adequadamente: na filosofia, a verdade se mostra só como "regra da mente", ao passo que na fé ela é pessoa divina. E, no entanto, é uma só Verdade. É a mesma e única Verdade. Evitado, porém, um pancristismo generalizado, através da oportuna distinção entre Ideia, presente à mente, e Jesus Cristo-Verbo, resultará intolerável, porque errônea, uma separação absoluta, já que a verdade natural no homem já é em ato "natural Cristianismo", na medida em que é "um crepúsculo – assim estaria eu propenso a denominá-lo – do Verbo divino". Este é o "espírito da filosofia" professada por Rosmini: é o espírito instituído pela relação profunda percebida entre a sua filosofia e o Cristo; relação clara e não camuflável. As coordenadas teóricas reais para declinar de modo mais objetivo a relação intrínseca entre *Verbo de Deus* e *Ideia no homem* remetem à teoria rosminiana da "abstração teosófica" no processo criativo (Teosofia). Aqui interessa apenas sublinhar que ao Verbo convém de maneira absoluta o caráter de "princípio objetivo" de todo saber e de toda compreensão, também da ciência natural, porque ele é "o ser conhecido por si mesmo" e, portanto, como ideia do ser do homem, é "a própria inteligibilidade".

A ideia do ser é, rosminianamente, o primeiro verdadeiro a que o homem por natureza adere, porque é pura luz que resplende para a mente. A racionalidade humana, em desenvolvimento na história individual e coletiva, forja a verdade de diversas formas, de acordo com o progresso e a maturação intelectual. Contudo, na *Introdução à filosofia*, Rosmini é decidido: "Antes de todas essas formas existe a própria verdade e esta é aquele ser ideal em quem todos os seres são cognoscíveis". E quem outorga aquela verdade pura, anterior a todas as formas? Na origem, portanto, existe um *magistério* divino "em que o homem crê por natureza e não por raciocínio, de sorte que, também na ordem natural, não somente na sobrenatural, a fé precede à razão". Rosmini identifica, assim, uma analogia de estrutura entre racionalidade humana e racionalidade sobrenatural: a atividade humana de compreensão, tendida para a verdade, é sempre referida, tanto em nível natural quanto em sobrenatural, à iluminação de um mesmo e único Mestre. Daí a convicção profunda de Rosmini: a fé católica é "amiga íntima" da razão e da filosofia e, por isso, a ela a razão não pode subtrair-se sem destruir sua interioridade. A pureza da razão não é manchada pela presença da fé, mas esta a garante e a faz brilhar: esta é a tese sintética que Rosmini pretende estar verificada no plano histórico. O encontro entre filosofia e cristianismo constituiu um renascimento singular da filosofia.

A relevância cristológica da filosofia expressa a *singularidade da posição rosminiana na teologia do século XIX.* A aptidão rosminiana para mostrar a "conveniência metafísica" das verdades reveladas por Jesus Cristo não é absolutamente tendência redutora do mistério, ou tentativa de uma dedução transcendental. Ela é, antes, tensão para enuclear o máximo de racional possível, com base na convicção indiscutível de uma relação de harmonia e aperfeiçoamento-consumação da verdade sobrenatural com a verdade criatural. Esta relação aparece consumadamente na união hipostática do Verbo na carne. A execução da tarefa, claramente indicada em *Antropologia sobrenatural*, de enuclear a filosofia – "que jaz oculta nas entranhas da teologia cristã" e é "suposta" e "acenada pela Revelação divina" – torna-se o espaço concreto para a renovação da teologia da época, arruinada e tornada estéril pelo positivismo teológico. Neste sentido, a originalidade da posição rosminiana na teologia do século XIX ainda precisa ser descoberta por completo e precisa ser afirmada também em relação aos grandes nomes – comumente associados na renovação teológica da época – isto é, Moehler e Newman.

4. A ATUALIDADE DA "TEOLOGIA" ROSMINIANA – No quadro das considerações já feitas, a teologia, para Rosmini, é reflexão rigorosamente crítica da fé sobre a fé e, portanto, ciência, teoria, cuja possibilidade última remete para a aquisição de uma filosofia autêntica, verdadeira e sadia, como instrumento metódico de explicação e de investigação da compreensão dogmática. Daí a interação dinâmica de dois movimentos próprios do teologizar de Rosmini: a tradição da fé é lida por ele através de sua filosofia, mas sua filosofia é credenciada pela tradição, já que pontualmente verificada com base nesta. Está em jogo a filosofia da tradição cristã que, somente enquanto tal, pode servir à tradição da fé, pondo-se em e como "função" de sua autocompreensão, segundo o rigor crítico e metodológico exigido pelo caráter científico da teologia. A teologia é lógos da fé. Por ser lógos, apela para a filosofia. Por ser lógos permanentemente informado pela intencionalidade da fé, exige que o apelo à filosofia seja logicamente precedido pelo apelo da filosofia à fé: somente o lógos na fé pode coerentemente determinar o lógos da fé, isto é, a teologia. Ora, já que a teologia é, para Rosmini, esta filosofia aplicada ao dogma, a consistência de sua *figura* está ligada à solução do problema que ela coloca: a possibilidade real, criticamente argumentada, desta filosofia, de sua verdade, autenticidade e autonomia filosófica.

A *proposta subjacente*, de qualquer forma, permanece paradigmática para a atual problemática epistemológica contemporânea que, no horizonte variegado das posições, exprime a urgência da recuperação *ad intra* da racionalidade da fé. Esta racionalidade na fé oferece, rosminianamente, a possibilidade à teologia de existir, garantindo sua riqueza. É a recuperação correta do filosofar em teologia: aquele que desenvolve a reflexão filosófica imanente na teologia, já que interna à fé, a qual, dando-se inteligibilidade humana, supõe e implica a razão como tal.

Pois bem: pode-se indicar na Teologia Fundamental o lugar em que se há de instituir o encontro, a união, a fecunda colaboração entre filosofia e teologia: neste âmbito, o teólogo, como teólogo, deve poder ser filósofo, sem que seu teologar se opere em detrimento do pensar crítico e intensivo do filosofar. A passagem contemporânea da apologética para a Teologia Fundamental adquiriu o caráter propriamente *teológico* da indagação sobre a credibilidade e sobre a racionalidade da fé: esta é apelo da fé e na fé à racionalidade global do homem. Neste contexto insere-se a contribuição teorética de Rosmini para a determinação da identidade desta disciplina teológica. Sua tentativa de enciclopédia cristã deveria ter sido, segundo Menke, a primeira figura de Apologética capaz de superar a alternativa entre Teologia Fudamental objetiva e subjetiva. Pois esta, para além da preocupação de mostrar, através de uma intervenção de racionalidade pura, a plausibilidade da revelação histórica, com a ajuda de sinais certos, ou de reduzir a revelação à consumação da transcendentalidade humana, efetua a tentativa de desenvolver, com os princípios da fé, uma concepção da realidade mais alta, mais coerente em relação a qualquer outra. Trata-se de testemunhar, através do filosofar, a fecundidade da fé em vista dos problemas típicos do homem, de sorte que Cristo possa verdadeiramente ser a chave do criptograma humano. *Cristocentrismo rosminiano*, portanto: ou seja, para Rosmini, a filosofia é indagação sobre a totalidade, mas esta totalidade não pode ser pensada autonomamente em separado da totalidade real que, para um crente, é Jesus Cristo.

A Teologia Fundamental, portanto, enquanto legitima o saber teológico como modalidade específica de saber a realidade em relação às condições universais do saber, *deve também assumir a tarefa* de mostrar de que maneira a compreensão da fé pode expandir-se numa concepção global da realidade que desenvolva coerentemente os motivos próprios da filosofia, instituindo dentro de si mesma a relação fecunda entre teologia e filosofia crente. No setor teológico fundamental, através da elaboração da filosofia na fé, atinge-se o nível máximo de demonstração ao "outro" da credibilidade do evento revelador cristão, que a Teologia Fundamental trata com propriedade investigativa.

Bibl. – Para a informação bibliográfica completa sobre as obras de Rosmini e sobre Rosmini cf. C. Bergamaschi, *Bibliografia rosminiana*, vol. I-VI, Milão 1967-1982. A edição crítica das *opera omnia* ainda está em andamento. G. Ferrarese, *Ricerche sulle riflessioni teologiche di A. Rosmini negli anni 1819-1828*, Milão 1967; M.F. Sciacca, *Interpretazioni rosminiane*, Milão 1971; G. Di Napoli-R. Bessero Belti, *Problemi teologici ed ecclesiologici in A. Rosmini*, Stresa 1972; F. Conigliaro, *Immanenza e trascendenza del soprannaturale in Rosmini*, Palermo 1973; G. Cristaldi, *A. Rosmini e il pensare Cristiano*, Milão 1977; K.H. Menke, *Vernunft und Offenbarung nach A. Rosmini*, Innsbruck-Wien-Munique 1980; F. Evain, *Être et personne chez A. Rosmini*, Paris-Roma 1981; G. Giannini, *Esame delle quaranta proposizioni rosminiane*, Genova 1985; G. Taverna Patron, *Antropologia e religione in Rosmini*, Stresa 1987; G. Lorizio, *Eschaton e storia nel pensiero di A. Rosmini*, Roma-Brescia 1988; A. Staglianò, *La "teologia" secondo Antonio Rosmini.* Sistematica-critica-interpretazione del rapporto fede e ragione, Brescia 1988.

ANTONIO STAGLIANÒ

S

SCHEEBEN, Matthias Joseph

Scheeben nasceu em 1835, em Meckenheim, perto de Bonn (Alemanha), e morreu em 1888, em Colônia. A fim de preparar-se para o presbiterato mudou-se de Colônia para Roma, onde, como estudante do Collegium Germanicum et Hungaricum, frequentou a Pontifícia Universidade Gregoriana (1852-1859). Os anos passados em Roma foram determinantes para sua atividade de teólogo. Adquiriu um bom conhecimento dos padres gregos e latinos, como também dos mais importantes teólogos da escolástica. Seus professores (Perrone, Passaglia, Franzelin, Schrader) pertenciam à "escola romana". Em 1858 foi ordenado presbítero e, após uma breve atividade pastoral (1860), foi chamado a Colônia como professor do seminário. Tornou-se um dos mais estimados teólogos católicos do século XIX e com suas grandes obras (cf. Bibliografia) exerceu uma influência também no século XX.

Scheeben é antes de tudo um dogmático. Por isso, interessava-lhe mais o conteúdo do que o fato e a credibilidade da revelação cristã, que era a temática da apologética clássica, tal como se havia desenvolvido a partir do século XVIII. O conteúdo da revelação forma um sistema orgânico de verdades sobrenaturais em que não existe contradição. A tarefa do dogmático é evidenciar a harmonia íntima da revelação. Scheeben também revela menos interesse pelas disputas com a filosofia de seu tempo, e com as de fora. Para ele, o fundamento da fé está na introspecção teológica da fé, na prestação de contas da fé a si mesma. Na verdade, isto já é Teologia Fundamental em sentido moderno. Scheeben não a viu nem a tematizou desta maneira.

Mas sua tentativa de tematizar a racionalidade imanente na fé cristã favorece aquela tendência já presente na teologia do início do século XX que procura argumentar com base na revelação e na fé ("teologia da revelação"). Fundamentalmente, Scheeben, com sua imanente justificação da fé, opera sobretudo dentro do campo católico, o que não quer dizer que, na disputa em torno do → Vaticano I, não tenha trabalhado de maneira apologética também para fora. No assim chamado *Kulturkampf* defendeu a Igreja Católica contra o racionalismo e o naturalismo, como também contra o liberalismo de sua época.

Um lugar de grande importância nas reflexões de Scheeben cabe à doutrina teológica do conhecimento e dos princípios; em particular, esta diz respeito à relação entre fé e ciência, ao assim chamado "apostolado do ensino" e a sua infalibilidade, como também à análise teológica do ato de fé. O objeto da doutrina teológica do conhecimento é a transmissão da revelação por meio da Igreja, a definição da verdade de fé e seu tratamento científico, como também os pressupostos e a metodologia da teologia. Scheeben distingue entre os princípios objetivos do conhecimento teológico (revelação e sua transmissão, apostolado do ensino, tradição) e o conhecimento teológico em si (fé, ato de fé, fé e ciência). É sintomático que a doutrina do conhecimento teológico se inicie no encontro com a Igreja visível, que se apresenta com o direito de ser aquela que transmite autenticamente a revelação de Deus.

Na teologia de Scheeben dá-se uma importância central à categoria do *sobrenatural*. Diante das correntes racionalistas de sua época, ele dá destaque ao caráter *sobrenatural* das *verdades reveladas*. O objetivo prioritário de seus esforços teológicos é tematizar a unidade orgânica do natural e do sobrenatural. Suas reflexões sobre a relação entre natureza e graça, ciência e fé, razão e revelação visam este objetivo. Delimita claramente a teologia da filosofia, que, para ele, é ciência racional que segue os princípios naturais da razão. Como ciência de fé, a teologia é um sistema de conhecimentos que se constrói com proposições consideradas certas por fé. A teologia tem um princípio próprio de conhecimento (a Palavra de Deus) e um objeto próprio (Deus).

Scheeben começa sua atividade teológica na época anterior ao Concílio Vaticano I. Depois da libertação do homem de sua minoridade imputável a ele mesmo (Kant), colocam-se com nova urgência algumas questões teóricas de conhecimento e de ciência: teologia/filosofia, natureza/graça, fé/ciência, razão/fé etc. são binômios de conceitos dos quais emergem perguntas que exigem uma resposta (E. Paul, 1975). Mas nem o modelo de pensamento *racionalista* nem o *fideísta* representam respostas efetivas. O primeiro modelo elimina por completo a fé, a revelação e a teologia; o segundo transfere a razão para a fé, faz desaparecerem os limites com a superstição e expõe o conteúdo da fé à arbitrariedade. A *separação* entre fé e razão leva a um "pensamento em dois planos" (cf. a Teoria da Dupla Verdade); em contrapartida, a *mescla* das duas está na origem de todo pan(en)teísmo, tal como se encontra antes de tudo no romanticismo daquela época.

Nos *Mysterien des Christentums* (1ª ed. 1865), Scheeben dedica a última parte principal (§§ 104-110) às questões teórico-cognoscitivas e teórico-científicas da teologia. Na subsequente obra em vários volumes, intitulada *Handbuch der katholischen Dogmatik*, a "doutrina teológica do conhecimento" aparece no primeiro volume (1873-1875). No § 109 dos *Mysterien*, Scheeben ocupa-se expressamente com a relação entre fé e razão. Para ele, trata-se de dois "princípios (subjetivos) de conhecimento", duas "luzes" que derivam verdadeiramente de uma única fonte (Deus) e que, no entanto, devem ser distinguidas no tocante ao *âmbito de seu objeto*. A razão refere-se à natureza, a fé refere-se ao sobrenatural. Quanto aos mistérios do cristianismo, existe entre as duas uma "relação de serviço" que, todavia, não deve significar uma submissão ou uma subordinação da razão à fé. Não é uma relação de *escravidão*. A razão tem um papel totalmente autônomo e insubstituível. Scheeben utiliza a imagem do casamento entre esposa e esposo, da relação entre homem e mulher. As duas naturezas em Cristo oferecem o *análogon* para a relação entre razão e fé, entre filosofia e teologia. A razão não pode engendrar por si o conhecimento teológico dos mistérios de Deus "sem o germe fecundado pela fé", enquanto a fé sem a razão não pode expor e desenvolver seu conteúdo.

Scheeben não pertence a nenhuma escola teológica e não se deixa enquadrar em nenhuma delas. Suas exposições não são sempre claras, especialmente quando recorre a imagens. Tudo isso, ao invés de facilitar a recepção de sua obra, tornou-a mais difícil. As mais diversas tendências têm procurado utilizar Scheeben para seus intentos. Suas exposições concernentes ao caráter próprio da teologia parecem às vezes aproximar-se de um "pensamento em dois planos". O esforço de Scheeben em prol de um "casamento" entre filosofia e teologia, numa época em que faliram os grandes sistemas filosóficos, conduz sob certo aspecto a um idealismo teológico tardio (assim se tem falado de um "Hegel da teologia católica"), que leva pouco em conta a historicidade do pensamento e (sobretudo na obra tardia) procura subordinar as realidades ao sistema. Segundo E. Paul, Scheeben, com a mediação de Möhler (1796-1838), desenvolve uma "teologia romântica" de cunho romano, que, porém, com a ajuda dos grandes expoentes da tradição teológica, se desenvolve num projeto autônomo.

Bibl. – OBRAS DE SCHEEBEN: *Natur und Gnade.* Versuch einer systematischen, wissenschaftlichen Darstellung der natürlichen und übernatürlichen Lebensordnung im Menschen, Mainz 1861; *Mysterien des Christentums* (trad. it. *I Misteri del cristianesimo*, Brescia 1960³); *Handbuch der katholischen Dogmatik*, vol. I-III, Friburgo i. Br. 1873-1887.

LITERATURA SOBRE SCHEEBEN: E. Paul, *Denkweg und Denkform der Theologie von Matthias Joseph Scheeben*, Munique 1970 (com ampla bibliografia); Id., "Matthias Joseph Scheeben (1835-1888)" (com ampla bibliografia), em *Katholische Theologen Deutschlands im 19. Jahrhundert*, H. Fries-G. Schwaiger (ed.), vol. II, Munique 1975, 386-408; Vários autores, *M.J. Scheeben: teologo cattolico d'ispirazione tomista*, Città del Vaticano 1988.

BERND GROTH

SECULARIDADE

Quando se usa o conceito de secularidade, deparam-se problemas, seguramente. Um estudo aprofundado deve necessariamente levar em conta seus correlativos, → secularização e secularismo. Estes dois termos indicam fenômenos socioculturais de grande complexidade e a reflexão sobre a secularidade, seja ela de ordem jurídico-canônica, filosófica, sociológica ou teológica, deve ser elaborada em relação estreita com estes fenômenos, além de estar aberta a uma pluralidade de experiências. Na prática, é impossível usar o singular, quando se fala *do* cristianismo, *da* secularidade ou *da* religião, fenômenos considerados em seus contextos históricos e socioculturais diversificados. Com efeito, estes conceitos fazem referência a vetores fundamentais da experiência humana.

Podemos perguntarmo-nos se em teologia uma reflexão sobre a secularização é sempre pertinente. Sobretudo na década de 1960, este problema preocupava todas as ciências humanas. Desde a década de 1970, desenvolve-se um processo contra a secularização, sob o duplo signo político e religioso (p. ex., as teologias da libertação e o fundamentalismo político). E, no entanto, nem a volta maciça do religioso nem o movimento de libertação dos pobres podem vir a substituir de modo puro e simples o processo de secularização.

Para se perceber a relação que a Igreja tem atualmente com a secularidade, é importante antes de tudo analisar o uso deste conceito nos documentos do magistério. Também um ambiente de vida, o dos institutos seculares, aprovados por Pio XII em 1947 na constituição apostólica *Provida Mater Ecclesia*, chama a atenção, pois a secularidade constitui sua missão primária através da profissão dos conselhos evangélicos. Num segundo momento, o debate sobre a secularização, em sua relação com a fé cristã, é traçado e prepara o exame da pergunta subsequente: A assim chamada cultura secularizada questiona o testemunho cristão?

1. SURGIMENTO DO CONCEITO DE SECULARIDADE – Embora a palavra "secularidade" remeta ao latim *saeculum*, este termo não é o único que traduz "mundo"; existe também a palavra *mundus*. *Mundus* é referido à ideia de espaço, ao termo grego *kósmos*, que indica o universo em que todos os elementos são ordenados uns em relação aos outros, numa lógica interna e fechada sobre si mesma. *Saeculum* transmite a ideia de tempo, expressa em grego por *aiôn*, idade, época (o termo sânscrito *àyus* e seus compostos têm o mesmo significado). *Mundus* mantém a concepção grega do mundo como lugar; *saeculum* mantém a concepção hebraica do mundo como história. A palavra hebraica *'ōlām* indica conjuntamente tempo e mundo, isto é, o mundo temporal. O significado grego dominou na tradição teológica, desde a época dos apologetas do século II. Ao longo da história, para o termo "secularidade" rejeita-se o sentido hebraico orientado para as dimensões de temporalidade e historicidade. A exegese do AT colocou em evidência esta variação de significado. Nunca se sublinhará demais a importância da recuperação, por parte da teologia, de sua natureza histórica e temporal (cf. H. Cox, *A cidade do homem.* Rio de Janeiro 1968).

O uso tradicional do termo "secular" desconhece a dimensão da historicidade. O adjetivo "secular" aparece no século XII. Está ligado ao "século", à laicidade e ao temporal, e contrapõe-se ao âmbito eclesiástico ou regular. Na perspectiva jurídico-canônica, o secular é aquele que vive no mundo, vale dizer, no século, em oposição ao estado de vida denominado regular. Na Idade Média, o substantivo "secularidade", para indicar a condição do padre secular, é usado raramente. Para além da aparente neutralidade da terminologia jurídico-canônica, o tempo é subordinado ao que é considerado o âmbito do sagrado e da eternidade. Isto traz consigo uma desvalorização do secular com respeito ao sagrado, ao espiritual, seja ele religioso ou eclesiástico. A temporalidade do secular é relativa e limitada, as atividades "temporais" têm uma importância inferior à das atividades "sagradas". De resto, o secular como lugar é contraposto aos espaços sagrados e ao mundo do além.

Embora seja um risco delinear a concepção do espaço e do tempo de uma época, permanece possível ter presente seu aspecto dominante. Sobretudo a partir da introdução, por parte de

Gregório Magno (540-604; Gregório Magno, *Moralia* I, 14.20; V, 13.30; XXXII, 20.35 em PL 75, 535, 695; 76, 657), de uma hierarquia das vocações fundada no ideal da vida monástica, a "perfeição" cristã pertence plenamente aos que "renunciam às coisas do mundo". No âmbito dos estados de vida, isto, por volta do século XII, traduz-se numa concepção bipartida da Igreja: os monges ou clérigos e os leigos, os homens do culto ou do divino e os seculares. A relação das pessoas humanas com o mundo e com os fins últimos está orientada de maneira específica. Uma atenção prevalentemente dirigida para os fins últimos obscurece o significado escatológico da história: daí o primado do monaquismo.

A Idade Média mantém juntos os dois termos: *mundus/espaço* e *saeculum/tempo.* Mas também permanece um problema; este reside na associação do âmbito religioso e último com o conceito de *mundus* e na associação do âmbito profano e de importância menor com o conceito *saeculum.* A relação da fé com o secular parece encontrar hoje sua explicitação no conceito de secularidade, em sentido jurídico-canônico e teológico, embora até o Concílio Vaticano II esta reflexão seja determinada pela postura antimodernista.

No começo do século XX, o catolicismo coloca o problema da relação com o mundo em termos de apostolado e de participação no apostolado da hierarquia. Alguns teólogos ou movimentos procuram desvincular-se do "gueto católico" e levantam o problema da secularidade cristã. O apostolado leigo é visto sob três formas: a recristianização das estruturas da vida social, a evangelização direta e o testemunho de vida silenciosa e escondida.

Até o Concílio Vaticano II, a efervescência dos movimentos de ação leigos não vem acompanhada de aberturas para as problemáticas teológicas. A teologia das assim chamadas "realidades terrestres" (G. Thils), se examinada a fundo, apresenta-se mais baseada numa separação prática entre natureza e sobrenatureza do que elaborada sob a inspiração de uma pertinência essencial do secular para a fé. A reflexão encalha no dualismo entre escatologia e encarnação, entre humanização e evangelização. O uso dos conceitos de secularidade, em seu significado sociológico e teológico, diz respeito quase exclusivamente aos estados de vida.

O Concílio Vaticano II funda a secularidade no mistério da encarnação de Cristo: "O Verbo de Deus, por meio do qual tudo foi criado, tendo-se Ele mesmo feito carne e vindo morar na terra dos homens, entrou na história do mundo como o Homem Perfeito, assumindo-a e recapitulando-a em si" (GS 38). Os discípulos de Cristo compartilham esta condição secular e "nada existe de genuinamente humano que não encontre eco em seu coração" (GS 1), como lembra Fl 4,8: "Tudo que é verdadeiro, nobre, justo, puro, amável, honrado, o que é virtude e merece louvor, tudo isto seja objeto dos vossos pensamentos". O Concílio não elabora o significado da secularidade de Cristo para a Igreja. Limita-se a delinear, nesta base, a secularidade dos membros da Igreja: embora todos participem de modo diferente da natureza secular da Igreja, a determinação secular pertence de modo especial ao laicato (LG 31) e aos membros dos institutos seculares (PC 11) segundo um tríplice dever: "buscar o Reino de Deus", "tratar as coisas temporais" e "ordená-las segundo Deus" (LG 31). Estes três elementos condicionam juntos a secularidade cristã. Embora os ministros ordenados participem da secularidade da Igreja, "por sua vocação especial são destinados principal e propriamente ao ministério sagrado" (LG 31). Finalmente, a retirada do mundo diz respeito somente aos institutos de vida contemplativa (*a mundo secessu* – PC 7).

Os documentos do sínodo de 1987 concernentes aos leigos e a exortação apostólica pós-sinodal de João Paulo II *Christifideles Laici* (1989) permitem situar o estado atual da reflexão do magistério sobre a secularidade. O debate que está na base destes documentos pode ser resumido nesta pergunta: A secularidade do leigo é uma realidade unicamente sociológica ou é, também ela, teológica e eclesial? Em seu aspecto sociológico, a secularidade é o contexto de vida social, com suas variações culturais, em que o leigo toma parte ativa. Mas não existe ação transformadora do ambiente. As "Proposições" finais do sínodo afirmam que toda a Igreja tem uma dimensão secular, embora a secularidade seja um caráter específico da missão dos leigos. O caráter secular do leigo comporta não só um sentido sociológico, mas, antes de tudo, teológico, segundo uma tripla missão: participar da obra da criação, libertar a criação da influência do pecado e santificar-se no mundo (n. 4). A exortação pós-sinodal de João Paulo II insiste mormente na secularidade da Igreja. Retomando uma passagem do discurso de Paulo VI aos superiores e aos membros dos institutos seculares (1972), afirma: "A Igreja tem uma autêntica dimensão secular, inerente a sua natureza íntima e a sua missão, cuja raiz mergulha no mistério do Verbo encarnado, e que é realizada de formas diversas para seus membros" (*Christifideles Laici*, n. 15). Todavia, como declarou o Concílio Vaticano II, trata-se de uma característica própria sobretudo do laicato. O batismo confere a todos uma dignidade fundamental comum e a secularidade lhe constitui uma "modalidade". Finalmente, a exortação apostólica diz claramente: "O concílio considera a sua condição não simplesmente como um dado exterior e ambiental, mas sim como uma realidade destinada a encontrar em Jesus Cristo a plenitude de seu significado" (n. 15).

Estas formulações deixam no ar a suspeita de que a secularidade seja considerada de um ponto de vista espacial e que a dimensão histórica que a move não determine a natureza da Igreja. Já que o laicato é enviado ao mundo a partir de dentro do mundo, a secularidade é, antes, um vetor externo à vida da Igreja. O discurso dos institutos seculares permitiria sem dúvida esclarecer mais esta constatação. Estes institutos fazem e são chamados a fazer de modo oficial a experiência da secularidade que concerne à Igreja inteira. Em seus debates, radicalizam os problemas que agitam os ambientes cristãos sobre a relação entre a fé e o secular.

Nascidos da determinação de realizar o radicalismo evangélico no mundo, os institutos seculares enfrentam a problemática da secularidade e das situações de vida na Igreja. Colocam em primeiro lugar o delicado problema da vida consagrada *in saeculo et ex saeculo* (S. Lefèbvre, *Sécularité et instituts séculiers*, Montreal, 1989). Tradicionalmente, a consagração equivale a uma separação do mundo e se realiza na vida religiosa. Como então unir consagração e condição secular? No decurso da história dos institutos seculares (no séc. XVI, Angela Merici teve a primeira intuição de tal forma de vida), depara-se uma tensão entre uma visão sempre mais pragmática de sua identidade e a visão oficial da natureza ontológica do compromisso com o radicalismo evangélico. Isto dá lugar a debates como estes: Seus membros são verdadeiros leigos? Têm uma ligação específica com a secularidade? Quanto aos institutos seculares sacerdotais, a pergunta se torna ainda mais crucial: O padre, homem do sagrado, pode estar animado de uma vontade de enraizamento verdadeiramente secular? O discurso dos institutos seculares é atravessado por problemáticas segundo as quais a Igreja define ainda sua natureza através das categorias clérigos-leigos, eclesialidade-secularidade, escatologia-história. Ela empenha-se em esclarecer os estados na Igreja recorrendo à secularidade, ao invés de iluminar esta última em si e em sua relação com a fé. Em tal perspectiva, a anterioridade do estar no mundo sobre o estar na Igreja, segundo o ponto de vista de uma ontologia da cultura, permanece um princípio abstrato. No plano apostólico, uma reflexão que trata a secularidade com base numa relação de exterioridade ao Evangelho aconselha problemáticas tanto de "penetração" (*perfundere*) quanto de aproximação, de intervenção e de inserção no mundo. A fórmula-chave dos institutos seculares: viver e agir "no mundo e a partir do dentro do mundo" (PC 11), não faz outra coisa senão inverter o problema, sem, na verdade, resolvê-lo. Com efeito, quer se considere o cristão vindo de fora ou de dentro, ele continua a ser aquele que é feito participante para, em seguida, infundir algo no mundo, "penetrá-lo". Segundo esta perspectiva de "penetração", a secularidade é entendida como uma situação ou *fora* ou *dentro* da Igreja, mas não da Igreja. Para reorientar a problemática, seria preciso integrar na discussão a literatura teológica das últimas décadas sobre o problema da secularização e do deslocamento do religioso para o centro da secularidade.

2. SECULARIZAÇÃO E SECULARISMO – O conceito que se tem de secularização depende da posição que se toma em relação ao secular e ao sagrado. Inicialmente, o conceito de secularização comporta um significado jurídico-canônico: a passagem do estado eclesiástico para o estado secular, a alienação dos bens eclesiásticos em proveito de instâncias civis. No plano histórico-político, diz respeito à cessão de poderes religiosos à autoridade civil. No plano cultural, significa a abolição de elementos ou símbolos culturais de natureza explicitamente religiosa. Segundo esta concepção tradicional, a secularização é entendida dentro da Igreja como uma diminuição (no que diz respeito ao estado de vida), uma perda (política) e um insucesso (cultural). É o que H. Lübbe mostra em seu estudo histórico-político sobre a história do conceito de secularização (*Säkuralisierung, Geschichte eines ideenpolitischen Begriffs*, Munique-Friburgo i.Br., 1965).

A palavra "secularização" foi usada pela primeira vez em 1803, em Münster, pelo enviado francês, encarregado de negociar o tratado de paz da Vestfália. Trata-se de definir as condições de liquidação do domínio sociopolítico da Igreja. Existe uma neutralidade de partida, pois a Igreja admite terem fundamentação correta certas secularizações de bens. Todavia, a possibilidade de um juízo de legitimidade ou de ilegitimidade conota o processo dentro do qual atuam forças políticas.

O código de direito canônico retoma o termo a partir deste uso histórico-político de partida. De um ponto de vista totalmente neutro, secularização significa saída autorizada de uma pessoa de uma ordem religiosa para reencontrar o estado laical. Contudo, o secularizado perde certos privilégios, especialmente o de ensinar teologia, e isto implica um descrédito.

No plano histórico-político, a secularização cria partidos opostos: da parte das pessoas de Igreja, o juízo de ilegitimidade, e, da parte dos de fora, a convicção de um processo sociocultural. Para o historiador H. von Treitschke há uma perversão de ambos os lados. Se houve abusos de propriedade da parte da Igreja, o apossamento dos bens por parte da instância civil é marcado pela avidez (H. v. Treitschke, *Deutsche Geschichte im 19. Jahrhundert*. I. Bis zum zweiten Pariser Frieden, 186s). Para além de uma certa perversidade dos dois partidos, a secularização revela um processo necessário: a abolição de um teocratismo que se tornara insustentável. Com o tempo, a Igreja acaba enxergando as vantagens espirituais da secularização, que a reconduz a uma autenticidade maior. Embora os conflitos se atenuem, os dicionários típicos da década de 1950 consideram a secularização não somente como uma opção inevitável de sociedade, mas, às vezes, também como uma ameaça para a cultura cristã.

A língua alemã distingue dois níveis de secularização: o nível histórico-político, indicado pela palavra *Säkularisation*, e o nível filosófico e cultural, expresso pela palavra *Säkularisierung*. O significado filosófico e cultural aparece pela primeira vez nas filosofias da história de inspiração hegeliana. Contudo, Hegel fala da "mundanização" (*Verweltlichung*) da fé cristã: a sociedade mundanizada constitui a realização histórica por excelência do cristianismo, especialmente através do princípio de autonomia e liberdade do indivíduo, princípio sobre o qual se fundamenta a Revolução Francesa. O conceito de *Säkularisierung* parece indicar a tese que interliga cristianismo e secularização. Se Hegel não o utiliza é porque não admite as lutas ideológicas que conotam o termo. Sua visão da história coloca-se para além dos conflitos deste tipo.

A ideia de uma secularização cultural, expressa pelo termo *Säkularisierung* (hoje indicado por "secularização"), nasce por analogia com o significado jurídico e histórico-político, mas com referência a uma filosofia e a uma ética seculares, isto é, subtraídas à influência teológica e eclesiástica. Os principais promotores deste movimento são, na França, V. Cousin (1844) e, na Alemanha, E. Laas (1882) e F. Jodl (1889). A secularização cultural diz respeito sobretudo e antes de tudo ao setor da educação. Na Europa do século XIX, as atividades da Sociedade Alemã para a Cultura Ética (*Die deutsche Gesellschaft für ethische Kultur*), da qual E. Laas e F. Jodl são os membros dirigentes, atestam esta orientação: além da separação entre a Igreja e o Estado, recomenda escolas neutras, com o ensino de uma moral pública autônoma, segundo um pensamento positivista tecnocrático; promove um princípio de tolerância, embora alguns de seus membros se declarem francamente hostis à religião e às igrejas. Na Inglaterra, a Sociedade Secular (*Secular Society*), fundada em 1846 por G. Holyoake, persegue os mesmos objetivos. É aqui que aparece o termo "secularismo", para marcar o caráter inovador desta associação de livre-pensamento. O contexto antirreligioso da metade do século XIX favorece seu emergir. Todavia, Holyoake encoraja a coexistência do secular com o cristianismo, na medida em que isto favoreça o bem de todos. O secularismo encontra seu fundamento filosófico na escola "associacionista" de J. Mill e J. Bentham, na posição antiteísta de Th. Paine e R. Carlile, assim como na teoria positivista. Propõe um projeto ético avaliado unicamente com base nas condições materiais, independentemente de qualquer referência à transcendência. Segundo a vontade de coexistência de Holyoake, a desconfessionalização das instituições civis significa a autonomia em relação ao caráter transcendente do cristianismo na sociedade. A teologia diz respeito ao outro mundo. Sob a presidência de Ch. Bradlaugh (1866), a *Secular Society* se abre para o livre-pensamento materialista e ateu do movimento de L. Büchner (1881). O "secularismo" como projeto social comporta, em relação ao religioso, duas tendências: tolerância ou hostilidade.

No início do século XX, o conceito de secularização indica também o processo de autonomização da ciência em relação à religião e aos poderes religiosos. R. Fester, em 1908, propõe uma secularização da ciência histórica, da visão bíblica e da visão teológica do mundo. Não se associa às lutas histórico-políticas ou culturais, mas confronta-se diretamente com o antimodernismo católico, que se opõe precisamente à autonomia da ciência. Todavia, os laços de Fester com o livre-pensamento da *Secular Society* são um obstáculo para um uso estritamente científico e neutral do conceito de secularização. A sociologia alemã opera uma virada na compreensão deste conceito com F. Tönnies e M. Weber. Embora Tönnies não fale nunca de secularização, começa a pensar as condições de passagem da "comunidade" (*Gemeinschaft*) para a "sociedade" (*Gesellschaft*) (F. Tönnies, *Gemeinschaft und Gesellschaft*, Berlim, 1887; *Community and Association*, Londres, 1955). Trata-se aqui de categorias antigas, usadas particularmente por Confúcio, Platão, Aristóteles e Agostinho. A um mundo fundado na concórdia, na moral e na religião sucede um mundo fundado na convenção, na política e na opinião pública. Para Tönnies, este é um projeto novo, sem referencial religioso. Aquilo que Tönnies chama de "sociedade" significa na realidade comunidade secularizada. À distinção entre "comunidade" e "sociedade" Tönnies associa a distinção, de resto usual, entre "cultura" e "civilização". Esta distinção não é neutra, mas na maioria dos casos é colocada a serviço de uma crítica da civilização. Se Tönnies sabe reconhecer os aspectos positivos da civilização, teme todavia pela cultura. Formula a esperança de que "a semente dispersa da cultura continue a viver e traga de volta a essência e a ideia de comunidade (*Gemeinschaft*), favorecendo, assim, secretamente, a emergência de uma nova cultura em meio a outra decadente" (F. Tönnies, *Gemeinschaft und Gesellschaft*, 246).

Por sua parte, M. Weber elabora uma visão neutra da secularização, em termos de "desencantamento do mundo" (*Entzauberung; Wirtschaft und Gesellschaft*, 1. Halbband, Tübingen, 1956). Weber examina o nexo entre calvinismo e capitalismo na Europa Ocidental, pois o capitalismo é o desaguadouro secular da atitude de fé cristã de caráter puritano. Considera o capitalismo como um produto da secularização. A racionalidade que domina este estilo de sociedade implica um "desencantamento" do mundo. Weber não emite nenhum juízo de valor sobre este processo, mas considera-o inelutável. Contra os partidos ideológicos surgidos da Primeira Guerra Mundial, Weber objeta que eles não são compatíveis com uma racionalidade autêntica; representam aqueles antigos deuses que querem regular desde o início os comportamentos da vida. Weber propõe uma moralidade da liberdade existencial. Se esta não proporciona a salvação, a liberdade da razão permite pelo menos dar xeque-mate às doutrinas ideológicas de salvação.

E. Troeltsch recolhe os frutos da contribuição sociológica ao problema da secularização. Sua obra considera o aspecto teológico (*Die Bedeutung des Protestantismus für die Entstehung der modernen Welt*, Munique-Berlim, 1911). Levando em conta a relação entre a teologia liberal e o mundo moderno, faz ver que o protestantismo contribuiu notavelmente para o processo de "desencantamento" do mundo. Vê, portanto, uma continuidade entre a cultura secularizada e a fé cristã. Segundo ele, a cultura moderna é o protestantismo secularizado. Projeta luz sobre o problema do futuro da fé cristã. O processo de secularização constitui um processo de desagregação da fé tradicional. Diante da situação de crise da fé neste novo contexto, Troeltsch opta por um historicismo teológico, segundo o qual o conceito de secularização é uma categoria histórica. Não admite sobre este projeto nem um juízo negativo nem um juízo positivo. Limita-se a reconhecer, como contribuições inestimáveis, os princípios da liberdade e da individualidade, característicos do mundo moderno e inerentes à fé cristã. Mas teme que não seja reconhecido o fundamento metafísico e religioso destes princípios e a autossuficiência humana que daí deriva.

Entre as posições que vieram depois, a última e a mais importante é a de F. Gogarten, iniciador das teologias da secularização. Ele legitima a secularização e introduz uma nova distinção mediante o secularismo. Depois do significado dado pela *Secular Society*, o conceito de secularismo foi definido como a negação da continuidade entre fé e mundo moderno, até a desagregação da fé. Gogarten propõe sua interpretação teológica mais aprofundada e que se impõe ainda hoje, em *Destino e speranza dell'epoca moderna. La secolarizzazione come problema teologico* (Bréscia, 1972; orig. 1953).

Para Gogarten, a secularização é o produto da fé cristã. Consiste na libertação do homem das forças do mundo, libertação provocada pela fé, que modifica a relação do homem com a história. Em sentido inverso, significa uma mundanização do mundo, o fim da era mítica. Para compreender esta nova relação, Gogarten retoma os dois conceitos bíblicos de filiação e identidade.

A salvação instaura uma relação inédita com Deus, através da qual o homem se vê constituído pelo filho em seu ser. Anteriormente, no estágio infantil de sua história, estava submetido às forças do mundo, em sentido bíblico, constituído pela lei. A fé consiste na aceitação de uma nova dependência, radical e fundamental, em relação a Deus, como pai, criador e justificador. Em um nível secundário, Gogarten explicita as consequências desta filiação para a existência terrena do homem: ele adquire uma liberdade total com respeito ao mundo, no sentido de que, enquanto herdeiro da criação, exerce sobre esta uma soberania plena (Gl 4,1-7). Este domínio supõe que a dependência fundamental em relação a Deus desemboca, através de uma autonomização, no operar: o ser recebido de Deus realiza-se no ser por si mesmo. Estes dois polos, tomados conjuntamente, mantêm a condição de criaturas em seu equilíbrio. A secularização, para Gogarten, nasce precisamente desta constituição do ser humano por si mesmo.

De que maneira Gogarten vê a secularização degenerar em secularismo? Para ele, opera-se uma perversão da historicidade, razão pela qual a direção tomada pelo devir do mundo permanece sempre envolvida no mistério. A secularidade é a aceitação da historicidade humana. A maneira como o homem, crente ou não, se situa em relação ao futuro, como um ser em perpétuo devir e procura, mantém-no na secularidade. Se o homem pretender determinar, ele mesmo, a direção da história e, por isso mesmo, cessar de relativizar seus projetos atuais, afunda no secularismo.

Além disso, Gogarten censura o secularismo cristão que confunde fé e cristianismo, quando este último pretende tornar a salvação operante na história, ao invés de deixar sua decisão e sua operação absoluta a Deus, apoiando-se unicamente na fé. Gogarten reconsidera sobre esta base a concepção habitual da escatologia neotestamentária, entendida como a realização última da salvação de Deus, para a qual está orientada toda a etapa do tempo da Igreja. Para Gogarten, o "tudo passa" assume um significado histórico e indica o caráter relativo de tudo o que constitui a existência humana, incluídas as formas históricas de existência da fé. O futuro está sempre diante do homem, que não é capaz de apreendê-lo em seu projeto presente. O critério que preserva do secularismo cristão é precisamente a fé, pela qual a história humana e a história divina são claramente diferenciadas. Lübbe acredita reconhecer na teologia da secularização um uso mais estritamente científico do termo *Säkularisierung*.

O Concílio Vaticano II não utiliza o conceito de secularização. Faz-lhe uma referência indireta, ao legitimar "a autonomia das realidades terrestres" (GS 36); especifica o sentido desta autonomia, dissociando-a da atitude de uma postura de separação, em benefício de uma síntese vital entre fé e vida (GS 43). O Concílio marca o fim do princípio da secularização, pela orientação decisiva que dá às relações entre a Igreja e o mundo, na declaração sobre a liberdade religiosa *Dignitatis Humanae*. Esta declaração comporta três revisões principais: a Igreja renuncia a definir sua relação com o Estado segundo uma lógica de poder; abandona suas posições contrarrevolucionárias, ratificando os direitos do homem; abandona o projeto de Cristandade. A partir de agora, Estado e religião coexistem de maneira autônoma. Quanto ao secularismo: constitui um processo de eliminação deliberada de qualquer referencial religioso. Observemos que as "Proposições" do sínodo de 1985 sobre os leigos evocam a secularização para, em seguida, escorregar logo para o conceito de secularismo, definido nestes termos: "Visão autonomista do homem e do mundo que faz abstração da dimensão do mistério; mais ainda, não o leva em consideração ou o nega" (*La Documentation Catholique*, n. 1909, col. 37). Esta definição apresenta algumas dificuldades: Como pode a abordagem científica da realidade subordinar-se ao mistério? Podem-se simplesmente identificar finalidades humanas e futuro absoluto de Deus?

O *aggiornamento* do concílio liberta as forças críticas e proféticas da Igreja. A reflexão sobre as relações Igreja-mundo abre-se para uma "nova" teologia política que leva em conta a modernidade e identifica as consequências desta para a fé cristã (cf. J.B. Metz, *Sulla teologia del mondo*, Bréscia, 1969) e atribui uma atenção crescente às posições de pensadores protestantes, como R. Bultmann, P. Tillich, D. Bonhoeffer, J.A.T. Robinson, e às teologias da cidade secular, propostas por H. Cox e G. Winter. Críticas profundas da religião são formuladas por ocasião de considerações sobre a demitização, sobre a dessacralização e sobre a secularização.

Precisamos determo-nos em duas posições teológicas particularmente importantes sobre a secularização: a de J.B. Metz e a de H. Cox. Elas têm o seu ponto de partida na teologia de F. Gogarten, desenvolvendo, respectivamente, uma tese segundo a qual a modernização (Metz) ou a secularização (Cox) do mundo tem origem no cristianismo, no seu poder que age na história humana. Este processo reconduz a uma relação da fé com o mundo muito distante da dicotomia tradicional entre o sagrado e o profano, de resto estranha ao mundo bíblico. Metz contesta as teologias transcendentais e personalistas e também as elaboradas por seu mestre Rahner. Cox distancia-se dos assim chamados teólogos da morte de Deus (W. Hamilton, Th.J.J. Altizer, P. van Buren). Ambos começam a reatar com a *Aufklärung*, sobretudo a partir de K. Marx entendido através do filósofo E. Bloch, que renovou a abordagem do marxismo com sua obra fundamental *Das Prinzip Hoffnung* (Frankfurt, 1968). Com sua reflexão sobre a "consciência antecipante", sobre os "sonhos para frente", nascidos do estrato pré-consciente do homem, Bloch fornece ao marxismo uma "futurologia". Mas, ao mesmo tempo, coloca em evidência o projeto utópico dos povos da Bíblia e as energias reformadoras e políticas em ação em sua história, por excessivo tempo ocultados pela Igreja. De maneira mais geral, Cox e Metz proclamam alto e bom som "o fim da metafísica". A metafísica, que considera o real de um ponto de vista estático, realista e substancialista, não permite pensar em termos de história, devir e tempo, já que entende a mudança como um dado acidental num universo imutável.

Em *Sobre a teologia do mundo*, J.B. Metz situa a fé na nova consciência do mundo, surgida do processo de mundanização. A fé deve expor-se às novas situações e autorrefletir-se partindo delas. A mundanização tem seu fundamento teológico e bíblico na encarnação e na adoção do mundo por parte de Deus. Assumindo a humanidade através de seu Filho, Deus adotou o mundo, o que quer dizer que o assumiu na mundanidade que lhe competia. Para conciliar mundanização e adoção, Metz recorre ao conceito de alteridade. Deus instaura com o mundo uma relação de reciprocidade, assumindo-o como outro. A restauração salvífica do mundo quer fazê-lo chegar a esta alteridade. Numa tensão vital e incessante para o Deus diferente, o mundo aprofunda sua mundanidade-alteridade. Deus, que envolvia o cosmo e o predeterminava (cosmocentrismo), parece retirar-se da esfera mundana (antropocentrismo). Esta experiência do desaparecimento de Deus da visão grega do mundo é vivida por muitos como um estado de → ateísmo. Na verdade, se o ateísmo se impôs como interpretação corrente deste fenômeno, é porque a fé falhou no encontro com a mundanização do mundo. A nova relação religiosa com o mundo comporta muitos aspectos inéditos. A autonomia da gestão do mundo, também na intersubjetividade, traz consigo um pluralismo muito acentuado das consciências. Torna-se difícil uma compreensão unitária da existência. Neste movimento antropocêntrico moderno, desestruturam-se as categorias nas quais se tem expressado até agora a experiência da divindade. A missão cristã tem que desdobrar-se numa história com três dimensões: a perdição, a salvação e a mundanização-alteridade como lugar em que se exerce a liberdade humana. Com sua contribuição para a autonomização do mundo, o cristianismo torna possível a livre-tomada de posição a favor ou não da salvação. Um último traço a sublinhar é o primado moderno do futuro. Responsável pelo devir histórico do mundo, o homem moderno está orientado para o futuro; não com a atitude contemplativa que marcava sua relação com o mundo como natureza, mas numa vontade constante de transformação com o mundo como história. Eis por que Metz opta por uma teologia política (→ Teologias, V), escatológica e crítica.

Esta preocupação da ação sobre a história revela em Metz uma reviravolta radical. Denuncia o caráter abstrato das diversas teses sobre a secularização. Sua obra *A fé em história e sociedade* (São Paulo, 1980) constitui o ponto de chegada desta reviravolta. Ele restringe sua leitura da Modernidade. Tendo-a entendido inicialmente sobretudo como fenômeno global de *mundanização*, agora a entende como processo de *emancipação*. Metz quer corrigir os efeitos privatizantes das teses da secularização sobre a fé. Em seu entender, esta teologia neutraliza o poder crítico e transformador da fé. Da mesma forma não admite a identificação entre cristianismo e secularização. Todavia, alegra-se com o fato de a *Aufklärung* revelar-se como um sólido *locus theologicus*. As teologias liberais apresentam a vantagem de possibilitar uma visão mais democrática da Igreja, a liberdade de consciência e de opinião. Mas este liberalismo e neoliberalismo trazem em si também impasses da *Aufklärung*, em especial o tipo de cidadão que é seu sujeito principal, isto é, o burguês. Em sua teologia fundamental prática, Metz quer reorientar a teologia para a condição do sujeito histórico e concreto. O cristianismo é uma práxis, este é o sentido da radicalidade evangélica.

Em *A cidade do homem* (Rio de Janeiro, 1968), H. Cox intenta mostrar a natureza judaico-cristã da secularização. Esta representa uma possibilidade para o cristianismo. Depois de Bonhoeffer, ele proclama "o fim da religião". A secularização convida a discorrer sobre Deus e a reinterpretar a Bíblia, partindo da secularidade. As Escrituras relatam três acontecimentos que constituem o princípio da secularização: a criação engendra o *desencantamento* da natureza, o êxodo provoca a dessacralização da política, a aliança do Sinai traz consigo a *desconsagração* dos valores. Além disso, ele destaca algumas características da civilização técnica e urbana. Consideremos em primeiro lugar o aspecto da mobilidade. A sedentariedade faz nascer o *homo religiosus*, o homem das tradições rígidas, que não acolhe o inédito dos caminhos de Deus. Toda a história da salvação representa o esforço incessante de tirar a divindade do espaço (êxodo) para pensar o mundo como história e devir. Em segundo lugar, a atitude pragmática moderna diz respeito à relação do sujeito com a verdade. O homem moderno interroga-se mais sobre o funcionamento das coisas do que sobre sua identidade substancial, como acontecia sob a era metafísica. A unidade fundamental no Cristo (Cl 1,1-20) não equivale a uma fonte predeterminante da orientação histórica, mas deixa ao homem a tarefa de identificar seu mundo numa perspectiva de colaboração com Deus.

Onde reside o limite da secularização? Conquanto esta represente uma sadia emancipação da humanidade, não obstante isso, a secularização pode degradar-se e transformar-se em secularismo. Chega-se ao secularismo quando a secularização se torna uma ideologia que obscurece a livre-expressão dos sujeitos e da experiência. Se se fizer referência ao secularismo segundo Gogarten, o lugar-comum dos dois autores indicaria uma radicalização da instituição, na elaboração de um modo de ver e de ser no mais absoluto isolamento. Da mesma forma, o sistema fecha-se sobre sua própria lógica e torna-se ideologia; cessa de exprimir-se através dos sujeitos. Assim, pode constituir-se também um secularismo cristão, fechado para os espaços da historicidade e do futuro de Deus, e, portanto, situado fora da secularidade. O processo de secularização representa uma reação a este secularismo cristão. Mas se por sua vez a secularização se tornar ideologia, isto é, se se fechar aos sujeitos e às experiências, também ela se degrada e se transforma em secularismo. O materialismo ateu e o neoliberalismo cego aparecem como exemplos de secularismo. O primeiro tem a pretensão de ocultar a persistência do religioso nos sujeitos e o segundo ignora os deserdados do liberalismo econômico. Contestando esta última atitude, os teólogos latino-americanos da libertação fazem uma crítica global à secularização e não esperam nada da distinção entre secularização e secularismo.

A evolução do pensamento de H. Cox permite situar a secularidade na perspectiva da autocrítica da Modernidade. Em 1973, em *A sedução do Espírito*, o autor detalha o objeto de sua crítica da religião. Bonhoeffer rejeitava a religião clericalizante que confinava com uma política reacionária e não assumia plenamente a dimensão humana da vida. Em sua esteira, os teólogos do começo da década de 1960, acabando levianamente com a própria ideia de religião, abriam-se, sem uma suficiente distância crítica, às visões de Marx, Freud e também Nietzsche e desconheciam a complexidade do problema. Mais ainda, impõe-se de maneira maciça o fato das experiências de caráter religioso, especialmente nos países do Leste Europeu, e o fenômeno sempre presente da oração. A nova questão teológica deve parar de contrapor Evangelho e religião e procurar entender as novas manifestações do religioso. Onze anos mais tarde, em *Religion in the Secular City* (Nova York 1984), Cox situa sua posição a partir de 1965 sobretudo no horizonte da volta do religioso, que se vai acentuando. Analisa o fenômeno do religioso em sua inesperada ligação com a política, sobretudo através do fundamentalismo político americano e das teologias latino-americanas da libertação. Mas não abandona a convicção segundo a qual uma teologia deve colocar-se na secularidade e levar adiante o empreendimento de crítica da religião que pertence à essência do judeu-cristianismo. A função fundamental da teologia cristã é a de garantir o desenrolar da história humana sob o signo da libertação. Há vinte anos atrás, esta consciência levava-o, na esteira dos profetas e de Jesus, a efetuar uma vigorosa crítica da religião através da secularização. Agora, depois do abuso de poder da razão e do totalitarismo político, é preciso passar a uma crítica da secularização através da religião, com uma preocupação central pelos pobres.

Duas críticas às teologias da secularização de F. Gogarten, J.B. Metz e H. Cox precisam ser mantidas. Em primeiro lugar, a afirmação do cristianismo como fonte da sociedade secularizada, como religião do "fim da religião", parece idealista, porque esconde a dificuldade que as formas históricas leigas têm de obter o reconhecimento da autonomia das esferas do secular. Depois do cristianismo de Constantino, a secularização marca incontestavelmente uma ruptura com o cristianismo. Assim, aos olhos de H. Blumenberg, as teses da secularização parecem um esforço de recuperação de caráter oportunista, segundo o "modelo familiar de toda representação" (H. Blumenberg, *The Legitimacy of the Modern Age*, Cambridge-Londres, 1983, 6). Isto remete para a distinção entre a secularização como fato e como interpretação. Qualquer interpretação deste processo comporta uma tomada de posição ideológica.

Segunda crítica: as teses da secularização esquecem os marginalizados. Em 1976, no colóquio sobre a *Hermenêutica da secularização*, sob a direção de E. Castelli, M. Boutin observa que F. Gogarten privilegia o problema do sentido da secularização (o quê), mas esquece de colocar o problema dos marginalizados neste processo de emancipação (para quem). E isso foi muito bem-compreendido pelos teólogos da libertação. A reflexão deveria não só examinar os problemas da relação entre "fé e incredulidade", mas também as implicações da relação entre "fé e não humanidade" (M. Boutin, "L'espace de sécularité", em *Prospettive sulla secolarizzazione*, Roma, 1976, 43-68).

Isto posto, será que as teologias e as hermenêuticas da secularização não oferecem intuições fundamentais para reinterpretar o cristianismo no mundo secularizado? Será que não indicam o caminho em direção de uma teologia da secularidade adequada para esclarecer a própria natureza da Igreja e do testemunho cristão?

3. RUMO A UMA TEOLOGIA DA SECULARIDADE – Em 1976 M. Boutin define a secularidade como "espaço potencial" da secularização como da fé. A visão heterônoma do mundo, segundo a posição geocêntrica do homem no universo (cosmocentrismo) despencou sobre a visão autônoma própria do heliocentrismo (antropocentrismo). Agora, o humano volta o olhar para a "periferia" de sua experiência, identificando-a como sagrada ou secularizada. Entrevendo, assim, seu horizonte para o exterior, constrói as dualidades divino/mundo, sagrado/profano, transcendência/imanência. Consequentemente, depois da reviravolta provocada pelo heliocentrismo, é toda a visão religiosa que é contestada. Contudo, Boutin lembra que, qualquer que seja o modo como o homem entenda sua posição no universo, não deve considerar somente a "periferia" deste, mas também o "centro", o lugar a partir do qual se posiciona. Dessa forma, pode ir além tanto da visão puramente religiosa quanto da puramente mundanizada do mundo. Boutin chama este lugar de "espaço de secularidade": ele torna possível a religião e a secularização. Trata-se de entender como aquele centro potencial se reestrutura em regime heliocêntrico.

À luz destas reflexões sobre a dupla possibilidade da religião e da secularização, é preciso observar o que segue: falar da fase atual da história – sobretudo ocidental – em termos de Pós-modernidade ou de volta do religioso pode manter a ilusão de uma possível volta atrás. Enquanto a vida da sociedade se torna cada vez mais complexa, há indivíduos e grupos que voltam a propor discursos e ambientes tradicionais. Mas será que esta "volta" não dissimula uma fuga para frente, quando se torna evidente a crise da Modernidade? Devemos, portanto, chegar à constatação mais profunda de uma metamorfose do religioso.

Uma outra observação diz respeito ao fundamento da constituição da identidade cristã. A secularidade eclesial implica que se reconheça que o lugar da missão cristã é o coração do homem, iluminado pelo mistério de Cristo (GS 22). O ponto focal da Igreja ainda está, de certo modo, fora desta: o coração de Cristo, fonte da salvação, e o coração do homem, destinatário do anúncio da salvação. A secularidade indica, portanto, um contínuo desapego de si mesmo, em direção ao mundo e ao futuro de Deus, em Cristo. Isto recorda de maneira crucial que uma identidade se explica somente na alteridade. O mundo secularizado representa a terra de ninguém, onde a liberdade de Deus é salvaguardada. A este título, este processo remete para a função crítica dos pagãos na Bíblia. É um lugar que permite o anúncio da fé como diálogo, isto é, conjuntamente assentimento e crítica da cultura. Esta dimensão eclesial da secularidade eclesial confere-lhe seu teor teológico.

P. Valadier sustenta a necessidade de uma contestação que o mundo secularizado e a Igreja se dirigem reciprocamente: "Encontrando seu outro, ainda que hostil, ouvindo a sua crítica, a fé descobre em si virtualidades escondidas... A fé vive e se reforça no confronto com um outro: por isto é preciso lutar contra a tendência de a Igreja curvar-se sobre si mesma e desconfiar das vozes que convidam a encontrarmos sozinhos nossa identidade... Que os cristãos aprendam, antes, a se perder, e se reencontrarão naquilo que têm em devir, ajudando o mundo a responder a sua finalidade" (P. Valadier, *L'Église en procès*, Paris, 1987, 237-238). Consequentemente, colocando a secularidade somente em termos de ambiente de vida ou de missão, a visão do testemunho cristão não toma efetivamente consciência dos aspectos de secularidade constitutivos da própria experiência da fé e de sua expressão. João Paulo II evoca isto em sua primeira encíclica *Redemptor Hominis* (março de 1979), ao dizer que a pessoa humana em suas condições socioculturais concretas é o primeiro caminho e o caminho fundamental (n. 14). Isto deveria determinar o testemunho cristão na secularidade. Da espiritualidade em ação no mundo atual e dos esquemas da cultura depende a reflexão sobre as estruturas da Igreja e sobre todo o seu modo de ser e de agir. G. Vahanian fala de uma Igreja na vanguarda da sociedade, o que exige a coparticipação na vida eclesial de seculares especializados nas disciplinas mais diversas (*Dieu et l'utopie*, Paris, 1976).

À luz do que antecede, podemos interrogarmo-nos sobre a pertinência do conceito de "consagração secular", usado nos institutos seculares (S. Lefèbvre, *Sécularité et instituts séculiers*, Montreal 1989). Este conceito é portador de um significado ontológico de separação. E, no entanto, a encarnação não significa de modo algum a alienação da natureza humana da parte de Deus, mas sua reinserção na própria integridade. Santificado, o mundo permanece mundo, é afirmado em sua mundanidade. Consagrado, em sentido estrito, é distinguido do profano (S. Lefèbvre, op. cit., 88-91; cf. tb. M.-D. Chenu, "*La consecratio mundi*", em J. Beyer [ed.], *Études sur les instituts séculiers*, III, Paris 1966). A sacramentalidade eclesial consiste em converter o mundo em Reino de Deus, não em penetrar nele de fora, depois de tê-lo separado no espaço, mas discernindo nele os apelos e a presença de Deus. As teologias da secularização sabem entender as intuições dos modernos em sua crítica da religião. O Deus bíblico é criador relacional e histórico; rejeita qualquer espacialização. Sujeitando a história, opõe-se ao Deus de uma religião. Assim, o movimento moderno acaba tendo profundos pontos em comum com a dessacralização bíblica. Será que ele não se revela movimento legítimo de secularização do Deus dos cristãos, que foi sacralizado durante um período de tempo excessivamente longo?

Uma coisa é certa: a tomada de consciência de uma evolução histórica rumo a um futuro aberto e misterioso constitui uma experiência inevitável da Modernidade. A própria ciência revoluciona nossa visão do real, mostrando que este não se desenvolve segundo uma trajetória contínua e previsível (p. ex.: o movimento de Brown e a teoria das catástrofes). A consideração da autonomia das realidades terrestres não pode contentar-se em considerá-las como realidades emergentes em si mesmas, mas como lugares em perpétua mudança e diferenciação em si mesmos e em sua relação recíproca. A mesma coisa acontece com a esfera religiosa. Limitando a secularidade a uma atividade e a uma missão, o cristianismo ignora as mudanças profundas que acontecem nas sociedades de hoje e que exigem uma reinterpretação radical da fé e de suas expressões. Esta reinterpretação caminha de mãos dadas com o reconhecimento dos lugares nos quais convergem psicologia individual e organização sociocultural, em que cultura e vida estão em perpétua interação. Após um período de uniformidade em que ortodoxia e práxis se confundiam, a fé e a prática religiosa se revelam em geral dissociadas, o que traz consigo a emergência de subculturas católicas (cf. J.M. Donegani-G. Lescanne, *Catholicisme de France*, Paris, 1982). Após a industrialização, a era tecnológica e a urbanização provocam a fragmentação das adesões religiosas. As investigações de campo permitem aceder aos meandros da cultura secularizada, produtora ao mesmo tempo de uma visão não religiosa do mundo e de uma visão religiosa transformada pelo mundo. A secularidade revela-se a este título uma dimensão emergente *na* vida da Igreja, um *locus theologicus* de complexidade extrema, que exige uma Teologia Fundamental que beba da própria fonte da experiência.

Bibl. – H. Lübbe, *Säkularisierung.* Geschichte eines ideenpolitischen Begriffs, Munique-Friburgo i.Br. 1965; H. Cox, *A cidade do homem*, Rio de Janeiro 1968; Id., *Religion in the Secular City.* Toward A Post-Modern Theology, Nova York 1984; F. Gogarten, *Destin et espoir du monde moderne*, Paris 1970; E. Castelli (ed.), *Prospettive sulla secolarizzazione*, Roma 1976; J.B. Metz, *A fé em história e sociedade*, São Paulo 1980; P. Valadier, *L'Eglise en procès.* Catholicisme et société moderne, Paris 1987; S. Lefèbvre, *Sécularité et instituts séculiers.* Bilan et perspectives, Montréal 1989.

SOLANGE LEFÈBVRE

SECULARIZAÇÃO E SECULARISMO

1. A QUESTÃO DA SECULARIZAÇÃO – *a.* A secularidade é um fenômeno típico do nosso tempo. Em nossa época, pelo menos no mundo ocidental, o homem se apresenta como verdadeiramente autônomo e responsável por sua situação global. Este fenômeno cultural é o resultado de um longo e complexo processo histórico, cujas raízes últimas são numerosas e de natureza bem diversificada. Não somente a cultura grega, mas também a própria religião bíblica, constituem forças históricas de grande eficácia enquanto agentes de secularização, ao demitizarem a natureza cósmica e responsabilizarem eticamente o homem por sua existência e seu destino.

A *secularidade* coincide com um processo de real emancipação da vida humana e da razão histórica, em relação a um certo modo de entender o saber rigoroso e também em relação ao modo de viver a religião, no âmbito pessoal e social. O processo secularizante procura entender os diversos setores vitais de maneira imanente à própria realidade humana, sempre mais diferenciada, independentemente dos axiomas metafísicos e também de certas normas religiosas do passado. O que conta para uma hipótese científica não é sua concordância com tais sistemas metacientíficos, mas sua verificabilidade ou falsificabilidade, sua utilidade ou sua eficácia. Chegou-se até a falar de uma "maturidade cultural" para descrever o fenômeno da emancipação do saber científico e da autonomia da cultura humana.

Uma outra característica do homem secular é constituída por seu interesse pela vida presente, em sua concretude e historicidade, prescindindo da nostalgia do eterno e rejeitando um modo puramente contemplativo de viver a religião. Da mesma forma o homem secular perde o interesse pelo universo das "ideias eternas", concentrando sua atenção na fenomenologia e na dinâmica daquilo que é verificável e controlável. Por isso, o homem secular adere facilmente a uma forma de empirismo pragmático, que o faz valorizar mais os fatos do que as grandes teorias metafísicas, políticas ou religiosas. Na cultura moderna, a vida perde algumas características fundamentais do mundo arcaico, passando através de um processo de eclipse, no que concerne às formas tradicionais de experiência do sagrado. A vida individual e social torna-se mais racional e mais profana, acentuando sua separação, ou, também, sua ruptura com numerosas crenças do passado religioso ou cultural. Da mesma forma, numerosas funções vitais emancipam-se da tutela das instituições religiosas, dando lugar a uma certa dessacralização da realidade cultural ou social. Isto pode significar tanto uma forma de decadência religiosa quanto uma forma de purificação profética da própria experiência de fé.

b. Em nossa época e em nosso contexto histórico, a afirmação religiosa precisa ser vivida no âmbito do processo de *secularização*, típico da Modernidade, caracterizado pela busca de um novo humanismo, centrado na autonomia responsável do indivíduo como valor máximo. A secularidade significa não somente o crepúsculo do universo mágico e supersticioso da cultura arcaica, mas também uma ameaça para a aptidão contemplativa, própria da ontologia grega ou da teonomia medieval.

O processo de secularização rompe com a tradição cultural, que desejaria fundar o tempo na eternidade e o que é finito no infinito. Na ética e na política, na estética e na filosofia, a cultura da Cristandade antiga ou medieval era teocêntrica; a cultura da Modernidade, ao contrário, é claramente antropocêntrica e particularmente preocupada com a realidade contingente e histórica, singular e concreta.

Para dar-se conta da distância cultural que separa a Antiguidade e a Idade Média da Modernidade e da atualidade, basta comparar o *Górgias*, de Platão, ou o *Organon*, de Aristóteles, com o *Discurso do Método*, de Descartes, ou com a *Crítica da razão pura*, de Kant. A mesma coisa acontece no campo religioso, comparando as *Confissões*, de Agostinho, o *Monologion*, de Anselmo, ou o *Itinerário*, de Boaventura, com os discursos *Sobre a religião*, de Schleiermacher, o *Conceito de angústia*, de Kierkegaard, ou a *Agonia do Cristianismo*, de Unamuno. Os filósofos e os teólogos são incapazes de pensar a realidade humana ou de falar de Deus do mesmo modo ou utilizando as mesmas categorias com as quais era possível fazê-lo antigamente.

A situação secular caracteriza-se também pela perda de uma certa linguagem filosófica e teológica. Segundo alguns filósofos da cultura, estaria começando uma nova época histórica, caracterizada pelo pensamento funcional, técnico e positivo do *homo urbanus* da megalópole pós-moderna, deixando para trás não somente a fase mítica do mundo arcaico, mas também a fase ontológica da *polis* grega. Assim como o mundo arcaico, atulhado dos mitos homéricos ou babilônicos, cedeu lugar à civilização greco-romana, da mesma forma a cultura cristã ocidental está vivendo uma transição para uma civilização planetária, através do processo da modernidade cultural, da Renascença até o Iluminismo, do idealismo romântico até o primeiro existencialismo ou até o positivismo e pragmatismo, em busca de uma nova racionalidade e de um novo humanismo.

c. Que juízo emitir, de um ponto de vista religioso, sobre o fenômeno histórico da secularização? Haverá que considerá-lo como um evento lamentavelmente negativo, ou como um processo religiosamente neutro, ou até como uma realidade teologicamente positiva?

Para uma visão rigidamente integralista ou fundamentalista, a secularização representa um fenômeno essencialmente antirreligioso. Para um certo ecletismo teológico, a secularização é um fenômeno religiosamente neutro, que consiste na superação cultural de modelos de pensamento próprios de uma época pré-científica. O homem secular não está nem mais nem menos distante da religião e da fé do que o homem antigo ou medieval. Mas o cristianismo tem de constatar que, hoje, o mandato de anunciar o Evangelho tem como destinatário um homem culturalmente diferente, isto é, marcado pelo processo secularizante. Finalmente, para o otimismo religioso de um certo progressismo teológico, por detrás do processo secularizante descobre-se a ação de Deus, já que a secularidade que deriva daí permite ao homem atingir sua autonomia e maturidade, libertando o anúncio evangélico de uma interpretação falsa. Todo o processo secularizante é a consequência lógica da consciência da *autonomia criatural.* A consciência da criaturalidade despoja o mundo de toda auréola divinizante. O anúncio da mensagem religiosa sobre a ação de Deus na história da salvação e a consciência da religião da aliança dão ao homem um senso ético em seu projeto vital e uma responsabilidade social em seu projeto histórico. O homem descobre-se como realidade autônoma e pessoal, espiritual e responsável. A fé bíblica sofreu um impacto religiosamente revolucionário. A teologia da criação, do êxodo e da aliança "dessacralizou" o universo humano, como mundo, como história e como religião.

d. A própria hostilidade da cultura secular contra certas formas carentes de viver a religiosidade pode coincidir com uma afirmação apaixonada da verdade, em polêmica com toda deformação religiosa, seja ela fruto do fanatismo ou das superstições. Deste modo, a cultura da modernidade secular pode exercer uma função corretiva de certas linhas contraditórias de uma falsa religiosidade. Paradoxalmente, a crítica secular em relação a uma intolerância fanática ou a uma cruel tirania, derivadas de uma falsa ideia do imperativo religioso, como exigência ética ou política, pode representar um momento de purificação profética da própria religião.

Considerada numa perspectiva religiosa, a própria autonomia secular, enquanto expressão de uma liberdade humana responsável, seja no compromisso da ação moral ou no processo de busca incansável da verdade, tem um sentido positivo também para o crente. Uma teologia da criação e da aliança não pode fazer outra coisa senão legitimar a autonomia humana, enquanto criatura livre e responsável e enquanto possibilidade concreta de construir um futuro histórico marcado pela solidariedade e fraternidade. Esta tese do significado "religioso" da secularidade deve ser equilibrada com a afirmação do valor "secular" da religiosidade. Enquanto afirmação exata do polarismo dialético do divino e do humano, fugindo a todo esquema de rivalidade, a religião é capaz de oferecer uma garantia de legítima secularidade, como busca autônoma e livre da justiça e da verdade, da solidariedade e da paz. A instância religiosa é capaz de corrigir toda pretensão de absolutizar o relativo nos diversos setores da vida cultural ou social do homem.

Como experiência incondicionada do sagrado, tanto na contemplação mística como na opção ética, a religião oferece à cultura humana uma dimensão de profundidade. Em nome dos grandes ideais religiosos, a fé pode e deve exercer uma função crítica, denunciando toda forma de contradição ou alienação presente na vida humana, como expressão da iniquidade ética ou da injustiça social. Portanto, não se pode concordar com a tese de uma irreconciliabilidade entre o secular e o religioso. O conflito pode nascer da fé diferente que anima o crente e o ateu, mas pode também acontecer que o ateu simplesmente esteja negando uma falsa imagem de Deus, que também o cristão não pode aceitar, por não coincidir com o "Deus do Evangelho" (GS 19).

2. O PROBLEMA DO SECULARISMO – *a.* A secularidade da cultura moderna e o próprio processo de secularização tornam-se problemáticos, quando a *autonomia* secular se choca não somente com uma forma ilegítima de *heteronomia*, política, cultural ou religiosa, mas com a própria *teonomia* enquanto tal, isto é, com a própria irrupção do incondicionado no sagrado, transformando-se numa ideologia programática da negação do absoluto e do divino. Não se pode negar que um setor do humanismo secular faça do *secularismo* o seu programa, nutrindo sentimentos de ceticismo ou de aversão à possibilidade de uma afirmação de Deus. Para o secularismo, a própria ideia de Deus torna-se alienante, inútil ou impossível. Vista num esquema de rivalidade, a ideia de Deus torna-se alienante enquanto hipoteticamente privaria o homem de sua autonomia e liberdade, de sua autodeterminação e responsabilidade para empurrá-lo para fora do mundo, para um refúgio escatológico. Em vez de pensar em mudar o mundo, para torná-lo melhor e mais humano, o homem religioso parece limitar-se a passar a vida numa mera contemplação da eternidade. Por sua vez, a religião parece servir somente para legitimar um sistema de estruturas históricas ou sociais, de caráter conservador e patriarcal. Unindo-se à experiência religiosa, a política sacraliza-se. Neste universo sagrado e hierárquico, falta um espaço para a imaginação e a fantasia criativas. Sentindo-se legitimadas por uma espécie de direito divino, estruturas sociais historicamente anacrônicas tornam-se resistentes à mudança. Além disso, não raro também a ideia de Deus parece inútil para melhorar a vida humana, na medida em que as opções políticas concretas são vistas num horizonte meramente intraterrestre; ainda que posteriormente, no caso do crente, tais opções políticas possam ser legitimadas por uma razão de tipo religioso. Finalmente, admitida a hipótese do crepúsculo da metafísica e da impossibilidade de uma verificação estritamente empírica dos enunciados religiosos, a ideia de Deus parece impossível de ser proposta ao pensamento, visto resultar inacreditável para uma consideração filosófica entendida como pura fenomenologia do social ou como mera análise estrutural dos jogos linguísticos nas diversas situações humanas. Consequentemente, a ideia de Deus é considerada como uma espécie de fantasma ou como uma miragem ilusória, sem que seu eclipse na consciência desperte um particular sentimento de saudade.

b. A crítica da razão histórica denuncia inúmeras intolerâncias e fanatismos, cometidos em nome da diversidade religiosa. O próprio *problema do mal*, objeção constante de toda teodiceia, volta com nova incisividade, também em nossa época secular, como grito de protesto diante de tantos crimes cometidos, genocídios e guerras de extermínio e atos de neocolonialismo econômico e de tirania política, sem que se manifestasse, durante o triunfo demoníaco do terror, a glória do poder punitivo divino. A hodierna meditação teológica critica também uma imagem falsa e ideológica de Deus, considerado como dispensador arbitrário e despótico de bens e de males, pobreza e riqueza, saúde ou doença. Além de ser mitológica ou idolátrica, tal imagem parece mítica e alienante, na medida em que converte a realidade de Deus num discutível prolongamento do mundo.

Certamente, se se quiser dar o nome de "teísmo" ao sistema hipoteticamente religioso, que identifica a imagem do *deus otiosus* da religião mística com o *motor immobilis* da máquina do universo físico, ou que transforma a imagem do *deus activus* da religião profética no totem do nacionalismo religioso, poder-se-á propor legitimamente uma forma de "a-teísmo", como negação de uma falsa imagem de Deus na revelação bíblica. Todavia, o ateísmo entendido como programa e o secularismo como ideologia poderão representar para o crente somente um grande desafio. De qualquer forma, a crítica religiosa do secularismo poderá purificar a linguagem teológica do cristianismo, corrigindo suas deformações e renovando-o em profundidade. Neste sentido, a teologia atual tem proposto diversas alternativas que poderão ser revistas sob diversos aspectos, mas que oferecem algumas orientações que parecem ser opções irreversíveis da atual tarefa teológica.

c. Antes de tudo, pode ser considerada irreversível a atenção teológica à revelação divina e à consciência de que, através dela, realmente conhecemos o Deus vivo e livre. Esta convicção teológica torna-se explícita naquilo que se tem chamado de concentração cristológica da revelação. A Palavra de Deus assume em Jesus Cristo sua definitividade escatológica concreta. A revelação divina não nos apresenta uma multiplicidade fragmentada de abstrações, mas Deus mesmo, como criador onipotente e Pai misericordioso e fiel. Mas a mensagem bíblica constitui também a objetivação literária de uma experiência religiosa fundante e, assim, torna-se também um testemunho humano da palavra divina. Por isso, pode também ser considerada irreversível a intenção hermenêutica e a incidência existencial. Com efeito, o *querigma* nos revela nossa autenticidade e sinceridade, ou, ao contrário, nossa falta de esperança e de fé. O caminho percorrido por Jesus foi de uma autenticidade radical e constitui para nós uma possibilidade de verificação concreta de nossa aceitação incondicionada de Deus.

Pode também ser considerada irreversível a superação do idealismo teológico como sistema, através de uma atenção aos aspectos dramáticos da existência humana e da realidade vital e histórica. Sujeito e destinatário da teologia, o homem aparece também em toda a sua limitação e fragilidade, ameaçado pela morte como trágico destino; pela culpa, como possibilidade de alienação existencial; pelo absurdo e pelo vazio, em seu angustiante itinerário espiritual; pelo mal social e pela iniquidade histórica, em seu desejo de realização comunitária. Esta condição humana ameaçada constitui o cenário concreto da revelação divina, cuja mensagem se torna importante justamente no confronto dialético com a limitação e a alienação, com a ambiguidade e o mal, como proclamação de fé e esperança no poder salvífico divino, que envolve o destino humano.

d. Também a necessidade de aceitar a condição de secularidade da nossa época pode ser considerada uma opção irreversível do trabalho teológico atual. Isto supõe aceitar a impossibilidade de pensar Deus e de falar da realidade divina como de um *deus ex machina*, a quem se pode recorrer em situações de impotência humana. Supõe também aceitar a condição de não crença e de ceticismo, própria de nossa época, em que o crente deve afirmar sua fé, vivendo-a no ambiente profano da secularidade, sem possibilidade de uma verificação empírica imediata. Num mundo secularizado, que estabelece sua consistência e sua lógica, *etsi deus non daretur*, o crente sofre a provocação do eclipse do sagrado e do crepúsculo das formas convencionais de viver a religião.

Por isso, apresenta-se também irreversível a atenção prática da reflexão teológica, em resposta ao mal-estar de numerosos cristãos que têm de viver com dificuldade sua fé na forma tradicional. Durante o período do "silêncio de Deus", a teologia precisa encontrar um significado mais profundo para a fé pessoal em seu itinerário vital, através da busca de uma nova linguagem para a problemática de fundo e em fazer reviver a tensão da esperança no exercício da liberdade e no compromisso com o amor ao próximo, visto como "vigário de Cristo".

Em busca de uma nova relação entre historicidade e transcendência, pode considerar-se irreversível também uma atenção da teologia para os problemas da práxis, unindo uma ética da solidariedade a uma cultura da secularidade. Somente na imanência da história acontece o encontro com a transcendência, seja na revelação e na graça, seja na experiência de fé e na opção pela justiça. Mas o primado da práxis não deve conotar, para o crente, um ilógico "ateísmo cristão", nem o imanentismo histórico de um inadequado "evangelho terrestre". A argumentação da "encarnação" como crise da transcendência seria válida, se se aceitasse um "patripassianismo", já condenado pela tradição antiga. Por isso, o postulado da práxis e do compromisso político na imanência da história não pode legitimar, para o crente, uma autêntica e sincera *fuga dei.* Tampouco o fato de admitir a possível existência de um "cristianismo anônimo", ou de uma forma não culpável de ateísmo puramente teórico, pode justificar uma aceitação do niilismo como herdeiro legítimo da experiência cristã. Eis por que uma reflexão teológica sobre as implicações práticas da aceitação do *querigma* cristão não pode constituir um motivo de ruptura com a tradição dogmática, mesmo em relação com a linguagem teológica do "teísmo cristão", enquanto afirmação da realidade divina, como absoluta e única, como transcendente e pessoal. Se tal afirmação fosse eliminada, como estrutura de compreensão da própria religião bíblica, a revelação cristã permaneceria ininteligível e perderia sua força de convicção e sua razão de ser. Somente o Deus *em si* pode ser o fundamento do Deus *quoad nos.* Por isso, uma linguagem teológica de um "teísmo cristão", como explicitação linguística da afirmação cristã de Deus, exprime uma legítima implicação da fé, constitui uma estrutura lógica necessária para sua compreensão teórica e um pressuposto indispensável para sua livre-aceitação prática. Portanto, uma teologia radical da "morte de Deus", entendida como aceitação do ateísmo como proposta e do secularismo como programa, deve ser considerada como incompatível com o cristianismo enquanto tal.

Bibl. – P. Tillich, *Die religiöse Lage der Gegenwart*, Berlim 1926; D. Bonhoeffer, *Widerstand und Ergebung*, Munique 1951; F. Gogarten, *Verhängnis und Hoffnung der Neuzeit*, Stuttgart 1953; M. Stallmann, *Was ist Säkularisierung?*, Tübingen 1960; S. Acquaviva, *L'Eclissi del sacro nella civiltà industriale*, Milão 1961; G. Vahanian, *The Death of God*, Nova York 1961; P.M. van Buren, *The Secular Meaning of the Gospel*, Londres 1963; A.T. van Leeuwen, *Christianity in World History*, Londres 1964; J.A.T. Robinson, *Um Deus diferente*, Lisboa 1967; D. Sölle, *Stellvertretung*, Stuttgart 1965; Th.J.J. Altizer-W. Hamilton, *Radical Theology and the Death of God*, Indianápolis-Nova York 1966; T. Luckmann, *The Invisible Religion*, Nova York 1967; K. Rahner, "Theologische Reflexionen zur Säkularisation", em *Schriften zur Theologie* VIII, Einsieldeln 1967, 637-666; H. Cox, *A cidade do homem*, Rio de Janeiro 1968; J.B. Metz, *Zur Theologie der Welt*, Mainz-Munique 1968; S. Acquaviva-G. Guizzardi, *La Secolarizzazione*, Bolonha 1973; P. Glasner, *The Sociology of Secularization*, Londres 1977; D. Martin, *A General Theory of Secularization*, Oxford 1978.

FÉLIX-ALEJANDRO PASTOR

SEITAS CRISTÃS

A palavra "seita" é geralmente usada em sentido tão vago quanto pejorativo. Evoca, segundo a etimologia, seja a ideia de secessão (*secare*: cortar), seja a ideia de seguimento (*sequi*: seguir).

No uso corrente, a palavra designa também tanto um pequeno grupo de adeptos, separado de um grupo maior, quanto o conjunto dos discípulos de um mestre herético. Tanto num caso como no outro, o termo só é usado para designar grupos que recusam esta denominação, por estar carregada de desprezo e de normatividade. Em regime cristão, é utilizado em referência à palavra Igreja, que, ao contrário, sempre tem uma conotação positiva; nesse contexto, toda seita coloca-se, ela mesma, como Igreja.

ESQUEMA TEÓRICO – A sociologia religiosa, depois de M. Weber, é tentada a separar o conteúdo dos termos antitéticos de seita e de igreja. Para Weber, a seita se apresenta como um grupo de voluntários, ao passo que a Igreja é uma instituição de salvação. E. Troeltsch retoma as categorias weberianas, enriquecendo-as.

A Igreja, como arquétipo sociológico, é um corpo social estabelecido e uma instituição universal dotada de um poder sacerdotal e sacramental; a seita é um grupo consensual que se opõe ao sistema eclesiástico e rejeita todo compromisso com o mundo.

A dicotomia seita-Igreja foi retomada, desenvolvida e aperfeiçoada por vários autores, como J. Wach, L. von Weise, H. Becker e, sobretudo, J. Milton Yinger, que desenvolve a tipologia Igreja-seita segundo o princípio de afastamento em relação ao cristianismo universal. No extremo do tipo sectário encontra-se o culto, que se desenvolve em seita e depois em seita constituída. Segue depois a denominação, em seguida a ecclesia e finalmente a Igreja universal, que põe em ação o universalismo mais completo, realizando a unidade da sociedade (Igreja medieval).

Em teologia, o termo seita é usado para indicar um tipo eclesiológico. O tipo da seita é inseparável do tipo Igreja: os dois tipos só se entendem um em relação ao outro. A compreensão teológica que temos da seita depende estritamente da compreensão que temos da Igreja. A seita é essencialmente distinta da Igreja. Não é uma expressão subdesenvolvida de Igreja; representa um tipo teológico específico na história do cristianismo.

A especificidade da seita não deve buscar-se em sua dinâmica de dissidência e de secessão, nem em seu protesto veemente contra a Igreja constituída. O específico da seita reside na conjunção do radicalismo escatológico com o Iluminismo. Isolando o princípio escatológico do princípio de encarnação, a seita desliza para uma forma exacerbada da escatologia: o escatologismo. E, isolando o princípio pneumático do princípio magisterial e sacramental, ela desemboca na hipertrofia do princípio pneumático que é o Iluminismo. A seita nasce da união, numa determinada conjunção histórica, da escatologia com o Iluminismo. Sua especificidade está em ser a encarnação histórica desta união.

O aspecto poliforme da seita deriva tanto da maneira como se articula a aliança do Escatologismo com o Iluminismo quanto das formas de expressão concreta destes dois princípios fundamentais que determinam seu espaço espiritual e definem seu campo hermenêutico. O Escatologismo pode assumir o aspecto do milenarismo, da futurologia apocalíptica ou do utopismo sociopolítico. Quanto ao Iluminismo, pode ele assumir o aspecto de uma procura excessiva de carismas ou de revelações, de um entusiasmo religioso desenfreado, de um espiritualismo desencarnado ou ainda de um pietismo sereno, de um Pentecostalismo moderado e de um fideísmo tranquilo. Sob seus diversos aspectos, a seita é sempre a mesma: aspira sempre a um êxodo da história para o alto (Iluminismo) e para frente (Escatologismo).

A seita apresenta características secundárias, que derivam diretamente de sua nota específica. Há que mencionar em primeiro lugar o *dualismo* da seita, que insere rupturas em todos os níveis: presente-futuro, matéria-espírito, corpo-alma, cultura-Evangelho, razão-fé, mundo-Igreja, homem-Deus.

O primeiro polo deste dualismo é sempre mau, ao passo que o outro é sempre bom. Daí decorre a insistência na corrupção do tempo presente, que está nas mãos de satanás e de suas almas condenadas, as quais têm sua morada em todas as instituições, também religiosas.

Em consequência, no plano sociopolítico, *contemptus mundi* (rejeição da sociedade) e recusa de engajamento nas estruturas deste mundo; e, no plano eclesial, recusa do diálogo ecumênico, zelo missionário e denúncia das grandes igrejas (sobretudo do sistema clerical e da racionalidade teológica).

Mais ainda, a seita é caracterizada por seu *radicalismo* ético. Em ruptura com a sociedade e em dissidência com as igrejas, a seita vive num radicalismo que se funda na ausência de diálogo com a história, a ciência e a cultura. Radicalismo que garante a pureza doutrinal e o rigorismo moral, rejeitando todo tipo de corrupção: laxismo, compromissos, adaptações, consideração das situações e do progresso das pessoas. Radicalismo que interpreta as exigências evangélicas sem recorrer ao princípio teológico da economia. A seita é para os puros, para os perfeitos.

No plano da experiência espiritual, a seita tem o cunho do *fideísmo.* A seita propõe uma experiência direta de Deus, de Cristo ou do Espírito. Rejeita o princípio sacramental e tende a superar toda mediação e toda imagem. A fé, que para a seita é essencialmente um ato de confiança e de entrega, não deve perscrutar seus próprios fundamentos nem dar-se uma racionalidade teológica. A seita não se interessa nem pela hermenêutica das origens nem pela hermenêutica dos significados. Dirige-se ao coração e à vontade e exige a conversão radical.

Tendida para frente e para o alto, em dissensão com as igrejas estabelecidas e em ruptura com o mundo, a seita encontra-se diretamente com a Palavra de Deus, consignada na Bíblia (e às vezes também em outras "revelações"), interpretada de maneira fundamentalista, sobretudo nas seitas contemporâneas. Saltando totalmente por cima da história, a seita rejeita a tradição e pretende ligar-se à comunidade primeva, da qual quer ser a reprodução.

Resumindo: a seita é um grupo leigo de pessoas que creem em Jesus e/ou no Espírito, reunidas voluntariamente em torno da Bíblia (e às vezes em torno de uma revelação complementar), para formarem neste mundo corrompido a comunidade autêntica dos verdadeiros cristãos, que vivem na recusa do compromisso e no *contemptus mundi* e esperam pela vinda iminente do fim ou da volta de Cristo.

HISTÓRIA – Toda a história da Igreja é marcada pelo surgimento de seitas que geraram seu próprio sistema eclesial e se desenvolveram como rivais das igrejas constituídas. Na Igreja antiga, os grupos de protesto de tipo sectário aparecem muito mais como cismas derivados da negação desta ou daquela verdade decisiva. Estas dissidências de protesto, entre as quais as mais conhecidas são o marcionismo, o montanismo, o novacionismo e o donatismo, enquadram-se muito mais no campo do tipo igreja do que da seita. Todavia, afastando-se da Igreja imperial de Constantino e fazendo a santidade da Igreja depender da santidade de seus ministros e de seus membros, o donatismo aproxima-se mais do tipo da seita.

Na Idade Média, os movimentos pauperistas e penitenciais, como os valdenses, os pobres de Lião, os humilhados, os prosélitos de Arnaldo de Bréscia, os "pobres católicos", os pobres da Lombardia, os discípulos de Henri de Lausanne parecem-se mais com fraternidades dissidentes do que com seitas. Seu programa ascético, modelado na pobreza evangélica e apostólica, queria ser um protesto veemente contra a riqueza e o luxo da mundanidade do papa, dos cardeais, do alto clero em geral, e contra a perda de vigor da expectativa escatológica numa época em que a Igreja se identificava de fato com o Reino. De resto, os bogomilos e os cátaros são religiões de tipo gnóstico que, no entanto, possuem traços sectários. Os irmãos do livre-Espírito, os fraticelli e os espirituais franciscanos, os joaquimitas, os beguinos, os begardos – como mais tarde os alumbrados espanhóis e os quietistas – são manifestações típicas da espiritualidade iluminista que respondem só muito imperfeitamente ao tipo teológico da seita.

É com a chegada das igrejas protestantes, ao tempo da Reforma, que o tipo da seita atinge sua plenitude. Doravante, a seita se desenvolverá somente às margens do protestantismo. A maior parte das seitas modernas e contemporâneas são expressões dissidentes de movimentos de despertar e de protesto que explodiram no interior das igrejas protestantes e anglicanas nos últimos séculos: o despertar pietista (séc. XVII), evangélico (séc. XVIII), escatológico (séc. XIX), pentecostal (séc. XX). Os Estados Unidos não somente se tornarão rapidamente a terra eleita das seitas europeias, mas oferecerão também um terreno fértil para o florescimento e para a multiplicação de novas seitas.

O pietismo dará "vida a numerosas dissidências sectárias, sendo as mais conhecidas delas os quacres ou sociedade dos amigos, as assembleias dos irmãos de Plymouth, comumente denominados darbistas, e a sociedade dos irmãos da unidade, conhecida sob a denominação de irmãos morávios. Herdeiro do pietismo luterano, o evangelismo anglicano estava para tornar-se um poderoso fermento de dissidência. Dele nascerá o metodismo, que teve uma influência determinante sobre o conjunto dos movimentos sectários e, de modo particular, sobre o florescimento de seitas de tipo evangélico, tão numerosas ainda hoje. O evangelismo contemporâneo prolifera numa multidão de pequenas igrejas autônomas, sob a autoridade de diversas associações independentes, e numa plêiade de seitas fortemente marcadas pelo fundamentalismo.

Nascido do evangelismo e dos "movimentos de santidade", o pentecostalismo moderno aparece antes de tudo como um conjunto de movimentos de despertar no interior do protestantismo. Caracterizado pela busca da experiência direta do Espírito e pela manifestação de carismas, o pentecostalismo continha um poderoso fermento de dissidência que em breve devia produzir seus frutos. Surgirá, ao lado das Assembleias de Pentecostes, uma multidão de seitas pentecostalistas e neopentecostalistas das mais diferentes denominações: Tabernáculo Cristão do Evangelho dos Últimos Tempos, Templo Miraculoso do Espírito Santo, Missão do Espírito Santo. Todas estas seitas estão sob a autoridade inconteste de um líder carismático.

Quanto ao despertar escatológico ou "despertar da segunda vinda" (início do séc. XII), ele está na origem do adventismo, que desembocou em numerosas seitas, das Testemunhas de Jeová e da Igreja Universal de Deus (H. Armstrong), esta última caracterizada por seu anglo-israelismo, do qual os mórmons representam, também eles, um caso bem peculiar.

A partir da década de 1960 o movimento de seitas tem conhecido um surto extraordinário. Explosão do evangelismo e do pentecostalismo em todas as direções, recrudescência das seitas antigas, aparecimento de seitas novas. O Movimento por Jesus exprimiu-se não somente com o canto e com a música, mas também com a organização de uma quantidade imensa de comunidades marginais, algumas das quais – como os Meninos de Deus – se tornarão seitas muito conhecidas.

Embora conservando as características tradicionais do tipo sectário, as seitas contemporâneas estão profundamente marcadas, de um lado, por um zelo missionário tão fértil quão tenaz, que sabe utilizar a imprensa escrita e eletrônica para difundir sua mensagem e conquistar prosélitos e, de outro lado, por um fundamentalismo que se exprime seja na rejeição do modernismo, do evolucionismo, do liberalismo teológico, do comunismo e do humanismo secular, seja no apoio que dão à estrutura capitalista e à ideologia econômica, em vigor na América do Norte e na Europa Ocidental. A Igreja da unificação (Moon) é um bom exemplo desta postura teológica e sociopolítica. Seria demais afirmar que as seitas contemporâneas são, em geral, socialmente reacionárias, politicamente desmobilizadoras e culturalmente conservadoras? Não é a isto que inevitavelmente as leva sua postura escatológica formal, seu conceito privatizante da fé e sua expectativa da vinda iminente do fim?

SEITAS E CRISTIANISMO – Ao longo da história, a atitude geral da Igreja frente ao movimento sectário tem sido de rejeição total. As seitas eram consideradas como cismas e heresias que punham em perigo não só a unidade da Igreja e a ortodoxia cristã, mas também todo o sistema sociopolítico. Justamente em sua qualidade de heréticos, os grupos sectários foram perseguidos pela Igreja institucional que, depois de Teodósio Magno (395), não hesitou em lançar mão da violência e em recorrer ao braço secular.

Hoje, esta atitude de rejeição global não se impõe mais. Antes de ser secessão e heresia, a seita é essencialmente um modelo específico de cristianismo, como que um modo paralelo de seguir a Jesus e de viver o Evangelho. As seitas modernas são mais interpretações globais do cristianismo do que heresias, isto é, negações desta ou daquela doutrina cristã. Consideradas como expressão de um tipo específico de cristianismo, as seitas não podem mais constituir objeto de uma rejeição global, por parte das grandes igrejas.

Na medida em que aderem a verdades essenciais da revelação cristã, as seitas estão envolvidas num movimento que tende à plenitude do cristianismo. Sem dúvida, é difícil identificar as verdades essenciais da fé cristã e o núcleo específico do cristianismo e dizer com exatidão o que deve ser mantido do sistema e do corpo doutrinal do cristianismo, para dar a um indivíduo a qualificação de cristão e a um grupo a de Igreja. Por exemplo, para fazer parte do Conselho Ecumênico das Igrejas, cada grupo deve professar explicitamente Jesus como filho de Deus e salvador.

Sem entrar em todas as distinções teológicas, pode-se globalmente afirmar que muitas seitas contemporâneas podem, de pleno direito, levar a qualificação de "cristãs", na medida em que professam um corpo de doutrina cristã, capaz de garantir uma atitude de fé autêntica e de permitir, assim, na graça, a recepção da salvação em Jesus.

Se as seitas são grupos cristãos, não se deveria entendê-las à luz dos princípios do ecumenismo cristão, segundo o qual todas as igrejas são apenas esboços mais ou menos bem-sucedidos, antecipações mais ou menos insuficientes da essência escatológica da Igreja? Os "vestígios eclesiais", os elementos de Igreja que se encontram nas seitas pertencem de direito só à Igreja de Cristo. Passando de uma eclesiologia dos elementos para uma eclesiologia da totalidade, somos levados a reconhecer num bom número de seitas contemporâneas não só os elementos de Igreja, mas também a alma da Igreja, o Espírito Santo, que constrói laboriosamente o corpo de Cristo.

Bibl. – E. Troeltech, *Die Soziallehren der christlichen Kirchen und Gruppen*, Tübingen 1912; H. Becker-L. von Weise, *Systematic Sociology*, Nova York 1932; E.T. Klark, *The Small Sects in America*, Nashville 1937; J. Wash, *Types of Religious Experience, Christian and Non-Christian*, Chicago 1951; E.-U. Hoff, *L'Église et les sectes*, Paris 1951; M.-B. Lavaud, Sectes *modernes et foi catholique*, Paris 1954; J. Seguy, *Le phénomène des sectes dans la France contemporaine*, Paris 1956; Id., "Églises et sectes", em *Encyclopedia Universalis* V, 1974; J.M. Yinger, *Religion, Society and the Individual*, Nova York 1957; N. Colinon, *Le phénomène des sectes au XX siècle*, Paris 1959; K. Hutten, *Le monde spirituel des sectaires*, Neuchâtel 1965; E.R. Sandeen, *The Roots of Fundamentalism*, Chicago 1970; V. Synan, *The Holiness. Pentecostal Movements in the United States*, Grand Rapids 1971; J. Vernette, *Sectes et réveil religieux... Quand l'occident s'éveille*, Mulhouse 1976; J. Barr, *Fundamentalism*, Londres 1977; W.R. Martin, *The Kingdom of the Cults*, Minneapolis 1977; R. Bergeron, *Le cortège des Fous de Dieu*, Montréal 1982; J. Le Bar, *Cults, Sects, and the New-Age*, Huntington 1989.

RICHARD BERGERON

SEMIOLOGIA

I. SINAL: 1. *Dos sinais para o sinal* – 2. *Epistemologia do sinal (dimensão histórica, componente de mediação; meio de comunicação)* – 3. *Valor apologético* (R. Fisichella) – II. SÍMBOLO: 1. *Símbolo no horizonte interdisciplinar* – 2. *Símbolo em teologia* – 3. *Símbolo em Teologia Fundamental* (R. Fisichella).

I. Sinal

É peculiar ao homem procurar o sentido e o significado da realidade que está para além da palavra pronunciada. Existe uma globalidade da → linguagem humana, que se especifica depois em formas diferenciadas que evidenciam ulteriormente o mistério e o milagre do próprio falar.

Quando a realidade e seu remeter para outra coisa, para um significado ulterior, se unem num só todo, então a linguagem humana torna-se sinal.

A Apologética sempre fez dos sinais um dos argumentos constitutivos de seu existir. Os sinais davam corpo à credibilidade do cristianismo e confirmavam sua origem divina.

É neste horizonte que se tornam compreensíveis as diversas e repetidas intervenções do magistério destes últimos dois séculos. Desde a encíclica → *Qui pluribus*, passando pela Constituição *Dei Filius*, do Vaticano I, até a → *Dei Verbum* e *Lumen Gentium*, do Vaticano II, quase pareceria assistirmos a uma evolução no uso e na identificação dos sinais. De um reconhecimento puramente externo e extrínseco de seu valor, chegou-se a verificar sua validade intrínseca, particularmente quando Cristo e a Igreja são reconhecidos e identificados como os sinais principais da revelação cristã.

A teologia subjacente a estas intervenções, pelo menos até o Vaticano II, sempre ancorada numa leitura objetivista exclusiva do dado revelado, não podia e não sabia perceber a fecundidade e o valor do sinal em seu relacionar-se com o sujeito.

1. DOS SINAIS PARA O SINAL – O Vaticano II certamente teve o mérito de apresentar uma tríplice inovação no tocante à compreensão e ao uso dos sinais.

a. Um dado que emerge de maneira clara é a leitura *personalista* dos sinais. Estes não são primariamente identificados em sua facticidade, como coisas que subsistem em si; são, antes, identificados na pessoa de Cristo e da Igreja (DV 2.4; LG 1.15). Pode-se pensar nesta mudança como sendo uma significativa passagem dos sinais para o sinal. Com efeito, a pessoa de Jesus de Nazaré é o sinal colocado diante dos homens para que entendam o mistério de Deus. A Igreja é o sinal que permanece na história para mediar e transmitir a palavra do Senhor.

Até um simples exame sinótico da evolução das redações de DV 4 mostra que, no texto *denuo emendatus*, temos uma prevalência da pessoa de Cristo, na globalidade de sua existência histórica (*tota suiipsius praesentia ac manifestatione*), sobre a fragmentariedade dos diversos momentos de seu agir. A unidade e unicidade da pessoa tornam-se fonte para outros sinais e critério de discernimento para sua compreensão completa.

b. Valorizando a pessoa de Cristo e da Igreja, DV inevitavelmente conflui para uma visão *histórica* dos sinais. O sinal total da revelação é colocado como ápice da história da salvação (DV 2) e permanece como princípio de inteligibilidade da história subsequente (LG 48.52).

A partir deste *evento*, concretizam-se, na história, as várias intervenções de Deus, que são *sinais* de sua vontade salvífica (a criação: LG 16; a escolha de um povo: DV 14; a finalização da história: LG 9).

c. Enquanto históricos, os sinais são *finalizados* para provocar o homem em sua busca de sentido (→ Sentido, II). Pois cada um, colocado diante da concretude do sinal, é chamado a procurar seu significado profundo e a decidir-se por ele. Os sinais, portanto, fazem compreender tanto o inevitável caminho para a compreensão da verdade que cada um deve percorrer quanto a vontade de criar novos sinais, para que no mundo permaneça visível a palavra de salvação.

Personalização, historicização e finalização podem caracterizar a renovação conciliar em relação à teologia dos sinais. O primeiro dado que resulta já adquirido pela teologia do pós-concílio é a identificação de Cristo como o sinal da revelação e, nele, a Igreja como *sacramento* ou sinal da união entre Deus e a humanidade (LG 1).

Todavia, se o Vaticano II levou à identificação do sinal principal e fundante da revelação, é tarefa da Teologia Fundamental pós-conciliar fornecer uma compreensão crítica do sinal.

2. EPISTEMOLOGIA DO SINAL – É necessário que *teologicamente* se indique antes de tudo o que é sinal e, em seguida, se identifique seu valor apologético.

O que ressalta com evidência na definição de sinal é a pluralidade das respostas que têm sido dadas. A partir dos *Estoicos*, os primeiros que, na história do pensamento, lhe deixaram uma definição, o sinal é descrito simplesmente como "aquilo que parece revelar algo". *Tomás de Aquino* falará de sinal como causa sensível de um efeito escondido: "per causam sensibilem quando que ducimur in cognitionem effectus occulti" (STh I, 70,2). Mais recentemente, *De Saussure* definiu o sinal como "união de significado e significante"; *Peirce*, como "algo que, conhecendo-o, conhecemos alguma outra coisa". Numa palavra, pode-se pensar no sinal como sempre foi transmitido com uma fórmula clássica: *id quod inducit in cognitionem alterius*.

Mais especificamente, digamos que é sinal "*tudo aquilo que, fundando-se historicamente, permite o conhecimento do mistério, criando as condições para a comunicação interpessoal*".

Esta nossa definição permite ver unificadas algumas características essenciais que compõem o sinal:

a. A *dimensão histórica* – O sinal, para ser tal, deve possuir uma realidade que seja cognoscível através das vias sensíveis normais. Deve, portanto, ser uma realidade colocada no horizonte cognoscitivo humano, diretamente perceptível como um remeter para um significado ulterior.

b. O componente de *mediação* – O sinal é uma união arbitrária de um significado e de um significante. Por definição, este último jamais poderá esgotar em si o significado, sob pena de se destruir o próprio sinal. A arbitrariedade da união pode, no decorrer do tempo, sofrer uma modificação de relações, razão pela qual ao significado podem ser atribuídos significantes diferentes; todavia, em virtude de uma "inércia coletiva" (De Saussure), o significado originário que deu vida ao sinal não poderá nunca ser mudado ou modificado por completo.

c. Enquanto relação entre significado e significante, é possível criar uma série pluriforme de terminologias que acompanham o termo geral do sinal. Ter-se-á então: sinal-indício, sinal-símbolo, sinal-ícone, sinal-estético e outros; estes são valores semânticos, que se referem a uma relação diferente entre os dois componentes do sinal, mas que não modificam a realidade que funda o próprio sinal.

d. Além disso, o sinal cria *comunicação* – O sinal justamente é criado para a comunicação. Pois ele se situa entre uma fonte que o emite e um destinatário que o recebe. O sinal, portanto, é meio de comunicação que encontra seu espaço significativo num *contexto* que favorece sua compreensão exata.

Já se pode, pois, ver realizada uma primeira série de elementos que são indispensáveis para a identificação do sinal. Antes de tudo, deve-se encontrar um *consenso*; isto significa que o sinal sai da esfera do subjetivo; não pode ser um sinal somente para o indivíduo, pois nesse caso cessaria o componente da comunicação. Além disso, o sinal *provoca* à reflexão, na medida em que estimula o receptor a realizar a passagem entre a realidade significada e o que é significado. Finalmente, impulsiona para uma *decisão*, que comporta a aceitação ou a recusa do sinal; pois não existe neutralidade diante do sinal, já que se exige a escolha na identificação do significado.

Numa palavra: para se ter um sinal, é necessário que este seja *sensível*, portanto, perceptível; *histórico*, vale dizer, inserido num contexto sociocultural; *significante*, que, portanto, leve à compreensão de um significado ulterior expresso, mas não contido completamente; *universal*, isto é, que cria consenso fora da esfera individual.

Na Escritura é possível ver realizada uma semiologia que sabe apreender as características acima descritas e que privilegia o sinal como linguagem de revelação, capaz de exprimir o próprio mistério de Deus.

Para o homem bíblico, o sinal tem essencialmente um valor religioso.

É um meio mediante o qual o mistério se torna claro; não é por acaso que o hebraico "ôt" será traduzido, antes de tudo, no grego dos LXX, por σημεῖον (*sēméion*), depois por μυστήριον (*mystêrion*), antes que a Vulgata o traduzisse por *signum*.

Pelo fato de Deus habitar numa luz inacessível, e por não se poder fazer nenhuma imagem dele (Ex 20,4), o meio mais próximo para exprimir sua relação com o povo será um sinal; realidade que se exprime, mas que não pode esgotar o conteúdo da mensagem. Existe como que uma "teologia do sinal", que pode ser descrita como uma espiral que se move em direção a um centro. Progressivamente, a reflexão de Israel é levada a identificar os sinais da presença reveladora de Jhwh antes de tudo na *natureza*: o arco-íris é sinal da aliança universal (Gn 9,12-17), as estrelas do céu e a areia do mar (Gn 15,5; Dt 10,22) são sinais que lembram a numerosa descendência que, em virtude da fé, deriva de Abraão; a circuncisão indicará para todas as gerações futuras que o homem pertence a Deus e ao povo a Ele consagrado (Gn 17,10-11).

Mas também na *história* podem-se encontrar sinais que mais diretamente remetam para uma relação misteriosa entre Jhwh e seu povo. A libertação da escravidão do Egito (Ex 13,11-16), a permanência no deserto e a aliança realizada no Sinai (Ex 13,18; Dt 4,6), as diversas festas litúrgicas (Ex 12,21-28), todos estes acontecimentos são considerados sinais que permanecerão para a história hebraica como marcos miliários e permitirão ver concretizado também no futuro o agir Jhwh em favor de seu povo.

Estes sinais deverão ser memorizados e atualizados vez por vez, para que nunca desapareça o senso de pertença e de consagração a Jhwh.

A literatura profética identifica no próprio profeta o sinal pessoal dado ao povo para revelar a vontade de Deus e seu plano de salvação. O profeta, enquanto ele mesmo *sinal* (Jr 16; Ez 24,24; Os 2), multiplica os sinais para que o povo se converta e renove sua fé (cf. Jr 1,18; 19; 24; 27; 32; Ez 4; 5; 24). Existe, por assim dizer, uma pedagogia divina dos sinais que progressivamente abre para a visão culminante do sinal definitivo: Jesus de Nazaré.

Efetivamente, é sobre a definitividade deste sinal que os textos neotestamentários constroem sua teologia. Embora não totalmente confirmada, a tese de Bultmann sobre a presença, em João, de uma "Semeionquelle", é indício de uma forte tradição que viu nos *sēmeia* e *érga* de Cristo um momento nitidamente revelador.

À apresentação diferenciada e não orgânica dos sinais, que é fornecida pelos sinóticos, corresponde, em João, uma clara teologia do sinal. Desde o "primeiro dos sinais" (Jo 2,11) até os "muitos outros sinais" de Jo 20,30, o evangelista parece quase identificar com estes o fio condutor de seu escrito. Sinal é para ele antes de tudo uma realidade visual, que se impõe ao homem; mais ainda, é o que permite reconhecer a definitiva presença de Deus em meio a seu povo.

Sinal é Jesus de Nazaré em seu mistério pascal; aos que pedem *sinais*, para poderem entender sua origem divina, Jesus propõe só o *sinal* de Jonas (Mt 12,39-41; 16,1-4; Lc 11,29-32), para habilitá-los e realizar o ato de fé e de entrega a sua pessoa.

Enquanto sinal último e definitivo do Pai, Cristo pode também multiplicar os sinais, para tornar evidente a presença do reino messiânico a partir de sua pessoa (Jo 11,47). Não somente Ele, mas também os que nele hão de crer realizarão sinais, até maiores, pois doravante em sua pessoa tudo encontra realização (Jo 11,12).

Existe, pois, uma *dialética* que é fundamental para se compreender o valor dos sinais no interior da teologia neotestamentária. A primeira realiza-se a partir de Cristo: nele o sinal é dado como alusão ao mistério maior, que é o Pai e o Espírito em seu amor trinitário. O sinal "Jesus de Nazaré" não permite, portanto, que paremos nele, mas por ele somos remetidos para o mistério trinitário. Uma segunda característica desta dialética é dada pelo remeter para a glória, que está paradoxalmente presente na miséria do sofrimento e da morte. Uma forma ulterior é a que provoca o crente a ir além do aspecto tipicamente brilhante e maravilhoso do significante, para reconhecer, ao invés, a presença da misericórdia e do perdão (cf. Jo 6).

Os sinais, portanto, por um lado provocam a fé a ser mais genuína, porque remetem para o conteúdo fundante, que é o mistério de Deus; por outro lado, estimulam os não crentes a saberem perceber, através dos sinais, a presença do mistério que pode dar sentido.

Portanto, para uma semiologia teológica é fundamental a centralidade do evento histórico de Jesus, como sinal fontal, estético, da revelação de Deus. O princípio hermenêutico, constituído por seu → mistério pascal, habilita à compreensão e ao discernimento de todos os outros sinais (Jo 5,22; 6,30; 8,15; 12,48). Uma vez mais, o crente é colocado na condição de ter que escolher se quer parar no miraculoso ou atingir o significado mais profundo do conteúdo da fé.

3. VALOR APOLOGÉTICO – Do ponto de vista *apologético*, a Teologia Fundamental, uma vez apresentada a fundação epistemológica, deverá ser capaz de distinguir o uso desta categoria de outros usos diferentes de disciplinas teológicas (p. ex., sacramentária, fenomenologia da religião).

Parece-nos que um uso peculiar seja o de uma aquisição do sinal no interior da problemática sobre a linguaguem teológica. Mais do que outras expressões linguísticas, o sinal favorece a elaboração de uma → linguagem teológica situada entre apresentação do mistério e sua compreensão crítica. O sinal, com efeito, favorece a dimensão da *referência* ao significado e deixa compreender quão limitada é ainda a linguagem humana, quando tem de descrever o mistério divino. E, todavia, este procedimento não acontece absolutizando ou privando a linguagem humana de sua expressão. Com efeito, o sinal remete necessariamente à palavra, para ser tirado da esfera da interpretação subjetiva ou da equivocidade e ser esclarecido por ela.

Contudo, em virtude de sua estrutura, o sinal não impede que se deva atingir o significado que está além da esfera do subjetivo. Efetivamente, o sinal não pode ser reduzido nem a uma exclusiva análise linguística, que seria incapaz de deixar o significado em seu espaço de transcendência; nem a uma mera verificação empírica, à qual escaparia o valor constitutivo do significado.

Paradoxalmente, o sinal implica a análise metafísica, porque obriga a ver, presente na realidade significante, também a realidade significada; seu exprimir é a típica linguagem do "ir além" daquilo que é representado, para atingir, em definitivo, o próprio ser.

O sinal não extrapola da linguagem; é linguagem humana, porque atividade peculiar da pessoa e, como tal, favorece a comunicação e mediação dos conteúdos teológicos também com o não crente. Estamos, pois, diante de uma linguagem universal que pode criar consensos maiores e favorecer o intercâmbio interdisciplinar. Sua análise garante, portanto, a possibilidade de motivar o ato do crer como um ato livre, porque reforçado pela dimensão de compreensão crítica.

À diferença da imagem, que permanece relegada à fantasia e ao pensamento do indivíduo, o sinal favorece a objetividade de seu exprimir-se e a comunicação interpessoal.

O sinal torna-se, portanto, um desafio para o homem por representar o que não se sabe ou não se ousa pronunciar e que, todavia, se percebe como real.

Bibl. – D. Mollat, "Le sêmeion johannique", em *Sacra Pagina* II, Paris 1958, 209-218; G. De Broglie, *Les signes de crédibilité de la Révélation chrétienne*, Paris 1964; R. Latourelle, *Cristo e la Chiesa segni della salvezza*, Assis 1971; F. de Saussure, *Corso di linguistica generale*, Bari 1979; U. Eco, *Il segno*, Milão 1980; R. Fisichella, *La rivelazione: evento e credibilità*, Bolonha 1985; H.J. Pottmeyer, "Zeichen und Kriterien des Glaubwürdigkeit des Christentums", em HFTh IV, 373-413; S. Pié-Ninot, *Tratado de Teologia Fundamental*, Salamanca 1989.

RINO FISICHELLA

II. Símbolo

O uso indiscriminado das palavras acarreta suas consequências. Cria impossibilidade de comunicação e é fonte de equívocos.

Ocorre muitas vezes em teologia assistirmos à intercambiabilidade no uso de sinal e símbolo.

A identificação, sob certos aspectos admissível se se permanecer na especificação genérica, não permite todavia ter-se uma compreensão clara dos conceitos teológicos. É preciso que cada autor, em sua exposição, esclareça o uso semântico que quer atribuir a sinal-símbolo, a fim de permitir ao destinatário ter compreensão clara do horizonte semântico em que se inseriu.

1. SÍMBOLO NO HORIZONTE INTERDISCIPLINAR – Que é símbolo e função simbólica? – Esta questão, particularmente hoje, é objeto de grande debate. Com efeito, a matéria é objeto de diversas disciplinas e ciências que, acentuando alguns elementos com referência a outros, dão uma significação diversa da única realidade. Assim, Durkheim, estudando o valor social do símbolo religioso, identifica-o como significante de uma "consciência coletiva" que permite perpetuar-se no tempo da representação religiosa. O significado simbólico, portanto, não está contido na realidade intrínseca, mas é-lhe acrescentado pela consciência coletiva.

Outro é o entendimento das escolas psicanalíticas, que identificam o símbolo como expressão privilegiada sobre a qual se deve basear, em primeira instância, a interpretação onírica. E as diversas escolas interpretam-no de acordo com os princípios próprios a elas: Jung, por exemplo, vê-o como revelação de uma situação concreta arquetípica, coletiva ou individual. Quanto mais o símbolo for capaz de exprimir esta crença atávica, tanto mais se tornará universal e significativo. Em linha diferente, hoje, Klein e Lacan recorrem ao símbolo para exprimir a linguagem metafórica das palavras.

Em nível mais filosófico, para uma gnoseologia da linguagem, os estudos de E. Cassirer a respeito são fundamentais e determinantes. O símbolo e a função simbólica servem para significar toda atividade formadora do espírito. O mito, a lógica e a arte são, indiferentemente, formas simbólicas em que o significante e o significado não são separáveis e distinguíveis; pois tudo o que é pensado, só é pensável através dos símbolos míticos, lógicos ou estéticos: "O símbolo não é um revestimento meramente acidental do pensamento, mas seu instrumento necessário e essencial" (*Filosofia delle forme simboliche*, I: *Il linguaggio*, Florence, 1961, 20s).

Para a semântica, pode valer a definição de Morris, que coloca o símbolo como "um sinal produzido por seu intérprete, que age como substituto de outros sinais dos quais é sinônimo" (*Segni, linguaggio e comportamento*, Milão, 1948). Ele participa, portanto, de uma ampla autonomia, mas também é mais convencional, enquanto produzido por agentes humano-sociais.

Na perspectiva estética, finalmente, o símbolo é assumido como aquilo que permite exprimir artisticamente a realidade transcendente.

2. SÍMBOLO EM TEOLOGIA – Também no horizonte teológico, é possível verificar diversas interpretações quanto à compreensão do símbolo.

A escola alexandrina, neste sentido, é lembrada na história da exegese bíblica como a protagonista de uma leitura simbólica da revelação.

Dentro da Escritura é fácil o reconhecimento de uma simbologia que, através de símbolos tirados da natureza ou da convenção humana, busca mediar um conteúdo específico de revelação.

O *Antigo Testamento* é rico de ações simbólicas que são referidas aos profetas: como exemplificação, podemos pensar em Jeremias, que compra uma bilha de oleiro e, na presença dos anciãos do povo e dos sacerdotes, a reduz a mil cacos (Jr 19,1-15); a simbologia torna-se evidente através da palavra do profeta: "Quebrarei este povo e esta cidade como se quebra este vaso de oleiro que não se pode consertar" (19,10).

Podem-se encontrar outras formas de símbolos, tanto em nível dos *nomes próprios de pessoas* (Jezrael: "Deus semeia", em Os 1,4; Sear-Iasub, o filho de Isaías, que significa "um resto voltará", em Is 7,3; ou, então, Cefas, aplicado a Pedro para indicar sua função na Igreja em Mt 16,18) como em nível de *cifras numéricas*, atestadas em especial pelo Apocalipse.

A teologia dogmática contemporânea é devedora do ensaio de K. Rahner *Zur Theologie des Symbols* (*Schriften zur Theologie* IV, Einsiedeln, 1960, 275-311), no que concerne a uma ontologia do símbolo. Partindo da determinação epistemológica geral, que entende o ser simbólico por si mesmo, enquanto necessariamente se "exprime para encontrar sua essência" (trad. ital., p. 57), Rahner estende este princípio a toda a teologia, razão pela qual dirá: "A teologia inteira não poderia ser entendida se essencialmente não fosse também uma teologia do símbolo" (p. 76).

Também os diversos tratados, como trindade, cristologia, eclesiologia, sacramentária, serão atingidos por esta leitura ontológica do símbolo. Mantendo como central o mistério da Trindade, Rahner identifica um *Símbolo essencial* ou *Símbolo real interno*, que "é o aparecimento e perceptibilidade espacial, temporal e histórica, em que uma essência, aparecendo, se mostra e, mostrando-se, torna-se presente, enquanto forma este aparecimento por si realmente distinto" (*Kirche und Sakrament*, Friburgo, 1960, 34). Símbolo essencial é o momento interno da própria realidade que se doa e que se completa mediante o sinal, mas permanecendo distinto dele. O ser, portanto, é simbólico por si mesmo e exprime-se para possuir-se; dá-se ao outro saindo de si e assim reencontra a si mesmo por conhecimento e amor. Numa palavra, "símbolo é o modo do autoconhecimento e do reencontro de si em geral" (p. 67).

Nesta perspectiva, Rahner pode pensar no símbolo de três maneiras: 1. como propriedade do ente que atinge sua perfeição; 2. como relação entre dois entes; 3. como expressão mediante a qual se realiza o conhecimento e o amor de si.

O símbolo, nesta perspectiva teológica, é o que torna presente, com uma modalidade peculiar sua, a realidade da salvação: Deus.

3. SÍMBOLO EM TEOLOGIA FUNDAMENTAL – Na perspectiva da Teologia Fundamental, uma primeira tarefa a assumir poderia ser, para usar a expressão de Cassirer, a de produzir uma "gramática simbólica" que saiba identificar os elementos comuns e as diferenças entre os vários usos e aplicações do símbolo, de maneira a permitir à ciência teológica um horizonte epistemológico mais coerente.

Como apologética, que entra em contato com as diversas filosofias, a Teologia Fundamental poderia constituir como que uma ponte entre a nova acepção de símbolo, com seu valor hermenêutico, e o uso teológico. Pois o símbolo, mais do que "dizer" algo, "evoca" a realidade significada. Isto permitiria então uma expressividade do teologar que, sem cair em reducionismos ou em modismos passageiros, sabe recuperar antes de tudo os dados peculiares da Escritura, que deposita no símbolo uma confiança quase cega; com efeito, narrando e evocando símbolos, o autor sagrado afirma ao mesmo tempo a presença vital e operante de Deus e a impronunciabilidade de seu nome. Além disso, poder-se-iam repropor os conteúdos da tradição patrística e medieval, que fez da interpretação simbólica quase uma *via eminentiae* para a comunicação da mensagem revelada.

Para uma hermenêutica da linguagem teológica, a Teologia Fundamental, referindo-se ao símbolo, assume um princípio que não permite a indiferença ou a intercambiabilidade dos sinais. Com efeito, o símbolo, embora pertencendo ao sinal, distingue-se deste porque, no momento de remeter do simbolizado para o simbolizante, já traz consigo uma representação determinante do simbolizado (p. ex., não se pode substituir facilmente o focinho da raposa pelo do burro, para exprimir a esperteza; em contrapartida, que se diga "raposa", "Fuchs", "zorro", "fox", "renard", é indiferente, desde que exista uma convenção social). Isto permite à teologia, em seu exprimir-se, fazer sempre referência a uma linguagem simbólica em si já dada como imediata e intuitivamente perceptível.

À teologia, em todo caso, o símbolo lembra a irredutibilidade da linguagem da revelação exclusivamente a uma linguagem "científica". Ele obriga a levar seriamente em consideração a presença do → mistério e do → silêncio, como expressões que não toleram reducionismos de nenhuma espécie. O símbolo, uma vez dado e assumido, comunica aquela autonomia que possui diante das determinações da língua e convida a ir sempre além, para aquele espaço de abertura infinita que só a imaginação do poeta, do místico e do espírito livre pode atingir.

Bibl. – E. Cassirer, *Filosofia delle forme simboliche*, I, Florence 1961; K. Rahner, "Teologia del simbolo", em *Saggi sui sacramenti e sulla escatologia*, Roma 1965, 51-107; A.M. Di Nola, "Simbolo", em *Enciclopedia delle Religioni* V, 644-651; U. Eco, *Trattato di semiotica generale*, Milão 1975; P. Ricoeur, *O conflito das interpretações*, Rio de Janeiro 1978; Id., *La metafora viva*, Milão 1981; V. Melchiorre, *Essere e parola*, Milão 1984; S. Babolin, *Sulla funzione comunicativa del simbolo*, Roma 1985; V. Melchiorre, *Simbolo e conoscenza*, Milão 1988.

RINO FISICHELLA

SENSUS FIDEI

O *sensus fidei* tem sido objeto da reflexão teológica nestas últimas décadas, começando pelos dogmas marianos e ampliando-se até a teologia da revelação e à eclesiologia. Sua formulação explícita foi consagrada pelo Vaticano II, especialmente no texto paradigmático de LG 12, como também em diversas noções afins, presentes em todo o concílio (*sensus fidei*: PO 9; *sensus catholicus*: AA 30; *sensus christianus fidelium*: GS 52; *sensus christianus*: GS 62; *sensus religiosus*: NA 2; DH 4; GS 59; *sensus Dei*: DV 15; GS 7; *sensus Christi et Ecclesiae*: AG 19; *instinctus*: SC 24; PC 12; GS 18). Além disso, ele é suposto implicitamente no texto sobre a criteriologia da evolução do dogma de DV 8.

O *sensus fidei* inclui duas realidades relacionadas entre si, mas não sobrepostas. Por um lado, existe o *sensus fidei* propriamente dito, que é uma qualidade do *sujeito*, a quem a graça da fé, da caridade e dos dons do Espírito Santo confere uma capacidade de perceber a verdade da fé e de discernir o que lhe é contrário. Trata-se de uma expressão cunhada pela grande escolástica do século XIII (Guilherme de Auxerre, Alberto Magno, Tomás de Aquino) e nasce da análise das faculdades da fé no sujeito que crê. Por outro lado, encontramos uma outra realidade, o *sensus fidelium*, que é o que se pode captar *objetivamente* daquilo que os fiéis creem e professam – conceito este que pertence aos teólogos da segunda metade do século XVI (Melquior Cano, Roberto Belarmino, Suárez) e nasce de um estudo da criteriologia doutrinal. Como desenvolvimento deste último existe o *consensus fidelium*, ou o *universus ecclesiae sensus*, de Trento (DS 1637), que acrescenta o consenso universal e se refere àquela situação em que o corpo inteiro dos crentes, "dos bispos até o último dos leigos" – seguindo a expressão de Santo Agostinho, citada pela própria LG – afirma a mesma fé. É nesta situação que o Vaticano II declara que todo o povo de Deus em sua totalidade não pode errar, e utiliza a fórmula "in credendo falli nequit", que lembra a célebre expressão "infallibilitas in credendo" – usada no debate conciliar (AS III/l, 198) – muito clássica a partir dos teólogos pós-tridentinos e divulgada pelos manuais anteriores ao Vaticano II (N. Dieckmann, T. Zapelena, A. Lang...). Portanto, a legitimidade desta infalibilidade está presente quando se cumprem estas quatro condições: exprime o consenso universal, refere-se à revelação, é obra do Espírito Santo e é reconhecida pelo magistério (cf. DV 8.10; LG 12.25). Sua interpretação correta foi precisada pela Declaração da Congregação para a Doutrina da Fé *Mysterium Ecclesiae* no n. 2 (AAS 63, 1973, 398 = EV 4: n. 2567-2569).

O conceito de *sensus fidei* na LG 12 comporta os seguintes elementos teológicos: em primeiro lugar, é um sentimento "sobrenatural" que "o Espírito da verdade suscita e sustenta", na linha fundamental de dom gratuito da fé; em segundo lugar, trata-se de "uma característica peculiar... do Povo de Deus inteiro" e, portanto, não é algo de setorial, mas próprio de todos os seus membros; finalmente, o texto descreve os efeitos deste dom, visto que, por meio deste senso da fé, o Povo de Deus *a.* "recebe não uma palavra dos homens, mas a verdadeira Palavra de Deus"; *b.* "adere indefectivelmente à fé transmitida aos santos uma vez por todas"; *c.* "penetra mais profundamente nesta fé", e *d.* "aplica-a mais plenamente na vida".

Além desse texto eclesiológico explícito, o Vaticano II cita implicitamente esta categoria no contexto da transmissão da revelação, quando enumera a criteriologia da evolução do dogma católico em DV 8. Com efeito, entre os quatro fatores do mencionado progresso ("a assistência do Espírito Santo", "a contemplação e o estudo dos crentes", "a compreensão interior das coisas espirituais", "o anúncio daqueles que, com a sucessão do episcopado, receberam o carisma certo da verdade"), englobam o *sensus fidei* sobretudo o terceiro fator e, em parte, também o segundo. Em suma, trata-se do prolongamento da ação com que o Espírito Santo engendra a fé, uma vez que de fato a evolução do dogma não é outra coisa senão um aprofundamento da fé, se tivermos em mente a descrição que o Vaticano II – alinhado com a tradição católica – dela nos dá em DV 5, ao sublinhar que "para que a compreensão da revelação seja cada vez mais profunda, o mesmo Espírito Santo aperfeiçoa constantemente a fé por meio de seus dons" (Concílio II de Orange: DS 377; Trento: DS 1525; Vaticano I: DS 3010).

O fundamento teológico do *sensus fidei* encontra no NT testemunhos claros lá onde diz que existe, em cada um dos batizados e na Igreja inteira, um órgão da fé e de sua compreensão, que é obra do Espírito. Efetivamente, em diversos textos fala-se do "senso de Cristo" (1Cor 2,16), da "compreensão espiritual" (Cl 1,9) e dos "olhos iluminados pelo coração" (Ef 1,18; cf. tb. Jo 14,17; 16,13; Fl 1,9). A partir daí, a tradição patrística e teológica fala com frequência dos "olhos do coração", dos "olhos do espírito" ou dos "olhos da fé". Basta recordar a expressão agostiniana: "Habet namque fides oculos suos" ["A fé tem olhos próprios"] (*Ep.* 120,2.8; PL 33, 458), ou as do Aquinatense: "Per lumen fidei videntur esse credenda" ["Pela luz da fé enxergam que devem ser acreditadas"] (STh II-II, 1,5 ad 1), e "oculata fide" ["pela fé que crê com os olhos"], referida à ressurreição de Jesus (STh III, 55,2 ad 1). Por outro lado, divulgam-se os axiomas como *ekklēsiastikón phrónēma* ou *sensus ecclesiasticus et catholicus* (Eusébio, Jerônimo, Cassiano), *sentire cum Ecclesia* (Basílio, Agostinho, Leão Magno) e, finalmente, "sensus fidei", que aparece pela primeira vez em São Vicente Lerinense († 450; *Commonitorium*, c. 23; PL 50,669), como síntese de seu célebre critério de crescimento dogmático: "Quod ubique, quod semper, quod ab omnibus, creditum est" ["Aquilo que em toda parte, sempre e por todos é acreditado"] (*Com.*, c. 2; PL 50, 640).

A primeira reflexão teológica mais significativa sobre o valor epistemológico e fundamental do *sensus fidei* devemo-la a Melquior Cano, que o coloca seja no contexto da tradição, seja no da autoridade da Igreja Católica (*De Locis theologicis*, 3,3: "Communi fidelium consensione"; 4,4: "Ecclesia in credendo errare non potest"). Posteriormente esta questão foi tratada por dois grandes apologetas do século XIX: J. Balmes († 1848), que se refere ao providencial "instinto de fé" que o Criador deu aos crentes (*El Protestantismo comparado con el Catolicismo*, I, c. IV), e → J.H. Newman († 1890), que fala do "sentido ilativo" que torna possível o consenso real em matéria de fé e de consciência e propõe as condições para o *consensus fidelium* (*On Consulting the Faithful in Matters of Doctrine*, par. 3). No mesmo século, aprofundaram a compreensão do *sensus fidei* na linha da Tradição como "senso global" os teólogos J.A. Möhler († 1838) e como "corpo de fé" → M.J. Scheeben († 1888).

Também no século XX duas correntes principais imprimiram um impulso dinâmico ao aprofundamento do conceito. A primeira foi o movimento mariológico que culminou com a definição da assunção de Maria, em 1950 (DS 3900), e que deu um novo impulso ao *sensus fidelium* na evolução dogmática. Assim se deu destaque ao fato de que tal evolução provém de modo preeminente da fé do povo cristão, que reconhece nos privilégios marianos uma verdade revelada.

A segunda corrente impulsionante é fruto da renovação da eclesiologia, especialmente da teologia do laicato, que sublinha a relação entre *sensus fidei* e a função profética do batizado, já antes do Vaticano II (Y. Congar), aspecto bem reconhecido por este concílio e que experimentou um novo impulso por obra do sínodo dos bispos sobre o laicato, em 1987, e da exortação apostólica *Christifideles laici* (30.XII.1988), que, ao tratar da participação dos leigos no múnus profético de Cristo, menciona explicitamente o *sensus fidei* (cf. LG 12) juntamente com a graça da palavra (n. 14).

Também os estudos pós-conciliares têm-se concentrado em sua dimensão epistemológica, típica da Teologia Fundamental, que, por sua vez, está em busca de critérios teóricos e práticos para lembrar seu uso.

Em síntese, portanto, para compreender a natureza própria do *sensus fidei* é preciso considerá-lo em primeiro lugar no contexto da existência cristã, que, a partir do "mestre interior", isto é, do dom da fé, torna possível um "juízo segundo a conaturalidade em questões da fé" (STh II-II, 45,2; a *Humani Generis* refere-se a esta *connaturalitas*: DB 2324) que, desta maneira, manifesta a "lógica conatural da existência cristã". Em segundo lugar, o *sensus fidei* deve ser colocado no contexto da comunhão eclesial que torna possível a ampla articulação entre o magistério "exterior", próprio do colégio apostólico com seu chefe e seus sucessores, que tem a "missão de interpretar autenticamente a Palavra de Deus escrita ou transmitida" (DV 10; cf. LG 25), e o magistério "interior" do Espírito, presente em todos os batizados e que se manifesta na participação na função profética de Cristo e da Igreja (cf. LG 12.35.37; DV 8), como via empírica da tradição viva da Igreja. Particularmente na etapa subsequente ao Vaticano II, o exercício mais concreto do *sensus fidei* suscita a busca de caminhos práticos. Entre outras coisas, na realização da complementaridade entre a Igreja docente e a Igreja discente no contexto da comunhão eclesial; na do valor epistemológico exato da "religiosidade popular" (→ Religião, V) e da "práxis" como "lugar teológico" e expressão do *sensus fidei-fidelium*; na do exercício da corresponsabilidade eclesial, especialmente dos leigos, revalorizando as formas de sinodalidade e de consulta na Igreja.

Bibl. – L.M. Fernández de Trocóniz, *"Sensus fidei": lógica connatural de la existencia cristiana*, Vitoria 1976; J. Sancho, *Infalibilidad del Pueblo de Dios*, Pamplona 1979; Z. Alszeghy, "Il senso della fede e lo sviluppo dogmático", em R. Latourelle (ed.), *Vaticano II: bilancio e prospettive*, Assis 1987, I, 136-151; W. Beinert, "Glaubenssinn der Gläubigen", em LKD, 200s; S. Pié-Ninot, "Aportaciones del Sínodo 1987 a la teología del laicado", em RET 48 (1988) 321-370: 330.362-364.

SALVADOR PIÉ-NINOT

SENTIDO

I. DA REVELAÇÃO: 1. *Descoberta do sentido objetivo* – 2. *No espaço da gnoseologia* – 3. *No espaço da revelação* – 4. *Revelador e revelação* – 5. *A morte de Jesus como plenitude de sentido* – 6. *Consequências para uma gnoseologia teológica* (R. Fisichella) – II. BUSCA E DOM DE SENTIDO: 1. *Busca do sentido* – 2. O *dom do sentido* (R. Latourelle).

I. Da revelação

1. DESCOBERTA DO SENTIDO OBJETIVO – A apresentação renovada da revelação, por obra do Vaticano II, trouxe de volta um equilíbrio entre os dois elementos que constituem o evento revelador: a revelação de Deus e o sujeito que crê.

A história da teologia pode mostrar facilmente que houve um período em que o esquecimento do destinatário da revelação fez perder de vista a própria realidade do evento, restringindo toda a revelação exclusivamente ao conteúdo objetivo cuja verdade era confirmada pelos sinais externos que comprovavam sua origem divina.

Do ponto de vista teológico, a Teologia Fundamental deve ser capaz de propor uma leitura crítica da dupla acepção de sentido da revelação: por um lado, o sentido do próprio evento; por outro, a resposta à pergunta sobre o sentido da existência, que vem da humanidade.

Se a revelação se apresenta também hoje com sua pretensão de poder dar a última resposta à pergunta por sentido, que surge no homem, é porque já em si, como evento, ela se apresenta carregada de sentido; mais ainda, é ela mesma o sentido, sem mais necessidade de remeter a outra coisa.

Fala-se, portanto, de sentido da revelação, como sendo aquele sentido originário, o sentido primeiro porque último de toda fundamentação. Sentido que se distingue de um sentido genérico herdado, que cada um possui, enquanto parte desta humanidade; este último, ao contrário, é o sentido fontal e fundante que permite a possibilidade da busca de sentido e que, enquanto tal, é possível repropor intacto em cada época e em cada cultura.

Por sentido entendemos o que permite ver realizada aquela transparência genuína entre a essência e a existência, pela qual a primeira se esgota na segunda e a segunda é recipiente e expressão da primeira. Sentido é coerência perfeita, conforme, entre o que se exprime e o que constitui seu significado definitivo. Sentido é o fim último que existe por si, encontrando as razões de tal finalidade na dinâmica interna de seu significar. Numa palavra, sentido é o que aparece e se impõe com evidência; é a própria evidência que se dá a conhecer.

2. NO ESPAÇO DA GNOSEOLOGIA – A existência deste sentido é o que intuitivamente é apreendido, pela atividade epistêmica do sujeito, como óbvio. Existe, está aí, é percebido como aquele *quid* que existiu desde sempre e sem o qual não existe percepção alguma.

O sujeito, mediante a “maravilha” que o habilita a um conhecimento sempre mais completo do real, descobre que algo é dado como existente. Existe um apresentar-se *sic et simpliciter* de um objeto ao sujeito e é isto que constitui a evidência.

Em seu abrir-se intencional para o que lhe é externo, o sujeito é alvo das determinações do objeto, que se impõem a seu conhecimento como evidência.

A evidência, portanto, como o dar-se do objeto ao sujeito, é o que permite ver concretizada a primeira relação gnoseológica objeto-sujeito.

Com efeito, o sujeito caracteriza-se por seu “poder dispor de si”; ele é livre de sair de si e de reentrar em si mesmo (*reditio in se ipsum*), de comunicar os dados deste seu divagar cognoscitivo ou de ficar sozinho com o objeto conhecido; em todo caso, esta dimensão torna evidente uma realidade: a presença do que lhe é diferente.

Em sua atividade gnoseológica, efetivamente, ele está sempre pronto a acolher em si o objeto de conhecimento; e, no entanto, ele mesmo não sabe nem pode saber o que acontecerá, uma vez que o tiver acolhido em si. Estamos sempre diante da imprevisibilidade do que poderá acontecer. Poderá ser transformado ou poderá recusar-se a mudar, como poderá pensar que recebeu um dom...; de qualquer forma, estaremos sempre diante do fato de que o sujeito poderá descobrir uma dimensão de si que é justamente a do novo, com o qual vem a encontrar-se, e, portanto, de sua possibilidade de ser receptivo de uma nova manifestação.

Isto o faz compreender, igualmente, que sua realização plena, vale dizer, sua possibilidade de perceber-se como sujeito, capaz de conhecer e de dispor de si, é possível somente no espaço do objeto que depara. Sua autorrealização necessita de um conhecimento que está fora dele; sua essência leva-o a encontrar-se com aquilo que antes não conhecia, mas que, no entanto, é necessário para sua explicitação e sua realização.

Numa palavra, a presença do objeto traz um equilíbrio para a desmedida pretensão do saber humano. Pois, se de um lado é verdade que o conhecimento pessoal é ilimitado e, portanto, infinito em seu relacionar-se, também é verdade que esta ilimitação vem do fato de que cada vez se apresenta um novo objeto a ser conhecido. Existe, pois, um poder ilimitado de conhecimento, mas um poder que é dado pelo *receber* o conhecimento através da apresentação do objeto. Por conseguinte, o olhar do sujeito é ilimitado, mas isto porque sempre lhe é oferecida alguma coisa.

3. NO ESPAÇO DA REVELAÇÃO – Teologicamente, no ato de revelação devem-se manifestar os traços de plena liberdade e transcendência que caracterizam Deus. Disto segue que a forma de revelação que é dada ao homem deve ser acolhida como expressão da liberdade de Deus em sua decisão de comunicar-se.

Eis por que o crente nunca poderá “julgar” as formas em que a revelação lhe é dada. Esta deverá ser acolhida com as determinações que traz consigo e nas formas que exprimem a liberdade de Deus em seu comunicar-se.

A identificação da revelação com a pessoa de Jesus de Nazaré, enquanto expressão última e definitiva da manifestação de Deus, é o que constitui o específico da fé cristã. Esta identificação afirma que a figura da revelação está no mistério da encarnação, em que, na historicidade de um sujeito, a natureza divina é plenamente compartilhada.

A forma da revelação, portanto, é dada ao conhecer humano através do mistério que, para sua compreensão, impõe a dialética de um constante e recíproco “velamento e desvelamento” da própria figura.

A pessoa de Jesus de Nazaré, portanto, é esta comunicação última e definitiva de Deus à humanidade, depois da qual não se deve esperar nenhuma ulterior revelação de Deus (DV 4). Sua pessoa revela-se como uma relação ininterrupta com o mistério trinitário; pois Ele revela uma consciência de estar em dependência do Pai e de estar repleto do Espírito; isto faz dele o Logos, isto é, a primeira expressão efetiva “pública” do mistério de Deus.

4. REVELADOR E REVELAÇÃO – Afirmar que Jesus Cristo exprime a evidência, o sentido da revelação, significa consequentemente ver realizado nele aquele perfeito acordo e aquela plena conformidade entre o revelador e a revelação. Portanto, não só não existe revelador maior, mas também não pode ser comunicado e revelado nada de novo que ele já não tenha exprimido.

A identidade revelador-revelação funda-se na consciência de Jesus, que não invoca outro testemunho senão o do Pai (Jo 5,31.36-37). As palavras que Ele pronuncia são as palavras do Pai (Jo 3,34), os sinais que Ele opera são os que viu o Pai realizar (Jo 5,19.36); por isso, Ele é o Filho e possui tudo, a ponto de tornar-se lugar extremo do juízo já definitivamente realizado (Jo 3,35).

Justamente este “remeter” para o Pai permite afirmar que, humanamente, foi dito tudo de Deus em Jesus Cristo e que Ele é o conteúdo do mistério revelado.

É isto o que exprime ainda, claramente, a teologia joaneica ao reproduzir a expressão de Jesus que diz: “A *minha* doutrina *não é minha*, mas daquele que me mandou” (Jo 7,16). Por διδαχή (*didachê*) o evangelista entende a revelação pública que Jesus realiza em obediência à vontade do Pai; aqui, porém, existe uma acepção peculiar do termo, porque não se diz que o remeter ao conhecimento da vontade de Deus seja fornecido pela Escritura ou pela Tôrāh. Ao invés disso, deparamos a constante pretensão de Jesus de querer anunciar diretamente, sem mediação alguma, as palavras e os sinais de Deus, da mesma forma como os aprendeu do Pai (Jo 8,28).

Contudo, ao mesmo tempo estamos diante de um ulterior dado revelado: o que Ele revela é *seu* e, todavia, não é *seu*, porque pertence ao Pai. A referência que é feita a outro é em todo caso uma referência que não pode prescindir de sua pessoa, por estar presente o operante exatamente nele: “Quem me vê, vê o Pai” (Jo 8,9).

5. A MORTE DE JESUS COMO PLENITUDE DE SENTIDO – A dimensão paradoxal da plenitude de sentido é verificá-

vel na morte de cruz de Jesus de Nazaré. Pois num único evento encontram-se a pergunta última que o homem faz por si mesmo sobre o seu destino e a própria natureza de Deus que se revela como amor que chega até a doação total de si.

Na morte de cruz, a revelação que Jesus faz do Pai é total, porque nesta morte a obediência a sua vontade atinge o clímax (Fl 2,8) e o conteúdo revelado se torna, em consequência, transparente.

O ser do Filho é obediência total e recebimento total do Pai. Nisto consiste sua liberdade, pela qual Ele pode afirmar que dá "sua vida por nós, para depois retomá-la de novo" (Jo 10,17-18); porque entre Ele e o Pai existe identidade de natureza. Este é o amor trinitário que constitui a relacionalidade pessoal que os faz serem Pai e Filho no infinito e ininterrupto dar e receber, atestado pela expiração do Amor como terceira pessoa.

Este dar e receber *total* torna-se humanamente exprimível na morte de cruz, porque na morte do Filho, e somente nela, Deus revela o clímax de seu movimento, o de ir até o fim. Certamente, não um clímax plotiniano, pelo qual, ao se chegar ao fim, se está no ponto extremo e oposto do movimento inicial, mas ponto em que o concluir-se exprime a força propulsiva do início, por evidenciar e dar maior consistência à própria fonte, que nunca perde intensidade.

Mas o que se torna "humanamente" sensato é que este amor não é fim em si mesmo; antes, é dado "para aqueles que ainda estavam no pecado" (Rm 5,6). Deus não se entrega à morte pelos inocentes, mas toma o Inocente para que os pecadores possam ser resgatados.

Este evento de morte, cada um em sua existência individual o vê realizado e endereçado a si justamente no momento em que, concretamente, vê e experimenta seu pecado.

Na morte de Jesus de Nazaré, portanto, o sentido é dado como transparência da natureza divina e como assunção, nesta, da natureza humana, porque Deus, crucificado pela humanidade, introduz a carne martirizada na vida de ressurreição do amor trinitário.

6. CONSEQUÊNCIAS PARA UMA GNOSEOLOGIA TEOLÓGICA – A presença de um sentido originário e gratuito, que é dado ao crente, não é sem consequências para o saber teológico.

Poder-se-ia assim enuclear "princípios" teológicos que se tornam basilares para uma Teologia Fundamental, entendida como epistemologia (→ Teologia, II) do saber teológico como tal; vamos esquematizá-los como se segue:

a. O crer é uma forma peculiar do saber humano quando é posto diante da revelação de Deus.

Com efeito, crer não significa renunciar à dimensão gnoseológica; implica, antes, reconhecer que já no interior do ato de fé há componentes que tornam o sujeito capaz de pensar a si mesmo como livre e capaz de perceber a verdade.

Além disso, o crer, neste horizonte, não é primariamente uma adesão a um sistema abstrato de pensamento tal que possa ser tachado de ideologia; é, sim, essencialmente, uma relação interpessoal que vem a criar-se com a pessoa de Jesus de Nazaré, mediada por uma comunidade viva. Ao crer, o sujeito se coloca naquela situação antropológica que coloca seu ato entre os mais significativos, porque nele a forma de risco e de doação de si ao outro está entre as mais elevadas. Diante da fragmentariedade do conhecer humano, o crer se coloca como aquela forma de conhecimento global que acolhe em si o outro, para poder iniciar-se e progredir no conhecimento de si mesmo.

b. A "novidade" radical para a existência humana é constituída pelo evento revelado.

Pensamos que a revelação deve trazer consigo antes de tudo o componente de um "radicalmente novo" que é dado. Esta novidade não é do sujeito e não provém dele; é, sim, percebida por força de um movimento externo, que lhe vem ao encontro e que é capaz de conduzi-lo à consciência de uma existência percebida como devedora para com o outro.

A possibilidade de conhecimento é fornecida pelo ato kenótico de Deus que se revela e que claramente se encontra com uma criatura que, como tal, é chamada à consciência de sua abertura à recepção da revelação (→ *potentia oboedientialis*).

Esta novidade radical verifica-se tanto em nível de conteúdos quanto de sua compreensão e explicitação. O evento pascal fornece o princípio hermenêutico de tal novidade, porque já está colocada na história da humanidade a vitória definitiva sobre o "último inimigo a ser derrotado", a morte (1Cor 15,24-26).

A partir dessa novidade, cada um é impulsionado a olhar o futuro como nas palavras do profeta: "Não recordeis mais as coisas antigas, não vos preocupeis mais com as coisas passadas. Não vos dais conta? Eu estou fazendo novas todas as coisas" (Is 43,18). Aqui o "dar-se conta" está prenhe daquela "maravilha" que permite ver o verdadeiramente novo, que não existia no passado, mas que agora é dado e tornado visível.

c. A historicidade de Jesus de Nazaré é princípio essencial e constitutivo do saber da fé.

A historicidade de Jesus não é confinável somente a seu ter existido; indica algo mais, vale dizer, seu autocompreender-se e a explicitação de sua consciência pessoal (→ Cristologia fundamental). O Mestre da Galileia determinou, com sua presença e com seu comportamento, a vida de seus contemporâneos; entre estes, mais diretamente, alguns homens e mulheres deixaram tudo e o seguiram, por haverem crido nele e em sua palavra, vendo que se cumpriam as promessas em que haviam esperado.

Esta sua fé inicial permitiu transmitir até os nossos dias, se bem que de modo mediato, a mais genuína consciência de Jesus sobre sua missão, seu relacionar-se com Deus e o sentido de sua morte salvífica. A teologia neotestamentária, que fala de Jesus de Nazaré em seu autointerpretar-se, não trai a palavra do mestre ("überwinden besagt nicht abstossen", Heidegger); antes, evidencia como a fé conhece e sabe exprimir.

d. A eclesialidade é a dimensão formal do saber da fé (→ Teologia: eclesialidade e liberdade).

Se o fazer teologia não proviesse de uma consciência eclesial e como contribuição para o crescimento da comunidade, haveria de reduzir-se a uma forma de saber esotérico e haveria de esterilizar-se.

A Igreja não é estranha à revelação; é sua depositária e sua mediação ao longo dos séculos. Na respectiva consciência do ser sujeito ministerial, o bispo e o teólogo devem fazer referência a esta matriz comum para permitir um *aggiornamento* real do dado revelado.

Reencontrar a dimensão do sentido objetivo da revelação não significa privar o crente do sentir-se interpelado por Deus e do considerar-se a si mesmo como destinatário de seu comunicar-se. Pelo contrário, isto equivale a fazer descobrir e sublinhar um componente de antropologia bíblica que considera o homem sempre como um "chamado", "assumido" por Deus e por este amado por primeiro.

Esta perspectiva, porém, faz descobrir que o conhecer humano é sempre fragmentário; a revelação não é determinada pelo sujeito, mas é dada a cada um para que "compreenda" e "creia" (Jo 20,31); portanto, é dom gratuito do livre-agir de Deus. De resto, se se deve falar de sentido da revelação, é para que o crente compreenda de maneira evidente que Deus e seu mistério impulsionam constantemente para o *semper maior.*

Bibl. – H.U. von Balthasar, *Gloria. Un'estetica teologica*, vol. I: Percezione della Forma, Milão 1975; Id., *Theologik.* vol. I: Wahrheit der Welt, Einsiedeln 1985; V. Melchiorre, *Essere e parola*, Milão 1982.

RINO FISICHELLA

II. Busca e dom de sentido

Todos os homens convergem em torno da questão fundamental do sentido da vida. Mas desde o início o problema assume dois aspectos: um coloca-se como procura do sentido ou de um sentido da condição humana; o outro, mais como de um sentido revelado e oferecido como dom, isto é, a revelação de Deus aos homens, em Jesus Cristo. O presente artigo insiste no primeiro aspecto e apenas esboça o segundo, sendo este mais amplamente desenvolvido no verbete referente à revelação e a sua credibilidade.

1. BUSCA DO SENTIDO – O homem é antes de tudo uma interrogação para si mesmo, sobre o sentido último da vida. Não pode escapar a este problema, assim como não pode escapar a si mesmo. Queiramos ou não, observa Pascal na *Aposta*, estamos todos "embarcados": Quem somos? Por que existimos? Para onde vamos? O homem não poderia eliminar estas perguntas sem renunciar a ser. O homem é um enigma para si mesmo e não pode fazer nada de válido, até que tenha desvendado este mistério. Romancistas, teólogos e filósofos contemporâneos não cessam de declarar que o problema supremo é o homem. O homem sabe que deve morrer, mas não pode renunciar ao problema do antes e do depois de seu desaparecimento. Como animal "racional", tem sede de sentido. E se a crise do sentido atingir o paroxismo sem resolver-se, deságua na tragédia do suicídio: drama este que a cada ano atinge milhões de seres humanos, sobretudo jovens dos doze aos vinte e cinco anos.

Na maior parte dos casos, o sentido da vida nos é dado como uma *herança* pelo ambiente familiar, social e religioso que nos viu nascer. Podemos então dizer que existem milhares de sentidos, desde os primeiros balbucios da humanidade até hoje. Para conhecê-los, dever-se-á repercorrer o panorama dos modelos elaborados no decurso dos séculos pelas filosofias, pelas religiões e pelas civilizações. Encontraremos então o *Egito* antigo, que, após haver tentado dominar a morte com suas próprias forças (sucesso, poder), despencou na resignação e no fatalismo diante do imprevisível desenrolar-se da história e do indecifrável mistério da morte; em seguida, a *Mesopotâmia*, que tem como única resposta o ceticismo impotente diante da vida e da morte; depois, o *mundo grego*, prisioneiro do retorno cíclico de uma história que se repete sem ser orientada, entregue às forças cegas do Destino; o *Oriente*, ligado à roda da vida e em que nascer, crescer e morrer são participações num único ato da vida, a que se volta sempre depois de ter sido momentaneamente separado dela pela morte; o *Ocidente moderno* que, com Nietzsche, substitui Deus pelo homem, para bem logo ver este mesmo super-homem explodir, substituído pelo Espírito (Hegel) ou pela sociedade (Marx). Para escapar destas escravidões o homem se atirou com fúria a novas escravidões: tecnologia, luta de classe, produção e consumo, droga, manipulação genética, guerra atômica etc.

Diante desta maré de sentidos que se contradizem reciprocamente, chega-se a perguntar, num segundo tempo: Não existirá um "verdadeiro sentido" que acabará impondo-se e triunfando? Querendo fazer uma síntese, pode-se então tentar agrupar todas as tomadas de posição em relação à vida. Sistematizando um tanto, podemos reduzi-las a quatro:

a. Uma primeira posição consiste em atirar-se à vida com "gulodice", esperando desta resposta para todas as aspirações do homem. Mas esta postura, para dizer a verdade, é apenas fruto de ingenuidade e superficialidade. Pois a decisão de aceitar a vida sem questioná-la, já implica uma escolha: a de libertar-se de tudo o que poderia apresentar-se na vida como uma coação. Tal postura implica que o homem escolha como modelo a si mesmo e nada mais. Procura realizar-se como sujeito inteiramente livre; mas tal projeto só pode fracassar, pois o homem choca-se de todo lado contra sua finitude e contra coações incontroláveis. Esperar atingir sozinho uma realização definitiva é a ilusão máxima. No fim, depara a barreira da morte. Mas não se poderia concluir que o desejo de uma realização que mora no coração do homem seja falso e sem ressonância. A verdade é que na vontade *querente* do homem (→ Blondel) existe mais do que na vontade querida, expressa pela imediatez das opções. Admitir que não podemos realizar-nos sozinhos aqui na terra muito bem poderia ser apenas o desejo invertido de realizar-nos plenamente alhures e num Outro.

b. Uma segunda postura é a do pessimismo, do niilismo. Os defensores desta postura preferem uma solução radical, em vez da do jogo dos "amantes" da vida. "Para que tantos esforços para enxotar um problema quimérico? Uma negação franca e brutal vale mais do que todas as escapatórias hipócritas e do que todas as sofisticações de pensamento. Degustar a morte em tudo o que nela existe de efêmero, antes de sermos nós mesmos sepultados por ela, saber que seremos aniquilados e querer realmente ser aniquilados: esta é, para os espíritos lúcidos, livres e fortes, a palavra definitiva da libertação, da coragem e da certeza experiencial: com a morte, tudo está morto" (Blondel, *L'Action*, 1893, 23). O que é preciso matar não é o ser, que não existe, mas a vontade quimérica de ser. Não se deve esperar nada da vida, pois esta não pode dar nada. "Desmascarar a esperteza de todo instinto de conservação e de sobrevivência, quer dizer proporcionar à humanidade e ao mundo a salvação no nada, este nada que devemos definir como a ausência da vontade" (p. 29). A esta solução do pessimismo e do niilismo Blondel responde: não se pode conceber nem querer o nada a não ser afirmando uma outra coisa. Afirma-se o nada somente porque se tem necessidade de uma realidade mais sólida do que aquela de que se foge. "Pode-se também estimular o pensamento e o desejo: no *querer ser*, no *querer não ser*, no *querer não querer* subsiste sempre este termo comum: *querer*, que domina com sua inevitável presença todas as formas da existência e dispõe de modo soberano dos opostos" (p. 37). Na realidade, a vontade do nada deriva de um amor absoluto da pessoa decepcionada com a insuficiência do fenômeno, da "aparência" (p. 38-39). A vontade do nada é pura contradição. Na realidade, o que se quer é que exista algo, mas que este algo baste de verdade a si mesmo. Quer-se algo de *consistente.* Deste desejo inconfessado de que *exista algo* talvez surja um desejo mais profundo: que *exista Alguém.* Trata-se de saber se a vontade surperficial do homem que proclama o nada da existência está de acordo com sua vontade profunda, sedenta de um *ser verdadeiro.*

c. Uma terceira atitude é a da existência *rebelde.* Desde o século XIX o homem descobriu que não é mais livre, que não é mais dono em sua casa nem em seu ambiente: é escravizado de todos os lados. Daí a postura do homem rebelde (A. Camus). "Eu me rebelo e, portanto, nós somos." Mesmo antes de Nietzsche, encontramos em Max Stirner (1806-1856) uma virulenta rebelião. *Stirner* acaba com tudo o que poderia negar ou tocar o indivíduo. A verdade consiste para cada um em sentir-se dono de si. A partir daquele momento, a onda de revolta nunca mais cessou de aumentar, passando do nível do pensamento para o da história. *Nietzsche*, considerando a morte de Deus como fato consumado, volta-se contra tudo o que vise substituir falsamente a divindade desaparecida. A salvação é sem Deus e nesta terra; a divindade é o espírito individual. *Marx*, por sua vez, quer libertar o homem da exploração econômica, subjugando a natureza e substituindo o domínio dos patrões pelo dos escravos. Para obedecer à história, a humanidade caminha para uma escravidão tal que nunca se tinha visto algo parecido a ela. *Freud* quer libertar o indivíduo dos determinismos e das correntes de determinismos inconscientes. Para *J.-P. Sartre*, como para *A. Camus*, a vida e a morte são absurdas. Para Sartre, nascemos sem motivo e, se isto não bastasse, morremos por acaso. A morte tira do homem a liberdade e aniquila todas as possibilidades de realização. Partindo do mesmo horizonte, Camus chega a outra conclusão. A vida é absurda, sem sentido: por isso, a única grandeza do homem é a de aceitar a vida em seu absurdo e, portanto, exercer sua liberdade para criar um sentido até no absurdo. A atitude rebelde nega a possibilidade de uma realização na atual condição, como também num Absoluto colocado fora do homem. É uma nova edição do estoicismo. O homem procura sua grandeza no protesto, agarrando-se a ele. Mas um protesto baseado numa exigência de absoluto que, em seguida, é declarado inexistente, está orientado para o nada; mais ainda, é o nada do protesto. O erro do homem revoltado não está na pretensão de uma realização suprema – na verdade, é a este clímax que Deus nos convida –, mas no pretender conquistar com seus recursos naturais a deificação ou a liberdade perfeita a que aspira.

d. Uma última postura consiste em reconhecer que o homem é habitado por uma exigência de absoluto que, de fato, não se realiza nesta vida, sem com isto negar por princípio que possa realizar-se. Frente à morte, que radicaliza o problema do homem, este toma consciência de que traz dentro de si uma aspiração invencível a realizar-se definitivamente; por outro lado, a → morte revela ao homem sua impotência total para garantir sozinho a sobrevivência e a realização. A morte coloca o homem diante de uma opção inelutável: ou reconhece que a existência, enquanto projeto e aspiração de ser mais, tem um sentido – e, então, existe a esperança de um futuro transcendente, de uma sobrevivência depois da morte – ou, então, aceita que a existência não tem sentido e é o desespero total. Aquele que reconhece um sentido para a existência, ligado ao sentido da morte, admite que a vida é precária e está indelevelmente marcada pela finitude, mas que, apesar de tudo, ela é um dado inicial sobre o qual constrói pouco a pouco e no qual experimenta a si mesmo como desejo de um absoluto em que espera. Reconhece que a liberdade só pode realizar-se graças a uma liberdade superior que o transcende. Reconhece-se como "pessoa", isto é, como sujeito consciente e livre, que se estabelece numa relação de *consenso* com o mundo, com os outros e com o Absoluto; e constitui-se "definitivamente" como pessoa abrindo-se ao sobrenatural que fundamenta a tomada de consciência de ser finito, mas atravessado por uma vontade de infinito. Mas o homem não pode dizer nada sobre a decisão salvífica desta liberdade superior que o transcende. Na realidade, entramos assim no mundo das propostas de salvação historicamente oferecidas ao homem. Por outro lado, se uma religião se apresentasse como capaz de responder aos desejos mais profundos do homem, de saciar esta sede de infinito que o devora e, mais ainda, de superar tudo o que o homem possa imaginar, não seria racional descartar esta hipótese de um sentido revelado, oferecido, dado. O homem deve ao menos abrir-se à hipótese de uma eventual Palavra de Deus dirigida ao homem na história. Em sua realidade histórica, a revelação cristã parece responder a esta expectativa indeterminada, mas incoercível, do querer humano.

2. O DOM DO SENTIDO – À pergunta pelo sentido, o cristianismo responde com o dom do sentido: um sentido revelado e oferecido em Jesus Cristo. "Na realidade, somente no mistério do Verbo encarnado encontra verdadeira luz o mistério do homem" (GS 22). Cristo aparece como a grande presença que ilumina tudo e interpreta tudo. Verbo de Deus encarnado entre nós, Ele representa a *plenitude do sentido* num mundo que está em busca do *sentido perdido.*

Cristo não é somente irrupção de Deus na história do homem, mas irrupção "maciça" do sentido. A mensagem de Cristo atinge o homem na mais profunda intimidade de seu ser, inacessível à psicologia e à psicanálise, lá onde a ciência e o discurso se calam e desaparecem como diante de uma galáxia que nos escapa constantemente. Cristo é a chave do enigma humano, a retomada e a superação de toda antropologia. Na verdade, o mistério de Cristo e o mistério do homem formam um só mistério. Mas se o homem deve ser revelado a si mesmo por Cristo, será através da revelação daquilo que existe de íntimo e de mais profundo no mistério de Cristo, isto é, o mistério da filiação. O segredo do homem – saiba-o ele ou não – é que o amor de Deus o protege; que o homem é amado e salvo pelo Pai em Cristo e no Espírito. E é somente quando o homem tiver descoberto este mistério que pode ser plenamente revelado a si mesmo, em sua grandeza: objeto da complacência de Deus, destinado a acolher o amor do Pai que se revela em Jesus Cristo. Nesta participação e nesta comunhão no mistério trinitário o homem "realiza-se". A chave do mistério do homem é que Deus quer em Jesus Cristo *voltar a gerar* em cada homem um filho e *inspirar-lhe* o Espírito de amor que é um espírito filial. A encarnação do Filho projeta luz sobre a dignidade do homem, enquanto com a redenção nos é revelado o preço de cada homem. Por isso, a revelação, de modo algum estranha ao homem, está, sim, de tal modo ligada a seu mistério que sem ela o homem não poderia encontrar sua identidade.

Os problemas que estão no centro do homem estão também no centro da revelação. Poderíamos tentar todas as abordagens possíveis do cristianismo, mas nunca poderíamos abrir mão do *sentido* que Cristo representa para o homem e para os problemas de sua condição. Cristo permanece um mistério, mas um mistério iluminador, fonte de sentido sempre borbulhante. Quando o homem toma consciência de que o mistério de Cristo faz eco a seu próprio mistério e atinge-o na parte íntima de seu ser, para iluminá-la e aquecê-la até o ponto de fusão e de fissão, então a revelação não é mais apenas "plausível", por colocar harmonia no homem, mas apresenta-se como "acreditável". Em outras palavras, se é verdade que Cristo, com sua vida e sua mensagem, é mediador do sentido, único exegeta do homem e de seus problemas; se é verdade que nele o homem consegue situar-se, compreender-se, realizar-se e também superar-se; se, finalmente, a luz que Ele projeta sobre a condição humana é tão penetrante, então se coloca o problema de sua identidade: Ele é, portanto, como declara ser, Filho do Pai, Deus-entre-nós, sentido de Deus e do homem, *dom do sentido*, pois é em si mesmo Palavra de Deus.

Bibl. – M. Blondel, *L'Action*, Paris 1893; P. Tillich, *Le courage d'être*, Paris 1967; M. Légaut, *L'uomo alla ricerca della sua umanità*, Assis 1972; M. Zundel, *Quel homme et quel Dieu*, Paris 1976; E. Levinas, *Totalità e infinito*, Milão 1980; R. Latourelle, *L'uomo e i suoi problemi alla luce di Cristo*, Assis 1982; Id., "La vie a-t-elle un sens?", em *Nouveau Dialogue*, novembre 1988; R. Fisichella, *La Révélation et sa crédibilité*, Montréal-Paris 1989.

RENÉ LATOURELLE

SILÊNCIO

A teologia esqueceu o silêncio. Invadida pela ânsia de tornar-se ciência, relegou à mística e à espiritualidade a realidade essencial de sua reflexão, correndo constantemente o risco de tornar-se inapta em seu objeto de investigação.

É paradoxal a situação de quem tenha de falar ou escrever sobre o silêncio. Por um lado, não se gostaria nunca de falar dele, pois parece permanecer suspensa, como a espada de Dâmocles, a sentença de Heidegger: "Não existe pior tagarelice do que aquela que se origina de discorrer ou de escrever sobre o silêncio" (*In cammino verso il linguaggio*, 123); por outro lado, sente-se fortemente o desejo de falar do silêncio, para permitir que uma reflexão sobre ele favoreça a recuperação de uma consciência sobre sua essencialidade para o homem contemporâneo.

Tentativa quase contraditória, a de falar sobre o silêncio, sabendo que, para ter que exprimi-lo, se tem de quebrá-lo, ou pelo menos suspendê-lo. E, contudo, este é o único caminho a percorrer, para que o silêncio se torne significativo e seu relacionar-se com o sujeito crie espaços de sentido.

A Teologia Fundamental pode recuperar o estudo do silêncio pelo menos em dois níveis. Antes de tudo, como epistemologia teológica, deverá mostrar que o silêncio é método em teologia, enquanto expressão última que relaciona o objeto de investigação com o sujeito epistêmico. Além disso, fazendo com que ele se torne um *locus theologicus*, para que ao crente e ao homem contemporâneo se dê a possibilidade de encontrar-se com um sinal que exprime e remete para a presença de Deus.

1. FENOMENOLOGIA DO SILÊNCIO – Que é o silêncio? Cada um tem experiência dele. Sabemos que existe um silêncio que divide, e um silêncio que nega; sabemos que existe um silêncio que cria angústia e um outro que exprime amor; sabemos que existe um silêncio que faz as pessoas desconfiarem e outro que funda amizade e compreensão. Conhecemos momentos de silêncio que são frios e glaciais e outros que gostaríamos que nunca acabassem, de tanta serenidade e paz que produzem. E, no entanto, estas experiências são apenas fragmentos de um silêncio maior que os engloba e significa; um silêncio que garante ao homem ser ele mesmo e autocompreender-se como pessoa livre.

É, pois, necessário remontar dos *silêncios* para o *silêncio* originário, aquele que, como tal, está ainda isento de toda determinação emotiva e que, no entanto, constitui a própria condição de possibilidade daquilo que se está escrevendo.

Existe primariamente o silêncio que cria a reflexão e que lhe dá sustentação. Este silêncio não é apenas objeto de especulação teórica, mas é o que faz a reflexão ser reflexão. É a condição prévia para que o espírito possa refletir; é a intuição originária que se apresenta visivamente à inteligência e que, portanto, já está posta em existência, embora ainda impossibilitada de tornar-se palavra falada.

O silêncio é uma realidade, é um fato que existe assim, simplesmente, que permite refletir e exprimir-se e voltar a si mesmo para dar significado pleno a sua própria reflexão e expressão. Poderíamos, portanto, dizer que o silêncio é um evento originário, que existe como a vida, a morte, a fé, o amor... talvez, de alguma forma, contém-nos a todos, porque se identifica com o próprio mistério do ser da pessoa. Com efeito, colocando-nos fora do tempo e do espaço, o silêncio insere-nos naquele ato criativo originário pelo qual nos relacionamos diretamente com o criador.

O silêncio não é uma pausa devida ao cansaço de falar e não ocorre quando a palavra cessa de existir; pelo contrário, constitui a essência de toda linguagem humana, pois representa sua fonte originária e seu fim último.

Palavra e silêncio, portanto, não podem ser considerados termos opostos, como se a presença de um determinasse a exclusão e a fuga do outro; são, antes, dois aspectos que formam a linguagem humana como elemento constitutivo do ser homem. Por isso, não existe conflito entre silêncio e palavra, mas unidade e integração, onde, porém, o silêncio tem uma prioridade temporal e ontológica. Não existiria palavra sem silêncio e, no entanto, não existiria verdadeiro silêncio a não ser como suspensão da palavra.

A primeira tarefa que nos incumbe é a de uma epistemologia do silêncio. Com efeito, não basta mostrar sua existência, como não basta reivindicar seu valor; antes de tudo, é preciso evidenciar que o silêncio pertence constitutivamente ao sujeito humano e que sem ele não existe humanidade.

Se aceitarmos a expressão de Heidegger de que "o homem é homem na medida em que fala" (*In cammino verso il linguaggio*, 27), temos de ser capazes de não parar só neste estágio da reflexão, mas sentir-nos obrigados a prosseguir na busca de um princípio ainda mais básico: a linguagem é sustentada pelo silêncio.

É preciso, portanto, reconduzir o silêncio ao silêncio, para sermos capazes de compreender o que ele é em si e de que maneira o sujeito se relaciona com ele.

2. SILÊNCIO E PALAVRA – Um primeiro ato de reconhecimento do silêncio é seu relacionar-se com a palavra. Conforme dissemos, palavra e silêncio constituem um binômio inseparável para a constituição da linguagem humana e do próprio homem. A palavra encontra no silêncio o seu *Sitz im Leben* genuíno.

O ato mediante o qual surge a palavra de *per si* põe fim ao silêncio; e, no entanto, a palavra pronunciada, quase por encanto, volta e permanece no silêncio, pois é este que lhe dá *sentido*. Justamente no momento em que do silêncio da mente reflexa surge a palavra e no momento em que esta termina para repropor um novo silêncio, ela adquire o sentido pleno de seu ser. Uma palavra não completa, e, portanto, interrompida ou sobreposta a uma outra, nunca poderia ser sensata; estaria constantemente sujeita a diversas interpretações e se tornaria inevitavelmente equívoca. Estaríamos apenas diante do "rumor" e, portanto, de uma palavra anônima e impessoal, destituída de um referente e, portanto, irresponsável.

Uma palavra completa, isto é, em relação com o silêncio que lhe dá origem e a contém, é plenamente significativa, porque evoca o silêncio que lhe dá origem e que lhe imprime sempre novas formas.

A palavra, por sua vez, intervém para tirar o silêncio do vago, do vazio e do indefinido, embora de novo o silêncio restitua à palavra dita a sua precisão. Por isto, a palavra sem seu referente silêncio seria órfã, faltar-lhe-ia profundidade e, portanto, se dispersaria no superficial, no indicativo, mas nunca poderia caracterizar a relação interpessoal. Em suma, existe um sentido originário em cada palavra e é o que remete indiretamente para o pensamento que a gera. Segundo nos parece, é aqui que a palavra adquire o seu significado verdadeiro, porque aqui se constitui aquela relação com o silêncio que se torna "espaço", "lugar" em que se relacionam o pensamento que gera, a palavra que é expressa e o significado que é assumido.

3. SILÊNCIO E PESSOA – A relação silêncio-palavra remete necessariamente àquele que parece criar as duas. "Parece" criar, porque, no fundo, justamente nesta relação com a linguagem, cada um descobre tanto o limite de si quanto sua transcendência.

Certamente o homem cria sua palavra; e, contudo, nunca como neste caso ele realiza a experiência da gratuidade. Ele não cria, mas, antes, pertence à linguagem. Em todo caso, ele é devedor de um outro, porque do outro recebe a palavra. Se fala, é só porque *naturalmente* foi obrigado ao silêncio; se quiser compreender, só o poderá se criar o silêncio.

No silêncio, o homem espera a palavra e a acolhe, sob certos aspectos cria-a, porque a faz tornar-se "sua". E, no entanto, no próprio silêncio, que lhe permite a intuição e a reflexão, descobre também a impossibilidade de poder pronunciar tudo. Uma grande parte da pessoa permanece no silêncio, porque o íntimo do pensamento e do coração não se exprime com palavras.

O silêncio constitui para o homem também a condição para exprimir sua liberdade e para experimentar-se como pessoa livre. Pois o silêncio suscita no sujeito reações contrastantes: ele não sabe o porquê do silêncio e também nem o que virá depois do silêncio. Seu ser suspenso no silêncio obriga-o a ter que escolher. Situação dramática, porque ele poderia realizar ou aniquilar a si mesmo. É somente sua liberdade que permite ao silêncio tornar-se movimento para a palavra ou estaticidade parada em si mesma. Se é verdade que o silêncio realiza o homem na palavra, também é verdade que pode aniquilá-lo, se permanecer sempre e sozinho com ele.

Estes elementos permitem verificar que a linguagem constitui o homem, mas só quando o silêncio for tomado como um componente constitutivo seu, mas não absoluto.

Torna-se significativa, neste contexto, a advertência de Qohélet 3,7 (Sir 20,1-8): "Há um tempo para falar e um tempo para calar"; porque, na sabedoria humana, iluminada pela graça, vem a criar-se equilíbrio entre os dois, em vista da unidade.

4. SILÊNCIO NA ESCRITURA – A Bíblia fez do silêncio um *leitmotiv* de seu falar de Deus. "O silêncio constitui a paisagem da Bíblia", disse com acume o teólogo judaico A. Neher, em seu sugestivo estudo sobre *L'exil de la Parole*; mas talvez se possa levar adiante o paradoxo, dizendo que a Bíblia é o livro do silêncio de Deus.

Helenizou-se demais o "logos" para compreender o que ele exprime na verdade. Recorda isto de maneira clara Inácio de Antioquia, em sua carta *Ad Ephesios:* "Uma palavra pronunciou o Pai e foi seu Filho e ela fala sempre em eterno silêncio e no silêncio deve ser escutada na alma".

A Escritura exprime o silêncio originário, o que constitui a primeira expressão de amor do Pai, que se torna em seguida Palavra obediencial do Filho e, depois, Espírito de Amor como novo silêncio que chega "para além do Verbo" e que encerra em si o mistério trinitário.

Deste silêncio nasce a revelação, que se torna depois palavra histórica e profética e, em seguida, palavra definitiva na encarnação do Filho, mas que, por sua vez, desemboca num novo silêncio como contemplação e resposta de fé.

A Bíblia é o primeiro grande testemunho da grandeza do silêncio, porque não o qualifica somente como realidade para o homem e o criado, mas fá-lo tornar-se o horizonte privilegiado sobre o qual colocar o mistério da revelação de Deus.

O *Antigo Testamento*, na pluralidade das formas terminológicas, exprime preferivelmente os estados que se relacionam com o silêncio, mais do que a realidade em si. Os termos e expressões "dāmāh", "šākat", "hāsāh/ḥāshāh", "ḥārāsh", "'ēlem", "hastēr pānîm" cobrem uma ampla gama de significados, que vão desde o silêncio entendido como expressão da noite, do sono e da morte, até o do caos ou do She'ôl, até indicar o homem mudo ou preguiçoso. Mas, no mínimo 25 vezes, "hastēr pānîm" indica o escondimento-silêncio de Deus.

Do ponto de vista histórico, emerge o tema do silêncio de Deus ligado com seu escondimento. O povo pede que Deus não se esconda, não se afaste dele, porque do contrário acabaria a história e ele não seria mais um povo (cf. Dt 31,17-18; Jr 33,5-6; Is 54,7; Ez 24,23); os salmos indicam a mesma realidade e fazem com que este senso de temor se torne uma oração de invocação (cf. Sl 30,8; 104,28; 143,7; 27,9; 102,3; 69,18).

Contudo, um texto de Isaías pode ser considerado como a tentativa de dar corpo ao tema do silêncio do homem frente ao mistério de Deus. "Em verdade, és um Deus escondido" (Is 45,15; 8,17), indica ao mesmo tempo a realidade do mistério e a esperança que este suscita no crente.

O silêncio também é identificado como o lugar privilegiado da revelação de Deus. A permanência no deserto e o silêncio que naturalmente é lembrado por esta imagem marcam toda a relação entre Israel e Jhwh como uma relação que se realiza no silêncio. Mas é a própria experiência dos profetas que orienta a ler no mesmo horizonte. De maneira mais direta, o relato teofânico de Elias em 1Rs 19,11-12: o profeta na gruta ouviu o vento impetuoso, mas Deus não estava no vento, nem também no terremoto, nem no fogo; só quando veio o "murmúrio de um vento leve" ou, como leem mais plasticamente algumas dicções, "na voz do silêncio", só então Elias cobriu o rosto, sabendo estar na presença de Deus.

Igualmente, Ezequiel propõe uma expressiva simbologia a respeito: seu silêncio torna-se sinal da censura de Jhwh a um povo que não quer escutar. Quem quiser escutar, como aquele que não o quiser, terá de fazer referência ao silêncio do profeta, pois este se torna conteúdo de revelação e sinal de discernimento (cf. Ez 3,26-27).

Diversamente do silêncio humano, que muitas vezes é confundido com a quietude e com a ausência de movimento, o silêncio de Deus é fonte dinâmica de diversas reações. Diante dele que se revela, fica-se prostrado no silêncio da adoração: "A ti deve-se o silêncio do louvor" (Sl 65,2).

Em *Jesus de Nazaré* o silêncio de Deus abre-se para uma palavra definitiva sobre sua vida. Ele é a Palavra de Deus, o silêncio parece cessar; e, no entanto, várias expressões nos evangelhos mostram que nesta palavra ainda existe o silêncio de revelação.

A fala de Jesus é também seu silêncio; é talvez nesta que se descobre a dimensão mais profunda de sua revelação. Também aqui é um texto de Inácio de Antioquia que nos ilumina a propósito. "É melhor calar e ser, antes que, falando, não ser. Coisa boa é o ensinar, se aquele que ensina age. Há, pois, um só mestre, que falou, e o que disse foi feito; mas as coisas que Ele fez, calando-se, são dignas do Pai. Quem possui a palavra de Jesus pode ouvir também seu silêncio para que seja perfeito, para que opere através das coisas que diz e seja conhecido por meio das coisas que silencia" (PG V, 657-658).

Para ser Palavra definitiva do Pai, Jesus deve poder exprimir antes de tudo o seu silêncio, o que abre para o amor trinitário. O silêncio de Cristo está fundado naquele silêncio da obediência intratrinitária, que aceita ser primariamente pronunciado pelo Pai. Nesta perspectiva poderemos ler os diversos momentos da vida de Jesus em que o componente do silêncio parece ser o mais autêntico para exprimir sua relação com o Pai: "E passou a noite sozinho, em oração" (Mc 1,35; Mt 14,23).

Noite e solidão evocam por si o conceito e a realidade do silêncio e a oração entre Jesus e o Pai, nesta intimidade, só podia ser a do silêncio da adoração amorosa.

De qualquer forma, há outros textos que permitem ver a aptidão de Jesus para o silêncio. A teologia de Marcos preferiu justamente esta aptidão histórica de Jesus. Repetidas vezes diz-se que Ele pedia, até de maneira enérgica (cf. Mc 1,43), silêncio a seus discípulos e aos interlocutores, particularmente para os fatos que exprimiam de modo especial seu messianismo (cf. segredo messiânico → Cristologia: títulos). Da mesma forma, deparamos um silêncio de fundo nos relatos lucanos da infância, ou então o silêncio dos processos; não esquecendo o silêncio do juízo, que ao mesmo tempo põe fim às acusações dos maldosos e revela a misericórdia do perdão (Jo 8,1-11).

Todavia, mais do que qualquer outro silêncio, o silêncio que é indício de revelação é o que começa depois do "grito" na cruz e que se prolonga pelo Sábado santo inteiro. Este silêncio, em que só aparentemente parece que Deus não fala mais através da Palavra do Filho, é, todavia, o silêncio que se torna linguagem de revelação, entre as mais elevadas e as que mais qualificam o próprio evento.

O silêncio da morte e da sepultura fala e revela a profundidade do amor trinitário. O compartilhar a condição humana por parte do Filho chega até o momento extremo do silêncio do She'ôl.

Com efeito, o Deus que silencia é o Deus que grita seu canto de vitória sobre o pecado e a morte. O amor trinitário que havia surgido do silêncio do dinamismo entre Pai, Filho e Espírito, exprime-se agora como silêncio de compartilha da condição de morte. O Deus que morre em Jesus é o Deus que ama, porém este seu silêncio indica até que ponto ele ama: até dar *tudo*, até tornar-se morto entre os mortos, para que assim se exprima o limite, o ponto extremo, que, afinal, é o originante, de seu amor.

Depois deste silêncio, absoluto por ser o único posto por Deus no mundo, qualquer outro silêncio de sofrimento, também o silêncio extremo de Auschwitz e dos campos de extermínio, terá de referir-se, para ser plenamente compreensível, ao silêncio do Gólgota e do Sábado santo, porque só aqui o silêncio de Deus sobre si mesmo se torna palavra que esclarece sobre a dor, o sofrimento e o drama da existência humana.

Portanto, também o silêncio – mas é o caso de dizer *sobretudo o* silêncio – fala e exprime a revelação de Deus. Não estamos diante de uma leitura apofática, que tende para a inexpressibilidade de Deus; estamos, antes, na assunção positiva do silêncio, pois este se torna instrumento e linguagem que mais exprime a revelação.

Não, portanto, o silêncio como falta de palavra, como se fora uma imposição ao silêncio, para obedecer à ordem de não se ter nenhuma ideia de Deus; mas, antes, o silêncio como linguagem que é assumida para fazer compreender em plenitude os sinais e as palavras expressas. Numa palavra, vê-se realizada a dialética expressa por Agostinho: "Verbo crescente, *verba deficiunt*".

5. SILÊNCIO COMO UM SINAL DOS TEMPOS – O silêncio pode ser recuperado pela Teologia Fundamental também como um sinal dos tempos, capaz de exprimir uma tensão da humanidade para formas de vida humanamente mais dignas. Se, por um lado, é verdade que as sociedades e culturas contemporâneas estão cada vez mais criando margens restritas para relacionar-se com o silêncio, também é verdade, por outro lado, que estamos observando uma consciência que impulsiona para a recuperação do silêncio.

O difícil relacionamento homem-silêncio, porém, não deve ser exasperado como se fora um produto negativo só dos nossos últimos decênios. O homem sempre teve temor do silêncio e tem procurado fugir dele. Repetidas vezes Pascal lembra que seus contemporâneos, para não pensarem nos grandes problemas, preferiam a caça (cf. *Pensées* 194; 168; 171); Kierkegaard, num fragmento precioso, diz que o "hodierno estado do mundo, a vida inteira está doente. Se eu fosse médico e alguém me pedisse um conselho, responderia: cria o silêncio. Leva o homem ao silêncio". E R. Guardini, no começo do século XX, observava: "Basta olharmos a nosso redor, no mundo que nos cerca, para ver em que terrível medida o silêncio desapareceu e desaparecerá sempre mais, sendo suplantado pelo falar muito"; assim também Jung parece fazer eco a Pascal: "O barulho é bem-vindo porque impede de perceber instintivamente o perigo que está em nós. Quem tem medo de si mesmo busca companhias barulhentas e grandes ruídos. O barulho infunde um sentimento de segurança, como a multidão, por isto gostamos dele. O barulho protege-nos de reflexões penosas, acaba com os sonhos inquietadores... é tão imediato, tão prepotentemente real, que todo o resto se torna um pálido fantasma".

A falta do silêncio apresenta-se hoje mais dramática na medida em que cresceu a consciência da presença de formas de vida desumanas. A contestação dos barulhos, a defesa do verde e da natureza em geral não constituem senão o ponto de uma consciência crítica maior, que está dentro de nós e que progressivamente foi reduzida ao silêncio pelo advento do bem-estar. O homem de hoje, particularmente o homem mergulhado nas metrópoles, está constantemente sob os *inputs* de palavras e ruídos vazios e diversificados que o destroem: ruídos de máquinas, gritos de transeuntes, desordem de um turismo de massa sempre mais frenético, pressa em razão de prazos e de encontros, sinais de trânsito, publicidade em toda parte, pichações em muros... numa palavra, uma orgia de ruídos.

Um novo senso de respeito para com a natureza e para com a vida, em suas diferentes formas, parece ampliar-se como mancha de óleo; e, no entanto, este movimento está destinado ao fracasso se não se relacionar de maneira fundante com o silêncio.

A criação de espaços de silêncio pode permitir um encontro novo conosco mesmos e com aquilo que nos rodeia; esta é uma condição necessária para podermos sair do túnel do barulho em que nos encontramos, com a consequente perda de identidade.

Jesus de Nazaré – depois de seus discípulos terem voltado do primeiro trabalho de evangelização e não terem tido a possibilidade de falar com Ele e tampouco o tempo de comer, devido ao vaivém da multidão – convida-os a "se retirarem para um lugar solitário" a fim de estarem com Ele, descansarem e conversarem com Ele (Mc 6,30-32); este comportamento deve ser tomado seriamente em consideração, sobretudo por parte do crente de hoje.

Não somente o monge é sinal concreto daquele que ama o silêncio. É típico do homem maduro, que entendeu o valor da vida, ter que deixar por um momento as palavras e recuperar o silêncio. A retomada de autênticas relações interpessoais que superem o escolho do individualismo, e uma maneira nova de colocar-se diante do real, passam pelo silêncio.

O que se pede não é que se permaneça no silêncio; este deverá sempre continuar sendo um "momento", um "espaço" do qual se há que sair para recomeçar a se comunicar. No deserto só se pode ficar quarenta anos ou quarenta dias, em qualquer hipótese não durante a vida toda, pois o homem foi criado para relacionar-se.

A autoconsciência de uma perda e de uma recuperação do silêncio torna-se uma forma de amadurecimento, que será capaz de produzir uma consciência de pertença e de solidariedade muito mais eficaz para um humanismo novo, para além dos estereótipos ideológicos ou das diferenças das linguagens.

O silêncio parece assim constituir como que aquela zona de limite para a recuperação do → sentido e do significado da grandeza da linguagem humana. Isto aparece com mais evidência hoje, pela multiplicação e diferenciação das linguagens, entre a humana e a informática que já é de domínio comum. Quando em breve se chegar aos computadores da "quinta geração", isto é, capazes de se autoprogramarem, então, justamente diante da maravilha da linguagem da máquina, o homem será finalmente capaz de entender o valor do silêncio. Descobrirá, com efeito, que, em todo caso, a linguagem humana será a única que pode criar o silêncio e dar-lhe sentido. A máquina produzirá linguagens e fórmulas, fruto da precisão e da inteligência artificial, mas o homem ainda produzirá *sentido*, por ser capaz de escolher e pronunciar o silêncio.

Bibl. – M. Picard, *Il mondo del silenzio*, Milão 1951; K. Rahner, *Tu sei il silenzio*, Brescia 1967; F. Ulrich, "O homem e a palavra", em *MystSal* II/3, 90-141, Petrópolis 1972; H.U. von Balthasar, "Parola e silenzio", em *Verbum Caro*, Brescia 1970, 141-162; Id., *Il tutto nel frammento*, Milão 1972; J. Rassam, *Le silence comme introduction à la méthaphysique*, Toulouse 1980; A. Neher, *L'esilio della parola*, Casale Monferrato 1983; M. Heidegger, *In cammino verso il linguaggio*, Milão 1984 (orig. 1959); M. Baldini, *Le parole del silenzio*, Turim 1986; Id., *Le dimensioni del silenzio: nella poesia, nella filosofia, nella musica, nella linguistica, nella psicanalisi, nella pedagogia e nella mistica*, Roma 1988.

RINO FISICHELLA

SIMBOLISMO

O símbolo (→ Semiologia, II) aparece prevalentemente em alguns campos da experiência humana; surge com toda a naturalidade na atividade psíquica, poética e religiosa. Destacaremos algumas características comuns aos diversos tipos de símbolos, antes de centrarmos mais diretamente nossa atenção no significado da linguagem simbólica presente na Sagrada Escritura.

O traço mais geral da expressão simbólica é o encontro, nela, da representação e do dinamismo; o símbolo é uma imagem carregada de fenômenos emotivos. O significado veiculado no símbolo situa-se, portanto, a um nível pré-conceptual, na penumbra da sensibilidade e da afetividade. A imagem pode ser a representação de uma coisa percebida ou inventada pelo sujeito: tanto o unicórnio quanto o lobo, tanto o monstro quanto a baleia. Os fenômenos emotivos ligados às imagens dão-lhes peso, qualidade e diversidade: seja um fenômeno emotivo maciço e indiferenciado, como a angústia, seja um ou outro dos sentimentos que constituem a gama da afetividade humana; seja finalmente um misto de sentimentos, por vezes contraditórios e por vezes complementares.

Estas imagens carregadas de fenômenos emotivos conferem espessura e peso à vida humana: indicam-lhe a direção, o entusiasmo e as reticências, a abertura e os bloqueios. Compreende-se que constituam o objeto privilegiado do interesse e da ação psicoterapêutica. Talvez seja na psicanálise que se manifesta com mais evidência a carga emotiva que anima algumas imagens: a angústia compulsiva, evocada toda vez que o pequeno Hans percebe um certo tipo de cavalo, ilustra bem o aspecto dinâmico de algumas imagens. Da mesma forma a obra de um poeta esconde imagens grávidas dos sentimentos dominantes do autor; são, como diz G. Bachelard, temas que lhe *interessam.* Finalmente, é sabido que a experiência religiosa se exprime em imagens fortemente carregadas por fenômenos emotivos como os que R. Otto explicitou em sua obra clássica *O Sagrado.*

Imagens e fenômenos emotivos não são fixados uma vez por todas num indivíduo; modificam-se na medida em que este último se desenvolve ou regride. Assim, C.G. Jung avalia o progresso psíquico de um ser humano segundo as figuras que emergem regularmente no decurso do processo de individuação. Para C. Rogers, o sucesso de uma terapia está em função do emergir de sentimentos novos e diferenciados que sucedem a sentimentos globais, apenas presentes no campo da consciência; inversamente, uma regressão acompanha figuras que fazem nascer angústia. Da mesma forma um progresso na experiência religiosa estará unido, por exemplo, a uma transformação da imagem de Deus e dos sentimentos que a ela estão ligados: o pai substitui o tirano e o amor sucede ao medo; o sentimento de estranheza abre espaço à certeza da presença familiar.

Os símbolos não exprimem somente a experiência de indivíduos considerados isoladamente; podem também ser compartilhados por uma coletividade: nação, grupo linguístico, cultura, religião. Alguns símbolos têm, portanto, uma história e dão origem a uma tradição. Num certo platonismo, o corpo pode ser considerado como a prisão da alma, o lugar em que esta tem de pagar sua dívida. Nas religiões teístas, a divindade suprema é paterna, ligada aos céus e entretém com o homem uma relação de palavra e de escuta. Ao contrário, numa religião cosmológica, o homem está ligado ao cosmo por toda uma série de correspondências vitais. Como os indivíduos, os grupos podem desenvolver-se ou regredir. P. Ricoeur, em *La symbolique du mal*, demonstrou que os símbolos do mal se transformaram, na religião hebraica do AT, passando sucessivamente da mancha unida ao terror cego, do pecado ao qual se soma o temor da cólera de Deus, para a culpabilidade diferenciada do remorso de consciência; ao mesmo tempo, toda figura nova reinterpreta e conserva em si as figuras passadas. Em sentido inverso, Nietzsche considera como um retrocesso o fato de a figura de Dioniso, central na Grécia que deu origem às tragédias de Ésquilo e de Sófocles, ser substituída pela figura do socratismo nas obras de Eurípedes e no ensinamento de Sócrates, e o fato de ela subsistir de maneira subterrânea nos mistérios gregos.

Mais ainda, algumas experiências parecem compartilhadas por todos os indivíduos, qualquer que seja a língua, a cultura ou a religião; consequentemente, os símbolos que as exprimem são universais e podem receber a denominação de arquétipos. Jung e sua escola insistiram particularmente na presença de imagens primordiais que se comportam como centros energéticos e que transcendem os limites dos indivíduos e da coletividade.

Os símbolos não significam à maneira dos conceitos, mas obedecem às leis da imagem do fenômeno emotivo. Não exprimem um significado unívoco. Pelo contrário, significam na medida em que formam relações, “constelações”: imagens que têm um certo parentesco e que evocam fenômenos emotivos semelhantes, apontam para um significado que sugerem sem explicitar. Assim, é possível estudar os símbolos de um paciente que segue um tratamento de psicanálise, de um poeta ou de um chefe religioso. Partindo da análise de *Homme aux rats*, das obras de Hugo ou dos escritos de João da Cruz, foi possível liberar “universos” simbólicos que, em cada caso, apresentam uma organização original e coerente. Este estudo pode continuar num nível mais elevado e tomar por objeto a configuração imaginária de movimentos culturais ou religiosos, como o romantismo, o cristianismo ou a *Aufklärung*. Finalmente, pode-se tentar um empreendimento ainda mais abrangente: agrupar os materiais simbólicos, qualquer que seja sua origem, no interior de certas estruturas bem-determinadas. É o projeto desenvolvido por G. Durand, em sua obra *As estruturas antropológicas do imaginário*. Ele parte das três dominantes reflexas, calcadas na reflexologia bekhtereviana: a dominante *vertical* (postural), a dominante *nutritiva* (deglutição) e a dominante *sexual* (rítmica). Sua tese consiste em constituir três grandes universos simbólicos como prolongamento das três dominantes reflexas. O primeiro gesto está em correlação com a altura, a luz e a vista, com as técnicas de separação e de purificação, frequentemente simbolizadas pelas armas, pelas flechas e pelas espadas. O segundo gesto está em correlação com a descida digestiva e evoca as matérias profundas como a água e a terra ou também alguns recipientes como as taças e os cofres. Finalmente, os gestos rítmicos estão em correlação com os ritmos das estações e com os movimentos astrais e evocam os múltiplos substitutos do ciclo: a roda, a polia, a batedeira e o isqueiro. Desta forma G. Durand reparte todo o campo do simbólico em dois regimes, sendo que um deles, o diurno, está ligado ao gesto postural e o outro, o noturno, está ligado aos reflexos digestivo e sexual.

Como é que se dispõem em constelação os símbolos, para formarem uma rede cuja ramificação e complexidade possam estender-se até o ponto de determinarem uma visão global do mundo? Tomemos como exemplo um símbolo que o homem sempre considerou como expressivo de sua vida, de seus ciclos e de suas crises, de seus sofrimentos e de suas esperanças e que M. Eliade estuda no capítulo IV de seu *Tratado de história das religiões*.

O homem reconheceu nos fenômenos lunares um modelo do seu comportamento: compreendeu e exprimiu a modalidade de sua existência pela maneira de ser da lua. A lua é o astro que “mede” o tempo com sua rotação. Tem uma “vida” dramática e patética: nasce, cresce, decresce, morre. Encarna o tempo na medida em que este é devir, sujeito à transformação e à morte. Mas a morte da lua não é definitiva, pois após três dias ressuscita. Esta intuição constitui o ponto de partida de uma imensa síntese em que o homem exprime sua visão do mundo e sua inserção no cosmo. Como a lua, o homem nasce, cresce, depaupera-se e morre; mas esta morte não poderia ser definitiva. Sua esperança de sobrevivência na morte e para além da morte encontra ao mesmo tempo sua expressão e a sua confirmação na nova lua, que renasce da morte da velha lua.

A “lei” lunar não rege somente o comportamento humano; o cosmo inteiro lhe está submetido como a um princípio unificador e organizador. Toda forma está sujeita ao devir e tem de voltar ao estado caótico; a morte é um retrocesso, uma reentrada no informe. Mas o retrocesso e a morte marcam apenas uma etapa no processo cíclico: a etapa do repouso das formas, de sua hibernação, em vista de um novo nascimento. A morte e as trevas possuem um valor positivo; é a época da *Noite cósmica* em que tudo repousa, em que todas as formas são possíveis, em que todas as esperanças são permitidas; a morte constitui um estado em que o tempo é abolido e “morto” em favor de um ingresso no transistórico.

O simbolismo lunar pode chegar a estender seu império sobre todas as esferas cósmicas e a formar um “sistema” perfeitamente coerente. Assim é que toda a vida vegetal se submete ao devir lunar. A planta executa um ciclo que se renova sem cessar; ela volta ao estado de germe e de hibernação, durante o qual a potência vegetal se regenera, a fim de desembocar numa nova vegetação na primavera. Consideradas do ponto de vista simbólico, a terra e a lua são perfeitamente intercambiáveis; as duas são os lugares de que partem todas as formas e em que todas elas se reabsorvem, em vista de seu renascimento. A terra é a lua e a lua é a terra. Também as águas integram-se na síntese lunar. Além de estarem sujeitas a um ritmo periódico, elas, como a lua e a terra, são germinativas: têm por função dar origem a tudo o que tem forma no cosmo e também reabsorver em si todas as formas que “cumpriram sua missão”. A catástrofe aquática tem um caráter lunar e o herói que sobrevive para inaugurar uma humanidade regenerada é como a lua-nova que superou a morte. Há também outras séries de relações importantes que se estabelecem entre a lua e a mulher e entre a lua e os mortos.

O “parentesco” destas imagens mostra-nos que um símbolo como o representado pela lua, pode tornar-se o nó de uma imensa rede em que cada coisa assume um sentido, na medida em que participa de um aspecto revelado pela lua. Uma multidão de objetos tornam-se, assim, símbolos lunares: a lesma, a cobra, a rã, o cão, o urso e a aranha; plantas, ervas e conchas; as pérolas e o orvalho; a espiral e o relâmpago; a roca e o fuso.

Este exemplo permite-nos entender como funciona a lei da imagem. Os objetos acima listados não valem antes de tudo por seu sentido literal e unívoco. Todos eles são intercambiáveis entre si e idênticos à lua, por exprimirem todos o mesmo esquema fundamental. Este último unifica, portanto, o universo inteiro e forma o elo de uma síntese em que todos os objetos do mundo "se mantêm" submetidos a uma mesma lei. O próprio homem faz parte desta síntese cósmica, pois nela se reconheceu em sua condição. Sua condição, feita de sofrimento e de grandeza, de ameaça e de morte e de desejo de viver para sempre, é por ele aceita e valorizada, submetendo-a a uma lei que o supera. Ele participa, assim, do mesmo modo de existência que o resto do universo. O homem e suas atividades assumem, assim, uma dimensão cósmica. A realidade por excelência manifesta-se neles; são portadores de uma realidade que faz explodir os limites de sua individualidade e que lhes confere um "senso de universo". Deste "excedente de sentido" ou deste "senso de universo", que caracteriza os símbolos cósmicos, podemos encontrar vestígio em nível dos símbolos pessoais. Imagens carregadas de emotividade, os símbolos exprimem, no plano da sensibilidade, o modo geral de ser do sujeito humano. Isso quer dizer que o significado veiculado pelo símbolo antecede toda diferenciação em faculdades ou em potências particulares, cognitivas ou afetivas, intelectuais ou sensíveis. Justamente a imaginação é este lugar intermediário através do qual o significado circula livremente entre as diversas funções humanas: as exigências corporais integram-se nos níveis mais elevados da psique e do espírito; o espírito recebe o seu complemento sensível necessário e finalmente a imagem e o sentimento emotivo se ajustam reciprocamente.

Este significado preconceptual, presente no símbolo, revela, pois, o conjunto do sujeito humano na medida em que este se situa no mundo, com suas opções fundamentais em relação a si mesmo, aos outros e a Deus. Os símbolos refletem a condição existencial do sujeito que vive suas opções fundamentais na alegria ou na tristeza, na paz ou na luta, na admiração ou na decepção, na esperança ou no desespero, ou num misto de sentimentos que se reforçam ou que se contradizem reciprocamente. Cada símbolo tem, portanto, um "excedente" de sentido, na medida em que evoca a abertura do sujeito à totalidade de seu mundo, no interior do qual ele sugere o aspecto absoluto de suas opções mais essenciais. Por isso, o símbolo está em correspondência com o absoluto, a que o sujeito humano está aberto; é, por assim dizer, sua ressonância em sua sensibilidade e em sua afetividade. É capaz de fazer pressentir, mais do que o conceito, os infinitos matizes que modulam o modo em que alguém se situa na totalidade do universo.

Quando um símbolo é familiar a alguém, sua compreensão consiste em seguir o movimento da imagem que espontaneamente conduz àquilo que esta sugere. Mas quando alguém é introduzido num conjunto simbólico que comporta uma distância no tempo e no espaço cultural, é necessário que efetue um longo desvio na interpretação; socorrendo-se de diversos métodos de leitura, pode atingir o que é sugerido pelo texto, isto é, o tipo de mundo que lhe é proposto pelo próprio texto.

O homem de hoje encontra-se com o texto bíblico numa distância que cabe à exegese preencher. Encontra nele símbolos que estão enraizados na tradição hebraica, mas não são estranhos a outras unidades culturais e talvez a todo ser humano. Todavia, mesmo no tocante a tais símbolos, sua compreensão exige que se leve em conta sua inserção num contexto de outros símbolos que lhes dão sentido. Por exemplo, na Escritura a água é um símbolo importante. Acolhe uma série de sentidos que parecem quase universais: as águas abolem as formas, apagam os pecados, purificam e regeneram; contêm os germes de todas as possibilidades de existência. Contudo, enquanto outras culturas desenvolveram uma cosmogonia aquática, na Bíblia o símbolo da água é reinterpretado em função de um contexto teísta e, no NT, em função de um contexto cristológico. Assim, a água, fonte de vida e de fecundidade universais, vem, ela mesma, de Deus ou de Cristo, como se fosse de uma origem mais profunda. A água está relacionada com outros símbolos de vida, como vinho ou terra; mas estes últimos são, por sua vez, retomados por um conjunto de símbolos propriamente teístas, como a luz, as alturas, a palavra, o espírito, o pai, o juiz etc. O símbolo da água, reinterpretado num contexto teísta, inflete de volta o divino que lhe integra os ritmos e os ciclos vitais.

Por conseguinte, o significado do divino não é unívoco. O divino revela-se na medida em que se exploram os múltiplos símbolos em que um povo depositou, ao longo dos séculos, a riqueza e a diversidade de sua experiência, na complexidade de suas situações específicas. Sua experiência do divino é inserida pelo povo hebraico em seu vocabulário com múltiplos matizes, representativos e afetivos, que falam de seu encontro com Deus. Estes símbolos estão enraizados no mundo das alturas (Deus é luz, reside nos céus e se manifesta aos homens na montanha); no mundo da vida (Deus é fonte das águas, da vida e da fecundidade); no mundo das relações interpessoais (Deus é pai, esposo, rei). Estas representações evocam sentimentos diversos e contraditórios: a transcendência e a presença familiar, o espanto e a ternura, o ciúme e a misericórdia...

Além disso, no NT os símbolos não só tendem ao divino, mas identificam-se com Jesus, como se encontrassem seu resumo neste único símbolo portador do divino, que é Jesus em sua humanidade. Jesus é ao mesmo tempo a luz do mundo, a palavra do Pai, a fonte de água viva, o verdadeiro templo, o juiz escatológico, o servo sofredor etc.

A revelação de Deus em Jesus Cristo remete para uma cristologia, na medida em que esteja fixado numa linguagem rica de símbolos, que se torne hermenêutica, que recolha e explore os múltiplos significados do divino, encarnados no tempo e no espaço e assumidos em Cristo morto e ressuscitado. É através do infinito processo da interpretação que o crente pode, com base em sua experiência religiosa inserida na Igreja e com a ajuda de diversos métodos de leitura, compreender o tipo de mundo que lhe é aberto pelo texto evangélico, muitas vezes designado como Reino de Deus ou novo nascimento.

Bibl. – M. Eliade, *Traité d'histoire des religions*, Paris 1968[2]; B.J.F. Lonergan, *Method in Theology*, Londres 1973; P. Ricoeur, *Interpretation Theory: Discourse and the Surplus of Meaning*, Texas 1976[4]; G. Durand, *Le strutture antropologiche dell'immaginario*, Bari 1987[4].

JULIEN NAUD

SÍMBOLO DA FÉ

Desde a primeira metade do século IV conhecem-se textos concisos, mas completos, usados para professar formalmente a adesão pessoal à fé da Igreja. Em seu apelo ao Papa Júlio I, no ano de 340 dC, Marcelo de Ancira expõe sua fé citando o texto conhecido sob o nome de antigo credo romano (*vetus Romanum*, DS 11). No Concílio de Niceia, Eusébio de Cesareia procurou dissipar as suspeitas que pairavam sobre a sua ortodoxia, apresentando a confissão de fé, transmitida a ele durante as instruções catequéticas, que professava ter crido e ensinado até então em sua qualidade de presbítero e bispo (em grego, *Athanasius Werke* [H.G. Opitz, ed.], vol. III/2, 29; em latim, PG 20, 1538).

A FASE INICIAL – As fórmulas confessionais fixas, conhecidas desde os tempos da controvérsia ariana, mergulham raízes profundas no tempo do cristianismo primevo. Um modo inicial de se professar a fé em Cristo era o de proclamar: "Jesus é Senhor" (1Cor 12,3), ou então, o de "confessar com tua boca que Jesus é o Senhor e crer com teu coração que Deus o ressuscitou dos mortos" (Rm 10,9; cf. Fl 2,10; At 2,36). Em outras igrejas da época neotestamentária, a confissão central era: Jesus é, de uma forma única, "Filho de Deus" (1Jo 4,15; Mt 16,16).

Pelo final do século I, como relata o Evangelho de Mateus, o batismo de um novo discípulo era uma consagração solene "em nome do Pai, do Filho e do Espírito Santo" (28,19). Um século mais tarde, na África Setentrional, segundo o que afirma ocasionalmente Tertuliano, quem era batizado renunciava, antes, a satanás e, em seguida, professava sua adesão à fé cristã, respondendo a três perguntas fixas sobre sua fé em Deus como Pai, Filho e Espírito Santo.

Em torno do ano 215 dC, Hipólito descreve o rito batismal da Igreja Romana citando o texto fixo do próprio rito. Na água, antes da primeira imersão, o ministro fazia estas perguntas: "Crês em Deus Pai onipotente? Crês em Jesus Cristo, filho de Deus, que nasceu do Espírito Santo, da virgem Maria, foi crucificado sob Pôncio Pilatos, morreu e foi sepultado e no terceiro dia ressuscitou vivo dos mortos e subiu ao céu e se sentou à direita do Pai e virá julgar os vivos e os mortos? Crês no Espírito Santo, na Santa Igreja e na ressurreição da carne?" (*Traditio apostólica*, 21; SC 11 bis, 80-93; somente o credo em DS 10). Assim, a profissão original de fé da Igreja tinha uma estrutura interrogativa ou, então, dialogal. A fé manifestava-se respondendo "eu creio" às perguntas sobre Deus e sobre sua economia da salvação, que o ministro da Igreja fazia no momento central do ato litúrgico do batismo e do ingresso do crente na comunidade cristã.

As formas *declarativas* do século IV, como o *vetus Romanum* e o símbolo de Cesareia, tinham o seu *Sitz im Leben* principal no catecumenato. Enquanto o modelo pergunta-resposta permanecia central no batismo, a entrega do credo (*traditio symboli*) aos catecúmenos marcava sua passagem para um estágio mais avançado da preparação para o batismo. Comunicava-se-lhes a fórmula em uso na Igreja em que estavam prestes a ingressar, e pedia-se que a aprendessem de cor, enquanto geralmente o bispo lhes ministrava instruções sobre o significado de cada parte do texto. O melhor exemplo de tais instruções são as lições catequéticas de São Cirilo de Jerusalém (PG 33).

Pouco antes de serem batizados, os candidatos completavam as instruções pré-batismais com o rito da *redditio symboli*. Santo Agostinho relata, nas *Confissões*, como isto era feito em Roma por volta de 355 dC, quando o conhecido estudioso Mário Vitorino ingressou na Igreja. "Em Roma, os que estão prestes a entrar em tua graça normalmente fazem a profissão da fé com uma fórmula que aprendem de cor e que em seguida recitam sobre um pódio, diante dos fiéis." Os sacerdotes podiam oferecer a opção de uma profissão privada. "Mas Vitorino preferiu proclamar sua salvação diante de todos os fiéis reunidos... E, quando subiu ao pódio, para fazer a profissão, todos os que o conheciam sussurraram com alegria o nome dele a seus vizinhos... Fez sua profissão da verdadeira fé com confiança imensa e todos teriam gostado de abraçá-lo e apertá-lo ao coração" (*Conf.* VIII, 2,5).

Estes símbolos da fé de tipo declarativo ampliam de certo modo os símbolos interrogativos do batismo, alinhados com a "regra da fé" (→ *Regula fidei*) das várias igrejas locais, com o fim de exprimir de forma concisa aquela fé em que os candidatos são iniciados. Conhece-se toda uma série de símbolos ocidentais do século IV ao VI (DS 13-26), que apresentam alguma diferença em relação ao *vetus Romanum*, e dos quais tem origem o *textus receptus* do "credo apostólico" da Igreja Ocidental (DS 30). Estes textos não tinham o objetivo de enunciar a regra de fé completa, mas, antes, de formular a essência evangélica da revelação que Deus fez de si e de sua obra de salvação em Cristo.

Mas o Concílio de Niceia, em 325 dC, deu início a um novo movimento, promulgando um símbolo declarativo para a Igreja inteira, símbolo que tinha o escopo de exprimir uma parte da regra comum da fé em termos que excluíssem um erro específico (→ Dogma). Este credo não se destinava tanto aos crentes individualmente, para uma profissão pessoal, mas, antes, devia servir para estabelecer uma norma comum de ortodoxia, através da qual se pudessem reconhecer os bispos legítimos e outros pastores pudessem manter com eles vínculos de comunhão eclesial.

O credo niceno (DS 125) rejeita algumas teses sustentadas por Ário de Alexandria, em particular especificando que o filho de Deus é gerado do ser ou da substância (*ousía*) do Pai e é "consubstancial" (*homooúsios*) com o Pai. A intenção aqui não era impor uma metafísica à Igreja, mas, antes, refutar as maneiras específicas de exprimir-se de Ário no tocante à monarquia divina e à origem do Filho enquanto "primogênito de seus caminhos" (Pr 8,21). Ário interpretou o NT segundo a perspectiva de alguns textos como Jo 14,28: "O Pai é maior do que eu". A definição nicena declara antes de tudo que é Deus mesmo que se revela em Jesus de Nazaré. O sentido de *ousía* e de *homooúsios* não foi elaborado pelos bispos reunidos em concílio. A intenção de sua intervenção no símbolo promulgado por eles é esclarecida melhor pelo acréscimo de uma breve lista de formulações arianas que negam a divindade do Filho; elas dizem, por exemplo, que "houve um tempo em que ele não existia"; essas fórmulas são agora proibidas sob pena de excomunhão (DS 126).

SIGNIFICADO TEOLÓGICO – Depois de Niceia, o credo da Igreja assumiu claramente uma nova função, tornando-se expressão precisa da ortodoxia e condição de *communio* entre as igrejas. Mas seria reducionismo perder de vista a função primordial do símbolo com que os crentes exprimiam sua adesão a Cristo enquanto filho de Deus, ressuscitado e Senhor. A estrutura trinitária dos mais antigos símbolos batismais coloca bem em evidência que tais textos pertencem à ação com que o indivíduo entrega sua vida ao plano salvífico do Deus trino. O credo é um dos elementos da expressão litúrgica e eclesial da conversão. O contexto, vale dizer, a iniciação à comunidade de fé, esclarece que o símbolo pertence a um rito de passagem do pecado e da alienação para a "família de Deus" (Ef 2,19), no momento em que a pessoa se afasta "dos ídolos para servir ao Deus vivo e verdadeiro e esperar dos céus o seu Filho, que Ele ressuscitou dos mortos, Jesus, que nos liberta da ira vindoura" (1Ts 1,9-10).

Restituiu-se importância à antiga prática da *traditio/redditio symboli* no rito católico da "iniciação cristã dos adultos". Este lugar reservado ao credo evidencia um segundo elemento essencial de seu significado. Com efeito, o símbolo não é uma invenção do candidato, mas uma parte preciosa do que a Igreja possui e transmite fielmente, na qualidade de administradora de confiança (→ Depósito da fé). O credo, em última análise, provém da pregação e do ministério do ensinamento dos apóstolos de Cristo e é professado sob a guia de quem assumiu a responsabilidade de ensinar, preservar e expor a Palavra transmitida (DV 10). Mas o sujeito último da declaração cristã "eu creio em Deus..." é a pessoa corporativa da própria Igreja. O "eu" do credo é a comunidade dos que estão unidos na mesma fé, como comunidade de testemunhas e de crentes que compartilham a vida entre si e com Deus (cf. 1Jo 1,1-3). O diálogo do símbolo batismal é, antes de tudo, a oferta da fé da Igreja ao novo membro e, em seguida, a voluntária apropriação que este faz de sua participação na fé. E na fé, em que a revelação atinge seu termo, recebe-se vida nova e acesso ao Pai, através do Filho, no Espírito Santo.

Um último aprofundamento sobre o sentido do credo foi formulado por Tomás de Aquino. Sobre a multiplicidade dos diversos "artigos" do conteúdo do símbolo, Tomás sustenta que estes devem ser considerados como implicitamente contidos nas teses fundamentais de que Deus existe e que tem um cuidado providencial por nossa salvação. O credo apresenta uma ulterior articulação do ser de Deus, que nós conheceremos como última bem-aventurança, e de sua economia de meios históricos para o atingimento daquela felicidade. É verdade que aumenta o número dos artigos, mas somente porque servem para explicitar o que já está presente nas mais fundamentais convicções da fé (STh II-II, 1,7). O objeto último da fé não é a multidão dos artigos que professamos. Precisamos deles para nosso modo de conhecer, que é histórico, e sempre parcial, mas aquilo para o qual Deus nos conduz através da fé é a simplicidade dele mesmo enquanto *prima Veritas* (*De Veritate* 14,8 ad 5 e ad 12).

Do ponto de vista da própria fé, Tomás enuncia um princípio a ser aplicado tanto a cada artigo de fé quanto ao símbolo em sua totalidade: "Actus autem credentis non terminatur ad enuntiabile sed ad rem" ["O ato de fé não atinge seu objeto nas palavras, mas numa realidade que elas expressam"] (STh II-II, 1,2 ad 2). A fé é um movimento do espírito humano sustentado pela graça e que não atinge o objetivo no artigo do símbolo que professa, mas na realidade que nela está revelada. Um artigo do símbolo formula uma verdade da revelação divina, mas o artigo não constitui o objeto último do movimento dinâmico da fé. "Articulus est perceptio divinae veritatis tendens in ipsam" ["O artigo de fé é a percepção da verdade divina, que tende para esta"] (STh II-II, 1,6). Por isso, a aceitação e a profissão de um artigo do credo não passam de um momento no movimento que transcende o artigo como tal. A fé leva a pessoa à união com Deus, *prima Veritas* que, ainda hoje, ao revelar-se, irradia a luz de sua presença nos corações humanos.

Bibl. – H. de Lubac, *La foi chrétienne. Essai sur la structure du Symbole des Apôtres*, Paris 1969; J.N.D. Kelly, *Early Christian Creeds*, Londres 1976[3]; F.E. Vokes e outros, "Apostolisches Glaubensbekenntnis" em TRE 3 (1978) 528-571; G. Lanczkowski e outros, "Glaubensbekenntnis(se)", em TRE 13 (1984) 384-446; A. de Halleux, "La réception du Symbole oecuménique de Nicée et Chalcédoine", em EThL 61 (1985) 5-47; J. Ratzinger, *Elementi di teologia fondamentale*, Brescia 1986; S. Sabugal, *Credo. La fe de la iglesia*, Zamora 1986; M.-T. Nadeau, *Foi de l'Église. Évolution et sens d'une formule*, Paris 1988; T. Schneider, *La nostra fede. Una spiegazione del Simbolo apostolico*, Brescia 1989.

JARED WICKS

SINAIS DOS TEMPOS

1. *Recuperação de um termo "antigo"* – 2. *Novidade de perspectiva do Vaticano II* – 3. *Linhas para uma teologia dos "signa temporum" (Critérios específicos para a interpretação dos sinais: glorificar a Cristo, edificar a Igreja, recapitular tudo em Cristo)* (R. Fisichella).

A atenção constante do Evangelho para a história e o relacionar-se com ela fazem nascer, teologicamente, o tema dos sinais dos tempos.

"Sinais dos tempos" é uma expressão antiga; sua origem evangélica lembra a necessidade que o crente deve ter de perscrutar constantemente o mundo em que vive, para poder compreender-lhe antes de tudo as expressões, positivas ou não, que nele se encontram, em seguida para verificar as orientações que este assume, a fim de poder fazer incidir nele a força provocadora e renovadora do Evangelho.

1. RECUPERAÇÃO DE UM TERMO "ANTIGO" – A expressão ocorre pela primeira vez em Mt 16,3 (Lc 12,54-56). Prescindindo da autenticidade ou não do texto que, com muita probabilidade, se ressente de uma interpolação posterior, estamos diante da dialética que constantemente opõe Jesus às exigências de seus interlocutores: a necessidade de ver um sinal como prova de sua divindade. Como já em Mt 12,38-39, Jesus remete para o "sinal de Jonas", o único que fará entender a realidade de seu mistério. Aqui, porém, recorrendo a um simples fenômeno meteorológico, o evangelista parece inserir uma explicação ulterior, que pretende fazer emergir tanto o absurdo da exigência feita a Jesus pelos "fariseus e saduceus" quanto sua incapacidade de reconhecer nele o Messias: "Quando começa a entardecer, vós dizeis: tempo bom, porque o céu está avermelhado; e, de manhã: hoje há borrasca, porque o céu está vermelho sombrio. Sabeis, portanto, interpretar o aspecto do céu e não sabeis distinguir os *sinais dos tempos*?"

Como se observa, estamos diante do convite a sermos perspicazes, isto é, a sermos capazes de olhar a realidade em profundidade, no íntimo, para podermos assim reconhecer o essencial.

Devemos à ação profética de João XXIII a redescoberta do valor e do significado desta categoria para a vida da Igreja e para a reflexão teológica. O sentido originário do versículo de Mateus foi usado com frequência por esse papa com o intento de provocar os cristãos a saberem olhar para as mudanças do mundo contemporâneo, para poderem anunciar de novo o Evangelho de Cristo, de maneira a poder este ser compreendido.

No documento de convocação do Concílio Vaticano II, *Humanae Salutis*, simbolicamente datado em 25 de dezembro de 1961, afirma-se textualmente: "Apropriando-nos da recomendação de Jesus, de saber distinguir os sinais dos tempos, acreditamos descobrir, em meio a tantas trevas, numerosos sinais que nos infundem esperança sobre os destinos da Igreja e da humanidade" (AAS 54 [1962] 5-13).

Contra os "profetas de infortúnio", sempre prontos a enunciar eventos nefastos, como se o fim do mundo estivesse continuamente por acontecer (cf. Discurso de abertura do concílio, em 11 outubro de 1962), João XXIII propunha o otimismo evangélico para saber corresponder aos momentos de crise da Igreja e da sociedade, com uma renovada força espiritual que soubesse reconhecer as potencialidades presentes nos homens de boa vontade e a constante ação do Espírito.

O mesmo *pathos* encontra-se também na última encíclica deste papa, a *Pacem in terris*, escrita poucos meses antes da morte. No fim de cada capítulo, João XXIII propunha a leitura de alguns sinais dos tempos. Note-se que o texto oficial latino – não se sabe em virtude de que mistério redacional – não traz esta expressão que, porém, se encontra em todas as traduções oficiais da encíclica.

Também Paulo VI utilizou a expressão em sua primeira encíclica → *Ecclesiam Suam*. Observa-se, no texto, que se deve "estimular na Igreja a atenção constantemente vigilante para os sinais dos tempos e a abertura continuamente jovem que saiba verificar tudo e manter o que é bom" (AAS 56 [1964] 609-610).

O concílio, com o novo clima que se vinha instaurando, sobretudo nas relações Igreja-mundo, não podia encontrar, com estes precedentes, solidariedade maior. Repetidas vezes a expressão volta nos diversos documentos conciliares, até encontrar na *Gaudium et Spes* sua formulação oficial. "Sinais dos tempos" pode ser considerada, neste horizonte, como uma das formulações mais originais do concílio, em seu intento pastoral.

A esta altura é útil mencionar alguns textos *explícitos* nos quais a expressão ocorre, pois são fundamentais para a compreensão desta categoria, além de serem pontos de referência úteis para sua interpretação teológica.

Em ordem cronológica, é fácil identificar o itinerário dos textos conciliares:

a. "Uma vez que hoje, por impulso da graça do Espírito Santo, em várias partes do mundo, com a oração, a palavra e a obra se fazem muitos esforços no sentido de aproximar-se daquela plenitude de unidade que Jesus Cristo quer, este santo concílio exorta todos os fiéis católicos a que, reconhecendo os *sinais dos tempos*, participem com entusiasmo da obra ecumênica" (UR 4).

b. "Ao saudar com espírito alegre estes *sinais* propícios do *tempo* presente e ao denunciar com amargura estes fatos deploráveis, o sagrado sínodo exorta os católicos e convida todos os seres humanos a considerarem com a máxima atenção quão necessária é a liberdade religiosa, sobretudo na presente situação da família humana" (DH 15).

c. "Os presbíteros sejam prontos a ouvir os pareceres dos leigos, considerando com interesse fraterno suas aspirações e valendo-se de sua experiência e competência nos diversos campos da atividade humana, de modo a poderem reconhecer juntos os *sinais dos tempos*" (PO 9).

d. "Para desempenhar esta tarefa, é dever permanente da Igreja perscrutar os *sinais dos tempos* e interpretá-los à luz do Evangelho, de sorte que, de um modo adequado a cada geração, ela seja capaz de responder às perenes interrogações dos homens sobre o sentido da vida presente e futura e sobre sua recíproca relação. Com efeito, é preciso conhecer e compreender o mundo em que vivemos, bem como suas expectativas, suas aspirações e sua índole, muitas vezes dramáticas" (GS 4).

Por esses textos, já é possível observar um contínuo crescendo no ensinamento conciliar; partindo de uma perspectiva de vida *interna* à comunidade cristã, mediante a qual os crentes são convidados ao compromisso pela unidade, passa-se progressivamente a reconhecer a presença de sinais *externos*, que provocam a Igreja em duas frentes: a primeira, no âmbito da liberdade religiosa; a segunda, no reconhecimento das conquistas do saber, de modo a poder anunciar de modo compreensível o Evangelho.

Esses textos explícitos são seguidos por muitos outros textos do concílio, em que a referência aos sinais dos tempos, embora *implícita*, é totalmente clara. Uma rápida resenha a propósito poderá ajudar futuramente na elaboração de uma "teologia dos sinais dos tempos", realizada pelo Vaticano II.

Dois parágrafos de GS são particularmente importantes no contexto de nosso discurso: "O povo de Deus, movido pela fé, em virtude da qual acredita ser conduzido pelo Espírito do Senhor que enche o universo, busca discernir nos acontecimentos, nas exigências e na aspirações, das quais participa com os homens de nosso tempo, quais sejam os verdadeiros sinais da presença e do projeto de Deus. Com efeito, a fé ilumina tudo com uma luz nova e desvenda as intenções de Deus sobre a vocação integral do homem e, por isso, guia a inteligência para soluções plenamente humanas" (GS 11).

No n. 44 prossegue assim: "É dever de todo o povo de Deus, sobretudo dos pastores e dos teólogos, com a ajuda do Espírito Santo, ouvir atentamente, discernir e interpretar os vários modos de falar de nosso tempo e saber julgá-los à luz da Palavra de Deus, para que a verdade revelada seja entendida sempre mais a fundo, seja bem compreendida e possa ser apresentada de modo mais adequado".

2. NOVIDADE DE PERSPECTIVA DO VATICANO II – Embora enfatizando o ensinamento de sempre, é fácil constatar que esses textos inserem, antes de tudo na reflexão teológica, alguns princípios que são básicos para verificar o intento conciliar, sobre as novas relações que a Igreja deve assumir em relação à história humana e ao agir dos homens nas diversas situações socioculturais.

As observações que se seguem talvez possam permitir um quadro mais global da teologia dos sinais dos tempos esboçada pelo Vaticano II.

a. Cabe notar, como primeiro dado, a mudança de *linguagem*, que revela uma perspectiva diferente em que a Igreja se insere. Com efeito, a comunidade cristã entende-se a si mesma como serva da Palavra que lhe foi confiada e que tem a responsabilidade de mediar na história.

A Igreja, em companhia dos homens, seus contemporâneos, está constante e permanentemente em busca e na aquisição da verdade em sua totalidade (Jo 16,13). Para cada qual, ela se oferece como acompanhante na busca da vontade real de Deus e, portanto, do bem da humanidade. Para os homens e as mulheres de nosso tempo, que estão em busca de Deus, oferece sua "companhia da fé", bem sabendo que a ação do Espírito, que a guia, age também fora de seus limites institucionais (LG 8).

b. Para cumprir a missão recebida de Jesus Cristo, a Igreja pede ajuda aos homens de seu tempo, para ser capaz de ler atentamente os fenômenos humanos e as tensões que se vêm a criar na história. O que emerge destes textos é uma Igreja "pobre", uma Igreja que perdeu toda forma de presunção e arrogância e que está consciente de que a verdade é busca comum e que só a possui na perspectiva de uma dinâmica escatológica. Portanto, daí emerge com força a responsabilidade por uma solidariedade com todos e a consciência de um compromisso universal pelo atingimento da salvação, razão pela qual ou nos salvamos juntos ou não correspondemos à missão recebida.

É uma Igreja que, abandonando a perspectiva anterior de ser *mestra* em relação ao mundo, recupera a categoria de discipulado, sabendo que só um é o mestre, Cristo (Mt 23,10): "A Igreja não desconhece quanto recebeu da história e do desenvolvimento do gênero humano... a Igreja tem uma necessidade especial da ajuda daqueles que, vivendo no mundo, são peritos nas várias situações e disciplinas e entendem sua mentalidade, quer se trate de crentes ou de não crentes" (GS 44). Nunca se havia ouvido, nestes últimos séculos, palavras tão claras e explícitas da parte do magistério em relação ao mundo e à ajuda que a comunidade dos crentes pede a todos por força de sua pertença à humanidade e de sua competência no âmbito científico. Não há necessidade de demonstrar quantos anos-luz esta linguagem dista das fórmulas de perplexidade e de condenação do século XIX em relação ao "mundo" e ao progresso. Desta maneira, a Igreja redescobriu corajosamente um modo novo de colocar-se frente às culturas e às sociedades; negar isto equivaleria a esquecer os esforços honestos que têm sido feitos neste sentido; e esquecer isto significaria atraiçoar o espírito do Vaticano II.

c. O assumir os sinais dos tempos obriga a Igreja, em seu ensinamento, à atenção permanente em relação às diversas situações de vida e às diferentes culturas que subjazem aos modelos das sociedades. O mundo e sua história modificam-se e variam no espaço de poucos anos; formas de progresso e de técnica impõem-se cada vez mais e a informação atinge ao mesmo tempo povos distantes entre si; todavia, o Evangelho precisa ser anunciado e entendido também nestas situações, para que a todos chegue a mensagem de salvação.

Os sinais dos tempos podem então orientar para uma interpretação mais universal e global da mensagem salvífica, pois procuram propor aspirações e concretizações de ideais que são patrimônio comum da humanidade. De algum modo, estes fazem parte da pedagogia da revelação, porque podem identificar-se com aqueles germes de vida – os *lógoi spermatikói* tão caros aos Padres da Igreja – que estão colocados no mundo e no coração de cada ser humano, para tornar as pessoas capazes de perceberem mais facilmente a ação de Deus, que constantemente suscita forças novas para a realização plena do criado.

d. Diante dos sinais dos tempos, a Igreja é provocada a desempenhar sua ação profética, porque é chamada a empenhar-se na leitura dos sinais e emitir o juízo de Deus sobre eles. No horizonte

→ da profecia, que caracteriza a comunidade cristã, o julgamento será sempre na perspectiva da salvação, enquanto provém do próprio centro da revelação que apresenta o crucificado como lugar definitivo da salvação, por ser a expressão última do amor do Pai.

Ao emitir este juízo, a comunidade dos crentes afasta-se dos vários "profetas de infortúnio" e reconhece, finalmente, a bondade da criação em todas as suas expressões e as conquistas positivas do homem quando são finalizadas para o bem de todos. Por conseguinte, ela reconduz cada uma destas expressões ao cenário mais abrangente da Palavra de Deus, para que possam ser plenamente iluminadas e finalizadas (GS 40-90).

e. Finalmente, os sinais dos tempos impulsionam a considerar seriamente o horizonte escatológico que caracteriza a fé cristã. Pois, com estes sinais, todos, crentes e não crentes, são relacionados com um futuro como espaço e tempo definitivo da realização de si e da história humana em sua totalidade.

Os sinais dos tempos representam, pois, essas etapas necessárias, para aqueles que ainda estão vivendo a condição peregrinante, por meio das quais é possível viver com vigilância e espírito atento, à espera do esposo que deve vir. Se a condição de vigilância é um dever evangélico para a comunidade, é também obrigação para o não crente, porque somente assim pode ser capaz de perceber a evolução da história e da cultura e, portanto, estar pronto a dar respostas às interrogações que esta possa vir a colocar-lhe.

Ao assumir esta categoria, parece-nos que o concílio favoreceu ulteriormente aquele procedimento de personalização de uma apologética do sinal, que já havia iniciado com *Dei Verbum* e *Lumen Gentium.*

Se quisermos assumir a novidade do ensinamento conciliar sobre este tema, pode-se dizer que dois dados emergem como determinantes: 1. Jesus Cristo é o sinal fontal da revelação e, na fidelidade a Ele, a Igreja é seu sinal-sinônimo; estes são os sinais permanentes da presença de Deus e, portanto, fundamentalmente, os verdadeiros sinais dos tempos. Estes sinais de revelação orientam a história escatologicamente e permitem a finalização do devir histórico. São sinais do tempo para o nosso tempo, porque levam impressa neles a nota da universalidade, que os torna plenamente acessíveis em cada época e normativos para todos. 2. Sinais dos tempos são igualmente todas aquelas aspirações da humanidade que determinam o progresso e orientam para a aquisição de formas de vida mais humanas.

3. LINHAS PARA UMA TEOLOGIA DOS *SIGNA TEMPORUM* – Se quiséssemos recolher os vários dados descritos, em vista de uma "definição" dos sinais dos tempos, que ajude na compreensão do fenômeno, poderíamos dizer que estes são *eventos históricos que criam consenso universal, através dos quais o* crente *é confirmado na verificação do inalterado agir dramático de Deus na história e o* não crente *é orientado para identificar opções sempre mais verdadeiras, coerentes e fundamentais, em favor de uma promoção global da humanidade.*

Esta "definição" procura sintetizar algumas ideias constitutivas para a identificação dos sinais dos tempos. Antes de tudo, fala-se de *eventos históricos*; isto significa que nem todos os fatos podem ser considerados sinais dos tempos, mas somente os que se caracterizam por serem eventos. Evento é aquilo que constitui uma etapa fundante da história de todos; é de tal forma qualificador que representa uma pedra miliar no percurso da humanidade. É um ponto de referência de tal modo necessário que sem ele não se teria plena compreensão da história de um período, de um povo ou de uma cultura. Dizer, pois, que os sinais dos tempos são eventos, equivale a dar-lhes uma dimensão epocal.

Afirma-se, além disso, que se requer o *consenso universal*, pelo que estes sinais devem ser de algum modo catalisadores. Devem exprimir a característica de universalidade; pois seu significado deve ser recebido em toda parte, em seu sentido mais genuíno. Portanto, os sinais dos tempos são destinados a exprimir o sinal progressivo de unidade dos vários componentes humanos que, prescindindo de análises individuais de interesses privados, tendem para o bem da humanidade.

Na "definição" que demos, distingue-se deliberadamente entre a leitura do crente e a do não crente, seja para evidenciar melhor a característica da universalidade dos sinais que, enquanto tais, não devem ter nenhuma interpretação preconcebida; seja para favorecer o encontro sobre o levantamento dos sinais, antes de interpretá-los; finalmente, para permitir ao crente desenvolver uma verdadeira campanha da fé, sem qualquer pretensão em relação ao "outro" (→ Teologia Fundamental: destinatário).

Por *crente* entendemos, portanto, aquele que está inserido na comunidade cristã e que, em virtude disto, é chamado a ler os sinais dos tempos à luz da Palavra de Deus (GS 11; 44) e a ver neles uma presença peculiar do criador. O crente, por força da fé, será levado a identificar cada sinal com as diversas manifestações do amor trinitário de Deus, revelado em Cristo. No levantamento e na identificação dos sinais, porém, ele será chamado a percorrer o mesmo caminho que o não crente e deverá acompanhá-lo até o fim; e, no entanto, será chamado em seguida a dar um passo ulterior, pois deverá chegar à interpretação cristológica e eclesial do sinal.

Para o *não crente*, os sinais dos tempos poderão exprimir as tensões e as aspirações dos homens na linha de uma forma de vida mais humana. Mas, se os sinais devem criar consenso, isto significa que capacitam também o não crente àquele compromisso coerente, para que a única verdade sobre o homem e sobre a criação possa finalmente ser enxergada plenamente. Ao agir, todavia, em companhia do crente, também o não crente poderá ser provocado a uma pergunta ulterior que poderá desaguar na questão sobre Deus e sobre a opção de fé cristã.

O que expusemos até agora diz respeito principalmente à descrição da natureza dos sinais dos tempos. Para uma visão global do fenômeno, é oportuno acrescentar alguma observação sobre o discernimento dos sinais.

Na medida em que os sinais fazem parte da natureza do sinal (→ Semiologia, I) e, portanto, constituem relação entre um significante e um significado, a leitura e a interpretação muitas vezes estão sujeitas à ambiguidade. Como se podem identificar os sinais dos tempos e a quem compete sua interpretação?

O concílio já apontara alguns fenômenos particulares específicos que, por suas características, parecem atestar a presença de Deus no mundo e podem ser identificados como sinais dos tempos; entre eles, reconhecem-se: a *santidade* pessoal do crente que dá testemunho da novidade do Evangelho (LG 39-42), as aspirações profundas na linha da *liberdade religiosa* (DH 15) e o respeito pela *dignidade do homem* (GS 63-72), o *martírio* como sinal supremo do amor e da coerência pelo ideal de vida (LG 42), a tensão para *formas de cultura* mais humanas e universais (GS 53-62), a busca e a dinâmica tendentes à *paz internacional* (GS 77-90). Todos estes sinais, na perspectiva dos padres conciliares, remetem como que intuitivamente para Deus e criam consenso universal.

Mas como proceder na identificação e na interpretação de outros sinais que a história propõe, de caso para caso?

Já que, como dissemos, os sinais dos tempos são antes de tudo eventos históricos, é necessário que seu levantamento seja confiado primariamente às ciências humanas. Reiteradas vezes, e explicitamente, a Igreja e o ensinamento do magistério têm manifestado sua confiança na ciência e nos homens de ciência (GS 15; 44); destes pede-se uma identificação preliminar dos fenômenos que criam consenso e que, de *per si*, tendem a imprimir na sociedade formas de vida mais humanas. Uma vez levantados os sinais, estes devem ser interpretados.

Acreditamos que, como princípio teológico, o intérprete qualificado dos sinais dos tempos deva ser a *comunidade dos crentes*. O concílio afirma que o sujeito da interpretação é a "Igreja" (GS 4), mas explicita logo esta afirmação, dizendo "o povo de Deus inteiro", particularmente "os pastores e os teólogos" (GS 44). Como se vê, dá-se uma interpretação que, por um lado, faz referência à comunidade inteira e, por outro, privilegia os pastores e os teólogos, provavelmente em razão do ministério e da competência.

Mais em conformidade com a descrição dos sinais dos tempos que apresentamos anteriormente, poder-se-ia aplicar aqui, para sua interpretação, o que Paulo VI afirmava na *Octogesima Adveniens* como método de leitura para os fenômenos sociais, na medida em que se privilegia sobretudo a comunidade particular. Aí lemos: "Cabe às comunidades cristãs analisar objetivamente as soluções de seu país, iluminá-las à luz das palavras imutáveis do Evangelho, detectar os princípios de reflexão, critérios de julgamento, diretrizes de ação" (OA 3).

Em poucas palavras, encontram-se nesse texto os princípios fundamentais que determinam o modo de colocar-se diante dos sinais dos tempos: identificação, leitura, interpretação, julgamento, mas no interior da comunidade e com as competências específicas de cada um.

Por conseguinte, a Igreja local inteira faz-se intérprete dos sinais dos tempos, respeitando as funções e os carismas de cada um, mas numa caminhada "juntamente com toda a humanidade" (GS 40), já que com ela forma a única família de Deus.

Da mesma forma como a comunidade aponta os sinais dos tempos que, como tais, têm sempre a característica da positividade, pois tendem ao progresso da humanidade e da compreensão da verdade revelada, assim também ela é chamada a apontar *antissinais* que, devido ao pecado de todos, impedem o verdadeiro progresso e retardam a ação de libertação global.

O segundo momento que é preciso praticar é o da interpretação dos sinais. Uma vez que crentes e não crentes estão unidos na identificação, é oportuno que uma criteriologia hermenêutica não feche o caminho para este elemento.

Acreditamos, pois, que podemos assumir critérios *gerais* na medida em que exprimem o intento de compartilha comum e critérios *específicos* que caracterizam a leitura cristológica e eclesial dos crentes.

Dois critérios podem ser tomados como *gerais*: o da *dignidade humana*, que favorece o reconhecimento de todas as formas que comportam a liberdade e a promoção de cada pessoa. O da *justiça*, que deve ser considerado como o ponto mínimo e indispensável do amor; pois, com esta, cada um é colocado em condições de viver uma vida dignamente humana.

Sob os critérios *específicos* é evidente que o referencial teológico é particularmente determinante, por tocar a comunidade que em si já vive a realidade que anuncia. Pensemos em três critérios que exprimimos com a linguagem bíblica de:

a. *Glorificar a Cristo* (Jo 16,14): com efeito, os sinais dos tempos, como irradiação da glória do Senhor, devem encontrar significação plena somente nele. Por isso, todo sinal deve voltar a Cristo e tender à sua glória, para anunciar ulteriormente a vitória de sua morte sobre toda forma de injustiça e de pecado. Por isso, os verdadeiros sinais dos tempos são reconhecíveis por trazerem em si esta dinâmica de superação do limite e capacitarem ao reconhecimento da verdadeira liberdade.

b. *Edificar a Igreja* (Ef 2,22): na medida em que a comunidade dos crentes é mediação da revelação, ela constitui também seu sinal histórico permanente, que é percebido por cada um. Os sinais dos tempos devem solicitar os crentes para a construção escatológica da Igreja, a fim de que, através das diversas formas de participação na vida da humanidade, esta se realize em sua missão. Se por um lado os sinais dos tempos capacitam a humanidade a formas de vida mais humanas, por outro devem sustentar a Igreja em sua caminhada para o encontro com o Esposo. A presença dos vários carismas e ministérios, que são dados para a construção da Igreja, encontra neste horizonte seu ambiente mais vital. Enquanto expressão do amor e da ação de Deus, os sinais dos tempos são entendidos como tais, por serem reconhecidos como formas que permitem à Igreja saber corresponder às exigências da história com a força do Evangelho.

c. *Recapitular tudo em Cristo* (Ef 1,10): os sinais dos tempos devem orientar os crentes a saberem olhar permanentemente para os "novos céus e nova terra", em que será definitivamente eliminado todo tipo de morte. Os verdadeiros sinais dos tempos, portanto, abrem para a plenitude da realização cósmica, onde todo o criado, a história e a humanidade nela encontrarão sua realização. Por isso, se os sinais dos tempos se limitassem apenas à atenção imediata, ou apenas à realização temporal, faltar-lhes-ia, para os crentes, toda a sua força propulsiva para a construção do futuro.

Com a leitura que apresentamos, os sinais dos tempos podem ser reduzidos a seu núcleo essencial, constituído pelo próprio evento da revelação: o amor trinitário de Deus. Da forma culminante deste amor, constituído pela morte do Filho, surgem outras expressões e formas de amor, para que este único sinal permaneça como normativo e sempre reconhecível.

A atenção aos sinais dos tempos é uma tarefa irrenunciável para a Igreja e uma responsabilidade de cada um. Com eles torna-se mais imediata a redescoberta do que de belo, de bom e de verdadeiro está presente em nossa história e no mundo que formamos. Mas, para os crentes, eles exprimem um significado ulterior: a permanente presença de um Deus que, mesmo depois do evento da encarnação, continua a habitar em meio a nós e a viver conosco.

Todavia, a atenção para os sinais dos tempos, com a componente de identificação, leitura e interpretação, não pode esgotar a tarefa dos crentes, que devem criar sinais sempre novos, através dos quais se torne visível a atualidade da revelação. Uma teologia dos sinais que se limitasse apenas à leitura, sem saber prosseguir na vontade de suscitar novos sinais, ficaria privada de algo essencial. Os critérios que apontamos exigem que os crentes sejam capazes de enxergar sempre novos sinais, porque constantemente atentos às diversas situações de vida.

Os sinais dos tempos, portanto, constituem um desafio que a Igreja lança ao mundo; com estes, ela convida a viver o presente histórico com toda a intensidade que possui, ainda que sem esquecer que o olhar deve sempre estar orientado para o futuro que está pela frente.

A capacidade de perceber e colocar novos sinais dos tempos será proporcional à capacidade de saber fazer reviver, também para o momento atual, os tempos messiânicos da presença de Deus em nosso meio. É a palavra do Senhor que convida para isso: "Pois eu vos digo: quem crê em mim realizará as obras que eu realizo e executará outras maiores, porque eu vou para o Pai" (Jo 14,12). Isso, para todo crente, implica que não podemos permanecer no mundo como espectadores passivos; a fé é testemunho de um trabalho coerente e contínuo que dura a vida inteira, sem conhecer o descanso do sábado.

Bibl. – D.M. Chenu, "Signes des temps", em NRTh 87 (1965) 29-39; R. Latourelle, *Cristo e la Chiesa segni di salvezza*, Assis 1971; G. O'Collins, *Teologia Fondamentale*, Brescia 1982; C. Boff, *"Sinais dos tempos": princípios de leitura*, São Paulo 1979; K. Füssel, "Die Zeichen der Zeit als locus theologicus", em FZPhTh 31 (1984) 259-274; R. Fisichella, *La rivelazione: evento e credibilità*, Bolonha 1985; L. González Carvajal, *Los signos de los tiempos. El reino de Dios está entre nosotros*, Santander 1987; H.J. Pottmeyer, "Zeichen und Kriterien der Glaubwürdigkeit des Christentums", em HFTh IV, 373-413; S. Pié-Ninot, *Tratado de teología fundamental*, Salamanca 1989.

RINO FISICHELLA

SINÓTICO, o problema

Os três primeiros evangelhos apresentam uma semelhança tão grande entre si que podem ser reproduzidos em três colunas paralelas: daí a denominação de *sinopse*, de evangelhos *sinóticos*. Se falamos de *problema* sinótico, é por motivo das divergências que coexistem com estas afinidades. Não se trata de "harmonizar" os três evangelhos, mas de explicar esta *concordia discors* com uma investigação histórica e literária sobre as relações recíprocas dos três primeiros evangelhos.

Marcos, o mais curto dos três evangelhos, conta apenas 661 versículos. O material de Marcos encontra-se quase integralmente em Mateus ou em Lucas ou em ambos. Marcos tem de seu só 30 versículos: dois milagres, três relatos breves, uma parábola, algum *lógion* de Jesus e um comentário sobre o costume judaico das abluções. *Mateus*, que tem 1.608 versículos, contém o material de Marcos, excetuando-se 40 versículos; 330 versículos são seus. *Lucas* tem 1.149 versículos, sendo 350 tirados de Marcos, ou seja, mais da metade dos versículos deste último. Lucas omitiu as passagens que lhe pareciam repetições ou expressões excessivamente duras para seus leitores pagãos. O relato da paixão evidencia nele uma grande liberdade. Sublinhemos sobretudo que 548 versículos, sobre 1.149, são dele; em particular, os relatos da infância (132 versículos), cinco relatos de milagres, dezesseis parábolas. Mateus e Lucas têm em comum 235 versículos que não se encontram em Marcos. Os representantes da teoria das *duas Fontes* acreditam que este material provém de uma outra fonte escrita.

Uma considerável parte "narrativa" é comum aos três sinóticos. Embora este material não constitua, propriamente falando, uma "biografia" de Jesus, representa uma visão coerente de sua atividade. É Marcos que reproduz com mais fidelidade esta visão de conjunto. Uma parte importante dos discursos encontra-se nos três evangelhos, mas 235 versículos que pertencem aos *lógia* de Jesus são comuns a Lucas e a Mateus. A concordância substancial dos três evangelhos, em nível da estrutura, senão da formulação, coexiste com divergências notáveis. Assim, os 235 versículos comuns a Lucas e a Mateus estão agrupados em seis grandes discursos em Mateus, ao passo que em Lucas aparecem espalhados e em unidades mais breves. As divergências encontram-se em nível de perícopes importantes, como o Pai-Nosso, as bem-aventuranças, as três tentações de Jesus.

Antes do século XIX, o problema sinótico não era colocado. Procurava-se simplesmente "harmonizar" os quatro evangelhos –

mentalidade esta que se manifesta no *De consensu Evangelistarum* de Santo Agostinho, e que se impôs até o fim da Idade Média. Na verdade, é somente com J.C.L. Giesler (1818) que a pesquisa considera como *problema* histórico a *concordia discors*. A hipótese universalmente admitida entre os não católicos, e "praticamente" aceita pela maioria dos exegetas católicos, embora com algumas diferenças de nuança, é a teoria das *duas Fontes*.

Esta pode ser assim resumida. Mateus e Lucas dependem de Marcos na parte "narrativa" e da *Quelle* ou Fonte (coleção das sentenças de Jesus) para os ditos: fonte reconstruída a partir dos *lógia* comuns a Mateus e a Lucas. Marcos é o mais antigo dos evangelhos: é responsável pelo gênero literário "evangelho" e forneceu o quadro geral que serviu a seus sucessores. Mas a Fonte (*Quelle*) precede o Evangelho de Marcos. Esta teoria evidentemente não explica todo o conteúdo dos sinóticos. Também a *Quellenkritik* interessou-se pelas partes de Mateus (mais de um quinto) e de Lucas (mais de um terço) que não se explicam com a teoria das *duas Fontes*. Sobretudo Lucas indagou e dispôs de fontes que lhe são próprias.

Em nível das fontes escritas, nenhuma hipótese conseguiu suplantar ou superar a teoria das *duas Fontes*. Esclareçamos que muitos exegetas católicos, seguindo o testemunho de Pápias, atribuem ao Apóstolo Mateus um Evangelho, redigido em hebraico, que agrupa as sentenças do Senhor. A obra do apóstolo conferiria, portanto, "autoridade" ao evangelho grego conhecido em seu tempo, com os retoques e as interpretações que lhe foram feitos.

Não existe nenhuma dependência literária entre Mateus e Lucas. Em nível de formulação literária, Mateus é mais fiel à *Quelle* do que Lucas, o que favorece a aproximação entre o Evangelho canônico e a obra aramaica, atribuída por Pápias ao Apóstolo Mateus, obra esta posteriormente traduzida para o grego e hoje conhecida sob a denominação de *Quelle*. Lucas é mais fiel do que Mateus em nível de disposição do material. Marcos não conheceu a *Quelle*.

A teoria das duas Fontes continua sendo a mais satisfatória em nível prático, mas não poderia responder adequadamente ao problema sinótico só à base das dependências literárias. Mateus e Lucas têm suas fontes. Além disto, sempre será preciso levar em conta a ação da tradição oral durante toda a formação dos evangelhos escritos. É difícil determinar com exatidão a influência desta ação oral, mas ela está sempre em ação.

Bibl. – L. Vaganay, *La Question synoptique*. Une hypothèse de travail, Paris 1954; F. J. McCool, "Synoptic Problem", em NCE 13, 886-891; X. Léon-Dufour, "Autour de la question synoptique", em RSR 42 (1954) 549-584; A. Robert-A. Feuillet, *Introdução à Bíblia*, vol. II, São Paulo 1967, cap. V; A. Wikenhauser, *Introduzione al Nuovo Testamento*, Brescia 1966, 220-255.

RENÉ LATOURELLE

SITZ IM LEBEN

Esta expressão que entrou no vocabulário corrente graças à Escola das formas (*Formgeschichte*) faz referência ao projeto de reconstituir a pré-história dos evangelhos, isto é, aquele período que vai desde a tradição oral até a redação escrita das primeiras composições literárias. Numa primeira etapa de reconstrução da tradição oral, os especialistas dedicam-se a isolar e a identificar as unidades literárias que compõem os evangelhos; em seguida, procura-se reconhecer o *Sitz im Leben*, ou contexto de vida, ou contexto sociorreligioso, que explica o aparecimento e a formação destas unidades literárias na vida eclesial primitiva. Estes contextos de vida, associados às diversas atividades da Igreja, são: o anúncio missionário, a catequese, o culto, a polêmica.

RENÉ LATOURELLE

SOBRENATURAL

Este termo designa aquilo que supera a natureza, mas é justamente o conceito de natureza que teologicamente não está determinado de maneira unívoca, já que serve também para designar a natureza divina. Mais precisamente, entende-se o que não foi criado e, como incriado, tem repercussões sobre a natureza enquanto criada. Portanto, somente onde tais efeitos são perceptíveis podemos perguntarmo-nos sobre o sobrenatural a partir do que é criado. A formação do termo e, portanto, também do conceito, está em paralelo preciso com o termo "metafísica" (= depois de, atrás de, para além de, e, neste sentido: acima da natureza), mesmo quando, com base no dado real efetivo, se trata de um conceito que quer acentuar a direção de cima para baixo. Em todo caso, estes conceitos pressupõem uma visão da realidade com diversos planos. A expressão cristã "sobrenatural" entendeu a parte da realidade que não está sujeita às condições da criação, que, todavia, é necessária para esta e é considerada necessária de seu ponto de vista, sem que a criação possa determiná-la de qualquer modo que seja.

Partindo da revelação judeu-cristã, uma distinção neste sentido parece necessária; contudo, o problema da formação de um conceito correspondente leva àquelas aporias que, na história da teologia, acompanham e muitas vezes marcam o caminho do conceito de "sobrenatural". → De Lubac, em *Surnaturel* (1946) e em *Augustinisme et Théologie moderne* (1965), como também em *Le mystère du Surnaturel* (1965), traçou esta história em suas etapas mais importantes. A prova histórica de que a palavra já existia na Idade Média tardia não modifica em nada a descoberta real de H. de Lubac, isto é, de que o conceito, tal como tem sido usado, deriva da controvérsia concernente a M. Baius e C. Jansen e, neste contexto, está relacionado com a concepção mais ou menos autônoma e completa das ordens do sobrenatural e do natural como elemento decisivo de um sistema.

Dificilmente o homem pode conceber uma ordem sobrenatural enquanto tal, ou mesmo um sistema, pois não tem acesso a esta realidade além do criado ou fora do criado. Por isso, a transcendência de tal ordem deve ser descoberta e demonstrada imanente, sem que para o sobrenatural se afirme uma ligação necessária com o que é criado. Como demonstra De Lubac, é ainda mais arriscado projetar uma ordem ou um sistema da natureza pura como conceito contraposto. Assim, não seria assegurada a autonomia total, a gratuidade e a liberdade do sobrenatural, como afirmam seus patrocinadores; a tentativa levaria, antes, à consequência de que o sobrenatural seria supérfluo e, no fim das contas, tudo não passaria de uma cópia absurda daquilo que experimentamos como natureza e criaturalidade.

Efetivamente, esta concepção do sobrenatural recebe seu conteúdo também do que é conhecido, isto é, do que é criado e natural e, depois, se apresenta, num pressuposto nível superior e abstraindo dos limites da criação, como reunião de elementos conhecidos desde sempre. Mas a imagem assim delineada não pode exprimir exatamente a peculiaridade do sobrenatural; seu ser é incerto. Para chegar a uma outra formulação, dever-se-á incluir desde o início o conceito de Deus da tradição judeu-cristã, como já tentamos acima com a especificação da natureza como algo que diz respeito à realidade criada. Deus, como criador, manifesta-se plenamente lá onde atinge o fim mais alto de seu agir: a comunicação de si mesmo àquilo que não é Deus. Sob este ponto de vista, seria "sobrenatural" o que direta ou indiretamente constitui tal comunicação de si; o mesmo vale para tudo aquilo que, em certa medida, é tocado por esta comunicação, como no nosso caso. O homem pode conhecê-la com base na revelação; embora ela lhe diga respeito desde as profundezas de seu ser, o homem, por seu lado, não é capaz de imaginá-la.

A característica cristã do sobrenatural exige certamente uma concepção que inclua a plena e definitiva revelação de Deus em Jesus Cristo. Somente a esta luz o próprio conceito de criação recebe aqueles contornos que permitem conhecê-lo e julgá-lo, não só como denominação de um estado natural de coisas, mas também como expressão de um querer e de um agir pessoal e, portanto, com isto mesmo caracterizado como algo de fundamentalmente pessoal. A vocação a tornarmo-nos filhos de Deus exprime a relação do que é criado com o sobrenatural e, portanto, sua orientação sobrenatural de um modo mais pleno e profundo do que através do discutível *desiderium videndi Deum*. Todavia, surge a dificuldade de que, desta maneira, a um acontecimento histórico limitado no espaço e no tempo se atribua uma importância que de *per si* não pode caber a nenhum dado histórico concreto. Para superar esta dificuldade, parece indispensável descobrir na condição humana comum a correspondência da manifestação de Cristo, isto é, aqueles pressupostos de conhecimento, compreensão e assentimento que permitem ao homem reconhecer e apreciar em Jesus Cristo a mediação e o ponto de referência do sobrenatural. Neste sentido → Rahner fala de "existencial sobrenatural" e de uma cristologia caracterizada pela busca e pelo desenvolvimento, por sua vez condicionado pela experiência, da ideia de um salvador absoluto. H. de Lubac remete para a concepção comum dos escolásticos do século XIII, quando diz: "A criatura espiritual não tem seu fim em si mesma, mas em Deus" (*Le Mystère du Surnaturel*, Paris 1965,132), sem questionar minimamente o caráter gratuito da graça ou a livre-responsabilidade do homem. Uma ulterior evolução destas posições fundamentais deu-se lá onde a graça foi precisada sobretudo pelo conhecimento ou pela liberdade ou pela beleza. As ênfases sobre o verdadeiro, sobre o bom ou sobre o amável condicionam diversas orientações que podem realizar-se também de modo contrário entre si. Todavia, para se saber se com isto não se favorecem unilateralidades que eventualmente prejudiquem outras ênfases – que, sem dúvida, têm direito a seu espaço – é preciso estudar as realizações e suas consequências. Também diante do objeto, a escolha de uma perspectiva teológica não é apenas uma possibilidade irrelevante.

O significado do sobrenatural nas teologias com acentos diferentes tem consequências sobretudo sobre a atitude frente ao mundo e sobre o modo de agir em relação a este. Não é por acaso que a teologia política e a teologia da libertação (→ Teologias, IV e V) se posicionaram contra a vida de fé que vive de renda ou contra um cristianismo que trata o mundo sem tomar posição ou toma-a de maneira desfavorável. A orientação para a meta final – entendida individual ou comunitariamente – não deve desconhecer que a realização desta finalidade é atingida ou fracassa no comportamento prático em relação à realidade terrena. A graça é dada para que se produza fruto e pelos frutos se pode reconhecer se ela foi acolhida e empregada adequadamente. Portanto, deve-se sustentar que Deus, como fim do homem, não é apresentado exclusivamente como uma meta final esperada, mas é tal para o momento presente, para influir em seu comportamento e na sua vida atual de cristão. O sobrenatural e o que é criado não se misturam e, no entanto, formam uma unidade; mais ainda, seu operar conjunto obriga a tomar posição e a assumir compromisso e, para o cristão, torna-se um dever. Com suas exigências, o sobrenatural confere à existência da criatura aquela tensão que constitui sua vida.

Através destes efeitos sensíveis, pode-se experimentar indiretamente o sobrenatural, embora aqui não se possam examinar de perto as possíveis formas de tal experiência. Naturalmente, neste processo o sobrenatural existe somente de modo indicativo e, para que possa ser explicado claramente, tem necessidade de um nome que lhe seja dado pela palavra reveladora de Deus, isto é, de Jesus Cristo e de sua mensagem, para tornar-se compreensível para o homem em seu verdadeiro significado. Neste sentido, interpreta-se o caráter cristológico do sobrenatural. Somente a partir do aparecimento de Cristo a comunicação de Deus no mundo tem um nome e um rosto. Por isto, é preciso continuamente fazer referência ao tema do sobrenatural, para garantir tanto o conteúdo quanto a forma do conceito, mas isto é necessário para evitar mal-entendidos e abusos. Antes de tudo, esta referência não permite nenhuma divisão e isolamento das ordens, que estavam ao invés na base da concepção da "teoria dos dois planos". Aconselha, antes, uma concepção análoga à fórmula cristológica do Concílio de Calcedônia, isto é, análoga à verdade da encarnação. Assim, ela oferece também a ocasião para uma visão histórico-salvífica do sobrenatural e de sua dinâmica típica. Este aspecto, como também alguns outros, era por demais limitado no tratamento usual do tema, o que tinha por consequência uma visão unilateral e não equilibrada do problema. Mas também a abstração quase completa do homem determinado pelo sobrenatural, como também o deslocamento da maneira de observá-lo em relação à espiritualidade e à devoção, aumentou esta unilateralidade. Por isso, de uma acentuação consciente do caráter cristológico do sobrenatural há que esperar uma nova imagem, que estimule a reflexão teológica e faça esta verdade tornar-se fecunda também para outras reflexões teológicas; em todo caso, liberta esta matéria do isolamento em que acabou caindo.

A história do termo só ajuda na medida em que é desconhecido na Igreja antiga, pelo fato de encontrar-se da Idade Média em diante e, a partir da teologia pós-tridentina, desenvolveu-se rapidamente num conceito técnico especial, penalizado pelas unilateralidades mencionadas e pelo fato de ser usado dentro de um sistema. O uso em forma de adjetivo é mais antigo e bastante mais difundido do que o emprego em forma de substantivo que, fundamentalmente, só veio a prevalecer no século XIX. Como substantivo autônomo independente, o conceito tem-se demonstrado particularmente infeliz, por insinuar uma visão e uma concepção que acreditavam poder dispensar por completo as referências necessárias.

Bibl. – H. Bouillard, *Fede o paradosso?* Per una critica della ragione teológica, Fossano 1973; H. de Lubac, *Il mistero del soprannaturale*, Milão 1979; Id., *Agostinismo e teologia moderna*, Milão 1979; Id., *Petite catéchèse sur Nature et Grâce*, Paris 1980.

KARL H. NEUFELD

SOFRIMENTO

O sofrimento consiste num sentimento de perda, de dano ou de falta, tanto física quanto espiritual. Em todos os níveis de existência humana, o sofrimento constitui um problema religioso, já que impõe a quem sofre várias perguntas: Como evitar o sofrimento? Por que existe o sofrimento? Esta última pergunta tenta prevenir uma repetição do sofrimento e, ao mesmo tempo, abre perspectivas mais amplas sobre o significado de uma vida de sofrimento. Algumas religiões, como o → hinduísmo e o → budismo, surgiram do esforço de superar o sofrimento e, já que este tem as suas raízes no desejo, é este que deve ser anulado. A felicidade, ou nirvana, consiste na supressão da consciência individual ou, como alternativa, em sua expansão na consciência universal, uma vez que tanto a individualidade quanto a oposição, que deriva da individualidade, são causa de desejo. Costumeiramente a consciência individual é relegada ao campo das aparências ou *māyā*, e deve ser superada numa visão interior que a transforma na realidade definitiva do ser e na consequente anulação da consciência individual. No Ocidente o estoicismo enfatizou, de modo análogo, a unidade do cosmo – sem postular um monismo radical – e tentou superar a dor com a "visão mais ampla" da harmonia equilibrada do universo, cuja unidade-na-pluralidade poderia ser identificada com a divindade. Supunha-se que tal visão suprimisse o desejo individual e desse origem a um agradável sentimento de alegria. De um modo mais radical, a seita americana *Christian Science* nega a realidade da dor e da doença, considerando-as simplesmente como ilusões a serem vencidas com a meditação. Tais soluções, em todo caso, não conseguem explicar a existência do sofrimento concreto. Ainda que o *status* ontológico do sofrimento seja a não existência, a consciência limitada sofre realmente sua ilusão e não se explica como surge e continua a existir tal aparência dolorosa, variação do *não ser* metafísico.

Tanto para o politeísmo quanto para os dualismos ético-metafísicos, por exemplo, o zoroastrismo e o maniqueísmo, a tensão e o sofrimento estruturam a realidade. Embora os homens sejam estimulados a lutar pela virtude – com frequência os ritos de iniciação impõem que se suporte a dor com virilidade – o politeísmo traz consigo o perigo de submeter a existência humana às arbitrariedades de divindades em conflito, ao passo que nem este nem outro dualismo explicam de modo adequado a unidade metafísica da existência; na medida em que a moralidade está fundada no ser, esta falta de unidade traz em si a ameaça do caos moral.

Acompanhando o avanço de Israel do henoteísmo para o maravilhoso monoteísmo do Dêutero-Isaías, o problema do sofrimento humano se tornou cada vez mais agudo. Israel reconheceu sua eleição na aliança que prometia bênçãos materiais ou maldições como justas recompensas pela fidelidade ou infidelidade aos mandamentos (Dt 28–30). Mas, embora a simples medida do bem premiado e do mal punido (p. ex. Sl 1; 23; Pr 22,4) possa ser válida para comunidades pequenas e estáveis, a experiência mostrou que tal norma simples de justiça não podia ser sempre suficiente. E assim o prêmio e a punição foram muitas vezes projetados para o futuro (Sl 10; 14; 22; 37) e para o sofrimento se apresentaram outros motivos. Deus usava o sofrimento como um remédio para levar Israel e os indivíduos à sabedoria e à obediência (Am 4; Os 6,1-6; 11; Is 63,9-16). Depois da conversão, o sofrimento podia purificar o pecador convertido (Sl 39; Zc 13,8s). Além disso, sabia-se que Deus havia provado Abraão e os hebreus para poder recompensar sua fidelidade (Gn 22; Dt 8,16; Ex 20,20; Sl 81). Por vezes, a recompensa prometida parecia ser excessivamente retardada e a soma dos sofrimentos parecia desproporcional ao pecado cometido (Sl 13,ls; 35,17; Jr 12,4). Algum justo invocava uma experiência quase mística da presença de Deus (Sl 73; 16,5-11) e *Jó* referia o sofrimento inocente ao mistério de Deus, que não somente criou as maravilhas do universo (38s), mas dominava também sobre Behemot e Leviatã, símbolos do mal cósmico (40s). Apesar disso, invocar o mistério não dá uma resposta racional e o estupor poético de Jó comporta somente muita monotonia, antes de transformar-se na sabedoria piedosa, mas cética de Qohélet. Sofrimentos aparentemente não merecidos foram explicados com o antigo senso da união comunitária ou da "personalidade coletiva", uma percepção da realidade social através da qual o indivíduo era visto como membro representativo e constitutivo de seu grupo. Uma vez que os homens, tanto nas coisas ruins como nas boas, compartilham reciprocamente o destino, as maldições de Deus estendiam-se por três ou quatro gerações pelo pecado pessoal, ao passo que suas bênçãos continuam durante mil gerações

(Ex 20,5; Dt 5,9). É nesta perspectiva que o pecado de Adão e de Eva atingiu todos os seus descendentes (Gn 3,16-19). Mas se todos têm de sofrer pelo pecado de um, do lado oposto um pode sofrer pelos pecados de todos, como atestam os Cantos do Servo (especialmente Is 53,4-12). Transcendendo a responsabilidade coletiva, o servo de Jhwh obteve a imortalidade pessoal como prêmio de seu sofrimento inocente e substitutivo (Is 53,10-12). Esta solução de uma vida após a morte foi desenvolvida na tardia literatura profética e sapiencial (Dn 12,2s; Sb 3,1-12; 5).

Por outro lado, o perigo inerente à expectativa de um prêmio foi revelado na posterior teologia rabínica, que explicava os sofrimentos dos justos em termos de uma purificação divina de seus pecadinhos, de maneira que seu prêmio depois da morte não fosse condicionado por eles: pelo contrário, os pecadores triunfaram neste mundo, pois, de outra forma, os méritos de suas poucas ações boas teriam exigido um abrandamento de seu castigo futuro. Desta forma, fora invertida a norma fundamental da aliança – o bem premiado e o mal punido na vida presente. Mas então, neste caso, se toda justiça e se os valores duradouros são transferidos deste mundo para o vindouro, a criação não pode mais mediar a longo prazo o conhecimento de Deus e estamos ameaçados pelo ateísmo e pelo gnosticismo.

O protesto ateísta contra Deus tornou-se mais forte em nosso tempo justamente porque o cristianismo proclamou um Deus que tem cuidado de cada indivíduo (Mt 10,28-31) e que em seu amor benéfico "faz nascer seu sol sobre os maus e sobre os bons e faz chover sobre os justos e sobre os injustos" (Mt 5,45). Muitos se perguntam: Como pode Deus ser um pai amoroso, se permite que tantas crianças inocentes sofram tão horrivelmente?

Frente à condição de quem sofre inocentemente, os teólogos protestantes têm sublinhado a impossibilidade de toda teologia natural e a necessidade absoluta da fé como dom de Deus para dar um sentido à vida. Alguns têm desenvolvido uma teologia dinâmica, pela qual Deus é envolvido no devir do universo e sofre com ele. J. Moltmann vê Deus que sofre a morte de Jesus em consequência da amorosa união de vontades que os une; E. Jüngel interpretou a morte de Jesus como uma parte integrante do evento de Deus, que, permanecendo Deus, entrou no devir histórico para vencer a morte e o pecado, sofrendo-os. Por mais comoventes que sejam, estas tentativas de tornar Deus menos estranho ao sofrimento do homem não conseguem explicar o significado do sofrimento humano e ultrapassam o mistério de *Jó*, apenas aumentando o nosso espanto e ainda reprojetando os sofrimentos em Deus. O fato de Deus sofrer não diminui o sofrimento dos homens; na realidade, o sofrimento de Deus pode até aumentar o daqueles que o amam.

Antes de examinarmos a resposta mais adequada para o dilema do sofrimento, apresentada no NT e interpretada pela tradição católica, algumas reflexões preliminares podem circunscrever melhor a matéria. Como já dissemos, o sofrimento tem que ser reconhecido como uma realidade, ainda que como a "realidade de uma aparência", e todo recurso direto a Deus para um prêmio celeste corre o risco de destruir o conhecimento de Deus através do mundo. O sofrimento parece quase inevitável para um ser material, na medida em que a materialidade implica divisão, limitação e possíveis contrastes. Para excluir por completo a possibilidade do sofrimento físico, o homem deveria ter sido criado sem corpo. Mas a dor continua possível, mesmo para os puros espíritos, uma vez que estes são limitados e, portanto, estão sujeitos, num grau ou noutro, à liberdade dos outros. "A personalidade coletiva" marca a existência limitada e isto ainda mais na visão cristã, segundo a qual os homens, criados à imagem de Deus que é amor, são chamados a amar seus semelhantes; recusar-se a reconhecer esta ligação implica um pecado e também a negação da realidade finita em sua inter-relação. Com efeito, se os homens fossem considerados somente como indivíduos, cada um responsável unicamente por si mesmo, não existiria solidariedade que permitisse aos ateus protestarem contra Deus em nome dos "sofredores inocentes". Além disso, a percepção da limitação implica o reconhecimento de uma certa falta de plenitude, gerando desejo e o sofrimento da insatisfação. Na verdade, para excluir toda possibilidade de sofrimento, o indivíduo teria que pelo menos reduzir todos os outros seres livres ao estado de autônomos ou tornar-se Deus infinito. Assim, por trás do desejo de evitar todo sofrimento, pode esconder-se o pecado original de desejar ser como Deus (Gn 3,5.22).

Admitido o sofrimento e a finitude do homem, este mundo não pode ser o melhor ou o pior de todos os mundos possíveis. Com efeito, o que é limitado pode ser superado. Enquanto finitos, os sofrimentos humanos não podem ser males absolutos; pelo contrário, podem ser relativizados não somente por quem os experimenta – cuja atitude influencia sua percepção – mas também fazendo referência a uma realidade mais ampla ou a um objetivo mais vasto. Desta forma, o sofrer muitas vezes serve como uma advertência contra males maiores ou está incluído numa necessária disciplina do corpo e da alma que permite crescer. Alongam-se os músculos e destroem-se as células para robustecer a pessoa. Ao contrário, uma vida fácil debaixo da mangueira debilita e enfraquece a pessoa. O axioma grego "Júpiter acrescenta sabedoria aos sofrimentos" (Ésquilo, *Agamenon*, 177s) foi ampliado por Léon Bioy: "Há espaços em nossos corações que ainda não existem e nos quais entra o sofrimento para que eles sejam". Além disso, os sofrimentos servem como justo castigo pelo pecado, chamam os homens à conversão, ajudam a destruir o egoísmo e abrem os homens para a compaixão e a colaboração. Sofrer pela justiça pode também revelar ao homem o sentido de sua existência e contribuir para uma avaliação justa do seu valor. Com efeito, lá onde não é possível sofrer, a vida seria privada de todo desafio e de toda aventura. Fazer uma pirueta sobre a ponta do Empire State Building (arranha-céu de Nova York), seria tão arriscado quanto assoar o nariz. Se alguém tentasse subtrair-se ao incômodo de tal existência, sua tentativa de suicídio seria frustrada, já que não poderia fazer mal a si mesmo.

Nem mesmo a morte, antecipada no sofrimento, é um mal absoluto. Com efeito, a morte seria libertação de um mundo de tremendo sofrimento ou de absoluta monotonia. Em qualquer mundo de prazer e de alegria, a vida sem a morte resultaria, no final das contas, no desaparecimento do assombro, na perda de poderes espirituais e na monotonia. Como reconheceu Shakespeare, muitas vezes a mortalidade humana torna os valores humanos cada vez mais preciosos: "Entenda isso: O que torna seu amor mais forte é amar bem aquilo que você tem que abandonar" (soneto 73).

Por mais inelutavelmente ligado que o sofrimento esteja à existência humana e por mais que possa acarretar tantas vantagens, nunca se chegará a explicá-lo plenamente. Exigir tal explicação significaria pedir o irracional e o impossível, por diversos motivos. Primeiro, porque o sofrimento é sempre individual – a "massa dos sofrimentos humanos" é uma abstração – e não há como explicar o individual como tal (*individuum est ineffabile*). Segundo, uma vez que os sofrimentos são sentidos como injustos – e este é o fulcro do "problema do sofrimento" – qualquer explicação é impossível. Pois uma explicação exige uma causa, que, por sua vez, implica uma necessidade; logo, se a injustiça fosse explicada, ela seria necessária e um universo imoral seria um absurdo. Da mesma forma, a moralidade, uma vez que apela para a liberdade, não pode ser reduzida a uma necessidade racional. Também a moralidade parece conter o sofrimento. Não somente em nosso mundo decaído existe muitas vezes tensão entre o prazer e o dever, mas também a própria sede de justiça, quando nos damos conta de sua falta, implica dor. Talvez a dor do sacrifício de si mesmo deva ser incluída na moralidade, a menos que uma recompensa imediata pelas boas ações reduza a moralidade a uma forma mais elevada de egoísmo. Os valores morais são adequadamente apreciados somente quando é pedido um sacrifício.

Estas reflexões preliminares deveriam impedir qualquer negação fácil da existência de Deus, pelo fato de existir o sofrimento. Com efeito, negar a existência de Deus não resolveria nem aliviaria o problema do sofrimento. Os sofrimentos permanecem. Se Deus não existisse, o homem perderia toda esperança de uma solução de seus enigmas, tanto concretos quanto teóricos. Além disso, se só existisse este mundo injusto, não existiria recompensa por todas as ações, boas e más, e a justiça não passaria de uma construção humana e de uma ilusão. Finalmente, a justiça não pode ser impessoal, pois tanto as intenções quanto as ações dos homens devem ser julgadas e recompensadas; somente um ser onisciente e onipotente pode realizar tal justiça.

Uma observação final diz respeito à alegada inocência das crianças. Como observaram muitos, desde Agostinho até Freud, as crianças são egoístas, muitas vezes vingativas, pequenos brutos, cujos hábitos precisam ser corrigidos à medida que crescem. Além disso, a teologia católica sustenta que depois do pecado de Adão, somente Cristo e sua Mãe foram absolutamente sem pecado e que os dois se sacrificaram livremente pelos pecadores. Efetivamente, só Cristo é Filho de Deus por natureza, todos os outros tornam-se filhos adotivos de Deus pela fé em Jesus (Gl 4,1-7; Jo l,14s). Deus enviou o Espírito de seu Filho aos corações dos cristãos para que pudessem clamar: "Abba, Pai" (Gl 4,6; Rm 8,15). Desde que Jesus ensinou seus discípulos a chamar Deus de Pai, os cristãos devem usar esta denominação no sentido entendido por Jesus. Ora, Jesus explicitamente se entregou a si mesmo a seu Abba e Pai no Getsêmani e na cruz (Mc 14,36; Lc 23,46). São Paulo viu nisto a revelação do amor paterno de Deus, que não poupou seu próprio Filho, mas o entregou em prol de todos; por isso, nada, por mais forte e tremendo que seja, pode separar os crentes do amor de Deus em Cristo (Rm 8,28-39).

Desde que o pecado rompeu a unidade original do gênero humano, o mundo tornou-se um lugar ambíguo em que se pode duvidar da existência de um Deus de amor. E, assim, para dar um sinal de amor e reconstituir a unidade do gênero humano, o Filho eterno se fez homem. Esta entrada do Amor num mundo de pecado deu início a uma luta que levou à morte de Jesus. Esta morte revelou plenamente o significado do amor autossacrifical de sua vida. Por isso, embora levado à morte pelos pecadores, Jesus ofereceu-se a si mesmo livremente a seu Pai e ao mesmo tempo em prol dos homens. A morte de Jesus, no mesmo momento em que representava o envolvimento total de sua liberdade pessoal divina com a natureza humana que havia assumido, foi o sinal da vitória do Amor sobre a morte e sobre o pecado, uma vitória que se manifestou escatologicamente na ressurreição. Por isso, as feridas dos sofrimentos de Cristo servem como troféus de sua vitória, e os cristãos precisam ser transformados em sua morte, crucificados para o mundo, a fim de compartilharem de sua vida, que é salvação (Rm 6,1-11; Gl 2,19; 6,14; Jo 3,3-8; 5,24; 1Jo 3,14). No AT, a justiça de Deus reina soberana, mas agora a ênfase foi deslocada para sua gratuidade justificante. Deus recompensará o justo e punirá o mau na eternidade, mas a norma do juízo é Cristo (Mt 25,32s). Além disso, uma vez que o tempo escatológico já começou (Mc 1,15; Jo 5,24s; Gl 4,4), a salvação já está presente no mundo, na união de amor que é o Corpo de Cristo.

A incorporação do indivíduo na *koinōnía* da Igreja confere novo significado a seu sofrimento. Ela é uma participação nos sofrimentos de Cristo, que se despejam sobre o indivíduo (2Cor 1,5; Fl 3,10); os sofrimentos servem também para "completar o que falta aos sofrimentos de Cristo, em favor de seu corpo que é a Igreja" (Cl 1,24). Como a infinitude de Deus não exclui suas criaturas nem sua onipotência destrói a liberdade humana, mas as duas constituem sua condição de possibilidade, da mesma forma os sofrimentos de Cristo, por si mesmos suficientes para salvar a todos, abrem o caminho para a contribuição de amor do homem na obra da salvação. A personalidade coletiva revitaliza-se na Igreja e o sofrimento encontra aí seu significado mais profundo. Além de conter um chamado à conversão, uma purificação de hábitos pecaminosos ou uma prova de fidelidade, que está implícita justamente no exercício da liberdade, o sofrimento a esta altura se torna um convite a unir-se à obra redentora de Cristo e uma possibilidade de compartilhar mais profundamente de seu amor autossacrifical. Nesse amor o crente participa também da vitória de Cristo sobre o pecado e sobre a morte, isto é, da vida eterna. A presença contínua de Deus na história revelou o mistério do amor que, de maneira nem sequer imaginada por Jó, tem dominado as forças do mal, vencendo-as enquanto era vítima delas. O amor autossacrifical de Deus destrói também a autojustificação humana e o protesto contra o pecado de Adão. Uma vez aceito o superabundante amor de Cristo, o projeto original de amor de Deus, que abraça todos e cada um nas coisas boas e nas ruins, pode ser aceito sem recriminação, pois lá onde abundou o pecado, superabundou a graça (Rm 5,12-21); a lei da solidariedade, que ultrapassa a justiça retributiva, age agora pela salvação do homem. Assim, através do mistério do amor redentor de Cristo, não somente são sintetizadas todas as explicações do sofrimento apresentadas no AT, mas o próprio sofrimento, a escória da experiência humana, que as demais religiões tentam evitar ou mitigar, foi transformado num instrumento para aumentar o amor. A vitória de Cristo na cruz concedeu ao cristão o poder de afirmar a existência de Deus, de agradecer-lhe pelas dores e as provações que realizam sua igualdade sempre maior com Cristo, como também pelas alegrias e pelas coisas agradáveis da vida. Em Cristo a unidade destruída da existência é restaurada e reconhecida como coisa muito boa (cf. Gn 1,31).

Conquanto esta compreensão redentora do sofrimento tenha estado por longo tempo arraigada na tradição católica, ela encontrou uma expressão particularmente adequada na teologia do Sagrado Coração de Jesus. Esta atenção ao coração transpassado de Cristo, como símbolo do seu amor, que convida os homens a se unirem em sua obra de redenção, tem sido recomendada aos fiéis por muitos papas, após as revelações místicas feitas a Santa Margarida Maria Alacoque em Paray-le-Monyal, na França, durante o século XVII.

Bibl. – J. de Fraine, *Adam et son lignage*, Paris 1959; C. Journet, *Le Mal*, Paris 1961; J. Moltmann, *Il Dio crocifisso*, Brescia 1973 (orig. 1972); J.M. McDermott, "The Biblical Doctrine of Koinonia", em BZ 19 (1975) 66-77, 219-233; Id., " Il senso delia sofferenza", em *CivCatt* 137 (1986) 112-126; ld., *Sofferenza umana nella Bibbia*, Roma 1990; M. Flick-Z. Alszeghy, *Il Mistero della Croce*, Brescia 1978; E. Jüngel, *Dio mistero del mondo*, Brescia 1982 (orig. 1977).

JOHN M. McDERMOTT

SOLIDÃO

Uma pesquisa num grande país europeu revela que, para 65% das pessoas entrevistadas, a solidão é a provação mais dura de ser suportada. Numa pesquisa paralela, desta vez feita em ambiente eclesiástico, os estudantes declararam temer nove vezes mais a solidão do que a morte.

Eis aí um paradoxo do século XX, que não fala de outra coisa senão de comunicação, de diálogo, de compartilhar e, no entanto, demonstra mais do que nunca o sentimento da solidão. O homem vive em grupo, trabalha e pensa em grupo e, por outro lado, sente-se incompreendido, abandonado, recusado, rejeitado. A solidão é vivida como a mais oprimente das pobrezas. Ela destrói o coração e o espírito, como se o organismo não tivesse mais anticorpos para lutar contra o vazio que o devora. O homem sente-se enxotado de si mesmo, sem que ninguém possa ou queira chegar a ele.

A solidão parece realmente um dos aspectos do sem-sentido de nossa sociedade. Mas se falamos dela nestes termos, é antes de tudo porque ela é inseparável da condição humana. Sob este ponto de vista, ela pertence ao mistério do homem, de sua condição de criatura "finita" diante de Deus. A seu modo, a solidão coloca o problema do → *sentido*: um sentido parcialmente acessível para os recursos humanos e nunca plenamente descoberto sem uma iluminação de cima por obra de Cristo.

Mas quando falamos de solidão estamos usando um termo ambíguo. Pois existem muitos tipos de solidão: a solidão sofrida e suportada, imposta pelos acontecimentos; a solidão ruim e agressiva, isto é, o mutismo e o isolamento; finalmente, a solidão fecunda, aceita, aberta e acolhedora (p. ex., a dos santos e do próprio Cristo). Na verdade, a única distinção válida é a que existe entre a solidão negativa ou isolamento e a solidão fecunda, a única autêntica. O problema está em passar do isolamento para a solidão-recolhimento, da vida fracassada para a vida realizada.

1. FORMAS DE SOLIDÃO – Uma *primeira* forma de solidão nos é imposta pelo estilo de vida do mundo moderno, sobretudo nas grandes cidades. Nas pequenas aldeias, as pessoas se conhecem demais para que ela ocorra. Ao contrário, na grande cidade, que reúne tanta gente, que deveria desenvolver o senso da comunidade, vive-se paralelamente e em células isoladas, como comboios de metrô, no anonimato total. Passa-se rente aos outros como se passa rente a muros. Somos capazes de cruzar com nosso vizinho durante anos, sem nunca identificá-lo ou identificar-nos. Podemos morrer sem que os outros saibam e sem que ninguém se preocupe com o fato. Raramente o vizinho é o nosso *próximo*. A vida das grandes empresas, com todos os seus escritórios e suas máquinas, de modo algum melhora a situação. De tanto conviver com máquinas corre-se o risco de tratar tudo e todos como se fossem máquinas. Vai-se atrofiando a aptidão para o encontro interpessoal. As salas de televisão, com poltronas confortáveis, mas isoladas, são o símbolo de uma indiferença que acaba gerando a renúncia e em seguida o isolamento agressivo.

Uma *segunda* forma de solidão suportada é a que nasce da falta de compreensão por parte de quem nos está perto: pais, amigos, companheiros de trabalho. Solidão tanto mais dolorosa quanto mais nos vem daqueles com os quais, normalmente, mais deveríamos contar. Este tipo de solidão encontra-se nas famílias em que marido e mulher vivem lado a lado, mas um fechado para o outro; solidão "a dois" de casais em desarmonia, em guerra aberta ou disfarçada, na expectativa de "decolarem" para, em seguida, se envolverem na aventura dos parceiros ocasionais e das desventuras "em cadeia". Em consequência disso, solidão do jovem "monoparental", que não sabe mais a quem pertence, tornando-se presa privilegiada de todas as tentações. Este fenômeno de incompreensão e de consequente solidão encontra-se, não menos violentamente, entre as diversas classes da sociedade (trabalhadores e patrões, sindicatos e governantes) e entre as diversas gerações: drama da incompreensão entre pais e filhos (pais despreparados ou desnaturados, filhos que deixam o lar, batendo a porta para se juntarem a grupos clandestinos: desocupados, desadaptados, viciados em tóxicos).

Uma *terceira* forma de solidão suportada, involuntária, mas indiscutivelmente mais dolorosa, mais dilacerante, é a do abandono e da rejeição. Todos aqueles que a conheceram não querem sequer lembrar-se dela, pois é a experiência de uma desintegração do ser inteiro da pessoa. Experiência de padres jovens, ardorosos, cheios de zelo, mas entregues a si mesmos em ambientes descristianizados, glaciais e congelantes, e desprovidos da possibilidade de se reabastecerem espiritual e intelectualmente. Esta é também a sorte dos prófugos e dos "refugiados". De início, são bem-acolhidos, mas a lua de mel dura pouco no país de adoção. No metrô, nas estradas e no ônibus seu sotaque, sua cor e suas feições revelam logo "o estrangeiro". Raras são as casas – e ainda mais raros os corações – que os acolhem com o calor de uma amizade que inspire confiança.

Chegamos às pessoas da terceira ou quarta idade: condição esta hoje comum em nossos países ocidentais em que a longevidade aumentou notavelmente. Os idosos sentem-se muitas vezes como mortos a quem se concedeu um prazo de tolerância: passam a maior parte do tempo na cama ou diante da televisão, ou, então, postados à janela, onde ficam contemplando um mundo que não lhes diz mais respeito, porque não trazem mais nenhuma contribuição para a sociedade. Só se lembram deles no período eleitoral! Em certos países, o ingresso num *asilo* é como que a antecâmara da morte, para onde se atira o que é irrecuperável. Não há que surpreender-nos que tal abandono gere a amargura, quando não o isolamento agressivo.

Os mais atingidos pela solidão-abandono são os doentes graves, os doentes "crônicos". Sentem-se fisicamente diminuídos e socialmente marginalizados. Não pertencem mais ao mundo dos vivos. Seres decaídos, que atrapalham, insignificantes, muitas vezes inspiram desprezo, somado à repugnância física que se experimenta diante de um objeto destinado à decomposição do túmulo ou do carneiro. Espera-se por sua morte para apoderar-se de sua herança. O doente crônico pode sair desta crise purificado e mais "gente", mas também pode cair na "solidão ruim", que o separa de si mesmo e dos outros.

E, finalmente, existe o abandono-rejeição de todos os desprovidos diante do brutal poder dos regimes de opressão: de tipo político, militar ou econômico. Toda injustiça no mundo deixa a vítima "sozinha" diante da tentação do suicídio. Esta condição é exatamente a dos povos que há séculos vivem numa solidão "coletiva": dominados, oprimidos, escravizados, pisados, sem sequer a esperança de sair dessa situação, como o náufrago que, depois de todas as tentativas para boiar, se sentisse agarrado pela nuca e "reafundado" sem dó.

Observemos que a experiência dessa solidão suportada é, sim, uma provação, mas não necessariamente o fracasso da existência. Pelo contrário, se for vivida em comunhão com Aquele que é ao mesmo tempo Solidão e Plenitude, com Cristo, pode tornar-se como a solidão dos contemplativos e dos sofredores: a mais poderosa energia espiritual que existe no mundo. Do contrário, pode degenerar para o isolamento e para a solidão ruim.

2. A SOLIDÃO NEGATIVA OU ISOLAMENTO – O isolamento é uma solidão que *azedou* em vez de *amadurecer.* Encontra-se em pessoas que conheceram cedo a derrota na vida, mas que nunca a aceitaram ou superaram. O isolado torna-se amargo, agressivo, guardando asco em relação a tudo e a todos. O incompreendido, o mal-amado, torna-se um mal-amante e um desprezado que responde com o desprezo. Arrasta sua própria vida e joga sobre tudo e sobre todos um olhar de decepção. Esta tentação ameaça o que está envelhecendo e vê diminuírem e em seguida desaparecerem suas possibilidades de sucesso. "Dei o que tinha para dar: que se arranjem!" Uma vida que podia ser fecunda, torna-se estéril.

Os ambientes cristãos não são isentos destas tensões não menos ferozes do que as das colônias de animais. Se a pessoa não pertencer a uma determinada coletividade, ideologia ou tendência, é excluída de tudo, não somente do poder e dos favores, mas também do oxigênio necessário para respirar. Tais ambientes, ao invés de se desenvolverem na caridade, tornam-se infernos em que cada um se fecha, se protege, se defende ou ataca. Se a pessoa se encontra com os outros, é para entrar em choque com eles ou para triturá-los. O medo é onipresente como uma guilhotina sempre pronta para cortar cabeças. Na realidade, o homem *isolado* é *repugnante*: tem necessidade de ser *salvo.*

3. AS SOLUÇÕES PARA A SOLIDÃO – Existe uma única solução verdadeira para a solidão: a que vem de cima e com uma superação. Ocorre que esta solidão fecunda é ela mesma uma *conquista.* Exige que a pessoa se recolha interiormente para encontrar-se a si mesma, como Cristo que se retira para o ermo para rezar e para reencontrar-se a si mesmo como Filho na intimidade do Pai. Sem o recolhimento interior, o retirar-se torna-se aridez, deserto insuportável. Se deixamos o turbilhão, o vórtice, deve ser para reencontrar a nós mesmos em águas tranquilas. Voltamos a nós mesmos a fim de retornar aos outros mais ricos, com algo a mais para oferecer.

Um outro elemento da verdadeira solidão é a abertura aos outros. Recolhimento e abertura constituem uma só ação. A solidão revela o homem a si mesmo, reconduzindo-o ao centro, na liberdade, no mistério de sua insubstituível unicidade e também em sua finitude, com sua necessidade de conhecer, de amar, de agir para realizar-se. Do contrário, atrofia-se e morre. A solidão ensina, assim, a olhar os outros com um mesmo olhar, não como uma sombra indiferente ou um objeto a ser possuído ou a ser desfrutado, mas como um igual mistério de liberdade e de unicidade, que só se descobre através da confiança, do livre-testemunho. Exclusivismo e totalitarismo são inimigos da verdadeira solidão. Somente a solidão verdadeira leva à amizade e ao amor autêntico. A solidão assemelha-se, então, à Solidão divina, que é ao mesmo tempo Plenitude infinita e pobreza infinita. A verdadeira solidão conduz finalmente a uma renovação de si mesmo. Aquele que mergulha no coração de seu próprio ser abre-se aos outros e cria para si um novo ser. A verdadeira solidão é fonte de progresso, de criatividade, de integração. A dialética da vida é a da solidão e da comunhão: um ritmo de dois tempos. Não existe fecundidade intelectual e espiritual sem solidão.

4. INEVITÁVEL SOLIDÃO RADICAL – O discurso sobre a solidão ainda não está completo. Com efeito, mesmo nas condições mais favoráveis e nos ambientes mais protegidos, fica sempre dentro de nós uma solidão radical e inevitável: aquela que advém de nosso mistério pessoal. Perceber o que *somos* significa tomar consciência de sermos todos e cada um "células secretas", retiros misteriosos. Em certos momentos, esta tomada de consciência provoca um estado de desconforto. Mas pode ser benéfica ou tornar-se um convite para aquele que se encontra lá onde nada pode chegar, no mais profundo de nós mesmos; um convite também para solidões semelhantes à nossa, as daqueles que nos rodeiam e que têm necessidade de nós e com os quais sentimos necessidade de nos comunicar, num ininterrupto circuito de simpatia e de amor.

Esta solidão radical deriva do mistério de nossa unicidade (somos todos um exemplar único e inimitável), que nos "torna afins" ao mistério da unicidade de Deus. Quem nunca tiver experimentado esta solidão, ainda não desceu muito às profundezas do coração humano. Esta solidão deriva também de nossa indigência de seres humanos. Feitos para Deus, só podemos ser preenchidos por Ele. Com efeito, sabendo-o ou não, o homem traz em si uma invencível nostalgia de Deus, uma sede de infinito que só se saciará nele. Os apoios humanos são todos frágeis: acabarão por faltar-nos ou por decepcionar-nos. Há um dia, em todo caso, nosso último dia, em que nos encontraremos sós, sem proteção e sem nenhuma tela, diante de Deus. Esta é a solidão fundamental e inevitável. Quanto antes tomarmos consciência disso, tanto mais cedo nossa solidão será preenchida, pois então a Plenitude nos cobrirá com seu amor e virá preencher nossa indigência.

Este encontro de nossa solidão com a Plenitude não poderia acontecer em meio ao barulho, ao rebuliço, mas no recolhimento e no → silêncio, que possibilitam à alma escutar e abrir a porta à grande Presença. Quando nos recolhermos assim, a voz de Deus, que é brisa leve, se amplifica e se faz ouvir. A solidão é, então, habitada pela presença do Outro que é luz, novo amor e nova força, nova alegria e harmonia entre Deus e nós. Uma doente de câncer em fase terminal, à qual eu dizia: "A Sra. deve sentir-se muito só em certos momentos!", respondeu-me com um sorriso iluminado de luz interior: "Nada disso. Quando estou sozinha, estamos sempre em dois!" Não seria possível exprimir-se melhor. Efetivamente, a morte é o encontro de nossa solidão radical e originária com o Tu divino que, finalmente, tira o véu que lhe encobre o rosto. A morte é a solidão chegada à maturidade plena: a solidão preenchida pela Plenitude.

5. CRISTO E NOSSAS SOLIDÕES – Temos na vida momentos de solidão que advêm do cansaço, de uma depressão física passageira. Recorremos então à ajuda de um médico e de especialistas... Também um amigo pode ajudar-nos a superar os momentos ruins. Mas, mesmo quando nossa *performance* física é normal, nunca conseguimos eliminar aquelas formas de solidão humana que marcam inevitavelmente cada existência. Há momentos em que os apoios humanos nada mais podem fazer. Então, é preciso *olhar para Ele*. Com efeito, Jesus não fez discursos sobre a solidão, como, por exemplo, os fez sobre o próximo. Mas disse: "Não vos deixarei órfãos" (Jo 14,18) – e não acrescentou mais nada. Mais do que nunca, é preciso lembrar que a revelação se realizou tanto através das palavras formais de Cristo quanto com seus exemplos e suas atitudes. De fato, a resposta de Cristo ao problema de nossas solidões *não é um discurso*, mas *uma atitude*.

Se Cristo não tivesse conhecido nossas solidões, incompreensões, abandonos, rejeições, poderíamos murmurar e argumentar contra Ele, como fez Jó com Deus. Acontece que Cristo nos precedeu no caminho da solidão até o abismo: Ele conheceu literalmente todas as formas de solidão.

Conheceu a *amizade traída*. "Veio para os seus, mas os seus não o acolheram" (Jo 1,11). Amou seu povo e o consolou em todas as suas misérias com ternura de mãe, iluminou-o e exortou-o. Amou sobretudo os Doze, que fez seus companheiros de caminhada e de mesa. Até o fim os chama de "seus amigos". Mas acaba encontrando-se sozinho. Todos o deixam, também os mais fiéis. Ele se tornou um "separado", um "isolado". Pedro o renega, Judas o trai. Os homens o abandonam; mas Ele não os abandona. Rejeitado por todos, Ele não rejeita ninguém.

No momento da paixão, preso como um criminoso, Jesus cai nas mãos dos *inimigos*. O drama da solidão de Jesus é também o drama do amor odiado, ridicularizado, condenado e crucificado. Cristo encontra-se sozinho e sem defesa diante da oposição unida de seus adversários. Os fracos, os invejosos, os ciumentos, os que estão cheios de ódio: todos estão presentes e unidos contra Ele. O passado está aí, cru, frio, cruel, brutal, contra o inocente. Uma única voz unânime: "Seja morto, crucifica-o, que desapareça!" É *entregue*: Ele é passado de mão em mão, como um objeto de troca, até o carrasco, até a cruz. Cristo venceu tudo o que o ódio, a crueldade, o medo, a inveja e a fraqueza podem fazer de nós. Experimenta o açulamento do homem no mentir, no fazer sofrer, no degradar, no aviltar e no fazer desaparecer todos os que não pensam como Ele. Jesus experiencia o sentimento que conhecemos nos momentos mais negros da existência: não pode realmente esperar nada de ninguém! E, no entanto, *permanece fiel* a esta humanidade capaz de tudo. Nenhuma palavra de censura, de repulsa, de rejeição. Jesus nos toma onde estamos, prisioneiros de nossas recusas obstinadas, em nosso inferno. Nem mesmo todo o pecado do mundo consegue separá-lo do mundo, de nós, do Pai.

Efetivamente, Jesus Cristo conheceu no Getsêmani um abismo de solidão que permanece um mistério. Todavia, os textos evangélicos deixam entrever algo desta solidão dilacerante. Marcos fala de terror e de angústia. Jesus é triturado. Ele, que veio para congregar, chega ao resultado oposto: a divisão. Aquele que reúne tornou-se fonte de divisão. Ele, que veio pregar o reino, choca-se com a recusa do reino por parte de Israel. É a derrota, a pior das solidões. O silêncio de Deus responde ao silêncio dos homens. Mas Jesus continua a proclamar a presença daquele que parece ausente: *Abba, Pai*; permanece fiel ao mistério de ser Filho. Após ter assumido sobre si o fardo dos pecados do mundo, após tornar-se leproso, Cristo vive a terrificante solidão, a dilacerante ausência criada pelo pecado entre o homem e Deus. Se alguém merecia ter sucesso em sua missão, era precisamente Jesus. E, no entanto, conheceu a derrota, o ódio e a rejeição. No horror desta solidão, nestas trevas mais espessas que a noite, não deixa de dizer *sim* à vontade do Pai: "Faça-se tua vontade, e não a minha". Neste *sim*, Ele permanece voltado para o Pai, como uma mão que aperta a mão que salva, mas que não a deixa ver o rosto de quem salva. A solidão de Cristo, por mais desmedida e atroz que seja como experiência humana, não consegue separá-lo do Pai. O abismo da solidão coincide com a entrega total ao Pai. Aí está o *discurso* sobre a solidão: *uma atitude, um comportamento.*

6. A SOLIDÃO CRIATIVA NO ESPÍRITO – A solidão radical e originária, que trazemos junto com nosso ser de criaturas, não nos deixará nunca, a não ser quando for preenchida por aquele que só é Plenitude. Mas existe uma forma de solidão que pesa diariamente sobre nós, para destruir-nos: é a solidão do abandono, da incompreensão, do esquecimento, da derrota imerecida. Nenhuma existência humana pode fugir a esta solidão, que é semelhante a de Cristo. Ela pode tornar-se atroz como um martírio do coração. Pode encontrar-nos e nós podemos encontrá-la ao nosso redor, vivida pelos outros, às vezes sem podermos imaginá-la. Então é a noite, a parede fria, dura e escarpada da falésia. Não enxergamos mais nada, apenas a noite! É agora que a solidão pode tornar-se ruim, e voltar-se contra nós, contra os outros e contra Deus. Mas este é também o momento em que a solidão, assumida na fé e no amor, pode tornar-se possibilidade de superação, de salto para cima! Efetivamente, devemos crer que Jesus, fiel ao Pai até o abismo do abandono e do silêncio de Deus, mereceu-nos a força de dizer, com Ele e depois dele, em meio ao horror da noite: "*Sim*, Pai, não enxergo, não entendo (na realidade, humanamente não há nada a entender), mas escolho a ti, a tua vontade; aceito-a, abraço-a, aonde quer que ela me leve. Sou teu filho, teu filho para sempre". Adesão que crucifica, mas que é possibilitada pela graça da solidão agonizante e crucificada.

Esta solidão, aceita dolorosamente e com amor, é a solidão fecunda que nos faz sair do isolamento. Todo aquele que tiver reconhecido e aceito tal solidão não estará mais só. Escapa do vazio e do desgosto da vida e de todas as formas de ceticismo, de decepção, de amargura, de fastio e de ódio. Quando a solidão assumir tal sublimidade de *sentido*, torna crível a revelação que propõe tal visão dela. Esta solidão fecunda e plenificante é a do cura d'Ars, de Francisco de Assis, de P. de Foucault, de Isaac Jogues, de Padre Kolbe. Mas não é preciso ir procurar muito longe. Recordemos antes as pessoas conhecidas, que viveram esta plenitude de alegria e de serenidade na solidão, pessoas que passaram a vida com sua parte de provações, talvez mais pesadas do que era necessário, mas que, não obstante, conservaram o frescor da alma, a capacidade de comover-se, de sofrer junto, de ouvir, de esquecer a si mesmas, de confortar as pessoas de quem estavam perto, com aquele inesquecível sorriso de doçura, de bondade, iluminado por dentro pela luz da única Presença que preenche toda solidão. Assim vivida, esta solidão aproxima-se da dos "sofredores", dos "orantes"; ela é a mais poderosa energia espiritual do mundo. É súplica perpétua ao Filho e ao Pai, no Espírito. A esta altura não se fala mais de "fracasso", mas de "sucesso" na vida.

Bibl. – L. Lavelle, "Tous les êtres séparés et unis", em *Le mal et la souffrance*, Paris 1940, 133-216; J.B. Lotz, *De la solitude humaine*, Paris 1964; Vários autores, "Soledad", em *Christus* 19 (1966); J. Guillet, "Rejeté des hommes, abandonné de Dieu", em M. de Certeau-F. Roustang (eds.), *La solitude*, Paris 1967; D. Vasse, "De l'isolement à la solitude", Ibid., 173-185; T. Merton, *Na liberdade da solidão*, Petrópolis 1961; S. de Beauvoir, *A velhice*, Rio de Janeiro 1990; R. Latourelle, "Cristo e le nostre solitudini", em *L'uomo e i suoi problemi alla luce di Cristo*, Assis 1982, 271-290; C. Mesters, *A missão do povo que sofre*, Petrópolis, 1981; P. Talec, *L'annonce du Bonheur. Vie et Béatitudes*, Paris 1988, 151-175; J.M. dos Santos Ferreira, *Jesus Cristo, Luz e Sentido da Solidão do homem*, Lisboa 1989.

RENÉ LATOURELLE

T

TEILHARD DE CHARDIN

Assim como Pascal, Teilhard de Chardin (1881-1955) interessa-se pelo homem, mas pelo homem como fenômeno e em sua totalidade; pelo homem inserido no universo e na coletividade humana, arrastado pelo turbilhão da evolução através da duração infinita dos séculos. Teilhard interessa-se pelo mundo, mas visto em sua integralidade, que inclui o natural, o religioso, o cristão e o sobrenatural. Sua visão do mundo é unitária e esta unidade está fundada em Cristo. Teilhard é o homem da *síntese* total. Para ele existe Deus no universo, o universo em Deus, e existe o Homem-Deus, Cristo, no universo que Ele assume e recapitula em si. Há em Teilhard um duplo sentido inato: um sentido *cósmico* e um sentido *crístico*. Os dois foram crescendo em Teilhard, primeiro paralelamente e, aparentemente, de modo independente, depois unidos até coincidirem em Cristo, centro único de convergência universal.

1. INTUIÇÃO FUNDAMENTAL DE TEILHARD – Segundo Bergson, na origem de toda obra, de todo pensamento, existe uma intuição central, algo de simples, de infinitamente simples, que a linguagem apenas exprime nos detalhes, mas que é o fermento da obra inteira. Para Teilhard, esta intuição diz respeito ao sentido do drama contemporâneo: Teilhard tem a certeza de que o cristianismo e o homem moderno, a fé e a ciência, atualmente dissociadas, são indispensáveis uma à outra e complementares.

Profundamente inserido no mundo através de seu trabalho científico, Teilhard experimentou-lhe tanto as aspirações quanto o sentimento de confusão. Pois, por um lado, importantes descobertas (pensemos em Galileu, em Darwin, em Freud) revolucionaram a consciência moderna. Antes, o homem desconhecia as dimensões indefinidas do espaço e da duração; vivia num mundo estático, sem evolução, que dava segurança. Além disso, a esperança do céu oferecia uma feliz resposta às misérias, aos sofrimentos, às desigualdades da terra. Mas eis que agora este cenário de Éden ruiu por terra. Entre Deus e o homem insere-se agora um outro personagem, o *Mundo*. Não somente como realidade física, mas também como realidade a ser construída, capaz de mobilizar e dinamizar as energias dos povos. O cosmo estático vira mundo em movimento. Existem agora um passado e um futuro, uma gênese e um crescimento do mundo, um abismo do passado, em que tudo afunda, e um abismo do futuro, igualmente indefinido, para o qual tudo se projeta. O mundo moderno é marcado pela descoberta da imensidão do espaço e do tempo, do mundo em evolução. Mais ainda do que Pascal pudesse imaginar, o homem sente-se perdido e destituído de sentido, nesta imensidão espacial e temporal. No cerne de seus triunfos, o homem moderno sente a impotência de usar, para sua realização, os próprios valores que pretende dominar e monopolizar.

A intuição e a vocação de Teilhard situam-se exatamente neste contexto. Teilhard está convencido de que o cristianismo, apesar de tudo, continua sendo a única salvação do mundo moderno, do progresso, da evolução: mas, desde que reencontre seu poder de sedução, através de uma reflexão pessoal sobre seu mistério, uma adaptação da linguagem; desde que se rejuvenesça ao contato com o mundo e na nação sobre este; finalmente, desde que cristifique os legítimos valores da consciência moderna.

Como pesquisador, cristão e padre, Teilhard descobriu em si uma *vocação*. Apaixonado pelo mundo e por Deus, sentiu-se chamado a restabelecer uma ligação entre o mundo da ciência de seu tempo e o cristianismo; entre os adoradores de Cristo e os adoradores do mundo, entre a paixão pela terra a construir e a paixão do céu a conquistar. Esta dupla vocação de filho da terra e filho do céu, percebida como própria, juntamente com a mensagem que implica para os homens de seu século, é a alma de toda a obra de Teilhard. Simples como uma intuição, mas dinâmica como uma vocação.

2. INTENÇÃO APOLOGÉTICA – Se quisermos definir a obra de Teilhard, podemos dizer com ele que é uma *apologética*, isto é, a reflexão de um homem de ciência sobre sua fé, com o objetivo de ver se e como ciência e fé podem harmonizar-se. Em *Esquisse d'une Dialectique de l'Esprit* (*Oeuvres* 7, 1946), o próprio Teilhard propõe sua obra como uma "apologética". Expõe também as etapas sucessivas desta apologética ou, se preferirmos, desta "dialética". Seu primeiro objetivo é derrubar a barreira que, de quatro séculos para cá, se levantou entre ciência e revelação, entre Igreja e ciência. Num mundo dominado pela ciência, Teilhard dedica-se a reconciliar visão religiosa e visão científica do universo. A este propósito, escreve Monsenhor de Solages, Teilhard "aparece como o maior apologeta do cristianismo, depois de Pascal". C. Cuénot acrescenta: Teilhard "elaborou uma apologia do cristianismo, cujo poder demonstrativo é comparável e talvez superior ao pensamento de Pascal, de Newman, de Blondel".

Teilhard quer levar os homens de ciência a reconhecerem que a unidade convergente da evolução só tem sentido se admitirmos, além do lançar-se "para frente" do progresso, também o lançar-se para o "alto" que o dirige desde o início. Teilhard introduz, assim, a ideia de transcendência, como também a ideia de finalidade, que lhe merecerá as censuras dos cientistas. Além disso, pensa Teilhard, sem a fé num sentido e num êxito da vida, o homem não pode continuar a viver e a agir. Teilhard prepara, portanto, o caminho para a aceitação de Cristo como o único capaz de garantir o futuro do homem. Também o cristianismo é o único capaz de dar um sentido ao universo em via de evolução. Teilhard quer chegar a "cristificar" a evolução. Seu projeto, em suma, é demonstrar ao homem de ciência que a evolução do universo encontra em Deus e, portanto, no cristianismo, uma *coerência* que constitui um critério de verdade. Todavia, Teilhard não se contenta com uma conclusão tomada de fora. Entende a revelação e a fé como uma resposta inesperada e plenificante de um misterioso chamado vindo das profundezas do cosmo e do homem: nisto aproxima-se de → Pascal e de → Blondel.

Não é pequeno o esforço de aproximação e de compreensão que ele pede aos cristãos. Para reconquistar algumas posições perdidas em relação à mentalidade moderna, exige-se algo mais do que uma revisão; impõe-se uma *conversão* total. Não é sem motivo que o cristianismo tem sido acusado de lesa-humanidade, de anti-humanismo. Muitos cristãos deram a impressão de que para se ser cristão era preciso opor-se ao progresso. A Igreja, "aceitando verbalmente alguns resultados e perspectivas do progresso... parece não crer nele. Às vezes abençoa, mas não com o coração" (*Oeuvres* 9, 165-166). Para reconciliar ciência e cristianismo há que repensar o sentido cristão do trabalho, do progresso, da pesquisa, do esforço humano. Efetivamente, o Deus salvador é também o Deus criador. A Igreja tem de aceitar com magnanimidade o mundo do progresso e crer de verdade nele. "Imergir, para emergir e elevar. Esta é a própria lei da encarnação. Penso que o mundo moderno se converterá para as experiências celestes do cristianismo, só se antes o cristianismo se converter (para divinizá-las) às esperanças da terra" (*Oeuvres* 165). Desde 1923 ele afirmava: "Creio num Absoluto que, aqui e agora, não se manifesta a nós de outro modo senão através de Cristo... Aqui está toda a minha *apologética*, e não consigo conceber outra" (*Lettres à Léontine Zanta*, Paris, 1965, 53). Ao homem do século XX, apaixonado por um universo do qual descobriu a duração e o espaço infinito, propõe a figura de Cristo cósmico, abismo de grandeza em todas as direções. Em 1943, escreve: "Por Supercristo não entendo absolutamente um outro Cristo, um segundo Cristo, diferente do primeiro e maior do que Ele; entendo, sim, o mesmo Cristo, o de sempre, que se desvenda a nós numa figura e em dimensões amplificadas" (*Oeuvres* 9, 208).

3. PERSPECTIVA DE ABORDAGEM: O UNIVERSO INTEIRO E O HOMEM INTEIRO A PARTIR DE UMA FENOMENOLOGIA – A interpretação teilhardiana do universo funda-se em duas premissas: uma abordagem fenomenológica do fenômeno humano, visto em sua globalidade; em seguida, uma visão evolutiva do universo.

Antes de tudo, uma visão *totalizante do universo.* Adotando este tipo de enfoque, Teilhard está perfeitamente consciente do risco de ter contra si os pesquisadores puros, bem como os filósofos e os teólogos. Mas acredita que, na proximidade do Todo, física, metafísica e religião acabam estranhamente por convergir.

É preciso adotar como objeto de ciência a "totalidade" do fenômeno. Ora, o centro de coerência do real não deve ser buscado em baixo, no elemento, mas *no alto*, no *homem*, centro de perspectiva e de construção do universo. O mundo não cai para baixo e sim *para frente* e *para cima.* Teilhard inverte os dados do problema: estamos perante um mundo orientado e finalizado.

Uma abordagem totalizante do real supõe que se dê um lugar preeminente ao homem no universo. Teilhard está convencido de que não se pode penetrar profundamente no sentido do universo, se o separarmos do "fenômeno humano"; pois o sentido de tudo está no homem. Sublinhemos, porém, que Teilhard, ao estudar o homem, não o considera antes de tudo em seu aspecto psicológico, como faz Pascal, ou em sua natureza de animal racional, como faz o filósofo, mas de fora, como faz o cientista. Não estuda o indivíduo nem a natureza humana abstrata, mas a massa dos homens, a coletividade humana, a "caravana humana", o fenômeno humano, tal como poderia ser observado por um telescópio gigante ao longo dos séculos. Em suma, estuda o homem e o universo como um só bloco. No passado, construiu-se uma ciência do universo sem o homem e uma ciência do homem à margem do universo. Agora, é preciso construir uma ciência do universo que abrace ao mesmo tempo o homem e o universo.

A fenomenologia de Teilhard não deve, pois, ser confundida com a de Husserl, de Merleau-Ponty ou de Sartre, que quer ser uma análise rigorosa do ato consciente. Não é uma fenomenologia da consciência, mas da natureza. Teilhard conservou o sentido elementar da palavra "fenômeno", a saber, o pré-filosófico: ou seja, tudo aquilo que se apresenta como um dado objetivo à consciência e à experimentação. Sua fenomenologia está voltada para as realidades do mundo externo e é semelhante às ciências naturais. Para os "fenomenólogos", é a consciência humana que confere às coisas sentido e valor; para Teilhard, o homem é centro do universo, porque constitui objetivamente o coroamento e a meta da evolução. Sua fenomenologia é uma primeira reflexão científica, cujo objeto é "observável": nada mais do que o fenômeno, mas o fenômeno *todo.*

Se bem que esta fenomenologia tenha por objeto os fenômenos tais como se apresentam à ciência, não se identifica simplesmente com ela; não é tampouco pura metafísica. Seu ideal é ser uma reflexão científica que englobe, todavia, a totalidade dos fenômenos, para descobrir-lhes a estrutura e a unidade. É uma espécie de hiperfísica ou de ultrafísica, que coroa os dois abismos de Pascal com um terceiro abismo, o da complexidade. Esta nova ciência integra os dados das ciências particulares, supera seus limites e abraça a totalidade da realidade terrena: desde a matéria até o homem. Ela tem a ambição de reunir todos os dados da experiência humana numa única visão que vá desde a física e a química até a história e a religião. Em suma, ela engloba o fenômeno humano em sua totalidade. "Como acontece com os meridianos na proximidade do polo, ciência, filosofia e religião convergem necessariamente na proximidade do Todo. Impossível tentar uma interpretação científica geral do universo sem querer dar a impressão de chegar a explicar tudo até o fim" (*Oeuvres* 1, 22). Se o fenômeno humano é completado pelo fenômeno cristão, é porque Teilhard sempre pensou o fenômeno humano em sua totalidade e na sua consumação em Jesus Cristo. O pensamento de Teilhard é fascinante, porque supera os limites da especialização e busca uma visão que enxerga o homem em sua totalidade. Este ideal pode despertar ceticismo no homem de ciência, assombro no filósofo, desorientação no teólogo. Mas exerce uma incontestável sedução sobre o homem "em busca de sentido", que projeta um olhar de conjunto sobre a complexidade do real.

4. O MOVIMENTO GERAL DO UNIVERSO: UMA EVOLUÇÃO – A segunda premissa para entender a interpretação teilhardiana do universo diz respeito a sua intuição de base: a evolução.

Em suas linhas essenciais, esta visão está ligada aos seguintes pontos. O universo forma um todo homogêneo, mas está submetido a um movimento: o da evolução. O universo não é estático, mas está em via de gênese, de formação: é uma cosmogênese. Além disso, este movimento segue uma direção determinada: está submetido à lei da complexidade crescente. O mundo desenvolve-se no tempo, de simplicíssimo para extremamente complexo. Além disso, este movimento de complexidade está ligado a um aumento correlativo de interiorização, isto é, de consciência.

Dentro da evolução existem estágios, saltos qualitativos. Teilhard fala de ponto crítico, de crise, de limiar crítico, de mutação, de convergência, de ordem nova e de descontinuidade. Mas, através destas descontinuidades, permanece um único movimento. Existe descontinuidade, mas não ruptura. Duas destas maiores descontinuidades são o aparecimento da vida e do pensamento. Se a ciência conhece somente dois pontos críticos (a biogênese e a noogênese), o cristianismo, por sua parte, fala de uma outra passagem inesperada, de um salto decisivo com o qual o elã vital realizará a perfeição. Este ponto é o Cristo-Ômega. Cristo é o futuro do homem, não somente como o homem é o futuro do universo material (o termo natural de evolução), mas como aquele que representa um novo tipo de vida, um novo estatuto da humanidade e que supera as expectativas anteriores, preenche-as e dá-lhes uma consumação inesperada. Pascal diria que se passa para uma outra Ordem. Sem dúvida, é através da fé que Teilhard sabe isso, mas ele acredita que o fenômeno cristão seja capaz de atrair e reter a atenção do homem de ciência.

Antes de Teilhard, o fenômeno da evolução era considerado de modo materialista. Tudo era explicado a partir de baixo, com os elementos primeiros da matéria: procurava-se nos átomos a solidez do universo. Teilhard, pelo contrário, procura o eixo da evolução mais acima, no homem, chave da evolução. Dedica-se a situar o homem no coração do mundo, sem deformar nem o homem nem o mundo. A posição do homem no universo, como seu invólucro pensante, dá à evolução sentido e singularidade. Não somente o homem representa um estado de vida absolutamente novo no mundo, mas nele o universo se torna capaz de reflexão. O homem opera uma ligação orgânica entre o cosmo e o ser pessoal.

5. A SUBIDA PARA O ÔMEGA – Do ponto de vista fenomenológico, a humanidade parece encaminhar-se para uma consciência coletiva, para uma unidade de espécie, para um polo superior de concentração e de reflexão. Este polo, afirma Teilhard, não pode ser somente a coletividade humana como tal, mesmo que unida na concórdia. A força de atração, que centra a humanidade sobre si mesma, deve por sua vez ser também ela uma *pessoa*: uma pessoa à qual os homens possam dirigir seu amor e na qual possam amar seus próprios semelhantes.

Este centro pessoal, este polo último que Teilhard chama Ômega, é necessário para garantir à evolução o elã e o sucesso. É necessário por motivos de amor e de sobrevivência ou, equivalentemente, por motivos de irreversibilidade (ou de sobrevivência e de imortalidade), de polaridade (ou de concentração) e de humanidade (ou de amor).

Os termos aqui são ligeiramente flutuantes, mas os dois motivos essenciais, que exigem aos olhos de Teilhard um polo pessoal e transcendente da evolução, são razões de *humanização* (amor) e de *irreversibilidade* da evolução.

Primeiramente, um motivo de unificação, de humanização da humanidade. O elã da humanidade, com efeito, não poderia ter sucesso senão aceitando, no vértice do mundo e acima de nossas cabeças, um Amante e um Amável. "A coletividade, enquanto tal, é essencialmente não amável. É impossível doar-se ao mundo anônimo" (*Oeuvres* 1, 297). Teilhard escreve em 1941: "Necessitamos não de um cabeça-a-cabeça, nem de um corpo-a-corpo, mas de um coração-a-coração. Nestas condições, quanto mais perscruto a questão fundamental do futuro da terra, tanto mais acredito entender que o *princípio gerador de unificação* não deve, no final, ser buscado nem só na contemplação de uma única verdade, nem somente no desejo suscitado por *Alguma coisa*, mas sim na atração comum exercida por um único *Alguém*" (*Oeuvres* 5, 99). O amor não pode nascer nem estabelecer-se se não encontrar um coração, um rosto. O Ômega deve ser o ponto em que todos se amam, porque todos amam o ponto central.

Um segundo motivo para postular um Ômega pessoal e transcendente é uma razão de *irreversibilidade* (ou de imortalidade, ou de sobrevivência). Efetivamente, sem um motor pessoal e transcendente, a evolução não é garantida, porque não é garantida a *ação humana*. Em resumo, o raciocínio de Teilhard é o seguinte: a vida levou milhões de anos para chegar ao homem. Seria absurdo pensar que este esforço seja vão e votado à autodestruição. O ser de um certo nível não poderia negar-se a si mesmo radicalmente. A vida não seria mais vivível se não tivesse consciência, pelo menos em sua parte superior, no homem, de ser irreversível e imortal. Crer no universo quer dizer crer em sua coerência. Ora, uma evolução "direta" para o homem seria incoerente, absurda, se a pessoa humana (individual e coletiva), fruto superior da evolução, no fim tivesse que perecer. A abolição dos *eus* após a morte constituiria o mais grave retrocesso, contrário à própria essência da evolução, que subiu para o espírito e, através deste, para a pessoa humana. Os homens não se engajarão no progresso e na unificação da humanidade, que percebem como sempre mais dolorosa, se não tiverem a convicção de que o esforço exigido tem possibilidade de sucesso. A perspectiva de uma morte total contra a qual se quebrasse a consciência individual e coletiva, quebraria ao mesmo tempo toda ascensão evolutiva.

Por isso, a evolução aparece como um gigantesco movimento de unificação e de personalização, que sobe para Deus. Num primeiro tempo, a subida humana para o "Ômega" aparece como uma "procura", um esforço da humanidade para chegar a uma realização plenamente consciente e deliberada da comunidade como tal. Mas a humanidade não pode tender eficaz e efetivamente à unidade de amor recíproco, se não tender à união de amor com Deus Ômega. A evolução, a ascensão para o homem, em seguida do homem para a união de amor com seus semelhantes e, finalmente, ascensão para a união de todos, mediante a união com um Deus pessoal e transcendente. Depois da biosfera e da noosfera, a tomada de consciência de um ômega pessoal, no centro da noosfera, faz nascer pouco a pouco a *Teosfera.* Em suma, o Ômega dever ser *pessoal*, a fim de personalizar e permear de amor a evolução; deve ser *transcendente*, para consolidar e tornar imortal a evolução.

6. DO DEUS ÔMEGA PARA O DEUS REVELADOR – Na *Introduction à la vie chrétienne*, de 1944, Teilhard diz explicitamente: "Uma vez admitida a personalidade de Deus, a possibilidade e também a probabilidade de uma revelação, isto é, de um reflexo de Deus em nossa consciência, não somente não oferece dificuldade, mas é eminentemente conforme à natureza das coisas. No universo as relações entre elementos são em toda parte proporcionais a sua natureza: relações materiais entre objetos materiais, vivas entre seres vivos, pessoais entre seres que refletem. Desde o momento em que o homem é pessoal, Deus deve influir num grau e de uma forma pessoal, isto é, intelectual e sentimentalmente: em outros termos, deve *falar-lhe.* Entre inteligências, uma presença não poderia ser muda" (*Oeuvres* 10, 187-188). Outra coisa, evidentemente, é estabelecer o evento histórico desta palavra.

"Com a parte mais crítica e mais positiva de meu ser", afirma Teilhard, "começo a pensar que o fenômeno cristão poderia na verdade ser o que pretende representar... uma revelação" (*Oeuvres* 6, 114). Todo aquele que estiver atento a uma visão evolutiva e convergente do universo, que se realiza graças a um ponto de superpersonalização das consciências, não pode deixar de estar atento ao fato cristão, que se apresenta como uma das realidades deste mundo. Com efeito, o fenômeno cristão apresenta, por seu credo, por seu valor de existência, por sua extraordinária vitalidade, uma notável semelhança com tudo o que sabemos sobre a convergência de um universo num Ômega transcendente e superpessoal.

O cristianismo é caracterizado pela afirmação de um Deus pessoal que dirige o universo com sabedoria e por um Deus revelador que se comunica ao homem através das vias da inteligência. Em Jesus Cristo, este Deus mergulha parcialmente na matéria e guia a evolução. Homem entre os homens, Cristo dirige, afina e anima mormente a ascensão geral das consciências em que está inserido. Com uma ação de comunhão e de elevação, agrega a si o psiquismo total da terra. E, quando tiver unido tudo, unificado tudo, transformado tudo, atingirá o lar divino do qual nunca saiu e se fechará sobre si mesmo e sobre sua conquista. Então, Deus será Tudo em todos e cada elemento encontrará juntamente com o universo sua consumação. O cristianismo impõe-se, além disso, por seu valor de existência e de vida. Dirigindo-se a cada homem e ao homem inteiro, impõe-se entre as correntes mais vigorosas e mais fecundas registradas na história de noosfera. Vale quantitativamente e sobretudo qualitativamente pelo aparecimento de um estado de consciência absolutamente novo: *o amor cristão.* Durante vinte séculos este amor cristão tem elevado e animado até o heroísmo milhares de pessoas que dele fizeram o absoluto de sua vida. Num mundo submetido à lei da evolução e da convergência, a cristogênese aparece como o prolongamento da noogênese em que culmina a cosmogênese. O cristianismo aparece como a única corrente de pensamento capaz de abraçar com um gesto completo o Tudo do universo e o tudo da pessoa.

Aos olhos do homem contemporâneo, é a capacidade de fornecer uma interpretação significativa do mundo que faz a *verdade* de uma religião. Para Teilhard, a religião que melhor se harmoniza com a visão de um universo que progride pelas vias de complexidade e de consciência crescente para um Centro de convergência e de transcendência, será a religião mais verdadeira, a que dá à vida e à ação do homem seu sentido máximo. Ora, entre todas as correntes humanitárias e religiosas, só o cristianismo se apresenta capaz de operar esta síntese em Jesus Cristo. Esta *coerência* dos dois fenômenos deveria ser de natureza capaz de reter a atenção também dos não crentes. A reflexão fenomenológica e a filosofia religiosa de Teilhard param aqui.

7. O CRISTO-ÔMEGA – A grande descoberta, a grande alegria de Teilhard foi a identificação gradual do Ponto Ômega com o Cristo da revelação. O grande acontecimento da minha vida – afirma ele – será a gradual identificação dos dois sóis, pois um destes astros é o vértice cósmico postulado por uma evolução generalizada de tipo convergente, e o outro é constituído pelo Cristo ressuscitado da fé cristã. Teilhard não confunde ciência e revelação. Mas, confrontando sua visão do mundo derivada da evolução cósmica e orgânica, em seu impulso ascendente, com os dados da revelação sobre o universo e sobre a humanidade, percebe entre as duas visões uma *coerência*, uma *harmonia* que o deixa estupefato. Um único movimento parece levá-las uma ao encontro da outra: movimento de baixo para cima e em seguida de cima para baixo. Mudando, portanto, a perspectiva, um passo após o outro, Teilhard fala agora como crente: situa-se em cheio num regime de fé. A luz da revelação, o ômega se "cristifica". "Cristo possui todos os atributos sobre-humanos do Ponto Ômega" (*Oeuvres* 9, 209). "Sob o influxo iluminador da graça, nosso espírito reconhece nas propriedades unitivas do fenômeno cristão uma manifestação (reflexo) do Ômega na consciência humana e identifica o Ômega da razão com o Cristo universal da revelação" (*Oeuvres* 13, 174). A cosmogênese e a antropogênese estão na perspectiva da cristogênese. Compreender a evolução significa compreender a misteriosa figura de Cristo ressuscitado como o fim e o ponto de convergência da evolução. Mas, passemos, então, da hipótese filosófica para o fato histórico, da análise fenomenológica e filosófica para o plano da fé e da cristologia. Efetivamente, enquanto ficarmos no plano da análise científica ou da interpretação filosófica da evolução, o rosto do Ômega permanece vago. É a revelação que nos desvenda a verdadeira identidade do Ômega: chama-se Cristo. Então, "em vez de um vago ponto de convergência, exigido como termo desta evolução, aparece e estabelece-se a realidade pessoal e definida do Verbo encarnado em quem tudo toma consistência. A Vida para o homem. O homem para Cristo. Cristo para Deus" (*Oeuvres* 5, 51). Se aceitarmos "a evidência de que o Cristo da revelação não é outra coisa senão o Ômega da evolução... começa a brilhar positivamente uma via de saída

no ápice do futuro. Num mundo certamente aberto a seu vértice *in Christo Jesu*, não corremos mais o risco de morrer sufocados" (*Ouevres* 13, 106).

Para Teilhard, esta identificação de Cristo com o ômega, esta coerência e esta harmonia entre uma religião de tipo crístico e uma evolução de tipo convergente, encontram seu apoio e fundamento na própria cristologia de São Paulo e de São João. "Se o mundo é convergente e se Cristo ocupa seu centro, então a cristologia de Paulo e de João não é outra coisa e nada menos do que o prolongamento ao mesmo tempo esperado e inesperado da noogênese, em que, por nossa experiência, culmina a cosmogênese" (*Oeuvres* 1, 131). Em 1934, em *Comment je crois*, Teilhard propõe, portanto, os artigos de seu credo: "Eu creio que o universo é uma evolução. Creio que a evolução caminha para o espírito. Penso que o espírito, no homem, se realiza no pessoal. Creio que o Pessoal supremo é Cristo universal" (*Oeuvres* 10, 117).

8. O CRISTO UNIVERSAL – O Cristo universal é o Cristo total e totalizante, o "centro orgânico do universo inteiro... aquele que os evangelhos e, mais exatamente, Paulo e João, nos apresentam" (*Oeuvres* 9, 3). Com a encarnação Deus "se cristifica" e com o mesmo movimento "cristifica o universo e a humanidade". "O universo cristificado" ou o "Cristo universal" são uma coisa só. O Cristo universal é aquele que, "com seu nascimento e seu sangue, leva toda criatura ao Pai; é o Cristo da Eucaristia e da parusia, o Cristo consumador e cósmico de São Paulo... polo físico de síntese universal" (*Oeuvres* 10, 210).

A obra de Teilhard representa sem dúvida um dos maiores esforços contemporâneos de alargar e renovar a → cristologia. O problema para ele é o seguinte: Que é feito de Cristo, num mundo em que a complexidade e a imensidade do universo explodem de todas as partes? É preciso explicitar, desenvolver uma cristologia que seja proporcionada às dimensões do universo, ou seja, é preciso reconhecer que Cristo possui, em virtude da encarnação e da ressurreição, atributos universais e cósmicos que fazem dele o centro pessoal da evolução. "*Universalizar* Cristo é a única maneira de conservar seus atributos essenciais numa criação prodigiosamente ampliada" (*Oeuvres* 9, 163): é também a maneira de captar, corrigindo-as, todas as tentativas do panteísmo moderno.

São Bruno foi seduzido pelo Cristo solitário; São Francisco, pelo Cristo pobre; São Domingos, pelo Cristo verdade; Santo Inácio, pelo Cristo chefe e rei. Teilhard, por sua vez, é fascinado pelo Cristo universal, centro e cabeça do universo, presente em cada momento da aventura cósmica e humana que Ele governa do alto. Para Teilhard, o Cristo universal é seu modo de compreender a encarnação em toda a sua plenitude e com todas as implicações concretas; é o Verbo encarnado, com seu prolongamento e consumação no Cristo ressuscitado e no Cristo eucarístico.

A função do Cristo universal repousa, pois, na encarnação e na ressurreição. Sublinhemos aqui que, para Teilhard, criação, encarnação e ressurreição são três mistérios intimamente interligados. Neste empreendimento de congraçamento universal do universo, a *Eucaristia* tem uma função importante. Com a Eucaristia, que prolonga a encarnação, a onipresença de Cristo atinge a totalidade do universo e de sua duração. Na realidade, desde a criação do mundo, realiza-se um só evento decisivo, isto é, a divinização do mundo através da encarnação e através da Eucaristia, seu prolongamento. A obra sacerdotal de Cristo estende-se ao mundo inteiro. Existe uma só missa no mundo, em todos os tempos: a verdadeira hóstia, a hóstia total, é o universo que sempre mais intimamente é penetrado e vivificado por Cristo. Desde a remota origem das coisas até a imprevisível consumação... a Natureza inteira passa, lenta e irresistivelmente, pela grande consagração. No fundo, desde sempre e para sempre uma só coisa se cria: o corpo de Cristo (*Oeuvres* 10, 90).

O Cristo universal é uma síntese de Cristo e do universo. Teilhard descobriu no Cristo universal o que sonhava: Cristo, cabeça do mundo cósmico e humano, recapitulador que deve entregar tudo ao Pai; o Cristo total, com a realidade de seu corpo místico; o Cristo inteiro em todos. O Cristo total e totalizante: eis o verdadeiro Ponto Ômega. Desde a origem, tudo subia para o Espírito, na atração do Cristo universal. No final de seus dias, em 1953, Teilhard escreve de Nova York: a única coisa clara concernente ao futuro é "que gostaria de empregar o mais intensamente possível os últimos anos que me restam para *cristificar* a evolução... Isto, e em seguida acabar bem, isto é, morrer dando testemunho deste Evangelho" (*Nouvelles lettres de voyage*, Paris 1957, 171-172).

9. IMPACTO DA APOLOGÉTICA DE TEILHARD – A força de Teilhard, em sua visão do mundo, é sua força *integrativa*: não deixa de lado nenhum elemento, mas une-os todos numa visão dinâmica. Chega a manifestar a coerência do universo natural e sobrenatural em Jesus Cristo. Nesta visão são assumidos e unificados em Cristo e por Cristo o âmbito físico, moral, social e religioso.

Retomemos sumariamente os elementos desta coerência, resultante do encontro de duas convergências, ou melhor, de uma "convergência" e de uma "emergência" (Cristo). Por um lado, convergência cósmica de um universo submetido a uma evolução guiada que progride, no sentido de uma adaptação sempre mais complexa e consciente, até ao espírito, e no sentido de uma correflexão cada vez mais ardente. O mundo converge sobre si mesmo com um movimento incoercível e irreversível de unificação. A humanidade está a caminho de uma liberdade e personalidade cada vez maior. Por outro lado, sob a ação do Verbo encarnado, cuja presença histórica foi preparada por milênios de evolução, um dinamismo sempre mais poderoso de unificação, de personalização e de "amorização" opera a unificação de todos os homens em Cristo, cabeça do corpo místico. O físico e o cósmico, o cósmico e o crístico vêm reciprocamente ao encontro um do outro. No universo que *converge*, Cristo *emerge* para assumir e levar a termo a convergência cósmica. A evolução salva Cristo (tornando-o possível) e, ao mesmo tempo, Cristo salva a evolução (tornando-a concreta e realizável). Só o cristianismo é feito para dedicar-se ao sucesso de uma evolução personalizada e personalizante, já que pode colocar *Alguém* no ápice do espaço-tempo.

Esta síntese – ou melhor, este afresco gigantesco e prodigioso – é expresso por Teilhard ao mesmo tempo em termos científicos, filosóficos, sociológicos, teológicos, místicos e artísticos. Esta tentativa titânica de síntese dificilmente podia escapar à incompreensão de alguns espíritos fechados num universo unidimensional e monolítico. Mas Teilhard dirige-se antes de tudo aos cientistas de seu tempo. Espera que a contemplação desta harmonia universal, desta coerência soberanamente inteligível, encontrada no Cristo universal, seja tal que suscite no homem de ciência interesse, atração e, talvez, também, sob o influxo do Espírito, adesão e consenso.

Bibl. – P. Teilhard de Chardin, *Oeuvres*, vol. I-XIII, Paris; G. Crespy, *La pensée théologique de Teilhard de Chardin*, Paris 1961; C. D'Armagnac, "La pensée du Père Teilhard de Chardin, comme apologétique moderne", em NRTh 84 (1962) 598-621; P. Smulders, *A visão de Teilhard de Chardin*, Petrópolis 1965; E. Rideau, *La pensée de Pierre Teilhard de Chardin*, Paris 1964; M. Barthélemy-Madaule, *La personne et le drame humain chez Teilhard de Chardin*, Paris 1967; B. de Solages, *Teilhard de Chardin*, Lyon 1967; R. Faricy, *Teilhard de Chardin's Teology of the Christian World*, Nova York 1967; C. Mooney, *Teilhard de Chardin et le Mystère du Christ*, Paris 1968; M. Pontet, *Pascal et Teilhard, témoins de Jésus-Christ*, Paris 1968; R. D'Ouince, *Un prophète en procès: Teilhard de Chardin dans l'Église de son Temps*, Paris 1970; L. Barjon, *Le combat de Pierre Teilhard de Chardin*, Québec 1971; P. Schellenbaum, *Le Christ dans l'énergétique teilhardienne*, Paris 1971; R. Latourelle, "Teilhard de Chardin: al centro universale di convergenza", em R. Latourelle, *L'uomo e i suoi problemi alla luce di Cristo*, Assis 1982, 115-201; H. de Lubac, *Il pensiero religioso del P. Teilhard de Chardin*, Milão 1983 (orig. 1962).

RENÉ LATOURELLE

TEMPO/TEMPORALIDADE

Será o tempo um valor teológico? Ou, em outros termos, poderá ele trazer uma contribuição específica para o esforço comum de todas as disciplinas, em vista do conhecimento de Deus e de sua obra? Parece que, até uma época recentíssima, a resposta a esta pergunta permaneceu decididamente negativa: a herança de Parmênides teria quase suplantado a intuição de Heráclito. Mas agora as posições parecem inverter-se, às vezes sem muito discernimento e discrição, a favor do tempo. Em consequência, é preciso esboçar bem sucintamente uma história do pensamento sobre o tempo, antes de indicar uma possível reorientação no tocante ao tema "tempo e teologia".

1. O TEMPO REJEITADO PELAS CULTURAS – Sem dúvida, pelo fato de ser a medida do movimento, o relógio da mudança, o tempo não é amado pelo pensamento; com efeito, este último procura a estabilidade do conceito e, se tiver que abrir espaço para um futuro devir, prefere a solidez dos pontos de referência que o delimitam, ainda que lhe escapando. Na cultura greco-latina, tanto cristã quanto pagã, o não movimento não precisa de justificação, ao passo que o movimento só se compreende bem quando é situado em relação àquilo que o nega. Dois pontos essencialmente fixos permitem suportar a instabilidade, esperando que esta se esgote: o ponto, para além do firmamento, em que está o Deus imóvel e eterno, e o centro (da alma, do mundo...) cuja profundidade insondável está isenta de toda flutuação. Entre estes dois polos, que talvez formem um só, os inevitáveis movimentos e tempos se hierarquizam, em função de sua fantasia maior ou menor: assim, em Aristóteles, os movimentos circulares e permanentes da abóbada celeste são os mais dignos, os mais próximos ao divino imóvel, pois se reproduzem imperturbavelmente e são susceptíveis de medições exatas, enquanto no *Timeu*, de Platão, os gestos insensatos dos recém-nascidos são os sinais evidentes da finitude e até da malícia da materialidade em movimento.

É o primado reconhecido à estabilidade e ao repouso que explica o aspecto catastrófico das histórias que são contadas? Em parte sim, sem dúvida; mas não totalmente. M. Eliade deu destaque à referência espontânea nos relatos que são considerados universais e pretendem definir a situação atual do homem: *in illo tempore, in illa pulchra insula deserta*, isto é, em algum lugar sem espaço nem tempo, pois estes aparecem sempre intrinsecamente marcados não somente pelo limite e pela finitude do devir que contêm, mas também pela malícia e pela morte que os habitam; em consequência, a repugnância em relação ao tempo é uma forma de rejeitar os sofrimentos que ele comporta. Então, se não se puder remontar no tempo e sair do espaço, procura-se pelo menos esconjurar seu mal com a salmodia encantadora dos relatos de origem, com a delimitação de lugares sagrados, arrancados à profanidade culpada do espaço, com a execução de ritos que inscrevem no corpo sinais de não pertença a este tempo e a este espaço e a seu mal.

E, se se tratar de ética para o comportamento neste mundo, esta será definida partindo do passado, dos costumes dos antepassados, daquilo que sempre se fez e que, justamente por sua repetição, anula toda novidade do movimento, toda mudança no espaço-tempo. A mística, finalmente, será sempre transgressão do tempo e do movimento, através de percepção indizível do "além" (do espaço-tempo, precisamente) ou retorno inefável para o centro. Por outro lado, seria injustificável crer que certos pensamentos modernos reencontram, sob seu aparente rigor intelectual, a mesma saudade do *in illo tempore?* Penso, por exemplo, na periodização catastrófica da história social em Marx ou Engels, através da qual, no fundo, a revolução se apresenta, sem que isto seja dito, como que a liturgia cruenta de uma renovação das origens; mas algo de semelhante encontra-se também no esboço de história da metafísica, segundo Heidegger, no qual tudo não cessa de perverter-se depois dos pré-socráticos, aos quais se credita uma "verdade" perdida para sempre, que se reencontrará somente em alguma clareira, na curva de caminhos que não levam a lugar algum.

Por mais sumárias que sejam, as reflexões que acabamos de expor permitem pelo menos delinear algumas condições necessárias para uma reflexão teológica sobre o tempo: dever-se-ia encontrar a maneira de dissociar o sofrimento e o mal do tempo, que certamente os propaga, mas que não se poderia reduzir a eles. Se o tempo não faz senão destruir, como então constrói? Ou, em outros termos, como superar a derivação para o passado da consideração do tempo, em benefício de uma esperança do futuro que justifica o presente? Em um nível mais filosófico, seria preciso encontrar as chaves que permitissem apreciar o devir em si mesmo e não somente na medida em que, através da circularidade ou do eterno retorno, ele é reconduzido à estabilidade.

2. CRISTIANISMO E TEMPO: AS AMBIGUIDADES – Poder-se-ia pensar que o cristianismo, pelo fato de proclamar a ressurreição de Jesus Cristo e a encarnação do Filho de Deus, fornecesse os elementos para uma valorização do tempo. E seguramente o faz: na Escritura salienta-se um sulco bem concreto da história, desde Abraão até Jesus Cristo, e os autores inspirados tomam o cuidado de ligá-lo, com indicações cronológicas, naturalmente fictícias, mas que definem o valor do tempo, aos primeiros instantes do mundo. Este sulco judeu-cristão estende-se da ressurreição até o conjunto concreto das nações e à sucessão efetiva das gerações; a dimensão mais profunda do tempo talvez seja então a da missão, com suas lutas, sob o influxo do Espírito de Cristo e com a presença invisível do próprio Cristo. Quanto à volta de Cristo, é neste tempo que nós a esperamos e isto implica, para este tempo, não um desaparecimento total, mas uma transfiguração.

Contudo, embora o cristianismo tivesse motivos para levar adiante uma reflexão sobre o tempo, esta não se desenvolveu logo. Com efeito, na medida em que a vinda de Jesus e sua ressurreição eram sentidas como elementos que marcavam a *plenitude* (e, portanto, em certo sentido, o "fim") dos tempos, era natural esperar a iminência da volta de Cristo; assim sendo, o tempo, na medida em que continuava a transcorrer, só podia ser notado negativamente, como contrário à iminência e sob a categoria do *retardamento.* Uma outra consequência do tema da plenitude dos tempos somava-se à anterior para apagar o valor do tempo: se, com o Cristo que envia seu Espírito, tudo está dado, o passado assume um sentido somente como anúncio e figura da realização obtida em Cristo, enquanto o futuro é considerado menos sob o signo do tempo como duração e novidade do que sob o da perfeição, para além do tempo, da união com Deus. A exegese espiritual da Escritura, embora tenha raízes no tempo, tanto no passado de Israel como na humanidade de Cristo, não se detém neste, mas sim nos significados "místicos" que o transcendem e desvendam o verdadeiro alcance, alegórico ou anagógico, da Escritura.

Sem dúvida, permaneceu algo destes temas do tempo como retardamento ou como fundamento – a serem transgredidos – da alegoria, nas cronologias místicas, e até milenárias, que aparecem periodicamente, sobretudo nos momentos de crise, e segundo as quais a época presente seria a "sexta idade", o "entardecer do mundo", o "outono da civilização" – avaliações que não deixam de provocar um certo distanciamento em relação à conjuntura, pela qual o interesse evidentemente diminuiu, se o fim está tão próximo. Mas é possível que estas cronologias tenham sido – e ainda continuem – ligadas a resíduos muito profundos da mentalidade hostil ao tempo, da qual, no parágrafo anterior, esboçamos algumas características. Com efeito, uma ligação bem forte, quase essencial, entre o pecado e o tempo, é bem ressaltada, tanto no Oriente com as teorias da "dupla criação", desde Orígenes até Gregório de Nissa e sem dúvida ainda até mais tarde, quanto no Ocidente com os refluxos excessivamente pessimistas e todavia continuamente renascentes da teoria agostiniana do pecado original. Que o tempo esteja marcado pelo pecado é coisa que ninguém negará, mas que ele seja uma flor do mal, destinada a desaparecer junto com aquilo que o provoca, é outra perspectiva com a qual a teologia muitas vezes tentou caminhar demasiadamente de acordo. Além do mais, nesta perspectiva, o valor redentor do mistério cristão corre o risco de ser pouco sublinhado, em detrimento de seu valor de mediação e de transfiguração: os eventos da encarnação e da cruz não são mais, neste caso, promoção de um tempo valorizado, mas remédio para um tempo pervertido; quanto ao presente, a única esperança diante do cúmulo do mal seria o "apocalipse", em prazo mais ou menos curto.

Dessa forma, a ambiguidade de uma certa valorização do tempo reside no fato de que, positivamente, o cristianismo confere uma importância real às coordenadas fundamentais do tempo, que são a origem e o fim e o mistério pascal, enquanto, por outro lado, este realismo corre o risco de ser um tanto apagado por outras considerações: assim, uma certa interpretação do tema da plenitude dos tempos (que negaria qualquer valor a um tempo ulterior), combinada com uma avaliação pessimista do peso do mal (que comporta um certo afrouxamento da esperança e, portanto, efetivamente um crescimento real do mal) neste mundo, ainda que salvo, pode contribuir para desvalorizar os meios intelectuais que poderiam ser postos em ação para estabelecer com exatidão o valor teológico do tempo.

3. ELEMENTOS DA CONSCIÊNCIA DO TEMPO – Pouco a pouco foi-se formando uma consciência nova do tempo, como estrutura constitutiva do mundo e do homem, desde o final da Idade Média até nossos dias; o importante é discernir os elementos para entender melhor os novos dados do problema "tempo e teologia". Simplificando muito, reduziremos os elementos a três: cosmologia, ciência e técnica, história.

a. A imagem do mundo modificou-se progressivamente, passando-se de um geocentrismo estático, em que o homem é príncipe, e a cujo redor se organizam os movimentos circulares perfeitos das esferas celestes, para um universo em expansão, em que nem o espaço nem o tempo apresentam um centro, mas se manifestam antes juntos, como dimensão relativamente (e não absolutamente) mensurável de um universo em que o significado do homem é menos imediatamente evidente. Além do mais, o princípio de indeterminação de Heisenberg, embora certamente não fale de um acaso puramente desordenado, sublinha o limite de uma modalidade estritamente lógica do conhecimento e reintroduz na cosmologia a categoria do *provável*, expulsa por Platão de toda epistemologia e conservada por Aristóteles somente no campo ético.

Também o aparecimento do homem nesta terra depende do tempo, na medida em que se coloca numa história da vida em geral e das espécies animais em especial, história que, em parte, projeta luz sobre o significado da estatura corpórea do homem, mas talvez coloque de novo o problema da morte e, em todo caso, interroga sobre o sentido que se deve reconhecer à evolução.

b. A técnica, que conhece uma virada criativa nos momentos destacados da Idade Média, e progride de maneira mais ou menos linear até a Revolução Industrial dos séculos XVIII e XIX e para além, modifica a relação do homem com seu mundo e, correlativamente, as relações dos homens entre si. Por um lado, os progressos tornam-se divisão do tempo: *antes* e *depois* dos moinhos a água, da máquina a vapor, da energia elétrica... e, por outro lado, a experiência e a memória dos progressos determinam uma mentalidade de *antecipação* e de *busca* (que, em certo sentido, revolucionam a percepção religiosa do tempo como *retardamento*, de que falávamos acima): "atualmente, não se sabe e ainda não se pode saber, num determinado campo, mas busca-se e se acabará encontrando". Também aqui, o tempo é pensado como expansão infinita. Isto é verdade pelo menos em nível de uma mentalidade espontânea, pois uma análise mais sutil da história da técnica e uma projeção sobre o futuro menos ingenuamente progressista conduzem o discurso a certas nuanças. As nuanças virão também da interpretação da história das formas sociais geradas pelo desenvolvimento econômico e industrial; já desde a Idade Média, coloca-se o problema de uma nova forma da pobreza; consequentemente, está colocado o problema da ética e de suas perversões, na história de um mundo que continua a desenvolver-se tecnicamente: perspectiva nova para enfrentar o problema de sempre sobre o mal e sobre o tempo.

c. A ideia da história, já presente como quadro de fundo da evolução técnica e social, nasce de diversos outros fatores; aqui lembraremos dois: um deslocamento do uso da memória e uma experiência irreversível da mudança *política*.

Num mundo marcado pela urgência da anagogia associada ao peso do mal, a memória, por um lado, é memória profunda de Deus e de si e, por outro, é lembrança e confissão do Pecado e dos pecados. Uma virada, talvez decisiva, se reconheça na Renascença, quando uma civilização inteira tendia a dissociar-se de seu passado imediato, considerado *via moderna*, para inventar um novo modelo que reivindica referências mais antigas, *via antiqua*. Esta substituição agiu às vezes de maneira imaginária e mítica, mas também se traduziu (e é isto que importa, no que concerne à consciência do tempo) numa dupla orientação nova da memória: procura da imagem bela de um certo passado, quer se trate, por exemplo, da figura do homem antigo ou também dos textos originais da Sagrada Escritura; crítica das falsidades ou das simplificações de todo tipo, através dos quais a *via moderna*, por vezes, procurou construir-se. Começa a desenhar-se uma ciência histórica, prospectiva e crítica, fundada num projeto humanístico, que renova a interpretação da imagem do tempo humano.

Dois acontecimentos fundamentais marcam sem dúvida a evolução do campo político e marcaram significativamente a consciência humana da época: a Bula *Unam Sanctam*, do Papa Bonifácio VIII (1302), que, contrariamente ao desejo de seu autor, ao mesmo tempo assinala o fim da Cristandade unida e do império, acabando com a vitalidade de uma ideia – platônica em sua raiz – do poder e da política; e a Revolução Francesa (1789), que assenta o princípio de uma organização política diferente, em que sociedade civil, Estado e poder procuram articular-se não partindo mais de um princípio estritamente hierárquico.

A lista acima apresentada de certos elementos da consciência do tempo certamente não é exaustiva, mas deve ser suficiente para sugerir uma mudança de mentalidade em relação ao tempo e à história, que eu gostaria de procurar sintetizar, concluindo este parágrafo.

O tempo manifesta-se talvez antes de tudo como uma dimensão propriamente humana: revela-se na dupla experiência do *fazer* e da *relação*. Em si ele é, portanto, dissociado do mal, uma vez que tanto a ação como a comunicação constituem em si mesmas valores puros.

Primeiramente, do fazer: um determinado estado da produção (e do consumo que a ela corresponde), na medida em que é ligado pela memória aos estados anteriores e futuros, manifesta uma certa consciência do tempo, ligada, consequentemente, à experiência que o homem faz de seu *poder*. Mais sutilmente (e isto vale sobretudo para aquele tipo de "fazer" que é a pesquisa pura), o homem intui que sua atividade científica imprime sua marca no resultado: a ação e seu produto não são totalmente separáveis, de sorte que o tempo do homem, em certo sentido, faz parte da verdade que o trabalho ilumina.

Mais definitiva, porém, do que a relação com a natureza, a relação homem/homem é determinante para a consciência do tempo: se se "faz", é junto com outros e, por outro lado, muitos campos da atividade humana têm por objeto a instituição da própria existência social. Ora, neste plano, é a categoria da *alteridade* que se sobrepõe à do tempo; *os acontecimentos fundamentais são só acontecimentos de palavra*, através dos quais os homens criam situações novas de colaboração, de convivialidade ou de opressão; na sucessão destes acontecimentos de palavra, existem história, memória e interpretação. Neste nível, o tempo define-se como história das liberdades e das estruturas mais ou menos irreversíveis que estas criaram. Vê-se de imediato que a percepção e a interpretação do tempo estarão ligadas aqui a critérios éticos, de que se deverá determinar a proveniência. O tempo pode ser somente moral, imoral, ou um misto dos dois, e é aqui que reencontramos a relação bem/mal/tempo, de que já falamos. Também aqui, na medida em que o mal penetrou no tempo, coloca-se o problema da *salvação*.

Todavia, para aquém do fazer e da relação, em que o tempo é percebido em suas dimensões humanas, surge o problema dos *extremos* do tempo: para cada homem, seu nascimento e sua morte; para a humanidade, em perspectiva de evolução, sua origem e seu eventual desaparecimento; para a terra e, em sentido mais vasto, para o universo, sua origem e seu destino. Um certo número de elementos que dizem respeito a estes problemas podem ser reconstituídos, com probabilidade científica maior ou menor, a partir do tempo humano; além do mais, são possíveis algumas extrapolações. Mas o limite do saber não pode retroceder ao infinito, de sorte que, em contextos culturais diversos, não podemos deixar de reencontrar certos problemas essenciais de toda teologia: os da origem primeira de todo homem (que os antigos consideravam sob a ótica da origem da alma), o do começo efetivo da humanidade, o do início do mundo, mas também o da atual dependência de tudo o que existe e se move em relação a um Princípio que seria origem pura de existência; finalmente, permanece urgente o problema do fim: O que é a morte, no tríplice nível da pessoa, da espécie e do universo? Veremos sucintamente, no parágrafo subsequente, que enfrentamos aqui um lugar do problema de Deus e do significado do cristianismo. Desde já, porém, intui-se que o estatuto epistemológico de tais problemas não é o que caracteriza o tempo como medida do fazer e da relação: neste caso, estamos *no* tempo e dispomos da linguagem para dizê-lo; naquele, estamos nos pontos-limite em que o tempo, como o ser, são recebidos e não produzidos.

4. PERSPECTIVAS TEOLÓGICAS – A partir do que propusemos até aqui, pode-se agora indicar quais poderiam ser as linhas-eixo de uma pesquisa sobre o problema "tempo e teologia". Em seguida, seria preciso estudar a relação do tempo com a aliança, isto é, o que esta relação nos revela sobre o homem e sobre Deus, os eventuais pontos de articulação com a pesquisa científica sobre o espaço-tempo e, finalmente, o impacto do pecado e do mal. Evidentemente, daremos aqui apenas indicações breves.

a. Se os acontecimentos fundamentais que marcam o tempo são acontecimentos de palavra, segue-se que a categoria do tempo, em teologia, deve ser intrinsecamente relacionada com a da aliança, pois esta é definida como Palavra de Deus proposta à liberdade do homem. Todas as dimensões do tempo devem encontrar sua articulação correta nesta relação livre com a Palavra de Deus.

A *liturgia* não é um espaço-tempo sagrado, dissociado do espaço-tempo real, considerado como intrinsecamente pervertido pelo mal; ela é, sim, o lugar de uma proposta sempre nova da aliança feita em Jesus Cristo; estabelece um estatuto da memória ("memorial") que traz de volta para o presente a aliança realizada, a fim de que esta seja novamente ouvida e acolhida, e dá assim seu sentido último ao tempo que passa. Acontecimento de palavra com Deus, a liturgia abre um caminho ético para o correto encontro entre os homens e um trabalho equilibrado desta e nesta terra.

Talvez tenhamos aqui uma chave de compreensão do fato, à primeira vista estranho, de que o mistério pascal se encontra no meio e não no fim dos tempos: seu momento é aquele em que a aliança contraída com o povo hebraico é estendida às nações; mas é preciso justamente que esta aliança atinja e dirija pouco a pouco o sentido das relações humanas e do trabalho da terra.

b. É então possível remontar deste discurso e desta efetividade da aliança criadora do tempo para o *próprio Deus* que faz aliança, e para o *homem* que a recebe. Talvez a palavra *comunhão* expresse o significado último do tempo, pois expressa o que é tomado em consideração na tripla relação do homem (homem/Deus, homem/homem, homem/natureza), da qual o tempo verdadeiro pressupõe a correta integração; justamente esta palavra pode introduzir uma nuança nova para a concepção escatológica do homem: ao tema objetivo, visual e estático da "visão de Deus" acrescenta o tema pessoal, afetivo, dinâmico do "estar-com" Deus e seu Cristo, de que fala Paulo.

No que diz respeito a Deus que oferece a Palavra, estabelece a aliança e realiza a comunhão, é possível, a partir do memorial de Jesus Cristo, remontar à sua vida interior ("Trindade imanente") e procurar, na pericórese do Pai, do Filho e do Espírito, o paradigma do processo da aliança e, portanto, o último fundamento do tempo. Neste sentido, o tempo, considerado sob a modalidade da aliança, é uma categoria quase necessária ao próprio conhecimento de Deus. Parece-me que é nesta linha que se devem interpretar as recentes pesquisas sobre a "mutabilidade" de Deus: não, como frequentemente se tem procurado fazer, colocar Deus em continuidade com nosso próprio movimento, mas procurar em Deus a origem não só do nosso ser, mas do nosso tempo, sob o controle da → analogia e, reciprocamente, utilizar, de maneira analógica, a categoria do tempo, sobretudo partindo do evento da palavra para compreender a Trindade de Deus.

c. A articulação entre o tema do tempo como aliança e o do espaço-tempo como dimensão do universo poderia ser procurada numa meditação sobre a ideia do *início do mundo* e sobre a de *transfiguração escatológica.* Estes temas têm um duplo estatuto epistemológico, que precisa ser estabelecido com cuidado. Início do mundo e fim dos tempos são, antes de tudo, dados teológicos, conhecidos através da revelação; significam que, se existe o mundo, é justamente porque existe a aliança, e isto explica por que este mundo não está destinado a um futuro negro e glacial, mas acabará tal como começou, na órbita da generosidade divina. Mas esta convicção teológica deve poder desembocar numa realidade física: a esta altura, deve intervir a segunda reflexão epistemológica sobre a natureza de um discurso que fale da origem e do fim. Digamos, concisamente, que se trata de uma palavra ao mesmo tempo homogênea a nossa existência, já que fala do início do *tempo* em que estamos, e heterogênea, já que fala do *início* enquanto tal, que é em todo caso um conceito-limite. Uma vez determinada a natureza própria desse tipo de linguagem, deve-se deixar a palavra aos cientistas, dando-lhes o tempo de procurar e eliminando todo concordismo (com a teoria do *big-bang*, p. ex.).

Exatamente como a questão do início, a questão da *existência* do mundo temporal tem valor teológico; a ciência pode determinar de modo sempre melhor as equações físicas que explicam *como* se apresentam a realidade e as vicissitudes do espaço-tempo; também pode, até certo ponto, reconstituir a história das galáxias, a da terra, a da vida e a do homem; mas que esta história *exista*, que estas fórmulas e estes relatos correspondam a uma existência real, só se pode tomar conhecimento disso, e, se o desejo de conhecer levar o pesquisador a perguntar-se o *porquê*, então a questão da *criação* assume todo o seu significado, não aqui sob o aspecto do início, mas sob o da permanente comunicação de ser. Neste nível, o tempo e o ser não se opõem, porque não se situam no mesmo nível da investigação científica e filosófica.

d. Pode-se, então, tomar em consideração o problema do mal, partindo de sua origem que é a *ruptura com a aliança*, misteriosamente perpetrada desde a origem e sempre renascente. Este problema do mal não é um problema originário, pois a aliança o antecede em sua proposta originária e em sua constante retomada, celebrada liturgicamente. Todavia, não se poderia avaliar com precisão o tempo concreto, se não se situassem as consequências da ruptura de aliança no corpo e no mundo do homem, como em sua capacidade de conhecer e de amar tanto a Deus como aos outros. Neste sentido, a figura do tempo apresenta efetivamente muitas perversões no duplo nível da ação e da sabedoria. E, no entanto, todo este negativo não poderia ser considerado como originário, sob o risco de reinterpretar a temporalidade sob a ótica estéril do Paraíso perdido, sob todas as suas formas e todas as suas nostalgias.

Bibl. – O. Cullmann, *Cristo e il tempo*, Bolonha 1972 (orig. 1947); P. Ricoeur, *Temps et récit*, vol. I-III, Paris 1983-1985; Ghislain Lafont, *Dieu, le temps et l'etre*, Paris 1986; S.W. Hawking, *Uma breve história do tempo*, Rio de Janeiro [25]1994.

GHISLAIN LAFONT

TEOLOGIA

I. DEFINIÇÃO (R. Fisichella) – II. EPISTEMOLOGIA (R. Fisichella) – III. ECLESIALIDADE E LIBERDADE (M. Seckler) – IV. TEOLOGIA E CIÊNCIAS (M. Seckler) – V. TEOLOGIA E FILOSOFIA (R. Fisichella).

I. Definição

Fundamento e centro da teologia é a revelação de Deus em Jesus Cristo. Seu objetivo peculiar é a compreensão crítica do conteúdo da fé para que a vida de fé possa ser plenamente significativa.

As coordenadas que se têm colocado para a compreensão do conceito de teologia não foram sempre as mesmas no decorrer da história. Como reflexão *histórica* sobre a fé e seus conteúdos, a teologia passou por uma constante evolução em sua tentativa de autodefinir-se; evolução que pode ser identificada com a própria história do pensamento cristão.

O termo *theología/theologéin* é de origem não cristã; os primeiros dados que se podem recuperar são os que ligam a *theología* ao mito. Homero e Hesíodo são chamados *theológoi* por sua atividade peculiar de compor e cantar os mitos. Aristóteles, dividindo a filosofia teorética em matemática, física e *teologia*, identificá-la-á com a metafísica enquanto *philosophia perennis* (*Met.* VI, I,1025). Os estoicos, como lembra Agostinho, estão entre os primeiros que utilizam o termo com uma conotação religiosa, porque o identificam como *ratio quae de diis explicatur* (PL XLI, 180).

Só progressivamente, tanto no Oriente como no Ocidente, impõe-se o uso cristão do termo. Para Clemente de Alexandria, *theología* será o "conhecimento das coisas divinas"; para Orígenes, ela indica a verdadeira doutrina sobre Deus e sobre Jesus Cristo como salvador; cabe todavia a Eusébio o primado por ter atribuído ao evangelista João o título de *theológos* pelo fato de em seu Evangelho ter escrito uma eminente doutrina sobre Deus.

A partir de Eusébio, portanto, *theología* indicará a verdadeira doutrina, a cristã, que será contraposta à falsa doutrina, ensinada pelos pagãos. Em seguida, Dionísio estabelecerá uma distinção que permanecerá válida até nossos dias, a saber, entre uma teologia mística, simbólica e escondida, que une a Deus, e uma outra teologia mais manifesta, mais filosófica, que tende à demonstração racional.

Uma última conotação digna de interesse, que provém dos padres gregos, é a que identifica *theología* com a doutrina sobre a Trindade, para distingui-la da doutrina sobre a encarnação, que será chamada de "economia". Finalmente, o período monástico – pensemos nos nomes de Evágrio Pôntico e de Máximo o Confessor – falará de *theología* como ápice do conhecimento e plenitude da gnose, já que realizada sob a guia do Espírito.

Para o Ocidente, é particularmente Agostinho que insere com vigor o uso religioso do termo na cultura e na linguagem comum. A inteligência que intervém na compreensão de fé é contemplação de um espírito crente que, por amar, deseja atingir a completude da realidade amada.

Numa palavra, *theologia*, para o pensamento patrístico, assinala o esforço para penetrar sempre mais na compreensão da Escritura e da Palavra de Deus; por isso, tornar-se-á normal intercambiar *theologia* com *sacra pagina* ou *sacra doctrina*, terminologia que felizmente permanecerá intacta até o fim do século XII.

Um primeiro sinal de mudança verifica-se com Boécio, que nos transmite a distinção das "ciências" de Aristóteles; Alcuíno começa a Reforma carolíngia com a divisão das artes do trívio e do quadrívio; a dialética, como método de investigação, começa cada vez mais a impor-se...; chega-se assim à formação das primeiras *Sententiae*, tiradas da coleção dos escritos dos Padres, e à utilização da *grammatica*.

Um acréscimo de qualidade vem com a pré-compreensão anselmiana de *theologia*. Procurando estabelecer equilíbrio entre a impostação "monástica", que alimentava mormente a compreensão de uma autossuficiência da fé, e a impostação "dialética", que tendia a absolutizar a exigência da razão, → Anselmo cria o princípio do *quaero intelligere ut credam sed credo ut intelligam* ["procuro entender para crer, mas creio para entender"]. A fé que ama quer conhecer mais; por isso, a *ratio* fundamenta-se na *fides*, mas nem por isso é menos autônoma em seu investigar.

Mas Abelardo será lembrado como o primeiro que realizou a passagem de uma *sacra pagina* para uma *theologia*, entendida como *scientia*, porquanto já se tornara *quaestio*. De pouco servirão as resistências de São Bernardo para manter a *theologia* relegada à perspectiva do *non quasi scrutans, sed admirans*. A

Tomás não restará senão ratificar a impostação do *Magister sententiarum*, pensando a *theologia* como forma de conhecimento racional do ensinamento cristão; o que a fé acolhe como dom, a *theologia* o explicita e explica à luz da compreensão humana com suas próprias leis.

Permanecendo fiel à corrente monástica, Boaventura manterá a acentuação sobre o papel e a presença da graça; Duns Escoto, depois dele, será o maior representado deste enfoque.

Contemporaneamente, Guilherme de Ockham favorecerá a entrada da crítica e do nominalismo. O humanista Erasmo de Roterdã acentuará a tal ponto a crítica que a colocará no lugar da *quaestio* medieval. Melquior Cano assinalará a época da redescoberta das *auctoritates* através dos → lugares teológicos, e o Tridentino culminará com as especulações do saber teológico. O século XVIII verá acentuarem-se as formas dos "sistemas" e a organização do saber teológico nas enciclopédias. Finalmente, a *Aeterni Patris* registra uma ulterior mudança com a tentativa de uma volta ao pensamento de Tomás, porém interpretado à luz de novos princípios filosóficos.

Do ponto de vista histórico, um estudo completo, a ponto de tornar-se um clássico da literatura teológica, é fornecido pelo artigo "Théologie" de Y. Congar no DThC. Mas o que é preciso observar é que a compreensão de teologia se relaciona e se "adapta" de caso para caso às diferentes épocas históricas com as quais vem a encontrar-se. Isto é sinal de uma característica determinante do saber teológico: a *historicidade* da reflexão da fé, que permite, ao mesmo tempo, manter sempre viva a pergunta sobre a inteligibilidade do mistério e encontrar uma resposta que esteja de acordo com as várias conquistas do saber humano.

A mudança de horizonte que veio a criar-se com o Vaticano II colocou a teologia distante do contexto controversista-apologético que havia caracterizado os quatro séculos anteriores, para reconduzi-la ao diálogo sereno com as culturas e as ciências, de maneira a tornar evidente a complementaridade de cada uma, em vista da globalidade do saber para uma existência humana sempre mais digna (cf. GS 53-62).

Dada agora a inexistência de um referencial filosófico único – substituído por uma pluralidade de referenciais com diversos sistemas filosóficos – e tendo a teologia conquistado uma compreensão hermenêutica mais global e profunda do dado bíblico, hoje em dia ela se caracteriza melhor à luz de uma pluralidade de teologias que deixam transparecer as diversas metodologias adquiridas.

Todavia, novos problemas que exigem reflexão podem caracterizar o hoje teológico no momento em que, uma vez mais, a teologia procura autocompreender-se; podemos evidenciar pelo menos três deles: 1. a determinação do estatuto epistemológico que, de caso para caso, se relaciona com o novo saber científico; 2. a eclesialidade da teologia, que comporta a responsabilidade pública da compreensão da fé e a superação de uma contraposição entre saber teológico regional ou contextual; 3. a relação magistério-teologia, que comporta a identificação das mediações próprias de uma teologia como compreensão eclesial de uma fé comunitária e a liberdade do sujeito epistêmico em seu pesquisar científico.

RINO FISICHELLA

II. Epistemologia

A Teologia Fundamental, enquanto epistemologia teológica, tem de responder preliminarmente a pelo menos três questões basilares que se impõem ao saber teológico: 1. o surgimento da teologia; 2. a determinação de seu conteúdo; 3. seu autojustificar-se como conhecimento crítico da fé.

1. O SURGIMENTO DA TEOLOGIA – O ponto de partida da teologia, como autoconsciência reflexa da fé, é o que denominamos a *admiração conscientizada* do crente, em seu ato de colocar-se a pergunta do "Por que eu creio?"

Com a categoria da admiração conscientizada, quer-se recuperar antes de tudo um dado comum a toda a história do pensamento crítico, que encontra justamente na "admiração" o início de toda consciência que sabe perceber o existente. É aquela admiração que surge no sujeito no momento em que está presente a si mesmo no ato de refletir e de descobrir-se a si mesmo como um sujeito pensante presente na história, no mundo, como planejador de si e do mundo. É esta admiração que possibilita autocompreender-se como sujeito ativo da história, já que capaz de voltar para si mesmo, uma vez saído de si para a identificação e o conhecimento do real (*reditio in se ipsum*).

Numa palavra, a admiração é aquilo que está na origem do investigar humano e do compreender; é o que pode permitir a recuperação do que nos precedeu, nos determina, e o que constituirá o futuro. Sem a admiração, tornar-nos-íamos estranhos a nós mesmos e à história, já que incapazes de realizar um novo saber.

Esta realidade, é possível vê-la realizada também dentro do saber teológico, como aquele momento em que o crente tem consciência da gratuidade do ser chamado à comunhão de vida com Deus. É a admiração de descobrir-se a si mesmo como sujeito capaz de um ato que, antropologicamente, qualifica a existência e que se compreende como realidade que, enquanto tal, não pode ser pretendida, mas somente acolhida como dom. Numa palavra, é a consciência do ser mistério e do participar da infinitude do mistério.

Esta admiração não é fruto da emotividade, mas é atividade peculiar do sujeito epistêmico. Efetivamente, no momento em que se coloca a pergunta sobre o "Por que eu creio?", pode-se constatar que ela surge do interior da fé, mas ao mesmo tempo faz surgir a teologia como pergunta crítica que investiga sobre a compreensão da própria fé.

Isso permite compreender que o horizonte em que se coloca a pergunta é determinado desde o início pelo fato de já ser crente. Com efeito, já existe um ato fundamental que antecede o conhecimento reflexo do sujeito crente e é o que provoca o surgimento da admiração, vale dizer, o ato de graça mediante o qual Deus chama cada um à fé.

Portanto, antes que o crente possa colocar-se diante de Deus no ato de pronunciar categorialmente seu nome, como expressão de uma atividade intelectiva pessoal que dá conteúdo à fé, existe a realidade de sermos conhecidos por Deus e sermos por Ele chamados à salvação (cf. 1Jo 4,10).

A admiração conscientizada e a certeza do chamado à salvação constituem, portanto, o contexto necessário para que a fé do crente possa constituir-se como elemento reflexo. A condição de realização da teologia, particularmente em relação às outras ciências (→ Teologia, IV), deve necessariamente recorrer a seu caráter peculiar de *paradoxo*.

O primeiro dado paradoxal que emerge neste horizonte atinge tanto o objeto da teologia quanto seu sujeito epistêmico. Com efeito, a fé, como ponto basilar dentro do qual nasce a reflexão, determina o conteúdo da pesquisa, a tal ponto que este já é compreendido e acolhido como verdade fundante e não como verdade que se deve demonstrar. O conteúdo revelado que faz surgir a teologia já é por esta considerado e crido como *verdade* que não é demonstrada, mas somente intelectivamente compreendida e tornada comunicável.

A paradoxalidade desta expressão aumenta, quando se considera que a verdade dada não é fruto da abstração especulativa, mas é uma pessoa histórica, na concretude de seu existir. A verdade de um sujeito histórico torna-se aqui pretensão de verdade sobre a humanidade inteira e centro propulsor de verdade para a compreensão de toda a história. Mas, sobretudo, é uma verdade que exprime toda a sua evidência de paradoxo no momento em que assume a morte de Jesus de Nazaré como o critério para exprimir a verdade última sobre Deus. Na morte, que antropologicamente constitui o ponto mais impenetrável do saber humano e o mais difícil de ser acolhido – já que nela a contraditoriedade da existência atinge o clímax (GS 18) – deparamos a forma que exprime a doação total de Deus à humanidade.

Em Jesus de Nazaré, a teologia recebe ao mesmo tempo o objeto de sua indagação e a verdade sobre o homem e seu destino. Paixão, morte e ressurreição constituem o "penhor" da salvação, que é dado na expectativa da consumação escatológica.

Finalmente, neste horizonte a teologia compreende que lhe são fornecidas *mediações* que ultrapassam as categorias do saber humano. São dadas porque fazem parte da economia de revelação, que engloba: a presença constante do Espírito no orientar a Igreja a compreender o sentido da Palavra, até o dia em que a verdade for completamente atingida em sua totalidade (Jo 16,13); os carismas que habilitam os diversos crentes, na responsabilidade recíproca, à construção da comunidade inteira (1Cor 12–14); a infalibilidade na interpretação da fé autêntica (LG 25); o *sensus fidei* como patrimônio de todo o povo de Deus para o discernimento da verdadeira tradição (LG 12.35).

Dessa situação paradoxal derivam pelo menos três princípios, dos quais não se poderá prescindir para um correto saber teológico:

a. Na medida em que a fé põe em ato a teologia, é a própria fé que mostra à teologia as razões da necessidade da compreensão da fé. A inteligibilidade do dado revelado não é, portanto, um princípio extrínseco à revelação, mas interno a ela e, consequentemente, princípio que põe em ato a teologia.

b. Toda reflexão teológica, excetuada a reflexão neotestamentária que, por sua natureza, se coloca como *norma normans* para toda teologia, é histórica e relativizada por seu objeto. Por isso, a liberdade da pesquisa científica não pode operar em detrimento da ortodoxia do conteúdo da fé, mas deverá confrontar-se com este e acolhê-lo na obediência.

c. A fé dará à teologia a via-mestra para o atingimento real de seu conteúdo. Com Anselmo, poderíamos identificá-los como: *delectatio*, portanto, alegria por termos descoberto o objeto da busca e agradecimento por tê-lo recebido; *adoratio*, pela qual é percebido o fim do percurso que desemboca na profissão do *rationabiliter comprehendit incomprehensibile esse* ["compreende racionalmente que é incompreensível"].

2. O CONTEÚDO DA TEOLOGIA – O conteúdo da teologia é a revelação de Deus em Jesus Cristo ou, em outros termos, o mistério global da encarnação. Com efeito, a teologia é a "concretização do logos" (E. Peterson), que comporta a globalidade do dogma cristão que se estende a partir do insondável mistério de Deus, até atingir o mistério do homem.

A revelação, portanto, constitui o *fundamento* e o *centro* da teologia, é seu conteúdo peculiar. Todavia, o primeiro conteúdo que o procedimento teológico deverá tornar inteligível será justamente o das categorias que acabamos de apontar.

Dizer *fundamento* é o que, em nível teorético e temporal, constitui condição de possibilidade do saber. Teoreticamente, falar de revelação como fundamento da teologia comporta a atenção para três elementos: o que se constata como já fundado, o que se está fundando e o que ainda não foi fundado, mas o será (cf., para esta terminologia, R.L. Hart, *Unfinished Man and Imagination*, Nova York, 1968, 83-97).

A revelação, portanto, constitui para a teologia uma realidade dinâmica: partindo de um evento inicial, desenvolve-se um movimento ulterior que permite sua compreensão histórica, passada e atual, mas sem ter que fechar o futuro. A compreensão que se tem do evento deve referir-se a ele como a seu princípio formal e causal, pois não existe outra possibilidade de conhecimento do fundamento, fora do próprio fundamento.

Em outras palavras, afirmar que a revelação constitui o fundamento da teologia equivale a recuperar o componente pré-reflexivo, que comporta o reconhecimento de um conteúdo completa e radicalmente novo, que só pode ser dado por revelação. Existe, portanto, a apresentação de um *novum* que é dado e que se impõe com sua evidente verdade, como uma realidade que o sujeito crente não pode dar a si mesmo, mas somente receber por revelação.

O conhecimento mais adequado que se pode ter deste *novum* é dado pela fé, como a forma de conhecimento próprio e correspondente ao objeto do conhecer. A tripla estruturação do fundamento reveste a pesquisa teológica, porque aceita o que já está fundado, compreende o que se está fundando mediante a ininterrupta fé da Igreja e prepara o que ainda não foi fundado através de sua tensão constante para o evento escatológico.

Ao se falar de revelação como *centro* da teologia, faz-se referência mais direta à sistemática da investigação. Isto significa que todo o saber teológico necessita estruturar-se em torno da revelação; antes de tudo, para evidenciar que o princípio formal das diversas disciplinas é um só, mas, que também o mistério da revelação, do ponto de vista científico, está sujeito à complementaridade das perspectivas que só em seu conjunto e na interdependência recíproca podem fornecer a dimensão global (cf. OT 16; *Sapientia Christiana*).

3. O CONHECIMENTO CRÍTICO DA FÉ – Um último elemento a ser justificado é o fato de a teologia constituir o saber crítico da fé; formulado em termos clássicos, estamos diante da primeira relação → razão/fé.

Levantar a pergunta sobre o saber crítico da fé já é de *per si* um dado teológico, porque no interior da fé o crente, enquanto sujeito epistêmico, possui um conhecimento que lhe dá certeza.

É isso que se percebe na experiência comum do conhecimento humano; com efeito, o saber é uma experiência originária no sujeito, mediante o qual descobre sua própria realidade como atividade pensante. Este saber primeiro e fundante é, ele mesmo, certeza, pois cada um *sabe* que *sabe*; um saber imediato, que é constituído por sua própria existência e pelo encontro com o real. Em seu movimento para fora, o saber é atacado pela dúvida que põe em crise o próprio saber: *scio me nescire*. E, no entanto, este "não saber" é orientado para novas aquisições de um saber anteriormente não conhecido. Temos, portanto, um movimento com uma dupla característica: o sujeito exprime a vontade de saber, porque sabe que não sabe, mas isso corresponde a um primeiro saber que funda a certeza do próprio saber.

A existência do crente está, também ela, inserida naquela certeza da salvação que permite a cada um pensar-se como chamado à comunhão de vida com Deus através da graça. A maravilha desta realidade, que suscita no sujeito a pergunta do "Por que eu creio?", corresponde àquela primeira questão positiva que faz surgir ao mesmo tempo a certeza de uma primeira existência de fé e a necessidade de progredir, porque se descobre que o mistério ainda permanece aberto e não totalmente conhecido.

Portanto, já a pergunta sobre a necessidade de um saber confere ao crente uma primeira e básica certeza, porque, perguntando, ele afirma, embora seu perguntar se oriente para um sentido e um saber sempre maior.

A teologia, porém, constitui o saber *crítico*, vale dizer, um saber que analisa a relação entre o conteúdo do saber pessoal e o do novo objeto conhecido. Crítico, portanto, é um conhecer que chega à conclusão de um procedimento através do qual se chega ao juízo. Ora, julgar significa ter encontrado conformidade entre a certeza originária e o conteúdo do objeto; portanto, teremos um juízo crítico somente quando se tiver atingido a essência do objeto conhecido e não sua representação pessoal.

A → fé constitui a resposta plena e livre do crente à revelação de Deus (DV 5); corresponde ao dom de graça com um ato totalmente humano em que "inteligência e vontade", sinônimo de globalidade da pessoa, são plenamente envolvidas em uma unidade indissolúvel. A verdade acolhida pela fé é fruto do conhecimento do saber do crente, que, com o próprio ato de fé, indica a correspondência que deverá ocorrer, no plano gnoseológico, entre seu conhecer e o objeto a ser conhecido. A fé, portanto, exprime a forma de conhecimento correspondente à natureza do objeto conhecido; em suma, para ser conhecido, este objeto necessita do conhecimento de fé.

Ao crer, portanto, o crente conhece e, ao conhecer, crê e isto significa que num só ato, o da fé, está presente, de maneira plenamente humana, a forma de conhecimento que é a expressa pelo crer. O conhecer, em relação à revelação de Deus, não é outra coisa senão crer, porque é a única expressão que pode corresponder ao objeto a ser conhecido.

Contudo, a verdade apresentada não é um conhecimento abstrato, mas, pelo contrário, diz respeito à historicidade de Jesus Cristo (→ Cristologia fundamental), como verdade última e definitiva que é entregue à humanidade para encontrar o sentido da existência. A teologia, como saber crítico da fé que já conhece e sabe que este conteúdo é verdadeiro, deve mostrar, seguindo mormente as linhas de um saber e desenvolvimento científico, que existe correspondência plena entre aquilo que a fé apresenta como verdadeiro e aquilo que o sujeito compreende como tal. Em outras palavras, da revelação, acolhida no saber da fé, provém para o crente o conteúdo de seu conhecer; pela teologia enquanto saber crítico, este conteúdo é analisado e conhecido através dos elementos que o compõem, portanto: historicidade, linguagem, comportamento e anúncio de Jesus de Nazaré devem ser relacionados criticamente com aquilo que a fé já conhece como verdade, para que se possa criar aquela circularidade entre fé e razão que imprima ao ato de fé sua plena forma humana.

Portanto, o que a fé acolhe em seu crer não está fechado à razão, mas em si está aberto, é dado à razão, pois esta, no próprio ato de crer, já está realizando uma forma peculiar de conhecimento.

Somente uma visão distorcida de racionalidade e fé foi capaz de separar os dois elementos e vê-los como estranhos um ao outro. A fé não é um sucedâneo da vontade para a impossibilidade de a razão ir além; e a razão crítica não é a única forma de conhecimento do saber humano. Somente uma relação recuperada, à luz de uma investigação autônoma, ainda que complementar, entre filosofia e teologia, poderá evidenciar melhor a legitimidade de um saber da fé, bem como a necessidade de uma fé conhecida.

Bibl. – D.M. Chenu, *La théologie comme science au XIII siècle*, Paris 1945; Y. Congar, “Théologie”, em DThC XV, 341-502; Id., *La fede e la teologia*, Roma 1967; A. Kolping, *Einführung in die katholische Theologie*, Münster 1960; E. Schillebeeckx, *Rivelazione e teologia*, Roma 1965; K. Rahner, “Teologia nel Nuovo Testamento”, em *Saggi teologici*, Roma 1965,167-204; Id., “Sul Concetto di mistero nella teologia cattolica”, Ibid., 391-465; Id., “Sulla storicità della teologia”, em *Nuovi Saggi* III, Roma 1969, 99-125; Id., “La promozione della teologia ad opera del Vaticano II”, Ibid., 11-44; Id., *Curso fundamental da fé*, São Paulo 1989; R. Latourelle, *Teologia scienza della salvezza*, Assis 1968; G. Söhngen, “A sabedoria da teologia adquirida através do caminho da ciência”, em *MystSal* I/4, 11-176, Petrópolis [2]1978; H.U. von Balthasar, *Einfalt ungen*, Munique 1969; Id., “La sede della teologia”, em *Verbum Caro*, Saggi teologici, vol. I, Brescia 1970, 165-177; Id., “Teologia e santità”, Ibid., 200-229; G. Sauter (ed.), *Theologie als Wissenschaft*, Munique 1971; Z. Alszeghy-M. Flick, *Come si fa la teologia*, Roma 1974; M. Gatzmeier, *Theologie als Wissenschaft*, Stuttgart 1974; A. Grabner-Haider (ed.), *Theorie der Theologie als Wissenschaft*, Munique 1974; B. Casper, *L'ermeneutica e la teologia*, Brescia 1974; W. Pannenberg, *Epistemologia e teologia*, Brescia 1975; Id., *Questioni fondamentali di teologia sistematica*, Brescia 1975; B. Lonergan, *Il metodo in teologia*, Brescia 1975; W. Kasper, *Fede e storia*, Brescia 1975; C. Vagaggini, “Teologia”, em NDT, Roma 1977, 1597-1711; P. Eicher, *Theologie. Einführung in das Studium*, Munique 1980; T. Tshibangu, *La théologie comme science au XXe siècle*, Kinshasa 1980; W. Kern (ed.), *Die Theologie und Lehramt*, Friburgo 1982; Vários autores, *Initiation à la pratique de la théologie* I, Paris 1982; J. Ratzinger, *Theologische Prinzipienlehre*, Munique 1982; C. Colombo, *Il compito della teologia*, Milão 1983; A. Louth, *Discerning the Mystery*, Oxford 1983; G. Thils, *Pour une théologie de structure planétaire*, Louvain 1983; M. Michel (ed.), *La Théologie à l'épreuve de la vérité*, Paris 1984; W. Kern-F.J. Niemann, *Gnoseologia teologica*, Brescia 1984; R. Fisichella, “Cos'è la teologia?”, em C. Rocchetta-R. Fisichella-G. Pozzo, *La teologia tra rivelazione e storia*, Bolonha 1985, 163-252; J. Alfaro, *Rivelazione fede e teologia*, Brescia 1986; B. Forte, *La teologia come compagnia, memoria e profezia*, Roma 1987; M. Seckler, *Teologia, Scienza, Chiesa*, Brescia 1988.

RINO FISICHELLA

III. Eclesialidade e liberdade

1. À diferença da *ciência da religião* e da *filosofia da religião* (Religião, VI) enquanto ciências racionais autônomas, toda *teologia* deve considerar-se como *função vital da religião* (excetua-se a teologia *“filosófica”*, para a qual, como disciplina particular da filosofia, valem as condições da filosofia). E assim a teologia cristã é uma função da religião cristã, da mesma forma que outras religiões têm ou podem ter suas respectivas teologias. Portanto, o conceito de teologia inclui a intrinsecidade da religião, mas compreende também seu reconhecimento concreto e seu próprio vínculo com ela. Se estes elementos faltarem, *conceptualmente* não se trata de teologia, mas de filosofia (da religião) ou de ciência (da religião), ramos “livres”, isto é, “flutuantes” de acordo com as posições. O requisito da intrinsecidade à religião, com o correspondente reconhecimento da religião e sua própria ligação com ela, são uma *característica objetiva no conceito de teologia* e não só uma exigência moral que diz respeito à atitude dos teólogos. Por conseguinte, o determinante para o conceito de teologia não é a *religiosidade do indivíduo*, mas sim a *intrinsecidade da religião para a disciplina* em questão. Isto significa que na teologia ocorre *a autorreflexão e a autoarticulação da religião que as sustenta*; significa também que o trabalho teológico está vinculado aos conteúdos, às normas, às regras e às finalidades da própria religião. Consequentemente, a *teologia católica* é aquela função vital da Igreja em que sua compreensão da fé e sua missão universal são indagadas e teoreticamente descritas em todas as suas dimensões.

A teologia não é, por sua natureza (*theo-logia* como discurso religioso sobre Deus, *sermo de Deo*), necessariamente científica, contudo a teologia cristã se concebe e se organiza tradicionalmente com prevalência sob a forma de uma *ciência* (aderindo a diversos conceitos de ciência, se bem que com competência teórico--científica própria). Mas não é uma ciência baseada em princípios racionais (*secundum rationem*), e sim uma ciência fundada nos princípios da revelação bíblico-cristã (*secundum revelationem*) e, portanto, uma *ciência da fé*. Tem a fé cristã (e, principalmente, a *Palavra de Deus* na fé cristã) como fundamento, objeto e fim de seu discurso científico, que em *seus métodos* deve seguir as regras de um discurso racional, se quiser assumir o caráter de ciência. O conceito “ciência da fé” (*scientia fidei*) como denominação da teologia cristã não diz respeito em primeiro lugar à relação da fé cristã com as ciências e não se refere à influência exercida pela fé sobre as ciências, mas diz respeito ao *caráter originariamente* científico, *cientificiforme* da autorreflexão e da autoarticulação da fé cristã. Por isso, no conceito da fé cristã *condensam-se* as questões irredutíveis, mas sobremaneira produtivas, entre revelação e razão, fé e saber, religião e ciência (entre verdade religiosa e método científico) e, portanto, também entre *eclesialidade* e *liberdade* da pesquisa teológica, ambas essenciais para a teologia, ainda que num sentido bem preciso.

2. A ECLESIALIDADE DA TEOLOGIA – Na linguagem corrente, a palavra “eclesialidade”, que, com muita frequência, está onerada com conotações negativas, pode significar várias coisas: em sentido negativo, servilismo, partidarismo e conformismo; em sentido positivo, a participação responsável e solidária na vida e na missão da Igreja em simpatia crítica e num sincero *sentire cum ecclesia*. Da eclesialidade dos *cristãos* e dos *teólogos*, que é positivamente pressuposta, deve-se absolutamente distinguir a eclesialidade da *teologia*. Lá, trata-se de uma *atitude dos homens*, ao passo que aqui se trata de uma *característica científico-teórica da teologia*; lá, trata-se de *disposições de espírito*, enquanto que aqui, de *estruturas*. Na realidade, as duas caminham conjuntamente, mas seria um mal-entendido reduzir o caráter eclesial da teologia, sob o aspecto teórico-científico, às atitudes dos teólogos

e, em casos de conflito, assumir estas atitudes como critério decisivo para a teologia.

À diferença da *ciência da religião* e da *filosofia da religião* como ciências autônomas, a *teologia, scientia fidei*, deve fundamentalmente entender-se como o próprio *realizar-se* da vida da Igreja. Sob o perfil teórico-científico, portanto, a "eclesialidade" é uma determinação *interna* de lugar e de função da teologia. Por isso, ela foi definida com razão como projeto do pensamento e da linguagem da fé cristã. Do ponto de vista teórico-científico, a Igreja, para a própria teologia, não é uma instância externa, mas antes um sujeito portador. Com isso, entende-se em primeiro lugar uma *relação interna condicionante* e só em segundo lugar *uma titularidade externa* em sentido jurídico-institucional.

Se a teologia é fundamentalmente definida como uma função da Igreja, há que prestar sobretudo atenção ao significado do termo "igreja". Há um uso linguístico em que "igreja" significa simplesmente apenas o ministério eclesiástico ou a hierarquia ou uma instituição de tipo confessional. Isto pode levar a definir verbalmente a teologia como função da Igreja; na realidade, porém, leva a entendê-la somente como uma função ou subfunção do ministério eclesiástico, de sorte que a eclesialidade da teologia consistiria somente em ser uma disciplina auxiliar de ministérios eclesiásticos. Dessa forma, a eclesialidade da teologia não seria definida de forma adequada. O sujeito portador verdadeiro e próprio da teologia é, antes, a Igreja em sentido amplo, como povo neotestamentário de Deus, que é em si uma realidade vital complexa e muito articulada. Em decorrência das divisões da Igreja, a teologia na verdade está tensa entre a universalidade de *uma única* Igreja como entidade de fé e as dimensões do ecúmeno, de um lado, e as várias confissões que esta contém, do outro. Uma vez que a íntima vocação da teologia cristã é a de ser verdadeiramente *cristã* segundo os critérios conteudísticos do cristianismo, assim ela é radicalmente *eclesial* como função vital do povo de Deus neotestamentário e ao mesmo tempo inevitavelmente *confessional* com referência às igrejas realmente existentes, as únicas que podem sustentar uma teologia cristã. Portanto, em cada concretização do nexo eclesial-confessional, a eclesialidade da teologia é pluridimensional.

A característica da eclesialidade, sob o perfil teórico-científico, não se contrapõe por princípio à cientificidade ou à capacidade científica da teologia. Toda ciência opera à base de pressupostos constituídos pré-cientificamente e condicionados pelo contexto vital. Para o caráter científico, é determinante a racionalidade metodológica e a transparência dos nexos no discurso. Com efeito, a teologia, pela característica da eclesialidade, está vinculada, tanto contextual quanto criteriologicamente, ao credo da Igreja, mas nem por isso se pode, por princípio, levantar com fundamento a suspeita de uma manipulação ideológica ou partidária. Pois, para ela, o último verdadeiro critério não é nem a fé nem a comunidade de fé (como "povo de Deus" e "instituição") e sim a *Palavra de Deus*. Para o conceito de ciência da fé cristã existe uma diferença teológica essencial entre *Palavra de Deus* e *fé*. Aquela é o critério desta, e não vice-versa, ainda que aquela só nos chegue através desta. Por isso, o verdadeiro e supremo critério da teologia (*norma suprema*) não é nem a fé nem a Igreja, mas a Palavra de Deus (cf. DV 10; 21-25; LG 25). O testemunho de fé da Igreja não é uma norma suprema, é apenas a norma concretamente existente e, portanto, imediatamente vinculante, isto é, "próxima" (*norma proxima*). O princípio da absoluta prioridade e superioridade da Palavra de Deus não é abolido, ainda que, praticamente e via de regra, a Palavra de Deus, objetiva e também criteriologicamente, se apresente e seja ressaltada para a teologia, de maneira vinculante, no *medium* do testemunho da Igreja. Por esse motivo, não se pode imputar, por princípio, à eclesialidade da teologia, que seja ela que funda a mera condição subalterna de que a teologia se reveste numa Igreja que gira autonomamente em torno de si mesma ou que dispõe da Palavra de Deus.

A teologia, portanto, é efetivamente uma função da Igreja, ou da vida de fé da Igreja, e em toda a sua atividade deve orientar-se levando em conta este fato. Do ponto de vista da doutrina teológica dos princípios, isto significa que compete ao magistério hierárquico julgar de forma autorizada o trabalho da teologia, segundo os critérios da fé cristã, sem que tais procedimentos devam por princípio considerar-se como ingerências ou afrontas ilegítimas de uma instância externa à ciência. Já que a teologia é constitutivamente chamada a articular em seu discurso a fé da Igreja, cabe à Igreja julgar o resultado deste esforço.

Por outro lado, uma vez que o critério *supremo* da teologia não é de caso para caso a doutrina atual da Igreja, mas a Palavra de Deus, segue-se daí que não são *a priori* ilegítimas também a percepção de tarefas proféticas, a obrigação de uma crítica transcendente e as possibilidades de dissentir. O critério supremo da teologia e da Igreja é a Palavra de Deus; todos devem aderir a esta e conformar-se a ela (cf. LG 25), agrade isto ou não.

Por "eclesialidade da teologia" não se deve entender só sua constituição interna de ciência eclesial da fé, mas também seu estar ancorada, *sob o perfil organológico-funcional e prático-vital*, à vida e à missão da Igreja. Sob esta ótica, a destinação instrumental da teologia é fundamentalmente o serviço, em chave de ciência da fé, à Palavra de Deus, no âmbito da missão da Igreja. Suas funções são de natureza teórica e prática: a explicação cognitiva e a mediação da Palavra de Deus como verdade salvífica, orientadora e beatificante; o trabalho em prol da fundação construtiva e prática das atividades da Igreja; a reflexão crítico-formal e objetiva dos gêneros linguísticos e expressivos da fé; a justificação e a defesa da verdade da fé; o autoexame científico da Igreja e o acompanhamento crítico de sua vida. Dessa maneira, ela fornece uma contribuição autônoma e ativa à missão da Igreja.

Faz parte da eclesialidade da teologia também seu *estar institucionalmente ancorada e juridicamente vinculada* à Igreja. No que tange às universidades e às instituições eclesiásticas, é claro desde o início que estas estão sob a titularidade da Igreja e estão diretamente sujeitas ao direito canônico. Para os institutos teológicos nas universidades estatais há regulamentos jurídicos estatais e eclesiásticos que têm o objetivo de garantir a eclesialidade daquela teologia que deve tutelar funções oficiais da Igreja.

Uma vez que estas relações jurídicas devem entender-se como consequência e expressão da eclesialidade teórico-científica e prático-vital, de que se falou acima, não se pode pensar que se trate substancialmente de um mero vínculo externo com a Igreja.

3. A LIBERDADE DA TEOLOGIA – À pergunta sobre a *liberdade da teologia* pode-se responder somente com base no que ficou dito até aqui. Da mesma forma que a eclesialidade da teologia, também sua problemática da liberdade apresenta duas faces (se deixarmos de lado os aspectos que se referem às pessoas): uma científico-teórica e outra científico-prática.

Em conformidade com sua constituição, que se funda no princípio da *eclesialidade*, à teologia são essenciais aquelas ligações e aquelas funções segundo as quais ela se constitui como ciência eclesial da fé. Por isso, para sua *liberdade* existem limites constitutivos, científica e teoreticamente fundados e definidos, uma vez que, vindo a faltar os pressupostos e os princípios que a sustentam, ela mesma se dissolveria, ou seja, se transformaria em ciência da religião ou em algo parecido. Em conformidade com sua estrutura de ciência, a teologia e o teólogo individual podem valer-se da liberdade da teologia, não como *liberdade de escolha na orientação dos princípios*, mas, pelo contrário, como *liberdade para um desenvolvimento autônomo à base do específico fundamento científico-teórico da teologia.* O que muitas vezes é considerado o ponto nodal da liberdade teológica, isto é, a "libertação" da teologia da "tutela" eclesial, é, portanto, se considerado em sua essência, não menos contraditório em si mesmo de quanto seria uma teologia cristã "libertada" da fé cristã. Uma concepção da ciência da fé que considerasse sua eclesialidade *fundamentalmente* como amarra ou impedimento para o livre desenvolvimento da teologia seria, por conseguinte, uma *contradictio in adiecto.* Dessa forma pagar-se-ia a independência conseguida com a perda da identidade teológica verdadeira e própria. Ao mesmo tempo, tal "teologia" perderia o peso específico que lhe cabe e deve caber pelo fato de ela influir sobre a comunidade que a sustenta não de fora (como ocorre com as demais ciências), mas *em seu interior e a partir de dentro dela.*

No universo das ciências livres, a teologia é a única ciência que não é considerada, pelo menos teoreticamente, como absolutamente livre. Nesse contexto, é correto dizer que o vínculo axiomático e eclesial, conotado no conceito de eclesialidade, deve ser *expressamente* enumerado entre seus princípios constitutivos. Mas também nas outras ciências existem vínculos axiomáticos societariamente ancorados, embora de modo menos explícito. De um ponto de vista teórico-científico, isto não é um impedimento de princípio para a cientificidade, isto é, para a relativa liberdade de investigação e de ensino.

Da mesma forma que o Vaticano II (GS 62; cf. LG 37), também o direito canônico (CIC cân. 218) reconhece à ciência teológica e às pessoas que a ela se dedicam a devida liberdade (*iusta libertas*) de *pesquisa* e de *manifestação de suas próprias opiniões*, com base numa *competência objetiva.* Este direito à *liberdade de pesquisa científica e de manifestação das próprias opiniões* pressupõe a *liberdade geral* de manifestar suas próprias opiniões, descrita no CIC cân. 212 par. 3, com referência a LG 38, como direito dos homens – e respectivamente dos cristãos – mas não deve limitar-se a isto nem para as tarefas específicas que a teologia deve executar, nem para as condições peculiares que valem para ela enquanto ciência.

O discurso da ciência da fé deve poder seguir, autonomamente (embora não incondicionadamente) e sem obstáculos, o método e a racionalidade essenciais para uma ciência, se não quiser degenerar numa mera caricatura da própria ciência. Em nível da *práxis científica*, a teologia tem estado com muita frequência submetida, no decurso de sua história, a obstáculos à sua liberdade de desenvolvimento – que não eram de modo algum necessários – justamente por parte da autoridade eclesiástica, mais do que por parte de fatores científico-teóricos, embora também aqui tenha havido exageros. O problema da liberdade da teologia apresenta-se de modo unilateral se for visto exclusivamente sob o aspecto da (injusta) *liberdade "de"* amarras, sem ao invés ter em mira a *liberdade "para"* um autodesenvolvimento, objetiva e metodologicamente correto, que é vital para uma ciência.

Além da liberdade, sob o aspecto do desenvolvimento da ciência *tout court*, é necessária também a *liberdade da manifestação de suas próprias opiniões* para a vida da teologia e também para o cumprimento de suas funções eclesiais. Os resultados de uma pesquisa teológica competente são apresentados como "doutrina científica" (ou, então, como "opinião doutrinal"). Tal "doutrina" tem um *status peculiar* seu. E isto não só porque nela deve exprimir-se a doutrina da fé da própria Igreja em conformidade com a destinação da teologia e com a vocação do teólogo (que ensina em nome da Igreja em conformidade com um *mandatum* [cf. CIC cân. 812; 818], embora de modo formalmente não autêntico, razão pela qual a doutrina teológica está a meio-caminho entre uma manifestação meramente privada das opiniões próprias e a doutrina oficial da Igreja), mas também porque uma "doutrina *científica*" exprime sempre ao mesmo tempo também convicções objetivas, cientificamente fundadas e, em certo sentido, alguns *vínculos intelectuais* que o teólogo não pode modificar. A "liberdade de manifestar suas próprias ideias" *no plano da ciência da fé* ultrapassa, portanto, sob múltiplos aspectos, o plano dos direitos de liberdade pessoal. Seus conteúdos estão subtraídos à livre-discrição pessoal; mas a possibilidade de operar livremente é importante tanto para o desenvolvimento da pesquisa científica e da formação do consenso quanto para o serviço da teologia em prol de toda a Igreja. Somente assim a teologia pode exercer sua função que, na realidade, não é independente, ainda que relativamente autônoma em relação ao magistério de autoridade da Igreja. Não raro também o dissentir, que tem uma base na ciência da fé, é um passo importante para um aprofundamento do conhecimento da verdade em teologia e na Igreja e um impulso para desenvolvimentos magisteriais.

É duvidoso até que ponto o dever de obediência de todos os fiéis, graduado segundo o CIC, cân. 750-754, refere-se também à ciência da fé em sua autorrealização interna. Os vínculos devidos à característica de sua eclesialidade científico-teorética permanecem naturalmente estabelecidos e fixados e podem ser invocados. Além disso, a autoridade da Igreja pode emanar disposições, visando à "obediência religiosa" mesmo em questões secundárias de praxe científica. Limites internos neste âmbito derivam do que acima dissemos, por um lado, sobre a normatividade da Palavra de Deus e, por outro, sobre a natureza da ciência.

Bibl. – W. von Loewenich, *Glaube, Kirche, Theologie. Freiheit und Bindung im Chritsein*, Witten 1958; P. Brunner, "Gebundenheit und Freiheit der theologischen Wissenschaft", em Id., *Pro Ecclesia.* Gesammelte Aufsätze zur dogmatischen Theologie I, Berlim 1962, 13-22; H.J. Pottmeyer, *Der Glaube vor dem Anspruch der Wissenschaft*, Friburgo 1968; H. Krings, *Freiheit als Chance.* Kirche und Theologie unter dem Anspruch der Neuzeit, Munique 1972; W. Pannenberg, *Wissenschaftstheorie und Theologie*, Frankfurt 1973; M. Gatzmeier, *Theologie als Wissenschaft*, vol. I-II, Bad Cannstatt 1974; E. Jüngel, "Die Freiheit der Theologie", em Id., *Entsprechungen*, Munique 1980, 11-36; H.M. Müller, "Bindung und Freiheit kirchlicher Lehre", em ZThK 77 (1980) 479-501; R. Schaeffler, *Glaubensreflexion und Wissenschaftslehre*, Friburgo 1980; M. Seckler, *Im Spannungsfeld von Wissenschaft und Kirche*, Friburgo 1980; Id., *Die schiefen Wände des Lehrhauses*, Friburgo 1988; Id., "Theologie als Glaubenswissenschaft", em HFTh IV, 180-241; Id., "Ecclesialità e libertà della teologia", em R. Fisichella (ed.), *Gesù Rivelatore*, Casale Monferrato 1988, 53-70; J. Simon, "Zum wissenschafts-philosophischen Ort der Theologie", em ZThK 77 (1980) 435-452; K. Rahner-H. Fries, *Theologie in Freiheit und Verantwortung*, Munique 1981; W. Kasper, "Wissenschaftliche Freiheit und lehramtliche Bindung der katholischen Theologie", em *Essener Gespräche zum Thema Staat und Kirche* 16, Münster 1982, 12-44; 45-68; Id., "Die Wissenschaftspraxis der Theologie", em HFTh IV, 242-247; J. Ratzinger, *Theologische Prinzipienlehre*, Munique 1982; Id., "Theologie und Kirche", em IKZ 15 (1986) 515-533; H. Pree, "Freie Meinungsäusserung – Recht und Pflicht des Christen", em *Anzeiger für die Seelsorge* 98 (1989) 3-5; 35-36.

MAX SECKLER

IV. Teologia e ciências

O conflito entre o cristianismo e as ciências tem incessantemente tornado pesadas e envenenado as relações recíprocas entre os dois parceiros. Retrospectivamente, este dado faz parte das constantes, mas também dolorosas, características da era moderna. Hoje ele é considerado, o mais das vezes, apenas como uma consequência de mal-entendidos e de outras deficiências humanas; em parte é visto como algo de absurdo, sendo objetivamente injustificado, em parte esclarecido ou, pelo menos, fundamental e completamente superável. Com este objetivo, têm-se desenvolvido modelos de distinção e de coordenação que deveriam subtrair este terreno ao conflito, seguindo a via da harmonização ou, então, a forma da desvinculação de tipo funcional-justificador. Por um lado, a crescente crise de legitimidade da ciência e, por outro, a retomada da religião, pelo menos das mentalidades religiosas orientadas em sentido irracional, têm gerado neste meio-tempo uma generalizada consciência de crise, que esvazia a mentalidade concordista que apenas se havia consolidado. Para a fé cristã, coloca-se a questão de como deve determinar e impostar, nesta situação mutável, sua atitude em relação à ciência e às ciências. Se se enfrentar seriamente a questão na ótica do atual estado do problema, nota-se imediatamente e de modo urgente que aqui, na verdade, está em jogo muito mais do que até agora se tem suposto, na maneira corrente de ver as coisas. As reflexões que se seguem pretendem delinear o estado do problema em suas dimensões essenciais e, partindo ao mesmo tempo da autocompreensão da fé cristã, introduzir na discussão pontos de apoio.

1. UMA RELAÇÃO DE CORRELAÇÃO ELEMENTAR E POSITIVA – A questão sobre a relação entre teologia e ciência não diz respeito somente ao problema das *relações externas* entre a teologia e as demais ciências, mas toca antes de tudo, e a fundo, a definição da *relação interna.* Para este objetivo é determinante aquela *opção fundamental* que o cristianismo já fez *in statu nascendi* e que estava chamado a fazer com base na natureza da fé cristã. Na autocompreensão do cristianismo predomina claramente a acentuação da natureza específica e da autonomia do ato religioso ou da fé cristã e, portanto, da *definição que a distingue* do saber e da ciência; ao mesmo tempo, tem sido e é característica do cristianismo a *fundamental afirmação da razão e uma atitude fundamental positiva em relação às ciências racionais.* Esta opção não foi totalmente pacífica ao longo da história do cristianismo; no fim das contas, porém, teve o valor de uma opção fundamental.

Esta atitude não é somente uma questão de sentimentos abertos ao mundo, mas é uma consequência objetiva da compreensão cristã da criação e da constituição íntima da realidade da fé que, em si e de *per si*, é relacional e afirmadora do logos. Disso nasce uma *relação de correlação elementar-positiva*, que vai além da mera indiferença ou da não repugnância. A compreensão e formulação exata desta correlação é difícil e conduz a antinomias, mas, pelo menos na teologia católica, em geral vigora (não obstante os diferentes modelos teóricos) o acordo sobre os traços fundamentais. Por isso, os conflitos efetivos concernentes à relação existente entre teologia e ciência, como os que ocorreram sobretudo na época moderna, devem ser vistos, em princípio, como condicionados pelas deficiências humanas. A isso é preciso acrescentar novos aspectos que agravam e tornam mais agudo o estado do problema.

2. COMBINAÇÕES DE PROBLEMÁTICAS HISTÓRICAS FUNDAMENTALMENTE RELEVANTES – Historicamente, a teologia deparou duas vezes a tarefa fundamental de fazer opções de princípio, por causa da opção postulada pela compreensão cristã da criação e da fé. Em ambos os casos, tratou-se de desenvolver a atitude necessária, quando uma ideia ou um movimento científico entravam em seu horizonte. Tratou-se de combinações derivantes da *história*, mas que representam de modo *objetivo* aqueles dois pontos do problema com os quais a teologia se vê constantemente e em linha de princípio chamada a responder sobre nossa questão. A teologia católica, em ambos os casos, movi-

mentou-se e continua a movimentar-se no sentido de uma fundamental (embora não incondicionada e isenta de inconvenientes) afirmação da ciência.

a. *Relação interna com a ciência* – O primeiro caso verificou-se quando a ideia de ciência, elaborada pela filosofia grega, entrou no horizonte do cristianismo e se apresentou à *própria práxis teológica.* Pode-se observar isto já na época dos Padres, *em geral* no amplo acolhimento do logos grego também na reflexão cristã sobre a fé a partir dos primeiros → apologetas da Igreja das origens e *especificamente* na elaboração da teologia segundo o modelo de uma *epistêmē* (p. ex., em Orígenes). No decurso do processo de recepção medieval de Aristóteles, ocorreu uma *fundamental* – tanto em sentido teológico-religioso quanto teórico-científico – e fundada transformação *da própria teologia* em ciência e sua estruturação segundo o modelo científico, no sentido postulado pelo conceito aristotélico de ciência. Esta teologia, ciência entre as ciências, encontrou ao mesmo tempo acolhida na universidade, entendida como sede das ciências, e se submeteu à normatividade da organização institucional da ciência e aos rituais da pesquisa e do ensino acadêmico. Em decorrência de sua "cientização" interna e juntamente com sua integração social e institucional no mundo das ciências, a teologia desde então participou diretamente do processo científico, por força de sua potencialidade e conformação científica.

Aqui a relação entre teologia e ciência apresenta-se de maneira totalmente diferente daquela em que, por exemplo, se apresentaria no caso em que a teologia fosse pré-científica e conscientemente acientífica. Uma instância científica externa poderia manter somente "relações periféricas" com a ciência, ao passo que a estrutura relacional das ciências entre si está muito mais marcadamente submetida às características das relações internas. Enquanto a teologia se adequa aos postulados da cientificidade e age como ciência, participa de modo genuíno não somente das características da consciência científica e da boa ou má sorte da ciência, mas adquire também idoneidade para relacionar-se, na qualidade de parceira, com as demais ciências.

Isso vale também quando a teologia, como *ciência da fé*, assume no mundo das ciências uma posição específica que brota de sua vinculação com a religião que a rege. À diferença das ciências das religiões, que têm por *objeto* científico exclusivo as religiões como fenômenos históricos, a teologia cristã está vinculada à *reflexão científica sobre si mesma* e à *autoarticulação* da fé cristã e, sob este aspecto, representa um aperfeiçoamento vital e funcional *da própria religião.* Este aspecto assume aqui importância pelo fato de que a relação da própria religião com a ciência adquire um caráter peculiar. Com efeito, na medida em que a teologia cristã é uma função vital do cristianismo e, *ao mesmo tempo*, um parcial aperfeiçoamento da ciência, deriva daí para ambas uma relação de imediatez – pelo menos na visão do cristianismo – que agora não está mais exclusivamente em confrontar-se (de modo amigável, hostil e indiferente) com a ciência; mas esta ciência, através da teologia científica da fé, deve considerar a teologia como uma de suas *verdadeiras e próprias* funções vitais e como um dos modos de autorrealização, com tudo aquilo que de tal abertura e assunção pode derivar no tocante a tarefas, possibilidades e riscos que caracterizam também a recente história do cristianismo.

Em síntese, portanto, é preciso evidenciar que a relação entre *teologia* e ciência, que, em decorrência da "cientização" da teologia, assumiu fundamentalmente o caráter de relação interna entre ciências, aparece ao mesmo tempo como um parcial problema da relação entre *religião* e ciência, a ponto de também esta não ter mais o caráter da relação externa. Esta complexa articulação relacional explica tanto o interesse vital próprio do cristianismo moderno pela ciência e pelas ciências quanto a elevada densidade das implicações dolorosas da Igreja com a ciência moderna.

b. *Relação externa com a ciência* – O segundo caso em que *historicamente* e ao mesmo tempo *em linha de princípio* o cristianismo e a teologia se viram diante da tarefa de desenvolver, em relação às ciências, uma atitude adequada, verificou-se no início da época moderna, com a incipiente *emancipação das ciências* e especialmente com o desenvolvimento das ciências naturais exatas e empíricas, encaminhado por Descartes e por Bacon. A história da emancipação e do desenvolvimento caracterizou-se por ásperos e contínuos conflitos que envenenaram de maneira durável a relação da Igreja e da teologia eclesiástica com a ciência secular.

As causas de tudo isso residiam em parte no conflito entre forças conservadoras e forças inovadoras, em parte em concepções insuficientemente claras sobre os diversos modos e âmbitos do conhecimento, em parte nas premissas sobre a concepção universal e nos contextos de interesse ideológico que, conscientemente ou não, estavam em jogo; mas residiam sobretudo nas concepções opostas sobre o caráter vinculador dos respectivos conteúdos cognoscitivos, em luta entre conhecimento mediado pela fé e conhecimento mediado pela razão.

No campo teológico, revelou-se em seguida serem um grave *handicap* as falsas interpretações, agravadas pelo princípio protestante da *sola Scriptura*, sobre a natureza e sobre a amplitude da autoridade da Escritura, sobre os elementos presentes nos livros bíblicos condicionados por uma visão do mundo aparentemente convalidada pela inspiração da Escritura, em razão dos quais os teólogos se deixaram enredar em afirmações insustentáveis. Daí resultou para a teologia uma verdadeira e própria *historia calamitatum*, marcada por uma série infinita de derrotas e de retiradas definitivas, uma depois da outra, dos campos da cosmologia, da geologia, da biologia, da evolução, da história, da antropologia, da psicologia etc. Em tudo isso a teologia, condicionada por seu duplo caráter de ciência da fé e de ciência enquanto tal, não raro veio a encontrar-se entre duas frentes ou tornou-se o bode expiatório, dilacerado por lealismos opostos. Objetivamente, seria em todo caso errôneo querer procurar a culpa de tais conflitos somente *de um lado.* A questão não é sempre tão evidente como no caso de Galileu que, com excessiva facilidade, se transformou em paradigma.

O tratamento de significado simbólico, reservado ao caso Galileu na recentíssima história da Igreja (reabilitação de Galileu, feita por João Paulo II, em 10 de novembro de 1979 diante da Pontifícia Academia das Ciências, em decorrência do Concílio Vaticano II), pode sem dúvida ser interpretado como um gesto de paz que tem valor de princípio; contudo, os pesos da história não podem ser eliminados com tanta facilidade. A despeito de uma atmosfera no geral conciliante, ainda hoje não se pode de modo algum considerar superados o estranhamento e a desconfiança mútuos. Todavia, é preciso notar que os conflitos que permaneceram abertos de modo algum assentavam apenas sobre equívocos ou sobre a falta de reflexão, mas nasciam do choque de *alternativas totais*, cuja conciliabilidade ou inconciliabilidade *objetiva* até hoje ainda não encontrou um esclarecimento satisfatório, ao contrário do que muitas vezes querem fazer crer tentativas mediadoras de acordo.

3. ALTERNATIVAS RADICAIS INCONCILIÁVEIS? – Uma paz entre religião e teologia, de um lado, e ciência moderna, do outro, que assente apenas em condições de atmosfera ou que, mediante o artifício da distinção do campo de competência ou da separação das funções, leve somente à aproximação, destituída de relações e, por isto, isenta de conflitos, deve ser considerada não genuína enquanto o problema principal não tiver encontrado uma solução teórica convincente. Isso diz respeito sobretudo à questão de como é possível conciliar entre si a consciência científica e a religiosa, quando as duas, objetiva e radicalmente, representam, em questões inerentes ao conhecimento da realidade e ao âmbito da existência, totalidades opostas. Divergências como as existentes entre explicação da natureza e interpretação da existência, ou as existentes entre saber dominante instrumental e sabedoria teonômico-salvífica não dão suficientemente conta da radicalidade das alternativas, embora sem dúvida possam desdramatizar alguns problemas de menor importância. Distinguir entre o plano dos meios e a dimensão dos fins não leva a nada, em se tratando de *alternativas totais*, que se excluem reciprocamente.

Estes nexos podem ser ilustrados por dois pontos. O primeiro diz respeito ao *problema do ateísmo*, o segundo à questão da *competência cognitiva*.

a. *O problema do ateísmo* – É sabido que os grandes cientistas (da natureza) eram pessoas crentes e, sob muitos aspectos, religiosas. Todavia, a marginalização do *problema de Deus* adequa-se tanto à lógica interna da ciência moderna quanto aos fins perseguidos e pelos quais esta trabalha. Hoje, aceita-se como inatacável o princípio metodológico segundo o qual *os nexos científicos esclarecedores* devem, por princípio, operar sem recorrer ao "fator esclarecedor Deus" e, portanto, na formação científica das teorias, deve-se *a priori* abstrair de Deus. Não se admite, nem para a correção das trajetórias dos planetas nem para os processos evolutivos – para citarmos apenas dois exemplos – superar os vácuos do conhecimento recorrendo ao fator "Deus". Este ateísmo metodológico apresenta-se tão cogente no campo teórico-científico quão cheio de consequências para a concepção universal. Na realidade, leva à eliminação de Deus dos jogos da linguagem, dos campos temáticos e das funções da ciência e, portanto, da esfera vital do homem moderno, marcada pela ciência.

Além disso, tem efeitos mais graves a meta sob cujas diretrizes opera a ciência moderna; na tentativa de atingir o fator "Deus", elimina-o também dos *contextos pragmáticos* da existência humana, quando, com suas forças, visa atingir, através de técnicas operativamente ateias, todos os fins razoavelmente desejáveis. Erros, insucessos e limites provisórios deixam a uma teologia, que aqui descobre suas chances, antes de tudo – e, de certa maneira, para sempre, devido às situações de contingência fundamentalmente insuperável de nossa existência – ainda um campo de ação; todavia, é preciso ver que, justamente dessa forma, acaba sendo confirmado e reforçado o *radical caráter alternativo* da teologia e da ciência e que, portanto, volta o antigo motivo do tapa-buracos. A ciência, de um lado, e a religião (i. é, a teologia), do outro, aparecem, portanto, como atividades opostas e até como fundamentalmente contrárias de domínio do contingente. Uma teologia (e respectivamente uma religião) que, na "práxis humana de domínio do contingente" (H. Lübbe), fosse reduzida apenas àquele domínio residual de contingências que ameaçam a existência e que (provisoriamente?) se subtraem ao controle das técnicas científicas e que, portanto, *nolens volens* têm de ser vencidas "religiosamente", vale dizer, aceitas da mão de Deus, seria simultaneamente limitada, em sua competência, às "doenças incuráveis" e, portanto, seria *fundamentalmente limitada* aos lados obscuros da existência, impermeáveis à ciência.

b. *A questão da competência cognitiva* – O mesmo perigo de uma *diástase que se vai radicalizando* e de uma *perda mortal de substância* pode ser ilustrado no tocante à *competência cognitiva.* Um modo de ver predominante, na moderna crítica e teoria da religião, afirma que a religião representaria, pelo menos *de fato*, uma forma pré-científica de aquisição do conhecimento, da explicação da existência etc. (por meio da fantasia, do mito e da "revelação"), enquanto não for substituída pela ciência e retirada de todos os campos – um depois do outro – do conhecimento verificável. As ciências, que sob este aspecto se substituem sempre mais à religião e a sua teologia e competem em eficiência, confiabilidade, verificabilidade e aptidão para o progresso, arrancam das mãos da teologia, dessa forma, a verdadeira e própria competência cognitiva. Também aqui, analogicamente ao que dissemos sobre as supramencionadas combinações da práxis de domínio do contingente, a teologia vê-se reduzida a funções residuais provisórias de prestações "cognoscitivas", talvez mais benéficas do ponto de vista humano, mas cientificamente mais duvidosas.

Esta redução a modos cognoscitivos alternativos aos modos científicos e a setores cognoscitivos impermeáveis à ciência pode sem dúvida ocorrer também num contexto favorável à religião. O conhecimento religioso, entendido como *alternativa integrante* do conhecimento científico, parece criar espaço para uma proximidade pacífica e, talvez, até construtivo-complementar, dos meios e dos modos do conhecimento. Nas mais recentes teorias sobre a religião, o confinamento desta fora dos campos de competência cognoscitiva da ciência e sua atribuição à linguagem primordial dos mitos, dos símbolos e da "poesia" são muitas vezes aceitos de modo positivo e, portanto, parece em todo caso ter-se criado um espaço para "verdades" religiosas e uma sólida paz parece possível entre os portadores das várias funções. Mas é preciso salientar que, dessa maneira, a relação entre teologia e ciência é literalmente relegada a uma situação pré-cristã. As verdades religiosas e as interpretações teológicas da existência que, com uma autonomia cognoscitiva, em princípio ineliminável, se afastam do logos da razão e de sua responsabilidade em relação à verdade, são em última instância condenadas a renunciar ao valor real da verdade. A direção para a qual inevitavelmente caminharão pode descrever-se recorrendo a *slogans* como → fundamentalismo, mística da → *New Age* ou → indiferença para com a verdade das assim chamadas vias religiosas da salvação.

c. *A reivindicação da verdade por parte da fé cristã* – Tanto pela natureza verídica da Palavra de Deus e pelo postulado à verdade da fé cristã quanto pela unidade da verdade, é necessário que a Teologia Fundamental se oponha decididamente à redução da religião e da teologia a setores que, na melhor das hipóteses, só podem ser *objeto* de uma ciência que os avalia; mas esta ciência, por *sua* parte, não poderia mais ser capaz de defender a verdade (a que se dedicam a religião e a teologia), com autônoma competência cognoscitiva científica e cientificamente relevante. Quanto a isso, as opções teológicas protocristãs, no decurso da história, são claras e nítidas. Assim como é certo que a religião pode haurir sua mensagem de recursos diferentes dos da ciência e assim como é certo que a verdade do Evangelho é distinta da ciência e da sabedoria "deste mundo", também seria fatal se ela procurasse sua identidade esquecendo o logos racional e o discurso sobre a verdade feito pelas outras ciências, renunciando, portanto, a uma competência a ser enfrentada "pondo-se em relação com o logos" (cf. Rm 12,1).

Concretamente, isto significa que a teologia, *além* de ser principalmente ancorada no evento pré- e extracientífico da verdade, deve todavia tomar parte de modo bastante determinante, genuíno e participativo, nas outras atuações verdadeiras e próprias das ciências, no processo cognoscitivo e no discurso sobre a verdade das ciências racionais. E isto não somente no sentido de uma participação, possivelmente especializada e competente, típica de uma instância externa, como fazem os outros, mas como dever inerente à teologia; esta participação, baseada em sua competência cognoscitiva científica e intersubjetivamente relevante sob o perfil científico, diz respeito à reelaboração e à projetação do que deve ser dito sobre a fé e na fé cristã, mas também sobre suas consequências. Somente assim ela pode apresentar e colocar em evidência, com consciência científica, as mensagens da fé cristã. Contribuindo, na medida do que lhe é possível, com uma participação específica para o discurso sobre a verdade das ciências racionais e conferindo-lhe plausibilidade e aceitabilidade, ela se alinha com aquela máxima do conhecimento moderno que diz: "Pode-se pretender uma atenção verdadeira" somente se se "foi capaz de enfrentar um exame público e livre" (Kant).

d. *Colaboração e luta* – Para a relação prática da teologia com as ciências, é de extrema importância *a abertura, a solidariedade participativa, o diálogo e a interdisciplinaridade.* Uma teologia isolada e, neste sentido, "pura" acaba levando ao isolamento cognoscitivo e ficando vazia de realidade, distanciada do mundo, incapaz de se comunicar e sectária. Ela deve, portanto, não só por aquilo que pode dar às ciências, mas também no interesse de seu próprio bem, buscar o intercâmbio intensivo e extensivo. E isto responde à aptidão da mensagem cristã para a verdade, à missão da fé cristã no mundo, à contextura da matéria, às condições e às tarefas da mediação interpretativa. O diálogo, o trabalho interdisciplinar e o intercâmbio estendem-se aos três setores da mútua transmissão dos métodos e dos conteúdos da investigação, à discussão dos interesses em questão e dos pressupostos específicos e à percepção da responsabilidade comum em relação à ciência e a suas consequências. Há que enfrentar, antes de tudo, os aspectos éticos do alarmante progresso técnico-científico antiecológico e existencialmente prejudicial. Não há como superar as crises inerentes aos objetivos e à direção da civilização técnico-científica, sem uma reflexão sobre os dados orientadores metafísicos, antropológicos e escatológicos. Quanto a isso, a teologia dispõe, sim, de princípios auxiliares, mas não de receitas prontas. A contribuição que ela deve trazer, também de maneira crítica e científica – no interesse do homem – deve, sim, nascer do íntimo de seus verdadeiros e próprios recursos, mas só pode surgir através do esforço solidário. Daí provém a necessidade, em todo caso, da colaboração, da interdisciplinaridade, do diálogo e da solidariedade paritária. Fazem parte disso também os conflitos e não só aqueles entre a ciência e a não ciência, mas também os existentes no âmbito de uma competência cognitiva individual. Nesse âmbito, também a *alternativa total*, da qual falamos anteriormente, é um tema de discussão, inevitável e ao mesmo tempo significativo.

Bibl. – F. Dessauer, *Begegnung zwischen Naturwissenschaft und Theologie*, Frankfurt 1952; A.D. White, *A History of Warfare of Science with Theology in Christendom*, Nova York 1960 (orig. 1896); A. Dempf, *Die Einheit der Wissenschaft*, Stuttgart 1962[2]; J. Moltmann, "La teologia nel mondo delle scienze moderne", em Id., *Prospettive della teologia*, Brescia 1973 (orig. 1958), 319-340; W. Heisenberg, *Schritte über die Grenze*, Munique 1973[2]; Id., *Der Teil und das Ganze*, Munique 1981[3]; W. Pannenberg, *Wissenschaftstheorie und Theologie*, Frankfurt 1973; J.B. Metz-T. Rendtorff (eds.), *La teologia nella ricerca interdisciplinare*, Brescia 1974; H. Aichelin-G. Liedke (eds.), *Naturwissenschaft und Theologie. Texte und Kommentare*, Neukirchen-Vluyn 1974; G. Ebeling, "Überlegungen zur Theologie in der interdisziplinären Forschung", em Id., *Wort und Glaube*, vol III, Tübingen 1975,150-163; W.H. Austin, *The Relevance of Natural Science to Theology*, Londres 1976; L. Scheffczyk, *Die Theologie und die Wissenschaften*, Aschaffenburg 1979; M. Seckler, "Theologie – Wissenschaft unter Wissenschaften?", em Id., *Im Spannungsfeld von Wissenschaft und Kirche*, Friburgo 1980, 15-25; Id., Theologie – Religionsphilosophie – Religionswissenschaft", Ibid., 26-41; Id., *Teologia, scienza, Chiesa*, Brescia 1988; W. Oelmüller (ed.), *Wahrheitsansprüche der Religion heute*, Paderborn 1982; S.N. Bosshard, "Über die Dialogfähigkeit der Theologie", em StZ 203 (1985) 704-712; J. Hübner (ed.), *Der Dialog zwischen Theologie und Naturwissenschaft.* Ein bibliographischer Bericht, Munique 1987; P. Jordan, *Der Naturwissenschaftler vor der reli-*

giösen Frage. Abbruch einer Mauer, Stuttgart 1987 (orig. 1961); J. Splett, "Wissenschaft – Grenzen zur Religion", em StZ 205 (1987) 330-338; R. Bergold, *Der Glaube vor dem Anspruch der Wissenschaft*. Der Dialog zwischen Naturwissenchaft und Theologie am Beispiel von Schöpfungsglaube und Evolutionstheorie, Münster 1988; K. Rahner, "Zum Verhältnis zwischen Theologie und heutigen Wissenschaften", em Id., *Schriften zur Theologie*, X, 104-112; Id., "Zum Verhältnis von Naturwissenschaft und Theologie", Ibid., XIV, 63-87.

MAX SECKLER

V. Teologia e filosofia

"A ideia da filosofia é a mediação, a do cristianismo é o paradoxo". Esta expressão lapidar de Kierkegaard pode fazer-nos entender a dificuldade que se esconde por trás da relação teologia-filosofia.

O próprio Paulo estava bem consciente do paradoxo quando, ao escrever aos cristãos de Corinto, o centro da cultura grega da época, dizia que "Deus escolheu o que no mundo é loucura para confundir os sábios... ao passo que os gregos buscam a sabedoria, nós pregamos Cristo crucificado, loucura para os pagãos" (1Cor 1,27.22).

Na época moderna, ninguém melhor do que F. Nietzsche, talvez, entreviu o que comportava para a filosofia a presença do paradoxo cristão. Lê-se em *Para além do bem e do mal*, III: "Os homens dos tempos modernos, cuja inteligência é tão obtusa a ponto de não entenderem mais o sentido da linguagem cristã, nem sequer mais se dão conta do que havia de espantoso para um espírito antigo na expressão paradoxal: Deus crucificado. Em nenhuma conversão jamais houve algo tão audaz, tão terrível, algo que de maneira igual contestasse tudo, algo que levantasse tantos problemas. Aquela expressão anunciava uma transmutação de todos os valores antigos".

Uma primeira dificuldade, que nasce da perspectiva teológica ao ter-se que estabelecer a relação, é determinada pelo fato de que o teólogo não é capaz de definir a filosofia. Efetivamente, a teologia está sempre na condição de ter de receber do filósofo a determinação do que seja a filosofia. Mas, neste nível, também a resposta à pergunta sobre o que é a filosofia determina uma peculiar reflexão filosófica pela qual, já na resposta que lhe é dada, o teólogo se encontra com *uma* das filosofias.

Se tivermos de falar de relação, é necessário, então, que o teólogo se detenha numa definição de filosofia que recolha as notas características mais universais desta, deixando às determinações históricas e culturais, própria de cada escola, as particularidades de identificação.

Neste nível de acepção "universal", pode-se, então, pensar na filosofia como sendo aquela ciência que se faz filosofando. A filosofia é fazer filosofia, dir-se-á *sic et simpliciter*; pertence, pois, à essência da filosofia saber que a resposta a uma autodefinição sua é aquilo que a constitui como ciência. A crítica sobre seu pressuposto e fundamento é o que faz a simples reflexão tornar-se filosofia.

Fazer filosofia será, portanto, pensar filosoficamente; vale dizer, indagar a realidade para buscar-lhe a verdade primeira.

No momento em que o pensamento pesquisa a verdade, começa a diferenciar o essencial do supérfluo, o autêntico do não autêntico e abre-se, por isso, a toda resposta possível. O pensar filosófico é, portanto, caracterizado pela abertura dinâmica que, de *per si*, fecha a porta a toda conclusão que pretenda colocar-se como definitiva.

Juntamente com a abertura para uma forma de conhecimento cada vez mais amplo, a filosofia se caracteriza pela universalidade de seu objeto de investigação. O homem e sua existência constituem o objeto peculiar da busca filosófica, porque, num todo uno, se percebe a identidade entre sujeito pensante e objeto pensado. Enquanto *homo religiosus*, também a experiência do sagrado e da propensão ao absoluto, pertencem à esfera da pesquisa filosófica. Dois dados, portanto, podem caracterizar a filosofia como ciência, em seu relacionar-se com a teologia: constituir-se como um saber tendente aos princípios universais do pensar e, portanto, um saber que transcende o momento particular; colocar-se ao mesmo tempo como um saber histórico, portanto, um pensamento sujeito às determinações culturais das diversas épocas.

1. ELEMENTOS QUE EMERGEM DE UMA HISTÓRIA DA RELAÇÃO – A história da relação entre teologia e filosofia – que muitas vezes se tem precipitadamente identificado com a relação do binômio → razão/fé – pode ser *magistra vitae* para o presente histórico; pelo menos para fazer evitar aquelas formas de extrinsecismo e absolutização que muitas vezes sacrificaram uma ciência sobre o altar da outra.

No início de seu processo de autocompreensão, o cristianismo não foi uma filosofia. A dimensão de um saber crítico foi estranha aos primeiros crentes. O tema fundamental do anúncio para a metanoia era o que tinha marcado a descoberta de uma nova compreensão de vida. O convertido, sobretudo, se era orador ou jurista ou filósofo, via no cristianismo aquele sentido de vida que em vão havia procurado na filosofia. Um texto de Basílio atesta este fato com clareza: "Desperdicei muito tempo a serviço da vaidade e perdi toda a minha juventude em trabalhos inúteis; com efeito, dediquei-a à aquisição de doutrinas e de uma sabedoria que Deus havia tachado de loucura (1Cor 1,20). De repente, um dia, como se saísse de um sono profundo, levantei os olhos para a maravilhosa luz da verdade do Evangelho, descobri a inutilidade da sabedoria dos príncipes deste mundo, que estão destinados ao nada (1Cor 2,6), chorei amargamente minha vida miserável e orei para que me fosse concedida uma guia que me orientasse para os princípios da piedade" (*Epistula* 223,2).

À prioridade do interesse voltado para a conversão de vida, deve-se acrescentar que, na época, os cristãos eram estranhos às escolas; isto pode fazer entender melhor a acusação que lhes era feita como sendo gente sem "lógos" e "nómos", grosseira, destituída de cultura e de qualquer possibilidade de reflexão, capaz apenas de fazer prosélitos entre os mais ignorantes e nos níveis mais baixos da sociedade (cf. Celso no *Alēthês Lógos*).

Portanto, a Igreja dos primeiros séculos não teve interesse direto numa relação entre os dois "saberes". O que era considerado determinante era a conduta de vida; portanto, o viver moral marcava a divisa entre o mundo pagão e o mundo cristão.

Mas entre os dois saberes é igualmente possível ver realizado um duplo plano de relações, que pode ser descrito ou como uma nítida rejeição do saber filosófico, diante da descoberta da sabedoria divina (Taciano, Tertuliano), ou como uma grande abertura e um diálogo crítico-construtivo (Justino, Minúcio Félix). Todavia, não se pode negar que o relacionar-se da teologia com a filosofia foi de tipo instrumental: ou para tornar compreensível para os pagãos o conteúdo do querigma, ou para reforçar a fé dos crentes. Precursor de Anselmo, Orígenes afirma: "É preciso reforçar a fé com o raciocínio... partindo das noções comuns elaboradas pela filosofia grega" (*De Principiis* I, 7,1; IV, 1,1).

→ Agostinho merece uma menção privilegiada; nele como que confluem as correntes orientais e ocidentais, a ponto de ele constituir a primeira propedêutica à síntese medieval. Nos *Soliloquia* é possível entrever o centro da problemática agostiniana nesta questão. À razão que pergunta: "Que queres conhecer?", Agostinho responde: "Cupio Deum et animam scire". "Nada mais?"; "nada mais".

Ao que nos parece, é aqui que se pode encontrar o núcleo da relação entre fé e razão em Agostinho. Com efeito, coloca-se por assim dizer entre parênteses a fé, para que seu objeto possa ser assimilado "humanamente" de maneira responsável. É em torno do problema do homem, ou melhor, do conhecimento de si mesmo, que Agostinho vê realizado o problema da relação entre o saber humano e o do crente. Efetivamente, colocar o problema do homem equivale a colocar o problema de Deus; pois não se pode entender o homem em sua realidade mais profunda e ontológica, se não o relacionarmos com Deus.

A "filosofia" de Agostinho torna-se um diálogo constante entre criatura e criador, diálogo que se desenvolve à sombra do amor: *intellectus valde amat*. Procura da verdade e propensão para ela não são para Agostinho uma mera pesquisa intelectual, como se poderia pensar dentro das categorias modernas. Verdade, para ele, é a própria vida da mente humana; é interioridade do sujeito humano que a reencontra, penetrando sempre mais fundo nas profundezas de si mesmo, no íntimo: "noli foras ire, in te ipsum redi, in interiore homine habitat veritas, et si naturam tuam mutabilem inveneris, transcende te ipsum" ["não vás para fora (de ti mesmo), volta a ti mesmo, a verdade habita no homem interior e, se achares tua natureza mutável, transcende a ti mesmo"].

Filosofar, portanto, não consiste em outra coisa senão em aprofundar, estimular e procurar aquela verdade que depois levará à verdade inteira; esta, portanto, é pensada como "doada", e como dom deve ser acolhida também pela inteligência: "a razão não cria a verdade, apenas a descobre; a verdade existe em si antes de ser descoberta; uma vez descoberta, ela nos renova" (*De Vera Religione* 39).

Pode-se, pois, falar de equilíbrio entre fé e razão, já que tanto a verdade revelada como a racional convergem uma para a outra; além disso, e sobretudo, porque estão presentes no ato concreto do pensar do crente. Ele é homem, sujeito pensante, parte constitutiva da ordem natural que indaga em que medida a verdade racional é fundamento da verdade de fé. Há uma autonomia entre os dois campos, mas há problemas (pensemos no do mal ou no da história), cuja solução vem somente do saber da fé. Em suma, a filosofia indica o fim do homem através da verdade natural e, portanto, o ponto de partida é a autoconsciência da alma, porém, a revelação dá os meios para poder atingi-lo.

A palavra-chave desta síntese agostiniana parece ser a de verdade que está em Deus, mas que é encarnada no Logos-Cristo. A alma humana tem fome e sede desta verdade, mas é uma verdade mais como "sabedoria" do que como especulação intelectual; é, pois, o mistério do homem no mistério de Deus. Em Agostinho, portanto, fé e razão constituem dois valores distintos, mas presentes e realizados na historicidade do sujeito crente.

O equilíbrio atingido com dificuldade pela Idade Média, particularmente nas felizes intuições de → Anselmo e → Tomás, que compreenderam uma no interior da outra, foi comprometido com uma leitura parcial e prospectiva da ratio filosófica, que progressivamente, com o Iluminismo, se tornava o único critério do saber e a única fonte de certeza, relegando a fé a um conhecimento ou a um saber alternativo ao saber filosófico.

As diferentes formas de "recuperação" da relação, particularmente na tentativa da neoescolástica, foram dirigidas para a busca de uma *mediação* que permitisse à filosofia e à teologia poderem relacionar-se reciprocamente. A mediação identificada foi a da → *filosofia cristã*, que era habilitada a mover-se em duas vertentes: a filosófica, já que plenamente filosofia, na medida em que se realizava através dos princípios da especulação; a teológica, porque era concebida à luz dos princípios da revelação.

Neste contexto, entende-se por que a encíclia *Aeterni Patris* de Leão XIII afirmava que "requiritur philosophiae usus, ut sacra theologia naturam, habitum, ingeniumque verae scientiae suscipiat atque induat" ["É necessário o uso da filosofia para a teologia sagrada receber e revestir a natureza, a forma e o caráter de uma verdadeira ciência"] (DS 3137).

Contudo, não se pode negar que tal perspectiva, se positivamente procurava recuperar um diálogo que se perdera, operava com uma metodologia extrínseca ao dado teológico e não lhe fornecia seu valor real. Com efeito, a teologia, se quiser conseguir um estatuto epistemológico, deve ser capaz de autojustificar-se e, no interior da própria fé, deve reencontrar primariamente e propor aqueles princípios que fazem da fé uma forma do saber humano.

A problemática moderna ainda está, sob alguns aspectos, sob o resíduo de uma compreensão totalizante dos dois saberes. Com efeito, a filosofia pretende possuir o saber global, por ser capaz de exprimir e explicar a realidade de maneira definitiva e, portanto, a única capaz de dar sentido. A teologia, por sua vez, reivindica a mesma pretensão, por força de um conhecimento que provém da revelação.

Quando duas formas de saber se colocam neste comprimento de onda, o resultado só pode ser um desencontro que tende a excluir a outra ou a integrá-la em si. O pensamento de Spinoza e de Hegel exprime o fato de a teologia ser absorvida pela filosofia, ao passo que o de Lamennais e do tradicionalismo do final do século XIX revelam o contrário.

A perspectiva de Heidegger tem influenciado não pouco a relação entre as duas ciências até hoje. Sua crítica é conhecida: filosofia e teologia são inconciliáveis entre si, pelo seu respectivo *Ansatz* [ponto de partida]. A filosofia caracteriza-se pelo seu "perguntar"; pois deve seu ser à *existência*, lugar originário em que nasce a pergunta e em que se desenvolve a reflexão sobre o sentido. Ela será constantemente caracterizada pela abertura e, portanto, pela admiração, que faz nascer o interesse pelo existente em vez do nada. A teologia, ao invés, coloca-se como uma *Aufhebung* [suspensão] da existência, que acolhe o *positum* do evento da morte do inocente por força da fé. A teologia, portanto, não nasce da pergunta, mas do "crer", e este nunca se pode tornar um questionar-se, sob pena de autodestruir-se: "Quem se mantém no terreno de tal fé (no contexto, está-se falando da fé bíblica) certamente pode de alguma forma seguir nosso perguntar e até participar dele, mas não pode autenticamente perguntar sem deixar de ser crente... pode somente comportar-se 'como se'...; o que é propriamente perguntado em nossa pergunta é, para a fé, uma loucura. É nessa loucura que consiste a filosofia... mas para uma fé genuinamente cristã, a filosofia é loucura" (*Introduzione alla metafisica*, Milão 1986, p. 13-19).

2. À GUISA DE UMA PROPOSTA – No que concerne à economia do presente artigo, identifica-se a relação teologia-filosofia à luz do princípio: *oportet philosophari in theologia*.

Com esta expressão, quer-se antes de tudo apontar dois dados: *a.* o *oportet philosophari* é uma *necessidade* para a teologia, porque, através do ato da especulação, seus conceitos e sua linguagem adquirem valor universal, em vista da inteligibilidade e da comunicação.

b. Dizer *oportet philosophari in theologia* significa admitir que o procedimento crítico-reflexo não acontece antes ou depois do saber teológico, mas no próprio momento em que este se operacionaliza, pois ele é justamente um *saber* da fé.

O *oportet philosophari in theologia* é possível se mantidas presentes, antes de tudo, as seguintes premissas:

a. A revelação apresenta-se ao sujeito crente como uma realidade completa e radicalmente nova, que se nos depara como portadora de sentido último e definitivo para a existência que não o encontra em si mesma (→ Sentido da revelação). O núcleo essencial desta revelação condensa-se no evento Jesus de Nazaré, que, em linguagem humana, exprime a verdade de e sobre Deus.

b. A compreensão do evento não acontece com elementos extrínsecos à revelação, mas provém do próprio revelador. Sua pessoa, sua vida, seu agir e falar manifestam a realidade divina que Ele mesmo é. Este seu exprimir-se é normativo para a compreensão do próprio evento, na medida em que se faz compreender como um "remeter" para um mistério ulterior, o trinitário, e como um "entregar-se" a Ele.

c. Conhecer Jesus de Nazaré, portanto, equivale a entrar em contato com uma pessoa cuja consciência pessoal é a de um "remeter" para o mistério trinitário. Ao mesmo tempo, a forma mais elevada de conhecimento é a do "entregar-se", para a compreensão de si mesmo, a uma explicação que se acolhe já como mistério.

d. O teologar não é um exclusivo refletir sobre o *positum* da revelação; é, antes, ter uma compreensão da plenitude do mistério da encarnação, que encontra seus princípios gnoseológicos no interior do próprio evento. O crente é, portanto, inserido num movimento de existência mais completo, que lhe permite ter também o conhecimento do mistério de Deus, mas a partir do próprio mistério.

Há um texto do Evangelho de João que é extremamente significativo para esclarecer esta tese; lê-se: "Por que não entendeis a minha linguagem? Porque não sois capazes de prestar ouvido a minhas palavras, vós que tendes como pai o demônio e quereis realizar os desejos de vosso pai... em mim, porém, não credes, porque vos digo a verdade. Quem é de Deus ouve as palavras de Deus: por isto vós não as escutais, porque não sois de Deus" (Jo 8,43-47).

Esta perícope marca um ponto central da pregação de Jesus sobre sua identidade de revelador. Não são os filhos de Abraão nem os do demônio que são capazes de reconhecê-lo, mas somente os que nasceram de Deus. Mais diretamente, nesta passagem, Jesus retoma a polêmica com seus interlocutores, repropondo o que havia dito: "quem não é de Deus" não pode conhecer nem a Ele nem a sua revelação (cf. Jo 3,6.31; 8,23). "Ser de Deus" equivale a ter a filiação divina e, ao mesmo tempo, "estar na verdade" (Jo 18,37). Aquele, pois, que pretende possuir uma autocompreensão de si ou que confia só em sua própria verdade, não é capaz de conhecer a Deus nem de ouvir sua voz e muito menos de conhecer a si mesmo, porque não está na verdade. Mas "ser de Deus" equivale também a estar *nele*, não mais em si mesmo. Ao crer, cada um se coloca num horizonte de compreensão que não é mais o dele mesmo, em perspectiva e fragmentário, mas o de Deus. O ato com o qual reconhece sua inserção em Deus comporta, por isso, assumir a perspectiva do Outro e, portanto, de sua validade e universalidade, que antecede e autentifica sua própria perspectiva.

e. O ato de fé é um ato que segue plenamente a atividade cognoscitiva do sujeito. Crer, portanto, já é conhecer (→ Teologia: epistemologia) e não somente conhecer um conteúdo de fé, mas, fundamentalmente, sua própria realidade pessoal, como a de um sujeito colocado diante da livre-opção do entregar-se ou não entregar-se ao Outro como proposta de sentido e significado para a vida.

Uma possível via de solução, para uma correta relação entre teologia e filosofia, poderia ser a que vê justamente o *oportet philosophari in theologia* como uma forma que garante tanto a presença do componente reflexo em teologia quanto a real autonomia que as duas ciências devem ter, por força de seu conteúdo e método de investigação. Existe uma forma de circularidade de relação, que parte da teologia, recupera necessariamente a filosofia para voltar novamente à teologia.

Com efeito, o fato de a teologia fundar-se na Palavra de Deus, como *norma normans et non normata*, revela a consciência de um povo que descobre e, por isso, escolhe, naquela Palavra, a presença de um sentido último e definitivo que lhe é dirigido. A teologia, portanto, "remete" seu saber a uma palavra recebida, que tem em si tanto a inteligibilidade quanto os princípios que permitem sua compreensão.

Este sentido da revelação e sua evidência objetiva é o que constitui o fundamento da própria teologia. Mas o evento revelado se dá no mistério da encarnação; quer dizer, num evento histórico que permite à natureza humana poder exprimir o mistério trinitário de Deus. O Deus que se deixa exprimir na natureza humana é o Deus que kenoticamente se faz compreender sempre no interior desta estrutura, embora a globalidade de seu mistério só possa ser dada no evento escatológico e na contemplação final.

Em Jesus de Nazaré, portanto, Deus torna-se pronunciável também da parte humana que, desta maneira, e só desta maneira, pode ter acesso adequado ao mistério de Deus.

A ressurreição constitui para o cristão a novidade definitiva posta no mundo e na história como princípio de salvação e de vida nova. A teologia *sabe* da ressurreição, porque é no acolhimento deste evento que ela pode começar a refletir; e, no entanto, deste evento conhece somente a realidade, o fato de que Jesus de Nazaré morto e sepultado volta novamente a viver na plenitude de sua existência. A fé das testemunhas oculares permite, outrossim, à teologia "verificar" a exatidão de suas afirmações e, sobretudo, permite *saber* que existe plena identidade entre o crucificado e o ressuscitado.

A partir deste evento, a teologia deve assumir a dimensão crítica para elaborar conceitos e linguagens correspondentes, para que o fundamento e o conteúdo da fé possam ser expressos e universalmente acolhidos. No momento em que indaga criticamente, a teologia identifica as categorias de pensamento que mais de perto podem ajudar a compreensão do mistério de fé. E, contudo, não obstante este momento, o pensar teológico da reflexão crítica deve voltar ao saber mais amplo da fé, para ter uma leitura sempre mais global do próprio evento.

A mesma coisa acontece quando a teologia procura exprimir o nome de Deus. O ponto de partida continuará sendo a Escritura, que obriga a não fazer para si nenhuma imagem de Deus (Ex 20,4); e, no entanto, a partir desta ordem, a Escritura diz de Deus que é "pastor", "pai", "esposo", "rocha"... Nenhuma destas designações exprime Deus; e, contudo, cada uma delas e todas juntas podem *dizer* quem Ele é, pois *analogicamente* a mente humana exprime assim o que já percebe na fé. Mas a mesma dimensão crítica fará o teólogo dizer que Deus não é "pai", "pastor", "esposo", "rocha" nem outra coisa, pois seu nome permanecerá sempre o que Ele próprio se deu: Jhwh (Ex 3,14).

O refletir filosófico enuncia assim, universalizando, o conteúdo da fé; mas este remete para um saber teológico que se conclui no *rationabiliter comprehendit incomprehensibile esse.* Se a relação teologia-filosofia for vista com esta circularidade, pode-se com mais facilidade pensar na não instrumentalização das duas e na autonomia de cada uma.

A teologia autofundamenta-se na Palavra de Deus e, por esta razão, pode determinar seu fundamento epistemológico a partir da revelação. A filosofia permanece em sua identidade de questionar o real que lhe é dado e de universalizá-lo, através de seus métodos e mediações próprios.

As duas percorrem caminhos diferentes, mas confluem na necessidade de dar significado aos respectivos conteúdos. A filosofia, aproximando-se da teologia, poderá ter desta a novidade radical do ser, já que proveniente do próprio ser; vice-versa, a teologia encontrará a maneira de tornar universal, conceptualmente, o conteúdo da revelação.

Uma separação das duas ciências só poderá desaguar numa recíproca perda do sentido da realidade. Um renovado encontro, no equilíbrio das diversas autonomias, será possível somente se teologia e filosofia permanecerem abertas uma à outra e se reciprocamente estiverem conscientes dos limites impostos às duas como reflexão humana. Com efeito, se a filosofia sabe que o seu constante relacionar-se com a realidade é o da admiração, que lhe permite formular sempre novas questões, a teologia, por sua vez, sabe que seu colocar-se diante da revelação é determinado sempre pela certeza de um futuro que levará consigo, na fé comum, o pleno evento da revelação e sua completa revelação (Jo 16,13; Rm 8,19).

Bibl. – M. Heidegger, *Cos'è la metafisica?*, Milão 1946; Id., *Introduzione alla metafisica*, Milão 1986; K. Jaspers, *Der philosophische Glaube*, Munique 1963; B. Welte, *Auf der Spur des Ewigen*, Friburgo 1965; K. Rahner, "Filosofia e teologia", em *Nuovi Saggi* I, Roma 1967, 137-161; Id., "Filosofia e procedimento filosofico in teologia", *em Nuovi Saggi* III, Roma 1973, 73-97; Id., "Filosofia e teologia", em SM IV, 2-10; J. Ratzinger, *Introduzione al cristianesimo*, Brescia 1969; Id., *Theologische Prinzipienlehre*, Munique 1982; V. Melchiorre, *L'immaginazione simbolica*, Bolonha 1972; Id., *Essere e parola*, Milão 1984; J. Moltmann, *Prospettive della teologia*, Brescia 1973; B. Lonergan, *Philosophy of God and Theology*, Nova York 1973; Id., *Method in theology*, Londres 1973; I. Mancini, *Teologia, Ideologia, Utopia*, Brescia 1974; W. Pannenberg, *Questioni fondamentali di teologia sistematica*, Brescia 1975; G. Ebeling, *Introduzione allo studio del linguaggio teologico*, Brescia 1981; G. O'Collins, *Teologia fondamentale*, Brescia 1982; H.U. von Balthasar, "Regagner une philosophie à partir de la théologie", em Vários autores, *Pour une philosophie chrétienne.* Paris 1983,175-187; J. Alfaro, *Rivelazione Cristiana, fede e teologia*, Brescia 1986; E. Coreth (ed.), *Christliche Philosophie im katholischen Denken des XIX. und XX. Jahrhunderts*, vol. I-II, Graz 1987; G. Colombo (ed.), *L'evidenza e la fede*, Milão 1988; M. Seckler, *Teologia, Scienza, Chiesa*, Brescia 1988.

RINO FISICHELLA

TEOLOGIA FUNDAMENTAL

I. HISTÓRIA E ESPECIFICIDADE: 1. *Da apologética para a Teologia Fundamental* – 2. *Reações à apologética clássica* – 3. *Fase de ampliação* – 4. *Fase de concentração* – 5. *Uma disciplina teológica específica* – 6. *Uma disciplina estruturada* – 7. *Coordenação pedagógica* (R. Latourelle) – II. DESTINATÁRIO: 1. *Elementos positivos* – 2. *Dificuldades* (R. Fisichella).

I. História e especificidade

1. DA APOLOGÉTICA PARA A TEOLOGIA FUNDAMENTAL – A Teologia Fundamental nasceu da → apologética clássica e de uma reflexão, feita por esta, sobre a necessidade de reformar-se, sob pena de desaparecer, a fim de responder a uma mentalidade nova, a técnicas renovadas, a exigências novas. A apologética estava acostumada às mudanças, por vezes imprevistas. Mas, no pós-guerra, a mudança foi tão profunda, tão espetacular que a apologética, depois de um período benéfico de silêncio e de reflexão sobre as mudanças do mundo contemporâneo, se "converteu" e achou oportuno mudar de denominação: passou a ser a Teologia *Fundamental*.

Esta mudança de nome não é senão o aflorar e o sinal de uma mutação muito mais profunda, que atinge o próprio estatuto desta ciência. Para sermos fiéis à realidade, deveriamos falar de um novo passaporte da apologética, já que as mudanças operadas atingem sua denominação, seu conteúdo, seu método, sua identidade. Por outro lado, uma vez que os problemas enfrentados pela Teologia Fundamental atual continuam substancialmente os mesmos (→ Revelação e → Credibilidade), seria injusto considerar o momento presente como um começo absoluto.

A formação da nova imagem da apologética, agora chamada Teologia Fundamental, remonta aos anos do pós-guerra. Cobre um período de três décadas, que corresponde a um triplo movimento da reflexão teológica: uma fase de reação à apologética clássica; uma fase de ampliação, que coincide com a adoção definitiva da expressão *Teologia Fundamental*; finalmente, uma fase de reflexão sobre sua identidade e sobre a hierarquização de suas tarefas. Esquematizando, e tomando o Vaticano II como ponto de referência, pode-se falar de fase pré-conciliar, conciliar, pós-conciliar. Falamos de três fases, mais do que de três etapas cronológicas, pois, na verdade, se trata de três ondas que se sobrepõem, ao se sucederem. Quando a segunda onda se levanta, a primeira ainda se faz sentir; e, enquanto a segunda desaparece, a terceira já está formada.

2. REAÇÕES À APOLOGÉTICA CLÁSSICA – O que denominamos apologética "tradicional" ou apologética "clássica", com seu procedimento trifásico de demonstração religiosa, demonstração cristã e demonstração católica, não resulta de uma reflexão crítica sobre seu objeto, sobre sua finalidade, sobre seu método, mas de uma exigência histórica, isto é, a luta contra os protestantes do século XVI, contra os libertinos e os ateus práticos do século XVII, contra os deístas e os enciclopedistas do século XVIII. Aos ateus e aos libertinos devia-se opor uma rigorosa teodiceia (→ Teologia natural) e mostrar a necessidade da religião. Contra os deístas, que se contentavam com uma religião natural e rejeitavam toda ideia de revelação histórica, era preciso demonstrar que o cristianismo é a verdadeira religião, com base em provas convincentes, que estabelecem que Jesus Cristo é aquele que fala em nome de Deus. Contra os protestantes, finalmente, era preciso demonstrar que a Igreja Católica, entre as diversas confissões cristãs, é a única → Igreja verdadeira. Enquanto o protestantismo sublinhava, na fé, os elementos de subjetividade, em particular a ação do Espírito, que nos faz aderir à Palavra de Deus e nos dá a certeza de sua origem, a apologética católica insistia nos critérios objetivos. No contexto do Vaticano I, estes critérios são antes de tudo os → milagres e as → profecias. E, subjacente a este procedimento em três tempos, a convicção de que a fé é o término necessário da demonstração cristã, ao passo que a entrada na Igreja resulta da demonstração católica. Este esquema tripartite já existe no século XVI. O termo "apologética" entra no uso corrente por volta do ano 1830. De qualquer forma, somente no início do século XX aparecem obras que não somente se dedicam a uma justificação racional e sistemática da decisão de fé, mas também se esforçam, ao mesmo tempo, por definir o estatuto epistemológico da apologética como ciência distinta da filosofia e da dogmática. Citemos, como ponto de referência, as obras clássicas de A. Gardeil, de R. Garrigou-Lagrange e de S. Tromp.

O contexto do pós-guerra é muito diferente do que viu nascer a apologética clássica. Uma prodigiosa renovação dá um alento maior à teologia, justamente nos setores que tocam mais de perto a apologética. Pensemos em particular na renovação dos estudos bíblicos e patrísticos, que fizeram descobrir, na revelação e na fé, uma realidade muito mais rica, mais concreta, mais pessoal, mas flexível; na renovação dos métodos e das técnicas da exegese; no progresso multiforme realizado nas ciências da linguagem; na contribuição das filosofias do homem; finalmente, na renovação ecumênica que transformou a atitude agressiva e polêmica em relação aos protestantes, em atitude de abertura e de diálogo. Não resta dúvida de que o clima teológico mudou. Este contexto cultural e religioso inédito bem cedo evidenciou as fraquezas e os limites da antiga apologética. Destaquemos algumas das críticas levantadas contra esta última:

a. A apologética clássica quer manifestar a credibilidade da revelação, porém ainda antes de ter empreendido um estudo sério da realidade sobre a qual pretende exprimir um juízo crítico. Ora, não é supérfluo salientar que a revelação de que aqui se fala não é uma revelação de tipo filosófico – cujo modelo se poderia traçar antecipadamente – mas uma realidade bem específica, que nos vem dos caminhos da história e da encarnação. Somente a própria revelação pode dizer-nos o que é a revelação. A primeira urgência da apologética é, portanto, estudar esta intervenção de Deus em Jesus Cristo, em toda a sua riqueza e em todas as suas dimensões. Da mesma forma, o único tratamento válido dos sinais é aquele que efetua sua síntese na pessoa de Cristo. Esta revelação bem específica é o dado fundamental sobre o qual se exerce a reflexão do teólogo para afirmar tanto a consistência histórica quanto o → *sentido*.

b. Exatamente sobre esta questão do *sentido* articula-se a segunda crítica feita à apologética clássica. Com efeito, esta, depois de ter estabelecido, com base em argumentos externos, que Jesus é o enviado de Deus e que fundou uma Igreja, concluía daí que se devia receber desta Igreja tudo o que devemos crer. Desconhecia assim (pelo menos na prática) que a mensagem cristã é extremamente inteligível e que esta plenitude de sentido constitui já um motivo de credibilidade. A revelação é "crível" não só por causa dos sinais externos, mas também porque revela o homem a si mesmo: ela é também a única chave de compreensão do mistério do homem. Portanto, não se podia isolar a factualidade histórica do sentido da revelação. A apologética não ousava enfrentar este problema, sem dúvida para não dar a impressão de extrapolar para um campo reservado à dogmática.

c. Muitos representantes da apologética tradicional tratavam somente da messianidade de Jesus. Acreditavam ser suficiente demonstrar que Jesus se havia apresentado como enviado divino que falava em nome de Deus. Os outros testemunhos de Jesus sobre si mesmo diziam respeito à dogmática. Também aqui, uma posição destas é insuficiente. Antes de tudo, porque obriga a contínuas e ilegítimas reduções na apresentação de Jesus, proposto e confessado pelos evangelhos, como o Cristo, o Filho do Homem, o Filho do Pai (→ Cristologia: títulos cristológicos). Em seguida, porque descarrega sobre os ombros de um simples enviado as exigências radicais de um Juiz supremo de todos os homens. Finalmente, porque torna incompreensível o milagre absolutamente único, na história da salvação, de uma ressurreição gloriosa. Esta dicotomia entre enviado divino e filho do Pai é artificial; contraria o testemunho de Jesus sobre si mesmo e, mais ainda, a apresentação do querigma sobre Jesus.

d. Uma quarta crítica diz respeito à pouca atenção, ou melhor, à falta de atenção da apologética clássica às condições de acolhimento da revelação e dos sinais da parte do homem a quem são dirigidos. Sob o pretexto de objetividade científica, a apologética negligenciou toda uma vertente da credibilidade. Com efeito, se a apologética tem por objeto não uma credibilidade abstrata, mas a credibilidade humana da revelação, ela não pode limitar-se a estudar "o em-si" da revelação e dos sinais desta revelação. Deve preocupar-se, com igual atenção, com as condições que determinam, da parte do sujeito (→ Teologia Fundamental: destinatário), sua recepção eficaz. A consideração da subjetividade humana, salientada por → Blondel, é hoje um fato adquirido.

e. Ainda em pleno século XX, a apologética não parou de investir contra seus adversários protestantes, deístas e racionalistas. No contexto ecumênico atual, esta atitude não é mais "sustentável". Não se trata, antes de tudo, de rejeitar, mas, antes, de criar condições de abordagem e de escuta. Ao procurar defender-se, a antiga apologética se fechava em si mesma e se fechava aos outros. Felizmente, abandonou este tom polêmico. Em vez de exprimir-se em termos de polêmica, exprime-se assumindo posições e formulando propostas. De resto, o adversário de hoje está no coração do próprio crente, da mesma forma que do não crente. O que o homem do século XX quer não são tanto as refutações, mas, antes, que se levem em consideração seus problemas, juntamente com uma exposição séria dos títulos do cristianismo. Ora, a apologética deveria assumir esta incumbência, mesmo que não existisse nenhum adversário.

Mais do que um libelo de acusação vindo de fora, as dificuldades enumeradas representam uma autocrítica exercida exatamente pelos que tinham a missão de ensinar a apologética no imediato pós-guerra. Procurando determinar o estatuto de sua disciplina num contexto de vida e de pensamento completamente diferente, os professores de apologética tiveram que fazer um certo número de correções que constituem outras tantas opções libertadoras.

3. FASE DE AMPLIAÇÃO – A segunda fase da história da Teologia Fundamental no pós-guerra começa por volta dos anos de 1960 e culmina com a promulgação da *Dei Verbum.* Depois de haver exorcizado o fantasma da antiga apologética e ter-se dissociado do termo com o qual se identificava, a apologética de "estilo novo" conhece a exultação de uma segunda primavera. Multiplicam-se as obras e os artigos sobre a revelação. O que caracteriza este período é um fenômeno de ampliação da disciplina, que se manifesta em todos os níveis: ampliação de sua tarefa, enriquecimento de seus temas privilegiados, diálogo com os novos parceiros. Tudo isso concretizado pela adoção definitiva do termo *fundamental* para designar sua nova imagem e sua nova identidade.

Pode-se dizer que, justamente partindo destes dois termos privilegiados, isto é, a revelação e sua credibilidade, a Teologia Fundamental enriqueceu-se e aprofundou-se.

Desde 1940, os estudos sobre o tema da revelação não cessaram de proliferar, estimulados pela produção protestante, particularmente abundante neste campo, também favorecida, nos ambientes católicos, pela renovação bíblica e patrística, pelo desenvolvimento da teologia da fé, da pregação, da missão, que agiram como catalisadores. Pode-se dizer que esta renovação da teologia da revelação, iniciada com as obras de H. Niebecker (1940), R. Guardini (1940), K. Rahner (1941) e L.-M. Dewailly (1945), e pacientemente continuada durante dois decênios nas monografias sempre mais numerosas, encontra seu ponto de chegada e, em certo sentido, sua canonização, na constituição → *Dei Verbum*, de 18 de novembro de 1965.

Efetivamente, na *Dei Verbum* a revelação é apresentada não somente em seu aspecto objetivo de doutrina, de mensagem, mas também como ato de Deus, ou seja, a automanifestação e a autodoação de Deus mesmo em Jesus Cristo. Cristo é a palavra epifânica de Deus: é *a* revelação. Um dos méritos da constituição foi também o de apresentar a revelação cristã, não como um fenômeno isolado, mas como uma “economia”, isto é, aquele amplo e misterioso projeto que Deus persegue e realiza durante séculos, através de caminhos previstos por Ele. A constituição sublinha também a dimensão histórica, interpessoal, dialogal, cristológica e eclesial da revelação. Ampliando, assim, a noção de revelação, por fidelidade aos próprios dados da revelação, a constituição realizou um trabalho libertador. Prestou igualmente um precioso serviço à Teologia Fundamental ao propor, numa visão unitária, temas outrora dispersos ou artificialmente agrupados: por exemplo, um *De Inspiratione*, que pertence ao *De Sacra Scriptura*; um *De Traditione*, que pertence tanto ao *De Ecclesia* quanto ao *De Locis*.

O tema da credibilidade foi objeto de uma ampliação não menos espetacular. Sem negar o que há de legítimo no tratamento tradicional da credibilidade a partir dos sinais históricos da revelação (milagres, profecias, mensagem, ressurreição), a Teologia Fundamental do período conciliar não pode deixar de notar os limites deste modo de tratar: conhecimento insuficiente dos métodos e das técnicas da exegese moderna, utilização simplista de alguns argumentos (p. ex., o do cumprimento das promessas messiânicas), visão puramente apologética dos sinais, inflação dos sinais particulares (milagres, profecias) em detrimento dos sinais maiores que são o próprio Cristo e sua Igreja, discordância entre os sinais e a pessoa que os emite, entre os sinais e a mensagem que dá a estes pleno significado, insuficiente consideração do → testemunho da vida ou da conformidade entre o Evangelho e a vida, atenção fraca ou quase nula às condições de acolhimento dos sinais por parte do homem e, correlativamente, tendência a aumentar seu poder de persuasão sobre o sujeito.

Contudo, para além destas queixas, a Teologia Fundamental do período conciliar toma consciência de que o tema da credibilidade, para ser tratado corretamente, deve abraçar horizontes mais amplos. Neste fenômeno de ampliação, podemos distinguir três orientações principais.

A primeira diz respeito aos problemas de *história e hermenêutica*. Pois logo se percebeu que o conhecimento de Jesus através dos evangelhos, ponto de concentração máxima da revelação, não é tarefa fácil. Se é verdade que Deus se revelou em Jesus, através de suas palavras e obras, e com toda a sua presença no mundo, é de extrema importância saber se, como e em que medida podemos atingir esta epifania de Deus, pelo menos em sua consistência histórica. Daí segue que o problema do acesso a Jesus através dos evangelhos é primordial numa reflexão sobre a credibilidade cristã.

A segunda orientação, de tipo *antropológico*, responde à censura feita à apologética antiga, de ter criado um hiato entre o fato e o conteúdo da revelação, de informar-se sobre o evento sem preocupar-se com o *sentido* que este tem para o homem. Uma hermenêutica exclusivamente da origem do cristianismo em Jesus seria estéril, pois Jesus não é somente uma irrupção de Deus na história do homem: é uma irrupção que revela o homem a si mesmo, que o decifra e o transfigura. Não basta, pois, demonstrar que, através dos evangelhos, temos acesso a Jesus de Nazaré; é preciso também demonstrar que a mensagem cristã diz respeito ao homem e às questões fundamentais que este se coloca. Esta exigência do homem é clara e insistente: ele espera que lhe seja demonstrado que Cristo é a única chave do enigma humano. Este aspecto antropológico da credibilidade, já sublinhado por Blondel, em *L'Action*, foi amplamente desenvolvido por → Guardini, → Rahner, H. Bouillard, → Von Balthasar, M. Zundel, G. Marcel, J. Mouroux, M. Légaut e J. Ladrière, partindo, aliás, de horizontes filosóficos bem diversos.

A terceira orientação diz respeito aos *sinais* da revelação. O problema é o da identificação de Jesus como Deus-entre-nós. Sendo Jesus a forma humana, corpórea, através da qual Deus encontra o homem e se lhe manifesta, a presença salvífica de Deus no mundo é exatamente verificável somente através da mediação do homem Jesus. É Ele o enigma, o mistério que há que se decifrar. A Teologia Fundamental volta, portanto, ao estudo dos sinais, mas dessa vez com um senso crítico mais vigilante, mais preparada em nível exegético e histórico, mais consciente da complexidade dos problemas que enfrenta e, consequentemente, menos categórica em suas afirmações. Esse estudo dos sinais é, também ele, afetado pelo problema hermenêutico, na interpretação dos textos que os relatam. Mas o que o caracteriza é a preocupação de ligar os sinais com a pessoa que os emite. Os sinais são o próprio Jesus Cristo, vivo e completo, na irradiação multiforme de sua epifania ao mundo.

Finalmente, ampliou-se também o próprio círculo dos *destinatários*. Com efeito, a Teologia Fundamental quer ser uma teologia em diálogo: não somente com os crentes, mas com todas as formas de religião e de descrença. O parceiro do diálogo é também o próprio crente: não só porque cada um traz dentro de si as dúvidas do não crente, mas também porque o crente de hoje, vivendo num mundo de descrença e de indiferença, é inevitavelmente influenciado por ele. Ao dialogarmos com os não crentes, estamos dialogando conosco mesmos. Em tal contexto, uma decisão sobre as bases racionais da decisão de fé não é um esporte de intelectuais, mas uma exigência de vida.

4. FASE DE CONCENTRAÇÃO – No dia seguinte ao concílio, isto é, no próprio momento em que se opera a reforma dos estudos eclesiásticos, a Teologia Fundamental é ameaçada por dois perigos igualmente mortais. Por um lado, um desmembramento e uma dispersão de seus temas tradicionais; por outro, uma ampliação excessiva que faz dela uma espécie de “pantologia sagrada” e ameaça fazê-la perder sua especificidade.

O Vaticano II, em *Optatam Totius*, bem como as *Normae Quaedam*, nem sequer assinalam a Teologia Fundamental. A história só pode limitar-se a registrar esta total falta de discernimento, no momento em que os problemas mais candentes da teologia se concentravam no âmbito da Teologia Fundamental. Privados do apoio do concílio, seminários e faculdades cederam à tentação de sacrificar uma disciplina que o próprio concílio não parecia levar em conta. Em muitos lugares, a Teologia Fundamental foi desmembrada e reduzida ao estado de fragmentos inseridos da forma menos ruim nas outras disciplinas: a historicidade dos evangelhos, na exegese; revelação-tradição-inspiração, na introdução à teologia. O tema dos sinais de credibilidade foi simplesmente preterido ou tratado parcialmente por ocasião da exegese (p. ex., o tema dos milagres de Jesus). Em outros lugares, a Teologia Fundamental nem sequer existe mais. Ao destruir a Teologia Fundamental, ao transferir seus problemas às outras disciplinas, como restos de uma herança hipotecada, ela foi privada de sua função específica; além disso, a teologia em parte fracassou em sua missão (confirmar os irmãos na fé) e levou ao naufrágio milhares de fiéis, que se sentiram perdidos diante de problemas inquietantes e difíceis demais para serem enfrentados sem o apoio de especialistas.

Por outro lado, o período pós-conciliar caracterizou-se por uma ampliação sempre crescente do campo da Teologia Fundamental. Esta ampliação, que se tornou necessária em decorrência da renovação dos estudos bíblicos e históricos, da abertura ecumênica, do desenvolvimento das ciências humanas, foi todavia funesta. A Teologia Fundamental desenvolveu um espírito anexionista, que ameaça fazer dela uma enciclopédia das ciências. De tanto querer incluir tudo, abranger tudo, a Teologia Fundamental chega a perder seu centro de unidade e seu caráter específico. De tanto trabalhar na periferia, chega a esquecer o cerne de suas preocupações, isto é, a revelação e sua credibilidade.

Frente a estas duas ameaças, sente-se mais ou menos em toda parte uma necessidade de *concentração*, de *identidade*, de *hierarquização* dos temas a serem tratados. É em todo caso típico que, nos artigos recentes que tratam dos problemas de Teologia Fundamental, se fala sempre mais de uma "busca de identidade", de um "centro de unidade", de um "ponto focal", de "estrutura", de "estrutura de base". Típico também desta urgência sentida de unidade e de estrutura é o fato de os mencionados artigos proporem às vezes esboços de um novo tratado da revelação ou de uma Teologia Fundamental. O presente artigo é justamente o lugar indicado para apresentar a Teologia Fundamental como disciplina distinta e estruturada.

5. UMA DISCIPLINA TEOLÓGICA DISTINTA E ESPECÍFICA – A Teologia Fundamental é uma disciplina distinta, não somente porque figura em primeiro lugar (como antigamente na *Deus scientiarum Dominus*) na Constituição *Sapientia Christiana* (25 de abril de 1979), como disciplina principal e obrigatória, mas porque tem seu objeto próprio, seu método próprio, sua estrutura própria.

1. – Ela não é, portanto, uma espécie de teodiceia, nem uma simples introdução à teologia, nem uma simples função da teologia. Como disciplina *específica*, possui um objeto material e formal que lhe é próprio, a saber, a *auto*manifestação e *auto*doação de Deus em Jesus Cristo, e a *auto*credibilidade desta manifestação que Ele constitui por sua presença no mundo. O objeto e o centro de unidade da Teologia Fundamental é a intervenção inaudita de Deus na história, na carne e na linguagem de Jesus Cristo: este é o Mistério primeiro, o Evento primeiro, a Realidade primeira que funda todo discurso teológico. Esta Realidade, que a dogmática detalha em mistérios particulares e que estuda um por um, a Teologia Fundamental a considera em sua *globalidade* e em sua inseparável *unidade.* É verdade também que a dogmática fala da Revelação e procede dela, mas não faz dela o objeto primário e exclusivo de seu estudo e não tem, diante desta Realidade, a mesma perspectiva, nem o mesmo método, nem as mesmas preocupações.

Se afirmamos a um só tempo *auto*manifestação e *auto*credibilidade desta manifestação, é para sublinhar que o Sinal, em Jesus Cristo, é inseparável da Pessoa. Ao encarnar-se, Deus se manifesta como Revelador e Revelado e atesta-se ao mesmo tempo como tal. Jesus Cristo é ao mesmo tempo Mediador, Plenitude e Sinal da Revelação. Com concisão, a *Dei Verbum* declara que o Cristo completa e encerra a Revelação e atesta que Ele é Deus entre nós (DV 4). A Teologia Fundamental faz da revelação cristã, entendida como *automanifestação* e *autocredibilidade* desta manifestação, o objeto essencial de seu estudo. Ela não separa Cristo dos sinais particulares que o identificam, pois Ele é a um tempo Sinal de Deus e Centro de irradiação de todos os sinais que emanam de sua Pessoa. Epifania de Deus, Ele se identifica com toda a sua presença e com toda a manifestação de si mesmo. O Sinal e o Significado, o crível e o crido são indissociáveis.

2. – A especificidade do objeto da Teologia Fundamental tem como corolário obrigatório a *especificidade de seu → método*, que qualificamos como *integração dinâmica*, não arbitrariamente nem para singularizar, mas simplesmente porque é a própria Realidade estudada que impõe este procedimento.

a) O termo *integração* evoca uma preocupação em realizar e manter a unidade de elementos ou de aspectos que se distinguem, mas que estão e devem estar vitalmente reunidos, sob pena de dissolver a existência e a consistência da realidade que autoriza a identificação dos elementos que pertencem a sua integridade.

Ora, acontece que a revelação é inseparavelmente Mistério e irrupção deste Mistério na história humana, com todos os traços que afetam a historicidade. Disto se segue, de imediato, que o tratamento metódico desta realidade Mistério-Acontecimento deverá ajustar-se a sua *singularidade.*

Por ser a revelação o mistério primordial, portador de todos os demais, a Teologia Fundamental deve falar dogmaticamente do Mistério, como no caso de cada mistério particular. Ela procede então da fé para a compreensão da fé, estribando-se na Escritura como fonte inspirada, e na Igreja como instituição divina. Por outro lado, sendo a revelação também irrupção histórica, pontual, de Deus em Jesus Cristo, a Teologia Fundamental submete esta revelação-acontecimento ao questionamento e aos métodos das ciências humanas: particularmente a crítica literária e histórica. Neste estágio, ela considera os textos da Escritura como documentos de história, cujo valor deve ser estabelecido a partir dos critérios da história. Da mesma forma, os argumentos que ela tira da filosofia devem impor-se aos olhos da crítica, em razão de seu valor intrínseco e não por causa da autoridade da Igreja.

Esta integração dos métodos é um aspecto da *kénōsis* do Verbo encarnado. É tão impossível recusar esta integração dos dois métodos quanto é impossível separar a revelação-mistério da revelação-acontecimento, a Igreja-mistério da Igreja-instituição, a ressurreição-mistério da ressurreição-acontecimento. Durante muito tempo, a apologética reduziu a revelação a um acontecimento histórico, deixando o mistério aos cuidados da dogmática. Não se pode dissociar assim o que é indissociável no plano da realidade. Há muito tempo que → H. de Lubac e → H.U. von Balthasar advertiram que somente preconceitos estéreis e uma imagem truncada da realidade puderam recusar a integração dos dois métodos: dogmático e apologético (no sentido antigo). Normalmente, o tratamento dogmático antecede o tratamento apologético, não para depreciar um método em benefício do outro, mas simplesmente porque a revelação é, primeiro, um Mistério e importa descrever corretamente a realidade sobre a qual a teologia aplica, em seguida, seu exame crítico, em seu afloramento histórico em Jesus. Este método de *integração* é o único que pode fazer justiça a uma realidade que, sendo ao mesmo tempo Mistério e Acontecimento de história, exige duas vias de abordagem diferentes, mas servindo-se mutuamente. O método está a serviço da realidade: se ele tem de adaptar-se, é porque a realidade o exige. Mas, como toda teologia, a Teologia Fundamental é sempre a fé em busca de compreensão de uma realidade que, desta vez, é Mistério-Acontecimento.

b) Não é sem motivo que falamos de integração *dinâmica*. Com efeito, os elementos do binômio Revelação-Mistério e Revelação-Acontecimento dinamizam-se, "energizam-se" mutuamente. A plenitude do Mistério que, em Jesus, invade a história e a leva a um ápice insuperável, suscita o questionamento do historiador. A partir da mensagem de Jesus, de suas obras, de seu comportamento, o historiador procura penetrar o *sentido* profundo desta existência. No final desta busca, feita com os métodos de sua disciplina, ele descobre uma *existência-significante*, mas de uma "significatividade" totalmente singular, a ponto de desencadear um movimento de volta ao Mistério para satisfazer em cheio a sua curiosidade e saber "cada vez mais" sobre a identidade real deste ser e de seu projeto de vida. No final desta segunda pesquisa, o Mistério fascina-o cada vez mais e o interpela de novo. Opera-se, assim, um perpétuo vaivém, com um aprofundamento correspondente, entre o Mistério proposto e seu afloramento histórico. Mas é sempre a *Realidade inteira* da revelação que alimenta este dinamismo. Por isso, afirmamos que este tipo de *integração dinâmica* especifica igualmente a Teologia Fundamental em nível de seu *método*.

6. UMA DISCIPLINA ESTRUTURADA – O exame dos diversos tratados da Teologia Fundamental dá uma impressão mais de caos do que de unidade estruturada. Eis aqui o resultado de observações feitas a partir de umas trinta obras.

Em toda parte descobre-se um *núcleo sólido*, isto é, o estudo da revelação de Deus em Jesus Cristo e de sua credibilidade por meio dos sinais. Depois desta sequência reconhecida por todos, começam imediatamente as divergências. O pensamento alemão permanece fiel à divisão tripartite da apologética clássica (demonstração religiosa, demonstração cristã, demonstração católica. P. ex.: *Handbuch der Fundamentaltheologie; Mysterium salutis*, contribuições de Kolping, Fries, Waldenfels). O pensamento latino, visivelmente influenciado pelo Vaticano II, é bíblico, cristocêntrico, ligado à história da salvação, sensível aos problemas de hermenêutica e de sentido. O pensamento anglo-saxão reflete a influência alemã, mas com uma ênfase na experiência e na linguagem (sinal, símbolo).

Como ocorre nos evangelhos – onde se encontram lógia *errantes* ou nômades (p. ex.: "os últimos serão os primeiros, e os primeiros serão os últimos") inseridos em contextos diferentes – também as obras de Teologia Fundamental têm seus temas "errantes" ou nômades. Assim, uns falam da religião e das religiões no início (Waldenfels, HFTh), ao passo que outros deixam este tema para o fim. Os temas de teologia e de Teologia Fundamental são tratados como introdução ou, então, como conclusão. O ecumenismo é considerado ora como uma dimensão coextensiva a toda a Teologia Fundamental, ora como um capítulo especial. O tema da fé é ligado ao da teologia ou, então, ao da revelação. O tema da Igreja geralmente vem no fim, com uma extensão variável, até incluir (em HFTh) todo o tema do conhecimento de fé e das formas deste conhecimento (Escritura, tradição, magistério, teologia).

Em nosso entender, neste *mare magnum*, falta um princípio de discernimento que permita situar e hierarquizar os problemas, para se chegar a uma estrutura motivada. Neste ponto, o Vaticano II pode inspirar-nos. O concílio não começa com declarações ou decretos sobre a religião e sobre as religiões, sobre o ecumenismo, sobre a cultura e as ciências. O *documento-raiz*, que constitui a chave hermenêutica de todos os outros, é a *Dei Verbum* e, neste documento-raiz, "o primeiro grande plano" é o da revelação de Deus em Jesus Cristo, Verbo encarnado, mediador, plenitude e sinal da revelação que é Ele em pessoa. O primeiro capítulo descreve esta realidade, com suas características específicas: estrutura sacramental (*gesta et verba*), progresso, economia, pedagogia, princípio encarnacional, luz de Deus sobre o mistério do homem, tensão passado-presente, tensão presente-escatologia. A realidade primeira, que ilumina todas as outras, é a revelação de Deus em sua especificidade de automanifestação e de autocredibilidade. Os demais problemas aparecem como *implicações* de uma revelação bem *específica.*

Se nos ativermos a este princípio de discernimento, consegue-se enquadrar os temas *nômades* e a estrutura da Teologia Fundamental toma corpo e as coisas se iluminam de maneira mais precisa.

A sequência de base é: a revelação entendida como *auto*manifestação, *auto*doação e *auto*credibilidade de Deus em Jesus Cristo, Verbo encarnado, mediador, plenitude e sinal da revelação. As *implicações* deste princípio de base podem hierarquizar-se da maneira seguinte:

a. Esta revelação específica gera uma fé e um saber não menos específicos: a teologia.

b. Enquanto evento e mistério, a revelação está em relação com a história. Daí derivam os problemas sobre as origens históricas do cristianismo, sobre a realidade e identidade de Jesus, sobre o valor dos evangelhos como acesso a Jesus, sobre a realidade de sua mensagem e das suas obras, sobre seu projeto eclesial.

c. O princípio encarnacional da revelação cristã obriga a Teologia Fundamental a estudar as correntes de pensamento que eliminam a encarnação: Iluminismo, teologia existencial de → Bultmann.

d. A continuidade entre o projeto eclesial de Jesus e a pluralidade das comunidades cristãs atuais levanta o problema do ecumenismo.

e. A pretensão do judaísmo, do islamismo, do hinduísmo, de serem, também eles, religiões "reveladas", levanta o problema da relação entre a especificidade da revelação cristã e as outras → religiões.

f. Ligada a uma cultura, a uma língua, a um povo, a revelação cristã depara os problemas inevitáveis da → hermenêutica e da → inculturação.

A Teologia Fundamental resulta, portanto, estruturada por: 1. *Um princípio de base*, ou seja, a revelação cristã com suas características específicas; 2. *A sequência das "implicações" que daí derivam*: *a.* um saber específico; *b.* relação com a história; *c.* relação com as filosofias não encarnacionais; *d.* relação com as outras comunhões cristãs; *e.* relação com as religiões que se dizem, também elas, "reveladas"; *f.* relação com a linguagem e a cultura.

7. COORDENAÇÃO PEDAGÓGICA – Atendo-nos ao que acabamos de dizer sobre a Teologia Fundamental atual, ampliada para as dimensões que descrevemos, todo centro teológico deveria estar provido de um corpo de professores familiarizados com as descobertas mais recentes da exegese e da história, dotado de um perfeito conhecimento das filosofias modernas, dos problemas de ecumenismo das outras religiões, da ciência da linguagem. A estes professores prodigiosos deveriam corresponder estudantes não menos excepcionais.

Distingamos logo entre a Teologia Fundamental como função eclesial, como parte distinta do saber teológico, e o problema pedagógico de sua coordenação numa faculdade ou num seminário. Como ciência especializada, e em toda a sua vastidão, a Teologia Fundamental diz respeito à Igreja inteira: é um fato colegial.

Isto posto, há problemas que demandam ser tratados desde o início do currículo de teologia: são os que dizem respeito ao núcleo essencial da Teologia Fundamental, isto é, a revelação e sua credibilidade, como também algumas implicações dele, por exemplo a teologia como ciência, as relações da revelação com a história. Outros problemas, que dizem respeito às filosofias, às religiões, à hermenêutica e à inculturação, podem ser reservados ao segundo ou ao terceiro ciclo, ou tratados sumariamente no primeiro ciclo, e em seguida retomados e aprofundados, em forma de monografias, nos ciclos superiores. O antigo *curriculum*, regulado pela *Deus scientiarum Dominus*, que agrupava os estudos teológicos em quatro anos, tornava difícil o tratamento de uma matéria tão vasta, é simplesmente impossibilitava classificar e hierarquizar os problemas. O que era então impossível, hoje é exequível, depois da nova constituição *Sapientia Christiana*. A Teologia Fundamental renovada, mais identificada, mais unificada e estruturada, pode dar voo livre a uma disciplina que, mais do que as outras, precisa de oxigênio, de espaço, de liberdade criativa. O essencial é que esteja plenamente consciente de sua identidade de disciplina distinta, de seu objeto, de seu método, de sua estrutura.

Bibl. – H. Bouillard, "A experiência humana e o ponto de partida da teologia fundamental", em *Conc* 6 (1965) 60-68; R. Latourelle, "Apologétique et Fondamentale", em *Sal* 27 (1965) 255-274; Id., *Teologia scienza della salvezza*, Assis 1968; Id., "Desmembramento ou renovação da Teologia Fundamental", em *Conc* 6 (1969) 27-36; Id., *A Gesù attraverso i Vangeli*, Assis 1979; Id., "Nuova immagine della teologia fondamentale", em R. Latourelle-G. O'Collins (eds.), *Problemi e prospettive di teologia fondamentale*, Brescia 1980, 59-91; Id., "L'istanza storica in teologia fondamentale", em Vários autores, *Istanze della Teologia fondamentale*, Bolonha 1982, 55-94; Id., "Das II. Vaticanum. Eine Herausforderung an die Fundamentaltheologie", em E. Klinger-K. Wittstadt (eds.), *Glaube im Prozess.* Christsein nach dem II. Vaticanum. Für Karl Rahner, Friburgo i. Br. 1984, 597-614; Id., "Assenza e presenza della teologia fondamentale", em R. Latourelle (ed.), *Vaticano II: bilancio e prospettive*, II, 1381-1411, Assis 1987; A. Locatelli, "L'insegnamento della teologia fondamentale nel rinnovamento degli studi ecclesiastici", em *ScCatt* 96 (1967) 95-123; F. Ardusso, "Teologia fondamentale", em DTI I, 182-202; A. Kolping, *Fundamentaltheologie*, vol. I-III, Friburgo i. Br. 1968, 1974, 1981; J. Alfaro-H. Bouillard-H. Carrier-G. Dejaifve-R. Latourelle-G. Martelet, "La théologie fondamentale à la recherche de son identité", em *Greg* 50 (1969) 756-776; H. Fries, "Da apologética à teologia fundamental", em *Conc* 6 (1969) 49-60; H. Bouillard, "La tâche actuelle de la théologie fondamentale", em *Le Point théologique* 2 (1972) 7-43; Id., "De l'apologétique à la Fondamentale", em *Les Quatre Fleuves*, Paris 1974, 57-70; J. Schmitz, "Fundamentaltheologie im 20. Jahrhundert", em H. Vorgrimler-R.V. Gucht (eds.), *Bilancio della Teologia del XX secolo*, Paris 1972, I 233-272; W. Joest, *Fundamentaltheologie.* Theologisches Grundlagen und Methodenproblem, Stuttgart 1974; J.-P. Torrell, "Questions de théologie fondamentale", em RTh 79 (1979) 273-286; S. Pié-Ninot, "La teología fundamental hoy", em RCT (1980) 479-502; C. Colombo, "Dall'apologetica alla teologia fondamentale", em *Teol* 1981(3) 232-242; D. Tracy, "Necessità e insufficienza della teologia fondamentale", em R. Latourelle-G. O'Collins, *Problemi e prospettive di teologia fondamentale*, Brescia 1980, 41-58; G. O'Collins, *Teologia fondamentale*, Brescia 1982; Id., "Problemi e prospettive di teologia fondamentale", em R. Fisichella (ed.), *Gesù Rivelatore*, Casale Monferrato 1988, 46-52; H. Waldenfels, *Teologia fondamentale nel contesto del mondo contemporaneo*, Milão 1988, 94-105; R. Fisichella, "Il contributo di René Latourelle alla teologia fondamentale", em Id. (ed.), *Gesù Rivelatore*, Casale Monferrato 1988, 11-22; Id., *La Révélation*, Montreal-Paris 1989, 25-51; M.

Chappin, "Dalla difesa al Dialogo. L'insegnamento della teologia fondamentale alla PUG", em R. Fisichella (ed.), *Gesù Rivelatore*, 33-45; Salvador Pié-Ninot, *Tratado de Teología Fundamental*, Salamanca 1989, 17-54.

RENÉ LATOURELLE

II. Destinatário

Se a teologia não tivesse um destinatário, estaria reduzida a uma especulação teórica solipsística e não serviria para nada. O destinatário não pode ser uma escolha que se faça a bel-prazer; de alguma forma ele se impõe no próprio surgimento do teologar e a partir das diferentes condições histórico-culturais em que a reflexão é feita.

Também a Teologia Fundamental tem um destinatário. Como disciplina teológica que se constrói sobre o "porquê" (Dt 6,20) da fé, é chamada a dar resposta, sempre e com responsabilidade, acerca do evento da fé na revelação. Isto sobretudo em sintonia com 1Pd 3,15, onde o apóstolo convida a nunca cessar de responder às provocações que sejam feitas e, sobretudo, a estar capacitado a fornecer sempre razões ao outro que pergunta sobre a esperança que está em nós (→ Apologia).

Em certos momentos, somos tentados a determinar a identidade do destinatário a partir da análise sociocultural em que a disciplina se coloca. Sem dúvida, esta análise é básica; mas a Teologia Fundamental não pode esquecer por um só instante que é primariamente uma disciplina teológica e, como tal, a primeira análise a se fazer é já no interior da compreensão da fé.

Neste horizonte, descobre-se que, se a revelação tem um destinatário universal, a fé, por sua vez, cria uma forma de discernimento. Com efeito, no interior da fé o teólogo descobre quem crê e quem ainda não crê, mas ao qual precisa fornecer razões para crer.

A experiência de Paulo que atravessa as ruas de Atenas e seu discurso no areópago (At 17,16-23) são a condição normal para a Teologia Fundamental de hoje. Também esta, como sujeito que crê, ao passar pelas ruas da cidade, encontra-se com o altar dedicado ao "Deus desconhecido". Existe um homem concreto que é objeto da reflexão de fé; isto leva à pretensão da fé de ir a seu encontro para revelar-lhe que sua existência ainda não é completa enquanto não se encontrar com Cristo.

Portanto, no interior das razões da fé e da responsabilidade em relação a ela, somos chamados a ir ao "outro" para dar resposta definitiva a sua procura de → sentido.

Recuperando, deste modo, o próprio horizonte da revelação, que convida cada um a crer e aderir a Cristo, pode-se já identificar, de modo genérico, como destinatário da Teologia Fundamental, o homem nosso contemporâneo.

Tal afirmação exige distinções explicativas.

Na história da Teologia Fundamental, é fácil enxergar diferentes destinatários, que são determinados pelos diversos sujeitos de épocas históricas. Nota-se, assim, que os primeiros → *apologetas* se dirigiam aos pagãos para convencê-los da bondade da fé em Jesus de Nazaré e da verdade dos textos sagrados.

Tomás de Aquino escreverá o *Contra Gentiles* tendo em mente sobretudo os seguidores do islamismo; para estes exprimirá as razões da fé ou "as verdades da doutrina católica", como sugere o subtítulo da obra: *Contra Gentiles seu de veritate catholicae fidei*.

No período do humanismo, *Raimundo de Sabunde* († 1436) se dirigirá de preferência ao crente que se tornou um tanto cético; vai apoiar-se na dimensão da humanidade que é comum a todos ("Ista scientia docet *omnem hominem* cognoscere realitates, infallibiliter, sine difficultate et labore" – "Esta ciência ensina que *todo homem* conhece as realidades de modo infalível, sem dificuldade nem trabalho"), com o objetivo de mostrar que a verdade da revelação é necessária ao homem como tal para conhecer-se a si mesmo, além do mistério de Deus: "omnem veritatem necessariam homini cognoscere, tam de homine quam de Deo, et omnia quae sunt necessária homini ad salutem et ad suam perfectionem, et ut perveniat ad vitam aeternam" ["para conhecer toda a verdade necessária ao homem tanto a respeito do homem quanto de Deus e tudo o que é necessário ao homem para a sua perfeição e chegar à vida eterna"] (*Theologia naturalis seu Liber creaturarum*, 27-30): a teologia parece identificar-se com a antropologia.

Pierre Charron (1541-1601), como primeiro inspirador da tríplice *demonstratio* que terá depois, no *Tractatus* de Hook, a codificação definitiva, escreverá o volume "Les trois vérités contre les athées, idolatres, juifs, mahométans, hérétiques et schismatiques"; um conjunto de inimigos, talvez para esconder o verdadeiro destinatário de seu volume: os protestantes em geral e aqui, mais diretamente, o inimigo Duplessy-Mornay.

O deísta, o iluminista e o racionalista em geral serão os destinatários das teologias fundamentais produzidas entre os séculos XVI e XVIII. *Pierre Daniel Huet* escreverá uma *Demonstratio evangélica*; *Vitus Pichler*, o primeiro a introduzir a expressão "Teologia Fundamental", escreverá uma *Theologia polemica* e *René de Chateaubriand* produzirá *Le Génie du Christianisme*.

O tema principal a ser defendido contra o racionalismo é, neste período, a religião sobrenatural, contra toda forma de reducionismo e, portanto, a defesa do valor da Escritura como texto sagrado inspirado, contra toda forma de historicismo ou positivismo.

Finalmente, o "ateu" será o destinatário dos tratados produzidos no século XIX, antes de se chegar à → teologia manualística, que, depois de ressuscitar a necessidade da especulação sobre os primeiros princípios, terá como parceiro de seu discurso o homem metafísico, tirado de todo contexto social e, portanto, destituído de um referencial específico.

Como se nota por esta rápida leitura de poucos autores e obras, selecionadas entre as mais significativas, três características parecem emergir para nosso tema:

a. A primeira impressão é determinada pelo fato de que se está sempre diante de “inimigos”. A responsabilidade pela fé, que havia caracterizado o surgimento de 1Pd 3,15 e dos primeiros apologetas, escorrega progressivamente para formas desviantes de polêmica, até atingir, como destinatário, não mais pessoas às quais se há de *apresentar*, positivamente, a riqueza da fé, mas sim inimigos e hereges, diante dos quais se há de *defender* a doutrina.

b. Uma segunda característica é determinada pela preponderante atividade de “apontar erros”. Enquanto nos primeiros séculos o que se procurava era encontrar formas comuns, entre crentes e não crentes, para uma sólida base de discussão, agora deparamos uma forte caracterização que pretende a apropriação da verdade definitiva e, em decorrência disso, transforma-se em crítica e julgamento em relação a toda forma diferente de compreensão da realidade.

Sem dúvida, havia erros objetivos e formas heréticas, mas *metodologicamente* cria-se uma situação diferente; não se faz mais nem busca comum nem qualquer tentativa de maiêutica. A solução é somente a defesa de sua própria verdade, contrapondo-se, de modo polêmico, a quem quer que tivesse outro modo de pensar.

c. Um último elemento que se nota, e que parece paradoxal, é o desaparecimento progressivo do próprio destinatário. O destinatário ao qual há que dirigir-se é substituído unicamente pelo estudo da doutrina ou, no máximo, pelos princípios que regem o processo demonstrativo. O destinatário passa a ser apenas causa instrumental da qual se parte, mas o objetivo central e fundante é apontar erros presentes na doutrina dos outros.

Portanto, não mais um parceiro concreto, com seus referenciais históricos, políticos, culturais e religiosos, mas a doutrina, as teses ou as ideologias.

→ Pascal, em seu projeto, presente nos *Pensées*, sublinhara com vigor o primado do sujeito concreto; o mesmo desejo estava subjacente à *Grammar of Assent*, de → Newman, mas será essencialmente → Blondel que, com *L'Action*, fará a síntese das duas exigências, produzindo, sim, uma metafísica, mas com referência direta à historicidade do sujeito.

A Teologia Fundamental contemporânea não pode esquecer a história passada, nem subtrair-se às mudanças que hoje se instauraram. Com a primeira, queira ou não queira, está comprometida; com a segunda, tem de confrontar-se em nome da *responsabilidade* da fé que a faz existir.

Na identificação de nosso destinatário atuam, segundo nos parece, duas ordens de fatores: alguns positivos, e outros que provocam dificuldades.

1. ELEMENTOS POSITIVOS – Um primeiro fator positivo a aduzir-se é certamente o de um novo senso ecumênico, que permitiu abrir-nos aos irmãos agraciados com o mesmo batismo. Portanto, procurar “inimigos” seria não só anacronístico, mas também profundamente contraditório, para uma disciplina que redescobriu na fé os fundamentos de seu próprio ser.

A consciência histórica (→ História, I) que caracterizou o século XX, levou em séria consideração a historicidade de nosso teologar e das condições típicas em que o destinatário e o teólogo se encontravam. Este senso recuperado da história é igualmente um elemento positivo, que permite à Teologia Fundamental, já superada a segurança dos princípios sobre o homem metafísico, encontrar hoje um sujeito profundamente enraizado em sua história e em sua cultura e que é profundamente cioso deste enraizamento.

Isso permite recuperar uma base comum inicial de partida. Antes de tudo, pode-se com mais facilidade apresentar a pessoa de Jesus de Nazaré como um sujeito profundamente inserido na história de seu povo, crido como realização da história da salvação e anunciado até hoje como princípio hermenêutico para uma compreensão global da história universal. Além disso, apresenta-se ao destinatário um papel de protagonista na transformação desta história. O viver concreto, num autêntico testemunho de libertação, é memória da constante presença do mal e do pecado, que precisam ser vencidos, e das sementes de salvação e de esperança, que já foram espalhadas e que chegam à maturação.

Nesse contexto, assume particular importância o tema do anúncio do Evangelho nas diversas culturas, bem como uma forma de contextualidade da teologia (→ Teologias, VI), que evidencia a riqueza da integração e da contribuição dos diferentes modelos culturais.

2. DIFICULDADES – Juntamente com os dados positivos, surgem fatos e avaliações que provocam não poucas dificuldades para a Teologia Fundamental.

Um primeiro dado a observar é que, vindo a faltar a unidade do referencial filosófico, hoje a identificação do destinatário está sujeita a referenciais filosóficos e ideológicos diversos. Tal pluralismo, por sua vez, cria uma pluriformidade de expressões e de linguagens que não permitem ter bem claro o parceiro do discurso.

Face a tais problemas pode com frequência surgir a tentação de seguir o caminho mais fácil de um novo neoabstratismo na identificação do destinatário, com consequências mais nefastas do que as do período manualístico.

Consequentemente, há que ter bem clara a perspectiva de que não será possível uma apresentação apologética do evento cristão, tendo-se como interlocutor um único destinatário. Também a perspectiva do “outro”, como parceiro hipotético, seria uma exemplificação excessivamente fácil, que se deve evitar. As formas do → ateísmo apresentam-se hoje tão diversificadas (desde o ateísmo metodológico até o filosófico, psicológico ou linguístico e pragmático), que não podem ser reduzidas a um único fator.

Por outro lado, uma grande dificuldade vem do fato de que ainda hoje estamos diante de uma profunda crise da racionalidade. Supervaloriza-se indevidamente a emotividade e se tem trabalhado com uma leitura excessivamente parcial de “pastoralidade”, a ponto de não se ver mais com clareza a importância constitutiva de uma consciência crítica para o conteúdo da fé.

Tem-se a impressão de que o "estar juntos" ou o "rezar juntos" se tornou a solução para resolver todas as dificuldades. Mas ao teólogo, que tem a obrigação de manter viva a responsabilidade pela *compreensão* da fé, essas expressões mais criam preocupações e problemas do que atenuam as dificuldades.

Uma união verdadeira e uma serena conversão, para poderem ser plenamente humanas e autenticamente cristãs, passam pela mediação da inteligência: *fides si non intelligitur nulla est.* A vontade de encontrar-se na "práxis" e o desafio para que esta se torne um *locus theologicus*, com base no qual se possa julgar a verdade da fé, não é menos parcial do que uma fé que quisesse julgar-se ortodoxa somente com o componente da inteligência.

A unidade do agir pessoal, as mediações típicas que são dadas à Igreja para permanecer na verdade e as razões que a teologia traz para a historicidade de seu refletir, são todas elas expressões que devem ser diferencialmente consideradas pelo valor que assumem na procura da plenitude da verdade, mas em todo caso não podem ser ignoradas.

Quem será, portanto, o "contemporâneo", destinatário da Teologia Fundamental?

Certamente o *crente*, pois ele é sempre o destinatário primeiro da reflexão teológica; em seguida, o "outro", que não compartilha nossa fé, pois é ele quem caracteriza de modo peculiar a Teologia Fundamental no interior da ciência teológica.

Todavia, se é verdade que a realidade atual permite ver um duplo destinatário por força da fé, também é verdade que ela não permite enxergar o crente como "diferente" de seu contemporâneo. Voltam inevitavelmente à memória as palavras da *Carta a Diogneto*: "Os cristãos não se diferenciam do resto dos homens nem por território, nem por língua nem por hábitos de vida. Com efeito, não moram em cidades especiais nem usam alguma linguagem estranha, nem levam um tipo especial de vida. Moram tanto em cidades gregas como em cidades bárbaras e, embora seguindo os usos locais no que concerne ao modo de vestir, de se alimentar e nas outras coisas da vida, propõem-se uma forma de vida maravilhosa e, como admitem todos, paradoxal" (cap. 5).

Hoje, como ontem, a fé cria uma especificidade, mas a realidade de características propriamente humanas permanece inalterada para todos.

O homem contemporâneo aparece em sua expressão mais positiva como um sujeito cheio de *esperança.* A esperança parece ser a característica que mais qualifica o final deste nosso século XX. Saído de duas guerras mundiais que vivenciaram a carnificina e os efeitos do ódio, com a *Shoah* que permanece como a expressão culminante do extremo a que pode chegar a loucura do homem, o homem contemporâneo vive ainda sob o império do medo de algo que possa aniquilá-lo. Cresce nele a esperança de uma convivência humana entre as nações, de maneira que ninguém domine sobre o outro e a justiça possa afinal abraçar a paz (Is 9,5-6). Segue, assim, com grande preocupação, cada passo que as grandes potências dão, com vistas a uma ausência total de guerra universal.

Uma esperança de base que se concretiza em seguida em diversos objetivos: a economia crescente faz pensar numa vida de bem-estar, as incessantes descobertas em medicina criam confiança num prolongamento da vida, o progresso tecnológico – particularmente nos meios de comunicação social – faz cada um sentir-se como "cidadão do mundo", as notícias difundem-se simultaneamente nos dois hemisférios, aumentando o senso de solidariedade mundial.

Todavia, a um aumento de esperança corresponde também um forte senso de desconfiança e mal-estar. Antes de tudo, em relação às instituições e aos órgãos da política. Nunca como hoje as pessoas têm mostrado tanto desinteresse e tanta desconfiança diante das declarações de políticos ou dos planos programáticos dos profissionais da política. Depois de se afastarem sempre mais do senso e da busca do bem comum, estes se têm afastado igualmente do homem concreto e de suas exigências mais profundas para uma vida mais humana. Subjugados pelas leis de uma economia elitista, os desníveis têm aumentado, tornando os pouquíssimos ricos cada vez mais ricos, e os muitíssimos pobres cada vez mais pobres.

Enganados por manobras econômicas e por ideologias niilistas, tornaram-se ausentes os valores essenciais do respeito pelo outro, pela vida em sua globalidade e pela natureza em seu conjunto e aumentou o sentimento de impotência e de solidão. Nunca como hoje, talvez, o homem chegou a sentir tanto a contradição em nível de pessoa, contradição esta determinada e tornada mais dramática pelo fato de que cada um tem plena consciência dela, mas ao mesmo tempo se sente incapaz e sozinho demais para poder reagir a ela.

Se olharmos para o horizonte religioso, também aqui podemos observar a grande contradição do homem contemporâneo. Parece que, ao invés da profecia nietzscheana da morte de Deus em nosso mundo, assistimos a um novo surto do "senso do sagrado". Mas, sob muitos aspectos, este fantástico ressurgimento do sagrado não faz senão confirmar a morte de Deus e evidenciar nossas cidades, com suas igrejas, como cemitério do Deus dos cristãos.

Do lado cristão, fala-se sempre mais de uma "crise de participação"; as grandes metrópoles do Ocidente mostram, aos domingos, suas igrejas desertas; a catequese, como momento sistemático do estudo da fé, é seguida apenas por uma porcentagem mínima da população; se fizermos então referência à norma moral, parece quase estarmos assistindo a um "cisma subterrâneo", em virtude do qual, invocando exclusivamente sua consciência pessoal, o crente parece não aceitar mais o ensinamento do magistério. Se se pode verificar um vigoroso elã por parte das gerações jovens, este surto não está insento de uma crise de inteligência, pois com frequência o movimento religioso é animado por personalidades carismáticas em que a emotividade se sobrepõe à inteligência.

Do lado não cristão, parece estarmos diante de um neopaganismo. Multiplicam-se ritos perversos, seitas religiosas alastram-se como manchas de óleo, estamos assistindo a uma corrida para a leitura e o deciframento do futuro das pessoas, que fazem isto em busca de segurança e do preenchimento de suas necessidades; novos magos – homens e mulheres – fascinam as pessoas, enganando-as acerca do autoconhecimento através de cartas ou bolas de cristal indestrutíveis e muita gente só lê os jornais em busca do horóscopo.

Tudo isso é indício de um vazio, de uma profundidade que não foi preenchida por valores que podem de verdade satisfazer, por envolverem a responsabilidade pessoal. Numa palavra, a *indiferença* parece reinar soberana no contexto religioso.

Outra característica que marca o homem contemporâneo é a de um homem que cada dia tem mais pressa e que não tem mais tempo para ouvir ou para refletir; que ama *slogans* para chegar à imediatez, sem perder-se no trabalho das demonstrações; que não é mais capaz de ler, porque já propenso exclusivamente à imagem televisiva; que não tem mais aptidão para a contemplação do belo, porque obrigado ao caos da metrópole que destrói, com suas formas de poluição o que o gênio e a fé do passado deixaram em herança; que é sempre tentado pelo gosto escondido pela transgressão e pela violência; que, finalmente, colocado dramaticamente frente ao problema da → morte, recusa-o, não pensando nele ou enganando-se com novos sofismas; mas será que este homem contemporâneo ainda é capaz de escutar a voz profética de quem anuncia a Deus?

Certamente sim, pois, apesar de tudo o que aparece de negativo na descrição que precede, o homem contemporâneo ainda é capaz de colocar-se com sinceridade diante do → sentido da vida e tem disponibilidade para compreender o significado do → amor.

Em todas as partes do mundo encontram-se pessoas capazes de um gesto de amor. Os exemplos levariam longe demais e não retratariam a profundidade da realidade experienciada. Todavia, em cada um destes sinais é possível reconhecer e compreender uma linguagem de amor. Não, porém, um puro sentimento, mas, antes, a dimensão mais qualificante da pessoa, a que permite realizar gestos antropologicamente significativos, porque livres e finalizados.

A Teologia Fundamental tem diante de si um sujeito, crente ou não, que tem uma grande necessidade de *sentido* (→ Credibilidade). Este último é tanto mais urgente hoje, porque o homem tem maior consciência disto e porque em torno dele tudo parece quase levá-lo ao absurdo.

A este destinatário é preciso levar, numa linguagem nova, o amor trinitário que, no mistério pascal de Jesus de Nazaré, atinge seu ponto mais alto.

Diante deste amor revelado, amor autêntico, porque plenamente livre e capaz de chegar à doação total de si mesmo, o homem contemporâneo não pode permanecer insensível. Ele compreende que é uma mensagem para ele, *sabe* que deve correr o risco da fé e do seguimento, por ser a última possibilidade que lhe é concedida para entender a fundo o mistério de seu próprio ser e ao mesmo tempo para sentir-se plenamente livre.

Bibl. – G. Ruggieri, *La compagnia della fede*, Turim 1980; Id. (ed), *Enciclopedia di Teologia Fondamentale*, I, Turim 1987; R. Latourelle, *L'uomo e i suoi problemi alla luce di Cristo*, Assis 1982; F.J. Niemann, *Jesus als Glaubensgrund in der Fundamentaltheologie der Neuzeit*, Innsbruck 1983; G. Heinz, *Divinam christianae religionis originem probare*, Mainz 1984; G. Ferrarotti, *Una teologia per laici*, Bari 1984; M. Seckler, "Fundamentaltheologie: Aufgaben und Aufbau, Begriff und Namen", em HFTh IV, 451-513.

RINO FISICHELLA

TEOLOGIA MANUALÍSTICA

No período entre o Concílio Vaticano I e o Vaticano II, a teologia católica exprimiu-se sobretudo através dos manuais de Teologia Fundamental e teologia dogmática em latim, usados na maioria dos seminários e das universidades eclesiásticas. A organização, o método e o conteúdo destas obras constituiu a "ciência teológica normal" (T. Kuhn) ministrada na Igreja Católica, antes do dramático aparecimento dos novos paradigmas de pensamento e de exposição depois do Concílio Vaticano II. Uma breve resenha das principais características da teologia manualística fundamental e dogmática pode servir para uma melhor compreensão do drama e da profundidade da recente mudança.

1. TEOLOGIA FUNDAMENTAL – Como exemplos de manuais especializados sobre a revelação e a Teologia Fundamental, anteriores ao Vaticano II, citemos as obras, muitas vezes reeditadas, de R. Garrigou-Lagrange (1ª ed. 1918), de H.J. Dieckmann (1925), de S. Tromp (1930), e de M. Nicolau (1950). A mesma concepção básica da matéria e de seus procedimentos encontra-se também no primeiro volume de numerosas séries de livros de texto, concebidas como cursos quadrienais de teologia sistemática: por exemplo, Ch. Pesch (vol. I, 1ª ed. 1894), A.A. Tanquerey (1894) e L. Lercher (1927). A notável estabilidade do método e dos conteúdos, evidente na Teologia Fundamental destas obras, remonta ao final do século XVIII. Todavia, na ampla difusão deste modo de tratar os fundamentos da fé e da teologia, os tratados *De vera religione* e *De locis theologicis* nas *Praelectiones theologicae*, em nove volumes, de G. Perrone († 1876), do Colégio Romano, foram os mais importantes. As *Praelectiones* de Perrone, publicadas pela primeira vez em 1835-1842, atingiram trinta e quatro edições, enquanto um compêndio mais breve das mesmas alcançou quarenta e duas edições até 1888.

Os componentes principais da Teologia Fundamental nesta tradição manualística eram os tratados sobre: *a.* a natureza da religião; *b.* a natureza da revelação divina, juntamente com uma exposição de sua possibilidade e necessidade para os homens, como também os critérios através dos quais a revelação divina pode ser reconhecida como tal; *c.* a *demonstratio Christiana*, que mostra em Jesus de Nazaré o portador plenamente credenciado da revelação sobrenatural de Deus à humanidade; *d.* a *demonstratio catholica*, que demonstra como a Igreja Católica foi fundada por Jesus e encarregada da missão de transmitir, expor e defender a revelação divina; *e.* as principais fontes dos conteúdos da fé e dos argumentos teológicos (→ Lugares teológicos), especialmente a Escritura e a Tradição, de que a teologia dogmática tira os elementos e os argumentos em sua exposição da fé e para contribuir para uma compreensão mais profunda desta.

A temática central da Teologia Fundamental manualística é a demonstração, haurida de testemunhos historicamente fidedignos, contidos nos evangelhos, 1. de que Jesus *declarou* efetivamente ser o enviado de Deus, seu delegado e porta-voz a serviço de sua vontade de revelar-se, e 2. de que Jesus *confirmou* sua pretensão através da rica evidência do cumprimento nele das profecias, através de seus milagres e, de maneira suprema, com sua ressurreição dos mortos. Desta demonstração brota a conclusão racional e histórica de que Jesus de Nazaré, com sua consciência de ser o Messias e com seus milagres, é digno de fé como mestre e mediador da revelação. Em Jesus se verifica o cumprimento dos testes criteriológicos para certificar a presença da revelação. Segundo os manuais, a evidência deste "juízo de credibilidade" é publicamente acessível a todos os que consultam os documentos, e a conclusão segue, de maneira lógica e convincente, dos fatos relatados nas fontes.

Entre as características específicas dos manuais clássicos pode-se antes de tudo notar sua generalizada interpretação da revelação de Deus como instrução sobre verdades de outra forma inatingíveis. Como tal, a revelação pode ser facilmente expressa em fórmulas, incluída a formulação de doutrinas acerca dos mistérios que ultrapassam as possibilidades da razão natural. Mediante a revelação, Deus nos comunica, sobretudo, um conhecimento sobrenatural.

Os manuais caracterizavam-se também por uma difundida hostilidade para com a abordagem da revelação na esteira do método de → imanência. Tratar da correspondência entre a necessidade interior e a pretensão e o conteúdo das doutrinas reveladas deslocaria a atenção para a esfera da interioridade subjetiva e poderia limitar o conteúdo da revelação. O caráter positivo e sobrenatural da comunicação divina poderia ser comprometido por tal método. Os manuais criaram a atmosfera que levou à condenação do → "modernismo" por parte do Papa Pio X, com o decreto *Lamentabili* e a encíclica *Pascendi* (1907), enquanto a teologia manualística, que encontrou confirmação nestas condenações, tornou-se um veículo primário da difusão dos argumentos contrários ao modernismo; em outras palavras, insistir-se-á nos critérios históricos objetivos, até 1960.

O objetivo das demonstrações dos manuais não era suscitar a *fé*, mas antes mostrar a *credibilidade* do testemunho dado à revelação por Jesus e por sua Igreja. A → credibilidade, neste sistema, impõe-se com a força da evidência e dos argumentos trazidos, independentemente de qualquer iluminação interior dos "olhos da fé" (Rousselot). Este tipo de Teologia Fundamental conduz ao limiar da fé. O movimento da inteligência e da vontade até a própria fé constitui um passo ulterior, para além do juízo de credibilidade, um passo em que a graça de Deus atrai o espírito do homem a abraçar e a fazer sua a palavra dele, precisamente por ser a revelação divina. A fé assenta sobre a autoridade de Deus mesmo que, por si só, se impõe como avalista das verdades que devem ser aceitas e confere certeza de uma ordem totalmente diferente da conclusão concernente à credibilidade. Mas as demonstrações da Teologia Fundamental mesmo assim são sempre úteis, por exporem os sinais externos com os quais Deus recomenda seus enviados à razão humana. Desta forma, o assentimento de fé, embora permaneça sobrenatural, é apresentado não como contrário à razão, mas como *obsequium rationi consentaneum* (Vaticano I, DS 3009).

2. TEOLOGIA DOGMÁTICA – Uma vez que o método teológico é tratado longamente em outro lugar desta obra (→ Método), aqui indicamos sucintamente apenas as características dos tratados sobre Deus, sobre Cristo, sobre a graça, sobre os sacramentos etc., tais como eram apresentados nos manuais de dogmática da teologia católica no período entre o Concílio Vaticano I e o Vaticano II.

Em suas argumentações e exposições, os manuais seguem o método "regressivo". Isto exige que se parta do ensinamento atual do magistério eclesiástico, para em seguida mostrar de que maneira esta doutrina era originariamente expressa na Escritura e, depois, desenvolvida nas expressões da fé católica patrística e medieval. As fontes são lidas à luz do que é ensinado e crido na Igreja contemporânea pelo teólogo. O resultado desejado é mostrar a evolução harmônica gradual até o que está explícito no ensinamento atual. Este método, que dominou por muito tempo na tradição manualística, foi sancionado, de modo oficial, pelo Papa Pio XII, na encíclica *Humani Generis* (1950); esta afirmava que o magistério deve ser a "norma próxima e universal de verdade" do teólogo e que a função da teologia é mostrar de que maneira os ensinamentos do magistério se encontram de modo explícito ou implícito na Escritura e na tradição apostólica (DS 3884, 3886).

Com frequência, os manuais são qualificados de "neoescolásticos" e às vezes se diz que se desenvolveram sob a influência da encíclica *Aeterni Patris*, do Papa Leão XIII (1879), em que Tomás de Aquino era apresentado como modelo e norma do pensamento católico. Todavia, a um exame mais acurado, resulta que os manuais se afastam notavelmente do objetivo geral e da procura de sabedoria que se encontra nas *summae* da alta Idade Média. O método manualístico foi marcado mais profundamente pelos princípios de Melquior Cano (→ Lugares teológicos) do que por Tomás de Aquino. Os manuais são filhos de seu tempo – a época do positivismo – e dão o primeiro lugar à acumulação de dados para dar sustentação a suas conclusões. Nos manuais, os dez lugares de Cano são notavelmente simplificados na medida em que, de maneira bem típica, fazem com que a enunciação precisa do ensinamento da Igreja seja seguida de um procedimento padronizado em três momentos do processo demonstrativo: da Escritura, da tradição e dos argumentos racionais, tendentes a mostrar a razoabilidade da doutrina e sua coerência com outras verdades certificadas, de ordem natural e sobrenatural.

Os manuais dão também a impressão de terem sido instrumentos de doutrinação, visando a fidelidade aos ensinamentos do magistério. É verdade que, tendencialmente, atribuem ao magistério conciliar e papal a função de sujeito principal da atividade teológica. Mas, ao mesmo tempo, os melhores teólogos manualistas eram hábeis em fazer uma leitura acurada e crítica dos documentos do magistério. Enquanto o manualista constatava a doutrina atual, antes de recorrer às fontes calibrava cuidadosamente o peso exato de autoridade inerente à tese doutrinal e a cada uma das suas partes. Essencial para este método era a escala diferenciada das "notas teológicas", que eram empregadas para dar às doutrinas apresentadas um lugar preciso na gradação de autoridade: desde o dogma solenemente definido até a simples probabilidade de opinião teológica. Em consequência, os estudantes eram conscientizados dos diferentes graus de certeza existentes em sua adesão global ao ensinamento católico.

3. PROBLEMAS E MÉRITOS – A teologia manualística deparou dificuldades muito antes de sua ampla rejeição, que ocorreu após o Vaticano II. Por exemplo, a tradição tomista, que presidia a Escola de Le Saulchoir, insistia no papel instrumental da enunciação doutrinal feita pela Igreja. As fórmulas não são o objeto final da fé, mas servem, antes, para mediar o movimento da fé para a união pessoal com a verdade salvífica do próprio Deus. O método dogmático manualístico subordinava até a Escritura ao intento predominante de fornecer provas em favor das doutrinas correntes, ao passo que estas últimas deviam servir como subsídios e instrumentos para a compreensão da Palavra de Deus, do *datum* revelado, tal como foi expresso por seus profetas e apóstolos inspirados e, de modo especial, por seu Filho.

Os estudos bíblicos, que adquiriram importância crescente depois da Segunda Guerra Mundial, mostravam que a Teologia Fundamental manualística entendia erroneamente os evangelhos, considerando-os como crônicas históricas. O personalismo cristão considerava totalmente estranho o extrinsecismo com o qual os manuais tratavam a revelação sobrenatural e insistia em chamar a atenção para a correspondência entre o que emerge do coração humano e o dom de Deus em Cristo.

Considerava-se que uma teologia da fé, centrada na submissão ao ensinamento autoritativo, deforma a percepção fundamental, por parte do NT, da revelação como convite de Deus à comunhão de vida com Ele. O Vaticano II, na → *Dei Verbum*, fez sua a segunda concepção de maneira enfaticamente cristocêntrica e isto decretou o fim da Teologia Fundamental manualística.

Contudo, é preciso também ter em mente, em nossa época pós-manualística, que os manuais tinham mantido a teologia em íntimo contato com a vida da Igreja de sua época. Seu campo visual sem dúvida ficava restrito exclusivamente à consideração do magistério, negligenciava o culto litúrgico da Igreja, o *sensus fidelium* e outros sinais do Espírito; mas sua teologia estava a salvo do risco de cair num tratamento antiquado das fontes, por se empenharem em enunciar com a devida precisão a fé atual da Igreja.

Talvez a teologia manualística não tenha dado a devida importância às riquezas da revelação divina salvífica, especialmente enquanto esta atinge sua plenitude na pessoa e na vida do próprio Jesus. De qualquer forma, esta mesma teologia mostrou um interesse exemplar em colocar a revelação em relação com a história humana e a fé com a razão humana. Os manuais lutaram vigorosamente para preservar a transcendência da revelação sobrenatural, mas, ao fazerem isto, não saíram do âmbito da reflexão humana e do discurso metódico. A demonstração de credibilidade era um esforço tenaz de manter a relação entre a fé e a razão. Hoje, a credibilidade é especificada de maneira radicalmente diferente. Mas a tradição manualística recorda-nos um ponto fundamental, isto é, que a fé se insere no centro do pensamento, da busca e do amor humano e ali elabora uma justificação comunicável e inteligível de sua esperança.

Bibl. – A. Gaboardi, "Teologia fondamentale. Il método apologético", em Vários autores, *Problemi e orientamenti di Teologia dommatica*, Milão 1957, I, 57-103; G. Thils, *Orientations de la théologie*, Louvain 1958; M.-D. Chenu, "Théologie au Saulchoir", em *La Parole de Dieu*, I, La Foi dans l'intelligence, Paris 1964, 243-267; R. Latourelle, *Teologia scienza della salvezza*, Assis 1968; T.S. Kuhn, *La struttura delle rivoluzioni scientifiche*, Turim 1969; J. Schmitz, "La théologie fondamentale", em R. Vander Gucht-H. Vorgrimler (ed.), *Bilancio della teologia del XX secolo*, Roma 1972, II, 233-282; B. Welte, "Il mutamento strutturale della teologia cattolica nel XIX secolo", em *Sulla traccia dell'eterno*, Milão 1976, 117-151; G. Colombo, "La teologia manualística", em Vários autores, *La teologia italiana oggi*, Milão 1979, 25-56; G. Daly, *Transcendence and Immanence. A Study in Catholic Modernism and Integralism*, Oxford 1980; F.-J. Niemann, *Jesus als Glaubensgrund in der Fundamentaltheologie der Neuzeit*, Innsbruck-Wien 1983; G. Heinz, *Divinam christianae religionis originem probare.* Untersuchungen zur Entstehung des fundamentaltheologischen Offenbarungstraktats der katholischen Schultheologie, Mainz 1984.

JARED WICKS

TEOLOGIAS

I. NATURAL (G. Lane) – II. TRANSCENDENTAL (K.H. Neufeld) – III. NARRATIVA (C. Rocchetta) – IV. POLÍTICA (J. O'Donnell) – V. DA LIBERTAÇÃO (J. Dupuis) – VI. EM CONTEXTO (M. Chappin).

I. Teologia Natural

A teologia denominada "natural" foi por muito tempo estudada pelos filósofos ocidentais e teve de ser distinguida da teologia pura e simples, isto é, daquela teologia que se pratica nas faculdades teológicas e que, por contraposição, foi chamada de "sobrenatural" ou "sagrada". A primeira, com efeito, é um estudo metódico e crítico de Deus, de sua existência, de seus atributos, de suas relações com as criaturas e se faz exclusivamente por meio das faculdades humanas (ou "naturais"). A segunda sempre foi um estudo – o mais sério possível – de Deus, dos homens, do universo inteiro, que parte de ou se apoia principalmente em revelações "especiais" do próprio Deus. Estas revelações são denominadas "sobrenaturais", para sublinhar com vigor o fato de que não se poderia ter conhecido nem deduzido o conteúdo com o simples exercício das capacidades humanas, mas somente com uma ajuda de Deus, capaz de suprir a inevitável insuficiência ou limite das capacidades *criadas.* (Ex. de revelação "sobrenatural": o destino individual, que o ser criado não poderia atingir por si mesmo, mas que Deus teria livremente optado por oferecer aos homens, junto com seu indispensável concurso).

Embora muitos teólogos ainda considerem útil fazer teologia "natural", numerosos pensadores e filósofos contemporâneos abandonaram esta disciplina que, segundo eles, trata de coisas "religiosas" que, consequentemente, cabem exclusivamente aos teólogos (ou aos crentes). Afinal, por acaso existe algo mais "religioso" do que o próprio Deus ou seus planos ou suas expectativas no tocante a suas criaturas? Mas talvez muitas vezes haja equívocos com respeito ao que seria propriamente "religioso" e talvez seja o caso de reconhecer, contrariamente a uma opinião muito difundida, que não basta estudar Deus ou fazer pesquisas ou um discurso racional sobre Ele, para que isto seja por si só um ato *religioso.*

Há pessoas que realizam estudos metódicos, por exemplo, sobre certos insetos, para saber mais sobre sua anatomia, alimentação, maneira de se reproduzirem, habitat e hábitos. Diz-se que tais pessoas fazem "entomologia". E os que estudam de maneira sistemática os fenômenos atmosféricos, ou o coração humano, ou os comportamentos sociais, para saber sempre mais sobre estes assuntos, diz-se que fazem meteorologia, cardiologia ou sociologia. Se existir alguém que faça pesquisas críticas sobre Deus, para aumentar ou aprimorar o conhecimento deste "objeto" específico (que considera existente ou simplesmente possível, ou mesmo apenas uma noção, cujo conteúdo mais ou menos variável lhe desperta a curiosidade), é claro que faz *teologia.* E, se seu objetivo não for outra coisa senão procurar *saber mais* sobre esta realidade ou sobre esta simples noção, dever-se-á sem dúvida reconhecer que esta pessoa, neste momento, não faz nada de *religioso.* (Nem de "naturalmente" nem de "sobrenaturalmente" religioso.) Em todo caso, não faz nada de mais religioso do que aquele que faz entomologia ou qualquer outra "logia".

Por outro lado, o que seria um processo propriamente "religioso"? Uma reflexão atenta poderia levar à seguinte descrição: uma pessoa está fazendo algo de religioso se sua ação visar captar, direta ou indiretamente, o que acredita serem as expectativas ou as atitudes de Deus em relação a ele, neste momento; ou, então, se esta pessoa tendesse a manifestar a este Deus a atitude que gostaria de ter em relação a Ele. Ou, então, ainda, se esta pessoa procurasse com todos os meios (cognoscitivos ou outros) reencontrar, manter ou aprofundar uma relação "positiva" entre ela e Deus, para melhorar a comunicação com Ele ou para "encontrá-lo" melhor.

Se é este o processo propriamente religioso, é claro, por exemplo, que somente a partir dos *textos* de Aristóteles se deve pensar que este pesquisador não realiza nenhum ato religioso, quando, naquela parte da filosofia que Aristóteles considerava mais importante e que chamava de "teologia", se esforça por conhecer melhor ou por compreender melhor o "ato puro", a maneira específica (finalística) que este Deus teria de mover os outros seres, ou seja, a atividade principal e característica deste Deus. Com efeito, à falta de documentos mais explícitos sobre o assunto, parece claro que Aristóteles não buscava outra coisa senão apenas *saber sempre mais* sobre este ser específico, só isto.

Diferente seria o caso de quem quer saber mais sobre um Deus em quem já crê, unicamente porque pensa (com razão ou sem) que um maior conhecimento ou compreensão lhe permitiria entrar em comunicação mais pessoal ou mais íntima com Ele. Trata-se neste caso de um ato propriamente religioso. E, se esta busca de conhecimento e de compreensão se fizesse de maneira metódica e crítica – no caso, com a ajuda de teorias unificantes ou explicativas – aí, então, sem dúvida alguma, se teria de falar de *teologia* religiosa, isto é, de um ato que é ao mesmo tempo religioso e teológico. Finalmente, tal busca seria "sobrenatural" ou "natural", conforme o esforço de compreensão recorresse ou não a dados que todo ser criado tem condições de obter sem uma "revelação" – a busca se denomina, então, "sobrenatural" – de Deus mesmo. (Parece que muitas vezes é difícil, ou mesmo impossível, encontrar os componentes puramente naturais de uma pesquisa *concreta* de teologia religiosa e "sobrenatural".)

Bibl. – J.F. Donceel, *Natural Theology*, Nova York 1962; B. Welte, *Auf der Spur des Ewigen*, Friburgo 1965; Id., *Heilsverständnis*, Friburgo 1967; Id., *Dal Nulla al Mistero assoluto*, Casale Monferrato 1985 (orig. 1978); K. Rahner, *Hörer des Wortes*, Friburgo 1973; D. Braine, *The Reality of Time and the Existence of God*, Oxford 1988.

GILLES LANE

II. Transcendental

O conceito de "teologia transcendental" está ligado de maneira especial ao nome de K. Rahner, mas seu uso não é unívoco. Com ele entende-se geralmente o fato de que, na teologia, se utiliza a filosofia transcendental de Kant ou alguns de seus elementos essenciais. Isto pressupõe que ao sistema do filósofo de Königsberg se reconheça uma compatibilidade pelo menos parcial com a reflexão teológica e que seu sistema não seja considerado totalmente oposto ao cristianismo. Por isso, não podemos aqui ocupar-nos de maneira detalhada do debate, especialmente entre pensadores e teólogos católicos, mas também entre magistério eclesiástico e filosofia kantiana, pois até agora esta não é compreendida de maneira suficiente e motivada. Todavia, tal aprofundamento não é necessário de modo absoluto, na medida em que a teologia transcendental não está subordinada à filosofia transcendental, pois afinal ela tem fundamentos teológicos próprios e se serve da filosofia transcendental da mesma forma que a teologia patrística se servia de um certo platonismo e a escolástica de um certo aristotelismo. Ainda que a problemática de tal "servir-se" seja claramente consciente, justamente a partir de Kant, também é verdade que, onde quer que haja atividade do pensamento, entram em jogo dados e métodos filosóficos.

Em conexão com a questão da "disciplina teológica fundamental" (cf. STh VI 149-167), K. Rahner, em 1964, constatou que a "nova teologia fundamental" devia ser, em grande extensão, "transcendental"; ou seja, devia refletir sobre as condições de possibilidade, no sujeito crente, de realizar os conteúdos da fé para poder expor mais claramente a correspondência entre a essência formal da revelação em geral e seu "conteúdo" cristão. Sob este aspecto, para a teologia transcendental não se trataria somente da questão genérica das condições de possibilidade da verdade cristã e de sua aceitação na fé. Esta perspectiva estaria, antes, orientada *a priori* para o homem. Ela estaria assim ligada à mudança ou orientação antropocêntrica, naturalmente de maneira alguma em oposição ao fato de que Deus mesmo é e permanece o ponto de partida e o centro da revelação e da teologia. Tomado a sério, trata-se somente do *pro nobis* do agir divino, com base no qual e em cujo horizonte Deus se torna acessível e conhecido ao homem. Esse aspecto da transmissão da revelação sem dúvida foi objeto de pouca atenção e por isso foi por muito tempo desconhecido e subvalorizado em sua natureza e importância. Por isso entende-se a forte ênfase que foi colocada sobre ele na teologia mais recente, quando nos encontramos novamente diante dele e de sua problemática. Não se pode negar que o interesse pela filosofia transcendental de Kant favoreceu esta redescoberta. Mas também contribuiu para que bem cedo tivéssemos diversas formulações e acentuações de teologia transcendental, que às vezes tinham pouco em comum e até se opunham entre si.

Entrando no mérito da questão, toda autêntica teologia é de fato transcendental, pois deve falar de Deus e precisamente com a linguagem do homem, de sorte que, em cada caso, direta ou indiretamente, remete para além do espaço imediato do viver, do agir, do pensar. Com isso amplia espontaneamente o horizonte natural do problema do homem e afirma a possibilidade do → sobrenatural. Esta asserção traduz a situação do homem que não está fechado em si nem se pode bastar a si mesmo. Uma análise acurada de tal situação faz entender que o homem está naturalmente ordenado a certas relacionalidades, sem que se possa de algum modo determinar *a priori* sua forma precisa. Isto depende, não em último lugar, do fato de que seu fator determinante não se encontra nem se pode encontrar no homem. Por isso, este, em linha de princípio, deve regular-se de modo tal que se relacione com algo maior do que ele e não vice-versa. Todavia, trata-se de autêntica correspondência relacional, ainda que sua realidade e sua especificação venham de outros.

Esta impostação fundamental para a compreensão da teologia transcendental exige uma nova determinação, tomada a sério pelo menos como possibilidade, da relação entre sujeito e objeto, tal como era sem dúvida conhecida pela filosofia antiga. No conhecimento humano pode existir uma realidade objetiva (*Objekt*), que é tratada como objeto (*Gegenstand*) e, desta maneira, está à disposição do conhecimento, mas que, na realidade, está totalmente subtraído a tal dependência, pois é a origem de toda determinação e disposição. Aparece ao mesmo tempo à compreensão humana como um objeto intramundano, embora já pelo modo de aparecer anuncie ao homem um direito que, segundo sua natureza, lhe cabe realmente e o convida a uma *conversio*. Em outras palavras: a teologia transcendental exige, como um dos primeiros passos, uma nova orientação do teólogo, no sentido de que este deve perceber e aceitar, por um lado, a diferença entre seu conhecimento e sua tomada de posição e, por outro, seu lugar e seu papel na realidade.

A teologia transcendental apresenta-se, portanto, como um método que envolve quem a utiliza; trata-se de um determinado modo de levar adiante a problemática e a reflexão teológica, derivado do fato de que a mensagem do cristianismo se dirige ao homem e o provoca, ou seja, quer obter alguma coisa dele. A proposta refere-se ao homem de maneira tal que, sem esta orientação, não seria uma mensagem cristã. Todavia, tal atitude de fundo penetra no homem somente na medida em que ele mesmo consente nas exigências e nas provocações do Evangelho, se deixa interpelar por ele e põe, assim, em ação potencialidades que estão presentes também nele: ouvir, compreender, consentir etc. É difícil dizer até onde estas possibilidades são dadas com antecipação, independentemente de tudo, ou até onde são dadas junto com o chamado (→ *potentia oboedientialis*), já que o homem só pode tornar-se consciente delas na atualização prática, em que já cooperam sempre Deus e o homem. Justamente esta colaboração sublinha o estado do homem necessariamente orientado para a transcendência, na medida em que tal estrutura é ativa, como se pode demonstrar, mesmo lá onde é negada expressa e tematicamente.

A teologia transcendental não pode nem quer ser *a* teologia, mas um momento da mesma, pois a fé determina sempre, histórica e concretamente, toda a existência. Toda *analysis fidei* realiza-se também de maneira teológico-transcendental e, por isso, diz respeito à verdade cristã e a todas as diversas verdades da fé, de sorte que se pode colocar a questão de seu significado para os artigos tradicionais da fé, sua compreensão, seu aprofundamento e sua exposição. Tal aplicação conteudística tem uma importância que varia de verdade para verdade, mas, em todo caso, manifesta a interligação dos mistérios e recorda que a plena compreensão do Evangelho exige irrenunciavelmente uma visão contextual de suas afirmações. Desta forma, impede-se a tendência ao isolamento que, em relação às verdades reveladas, tem uma influência deformante e alternante. Similarmente, o caráter teológico-transcendental da reflexão orienta-se contra uma concepção estática e por demais legalista da revelação, mostrando que se trata de um processo vital que se subtrai continuamente à intervenção de fixação, sem por isso perder precisão e força.

Justamente por isso a reflexão teológico-transcendental revela de novo o caráter missionário do cristianismo e oferece uma visão da natureza do processo de convencimento e de persuasão, isto é, do testemunho, que atinge seu significado, estimulando para um ulterior testemunho. Nisto a mensagem supera-se a si mesma e conserva sua estrutura fundamental também de tipo conteudístico e temático. Num mundo que se unifica sempre mais e que não conhece mais nenhum país em que não seja conhecida de alguma forma a mensagem cristã ou em que esta não possa ser conhecida facilmente, não é mais suficiente uma atividade missionária apresentada de modo apenas espaçogeográfico, em razão do qual resultaria: transcendência = expansão. O exemplo mostra como essencialmente se desenvolvem e mudam as categorias dos conceitos, coisa que pode acontecer consciente e responsavelmente só com a ajuda de um pensamento que é e deve ser teológico-transcendental, se não quisermos fazê-lo depender de reflexões que, por sua natureza, não têm nada a ver com a fé e a teologia.

A teologia transcendental diz respeito, portanto, aos pressupostos e ao início da própria reflexão sobre a fé. Ela permite redescobrir e sublinhar, no fenômeno global do cristianismo, aqueles aspectos que até agora não encontraram uma atenção particular e que, por causa das circunstâncias, também não deviam encontrar, mas que, no contexto atual, precisam ser considerados com tanto maior urgência, se a revelação de Jesus Cristo, segundo o Evangelho, tiver que atingir também os homens do nosso tempo. Ela revela-se como um instrumento hoje necessário para uma justificação responsável da fé e para cujo uso valem sem dúvida regras particulares.

Antes de tudo, impõe-se chamar a atenção para a peculiar forma indireta da reflexão teológico-transcendental sobre a fé. A obra de K. Rahner é, quanto a isto, um exemplo claro. Desta forma indireta demonstra-se uma vez mais a situação do homem que não pode dispor nem de Deus nem de sua relação com Ele, mas que, não obstante isto, toma posição sobre a fé e assim, de um modo que lhe é próprio, reconhece Deus como seu Redentor e Senhor. Este Deus mostra-se a ele com um rosto humano, na figura de Jesus Cristo, de sorte que não por acaso as questões da cristologia eram e continuam sendo o centro da clarificação e da discussão em torno da teologia transcendental. Sob todos os aspectos, coloca-se aqui o problema da condição de possibilidade, de maneira que a cristologia exige com vigor a reflexão teológico-transcendental, ainda que isto não precise necessariamente acontecer de modo concreto, como explicou K. Rahner.

Inevitavelmente, porém, nesta reflexão impõe-se também o problema do acesso teológico-fundamental em sua referência à síntese dogmática da verdade cristológica, isto é, segundo a autonomia necessária e legítima das disciplinas, precisamente em sua conexão insuprimível. Aqui, porém, ele se torna consciente, pois a teologia transcendental já tem prontos os elementos de uma solução motivada.

Bibl. – K. Rahner, "Teologia trascendentale", em SM VIII, 347-353; Id., "Dio, automediazione (comunicazione) di", em SM III, 96-101; Id., *Curso fundamental da fé*, São Paulo 1989; P. Rousselot, *Gli occhi della fede*, Milão 1977; L.B. Puntel, "Zu den Begriffen 'transzendental' und 'kategorial' bei Karl Rahner", em *Wagnis Theologie*, H. Vorgrimler (ed.), Friburgo i. Br. 1979,189-198; F.-J. Niemann, *Jesus als Glaubensgrund in der Fundamentaltheologie der Neuzeit*, Innsbruck 1983, 375-421; E.G. Farrugia, *Aussage und Zusage*, Roma 1985, espec. 198-215.

KARL H. NEUFELD

III. Narrativa

A expressão "teologia narrativa" constitui um lema programático que, embora tendo algum precedente na obra de → K. Barth e de outros, se impôs na linguagem teológica somente a partir dos anos de 1970, por obra de estudiosos como o linguista H. Weinrich, e teólogos como J.B. Metz, L. Wachinger, B. Wacker, C. Molari, J. Navone, sem falar daqueles que, como L. Boff ou E. Schillebeeckx, mais do que tratar de teologia narrativa, direcionaram seus estudos, em âmbito sacramental e cristológico, para uma perspectiva fundamentalmente narrativa.

1. A "NARRAÇÃO" EM TEOLOGIA – Dizer "teologia narrativa" não significa simplesmente fazer referência a uma teologia composta de relatos, mas recuperar uma forma de fazer teologia que se coloque em escuta constante da narração originária do evento de Jesus de Nazaré e o retransmita de modo narrativo (*parádosis*); portanto, uma teologia especializada na análise das narrações salvíficas e de sua reapresentação nos dias de hoje e empenhada em manter viva a memória narrativa da comunidade eclesial.

A este respeito é preciso reconhecer que é ainda longa a caminhada que a reflexão teológica está empenhada em realizar; no momento, a teologia apresenta-se, antes, despreparada diante do problema da narração. O teólogo que se adentra neste campo tem a nítida impressão de mover-se num ambiente para ele em grande parte novo e estranho a sua *forma mentis*.

a. *Natureza do "narrar"* – A narração pertence ao gênero literário do → "testemunho"; nela, o narrador tende a passar para o segundo plano, para deixar falarem os fatos e/ou os protagonistas. No relato, não são tanto as argumentações lógicas que têm um papel de primeiro plano, mas, antes, a sequência dos acontecimentos, com as experiências reevocadas, as descrições e as conclusões que daí advêm. O tempo passado (ou aoristo) torna-se um presente e é esta contínua atualidade que transforma a narração como que num evento significativo em ação. O verdadeiro narrador é aquele que faz reviver no hoje os fatos que relata, como que refazendo a história e "recriando-a" para seus interlocutores. Isto supõe um envolvimento real do narrador enquanto narra, sob pena de reduzir-se apenas a um frio ou mecânico repetidor de algo que não lhe pertence, incapaz de restituir força vital ao relato.

b. *Eficácia da narração* – Se a narração for efetivamente tal, ela é capaz de fazer os ouvintes participarem dos fatos contados e/ou da experiência evocada. O efeito do relato pode ser de tipo emotivo, de simples curiosidade, de cossofrimento ou de natureza propositiva, provocatória ou interpelatória, mas ele não deixará de ocorrer, ainda que seja apenas o de uma recusa do que é narrado. Diante de uma narração, é como se os sujeitos se encontrassem em presença de um símbolo que chama a atualizar a força vital que se exprimiu na história. A recordação do passado transforma-se em centelha de outras recordações, em força que ativa a felicidade (ou a dor) de um amor vivido (ou perdido), em experiência que permite reordenar acontecimentos que pareciam esquecidos e dar-lhes um sentido novo. Quando a recordação do passado diz respeito a fatos históricos, que operaram mudanças decisivas, sua narração torna-se como que um renascer, uma renovação do compromisso assumido anteriormente, até o ponto de apresentar-se às vezes como uma "recordação cheia de risco", que implica a consciência de uma história a realizar, mesmo pagando pessoalmente o preço.

c. *Verdade da narração* – O problema da verdade da narração deve ser enfrentado e resolvido no respeito ao gênero literário que lhe é próprio. Uma coisa é um relato que assenta sua verdade sobre fatos realmente acontecidos, outra coisa é uma narração manifestamente fictícia, como uma alegoria ou uma metáfora, cuja verdade reside essencialmente no que com ela se quer comunicar. A percepção da verdade de uma narração implica em todo caso pelo menos duas condições prévias: o discernimento do tipo de relato (histórico, simbólico, mitológico) e a identificação de sua finalidade específica. (Que é que o narrador tenciona dizer?) Sem a verificação destas duas condições não é possível determinar a verdade (ou a mensagem) do relato. Toda narração traz consigo um caráter *heurístico*, mas exige ser compreendida corretamente.

2. RAZÕES DE UMA "TEOLOGIA NARRATIVA" – A necessidade de uma "teologia narrativa", além de derivar da redescoberta do valor semântico do "mito" e das evoluções mais recentes da filosofia da linguagem, deriva também de uma nova tomada de consciência do caráter narrativo da revelação judaico-cristã. Se é verdade que a linguagem bíblica comporta três formas essenciais de expressão (a *narratio*, a *appellatio* e a *argumentatio*), é igualmente verdade que a narrativa permanece a forma básica, além de mais comum, que fundamentalmente determina também as duas outras.

a. *De Jesus ao querigma e à catequese* – Os evangelhos apresentam Jesus como um "narrador de histórias". A comunidade das origens, que confessa a fé no Ressuscitado, caracteriza-se como uma comunidade que *narra* os fatos acontecidos. A fé é o convite a colocar-se no seguimento de Jesus de Nazaré, o Narrador narrado pela comunidade, que se reúne para celebrar a memória de sua páscoa e anunciá-la a todos. O querigma é anúncio de eventos e de experiências vividas, feito por quem "viu e ouviu" e, portanto, pode narrar como testemunha o evento do Cristo e os fatos de sua vida terrestre, desde o nascimento até à morte de cruz e às aparições pascais. A proclamação "Ele ressuscitou. Nós somos as testemunhas disto!", coração da fé da Igreja Apostólica, é uma narração. A catequese, que se desenvolve sobre este núcleo, assume, por sua vez, uma forma prevalentemente narrativa, como aparece nos evangelhos que a ecoam em sua estrutura global e nas diversas unidades literárias. As reflexões teológicas subsequentes (como as de Paulo e de João) estão, também elas, enraizadas em fatos de Jesus de Nazaré e no relato transmitido pela comunidade, ainda que desenvolvendo suas implicações doutrinais e morais.

b. *A fé como "homologia" narrada* – A fé, tal como se exprimiu especialmente nos símbolos, conserva uma estrutura essencialmente narrativa: proclama-se, narrando-a, a história trinitária da salvação, a história que tem origem no Pai, criador do céu e da terra, realiza-se na missão do Filho e nos mistérios de sua vida, e se desdobra no Espírito difundido sobre a Igreja e sobre o mundo, na expectativa da parusia final. O símbolo da fé é a *homologia* narrativa da Igreja, uma proclamação que se traduz na tríplice figura de palavra anunciada-celebrada-vivida; uma proclamação que é em si mesma um testemunho a ser contado e um apelo à fé, com o qual a comunidade eclesial se reconhece e se "diz" ao mundo. Todo o percurso da fé é caracterizado, aliás, pela escuta de um anúncio que se faz "memória" e se transmite na Igreja, de geração em geração, de maneira intacta e sempre nova.

c. *Uma "nova inocência" narrativa* – O esforço dos teólogos que invocam a teologia narrativa direciona-se a redescobrir de que modo a teologia pode reencontrar hoje sua inocência narrativa, sem anular os resultados da investigação histórico-crítica e as exigências de uma hermenêutica sadia. Os novos avanços da exegese, ao contrário do que se havia pensado num primeiro momento, não acabaram com a riqueza originária do narrar bíblico-evangélico; pelo contrário, tornaram-no utilizável de um modo mais verdadeiro e correto. Naturalmente isto exige que se passe de uma inocência narrativa mais ou menos "ingênua" para uma "segunda inocência", capaz de levar em conta as instâncias de uma exegese atenta, mas sem nunca esquecer que a palavra revelada é uma palavra viva, uma pergunta que interpela o homem de cada época e lugar, uma "memória" que nunca é um acontecimento neutro, mas sempre "uma memória subversiva", capaz de quebrar o círculo de toda falsa consciência e de empenhar todo "ouvinte da palavra" na opção decisiva da fé.

3. TEOLOGIA NARRATIVA E TEOLOGIA SISTEMÁTICA – Em que relação se coloca a teologia narrativa com a teologia sistemática?

a. *O modelo "neoescolástico" de teologia* – O primeiro aspecto a ser apontado é a crítica que a teologia narrativa dirige ao modelo neoescolástico de teologia, acusado de ter assumido um caráter exclusivamente argumentativo, de sorte que a função da teologia acabou consistindo quase só em deduzir, das teses dogmáticas anteriormente estabelecidas, conclusões doutrinais implícitas ou virtuais. Em consequência, a "memória" da revelação bíblica ficou confinada apenas às verdades a serem afirmadas. Assim se explica, por exemplo, que a manualística moderna tenha acabado omitindo o capítulo relativo aos mistérios da vida de Cristo, que, ao contrário, em Santo Tomás, mantinha um lugar de grande relevo. Considerações análogas poderiam ser feitas no tocante à teologia trinitária, à teologia da Igreja e dos sacramentos e a boa parte dos campos do "saber teológico". O empobrecimento da teologia moderna dependeu em grande parte da perda de sua capacidade de narrar a fé em termos de história de salvação (*oikonomía*) e de "eventos e palavras indissoluvelmente interligados" (DV 2), descurando a carga heurística escondida nesta forma de anúncio. Antes de argumentar, será preciso voltar a motivar a fé com a narração da história de Jesus de Nazaré e a singularidade dos eventos de sua existência terrena. O teólogo é antes de tudo o narrador de Jesus, o Senhor, e uma testemunha de sua Páscoa.

b. *Teologia narrativa e teologia argumentativa* – Isto não quer dizer que a "teologia narrativa" deva ser oposta à "teologia argumentativa"; significa somente que o narrar deve ser acolhido como uma dimensão constitutiva do trabalho teológico. Se a teologia narra, é para levar a refletir teologicamente sobre os conteúdos de sua narração, desenvolvendo suas implicações e organizando-as numa visão unitária e articulada o máximo possível. O defeito da teologia argumentativa não era o de argumentar, mas o de partir de ou limitar-se exclusivamente a argumentar, acabando por negligenciar o fato de que a fé se estrutura antes de tudo como uma revelação que se fez história, em que evento e palavra são constitutivos de uma narração a ser testemunhada enquanto tal, evitando reduzi-la apenas a um sistema de verdades abstratas ou de asserções a serem demonstradas.

c. *Ciência histórica e teologia narrativa* – Portanto, a teologia narrativa argumenta, mas de maneira diferente da teologia estritamente sistemática. Se esta última conduz a convicções, no quadro da concatenação lógica de princípios dogmáticos e conclusões, a teologia narrativa quer induzir a afirmações de fé, mostrando a verdade que transparece dos fatos contados ou da narração destes fatos na fé da Igreja. É evidente que tal modo de fazer teologia supõe uma ligação íntima entre ciência histórica, Teologia Fundamental e história do dogma. Não basta dizer: "Jesus ressuscitou", é preciso poder narrar que "Jesus ressuscitou *de verdade*!"; somente assim o anúncio dos cristãos fica isento do perigo do subjetivismo ou do arbítrio e é capaz de "dar contas da esperança que está em nós" (1Pd 3,15). A crítica histórico-textual não somente não se opõe à teologia narrativa, mas é indispensável para a determinação da relação que subsiste entre "história narrante" e "história narrada" e para a concomitante verificação teológica da verdade, encerrada no relato da fé transmitido pela Igreja.

d. *Teologia narrativa e "teologia prática"* – Um último aspecto a sublinhar é o nexo que se coloca entre teologia narrativa e "teologia prática", entendida esta em sua acepção mais ampla, desde a teologia moral até as teologias da práxis, desde a teologia pastoral até a catequese. Contrariamente ao que se poderia pensar, a teologia narrativa tem uma conotação profundamente "prática". Com efeito, a narração coloca em jogo a experiência do interlocutor, envolvendo-o pessoalmente como primeira pessoa, ainda que a título ou em nível diferente. O relato tende à comunicação e a comunicação supõe uma resposta, um encontro ou um diálogo em que os interlocutores são "tomados" como atores daquilo que se dizem ou revivem na "memória" atualizante daquilo que é narrado. Sob este aspecto, a narração tem uma valência *performativa*, que não é exagerado qualificar como "sacramental". Nesta perspectiva, compreende-se a relação inseparável que existe na fé da Igreja entre "palavra" e "sacramento", como macrossinais de narrações salvíficas, que se autoimplicam uma no outro. Quando, por exemplo, na anamnese eucarística dizemos: "Na noite em que foi traído...", nós nos inserimos numa narração e operamos no registro de uma narração que se faz ao mesmo tempo palavra proclamada e evento sacramental que atualiza o que se recorda, fá-lo reviver no hoje da assembleia celebrante e abre para o futuro, comprometendo a atualizar na história o "mistério" posto em ato pela Igreja.

4. FIGURAS APLICATIVAS DA TEOLOGIA NARRATIVA – No contexto do que dissemos, compreende-se a variedade e a multiplicidade das formas com as quais a teologia narrativa é aplicada aos vários campos do saber teológico. Efetivamente, ela aparece referida, embora com acentuações diferentes, à história das religiões e à Teologia Fundamental, à teologia bíblica, à cristologia, à teologia sacramentária e à teologia litúrgica, à teologia moral e à teologia espiritual, à antropologia teológica, à teologia política, à teologia pastoral e à catequese. Pode-se discutir sobre algumas destas aplicações ou sobre o modo como são desenvolvidas; todavia, é inquestionável seu significado para a redescoberta de um modo de "dizer Deus" e o evento da salvação em termos de anúncio vivo para os homens de nossa época e de cada época.

Bibl. – H. Weinrich, "Teologia narrativa", em *Conc.* 5 (1973) 569-579; Id., *Narrative Theologie?*, Munique 1977; J.B. Metz, "Pequena apologia da narração", em *Con.* 5 (1973) 580-592; C. Molari, "Natura e ragioni di una teologia narrativa", editorial a B. Wacker, *Teologia narrativa*, Brescia 1981, 5-29; J. Navone, "Teologia narrativa: una rassegna delle sue applicazioni", em RdT 5 (1985) 401-423; Id. (ed.), *Teologia narrativa*, Roma 1988.

CARLO ROCCHETTA

IV. Política

A teologia política é uma das principais correntes teológicas que se desenvolveram nos anos de 1960; constitui fundamentalmente um fenômeno europeu, mas está intimamente ligada a outros movimentos similares, como a teologia negra nos Estados Unidos, e a teologia da libertação na América Latina. Entre as personalidades de relevo ligadas a este movimento figuram o teólogo católico J.B. Metz e o teólogo protestante J. Moltmann.

Em seu livro *An Alternative Vision. An Interpretation of Liberation Theology* (Nova York, 1985), R. Haight observa que normalmente uma primeira distinção entre teologia política e teologia da libertação se faz de um ponto de vista geográfico, já que a teologia política está restrita ao Hemisfério Norte, ao passo que a teologia da libertação floresceu no Hemisfério Sul. Mas, prescindindo disto, sustenta-se comumente que a teologia política aprofunda suas raízes na tradição do agnosticismo filosófico kantiano. A problemática religiosa do Primeiro Mundo está ligada à questão da secularização: que lugar tem a fé, num mundo em que a Palavra "Deus" é cada vez mais destituída de significado? Por outro lado, a América Latina é visivelmente religiosa. Lá, Marx é o principal interlocutor do diálogo e o problema predominante é o da injustiça social.

Mas Haight prossegue sustentando que, na realidade, uma problemática semelhante une a teologia política e a da libertação, a saber, o modo como a crise pós-iluminista considera o significado da história. O Iluminismo, com sua recusa de uma revelação sobrenatural e da visão cristã da história, reduziu a razão a instrumento de solução de problemas. Cada vez mais o homem tem procurado resolver todas as questões humanas na base da razão tecnológica. Mas permaneceu não esclarecido o fim último para o qual deveria ter sido orientada a libertação do homem. Além disso, o Iluminismo fez uma rigorosa distinção entre a razão, que era uma realidade pública, e a religião, que era um fato privado, de sorte que cada indivíduo tinha de procurar criar o seu próprio significado. No século XX, uma série de guerras mundiais, de campos de concentração, de experiências de genocídio, a desproporção da distribuição dos bens entre os países do Primeiro Mundo e os do Terceiro Mundo e a ameaça do holocausto nuclear tornou cada vez mais radical a crise a propósito do significado da história. Como a fé cristã pôde responder a essa crise? A questão é se o cristianismo pode constituir um discurso público válido, se tem algo de concreto a oferecer ao homem, aprisionado na aparente falta de significado da existência histórico-social, ou se, ao contrário, a fé cristã é apenas uma outra versão do transcendentalismo e até ópio para o povo. Desse modo, o problema da credibilidade da fé, pelo fato de estar ligado à crise do significado da história, constitui a ligação entre a teologia política e a teologia da libertação.

Como já foi assinalado, a teologia política só pode ser compreendida no contexto do Iluminismo. Em certo sentido, o Iluminismo põe fim à teologia política ou, pelo menos, a seu modelo predominante. O Iluminismo, ao mostrar o horror das guerras de religião, pedia uma nítida separação entre religião e política. A religião foi reduzida à esfera privada. No lugar da religião, o Iluminismo ofereceu a salvação através do uso da razão humana. Todavia, a crítica atual ao Iluminismo mostrou que não existe a razão pura. Os filósofos Iluministas, ao proporem o culto à deusa razão, na realidade estavam oferecendo a libertação somente aos burgueses. A volta ao sujeito, proclamada pelo Iluminismo, foi na realidade a expressão de um rígido individualismo e conduziu ao sistema capitalista dos nossos modernos Estados industrializados ocidentais.

A crítica atual ao Iluminismo procura mostrar que toda a razão já é razão histórica. O Iluminismo é criticado por ter excluído os aspectos negativos da história, por não ter lido a história do ponto de vista das vítimas e dos oprimidos. A leitura iluminista da história não foi de modo algum neutra. Pensadores como Marcuse, Horkheimer e Adorno pediram um uso histórico crítico da razão, que mostre até o fundo a dimensão negativa da história e que do negativo tire estímulos para novas possibilidades de libertação. Como observa Marcuse: "A memória do passado pode permitir que se chegue a compreensões perigosas e a sociedade estabelecida parece temer o conteúdo subversivo da memória" (citado por Moltmann, *The Experiment Hope.* Filadélfia, 1975, 103).

Outro fator importante no desenvolvimento da teologia política é constituído pela apropriação da compreensão que Marx teve a respeito da relação entre teoria e práxis. Marx já havia criticado a ideia iluminista que achava existir a pura razão. A filosofia contemporânea, desenvolvendo esta linha de pensamento, entendeu em sentido dialético a relação entre teoria e práxis. A teoria provém da práxis e é modificada pela práxis de modo circular. Por práxis não se entende a realidade irrefletida, mas uma ação inspirada e tornada consciente de si mesma pela teoria. Poder-se-ia definir práxis como qualquer atividade humana que tenha o poder de transformar a realidade e de torná-la mais humana; neste contexto, a fé cristã não é vista antes de tudo como uma teoria, mas como uma práxis. O cristianismo é um estilo de vida, um modo de ser no mundo. Não é uma ideia, mas sim um processo de humanização e de libertação. Crer em Cristo é um modo de ser e de agir no mundo, é uma participação no próprio movimento da história. Através de tal participação, o êxito do movimento já é transformado.

Estas reflexões gerais, que constituem o pano de fundo da compreensão do significado da teologia política, tornar-se-ão mais concretas quando examinarmos as posições representativas de Moltmann e de Metz.

A primeira teologia de Moltmann foi descrita de maneira popular como teologia da esperança. Em seu primeiro período, foi fortemente influenciada pela teologia neo-ortodoxa de → K. Barth. A ênfase era colocada na escatologia e o Evangelho era lido como uma esperança escatológica numa nova criação para além das vicissitudes de nosso sofrimento presente. Embora a teologia de Moltmann fosse desde o início orientada para o futuro e contivesse um elemento marxista, já que seu interlocutor foi o filósofo marxista E. Bloch, a ênfase era colocada no futuro totalmente diferente e tinha pouca relevância o nexo entre presente e futuro.

Mas tudo isso mudou no começo dos anos de 1970, quando Moltmann começou a dialogar com Horkheimer e com Adorno e se orientou para uma teologia da cruz e, na realidade, para uma teologia política do crucificado.

Moltmann notou que também na Antiguidade a teologia possuía uma dimensão política indubitável. Um dos sinais distintivos da civilização romana foi a ligação entre o bem-estar do Estado e o culto dos deuses. Os sacrifícios aos deuses garantiam o bem-estar do Estado. Quando, mais tarde, Constantino criou o Império Cristão, adotando a religião cristã, fundamentalmente batizou a religião política dos romanos. Esta ideia foi predominante na Idade Média católica e até no protestantismo clássico, uma vez que, sem o suporte dos príncipes, o protestantismo nunca teria podido sobreviver. Embora o Iluminismo tivesse rompido radicalmente com este modelo, Moltmann sustenta que seus efeitos são ainda percebidos nas modernas religiões civis, como demonstram os nacionalismos do século XIX. Ainda que não seja desejável voltar ao modelo pré-iluminista de religião política, Moltmann pensa que não podemos contentar-nos com uma visão individualista da religião, segundo a qual a fé consistiria puramente na proclamação do senhorio de um Deus santo nos corações individuais (Harnack). Portanto, Moltmann pede um novo modelo de teologia política, que denomina modelo da correspondência. Neste modelo, procura-se criar uma ligação entre o *éschaton*, o futuro último do mundo, e as realidades penúltimas, aqui e agora. Moltmann admite que não é possível criar uma ponte das realidades penúltimas para as últimas. Só Deus pode realizar seu Reino:

cabe a nós criar antecipações do futuro último, procurar fazer de nosso mundo atual um sinal sacramental de sua presença. Embora só se possa fazer isto de maneira fragmentária, é possível criar parábolas do Reino.

O centro do projeto de Moltmann é o Cristo crucificado. Como primeira coisa, Moltmann observa que não podemos despolitizar a cruz de Cristo. Jesus foi condenado como um revolucionário político e como uma ameaça para o Estado. Embora Jesus não fosse um zelota, sua mensagem de fidelidade absoluta exclusivamente ao Reino de Deus constituiu, na realidade, uma ameaça em relação à soberania de todos os sistemas políticos. Além disso, o fato de, na ressurreição, Deus ter manifestado claramente a si mesmo em união com o Cristo ressuscitado indica que Deus está do lado dos pobres, dos abandonados e dos marginalizados, com os quais Cristo se identificou. A ressurreição do Cristo crucificado coloca todo homem e toda mulher diante de uma escolha: Cristo ou César. Em outras palavras, a identificação de Deus com o Cristo crucificado revelou que o caminho de Deus não é o do poder, da relação patrão-escravo. Deus revelou-se como amor sofredor, como um Deus que tomou partido pelos pobres e pelos miseráveis da terra. Moltmann exprime este seu pensamento assim: "O Deus crucificado é, de fato, um Deus sem Estado e sem classes. Nem por isso é um Deus apolítico: é o Deus dos pobres, dos oprimidos e dos humilhados. O poder de um Cristo crucificado politicamente só pode afirmar-se com a libertação das formas de poder baseadas no descompromisso e na apatia e das religiões políticas que a estabilizam" (*Il Dio Crocifisso*, Bréscia, 1973). Ou então: "Para aqueles que reconhecem o Cristo de Deus no crucificado, a glória de Deus não mais refulge nas coroas dos poderosos, mas somente no rosto do Filho do Homem torturado" (*The Experiment Hope*, Filadélfia, 1975, 111).

Assim, unindo a dialética negativa de Horkheimer e de Adorno com a teologia da cruz, Moltmann é capaz de criar uma nova hermêutica para a teologia política. O crente de hoje não tem medo de olhar as experiências negativas de sofrimento, morte, falta de significado e abandono da parte de Deus. Reconhece que a história do mundo tem sido história de violência e que o mundo está maculado pelos corpos das vítimas desta violência. Mas, ao mesmo tempo, este elemento negativo suscita no homem o desejo religioso do totalmente Outro, do reino de justiça em que o assassino não triunfa mais sobre sua vítima e em que os mortos são ressuscitados. Na base exclusivamente da dialética negativa, tal desejo seria pura nostalgia de uma utopia impossível, mas, na base da identificação de Deus com o sofrimento do mundo no Cristo crucificado, tal sofrimento estimula o cristão a criar aquelas correspondências a suas esperanças de um futuro último, que começam a transformar nosso mundo, a torná-lo sacramental, tornando ao mesmo tempo crível o Evangelho cristão da esperança.

Referindo-nos agora à teologia de J.B. Metz, podemos notar imediatamente que sua teologia apresenta um desenvolvimento notável nos anos subsequentes ao Concílio Vaticano II. Sua primeira obra foi escrita sob a influência determinante de → K. Rahner. Metz procurou aprofundar o enfoque transcendental de Rahner e seguiu seu mestre, desenvolvendo a volta kantiana para o sujeito na direção de uma antropocentricidade cristã (cf. *Antropocentrismo cristiano*, Roma, 1968). Contudo, pelos meados da década de 1960, Metz começou a criticar o enfoque de Rahner, que considerou excessivamente individualista. Procurou, pois, compreender o homem como um ser social e histórico. Todavia pôde-se notar uma mudança significativa no sentido do termo "horizonte". Para Rahner, Deus é o horizonte infinito implícito em cada ato de conhecimento e de vontade. Metz mantém a noção de horizonte, mas fala do horizonte último como do absoluto futuro. Assim, em diálogo com o marxismo, o pensamento de Metz é conspicuamente mais escatológico do que o de Rahner. O Evangelho da ressurreição proclama o absoluto futuro do mundo. Este futuro, porém, não é puramente estranho, mas dá-nos um critério por meio do qual julgar e criticar a presente realidade social.

Por isso, a teologia de Metz é mais orientada para a cruz do que a de Rahner. Viu-se acima que a fé cristã é uma forma de práxis. Esta práxis tem sua origem na história que o Evangelho proclama. Vemos aqui novamente que Metz recusa a ideia iluminista de uma pura razão separada. A fé cristã não se embasa numa ideia, mas na história de Jesus e sua cruz. E a história de Jesus é a história da identificação de Deus com os pobres. É a história da promessa de liberdade. Como acontece para muitas outras histórias, também esta se conclui com o assassinato do libertador. Mas a ressurreição proclama que esta história não é uma tragédia, porque Deus ressuscitou Jesus da morte. Ele está vivo e leva sua mensagem de libertação às vítimas que sofrem pelas injustiças de hoje. O cristão recorda então o passado em vista do presente e do futuro. A memória do passado torna-se ela mesma um princípio de crítica do presente à luz do futuro prometido. Neste sentido Metz fala de uma "memória perigosa" ou de uma "memória orientada escatologicamente".

Além da memória e da narração, Metz introduz um terceiro princípio hermenêutico. As modernas culturas pós-iluministas, dominadas por um pensamento racional-instrumental, estão baseadas no princípio da troca. Na realidade, isto significa: "Eu me ocuparei com seus interesses, se você olhar pelos meus". É claro que tal base para a sociedade na realidade é uma forma de egoísmo recíproco. Exclui-se o mandamento cristão do amor. Um fundamento cristão da sociedade deve, antes, estar baseado na solidariedade, isto é, nas necessidades do outro. Esta solidariedade estende-se a todas as vítimas da injustiça e rejeita a visão evolucionista do progresso, segundo a qual os indivíduos podem ser sacrificados ao progresso em marcha através da tecnologia. A solidariedade amplia-se abrangendo até os mortos. Metz concordaria com Horkheimer quanto ao fato de que, se o desejo do totalmente Outro não deve ser uma fuga da realidade negativa das vítimas mortas pela opressão passada, tal desejo deve incluir a esperança de sua ressurreição e até a de sua reconciliação com os assassinos.

Considerando as implicações eclesiológicas da teologia política, Metz sustenta que a missão da Igreja consiste em manter viva a perigosa memória de Jesus e em criticar as instituições existentes à luz de seu futuro. Metz reconhece que as relações da Igreja com a política devem ser indiretas. A Igreja como tal não deve ter um programa político, nem deve identificar-se com um partido político. Fazer isso significaria correr o risco de cair na ideologia. A Igreja tem antes uma função profética na sociedade: a de criticar as injustiças que existem, à luz do Reino que Jesus pregou. Naturalmente, segundo esta perspectiva escatológica, a Igreja deveria alinhar-se mais facilmente com os movimentos revolucionários de libertação, antes do que com os de restauração conservadora. A Igreja está do lado do poder do futuro, não do lado do *status quo*. Ao mesmo tempo, como comunidade profética, a credibilidade própria da Igreja depende de sua vontade de criticar a si mesma como instituição e de deixar que a perigosa memória de Jesus seja a luz que determina sua práxis e seu estilo de vida.

Bibl. – J.B. Metz, *Sulla teologia del mondo*, Brescia 1969; Id., *A fé em história e sociedade*, São Paulo 1986; J. Moltmann, *Religione, rivoluzione e futuro*, Brescia 1971; Id., *Il Dio Crocifisso*, Brescia 1973; Id., *L'Esperimento Speranza*, Brescia 1976.

JOHN O'DONNELL

V. Da libertação

1. UM MODO NOVO DE FAZER TEOLOGIA – A teologia da libertação (TL) recebeu impulso da Segunda Conferência Geral do Episcopado Latino-americano, ocorrida em Medellín, na Colômbia, em 1968, com o título "A Igreja na transformação atual da América Latina à luz do concílio". Tratava-se de aplicar ao imenso continente latino-americano, que constitui quase a metade do mundo católico, a nova consciência que a Igreja havia adquirido de si mesma no Concílio Vaticano II e sua vontade de abertura ao mundo e aos problemas da humanidade. Medellín fez isso com uma coragem exemplar, oferecendo à prática pastoral da Igreja perspectivas novas. A conferência fê-lo também com realismo, falando da situação concreta de um continente que, a despeito das conhecidas diferenças entre um país e outro, apresenta alguns traços comuns que o definem: antiga colonização e influência secular de um cristianismo importado do Ocidente; subdesenvolvimento e profundas desigualdades sociais; pobreza desumanizante das massas; regimes políticos opressivos e dependência econômica de um poderoso vizinho do Norte. Medellín tomou partido a favor da mudança social e da reforma política, condenou o neocolonialismo externo, comprometeu-se a favor dos pobres com uma opção preferencial, definiu os critérios de uma orientação pastoral popular. A conferência influenciou, assim, profundamente, o processo que iria desembocar no desenvolvimento de um novo projeto teológico de dimensões continentais.

A primeira discussão sistemática deste novo projeto teológico é constituída pelo livro de G. Gutiérrez *Teología de la liberación* (1971), esboçado pelo autor num artigo publicado dois anos antes. A partir daí a nova teologia se espalhará rapidamente e sua produção literária logo se tornará muito ampla. Ao desenvolver-se, vai sem dúvida adquirir formas diferentes. Com efeito, puderam-se distinguir "duas teologias da libertação" (J.L. Segundo) na América Latina: uma primeira, ainda elitista, difundida sobretudo nos ambientes universitários, e uma outra, que se desenvolveu entre o povo e a partir dele, mais empenhada numa revalorização da cultura tradicional e, sobretudo, da religião popular (→ Religião, V). Devemos também levar em conta o fato de que a teologia da libertação sairá rapidamente do continente latino-americano para difundir-se nos outros continentes do Terceiro Mundo, nos quais se desenvolverá progressivamente com modelos próprios, africanos e asiáticos. Estender-se-á também no Ocidente a diversas minorias oprimidas, como os negros dos Estados Unidos e as promotoras do movimento feminista.

Apesar desses diversos modelos e características próprias da reflexão teológica de cada um dos grandes protagonistas, a TL nem por isso aparece como uma teologia menos nova e original. A despeito das inegáveis influências recebidas da teologia ocidental – já que a maior parte dos teólogos da libertação fizeram uma parte importante de seus estudos na Europa – a TL se distingue vigorosamente e com pleno direito. Ela se afirma não só diferente, mas em contradição com a teologia ocidental, mesmo "progressista", que se desenvolve do lado oposto da sociedade e a partir de uma situação histórica diferente. A TL latino-americana faz-se "a partir do lado de baixo da história", isto é, ao lado do povo oprimido e no coração de seu processo histórico. Não é um exercício acadêmico que teria como interlocutor o "não crente" a ser levado à fé; ela se faz a partir das massas oprimidas, das "não pessoas" (G. Gutiérrez), que constituem um povo crente, engajado num processo de libertação humana. A própria "teologia política" europeia não escapa a suas críticas, na medida em que é elaborada sob uma ótica e num contexto diferentes e não atinge a realidade social do Terceiro Mundo.

A TL representa, portanto, uma via teológica original. Não se trata de uma forma nova da teologia que deveria estender-se a um *objeto* ou a um *tema* novo (teologias "do genitivo"). Não se insere na linha das diversas teologias como as *das* realidades terrestres, da esperança, da política, da revolução, da secularização... "A TL não propõe tanto um novo tema de reflexão, mas, antes, num *novo modo de fazer teologia*" (G. Gutiérrez). Ela é um "horizonte" (L. Boff) diferente; uma "atitude de espírito ou um estilo peculiar de pensar a fé" (Cl. Boff) em função de uma situação histórica. Trata-se prioritariamente de "libertar a própria teologia" (J.L. Segundo) de seu lugar social elitista e de seu caráter acadêmico, para um envolvimento num processo hermenêutico e crítico, numa conjuntura histórica, a partir de uma prática libertadora. Ela pode definir-se como "uma reflexão crítica que parte de uma prática libertadora à luz da fé" (G. Gutiérrez).

2. AS COORDENADAS DA TEOLOGIA DA LIBERTAÇÃO – a. *Lugar e sujeito da teologia da libertação.* O lugar teológico da TL é o povo das massas oprimidas, os "pobres": trata-se das classes populares economicamente fracas, objeto de discriminação social e cujas condições infra-humanas de vida são devidas a estruturas injustas da sociedade. Não basta ajudar economicamente estes pobres com uma ação "caritativa" que os mantenha em estado de dependência e até reforce as estruturas que os

oprimem. Tampouco pode bastar dar-lhes acesso a um hipotético "desenvolvimento" com uma ação reformista aleatória, mantendo de fato as estruturas de um sistema injusto global. Com efeito, a "ruptura epistemológica" ocorrida na década de 1960 demonstrou ser inadequada a teoria do desenvolvimento: o subdesenvolvimento de uns está em função do desenvolvimento dos outros; a problemática do desenvolvimento, na realidade, acaba aumentando o fosso entre os que vivem em bem-estar e os deserdados. Trata-se, portanto, de abrir a estes o acesso a uma autêntica libertação humana; mais exatamente, de torná-los capazes de se libertarem a si mesmos, conforme exige sua dignidade humana. Somente uma estratégia de libertação, capaz de mudar as condições sociais e de levar a mudanças estruturais, pode ajudar os pobres a saírem de sua situação de opressão. Tal estratégia é acionada pela TL.

Destinados a serem os artífices de sua libertação, os pobres são também o sujeito da teologia que sustenta e promove tal libertação. A TL é teologia do povo, antes de ser teologia com e para o povo. Isto não significa que o teólogo profissional não tenha nela nenhuma função a cumprir, mas tal função é de acompanhamento. Consiste em ajudar os pobres a articularem por si mesmos sua reflexão sobre uma prática libertadora à luz da revelação. Isto significa também a identificação com os pobres, que se exige de todo teólogo profissional que pretenda ser teólogo da libertação. Não basta ele apoiar a causa dos pobres; deve estar intimamente associado a sua vida, compartilhando seu projeto e sua ação. Deve fazer-se pobre com os pobres até sentir-se um deles; somente então será levado a articular uma reflexão teológica que parta do lugar teológico dos pobres.

b. *Práxis e ato teológico.* A TL não é uma teologia dedutiva que partiria de princípios doutrinais abstratos para, em seguida, aplicá-los, num segundo tempo, à realidade concreta. Pelo contrário, quer ser indutiva, passando da realidade vivida para a reflexão, de uma prática libertadora para o ato teológico. Isto significa que a práxis libertadora vivida na fé é seu primeiro ato, ao passo que a elaboração vem em segundo lugar. Poder-se-ia aplicar a definição anselmiana da teologia como *fides quaerens intellectum*, porém sublinhando que a fé primária não é uma fé abstrata, mas essencialmente comprometida numa práxis libertadora e, portanto, contextual e militante. Esta fé prática, ou melhor, esta práxis de fé, tem por objetivo mudar a realidade, transformar as relações humanas de dependência e de domínio em vista de uma libertação humana integral. O ato teológico que segue daí levará o compromisso da práxis libertadora à consciência reflexiva; medirá esta práxis à luz da palavra revelada e da mensagem evangélica, buscando ali a inspiração para um novo compromisso. "A TL quer, portanto, ser uma reflexão crítica sobre uma práxis humana... à luz da práxis de Jesus e das exigências da fé" (L. Boff).

Indutiva e contextual, enquanto é parte do real vivido e se deixa interpelar pela realidade histórica que, em seguida, procura iluminar à luz da revelação, a TL é também uma teologia hermenêutica. Parte de um contexto concreto, em que a Igreja dos pobres vive sua fé, para interpretá-la a partir da mensagem evangélica. A teologia hermenêutica foi definida como "um novo ato interpretativo do evento Jesus Cristo, à base de uma correlação crítica entre a experiência cristã fundamental, testemunhada pela tradição, e a experiência humana de hoje" (C. Geffré). A nova interpretação da mensagem cristã nasce "desta circularidade entre a leitura de fé dos textos fundantes que testemunham a experiência cristã originária e a existência cristã de hoje" (C. Geffré). A existência cristã de hoje é em toda parte condicionada pelo contexto histórico em que vive com seus componentes culturais, sociais, políticos e religiosos. A teologia hermenêutica consistirá, portanto, num ir e vir progressivo e contínuo, entre a experiência contextual atual e o testemunho da experiência fundante que a tradição registra. Este contínuo ir e vir entre contexto e texto, entre presente e passado, é o que se entende por "círculo hermenêutico". Na realidade, não se trata de circularidade entre dois membros, mas de uma triangularidade e da mútua interação dos três ângulos: o texto ou o dado da fé, o contexto histórico e o intérprete de hoje; ou, ainda, a memória cristã, a história em gênese e a comunidade eclesial ou a Igreja local.

Esta descrição da teologia hermenêutica e de seu método aplica-se perfeitamente à TL, desde que se identifiquem corretamente os três componentes do triângulo: o contexto histórico é a situação maciça de opressão e de pobreza desumanizante das massas trabalhadoras; o intérprete é este mesmo povo, empenhado numa práxis libertadora em vista de sua libertação integral; o dado da fé será prioritariamente a ação libertadora do Deus de Israel e a práxis libertadora do Jesus histórico.

c. *Três mediações.* A TL tenta articular uma leitura da realidade que parta dos pobres e esteja em vista de sua libertação. Para fazer isso, "ela utiliza as ciências humanas e sociais, põe em ação uma mediação teológica e chama para uma ação pastoral em favor dos oprimidos" (L. Boff). A elaboração da TL pode, pois, ser dividida em três etapas que correspondem aos três tempos sucessivos que habitualmente se distinguem no trabalho pastoral: ver, julgar, agir. É assim que é preciso compreender as três "mediações" ou as três etapas que servem como instrumentos para o processo teológico: a mediação socioanalítica ou histérico-analítica, que consiste em procurar as causas da situação opressiva dos pobres; a mediação hermenêutica, que discerne o plano de Deus em relação aos pobres e aos oprimidos; a mediação prática, que busca descobrir as linhas de ação a serem seguidas para vencer a opressão de acordo com o plano divino. Precisamos percorrê-las rapidamente.

A TL deve começar informando-se sobre as condições reais dos pobres, sobre as formas de opressão e sobre seus motivos. Esta análise social e histórica faz parte do próprio processo teológico de que ela constitui uma etapa indispensável. Tal análise leva a uma explicação "dialética" da pobreza e da opressão: a pobreza é o produto histórico de um sistema econômico e social que explora uma classe em benefício de outra. É um fenômeno coletivo e conflitual que só pode ser vencido substituindo um sistema social injusto por um outro, ou seja, com uma transformação profunda das próprias bases do sistema econômico e social.

Será a análise social operada pela TL semelhante à análise marxista, ou se distingue claramente dela? Sem identificar-se exclusivamente com a análise marxista, a TL não receia fazer uso dela como de um instrumento, enquanto este for capaz de esclarecer as situações de pobreza e suas causas estruturais. Mas se, por um lado, declaram usar livre e criticamente a análise marxista, por outro os teólogos da libertação recusam a imputação que lhes é feita de caírem na ideologia marxista, isto é, de endossarem o materialismo dialético. Sem dúvida, tencionam tomar emprestadas do → marxismo algumas "indicações metodológicas" úteis para a análise, como a importância do fator econômico, a atenção à luta de classe, ao poder mistificador das ideologias, incluída aí a religiosa, mas tencionam manter uma atitude decididamente crítica em relação ao marxismo como ideologia materialista e ateia. Permanece o problema do instável equilíbrio entre a adoção da análise marxista, de um lado, e a recusa da sua ideologia, do outro.

A segunda etapa do trabalho teológico – a segunda mediação – é a mediação hermenêutica. Uma vez reconhecida a situação de opressão e seus mecanismos, coloca-se o problema: Que tem a dizer a Palavra de Deus? O discurso torna-se então formalmente teológico: trata-se de ver o processo de opressão/libertação à luz da fé. Para fazer isto, a TL põe em prática uma "hermenêutica da libertação", isto é, uma maneira nova de ler a Bíblia a partir de uma situação vivida de opressão. Esta leitura baseia-se nos grandes temas do AT e do NT que a ela se referem e a ela se prestam: Deus libertador do povo oprimido, os direitos dos pobres e as exigências da justiça nos profetas; o anúncio de um mundo novo; o Reino de Deus para os pobres; a ação libertadora de Jesus e seu aspecto político; a missão da Igreja, que dá continuidade a tal ação.

Esta leitura é fiel à mensagem fundante da revelação; todavia, sua interpretação contextual descobre nela um sentido novo. Para compreendê-lo, é preciso entender a revelação divina no sentido da totalidade das relações pessoais estabelecidas por Deus com a humanidade através da história e portanto como ainda atuantes hoje no interior da própria história de libertação e de salvação vivida por cada povo. Isso permite à hermenêutica da libertação interpretar os textos fundantes a partir de uma situação vivida e de uma práxis libertária, descobrindo ali a "reserva de sentido" (J.S. Croatto) que a presente conjuntura faz ressaltar. Dessa maneira, a Palavra de Deus conserva na dialética entre texto e contexto seu caráter soberano próprio, enquanto se atualiza no próprio contexto. O sentido fundante do texto está em função do sentido prático: "o importante não é tanto interpretar o texto da Escritura, mas, antes, interpretar a vida 'segundo a Escritura'" (Cl. e L. Boff). A hermenêutica da libertação procura, portanto, libertar a energia transformadora do texto bíblico no atual contexto de opressão; para este fim, salienta o contexto social a que historicamente a palavra fundante se refere, sobretudo o contexto de opressão em que Jesus viveu e o contexto político de sua morte na cruz.

A terceira mediação a que a TL recorre é a mediação prática. Assim como encontrava seu ponto de partida na ação (práxis libertadora), a TL retorna e reconduz ainda à ação. Ela visa resultados práticos e tangíveis, em termos não somente de conversão pessoal, mas também de mudanças estruturais. Com efeito, no contexto da injustiça e da opressão a que estão reduzidos os "deserdados da terra", não basta que a fé "seja também política; ela tem que ser, antes de tudo, política" (Cl. e L. Boff). A TL conduz, portanto, à ação pastoral em prol da justiça, à conversão e à transformação da sociedade. Sua estratégia evangélica privilegia os métodos não violentos, como o diálogo, a persuasão, a pressão moral, a resistência passiva etc., recorrendo à força física somente em última instância.

Resumindo, podemos dizer que a TL se constrói sobre a opção fundamental pelos pobres e sobre a práxis libertadora, de um lado, e, do outro, sobre a articulação recíproca das três mediações: socioanalítica, bíblico-hermenêutica e prático-pastoral.

3. TEMAS-CHAVE DA TEOLOGIA DA LIBERTAÇÃO – Podemos apenas assinalar brevemente alguns deles, no tocante a Deus, a Jesus Cristo e à Igreja.

a. *O Deus da Bíblia é Pai dos oprimidos* – O Deus da TL é o Deus do êxodo e dos profetas. Como atesta o livro do *Êxodo*, Deus ouve o grito dos oprimidos e decide libertá-los. Toma o partido dos pobres e é parcial em relação a eles; tal parcialidade baseia-se na justiça a que todos têm direito e que deve ser assegurada antes de qualquer coisa àqueles a quem é recusada. Deus faz justiça aos pobres e é adorado com atos de justiça. É um Deus libertador: a libertação dos israelitas da escravidão no Egito é um evento político que conduz à experiência religiosa de uma libertação integral, também do pecado e da morte. Deus é assim o Deus da história e não de uma especulação metafísica. Revela-se através da história e da instauração, no mundo, de seu reino escatológico. É na história que se encontra Deus, quando se participa de sua ação libertadora. A verdadeira alternativa no tocante a Deus não é aquela entre fé e ateísmo, mas entre fé e idolatria: é a escolha entre o Deus libertador dos pobres na história e as ideias que os homens se fazem de Deus e que refletem um universo social dominado por forças que escravizam. Tais forças são os ídolos criados por mão humana, para oprimir os pobres – ídolos que precisam ser destruídos.

No que concerne à → Trindade do Deus cristão, a TL vê nela o símbolo e o paradigma de uma sociedade humana e de uma comunidade eclesial de comunhão, de participação e de igualdade. Ela sublinha, portanto, que a unidade de modo algum antecede em Deus à pluralidade das pessoas. É preciso rejeitar todo conceito de monarquia do Pai no sentido de uma subordinação das outras duas pessoas; esta teoria de "dependência", assim como a de um monoteísmo antecedente, pode servir como justificação para regimes políticos unitários ou para uma Igreja rigorosamente hierarquizada. É preciso sustentar um Deus que é, Ele mesmo, exclusivamente comunhão de pessoas, como garantidor de uma sociedade igualitária e de uma Igreja fraterna.

b. *Jesus libertador* – Curiosamente, no início a TL foi acusada de não ter fundamento cristológico. Posteriormente, esta lacuna foi abundantemente preenchida, já que a cristologia tem estado – tinha que estar – no centro da reflexão e da produção literária. Quais são as principais características da cristologia da libertação?

Antes de tudo, trata-se de uma volta maciça ao Jesus da história, a quem se faz sempre referência. Isto não é o específico da TL, e tampouco esta deu origem a tal volta a Jesus de Nazaré. A exegese histórico-crítica pós-bultmanniana reencontrou a segurança de poder pelo menos redescobrir o personagem histórico em sua fisionomia original essencial, se não a segurança de poder escrever uma biografia de Jesus, através das testemunhas do NT. Isto explica por que as cristologias ocidentais recentes, estão, também elas, marcadas por uma volta maciça ao Jesus da história. Isto não impede que a TL tenha suas razões para reclamá-lo prioritariamente para si, de resto seguindo a exegese histórico-crítica: com efeito, é o Jesus da história, e não, antes de tudo, o Cristo da fé apostólica, que serve de referencial para uma práxis libertadora, também em função de suas ações e de sua mensagem, de suas opções e de suas escolhas e, finalmente, da dimensão política de sua missão e de sua morte.

Não basta, portanto, afirmar a humanidade autêntica ou completa de Jesus "consubstancial" à nossa; tampouco basta insistir em sua identificação com a condição histórica concreta da humanidade. Trata-se antes de buscar sua história de homem, já que é através desta que Deus traz à humanidade a libertação e a salvação. "A história da salvação é salvação da história" (J. Sobrino). Trata-se também de seguir Jesus em sua práxis libertadora. A caminhada no seguimento de Jesus, o "ser discípulos" – que não é simples imitação – são indispensáveis a um conhecimento de Cristo que não seja apenas nocional, mas real.

O Reino de Deus está no centro da ação e da pregação de Jesus. É Deus que instaura este Reino na história através da vida e da ação libertadora de Jesus, assim como faz depois com sua morte ressuscitando-o. A TL dedica-se, portanto, a revelar a ligação entre o Reino de Deus que se instaura e as ações e as atitudes de Jesus. O Reino é dirigido prioritariamente aos pobres; está em ação no ministério de cura de Jesus e nos exorcismos, em suas escolhas e em suas opções, em suas atitudes em relação ao poder constituído, tanto religioso como político, de seu tempo. A TL salienta em especial o aspecto político da ação de Jesus e sobretudo da morte na cruz. As pretensões messiâncias de Jesus levam-no à condenação à morte, como subversivo da ordem constituída e revolucionário político.

Não se deve cair no erro de pensar que a identidade pessoal de Jesus como filho de Deus seja deixada em silêncio ou negligenciada. A cristologia da libertação é decididamente uma cristologia "de baixo"; isto não impede que professe – no final de uma caminhada orgânica – a fé da Igreja na condição divina do Filho de Deus, embora enuncie algumas críticas em relação às formulações dogmáticas tradicionais do mistério cristológico. Mas ela procura descobrir na história humana do Filho de Deus o projeto que Deus realiza nele, de uma libertação integral da humanidade. Não existe ruptura entre o → Jesus da história e o Cristo da fé, embora → a ortopráxis preceda à → ortodoxia.

É na morte na cruz e na ressurreição – ápice da história de Jesus – que se revela perfeitamente quem é Jesus e seu modo de sê-lo; e, também, quem é Deus e como Jesus é Deus. A fé diz respeito à ressurreição, mas foi o crucificado que ressuscitou. É preciso, portanto, dar toda a importância ao mistério da cruz em sua realidade histórica, interpretando-o à luz da vida de Jesus. Jesus aparece numa situação de conflito em relação à figura de Deus. A imagem que Jesus transmite deste é a de um Deus que liberta, opondo-se aos poderes opressores. Por isso foi condenado como blasfemo e agitador político. O político e o religioso estão aqui unidos: Jesus estava em contradição com a concepção dominante de ambos. No que tange à ressurreição, ela manifesta o poder do amor de Deus que existia em Jesus e sela sua ação libertadora.

c. *A Igreja, sinal e instrumento de libertação humana integral* – O modelo eclesiológico de base da TL é o do "povo de Deus", desenvolvido pelo Concílio Vaticano II no capítulo II da *Lumen Gentium*: é dentro da realidade eclesial fundamental da comunhão de todos os membros que devem ser pensados e organizados os diversos mistérios e funções. De resto, a missão da Igreja deve ser vista em sua totalidade: a evangelização compreende, como parte integrante, a promoção da justiça e a libertação integral do homem; ela é "evangelização libertadora". Isto significa que os próprios pobres são a Igreja; aliás, a Igreja inteira deve tornar-se pobre, Igreja dos pobres.

Assim desenvolveu-se uma vasta rede de "Comunidades Eclesiais de Base", de composição quase sempre popular, que cobrem virtualmente todas as regiões da América Latina. Estas comunidades privilegiam relações pessoais de comunhão e de serviço; em seu interior desenvolve-se uma variedade de ministérios leigos. A Igreja torna-se assim o povo de Deus em caminhada, uma comunidade de comunidades, organizadas em vista da ação para uma evangelização integral. É de primordial importância que estas comunidades mantenham com a Igreja institucional e com os seus pastores os vínculos necessários.

A partir das comunidades de base, formou-se a ideia da "igreja popular" ou da "igreja que nasce do povo". Esta ideia deve ser usada com reservas, na medida em que pareceria indicar que a Igreja tira sua origem apenas dos recursos do povo, quando se sabe que ela é reunida por Deus e por sua Palavra, através do ministério apostólico. Todavia, o que ela quer dizer é que a Igreja é antes de tudo a "igreja dos pobres", que constituem o povo de Deus na base e no centro. Além disso, para ser fiel ao Deus de Jesus Cristo, a Igreja deve tomar consciência de si mesma partindo dos pobres e dos oprimidos e tornar-se pobre com eles, para participar de sua libertação. O povo do qual falamos não remete para as categorias marxistas do proletariado e da luta de classe. Aqui, trata-se de um "novo modo de ser Igreja", para que ela seja hoje verdadeiramente "sacramento histórico de libertação" (J. Sobrino), descentrada de si mesma para estar centrada no mestre e no Reino de Deus que se instaura entre os pobres.

4. A TEOLOGIA DA LIBERTAÇÃO E O RECENTE MAGISTÉRIO CENTRAL – A Congregação para a Doutrina da Fé

dedicou duas "Instruções" recentes à TL. A primeira intitula-se "Instrução sobre alguns aspectos da 'Teologia da Libertação'" (1984); a segunda tem por título "Instrução sobre a liberdade cristã e a libertação" (1986). Estas duas instruções devem ser consideradas como um conjunto só; com efeito, completam-se mutuamente. Não é possível analisar aqui as questões levantadas, de ordem metodológica, dogmática e ética; muito menos podemos fazer um balanço do debate atual para demonstrar quais são os temas sobre os quais parece ter-se conseguido um acordo, ou, pelo contrário, aqueles sobre os quais o acordo ainda está longe de ser conseguido. De maneira geral, pode-se dizer que, enquanto a primeira Instrução atrai a atenção – de modo negativo, mas sem referências a nenhum teólogo em particular – sobre possíveis perigos e posições insustentáveis, a segunda desenvolve, de maneira positiva, mas sem uma ligação visível com a TL, o conceito cristão da liberdade e uma teologia da salvação e da libertação. Entre as preocupações do magistério romano no debate atual sobre a igreja dos pobres e a TL, figuram de maneira prevalente: a necessidade de um método adequado de análise social, não exclusivamente ancorado numa análise marxista deformada por uma ideologia; o conceito de ortopráxis em sua relação com a ortodoxia. Todavia, a preocupação dominante é a de defender a dimensão transcendente do mistério cristão, contra todo perigo de reduzir a salvação à dimensão horizontal de uma libertação humana ou a comunhão eclesial a um projeto histórico imanente.

Bibl. – *G.* Gutiérrez, *Teologia da libertação*, Petrópolis [6]1989; Id., *A força histórica dos pobres*, Petrópolis, [2]1984; J. van Nieuwenhove, *Les théologies de la libération latino-américaines*, Paris 1974; Id., *Jésus et la libération en Amérique Latine*, Paris 1986; E. Dussel-G. Gutiérrez-J.L. Segundo, *Les luttes de libération bousculent la théologie*, Paris 1975; H. Assmann, *Practical Theology of Liberation*, Londres 1975; J.M. Bonino, *Fare teologia in una situazione rivoluzionaria*, Brescia 1976; J.L. Segundo, *Libertação da Teologia*, São Paulo 1978; Id., *Teología de la liberación. Respuesta al Cardenal Ratzinger*, Madri 1987; S. Galilea, *Teologia da libertação: Ensaio de síntese*, São Paulo 1979; E. Dussel, *Histoire et théologie de la libération en Amérique Latine*, Paris 1977; Id., *Histoire et théologie de la libération: Perspectives*, Bruxelles 1981; L. Boff, *Teologia do cativeiro e da libertação*, São Paulo 1986; P. Richard, *Morte das cristandades e nascimento da Igreja*, São Paulo 1982; Cl. e L. Boff, *Da libertação: O teológico das libertações sócio-históricas*, Petrópolis 1979; Id., *Como fazer teologia da libertação*, [6]1993; Congregação para a Doutrina da Fé, *Instrução sobre alguns aspectos da "Teologia da Libertação"* (1984); Id., *Instrução sobre a liberdade cristã e a libertação* (1986); J.B. Libânio, *Fé e Política*, São Paulo 1985; Vários autores, *Théologie de la libération. Documents et débats*, Paris 1985; D.W. Fern, *Third World Liberation Théologies: An Introductory Survey*, Nova York 1986; Id., *Third World Liberation Theologies.* A Reader, Nova York 1986; R. Gibellini, *Il dibattito sulla teologia delia liberazione*, Brescia 1986.

JACQUES DUPUIS

VI. Em contexto

A reflexão sobre o estatuto epistemológico da teologia é uma das tarefas da Teologia Fundamental; no âmbito de tal reflexão, coloca-se também o problema da contextualidade da própria teologia. Nenhum texto teológico – nem mesmo um discurso bem abstrato-especulativo sobre uma verdade eterna – está isolado da realidade da situação do teólogo e do contexto concreto em que o discurso é feito; sob este aspecto, a linguagem teológica, embora tenha um estatuto epistemológico próprio, em razão do seu objeto, não tem uma posição privilegiada ou excepcional.

DADOS HISTÓRICOS: A EXIGÊNCIA DE UMA "CONTEXTUALIZAÇÃO" LEVA A UMA NOVA TOMADA DE CONSCIÊNCIA DO PROBLEMA DA CONTEXTUALIDADE – Entre os católicos, a exigência *explícita* de uma contextualização da *teologia como ciência* foi expressa, pela primeira vez, em 1955, por um grupo de padres provenientes da África e do Haiti. Anteriormente, já se podiam verificar na África algumas concretizações desta perspectiva no campo da liturgia e da práxis pastoral, e – a serviço da teologia – no âmbito da filosofia (o célebre Pl. Tempels, com seu "Filosofia Bantu" de 1944). Entre os protestantes, as tentativas de uma teologia contextualizada podem ser verificadas já antes da Segunda Guerra Mundial, especialmente na Índia. Para o uso do *termo* "contextualização", todavia, há que esperar o começo dos anos 1970 (um primeiro título: D.J. Elwood-P.L. Magdamo, *Christ in Philippine Context*, Quezon City, 1971); especialmente depois do congresso teológico de Dar es Salaam, de 1976, que desemboca na fundação da *Ecumenical Association of Third World Theologians*, seu uso se torna bem comum. No momento da introdução do termo "contextualização", o próprio fenômeno conhece já um desenvolvimento tal que precisa ser diversificado em diferentes níveis.

Para todos eles, o termo "contextualização" mantém o mesmo significado fundamental: trata-se de um esforço intencional e reflexo de fazer teologia em e para um determinado contexto; esforço que, além disso, é empreendido por aqueles que pertencem a tal contexto, usando seus recursos intelectuais, religiosos e espirituais. O aspecto da intencionalidade e da reflexão constitui a nota característica diante dos esforços anteriores para chegar a uma inserção no contexto em todas as suas dimensões sociais, culturais, políticas, econômicas e religiosas. Tais esforços estão presentes desde o início da existência da própria Igreja.

Deixando de lado a discussão, ainda em curso, sobre as possíveis divisões, subdivisões, classificações e modelos, indicamos como primeiro tipo – porque cronologicamente tem a primazia – o representado pela exigência inicial de uma "Teologia Africana" e frequentemente indicado com o termo "Indigenização" (que ainda provoca algumas contestações). Procura-se, dessa maneira, fazer do cristianismo uma religião indígena de uma determinada sociedade e, por isto, capaz de criar um diálogo entre o sistema de pensamento do contexto em que se coloca e a mensagem cristã. Poderíamos distinguir dois modelos no interior deste tipo: a *transferência* e a *inculturação.*

A transferência consiste em integrar alguns elementos tradicionais da cultura na práxis eclesial, particularmente na liturgia e na catequese. Dessa maneira, pretende-se justificar a presença, no contexto particular, de uma práxis eclesial que faz suas características e seus conteúdos peculiares remontarem a um outro contexto que os gerou, mas que, ao longo dos séculos, os transmitiu como codificados. Para a teologia, mais diretamente, a supraculturalidade da revelação poderia favorecer este procedimento. A → inculturação usa uma hermenêutica numa base bem diferente: a própria cultura e – sob a inspiração de *Ad Gentes*, do Vaticano II – também a própria religião indígena são consideradas já como valores relevantes, que podem enriquecer a interpretação da revelação e fazer descobrir nesta dimensões novas. Além disso, leva-se em maior consideração a pergunta sobre a qualidade reveladora das religiões não cristãs. O dogma da unicidade de Cristo, como revelador e salvador, não exclui um aprofundamento desta temática. O conceito de revelação inclui – em algumas destas teologias – o fato de estar escondida nos diversos contextos culturais.

Teologias contextualizadas deste tipo surgem, além de na África, também em várias nações asiáticas, como a Índia, as Filipinas etc., nas quais se nota mormente a abertura para as grandes religiões do Oriente.

Em nível de contextualização, que se funda em *a prioris* que tendem ao diálogo com as diversas culturas, é possível verificar a presença desta teologia contextualizada também na Europa. O → pluralismo teológico, que veio a se formar a partir do Vaticano II, é a consequência de um pluralismo dos diferentes referenciais filosóficos com os quais a teologia costuma entrar em diálogo. O exemplo mais conhecido, neste período, é o de → K. Rahner, que *intencionalmente* se propõe fazer uma releitura do tomismo em chave transcendental.

Outro tipo de teologia contextualizada – identificável pelos meados da década de 1960 – é o socioeconômico. Segundo este modelo, não se quer somente tornar a mensagem cristã aceitável num contexto específico, mas quer-se mudar o próprio contexto, já que determinado por uma situação de opressão política, de exploração econômica e de discriminação racial. Tal mudança – política, econômica e social – é querida em obediência à mensagem cristã, sob sua inspiração e com sua ajuda. Aqui, uma teologia contextualizada leva a uma hermenêutica em função de um programa de libertação. O método torna-se indutivo: o ponto de partida é a experiência concreta que, como realidade histórica, suscita constantes interrogações; a revelação, lida como a ininterrupta ação de Deus na história, é interrogada sob uma ótica específica, na esperança de encontrar luz para interpretar a situação concreta e de poder mudá-la para melhor.

A forma mais conhecida e de maior impacto é a teologia da libertação. Ela nasce do ambiente eclesial da América Latina, pelo final da década de 1960. Preparada diretamente pelo Vaticano II, recebe o impulso decisivo na Assembleia da Conferência Episcopal da América Latina, em Medellín, em 1968. No mesmo ano, G. Gutiérrez dedica uma conferência ao tema da teologia da libertação; o tema volta a encontrar-se numa publicação sua, de 1971, e posteriormente em seu célebre livro *Teología de la Liberación*, de 1971. O programa visa a libertação dos povos oprimidos e explorados, na consciência de que a mensagem cristã de salvação implica e exige também uma libertação "social" e que a mesma mensagem pode contribuir com sua inspiração e sua luz para tal libertação.

A TL é precedida, no tempo e como inspiração, pela *teologia política*, nascida no ambiente acadêmico alemão, nos anos de 1960. Os primeiros representantes são J.B. Metz (seus primeiros estudos são escritos em 1961), J. Moltmann (com seu importante *Theologie der Hoffnung*, de 1964) e D. Sölle. No contexto de uma sociedade determinada por uma cultura burguesa, esta teologia assume a dimensão escatológica da revelação. O ponto central é a compreensão de que o Reino de Deus não pode ser reduzido nem à esfera individual nem exclusivamente a sua expectativa na parusia. A teologia política, insistindo na *memória* do evento pascal, tem como programa orientar os crentes para uma práxis de esperança e de amor, ou seja, para expressões de liberdade e de justiça, particularmente em sua dimensão social. A força escatológica, para usarmos uma expressão de J.B. Metz, "desprivatiza" o agir do crente, inserindo-o no horizonte mais amplo que é justamente o compromisso pela construção da *polis*. Todavia, a "reserva escatológica", o fato de estarmos sempre à espera da volta gloriosa do Senhor, exclui toda identificação do Reino com qualquer estrutura social concreta; o olhar deve sempre ir além de todo absoluto que o homem pudesse criar, portanto, para além de toda possível ideologia. A teologia política não oferece um programa político próprio; entende-se, antes, como uma função, com o objetivo de suscitar no cristão uma atitude crítica diante da sociedade que o rodeia. No pensamento desses autores, a teologia política não deveria ser uma teologia autônoma independente, mas, antes, uma função que engloba e determina toda reflexão teológica.

Num contexto diferente, o do ambiente eclesial dos negros protestantes dos Estados Unidos nos anos de 1960, origina-se a *teologia negra*. A militância radical contra a discriminação (*Poder negro*), nos meados da década, impulsiona a uma reflexão teológica, que se impõe com a publicação de J. Cone, *Black Theology and Black Power*, em 1969. O programa é o de combater a discriminação racial, contestando também sua justificação bíblica; quer-se, além disso, levar a população negra à consciência de que a salvação e a libertação trazidas por Cristo devem também incluir o fim da discriminação e trazer a promoção integral dos negros. Numa palavra, tenta-se erradicar a típica mentalidade de resignação. Algumas formas desta teologia proclamam que a salvação cristã vem especialmente para os negros.

É novamente o contexto especial dos Estados Unidos, com sua tradição democrática dinâmica – mas evidentemente não completa – que vê surgir a *teologia feminista*, nos anos de 1960. Preparada por algumas publicações, seu verdadeiro começo talvez ocorra no livro de Mary Daly, *The Church and the Second Sex*, de 1968. O programa desta teologia é a emancipação da mulher das ideologias e das formas sutis de discriminação e de opressão que existem a despeito do sistema democrático. Combate-se sobretudo a justificação de tal discriminação, enquanto baseada em argumentações tomadas da Bíblia e da tradição; seu objetivo principal é o esforço no sentido da revisão de uma imagem de Deus excessivamente machista. Além disso, procura-se tirar todas as consequências para a vida da Igreja; de modo especial, o dedo é apontado contra a discriminação da mulher nas diversas expressões eclesiais, entre as quais a de excluí-las da ordenação presbiteral.

Uma nova fase para a contextualização da teologia começa quando o "programa" de uma teologia contextualizada específica é adotado num contexto diferente. Teremos assim uma teologia negra aplicada (e com grande urgência) na África do Sul; uma teologia feminista que, depois de ter encontrado um eco fácil na Europa (para uma cultura semelhante, mas não igual à dos Estados Unidos), já está presente, com objetivos diferentes, no Terceiro Mundo; uma teologia da libertação (objeto de atenção em duas Instruções da Congregação para a Fé – de 1984 e 1986 – as quais, embora rejeitando alguns de seus aspectos, acolhem outros) é a mais susceptível de difusão: não somente na América Latina, mas também alhures, as massas estão em estado de pobreza e miséria degradantes, e de todos os lados urge uma libertação completa (do homem inteiro e de todos os homens) de estruturas econômicas, político-sociais e religiosas que oprimem. Além disso, existem as diversas formas de discriminação, sobretudo de minorias. Para muitas regiões e para grupos diversos nota-se o surgimento de outras tantas "Teologias da Libertação".

OBSERVAÇÕES SISTEMÁTICAS: A CONTEXTUALIDADE COMO PREMISSA E PROBLEMA, COMO RISCO E RIQUEZA – A exigência da contextualização da teologia nasce sob a provocação de uma situação missionária. Com efeito, a "teologia dos missionários" – por motivos práticos pode ser chamada de "europeia", ou, se quisermos, "atlântica", de modo a incluir os Estados Unidos e o Canadá e, de modo remoto, a Austrália e a Nova Zelândia – embora tendo a pretensão de universalidade, era fortemente condicionada por um contexto diferente em que surgia e se formava o conteúdo a ser transmitido. E, efetivamente: embora não sendo, normalmente, uma teologia contextualizada, a teologia europeia é contextual. Embora seguindo um método dedutivo (seja ele dogmático, partindo das definições conciliares e decisões magisteriais, seja ele genético, tomando como ponto de partida o dado bíblico e a subsequente reflexão patrística, escolástica e moderna) e não o indutivo, como as novas teologias contextualizadas, a opção por tal método é igualmente condicionada por um contexto específico; uma indução antecede sempre – ainda que inconscientemente – o caminho da dedução.

A exigência da contextualização revela um ulterior aspecto: a teologia europeia tem sido, por vezes, uma forma ideológica, no quadro da colonização, da exploração do "Terceiro Mundo". Urge um exame da relação entre a reflexão teológica e os problemas político-sociais também no "Primeiro Mundo".

A característica programática das teologias contextualizadas chama mais facilmente a atenção para o fato de que a teologia europeia "tradicional" não era – e continua não sendo – menos programática: ela desempenha uma função pela continuação, purificação e propagação da vida eclesial em suas múltiplas dimensões; a divisão entre os cristãos dava muitas vezes à eclesialidade da teologia tradicional uma ênfase confessional.

Para a teologia "europeia", coloca-se, entrementes, o problema de que seu programa tradicional poderia não mais ser suficiente: o contexto mudou por causa da secularização e do crescente indiferentismo religioso, que deságua até no → agnosticismo. Contextualização, portanto, não significaria encontro somente com outras religiões, mas também com a "não religião".

Se a exigência da contextualização fora da Europa revela a contextualidade, como premissa inevitável, da teologia "europeia", tal descoberta, por sua vez, torna-nos conscientes da contextualidade de toda contextualização e dos possíveis problemas conexos.

As teologias contextualizadas – que precisam dar-se conta de sua contextualidade precisamente sob este aspecto – e a teologia "europeia" – que, sendo contextual, deveria, num processo de contextualização, tornar reflexa e mais eficaz tal situação – encontram-se, em última análise, diante dos mesmos problemas.

Tais problemas devem ser confrontados também com a ajuda das instâncias da sociologia do conhecimento em um nível macrossociológico (o contexto da teologia), e as da sociologia da ciência em um nível microssociológico (a situação do teólogo). Este segundo nível diz respeito, por exemplo, ao grau de validade acadêmica na produção teológica dos vários teólogos.

Em nível macrossociológico, o problema fundamental é: Como identificar e definir um contexto? Que critérios empregar? A revelação não oferece critérios: a salvação é universal e a humanidade inteira está destinada a ser o povo eleito no *éschaton.*

Algumas teologias contextualizadas sugerem c critério de divisão em poucas unidades grandes: ao lado das teologias (plural!) do Terceiro Mundo, existiriam a ou as do Primeiro e do Segundo Mundo. Mas tal impostação é um tanto problemática: se para o Terceiro Mundo já se deve falar de teologias (no plural), seu próprio conceito é dificilmente definível. Sendo formulado preferentemente na base de qualificações econômicas – já aqui se colocam problemas para um discurso teológico – o conceito obriga a ulteriores especificações; ouve-se falar, portanto, em Terceiros Mundos (no plural) ou então no Quarto e num Quinto Mundo. Outra pergunta: Quem tem o direito de fazer uma classificação que não seja discriminatória? De passagem, pode-se ainda mencionar o fato de que nem toda teologia feita *no* Terceiro Mundo é uma teologia *do* Terceiro Mundo.

Problemas não menores surgem em torno da identidade do assim chamado Segundo Mundo. Prescindindo do impacto para a teologia, deve-se constatar que, após os eventos de 1989, a realidade do Segundo Mundo escapa a uma definição operativa. Finalmente, o Primeiro Mundo não é menos problemático como conceito unitário: a Austrália e a Nova Zelândia já estão procurando uma definição própria de sua identidade; os Estados Unidos e, num contraste dialogal com eles, o Canadá não podem ser identificados com as nações europeias, a despeito de todos os nexos históricos que de fato existem.

Outras teologias contextualizadas parecem sugerir um critério etnográfico; os problemas conexos com tal critério seriam de um romanticismo cultural, que não leva em conta nem os elementos negativos do passado, nem os contrastes existentes hoje, nem a evolução inevitável amanhã (as teologias contextualizadas estão presentes sobretudo entre os povos com maioria de gerações jovens).

A historiografia tradicional e a praxe política sugerem um critério diferente de identificação dos diversos contextos: as unidades facilmente identificáveis que formam os estados. Mas estes constituem uma realidade *teologicamente* irrelevante; com efeito, nem pela dimensão econômico-social, nem pela dimensão cultural (que se exprime especialmente na língua e na filosofia predominante, alimentada também por uma história e pelas tradições comuns), as fronteiras atuais podem ser consideradas separativas (mais estados pertencem a uma única cultura), ou unitivas (alguns estados são pluriculturais). Talvez pudesse ser desejável assumir como contexto regiões interestatais, como, por exemplo, o Mediterrâneo ou, num continente diferente, o Caribe.

Um segundo problema, ligado às reflexões que precedem, vem do fato de que todo critério assumido para identificar ou definir um contexto particular – sobre o qual se há de identificar em seguida a contextualidade da teologia e para construir sua contextualização – não seria capaz de eliminar o perigo, sempre à espreita, de uma fragmentariedade da teologia, com seu consequente isolamento. O risco maior e mais fácil de uma contextualização exagerada é, sem dúvida, o de passar de um "paroquialismo" acrítico e acientífico para uma ideologização cega.

Parecem impor-se as reflexões que seguem. Os riscos de "paroquialismo" podem ser superados através de esforços que podem tornar-se fontes de riqueza: pensemos numa busca e reflexão comum, que supõem contatos contínuos entre teólogos, no intercâmbio de publicações (desde que se conheça mais de uma língua), na função que caberia a congressos, organizações e – particularmente – aos institutos acadêmicos internacionais.

A contextualização da teologia deveria, portanto, levar a uma nova busca para se chegar a uma teologia "planetária", que integraria as tantas expressões particulares, sem negá-las; universalidade não significa uniformidade. Além dos muitos contextos existe também o contexto comum da humanidade inteira, de que se deve sublinhar a unidade fundamental. Graças aos meios de comunicação, o mundo tornou-se uma aldeia global – numa fase de rápida urbanização – com uma "cultura" comum que, em seu aspecto tecnológico e em seu idealismo democrático, se origina do Primeiro Mundo. Os problemas mundiais – o fosso existente entre o Norte e o Sul, com o aspecto especial da explosão demográfica, e a ameaça de uma catástrofe nuclear ou ecológica – são responsabilidade de todos. É urgente a renovação de um discurso teológico que seja relevante para este contexto comum.

Tal teologia "planetária" não poderia ter a pretensão de poder começar da estaca zero; como de resto as teologias regionais, deverá levar em conta o fato de que a própria revelação está ligada *irreversivelmente* a um contexto específico e de que sua tradição inicial se desenvolveu numa cultura específica, a cultura judaico-helenístico-romana que, em seguida, se inseriu na "europeia". No plano teórico, os problemas da contextualidade da teologia, que, não obstante tudo, são uma reflexão sobre a verdade universal, devem ser enfrentados em analogia com o problema da contextualidade e universalidade da mesma revelação.

Bibl. – INSTRUMENTOS BIBLIOGRÁFICOS: *Êchange. Bulletin de Littérature des Églises du Tiers Monde. Bulletin of Third World Christian Literature*, Leiden 1972s; *Theologie im Kontext. Informationen über theologische Beiträge aus Afrika, Asien und Ozeanien*, Aachen 1980s; A. Amato, "Inculturazione – Contestualizzazione – Teologia in Contesto. Elementi di Bibliografia Scelta", em *Sal* 45 (1983) 79-111.

ESTUDOS DE CARÁTER GERAL A PARTIR DE 1980 (somente livros): T. Rendtorff, *Europäische Theologie.* Versuche einer Ortsbestimmung, Gütersloh 1980; D. Ritsehl, *Theologie in den Neuen Welten.* Analysen und Berichte aus Amerika und Australasien, Munique 1981; H. Waldenfels, *Theologen der Dritten Welt.* Elf biographische Skizzen aus Afrika, Asien und Lateinamerika, Munique 1982; F. Fabella-S. Torres (eds.), *Irruption of the Third World: Challenge to Theology*, Maryknoll 1983; K.H. Neufeld (ed.), *Problemi e prospettive di Teologia Dogmatica*, Brescia 1983 (parte III); R. Winling, *La théologie contemporaine* (1945-1980), Paris 1983; K. Dickson, *Theology in Africa*, Maryknoll 1984; R. Frieling, *Befreiungstheologien.* Studien zur Theologie in Lateinamerika, Göttingen 1984; J. Em-M. Spangenberger (eds.), *Theologien der Befreiung. Herausforderung an Kirche, Gesellschaft und Wirtschaft*, Köln 1985; R. Schreiter, *Constructing Local Theologies*, Maryknoll 1985; C. Militello (ed.), *Teologia al femminile*, Palermo 1985; N. Strotmann, *La Situación de la Teología: Aspectos – Perspectivas – Criterios*, Lima 1985; Vários autores, *Théologies de la Libération. Documents et débats.* Prefácio de B. Chenu-B. Lauret, Paris 1985; Th. Witvliet, *A Place in the Sun.* An Introduction to Liberation Theology in the Third World, Maryknoll 1986; D.W. Fern, *Third World Liberation Theologies. An Introductory Survey. A Reader*, vol. I-II, Maryknoll 1986; R. Gibellini, *Il dibattito sulla teologia della liberazione*, Brescia 1986; L. Schottrofif-W. Schottroff (eds.), *Wer ist unser Gott? Beiträge zu einer Befreiungstheologie im Kontext der "ersten Welt"*, Munique 1986; P. Puthanagady (eds.), *Towards an Indian Theology of Liberation*, Bangalore 1986; S. Arokiasamy-G. Gispert Sauch (eds.), *Liberation in Asia. Theological Perspectives*, Anand 1987; G.W. Trompf, *The Gospel is not Western.* Black Theologies from the Southwest Pacific, Maryknoll 1987; F. Dumont, *L'institution de la théologie.* Essai sur la situation du théologien, Montreal 1987; V. Fabella-M.A. Oduyoye (eds.), *With Passion and Compassion.* Third World Women Doing Theology, Maryknoll 1988; D. Gelpi, *Inculturating North American Theology*, Atlanta 1988; B. Chenu, *Teologie Cristiane dei terzi mondi: teologia latino-*

-americana, teologia nera americana, teologia nera sudafricana, teologia asiatica, Brescia 1988; M. Sievernich, *Impulse der Befreiungstheologie für Europa.* Ein Lesebuch, Munique-Mainz 1988.

MARCEL CHAPPIN

TEÓLOGO DA TEOLOGIA FUNDAMENTAL

1. DA POLÊMICA AO DIÁLOGO – A Teologia Fundamental contemporânea nasceu em grande parte de uma reação à → apologética dos últimos séculos: sempre em pé de guerra, ocupada em atacar, sempre à cata de adversários a serem combatidos. Faziam parte dos inimigos não somente os racionalistas, mas também os protestantes, batizados e cristãos. A força de polemizar com tons intransigentes e cortantes como um bisturi, a apologética se havia desqualificado. Durante três décadas conheceu o vazio das catacumbas. Período fecundo que lhe permitiu "converter-se", refletir sobre as mudanças de nossa época e sobre as funções que se exigem dela.

O sinal mais evidente desta "conversão" é a mudança de nome: a apologética de antigamente foi pudicamente rebatizada para chamar-se doravante → "Teologia Fundamental". Mas esta mudança de nome constitui algo mais do que a simples colagem de uma nova etiqueta num velho produto. Trata-se de uma mudança que afeta seu estatuto e sua atitude. A Teologia Fundamental entendeu que passara o tempo das cruzadas e que o cristão do século XX, aberto ao mundo e à ciência e dotado de uma mentalidade ecumênica, queria antes de tudo ser ouvido. Efetivamente, ele tem problemas de gravidade inaudita que o atormentam: quer ser tomado a sério e ouvir que lhe exponham com serenidade o que o cristianismo pode dizer-lhe sobre seus problemas. Ao invés de falar em termos de oposição e de rejeição, a Teologia Fundamental exprime-se como colocação, explicação e proposta. Ela passou da peroração para a exposição serena, da polêmica para o diálogo, alinhada, portanto, com o concílio, que se pôs, também ele, à escuta e em diálogo.

A Teologia Fundamental, como disciplina contemporânea, saiu de uma crise de "adolescência". Após tornar-se mais modesta, mais serena, mais consciente da complexidade dos problemas enfrentados e também mais bem equipada, está mais preocupada em buscar sentido e inteligibilidade do que em argumentar de maneira contundente. Esta atitude dialogal estende-se às ciências, às religiões, às igrejas e às culturas. Cristo continua sempre como seu ponto de partida e de referência, mas não como cabeça de ponte para um novo ataque.

2. O PARCEIRO DO DIÁLOGO – O professor de Teologia Fundamental dirige-se a pessoas muito mais "informadas" do que antigamente, graças à mídia; a pessoas também mais críticas, imersas num mundo em que todas as ideologias se aproximam e em que pululam as → seitas mais estranhas dentro de uma cultura sempre mais estranha à visão cristã do homem e do mundo. Choca-se contra vastas zonas de → indiferença, geradas pelo mundo secularizado do progresso e da técnica e, consequentemente, contra uma falta total de interesse pelas questões religiosas e contra um desconhecimento colossal da mensagem cristã.

Não basta mais responder a estas pessoas que vão ter com ele, ou que ele encontra ocasionalmente: "A Igreja diz...", ou "o Evangelho disse", ou mais ingenuamente "eu lhes digo". Crentes e não crentes exigem respostas precisas e fundamentadas. Para responder aos problemas de hoje, o professor de Teologia Fundamental deve adquirir uma formação de qualidade igual, senão até superior, à do biólogo, do físico, do advogado. Se recusasse este desafio de uma preparação rigorosa, exigente e prolongada, seria incapaz de encaminhar para a fé os que o interrogam; incapaz também de confirmar seus próprios irmãos na fé, os crentes (1Pd 3,15). Com efeito, cada crente traz hoje em si mesmo as dúvidas do não crente. "O que alimenta o pensamento e a atitude dos não crentes é também o que comporta a incerteza e a dúvida em muitos cristãos" (H. Bouillard). Dialogando com os não crentes, dialogamos conosco mesmos; em tal contexto, uma reflexão sobre as bases racionais da decisão de fé não é um esporte para intelectuais, mas uma necessidade de vida. Do contrário, a atual crise da fé só poderá agravar-se, até assumir as proporções de um verdadeiro cisma subterrâneo ou de um oceano de indiferença.

3. ESTATUTO TEOLÓGICO DA TEOLOGIA FUNDAMENTAL – O princípio anselmiano da *fides quaerens intellectum*, que há nove séculos atrás definia a teologia em três palavras, não foi de modo algum superado. Mas cada termo da definição adquiriu uma amplidão tal e se carregou de uma tal plenitude de sentido que o equilíbrio do conjunto resulta, com isto, modificado.

a. O teólogo da Teologia Fundamental baseia-se, como todo teólogo, na própria fé. O crente que procura compreender-se como crente, não pode comportar-se como se não cresse: tal atitude seria uma pura contradição. A Teologia Fundamental não pode, pois, considerar como casual o fato de o teólogo ser crente e cristão: isto deriva da própria natureza de seu ser. Este ponto de partida é tanto mais importante porque a afirmação sobre isto leva à afirmação central da fé cristã, isto é, a autodoação e a automanifestação de Deus em Jesus Cristo. Se o teólogo da Teologia Fundamental tem por missão estudar, em sua totalidade, aquela realidade primária do cristianismo que é a revelação, dele, mais do que de qualquer outro, se exige que seja "testemunha" da fé que iluminou e inspirou antes de tudo sua vida. É preciso que nele a compreensão do mistério coincida com a adesão vivida ao mistério. Se procura compreender, é porque sua fé o "incita" a "procurar", para compreender melhor o que dá um sentido a sua vida.

É verdade que o estudo da revelação leva a Teologia Fundamental para um terreno que não depende diretamente da dogmática, mas da apologética; todavia, é a própria natureza da realidade estudada, que é ao mesmo tempo mistério e evento da história, que o obriga a proceder assim. Com efeito, a Teologia Fundamental não se pergunta somente sobre a revelação como objeto de fé, mas também sobre a revelação como irrupção de Deus na história, na carne e na linguagem de Jesus. Ela interroga-se sobre a presença de Deus-entre-nós-em-Jesus Cristo e sobre os sinais históricos desta presença. Não se interroga somente sobre aquilo em que cremos, mas também sobre o porquê de nossa crença. Pergunta a si mesma se a afirmação de Deus-entre-nós-em-Jesus Cristo é "crível" e se a opção de fé é racional e sensata.

Ainda que a Teologia Fundamental, em razão de seu próprio objeto, recorra às ciências humanas (crítica literária e histórica, filosofia), mesmo assim ela é um discurso de crentes. Ela não renuncia nunca à fé. É obrigada a declarar seus pressupostos, mas não deve nunca abandoná-los, sob o risco de não ser mais ela mesma.

b. O segundo termo do princípio anselmiano (*quaerens* = que procura) talvez seja o que mais se ampliou. Pois, de um dia para o outro, o pesquisador passou a possuir técnicas que renovaram – se é que não revolucionaram – a → teologia, e justamente em setores que dizem respeito à Teologia Fundamental: ciências bíblicas e patrísticas, Ciência da Linguagem, Antropologia (Filosofia, História, Sociologia, Psicologia). A novidade, contudo, é que as Ciências Humanas se libertaram da ligação com a Filosofia, para reivindicarem sua autonomia plena. Daí advém que o diálogo da Teologia Fundamental com as ciências humanas se dá diretamente com estas, sem a mediação da filosofia. "O pesquisador" ou o teólogo da Teologia Fundamental vê, assim, ampliar-se prodigiosamente o campo de sua busca.

Entre todas as disciplinas que mais afetam a função da Teologia Fundamental, estão em primeiro plano a História, as Ciências da Linguagem e, em geral, as ciências do homem. Antes de tudo, a → *História.* A consciência da dimensão histórica modificou radicalmente a teologia. Ela é de tal modo constitutiva do pensamento contemporâneo que situar-se fora do horizonte histórico equivale a não se fazer entender pelo homem de hoje. Este impacto da história é tanto mais importante pelo fato de a própria revelação só se compreender num horizonte histórico. Vêm a seguir as *Ciências da Linguagem*: filosofias da linguagem, formas de linguagem (conceptual, simbólica, gestual), problemas de interpretação ou de hermenêutica; problemas de → inculturação ou de transculturação. Mencionemos finalmente a ascensão triunfal das *ciências do homem* (Sociologia, Psicologia, Psicanálise). A Teologia Fundamental, como disciplina de fronteira, está necessariamente em diálogo com todas estas ciências, que modelaram a mentalidade do homem contemporâneo. Este acolhimento dialogal representa um progresso em relação à velha apologética. Mas comporta também um risco: em particular, o de perder de vista o "específico" cristão e de diluir sua mensagem para fazer dela um produto ao alcance de todos. Em suma, existe o perigo de se chegar a um cristianismo desbotado e destituído de contrastes, achatado e sem uma fisionomia própria. Mas a Teologia Fundamental não pode fazer marcha à ré. Deve manter a atitude dialogal, porém na consciência mais viva de sua identidade e de sua própria missão.

4. PREPARAÇÃO EXIGIDA – Será ainda possível, nestas condições, conceber um tipo de formação adequada para o professor de Teologia Fundamental? Dever-se-á exigir que todo professor seja ao mesmo tempo um perfeito conhecedor das filosofias antigas e modernas, da exegese, dos problemas de linguagem, das tradições religiosas mundiais, dos métodos da crítica literária e história e das ciências humanas em plena evolução? Mas são justamente os desafios utópicos que desestimulam a melhor das boas vontades?

Temos de distinguir, por um lado, a Teologia Fundamental como função eclesial, como razão do saber teológico, e, do outro, o ensino da Teologia Fundamental por parte de um determinado professor e num determinado centro acadêmico. Exatamente como um médico não poderia possuir sozinho a ciência médica em sua totalidade, assim também nenhum teólogo e nenhum centro poderiam assumir inteiramente a tarefa de tratar os temas que derivam da Teologia Fundamental. Neste caso, trata-se de uma posse por parte da Igreja, como corpo social. Isto posto, acreditamos poder distinguir diversos níveis e etapas de preparação para o ensino da Teologia Fundamental:

a. Uma formação literária e filosófica de base (como é normalmente proposta no colegial), que prepare para a universidade. Neste nível, associa-se o conhecimento das grandes obras literárias e das grandes correntes filosóficas.

b. Uma formação teológica de base, que coloque a ênfase particularmente na antropologia, na cristologia e na eclesiologia.

c. Uma formação especializada em Teologia Fundamental, coroada por um doutorado e por uma tese publicada. Neste nível associa-se o conhecimento aprofundado daquilo que constitui o núcleo irredutível da Teologia Fundamental, que nunca deve ser sacrificado: o problema da revelação e sua → credibilidade. Tudo isto inclui: o estudo das origens do cristianismo no contexto histórico, o aparecimento da pessoa de Jesus, o conhecimento que podemos ter dele, para ter acesso a seu ensinamento, a suas obras, a seus comportamentos, a sua consciência de Filho, a suas declarações concernentes a sua identidade e a seu projeto eclesial, à realidade dos milagres (→ Milagre) e de sua ressurreição (→ Mistério pascal, II); a fidelidade da Igreja à interpretação que Jesus deu de si mesmo.

d. Esta especialização em Teologia Fundamental deve somar-se a uma especialização numa disciplina que permita ao futuro professor adquirir familiaridade com os métodos da análise literária e histórica. Concretamente, isto significa um doutorado ou pelo menos uma licenciatura em exegese ou em história.

e. Muitos outros problemas dizem respeito mormente ao diálogo da Teologia Fundamental com os parceiros externos: Igreja, religiões, culturas e ciências. É aqui que a interdisciplinaridade deve vir em ajuda à especialização principal. Normalmente, num centro universitário de certa importância, o diálogo com colegas e entre faculdades deveria permitir ao professor de Teologia Fundamental encontrar rapidamente o que não é de sua competência direta.

Embora distinguindo assim os níveis de preparação e a contribuição que se espera de cada um, a preparação do professor de Teologia Fundamental permanecerá sempre uma das mais rigorosas e exigentes no âmbito das disciplinas teológicas. Ela dirige-se sobretudo a candidatos cujo desejo inato e multiforme de saber permitirá aceder mais facilmente a uma disciplina situada na encruzilhada de todos os questionamentos sobre o homem, sobre Cristo e sobre a Igreja.

Bibl. – R. Latourelle, *Teologia scienza della salvezza*, Assis 1968; Id., A *Gesù attraverso i Vangeli*, Assis 1979; Id., "Nuova immagine della fondamentale", em R. Latourelle-G. O'Collins, *Problemi e prospettive di teologia fondamentale*, Brescia 1980, 59-84; Id., "Assenza e presenza della fondamentale nel Concilio Vaticano II", em R. Latourelle (ed.), *Vaticano II, bilancio e prospettive*: Venticinque anni dopo, Assis 1987, vol. II, 1381-1411; Sagrada Congregação para a Educação Católica, *A formação teológica dos futuros sacerdotes*, Roma 1976, 42-44; M. Chappin, "Dalla difesa al dialogo. L'insegnamento della teologia fondamentale alla PUG, 1930-1988", em R. Fisichella (ed.), *Gesù Rivelatore*, Casale Monferrato 1988, 33-45.

RENÉ LATOURELLE

TESTAMENTO ANTIGO E NOVO

I. Promessa e cumprimento

A promessa e o cumprimento constituem, em nossos dias, tanto para os exegetas quanto para os teólogos e os hermeneutas, uma questão decisiva para a compreensão dos textos neotestamentários e de toda a economia cristã. Os progressos registrados neste campo, graças à exegese e à hermenêutica, são importantes. Permitem entender que as noções de promessa e de cumprimento superam de muito o argumento da realização das profecias (→ Profecia), que constituía um dos capítulos-chave dos tratados de Teologia Fundamental ou de apologética.

A renovação dos estudos bíblicos, no início do século XX, fez avançar a reflexão sobre a promessa e o cumprimento. Podemos citar, na França, os trabalhos notáveis de J. Touzard, publicados nos anos 1907-1909. Seguindo esse autor, é possível resumir as mudanças de perspectiva que se registraram. Não se deve dissociar as previsões proféticas do ensinamento profético. As predições dos profetas estão a serviço do ensinamento que ministram e que diz respeito à futura soberania de Deus sobre o mundo e à instauração de uma vida religiosa autêntica. A religião profética é rica de verdades morais e religiosas; as profecias estão a serviço desta religião.

Ao concentrar sua atenção exclusivamente sobre a verificação neotestamentária das predições proféticas, a apologética tendia a ver as profecias como enigmas incompreensíveis para os contemporâneos dos profetas. Na verdade, as predições dos profetas já tinham um efeito sobre os ouvintes de então, alimentando sua fé e esperança e dirigindo seu olhar para o futuro. A profecia tinha, pois, um sentido literal veterotestamentário, já que o sentido neotestamentário é um sentido "profundo e último", um sentido "total". Finalmente, as predições proféticas não encontram necessariamente sua verificação definitiva no tempo de Jesus ou da Igreja primitiva. Muitas delas continuam a orientar o olhar para o fim dos tempos, pois é então que Deus estabelecerá definitivamente seu Reino, é então que as promessas já realizadas em Jesus Cristo terão seu cumprimento último e definitivo. Reconcilia-se, portanto, a *predição* com o ensinamento moral e religioso do profeta e também com a *promessa*, e a *verificação* da predição com uma noção que a supera integrando-a, isto é, o *cumprimento.* Tais perspectivas tornam naturalmente o crente mais sensível ao conjunto da história da salvação e não mais apenas à verificação material das predições. Elas interpelam também a inteligência e o coração do crente para uma compreensão real das profecias e sublinham que o não crente será tocado pelo argumento profético se Deus, misteriosamente, lhe abrir o coração.

Nos meados do século XX, a renovação bíblica permitiu chegar a verdadeiras sínteses. Muitos nomes mereceriam ser citados: recordemos os de J. Coppens (*Les harmonies des deux Testaments*, Tournai-Paris, 1949) e de P. Grelot (*Sens chrétien de l'Ancien Testament*, Tournai, 1962; *La Bible parole de Dieu*, Tournai--Paris, 1965), autores de importantes publicações sobre este tema. Note-se que com estes dois nomes o problema do cumprimento é assumido por dois peritos da exegese que tencionam fazer obra de síntese, embora continuando a honrar sua função de exegetas. Daí se conclui que o argumento tradicional das profecias se amplia consideravelmente e no final se torna uma forma de percorrer numerosas temáticas, tanto do AT quanto do NT. J. Coppens dedicou várias obras aos diversos messianismos presentes nas Escrituras e a seu cumprimento. P. Grelot fez o mesmo, sem dúvida com preocupações mais teóricas. Seu *Sens chrétien de l'Ancien Testament*, publicado numa coletânea de teologia dogmática, expõe todas as ligações possíveis entre o AT e o NT, do ponto de vista tanto do sentido literal quanto do sentido das "coisas". Ao passo que os estudos de Coppens dão uma prioridade absoluta ao sentido literal, excluindo qualquer tentativa de acesso aos textos por outras vias, P. Grelot pergunta-se sobre o conjunto das conexões que a noção de sentido cristão permite estabelecer entre o AT e o NT, seja na perspectiva do *sentido literal* (as profecias e seu cumprimento), seja na perspectiva do *sentido das coisas*, que permite desembocar nos sentidos tipológicos, espirituais ou místicos, e colocar plenamente a Cristo no centro da história.

Deixamos sublinhado que estas sínteses foram possíveis mercê da renovação bíblica da primeira metade do século XX, que trouxe consigo um interesse pelos métodos de crítica histórica e literária, que concentraram a atenção dos exegetas no valor do sentido literal. Portanto, é sobretudo este o sentido que está em ação quando se procura estabelecer as relações entre a promessa e o cumprimento. Em relação ao argumento profético dos apologetas do século XIX e do início do século XX, o fato de levar a sério o sentido literal trouxe consigo grandes mudanças de perspectiva. Muitas profecias, que eram consideradas como visando direta e exclusivamente realidades neotestamentárias, foram ligadas diretamente a realidades veterotestamentárias. Um exemplo: pensava-se que as profecias do servo, de Isaías, visassem diretamente Jesus Cristo. Nas sínteses de teologia bíblica, descobre-se que o servo de Isaías tem antes de tudo um sentido veterotestamentário. Vislumbra, por exemplo, o pequeno resto de Israel. Da mesma forma, a virgem de Is 7,14 representa a mulher de Acaz e seu filho Ezequias. Partindo destas novas bases, que é feito do cumprimento neotestamentário? Para acolher estas novas aquisições da exegese crítica, é preciso elaborar uma teoria dos sentidos, que permita estabelecer relações reais entre a profecia veterotestamentária e seu cumprimento neotestamentário. Haverá que remeter este último à categoria dos sentidos teológicos, espirituais ou místicos? Certamente não, pois, tendo-se a renovação exegética construído sobre o reconhecimento da solidez do sentido literal, ter-se-ia a impressão de que, atribuindo o sentido – que dá cumprimento – às categorias dos sentidos teológicos ou espirituais, este perderia parte do seu valor.

Para resolver este problema teórico, nasceu a noção de *sensus plenior*. Constitui uma noção-chave para todas as tentativas de síntese sobre a promessa e o cumprimento, por volta dos anos de 1950. Vimos que Touzard falava de sentido "total" ou de sentido "profundo". Já no século XVII, o crítico R. Simon estabelecia uma categoria similar, ao falar de "sentido teológico, ou místico, ou espiritual", que considerava em parte "literal" ("literal a seu modo"), e a distinguia com muito cuidado das "especulações místicas" destituídas de interesse que, em seu tempo, floresciam aqui e acolá. Parece que a expressão *sensus plenior* foi usada pela primeira vez por A. Fernández, em suas *Institutiones biblicae*, publicadas em Roma por volta de 1920. A expressão foi retomada e desenvolvida em várias sínteses, entre as quais citaremos pelo menos: R.E. Brown, *The "Sensus Plenior" of the Sacred Scripture*, Baltimore, 1955, e também em CBQ 25 (1963) 262-285; P. Grelot, na maior parte de suas obras principais; J. Coppens, *Vom christlichen Verständnis des Alten Testaments*, Louvain, 1952; G. Courtade, "Les Ecritures ont-elles un sens plénier?", em RSR (1950) 481-499; P. Benoît, em RB 67 (1960) 161-196; B. Vawter, em CBQ 26 (1964) 85-96; R.E. Brown, em EThL 43 (1967) 460-469.

Conquanto os defensores do *sensus plenior* divirjam às vezes ao explicitarem este sentido, notar-se-á que para todos se trata de um sentido realmente presente no texto veterotestamentário, em um nível profundo da letra. A questão, então, é saber se o autor profético tinha consciência dele. Neste ponto, os pareceres divergem. Seja como for, a noção de *sensus plenior* permitiu enraizar as relações entre as promessas veterotestamentárias e seu cumprimento no NT na base sólida do sentido literal.

Hoje bastante ignorada, a noção de *sensus plenior* não teve aprovação unânime. Nascida e utilizada exclusivamente na exegese e na teologia católica, teve seus adversários, entre os quais há que citar H. de Lubac (*L'Écriture dans la Tradition*, Paris, 1966). Este especialista em patrística frequentara demais a tradição para não dar-se conta de que a síntese articulada em torno do *sensus plenior* atribuía, na realidade, à letra uma importância que esta não tinha na síntese patrística dos quatro sentidos. Com efeito, os sentidos hauridos de uma leitura viva da Escritura por parte da tradição, com o *sensus plenior* correm o risco de ser objetivados como se já estivessem na letra veterotestamentária, ao passo que seria preciso mostrar que eles desabrocham na própria prática da leitura da Escritura por parte das comunidades cristãs.

As relações entre a promessa e o cumprimento foram pensadas segundo outros enfoques nas grandes teologias do AT, particularmente – mas não exclusivamente – na exegese protestante. (A título de exemplificação, citemos aqui as de W. Eichrodt, *Theologie des Alten Testaments*, vol. I-III, Leipzig, 1933-1939; G. von Rad, *Theologie des Alten Testaments*, vol. I-II, Munique, 1960. Mas haveria que falar também de E. Jacob, *Théologie de L'Ancien Testament*, Neuchâtel, 1965; B.S. Childs, *Biblical Theology in Crisis*, Filadélfia, 1970: S. Amsler, *L'Ancien Testament dans l'Église*, Neuchâtel, 1960 etc.) Praticando um método de corte transversal (*cross-section*), Eichrodt pensa as relações entre o AT e o NT em termos de elementos constantes que encontram lugar numa estrutura de conjunto, que não é outra coisa senão a aliança. A predição (*Weissagung*) deve reconciliar-se com o conceito, mais amplo, da profecia (*Prophetie*). No NT, todos os elementos verificados no interior da estrutura de aliança estão marcados pelo selo do cumprimento. Mas este cumprimento precisa ser bem-entendido, pois orienta o olhar para a parusia como cumprimento definitivo.

Para Von Rad, a perspectiva não é mais a de uma estrutura de aliança, que integra uma série de elementos determinados, e sim aquela, diacrônica, de uma história das tradições. Esta constante retomada de tradições antigas e sua atualização é uma das características do AT. Ela levaria à pura dispersão se Von Rad não sublinhasse ali uma constante, isto é, a *intenção querigmática* que a cada vez permite a Israel retomar a tradição antiga para proclamar a mensagem do Deus único no presente. Von Rad reflete sobre "a prova escriturística" dos autores do NT. Esta palavra é empenhativa demais, em seu significado, para exprimir todos os matizes próprios da ideia de que existem continuidades entre o AT e o evento Jesus Cristo. Ele observa com muito acerto que a prova por meio das Escrituras não deve ser separada de todas aquelas aplicações tipológicas que constituem uma das originalidades da Escritura neotestamentária. A tipologia visa estabelecer, entre um evento do AT e um evento do NT, uma correspondência que exprime ao mesmo tempo a continuidade e a graduação. Ela é, portanto, essencial quando se procura articular AT e NT como promessa e cumprimento.

A teologia bíblica de Von Rad apresenta-se em nossos dias como uma espécie de teologia-mãe, a tal ponto sua influência se revelou capital para o conjunto das teologias da história, que floresceram em seguida. Entre estas, assinalemos os estudos de W. Pannenberg, "Heilsgeschehen und Geschichte" (em KuD 5 [1959] 218-237 e 259-288), em que o autor se interessa pela promessa e pelo cumprimento, e de J. Moltmann, particularmente em sua *Theologie der Hoffnung*, de 1964. Sobre a promessa e o cumprimento, os dois pensamentos não devem ser equiparados. Com efeito, os trabalhos de Pannenberg levam-no a abandonar definitivamente a categoria promessa-cumprimento, em favor da história das tradições (cf. suas posições em I. Berten, *Histoire, révélation et foi*, posfácio, Bruxelas, 1969, 145). Ao contrário, Moltmann conserva a ideia de promessa como um elemento-chave de seu pensamento, mostrando que promessa e cumprimento não cessam de apoiar-se e relançar-se reciprocamente.

Quanto às teologias mais propriamente neotestamentárias, numerosos estudos sobre temas específicos da Escritura, como promessa e profecia, permitiram chegar a estudos mais sistemáticos. R. Bultmann, em sua época, interessou-se por "O significado do AT para a fé cristã" e por "Profecia e cumprimento", em *Glauben und Verstehen*, Tübingen, 1954. É óbvio que as relações entre AT e NT não são pensadas por Bultmann em termos de história da salvação, mas em termos de existencialidade. Se se pode dizer que o AT é a preparação do NT, não o é em sentido histórico (*historisch*), isto é, "como se o fenômeno histórico da religião cristã se tivesse tornado possível só em virtude da evolução religiosa atestada pelo AT", mas num sentido real (*sachlich*): o Evangelho pode ser pregado somente quando o homem se encontra sob a lei. Nesse sentido, o AT pode ser considerado como tendente a colocar o homem em situação de "pré-compreensão" (*Vorverständnis*) do Evangelho. Quanto às provas tiradas da Escritura, elas não poderiam levar à ideia de que Cristo vem no fim de pregações ou promessas, que o inseririam como o ápice da história. Cristo é o fim da história no sentido de que é seu "termo escatológico", que ab-roga, por este fato, toda preparação que se inseriria na história sob forma de pregação, de anúncio ou de promessa. O AT prepara o NT naquilo que nele representa um insucesso. As noções de aliança, Reino de Deus, povo de Deus encontram-se escatologizadas no NT e, consequentemente, em ruptura total com o uso "intramundano" que delas se fez no AT. Como grandeza escatológica, Cristo denuncia o insucesso do AT, que só porque é insucesso pode ser designado como "promessa". "Para o homem, nada pode ser promessa, exceto o fracasso de seus caminhos, exceto o conhecimento da impossibilidade em que se encontra de atingir diretamente a Deus em sua história intramundana, de identificar, sem mais, esta história com a ação de Deus" ("Profecia e cumprimento").

Representante típico de uma teologia que privilegia a proclamação sobre a história, Bultmann é, assim, o oposto das teologias da história de Von Rad ou de Moltmann. Entre seus mais rígidos opositores, deve-se assinalar O. Cullmann, em particular em seu estudo *Le salut dans l'histoire* (Neuchâtel, 1966). Cullmann retoma um a um os temas exegéticos, para mostrar que a categoria de história da salvação, maltratada por Bultmann, está bem presente nos escritos do NT, e até no pensamento de Jesus, e que não é o caso de opor o "pré-católico" Lucas, presumido inventor da história da salvação, a Paulo, representante da decisão de fé não maculada por considerações sobre a história da salvação. Restituindo coesão aos escritos do NT, Cullmann mostra que a unidade do pensamento neotestamentário depende da pregação de Jesus e que esta pretende levar a seu cumprimento as promessas do AT, continuando a orientar o olhar para o cumprimento do fim dos tempos.

Haveria que citar muitos outros nomes. Assinalemos pelo menos o de W.G. Kümmel que, a seu tempo, soube tratar com grande maestria o tema concernente à história e à escatologia dos textos neotestamentários (*Verheissung und Erfüllung*, Zurique, 1953^2). Discípulo de R. Bultmann, E. Käsemann soube superar seu mestre, reinstaurando uma comparação dialética entre a história e a escatologia que se revela de grande interesse no que concerne à noção de cumprimento e, em nosso entender, leva mais longe do que a visão da história desenvolvida por Cullmann.

Atualmente, as noções de promessa e de cumprimento têm ainda longa vida. Apresentam-se como uma passagem obrigatória para a hermenêutica cristã, que deve absolutamente dar-se conta da inserção do mistério de Jesus na história de Israel e na história em geral. O trabalho a ser realizado – tanto exegético quanto hermenêutico – é imenso. Apontemos, em conclusão, duas pistas que prometem: 1. O desenvolvimento dos estudos sobre a literatura intertestamentária, que permite estudar as noções de promessa e de cumprimento nos diversos ambientes do judaísmo tardio; 2. O desenvolvimento do interesse pelo fenômeno da escritura, sob todos os seus aspectos (linguístico, semiótico, sociológico etc.), que traz consigo novas possibilidades de teorização (cf. p. ex., os estudos de P. Beauchamp).

Bibl. – C.H. Dodd, *Segundo as Escrituras – Estrutura fundamental do NT*, São Paulo 1979; P. Grelot, *Sens chrétien de l'Ancien Testament*, Paris-Tournai 1962; G. von Rad, *Teologia do Antigo Testamento*, vol. I-II, São Paulo 1973; P. Beauchamp, *L'un et l'autre Testament*, vol. I-II, Paris 1976-1990; P.M. Beaude, *L'Accomplissement des écritures*, Paris 1980.

PIERRE-MARIE BEAUDE

II. Relação AT/NT na Epístola aos Romanos

O estudo das relações do NT com o AT é sempre instrutivo. Vários autores do NT convidam, eles mesmos, a fazê-lo. Segundo João, por exemplo, Moisés escreveu a respeito de *Cristo* (Jo 5,46). A Primeira Epístola de Pedro ensina que os profetas do pacto antigo profetizaram sobre a graça que nos estava destinada (1Pd 1,10). Era "o Espírito de Cristo que estava neles" (os profetas) e que, por meio deles, "predizia os sofrimentos destinados a *Cristo* e as glórias posteriores" (1Pd 1,11). Assim, os profetas do pacto antigo anunciavam a seu modo o mistério pascal de Cristo. Paulo mesmo, quando sustenta que "todas as promessas de Deus nele [Jesus Cristo] se tornaram *sim*" (2Cor 1,20), revela que, quando fala de Jesus Cristo, muitas vezes olha para o AT.

As relações entre o AT e o NT podem ser consideradas de maneira geral. No presente estudo, preferimos enfrentar o tema num escrito específico do NT, a Epístola aos Romanos. Mais precisamente, estudaremos as *citações* do AT com as quais Paulo adorna esta carta.

Todo leitor atento da Carta aos Romanos observa a frequência com que Paulo remete ao AT. Este fato pode levantar várias perguntas: Qual é o número, a proveniência precisa e a função destas citações? Paulo as reproduz com fidelidade literal aos textos e a seu contexto original?

1. ONIPRESENÇA DAS CITAÇÕES DO AT – Somente a Carta aos Romanos cita nada menos de 62 passagens do AT (cf. D.-A. Koch, *Die Schrift alz Zeuge des Evangeliums. Untersuchungen zur Verwendung und zum Verständnis der Schrift bei Paulus*, Tübingen, 1986, 21-24). Mais do que nas outras epístolas, Paulo manifesta em Romanos um interesse especial pelo AT. Não cita nunca o AT em 1 e 2 Tessalonicenses, em Colossenses e Filipenses. Efésios remete ao AT perfuntoriamente, sem insistência. Romanos contém de fato uma grande parte das 93 citações do AT encontradas no conjunto das cartas atribuídas costumeiramente ao Apóstolo Paulo (Rm, 1 e 2Cor, Gl, Ef, Fl, Cl, 1 e 2Ts).

As citações do AT que se encontram em Romanos pertencem especialmente ao livro dos Salmos (14), ao Gênesis (8), ao Deuteronômio (8), ao Proto-Isaías (7), ao Dêutero-Isaías (7) e, finalmente, ao Trito-Isaías (5). As 13 citações restantes dividem-se entre nove outros livros do AT (Habacuc, Malaquias, Êxodo, Oseias, Levítico, 1Reis, Jó, Provérbios, Joel). É, pois, evidente que os principais livros aos quais Paulo se refere, quando escreve a Carta aos Romanos, são os Salmos, o Gênesis, o Deuteronômio e, sobretudo, Isaías. De resto, no conjunto de suas cartas, Paulo revela uma nítida preferência por estes quatro livros. Deixa de lado os profetas Jeremias, Ezequiel e Daniel e também os escritos históricos, como os livros de Samuel, as Crônicas e o segundo livro dos Reis. Reflete, assim, as opções de seus contemporâneos judeus (D.-A. Koch, op. cit. 47, n. 14). Como eles, citará somente os livros que foram reconhecidos como canônicos depois do ano 70 da era cristã pelo judaísmo farisaico e rabínico. Nunca cita, por exemplo, o Sirácida ou o livro da Sabedoria (cf. E. Earle Ellis, *Paul's Use ofthe Old Testament*, Londres, 1957, "Paul's Use of Non-Canonical Literatura", 76-82). Tal fato não exclui que estes escritos possam tê-lo *inspirado* (a este propósito, pode-se confrontar Rm 1,18-23 e Sb 13,1-9), mas significa que não era o caso de lhes *citar* o texto.

Observemos, finalmente, que, nas Epístolas aos Coríntios, Paulo apresentará como citações do AT certos textos que é inútil procurar nas Escrituras (1Cor 1,31; 2,9; 9,10b; 2Cor 13,10).

2. O TEXTO ORIGINAL E AS CITAÇÕES PAULINAS – a. O *texto dos Setenta* – Paulo cita o AT partindo do texto grego da versão dos Setenta ou, mais exatamente, partindo de um texto dos Setenta que havia sido hebraicizado antes dele (D.-A. Koch, op. cit., 78-89). Por isso, faremos referência sempre ao texto dos Setenta. Pelo mesmo motivo manteremos a numeração dos Salmos usada por aquela versão.

Várias citações de Romanos permitem ver que Paulo lê o texto dos Setenta. Por exemplo, em Rm 15,10 escreverá como os Setenta: "*Alegrai-vos*, ó nações, junto com seu povo" (Dt 32,43), ao passo que no original hebraico se lia assim: "*Aclamai* seu povo, ó nações!" Ou, ainda, Rm 15,12 cita Is 11,10 segundo o texto dos Setenta: "... nele [o rebento de Jessé] *as nações esperarão*", ao passo que o texto hebraico dizia "É esta [a raiz de Jessé] que as *nações procurarão*".

b. *Modificação do texto original* – Mas Paulo cita com uma certa liberdade o texto grego do AT. Rm 9,33 cita livremente Is 8,14; uma dezena de passagens da mesma carta impõem mudanças de estilo e citações do AT (Rm 2,6; 9,9; 10,19; 11,4.34.35; 12,19; 14,11; 15,8.11).

O apóstolo gosta de modificar a ordem das palavras, para dar relevo a um elemento a que atribui um interesse particular. Assim, Rm 11,3 põe em evidência o *assassinato dos profetas*, situando no início da citação a proposição "mataram os teus profetas", proposição esta que, na passagem tirada de 1Rs 19,10, figura mais adiante. Da mesma forma, para colocar a ênfase na culpabilidade do povo hebraico, "desobediente e rebelde", Paulo salienta, no começo da frase, a expressão "o dia inteiro": "O *dia inteiro* estendi as mãos para um povo desobediente e rebelde" (Rm 10,21), ao passo que em Isaías (65,2) a expressão "o dia inteiro" estava no meio da frase.

Há outra modificação estilística no texto dos Setenta em Rm 11,9b: Paulo põe em evidência a palavra *tropeço* (*skándalon*), pois é adequado, num *contexto de queda e rejeição*, salientar essa palavra desta forma (cf. Rm 11,8-9.10).

Com frequência Paulo cita o texto do AT para dar mais valor a seu ponto de vista (cf. Rm 3,10-12/Sl 13,1-3; Rm 3,15-17/Is 59,7-8). Nesses casos, conserva preferivelmente os elementos do texto original que apoiam seu pensamento.

A amplidão dos textos citados por Paulo varia muito no decurso da epístola. Às vezes cita apenas alguma palavra do AT: "não desejes" (*oúk epithymêseis*, Rm 7,7/Dt 5,21), ou uma breve proposição significativa: Deus "retribuirá a cada um segundo suas obras" (*apodôsei hekástō katà tà erga autoú*, Rm 2,6/Sl 61,13). Com frequência Paulo cita um ou mais versículos completos (cf. Rm 11,9-10/Sl 68,23-24; Rm 11,26-27/Is 59,20-21).

Por vezes o leitor se encontra diante de uma série de citações, tiradas de livros diferentes do AT, que pode servir para traduzir *de maneiras diferentes* uma mesma afirmação de Paulo. De uma citação para outra não existe um verdadeiro progresso do pensamento. Uma mesma ideia é simplesmente formulada de modos diversos. É o caso de Rm 15,9-12, onde quatro textos do AT (Sl 17,50; Dt 32,43; Sl 116,1; Is 11,10) fornecem, pelo menos segundo Paulo, quatro formulações de um pensamento, expresso imediatamente antes do grupo das citações: "*As nações pagãs glorificam* a Deus por sua misericórdia". Cada um dos quatro textos citados (Rm 15,9b-12) contém os mesmos dois termos "nações" (pagãs) e "glorificam", já usados no versículo 9a, ou, então, sinônimos.

Paulo procura, assim, dar a seu pensamento a autoridade que possui a Palavra de Deus; fundamenta na tradição religiosa de Israel seus pontos de vista aparentemente novos, que poderiam chocar os leitores judeus ou judeu-cristãos. Sob este mesmo ponto de vista, poder-se-ia estudar Rm 3,10-18.

Às vezes Paulo reúne um grupo de citações com finalidades diversas: neste caso, apoia no AT *cada parte* de seu raciocínio. Assim acontece em Rm 9,6-18, onde procura explicar por que Israel não acolheu bem a Jesus Cristo.

Trata-se de um mistério ou um escândalo histórico que Paulo gostaria de entender. 1. À mente de Paulo apresenta-se uma primeira explicação do fato: a Palavra de Deus, que, segundo o plano divino, devia ser acolhida pela "descendência de Abraão", *teria fracassado por impotência*, não tendo podido realizar o plano de Deus (Rm 9,6). Paulo reage com vigor: a verdadeira "descendência de Abraão", para a qual o plano divino valia, é dada por *Isaac* a seu pai, como dizia Gn 21,12 (citado em Rm 9,7). 2. Aqui se trata de uma descendência nascida de uma promessa, como atesta Gn 18,10.14 (Rm 9,9). 3. E se Jhwh é aceito por um filho de Isaac (Jacó) e não pelo outro (Esaú), é por uma *livre-escolha* de Deus, que chama com toda a liberdade a quem quer, como se vê em Gn 25,23 e Ml 1,2-3 (Rm 9,12-13).

A cada etapa do raciocínio de Paulo, conforme se vê, uma citação da Escritura (Palavra de Deus) vem confirmar, sancionar ou credenciar o pensamento de Paulo. O recurso ao AT é, portanto, sistemático.

3. FUNÇÃO DAS CITAÇÕES DO AT – As observações que fizemos levantam um problema fundamental: Que função têm em Paulo as citações do AT? Parece evidente que a primeira função exercida por estas citações é estabelecer que o ensinamento do AT e o de Paulo concordam plenamente. Quer as citações formem uma simples *amplificação verbal* de um tema de Paulo, como se vê em Rm 15,9-12, quer venham *confirmar* cada passo da reflexão de Paulo (Rm 9,16-18), a função principal dessas citações do AT permanece idêntica: *querem dar ao pensamento de Paulo a autoridade da Palavra de Deus.*

Um leitor apressado cairá na cilada; pensará que Paulo não faz outra coisa senão explicar a Palavra de Deus consignada nas Sagradas Escrituras. Parece-lhe que existe uma concordância perfeita entre Paulo e os autores sagrados das Escrituras. De fato, as citações não constituem o *ponto de partida* do pensamento de Paulo; habitualmente, nem sequer o fazem progredir. Contentam-se em exprimi-lo de modos diversos. Sobretudo, não é de modo algum certo, conforme veremos em breve, que Paulo *respeite o sentido* que os textos citados tinham no AT.

a. *Onde está o ponto de partida?* – Antes de chegarmos àquele ponto fundamental, ocupar-nos-emos com um outro problema que acabamos de levantar: Onde está o *ponto de partida* neste avançar e retroceder entre o AT e seu pensamento pessoal? A reflexão de Paulo parte do AT ou da tradição cristã? Em nosso entender, o apóstolo reflete em primeiro lugar sobre o único Evangelho de Cristo (Gl 1,7) e depois vai ao AT.

– Rm 15,12-13. Sem dúvida, por vezes um ou outro dos versículos de Paulo é como que gerado pelo AT apenas citado. Por exemplo, se Paulo fala em Rm 15,13 do *Deus da esperança* (expressão que não encontramos em nenhuma outra passagem de suas cartas) e se na mesma passagem se formulam votos de que os cristãos "abundem na esperança pela virtude do Espírito Santo", seguramente é porque a citação de Is 11,10, feita por Paulo no versículo anterior (Rm 15,12), concluía com estas palavras: "Nele [o rebento de Jessé] as nações *esperarão*". A palavra *esperança* usada por Isaías suscita os votos de Paulo, que falará duas vezes da esperança (*elpís*, Rm 15,13).

– Rm 15,9-12. Habitualmente, porém, temos o movimento inverso; um *pensamento de Paulo*, já formulado, determina a escolha das *citações* feitas em seguida. Acabamos de ver como duas palavras, usadas pelo próprio Paulo em Rm 15,9 – *nações* e *glorificar* (*éthnē* e *doxázein*) – trouxeram à mente três citações do AT em que apareciam estas mesmas duas palavras, ou, no caso da palavra "glorificar", sinônimos (*doxázein: exomologéin, psállein, euphráinein, ainéin, epainéin*).

Tudo leva a crer que, no momento de ditar suas cartas, Paulo se volte para o AT com um pensamento pessoal seu já bem claro na mente, um pensamento que lhe foi inspirado pela tradição nascida do Evangelho de Cristo. Procura, então, no AT *expressões* claras e vivas de seu próprio pensamento, ou cenas ou acontecimentos que *ilustrarão* seu pensamento.

– Rm 3,21–4,25. Sob este aspecto, a alusão à figura de Abraão é das mais significativas. A carta aos Romanos menciona Abraão pela primeira vez no começo do capítulo 4 (Rm 4,1), isto é, depois de Paulo explicar com notável vigor (Rm 3,21-31) que "o homem é justificado por fé, independentemente das obras da lei" (Rm 3,29). *Primeiro*, o apóstolo meditou sobre a "redenção realizada por Cristo Jesus" (Rm 3,24) e sobre a expiação feita em seu sangue (Rm 3,25). A história espiritual de Abraão (Rm 4) vem *em seguida* ilustrar o pensamento desenvolvido anteriormente (Rm 3,21-31).

Os pontos de vista que Paulo expõe primeiro em Rm 3,21-31 orientam a leitura que ele faz da história de Abraão. Por exemplo, por que Paulo fala da *justiça* de Abraão somente a partir de Gn 15,6: "Ele creu no Senhor, que lho creditou como justiça"? Por acaso Abraão já não tinha um comportamento de homem *justo*, quando Jhwh, em Gn 12,1, lhe disse: "Sai do teu país, de tua pátria e da casa de teu pai, para o país que eu te indicarei" e quando "partiu, como lho havia ordenado o Senhor" (Gn 12,4a)? Paulo deixa de lado este episódio de Gn 12,1-5 porque quer, à luz da tradição evangélica que inspira Rm 3,21-31, ligar a *justiça* e a *fé*. Ora, os termos *justiça* e *fé* não aparecem em Gn 12,1-5, ao passo que aparecem intimamente unidos em Gn 15,6. Por isso, citará somente este último texto do Gênesis, pois este exprime com clareza o pensamento pessoal de Paulo.

– Rm 4,19. Uma outra prova de que são os dados do NT que guiam Paulo em sua leitura da história de Abraão é o modo como apresenta o Deus de Abraão como o Deus que *dá vida aos mortos* (Rm 4,17), em seguida apresenta os corpos de Abraão e de Sara como ambos *tocados pela morte* (Rm 4,19). É verdade que o livro do Gênesis diz que "Abraão e Sara eram idosos, avançados em anos" (Gn 18,11), mas não os apresenta nunca como "tocados pela morte".

Contudo, o mistério pascal – o centro da vida cristã – inspira a Paulo uma nova leitura da história de Abraão. A fé cristã, que fala "daquele que ressuscitou dos *mortos* a Jesus nosso Senhor" (Rm 4,24), sugere a Paulo a ideia de descrever o Deus de Abraão como "o Deus que dá vida aos mortos" (Rm 4,17) e de ver os corpos de Abraão e Sara como *mortos* (Rm 4,19). Assim, um vocabulário tirado do mistério pascal que fala da *morte* e de um Deus que *faz ressuscitar* é usado em Rm 4 para contar a história de Abraão. A nova leitura paulina da experiência de Abraão não falseia os dados do AT, mas conta os fatos ligando-os com a experiência pascal de Cristo. Consequentemente, Abraão prefigura o discípulo de Cristo não só por sua *atitude* de crente (Rm 4,12), mas também pelo próprio *objeto* de sua fé: "o Deus que dá a vida aos mortos" (Rm 4,17). O nascimento de Isaac e a ressurreição de Jesus serão com isso igualmente aproximados.

Paulo aparece, portanto, pelo menos na Carta aos Romanos, como um discípulo de Cristo que se nutre, antes de tudo, da tradição religiosa nascida do Evangelho. Bem arraigado na fé cristã, procura-lhe os anúncios, as figuras, os símbolos ou algumas expressões nos escritos do AT.

4. O ENSINAMENTO QUE VEM DO AT – Se a esta altura de nossa reflexão interrogarmos as citações do AT que se encontram na Carta aos Romanos, dois problemas fundamentais apresentam-se-nos ao espírito: 1. Quais são *os elementos da fé cristã* que a Carta aos Romanos encontra no AT? 2. A Carta aos Romanos respeita o *sentido originário* dos textos que cita do AT? Trataremos os dois problemas simultaneamente, para não precisar repetir-nos.

a. *Deus* – Um Deus sábio e onisciente. Várias citações que encontramos em Romanos falam de Deus. Por exemplo, Paulo encontra em Is 40,13 e Jó 41,3 exclamações de admiração pela sabedoria e pela *ciência* de Deus: "Quem jamais conseguiu conhecer o pensamento do Senhor?" (Rm 11,34-35).

– Um Deus fiel. A fidelidade de Deus a seu povo é lembrada por 1Sm 12,22: "Deus não repudiou seu povo" (Rm 11,2), citação à qual Paulo faz este acréscimo: "... que Ele escolheu desde o princípio". Estas palavras explicam a atitude de Deus: é graças ao *amor gratuito e preveniente* de Deus por seu povo que Israel não é repudiado por aquele Deus que é fiel "em atenção a seu nome que é grande" (1Sm 12,22).

– Um Deus juiz e vingador. Numa outra passagem de Rm (Rm 2,6), Paulo apoia num salmo (61,13) um ensinamento totalmente desconhecido ao salmista. Enquanto este falava do Deus justo que, desde a vida na terra, recompensa a cada um de acordo com seus méritos, Paulo descobre um Deus que, no *juízo final* que se abrirá no além, restabelecerá toda justiça. Paulo reinterpreta, assim, em função do ensinamento de Cristo, um texto do AT (Mt 25,31-46).

Is 45,23 anuncia o dia em que as *nações pagãs* aclamarão Jhwh como único "Deus justo e salvador" (Is 45,21). Paulo baseia neste texto a afirmação de que todo homem será julgado por Deus, motivo pelo qual se deve deixar a Deus o juízo sobre cada homem (Rm 14,11). E também aqui Paulo modifica notavelmente o sentido do texto original: graças a um contexto novo, o da fé cristã, o mesmo texto passa das nações para os indivíduos e depois faz de Deus *salvador* (Is 45,21) o *juiz* universal.

No Deuteronômio (32,35) Jhwh anuncia que intervirá para castigar as *nações pagãs* idólatras e inimigas de Israel: "Minha será a vingança e o castigo, quando vacilarem seus pés!" Paulo muda notavelmente o alcance do texto, quando cita esta passagem para pedir a todo cristão não "retribuir a ninguém o mal com o mal" e de "deixar agir a ira divina", ao invés de *fazer justiça por si* (Rm 12,17.19).

– Um Deus misericordioso. Embora juiz severo, Deus permanece misericordioso. Em dois profetas, Oseias e Isaías, Paulo encontra o anúncio de que a salvação é fruto da misericórdia de Deus e não de nossos méritos pessoais. Deus chama Israel de *seu povo, seu amado* (Rm 9,25-26; Os 2,1.25) e *filhos do Deus vivo* (Rm 9,26; Os 1,10), embora o povo esteja imerso no pecado (Os 2,4-15).

Ainda a propósito da misericórdia de Deus, podemos recordar a passagem Rm 15,9a, onde Paulo vê os *pagãos* "glorificarem a Deus por sua misericórdia". Atribui-lhes o projeto de Davi de cantar seu reconhecimento a Jhwh, que o libertara de seus inimigos: "Por isso te celebrarei entre as nações pagãs e cantarei hinos a teu nome" (Rm 15,9/Sl 17,50). Utilizando a fórmula "conforme está escrito", Paulo aplica tranquilamente aos *pagãos* um texto em que a Escritura falava de Davi!

Em Dt 32,43, as nações pagãs são convidadas a louvarem a Deus pelo poder e pela fidelidade que Ele manifestou *repelindo os inimigos de Israel, seu povo.* Paulo serve-se desta mesma passagem para chamar as "nações" a "se alegrarem" – como diz a versão dos Setenta – ao verem a misericórdia divina exercer-se *a seu favor* (Rm 15,9-10). O texto do AT (Dt 32,43) reconhecia a Israel uma sorte feliz: Jhwh libertara-o de seus inimigos, dos quais indubitavelmente faziam parte as "nações" pagãs. Esta sorte feliz torna-se em Paulo também a sorte das próprias *nações pagãs.* A intervenção de Jhwh que ia *contra* as "nações" agora atua a seu favor!

No versículo subsequente de Rm (15,11). Paulo reinterpreta de maneira igualmente surpreendente o v. 1 do Sl 116: em vez da fidelidade de Jhwh a *Israel*, seu povo, em Paulo é a misericórdia divina manifestada aos *pagãos* que convida a louvar a Deus: "Louvai o Senhor, povos todos..." (Sl 116,1; Rm 15,11). Ver os pagãos tomarem assim o lugar de Israel é bastante interessante. É preciso dizer que, durante seu apostolado, Paulo tinha visto verificar-se uma mudança deste gênero (At 28,28).

– Um Deus livre. Vimos, ao estudar por exemplo Rm 3,21-31 e Rm 4, que Paulo com frequência procede da seguinte maneira: começa exprimindo suas convicções com suas palavras e, em seguida, cita textos do AT que podem dar sustentação a seu pensamento. Assim, em Rm 9,11-12 o apóstolo afirma que o desígnio divino procede por *livre-escolha* e não depende das obras, mas da vontade daquele que chama. Em outros termos, a salvação não é o fruto das *obras* executadas por cada homem, mas de uma *livre-escolha* feita por Deus e acolhida pelo crente. Esta é justamente a tese pessoal de Paulo, expressa com suas próprias palavras (Ef 2,7-10).

Para apoiar seu ponto de vista, Paulo recorre à história de Esaú e Jacó: já antes de nascerem, Deus decide que o filho maior servirá ao menor. Assim Jhwh rompia com a bem conhecida situação habitual de Israel (Dt 21,15-17; Gn 43,33); manifestava a liberdade de suas escolhas ou, melhor ainda, o *amor gratuito* que as inspira (Rm 9,13/Ml 1,2-3; cf. Gn 4,4-5; 25,23; 1Sm 16,22; 1Rs 2,15).

Além disso, Deus faz misericórdia a quem quer; faz endurecer a quem quer, como bem ilustra a história de Moisés e do faraó. Se Jhwh "faz passar diante de Moisés todo o seu esplendor" e se "proclama seu nome diante dele", é porque assim o quer (Ex 33,19/Rm 9,15). Da mesma forma, se Jhwh permite que o faraó sobreviva às pragas que devastam o Egito (Ex 9,16), é em virtude de um plano que Jhwh concebeu livremente. Tudo isso são episódios e figuras tirados do AT que vêm apoiar os pontos de vista de Paulo sobre uma salvação que é uma graça de Deus e não um salário ligado às obras realizadas pelo homem (Rm 9,11-12).

Pareceu-nos útil salientar, nas citações feitas em Romanos, quais eram as características de Jhwh que Paulo descobrira no AT e que o haviam impressionado.

b. *O Cristo* – Sempre com base nas citações do AT, de que está cheia a Carta aos Romanos, Paulo se servia do AT para obter e ministrar um melhor conhecimento do Cristo.

– Assim, Rm 10,18 cita o Sl 18,5, onde o salmista contempla a *glória de Deus* tornada manifesta pelo universo celeste, para proclamar que a *palavra do Cristo* ressoou *por toda a terra.* Efetivamente a palavra do Cristo realiza o que o salmista confessava da *glória de Deus*: esta resplandeceu na glória do Cristo. O texto sagrado que fala de uma pode também falar da outra em momentos distintos da revelação.

– Da mesma forma, quando Rm 10,13 proclama: "Todo aquele que invocar o nome do Senhor será salvo", Paulo utiliza para o Senhor Jesus um texto de Joel, que falava do Senhor Jhwh (Jl 2,32 hebraico; 3,5 LXX). Se Jesus veio a nós como o "sim" de Deus que realiza as promessas feitas no antigo pacto (2Cor 1,20), pode realizar em favor de todos os homens as maravilhas que Jhwh realizara em favor exclusivamente de Israel.

– Cristo cumprirá as profecias do AT. Is 11,10 (LXX), por exemplo, anuncia que "a raiz de Jessé" se levantará um dia para ordenar às nações, que nela depositarão então toda sua *esperança.* Paulo cita este texto de Isaías para proclamar que o *Cristo*, que com sua ressurreição (*anistámenos*) se tornou Senhor de todas as nações (Rm 10,9), realiza a esperança que as nações haviam depositado no "rebento de Jessé" (Rm 15,22). Então o Cristo *realiza uma grande profecia*: exerce em favor das nações pagãs, para além de toda esperança, a *misericórdia divina* (Rm 15,8-9). A citação de Is 11,10 vem confirmar o fato em Rm 15,12.

– Quando Paulo assemelha as *ofensas* recebidas por Cristo (Rm 15,3) às sofridas pelo justo perseguido (Sl 68,10), revela de novo que o Cristo cumpre em si mesmo muitas figuras e acontecimentos do AT.

– Através de todo o seu ministério, Paulo certamente constatava que o destino de Cristo era o de conduzir à vida ou à morte os ouvintes do Evangelho, conforme o aceitassem ou o recusassem: Ele emanava um odor de vida ou de morte (2Cor 2,16). Paulo ilustra esse fato, combinando os textos de Is 8,14 e 28,16, que falam de uma *pedra* que faz tropeçar ou que impede o crente de vacilar (Rm 9,33). Aos olhos de Paulo, Cristo realizava esta figura.

c. *O destino de Israel* – Vários textos do AT citados em Romanos anunciavam a situação de Israel, que, no tempo de Paulo, rejeitou o Cristo. Uma profecia do Trito-Isaías via as nações pagãs afluírem a Jhwh, enquanto um Israel rebelde se afastava dele (Is 65,1-2). Aos olhos de Paulo, o Israel da era cristã realizava esta profecia (Rm 10,20-21).

O mesmo Profeta Isaías, ao invés, entrevia o dia em que Jhwh viria como redentor a Sião, cujos filhos "convertidos da apostasia" iriam estabelecer com Jhwh um pacto graças ao espírito que estava então sobre o profeta (Is 59,20-21). Paulo lê nesse texto o anúncio profético de uma conversão em que "Israel inteiro será salvo", quando na Igreja "tiverem entrado todas as gentes" (Rm 11,25-26). Paulo descobria assim no AT a direção que a história tomaria.

d. *A vida moral* – As citações do AT que lemos na Epístola aos Romanos permitem ainda ver em que medida Paulo encontrava no AT as linhas mestras para seu ensinamento moral.

Quando quer sustentar a lei fundamental da moral cristã ("Quem ama seu semelhante cumpriu a lei" – Rm 13,8), Paulo cita um texto do AT segundo o qual o decálogo e todos os outros mandamentos da lei mosaica se resumem neste preceito: "Amarás o teu próximo como a ti mesmo" (Rm 13,9; Dt 5,17-21; Lv 19,18b).

Quando exorta os cristãos a perdoarem a seus inimigos (Rm 12,20), Paulo apoia-se ainda numa passagem dos Provérbios: "Se teu inimigo tiver fome, dá-lhe pão para comer; se tem sede, dá-lhe água para beber" (Pr 25,21).

e. *A salvação através da fé* – 1. Rm 1,17. Desde Rm 1,16-17 – texto em que estão indicados os dois temas principais da epístola – Paulo sustenta que é no Evangelho que "a justiça de Deus é revelada" *de fé em fé* (Rm 1,17a). Em abono desta visão central, imediatamente depois Paulo cita o Profeta Habacuc: "O justo viverá pela [sua] fé" (Hab 2,4; Rm 1,17b).

Como o texto de Rm 1,17, assim também o de Hab 2,4 é difícil de entender. R. Dhorme vê aí até "um dos versículos mais difíceis" (*La Bible*, Bibliothèque de la Pléiade, Paris, 1959, II, 807). O Profeta Habacuc fala do homem *sincero* e *fiel*, opondo-o "ao que não tem o espírito reto". Seria até melhor, já que se cita habitualmente o texto na tradição, ligar ao verbo "viver" o complemento "sinceridade" ou "fidelidade": O justo viverá através da [sua] fidelidade. Habacuc não está preocupado, como Paulo, em definir a fé ou em opor o regime da lei ao da fé, como fonte de justificação ou de salvação. Habacuc fala simplesmente do comportamento do homem "justo": ele viverá servindo a Jhwh com sinceridade ou fidelidade.

Existe sem dúvida um elemento comum nas interpretações diversas que o Profeta Habacuc e o Apóstolo Paulo dão ao mesmo texto (Hab 2,4): ambos proclamam que o *serviço de Deus ou a obediência a Deus constituem o modo justo de viver ou a verdadeira fonte de vida.* Mas uma distância considerável separa o pensamento de Habacuc do de Paulo: o profeta vê na observância da lei o serviço a prestar a Deus, ao passo que Paulo (Rm 1,17) o vê na *fé* e não nas *obras*, incluída aí a obra por excelência que, para o judaísmo, era a observância da lei. A Carta aos Romanos utiliza, portanto, Hab 2,4 como um texto do AT *cujas palavras traduzem bem uma ideia de Paulo.* Mas, se recolocado no contexto original de Habacuc, o texto tem um significado bastante diferente do enxergado nele por Paulo. Segundo Habacuc, a observância da lei – inspirada sem dúvida pela fidelidade a Deus – traz a vida ao justo; no pensamento de Paulo, é a vida de fé – isto é, segundo ele, o contrário da observância da lei – que será fonte de vida para o justo. Uma vez mais, Paulo adapta uma citação do AT a seu pensamento pessoal.

2. Rm 10,5-10. O tema fundamental do pensamento paulino que estudamos em Rm 1,17 aparece ainda no centro da Carta aos Romanos: a justiça e em seguida a salvação são dadas a todo crente (Rm 10,4b.9).

Num primeiro tempo, Paulo deseja estabelecer que a observância da lei mosaica não podia conduzir à salvação. Para este fim, Paulo cita o Levítico: "O homem que a (lei) pratica viverá por ela" (Rm 10,5/Lv 18,5). Mas, na mente de Paulo, Moisés mesmo condenava, assim, a lei como caminho de vida ou de salvação, pois "por meio da lei temos só o conhecimento do pecado" (Rm 3,20); ela não dá a força para vencê-lo. O homem não era capaz de *cumprir* plenamente a lei.

Referindo-nos ao contexto de Lv 18,5, é fácil, portanto, ver que Paulo reinterpretava aquele texto dando-lhe um sentido contrário ao que lhe fora dado por Moisés. Com efeito, quando Moisés ensinava que "quem puser em prática a lei viverá" (Lv 18,5), colocava a ênfase no *dom da vida*: a lei, no pensamento de Moisés, era *fonte de vida ou de salvação* para aquele que a observava. Paulo, por seu lado, coloca a ênfase, antes, na *observância* (o *poéin*) da lei mosaica. Ora, ninguém pode observar *toda* a lei (Gl 3,10), visto que "a lei somente dá o conhecimento do pecado" (Rm 3,20). Ninguém, pois, será salvo pela lei; esta, antes, amaldiçoa quem não cumpre *toda* a lei (Gl 3,10/Dt 27,26). Em Rm 10,5, portanto, Paulo muda completamente o pensamento que Moisés queria exprimir em Lv 18,5.

No segundo momento da demonstração iniciada em Rm 10,5, Paulo procura estabelecer que somos salvos pela *fé* (Rm 10,4) e que até é *fácil* atingir a salvação mediante a fé. Novamente o apóstolo apoia seu pensamento numa citação do Pentateuco: "Perto de ti está a palavra, em tua boca e em teu coração": basta confessá-la para ser salvo (Rm 10,8/Dt 30,14).

Mas a citação do Deuteronômio (Dt 30,14) usada por Paulo serve, no AT, para ilustrar quanto a *lei* de Moisés torna *fácil* a salvação. De fato, no contexto religioso em que vivia o Israel do tempo de Moisés, a lei mosaica revelava afinal as vontades de Deus; dava ao povo de Jhwh uma sabedoria e uma compreensão excepcionais, que tornavam acessível a salvação (Dt 4,6). A partir daquele momento, Israel saberá com clareza o que quer o Deus servido por ele. Mas a proclamação do Evangelho e, sobretudo, o dom do Espírito mudariam a situação: Cristo será "o fim da lei" (Rm 10,4). A lei tornar-se-á então um obstáculo para a salvação (Rm 9,32-33); tornar-se-á uma "pedra de tropeço".

Observemos que em Rm 10,5.8-9 Paulo dirige *contra a lei* dois textos (Lv 18,5; Dt 30,14) que, no pensamento de Moisés, tinham o objetivo de *glorificar o regime da lei* como caminho de salvação *fácil de percorrer.*

5. O MODO DE PROCEDER DE PAULO – É possível, à luz das passagens da Carta aos Romanos que citam o AT, descobrir qual é o procedimento seguido por Paulo no uso do AT? Parece-nos útil assinalar logo a passagem de Rm 2,24, que a este propósito é particularmente ilustrativa.

Em Rm 2,24 Paulo procura levar os judeus a tomarem consciência de sua condição de pecadores. Mostra-lhes uma consequência importante deste fato: "O nome de Deus é blasfemado por vossa causa entre os pagãos" (Rm 2,24/Is 52,5 LXX). No contexto que, na versão dos Setenta, circunda este versículo de Isaías, de um lado vê-se um Israel reduzido ao cativeiro e, do outro, pagãos que desprezam o deus destes prisioneiros, um deus impotente (Ez 36,20). Em Isaías (52,5 LXX) Jhwh é, pois, blasfemado pelos pagãos, por não ter podido evitar o cativeiro para seu povo. O responsável pelo fato de o nome de Deus ser blasfemado entre os pagãos, por causa de Israel, é a situação do povo vencido e não sua conduta moral repreensível. No contexto de Rm 2,24, porém, o que escandaliza as nações pagãs e as leva a "blasfemar o nome de Jhwh" é a conduta imoral dos judeus (Rm 2,21-23).

Assim, em Isaías e em Paulo, o mesmo texto é situado em contextos distintos, que lhe dão significados muito diferentes. Este fato não parece preocupar Paulo. Ao que parece, basta-lhe que as palavras da citação, *tomadas em si mesmas, sem consideração pelo contexto original*, exprimam bem seu pensamento.

CONCLUSÃO – O estudo que fizemos sobre as citações do AT, presentes na Carta aos Romanos, não permite descobrir toda a influência que o AT pôde exercer sobre Paulo, no momento de redigir esta carta. As 62 citações que a carta tira do AT revelam, todavia, pontos precisos e numerosos para os quais Paulo recorreu às Escrituras do antigo pacto. Já por este motivo elas mereceriam um estudo acurado, pois nos ensinaram várias coisas a respeito das relações de Paulo com o AT.

1. Vimos, antes de tudo, que as citações em questão foram tiradas em grande parte de quatro livros do AT: Isaías, Salmos, Gênesis e Deuteronômio.

2. Sobretudo ficou claro que as citações extraídas do AT não tinham por função principal *fundamentar* a reflexão de Paulo, mas, antes, entravam numa síntese pessoal de Paulo já definida, para fornecer a um determinado ponto novas formulações do pensamento do apóstolo.

3. Estas citações destinavam-se a conferir o prestígio da Palavra de Deus à reflexão de Paulo, que tinha todo interesse em mostrar que seu ensinamento, por mais inovador que pudesse parecer, permanecia conforme às Escrituras tradicionais de Israel.

4. Destacamos os temas principais que as citações do AT apoiavam em Romanos: a pessoa e as funções de Deus e de Cristo, o destino de Israel, a vida moral e, finalmente, o tema central da epístola, a salvação obtida através da fé.

5. Paulo apareceu-nos como um autor que cita com bastante fidelidade a letra do AT, lido na versão dos Setenta. É verdade que com bastante frequência submete o texto sagrado a mudanças estilísticas de menor importância. Ou também "simplifica" a passagem citada, com o fim de atrair a atenção do leitor para elementos precisos da reflexão.

6. Sobretudo, chamamos a atenção do leitor para um ponto fundamental: Paulo reinterpreta com surpreendente liberdade os textos do AT por ele citados. Interpreta-os sem levar em conta, ao que parece, o contexto veterotestamentário de que extrai um texto para transplantá-lo para sua carta. Este modo de proceder não deixa de surpreender.

Lembremos que C.H. Dodd, em sua obra notável intitulada *Segundo as Escrituras – Estrutura fundamental do NT* (São Paulo, 1979), sustentava que os evangelistas e os demais mestres espirituais da Igreja primeva remetiam para um *conjunto*, quando citavam uma expressão ou um versículo tirado do AT: As citações de versículos ou frases individuais pertencentes a estas passagens não devem ser consideradas isoladamente, mas com referência a todo o contexto respectivo (cf. p. 125). Esta tese de Dodd não parece aplicável à Epístola aos Romanos. Com efeito, Paulo não faz referência nem a *conjuntos* nem ao contexto imediato dos textos citados. Cita simplesmente versículos ou partes de versículos do AT que traduzem bem seus pontos de vista pessoais. As citações são reinterpretadas em função das opiniões que o apóstolo exprimiu com suas palavras; não remetem a um *contexto* veterotestamentário respeitado por Paulo e que pudesse explicar seu pensamento. A citação feita por Paulo vale em si e por si; as palavras da citação, tomadas tais como são, têm antes de tudo o mérito de exprimir bem as ideias de Paulo. O contexto do AT é como que esquecido; um novo contexto – o da tradição cristã que se está formando – dá muitas vezes um significado novo à passagem tirada do AT. Esta maneira de Paulo utilizar o AT é sem dúvida ilustrativa quanto ao modo como os ambientes judaicos de sua época – especialmente o ambiente dos fariseus – utilizavam as Escrituras.

Bibl. – E. Ellis, *Paul's Use of the Old Testament*, Edinburgh 1957; B. Lindars, *New Testament Apologe-tic.* The Doctrinal Significance of Old Testament Quotations, Londres 1961; D.-A. Koch, *Die Schrift als Zeuge des Evangeliums.* Untersuchungen zur Verwendung und zum Verständnis der Schrift bei Paulus, Tübingen 1986.

PAUL-ÉMILE LANGEVIN

TESTEMUNHO

I. FORMA DE REVELAÇÃO: *Testemunho em contexto profano – Testemunho como via de acesso ao mistério das pessoas – Testemunho em contexto bíblico – Testemunho apostólico – O tema do testemunho em João – Do testemunho-revelação ao testemunho-motivo de credibilidade* – II. MOTIVO DE CREDIBILIDADE: *Testemunho no Vaticano II – Na exortação* "Christifideles laici" *– Fecundidade do testemunho pessoal – Testemunho comunitário – Necessidade, dinamismo e especificidade do testemunho – Eucaristia, momento forte do testemunho* (R. Latourelle).

I. Forma de revelação

Faz mais ou menos um século que a categoria do testemunho entrou progressivamente a fazer parte do vocabulário eclesial. O termo aparece discretamente no → Vaticano I, para designar a Igreja, enquanto constitui em si mesma e com sua presença no mundo "um grande e perpétuo motivo de credibilidade e um *testemunho* irrecusável de sua missão divina" (→ Igreja). Com o → Vaticano II verifica-se uma irrupção maciça da terminologia do testemunho. O tema está onipresente. Palavras como testemunho, testemunhar, testemunha retornam mais de cem vezes e aplicam-se tanto à Igreja inteira quanto a cada grupo de cristãos. No sínodo de 1974, o tema do testemunho volta com nova insistência, desta vez no contexto da → evangelização. Finalmente, a categoria do testemunho está no centro da atual Teologia Fundamental.

1. TESTEMUNHO EM CONTEXTO PROFANO – É uma das categorias privilegiadas da Escritura para introduzir o homem nas riquezas do mistério divino, como, por exemplo, as categorias da aliança, da palavra, da paternidade e da filiação. Se a própria revelação se baseia na experiência humana do testemunho, para exprimir uma das relações fundamentais que unem o homem a Deus, a reflexão teológica está autorizada a explorar os dados desta experiência. Sem dúvida, nesse trabalho de análise é a revelação que deve ser normativa e indicar à teologia o tipo de purificação e sublimação pelo qual a realidade humana deve passar, para adaptar-se ao mistério divino. Por outro lado, se a experiência humana não tivesse relação com o mistério do ser divino, o encontro entre Deus e o homem seria impossível: haveria lugar apenas para monólogos paralelos.

Em um nível mais fraco, *testemunhar* significa relatar o que se viu e ouviu. A testemunha é aquela que pode informar sobre acontecimentos de que participou, sobre pessoas ou fatos por ela conhecidos; é, portanto, capaz de refletir verbalmente o que sabe, porque o viu e ouviu. O testemunho estriba-se, então, numa experiência ocular ou auricular. O contexto mais frequente desse tipo de testemunho é o de um processo. Já neste primeiro nível, a fé no testemunho exige uma certa entrega da razão e uma certa confiança; com efeito, a palavra da testemunha torna-se para quem não viu ou ouviu um substitutivo da própria experiência.

Em razão deste contexto judiciário, o testemunho não tem simplesmente valor de informação: é um relato em vista de um juízo a ser emitido sobre acontecimentos, sobre as razões de uma ação, sobre o caráter de uma pessoa. O testemunho destina-se a influir sobre os jurados e sobre os juízes, que se baseiam nele como num argumento para pensar, avaliar e decidir. Por isso, o relato da testemunha, mais do que um fato mental (constatação e descrição, informação e relato) é um fato moral: um depoimento ao qual o juramento confere uma gravidade especial. Ser testemunha num processo significa declarar e declarar-se a favor de alguém ou contra ele. Não se trata mais somente de descrever, como faria um jornalista, mas de a pessoa comprometer-se a si mesma e emitir um juízo de valor.

Chegamos, assim, a um segundo nível do testemunho, aquele em que a testemunha se empenha totalmente com sua palavra, se compromete por ela. Por isso, num testemunho que põe em causa a vida de alguém, a testemunha não só exprime uma íntima convicção sobre a inocência ou a culpabilidade do acusado, mas compromete-se por inteiro com seu depoimento. Sua palavra é autoempenhativa. Em outros termos, ela diz: "Declaro esta pessoa inocente: negar esta inocência seria renegar a mim mesmo". Aqui o ser e o dizer coincidem.

Acontece às vezes – e temos, então, o terceiro nível do testemunho – que a testemunha sancione sua entrega à causa que defende, com uma profissão pública de sua convicção interna, que pode chegar ao sacrifício da vida. Esta confissão acontece, na maioria das vezes, num contexto de hostilidade, de ódio por parte dos que não compartilham a mesma causa. Quando a testemunha morre assim, para apoiar seu testemunho, torna-se *mártir* (→ Martírio), isto é, plenamente testemunha. Este empenhar-se, arriscando a vida, brota do testemunho-palavra que, então, não é mais simples narração de coisas vistas ou ouvidas, mas ação e morte trágica. Chega-se, assim, quase sem dar-se conta, a definir como testemunho a própria ação de arriscar a vida, na medida em que tal doação é a prova viva da convicção interior e da dedicação da testemunha à causa que defende. A esta altura, em nível semântico, verifica-se a passagem do testemunho-palavra para o testemunho-ação. E é o testemunho-ação que dá sentido ao testemunho-palavra. O ponto firme em torno do qual gira a mudança de sentido é o *envolvimento* da testemunha no testemunhar. Atingimos aqui o contexto bíblico em que o testemunho de Cristo, a Testemunha por excelência, é aquele em que o dizer e o agir coincidem na transparência de seu ser.

2. TESTEMUNHO COMO VIA DE ACESSO AO MISTÉRIO DAS PESSOAS – Quando a testemunha se empenha inteiramente com a palavra ou com a ação, exprime a si mesma na plenitude de sua existência livre. A partir daquele momento, o testemunho adquire uma profundidade e uma dignidade especiais, tendo por objeto o mistério íntimo do ser pessoal. Neste nível, mais do que num processo, a testemunha torna-se uma coisa só com o que diz. A pessoa quer estar presente e ser transparente ao ouvinte da verdade de seu mistério interior. Pode enganar-se, iludir-se acerca de si mesma; todavia, seu testemunho é irrecusável, em razão da intenção que a anima. Nada prevalece sobre esta.

Efetivamente, quando deixamos o universo das coisas materiais para entrar no nível das pessoas, deixamos o mundo da evidência para entrar no do testemunho. Neste nível o ideal científico, que reina ao máximo sobre um dos âmbitos da reflexão humana, não vale mais.

Em nível da intersubjetividade, o das pessoas, deparamos o mistério. Com efeito, as pessoas não são problemas que se deixem encerrar em fórmulas e resolver com uma equação. Temos acesso à intimidade pessoal só mediante o livre-testemunho da pessoa sobre si mesma, com uma confidência que é propriamente uma revelação, um desvendar o mistério interior pessoal. Dizer que o testemunho é um tipo de conhecimento inferior, porque dá somente probabilidade e não certezas e porque escapa às normas de um certo ideal científico, significaria, portanto, manifestar uma lamentável ignorância do problema. O conhecimento adquirido através de testemunho só é inferior lá onde, em decorrência da natureza do objeto, temos condição de chegar a um conhecimento direto e imediato do real; mas não é inferior, quando se trata daquelas realidades específicas que são as pessoas, onde o testemunho é o único modo de entrar em contato e de participar de seu mistério.

O testemunho pertence ao mistério da liberdade. Por ser humana, sem dúvida esta liberdade é frágil e sempre ameaçada. Só Deus pode dar à sua palavra uma garantia absoluta, devido à sua identidade eterna e absoluta consigo mesmo. A experiência humana, de fato, demonstra a multiplicidade dos erros involuntários, até nas pessoas mais autênticas. E, todavia, apesar desses riscos, o testemunho pertence à grandeza e à dignidade do homem. Ele o torna participante da própria autonomia e liberdade de Deus.

Portanto, no testemunho subsiste uma solidão da qual nem mesmo a própria testemunha saberia libertar-se, e que a torna vulnerável e exposta à recusa. Mesmo em Jesus, a cuja palavra a experiência da identidade de filho do Pai confere certeza e valor absolutos, o testemunho não tem certeza de receber o acolhimento que merece, apesar de ser selado com seu sangue.

É que o testemunho, radicado no cerne da liberdade humana, é um apelo à liberdade de quem o recebe. Enquanto a demonstração se dirige antes de tudo à inteligência, o testemunho envolve também, em graus distintos, a vontade e o amor. É um apelo à confiança: uma confiança mais ou menos profunda, que se mede com base na importância do objeto atestado e dos valores em causa na palavra. Quando uma pessoa recorre ao testemunho para exprimir-se, já está fazendo um apelo à confiança e se compromete a dizer a verdade. Compromete-se a não trair esta confiança e promete, pelo menos implicitamente, ser sincera e veraz. E, por outro lado, acolher o testemunho de alguém como verdade significa confiar nele, pois significa passar da autonomia para a heteronomia, renunciar a si para entregar-se a um outro. A possibilidade de um intercâmbio entre os homens funda-se em última análise sobre esta confiança exigida da testemunha e sobre a promessa, tacitamente feita por ela, de não traí-la. De um lado, portanto, compromisso moral da testemunha e, de outro, confiança que já é um início de amor da parte de quem adere ao testemunho. Visto tanto da parte do ouvinte quanto da parte da testemunha, o testemunho é um fato moral, muito mais do que mental.

No caso extremo em que o homem compromete toda a sua vida, confiando na palavra da testemunha, manifesta uma confiança, uma fé total, que é amor profundo pela testemunha. Sob este ponto de vista, a fé em Cristo é doação total da pessoa a Cristo, decisão que envolve toda a existência pessoal e a totalidade da existência humana. O homem entrega-se inteiramente ao testemunho absoluto.

Nessa altura, portanto, não cabe mais surpreender-nos de que o cristianismo seja a religião do testemunho e da fé. Com efeito, a revelação é essencialmente manifestação do mistério pessoal de Deus, que é a interioridade por excelência. O cristianismo é a religião do testemunho precisamente porque é manifestação do mistério das pessoas divinas. O que em última análise Cristo revela é o mistério pessoal constituído por Ele como filho do Pai, na carne e nas palavras do homem Jesus. Os apóstolos, por sua vez, dão testemunho de sua intimidade com Cristo, Verbo de vida, Filho do Pai, em relação íntima com o Pai e o Espírito, mas numa comunicação tão reservada que não permite compartilha. O Evangelho todo apresenta-se como uma confiança de amor, um testemunho de Cristo sobre si mesmo, sobre a vida das pessoas divinas e sobre o mistério de nossa condição de filhos.

3. TESTEMUNHO EM CONTEXTO BÍBLICO – Em geral, podemos dizer que o testemunho bíblico assume, mas ao mesmo tempo exalta até o ponto de sublimá-los, os traços do testemunho humano. Sob a pressão da realidade nova que o encobre há irrupção de → sentido: para cima, em profundidade e em amplidão.

No AT, a testemunha é antes de tudo o *profeta.* O que constitui no profeta a originalidade de testemunha é o fato de ter sido escolhido e enviado por Deus, dentro de uma experiência privilegiada. Conhece Jhwh porque Jhwh tomou a iniciativa de falar-lhe e lhe confiou sua palavra. Foi admitido a uma intimidade especial com Deus, chamado a compartilhar seu conhecimento, seus projetos, sua vontade, para ser seu arauto entre os homens. O profeta recebeu a Palavra de Deus não para conservá-la, mas para transmiti-la, para torná-la pública. Ele é a boca de Jhwh, o servo da palavra, o intérprete autorizado de tudo o que acontece no universo entre os homens e na história, é a testemunha de Jhwh num clima muitas vezes hostil e de perseguição.

Testemunha é também o *povo de Israel*, escolhido e chamado por Jhwh. O Dêutero-Isaías agrupa num único texto todos os traços que caracterizam Israel como testemunha: "Faze sair o povo cego que, no entanto, tem olhos, os surdos que, no entanto, têm ouvidos. Reúnam-se junto todos os povos e se congreguem as nações. Quem pode anunciar isto entre eles e fazer-nos ouvir as coisas passadas? Apresentem suas testemunhas e terão razão, que no-las façam ouvir e terão dito a verdade. Vós sois as minhas testemunhas – oráculo do Senhor – meus servos, que escolhi para mim, para que me conheçais e creiais em mim e compreendais que sou eu. Antes de mim não foi formado nenhum deus, nem depois haverá nenhum. Eu, eu sou o Senhor, fora de mim não existe salvador. Eu predisse e salvei, fiz-me ouvir e não existia entre vós nenhum deus estrangeiro. Vós sois minhas testemunhas – oráculo do Senhor – e eu sou Deus, sempre o mesmo, desde a eternidade. Ninguém é capaz de subtrair nada a meu poder; quem é capaz de mudar o que eu faço?" (Is 43,8-13).

Quatro aspectos distinguem o povo-testemunha: *a.* A testemunha não é qualquer um que se apresente para depor, mas quem foi escolhido e enviado para dar testemunho. *b.* O testemunho diz respeito ao sentido radical da experiência humana: Jhwh atesta a si mesmo e se propõe como Aquele que dá sentido e consistência a toda a realidade humana. Não existe outro salvador. *c.* O testemunho está voltado para a proclamação, para a divulgação: tem um alcance social. *d.* Esta proclamação implica um compromisso não somente nas palavras, mas também nos atos e na vida.

Portanto, mantém-se em seus principais aspectos o sentido profano do testemunho. Mas uma novidade é introduzida pelo AT: a autoridade da testemunha não vem da pessoa, mas de sua vocação privilegiada e de seu mandato. Na missão da testemunha-profeta distinguem-se, como dois polos de atividade que às vezes se sucedem, mas que com mais frequência se sobrepõem, a atividade da proclamação e o compromisso de vida.

4. TESTEMUNHO APOSTÓLICO – O recurso à categoria do testemunho não é ocasional no NT, mas repetido e intencional. Uma simples estatística sobre a frequência de *mártys* (testemunha) e de seus derivados (substantivos e verbos) é altamente significativa: o termo ocorre 198 vezes.

Testemunhar e testemunha são palavras que pertencem antes de tudo à terminologia dos Atos e à teologia de Lucas. Testemunhar" caracteriza a atividade apostólica depois da ressurreição. O título de "testemunhas" designa em primeira instância os apóstolos. Quatro elementos definem-nos como tais: *a.* Como os profetas, também eles foram escolhidos por Deus (At 1,26; 10,41). *b.* Viram e ouviram a Cristo (At 4,20), viveram com Ele na intimidade (At 1,21-22) e, em consequência, possuem uma experiência viva, direta, de sua pessoa, de seu ensinamento e de suas obras. Comeram e beberam com Ele antes e depois da ressurreição (At 10,41). Numa palavra, foram os amigos íntimos e os comensais de Cristo. Os outros podem pregar; no sentido próprio, somente os apóstolos podem testemunhar, *c.* Receberam de Cristo a missão de testemunhar (At 10,41) e foram investidos do poder do Espírito para cumprir o mandato (At 1,8). *d.* Um último aspecto dos apóstolos como testemunhas é seu envolvimento pessoal: uma atitude que se traduz numa fidelidade absoluta a Cristo e a seu ensinamento, reconhecido como verdade e salvação do homem. Os Atos não cessam de repetir que os apóstolos anunciam a Palavra de Deus com segurança (*parrēsía*), isto é, com uma coragem sobrenatural, fruto do Espírito, que age neles e que vence as reações por demais humanas diante das dificuldades do apostolado: timidez, respeito humano, medo das perseguições e da morte. Sob o efeito desta coragem interior, os apóstolos declaram: "Nós não podemos silenciar o que vimos e ouvimos". A isto faz eco João: "O que nós ouvimos, o que nós vimos com nossos olhos, o que nós contemplamos e o que nossas mãos tocaram, isto é, o Verbo da vida... disto damos testemunho" (1Jo 1,1-2).

Matias pôde assumir o lugar de Judas e tornar-se "testemunha da ressurreição" porque estava nas mesmas condições. Havia sido companheiro dos apóstolos "todo o tempo em que o Senhor Jesus viveu entre nós", isto é, desde o batismo, que marca o início do ministério, até a glorificação como Cristo e Senhor (At 1,22; 2,36). Portanto, não existe quebra de continuidade entre o Jesus terreno e o Cristo glorificado. Os apóstolos são como que a dobradiça entre o tempo de Jesus e o tempo da Igreja. De resto, é significativo que Lucas, no começo dos Atos (1,13), repita a lista dos apóstolos, como que para demonstrar que são eles que asseguram a continuidade da comunidade antes e depois da Páscoa. O nome de Judas está ausente nesta lista: já é substituído pelo de Matias, *designado* por Deus (At 1,26). Pois a autoridade da testemunha não vem dela, mas de Deus, que a designa e a envia. Por isso, Matias, chamado por Deus porque viu e ouviu Jesus, aberto à compreensão das Escrituras e fortificado pelo Espírito, é qualificado para transmitir com fidelidade o que diz respeito a Jesus e para tornar-se testemunha da ressurreição (At 1,21-26).

Efetivamente, o testemunho tem por objeto, ao mesmo tempo, as coisas vistas e ouvidas e também o *sentido* dos acontecimentos. É a um tempo narração e confissão.

Por um lado, por terem vivido na intimidade com Cristo, os apóstolos são as testemunhas oculares e auriculares de toda a sua atividade, desde o batismo até a ressurreição (At 4,20). "E nós somos testemunhas de todas as coisas realizadas por Ele na região dos Judeus [Galileia] e em Jesusalém" (At 10,39). Mas são, antes de tudo, testemunhas da ressurreição, pois esta constitui o fato essencial que confere autoridade a tudo o que antecede e ao que segue. Este Jesus que foi crucificado ressuscitou (At 5,31) e apareceu (At 10,40). "E nós somos testemunhas disto" (At 5,32): esta é a expressão que retorna na primeira parte dos Atos como um *leitmotiv.*

Por outro lado, o testemunho não tem por objeto somente a realidade empírica e fenomênica dos fatos e das ações de Jesus. Os apóstolos dão testemunho, antes de tudo, do valor salvífico destes fatos: são testemunhas do sentido profundo da existência terrena de Jesus, isto é, da salvação inaugurada com a morte e ressurreição (At 5,31; 10,42).

At 10,37-43 reúne num só texto estes dois componentes essenciais do testemunho apostólico. Pedro recorda primeiramente os acontecimentos da vida terrestre de Jesus: o ministério, os milagres, a crucifixão, a morte, a ressurreição, as aparições: "Vós sabeis o que aconteceu em toda a Judeia, começando pela Galileia, depois do batismo pregado por João; isto é, como Deus consagrou em Espírito Santo e poder a Jesus de Nazaré, que passou fazendo o bem e curando todos os que estavam sob o poder do demônio, porque Deus estava com Ele. E nós somos testemunhas de todas as coisas por Ele realizadas na região dos judeus e em Jerusalém. Eles o mataram, pendurando-o numa cruz, mas Deus ressuscitou-o no terceiro dia e quis que aparecesse não ao povo inteiro, mas às testemunhas escolhidas por Deus, a nós, que comemos e bebemos com Ele após sua ressurreição dos mortos" (At 10,37-41).

Depois deste testemunho sobre a atividade terrena de Jesus, o texto conclui com um testemunho que desta vez diz respeito à dimensão interior e sobrenatural daquela realidade histórica: (Jesus de Nazaré) "ordenou-nos anunciar ao povo e atestar que Ele é o juiz dos vivos e dos mortos, constituído por Deus. Todos os profetas lhe dão este testemunho: todo o que crê nele obtém a remissão dos pecados por meio de seu nome" (At 10,42-43). O vocabulário desta segunda parte é sempre o do testemunho, mas a realidade atestada foge à observação empírica: todavia, pertence ao mesmo objeto, pois exprime o sentido profundo, o ser íntimo, daquilo que os olhos e os ouvidos receberam. Este Jesus de Nazaré, que os apóstolos e o povo judeu viram e ouviram, é agora identificado com o juiz dos vivos e dos mortos. Sua morte não é uma morte como todas as outras: ela nos salva do pecado, opera nossa salvação.

No testemunho apostólico descrito pelos Atos existe, portanto, união indissolúvel do evento histórico (dimensão horizontal) e de seu valor religioso e salvífico (dimensão vertical). Acontece o mesmo no querigma de Paulo. Para ele, Jesus perseguido, crucificado, morto, ressuscitado e glorificado é Cristo. Portanto, longe de negar ou de reduzir a realidade histórica, o testemunho apostólico reafirma-a e confirma-a para descobrir-lhe a dimensão interior que escapa ao olhar. Não confere historicidade a um evento não acontecido, mas descobre seu valor transcendente. Sem Jesus (obras e palavras) o testemunho não tem mais suporte e desaba.

Para sermos completos, é preciso reconhecer no testemunho apostólico um outro aspecto. Com efeito, quando este declara o *sentido* do evento histórico, não dá uma interpretação arbitrária do mesmo, mas baseia-se na história vivida, a de Jesus e do povo judeu. Portanto, no dia de Pentecostes, Pedro, que declara a identidade de Jesus, fundamenta sua interpretação em fatos da vida de Jesus que lhe conferem autoridade, isto é, os milagres, a ressurreição e as aparições. Efetivamente, Pedro precisa: este Jesus "que vós pregastes na cruz por mão de ímpios e matastes... Deus o ressuscitou e disso nós todos somos testemunhas" (At 2,23.32). Diz também: "Jesus de Nazaré, homem credenciado por Deus entre vós por meio de milagres, prodígios e sinais, que Deus mesmo operou entre vós por obra dele, como vós bem sabeis... Deus o ressuscitou" (At 2,22-24). A própria ressurreição é fundada nas aparições (At 10,40-41) e estas últimas, por sua vez, são fundadas nas experiências de um intenso realismo, como comer, beber (At 10,41; Lc 24,42) e tocar (Jo 20,27). O testemunho de Pedro sobre a *identidade* de Jesus de Nazaré como Messias (→ Messianismo) e Senhor baseia-se, portanto, na realidade histórica de sua vida e de suas obras. A mesma preocupação encontra-se no Evangelho de João (Jo 20,30-31). O testemunho apostólico refere-se, portanto, à história por dois motivos: porque declara o sentido de um evento que ele supõe e reafirma, interpretando-o; e porque a interpretação que lhe dá se funda, também ela, na autenticidade dos ditos e dos gestos de Jesus. A categoria do testemunho não é só referência a Jesus, mas vontade de referir-se a Jesus. Se Jesus não tivesse realizado as obras que fez, o testemunho apostólico não teria valor e o Evangelho não existiria.

5. O TEMA DO TESTEMUNHO EM JOÃO – Em João, o testemunho culmina na narração, na confissão, no envolvimento e na interiorização. A *Testemunha* é Cristo (Ap 1,5; 3,14); e testemunhar equivale, para Cristo, a manifestar o Pai, a revelar o Pai. O testemunho designa a função reveladora de Cristo e este testemunho tem por objeto o próprio Cristo, no mistério pessoal de filho. Também Cristo dá testemunho com toda a sua presença e durante toda a sua existência. Para Ele testemunhar significa revelar-se, dar-se a conhecer: quem é e de onde vem, isto é, do Pai. Se esta revelação culmina na cruz, é porque aqui se opera a suprema revelação de Cristo, ou seja, o amor supremo do Pai pelos homens, manifestado no amor supremo de Cristo pelos seus.

Na perspectiva de João, o testemunho de Cristo tem, mais ainda do que o dos profetas, um caráter público e jurídico. Seu testemunho apresenta-se como um depoimento público no vasto processo que opõe Reino de Deus e reino de satanás, Cristo e mundo. A favor de Cristo está o testemunho de João Batista, da Escritura, do apóstolo, do Espírito Santo. Mas a Palavra de Deus choca-se com a contestação e com o ódio. Contra Cristo, os judeus, que representam o conjunto do mundo hostil à verdade, rejeitam seu testemunho e se julgam por si mesmos. O testemunho de Cristo opera, assim, o discernimento dos homens. Todavia, Cristo levou seu testemunho até o limite: foi a Testemunha fiél e veraz (Ap 3,8).

Cristo é, portanto, a testemunha absoluta, aquele que traz em si a garantia de seu próprio testemunho. Mas o homem não poderia acolher com a fé este testemunho do absoluto, manifestado na carne e na palavra de Jesus, sem uma atração interior (Jo 6,44), que é dom do Pai, e sem um testemunho do Espírito (Uo 5,9-10). A esta altura o testemunho interioriza-se quase por completo; de fato, diz-se que aquele que crê em Cristo *tem em si* o testemunho de Deus. O testemunho que o crente tem em si é aquele que o Espírito dá do Filho. Se o testemunho se interioriza, é sempre com referência à palavra de Cristo, que exterioriza a intimidade de seu diálogo com o Pai. E João anuncia paralelamente que ele viu e ouviu o Verbo da vida, a fim de que, com a fé em seu testemunho, os homens entrem na comunhão de vida com o Pai e o Filho. O testemunho-confissão não se dissocia nunca do testemunho-narração.

Logo, o testemunho bíblico é essencialmente religioso. Trata-se de um testemunho sobre Alguém: Deus salvador (AT) ou Deus-salvação-em-Jesus Cristo (NT). É simultaneamente proclamação exterior da boa notícia da salvação e envolvimento da pessoa (palavras e obras), que pode chegar até o martírio. É também este aspecto de envolvimento que mantém a continuidade entre o testemunho profano e o religioso. O testemunho exterior duplica-se num testemunho interior do Espírito, que torna o homem capaz de abrir-se ao Evangelho e de aderir a ele com a fé. Sem este testemunho interior do Espírito, o testemunho exterior permanece vão e estéril. O conceito neotestamentário de testemunho não engloba ainda explicitamente o testemunho do sangue, a não ser no Apocalipse, onde se diz que os discípulos de Cristo triunfaram "por meio do sangue do Cordeiro e graças ao testemunho de seu martírio, pois desprezaram a vida até morrer" (Ap 12,11). Todavia, a passagem é legítima, pois a verdade atestada no testemunho cristão é a da morte como redenção. A testemunha-mártir atesta a vitória de Cristo sobre a morte e sua vida indestrutível. Atesta o absoluto de Cristo, Testemunha absoluta.

6. DO TESTEMUNHO-REVELAÇÃO AO TESTEMUNHO-MOTIVO DE CREDIBILIDADE – Depois do que dissemos sobre o testemunho profano e o testemunho religioso, compreendemos melhor que a revelação é concebida como "testemunho". Na relação das três pessoas divinas com os homens existe um intercâmbio de testemunhos que tem por objetivo propor a revelação e alimentar a fé. Três são os que revelam e dão testemunho e estes três são um só. Cristo dá testemunho do Pai, enquanto o Pai e o Espírito dão testemunho do Filho. Os apóstolos, por sua vez, dão testemunho do que viram e ouviram do Verbo da vida. Mas seu testemunho não é comunicação de uma ideologia, de uma descoberta científica, de uma técnica inédita, mas é a proclamação da salvação prometida e finalmente realizada.

Nesta perspectiva, o testemunho designa antes de tudo o compromisso de uma vida autenticamente cristã. Esta conformidade entre Evangelho e vida confere credibilidade e eficácia ao Evangelho. A salvação anunciada é verdadeiramente realizada, pois o homem novo, anunciado pelo Evangelho e vivificado pelo Espírito, está verdadeiramente entre nós. Graças ao testemunho, o homem encontra o Evangelho diante de si como uma realidade encarnada em seres de carne e sangue. A verdade e a vida fazem-se eco reciprocamente e coincidem. O Evangelho torna-se transparência. A mensagem faz corpo com o testemunho; a salvação anunciada torna-se a salvação presente. Esta harmonia entre o anúncio e a contemplação da salvação é, ela mesma, sinal da presença de Deus e da verdade do Evangelho. Quando o testemunho se torna, assim, estilo de vida filial, vivificado pelo Espírito, passamos do testemunho-revelação para o testemunho-*motivo de credibilidade.*

Bibl. – H. Strathmann, "mártys, martyréō, martyría", em GLNTIV, 1269-1392; B. Trépanier, "L'idée de témoin dans les écrits johanniques", em RUnOtt 15 (1945) 27-63, section étoilée; C. Le Chevalier, *La confidence de la personne*, Paris 1960; N. Brox, *Zeuge und Märtyrer*, Munique 1961; E. Barbotin, *Le témoignage spirituel*, Paris 1964; Ph.-H. Menoud, "Jésus et ses témoins", em *Église et théologie* (junho 1969) 1-14; R. Latourelle, *Teologia della Rivelazione*, Assis 1967, 49-59, 74-84; Id., *La testimonianza Cristiana*, Assis 1971; Id., "Évangélisation et témoignage", em *Évangélisation*, Roma 1975, 77-110; Id., A *Gesù attraverso i vangeli*, Assis 1979, 208-213; P. Ricoeur, "L'herméneutique du témoignage", em E. Castelli (ed.), *La Testimonianza*, Roma 1972, 38-84; S. Breton, "Philosophie du témoignage", Ibid., 190-199; C. Geffré, "Le témoignage comme expérience de langage", Ibid., 291-294; M. Nédoncelle, "Communication et interprétation du témoignage", Ibid., 280-290; X. Tilliette, "Valeur et limite d'une philosophie du témoignage", Ibid., 89-92.

RENÉ LATOURELLE

II. Motivo de credibilidade

O conceito de *compromisso*, inerente ao de testemunho, estabelece a continuidade entre as duas vertentes do testemunho: *ativo*, quando designa a revelação ou o ato de Deus confiar-se ao homem; *passivo*, quando exprime a atração exercida por uma existência plenamente coerente com o Evangelho. Quando o Evangelho vivido e o pregado correspondem perfeitamente, a existência vivida se torna um motivo de → credibilidade, um sinal (→ Semiologia, I) da verdade do Evangelho.

Este tipo de ação silenciosa e eficaz, com o termo que o qualifica, isto é, "testemunho", impôs-se pouco a pouco no período pré-conciliar graças aos movimentos de Ação Católica, que ensinavam que a influência dos leigos na sociedade deve ser exercida não por meio do domínio, mas da presença e da animação. Num mundo secularizado, a Igreja deve ser uma comunidade de membros vivos, ativos, responsáveis, que levam o Evangelho e seu espírito para dentro de suas ocupações familiares, profissionais e sociais. O testemunho age por infusão de sentido e de irradiação de vida. A categoria do testemunho adquiriu tal popularidade que chegou a substituir a expressão corrente de "santidade". Efetivamente, depois do concílio gosta-se de falar de *testemunho de vida* para definir a *santidade de vida*, como força de atração para os que vivem fora da Igreja. Esta preferência dada à categoria do testemunho manifesta-se nitidamente nos documentos conciliares, como também na exortação pós-sinodal de João Paulo II, *Christifideles Laici*, de 30 de dezembro de 1988.

1. TESTEMUNHO NO VATICANO II – Esta transferência semântica exprime a mudança profunda verificada na Igreja, em nível das perspectivas, entre o Vaticano I e o Vaticano II. Lá onde o Vaticano I propunha a → Igreja (unidade, santidade, expansão, estabilidade, fecundidade) como um sinal dirigido às nações, o Vaticano II personaliza e interioriza o sinal da Igreja e prefere falar do *testemunho dos cristãos*. São os próprios cristãos, com sua vida santa, e as comunidades cristãs, com sua vida de *unidade e caridade*, que levantam o sinal da Igreja. É vivendo de maneira perfeita sua condição de filhos do Pai, resgatados por Cristo e santificados pelo Espírito, que os cristãos fazem os outros homens entenderem que a salvação está de verdade entre nós. O que o Vaticano I entendia por sinal da Igreja concentra-se agora na categoria do testemunho. Uma vez recebida esta transposição, constata-se que o tema do testemunho é um dos principais e privilegiados do Vaticano II. À guisa de um *leitmotiv*, ele volta em todas as constituições e em todos os decretos. Aos olhos do concílio, testemunhar significa dar credibilidade ao Evangelho, com verdade e salvação do homem, com uma vida conforme a ele.

Este testemunho deve apresentar ao mesmo tempo uma forma individual e comunitária. O *povo de Deus inteiro* deve difundir seu testemunho vivo com uma vida teologal fervorosa. Mas, "já que o povo de Deus vive nas *comunidades*, especialmente nas diocesanas e paroquiais... cabe também a estas comunidades dar testemunho de Cristo diante dos Povos" (AG 37). Estas afirmações gerais são retomadas em seguida e aplicadas a cada grupo de cristãos. *Bispos e pastores* devem apresentar uma imagem da Igreja que permita aos homens julgarem a força e a verdade da mensagem cristã: "com a vida e com as palavras... demonstrem que a Igreja, já com sua simples presença, com todos os dons que contém, é fonte inexaurível daquelas forças de que tem necessidade absoluta o mundo moderno" (GS 43). Os *padres* "deem a todos o testemunho vivo de Deus" (LG 41). Eles "devem, com sua conduta diária e com sua solicitude, apresentar aos fiéis e aos infiéis, aos católicos e aos não católicos, a imagem de um ministério verdadeiramente sacerdotal e pastoral e dar a todos o testemunho da verdade e da vida" (LG 28). A propósito dos *religiosos*, o concílio declara: "Por isto, todos os religiosos, animados de fé íntegra, de caridade para com Deus e o próximo, do amor à cruz e da esperança na glória futura, difundam no mundo inteiro a boa notícia de Cristo, de sorte que seu testemunho seja visível a todos e seja glorificado nosso Pai que está nos céus" (PC 25). Os *leigos* sejam convidados ao mesmo testemunho de uma vida santa. Cada um deles "deve ser diante do mundo uma testemunha da ressurreição e da vida do Senhor Jesus e um sinal do Deus vivo" (LG 38). Nas escolas públicas, os *professores* "devem dar testemunho, tanto com a vida quanto com a doutrina, do único Mestre que é Cristo" (GE 8). Sobretudo em país de missão, a vida de unidade e de caridade dos cristãos torna-se um sinal particularmente urgente, já que neles se concentra, então, a Igreja inteira como presença e manifestação de Cristo. O primeiro de todos, o *missionário*, "vivendo autenticamente o Evangelho, com a paciência, com a longanimidade, com a benignidade, com a caridade sincera (cf. 2Cor 6,4s), deve dar testemunho de seu Senhor, se necessário até derramar seu sangue por Ele" (AG 24). Nesta função de testemunhas, os leigos são solidários com o missionário, "pois todos os cristãos, onde quer que vivam, são obrigados a manifestar com o exemplo de sua vida e com o testemunho de suas palavras o homem novo, do qual foram revestidos no batismo, e a força do Espírito Santo" (AG 11). Este tema geral do testemunho adquire com frequência algumas determinações que especificam seu objeto e sua orientação. As mais frequentes são: a caridade, a humildade, o serviço, a unidade, a pobreza.

Indubitavelmente o grande sinal do advento da salvação ao mundo é, no pensamento do Vaticano II, a vida de unidade e de caridade dos cristãos; é o testemunho de sua vida verdadeiramente *comprometida*, portanto, que mostra homens que vivem uma vida de filhos, de criaturas novas, transformada e vivificada pelo Espírito. Nestas declarações, a novidade não está na doutrina como tal, que é tradicional, mas na maneira de exprimi-la: nos termos usados e na ênfase. Para designar esta santidade de vida, através da qual Deus nos dá um sinal do estabelecimento do reino em Jesus Cristo, o concílio privilegia as expressões: testemunho de vida, testemunhas vivas de Cristo. Este recurso à categoria do *testemunho-compromisso* por parte do homem, como resposta ao *testemunho-confiança* de Deus, tal como é a revelação, manifesta a preocupação do concílio em falar uma linguagem correspondente à sensibilidade e à mentalidade do homem do século XX. A este homem de hoje, formado num contexto de pensamento personalista e existencial, repugna um tipo de santidade platônica ou abstrata. Se ele for "tocado" e se "render" fá-lo diante de uma experiência de consagração total a Deus e aos homens. Ora, falar de santidade em termos de testemunho significa justamente evocar um envolvimento da pessoa inteira, "corpo e alma", a serviço de Cristo e daqueles que Ele assumiu em si até o risco do → martírio. Este é definido nos textos do concílio como "graça eminente e prova suprema da caridade" (LG 42; PO 13; AG 24; UR 4).

Tal sinal do advento da salvação através do testemunho parece justamente ser o que exerce mais fascínio sobre o homem contemporâneo. Para um homem cioso de seus direitos, de sua autonomia, o testemunho apresenta-se com os traços da discrição: age atraindo a si sem violência. Para um homem que mede com base no parâmetro da eficácia, o testemunho propõe ações e fatos: a condição humana pode ser mudada, pois ela realmente mudou. Para um homem tecnicamente desenvolvido, mas subdesenvolvido sob o prisma moral e de uma fragilidade psicológica assustadora, a testemunha apresenta-se como um ser em bom estado de saúde, que está bem consigo mesmo, que irradia alegria e paz, apesar do sofrimento e da morte. Tal encontro pode suscitar o desejo de participar de tal plenitude de vida. Acrescentemos que o testemunho-compromisso é mais urgente do que antigamente, em nossa sociedade pluralista e secularizada. Mais com seu *estilo* de vida do que com os discursos, o cristão atesta a presença da salvação no mundo. Com sua maneira diferente de viver as situações comuns, pode levar os que cruzam com ele a se perguntarem pelo espírito que o anima.

2. TESTEMUNHO NA EXORTAÇÃO *CHRISTIFIDELES LAICI* (1988) – A promoção do laicato na Igreja representa um movimento irreversível. A atividade dos leigos desenvolve-se em todas as esferas da vida; não somente em nível das obras sociais, caritativas e pastorais, mas também em todos os níveis do ensino propriamente religioso: desde a catequese até as funções da pesquisa e do ensino universitário. Efetivamente, há centenas de homens e mulheres ensinando teologia nas faculdades do mundo inteiro. Em muitos países, representam nitidamente a maioria. A esta maior presença e influência de leigos na Igreja corresponde evidentemente uma responsabilidade maior em nível do testemunho. Este é o aspecto sublinhado pelo sínodo de 1987 e pela exortação *Christifideles laici* que se seguiu a este, em 1988.

"Unidos a Cristo, o grande Profeta (Lc 7,16), e constituídos no Espírito como testemunhas de Cristo ressuscitado, os fiéis leigos... são chamados a fazer resplandecer a novidade e a força do Evangelho em sua vida cotidiana, familiar e social" (CL 14). Mergulhados no mundo, que é seu contexto habitual de trabalho, manifestam ali o Cristo "com o testemunho de sua vida de fé, de esperança e de caridade" (CL 15; LG 31). São chamados a levar este testemunho até aos pontos mais altos da santidade, uma vez que "o santo é o testemunho mais fulgente da dignidade conferida ao discípulo de Cristo" (CL 16). Podemos também afirmar que a renovação esperada pelo concílio dependerá em grande parte da maior influência dos leigos na Igreja e da qualidade de seu testemunho. O papel dos leigos na Igreja é particularmente importante nos países do Primeiro Mundo que têm urgente necessidade de uma segunda evangelização. "A estes, em especial, é preciso testemunhar que a fé constitui a única resposta que todos... entreveem e invocam para os problemas e as esperanças que a vida suscita em todo homem e em toda sociedade" (CL 34). A exortação apostólica enfatiza que "a *síntese* vital, que os fiéis leigos saberão operar entre o Evangelho e os deveres diários da vida, será o testemunho mais belo e mais convincente para demonstrar que não é o medo, mas a busca de Cristo e a dedicação a sua pessoa, que são o fator determinante para que o homem viva e cresça" (CL 34).

3. FECUNDIDADE DO TESTEMUNHO PESSOAL – A linguagem dos fatos vem corroborar as declarações do concílio e do sínodo sobre os leigos. Para o homem contemporâneo, o testemunho de uma vida comprometida é o mais decisivo de todos os sinais do advento da salvação em Jesus Cristo. Contesta-se a Deus – e muitas vezes com dureza – o direito de operar milagres, o direito de intervir num universo que se considera "reserva de caça" da espécie humana, mas aceita-se melhor que Deus possa agir diretamente no coração do homem para convertê-lo e transformá-lo. Se a voz de João XXIII encontrou eco tão profundo no coração dos homens de todas as raças e de todas as confissões, um eco que ainda repercute, não será justamente porque esta voz tinha o tom do amor autêntico, da caridade do bom pastor que chama as suas ovelhas? "Estás encarregado de proclamar o Evangelho por cima dos tetos – dizia Charles de Foucauld – não com as palavras, mas com a vida". Sim, os homens de hoje pedem mais testemunhas silenciosas do amor de Cristo do que pregadores, mais homens e mulheres em quem o Evangelho apareça agindo como valor de atração. Se tal encontro se verificar, ele pode despertar o desejo da salvação e tornar possível a fé.

Serão suficientes alguns exemplos para ilustrar esta força de atração do testemunho. Antes de tudo, nos convertidos. Quase sempre a → conversão é suscitada ou provocada, iniciada ou acelerada por um choque inicial. Este primeiro choque, segundo declaram os próprios convertidos, na maioria das vezes foi produzido pelo encontro com uma vida profundamente empenhada no espírito da radicalidade evangélica. Este foi o caso de Ch. de Foucauld, G. Marcel, G.K. Chesterton, Raïssa e Jacques Maritain, E. Psichari, H. Ghéon, Th. Merton, E. Stein e K. Stern. G. Marcel declara: "Os encontros tiveram uma função capital na minha vida. Encontrei pessoas nas quais eu sentia a realidade de Cristo tão viva que não me era mais permitido duvidar dele". E Daniel-Rops: "Não existe nada mais determinante do que ver em seus olhos um cristianismo vivido e encarnado". Às vezes o encontro com Cristo acontece "diretamente" numa experiência mística, como no caso de A. Frossard. Mas, com mais frequência, são decisivos o encontro e a comparação com uma vida enraizada em Cristo. Neste tipo de encontro, a salvação torna-se transparente. Aí a salvação não é deduzida, mas é vista em ação.

Com efeito, para homens que gritam de medo, o que se deve apresentar não são discursos, mas o preço de uma vida pessoal entregue, dedicada a nossos semelhantes. Só assim se explica o poder de atração de mulheres e homens como Maximiliano Kolbe, morto em Auschwitz, em 1941, que sacrificou sua vida entregando-se voluntariamente em substituição a um pai de família condenado a morrer de fome; ou como o arcebispo de San Salvador, Oscar Romero, assassinado em 1980 durante a celebração da missa, mártir da defesa dos pobres e dos sem-voz, e de seu protesto contra as expulsões, as perseguições e as torturas. Como explicar a irradiação do humilde irmão André, que atrai para o oratório dedicado a São José (Montreal, Canadá) caravanas humanas vindas das duas Américas e até da Europa? E o fenômeno ainda mais surpreendente de Santa Teresinha do Menino Jesus, a jovem carmelita prisioneira do claustro, proclamada padroeira das missões?

Mas não é preciso ir tão longe: pensemos em Madre Teresa de Calcutá. Muçulmanos, budistas, crentes, indiferentes, ateus, inclinam-se diante deste foco de amor que ela acende ao passar. Todos sentem-se questionados, interpelados por ela, chamados a uma revisão de seus valores pessoais, quando não até a uma conversão total. Nela, Cristo vive e passa fazendo o bem. Dirigindo-se aos países do Primeiro Mundo, ela declara: "A maior doença atual não é a lepra nem a tuberculose, mas o sentimento de ser indesejado e abandonado por todos; o maior pecado é a ausência de amor e de caridade, a terrível indiferença pelo próximo que, à beira do caminho, é vítima da exploração, da corrupção, da indigência e da doença... Há entre vocês – países ricos – pobreza de amor, de *solidão*, de *imortalidade*; esta é a pior doença do mundo". Madre Teresa quer levar o mundo ocidental a sair dos gelos do egoísmo e do cálculo. Não é socióloga nem economista nem profissional da política. Não faz propaganda. Para ela, o amor prevalece sobre a "eficácia": pouco importam os resultados imediatos. Ela é amor que irradia, ilumina, aquece, dá sem esperar nada em troca. Sentimos nela uma densidade de amor que desabrocha numa luz capaz de dissipar as trevas mais densas. Como no tempo de Cristo, é amor presente entre nós. Quer que o último olhar do mais infeliz dos moribundos seja o encontro com um olhar que o cobre de amor. Está convencida disto: o mundo de hoje tem muito mais necessidade de corações repletos de amor do que de navios carregados de alimentos. Madre Teresa fala-nos de amor com gestos de amor. Sua vida não é uma demonstração, mas um *revelar-se* do amor que a habita e a faz viver. Por isto, "demonstra" que o mundo é vivível, se o amor chegar a pervadi-lo.

4. TESTEMUNHO COMUNITÁRIO – O testemunho de uma vida pessoal e conforme ao Evangelho já constitui um sinal da presença da salvação no mundo. Mas quão mais convincente será este sinal se o testemunho não for dado apenas por algum indivíduo, mas por um grupo, ou até por toda uma comunidade ou pela Igreja inteira! Neste caso, a qualidade dos membros da comunidade determina a qualidade da própria comunidade e a *imagem* que esta transmite ao mundo. Se esta comunidade viver do Evangelho, afirma desta forma a ação do Evangelho, reconhecido como valor supremo, sobre ela mesma. Quando todos os membros ou a maioria deles vive do Evangelho, advém daí uma imagem fiel de Cristo e de seu espírito. O testemunho de cada membro alimenta-se, por sua vez, de cada testemunho recebido. Ele se produz como um fluxo e refluxo incessante do indivíduo para a comunidade e da comunidade para o indivíduo. Estabelece-se entre os membros da comunidade como que uma rede de relações interpessoais, feitas de justiça, de caridade, de paz, de pureza, de doçura, de serenidade, de misericórdia. O testemunho comunitário é uma resultante e não uma simples adição ou justaposição de testemunhos individuais. Constitui uma realidade nova e original.

O testemunho dado pelos membros santos de uma comunidade constitui uma comunidade santa, que irradia o Espírito de Cristo em todos os que se aproximam dela. Quem entra em contato com este ambiente tem a impressão de estar respirando um ar mais puro, mais tonificante. Ao contrário, o pecado estabelece, entre os membros de uma comunidade dividida, relações interpessoais pecaminosas. De resto, a linguagem popular não erra e tal comunidade apresenta um corpo e um rosto de pecado. Não dá para silenciar ou reduzir a importância deste aspecto do testemunho, sobretudo em nível *eclesial*. Na verdade, no fim das contas é a *imagem* que a Igreja apresenta ao mundo que faz dela um sinal expressivo e contagiante ou um sinal negativo da salvação que prega. O Vaticano II sublinhou, para a consciência cristã, a responsabilidade dos membros da Igreja na formação da *imagem* que esta transmite ao mundo. O sinal do Evangelho pode ser ofuscado ou até anulado pelo *contratestemunho* de um cristianismo escandaloso. No decreto sobre a atividade missionária o concílio declara: "Efetivamente a divisão dos cristãos traz sério prejuízo à santa causa da pregação do Evangelho a todos os homens e impede a muitos de abraçarem a fé" (AG 6). E, no decreto sobre o ecumenismo, o concílio declara que a divisão dos cristãos é "escândalo para o mundo e prejudica a mais santa das causas: a pregação do Evangelho a toda criatura" (UR 1). Onde quer que a Igreja não ofereça mais o testemunho da unidade e da caridade, mas o da divisão e do ódio, das facções, dos clãs, dos exclusivismos, não somente ela não atrai mais os homens, mas afasta-os de si e, consequentemente, de Cristo; pois é através da Igreja que conhecemos a Cristo, sendo também através dela que medimos a eficácia real do Evangelho.

Ao contrário, os fatos demonstram quanto atrai o testemunho dos homens reunidos na unidade e na caridade. Pensemos, por exemplo, na comunidade dos jovens de Santo Egídio, em Roma, que, graças ao fervor da oração e dos múltiplos serviços de caridade, se tornou lugar de reunião tanto de crentes quanto de não crentes; ou também na comunidade monástica de Taizé, fundada em 1940, e que se tornou lugar de elevada oração para visitantes de todas as confissões religiosas. Pensemos também na difusão mundial do movimento da *Arca*, fundado por Jean Vanier, em 1964, em Trosly-Breuil, na França, que acolhe os mais necessitados, isto é, os deficientes mentais condenados a viver e a morrer sem esperança de saída. O que caracteriza a *Arca* é o engajamento absoluto, senão até heroico, a serviço destes excepcionais, unido a um espírito de oração que ombreia com o dos monges mais fervorosos. Jovens de idade média de trinta anos dedicam os anos mais belos de sua vida a socorrer "infelizes" que perturbariam até as sensibilidades mais equilibradas. Na *Arca* procura-se criar ambientes de amor para fazer "tocar" algo do amor do Verbo de vida.

Para homens que estão saturados de teorias, trata-se de "coisas nunca vistas", capazes de abrir brecha nos corações e de fazer entrar neles o amor. Recordemos, finalmente, o fulminante testemunho dado pelas famílias camponesas de uma região do Nordeste do Brasil. Estes pobres são portadores de um poder inédito, o próprio poder de Deus, que obriga os ricos a se interrogarem e a se converterem. Estas populações oprimidas do Brasil não dispõem de outras armas senão o sofrimento: um sofrimento que poderia levar ao ódio, ao massacre, mas que preferiu escolher o caminho do perdão. Veem no perdão uma ação criativa, capaz de vencer a injustiça na raiz, transformando o injusto em justo, o opressor em amigo e irmão. O perdão faz desabarem as muralhas da separação e restabelece o amor fraterno. O perdão é semente de justiça. Os opressores, convertidos pelo testemunho dos oprimidos que perdoam, reconhecem seus erros e são salvos, libertados e curados pelo testemunho tenaz e fiel dos oprimidos que não cessam de perdoar. Estas comunidades locais que dão testemunho de Cristo do fundo de sua miséria encontram-se em toda parte do mundo: na Índia, na Nigéria, na América Central, na América Latina. O testemunho de seu perdão é germe de um amor que deve nascer: o do opressor pelo oprimido. Cristo não deu outro testemunho em relação a seus inimigos.

Estes exemplos, embora não passem de simples indicações, não deixam de ser significativos. Demonstram que o *testemunho-engajamento* de uma vida consagrada a Cristo é o grande motivo de credibilidade da revelação. Não se *deduz* dele a salvação, mas esta é vista diante dos olhos.

5. NECESSIDADE DO TESTEMUNHO – O testemunho de uma vida em perfeita conformidade com o Evangelho não é somente desejável e sumamente recomendável para o cristianismo; é, sim, uma exigência absoluta, uma necessidade natural. E isto por vários motivos:

a. Antes de tudo, porque o cristianismo não é um puro sistema de pensamento, filosófico ou científico, comunicável através de um ensinamento que não engaja a vida nem do professor nem do ouvinte, mas é uma mensagem de salvação ligada a um evento que mudou o sentido da condição humana e que questiona a existência de todo aquele que o acolhe. O Evangelho ensina-nos que o homem é salvo em Jesus Cristo, que somos filhos de Deus e que já participamos da vida das pessoas divinas. Logo, se o cristianismo fosse incapaz de mostrar esta mudança da condição humana, anunciada pelo Evangelho, teria de admitir sua derrota. Não se pode pretender afirmar que o evento da salvação chegou, mas que não é perceptível, que a santidade está dada, mas que paradoxalmente nada permite supô-la exteriormente, no comportamento daqueles que receberam o Espírito. Não, a santidade deve existir e de fato existe; pode-se encontrá-la, se for procurada com coração humilde e disponível. Ela é atestada pelos frutos de "amor, alegria, paz, paciência, benevolência, bondade, fidelidade, mansidão, domínio de si" (Gl 5,22). Da mesma forma a Igreja não pode contentar-se em afirmar que é santa, que recebeu de Cristo os meios para santificar os homens, sem todavia poder torná-los efetivamente santos. Quanto mais a Igreja falar de santidade, tanto mais deve produzir testemunhos da salvação. Quanto mais ela narrar a história da salvação em Jesus Cristo, tanto mais deve poder contar as vitórias da graça da salvação sobre o pecado dos homens. Este é o sentido profundo das beatificações e das canonizações. A Igreja não seria o que é se não produzisse santos, isto é, os frutos da salvação.

b. Em segundo lugar, a conformidade entre o Evangelho e a vida é necessária porque o essencial da mensagem cristã é a revelação do amor infinito de Deus pelos homens através do amor de Jesus Cristo. Ora, como podem os homens que não conhecem a Jesus Cristo crer em seu amor, se não tiverem diante dos olhos a visão de outros homens que já foram conquistados por este amor e que, por Ele, colocaram em risco toda a sua vida? Como fazer chegar ao amor de uma pessoa, senão com um contágio de amor? Quando os cristãos levam uma vida perfeitamente evangélica, os que os veem contemplam Deus que é amado e Deus que os ama. Neste amor recebem a revelação do amor de Deus. O amor dos homens entre si torna-se o *sacramento* ou o sinal do amor de Deus, a expressão visível do amor de Deus pelos homens.

c. Finalmente, a conformidade entre o Evangelho e a vida é necessária porque o Evangelho é a revelação de uma nova forma de existência, de um novo estilo de vida. Como teria Deus podido ensinar aos homens este estilo de vida para o qual queria formá-los – estilo sublime e ao mesmo tempo inédito – a não ser com uma apresentação concreta e exemplar? Por isso, Cristo, filho de Deus, a Testemunha por excelência, não somente é Aquele que revela aos homens sua condição filial, mas é também quem os inicia nesta vida filial, levando Ele mesmo diante de seus olhos uma vida de Filho. E é por isto que deve haver testemunhas de Cristo, santos que perpetuem na Igreja esta vida filial revelada e vivida por Cristo, e que mostrem a cada geração este novo estilo de vida, que é a existência cristã vivida em plenitude.

No → milagre está envolvida somente a natureza. Aqui, é o próprio homem que é mudado. No testemunho-compromisso transparece a nossos olhos a transformação da humanidade, operada pela invasão da graça em Jesus Cristo.

6. DINAMISMO DO TESTEMUNHO – Procuremos agora demonstrar como o testemunho de vida age sobre o espírito e sobre o coração do homem, para fazê-lo entender como está de verdade entre nós a salvação anunciada pelo Evangelho e atestada por Cristo, pelos apóstolos, pelos cristãos autênticos.

O que caracteriza o testemunho de vida é a *discrição.* O santo não exige nada, não pede nada; contenta-se em exprimir, com toda a sua vida, a realidade sobrenatural em que está mergulhado. O santo, na observação de Bergson, "sentiu correr em si a verdade como uma força operante. Não poderia deixar de difundi-la, assim como o sol faz com sua luz. Só que não será com simples discursos que vai propagá-la" (*Les deux sources de la morale et de la religion*, Paris, 1932², 249). A santidade age sem violência. Sua força de atração vem de sua própria discrição. Aparentemente sinal mais frágil, ela pode ser também o mais eficaz, por agir ao nível das pessoas e por fazer apelo à experiência moral de cada um.

A santidade age antes de tudo como um *valor*: por força de atração e de sedução de um *bem*. A quem a encontra ela revela uma qualidade de vida que o homem não teria podido adivinhar, mas da qual deseja secretamente participar. Mostra ao homem, numa vida semelhante à dele, um ideal cuja atração nunca está totalmente ausente de seu coração. Não explica o valor do cristianismo com uma demonstração ou com um panegírico, mas mostra-o presente e ativo numa existência que ele transformou. "Por que os santos ainda têm imitadores? – pergunta ainda Bergson ... Não pedem nada, e, no entanto, obtêm. Não precisam exortar; precisam apenas existir, sua existência é um chamado" (Bergson, 1932, 29-30).

Se é verdade que os valores mais elevados são os que deixam mais espaço à liberdade (sendo o valor exigente em medida indiretamente proporcional a sua importância), sua força de atração é diretamente proporcional a sua altura. Sob este aspecto, o espetáculo de uma vida cristã autêntica suscita, naqueles que não se fecham diante dela, um desejo intenso de participar daquela luz. A santidade é um chamado e não uma pressão: oferece-se ao homem como promessa de realização e de superação a que se aspira. Poucos responderão efetivamente a este chamado discreto; é, na verdade, um chamado a um novo estilo de vida, a ser adquirido à custa de duros sacrifícios. Pouco importa: sem fazer ruído, e quase imperceptivelmente, o testemunho de vida desperta a atenção, suscita a simpatia e inicia, sem forçar, o movimento com o qual talvez poucas ou muitas pessoas se subtrairão à inércia, para se encaminharem a Deus. Já está colocado um problema. Quem encontrou a santidade "preferirá a vida segundo o amor do qual recebeu a revelação pessoal por meio de outros e do qual provou a atração, quase a tentação, ou escolherá a vida segundo o egoísmo? Esta opção permanece inteiramente livre. Mas o homem é arrancado a sua indiferença para ser colocado face a uma decisão à qual não pode mais escapar" (Y. de Montcheuil).

A um olhar mais atento, a santidade revela uma *harmonia* entre o Evangelho e a vida. A santidade dá corpo ao Evangelho e o faz passar para a ordem da existência. O Evangelho diz que Cristo é filho de Deus, vindo ao mundo para fazer de nós os filhos do Pai, chamados a levar uma vida de filhos e a compartilhar a glória de Cristo. Eis que no santo aparece este homem novo, anunciado pelo Evangelho, totalmente pervadido pela caridade, que vive e age sob a ação do Espírito. O santo deixa transparecer a salvação anunciada e operada por Cristo. Nele, Evangelho e vida se ecoam reciprocamente e coincidem. O santo mostra e, portanto, demonstra a aptidão do Evangelho para transformar a existência humana. Esta conformidade entre Evangelho anunciado e Evangelho vivido é um sinal de sua verdade. Com sua presença no mundo, o santo atesta que a salvação está verdadeiramente realizada, pois o homem novo, vivificado pelo espírito de amor, está verdadeiramente entre nós.

Esta conformidade entre Evangelho e vida constitui um sinal tanto mais revolucionário por não se tratar de uma conformidade qualquer, num plano comum, mas de uma conformidade na *superação*. Há superação no ideal, isto é, no Evangelho, e superação na realidade. Num mundo em que reinam o pecado, a divisão, o egoísmo, a inveja, o santo emerge. Homem como nós, ele domina, todavia, nosso nível de mesquinhez e de mediocridade. Respira um ar mais puro, que vem de um outro universo. Representa uma superação, no atual universo e em relação ao agir concreto e habitual do homem. Sabemos que o homem pode ser generoso; mas a generosidade de Pedro Claver para com os negros, a de Vicente de Paulo pelos pobres, de Jean de Brébeuf pelos huronianos, de Charles de Foucauld pelos tuaregues, de Madre Teresa pelos "detritos" da humanidade, supera toda medida e provoca vertigens.

Acrescentemos também que esta superação não é vertical e simples como pode ser o heroísmo do martírio, mas é *multiforme* e *paradoxal*. A vida do santo reproduz como que em miniatura os paradoxos da vida de Cristo. Presente no mundo em todas as suas misérias, o santo dá, todavia, a impressão de vir de ilhas estrangeiras e de trazer de lá os produtos exóticos. Depois de doar-se por completo a Deus, ele é também todo ternura para os homens. Abismo de humildade e de simplicidade, é muitas vezes intrépido e ardente, se tiver de falar de Deus e reivindicar seus direitos. Fonte de pureza e de penitência, tem, todavia, a convicção de ser o maior dos pecadores. À iniciativa mais transbordante e criativa une a mais filial obediência.

Entende-se que o homem que contempla esta harmonia, na superação, entre Evangelho e vida, esta intensidade, esta plenitude, esta constância e fecundidade da caridade, experimente o desejo de participar deste universo de valores que lhe é revelado pelo testemunho de uma vida autenticamente cristã. A visão da santidade dispõe para a escuta do Evangelho, uma vez que já é o Evangelho que se desdobra sob seus olhos. Em suma, o que faz a força do testemunho de vida é mostrar a salvação em ação em nosso mundo. O sinal é, neste caso, o esplendor da transformação operada. O próprio homem é mudado e vivificado pelo Espírito de amor. O mundo espera ver santos. Se a santidade e os santos ficarem invisíveis ou estiverem ausentes, os homens vivem no nevoeiro e morrem de frio.

7. ESPECIFICIDADE DO TESTEMUNHO CONTEMPORÂNEO – Vejamos em que condições o testemunho pessoal e comunitário pode tornar-se para os homens de nosso tempo sinal do advento da salvação em Jesus Cristo. Para ser eficaz, o testemunho deve revestir modalidades novas e bem-específicas.

a. O homem de hoje é mais sensível do que outrora ao respeito que o cristianismo deve aos valores humanos reconhecidos no mundo secular. Por exemplo: a competência profissional, a eficácia do trabalho, a preocupação e o respeito em relação à verdade, a honestidade e a humildade na pesquisa científica, a franqueza e a sinceridade nas relações humanas, a coerência entre as palavras e as ações, o respeito à palavra dada, o respeito à liberdade de consciência, o respeito pelo bem dos outros, o senso do serviço público. O homem contemporâneo sente respeito por aquele que se empenha no cumprimento de sua função e que o faz com fidelidade de consciência. Inclinando-se diante de quem sabe participar das alegrias, mas também dos sofrimentos e das angústias dos homens de seu ambiente; de quem se esforça por melhorar as instituições sociais de seu país. Em contrapartida, se o cristão não demonstrar respeito ou não manifestar respeito suficiente por estes valores reconhecidos pelo mundo secular, corre o risco de ficar sem resposta.

b. Em outros tempos, numa Cristandade homogênea ou em nações inteiramente católicas, a caridade só se praticava entre católicos; só os missionários assumiam a responsabilidade de levar o Evangelho para fora das fronteiras visíveis da Igreja. Hoje, a situação mudou. Num mundo que caminha cada vez mais para a unificação, os muros de separação já não existem: todas as famílias espirituais (protestantes, judeus, muçulmanos, budistas, hinduístas etc.), todas as formas de crença e de descrença se tocam, se frequentam, se fundem. No coração desta nova humanidade (em que não existem mais zonas fechadas de Cristandade), os membros da Igreja devem dar testemunho da caridade de Cristo. Segundo a belíssima expressão de Charles de Foucauld, cada um deve tornar-se "o irmão universal". No mesmo sentido R. Schutz escrevia: "Dai-nos a prova existencial de que credes em Deus, de que vossas certezas estão verdadeiramente nele. Provai-nos que viveis o Evangelho em seu frescor originário, em espírito de pobreza, na solidariedade com todos e não somente com vossa família confessional".

c. Por outro lado, se o testemunho da caridade deve tornar-se mais universal, mais ecumênico e mais missionário do que em outros tempos, também deve intensificar-se entre os próprios católicos. A Igreja, em suas comunidades locais e como comunidade mundial, deve aparecer entre as outras comunidades como uma comunhão particularmente fervorosa no Espírito. Deve tornar-se sempre mais o que é (i. é, messiânica e divina), dando ao mundo, com a ardente irradiação de sua caridade, o sinal eficaz do amor de Deus entre os homens. "Para um católico – observa ainda R. Schutz – ser solidário com todos os batizados significa antes de tudo ser solidário, *no interior de sua própria Igreja*, com todas as famílias espirituais que animam o catolicismo. Nesse período histórico, esperamos dos católicos que não se rejeitem uns aos outros. Se as diversas correntes que se manifestam impedissem o diálogo, seria uma provocação sem igual para o ecumenismo". A este propósito o cisma de Dom Lefebvre, da mesma forma como as atitudes intolerantes dos que não reconhecem outro paradigma doutrinal fora de seus esquemas mentais, tidos como absolutos, constitui sem dúvida o mais grave contratestemunho da Igreja contemporânea. É verdade que o testemunho do católico deve ser um testemunho de pertença à Igreja, mas também é verdade que a Igreja, nos grupos que fazem parte dela, deve promover este *diálogo* que proclamou com tanto vigor no Vaticano II.

8. EUCARISTIA, MOMENTO FORTE DO TESTEMUNHO – O lugar por excelência da unidade e da caridade, constituído pelo testemunho pessoal e comunitário, é a Eucaristia, como assembleia e como sacrifício, pois a celebração eucarística recolhe todos os momentos da vida de Cristo e todos os momentos da vida da Igreja.

Em primeiro lugar, a Eucaristia recolhe todos os momentos da presença de Cristo: pressupõe a presença de Cristo entre os homens no período de sua vida mortal e a recorda com a leitura do Evangelho. Além disso, reproduz, com a presença real de Cristo, no sacramento em que Ele se dá como alimento, a síntese da presença pessoal e espiritual de Cristo glorioso com o Cristo, Verbo encarnado na história.

A Eucaristia recolhe também todos os momentos da vida da Igreja. É a ceia da recordação, o memorial da paixão e da morte salvífica de Cristo que fez nascer a Igreja. No presente, é comunhão de todos os fiéis em Cristo vivo e glorificado e é comunhão dos fiéis entre si na caridade. Finalmente, é ceia de esperança, que representa e antecipa a ceia escatológica em que todos os escolhidos serão reunidos à mesa do Senhor. Portanto, o que se realiza na Eucaristia já é tornar visível a unidade de amor, mas ao mesmo tempo um chamado à ampliação desta unidade a todos os homens; pois a celebração eucarística não representa só a unidade real e atual dos membros do mesmo corpo; é também animada por um dinamismo unificador, que tende a congregar os homens para constituírem o corpo místico de Cristo. Através dos que são por Ele vivificados e alimentados, Cristo age e opera o crescimento de seu Corpo. Se é verdade que a Igreja é o sinal da comunhão de amor que a Trindade procura estabelecer entre os homens, é preciso dizer que este sinal se concentra e encontra sua expressividade mais elevada na assembleia eucarística.

Os homens de nosso tempo querem encontrar na Igreja, nas comunidades cristãs, em cada cristão, um reflexo do amor de Cristo e deste amor puro e sem sombras, ardente, fiel, doado, oferecido até o sacrifício da vida pela salvação de todos. Se os homens de hoje encontrarem, graças ao empenho do testemunho cristão, a realidade deste amor que ama o homem em si mesmo, sem sombra de repugnância, então farão a descoberta de um mundo novo; terão o desejo de participar desta plenitude, pois terão descoberto que Deus é Amor.

Bibl. – Y. de Montcheuil, *Problèmes de vie spirituelle.* Paris, 1947[3]; M. Nédoncelle-R. Girault, *J'ai rencontré le Dieu vivant*, Paris 1952; F. Lelotte, *Convertis du XXe siècle*, vol. I-IV, Paris--Bruxelles 1953-1958; K. Rahner, "Die Kirche der Heiligen", em *Schriften zur Theologie*, III, Einsiedeln 1957[2], 111-126; E. Barbotin, *Le témoignage spirituel*, Paris 1964; R. Schutz, *Dynamique du provisoire*, Taizé 1965; R. Latourelle, "La sainteté, signe de la Révélation", em *Greg* 46 (1965) 36-65; Id., "La testimonianza della vita, segno di salvezza", em *Laici sulle vie del Concilio*, Assis 1966, 377-394; Id., *La testimonianza Cristiana*, Assis 1971; Id., "La testimonianza della vita", em *Cristo e la Chiesa segni di salvezza*, Assis 1971, 237-265; Id., "Evangelisation et témoignage", em *Evangelisation*, Roma 1975, 77-110; Id., "Assenza e presenza della fondamentale al concilio Vaticano II", em R. Latourelle (ed.), *Vaticano II, bilancio e prospettive*: venticinque anni dopo, Assis 1987; 1381-1411; G. Martelet, *Sainteté de l'Église et vie religieuse*, Toulouse 1968; E. Schillebeeckx, *Cristo sacramento do encontro com Deus*, Petrópolis 1967; A. Frossard, *Dio esiste. Io l'ho incontrato*, Milão 1970; C. Mesters, *A missão do povo que sofre*, Petrópolis 1981; N. Cotugno, "La testimonianza della vita del Popolo di Dio, segno di Rivelazione alla luce del Concilio Vaticano II", em R. Fisichella (ed.), *Gesù Rivelatore*, Casale Monferrato 1988, 227-240.

RENÉ LATOURELLE

TILLICH, Paul

1. UMA FILOSOFIA TEÔNOMA – Na meditação religiosa, na reflexão filosófica e no sistema teológico de Paul Tillich (1886-1965), ocupa posição dominante o problema último do homem (*The Ultimate Concern*).

a. A questão do incondicionado – Já desde seus primeiros ensaios dedicados ao estudo do pensamento de Schelling, Tillich enfrentou o problema da compreensão filosófica da religião (*Mystik und Schuldbewusstsein in Schellings philosophischer Entwicklung*, 1912). Esta "preocupação última" é atestada em todos os seus escritos, particularmente nos destinados ao estudo filosófico do conceito de religião (*Religionsphilosophie*, 1925), ou à colocação da teologia no sistema das ciências (*Das System der Wissenschaften nach Gegenständen und Methoden*, 1923), ou também à análise da semiótica do sagrado e à existência de fé (*Religiöse Verwirklichung*, 1930), ou ao estudo da relação entre revelação bíblica e existência humana (*Biblical Religion and the Search for Ultimate Reality*, 1955). Incansavelmente Tillich buscou uma "filosofia teônoma" da realidade cultural e histórica. Seus escritos filosóficos procuram colocar, na perspectiva da teonomia, a problemática ética ou política, estética ou cultural: seja quando discutem a relação entre os valores religiosos e a realidade social, seja quando analisam o fundamento religioso da ação ética. Sua filosofia política do "socialismo religioso" e sua filosofia moral do *êthos* pós-moderno constituem expressões de uma ética teônima (*Protestantisches Prinzip und proletarische Situation*, 1931; *Love, Power and Justice*, 1954). O mesmo acontece com seus escritos de filosofia teórica sobre a cultura ou a história: seja quando analisam as tensões entre liberdade e destino, *kairós* e *lógos*, idealismo e existencialismo, seja quando propõem a sua visão do "realismo crente", ou sua ideia de uma "Teologia da cultura", ou sua teoria da presença do "demoníaco" na história (*Über die Idee einer Theologie der Kultur*, 1919; *Kairos und Logos*, 1926; *Philosophie und Schicksal*, 1929; *Das Dämonische*, 1926).

Em Tillich, todas as questões teóricas ou práticas são contempladas na perspectiva do "incondicionado", buscando a revelação de sua presença escondida na realidade social ou cultural, para poder compreender o sentido religioso da situação espiritual (*Die religiöse Lage der Gegenwart*, 1926). Nasce, assim, e desenvolve-se um pensamento religioso em que com tenacidade se confrontam cultura e religião, realidade política e princípio profético, revelando incansavelmente a presença paradoxal do incondicionado, tanto na oscilante realidade exterior da cultura ou da história quanto no mundo interior da dúvida e da fé (*Rechtfertigung und Zweifel*, 1924). Progressivamente, elabora uma antropologia, pensada como ontologia da existência em busca do fundamento do ser e do significado (*The Courage to Be*, 1952; *Morality and Beyond*, 1963). Também seus escritos autobiográficos atestam quanto a dimensão do profundo foi sentida como presente em sua trajetória pessoal (*On the Boundary*, 1936; *Autobiographical Reflections*, 1952). Suas meditações religiosas propõem incansavelmente a irrupção do "Incondicionado" no profundo do ser e a presença do eterno no instante fugaz e propício, em que se revela a verdade definitiva (*The Shaking of the Foundations*, 1948; *The New Being*, 1955; *The Eternal Now*, 1963).

Até seus últimos estudos, o tema recorrente da reflexão tillichiana é constituído pela procura constante do absoluto, do infinito e do definitivo, presente na realidade contingente relativa e contraditória, confrontando dialeticamente dúvida filosófica e sabedoria religiosa. Esta mesma correlação torna-se dominante até constituir proposta metódica e resposta sistemática em seu *opus magnum* de teologia filosófica, onde ininterruptamente se enfrentam autonomia e teonomia, dúvida e fé, razão e revelação, ontologia e teologia, antropologia e cristologia, existência e salvação, ética e pneumatologia, Igreja e sociedade, história e escatologia (*Systematic Theology* I-III, 1951-1963).

b. O projeto filosófico – Como filósofo da religião, Tillich permaneceu fiel a três convicções fundamentais: antes de tudo, ao rigor da dúvida metódica da razão que interroga; em segundo lugar, à originalidade da experiência do sagrado, como revelação e irrupção do incondicionado; e, finalmente, ao caráter paradoxal do cristianismo como religião da graça. Sua lógica da razão crente enfatiza principalmente a incondicionalidade do conteúdo religioso e, portanto, a impossibilidade de fundá-lo em qualquer realidade condicionada, como o mundo e o eu, a cultura ou a história. Uma vez que para Tillich também a metafísica se define pelo seu esforço de exprimir o incondicionado em categorias racionais, a teologia só pode ser pensada como uma espécie de "metafísica teônoma", enquanto pretende elaborar racionalmente o conteúdo religioso. Tillich elabora também uma teoria da relação entre cultura e religião, isto é, uma *filosofia da cultura*, em perspectiva teônoma. Nela, a religião oferece à cultura o fundamento incondicionado do sentido de cada realidade; por sua vez, a cultura oferece à religião tanto os símbolos do incondicionado quanto as formas condicionadas da autonomia secular, em todos os grandes setores dos valores humanos: a verdade na ciência, a beleza na arte, a justiça na sociedade, o amor na comunidade. Daqui seguirá também a possibilidade de realizar uma análise religiosa dos fatos culturais, superando a diástase entre sagrado e profano e, portanto, a possibilidade de elaborar uma autêntica "Teologia da cultura".

Em sua *filosofia teorética*, Tillich colocou-se na divisa entre idealismo e existencialismo. Por um lado, afirma-se o "princípio de identidade" entre sujeito e objeto, negando que as condições de possibilidade da experiência possam reduzir-se a crua objetividade. A identidade entre pensar e ser, como princípio de verdade, permite superar qualquer atitude naturalista ou empirista. Em sua *filosofia prática*, porém, Tillich corrige a ética idealista da liberdade, afirmando o "princípio da liberdade", tanto interior como exterior. A correspondência entre o espírito humano e a realidade objetiva retorna evidente nas "ciências do espírito", enquanto "construções sistemáticas" do sujeito pensante, na busca do sentido da realidade, na natureza ou na arte, na sociedade ou na história. Mas Tillich limita a pretensão do idealismo como "saber absoluto", sublinhando o "princípio da diferença", na frequente contradição verificada entre o ideal e o real, a certeza e a dúvida, a felicidade e a angústia, numa palavra, entre "a essência" e "a existência". Por isso em Tillich, tanto no plano teórico quanto na prática, o idealismo é afirmado, negado e superado. A superação do "essencialismo idealista" realizou-se inserindo uma "correção existencial" no sistema. Tanto no plano individual quanto no social, o conhecimento da verdade está vinculado à situação do sujeito cognoscente.

Por isso, o conhecimento da "essência" torna-se impossível sem o reconhecimento das condições e contradições da "existência", seja como "angústia existencial", num plano individual, seja como "luta de classes", no plano social e histórico. Para um melhor conhecimento da realidade existencial, individual e social, Tillich utilizou duas aproximações típicas da Pós-modernidade: a psicanálise existencial, de origem freudiana, e a análise da dialética social, de origem marxista. Esta dupla metodologia levou Tillich, no plano individual, para um certo "estoicismo" existencial e, no plano social, para uma forma de "socialismo religioso".

Como conceito de mediação entre luteranismo e socialismo, Tillich elaborou a ideia de "kairós". O Reino de Deus está longe e permanece distante, mas faz-se presente na história como juízo crítico sobre uma certa forma de sociedade e como norma configuradora de uma futura forma de realidade histórica, mais próxima do ideal da justiça. Dessa maneira, uma *filosofia política* centrada no projeto do "socialismo religioso" encontra seu fundamento numa determinada *filosofia da história* (→ História, II), pensada como uma longa caminhada para o *novum*, cujo centro coincide com o acontecimento religioso da revelação cristã, que aparece, assim, como "princípio" da inteligibilidade histórica e como autêntica meta da própria história. As forças contrastantes, que operam na história, podem ser classificadas com base em três características: ou como a força demoníaca, de um poder opressor e total (*heteronomia*), ou como a emancipação do humano, sob a forma da profanidade secular (*autonomia*), ou como a irrupção incondicionada do sagrado, sob os símbolos da exigência da religião profética (*teonomia*). O engajamento em prol do socialismo religioso é pensado exclusivamente numa perspectiva teônoma, como superação da forma demoníaca e heteronômica dos totalitarismos, assim como da forma profanizada e exasperada da autonomia secular, típica do secularismo e da decadência burguesa.

2. UMA TEOLOGIA FILOSÓFICA – Também na *Teologia sistemática* de Tillich é elaborada a problemática do "realismo crente", segundo a dialética e a correlação fundamental do finito e do infinito, do condicionado e do incondicionado, contemplando a irrupção do absoluto na revelação e na natureza, na história da salvação e na graça.

a. O método de correlação – O sistema teológico de Tillich é pensado segundo o esquema de "uma elipse bifocal". Os dois focos são *a razão* crítica e extática, que interroga e contempla, e *a revelação* da teonomia e do mistério, que responde às questões últimas do homem, através dos grandes "símbolos religiosos" do cristianismo. O homem e Deus: é aqui que está a correlação teológica fundamental. O sistema inteiro articula-se em cinco partes, precedidas por uma introdução, sobre "natureza e método" da *Teologia sistemática.* Posteriormente, a temática se distribui em três volumes, da forma seguinte: o primeiro, além da introdução, abrange as primeiras duas partes, dedicadas ao estudo da correlação entre "razão e revelação" e entre "ser e Deus". O segundo volume propõe a terceira parte, dedicada à "existência humana e Cristo". O terceiro propõe as duas últimas partes, dedicadas à "vida e ao Espírito" e à "história e ao Reino de Deus". Mas a dialética fundamental é sempre a mesma: o homem que pergunta e Deus que responde. A razão crítica, que pergunta, e a revelação extática, que responde. O ser finito, que se pergunta sobre a finitude; Deus que responde, na esfera do incondicionado e do sagrado, como o infinito e o absoluto, revelando-se como Senhor e Pai. A existência alienada, que se interroga; o Cristo que responde, como salvação divina e como expressão do "novo ser" na graça. A vida, em sua ambivalência de finitude essencial e alienação existencial, que pergunta; o Espírito que responde, na dimensão da profundidade religiosa e da autenticidade de uma "autonomia teônoma", através de um processo de discernimento profético, realizado no viver concreto, individual ou social, religioso ou eclesial. A história que nos interroga, e o Reino de Deus, com o seu "kairós" inesperado e propício, que nos oferece a resposta escatológica definitiva.

Dessa maneira são debatidas sucessivamente as grandes questões do homem e do cristianismo, permanecendo sempre a tensão insuperável entre a razão filosófica, com sua dúvida metódica, que nos coloca perguntas, e a fé, com sua certeza incondicionada, que nos oferece a resposta. Na "teologia filosófica" de Tillich elabora-se uma ontologia da finitude essencial e da alienação existencial, da ambiguidade vital e da ambivalência histórica, onde ressoam numerosos motivos da cultura filosófica da Modernidade, desde Kant até Schleiermacher, desde Schelling até Heidegger. A releitura do grande tema paulino-luterano da justificação pela fé na *sola gratia* sintetiza motivos bíblicos e motivos pós-modernos, desde Marx até Freud, por exemplo, em relação à questão da alienação existencial, individual e social. Mas toda a tradição teológica evangélico-luterana passa através do filtro platônico-agostiniano de uma inteligência que procura a fé, no processo de uma via interior e de uma certeza imediata do incondicionado religioso, no momento extático da adesão ao infinito. O *deus interior* de Agostinho ou o *deus supra deum* de Dionísio é também o Deus de Tillich. Modificando profundamente a perspectiva do fideísmo evangélico, contrariamente a Lutero, Tillich dirá que é impossível chegar ao *deus revelatus* prescindindo da experiência religiosa do *deus absconditus.*

b. Finito e infinito – Tillich sublinha a identidade profunda entre o Deus da transcendência, na dimensão do incondicionado, e o Deus da irrupção do sagrado, na experiência religiosa da revelação cristã. Não existem dois absolutos e, assim, contrariamente a → Pascal, Tillich dirá que o Deus dos filósofos e o Deus de Abraão são o mesmo e único Deus. A revelação escatológica divina acontece em Cristo, mas sua relevância religiosa verifica-se na ressonância existencial dos grandes símbolos cristãos. Isto significa que a revelação e seus símbolos resultam relevantes somente num encontro com a experiência pessoal, encontro mediado pela situação cultural e social. Ora, para Tillich, a condição humana caracteriza-se por uma finitude essencialmente aberta ao infinito e por uma alienação existencialmente marcada pela contradição vital e social. A realidade humana sente-se profundamente ameaçada, antes de tudo pela morte como agressão à sua finitude essencial; em segundo lugar, pelo mal moral, como concreção de uma contradição existencial, enquanto negação de sua qualidade ética, e, finalmente, pelo absurdo, como ameaça à condição humana, enquanto tensão espiritual de busca de um sentido na vida pessoal e na história. Deus só se revelará de modo significativo no confronto metódico entre tal condição humana, essencial e existencialmente ameaçada, e os símbolos da revelação cristã, que exprimem a irrupção do sentido incondicionado e último de toda a realidade. Deus não pode ser encontrado como um objeto a mais no mundo, mas somente como o fundamento último e absoluto do ser e do sentido. Por isso, Deus só pode ser achado na dimensão do incondicionado.

Entre o homem e Deus, entre o finito e o infinito, existe uma tensão máxima e uma correlação profunda. Para o homem, Deus é fundamento e abismo. A teologia não pode limitar-se a tornar explícito o *querigma* do passado ou a tentar traduzi-lo no presente. O método teológico será fecundo, quando chegar a explicar a dialética do sentido, entre a razão religiosa que indaga e a revelação que anuncia ao crente sua mensagem divina. Para o homem, porém, a questão fundamental subjacente ao problema da dramaticidade da vida ou da tragicidade da morte, latente sob a provocação do absurdo ou do mal, é precisamente a própria questão do ser e do sentido último da realidade. O homem descobre-se a si mesmo como uma finitude estranha, separada de seu próprio fundamento e saudosa do infinito. Ameaçado pela contradição ou pelo mal, pelo senso de culpa ou pela angústia diante da morte, pela opacidade do sentido ou pela transparência do absurdo, propondo a questão da realidade do ser, o homem propõe a interrogação sobre a potência capaz de resistir ao não ser, isto é, à agressão da destrutividade física e moral, pessoal ou histórica. Esta potência indestrutível, mais profunda e real do que toda a realidade, identificada com a própria plenitude do ser, é legitimamente designada com a Palavra "Deus".

Como acontece com a questão do homem, também o problema de Deus é enfrentado numa dupla perspectiva, teórica e prática, essencial e vital. Dessa maneira, Deus é considerado não só como o *ipsum esse* subsistente e a plenitude infinita da potência do ser, que responde, no plano essencial, à questão da finitude humana, mas também num plano vital, como o vivente eterno, que, como todo vivente, transcende a si mesmo e volta sobre si mesmo. Deus não é identidade morta, mas absoluta plenitude de vida. Enquanto vivente, a realidade divina é espiritual ou pessoal; enquanto espírito, Deus une em si vontade e inteligência, poder e autoconsciência. Dessa forma, o Deus misterioso se revela como o Ser infinito e incondicionadamente santo, como o eterno Vivente onipresente e como Espírito absoluto onipotente e onisciente, que sai de si mesmo na criação, que participa do sofrimento do mundo na redenção de todo mal e que volta sobre si mesmo, reconciliando tudo nele na escatologia consumada. Para Tillich, a dinâmica da vida divina oferece o sentido da doutrina trinitária, nas grandes religiões e no cristianismo.

No panenteísmo místico de Tillich, a relação transcendental profunda entre realidade infinita e ser infinito é pensada não tanto em termos do aristotelismo cristão, mas, antes, numa ótica platônico-agostiniana, como autodoação do criador que se comunica à criatura, fazendo-a, assim, participante do ser. Assim, funda-se uma *analogia entis* ontológico-teológica. Mas entre a existência alienada do pecador e a santidade divina revelada paradoxalmente na cruz, só é possível uma *analogia fidei*, baseada na justificação do pecador pela fé e pela graça não merecida. E, finalmente, entre a realidade humana e o absoluto, dá-se fundamentalmente uma *analogia imaginis*, quando o conteúdo incondicionado da realidade divina comunica ao homem interior seu sentido inesgotável, através de formas condicionadas ou símbolos do infinito. Por tudo isso, a linguagem humana sobre Deus será sempre ontológica, paradoxal e simbólica.

A teologia filosófica de Tillich resolve-se numa "Filosofia da revelação" que pretende pensar a experiência vital do *homo religiosus* e sua adesão ao cristianismo, como religião da síntese, conciliando dialeticamente autonomia secular e perspectiva teônoma, identidade mística e diferença ética. Finalmente, na realização de seu projeto de uma "metafísica teônoma", Tillich deixou-nos, em chave evangélico-luterana, a versão pós-moderna do platonismo cristão.

Na poderosa arquitetura do sistema teológico de Tillich ressoam os ecos do pensamento cristão, que responde ao anelo humano pelo infinito e pelo absoluto, o incondicionado e o sagrado, e encontra no Cristo o paradigma emblemático do "novo ser" e → o *universale concretum* da humanidade. Sem dúvida, porém, sua cristologia constitui o *punctum dolens* do sistema, por seus tons adocionistas e nestorianos e, consequentemente, por dar a sua doutrina trinitária, inseparavelmente associada à irradiação vitalista presente na doutrina das três potências de Schelling, uma impostação próxima à do monarquismo dinâmico pré-niceno. A despeito disso, numerosas teses de sua antropologia e de sua ética, de sua eclesiologia e de sua teologia da história têm contribuído para renovar o atual debate teológico. Sempre em polêmica contra toda heteronomia, Tillich proclama constantemente o primado da teonomia sobre a pura autonomia. Sua leitura teônoma da ontologia e da ética, da cultura e da história, conhece sempre uma experiência do *numinosum*, caracterizada pelo primado do conteúdo incondicionado sobre as formas condicionadas da própria religião. O fundamento teológico de tal primado encontra-se no axioma do apofatismo cristão, assumido generosamente como programa do Tillich da juventude: *impossibile est, sine deo discere deum.*

Bibl. – OBRAS DE PAUL TILLICH: *Systematic Theology*, Chicago 1951-1963, 3 vol.; *Gesammelte Werke*, Stuttgart 1959-1975, 14 vol.; *Ergänzungs- und Nachlassbände*, Stuttgart 1971-1983, 6 vol.; *Dogmatik*, Dusseldorf 1986; *Main Works/Hauptwerke*, Berlim 1987s, 6 vol.

W.-M. Pauck, *Paul Tillich: His Life and Thought*. I. *Life*, Nova York 1976; J.L. Adams-W. Pauck-R.L. Shinn (eds.), *The Thought of Paul Tillich*, S. Francisco 1985; F.-A. Pastor, "La interpretación de Paul Tillich", em *Greg* 66 (1985) 709-739; Id., "Itinerario espiritual de Paul Tillich", em *Greg* 67 (1986) 47-86; C. Schwöbel, Tendenzen der Tillich-Forschung", em ThR 51 (1986) 166-223; R. Albrecht-W. Schüssler, *Paul Tillich: Sein Werk*, Düsseldorf 1986; N. Ernst, *Die Tiefe des Seins*, St. Ottilien 1988.

FÉLIX-ALEJANDRO PASTOR

TOMÁS DE AQUINO

Na época medieval, Tomás representa o ponto de maturidade da grande escolástica, em sua reflexão sobre o tema da revelação. Depois dele não encontramos em outros teólogos perspectivas mais amplas do que as desenvolvidas por ele, embora não se possa pretender encontrar nele uma teologia da revelação, no sentido atual da expressão. Nos séculos subsequentes, até nossos dias, a terminologia adquirirá maior precisão, tornar-se-á mais técnica, mas a reflexão não avançará muito em profundidade. O que impressiona em Santo Tomás, morto em 1274, é a multiplicidade e a riqueza dos aspectos que descobre na *realidade* da revelação: operação salvífica, que procede do amor livre de Deus; evento histórico, que se desenrola no tempo e atinge os homens de todos os séculos; ação divina, que se insere na vida psicológica do profeta; doutrina sagrada comunicada por Cristo a seus apóstolos e, através deles, transmitida à Igreja; grau de conhecimento, que se situa entre o conhecimento natural, o conhecimento da fé e o conhecimento de visão.

1. A REVELAÇÃO COMO OPERAÇÃO SALVÍFICA – Toda a teologia, toda a vida de fé, todo o *dado revelado procede* da revelação, mas o dado revelado não pode ser chamado diretamente de revelação. Esta é uma ação que procede do amor livre de Deus, para a salvação do homem. Ora, uma vez que esta salvação é Deus mesmo em sua vida íntima, isto é, um objeto que supera absolutamente as forças e as exigências do homem, era necessário que Deus mesmo se fizesse conhecer ao homem para indicar-lhe este seu fim e a via para chegar a Ele (STh I, 1,1c). Por outro lado, já que também o conhecimento das verdades da ordem natural sobre Deus e nossas relações com Ele, de fato, representa uma obra difícil, possível a poucos e com graves riscos de erro, Deus revelou também estas "para que todos, com facilidade, possam tornar-se participantes do conhecimento divino, com exclusão de toda dúvida ou erro" (CG I,4; STh I, 1,1c. Texto retomado pelo Vaticano I: DS 3005). Tomás considera, pois, a revelação, em sua *vertente ativa*, como a ação de Deus que, livre e gratuitamente, oferece ao homem as verdades necessárias e úteis à consecução da salvação sobrenatural. O que é revelado (*revelatum*) são essencialmente aqueles conhecimentos sobre Deus inacessíveis à razão e que, em consequência, podem ser atingidos somente através de revelação. Por *revelabile* entendem-se, ao invés, aqueles conhecimentos que de *per si* não ultrapassam a capacidade da razão, mas que Deus revelou como úteis à obra da salvação e porque a maior parte dos homens, entregues a si mesmos, nunca chegaria a conhecer: de fato, estas verdades já fazem parte do corpo da revelação. Em suma, o *revelatum* tinha de ser revelado, ao passo que o *revelabile* podia sê-lo (STh I,1,3 ad 2).

2. A REVELAÇÃO COMO EVENTO DA HISTÓRIA – Sob este aspecto, a revelação é para Tomás como uma operação hierárquica, marcada pela sucessão, pelo progresso e pela multiplicidade das formas e dos meios de comunicação.

a. Antes de tudo, operação *hierárquica.* A verdade da salvação chega-nos como a água de uma grande fonte, cujo conteúdo não poderia chegar à planície senão depois de ter formado bacias sucessivas: primeiro os anjos, segundo a ordem das hierarquias celestes, em seguida os homens e, entre estes, os maiores, isto é, os profetas e os apóstolos. Ela se espalha na multidão dos que a acolhem com a fé, segundo uma operação análoga, já que os que possuem um conhecimento extenso devem transmiti-lo e explicá-lo aos simples fiéis, obrigados a aderir explicitamente só aos artigos de fé (STh II-II, 2,6c). Depois do momento da revelação constitutiva vem o da revelação que é aplicada.

b. Em segundo lugar, a revelação é caracterizada pela *sucessão*: não é dada num único momento, mas segundo etapas que constituem realizações parciais do projeto divino total. A riqueza da revelação era tamanha que o homem teve de preparar-se durante séculos para pouco a pouco tomar posse dela e assimilá-la (*Ad Heb.* 1,1). Podemos pois, distinguir na história da revelação três idades e, encabeçando cada uma delas, figura uma revelação superior da qual derivam todas as demais: a revelação a Abraão da existência de um Deus único, que funda a revelação patriarcal e se dirige apenas a algumas famílias; a revelação mosaica ou a do nome de Deus, que funda a era profética e se dirige a um povo inteiro; finalmente, a revelação de Cristo, juntamente com a revelação do mistério da vida íntima de Deus na Trindade das pessoas, que funda a era cristã e se dirige a toda a humanidade. Deus "adapta-se" à fraqueza da humanidade, deixando filtrar somente aquele pouco de luz que esta é capaz de receber (STh II-II, 1,7 ad 3).

c. Um duplo movimento atravessa a economia da revelação e constitui o *dinamismo de seu progresso.* Por um lado, um movimento que constitui pouco a pouco o depósito da revelação: desde os patriarcas até os profetas e os apóstolos. Por outro, um movimento que pouco a pouco aproxima a humanidade da encarnação. Quanto mais nos aproximamos de Cristo, tanto maior é a proximidade com a plenitude da revelação. Com Cristo temos a primavera da graça, o tempo da realização. "A última consumação da graça realizou-se com Cristo"; pois o tempo de Cristo é denominado o tempo da plenitude (STh II-II, 1,7 ad 4).

d. Finalmente, a revelação é *polimorfa*. Deus não desprezou nenhuma forma de comunicação para dar-se a conhecer. Em seu comentário à Carta aos Hebreus (*Ep. ad Heb.* c. 1, lect. 1), Tomás salienta a extraordinária riqueza e diversidade dos caminhos de Deus: multiplicidade e variedade dos personagens aos quais se dirige; diversidade dos processos psicológicos (visões corporais, imaginativas, intelectuais); revelações sobre o passado, sobre o presente, sobre o futuro, que se dirigem ao homem, seja para instruí-lo, seja para punir suas infidelidades; finalmente, diversidade dos graus de clareza ou de obscuridade. Com Cristo e os apóstolos, o evento da revelação atinge seu ápice e sua plenitude. Mas o espírito de profecia não desapareceu. Algumas pessoas beneficiam-se dele, não para suprir uma revelação insuficiente, mas para iluminar o comportamento humano a partir da revelação já dada (STh II-II, 174,6).

3. A REVELAÇÃO PROFÉTICA COMO CARISMA DE CONHECIMENTO – Santo Tomás interessa-se antes de tudo pela revelação profética (*De Ver.* q. 12; STh II-II, 171-174; CG III, III, 154). Na época do modernismo, surgiu a lenda de que a revelação católica só comportava verdades caídas do céu: teria sido, então, vantajoso ler Santo Tomás, que, muitos séculos antes, se interessava pela revelação em sua fase psicológica, enquanto ação divina que se insere no psiquismo humano. Efetivamente, o *De prophetia* caracteriza-se por um extraordinário respeito aos dados complexos da experiência profética.

Na profecia, Tomás distingue o *conhecimento* profético de seu uso, isto é, é a *denuntiatio* ou proclamação da profecia (STh II-II, 171,1c). Num primeiro momento, o profeta experimenta a ação da luz divina sobre ele (*De Ver.*). Depois, num segundo tempo, ele *proclama*; o profeta escolhe, então, as imagens segundo seu temperamento e sua experiência pessoal. Concretamente, como se verifica este *desvendamento*, que faz do profeta um receptor da verdade divina? (STh II-II, 171,6c). Como todo conhecimento humano, a profecia comporta representações (*acceptio rerum*) e um juízo, mas ambos elevados pelo carisma profético: o juízo realiza-se sob a influência de uma luz especial dada ao profeta. “O elemento formal no conhecimento profético é a luz divina; é da unidade desta luz que a profecia tira sua unidade específica, apesar da diversidade dos objetos que esta luz manifesta aos profetas” (STh II-II, 171,3). Com efeito, esta luz ilumina um dado de riqueza prodigiosa: acontecimentos da história, comportamento das pessoas, visões interiores, sonhos etc. Todavia, a essência da profecia não está neste elemento representativo, mas na luz divina dada ao vidente para que possa discernir, julgar e exprimir os intentos de Deus. Graças à iluminação recebida, o profeta julga com certeza e sem erro elementos presentes em sua consciência e, portanto, toma posse da verdade que Deus tenciona comunicar-lhe. Com esta iluminação e este juízo opera-se verdadeiramente no profeta o desvendamento do pensamento divino. Uma vez gratificado com Ele, o profeta reage de modo vital. Passivo na *inspiração* que o eleva, percebe ativamente na *revelação* (STh II-II, 171,1 ad 4). Através do plano das imagens, atinge a verdade mais profunda que elas designam (STh II-II, 173,2 ad 2). A luz concedida por Deus é, portanto, o elemento essencial que caracteriza o profeta. Mas o profeta é, em sentido pleno, aquele que recebe de Deus ao mesmo tempo as representações e a luz para julgá-las (STh II-II, 173,2c). Na revelação em seu significado pleno, “o profeta possui a certeza máxima das realidades que conhece com o dom de profecia e sabe com certeza que estas verdades lhe são divinamente reveladas” (STh II-II, 171,5c). Por isso, Jeremias pode dizer: “O Senhor enviou-me de verdade a vós para expor a vossos ouvidos todas estas coisas” (Jr 26,15). No esplendor da luz recebida, o profeta percebe, sem raciocínios explícitos, exatamente como se atinge a causa no efeito, que Deus é o autor desta luz e o autor da verdade que o faz descobrir esta luz. O profeta não precisa de outros sinais: a luz que recebe é tão intensa que tem plena certeza de sua origem. Este é o caso de Abraão, que se prepara para imolar o único filho, com base na iluminação recebida (STh II-II, 171,5c). Teresa d’Ávila expressa-se do mesmo modo (*O castelo interior*, sexta morada).

A ação pela qual Deus se comunica com o homem por meio dos sinais criados é definida por Santo Tomás como *Palavra de Deus*, em razão da analogia que apresenta com a palavra humana, que é, também ela, comunicação de pensamento através de sinais. A palavra interior nos profetas não é outra coisa senão a iluminação do Espírito (*De Ver.*, 12,1 ad 3). A palavra, entendida como comunicação entre seres inteligentes, é uma categoria que abrange ao mesmo tempo a comunicação humana, angélica e divina (STh I, 107,1c; I, 107,2; *De Ver.* 18,3). Como som ou gesto, a palavra é atribuível a Deus só metaforicamente; mas como fato espiritual e comunicação de pensamento não comporta nenhuma imperfeição e pode ser-lhe atribuída. Assim como com a palavra exterior recorremos a um termo portador de sentido, da mesma forma Deus, quando ilumina o profeta, lhe dá uma representação significativa, um sinal de sua essência espiritual. É assim que Deus falou a Adão, aos patriarcas, aos profetas. Estes sinais evidentemente são representações incompletas do mistério divino, mas através delas, e graças à luz que as ilumina, Deus nos inicia à sua vida: Deus nos fala.

4. A REVELAÇÃO ATRAVÉS DE CRISTO E DOS APÓSTOLOS – A reflexão de Santo Tomás sobre a função reveladora de Cristo é menos elaborada do que sua análise da experiência profética. Contudo, encontramos na *Summa* indicações bem sugestivas sobre o papel de Cristo e dos apóstolos. O *prólogo* da terceira parte, que trata de Cristo salvador, inicia com estas palavras: Cristo “mostrou-nos o caminho da verdade” para que, por meio dele, fôssemos ao Pai. Para manifestar seu pensamento, o homem o encarna em sons e letras; assim também “Deus, querendo manifestar-se aos homens, revestiu de carne, no tempo, o Verbo, concebido desde toda a eternidade” (*In Jo.* 14,2). Através da carne que assumiu, o Verbo nos fala e nós o entendemos (*In Jo.* 8,3). Ninguém melhor do que Ele pode manifestar a verdade, pois Ele é, em pessoa, luz e verdade (*In Jo.* 18,6). Cristo prega, ensina, tanto com as ações quanto com as palavras (*In Jo.* 11,6), mas, à diferença dos mestres humanos, ensina a partir de fora e a partir de dentro (*In Jo.* 14,3; 3,1). Cristo instruiu os apóstolos com

a pregação e com seu Espírito (*In Jo.* 17,6) que lhes manifestou o sentido da doutrina. Indubitavelmente, Santo Tomás privilegia na revelação o resultado da ação reveladora, isto é, a verdade da fé. A terminologia não engana: o conjunto dos conhecimentos que Deus revelou aos profetas e aos apóstolos é qualificado por ele como "a doutrina sagrada", "o ensinamento segundo a revelação", contido na Escritura (STh I, 1,1c).

5. DA REVELAÇÃO PARA A IGREJA E PARA A FÉ – Aos apóstolos e aos profetas Deus propôs diretamente sua verdade; a nós, propõe-na através da Igreja. Esta última é, portanto, a regra infalível no que concerne à proposta da verdade revelada (STh II-II, 5,3). Os símbolos de fé que assinalam a história da Igreja exprimem uma única fé: explicitam o dado revelado, levando em conta os erros ou os desvios nascentes. A maior parte dos homens tem acesso à revelação só de maneira mediata, através da pregação da Igreja. Deus ajuda-nos a crer com uma *tríplice* ajuda: com a pregação exterior, com os milagres que conferem crédito a esta pregação e também "com uma atração interior, que não é outra coisa senão uma inspiração do Espírito, mediante a qual o homem é impulsionado a dar seu consentimento ao que é objeto de fé... Esta atração é necessária, pois nosso coração não se voltaria a Deus, se Deus mesmo não nos atraísse a Ele" (*In Rom.* 8,6; STh II-II, 2,9). O chamado interior da graça é o "testemunho" da "verdade primeira, que ilumina e instrui o homem interiormente" (*Quodl.* 2,4,6 ad 3). Portanto, dois dons são concedidos ao homem: o dom da doutrina da salvação e o dom da graça para acolhê-lo na fé. Esta ação da graça, Santo Tomás não a define como revelação, pelo menos não habitualmente; é, antes, vista como chamado, atração, ajuda, moção, testemunho e, sobretudo, instinto interior, vindo de Deus, como chamado pessoal dirigido a cada um.

6. REVELAÇÃO COMO GRAU DE CONHECIMENTO DE DEUS – Revelação e fé não são fins em si mesmos, mas ordenadas à visão; com efeito, o fim do homem é o de entrar um dia na contemplação de Deus. Nesse sentido, a revelação histórica é um conhecimento imperfeito, um momento de nossa iniciação à visão. Há no homem um triplo conhecimento de Deus: no primeiro grau, o homem *eleva-se* a Deus com a mediação das coisas criadas; no segundo, Deus *desce* a nós, inclina-se sobre o homem, revela-se a ele; no terceiro, o homem "*será elevado* a ver com perfeição o que lhe foi revelado" (CG IV, 1). A perfeição da revelação realizar-se-á só na parusia (STh II-II, 5,1 ad 1). Só então "a Verdade primeira será conhecida, não na fé, mas na visão. Então, a verdade não será mais proposta ao homem envolta em véus, mas totalmente descoberta" (CG IV, 1). Com sua palavra, Deus nos faz entrar pouco a pouco no mistério de sua vida íntima.

Até o Concílio de Trento, a controvérsia protestante, com o princípio da *sola Scriptura* como fonte da revelação, assim como as intemperanças do Iluminismo protestante, que gratifica todos os fiéis com uma revelação direta do Espírito, tiveram como efeito desviar a atenção dos teólogos do caráter histórico e encarnacional da revelação, para se preocuparem antes de tudo com a revelação objetiva da mensagem da fé e com as garantias de sua origem divina.

Bibl. – B. Decker, *Die Entwicklung der Lehre von der prophetischen Offenbarung von Wilhelm von Auxerre bis zu Thomas von Aquin*, Breslau 1940; A.M. Fairweather, *The Word as Truth.* A Critical Examination of the Christian Doctrine of Revelation in the Writings of Thomas Aquinas and Karl Barth, Londres 1944; V. White, "Le concept de révélation chez saint Thomas", em ATh 11 (1950) 1-17, 109-132; L. Elders (ed.), *La doctrine de la révélation divine de saint Thomas d'Aquin*, Città del Vaticano 1990.

RENÉ LATOURELLE

TRADIÇÃO

1. *Tradição entendida como fenômeno da cultura humana* – 2. *O princípio cristão da tradição* – 3. *O conceito teológico de tradição* – 4. *Normas e critérios da tradição (norma suprema, norma primária, norma subordinada; Critérios de pertença; Critérios hermenêuticos)* – 5. *Pragmática da tradição* (H.J. Pottmeyer).

A tradição cristã, como qualquer outra tradição, pode ser examinada sob muitos ângulos: geralmente como fenômeno da cultura humana numa ótica antropológica e histórico-científica ou como momento de sua identidade numa ótica de autocompreensão do grupo que a transmite e, neste caso, dos cristãos. O teólogo cristão repensa a tradição cristã como fenômeno cultural, na ótica da fé cristã. A fé cristã assume a tradição cristã como um acontecimento, cujos atores são tanto os homens quanto Deus.

Como em toda tradição, também na tradição cristã distinguimos o conteúdo transmitido (o *traditum* ou *traditio obiectiva*), o processo de transmitir e de receber (o *actus tradendi et recipiendi* ou *traditio activa*) e os sujeitos da tradição (os *tradentes* ou *traditio subiectiva*). Enquanto as outras disciplinas teológicas se interessam prevalentemente pelos documentos e pelos conteúdos da tradição cristã (exegese, dogmática) ou de seus sujeitos (história da Igreja), a Teologia Fundamental reflete sobre o nexo fundamental entre conteúdos, processo e sujeitos da tradição e sobre as normas e critérios da verdadeira tradição cristã.

1. TRADIÇÃO ENTENDIDA COMO FENÔMENO DA CULTURA HUMANA – Atualmente, a atitude em relação à tradição é contraditória. Por um lado, são radicalmente contestadas a autoridade e o valor da tradição, por outro, aumenta a convicção de que a tradição é indispensável para os indivíduos e para a sociedade.

A perda fundamental de autoridade de todas as tradições está ligada à experiência de que muitos conhecimentos e comportamentos transmitidos foram superados pelo progresso técnico-científico e social e são antiquados. Esta experiência dá sustentação, na época moderna, à crescente pretensão do homem de buscar autonomamente motivações, que têm seu fundamento no próprio homem, recorrendo à razão. Em relação a esta pretensão oniabrangente, a tradição constituiria um preconceito e se transformaria em → ideologia, de que o homem, em busca de uma liberdade sem limites, deveria emancipar-se. Mas ao mesmo tempo a crise da época moderna postula uma mudança de mentalidade.

Reconhece que a perda total de tradição compromete a liberdade e a humanidade.

Contudo, a volta a uma relação diretamente vivida com a tradição, como a volta procurada por alguns movimentos da → *New Age*, ou a mera restauração e conservação de determinadas tradições, como as quer o tradicionalismo fundamentalista, não são, todavia, nem possíveis nem desejáveis. A conquista de uma responsabilidade pessoal adulta não deve acontecer às avessas. Hoje em dia, em relação à tradição, é possível e favorece-se a atitude crítica capaz de distinguir entre valor e não valor das tradições; é possível incorporar como próprias as tradições válidas, com livre-autodeterminação. A atitude crítica em relação à tradição tem, também ela, uma longa história. Em nosso ambiente cultural, ela começa com a passagem do *mýthos* para o *lógos* na filosofia grega, e voltamos a encontrá-la no AT e no NT, não por último em Jesus.

O homem é um ser da tradição. Acolhe tradições e as transmite, cria tradições e as destrói. Transmitir é um evento cultural, social e pessoal. A tradição é um elemento constitutivo da *cultura* humana. Embasa-se em dois fatos antropológicos fundamentais: por um lado, na finitude, mortalidade e historicidade do homem; por outro, na necessidade de construir sobre experiências, conhecimentos e habilidades adquiridas por outros, para que possa crescer e desenvolver-se uma cultura. Transmitem-se habilidades, costumes, ritos, normas, relatos e doutrinas. A tradição está ligada antes de tudo à língua. A língua é o *medium* com o qual se transmite, e ela mesma é tradição. Da língua e da escrita emerge que também a disposição a transmitir deve ser desenvolvida e transmitida. Daí deriva, portanto, a necessidade de criar funções precisas, como as do sacerdote, do instrutor, do juiz e do professor, bem como instituições como o culto, o direito, a escola, o teatro.

No plano *social*, a tradição pode ser qualificada como um processo comunicativo diacrônico e sincrônico. A tradição desempenha duas funções sociais: por um lado, opera criando grupos e continuidade: a comunidade fundada na tradição é ao mesmo tempo *medium* e produto da tradição. Por outro lado, a tradição opera com função libertadora e orientadora, porquanto, diante da multidão das possibilidades de perceber, pensar e agir que pode paralisar o homem, coloca-lhe à disposição determinados modelos ou *guiding patterns* de perceber, pensar, agir. Toda comunidade fundada na tradição cria instâncias de controle e salvaguarda das tradições normativas. No processo comunicativo da tradição influem, em sentido constitutivo, os portadores e os destinatários daquilo que é transmitido.

A tradição pode promover e comprometer a *personalidade* do homem. O fato de um indivíduo nascer numa determinada comunidade fundada na tradição, e de ele receber dela uma determinada marca, significa duas coisas: por um lado, a tradição possibilita o desenvolvimento da personalidade e, por outro, pode também condicionar o indivíduo a ponto de obstacular ou impedir seu livre desenvolvimento no compreender e no operar. Por este motivo, a tradição é ao mesmo tempo destino e desafio. A assimilação pessoal, isto é, livre e inteligente, da tradição, comporta a atitude crítica em relação a ela. Uma assimilação pessoal da tradição exige a interpretação. Quem transmite e quem é destinatário devem relacionar a tradição com sua respectiva situação e experiência, devem reciprocamente narrar-se a experiência recordada e presente, se a recordação viva não quiser transformar-se num tradicionalismo morto. A tradição viva é interpretação e exige a interpretação; sintetiza em si mesma continuidade e inovação. Por esta razão, o processo de transmissão nunca é isento de conflitos.

Do que acabamos de dizer resulta o concurso dos sujeitos e do conteúdo transmitido no evento vivo da tradição. Quem transmite e quem é destinatário transmitem e recebem o conteúdo transmitido, no ato de interpretá-lo. Por sua vez, o conteúdo transmitido determina, marca e modifica tanto quem transmite e quem é destinatário quanto o processo de transmissão com suas formas e instituições.

A tradição cristã, como evento de comunicação e de interação transmitido pelo homem, está submetida às mesmas condições e normas antropológicas. Pode, portanto, ser objeto de análise e de avaliação da antropologia e da ciência histórica, na medida em que estas dizem respeito à autocompreensão cristã. Seus resultados são importantes também para o teólogo, pois lhe permitem compreender o caráter humano e histórico do evento cristão da tradição e chamam sua atenção para as condições que obstaculam e promovem a mediação cristã da tradição. Na ótica teológica, porém, a tradição cristã não é simplesmente a variante cristão-religiosa de um fenômeno cultural humano geral. O princípio cristão da tradição funda-se, sim, no fato de que Deus se revelou em Israel e em Jesus Cristo uma vez por todas como salvação dos homens. Daí advém a necessidade de transmitir e mediar a todas as gerações subsequentes a notícia deste evento e sua força redentora.

2. O PRINCÍPIO CRISTÃO DA TRADIÇÃO – O processo cristão da tradição começa com *Jesus*. Ele proclama como decisivos a lei e os profetas e os interpreta criticamente, invocando a vontade de Deus (Mt 5,17-48; 15,1-20; Mc 7,5-13). Na época neotestamentária, além da tradição de *Israel* interpretada em relação a Jesus, surge como ulterior fundamento da tradição cristã o testemunho, dado pelos apóstolos, de Jesus Cristo. Inicialmente transmitido por via oral, este testemunho acaba sendo fixado na Bíblia do NT.

Já em *Paulo* emerge a figura do apóstolo como primeira e decisiva testemunha e transmissor da tradição cristã. É apóstolo: 1. aquele que é testemunha da autorrevelação de Deus em Jesus Cristo; 2. aquele que é enviado pelo Senhor para proclamar a Palavra de Deus (Gl 1,15-17). Paulo mesmo não é somente testemunha direta do Ressuscitado, mas é também transmissor do testemunho dos primeiros apóstolos da Última Ceia e da ressurreição de Jesus (1Cor 11,23-25; 15,1-7), da profissão de fé (Rm 1,1-4; 4,24-25; 10,9) e dos hinos da comunidade (Fl 2,5-11). Da mesma forma que Jesus, Paulo assume um posicionamento crítico em relação à tradição. Protesta contra o tradicionalismo judeu-cristão e insiste no verdadeiro conhecimento de Jesus Cristo como princípio da interpretação da mensagem de Jesus (Gl 2,5-6; Fl 3,8-11).

Em Paulo e em outros escritos do AT e do NT emerge que a tradição acontece como interpretação ininterrupta que se relaciona com novos acontecimentos e situações (nos profetas desde a interpretação do êxodo até o cativeiro babilônico, desde a interpretação da mensagem de Jesus sobre o amor absoluto de Deus até o chamado dos pagãos em Paulo, nos evangelhos a interpretação da tradição relativa a Jesus, à luz da Páscoa). A interpretação, tal como a realizam Paulo e os outros hagiógrafos, não é apenas a expressão da necessidade geral da exposição para que a tradição permaneça viva. Na Bíblia, a reinterpretação constante é expressão da verdade de que o Senhor está vivo e está diretamente presente em cada época e nela quer ser novamente testemunhado. Destarte, a Bíblia transmite não somente os conteúdos da tradição, mas também os modelos de sua interpretação.

Aumentando a distância temporal das origens, adquirem evidência a autoridade das primeiras testemunhas apostólicas e o recurso à ininterrupta corrente dos transmissores como salvaguarda da fiel conservação do querigma. Isto tem início *em Lucas* (Lc 1,1-4) e desemboca na ideia da transmissão da doutrina nas *Epístolas pastorais* (1Tm 1,18; 4,11; 2Tm 1,13-14; 2,2; 2Pd 3,2) e na explicitação do princípio cristão da tradição em *Irineu e Tertuliano.* Em garantia da tradição apostólica, é institucionalizada a corrente das testemunhas na forma da sucessão apostólica dos bispos. Como testemunhas da tradição apostólica e enviados por Cristo com a imposição das mãos, os bispos tornam-se sucessores dos apóstolos e, portanto, transmissores autênticos. Durante muito tempo sua autoridade é afirmada prevalentemente quanto ao conteúdo, não quanto à forma; sua doutrina deve concordar em conteúdo com a doutrina dos apóstolos e das igrejas-mães de instituição apostólica, e com a Sagrada Escritura. Para demonstrar a concordância em conteúdo serve também o consenso.

Bem cedo coloca-se o problema relativo aos critérios da verdadeira tradição. Em demonstração da concordância de conteúdo com a tradição apostólica, *Irineu* e *Agostinho* denominam o consenso dos Padres de *regula fidei* ou *regula veritatis*. A *regula fidei* não é superior à Sagrada Escritura e não indica tampouco o magistério eclesiástico. É constituída pelas passagens (*loci*) mais claras da Sagrada Escritura, "de scripturarum planioribus locis et ecclesiae auctoritate" (Agostinho, *Doctr. chr.* III, 2,2; CCL 32,77s) e constitui o primeiro cânon da Igreja. *Vicente Lerinense*, em seu *Commonitorium* (434), descreve a praxe corrente na descoberta da verdade na Igreja da época dos Padres. Ao descrevê-la, pode referir-se aos Concílios de Niceia e de Éfeso. Assinala como critérios da doutrina verdadeira e universal: *universitas, antiquitas* e *consensio* (do concílio e dos Padres) (*Commonit.* 2,3; 29,41: "quod ubique, quod semper, quod ab omnibus"). Além da apostolicidade, apareceu, como propriedade essencial da verdadeira tradição, a catolicidade. Para Vicente, o concílio representa a união do consenso sincrônico e diacrônico. As decisões do concílio são expressões do consenso universal somente se acolhidas pela Igreja universal.

Mais tarde o conceito de revelação é assumido em sentido tão amplo que, além da tradição apostólica originária, são considerados como inspirados e igualmente vinculados também definições e usos eclesiásticos subsequentes. Acresce ainda o fato de que, em lugar da legitimação material da tradição através da concordância com o querigma apostólico, se impõe cada vez mais sua legitimação material formal através da antiguidade (relativa) e da autoridade eclesiástica. Tal concepção da tradição ameaça imunizar a Igreja contra toda tentativa de reforma que invoque a origem apostólica. Não se lembra mais o motivo de Tertuliano: Cristo não definiu a si mesmo como "o costume", mas como "a verdade" (De *Virg. vel.* I, 1: CCL 1, 1209). Os *humanistas* e os *reformadores* desafiam a Igreja para uma compreensão mais crítica da tradição. Para isso, podem invocar Paulo e algum Padre da Igreja.

Lutero quer repudiar antes de tudo só aquelas tradições que não são autorizadas pela Escritura, para recolocar novamente em luz o puro Evangelho. Mas, posteriormente, substitui o princípio da tradição pelo princípio da *sola Scriptura* [a Escritura só basta]. Ao fazer isto, permanece prisioneiro da controvérsia da Idade Média tardia: pois a Igreja de seu tempo ameaça esquecer o primado da Sagrada Escritura e subordinar a normatividade material do querigma apostólico à normatividade formal da tradição eclesiástica; a Escritura, em Lutero, torna-se, com uma exata contraposição, a única norma material e formal ("Sacra Scriptura sui ipsius interpres" – "A Sagrada Escritura é sua própria intérprete").

A Reforma induz o Concílio de Trento a formular um conceito mais crítico de tradição. No *Decretum de libris sacris et de traditionibus recipiendis*, de 1546 (DS 1501-1505), o concílio aceita a exigência de Lutero de manter na Igreja a *puritas ipsa Evangelii* ["a própria pureza do Evangelho"]. O Evangelho é a fonte de toda verdade salutar e da conduta de vida cristã que estão contidas "(et) in libris scriptis et sine scripto traditionibus" ["nos livros escritos e nas tradições sem escritura"]. Estas tradições são definidas mais precisamente como "ab ipsius Christi ore ab apostolis acceptae, aut ab ipsis apostolis Spiritu Sancto dictante quasi per manus traditae ad nos usque pervenerunt" ["recebidas pelos apóstolos da própria boca de Cristo, ou recebidas pelos próprios apóstolos e ditadas pelo Espírito Santo chegaram até nós como se fossem passadas de mão em mão"]. Todos os livros do AT e do NT e as tradições inspiradas que remontam aos apóstolos, *tum ad fidem, tum ad mores pertinentes* ["relativas quer à fé, quer aos costumes"], são acolhidas e veneradas pela Igreja *pari pietatis affectu ac reverentia* ["com igual sentimento de piedade e reverência"].

Isto reduz criticamente as tradições vinculantes: elas devem referir-se à fé e aos costumes e remontar aos apóstolos. Positivo é também o fato de o Evangelho ser chamado de *única* fonte da vida salvífica: visão dinâmica com que irá reatar o Concílio Vaticano II. Permanece questão aberta quais sejam os conteúdos vinculantes da tradição; em aberto fica também o problema da suficiência material da Escritura. Todavia, já que o concílio fala de "tradições" no plural, sugere sua distinção material da Escritura, em vez de distingui-las apenas modalmente desta. O concílio não vai além disso: coloca lado a lado as duas formas de mediar o Evangelho. Interessa-se principalmente pela insuficiência modal ou hermenêutica da Sagrada Escritura: ninguém pode interpretar a Escritura – quando se refere à fé e aos costumes – em contraste com o consenso unânime dos Padres ou com o sentido a que a Igreja se atém, sendo ela a única que pode julgar do verdadeiro sentido e da interpretação da Escritura (DS 1507).

Depois do Concílio de Trento, devido ao controverso interesse teológico, impõe-se a distinção material entre Escritura e Tradição. Invocando o concílio, ensina-se que o Evangelho estaria contido "partim" [em parte] na Escritura e *partim* [em parte] na tradição oral – formulação que o concílio havia substituído pelo evidente "et-et". Chega-se, assim, a falar das duas fontes da revelação ("Teoria das duas fontes" da revelação). Esta concepção afirma a insuficiência *material* da Escritura. Existe, além disso, a concepção da insuficiência meramente *modal ou hermenêutica*, segundo a qual a Escritura necessita da integração da tradição somente para sua correta compreensão. Da doutrina do concílio, segundo a qual somente a Igreja pode julgar do verdadeiro sentido da Escritura, origina-se a seguir o monopólio interpretativo do magistério eclesiástico, que faz com que este apareça sempre mais como o único transmissor da tradição.

Somente o Concílio Vaticano II, em sua constituição dogmática → *Dei Verbum* (1965), faz-nos sair do beco sem saída teologicamente controvertido dos limites entre Escritura e Tradição (DV 7-10). Reatando com o modo de falar do Concílio de Trento, sobre o Evangelho como única fonte de toda verdade salutar (DV 7), declara que a sagrada tradição e a Sagrada Escritura brotam da mesma fonte divina e formam uma unidade orgânica (DV 9). Dá-se destaque à excelência da Escritura dentro do evento da tradição: a Escritura "é Palavra de Deus porque escrita por inspiração do Espírito de Deus", a tradição *transmite* a palavra de Deus, conserva-a e expõe-na (DV 9).

Isto define a relação entre Escritura e Tradição num sentido mais propriamente *modal*: na tradição entendida como transmissão da Palavra de Deus no ato de expor a Escritura, "as próprias Letras Sagradas são mais profundamente compreendidas e se tornam ininterruptamente operantes" (DV 8). O concílio não quis dirimir o problema da suficiência material da Escritura. A alusão ao fato de que "a tradição faz a Igreja conhecer o cânon inteiro dos Livros Sagrados" (DV 8) não deve entender-se como se a tradição tivesse um conteúdo específico; a seleção dos livros canônicos encontra, sim, uma explicação no exame de sua canonicidade conteudística adquirida pela Igreja na familiaridade com estes livros. Também pode ser entendida em sentido modal a fórmula de compromisso: "sucede, assim, que a Igreja haure a *certeza* sobre todas as coisas reveladas não exclusivamente da Escritura" (DV 9).

A redefinição da relação entre Escritura e Tradição e, sobretudo, da própria concepção de tradição é possibilitada pelo aprofundamento do conceito de revelação (DV 2-6) e de Igreja (*Lumen Gentium*):

– Assim como a revelação não é mais entendida no sentido de mera comunicação de verdades isoladas, mas como autocomunicação vivificante da Trindade, através da qual esta fala aos homens como a amigos (DV 2), da mesma forma também a tradição não é mais entendida como mera coleção de verdades isoladas, mas como "presença vivificante" da Palavra de Deus, de sorte que Deus "não cessa de falar com a Esposa de seu Filho amado" (DV 8).

– Assim como a revelação não é mais apresentada como mera instrução, mas acontece "com eventos e palavras" (DV 2), da mesma forma a tradição acontece "na doutrina, na vida e no culto" da Igreja (DV 8).

– Assim como *toda* a Igreja é o povo de Deus em caminho para a perfeição do Reino de Deus, da mesma forma também "todo o povo santo, unido a seus pastores" (DV 10), transmite a tradição. A compreensão da Palavra de Deus transmitida cresce não só com a pregação dos pastores, mas também "com a reflexão e o estudo dos crentes" e "com a experiência dada por uma compreensão mais profunda (das coisas espirituais)" (DV 8).

Dessa maneira o Concílio Vaticano II recupera uma compreensão global da tradição e de sua função na vida da Igreja e evidencia sua dimensão teológica e histórica. Em todo caso, não se coloca como tema de discussão a função crítica da Escritura em relação à tradição não bíblica. Apesar de não se ter atendido a este *desideratum* ecumênico, o contraste teologicamente controvertido sobre a relação entre Escritura e Tradição é substancialmente superado. O fato é confirmado por vários documentos ecumênicos (Montreal, 1963, Malta 1972 e outros).

3. O CONCEITO TEOLÓGICO DE TRADIÇÃO – Teologicamente, a tradição cristã é concebível como sendo a ininterrupta autotransmissão da Palavra de Deus no Espírito Santo por meio do serviço da Igreja e destinada à salvação de todos os homens. O *sujeito primordial* de sua história de testemunho, compreensão e interpretação na Igreja é a própria *Palavra de Deus*, que se fez homem em Jesus Cristo e está presente e viva no Espírito Santo. A *Igreja* é *sujeito ministerial* da transmissão do Evangelho. Somente no Espírito a Igreja é habilitada para a transmissão autêntica da Palavra de Deus. Por isso, a Igreja invoca o Espírito como força para uma reevocação sempre nova da Palavra de Deus, quando na palavra e no sacramento renova a *memoria Iesu Christi.*

A autocomunicação reveladora de Deus é o *conteúdo constitutivo* da tradição. Seu ápice é a entrega, por parte de Deus, de seu Filho único nas mãos dos homens, em favor de todos nós (Rm 8,32; 4,25) e, ao mesmo tempo, a auto-oferta de Jesus Cristo (Ef 5,2). A ação salvífica de Deus é mediada na palavra do anúncio e na fração eucarística do pão (1Cor 11,23), não somente em nível verbal, mas real (tradição verbal e real).

A *forma constitutiva* da tradição é o testemunho de fé dos apóstolos e de suas comunidades "na doutrina, na vida e no culto" (DV 8); na fé das comunidades, com efeito, a revelação encontrou a primeira resposta da Igreja, operada pelo próprio Espírito. A Sagrada Escritura do NT, inspirada pelo Espírito Santo, testemunha a fé apostólica (*traditio constitutiva*) e, portanto, é norma da contínua tradição eclesiástica (*traditio interpretativa et explicativa*).

Conteúdo e *forma* devem corresponder-se reciprocamente. Assim como a *communicatio* de Deus mesmo e de seu Filho feito homem e a *communio* com Deus fazem parte do conteúdo constitutivo da tradição, assim também fazem parte da forma constitutiva da tradição nas comunidades apostólicas a *communio* com Deus e a *communio* mútua mediante a *communicatio* na palavra da pregação, na celebração da Eucaristia, na caritas e na diaconia. A correspondência de conteúdo ou de forma é norma para a Igreja subsequente.

4. NORMAS E CRITÉRIOS DA TRADIÇÃO – A *norma suprema* (norma suprema, *norma non normata*) da fé cristã e de sua tradição é exclusivamente a *Palavra de Deus*, que se fez carne em Jesus Cristo e permanece presente no Espírito Santo, e não uma só de suas formas de testemunho. Com efeito, a Palavra de Deus é atestada, sim, na Sagrada Escritura, na doutrina, liturgia e vida da Igreja e nos corações dos crentes (2Cor 3,3; 1Ts 4,9; 1Jo 2,28), mas, graças a seu caráter escatológico, não se esgota em nenhuma de suas formas de testemunho. Pelo contrário, produz a multiplicidade e a fecundidade de testemunhas sempre novas.

A *norma primária (norma normata primaria)*, entre as manifestações da Palavra de Deus, é a *Sagrada Escritura*, na qual está fixado o testemunho dos profetas e dos apóstolos e que é considerada pela Igreja obra especial do Espírito Santo. Como testemunho da *traditio constitutiva*, ela estabelece e inspira a tradição subsequente e, portanto, pode ser designada como *suprema fidei regula* (DV 21) em relação às instâncias testemunhais subordinadas.

A *norma subordinada (norma normata secundaria)*, entre os testemunhos da Palavra de Deus, é a vinculante *tradição de fé da Igreja*, a *traditio interpretativa et explicativa.* Em virtude da promessa da contínua presença de Cristo na Igreja (Mt 28,20) e da ininterrupta assistência do Espírito Santo (Jo 14,16; 16,13) que promete à Igreja a indefectibilidade (Mt 16,18), a Igreja confia que o Espírito a conservará como "coluna e sustentáculo da verdade" (1Tm 3,15). Por isso, o senso da fé de todo o povo de Deus (LG 12) e, em determinadas condições, o magistério do colégio episcopal e do papa (LG 25) são considerados infalíveis. As diversas instâncias testemunhais são designadas na Igreja como → *lugares teológicos.* Em harmonia com a compreensão global da tradição (*traditio obiectiva et activa*), nós, hoje, entendemos os *loci theologici* não somente como *lugares de reencontro* das objetivações da tradição da fé eclesiástica, mas também como testemunhas ativas da tradição da fé.

Das *normas*, entendidas como princípios conteudísticos da fé e de sua tradição, distinguimos os *critérios.* Por critérios, entendemos as características exteriores ou conteudísticas de uma tradição, que permitem avaliar criticamente que esta pertence à vinculante tradição de fé da Igreja ou seu verdadeiro sentido.

Critérios de pertença à tradição vinculante da fé da Igreja, cuja demonstração se atinge mediante verificação histórica ou atual, são: 1. o *consenso diacrônico* (antiquitas); 2. o *consenso sincrônico* (universalitas); 3. a *clareza formal* com que uma verdade é definida pelo magistério dos pastores e pelos teólogos como revelada ou é declarada necessariamente válida para salvaguardar e interpretar a revelação (formalitas).

Os *critérios hermenêuticos* para determinar o sentido verdadeiro, o peso conteudístico e a importância presente de uma tradição da fé são: 1. a ulterior *pesquisa histórica* que explica as condições históricas da origem e a formulação de uma tradição; 2. a *importância salvífica* em vista da qual é interpretada a tradição em harmonia com a intenção salvífica de Deus (DV 8: "O que foi transmitido pelos apóstolos abrange tudo o que contribui para a conduta santa do povo de Deus e para o incremento da fé"; DV 11: "para a nossa salvação (quis que fosse) consignada nas Letras Sagradas"); 3. a → *hierarquia das verdades* (UR 11), segundo a qual se deve estabelecer o peso normativo de uma tradição no contexto da tradição global; 4. os → *sinais dos tempos* (GS 4.11), que permitem expor, em harmonia com os tempos, uma tradição na doutrina e na práxis.

5. PRAGMÁTICA DA TRADIÇÃO – Além da tópica dos *loci theologici* da tradição, de sua criteriologia e hermenêutica, a Teologia Fundamental deve desenvolver uma *pragmática* da tradição. Até hoje o interesse pragmático da doutrina teológico-fundamental da tradição tem-se limitado quase exclusivamente às formas de ação do magistério hierárquico. Contudo, se entendermos a tradição como um evento vivo, de que participam muitos sujeitos – pastores, teólogos, os outros crentes e suas igrejas locais – com funções diversas, neste caso a reflexão pragmática deve ser ampliada. O Concílio Vaticano II reconheceu (DV 23; OE 6; UR 15-17) a existência legítima de uma multiplicidade de tradições eclesiástico-locais como expressões da riqueza do único "e indiviso patrimônio revelado da Igreja universal" (OE 1). Numa visão pragmática, nasce daí a exigência de organizar a *ordem eclesiástica* de maneira que possam desenvolver-se o concurso ativo de todos os crentes, sua recíproca comunicação e interação. O que no interior das igrejas orientais (→ Igreja, VIII) vale para a *communio fidelium* deve repercutir também na organização da Igreja universal como *communio ecclesiarum*, na forma de processos consultivos e conciliares.

O direito de serem portadores e formadores ativos da tradição da Igreja comporta para os crentes a obrigação de adquirir a necessária *competência* para serem testemunhas verdadeiras e fiéis do Evangelho. Uma tradição ativa pressupõe a escuta da Palavra de Deus e o acolhimento da tradição de fé da Igreja que até agora chegou a nós e postula a *metánoia* no modo de pensar e de agir.

Bibl. – P.C. Rodger-L. Vischer (eds.), *Scripture. Tradition and Traditions.* The IV World Conference on Faith and Order: The Report of Montréal 1963, Londres 1964; Y. Congar, *La tradizione e la vita della chiesa*, Catania 1964; Id., *La tradizione e le tradizioni*, vol. I-II, Roma 1961-1965; J. Beumer, "La tradition orale", em *Histoire des dogmes* VI, Paris 1967; P. Lengsfeld, "A Tradição dentro do tempo constitutivo da Revelação", e "Tradição e Sagrada Escritura – Sua relação mútua", em *MystSal* I/2, 7-52 e 219-248; J. Pieper, *Überlieferung*, Munique 1970; K. Rahner-J. Ratzinger, *Rivelazione e tradizione*, Brescia 1970; L. Reinisch (ed.), *Vom Sinn der Tradition*, Munique 1970; J.R. Geiselmann, *La sacra Scrittura e la Tradizione*, Brescia 1974; W. Kasper, "Tradition als Erkenntnisprinzip", em ThQ 155 (1975)

198-215; G. O'Collins, "Criteri per l'interpretazione delle tradizioni", em R. Latourelle-G. O'Collins (eds.), *Problemi e prospettive di teologia fundamentale*, Brescia 1980, 397-411; M. Seckler, "Tradition und Fortschritt", em *Christlicher Glaube in moderner Gesellschaft* 23, Friburgo 1982, 5-53; L. Rordorf-A. Schneider, *Die Entwicklung des Traditionsbegriffs in der Alten Kirche*, Bern 1983; A. Dulles, "Das II. Vatikanum und die Wiedergewinnung der Tradition", em *Glaube im Prozess*, Friburgo 1984, 546-562; R. Fisichella, *La rivelazione: evento e credibilità*, Bolonha 1985, 105-131; R. Kampling, Tradition", em NHThG IV, 221-235; H. Waldenfels, *Teologia fundamentale*, Milão 1988, 574-610; H.J. Pottmeyer, "Normen, Kriterien und Strukturen der Tradition", em HFTh IV, 124-152; D. Wiederkehr, "Das Prinzip Überlieferung", em HFTh IV, 100-123; J. Bunnenberg, *Lebendige Treue zum Ursprung.* Das Traditionsverständnis Y. Congars, Mainz 1989; H.-G. Gadamer e outros, Tradition", em RGG VI, 966-984.

HERMANN J. POTTMEYER

TRENTO, Concílio de

Em três períodos de trabalho distintos –1545-1547, 1551-1552, 1562-1563 – o Concílio de Trento criou um corpo de doutrinas e de prescrições disciplinares que exerceu grande influência na formação do catolicismo moderno.

1. VISÃO HISTÓRICA – A convocação do concílio, pelo Papa Paulo III (1534-1549), foi retardada por rivalidades políticas entre potências católicas e pela relutância de Roma em abraçar uma reforma da Igreja. As duas interrupções foram devidas à guerra e a uma epidemia que se abateu sobre Trento. A segunda foi prolongada pela antipatia de Paulo IV (1555-1559) em relação ao concílio. Desde o início, o tridentino foi um concílio de bispos, sendo que os teólogos tiveram nele uma função unicamente consultiva. A direção do concílio esteve nas mãos de três cardeais legados, que recebiam com regularidade instruções detalhadas da parte do papa e de seus conselheiros.

O concílio promulgou quatorze decretos doutrinais e treze decretos de reforma pastoral e de disciplina eclesiástica. Na elaboração dos decretos, o concílio adotou um grande número de pontos doutrinais específicos, já elaborados pelos teólogos controversistas que haviam rebatido as reivindicações da reforma luterana durante um quarto de século, antes que se iniciasse o próprio concílio. Fez também uso de numerosos "pró-memórias" de reforma com suas listas de deficiências pastorais e de abusos na administração eclesiástica, que haviam surgido antes do concílio, por exemplo os planos de reforma apresentados ao Papa Adriano VI, em 1522, e o *Consilium de emendanda, ecclesia*, submetido a Paulo III por uma comissão de nove cardeais, em 1537. O Concílio de Trento produziu um esclarecimento salutar da doutrina católica sobre o pecado original, sobre a graça e a justificação, sobre a missa e os sacramentos. Todavia, o ensinamento do tridentino em grande parte deixou de tocar na natureza da → Igreja, resultando daí que a doutrina elaborada depois, na defesa apologética da Igreja institucional, por exemplo por Roberto Belarmino, tornou-se predominante na eclesiologia católica até o século XX. O programa de reforma sofreu pela falta de uma visão global única e por uma consequente fragmentariedade em relação a muitos abusos que precisavam ser corrigidos. A despeito disso, as normas aumentaram consideravelmente a capacidade dos bispos de governar suas dioceses sem a ocorrência de obstáculos locais. As diretrizes sobre a formação sacerdotal e a disposição sobre a abertura de seminários diocesanos deixaram um vestígio profundo no catolicismo moderno.

2. ESCRITURA E TRADIÇÕES – No que concerne à teologia fundamental, os ensinamentos decisivos do tridentino dizem respeito às fontes normativas da doutrina cristã. Antes do concílio, numerosos controversistas já haviam levantado objeções contra o uso que a Reforma fazia da Escritura, considerada como a única e suprema norma da doutrina e da vida, e haviam contestado a pretensão da Reforma de que a Escritura tivesse em si a capacidade de interpretar-se a si mesma (*sacra Scriptura sui ipsius interpres*, segundo Lutero). J. Eck e J. Cochlaeus haviam retrucado que o uso protestante da Bíblia como norma crítica contra a Igreja era destruidor da própria Bíblia, uma vez que é a Igreja que, ao fixar o cânon bíblico, identifica e autentica os livros que são normativos.

S. João Fisher recolheu os pontos principais da tese católica em sua *Confutatio* de Lutero, de 1526. *a.* Muitas coisas da Bíblia são realmente difíceis de entender, como está assinalado em 2Pd 3,16. A Bíblia sozinha, em vez de resolver as controvérsias, leva a divisões e erros, como confirma a história das heresias. *b.* Desenvolveu-se na Igreja, sob a guia do Espírito Santo, uma tradição normativa de interpretação bíblica, vale dizer, a doutrina dos Padres ortodoxos e dos concílios ecumênicos, *c.* Além disso, na sé de Pedro a Igreja possui um *judex controversiarum*, a que é preciso recorrer quando surgem disputas sobre a doutrina, as formas do culto e as normas da vida cristã, *d.* Os escritos apostólicos, por exemplo, 2Ts 2,15 e Jo 20,30; 21,25, fazem referência a uma comunicação oral da doutrina e das normas para além do que está contido nos escritos recolhidos na Bíblia e alguns usos da Igreja universal provêm desta fonte não escrita. Argumentos análogos foram usados por outros apologistas católicos, como J. Dietenberger, N. Herbonn e J. Dreido.

O ensinamento tridentino sobre a transmissão da doutrina revelada foi enquadrado em dois decretos, aprovados em 8 de abril de 1546. O primeiro documento (DS 1501-1505) exprime a recepção formal por parte do concílio, seja dos livros bíblicos, seja das tradições apostólicas, na medida em que são relevantes para a fé e a vida pessoal e comunitária. A Escritura e as tradições são o testemunho normativo sobre o qual assenta a reafirmação do ensinamento transmitido e das medidas de reforma do próprio concílio. Um segundo documento abre-se com uma matizada defesa da Vulgata latina, como "autêntica" para o uso da Igreja e, em seguida, fixa as normas para a correta interpretação da Bíblia.

A recepção dos livros bíblicos por parte do Concílio de Trento coincidiu com seu esclarecimento formal sobre os conteúdos e os limites da Escritura (→ Cânon). Alguns membros do concílio, como o agostiniano Jerônimo Seripando, estavam inclinados a diferenciar, entre os livros do AT, os normativos para a fé e outros, os "deuterocanônicos", que teriam como único objetivo ensinar a levar uma vida devota. Mas a maioria considerou que esta ideia era excessivamente sutil e capaz de enfraquecer aquele remédio que o concílio pretendia trazer para uma situação conturbada por incerteza e confusão. Também Seripando concordava em que todos os livros do cânon tradicional eram inspirados e isentos de erro, de sorte que foi formalmente reconhecido o → cânon mais amplo (DS 1502-1503), na esteira da lista usada pelo Concílio de Florença, em 1442, em suas negociações com as igrejas coptas. O decreto representa uma expressão sóbria, mas exata, da consciência que tinha o Concílio de Trento de falar para uma Igreja que possuía sua Bíblia e foi por isso capaz de declarar definitivamente que livros deviam considerar-se "sagrados e canônicos" (DS 1504).

O segundo passo importante do Concílio de Trento foi acolher com a Escritura também certas tradições normativas de origem apostólica. A Reforma via como abusos muitas práticas eclesiásticas e como obstáculos colocados pela Igreja à liberdade cristã muitas leis eclesiásticas, como, por exemplo, o jejum, a observância das festas, o celibato clerical. A resposta do concílio é uma formulação densa e gramaticalmente intrincada (DS 1501), que pressupõe que, antes da composição dos livros do NT, a Igreja apostólica existiu verdadeiramente, animada por uma fé viva, radicada em corações crentes. 1. O ponto de partida é o Evangelho de Cristo, que deve ser conservado em sua pureza por ser a única fonte de toda a verdade salvífica e da prática cristã. 2. O corpo da doutrina e das normas disciplinares que vem do Evangelho não foi formulado por escrito de modo exaustivo, razão pela qual certas tradições não escritas devem ser tidas em altíssima consideração; falando com precisão, trata-se das que vêm de Jesus mesmo ou do "ditado" do Espírito Santo aos apóstolos. 3. Todavia nem todas as tradições são definitivas e normativas para a Igreja. O Concílio de Trento circunscreve consideravelmente seu âmbito, explicitando a recepção do que é: *a.* de origem apostólica; *b.* transmitido por ininterrupta sucessão à Igreja que vive, ensina e prega hoje. Exemplos de tais tradições: a observância do primeiro dia da semana e a conexão da ceia do Senhor com uma liturgia da palavra. Usos puramente eclesiásticos não são aqui tomados em consideração, já que o concílio quis estabelecer diretrizes de reforma que, em determinados casos, teriam podido não se referir a estes usos.

Um terceiro passo de importância duradoura foi a afirmação conciliar da existência de uma interpretação normativa da Bíblia na Igreja (DS 1507; → Igreja: intérprete da Escritura). Aqui, o concílio explicita que a Igreja compreende a mensagem bíblica, especificando que esta compreensão é parte contínua e ininterrupta da própria natureza da Igreja. O texto faz menção dos Padres da Igreja, recordando, assim, a tese dos controversistas de que existe uma "tradição hermenêutica" normativa dos Padres e dos concílios. Uma vez que a Igreja tem uma conaturalidade interior com o sentido do texto bíblico, o decreto tridentino especifica que "cabe à Igreja julgar do verdadeiro sentido e interpretação das santas Escrituras". No tempo do Concílio de Trento, o termo → "magistério" ainda não estava em uso, mas parece que a realidade estava presente lá onde o concílio endossava a ideia que os controversistas haviam mantido a propósito da existência e da possibilidade de acesso a um *judex controversiarum* na Igreja.

A conclusão principal dos dois decretos é que só a Bíblia não é suficiente para decidir como deve ser formulada a doutrina cristã e que forma devem ter a vida e o testemunho cristão. É preciso consultar outros *lugares* teológicos. O sentido da Bíblia está presente na Igreja, motivo pelo qual se deve ouvir sua interpretação, juntamente com os modos de exprimir a fé apostólica na vida e no culto que a Igreja recebe e transmite.

3. RECEPÇÃO DO CONCÍLIO DE TRENTO – Sobre a questão específica da transmissão do Evangelho, sabemos que a teologia e a catequética católica pós-tridentina muitas vezes foram além do prudente minimalismo do decreto conciliar sobre sua recepção das tradições. A ênfase apologética na insuficiência da Escritura levou à concepção de uma tradição doutrinal exclusivamente oral, derivada de Cristo e de seus apóstolos, que pertence à substância da fé. Assim, pensou-se que uma parte do Evangelho e alguns elementos da revelação salvífica estivessem expressos no texto da Escritura, ao passo que outra parte e outros elementos fossem transmitidos por via não escrita. É aqui que a teologia especificou ulteriormente qual tinha sido a recepção dos livros e (*et*) das tradições por parte do concílio, especificação que em Trento não foi dada, já que o concílio substituiu a frase *partim / partim* pelo simples *et* imediatamente antes da aprovação do texto. Mas a teologia gravitava em torno da convicção de que a Escritura e a Tradição são "duas fontes", paralelas e diferentes no conteúdo, e não dois *loci* em que a teologia e a Igreja encontram as expressões concretas do único Evangelho. O trabalho de reconstrução histórica, por parte de J.R. Geiselmann, G. Tavard, Y. Congar, J. Ratzinger e outros, esclareceu a fecunda abertura do texto tridentino oficial, que deixou amplo espaço ao Vaticano II para redefinir esta doutrina com base numa concepção notavelmente diferente do processo global da transmissão da vida e da fé na Igreja (→ Tradição).

Uma outra questão diz respeito ao lugar do Concílio de Trento e de seus documentos no horizonte mais amplo da história da Igreja na primeira época moderna. Será que, juntamente com a centralização romana do governo e da disciplina, características da Igreja da Contrarreforma, também a força e a militância foram frutos do concílio? Foi este responsável pela formação daqueles aspectos da instituição eclesiástica que o catolicismo, com uma importante mudança na autocompreensão, começou a transformar no Concílio Vaticano II? Duas considerações apresentam-se como relevantes se quisermos enquadrar corretamente a atual discussão sobre este problema.

a. Com frequência sempre maior, os historiadores contemporâneos sublinham menos as diferenças de fé e de culto entre os protestantes e os católicos pós-tridentinos. Hoje em dia, enfatizam-se mais as afinidades que se encontraram (digamos, por volta do ano 1600) nos processos com os quais protestantes e católicos tratam a catequese juvenil, a formação do clero e a colaboração entre Igreja e autoridades estatais. Em todas as igrejas verificou-se um processo geral de "confessionalização", a partir do momento em que foram formuladas com cuidado as doutrinas normativas, foram esclarecidas e reforçadas as estruturas da autoridade e foram dadas diretrizes claras para o ministério pastoral. Esta tese de E.W. Zeeden foi desenvolvida por W. Reinhard, que sustenta que a aplicação da reforma tridentina foi substancialmente um processo de "modernização" com o qual se fixou um padrão muito alto para o clero da Igreja Católica, se desenvolveram formas de supervisão e de responsabilidade diante dos superiores e, com um amplo programa educativo, se procurou produzir uma interiorização das normas cristãs. Esta é em grande parte a transformação do catolicismo que os documentos tridentinos haviam previsto. Mas o concílio não produziu o zelo e a dedicação religiosa dos que foram artífices desta importante transformação eclesial. Esta se deve em grande parte à nova espiritualidade, em particular à de Santo Inácio de Loiola, que motivará o pessoal da Igreja confessionalizada e modernizada no século e meio que se seguiu a Trento.

b. Um modo para realizar a reforma do concílio foi a aplicação diferenciada das novas normas em importantes dioceses, guiadas por enérgicos bispos, como Daniel Bollani (Bréscia), Gabriel Paleotti (Bolonha) e São Carlos Borromeu (Milão). Mas, com o pontificado de Sixto V (1585-1590), as atuações efetuadas *in loco* foram impiedosamente submetidas ao controle do papa e à supervisão de sua cúria, institucionalizada pouco antes. O objetivo foi promover uma autêntica reforma nos muitos lugares em que esta conseguiu fazer apenas progressos escassos. Contudo, a longo prazo o resultado foi que a iniciativa pastoral local, que encontrava um fundamento seguro nos decretos de reforma do concílio, foi em grande parte sufocada pelos processos lentos de uma administração centralizada. O próprio retrato de Carlos Borromeu, canonizado em 1610, foi regulado de modo que desaparecesse dele a imagem do bispo reformador e fossem, ao contrário, enfatizados o ascetismo pessoal e a dignidade do cardeal da Igreja de Roma. Tais evoluções divergem consideravelmente da doutrina e das medidas de reforma, formuladas pelo Concílio de Trento entre 1545 e 1563.

Bibl. – G. Tavard, Tradition in Early Post-Tridentine Theology", em ThS 23 (1962) 377-405; G. Alberigo, "L'ecclesiologia del Concilio di Trento", em *Rivista di storia della Chiesa in Italia* 18 (1964) 227-242; Id., "La réception du Concile de Trente par l'Église romaine", *em ir* 58 (1985) 311-337; Id., "The Council of Trent", em J. O'Malley (ed.), *Catholicism in Early Modern Europe: A Guide to Research*, St. Louis 1988, 211-226; Y. Congar, *La Tradizione e le tradizioni*, vol. I: Saggio storico, Roma 1964[2],101-127, 251-316; E.W. Zeeden, *Die Entstehung der Konfessionen*, Munique 1965; H.O. Evennett, *The Spirit of the Counter-Reformation*, Cambridge 1968; J. Ratzinger, "Un tentativo circa il problema del concetto di tradizione", em K. Rahner-J. Ratzinger, *Rivelazione e Tradizione*, Brescia 1970, 27-73; M. Midali, "Rivelazione, chiesa, scrittura e tradizione alla IV sessione del Concilio di Trento", em *Sal* 34 (1972) 607-651; 35 (1973) 3-51 e 179-246; H. Jedin, *Storia del Concilio di Trento*, vol. II, Brescia 1974[2], 67-118; J.R. Geiselmann, *La Sacra Scrittura e la Tradizione*, Brescia 1974; W. Reinhard, "Gegenreformation als Modernisierung?", ARG 68 (1977) 226-252; J.M. Rovira Belloso, *Trento. Una interpretación teológica*, Barcelona 1979, 73-100; G. Bedouelle, "Le canon de l'Ancien Testament dans la perspective du Concile de Trente", em J. Kaestli (ed.), *Le canon de l'Ancien Testament. Sa formation et son histoire*, Genève 1984, 253-282. H. Jedin-G. Alberigo, *Il tipo ideale del vescovo secondo la Riforma cattolica*, Brescia 1985[2].

JARED WICKS

TRINDADE E REVELAÇÃO

Um dos pontos de convergência entre a teologia contemporânea católica e a protestante é uma nova e mais profunda compreensão do ato da → revelação, como automanifestação e autocomunicação de Deus. Segundo esta concepção da revelação, que caracterizou a Teologia Fundamental do século XX, a revelação não consiste, em primeiro lugar, em proposições relativas à vida divina, mas, antes, na comunicação do próprio ser de Deus.

Na tradição protestante, foi K. Barth que fez desta ideia o centro de sua teologia e dela deduziu as implicações trinitárias no primeiro volume de sua *Dogmática eclesial* [Kirchliche Dogmatik]. Barth utilizou o conceito de revelação como moldura sobre a qual devia construir sua dogmática. Utilizando a dimensão trinitária da revelação, teve condições de fundar sua dogmática no Deus Triúno. Para Barth, diversamente de Schleiermacher, a Trindade coloca-se no início da teologia e estrutura cada doutrina da fé cristã.

O método de Barth parte tranquilamente de cima. A verdadeira e própria natureza de Deus está escondida. O mistério de Deus corresponde a sua transcendência. Deus pode ser conhecido somente se Ele mesmo se der a conhecer. Além do mais, dado o estado atual da condição humana, o homem depois da queda não tem condições de reconhecer Deus presente na criação. Por isso, todo conhecimento de Deus deve vir através de Jesus Cristo.

O núcleo da interpretação barthiana da revelação é cristológico. Em Jesus Cristo tem-se um evento em que Deus se dá a conhecer a si mesmo. Deus é o sujeito da revelação, enquanto Jesus Cristo é seu conteúdo. Uma vez que Deus não revela outra coisa senão a si mesmo, existe perfeita identidade entre Deus revelador e Deus revelado. Em sentido estrito, a revelação implica a doutrina da encarnação.

Por diversos caminhos Barth exprime a identidade entre revelante e revelado para fazer emergir todo o valor da revelação. As frases que seguem são algumas dentre as tantas dignas de nota: Deus revela-se neste evento; Deus interpreta a si mesmo neste evento; Deus reapresenta-se a si mesmo ao mundo neste evento; Deus revela-se Senhor neste evento. Um aspecto importante que é preciso sublinhar é a historicidade da revelação (→ História, IV). A revelação é o evento em que se encontram eternidade e tempo. A automanifestação de Deus ao mundo é o evento em que Deus se torna temporal. Como diz Barth, a revelação exige afirmações históricas.

Jesus Cristo, enquanto evento histórico, é um evento de nossa história humana do passado. Mas é preciso ir além e perguntar-se se tal evento está concluído, ou se a revelação tem também um caráter de contemporaneidade. Barth responde que é através do Espírito Santo que o ato da revelação se faz evento presente. Através do Espírito Santo, Jesus Cristo se torna atual hoje. Assim, estamos envolvidos no evento da revelação e podemos compartilhar da própria vida divina. Mediante o Espírito Santo, Deus relaciona-se com a pessoa não como se fosse um objeto, mas habitando nela como sujeito. O Espírito Santo é definido por Barth como a "revelatoriedade" do evento da revelação.

Posto que Deus realmente se revela a si mesmo e não comunica simplesmente informações sobre si mesmo, segue-se que, sendo Deus triúno no ato da revelação, é triúno também em sua vida eterna íntima. O fato da unidade do revelante, da revelação e da "revelatoriedade", leva Barth a concluir que Deus deve ser, desde toda a eternidade, em si mesmo, Pai, Filho e Espírito Santo. Assim Barth evita todo vestígio de modalismo. A triplicidade de Deus no ato da revelação corresponde à triplicidade da vida divina.

No período pós-conciliar, do lado católico, foi → Rahner quem se apropriou da interpretação barthiana da revelação, aprofundou-a e enunciou, com base nesta interpretação trinitária da revelação, a tese de que a Trindade que se manifesta na economia da salvação é a Trindade imanente e vice-versa.

Ainda que Rahner e Barth tenham ideias semelhantes sobre a revelação, diferentes são o ponto de partida e a metodologia. Rahner parte da convicção de que todas as afirmações teológicas são afirmações antropológicas. Por isso, o ponto de partida da reflexão teológica é o homem com sua transcendência.

Para Rahner, o homem é aquele ser para o qual o Ser mesmo constitui problema. O homem coloca em questão cada aspecto da realidade e também a si mesmo. Este interrogar-se faz entender que Deus está implicitamente presente como horizonte de suas interrogações. O → método transcendental de Rahner analisa o homem sob os dois aspectos do conhecimento e da liberdade. No conhecimento de qualquer objeto finito, o sujeito é conduzido para além do finito, em direção ao infinito. O conhecimento humano, portanto, tem duas dimensões: a objetiva, ou categorial, segundo a qual o sujeito conhece algo do mundo; a transcendental, pela qual, implicitamente, no ato de conhecimento do objeto, o sujeito conhece a si mesmo e a Deus. A chave para entender o raciocínio de Rahner neste ponto é que se pode conhecer o finito como finito somente se se conhecer implicitamente o infinito como sua condição de possibilidade.

Análise análoga faz Rahner da liberdade humana. Na escolha de qualquer objeto mundano, o sujeito escolhe ao mesmo tempo a si mesmo. Visto que a liberdade humana constitui um dinamismo transcendental projetado para o infinito, nenhum objeto finito nunca será capaz de preencher o dinamismo que é o homem. No reconhecimento da finitude de todo bem finito, o sujeito, na inquietação de seu coração, chega a Deus, valor absoluto.

De acordo com esta análise, o homem, no profundo de seu ser, é uma projeção para o mistério. A dimensão religiosa faz parte da constituição intrínseca do ser (*Dasein*) humano. Se o horizonte da vida do homem não fosse o mistério, ele não poderia compreender sua vida como uma totalidade. Estaria limitado aos aspectos individuais de seu mundo e seria incapaz de interrogar-se sobre a totalidade de seu ser. O sujeito humano, com efeito, é sempre uma consciência de mistério; de mistério, porém, enquanto horizonte sem limites e inefável. O homem sabe de sua referência a este mistério, mas desconhece se o mistério quer ou não aproximar-se dele.

O primeiro passo da análise de Rahner demonstrou, pois, que o homem, pelo próprio fato de ser criatura, possui uma revelação natural de Deus. Deus se doa juntamente com o *Dasein* humano. O núcleo da fé cristã consiste, em todo caso, na afirmação de que Deus quer aproximar-se do homem. A primeira maneira de isso acontecer é através do mistério da graça. Através da graça, Deus entra no profundo da subjetividade humana.

Para Rahner, o termo graça é uma ulterior expressão para indicar o Espírito Santo. Dessa forma, é possível ver que o primeiro analogado da graça é a graça incriada. Segundo ele, esta graça é dada a todo homem, ou pelo menos lhe é oferecida. Apesar de a oferta de graça ser universal, ela permanece gratuita. Deus podia criar uma natureza humana sem orientá-la para a graça, mas não o fez. A originalidade da proposta de Rahner consiste em sua interpretação transcendental da graça. A graça é uma parte tão íntima do homem que Deus se torna um elemento coconstitutivo do "Eu" humano. A esta altura Rahner faz entrever que o mistério da graça pode ser iluminado pelo modelo da causalidade formal. No sujeito humano a presença da graça é análoga à relação vigente entre forma e matéria. Estas estão intrinsecamente em relação recíproca. Trata-se, contudo, de uma relação quase formal, na medida em que Deus permanece transcendente também no ato de comunicar-se a si mesmo. Mediante a presença da graça incriada no sujeito humano, a pessoa é capacitada a participar da vida divina. Rahner afirma, portanto, que, no conferimento da graça, Deus é o doador, o dom e a condição que torna possível sua aceitação. Sendo que a participação na vida de Deus triúno transcende a capacidade humana, a pessoa humana não é capaz sequer de acolher este dom, se este mesmo dom não possibilitar seu acolhimento.

Baseando-se na vontade salvífica universal de Deus, Rahner sustenta que a graça foi oferecida a todos os homens. Se isto é verdade, segue que a história da humanidade tem a mesma extensão da história da graça. Mas será que, ao sustentar esta tese, Rahner não afirma talvez um pouco demais? Se a graça está presente em toda parte, que sentido tem a história de salvação (→ História, V) – no sentido de intervenções salvíficas de Deus – no AT e no NT? Em especial, em que sentido o evento-Cristo é determinante para a salvação?

Se a graça é a oferta que Deus faz de si mesmo em nível transcendental, também é verdade que toda experiência transcendental é mediada no plano objetivo, categorial e histórico. Somente se o homem for salvo, tanto no plano histórico quanto no plano transcendental, pode-se falar de salvação no sentido pleno da palavra.

Por isso, Rahner afirma que o evento-Cristo é a oferta que Deus faz de si mesmo, ao mundo, na história. Antes de tudo, ele procura situar o evento-Cristo no contexto da história do mundo e da própria evolução. Se toda a história é história de graça, esta história tem uma direção e uma meta, vale dizer, Jesus Cristo. Rahner sustenta que podemos considerar a evolução como um movimento vindo de baixo. A evolução é um processo de crescimento, em que o ponto mais baixo dá origem ao mais alto. No homem, a evolução se torna consciente de si mesma. Mas o homem, por sua vez, é um ser dinâmico, orientado para Deus. Conforme vimos acima, ele é uma projeção para a união com o Mistério Absoluto. Visto de baixo, no momento em que emerge o ser humano, este movimento da evolução chega a uma aporia. Vista de baixo, a união do homem com o mistério permanece um problema aberto, já que o mistério é remoto, silencioso, sem nome. Mas, do ponto de vista da fé, sabemos que o movimento de baixo é integrado por um movimento de cima. De cima Deus exprime e se comunica a si mesmo em Jesus Cristo. Mas esta autocomunicação não deve ser entendida simplesmente como uma intervenção de Deus a partir de cima. Todo o processo evolutivo foi exatamente uma preparação para esta automanifestação. Neste contexto, pode-se compreender a afirmação de Rahner: "Sob este ponto de vista, a encarnação de Deus é o caso *supremo* da atuação essencial da realidade humana, atuação que consiste no fato de que o homem é aquele que se entrega ao Mistério Absoluto que denominamos Deus" (K. Rahner, *Curso fundamental da fé*, São Paulo, p. 260).

Um modo de Rahner exprimir a verdade da encarnação é o conceito de símbolo (→ Semiologia, II). Distingue entre sinal e símbolo. A relação entre sinal e coisa significada é acidental, ao passo que a relação entre símbolo e coisa representada é intrínseca. Rahner define um símbolo como a autorrealização que faz parte da sua constituição substancial de um ente no outro ("Sulla teologia del símbolo", em *Saggi sui sacramenti e sull'escatologia*, Roma, 1965, p. 74). Isto significa, aplicado à encarnação, que o Logos cria a humanidade de Jesus como sua automanifestação no mundo. Aqui Rahner recorre à fórmula patrística *assumptione creatur*, para explicar a relação entre a divindade e a humanidade de Jesus. A natureza humana de Jesus nunca preexistiu sozinha. No próprio ato em que foi criada, foi assumida pelo Logos. É assim que a humanidade do Logos é realmente a humanidade de Deus, razão pela qual mediante a contemplação da humanidade se vê o Logos e, portanto, o Pai, uma vez que o Logos é a automanifestação do Pai. Por outro lado, enquanto ser criado, a natureza humana tem sua autonomia. Não existe conflito entre divindade e humanidade; a relação entre elas é, antes, diretamente proporcional: quanto mais o Logos for divino, tanto mais a humanidade é humana.

Se quisermos recapitular a concepção de Rahner em relação à revelação e à Trindade, podemos dizer que a autorrevelação e a autocomunicação de Deus – mistério absoluto – ao mundo, constitui o centro da sua teologia. Esta autocomunicação realiza-se em nível transcendental mediante o dom da graça incriada, ou seja, do Espírito Santo, ao sujeito humano. Enquanto que, no plano histórico, a própria autorrevelação se realiza mediante a história da salvação, que culmina na encarnação. Nessa interpretação da revelação, descobre-se um paralelismo estrito entre teologia e antropologia. Além disso, a maneira como Rahner trata a revelação mostra que, somente se entendermos o evento da revelação em chave trinitária, podemos compreender corretamente a autocomunicação de Deus ao mundo. Deus, enquanto mistério (Pai), está presente ao homem não somente no profundo de sua subjetividade (Espírito Santo), mas também em sua história concreta (Jesus Cristo). Em outras palavras, a Trindade imanente é a Trindade da economia da salvação.

O que estas concepções têm em comum é a profunda compreensão da revelação como autocomunicação de Deus. Enquanto tal, a revelação implica uma estrita identidade entre revelante e revelado (encarnação). Todavia, o ato da revelação não deve ser entendido simplesmente como um evento passado. O evento irrepetível da encarnação torna-se contemporâneo através do → Espírito Santo, que capacita o homem a participar da vida divina. Que o evento da revelação tenha uma estrutura trinitária, vê-se do fato de que Deus Pai se revela na história através do Filho e com a graça através do Espírito Santo. E já que Deus espelha a si mesmo no ato da revelação, segue-se que também em si mesmo Deus é, desde toda a eternidade, trinitário. É, pois, claro que uma análise teológica da autorrevelação de Deus nos leva ao coração do mistério da Trindade.

Bibl. – K. Rahner, "Deus trino, fundamento transcendente da História da Salvação", em *MystSal* II/l, 283-356; K. Barth, *Church Dogmatics*, I, Edinburgh 1975; J. O'Donnell, *Il Mistero della Trinità*, Casale Monferrato, 1989.

JOHN O'DONNELL

U

UNICIDADE E UNIVERSALIDADE

1. O DEBATE TEOLÓGICO ATUAL – A unicidade e a universalidade de Jesus Cristo na ordem da salvação representam a questão central de toda a teologia cristã das religiões. Tão antiga quanto a própria cristologia, recentemente renovada, a questão coloca-se com mais urgência e radicalidade no atual contexto do pluralismo religioso e da mistura das diversas tradições; a literatura atual atesta este questionamento novo.

É importante, antes de tudo, esclarecer os termos. A unicidade aqui em questão não é a unicidade relativa, como a que, na ciência comparativa das religiões, se pode afirmar a propósito de toda tradição religiosa, em virtude de sua especificidade, de sua singularidade e de suas diferenças recíprocas. Esta unicidade "relativa" – e só ela – é acessível ao procedimento da observação científica. A fé, ao contrário – e a teologia que nela se funda –, vai além. A unicidade de Jesus Cristo na ordem da salvação, assim como tem sido tradicionalmente entendida pela fé cristã, é uma unicidade "absoluta": Jesus Cristo é necessariamente "constitutivo" da salvação de todos os homens; é Salvador universal. Contudo, devemos precisar que se trata de uma unicidade "ontológica" e não "epistemológica", pois não diz respeito ao campo da consciência. Por outro lado, a assim chamada unicidade "relacional" – semelhante à unicidade "relativa" – não atende suficientemente às exigências da fé cristã tradicional. Não basta reconhecer que o mistério de Cristo também hoje é capaz, talvez mais do que qualquer outro símbolo, de inspirar e alimentar uma vida religiosa autêntica; é preciso professar que, segundo o plano de Deus, este mistério é universalmente constitutivo da salvação. Acrescentemos ainda que alguns autores preferem substituir o termo "unicidade" pelo de "finalidade" ou de "centralidade". Estes termos teriam a vantagem de indicar que a revelação divina em Jesus Cristo, embora sendo decisiva e, neste sentido, "final" e "central", não representa todavia a "única" manifestação divina à humanidade.

Unidade e universalidade: é importante combinar as duas e mantê-las juntas. Sem a universalidade, a unidade levaria a uma posição exclusivista; separada da unidade, a universalidade levaria à via "pluralista"; ao passo que a unidade e a universalidade juntas se coadunam com uma cristologia "inclusiva". Para compreender isso, é preciso evocar os termos do atual debate sobre a teologia das religiões.

Podemos distinguir oportunamente quatro categorias principais entre as opiniões teológicas correntes que dizem respeito à relação das outras tradições religiosas com Cristo e com a Igreja: 1. Universo eclesiocêntrico, cristologia exclusiva; 2. Universo cristocêntrico, cristologia inclusiva; 3. Universo teocêntrico, cristologia normativa; 4. Universo teocêntrico, cristologia não normativa (J.P. Schineller). Três concepções do universo defrontam-se nesta classificação: universo eclesiocêntrico, cristocêntrico e teocêntrico; por outro lado, distinguem-se aí quatro posições cristológicas: cristologia exclusiva, inclusiva, normativa e não normativa. Devemos chamar a atenção para a introdução de um terceiro modelo na concepção do mundo, isto é, o modelo teocêntrico, que ordena duas categorias distintas de opiniões: a razão está no fato de que para muitos autores as perspectivas eclesiocêntricas e cristocêntricas já parecem impraticáveis; é preciso substituí-las por uma nova perspectiva. Esta novidade é importante; todavia implica uma "mudança de paradigma". Pois, segundo o pensamento dos autores que a propõem, já é impossível reduzir a salvação universal, seja a Jesus Cristo, confessado explicitamente na Igreja instituída por Ele (1), seja ao mistério do próprio Jesus Cristo, considerado enquanto opera a salvação para além dos limites das comunidades cristãs (2). Recusa-se não só a ideia de uma mediação necessária da Igreja na ordem da salvação, mas também a mediação universal de Jesus Cristo – afirmada pela teologia paulina – qualquer que seja, aliás, o sentido teológico mais ou menos importante – normativo ou não – que se continue a atribuir à pessoa de Jesus Cristo na ordem das relações entre Deus e o homem. No segundo caso, professa-se que Deus se manifestou de vários modos nas diversas tradições religiosas, sem que se deva mais privilegiar de algum modo como "normativa" sua manifestação em Jesus Cristo (4). No primeiro caso, embora reconhecendo que já é insustentável fazer a salvação universal depender da pessoa e da obra de Jesus Cristo – como faz a perspectiva cristocêntrica – continua-se a privilegiar Jesus Cristo de uma forma ou de outra como o símbolo mais perfeito ou o modelo ideal e, neste sentido, como "normativo" da ordem das relações divino-humanas que a salvação representa (3).

Apesar de alguns méritos da classificação em quatro partes, muitos autores contemporâneos preferem uma divisão tripartida das opiniões. Distinguem, pois, três perspectivas: *eclesiocêntrica*, *cristocêntrica* e *teocêntrica* e, de maneira paralela equivalente, três posições fundamentais, designadas respectivamente como exclusiva, inclusiva e "pluralista" (A. Race...). Estas posições identificam-se facilmente, ainda que cada modelo possa exigir diversas distinções. O exclusivismo que preside à perspectiva eclesiocêntrica, no espírito dos autores em questão, remete para a exclusividade da salvação em Jesus Cristo, confessado na Igreja. É a tese de H. Kraemer, que aplica ao problema das diversas religiões a teologia dialética de K. Barth, segundo a qual o único conhecimento válido de Deus é o cristão, que o homem recebe em Jesus Cristo: o Deus dos outros é um ídolo.

Contudo, uma perspectiva eclesiocêntrica não implica necessariamente o exclusivismo, tal como é entendido por H. Kraemer, e tão ligado a uma interpretação estrita do axioma: "Fora da Igreja não há salvação". Todos os teólogos católicos admitem de fato a possibilidade da salvação fora da Igreja, seja qual for o modo como a entendam. De qualquer forma, fica de pé que a perspectiva eclesiocêntrica, mesmo no sentido atenuado, precisa ser superada. É importante, em teologia das religiões, precaver-se de uma inflação eclesiológica que falsearia as perspectivas; a Igreja, enquanto mistério derivado e inteiramente relativo ao mistério de

Cristo, não pode ser o metro com que se mede a salvação dos outros. Jesus Cristo mesmo é este metro constitutivo da salvação para todos os homens, mas cujo mistério está presente e operante também fora da Igreja. Esta é a tese cristocêntrica ou inclusiva, da qual K. Rahner é um dos principais representantes.

Mas a divisão tripartida acima mencionada coloca um sério desafio para esta perspectiva cristocêntrica tradicional. Com efeito, ao cristocentrismo inclusivo opõe-se uma visão teocêntrica que se traduz num modelo denominado – aliás, de maneira bastante ambígua – "pluralismo". Um número considerável de autores contemporâneos endossa a "mudança de paradigma", que consiste em passar do cristocentrismo para o teocentrismo, do inclusivismo para o "pluralismo". Grosso modo, isto significa que, se o cristianismo busca sinceramente o diálogo com as demais tradições religiosas – que só pode ser verdadeiro se travado em pé de igualdade – deve, antes de tudo, renunciar a qualquer pretensão de "unicidade" para a pessoa e a obra de Jesus Cristo, entendidas como elemento "constitutivo" universal da salvação. Sem dúvida, esta posição, no que tem de radical, é susceptível de compreensões diversas. Seguindo J.P. Schineller, recordamos acima duas interpretações divergentes, segundo as quais a pessoa de Jesus Cristo, entendida como não constitutiva da salvação, permanece de qualquer forma "normativa" para uns, enquanto que para outros não é nem constitutiva nem normativa. Podemos citar, como exemplos, a propósito do Jesus "normativo", E. Troeltsch e, mais recentemente, → P. Tillich; e, a propósito do Jesus não normativo, J. Hick.

Este último defende uma "revolução copernicana" em cristologia; esta revolução consistiria justamente em mudar de paradigma, passando da perspectiva cristocêntrica tradicional para uma nova perspectiva teocêntrica. Da mesma forma, portanto, que, depois de se ter pensado durante séculos que o sol gira ao redor da Terra, finalmente se descobriu, com Galileu e Copérnico, que, na verdade, é a Terra que gira ao redor do sol, assim também, depois de se ter acreditado durante séculos que as outras tradições religiosas giram ao redor do cristianismo, como seu centro, hoje se trata de reconhecer que o centro ao redor do qual giram todas as tradições religiosas, inclusive o cristianismo, é exclusivamente o próprio Deus. Tal mudança de paradigma implica necessariamente o abandono de toda pretensão de um significado privilegiado, seja para o cristianismo, seja para o próprio Jesus Cristo. O dilema fundamental, como é entendido por J. Hick, é entre um exclusivismo eclesiocêntrico e um pluralismo teocêntrico; ou seja, entre uma interpretação fundamentalista do axioma "fora da Igreja não há salvação" e um liberalismo radical que considera as diversas manifestações divinas em culturas diversas, incluída a que se realiza em Jesus Cristo, como todas elas fruindo da mesma igualdade fundamental em suas diversidades. Já que o exclusivismo eclesiocêntrico é insustentável, sobra como única teologia válida das religiões o pluralismo teocêntrico, que supera toda pretensão cristã a uma função privilegiada e universal de Jesus Cristo e estabelece o diálogo inter-religioso em pé de igualdade autêntica.

2. CRER EM JESUS CRISTO UNO E UNIVERSAL – A unicidade e a universalidade de Jesus Cristo, tais como são tradicionalmente professadas pela fé cristã, devem ser entendidas em sentido absoluto, segundo o qual Jesus Cristo é constitutivo da salvação de todos os homens. Contudo, isto levanta questões difíceis, em particular no atual contexto do pluralismo religioso. Em que consiste esta unicidade e como se há de compreendê-la? Por outro lado, qual é seu fundamento teológico? Será suficiente, para estabelecê-la teologicamente, apelar para certos valores humanos propostos por Jesus, por exemplo, os valores do Reino de Deus que Ele anuncia? Ou será que basta referir-se a um projeto humano de sociedade, que sua ação comporta? Ou, ainda, ao senso particularmente profundo da pessoa humana e de seu destino, tais como emanam da doutrina de Jesus? Ou também à relação de íntima filiação com Deus, que Ele recomenda a seus discípulos? Ou então – sem excluir tudo isso, mas indo mais a fundo – a unicidade de Jesus Cristo e sua universalidade devem necessariamente, no final, assentar no mistério de sua pessoa e de sua identidade pessoal de Filho de Deus? Se assim é, intui-se de imediato que só uma "alta" cristologia conseguirá estabelecê-lo de maneira certa. Toda cristologia que, ao contrário, permanecendo no plano "funcional", renunciar a entrar numa perspectiva "ontológica", será obrigada – talvez a despeito de suas intenções – a embasar a unicidade de Cristo num fundamento frágil. Seja como for, as diversas opiniões teológicas sobre a unicidade e sobre a universalidade de Jesus Cristo Salvador refletirão – como é de se esperar – as opções fundamentais e as posições de base dos autores interessados na própria cristologia.

Com efeito, uma coisa precisa ser dita com toda clareza: somente a identidade pessoal de Jesus Cristo como Filho unigênito de Deus constitui um fundamento suficiente para estabelecer sua unicidade "constitutiva" como Salvador universal. A partir daí, as posições teológicas opostas recaem na lógica das coisas. Efetivamente, as duas afirmações se mantêm ou caem juntas: ou Jesus Cristo é Filho unigênito de Deus e então sua mediação universal segue diretamente daí; ou não o é, e então a pretensão cristã acerca de sua unicidade "constitutiva" é destituída de fundamento teológico. Afirmar a filiação divina de Jesus Cristo é, em todo caso, questão de fé; não se chega a isto através de um raciocínio, nem através de um estudo comparado das religiões da humanidade. Isto não significa negar que esta afirmação, que está no centro da fé cristã, enfrente sérias objeções no atual contexto do pluralismo religioso e do diálogo entre as religiões. Tais objeções dizem respeito tanto ao próprio NT quanto à tradição cristã e à teologia. Não podemos evitar responder sucintamente a tais objeções.

O *Novo Testamento* afirma claramente a mediação universal de Jesus Cristo na ordem da salvação. De resto, para demonstrá-lo, não dispomos apenas de algum texto formal (como 1Tm 2,5-6 e At 4,12) ou de outros textos que a afirmam de modo equivalente e igualmente claro (como Jo 3,17 e At 5,31; 10,44-48; 17,24-31) ou, ainda, dos hinos cristológicos em que Cristo aparece no centro do plano divino (como Ef 1,3-13 e Cl 1,15-20). Podemos dizer que esta é a mensagem do NT inteiro, é a fé profunda, subjacente em toda parte, que dá ao próprio NT sua razão de ser e sem a qual este não teria sido escrito.

Isso vale também no que tange à filiação divina de Jesus Cristo no NT. Sem dúvida, ela é aí revelada segundo diversos graus de profundidade, entre o querigma apostólico inicial (At 13,32-33) e as reflexões paulinas (Rm 1,1-4; Hb 1,1-5) e joaneicas (Jo 5,18; 8,18-19; 10,30; 21,30...), passando pelos evangelhos sinóticos (Mc 1,1; 15,39; Lc 1,32). Mas, uma vez mais, podemos dizer que o NT inteiro traz em filigrana a afirmação de Jesus Cristo filho de Deus como elemento decisivo.

Geralmente nada disso é contestado. Reconhece-se, portanto, a maciça afirmação do NT sobre a unicidade de Jesus Cristo como salvador. Mas pergunta-se se esta afirmação ainda deve e pode ser mantida hoje, no atual contexto do pluralismo religioso. Sugere-se de maneiras diversas e por motivos diversos que ela deva ser relativizada. Com efeito, os recentes estudos hermenêuticos demonstram que as pretensões sobre a unicidade absoluta de Jesus Cristo, que parece ser a própria chave de interpretação de todo o NT, derivam de fato de uma concepção do mundo (*world-view*) historicamente condicionada e de formas de linguagem dependentes de um contexto cultural peculiar. Em consequência, não podemos mais considerá-la como o próprio "referencial" da mensagem evangélica, o núcleo intocável da mensagem cristã.

Nesta linha, chama-se atenção para o fato de que, no contexto da mentalidade apocalíptica hebraica, impregnada de expectativa escatológica, era natural para a Igreja primitiva interpretar a experiência de Deus em Jesus Cristo como final e insuperável. Ora, esta mentalidade apocalíptica é culturalmente limitada. A definitividade que ela comporta para o evento Jesus Cristo não pode, pois, ser considerada como derivada da essência do cristianismo; pertence ao contexto cultural contingente em que foi inicialmente vivida e apresentada. Se Jesus tivesse sido encontrado e interpretado num outro contexto cultural, que tivesse implicado uma outra filosofia da história, não teria sido considerado nem definitivo nem único.

Já que São Paulo é muitas vezes considerado responsável pela afirmação clara da unicidade de Jesus Cristo, sugere-se que, se ele tivesse entrado em contato com as ricas tradições místicas das religiões orientais, teria sem dúvida atenuado sua afirmação absoluta e destituída de matizes. Ou então – pensando-se agora em São João – chama-se a atenção para o fato de que a unicidade de Jesus Cristo é por ele articulada em termos de "encarnação". Ora, este é um modo "mítico" de pensar, tanto quanto o é o conceito de "preexistência", ligado a Ele. Contudo, a linguagem mítica deve ser entendida tal como é, e, portanto, compreendida não literal, mas metaforicamente. É preciso "demitizar" o mito da encarnação. Daí resultará a demitização de Jesus Cristo Salvador absoluto.

Para finalizar, observa-se que, no contexto histórico em que o cristianismo nasceu, e diante da oposição que encontrou, era natural para os discípulos apresentarem a "via" de Jesus como única. Esta linguagem absoluta é condicionada historicamente: é uma "linguagem de sobrevivência".

Que se há de responder? É verdade que o mistério de Jesus Cristo, tal como o entende o NT, insere-se num conceito da história herdado da cultura hebraica e da história religiosa de Israel; mas é igualmente verdade que Ele mesmo fornece à história uma densidade nova e inesperada. No que concerne à escatologia hebraica e à mentalidade apocalíptica, é preciso notar que o evento Jesus Cristo faz explodir o sentido israelita da história em que se insere. Embora Ele preencha a expectativa messiânica dos últimos tempos, fá-lo de modo transcendente, transformando-a e superando-a.

Quanto a Paulo, se é verdade que ele não viveu a experiência do pluralismo religioso de nossa época, teve que medir sua fé em Jesus Cristo, não somente com a religião hebraica da qual provinha, mas também com a cultura helênica que encontrava em sua caminhada. Os hinos cristológicos, embora adotem a cosmologia hebraica de seu tempo, afirmam, sem embargo, o primado absoluto de Jesus Cristo e a dimensão cósmica de seu evento: Ele está para além dos "Tronos, Dominações, Principados e Potestades" (Cl 1,16). Acusar de pretensões inconsideradas as reflexões paulinas sobre o primado absoluto de Jesus Cristo significa fazer uma afirmação gratuita. Quanto a João, é verdade que ele é o primeiro a aplicar o conceito de "encarnação" para esclarecer o mistério de Jesus Cristo (Jo 1,14); ao contrário, o conceito de "preexistência" já havia sido suposto antes dele (cf, p. ex., Fl 2,6-11). Também é verdade que ambos os conceitos podem prestar-se a compreensões errôneas; a "preexistência" não é existência num tempo fictício, que antecederia o tempo real; a "encarnação" não afirma que o ser divino se torna existência humana. Isso não elimina o fato de que a encarnação do filho de Deus implica realmente o tornar-se-homem na história do Verbo que, independentemente deste devir, existe eternamente no mistério de Deus. Este é o sentido literal de um termo [encarnação] que nada permite reduzir à linguagem "mítica". O prólogo de João, que formula o mistério da identidade pessoal de Jesus Cristo em termos de encarnação do Verbo de Deus, é certamente o ponto culminante de uma longa reflexão da fé apostólica; isso não impede que Ele lhe seja realmente a consumação legítima, provocada pelo próprio dinamismo desta fé. A cristologia funcional do primeiro querigma apostólico exigia a cristologia ontológica do Filho-de-Deus-feito-homem.

Quanto à afirmação de que a oposição encontrada pela mensagem cristã teria levado a Igreja apostólica a afirmar a unicidade da "via" estabelecida por Jesus, não há necessidade de deter-nos muito nela. Será que as circunstâncias não deveriam, antes, ter levado naturalmente os depositários da mensagem a atenuar suas pretensões sobre o mestre? Com efeito, longe de ser uma "linguagem de sobrevivência", a proclamação de Jesus Cristo Salvador é apresentada no NT como "boa notícia" para todos os homens, uma boa notícia de que valia a pena dar testemunho com vigor e coragem, eventualmente até o testemunho extremo do martírio.

Se a universalidade da salvação em Jesus Cristo é claramente afirmada na profissão de fé (vejam-se os símbolos de Niceia e de Constantinopla I), a *tradição patrística* fornece somente dados explícitos raros sobre sua "unicidade". O fato é que para os Padres se trata do próprio centro da fé, para além de qualquer suspeita teológica. É uma doutrina não discutida, por não estar sujeita a discussão. O que pode estar sujeito a discussão não é o fato da unicidade de Cristo, mas o como, isto é, sua identidade pessoal de filho de Deus.

Hoje em dia, o que é questionado no contexto do pluralismo religioso não é, portanto, a pretensão da tradição cristã sobre a unicidade de Jesus Cristo Salvador; antes, o "porquê" desta pretensão. Uma explicação sugere que a afirmação de fé em Jesus Salvador é de caráter doxológico; portanto, é preciso atenuar seu alcance, de vez que toda linguagem doxológica provém de um impulso de fé que ama e... é cega. Contudo, é importante distinguir as coisas. Distingamos antes de tudo entre textos doxológicos e profissões de fé ou decisões dogmáticas. Notemos também que uma nota doxológica não se opõe a um conteúdo doutrinal: os textos doxológicos não são mais desprovidos de valor dogmático do que as profissões de fé e até as decisões conciliares não são privadas de um valor doxológico. Reconhecer o caráter doxológico de certos documentos não obriga em absoluto a negar-lhes o valor doutrinal. Note-se ainda que, embora a fé seja um impulso movido pelo amor, nem por isso é cega. Pelo contrário, a fé dá "olhos" novos para ver a verdade. Neste sentido, ela é verificação de si mesma: o cristão sabe que aquilo que ele crê é verdadeiro.

Mais séria e persistente é a objeção de que a doutrina cristã da unicidade e da divindade de Jesus Cristo provém de um processo de "helenização" indébita da mensagem cristã, já esboçada no NT e ulteriormente desenvolvida na tradição pós-bíblica. A resposta é esta: se por "helenização" se entende que o conteúdo da fé foi "veiculado" pela tradição nos termos da cultura helênica e helenística, isto é verdade; assim fazendo, a tradição atendia ao imperativo de "inculturação" da mensagem, necessidade da qual hoje nos tornamos mais conscientes. Ao contrário, se se entende que a tradição pré-bíblica e pós-bíblica falsificou o conteúdo da mensagem, confundindo-o com alguma especulação filosófica helenística, nada dista mais da verdade. Com efeito, foi exatamente para preservar a mensagem cristã – e especificamente a mensagem de Jesus Cristo – de toda adulteração com as filosofias difundidas, que a tradição quis delinear seus contornos em termos precisos. Tinha, portanto, de lançar mão de conceitos conhecidos, servindo-se deles, porém, como de expressões do mistério; a tradição imprimia-lhes um significado novo e um sentido inédito, acrescentado. O *homooúsios* do Concílio de Niceia (325) é um exemplo eminente disso; e não é o único. Nesse sentido, há que se falar não de "helenização", mas de "deselenização" do dogma cristão (B. Lonergan).

No atual contexto de pluralismo religioso, a pretensão cristã sobre a unicidade absoluta de Jesus Cristo tornou-se, para um número crescente de *teólogos*, insustentável. É preciso atenuá-la ou mesmo abandoná-la, para que o diálogo se torne possível. Atenuá-la significa reduzi-la a uma unicidade relativa. Jesus Cristo, então, não será mais "constitutivo" da salvação universal; todavia, continuar-se-á a ver nele o símbolo ideal e mormente inspirador, aquele que melhor responde às aspirações humanas, o modelo perfeito ou o "paradigma" das relações do homem com Deus. Reencontramos, então, a cristologia "normativa" do "universo teocêntrico" de que falamos acima. É nesse sentido que E. Troeltsch vê em Jesus Cristo a revelação mais pura do mundo religioso.

Ou, então, avançando mais, abandona-se, como já superada, toda pretensão cristã sobre a unicidade de Jesus Cristo, tanto constitutiva quanto normativa. Há que pagar este preço para que o diálogo seja possível. É a tese do "universo teocêntrico", associada a uma "cristologia não normativa". Todas as tradições religiosas gozam de uma igualdade fundamental, por representarem manifestações divinas – diversas e todas elas relativas – nas várias culturas da humanidade. Dissemos que a "revolução copernicana", proposta por J. Hick, é hoje o símbolo dessa teoria. A perspectiva "teocêntrica" que ele preconiza para uma teologia das religiões está intimamente ligada e logicamente baseada numa cristologia do "Mito do Deus encarnado". A crença cristã da encarnação do filho de Deus proviria da transposição da mensagem de Jesus para a linguagem "mítica", transposição operada pela tradição joaneica e pós-bíblica, sob a influência do helenismo. Para responder a isto, basta remeter ao que dissemos acima sobre a tradição e sobre o problema da "helenização" ou "deselenização" do dogma cristológico, lembrando também que a fé cristã não permite de modo algum reduzir a filiação divina de Jesus Cristo a uma filiação "metafórica". É exatamente uma filiação "ontológica", devendo ser entendida em sentido "literal", embora, evidentemente, o conceito de "geração" seja analógico e se realize em Deus de modo eminente.

Entre as dificuldades teológicas, invoca-se também a consciência histórica e a inevitável "relatividade" de toda verdade, mesmo que – e sobretudo se – revelada, ainda que se admita que tal verdade basta para justificar um envolvimento absoluto das pessoas em relação à verdade parcial de sua tradição. A isto há que opor o caráter único da revelação que se realiza em Jesus Cristo. Com efeito, a transposição da consciência pessoal de Jesus como filho de Deus em conceitos humanos comunicáveis confere à revelação que Ele faz de si mesmo e de Deus um valor objetivo transcendente, inigualável e insuperável.

Um outro problema: Não deveriam os cristãos praticar em relação às tradições religiosas, em especial em relação à deles, o que a psicologia contemporânea define como uma "hermenêutica da suspeita"? A árvore se conhece pelos frutos. Da mesma forma, uma religião é verdadeira na medida em que torna os homens verdadeiramente humanos, em si mesmos e em suas relações com os outros. Pois bem: Podemos realmente afirmar que o cristianismo produz frutos de humanidade proporcionais a suas exorbitantes pretensões? A "verificação" de que Cristo é verdadeiramente único não deveria encontrar-se na vida de fé das comunidades cristãs? Mas será realmente assim? Cabe aqui denunciar o que existe de falaz no princípio evocado. O cristianismo não apresenta nenhuma pretensão em relação aos cristãos, mas em relação a Jesus Cristo. Quem é "único" é Ele, não os cristãos. Sem dúvida, a comunidade cristã recebeu a missão de dar testemunho digno de fé ao mistério de Jesus. Com frequência, ela atraiçoa esta missão, embora sem dar-se suficientemente conta disso. O fato é que o mistério de Jesus Cristo e de sua unicidade não depende da qualidade do testemunho de seus discípulos. É um dom irrepetível de Deus à humanidade, a fidelidade de Deus não cessa por causa de nossas infidelidades cristãs. Portanto, não é correto afirmar que a verdade sobre Jesus depende da práxis dos cristãos.

O princípio da "verificação" da verdade reaparece sob uma outra forma. Dessa vez, sugere-se que a praxis do diálogo inter-religioso deve servir de critério para verificar a verdade de cada tradição religiosa, incluída a tradição cristã. O cristianismo deve, pois, prescindir, pelo menos provisoriamente, de toda pretensão sobre a unicidade de Cristo, para entrar em verdadeiro diálogo com os outros, em pé de igualdade. Caberá ao diálogo demonstrar se Jesus Cristo é de fato único; nada, afora isto, pode comprová-lo. Afirma-se, portanto, que da prática do diálogo "talvez Jesus de Nazaré sairá (sem ser imposto) como o símbolo unificador, a expressão universalmente satisfatória e normativa do que Deus deseja para toda a história" (P.F. Knitter). Cabe, porém, perguntar-se de que maneira o diálogo levará à redescoberta da fé na unicidade de Jesus Cristo, uma vez que se colocou entre parênteses, ainda que provisoriamente, esta fé. A fé não está no fim do diálogo e não pode ser entendida como um resultado dele. A sinceridade do diálogo não exige nem permite "colocar entre parênteses", ainda que provisoriamente, a fé pessoal (→ Diálogo inter-religioso). Observemos ainda que a redescoberta da unicidade de Jesus Cristo, esperada como eventual resultado do diálogo, não é a "unicidade" professada pela fé cristã: uma cristologia "normativa" é excessivamente inadequada para dar conta do caráter "constitutivo" do mistério de Jesus Cristo na ordem da salvação.

Sugere-se ainda que se deveria substituir a tradicional perspectiva cristocêntrica por uma perspectiva escatológica. Esta nova "mudança de paradigma" consistiria em centrar a teologia das religiões não mais no evento Jesus Cristo, mas no Reino de Deus que se constrói através da história para chegar finalmente a sua plenitude escatológica; portanto, não mais no passado, mas no futuro. Em suma, é uma forma de colocar em segundo plano o cristocentrismo, em benefício de uma perspectiva "teocêntrica": Deus e seu Reino são a meta da história, meta para a qual se encaminham todas as religiões, incluído o cristianismo. Aqui é preciso distinguir. Que o Reino de Deus deva crescer ao longo da história, para atingir sua plenitude escatológica, está em conformidade com a "perspectiva teocêntrica" do NT; mas somente em parte. Centrar tudo no Reino de Deus permite sem dúvida superar uma "perspectiva eclesiocêntrica" inadequada; o Reino de Deus é, na história, uma realidade mais ampla do que o cristianismo e a Igreja; as outras comunidades e as outras tradições religiosas da humanidade fazem parte dele. Também é verdade que, na consumação do Reino de Deus para além da história, o cristianismo e as outras tradições religiosas são chamados a se encontrar em Deus. Mas será que, por esta razão, se deva dizer que a perspectiva do Reino de Deus opera uma "mudança de paradigma" em relação à perspectiva "cristocêntrica"? Isto significaria esquecer que o Reino de Deus de que se fala fez irrupção na história em Jesus Cristo e através de seu evento; e que é através da ação conjunta de Jesus Cristo ressuscitado e de seu Espírito que os membros das outras tradições religiosas participam do Reino de Deus já historicamente presente; finalmente, que o reino escatológico, para o qual também os membros de todas as tradições religiosas são convidados, é ao mesmo tempo o Reino de Deus e do Senhor Jesus Cristo. Na teologia cristã, teocentrismo e cristocentrismo são inseparáveis. Isto vale também no interior da perspectiva do Reino de Deus, quer se trate do reino já inaugurado na história, quer se trate do reino destinado a atingir sua plenitude para além da história.

Poderemos então falar – seguindo Teilhard de Chardin – de uma "maravilhosa convergência" de todas as coisas e de todas as tradições religiosas no Reino de Deus e no Cristo-*ômega*, de uma "mística de unificação" para a qual tendem juntas as espiritualidades ocidentais e orientais. Mas tal convergência de modo algum coloca o evento Jesus Cristo em segundo plano: Cristo é o fim (*ômega*), porque é o início (*álfa*), o centro e o eixo único. Finalidade, centralidade, unicidade do evento Jesus Cristo: são uma coisa só.

Uma teologia cristã das religiões deve colocar em evidência o significado universal e a dimensão cósmica do mistério de Jesus Cristo e de seu evento. Em última análise, o único fundamento teológico válido da unicidade de Jesus Cristo é sua identidade pessoal de filho de Deus. Ora, defini-lo tal quer dizer – e não pode ser de outra forma – fazer ato de fé. Com efeito, como diz Paulo: "Ninguém pode dizer 'Jesus é Senhor' senão sob a ação do Espírito Santo" (1Cor 12,3).

Bibl. – H. Kraemer, *La foi chrétienne et les religions non chrétiennes*, Neuchâtel 1956; L. Newbigin, *L'universalisme de la foi chrétienne*, Genève 1961; Id., *The Finality of Christ*, Londres 1969; R.H. Schlette, *Le religioni come tema della teologia*, Brescia 1968; E. Troeltsch, *L'assolutezza del cristianesimo e la storia delle religioni*, Nápoles 1968; P. Tillich, *Il cristianesimo e le religioni*, Milão 1971; J. Hick, *God and the Universe of Faiths: Essays in the Philosophy of Religion*, Londres 1973; R. Panikkar, *The Unknown Christ of Hinduism*, Maryknoll 1981; J.P. Schineller, "Christ and Church. A Spectrum of Views", in ThS 37 (1976) 545-566; K. Rahner, *Curso fundamental da fé*, São Paulo 1989; H. Küng, *Ser cristão*, Rio de Janeiro 1976; Id., *Cristianesimo e religioni universali.* Milão 1986[2]; A. Race, *Christians and Religious Pluralism: Patterns in the Christian Theology of Religions*, Londres 1983; M. Dhavamony (ed.), *Founders of Religions* (Studia Missionalia 33), Roma 1984; St. Neill, *The Supremacy of Jesus*, Londres 1984; P.F. Knitter, *No Other Name?* A Critical Survey of Christian Attitudes Toward the World Religions, Nova York 1985; K. Cragg, *The Christ and the Faiths*, Londres 1986; G. D'Costa, *Theology and Religious Pluralism: The Challenge of Other Religions*, Oxford 1986; J. Hick-P.F. Knitter (eds.), *The Myth of Christian Uniqueness: Toward a Pluralistic Theology of Religions*, Nova York 1987; J. Ries, *Les chrétiens parmi les religions* (Le Christianisme et la foi chrétienne 5), Paris 1987; J. Dupuis, *Gesù Cristo incontro aile religioni*, Assis 1989.

JACQUES DUPUIS

UNIVERSALE CONCRETUM

Nos tratados específicos de Teologia Fundamental *De religione* e *De revelatione* enfrentam-se questões para cuja solução é útil o conceito de *universale concretum*.

A Igreja está diante de um variegado mundo de religiões e tem de justificar em face delas a pretensão de ser a comunidade salvífica que Deus quis, a *vera religio*. Ela só pode ser a *vera religio* se reunir em si e aperfeiçoar todas as verdades das religiões. Tem condições de fazê-lo, por ser o "corpo" daquele que, como homem, esconde em si e vive, ainda que em sua limitação, a riqueza de todas as verdades: Jesus de Nazaré. Ele e, através dele, a Igreja podem caracterizar-se através do atributo *universale concretum*.

A revelação divina não é a manifestação de uma dimensão preexistente do mundo e de sua história, mas o desvelamento do projeto salvífico de Deus. Uma vez que a revelação é a escolha de um Deus livre, tudo isto pode acontecer somente num evento histórico e, por isto, limitado. Mas, tratando-se da revelação de Deus, justamente por este motivo ela tem uma caracterização que diz respeito ao mundo inteiro. A pessoa e a vida de Jesus de Nazaré constituem o evento ao qual cabe ser *universale concretum*.

Os filósofos sempre tentaram pensar o universal e o concreto intimamente ligados entre si; mas todas as tentativas fracassaram antes de chegarem a bom termo; ou o universal não era pensado realmente de modo concreto, ou então o concreto não era pensado de modo universal.

Somente no âmbito da teologia cristã esta tentativa pôde ter sucesso, na evocadora memória da figura e da importância de Jesus Cristo, fundada na fé pascal. Este é, por exemplo, o caso de Nicolau Cusano que, muitas vezes, mas sobretudo no *De docta ignorantia*, livro III, cap. 3, elabora a *coincidentia* da universalidade e da concretude do evento da revelação, que culminou em Jesus Cristo. De qualquer forma, ele não fala de *concretio*, mas de *contractio*, razão pela qual nele se encontra com frequência o binômio *universalis contractio* ou *universalis contracta (entitas)* (*De docta ignorantia*, E. Hofmann-R. Klibansky [eds.], Leipzig, 1932, 127-129). Todos os grandes projetos teológicos, de um modo ou de outro, levam em conta a circunstância de que Jesus de Nazaré é o evento da revelação de Deus para o mundo, isto é, o *universale concretum*.

A teologia veterotestamentária e judaica procurou compreender o *universale concretum* sob os verbetes "Adão" e "substituição vicária". Mas este esforço foi coroado de êxito somente na reflexão de fé sobre Jesus de Nazaré. Aqui, é determinante o "por muitos" ou "por todos", que caracteriza e dá significado salvífico a sua morte na cruz. O *universale* do *concretum*, que é representado por Jesus de Nazaré, em sua vida e morte, realiza-se em sua "preexistência" (H. Schürmann, W. Breuning): em seu ser para os outros, para todos. A condição para tornar possível esta pró-existência é o fato de Jesus ser a Palavra de Deus feita carne. A ela se tem acesso na fé pascal.

Já no NT, a coincidência do *universale* e do *concretum*, que se tornou realidade em Jesus, é continuamente repensada de modo novo. Sobretudo os escritos paulinos e joaneicos repropõem de modos diversos o alcance universal do evento Cristo: Jesus é o Logos de Deus feito carne (Jo 1,14). Jesus é o novo Adão (Rm 5,12-21; 1Cor 15,20-22.44b-49). Jesus é o mediador da criação e da redenção (Rm 3,21-26; Ef 1,3-14). Jesus é a cabeça de seu corpo, a Igreja, do qual se fala mais vezes, p. ex., nas Epístolas aos Efésios e aos Colossenses, em termos de dimensões cósmicas.

Mais tarde, estas compreensões bíblicas foram continuamente retomadas e desenvolvidas sob novas formas. Irineu pensa o *concretum universale*, que é Jesus Cristo, mediante a categoria da "recapitulação". O Cristo abraça em si o conjunto do mundo e de sua história. Dessa maneira, Adão é novamente fundado em Cristo. Segundo *Adv. haer.* V, 17,4, o corpo crucificado de Cristo, pendurado no madeiro, manifesta as dimensões do kósmos e abraça a humanidade – judeus e pagãos – com as duas mãos. Justino, em conexão com o prólogo do Evangelho de João e no diálogo com a filosofia helenista, caracteriza o Cristo como o verdadeiro "Logos", realizando, assim, uma outra possibilidade de pensar Jesus Cristo como *concretum universale* (cf. *Apol.* 2,10,1). Outros eminentes teólogos da Igreja antiga desenvolveram e aprofundaram ulteriormente a cristologia do Logos. Nesse trabalho, teve importância especial Orígenes (cf. p. ex., *Hom. in Gen.* 1,1), seguido, depois, por muitos outros.

Na teologia dos Padres gregos, foi desenvolvida também a doutrina da "redenção física". Segundo esta doutrina, ao tornar-se homem, Jesus Cristo assumiu uma natureza humana individual, mas, por meio dela, entrou em contato "físico" com todo o gênero humano. Através deste contato, tornou a humanidade participante da graça, da redenção e da divinização. A encarnação, para poder ser universalmente eficaz, pressupõe a unidade ontológica da humanidade. O homem, individualmente, é uma participação, restrita no tempo e no espaço, da "natureza" única e universal do homem, isto é, de uma humanidade a ser entendida como um ser concretamente existente. O ingresso do Logos feito carne numa humanidade entendida dessa maneira, é uma circunstância "social". A presença de Jesus Cristo, o Unigênito, na humanidade, que através do pecado havia perdido a unidade do seu ser-imagem-de-Deus, traz-lhe a salvação, isto é, a reconstituição de sua semelhança de imagem com Deus. Foi sobretudo Gregório de Nissa quem desenvolveu de maneira feliz a doutrina da "redenção física" em seu "Grande discurso catequético" (cf. R. Hübner, *Die Einheit des Leibes Christi bei Gregor von Nyssa*, Leiden, 1974).

Com variações sempre novas, Agostinho descreveu o tema do "Christus totus et caput et corpus" (cf. *Sermo* 341, 9,11; *Enarr. in Ps.* 37,6 etc.), procurando compreender assim este *universale concretum* que é Jesus de Nazaré. A célebre doutrina, exposta por Anselmo de Cantuária no *Cur deus homo*, tornou-se um modo particularmente eficaz, do ponto de vista da história teológica, para ilustrar a ampla riqueza da obra de Jesus Cristo. Permanece aqui sem resposta a pergunta se a discussão medieval, sobretudo entre os teólogos franciscanos, que buscava entender a relação entre "singular" e "universal", contribuiu para a compreensão do *universale concretum* que é Jesus Cristo. De qualquer forma, sem os esforços anteriores dos teólogos franciscanos não teria sido possível a obra de Nicolau Cusano, que fala expressamente da *coincidentia* entre *universale* e *contractum*. Martinho Lutero, em sua discussão com Zwinglio, e sobre sua concepção da Ceia, deu grande importância ao fato de que a *communicatio idiomatum* (a troca de atributos divinos e humanos) deve ser entendida como *praedicatio realis* e, portanto, não só como *praedicatio verbalis*. Somente assim, segundo Lutero, a ubiquidade da humanidade de Jesus pode ser afirmada e sem ela não seria possível a presença real de Jesus Cristo na Ceia, sob o pão e o vinho. Assim também a doutrina de Lutero, segundo a qual a *communicatio idiomatum* deve ser entendida em sentido real, seria uma forma de apresentar como *concretum* e *universale* o mistério de Jesus Cristo.

"Deus é o Amor" (1Jo 4,17). Deus, que é em si essencialmente o amor, demonstra este amor no mundo e ao mundo na história, particularmente na história de Jesus de Nazaré. Em Jesus Cristo, a revelação bíblica encontra seu significado central e sua maior densidade. O mistério de Cristo encerra em si, em sua unicidade concreta, a história inteira, e até o todo; com efeito, chega a sua plenitude na pró-existência universal de Jesus Cristo crucificado e ressuscitado. A densidade do universal na unicidade concreta da pessoa e da sorte de Jesus exprime-se cristologicamente no dogma da união hipostática. Do ponto de vista da teologia da revelação, esta união significa a unidade essencial de Jesus Cristo com a Palavra de Deus e com a ação salvífica de Deus, portanto, com a revelação de Deus, como sustenta Paulo em Cl 2,9: "Todo o plērōma da divindade habita corporalmente em Cristo".

Bibl. – N. Cusano, *De docta ignorantia*, E. Hofmann-R. Klibansky (eds.), Leipzig 1932, 125-179; R. Haubst, *Die Christologie des Nikolaus von Kues*, Friburgo 1956, 166-221; W. Löser, "Universale concretum als Grundgesetz der oeconomia Revelationis", em HFTh II, 108-121; R. Hübner, *Die Einheit des Leibes Christi bei Gregor von Nyssa*, Leiden 1974; T. van Bavel-B. Bruning, "Die Einheit des 'totus Christus' bei Augustinus", em *Scientia Augustiniana*, de P. Mayer-W. Eckermann (eds.), Würzburg 1975, 43-75; H. Mackey, "Singular and Universal. A Franciscan Perspective", em FrSA 17 (1979) 130-164; G. Greshake, "Erlösung und Freiheit. Eine Neuinterpretation der Erlösungslehre Anselms von Canterbury", em Id., *Gottes Heil – Glück des Menschen*, Friburgo 1983, 80-104.

WERNER LÖSER

V

VATICANO I

O DESAFIO DO PERÍODO: A PRETENSÃO DE AUTONOMIA – A Igreja que celebrou o Concílio Vaticano I era uma Igreja em busca de certezas. Uma Igreja que, por volta de 1870, já desde um século estava confrontada com ataques não somente contra seu poder e sua influência, mas também contra o fundamento de sua própria existência: isto é, a possibilidade da revelação de um Deus pessoal, criador e redentor. Ataques lançados não por algum pensador isolado em livros indecifráveis, mas propagados, às vezes não sem sutileza, em escritos de fácil leitura para um público culto cada vez mais amplo (Voltaire e Rousseau terão mais influência no século XIX do que no seu século). Ataques, finalmente, que estavam associados a novos modelos de pensamento político e social.

Do ponto de vista teórico, pode-se dizer que desde o início estes ataques dificilmente podiam ser bloqueados de maneira adequada. Grande parte da energia teológica, no século XVIII, se havia gasto em discussões e disputas feitas com paixões dignas de causas maiores: pensemos no jansenismo e, em escala menor, nos problemas eclesiológicos, centrando-se no episcopalismo sob suas diversas formas, com frequência unidas num *mariage de raison* com as diferentes formas de jurisdicionalismo.

Era uma Igreja em que a incerteza só podia aumentar por causa da traumática experiência da Revolução Francesa, que não somente derrubou, em favor de Liberdade, Igualdade e Fraternidade, uma ordem política patriarcal e hierárquica, mas levou a um cisma e, acompanhada do terror, à descristianização de uma nação chamada de *Fille Ainée* da Igreja. Todo desejo, ainda que moderado, de democracia, como toda luta pela liberdade (irlandeses e poloneses tinham alguma causa pela qual lutar), suscitava na Igreja o fantasma da anarquia e do ateísmo que são "inevitavelmente" sua consequência.

Era uma Igreja que tinha de constatar que a restauração não trazia paz e harmonia e que o fantasma tornava-se cada vez mais ameaçador: 1848! Um fantasma que já tinha um novo nome: comunismo. As dificuldades da Santa Sé com a Itália, por outro lado, faziam a Igreja, uma vez mais, viver uma experiência negativa de "liberdade". Com facilidade encontrava espaço – e adquiria credibilidade – a teoria do grande complô massônico-jacobino-liberal-comunista.

A análise que via já na época do Iluminismo à raiz de todas as subversões, também as políticas e sociais, não estava totalmente errada. A → "Modernidade", com seu conceito de autonomia do homem, que podia e, em certo sentido, também devia traduzir-se no campo político-social, era ao mesmo tempo o fruto do antropocentrismo e do subjetivismo filosófico (desde Descartes até Kant), do desmoronamento das autoridades "antigas" invocadas para explicar os fenômenos físicos desde a anatomia (Vesalio, Malpighi, Van Leeuwenhoek) até a astronomia (Copérnico, Galileu, Kepler); fruto da descoberta de se poder formular e calcular – ó glória da razão humana! – as leis que governam o universo, que, dessa forma, parecia dominável (Newton); como também de concretas descobertas úteis (apenas para exemplificar, pensemos no para-raio, inventado por B. Franklin). A nova concepção sobre as leis que regem a sociedade – também aqui não se devia mais confiar nas antigas autoridades – e as novas análises sobre a origem da autoridade e a formulação de direitos inalienáveis do homem (Locke, Montesquieu, Rousseau) devem ser ligadas ao que dissemos anteriormente. Numa palavra, estamos diante de uma análise que vê no agnosticismo racionalista a fonte da anarquia.

A problemática, sendo simplificada nestes termos, podia fazer nascer a tese de que teria bastado a reafirmação de uma sã doutrina que combatesse o agnosticismo para fazer renascer também uma sociedade ordenada, que não pudesse mais passar sem a religião; assim se teria também atingido a reafirmação da relevância da Igreja.

Relevância que, para a Igreja, não se deveria ter limitado exclusivamente ao fato religioso, mas deveria ter sido reafirmada também diante das pretensões dos governos modernos, os quais, para além da questão da revelação e da fonte divina de autoridade (os estados modernos também teriam querido manter um princípio de autoridade), excluíam uma doutrina político-social baseada em princípios morais transcendentais, cognoscíveis a partir da lei natural (dada por Deus) e da mensagem revelada.

A RESPOSTA DO VATICANO I: O PRINCÍPIO DE AUTORIDADE – A necessidade de combater o agnosticismo (fruto do racionalismo) para combater também a anarquia ou, se preferirmos, os "princípios imortais" da Revolução Francesa (que seria apenas um elo na genealogia dos erros, profetizada por Bossuet como fruto da reforma protestante, e que se reencontra até nos documentos magisteriais de Leão XIII), está expressa nas respostas dadas à pesquisa que a Santa Sé tinha feito entre os cardeais de cúria e um grupo de bispos residenciais sobre a oportunidade de um concílio ecumênico. Um primeiro ponto do programa do concílio está assim formulado: uma condenação dos erros que destroem o mundo, condenação esta que já se encontra no Sílabo, mas que deveria ser reafirmada de modo mais solene. O próprio Pio IX deseja tal reafirmação.

A comissão que deve preparar o esquema relativo à fé cristã tomará, portanto, o Sílabo como ponto de partida. Aos padres conciliares será apresentado em primeira instância um esquema elaborado por J.B. Franzelin (1816-1886) e, em seguida, modificado pela comissão teológica. A preocupação com toda a ordem social, cujo fundamento – a religião (católica) – deve ser reafirmado, condiciona as primeiras críticas ao esquema apresentado aos padres: embora começando pelos problemas do materialismo, panteísmo e racionalismo (seguindo os primeiros pontos do Sílabo), e prosseguindo com uma série de temas de Teologia Fundamental (as fontes da revelação, a necessidade de uma revelação sobrenatural, a distinção entre fé divina e conhecimento humano, a necessidade dos motivos de credibilidade, a virtude sobrenatural da fé e sua necessidade, juntamente com a liberdade do assentimento, com os mistérios da fé revelada, com a relação entre ciência humana e fé divina, com a imutabilidade dos dogmas), o esquema contém também toda uma série de temas dogmáticos (trindade, criação, encarnação e redenção, a natureza do homem, a ordem sobrenatural, o pecado, a graça), dirigidos particularmente contra as teses do teólogo vienense A. Günther. Devido à situação preocupante da sociedade, os padres conciliares insistem em que o pronunciamento se limite aos erros fundamentais e primários: materialismo e ateísmo (intervenção do Cardeal Rauscher de Viena; também diversos bispos italianos indicam a crise de fé das massas). De fato, a constituição *Dei Filius* se limitará aos primeiros problemas.

A preocupação com os efeitos político-sociais da negação da autoridade divina exprime-se ainda na decisão de não limitar-se a condenar os erros, mas em formular sobretudo de modo positivo a doutrina correta. Esta preocupação parece estar menos presente nas discussões dos diversos capítulos e parágrafos: discussões (analisadas esplendidamente por H.J. Pottmeyer) muito "técnicas", na medida em que se procura responder às diversas posições derivadas das exigências da autonomia do sujeito pensante, para quem uma intervenção divina por meio de uma revelação de maneira transcendente se tornou muito problemática. Assistimos à negação – por parte do deísmo – de uma revelação e de uma possível ação transcendente de Deus na história humana e à negação do caráter transcendente da revelação, que é reduzida a uma realidade puramente imanente, e ao esvaziamento de seu significado no quadro de um evolucionismo absoluto (hegelianos), que considera Deus e o universo como uma só realidade e, portanto, a razão humana como não substancialmente distinta da razão divina. No concílio, além disso, procura-se reagir de maneira direta às soluções propostas por alguns autores católicos (já condenadas pelo magistério nas décadas anteriores) para superar os mesmos problemas. Esta preocupação dos padres conciliares oferece uma chave hermenêutica para a interpretação dos textos. Neste horizonte, o racionalismo e o semirracionalismo são vistos como erros mais nefastos (A. Günther, 1783-1863; G. Hermes, 1775-1831; J. Frohschammer, 1821-1893); em medida menor a solução dos tradicionalistas (F. de Lamennais, 1782-1854; A. Bonnetty, 1798-1879; L. de Bonald, 1754-1840; G. Ventura de Raulico, 1792-1861), e dos fideístas (L. Bautain, 1796-1867), os quais, porém, têm de ser rejeitados porque, em última análise, dão razão às pretensões do racionalismo no tocante à autonomia.

Em sua formulação positiva e, ainda mais claramente, nos anátemas, a constituição, votada por unanimidade e promulgada em 24 de abril de 1870, além de corrigir alguns erros específicos, coloca sobretudo – teologicamente – o princípio de uma autoridade contra as pretensões de autonomia. Não pode existir uma autonomia se (cap. I) o mundo foi *criado* livremente [contra Hermes e Günther] por um Deus pessoal, livre e transcendente [contra o materialismo e o panteísmo]. Não pode existir uma autonomia se (cap. II) este Deus pode ser conhecido de modo certo, à luz da razão, como princípio e fim de todas as coisas [contra os ateus e os tradicionalistas extremos] e se, além disso, Ele se revelou de modo sobrenatural [contra os deístas]; esta forma constitui a única maneira através da qual o homem atinge o conhecimento das realidades sobrenaturais [contra os semirracionalistas]. Em vez de uma autonomia, invoca-se (cap. III) a resposta obrigatória da fé, que aceita as verdades reveladas não porque a razão possa compreendê-las [contra Hermes], mas por causa da autoridade do revelador, que usa também sinais sobrenaturais, como os milagres e a profecia, como motivos externos de credibilidade [contra o racionalismo]. Todavia, o ato de fé permanece livre [contra Hermes]. A *obediência* da fé estende-se a todas as verdades propostas como tais pela Igreja: ela mesma é também um motivo de credibilidade.

No quadro da antítese entre autonomia e autoridade, "devia" ainda ser tratada (cap. IV) a relação entre fé sobrenatural e ciência humana; com efeito, a ciência constituía o horizonte em que, de modo mais radical, se colocava a pretensão de autonomia. A resposta é a que nega uma autonomia absoluta da razão, sem de resto negar-lhe o valor. Por um lado, os mistérios divinos superam a razão, mas, por outro, a razão pode penetrá-los parcialmente. Efetivamente, não existem duas verdades e não pode haver contradição entre fé e razão, embora a primeira supere a segunda. A ciência tem sua função específica, mas dentro de limites estabelecidos. Finalmente, os dogmas são essencialmente imutáveis.

O cap. IV poderia ser considerado como uma chave hermenêutica para o documento inteiro: existe, no fundo, uma harmonia entre a revelação divina e o conhecimento humano, assim como não há contradição entre a revelação "natural" e a sobrenatural, sem de resto reduzir a segunda à primeira. Poder-se-ia ampliar o discurso à relação entre Igreja e sociedade: pode e deve existir uma harmonia, sem reduzir a Igreja ao Estado e até mantendo a superioridade da primeira em relação ao segundo.

O documento não deve ser lido somente tendo como pano de fundo a antinomia mencionada repetidas vezes, pois seu valor e sua relevância superam tal horizonte. Notemos, para a Teologia Fundamental, que a constituição – que a seguir condicionará os tratados sobre o assunto – tem o grande mérito de compor num documento doutrinal o conceito de revelação e sua temática. Dever-se-á notar, além disso, que o conceito de revelação que é exposto limita-se substancialmente a um conjunto de proposições; igualmente os milagres são considerados somente sob o aspecto "exterior" de sua singularidade, mas não por seu conteúdo de salvação. Finalmente, observe-se que se chega a formulações "equilibradas" no tocante ao papel da razão humana, cujo valor não é negado, mas inserido numa visão que cria harmonia entre natureza e sobrenatureza e abre o caminho para o ulterior desenvolvimento da Teologia Fundamental: no fundo, procura-se responder à problemática da época, na medida em que se aprofunda a compreensão da fé e seus fundamentos. *In nuce* está presente a temática, já indicada por V.A. Dechamps (1810-1883), concernente ao desejo do coração humano – ou seja, o argumento da imanência – do qual se estabelece somente que não pode ser o único, mas, em todo caso, não é excluído; provavelmente os padres conciliares estavam mais interessados nos motivos externos da credibilidade e daí a consequente censura do extrinsecismo. "Susceptível como sempre a novos progressos ulteriores, a *Dei Filius* permanece um texto fundamental insubstituível, comparável ao decreto sobre a justificação do Tridentino" (G .Martina).

Também um segundo ponto do programa do concílio era, em parte, sugerido pelo *Sílabo*; especialmente as questões da função da Igreja e sua relevância diante da sociedade civil, juntamente com os direitos da Igreja em relação aos Estados, que os acontecimentos políticos há décadas tinham colocado em discussão. Todavia, a intervenção deve ser vista também como uma tomada de posição em nível conciliar sobre a já plurissecular discussão sobre a natureza da Igreja e sua estrutura visível e hierárquica; discussão mantida viva sobretudo pelos protestantes.

Apresenta-se aos padres conciliares o primeiro esquema de uma constituição sobre a Igreja, que contém os seguintes capítulos: (I) a descrição da Igreja como corpo místico de Cristo; (II) a religião de Cristo pode ser praticada somente na *societas* fundada por Ele; (III) como uma *societas* real, perfeita, espiritual, sobrenatural, (IV) visível, (V) una, (VI) necessária para a salvação, (VII) que não se encontra fora da Igreja, (VIII) indefectível, (IX) infalível, (X) hierárquica, (XI) dotada do primado de Pedro. (Os caps. XII, XIII e XIV falam do poder temporal, dos direitos do Estado, dos direitos da Igreja face ao Estado.) O esquema não agrada: a apresentação da Igreja como corpo místico, embora sendo muito bíblica, é considerada "vaga" demais; nota-se a preocupação com a autoridade. Também os capítulos seguintes não são muito apreciados; curiosamente, porque falta a perspectiva bíblica.

Um esquema emendado sobretudo na primeira parte por J. Kleutgen (1811-1883) não será mais distribuído, pois o capítulo sobre o primado papal será apresentado como um esquema separado, em que se elabora a jurisdição ordinária, imediata, episcopal e universal do papa e sua infalibilidade em questões de fé e de moral. Sem dúvida, desta maneira quer-se encerrar a discussão não somente com os protestantes e os ortodoxos, mas também com os episcopalistas ("o galicanismo") no interior da própria Igreja Católica, como se vê na formulação definitiva; de outro lado, reafirma-se em geral o princípio de autoridade, também para os bispos, como haviam entrevisto alguns dos opositores iniciais da definição da infalibilidade. A própria discussão (boa análise de A. Houtepen) – objeto também de uma controvertida produção historiográfica (B. Hasler) – nem sempre torna evidente o quadro geral da resposta ao desafio da autonomia; o resultado – a constituição *Pastor Aeternus* – é, porém, acolhido como tal nas diversas chancelarias europeias (Berlim, Viena, Paris).

A *Pastor Aeternus* não tem somente uma relevância para a eclesiologia (→ Igreja), para a qual representa a vitória do ultramontanismo, entendido como corrente "antiepiscopalista". A proclamação da infalibilidade e da jurisdição universal do papa corresponde também às instâncias do ultramontanismo político-cultural, do qual o não teólogo J. de Maistre (1753-1821) pode ser considerado o pai: "Não existe ordem sem religião, não existe religião sem o cristianismo, não existe cristianismo sem a Igreja, não existe Igreja sem o papa, não existe papa sem infalibilidade". A infalibilidade é uma outra expressão de soberania.

O conceito de infalibilidade certamente diz respeito muito de perto a vários problemas de Teologia Fundamental. E temos efetivamente incidência nos critérios sobre a verdadeira fé, a certeza da fé, o problema da revelação "encerrada com a morte do último apóstolo", o desenvolvimento do → dogma, a continuidade da doutrina de fé; e, ainda, na problemática sobre a relação entre dogma eclesial e consciência pessoal, entre dogma e pesquisa científica, entre experiência de fé e fórmulas dogmáticas. Quanto à revelação, com uma intervenção de autoridade define-se que ela foi confiada à Igreja, que a comunica e a interpreta com autoridade; na Igreja, por sua vez, é o papa que exerce uma autoridade que se opõe a interpretações autônomas da revelação. A certeza é garantida do melhor modo possível.

Podemos acrescentar: uma autoridade tão grande é eficiente e pode e deve também contribuir para refundar a ordem social; em perspectiva histórica, a atividade intensa do magistério em prol da construção de uma doutrina social e política, com uma finalidade de instauração de uma nova Cristandade, modelada sobre uma Idade Média mais imaginária do que real, é fruto também das asserções do Vaticano I. A Igreja, fundada na revelação divina e sendo-lhe a guardiã, tem algo de relevante a dizer ao mundo.

Os esquemas propostos no quadro da terceira finalidade do concílio – isto é, solução de algumas questões disciplinares (obrigações e autoridade dos bispos, prelados, vigários-gerais; a vida do clero; o catecismo; as ordens religiosas; os ritos orientais; as missões; questões da isenção!) –, e tratados apenas parcialmente, sob um certo aspecto devem ser considerados, em primeira instância, como uma tentativa para melhorar a atividade pastoral; todavia, na medida em que têm em mira um melhor funcionamento da Igreja, o quadro interpretativo torna-se mais amplo: no mundo conturbado, a Igreja deve trazer uma mensagem de origem divina, que proclama a existência de uma base para uma ordem social e, além disso, indica como deve ser esta ordem.

OBSERVAÇÕES CONCLUSIVAS – É supérfluo dizer que os documentos não podem ser lidos somente em chave de busca de certeza e que o significado dos mesmos não deve ser reduzido a isto. É supérfluo também dizer que o raciocínio segundo o qual o agnosticismo levava à anarquia não podia ser invertido na tese de que a vitória sobre o agnosticismo teria trazido de volta a Cristandade de outrora; novos modelos sociais – também na democracia avançada (Estados Unidos) – não excluíam de fato a presença da religião e ofereciam espaços para a Igreja desconhecidos sob os reis absolutos, mesmo que com atributos como "o cristianíssimo", "o católico", "o fidelíssimo", "o apostólico".

As consequências políticas da Modernidade, o querer basear a sociedade e o Estado sobre os direitos do homem e, como consequência, construir a democracia liberal e, por conseguinte, também social, podiam ser corrompidas (leninismo, estalinismo) ou interrompidas (fascismo), mas certamente não erradicadas da consciência coletiva da humanidade e de seus representantes mais nobres (cf. o magistério pontifício sobre o assunto). Teologicamente, foi necessário o conceito dialético de uma "autonomia teônoma".

Bibl. – Y. Congar, "L'Ecclésiologie de la Révolution française au Concile du Vatican sous le signe de l'affirmation de l'autorité", em Vários autores, *L'Ecclésiologie au XIXe siècle*, Paris 1960, 76-114; U. Betti, *La costituzione dogmatica "Pastor Aeternus" del Concilio Vaticano I*, Roma 1961; H. Rondet, *Vatican I, le Concile de Pie IX.* La préparation, les méthodes de travail, les schémas restés en suspens, Paris 1962; F. van der Horst, *Das Schema über die Kirche auf dem I. Vatikanischen Konzil*, Paderbon 1963; H. Ott, *Die Lehre des I. Vatikanischen Konzils.* Ein evangelischer Kommentar, Basel 1963; R. Aubert, *Vatican I*, Paris 1964; H. Meyer, *Das Wort Pius IX: "DU Tradition bin ich".* Päpstlicle Unfehlbarkeit und apostolische Tradition in den Debatten und Dekreten des Vatikanum I, Munique 1965; H.J. Pottmeyer, *Der Glaube vor dem Anspruch der Wissenschaft.* Die Konstitution über den Katholischen Glauben "Dei Filius" des Ersten Vatikanischen Konzils und die unveröffentlichten theologischen Voten der vorbereitenden Kommission, Friburgo 1968; Id., *Unfehlbarkeit und Souveränität.* Die päpstliche Unfehlbarkeit im System der ultramontanen Ekklesiologie des 19. Jahrhunderts, Mainz 1975; Vários autores, *De doctrina Concilii Vaticani primi*, Città del Vaticano 1969; G. Schwaiger (ed.), *Hundert Jahre nach dem Ersten Vatikanum*, Stuttgart 1970; J. Gómez-Heras, *Temas dogmáticos del Concilio Vaticano I.* Aportación de la Comisión Teológica preparatoria a su obra doctrinal. Votos y esquemas inéditos, vol. I-II, Vitória 1971; A.W.J. Houtepen, *Onfeilbaarheid en hermeneutick. De betekenis van het infallibilitasconcept of Vaticanum I*, Brügge 1973; K. Schatz, *Kirchenbild und päpstliche Unfehlbarkeit bei den deutschsprachigen Minoritätsbischöfen auf dem I. Vatikanum*, Roma 1975; A.B. Hasler, *Pius IX (1846-1878).* Päpstliche Unfehlbarkeit und I. Vatikanisches Konzil. Dogmatisierung und Durchsetzung einer Ideologie, Stuttgart 1977; P. Walter, *Die Frage der Glaubensgründung aus innerer Erfahrung auf dem I. Vatikanum.* Die Stellungnahme des Konzils vor dem Hintergrund der zeitgenössischen römischen Theologie, Mainz 1980; P. Petruzzi, *Chiesa e società civile al Concilio Vaticano I*, Roma 1984; G. Martina, *Pio IX. 1866-1878*, Roma 1990.

MARCEL CHAPPIN

VATICANO II

Uma vez aplacadas, por volta de 1930, as conturbações da crise modernista, a árvore da Igreja, seca, encolhida, aparentemente sem linfa, volta a reverdescer, a produzir rebentos e, em seguida, a florescer, a lançar ramos no espaço, em busca de um pouco de luz: presságio da primavera do Vaticano II. Com efeito, o concílio não foi fruto de uma germinação espontânea. Surgiu de um contexto: germinou durante quatro ou cinco décadas. Antes de falar do acontecimento como tal, de sua dimensão, de seus frutos e dos futuros êxitos, é preciso dizer uma palavra sobre o contexto que o precedeu e preparou.

1. CONTEXTO HISTÓRICO ANTERIOR – A verdade é que o concílio veio ao encontro de exigências profundas do cristianismo e da humanidade inteira. A Igreja não podia manter sua atitude de desconfiança e de gueto, diante de uma sociedade em plena mudança rumo a uma estrutura planetária, renovada na mentalidade, nos costumes, nos modos de ser e de agir. A Igreja tinha de sair do mutismo de 150 anos e entrar em diálogo com um parceiro, também ele, muito diferente do que era anteriormente.

a. *Uma sociedade em mudança* – Assinalemos três fatores desta mudança social:

– *A ascensão do Terceiro Mundo e o fim do colonialismo* na África e na Ásia, exatamente como acontecera antes, na América, no século XIX. Os dados e os números falam por si: independência da Indonésia (1945), das Filipinas (1946) e, em seguida, da Índia. Em 1948 nasce o Estado de Israel; em 1951, a Líbia liberta-se da tutela inglesa. Os anos de 1954 a 1962 marcam as lutas pela independência da África. Em 1956, independência do Sudão; em 1958, de Gana e, por volta de 1960, do Congo (o atual Zaire), do Quênia, de Uganda, de Madagascar. Em 1974, cessa a dominação portuguesa de Angola e de Moçambique. A Indochina, que passou a ser o Vietnã, liberta-se da influência francesa e americana, depois de anos de combates sangrentos. Uma época fica assim superada. O Terceiro Mundo atingiu, no ano 2000, uma população de cinco bilhões, contra o bilhão e meio dos assim chamados países desenvolvidos. Esta libertação do mundo afro-asiático já tem repercussões incomensuráveis na imagem da Igreja (hierarquia e fiéis), em sua mentalidade, em suas atitudes, em seus costumes, em sua liturgia.

– *A industrialização do mundo.* Paralelamente, nos países ocidentais, graças às aplicações da técnica, a indústria transforma uma sociedade até aí prevalentemente agrícola: centuplica a eficácia dos meios de produção, enquanto reduz de maneira dramática a mão de obra. Em consequência, começa o êxodo do campo para as megalópoles (Cidade do México, São Paulo, Xangai, Tóquio, Calcutá, Pequim, Rio de Janeiro e Nova York superam todas elas os dez milhões de habitantes) com uma cadeia de problemas: droga, desocupação, violência, terrorismo, greves, redução da natalidade, imoralidade de vários tipos.

– Finalmente, a televisão entra no coração dos ambientes domésticos e transforma a terra numa "grande aldeia". Vivemos na hora do presente universal. As poltronas paralelas das salas de TV tornam-se o símbolo dos monólogos paralelos e silenciosos das pessoas acotoveladas diante da pequena tela.

Diante de mudanças tão gigantescas, podemos ainda falar de Cristandade, de religião de Estado, de nação cristã? Que influência pode a Igreja exercer neste mundo pluralista e secularizado em que entram em contato e se misturam religiões, raças, culturas? No momento, o mundo assemelha-se a uma imensa panela em que se encontra de tudo, do melhor ao pior.

b. *Uma Igreja em estado de busca* – Em toda parte reina um mal-estar difuso, tanto no mundo leigo como no clerical. No interior das mesmas regiões coexistem correntes progressistas e correntes conservadoras ao extremo. Todavia, começam a delinear-se novas tendências, cada vez mais consolidadas, sobretudo em três setores:

– *Os leigos ocupam um lugar cada vez mais importante na Igreja*: uma importância que se concretiza no aparecimento de movimentos de ação católica (Ação Católica Italiana, JEC, JOC) que invadem rapidamente a Europa e a América, sob a influência do Padre Cardijn; no surgimento dos institutos seculares, que seguem os conselhos evangélicos, porém mantendo seus membros as próprias ocupações profissionais; no desenvolvimento da teologia do laicato, sustentada por algumas revistas. Os movimentos de ação católica não têm sempre o sucesso esperado, seja por causa da passividade das massas, seja pelos temores inspirados por uma juventude que alguns consideram excessivamente contestadora. No fundo, esperava-se reconstruir uma nova Cristandade, num mundo descristianizado.

Ao mesmo tempo, coloca-se o problema da autonomia do laicato em relação ao clero. A ação dos católicos passa a distinguir-se cada vez mais dos movimentos de ação católica e se exerce diretamente no campo social. O avanço do comunismo e do socialismo obriga a Igreja a tomar posição na *Rerum Novarum* e na *Quadragesimo Anno* e a se precaver contra os excessos do capitalismo com a *Mater et Magistra.* Mas a maior dificuldade do catolicismo pré-conciliar foi sempre o fosso – nunca preenchido – entre a teoria e a prática em matéria social. Até as vésperas do Vaticano II, a grande maioria dos fiéis permaneceu hostil à ideia de uma mudança profunda. A partir de 1950, o escandaloso subdesenvolvimento do Terceiro Mundo começou a sacudir os ambientes católicos, primeiro em nível dos textos (*Populorum Progresssio, Medellín, Puebla, Laborem exercens*) e, em seguida, nos fatos. Certamente já antes do Vaticano II a ascensão do laicato era um fenômeno irreversível. Também as bases de uma teologia do laicato estavam postas (Y. Congar, *Vraie et fausse réforme dans l'Église*, 1950).

– Um segundo aspecto característico da renovação iniciada é a *volta às fontes*, sobretudo à Escritura. Esta última, praticamente posta no índice dos livros proibidos depois da Reforma, retoma vida e força nos movimentos de ação católica, na difusão da Bíblia, na multiplicação das reuniões e dos congressos bíblicos, nos comentários que acompanham a liturgia dominical. O próprio magistério papal, com a *Divino afflante Spiritu* (1943), deu um novo alento a uma exegese extinta pela crise modernista. O emprego cada vez mais generalizado da *Forgeschichte* (Evangelho, II), como método de análise literária, permitiu perscrutar a história e a pré-história dos evangelhos. Em Patrística, coleções como *Sources chrétiennes* e *The Christian Fathers* abriram a fonte selada dos Padres da Igreja. Esta volta às fontes leva a uma compreensão melhor da Igreja como mistério (De Lubac, *Catholicisme*, 1938; encíclica *Mystici Corporis* 1943; início da coleção *Unam sanctam* 1937). Pouco a pouco vão construindo os enfoques da *Lumen Gentium.*

– Uma exigência sempre mais intensa da época pré-conciliar é a vontade de *reconstruir a unidade rompida* entre os cristãos: vagalhão irreprimível, que se transformará no movimento ecumênico, do qual se encontram sinais precursores na fundação da revista *Irénikon* (1926), na obra de Y. Congar (*Chrétiens désunis*, 1937), na fundação da *Pro Civitate Christiana*, por obra de G. Rossi, em 1939, e do centro *Unitas*, em Roma, no ano de 1950. Estes acontecimentos eram uma preparação para a fundação do secretariado para a unidade dos cristãos, ocorrida em 1960, por obra de João XXIII.

Outras tendências – às quais ainda voltaremos – vão-se impondo: abertura para o mundo, diálogo com a ciência, renovação litúrgica exigida obsessivamente, renovação da antropologia, melhor apresentação da mensagem cristã nas homilias, catequeses, em teologia a especificidade do cristianismo diante das outras religiões mundiais, abolição da centralização e do monolitismo romano, relação Igreja-Evangelho-cultura. Neste momento, tanto na sociedade como na Igreja, tudo está em efervescência, na expectativa de um catalisador suficientemente poderoso para favorecer uma unidade seriamente ameaçada.

2. TENSÕES DOUTRINAIS DENTRO DA IGREJA – Às vésperas do Vaticano II, não ia tudo bem no coração da Cristandade, o Vaticano. Primeiro fato a ser sublinhado: de 1944 a 1958 o cargo de Secretário de Estado permanece vago, já que Pio XII concentra todo o poder em suas mãos, tornando-se um papa isolado, sem suficientes contatos pessoais, rodeado de assessores da mesma tendência. A cúria romana conheceu um período de estagnação.

O próprio pensamento católico está longe de constituir um bloco unido. De um lado, existe o grupo dos teólogos que vive na periferia, à escuta das exigências do mundo novo; e, do outro, o grupo dos conservadores, particularmente no Vaticano, tímidos, temerosos, tomados pelo medo e pelo pânico, que se tornam agressivos e perigosos. Em consequência, numerosos teólogos de renome são objeto de suspeitas, de medidas disciplinares. Todavia, por um processo de ajustamento natural, estes perseguidos foram reabilitados e se tornaram em seguida artífices do concílio, quando não até cardeais (De Lubac, Daniélou), ao passo que os acusadores mergulharam no esquecimento.

É a época em que iniciativas pastorais como a dos padres operários na França foram condenadas e sustadas. Homens como J. Maritain tornaram-se suspeitos por reivindicarem a autonomia dos católicos leigos em sua ação temporal e política. Análoga desconfiança por parte dos ambientes romanos acompanhou J. Courtney Murray, que considerava a liberdade religiosa como um direito essencial da pessoa humana e não como presente do Estado protetor em relação ao catolicismo. Murray foi reduzido ao silêncio até a *Dignitatis Humanae* do Vaticano II, que viu triunfarem suas ideias.

Mais amplo foi o eco da "querela" que circundou a *Nouvelle Théologie*, cujos alvos preferidos foram o *Saulchoir*, dos Dominicanos, e *Lyon-Fourvière*, dos jesuítas, tendo como chefe dos atacantes o ardoroso Garrigou-Lagrange. Na Encíclica *Humani*

Generis, de 1950, Pio XII mostra-se visivelmente preocupado; receia sérios desvios no tocante às bases do cristianismo, sobretudo a imutabilidade do dogma, a importância do magistério papal, o pecado original, a relação natureza-graça, o valor dos motivos de credibilidade etc. O superior geral dos jesuítas Janssens, em decorrência de uma visita de inspeção em Lyon-Fourvière, feita pelo seu delegado E. Dhanis, fez retirar das bibliotecas da Companhia de Jesus livros e artigos de Bouillard, Daniélou, De Lubac, de Montcheuil; cinco professores foram proibidos de ensinar. Entre os dominicanos, o ministro-geral Suárez depôs os Ministros provinciais de Paris, de Lião e de Tolosa e ordenou a transferência dos padres Boisselot, Féret, Chenu, Congar. Entre os jesuítas, também → Teilhard de Chardin foi objeto de suspeita e de contínuas proibições. Em 1948 o Geral Janssens proibiu-lhe ensinar no Collège de France. Até a morte, Teilhard permaneceu proibido de ensinar e de publicar. Morreu exilado, em Nova York. Também em Roma, sob João XXIII, ataques diretos contra o Pontifício Instituto Bíblico tiveram como resultado a proibição de ensinar para três professores já renomados.

Essa justaposição de correntes opostas, que vai até a condenação dos melhores teólogos da Igreja, ilustra bem o clima romano às vésperas do concílio. Em muitos países da Europa e da América declarava-se abertamente que, se não ocorresse alguma mudança, era de se esperar o pior.

3. O VATICANO II COMO EVENTO ECLESIAL – Mas eis que pontualmente o evento aconteceu, sem ser esperado, e, sobretudo, inesperado em sua forma: o concílio – aliás o maior da história – anunciado por João XXIII, em 25 de janeiro de 1959. Pio XI já havia pensado na retomada do Vaticano I, interrompido em 1870 por causa da guerra. Tinha até consultado alguns cardeais e bispos da cúria e recebera o esboço de um programa, se bem que ao final nada aconteceu. O projeto foi retomado em 1948, por Pio XII, mas bem cedo foi bloqueado em razão de numerosas divergências. João XXIII, em face do ritmo acelerado das mudanças sociais e da necessidade de reconstituir a unidade entre os cristãos, tomou a decisão irreversível de um grande concílio ecumênico. Era preciso evitar um atraso fatal, como aconteceu na época da reforma protestante. Segundo afirmou o próprio Harnack, se o Concílio de Trento tivesse ocorrido quinze anos antes, talvez se tivesse podido evitar o drama da Reforma. Era preciso agir com rapidez. Era hora de a Igreja sair do seu mutismo de velha dama, envolvida pelo manto do seu passado... ultrapassado, para poder finalmente "falar" aos homens de nosso tempo, com o objetivo de servi-los e conduzi-los a Cristo. Acrescentemos que o *kairós* histórico era favorável; pois no momento do concílio a Igreja estava afinal liberta das confusões políticas e podia beneficiar-se de uma equipe excepcional de grandes teólogos. Hoje, depois do desaparecimento destes "grandes" da teologia, um Vaticano II seria impossível. O concílio chegou "na hora".

Uma comissão preparatória, presidida pelo Cardeal Tardini e tendo Felici como secretário, foi logo criada para organizar o trabalho. Já a partir de 5 de junho de 1960 estavam instituídas 10 comissões que distribuíam entre si a tarefa de preparar os esquemas que os padres conciliares deveriam discutir. Estas comissões – todas elas, com exceção de uma – tinham como presidentes os cardeais das congregações da cúria romana, coadjuvados por conselheiros teológicos de tendências conservadoras. Este primeiro trabalho terminou com a redação de 70 esquemas, a maioria deles de qualidade medíocre ou má. Por isso, no momento da chegada dos padres conciliares, foram rejeitados ou então suspensos, para serem substancialmente reformulados.

O Vaticano II comportou quatro sessões, com duração de dois a três meses cada uma. Inaugurado em 11 de outubro de 1962, por João XXIII, foi concluído em 8 de dezembro de 1965, sob Paulo VI. No discurso de abertura, João XXIII advertiu contra a tentação integrista e contra as condenações, convidando, antes, para a união e para uma ótica pastoral.

O Vaticano II é inquestionavelmente a mais ampla obra de reforma jamais realizada na Igreja, não somente pelo número de padres conciliares (2.540 desde o início, em cotejo com os 750 do Vaticano I e os 258 do Concílio de Trento), pela unanimidade das votações, que muitas vezes bateu todos os recordes (assim a constituição sobre a revelação registrou apenas 6 votos negativos num total de 2.350 votantes; a constituição sobre a Igreja, apenas 5 votos negativos), mas sobretudo devido à amplidão dos temas tratados: a revelação, a Igreja (natureza, constituição, membros, atividade missionária e pastoral), a liturgia e os sacramentos, as outras comunidades cristãs e as outras religiões, o laicato, a vida consagrada, a reforma dos estudos eclesiásticos, a liberdade religiosa, a educação, as relações fé-cultura, Igreja-mundo, os meios de comunicação social.

O Vaticano II representa um evento de *originalidade única.* Os concílios anteriores eram o mais das vezes provocados por heresias ou desvios específicos, às vezes regionais. Mesmo o Concílio de Trento desenvolve-se no interior de fronteiras doutrinais muito limitadas: relação Escritura-Tradição, pecado original, justificação, sacramentos. O Vaticano I, por sua vez, foi um concílio ocidental, senão até apenas europeu. Com o Vaticano II, pela primeira vez, um concílio tem dimensão *planetária.* A universalidade dos temas é acompanhada pela universalidade de representação episcopal. Concretamente, o percentual da participação episcopal da Europa foi de 33%, os Estados Unidos e Canadá entraram com 13%; a América Latina, com 22%; a Ásia, com 10%; a África, com 10%, o mundo árabe e a Oceania, com 6%. Pela primeira vez, peritos – cujo número passou de 201 para 480, graças à influência de Paulo VI – colaboraram na elaboração dos textos conciliares, fazendo, assim, ouvir-se a voz de antigas e ricas tradições culturais. Pela primeira vez, um concílio ousou enfrentar problemas absolutamente inéditos: por exemplo, o inacreditável pauperismo de uma ampla parcela da humanidade, a multiforme opressão da liberdade e dos direitos essenciais do homem, a corrida aos armamentos, as ameaças de aniquilamento da humanidade, a busca eficaz da unidade dos cristãos, a contribuição da literatura e das artes para a vida da Igreja. Os dezesseis documentos conciliares, reunidos num só volume, correm o risco de fazer-nos esquecer a imensidão do trabalho realizado durante este período efervescente da Igreja. Os que esperam por um concílio ainda mais ecumênico terão que aguardar, sem dúvida, até a parusia. E os que se recusam a reconhecer a autoridade de um concílio que mobilizou tantas energias, que atingiu tal unanimidade sob a presidência de dois papas, não estarão dando uma prova de cegueira?

Mas o concílio não foi um cruzeiro turístico. Desde o início não faltaram os abalos sísmicos, de uma intensidade por vezes inquietante. Quantos esquemas foram eliminados desde o início! Quantos outros tiveram uma navegação cheia de tormentas, que muitas vezes quase acabou num naufrágio! Apesar de tudo, o evento inteiro chegou a bom termo. Em nível dos fatos – que vamos recordar sucintamente – as sessões decorreram da seguinte maneira: o concílio deu início à agenda propriamente dita no dia 22 de outubro de 1962, com o debate sobre o esquema relativo à liturgia. A despeito do acolhimento favorável que recebeu, foi submetido a ulterior estudo e foi promulgado só na segunda sessão, em 4 de dezembro de 1963. O esquema sobre as "fontes da Revelação", inspirado num conceito restrito e excessivamente nocionista dos dados da Escritura e da Tradição, recebeu tantas críticas que João XXIII o entregou a uma comissão mista, representada pela comissão teológica e pelo secretariado para a unidade dos cristãos. Este texto passará por cinco redações sucessivas, antes de ser finalmente promulgado pelo concílio, em 18 de novembro de 1965. Depois de um rápido exame de dois esquemas medíocres – sobre os meios de comunicação social e sobre a união com os orientais – aborda-se, em dezembro de 1962, o esquema sobre a Igreja. Após algumas intervenções dos cardeais Léger, Suenens e Montini, e depois de um acordo com o próprio papa – que convidou a repensar todo o plano do concílio nas "perspectivas de um concílio para o mundo" – o esquema foi submetido a uma "reelaboração". Estas mudanças são atribuíveis à ação dos "peritos" e dos assessores pessoais dos bispos, muito mais sensíveis ao pulsar da vida eclesial universal do que os teólogos da cúria romana. Foram estes *peritos* e estes conselheiros que contribuíram para a elaboração e o aperfeiçoamento dos textos: foram eles os pivôs do concílio. No fim da primeira sessão, o número de esquemas foi reduzido de 70 para 20.

Paulo VI dirigiu as três últimas sessões. Já desde 22 de junho de 1963 o novo papa decidiu dar prosseguimento ao concílio. O colégio dos moderadores passou de dez membros para quatro, que tinham por função dirigir os debates. Dos quatro moderadores, somente o Cardeal Agagianian representava a cúria romana. Os outros três, Lercaro (Bolonha), Doepfner (Munique) e Suenens (Malinas-Bruxelas), manisfestavam abertamente a vontade de Paulo VI de ampliar as perspectivas do concílio. A segunda sessão aprovou, além da constituição sobre a liturgia, *Sacrosanctum Concilium*, o decreto *Inter mirifica*, sobre os meios de comunicação social. Durante a terceira sessão, foram votados o decreto sobre o ecumenismo, *Unitatis Redintegratio*, a constituição sobre a Igreja, *Lumen Gentium* e o decreto sobre as igrejas orientais, *Orientalium Ecclesiarum.* Nela debateram-se também – com excessiva precipitação – temas candentes, como o da liberdade religiosa e o esquema 13, sobre a Igreja no mundo de hoje. A quarta sessão votou de maneira um tanto febril e com algum desencontro, os últimos esquemas. Foi uma verdadeira corrida contra o tempo. Em 28 de outubro de 1965, foram promulgados; 1. o decreto sobre o múnus pastoral dos bispos, *Christus Dominus*; 2. o decreto sobre a adaptação e sobre a renovação da vida religiosa, *Perfectae Caritatis*; 3. o decreto *Optatam Totius*, sobre formação presbiteral; 4. a declaração *Gravissimum Educationis*, sobre a educação cristã; 5. a declaração *Nostra Aetate*, sobre as relações da Igreja com as religiões não cristãs. Em 18 de novembro de 1965, deu-se a promulgação da Constituição *Dei Verbum*, sobre a revelação, e do decreto *Apostolicam Actuositatem*, sobre o apostolado dos leigos. Finalmente, em 7 de dezembro, publicaram-se os últimos quatro documentos: os decretos *Ad Gentes*, sobre a atividade missionária da Igreja, e *Presbyterorum Ordinis*, sobre a vida dos presbíteros, bem como a declaração *Dignitatis Humanae*, sobre a liberdade religiosa, e a constituição mais longa e mais controvertida, *Gaudium et Spes*, sobre a Igreja e o mundo. Em 7 de dezembro, foi proclamada a "revogação da excomunhão" entre Roma e Constantinopla. Em 8 de dezembro, deu-se a sessão de encerramento do concílio, na presença de 81 representações governamentais e de nove organismos internacionais. O concílio marcou o fim da era pós-tridentina, mas as mudanças operadas coincidem com a crise da civilização ocidental e com o advento da cidade secular: dois fatores que irão ofuscar o período pós-conciliar.

4. JOÃO XXIII E PAULO VI – Não se pode falar do Vaticano II sem recordar de imediato as duas figuras dominantes do concílio: João XXIII e Paulo VI. Esquematizando, poderíamos dizer que João XXIII teve a inspiração do concílio, decidiu sua convocação e o acompanhou durante a preparação e o período da primeira sessão. Paulo VI, responsável pelas outras sessões até o encerramento do concílio, foi seu principal artífice, como também o promotor eficaz de sua aplicação na renovação do espírito e das estruturas da Igreja.

a. *João XXIII* – João XXIII foi considerado um iluminado, um exaltado, um impulsivo. A verdade é muito diferente. Certamente, João XXIII tinha uma confiança ilimitada em Deus, mas sua decisão não tinha nada de irrefletido. Queria fazer a Igreja entrar na história e na sociedade do século XX; pois estava convencido de que a Igreja não é nem uma cidadela nem um museu, mas, antes, um jardim que não cessa de florescer. Convocando o concílio, queria capacitar a Igreja a responder melhor às exigências do mundo de hoje, e tudo com um profundo respeito à Tradição. Sua preocupação pastoral é por demais conhecida para precisar de comentário.

João XXIII esperava que o concílio tivesse duração curta, mas considerava com serenidade um eventual prolongamento do mesmo, consciente de que o concílio tinha que amadurecer, e não morrer. Também é verdade que o Vaticano II viveu inícios difíceis, senão caóticos; mas como evitar um período de provas, quando se trata de empreendimentos tão gigantescos, muito mais difíceis de programar, mesmo com os aparelhos mais sofisticados? João XXIII queria fazer do concílio um novo Pentecostes, mas desta vez não se tratava do pequeno rebanho da Igreja primitiva, e sim de uma multidão. Com efeito, notou-se bem cedo que era preciso planejar melhor (esta foi a obra de Paulo VI), mas também que era preciso deixar as semanas e os meses passarem para que se pudesse formar nos padres conciliares uma "consciência colegial" (esta foi a obra do tempo e do Espírito). Indubitavelmente, é o Cardeal Montini, o futuro Paulo VI, o mais qualificado para dizer o que devemos pensar da iniciativa de João XXIII. Como a maior parte dos cardeais, teve, de início, uma reação de surpresa, mas desde o dia 26 de janeiro de 1960 apresentava o concílio a sua diocese de Milão como um evento "histórico de primeira grandeza, o maior jamais celebrado na Igreja". Reconhecia na decisão do papa a segurança de que o Espírito Santo acompanhava o caminho de Pedro, guiando a sua Igreja.

O Cardeal Montini acreditava que o pontificado de João XXIII representava uma época de regeneração católica, uma prodigiosa capacidade de diálogo com todos os homens em vista de sua salvação. Constatava que João XXIII tinha sabido enxergar os aspectos positivos do mundo moderno e não somente os negativos. E acrescentava que não se devia mudar nem o impulso nem a orientação do concílio. Em particular, João XXIII havia percebido a necessidade de uma maior colaboração com o corpo episcopal, de uma busca de unidade com as igrejas separadas e de uma paz mais estável entre os povos e as classes sociais. O Cardeal Montini foi também um dos primeiros a dar sustentação ao ousado empreendimento de João XXIII. Contudo, numa carta de 18 de outubro de 1962, dirigida ao Secretário de Estado, observava que o concílio carecia de eficácia por lhe faltar uma "estrutura orgânica". Ele mesmo apresentava um "projeto". O concílio, dizia ele, devia ser "polarizado" em torno de um único tema: a Igreja. Indicava em seguida a matéria das três sessões que ele imaginava: uma primeira sobre o mistério da Igreja; uma segunda sobre a missão da Igreja; a terceira, finalmente, sobre a relação da Igreja com o mundo. E, de fato, o concílio seguirá esta ordem. Paulo VI reconheceu, portanto, a oportunidade e a grandeza da iniciativa de João XXIII.

b. *Paulo VI* – Eleito papa depois da morte de João XXIII, Paulo VI imediatamente deu continuidade ao concílio. Conhecia bem as tensões que existiam entre conservadores, progressistas e indecisos. O futuro do concílio dependia dele. Uma coisa era certa: não se tratava de fazer marcha à ré nem de frear a caminhada para frente da esperança e do amor. Paulo VI pôs mãos à obra com uma rapidez e uma eficácia prodigiosas. Em 13 de setembro de 1963, anunciava que a segunda sessão, prevista para iniciar em 29 de setembro, seria dedicada à Igreja.

Do início ao fim Paulo VI apresentou-se ao mesmo tempo humilde, lúcido e corajoso. O que caracteriza sua ação é ao mesmo tempo uma tensão para o ideal e um realismo concreto, que sabe levar em conta as situações factuais e as circunstâncias que condicionam as decisões a serem tomadas. Para ele o essencial era a renovação da Igreja e a reaproximação com as igrejas separadas. No começo, seu trabalho foi o de "planejar". Os 72 esquemas inicialmente propostos foram reduzidos a 17; no final, serão votados e promulgados 16. Os 13 observadores leigos do início passaram no fim para 42. O número de peritos do concílio foi por ele mais do que duplicado.

O pensamento de Paulo VI sobre o concílio gravita em torno de um grande eixo: quer com todas as suas forças que a Igreja *volte a tornar-se* o que é *na verdade* (LG), para apresentar-se melhor ao mundo (GS). Poderíamos dizer que a constituição *Dei Verbum* é o documento-fonte do concílio, enquanto que a *Lumen Gentium* abre uma reflexão que se conclui com a *Gaudium et Spes*. A obra principal é a constituição sobre a Igreja, que as outras explicitam e clarificam. E na *Lumen Gentium* é o tema da Igreja como *mistério de comunhão* que dá sentido a todo o resto.

Segundo Monsenhor Carbone, presidente dos arquivos do Vaticano II, as principais intervenções de Paulo VI no concílio foram as seguintes: *a.* a *Nota praevia* (relativa ao cap. III da LG), que visa preservar o nexo entre a sacramentalidade e a colegialidade da função episcopal. A *Nota praevia* declara que a incorporação ao colégio dos bispos se dá mediante a consagração episcopal e a comunhão hierárquica; *b.* as correções apresentadas para o decreto sobre o ecumenismo; *c.* sua intervenção em favor do esquema sobre a atividade missionária; *d.* na declaração sobre as religiões não cristãs, o papa quis que fossem incluídas não somente a religião muçulmana e a judaica, mas também todas as religiões que constituem, a seu modo, uma busca de salvação; *e.* pediu um voto de orientação sobre a liberdade religiosa, antes de apresentar-se à ONU, em setembro de 1965; *f.* reservou a si os problemas referentes à família e ao celibato eclesiástico.

Resumindo: se quisermos comparar João XXIII e Paulo VI é preciso evitar as posições extremas. Existe continuidade entre os dois, pois ambos quiseram o concílio em seu objetivo, em seu espírito, em seu resultado. Mas o estilo de governo é diferente. A continuidade incide sobre o essencial: *a Igreja renovada em suas fontes e em correto diálogo com o mundo de hoje*. Paulo VI levou a termo o gesto profético de João XXIII: fez a Igreja entrar na sociedade contemporânea.

5. AS CONQUISTAS DO CONCÍLIO – a. *Em nível das atitudes* – Algumas mudanças que exprimem a conversão querida e operada pelo concílio dizem respeito diretamente à Teologia Fundamental. Assinalemos as principais:

– Antes de tudo, uma atitude de *diálogo*. O termo designa aqui algo mais do que um intercâmbio de palavras. Significa uma atitude genérica de abertura ao outro, de acolhimento e de doação recíproca, a exemplo de Deus mesmo, que, por primeiro, saiu de seu mistério para entrar em diálogo com o mundo. O próprio concílio foi um *diálogo vivido* com as outras comunidades cristãs, protestantes e orientais (OE 24-29; UR 14-18), mas também com as religiões não cristãs, sobretudo com o hinduísmo, com o islamismo e com o judaísmo (NA 2.3.4), com as diversas modalidades da descrença contemporânea (GS 21), com as amplas zonas de indiferença geradas pelo mundo secularizado. Esta atitude de diálogo exprimiu-se também em nível das novas estruturas criadas por Paulo VI e por João Paulo II: Conselho para a promoção da unidade dos cristãos, Conselho para o diálogo inter-religioso, Comissão para as relações religiosas com os muçulmanos, Conselho da justiça e da paz, Conselho da cultura. Esta atitude de diálogo é sem contestação o que suscitou a mais profunda revolução do estilo de vida da Igreja, com um impacto tão poderoso sobre a Teologia Fundamental que o próprio termo "apologética", com sua ressonância agressiva, acabou caindo em pleno descrédito.

– Atitude de *serviço*. À atitude de diálogo associa-se a de serviço. O concílio propôs uma nova imagem do papa e dos bispos, cujo traço dominante é o do *pastor*. O próprio magistério define-se como servidor da Palavra de Deus: não está acima da Palavra, mas a serviço da Palavra (DV 10). "[Os bispos], no exercício de sua função de ensinar, anunciem aos homens o Evangelho de Cristo, que é um dos principais deveres dos bispos" (CD 12).

– Finalmente, *busca de sentido* (→ Sentido: busca de). Os textos do concílio apresentam-se como amplas exposições destinadas a iluminar o povo de Deus, preocupadas antes de tudo com o sentido e com a inteligibilidade interna. A mensagem cristã projeta bastante luz, sobre as zonas profundas do homem para fazer brotar espontaneamente a pergunta: A verdade sobre o homem e sobre Deus não está justamente nesta direção? (GS 22).

b. *Em nível dos textos* – O concílio registrou conquistas espetaculares:

– A constituição *Dei Verbum*, embora ainda não suficientemente conhecida, sublinha a centralidade da Palavra de Deus, mas trata-se da palavra no sentido pleno de Cristo, Verbo de Deus, mediador e plenitude da revelação. A constituição enfatiza também o caráter sacramental da revelação em *gestos* e *palavras*, em contraste com a anterior concepção de uma revelação praticamente reduzida às palavras orais, já que os gestos, os exemplos e os comportamentos de Jesus ficavam relegados à piedade e à devoção popular.

– A *Escritura* reencontrou seu lugar primordial na missa, na liturgia da palavra, em relação inseparável com a liturgia do sacrifício; e também na vida cristã, onde a atualização da Palavra de Deus ressoa em toda parte como exigência dirigida à exegese contemporânea.

– Embora em nível dos princípios e do método a *Dei Verbum* seja o documento-fonte, o Vaticano II é, de qualquer forma, o concílio da *eclesiologia*. Sublinhemos, entre as várias conquistas: a ênfase colocada na origem trinitária da Igreja, seu caráter ao mesmo tempo de instituição e de mistério de comunhão, a imagem da Igreja como povo de Deus, imagem esta que inverteu a pirâmide, afirmando a igualdade de todos os cristãos a partir do batismo; o reconhecimento do princípio de colegialidade e de eclesialidade das igrejas cristãs não católicas.

– Em matéria de *liturgia*, mencionemos a reforma relativa à celebração da missa, que coloca em destaque, muito mais do que anteriormente, o povo de Deus como comunidade que oferta e sacrifica. Acrescentemos as reformas que se seguiram: as do ritual dos sacramentos, do breviário, do novo código de direito canônico, cujo cânon 1.095, sobre o casamento, reconhece que a ausência de maturidade psicológica pode chegar a invalidar o consentimento dos esposos, e, portanto, o próprio casamento.

– O decreto sobre o *ecumenismo* transformou os adversários de ontem em irmãos separados que se reaproximam, que recebem a designação de igrejas e comunidades eclesiais. Depois de se haverem insultado durante séculos, os cristãos falam entre si, procuram entender-se, encontram-se à mesma mesa de trabalho e de oração.

– O decreto *Perfectae Caritatis* sobre a vida dos religiosos teve notável sucesso em razão da revisão, em nível mundial, dos estatutos e das constituições das comunidades religiosas e dos institutos de vida consagrada.

– Depois da eclesiologia, a *antropologia*, objeto da *Gaudium et Spes*, é o segundo tema principal do concílio. Esta antropologia, fundada no tema bíblico do homem criado à imagem e semelhança de Deus, atinge o clímax no n. 22: "Na realidade, somente no ministério do Verbo encarnado encontra verdadeira luz o mistério do homem" (GS 22), uma vez que o Verbo encarnado é a única chave do enigma humano.

– O diálogo com as outras religiões é tratado na declaração sobre as relações da Igreja com as religiões não cristãs. Reconhecendo os séculos de hostilidade entre católicos, de um lado, muçulmanos e judeus, do outro, o concílio exorta à compreensão recíproca e ao diálogo fraterno. Estas pessoas, que creem em nosso mesmo Deus, não são nem réprobos nem amaldiçoados, mas filhos do mesmo Pai. Condenam-se assim o racismo e a discriminação.

– Finalmente, o decreto *Inter Mirifica*, embora hoje nos pareça bem tímido, teve o mérito de colocar o problema das comunicações sociais entre as preocupações da Igreja.

Em suma, se é verdade que a Igreja não mudou em sua natureza profunda, a imagem que dá de si mesma foi profundamente modificada pelo concílio. À luz da revelação, o Vaticano II reequilibrou e aprofundou os temas centrais do cristianismo: revelação, Escritura, Tradição, liturgia, Igreja, colegialidade, relação com o mundo de hoje, abertura às grandes religiões da história, diálogo com todos os homens. As quatro grandes constituições (DV, LG, SC, GS), consideradas de pleno direito como os quatro pilares do concílio, têm inspirado também a renovação pós-conciliar. Sem dúvida, resta ainda muito a fazer, mas quantas mudanças já ocorreram em nível das atitudes e dos textos! Seria preciso ser cego ou cínico para não reconhecer os resultados obtidos.

6. SUCESSOS PARCIAIS – Evoquemos sucintamente um certo número de problemas:

a. O próprio sínodo de 1985 declarou: o concílio permanece ainda pouco conhecido, quando não ignorado; é objeto de uma leitura "incompleta e seletiva" e, consequentemente, de uma imagem unilateral, de uma "interpretação superficial" (Relatório final, n. 4). Isolam-se "trechos selecionados" para encontrar neles o que neles se quer encontrar.

b. A *recepção* do concílio foi diferenciada, de acordo com a sensibilidade dos ambientes culturais e também com a existência ou não de meios de comunicação. Muitos acham que o concílio ainda é excessivamente ocidental, para não dizer excessivamente romano.

c. O concílio reconheceu a pluriformidade da Igreja na unidade; reconheceu abertamente o princípio de colegialidade. Mas não especificou o estatuto teológico e jurídico das conferências episcopais. As posições dos teólogos a respeito disso são muito contrastantes: alguns reconhecem às conferências episcopais apenas uma função pastoral e disciplinar; outros, ao contrário, reconhecem-lhes uma função de intermediariedade entre a Igreja diocesana e a Igreja universal, dotadas de um poder próprio e não de simples substituição, com função ao mesmo tempo pastoral e doutrinal. As conferências episcopais seriam, portanto, comparáveis às "antigas igrejas patriarcais" (LG 23).

d. Conquanto o diálogo ecumênico tenha reaproximado as igrejas, também levou cada uma delas a refletir sobre suas próprias riquezas, que não está disposta a sacrificar para entrar na área da Igreja Católica. Passou a época dos encontros meramente sociais: é preciso chegar às grandes opções, que não são possíveis sem duros sacrifícios. Por outro lado, as divisões existentes dentro da Igreja Católica, assim como o autoritarismo do Vaticano, cada vez mais acentuado, de modo algum favorecem a reconciliação das igrejas, habituadas a uma grande liberdade de ação.

e. Alguns textos importantes não tiveram o impacto que mereciam: por exemplo, a *Dei Verbum* e o decreto sobre os presbíteros.

f. A imagem da Igreja *povo de Deus*, depois de ter-se imposto durante o concílio, progressivamente foi-se apagando, para acabar desaparecendo. Tem-se preferido a imagem de Igreja mistério de comunhão, a qual, ao que parece, oferece melhor garantia de se evitar uma concepção democrática da Igreja.

7. RESPOSTAS ESBOÇADAS ANTES DO CONCÍLIO E RETOMADAS DEPOIS. – *a.* A sensibilidade em relação ao inacreditável pauperismo de um terço da humanidade foi expressa pelo concílio na *Gaudium et Spes* (GS 4.63-67), mas houve necessidade de Medellín, de Puebla e da *Populorum Progressio*, para fazer da opção preferencial em favor dos pobres uma realidade da época pós-conciliar.

b. Os problemas da paz e da guerra e da ameaça nuclear também são mencionados pelo concílio, mas agora estes problemas adquiriram proporções terrificantes, sob a pressão dos acontecimentos de uma história bem recente e ainda não encerrada. O mundo atual precisa defender-se da tentação do suicídio, alimentada pelo comércio das drogas, pela ferocidade dos tiranos do poder, por uma imoralidade desenfreada, pelo livre-comércio dos armamentos em nível mundial.

c. A visão do homem proposta pela *Gaudium et Spes* oferece elementos preciosos, mas ainda em estado embrionário, para fundar uma teologia dos direitos do homem: problema que se desenvolveu sobretudo na época pós-conciliar. Entre os elementos úteis para esta reflexão, notem-se os seguintes: o princípio do homem criado à imagem e semelhança de Deus, a justiça e o amor que caracterizam a aliança de Deus com os homens, o Reino de Deus fundado na solidariedade entre os homens e na ausência de discriminação. Mas são os problemas do terrorismo, do aborto, das manipulações genéticas, do racismo, da opressão multiforme, da tortura satânica, das imigrações maciças, que revelaram a urgência de uma reflexão teológica sobre a dignidade da pessoa e sobre os direitos do homem.

d. A *Gaudium et Spes* dedica um capítulo inteiro (GS 53-63) aos problemas da cultura, às relações recíprocas entre Evangelho e cultura; mas não podia prever as consequências do deslocamento cultural do Oriente para o Ocidente e das infiltrações do Ocidente no Oriente, que veicularam o que o Ocidente possui de mais degradante. O problema da coexistência das culturas, do diálogo intercultural ou inter-religioso, torna-se cada vez mais complexo, sobretudo lá onde o diálogo religioso e político se identificam: por exemplo, no mundo muçulmano.

e. O concílio tinha consciência de que o progresso das "ciências biológicas, psicológicas e sociais" permitiu ao homem reconhecer melhor e melhor exercer uma influência direta sobre a vida individual e social por meio de técnicas inéditas (GS 5). Também tinha consciência do fato de que a Igreja não possuía uma competência que lhe desse condições de fornecer uma solução concreta e imediata para estes problemas inéditos – por exemplo, a biogenética – com suas repercussões morais estudadas pela bioética. Esta última está em plena fase de busca.

f. O decreto sobre os leigos previa a ascensão do laicato, mas sem poder comensurar a dimensão do fenômeno. O sínodo de 1987 e a exortação papal de 1988 procuram definir a missão específica dos leigos na Igreja, mas a teoria está longe da prática. Em muitos países da Europa e da América, a maioria dos teólogos e das teólogas são leigos: um fator novo, que será preciso levar em conta. Sobretudo a mulher experiencia dolorosamente que sua dignidade e competência não são reconhecidas em nível da "prática".

8. AMBIGUIDADES REMANESCENTES – *a.* Centenas de pessoas trabalharam na elaboração e na redação dos textos do concílio. Em consequência, ressente-se disso a homogeneidade do conjunto. Os gêneros literários são múltiplos e vários: dogma, história, pastoral, análise social. Por vezes é até difícil chegar a um acordo quanto à interpretação exata de um determinado texto.

b. O concílio, da mesma forma que o novo código de direito canônico, permanece dividido entre a concepção de uma Igreja como sociedade jurídica, que prevaleceu durante séculos, e a concepção de uma Igreja mistério de comunhão. Ele não conseguiu operar uma síntese perfeita destas duas visões, como podemos constatar lendo os capítulos I e II da *Lumen Gentium*, centrados no mistério da Igreja, e os capítulos III e IV, centrados na estrutura hierárquica da Igreja. Existe a justaposição de duas eclesiologias.

c. Muitas vezes cria-se o entendimento sobre os enunciados, mas sem prestar suficiente atenção aos conteúdos. Assim, foi universalmente reconhecido o princípio da colegialidade, mas uma colegialidade entendida por alguns como simples realidade social e pastoral e por outros como uma instância intermediária entre as igrejas diocesanas e a Igreja universal, com poder pastoral e doutrinal. Com frequência se falou da injustiça nos debates, mas o sentido do termo permaneceu ambíguo. Nos países vassalos do comunismo, tratava-se das injustiças do partido, das múltiplas formas de atentado à liberdade. Para outros países, tratava-se de pecados de injustiça gerados por um capitalismo devorador e repugnante. Em muitos países da América Latina, tratava-se das formas de opressão e de violência praticadas pelas ditaduras militares. Mas encontramo-nos sempre diante da massa dos sem-voz, dos sem-dinheiro e dos sem-poder.

9. DESEJOS NÃO REALIZADOS – Bastarão dois exemplos, aliás ligados entre si. No concílio, a Igreja falou muito de si mesma, porém não falou suficientemente de Cristo. O sínodo de 1985 tomou consciência disso, no momento em que declara no relatório final: "A Igreja adquire mais credibilidade se falar menos de si mesma e mais de Cristo crucificado, e se der testemunho com sua própria vida". Em outros termos, o Vaticano II reabilitou a Igreja (LG) e o homem (GS), mas era preciso também de certo modo "reabilitar" Cristo com uma importante constituição. Com efeito, os problemas mais agudos que a teologia atual tem de enfrentar surgem da cristologia. A este propósito, não é significativo que a encíclica programática de João Paulo II → *Redemptor Hominis* proponha Cristo como "redentor do homem", como "centro do cosmo e da história"; e também que a comissão teológica internacional tenha dedicado nada menos de três sessões (1981, 1983, 1985) aos problemas de cristologia? Efetivamente as perguntas que os homens de hoje levantam são a respeito dos próprios fundamentos do cristianismo em Jesus Cristo: sobre a pessoa de Jesus, sobre sua identidade de Deus-entre-nós, sobre o conhecimento que podemos ter de Jesus, sobre os meios para ter acesso a seu ensinamento, a suas obras, sobretudo a seus milagres, a sua ressurreição, a suas atitudes, a sua consciência de ser Filho do Pai, a seu projeto eclesial. Em suma, os homens de hoje colocam-se a questão das questões: Cristo é verdadeiramente Deus entre nós, na carne e na linguagem de Jesus? É Ele de verdade o único que pode dar um sentido a nossa vida, da qual conhece o destino último, e que pode iluminar as profundezas que habitam em nós, decifrar este enigma que somos para nós mesmos? Ora, estes problemas dizem respeito a uma disciplina teológica que se define Teologia "Fundamental", mas que o concílio deixou envolvida num silêncio opaco.

10. RECEPÇÃO DO CONCÍLIO HOJE – O que chamamos de "recepção" do concílio é uma operação que está bem longe de estar terminada. A grande maioria dos fiéis compreendeu que o concílio respondia a uma urgência extrema e lhe deu apoio sincero e incondicional. Mas a "recente questão Lefebvre" evidencia em certo número de pesssoas uma atitude de resistência, para não dizermos de rejeição. Há também os que conservam a nostalgia de um passado irrevogavelmente superado; há ainda o grupo dos que sonham com um Vaticano III sem terem lido o Vaticano II e, sobretudo, sem ter-lhe assimilado as riquezas. Há enfim o jogo dos que se dedicam a reduzir a importância do concílio até à insignificância, com discursos mais sutis, mas não menos pérfidos. Em resumo, este grupo difunde as seguintes propostas: "Não exageremos a importância do Vaticano II! Entre os 16 documentos do concílio, três afinal não passam de 'declarações'. Os nove decretos não fazem senão retomar e detalhar os capítulos da *Lumen Gentium.* A *Gaudium et Spes* é apenas uma constituição *pastoral.* A constituição sobre a liturgia visa sobretudo reformas disciplinares e práticas. A *Dei Verbum* é o 'docinho' para acalmar os exegetas. O cerne do concílio é a *Lumen Gentium* (sobretudo a *Nota praevia*), que, de resto, retoma o ensinamento tradicional da Igreja".

Sem dúvida ainda se precisará de muitas décadas para medir o impacto real do Vaticano II. Mas podemos presumir que as resistências humanas não chegarão a anular um concílio tão visivelmente sustentado pelo poder do Espírito.

Bibl. – A. Wenger, *Vatican II*, vol. I-IV, Paris 1963-1966; *Das Zweite Vatikanische Konzil*, vol. XII-XIV de LThK; G. Caprile, *Il Concilio Vaticano II*, vol. I-V, Roma 1963-1966; Coleção "Unam Sanctam", vol. 51, 60, 61, 62, 65, 66, 67, 68, 70, 74, 75, 76, Paris 1966-1970; G. Martelet, *Les idées maîtresses de Vatican II*, Paris 1967; *Acta Synodalia S. Concilii Oecumenici Vaticani II*, Romae (26 vol.) 1970-1980; R. Aubert-M.D. Knowles-L. J. Rogier (eds.), *Nova história da Igreja* V/3, parte VI: "O meio século que preparou o Vaticano II" (97-190), Petrópolis 1976; E. Klinger--K. Wittstadt, *Glaube im Prozess* (em homenagem a K. Rahner), Friburgo i. Br. 1984; G. Alberigo-J.P. Jossua (eds.), *La réception de Vatican II*, Paris 1985; C. Floristán-J.J. Tamayo, *El Vaticano II, veinte años después*, Madri 1985; J. Ratzinger, *A fé em crise? O Cardeal Ratzinger se interroga.* São Paulo 1985; L. Richard--D. Harrington-H.W. O'Malley (eds.), *Vatican II, The Unfinished Agenda*, Nova York 1987; R. Latourelle (ed.), *Vaticano II: bilancio e prospettive. Venticinque anni dopo* (1962-1987), Assis 1987, vol. I-II, particularmente a Introdução de R. Latourelle e, na secção I, os artigos de G. Martina-H. Neufeld; Vários autores, *The Church in Anguish. Has the Vatican Betrayed Vatican II?*, San Francisco 1987.

RENÉ LATOURELLE

VERDADE

Na cultura contemporânea, depois de Marx e Nietzsche, no dizer dos filósofos, encontramo-nos diante de "uma imensa crise da ideia de verdade" (A. del Noce), estamos assistindo a uma verdadeira e própria "eliminação da verdade" (F.M. Sciacca). Também vários teólogos sofrem a influência disso, especialmente no contexto do desafio das religiões. Para poderem participar do → diálogo inter-religioso, alguns são tentados a considerar somente o valor salvífico das diversas religiões e de a esta altura colocar entre parênteses o problema de sua verdade (ou eventualmente de seus erros). Contudo, a pergunta sobre a verdade não pode ser eliminada, se se quiser evitar o perigo de cair no sincretismo ou de reduzir o diálogo a uma simples fenomenologia das religiões (→ Religião: fenomenologia). Ora, se alguém se pergunta sobre a verdade das religiões, deve honestamente fazer isso também para o cristianismo. Mas qual será seu ponto de referência? Para um cristão, só pode ser a verdade cristã. Mas que significa esta expressão? Também aqui, a reflexão crítica é necessária, pois existe o perigo, seja de reduzir a verdade ao dogma (para o católico), seja de identificá-la com suas próprias tradições teológicas (para todos os cristãos), portanto, com certos sistemas de noções que não pertencem necessariamente à essência do cristianismo.

Para fazer tal avaliação é necessário, portanto, um critério: deve-se partir de uma certa ideia de verdade. Na história da filosofia, existem muitas concepções diversas sobre a verdade (recordemos, p. ex.: Aristóteles, Santo Tomás, Hegel, Marx, Nietzsche, Kierkegaard, Heidegger). Mas, no campo da teologia, infelizmente, muitos teólogos não parecem sequer saber que existe uma concepção propriamente cristã da verdade, e que esta deve ser a norma fundamental para todo o trabalho teológico. Que é, portanto a *verdade cristã?* Dizíamos que seria excessivo querer identificá-la com o dogma: a verdade é mais ampla do que o dogma, embora o abranja. A concepção cristã da verdade só pode ser a da própria → revelação, a da Sagrada Escritura, que é depois retomada e atualizada na Tradição, às vezes com algumas acentuações novas, que devem sempre ser avaliadas à luz da concepção bíblica, pois a Sagrada Escritura, sendo a Palavra de Deus, deve ser sempre "como que a alma da teologia" (cf. DV 24).

Em resumo, podemos dizer que, segundo a Escritura, a verdade é justamente a revelação, isto é, a revelação histórica e progressiva do projeto salvífico de Deus, que culmina em Jesus Cristo. Esta concepção, já preparada no AT, é elaborada no NT, onde se diz que Jesus Cristo mesmo é "a verdade" (Jo 14,6) e que sua obra é prolongada pela ação do Espírito na verdade da Igreja.

1. A CONCEPÇÃO BÍBLICA DA VERDADE – a. *Antigo Testamento* – Nos livros do AT, a palavra hebraica *'emet* (verdade) passou por uma nítida evolução semântica. Nos livros mais antigos, significava fundamentalmente solidez, estabilidade, portanto, também fidelidade (a fidelidade à aliança). Mas, depois do exílio, especialmente na tradição apocalíptica e sapiencial, "verdade" assume progressivamente um sentido novo e prepara o NT: designa a revelação do projeto de Deus, depois também a sabedoria, a doutrina de salvação segundo a qual os homens devem viver.

É significativo o fato de o substantivo "verdade" ser repetidas vezes justaposto a "mistério" e ser usado com os verbos: não esconder, desvendar, revelar. Assim, por exemplo, em Tb 12,11: "*Descobrir-vos-ei* agora toda a *verdade*, não vos esconderei nada...; é bom manter escondido o segredo do rei; mas as obras de Deus é belo *revelá-las* abertamente". Num dos hinos de Qumrân, o autor fala do "segredo da *verdade*"; em seu dirigir-se a Deus, designa assim "teus maravilhosos *mistérios*" (1 QH 11,9-10). Compreende-se, pois, que esta concepção da verdade, como revelação do mistério, se encontre especialmente na tradição apocalíptica e sapiencial. Nas visões de Daniel sobre o mundo celeste, "o livro da Verdade" (10,21) é o livro divino em que está escrito o projeto de Deus para o tempo da salvação (mas permanece ainda escondido). O livro da Sabedoria anuncia que, no tempo do juízo escatológico, os justos "compreenderão a verdade" (Sb 3,9): então será plenamente desvendada a seus olhos a sabedoria do desígnio providencial de Deus que durante sua vida permanecia para eles "o paradoxo da salvação" (5,2).

b. *Novo Testamento* –1. Deste fundo sapiencial, apocalíptico e escatológico, progressivamente foi-se formando a noção cristã de verdade. A passagem da concepção judaica à cristã aparece claramente num texto de Paulo: denuncia ele a ilusão dos judeus, que se orgulham de "(possuir) na lei a própria expressão do conhecimento e da verdade" (Rm 2,20), ou seja, de encontrar na lei mosaica toda a revelação da vontade de Deus. Para Paulo, "a verdade da lei" já foi substituída pela "verdade do Evangelho" (Gl 2,5.14): "a palavra da verdade" (Ef 1,13; cf. Cl 1,5; 2Tm 2,15) é "o Evangelho de vossa salvação". Os cristãos "que aprenderam a conhecer a Cristo" (Ef 4,20) já sabem que "a verdade está em Jesus" (4,21). Mas, depois de sua partida, isto é, a partir do momento em que Cristo foi "assumido na glória", os cristãos sabem também que Ele permanece com eles até o fim do mundo (cf. Mt 28,20). Em todo este tempo escatológico, o "mistério da piedade", isto é, o mistério (passado) da manifestação de Deus na carne (1Tm 3,16), é proclamado na "Igreja do Deus vivo" que por isso permanece para os crentes "a coluna e o fundamento da verdade" (1Tm 3,15). Mas esta verdade cristã está destinada a todos: Deus quer "que todos os homens se salvem e cheguem ao conhecimento da verdade. Pois Deus é um só, um só é também o mediador entre Deus e os homens, o homem Cristo Jesus, que se deu a si mesmo em resgate por todos" (1Tm 2,4-6).

Em alguns desses textos do NT percebe-se ainda sua origem apocalíptica; para Paulo, era sua experiência no caminho para Damasco, quando lhe fora revelado o Filho de Deus (Gl 1,16). Tinha visto "o esplendor do Evangelho da glória de Cristo, imagem de Deus"; tinha-o visto refulgir "no rosto de Cristo" (2Cor 4,4.6): por isso, podia dizer que pregava somente "Jesus Messias Senhor" (4,5); não tinha "falsificado a Palavra de Deus"; seu ministério fora sempre "a manifestação da verdade" (2Cor 4,1-2); aquela verdade era a verdade de Cristo.

2. Isto introduz diretamente a João. Contrariamente ao mundo clássico ou ao mito gnóstico, João nunca coloca a verdade no absoluto do ser da transcendência de Deus. Para ele, a verdade-revelação está sempre ligada à missão temporal de Jesus, a sua palavra e ao dom do Espírito, em seguida, também ao acolhimento desta verdade por parte dos crentes. "O Verbo fez-se carne... cheio da graça e da verdade" (Jo 1,14); "a graça da verdade foi manifestada por Jesus Cristo" (1,17). Ele mesmo declarou na Última Ceia: "Eu sou a verdade" (14,6).

A novidade e a audácia desta afirmação foram sublinhadas por São Jerônimo: "Em nenhum dos patriarcas, em nenhum dos profetas, em nenhum dos apóstolos existiu a verdade: somente em Jesus. Com efeito, os outros conheciam em parte... viam como que num espelho, confuso. A verdade de Deus apareceu somente em Jesus, que disse sem hesitar: Eu sou a verdade" (*In Eph.*, 4,21: PL 26, 507A). O homem Jesus é verdadeiramente para nós "a verdade", porque nele se manifestou o mistério de sua filiação divina, de que somos chamados a participar; a verdade de que Jesus falava era "a manifestação de si mesmo aos homens e, por meio do conhecimento de si mesmo, o dom da salvação feito a eles" (Apolinário de Laodiceia).

A verdade trazida pelo Jesus histórico permanece presente, também para João, depois do momento em que Ele deixou o mundo para ir ao Pai (cf. Jo 16,28): é atualizada na Igreja por obra do Espírito. Por isso, João pode escrever: "O Espírito é a verdade" (1Jo 5,6); e, com regularidade, usa em seus escritos (e só ele, no NT) a expressão "o Espírito da verdade" (Jo 14,17; 15,26; 16,13; 1Jo 4,6). O Espírito, dissera Jesus, "vos guiará em toda a verdade" (Jo 16,13). Não que o Espírito traga uma nova verdade, diferente da de Jesus (Joaquim de Fiore); mas temos necessidade do Espírito da verdade, que é o Espírito de Jesus (cf. 1,33; 7,38-39; 19,34; 20,23), para lembrar-nos e fazer-nos compreender tudo o que Ele disse (Jo 14,26) e assim permitir-nos penetrar na verdade inteira (16,13). Por isso, a verdade terá necessariamente um papel decisivo na vida nova do crente. Viver cristamente, para João, significa viver "na verdade e no amor" (2Jo 3). Esta verdade é sempre a verdade de Cristo, mas atualizada pelo Espírito. O caminho da vida cristã é descrito por João com muitas fórmulas diversas: quando, pela primeira vez, um homem é confrontado com a verdade de Cristo, deve antes de tudo "*fazer* a verdade", ou seja, fazê-la entrar em si; sob a influência da verdade que "permanece nele", poderá depois progressivamente "conhecer a verdade", ser guiado em seu comportamento por esta verdade interior, ou seja, "ser da verdade"; a vida do verdadeiro cristão consistirá, então, em viver "na verdade"; a verdade inspirará todo o seu caminho: seu amor fraterno, sua adoração do Pai, sua santificação. Quanto mais se tornar discípulo de Jesus e cooperador da verdade, tanto mais será um homem "libertado pela verdade", isto é, libertado pelo próprio Cristo, pelo Filho de Deus.

3. O essencial deste ensinamento bíblico sobre a verdade foi com felicidade condensado por alguns autores antigos: "Quem persevera na recordação de *Jesus* está na *verdade*" (apoftegma); "nosso título de *filhos* (de Deus) exprime a primavera de toda a nossa vida: a verdade que está em nós não envelhece; e todo o nosso modo de ser é irrigado por esta verdade" (Clemente de Alexandria).

2. A VERDADE NA TRADIÇÃO CRISTÃ – Abre-se aqui diante de nós um campo imenso de pesquisa, que ainda não foi explorado. Por isso, podemos apenas indicar sucintamente as principais correntes da tradição cristã, em que era usado o termo verdade.

a. *O encontro com o helenismo* – Quando o cristianismo se difundiu no mundo helenista, deparou à noção grega – especialmente platônica – de verdade. Na filosofia grega, a verdade é uma noção metafísica: a verdade designa a substância do ser, a natureza última das coisas; segundo o platonismo, ela se encontra no mundo das ideias, no mundo transcendente do divino, que era chamado "a planície da Verdade" (*Fedro* 248 b). A tradição platônica identifica assim Deus e Verdade. Entende-se, pois, que diversos Padres da Igreja afirmem que "a Verdade é Deus" (Gregório de Nissa, *Vita Moysis* II, 19). Também Agostinho fala diversas vezes da *aeterna veritas* ou de *Deus veritas*. Santo Tomás retoma a mesma concepção, também quando comenta o versículo de Jo 14,6 em que fala Jesus (*"Ego sum .. veritas"*): "Ele (Cristo) é ao mesmo tempo o caminho e o termo: O caminho segundo sua humanidade, o termo segundo sua divindade. E por isso, como homem, diz: 'Eu sou o caminho'; como Deus, acrescenta: 'a verdade e a vida'" (*In Ioan.*, 18,68). Mas João nunca diz em sentido ontológico que Deus é Verdade; para ele, a verdade-revelação vem a nós no homem Jesus, no seu automanifestar-se como filho de Deus. Por isso, observa com acuidade um teólogo ortodoxo: "O único ponto de partida para uma concepção cristã da verdade é a cristologia" (J.D. Zizioulas). Uma outra influência do mundo grego manifesta-se, especialmente na Idade Média, quando se emprega na teologia a definição aristotélica e tomista da verdade: *adaequatio rei et intellectus*. Chega-se assim, na teologia pós-tridentina, a falar da verdade das proposições da fé, ou seja (no plural), das "verdades cristãs". Mas não se pode identificar racionalmente o cristianismo com uma lista de verdades (mesmo dogmáticas). Este modo de falar era desconhecido de toda a tradição antiga, e foi abandonado pelo Vaticano II, que retornou à concepção bíblica: *omnem veritatem in mysterio Christi conditam* (DV 26).

b. *A ideia bíblica da verdade presente na tradição* – Ao lado do uso da noção de verdade, que provinha da filosofia grega, encontram-se também na tradição, em alguns padres e na liturgia, uma retomada e um desenvolvimento da concepção bíblica da verdade, mas às vezes com uma acentuação mais forte de seu aspecto doutrinal. Em geral, a verdade designa, então, a fé cristã, isto é, a divina revelação tal como tem sido transmitida na Igreja. Deve ser entendida neste sentido a fórmula *regula veritatis* (sinônimo de → *regula fidei*), particularmente em uso no século III. Irineu dizia que a verdade é "o ensinamento do Filho de Deus" (*Adv. haer.*, III, praef.), mas também a identificava com Cristo mesmo: "Nosso senhor Jesus Cristo é a verdade" (III, 5,1); alhures identificava a verdade com "a pregação da Igreja" (I, 27,4), ou com "a tradição" (III, 2,1). Os gnósticos, ao contrário, eram para ele "*transfiguratores veritatis*" (III, 4,2), pois "se haviam afastado da verdade" (I, 28,2); também Cerinto era chamado de "o inimigo da verdade" (III, 3,4). Uso análogo encontra-se no mundo latino em Tertuliano, mas com uma nota mais apologética e polêmica: equivalente de *veritas* são para ele *doctrina Christi, doctrina catholica, traditio, praedicatio*; no debate com os não cristãos, emprega com orgulho a expressão *veritas nostra* (*Apol.* 4,3; 46,2), porque os cristãos são *veritatis cultores* (15,8). Alguns autores redescobrem a dimensão apocalíptica da verdade; Lactâncio designa-a com as expressões "o segredo do Deus supremo" (*De div. Instit.*, I, 1,5), "o mistério da verdade" (V, 18,11), "a verdade revelada" (VI, 18,2). Arnóbio destaca a importância da verdade para o encontro entre cristãos e não cristãos: "A religião cristã introduziu-se no mundo e manifestou os segredos (*sacramenta*) da verdade escondida" (*Adv. nat., 1,3*). Citemos ainda Gregório Magno; para introduzir uma palavra de Cristo nos evangelhos, habitualmente não usa a fórmula *Iesus* (ou *Christus*) *dixit*, preferindo antes *Veritas dixit* (eis um uso que se manterá por muito tempo em toda a Idade Média). A orientação geral do pensamento de Gregório é pastoral, muitas vezes espiritual e às vezes mística. Quer mostrar a importância da verdade para a vida cristã: designa-a com as expressões *veritatis eloquium, doctrina veritatis, lumen veritatis, pabulum veritatis.* A ligação entre verdade e fé é fortemente sublinhada: "Todos nós, quando na plenitude da fé queremos fazer ressoar algo sobre Deus, somos instrumentos da verdade (*organa veritatis sumus*)" (*Mor.*, 30,81). Os cristãos que chegaram à perfeição da contemplação, explica Gregório, fazem a experiência de uma autêntica *revelatio veritatis* (*In I Reg.*, 3,20). As almas santas na Igreja, diz ainda magnificamente Gregório, são *veritatis luce splendentes animas* (*Mor.*, 19,17).

Façamos também alguma referência à antiga liturgia, que é "a arca santa da Tradição" (Y. Congar). Quando se dirigem a Deus, as orações ("coletas") da Igreja usam com frequência a expressão *veritas tua*, para designar a revelação que vem de Deus para a salvação dos homens: "Ó Deus, vós que mostrais a luz da verdade aos que erram para que possam voltar ao bom caminho..." (segunda-feira da terceira semana do Tempo Pascal). A identificação da luz da verdade com Cristo encontra-se numa oração da Sexta-feira Santa (*agnita veritatis tuae luce, quae Christus est*). Mas é especialmente no contexto da vida cristã que retorna em diversas fórmulas a palavra verdade: *verbum veritatis, evangélica veritas, divinae veritatis praeconium, confessio veritatis, veritatis assertor.* Está também presente o aspecto de interiorização da verdade, que deve iluminar espiritualmente a vida cristã a partir de dentro: "Ó Deus, pela vossa graça, nos fizestes filhos da luz. Concedei que não sejamos envolvidos pelas trevas do erro, mas brilhe em nossas vidas a luz de vossa verdade" (13º domingo do Tempo Comum); esta oração muito antiga parece inspirada pelo último texto de Gregório, acima citado.

Finalmente, uma palavra sobre o Vaticano II. Nos textos do concílio, o termo verdade é de novo empregado em seu sentido bíblico e segundo o uso da antiga tradição; encontramos com frequência as seguintes fórmulas: *veritas Dei, veritas revelata, evangelica veritas, Christiana veritas, veritas salutaris.* Designa-se com o termo verdade a revelação divina que "resplandece para nós em Cristo" (DV 2). A concentração cristológica da verdade aparece diversas vezes: "O Cristo é a verdade e o caminho, que a pregação evangélica desvenda a todos" (AG 8; cf. DH 14; DV 24). Mas o concílio fala especialmente da verdade a propósito da Sagrada Escritura. Supera-se a antiga problemática da "imunidade absoluta de erro em toda a Sagrada Escritura" (DV 12, esquema pré-conciliar), que era inspirada pela concepção escolástica da verdade. No texto definitivo, a constituição sobre a revelação divina declara: "Os livros da Escritura ensinam com certeza, fielmente e sem erro, a verdade que Deus, para nossa salvação, quis fosse consignada nas Sagradas Escrituras" (DV 11). A verdade da Bíblia está no fato de a Sagrada Escritura, sendo o instrumento da Palavra de Deus, propor a revelação divina. A *veritas salutaris* da Bíblia não consiste na inerrância absoluta das proposições individuais, mas no fato de a Escritura inteira estar ordenada à revelação do único desígnio salvífico de Deus. A verdade da Escritura está em seu valor de revelação, através do desdobramento progressivo da história da salvação. Esta concepção dinâmica da verdade aparece ainda mais nitidamente num texto de inspiração claramente bíblica (cf. Jo 16,13): "a Igreja, no decurso dos séculos, tende incessantemente à plenitude da verdade divina, até que nela se cumpram as palavras de Deus" (DV 8).

3. PROBLEMAS DE HOJE – Aquilo que a Igreja procura é, portanto, "a verdade divina", a verdade revelada, que é também "a nossa verdade" (Tertuliano). Este é o convite insistente da Igreja à teologia contemporânea, que está mergulhada num mundo secularizado. Os filósofos observam que a verdade científica e o senso da história são "os dois grandes mitos do século XX" (J. Brun); um outro se pergunta se, do ponto de vista da ciência, "a verdade é possível" (E. Agazzi). Não se deverá antes dizer que o conhecimento científico é hoje "a única fonte de uma autêntica verdade"? (J. Monod). Por outro lado, a teologia sempre se considerou como "a ciência da fé" (*fides quaerens intellectum*); a verdade que o teólogo procura compreender não é somente a verdade histórica ou a verdade humana, mas a verdade revelada, a verdade da fé, que só se pode compreender no interior da fé. Dizia João Paulo II num discurso feito em Colônia (15 de nov. de 1980): "Numa cultura dominada pela técnica... o conceito de verdade torna-se quase supérfluo, e até por vezes é explicitamente rejeitado". Sem dúvida, o teólogo de hoje deve manter-se informado sobre os grandes progressos das ciências humanas e do conhecimento histórico, mas deve saber que seu objeto formal é outro: deve procurar compreender sempre melhor a *revelação* divina, a Palavra de Deus (*Dei Verbum*); deve constantemente procurar "chegar ao conhecimento da verdade" (2Tm 3,7). Por isso, a verdadeira teologia deve considerar sempre a Sagrada Escritura como "a alma da teologia"; a moral cristã deve ser sempre "uma moral da fé" (Paulo VI); a exegese bíblica, também ela, deve ir além da busca apenas filológica e histórica, a fim de compreender sempre melhor, na fé, o que Paulo chamava "o mistério do Evangelho" (Ef 6,18). O mundo do imanentismo moderno, fechado sobre si mesmo, espera talvez obscuramente dos crentes que saibam, pelo menos eles, como João Batista, "dar testemunho da verdade" (Jo 5,33) e que ajudem os homens de nosso tempo a reencontrar aquele *gaudium de veritate* (*Conf.*, 10,33) com o qual Santo Agostinho sonhava tão ardentemente durante toda a vida.

Bibl. – Vários autores, "Alêtheia", em GLNT I, 625-674; P. Guilloux, "Les conditions de la conquête de la vérité d'après saint Augustin", em RSR 5 (1914) 489-506; R. Bultmann, "Untersuchungen zum Johannesevangelium. A.: Alêtheia", em ZNW 27 (1928) 113-163; G.W. Bromiley, "History and Truth: a Study of the Axiom of Lessing", em EvQ 18 (1946) 191-198; M. Heidegger, *Platons Lehre von der Wahrheit*, Bern 1947; F. Piemontese, *La "veritas" agostiniana e l'agostinismo perenne*, Milão 1963; I. de la Potterie, "La verità in San Giovanni", em *San Giovanni.* Atti della XVII settimana ABI, Brescia 1964, 123-144; Id., *La vérité dans Saint Jean*, vol. I-II, Roma 1977; Id., "Storia e verità", em R. Latourelle-G. O'Collins (eds.), *Problemi e prospettive di teologia fondamentale*, Brescia 1980, 115-139; W. Kasper, "Die Wahrheit des Evangeliums", em *Dogma unter dem Wort*

Gottes, Mainz 1965, 58-109; G. Kretschmar, "Wahrheit als Dogma – Die alte Kirche", em H.R. Müller-Schwefe (eds.), *Was ist Wahrheit?* Göttingen 1965, 94-120; J. Granier, *Le problème de la vérité dans la philosophie de Nietzsche*, Paris 1966; H. Mühlen, "Die Lehre des Vaticanum II über die "Hierarchie veritatum" und ihre Bedeutung für den ökumenischen Dialog", em ThG 56 (1966) 303-335; V. Grossi, "La ricerca cristiana della verità", em *Aug* 10 (1970) 388-397; Id., "Regula veritatis' e narratio battesimale in sant'Ireneo", em *Aug* 12 (1972) 437-463; M. Detienne, *Les maîtres de vérité dans la Grèce archaïque*, Paris 1972; C. Ph. Widmer, "La conception théologique de la vérité et le retournement épistémologique", em *Istina* 18 (1973) 24-43; F.M. Genuyt, *Vérité de l'être et affirmation de Dieu.* Essai sur la philosophie de saint Thomas, Paris 1974; J.D. Zizioulas, "Vérité et Communion dans la perspective de la pensée patristique grecque", em *Ir* 50 (1977) 451-510; T.D. Quinn, "'Charisma veritatis certum': Irenaeus, *Adversus haereses*, 4, 26, 2", em ThS 39 (1978) 520-525; Kl. Haacker, "Il concetto biblico di verità", em *Studi di teologia* 2 (1979) 4-36; W. Beierwaltes, "Deus est veritas. Zur Rezeption des griechischen Wahrheitsbegriffes in der frühgriechischen Theologie", em E. Dassmann-K. Suso (eds.), *Pietas*, Münster 1980, 15-29; E. Lanne, "'La Règle de la vérité'. Aux sources d'une expression de saint Irénée", em *Lex orandi, lex credendi*, Miscellanea P. Vagaggini, Roma 1980, 57-70; A. Tassi, "Modernity as the Transformation of Truth into Meaning", em IPhQ 22 (1982) 185-193; G. Penzo, *Friedrich Nietzsche o la verità come problema*, Bolonha 1984; J. Murphy-O'Connor, "La 'vérité' chez saint Paul et à Qumran", em RB 72 (1985) 29-76; E. Agazzi-F. Minazzi-L. Geymonat, *Filosofia, scienza e verità*, Milão 1989; H.-P. Müller (ed.), *Was ist Wahrheit?*, Stuttgart-Berlim-Köln 1989.

IGNACE DE LA POTTERIE

Z

ZUBIRI, Xavier

1. VIDA – Xavier Zubiri Apalategui, San Sebastian 1898 – Madri 1983. Obteve a láurea em Filosofia na Universidade de Lovaina, em 1921, com uma tese orientada por L. Noël sobre *Le problème de l'objectivité d'après Ed. Husserl: la logique pure.* Conquistou o doutorado em Teologia em Roma, em 1920, e láurea em Filosofia em Madri, em 1923, com uma tese intitulada *Ensayo de una teoría fenomenológica del juicio.* Em dezembro de 1926, conquistou a cadeira de História da Filosofia na Universidade de Madri. Passou os anos 1928-1930 em Friburgo de Brisgóvia, assistindo às preleções de Husserl e Heidegger. O ano acadêmico 1930-1931 passou-o em Berlim, seguindo alguns seminários de Einstein, Schrödinger, Kohler, Goldstein e Mangold. Voltou à Espanha e continuou a ensinar na universidade, até que, em 1936, se transferiu para Roma, onde foi surpreendido pelo começo da guerra civil espanhola (1936-1939). Isto o impediu de regressar à Espanha. Primeiro permaneceu em Roma, estudando no Instituto Bíblico e no Instituto Oriental com Deimel, depois foi a Paris, onde assistiu a seminários de Física (de Broglie) e de línguas orientais (Labat, Benveniste, Dhorme, Delaporte). Terminada a guerra civil, voltou à Espanha e ensinou na Universidade de Barcelona, nos anos acadêmicos 1940-1942. Em 1942 deixou a universidade e transferiu-se novamente para Madri, onde, a partir de 1945, ministrou cursos particulares de Filosofia. Tais cursos foram frequentados por personalidades de ponta da vida intelectual espanhola daqueles anos. Para dar prosseguimento a este trabalho foi constituída, em 1947, a "Sociedad de Estúdios y Publicaciones", onde desenvolveu toda a sua atividade subsequente de professor, até o fim da vida.

Após sua morte, constitui-se em Madri a "Fundación Xavier Zubiri" (1989), destinada ao estudo de seu pensamento.

2. OBRAS – *Ensayo de una teoría fenomenológica del juicio*, Madri, 1923; *Naturaleza, Historia, Dios*, Madri, 1945; *Sobre la esencia*, Madri, 1962; *Cinco lecciones de filosofía*, Madri, 1963; *Scritti Religiosi*, Padova, 1976; *Intelligencia sentiente*, Madri, 1980; *Inteligencia y logos*, Madri, 1982; *Ensayos de Antropología Filosófica*, Bogotá, 1982; *Inteligencia y razón*, Madri 1983; *El hombre y Dios*, Madri 1984; *Sobre el hombre*, Madri, 1986; *Estructura dinámica de la realidad*, Madri, 1989.

3. PENSAMENTO – Zubiri começa sua formação na neoescolástica de Lovaina. Através do "realismo imediato" de L. Noël, chega à fenomenologia de Husserl, o que lhe permite ter contatos com a nova filosofia de inspiração fenomenológica representada na Espanha por Ortega y Gasset. Depois de seu estágio em Friburgo, entre 1928 e 1930, na obra de Zubiri é evidente a influência de Heidegger.

Toda a filosofia madura de Zubiri tem por objetivo encontrar uma saída para o método fenomenológico, que permita fundar uma filosofia que vá além do realismo clássico e do idealismo moderno. Por isso, Zubiri transfere a pesquisa fenomenológica da "consciência" (Husserl), da "vida" (Ortega) e da "compreensão" (Heidegger) para a "apreensão" (*aprehensión*), de sorte que o objetivo basilar da filosofia seja a análise da "apreensão humana". Isto não significa que o filósofo não possa nem deva estudar o que as coisas são para além da apreensão e independentemente desta, mas que a tal estudo faltaria radicalidade se não fosse baseado no dado prévio e incontroversível do que é dado na apreensão enquanto dado nela. Como a consciência para Husserl, assim a apreensão para Zubiri tem prioridade absoluta e representa o âmbito da "filosofia primeira".

No ato da apreensão existem dois momentos: a compreensão da coisa, e a coisa enquanto compreendida. Para Zubiri, constituem dois momentos congêneres, de sorte que nenhum dos dois tem prioridade sobre o outro. O realismo antigo concedeu prioridade à realidade sobre o saber, e o idealismo moderno ao saber sobre a realidade. O primeiro deu lugar à "metafísica" em sentido clássico, e, de certo modo, pejorativo, do termo; o segundo deu lugar à "Teoria do Conhecimento". Representam dois erros, os quais conduzem ambos a caminhos falsos.

Quando se coloca o problema filosófico em um nível adequado de radicalidade, logo se percebe que saber e realidade são congêneres, e, portanto, inseparáveis um do outro. Isto quer dizer que não existe saber sem realidade. Mas significa também que não existe realidade sem saber ou, como prefere dizer Zubiri, que a realidade é o caráter formal de como as coisas se tornam atuais para o homem na apreensão. "Realidade é o caráter formal – a formalidade – segundo o qual o que é objeto de apreensão é algo de '*in proprio*', algo 'de seu'. E o saber é ter apreensão de alguma coisa segundo esta formalidade". O saber elementar, primário e radical, não é, portanto, "conhecimento", como sustentou a *Erkenntnistheorie*, mas sim a apreensão de alguma coisa, segundo a formalidade de realidade. Pois bem, é isto que Zubiri chama de "intelecção". De sorte que "na apreensão" (não fora dela) "intelecção" (a atualização da coisa em sua formalidade de "*in proprio*" e "de seu") e "realidade" (a coisa formalmente tornada atual como algo de "*in proprio*" ou "de seu") são termos inseparáveis.

A partir da fenomenologia clássica, poder-se-ia dizer que intelecção e realidade são correlatos intencionais. Zubiri, porém, acredita não se tratar de relação, mas de algo mais radical, que denomina "respectividade" (*respectividad*), nem de intencionalidade, mas de algo mais profundo, que chama de "atualidade". Em síntese, portanto, "a intelecção humana é formalmente a mera atualização do real na inteligência senciente". A ciência que estuda isso não é, a rigor, fenomenologia, mas algo diferente, que Zubiri denomina "noologia". A intelecção humana é mera atualização do real. Aqui há três termos: "Intelecção", "realidade" e "atualização". São três momentos de um só ato, o ato de "apreensão humana", que é ao mesmo tempo senciente e intelectiva. Se, conforme uma longa tradição que remonta à Grécia, chamarmos de *noús* a apreensão senciente e intelectiva, teremos então de distinguir nela três momentos: o intelectivo ou "noético", o da realidade ou "noemático", e o momento da atualização ou "noérgico".

4. A "RELIGACIÓN" – Desde 1935 Zubiri insistiu sobre o fato de que as coisas "de *per si*" não somente se "atualizam" para o homem na apreensão, mas se lhe "impõem" também com uma certa força. Tal força, própria das coisas, impõe-se ao homem na apreensão como "última", como "possibilitante" e como "impelente". O homem realiza-se "em" (ultimidade), "a partir de" (possibilidade) e "mediante" (impelência) a realidade, atualizada na apreensão. Este caráter de fundamentalidade da realidade é aquilo que Zubiri chama de "o poder do real". Este poder liga-nos à realidade, nos "religa". É isso que Zubiri entende por *religación*. É um aspecto primário, surgido da mera descrição daquilo que é dado em impressão de realidade, enquanto dado nela. Diante da *Geworfenheit* heideggeriana, Zubiri considera possível sustentar a *religación* constitutiva do homem com a realidade.

5. DEUS – A apreensão humana é o ato elementar da inteligência, mas não o único. Sem apreensão não existiriam atos sucessivos, mas sem atos sucessivos não poderíamos saber o que as coisas são para além da apreensão, isto é, na realidade do mundo. É importante ter presente que a palavra "realidade" tem em Zubiri dois sentidos: a "realidade como formalidade" (ou a realidade enquanto dada na apreensão) e a "realidade como fundamentalidade" (ou realidade para além da apreensão). Um exemplo pode esclarecer: na minha apreensão do verde, este me é imposto como um algo "de seu", enquanto diferente de mim; é isto que Zubiri chama de "reidade" (ou realidade na apreensão). A luz é de *per si* verde (ou realmente verde) na apreensão. Se não pudéssemos ter certeza disso, não seria possível a física das cores. Ora, o que tal física procura não é somente o verde como realidade formal, mas o "fundamento" do verde para além da apreensão, na realidade do mundo. A razão científica encontrou este fundamento na teoria eletromagnética, de sorte que o verde é definido como uma onda de um determinado comprimento e de uma determinada frequência. O objeto da razão (no caso da luz, da razão científica) é este: partir da apreensão para ir mais além desta, em busca do que as coisas são na realidade do mundo. Seria um erro pensar que tudo é razão ou ciência e que, portanto, as cores não são realidade, mas somente as ondas a têm; este é um erro bastante frequente na ciência. Também é errado – como durante séculos fez a filosofia – confundir o que é formalmente real com o que é fundamentalmente real e pensar que a realidade do verde é idêntica, seja na apreensão, seja para além desta. O primeiro é o erro do idealismo ingênuo; o segundo é típico do realismo ingênuo. Zubiri acha que entre os dois se tenha subdividido praticamente a totalidade da história da filosofia.

Tudo isso é aplicável ao tema de Deus. A *religación* é um fato real dado em apreensão. Mas não esgota o problema de Deus, somente o coloca, assim como a apreensão da luz coloca o problema da física das cores. A *religación* nos leva para além da apreensão, em busca daquilo que é o "fundamento" do poder do real. Tal busca deve ser racional, obra de um tipo de razão que, neste caso, não chamaremos de razão científica, mas de razão teológica. Em qualquer caso, o método da razão é sempre o mesmo e é constituído, segundo Zubiri, de quatro momentos, que chama "sistema de referência", "esboço" (*esbozo*) "experiência" e "verificação". No tema de Deus, estes quatro passos consistem, concretamente, na "vontade de verdade", no "esboço de uma realidade absolutamente absoluta", na "experiência de Deus" e na "fé em Deus". Vamos analisá-los sucessivamente.

O sistema de referência do caminho racional do homem para Deus é, obviamente, tudo o que é dado na apreensão, isto é, o poder do real, a *religación*. Mas, além disso, o caminho em busca do fundamento exige como condição prévia aquilo que Zubiri chama, com uma expressão emprestada de Nietzsche, "vontade de verdade". Ainda que a análise desta expressão seja muito rica de matizes, significa no mínimo que o acesso do homem a Deus não pode realizar-se com a simples "vontade de ideias", como tem feito classicamente a teologia especulativa. Deus, se existe, não é uma ideia, mas a realidade-fundamento. A vontade de ideias tem levado a filosofia a "entificar" a realidade divina (transformando-a num "objeto") e a "logificar" seu conhecimento (fazendo de seu acesso intelectual uma "prova" lógica). Acontece que a vontade de verdade não procura um "objeto", mas o fundamento de *religación*, isto é, do poder do real. Isto é chamado por Zubiri de "deidade". Deus, se existe, não é uma ideia, mas a realidade-fundamento e, portanto, um algo que não só é "esboçado" com a mente, mas que se "experimenta". O momento do esboço tem a ver com a inteligência, com a verdade; o da experiência, com a vontade. Somente a autêntica vontade de verdade é verdadeira vontade de fundamentalidade, sem a qual é impossível o caminho racional para Deus. Por isso dizemos que a vontade de verdade constitui seu sistema de referência.

Com e a partir deste sistema de referência, a razão deve "esboçar" a realidade divina. O "esboço" deve ser sempre uma construção racional e lógica. Deste modo procurou-se sempre construir as assim chamadas "provas da existência de Deus". Zubiri submete-as a dura crítica. Segundo ele, o "esboço" racional sobre Deus deve partir da necessidade de dar um fundamento à realidade mundana e, sobretudo, à realidade humana. Esta última tem um caráter "transcendental" ou "absoluto", devido a sua inteligência; o homem é "absolvido" ou desligado de toda outra realidade. Ora, ao mesmo tempo está *religado* a ela. Isto leva Zubiri a dizer que o homem é um "absoluto relativo". Pois bem, o "esboço" racional sobre Deus deve partir da necessidade de dar um fundamento à realidade relativamente absoluta do homem, numa realidade absolutamente absoluta, isto é, num absoluto de realidade. Esta realidade deverá ser pessoa absoluta e fundamento de todas as coisas reais. Este é o "esboço" racional sobre Deus.

Mas o "esboço" sozinho não é suficiente. No tema de Deus, como em todos os outros em que intervém a razão, o "esboço" deve ser seguido pela experiência. Pensemos, por exemplo, como age a razão científica. As hipóteses científicas são esboços que é necessário provar através da experiência. Zubiri define a experiência como "prova física de realidade", de modo que é a realidade aquela que, na experiência, "aprova" ou "rejeita" o esboço. A experiência é, pois, uma "prova" que tem um caráter diferente, conforme o tipo de realidade esboçada. Por isso Zubiri distingue quatro tipos de experiência, que chama, respectivamente, de "experimento" (a prova típica das realidades físicas), "verificação" (a prova específica das realidades matemáticas), "compenetração" (ou experiência interpessoal) e "conformação" (ou experiência de sua própria vida). É óbvio que a experiência de Deus não pode consistir nem no experimento nem na "verificação", mas na compenetração ou na conformação. Na realidade, a experiência de conformação é mais específica do que as realidades morais, e a de compenetração do que as religiosas. Disso deduz-se que a experiência de Deus, se Deus existir, deve ser experiência de compenetração.

Para que possa existir compenetração, é necessária a presença de duas pessoas. E o problema é saber se Deus "se faz presente" no mundo. Zubiri acha que sim, e que tal "presença" é a que anteriormente chamou de *religación*, "poder do real" e "deidade". Por isso, o momento de experiência torna de novo atual a presença apreensiva do poder do real. Agora, depois do "esboço", este poder do real aparece como a experiência de um Deus pessoal no mundo. De fato, agora o mundo aparece como um "dom pessoal" de Deus, que produz em nós um verdadeiro "arrastamento". O fundamento nos arrasta; se não nos arrastasse, não poderíamos ter acesso a Ele. Por outro lado, tal "arrastamento" que, no fundo, é a presença de Deus nas coisas, exige de nós uma doação. O doar-se é a resposta voluntária ao ser arrastado. Daí se deduz que a "compenetração" própria da experiência de Deus é a compenetração entre a presença de Deus que nos arrasta e a doação do homem como dom de si. A compenetração produz-se neste ser arrastado e doar-se.

Esta experiência de compenetração com Deus permite-nos repropor agora aquelas características de ultimidade, dom de possibilidade (*posibilitancia*) e impelência do poder do real, a um novo nível de profundidade. Zubiri diz que agora a ultimidade se transforma em "submissão" (*acatamiento*), que constitui a base de toda adoração e sacrifício e o fundamento da "fé teologal"; por seu lado, o dom de possibilidade é experimentado agora como "súplica", sob forma de oração, fundamento de toda "esperança teologal"; e, finalmente, a impelência se nos manifesta em forma de "refúgio", raiz do "amor teologal". Deus não é uma ideia, nem um motor imóvel, mas é o ser a quem nos submetemos, a quem se dirige a súplica e em quem o homem se refugia; ou seja, um ser do qual nos compenetramos e ao qual se pode orar. Se o "esboço" sempre correspondeu àquilo que Pascal chamava "o Deus dos filósofos", o momento de experiência se relaciona com "o Deus das religiões". Não são dois deuses, mas dois momentos inseparáveis do acesso racional do homem a Deus.

Resumindo: a experiência através de "compenetração" descobre uma *doação pessoal de Deus* nas coisas e nos homens, sob forma de atração, que exige uma *doação pessoal do homem* a Deus, sob forma de *dom de si (entrega)*.

Resta o último momento do método da razão, o que Zubiri chama de "verificação". Este momento é importante por causa do próprio caráter limitado da racionalidade humana. A experiência, na realidade, nunca aprova ou desaprova por completo o esboço. Por isso, este nunca é totalmente "verificado". A verdade da razão é tão fraca, que o processo de verificação nunca pode ser considerado concluído. O verificar é um processo sempre aberto; num plano lógico e histórico, trata-se, como diz Zubiri, de "continuar a verificar".

Pois bem, a mesma coisa acontece com o tema de Deus. O momento de verificação do esboço, no caminho do homem para Deus, chama-se *fé*. A fé não é, para Zubiri, o consentimento a um juízo fundado sobre o testemunho de outros, mas "o *entregar-se* a uma realidade pessoal enquanto verdadeira". A fé pode ser forte, mas isso não quer dizer que não deva alimentar-se continuamente; assim como verificar é continuar a verificar, crer é continuar a crer. A fé não pode considerar-se como algo de adquirido uma vez por todas, mas como um processo contínuo. A vontade de verdade, o "esboço" e a experiência de Deus devem confrontar-se continuamente, e com eles a fé. Isso permite compreender por que a fé é um processo dinâmico, em que se podem verificar níveis ou estágios distintos. Zubiri distingue três deles: o da "fé teologal", já descrito; o da "fé teológica", próprio das religiões positivas ou históricas; e o da "fé cristã", próprio da religião de deificação.

Bibl. – Sobre a vida de Zubiri: C. Castro de Zubiri, *Xavier Zubiri: Breve recorrido de una vida*, Santander 1986. Como introdução ao estudo de seu pensamento: D. Gracia, *Voluntad de verdad: para leer a Zubiri*, Barcelona 1986; A. Ferraz, *Zubiri: Realismo radical*, Madri 1987. O Seminário de Filosofia Xavier Zubiri publicou quatro volumes de estudo sobre sua obra: *Realitas*, I, Madri 1974; II, Madri-Barcelona 1976; III-IV, Madri-Barcelona 1979. No fim do II volume há uma vasta bibliografia zubiriana, redigida pelo filósofo suíço H. Widmer. Na "Fundación Xavier Zubiri" (Barquillo 10, 28.004 Madri), funciona uma biblioteca e um centro de documentação sobre o pensamento de Zubiri.

DIEGO GRACIA

ÍNDICE ANALÍTICO

O presente índice, embora procure ser completo, não é exaustivo. Os verbetes em *MAIÚSCULO NEGRITO* correspondem aos lemas do *Dicionário*. A subdivisão dos verbetes mais longos e complexos é indicada em *MAIÚSCULO ITÁLICO*. Os verbetes em itálico indicam partes ou aspectos importantes de uma temática sem tratamento próprio. Os números referem-se às páginas do *Dicionário* em que o assunto é tratado. A flecha (→) remete o leitor para os verbetes deste mesmo índice, onde encontrará as indicações das páginas do *Dicionário*. Isto vale sobretudo para os verbetes em itálico.

Para tudo há um tempo

A sabedoria do Eclesiastes para compreender o sentido da vida

Joan Chittister

É impressionante a sabedoria contida nos versículos de Eclesiastes 3,1-8. Inserido entre diversos livros que relatam a experiência de fé do povo judeu, este pequeno trecho faz um salto para o sentindo universal da existência humana. Sobre todos reina, implacável e benevolente, o tempo. Ele impõe exigências e pode ser implacável com nossos planos, mas também é generoso em curar feridas da alma e resolver situações sobre as quais ninguém tem controle. O tempo é o senhor da história.

As poucas e misteriosas afirmações desta brilhante passagem bíblica permitem uma reflexão a um só tempo instigante e confortante.

Saber que "para tudo há um tempo" é perceber a graça de viver nas mãos de Deus e de sua ação misteriosa no mundo; Ele que está acima de tudo e de todos.

A autora convida, com estas páginas, a compreender o sentido da vida pessoal, familiar, social, mostrando fatos que integram o momento histórico em que vivemos, com sabedoria da fé, que sabe estabelecer a relação entre fatos de nossa vida aparentemente desconectados...

Joan Chittister, OSB, *é monja beneditina, nascida na Pensilvânia (EUA) em 1936. É respeitada conferencista e autora de 50 livros e aproximadamente 700 artigos sobre temáticas ligadas a espiritualidade, paz, vida religiosa, justiça e igualdade para os mais frágeis e os mais pobres, e sobre o lugar e a função das mulheres, tanto na sociedade quanto na Igreja. Recebeu da Catholic Press Association 14 prêmios por suas publicações e seu trabalho. PhD em Teoria da Comunicação Oral pela Penn State University. É diretora executiva do Benetvision, um centro de pesquisa e recursos para espiritualidade contemporânea. Seu website: joanchittister.org*

Os múltiplos altares da modernidade rumo a um paradigma da religião numa época pluralista

Peter L. Berger

Essa obra apresenta o essencial de muitas décadas de trabalho de Peter L. Berger, sociólogo da religião internacionalmente conhecido. A teoria da secularização, que via a modernidade como conducente ao declínio da religião, foi empiricamente verificada como falsa. Ela deve ser substituída por uma teoria sutilmente diferenciada de pluralismo.

Nesse livro, Berger delineia os possíveis fundamentos de semelhante teoria, abordando uma ampla gama de questões que abrangem fé individual, sociedades inter-religiosas e a ordem política. Ele propõe uma conversa sobre um novo paradigma para a religião e para o pluralismo em uma era de múltiplas modernidades. O livro também inclui respostas de três eminentes estudiosos da religião: Nancy Ammerman, Detlef Pollack e Fenggang Yang.

Peter L. Berger *é professor na Universidade de Boston e diretor do Instituto para o Estudo da Cultura Econômica na mesma Universidade. Possui diversos livros publicados, entre eles, traduzidos pela Vozes, os seguintes:* Perspectivas sociológicas – uma visão humanística; Modernidade, pluralismo e crise de sentido – a orientação do homem moderno; A construção social da realidade *ambos com coautoria de Thomas Luckmann.*

